昭和戦前期
怪異妖怪記事
資料集成（上）

湯本豪一●編

国書刊行会

目次

凡例 …… *V*

昭和戦前期の新聞における怪異記事 …… *VII*
その分析と考察
湯本豪一

昭和元年 …… *1*

昭和 2 年 …… *3*

昭和 3 年 …… *215*

昭和 4 年 …… *494*

昭和 5 年 …… *819*

昭和 6 年 …… *1137*

凡例

一、本書は国立国会図書館ならびに日本新聞博物館が所蔵する国内および海外の邦字新聞から、昭和戦前期（昭和元年から二〇年八月十五日まで）に掲載された怪異・妖怪事件の記事を採集し、影印、時系列に収録したものである。なお、連載記事や続報のある記事については、ひとまとまりに収録したため、後続の別記事と日付が前後することがある。

一、収録ページ数の都合により、昭和元年から昭和六年までを（上）巻に、昭和七年から昭和一一年までを（中）巻に、昭和一二年から昭和二〇年までを（下）巻に収めた。

一、収録にあたり、各記事のタイトルと新聞データ（新聞名、日付）を新たに活字に起こし、整理用の番号、分類マークと共に、各影印の冒頭に付した。

1　タイトルは活字に起こす際、新漢字・新かな遣いに改めた。タイトルがない記事については、内容に即した簡潔なタイトルを編集部で付し、「　」をつけて区別した。

2　新聞名は、記事が発表された当時のままとした（現在では名称が変わっている新聞もあるが、特に記さない）。また、海外の邦字新聞（記事の発表当時は「国内」とされていたものも含む）については★印をつけて区別した。

3　整理番号は、ハイフン前の数字が年数を、後の文字が順番（収録個所）を表している（例：「12-20」は、昭和一二年の二〇番目の記事の意）。

4　分類マークは、左記の六種類とした。本書の編集にあたって編者が分類し、付したものである。

獣 ＝狐や狸、猫など、獣が起こした事件、ならびに珍獣や奇鳥・奇魚の出没など。

妖 ＝妖怪の事件。人魚、天狗、河童といった幻獣の記事も、この類いとした。

幽 ＝幽霊がその姿を現した事件。

怪 ＝怪現象、不思議な事件。その原因が科学的には解明できないもの。

資 ＝資料。怪異・妖怪事件そのものではないが、それに関連する記事。

ラ ＝ラジオ番組欄。番組紹介記事。

5　夕刊について、新聞中に記載された日付より実際には前日に刊行されたものがある。それについては新聞に記載された日付につづいて（〇日夕）の表記で実際の刊行日を記した（例：昭和八年十月十五日（十四日夕））。

一、原資料の劣化や破損にともない、一部読み取り困難な箇所を含む記事があるが、修正は加えず、そのまま収録した。

一、一部連載記事に欠番があるのは、記事そのものの数字の誤表記や、断りなく連載が中止された場合と、原資料そのものが国立国会図書館、日本新聞博物館両館で欠番、所蔵されていない場合とがある。

一、記事中に「他紙からの引用である」と断り書きがあるものもあり、可能な限りその元記事の収集に努めたが、原資料の欠番といった理由で収録できなかったものもある。

一、記事と同時に掲載されたすべての関連写真やイラストについては基本的に、記事中の初出個所にかかった部分にあわせて記事の一段の天地のサイズにあわせて拡大、縮小した。また、複数段抜きの見出しについても同様に記事中の初出個所にあわせて縮小した。

一、記事には、同一内容を伝える別新聞のものが複数存在することがあるが、当時の新聞メディアの様相を伝えるため、割愛することなく収録した。

一、ラジオ番組欄については、同じ番組名が重複する場合は、解説が充実したものなど、代表的なものを抽出した。

一、記事には、今日の観点からして差別的と思われる表現が含まれるものもあるが、時代背景を伝える資料として、そのまま掲載した。

※　**採集対象紙名一覧**（都道府県別、あいうえお順。同一紙の名称違いを含む）

［北海道］『小樽新聞』『函館新聞』『函館毎日新聞』『北海タイムス』『北海道新聞』

［青森］『東奥日報』

【岩手】『岩手日報』『新岩手日報』
【秋田】『秋田魁新報』『北羽新報』
【山形】『山形新聞』
【宮城】『河北新報』
【福島】『会津新聞』『会津日報』『新会津』『福島民報』『福島民友新聞』
【新潟】『十日町新聞』『新潟新聞』
【富山】『越中新聞』
【石川】『北國新聞』
【長野】『信濃毎日新聞』
【山梨】『峡中日報』『山梨時事新報』『山梨日日新聞』『山梨毎日新聞』『山梨民報』
【栃木】『下野新聞』
【群馬】『上毛新聞』
【東京】『国民新聞』『時事新報』『中央新聞』『東京朝日新聞』『東京日日新聞』『二六新報』『報知新聞』『都新聞』『やまと新聞』『読売新聞』『読売報知』『万朝報』
【静岡】『静岡民友新聞』
【愛知】『参陽新報』『新愛知』『新朝報』『東海朝日新聞』『豊橋新報』『豊橋大衆新聞』『豊橋同盟新聞』『豊橋日日新聞』『名古屋新聞』
【岐阜】『岐阜日日新聞』
【三重】『伊勢新聞』
【和歌山】『紀伊新報』
【京都】『京都日日新聞』『京都日出新聞』
【大阪】『大阪時事新報』『大阪毎日新聞』
【兵庫】『神戸新聞』『神戸又新日報』
【岡山】『合同新聞』『山陽新報』『山陽中国合同新聞』
【島根】『山陰新聞』『島根新聞』『松陽新報』
【山口】『関門日日新聞』『馬関毎日新聞』
【香川】『香川新報』『香川日日新聞』『四国民報』
【徳島】『徳島日日新報』『徳島毎日新聞』
【高知】『高知新聞』『土陽新聞』
【愛媛】『伊予新聞』『南予時事新聞』
【福岡】『九州日報』『福岡日日新聞』『夕刊九州日報』
【大分】『大分新聞』『大分合同新聞』『中津新聞』『豊州新報』
【佐賀】『佐賀新聞』『佐賀合同新聞』
【長崎】『長崎日日新聞』『長崎日報』
【熊本】『九州新聞』『九州日日新聞』
【宮崎】『日向日日新聞』
【鹿児島】『鹿児島新聞』『鹿児島毎夕新聞』
【海外】『亜爾然丁時報』（アルゼンチン）『加州毎日新聞』（アメリカ）『樺太日日新聞』（ロシア）『京城日報』（韓国・朝鮮）『京津日日新聞』（中国）『ジャワ新聞』（インドネシア）『爪哇日報』（インドネシア）『上海日日新聞』（中国）『新高新報』（台湾）『新世界』（アメリカ）『新世界朝日新聞』（アメリカ）『新世界日日新聞』（アメリカ）『聖州新報』（ブラジル）『大新京日報』（中国）『大北日報』（アメリカ）『大陸新報』（中国）『大陸日報』（カナダ）『大連新聞』（中国）『台湾新聞』（台湾）『台湾時事新報』（台湾）『台湾日日新報』（台湾）『南亜日報』（アルゼンチン）『南支日報』（中国）『南邦新聞』（台湾）『南米新報』（ブラジル）『日米』（アメリカ）『日伯新聞』（ブラジル）『日本新聞』（ブラジル）『日米時報』（アメリカ）『布哇報知』（アメリカ）『伯剌西爾時報』（ブラジル）『ブラジル朝日新聞』（ブラジル）『鵬南時報』（台湾）『北米朝日新聞』（アメリカ）『馬哇新聞』（アメリカ）『満州新聞』（中国）『満州日日新聞』（中国）『満州日報』（中国）『南日本新報』（台湾）『蒙疆新聞』（中国）『ユタ日報』（アメリカ）『羅府新報』（アメリカ）

〈附録　幕末（江戸）〉
『遠近新聞』『江湖新聞』『中外新聞』

昭和戦前期の新聞における怪異記事

その分析と考察

湯本豪一

一　はじめに

本書は『明治期怪異妖怪記事資料集成』（二〇〇九年一月刊）、『大正期怪異妖怪記事資料集成』（上下二巻　上巻二〇一四年六月刊、下巻二〇一四年八月刊）に続き、昭和戦前期の新聞に掲載された怪異・妖怪記事を収録・編纂したものである。昭和戦前期としているが、収録の範囲は昭和元年から、第二次世界大戦が終結した昭和二〇年八月一五日までの新聞記事から抽出したものになっている。調査対象とした新聞は明治期・大正期と同様に、この期間の国内中央紙・地方紙、海外邦字新聞を可能な限り渉猟したものである。

『大正期怪異妖怪記事資料集成』の「大正期の新聞における怪異記事――その分析と考察」において、大正期の新聞から怪異・妖怪記事を抽出した意義を「明治時代との相違を明らかにし、〝現代社会における怪異〟への道程を照射すること」と位置付けた。本書はその〝現代社会における怪異〟に直結する怪異の足跡を掬い取ることを目的としたものである。

それはどういうことを示すことだろうか。

明治期、日本での近代化が急速に進むなか、新聞という新たな情報媒体が発達した。それは今日にまでにいたる情報化社会の始まりを告げるものであった。新聞媒体は情報の質と量を高めながら大河の流れとなって現代にまで続き、多様なメディアが乱立する今日でも、情報社会の一端を大きく担っている。

実際私たちは今、膨大な情報の海を漂っているかのような社会にいる。新聞、ラジオ、テレビ、インターネットなどから溢れ出る情報は、大きな波のように押し寄せ、私たちの生活を翻弄する。こうした多様な媒体による情報の発信は現代社会を象徴する事象といえよう。

だが、こうした状況が出現する以前、明治から第二次世界大戦の終結までは、新聞がその大きな役割を担っていた。もちろん大正時代末に開始されたラジオ放送は、昭和に入るとさらに放送網が拡充され、人々はラジオから多様な情報を得る機会が格段に増加したことだろう。しかし、こと怪異・妖怪情報に限ってみても、本書で示されているように情報の発信源は、明治・大正期と同様に新聞が膨大なものを占めていたといえる。

こうしたことを踏まえてみると、『明治期怪異妖怪記事資料集成』『大正期怪異妖怪記事資料集成』にあわせて本書を通観することは、この期間を通した新聞媒体における怪異・妖怪情報の変遷を明らかにするものと同時に、この期間の妖怪・怪異情報の主要な部分そのものを知るものとなっている。

こうした流れにあって、昭和戦前期の本書に示された新聞記事は、戦後に展開される多様なメディアのなかで示される現代の怪異・妖怪の情報につながる様相を示唆し、その萌芽を浮き彫りにしたものであるといえよう。

なお、日本における新聞の嚆矢は幕末に遡ることから、参考資料として幕末期の怪異記事についても下巻巻末に収録した。

二　本書の収録記事について

先にもふれたように、本書の収録範囲は昭和と改元された一九二六年一二月二五日から第二次世界大戦が終結した一九四五年八月一五日までの期間である。調査した新聞は日本国内全域と樺太、朝鮮、台湾、満州、中国、北米、南米、ハワイなどで刊行された邦字新聞である。その紙数は一三五紙に上った。この数には同じ新聞でありながら、途中で名称が変更されたものもいくつかあり、重複して数えているものも含む。また、戦時体制に移行するなか、新聞統合が行なわれ、いくつかの新聞が一紙に纏められ、新しい紙名を冠して発刊されるケースもあり、それもあらたな数として数えた。ちなみに、『明治期怪異妖怪記事資料集成』では一九一紙、『大正期怪異妖怪記事資料集成』では一四四紙を収録しているが、それぞれの時代で名称変更、統合などが行なわれており、収録紙の数の違いが、調査範囲の広がりの違いに直結しないことを断っておきたい。

以上のような基本的な調査状況を踏まえて、本書から浮かび上がってくるこの期間の妖怪・怪異情報のいくつかの特徴について、明治、大正時代との比較も交えながら言及したい。

三　記事の量的変遷と特徴

三―一　戦争以前の動向――昭和元年から一二年まで

本書に収録された怪異記事の量的変遷をみると、元年は昭和と改元された一二月二五日から三一日までのわずか七日間であることから三件しか確認されていない。一年間を通しての収録記事数をみることが可能となるのは二年以降である。その状況は、二年が三〇二件、三年が三四七件、四年が三八六件、五年が三八二件、六年が三九九件、七年が四四八件、八年が四八七件、九年が二九九件、一〇年が四〇三件、一一年が三八一件、一二年が二三〇件となっている。最多が八年の四八七件で最少が一二年の二三〇件となり、件数において二倍以上の差がある。一二年までは九年が二九九件となっているが、それ以外はいずれの年も三〇〇件以上で、一二年の二三〇件という数は、それまでの二年から一一年の状況とは明らかに異なる様相を呈したものといえる。一二年におきたこの変化はその後の怪異記事の推移を予感するものといえる。前年の一一年までの一〇年間は各年毎の件数の数量において顕著な特徴は見受けられない。妖怪・怪異記事の数量に大きな影響を及ぼすようなものはこの期間、特に存在しなかったとみていいだろう。では一二年に何が起きたのか。時代に大きな変化を及ぼす事態とは何だったのだろうか。

昭和一二年六月に第一次近衛文麿内閣が成立した。七月七日には盧溝橋における日中両軍の衝突が勃発。ほどなく、それは日中戦争へと拡大。近衛内閣は戦争遂行のためのさまざまな政策を実施し、戦争の時代へと一気に突入していった。

『明治期怪異妖怪記事資料集成』冒頭の「明治期の新聞における怪異記事――その分析と考察」では、日露戦争中の明治三七～三八年は怪異記事が減少したが翌年には通常に戻っていることを指摘した。戦争情報優先による一時的現象と考えられるが、昭和一二年の状況はこれと単純に同一視はできないと思われる。昭和一二年におきたこの現象は、その後、昭和一三年以降も続く怪異記事激減へのスタートであった。容赦なく押し寄せる戦争の波が、新聞の怪異記事を絶滅的状況に追い込んでいくその歩みの第一歩を踏み出した年だといえる。

三―二　戦時下の怪異記事――一三年から二〇年まで

昭和一二年に減少した怪異記事は、翌一三年からさらにその状況が顕著に進む。一三年、一三九件。一四年は一六五件、一五年は一二六件、一六年は四一件、一七年は六六件、一八年は一四件、一九年は一四件、二〇年は一件となる。

昭和一三年四月に国家総動員法が公布されて、戦時体制の確立が強固に推し進められる。資源、通信、運輸、金融など、あらゆる分野に政府の統制が入り、国家の一元的統制システムが構築された。こうしたなか新聞用紙も消費制限品目となり、新聞の刊行に大きな打撃をもたらした。紙面が縮小し、掲載される情報量が減り、それに伴って怪異記事も減少していった。この傾向は昭和一四年、一五年へと続く。挙国一致体制はさらに強化され、昭和一五年七月に第二次近衛内閣がスタート、一〇月には大政翼賛会が発足する。そして一六年一二月に太平洋戦争が勃発。この年にさらなる怪異記事減少がすすみ、一六年以降は一〇〇件を越えることがなくなり、一八年、一九年はそれぞれ一四件と極端に少なくなっている。二〇年は一件のみだが、これはアルゼンチンの新聞記事で、戦時下での見えざる力に悩むヨーロッパの状況を妖怪の跳梁跋扈に擬して「妖怪変化物語」と題して記したもので、直接的な怪異記事ではない。

ちなみに海外邦字新聞の怪異記事収録は『明治期怪異妖怪記事資料集成』で一四紙、『大正期怪異妖怪記事資料集成』で二二紙、本書では三八紙といった状況で、時代が下るにつれて増加していることがわかる。海外における邦人社会が次第に充実していった証といえよう。なかでも本書で注目すべきは、インドネシアで発行された『爪哇日報』『ジャワ新聞』の記事を収録していることだ。明治、大正期では東南アジアの邦字新聞は収録されていない。昭和に入って初めて登場したものだ。これは日本が東南アジアへ大きく進出していることと関係しているだろう。日中戦争勃発後、欧米の対日経済制裁が強化されていくなかで日本軍は資源確保のために南進政策を推し進めた。当地における邦人の活動も活発化し、八紘一宇を標榜した日本化が推進された。本書に収録されたインドネシア二紙六件の記事のうち五件までが一八年と一九年の太平洋戦争中ということであることもそれを裏付けている。

しかし、国運を賭した未曽有の危機のなか、怪異記事は絶滅的状況に直面していた。こうした状況が一変するのが大戦の終結であった。戦争が終わるとやがて怪異情報は雨後の筍のように復活する。妖怪・怪異記事が消滅へと向かおうするなかでも、地域の広がりも持ちながら、戦時中も伏流水のように妖怪・怪異情報の流れはつながっていたのである。

四　記事の質的動向と諸相

四―一　ラジオ放送と番組記事

『大正期怪異妖怪記事資料集成』の冒頭、「大正期の新聞における怪異記事――その分析と考察」で、大正一四年にラジオ放送がスタートし、新聞の番組欄から怪異に関する放送の記録を確認できることを指摘した。昭和に入ると放送網がさらに広がり多くの人がラジオ放送を聴くようになった。こうしたなか、新聞紙上でも単純に放送時間を表す番組欄だけではなく、放送内容を紹介するコーナーも定番化し、大きなスペースを割いて番組の内容を紹介するケースも多々見られるようになっていった。怪異に関する番組についても、出演者の顔写真などを掲載し、内容を詳しく説明する記事が散見できる。新聞における怪異情報に〝ラジオ〟という新参者が実質的に加わった新しい局面だ。これらラジオ番組から怪異情報について分析してみるとその内容の多くが講談、義太夫、長唄、常磐津、謡曲、落語といった古典芸能であった。これらは聴くことだけでもその魅力が十分に堪能できるもので、ラジオには最適といえよう。それらはラジオが登場するまでは演芸会場まで出かけるか、レコードでしか聴くことができなかったもので、その時間と金銭的余裕を持つ人は限られていたことだろう。また、地域によっては聴く機会さえもない場合も少なくなかったに違いない。こうした多くの人たちにとって、ラジオ普及の恩恵で気軽に古典芸能に直接触れることのできることとなり、しだいにその番組は定番として定着した。そのなかに「茨木」「土蜘蛛」「奥州安達ケ原」「羅生門」等々、誰もが知っている怪異的内容の演目が放送されている。三年一〇月九日付『読売新聞』の「よみうり東京ラヂオ版」は当日一二時一〇分から放送される柳亭小燕枝の落語「幽霊の酒もり」について紹介しているが、そこには噺の内容や小燕枝の顔写真に加えて、挿絵まで描かれ、大きなスペースが割かれている。新聞のこうした工夫とも相まってラジオの古典芸能番組は親しまれていったことだろう。いっぽうで、徳川夢声や牧野周一らによる漫談などといった現代的芸能でも怪異をテーマとした演目の番組が流されている。さらには、識者、俳優、小説家などが出演して怪異体験談などを語ったり、研究者による怪異をテーマとした講話などの番組も制作されていった。

図1は三年八月二九日の『都新聞』のラジオ面である。右上段に当日の番組一覧が載り、いくつかの番組の紹介記事が掲載されて紙面が構成されている。中でも一番大きく紙面が割かれているのが午後七時二五分から放送される「霊怪談話会」だ。この番組は柳田國男、泉鏡花、喜多村緑郎、中村古峡が出演し、四人がそれぞれ話をするという趣向で、「顔触れの面白い怪談会」との見出しで四人の顔写真と話の内容が詳しく記されるとともに「今宵の怪談会に因む」として「おばけ二いろ」と二点の絵を紹介しており、力の入った番組紹介をつくりあげている。いっぽう、この番組の後に放送される「滑稽掛合噺おばけや」についても挿絵を入れて紹介しているが、時間が午後八時五〇分頃とあり、生放送らしさが滲み出ている。「掛合噺」とあるように丸一鏡味小仙一座の出演で番組が構成されているが、こんな放送があったことも怪異・妖怪の番組が人気を呼ぶ一因となったのだろう。

番組紹介では隠れた意外なエピソードの記録をみることができる。昭和一一年八月一三日の『函館新聞』は当日午後九時二〇分に放送される「涼風随筆 鬼を見た話」を紹介している。これは薄田泣菫がこの番組のために書き下ろした作品である。当時、泣菫はすでに長く病床についており、原稿依頼は全て断っていたが、病床の慰めにラジオを伴侶としていたことから放送局からの依頼ということで執筆したことが紹介記事に残る。こうしたあまり知られていない事実も、ラジオ番組紹介から見ることができる。新聞によるラジオ放送の記録はさまざまな新しい怪異関連情報を提供しているのである。

四―二　映画、漫画の中の怪異・妖怪世界

本書に収録された昭和元年から二〇年までの怪異・妖怪記事のなかでは映画に関するものも種々目につく。映画は明治時代からあったものの国民的な娯楽としてこの時代に全盛期を迎えたことから記事としてもいろいろと取り上げられたといえよう。映画の怪異記事としては怪談映画紹介に関するものが多く、あらすじ、撮影エピソード、広告などさまざまだが、加えて映画撮影にまつわる怪異事件なども恰好の話題として取りあげられている。

昭和二年一月二三日（二二日夕刊）の『北海タイムス』は「京都のホリウッド妖怪変化に悩む」との見出しで、役者の死をきっかけに京都の映画街に妖怪変化の噂が立っていることを掲載する。同日に同じ内容の記事が『東奥日報』にも「京都の活動街に妖怪変化が」と題して掲載、昭和九年八月八日（七日夕刊）の『二六新報』は「水ノ江の幽霊」と題して、俳優に袖にされて死んだ女が柳の木の陰から出たことを掲載しているなど、様々なものが散見できる。さらに、昭和九年八月七日（六日夕刊）から一三日（一二日夕刊）までの七回にわたって『二六新報』で「スタジオ街怪談集」、昭和一〇年七月一九日から八月二日までの一〇回にわたって『四国民報』に「映画スターの実話怪談」といったように、連載までも企画されるほどになっている。

こうした新しい事象としては漫画も挙げられよう。昭和九年八月五日の『二六新報』には「二六マンガ」と題され、怪談のユーモラスな漫画を特集した怪談納涼号が掲載される。昭和九年九月四日（三日夕刊）の『函館毎日新聞』には「月曜マンガ」と題された、『二六新報』と同一の漫画が一面を占めて掲載されている。（図2）

本書に収録された怪異記事の見出しの中で〝ナンセンス〟という言葉が使われている

［図１］『都新聞』昭和３年８月29日「ラジオ面」

昭和九年九月四日　（火曜日）　函館每日新聞　第一万七千六百三十二號　（四）

日曜マンガ

怪談納涼号

撮影所奇談　ススム

『食堂の出前『ヘイ　カツライスはどなたです』『それは　それ……あそこにゐる　幽靈だよ』『ウヘッ!!』

禿頭つるりと撫でる絲瓜かな　大平すゞゑ

夏の夜の怪　孝

『なんだ、お化けだと思つたら行水か……』

幽靈の戀愛　尾尾丸平

『ウムウム、さうかい／＼、僕は又邪慳にした貴女が戀しくなつて從ひたさ見たさに昨日自殺をしたわけさ』『まあ嬉しい、もう一生離れませんわよ、もう生きても離れませんわよ』

おそろしいむけられる顔でなし　丘日出男

亡妻の不平　丸平

『あ！たんッ！私が死ぬ時に何んと云つたのさ』

口實　日出男

『僕あ奢りたいのは山々なんだけど、こんな規則が出来たんでね』

四谷怪談

寶燒酎

朝の一杯は　食慾を増進し　頭腦を明断に

夕の一杯は　疲勞を癒し　活動力を旺盛にす

寶燒酎は價の低廉なると保健的なるにより我國代表的好飲料として夙に大衆の支持を受け今や國民生活の必需品となり、聲價日に高し希くは益御愛飲あらんことを。

宮内省御用達　寶酒造株式會社

イマヅミン　息にぜん息　肋膜　肺

眞の良薬は効きめで人を呼ぶ

人畜無害　イマヅ蠅取粉

世界到る處　効力無敵の虫とり薬

蠅はモチロン　どんな虫でもわけなく全滅

イマヅ殺虫剤

イマヅ芳香油

[図2] 『函館毎日新聞』昭和9年9月4日（3日夕刊）「月曜マンガ」

ケースが見うけられる。これは昭和戦前期の世相として、〝エロ・グロ・ナンセンス〟が大流行したことによるだろう。

昭和五年八月二三日の『読売新聞』には白木屋百貨店で行なわれたグロとナンセンスの催事広告が掲載されているほどだ。いわゆるナンセンス漫画もこの時代に大いに流行している。こうした時代背景のなかで先の怪談漫画特集も組まれたのであり、新しい傾向として留意すべき事項といえよう。そして、その怪談漫画特集のなかにも「撮影所奇談」という作品が載っており、奇しくも映画の全盛を窺えるのは興味深い事象といえる。

四―三　時代を反映した新しい怪異情報

技術革新や社会変化によってそれまでにはない新しい怪異記事が登場したことは『明治期怪異妖怪記事資料集成』『大正期怪異妖怪記事資料集成』でも指摘している。明治時代には汽車や写真といった江戸時代にはない利器の怪異が記録され、大正時代は自動車、無線、電話などの怪異も登場した。こうした状況を経て、昭和時代ではどのような新しいアイテムが怪異記事にされたのだろうか。大正時代に登場した自動車にまつわる怪異は昭和時代に入っても散見できる。昭和一一年四月一五日（一四日夕刊）の『二六新報』には「円タク実話」と題された記事が載っている。この記事はタクシー運転手が体験した数々の実話を紹介するもので、「投稿歓迎」として「自動車従業員諸君の体験談（面白い読物）を望む、掲載の分には薄謝を呈す」とある。この連載のなかの一つで、深夜タクシーに乗車したのは先月死んだはずの女性だったという実話が紹介されている。同じ自動車の怪異といっても「円タク」という設定や運転手の体験談投稿というスタイルとなっているのは、タクシーという交通手段が社会に定着していったことを裏付けるものだ。また、『中央新聞』の連載「帝都の怪異」の昭和六年九月四日号にも自動車にまつわる怪異が取り上げられている。その記事中では「自動車屋仲間」「運転手仲間」などの言葉が使われている。これもタクシー普及の証といえる。これは現代社会の様相とその怪異に直結する事象ということができよう。

さらに明治時代や大正時代には見られなかった飛行機が怪異記事に登場する。昭和六年八月一八日の『徳島毎日新聞』の「所沢の七不思議」という連載のなかに「夏の航空ナンセンス」と題した記事がある。埼玉県所沢には飛行場があって軍の飛行訓練も行われており、そこのエピソードとして記事は構成される。飛行場の近くにある火葬場や墓地に飛行機が不思議と墜落することや、訓練生が鳥肉を食べると鳥の祟りで墜落事故を起こすことなど、飛行機にまつわる怪談を伝える。また、昭和九年一〇月三一日の『小樽新聞』には「夜の飛行場に二つの人魂」という見出しで、戦死した航空兵の人魂が飛行場を飛んだというものが載る。軍事にまつわるものという側面が中心でありながらも、飛行機というものが認識されたことから登場した事象といえよう。

昭和七年九月二八～三〇日の三回連載でアメリカの邦字新聞『大北日報』に「幽霊の出現は霊のテレヴィジョン」という記事が掲載されている。このころ、欧米ではテレビ放送に向けての試験放送が行なわれるなど、テレビの存在が広く知られるようになったことから新聞の見出しに「テレヴィジョン」という言葉が登場したのだろう。連載の一回目には、当初は誰も信じなかった電波というものの存在によってラジオがあるように、霊界とのコミュニケーションもありえるという書き出しで、最終回を「霊の波調とこれをみる者の波調とが同調していていはゞ霊のテレヴィジョンが行はれるものといふことができると思ひます」と結んでいる。日本ではまだラジオ放送が普及していく時代だった。日本でのテレビ放送の開始は大戦後になってのことで、急速に巨大な情報発信源として時代をリードすることになったわけだが、時代を変える存在となるテレビの登場が意外にも怪異の記事のなかで使われていたことは興味深い。

このような時代の先端的事物との関連で怪異が記録されるなかで、その伝承が読み取れる記事もみられる。昭和一一年一二月八日の『紀伊新報』に「終列車の幽霊」という記事が載っているが、その小見出しは「古い話の焼直し」となっている。この記事は最終列車の車内に女の幽霊が出るという噂が広まって列車に乗るのを嫌う人がいるほどになったので調べると、回送の列車に便乗した女がいたという事件だ。この話は鉄道が延びるにつれて、新しくできた沿線で、女の幽霊そのものの出現に変じて伝えられていったということだ。鉄道網の広がりという時代の先端をいく技術の普及を通じて伝播していった怪異記事の事例とみることができる。

この当時登場した新しい怪異のなかには現代にも引き継がれて、世間を賑わせるものがある。ネス湖のネッシー出没騒動だ。昭和八年末から九年にかけて国内の新聞ばかりでなく海外邦字新聞にも掲載され、話題も多様性を持つようになっていった。当初はネス湖の怪物騒動だったものが、やがてイギリス以外のあちこちの国からも怪物の目撃談が発信されるようになっていっていき、昭和九年六月二日の『小樽新聞』は「国際怪物戦」という見出しでその加熱ぶりを伝えている。この話題も伝播という視点からみて面白い事象といえよう。

四―四　消えつつある怪異

『大正期怪異妖怪記事資料集成』の「大正期の新聞における怪異記事――その分析と考

察」において「消えていった怪異」について記し、予言獣に関する記事がなくなっていったことについて言及した。

予言獣は江戸時代に各地に出現した。悪病の流行や豊凶を予言し、災い除けとして予言獣の姿を描いて拝むという妙法を伝えるというもので、実際にその言を信じて予言獣を拝んでいたことも記録されている。こうした予言獣信仰は明治時代に入っても続き、新聞にも各種の予言獣出現の記事がみられた。予言獣の姿を描いて門口に貼るといった事例さえも報じられている。荒唐無稽とさえ思える予言獣が明治時代にはまだまだ跋扈していたのである。

いっぽう、大正時代に入ると予言獣に関する記事は人面牛体の件を除いては見ることができなくなっていった。こうした流れは昭和時代になっても引き継がれ、予言獣が復活することはない。件以外の予言獣は明治時代が下限だったことがみてとれる。件だけが大正時代に入っても生き延びているのは、牛という動物が身近な存在であるということから、人面牛体の件の出現の可能性をまだ信じる環境が残っていたからといえよう。

では、昭和時代の件の動向はどのようであったろうか。大正時代における件の記事は一三件（広告を除く）が確認でき、これは明治時代より多いが、他の予言獣記事は認められなく、多様性が失せていった。昭和時代になると件の記事数も二件という具合で、予言獣が消滅へと向かっていることが浮かび上がる。明治から昭和へと至る近代化のなかでの予言獣消滅の第一歩は多様性の消失であった。しかし、少ない事例にもかかわらず件信仰が驚くほど根強く生き残っていたことも特記すべきことだろう。昭和三年九月六日の『静岡民友新聞』の「沼津に奇習流行」との見出しで、沼津市内で人の足首に糸を結び付ける奇習が流行している記事が載るが、それは件の言を信じて流行ったものだったのである。

狐狸の怪異は昭和時代にも少なからず確認できるが、予言獣と同様に内容に多様性がなくなってきたことが窺われる。

〝多様性〟というキーワードが怪異の消長に関連しているといえよう。

四―五　「〝昭和〟の怪異」という切り口

新聞は文明開化を象徴する新しい物で、近代情報社会の根幹をなすものでもある。いっぽうで、非科学的な怪異・妖怪などは江戸時代の蒙昧の産物という考えから明治時代の新聞に怪異情報を載せる場合には「文明開化の時代なのに」という意味の一文が添えられる記事が散見される。大正時代においても「大正という御代になっても」のような記述を見ることができる。これらは明治あるいは大正という時代を意識した表現で、〝現代〟においてもこんな胡散臭い話が幅を利かせているという意味を含ませているからだ。しかし、それらは〝今という時代〟という視点であり、「明治の怪異」「大正の怪異」といった時代で括ってはいない。それゆえに見出しに「明治の怪異」「大正の怪異」のように元号を用いた表現が紙上では確立されていない。しかし、昭和になると〝昭和〟という時代を意識し、見出しに〝昭和〟を掲げた記事がいくつも載るようになる。昭和三年三月一七日（一六日夕刊）の『伊勢新聞』には「昭和怪談 将門の首塚」、昭和三年八月三〇日（二九日夕刊）の『国民新聞』には「昭和怪談―夜泣きの怪の正体」、昭和六年三月一日の『国民新聞』には「昭和の大化物屋敷」等々だ。また、昭和六年七月一一日（一〇日夕刊）から八月九日（八日夕刊）までの二五回連載で『松陽新報』に「昭和怪談を猟る」、昭和八年八月四日から八月一九日までの一四回連載で『新愛知』に「昭和怪談」と題された記事が載っているほどだ。これらは明らかに〝昭和〟という時代を意識したものだ。近代という時代も半世紀が過ぎ、単なる明治以降の近代ということではなく、昭和時代という括りが注目されて怪異の世界にも影響を及ぼしたのだろう。

怪異にも時代を区分するという考えが入り込んできたことを示している事象といえる。

四―六　怪異に対する子供の心理分析記事の登場

昭和に入ると〝子供〟と怪異という視点もみえてくる。記事やラジオ番組に子供を対象にしたものがいくつか確認できるようになる。昭和一四年八月一日の『読売新聞』に「〝怪談〟は子供にどう影響する?」、昭和一四年八月五日（四日夕刊）の『松陽新報』に「怪談と子供」、昭和一五年八月二八日の『静岡民友新聞』に「どう影響する?夏の夜の怪談 子供と恐怖心の関係」、昭和一八年八月二一日の『福島民報』に「お化け・どう見る 案外根強い恐怖感」、昭和一八年八月二四日の『伊勢新聞』に「今の子供 お化けをどう見るか」、昭和一八年八月二五日の『日向日日新聞』に「今の子供はお化けをどう見るか」、昭和一八年八月二六日の『秋田魁新報』に「お化けと子供 小さい時は実在を肯定」、昭和一八年八月二八日の『下野新聞』に「お化けを何う見る 案外強い子供の恐怖感」など、子供の〝お化け観〟という視点からアプローチした記事が確認できる。『松陽新報』の「怪談と子供」という記事は、厚生省児童課の大羽昇一に取材した、怪談などの恐怖心が子供にどんな影響を与えるかという内容だ。昭和一八年の各紙の記事は同一内容で、「科学教育が中心となっている、「お化け」といふものについて、どのやうな感想を持っているのか、このほど日本女子大学の児童研究所で、調査した処によると、次のやうな結果が現れている」という書き出しだ。文中に、「お化け征伐の勇敢な答」「お化け自体の存在の不合理性」といった表現がみられるように、戦時体制のなかでお化けなどというものに付和雷同することなく一体で時局に対応すべきという姿勢が底流をなす記事といえる。官のお墨付きを得て統一記事が各紙に流され、見出し以外は全く同一内容のものが掲載されたという経緯だろう。図3は一八年八月二一日の『福島民報』だ。「お化け・どう見る」の記事は「労働力の確保」「太平洋決戦」「街の増産必携」「防空問答」「ヒマの実採取 一粒もこぼさぬように」などの記事とともに、戦時記事一色で、下段には「戦時債権当籤番号表」の情報も掲載されている。こんな時代背景での怪異記事とはどのようなものかを伝えているものだ。しかし、専門的立場からの子供の抱く怪異の分析で、明治時代や大正時代には見られなかった新しい記事情報であり、留意すべき事項でもあるといえよう。

以上、本書に収録した記事からいくつかの特徴について指摘したが、それ以外にも興味深い記事が多々みられる。

例えば、昭和八年八月一八日の午後六時一五分からラジオ放送される「三次怪談 稲生物語」について数紙がその内容を紹介している。稲生物語は広島県三次(みよし)の稲生平太郎が実際に体験したとされる江戸時代の怪異で、写本や絵巻で伝えられ、明治以降には講談にもなっている。その怪異譚について地元の広島文理科大学教授・栗田元次が話すという内容の番組で、まさによく知られている三次での怪異だ。稲生物語に関するこのようなポピュラーなストーリーが番組記事として記録されているいっぽうで、新しい貴重な情報を提示している記事もあった。『山陽新報』に連載された「岡山伝説の研究」は岡山の郷土史研究家が地元に伝わるさまざまな話を発掘紹介したものだが、昭和四年三月一一日付で稲生平太郎が体験した怪異を掲載している。しかし、その舞台は岡山となっており、稲生平太郎も岡山の武士となっているばかりか、話の内容もかなり異なっている。こうした情報は稲生物語の研究に一石を投じるものといえよう。

もうひとつ紹介したい。昭和八年八月一一日(一〇日夕刊)の『東奥日報』に載った「悪の華咲く都の人魚製造所 上海であった話」だ。これは生きたまま人を人魚に改造する施術が上海で行なわれていたのを目撃者が綴った、残酷で不気味な事実談だ。見世物には胡散臭い代物が供せられたり、人権を無視した出し物も行なわれていたことが本書の幾多の記事から読み取れるが、この人魚製造所の記事は闇の最深部を照射した貴重な記録といえよう。

本書の四〇〇〇件を越す多様な収録記事を精査することによって、新たな知見が得られる可能性がまだ多く秘められている。明治時代、大正時代との関連をさらにリサーチすることで、より怪異の展開と現代に通じる道程を明らかにすることも可能となろう。『明治期怪異妖怪記事資料集成』『大正期怪異妖怪記事資料集成』、そして本書を上梓できたことで今後の怪異研究に幾許かの貢献ができることになればこれにまさる喜びはない。

けふの解説
勞働力の確保
戰時下のドイツ農業

太平洋決戰

軍事手帖

お化け・どう見る
案外根強い恐怖感

今の子供

街の増産必携 (30)
馬鈴薯の保存法

防空問答

學園點抄 (2)

ヒマの實採取
一粒もこぼさぬように

民報俳壇
第十二回 雜詠 富安風生選

「雷」 原田三夫

海洋 (135)
梶野悳三 作
高木清 畫

八月一日抽籤
戰時債券當籤番號表

[図3]『福島民報』昭和18年8月21日「お化け・どう見る」

幽

●馬関毎日新聞　昭和一年十二月二十七日（二十六日夕）　1-1

徳山史談

杉小次郎の怨靈

毛利家の中興、元就公多治比の猿懸城より起つて中國十州の大主となり居を安藝の國吉田の郡山に構え武威を關西に振ふたそうして元龜二年七十五歳にして薨ぜられ嫡孫輝元公世をつがれ威勢を保たれたのである輝元公の現存せられた時の事てあるその部下に兒玉三郎右衛門元良と稱する武士があつた。二千石を頂き廣島に居を構えたゐた（當時廣島城には未だ築城されない時で輝元公は郡山城にあつた）此の兒玉家に一人の娘があつた輝元公はある日の頃この娘が兒玉邸の門前で遊んでゐるのを御覧になつた歳は未だ十三四であるけれど將來の容色を撲え今にどんな美人になるだらうかと思はしめた。此の時輝元公はお歳二十一歳既に正室として宍道安藝守隆家の女（後に南の方と云ふ）を娶られてゐたけれど兒玉が娘の容色は忘れたく胸の底に溢み渡り血は頻に湧き返つたその後は何かに事よせしば／＼兒玉家にお成りがあり娘にはいつも過分の土産物を給はり萬一娘の姿が見えぬときは娘は如何にせしや／＼などそのおたづねがあるので父の三郎右衛門は不安を抱きこのまゝ娘を宅に置いては如何なる迷惑が生ずるかも測られないと獨りが胸をこがしてゐる内、幸にも媒酌する人があつて徳山（當時野上と稱して居つたのであるが便宜上以下徳山と稱す）の豪族杉小次郎元宣と許嫁にもしてしまつたのである。杉家は平姓であつてその系統の順序は詳でないが大内氏に仕へ大内家の千本杉と云ひ杉（小次郎の家）杉岡上杉杉杜杉下杉山杉尾杉本杉田杉谷の一家であつて杉八家（入道宗盛民部大輔重光十郎重輔豐後守興道次郎左衛門尉元家千代丸治郎大輔隆泰勘解由判官隆相）と稱し一門全盛を極めたものであるがこの中で七家は大内氏及陶家と共に斷絶し小次郎が父治郎左衛門元相獨り毛利氏に降つたそして弘治三年陶氏の領地三千貫（徳地より富田遠石野上生備ケ濱の諸邑にして約三萬石の地所なりしといふ）を領し居た野上（今の徳山）に構え其後廣島に移し小次郎元宣を之れに据え三十三年間（弘治三年より小次郎の死歿せし天正十七年迄）榮華の夢を見たのである

小次郎の父次郎左衛門尉元相（或時に興元寺記録に元勝とありと認めてゐるけれどその事實はないらしい）は始め次郎長相と稱して大内氏の臣であつたが大内氏が亡んで陶氏に屬し後毛利氏に降つて輝元公より元の字を賜はつて元相と改めた天文五年父隆宣に從うて安藝に戰ひ同九年雲州尼子久藝州の毛利元就を攻むるに當り大内氏よりの加勢として出陣した、永祿元年永上山代能美大主となり同十二年筑前に戰ひ同廿年八月陶氏が大内氏に叛きし時陶氏に屬し廿八日山口に於て大内氏に滅ぜんとした部下一條井房を打ち殺し陶氏に認められ大内氏が亡ぶや晴賢の命に從ひ陶晴賢と共に大内義長を豊後に迎え陶氏亡ぶるや毛利氏に屬し弘治三年陶が落領地であつた都濃郡三千貫の地を領し徳山を本居とす（現在徳山町西辻上常禪院の下今尚杉屋敷と稱する、興元寺所有の畠地がある）元祿十二年大内輝弘が山口に亂入せし際手勢七百人を具して佐波郡椿ケ峠に待ち伏せ輝弘の勢が長穗村の龍文寺に向はんとするを要撃して之を遂に富海の茶臼山に退かしめたそうして天正六年八月十五日徳山町遠石八幡宮に隨門の額を獻上し之に（八幡遠石別宮）の文字を書した（現在は破損してゐるので同神社庫に納めてある）と云ふ同十三年正月二十六日病歿した行年六十四歳法名を興元寺殿仲家大士といひ墓は徳山町字一ノ井手興元寺の裏山に現存してゐる（上杉生）

資 ぢ如件

★満州日日新聞　昭和一年十二月二十八日（二十七日夕）

ぢ
如件
定價七日分貳円、十五日分四円
大連市岩代町西廣場南詰
肛門藥商會

1-2

怪 春日神社の竹に虎の神鏡でコドモが出来る

★大陸日報　昭和一年十二月二十九日

1-3

春日神社の竹に虎の神鏡でコドモが出來る

本年一月永らくの間行方不明になつてゐた春日神社の竹に虎の神鏡が東京の大坪正義氏夫人の手から元の春日神社へ納まつたがこれについて不思議な話が持ち上つた、それは大坪氏にはとき子さんといふ嬢さんがあつてこれが縁づいで已に五年にもなるが子が出來なかつた所、昨年九月十三日丁度春日の森口禰宜から大坪氏へ

奉納 方の交渉の手紙が行つた時とき子さんが大坪の實家へ來合せてゐて大坪夫人のとしゑさんが其の手紙を見て「折角お父さんから貰うた鏡を神社へ納めるのは嫌だ、しかしこの娘(とき子)に兒を授けて下さつたら返納する」と冗談まじりにその鏡でとき子さんの脊を撫でた、其の後そんなことを忘れて仕舞うてゐたが不思議にもとき子さんがそれから

姙娠 し本年六月十八日の寅年の寅の日に玉のやうな男兒を出生したので恒久君と命名し虎さん／＼と呼んで育てゝゐるが産れた時には一貫百匁以上もある立派な嬰兒であつた

鏡で姙娠したことを聞いた近所の人は本年一月十三日に春日へ納まるまでに二三人脊を撫でて貰つて皆姙娠したといふので近頃それを聞傳へ東京の方からその神鏡を貸してくれと依頼して來るので神社でも弱つて居ると

「鳥取・汗をかく石地蔵尊」

★布哇報知　昭和二年一月三日　2-1

◇『鳥取』外吉町で有名な石地蔵尊が全身に汗をかき給ふた、この不思議が現れた四十年前には全町火焔につゝまれた事があつたさいふので氏子百餘人おこもりして災厄退散のお祈りに徹夜騒ぎ

怪しのうなり声

●信濃毎日新聞　昭和二年一月七日　2-2

怪しのうなり聲

上伊聯合事務所で

ビク／＼もの、宿直員

上伊那郡聯合事務所の宿直室で毎夜一時頃になると異様のうなり聲がするので宿直員はこわがつてゐるがそのうなり聲は丁度モーターサイレンのやうな音であるが眞夜中サイレンの鳴る譯もないので不審とされてゐる同事務所は郡役所時代郡長、薄井上席を始め在職中の死亡者が可成り多勢あるので郡役所が廢止されてその建物もさびれたものとなつてしまつたのでこれ等の人々の魂が迷つて來るのではないかとみんなビク／＼

唸り出す社頭の大老杉

●中央新聞　昭和二年一月十一日（十日夕）　2-3

昭和怪談

唸り出す社頭の大老杉

同時に數ケ村の井戸が涸渇

或はゆふべの震源地？

神奈川縣中郡高部屋村の村社山王神社社頭南側に高さ六十五尺、周圍七尺の大杉があるが先月中頃から此の大杉の頂上で夜となく晝となく間斷なくゴト／＼と異様な音響が聞え遠く二三町離れた地點からも聞きとれるといふので村中で大騒ぎとなつてゐるが茲にまた不思議な事にはそれと同時頃から此附近數ケ村の井戸といふ井戸は悉く涸渇し泥ばかり出るといふ有様なので村中で益々氣味惡がりとう／＼專門家を頼んで地質調査を行ふ事になつてゐるが九日夕刻の地震の震源地が東京地方とあるが或は是等に何等かの關係があるではあるまいかと云はれてゐる

一船員が見た夢のお告げ

●静岡民友新聞　昭和二年一月十一日　2-4

一船員が見た夢のお告げ

果せる哉富士丸の救ひ

第二日吉丸遭難物語り

第二日吉丸遭難に絡んで茲に奇しき夢物語りがあるそれは遭難者の大澤庄吉外十二名が飢み少を喞ちつゝ

◇……根氣も生氣も盡き果てしまつた頃……富士丸が救助に向つた三日前の晩島守星野氏が一夜の結んだ夢は「富士丸淸水發船」のことであつた朝起きるや否や星野氏は右の次第を十三名の人達に傳へ「決して力を落すことはない三日間の内には必ず救ひ船が來る」と云つて力をつけ信天翁を捕へて肉を叩き

◇……富士丸に大いに御馳走をすべく捕へて來るやうにこの事に一同は半信半疑しかし斯うした場合に誰もが持つ藁をも摑むはかない一縷の願みからいくらか心も活氣づいてあほう鳥を捕へて待つてゐたと五日の午後七時頃ボーと云ふ汽笛の音「そら富士丸だ……」期せずして人々の口を衝いて出た喜びの聲！星野氏の夢は遂に目の當り

◇……事實となつて人々の血に躍動を與へ一度に高い岸頭に駈け上つて烽火の合圖をした夢…予言…烽火…斯うした事實は世の常の因果關係の外に云ひ古された「夢のお告げ」として正眞正銘嘘のやうな新事實…是は富士丸船長の歸來談である

怪　握り飯大の火の玉が飛ぶ　殉職怪話
●河北新報　昭和二年一月十八日（十七日夕）　2-5

握り飯大の火の玉が飛ぶ
殉職怪話

仙臺署の阿部友衛巡査が殉職した十五日午後十時半ごろ下宿なる北四番丁七三島みさり方に同宿し師範學校の講習を受けてる阿部巡査の義弟が下宿の婆アさんと茶のみ話しをして外庭に出た時突如ビール會社の方向から握り飯大の火玉が暗雲を掠め飛んで來り自分の頭の上で破裂したやうな音響がしたのでビックリし何所かの火薬庫でも破裂したのであるまいかと婆アさんにも語り自分の目と耳を疑つてゐたが十六日午前一時ごろ義兄が變死したといふ知らせにさてはあの火玉が凶事の知らせであつたかと感考されましたとその不思議を語り合つてゐたと

怪　昭和の初民物語り　狐のお産
●河北新報　昭和二年一月二十日　2-6

昭和の初民物語り
狐のお産
鴨と鶏を奪はれた　お醫者さんの話し

豆殻燃ゆる冬の圍爐邊に、ちよんぼ爺さんが語りさうな狐話しが昭和二年の初春、しかも四日前の出來事として亘理郡亘理町を中心に近郷近在に語り合はされてゐる

亘理町から一里許り隔てた伊具郡東根村坂下の某患家からの迎へを受けた亘理町櫻小路醫士大友忠五郎氏はオートバイを飛ばして峠路を東根村坂下に赴き、患者を診察して土産にとて鴨一羽と鶏一羽を貰ひ同家を辭し、歸途につくべく同家の門のところまで出かけると、そこに一人の見馴れない若者が立つてゐて

私は同じ村内の者ですが女房が只今産氣ついて苦しんで居ります先生がお出でなつたと聞いてお願ひに出ました……

といふ、冬の陽は既に暮れたが頼まれて見れば斷るわけにも行かずそれではと

その男 に案内されてオートバイを飛ばした、案内の男は自轉車で先に立つたが、そのスピードの速いこと、オートバイも追つつかない程であつた、かくて着いたのは立派な門構への邸宅である。東根村一帯を得意にしてゐる大友醫士は、この附近にこんな立派な邸宅はない筈だがと思ひながらも別に不審も抱かず、招ぜられるまゝに奥の一間に通ると、そこには鄙に稀な

美人が 産褥にうめいでゐる、大友醫士は早速適當な手當を加へて無事に玉のやうな男の子を生ませ家人の感謝を浴び、薄謝ですがと出されたのは手の切れさうな百圓紙幣が二枚、その上鱈腹御馳走になつていゝ氣持になり、鴨と鶏をオートバイに結びつけて峠路を無事に亘理町櫻小路なる醫院に歸りついたのは午後十時過ぎであつた、女房喜べ大枚

二百兩 と洋服のポケットから取出したのは枯れ笹葉二枚オヤ〱これは不思議どいくらチヨッキの内ポケットまで捜して見ても二百兩の紙幣のないばかりか別な患家で貰つて來た筈の鴨も鶏も行衛不明……サテは一杯やられたなと氣のついた時、いままでポーッとなつてゐた意識がやつと回復して、斯うなつて見れば腑に落ちない點もあつたと大笑ひになつたといふ嘘とより思はれない事實なさうだ

怪　京都のホリウッド妖怪変化に悩む
●北海タイムス　昭和二年一月二十三日（二十二日夕）　2-7

京都のホリウッド 妖怪變化に惱む
中村琴之助の死から　技師俳優連震へ上る

【東京電話】日本のホリーウットといはれる京都洛外の活動街では夜々妖怪變化が現れるといふので最近出來たばかりの

文化村 に棲む監督技師俳優連中は大恐慌を來たしてゐる其本家本元といふのは最近メキ〱發展して來た太秦の中村琴之助が實母の六回忌に當る一週間前病つて死んで仕舞つたが妖怪變化を固く信じて疑はないので其餘太秦の連中は夜々セットの整理やロケーション歸りの家路に急ぐ面々は最近懐中電燈を照して恐る〱歩いて居る日下ロケーションに

上京中の鈴木重吉監督

英百合子は交々語る『全く事實です琴之助さんは老婆さんを始め三人共病氣に死んで居りますので女優連中はビク／＼して居ります何でも『ミコシ狸』と稱する奴で此奴の惡氣に當つて死ぬので我々は家に歸つて玄關に上ると後をも向かずロを手で蔽ふて居ります』

怪　京都の活動街に妖怪変化が　夜な夜な現われ…　2-8

●東奥日報　昭和二年一月二十三日（二十二日夕）

京都の活動街に 妖怪變化が 夜な夜な現はれる話

（東京電話）日本のハリーウッドと云はれて居る京都洛西の活動街では夜な／＼妖怪變化が現はれるさうで近頃出來た許りの文化村に住む藝術技師

俳優連中 は大恐慌

を來して居るがその本家本元は最近日に日に發展して來た阪妻太秦撮影所の中の中村琴之助が實母の六忌に當り一週間許り患つて死んで仕舞つたので爾來妖怪の實現を固く信じて疑はない。その爲め大秦の連中は夜のセット撮りやロケーションの歸路に急ぐ時々は出來る丈け大きな

懐中電燈 を照らし

怯ら歩いて居る目下ロケーションの爲め上京して居る鈴木重吉監督及英百合子は交々語る『全く嘘の樣な話ですが事實です琴之助さんやお祖母さんを始め三人も其の爲め死んで居るので女優連中はビク／＼して居る。何でも

ミコシ狸 と稱する奴

で此の惡氣に觸つて死ぬのです。我々は夜玄關に上つた時は後を見ずにみんな口で手を蔽うて居ります。

資　幽霊は存在　大学教授信ず　2-9

★大北日報　昭和二年一月二十四日

幽靈は存在 大學教授信ず

ハーバード大學教授マクドガール及びプリンスの兩氏は心理學的實驗の結果幽靈の存在說を確信すと發表した幽靈の死し人の人性が生きてゐる人の上に大なる偉力を持ち未だ不明なる力が働きかけてゐると

怪　弄ばれた女の妖精　蛇となって呪う　2-10

●北國新聞　昭和二年二月二日

弄ばれたる女の妖精 蛇となって呪ふ

吹雪の夜さ夜さを怪しきうなり

打ち續き男の一家ふす（七尾）

美女の化身とも云ふ蛇をいぢめて海中へ投じた所恐ろしいその執念から一家三人擧げて病の床に臥し魔物に襲はれるような呻吟に今尚ほ苦しむと云ふ薄氣味の惡い事實談が七尾町一帶に今評判である、話しは七尾町遊廓の入口にあるささやかなカフエー鶴屋で起つた出來事、今から二年前艶麗な女給渡邊靜枝（二二）＝假名＝このカフエーに現れた、目元、口元、月の眉、すらりとした容姿は何一つ難の打ち所がない、而も彼女は怜悧な質で微笑とはにかみそのもので、數多のお客を釣つたから鶴屋は毎日毎夜毎の繁昌で大入滿員、新しいレコードは早朝から眞夜中まで鳴り響いた

▼——▲

鶴屋の若主人青山雄吉君＝假名＝と云ふは血の氣の多い今年廿歳の青年、燃え易い若人の初戀は、もうとつくに彼女に投げられてゐた、一夜 彼は 靜枝の白色の

手を

ギユット握つて慇々のハートを千々に亂して訴へた彼女の答へは「妾から先に好ない思ひを貴方にかけてゐました不幸な妾を救つて下さい永遠に――妾は妾の持つ何物も貴方に心から喜んで捧げますわ、雄ちやん」と戀を得た若人二人は店の片隅で固く抱擁した、一年は夢うつつの間……戀の時は流れて二年目の昭和二年一月ともなれば彼女はもう性理的に變調を來しても早あとないと云ふ身重になつてしまつた

▼——▲

「雄ちやん、どうせ夫婦になる二人なんだから子供を産むのも雄ちやんの側で仕末をつけたいわ、金澤の家へは此の身體で今更歸れないし……」と彼女が訴へた所雄ちやんの態度は戀無情ガラリと變つて「金澤の家へ歸れ」と素氣なく斷つた、一月二日の吹雪の夜などは雄吉と母ハツの二人が邪險にも彼女を

表へ 突き出して「お前のお腹の子供は誰の種か知らん、身重で働けないやうな女は早く出て行つてくれ！」と泣き崩れ黒髮を夜叉の如くふり亂し蛇の執念さで訴へる彼女をいい氣味位に眺め表戸をピシリと固く閉ざてしまつたのである、遊戯的に戀する淺間しい人々の最後の幕であつた

▼―――▲

それから三日經つた廿三日の眞夜中鶴屋主人紙次郎＝假名＝及妻ハツと雄吉の三人が寢てゐた座敷の下から妙なうなり聲が聞こえ出し三人に寢つかうとしても寢つかれない

嫌な 氣持になつて雄吉が唸り聲のする眞上の疊を引き起し床板二枚を取つて暗闇の縁の下を蠟燭で探ると驚いた〳〵長さ五尺廻り七八寸の大蛇が細い目をかすかに見開きドクロを捲いて唸つてるではないか――冬籠りの蛇が冬眠してゐたのである一時は吃驚した三人も氣を取り直し、此儘にしては薄氣味惡しとあつて眠れる蛇を鑢や針金で引づり出し七尾港の海へドブンと捨てた、蛇は海底の彼の世へ――

▼―――▲

その翌夜、雄吉君が何氣なく火鉢に足をあぶつてゐたところ火が、足元に飛び散つてひどい

火傷 を負ふた、同夜直に山本醫院に持運ばれたが仲々の重傷と云ふ診斷、翌日となつては主人紙次郎が俄に頭痛がすると倒れたきり頭が上らない大病人に變つた、打ち續いた妻ハツもどうしたものか、主人と同じく頭痛が元で翌日から大病人、今猶病床の床を並べてゐるとか、事實は之だけだが附近の噂では靜村さんの怨恨の蛇となつて現れ鶴屋一家を呪つたものであらうと、ハテ恐ろしや

ラ　ラジオ版　今日の放送　●中央新聞　昭和二年二月三日　趣味講座「鬼の話」　2-11

今日の放送

二月三日　木曜日

中央放送局

◇午後七時廿五分

十二、趣味講座「鬼の話」　各務　虎雄

ラ　趣味講座「鬼の話」梗概　各務虎雄氏　●中央新聞　昭和二年二月三日　2-12

趣味講座

「鬼の話」梗概

午後七時廿五分

各務　虎雄氏

村上天皇の御代、朱雀門の鬼が博雅三位に葉二つの笛を授けた話、同じ御代に羅生門の鬼か琵琶を奏でた話

追儺の時に宮中の役人が鬼に扮する其の鬼の話

若狹の國のある男が傲慢不遜であつた爲に、鬼になつたと云ふ話

伊豆の奥島、あらはれた鬼の話、戸隱れ山の鬼か奴踊をした話

以上のやうなお話をなるべく興味本位に、考證に亘るやうな點を省いてお話したいと思ふ

各務氏は大正十二年の東京帝大文學部の卒業で目下文部省圖書局に監修官として勤務中であります。

資　幼時を追憶して霊魂の不滅を知る（上）　●国民新聞　昭和二年二月六日　2-13

幼時を追憶して靈魂の不滅を知る

(上)

近松秋江

わたしは西洋の詩人では何となくウオーズウオースがすきである。なかんづく『幼時を追憶して靈魂の不滅を知る』Ode on Intimations of Immortality from Recollections of Early Childhood. といふ詩は私をして何かにつけてその詩を思ひ出さしめる。言葉をかへて言へば、私にはその詩の意味が絶えず氣にかゝつてゐる。この詩については曾ても本紙に書いたとがあつたやうに思ふ。

人は段々年をとるにつれて靈知を失ふ。勿論われ〳〵は現在の生活にも種々斷ち難い關心を以てつの世といふものがあるならば、それ等の靈知に逢つて見度いやうな氣がする。しかしそれは不可能なことだ。

ウオーズウオースが『幼時を追憶して靈魂の不滅を知る』といふのはこの邊のことを意味するのではあるまいかと思はれる。自分の幼時に會つた故人を思ひ、又その故人の點綴した故鄕の野や山や小川や林叢のことなどをぢつと思うてゐると、現在よりもそれ等の過去の印象に永久不滅の思ひ出が殘つてゐるやうに思はれる。

ウオーズウオースの短い詩に『WeareS ven』といふ詩がある。わたしは此詩がまた妙に記憶に殘つてゐる。今その詩の文字を悉く記憶してゐないが、意味はかういふことである。墓地を彷徨うてゐると或る小さい墓石のほとりで小さい子供が遊んでゐる。それに向つてお前は兄弟が何人あるかと言つて訊くと、わたしたちは兄弟七人あるといふ。ジヨンにトムに誰に誰に、それからこゝに一人と言つて墓石を指した。

それでは一人こゝにゐるから六人ではないかと言つて子供に反問すると、子供は、いや七人ゐる。ジヨンにトムに誰に誰に、それからこゝに一人ゐると言つて、幾度おなじことを言つて反問しても墓石を指してこゝに一人ゐるから七人だと言ふ。

小兒の心には墓石の下に眠つてゐる兄弟の一人もやつぱし存在してゐるものゝやうに思つてゐる。そのことをウオーズウオースは詩人の神秘幽玄なるめい想から有意味に考へたのであらうと思ふ。この子供の頭の中には死んだ兄弟の一人も記憶の上では確に生きてゐる。肉體は消えても、彼等生存せる者の記憶には主觀的に生きてゐるのである。それは『幼時を追憶して靈魂の不滅を知る』といふ詩と共に、ウオーズウオースに共通の詩想であつて、その點が私には氣に懸かつてゐる點である。絶えずそのことを氣にしてゐるわけではないが、不斷現實當面の生活戰鬪に忙殺されて、二六時中[illegible]として目前の俗事に追はれてゐる間はそんなことは忘れてゐるが、偶々俗事の途切れ目などに心が落着き、過去とか、現在とか、宇宙とか、人生とかいふやうなことに不圖心をはせるやうなとがあると、私は、しばしばウオーズウオースの、この哲學的詩想を思ひ浮べる。

資　幼時を追憶して霊魂の不滅を知る（中）　●国民新聞　昭和二年二月七日　2-14

幼時を追憶して靈魂の不滅を知る

(中)

近松秋江

私は、どうか、少しでも長く生存へたいとおもつてゐる。それは唯單に私一個の願ひでなく、わたしの幼少なる二人の子供達の爲めに、出來るだけ長く生きてゐてやりたいと思ふのだ。

私は、老境に入りて闌けたる、探のごとき子供のことを思ふと、どうしても死ぬ事が出來ぬ慾が深い。けれども、もし、それ等の幼き者が無かつたならば、或は、私は、むしろ靜かなる死を希うたかも知れぬ。

寂滅爲樂とは、何といふ法悦に満ちた境地であらうぞ。私は、もし現世の欲望が少なかつたならば、ひたぶるに幽めいの境界をどう憬してゐたとであらう。けれども今は幼き子供があつて、強いつよい現世の興味に繋がれてゐるのだ。

わたしには父母の他に、自分と

資

幼時を追憶して霊魂の不滅を知る（下）　2-15

●国民新聞　昭和二年二月十日

幼時を追憶して靈魂の不滅を（下）

近松秋江

人の此の世に生まるゝは、眠りて過去を忘るゝのみ。人の生まるゝと共に昇る靈魂は、人の命の星は、此の、うつゝ世に昇りぬる前に、他處に出沒の地を有しき。而してそのうつゝ世に生まるゝや、はるけき方より來たるなり。

さもあれ他界の生活を忘れはてゝ來るにはあらず。はた他界の靈裝を剝ぎ去られて來るにもあらず。否、人間に生まるゝ折も、他のさん爛たる雲の裳裾をしりへにひきつゝ來るなり。人間の故鄕なる天つ神のみもとより。

それ人のいとけなきや、天上界は四邊に在り、その漸く長ずるや、五濁に暗き牢獄の影晴れんとして四隅に漂ふ。しかも倘ほわらはべは、往にし浄界の餘光を仰ぎ、その照りいづる源を見て、そが日々の娯しさに、往にし樂土の影を見る。

さて彼の青年も、日とゝもにぜひもなや、次第々々に東方より、とほざかりゆく青年も。さすがに薫染淺ければ、いまだ自然の神官たり。彼のさん爛たる榮光は、彼のまばゆき幻は、倘ほそのゆくへに伴隨す。つひに大人となる時は、まばゆかりし幻の色あせて、たふとしと見し妙光も、平日の光と化す。

ウオヅウオースの此の詩の意味を味はふときは、彼は三界輪廻の佛説を信じてゐたやうである。しかしながら私は、その點においては、いまだ既にウオヅウオースに同意することが出來ない。わたくしが今から三十年も以前から、この「靈魂不滅の歌」が氣にかゝつてゐたのは、吾々人間の幼時の懐しき追憶が前世の浄界から緣因し來れるものであるか否かといふ點に私の疑ひは存してゐたのである。その點には此の詩人に無條件に同意することは出來ないにしても、幼時の追憶の懐かしさ、美しさには何

ゝもに五人の姉兄があつた。父は既に三十二年前にみまかり、母は去年の春に世を去つた。次兄は三十年前に二十九歳で夭逝し、三兄は十九年前に三十八歳にてアメリカで客死した。その他村閭の近隣縁者のたれ彼れ、私が幼年時代の記憶に殘つてゐる人々は殆ど八九分どほりは、遠く故人になつてしまつた。わたしは、時々東京の生活の喧噪と文化との中間に甚しく悩ましい現實の厭はしさに堪へかねて、ふと遠くの郷里故山の面影をしのび囘すことがある。野も山も依然として昔ながらに存在してゐるが、かつてそこに生きてゐた故人は存在してゐない。親故の生存してゐない故郷の山河は、魂を失つた死骸のやうなものである。私の時折り思ひうかべる故郷は決して今日の故郷ではない。三十年も四十年も昔の故郷である。

“Intimations of Immortality from Reflections of Early Childhood”

の詩を、私は、今から二十七八年前二十三四歳の頃早稲田に在學中坪内博士の譯註によりて幾度となく讀みては考へ、自分の幼時のことをあれこれと聯想してウオヅウオースの詩にあるとほりのことを自身の過去について思ひ比べてめい想した。そのころにも少なからず靈妙なる詩趣に興味を感じたが、この詩の幽深玄妙なる意味は歳々年をとるほどなつかしさが増して來るやうな氣がするのである。わたしにはこの詩が直ちに私に興味を與へるよりも、この詩を讀むことによつて、私の幼時をさまぐに懐憶するからである。

坪内博士の流麗優雅なる譯文を少しく掲げよう。

牧場も杜も流水も下界も森羅萬象も
くしき光につゝまれて我れには見えし時ありき。
たとへば夢裡に見るごとく、
清く、尊く、あざやかに。
今は昔と同じからず、
我れ、いづかたに向はんも、
夜にも晝にも、むかし見たりしその影を、今はまた見ること能はず。

ウオヅウオースは、この幼時の靈光感は、人間の靈魂が、ひとり現世の塵土に生まれ出づるのみならず、永久不滅の過現未三界を通じて生きるところより、いまだ現世の塵垢にけがされざりし頃の清淨なる魂が幼兒に持續されてゐるからであると信じてゐたのであらう。

かしら、不滅のものがあるやうに思ふ。それは靈魂の輪廻のゆゑでなくとも、我々個人の主觀の上にて、記憶の中に幼少時のことは、まざ／＼と生きてゐるものである。もし我々が幼時の美しき追憶を全く忘却してしまつたとしたら、どんなものであらう。

吾々の一生は實に落寞とした、苦惱と醜惡なる現實にのみ直面した世界ではあるまいか。

ウオヅウオースには又「呼子鳥に」(Tathe Cuckoo)といふ。外國でカツクウといふ鳥に相當する鳥は日本の何鳥であるか知らぬ。或は閑古鳥ではあるまいかともいふ。併しながら私の幼時の記憶に依ると、カツクウは想像するに、定めしそのなく音によつて付けた名であらうとおもふ。すると、カツクウといつてなく鳥は私の幼時には、郷里の方にも居つた。四十年後の今日では、或は最早ゐないかも知れぬ。私の幼時村郊の野山を歩いてゐると、遠くの山の麓、近くの林藪の彼方で、カツポウ／＼といつてなく鳥の聲が聞えた。わたし達は、それをカツポウ鳥といつてゐたが、誰しも、その鳥の現の姿を認めた者もなく、又捕へたものもなかつた。カツポウ／＼とおちこちでなく聲が、いかにも閑寂である。その聲を聞くがゆゑに一入四邊の山野が閑靜を増すのであつた。吾々は、それをなく音によつてカツポウ鳥と呼んでゐたが、また一つには、その鳥のなく頃が、外國のいはゆる五月の季節で、私共の郷里では、たけのこの生える頃であつた。春の終りから、やがて、そろ／＼梅雨季に入らうとする頃で、田舍は一入の閑靜であつた。私はそのカツポウ鳥の聲を、ひとたび幼時に立返りて聞きたい氣がする。

わたくしの懷しき舊知は、悉く故人になつてしまつた。山河は舊り舊態依然としてゐるが、そこに生きて動いてゐた人は、今は空しく私の幼時の追憶の中にのみ生きてゐるのである。

ウオヅウオースのいはゆる幼時の榮光の色褪め果てた今日、私の餘は、ひたすら現實の苦惱の海に漂いてゐるやうなものである。そこに何等の懷しさといふものがない。(終)

獣　子供を飲んだ大鯰を発掘　●佐賀新聞　昭和二年二月七日　2-16

子供を飲んだ大鯰を發掘

(大阪電話)五日午前十時頃大阪市東區生野町林寺生野都市計劃工事の爭め路面を掘り返す中長さ五尺胴廻は一尺五分と云ふ稀代の大鯰の死体を發見した同所は元今川と稱し巾二間位の溝であつたか兩方の道路から埋立てたもので其際溝に埋沒されたものらしい古來今川には小供を飲む蛇が居るとか大坊主の化物が居るとか言はれて居るが全くの正体は此の鯰であつた

資　大念仏寺の宝物　幽霊の片袖に　●大阪時事新報　昭和二年二月十七日　2-17

大念佛寺の寶物幽靈の片袖香盒と縁起

大念佛寺の寶物 幽靈の片袖に

縁の深い住吉の社人松太夫の後裔が判明した話

大阪住吉區平野町の融通總本山大念佛寺の寶物「幽靈の片袖」は有名だが、それに縁故の深い「津の國住吉の社人松太夫」の後裔が東區道修町二丁目神農さんの社掌山上淺三郎と判明した

◇

「幽靈の片袖」の出來は大念佛寺誌の高僧略傳中道和上人の傳に、ある六部が箱根芦の湖畔で「顔青く髪長く形容憔悴」した一女に逢つた、その女が「我れはこの津の國住吉の社人松太夫の妻なり、今日身死して當山地獄の苦を受く、願はくば彼國平野大念佛寺に一遍の回向に預り、苦を逃れしめよ」と片袖に香筥を出した六部はやがて

津の國 に赴き松太夫に逢つて右の品を示した處が果して妻のものと判り、平野に詣でて道和上人に請ひ、その苦を脱せしめた――それは今から三百年前の物語である

◇

その松太夫とは、今の官幣大社住吉神社の神官で姓を山上と稱したそれは元の宮司男爵津守國榮氏の祖先から分れたものであつて、初代から松太夫と稱して社人を勤めてゐた「幽靈の片袖」は十六代松太夫らしく

其屋敷 は今の住吉神社内大社前の東方鳥居前にあつた坊舎跡がそれである

◇

末裔山上謙三郎氏も松太夫と稱し同氏は「幽靈の片袖」に付いて新しい解釋を下してゐる曰く

幽靈が六部に託したといふ事は全然事實でなく、當時の記録がないから判然しないが、場所が箱根と云はれ、顔色が蒼白であつたといふ點から考察すれば、松太夫の妻が病氣のため箱根の温泉へ湯治に行つてゐたものであらう、時代は元和三年といふから

大阪城 が滅びて徳川初期である、關西地方には大阪方の落武者が徘徊し交通不便の折柄、廻國の六部がたま〳〵箱根權現社に參拜したのに會し、夫松太夫に音傳を頼んだ際、妻である事を證明するため自身の片袖をちぎつて渡したものと思ふその後、妻は音信もなく死亡したらしいので、その片袖を平野大念佛寺に送り回向を請ふたのが眞實であらう

地蔵橋　恐ろしい因縁話

怪

●長崎日日新聞　昭和二年二月二十日　2-18

地藏橋 恐ろしい因緣話

加害者の姑が突落さる
提灯の火は狐でも狸でもなかった
勘さんの幽靈が出た

十年前に行方不明となつた一青年北高來郡湯江村大城勘次郎（當時二十七歳）村人は何處の果で死んでゐるか、それとも未だ炭坑あたりで眞黒くなつて働いてゐるだらうと、餘り氣にも止めずにゐたその大城勘次郎が

奇怪 にも同村から姿を晦ましたその時には既に、同村善住寺名の畑中の肥溜に屍體となつて冷たく沈んでゐたのである、勘次郎の父は「祭文勘」と村人は綽名してゐた祭文語りであつた、祭文を語るばかりでなく、彼は阿呆陀羅經ももうまいもので、村の子供達はその後からついて歩いて、祭文や阿呆陀羅を聞いて廻つた、彼は倅の勘次郎が強盜で歸村して、病氣[illegible]復すると再び

姿が 見になくなつたので彼も亦何處ともなく同村から姿を消した、今どこへどうしてゐるか一人の倅が悲慘な最期を遂げたことも知つて居るか、ゐないが、それとも既に此の世のものでないのか、その邊の所は全く不明であるところが勘次郎が湯江川に架せられた地藏橋から川の中に突落されたその地藏橋に、世にも恐ろしい因緣話がまつはつてゐることが今村人の間の

話題 となつてゐる「地藏橋」と云ふ名からして何だか魔所のやうである、話は少し前に遡る三日の月は早くも山の端に沒した本月四日午後七時頃、トボトボとその地藏橋に差しかゝつた老婆があつた、年の頃七十に近い、身裝りも貧しさうである、早くも四邊は夜の帳が下りて、闇の彼方にかすかに仄見る提灯の火影、急ぐ夜道ではないが、その老婆はあたりの森とした

寂寥 に、よい道連れが出來たと、急いでその提灯を追ふたところがその老婆が漸くその提灯に追ひついた所は、その恐ろしい地藏橋の上であつた、すると何時

の間にかその提灯の火はボッと消えてしまつた、老婆はその儘立ちすくんで、甚だしい恐怖に襲はれて、全身にぞく〳〵と粟を生じたその瞬間グラ〳〵と眩暈がしたかと思ふと、深い〳〵

奈落 の底にでも落ちたかのやうに思はれた、漸くして目が醒めると、全身に何か冷たいものを感ずる、それでよく〳〵見ると地藏橋の下の河の中にはまつてゐるのである、老婆は一生懸命に悲鳴を揚げた、折柄の闇を破つて聞ゆるその聲に、何事たらうと附近の同村消防組員永江禮二が逸早く駈け附けて見ると、一人の老婆が河に溺れかけてゐる、これは

大變 たと早速橋の下に飛び降りて引揚げ、手當を加へて見ると、それは同村字宇良市郎次の母山田タヲ（六〇）であつた、タヲ婆さんは漸く蘇生した、様子を聞いて見ると狐か、狸にたまされたのであらうと云ふ、今頃狐狸とは不思議たと、村人は噂し合つてゐると、今度の十年前の殺人事件が勃發した、大城勘次郎が蹴落されて無残な最期を遂げたその同じ地藏橋から

化物 に突落された老婆、その老婆タヲは今回の事件の加害者の一人である横尾松一の妻の母である、あの提灯の火と云ふのは狐でも狸でもない、實は十年前殺された勘次郎の幽靈で、加害者の一族であるタヲ婆さんを取り殺さうとしたのではあるまいか……と飛んでもない因縁話の噂

怪　乳を出す牛の木

★伯剌西爾時報　昭和二年二月二十五日　2-19

純良牛乳に劣らぬ
乳を出す牛の木
惠まる〻國ブラジルの森林に奇蹟的事實

アマゾナス流域謎の大森林中には樹幹からガゾリンの採れる

珍木の あることはかねて本紙に報道したが、それにも劣らぬ奇樹が發見された、それは牛でも山羊でも羊でもなく神秘の大森林に生ひ茂る樹木が牛乳而も純良な牛乳を産出すると云ふのである、尤も發見と云つても

古い事 ではあるが最近それがサンパウロ博物館植物部長ホエチ氏に依つて發表されたのである、それに依ると一九〇九年マトグロッソ州のクヤバ市を距る百五十レグアス、ジュルエナ地方を探險中、案内役の一ブーグレに

教へら れたのだと云ふ、以前からアルボレバッカ或はバッカと云ふ名はきいてゐたが、ホンの傳説に過ぎないと半信半疑でゐたもの〻、愈々實物を示され樹皮を傷けて流れ出る液を手にうけて一と口飲んだ時、成る程と其の

眞實な のに肯いたのだと云ふ、その味はサンパウロの水分の多い牛乳などとても足下にも及ばず、ミナス産牛乳の最も純粋なものに匹敵してゐる、然し飲む時注意すべきは、飲用後直ちに口中を水で洗がない事である、それは水の爲折角の

養分が 皆溶けて消滅してしまうからである、同樹は四十米突以上にも生長し、樹幹の直徑一米突半以上たることは珍らしくない、牛の樹の乳は生で飲めるばかりでなく、沸かしても又茶や珈琲にまぜても飲用出來而もほんもの〻牛乳と殆ど

差別が つかないほどの味だと云ふ、お〻ブラジル、惠まる〻國！テイラ・デ・マラビリャス……!!

幽　亡霊に悩まされて自殺

●九州日報　昭和二年三月一日（二十八日夕）　2-20

不義の妻を突刺した飛行中尉
十年後の其日に亡霊に悩まされて自殺
久米氏の小說『天と地』の主人公

◇……【大連特電二十七日發】昨年夏雜誌婦女界紙上に連載され讀書界にセンセイションを起した久米正雄氏の情炎小說『天と地』の主人公のモデルである木築嚴船山現在大連市兒玉町九關東廳土木課官舍に居住する關東廳土木課臨時雇前飛行中尉[illegible]は二十六日夜炊事用ガス管を蒲團の中に入れ栓を明けた儘にしてガスを室内に充滿さして窒息自殺した

◇……夫は醜る數奇な運命を辿つ

て來た男である『天と地』の主人公の波瀾を極めた運命は彼の半生の歴史であるが其の去につき探聞する所によると同人は元陸軍飛行學校に陸軍飛行中尉をして勤務し大いに其手腕を認められてゐたが妻が某高等學校生徒との關係を知り激怒の餘り軍刀を以て妻女に突刺し返す刀で割腹自殺を企てたが死に切れず懲役十年の囹圄の人となつた

◇……懲役一年後恩赦により出獄し大正十五年七月同縣人の知人の娘を娶り來道したものであるが最近結婚した第二の妻も毎夜突刺した妻女の亡靈に惱まされ兇暴の限りを盡す夫に恐れを感じ數日前無斷家出を爲し目下行方不明である

◇……廿六日は丁度十年前彼が妻女を突刺した日に當るので今や『累物語』めいた怪談さして市中の評判でもち〱である。

怪談二つ　金を返さん家に婆さんの幽霊　他

●小樽新聞　昭和二年三月二日　2-21

怪談二つ

金を返さん家に婆さんの幽靈

◇……生き殘つた爺さんに思はぬ金のつる

根室町には最近心中自殺と相次で續出したので怪談話のあらぬ噂が傳へられてゐるが之れが亦眞しやかに傳へられ物的に根據があるから面白い

根室郡生町五丁目にさゝやかな雜貨商を營んで居る佐藤彌兵衞と云ふ六十を越した獨身の老人がある

此老人の許に最近五圓十圓と云ふ金を持參して長引いて濟みませんでした」と謝罪の言葉を殘して立去るので爺さんには何の事か判らず不思議でならないので聞いて見ると其譯と云ふのは昨年暮死亡した婆アさんが存命中に爺さんに隱し貯めた三百圓ばかりの金を附近のものに貸附け利子を取つて樂々でゐたが昨年十一月頃ふとした風が元で遂に十三日死亡した　處が病床にある時には未だ死に度くないく〱と口走つてゐたが金を貸してある者は爺さんに一言も洩らさず其當時から借りた者は婆アさんの病床を訪れ金を持つて來て死んだ後の今日尚爺さんの何も知らぬ金を持つて來ては返して吳れるのであるが借りて返さぬ家には婆アさんの幽靈が夜な〱出て薄氣味惡くてならないので

不景氣中にも借りた者は消繰して返濟すると云ふので此附近では此噂で持ち切つてゐる

狐にだまされたか

夢見ごこちの夕張產婆さん

殘る謎は拾圓札

反物は途中で紛失

昭和の御代にもこんな怪談がある一週間程前夕張町福住に住む某產婆さんの表戶を眞夜中に慌しく叩き起すので出て見ると難產ですから是非先生にとの御意早速身仕度整へて御伴して行く程にイツカ夢幻……辿り着いたは立派な洋館でイザ先づと奧に通され苦しむ產婦を看てる内無難に玉の樣な男の子！主人とも覺しき有髯の紳士に色々お世話でしたと金一封と反物一反贈られ小間使に送られ歸つたがウスボンヤリ御主人の炭礦病院の御醫者サンが氣づけを與へて漸く正氣づいたが反物は途中で紛失したが謎の一封は正金十圓だが木の葉にでも代るかと一週間そのまゝだが礦山の社宅では狐の難產だらうと評判が高い

大谷に毎晩人魂　ふわふわと飛び廻る

★樺太日日新聞　昭和二年三月二日　2-22

時は今昭和の聖代なのを知らずにか

大谷に毎晩人魂

ふわ〱と飛び廻る

部落民も今では馴れて一向平氣

樺太郡落合町大字大谷部落附近に於て近來每夜の如く人魂がとぶと云ふ物騷な噂があるが右につき同部落駐在巡査矢野氏の談をきけば語る『つひ四五日前にも一人の杣夫が帽子も荷物も投出して駐在所に飛こんできたが私も二た晩續けてみました。人魂のとぶケ所は一定してゐません大谷丸山附近の空中にポカッと鷄卵大の光物が現れたと思ふとそいつが青と赤の光りを發しながら廻轉し次

一度は

節に下降するのですが下降し次第大きく光力も弱くなり青赤の色彩もハッキリしてるましたがやがてスーッと直下し始めたと思ふと急に横にきれてフワ〱と二三回空中を横に流れてゐたと思ふと

其の儘 スーッと落下

して消えてしまひました二度目にみたのは同部落の某ロシア人の家へ用事があつて訪問してゐた時で急にパッと室内が明かるくなつたと思ふとサッと窓の外を光りが飛んで行つたので直にみんなで出て見ると丁度人の頭ぐらゐもある人魂が素晴らしい勢ひで飛んで行き彼方の家の

屋根を 越て落て行き

ました因に角非常な光力で夫が現れると附近が俄に明かるくなります。何でも下へ落てしまふと一分間ぐらゐ赤く燃て居るそうです。一番最初に見た人（その以前は不明）は本年一月二日の夜だそうで最初は恐ろしがつて居たが今では却て態々外に出で、見る位になれてゐます。矢張燐でも燃る類かも知れないが夫にしても殆ど今でも夜な夜な飛んだのをみるといふから不思議は不思議です」と

幽　浜の一つ家にゆう霊が現わる

●峡中日報　昭和二年三月五日　2-23

濱の一つ家に　いう霊が現はる

調べてみたら何んの事　ガラスへ灯が反射して

東八代郡豊富村浅利部落から一寸離れた濱と云ふ山沿の場所に十数年ぐらもポツネンとたつた一つ家がある勿論廃屋で住む人とてもなかつたが最近この家の中から

怪火が 洩れると云ひ觸

らされて忽ち大評判となつた或者は十数年前この家に棲んだ主人が料理屋を営んでゐた折酌婦と關係し本妻を虐待しろくに食事も與へず遂に虐殺したことがあるからその妻君の亡霊であらうと誠しとやかに云ひ歩き怪火は怪異をうんで風評は益々大きくなつて行つたので同村駐在所巡査は放つてもおけぬと二十八日深更その正體をたしかめんと張り込んで調査して見ると同家は浅利部落に面した建物で屋内に六尺位のガラス障がありその附近の常燈の光りが反射してキラ〱と光つてゐたものと判明したがあわて者がそれを、

幽霊の 鬼火と見てかく

人騒がせしたものであると

獣　大坂の埋立地から大鰡の怪物を発見

★新世界　昭和二年三月七日　2-24

大坂の埋立地から　大鰡の怪物を發見

子供を呑む大蛇だといふ噂

二月五日午前十時ごろ目下工事中の大阪市東成區平野町林寺生野土地區劃整理組合の工事場から長さ五尺胴廻り一尺五寸といふ途方もない大鰡の死體を發見した

同所はもと今川といふ市二等位の溝川のあつたところで一ケ月ほど前道路にするため埋め立てた場所で丁度林寺堤を埋めたところを下水の土管を埋没するため掘つて發見したものであるが以前から附近の人々は子供を呑む蛇がゐるといひ子供が坊主がゐるといつて恐れてゐたところで多分一ケ月前の埋立の際土砂で生うめにされたものと見え腐敗もせず原形を保つてゐる、口の大きさは大きい犬の口くらゐある鰡の化物だと大騒ぎである

妖　淡い春の夜語り　狐狸化け競べ（一）狐の巻

●紀伊新報　昭和二年三月八日　2-25

淡い春の夜語り　狐狸化け競べ（一）

海山　千歳

…狐の巻…

淡い春の夜に埋れ火をかき立てながら語たにふさわしいお化けの物語です。科學の普及は種々な怪奇な傳説の痕跡を絶たうとしてゐます。でも矢張り傳説は傳説として、何人も興味を感じてゐるここで

せう。それらの中から人類と最も深い關係のあると思はれる狐狸についてそれ〲の物語より所謂彼らの妖術をもつて人間をたぶらかした物語を紹介して見ませう。（因に文中多くの例は藤澤衛彦氏の著書によつた事を一言お斷りしておきます）それから人間に化る狐は人間の男性に化るか、女性に化るか、將又狐は其の牡牝によつて化た結果に相違があるかといふに、我國では大體に於いて、牡牝何れの狐でも女性にばけて、主に人間の男性をたぶらかすといふ形式を示してゐること、及びそのばけ方が大体に於いて悪戯、報恩、報化の三種に分類されてゐることを序ながら附加します

一、狐の悪戯

上野國天王村といふところに長井玄順といふ本道外科を兼ねた醫者があつたが、その一子玄的ある春の一日、藤田大助といふ浪人の嫡子幸内と二人づれで、伽藍跡といふ櫻の名所へ見物に行き、晝頃まで遊んで二人は歸途につき經堂の邊りで別れたが、西の門あたりにて玄的は一人の美女に出逢つた。玄的はその女子を見ると忽ち身の毛もよだつばかりにぞつと戀風に襲はれてふと言葉をかけてより、二人はそこらをそゞろ歩き、誘はれるまゝに池の中に入つて行つた。

玄的の美女と見たのは、無論狐のばけたもので狐は悪戯に玄的を池に誘ひ、自分は池の畔を歩いて行くうち、玄的はたう〲深みにはまつて溺死してしまふた。翌日玄的の草履が千蓮池に浮いてゐるといふ知らせに驚いてかけつけた時にはもう後のまつり、哀れ玄的の死骸は薬を施すすべもなかつた。玄的の母はそれより狂はしきまでに泣きあかし如何にもして仇をうつべし誓ひを立て、とう〲狐を呪ひ殺したといふ

二、狐の報恩（支那）

支那の紅娘は松亭の黒狐であつたが、驍騎の隊長に捕へられて殺されんとしたところを歩兵の大將に助けられた恩を思ひ、艶麗の美婦にばけ「大將が晩年の寂寞を慰めて厚き志を致した。大將もそれが狐である事を知つて相手にしてゐた。大將の息は父老の美人を貯へてゐるといふ噂をきゝ、自分も護軍の同じ兵舎に居るのを幸、ある夜話を便りに大將の居間を隙見したところが、美人の影もなく獨り大將が面白さうに喋つたり、笑つたりするのが見られた。その後の事である。大將がいつもの通り枕を並べてふせつた夜明け方、女はすゝり泣いてゐるのを見て何事であらうといぶかつてゐたが、翌日に至り、老年の故をもつて官を罷めさせられたので悟るところがあつたといふ（次は播磨のおよし狐の報恩を紹介する）

獣

淡い春の夜語り　狐狸化け競べ（二）狐の巻　●紀伊新報　昭和二年三月十日　2-26

淡い春の夜語り

狐狸化け競べ（二）

海山千歳

…狐の巻…

狐の恩報（日本）

播磨國姫路の正一位刑部大明神の御本体は、老狐たるおよし狐と呼ばれてゐる。その名をおふことであるが、およし狐はもと、姫山の舞、挪本寺（今の坂田町善導寺浄土宗の舊名、昔は挪本に所在した）に住んでゐた白狐（「古記」）で美女に化して人間に等しい働きをしたといふ記録に多く見えてゐる。

づつきの話。およし狐が六右衛門の娘、なこ山の太郎狐と契つた。同寺の寺主はその日、

白雨に傘をさして通りかゝつたところ、中宇に引裂かれ絶え入つたといふ事が『うつゝ物語』に出てゐる。

又或る時、これもおなじころの獵師が鐵砲を擔ぎ山に出かけた路、一匹の狐が大蛇に捕へられて絞め殺されそうになつてゐるのを見かけた。獵師はその狐が世にも名高いあまし狐ではあるまいかと思つたので、鐵砲を大蛇の咽喉に向け、うまく狐を助けてやつた。まあまあいゝ事をしてやつたと、その夕暮旅籠へ獵師が自分の家へ歸つて來ると、これもある林を通りかゝると突然行手の道の眞ん中へ一人の女がぶら下つた。既にたそがれ時とはいひ、突然の事だつたので、獵師は全くびつくりして『おつ』と言ひながら後ずさりすると同時に、今度はその怪しげな女がどしんと地べたへ落ち、これも『あつ』と、かすかに叫び聲をあげた。獵師と此女との間はほんの僅ばかりだつたので驚きと怖れとに、うちにも獵師の頭には此怪しい女、これつ首つりだなといふ考へが浮かんだ。ふと見ると確かに女の首の廻りに細い繩が垂れ下つてゐる様子。獵師は暫く恐怖したが心を鎭めて何の妖怪でなければ、たかゞ人間女一人のこと先づ腰をかゞめてよく見るとつお、ぞうともしたとたんに繩が切れたのと見えて咽喉には繩を常つてゐるな様子だが、氣の弱い女氣に自分ではどこんと落ちると同時に、死の國へ行つたとでも思つたか全く氣絶してゐる様子。獵師は急いでそのあたりの泉の水をすくつて來て、用意の藥を口移しにして水を吹きかけ介抱すると、幸にも女は氣がついたらしい。

『さて〳〵無分別[illegible]方ぢやが、まあ取返しが[illegible]いて結構だ。氣をたしかにさつしやい』

といふと

『はい、どうもありがとうございます』と言ひながら女は自分の身を見廻した。

『何、ありがたいもなにもない。とかく繩が切れたればこそお前さんの運もあつたといふものだ。それよりもお前さんは何處の方ぢや　送つておげやう』と、氣づかはしさうに獵師がいふと『はい〳〵ありがたうございますが、どうでも死なねばならぬ身の上どうぞ見逃して下されませ』といふ。

『はてさて情のこわい者だ。何も氣づけえな事はねえ、わたしや怖い者ぢやない、ひよんな所へ來合せてこれが見捨て、行かれるものかな、例へどのやうなことがあるとも命を捨てるといふやうなことがあるものか、わたしが仲へ入つたからにはぐてもよいやうな工夫もして何とかしてお前さんの死なくともよい樣にしてあげるから、まあ〳〵一緒に行きなさい』

『はい〳〵どなた樣かは存じませねど御親切なお言葉……實を申せば私は繼母の手にかゝつてゐる者でございますがどう〳〵親のことを申すのではございませぬが、言ふに言はれません恐ろしい譯がございまして、死なねばならぬやうなはめになりました、御親切はありがたうございますが、そうしたことこそや妹への義理など考へましたら、もう〳〵お供する心にはなられません、父さんも此春なくなりまして廣い世界にはもう頼る人もない身、いつそ死ぬるが今の私には一番近道なのでございます』

『さうですかい、それはよく〳〵のことでせう、今お前さんが家へ歸れないといふなら何暫く私の家に來てそのうちよい折を見て歸んなさるがよかろう、何れにしろ死になさるには及ぶまいこと』と獵師が心から止めたので女もその氣になり『そんなら、何分ともによろしく――』と、解けた髪をぐるぐると卷き今更切れた髷い縄を取るのも恥しそうに、連れられて獵師の家へやつて來た（この項未完）

獣　淡い春の夜語り　狐狸化け競べ（三）狐の巻
●紀伊新報　昭和二年三月十一日　2-27

淡い春の夜語り
狐狸化け競べ（三）

海山千歳

…狐の巻…

一日二日と居るうちにはお互ひに心も知れる。女も隔らうといはず、獵師も重寶なので、又三日四日と過ごす。それに不思議なことには獵師が山へ出ようとすると、ここそこの山には兎か澤山ゐるのここそこの谷には確かに鹿がゐるのと敎へてくれる。その通りにやつて行くと、きつと澤山の獲物があるので獵師は大喜び。全くこの女に占ひの術があるのだろうと一層重寶なものに思つた。それに女は美人であり年頃も自分に格好なのでどうかして夫婦になつて貰ひたいとは思ひながらも、女が非常に禮儀が正しいので心を打ちあける折もなく、ぐつてみだらな事もなく日を過ごして行くうち、此獵師の家に大變な美人がゐるといふ評判が立つて、獵師の知り合連中が默つて女房をもつとはあまりだ。知らせる位してもよからうと苦情を並べにやつて來た。獵師は頭をかいて、何の女房であるものか實はかく〳〵の次第でまだ綺麗な仲だといふ。よもそれでも友達の手前だ、一つ取持つてやろうといふ譯になり女の方に話をもち込むと、二三日考へさして下されといふ。二三日立つても返事がないので仲人が返事を督促すると、お話になるまいと思ふから止めにしてくれろといふ挨拶だ。獵師に取次ぐと獵師はもうこの話しに熱心になつてゐたのではかどりが遅いので實はやきもきしてゐた矢先、あの人柄に惚たのだこれから先女にどんな缺點があるとわかつても決してかまはないから是非なつてくれといふ熱心。すると女は全く恥しそうな顔をしてそれではと餘儀なく承知をした。善は急げといふので翌日の晩いよ〳〵結婚といふ事になつた。男は此邊の獲物で幸大分裕福になつてゐたので、結婚式には大いにはづむといふ事になつてた處、此結婚の費用は私にまかしてくれろと女がいふので、をかしいと思ひながら女任せにすると翌朝女は一寸出かけて間もなく歸つて來た。すると續てしていろ〳〵の衣服調度を持つて來る者がある。結婚式の御馳走を取揃へて持つて來る料理屋がある、獵師は何處でこうまで揃つたものか、短い時間によくまあと大變不思議がつて女に聞いて見た。然し女は默つて淋しい顔に笑をもらすばかり。其のうちに女の手傳ひ人といふのがくる。獵師の友達連中が、やつてくる。いよ〳〵式が始まるといふ事になつたが花嫁さんは恥しいといふので明朝まで綿帽子をこのまゝにしておいて下されといふ。獵師はお互ひに氣心も知り合つゐる仲、そんなに恥かしがらずともよいではないかと、一旦は言つたものゝ今宵だけといふので殊には平生から禮儀ぶかい物耻の性さ、別に怪しみもせずにゆるしてそのまゝ綿帽子を冠つたまゝの花嫁さんとお床入してしまつた

こうしてその翌日の明け方になつた、獵師がふと執心の花嫁さんを覗き見ると、花嫁さんはいつの間にか綿帽子を外してゐる。ふと見るとそ

の花嫁さんの顔が違つでるな。これはと驚いて『あつ』と猟師が小さい叫びをあげるとぱつちり花嫁さんは眼を開いた。愛はしげに猟師を見たがやがてにつこはづかしげにほゝ笑んだ（つゞく）

獣
淡い春の夜語り　狐狸化け競べ（四）狐の巻　2-28
●紀伊新報　昭和二年三月十二日

淡い春の夜語り

狐狸化け競べ（四）

海山千歳

…狐の巻…

猟師にはさつぱりわけがわからない。いつの間に花嫁さんが取違へたのだらう、猟師がぢつと考へ込むと花嫁さんも不思議そうな目付をして猟師を見やつた。暫くたつて猟師から口を切つて

『あなたはどうしてこゝへ來ましたか』と聞いた。

『え……どうしてだかさつぱりわかりませんが……』と花嫁さんも疑はしさう

『あなたは何處の方ですか』

と猟師『はい私は何々村の何某の娘の何といふものでございますが』と花嫁さん

『えつ、あの名に高い……』

猟師は全く驚いてしまつた。とたんに彼は大變な事になつてしまつたと思つた。

『まあ――したが、どうしてこうなつたんか――あなたの知つてるだけを聞かして下さい。私にはさつぱり譯がわかりません』、

『はい――申上げませう。昨日は、あの――私、隣村の何々様の處へ嫁入の日になつてをりました。進んではをりませんかつたが、親達がいろ〱義理に迫られてるた處がわつたいのですから、據ろなく與人といふ事になりました。すると丁度私が行末を考へて心配してをりましたその朝方何處の方とも知らず女の方が不意に私の部屋の窓の下にみえました。そして私、小聲でまうされろには――』

『ほう昨日の朝方、あなたの處に見えて――だがどんな女でしたか』

『はい、立派な品格を身なりも卑しくない一目見て信用の出來るやうな方でした』

『で何と云ひました』

『あなたはその清いお躰その美しいお心を何々のやうな心も躰も穢い者に任せてはなりませんよ、こうおつしやるものですから』

『ほう』

『私は、自分も両親も進んでるるのではないのです。全くせつぱつまつて嫁がらとなつたのです。と申しますと――其方のおつしやるには、では私が救つてあげませう。あなたは只私の指圖通りなさい。すれば此嫁儀から逃れます。更角その方はりにあなたは隣の處へ與人せねばなりません。お嫁さんはちやんと私が立派な方を見立てゝあげます。すればあなたは幸福な身の上になられます。心配せずに私におまかせなさいませとおつしやるのです。私はすつかり信用してしまひ、それに此いやな婚禮を逃れるならたとひどんな處へ嫁つてもよいと其四五日前から思ひつめてをりました矢先ですから、すつかり其方へお任せする事にしてしまひ萬事その方のお指圖に從ふことになりました』

『……』

『與人の途中にでも救ひに來て下さるのか、それにしてもどういふ風にして救つて下さるのかと、それを心配してをりました。ですがいよ〱御儀式が始まることなつてもその方はまだ救ひに來て下さらないのです。私はあの方はあゝまで約束して下さつたもの今迄救ひに來て下さらぬ處を見ると、やつぱり駄目だつたのかと、がつかりして綿帽子被つたまゝ全く觀念してをりますと、誰とは知らず私の耳元に口を寄せて綿帽子は明

獣

淡い春の夜語り　狐狸化け競べ（五）狐の巻

●紀伊新報　昭和二年三月十三日　2-29

淡い春の夜語り
狐狸化け競べ（五）

海山千歳

…狐の巻…

『あつ、およし狐』と獵師がこう獨言つ聲を聞いて花嫁さんも、獵師の眼の行方を見た見るとそこには一匹の狐がゐる。

『これで樣子がわかりさうだ』と獵師が輕く頷いた時、狐の姿は忽ち昨日までの女、あの首をつろうとしたところが自分の助けた女に變つた。

『やつぱりさうだつた』と彼は又新しい叫び聲をもらした時、その狐から化た女は又、別の姿へ立派な女に變つた。

『やつ、あの方です。一私を救つて下さつた方は』と今度は花嫁さんが叫び出した。さういはれるとその女は直に、につと笑うてやがて又その狐に返つた。

『あつ、やつぱりおよし狐だ』と獵師は幽かに獨りごつたこれで獵師には總ての樣子がはつきりと判つた。

『あなたはやつぱり別らないところがあるでせう。それを今私がすつかり話してあげます』

こういつて獵師は自分が山で狐を助けた話から、その日又別の女を雜木林の中で助けた話、その狐も女もおよし狐だつたのでおよし狐は一旦助けられた禮をするため。再び女に變つて私に助けられ、私に毎日の獲物の所在地を教へてくれたのださいふこと、元來が獸だつたので禮儀をもつて不斷の愼みを私に持たしてゐた處、今度私の友達などから勸められていよ／＼義理たつまされ、仕方なく身がはりを立てゝ、私の身な人間さして至うさしてくれたのださいふこと、それから一方であなたを救つて私に取持、己はあなたの身代りになつてそのいやな庄屋の處へ輿入してゐるに違ひない。こに角これは此まゝでは濟まされないからさいふので、急ぎ人をもつて密かに花嫁さんの親御の處へ事由を知らせる。花嫁さんの父親は大變に驚いて飛んで來る。しかしこうした事は人の手で出來た事でなく、萬事はおよし狐のおはからひさいふ事だ、まづ／＼さいふことになり、既に出來てしまつた獵師さ花嫁さんとの間は其儘に濟む事になつたが、濟まされないのは庄屋の婿殿の方だ、今に判つたらさんだ話しを持ち出されやう、それまでは未だ[illegible]

日までこつてはいけません。すればあなたは救はれますでかいま申もゝがございます。はつきして私はやつぱり救ゝれるのださ思つてをりましい。丁度お床入り間際になつてお顏はわかりませんでしたが女のお聲であなたは救はれまでした。さあ　私こ一緒においでなさいさ手をとられました迄は覺えてをりますが、それからは全く夢中、それでもどなたかさお床入をしてゐるのを知りました。違つた方の處へまゐつたのであらうこそれからは又、たゞ恥かしく……そして、ついうこ／＼してゐるをりから、あなたのあつこいふお聲に目をさまされたのでございます』

獵師は聞けば聞く程不思議な話なので一旦は疑つて見たもの〻、却て疑はれだしたのは昨日まで自分こ共にゐた女の事であつた。でその朝起きて出すさすぐになにやかやこ探つて見た。するこいよ／＼怪しい事だらけなので。心靜かに順序を追ふてその女の言をに考へてゐた時獵師の眼に映つたりは窓の向ふに一匹の大きな狐が頻りにひよこ／＼辭儀してゐる姿であつた（つゞく）

ふやうにと、花嫁さんは私達着まで外へは決して出ないやうにと、くれ〴〵の注意などかあり。さて例の一旦舎まりかけた庄屋の婿さんの方を探つて見たところ昨日来た花嫁さんはちやんとゐるとのこと、こうなると花嫁さんのお父さんにはどつちがどつちやら判らなくて途方にくれるうち、門出だつた例の花婿さんが病氣といふ事を聞いた。さてはと猟師などが密かに噂してゐるうちに、日をおいてその婿さんがなくなつたといふ形ば傳へられた、人間が白狐に交はると精氣を吸ひ取られるといてゐたが、果してそうだつたと猟師は先づ大喜び、そのうちに又花嫁さんのお父さんの庄屋も死んだといふので花嫁さんはお里へ歸られるといふ噂が傳へられた。

[illegible]のこと、[illegible]猟師の[illegible]こなつてゐる花嫁さんの父[illegible]かやつて来て[illegible]話し[illegible]庄屋の家からおよし狐の親切で、私達夫婦の目にばかりは狐の嫁入歸りに見えた。して見ると此處の娘が全く私の娘だ。世間体は改めてあなたへ嫁へつにといふ事にするから、どうか仲よくしてくれおと話しゐる時。外はけん〳〵といふ狐の聲。二人が聞きつけて出て見ると遠く向ふにおよし狐が最初娘の姿に化てゐたものをだん〳〵正體を現し見せす全く三人を安心せしめたといふ事である。

こうしたおよし狐にばかされた傳説はまだ〳〵澤山あるけれど、およし狐は決して正直な人には悪戯をしない。ばかされてひどい目に逢ふ者は、きまつて性悪者、ばかされてよい目に逢ふものは性のよい者に限つてゐたといふことであつたが、江戸時代には随分と人のよい人もばかされたとかいふことである（次狐の復讐）

獣　淡い春の夜語り　狐狸化け競べ（六）狐の巻
●紀伊新報　昭和二年三月十五日　2-30

淡い春の夜語り

狐狸化け競べ（六）

海山一千歳

…狐の巻…

四、狐の復讐

山城國醍醐に原田藤太といふ者があつた。心あくまで剛に憐れみの心にかけてゐた。常に狩を好み、或時孕みたる狐を生捕り殺さうとしたところ、狐は腹を指し涙を浮かべて助けを乞ふを、剛氣の藤太は許さずして打殺し歸る道に二八ばかりの美女に逢ひ誘はれて契をこめた。その翌日のことである。原田の家来どもは主人の歸り来らざるを案じし山々を尋ね歩き、漸くとある洞穴の入口にて藤太の狂態を見出し、手引き足引き連れ戻つたが、其後精氣を取られしにや間もなく死んだといふことである

五、怪異を知せる狐

東京小石川大塚の今陸軍兵器廠（舊火薬庫）のある四萬坪ばかりの地は、もと幕末の閣老安藤對馬守信正の下屋敷で維新前まではこの地にかなりな森や林があつて、随分淋しい境地をなしてゐた。森には其頃随分澤山の狐が棲み藩主などのばかされた話なども段々に有してゐた。其他の小女郎坂と名づけられた邊りには、宵の口から小女郎に化た多くの狐がちよろ〳〵遊びに出たといふ事であるが、それらの狐は決して藩士等から惑されるやうな悪戯をした事はなかつた。それにはそれらの狐を統べる老狐といふのがいた極分別のあつた狐であつたからだと言ひ傳へられてゐるが、この老狐のためには特に昔から一字の稲荷神社が營まれてをつた。勿論稲荷の神に宇迦之御魂神を祀れるもので

あるが、此神、またの名を御食津神といふところから漢字・當と三狐神とし、誤つて狐の神ごさるゝに至つた。此もその狐が主神であると信ぜられてゐた。今でこそ、その稲荷社は僅にその名ごりをとゞめてゐるに過ぎないが、昔可なりの堂宇で藩士の信仰はかなり厚かつた。『新著聞集』の一奇譚を書いてる

藤堂大學頭飼養の孔雀を、め△時、當代の安藤對馬守が借受けて蠣殻町の御屋敷に籠に込めて朝夕愛でゝゐたところ、とある日狐のためにしてやられ頭と尾とを残すのみにされてしまつた。對馬守は非常に立腹してその儘大塚から勧請の稲荷祠を破却なし、のみならず明日は七塚の本祠をも打こぼたうと決心された。ところがその夜對馬守の夢枕に狐が現れて言ふには今度の儀は全く自分の知らない處であるから定めしヨツの狐の所為でありませう。三日のうちにその證據をお見せ申すといふところで、ふと眼がさめたので不思議に思つて本祠はそのまゝゆるされて置かれたところ、三日目の夢に又々件の狐が現はれ、詮議を遂げましてその罪を罰しましたといふことで、さめたので驚いて縁出て見たところ大なる老狐が殺されてゐたので對馬守は深く感じやがて破却した祠を再造營された

『新著聞集』の話はこういふのであるが、其後もこの狐は種々と怪異を示した。殊に何か家庭に異變のある場合など必ずこれを豫報したといふ事で、例の坂下門の變の前日なども甚だしく啼いてその異變を告げたといはれてゐる。

これは我國ばかりでなく支那では『廣異記』『集異記』『録異記』など狐怪變化を記録するもの多く吉凶は勿論、村里に火災なからしめた魏の管輅の如きもその他無數で狐怪は一つの信仰として一世を風靡した時代もあつたこの事である（狐の巻終り）

獣

淡い春の夜語り　狐狸化け競べ　狸の巻

●紀伊新報　昭和二年三月十八日　2-31

淡い春の夜語り

狐狸化け競べ

…狸の巻…　海山千歳（紹介）

日本民間説話では、ばかされ話の形式は狐の場合に述べた如く二三の異例はあるが、大ていばかされる人間は男性ではかす狐は女性に現はれたことが狐と人間の交婚説話に殘された常則的形式である共に、これらの説話を見るものゝ決して等閑視すべからざるそれら説話の規約である

ところが今日から書こうとする狸と人間の説話になると面白い形式の相違が見られるのだ。即ち日本民間説話のうちに現れる狸の變化は、これも四五の例を除いて大ていい男性に現はれて人間の女性をたぶらかすことになつてゐる●これが交婚説話上の狐狸に於ける大なる相違點である然しこれは日本のみで支那に於いては狐と共に女性に現はるゝものが多いことを一言斷つておく

さて狐と狸との化術の形式の相違であるが、狐の巧妙に反し狸の化方は實に下手である。狐のばかし方のいつでも一つの準備の上に形式されてゐるに反し、狸のそれはいつでも不用意極まつてゐる。從つて人間の狐にばかされることは何等の疑ひもなしに、飽くまで自然に彼等の術中に陥つて行くが狸にばかされることは多くそうでない

狐は正確にばける。然し狸となると、巨人とか大入道とか見越入道とか大頭とか大首大足、大手、等々何んでもかんでも馬鹿々々しい突飛な

ものにばけて出て忽ち人間を驚かし、人間をして膽をつぶさせそれを見てよろこぶとされることが狸の上に與へられた日本のばけ物譚形式の一つである。たとへ化術の先輩狸が茶坊主や小女郎にばけて出ても、たぬきの上に見られるおどかしと滑稽の多分にもられてゐるのは見のがせない

たぬきのユーモアといへば腹づゝみの俗信や、金玉八疊敷などといふのが古くから知られてゐる

×

とに角種々な書籍に書かれたたぬきは無智とされてゐるのが多い。彼等のばけ方には愚かなものが數多く、化屋敷などといふに於いても狐を家主とする化屋敷のしんみりしたるに反したぬきの大屋である化屋敷は芝居がゝりであるそれで折角人間に化けたものゝ大き過ぎたり小さ過ぎたり、或は一つ目、三つ目の怪異がつきまとひ、折角のところで本性のおどしや滑稽が連續され正体が見あらはされるといふ愚を演じる

ところがこゝにたぬきの決して愚鈍でない一異例を傳承する地方がある。それは四國と佐度ケ島のたぬき、むじなについてゞあるが、この二地方ではたぬきは絶對に狐より巧智で、たぬきと狐の化けくらべに於いて、たぬきの代表は永く狐の代表をその化術によつて服せしむるといふ不思議な説話を殘してゐる。それは伊豫松山の八百八だぬきや佐渡に名だゝる二つ岩團三郎むじな（『佐渡事略』には大たぬきとされてゐる由）である。

×

今こうした傳承を紹介しすは隨分な日子を要するからそれらの總てを略したい。もし私と同じ趣味の人があつてこれらを究めたいならば何れ私の知れる範圍内でお話しすっ事にしよう。只四國や佐度は全くたぬきの勢力範圍で狐は居らぬことさへいはれた時代があり、殊に佐度では他國の稲荷さんに狐を祀つたと同じやうに昔からむじな（たぬき）を祀つて十二權現などゝ言つて有難がつてゐるらしいことな附加して以下數回たぬきの化け話に筆をすゝめたいと思ふ

忽ちどうしたはずみか今村は堀をやつてしまへと、四名か男を煽動したので彼等は堀へつかんで雨上りの南新地中をほずり廻したからたまらない堀の全身は泥まみれとなり數ケ所負傷し果は虫の息きとなつた事件は堀より本社御坊支局へ警察の取調方を依頼して來たので警察へ通じた處かくの如き暴行事件なるに拘わらず警察は只一片の形式的取調べをなして之は本人が告訴しない以上は之以上取調べるわけにゆかぬと等閑に附した形跡があるこれに對し堀がひどりの貧しい勞働者なるが故にかうまで冷淡に取り扱ふのではあるまいかと批難の聲が高い、堀は負傷後床上に呻吟してゐるが昨今の經過は稍良好である

獣　淡い春の夜語り　狐狸化け競べ　狸の巻
●紀伊新報　昭和二年三月十九日　2-32

淡い春の夜語り

狐狸化け競べ

…狸の巻…

海山千歳（紹介）

一、鶴子三郎兵衛と團二郎狸

（何れも地名は佐渡なり）佐渡の鶴子に住まつてゐた三郎兵衛といふもの、急な用事があつて相川へ出ると薄暮に在所を出かけた。本道は遠ければ少しも早く行かうとて二つ岩道へかゝつたところ、秋雨の降り續いたる頃ゆえ、谷間の道すべつてはかどらない。

かれこれして半時ばかりも手間どつたと思ふ頃、二つ岩の手前に至つた。例の所なれば何氣なく物すごい心地して、右の方屏風越道へ出る小道を辿つて行つたところ、そこより提灯が三つ四つ出て來るので、誰人の來るのであらうかと其道を過ぎて控えて見てゐるに、追々提灯の出る事既に五六十、二列にならんで照々に高張二つづゝ交つてゐる。灯の影に長柄鎗、打物等もひらめいて見えるので、あはや是は殿様が何處へか渡らせ給ひて御歸りにやと暫く見居たれど、段々近づきいまだ提灯の紋所は見え分かざる程に成つて、一度に消えてしまつた。三郎兵衛はつと思つて、是は團三郎かと氣づいたので身の毛もよだつやうに覺えたけれども、流石に後へも歸られず二つ岩を通り山道をさぐれ歩き、漸く夜半に馬町へ下りさすが捨てがたい用事なれば所用を達したけれどもそれより病氣になり百日ばかりも打臥してゐたが、漸く醫藥並に祈禱の助けを得て全快した（『怪談藻鹽草』）

二、井口組兵衛と團三郎　狸

寶暦以前の小判所は往古からの儘にて年久しき場所であるので折にふれて種々の怪奇なこと有つた。その中にもその昔井口組兵衛といふ人、右場所の役儀であつたときの話、とある節書番をして唯一人草双紙など見て雨の日の徒然を補つてゐたところが何處ともなく、二三人噺する聲がしたので不思議に思ひその方を眺めると、今度は役所の内の二階に當つて聲がした。梯り口には現在徒がゐるのであるから外より人の入るべき道理がない。これは怪しいと思つて聞いてゐると、暫くして二階の上から夥しく敷物の落ちかゝる音して上り口三尺戸に落ちかゝつたので、すはと戸を開き見るに一人の僧が佇んでゐる。仰天して暫く見てゐるうち僧は二階へ登つて行くので、跡よりつゞいて登つて見たが、もう誰もゐなかつた窓の戸も閉ざしてあれば少しのものも洩れ出づべき所はないのにと不思議に思つたが、これぞ聞き及んだ狸の怪であらうと世の人に語りあつた（『怪談藻鹽草』）

三、狸に履かれた狐の雪駄

昔、昔團三郎が諸國を出歩いてゐる時分、ふと狐に出逢つた。狐は一族を佐渡にも繁殖させる目的で、團三郎と共に佐渡に渡りたいといふ希望を述べた。團三郎は早速に承知はしたが、佐渡には昔から狐がをらないから餘程巧な物に化けて行かないと忽ち危い目にあふ。ついては何かこう變つた物に化けて行きなさるかよいといふ。狐は、さうかではなにがよかろうといふ。團三郎は自分は丁度旅人に化けて行くつもりだから雪駄に化けて行つたらどうかといふ。狐は承知して雪駄に化け團三郎に履かれて來たが、船が佐渡の海へ出て半分程來た頃はからず團三郎は突然その雪駄をぬいでひよいと海へ投げ込んでしまつた。それから佐渡には決してどんな狐もこやうとはしなかつたといふ話である。（次は團三郎狸と狐の代表の化けくらべ）

淡い春の夜語り　狐狸化け競べ　狸の巻

獸

●紀伊新報　昭和二年三月二十日　2-33

淡い春の夜語り

狐狸化け競べ

…狸の巻…

海山千歳（紹介）

四、狐狸代表化競

昔、團三郎が行脚に廻つてゐた時、たまたま化術のうまい狐に出會つた。その狐は團三郎に向つていろいろ自慢の末

『さうだ自分にはかういつた風に、七化も化法があるんだが、お前には一體どんな化術が出來るか』といつて尋ねたところ、國三郎はかすかに笑つて『たつた七化か、すると自分のがまだ七化けも多い殊に得意のさしてお前を驚かしてやりたいのは大名行列に化ける事だ』と言つて聞かせた。すると狐は『ふん、それなら一遍その得意を見せてくれ』といふ。國三郎はオーライと請合つて姿を隱したが間もなく素敵もない大名行列が狐の前を通つた。狐は全く心から驚いて、畜生うまく化けやがつたとほめたてたが、大名行列は眞面目くさつて通つて行く『全く感心したよ。うまい』と言ひながら殿樣のお駕籠を見るや、突然籠わきに躍り出て『これ〳〵國三郎うまく化けやがつたなあ』といつて感心してゐる時、御供衆の中が騒がしく忽ち澤山な武士が取卷いてその狐を生け捕にした。狐は『あやまつたあやまつた、とてもお前にはかなはない、ゆるせ、ゆるせ』と言つて叫んだけれども當は、大名行列といふのは眞の大名行列であつたので狐は忽ち生け捕れて、お籠先に狼籍を働いたといふので斬殺されてしまつたといふが、これは國三郎があらかじめその大名行列のあるのを知つてゐて、狐を欺したので狐は眞の大名行列を見て、これは全くあの佐渡の二つ岩の國三郎が化けたのだとばかり思ひこんでゐたので、かくは思はない災難にあつたのであるといふ。それは兎に角として國三郎狸はこうした物事を豫知する經歷を經た狸であつた

五、小林清兵衛と狸

元祿年中の事であつたか小林清兵衛といふ役人があつた。當時澤崎浦目付役であつたが、九月中の頃、磯に出でゝ魚を釣らうと釣竿をかたげ、いつもの所へ磯傳ひに行つた。折しも、秋の日の空定めなく小雨が降り出していとしめやかであるのに、蓑笠着けた者が、行先に釣竿垂れてゐるにで『何と魚を釣れるや』と聲をかけるのに、返事もせずたゞ打うなずくばかりなので、重ねて『いかにや』と言へど、いらへもせず、向ふの岩へ飛び越しあるく。彼は不思議なるものかなと思ひ、よく〳〵見ると人にはあらず狸か竿をもつてゐるのであつた『おのれ憎きやつかな、海の中に追込まん』と思つて陸の方より手をあげて追つて行くと、あわや海へ落入りなんと見えた時、山の方に葬禮の音して、泣聲などきこえたので振向いたその隙に、件の狸、何處へ行つたかかき消す如くうせてしまつた。又葬禮の氣配もなし、扨は謀られたかとその次第を人々に物語り畜類ながらいとおかしこい事ではおるると話する度感心してをつたといふ（『怪談藻鹽草』）

淡い春の夜語り　狐狸化け競べ　狸の巻　獣　2-34
●紀伊新報　昭和二年三月二十三日

淡い春の夜語り

狐狸化け競べ

…狸の巻…　海山千歳（紹介）

六、だぬきの婚禮

鶴島市に昔、森平馬といふ武士の屋敷があつたが、この屋敷の縁の下で或時狸の婚禮があつた。大層立派な婚禮で何でも狸のうちでも、身分のある重だつた狸の婚禮と見えて儀式なども實に堂々としたものであつたさうな。

この狸の婚禮の噂が市中に廣まると忽ち澤山の見物人が森平馬の屋敷の周圍をとりまいて、大變な騒ぎであつたあまり騒ぎが大きかつたので

、其の噂は間もなく御領主様のお耳にまで這入つた。珍らしい事である。誰かまいつて仔細に見届けてまいれといふ事であつたが、不思議な事には狸の婚禮といふものは言ひ傳へ通り子供の目にだけ見えて大人の目には決して見えないので殿様のお使者にも決して見えなかつたといふ事である（『日本傳說叢書』）

七、心中たぬき

江戸時代中葉の末期頃であつた。信州善光寺の片ほとりに農夫の息子と、その里の女子某と密かに馴そめて、水も漏らさぬと契を結び、末は必ず夫婦にならんと、互ひに言ひ交したけれども、何れもその家の一人兒で或は嫁に娶らんといへば嫁にはやれない婿にせうと、親々の論果しなく後にはその中を裂かれやうとされるまでになつた。戀人同志はお互ひにそれを大層悲しい事に思つてゐた。ところが或夜のこと男は女の所へ忍んで來て『所詮はこの論判むづかしくお互ひの願ひの通りには中々なりそうにない。けれども『お前と俺とは既に堅く言ひかはした仲なのだから今更反古には無論出來ない。この上は一緒に死んで冥土とやらで添はうではないか。お前の考へはどうだらう』との心中話に女は直と答へた『私もそう思ひます』『では御一緒に死なして下さい』『では今宵人知れず忍び出て死なうよ』と話しは忽ちきまつて、二人はその夜の中に人知れず家を出して、小高い丘にうち上り、こゝに程よい松が枝を見立て・諸共に首縊る事になつた。男は一筋の細繩をとり出し、男は女の咽喉を結び、女は男の咽喉を結びかの松が枝に引かけて互ひに足を放つたので忽ちくびれて死んでしまつた。程經てその村の者三人所用あつて此處を通りかけ、ふと女の倒れてゐるに躓いたので立よつて見るに、よく知つてゐる同村の女子であつたので更に驚いて看護し、近き傍の流れの水など汲とり來つて口に含ませ、面に注いだところ忽ち息吹きかへした。どうした理由かと人々が尋ねたので女は包まず一部始終を語つた・では男の方はどうなつたかと調べた處、そこの松の枝から一匹の狸がぶら下つて相手の男といふのは見えない。扨ては女子の歎きにつけ入り、男に魅せておびき出し此やうにはからつたものであらうと知られた。これも思ひ思はれゝばこそと因つてその女子は件の男に嫁入つたと、これはその所の主人の正しき物語りである（『松亭反古嚢』）

獣　淡い春の夜語り　狐狸化け競べ　狸の巻
●紀伊新報　昭和二年三月二十四日　2-35

淡い春の夜語り

狐狸化け競べ

…狸の巻…　海山千歳（紹介）

八、異例の乙女たぬき

佐渡國高千村の百姓次郎右衛門といふ者、或時相川の町へ内用があつて出かけた。ところが用事が濟んで歸る途中から日が暮て、石花村を過ぎて後尾村影の神の磯なる濱邊にさしかゝると、薄月夜に磯邊を通る一人の乙女を見た。近寄つて見ると小野見村の者で兼て見知つた女子である。『をかしな事だ、今相川で正しく見て來たばかりの彼女が醫者里へ行くとても先へ行き抜くべき筈がない』と思つたが、さあらぬ体で『これはさし、小野見村へ行きやるか』と言葉をかけると『成程、小野見村へ参ります』と彼女の答へ。『さてもよき連ぢや』と寄り添えば女の言ふやう『夜道にて心細く思ひましたが、あなたにお目にかゝり心強くなりました。御苦勞ながらお連になし下され』と言つて先へ立つて歩いて行く。すると十町程も來た時、殊の外疲れた態になりなかなか難儀らしき様子なので『どうなされました』と男が尋ねると『はい。私は久しく煩ふてをりましたが、此頃少しく心よくなりました儘、親里へ心差しましたものなれど、いかうくたびれ、最早一足も進み難く覺えます。お先へお越し下され。私は跡よりそろそろ參ります。若し後れましたら、入川の千本松の村の内、何れにても泊りの明け參りませう』と女はいふ。次郎右衛門聞いて『それなら私の負ひ給へ』とすゝめると『近頃お嬉しく存じます。ど、餘り慮外ですゆゑ遠慮して御無用になし下され』と否むのを次郎右衛門はきゝ入れず。無理に背負ひ、道すがら腰から細紐を出して件の女を確かと結びつけると女は『これは何となさります』と驚き立てたが、かまはず次郎右衛門は『夜遊びおこなひ、われら宅にも道の程あります。若し落ちて怪我などおつては如何ゆえ御辛棒下され』といふと女『さらばはやおろし給へ』男『何おまじめさるな。先づわれら方に伴ひ渋茶にても參らせそれより小野見村へお送り申しませう』と強ひて負ひ行きやがて我家へ着いたのは夜ふけであつた。されば宅にては、相川に泊つたものと思ひ灯も消して、門の戸を締めてあつたので次郎右衛門は門を叩いて『戸を明けよ、灯を早うお客様をお連れ申した』といへば女房子供、あはてて火を點じ戸をあけて『お客とは。相川より何人をおつれ申されし』といふて立ち出で見れば次郎右衛門女を一人背負ふてゐるので、家内はいぶかり固唾をのんで見てゐると、次郎右衛門重ねて言ふやう『先づお客様を火にあたらせん。裏より焚物を持ち來れやう』といふ。やがて持ち來れば、多く焚かせて、扨裏表の戸をよく入れさせ、件の女をおろし『痛はしや火にあたり給へ』とやがて煙にくすべれば『これは過ちしたまふな。私を何故苦しめ給ふぞ』と女の言ふをも次郎右衛門尻目にかけ『猾きおのれが振舞、われを誑さんと思ふてたぶらかさんとしたこそ早く尾を出さずんば、此火の中へ打込まん』と怒り聲に罵しると女は慌て居出し。次郎右衛門は猶もくすべて見ゐると古狸は全く正体を現し『今後當村の人々には決して仇なすまじ』と誓つて詫るので『されば許すぞ。重ねて村の邪魔をしたら、四の五のなしに焚火へ打込り燒き果すがよいか』とだめを押してゆるしてやると、狸は首をためて逃げて行つた。この次郎右衛門は明敏な男じ、後には佐渡千浦目付役を勤めたといふ（『怪談藻鹽草』）

獣

淡い春の夜語り　狐狸化け競べ　狸の巻

●紀伊新報　昭和二年三月二十五日

2-36

淡い春の夜語り

狐狸化け競べ

…狸の巻…

海山千歳（紹介）

筆の終りに

私が狸の巻の最初に於いて彼等は狐と反對に婦女子に化ける事の異例であることを述べた。そして我國の異例をのせて仲宮乙女狸を紹介した怪談藻鹽草を見てもこれらの話は極めて稀とされてゐる。これただ僅かに支那では『集異記』に見える晋惠帝の時、燕昭王の墓に於いて司空張華に表白した一書生狸の如きは却て異例とされてゐる、即ち支那では狸も狐と共に女性に現る…ものが多い。その事も幾に記述したと思ふ。

その支那に於ける傳承も『法苑珠林』『捜神記』その他から書き出せば可なりあるが何れも大同小異である。我々親愛なる讀者諸君ももうそろそろ飽きが來る時分と思ふ。かうして書いてゐる私も少々飽氣がさして來た。それで最後に人間と狸の通婚説話をかゝげて終結としたい。勿論類話は其類例も多數あるが、茲には一例として最近實話であると喧傳されてゐた加賀國金澤に起つた阿竹末を擧げやう。

淺野狸

淺野狸の由來は明かでない。その金澤市野町にお竹といふ遊女が住んでゐた。今でも現存の人物で、阿竹末といへば料亭と稱した家によつて有名になつてゐるが、この女例の如く、ある時好い客と約束が出來て、淺野の茶屋に泊り込さ言ひ寄れて、二人して盛んに飲み食ひした揚句、上機嫌で床についた。丁度丑三つといふ時分お竹末はぞつとする寒氣に身を慄はせて、思はず眼を覺ました。今迄添ひ寢の男が影も見えない『しまつた。逃げられたな』と殘念には思つたものゝ、勘定の事なども心配になるので、帳場の者を呼んで一應は調べてもらつた。すると『お戻りになつた御様子は見えませんですが――』との返答であつたので、便所などまで搜したけれど、何處にも見當らない。いよ〳〵不思議だといふので詳細に調べた處、斑々と四點の足跡があつたので、これこそ近頃そこらに出る化狸であらう。そして狸がお竹末をたぶらかして窓から拔け出たのであらうといふことになつたが、お竹末にすれば情事をそうけ、○○○○○○○○○、狸にそんな譬がないこ言ひはつては見たものゝ、今に○○○○○○出したので氣味惡く思ひ出した。ふと見ると側に藥のやうなものが置いてある。お竹末は痛みが甚しいのでそれを局部につけたところ痛みは忽ち去つたといふ事であるが、その藥もたぬきの置いて行つたものだといふ事が包紙に四點の足跡があつたので知られたといふ事である。（『鏑木氏記』）

終りに一言。もしこうした傳說、說話の珍書御所藏の方は御貸與又は相當な價にお讓り願ひたい。何れこそ結構と思つてゐます

よみきり講談　浄雲日記　幽霊研鑽

幽　●読売新聞　昭和二年三月十四日（十三日夕）　2-37

よみきり講談

浄雲日記

幽靈研鑽

桃川三燕演

利谷二三雄畫

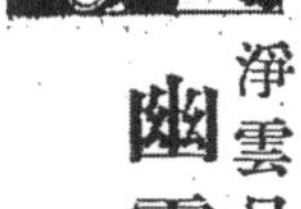

○『オツ聞いたか、高島屋の幽靈話を……』△『聞いた處ぢやアねえ、俺ア見た』○『見たア？何時よ』△『あすこの散茶で松葉といふ女が、大根畑の巴湯にゐた時分からの馴染で、偶には顔を見せなくちやア可哀想だ、焦がれ死でもさしちやア跡の祟りが恐ろしいと、高島屋へ登樓つたが、因果と隣り部屋が一件者のゐた部屋だと云ふんだらうぢやアねえか。あんまり宜い心持ぢやアねえや。氣にした所為か眠られねえでゐると、ボーンと云ふ九ツの鐘よ』○『巫山戯るな、惣氣のあとが鳴物入の怪談話ぢやア、ちと趣向が深かアねえか』△『マア默つて聞きねえつてことヨ。そこで俺はア、鐘の音なんてえものは澄みの利くものだと思つてゐると、ピシャッ、ピシャ〳〵……この音を何だと思ふ。雨が降つて來たんだな』○『大道具大仕掛だな』△『スルとお前、恐しくぢやアねえか、目の前に置いてあるのが松葉の鏡臺ヨ、その鏡臺の鏡がナンだか、からチカ〳〵するから怪しいと思つて、ヒヨイッと其方を見た時には、ア、嫌だ。思ひ出してもゾッとする……その鏡の中で青い火がペロ〳〵ペロ〳〵燃えてゐるのよ。それでその火のペロ付く間には、髮を散らした顔の色の蒼い女が影のやうに立つてゐて、その女がお前、枯枝のやうな細い手を

出すと、からお出で〳〵をして傾城を招ぶだらうぢやアねえか。○『ウム、ソ、そりやア真実か△『本統にも何んにも、その姿を見たのは此の俺ばかりぢやアねえんだ。高島屋ぢやア、台所の平左衛門だつて、遣手のお角だつて皆見てゐるんだ、可哀想なのは二階廻りの芳公ヨ。吉山花魁の寝道具を片付けるつてえ時に、その姿を見たつて、熱を出して今でも寝てゐるつて事ヨ。お前も近頃は遊びが忙しいやうだが間違つても高島屋へだけは行かねえ事だぜ』○『さうか』と云はれて見りやア成程、この頃の高島屋、大引時分に前を通ると悪く淋しくなつた』と高島屋の幽霊咄は、一人から一人、だん〳〵に流れ、果はパッと世間の評判に成りました。高島屋といふ家は旧吉原からの有名な太格子で、新吉原へ移つてからだつて押しも押されもせぬ大店でありましたが、こんな噂が立つたのでは何うにも仕様がなく、頓と客もなくすつかり衰微して仕舞ひました。で此幽霊の本尊はなんだと申しまするに、此店にたつた一人残つてゐた花魁で吉山といふ女の亡霊だといふ事で

一口に花魁などゝ申しますが、花魁と云はれます程に却々大変なもので、俗に大名の玩具、第一に容貌が美くなくてはならない。それでゐて詩、歌、俳諧、文章、琴曲三絃など、凡そ百科辞典に載つてゐる程のものには精通してゐなくては花魁とは云はれない。その代りその権威と云つたら大したもので、花魁の前には楼主だらうが、金を出して遊ばうといふ客だらうが頭が上らなかつたといふ位、其が寛文の八年、庄司甚左衛門が上へ願つて、江戸中七十二軒の風呂屋女を吉原へ入れ、これを散茶女郎といふ名目で働かせるやうになつてから、頓と此の花魁の羽振りが利かなくなりましたが、之は道理の話で、純吉原の花魁は唯今も云ふ通り権式ばかり高く、初会にはお客の要求に応じないとか、又一人の太夫を買ふには一ヶ月も以前から申込んで置かなくては可けないとか、宛るで電話でも架設するやうに億劫な思ひをせねばなりませんのに、散茶の方は元が風呂屋女の事なのですから、手軽には往くし、それに第一垢抜けがしてゐます。それです

から客は散茶の方にばかり馴染が付いて、花魁は丸持大籬とか、大家の若旦那と云つた一人か二人の客を後生大切に押えてゐた位で、それぢやア楼主がドウしたつて算盤が持てませんので、諸方の太夫格子でも散茶女郎を置くやうになりましたが、高島屋も御多分にもれず散茶にも店を張らしたものゝ、一軒の遊女屋に相反目した花魁と散茶が居ると云ふのですから之が無事に済まう訳がなく花魁の方で『風呂屋女の散茶どもが穢らはしい』と云へば、散茶は又散茶で『ヘン太夫がどうした。いくら花魁で候と威張つてゐたつて満足に

客は招べまい』と力みかへつて客の款待につとめ、これ見よがしに全盛振りを見せます。吉山は何処までも散茶に対抗して花魁の意地を張り通して死んで行つた未だ年若い女で本名は記録に判然して居りませんから、仮にお花と名付けて置きますが其の頃から高島屋にゐて心立も宜いところから主人夫婦にも可愛がられてゐたのだが、不図した風邪がもとでポックリと死んで仕舞ひました。この吉山の幽霊が出るのだといふ。亡骸は高島屋の菩提寺で下谷谷中の臨江寺、之へ懇に埋葬してやつたといふのに一体ナニが怨めしく、何に心が残るのか、可哀想に高島屋では非何人といふ女郎が毎晩お茶を引いてゐる。何の稼業でもさうだが、とりわけて女郎屋は客のあると無いとでは大した相違があります。客さへあれば女郎がその客の買つたものをパク〳〵食つてドン〳〵内所へ金が入つて来るが、客が無いとなると無駄飯を食はれた上に金が上らない、高島屋も近くに瓦解だ、と成つた時『楼主は内心を話

らず、幽霊の正体見たり枯尾花とか、私が行つて一つその正体を見届けよう』と、物好きにも此の楼へ登つた人があります。本名が虎屋次郎右衛門、芸名が薩摩浄雲と云つて浄瑠璃の開祖とも云ふべき人で『浄瑠璃本を作り、それを語つて人情を移すが稼業の自分の事だ、こりや是非共研究して置かねばならぬこと』と云ふので先づ馴染の茶屋でアッサリ騒いでから、幇間を三人、芸者衆が十五六人、雛妓大勢に送られて高島屋へ来たが、ドンチャン騒ぎ、尤もこれは騒ぎが大きく成る訳で、芸者にしたつて、幇間にしたつて、幽霊に出られちやア堪らないと思ひますから、ヤケに成つてハシヤギ廻る次郎右衛門は上機嫌で『食物などは一々私に断ることはないから、食べたいものを皆で食べたが宜い芸妓も一々時刻を告げるに及だぬ線香は構はんから束にして燃やせ』と、宛るでお寺へでも行つた

やう、その内にお引けになつて治郎右衛門は敵妓の部屋へ案内される。敵妓は松人と云つてモウ年増女、勿論散茶出の女郎でございますが『この方が小野道女の作つた浄瑠璃姫の院本に、薩摩一流の曲節を付けて三味線に合し、初めて浄瑠璃節を編み出した薩摩太夫さんだ』と云ふので、その款遇にいたしますと、部屋は次の間付の立派なもので緞子の二枚重ねの布団イヤ贅をつくしたもの、松人は粗忽があつてはならないと、随分栗の

やうに眼を見開いて一向に寝ようともしない。敵妓が寝込んだら此の家の様子を見て歩かうとおもつてゐるのに、この分ぢやア当分寝さうもない困つたものだと『情夫は勤めの憂さ晴らし、お前さんにも情夫があらうから、どうか其方へ行つて下さらんか。見らるゝ通りの私は老人なのだから』情夫にもアブにも変な噂のある今日此頃のこと客などがあらう道理がないから、松人が立去る様子が見えません『老人の女郎買は情夫の来てゐる時か、繁昌の時に来るものだ』と他愛もない事を考へてゐる間についトロ〳〵と寝込んで仕舞ひ、ヒョイッと目を覚した時はモウ夜も大分に更けて居ります様子で、四辺はシーンと静まりかへつてゐまして、敵妓の松人は何処へ行つたものか姿が見えません。これ幸ひ此の間にと思ひますから、床から出て障子を開けますと廊下へ立出でましたが、此の広い高島屋に客といふのは治郎右衛門一人。足音を忍ばせ二階を一ト廻り歩いてから、梯子段を下りて階下の暗い廊下へ出て見ると廊下のつきあたりに土蔵があつて、その傍に三ツ

雪隠があります。丁度催してゐました事とてそのトッツキへ入らうとすると、パッと顔へイヤに生温かいものが『ア、気味が悪い』と云ひながらとらうとしますが、ネバ〳〵してゐて却々に脱れません『蜘の巣だナ、掃除の届かないこと、これだから幽霊が出るなどと云はれるんだ』呟きながら手を洗はうとすると水がない、『灯もつけて置かず、幸ひ月があるから宜いやうなものゝ』窓の処から中空に冴え渡つて居ります月を見て居りますと、シク〳〵と誰やらが忍び泣いてゐる声が身近に聞えますので『オヤッ』と、不審に思ひながら傍らを振り返りざま見ると、便所の隣の一室にボー

ッと燈火がさしてゐて、障子に映る花魁姿、袂を顔へあてるとシク／＼泣き入つて居りますので『さては是だな』と次郎右衛門、言葉も掛けず障子を押し開けて室内を見廻しまするに、正面の欄間の處に朦朧と姿を見せて居りますのは、正しく障子へ映つた影の主には相違ございませんが、四邊が暗いのに其處だけが明るく見えるといふのは一様合點の往かぬことで、狐狸妖怪の類が人を誑かします時がさうだとか申します。次郎右衛門は『花魁、お前の様子、此の世の者とは思はれないが、ナンでそんな淺猿しい姿を見せなさるのだ。何か怨みがあつて此の高島の家へ祟らねばならぬ程のことがあんなさるのか、それ共に何ぞ娑婆に念を殘すべきことがあつて往生出來ないのか、可哀想に此處の家は今日か明日かといふ破目になつてゐるといふ。お前さんは自分が生ひ育つて來た家を氣の毒には思はないのか。私は淨瑠璃語の薩摩太夫、虎屋次郎右衛門だ。理由をお話し、事情をお聞かせョ。怨みのある奴はお前さんに代つて、恨み晴らしもして進ぜよう、又念が殘つてゐるなら、望みは叶へて上げる。話したら宜からう』と、先方の様子に眼を放さず、夢中になつて訊ねますと、窶れ果てたる吉山花魁、片手を膝にやう／＼顔を上げ、サモ嬉し氣な面體にて、口を開いて何か云つてゐる様子だが、破れた笛でも吹くやうで頓とその言葉が聞きとれませんのを、次郎右衛門は少しも氣味悪がる様子を見せず、先方へ身體をすり寄せて『エー何だえ 吉『この欄間の後に私の子供が死んで居りますので 治『エー、お前さんの子が』 吉『お羞かしいが勤めの身で懐胎しました』と、吉山の語る處は、つまり斯うでございます。何しろ散茶が全盛で、吉山が禿から花魁になつて店へ突き出されましてからと云ふもの、客といふのは淺草藏前の杵屋といふ大家の若旦那一人で、それが爲めに遂くその胤を宿したが、身請けの相談も出來てゐたこと〻て、悦んでゐると好事魔多しとか、肝腎の若旦那が不圖した風邪が基で歿つて仕舞つたので、吉山の落膽と云つたら一ト通りでなく、餘りの事に身體の調子が狂つて折角宿した嬰兒は闇から闇へ、誰にも氣付かれぬ五ツ月で流して仕舞ひ、もし此の事が目の敵にされてゐる散茶の女郎達にでも知られたら『勤めの身で懐胎とは、い〻恥さらし』と笑ひ嘲されるは知れたこと〻、それが爲め死骸を隱すべき處もなく欄間の後へ布に包んで人知れず突入れて、何時か一度は折を見、何處かへ埋めたいと思つて居たが、何にしても籠の鳥でどうすることも出來ないでゐる内に、自分も冥途へ旅立つたといふ始末、たゞ母子の情にひかれ往く處へも往けず、又一つには自分の秘密を發見られては一大事と念を殘つてゐました『どうか、不愍と思召して、人に氣付かれぬやう死骸を葬つて下され』と、痩せ衰へたる兩手を合せて拜みます。虎屋は合點々々をしながら『花魁、大丈夫だ、次郎右衛門が引受けた。迷はず成佛しなさいよ』と思はず上げる自分の聲に、目覺めて見れば南柯の一夢夜明けを待つて下屋敷へ來て見ますと、夢にあつた通り十藏も、今は氣味悪がつて誰も入らぬ便所も以前吉山の居た部屋もあつたのでこれは正夢に違ひないと、内所へ懸合つて吉山の道具一切は自分が買受け、欄間の後を見ると成程腐敗した赤坊の死骸があつたので、これは谷中の臨江寺にある吉山の墓へ共に葬つてやりましたが、それからといふもの高島屋に不思議もなくなつたと申します、年七十八才で淨雲は歿し墓は本郷駒込町の榮松院に厳然とあります。今だに殘る薩摩淨雲日記の一節。

怪　よみきり講談　釣場の怪
●讀売新聞　昭和二年三月二十一日（二十日夕）　2-38

よみきり講談　釣場の怪

春錦亭太龍演
利谷二三雄畫

江戸本所清水町の八百屋の久兵衛この開業までは天秤棒を肩に當て〻その日を送つてゐたのが、良からぬ慾の掛引をして、この頃では大顔々だ、身に掛つて居る怨みのあるのも知らないで、今日は退屈で仕方がないといふので、是れも悪事の相棒の、筋向ふの荒物屋佐兵衛に向つて久「佐兵衛さん」佐「エ

エ　久「退屈だから釣に行かうぢやないか　佐「釣は結構だね、出掛けませう」二人で棹を擔いで出掛けました　佐「久兵衛さん、深川の亥の堀へ行かうぢやありませんか　久「ヤ、木場は不可ねへ、時々に材木屋の若い者に筏に乘つて居ちやア叱られるからね　佐「だが手長蝦を釣るにはどうしたつて木場の材木の間でなけりやア駄目だ　久「なる程ね、夫れぢやア亥の堀へ行かう」手長蝦といふ奴は從前は木場の名物でございました、亥の堀へ來て材木の上に乘つて、蝦釣りに釣り始めたが、釣といふものは好いものです、來月から十一月頃までは釣のシーズンで、マア樂しみの内でもあの位結構なものはない、無念無想、精神統一が出來て、趣味があつてお金が要らない、二人は一心にやつて居るが少しも當りがない　久「ハーテナ、佐兵衛さん、どうしたんだらう、少つとも喰はねいね　佐「さうさ、斯んなに釣れないことも珍しい、潮加減が惡いかな　久「釣といふ奴は餘り當らねいと癇に障るものだ、棹を中に入れて引搔廻さうか　佐「オイ／＼、冗談云つちやア不可ない、そんな事をされて堪まるものか、モウ少し我慢をしなさい、乾度釣れるから　久「さうかな、ぢやアもう少し辛抱しやう」其内に盛んに釣れ始めた　久「ウム、なか／＼良く釣れて來た、ホイ、又引つ掛つた、アレ亦釣れた　佐「なる程、能く釣れる、蝦といふ奴は喰はないとなつたらパッタリ喰はない、喰ひ始めると斯うも良く釣れるものか」忽ちの間に二人のビクは一杯になつた　久「佐兵衛さん、好い鹽梅に釣れたね、これで晩の肴が出來た、佐「全くで、私も永年釣りはやつて居るが今日位良く釣れた日はないそろ／＼久兵衛さん歸らうぢやないか　久「好うがす、歸りませう」久兵衛が水から棹を上げ、針に付いて居る餌を捨てて、水を切つて糸をグル／＼と巻き付け歸り支度をして居る、荒物屋佐兵衛は二本の棹の内一本を上げた、そして跡の一本を引揚げやうとしたが、何かに引つ掛つたと見へてなか／＼上がらない　佐「オヤ、どうしたんだらう、可笑いな、何に引つ掛りやがつたんだらう　久「どうしたえ、佐兵衛さん　佐「釣が何かに引つ掛りやがつた、無理に上げりや棹が折れてしまう　久「ドレ／＼、オッ、此奴ア重いや、ウムーン、ドッコイショ　佐「然んな頑固な上げやうをしちやア不可ねい、大切な竿が折れちまうぢやないか　久「折れたつて大丈夫、私の竿ぢやないから安心ぢや　佐「ふざけちやア不可ない、此竿は誂へで安くない品だ、ドレ／＼此方へ貸してお呉れ　久「マア佐兵衛さん、上がるなら上げて御覧、何だか知らないが餘程に重いや、厄介な話しだな、さんだらぼつちか杭にでも引つ掛つたんだらう」佐兵衛が揚げやうとしたが却々上がらない　佐「ウントコショ」グーッと引揚げましたが、如何に竿が良いから、輪のやうにしなつても折れはしないが然しなか／＼上つて來ない、漸くにして重い物が、ごぼ／＼／＼と引上つて來た、水面近くになつたからヒョイと見ると下を向いて居る土左衛門、其の土左衛門の襟に針が引掛つて浮上つて來た、禿頭の皮が破れて血がにじんでウジヤけてゐる、材木か何かに支へたかヒョイとした機みで此の土左衛門がクルリと引つ繰返つて上を向いた、歯を喰ひ縛り兩の手を握り浮上つて來たのは是れぞ久兵衛が持ちで荒物屋佐兵衛の娘お喜代の旦那にした押上安行寺の住職諦徳といふ人の死骸だ、年が六十六、今までは道徳堅固であつたのが、どうした因果か十八歳になるお喜代の美しい姿を見ると忘れ兼ね、年甲斐もなく戀煩ひ、久兵衛に事情を打明けて頼んだから、彼は慾のために引受けて、遂々佐兵衛夫婦を説き落としお喜代も内福の安行寺の妾になれば榮耀榮華は自由自在と、厭ではあるが虚榮のために身を任せた、諦徳は天にも昇る心地がして、佐兵衛夫婦の乞に任せて家作を建てゝやる、金を廻してやつて金貸を始めさせる、久兵衛は其所を附け込んで、是れも金を引き出す、お喜代は盛んに身の廻りを拵へる、一年ばかりの間に巨額の金を使ひましたから檀家の反對に逢つて誘徳は傘一本で寺を追はれるといふ悲境に立つた、忽ち貧乏に陷つた佐兵衛は娘を引取つて誘徳が來ても寄せ付けず久兵衛と同腹になつて暴力を以て追拂うといふ、されば誘徳は戀と零落に發狂をして、捨鉢坊主の姿で本所一圓を合力を受けながら「お喜代や……」と泣いて歩く、割下水からお竹倉、吉岡町押上附近の者で知らぬ者はございませぬ、然るに御喜代は其頃本所割下水、三ッ目通りに屋敷を構へる千五百石の旗本、隣光寺源三郎といふ、彼の芝居でする小梅小屋頭喜六の娘鳥追おこよを妻として千五百石の家を潰したといふ本所切つての美男子に想はれて、誘徳のことなどは忘れて遊樂にふけつてゐた、或る日のこと源三郎が右のお喜代を連れ、久兵衛佐兵衛を取卷に召連れて、小梅井に梅見に行き、**其の歸るさ、柳島の橋本で**一杯飲んで出た門口、バッタリ出逢したのが托鉢坊主の誘徳、お喜代にしがみ付いて泣いて放さない、源三郎は是れを怒つて足を揚げ蹴飛ばすはずみに大川へドブーン仰向けに轉落しました、源三郎は笑つてお喜代の手を取つて立歸る、久兵衛も酷いことになつたとは思つたが其儘宅に歸つたのが今から丁度一ト月前です、今釣針で引揚げたのは其の誘徳の死體であります、不思議なことのやうだが不思議ではない、因果應報で良くあることです 佐「ウワーツ、タ、大變だ、キャーツ 久「何だい佐兵衛さん、馬鹿に吃驚するぢやないか、脅しちやアいけねい」と云ひながらヒョイと水面を見ると誘徳の齒を剝出した恐ろしい姿が浮上つて居る 久「キャーツ、佐兵衛さん、飛んでもないものを釣上げたぢやアないか、ウワツ、堪らない」鯊を澤山入れたビクも釣竿も何も彼も放り出した儘二人は夢中になつて逃出した、扇橋まで逃げて來て胸を叩きながら 久「佐兵衛さん、どうだい、今の姿は……どうも恐いの恐くないのつて齒を剝き出して兩手を斯ういふ風に擴つて 佐「厭だぜ、久兵衛さん妙な格好をしちやア 久「ア、、、怖かつた、ありやア誘徳様ぢやないか 佐「確かに誘徳様だ、恐ろしいことがあるものだ 久「この間柳島で隣光寺の御前が刀の峰でお打ちなすつた時に額からダラ〳〵と血を流して人に怨みのあるものかねへものか、覺えて居ろよつて、此方を睨んだ時の物凄さつたらなかつたね、オヤ〳〵、何んだか佐兵衛さんお前さんの後に立つてるよ 佐「キャッ、驚いた、脅しちや不可ねへよ、嫌だぜ、眞當に、妙な目付をして、ア、怖い南無阿彌陀佛々々々々々 久「何處かでお喜代ヤー、お喜代ヤーと呼んでるよ 佐「厭だなア、久兵衛さん 久「耳のせいか知ら、オヤ〳〵未だ呼んでるぜ、コウ穴の中へ引入れられるやうな哀れつぽい聲で、人に怨みがあるものか、ないものか、この怨み必ず晴らさでおくべきやーツ…… 佐「アユー厭だ〳〵、止めて吳れ、俺ア何んだか氣が變になつて來た 久「冗談言つちやア不可ない、斯んな處で氣が變になつちや厭だぜ 佐「ウム怖い、誘徳様、どうぞ勘辨してお呉んなさい、私が惡うございました、南無阿彌陀佛々々々々々々 久「オイ〳〵俺を拜んで、俺ア誘徳様ぢやアねいぜ 佐「だつて、誘徳様が頭から血をダラ〳〵流して怖い顏をしてお前さんの後に立つて居る、アレ久兵衛さんの背中におんぶをしたよ 久「キャーッ、早く明るい處に出やう」二人はブル〳〵顫へながら漸く竪川の通り明るい處に出た 久「物凄かつたか、エ、佐兵衛さん、何所かで景氣を付けて歸らう、どうしたいビクは 佐「ビクどころぢやない、何も彼も皆んな放り出して逃げて來た 久「マア仕方がない」と話しながら圖ある居酒屋へ這入つて支度をいたし、我家へ歸つてまゐりました 佐「いま歸つた」女房のおみつが み「オヤ、お歸んなさい、どうしました、釣れましたか 佐「釣れたも釣れねいも大變なものを釣つてしまつた み「何をお釣りだね、鯨でも…… 佐「川に鯨が居るかい、誘徳様を釣つてしまつた み「ナニ、誘徳様を……冗談

お云ひでない　久「お神さん、嘘ぢやアない、手長蝦をウンと釣つてね、そろ／＼絲いに掛つたんだ、スルと佐兵衞さんの針が何にかに掛つて上がらない、漸くのことで引張り上げると諦徳さんの土左衞門さ　み「厭だねえ久兵衞さん、ほんとうかい　久「眞個にも何んにも誰かそんな嘘を吐く奴があるものかね、麟光寺の御前に少しばかり頭を叩かれて傷が付いたが、其の傷の處が變にウジヤケて血がにじんで歯を剝出し、兩手をコウ擴げてブク／＼と浮き上つて來たその面がまへの恐ろしさ、二タ目とは見られなかつた　佐「オヤ、家の屋根の上で夜鳥が啼いて居やアがるア、厭な晩だ　み「マア氣味が惡い　久「お喜代ヤア　み「よして下さいよ久兵衞さん　久「アレ／＼、お前さんの後に　み「キヤーッ、オウ怖い脅しちや厭ですよ、サッサとお歸んなさい　久「アゝー歸らう／＼、何んだか此の家はジメ／＼して堪まらねえや」久兵衞は歸つてしまつた、其内に娘のお喜代が湯から歸つて來て　き「お父さん、どうしたの、大變お顔の色が惡いぢやアありませんか　佐「實はお喜代や、今日これ／＼だ　き「エ、ッ、あの諦徳樣が、厭だねえ、眞個に……どうして亥の堀へなんぞ流れて行つたんだらう　佐「一本川だからよお假屋橋から眞ッ直ぐに撞木橋の下を亥の堀へ流れたんだらう　き「そんな處へ何んだつて亦釣に行つたんだらうね　佐「知らないからさ、おみつ、何だかゾク／＼惡寒がして不可ねえ、玉子酒を一杯拵へて奥んな　み「ハア好うございますよ、詰らないことを考へて煩つちやア不可ないから確乎して下さいよ　佐「大丈夫だよ　み「玉子酒が出來ましたよ、サ、お上んなさい　佐「ヤ、御馳走樣、お喜代未だ家の棟で鳥が啼いて居るかえ　み「イ、エ　佐「何だか啼いてゐるやうだな」佐兵衞は玉子酒を一杯呑んで寝てしまつた夜も丑三つと段々更けて來ると　佐「アアー諦徳樣私が惡かつた勘辨して下さいウムーン　み「モシ、お前さん、どうしたんですよ　佐「ウム、ク苦しい、諦徳樣が俺の胸の上に乘つて居る　み「厭だよ、お前さん、詰らないことを云ふてさ、早くお寝なさい　佐「アア變るよ／＼、小便をして寝やうキヤーッ　み「どうしたんですよ　佐「廊下に諦徳樣が赤い舌を出して此方を睨んで居るよ　み「變なことばかり、それは魔除けの赤い唐もろこしぢやないか」サア是れをキッカケに佐兵衞は發狂してとうとう狂ひ死に死にました、女房のおみつが看護勞れの重き病、娘のお喜代は是れ亦發狂をして、母は病死、娘は梅森川へ投身をして死んだのは恐ろしいものでございます、鳥渡本所五人男の内の麟光寺の抜讀をいたしました。（完）

獣

大阪の埋立地から大蛇の怪物を発見

★布哇報知　昭和二年三月二十二日　2-39

大阪の埋立地から
大蛇の怪物を發見
子供を呑む大蛇だといふ噂

二月五日午前十時ごろ目下工事中の大坂市東成區生野町林寺生野土地區畫整理組合の工事場から長さ五尺胴廻り一尺六寸といふ途方もない大鰌の死体を發見した

同所はもと今川といふ巾二間位の溝川のあつた所で一ケ月程前道路にするため埋立てた場所で丁度林寺堰を埋たところを下水の土管を埋没するため掘つて發見したものであるが

以前から附近の人々は子供を呑む蛇がゐるといひ子供が坊主がゐるといつて恐れてゐたところで多分一ケ月前の埋立のとき砂に生埋にされたものと見え腐敗もせず原形を保つてゐる、口の大きさは大きい犬の口くらゐあり鰌の化物だと大騒ぎである

怪 皿屋敷のお菊井戸らしい ★布哇報知　昭和二年三月二十六日　2-40

皿屋敷の

お菊井戸らしい

松山聯隊内の井戸を保存する事になつた

松山聯隊では營内射撃場の流彈が市内に飛ぶと云ふので昨夏から現在にかけて工兵第十一大隊の作業聯隊二年兵百三十名と他に土工等が掛つて毎日營内で大仕掛の工事を行つて居る折柄昔から色々に噂かあり

傳説を

傳へた數十尺に餘る勝山城山麓のお菊井戸がほり下げられ既に地下三十尺の水面が見えるやうになつた之による其の井戸の積石に『何々石工守』とか或は判然せぬ刻み込みのある井戸の積石が出るにつれお菊が皿一枚で苦しめられ井戸で吊るし斬りになつたと云ふ以來の石らしいので昔から播州

皿屋敷

と云ふので松山聯隊にあるのが本當の井戸だと云はれてゐた折から之が實際お菊が吊り斬りにされた井戸であつたと見られるやうになり聯隊では之を記念にするのと防火用の爲にするため地上より蓋をして永久に此のお菊井戸をつぶさぬ事になつた

怪 「大分・化物屋敷」 ★布哇報知　昭和二年三月三十一日　2-41

『大分』南海部郡明治村の金貸河野元吉夫婦は子供がないので死後遺産處分のため親族會議が開いたところ七八人集まつたが誰も讓り受けたいと云ふものがない調べて見ると同家は廿年前これを建てた大工夫婦が慣死し爾來化物屋敷と云はれた家であるから數方十圓圓の財産が迷つてゐる

怪 先代の仁左が憤死の祟り 片岡家の因縁話し ●国民新聞　昭和二年四月二日　2-42

先代の仁左が

憤死の祟り

頭痛止まつて怪異を見せた中座
追善興行も浪花座で行ふ
片岡家の因縁話し

▼…片岡仁左衛門は大阪浪花座の四月興行に我童、千代之助の松島家一門を始め延若、壽三郎、卯三郎等を加へて十代目仁左衛門の追善興行を營む事となつた、明治廿八年四月十五日難波新地の旅宿の樓上で憤死した先代仁左衛門の最期に就いては種々の因縁話が傳へられて居る

▼…この十代目仁左衛門は淺草今戸で八代目仁左衛門の實子として生れたのであるが八代目が厄年であつた爲め、迷信から其の子を一旦鐵敷に當る先々代嵐璃覚の家の[illegible]子として其の家へ[illegible]はれてから養子として[illegible]家へ入つたのである、彼が生れる迄は實子が無かつたので養子に來てゐた我童が九代目を相續した。

▼…十代目仁左衛門の本名は土之助といつて十三の時（文化三年正月）八代目に連れられて大阪へ下つたが道頓堀角座の興行中に八代目は亡くなつた、其の時今の仁左衛門（當時片岡秀太郎）は凡談であつた。其後土之助は我童を襲名して東京に出て猿若町の市村座、千歳座（今の明治座）に出勤して賣出して來たが卅一年の秋から再び上方へ[illegible]行く[illegible]三郎、[illegible]郎（後に梅玉）巌笑、多見之助（後の多見藏）先代右衛門、先代右團治等と一座してずつと一緒に興行して居た、ところが廿七年の師走京都[illegible]見世興行中に病氣で倒れたので暫らく休養し翌年四月に全快して、十代目仁左衛門を襲名するつもりで披露興行の準備を急いで居た際に[illegible]入（當時は右團治）が[illegible]したのを[illegible]して突[illegible]死を遂

げたのであつた、其の時に彼は四十五歳であつた

▼…今の我童はこの十代目の實子である。我童は『父が憤死したのは齋入さんが寢返りを打つたのを憤つたか何うか知りませんが父の葬列がちやうど齋入さんの興行中であつた中の芝居の前を通つた時に私が手に捧げて居た位牌がグラ〳〵動いて見えたと見送りの人々は云つて居ました』と語つた

▼…又十代目が死んだ當時「道頓堀に夜な〳〵仁左衛門の姿が中の芝居の前に恨めしさうに立つて居た」とか「辨天座の看板を眺めて居た」とかいふやうな幽靈説が傳へられたので幕内の者は一人で奈落を通るのをさへこわがつた程である、そして不思議な事にはそれまで旭日昇天の勢ひで人氣を占めた齋入（當時右團治）の芝居がそれ以來すつかり不入りとなつたのでこれも十代目のたゝりであると世間の人々は云ひ合つた、本來ならば中座で開演すべき大歌舞伎であるが十代目が恨みに思つた劇場だけに今回は特に浪花座で開演する事にしたのださうだ（寫眞は仁左衛門と我童）

獸

海の怪魚

浜田浦に漂着

●松陽新報　昭和二年四月三日　2-43

海の怪魚
濱田浦に漂着

那賀郡濱田町瀬戸ケ島飯原竹造（六一）は一日午前十時頃堀割東沖に出漁した處異樣な魚の死んだものが漂着してゐたので拾つて歸つたが長さ五尺目方十四貫巾二尺三寸鰹の型をした赤色の名稱の判らない不思議な大魚であり眼が下顎についてゐる

怪

さても不思議　夜泣きする宝剣

●上毛新聞　昭和二年四月三日（二日夕）　2-44

さても不思議
夜泣きする寶劍
新田郡澤野村碓氷家に
楠公にからむ傳説

新田郡澤野村大字岩瀬川の富豪元縣議故碓氷鍵作氏方には過去十年以來家内に漸々の不幸續きあるか或は[illegible]に騒がれる[illegible]が何事か訴ふる如き有様にて主人の枕に立てるなど樣々の噂を聞けるが夫れは十年以來同家に藏せる由緒正しき寶劍の祟りなりと噂し合へるが之が故事來歴に就き古老の語る所に依れば一種の歴史的事實として興味深き物語りがある。

◇

建武四年春、楠正成公湊川の戰ひ敗れて自刃するや郎黨半田淡路（改名岩田七郎正武）伊藤兵武義和（改名小林圖書）外四人にて其の首級を持して富士の裾野に遁れ次で新田公の本國なる新田の庄、尾島の寺の[illegible]三浦正太夫方に首級を安置して暫らく宿、[illegible]しつゝありしが時非にして新田公の軍勢振はず回天の事業又挽回し難く彼等四名は合議の結果邑樂郡赤羽の[illegible]の大木の根方に首級を埋めた（此事實は有名なる富士文庫に列記しあり）

◇

爾來春風秋雨幾歳月村人楠氏を尊むで乃木神社を建設して祭祀を怠らざりしが今の郷社楠神社である。去る程に大正の始め、時の神官高橋民彌なる人が神社より寶劍を持ち歸りて其家に藏しありしが大正三年中太田町の書籍商黒田某に讓渡し某は又之を前記の碓氷氏に轉讓して今日に至つたが、大正十年に至り村人は神社傳來の寶劍と寶旗一流の紛失しあるに驚き[illegible]して百方探索の結果碓氷氏方に現存しあるを[illegible]交渉中碓氷氏の死亡に依りて中止の姿にて今日に至れるもの由である。

◇

然して其寶劍は直徑八分角にて鍔元より尖端迄九寸五分つば元より四分の個所に母指形の突起があり其劍身四周には「元弘元年正月吉日」「日本鍛冶祖道五郎入道正宗作之」「楠多門兵衛正成」等の刻字あり又黒田某より寶劍を碓氷氏に讓却の際同一流の錦旗ありし由にて、巾三尺長さ五尺の背地の錦に白

にて「菊水」なる抜けるもの、山にてそれは黒田某より桐生市の某家に某家より東京の書家故礎に譲り渡しありと云ふ。而して實物の形状は鎧通しと称するものにて鍛冶未詳に蘭草模様の深彫あり古雅称すべき稀代の名器であると云ふ。

獣 未だ生残っている有史前の怪獣
●読売新聞　昭和二年四月四日（三日夕）　2-45

未だ生殘つてゐる有史前の怪獣
―フエン中佐がコンゴーで發見―

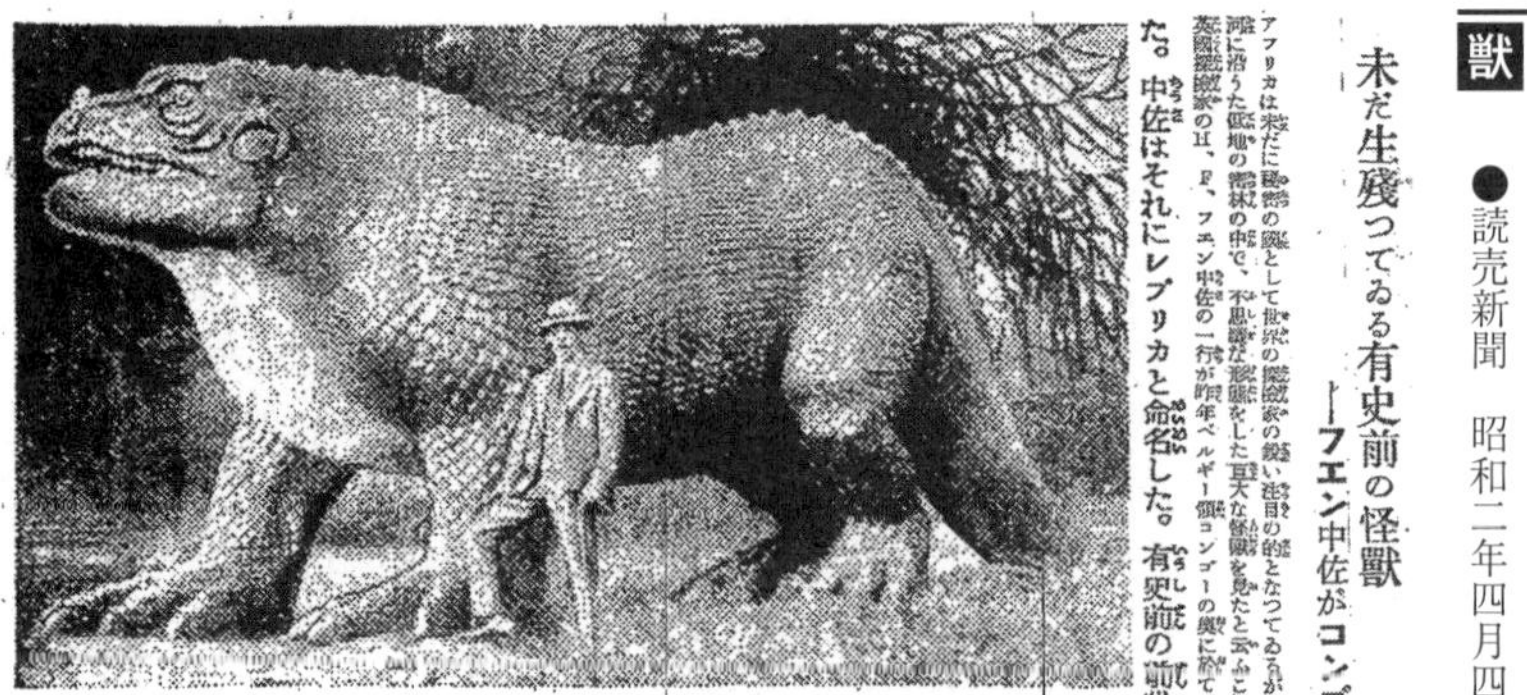

アフリカは未だに秘密の國として世界の探險家の鋭い注目の的となつてゐるが、コンゴーの奥のマンゴー河に沿うた低地の密林の中で、不思議な形態をした巨大な怪獣を見たと云ふことが土人によつて傳はると英國探險家のH、F、フエン中佐の一行が昨年ベルギー領コンゴーの奥に於て、果して一の怪獣を發見した。中佐はそれにレブリカと命名した。有史前の前世界の怪獣の子孫とし、今日にまで生存してゐることは奇蹟と云はねばならぬ。怪獣の側に立つてゐるのがフエン中佐である。怪獣は無論草食で運動は鈍く柔順である。

資 体の感じで地震予断　宇都宮の技手
●徳島毎日新聞　昭和二年四月六日　2-46

體の感じで地震豫斷
宇都宮の技手

宇都宮測候所岡本技手は、多年の經驗と一種の靈感によつて地震を豫斷し美事に適中したので、評判されてゐる、氏は去月廿八日宇都宮地方に地震ある旨を發表したが、あやまりなく一日は午前六時頃一回、二日は午前四時から五時の間に二回地震があつた同技手は過般の北丹後大震にも四日前に豫感があり身體がムク〳〵とうづいて氣持が惡かつたと言つて居り今後も在職中は地震の豫知を發表すると豪語してゐる【宇都宮電話】

怪 佐世保の火の玉
★布哇報知　昭和二年四月六日　2-47

◇『佐世保』 柚木村農手本某方へ眞夜中に頭大の火の玉が毎夜飛び込んで來て庭の木にブラ下がりそれかぐだけでは散り又集まつて異様な臭氣を發し同家の家屋内は其時刻になると床が一尺近くも上下に動搖し數百匹の鼠があばれるといふので附近の者が探階に行くと騒いでゐるとは眉唾物の怪談

怪 「静岡・怪火」
★布哇報知　昭和二年四月十一日　2-48

◇『静岡』 縣立農學校一隅から毎夜青白い怪火が上る。丁度その場所が排水工事でほつたら古錢三十貫わ發見したミミミむかしく戀を譲つた美しい櫻御前が浮世を離れて一人寢のわびしさを續けミミミ

いふ傳説がある

怪 夜泣きする桂の大木
●福島民報　昭和二年四月十二日夕　2-49

夜泣きする桂の大木
佐倉村の不思議に毎晩村人がわいく

信夫郡佐倉村大字佐原字山中内近野富次郎氏所有の同字十一番地内竹藪に何時の代に植られたものか根元六十尺廻りもある桂の大木があるそして地上七尺位の所から約十尺廻り位の枝が八本となつてゐるとの

古木が

去月廿五日頃から毎月夜になると泣き聲を發すると云ふので大評判となり八日の夜は青年團員等十五名にして何者の仕業か正體を見届様として時刻を待つてゐると午後八時頃から正し

く泣き出したが何者の仕業でもないその大木の南方に曲つた枝の地上三十尺位の所から泣き聲を發するのであるこの大木の下には同字氏神の乳母神、死靈神、山ノ神の三ツの石の祠があつて乳母神は

乳の出

ない婦人が祈願すれば如何なる人でも忽ち乳が出るといふ靈驗新たな神であるこの不思議な大木を神木と稱してこの木の葉さい焚いてならぬと古人より傳へてゐると云ふ所有者の近野興次郎氏は

『大正四年の正月に泣き始めそれから四年毎にかならず發すゝので全く不思議なことです、昔暴風いあつた時一本の枝が折れたのを福島藩主板倉様がそれを太鼓の胴に使つた所毎夜乳母神がその太鼓を返せと云つて御姿を現はしたと

傳へて

居ります』

と語つたがこの泣き聲は一町四方位明かに聞えるといふので昨今は近村から此泣き聲を聞こうとして毎晩大勢の村人が押し寄せてゐる

木が音を立てる事はまだ聞かぬ

後で口あんぐりの類でないか

女師校博物教諭 齋藤智賢氏談

右に就て女子師範學校博物研究室に齋藤教諭を訪ふと『實地に行つて仔細に研究して見ないことにはお答へ出來ないが古木でもそれ自體が音を出すと云ふ樣なことは未だ聞いたことがない此の例とは少し異ふが二年前

鳥川村

鳥渡と云ふ處に異樣な煙が出るといふので參詣人が出來大騷ぎをしたことがあるが實地調べて見るとそれはかまの穗が乾燥して少しの微風に飛んだといふが分つたことがあるが之を迷信的に色々と騷ぐもので右の泣き聲といふものも木と木との摩擦の音を泣き聲といつてゐるのかも知れないし實際泣くのとすれば不思議であり僕のこの室にくるとよく

小鳥が

鳴いてゐるといふが實際は窓の戸と戸が少しの風で摩擦して音を立るのだが右の泣き聲も夜許りなくのでなくどんな田舍でも晝は外圍が騷がしいもので音を立てゐても聞きとれないのかも知れないから夜許り泣くのぢやないかと思ふ』と語つてゐた

怪 アラ不思議や仏壇に数人の僧侶の幻影

★布哇報知 昭和二年四月十五日 2-50

アラ不思議や佛檀に
數人の僧侶の幻影

有難いこさだとばかり毎日多數の參詣人が押寄す

科學や智識の境を超越した信仰界に不思議がある云ふを強ひて否定すべきではあるまいが、一面止法に不思議なしと云ふ佛陀の聖訓であるとか聞くに、文化燦然たる昭和の御代に俗物には怪疑に堪えぬ不思議か現れて素純の田舍人を驚嘆させ參詣禮拜の善男善女で家の座敷は落ち通路の交通、さへ不可能となり駐在巡査の御厄介まで掛けて居る珍事がある……

所は廣島縣豊田群佐江崎村字宇和島に湯淺といふ六十餘りの翁嫗が豆腐屋を營んで細くその日の煙を立てながら世を

眞宗に

歸依し只管後生大事を心にかけて朝夕の佛壇拜禮怠りなかへたが、三月廿六日嫗が例の如く晝食禮拜を終つて何の氣なしに阿彌陀佛の像を見ると不思議にも須彌壇に數人の僧侶の姿が現れた嫗は若しや自分の心の迷ひではないかと尚も注視してゐると其姿は次第に鮮明となり疑ひもなく開山親鸞上人と五人の御弟子の姿であつたので嫗はビックリして佛間を去り翁に其の由をつげた、斯くで此の噂は

村から

村、町から町に傳はつて佐江崎村は勿論、二窓、忠海、針波、田ノ浦等より噂を聞いて半信半疑で集まり來る者千名にも及び、そのため佛間の座が落ち、廿七日からは五六人づゝ交代に見物を許す事にしたが潮の如く押寄せる見物人は如何ともする事が出來ず、門前は文字通り市を爲し人馬の交通不能とな

つたので同村駐在巡査は交通整理に忙殺されゐるといふ。……部心あるもの間では既往この種の現象を探査して見ると一笑に附すべき事實な狡猾な奸手段から出ることが多かつたので寧ろ結果を案じてゐるものもある模様である。

2-51

「山形・夢枕に亡夫の霊」

★布哇報知　昭和二年四月十五日

◇『山形』新庄町町農佐藤政吉は夢枕に亡父の靈しきりに入り口の一隅をさす、三晩同じ夢に不審を抱き掘下げて見ると……小瓶の中から山ぶき色の慶長小判、時價三千圓

2-52

お妾さんの幽霊　飲んでる馬子が青くなる

●山形新聞　昭和二年四月十六日（十五日夕）

お妾さんの幽靈
飲んでる馬子が青くなる

飽海郡觀音寺村八幡橋のほとりに二間半に四間ばかりのさゝやかな家があつて丑藏と云ふ馬喰が住居して居るが春とは云へど未だうすら寒き一週間ばかり前夜のこと丑藏は兩三名の友達を集めて一杯やつて居ると何物か非常に怖ろしいものに襲はれたかの如く顏色蒼白となつて手にして居た杯を前に置いたまゝ口も利けずに殆ど失神せる如く恐怖すること小一時間ばかりで漸く我に返りたるものゝ如く全身を震はして居るので同席の友人等は不審に思ひ一體どうしたのかと聞くと丑藏は『實は今此の座敷に女の幽靈が現れたのだがお前達には見えなかつたか』と尚顏色蒼白となつて居るので友人等はそんな馬鹿なことが昭和の御代にあるものかと一言の下に打ち消し一層陽氣に飲み更かしたそうだが、此の家は十數年前までみいなえと云ふ追分節をよく唄ふ藝妓がさる人の妾として圍はれた家であるが其の後みなえは病を得て男に捨てられ無情を怨んで死んで行つたが其後誰一人として香華を手向ける者もなく無緣佛となつて居るので數年前も幽靈が出るとの噂が立つたこともあつた因緣付きの家であるから今度のもみいなえの亡靈ではないかなぞと噂を産んで居るが何れ眉唾ものとして噂のまゝを記し置く

2-53

美人の出る幽霊列車探検

●関門日日新聞　昭和二年四月十七日

美人の出る
幽靈列車探險
三見から三隅へ　噂の高い萩地方

美禰線上り正明市止まりの終列車の二等室に三見驛より乗込んだ鉛紗づくめの妙齡のそれ者らしい美人が三隅驛につく前に煙のやうに消へ、それが毎夜繰返されると云ふ噂が二ケ月以前から擴がつて萩附近の者は同列車を避けるそうである。

◇

美禰線には昨年も四郎ケ原厚保間に同噂があつた、正明市と云ふと一昨年湯本の藝妓を乘せた自動車が列車と衝突した、悲慘を憶ひ起す處で好奇心に驅られた、記者は「お氣をおつけなされませ」と親切に注意をなしてくれた茶店の老婆の言に逆ひ萩驛より青切符を握つて車中の人となつた。

◇

それは十四日の夜の終列車、妖怪には付ものゝじめ〳〵と陰氣な雨に列車の窓硝子も曇り電燈もぼんやりと氣の抜けたやうな晩である噂にたがわず乘客もなく一人ぼつちで列車に降かゝる雨の音レールを軋る響きもなく物凄い

◇

問題の三見迄はタイムがあるので三等車をのぞくと各所に一團となつてその噂で持切漁師らしいのがそりやタノ（狸）だといふと、勞働者らしいのがそこは鐵道建設當時朝鮮人がハッパでやられた處でと花を咲かせてゐる、少々薄氣味惡くなつて來たが三見〳〵と驛員の聲に元氣を盛返し二等車に引返す

◇

じつと入口の扉を睨んでゐると種々の妄想が浮ぶ、それを臍下丹田に力を入れて消滅さすと扉がガタン？さてはお入來と總身の毛を立ると何のこつた、カーヴにさしかゝつて列車の横ゆれ、三見より三隅迄所要時間廿四分を一晝夜も掛つた思ひで異狀なく三隅驛に來たのでやれ〳〵と胸を撫で下して車掌君を訪ふと

◇

「其話は實際です。我々も是非正體を見屆けたいと何回か頑張つて見ましたが出ません」と笑ひながら「噂の出所は大阪の呉服屋さんが通過の折れに自動車の運轉手に話したのが擴がつたものらしく、出張してゐるといふ三見より萩の方が大變な噂になつてゐます」と語つた、幽靈の正體見たり枯尾花の句を想ひ出しほんとうになんのこつた。

怪 口碑と異聞（一）　故実を偲ぶ『血染の桜』

●山形新聞　昭和二年四月二十三日　2-54

故實を偲ぶ『血染の櫻』

誘殺された白鳥十郎

口碑と異聞（一）

◇……昨年、約三十回ばかりにわたつて『口碑異聞を求めて』と云ふものを書いてあつたが又この頃の日永を迎へて、異聞や口碑を探して見やうと云ふ氣が出て來た、要するにだん／＼消え失せんとしてゐる口碑異聞の供養かた／＼一石一木に含まれてゐる物語りを追懷して見やうと云ふのである

男世帶と春

千五百の男世帶、こゝ女性禁制の霞城兵營にも、めぐみの春はやつて來た、そして週日を出でずして『何事ぞ、花見る人の、長刀』の營戰樂境がひらけるのである、築堤に點々した櫻花のかたまり、松杉に縫ひ綴られた花の映つくしさ、舊城濠の水面にうつてゐる小波の中の花びら、花吹雪をあびながらラッパをふいてゐる兵隊さんを見るのも遠いことではない。

沈默の松杉

築堤に登るとほとんど山形一萬戶の市街を見おろすことが出來る、『四阿』に起つてさん／＼としてそびえたつてる老松杉を見てゐるといろいろの懷ひ出が湧いて來る、群松の中には二百年、四百年の齢を經たものも珍らしくはあるまい、この松杉の群につゝまれた城内にはいろ／＼の起伏變化があつたろう築堤をおりると營庭である、營庭の中央稍西にかたよつてる高臺に櫻の大木が植へつけられてゐる、松杉の群にも劣らないと云ふ古木である、『血染の櫻』と呼びなされてゐる

血染の櫻

この『血染の櫻』には奇しき昔物語がひそんでゐる、いやひそんでると云ふにはあまりに人々に知りつくされてゐる、最上家の中興義光が、西村山、谷地の城主白鳥十郎を城内に誘殺した故事が、それなのである、思ひは三百數十年の昔天正の十二年六月にさかのぼる、當時義光は天正二年伊達輝宗と戰ひ、同五年五月天童頼澄を攻めてこれを仙臺に追ひまくり、漸く黃金時代を築きあげんとしてゐたのであつた。

面目の較べ合

一方谷地の白鳥は血氣にはやる壯年村山を縫て流るゝ最上川を隔てゝ河西に城をかんまへてあはよくば出羽の天地を自分の掌中に入れてやらうと云ふやうなぼつ／＼とした野心を懷いてゐたのであつた。史籍をひもといて見ると信長の下にまかり出て馬一頭、鷹一羽を献上して大いに面目をほどこしたやうなことが書いてあり、そのまた後から義光が家來の志村九郎兵衛（あとで伊豆守と改名して三萬石をとつてゐた）と云ふものを信長のところに伺候させて面目をほどこしたやうなことが書いてあるなんのことがない面目の較べ合ひ即ち村山の奪ひ較べをやつてゐたのである（寫眞は聯隊の一部）

怪 口碑と異聞（二）　故実を偲ぶ『血染の桜』

●山形新聞　昭和二年四月二十四日　2-55

故實を偲ぶ『血染の櫻』

誘殺された白鳥十郎

口碑と異聞（二）

天文の十五年、山形で呱々の聲をあげた義光は、當時五十歳前後の分別盛りの年齢に達してゐた筈である、鵬翼を四方にのべんとするにあたつて手近の谷地に白鳥のやうな野心家を持つことは大きな邪魔ものであつた義光は家臣の氏家尾張守（何か都度あるごとに義光の相談に預つてるところから見て義光から重用されてゐたものらしく、智謀のものであつたのだろう、一萬七千石の祿を食んでゐた）としめし合せてくい／＼の一策をめぐらすことにした

近交の同盟

間もなく山形城と谷地城との間に遠征近交の折衝が始つた、かくて十郎のむすめを義光の長子、修理太夫にめあはすることまでとり決めるに至つた、しかしこの近交同盟もうわべだけのことであつて、裏面では義光、十郎共にひそかに

爪牙を磨いてゐたのである、縁談をとりむすんで敵の油斷を見すまし、之を急襲すると云ふやうなことは戰國の時代には珍しいことでなかつた、されば山形、谷地とてもめつたに氣はゆるさない。

誘殺の策略

表面の和平、裏面の敵視、こうした落つきのないうちに月日は流れて行つた、やがて乘ずべき機會はやつて來た、義光は病氣重態にかこつけて白鳥を誘殺する策略を考へ出したのである、あわたゞしく谷地にかけつけた義光の使者は

『主人義光は病氣いよ〳〵重くあはれ息のある中に白鳥殿に對顔して、今後の事を頼み入りたいことがあり、修理大夫幼少の間、家の系圖を預け置きたいと云ふ仰せ、是非山形の城へ……』と仰々しく病狀を述立てた、とう〳〵白鳥は義光のわなに落ちて山形へやつて來ることになつた、しかしけつして警戒の心をゆるがせにしなかつた。

疑心と悦び

警戒裡に谷地から山形に向つた十郎の心中には疑心の一面に、半悦びの色が漂ふてゐた、よろこびと云ふのは義光が死ねば我等に幸運がめぐつてくるぞと云ふことである、疑心が五分に、悦びが五分と云ふのが、その時の白鳥の心でなかつたらうか――これと反對に義光は彼白鳥の命が手の中にあり、又谷地、寒河江は我が領地といふやうな心を以て十郎の來るのを今か〳〵と待も受てゐたのだらう。

物々しい假病

十郎の一門が山形城の大手にかゝつた頃には最上の一門は總登城の有樣で、城内に控へていかにも義光の大病を懸念するふうで、書院には護摩の壇さへ飾つてあり、しさい氣に祈禱してるところなど大病往來を思はせるものがあつた、この中にあつて義光は床の上に横たはり、たいぎらしく布團をかぶつてゐた、この眼のあたりの容姿を見て十郎の疑心はだん〳〵薄らいで行つた。（寫眞は血染の櫻）

怪　口碑と異聞（三）　故実を偲ぶ『血染の桜』
●山形新聞　昭和二年四月二十五日　2-56

口碑と異聞（三）
故實を偲ぶ『血染の櫻』
誘殺された白鳥十郎

十郎は義光の枕元に進んで行つた、『かほどの御病氣とは知らず只今までのび〳〵となつて、不本意で御座つた、この上は萬端御心置かれず仰せつけて貰ひたい』『かくの如くつかれはて、最早相果てんともはかりがたいついては他國より手を入るゝものもあると思はれるので、その時は諸事貴殿に御願したい、又これなる系圖は修理太夫の成長するまで預かつて貰ひたい』義光はおきあがつてゐた、話は手つとり早く要點にふれて行つたのであつた

忍ばせた一刀

そして義光は一卷の書物をつき出した、十郎はこれをうけ取り押し戴いてるふうであつたが、もうこの時は全く警戒の心をゆるめてゐたのであらう、この時であつた、何もおき返る膽で手を床の下に入れた義光は、忍ばせておいた太刀を抜く手早く、十郎に斬りつけたことは間髪、十郎の身は血にまみれて斃れてゐた、策謀はみごとにあたつて、つひに終局の目的をとげたわけである。

櫻樹を巡って

十郎の供のものはそれとも知らず、廣間において馳走をうけてゐたのであつた、かねてうち合せておいたのである、合圖の太鼓が鳴り出すと共に討手の城兵は三方から群り起つた、のがれんとするもの、追はれるもの、降服するもの修羅の巷である、高台の櫻を小楯にして父子の爭ひをやつたものもあらう、一節には義光から一刀をあびせられた十郎が血染の櫻のところまでのがれ出て、とう〳〵斬殺されたのだとも云はれてゐる、かくて血に染められ、血にいろどられた櫻は『血染の櫻』とよびなされるに至つた。時は六月と云ふから櫻はすつかり青葉になつてゐたらう。

討手の軍兵

大將をうち取り、供のものを始末し、義光の一門は、時をうつさず谷地の本城へと押し寄せることになつた、熊澤主税介、高橋主計等が足輕大將となつて螺貝を吹き立てゝ進む軍勢の中には得意の色を漂はせてゐる馬上の義光の姿も見うけられた、三百挺の長柄組のうちには卅人者と云ふ獸の名をつけ

た强力隊なども含まつてゐた。

義光の全盛

義光の軍勢は谷地に入る前、寒河江で羽柴勘十郎と云ふ若武者のくひとめにあふた、勘十郎は寒河江の領主で、十郎の殘兵を加へてがん强に義光の軍をむかへ擊ち、大いに惱ませた、しかし大勢をくつがへすことが出來ずに破れてしまひやがて義光全盛の時はやつてくることになつた、白鳥十郎の墓はいまでも菩提寺であつた谷地の『果林寺』にのこつてゐる、本丸てあつたと云ふ城の濠跡もわづかに殘つてゐる

杉と鳥の糞

谷地から彌延に出る途中に一本の老杉がそびえ立つてゐる、十郎が義光の假病にだまされて山形にやつてくる時、この杉の木の下まで來ると、木の枝にとまつてゐた烏が糞をおとしてよこした、それが丁度十郎の陣笠にポツンと落ちて來た、甚だ面白くないことである家來が惡い兆候だと云ふてしきりに山形行をとゞめたが、聞き入れずに山形城にやつて來て『血染の櫻』の由來をつくりあげてしまつた、村人はこの一本杉を眺めながら當時のことを語りあつてゐる。

怪　口碑と異聞（四）　泣く子を癒す霊石由来
●山形新聞　昭和二年四月二十六日　2-57

口碑と異聞（四）

泣く子を癒す 靈石由來

京の都に咲いた戀の華

行く末は
　誰れに肌ふれん
　　紅の花（芭蕉）

晩春から夏にかけて、紅花の山形から、紅の行商人が幾人となく、京阪をさしてのぼつて行く暖國廻りの紅燕が巣づくりにいと忙しく飛び廻つてゐるころである、十日町の紅行商人、紅屋吉兵衞もあはたゞしく京の都をさして旅立つて行くのであつたたつてはとまり、とまりては立つ旅鳥、若い吉兵エの胸にはもう京の都の樂しさが一杯にひろがつてゐた。

京の宿屋

旅の幾夜かを重ねて吉兵衞はやがてめざす京の地へとたどりつき、三條通りの紅屋藤右衞門と云ふ定宿に草鞋をぬぐことになつた、藤右衞門夫婦に娘のお靜、番頭の六助までとんで出て、北國の若者を悦んで迎へてくれた、靑屛風を立てつらねたやうな四方の山々きよくすんだ鴨川の流れ、しとやかに洗練された京の言葉等はみな北國の若者をよろこばせ樂しませるものであつた。

戀の花咲く

娘十六七戀の華、二三年前まではホンのネンネのやうに思ふてゐたお靜の心にはもう戀の芽が育んでゐた、そして北國の若者と、しとやかな京の娘との間には戀のさゝやきがとり交され、身も心も共に許し合ふまでの深みにおちて行つた、戀に上下がなく又國境がない、北國の男と南國の女とは繪のやうにうつくしい、京の都で戀の華を咲かせてゐたのである、芭蕉の『行く末は誰に肌ふれん紅の花』はあまりにも早くこゝに實現されてゐた。

やがて別離

やがて男と女とが袂をわかたねばならぬ時がやつて來た、北から南へやつて行つた若者はまた北國に歸ることになつたのである、狂はんばかりに別れを惜む娘に心をひかれながら、若者はとう〱故鄕をさして歸つて來た、行くときの樂しさに引換へ歸るときの寂しい悲しさ、思はず旅の枕をぬらすやうなこともあつた、故鄕にはあの身をきるやうな枯らしが訪づれ、もう木の葉のおちた山々はしやうぜうとしてゐた

娘は死んだ

はかない別れをつげた娘は兎角氣分がすぐれず、かりそめの病と思ふたのが、だん〱重つて行き、行く春と共に戀人の名を呼びながら死んで行つた、櫻の花よりも果敢ない命である、間もなく番頭の六助が北國の旅に出ることになつた、老年の藤右衞門夫婦にかはつてお靜の死を吉兵衞に知らせることになつたのである、六助はとう〱山形へたどりつくことが出來た

消えた女性

六助が吉兵衞の住居をさがしあて門口にたつたときには夕陽が背一杯にひろがつてゐた、『おばんやす』返事のあるのを待つて六助は家の中にと這入つて行つた、と茶の間から奧の間にかくれた女性があつた、その姿、その身ぶりまがふかたない、お靜ではなかつたか……死んだお靜の『たましい』は六助に先だつて、戀しい男のもとにきてゐたのである。

×　×

間もなく山形城の西にあたつて新しい石碑が建てられ、石碑には『明和五年五月十三日僕六助』と刻みつけてあつた、お靜の靈をなぐさめんとて六助が建てゝ行つたのである、それから幾年かの後に靈石と云ふ町の字と共に靈石小路と云ふ道まで出來あがつた、子供の夜泣きを止めると云ふので夥しく訪づれる人が

あつたのである、今尚この靈石は練兵場の西手に現存してるが文字はすつかりまめつしてゐる（寫眞は靈石）

口碑と異聞（五）　蛇小家に起った不思議談
●山形新聞　昭和二年四月二十七日　2-58

蛇小家に起つた不思議談

大蛇は杉に絡り死んでゐた

口碑と異聞（五）

南村山郡本澤村長谷堂のずつと山手に這入つたところに『蛇房』と云ふ部落がある。戸數はざつと四十戸もあるだらうか、此處に『蛇子』と云ふ苗字の家が五六軒ばかりある、この『蛇子』家は互に親類關係を持つて居り、本家の蛇子家から別れ〳〵に殖えて行つたんださうナ。この蛇子と云ふ變な苗字の起因について不思議な物語りが傳はつてゐる、物語りは、勿論蛇子家の

總本家の事

である、平民に苗字などのなかつた頃のことであつた、この總本家にひとりの見目よい娘があつた、ひなには珍しいきりようのよい娘ッ子で、親達は娘自慢にいづれその中にはよい婿を迎へてやらうと、それとなく娘に話して見るが、娘はいつも顔に紅葉を散らしながら奥の間に

逃げて行く

のであつた、娘が婿の話が出るのを嫌ふのは、ひとり恥しさばかりではなかつた、娘には夜々忍んで來る美しい男があつたのである、男は深夜に限つて娘の寢間に忍んで來るのであつた、きりつと引締つた顔かたちは若い女性を引きつけるに充分な男振りで、男はいつも田舍には珍しい武士姿でやつて來た、男を待つてゐるのだらう、燈前にヂット物思ひにふけつてゐる娘の思案顔を見るのも珍らしいことでなかつた、幾度の夜が重なるにつれ娘の顔色は青ざめて行きいたましいやつれの色さへ

見えて來た

娘が日に〳〵憔悴して行く樣は、親達にも氣づかれるやうになつて來た、或る晩、便所に這入つた母親は娘の怪しいところを發見した娘の寢間から喋々喃々する男女の話聲がもれてゐたのである、あくる朝になつて親達は娘を膝下に呼びつけて、昨夜の出來ごとを詰問した、娘は恥かしさとおそろしさにすべてのことを打ち明けてしまつた、物事を爭ひかくすべく娘はあまりにうぶであつたのである只親達の腑に落ちないのは武士姿で忍んで來ると云ふ男の身の上であつた。

その夜男は

そんなことゝは知らずにいつものやうに忍び込んで來た、娘は親達に言はれたやうに縫針に糸をつけたものを、そつと男の袴に縫込んでおいた、男は兎角氣分がすゝまぬらしく夜の白まぬ中にうつ〳〵として歸つて行つた、歸る跡から長い〳〵木綿糸が線を引いて行つた、翌朝になつて糸の跡を辿つて行く親達の姿が見受けられた、糸は意外にもいと草深い田圃から田圃に引かれてゐた……。

と、杉の大木にヨヂ〳〵にからみついて死んでゐる大きな蛇の姿を見つかつた糸はそこでとまつてゐた針は蛇の體に縫ひ込まれてゐたのである、その夜から男は忍んで來なくなつてしまつた、娘は間もなくお産をした、これから娘の家の苗字は蛇子とよびなされるやうになつた、杉は明治の初年頃まで殘つてをり、村人は蛇杉々々と云ふてゐたが、その後枯れた爲めにきり取られてしまふた。

（附記）同じやうな物語は他國にもあるやうですが長谷堂のものは蛇子と云ふ苗字と結びつけられてゐるので特に面白いことだと思ひます

口碑と異聞（六）　沼沢の成因に絡まる沼主怪談
●山形新聞　昭和二年四月二十九日　2-59

沼主怪談

沼澤の成因に絡まる
沈んで行つた人と馬

口碑と異聞（六）

これは北村山郡東郷村の沼澤沼の成因に關する傳說でありますずつと〳〵遠い昔のことであつた沼澤の村に彦太、彦次と云ふ二人の兄弟が住んでゐた、兄弟は頗るの仲よしで田畑の仕事をやるにも山林で働くにも連れ立つて行く程の間柄であつた、やがて奥深い沼澤の山里にも春が訪れて來て、綠の衣につゝまれてる山野を眺め得るころになつた、或る日のこと彦太、彦次の兄弟は面白く山をながめながら木を伐つてゐた

木を伐る音

はあたりにこだましまして木の間谷の間を美しく響いて行つた、仕

事も大分はこんだので一と休みすることになつたが、彦次はひどく咽喉が乾くからと云ふて、流れを傳ふて谷間の方へ下りて行つた、ずつと下りて行つて見ると、岩根からこん〳〵と湧いて出る眞淸水が見つかつた、彦次はこの泉に口をつけて呑み出したがその甘いこと〳〵幾ら飮んでも飽くことを知らない有樣である。

兄は谿間に

下りて行つた弟の歸りをまつてゐたが、大分時間がたつても弟が戻つてこない、心許ないので高らかに弟の名を呼びながら、だん〳〵と谷底深く下りて行くのであつた、彦次は尙も泉に口をひたしてゐたが、兄の呼び聲を聽きつけ始めて自分にかへつた形である彦次はなんと思つたのか『兄さん家の鹿毛を私に下さい』と云ふかと思ふとそのまゝ、まつしぐらに谷をのぼつて麓の方に驅けつけて行つた、兄は只々呆然として只事ならぬ

弟の動靜を

ながめてるのみであつた、彦次は家にたどりつくやいなや、厩小屋に驅けつけて行つて、鹿毛を引出しヒラリ馬にまたがるが早いか一と鞭をあてゝ山をさして上つて行つた、馬はとつ〳〵と谷間に下りてさきの泉のところまで來ると前脚を折つて泉の水を飮み始めた、と忽ち小泡が湧き立ち大地は只見る間に白水にひたされて行くのであつた、やがて

水は一面に

ひろがつて行き、その中にあつて彦次は『私は永遠にこの沼の主となります』と叫ぶかと思ふと人馬もろ共に水の中に沈んで行つてしまつた、彦太はあれよ〳〵と騷いでゐたが一度沈んだ弟の姿はとう〳〵見ることが出來なかつた、白水漲る湖面には風にさからふ小波が無限の波紋をえがいてゐた。

怪　口碑と異聞（七）　散らばって行った亡城主の一門
●山形新聞　昭和二年五月一日　2-60

口碑と異聞（七）

亡城主の一門

散らばつて行つた　畑谷に殘つた戰蹟

慶長の五年九月半ばのことであつた、畑谷城の山狭を舞台として高らかな陣鼓があがつて行つた片や米澤の直江山城の軍勢、片や山形の城は最上方である、當時畑谷の城は最上十八楯の一つとして相當重々視されてゐた嶮峻な山城として、江口五兵衞光淸が八千石の知行をもつてこゝを固めてゐたのであつた、そしてその領地は村木澤、畑谷、大野目、双月、中野等の諸部落に散在してゐた

◇　◇

九月の十一日米澤を出發した直江方二萬の兵數に、長井街道を進んで翌日には白鷹を越え畑谷の城にのぞんでゐたのである、上杉方二萬に對する畑谷方の頭數は五百に滿たぬ少數で、尋常一樣の手段では二萬の大軍を食ひとむべくもなかつた、義光からの退却命令にも應じないで畑谷城にたて籠もつてゐた城主の心には悲壯の氣がみなぎつてゐた

◇　◇

直江方の先鋒として攻擊軍の先頭に起つたのは前田慶次郎の一隊であつた、畑谷方ではかくあるものと豫期してゐたので障碍物をもうけて充分な防禦の手配をやつてゐたのである、砲煙、槍刀、血煙り、平和な山狹は砲煙に包まれ、血に彩られて行つたが戰ひは攻擊軍に利なく數百人の戰死手負の者を出してしまふたしかし死者負傷者はひとり攻擊軍のみにとゞまらず防禦方においても澀谷宇左衞門、雲井源左衞門等の名だたるものが屍を山野にさらしてゐた

◇　◇

戰ひは十二日より十三日に及んだが正面攻擊の不可をさとつた前田の一手は、嶮岨な谿傳ひにやがて城郭を眼下に見下すことの出來る地點にたどりついてゐた、そして江口兵急に攻めかゝつた、再び戰ひの聲はあがりそめたが、新手〳〵とひた寄せる攻め手を迎へて城兵は討たれるもの、討死するもの相つぎ、餘す處十餘人となつた、五兵衞は先頭になつて散り〳〵にあたり散らしたが、迫る運命を知つて、倅小吉・甥忠作等と共に亂軍の中に討死を遂げた。

◇　◇

十三日の黎明にかけて東南をさして落ちて行く婦女子の群があつた、心淋しい落人の群である、この人々が二里か三里か走つた頃には畑谷城に炎々たる火焰に包まれてゐたらう、落人の中には城主一門のものも混つてゐた、時代はこの戰禍をのせて休むことなしに進んで行つた、やがて江口の姓は村木澤、小羅等の諸村に數多く見らけるやうになつた、城主江口家にゆかりをもつてゐるのだといふことで遺物と看做すものを保存してるところも尠くないと云ふことである、畑谷には今日でも城の跡が殘つてゐる『陶滿曲』と云ふところがある、直江がアブミを返し

たところだと傳へられてゐると

口碑と異聞（八）散らばって行った亡城主の一門

●山形新聞　昭和二年五月二日　2-61

怪　口碑と異聞（八）

散らばつて行つた亡城主の一門
畑谷に殘つた戰蹟

直江がアブミを返したと云ふ『阿武曲』についてはこんな物語りが傳はつてゐる、三万の米澤勢を迎へて山城に立籠ることは容易ではなかつた、五兵衛はまづ敵軍を惑はすべく白米を高臺にもつて行つて帶をいたやうにまき散らした、如何にも水を引いたやうに見せたのである、直江の軍は直にその策謀にのつてしまつた、即ち敵に水攻めの計劃あるものと見てとつたのである

◇◇

されば城には近寄れないと云ふので、直江の勢は殊更に險しい山路をたどつて高地より高地へとしたつて行つた、と水と見たのは策謀であることが判つたやがて城中から上杉方の旗さし物數本がなびき出した、さては先手は城中に攻め入つたものと見へるぞと俄に元氣がついて、そのまゝそこからアブミを返して畑谷にと引き返すことになつたと云ふのである、城の中から見へたと云ふ上杉方の旗さし物は畑谷の城兵が分捕したものであつたと云ふことでとんなところで敵軍に元氣を與へる種になつた

◇◇

三百二十年の年數は、このアブミ返しを『阿部曲』と云ふ訛傳をつくつた、これと共に亡城主江口家一門の上にもいろ〳〵の浮沈興廢は免れなかつたことであろう、附近の村落に見うけるてふ江口姓の外に、新庄に落ついても傳へられ、又山形に居住して山形と江口とを結びつけたのであらうか……山口姓を名乘つて行つたものもあると傳へられてゐる、その眞否はどうあらうと、亡城主江口家の昔を偲ばせるものであつて、畑谷の城跡と共に追懐の念を湧き立たせるものである

◇◇

畑谷三百（五百ともいふ）の城兵が孤軍奮闘をつゞけてる時最上方の中から、矢柏相模守、飯田播磨守が選ばれて援軍として畑谷に向つたが、畑谷の城は援軍の畑谷につく前に落城してゐた、止むなく援軍は落人を保護しながら山形に向つて退却し出した、直江の軍は勢ひ立つてその跡をつゝつく、播磨守は踏とゞまつて奮闘したがとう〳〵戰闘の中に斃れてしまつた

◇◇

畑谷の城主、五兵衛父子が相抱いて刺死したと云ふ説の外に五兵衛は二十八の首をとつてとう〳〵志賀五郎右衛門と云ふものの槍先に斃れ、小吉は夏目軍八男の忠作は宇佐美藤三郎の爲に討たれたと云ふ説がある、その眞否はいづれにせよ刀折れ矢つきるまでの華々しい決戰をやつて斃れたことにおいては變りがない、今春この畑谷を包む作谷澤村を舞台として本縣における普選施行後皮切りの村議戰が行はれてあつたが城跡をめぐつての村議戰は特に面白いと思はれてあつた

口碑と異聞（九）鴻の池に絡まる藤太の物語

●山形新聞　昭和二年五月三日　2-62

怪　口碑と異聞（九）

鴻の池に絡まる藤太の物語
はる〴〵尋ねて來た都の姫

市内薬師町の『鴻の湯』の邸内に保存されてゐる『鴻の池』は炭焼藤太の遺蹟だと傳へられてゐる『鴻の湯』の名は全く『鴻の池』の遺蹟に因んだものであつて、片桐仁三郎、山口権三郎、鈴木村藏、佐藤順助、同瀬太郎等關係の諸氏によつて『鴻の池保存會』が組織されて居り、やゝともすればほろび行かうとする口碑遺蹟を保存する計畫が樹てられてるのは面白いことだと思ふ。

池は三尺四方もあらうか極めて小さいものであるが、昔はずつと廣い漫々とした池には鴻鳥が靜かに遊んでゐたのだと云ふとである、池の附近を掘り出して見ると夥しい巨石の埋まつてるのを發見すると云ふことだが昔は大池であつたてふ語り傳へを考察する一材料のやうにも思はれる節がある、さて物語りは昔も昔、慶安元年まで四百四十餘年の前とあるから、今から年數をくつて見ると、ざつと

◇

八百二十年か前ばかりのことになる、その頃山形村山金井庄寶幣に炭焼渡世をやつてる藤太と云ふ若者が住んでゐたなにしろ八百年からの前のとである、山形などは蒼々ぼう〳〵只木茅のみ生ひ繁つてゐたものだろう、藤太は遙々山を下つて寒河江、白岩等のまちに出て炭をひさいでゐた、ひさぐと云ふても物々の交換をやつてゐたのであつて、炭を商内つて寶幣に歸つて行く藤太の背には米栗の類がのつけてあつた、ところがこの木訥極まる若者の身の上に突如として

◇

意外なところから縁の糸が降りかゝることになつた、と云

ふのは藤原中将姫が清水観音のおつげによつて、はる〴〵藤太の下に嫁づくことになつたことである藤原家は花の都において家系をほこる門閥、一方は草深い陸奥の炭焼青年、その對照は頗る變ちくりんなものであつた、やがて都の姫は山河幾百里越えて藤太の下に嫁入つて來た、そして炭焼青年の妻として手鍋下げるもいとはせぬの新世帯をかたづくることになつたのである。

姫がはる〴〵と陸奥に

夫を求むることになつたのについては、一つの理由がひそんでゐた妙齢になつた姫には殆んどこれと思はれるところの縁談が持ちあがつたことがなかつたのである、これには姫は勿論、親達もしきりに氣をもんで『うらなひ』やなんかにいろ〳〵と手をつくして見たところが『遠いところに縁が結ばれることになつてる』と云ふ決つたやうな判断で要領をつかむことが出來なかつた、姫は思ひあまつて觀音に願をかけることになつたが一夜觀音のおつげがあつて『夫と定まるのは陸奥の寶の澤と云ふところに住まつてゐる』と云ふしらせであつた姫は

夫見たやの思ひにかられ

て寶の澤を目あてとして北へ北へと下つて來たのであつたどこをどう辿つて來たのかとう〳〵めざす寶澤に着くことが出來たのであるさて姫は寶澤についたもの丶求むる夫は何處に住んでゐるものやらあてどもない、いまの下寶澤から上寶澤に向つて登つて行つた。かくて登り下りするとまさに五回いまでも『ごんど坂』（五度坂のなまり）と云ふ坂があるさうだが之は姫が登り下りしたとから名づけられたのだと云はれてゐる（つゞく）

怪　口碑と異聞（十）　鴻の池に絡まる藤太の物語
●山形新聞　昭和二年五月四日　2-63

口碑と異聞（十）
鴻の池に絡まる 藤太の物語
小判は沈み鳥は飛ぶ

さて藤太と姫との新世帯は案外まるやかに結ばれて行つた、だがその日〳〵を食つて行けば足りるてふ藤太の今日主義と、都の空で不自由なしに育つて來た姫の大まかな生活慣習とは、かならずしも一致するものではなかつた、姫の眼から見た山の生活は、あまりにも惨めに見うけられてならなかつたのである、新嫁はとう〳〵見かねて所謂へソくり金を出すことになつた、そして葛籠の中から取り出したのは二三枚の『こばん』であつた藤太は米その他の兵糧をたくわふべくまちの方に下ることになつた『こばん』はいと無雑作にわしづかみにされてをり、背には例によつて例の如く炭俵がのつけてあつた、黄金のとうとさを知らない人々にとつては『猫に小判』に過ぎないのである、どん〳〵山をおりて來た藤太が早くも現在の鴻の池のほとりにさしかゝつたときのことであつた、と池の中を見ると眞白な大鳥が翼を休めてゐた、藤太はしばし大鳥の美しさに見とれてゐたがやがて大鳥をめがけて

小判を投げつけてやつた

礫をきつて飛んで行つた小判は鳥の翼をかすめて池の中におちてしまつた、不意をうたれた鴻の鳥は翼をうちながらはるかの大空へと舞ひあがつて行つた、『鳥は飛び小判は沈む』と云ふのがその場の光景である、この時からその池は『鴻の池』と名づけられてとう〳〵今日に至つたのである、さて藤太は鳥のはるかにかけて行くのを見て始めて己に返つたがそのまゝまちの方へと足を向けて急ぎ出した、やがて夕陽が寶澤の高台を彩るころになつて、やうやく住家をさして戻つて來る藤太の姿が見うけられた、背にはいつも變らぬ僅かばかりの食物がのつけてあつた

姫にとつてはまことに解

せないことである、あの『小判』はどうしたのかと質して見るのであつた、藤太は笑ひをうかべながら例の鴻の鳥の一件を語つて聽かせたこれには流石の都姫も驚いてしまつたが、それからいろ〳〵と『黄金』のたうとさを語り出した、藤太は黄金の物語りを默々として聽いてゐた、やがて藤太は更に驚くべきことを語り出した『何あんなものがそんなにとうといものか、あんなものはこの裏山に行つて見ると、ごろ〳〵轉かつてゐるゾ』

何んと云ふとてつもない

ことであらうか、姫は只々夫の顔をながめてあきれかへるのみであつた、うそを云ふにも程がある、だがこれを放言する夫はあまりにも真面目なものがあつた、若い夫婦はつれ立つて裏山をさして登つて行く『さあこれだヨ』無雑作に藤太が掘り出したのはまさしく黄金の塊りであつた、黄金の塊り、黄金の山……姫は三度瞳をかざるを得なかつた、陽はもう半ば西の山にかくれてゐた（つゞく）

（寫眞は薬師町の鴻ヶ池）

口碑と異聞（十一）鴻の池に絡まる藤太の物語

●山形新聞　昭和二年五月五日　2-64

口碑と異聞（一十）

鴻の池に絡まる 藤太の物語

殘された藤太の藁打石

かゝる中に月日はずん／＼と流れて行つて夫婦の仲にはもう吉次信高を頭にして、吉内信氏、吉六信善と云ふ三人の子供が生れてゐた、吉次、吉内、吉六の兄弟は成人すると共に都に登つて行つて裏山から黄金の出ることを時の『帝』に披露に及んだ、藤太はその後間もなく長者信高の官位を授けられて大いに面目を施すことになつた、三人の兄弟はそれから毎年のやうに都に登つて行つて金銀を賣りつけてゐた、ところが突然のこと、陸奥平泉の豪族

藤原秀衡から便がやつて

來て、吉次、吉六の兄弟から都の様子をきゝたいと云ふ申條であつた、秀衡は當時東北にばん居して鎌倉の頼朝に對抗してゐたのである、兄弟は早速秀衡にあふていとつぶさに都の模様を語り明した、これ等のことが縁となつて、やがて源九郎義經が兄頼朝に入れられず、秀衡をたよつて奥州下りをやるときには吉次、吉六の兄弟が道案内の役をつとめることになつたものであると傳へられてゐる。さて藤太が

六十三歳の高齢に達した

時にまたも、ひとりの子供が生れた、妻も相當な年齢になつて居り、既に分娩期をとほり越してるので頗る不思議なことであつた子供は貴藤太と名づけたが後になつて藤原貴藤太長者と呼ばれるやうになつた、この貴藤太が藤太長者の家系をつぐことになつたのである、藤太長者は八十三、妻は七十八歳の高齢をもつて死んで行つた

藤太長者は寶澤の池に

葬られたが今も社が建てられてゐる、話はもとにさかのぼつて姫が夫を求めて寶澤にたどりついた時のことにかへる……登らうか、下やうか『五度坂』をさまよふてゐた時のことである、かすかながらトントンと物を打つやうな音が流れてくるのであつた、姫はさては近くに人家があるのではなからうかと、音をたよりにだん／＼とつき進んで行く、果して人家が見つかつた、家の中には一人の若者がしきりに藁を打つてゐるのであつた若者は頭髪や鬚髯をぼうぼうに伸ばしてゐたが、こう打ち見るとなんとなく凛としておかしがたい品格が備はつてゐるのであつた、姫はなんか思ひあたることがあるのであらう、ぱつとばかりに

顔に紅葉を織りなすので

あつた、その若者こそ姫のたづねる藤太なのであつた、その夜一夜の宿をかりた姫と藤太の間にはいろ／＼の話しがとりかはされたが、姫の物語りによつて早くも夫婦の端がひらけて行つた、藤太が姫と會合したと云ふ藁打石は今でも寶澤に保存されて居り『藤太の藁打石』と呼びなされてゐると云ふことである、さて

然らば黄金の出たてふ

藏の山はさうなつたのであらうか……一説には藤太がある事情のため『黄金を岩塊にするやう、藏王權現』に願ひをかけたところ、一夜の中に黄金が岩かけになつたのだと云ふやうな話も傳へられてゐる、又吉次、吉六の兄弟が鴻の池から程遠からぬ宮町の鳥海、月山兩所の宮の池にやつて來て金銅を洗つたと云ふやうな口碑も專ら傳へられてゐる（この稿終り）附記、この藤太に似よつた口碑は仙臺方面にも傳へられてゐるやうである

口碑と異聞（十二）袖浦村のおこりと大師の行脚

●山形新聞　昭和二年五月六日　2-65

口碑と異聞（二十）

袖浦村のおこりさ 大師の行脚

河中に現はれた金の梵字

ひろき野をながれ行けども最上川、うみに入るまでにごらざりけり

◇

と今上陛下が御詠あらせられた其の最上川が、海にそゝぐ清い河口のほとりに袖の浦と云ふ漁村がある、今は西田川郡袖浦村として海産物の收穫も年々多額に上り相當に繁昌して居るが遠い昔は岸を嚙む日本海の怒濤のしはぶきを浴びかもめの翔ばたきも寂しい小さな漁村であつた、其の袖の浦の名の起つた傳説を書いて見やう

◇

昔、弘法大師が墨染の衣に一笠一杖身を雲水に委ねて諸國を行脚された折、或る日此の小さな漁村に行き暮れた、春とは云へ

ど未だ花も笑はず、岩に激する波の音も肌の寒さを覺ゆる夕ぐれであつた、前は渺茫としてはてしも知れぬ大海原、行手には矢を射る如く海にそゝげる最上の大河が横たはり且つ幾つもの山河を跋歩し來れる其の日の疲れも出で來て最早一歩も進むことも出來なかつた

◇

そこで大師は、路傍にあるさゝやかな或る漁家に杖を入れて『行き暮れた旅の僧ですが、進むにも最上川の流れに渡しもなく難澁いたします、何うぞ今宵一夜の宿をお願ひしたい』と頼んで見た、漁家の主は門口に立つてゐる墨ぞめの破れ衣に破れ笠の草鞋の紐も切れはづれたるうらぶれた大師の姿をつく〴〵と見詰てゐたが、にべもなく大師の請ひを退けた、大師は已むなく去つて又其の隣の漁家に頼んだが再び斷られた、斯うして漁民の家を一戸一戸に軒毎に頼んだが、漁民の悉くは一介の乞食坊主として誰一人相手にする者はなかつた

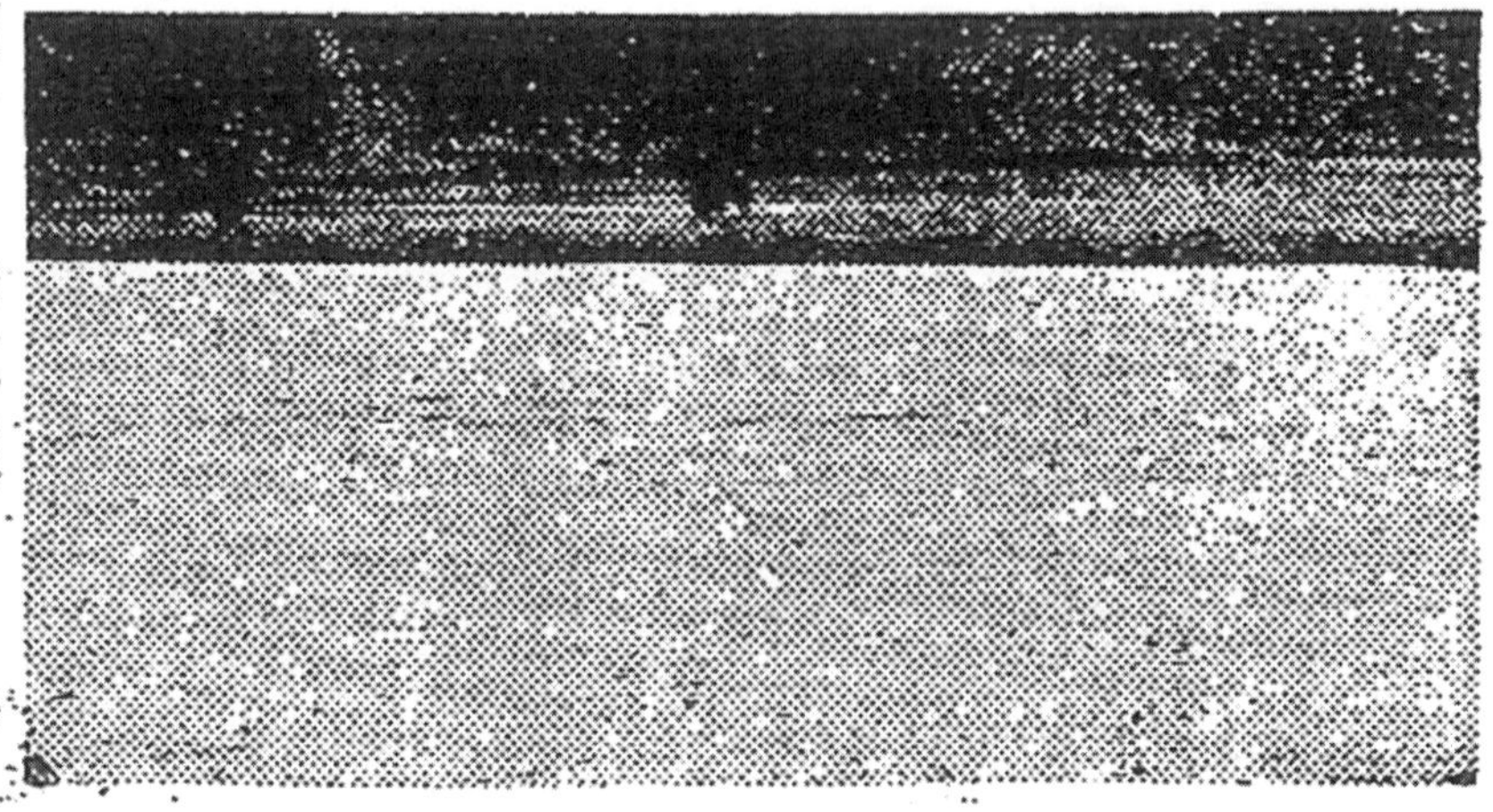

◇

頼む人も、頼む人も、皆冷めたい瀨りなさに大師も今は困り果て草のしとねに石の枕いつそ野宿をしようかとも思はれたが此河を超ゆれば、大きな部落もあると聞く、河を渡らん術もがなと河のほとりをさまよふたが、一隻の小船も見つからう筈はなかつた、そこで大師は此の大河の流れを堰き止めて彼岸に渡るより他に術はなしと、一心不亂誠をこめて『此の流れ暫し止め給へ』と身に纏めたる墨染め衣の袖片をひろげて流れを堰けば、不思議なるかな、滔々として矢を射る如き大河の激流に金の梵字が燦然として現はれさしもの大河は忽ち一滴の水も洩らさず堰き止められて大師は易々と徒渉して今の酒田に達することが出來た

◇

翌日此の不思議を傳へ聞きたる漁民等は大いに驚き『知らぬことゝは云へ、餘りに無情にも無禮なふるまひであつた』と慚愧後悔し打揃ふて船を出し大師の跡を追ふたれども遂に墨染衣の大師の尊い姿は見られなかつた、此の時より誰云ふとなく此漁村を呼んで『袖の浦』と云つた（寫眞は最上川の一部）

怪

口碑と異聞（十三）　飛島の神秘境平家と源氏森

●山形新聞　昭和二年五月七日　2-66

口碑と異聞（三十）

飛島の神秘境
平家と源氏森
手を入れると忽ちに祟る

天氣のよい日に、酒田の日和山公園から遙かに西方を眺むれば渺茫たる日本海の眞ッ只中に、夢のやうにぼかされた小さな孤島の影が繪の様に浮んでゐる、それはいつの頃か知らないが雲の上から抜き出て居る鳥海山の頂が振ッ飛んで日本海に浮びトつたと云ふ神秘に滿たされた飛島の姿である

◇

この飛島に傳はつて居る神秘的な傳說や物語りも隨分と多いのであつて書けば大分長いことにもなるであらうが茲には未だ餘り世の人の耳には屆いて居らぬと思はるゝ短いものを一ッ二ッ拾つて見やう

◇

大字法木の高地に鬱猶は淋しいほどな木立があつて其の中に源氏森、平家森と呼ふ小さな二ケの丘がある、此の下には古への或る立派な武人が用ゐられた甲冑が深ぶ埋められて居ると云ふ口碑が傳つて居る、或時一人の島人が好奇心に驅られてその甲冑を發掘しあ見やうと鋤を擔げてコッソリその丘の上まで行つた見れば丘の上にも木が生ひて居る、先づ發掘するには其の木を伐らねばならぬ

◇

島人は更に山刀を取り寄せて丁と樹木の幹に切り込めば不思議なるかな恰も人間の身體を裂いたように生々した鮮血がサッとほとばしり何ものかの呻くが如き聲さへ聞えて一種云ひようのない凄惨の氣に襲はれて島人は其のまゝ鋤を用ゐずして家路に急いだ、その日から其の島人は發熱して病の床に就

き間もなく縣を引取つてしまつた

◇

それ以來其の丘に足を入れて樹を伐り土を掘るものは必らず何ものかの祟りを受けて生命を奪はれねばならぬと云ふ恐ろしい言ひ傳へとなつた、爾來幾百年の今日も尚そこばかりは斧鉞を入れられず島人からは非常に恐れられてゐるが源氏森、平家森の起原は今日尚詳かでないのを遺憾とする

◇

又飛島に大宮神社と云ふ無格社がある、此お宮には能に千年以上を經て居ると云ふ木彫の不可思議極まる翁のお面が寶物として傳はつて居る、先年伊藤頼道氏が島長として赴任せる常時國寶として指定されたいとて申請の手續きにまで及んだのであるが、若し信仰者があり、乞ふて此のお面を拜觀し、幸に白髯垂るゝ翁と見れば何事の變りもないが若しそれが若者の相に見ることあれば必ず其の拜觀者の一身上に何等かの凶事が起ら、では止まぬと云ふ、即ち此翁のお面は見る人の吉凶禍福に因つて其人相を異にして觀せしむるのであると、島人は今日尚之を信じてゐることは勿論である

口碑と異聞（十七）　酒田の山王祭と獅子舞の怪　2-67

怪

●山形新聞　昭和二年五月十二日

口碑と異聞（七十）

酒田の山王祭と獅子舞の怪

動かない大小の山車

◇

毎年五月二十日に行はるゝ酒田山王祭、即ち縣社日枝神社の祭典は酒田町の總鎮守たるだけに山形の薬師祭、米澤の上杉神社鶴岡の天神祭よりも一層の殷賑を極むると稱され全縣に於ても屈指の大祭典として聞えてゐる今でこそ酒田の町にも電信や電話や電氣の線が蜘蛛の巣のように縱横に張り詰められたので神宿から繰り出す大山車の如きも電信電話の針金を潛れる程度に縮むるの餘儀なくされてしまつたが、今から二十年前の山王祭は大きいものになると五丈も八丈もの見上ぐる許りの大山車に氏子が一ケ年の心血をそゝいで飾り立て、さまぐ\の飾物の大山車が幾つも\/繰り出されて町内を練り廻つたものであつたその飾物の大山車こそ昔から酒田山王祭の一名物として全國的に有名であつたのだと云ふ

◇

現在の酒田の縣社日枝神社はそのむかし、慶長年間に今の宮の浦から現在の地に遷座されたもので現に宮の浦に鎮座せる日枝神社が御本社だと傳へられ、毎年の祭典當日には早朝に酒田の縣社から宮の浦の日枝神社に獅子舞ひを奉納したる上縣社の祭典を執行することになつて居るのであるが、それに絡らんで一ツの不思議な靈驗物語りが傳へられて居る、今から幾十年幾百年前か年代は判然しないが或年の祭典當日であつた、前夜から荒れ出した暴風雨は朝に至るもなほおさまらず、最上川の流れは逆卷く怒濤に躍り狂ふて到底船を浮べることは出來なかつた、從つた早朝に宮の浦神社に奉納すべき獅子舞ひも酒田から渡ることは不可能であつた

◇

よりどころがないと云ふので奉納獅子舞を見合せることにしたが、漸く風雨も薄らいで來たのでイザ山車を繰り出たそうとしけれど幾百人が總掛りで綱を曳いても一寸も動かぬ、それは一臺ばかりが動かぬと云ふのではない、山車と云ふ山車は大小を問はず小ゆるぎもするのではなかつた、幾百年に亘つて祭典を執り行つて來たが未だ曾て山車が動なかつたと云ふ不思議は只だの一回だに聞いたことはなかつた、是は只だ事ではあるまい必らず何事か神靈の御怒りに觸れたのに相違ないと、全町民が愕然として色を失ふのも當然であつた

◇

神官は云ふに及ばず、氏子の重立つた人々は齋戒沐浴、神前に平伏して『若し吾等に何事か曲事があらば御宥しを垂れたまへ』と祈禱を捧げた、その時誰れ云ふとなく『宮の浦神社の御前に奉納獅子舞を見合せた爲めに神のお怒りに觸れたのではあるまいか』と云ふ聲が起つた、一同愕然として省みる所あり、それとばかり折柄少しく平かになつた最上の大河に數艘の船を浮べて宮の浦に渡り、神前に罪を詫び、目出度獅子舞を奉納して

一同船を返した

◇

かくて大小の山車はいと軽やかにする〳〵と動きだした、数萬の氏子は神威のいやちこなるに愈々信仰の念を昂むるのみであつた（寫眞は縣社日枝神社拜殿）

口碑と異聞（十八）蛇体にかわる義家の宝刀
●山形新聞　昭和二年五月十三日　2-68

怪　口碑と異聞（八十）

蛇体にかはる 義家の寶刀

卵も食はぬ附近の村民

飽海郡本楯村の總鎭守郷社大物忌神社には、昔源義家公が安倍貞任の亂を平定して凱旋の砌り寄進されたと云ふ三尺一寸餘りの一口の大太刀が、今は國寶となつて赫々の光を放つてゐる

◇

八幡太郎義家公が御佩せの大太刀を寄進せられた謂れ就てはいろいろに傳へられてあるが、其の中の一説に依ると公は貞任の亂を平定するに當りて鳥海山に登山々巓の大物忌神に『逆賊を平定せしめ玉はゞ太刀一口を奉納せん』と祈願した、漸く賊軍を平定して軍を引上たのが今の日向川のほとり、『おこやすみ』（南遊佐村の一部落にて興休）と云ふ所まで來ると公の馬が突然前肢を折つて如何に馬術に長けた軍卒が扱つても最早一寸も進まなかつた、公は只事にあらずと倩々考へたる末、先に出陣の際太刀を奉納すべしと誓つて祈願したるにも拘らずそれを履行せずして鳥海山の麓を通過したる爲め神慮の咎めであることに氣が付かれた併し此處より鳥海山に引き返すことも容易でないとあつて人を急派して今の本楯大物忌神社に佩帶の大太刀を虎の皮の覆ひ鞘ぐるみ奉納せしめられたが馬は忽ち前肢を起して蕭々と進んだと云ふその虎の皮の鞘と云ふのも未だ遺つて居る

◇

此の大太刀は、古來屢々盗難に罹つたが、どんな場合でも必らず本楯大物忌神社に直ちに返つて來ると云ふ極めて神秘な傳説もある、それは斯うであつた、若し盗人が神殿を冒して此の大太刀を盗み取つても、いろ〳〵な不思議が現はれて一夜を盗賊の手許に置くことは出來ぬので、盗み取る者も盗み取る者も皆な一様に田圃や野原にこつそり捨てゝしまはねばならなかつた斯うして盗賊に捨てられた大太刀は、若し本楯領分外の人の目に付けば恐ろしい大蛇と化して人々を追ひ拂ひ、本楯領分の村民に限つて太刀そのまゝとなつて拾ひ取られては社殿に納めらるゝのであつた

◇

不思議はそればかりではなかつた或る日庄内の酒井公が小鳥狩として飽海に來り本楯方面を狩り暮して民家に宿りを求めた、其夜深更酒井公の寢室に金色燦爛として見る目もまばゆいばかりの一頭の大蛇が現れ、夢うつゝともなく非常な悩みを覺えた、翌日陰陽師を招いで占はせると、大物忌神社は小鳥狩を戒めのために義家公寄進の太刀をして蛇體として現さしめたのだと云ふ、這々の體で酒井公は村を引き上げた、それ以來本楯村民は小鳥や鶏は勿論鶏卵さへ食することを止めた、今でも未だ老人は鳥や卵を喰へば口がまがると稱して決して口には入れないさうだ

口碑と異聞（十九）なんでも御座れの開運稲荷様
●山形新聞　昭和二年五月十四日　2-69

怪　口碑と異聞（九十）

なんでも御座れの 開運稲荷様

お狐さんが産婆に通ふ

◇

酒田寺町妙法寺境内の『七めぐり稲荷さん』として、『酒田地方では最も有名であつて、夜となく晝となく参詣者は非常に多く、毎年中等學校の入學試験になると、受験生徒が男子となく女子と云はず深夜こつそり及第の祈願を籠め参詣に來る者も多いと云はるゝ位であるから一般町民の信仰も推して知るべく、又花柳界方面の信仰も極めて厚く四六時中参詣者は絶えぬと云ふ繁昌振りであつて、その附近にある一軒の掛茶屋もこのお稲荷さんの爲めには大きな幸運がめぐり合せに潤ふて居る

◇

此の開運の鍵を握らるゝ七めぐりの稲荷神社は何時の頃から建立されたか茲には明かに知らないが、昔からいろ〳〵な傳説異聞もあるのであるが極く最近の物語りを拾つて見ても實に不可思議極まる事實が傳へられて居る、今から六七十年ばかり以前の事、鶴渡河原村に井熊さんと云ふ中年の産婆が居た或る夏の夕べ新井田川のほとりに心ゆくばかり涼を容れて居たが、夜もようやく更け初むる頃井熊さんは漸く家に歸つて蚊帳に入りウト〳〵として居ると誰やら『もし〳〵』と訪るゝ聲が夢とも現ともなく門口に聞えるので『バア、何處かのお産でもあらうか』と門口に出て見たところ一人のきれいな小

娘が立つてゐる◇

小娘は落着かぬ素振りで『私ば寺町の者ですが家の母アさんは今難産で苦しんで居りますので何うか夜分御苦勞掛けますが私と一緒に行つてお産をさせては貰はれますまいか』とおろ〳〵聲で嘆願するのであつた、井熊さんもつひ未だ見たことのない小娘ではあるが、職業柄一刻の猶豫もならずと件の小娘を先に立てゝ小走りに運んで來たが身はうつゝの如く一面に生ひ茂つた夏木立の中の小じんまりした家の門口に着いた、と、奥の方より主人らしい男が立出でて『この夜分にどうも有難う……』と導かれて一室に這入ると、成るほど一人の産婦は最早やこと切れんばかりに難産に苦悶して居るのであつた◇

産婦の此の苦悶の狀を見るなり井熊さんは直に極めて巧妙な手術を施して忽ち一人の嬰兒に呱々の聲を揚げしめた、將に悶絶せんとした産婦はホッと膏汗を拭いた、一家は悉く一陽來復の喜びとなり家中は俄に明るくなつた、井熊さんは主人を始め一家の人々から再生の恩人として厚く禮を述べられ再び先ほどの小娘に送られて家に歸つた、小娘は『是れはほんのお禮の印ばかりです……』と小さな包物を置いて歸つて行つた◇

井熊さんは『ヤレ〳〵』と着衣を脫いで衣桁に掛ける居合せた家人が不思議そうにその衣類を見て居たが、その衣物には獸の毛が一面に着いてゐるのであつた家人の驚きよりも井熊さんの驚きは愕然として夢から覺めたような心地がした、そうして其の毛は紛ふべくもなき狐の毛であつた、且つ先刻小娘が置いて行つた謝禮の小さな紙包みを見ると幾枚かの大きな木の葉に何物か包んである、解いて中を改むれば是れは又不思議にも眞の紙幣であつた、茲に於て井熊さんの驚きは譬ふるに物なく、翌早朝、記憶を辿りつゝ産家を訪へば、昨夜の小じんまりした家は夢と消えて、それは『七めぐり稻荷の社であつた◇

七めぐり稻荷神社の狐が難産の爲め人間と化相して産婆の井熊さんを招いだのであつたことは云ふまでもない

口碑と異聞（十二）

怪　口碑と異聞（二十）岩山に閉籠められた朝日の大蛇　2-70

●山形新聞　昭和二年五月十五日

朝日の大蛇

岩山に閉籠められた
大蛇の悪計で大洪水

人跡未踏の神秘境と云はれてゐた朝日岳は、その後だん〳〵神秘の扉が開かれて行つて、今や大蛇の棲むでふ大鳥湖の學術的研究にまで手がのばされてゐる深度六十五米突、濃緑色の水をたゝえて、まん〳〵たる大鳥湖は見るからにして大蛇の棲み家らしいものである、流れ口は大岩山にさゝえられて居り、矢を射るやうな水は岸を嚙んで流れてゐる、大鳥湖はその岩山が流れを堰とめた結果、出來あがつたのではないかと云ふやうな話もあるが、この岩山の下には大蛇が閉ぢ籠められてるのだと云ふやうな口碑が傳はつてゐる

ずつと〳〵遠い昔のことであつた、山中深く棲んでゐる大蛇は大の暴れものであつて、四方八方にあたり散してゐたがとう〳〵庄内の平を水攻めにする計劃を樹てた、蒸し暑い夏の一日のことであつた、ポツリ〳〵お山にかゝつた笠雲は見る〳〵中にひろがつて行つて、大つぶの雨が降り出して來たと見る間に、篠つく大雨となつてしまふた、殆んど盆を覆へしたやうな雨は一日より二日に亘つても霽れやうともしない、風さへ加はつて來る始末に人々は只々焦燥と不安の中に立ち縮つてる外に途がなかつた。

地面を傳ひ小川を縫ふて大川にそゝいで行つた濁水は刻々に加はつて、ごう〳〵と渦を卷いて流れてる濁水は堤防を越えて田畑に、街にと流れ浸つて行くのであつた、大鳥川、梵字川、荒川等庄内の大川、小川は濁水を盛つて今にもはち切れそうな模樣であつたやがて堤防の一角がくづれるよと見る間に潮のやうな泥水が一面にひろがつて行く、早鐘の音、人々の叫喚、風雨の叫び、さてもいたましい水地獄の現狀

不安の裡に三日目の朝は靜かに〳〵明けて來た、朝日に照らされた庄内の平野は見るも無慘な蹂躪の跡であつた、水がだん〳〵減つて行きそろ〳〵後始末にとりかゝる頃になつて人の心はやつと落ちついていつたが、心の落着きと共に記憶にのぼつて來たのは、五六日前『皆様方、二三日中に大洪水がありますぞ、大雨がやつて來ますぞい』と村から村にとわめいて步いた白髪の老翁の姿であつた、人々の見解は期せずしてあの白髪の翁は只人ではなかつたと云ふことに一致した、やがて農夫が何事もなかつたやうに野良に働いてる姿を見るやうになつたが洪水のことは却々人の頭から消えなかつたそして

誰れ云ふともなしにその洪水のことを、さきの白髪の翁と

結びつけて『白髪水』と云ひなされるやうになつた、村人が見たと云ふ白髪の翁は朝日の神樣であつたのである、大蛇の悪計を知らせるために白髪の翁の姿で注意をうながして歩いたのであつた、神樣は大蛇の悪計を怒つてとう／＼大蛇をば例の大岩山の下に閉ぢ籠めてしまつた、荘内の平野はそれからいつも平和の日が續くやうになつた、大鳥湖から奥に這入つたところに『みすまの池』と呼ばれてる池があるが、そこには朝日の神樣が棲んでゐるのだと云ひ傳へられてゐる

漫筆　お化け夜話（一）

●紀伊新報　昭和二年四月二十三日　2-71

怪

漫筆　お化け夜話　（一）

海山千歳

（その前に一言断つて置きたいのは、二三の友人から『海山千歳健全なりや』といふいかめしいハガキが舞込んだ。私の健康も今で殆ど快復してゐるのに妙なことを言ふものだと、そのまゝにしておいたが、なんだ――李葉留一君の口語歌論に對して辯駁をしないからだそうだ。勿論私とてもあの一文を讀み李君のために答へたい事もあるのだが何分世は春で心は浮々してゐるのに一人花に叛いて口語歌の諸君と口論でもあるまいと無言でゐるわけ。何れ氣分次第で是非駁論を書きたいと思つてる事を御承知願ひたい）

×

例によつてお化物語りである。しかし怪談をするんではない。お化についていろ／＼感じたこと、考へたこと、實際に見たこと等々々の漫筆である。

以前私が本紙でおばけとロク／＼首に就て書いた時も一寸言つたが私は少年時代からばけ物についてたいへん興味をもつてゐるが年長ずるに及んで、より一層それが募つて来たやうである。でも恐らくこれは誰しも――百人が九十人まで――同じだらうと信ずる。それは世の文化が進み、人間の頭腦が如何に化學的になつても『妖靈』だとか『グロテスク』といふ言の葉の魅惑にも私たちを誘惑するものである

即ち、妖靈怪奇なるものは人間の神秘的要求、恐怖本能から生まれた空想を一層興味を以て潤色した一種の恐怖的な神秘的（妙な言葉だが）なのだから私たちの一面にはこれらばけ物に興味を感じ、その存在を認めたいある種の本能的な氣持があるのだ。然しそれと同時にその反面には『そんな馬鹿げたことがあるものか、そんな理屈があつてたまるかい』といふ唯物的、合理性本能がある。そして誰でも一通りの理論上ではお化を否定する。が矢張りあの可愛いお化けには誘惑を感じてゆくのである。岸田劉生氏は好んで妖怪を語る人として

一、多少嘘つきの人
一、反省のたらぬ人
一、他人の中にあつて談ずるに自己を持す意志の弱き人
一、遊戯的氣分の甚だしき人
一、話の興味のために自己を偽る人
一、甚だしく獨善的興味強き人
一、芝居氣のある人

そして性格の弱い人に多い、

――つまり才子風の人間に多いことを擧げ、それと反對に化け物などゝ絶對にないといふ方の人間としては『意志の強い、他人が少々嘘と知りつゝも面白さに引かれて怪談でもしてゐる時に、その嘘なけさに憎み、興味にあそぶといふ事を樂まぬ程の意地悪さがある。所謂水野越前守式の人にそういふところがある。

然しながら化物はないものと唯信してゐる人物にはどこかしつかりしたところのある事はあらそはれない――』こんな事か何かの本に書いてゐたと記憶する

しかし私は假令しつかりしたところがあるにしろ興味に遊ぶといふ氣持ちは誰にでもありたい。そして一つ〳〵の怪談に現れてゐるいろ〳〵な技巧や、幾多の空想や、實感などを味はひたいものだと思ふ

怪　漫筆　お化け夜話（二）　●紀伊新報　昭和二年四月二十四日　2-72

漫筆 お化け夜話（二）

海山千歳

前號では歩々議論めいた事を書いた、然し漫筆お化夜話といふ標題の如く漫然として書きつけてゆくのであるから兎角ばる事も、固くなる事もある。お化けとなつてしまふこともあるだろう。

閑話休題――さてお化け、妖怪話に普通人以上の興味を感じてゐる人々なら屹度、怪物〳〵といふもの〻一體どれ位の種類があるだらうかとの疑問が生じるに相違ない。無論これだけのものが昔からあれ現在も存在するかといふは至難この上もないことである。江戸時代に於る代表として鳥山石燕の『畫圖百鬼夜行』に畫かれたものを見るにその名の示す如く百の妖怪がそれ〳〵の怪味を帶て畫かれてゐる。今その目録された中から一部を拔粹する

こだま、天狗、山彦、山童、山姥、犬神、白兒、カツパ、おそ、垢嘗、たぬき、網剪、きつね火、いたち、叢原火、つるべ火、ふらり火、火車、屋鳴り、むぶめ、海座頭、高女、ろくろ首、逆柱、死靈、幽靈、雪女、生靈、見越入道、鬼、青坊主、不知火、般若、猫また、人魂、さそり、赤舌、日和坊、骨女、野ふすま、ぬつぺらほう

等であるがその後石燕は『今昔遺百鬼夜行』をあらはして妖怪圖繪を補修してゐる。その他北尾政美の『稿本百物語り』埼斎の『百花鳥』六條而樂齋の『百物語り評判』平秩東作の『東欧百鬼夜狂』その他種々なる圖録文獻があるが何れも修められた怪物は百以上に達してゐる。然し今や妖怪變化に對する科學的說明時代となり、天狗や山姥も葬られ、森の下にある實の幽靈も河童にかゝくれ、軒の怪奇な瀬も訪れず、湖沼に千年の夢をむさぼる沈鐘の物語りも僅に史的要素をもつて語りつがれるにすぎないのである。そして森の人氣者狸の馬鹿囃もやうやくその存在を忘れられんとしつゝあるが山間部地方に這入ると月明の夜など時としてきかされるやうである。

勿論極めて稀である――

それは今から十年前のことであるが、枯芒が道端になびく秋の暮私は生れて初めて馬鹿囃なるものを西牟婁郡新庄峠できいた。丁度月寒い夜ふけ母と私は朝來村から歸り路急いでゐたヒラ〳〵と落るわくら葉の微な音にもびく〳〵してゐる親子は無言のまゝで峠に差かゝつた母の足は徒らに早い。少年の私は小走りでついてゆく。そして下り坂になつた時だ。突然南側の遠い谷間から丁度寄せ太鼓のやうな音が鳴りはじめたのであつた。瞬間、親子はビツクとして立どまつたが直ぐ前よりも早く歩いたものである。

そして峠を下りきつた時やつと安心したものゝやうにとまつてその音にきゝ入つた。實際よく締めつけた大鼓の音そのまゝであつた。それが亂調子にポン〳〵〳〵靜かな谷

間から鳴りひびいてくる。…に一寸親しみさへもてた程だつた。私達は最初不審にうたれたが、それは狸が月にうかれて腹鼓をうつたのであると翌朝さる老人から話されてやつと諒解したものだ。

怪

漫筆　お化け夜話（三）

●紀伊新報　昭和二年四月二十六日　2-73

漫筆　お化け夜話（三）

海山千歳

私の貧しい妖怪智識をもつて話すことは諸君に厭怠ないやが上にもつのらせるに相違ない。それで私の悪友と古い傳承を女代に發表していへく事にする。狐と狸については過日十數回に亘つて照介をし得たが、未だに私の手許に殘つてゐるものがある、それらもぼつ／＼と書くであらう

老女狼

ある侍夫婦が、土佐の國境山といふ狼山を通つた時妻が急に産氣つき、餘儀ない野宿の間にお産をしたところ、たちまち狼の襲撃におひ、杉の大木の上に難をさけた。すると狼はお互ひで梯子を作り夫婦に迫つてくる。侍は、刃で斬まくつて防戰した。それで多くの死傷を出したのでおほかみの群は一旦崩れたが、しばらく經つて一頭の老おほかみを先頭にして再び襲撃し來り、たちまち又おほかみ梯子を立て老おほかみがまつ先になつて上つて來た。侍は懸命にこれを防ぎ老おほかみの頭上に斬りつけたが、刀も立たず刀はガンとはねかへされた。不思議とは思つたが、侍も一生懸命こんどは横に拂ふと、金物でもかすつたやうな音を立てた後に、ずつと手ごたへがあつたと思ふと、老おほかみはおほかみ梯子から墜落してゐる。と見ると、おほかみの獣はたちまち總くづれとなつて、くもの子を散らしたやうに何處ともなく退散してしまつた。そのうち、やがてあけ方近くなつたので、夫婦は杉の木より下りて果そこと思ふ方角に向ふその途すがら、點々として血痕の滴るのが見える。それを辿つて行くと、ある一軒の家について、暫時の休憩をたのみ込む。するとこの家では怪我人があるとて斷る。例の怪我人はと問へば、血潮のしたゝりといひ、怪我といひ、どうも怪しいと思ひ、聞いてゐると思ひあはす昨日の老狼、さてはこゝの婆さんこそ、人狼じやあつたかと、なほ村の人に婆さんの事を聞きあはすと湯に這入る時見たか全身毛むくじやらだといふ事であつた（口碑）

夜媾狼の襲來

甲斐國・或村の農家の小者が、ある夜雨戸を引こうとすると向ふの茂みの中に四つの光つた玉が見えたので、小者の蛇の眼にしては地上を離れた距離が上すぎるし四つの輝く玉の間隔もへだゝり過ぎるやうなものでなんだらうと不思議に思つたがふとそれが狼の眼だといふ事に氣がついた。狼は襲來した、驚いた彼は大聲になつた『誰か狼にねらはれる者があるぞ』その叫び聲にこの家の娘は兼しの言ひ傳へを思ひ出して驚いて椽先へ飛び出る　狼の近づいてくるのも恐れずに、椽の上からまくつて狼に『さあこれで堪忍しておくれ』と呼ばはつたら、狼は何の害も與へず引返して行つてしまつた（傳承）

漫筆　お化け夜話（四）

●紀伊新報　昭和二年四月二十七日　2-74

漫筆　お化け夜話（四）

海山千歳

幽靈

妖怪界の一種屬（こんな熟語はないが）として人々から恐れられてゐるものに幽靈がある。そしてその幽靈もやはり妖魔の一種と見られてゐる傾むきがあるが、然しこれは全然妖怪と區別さるべきものである。言海によると（一）死したる人の靈、なき魂（二）又想像にそのまゝの形に現れて見ゆさするもの――とされてゐる。今定義を下すなら

幽靈とは人間の化けたもので妖怪とは人外の怪であるといふ事になる。そしてこの幽靈をいふものは、思ひを殘すとか、怨恨をのこすとかいふ顯然たる理由のない限り絶對に現はれぬものとされてゐる、幽靈のうちでも四ッ谷怪談や番町皿屋敷なとは、明治大正の劇壇に上場され或ひは映畫化されて盛んに幽靈氣分を味つたものである。

幽靈には足がない――これが昔からの一般論である。

然し繪畫上からこれを見る時、昔から足がなかつたといふ論は全く覆へされるのである。即ち幽靈に足のなくなつたのは徳川中世以後――應擧以來――とされてゐる。その以前にはたしかに幽靈にも足があつたさうである。それでは何故徳川中期以後に足がなくなつたかといふ事になるが、それは徳川中期以後に於て繪畫は勿論のこと總じての藝術上に自然主義的傾向が著しく現はれて來たのから推察すれば敢て不思議でもなからうと思はれる。こゝでまた讀者は何故足がないか？といふ詰問を發せられるかも知れないが私は斯う斷ずるのだ

人は誰でも、その知人――[illegible]、師友知人等々のことを考へそれらの人達の上に思ひをめぐらす時浮かび來るものは屹度知人の胸部以上であらう。特に足に異状のある者、或は特別の注意をひく足をもつた者でない限り、人が人を思ふのは胸から上である。理由は只これだけだ。柳の蔭からフワ〳〵と浮いて來る幽靈をもづと幽靈らしく書かんとすれば如何にしてもそれを寫實的に仕上なければならないぢやないか

今幽靈に足しの有無につき面白い例として岸田劉生氏の『ばけものばなし』に西洋の天使が描いたものゝ變遷と、日本の幽靈畫の變り方との共通點を擧げて次ぎの如く記されてゐる

……即ちルネッサンス時代（ヴァンエック、アンゼリコ等）の天の使ひには足があるが、又崇嚴な端麗な感じはどこにもなくあるが、その扮裝は高貴な王女の樣でとも角靈体の樣にはかいてゐない。ところがチントレットになつて稍天人は地上的でなくなり、グレコになると、一層此世ばなれといふ事が殊に考案されてゐる更にレム、ブラントになると、もし天人といふものが假にあるとして、それが姿をあらはしたらこうもあらうといふ風に、つまり寫實的に天人が畫いてある

ヨセフだつたか何だか忘れたが、二人の老夫婦？のやうなものゝところへ現はれてゐる天使は、その體が透きほつてゐて背景の物体がみへてゐる。正に幽靈の如く足もあいまいになつてゐる、云々

これによると西洋の天使と日本の幽靈畫の最初が同一であつ

たことも見られるわけである

（訂正——一のうち恐怖的な神秘的とあつたがおれは恐怖的な神秘時の誤り）

2-75

怪 漫筆　お化け夜話（五）

●紀伊新報　昭和二年四月二十八日

漫筆 お化け夜話（五）

海山千歳

猿に化けた子供

昔あるところにいたづらな子供たちがゐた、或日両親の留守の間に糯米を餅につき、さんざたべた上、鎌の枝お延ばして長くし、各一本づゝ尻につけて遊んでゐた。やがて夕方になつたとき、両親が戻つてきたので、子供たちはいそいで大樹によじ登り枝の間に隠れてゐた。両親は家の中がしんかんとしてゐて子供たちの姿が見えないのに不審をいだいた、その様子がをかしかつたので樹の上の子供たちはからからくと笑つた。両親はきゝつけて木の上を見たれば、その時にはもう子供たちは猿になつてゐたので両親はそれが自分の子供たちだとは知ることが出来なかつた（サイセット族大隘社に傳はる口碑）

悪戯娘猿に化る

昔あるところに、一人のいたづら娘がゐた。家中、みんな働いてゐる間にもこの娘ばかりは悪戯なしで困らかすので両親はしよつ中怒つてばかりゐた。或時、粟飯をたきて、それを竹篦で混ぜるやうこの娘に命じたところ娘はまぜては竹篦を舐めてゐる。母親はそれを見て非常に怒り「うぬ、また悪さしやがるか、うぬのやうな奴は、山にでも行つて獣の仲間入りをしちまへ」と怒鳴りちらした。それで娘は竹ベラを尾のやうにして身をふつてみせた。すると不思議、見る見る娘に毛がはえ、竹ベラはそのまゝ尾となつてほん物の猿となつてしまつた。それでその猿は母親を睨みつけて、山深く逃込んでいづたが、今に猿が人間には種々悪戯をなし、それに大變な喰しんぼうなのはこんな娘が化けたのだからである（アミ族中に傳はる口碑）

怠情者猿に化る

昔あるところに、なまけ者の若者がゐた。碌々働きもせず飢れば生物をたべ濟ますといふ風なので、あいつ獣になるよりほかないといはれてゐたが、或時珍らしく耕作に出で、地を掘ろうとする時、鍬の柄が折れた。それで鍬を取かへて又耕作にかゝると又折れる。こうして四本の鍬をへし折つてしまつたので、やけを起し折れた鍬で尻を叩いたらどうしたはづみか、そのまゝ尻へ刺さつてしまつた。どうした事かと抜こうとあせつたが、どうしてもぬけず尾となつてしまつた。驚いて身ぶるいすると、忽ち全身に毛がはへて浅ましい猿の姿となつてしまつたので、あはてふためき、山の中に逃げこんで行つた。そして樹から樹へと果實をあさる事となつたのである。猿の顔は平常は白いが人に遭ふとすぐ赤くなるのはさすがに恥かしいからだといふのである（タイヤル族に傳はる口碑）

2-76

怪 漫筆　お化け夜話（六）

●紀伊新報　昭和二年五月一日

漫筆 お化け夜話（六）

海山千歳

化かされる話

狐や狸に化かされるといふことは、これはよくきく話である。誰々はゆうべ狐にだまされた、誰さんは昨夜おそく狸にばかされた。等々々——然しこれは事實の上に現はれることさか

も知れないが、それは結果に、あるさいふにさゞまつて、原因は狐狸にあるさいふわけではない
つまり狐狸に歸する先入意識による自己催眠さいふ事になる。この一時的痴呆狀態は狐狸が化かすさいふ口碑、傳説のない以前の日本にも有り得る現象であろう
先般和田興郷外つぶり山の切下げ工事中通行者は文里街道に迂廻してゐた時分のある秋の收穫時のこさ、たそがれの色がやうやく邊りを包む頃、私があの神子濱の墓地の側まで來たさき一人の年老た女が五六間の前方を行つ戻りつしてゐる。私は妙に思つて聲をかけた。するさかの女はやつと「あゝきつねにつまゞれてゐたんだ」さいふ事を氣づいたらしい。その女のさきの氣持は矢張田邊へ歸つてゐるものさのみ思つて、同じ所を往復してゐたもので全く一種の自己催眠である
私もかつて少しばかりやつた事があるが、催眠術をかけるに被術者を催眠狀態に陷らせ、それから暗示を與へて被術者をその暗示どほりにするのであるが狐狸に化かされるさいふこさも――前述の例の如きも女が眞つ直ぐな道を單に辿つて歩んでゐるさいふ觀念を自己自身で自己に與へてゐるためであるに相違ない
そしても一つには狐或は狸はよく人間を化かすさいふことを信じ又は疑ひ怖い〳〵さ思つてゐる人間で若これらの人間が深夜一人で山道を通るさか海邊を通るこさする。そんな時この邊に老狐がゐてよく通行人に惡戯をしかける、ださか一つ目子僧が出て通りかゝつた女が氣絕してゐたさか、徒に頭に浮んで來るものである。元氣をつけて歌でもうなつてやらうさ思つても脇の下に冷汗ばかり出して肝心の聲は出ない。その時運悪くも狐でなく、犬でも猫でも飛び出さうものなら、もう最後だ、その人間は完全に自己催眠にかゝつてしまふ。そして暗示を自分自身にあたへ、田を河さして妙な腰つきで渡り或ひはうまそうに牛馬糞を喰ふ。それが何かの調子で催眠狀態からさめるのである。化かされるさいふのは大体こんなもの。

怪　漫筆　お化け夜話（七）
●紀伊新報　昭和二年五月三日　2-77

漫筆　お化け夜話（七）

海山千歳

團三郎狸

享保の頃、佐渡相川の柴町に窪田松慶さいふ外療師があつた、さある冬の初めある夜寒冷常ならず、寒氣だつたので、いざ寢て暖まらうさ家の戸締りに夜具など（？）つてゐる所へ表に人聲して『窪田松慶樣のお宅は爰にて候や』さ問ふ者がある『如何にも』さ答へるさ『急病ありてお迎へに參りたり』、さ萬々申すにぞ松慶が『然らば金瘡などにて候や』さ尋ねるに『成程手負人ありてお迎へに參り候』さ答へる『いざさらば』さ急ぎ寢卷の上に小袖を着し、脇差を引かけ藥箱攜へて立いで、迎への駕に乘るさ、駕は飛ぶが如くに行く。ゆられて行くこさ七八丁ばかり。そこから眞すぐに登るやうな心地したが、それよりも又、[illegible]を斜にしてひたむきに行く折々かごの窓すだれの隙きより見るさ山林高く見える。何事さもなく又問ふべき心もなかつたが、かくて最早一里程も來ただらうさ思ふ頃、忽然

漫筆　お化け夜話（八）
●紀伊新報　昭和二年五月四日　2-78

怪

漫筆　お化け夜話（八）
海山千歳

まして向ふに大きなる所ひらきの門が見える。是は何方であらう、かゝる門のある家屋近在には覺えがないがと駕籠の者に「誰人の門なるにや」と問へば「お邸へしまつれと家にて候」と答るので「さればト下りて歩まむ」と言ふと「死なんとする程の急病の事に候へば苦しからず、其儀に願られ候へ」といふので、うちまかし門番の者に此段傳つて貰つた。それより四五間も行き大玄關に至つて「[illegible]松慶様御出で」と呼ぶと羽織袴着けた者四五人して出迎へる。松慶は駕籠より下り辭儀して玄關に至つて見るに床飾りの道具萬の調度、美麗なる事世の常でない。凡そ二十疊も敷かるゝかと見ゆる座敷幾つかを經へ客の間へ通ると石爐に炭火を小山の如く起し、火鉢二つ煙草盆など並べて待ゐたる風情である。金屏風か照るもまばゆく、松慶は却つて自分の衣服の無造作なるを恥づる程の心持ちがしてひかへてゐると、歳の頃五十餘歳の人品骨柄卑しからぬ、羽織袴を着し長き脇差を帶して立ち出で「これは松慶様・遠方お出で大儀に存ず、據なき急病人おりて主人方より迎へおけ候こころに早速の御入來忝なし、それお茶をあげよ」といへば角前髪の小姓菓子盆を持ち又茶をもつて立ち出、松慶に捧げる。その香ふんふんとして田舍の茶香とも覺えない。二三度賜はりて「さて御病人さまはいづこに」と問へば「暫くお待ち候へ主人へ委細申し聞くべし」とて道入る。

暫くして七十餘の禪門、白小袖に十德を着て立ち出で「これはく松慶老、夜中と申し遠方の處、よくお出で過分と存じ候、さて愚老が末子怪我を致し、手薄なる生傷ゆえ惱み候間、全快の療治御賴ひ申したし。これへ」と先に立つて入る。松慶も續いて奥の間に至るに金銀の屏風引廻し、病人と覺しくて中央に高く蒲團積み重ね、その上に十三四ばかりの美少年鉢卷をし、白い小袖を着し脇息により顏をいがめてゐる。近邊には看病人と思しき男女が大勢詰めてゐる。件の禪門「いざく疵の樣子をお伺ひ下さるべし」といふので近く寄つて「お疵を見せ給はれ」と側に立寄り、疵を卷いた衣類をほどくに鮮血とまらずして流れるので、先づ血留をつけてその樣子を見るに切先にて突きし程の疵二ヶ所さして深手ではないと見立て松慶は「これは當分のお疵にて候、程に必ず御案じなさるまじく候血留まり候へば痛みも早速とまり御全快疑ひなし」といふ禪門は大いに喜び「おねぎらひに酒一つ參らせ」と家來に命じられる。と以前の挨拶人、小姓にいひつけ吸ひ物並に小附けなどを出し、種々饗應のゆきとどく有様、言葉に盡しがたい程であつたが、よき時を見て「夜中なればお暇申すべし」と辭すると座中一同「遠方のところ千萬かたじけなく存ずる」と異口同音に挨拶する。「折角養生など認めおき一兩日中又御見舞申すべし」とて松慶は立ち出でるそれより又駕籠を早め暫らくして我宅の門前に來る「いざお歸り」と彼等が呼ぶと宿元にも起居て出迎へた。さて松慶は「籠の衆、暫らくお茶でも一つ」と申立出て見るにもう歸つて姿が見えない。召使ひの男に「追つかけて御主人の名を問へどいひつけ追かけたけれども跡方もない。松慶も忙然として後悔したが、其夜寺田彌三郎といふ侍、下戸口御番所の邊で怪異のものに斬りつけたといふ噂を聞き、思ひ合するに、松慶が退治に行つた所は二つ岩團三郎の邸であつたらうと、人々申合したといふことである（怪談藻鹽草）

2-79

獣

南洋で発見された怪物大トカゲ

★日米　昭和二年四月二十六日

子供科學

南洋で發見された怪物大トカゲ
馬や牛は一打ちで殺してしまふ大力者

人やまたは鳥獣の未だ現れないずつと大昔に、この地球上には恐ろしい大きな爬蟲、即ち今でいふならばヘビ、トカゲ、ワニカメに似た一族が、この世をば全く我物顔にのさばつて、弱い小さい動物を常にその餌食としてゐました。然るにその後▲時が移つて　これらの猛惡な怪物も、やうやくその影をひそめ、現代では前にもいつた比較的小形な爬蟲だけが生き殘つてのろ〳〵と地面をはうてゐるに過ぎません。けれども、未だ少しは昔のおもかげを宿した種類もあり、彼のアフリカに住むといふクロコダイルといふワニ、また▲熱帶地方に　產するパイソンといふ大蛇の如きは、いさゝか人類を恐れさすに足るものであります。さて今こゝに話さうとする怪物は近ごろ南洋方面の或る離れ島で見出された▲トカゲに似　た爬蟲の一種でありまして、長さは十尺から二十尺まであるといふのですから中々すばらしい動物であることがわかりませう。馬ぐらゐのものなら、その長い尾で一打ちして殺してしまひ、又そのいかつい爪は大抵の動物をつかみ殺すことも出來ます。若し人がこの動物を捕へようとしてうつかり近寄らうものなら、忽ちその强力な尾でうち殺されるであらうと想像されてゐます何と恐ろしい動物が今の世にも生きてゐるではありませんか。

2-80

幽

越後遺聞記（六十）
判事の枕頭に孕み女の幽霊

●新潟新聞　昭和二年五月一日（三十日夕）

越後遺聞記（60）

判事の枕頭に孕み女の幽靈
一生忘れぬ恐ろしさ
＝案山子稿＝

×市内に多年辯護士をしてゐて、鐵氣滿々、俗つぽいところはあつたが、ちよつと面白い肌合をもつてゐた高橋喜五郎も、冥土へ旅立つてからモウ彼これ七八年にもなるであらう。

×どちらかといへば萬事無頓着なやうな、豪傑肌ともいふべき高橋が生前の一つ話に、一生を通じて忘れ得ない怖ろしさを感じたことが唯一度あつたといつて知人に物語つた一場の怪談がある。自分は曾つて社交團体の士會席上で食後の閑談に高橋から直接それを聞いた時、この先生でも怖いことがあるかと思ふと、他人の話すのよりも一層印象を深くしたのであつた。

×高橋は辯護士になる以前、永く新潟の裁判所に豫審判事をしてゐたが、怪談といふのは即ちその當時の事。時は明治廿八年の十一月であるが、西蒲原郡某村に坂井クマといふ三十女が、白米一斗を盜んだといふ嫌疑で拘引され、それが豫審に附されたので、高橋が係判事として取調べに當つた。そして百方訊問したが女は飽迄も罪状を否認する身に覺えのないことだといひ通したので、止むを得ずそのまゝ女を收監して置いた。

×ところが一夜、高橋の邸内に、鬼火が飛び込んだと附近の人々が噂し合つた。折柄高橋邸では一同が眠りについた後だつたので、當夜は其噂も知らずにゐたところ、其夜更けた丑滿頃、主人高橋の枕邊に、朦朧として現る

はれたのは、怪しや女の立ち姿

×

豪胆な高橋は、「誰だ」と大喝して頭を挙げると、其女は腹部の著しく膨れ出した形をしてサメ〴〵と泣き作ら、「罪の無いものを責立てるとは恨めし、覚えはないのだから、早く無罪にして下さい」と訴へる。いふ迄もなく取調べに困つてゐた抜井クマが来てゐるのである。

×

言ひたいことがあらば法廷で言へ」と高橋が女を叱ると、スゴ〳〵として其形は消えてしまつた。さすがに気に懸かつて天明に至る迄一睡もせず、翌朝早速監獄に赴いてクマを呼び出すやう命令すると、看守長が答へて曰く、クマは昨晩産気づいたが意外の難産で苦悶の末、深更に至つてつひに死んでしまひましたと。

×

前夜怪異を見た時は敢て怖れなかつた高橋も、此一言を聞くと頭の乱れた髪の乱れた凄い形相を思ひ出して、顔色蒼然、全身に水を浴びたやうであつたが、それ以来この事ばかりは時折高橋の念頭に浮んで、膽を冷したものだそうな。

越後遺聞記（七十一）　奇瑞を示す竜宮堂の怪火

怪　●新潟新聞　昭和二年五月十三日（十二日夕）　2-81

越後遺聞記〔71〕

奇瑞を示す
龍宮堂の怪火
竹藪に神體は安泰

―案山子稿―

×

市内西堀通八番町の宗現寺内に曾ては龍宮堂があつて参詣する信者も頗る多かつたが、明治十八年十月二十六日の午前四時頃その堂内から出火して該堂並びに本寺とも焼失し、同五時三十分に鎮火した。ところでこの火事には[illegible]し驚き不思議があつた

×

不可解の一つはこの堂内には四五日以来少しも火気を取り扱つたことがないのに突然発火したことで、今一つは堂内の神體が三體とも火災後になつて無事に堂後の竹藪の中から子供が発見して寺へ届けて来たことが、防火に馳せ集まつた世話人も、また寺僧たちも取り出したといふものは一人もないのに、斯うして神體だけが出てゐたのだから一同が怪しんだのである。

×

聞けばこの三つの神體は、同寺の最も貴重なる本尊にも異ならぬ程のもので、これがなくては寺の維持にも影響するから従来近火の際には何よりも先ず本尊とこの神體とを持ち出すことを例としてゐた。しかし前記の火災は龍宮堂内から出た為に、猛火中に飛び込んで取り出すわけに行かなかつた。そこで一面の火の海を見て、いづれも落胆せぬはなかつたところ、何ぞ計らん裏の竹藪に一つも焼けずに揃つて鎮座ましまさんとは。

×

さあこの事実が全市に伝はるとさらぬだに信仰の多いその頃の事、さすがは龍神様だけあつてチヤンと火事以前に難を避けて奇瑞を示された、ヤレ有難やとます〳〵信者の数を増したといふことである

×

もつとも一説には誰かゞ放火したものであらうが、神罰の恐ろしさを思ふて、ひそかに三神體を堂後に移しそれから堂に火をかけたものであらうともいはれ、諸説紛々、結局わからずじまひになつたが、一時は善男善女達中がしきりにこの不思議を宣伝したものであつた。

巨巌の奥に棲む銀色の大蛇

獣　●静岡民友新聞　昭和二年五月一日（三十日夕）　2-82

巨巌の奥に棲む
銀色の大蛇
古戦場として有名な
志太郡葉梨村阿彌陀堂裏の

志太郡葉梨村花倉地内はその昔武田、今川両雄の古戦場として有名な処で種々なる歴史上の遺蹟もあるがその内今日尚不思議の一つとして数へられてゐるものに現存阿彌陀堂裏手に巨巌があるがその中央部に約五寸の穴ありこの入口より内部を見ると時折銀色をしたる大蛇の姿が現れるので附近の者は生神として米など運んで入口へ置くと何れも數時間を経ずして全く無くなると云ふ、祈願をすれば種々なる難病が全快すると云ふので各地から参詣に来るものが多い、蛇も米があるので遂に今日尚死せず成長してゐるものであるさ

怪　お化が石を投ぐ

●長崎日日新聞　昭和二年五月二日　2-83

お化が石を投ぐ
人通り稀れな豚小屋の後から……
噂□□□豚コレラのエピソード

長崎市稲佐町三丁目と竹之久保町との境界……稲佐嶽山麓にある桃山谷の上手に當つて、近頃お化が出ると云ふ噂……界隈では寄るとさはると此の話で持ちきつてゐる同所は溪谷ではあるが、稲佐町三丁目の人家が奥深く迄引續いて建てられ

鬱蒼 たる松の木と、谷を埋むる雑木密林の上手に、更に二三軒の住宅があり、そこの丘陵を越ゆれば谷に通じ、竹之久保町の火葬場と接してゐる、附近は夜間は勿論、晝間もあまり通行人もない所で、上手に住む人が谷を下つて買物に行くか、或は又同所に建てられた養豚舎に飼料を持ち運ぶ人が通る位で至つて物淋しい場所である、このお化の噂は誰の口からとなく傳はつたものであるが今頃お化など全く時代

錯誤 たゞ一概に否定し去ることも出來ない、奇々怪々な噂の樣な事實であるのだと云ふから堪まらない、このお化と云ふのは従來の火の玉や幽靈ではなく、深夜に誰か石を投げると云ふのである、或は惡戯者の所爲ではないかとも思はれるが、然し如何に物好きと雖も眞夜中になつて、さうした惡戯をする者もあるまい、或は精神病者かそれとも狐狸の業か附近の者は何せよ不安だと所轄稲佐派出所に届出でた、それで同所では直にその調査にとりかゝり

毎晩 お化の出る場所に見張りをしたり密林の中に潜んで其の正體を見止めやうとしたが毎夜の努力も空しく何の案線も得られない、然し不可解な事には警官が見張りをしてゐる時でも石を投げることには矢張り變りはない、或夜の如きは同所を通つた男が石を投げられたので之に應戰して深夜石合戰を演じたが遂に石が盡きたので逃出し青息吐息で稲佐派出所に驅け込み斯くと届出た事もあると云ふ、こうして

噂は 噂を生んで警察でも放任して置けず總ゆる探査を續けてゐる中、此處に一つの耳よりな話がある、と云ふのは過般來市内に猖獗を極めた豚コレラの流行である、コレラに罹つた病豚は片ッ端から撲殺して燒棄した、同所の豚舎は同町井手秀吉氏の所有で飼育豚十六頭の中八頭だけコレラに罹つたので夫々燒棄した、而も其の投げ付ける石といふのは砂利混りで、豚舎の後の高さ十間位の

崖の 上方から落ちて來るので、燒き棄てた豚の味をしめた狐か狸か或は野良犬が毎晩の如く同所に來て、土を掻き分けるものらしく、豚を廃棄した時には缺がさすにお化が出るといふところから、確にこれらの仕業であらうと豚コレラ流行の面白いエピソートである……噂のまゝを……●

怪　奇怪な五警の化物監房

●東奥日報　昭和二年五月五日（四日夕）　2-84

奇怪な五警の化物監房
如何なる極悪人も悲鳴をあげる怪事

斯んな怪奇談は正氣では語されないと云ひ切つて了へば、それきりだが、現在此れが繰返されてゐるのだから、さうすることも出來ない。

五所川原署の留置場は數十年前、同町にあつた監獄を其儘移轉したものであるが、北側から二番目にある第二房は『化物監房』と何時の頃からか喋へられそれがため此第二房へは犯人をも入るゝことなく押入代りに夜具等入れて居た。

◇

此第二房へ入れる犯人には決して『化物監房』などゝの先入觀念を與へはしないのだが、必ず云ひ合せた樣に『とても怖くてゐられません、後生ですから他の所に變へて下さい』と一夜過ごせば眞蒼になつて訴へてゐる■どんな具合に怖いかと聞けば其人に依つていろ

く〜たが、或は椽の下に呻き聲が、したり、便所の所で異様な物音が續いたり、真黒な異様なものがムク〜起き上つて來たり、人影が現はれたりするのださうである。

◇

人の噂も七十五日と云ふからには長い間夜具の押入にしてゐたのだし最早や化物も退散して凝然したらうと、最近第二房を又留置場として用ゆることになつたが、矢張數十年來の怪現象が又々現はれたのである。それに襲はれたのは世人の記憶に尚新しい北部糟田村の放火魔成田市太郎(二四)であつた。彼は今月の初旬放火犯人の被疑者として同署の嚴重な取調べを受けたが頑として事實を吐かず、其夜偶然にも第二房へ留置されることゝなつた

◇

警察署内の夜は更けて、時に響くのは見張り交代の警備消防手の靴音ばかり、春の夜闇はなまめかしくも、そことなく物の動く氣配して物淋しい。其時、突如として留置場から人の呻きが聞こえ、それがやがて狂喚となつて深夜の靜寂を破つた。當直の警官がおつとり刀で驅けつけて見ると市太郎は顔色も失せて格子にしがみつき、ガタ〜震へてゐる『どうか助けて下さい。怖くて命をとられる……こゝから出して……』と云ふもどかしい有様であつた。然し重大犯の被疑者を勝手に夜中に出すことは出來ぬし『そんなことがあるものか、頭を落つけろ』と云つて去つた

◇

暫らく經つと、又もやけたゝましい叫び聲が始つた。大の男が泣き聲を出して『助けてくれ……』と叫ぶ、泣き聲は段々狂的な叫聲となり『助けてくれ、助けてくれねば一人でも出る』と頑丈な出入口の扉を力の限りに毆るのであつた——翌朝、市太郎が喪心した様に座つてゐる第二房の前には、彼が如何に怪異感からのがれんとして努力したものか、頑丈な扉の板は離れて落ちてゐた。第二房の扉が今日尚板が離れたまんま市太郎の苦悶を物語つてゐる。

知事官邸に物の怪の噂

怪 ●福岡日日新聞　昭和二年五月六日（五日夕）　2-85

知事官邸に物の怪の噂

新に出來た官邸の奧の新らしい祠堂
空譽上人の恐しい顔
執念を注いで惨殺された

大正も十五年過ぎて時は昭和新政の今日、大福岡縣を統ぶる、いかめしい福岡縣の二千石大塚知事の住む堂々たる知事官舎に、これはケツたいな物の怪が出るとの噂とり〴〵、お化に誂へ向きの麥の秋の出頃とて或は枯尾花の正體でなく本物の幽靈かも知れぬと寄るとさわると縣廳雀のさゝやき官舎の主は四段の劍道の猛者此れに連れ添ふ御臺所は陸軍切つての利け者上原元帥の長女と來て居る、生しやばい幽靈や物の怪は聞いた丈けでヒユードロと消ゑてなくなる筈なのに、夫れが本當に出るとなれば此れこそ頗る非常に怪體な話でなくてはならぬ此の物語りは先づ次のやうに展開する

過ぐる三月末

春雨そぼ降る宵人品いやしからぬ二人の中年婦人が福岡市大工町浄念寺畔に祀られた空譽上人の祠を訪れいとねむごろに念佛供養してソクサと立ち去つた越へて其翌日同じ夫人に風采端正な紳士が加はつて浄念寺の廿世住職海空師を訪れ空譽上人のためいと叮重な法要を營み其冥福を祈つて歸つた崇祖敬神の念薄らぎ道義地に墜ち人情紙より薄い今日此頃これは又殊勝な人達ではあると附近の噂が高まつてやれ誰だ誰だとの噂は夫れからそれへと傳はつたがその噂の主の紳士こそ實は今は時めく福岡縣知事大塚惟精閣下で婦人は知事夫人と警察部長夫人とであつたとの事

話は昔に返て

今より凡そ三百餘年前慶長年間彼の天下の分け目の關ケ原の大亂鬪が幕を閉ぢて間もなく豐前中津の藩主黒田長政公が筑前に封ぜられ文武兩道に秀でた中津合元寺の開基空譽上人も長政公に從ふて福岡に來たそして橋口町に智福寺を再興し水鏡天滿宮を勸請して鎭守の神とした(現在の水鏡天滿宮)そうして長政公から二百石を賜はつた

慶長十四年の交黒田家の家臣後藤基次は故あつて大阪方に仕ふるや黒田家は事毎に徳川家から疑はれることゝなつた長政公は基次の大阪方に仕ふることの不利を知り從前の一萬六千石に今一萬石を増すことを約して基次を召還しようとしたが基次は遂に歸らなかつた

無殘な屍體を拾って祀る
浄念寺開基

挂空上人

空譽上人は文武の上から基次と莫逆無二の親交があつた、そこで長政公は基次の歸還せぬのは一つに空譽の讒言に依るものとし一途に空譽上人を恨んだそして理不盡にも遂に慶長十六年八月一日五十人の歩卒と屈強な五人の捕吏をして智福寺に空譽上人を捕へしめ須崎濱で殘酷にも空譽上人の脊を十字に割き熱鉛を投じて慘殺した

藩主の嚴命なりとして悽慘見るに堪えぬ腐爛した屍は烏のつゝくにまかせて幾十日の間濱邊にさらされた淨念寺の開基梓空辨道は空譽上人と子弟關係から痛く師の横死を嘆き再三再四藩主に屍體の引取方を懇願したが遂に許されず止むなく十四の夜弟子舜(?)澤と共に月を踏んで海濱づたひにそつと其屍體に近づき腐爛しきつた屍體を法衣に擁し十字に脊負つて歸つたそして本堂裏にさゝやかな形ばかりの墓石をしつらえて其冥福を祈つた傳説には彼の暴虐な忠之公の側女として活躍したお秀の方が空譽上人の愛人だつた關係から共戀愛の暗闘から忠之公に殺されたとも云ふ、何れにしても空譽上人は悲慘な最後を遂げた

其場所は明治二十二三年の交まで吉大字濱原と稱へられ常時の縣令安場保和氏に依つて市に編入されたが其後幾星霜を經た後も一面茫々たる葭原だつたが空譽上人の殘虐に會つた處だけ二間四方は葭が生へなかつたと傳へられていたが爾來星移り物變り縣廳々舍の新築と共に埋立てられ其場所は現在の知事官邸東南隅前知事柴田茶村(?)氏が心をこめて作つた庭園の松梅楓(?)のこんもり茂つた處がそうである

夫人連が密に供養
阿里山林の立派な祠
其後亡靈は姿を消す

淨念寺の墓守の話は何んでも知事官舍に空譽上人の鉛に焼けた果づんだ亡靈が夜な夜な枕邊に立つそうなそこで知事夫人が思ひ惱んだ末縣廳で調べさせて別つたのが空譽上人の悲慘な歴史さてこそ淨念寺畔の念佛供養となつた譯ではあるそうして上人の冥福を祈るため縣下官邸の問題の場所には縣營繕課の手から箱崎社寺造營所に依託され阿里山の檜で三尺四方位の立派な祠が建られた但し祠建設の理由としては大塚知事夫妻が大の敬神家である爲めと云ふ何にしても夫君は今は時めく福岡縣知事從四位勳二等の大塚惟精閣下で然も劍道四段の達人で我も許し人も許す武道家夫人は我陸軍の巨頭元帥陸軍大將上原勇作子の長女たることも餘りに皮肉ないたずらではないかさるにてもこの亡靈は此のお祭りが利いたかピッタリと出ぬやうになつたとか

怪　人魂の名刺　大学病院で死ぬ前に…

●二六新報　昭和二年五月十日（九日夕）　2-86

人魂の名刺
大學病院で死ぬ前にお寺へ行つた話

大學病院の正門

舊幕時代、諸侯の中の高頭、金澤百萬石の領主前田家の邸であつた本郷の帝大は、赤門の名に依つて今も

其の由緒

を物語つてゐるが、其の門前の喜福寺との間に、よく人魂が往復するといふ噂がある。其は大學病院があるので其の病院に於ける死者と、お寺とを結びつけて、例の迷信好きな人

達が、そんな話を拵へ上たに過ぎない。世にいふ人魂は、燐の浮游である事が明瞭に分つてゐる今日こんな話をすると

小學校の

生徒も必ず笑ふであらうが、嘗ては貴族院議員であり、ある大きな會社の社長を在職中に、帝大病院で胃癌の爲に死んだ某氏は、臨終の前夜、其魂が脱け出して喜福寺に行つたといふ話がある。それは其の家人か、他の用があつて同寺の門を入ると、其處に某氏の名刺が落ちて居た。

其の名刺

は某氏が直接に自身でなければ使用せぬものであつたので、扨ては此處へ魂だけが來たのであらうといふ事になつた。尤も某氏は其の翌日死沒したのであつた。

怪　妖怪退治の帰りに女を退治損い
●上毛新聞　昭和二年五月十九日　2-87

妖怪退治の歸りに女を退治損ひ

住居侵入傷害の罪で懲役一年を求刑さる

長樂寺古榎の怪談餘聞

新田郡世良田村の名刹長樂寺の古榎が夜な〳〵氣味悪い唸りを發し通行人を驚かすさいふ昭和の聖代に耳よりな妖怪譚が村人の間に傳へられたが瞻つ玉を据えて妖怪退治の荒武者ならぬ前科もの▲日備男がこれは又歸宅に臨んで飛んだ痴態を演じ昨日前橋地方裁判所へそつ首を晒すに至つた珍事件がある

◆

強姦傷害事件で五年間、強盗で又五年、都合十年間獄舎で無駄飯を食んだ妖怪探見家は利根川を挾んだ埼玉縣兒玉郡藤田村生れの戸塚五郎二(五三)であつた

◆

二月下旬から世良田村大字平塚田部井又市方に雇はれ世間から指彈を受けながらも本人は平然として働き寺嬬飯島しも(五三)方へ赴き親切に世話されるこさを唯一の愉快さしてゐたが近隣で長樂寺の妖怪一席を誇大に聞かされるさぢつさしては居られず本月三十一日夜寒い北風を襟つ首から浴びながら同寺の境内へ暫らく佇んでゐた

◆

しかし夫れらしい樣子も認められないので惰婦の、しもを訪れ『今夜泊めぜ』『今夜は一寸都合が悪いから明日の晩に』二言三言を交すも男は默つて其處を去つたが付近の畑にくろまつて獨り様をかこつ身を哀ふさ年中裏もなくおさへ難い情念がむら〳〵とうちをそくし〳〵擬ふた

◆

其の夜、女世帯さ知つて金井せん(四四)方へ闖入したが目的を果さぬのみが女丈夫の、せん女から胸ぐらを取られ、『強盗々々』を連呼されたので逃げるにも道なく同女の手の甲を力いつぱい噛みしめてその場を遁れたもの▲翌朝、東が白む頃には既に所在へ引立てられてゐた、そして住居侵入、傷害罪で懲役一年を求刑され長樂寺の古榎にからむ事件も終末を告げやうさしてゐる。

怪　魔の池物語（一）
物凄い根山の池
●参陽新報　昭和二年五月二十日　2-88

魔の池物語

物凄い根山の池

娘お光の話（一）

アイ、エッチ生

此處東三の山の中、しかも山のいたゞきに二段歩の大池がある、これぞ南設楽郡作手村さ東加茂下山村の境界にある魔の池根山の池で此の池にからんだ不思議な傳説奇説は數限りなくある、今其の二三を紹介する

何

分此池は又山の中にあり怪奇な傳説なくても氣味の悪い所で一番近い人家へ半里二番目へ一里半も聞いたのみでゾッとする、しかも池畔は一面老松にて蔽ひ此れに加ふるイヤな樹木が加へて恐ろしい噂。其處へ持つて來て皮肉にも菅沼字から古平方面へ行

く只一條の道は此の池畔を通らねばならないのだ、けれども前の樣な譯で晝でも人通り少い此處まして夕方から夜などに通る人なんか一人もないそんな風で只さへ細道は次第に荒れ今では牛馬を曳いて歩くにも困難である、此の池は山の頂上、實際山の峠の僅の平地一杯に出來た池で随つて入る水は一滴もないのに池水は何時でも滿水で不氣味な小波をうち又之れより池水の流水がなく只附近がしめつぽいのみで此處から流れ出るのだと云ふ所もない何時の頃か言傳でわからないがこの麓の羽布村といふ小さな村に源平爺さんと云ふ人があつた。この源平さん運の惡い人で若い時分妻に死に別れた、其の時二人の仲に出來たお光と云ふ娘があつた源平さんはお光に苦勞さしてはならん大事に育て老後の世話をしてもらはうと一もお光二もお光と丹精した甲斐あつてお光は十九歳の娘盛りとなつた、これで源平さんも安氣に成つた何處かに良い聟はないものかと尋ねて居た、すると其の頃この村へ流れて來た浪花節語り、遠くて近いは男女の仲とかついお光とねんごろの仲となつてしまつた

怪　魔の池物語（二）　物凄い根山の池
●参陽新報　昭和二年五月二十一日　2-89

魔の池物語

物凄い根山の池

孫娘お春の話（二）

ヱッチ生

娘お光とねんごろになつた男……世間を渡る商賣とて浪花節語りの口はうまかつた、源平さんも此れはよい聟殿だとよろこんでゐたが素より眞實の無い浪花節語りは三月許りの後お光をいつまり源平さんの虎の子にしてゐた胴卷を盗み出さしめ、あとは野となれ山となれとある夜の事逃出してしまつた源平さんとお光の驚きは一通りでなかつた源平さんはお光を責て見ても後の祭りで致し方なく結局泣寝入となる外はなかつた、わるい時はわるいものでお光は其の時既に妊娠してゐた、そして月滿ちて産したのは女の子であつたがお光は産後の肥立がわるく遂に黄泉の客となつた、源平さんは此幼子を抱いて泣くにも泣けぬ悲しみで二度の苦痛をしなくばならなかつた、其後十數年の歳月は流れお光の生んだお春も十七歳となつた時には源平さんは七十の路を一つ二つこした時であつた、お春は人なみすぐれたうつくしい娘であつた其の冬源平爺さんはふと門口で石につまづいてたをれたのが因で中風氣となつた源平さんは以來手足の不自由な不具となつてしまつた、飽まで惡魔にのろはれた源平の家庭は其後またしても大きな悲しみに泣かねばならなかつた、それはお春の行方不明になつた事であつた、村の人々は手分けして八方をさがしたが其かひはなかつた、するとある夜の事源平爺さんの枕べへ一時も忘れぬ孫のお春の姿が現れた、狂氣の樣になつた源平さんは「お丶お春かお前一体何處へ行つてゐた」とすがろうとしたが不自由な身は一寸も近づけなかつた、お春は悲しさうに見てゐたがやがてはふりおつる涙と共に「私はアノ恐ろしい根山の池の主にさらわれてしまつて二度とお爺さんのそばへ歸る事は出來ません」といつたと思ふと目がさめ身體一杯の冷汗であつた、サテハ今のは夢であつたかそれにしても不思議な夢だと老の一徹から不自由な身體を杖にすがつて里近くもある根山の池へと覺つかない足取で出かけたがそれつきり源平爺さんの姿は見られなくなつてしまつた、それから幾年かの後村の金持ちが此哀れな二人の爲に二つのちいさな石碑を建て靈をまつり今でもこけにむした二つの石は怪奇な傳説と共に魔の根山の池畔にさびしく池をながめてゐるとのことである……。

怪 魔の池物語（三）　物凄い根山の池

●参陽新報　昭和二年五月二十二日　2-90

魔の池物語

物凄い根山の池

鯉漁りの若者（三）　ワイ、エッチ生

其れから中風病の人又は重い病氣の人は此の根山の池に願ひをかけ鯉や龜を放つてなほるといはれ今でも願ひをかける人も少くなく根山の池に居る龜や鯉はとてもかぞへ切れない

夫　は何でも大正五年か六年頃であつた矢張り麓の村の若者三人一日の勞苦を慰む酒の内に一人が「オイさうだ一つ根山の池の鯉を取つて來て肴にしては」といひ出した、亂樂といはうか無鐵砲といはうか、かりにも主の住むといはれる池の魚を取らうとは―冷靜に考へたらうとも及ばぬ事だのに酒の露に大分メートルの上つてゐる二人は大喜びに贊成し酒の機嫌で早速根山の池へ出かけた

山　のスッ頂上にある根山の池は池ごうを破壊したなら何の譯もなく干てしまへるのである元氣の良い若者も流石に池畔に立つて躊躇したゞ何だかこんな池に主なんかゐるものかと前に立つて崩しかゝる一人に勇氣付いて干にかゝり段々と流れ出る緋鯉眞鯉を取つて興じてゐた、が何といふ不思議であらうか此時三人の目に稻妻のやうな光りが映つたかと思ふと今迄快晴だつた空はにわかに

墨　を流した樣な夕立雲に蔽はれ忽ち車軸も流す大雨となつてしまつた驚いた二人はほうぐの體で逃げ歸つて籠を見ると二十尾位は取つたかと思ふ鯉が僅五六尾しかゐなかつた、それでも其の五六尾を早速料理して夕には酒肴に舌鼓をうつた、先づ其れ迄は大雨に濡れた許りで良かつたがさて次の朝になつて三人とも枕も上らぬ大病人となつてしまつた

村　の人々は一樣にソレみろ根山の池の鯉なんか喰うものだからぬし樣の罰が當つたんださうだそんな噂で一杯だつた皆か否か、三人は悶へ苦む息のしたから……ぬし樣わるかつた……ゆるしてくれぬし樣……頼む……ぬし樣といつては苦がつたさうだそこで村の人々は相談して根山の池に行き數尾の魚を放つてやり又ぬしを祀つてわびをした、その後三人の中張本人といふべき者はついに死んでしまひあとの二人は辛うじて一命を助かつたといふ

之　れは今附近の人の知つてゐる實説である、そんな譯で誰一人として魚をとらうの龜をとらうのといふ者はない、たまにあつても誰一人として眞に受けるものはないからズンく繁殖する一方で……昔浦島太郎を龍宮へ乘せていつた樣な毛のはえた龜や耳のあるやうなぎもゐるとの事である、現に角數多ゐるのは實際で夏の暑い日なんかに行くと龜が皆はひ出て老松の根に上り甲羅干をしてゐて人が行くと驚いて皆ドボンくと池へ落込むものが無數なので何も知らぬ者は

狸　が石でも投げ込んだとか或はぬしが水をおびてゐたとか云つてあをくなつて麓の人家へ駈け込むものもあるとの事で傳説と云ひ場所柄と云ひ相變らずの物凄さを續けてゐる（をはり）

怪 仏壇へ現われた親鸞上人の姿

★伯剌西爾時報　昭和二年五月二十日　2-91

佛壇へ現はれた

……親鸞上人の姿

廣島縣豊田郡佐江崎村字宇和島に湯淺といふ六十餘りの老嫗が豆腐屋をして細々と煙を立てゝゐる、眞宗に歸依し日夜禮拝怠りないが四月一日の夜佛壇に向ひ何時もの通り阿彌陀佛を見るとこれは不思議、その佛壇に僧侶の姿數人が現れた、眼の違ひかと見てゐると次第に鮮明となりこれが開山親鸞上人と五人の御弟子の姿に違ひないあつと驚いて近所へ知らしたのでさあ評判、近村隣郡から參詣人が千にも餘る、警察でも取締りに困つてゐる

猫は本当に化けるものか？

獣 ●松陽新報　昭和二年五月二十一日（二十日夕）　2-92

コドモノラン

猫は本當に化けるものか？

立つて歩くのは事實
◇新入ペルシヤ猫の可愛さ

すがくしい青葉若葉の初夏を喜ぶのは私達ばかりではありません、最も私達に親しい家畜類すべてさうですが、とりわけ猫等は、日當りのいゝ縁側とか庭先で心持ちよささうに居眠つてゐるのを見受けます、それは全く可愛い平和そのものです、何しろ人一倍、いや猫一倍？寒がりやですからね、ところが此のおとなしさうな猫も、皆様既に御承知の通り、昔から化けると言はれてをりますして見ればいはゞおとなしさうにしてゐても實は大變亂暴な人などを猫をかぶつてゐると言ひますが成程と合點がゆきませう。

×

何しろ猫の親類には獅子、虎、豹、山猫等といふ猛獸がありますから余程好きな者でも少し年をとつて來ると、その眼を光らしてゐるところは一寸薄氣味のわるいものです、それでは一體どうして猫は化けるのでせう？　いやそれより本當に化けるものでせうか？

×

もとく猫といふものは、昔は總て山猫だつたのです、それがだんく人間の住んでゐるところへ出て來て、つひには家畜の一ツとなりました、ですから何うかすると祖先の氣風が、いゝみがへつて山へ入つて山猫となるやうなこともあるのです、そしてイタチとかヘビとか小鳥の類を捕つて食べて生きてゐるのです、かういふ風に年をとつて來ると人間と同じやうに立つて歩くやうになります、詰り後足と尾で立つのです、丁度カンガールのやうに。

×

ですから餘り尾の長い猫は一寸用心せねばなりません、何分にも山中を飛び廻つて時たま人家へ食べ物を捜しにやつて來るのですが、乳の香のする赤ン坊にぢやれかかるのは無理もありません、その恰好が迚も氣味のわるいものですから化けるくと言ひ出されたのでせう、昔の多くの猫騒動のやうなものは殆ど作り噺です、と言つてもかういふ猫は野良犬より危險ですから充分用心をせねばなりません。

×

その反對に三毛の雄猫とか、眞黑な猫は、遺傳學から言つても大變少く、また性質も極めて優しく利口な方ですから、外國でも大層珍重がられてをります、また最近ペルシヤ猫といふ毛がむく犬のやうに長いのが日本へもやつて來まして可愛がられてゐます、尤も歐米邊りでは昔から猫は幸福のしるしのやうに思はれてゐました。

×

ところで猫は一體どれくらゐの壽命かと調べて見ますと、普通十八年から二十年前後とありますから比較的長生きの方です、前にも申しました通り人間の赤ン坊にじやれるやうな猫は可成年をとつてゐるもので、稍危險性ですから、さういふ場合にはおそれずにグットこちらからもにらんでやることです、猫は殊に人間の眼の光りをおそれるものです、またマッチをつけて放つてやることです、これは猫に限らず總ての獸は火を何よりおそれるからであります。

ヴァレンチノの幽霊が女牧師にシナリオを口授

幽 ●やまと新聞　昭和二年五月二十五日（二十四日夕）　2-93

ヴアレンチノの幽靈が女牧師にシナリオを口授

筋はあの世ならぬ現世の三角戀愛もの
毎晩二時間位づゝ口授して猶續行中
最近桑港を賑はす怪奇な物語

最近のサンフランシスコ・エキザミナー紙に依れば、死んだヴアレンチノの幽靈が出て、或る教會の女牧師にシナリオを書取らせてゐると云ふ話が掲げてある、この夫人はマーテルリンク等の所謂心靈學者らしいが、其の説の當否は暫く論外として、其の梗概を紹介すれば左の如くである

×

ヴアレンチノが離婚した二度目の夫人ナターシャ・ラムボヴァの夢にヴアレンチノの幽靈が出て來て度度話を交してゐると云ふ事であるが之は特に取立て云ふ程のことではない

×

然し驚くべき事は同じ幽靈が紐育の某教會の女牧師マッキンス

ヴァレンチノの幽霊が出る

★満州日日新聞　昭和二年五月二十九日（二十八日夕）　2-94

ヴアレンチノの幽靈が出る

得意の酋長の服裝で　女牧師にシナリオロ授

最近のサンフランシスコ・エキザミナー紙に依れば、死んだヴアレンチノの幽靈が出て、或教會の女牧師にシナリオを書取らせてゐると云ふ話が掲げてあるこの夫人はマーテルリンク等の所謂心靈學者らしいが、其の説

トリー夫人の許を屢々訪れ同夫人をしてシナリオを書取らせてゐると云ふ事であるヴアレンチノが之を繼續して完成したならば近き將來に於て活動寫眞館の前に次の樣な廣告が表はれるであらう

× × ×

●●●●●●
天國よりの警告
故ルドルフヴアレンチノ氏
マツキンストリー夫人 合作

× × ×

言ふ迄もなくヴアレンチノは幽靈だから自分で書く事は出來ない、從つてシナリオを書く爲めには媒介者として人を使はねばならないのである、其の媒介者として前記のマッキンストリー夫人が選ばれた譯であるが、同夫人はこのシナリオが非常に立派な映畫になると信じてゐるので、その仕事が邪魔されないやうにと希望してゐる

× × ×

ヴアレンチノは存命中にはシナリオを書くと云ふ氣はなかつたやうだが死んで了へばもう數知れぬヴアレンチノファンにお目見得する事も出來ないので、シナリオを書いて見せたいと云ふ氣になつたのであらう

× × ×

然し殘念な事にはこのシナリオは何等あの世の事を取扱つてゐないのである。矢張り現世の戀愛の三角關係を書いたもので、或るアメリカの一都市に於ける光景から始まり。次で砂漠のシーンに移り其處で主役に扮する俳優は雄々しき中にも優しみのあるヴアレンチノそつくりの酋長の姿で現はれるのである。そしてそのストーリーが如實に示さんが爲めと覺しく、ヴアレンチノ幽靈はマッキンストリー夫人の前に表はれる場合には彼の得意だつた酋長の服裝をして表はれ、或時は頭に布を卷き或は外してゐる。

× × ×

右に關しマツキンストリー夫人の語る處に依ればヴアレンチノは少しも幽靈のやうでなく或時は顏と肩だけ現はれ或時は全身が表はれ而も徐々に姿を表はすので全體が表はれるのに二十分位かゝるがその際は充分聞取れる位の高さで而も正確を期する爲め綴り迄云ふさうである、彼が初めて表はれた晩マ夫人が何故シナリオなんか書きたいのかと聞いた處、彼は腹立たしさうに「死んだからと云つて娑婆の事に關係してならぬと云ふ法はあるまい」と述べたと云ふことである

× × ×

その幽靈が表はれるのは毎晩大抵十一時で、椅子に腰かけて約二時間位しやべるとのこと。又マ夫人が其の幽靈を見ることが出來るのは、前に外科手術を受ける爲めに麻睡劑を嗅かされ昏睡狀態に陷つた間に幻影を見た事があるからださうだ

× × ×

尚マ夫人がそのシナリオを書く場合には前に水晶の珠を置いて書くのであるが之に人物やシーンが現はれて來るさうで又或時は黒布で目隱しをして書くが之でも充分に書取れるし又其のシナリオのシーンがよく見え却つてこの方が其の意味がよく解けさうである

× × ×

このシナリオは未だ完結に至らないので、どんな筋になつて終りを告げるのか夫人にも解らぬが、二人の女と一人の男に絡まる戀のロマンスに關するものである事だけは確かで、又マ夫人の考へでは悲劇に終るであらうとの事である

× × ×

然し愈々之が完成してもその映畫が一般觀衆の前に出るのは仲々容易な事ではあるまい。第一多くの人は靈魂の存在を認めないし、又幽靈のものした映畫などと云つたら方々の檢閲官が上映を禁止するに相違ない。そして又之を裁判に持出したら、あの世から來た證據など云ふものは裁判所で取上げぬだらう。

の當否は暫く論外として、其の梗概を紹介すれば左の如くである

ヴァレンチノが離婚した二度目の夫人ナターシャラムボヴァの處にヴァレンチノの幽靈が出て來て度々

話を交してゐると云ふ事であるが、之は特に取立てゝ云ふ程のことではない。然し驚くべき事は同じ幽靈がニューヨークの某心靈協會の女牧師マッキンストリー夫人の許を屢訪れ、同夫人をしてシナリオを書取らせてゐると云ふ事である、ヴァレンチノが之を繼續して完成したならば、近き將來に於て活動寫眞館の前に次の様な

廣告が表れるであらう

天國よりの警告
故ルドルフ、ヴァレンチノ氏
マッキンストリー夫人
（合作）

と云ふ迄もなくヴァレンチノは幽靈だから自分で書く事は出來ない。從つてシナリオを書く爲には媒介者として人を使はねばならないのである。其の媒介者として前記のマッキンストリー夫人が選ばれた譯であるが、同夫人はこのシナリオが非常に立派な映畫になると信じてゐるので、その仕事が邪魔されないやうにと希望してゐるヴァレンチノは

存命中にはシナリオを書くと云ふ氣はなかつたやうだが死んで了へばもう幾千知れぬヴァレンチノファンにお目見得する事も出來ないので、シナリオを書いて見せたと云ふ氣になつたのであらう、然し殘念な事にはこのシナリオは何等あの世の事を取扱つてゐないのである。矢張り現世の

戀愛の三角關係を描いたもので、或アメリカの一都市に於ける光景から始まり、次で砂漠のシーンに移り其處で主役に扮する俳優は雄々しき中にも優しみのあるヴァレンチノそつくりの酋長の姿で現はれるのである、そしてこのストーリーを如實に示さんが爲めと思しく、ヴァレンチノの幽靈はマッキンストリー夫人の前に表れる場合には、彼の得意だつた酋長の服裝をして表れ、或時は

頭に布を卷き或は外してゐる、右に關しマッキンストリー夫人の語る處によれば、ヴァレンチノは少しも幽靈のやうでなく或時は顔と肩だけ現はれ或時は全身が表れ、而も徐々に姿を表すので全體が表れるのに二十分位かゝるが、その聲は充分聽取れる位の高さで、而も正確を期するため綴り迄云ふさうである

彼が初めて表れた時マ夫人が何故シナリオなんか書きたいのかと聞いた處、彼は腹立だしさうに「死んだからと云つて娑婆の事に關係してならぬと云ふ法はあるまい」と述べたと云ふ事である、その幽靈が表れるのは毎晩大抵十一時で、椅子に腰かけて約二時間位しやべるとのこと、又マ夫人が其の幽靈を見ることが出來るのは前に、外科手術を受ける爲め

魔睡劑を嗅がされ昏睡狀態に陷つた間に幻影を見たことがあるからださうだ。尚マ夫人が、そのシナリオを書く場合には、前に水晶の玉を置いて書くのであるが、之に人物やシーンが現はれて來るさうで、又或時は黒布で目隱しをして書くが之でも充分に書取れるし、また其のシナリオのシーンがよく見え、却てこの方が其の意味がよく解るさうである、このシナリオは未だ

完結に至らないので、どんな筋になつて終りを告げるのか夫人にも解らぬが、二人の女と一人の男に絡まる戀のローマンスに關するものである事だけは確で、又マ夫人の考へでは悲劇に終るであらうとの事である、然し假令之が完成してもその映畫が一般觀衆の前に出るのは却々容易な事ではあるまい、第一多くの人は靈魂の存在を認めないし、又幽靈のものした映畫などゝ云つたら方々の檢閲官が

上映を禁止するに相違ない、そして又之を裁判に持出したらあの世から來た證據などゝ云ふものは裁判所で取上げられぬだらう（聯合）

資 呼物の牡丹灯籠　六月の本郷座極る

●岩手日報　昭和二年五月三十日　2-95

呼物の牡丹燈籠
六月の本郷座極る

本郷座の六月興行は福助、家橘、八百蔵、小太夫、芝鶴、訥升、寿美蔵等若手歌舞伎の御馴染で三日初日と決定、狂言は一番目が山崎紫紅氏作の史劇「柴田勝家」で友右衛門が勝家を初役で演じ

中幕 は新版歌祭文 野崎村に友右衛門が久作、福助がお光をつとめお染は芝鶴で、久松は八百蔵といふ役割、次は新歌舞伎十八番の内「鏡獅子」で弥生を福助が演じ二番目は珍らしくも牡丹燈ロウの脚本たる「牡丹燈記」を岡本綺堂氏が原本のまゝ三幕に脚色した新作を上演し福助の死美人麗卿に、寿美蔵の喬生、友右衛門の金翁で、特に池田大伍氏が舞台監督を擔當し明朝の人情味を始め其他二三場にほんやくされたこの物語りは何れも本邦の事になつてゐるが原本そのまゝ支那の傳説として

上演 されるのはおも白い企てで六月劇壇の注目をひく事となるべく尚大切りは長谷川伸氏新作の[illegible]一幕でこれは木村錦花氏が舞台監督をなしユーモアに富んだ軽快なこの戯曲を亀蔵のうるし山の福助、友右衛門の今津の若者その他若手連の力演といふ呼び物澤山の陣立てである

獣 執念の蛇　全身に鱗の生えた蛇体

●神戸又新日報　昭和二年五月三十一日（三十日夕）　2-96

蛇の念執

産れた子は顔こそ人間だが
全身に鱗の生えた蛇體
縣下美嚢郡の或る農夫の妻が姙娠中 貧血症を癒す爲苦む蛇の生血を吸ふ
毎夜夢を見た末狂人となつた

縣下美嚢郡某所村(假名)農民白井高治の妻きよ(假名)は去る四月の中旬『頭が人間で體が蛇の子供』を分娩した體が蛇だと云つても蛇の樣に細長いものではない人間と變りない手も足もあるけれど體一面(顏を除く)が蛇の鱗一面で身の毛もよだつ有樣である。之には奇怪な面白い話がある、きよが姙娠した昨年の八月頃貧血症に罹つた事があつた、この貧血症には『蛇の生血』が一番よくきくとの事で或る日一匹の大きな蛇を捕へ咽喉に穴をあけて之をつるし苦しみつゝ跳ね廻るその中より流れ出た生血を皿で受け取り飮んだと云ふ、苦しんで居た蛇は恨めしそうな眼をしてそこを這ひ出したが其の後毎夜夢にあらはれ赤血のしたゝるうらめしそうな眼でいつもくきよをにらみ付けて居たと云ふ事である。きよが分娩する二ヶ月程前遂にその蛇がきよの體内に入つた夢を見たとかで遂にきよは狂人となつたが生れ出た子は人間蛇體で今も村中その噂で持ち切つて居る

獣 猫はほんとうに化けるでしょうか

●九州日報　昭和二年六月四日　2-97

□ど□の□ペ□ー□ジ

猫はほんとうに
化けるでせうか
立つて歩くのは事實です
◇―可愛い猫の話

すがくしい初夏を喜ぶのは私達人間ばかりではありません、獸も私達に親しい家畜類すべてさうですが、とりわけ猫等は気持よささうに居眠つてゐるのを見受けます、それは全く可愛い平和そのものです、何しろ人一倍、いや一倍寒がりやですからね、さころが此のおとなしさうな猫も昔話に御承知の通り昔から化けると言はれてをります、して見れば、うわべはおとなしさうにしてゐて實は大變な[illegible]をかぶつてゐると言ひますが成程さう合點がゆきませう。

何しろ猫の親類には獅子、虎、豹、山猫等といふ猛獸がありますから餘程好きな方でも少し年をとつて來ると、その眼を光らしてゐるところは一寸薄氣味のわるいものです、それでは一體何うして猫は化けるのでせうか、いやそれより本當に化るものでせうか

×

もとく猫といふものは、昔は總て山猫だつたのです、それがだんく人間の住んでゐるところへ出て來て、つひには家畜の一ツとなりました、ですから何うかするとその祖先の氣質がよみがへつて山へ入つて山猫となるやうなこともあるのです、そしてイタチとかヘビとか小鳥の類を捕つて食べて生きてゐるのです、かういふ風に年をとつて來ると人間と同じやうに立つて歩くやうになります、詰り後足と尾で立つのです、丁度カンガーのやうに。

×

ですから餘り尾の長い猫は用心せねばなりません、何分にも山中を飛び廻つて時たま人家へ食べ物を捜しにやつて來るのですが、乳の香のするお坊ちやんにじやれかかるのは無理もありません、その格好が逆も氣味のわるいものですから化けると言ひ出されたのでせう昔の多くの猫騒動のやうなものは總て作り話ですと言つてもかう云ふ猫は野良犬より危險ですから充

分用心させねばなりません。

×

その反對に三毛の雄猫さか眞黑な猫は遺傳學から言つても大變少くまた性質も極めて優しく利口な方ですから、外國でも大層珍重がられてをります。また最近ペルシャ猫といふ毛がむく犬のやうに長いのが日本へもやつて來まして可愛がられてゐます。尤も歐米邊では昔から猫は幸福のしるしのやうに思はれてゐました。

×

さころで猫は一體どれくらゐの壽命かと調べて見ますと、普通十八年から二十年前後とありますから比較的長生きの方です。前にも申しました通り人間の赤ン坊にじやれるやうな猫は可成年をとつてゐるもので、稍危險性ですから、さういふ場合にはおそれずにグツとこちらからもにらんでやることです。猫は殊に人間の眼の光りをおそれるものですまたマツチをつけて放つてやることです、これは猫に限らず總ての獸は火を何よりおそれます。

資　身の毛もよだつ……怪談百物語　講談雑誌七月号

●東京朝日新聞　昭和二年六月五日　2-98

講談雑誌 七月号

大値下！三十錢

卅錢とは嘘のやうだ

兎に角コノ『化け物號』を見て下さい

●實物を手にして驚かざる者一人もなし●

燦たりこの名篇

奥州落語	吉井勇
女歌舞伎	中内蝶二
美人探偵	澤田撫松
義血侠血	前田曙山
戎喜右衛門	井上劍花坊
七金寶常吉	歌川飛鳥

身の毛もよだつ……怪談百物語

▽化物屋敷　矢田挿雲

▽縛られ塚　平山蘆江

▽笑はぬ娘　大倉桃郎

妖怪百態

蒐めも蒐めたり!! 揃ひも揃つたり!! 有りとあらゆる東西古今の幽靈怪物。

▽重い骨壺　江見水蔭

▽蛇責め　岡本綺堂

▽狐と結婚　松居松翁

▽お稲荷の祟　三田村鳶魚

▽幽靈はこんな物　森曉紅

▽牡丹燈籠の話　田中貢太郎

▽黄昏の朝顔　野尻抱影

▽船幽靈　田村西男

▽幽靈の圖　蔦谷龍岬

▽落語のお化け　正岡容

▽日本妖怪研究　中野國三

▽支那幽靈漫談　北條太郎

海坊主
…溝口白羊…

モウ半分（三遊亭小圓朝）
小笠原狐（一龍齋貞山）

事實怪談

◆蚊で人を呪ふ怪老人の話 ◆姉妹三人を嫁にした奇怪な男の話 ◆坊主をだました狩谷の女将の話
◆夢にまで見た變態の怪女 ◆棺が燃えると怪しい黒猫 ◆四人掛りでも重いお化石 ◆深夜の墓で會ふ奇怪な女　吉川澄一　甚吉老人　太郎吉老　茱屋主人

幽靈は?? ゐるか??

問題になった讀物　●不良少女か?? ●普良處女か??
斷髪美人の正體（久しく彼女と交渉のあった某青年の偽らざる記録です）

憧れの都　瀧谷麗峰
燒野のきゞす　保科久義

特別懸賞 あてもの

これだけあって定價僅に三十錢
東京小石川 博文館

資 **妖怪変化と狸の話**「動物霊異誌」と「阿波の狸」
●報知新聞　昭和二年六月六日　2-99

ブックレビュー

妖怪変化と狸の話
「動物霊異誌」と「阿波の狸」

中田千畝

岡田建文氏の『動物界霊異誌』と笠井新也氏の『阿波の狸の話』の二著を興味深く読んだ。

『動物界霊異誌』はガマ、猫、河童狐タヌキ及ムジナ、外道、蛇の八種について、先づぞれ等の解説を試みた後に事例として現代における怪異を記し、最後に古人の記述を随筆類その他に求めるの形式によつて居り著述の型がひどく柳田国男氏の「山の人生」に似たもので、現代における事例をあげてゐる事は民俗研究のたしかに変つた行方であるといへやう。甚だしいのになると大正九年の夏出雲国のもの三人が、佐香浦へ行く途中、大蛇の毒気のために眠を催して危くその害にかゝらうとしたといふやうな、極く最近のものまである。これ等現代の事例は、物理科学者などから見れば、余く笑殺さるべきものであらうけれども、心霊学的研究の資料としては、無下に捨つべきものでない事はたしかである。結論とも見るべき付録の「現象に対する著者の見解」には、にわかに賛する事の出来ない独断があるがこの種の動物霊異怪奇に関する研究は、今なほ未解決のものが多く、人間の心理学的研究の結果のみでは、解し得られないやうなものがあるので、著者の見解も一つの主張として、一應傾聴すべきであると思ふ。

阿波の狸の話は、我国における狸の名所ともいふべき、四国の阿波におけるタヌキの怪異及び迷信等に関するフオーク・ロアを収集したもので、タヌキ火の話七種、物真似話七種以下悪戯、化け方等八十余種をあげてゐる。その收集の苦心に対して深い敬意を表さずには居られない。本書のタヌキ話はもちろん阿波に行はれてゐるものであるが、それ等の話の大半が、また全国各地に行はれてゐる話であつて、たゞタヌキにつけられた名称が相違してゐるだけであるのを知り得たことはなんともいへぬうれしい事であつた。

思ふに、以上の二著は、ともに民俗学的に長く珍重さるべきものであつて、今後この種の研究をなさんとするもののために、よき参考となるであらうが、かうした参考書としての価値はしばらくおくとしても、消夏納涼の読物として、または囲炉閑談の読物として、一般読書子に奇書珍本の名によつても一読をすゝめるに足るものである。（價各二円小石川ミヨウガダニ町五二郷土研究社）

資 **ゆう霊大学生**
●東京朝日新聞　昭和二年六月十日（九日夕）　2-100

いう靈大學生
毎夜戸山ケ原に出て
通行の人を驚かした正體

市外戸山ケ原で最近毎夜の様にいう靈が出るため夜同所を散歩するものがなくなつたといふ話をきゝ戸塚署の岡田刑事部長が八日の夜九時すぎに單身でいう靈退治に出かけたところ、射的場付近に白装束の男がうづくまつてゐるのを發見、その後を尾行すると、怪しい男は諏訪の森の地藏堂の中にいり暫くたつと、姿を學生風に替へて出て來たのを引致し取調べると、同人は諏訪二〇九の下宿屋山本方藤村香椎（二二）といひ市内某大學文科二年生で東洋哲學を專攻してゐる所から、井上博士のいう靈學に共鳴し、いう靈心理研究のため、右の所爲におよんだものと判明説諭の上放免された

資　物語りのような人魚の珍研究
●岩手日報　昭和二年六月十五日（十四日夕）　2-101

學界に期待される

物語りのやうな 人魚の珍研究
東北帝大の曾根さんが いよ〳〵發表する

（仙臺電話）東北帝國大學理學部地質學古生物學教室曾根氏は來るべき日本學術大會に際し『海棲哺乳動物の生存分布』なる大研究を發表する筈で

目下

種々整理中であるが氏の研究によると、彼の常陸坊海尊が不老長壽の妙藥として用えたと云ふ人魚や、八百歳までも長壽を保つたと云ふ八百比丘尼等の傳說となつてゐる人魚は今將に溫いリウ球の海やアフリカ南方の海に生きてゐると云はれ此の人魚の親類である海牛の頭骨を二つも集めてゐるが頭の形も齒も矢張り草を食用してゐる牛と同じである　北海牛は伊勢又は美濃の國や

岩手

縣の末の松山、北海道のソリベシから化石となつて掘り出されてゐるところを見るとあたゝかい南の海から寒い北の海にまで棲んでゐたものであらうが其親類分である人魚のマナーダスやハリコーレー、ジュゴンは今でもマドロス達の如く荒くれども搔きみだすやうな美くしい姿を見せ白い波打ち際の岩根によりかゝつて可愛い我が子に乳房をふくませてゐる、みだれ髮のあでな姿を、船からながめた海の男達もいつか遠く

故鄉

にのこして來た我が妻子の身の上をしのばせると云ふやさしい動物である。此の人魚の肉を食べれば果たして海草や八百丘尼のやうに長命するかどうかはわからないが、世界の海の東西南北を、然も鐵の鼻輪もかけられず眞に自由に棲息してゐたこの人魚も遂に生存競爭の敗者となつて今は僅かに白骨をのこすのみで學者の研究資料とされてゐる

有樣

となつたものであると云ふが曾根氏は之等の資料を或は地圖を入れ又は種々の物語りを添へるなどして報告することになつてゐるものであると云ふ

資　阿波の狸
●東京朝日新聞　昭和二年六月十七日　2-102

阿波の狸
水守龜之助

「阿波のたぬきの話」は笠井新也氏の新著で、鄕土研究社の第二叢書に屬する一編である。かねて、柳田國男先生から承つてゐたが、寄贈されて直ぐ讀むことが出來ず、昨今になつてやつと讀了した。これだけ澤山のたぬきの話を收集し、分類し、記錄した著者の根氣と努力に對しまづ敬服する。阿波におけるこの種の傳說はまだ〳〵無限にあるとのことだが、著者もいふ如く民間傳說として著名なもの、乃至その說話形式の代表的なものは、恐らくこの書が網羅しつくしてゐるものと、私も信ずる。さすがのたぬき殿も、著者の根氣にはびつくりしたことだらう。

私の鄕里は播磨の赤穗も海邊に近いところで、幼時よりきつねに關する怪異談は數多く聞かされたが、たぬきのことはほんの僅かしか知らない。ずつと山奥に生れた母も余りたぬきの話はしないところを見ると、私の鄕國は一體にたぬきは少いのかも知れない。ところが、この書を讀んで驚いたので妻に語つて聞かせると妻は自分だつて負けないぞといはんばかりにたぬきの傳說を數多くあげて自慢さうに話してくれた。みんな父母や親戚の故老から聞いた話らしい。妻の鄕里は但馬の城崎在で、私は前いつた通りだから、中國山脈を中にして、丁度背合はせなのだが、それでゐて、たぬきの多いところと、少いところがあるのだなと面白く感じた次第である。

さて、「阿波のたぬき」だが、但馬のたぬきなぞに比べると話にならぬ程痴んなものらしい。しかもさうした傳說は山岳地帶よりも平野地帶に多く、一國文化の中心地である德島市なぞは、傳說上、正にたぬきの巢くつたる觀があるといふに到つては更に一驚をきつせざるを得ない。

たぬきの腹鼓だとか、たぬきのきん玉八丈敷だとか、たぬき火だとか、たぬきばやしだとか、たぬきの嫁入りだとか、さまざまな變けうのある話は子供の時から聞いてゐるが、阿波のやうに物眞似や、惡戲や、人を化かすな

ぞは何のその、たぬきが出征して勳功をたてたり、たぬきが軍勢をひきつれて大合戰を試みたり、たぬきが人に附物をしたりするといふ大仕かけな傳説は恐らく他の國では聞かれぬことであらうと思ふ。それに、最後に添へられた「阿波名狸錄」によつて見ると、それぐいろんな立派な名稱があるところを見るとますく面白くなつて來る。

この書が迷信、傳説の研究や、土俗學にとつて、どれ程の貢獻があるかといふやうな專門的なことになると、私なぞは一向分らぬが著者が一々各地をへん歴して收集した傳説や、事實談は百以上にも達し、いさゝかの私意や　解釋を加へないで、科學的態度を失ふまいとせられた用意は大いに多とすべきである。尚また平俗で、流ちやうな筆致と獨特の説話と描寫は一個の趣味的讀物としても十分推賞するに足ると信ずる。

「廣文庫」をちよつと開いて「たぬき」の項を見ても、我が國には古からたぬきに關する傳説の記錄は無數にあるらしい。昭和の今日この書が出づることもいはれあることであらう。いや、この種の研究も、もつとく盛んになつて好いことであらう。【四六版上製、二七〇頁、二圓八　鄕土研究社出版】

怪 探偵奇聞　足ばかりの人…
●二六新報　昭和二年六月二十三日（二十二日夕）　2-103

探偵奇聞

足ばかりの人

淺草松葉町の空屋から發見せられた瓶の中に奇妙な者

胴から上はない

◇　◇

『……繪でも書かないぢや、一寸想像がつきませんや。何にしてもエタイの知れない怪物でしたからね……』

老刑事は忙しさうに着物の袖口で眼鏡を拭いた、眼鏡は鼻の頭にチヨコンと

＝危く落ち＝

かゝるかと思はれる位置に据ゑられた硯箱を引寄せると、刑事は卷紙にすらくと、畫を書いた。

◇　◇

話の緖はそこからほぐれる

『淺草區松葉町六十三番地――今の菊池といふ質屋のある其の裏の家でしたよ、合羽橋の警察分署といふのがあつて淺野警部が署長時代ですから、確

＝大正二年＝

でしたらう。其の家を借りたのが、渡邊何とか云ふのが、愈々明日引越しといふ前日、夫婦して家の中を大掃除しますと、縁の下から出て來たのが繪に見るやうな怪物――』

◇　◇

瓶の蓋を取つてみると、コレでせう。妻君『キヤツ』と驚いて亭主にかぢり付いた。亭主もこわいもの

＝見たさに＝

ソツと蓋をとつて見て、ブルくとふるえあがつた。それから直ぐに交番へ驅けつける、合羽橋分署から署長以下が現場臨檢を行ひ西村といふ檢疫醫の檢證を命ずる。署内は上へ下への大騷ぎ

◇　◇

だが、こゝに問題なのは、一體これは人間の子か、どうか、人

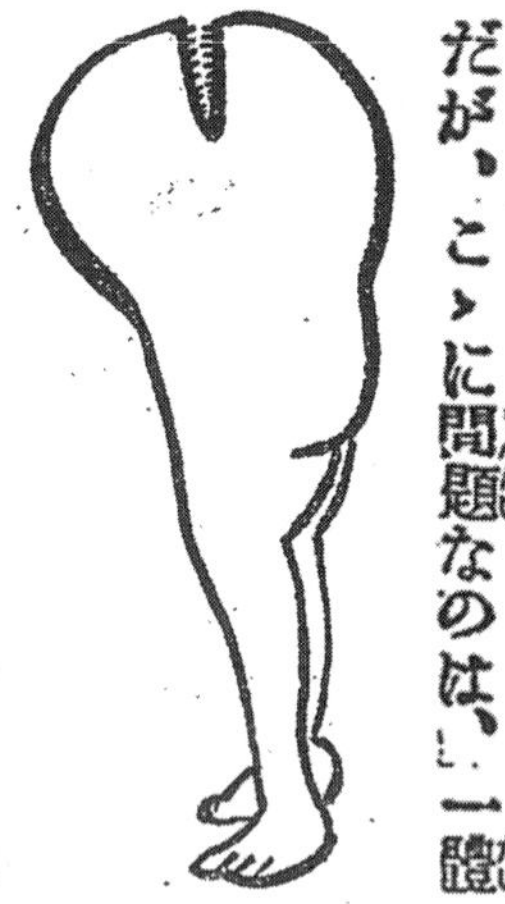

間としたら殺人罪として

＝律すべき＝

ものかどうか、といふことだつた。男女の區別――勿論そんなものはつかない。腰から下しかなくて眼も無ければ鼻もなく、耳も、頭も顏も、何にもない、木魚に人間の兩足をくつつけたやうな怪物だから、一概に人間だとも言ひ兼ねる、併し人間の母體から離れて

＝呼吸した＝

處を見ると人間に非ずと斷定する譯にも行くまい

◇

之は後に知れたことであるが、怪物には木魚のやうな口だけがあつた。それに河豚のやうな細い齒が生えてゐて、生れたばかりなのに野菜物だの果物だの、御飯、

＝肉類など＝

ムシヤムシヤ音を立てゝ食べたさうである『私も永年刑事をしてゐたが、此麽事件にブツかつたことが無い……』と刑事は云つた。

探偵奇談　生れ變つた嬰兒…

●二六新報　昭和二年六月二十六日（二十五日夕）　2-104

怪

探偵奇談

生れ變つた嬰兒

迷信から考へられた

產婆の淺はかな犯罪

下谷坂本に在つた話

掌に其兒の名前

是は餘程以前の話、下谷坂本町が、また北豐島郡であつた頃、小野照崎神社の縦手の豪農の家に初孫が生れた、而も男の兒。目出度い〳〵と、今日から

═祖父母に═

なる夫婦は、何を言つても分らぬ程に喜んで居る、すると其の主人夫婦の居間へ、赤兒の父親なる伜が妙な顏をして飛込んで來た。

◇　◇

『何うしたのた。此の目出度い中に、何でそんな不景氣な顏をして居るのだ。』と言はれても。伜はやはり妙な顏をして

『其がさ、變な事があるのです　、

═今生れた═

子供に產湯をつかはせたち、其の掌に妙な字が書いてあるのです。』といふのを聞いて、主人は笑ひだし、

『そんな馬鹿な事があるものか惡血でも手に塗つて居たのが、字と見えたのだらう。どれおれが行つて見て來る。』

主人は產室へ行つて見ると、產婆も

═變な顏を═

して、伜か產婦を慰めて居る。

◇　◇

『變な事があります。之を御覽下さい。』と產婆が開かせた嬰兒の右の手の掌、主人がよく〳〵見るさ其處に『勝治』といふ二字があり〳〵と現れて居て、其は油墨で書いたのではないかと思はれるやうな色であつた。

◇　◇

そこで主人は首を傾け、子供の死んた時

═其の名を═

掌に書いて埋るさ、生れ代つたものの掌に必ず其の文字が現れるといふことがある、之は或は其の類ではあるまいかといふのでさう〳〵有つては堪つたものではない。

◇　◇

兎も角も犯人——と云ふべきものかざうか判らないが、產んた女

═瓶の中に═

入れて殺したものを捜査しなければならないさいふので、合羽橋分署では極秘裡に大活動を開始した勿論老刑事も之に加はつたのである。其の頃の刑事には初澤林吉など云ふ人もあつた。

◇　◇

渡邊夫婦が恐ろしさに此の家から逃げ出したことは勿論であるが、捜査の手順は

═渡邊の前═

に住んでゐた人、又其の前、其の前と云ふやうに段々前へ〳〵と繰つて行かねばならなかつた、其の探偵上の苦心は一方ならぬものであつたが、それは扨て措いで其の下手人は當時本所向島須崎に住んでゐた山本某といふのであることを突止めた。

◇　◇

直に山本某を引致して詳細な聽取書を取り書類を一先づ

═檢事局に═

送る、檢事の調べがあつて、愈々公判といふことになつたが之を其の結果から見ると『人間の畸形兒』と判斷して法の裁きを待つたものらしい。山本に殺意の無かつたことは、生れてから數日間物を食べさせたといふことに見ても明かである、併し之を育て、どうするか、彼に江適當の

═何の妙案═

も浮ばなかつた、殊に產婦はびつくりして血が上つたやうになつてゐる、已むなく彼は之を瓶の中に入れて、蓋をして置いた、と斯う云ふのである、裁判の結果は極めて輕い死體遺棄といふやうなことで、山本は處罰されたのであつたが——

◇　◇

『まア珍らしい事件と云つたらこんなのは類がないでせうね……』と云つて老刑事は鉈豆煙管で火鉢の淵をトンと叩いた（完）

その附近に、近頃子供を失つた人はないかと探すと、其の近所に貧しい小作人の子供がつい此頃死んで、同所の宗慶寺といふ寺に埋たことが分り、直ぐ探人を派してその

＝死んだ子＝の名を問はせると『勝治』と言つて居たことが分つた。

◇　◇

扨てはいよ〳〵其の子の生れ代りだといふので早速其の小作人夫婦は呼び迎へられ『お前達の悲しみは、私の家に喜びさなつて生れた。しかし斯ういふやうになつたのも深い縁之からは

＝何かこ力＝になるから』といはれ夫婦は喜んで歸つて行つた。

◇　◇

すると徒士町に住んで居た探索鳥居某の耳に其の噂が入つた。此鳥居といふのは宗慶寺の壇家であつたので、多分住職から其の事を話したのであらうが、職掌柄其を怪しいと睨み、早速豪農の家に赴いて

＝其の掌の＝字を見せて呉れと頼むと『埋めた墓場の土で洗ふと落ちると言ふから産婆が其の如くしたら落ちてしまつた』と言ふので、詳しく其の黒色を聞くと『油墨で書いたやうな色で、種油の匂ひがして居た。』といふ事であつた。

◇　◇

探索はやゝ暫らく考へて居たがはたと横手を打つて

＝其の足で＝直ぐ其産婆を引捕へ、役所に連れ歸つて責め問ふと、遂に包み切れずして其の罪を白狀に及んだ。

◇　◇

産婆は小作人の家の隣に住んで居た、そして子供の死んだ時、

迷信に依つて其の掌に名を記し、宗慶寺の墓地に埋めた事を聞き知つた。處が其の時分

＝豪農の家＝の嫁は臨月で、而も自分が頼まれ居る處から、密に心に惡計を立て、其の出産時を待ち、産氣づいたとの迎ひを受けた折には、内所で油墨を用意し、子供を取上げた際手早く其右の掌に『勝治』といふ字を記したのであつた。産婆はこんな細工をして、少し評判が鎭まり、豪農から小作人が金でも貰つたら

＝其の種を＝明かして分け前を貰ふつもりであつたのだ。

産婦の腹の中に、油墨はありませんからな』探索は斯う言つて、豪農夫婦の無智なのを笑つて居た。

怪　前世を呪う火の魂が飛ぶ

★馬哇新聞　昭和二年六月二十四日　2-105

前世を呪ふ 火の魂が飛ぶ 凄愴ごいふより 美觀を呈して

去る十九日午后〇時と云ふ眞夜中に當地古ミール舘府の山城末吉氏の妻女が三晩續けて一種異樣な犬の鳴き聲に不審を抱き且つ夜盗の襲來ではないかと同夜は外出して調べて見ると這は抑も如何にステブル側より白き烟りに包まれたる周闘は電球百燭位の火の玉が一尺余りの赤き尾を曳いてフワリ〳〵と道路を越へて、隣家の邊りまで來たかと思ふと逆行し幾度も繰り返すので良人末吉氏を起してアレヨ〳〵と倶に見たが、物凄いと云ふよりは美くしき人魂でイアオ川の邊に消ゑたのであつたが此の往來の間が約三分間位もあつ

たとか同家では直ちに佛壇に香を燻きて葬ひたりと聞く近所の人々は恐さ見たさで犬さへ鳴けば物數奇にも午前二時三時と云ふのにそれ來た火の玉と跳起きて見るそうだが一度も目に當らないと洩す人も多いが此の火の玉君を見んと欲せば屹度十二時を相圖に飛出さねば見られないそれは現代の火の玉君は時間を勵行してゐると見れ時間外には必らず遲くも早くも出ないのである、兎に角十二時過からの同地近傍は三々五々人影の徐行であると噂とり〲南無阿彌陀佛

怪 子供千人殺す吊鐘の怪
★布哇報知　昭和二年六月二十八日　2-106

子供千人殺す
吊鐘の怪
呑龍さんのお告で　トンダ迷信大流行

俺は江戸つ子だこ何時も威張つて居るくせに、夏蜜柑の皮一つを軒先にぶら下けて可愛い子供の命を救ふこいふ安つぽい迷信が、王子から上尾久方面一帶表通りの酒屋、菓子屋から裏通りの長屋にまで非常な勢で傳播して、今のこころでは何處まで廣がるか判らない位になつて來た、理由こいふのは實にかうである

◇

先頃群馬縣太田町の呑龍さんが役僧の枕神に立つて

「此の鐘を修繕して元通りに吊るすには千人の子供の命を取らねばならぬ」

こいふ御告げをして煙のやうに消えうせたこいふ噂が風のまに〱王子町に入り込んだこれは先月の末頃であつた

◇

丁度其の時分同町では子供たちがハシカやチブスで大分死亡したので、さてこそ呑龍さんの御告げの通りだこいふので誰がいひ出したか夏蜜柑を四つに切つて中に『しよう』の葉を二三枚入れて軒先にぶらさけ始めた、此の噂がだんだん尾久方面から三輪の方まで延びて來て前記のやうに軒並に夏蜜柑の皮がぶらさがつた譯だ

◇

こころが尾久署でも、餘り大けさになつて來たので、此流言の本元を調べ始めたが果物屋が夏蜜柑を賣るためだこも云ひ、其他いろ〱あるのでこれが本當だか未だ判らない

蜜柑賣りたい　果物屋の宣傳

或るおかみさんは蜜柑の皮をぶら下けながらこんな事をいつて居た

「子供が今日學校から歸つて呑龍さんが殺しに來るから早く蜜柑の皮をさけてくれこいふので早速今やつて居る所です」

また尾久署では

『餘り馬鹿らしい迷信だから棄てゝ置かうかこ思つてゐたが段々流言が盛んになつて來たので本元を調べ始めましたがまだ判りません、然し今年は夏蜜柑が澤山出來たのでそれを賣るため果物屋の宣傳だこいふ噂もあります」

ラ 本日のプログラム　音曲噺「植木怪談」
●都新聞　昭和二年六月二十九日　2-107

本日のプログラム〔東京〕
◇音曲噺「植木怪談」
▼午後零時十分
柳家枝太郎

ラ 音曲噺「植木怪談」　柳家枝太郎
●都新聞　昭和二年六月二十九日　2-108

音曲噺 植木怪談
〔午後零時十分〕柳家枝太郎

晉也癡「植木怪談」は先の扇歌の寶物だつた、此間死んだつばめも時々やつたが今は枝太郎君の他にやる者も殆どない樣です

八「今日は　隠居」隠「ヨウ八さんか」八「ネエ御隠居さん、お宅の庭へ植木の化物が出るといふ評判ですが……」隠「本當だよ、こないだ一月ばかり

『箱根』へ湯治に行つた留守に、留守居の男が沸湯をかけて植木を枯らしてしまつたんだ　八「ヘエ、あんなに大事にしてゐらつしやつた植木を……」隠「さうだ、それで夜な夜な植木にもせうがある、それで夜な夜な化て出るんだ」八「ハヽア、沸え湯を呑まされて口惜しいからですね、私も此間シヤツと股引に變な蟲がゐるので沸湯をかけたがシヤツや股引の化物が出ませうか」

隠「そんな事はないよ」八「時に化物の出る時刻は……」隠「左樣……一時から二時頃だな、モウそろそろ時間だ

『庭へ』行から」八「ヘエ……隠い庭ですね、どの見當からお化が出ますか」隠「到る所から出るよ」八「おどかしちやいけません、私はから見えても氣の弱い人間ですからね……出たツ、ア、私のお尻をお化が突いてゐますぜ」隠「からたちのとげだよ」八「私は又お化かと思ひました、あすこに古井戸があつて柳がうわつてゐますが、あの邊は出ますか」隠「いや、あのこつちの竹藪から出る樣だ」八「するとの竹藪がお化の

『樂屋』なんですね」隠「靜かにしな騒ぐと人の氣に恐れて出る物も出ないよ」八「アツ、隠居さん竹藪の所が明るくなりましたぜ何か出たツ」ドロ〳〵〳〵といふ竹藪から唄が聞へて來る「梅は咲いたが、櫻はまだかいな、柳はなよ〳〵風次第、山吹きや浮氣で色ばかり、しよんがいな……といふとガサ〳〵と出て來たのが一人の酔ツ拂ひ「何ヲ、何をぬかしやがる、俺は大藪こんな所へ出るん

ぢやねえか、囃り作ら顕まれたから出たんだ、東に角今日は癪にさはるぞ、堪忍袋の緒がきれたんだヤイ矢でも

『鐵砲』でも持つて來い」

八「隠居さん、何だか生酔ひの野郎が出て威張つてるかと思つたら急に消えちまひましたがありや何です」隠「あれがお化けだ」八「何のお化けです」隠「あれかあれは……さかきと蘭のお化だ」八「成程、酒亂ですね、どうりで啖呵を切つてやがつた、陽氣なお化ですね、ア、ツ、又何か出ましたぜ」次に出て來たのがかるかやと稚兒櫻のお化で「刈萱」の山の所の聲色を使つて引込むと今度は陽氣に三下りへあの花が咲いたさうだよ美まし、サツと雨待つ其時は、わしも後からわいなサアーイ」

『咲く』と三味線を彈いてる男がある、すると其處へ幇間が一人「ヘイ今晩は毎度お引立になりまして……」といふと祝儀を貰つてピヨコ〳〵お辭儀をして消えて了つた　八「ありや何のお化で大變賑やかでしたね」隠「あの辭儀をしてたのはおぢぎ草のお化だ」八「道理で……三味線を彈いてたのは……」隠「ありやペン〳〵草さ」八「成程」今度は清元の浦里時次郎がきこえて來たへ昨日の花は今日の夢……　八「松の木に花魁がしばられて

『雪が』チラ〳〵降つてゐましたね、そこへかむろが一人出て來ましたが、あのお化は……」隠「雪の下におみなえしそれからかむろ草だ」八「ヘエ」といふ内に馬鹿に陽氣になつた、チツチツテン〳〵トチツテシヤン、ア、エツサツサ〳〵と一人の男が千兩箱かついで來たが庭に十個積み上げるとパツと消えた　八「ありや何です」隠「万兩の化物だ」八「成程千兩箱を十積んで万兩か」次にせきせう●●●と辨慶のお化が安宅の關で勸進帳を讀み上るとさつきの古井戸から緋の衣の

『坊主』が出て來ると其後から老若男女が團扇太皷を叩きながら、「南無妙法蓮華經ドンドコ／＼」と列を作つて現れた（八）「今度のは大變賑やかですね、團扇太皷に揃ひの着物、で井筒から出て來たがこの化物は私にも判りますよ」（甲）「判れば當てごらん」（八）「あれは南無妙ホウレン草でせう」（甲）「ナーニいつもの狸の化たのさ」

怪　留置場にお化　★伯剌西爾時報　昭和二年七月一日　2-109

留置場にお化

青森縣五所川原警察署の留置場は十數年前同町にあつた監獄の一部をその儘移轉したもので北側から二番目の監房はその崇りにや、夜中になると呻き聲がしたり眞黒い姿がムク／＼と見えたりする。化物監房と綽名されてゐるので五六年前物置にして了つた、人の噂も七十五日、もう大丈夫だらうと開けて早々放火犯の成田市太郎（四二）といふ大膽者を入れた。所が、矢つ張り『怪物が出る』といふ。いくら警察でも化物では取締もならず。目下方法の研究中

怪　人波分けて涼しき灯影　●鹿児島新聞　昭和二年七月三日　2-110

人波分けて涼しき灯影

六月燈潜行記　（二）船魂神社

（一）甲記者、乙記者、丙記者、丁寫眞記者

船魂社の由緒　不思議な怪鳥

六月燈の二十日新屋敷町の船魂神社の夏祭りなんと盛んな人出だらう、いつたい船魂神社は誰を祭つてどんな御利益があるか「御祭神伊邪那岐尊伊邪那美尊、猿田彦尊、表筒男命、中筒男命底筒男命の六人の神様を祭神としてゐる今を去る凡そ二百二十年前即ち寶永五年薩摩十九代島津光久公海上擁護の爲め船玉を勸請し給はつた船中とは今の船魂神社のあるところ

◇―昔はその附近は官船を繋ぐ役所が設てられて藩時代海運業の淵源地となり海上の守護神として船乗る人々からその有難き御高徳を慕つてゐる。

◇あら不可思議の靈驗それは市外谷山町の漁民達はよく知つてゐる話しであるがことに不思議の神靈現出の物語りなしようそれは現代理化學の偉力で無線電話無線寫眞放送まで發達したこのごろ

◇―むかし語りにありさうなことであるがそれは事實の話である風も浪もなき夜漁船が海上に乗り出すと何處とも知れぬ方より不思議の怪鳥が船の進路に飛來しその鳴き聲にてその日の幸が占はれるのであつて若し假の暴風ある場合數時間前にその怪鳥は危難を豫告するのであるが未だかつて

◇―その怪鳥を見たものなくただ鳴き聲のみで漁民は船魂さま船魂さまとこの御聲にひれふして恐ろしき難波の危をのがれてゐる現に船魂社の境内には縣下の各地漁民より獻上した數々の寄進の品々が殘されてゐる。（甲記者）

怪　播州皿屋敷　お菊神社の由来　●神戸新聞　昭和二年七月六日　2-111

史蹟と名勝

播州皿屋敷

お菊神社の由來

今も尚ほ此枝の士の好奇心を滿すお菊虫

一今から百三十餘年前の寛政七年に姫路の城下に異形の蟲が夥しく發生した、麻の絲のやうな細い絲で樹の小枝に垂下つてゐるのであるが面貌が自然に備はりちようど女が縛められた樣な形なので人々これこそ世俗に云ふ皿屋敷のお菊の怨靈が蟲となつて毎年毎に出現するのだと言ひ傳へ世にお菊蟲と持て囃した

◇

何でも慶長後のことである、姫路の御家中にさる歴々の武家があつてその家に拜領物の渡り皿十枚を秘藏してゐた、或る時家老某を饗應するにこの秘藏の皿を饗應に出しやがて宴果て、後腰元のきくは手傳ひの出入の者から受取り皿の數を改めながら箱に納めてゐたが十枚目の一枚を取落して壞してしまつた、何分秘藏の皿、きくのあはて慌ふたことはいふまでもないが主人の憤りは殊の外に激しかつた、故らに壞したのであらうといふので髮を捉へて踏みつけ果ては蛇責めにし、剰へ裏手の井戶へ入れて殺してしまつた、その屋敷は今の馬場跡だといふ、ところが此のきくの怨靈が殘つて夜な夜な悲しい聲で『一ッ……二ッ……』と皿を數へ十めになると泣き叫ぶので、聞く人恐れぬはなく後十二所神社の境内に神と崇め靈を慰めた

◇

又きくはこの時船場梅雨の松に願を立て皿を毀したのは過ちで決して故意でない、この心を察し松も心あらば梅雨の時分に葉を枯せよと念じた、それから此松毎年梅雨になると赤く枯れ梅雨を過ぎると再び常盤の色に復つたといふことである。

◇

以上は比較的信ぜられる『播州鑑古所拾考』に見える皿屋敷の傳說である、この皿屋敷については實は姫路でなく江戶番町だといふ說があり、その他奧州仙臺、同白川雲州神社、肥後の熊本、或は上野國、加賀國、近くは尼崎などにもこの傳說がある。本家本元だと信ぜられてゐる姫路だけでも前記の說以外に永正年間姫路城主小寺則職時代衣笠山城主の臣に係かる說、寬永年間本多忠政時代寺本三平、妹お菊の仇討に係かる說、慶安年間榊原忠次の白川から入部以前家臣山田休也の家に起つた事件でお菊の怨靈が姫路へまで附き纏ふて來たとの說など種々の異說が傳へられてゐる、中にも靑山鐵山の播州皿屋舖に係る說は播州皿屋敷實錄と題する一冊十三葉の古寫本があつて最も世俗に知られてゐるがこれは赤松城主赤松政村を戲した浦上村宗の謀叛を種に皿屋敷の傳說を取入れて作つた戲作で信ずべきでない。

◇

さて皿屋敷の跡は今の馬場にあつて寬延年間即ち酒井雅樂頭、前橋から姫路へ移つて治した時代になつても住む人がなく空屋敷になつてゐたことが岡端町の手記に見える、今の馬場は今の兵器支廠の邊りである、今白鷺城内上山里の井戶を『お菊井戶』といつてゐるがこれは何の由緒もない井戶である。梅雨の松は車門附近の船場川の堤にあつたが近年枯てしまつた、尤もこれは元和年間本多忠政船場川改修の時鈴木某といふ足輕頭が植えたといふ文獻があつてその年代の上から皿屋敷の傳說を裏切つてゐる。たゞ彼の女の怨靈の化身といふお菊蟲は今も猶姫路城下に發生し此邦の士の好奇心を滿たし十二所神社境内のお菊神社には參人が絕えず皿を納めて祭を拜くる奇風を存してゐる。

（寫眞はお菊神社とお菊虫）（寫眞の中心……）

白狐異談極楽寺の怪（一）サテも面妖な老白狐の…
●越中新聞　昭和二年七月八日　2-112

怪

白狐異談極樂寺の怪（一）

サテも面妖な老白狐の出沒

稲荷堂の後から

通行の人々をたぶらかす

×

梅雨がシト／＼と幾日も續いて人の氣もすつかり滅入つてしまひ、幕の様に陰鬱な風が音もなく巷を吹き過ぎる此の頃……高岡市博勞町の淨土宗極樂寺に棲む二百年ほど前からの老白狐が又稲荷堂の後に現はして、たまさかに人をたぶらかすといふ……噓の様な事が夏の夜の涼み話題にのぼつてゐる。

×

狐が人に憑くといふ……今にはじまつてめづらしい話でもなければ大して不思議な事でもない。が、兎に角、恐ろしい事ではある……

しかも此の白狐は二百年前から同寺の墓地に棲息してゐる古老だといふだけに、その神通魔力とかいふものが、背振のコン／＼狐と譯が違ひ毛三本立てれば、三十の術を巧みに使ふといふ餘程偉いもので、松旭齋天勝がいくら術比べしても、勝たれそうにもないとは、ヨタニストの茶話になつてゆくが……

×

兎に角、此の古狐に、たぶらかされた者は狭い高岡にさへ五百人以上は間違ひなく居ると云はれ明治十年頃のある暴風雨の夜など博勞町の若い衆が十數人一緒に憑かされて氣が狂つたと云ふ老人の話もある……最近の事では一昨年の秋同町の諏訪花枝（二八）といふ女が極樂寺の境内で何か悪戯をしてばかされ、それが原因で狂人になり今でもみじめな狂態の姿を高岡市内に現してゐる外、同町の牛腸某（五〇）といふ職人さんは昨年の春に同様、此の老狐に睨まれて氣が狂ひそのまゝ狂死し、博勞町邊の腕白小僧共が二十數人もたぶらかされて氣が狂ひ此れが退散に大苦惱然の靈感に打たれにゆくものが多い等々此んなことを仕掛けば際限もなく出てくるし、又あらためて茲で書かなくても、既に高岡の人はよく／＼聞いてゐると思はれるが……

×

昨年の春頃の大騒動から、ぱつたり狐の消息が絶たれさてはもう狐も死んでしまつたのだらうと思はれてゐた矢先、また此の頃になつて狐がのさばり出し氣の弱い人間にちよい／＼つき廻るといふのである。

×

油揚を求めて
極樂寺の狐が今日も出る
あれ／＼
狐の尾灯が雨の中に
ぼんやり光る
今夜もまた誰かがつかれそうだ

町から町の評判を耳にして兎角恐ろしいもの好きの記者は梅雨のショボ降る六日の晩單身白狐棲むといふ博勞町の極樂寺へこれが探檢に出掛けたのである

白狐異談極楽寺の怪（二）ぼんやり光る雨中の…
●越中新聞　昭和二年七月九日　2-113

怪

白狐異談極樂寺の怪（二）

ぼんやり光る雨中の狐火

高足駄を踏み鳴らし

勇躍一番白狐の探見

夜になると殊更に寂しくなる博勞町の通り……手にした傘に音する雨の反響が又となく氣を滅入らせて、さすがにしん／＼と怖氣が襲ひ目の前に現れた極樂寺の山門をゾツと仰ぎ見るといふ有様……

油揚を求めて
極樂寺の狐が今日も出る
あれ／＼
狐の尾灯が雨の中に
ぼんやり光る
今度もまた誰かが愚かれそうだ

町の流れ話を思ひ出して今更ながらゾツとする……だが探檢に來たもの手前、極樂寺の門前からして早くも臆病神にとり付かれては狐につかれたより尚一更はづかしい次第と合點し、梅雨ショボ降る境内に高足駄の音を殊更つよく鳴らして勇躍一番……狐が出るといふ稲荷堂のあたり間近く足をはこべば……

白狐異談極楽寺の怪（三）　誰何されて叱驚した…
●越中新聞　昭和二年七月十日　2-114

怪

白狐異談極樂寺の怪（三）

誰何されて

叱驚した記者
癪に障る蛇の應援
口に唱へるお念佛

×

寒納稲荷をホンモノの狐と間違へて、探檢早々から慌てて御座る記者の頭の加減もさることながら、こんな薄氣味わるい境内の一隅に鎮座せしめる寒納者達の氣も知れない……記者なればこそ、まだしも正体を見究めたものこれが女子供なら夜目に一見、ただちに氣を轉倒させるに違ひない……と、負け惜しみは次として、いよいよ第二段の探檢に白狐が現れるといふ稲荷堂へ近づいた

×

御稲荷たる夜の森嚴を背にして境内の一隅斷崖に側面して建られてある稲荷堂は夜目にももの凄く沈默してゐた……梅雨に濡れた堂守の柱に、つゆ時の異様なカビの匂ひがプンと鼻をついて、氣持の惡いことおびただしい

×

狐が現れるのはこの堂の後だと思へば、ちよつと躊躇を感じて、すぐにも堂を一巡りするといふ譯にはゆかなかつたが……心に弱氣の力を借り、口に南無阿彌を唱へて、拔き足さし足堂の腰に身を控へれば、モウロク蛇が足首を這つて、いやに狐の應援をするのが癪に障

×

アッ……これは、どうだ、夜目にも光る狐の正体、噂にたがはず尾頭がサンと光り、何やらくはへて地を離るる一間の高さに飛びあがつてゐる形ではないか……これには流石の記者も俄に恐ろしくなつた真逆ッと思つて踏みこんだ寺院の境内、記者をはなれて約四五間、にやくも狐の正体を見せつけられては探檢家の心も半分は消滅する、だがかうなればまた不思議な心理状態でブル〳〵震えた胸の氣も、氣を落ちつかせれば、ナンのとるにたらん……軍隊できたへた自慢の腕で狐の正体、生捕りにしてやらうと半分の冒險に半分の興味がともなひ出す

×

拔足さし足は此んな場合に誰でもがする一つの心理状態で、記者はまづ靴足袋をソッと脱ぎ、傘をその場に置いて、目の前二間ほど先の路中にぢッとしてゐる狐の背後に忍びの拔足で近寄り、腕に十分の自信を持たせて愈近くいよいよ目前に、恐ろしき狐の正体を見究めんとしたところ……

×

アッと再び度胆が飛びあがる……此れぞ老狐の正体は、寒納稲荷の鑄造である、サテは狐は狐に違ひないが、鑄物でこしらへた稲荷狐の奉納ものときては、腹が立つやら、馬鹿臭いやら、地から湧いた石段の上に大悠々と鎮座まします稲荷の面に拳ッパ吹つかけたくなるほどムシャクシャする……が、で冷靜に考へて見れば、いかに巧みな術を使ふ狐とは云ひ、空中に一時でもぢッとしてゐる形の出來そうなものがなく、始めて知る石段の上の鎮座稲荷……ナル程と合点する頭の上へ、梅雨シトシトと一頻り強くなつて今更足駄の穿きやうもないウラ恥かしさ……とは云へ、此れが偶物の狐にたぶらかされての馬鹿真似をしたのではないかと考へると、ソロ〳〵ほんとに薄氣味惡くなつて來た。

×

梅雨光る夜目に腕の時計をみれば時間は少し九時四十分……拔足のまま足駄を穿いてしばしは寒納稲荷の前を動かふともしない、だが……ふたたび思ひ出した

油揚を求めて
極樂寺の狐が今日も出る
狐の尾灯が雨の中に
ほんやり光る
今夜もまた誰かが憑かれそうだ

そして記者の襟首掴んで後へ引つ張るやうな風がサッと一陣吹き過ぎると極樂寺の杉森が風の中に唸り出した、もうド胆もすつかり落ちついたので更に第二段の探檢にいよ〳〵ほんものが現れるといふ稲荷堂の方へと歩を進める（寫眞はほんものの狐と間違へた寒納稲荷）

る……八分の冒険に二分の薄氣味が附いてまわつてなかく堂の後へ廻るのがオイソレと云ふ譯にゆかず少々ためらつてゐる時……

×

と……突然、後に足音がしたかと思ふと「誰だ」と誰何する男がゐる……ゾッ……いよく出たッと、瞬時に考へたときの心持つたら譬えようもない……だが一驚きすれば落ちつくとやら、かうして狐が堂々と男に化けて出て來た以上は探険の任務を帯びてきた手前だけに挑戦するだけせねばならぬと腰を落ち着かせ兩眼を据てぢッと聲をひそませば、再び「誰だ」と怒鳴り出す……こ奴さすがに二百年からの古狐だけにこちらより落ちついてゐやがると思ふと、ムカッ腹が立つてもう人間とでも喧嘩する氣である

×

向ふも近づけばこ方も近づく……いよく記者の首に飛びついてでも來やうものならこの足駄ではき倒してやると意氣込み隙を呑んで男にばけた狐を待てば……化け狐らしいもない、正身正銘の人間である、斯うなれば今更ながらの慌てさ加減にはづかしくなつて兎に角先方の男と對面する……

×

「先日この稲荷堂で賽銭箱を盗いで逃げ出した盗人があつたものですからッイそのまた盗人野郎がモサモサ來たのではないかと思ひまして……」と化け狐にあらず寺男の話を聞けばこちらのバツの悪さ……探険も冒険もあつたものでない……寺の寺男に狐のことを聞けば「ナーニ、出たり出なんだりでアンタの様にそう眞正面から突きかかつてこれば狐の方が要心しますサ……」とニタリと笑つて立ち去つてゆく…さりとははがゆい

×

氣心を縮めて、堂を一巡すれば狐の出るやうな氣配さへない……雨はなほ一頻りはげしく降つて極樂寺の杉森に風が物凄く叫る……

油揚を求めて
極樂寺の狐が今日も出る
あれく
狐の尾灯が雨の中に
ぼんやり光る
今夜もまた誰かが憑かれそうだ

町の噂をまた思ひ出したものゝ、狐の出さうな様子もなく、ただ試みに狐が棲息するといふ同寺の[illegible]を一見して悄然と歸ることにした

（をはり）

怪　西妖怪奇閑談（一）

●秋田魁新報　昭和二年七月九日　2-115

西妖怪奇閑談（一）

水戸敬之助

季節は涼夜の夏である。幽霊の話は夏向きである。あの物淋しい吹雪の夜話を聞いても逆も幽霊談どころの騒ぎより、自分がこうつた幽霊の静物になりさうである。私は今夏向きの話として、西洋幽霊の話を二三自分の雜談をまじへて語り出さうと思ふのである。

幽霊學者でもなく、また幽霊學者にならうとも思はない私は、幽霊の科學的本質に關しては何も知るところがない。然し昔から、幽霊談といふものは、その本質の探求が第一目的ではなく、その凄さ解らなさなど、人力以上のものの推察しかねる現象などに對する戰慄的な情感の享樂にあつたやうである。さうすればこの場合存在するか否かに關しては、大して問題とするに當らない。それに今こゝに幽霊否定論者がゐたとして、先ほど我ながら腹あんばいのよい否定論文が出來たので、常にない満足と心地よさをもつて晩酌を終へ、ゆつたり月影も美しいバルコンの安樂椅子に身をもたせ、シガーのけむりを細く長く、それこそ青白い月の面にたわむれるフエアイのやうにくゆらしてゐたとする。その時突如その恍惚をかすめて、蒼蒼たる木の下闇をふらくと風のやうに抜けてゆくもう死んだ友達のゆかた姿を見ることがないと誰がいへよう。

幼い頃死んだ父の後姿を見ないと誰がいへよう。遠くに離れてゐる人の大理石のやうなプロフイルを見ないと誰がいへよう。或はまた、この安樂椅子に腰を下してゐる幽霊否定論者のふとした精神狀態の變換による生霊──突發的な第二人格──が遂に思ひがけない人のふ戸に蹌踉と怪しげな微笑を投げないと誰がいへよう。

幽霊といふものは死靈でも生靈でも、妖怪變化でも大概豫告もなく

何向するものなのだから。それは丁度、デッケンズのクリスマスカロルの主人公である守銭奴スクルーヂ翁が、ドアの錠前に鍵をいれた際に、何等中間的な変化もなしに、突然戸鎚が死んだ友達マアリイの顔――暗い穴倉の腐つた海老のやうな陰惨な光を放つてゐる――になつたといふやうな場合に似てゐる。そしてまたデッケンズの言葉を借りていへば「それを説明出来る人は聞かして貰ひたい」ものなのである。●

怪

西妖怪奇閑談（二）

●秋田魁新報　昭和二年七月十日　2-116

西妖怪奇閑談（二）

水戸敬之助

さらにスクルーヂ翁がその幽霊に向つていつたやうに、「人間の感覚といふものは小なことで迷はされるものだ。一寸胃の加減がわるくても感覚は迷はされるものだ君だつて不消化な牛肉の一片か、芥子の一塊か、乾酪の一片か、未熟な馬鈴薯のかけらかも知れない兎も角君なぞは幽霊といふより食物の方らしい」といふ風な理窟もあるかも知れないが見ゑるといふところには対照がなければならない。その対照が内であるか外であるかは問題でない。その対照に向つて在るといふ実在感を持つことはわれ／＼の勝手である。それ位の精神的破滅――マコウリイの言葉で言ふならば心の不完全――は持合せてゐても差支ない。だから幽霊は芸術におけるイマヂネーションやイリウジョンのやうに、人生の微妙なる構成を保つ上に必要かくべからずなど、誰か寝言を言つても、実際は笑へた義理でないかも知れない。うつかりゲラゲラ笑つてゐる間に、世間の手前潜在してゐた第二の人格が鈍感な肉体を抜け出して、町角の菓子屋のチヨコレートや、酒屋の正宗の上でよだれをながしてゐないとも限らない。幽霊だからとて必ず恨めしく見ゑなければならない筈がない「既定の理論は該理論の依りて生じたる経験と全然その範疇を異にする絶対的新事実の存在不存在につきては彼是容喙すべき権利全くなし」とは、幽霊に対する福音、福来博士の相常踏める言葉ではないか。

元来夢といふものは、昼間打算的な理性に抑圧されてゐた行動及思想感情の、睡眠により解放の結果自由に躍動してきたものであるやうに、人間の幽霊なども大分この傾向を帯びてゐる。間断なく圧迫され続けてゐた憂鬱な魂が、圧するものが気がつかないでゐるときや、圧するものがなくなつたとき、思ひつめてゐた方向に行動するといふ企てには、何か私だちの心を動かすものがなければならない。昔から人間の幽霊には――実話にしろ虚構にしろ――多くの聞くも哀な物語が、ふくめられてゐる。唯不思議なのは大自然が生む幽霊――時世を異にするやうな幽霊――などである。これにはてんでこぢつけた理論も当てはまらない。

私は幽霊をみたことがない。しかし私は幽霊が好きだ。それは唯見たいといふばかりの好きではない。（何つちかといへば私は臆病だから）。私たちが恋を享楽するやうに私は幽霊に関する、種々の不思議を享楽したい。勿論私だつて随分幽霊にでもならなければやりきれないこともある。けれども是は新聞である。餘けいなことは書くさい。私は幽霊はすきだと言つた。それにしても日本の幽霊はあまりに暗すぎる。子々孫々にまで場合によつては縁もゆかりもない他人にまで、その恨みの餘憤をもらすやうな、まるでレプラのやうなのがある。これは嫌ひだ。幽霊はせい／＼柳の下へぽつと出て寧ろ哀まれるやうに消ゑて貰ひたい。日本の幽霊は怨みに徹して総体に美しい。美しいところは結構だ。しかし西洋の幽霊は、決して腹ざめのいゝものではないが、日本のやうに執拗なのが少い。多くは無遠慮な人間に対する、おどしや、何事か凶事があるときの予言者の役目をするといつた風なのが多い。勿論うらめしいのもある。

さて無駄話はこれ位にして、西洋幽霊の紹介に取りかゝらう。それは先達て物置の中から出てきた外国の古雑誌から切り抜いたものである。約十五六点集まつたが、特に夏向なのと近代的なのと、ロマンチックな短いのをえらんだのである。

2-117

怪　西妖怪奇閑談（三）　愛蘭の幽霊（上）

●秋田魁新報　昭和二年七月十二日

西妖怪奇閑談（三）

愛蘭の幽霊（上）

水戸敬之助

オカルト、レビユウ誌上にフエアリイ、アイルランドなる題目の下に掲載された、アーチバルド・キヤンプベル夫人の報告から得たものである。この夫人は「アイルランドの渓谷に於ける妖精の隠れたる眷族を區分し、等級を定めることは不可能である」といつてゐるが、實際アイルランドといふ處は化物の多い島らしい。

虚無的な、又神秘無幻的な傾向の文學を生む國として、立派な自然的素質があるのである。イエーツのやうな天才が生れると「あこがれの國」のやうな作品を生むに不思議はない。我々がイエーツやエー、イーの詩に恍りするのは、その作品の蔭に妖精が潜んでゐるからである。魔のソイルに咲いた芳香の高い花なのである。今エルンスト、ルナンのケルト民族の自然に對する情緒について語る所を聞けば、更にこの感を深める。

「ケルトの神話は、眞の自然主義で、ギリシヤ印度の神人同一説とは全くその趣を異にしておる。それは多少寫實的な自然主義であり、自然そのものに對する愛である。人間が自然と節と節を合せ、自己の起源と運命とに關して、自然と語り合ふやうな感じがする時に知覺する、悲哀を伴ふ、自然の魔力の感銘である。ケルト民族の自然に對する情緒の特色は、自然と自然の魔力とに對する信仰である。そしてケルト民族の考へた自然の魔力とは、キリスト教の考へた所のものとは全く異つておる。ケルト民族の考ふる所によれば、不思議の原理は、自然そのもの、自然の隠れた力、自然の盡きざる多産性にある。神秘な白鳥、豫言の鳥、假にあらはれる手、巨人、黒い暴君、魔の霧、龍、聽く者をして、恐怖して死せしめる絶叫など」（佐藤清氏著愛蘭文學研究より）實にアイルランドは、キヤンプベル夫人のいつてゐるやうにフエアリイ、アイルランドである。

そしてこの民族は絶ゑずまだ見ぬ故郷に向つてホームシツクに罹つてゐる。

「それから彼等は、目醒ましい石のあるところまで灑ぐ。その石から無數の歌が起る。

石は萬軍に對して一つの調べを歌ふ。久しき年の間。その調べには悲しみがない。その音樂は幾千人の合奏をもつて溢れる。彼等は死もほろびも思はない」

右の歌はかの「ブランの航海」の中で、美しい國の使者である不思議な婦人が、戸を鎖してゐるブランの家にあらはれて樂い國のよろこびを二十八節の歌でうたふがその中の一節である。ところが一九〇二年頃右の歌でうたはれた「樂しい國」が、アイルランドの一溪谷に於て實際に發見されたのである。何よりも實話であるといふことは、實見者が二人なのである。それがキヤンプベル夫人の語る所である。その要約を次に傳へる。

2-118

怪　西妖怪奇閑談（四）　愛蘭の幽霊（下）

●秋田魁新報　昭和二年七月十三日

西妖怪奇閑談（四）

愛蘭の幽霊（下）

水戸敬之助

アリツクス、エガン夫人とコールマン、スミス孃といふ二人の女性があつた。ある日のことこの二人の女性は連れだつて、ペーコツクウエルといふ處に近い靜かな谿谷を訪れたのである。それは午後のことで微風が心地よく谿谷にそよいでゐた。中流に若干の石ころが集まつてゐる、あまり大きくない淺瀬に逍遥する前、彼女等はふとある物音を聞いた。何處からともなく近づいてくる樂音の漂ひを聞いた。風かしら？、彼女等にはどうしても風と思へなかつた。巡遊する音樂隊に出遇つたのかしらとも思つた。のろく、遥かに、始まりもなく終りもなく、さながら風笛の唸りのやうに漂うてくるのであつた。不思議に思ひながらも彼女等は淡い不安と好奇心に動かされて、淺瀬に近づき中流のとある岩の上に腰を下した。と思ふとその岩が直にゆら〳〵と動き出し、眠つてゐるかのやうに、呼吸さへしたのである。更に氣味惡いことには生きてゐて動悸打つやうに思はれた。彼女等は二人共その動悸を感じた。餘り變だので岩に觸つてみると、ヒヤリと冷たかつたけれども手をあげてみると、熱い空氣が掌を打つた。熱い午後の空氣の中に、ヒヤリとするほど冷たい岩である。さうかと思ふと、こんどは近くの岩が徐々に默々と傍へ動き出して行つた。そして又再び徐々に默々と元の位置に動いて歸つた。そよぐ風の中心を保つて音樂が聞えてくる。その音節こそはつきりしないが、或樂器の奏するマーチの明快な拍節！ハープ、ヴァイオリン、リードパイプ、シンバルの音、太鼓の響きなどが多くの歌聲と掛け聲と拍手に入りまじつて聞えてくる。音は高くなつてきた。途方もなく高くなつてきた。耳を聾するばかり高くなつた。狂暴な疾風よりも高く、先から吹いてゐた風の方向とは逆に、見えざる大群集が彼女等のまわりを取り卷いて進行するかのやうに物騒がしく高くなつた。

おゝそして見よ！

谿流の右手にあたる丘の上を、見るも雄々しい白馬に打ち跨つた大勢の騎士が疾驅してくるではないか！、白馬が天地を御して飛躍する毎に、青に、緑に、灰色に、目まぐるしく美しく躍る外套の壯觀！

更に見よ！

谿流の左岸に當る地隙を横切つて、一群の徒歩隊が行進してゆくではないか！、魂を奪はれたアリツクス夫人は惹かるゝものゝやうに近よると、一隊の中から青い上衣を纏うた丈高い怪人に目を惹かれた。青衣の怪人は十字架の柄のついた劍に凭りかゝつて歩いてゐる。その近くには聖者のやうな三人の老人が押し合つて歩き、皆い青衣の怪人はこの三人と何か語り合ひながら歩いてゐる。彼の顏は赤く、服は青い。そして彼等奇怪なる一行が遠くに褪せ消えてしまふと、奇妙な一人の女が、青い服裝で有史以前の型をした冠を頂いて川を横切つて陽炎のやうに消れた——。

西妖怪奇閑談（五）　冥土訪問記（一）　●秋田魁新報　昭和二年七月十四日　2-119

西妖怪奇閑談（五）
冥土訪問記（1）

水戸敬之助

鐘が鳴るゴーン、ゴーン、何處だらう！やア大變私は仆れるよ、あの沈默した、灰色の着物をきた、坊主たちは皆ソンな何處へ行くんだらう。

この格子戸の周りに幽靈が飛んで歩くのが見える。

私の處から唯だ二歩前の處に黑いい馬車がゴロゴロと行く。

四方には十字架が煌めいて、炬火が血を流すやうに燃える。

誰か私の腕を引ツ張る——ア、やわらかな流れだな。

私の痛い痺れた足がひとりでに歩いて居る。

ア、上手に案内して呉れるなア自分は何の街も知らないのに。正氣も何にも無い。全然夢のやうに流れてゆくのだ。

たゞ何だか知らんが、頭と胸の中を掘返してゐるやうだ。

さうして爪を、曲つた爪を研いでゐる。

あすこに馬が鳴いて、それから鐘が鳴る。

ア、遠方から唱歌、合奏が聞こえる——可愛い可愛い聲だ。

私の眼の中に何だか燃てゐる——鬼火のやうにとろとろと。

さうして肌がぞく／＼と寒い。

人がみんな私の方を見つめてゐるが、誰も近付いては來ぬ。

それから黑い馬が馬車を引いて居る。馬車には黑い紗が懸けてある。

誰かの手だ私の躰をしつかと捉へて引ツ張るよ。

、ヤア大變々々棺桶だ棺桶だ。棺桶が私の方に這つて來るのだらうか。

その棺桶だ確にその棺桶の中に私の一生の運命が這入つてゐる——さうださうだ。

右は獨逸象徴派詩人リヒアルトデーメルの詩「死せる聲」の全部であつて、片山孤村氏がその著近代獨逸文學研究の中で原文對譯してゐるが、なほ次のやうに書き添へてある。

「こう云ふ詩を紹介するのは馬鹿らしいけれど、「デカダン」の著しい缺點を見るには斯樣な傑作もしなければならぬ。この原詩を見ると作者が如何に音韻や調子に腐心し、所謂「音讀」によりて、讀者の情緒を動かさむと努めて居るかゞありありと見える。又怖いものや凄いものを矢鱈にならべ立てゝ「これでも怖くないか怖くないか」と讀者に催促するやうな風が現はれてゐるから、讀者は却て滑稽が感を惹起し寧ろ鼻持ちならぬ匠氣に對して嫌惡の念に堪へぬのである」と。けれども私たちはこの譯詩を見たゞけでは、音韻や調子に腐心したところは見えないで矢鱈に怖がつてゐる情ないところばかり見える。又私にはこのデーメルの詩を藝術的鑑賞から離れて見るときは、實際あつたことだといはれても鼻持ちならないなどゝ一讀してしまふほどの信念を持ち合せて居ない。デーメルは大にシンボライズしたつもりなんだらうが、人間は死にかゝるとこれ位の氣味惡い景色に接しないとも限らない。私が今紹介する話は、この景色の延長が陽氣に展開した實話である。それにこの話から推察して見るとデーメルの死せる經位の景色はざらにあるとで匠氣でもなんでもなく、寧ろ稚拙なとか知れないと思はれる位である。

怪　西妖怪奇閑談（六）　冥土訪問記（二）　2-120
●秋田魁新報　昭和二年七月十五日

冥土訪問記（2）

西妖怪奇閑談（六）

水戸敬之助

大正十一年の中央公論で「死を念頭に置く生活と置かぬ生活」といふ題目で諸名士の論文を掲載したことがあるが、中で菊池寛氏は「あくまでも現實萬能」といふ題下でたつた八行の文章で論じ、その最後で「未來は必ずないだらう。もしあつたら儲けものである」といつてゐる。一體死後の未來などあるものだらうか？駿河臺近傍の古本屋へ行くと、一冊五拾錢位で買へるギリスト敎の尨大な原本が如何にもありさうなことを書いて一向人々に顧みられないでゐる。私などもこの永遠の秘密に觸れんものと大枚六拾何錢かを投じて金ピカ本を覗いてみたが、スウイフトのガリバー旅行にくらべてはあまりに堪へられないので買つた本屋へ持つて行つたところが二度とは受取つてくれなかつた。死後は如何。これはダヌンチオの死の勝利に出てくる男が戀人の額に脣をあてゝ、この美しい額の陰でどんなことを考へてゐるだらうかと問ねたこと以上に問ねられ、わからないと言はれた問題である。宗敎家や文士や詩人は見て來たやうな噓をくりかへした。ところがこゝに死後の未來へ探檢旅行をした勇敢な醫者があつたのだ。唯だ殘念なことには、全く脈切れてから四時間目にその旅行を中止して、再びこの世へ戻つて來たのだ。勿論戻つて來なければ私たちはその旅行談を聞くことができなかつたのであるが。ドクトルウイルスとはその旅行家の名前である。

一八八九年にドクトルウイルス氏は腸チブスに罹つて確に死んだのである。教會の鐘はその死を告げた。彼は四時間といふもの全く脈搏もなく死んでゐた。附添ひの醫者は、彼の足に――足の裏から臀の方まで――針を刺しとほしてみたけれども何等の反應がなかつたのに、四時間經つと突然息を吹きかへして全快してしまつた。

彼はこの四時間中の經驗を一九〇七年九月號のヒンジー・スピリチユアル・マガヂンに發表した。それが又レビウ・オブ・レビウに轉載された。レビウの方ではちよつとはかりの間省略してあるが話はよくわかる。今私がお目にかける拙譯はレビウの方から得たものであるが、その前に譯語のことで思ひ出したことをちよつと書かして貰ふ。

今年の五月號の中央公論に谷讓次氏が「もだん・でかめろんの一」としてデユ・デボア夫人の幽靈といふ無駄話の多い怪奇談を書いたが、その最後に次のやうな言葉を書き足してゐる。

「あくびをする、すると氣が遠くなつて、耳があんとして、自我――たましひが、そうつと拔けてゆくやうな氣もちがすることがある。その時、咽喉から出た自我が自我の形でどこかの大通りをすたこら歩いてゐないと誰が言へる？そしてその狀態が長く續くことはないと誰が言ひ得る？」

ドクトルウイルス氏は、この言葉を最も深刻なる死の前で實驗したものであるが、その經驗談に矢張り「エゴー」といふ文字が豫告もなく出てくる。これに私も單に自我と當はめて置くが、意味は谷氏が用ひたほどのものである。又は感覺的なだけ說明的でない。

――

ドクトルウイルス氏曰く

「……全然無意識の後、私は再び意識の狀態に回復し、また自分の肉體に在るのを發見した。しかし私と肉體との關係は、最早普通の狀態ではなかつた。私は最初驚愕と歡喜に一ぱいになつて、私自身

——自己、即ちリアル　エゴー——を眺めた。その時非我即ち肉體は粘土の塊のやうに密接にエゴーのまわりを取巻いてゐた。私は醫者としてのあらゆる興味をもつて自分の肉體の解剖の組織又組織——死せる肉體の生ける魂なる私を密に織りなす——の不思議を觀察した。私は上皮といふものは組織の謂はゞ魂の最終端の、外側の限界であることを知つた。私は自分の狀態をつぶさに觀察して、朗かに次のやうに推理してみた。

西妖怪奇閑談（七）　冥土訪問記（三）　2-121
●秋田魁新報　昭和二年七月十六日

西妖怪奇閑談（七）
冥土訪問記（３）

水戸敬之助

私は、つまり普通人々が言ふやうに死んだのだが、しかも尚ほ私は生きてゐる時と變りない人間であると。

私は肉躰の外へ出ようとした、そして魂と肉躰との分離する際の興味多きプロセスを注意深く眺めた。

ある力によつて——明かに私自身の力ではなく——エゴーが彼方此方に蠟燭の焔が横に搖れるやうに搖れ出した。とかうする内に、其動搖によつて肉躰の組織と魂との連結が切れた、暫ゝするとその横に動くのが止んで、足の裏に沿て爪先から急速にかゝとにかけて無數の神經の折れるのを感じ且聞いた、これが濟むと、私は徐々にかゝとから頭の方に向けて、丁度ゴム紐が縮むやうに退居し始めた。そして、私は臀に近づきながら「もう臀の下には生命が無い」などと自分にさゝやいたのを記憶してゐる、腹部と胸部を通過する時のことは、何も記憶してゐないが全エゴーが頭の中に集中せられて、「私はもうすつかり頭の中にある私はずき自由になれるだらう」と思つたことは、はつきりと記憶してゐる、私は腦髓の中を穴の中のやうに、微に薄膜などを四方に照して、中心に向つたり頭蓋骨の縫ぎ目から薄膜の平つたい先端のやうに覗き出したりしながらぐる〲へめぐつた、その時自分の形や色が、何處かくらげに似てあつたことをはつきり思ひ出される、又縫ぎ目から突出するたびに、私の死んだ頭の側に二人の婦人が坐つてゐたのを見た、たう〲最後に頭から突き出た時、私はパイプの先端に附着したシャボン玉のやうにふら〲と上下左右に搖れ激ひ、遂に肉躰なるものからすつかり離れ、輕々と床の上に落つこちた。

そこで私は床の上に徐々に起き上り、普通の人間の身體ほどの大いさに膨脹した、私の身體は青味を帶びた半透明で、まるつきり裸躰のやうであつた、これにはすつかり當惑してしまひ、殊に私を知つてゐる人々と共に面面してゐる二人の婦人の眼を避けようと、僅に開いてゐるドアの方に駈出したが、ドアに近づきながら自分が着物を着てゐるのを發見したので、この點には安心し、私は再び振り返つて連中の方に向いた。

私は自分の死骸を見た、數人の人々が死骸の周圍に立つたり坐つたりしてゐるのを見た、殊に二人の婦人が、その死骸の左側に膝まづいてゐるのに注視した、彼女等は泣いてゐる、これは後で知つたことであるが、その二人の婦人は私の妻と妹であつたのに、その時は個々の人物に就ては何等の認識する所がなかつた、妻も妹も友達も私にとつて同じやうなものであつた、何等の親族的關係さへ思ひ出さなかつた、少くとも私は誰をも考へなかつた。私はゼツクスの區別こそ出來たが、それ以上のことはなかつた、さて私は、彼等一同に彼等自身のインモータリテイを確めてやつて慰めてやらうと思ひ、彼等から注意を惹かうと試みた、私は劇烈におじぎをして右手で敬禮をした、又彼等の間を通り拔けて歩いたが、誰も注意しようとする者がなかつた、私はその滑稽なる情景に打たれて大笑ひをした。

西妖怪奇閑談（八）　冥土訪問記（四）　2-122
●秋田魁新報　昭和二年七月十七日

西妖怪奇閑談（八）
冥土訪問記（４）

水戸敬之助

私は玄關を通つて踏み段を下り小路を通つて街道に出た。街道に立つたとき先づ自分の周圍を見まはした。本當に私は、その時よりはつきり街道を見たことがない。

そして自分は俗界に生活してゐたときよりも、ずんと大きくなつてゐることを發見して大いに祝福した。

『何てい丶氣持だ』と私は考へた

『たつた數分前は恐ろしい病氣でうんうん苦しんでゐたんだ。そこへ恐れに恐れてゐた死といふ變換が來たんだ。だがもうそれも濟んで、此處に私は尚ほ人間としてゐるのだ。生きてゐて、考へながら――そうだ平常のやうにはつきり考へながら――ゐるのだ。それに何てい丶氣持だ。私は二度と病氣なんぞに罹らないだらう。私はもう二度と死なないであらう』

魂の無垢なる充溢にかられて一とくさりダンスをやつた。そして再び自分の形と着物を見ようと思つ―御迫に倒れた。と突然！私は自分の上衣の背中の眞直な縫ひ目を見下してゐる自分を發見した。これは一體全體どうしたといふんだ。私は考へた。どういふわけで私は背中の縫ひ目なんぞ見ることが出來るんだらう。これを確めるために、私は再び上衣の背と足の裏側のきびすまで見下した顏へ手をやつて見ると惑に觸れた眼は正に在るべき所に在る。私は梟のやうに頭を半回轉出來るのだらうか。この實驗をやつてみたが失敗した。冗談ぢやない！これは乾度、死骸を拔け出て來たのは數分前のことだから、私にはまだ死骸の眼を使用する力があるに違ひない。振り向いて開いたドアを見ると、眞直に死骸の頭を見ることが出來た。そして私は蜘蛛の巣のやうな細い絲が、私の肩から死骸まで續いて、咽喉元に附着してゐるのを發見した。私はこの絲によつて死骸の眼を使用してゐるのだといふ結論に到してすつかり滿足し、再び振り返つて街道を歩み出した』（註。レビウ、オブ、レビウでは、これで一段落をつけて、その中間に次のやうな文句を挾んで省略に代へてゐる。『物語りは如何に彼が永遠の世界の境界線まで來たかを語り、如何にして彼がそれを橫切らんとしたかを語つてゐる』と。さてその橫切らんとして如何に拒絕されたかは次の通りである）。

『私はその線を橫切つて左の足を進めた。丁度そのときである。黒い小さな密雲が私の前に現はれて、顏に向つて進んで來た。私は歩みを止めねばならないと思つた。動いたり考へたりする力が私を去りつつあるのを感じた。私の手は力なく兩側にだらりと下がり、肩と頭は前にうな垂れて、黒い密雲は私の顏に觸れた。それから後のことはもう何も知らない。暫くして何の豫想も努力眼もなくがぼかりと開いた。私は自分の手を眺めた。自分が橫はつてゐる小さな白い寢床を見た。最後に自分がまだ肉體にあるのを實感して、驚き且つ失望して叫んだ――

『一體全體こりや何うしたといふんだ。私はまた死なねばならんのか？』

西妖怪奇閑談（九）ノオラ！（一）
●秋田魁新報　昭和二年七月十九日　2-123

怪

西妖怪奇閑談（九）

水戸敬之助

ノオラ！（1）

人間がもし分娩によらずにして二つの自分になることが出來たなら、何とこの世は騷々しくなることであらう。併し誰にでもこんな藝當は出來ないことだが、若干の人々は恐怖しつ丶意識的に無意識的にこれを實行した。このことは地球上至るところにもあるらしい。聖者とまでいはれる人々の中にも、うつかりこんなことがあつたらしい。これ等自分の第二人格が幻覺となつて現はれたものを、實在の神なりと信じて一生を棒にふつた例などもあるさうである。幻覺的マリヤを見て終生貞操を誓ひ、女を見ることさへ厭ふに至つた聖者ルーイ、などその適例。第一の人格と第二の人格が喧嘩し合ふのや、惡戲し合ふのや、仲のよいのや、味もそつけもないのも、誘惑的なのも―屢々死に導く――ある。

ノオラの話もこの二重人格の話であるが、またさう大して興味もないか知れないが、不案内な人々のために禿ペンを輝す。先には中央公論の五月號から、谷讓次氏の「もだんでかめろんの二」を例として拜借したがノオラの話も同誌の六月號「もだんでかめろんの二」「勇敢な惡魔」に一脈があるから一寸書かして貰ふ。讀んだ人には蛇足的であるが要點はかうである。

ニューヨークに風のやうに暮して

ゐるリヤードミヤといふ冒険な廣告業者の日本人があつた。そのリチヤードミヤが、ある小事件のために取つちめてやらうと思つて出かけて行つた得体の知れない女と實に縁は不思議、同棲するやうになる。ところでその女なるものは更に不思議な女であつて、一日中に髮の色が黒から赤に變つたり、眼玉の色が茶から青に變つたりするばかりか、二人になつたりするその二人は髮と眼玉の色にこそ違へ性質までぴつたりと似てゐるといふのだ。我が勇敢なるリチヤードミヤは醉狂にもこの變な女に結婚を申しこんで、一擧にして二婦を得たわけであるが哀人間の悲しさ彼は遂に發狂してしまふのである

一九〇七年七月の「アンニユアル・オブ・サイキカル・サイエンス」は二十七歳になる有夫の二重人格婦人が、ある醫者に與へた告白の手紙を發表した。婦人はロシア人である。不用な前と後を略して要點を次に大譯する。

「妾は何時でも一人になると、すぐ別の女を見るのです。その女は始終沈黙で妾の極微細な行動さへも再現するのですが、妾とは似て似つかぬ女なのです。妾の色は白いのに、その女の色は黒いのです。妾は痩せてをりますのに、その女は肥つて丈夫です。そして妾以外にはその女を見る者はありません。然し妾の寫眞には、寫眞師の理解の出來ない影が現われます。また寫眞師はその影を除かうとして、並々ならぬ困難をするらしいです。何となく妾の一部分のやうに思へるからのやうです。妾はこの二重人格に大變惱まされましたが若し氣狂ひだと思はれるのを恐れて、今まで誰にも語つたことはありません。ですから妾は非常に面白くない日を送つて來ました。妾はこの二重人格にノオラといふ名前をつけて、一緒に暮してゐるのです。

怪　西妖怪奇閑談（十）　ノオラ！（二）　2-124
●秋田魁新報　昭和二年七月二十日

西妖怪奇閑談（十）

水戸敬之助

ノオラ！（2）

妾はまだ子供の時分にはその女を見ませんでしたが、甚だ漠とした言ひ方ですけれども、何時も遊戯をしてゐる時、妾は自分一人ではないといふ風な印象を受けてゐたのです。そして妾は、他の人々から見れば妾の想像によつて作り出されたと思はれる問ひに向つて答へてゐるのを、始終見られたさうです。子供の時分の妾は何者かに向つて答へてあつたでせう。妾にはそれが分らないばかりでなく是等ものを喋つた事實に就て、何一つ記憶して居りません。然し妾の父は、妾が成長して遂にお醫者さんに見て頂くやうになつたとき、この物を喋つたことをはつきり思ひ出したのです。妾が思ひ出すことの出來るのは、妾はほんとうに幸福であつて、他の子供達と遊ぶのに何一つ屈託するところがなかつたことです。その上妾は一人でなかつたものですから。

幼兒期から少女期へ移る頃のことです。わたしは日常馬乘りをしましたが、その馬は何時もわたしの乘る馬で、殊には慣れて居りました。

それがある日のこと、わたしは今まで誰も乘つたことのない種馬に乘らうと思つたのです。最初のうちわたしはその種馬をよく制御出來ましたけれども、何の氣まぐれか、突然素張らしい勢ひで馬は驅け出したのです。何者が馬を驚かしたのでせう。さつぱりわけは分りませんでしたが、又突然馬は靜かになつて、あゝわたしは眼前にはつきりと見たのです。ノオラを！

はじめ、誰かわたしの危險を見て馬を止めて下すつた他の人だと思つて、危くお禮をいふところでした。その時父が後から追つて來てそんな種馬に乘つたことをやさしく叱りながら、ひよつとわたしの顏を見ると、顏色がすつかり變つてゐるのにびつくりしてしまひました。（わたしは丁度その瞬間、今尚ときどき新しく思ひ出される一種異様なセンセーシヨンを感じたのです。まるで空中にでもゐるかのやうな、無限な空虚のセンセーションを感じたのです）父はわたしの名を呼びましたが、わたしは答へなかつたのです。父はわたしをかゝへて馬からおろしました。けれどもわたしは大きく見開いた眼をじつと据ゑたきりでそれが又父を非常に不安にしたのです。これは恐らく數分の出來事でしたらうけれど、わたしは大變

長く思つたのです。この状態から回復して言つたわたしの最初の言葉は「あの女を御覧になつて？、ね」といふのでありました。その時はそれ以上の襲つたこともなく家に歸り、わたしは余力を盡して快活に振る舞ひましたのに、又もや惑かされたのです。

わたしは父の介抱で――父はわたしがまだ惱んでゐると思つたから――自分の室に歸つてからのことです。

父はわたしに身じまひをさせようと思つて、數分間室を去りました。するとあゝわたしが唯一人になると先刻の女が歸つて來たではありませんか！、わたしの悲鳴は直に父を呼び返しました。父は醫者を迎へにやりました。何故つて父は何も見なかつたものですから

二十歳になるロシヤ婦人の手紙の要點はこれだけであるが、この時からノオラは離るべからざる伴侶となり、奇怪にもノオラは彼女以外には誰にも見れない筈なのにその夫には存在を示すのである。夫の言ふところによれば、何時でも彼女の氣がつかないでゐるとき彼女の居間に這入つてゆくと、はつきりとは見定めのつかぬぼんやりした形の消えてゆくのを見るさうである。その後星移り年變り、そのロシヤ婦人の今五十頃である だん／＼ノオラの姿が彼女の夫の眼にはつきりして來て、我リチャードミヤのやうなミゼラブルな破目に陥ることがなかつたか何うかを案ずるものである。

怪　西妖怪奇閑談（十一）ノオラ！（三）埃及の幽靈（二）　2-125
●秋田魁新報　昭和二年七月二十一日

西妖怪奇閑談（十一）

ノオラ！（3）

埃及の幽靈（2）

水戸敬之助

一九〇七年十二月ヒンヅー、スピリチュアル、マガジンに三つの海幽靈の話が出てゐる。

海幽靈は我が國にもよくあるやうで、北齋の北越奇談挿繪の「船頭彌助洋中にたゞよひて幽靈船を見る」なども大分凄い。この手の海幽靈も多少月並でないこともないが、一つはある汽船の船長が一八九一年三月十三日――わるい日だ――に沈沒した妻の父が乘つて死んだ船を十五年後の同じ日の濃霧の中に、かすかに船員と共に見たといふのである。それから今一つは難破船が足のある幽靈に度々行先をかへられて、遂に沈沒を救はれたといふのである。最後にエジプトの海幽靈の話である。

この話は先の二つの話と一とからげに雜誌記者によつて斷片的に紹介されてあつたのを、私が幽靈のゼエスチュアにはそのまゝ、多少の彩りを加へて一つの話にまとめて物語り、退屈な閑談を終ゑようと思ふのである。

一九〇六年のことである。

ヘンリー、ケー、メドレイといふ若い男は、アメリカのヴアイオリン彈であつたが、一人の無名の小説家とエジプトへ出かけた。

エジプト！　から口ずさむ私達の腦裡には、天を摩すピラミッドやオベリスクや、女面獅身のスヒインクスやミイラなどが浮んでくる然しついでにあの遙茫として蒼空に連なる白砂の大海原を貫く、緑の沃野と悠々たるナイルの長江を思ひ浮べる者は、必ずかのイギリスの片田舍に生れた鹿盜人の靈筆によつて永遠に生きる、クレオパトラとアントニイの戀物語りを思ひ浮べるであらう。

強烈な太陽、くらむやうな緑、絶息しさうな砂漠、石灰岩の渺茫たる水平線、それ等と彼方此方に交叉する裂け目一つない數百尺の斷崖絶壁、この壯大なる景色と水平直立の二直線を要素として微妙な調和を保つて諸々に散在する建築物の廢墟――此處には赤い熾烈な直線のやうなクレオパトラのやうな悔ゆることのない大膽な晝の戀もあると同時に、夜となれば青い寂しい星影が壞れかけた樓門や巨大なアームに螢のやうに凝て光り、或は石を抱いて汨羅に身を投じた屈原の幽愁にも増して、やりどころのない怨みと切なさを胸に抱いて蒼い水のまねきに身を投じた若い奴隷の骨色の月も光るであらう如く、遠く隔てた我が國の古いつゝしみ深い娘達の胸に秘めた戀いやうに、やるせない戀もあるに違ひない。否あつた――。

それは我がヘンリー、ケイ、メドレイ君が、エジプトの小女に戀をされたのである。小女は氣立てのやさしい内氣な、そして美しい少女だつたのである。旅人ヘンリイはすつかり夢中になつたことは

勿論である。彼等の戀、道行きに關しては、私は讀者諸君と共に目を閉じて荒漠たる背景の前に描かう。私の目下の役目は、彼等が戀の結末を物語るにある。その前に、ふと私の胸に浮んだのは、ヘンリーの故郷アメリカが生んだ文豪アービングのブラウクン、ハートの中の言葉である。つまんで言へばからである。

怪　西妖怪奇閑談（十二）　埃及の幽霊（二）　2-126
●秋田魁新報　昭和二年七月二十二日

西妖怪奇閑談（十二）
埃及の幽靈（2）

――水戸敬之助

男といふものは利害や野心の動物である。戀は彼の青年時代の裝飾か、芝居の幕合に奏される歌曲に過ぎない。然し女の全生涯は愛戀の歴史である。女は身の危險をも忘れて同情を寄せる。愛戀の貿易に全精神を搭載する。だからそれが難破すると何もかも終りだ。心の破産なのだから。

これ等の言葉を、私が最初讀んだ頃は、どうしても信じたくなかつた。不公平だと思つた。今尚全肯定は與へ難い。しかしヴァイオリンひきヘンリイ君は、故郷の文豪の言葉を實際に證明してしまつた。砂漠に燃えこげるやうな少女の戀を棄てるに至つたのである。

ヘンリイの戀は、アービングが言つたやうに芝居の幕間に奏されるヴァイオリンの歌曲に過ぎなかつたのである。甘い甘い歌曲に過ぎなかつたのである。といふのは彼は堅く婚を約束しておきながらその內氣な少女を棄てゝ旅立つたのである。

その前夜彼をたづねて來た少女は悲しげなアラビヤの昔の唄を歌つた。黑い瞳に淚を透かして打ふるふその哀調に流石にヘンリイもヴァイオリンをひいたことであらう。そのアラビヤの唄は「あゝ不仕合せにみぢめにわたしは殘る」といふ文句で終つてゐた。

その夜は明けた。

そして彼等を乘せた船は二十四時間の後には陸の影だに見えない青海原の上を走つてゐた。さまざまな人の思ひを乘せて船は日沒の微光の中を走つてゆく。甲板をさまよふヘンリイの胸からは次第に可憐な小さな姿がうす紫の夕雲にとけ去らうとしてゐた。その時である。ふと彼は美しい虹色にあせてゆく空氣を透して漂うてくる歌聲を聞いた。かすかに、そして次第に高まつて、あゝアラビヤの唄だ！

友の小說家も聞いた。

「やあ見たまへ！見たまへ！」と突然いぶかつてゐる彼等の耳に水夫長の聲が響いた。

少女だ！船のすぐ後について來るのはエヂプトの少女だ！夕闇の中に半透明に見ゆる身體。ぼんやりと然し確に肌らしく見ゆる顏や手。

少女は唄を歌つてゐる。

銀鈴のやうに美しく歌つてゐるアラビヤの唄を歌つてゐる。

がつかりした調子です。すゝり泣くやうに――。

打ゆるく波の上に立つて船と同じやうな距離を保つて輕く滑りながら空しい兩手を戀人ヘンリイの方へ差しのべてゐる。

甲板上の旅客は皆少女の幽靈を見た。恐怖の叫び聲をあげて逃げ去る者。祈禱をあげる者。氣を失ふ者。甲板の混亂はなかなか收まらなかつた。

そればかりか思ひつめた幽靈は船と同じ程い距離を保つて一夜中つけ來らうた。ほのぼのと東の果てが白むまで、少女は消えなかつた。そして次の夜も又次の夜も同じアラビヤの唄を歌ひながらヘンリイの方へ兩手を差しのべて現はれつけ來らうた。

「あゝ不仕合せにみじめにわたしは殘る」

濃くなつてゆく夕闇の中に、かすかに動いて見ゆる青ざめた唇……。

雲をつきやぶつた月の光が、物悲しげに見つめる顏と差しのべた兩手を燐光のやうに光らせる。

船は沈默とため息を乘せて、船足も重く〳〵、ネーブルスに着く夜明けの一時間ばかり前――。

はりさくるやうな悔恨と悲哀に堪えかねたヘンリイ・ケイ・メドレイは夢魔のやうにヴァイオリンを取り上げうつゝなに弓をひいた。哀調が月光を透して慕ひよる少女の胸を青く白く貫ぬいてゐるへた！少女は唄を歌ひつゞけながら立どまり、惱ましさに堪え難いものゝやうに差しのべてゐた兩手で青ざめた額を打拂ふと物狂ほしく再び兩手をヘンリイの方へ突き出し果敢なく消えてしまつた。

ヘンリイはうつけた塑像のやうに弓をひく手を休めなかつた。幽靈の消えた水面を見つめる船客たちの眼に、ほの青白い潮のあぶくがいくつも〳〵月光に渦卷いて消えた――

黎明ホーブルスに上陸したヘンリイは、ポートサイドの友人から電報を受取つた。それはかう書いてあつた。

「君の小さな戀ひ人が、君が出發した日に唄を歌ひながら海の中へ入つて行つた。死骸はまだ見つからない」（をはり）

（七月一日増田にて）

怪異行（一）　船幽靈の唄
●都新聞　昭和二年七月十二日　2-127

怪異行【一】

藤澤衛彦

船幽靈の唄

「おう、洲崎沖だよウ。」

外房にかゝつたら、靜かに聲をかけてくれと頼んで置いた船員のAが、船室の扉口でどなると、乘合の二三人が、睡さうな眼を擦えさして、其方を見る。

「何ですな。」

「船か、外洋に出るしらせです。」

「何のしらせですつて？」

「これから、浪風が荒くなるのです。」

「まあ。」

たまらないわといひたい表現の聲を後に、甲板に出て見る。

宵に流れた銀河系の星座も、すつかり夜霧に塗りつぶされ、漂渺として果しもない海と一つに、不思議と深夜航行の船を呪ふ。

夜の神秘と、海の神秘に、恐怖の心を唆られず、洲崎の方角を見詰めてゐると、暗の中に幾度となく、きらつと光る物のけはひを感じる。その感じを、船員のBは、航路の汽船に驚かされた魚族が、潮の路に尾鰭をかへした泡沫と鱗の光りだと後で説明してくれたことだが、その時は、異鄕の海に失はれた船幽靈や、難船した亡靈共が、時に聞く此邊の怪の航路に現れ出たのではないかと思つたことである。

「船の舷端に
兩手を掛けて、
主は
いま出て
何時戻るウ。
おうさ、
來月なかば頃ウ。」

あはれな難破の遺るな船と運命を共にして、死途金と一緒に海底深く沈んで歸らない漁夫たちの亡靈が船唄！

「沖を行くなら
高帆はよしな。――
風に
高帆があるものか。」

うらみ歎くやうな共鳴！

私は思はず身の毛を慄てた。

怪異行（二）　岬角の巨像
●都新聞　昭和二年七月十三日　2-128

怪異行【二】

藤澤衛彦

岬角の巨像

「わッはッはッ。」と、下卑た笑ひ聲に驚かされて、舳の方を見ると、中年の漁夫。
「へへ、どんなもんでサ
遠く近く、深く細く、船について來る、船幽靈の聲色で……
……サ。」

わしが若い時や
船形通ふた
洲崎まはりで
夜が明けた。

と、又謡ふ。船幽靈の正體であつたのだ。

「おや、お前、此船にゐたのか？」

船員のAが彼に聲をかけると、

「さては、波に捕られたか。消えて失くなれてね。うウい、水を一杯くれてくれ。ただし、底なし柄杓はごめんだつて……サ。」

諸國の海に、船幽靈が、水を求

怪異行（三）　海の運命説話

●都新聞　昭和二年七月十四日　2-129

怪異行【三】

藤澤衛彦

海の運命説話

泣いてくれるな
出船の先で
沖で艫がいが
手につかぬ。

船幽靈の唄ふ歌聲に聞き惚れて、呪ひの潮路にかけられる民間口碑は、世界の方々に分布されてゐるものに相違ない。ドイツ、ラインの右岸に、巨人の姿に今も巍然たる、ローレライの岩あたり、水の精の唄ふ歌聲に引きつけられて、その絶壁の下行く船人何時しか行方知らず舵を絶えて、岩角に舟打付けて壊れ、渦巻に呑まれて沈むといふ呪ひの傳説の裏には、航海の難所がひそみ、かつは昔の悪氣流の起る暗所が示されてゐるやうに考へられる。

――
神崎森の下
舵を取らんせ
船頭さん。

などいふ民謡にうたはれて、船頭の注意をうながす渦巻水の難所が、同じ千葉縣香取の神崎の森の下にもあるといふ。――

殊に、海から叫びかける怪異の恐ろしさは、全く想像に絶するものがあつたであらう。海坊主の出現や、幽霊船の飄々として八重の潮路を行くを見た船乗りの物語のうちに、果しての彼等の性質なき心理に安静のない傳説が數々あらう。

海には、むろん、われわれの想像の及ばない異様の生物の存在もあるには相違ないが、海から叫びかける怪異の存在の上には、不思議な船乗りの運命が招來したものの多くが認められる。

今傳承される、それらの傳説に就いて、然も亦一つの不思議を感ぜしめるものは、それらの物凄い傳説に、神秘的にして然も詩的な物語の付隨であるが、それは、海洋傳説に於ける原始人達の思想が今なほ海洋を支配し、海洋説話に影響してゐるからで、例へばローレライのやうな美しいニムフの人める傳説があつて、たまたま、そこを通る船などが、本當の水を、柄杓などで與へると、その柄杓のために、幽靈から、あべこべに海水を船中にふるまはれて、難船の憂目を見るので、何れの國の傳説でも、船靈に水を與へる時には底なし柄杓で水をやるといふ傳説があるのも、船乗りの運命に付隨された怪異説話の傳承に過ぎないのではあるまいか？

私は、船首に歸つて、再び洲崎の闇黒に目を注いだ。いつまでもいつまでも其方を見詰てゐると、浮御角の裸體姿が、霧の中から、浮んで來るやうに思はれ出す。それは、三浦三崎の山角と、峙して、東京灣の外門を護る巨像のやうに。波靜かな時じも、暴風雨の折でも、海の大自然は、はずしなく、この岩石、兀の巨像を浪撃つ。若し凪の日、この巨像の肩角などに佇んで、外洋の方を見下すと、物凄く、一路の潮の渦巻き流れるのが見られるといふ。遠く行く手は伊豆に向つて消えてゐると言はれるけれど、果して何處まで續いてゐるやら、誰も知らない。ただ漁師どもは、それを潮の路といつて恐がり、疾風の日など、沖遙かに、無事を、洲崎、洲宮、安房、小鷹の神々に祈つて、潮の路の渦巻に船を巻き捕られぬ用心をする。

洲崎の沖には、四時、濛々たる水煙や、天空に斷昇る波の大水沫や、激潮の勢ひや、逆巻く波の崩壊の斷續がある。

汽船は、今、この潮路を通り拔けるのである。幸ひに、此日の空と海は、ただ喘濱なだけで、沸きかへる波、大瀑布や、冲天高き波の絶壁から忽ち幾千丈の潮路に落ちて、一潮を穿って進む危險も無ければ、板子一枚が地獄の底の險惡な、生死の差別もない、あらゆる努力を傾け盡して海と鬪ふ限りの難破譚も、わけて私たち船客には、昔物語の如く看過されて行くのであらうが、海の神秘をちぢと見詰てゐると、反對に、行手に物凄い海底からの叫びは今も實在すが如く、何物の怪か、ただ鬼氣迫る。

の揺へる傳説は、最始傳説の形式として人々の心を捉へてゐるものであるが、その傳説の成因は、外房の洲崎の沖、船幽靈の如く、海の難所における船乗りたちの運命から思ひつかれた説話が本流をなしてゐるやうである。

怪異行（四）　鴨川情調

●都新聞　昭和二年七月十五日　2-130

怪異行【四】　藤澤衛彦

鴨川情調

房州よいとこ
女の夜漁
男ごしよらく
寝て暮らす。

海に育ちの
漁師の娘
海に生死
かもめ鳥。

外房航路の汽船は、房州東海岸を直航して、房州鴨川に至り、それから、天津、小湊、興津を経て上總の勝浦に着くと「上總よいと こ、女の夜漁……」が謡はれる。その勝浦の朝は鴨川に明けて、その鴨…に着くのは九時頃といふ。

鴨川の海上には、昔から名高い海馬島が浮んでゐる。海馬が群集して夜間奇蹟を呈する圖などを見たことがあつたので、甲板に出て見たけれど、その姿は見えなかつた。「回國雑記」の道興准后が、

前原の里の後の山風
船に紅葉の錦つむなり●
海近く磯傳ひ行く磯村に
むらむら見ゆるあまの釣舟

など歌つて過ぎた鴨川町前原の里や、鴨川町磯村の里は、南は小湊、北は太海浦を控へ、東は海、西は山々の風致で鳴つてゐるが、今その陸から太平洋の蕃族活動を [illegible] られない。

「ここに鴨川節つてのがあるつていふぢやあないか。」

ふと、かへり見て○にいふと、彼は荷物運搬の手を止めもせず、

「大漁節も聞かれます、

出養生にごんせ
鴨川のチヨイト相模屋へ
障子明くれば海馬島
チチ千鳥鳴く
沖にちらちら鰹舟●

枕に通ふ浪の音に、港の唄の鴨川節、彼女に謡はせると、もつと哀調極まりない情調があるんですがね。」

安房第一の巨流加茂川の外洋に注ぐあたりの風趣を尋ねよるものに、一曲、絃歌の聲は、○などに決して真似られないおもしろみがあるといふことであつた。

怪異行（五）　十七節の謎

●都新聞　昭和二年七月十六日　2-131

怪異行【五】　藤澤衛彦

十七節の謎

「十七節も此邊が本場だつていふぢやアないか。」

「へえ……どんな歌です。」

十七が
小笊手に持ち
柳の下にて芹を摘む
日は暮れる
芹はたまらず
柳はよウれて絡まる
柳どの許して下され
わたしも主ある身ぢやほどに

「あゝ、田植唄かね、この邊ではかう唄ひます。」

十七が
親の身持で
淡島様へ願を掛け
この恋叶ふならば
もえぎの眞田を繡の緒に
白かアみにきざみ包んで
水晶のお珠數で伏し拜む。

聞いてゐるうちに、私はずつと昔、田植唄の研究をやつてゐる時、下總國香取神宮神田植式歌の十七節から、この鴨川の心巌寺へ、妙な問合せをした事を思ひ出したのであつた。それは、十七節の唄の文句に、心巌寺様から大きな物を貸して下さるか、どうか借りて見ませんかといふ、その大きな物は何かと問合せた事であつた。

磯村の心巌寺イさアまでは
大きなものを貸アさるちュう
さアらば
おれらも借りませう

隣の祖師堂へやどらなさるウヤ。

安房誕光大師二十五靈場の一つである鴨川町大字磯の心巖寺からは、何の返信も無かつた。返事の無いのも無理は無い、七挨入挨のどうさぎちやもの。」

磯村の
心巖寺イさアまでは
大きなもヲのを貸アさるちユう
さアらば
おやらも眠りませう
七は未入はきのとをさますを。

怪異行（六）　大多喜古城
●都新聞　昭和二年七月十七日　2-132

大多喜古城

怪異行　藤澤衛彦　【六】

勝浦に着いたのは朝の九時であつた。行程の割合に長い時間と、お粗末な船に氣をくさらしかけてゐた自分は、勝浦から、御宿、大原、長者町、大東、一の宮、茂原に出て、笠森寺を尋ねるお粗末な汽車の順路を旅行して、自動車で、大多喜に出て見る行程を取つた。

中倉鑛泉の地帯を過ぎて、漸く夷隅の中心地に近づいた時、かすかの山の端で杜鵑の鳴くのを聞いた。

テッペンカケタカ

杜鵑の聲には、何時でも空を見上げて聲を追はせるだけの引力がある。

「その鳴きかたに、いろいろの言ひ傳へがあるが。」と考へてゐる時、

「ふん、頂上翔げたかさ」つるつると頭を撫でた一人の老爺。

「はゝはゝはゝ。」と笑ふ聲も、聞き馴れた洒落ならず、自然の笑ひを喚る。

車が、大多喜に着いた時、私は一旦降りて、大多喜城址を尋ねることにした。

大多喜三町
だかたてた
あれも森川出羽様が。

昔、森川出羽侯が御陣屋の三町は「詳」でないか、古の五町といふのは、紺屋町、猿稲町、田町、久保町、白銀町、江戸時代の末期に、大多喜七町と榮えて行つた此町も鎌倉時代には、やつと一町にも足らなかつたといふ。上總に里見氏の戰國時代、大多喜城は、その属將正木氏の居城、町の良玄寺には、城主正木大膳の肩尖刀といふを存してゐるが、此肩尖刀の來歴が頗る探偵的興味に富んでゐる。

天正十七年の秋、鐘の勸めつ坊、眞に、雛生郡から此大多喜城下に入込んで來た間諜があつた。夷隅の萬喜城主土岐頼春の謀計を受けて、わざわざ里見方の長南領から入り込んで來た密使は、うまく正木家に取入つて、其内の一人は、大膽にも正木家の麾下に加はり、十八年正月の萬喜城襲撃を密報したので、其日、正木勢は、萬喜領の入口小田木川（　）渡りかへしに萬喜軍の伏勢に殆ど近い憂目に逢つた。「野史」に、「頼春（土岐）間諜を黜せて謀を聞き、銃弓を中途に伏せて明を嘘つ。時堯（正木）の兵、川谷に摑り伏に遭ふ。」と見えるものは、此時の事で、時堯も、自ら肩尖刀を提げて之に當り、従者九人と敵五十餘人を斫つて、漸くに之を走らせ、根古屋（大多喜城）に歸り、嚴重に諜者を捜索し、三諜を捕へて、その耳と共に耳鼻を刎ねその一人を敵の大將（頼春）に送つたといふ。良玄寺の長刀こそ其折の激戰に使用の肩尖刀といふことである。其後、間もなく、大多喜城は落城したが、その名殘の大井戸の用水（使用に堪へない）は、今、大多喜中學校の構内に存してゐる。

怪異行（七）　笛と十八僧正
●都新聞　昭和二年七月十八日　2-133

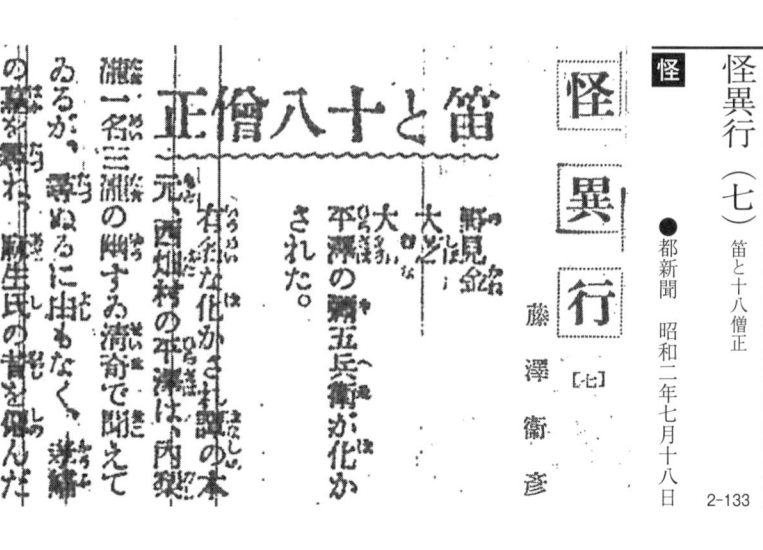

笛と十八僧正

怪異行　藤澤衛彦　【七】

野見の
大芝
大多喜
平澤の彌五兵衛が化かされた。

有名な化かされ譚の本元、西畑村の平澤は、内濃藩一名三瀧の幽すゐ清奇で聞えてゐるが、尋ねるに由もなく、迷路の闇を尋ね、麻生氏の昔を偲んだ

のみで時間が經つので、其夜の行程を茂原泊りとした私は、豫て其女の遺跡を調査した國吉町萬木の秩女、

萬木お關女が通るげで五百羅漢の聲がする。

伝説の本尊木像のある福聚寺も尋ねずに、長生郡東村西村を過ぎて、茂原に近づいた。

茂原の町はづれに迎が着いたは、まだ太陽が沈みもせぬ頃、西南の小山の頂きに、うす赤く雲が彩られ、それが軈て又薄れて、この邊の雰圍氣に黒味がまして來たちやうど其時分、私は、K館に草鞋の紐を解き、一風呂浴て團扇を翳すのであつた。と、何處からともなく笛の音が流れて來る。

それは、何といふ妙な、そして引きやげられる音であらう。ときれるともなく、續くともなき其旋律、巧みに落ちずしてゆつたりと、そして切々たる節まはしは、玲瓏として流れて來る。生々したソロディール、聞き惚れてゐると、何處かで、樹々の葉ずれの音が、伴奏する。私は、そのぴつたり合つた環境の音樂にぢつとしてただ浸つてのみゐられない感興を覚えられたのであつた。

「何處で吹いてるのか」

たまらなくなつて、女中を呼んで聞くと、

「[illegible]」

阿彌陀坊長福寺の和尚様です。」

とまでは言はなかつたが、正に其關東で最も其名の長い、一息にはなかなかに言ひ切れない程珍らしく長い山寺號を持つてゐる古刹の和尚様の笛だといふのであつた。

其時、私は、思はず、

「おや、十八僧正様ぢやらう。」

と獨語したことだ。

十八僧正といふのは、物の本で聞いてゐる此寺の何代目かの住職で、僅に十八歳の年若で、僧正の地位に昇つたといふ大鑑である。が曾て此僧正、此地に入るの路で、何處からともなく躍れ出た一人の童子が見た。その童子は、うやうやしげに僧正を拜して御供せんことを願つた。童子の名を問ふと大士と答へ、僧正は、許して其侍に置かれた。

或時の事、僧正が、ふと大二の部屋の前を通りながら中を見ると童子の大二が、鼻を長く長く延して眠つてゐる。これを眺めた僧正は、とつてかへし、長刀を取つて大二を撃たうとした。大二は驚いて逃げ出る。僧正は長刀を振つて追ふ。大二が門前の松の樹に登るところを、僧正は、覘ひを定めて切りつけられた。確かに手答へはあつたが、ただ其片翼を切り落したのみで、大二は取逃してしまつた。その大二の片翼といふ物、永く長福寺の寶物となつてゐたさうだが、或年の火災に燒失して、惜しい哉、今は傳へられない。

從つて、たうとう、私も、長福寺を尋ねずにしまふ。

怪異行（八）　雨の笠森詣

●都新聞　昭和二年七月十九日　2-134

怪異行

藤澤衛彦【八】

雨の笠森詣

昔、昔、朱雀天皇様が御妃を喪はれ、非常の御歎きであられた時、田舍にてもよい、若、御妃に似たるものあらば尋ね來て、後宮にあげ奉らんものをと、采女さがしの奉行衆がこの上總國府中に下り、五月雨の日にこの水上の田の畔に立たれたのも、こんな日ではなかつたかと思はれるやうな、傳説を尋ねるにふさはしい雨の日であつた。洋傘をかしげながら、雨をおして笠森詣に志た行手に、新竹を押し立て、それに田圃の稲を吊るして、道を泪んでゐる人達がゐる。

「私は、何で彼等が、今日は東に角善男であるべき筈の觀音詣の私を通せん妨するのかわからなかつたが、軈て、私の近づくのを見て、謡出す歌を聞くと、

「何だ、馬鹿にしてる。」

と、思はず、つぶやかざるを得なかつた。

ねん ねん

螟蟲を送るぞ

稲蟲を送るぞ。」

私は、稲蟲を送られたのだ。土地の風習で、それがあつても、送られたものは甚だ迷惑だ。

ねん　ねん

螟蟲をかへすぞ

ねん　ねん

稲蟲をかへすぞ。

私も謡つて笑つた。彼等は、むろん機嫌が悪いやうであつたが、私は氣持よく五月雨の田圃道を、杉の森めがけて進んで行つた。

昔、其頃、即ち朱雀天皇の頃、長柄郡櫻井の里に、鉾作りの翁といふが住んでゐた。この翁の十七になる娘も、五月乙女の御掟によつて出かけたが、途中、折からの

五月雨に、辻の観音様が、わけもなく濡れて立ち給ふを勿體ない事に思ひ、自分の着てゐた笠をお着せ申し、其身は、降りそぼつ雨の中を、笠をも着ないで、御命令の田植に出た。と、たつた一人降る雨の中に笠も無い實作の翁の娘の様子を番しく思つて「此雨中に、何故に笠を着けなきか。」と尋ねられたところ、しかじかの答へ、よくよく見ると此娘の容貌、端麗なる方に生寫しといふので、都に伴ひ入内せしめた。その妃の思召しによつて、やがて建てられたのが、即ち坂東三十一番札所第一番私の今禮拜してゐる大悲山楠光院笠森寺の十一面觀世音菩薩にておはします。（をはり）

全身に鱗の蛇児を生む

怪　★大北日報　昭和二年七月十四日　2-135

全身に鱗の蛇兒を生む
姙娠中蛇の生血を吸ひ毎夜夢に襲はる

兵庫縣下美嚢郡別所村花尻日高松次の妻サヨ（假名）は去る四月中頃頭が人間で體が蛇の子供を分娩した體が蛇だといつても蛇の様に細長いものでない人間と變りない手も足もあるけれど體全體（顔を除）が蛇の鱗が一面身の毛もよだつ有様である之には傳說的な面白い話しがあるサヨが姙娠した昨年の八月頃きびしい貧血病に罹つた事があつたこの貧血病には「蛇の生ち」が一番よくきくとの事で或日一匹の大きな蛇を捕へ咽喉に穴をあけてこれをつるし苦しみつゝ跳ねまわるその中より流れてた生ちを皿で受取り飲んだといふ苦んでゐた蛇は遂に恨めしさうな顔をしてそこを逃げ出したがその後毎夜夢にあらはれ赤ちのしたゝる恨めしそうな顔でいつもくくサヨをにらみ付けてゐたといふ事であるサヨが分娩する二ケ月ほど前遂にその蛇がサヨの體内に入つた夢を見たとかで遂にサヨは狂人となつたが生れ出た子は人面蛇體で今も村中その噂で持ちきつてゐる

留置場にお化が出る

怪　★亜爾然丁時報　昭和二年七月十六日　2-136

△留置場にお化が出る。

青森県五所川原警察署の化物監房と綽名されてゐる留置場は十数年前そこに在つた監獄の一部をそのまゝ用ひてゐたのであるが夜中になると呻き声が聞えたり、黒い姿が現はれたりするといふので五六年前から物置にしてあつた。人の噂も七十五日で五六年も経つたのだからもう化物もいなくなつたらうと聞けて早速、放火犯の成田市太郎（四二）といふ大膽者を入れて見た処が相も変らず「お化」が出ると言つてゐるいくら警察でも化物の取締りの出来るお巡さんも居ないしさりとてそのまゝとも出来ず目下方法研究中―。

よみうりラジオ版

ラ　放送舞台劇「茨木」／浪花節「有馬の…　●読売新聞　昭和二年七月十七日　2-137

592

けふの放送番組

◇放送舞臺劇
茨木　河竹默阿彌作
場所
渡邊綱屋敷、場
配役（發聲順）
家臣　宇源太　尾上幸蔵
士卒　運藤　尾上紊次郎
同　軍藤　松本金太郎
渡邊源治綱　松本幸四郎
綱の叔母眞柴　尾上梅幸
賀子茨木童子
太刀持音若　松本純蔵
長唄囃子連中
長唄　杵屋六左衛門
長唄　中村六三郎
長唄　中村六蔵
三味線　杵屋寒玉
三味線　杵屋六一郎
三味線　杵屋六郎次
笛　望月太喜四郎
小鼓　田中傳左衛門
大鼓　柏扇吉
太鼓　田中佐十郎
◇浪花節
有馬の怪猫傳　浪花亭綾ヘ郎
◇義太夫　葛の葉子別の段
竹本越喜美
竹本屋滿大内鏡
三味線　鶴澤久龍

放送舞台劇「茨木」

ラ　●読売新聞　昭和二年七月十七日　2-138

午後一時
放送舞臺劇
茨木
梅幸、幸四郎一座

渡邊源治綱は源頼光の四天王の一人であつた、夜な夜な京羅生門のほとりに現れて都人に仇を爲すといふ茨木童子と呼ぶ鬼神の腕を切取つて家に持ち帰つたが陰陽の博士安倍の晴明の勘文により一七日の間門戸を閉ぢてものいみをしなければ鬼神の祟りがあるといふので家に籠るその七日目のことであつた

はるばる津の国の渡辺に住む綱の叔母が久々で甥に会ひたいと訪ねて来た綱は家臣に事の由を云はせて面会を拒んだが叔母は甚だしく気色を損じ、よしやものいみにもせよ母にも等しい育ての叔母を内に入れぬとがあるかといふ綱は拒みかねて内に入れ過ぐる日の功行談を聞かせるのである、やがて打解けた物語りのはてに叔母は一生の願ひにその鬼の腕とやらを見せて呉れとたのむ、唐櫃の蓋を開いて綱がひそかに見せる

「さてこそ是れか切取りし鬼の腕でありつるか」ためつすがめつ稍しばし打まもつてゐたが次第々々に顔色変り隙を窺ひ彼の腕を取るより早く忽ちに鬼神となつて飛び上つた

名せりふ（茨木）

叔母真柴 実は茨木童子　尾上梅幸
渡辺源治綱　松本幸四郎

真「たのみといふはそれにある、羅生門で切取りし腕をわらはに見せてたべ

綱「さては是なる腕をば

真「聞きには聞けども正真の鬼を未だ見たる事なし最早六十の齢を越せば明日をも知れぬ老の身死して冥土へ赴かば和殿の親にかくくと手柄の次第を聞かせたい冥土の土産に此の叔母へ腕を一目見せ候へ

綱「七日の内は唐櫃の蓋を必ず明けるなと晴明よりの戒めなれど一方ならぬ大恩ある叔母御前のお頼みゆゑ特に腕をお目にかけん

真「それは何より忝なしわらはが望みも是にて叶ひ上なき此身の悦びなり

綱「いざ是れにて御覧候へ

真「あら嬉しき事にて候さてこそ是が切り取りし鬼の腕でありけるか

◇

茨木「いかに渡辺源治綱過ぎし夜東寺の羅生門にて兜の錣を引き切りし我こそ茨木童子なり

綱「さては世上で噂ある、茨木童子でありしよな

茨木「汝に切られし腕をば取返さん為に

綱「正しき叔母と思ひしゆゑ秘蔵なしたる腕をば見せしは綱が誤りなり、いでや汝を討取らん

2-139　ラ　浪花節「有馬怪猫伝」　浪花亭綾太郎

●読売新聞　昭和二年七月十七日

浪花節＝午後二時半ごろ

有馬怪猫傳

浪花亭綾太郎

有馬様の下屋敷は当時本所小梅業平にありました正月の十五日奥方が雪見の宴を行つて居りますど不図も心の親孝行の蜆売りの與吉と云ふ子供を見つけました是が縁となつて與吉の姉さんのお艶が成長の後有馬の殿様の御愛妾となる有馬怪猫傳の内抜き読みの一節

浪花節エッセンス

フシへ私の生れは本所の業平村といふ所、ちやんは左官で與平といふ、姉やはお艶で母お雪、指折り数えて三年前ちやんは新川新堀のお得意先鹿島屋といふ造り酒屋の蔵普請で屋根のしつくい塗つてゐて足場から落ちたのが基で生れもつかぬ腰ぬけとなり去年の十月半帰らぬ人となりました……

2-140　ラ　義太夫　蘆屋道満大内鑑「葛の葉子別れの段」

●読売新聞　昭和二年七月十七日

義太夫＝午後八時二十分ごろ

蘆屋道満大内鑑

葛の葉子別れの段

浄るり　竹本越喜美
三味線　鶴澤久龍

へついたる折からに、立帰る安倍の保名、それと見るより、ヤア庄司殿御夫婦か詞お身は保名かなうなつかしやくく、それは此方も御同前、先づ奥へいざ御案内と立袂をひかへ詞まづくく急に渡すものありコレ預りの葛の葉つれて参つ

た渡に申す祭殿と行かされて葛の葉はさすが二人の親の前、いはで心を知れかしの顔に會釋ぞこぼれける保名大きにいたみ入り詞是は是は拙者が留守の内早葛の葉に御たいめんなされ、衣服をきせかへ今連て來たやうに見せ、此保名をこまらせてお笑ひなされう爲か、女房め女房、今はじめてきたやうに、しよていをつくつて何じやの、へ此申譯こそ段々御息女葛の葉と夫婦になり是に有る事、先年信太の宮にて惡右衛門狼藉の時、すでにこと難儀に及び、生害仕らうと存ずる所へ、早速此人がかけ付さまざまの介抱、それより一所に立のき所々漂泊し、比處の住居早五年、安倍の童子と申す五さいの男子をまうけ、おとなしくおいたち申すに付け、是を力にお詫申さば孫にめんじ我不行跡御免もあらうかけふはまゐらう

あすはお詫にまいらんと、口では申せど何かしよぞんに任せず、一日〳〵と相延び、今更おわび申さう詞もない、重々の不調法、孫にめんじ御勘忍有る様に、母様おとりなしなされ下されと、身を投ふして詫にける、詞いやさ、云ひ譯所でない、きて見たればふしぎたら〳〵、まづあの機おる人をひそかに覗いて見ておじやれけにも〳〵女房は家に居る、誰か機をおるらうんと、つぶやきながら立よつて、そつと覗いて悔りし、

◇

色をちがへて立歸り、あそこにも葛の葉、茲にも葛の葉、コリやどうじや、こは〳〵いかにとてんどうし、興さめ顔に、呆れ顔こなたを見ては興さめ顔、物をも言はず立ちつ居つ、思ひがけなき驚きに、たゞぼうぜんたる計りなり

◇

詞オ、とうわくの體しごくせり、我も信太にて別れし後、惡右衛門が讒言にて、重代の所領を收せられ、よしみの山のかた里に、世を忍び住む其内に、貴殿の事を聞及ひ、こがれわづらう此娘、五年の年月色々かん病所をこがす、不圖に昨日貴殿の有家を聞くとひとしく忽ち病氣平癒し夫婦が召つれき

て見れば詞思ひもよらぬ二人の葛の葉、きようもあすもさめ果しがしりぞいて分別するに、離魂病といふ病あり、俗には影の煩ひといひ、形を二つにわくるといへどもそれも一つ軒をばはなれず、時々形をあはすといへば、それでもなし、まさしく是は變化のしよゐか又は天狗のわざなるべし、我娘に引合せ、誠をもつて理をおさば、忽ち姿をあらはすべし、性根をほうずる所でなし、保名心をつけられよ、氣を付給へ聟殿と、夫婦ノ居らを付給へば、仰せ迄も候はず、我も加茂の保憲にしたがひ、是式の邪正をたゞす事、一句一指の手段にあり、きつとしるしを見せ申さん、各は暫しの内、見ぐるしく共此物置に、密にお忍び下さるべしと、よぎなき詞に人々もかまへて仕損じ給ふなど、あやぶむ心の物置のすだれを上げて忍ばる、保名ことなき風情にて内に入、詞是は〳〵坊主めがあがきくたびれ、此ふんぞつてねたなりはいの、童子が母はおはせぬか、今歸りしと呼ばれば

◇

前垂襷取あへず、いつより今日のお歸りはおそかりし、おはださむにはなかりしか

◇

詞いや〳〵空もあたゝかに住吉へ參詣し、歸りは例の天王寺なふ思

お菓子屋の義太夫娘　越喜美さん

ひもよらず六時堂の前、お身の父庄司殿御夫婦にはたと行合日來のふとゞき胸につまつてあいさつを仕兼たれば、あちには一向うらみの付もなく、あり家を聞いた故、娘に逢はふため、尋ね來れども見る通り連れ衆もあり、この衆を片付日くれにはそれへ參らう食物の用意は無用洗足の湯も頼と中々心とけたるあいさつ一つ二つ物いふと思ひしが、かいつまんでも五年の話、思はず時をうつしたお身も久々の對面さぞ悦び、身も大慶と物語ればそれは何よりお嬉しや、日くれとて間もなし、用意無用との給ふ共、何ぞせずばなるまいが詞いや〳〵孫をつき出じお目にかけるが馳走の一番、お身も髪に櫛でも入れ、衣服を着かへしほたらとした體を見せませぬ。それが馳走の第二番、早う〳〵身は夜と共

に物がたり、此のくたびれではつ
いくまい、日くれ迄一睡せんと、
いひつゝ女房の形風情、見れども
飽かぬ體もなく、髪取上ぐるその姿
どこに一つの言ぶんなし但しは娘
をつれてきた庄司夫婦がなんぞで
はあるまいかと、まよふ心の奥の
間に、忍びて事をうかゞひける。

◇妻は衣服を改めて、しほ〳〵と
奥より出で、ふしたる童子を抱
き上げ、乳房をふくめ抱きしめ
ていはんとすれどせぐりくる、
涙は聲に先立て、暫くむせび入
けるが

◇恥かしやあさましや、年月つゝみ
し甲斐もなく、おのれと本性あら
はして、妻子の縁をこれ限りに、
別れねばならぬ品になる父御にか
くと云ひたいが、互に顔を合せて
は、身の上語るもおもてぶせ、御
身ねみゝによく覚へ父御に斯くと
傳へてたべ◇

詞へ我は誠は人間ならず、六年
以前信田にて、悪右衛門に狩り
出され、死ぬる命を保名殿に助
けられ、再び花咲くらんきくの
千年近き狐ぞや、あまつさへ我
故に、数ケ所の疵を受け給ひ、
生害せんとしたまひし、命の恩
を報ぜんと、葛の葉姫の姿と變
じ、疵を介抱自害をとゞめ、い
たわり付添ふその内に、結ぶい
もせの愛着心、夫婦のかたらひ
なせしより夫の大事さ大切さ、
ぐちなる畜生さんがいは、人間
よりは百倍ぞや、殊におことを
もうけしより、右と左にウタつ
まと子と、だいて寝る夜のむつ
ごとも、ゆふべのとこを限りぞ
と、

◇しらず野干の通力もいとしかはい
にうせけるが、今別るゝ迚父御ぜ
のわざでもなく、元より名をかり
姿をかりし葛の葉どの恩はあれど
も恨みはなし、庄司殿御夫婦を誠
のぢい様ばゞ様、葛の葉殿を眞實
の、母と思ふてしたしまば、さの
み憎うもおはすまじ、悪あがきを
ふつゝとやめ、手ならひ學問せい
だして、さすがは父の子ほどあ
り、器用ものとほめられよ、何をさ
せても埒あかね、道理よ狐の子じ
やものと人に笑はれそしられて、
母が名までも呼出すな、常々父御
ぜの戯けらの命をとるろくな者に
はなるまいと、たゞかりそめのお
此りも、母が狐の本性を、受けつ
いたるが浅ましやと、胸に釘はり
さす如くなんぼう悲しかりつるに
成人の後までも、小鳥一つ虫一
つ、無益の殺生ばしすなゑ、必ず
〳〵わかるゝ共、母はそなたのか
げ身に添ひ、行末長く守るべし

◇とはいふものゝふりすてて、是
が何と歸られう、名残りおしや
いとをしや、はなれがたなやこ
ちよれと、だき上げ抱き付抱きし
めて思はずわつと泣く聲に、保
名一間を走り出で、しさいは聞い
たり何故に、童子を捨てやるべ
き、と呼ばる聲に庄司夫婦、葛
の葉もまろび出で、はなちょやら
じと取り付けば、いだきし童子をは
たと捨て、形は消えて失せにける

◇庄司目をしばたゝき、エゝ拙夢話
りかくと知つたらば、ふかく尋ね
こず共仕やうもやうもあるべきに
むざんのしだいを見ることやと、
夫婦がくやめば葛の葉も、手持ぶ
さたに見へけるが、詞アヽそうじ
や何はともあれかくもあれみづか
らが姿となり、みづからが名を名
のり、生んでもらひし此の坊は取
りも直さず我子なり、と〻様は〻
様お前がたの孫にも、眞實の孫ぢ
やと思ふてドさんせ、コレ坊稚今
からこの母が身にかへていとしが
る、今迄のかゝ様のやうに、かか
様〳〵となつこしう顔むぞやヲ
、よい子やと抱き給へば、乳をさ
がしていや〳〵〳〵、此かゝ様は
そでないと、跡を追ひをり見まわ
して、かゝ様〳〵と呼さけべば保
名たへかね大聲上げたとへ野干の
身なりとも、物の哀れを知ればこ
そ、五年六年つきまとひ、命の恩
を報ぜずや、いはんや子迄もうけ
し中、狐を妻に持ちたりと、笑ふ
人はわらひもせよ、我はちつとも
恥かしからず、別るゝともあいた
いにて、互に合點のその上は失せ
もせよ、きへもせよ、此まゝにて
はいつまでも、はなちはやらじや
ア葛の葉、童子が母よ女房よと、
あいの襖を引明くれば、向ふの障
子に一首の歌

戀しくば、尋ね來て見よいづ
みなる、信田の森のうらみく
づの葉

ハア狐は一首のかたみを殘し、つ
れなうも歸りしな、我に名残はずか
らず共、童子はふびんに思はずか
と奥にかけ入表に出で、狂氣の如く
かけめぐれば童子も父の跡につき

か、様何處へ行かしやつた、か、様のうとかつぱと伏し、膝をばかりに足ずりし身をもだへて歎くにぞ、庄司夫婦も葛の葉も、倶に哀れに取亂し、前後ふかくに歎かるゝ庄司歎きをとゞめん、然ひ、ヤア保名ふかくなり、詞狐ばかりか葛の葉で、我娘は葛の葉ならずや、殊さらに殘せし一首の歌、戀しくば尋ねきて見よと讀んだれば、いつまでも信田へ行けば川合ふにうたがひなし、エ、未練さん／＼ひけうしごくといさゝる所へ、今朝より立まよふ木綿買、一つに成つてつゝと入詞や、安倍の保名葛の葉、信田の庄司見付たく、かく云ふは石川の悪右衛門我家來、桂柄、段八、滋賀東藏、落合藤治、主人の御心をかけらるゝ、葛の葉をかくし置、保名は夫婦、討殺して首をつれ來れと頃日家にはいくわいし、今日出くわせたは百年目、女房があつても首がならうではすむまい、かしこまつたと葛の葉を渡せ／＼と呼ばはつたり老人夫婦あしよはの殊になげきに氣もおくれ、とほうにくれて立ちさはぐ、保名ははつと心付詞申し／＼さはぐまい、葛の葉は童子をいだき御夫婦を介抱し、裏口へ出でてかげかくした、程とをいへ逃ぐるにおよばずと、裾を引きからげつゝ立あがり、愚者にむかつて返答なし葛の葉がほしくば此保名を首にしてつれて行け、サアこいと

かたみこそ、今はあだなれ幸ひとありかけし衣桁の、床踏桁を釜竹よ勝俊籤よ箋なんどはづみを打つて投かけ／＼ためろう處をまつかせと、親機名いとこちはなし、科ある者をせいばいの僕といふはた物の、あんばい見合よと振りまわし、日來には似合ぬ強勢も狐や力添へぬらん、はげしかりける働きなり

◇

落合は逃げ仕度、段八東藏なま兵法、あばらと眉間に大疵うけ、のたりまわつて死してけり人々かけ出て手々／＼といさめ共、葛の葉はいさみなく、何を云ふても私に、乳がなうてはいつまでも此子がなじもう様がない、あつちにあつてもいらぬ乳、もらうてほしはと泣きければ、ヲ、道理／＼それ迄もなく一たびは、尋ねあはではかなはぬ義理、夜道を行くもたど／＼し、あけなば夫婦童子をつれ、尋ねて來ませ和泉なる、信田の森へと。（終）

怪　霞ケ関怪談　安河内次官の病死で怪談奇説伝わる
●九州新聞　昭和二年七月十七日　2-141

霞ケ關怪談

安河内次官の病死で
怪談奇說傳はる
官邸に這入ると必ず死人か病人になる

内務次官安河内さんはとう／＼死んだと霞ケ關の内務省のお役人屋敷に於ける相當話がパッと立つて居る、官舍屋敷に入ると死ぬか病氣に取り憑れると云ふ昭和の御代には珍らしい

◇**怪談話** である内務大臣の官舍を始め内務省の官舍が出來たのはやつと十三年前後藤新平さんが内務大臣の時である此の官舍が出來上ると間もなく後藤子夫人が死んだ次で水野錬太郎さんが内務大臣として乘り込んだすると愛孃がポカリと亡くなり夫から床次さんが内務大臣でおさまると夫人が死に若槻さんが大臣になれば夫人が病氣濱口さんが這入つて來ると又ぞろ主人と夫人が兎角健康がすぐれず

◇**夫妻枕** を並べて藥餌に親しんだ次の鈴木さんは夫を嫌つてでもあるまいが私邸から通つて居る更にお隣の次官官舍も御同樣堀田貢さんが茲に這入つてから間もなく重態に陷り直ぐ死んでしまつた今は達者であるが小橋一太さんも一時は危篤に陷つたもので次の川崎卓吉さんも病氣になつてしまつた今度は安河内さんも同じ樣に病氣憑かれ

◇**黄泉の** 客となつてしまつた又秘書官々舍も度々不幸が繰り返されたそこで種々の噂が傳えられ風說が起つて住む人も身慄ひして居る何でもあそこは裏鬼門にあたつて居ると家相を見る人が云ふそれにあの一帶は墓地であつたのを整理もせず地均して建築したのが崇るのだと云ふ人がある更に今一つ輪をかけて霞ケ關は鎌倉街道に當り淋しい所で夜な／＼辻斬強盜が出て行く人を惱ましたと然も其の

官舎の所には

◇大井戸 があつて斬り捨てた死体は其の井戸に投げ込んだものだと傳へられ先年或る博士はあの一帯を衛生的に研究して地質が堅く吸水力がない爲大雨が降ると大瓦宿舎等數日間床下が沼の様になり濕氣が強いため病氣をするのだと云つた何れにしても嫌な所だと此の頃では怯へきつて居る（十六日東京電話）

各社が競って怪談映画を…

資 ●二六新報　昭和二年七月二十二日（二十一日夕）　2-142

各社が競つて怪談映畫を

夕涼み怪談季節とあつて盛んにつくる

お盆前後を中心として毎年の如く怪奇劇或は怪談物が製作の流行となる傾向があるが、本年度は特にマキノ・プロダクションが超特作品映畫として大南北の『東海道四谷怪談』を製作し、日本映畫プロダクションも之れに對持して同じく南北の『四谷怪談』撮影、共に興行上成績頗る良好であつた。關係もあちらが、各社共に涼味を誘ふ夏向の怪談映畫製作に没頭しつゝある。先づマキノ、日本映畫プロダクションに對して同時製作を傳へられた松竹キネマ蒲田撮影所野村芳亭氏監督柳咲子主演の『四谷怪談』は一時延期し、少しく新鮮の氣を漂はした時代怪異劇『秋草燈籠』と同じく柳咲子、市川松之助主演にて撮影中で、これが爲め一時製作中の『毒暦』を繼子扱ひにする有様であり、一方現代劇部の島津保次郎監督も深淵な作品とした怪奇劇『女の影』を龍田静枝、奈良眞養、渡邊篤主演で製作する帝キネも四谷怪談を實説で行く『田宮伊右衛門』を明石緑郎松枝つる子で撮影を開始するかと思へば阪妻太秦撮影所では西條香代子、草間實共演で『ゲラ〳〵草紙』を完成した

これが爲東邦映畫製作所では怪談映畫の需要頓に増加したのを氣づき、五月信子の『四谷怪談』遠山滿の『新四谷怪談』を再發賣するなど

この處初秋にかけて映畫界は怪談映畫が後を次いで封切されるわけ

正邦宏近々落合浪雄プロ入り八月の休みを利用し、乘合『自動車中の一頁』を撮影狂はぬやう御用心

×

日活が先例を破つてマキノ映畫を併映、館の環境に應じてドシ〳〵使ふ、頭がいゝぞ本間クン

×

高島愛子が日活に臨時出演、廣瀬と共演で『熱血兒』に目下岩見海岸でロケーション中、暑い〳〵と肥つた身體を持て餘してゐます

×

國民紙上を賑はした『毒暦』いよ〳〵封切される

×

日活の秋季超特作映畫は新舊合同出演の『尊王攘夷』と決定、例に依つて池田富保氏の原作脚色監督、松之助も地下で暑からう

×

完成まで題名を發表しない映畫帝キネの松本監督の新試み、だからと云つて特に傑作が出來るわけではない

×

昭和キネマが新しく全プロ營業方針を樹つ、さて全プロ封切は何處です

東西モダン對比　上は松竹蒲田映畫「處女の死」といふ女學生ロマンス、佐々木清野、松井潤子等が我國女學生のモダン型でお目見得、下はフオックス映畫「お針娘パーサ」中マッヂ・ベラミイ、サリー・フイリップスといふところが紐育生粹のモダン型を一寸御披露といふ彼我モダン對比の圖

×

中央映畫社が目黒キネマを經營、怪漢曾根氏の飛躍に斯界の期待が懸かる、と大向ふは怒鳴つてゐますぜ

怪談に絡む因縁

資 ●二六新報　昭和二年七月二十二日（二十一日夕）　2-143

怪談に絡む因縁

姉の危篤を氣に病む緑郎

右太「妖盗傳」の飛んだ餘興

（ツニプッシゴ）

帝キネの四谷怪談『民谷伊右衛門』は明石緑郎主演で目下撮影中であるが去る十七日お岩とからむ凄惨な場面の大セットを撮影したが去年の七月十七日も吉原百人斬の撮影で顔面に大負傷をして倒れた日といふので嚇か

らず本人は氣にしてゐる◇其に龍釣瓶では明石の治郎右衛が松枝つる子の八ッ橋につられ通して大立廻りを演じるが今度は反對に松枝のお岩をつり通して行くといふ面白い因念話が偶然にも出來たといふので本人始め撮影所では不思議がつてゐるそれかあらぬか本人十七日を氣にしてゐる矢先、雄大なセットは一號スタヂオ一杯に飾り付けられて道具調べの最中東京の實姉危篤の電報を受取つていよいよ氣にした彼れ、それでも了るまでは行けぬので代人を見舞はせ撮影にかゝつたといふ、當人毎日、十七日は俺には悪日だと大こぼし◇

市川右太衛門プロでは古海卓二監督入社第一回作品で『野獸』改題文政捕物『妖盗傳』で去る日野路でエキストラ五百餘名を使用し大撮影を行つたが去る十六日も又奈良西大寺で百五十餘名のエキストラを使用して大捕物のシーンを太衆撮影したが近く完成するといふ◇

當日この撮影を見物に來てゐた二人の白衣の洋装美人がゐた、右太衛門が向ふ臑を打ちつけて轉倒したとき蒼白な顏をして駈け寄つての介抱は、この暑さの中に暑いとも暑い情景、この熱度ではとかげ口を聞いて其まゝふんぞり返つてしまつたエキストラもあつたげな、この美妓は右太はんとの仲を誰れ知らぬものもないホラ南地のアノ妓だす

怪　夏の姿　死神の話（一）　闇に消えた怪漢　美女の…　2-144
●福島民友新聞　昭和二年七月二十一日夕

夏の姿

死神の話（一）

闇に消えた怪漢 美女の正体は？

仁木尚孝

（一）

もうかれこれ丑滿時であつたらう。晝間の暑苦しさに引き返て何といふ凉しさだ。それに萬物寂として音なく、うすら寒さをおぼえるぐらゐ。

怪しげな覆面の男が奥州街道を二本松から佇みつゝすかしつ前後氣を配りながら、とう〳〵安達の町へと潜り込んだ。

その晩は丁度晦日闇で薄暗く、無數の星が物凄いまでにしばたゝいて、ちぎれ雲が黒く飛んで一時いやにつよい風が音さへ立てゝ通りに吹きつけるのだつた怪漢は一寸立止まつて身震ひをしたが何時の間にか闇の中を何處へか姿をかき消してしまつた◇

繩守の家からは物憂げな、いくらうの叫び聲が唯一度流れて來た。安達近在では酒造家で古い家柄の○○屋（特に名を秘す）にも時の流れには逆らへず衰運は巡り來て今では家も屋敷も人手に渡つてしまつた。當主の吉兵衛（假名）は百方奔走して家運の挽回に努めたが、總ては水泡に歸した、盛者必滅の理はあれど、さりとはあまりに情なき憂世かなと吉兵衛は唯一人裏の土蔵の奥深く端座して倚ほもうば玉の闇に一縷の光明を求めんと深い瞑想に入るのであつた。◇

うすら生ぬるい風が一渡り面か撫ふと、ぼんぼりの火がジリジリと音を立てゝ薄暗くなつた、吉兵衛は何時の間にか傍らにあつた細紐を土藏の梁に吊すことに努めてゐるのだつた。しかも無意識に……。

これまで一度だつた死なうと思つたことさへない吉兵衛は今の自分の無意識の中にした事が不思議でならなかつた。がそれはほんの一瞬の意識に過ぎなかつた、生ぬるい風は又一陣、二陣蝋燭の火は今にも消えやらんばかりに微かとなつた、吉兵衛の頭の中は何時の間にか『死』といふもので滿たされてゐるのだつた、勿論意識なしに。◇

細紐はその首に當がはれた、ふと白い湯氣ともつかぬ煙が、ぽうーと立つたかと思ふと、何處からどうして現れたか白衣の美女が二人浮くが如く近づき來るよと見える間に吉兵衛の兩袖に縋りついた、その顔は凄いまでに美しく、その色は恐ろしいまでは青白い、そして其の細い手で『あそこ〳〵』と悽絶な死に場所を指してゐるでないか、が意識を失つた吉兵衛はおとなしく數へられるまゝに其處を死に場と細紐にぶらさがるのであつた

◇

吉兵衛は果して死んだか？奇怪な美女はそも何者か？妾を悩ました怪漢はその後どうしたか？事實談であるだけに一層興味が深い氣がする。（未完）

怪　夏の姿　死神の話（二）　投げ出された大金　怪漢は…
●福島民友新聞　昭和二年七月二十二日夕　2-145

夏の姿 死神の話（二）

投げ出された大金 怪漢は神か佛か？

仁木記者

夏の夜も二時頃となれば死したるが如く靜かである。殊にさゝやかな安達の宿、通りには犬の子一匹通らうともしない。

忍び足に闇を縫ふてゐた覆面の怪漢は、ある物持ちらしい家の裏手に忍び廻つた、そして其處にある白壁土藏の入り戸に手をかけた、途端高く〳〵流れ星が一つ大きく飛んだのに流石ぎよつとしたらしき怪漢は一寸手を縮めたが其のまゝ苦もなげに輕く靜かに土藏の中へ潜り込んだ。

外の涼しく爽かなのに引返へ土藏の中はむつとする程重い氣で充滿されてゐた、蒸し暑い其の上何とも言へない臭氣が鼻を衝いた、怪漢は思はず双手で顔を覆ふた。ふと窺ふと人の住むべきでない土藏の奥から微かな〳〵火の光が洩れてゐる、それに人の居る氣配さへしてゐるではないか、しまつた！と怪漢は輕く叫んだが別に引返さうともせずましらの如く梁へ上がると見るまに梁傳ひに奥の方へと窺ひ寄つた。そして下の樣子を見て二度びつくり……宛然この世のことゝは思はれぬ程鬼氣が溢れてゐる。

◇

怪漢の忍び入つたのは○○屋の土藏であつた、主人吉兵衛は二人の白衣を着けた怪しげな女に袖を引かるゝまゝに狐つきのやうにふら〳〵この梁かあの梁かと幾度も細紐を吊り替へてゐたが遂に其の首は細紐に當がはれ

その體はぶらりと長く垂れさがつた、梁の上からこの樣子を夢心地で眺めてゐた怪漢はふと我に返つた手に匕首が握られる間もあらばこそ、ぶつりと細紐は切斷され、どつと吉兵衛は床の上へ投げ下された、と同時に吉兵衛は我に返つた、宛も苦しい惡夢から醒めたやうに……この物音に重い氣が一と震れしたかと思ふと室の中が急に明るくなつた不思議はまだ續いた、今の今まで吉兵衛に寄り附いてゐた蒼ざめた二人の怪しい美女の姿が掻き消えてゐるではないか、怪漢も驚けば吉兵衛は更に驚いた。

◇

二人は今見た樣子を物語り土藏の中で默想するに至るまでの經緯を互に述べた、が今の不思議はどうしても解くことは出來なかつた、吉兵衛は恥しさをこらへて『二百圓あればどうにかなります』と言ひば怪漢は即座に『よし、俺がやらう』と懐から無雜作に摑み出したは凡そ三四

百圓もあらう札束、吉兵衛はたゞ有難さに口さへ利けず熱涙に咽び入るのみであつた『ちや縁があつたら又會はうぜ』と吉兵衛の縋る裾をつよく振り切つた怪漢は再び闇に姿を消してしまつたのであつた………

◇

こゝまでが夏の夜話、一

凡そ二三十年前の事實談である

その後吉兵衛は家運を挽回して今日では昔日には増しての大繁昌、今尚は老ひて益々壮である

との事、怪漢の正体は吉兵衛が御恩報じにと百方たづねたが遂に判らぬ義賊か、はた神佛の化身か？

怪しの美女は世に謂ふ『死に神』であらうとのことである。

ラ

よみうりラジオ版　講談　義士伝「数右衛門の見た…

●読売新聞　昭和二年七月二十二日　2-146

よみうり ラヂオ版

けふの放送番組

◇講談、義士傳「數右衛門の見た幽靈」　大島　伯鶴

ラ

テモ怖しい人の一念　お化けと懇意な伯鶴さん

●読売新聞　昭和二年七月二十二日　2-147

講談の幽靈落語の幽靈

テモ怖しい人の一念

お化けと懇意な伯鶴さん

今ばんの講談『義士傳數右衛門の見た幽靈』と云ふとてもモダーンな鼻目の下にお馴染の大島伯鶴さんが放送する所でこの伯鶴さんの以前持家だつた家にからまる話がある

◇

それは今から三十數年前に本所緑町五百羅漢境内の金貸杉山喜徳の家で杉山が慘殺され長女が強姦された事件があつたその犯人は出入の油屋で一週忌の當日 妹娘が盜まれた着物を古着屋の店頭から發見したのから足がついたと云ふ因縁話さへあつた

◇

この喜徳の家が賣物に出たが幽靈が出るどいふ噂が立つて一寸買手がつかないで困つて居た時にこの家を買つた度胸のいゝのが先代伯鶴で階下が六疊三疊に三疊に下女部屋、二階が六疊に二疊と云ふ家でしかも門構えで庭が四十坪もあると云ふ大きな家をたつた金五十五圓也で買つたのだが別に異常が無く大正元年迄持つてゐて金八百五十圓也で賣つたとたゞそれだけでは面白くないがこゝに又お話がある

◇

因縁付きの家を買つて住んだ伯鶴さん人の惡いと云ふことはしないものだと云はれる通り果して毎晩うなされるそこで殺された喜徳の供養をしてやり石碑を建てゝやつた、所が何うだらう今度は喜徳が姿を現しては伯鶴さんの枕元へ來る、或晩喜徳の幽靈に向つて『コレ餘まりふざけるな身でも皮でもねえ俺が供養をしたり石碑を建てたりしたのも手前の家を買つたればこそ、又惡い噂を消してやらうと思へばこそだ手前だつて殺した奴にこそ恨みあれ家に恨がある譯ではあるめへ、それ共金でも埋めてあつてそれに氣が殘つてるとでも云ふのか』

◇

と談判をすると『イーエさうでありません僅な利子をためた金で作つた家なので』『それで化けて來るのかそれぢやこれを持つてつて利子の勘定でもして居ろ』と算盤を渡したらそろばんから幽靈が出なくなつた』と何うです夏向きの怪談でせう

ラ

講談「数右衛門の見た幽霊」　大島伯鶴

●読売新聞　昭和二年七月二十二日　2-148

講談

數右衛門の見た幽靈

大島　伯鶴

▽午後九時ごろ

播州赤穗淺野内匠頭の家臣不破數右衛門が或時有馬の湯治を了へて家に歸ると、留守居の僕市助が痩せ衰へて元氣ない顏をして居た數右衛門が仔細を聞くと市助は六

 読切講談　不破数右衛門の見たる幽霊

●都新聞　昭和二年七月二十二日　2-149

読切講談

不破数右衛門の見たる幽霊

仲間を思ふて墓を発く

【後八時四十分頃】　大島伯鶴

播州赤穂で五万三千石、浅野内匠頭の家来不破数右衛門正種は、一刀流の使ひ手だが大の粗忽屋、との人については粗忽で

色々

な失敗話があるが、至つて君には忠、朋友には信義が厚く、目下の者には又情深く涙もろい、この為に思はぬ大事を引起す事になつた、如何に一刀流の達人でも病気には勝てない、此頃身体の工合が悪いので殿から暫く暇を貰ひ、有馬の温泉へ湯治に行く事になつた、女房は里へ帰し仲間の市助に留守居を頼んだ、この市助は

物堅

い男だから数右衛門も安心して有馬へ出かけた、温泉のきゝめがよかつたので間もなく全快した丈夫になつて見るとやつぱり赤穂が恋しい　数「あゝ、旅の空はわびしいものだ早く帰る事にしよう」と早速有馬を立つて、赤穂へついたのが日暮方　数「だし抜けに家へ帰つて市助にそれ飯だ、酒だといひつけるのも気の毒だ」と一寸した料理屋で食事をすませ　数「只今帰つた」となつかしい我家の玄関に来て見ると

奥が

何やらやかましかつたが、数右衛門殿の[illegible]に近所の屋敷の仲間連中が○「オッ、いい案配に旦那のお帰りだ、もう俺達は用が無え」とゾロゾロ帰つて行く　数「ハハア、市助は正直者だと思つたが、留守中、仲間達を集めて手なぐさみでもやつてゐたものと思はれる、怪しからん奴」と思つてゐる所へ、顔青ざめて、ヒヨロヒヨロとした市助が　市「お旦那様お帰りなさいまし」数「お帰りではない貴様は俺の留守を幸ひ

博奕

をしてをつたな」市「いゝえ」数「でも今戻つた仲間達は何用あつて参つたものだ」市「へエ、実は、[illegible]日ばかり前から幽霊が出ますんで……」数「そんな馬鹿なことがあるか」市「いゝえ、誠でございます、実は私が六日ばかり前の事、銭湯に参りますとそこで出あつたのが出入りの小間物屋重兵衛でございます、青い顔をしてゐるからどうしたと云ひますと、身体の具合が悪いとの事、いやお前此間女房を貰つたばかりだらうとポンと私が

背中

を叩きますと、市助さんお前に背中を叩かれてから変な気持になつたよと、云ひながら引つくり返つたまゝ死

一口話

◇此前は丸山応挙の幽霊、今度は不破数右衛門の見た幽霊と、幽霊ばかり出してゐる伯鶴の滑稽怪談ばなし……今から三十五六年前頃、本所五百羅漢の境内に住む喜徳といふ金貸が殺されて娘が暴行された事件があつて、下手人は出入りの油屋と判明した◇そこでもはや此家にすむ者はないので売りに出たが、何し

日前町の銭湯に行き掛て粗忽の木綿屋重兵衛の後から背中を叩くと重兵衛は急に心地が悪くなつたと云つて打倒れ其まゝ死んでしまつたが、それ以来毎夜市助の枕辺に重兵衛の亡霊が現はれるので碌々眠る事も出来ぬと云ふのであつた

数右衛門はこれを聞いて、それは汝の神経に違ひない、今夜から汝に亡霊の出ぬやうにしてやると市助を連れて重兵衛の亡骸を葬つた西念寺に赴き、墓を発いて重兵衛の死骸を取出し腰に帯びる井上和泉守国貞の新身試しに其死胴を斬り元の通りに埋めて帰つた

然るに置き忘れた紙入から不破の所為と分つて事面倒に及び数右衛門は表面手打と云ふことになり、浪人したが、其実一命を助けられて赤穂を浪人したが、赤穂浪士が復讐の挙あるに際し数右衛門は君恩の厚きに感じ進んで其義挙中に加はり義士の名を末世に残した。と云ふ一席。

ろ殺された喜徳が一生懸命ためた金で建てたものだけに家に執念が殘つてゐて夜な〳〵化物が出るといふ評判がたつて…買ふ者がなかつた◇誰も手出しをしない中に一風變つた先代伯鶴が手頃くて都合がいゝとて五十五兩で買ひ取り住む事になつた、所がどうも幽的が出てくるので困つて今の伯鶴に相談をすると「宜しうございます」と早速坊さんを連てやつて來た◇丑滿時に喜徳が恨めしいと出て來ると伯鶴は「お前が成佛出來ないのは此家を建てた金に念が殘つてゐるのだ、あの世で金勘定をしてゐれば氣が晴るだらう」と云ひながら側にあつた算盤をパツと投げつけると「不思議なもんですそろばんから出なくなつた」とは半分は本當でないらしい

んでしまひましたが、其夜から幽靈になつて私の所に現れ、お前に叩かれてからこんな姿になりましたと恨めしさうな顏をして私を苦しめるのでございます」數「馬鹿なツ、そんな事があるものか、背中を叩かれて死ぬなんて……ウム、で何か、幽靈がこはいから多勢の仲間に來て貰つてゐるのか」市「た樣でございます」一人頭百[illegible]やつて頼んで來ました」數「[illegible]な奴だな

幽靈

なんてあるものぢやない、皆んなお前の氣の迷ひだ、さア寝やう」市「でも旦那樣とても仲間部屋へ一人では寝られません」數「では次の間に來て眠れ、拙者の枕元に置くのは井上眞改の名刀だ、名刀の威力で今夜は幽靈は出ないぞ、安心致せ」市「有難うございます」と寝についたが丑滿頃になるとヴームと市助が唸される　數「市助〳〵如何致した」市「旦那樣やつぱり出ます」數「出るか」市「恐れ入りますが旦那樣のお側へ寝せて下さいまし」數「困つた奴だな」と今度は

布團

を並べて寝たが又うーむとうなされる　市「旦那樣お側に寝せて頂いてもやつぱり出ます、恐れ入りますが抱つこして下さい」これをきくと數右衛門「馬鹿ツ」といきなりパツと飛び起きて着物を着、刀を腰にたばさんだから市助が　市「旦那樣如何致します」數「ウム、これから外へ參る、提灯をつけて供をして參れ」市「へへ、、」と市助はブルブル震へながら　市「旦那樣、戸を閉めて家の中にゐても幽靈が出て來ますのに外へ出たら取り殺されてしまひませう」といふのを數右衛門は何思つたか

無理

矢理に市助を連れて外へ出る　數「市助前へ行け」市「前は恐ろしうございます」數「では後から參れ」市「後が怖ろしうございます」數「並んで參れ」市「隣が……」これぢや歩く事が出來ない　市「旦那、此處は寺町でございますね」數「ウムお化の本家だ」と、これから西念寺といふお寺の裏の方の垣根を乘越えて墓地へはいつて來ると、小間物屋重兵衛の新墓がある、市助が驚くのもかまはずパツと提灯を消すといふと重兵衛の

墓を

掘かへし、棺から屍體を掘出していきなり市助の前へ突き出したから市助はベツタリ腰を抜かして　市「だ、旦那樣、殺生でございます」數「馬鹿、貴樣は此の重兵衛にたたられてゐるのだ、どうせ取殺されるなら重兵衛をズタ〳〵に斬つてから殺された方がよからう」市助は哀れな聲を出して　市「へエ、旦那さうします」數「ウム、幸ひ拙者も又人間の生胴を試めした事がない、死胴を試すから貴樣其屍體を立かけろ」市「ウヘツ」とふるへながら市助が

屍體

を支へてゐると、數右衛門は井上眞改の名刀を拔く手も見せず「エイ」眞向から唐竹割にする　市「旦那、重兵衛が五兵衛〳〵になりました」數「ヤツ」といふと今度は胴を眞二ツ　市「旦那二兵衛になりました」數「ウム、井上眞改はよく斬れるな、市助貴樣にかすからこれで斬れ」市助は喜んで重兵衛をズタ〳〵に斬りきざんでしまつたが、斬つてしまふと今迄の恐ろしさがすツと消えてしまつた、兩人は墓を元通りにするとソコ〳〵に墓場を逃げ出して

屋敷

に歸り何くはぬ顏をしてゐたが、翌初七日のお詣りに來た重兵衛の一族がどうも墓がおかしいと掘返して見ると屍骸がズタ〳〵になつてゐる何者の仕業かと付近を探すと垣根の下に不破と紋印の押した鍔が落ちてゐた、これは市助があわてゝ落として行つたものと見える、之が證據で直に數右衛門は殿の御前に召されて取調べられる、數右衛門はかく〳〵の仔細と遂一白状し

たが、やつた事は悪いが其心といふものは家來を助けてやりたい爲であるから

殿も

感心遊ばされてお手打ちが絹打です、命を助けられ旅費迄も與へられた殿の情に感泣した數右衛門は後赤穂義士の一人となつて吉良家に斬込み殿の仇を報じたのであります

天狗さんに摘まれた

●山梨毎日新聞　昭和二年七月二十三日　2-150

資

□□□□□天狗さんに□□□□摘まれた
嘘のやうで眞實の話し

中巨摩郡龍王村万歳區幸次長男内田幸雄(九)は去る十九日午後五時頃外出した儘歸宅しないので區民總出で各方面を探し廻つたが發見されず所轄龍王署では誘拐されたものとして各方面捜索中廿四時間を經たる廿日午後五時頃同郡御影村六科區の桑畑内にボンヤリ佇んでゐたのを發見して龍王署に同行取調べた處天狗さんが來て一緒に來いと云つたから連れて行つて貰つたと答へキヨトンとしてゐるので家人に引渡したが何だか夢の様な信じられない話だが本人は左様に眞面目で云つてゐるから不思議であると係官は語つてた

ふるさとの物語り（三）竜神の頼みによって…

●関門日日新聞　昭和二年七月二十三日（二十二日夕）　2-151

怪

ふるさとの物語り（三）
龍神の頼みによつて老獺を射斃ほした獵師
そのお禮に龍宮に案内され財寶を賄られ子々孫々繁昌
長門峡龍神淵の傳説

誰が何と言つても長門峡は天下の奇勝、悠久の天地と共に永遠に讃へらるる自然の絶景である。人の子が定めた範圍に入らうと入るまいと人が褒めやうとけなさうと、長門峡の藝術的價値は上りも下りもせぬ。もし長門峡のあの雄大なそして静寂な溪谷美に鬼や佛言ふものがあつたら、まあまあ二三年人間の世界にでも行つて自然美の鑑賞眼を洗ひ直してゐらつしやい――とツンと澄ましたいのが我等旅人の偽らざる感情だ。

◇

この長門峡の中央に、黒ずんだ水をたゝへ、神秘的な力を以て遊覧者の心をキユッと睨み全身に一抹の冷氣を浴びせるのが龍神淵である　その龍神淵にからまる傳説を紹介しよう。

◇

昔々、この淵から一里程離れた山奥に一人の獵師がゐた、毎日附近の山から山をわたり歩いて獲物を探してゐたが一日淵の側を通るや、岩の上に這ひ上つてゐた一疋の大蛇が忽ち美しい姫に化身の如き優しい聲で『モシモシ』と聲をかけた。

◇

絶世の美人に聲をかけられて獵師は嬉しくもあり氣味も悪い。おづおづして立寄れば、姫は言葉をつづけて語る『わらはこそはこの淵に棲む龍王なるが、この上流御嶽の岩窟に數百年棲む老獺ありて、夜な夜な淵に來り我一族を殺害ふ。お前さまは弓矢の名人と聞く、老獺を退治してわらはの一族を助け給へば御禮の寶物心のまゝ、イザイザ頼み申すぞへ』ドロンドロン……といふたかどうかは知らぬがその言葉終へるや淵に姿を沒した。

◇

獵師は驚き怪しみつゝ獺ケ岩に行つて見ると果して一匹の大獺がノソリノソリ歩いてゐる。サテは此奴たるかと弓に矢をつがへヒヨウと放てば狙ひ違はず獺の咽喉首にカツクリ。たほれた獺を引提げ獵師が龍神淵に駈込んだ處。再び姫の姿を現はし、『ヤレ嬉しやうれしや、お禮に先づ龍宮城に御案内致しませう』と獵師を導いて行つた。

◇

龍宮で數日の間歡待の饗宴を受けた獵師は數日の後、大きい葛籠に金銀珊瑚の珍寶を山と共に我家に送られた。隨つて見れば妻子や家族何れも無事。一同大きな喜びで結構極まる邸宅を築き一族大繁昌子々孫々長者として榮え

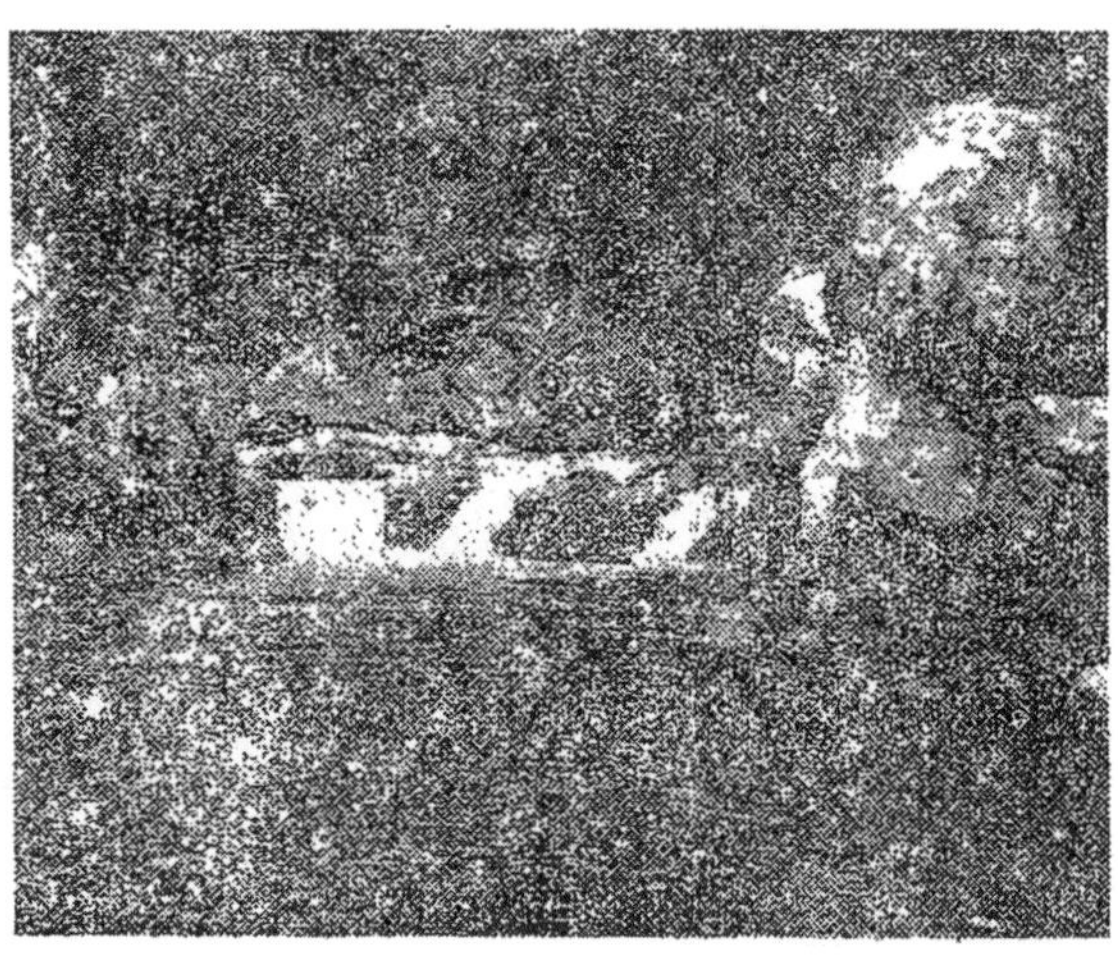

たといふ。◇
昔からこの近所にある長者ヶ原とはこの長者の邸跡だと言ひ傳へられてゐる（ケイ、エス生）
（寫眞は傳説の龍神淵）

ふるさとの物語り（九）「お初狐物語」が…　2-152
怪 ●関門日日新聞　昭和二年七月二十九日（二十八日夕）

ふるさとの物語り（九）

「お初狐物語」がたゝり雲がくれした名醫

野つ原で貰つた十圓札十枚
それが隣りの銀行のお金
狐にだまされたくやしさ

エッチ町のエスと言へば近郷で有名な産婦人専門の醫者である。以前はまだ田舎町には珍らしい新進の醫學士で親讓りの門閥と徳望を備はつてゐたので、たゞに醫師としての營業が繁昌するばかりではなく、町の政治から、若い衆組のもつれ、果は夫婦喧嘩の仲裁迄先生々々と重寶がられ、先生出ずんば何事も納まらぬといふ有樣であつた。◇

處が此先生がコツソリ此町から姿を消して故郷近い山村に隠遁せねばならぬといふ羽目に氣の毒な事件が持上つた。事件といつても甚だ他愛のない、といつて本人としては一寸世間に顔の出にくい、特に平素名望が高かつたそれ丈餘計に世間体を耻ねばならぬ事になつたのである。併し箆棒な此先生の事だから看護婦に手をつけたとか町の女にオチヨツカイを出て怨嗟り込まれたといふ種類のものではない。まあまあ方々よ聞き給へ。◇

ある小雨のシヨボシヨボ降る夜であつた。既に十二時も過ぎて町の者は犬の子一疋迄寢靜まつた頃、門をホトホト叩くものがある。深夜まで往診をして些か神經の疲勞を覺へヤット寢ついた許りの先生は、サテは急患の迎ひかと手燭を取つて玄關に出て見ると、身なり卑しからぬ若者が供をつれて立つてゐる◇

見慣れぬ顔だがといぶかしがつてゐる先生に、件の若者はいんぎん手を突いていふ。

私は隣り村の某の若い者ですが只今宅の奥さんが難産で苦しんでゐます夜中恐れ入りますが早速御苦勞して下さい」と患者と聞いたら何はおいても飛んで行く足の輕い先生のことだから、夜中だからとて看護婦も起さず自分でコテコテ道具を取り纏め迎ひの俥に飛び乗つて往診した。◇

行つて見れば驚く許り宏壯な構へ ハテハテ此村にこんな大きい家があつたかと不審がりつゝ案内さるゝまゝに産室に入れば金屏風の陰に艶麗な絹夜具にくるまり産婦は今や生死の苦。手慣れた先生は落つき拂つて手當をするやヒドイ陣痛と共にオギヤアと産聲。先づ芽出たし々々と後の手當も濟んだ上は何はなくともまア一杯と一日の勞餘り嗜まぬ酒ながら一杯二杯は傾けるが醫者や僧侶の御馳走陶然とした思ふやどこからか鷄の啼き聲東の空がホノボノと白むよくよく邊りを見廻せば人も家もどこへ消えたかそこは町外れの稻荷森。◇

サテは一杯お初狐に喰はされたかとこの時許りは流石の先生腹も立つしおかしくもある懐に何やらあるので調て見れば手の切れる様な十圓札十枚これも柴の葉かとすかして見たが之丈は別に異常もないまあまあと苦笑しながら家路についた。◇

歸つて見ると之はしたり隣りの某銀行支店に昨夜泥棒が入つたと大騒動その被害が十圓札十枚と聞いては默つてもおれず之では御座らぬかと一仔始終を聞いて皆々呆れ顔笑ひ話でその場は濟んだが—。◇

丁度此頃町の掛小屋で興行してゐた新生芝居の一團が連日の不景氣で何か目先を變へる方法はないかと思案最中にこの話を聞いて得たりかしこしと忽ち仕組む『お初狐物語り』五場鳴り物入で囃立てた處忽ち町内大評判我も我もと詰込んで連日大入り満員だが一方先生は氣の毒にも『苟くも醫學専門の醫者ともあらう身が狐狸の類ひにたぶらかされたとあつては人に合す顔がない』と親族知己の止めるもきかず別に喰ふに困る身ではなし妻子を伴ひ山村に隠遁したなり『その後様子も聞きませんがホンに氣の毒で御座りました』とは餅屋の婆が茶店話しそのまゝ……

エスエヌ生

怪　編集室より（三十七）　夢と怪談
●長崎日日新聞　昭和二年七月二十四日（二十三日夕）　2-153

編輯室より（三七）　夢と怪談

桃花樓

私は昨夜、とても奇怪な夢を見た。どうしてあゝした夢なんか見たものかと不思議に考へてゐる場所については、ほゞ現實との、つながりはあるとしても事柄に至つてはとても奇怪だつた。妖しいとの夢――誰にか賣つたぞ。

× × ×

私は元來あまりに夢を多く見過ぎる。眠りついてから目が覺めるまで大小、長短いろ／＼な夢の連續であるから叶はない。その夢の數々の中には恐ろしいものや、愉快なものや、後々までも記憶に止まるものもある。

× ×

この間たつた。私はさびしい夜の町を歩いてゐた。するとひとりの美しい女と逢つた。女はにつこり私に微笑を送つた。私もそれに含笑を答へたやうだつた。その場面が濟み、私はある處へ立寄つてゐたが、そこへ女が私を尋ねて來た。どうして女は私が此處へ立寄つてゐる事を知つたものだらう。と不思議に思へた、ふと私はこの女は魔性のものではないかと考へ、ぞつと身の毛をよだたせた拍子に目が覺めた。

× ×

この夢は、考へるに確にあの怪談「牡丹燈記」に意識の繋がりを有つものではないかと思つてゐる。

× ×

人並外れた神經質の、臆病者の私に怪談に興味を有つ私である。ヒユードロ／＼と來たら、青い鬼火がトロ／＼と燃えたら何んとする私であらう。それに怪談趣味とは逆も矛盾だ。

× ×

[illegible]女といつた者に屬するものもあるが、怪談は大體においてまづ夏の景物といふことになつてゐる芝居でも怪談はほゞ夏の演出ものときまつてゐるやうだ。その芝居もの、怪談でも「四谷怪談」とか「累が淵」は私にとつてあまり好ましくない物語である。それも圓朝の「牡丹燈籠」になると筋が婉つぽく、それに、牡丹燈籠を提げた女の歩みまでがカラコン、カラコン――といつた調子は鬼氣迫る中にもどこやら一脈の匂やかさが漂よつてゐる。けれど、それがまた「牡丹燈籠」の陰慘な場面をより多く效果づけた作者の非凡な工夫でもあるやうだ。この意味においても私は圓朝と、而してその原作者たる剪燈新話の著者瞿佑に敬意を表する。

× ×

十七八の、紅裙翠袖の美人が、につこと笑ひかけて「初めより桑中の期無くして、乃ち月下の遇有り、偶然に非ざるに似たり。」といはれては勢ひ「幹居咫尺、佳人能く回顧すべきや否や――」と答へる私ではあるまいか。韶顔稚齒の國色に對して若い喬生が神魂飄蕩したのは無理もない事柄であるけれど、湖心寺の場面に至つては何んと謂つてもぞつとする。あの箇所だけは眞平だ。よろしく役替りを所望する。だが、しかし、兎に角「牡丹燈記」はよい。「牡丹燈籠」はよい。

× ×

この間の夢にしろ、も少し默つて進行させたらよいではなかつたか。相手が死靈の夫であらうとはまた私の想像に過ぎなかつた、それがよし、麗卿にせよ、お露にせよ、構ふものぞ。夢でなら差當り命には別條もないといふものだ臆病者の私は、夢にまで、餘計な心配をするからつまらない。

怪　編集室より（三十九）　怨霊屋敷
●長崎日日新聞　昭和二年七月二十八日（二十七日夕）　2-154

編輯室より（三九）　怨靈屋敷

葉々子

少年の頃から芝居なり、さては父老の寢物語りに聞かされた怪談は中々に少くない。長崎でも僕等の少年時代までは、化物屋敷として草の茂るに委せた場所が數個所あつた。牢屋の馬場、さては主人が強盜に殺されてから、毎夜出るといふ或る町の、大きな土藏附の屋敷、今は立派な病院になつて居る、或る町の角屋敷など、殊に有名な場所であつた。然し人智が進むと共に怪談は怪談として聞かれず「それは狢か狸の所業か神經の作用サ」で譯もなく正體を解決されるので、流石の化物も嚇しが効かなくなつたことを自覺したものか、何時とはなしに怨靈退散、今日では語る人も無ければ聞く人もない。

然し人に恨が無いものか――僕の村には別に面白いといふ節も無いが、一の生々しい怪談が今日何傳へられて居る。そして未だに其處は草茫々の明屋敷となつて居る。昔ほどではないが、今日未だにその怪談が傳へられ、村民間に氣味惡がられて居るのは、其事實が約三十年を經つた位で、實在の人を知つて居る者が今日猶少からず生存して居る爲でもあらう。

◇

僕の村に、數代續いて乙名を勤めた舊家があつた。村内切つての富裕の親戚ではあるし、人物が穩和であつたゝめ、村民の氣受もよく、家は年と共に榮えて、他村の人にまで羨まれて居た。

或る年である。此の幸福な一家に突如大きな龜裂が入つた。それは今にも家督を讓つて、老夫婦は隱居の氣樂さを樂まんと企てられて居た矢先、老夫婦の長男が病むこと數日にして敢なくも世を去つた。老夫婦は茫然自失した。歡樂の一家は悲嘆の一家と逆轉した。讀經の聲朝夕絶えず、老夫婦は香煙縷々たる佛間に籠つて他に出でなかつた。不幸は尚も續いた。その妻、續いて孫も一人又一人!!。生々しい四つの、位牌を護る、老夫婦のみの淋しき死の家!!。

◇

極度の落膽に、何の爲すこともなく、無味な老夫婦の生活は幾年か續いた。親戚の一人一人は年と共に遠くなり、貯への金も次第に手薄となつた。と共に、村内一の富裕に預けられて居た、可なり莫大な金は、何等の證書らしいものも無いのを楯に、哀れ老夫婦が數十度の交渉も哀願も、膠なく拒絶され、果は老夫婦の姿を門前に見る時は、奉公人の甲乙集ひ寄つて門外に放逐して了つた。

昨日に變る悲慘な一家、今は畑一筆田の一筆と次々に賣拂はれ、遂に糊口に窮するに至つた老夫婦の選むべき途、それは四つの位牌を追ふ淨土への道より外に無かつた。春は三月、花の蕾のまだ堅き大樹の下の野の井戸に、老夫はその全生涯を投じて了つた。老婦の骸の佛間に横たへらなたのを發見したのは、それから數日の後であつた。

◇

斯くして老夫婦の家屋敷は、その富豪の有となつた。

人に恨が無いものか――その後、此の家に住む人には必ず不幸が伴つた。病難、死刑、或は一寸の躓きが因をなして不具者となつたり、夜半突如狂亂の髪振り亂して遂に狂死するに至つた若き人妻もあつた。

化物屋敷、怨靈屋敷の名は間もなく部内一般に擴がりの家は間もなく解き毀たれて了つたが、雨催ひの夜など、昔ながらの淺黄の紋付を纏つた老夫婦の姿が、解かれて積まれた古材木の上に、彷徨つたのを見た人も數人あるといふ。

怨靈屋敷、數十年來朽ちた木葉や、名も知れぬ丈なす雜草の間に古材木の隱見するのを見る時、私は何時も云ひ知れぬ哀愁に閉ざされる。

怪　泰西珍聞奇談（其一）

●関門日日新聞　昭和二年七月二十五日（二十四日夕）　2-155

泰西珍聞奇談（其一）

人猿歐洲に現る　甲意智

進化論者に云はせると猿よりエボリウトしたのが即ち人間である。其人間が編出した物質的文化も廿世紀の今日に及んで將に其極地に達せんとしてゐるのであるから一面より視れば吾人は既に人間としての目的は成し遂げた譯である。既に任務を終れば其存在は無意義となるそこで吾人は之を一段落として此度は超人間に進化するのが順序であるが此時此際歐羅巴に人猿の現れた事實より考ふれば或は元の本地即ち猿族に退化し始めたものではあるまいか

◇

何は兎も角今回匈牙利の片田舍ホバネ地方に人猿現れて學者は申すも迄もなく著しく一般社會の耳目を聳動せしめてゐる人猿は其名をアレキサンダと稱して本年二十四歲である彼の父母は身体健全なる農夫である而して彼は他に五人の兄弟を有し居れるも而も五人共眞性

の人間であることに間違いない然るに彼の全身は一面毛を以て蔽はれ其起居動作も亦遙かに人間と異なれるを以てどう視ても猿としか想えない加ふるに彼は子供の頃より言葉も覺やうともせず其他歩行する事も亦椅子に腰を下すことを學ばなかつた其代り彼は人間としては眞似の出來ない離れ業を演じては兩親や兄弟達を驚かし殊に四肢を揃へて飛ぶ有樣や樹木に攀ち登る早業などは猿其儘であるそこで無智なる彼の兩親は彼を全く猿と信じて（有繋に食物丈は其家族にとるものと同樣なるものを與へ居れるも）其時より彼を檻に繫ぎて全く動物としての取扱をなし引續き十九年間彼は自由を束縛されて來てゐるのであるから彼の存在は近所のものすら知らなかつたのであるが今より三週間前彼が檻を破壞して突然町辻に現はれて極度に人騷をするや地方人は始めて夫と知りてびつくりしてゐる彼等は始め彼をゴリラと思つた

◇

此事を耳にした金持の興行師は其怪物を手に入れんとして彼が父ジョジ、アスセーに多額の金子を提供して之を見せ物となす權利を讓り受けたけれども之を首府ブタペストに輸送するに當りて最も苦き經驗をなめざるを得なかつたと云ふのは第一に人猿アレキサンダに衣服を着せる必要が生じた彼は生來始めて身に服を着けたのでさも窮屈に堪へないと云ふ樣な顏附をしてゐた彼は目的地に達する迄に途中自分の服を殆ど全部引裂きたるのみならず拳を堅めて馬車の窓硝子を破壞するなど持前の亂暴が募つて殆ど手の附やうがなかつた斯くて彼を完全に運送する準備として手足を縛したる儘檻内に橫たへて置く外に方法がなかつたブタペスト市に到着するや專門家の望みに應じてその研究資料として其國際醫學研究所に送られた彼は便利よく彼の爲に造られた檻の内にありて果して彼が人間であるか夫とも猿族に屬するものなるやの博士の鑑定を神妙に待つてゐる

蒲田で製作を急ぐ「怪談秋草灯籠」

怪　●上毛新聞　昭和二年七月二十六日（二十五日夕）　2-156

蒲田で製作を急ぐ
「怪談秋草燈籠」
お化け映畫で賑ふ映畫界

松竹蒲田の野村芳亭監督は豫て撮影中の本年度の大作、畑耕一氏原作「鐵路」の完成を待ち切れずに、次回作品の夏期超特作時代劇「怪談秋草燈籠」をセットにて撮影を開始したが、之れは日活、マキノ、帝キネ等が競ふて「四谷怪談」を製作し初めたので蒲田では之れに負ぬ氣で野村監督が原作を書き卸し時代劇映畫に一轉期を畫せん意氣込みで着手したと云へば夏目言をして有名な四谷怪談の映畫化も、この新しい怪談ものまがどんな人氣を呼ぶかゞ見ものであらう。岩田祐吉が老け役で佛の淺兵衛に扮し野寺正一、岡田宗太郎松井千枝子、市川松之助、瀨さくら子、八雲恵美子その他の出演になつてゐる。

吾顔に夢破られる　お岩の松枝鶴子

資　●岩手日報　昭和二年七月三十日（二十九日夕）　2-157

吾顏に夢破られる
お岩の松枝鶴子
照明係の卒倒やら
四ツ谷怪談に終り因果話數々

帝キネ明石綱郎、松枝鶴子主演の四谷怪談民谷伊右衛門のさつ影も所員一同の熱心な努力に依つて完成に近づきつゝあるが明石綱郎に終はる因果の話しを四頭に奇怪な插話の數々を産さつ影所では伊右衛門浪宅のセツトが馬鹿に凄いので晝でも一人として入る者すらない有樣然るに髮梳きの場の夜間さつ影の際ライトを設備すべく恐る〳〵足を入れた照明係の野瀬某ライトを擱つて出やうとすれば暖簾の陰から鬼くものがある『阿ッ…』と悲鳴を擧げて昏倒した騒ぎに一同馳けつけて見れば暖簾の内には物凄いお岩がすわつて居る一同も流石に後へ下つたがよく見れば苦心に苦心を重ねて顏の作りを終つてやつと仕上つた松枝つる子が髮梳の稽古中とは餘りにも大膽な松枝の度胸に舌を卷いたが日を追ふ

に邁れいよく\お岩にも興味が加はつて今ぢやさしも大膽の彼れも自分で自分が恐ろしく幾度が自分の耳に囁かされて夢を醒した相でさつ影所の送り迎ひにも二名の男を附けてもらつておるとのことそれほど松枝のお岩は凄いものだ相である

怪　山の麓の一軒家で深夜礒吉の幽霊が泣く　2-158

●関門日日新聞　昭和二年八月一日

「獨り者の磯吉は泣く」
山の麓の一軒家で
深夜磯吉の幽靈が泣く
一生笑はぬ彼は極めて變人だつた

佐渡郡北部のエム村に磯吉といふがあつたこの男は親もない子もない親戚もない又一人の友も持たぬほんの獨り者である住家といふのは山の麓にあつて遂に、人家は見えぬ夜は梟の聲が淋しさを破る許り見るから厭外れた淋しい所である。この磯といふ男には妙な癖があつた、夫は惰怠な性質で冷血、だから村民の憐みを假すものは誰一人なかつたが、區長藤原氏のみは可哀想だといつて日に米二合宛與へてゐたのである、彼はどんな惡みものでも『フンこんなもの？』と鼻であしらひ、更に有難がる模様もなかつた。兎に角一風變つた男であつた。

◇

斯くて喰ふに糧なく着るに衣なき磯吉は寒氣のため自炊する力もなく日に次第なき床上に單衣一枚着たまゝシクシクと泣いてゐたが月の二十八日夜に其泣き聲がハタと止んでしまつた。磯はその時凍えて死んだのである、ある年一月廿八日――近隣の者ども磯の聲が聞こへなくなつたので表戸を排て見ると磯は汚物にまみれ恐ろしい太い眼を見張つて寛に倒れてゐた夫から十日ばかり經つて『磯が泣く』といふ評判が村人の間に傳へられ此話が漸次盛んになつて『幽靈が泣く』『磯が泣くと』なかなか大騒ぎであつた。何さまいぶかしき事故明くる二月十七日の夜村の若者二三人と磯吉の家の邊に行つて見ると果然十一時頃『オウ……オウ』泣く聲がハツキリ聞こえてくる。其聲が一寸も變らぬ磯の聲だと村人が語る。

◇

一度ならず二度も三度もオウ……オウ……と哀れな聲が聞こへるので剛の者も暫らくそこに佇んで耳かに來へて見たけれども前記の聲はやつぱり人の聲である、どうして疑ふべき餘地がないのみか、不思議な運命に死んだ磯吉に對し同情禁ずべからざるものがあつた。王陽明の心外のことが心外の理とはこんな場合をいふので、あらうなど、思ひながら一時過ぎ月の細道を辿つて歸つた一種の奇感は絶へず私の頭腦のなかをめぐる、ふわりふわりと雲のようにめぐつてやまないので磯吉の身の上をきく氣になつたのである

◇

其人は次のやうに語つた『獨り者の磯はなかなか意地張りで何かしら嫌味のあるものでした、ひどく人と接するのを嫌つて何時もツンと澄ましてゐました、でも顏は優しい方で満更捨てたものでもありませんがその笑はぬ顏には何處か淋しみがありました夫とおかしいのは三日も四日もフラリと出たきり、皆目姿を見せぬことがよくありましたこんな時でもいつもの彼の性癖が村人に愛されてゐぬ處から別に之を氣遣つてやる者もなく折々の事としました磯の奴がと一笑に附するばかりで實際村の厄介者で見做されてゐましたけれど。死なれて見れば不憫な心も起きます、でせめてもと形許りの葬式でもしてやりました譯で……』若者の一人は話續けて吐息を洩らした。夜は更けて月がかすむ非凡な凡人の磯吉、泣きながら死んで猶死んでからも泣いてゐる、實に不思議だと當時シミジミ思つたのである。

怪　筑波山の怪異　山頂観測所を訪うの記…一　2-159

●東京朝日新聞　昭和二年八月四日

人間紀行

筑波山の怪異
山頂觀測所を訪ふの記……一

N君――

僕は、數日前久しい間の宿望であつた筑波登山を試みた。こいふと、君はナニあの山かこいふかも知れないが、僕はここで何もあの山の景色を説いたり山頂からの眺望を述べたりする了見ではない。淺學不精の僕が筆を弄してこの眺めを物する所以には、相當の理由があるんだ。

世間の人こいふものは、東洋赤、黄、緑こいつた樣な強い色彩にげん惑されて、すぐその裏にある神秘を見落すものではないかご思ふ。筑波登山者もご多分にもれず、あの怪物の樣な登山自動車、歡樂

境の町、壮麗な筑波神社拝殿、長さ一マイル四分で三分の一乃至四分の一といふ急こう配のケーブルカーなどに目をひかれて登り、またもとのコースを通つて下山して肝腎の頂上を極めない人ばかりの様に思はれた。所が、僕にいはせれば、筑波の興味はもう一歩上の方にあると思ふ。それは、男體山頂にしつ風もく雨二十余年におよんでゐる筑波山測候所で、そこの生活こそ筑波山そのものを如實に語るものであり、そこに秘められた物すごい出來事は山の神秘その物である。暑い時に理屈は禁物、すぐ話に移らう……。

N君――

あのケーブルカイ終點から岩道をもの〻三丁ばかりあへぎ〱登ると、男體本社の前に出る。すると道はすぐに「筑波山測候所」といふ貧ちうの標札のか〻つた石門（といつても形だけの）に突き當る。こゝは標高八百七十メートル、關八州を一ぼうの内に集め、東に太平洋、北と西とに兩毛信越の諸峰並に富士、南に大東京市を望むことの出來る景勝の地だそうだ。「さうだ」と僕がいふのは、何も能因和尚が白河の關を京都の寺の中で創作したのと同類ではない。確に登るには登つたが、折惡く霧が深く立ちこめあたりのブナの林を燻の様に流れてゐて見渡す限り白雲の海だつたので、惜しいかな展望は一切オヂャンになつたからだ。

この測候所は、今の空の宮武彦王殿下の父宮で、氣象に深い御興味をもたれた故山階宮菊麿王殿下が、明治三十五年に御創設遊ばされたもので、殿下薨去の後は本部省に御下賜になり、今は中央氣象台の分室見た様になつてゐる。建物は四間半乃至六間位の大きさの室が五つある。機械室には、フオールチン山岳用晴雨計、自記風力計、水平地震計などがある。また建物の北側には鐵製の觀測塔や觀測室などがある。現主任は所長以下五人で、中腹（筑波神社拝殿の傍）にある事務所から交替で二人づつ詰め切つてゐる。といつただけでは別に面白可笑しくもないが、丁度僕が訪れた時に居合はせた所員の織宗竹井兩氏がポツリ〱と語る所によるとここの生活には下界の我々の想像も出來ない様なすごい場面がある。（Ｓ生）

怪　筑波山の怪異　山頂観測所を訪うの記…二　2-160

●東京朝日新聞　昭和二年八月五日

同人紀行

筑波山の怪異

山頂観測所を訪ふの記……二

N君――

筑波山頂の怪異といつても、何も夏向きにお化やいう靈が出る譯ではない。昔流にいへば天變で、モダーン式にいへば氣象の變化に過ぎないことだ。でも、君もやはり下界の住人である以上、これから僕が語らう、イヤ受賣りしようとする事實を聞いたら、いくら僕の拙文をもつてしても寒暖計の水銀柱が一度や二度下つた位には感ずるだらうと思ふ。

筑波山は山としては小男の部類に屬するが、何分關東平野を一人で脊負つてゐるだけに、あたりの空を横行してゐる空電の集合所となつてゐる觀がある。そして、時時恐ろしく大入數集まつて、傍若無人の振舞をするさうだ。その結果、留守番ひに聞かせたら呼吸を引き取りさうな物すごい事件が持ちあがる。

最近で酷かつたのは、大正三年七月十三日でその前は明治四十一年八月十五日だつたさうだ。大正三年の時の記録には

……午後九時頃より再び西方および北西方に頻々たる電雷を觀測し、漸次接近し來り九時四十分の頃は天頂に迫り、雷々雷聲は低く響き電光は絶間なく連續し燈火を要せざる程なりき。この間山頂にては「エルモ火」を觀測せり

とある。昔支那の勉強家ではたるの火を燈にして本を讀んだといふ話はあるが、燈火も要らぬ程つゞけ様に光る電光で講談本でも讀む勇氣が君にあるかネ。それよりももつと驚くことは「エルモ火」だ。そ物知り顔をして相すまぬが、そもそも「エルモ火」といふのは詳しくいへば「セント・エルモの怪火」といふ一種の放電現象で、帆柱、煙突、屋根などの様な先端のあるもの、山頂ならば木の枝の先にアセチレンガスのもえる時の様な青藍色の焔が出る現象であつて、焔の長さは大きなもので四、五センチメートルにおよぶものがある。こ

筑波山の怪異　山頂観測所を訪うの記…三

●東京朝日新聞　昭和二年八月六日　2-161

怪

同人紀行

筑波山の怪異

山頂観測所を訪ふの記……三

N君――

この山の怪異としては、雷公の暴威による外に、意地悪く僕から山頂の展望を奪つた濃霧によるものがある。

夏期、丁度この頃の霧の深い時に、山頂で太陽を背にして立つと、前方に阿彌陀如來の様に頭の周圍に七色の御光のさした姿が現れるさうだ。これはいはゆる「御光」といふ現象で、日がさ、月がさと同じく、光の屈折によつて起るもので、敢て阿彌陀如來が御來降になつたのではない。だから、たれでもこの山頂においてけがれた自分の影に御光がさしたからといつて、直ぐに佛様の様な聖人に生れ代つたなどとうぬぼれると、お天道様の罰がてきめんにくるかも知れない。序に申し添へておくが御光はにじと同様に七色の輪から成り、外側が赤で内側がすみれ色になつて、その間はスペクトル色帯の順に五色が配列されてゐるのださうだ。

御光に似た現象で「ブロッケンのおばけ」といふ霧の中に現れる物凄なものがあるが、これがまた筑波山にもしば／＼姿を現すといふことだ。元來、このおばけは、昔ドイツのブロッケン山で發見されたもので、それを最初に發見した男が「ブロッケン山には大入道が出る」とふれまはしたので、遂に世界中に響き渡る程有名なおばけになつたものだ。しかし、このおばけもまた「御光」と同様に太陽光線の屈折現象に外ならぬ。山頂に日がキラ／＼と照つて、足下に霧が深く立ちこめた時に、その霧にうつつた人の影が大入道に見ゆるだけのことである。このおばけは、もとは大入道に限つた様に思はれたが、近頃になつては氣球や飛行機も化ける様になつて來た。そして、時折り御光をさへ伴ふこともある。

筑波おろしと呼ばれる冬の關東の風は、事實においては筑波山が製造元でなく、この山にはまた他な方面から押しよせてくる。それは兎に角として、冬になつて東北

こでもあたりの木の枝の先端、屋根の端などに現れたさうだ。手つとり早くいへば、色々なとがつたものの先から電氣火花が飛んでゐる譯だ。もつともこの「エルモ火」は今年の夏伊吹山測候所でも見られた位で、敢て珍現象とはいへないが、それにしても僕の様な臆病者には余り有難くない代物だ。

電氣といへば、こんな空電に包まれた時には、兩手の指と指と近づけるとその間に火花が飛び、髮をかきまはすと指先と髮の毛一本一本との觸れた所に火花が飛ぶ様なのが珍しくないさうだ。早い話がこんな時には人間も物體もデアテルミーやラヂオレーヤーの放電器と同様になつて仕舞ふと思へばよい。それでも、まだ一度も人間には被害がないといふからこの測候所の人達と雷公とは余程親密な間柄らしく思はれるが、その實建物はトタン張りの平屋根で家全體が避雷器となつて雷公を敬遠してゐる。

筑波山測候所と観測塔

この建物の避雷装置についていひ落してならぬことは、故山階宮殿下の御心遣ひの周到なことである。これについては、高山所長さんも

「測候所の避雷装置が完全なことは、調査した專門家も、三十年近くも前によくあれだけのことが出來たものだと、宮様の氣象上の御造詣に驚いてゐました」

と語つてゐた。だから、すぐ近くの樹木には毎年多くの落雷があつても

「こゝは大丈夫ですよ」

と竹井さんは笑つてゐた。（S生）

の風が毎秒二十メートルとか三十メートルとかいふ速さで、霧雲を山頂に吹きつけることがあるが、その時は観測所も鐵塔も岩角も木の枝も東北方に面する部分は霧氷によつて包まれて仕舞ふ。霧氷は吹きつけられた霧の水分が次第に氷結して出來たもので、長さ一尺以上の氷の棒から成るブラシと思へば間違ひなからう。

これで、筑波山の怪異の主なものは列擧した譯だが、最後にこゝの人達の生活を少し付記したい。それには

「一番氣味の悪いのは雷雨と烈風の時で、一人で宿直してゐる時にビカ／＼ガラ／＼やられたり、暴風の時などは氣持はよくありませんネ、殊に夜間十時と午前二時との二回にはどんな日でも鐵塔上に観測に昇らなければなりませんが、風速二十メートルにおよんだり、霧氷に包まれてツチで碎きながら昇る時などはほんとにヒヤ／＼しますよ。」

といふ竹井さんの言葉をもつて十分だらう。でも

『月明の夜に、關東平野、太平洋、東京市の火の海に連なる東京灣や、赤城、妙義、富士、淺間、日光連山などを一ぼうの中に見渡した氣分つたらありませんネ』

といふ神仙境もある。そして、雨水をわかしたお茶をすゝりながら、ランプの下で書見するといつた様な瀟洒な浮世ばなれした饑鑓のおよびもつかぬ生活か、黙々として聳え立てゐるあの山頂にあるとは余り知られてゐまいと思ふ。（終…S生）

怪

伝説と事実との境（一）漆ぬり髑髏…

●国民新聞　昭和二年八月六日　2-162

傳說と事實との境〔一〕

漆ぬり髑髏　光圀の盃

氣味の悪い寶物

殘された話を人が口傳に一つの說として子から孫へと傳へてゆくいはゆる傳說は、クラシカルな荒唐無稽なものであつても、そこに何等かの意義——たとへば『昔々桃太郎は』の知き、よし平和論者から侵略主義とけなされながらも、尚武的な日本人の氣持にピッタリ來るはなしだけに『昔々』は今に『昔々』と續いてゐる、おそらく桃太郎は日本人の口づてから、ちよいとまつ殺はされまいと思ふ

◇

だから傳說には偉い力がある……一般人に知られてゐるストーリーで、それが傳說を生み、あるひは傳說化されてゐる話しを拾ひ出してバルコニーの納涼夏談に提供する

◇

水戸市の在、三里ばかり入つた所に常福寺といふのがある、宗門は淨土、代々水戸家の菩提寺として、茨城縣下では、未だに隱然たる勢力のある寺である、こゝに『髑髏盃』といふ盃が、寺寶として大事に保存されてゐる、盃と聞いたゞけで垂涎を催すいかな左黨でも、されかうべに酒をつがれたのでは、ちよいと舌なめづりでグイ——とはまゐるまい

◇

ところがこの盃は、髑髏も髑髏、しかもお手打になつた罪人の髑髏で、人間の頭がい骨をそのまゝに黒うるしで塗つてある、なかは朱塗で眼底に當るところには、人間の眼の玉ソックリの金象がんがしてある、盃にすれば一升二三合は優に入らうしろ物だ、これで水戸光圀公はガブリ、ガブリとやつたのだといふのだから、この勇氣だけでも凡人ではなかつたらしい

◇

織田信長は江州の強敵淺井彈正長政を屠つた時、長政の首級を干してその頭がい骨を取り、どくろの中に酒を注いで飲んだ——といふ話が、信長記や太閤記に記されてゐるが、戰國時代の猛將だけに無條件で『信長がやりさうなことだ』と思はれる

◇

光圀公に至つては元祿年間の文化人で、しかも天下に譽すぐれた賢主だつただけに、ほとゝぎすがとかげを食ふほどに、意外なことではある、とに角この『髑髏盃』に、光圀公は好んでよく『酒を注げい——』と言つたといふ傳說は『髑髏盃』がこの世の中から、まつたく消え切らない限り、消えちまはない話しなのである——（此項つゞく）

怪

伝説と事実との境（二）紋太夫こそ…

●国民新聞　昭和二年八月七日　2-163

傳說と事實との境〔二〕

紋太夫こそ髑髏の主

お手討から盃に

光圀公愛玩の『髑髏盃』ほんとの所有者——言ひ換れば、光圀公の晩

酌の道具として、自分の頭蓋骨を提供してしまつた人物は、講釈や講談でお馴染みの藤井紋太夫だ

◇

講談の柳澤騒動に重要な配役として登場して來る紋太夫は柳澤美濃守保明の家臣鐵田五郎左衛門の婿で、柳澤保明が幕府を乗ッ取らうたくみの手段として、紋太夫を水戸家に推薦した、最初は三百石の抱入がエラ物の光圀公にうまく氣に入つてトントン拍手に千八百石にまで仕上げしかも水戸家の家老にこぎつけたのだから、紋太夫もなか〳〵のエラ物だつたに違ひない

◇

併し光圀公の方がエラ物の點に於て、一段立優つてゐただけに紋太夫の奸計を早くも看破つた、元祿七年十一月廿三日お能拜見に名をかりて紋太夫から家中を全部、水戸屋敷（今の小石川砲兵工廠跡）に招集してしまひ、その留守に紋太夫方の家宅捜索を行つて、多數の證據物件を押收後、直に紋太夫を手打にした

◇

柳澤保明の野心の道具に使はれた紋太夫が、死後は光圀公の酒の道具に使はれたといふ……何んて皮肉な他人の道具に終始した男ではあるが、光圀が紋太夫のされかうべを『髑髏盃』として酒の道具にしたことは多少からした皮肉味が潜在したかも知れない

◇

けれど――『胸をくらひ靈をはんでも、尚且つあきたらぬ』光圀の氣持が、紋太夫が『髑髏盃』の製造された動機だと、傳説はあつさり結論をつけてゐる

◇

もつとも人間がその愛憎の對照に骨や肉、或ひは毛髮を求めた事實は幾らもある――西藏の地方へゆくと愛人や肉親の死を悼んで、そのされかうべを香盛にしたり、食器に用ひて日常愛撫の資料としてゐる、これは未開の人種ばかりではない、泰西の文明國でさへ愛人の皮（背の部分）をはいで、バイブルの表紙にするとか、南洋ボルネオ島の土人は愛人や肉親の骨をそいで槍に用ひたり、日本の武士が戰場に使用した鎧通しのやうな敵に最後の致命傷を負はす武器にも使つてゐる

◇

これは愛するものが身を護る――といふ意味からだが、畏多いとながら『貴い御髮が、日清戰役の際敵國降伏の料として國を護るために御下げ渡しになり、箱根塔の澤某寺寺寶の曼陀羅の中に納められてあるといふことも傳はつてゐる、これとは話が違ふが光圀公の『髑髏盃』愛玩も、愛憎二つの意味に觀ることが出來る――（この項終り）

幽　夏の読物　赤ン坊を抱いた幽霊

●馬関毎日新聞　昭和二年八月八日（七日夕）　2-164

夏の讀物
赤ン坊を抱いた幽靈
蚊帳の周圍を歩く

これは實話である。そしてさう奇抜でもなければ、面白くもないむしろ世のありふれた怪談の方が餘程怪談らしいかも知れぬ、けれども私は此話を聞いた時に靈魂の實在、そして其の靈妙不可思議なる働きを肯定せずには居られなかつたのである。

葉月のある夕べ露繁き柴の戸をほと〳〵と音なう者があつた。珍らしや之れはテイ氏であつた。父は留守なので私が主人格として、應對した。テイ氏は以前に小學校長をしてゐた事のある人で今では田舎で骨董品等を蒐めて閑寂な生活をして居られる。私には至つて記憶に薄い人だが、父とは別懇の仲だ。

『はあ父君は御旅行で』

『でも明後日は歸つて來る豫定です。それまでひつくりさ』

『はあ、いや、殘念ですなあ』

と獨り言。

夏の夜は更けて行つた。端居の風もだん〳〵涼味を加へて來た。家内のものは皆寢靜まつてゐる。私とテイ氏は、それからそれへと色々な話を進めてゐた。『君は體格が良い』と始まつて、遂には、テイ氏の談論が高じて『現代の青年は』に及んで散々私の膏を絞つた後同氏はポンと手を拍つて、さも晴々しい極な顏をしたかと思ふと、急に暗い暗い顏をされながら、『蚊帳を見て憶ひ出した。面白い話がありますよ。』

『蚊帳を！』

さ私はお振り返つて、見ると、ざら〳〵と風に波打つてゐる蚊帳が目に入つた。

テイ氏は一服やると徐に語り出した。

『さうだねー。なんでも今から十年ばかり前でしたよ、其の時分には私は未だエーチ町の校長を務めて居て、は、こんな御老人ぢやな

夏の読物　赤ン坊を抱いた幽霊

幽　●馬関毎日新聞　昭和二年八月九日（八日夕）　2-165

夏の読物　赤ン坊を抱いた幽霊

【承前】蚊帳の周囲を歩く

「そこで、俺はたのまれたのだ。この幽霊の解決をたのまれたのだ。でこれから俺とワイの会話を対話的に言つて見るさ、こうだ『勿論俺はそれまで幾等か考へたのだよ。』「君はなんぞ水に関して特殊の経験を持つてはゐませんか。」「さあさうですね」とワイは懸命に考へてゐた。そして

「どうしてです」

「蚊帳が而も青い蚊帳が水の様に動揺したと云ふんだらう」

かつたんだが、ヘッ、ヽ、ヽ」

ティ氏の馬鹿に大きな笑声が、遂に遠慮無く反響するのであつた私は折角本気になつて居る所を、これでもティ氏に負けない様に高く笑つて見た。

「暑引けも近くなつた或日俺が登校すると、昨夜宿直だつたワイ教師が真青な顔をして這入つて来たのだ」

「どうしたんだ君、ひどく青い顔をして居るぢやないか」

云ふと、ワイはもつともだと言ふ様な顔をして、小声で

「実は校長、昨夜、いや此間からずつと幽霊に悩まされてゐるんです」

「なに幽霊？」

ワイが一息にかう言つて、ほつと太息を吐くと同時に俺はこう叫んだのだ。文明の今日そんなことがあらうとも思はれないし、又あつたとしてもそれは単なる精神錯誤としか思はれないのにワイの顔色や、言葉が余りに真剣だつたので俺も思はず愕然としましたよ。

「それから」

私は息づんだ。私が本気になつたので、ティ氏はいくらか得意げに

「それで先づ、様子を詳しく言ひ給へ」と云ふので、ワイの語り出したのはこうなのだ、其頃は一週間毎に宿直が廻つて来るのであつたので、一週間前は同様ワイの宿直であつた。其一週間前も同様ワイの宿直であつた。其宿直夜であつたのだ。

蚊帳の中に寝てゐたワイは真夜中とおぼしき頃ふと目が覚めた。するとワイは自分の眼を疑はざるを得なかつた。彼は恰も海の中に沈められた硝子の箱の中にでも入つてゐる様な気がしたと云ふのだ

蚊帳がさら／＼とゆれて、丁度の波の如く其波が波紋が伝はるやうに、彼の廻りを幾廻りも幾廻りもするのであつた。彼は全く不思議でたまらぬので、瞬きせずにこれをみつめてゐると、何うだらう。

さうだ六畳の間で丁度此間のやうにそれ上みの方に床の間があり、其次に袋棚次が押入れで真ツ暗の闇であつたよ。」

と一服

「それからどうしたんです」

私はさう急ぎ込みながら、それでも釘づけせられた様な首を部屋中に廻したティ氏は黙つて居られる私は催促する様に

「青い蚊帳だつたんですか」

「うんさう。所でね―蚊帳の波が幾廻りもしたと思ふころ、突然床の間の前に立派な女の姿が現はれたさうですよ」

「はあー」

「それに其の女の人は小さな子供を連れてゐたんだつてそして其の子供の手を引いて蚊帳の周囲を一回まわつて、又床の間の前に止まつたのだ。もうワイは一生懸命で『何者だ』と怒鳴つたさうだ。すると、女と子供はふつと消えてしまつた。と思ふとワイはつと初めて正気に返つてね、よく見ると自分は床の上に坐つて、汗びつしよになつて居たと云ふのだ。それが前の前の宿直の夜の事で、其の次の夜にも同様だつたさうだ。

ワイと云ふ男は一寸変つた男でね『そして非常に大胆な男であつたよ。普通の人の仕得ない事でも平気でやつて除ける様な男だつたとそんな男だから二度までは誰にも言はないで黙つて居たが、昨夜も出たと云ふので、流石のワイ君も、不気味に堪へなくなつたらしい。で僕へ話したと云ふわけだ。」

「さうですか」

私は聞いて見てなんでつまらないと思つた。つまらないワイの精神作用を捕へての話しにテー氏も怪談には初心だなと思つた。所が次の氏テー氏の言葉に私は全く興味をそゝられてしまつた。（つゞく）

「さうです……」

ワイは廿七年の過去半世の出來事を一粒だにも餘すまいと其の瞳は異樣に輝いて、それから之へと追憶の絲をたぐつてゐたが、急にポンと平手を打つて
「さうさうありますとも校長、なんでも私が小學校時代だした私は、餓鬼大將で、友人二三人と、大きな池に游泳に行つて、計らずも私が赤子が水中に浮かんで居るのを見つけて村へ急報した結果、其の赤子は生命を取りとめました」

「ほう？」テイ氏はニツコリされて何かしきりに考へて居られたが
「ワイ君、その池から女の死體が上つたなんて言ふことはなかつたかね」

「さあそれは良く知りません」

「とにかく僕はこう思ひますがね その赤子の下には、その子の母が沈んでゐたんですよ」

「へえ」ワイは當時を思ひ出して「私共の泳いでゐた底にと言ふのですか」

「さうだ」

「へえ氣色が惡い、いや惡かつたですなあ」

「母が我子を籠にでも入れて飛び込んだのだ、所が水底で苦しまぎれに、藻掻いたので子供はぬけて浮いたのですよ、そして子供は助かつたのだ勿論其時救へば親も救はれた。だが考へて見給へ。世に、私生兒とか、孤兒とか云ふものが、如何に逆待され、如何に不幸に陥つて居るか？」

「成程」ワイの顔は幾らか明るくなつて來た。

「其處で、今目下其子が、何處かで難儀をして居るとか、例へばサ！カス團にでも入つて居スとか、いやそれならまだ好いが、彼が今生命危篤であるかも知れない。それで、母の靈魂が我子を思ふ餘り遂に幽靈となつたのですよ」

「それで、救つた私を恐むのですか」

「いややうして、今一度君に我子を其の窮地から救つて呉れと頼むのだと思ひますがねそうでせう」

「いやそれに違ひありません。私はそれに奔走して見ませう」

ワイは持前の義俠心がむらむらと湧いて來て、敢然とう言ひ放つた」

「それが良い、とにかく君は休暇中に郷里に歸つて、役場で其の子の身元、現狀を良く調査して見る必要が多くおありですね」

「左樣しませう」

「先づ此の樣なわけさ」

聞き終つて私は「成程」と思はず手を拍つたのであつた。

「其の先は」

「それは、それきりでワイも私も轉任になつたから先の事はわからないがどうです僕の推論は」

「大賛成ですとも」

實際テイ氏の推論は凡庸でないさ私は感心してしまつたのですたが私はこれから先の事を聞きたいとおもつた。

「これから先がワイ先生と其の子今は青年でせうが一其の二人が何處かで邂逅したとすれば、實に小說ですなあ」

小說といふ譯がひどくテイ氏の耳に障つたらしいが
「俺も其の後の樣子を知りたいとはおもつてゐるけれども、ワイ君の消息が杳として知れないよ」

「はあ―」と私は瞑想に入つてるとテイ氏は確信に滿ちた聲で
「それで俺は最後の結論に達したのだ、世の所謂幽靈なるものは其の生涯に特殊な色を塗られた者にのみある」と
「さうですかなあ」と力無く答へた私の目はいつまでも、與の間の寂然たる蚊帳に吸ひつけられるのであつた（米田露情）

夏の読物
怪　髪振り乱した女がヒヒヒ…
●馬関毎日新聞　昭和二年八月十二日（十一日夕）　2-166

夏の讀物

髪振り亂した女がヒヒヒ…
峠道深夜の物の怪

香村氏に會つた時、何か夏の讀物をとの注文、「涼しい」と云ふ條件つきだから荷が重い、「心頭滅却すれば火も亦涼し矣」と云ふ意味を得やうと、先日灼熱百五十度の機關車乗りをやつて見たが、趣味のない凡人の事だから心頭滅却どころの騷ぎでなく、ゆでたこのやうになつて退却してしまつたと云つて

冷藏庫の中に這入つて

幽霊記を書く譯にも行かず、さて何を書かう？。

×

冷たい感じが客勝を傳ふ本當の夏の趣味は「怪談」から湧く。墨之皆に怪談物を上演るのも無理はない、それでも今日の、昭和時代の観客は時代放れの幽霊の出る芝居を見ると、恐いや怖いの感情は抜きにして『フヽン』と鼻先で笑ふとか、明治も中頃に生れた私が時代めく怪談の幽霊の持合せのないのは當然だが――但し穏な、**幽霊を**出して観客ならぬ讀者に笑はれずに濟むか――遠い過去想ひ出を追ふ時、一ツ二ツ寒さ覚ゆる怪奇の體験がないでもない。

×

時は七月央の夜の十時頃、場所は佐世保から相ノ浦さ云ふ田舎に越ゆる長い長い峠の中程、私の十四五歳の時である、鮎漁の好きな父に連れられて相ノ浦川に行く途中の事、鮎取りに深夜……？と驚ふ人もあるが私の郷里では（郷里は佐世保ぢやない）鮎は釣らずに三角の網で鮎が深淵に群がり寝静まる深夜を見計らつて掬ふのである。

其の**鮎漁に**行く途中私は峠の入口で用便を催した、父は峠を下り盡した處の茶店に待つ事にしてさつさと先に急いだ。

用便を濟ました私は怖いのが胸一ぱいで父の後を草足に追ふた、峠の頂を過ぎて下り坂・闇夜の山中は死の底に熟睡し、兩側から道を蔽ふ熊笹が行手を遮つて居る、私の草履の音が魔物が背後から追ひかけて居るやうに響いて無氣味だ――物語りには誂へ向の舞臺だ。

曲り角に差しかゝつた刹那！私は物の本で讀んで「怖いもの」と印象づけられて居る物の怪にぶつつかつた――丈なす黒髪は肩に亂れて地に曳く如く垂れ下つて居る、身に**白衣を**纏つてはだしで步くのも凄味を増して居る。夜目にも分る兩の眼の火を吐くやう輝！き

「ひゝゝゝゝ」

物の怪は立ち留まつてその人を呪ふやふうに笑つた。

「きやッ！」

胸も裂ける聲で私は叫んだ、冷たいものが身體全體に傳はつた。

命がけで、文字通り宙を飛んで峠の下の茶屋迄逃げ延びた事は勿論である。

「はゝゝゝ。怖かつたか？何でもないさ、此の下の方の百姓の嫁が夫婦喧嘩の末出刃を振廻されて命がけで逃げる途中だとさ、お前より先方が怖かつたらうよ」

父は、土色に變つた私の顔をつくづく眺めながら**茶店の**婆の話を其まゝ私に取次いだ。

◇

私の十六歳の時、隣村から私の生れ故郷に通ずる小さい田の中の一本道に、思はせぶりな雨雲が三日低く飛んで「明日は間違ひなく雨だ」と百姓達を喜はせた植付の濟んだ梅雨過ぎごろ。

夜である、眞暗な夜だ、雨のやうな蛙の聲が天に迄響くやうな喧しい、それが却て夜の寂しさを深める、足音に驚いて蛙が田の中に飛込む音も無氣味である。

後を振り向く事の**怖ろし**さに行手ばかり見つめ乍ら、なかば駈け足になつて行く私の眼にチラと怪しく映つたものがある、白い？そんな筈はないと思ひ乍ら行くと白い物の怪は刻一刻大きくなつて行く、避けられない運命だ！私は全身冷水を浴びたやうな身顫ひを感じて立ちすくんだ、然し其物の怪を避くる爲め別の途を廻れば後に引返して二里の道を歩かなければならない、今私の立つて居る處からなら私の家迄十町もないのに。

「まゝよ！」心の中で叫んだ私は、と、さ、[illegible]とフルスピードで走り出した。

「えいッ！」

眼をつぶつて**物の怪**を飛び越えた、そして、後を振り向く途端！

「ひやッ！」

私は思はず尻餅をついてしまつた、それも其筈、其白い物の怪がむくむくと起き上つて見るみるうちに雲つく大入道になつたではないか！

無意識で飛んで歸つた私が母の

根も合はず怪奇の顛末を物語るさ駄爺と云ふ忠僕が「はゝゝあのやんぼしが又酒を喰らひやがつて道ばたに寝込んで居たんだ」と言つて腹を抱へて哄笑した。やんぼしとは私の郷里で

山伏姿

の乞食僧を言ふのである。

×

以上二つの實驗談、怪しいか怖いかは讀む人の心まかせ（菜雀生）

夏の読物　一人留守居の野中の一軒家（上）
●馬関毎日新聞　昭和二年九月二日（一日夕）　2-167

怪

物讀の夏

一人留守居の野中の一軒家【上】

突然枕屏風がカサ〳〵　グラ〳〵と怪しい笑ひ聲

ても深い草路てしてね、それに路の兩方が迫りつぶしたやうな崖と來て居るので、見通しが利くと云へば前方だけです。それも月が雲にかくれてからは一寸先も判らなくなつたんです、すッかり後悔しましたよ然し行くも還るもこのみち困難な仕事ですもので私はもう肚をきめました、夜でも明ければどうにかなるさね、ズン〳〵膝を没する草を分けて懸命に進みました。然しお話したやうな路が何時か消えてしまつて愈々に迷ひ込んだんですから、歩行のはかどらない事は夥しい。其上に小石に蹴つまづいて生爪を剥がしてからは、元氣一ぱいの私も歩むのに勇氣がさして來ました、と云つて露深き雜草の上に寢てしまう譯にも出來ません又休憩して居ますと、寒さがゾン〳〵こみ上げて來て惡感さへ出る始末です。もの、一時間も歩いた頃意外にも兩方に迫つてゐた崖がぴッたりと一しよにくッついてしまつて行手を遮つたんです。實際驚きましたね、折角こゝまで苦勞して歩んで來た事が、之で水泡に歸した譯です、泣いたつて今更追ひつきッこありません、途方に暮れた末或る一策を案じました、冒險だと云へば冒險ですが雜草に埋まつた崖――一足毎にザラ〳〵と足許が崩壊する薄氣味惡い崖を充分の用心で登り出したのです崖の上に出ればどうにか方向が判るだらうとかすかな望みを持つてとにかく上りつめました、上りつめて見ると茫々たる枯野原です、眼にはツきりとはわかりませんが、そこ角膝を没する枯野原が波のうねりに似て續いてゐることを感じました魔の谷底から這ひ上つた私は兎に角上つて來てよかつたと思ひました、それは遙行手にぽツつりとあかい灯を見出したからです、地獄で佛とは此の事ですね、とにかく灯を目當に一人で飛びましたよ、なにしろ三時間も四五間も氣味惡い彷徨をつゞけた揚句ですからね。

◇

開業醫の君島さんは私の乞ひに委せて、醫學生時代に經驗したと云ふ凄い話を聞かせて呉れた。岐道りの煙が仄白うたゆたいながら青い藪を抜けて庭の繁みに吸ひ込まれて行くのが、白蛇のうねりに似て薄氣味惡い『で兎に角其灯を見當にしてはき〳〵と雜草を掻き分けて進んで行きましたよ、ビク〳〵してゐては到底親父の死目に逢へませんからね、大體あの灯がたとへ化物の住家の灯であつても狐火であつても其處まで辿り着けばどうにかなりさうな氣がして、それこそ無我夢中で押進みました」

◇

醫學生である君島さんがちようど十年前の秋の終り頃一介の醫學生として信濃國の或町の渡邊と云ふ醫院に働いてゐた時の話だ黄昏れる少し前に父病重しと云ふ電報を受取り取るものも取敢ず郷里に向つて出發した其町から郷里へは山越へなれば三里半、國道を行けば八里、乗物もなく歩くより外に方法はなかつた單なる路省でゞも半日もあれば充分である、然し親の死に目に逢ふか逢へぬかの大切な時間だ、君島さんが一氣に山を越さうとした事は當然の話だ、然し君島さんの話の如く遂に道を取違へてしまつた君島さんにして見れば諦められぬ手違ひではあつたらうが、泣いても悔やんでも事實はどうする事も出來ない、兎に角ほつかり點す手に提へた灯を唯一つのたよりにして歩くよりほかない。

夏の読物　一人留守居の野中の一軒家（中）
●馬関毎日新聞　昭和二年九月四日　2-168

怪

夏の讀物

一人留守居の野中の一軒家【中】

突然枕屏風がカサ〳〵
ゲラ〳〵と怪しい笑ひ聲

◇

ほんの目の前の灯であつても仲々遠いもんですね、くねり〳〵と蛇の如くうねつた草原を無我無中で驀進！そうですたしかに驀進して行きましたよと行手に見へてゐた灯が掻き消す如く眼界から消へてしまいました、はツとしましたね「妖怪だツ」と云ふ漠然とした眠傑がずず――と脊筋を走りました、えゝまゝよと幾らか捨鉢な氣持ちも手傳つて無茶苦茶に走り出したんです、暫く走つてゐるうちにほんの十間位前に、一旦消へた灯が突然現はれたんです、よく考へて見ると草原の中にある樹立の陰に家があつたんですね、とに角努力の効があつて家の前に立つ事が出來た私は何がしら感謝したい氣持に支配されました、家とは名ばかり古い舊家ですが軒は傾き壁は落ちさ云ふそれはひどい家でした、灯はたしかに其家の中から漏れてゐたんです、恐る〳〵近づいて破れ戸の間からうちを透かし見して見るとさすが六疊一間位ですが疊は二三枚しか敷いてなく、土間がべら棒に廣いのです、死にかゝたキリギリスが鳴いてゐました、圍爐裡には榾がブス〳〵と燻つて猿のやうに痩こけた男、髪が茫々とした男が圍爐裡の傍に默然と座つてゐました、時々燃へ上る榾火に顔がぱツと赤くなると、妖怪じみた男の顔が餘計に凄く見へるんです人――人に間違ひはないにしても隨分薄氣味の惡い人間です、酒でもあびり〳〵ゴロ八茶碗で呑んでゞも居れば心易く案内も乞へると云ふもんですが、だんまりこくつて居られると聲を掛け憎いもんでしてね、聲をかけるとぎわツと兩眼を擴大させて鉈を振り上げ飛び出して來さうに思へて仕方がなかつたんです、然し人間肩志である以上さう亂暴な事もしないだらうと、勇氣を鼓してボソ〳〵と戸を叩き「御免なさい〳〵」と案内を乞ふて見ました、ぢいつと様子を窺つてゐますと歎々さしてゐた男は突然明かに驚愕の色を浮かべて眼を見はつたのです、どちらがびつくりして居るのか苾爵主狢卿の形でした、人相を見るとさう惡い人間のやうでなかつたので私は安心して二三度聲をかけました、と男は唯一言のある聲で「お這入り」と云つたなり立つても來やうとしないのです、私は度胸をきめてがたぴしと破れ戸を開いて妙に冷たい土間に入りました、そして行き暮れて居る譯を簡單に熱心に打ちあけて一夜の宿を乞ふたものです、暫くしてから「さうですかいまあ上がんなさい」と幾らか親しみのある聲で返答をしてノソ〳〵と立つて上り框まで來まし

夏の読物　一人留守居の野中の一軒家（下）
●馬関毎日新聞　昭和二年九月五日　2-169

怪

夏の讀物

一人留守居の野中の一軒家【下】

突然枕屏風がカサ〳〵
ゲラ〳〵と怪しい笑ひ聲

◇

近寄つて見ると男は思つた通りにいゝ男らしかつたので、私はもう大丈夫だと思つて「失禮します」と口のうち座敷に上り込み男と向ひ合つて圍爐裡を圍みました、男は何も御ざんせんがと熱い白湯を一杯汲んで呉れました、「大變だつたですね」と男はしみ〴〵と私の勞を犒つてくれ二人の會話は大いに機嫌よく火が白けるまで話し合ひました、今までよく話して居た男は突然ぐツと默りこくつて顔に一種の心配の色を漲らせましたので、ツイ私もつり込まれて「どうしたんです」と問はざるを得なかつたのです「えゝ心配ごとがありまして」「どんな事でせう差支なかつたらお話ししてくれませんか」と私は無遠慮に突込みかけると男は「ちよツと里へ行つて來たいんですが、留守番がないので……」と暗に私に留守番をして呉と云はぬばかりの口吻を漏らすのです、そて私は眠くて仕方のなかつた時ですから「行つてお出でなさい私留守番位は出來ませうから……」男の顔には見る間に喜びの色が溢れ「留守を頼みますよ」でそこはかと身仕度をして出て行つてしまひ

ました。シーンとした寂しさの中に私は榾を折りくべて夜の明けるまで一休みしやうと横になると同時に突然サラッと云ふかすかな音が私をぎよッとさせました、それは非常にかすかな音であつたには違ひなかつたのですが、私をひやりとさせるに充分でした首を捻じ曲げて音のした方角―二枚折りのボロ〳〵になつた、枕屏風に目を注ぐと破れた穴からひからびた手が出たり入つたりするのです、それて見た私は頭髪が一本立ちさたるの発へましたまア考へても御らんなさい、あんたゞつたら氣絶ものですぜ。

◇

恐怖の時が流れました。私はぢッとして出たり入つたりする手を一心に睨みつけてゐました。知らず〳〵薪に、手がかゝつて居た事も申すまでもありません、外には寂しい秋の風が吹き戸をガタ〳〵と揺り動かして居ますし、此のシーンの凄さを一層凄いものにしました……突然風に乗つて聞へて來る人の聲それもグラ〳〵と笑ふうつろた聲なんですよ、其グラ〳〵笑ひが段々家に近づいて來るらしいのですとてもお話は出來ない聞な凄い笑ひ聲です、ある時は高くある時は低くグラ〳〵笑ひは家の前でぴたりと止みました、家の中には怪しい手家の外には怪しい笑ひ聲、前と後に恐ろしい敵を受て孤立無援の私の身になつて御らんなさい、私は怪しいものでも侵入してくれば一打ちとばかり片膝を立て、薪を握つてゐました如何にも勇ましい様に聞へますが事實はあまりの恐怖のために氣が轉倒した結果無意識にさうした態度を取つたらしいのです、ガラッと表の戸が開くと同時に私は甚意久地のない話ですがウーンと云つたきり氣絶してしまひました、それからどんなことが私の身に起つたのか知りません、さに角私が意識を恢復し、時は朝のすが〳〵しい陽光が漲つてゐましたよ、留守を頼んで出かけた男を中心として數名の荒くれ男が私をぐるりと取巻いてゐるんです、私がびつくりして起き上らんとするさ留守を頼んだ男は『氣がつきましたか隨分心配しましたよ』と優しく言葉をかけるのでほつとしました。

◇

いろ〳〵事情を聞いて見ますさこうなんです、實に悲惨〳〵しくなつてね今では噴飯の至りですがね――つまり枕屏風の中の手は病みさらばへた彼（留守を頼んだ男）の長男でして退屈のあまり手を動かせたに過ぎず、グラ〳〵聲の正體は彼の狂へる妻なんでした、男は妻が朝出たまゝ歸つて來ぬので心配のあまり里に住む友達を依頼し其の行方を探査するためだつたんです妻さ呼ばれる女――私を氣絶させた正體は人々の中に交つてグラ〳〵と笑ひ續けてゐましたよ『幽靈の正體見たり枯尾花』さ昔の人はうまい事を言いましたね、私はそう話を聞いて見ますと何だか面目なくつてね、匆々に皆の人に別れを告げてひたすら路を急ぎましたよ、どうです私も案外きもッ玉の小さい野郎ですな……呵々大笑夜は可成り更けたらしい、天の川が眞白く見へて冷たい氣がひた〳〵と躯を包んでゐた。

怪

地震で止った不思議の家鳴

●山梨毎日新聞　昭和二年八月八日　2-170

地震て止つた　不思議の家鳴

話のやうの事實て　穴山町では大評判

地震が頻々として市民を脅かせ出した、殊に海の彼方に北米合衆國のロスアンゼルス三日朝の大地震、それから六日朝は東北一帶を襲つた地震と云ひ昨日々の小地震と云ひ、かくの如く頻繁する大小地震については去る十二年の憂き目を見せられた我々は全く尠少ならざる恐怖を感ぜしめられてゐる殊に此の頃の如きに至つては身の置き處のない感がある、これについて頗る不可思議にして

物凄

き事實が發見された處は甲府市も中央部と云つてもよい穴山町三丁目が此の奇怪なる事實の發源地であるといへば聊か驚かざるを得ないではないか、讀者は承知であらふが穴山町三丁目に隣

験といふガラス問屋がある、今から約一週間位前から同家では折々ヅシーンと

家鳴 りのする程度の異様の音響を連日の如く耳にする、最初は同家では隣家が石屋であるから隣家で大石の持ち運びぐらゐに感じてゐた、處が二三日前からは眞夜中でも折々薄氣味惡いヅシーンか聞える樣になつた、愈居たたまらなくなつた同家では夜の明くるを待つて家人總出で床下を探險する事となり

床下 を殘なく探したがそれらしい物音がないソユで隣家の石屋について聞くと石屋では實は私の方からもお宅へ聞に行かうとしてゐる處です、と云ふことになり兩家では愈不審の度を増してゐる、其附近一帶の家から私の處も、僕の處もと云ふ騒ぎになり何れも此の異樣なる音響、殊に折々ゴーツ〳〵といふ音がきこへるに至つて人々は何れも

不安 の念に襲はれてゐると突然、六日早朝の地震が襲來するとヅシーンとゴーツ〳〵の異樣な音響はピタリと止まつて仕舞つたので附近の人々はさては其音はソ地震の前提であつたか、それにしても怪しい事であると語り合つてゐる、以上は記者の捏造でも何でもない事實の儘を其儘記載する惡い豫感であつてくれねばよいが

資　四谷怪談の事ども（一）

●九州日日新聞　昭和二年八月九日　2-171

芝居と映畫

四谷怪談の事ども（一）

白峰生

◆

怪奇な凄い處で觀客を慄とさせようといふのか夏興行にはよく『牡丹燈籠』や『四谷怪談』が上演される『牡丹燈籠』は人も知る三遊亭圓朝の講談本から移し植ゑられたもので圓朝の講談のネタは、支那の小説『剪燈新話』によつて居る、本夏に於ても岡本綺堂氏が『剪燈新話』を潤色し『牡丹燈記』と銘うつて七月の東京本郷座狂言にあげ『四谷怪談』では松居松翁氏が新味な構想のもとに名題も『參州四谷五題話』といふ二幕物に書きあげて帝國劇場七月興行に上演して居る、此の新作物の好惡に就ては其評判を傳へ聞くだけで實地に見て居ないので何とも申されないが、今年は此の『四谷怪談』の當り年と見えて各活動寫眞會社では競うて映畫に作製した昔からどんな夏枯れ時でも此の『四谷怪談』で損をしたためしがないと謂はれて居るものだけに營業者が此處に眼をつけたのも無理はない

私は少年の頃古い版本の『四谷怪談』を讀んで徹夜して讀みあげた事を覺えて居る、それは怪奇を好む少年心理が、恐怖の中にも心行く許り甘い陶醉の境地に引つ張つて行つた事が徹宵せしめたわけであらう、その版本は鶴屋南北が手をつける前のものであつたが、それとも其の後南北の臺本によつて面白く潤色したものか、その邊の事は分らないが、兎に角その儘では今日の舞臺は素より活字に組む事も出來ないものであつた事は違ひない、その版本が其の後何うなつたか見えなくなつてしまつたので今では大へん惜しいと思つて居る

『四谷怪談』お岩戸板返しと云へば芝居講談はもとより遠眼鏡類の兆箱ともなつた代物で斯く人口に膾炙されて居るものだが、今日それが事實にあつたなどとは誰も信ずる者はあるまい、よく〳〵稽へて見れば馬鹿々々しいものであつて理窟の通りには行かないもので此の馬鹿な處に存外人間の興味が繋がれるものである、今日普通『四谷怪談』の主筋とされて居る處は

鹽谷の浪人民谷伊右衛門は、主家沒落の後行狀修らず、妻お岩の父四谷左門にお岩の離縁を迫られて之を闇打ちにする、浪人の手内職に張りなどをしてその日を暮す中、隣家で有福な高師直の家中伊藤喜兵衛の娘お梅は伊右衛門を見そめて思慕の情火に身を焦す、「奸智にたけた喜兵衛は娘の戀を成就せしめんために伊右衛門に金品を贈りて弄落する」そして按摩宅悦と計つて産後のお岩に血の道の藥と詐つて毒藥を呑ませる、お岩の相好は見る間に世にも恐ろしい形相と變る、慾と色との二道でお梅と祝言を約した伊右衛門は病氣のお岩につら〳〵當りあらん限りの非道を盡す、お岩は遂にその無情冷酷を恨んで悶え死ぬる、

資　四谷怪談の事ども（二）
●九州日日新聞　昭和二年八月十日　2-172

芝居と映畫
四谷怪談

同心田宮又右衛門の長女として生れたお岩は二十才の時、疱瘡を病んで非常な醜婦となつた、が巧みな媒介人の口に乘せられて播州生れの浪人伊右衛門が婿に來た、けれども相手が意外な醜婦である上に不具者獨特の偏狹邪氣深いために慊らず思つて居る折柄與力の伊藤喜兵衛は妾の一人であるお花が懷胎したので之を伊右衛門に與へんとし共に策を講じてお岩を憤らせ遂にお岩を離別せしめた、お岩は行く處もないまゝに奉公して歩く中、知り合ひの煙草屋に會つて始めて伊右衛門、喜兵衛の詭計にかゝつた事を知りて憤怒のあまり遂に狂亂して果てた、一方伊右衛門はお花と共に樂しく暮す中、三人の子まで儲けたがお岩の怨念のために一家皆横死を遂ぐる

といふのが實説に近いものとせられて居る、元祿時代の事である講釋師の頭からあみ出された怪談と違つて幾らか首肯せしむる處があるが之とて確な事であるか何うかは分らない、何しろ劇として上演されたのと年代に餘程の開きがある

◆

劇曲に仕組まれたのと實説とは斯の通りで甚だ縁の遠いものであるが、之は前述の講釋に於て勝手に作爲され又狂言作者であつた鶴屋南北の逞しい想像力に胚胎して居る事云ふまでもない、伊右衛門を鹽谷の浪人としたのは、書き卸しの際、一番目に『忠臣藏』を据えたので、二番目は其の筋を背景とする當時の作法によつたものである、それから深川隱亡堀の戸板返しの場は、作劇の一二年前本所の或る屋敷に居た仲間と腰元とが不義の末情死して鰻掻きに發見されたといふ其の頃評判の出來事を取り込んだものだと曰はれ、又直助權兵衛の如きはお岩とは全然關係のない人物であつて、直助と權兵衛と何れも主殺しの科人で、それが偶然に同じ日に品川ではりつけの刑に處せられ當時の大衆達に騷がれたといふのを、一人の名にして『四谷怪談』中の人物に織り込んだものである

◆

江戸の頽廢趣味の爛熟期とも云へる文化、文政時代（德川十一代將軍家齊公時代）の產物であつて陰惨卑猥怪奇を好むその半面に於て迷信の不安に惑はされ易い當時の世相に投じて、義理や忠孝などの扮飾をせずに、最も大膽に露骨に書きあげたものが此の一篇の怪奇小說、初上演早々大當り大評判となり暑中を五十餘日も打ち通したといふが、うまく當時の人心を捉へたものである、之によりて當時の江戸つ兒の病的官能の一面が窺はれるのであるが、直助權兵衛とお袖と骨肉相通ずる筋立の如き今日では到底許されるものでない、また見物に於ても平氣で觀て居られるものではない

◆

映畫會社でとつたものはそれぞれ多少その趣巧を異にして居るがマキノ社の『いろは假名四谷怪談』が最も近く將來の歌舞伎の筋をとつて居る、松翁氏の新作『參照四谷之吏話』は四谷怪談の主要人物に對する近代式な觀察から出發

伊右衛門は世間体を憚りて恰度小佛小平が主人のため伊右衛門家傳の妙藥を盜んだのに因縁をつけ、之を斬り殺しお岩との間男の惡名をつけて一枚の戸板の裏表にくゝりつけ隱亡堀へ流すお岩と小平の怨霊の祟りは恐ろしくお梅、喜兵衛を始め伊右衛門すべて無殘な横死を遂げるといふのである

之に藥賣り後に鰻かき直助權兵衛とお袖等の物語りを巧に絡めて怪奇と戀情の經緯を一層複雜にして居るが、次に實説に近いと云はれて居る筋を對比して見よう（つゞく）

（寫眞は市川右團治に扮したお岩の亡靈）

四谷怪談の事ども（三）

●九州日日新聞　昭和二年八月十一日

芝居と映畫

四谷怪談の事ども（三）

白峰生

『四谷怪談』の心は何と云つてもお岩で、伊右衛門浪宅の場で毒藥を呑んでから形相が變り苦悶し始め、按摩宅悦との絡みから、例の蚊帳を中にしての夫伊右衛門との遣り取り悶死までが、お岩役者の骨となる處だが、またそれだけ見せ場でもある、さうしてお岩に仕事をさせるのは宅悦の彼俐な次第で宅悦が悪いと如何にお岩が骨を折つても駄目だといふのがお岩役者の云ひ分である

◆

毒藥を血の道の藥だと詐はつて呑ませられた事の次第を宅悦から聞いてお岩が隣家の喜兵衛方にお禮に行くといふので鏡を見て髮を梳き鐵漿をつける處が見所ではあの芝居の山ともなつて居るが、逢後鏡を見たり、鐵漿をつけたりしては悪いと迷信の脅迫觀念に左右されて居る時代の見物には、禁ぜられて居る鏡を見たり鐵漿をつけたりする事が已に一種の恐怖に對する觀念を誘つて一層その感興を深くするが、時代のかけ離れた、まるでそんな事には無頓着な今日の見物には大した感銘も起らないので、之等は時代を異にして上演せらるゝ『四谷怪談』の損目となる處であらう、砂村隱亡堀の場即ち戸板返しや、瀧窓の川、螢狩の場、お岩の亡靈蓮池のせり上げ等、本水では水船を持ち出したり、芝居では大道具大仕掛けで苦心するが、その點になると映畫では甚だ勝手よく寫實そのまゝで行けるのが非常な得だ

◆

マキノ社作の『四ツ谷怪談』の前篇（隱亡堀で月形の伊右衛門、林長三郎の與茂七、市川小文治の直助權兵衛のだんまり模樣で前篇は切れて居る）だけを素見した雑感の一二……舞臺洗練を經た『四谷怪談』の本筋に據つて居るだけに全篇としてのコンテイニテイにはさして異論はない、初傍系の與茂七とお袖のくだりが、見物の人には筋が通らないのは止むを得ないとして、之は後篇で通して居る、按摩の宅悦か伊右衛門にお岩と間男の眞似事をせい、やらねば一刀兩斷と脅かされて、凄い形相のお岩に向つていや〳〵ながら口説くあたり、あつさり片つけ過ぎてあるために少々喰ひたらない、又岡鶴鮎子のお梅が、伊右衛門に、潮と色模樣で絡む處で直ぐザリはチト慘酷少々呆氣ない、せめて床入りまででなくとも、もちつと餘情を見せて欲しい、鈴木澄子のお岩では面相が變つて蚊帳越しにその姿を覗かせた處が一等印象的である、總體に映畫女優であるだけ演こなす技倆は決して凡ではない、廣田昂の宅悦も大仰な技巧を用ゐない處が却て好い、月形の伊右衛門もなか〳〵鋭く演つて居る、其の他細評はよすとして

◆

『四谷怪談』は矢張り何處までも夏向きのものである、どんな夏枯れでも『四谷怪談』では大當りをとるといふ、然しその上演事に變した氣分描寫であつて、毒藥を呑ませられたるが故にお岩が世にも恐ろしい形相に變るなどの、荒唐無稽なものでは無論ない、全く別仕立ての構想で、お梅などほんの一寸輕く取扱ひ、夫伊右衛門と妹お袖との不純な戀の三角關係にお岩の苦悶を描いたもの、從つて、何處かに人間性の叫びが聞えるが『四谷怪談』の妙味は矢張り不思議な毒藥の一服を呑ませられたるが故に、お岩の形相が見る見る物凄くなり、遂に悶死して怨靈たる恐ろしく盛に働きかける處にあるらしい（つゞく）

＝寫眞は月形龍之助の民谷伊右衛門、鈴木澄子のお岩、中は戸板返し＝

事怪異が起るといふので、お岩稲荷といふのを建てて御幣をかつぐ迷信や慣習は今にすたれぬ、處で一方では此の怪事怪異を却て宣傳の道具に使つて居る、高キネで先に製作の際なども伊右衛門に扮する明石潮の縁類に不幸があつたなど盛んに謳いで廻つたものだ、よしや『四谷怪談』を撮らなくとも、その不幸は依然として廻り合せ來る運命にあるのだが、縁起でもない事を撥き出して縁起とし、四ッ谷のお岩ではないが毒を以て毒を制する興業政策には感服の外はない（了）

＝寫眞は新作「四谷五更話」で澤村田之助の直助權兵衛、初瀬浪子の妻お岩、村田嘉久子の妹お袖

資　万人期待の四谷怪談

●土陽新聞　昭和二年八月十日（九日夕）　2-174

萬人期待の四谷怪談

◇十一日より鳳館上映に決定◇

日活松竹の大物に對抗すべくマキノ御室が全努力を傾注して製作せる夏季超特作四谷怪談が愈々來る十一日より鳳館の盆興行に上映さるゝ事になつた、御大牧野省三氏自ら總指揮となり監督はすでに定評ある名匠井上金太郎氏、演者はマキノ陣一の猛優として日本時代映畫界の山嶽を擢れる月形龍之助一作毎に名聲いよ〳〵上れる斯界の寵兒嵐長三郎、老熟市川小文治鳥人武井龍三、清麗マキノ正照、トンチンカン杉狂兒、妖艶鈴木澄子、眠狂松浦築枝等にてマキノ幹部俳優總出演になり前後十八巻に亘る凄艶無比の納涼好映畫である同館は更に人氣の中心にあるマキノ現代劇學生ローマンス「學生五人男」第四回と市川右太衛門獨立第三回作品大俠骨傳「笑ふな金平」も特別上映する由なるが定めし大盛況を呈する事であらう．

幽　草木も眠る丑満頃　上町に幽霊現る

★日米　昭和二年八月十日　2-175

草木も眠る丑滿頃　上町に幽靈現る

開けてくれと裏戸から夜な〳〵現れ出づる噂

但し英語で物語る

幽靈といへば日本の屋敷町につき物のやうでアメリカにも幽靈があるかと思はれるが此頃上町方面で幽靈が出るとの噂が高くなり見物に行く者數名もある樣子だが場所は西廿五街は千四百臺あたりの家で同胞が居住して居り夜な〳〵家族が惱まされ遂には病氣になるとのこと聞けば幽靈は草木も眠る二三時頃裏戸に來てはコツ〳〵とノックを爲し返事がないと開けてくれ、開けてくれと嘆願すると云ひこの家は元河東方面にあつたのを此處に引移した家だが河東にあつたころ此家に泥棒が侵入し二階から降りて來るところを主人がピストルで射殺したので階段からキッチンに落下して即死した因縁ある内で多分この幽靈が家について來てるのだらうといはれてゐるうそか眞か確に見た人もないが先住者の話をそのまゝ中には夜間がこはくて晝見にいく同胞もありとは物騷な

怪　さても奇怪、線路が気味の悪いうなり声を

●二六新報　昭和二年八月十二日（十一日夕）　2-176

さても奇怪、線路が氣味の惡い

うなり聲を出すとやらいふ凄い噂さ

駒込驛の新魔所

驛員も慄えつゝ大警戒

要らぬ事に怯えて怪談めいた話が持ち上る、昨今寄るとさはると省線駒込驛附近の線路が氣味惡いうなり聲を出すと云ふ噂、日増しに其れに尾ひれがついて吹聽されるので、さては何かの怨[illegible]驛員の[illegible]連中も[illegible]警戒を[illegible]てである去月廿日市外上駒込七四松本鐵太郎長女文子（一七）と云

ふが附近の若い男と懇仲になつた。處が其の男は他の女と結婚した、失戀の極に達した文子は去月十五日午後七時廿二分男の實家を睨みつゝフラ〳〵と家を出で一八〇二號電車が驀進する所に

進入の

此の寫眞にある附近から線路に飛び込み自殺を企てた然し急停車をしたので助かつた其の後同じ場所で又一人若い女が自殺したが、怪談めいた話しは其の頃からちよく〳〵あつた、同所は昨年[illegible]病院から外出した女が[illegible]人の家を見て自殺し更に大[illegible]代議士の令嬢[illegible]氏が轢死したところであるそれで驛員でさへ『新魔の場所』と云つて居た位だから

附近の

人々が彈が上にも噂をするのも無理はない新橋運輸事務所でも何とかしたいと云つて居るが未だに其まゝだ往年小石川原町十番地先の電車線路が魔の場所で人が死んだり轢かれたりしたので線路の大供養をし不動尊の中に立派な供養塔を建立して以來何事もなくなつた、上野驛から少し行つた御隠殿下や京濱線碑文谷の踏切等數へあげれば限りもないが

駒込の

新魔の場所は生々しいだけ人々がお恐れを抱いて居るのも無理はない

（寫眞は新魔の場所）

幽　白衣を纏うた女の幽霊出現説

★布哇報知　昭和二年八月十三日　2-177

白衣を纏ふた 女の幽靈出現說

墓場で暴れて墓碑破壞
市の警官は現場見張る

桑港廿一街のセント、ジセフ墓地に七月二十八日夜白衣を纏ふた女の幽靈現れ、十字架墓石の頭を六個も破壞し多數の灌木を蹂躙し去つたとの報が墓守から市警察に報告され只事ならずと警察でも署員を派すると共に正體を捕へんとあせつてゐるが、未だその秘密が

判明しない

尤も二十九日警察の調査でその墓地近くに居住する最近病院から退院した婦人があるので、その女に間違ひあるまいと目星をつけたところ婦人は覺えなしと拒むし、その良人や伜は同夜は誰もその一家で外出したものはないといふので事件は五里霧中に彷徨し、警官は依然として現場を見張りしてゐると

資　北斎と幽霊（一）

●国民新聞　昭和二年八月十九日　2-178

北齋と幽靈（１）

織田一磨

多くの場合女の話か、食道樂位の罪のない笑ひ話しに過ぎないが、ともすると、身の毛もよだつやうな、妖怪變化の話しが出て、婦女子をこわがらせる。一つ目小僧や大入道の時代ものは、何となく滑稽だが、幽靈となると、何時何處から出るかも知れないので、電燈の明い街でも安心はならぬ。殊に四邊がしんみりと靜まつて、涼しい夜になると夕涼みの話題に、蚊追ひながら、寢苦しい夜のふける迄も浮世話に紛らはしてゐる人が多い。話題も

い風でも吹く頃になると、話も身にしみて、語る自身がすでに恐怖心に縮みあがつてゐる始末である。

◇

私も夏の景物として、何か怪談めいたものをすこしやつてみたくなつたが、然し怪談といつても、實際に自分が經驗した話や、昔から語り傳へられてゐるやうな、怪談らしい怪談ではなく、私は私らしくこゝでは北齋の幽靈といふ話をすこしやつてみたいと思ふ。

◇

誰も知つてゐる通り、北齋の幽靈といふと有名な畫題で、應擧の幽靈のやうに昔から名物になつてゐる。尾上梅幸（三代目菊五郎）が、北齋に頼んで幽靈の繪を書いてもらひ、その繪を四ツ谷怪談に應用して評判が良かつたといふ逸話が、ある位で「北齋が幽靈の繪に妙なるは、當時の人既にこれを知る。故に梅幸其畫を請ひしなり。」と北齋傳にも出てをる。然しここに不思議なのは「幽靈の繪に妙なるは、當時の人既にこれを知る。」といふ一項である。これによると梅幸以前に何か幽靈の繪で、高名になつた話が遺つてゐなければばならないのに、私はまだ聞いた事がない。

◇

梅幸が北齋に依頼したといふのが、北齋傳に據ると文化六七年頃の話しとなつてゐるが、梅幸が四谷怪談の初演は文政八年といふことだから、北齋に幽靈を依頼したのも其頃であらうか。北齋傳の文化七八年說は、文政の間違ひかも知れないと思ふがどうかしら。それはとにかく、當時既に有名であつた北齋の幽靈といふものは、何であるかと考へるに「妙なるは云々」といふからには、傑作であつて多くの人の眼に觸れる作品でなければなるまい。すると肉筆であれば、餘程多作しなければならぬ筈だが、文化から其以前の肉筆といふものは割合に少ないので、従つて人目に觸れる事も稀になる。こゝは北齋の事だから、必ず多數に頒布出來る版畫であらうと想像する。所がその版畫だが、北齋の幽靈として名高い版畫は、例の「百物語」五枚が、一番名高い作である。併し百物語は天保元年の出版で、梅幸事件よりはるかに後年に屬してをる。これでは話しにならない。

資　北斎と幽霊（二）　●国民新聞　昭和二年八月二十日　2-179

北齋と幽靈（2）

織田一磨

たれも知るやうに、文化元年から六七年の間は、北齋が熱心に稗史小說の挿繪を書いた時代で、錦繪の執筆は稀である。其の前の天明、寛政享保時代は、浮繪、黄表紙挿繪、狂歌本挿繪、摺物の時代で、これまた幽靈の繪はほとんど無い。尤も享和ごろに「[illegible]浮繪」に、一枚怪物屋敷の圖があるが、これは[illegible]い程のものでなく、玩具繪に等しい作である。黄表紙挿繪には幽靈がふんだんに出るが、餘り凄くない幽靈だ。何も殊更に「當時の人既にこれを知る」と記錄するだけの材料とは勿論なりはしない。さうしてみると何か他に有りさうだが、記錄も遺つてゐないし、想像してみてもどうもわからない。たゞもしかするとこれではないか、と思ひ當るものはある。それは馬琴其他の小說に挿繪として畫いた北齋の幽靈だ。幽靈に次で樣々な妖怪變化の類や、慘酷に殺された人間の有樣だ。北齋は讀本挿繪には隨分努力して、文化初めから六七年迄に可なり澤山の制作を出し「讀本多く畫きて世に賞せられ、繪入讀本此人よりひらけたり」（増補浮世繪類考）と出てゐる位に、北齋の挿繪は世に賞さんされ、如何にうはさされたかゞ知れよう。北齋の挿繪は實際すぐれてゐるから當時の人もこれを見逃さずに居たのであらうと、今日からも容易に肯定し得る。

◇

文化時代に在つて、小說の挿繪が如何に讀者の心をひいて、賣行の増減に關係深かつたかを思ふと北齋の挿繪の評判は、出版者の最も喜んだ所で、爭つて北齋の挿繪を宣傳の種に使つた。北齋も自己の腕に自信をもつて、得意に執筆した。三七全傳の挿繪の事から、馬琴と爭ひ、後年絶交するに至つたとも傳へられてゐるほどに、彼は讀本挿繪には熱中もし、從つて自信も深かつた。今日平靜な鑑賞眼から、北齋の挿繪をみても、傑作と評して過賞とは思はれない位に、立派な腕をもつてゐた。其腕を揮つて畫いた挿繪には、隨分凄い幽靈が澤山出て來る。北齋一流の強い寫實で、脂濃く表現した幽靈は、他の畫家、當時浮世繪界の大立物、豐國を向ふに廻して爭つても、必ず勝つた程に立派な腕であつた。されば此の挿繪の幽靈が世評にのぼつて、「既にこれを知る」といふ位に有名になつたのかも知れない。果して私の想像の如しとすれば、尤も至極と思はれるが、この挿繪が幽靈の名手と、世間から評判された原因であるかどうか確實なことは云はれない。

今假りに讀本挿繪だとすると、どれが適切な幽靈の傑作として擧げ得るのであらうか。先づ何よりも問題とするに足りるものは、種彦の「近世怪談霜夜星」五冊文化五年刊。列傳體小説史に、『これ所謂「四ッ谷怪談」を稗史に物したるなり。劇に演ずるは重に此の作に基けりといふ』と記載してある作で成程霜夜星にはお化の傑作が二三ケ所出て來る。一寸話は前に戻るが、文政八年三代目菊五郎が中村座で演じた「東海道四ッ谷怪談」のお岩の幽靈を、北齋の繪から暗示を得て評判をとつたといふのも、霜夜星から思ひついて、北齋に畫んで畫いてもらつたのかも知れないと、限りなく想像は展がる。

◇

それはとにかく、霜夜星に出て來る幽靈は數は少いが、誠にいやな感じのする幽靈である。文化四年刊馬琴作「新累解脱物語」五冊にも累の幽靈が澤山出て來る。累の幽靈は醜目で、お岩の幽靈は醜眼ともに見開いてゐる。共に醜女の怨魂だから、決して美しくはない。これ等の挿繪が、北齋を幽靈の作者として有名にした原因であるかとも思つてゐる。年代も文化初年ではあるし、近世頽廢期の最中ではあり、世間は惨酷醜猥な物語に興じた頃だつたから、北齋の幽靈は一躍して高名になつたのに違ひあるまいとも思ふ。これは要するに凉み話しで、餘りあてになる拠所があつたわけではない。

◇

夏の夜も更けて、むし暑い空は、どうやら雨になりさうになつたし怪しい風が俄に吹いて來て、女の洗ひ髪を吹きなびかせ、青白い電燈の光でみると、幽靈に似て何となしに氣味が惡いから、北齋の幽靈はこれでおしまひとする。

◇

因に馬琴の新累解脱物語は、天保三年に河竹默阿彌が「新累千種花嫁」と改作して、市村座で上演したと「歌舞伎細見」に出てゐる。（八・一九二七）

夏宵怪談　壁に塗込められた白骨の謎

怪　★台湾日日新報　昭和二年八月二十一日（二十日夕）　2-180

夏宵怪話

壁に塗込められた

白骨の謎

幻怪的な金銀貨の觸れ合ふ響を樂む老人

西洋の探偵小説にはザラにあることだが此處に語り傳へらるゝ物語は探偵趣味こそ稀薄だがそれが眞實であることに於いて記者の獵奇癖を喚るに充分であつたそれは今から六七十年前のことである臺南州新化郡善化庄何時の頃漂泊らつて來たのか又何處から來てどう云ふ素性の者であるか唯一人知る者もない李慶春と云ふ老翁が其處に住まつてゐた彼は左手の

中指

か疣のやうに短かゝつたさうで垢の附いた薄汚い鬚うすつぺらな鷲鼻腐れた葡萄のやうな眼そして蝦蟇のやうに腹逼つたときの奇怪な姿態一目見たゞけでゾーッと惡寒を感ずるやうな醜惡な姿そしてどんな寛大な慈善家でも嫌惡させずに置かないやうな容貌だがこの憐れまれることのない老翁にも唯一つの樂しみがあつたそれはある多の夜村の若者がフト好奇心に驅られて戸の隙間から

2-181

夏宵怪談　壁に塗込められた白骨の謎（中）

★台湾日日新報　昭和二年八月二十二日（二十一日夕）

怪

夏宵怪話

壁に塗込められた

白骨の謎（中）

成金の土藏の壁へ
消えて終つた怪僧の姿

日が移り月が變つて

老翁 が行方不明になつた時からちやうど三年、もうその時はすつかり忘れきつてゐたその老翁が飄然として又此部落を訪れたのであつた、がその時の姿は以前の老翁の姿でなく襤褸ではあるが袈裟を纏ひ圓頂托鉢のさみしい姿であつた、村人は珍らしさうに彼に種々と五月蠅く附纏ひ何か奇怪な話を聽き出さうとしたが老僧は唯默然と靜に歩を移しながら鉦を叩くのみで何も答へやうとはしなかつた

だがその時フト

村人 達のオヤツ！と思つたのはその鐘の音がかの冬の夜金貨と銀貨を擦りあはせるやうな哀れ深い時に喜びの噎ぶやうな何んとも言へない旋律が鏘々として響くことであつた、踉跟として歩く老僧の影は軈てその頃ある不思議な動機から村一等の分限者になり高層な住宅を新築したもと村一番の破落漢劉高士の表口からスーツと這入つた村人等は頸をかしげたそして殆んどその瞬間彼の姿が忽ち左手の土藏の壁の中に煙のやうに消え入つた

瞬間 彼を尾けて來た村人達がアツと叫びをあげる間もなくさらにさらに戰慄すべき第二

老翁 の怪しい振舞を發見した時から部落一ぱいに評判された奇怪な光景である、その噂の傳へるところによると彼は深夜四邊の人々がすつかり寐靜まる頃になると寢臺の下から陶器製の壺を持出し青白い燈のもとに恰も竈のやうな恰好をして壺を抱き頰擦りしながらゲラ／＼と歪んだ頰の邊に醜怪な笑を浮べ暫くジーツとそれを眺めてゐるが笑ひやめると共に彼の青い細い竹のやうな腕がニユーツとその壺の中に突刺されたかと思ふと軈て指の尖に

金貨 を二枚摘み出すそしてその二枚の金貨を耳元へもつて行つて擦りあはせ或はかるく叩き合せ微妙な金屬性の響きそれは魂を戰慄させるやうな歡喜と又何かしら咀ふやうな響の交錯する中に恍惚として聽き入るのであつたそれが終ると今度は銀貨を摘み出しそして金貨とは別な噎ぶやうなたへだへに歎き訴へるやうな金屬の

旋律 にさらにさらに聽き入るのであつたがその瞬間の彼の表情は黄金狂か貨殖を喜ぶ一般の喜びでなく金屬の持つ高貴な旋律を聽き樂しむの風であつたこの噂は口から耳へと廣げられてゆく中に一層誇張され彼の寢臺下の土中には巨萬の貨貨の貯はへられてゐるとかそれを蛇と蟇と蛞蝓が守つてゐるとか言ふ風に至極

幻怪 に傳へられてから二箇月も經つた或る冬の日であつた突然この奇怪な老翁の姿が部落からかき消されるが如く消えてしまつた勿論噂された巨萬の財貨を入れた壺も無いし又彼の三匹の蟲の影もそれと共に消てゐたで部落民達は多分彼のことが世間の耳に入つたのを恐怖し財貨と蟲とを携へ何處かへ姿を消したのであらう位に噂する以上寄邊なき天涯

孤獨 の彼のことを心配して何物かを突止めやうとする熱意も興味もおそらく感じなかつたであらう村人は彼の行方不明と共に次第に彼のことを記憶から捨て去るばかりだつた

の不思議な鐘の音がその壁の中から響で來るのを聽かねばならなかつたそれは依然として金貨を撰りあはす音であり物悲しく亦は喜び歎き亦は呪ひ訴ふるが如き哀音嫋々たる響であるだか村人等は劉の權勢を懼れて內に這入りそれを確めやうとする者はなかつたばかりか寧ろ薄氣味惡くなつてひとり去り二人去つていつか影を消してしまつた

夏宵怪談　壁に塗込められた白骨の謎（下）

怪　★台湾日日新報　昭和二年八月二十三日（二十二日夕）　2-182

夏宵怪話

壁に塗込められた白骨の謎（下）

壁の中から鐘の響き　潰せば顯はれた白骨

奇怪な噂は何時か

官廳の耳に入り劉の動靜不明の成金に疑ひを持つてゐた役人に何か暗示を與へることが出來た。官廳では極祕裡に劉の身許調査を開始した、そしていよいよある動かす可からざる確證を握つたのかそれは李慶春が行方不明になつた日を死亡日とすれば恰度三周忌にあたる日數名の人夫を指揮するお役人によつて土藏壞しが行なはれた、そして周圍の壁を三方殆んど取崩した時南面の壁にフトすゝり泣くやうな

哀音に滿ちた金屬の響が鳴り始めた、て思はずギヨツとした役人は「オヽ此の壁だ」と自ら殘された南面の壁に槌を入れると忽ち崩れ七尺餘の厚壁の中から前にドツと倒れた眞白い怪物があつた人夫達は思はず色を失なつたさうでよく〳〵崩れた壁土の中に倒れてゐるその白い怪物を見るとそれが明かに人間の全姿態を具へた白骨であることが認められた役人はそれを仔細に檢視する內フト

白骨の左手の中指が一本缺けてゐることを發見して思はず大聲を揚げた「李慶春だ！」斯くして李慶春の白骨が發かれると共に劉高士が直に官憲に捕縛せられ嚴重訊問された結果三年以前李慶春を絞殺し財寶を奪ひ犯跡を晦まさん爲め土藏の厚壁の中に李慶春の死體を塗潰したことを遂一自白したこの奇怪な物語はこれで終つてゐる、だが尚殘されてゐるのはかの

怪僧……壁の中に消えていつた李慶春の老僧姿である何故彼はかの壁の中に消えいつたか——村人に自分の非業の死をしらせるため魂が迷つて出たのであるかそれとも部落民が劉の非道犯行をしつてかく妖怪談にことよせそれとなく官廳に暗示したのであるか……それとも部落民全體が老僧の呪のために白晝かゝる亡靈をみたのであるかいづれにせよかの怪僧は今もつて疑問とされてゐることだけを告げてこの物語を終らう次は？

夏宵怪談　竹杖に封じ込めた美女の霊（上）

怪　★台湾日日新報　昭和二年八月二十五日（二十四日夕）　2-183

夏宵怪話

竹杖に封じ込めた美女の靈（上）

乞食の畫家を　尋ねる師の老人

一笠一杖、漂然として臺南縣安平にさすらつてきた白髮の老翁があつた

それは今から凡そ百五十年以前、帆檣の間にきれぎれの白雲が疾風に吹き流されてゐるある秋の日も黃昏れちかき刻である

「ちよつと、もの御訊ねするが」老翁はさういつて干された魚網の下で寐そべつてゐる船員らしい壯漢へ呼掛けた

「こちらに林程春といふ貧乏な畫家のうちを御存知ないか？」

「林程春？……」

首をちよつとひねつて壯漢は

「あの……あの乞食の林程春？あれの家なら」

と海岸寄りの鬱々と黝い榕樹の蔭、莚屋根の三角形の襤褸小屋を

指して云つた
「あれだよ！」
「ありがたう」
老翁はさういつて白い砂埃の道をちたちたと歩いていつた
壯漢はその後姿がなんとなく鶴のやうに氣品高い、いや、それよりも一さう幽寂な白い魂でも蹌踉として歩いてゐるやうにかんじられて、譯なくその後姿を拜跪したのである
「林程春よ！」
「林程春よ！」
どこかで――遠いところで懐かしみ、いつくしむやうな聲が、ふと木の根を枕に、午睡をむさぼつてゐる林程春の耳にいや魂をよびさますやうに聽えてきた
「誰れだ？」
林程春は、眼をさました、そして、朽木のやうに痩枯れた軀を起し、秋の日光が黄色つぽくさしこむ、莚扉の裂目から外をのぞいた
「林程春よ！」
聲はさびてゐた、が歡喜と親愛がこぼれるやうな響きか、林程春になつかしい、過去を想出させた
「おゝ、貴下は、先生！」
林程春はさう呼ぶと、ともに莚扉にくるまつて、さつき濱邊の逕を歩いてきた老翁の脚に抱きついて泣き出して了つた
「林程春よ！わしはお前をさがした、二十年以上もな、西藏のラアエオから四川、雲南、蒙古、滿州わしはお前をさがして漂泊つた」
老翁のさびた聲は、梵鐘のやうにいん〳〵と寥しかつた
「だが、やつとその甲斐があつてわしは喜ばしい」

夏宵怪談　竹枝に封じ込めた美女の霊（中）
★台湾日日新報　昭和二年八月二十六日（二十五日夕）　2-184

夏宵怪話
竹枝に封じ込めた
美女の霊（中）
歸らぬ人を待つ
鳳妓のすゝりなき

「先生、だが、わたくしは……」

林程春はそれから又歔欷いて了つた
「あさましい姿を御蔑すみ下さいませ」

「いや〳〵」

老翁は雀の巣のやうな林程春の蓬頭を愛撫していつた
「お前を金殿玉樓の中でみるよりも、かうしてみじめをこらへてゐる姿をみる方がどれだけ嬉しいかしれないよ、わしには……靈林の鬼才であつたお前にふさはしいことぢや」

「だが先生！」

林程春は更に悲さうにいつた。

「靈林を出てから、わたくしは一枚の畫も描きません」

「悲しむな、それは、お前があまりにすぐれてゐるからだ」

「なら林程春よ、わしはお前に描かせたいものがある」

老翁はさういつて
と携へてゐる竹の杖をつき出した
「林程春よ！この竹の中にお前の描かねばならないものが籠められてゐるのだ、さア、その竹に耳を當てるがいゝ」

林程春は
「何だらう」

と怪しみながら言はれる儘に竹杖を耳に當てた、と――突然其竹の中から少女の歔欷く聲がさめざめと聞えるではないか？

彼は思はずギヨツとした
「先生！」

「驚かぬがよい、その聲こそ、お前が靈林を出てから二十年間、お前の歸つてくるのをさみしく待つてゐた娘の鳳妓の靈が歔欷く聲である」

「……………」

「だがその靈は遂にお前が歸らないうちに寂しく消えて了わた そしてわしはさる高僧の呪術によつて即ち、この竹筒に鳳妓の魂を封じこみ、お前をさがしに漂泊ひの旅に出たのぢや」

林程春の顔は蒼ざめた。そして眸から青い波濤がぽろ〳〵とこぼれ落ちた
「では鳳妓は？」

「この竹筒の中にゐる」

「可哀想に……わたくしはもう鳳妓と會ふことはできないのですか？」

「この竹を割れば唯一目だけは會ふことができやう、だが……もうそれつきりお前は彼女の歎く聲を聴くことはできないよ」

夏宵怪談（下）　竹杖に封じ込められた美女の霊
★台湾日日新報　昭和二年八月二十九日（二十八日夕）　2-185

夏宵怪話

竹杖に封じ込められた美女の靈（下）

竹を破れば朦朧として顯はれた美女の姿
＝感激で描かれた新畫風＝

その後幾日か林程春はその竹杖を撫きながら鳳妓のすゝりなきを懐しさうに聴いた

だが、彼も人の子である。たゞ一度懐かしい鳴妓の玉のやうなつぶらな眸や、紅い唇がほしかつた。で、とう〳〵師老翁の言葉があつたに拘らず、四日目の夜、その竹を二つに割つた

パンとはぢける音！

その瞬間である白い靈が一抹さつと渦巻き昇るや煙は輪を描き描きその中にあり〳〵と描き出されたのは、二十餘年の昔畫林の牡丹畑の戀しい別れを惜んだ鳳妓の憔悴しきつた、蒼ざめた姿ではないか？

「おゝ鳳妓よ、戀しい鳳妓よ…」

彼はさういつて思はずその姿をいだき寄せやうとした。とその瞬間

「林程春よ！」

と呼ぶ老翁の聲を聞てはつと躊躇した

「それは靈の影ぢや。いだかうとていだけない影ぢや。だがもしお前が、その影を永遠にいだかうと思ふならば、サア躊躇せずにその影を描いたがよい、それこそ恐らく不滅の藝術品としてお前の名とゝもに殘さるべきものぢや」

「………」

林程春の二十年間窒息してゐる藝術慾は、この言葉に刺戟されて堰をきつた怒濤のやうにはげしく喘ぎ擾發させらたるのを感じた、彼は彩管をとつたそして忽ち躍るやうに畫布の上にぶつつけられた。師の老翁は白髯をしごき彫像のやうに靜かにそれを見守つた

× × ×

出來榮えはもちろん素晴らしいものだつた、レオナルド、ダヴインチがモナリザを描いたやうに魂の籠められたそれは楚雅にして崇高さながらの神品ではあつたがその型は何を描いてあるかさらに彼以外のものには分らない繪であつた、だが師の老翁はそれをみてながやかな微笑さへ泛べて云つた

「これこそ型（內體）を描いた。もつと實像の眞（靈）を描いた、もつともあたらしい藝術革命に先驅する作品ぢや、林程春よりわたしが行きつまつた道をお前はきりひらいた榮譽を得たぞよ」

話はこゝで終つてゐる

記者はさらに林程春がその神品「鳳好心象像」一幅が、どこにゆきどこに傳へられたか等を調査したがそれは徒勞であつた、ただが△△△といふ老翁が、清朝繪畫史の上にさんたる光を放ちその畫林に育つた鬼才林程春といふものが突然その姿を消して行方知れなかつたといふ記錄から想像してかういふ話がさきほど荒唐無稽の說にすぎなかつたといふ事はできないと思ふ

夏宵怪談　嫉妬と怨恨から死に切れぬ魂
★台湾日日新報　昭和二年八月三十一日（三十日夕）　2-186

夏宵怪話

嫉妬と怨恨から 死に切れぬ魂

水に溺れた夫を救はうともせぬ女房

巽の風が、さつと鬢をかすめたと思ふと、笠の蓋がとんで斜に右手の二層行楼（臺南州新豊郡）に吹きとばされた

呀ツ！

とろうとした弾みか堤のはうが崩れて姿態をとり直す間もなく向ふざまにのめり倒れた。と堤近くに白い渦巻きが起つたと思ふとすつぽりと張爾泉の頭がその中心に消えて又忽ち数間の下流に、河童のやうな濡髪の頭を浮かして、大聲で咽せるやうに叫んだ

「誰かきてくれ！救けてくれ！」

だが、あまり蕭寂としたこの野つ原は、こだまさへしない静寂さに蹲らうとする黄昏れ刻である。

「救けてくれッ！」

彼は浮きつ沈みつ又さう叫びつづけた。浮きあがる毎に、彼の鼻孔からも口からも濁水がブッと吹き出された顔は青ざめた。堤へ泳ぎつかうと焦れば躁るだけ、堤から離れてどう〳〵と水底に鳴る、凄じい音のみが、彼の躰をひきづるやうに感じられた。

「駄目だッ！」

彼はあきらめた――とその瞬間、かぶりッと又渦巻きは彼を水底にのんだ。ごツごツごツ……としばらくすると彼は又、ぽかりと水面に浮びあがつた。みると堤を幾間も離れてゐない。

「しめた」

彼は泳がうと焦つた。が四肢がもう利かない。意識だけがさえざえとしてゐる

「救けてくれッ！」

そのときである

「誰だ！」

といふ聲がして、その堤の叢から逞しい壮漢があらはれた。と續いて若い女が……壮漢は素早く裸になつた。そしてまさに飛込まうとするとき若い女が

「まア、おまち！」

ととめた……張爾泉は壮漢が張競生といふ親類の長男で、女が自分の女房の張李氏艶であることを、はつきりとみとめた。

「おーい。艶よ、救けてくれい！」

懐かしい妻の名を呼ぶことがこの瀕死の瞬間に於てさへ彼をうつとりとさせた

だが、彼女は答へやうともせず物凄い笑ひがニタリと彼女の顔に浮んだ

怪　夏宵怪談　嫉妬と怨恨から死に切れぬ魂（中）

★台湾日日新報　昭和二年九月一日（三十一日夕）　2-187

夏宵怪談

嫉妬と怨恨から
死に切れぬ魂（中）

ずぶ濡れで歸つた亭主

その姿に影が無い

妻の艶と張競生はしるりと踵を返して 叢に影をけして了つた闇がふか〳〵と水面を籠めた、もう夜である、がぶり、張爾泉の躰は又、渦巻きにのまれた。

その夜張爾泉の家では妻の艶が情夫の張競生を銜へこんで、黄色いぽい、腐れたやうな燈火の横でニッと笑つてはほそ〳〵と見あつただが張競生は浮かぬ顔だつた

「ねエお前さん。なんだつて、そんないやな顔してゐるの？おめでたい日に？」

「いや」

張は首をふつていつた

「もしお前の亭主が歸つてきたらどうする」

「まア臆病な人ね」

輕蔑するやうに凄艶にわらつた女は白い歯をみせていつた

「お前さんまだあのヨボ〳〵を、こわがつてゐるの？土左衛門のあいつを？」

「うん、俺ア怖ろしいよ、あいつがごくりと渦巻きにのみこまれた瞬間、じつとうらめしさうに睨んだ、あの白眼がちの、蒼い顔が怖ろしいよ」

「ふゝん」

女はそつぽむいた

「それほど怖つかないなら、なぜたすけないのさ」

そのときである

扉をコッ〳〵と叩く音がきこえた。張競生は、さつと顔色を變えた

「誰だい、今ごろ扉をたゝくのは？まさか鵺ぢやあるまいな……」
女は平氣だつた。そして男を寢臺の下に匿すと扉をあけた、黒い風が、さつと入つた瞬間燈が、めら〳〵と燃上つたかと思ふと忽ち消えて、雨時の青い月光が、内部にながれた
「呀ツ？」
聲と共に女はよろめいたそして後へ倒れさうになつたのをやつとふみこらへていつた
「まあお前さん……」
女は疑つた。今の今まで溺死したものだと想つてゐた亭主の張彌泉がづつぷり髪から裾まで水を滴たらし蒼い顔をして歸つてきたのだ……『まさか幽靈なんか？』そんなものがゐるものかと思つても、彼が生きてゐるといふことは一さう信じられないことだ、さすがの女もぞつと背筋を悪寒がつきぬけるのをかんじた。

「どうしたの？一體？」
白つばくれた女はさういつて
「どつかで夕立にでも逢つたの」
だが彌泉は答へなかつた。そこでちらと部屋に入ると猫の死骸のやうな匂ひがむつと鼻をついた。女は火をつけた
灰色の壁に、彼女の影がぼつと大きく映つた、が……どうしたのかゝの女はその瞬間さらに惡寒がぞつと背をつきぬけてゆくのを感じた
何故なら……そこに蛾のつかれた魂のやうに幽然とたゝずんでゐる彌泉は、影をもつてゐないからだ

夏宵怪談　密会の枕上に立った夫の幽霊（下）
怪　★台湾日日新報　昭和二年九月二日（一日夕）　2-188

夏宵怪話

密會の枕上に立つた夫の幽靈（下）

姦婦は卒倒した―翌朝
夫の死を聞いて白々しく泣いた

「影をもたない人間と云ふものがあるかしら」

かの女は
◇…虚勢を張つた。そしてからいつた。
「何をそんな不平してるのよ。狸にばかされたんぢやあるまいしぬれしよぼたれてさつさと衣物を着替たらどう？」

「イヒヒヒ……」

彌泉はわらつた。いや鼻であしらふやうな、寒い、あざけりの笑ひがはつきりと聽きとれた、と思つたかそれは何かの錯覺で彌泉はやつぱり顔一つ歪めないで凝乎と女の眸をみつめてゐたそして默つて右手をすこしあげると、指は姦夫張競生が猫の子のやうに蹲つてゐる寢臺の下をさした。女はさツと顔色を變へた、だが直ぐ白々しい態度にかへつて。

「なにしてるのお前さん。タンキーつきみたいに、可怪な恰好をして……鼠でも逃込んだのかい！」

ど……その瞬間今まで幽然としてたゝずんでゐた彌泉の顔に、あきらかに一道の
◇…凄氣が　さつとさした。みる〳〵唇がむくれた。白い蕀のやうな鋭い牙が生えた。青いとろ〳〵と燃える燐火が吐き出された、はげしい勢で、摑みかゝりさうな恰好をした、雙掌の指には鷲の爪が伸びてゐた。
それは、かの女をひつとらへて肉を引き裂き血をすゝり、骨を嚙みつぶさずにはおかない、といふ激烈なやうすだつた。憎惡と怨嗟と嫉妬か、あらしのやうな眞ッ黒い一團となつて、殺到する勢ひだつた。だが、不思議なことには、彼はさういふ怨みと呪ひとのセッ羽詰つた瞬間に於てすら、何一つとして言葉に出して言へないやうすだつた。
◇…女には　それが一さう怖ろしかつたそしてとう〳〵「呀ッ！」と向ふざまに昏倒して了つた。
翌朝川務も奮れあがり二層行淡

下流の、川杭に張爾泉の溺死體がひつかゝつてゐるのが發見せれると妻の艶は色蒼ざめた顔に泪を一杯溜めて哭き出した。そして、とぎれ〳〵に水涕をすゝりあげて昨夜張爾泉にあつた話をした。（というても勿論彼女らの秘事は大切に蔵つておくことを忘れてはゐない）

『ふむ、そりやきうとお前のことを氣に掛けて、爾泉の幽靈が會ひにきたのだ』

何もしらない村のものは、さういつて慰めた

『えゝあたしもさう思ふの爾泉は、そりや、とつてもあたしを可愛がつてくれたんだから……あゝ！この後あたしはどうして生きていつたらいゝだらう』

女は白々しい泪をながして歎いた。

資 人魚の正体看破されて　科料十五円
●北海タイムス　昭和二年八月二十二日　2-189

人魚の正体看破されて

科料十五圓

鯱と人魚だといつて札幌市狸小路太平館に開いて居る見せ物の大阪市南區周防町七番地大阪教育品研究會上村雄一は二十日札幌署に人魚は偽物にて上は猿下は鯉にて造つたものと看破され科料十五圓に處せられた

妖 妖怪変化夜話（一）
●小樽新聞　昭和二年八月二十二日　2-190

妖怪變化夜話（一）

大森秀雄

今日の大をなした人間文化の根底は古來の神話であり傳説であつた、忘れつぽい現代人はそれ等の説を疾に忘れてしまひ或は俗説であると一蹴してしまつてゐる。家も亦甚だしいものである俗だとて斥けられてゐる傳説にも自ら國民性の現れがある

例へば狐と狸に就いて比べて見てもよく解る。狐の人をだます話は支那から渡來したもので狸は日本獨特のものである。從つて狐のばけるのは美女であり妖婦であるに引きかへ狸は酒屋の小僧であつたり大入道であつたり或は睾丸を八疊敷に擴げる位である。前者は世俗であり後者は如何にも趣味タップリである此處に國民性の相違をよく見出し得るではないか。折も折よく秋の初めである。夕食後の夕を怪談に語り更かすも面白いではないか。

普通云はれてゐる河童は顔は年寄りジミてゐるが手足は十才位の子供で左手の指が三本しかない。其の三本の指で

人の肛門

を拔くのだそうである。甓庵隨筆と云ふ本に目方が十二貫あると見えてゐるから憲政の神犬養さんより一貫目も重い譯である。頭は扁くて中央が凹み皿の様になつてゐる。其中に水の入つてゐる間は至つて力強いが水がなくなるとグッタリと弱くなる。平生は魚、胡瓜、柿等を食ひ人の舌殊に肛門は一番好物らしい。酒も相當好きと見える。嫌なものはトウキビ、サヽゲ、鐵類等だ。約束は絶對に違へる事がなく此點人間は河童の足元へも寄れない。

寛政の初め羽州山縣郡羽生村の庄屋六左衞門の家へ或日

一人の侍

が來た。身なりは堂々としてゐる侍と少しも變らないが一種のいやな臭があつた主人に面會して「私は長年この川に住つてゐる森源左衞門と云ふものだが先頃の洪水に光つた物が流れて來て岩の間へはさまり眷族共が非常に恐れてゐるから何卒取りのけて貰ひ度い」と申込んだ。六左衞門は大に驚き脇差を引きつけ「さては貴様は河童か、今迄も隨分人を害してゐるから今後の害毒を除く爲殺してやる」と云へば河童は言葉を盡して今後決して人をあやめないと云ふので許してやり水練巧な者を其の淵へ入れて見たところ

梨の峰が

一本石にはさまつてゐた。それを取除けてやると翌日源左衞門が又やつて來て厚く禮を云つた後何か御禮をしたいの

だが適當なものがないからとて島の卵を六つ置いて歸つた六左衞門が氣味が惡いから捨てゝ了つたところ其後又やつて來て今度は卵を三つ呉れ、「之れはコクと云ふ鳥の卵で得難いものだから是非食つて御覽」と云ふので六左衞門今度は恐る〜喰べて見たところ、神氣さわやかになり身體至つて健全になつたそうである。そして其の後は河童の害は絶えてなかつたそうである

之れは「ありのまゝ」と云ふ本に書いてあるのだが之れで約束を守る事や鐵を嫌ふ事が解る譯である。

妖 妖怪変化夜話（二）

●小樽新聞　昭和二年八月二十五日

2-191

妖怪變化夜話

（二）大森秀雄

加藤清正が肥後の領主であつた時一日從者を連れて狩に出た。丁度八代邊の川を渡つた時一人の小姓が**河童のた**め水中に引入れられ敢ない最期を遂げてしまつた清正は大いに怒つて「吾が領土内に在つて我家人を殺すとは言語道斷である。此上は國中の河童を狩り一つ殘さず殺して了へ」の下知を傳へた。そして他所へ逃げない樣に高僧を呼んで封ぜしめ備川上から番を流し石を燒いて川に投げ入れ數多の猿をして兩岸を守らしめた。河童はお湯を嫌ふもので又**猿を見る**と獺の前の鼠同樣になるものである。斯うして強數の清正が怒りに下知をしたので國中の河童共は醉つた樣になつた。河童の頭九千の頭を九千坊と云つたが九千坊は大に悲しみどうかして眷族を助けたいと身を以て封じた坊さんを訪れ哀訴嘆願に及んだ。坊さんも可愛さうに思ひ今後國人を殺めぬと云ふ約束をし清正に命乞ひをしてやり**漸く許さ**れた。其後は國人に對する害は絶えてなく只通りがゝりの旅人に時々害があつた（倭訓栞及び本朝俗諺志による）

◇　◇　◇

天正の頃信濃國柴村に柴河内といふ人がゐた。或時馬を野飼にして天龍川の邊に放つて置いた。丁度天龍川の河童が之を見つけて川に引き入れようと思ひ**馬の手綱**を取つた此の河童は合憎馬を引いた事がなかつたのでコツが分らず思ふ樣に水中へ入れる事が出來ない。仕方がないから力一ぱい引き込もうと思ひウンと手綱を引つ張つて見ると油ぎつた河童の手だから綱がすべり拔けて了ふ。河童は一案を考へて綱をグル〜身體に卷いて引き合つた。流石の馬も之には參つたと見え段々**岸邊近く**へ引かれた。水の中へ入らうとする時馬はいきなり驅け出さうとしたが其のはづみで河童が轉び其のまゝ引かれて村迄來て了つた。人々は珍らしいと寄つてたかつて殺さうとしたが主人が情深い人であつたので放してやつた所後で御恩返しの積りであらう時々門口に川魚を置いてあつた（信濃奇談）

妖 妖怪変化夜話（三）

●小樽新聞　昭和二年八月三十日

2-192

妖怪變化夜話

（三）大森秀雄

寶永の頃　佐用郡に起つた出來事です、七月下旬のある夕方だそうです。さる農夫が利根川べりの柳に馬をつないで遲遠からぬ家へ歸り行水を使つてゐました。所が馬は何に驚いてか一散に驅けて家へ歸り厩へ入つてフー〜云つてゐます。農夫が不思議に思つて行つて見ると厩の隅に馬の手綱の先きを身體に卷いた儘一匹の猿の樣なものがゐます　之は變だと云ふので近所の助けを得て引きづり出しは柿の木に結へてよく〜見ると猿とは違ひ頭上は稍や凹み髪は赤松葉の樣で至つて不氣味な姿をしてゐます。其中に村の物識りが來て「之は河童だ」と云つたのでそれではみんなでなぶり殺しにしてやらうとて一人が鉞を以て右の手を斬り落した所河童は涙を流して「俺は今日馬を引き入れようとして

誤つて引づられこんな憂目に會ふ樣になつたが今後は御一門は云ふに及ばず一村の人々に對して決して手出しをしないからどうぞ命ばかりはお助け下さい」といと神妙に賴んだ。一同も河童一匹殺したとて何にもならないと思つたから「物に依つては助けてやるが、では詫證文を書くか」「私は元來無筆で其の上手も切られて了つた。此の上はどうぞ無理を仰らないで其の手も返して頂き度い」「手を返したつて繼ぐ事も出來まい、手丈は置いて行け」「私は骨繼ぎの妙薬を知つてるので今晩中に其の手をつぎます」「ホホウ、耳よりな話だがその薬は貴樣が調合するのか、……ではその薬方を教へろ命も助け手も返してやる」と云つて人をはらひ祕に祕薬を教へたのでそれを認め取り河童を河へ逃してやつた。其の後其處には河童の害は當てなく、更に其の薬は至つて妙薬でどんな大怪我でも一夜にしてなほつたので近所近在は云はずもがな、全國津々浦々から註文引きも切らず、今でも代々傳はつた薬方によつて、「河童直傳骨繼ぎ薬」として知られてゐるさうです（西遊見聞隨筆による）

妖　妖怪変化夜話（四）　●小樽新聞　昭和二年八月三十一日　2-193

妖怪變化 夜話（四）

大森秀雄

死んだ芥川龍之介の「河童」は大分人口に膾炙されてゐるからやめる事にしまして次に人魚へ移らうと思ふ。明治の初年日本の

香具師が

猿の首をつゝ込み巧に縫ひ合はせたものを作りオランダ人に賣つた所オランダ人は國へ持ち歸り本國の學界で大問題となつたがやがて本體が暴露し學者連一同開いた口をふさげ得なかつたさうだが最近札幌へも之に似たものを持つて來て科料に處せられた話も聞いてゐます。人魚の話は東西に亘つて各地に云はれてゐましてイタリー邊ではローレライの樣に人を魅するものやら飲酒の害を說いた人魚等がありますが之等はさし當り酒なしデーの表彰者でせう。多くはジユゴンの誤認らしく外はアザラシオットセイ、アシカの誤認もある樣です併し本稿はそんな詮索はせぬ筈でしたからやめませう。◇建保元年秋出へ人魚が流れ寄つたので直ぐ鎌倉へ注進した所、鎌倉では卜者に占はせた、卜者は兵革の

兆である

兆であると豫言したので、人魚を懇に葬つてやり尚各寺社で祈禱をしたが其の年ついに和田義盛の戰ひがありました（北條五代記）津輕へは時々出てゐます。寛治元年に流れて來たのは三浦泰時の戰ひの兆であつたが其の外にも形は人の樣で腹に四足のあるのも來てゐます。又矢張寛治元年津輕へ流れて來たのは頭にトサカがあつたさうで、異常と云はねばなりません。大抵は元祿元年津輕の野内浦で捕へた樣に髮は房々として長かつた樣です。何時の頃か伊勢の別保と云ふ處へ刑部少輔忠盛朝臣が行つたところ丁度人魚が網に引つかゝつた。頭は人の樣であり乍ら歯は至つて細かく

矢張魚と

矢張魚と見られた。下半身は鱗のある矢張普通の魚で人が澤山寄た所涙を流し聲を出して嘆き悲しんだが其の聲は人間其のまゝであつた。浦人が皆で食つて見たが何の祟もなく味は殊の外うまかつた（古今著聞集）◇寶永の頃若狹國大飯郡御淺嶽は魔所であると云はれ山は六合より登れなかつた、そして御淺明神の仕人は人魚であると云はれてゐたが其の頃乙見村の一漁夫が海へ出た所岸の

岩の上に

人魚がゐた、頭は人間の如く襟にトサカの如くヒラヒラする赤いものがあつた。何心なく持つてゐた櫂で打つた所コロリと死んで了つた、海へ投げ入れて歸つたがそれより七日七晩ガンガンと海が鳴つて止まず、三十日ばかり過ぎてから大地震があり御淺嶽の麓から海岸迄地裂けて落ち込み乙見村一村は消えてなくなつた（諸口里人談）◇長崎見聞錄には人魚の骨は出血の

妙薬だと

されてゐます、併し其の頃賣り出してゐた人魚の骨は主にアカエイの骨で大抵オランダ邊から輸入してゐた樣です

◇支那にも面白い人魚の話があります、陸安に陳性と云ふ人がゐまして漁師をしてゐた、或日網を海へ入れたまゝ外の仕事をしてゐると何時の間にか潮が引いて了つた、見ると其の網の中に一人の女が引つかゝつてゐる、丈なす黒髪を垂れ玉の様な

肌をした 非常な美人であつた、それが砂の上に身に一物もまとはず臥てゐる様は、何とも云へず艶であつた、人々が珍しがつて種々言葉をかけて見るが一言も答へなかつた、其の中に一人の若者がいたづらをした所其夜陳性が夢を見た、枕頭に其の女が立つて「私は江黄と云ふ者であるが、昨日水がなくなつて動けずついに不覚をとり其爲め人に辱を受けた」と云つて悲しんだので可愛さうに思ひ

翌日満潮 を待つて水へ入れてやつた所何處ともなく行つて了つた、例の若者も間もなく病死してしまつた（陳峙伯天中記）

◇河中に赤い大きな石があると中には人魚が住んで居ります、アイヌ人がその様な大きな赤石は人魚の住家であると言ひ傳へてゐる悪心がある者は其石に祈り自分の敵を殺します…呪ひをうけた敵がこの大きな石のある川を渡るとその者は殺されます（バチエラー博士アイヌ爐邊物語りから）

◇前に人魚は主にジユゴン、オツトセイ、アシカ等の誤認であつたと云つたが、それについて思ひ

出したが 今春札幌のお祭に一香具師がオツトセイの曲藝だと云つてアシカを持つて來てゐたアシカはオツトセイと比べると脳の組織は大部進化してゐて、犬に近いので藝も仕込み易いのである之は妖怪變化と別だが一寸附記して置く。

資　四谷怪談　●国民新聞　昭和二年八月二十三日　2-194

＝四谷怪＝　帝キネ映畫、佐藤樹一路監督、明石緑郎、松枝鶴子主演、盆踊りの夜民谷伊右衛門はお岩と踊りの仲間に入つたが伊右衛門は人眼ひから捕手と爭ひ逃れる途中行當つた老武家を斬つて捨てた、其夜から伊右衛門とお岩の新生活は始められたがある夜斬つた武士がお岩の父左門と知つた時人に語れぬ悩みを抱き心秘かに懸向してゐたが伊藤の娘お梅と知り合つてから伊右衛門は事毎にお岩　邪慳になり血の道の良薬と偽り薬を與へお岩の顔容に二々目と見られぬ物凄さに變つた（大勝館上映中

怪　今年四歳の坊やが不思議な天気予報博士　●福島民報　昭和二年八月二十六日　2-195

今年四歳の坊やが 不思議な天氣豫報博士
お客さんの數まで當てる 土湯温泉木村屋の繁藏君

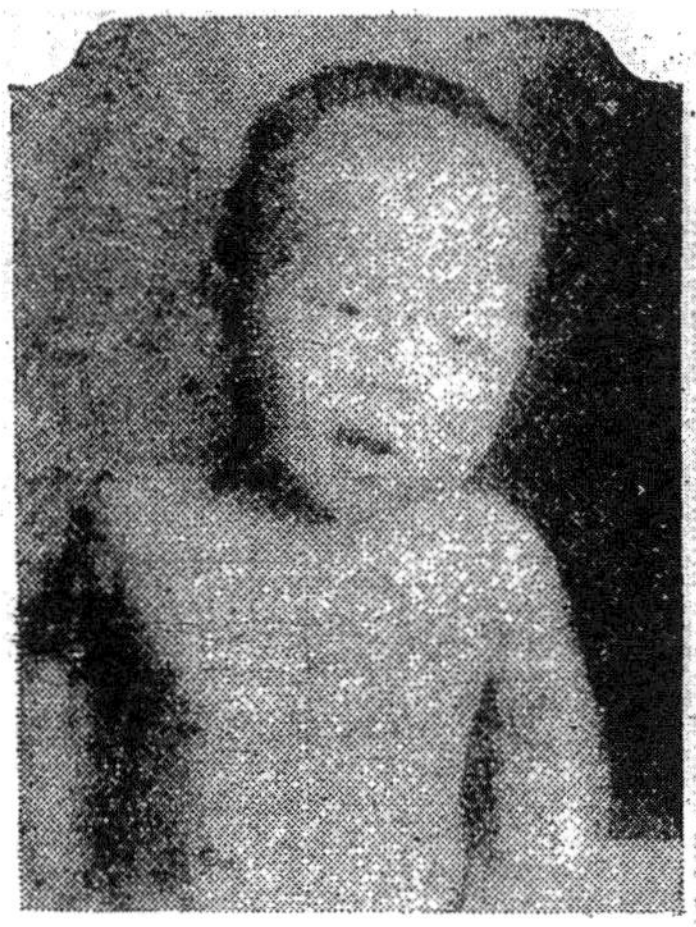

信夫郡土湯温泉吾妻屋旅館の隣にある料理店木村屋分店事菅野廣吉さんの三男に繁藏（四つ）といふ可愛ぼつちやんがあるまだ西も東もわからぬ頑是無い幼兒でありながら昨年當りから百發百中の天候

豫報を いふといふので この界隈ではこの子を稱して天氣豫報と稱し今湯繁盛況の同温泉の話題となつてにぎはしてゐる、また同家に來る客の如きも其日く

に幾組あつてその中ふさ（土地の俗語で借の意味）か幾組あるか迄で適中するといふので兩親始め我が子の靈感に驚嘆してゐるこの神童……繁藏の母せつ子さんについて子供の

常態を 聞くと『生れてから一年とも乳を飲みませんでしたが御覧の通りよく成長して居ります三つの頃から一言聞いてもよく覺えるといふ質で親ながら感心してゐます……豫報ですか……よく近所の方が來て小供に聞いてゐます、答へは簡單ですが、よく當るやうです、また來客等の幾組あるといふ豫言等には全く舌を卷いてゐます』と語つた同家は氷水を商つてゐるが雨天續きの際などは

子供の 豫言で仕入を見合せてゐるといふ。また姿鑑湖に

は村人等がこの子供の豫報を聞いて桑の用意をするといふ話題、記者が二十三日明日（二十四日）の天氣は如何との問に彼は『雨はないお天氣』と答へ遊びにまぎれて外に立去つた正しく二十四日は好晴であつた（寫眞は紫城君）

ラ　演芸漫談　菊五郎の怪談　悟道軒円玉　2-196

●読売新聞　昭和二年八月二十六日

「菊五郎の怪談」提灯抜けの幽霊

演藝漫談 ＝午後八時半ごろ

菊五郎の怪談

悟道軒　圓玉

『四谷怪談』は四世鶴屋南北の著作で文政八年七月に三代目菊五郎によつて堺町中村座に初演された、本藝題は『東海道四谷怪談』であるその時の、宣傳は頗るうまいもので、小屋の櫓に大鼠にもつていつて女の生首が小袖を喰はへてゐる所の畫を描いたのを引つかけた、サアこれを見た

＝江戸人＝はびつくり『オヤありや一體何だらう』『今度菊五郎が四谷怪談をやるのだそうだ』とパッと評判が立ち小屋があくと割れる様なお客、毎日大入りがつゞいたといふ、その後は、文政の十年九月（夏狂言として）又中村座から同じ四谷怪談を出したが、これも又大入滿員の盛況、昔は三年に一度、ひとつ狂言を出すといふ事は殆どないといふ所から見ても如何に

＝人氣が＝あつたかゞ判る、その後天保二年の八月になつて今度は、日本橋葺屋町の市村座で三度目の上演をした、然しこれ迄は二度共、雪洞の中からお岩のお化けを出したのであつた、なぜといふに二度共この四谷怪談に忠臣藏を持ち込んだためで、この討入りの時にお化けを出す事になつてゐたので自然雪降りでなければ都合が惡かつたが、それは三度目には趣向を變へて例の提灯の中からお岩をぬけさせる様に工夫した、で淺草馬道に小道具方が居るがそこから毎日

＝白張り＝の提灯を持つた小僧が、藏前通の、なるべく人通りの多い所をブラ〳〵ぶら下げて通る、毎日〳〵つゞくのでこれを見た人達は、不思議がる、と菊五郎が幽靈になつて、あの提灯からぬけるのだと云ふ噂が立つて一層評判が高くなり、湧く様な入氣、これもまことに、宣傳よろしきを得たといふものだ、この芝居では菊五郎が、お岩と、小平、及び、佐藤與茂七の三役を勤めるが昔からの習慣で、幽靈の着附けは鼠ねずみ色の

＝着物と＝いふ事になつてゐたが、この場合では、二人が同じ身成りではいけまいと何とか目先をかへる様に、いろ〳〵苦心したが、或る不思議な事から、この小平の身成りを發見した、菊五郎に云はせると、それは幽靈が教へて呉れたと云つてゐるが、とにかく、小平には、あさぎ木綿の紋付を着せる事にした、これが、即ち怪談の

＝怪談た＝るところであらう。とにかく、この三代目菊五郎は素晴らしい美男子、何時も自分の顔を鏡にうつしてはウットリし『何うして俺はこんなにきれいなんだらう』と眺めてゐると傍に居る弟子の尾の藏が『全く親方はいゝ男です』と感心をしてゐたといふ、男振りがいゝばかりでなく藝にしても一番目、二番目、女形何んでもやつて來いだ。毎年十一月顔見せにイヲリを並べるが、彼のイヲリのみには、いつも『兼ねる』と書いてあつたといふ、この一世の名優も嘉永二年四月六十九歳を以て歿したのである。

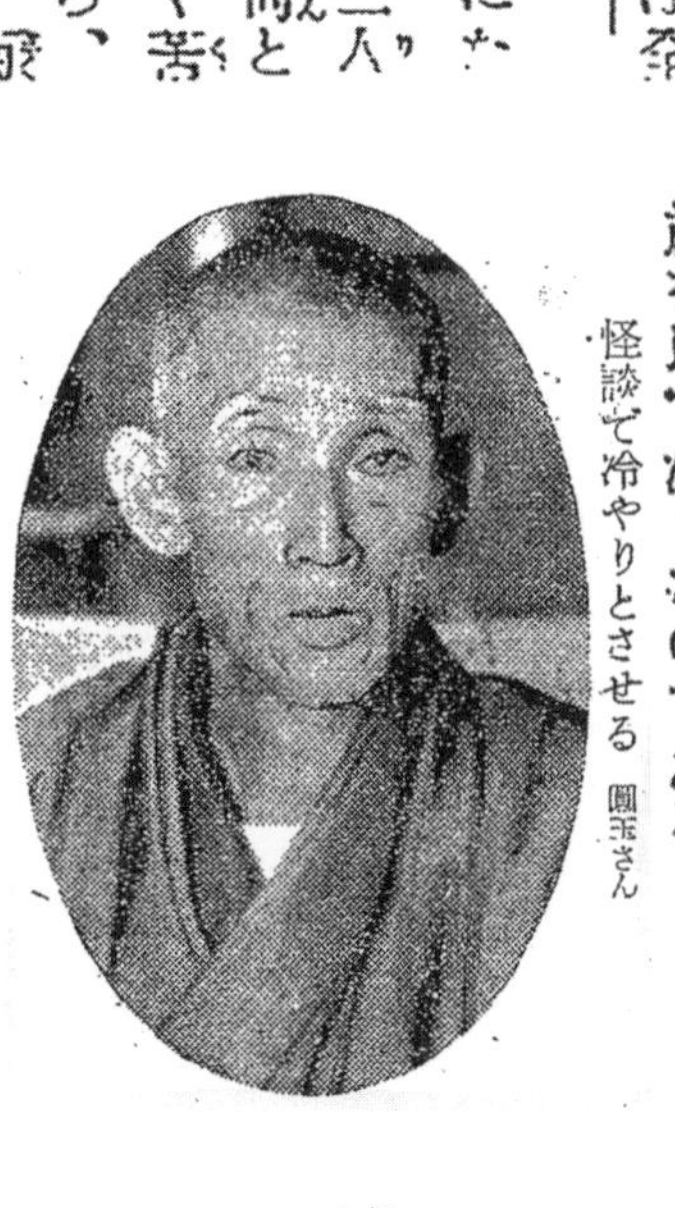

怪談で冷やりとさせる　圓玉さん

ラ

演芸漫談
菊五郎の四谷怪談に人気取の面白い宣伝

●都新聞　昭和二年八月二十六日　2-197

◇三世菊五郎新工夫の幽靈（今の演藝畫報四谷怪談）

演藝漫談

菊五郎の四谷怪談に人氣取の面白い宣傳
人並はづれた三代目の苦心

〈夜八時頃〉―悟道軒圓玉

例によつて圓玉老の演藝漫談「三代目菊五郎の幽靈」四谷怪談について話されます、此怪談の本外題は「東海道四谷怪談」といふが東海道に四谷といふ町があつたかどうだか判らない、又此第一番目が「雜司ケ谷四谷町の場」といふ雜司ケ谷に四谷町といふのがあつたかどうだか、これも判らない、これが怪談の怪談なる所以かもしれませんね」と圓玉老は氣焔をあげながら語し出した

◇「四谷怪談」は幽靈を書く事の名人四世鶴屋南北が書いて、親讓りに幽靈の役がうまかつた三代目の菊五郎が

苦心 をこめてやつたから非常に人氣を博した然し作者もよかつたし役者もよかつたから人氣の出るのは當然であつたが、然しこれにも頗る面白い宣傳が伴つてゐたものだ

◇「四谷怪談」が始めて上演されたのは、文政八年七月さかゐ町の中村座であつたが、何か眼新らしい宣傳をしてやれといふので南北はまだ脚本がすつかり書き終へない内に、小屋の前の櫓へ大きな紙鳶に、女の生首が小袖をくはへてゐる圖を書いて飾つた、そこで此前を通行する人は「凄い

繪の 紙鳶だが、一體なんだらう」といふと、さういふ時にはきつと知つたかぶりの男がゐるもので「ありや今度菊五郎がやる四谷怪談といふ芝居ださうだ」と話しをする、さアこいつが忽ち擴まつて芝居の蓋があかない前からすばらしい人氣であつた

◇此時菊五郎は小間物屋與茂七實は塩谷浪人佐藤與茂七、伊右衛門妻お岩、小汐田仲間小佛小平の三役早變り、七代目團十郎が伊右衛門といふ顔觸れで七月二十七日から九月十五日まで

打通 しの大入大當りの興行であつた、其後三年目の文政十年に又中村座の夏狂言にやつたがこれも大入だつた、昔は今と違つて三年の内に二度同じ狂言を出すといふ事はめつたになかつたのに、それをやつたといふのは四谷怪談が如何に人氣があつたかといふ事が判るぢやありませんか

◇更に天保二年夏狂言に又「四谷怪談」を出した、今度はふきや町の市村座であつた、然も前二回は五幕目の大詰「蛇山庵室」の場……これは

お岩 の幽靈に苦しめられて、伊右衛門が患つてゐるといふ、極陰慘な所だが此處でお岩の幽靈を雪の中から出した、といふのは四谷怪談が忠臣藏に持込まれてゐて、丁度其夜が討入の當夜に當つてゐるからだつたが、それを改めて、天保二年市村座の時は盂蘭盆の夜にして、盆提灯の中から出した

◇これが又頗る仕掛けがうまくて凄味があつた、白張りの盆提灯が燃えて、其中からお岩の幽靈がドロ／＼と出るから凄味がある、どう云ふ工合で提灯の中から幽靈が出るんだらうと

見物 は菊五郎の妙技に舌を巻いたが、なあに種を明かせば何でもない事で、舞臺が薄暗くなるとボーウッと白張の提灯の眞中が燃える、これで凄味が充分つくが、提灯が燃えるので都合がいい、提灯の後迄來て待つてゐるお岩樣の幽靈は、燃えた提灯の眞中を潜つてスウッと體を出すと、眼の前へ丁字形の棒がせり上つてゐるから、これにつかまるといふ趣向なのであつた

◇然し判つて見ればなアンだと云つても判らぬまで

考へ られるものではない、然も今度は幽靈を提灯から出すぞと云つて、菊五郎は頗る變つた宣傳をやつた、實に群衆心理をうまく摑んだので、又實に人をくつたものである、菊五郎の小道具方は淺草に住んでゐたそこで盆用白張りの提灯を作つて小僧に持たせて市村座迄とゞけさせた、然も此小僧が淺草から藏前通り、あれから、人形町へ出てふきや町へ行くといふ工合に人通りの多い町ばかり選んで歩かせたから、持つてゐる

品物 が盆提灯といふだけに頗る人目をひいた

◇×「何だらう緣起でもねえものを持つて行きやがる」「ありや、なんだ今度市村座で菊五郎が四谷怪談をやる時、あの提灯から幽靈を出すださうだ」○「こいつは見に行かなくちやなるめえ」こんな工合だから蓋を明けると芝居は割れ

るやうな人氣であつた

◇此時も菊五郎は、三役早變りだつた、お岩と不義をしたといつて戸板流しにされた小平の幽靈と、お岩の幽靈について菊五郎は非常に

苦心 をした、話は横へそれるが、此戸板流しが面白いぢやありませんか、戸板を流した處が早稻田の邊だ、一所が其戸板の流れついたのが、深川砂村の隱亡堀、大分どう流れたつて早稻田から隱亡堀へつく筈がありませんや、つまりこれが怪談の怪談たる所でせうか……

◇扨、芝居の幽靈といふものは鼠色の裾の長い着物がおきまりだが菊五郎はお岩と小平の二人の幽靈を、兩方共同じ着物で出るのは面白くないと考へた、何とかいい

思案 はないかと頗る苦心をしたが却々浮ばない、と、ある時菊五郎は幽靈から素敵な思ひ付を教へられた、即ち小平の幽靈に淺黃木綿の紋付をきせたのであつた、扨菊五郎はどんな幽靈を見たんだらう、即ち怪談の怪談といふ所だが、これは放送まで待つより仕方がありません

◇兎に角菊五郎のお岩は素敵な評判で、一生に九度も勤めてゐる、然し實物はお岩の樣に凄い醜いではなく頗るの美男であつた、ある時自分の顏を鏡にうつして見て「どうして俺はこんなにいい

男だ らう」と云つた、すると傍にゐた弟子の尾之助が「全く親方はいゝ男です」と讃美したさうだが、菊五郎はよく〳〵いゝ男に生れついたものと見えますサア

◇大分怪談で肩が凝つて來た、一つ輕い滑稽怪談を申上げて、失禮する事にしませう、幽靈と化物とは違ふ、幽靈は凄味があるが化物は滑稽だ「あの女は美人は美人だがやせてゐて幽靈みたいだと一口に云ふ」又「あの女はまづい面だ

お化 みてえだ」といふ、これによつても幽靈とお化のけぢめがつきます

◇冥途に於いて幫間仲間の一八が出入先の奧さんに逢つた「奧さん久し振りでエへ……」奧「おや、一八お前もこつちへ」「へエ、どうも御無沙汰致しました、奧さんは又どうして」奧「なーに腦溢血でね」一「それは〳〵とんだ事を致しました、私も膓を痛めましてね、時に話は違ひますが冥途も大分遠つて來ました」奧「さうだつてね」一八は聲をひそめて「此處ですから奧さん話しますがね、あなたの

旦那 は實にひどうございましたよ」

と一八は旦那が柳橋に妾を圍つてゐる事を話した、これをきくと奧さんは柳眉を逆立てて「エエ口惜しい、幽靈になつて出て恨みを云ひたい、一八お前一所に云つてくれないか」一「へエ幽靈もようござんすが、鑑札が無くちや出られません」奧「ぢや一所に願つておくれよ」これから二人で役所へやつて來ると、いかめしく鬼の鑑札係が控てゐる鬼「何だ」一「へエ、幽靈の鑑札を下げて

頂き たいので……」鬼「幽靈が出すもいゝが、理由は何だ」奧「へエ、これ〳〵かうでございます、口惜しくつてくやしくて」鬼「フム」鬼は二人の顏を見てゐたが鬼「一體、幽靈に出やうといふのは誰だ」奧「ハイ私でございます」すると鬼はアハヽ…………と笑つて鬼「お前なら幽靈の鑑札でなく化物の方を願へ」

◇いや落し話を申上げて恐縮でした、ぢや失禮致します

資　帝国キネマ製作　時代劇　四谷怪談

●岩手日報　昭和二年八月二十七日（二十六日夕）　2-198

帝國キネマ製作
時代劇
四谷怪談

脚色　上島　量
監督　佐藤樹一路
撮影　三木　茂

浪人民谷伊右衛門（明石緑郎）女房お岩　松枝鶴子・下男小平（大野三郎）

梗概 盆踊りの夜伊藤喜兵衛の孫お梅と武家の娘お岩を見た民谷伊右衛門は呼び出しをかけて來たお梅よりしとやかなお岩の美しさに心奪はれ秋山長兵衛と直助の計らひでお岩と踊りの仲間に入つたが伊右衛門は人違ひから相手と爭ひのがれる途中行き當たつた老武家を斬つて捨てた其夜から伊右衛門とお岩の新生活は始められたがあの夜斬つた武士がお岩の父諏訪左門と知れてから伊右衛門は人に語れぬ惱みを抱き心ひそかに

出向してゐた友人秋山長兵衛は盗離りの夜伊右衛門に振られてから未だに思ひ續けてゐるお梅を伊右衛門に結ひつけたそれからの伊右衛門は事毎にお岩に邪けんになつたがお岩は何事も自分の罪と伊右衛門に仕へてゐたある夜お梅は血の道の良藥と僞り一包の藥を與へたそれを知らず服んだお岩の顔容は二タ目と見られぬ物すごさに變つたお岩の弟與之助はかすかな記憶の父の仇を伊右衛門と知り立ち向つたが斬り立てられて與之助は河中に落ちた全ての企みを知つたお岩は伊右衛門を恨み伊藤一家を呪ひ復讐を呼んであはれ悶絶した伊右衛門は可哀想なお岩をかばつて來た仲間の小平を殺し二人の死骸を戸板に結びつけ河に流したお岩の亡靈に惱まされてゐたが確かな證據を得た與之助は姉お岩の亡靈の助力に父の仇民谷伊右衛門を討果たした。（完）

自然界の驚異　人を喰う木　ミンダナオ島奥地の…

●河北新報　昭和二年八月二十七日　2-199

怪

自然界の驚異　人を喰ふ木

探險家危くも難を逃る　ミンダナオ島奥地の怪事

熱帶地方にはまだ〳〵學者も知らぬ樹木があるとは幾度も幾度も聞かされた話であるがアメリカミシシッピー州ブライアントの知名の士ダブリユー・シー・ブライアント氏がヒリツピン群島のミンダナオ島の奥で狼のやうに人を喰ふ樹木を實見したこの樹木の話はこれまでも同島の探險家が幾度も報告してゐる

○

ブライアント氏がキング氏及び八名の白人と外に數人の土人を從へて同島の西岸とメニット湖の一地方を探險に赴いたときの事である一行が山奥深くわけ入る前にフレデリック・イー・ジヨストン大佐がこの人喰ひの木だけには氣をつけ給へと注意したがそんな馬鹿な話が――と笑ひ飛ばしてしまつたのであつた

一行はスリゴア川の水源地に來たとき方向を變へねばならなかつたそして段々メーニット川の西岸に近づきつゝあつたとき土人の案内者中の老人レオンが若い土人と何か心配さうに話してゐたがその翌日もう前進は御免だと申し出たが結局鐵砲もなくてまた山の中を一人で歸るのが怖くなつて澁々前進を承知した、その時レオンは段々人喰ひ木の森に近づいてゐると告げたのであつた

○

翌日一行はある山裾の人の姿も沒するほどの深い草を開いて晝飯の用意をしてゐた、その間にブライアント氏はその邊の地理をみるためにレオンをつれて出かけた、その日はなんとなくいやな日であつた、レオンは既に恐ろしさに蒼白めて、ブライアント氏の前に跪いて歸してくれと泣くやうに賴んだ

○

それを勵まして進むと一本の木が二人の行く手に立つてゐた、質の堅さうな厚い眞黒に茂つた葉をも[illegible]十五フイト乃至四十フイトの高さであつたらうが、よく手入れをしたやうにきちんとして直徑三十歩ばかり痩地の眞ん中に立つてゐる

○

其下には動物の骨らしいものが散亂してゐるし、異樣な臭が漂つてゐた、レオンは遠くから氣をつけなさいと怒鳴つたがブライアント氏は一向氣にかけず木の下に近づいた、見るさ骨の中にはまざ〳〵とした人の骨があるではないか、氏はそれを拾ひ上げてゐる時フト頭の上で葉が波のやうに戰いてゐるのを見た、氏は蛇ではないかと見上げた途端に、レオンが夢中に

なつて氏を引戻した、突然レオンが叫び聲をあげたのでみると木の上の方から蒼蛇が人を狙うやうに氏を包まうとしてゐるのだ幹や葉はギシ〳〵鳴つてゐる氏は暫らくの間、蛇に狙はれた、蛙のやうに躰が動かないその厚い葉に鋭い針があつて、粘り氣の強い汁が流れ出してゐた、僅か一インチ程に迫つた葉が氏の眉に觸れたときハツと驚いて夢中になつて逃げ出した氏の見た葉の大きさはサボテンの三倍の厚さと廣さが確かにあり蔓は親指のやうに太いしつかりしたものであつた

○

ほつとしてふりかへると餌をとり逃がした、人喰ひの木は猛りたつた鸚鵡のやうにまた葉をザワ〳〵と聳かせてゐた、流石のプライアント氏も動物の骨につゝまれたこの木を眺めて植物界の不思議さに茫然としたといふ

怪　草木も眠る丑満頃 コツコツと幽霊が

★布哇報知　昭和二年八月二十七日　2-200

草木も眠る丑満頃
コツコツと幽靈が
開けてくれと裏戸から　夜〳〵現れ出るとの噂
但し英語で物語る

幽靈といへば日本の屋敷町につき物のやうでアメリカにも幽靈があるかと思はれるが此の頃羅府で幽靈か出るとの噂が高くなり見物に行く者も多數あるそうだが場所はロスアンゼルス西廿五街は千四白臺あたりの家で同胞が住居して居り夜な〳〵家族がなやまされて遂には病氣になるとの事聞けば幽靈は草木もねむる三三時頃裏ゝ戸來てはコツ〳〵ノックをし返事がないとあけてくれ〳〵と嘆願すると云ひ此の家は元河東方面にあつたのを此處に引移した家だが河東にあつた頃この家に泥棒が侵入し二階からおりて來るところを主人がピストルで射殺したので階段からケチンに落下して卽死した因緣ある內で多分この幽靈が家について來てゐるのだらうと云はれてゐる。うそか眞か確に見た人もないが先住者の話をそのまゝ中には夜間がこはくて晝見に行く同胞もありとは物騒な

資　心霊現象の表裏（一）　精神感応の現象

●東京日日新聞　昭和二年八月二十八日　2-201

通俗講話

心靈現象の表裏（一）
＝精神感應の現象＝
文學士　小熊虎之助

◇心靈現象といふのは、人間心靈の幽玄な能力が發現したやうに思はれる現象といふ事である。

◇この種の神怪現象には非常に雜多なものが普通含まれてゐる。が、先づ科學的に見て重要な現象としては、四種類を區別するとが出來る。

◇精神感應の現象と、死後の生活の存在を證示すると思はれる現象と、千里眼や透視などに關する現象と、心靈物理現象とである。

◇第一の精神感應の現象といふのは、人間と人間との精神が、普通認められてゐるやうな感覺、簡單にいふと、かのいはゆる五官を介さずに、感應あるやうに見える現象をいふ。

心霊現象の表裏（二）　亡魂からの通信
●東京日日新聞　昭和二年八月三十日　2-202

通俗講話

心靈現象の表裏（二）

＝亡魂からの通信＝

文學士　小熊虎之助

◇この現象を實驗的に起させた場合としては、或は同じ部屋で、或は近つた部屋で、或は家を異にし、或は數百マイル互に離れた所で、一方の實驗者が精神を他方の能力者に感應的に感知する實驗がある。

◇また自然に起る精神感應現象としては、昔から傳へられてゐるやうに、或る甲なる人が死亡したやうな場合に、遠方にゐてその死を豫期してゐない親類或ひは知人である乙なる人が、その死者の幻を、或は夢の中で、或は白晝實驗するやうな現象がある。

◇これは死者の靈魂からの精神感應ではなく、まだ甲が息が絶えない時に、遠方にゐる自分の知り合ひの乙を思ふ、その甲の精神が乙に傳はつたもので、乙は無意識に感應されて來たこの精神を基にもて、甲に關する幻を經驗して來たもので、この意味で精神感應である。

◇第二の死後の生活に關する現象では、自然に起るものとしては、わが國の神代から行はれてゐる、いはゆる、神明降ろしや神降ろしや、或は義太夫や常盤津にも面白く語られてゐるかの彌次郎兵衛北八が東海道日坂の宿で聞いた口寄せなどがある。

◇この神降ろしの方法については修驗道の方では阿比舍法といふ特別の方法が昔から設定せられてゐて、宮中などでも昔これを使用されたこともあつた。

◇口寄せに巧な者即ちわが國のいはゆるいちこ、みこ、或は神子、或は梓神子、或は修驗道でいふよりまし、英語のいはゆる靈媒などは東西古今にわたつて非常に多く出てゐる。

◇西洋ではペイパー夫人といふ有名なこの種類の靈媒が昔ゐて、心靈現象研究會では多くの學者が數年にわたりこの靈媒について實驗し、死後の生活の存在の實證を求めやうと苦心したとがある。

◇一般に靈媒、殊に

心霊現象の表裏（三）　透視と幽霊写真　2-203

資　●東京日日新聞　昭和二年八月三十一日

通俗講話

心霊現象の表裏（三）

＝透視と幽霊写真＝

文学士　小熊虎之助

◇西洋では有名な人が死亡すると、ぢきに何処かの霊媒にその霊魂がついて来て、種々の自動現象を介して他界からの通信を示して来るものが多い。

◇現代電気学の大家

商売的な専門の霊媒となると、詐欺を弄するものが非常に多いが、このパイパー夫人にだけはその疑ひが少しも見出されなかつたためと、又夫人の自働書記や、自働言語を介して現れて来る死者からの通信が、懐疑的な人に対しても非常に神秘の感を与へるものであつたためとで、同夫人の口寄せは特に詳密に研究されたわけである。

◇霊媒が亡魂からの通信を受ける場合には神明憑の状態、いはゆる失神状態に入る。

◇即ち一種の催眠状態で、自我の観念を失ひ、その代りに他人の人格によつて憑かれて来るのである。

◇自我観念を失ひ、無意識になるにしても種々の程度があると同時に、また憑かれて来る各精神作用の種類に従つて、種々の霊媒が生じて来る。

◇後の種類からいふと、普通は霊媒の運動作用に憑いて来て、その身体の或部分に自働運動を起させる。

◇霊媒の手の運動に霊魂が憑いて来て無意識にその通信を文字に書かせて来ると、自働書記となり、いはゆる御筆先となる。

◇霊媒の口に憑いて来ると、舌が自働的に霊魂の語を伝へ、いはゆる自働言語となる。旧約聖書使徒行伝第二章などにも、この種類の有名な話がある。

◇この他、霊媒の聴覚に憑いて来て霊語となつて媒霊に聞えるものや、視覚に憑いて来て幻視をもつものや、又稀には霊媒の全身運動について来て、無言の身振りで霊の様子を表現するものや、或は触覚について来て霊媒に幻触を与へ、自分の存在を知らせる霊もある。

英國のサー・オリヴァー・ロッヂは、歐洲大戰で戰死したレーモンドといふ自分の子息の、他界からの通信を基にして、死後の生活の存在を主張した書物を書き大に世界の交靈氣分をそゝつた。

◇第三の千里眼や透視には種々のものがあるが、併し心理學的に見て、これに二種類が區別せられる。

◇甲は箱の中に何かの物品を入れてそれを能力者が透視するやうな場合で、即ち實驗者が內部の品物を豫め知つてゐる場合である。

◇この場合では實驗者の精神が能力者に感應された結果透視されたといふ事も假定され得るから、この種の透視を私は精神感應的透視と名づける。

◇眞實の透視といふのは、箱の中に骰を入れてそれを振り、表面に出てゐる目を透視するやうな場合である。

◇といふのは、今出てゐる骰の目を知つてゐる人間は世界に誰もゐないからだ。

◇英國や佛國などではそれを專門に業としてゐる者さへある。かの「占ひ棒」によつて地下の水脈や、鑛脈などを透視するのは眞實の透視或は千里眼に屬する。

◇又未來に起る事件を夢の中などで豫見する如きも、眞實の千里眼の部に入る。

◇第四の物理現象といふのは、心靈の力によつて起されて來るやうに見える奇怪な物理的現象である。

◇かの幽靈寫眞などもこの一つで、これは普通の方法で寫された或る人の姿の傍に、すでに死亡したその知人の姿がおぼろに寫つて來ることである。

◇日本でも偶然寫つて來たこの種の幽靈寫眞の話を折々聞くが、西洋ではこの種の寫眞撮影を專門の業としてゐる者さへ多くある。

◇そして折々警察の手にかゝつて、迷信者をだましたその詐術が暴露された實例も少くない。

資　心霊現象の表裏（四）　怪異の物理現象　2-204
●東京日日新聞　昭和二年九月一日

通俗講話

心靈現象の表裏（四）

―怪異の物理現象―

文學士　小熊虎之助

◇幽靈寫眞は、故意か或は偶然の二重撮影

或は露出である。

◇鏡に寫つてゐる姿が當人の死んだ親類に似てゐるなどいふのは見る人の想像からさう見えるだけのことである

◇わが國で昔、國を擧げて問題にした念寫事件即ち種板に向つて思念した神佛の姿や文字などがそのまゝ寫つて來る現象なども矢張り物理現象に屬する。

◇所謂長尾夫人の念寫が山川健次郎博士の實驗によつて詐術と斷定されしは周知の事實である。

◇物理現象ではこの他、觸れずして物品を動かす隔力現象があつて、昔この現象に得意であつたエウサピヤといふ有名な靈媒がイタリにゐたことがある。

◇この隔力或は隔動現象の自然に起つたものが「騷ぐ幽靈」と外國名で呼ばれた現象だ。

◇これは幽靈の姿は見えずに、怪異の物理現象だけが起ることで、家の內の種々の物品が獨りでをどり出して破壞したり、どこからともなく石を家の中へ投げ込まれたり、戸が自然に開いたり、下駄がなくなつたり、一眠つてゐる間にふとんの位置が變つたりなどする妖怪現象である。

◇この現象は東西古今にわたつて非常に多くあつて、日本でも昔からこれに關する面白い記錄が澤山ある。

◇現代でもこの幽靈は折々警察の厄介になる事のあるために、大きな標題をつけられて新聞面を賑す。

◇例へば本紙の昨年五月八日の「天狗の怪、毎夜石が降る」や、同七月卅日の「夏の夜の怪、屋上の足跡、毎夜投石に見舞はれる重役の家」などの記事はこの實例である。

◇怪異の物理現象は古來殆どみな病的な不良少年少女の惡戲であつて、かれ等が他人の一寸のすきを利用して秘かに物品を動かしたり、破壞したりするに過ぎないのを、世間が迷信的氣分から全くの怪異現象の樣に考へたものである。

◇併し西洋ではこの現象は、靈媒なる少年少女の周圍で隔力現象として自然に發生するもので、かれ等が手足を實際に觸れてそれ等の話説を胡麻かしたものではない、と確信してゐる學者も非常に多い。

心霊現象の表裏（五）実体的幽霊

●東京日日新聞　昭和二年九月二日　2-205

通俗講話

心靈現象の表裏（五）

＝實體的幽靈＝

文學士　小熊虎之助

◇西洋には又われわれと同じ肉體と力とを以て種々の物理現象を自由に起し得る實體的幽靈の存在をさへ確信してゐる學者もある。

◇これは「心靈の物質化」と呼ばれる現象で、わが國の場合なら、幽靈が人力車に乘つて荷物を持つて來てくれたなどいふ話がこの種類の幽靈に屬する。

◇當時の英國屈指の理學者で、今でも眞空管にその名を留めてゐるクルツクスは、この種の幽靈を親しく實驗的に研究して、その確實なる存在を信じた。

◇以上述べた四種類の心靈現象の中、實際上その存在が肯定されるのはどの程度までの現象であるか。

◇これは研究者によつて非常に意見の相違があるが、私は公平な科學的研究から見て、精神感應現象以外のものは總てその眞實の存在を否定して差支ないと思ふ。

◇併し精神感應現象も、十分それが科學的に實證せられた譯ではなく、現在の所、否定も肯定も出來ぬ。その確定は將來にまたるべき問題だと思ふ。

◇否定せられた現象の誤解せられるゆゑんは、多くの人が神秘的な氣分によつて粗漏な觀察や推定や判斷を下したり、間違ひの多い報告を提供するためだが、併しこれ等の基といふのが、能力者の巧妙な詐術に瞞着されてゐる事も非常に多いのである。

◇心靈現象や神秘現象や、種々の怪異事件や、幽靈談の中、いつも含まれてゐるこれ等の錯誤や又詐術については、かの井上圓了博士が古くから筆に口に力を極めて暴露してゐられたものである。

◇成程、日本におけると同樣に、殊に外國ではこれ等各種の心靈現象の眞實を報告し、或は主張してゐる書物が非常に多くあるとは事實である。

資　心霊現象の表裏（六）　詐術の暴露　2-206
●東京日日新聞　昭和二年九月三日

通俗講話

心靈現象の表裏（六）

‖詐術の暴露‖

文學士　小熊虎之助

◇併しこれ等の數多しい書物の内容をそのまゝ信用するとは絶對に出來ない。

◇といふのはそれ等の書物の結論を無批判に信ずるのは丁度從來わが國に現れた幾多の能力者の心靈現象を多數の人達の肯定的意見に盲從してそのまゝ信ずるのと同じ大失策に陷る恐れがあるからである。

◇官憲の手によつてその詐欺が遂に暴露さるゝに至つたかの三田光一の透視による鹿兒島沖金塊引上げの最近の事件なども、はじめは流石の楚人冠氏をも、すつかり信用せしめた程であつた。

◇元來この三田光一の心靈詐術の暴露は今に初まつたものでないが、併しそれでも大正七年二月、かれの念寫能力につき東京での實驗會で、理學士文學士本田親二氏によつて看破すり替への手品を確實に暴露されるまでは、それ以前各地で行はれた種々の實驗は、殆ど皆そのまゝ信用されてゐたものである。

◇又一昨年わが國に突然現れたロシア生れのゼーゲル夫妻の靈交術でも、大阪東京を初めとして殆ど日本全國にわたつたその興行において、總ての觀察者を、その不可思議な精神感應の術で驚倒させてしまつた。

◇當時夫妻の現象に對する驚嘆の記事を載せた新聞と雜誌とを見れば、どの位まで一般世間の、否、可なりの有識者の驚異と信用を博したかゞ窺はれる。

◇併しその實は當時この欄において、私と中村古峽君とで指摘したやうに發聲暗號その他を使用した全くの詐術であつたのである。

◇かれ等夫妻は特別の練習の結果、どんな物品が出されても、どんな番號が示されても、兎に角何等かの發聲さへ許されるなら、その發聲にごまかして暗號を送るに全く自由であつたのである。

◇元來この靈交術はゼーゲル夫妻以前にすでに天勝その他の奇術

師によつても行はれてゐたものであり、又ゼーゲル以後も和製ゼーゲルが出て今日でも折々まだ素人をだましてゐるのである。

◇又大正十五年二月廿一日と廿八日に神田駿河台の主婦の友社で行はれた御岳教の行者品川守道氏の物品引寄せの實驗がやはり詐術であつた。

◇主催者は、從來八回この行者について實驗し、古鏡、金屬の佛像、伏見稻荷や妙義山の御札などを遠方から取寄せてもらつてゐて、決して詐術ではなく、立派な心靈現象だと信ずると公言した。

資　心霊現象の表裏（七）　詐術の種あかし　2-207

●東京日日新聞　昭和二年九月四日

通俗講話

心靈現象の表裏（七）

＝詐術の種あかし＝

文學士　小熊虎之助

◇御嶽教の行者品川守道氏の物品引寄せの實驗の第一日は、越後糸魚川の近くの金剛山の頂上に埋めてある寶劍を取寄せるといふ實驗であつた。

◇氏は數回歸神状態（實は單に歸神を眞似してゐるだけ）に入つたが、風が強いといつて、當日は遂に實現が出來なかつた。

◇第二日目の實驗では、私が臨時審査員に選ばれたので、前日の審査に不滿を抱いてゐた私は、行者の服裝を嚴重に調べて見た。

◇するとメリヤスのシャツの下に何か堅い物を私は手さぐつた。

◇然るに當日も午後一時からはじまつて夕暮まで待つたが、なか〳〵寶劍が引寄せられさうもないので（それはわれ〳〵の監視が嚴重なためであつた）私は遂に耐へかねて、そのシャツの下にあるものを出して見せてくれと、一同立會の上で公然と行者に要求した。

◇すると行者は、非常に困つた樣子をして漸々シャツの下から取り出したものは、高さ二寸位の古色蒼然たる佛像と、徑三寸位の古鏡とであつた。

◇行者はこれより先寶劍を取寄せられなければ今日は佛像と古鏡だけは取寄せて見せると私に公言してゐたのである。

◇併しその二つの品物は、遠く金剛山からわざ〳〵取寄せなくとも、現在行者のシャツ

資　心霊現象の表裏（八）　霊能の正体
●東京日日新聞　昭和二年九月六日　2-208

通俗講話

心靈現象の表裏（八）

＝靈能の正體＝

文學士　小熊虎之助

◇近頃わが國の心靈現象で世間的に評判となつてゐるのは氣合術や靈能術である。

◇元來この種の靈能術は、御嶽教などの方で昔から行はれてゐたもので、科學的に見たこれ等靈能の正體については、古くは井上圓了博士が、近くは中村古峽氏などが遺憾なく說明を下してゐる。

◇然るに今日なほそれ等の奇術が半詐術的に折々公開せられてゐるのは遺憾である。

◇例へばかの眞赤に燒けた火ばしをしごく事や、熱湯に手を入れるいはゆる探湯などは物理學でいふライデンフロストの現象を利用したもので、氣合術を學ばなくとも、一定の法式で行ふならば、本來誰でも熱くもなく、また火傷もしないものである。

◇水蒸氣は熱の不良導體であると共にまたその發生に當つては多量の熱を他から奪ふもので、水で御淸めした手と、その燒火箸或は熱湯との中間にはこの如き水蒸氣が多量に發生して、熱を手に少しも傳へぬからである。

の裏に最初から備へつけられてあつたのである。

◇このほか一般の社會で信ぜられ易い心靈現象としては、讀心術や、狐狗狸さん、プランシエツトなどの奇怪の自働運動や、神怪的な奇蹟的な種々の幻覺的經驗や、乃至憑きものゝ現象がある。

◇憑きものゝ迷信については、必ずしもかの無辜の精神病者を、惡魔に憑かれたものとして勝手な解釋を下して遠慮なく火刑に處してゐた歐洲の中世紀を回顧するに及ばず、今日われ〲の周圍にも可なりこの迷信がはびこしてゐて、恐るべき害毒を流しつゝある。

◇大本教の鎭魂歸神や、その他法華宗や御嶽教などで暗示作用を濫用して故意に人に魂神を憑かせて變態者を作り出してゐる事に對しては、當局の嚴重なる取締を吾人は希望する位である。

◇恰度、灼熱した鐵板の上に水滴を落した時に、それが直ちに蒸發せずに、[illegible]らず水滴となつて鐵板の上を轉々ところがつてゐる現象と同理である。

◇從つて火箸が眞赤に燒けてゐればゐるほど、又湯が沸騰してゐればゐるほど、益々水蒸氣の發生が激しく、却つて熱く感じないものである。

◇或ひはかの劍の刃渡りの如き、刃に對して單に直角に足が當つてゐる限りは、即ちその刃と摩擦しない限りは切れるものでない。

◇一併し又靈能術ではかみそりを掌中に握つて、その手を他人に緊く縛らせ、然る後そのかみそりを悠然と拔き取る奇術なども折々やる。

◇これは純然たる手品で、最初そのかみそりの刃と掌との間にひそかに空隙を殘して置くのだ。

◇斯く、心靈現象と稱するものゝ中には、單に誤解的な現象だけではなく、詭妄や詐術的の現象も非常に多く含まれてゐるので、懷疑的な科學的態度を以てそれを調査實驗しない限りは、その眞相を誤るとが非常に多いのである。（完）

怪　藤野とさく子　怪談二つ

●都新聞　昭和二年八月三十一日　2-209

怪談二つ

藤野とさく子

病院の廊下　飛出す黒猫

來月の劇壇には、蒲田撮影所から二人の實演俳優を出した、一人は栁さく子で、淺草の松竹座の「新牡丹燈籠」

一人は

藤野秀夫で本郷座の「新四谷怪談」いづれも怪談劇であるのも一奇であらう、で、さく子は新派の人々と現代劇を演ずるのはこれが初めて、これを機會に撮影も久しぶりで現代劇に指を染めたいと云つてゐる、所で、そのさく子のお母さんは目下胃腸病で慶應病院に入院してゐる、親孝行のさく子は殆ど付き切りで看病してゐたが、一昨日本稽古となるや病院から

稽古場

入りといふ有様、病院の醫員たちも頗る同情をよせてゐるが、書き拔きの暗誦もしてゐる樣だ、こゝで困つたのはさく子の臆病である、夜になると一人では便所に行かれず姉さんの同行を求める、姉さん笑つて「お前さんがお化になるんぢやないの」は大笑ひ、一方藤野にも怪談がある役が極まつたので蒲田の宅で臺本を讀んで居ると

電燈が

段々薄暗くなるやうな感じがしてならない、百燭の玉とつけかへたがそれでも段々暗くなる、臺本が臺本だけにいやな氣持になり、明朝の事とし寢やうと女中に蚊帳をつらせると、その中から黒猫が飛び出して臺本を持つてゐた藤野の胸に飛びつく、藤野がびつくり「キヤツ」といふ悲鳴、家に猫は

飼つて

居ないし、不思議〳〵と其夜は寢たが、翌日臺本の續きを見ると、その中にも蚊帳から黒猫が飛び出す件りがある、

藤野の聲はず、ゾッとして「ハテ怖ろしき執念ぢやなア」と因みに藤野と喜多村緑郎の顔合せは四年振りであるさうな

資　四谷怪談　空前の盛況に日延べ　2-210
●岩手日報　昭和二年九月三日（二日夕）

四谷怪談
空前の盛況に日延べ

目も當てられない程に凄い……冷汗が出る……こふした言葉が京都に起つてる程に物凄い帝キネの四谷怪談は戦慄を感じてゐる映畫界に一大センセーションを起こして京阪神に封切されるやたちまち人氣に投じていたる所札止めの盛況を呈してゐるが南地芦邊劇場の如きは創始以來の大成績で本社から全社員が毎日出動應援してゐる程で爲に日延べするといふ近來たないレコードをつくつてゐる

幽　深夜の劇場に幽霊の声を聞いた話　2-211
●大阪時事新報　昭和二年九月五日

深夜の劇場に……幽靈の聲を聞いた話
パリ・グランド・オペラ座奇聞

西東八十八

1

蒼黒い闇の厚みを、鈍く黄ににじませて、裸ランプが灯つてゐた。……舞臺の中程に、たつた一つ。

夜は深く沈んで、一時を過ぎてゐた。

その弱く濁つた燈は、ざらくに粗れ剝げてゐる舞臺裏の煉瓦壁を這つて、無氣味な模樣を染めあげ、卷かれた緞帳をくゞつて、オーケストラ席を越え、平土間へ流れてゐた。

あとは、澱んだ陰鬱な暗の觸手に鎖こめられてゐた――

パリ・グランド・オペラ座、微風も無い七月の夜であつた。

守衛のピエール・グリラが、平土間のドアを押して、提げランプを足許に照らしながら、見廻りに這入つて來た。

何か、よろめく、危い足どりであつた。

2

よろめくのも無理はなかつた。

彼は、悲痛と戰爭とに傷いた五十年の弱い心臟を抱へてゐた。それに、この仕事を始めて、間もなかつたのだから……

彼は、順々に、最後の方から座席を數へて來た。

W、V、U、T、S……

S！彼の指がS列に觸れた時であつた。

彼は聞いたのだ！人間の聲、かすかに、遠く、歌ふ……それも女の……いくつかの壁を泌み透して來る聲を。……遠く。

3

夜だ、夜なのだ、夜更けではないか、一時過ぎだ！それに、それに……女の歌ふ聲である。

そんな筈はない！

しかも、そんな筈のない怪しい聲は、だんく強く近づく。

おゝ、グノオの歌劇「ロメオとヂユリエツト」第二幕の歌ではないか！

メロデーは、遂にピエールの思ひ出を刺した。

マリー！いや、馬鹿々々しい事だ！マリーは死んでゐる。彼女の聲は永遠に消えてしまつたのだ、幻覺だ、みんな幻覺だ。

それは、過去の一切を忘れ盡した筈の彼にとつては、如何にも、恐ろしい事であつた

と、歌聲はぴたりと止んだ……

4

忘れ盡した記憶――「ロメオの友マアクシオの答」を歌ふピエールであつた――もう何年前になるだらう――二十年――

彼は、不知、うなだれた。涙は頬を流れた……その時。

――ピエール！

舞臺の聲は、やさしく舞臺から、聞えて來た、はつきりと。

それは確に生きてゐる。

――ピエール！

――どうか、わたしに此のあと

を數へてよ
――忘れたの？　ピエール！　どうしてマリーにそのあとを數へて下さらないの？……
あつ！　から叫んだ次の瞬間老人はうち倒れた……
森閑とした劇場の夜の底に晩の影が搖れた。

5

翌日――

探偵局のフレッサール警部は此事件をとりあげた。同僚達は「オペラの怪談」だと笑つた。

――どうしてそれが幽靈の話だつていふんだ？

――知らないよ！

フレッサール警部はいつた。

――老いぼれた男の幻覺以上の何物かゞあるらしいのサ……

調べてゆくうちに、大通りグラン・ブウルヴアールとリユー・ド・ラ・ペエの知會する所　近代パリの心臟部たる、そのグランド・オペラ座の陰に生きて來た二つの傷いた魂の記録が發見された。

6

世には、「應用藝術家」とよばれる人々がある。

テノールのピエール・グリラとメゾ・ソプラノのマリー・ダグレツシモンとは、まさにその中の二人であつた。二人はグリラ夫妻には違ひなかつたが舞臺の上にまでそれを延張する事は許されなかつた。然し、監督の好意は、彼等を同じ舞臺に立たせた。グノオの「ロメオとヂユリエツト」の時であつた。ピエールはマアクシオの歌をマリーは侍女長の歌を。

だが、彼等は、遂に二流以上に出ずして、いつか俳優名簿から消えていつた。――マリーが或るオーストリアの貴族とウインナに逃げた時、失戀と屈辱とから、ピエールも舞臺を去つたのである。

そして、二十年。その間にピエールは大戰に出征したが、ソンムの役で傷はれ、命はとりとめたものの彼の聲は助からなかつた。

それから、パリ郊外サン。ドニの安下宿にとぢこもつて、つとめてマアクシオの歌を思ひ出さうとした。けれども、グノオの美しいメロデーは彼の咽喉からは生れては來なかつた。しかし、自分の運命を呪はうとはしなかつた。たゞ彼に背いたマリーが呪はれてならなかつた。

7

友達の親切で、間もなく、彼はオペラ座の守衛となつた。

仕事といふものは、時に人間を自動人形にさへするものである。彼は一切を忘れて、たゞ働いた。沈默と、單調の生活、それも亦續けられねばかりではない。纔かずして自ら破れて行くものである……ピエール・グリラにも其日が來た。

8

舞臺裏へ映畫俳優だといふ一團がやつて來た。見れば下層階級の人々だつた。――彼は、今夜遲く映畫俳優達が來て、こゝでモブ・シーンを撮るから、よく氣をつけてみて居よと命令されてゐた。來たのは、所謂「エキストラ」だつた。この華美を極めた劇場を觀いた事は、彼等にとつて何たる光榮だらう！彼は輕い侮辱を吐きかけながら、彼等の上に眼を離さなかつた。

9

マリーは――

オーストリアの伯爵とのウインナの戀は長くは續かなかつた。伯爵には妻があつた。子もあつた。

思案に餘つて、マリーはウインナ・インペリアル・オペラ座（當時はインペリアル・オペラと稱ばれてゐた）に職を求めやうとしたが、それは徒らだつた。ダグレツシモンの名がウインナまで響いてゐる譯はなかつたから……

彼女はパリへ歸つて來た。泣きながら。すぐ、寂しかつた。なにといふことなしに。あゝ、ピエールは、私を、今もやはり思つてゐてくれるのだらうか、と。

或る日――

彼女は、カフエ・ド・ラ・ペエの入口に佇みながら、彼を見た。彼を、ピエールを。

彼は、帽子を小脇に挾んでオペラ座を出て來たのだ。――主務省の方へ街を横切り、橋を渡つていつた……

彼女にしてみれば、後を追つて

——今日は！ピエール！

み、腕を捉へながら聲をかけることはなんでもなかつた。だが彼女は、默つて、見送つた。

彼女は機會を待つた。

……數日後。シネ・ロマン社がオペラ座で撮るエキストラ百名募集の廣告を出した。集つた人々の中に、みすぼらしい中年の女がまじつてゐた。

——私は昔、オペラ座に出てゐた事がありますの

と彼女がいつた。

——さうですか！ 僕だつて、ヴアレンチーノの代役をつとめた事があるんですよ！

と、人事係は笑つた。——で、結局マリーは雇はれた。

夜・一時を過ぎて、オペラ座の地下道には光の渦が捲いて、モッブ・シーンの撮影が行はれた。

10

ピエールは、オペラ座の地下の秘密の迷路へ、エキストラ達を案内していつた。そこで撮影が行はれるのだつたから。

ルウブルやパレエ・ロワイヤルから、コメデー・フランセーズ、ビブリオテック・ナシオナアルとを通じてゐる地下の迷路は絶對に秘密にされてゐるのである……

マリーはその道をよく知つてゐた。彼女は彼に會ひたかつたので逆に舞臺の方へ廻つた。……

フレッサール警部はマリーにいつた。

——まるで泥棒だね。

——えゝ、さうだつたかも知れませんわ。しかし、もとをただせば私のものだつた戀を、たゞ、とりかへしに行つたゞけですわ、ですから、取かへすといふことが泥棒だと仰有るなら……ね。

彼女は、そこで、彼の姿をみとめたのである。そして、歌つたのだつた。思ひ出のロメオとヂュリエットの歌を。

11

マリーはピエールに會ひたかつた、たゞ、會ひたかつた。

——彼の人の袖に觸れたいなどとは思ひませんでしたわ、彼の人の心に觸れたかつたのですわ。……

いまは、彼女は一切を忘れた。自分の爲に、ピエールの爲に、過去の一切を。そして、フランス國の爲に迷路の道筋を。

睦じい二つの魂の生活が始まつたのはいふまでもない。

金色の秋の陽を浴びながらフレッサール警部は、ソフアに倚つて微笑した。

——とにかく、誰だつて、幽靈なんて、捕へることは出來ませんよ……

（昭和二年九月四日）

奉天の神木出現

★大連新聞　昭和二年九月五日　2-212

怪

蛇神の住むてふ

奉天の神木出現

◇支那人の參拜者引きも切らず

靈驗あらたかな話……

柳の精が抜け出して、此みどり子を育て上げた、三十三間堂棟木の由來、さては、むつとして歸れば門の柳かな 柔かに枕迎ふる風情は、昔から何事かを人間に暗示して、謠るりとも詩ともなつたが、此處に珍しくもない殺風景な滿洲の柳が、現實に神様となつた話の一くさり 奉天小西邊門三番地と四番地先き道路の眞ん中に、幾千年……ともなるまいが、兩闘二た抱えにも餘る古色蒼然とした柳が一本、鬱蒼と茂つて色々な事の目印となつてるが、先月中旬頃から、支那人間から誰云ふとなく、あの柳は萬病を癒やして呉れる神木である、と云ひ觸らされ、今日此頃は押も押れもせぬ神木となり、千里の……道も遠しとせず、それ程でもないが線香を捧げて押すな〳〵の盛況である

どうした事から斯うした靈驗あらたかな神木になつたか、歴史？が餘りに新らしくて解らないが、一碗の清水をさゝげ、小指太さの線香の一把に、跪座瞑目して祈禱をこらし……と言つた樣な順序に、件の清水へ線香の餘燼と、神木根元の木を混じ、持つて歸つて煎じて飲ませる

如何なる病氣、如何なる難病も日一日と快癒に向ふと、噂から噂を生んで、神木内に八體の蛇神住み

内二體は死んで仕舞つたが、殘る六體が神通力を以て衆生濟度のため、吾と吾身を腐木となつて賜はるとあり「傀儡忌」國民十六年七月十三日」と印刻金文字の額や、赤布に「傀儡忌」など書いた金襴の御禮の徴しか、神木を飾つて、參詣者がそれからそれと殖えて行く、鰯の頭も信心から、イヤ馬鹿な話しだと片付ける勿れ、御客の無い時は居子を焼く世の中じやないか、寫眞はその神木

怪　秋の夜長　幽霊漫談（一）　芸界某古老の思い出話　●都新聞　昭和二年九月六日　2-213

秋の夜長 幽靈漫談【一】

藝界某古老の思ひ出話

迷信や好奇心などといふものはいくら世の中が便利になつて文化になつてモダーンになつてビルデングと

斷髪が 渦をまくヤヽコしい時代になつても人間の世界のあらむ限り姿を消して終ふものではなく其證據には先づ早い話が芝居でも活動でもオツト新らしく云ひ直して映畫でもとドウ言葉を替へたつて一つ事は矢張り同じ事だがその舞臺なりスクリーンなりへ今以て幽靈とか妖怪とかが跡を絶たず見る方が又これを敢て不思議がらずに喜んでゐる所を見ても結局半信半疑でその存在を肯定してゐるに違ひなく現に先月などは歌舞伎座に

累ケ淵 が出てゐたかと思ふと今月は本郷座に新四谷怪談松竹座に新牡丹燈籠と怪談劇の競爭見たいな具合それも兩方とも新派なのは偶以て皮肉ではあるが、併し何にでも季節といふものはあると見えて不思議に時が極まつてゐるから妙である、聞けば大阪では延若が得意の乳房榎を出してゐるさうだが夏場から秋へかけてはかういふ物が相應しい處から雜誌の讀物でも怪談號などゝ名づけてヒユードロ物が幅を利かせるといふ寸法何も幽靈は例年七月より十月までの間に出るべしと新選擧法に

規定さ れた譯でもあるまいがその邊が人情の面白いところ扨今から十年か十五年程前までは場末の寄席などに怪談が始終かかつてゐたものだがこれは年百年中四季を嫌はず毎夜きまつて人を殺しそれがキツと化て幽靈になつては女子供を脅かしてゐたもので、それを又木戸錢を一して見に行つてはアレ怖いよ氣味が惡いと慄えてゐたなどは當今から見ると娘つ子達のしほらしさ寧そこの時代が懷しい位のものと感慨を云ふ爲めにこんな事を述出したのでは無いがその怪談師といつても別派な

人間で はなくつまり落語家特に人情噺家の一種で一時は相當に流行つたもの故一座を稱ゆる眞打格の看板主も四五人あつたが追々時代といふ驚異やら名館やらの光りには敵すべくもなくドロンドロンといくぢもなく怨靈退散してしまひ今では殆ど全滅の形となつた、尤もそんな悠長な演藝の存在を許す程餘裕のある現代ではないからこれは消えるのが當然だらうが併し今でも二人程餘喘を保つて郡部の端つこか何かに看板を時折見せてゐる怪談屋さんがないでもないがそれは問題の外として最近例の林家正藏が

故人の お噺しらべに就いて端なくも一場の不思議なお話があつた、それは明晩ではない明日の紙上に申上げる

怪　秋の夜長　幽霊漫談（二）　芸界某古老の思い出話　●都新聞　昭和二年九月七日　2-214

秋の夜長 幽靈漫談【二】

藝界某古老の思ひ出話

思へば誰に頼まれた譯でもなく御苦勞千萬な話だが一旦思ひ立つたからは何うかして初一念を貫ぬき落語道の先輩諸靈を弔ひ度いといふので正藏が

熱心に お噺調べをやつてゐると、ある夜の夢に机の上から一枚の葉書がヒラヒラと落ちたと思ふとそのハガキが不思議やズンズン大きくなつて障子一枚程の

大きさになつた、オヤ／＼と目を定めてよく見るとこれが寄席のビラで、近頃は寄席のビラもポスター式の石版ばかりになつたがこれは純然たる昔風の木版摺、髪をオドロに振亂した白衣の幽靈が土瓶のお茶を飲んでゐるといふ變な圖柄、そこが夢だから大方本人の正藏が咽喉でもかわいてゐた爲め夢の中の幽靈もお茶をのむやうな事にもなつたのであらうが

文字は 細太に柳亭左龍としてある、ハヽア怪談のビラだなと思ふ中に眼がさめ、可笑な夢を見るものだと變な氣持になつてゐる處へ、ハイ郵便と配達されたのは深川靈岸町雄松院からの返事往復ハガキで正藏から問合せに對する回答でそれによると當寺の地内に柳亭左龍の墓がありますとその戒名と忌日とを知らせて來たのである、正藏思はずゾツとして、今も今夢に見たところへ此ハガキ對手が怪談屋だけに聊か氣味も惡いわいと思入れ最中、今日はと訪ねて來たのは

仲間の 某で、何ですえといふから實は今これ／＼と夢と端書の話をすると、某は首を捻つてそれは妙だ、そんな筈はない、左龍の墓なら深川ではありません瀧野川で、現に私もお參りをした事があるといふ、益々不思議だと段々調べた結果、これは初代と二代目との間違ひで、深川の方は本名岡本龍造の初代左龍、この人は明治四十一年に歿し、瀧野川の方は二代目で本名相澤重五郎、大正三年九月五日の命日で、少女の頃雀太夫と稱して寄席へ出勤し、今では踊りの師匠をしてゐる西川藤々女の

父親で ある、而も瀧野川の寺といふのは善養寺といつてその隣が有名な妙行寺、即ちお岩様のお墓のある田宮家の菩提所でお岩樣のお寺の隣に怪談師のお墓があるなども奇緣であるが、この二代目左龍が恐らく怪談師の最後の人であらう、正藏は夢を見た即日二人迄一度に墓の所在が知れたので自分のこの企てには故人達が草葉の蔭から力を添へてゐるに違ひないと、大に自信を得たさうだが扨この初代左龍は本所松坂町に住み、本業は大工さんであつたが

二代目 左樂の弟子になつて怪談をやり始め眞打となつて一時は大層な隆盛、弟子も澤山あつたがその中から一人近世落語界の名人を出した

怪　秋の夜長　幽霊漫談（三）　芸界某古老の思い出話
●都新聞　昭和二年九月八日　2-215

秋の夜長 幽霊漫談【三】

藝界某古老の思ひ出話

と云ふのは初代左龍の弟子に左龍次といふのがあつてこれが後に圓朝の門に轉じ圓次と名乗り、更に圓輔から

圓雀に なつた、それぞ後の三遊亭圓馬（先代）で永らく大阪に在り名人と稱せられ先年大阪で歿した、即ち現在の橘の圓の實兄である、尚先年故人になつた先代つばめの都々一扇歌も若い時は左龍の門にあつたといふ説もあるが明かでない、而して怪談の方の衣鉢をついだのは前に述べた二代目左龍とその外に左伊龍といふのが早稲りの名手であつたこの左伊龍は本名小日向米次郎、本業は蒔繪の職人であつたが好きからこの社會へ入り左龍の

門人と なつたので、ある時旅興行中同じ一座に出てゐたさん助といふ盲人の音曲師と情意投合して夫婦になり、歸京の後師匠の許しを得て一方の眞打となり看板をあげ自分が大切に道具を使つて怪談噺を演ずるやうになつたさん助は盲目でこそあれ愛嬌がありなか／＼の美音で、一高座演じた後は楽屋で下座のお囃子を熱心に勤め夫婦共稼ぎで内助の功をあげたから左伊龍もいゝ女房を貰つたと喜んで一家圓滿に和合してゐると、此處に一場の騒動が起つたそれは左伊龍が女房始め

一座を 連れて横濱へ出演中、ある夜見物に來た女客、客席だから隱きに來たといふ方が本當かも知れないが怪談となると聞くのが半分見るのが半分、何方が適當か判らない、さて其の女客といふのが一見それと知れるそれ者上りの洋妾で、それがネツカリ左伊龍の高座ぶりに惚ひついて終ひ、打出しを待つて近所の小料理屋へ左伊龍を迎へるといふ段取、これが馴れ染で女といふものは圖々敷

秋の夜長　幽霊漫談（四）芸界某古老の思い出話
●都新聞　昭和二年九月九日　2-216

怪

秋の夜長
幽霊漫談
【四】
藝界某古老の思ひ出話

いものドシ／＼左伊龍の家へ乘込んで來るやうになつた、サア穩かには納まらない、さん助は腹を立つて出て終ひ、これが

身でも 投げるといふ事になるとそれこそスッカリ怪談の本筋になるのだが、そう迄はお芝居掛らず、元來聡明な婦人と見えてその後は獨身を立通し今尚淳樸な餘生を送つてゐるとは何より、ところで左伊龍は思ふ壺と早速右の浮氣姿をあと釜に据ゑて脂下つてゐたがもと／＼浮氣な縁だから永く續かう筈もなく、左伊龍は又も一人ぼつちになつて後悔したが、今さら元の女房に歸つて呉れとは云はれない、又も旅稼の身となつて貧弱な一座を拵え、東海道を

追々に 打つて歩いたのが明治二十五年の秋のこと、何うも成績が思はしく行かないので、いよ／＼今夜で解散と覺悟の臍を極めたのが二の宮の樂屋、すると樂屋口へ御免下さいと訪れた者がある、こゝに奇談が生れるといふ段取

東海道二の宮で樂屋へ左伊龍を訪ねて來たのは、旅でよくある逼ひ出しの一人で、逼ひ出しといつてもお解りにならぬかも知れぬがつまり

一座へ 入れて使つて與れと泣付きに行く事である、これが誰だといふと同じ旅廻りの仁和賀師で大門亭歌蝶といひ？現在も寄席へ出てゐる輕い咄のあの歌蝶であるが、この時分は未だ若い盛りで、元來此男父親も同じ名の仁和賀師で相當に賣れたもの、その後親父の跡を襲いだもの丶思はしからず、そこで故郷の大阪をあとにして東京へ出たが、いつそ本當の役者にならうと傳手を求めて淺草向柳原の柳盛座へ入つた、勿論下廻りとして働くのだがこの

柳盛座 は今の中央劇場の前身でこの時分は阪東和好後の又三郎が座頭として出勤し當時劇壇の大統領成田屋市川團十郎に、容貌も仕草も眞に迫つて酷似してゐるといふ處から、二銭團洲と呼ばれた小芝居での人氣者、ある意味での名優であつた、何で二銭團洲といふかと申せば、その頃柳盛座の木戸銭が二銭見當、如何に小劇場だとて今から考へると嘘のやうだが以て物價の安かつた程度も知れやう、二銭は又團にも通じて先日故人になつた福助なども

小芝居 へ出て二銭左團次と呼ばれ、先代高島屋の當り役を演つては評判を取つてゐた時代がある、而して今の歌蝶が柳盛座の下廻りとしてどの位給金を取つてゐたかといふと驚く勿れ一日九銭、今なら小兒の小遣ひにも足りない湯銭だがこれで大の男が喰つてゐたのだから木戸の二銭も有さうな事、尤も歌蝶が下宿へ泊つてこれが一日賄付きで四銭五厘だつたといふ、端書三枚の値で生命を保つて行けたその時分は矢張り世の中に餘裕があつたのだらう、するとこれもその頃小芝居での

名優で あつた市川紅車が根津へ出來た照染座といふ劇場へ出るに就いて、歌蝶もその方へ雇はれて行つたが狂言は紅車が得意の「鬼神のお松」この時に歌蝶は日給十五銭を與へられ、九銭が一躍十五銭になつたのだから彼は大喜び大得意、ところが好い事は永く續かず照染座は間もなく休みとなつて了つたので歌蝶は又元の柳盛座へ舞戻つたがこの時は十銭五厘に值つたといふ、五厘といふ半端のつく處などは聊か面白いが、扨そうしてゐる内に

勸める 人があつて歌蝶は有志の連中と仁和賀の一座を組織し、看板を上げて旅廻りに出たところ、何處も成績が悪く遂に一座は御殿場で解散して了ひ、扨こそ歌蝶一人斯くは逼ひ出しに來たといふ次第だが、こゝに到つて面白い珍談が出來する

秋の夜長　幽霊漫談（五）　芸界某古老の思い出話
●都新聞　昭和二年九月十日　2-217

秋の夜長 幽靈漫談【五】

藝界某古老の思ひ出話

左伊龍は引續く不結果に自分の一座も最早解散の外はあるまいと覺悟の臍を堅めてゐた處へ歌蝶の滑ひ出しを受けてオヤ〳〵何處も同じ秋の

夕暮だ なと驚いたがそこは同病相憐れむとやら、大に同情して相談の結果それでは一つ合同で興行しようといふ事になり轉口と怪談と掛合噺で旅を續けたところ掛合噺しは陽氣なもの、幽靈は勿論陰氣なもの、陰陽の配合が理屈に叶つたと見えこの一座素敵に面白いと行く先々で評判よく、兩人も喜んで先づは無事に東京へ歸る事が出來、歌蝶も獨身の事一人者同志の左伊龍の家へこれが緣で同居することになり相變らず合同で市内の寄席へ出てゐた、すると其の

翌年の 正月歌蝶は深川西町の林亭、左伊龍は北千住の末廣亭がトリ席と極つた、元年正月の上席はこれを初席と稱へて藝人も書入れにしてゐる大切な時季、併し昔から寄席では初席に怪談をかける事は好まない、これはその筈で、新年お目出度う御座いますと萬事に緣喜を祝ふ元日の晩から恨めしいヒユードロ〳〵の幽靈を出すなどは有難がられないに極まつてゐる、だが世間は廣いもので適當な出演物が無くて困る場末の寄席は、マア休むよりはましだらうと

怪談師 の下陣を受けるやうな事にもなる、そんな譯で左伊龍のトリ席は北千住だつた、歌蝶は宵にその方を助演てそれから自分の持席たる深川の眞打を勤めその頃左伊龍の家は本所にあつたので打出してから歸宅するとまだ左伊龍は歸つてゐない、これは北千住から歸るのだから遲くなる道理で歌蝶の方が先へ歸り火をおこしたり湯を沸かしたりして待つてゐる處へ左伊龍が歸つて來るといふ寸法、ところが丁度

七草の 晩に歌蝶がいつもの通り西町をはねて先へ歸り火をおこし始めたがどうも風邪と見えてゾク〳〵惡寒が頻に催して堪らない、七草といへば松の内だから世間は早く寢てしまひ、四邊はシンとして夜は次第に更て行く、エ、何だか氣持の惡い晩だぜこんな時は早く寢てしまふに限るまだ左伊龍の歸るには間があるけれど迚も待つてはゐられない、御免蒙つて先へ寢てしまはふと、そこらを片づけてゐる耳へ聞えて來たのは初更を告ぐる鐘の音、陰にこもつて物凄く歌蝶は胸さわぎのする不愉快な心持になりながら

夜具を 取出さうと傍らの押入をガラリ引あけたその途端中からスーツと飛び出したのは、髪をおどろに振亂し、生血だらけに眼球の飛び出した幽靈だつたから、歌蝶はギヤツといふ驚きの餘り、戸外へ飛び出し井戸端で目を廻した

秋の夜長　幽霊漫談（六）　芸界某古老の思い出話
●都新聞　昭和二年九月十一日　2-218

秋の夜長 幽靈漫談【六】

藝界某古老の思ひ出話

歌蝶が驚きの餘り井戸端で眼を廻した物音を聞きつけ、合長屋の近所合壁、スワ何事と各自に寢卷の儘飛び出すとこの始末、サア大騷ぎになつて

水よ藥 よと介抱を加へたので、やうやく息を吹返したが顔の色は眞ツ青になつてブル〳〵慄え、口も利けず彼方に〳〵と指ざしをする歌蝶の身體に、一同何だらうと家内を覗くと、歌蝶を驚かした例の幽靈が今以て消え失せもせず戸棚の前にブラ〳〵してゐる、長屋中驚くまい事かキヤツと叫ぶと後をも見ずに、我家〳〵へ逃げ歸り中には戸を内部からシツカリとおさへてゐる者さへある、歌蝶は逃げも引もならず寒空の井戸端でグル〳〵マゴ〳〵してゐる處へ、斯くとも知らず歸つて來た

主人の 左伊龍、歌蝶は

秋の夜長　幽霊漫談（七）　芸界某古老の思い出話　●都新聞　昭和二年九月十二日　2-219

怪

秋の夜長 幽靈漫談【七】

藝界某古老の思ひ出話

醜い女房が死んで冥府へ行き、殘つた亭主が娑婆で浮氣をしてゐるのが口惜しくて堪まらず、恨みを云ひに出てやらうと、閻魔大王へ幽靈の

鑑札の 下渡しを願つたところ、大王一目その女の顏を見て首をふり、ならぬと一言お斷りを喰ふ、赤鬼や青鬼の毒がつて女亡者の袖をひき、コレサ化物に出ると願へ、と内緒で敎へたといふのは昔の小咄餘程意氣な人の拵えたものだらうが、幽靈と妖怪との性質が違ふ如く、怖いのと凄いのとでは區別があり、幽靈噺は凄く聞かさねば成功とは云はれないのだそうで、面と向つて男と女が巫山戲合つてゐる痴態を見れば、お座がさめて不快にもなるが襖を

隔てた 隣室か何かで、文句は聞えぬがヒソ／＼話、喋々喃々の睦言が耳について寢られないなどゝいふ時の方が、却て氣味がわるくなるのと同じ道理で、幽靈も怖ろしい正體を見るより、姿をそれと見せぬ方が凄味がある、淋しい夜道に女に出逢ふ程、凄いものはないさうだが、而も顏を見れば目も鼻も口もないノッペラボー、アッといつて後をも見ずに逃げ歸り、夜明かしのおでん屋へ飛び込んでホッと一息、お爺いさん今夜ほど怖い思ひをした事はないぜ、今これ／＼と息をはづませながら

物語る を、ニヤ／＼聞いてゐたその爺、その女はこんな顏でしたらうと突出した面を見ると、それも同じくノッペラボーなので、キャッと一聲目を廻したといふ話がある、これは前の女の妖怪に出あつた時より、あとの方が不意を喰つただけに凄味があるので、こういふ點を覘ふと怪談は効果があるらしい、本鄕座の新四谷でも、喜多村のお峰が幽靈の姿を現す時より、車にのつてゐた筈の女が見えなくなつたり、又車上に乘つてゐたりする方が凄く、確に

座敷へ 通つた筈を、否見るより駈よつて取縋り、大變だ／＼あれを見な／＼と幽靈の方を指さした、留守宅に妖怪が出たと聞いては如何に氣丈な男でもびつ驚りするかと思ひきや流石は怪談師幽靈の方は親類づき合ひでもしてゐると見えチッとも騷がず、ドレ／＼と覗いて見たがプッと吹き出して大笑ひ、歌蝶さん冗談じやアない、家へ歸つて迄茶番をしてゐては困るよ、あれはお前、ネタに使ふユータだアなと腹を抱へた、ネタといふのは材料のこと、ユータは幽靈の符號である、左伊龍は根が

蒔繪の 職人でもする位故小手先が素敵に器用で仕掛物から小道具まで大てい自分で拵へる今歌蝶を驚かしたこの幽靈も、左伊龍自製の人形であつた、それを押入の中へ吊して置いたところ、歌蝶がそうとも知らずにガラリとあけたものだから、幽靈はハズミを喰つてスーッと前へ出て來た譯場合が場合ゆゑ歌蝶が度膽をぬかれて仰天したのも無理はない、正體が知れて見れば歌蝶も氣絶まで したのが馬鹿らしく、大笑ひで濟んだが、この左伊龍は長家二三年後に脳溢血でなくなつた、それも曩に

突然の 事で、獨身者ゆゑある朝例の如く自分で座敷の掃除をし、火鉢の灰を振るはうと手拭で姉さんかぶりに頭を包み、片手に灰ふるひを持つて立膝をした儘、ウンと事切れて他界の人となつたのだといふ、最期も怪談師らしく凄味がある、と、今でも仲間の噂になつてゐる、この左伊龍の弟子で現存してゐる人に睦會所屬の柳家文三がある、序ながらこの文三は最初の名を左朝といひ、それから左龍になり左伊龍の歿後先代圓藏の弟子になつて朝藏から仲藏、次に小圓藏になり、今度は燕枝の門に

轉じて 燕福から燕柳、更に小燕枝となり、又圓藏の許に復歸して文藏から文三と改め、都合改名十遍といふ落語家中でのレコードを持つてゐる、ところで怪談には秘訣がある、明日はそれをお話しませう

怪　秋の夜長　幽霊漫談（八）　芸界某古老の思い出話
●都新聞　昭和二年九月十三日　2-220

秋の夜長 幽靈漫談【八】

藝界某古老の思ひ出話

古今東西に亘つて廣く材料を得らるゝ綺堂氏の事ゆゑ怪談も珍奇のもの、物凄いもの種々ある中に木曾の旅人などは讀む度毎にゾッとする、人里離れた

深山の小屋に住んでゐる樵夫の寡夫、男の手一つで七ツばかりの男の子を育てゝゐるのだがそこへある夜山越をする洋服男が一服させて呉れと立寄る、樵夫は茶などを出して應對をしてゐると、子供は一目その男を見るや否や慄え上つて遠くの方へ逃げ出し小屋の隅で小さくなつてゐる、仲間の獵師が仕事の歸りに此小屋へ寄つたが連れて來た犬も此洋服男を見ると火のつくやうに吠え立てる、樵夫も獵師も怪訝な事があるものと思つてゐる内

洋服男の立去つたあとで子供がお父さん今の人隨分怖かつたネとまだ慄えが止まらない、何がそんなに怖かつたのだと聞くとダッてあの小父さんは一人じやア無かつたぜ背中に血だらけになつた怖い顏の小母さんを背負つてゐたといふので、樵夫はギヨッとして顏の色を變へる、途端に飛び込んで來た鳥打帽の男、これは刑事巡査だが今こゝにかういふ風體の男が來なかつたか、エ、今しがた山を上つて行きました、ソレッと追かける、聞える銃聲、洋服男は一發

刑事に向つて發射したが中らぬと見るや我と我が咽喉を射ぬいて自殺を遂げる、此男は女房殺しの犯人と判り、それでは子供や犬の目に見えたのはその女房の死靈であつたかと、樵夫は腰をぬかさぬばかりに驚くといふ筋であるが、それと露骨に幽靈を見せるより此方がどの位凄いか判らない、かういふ具合に扱ふと怪談は何も丁髷をのせてゐた昔の時代のみには限らず事件を現代に求めても材料は豐富にある譯で、前に述べた二代目左龍などは近世

實話と稱して散切ものばかりを演つてゐた、とりわけて例の松平紀義が女房を殺して屍體の面部を滅茶々々に傷つけ、裸體の儘酷たらしくもお茶の水へ棄てたといふ、おこの殺しの事件などは得意の賣物で左龍はこれが爲めに賣出したものである、近頃でこそ世間が殺伐になつてそれ以上の殘酷な事件があとから／＼と出來るので世人も神經が痲痺して終ひ次第に餘り驚かなくなつたものゝその頃はお茶の水事件など一時全市を戰慄させたもので、この時代は怪談もまだ

看客に喜ばれてゐた時代であるから今のお若い方が怪談などを御存知ないのも無理はない、そこで御年配の方には御承知を願ふとして一寸その模樣をかいつまんでお咄しすれば怪談師になくてならぬのは前机、これが實に巧妙な仕掛の種であつた

脱ぎにはいつの間にか下駄がなくなつてゐるといふ、此邊が一番ぞつとさせる、幽靈の出方も、默阿を ぬけたり天井から下つたりの時より藤野の仙十郎が恐ろしさの備元の寢床へ入らうとすると、夜具の中からユーッと出る時の方が、最も氣味がわるいから御客は思はず聲を出す位のもの、凄がらせる藝術にも秘傳がある次第、亡靈につかれてゐる當人は氣がつかなくとも、他人にはそれが見えるなどといふのは氣味が惡い方の大關で、心の淋しさを紛らさうと

屋臺店などへ飛び込むへエお待遠さまと注文の品を二つ並べるので一つでいゝんだよと云へば、でもお連の御婦人が召上るのでせうと云はれギヨッとして逃げ出すなどがその例、それには綺堂氏の物に頗る凄いのがある

怪　秋の夜長　幽霊漫談（九）　芸界某古老の思い出話
●都新聞　昭和二年九月十四日　2-221

秋の夜長 幽靈漫談

【九】 藝界某古老の思ひ出話

机といつても講談に用ふるような釋臺ではなく看客の方の正面から見ると只黒くぬつた四角な箱に見えるが怪談師の方から見ると上の方が斜面をなして何の事はない

臺所に

ある塵芥箱と同じような形をしてゐる。此斜面の所が蓋になつてゐて、夫をあけると中には硝子の板があり、仕掛で赤硝子にも青硝子にも變るようになつてゐる、箱の中には蠟燭が三四本點いてゐて、場内の燈火を全部消した時にこの蠟燭の火が硝子を透して高座の上を青くも赤くも照らさうといふ寸法、今なら電氣といふ重寶なものがあるからどうにでもなるが、蠟燭を對手の仕事だから餘程厄介、併し具合はなかなかよかつたものである。この外机の

左右へ

四角い柱が二本立つてゐてこれも黒塗り、その上に蠟燭がついてゐるこれは暗くなる場合にストンと蠟燭をこの柱の中へ落し込む裝置である、扨この机を前に眞打が坐り用意がいゝとなるとシャギッて御簾をあげさせるのだが、つまりこれは中入後のこと、中入前は落語やら音曲やら手品曲藝など種々賑やかな色物でお陽氣に御機嫌を伺ひ、中入後にガラリ變つて陰氣なこの怪談で凄がらせようといふ配合なのである、何しろ看板主の怪談師がお見當なのだから聽衆は一人も早く歸るものはない、幽靈が出るのを

チャン

と待つてゐるから眞打は樂なもの、ところで御簾が上る、例の机を前に眞打が怖い顏をして悠然と控てゐる、怪談師はあまり愛嬌があつてニヤニヤしてはいけない、凄味が餘程消されて終ふ、そこでマア成るたけ苦蟲を咬潰したような顏をしてシトシトと噺にかゝる、その時分の聽衆は芝居の幽靈を見てゲラゲラする今のお客と違つて人が好かつたから女子供は勿論相當の大人でも十分騷くなつて聞いてゐたもの、これが怖いもの見たさのある本能に遂ひない

怪談師

の話は次第に進んで段々と不氣味なところになる途端に降り出した時雨の音、なんといふ處になると樂屋でバラバラと雨の音を聞かせる、この正體は芝居の方と同じ事で澁團扇を使ふのだが、芝居の方は構造が寄席とは違つて大規模だから、團扇へ絲で小石を結んだのをブラ下げ、これを振つてバラバラやる、それを寄席の方は極く簡單に間に合はしてゐる、何で代用するかといふと襯衣のボタンである、ボタンを絲で綴び、これを澤山團扇の

兩面へ

ブラ下げ、一本づゝ兩手に持つて振廻すとバラバラバラバラ、丁度雨の音に聞えるボタンとは考へたもので穴のあいてゐるだけに一層便利、處でモウ一つ非常手段がある

怪　秋の夜長　幽霊漫談（十）　芸界某古老の思い出話
●都新聞　昭和二年九月十五日　2-222

秋の夜長 幽靈漫談

【十】 藝界某古老の思ひ出話

非常手段といふのは何だと申せば、怪談がいよいよ氣味のわるい頂點へ達した時、例へば怪談師が一段と凄味をかけて「道寺の

鐘が陰

にこもり、襟元から水をかけられたよう、ぞつとしてヒョイと後ろを見た途端、鼻の先へヌッと現れた怪しの人影」てな事を述べて聽衆を脅かす場合に樂屋でその呼吸を見はからひ、こゝぞと思ふ所で突如に高座の杉戸などをワッと激しく叩く、場合が場合ゆゑ聽衆は膽を潰してその物音に飛び上る事さへある、これがどの位怖さ恐ろしさの程度を強めるかわからず、頗る効果のあるもので、これを符牒でガラといつてゐる、これはガラを入れる方が餘程うまく

場合を

見はからはぬと駄目になる、巧く成功すると聽衆

はスッカリおびえて終つて胸をドキ〳〵させながら幽霊の出現を待つようになる、怪談師も此邊をよい潮と、あとはトン〳〵と筋を運びいよ〳〵殺し場か何かにかゝり「どうなりますか一寸燈火を直しまして、スグに先をお聞きに入れます」と話を切る、この時に楽屋から皆で「燈火直し」と聲をかけるので、寄席の中實や小女がスイッチを捻つたり、ガスを止めたりして客席の燈火を消し

眞つ暗

にして終ふから燈火といつては燭臺に残つた蠟燭ばかり、それが怪くゆらめいて一段と異様な心持だ、怪談師は一層怖い節を凄ませて「己迷たか」さうかと女の髻をつかんで引戻す、ギラリ光つた刃の稲妻「アレーッ」と此處で話を止め、左右の蠟燭を燭臺の中へ落し込んで終ふから、今度は高座の上も正眞正銘の暗黒になる、その寸間に怪談師は高座脊を引ぬいて女の脊付になり、手早く机の陰に用意してあつた鬘を被り

硝子越

しに燈火がさす机の前をあけると例のから、これを女に早替りさせた姿を見せる、後幕は降り落しになつて灯入りの背景が現れ、スッカリお芝居氣分になつて終ふ、女は既に一太刀斬られた心で、肩先を押へて倒れながら「お前は私を殺すのだネ」と見得を切る、これから下座の三味線を合方に、一人で立廻りの振りよろしくあり、とゞ殺されて止めを刺される、最後の思入を聞かせながら又高座を暗くして、その間に今度は殺す方の男に代り、忽ちガラリ變つた姿になつて「ヱ、知れた事だ静かにしろ」とこれから

殺しの

臺詞になり、又も合方を使つての立廻り、とうとう女を殺してホッと一息、死體の始末をする積りの仕草があつて「人の來ぬ内、オヽそうだ」と行きにかゝるこれからが幽霊の本舞臺

秋の夜長　幽霊漫談（十一）　芸界某古老の思い出話　2-223
怪　●都新聞　昭和二年九月十六日

秋の夜長 幽霊漫談 【十一】

藝界某古老の思ひ出話

幽霊を勤めるのは弟子の役で、成たけヤア変形の縛々幽霊らしいのが鬘を被つたり鼠色の脊付を着たりして高座をウロ〳〵するのだが

考へて

見ると人を喰つたもの、それを眞打の怪談師が自分は高座を降りて元の高座脊に着かへ、暗闇の中から高座の幽霊を照してやる、何で照すかといへばがんどうと稱するもので、これは長方形な木造の箱の一方に硝子が張つてあり、その上へ木の蓋がついてゐる總黒塗りの拵へでこれの、中の燈火は矢張り蠟燭であるがこの蓋をパタ〳〵煽るので、幽霊の姿が見えたり消えたり、明滅するといふ次第である、而してこの幽霊も自分の身體を見せる前にデクと稱する人形のお化を

三種

取かへて使ひ、高座の上手やら下手やらに出没させそれから自分も面を被つたり素顔を見せたりいろ〳〵演る、だから噺の際に殺されたのは假に女一人であつた筈だのに幽霊は男が出たり女が出たり澤山取かへ引かへ色々な顔を見せるので、こんな理窟の判らない話はなく、大方新米の幽霊で勝手が判るまいといふ親切から幽霊仲間が應援に出るのかも知れず、さて〳〵義理堅い事ではある。この幽霊出没の間はサーッといふ烈しい雨音を聞かせて

凄味を

添へる、これは前に述べた團扇の雨音では追つかないから、米の袋から紙筒へ米を落し込んで擬音を出すのである、勿論この外に薄ドロや大ドロを入れ三味線は腹鳥を彈き、伏鉦も叩くといふ騒ぎに外の鳴物も使用することいふ迄もない、扨この雨音の米が、大てい袋を出揃つた頃を見濟まして、怪談師がトンと高座の端を叩くと、これが合圖で幽霊は楽屋へ下りる、怪談師は以前の机の前へ坐り、高座脊の上から一寸衣裳を羽織つてゐる、この

衣裳は

以前女を殺した男の扮装である、偖机をあけ消えた燈火で高座を照らすこの時幽霊は闇ぬけ大一番といふ大變な大きさな首の幽霊の面をかぶり、怪談師の左の肩へ手をかけて身を屈めながら覗いてゐる、眞打はギヨッとした思ひ入れよろしく「ヤヽ、我や迷ふたな、浮んでくれい、南無阿彌陀佛ハヽア恐ろしい……」といふ途端に幽霊はぬーッと立上る、これがバカに物凄いから

女子供はキヤーッといふ、この光りを吹きボヤでパッと照らし出しこれをキツカケに

眞暗に する、幽霊は樂屋へ飛び下り、圓打はスラリ衣裳を引ぬき、噺をしてゐた時の扮装に返つて、忽ち場内を一時に明るくし、チヨーンと木の頭「執念じやなア……ヘエ先ヅ今晩は是きり」と打出しになるのだが漫談はまだ打出しにならずこれからが本文である

怪　秋の夜長　幽霊漫談（十二）芸界某古老の思い出話　●都新聞　昭和二年九月十七日　2-224

秋の夜長　幽靈漫談【十二】

藝界某古老の思ひ出話

怪談噺を演ずる順序は大體以上述べた通りだが、何分にも眼目の引ぬき早替りから幽靈の出没は

前述の 如く眞つ暗な中で行るのである故、樂屋と雖も一切燈火を消して眞の闇になつてゐる。併し全然くら暗では見當がつかずその邊に置いた衣裳小道具の在所も判らないからそれを探す爲めには龕燈を用ひた。これは芝居で黒装束の忍びなどが持つて出るあの品で、何方へ向けても逆さにしても中の蠟燭は眞つ直ぐになるような装置になつて居り周圍は黒塗りブリキ製釣鐘形で上に把手がついてゐる、これは照らされた方だけが明るくなり持つてゐる方は見えないといふ

便宜が あり、その上灯を伏せれば四邊は暗闇になつて終ふ、それを少しべかり持上げて物品を探す燈火に使ふのであるが、そんな譯で怪談師がまだ早替りに掛からぬ噺の間の樂屋といふものは、一燈だけ残された薄暗い燈火の下に幽靈になる弟子が鼠色の着付で顔を灰色に彩り隈をぼかしたり眉間に生々しい血の痕をなすりつけてゐる傍らには、大小幾種の幽靈の面や鬘、例のデクなどが並べてある陰惨な圖といふものは南北好みの極めてグロテスクな狀景、舞臺に

應用し たい程の無氣味さであつた、近頃になつて専門の怪談師ではないが、若手の圓樂が一朝老人を顧問にして怪談を演り始め、何處の席でも相當に人氣を取つてゐるのは矢張り奇を好む人情に投じたものらしい、二代目左龍は怪談の秘訣として、ペラペラ喋舌るのは凄味がなくなるものだと言つてゐた、これは左龍自身が餘り能辯でなかつたから、幾分自己辯護の氣味があつたかも知れないが、この人のギロリとした眼でじツと見据えながら、ネチネチと噺を運んで行く

凄味に はある恐怖を感じさせられたものである、能辯では凄味が薄いといふのは眞理で、その證據には咄辯な素人などが息をハツませ膝を低めながら「ネエお前、聞いたかえ、イ、エさ、本當に出るんだつてえ事さ、嘘じやアない、私も見た、確に見たんだよ、エ、と、あれは昨夜、じやテない一昨日の晩かな、あの、それ横町の、角から三軒目の、路次の奥の、空家の……」などとボツボツ咄す方が立板に水の式でまくし立てるより遙かに氣味が惡いのと

同様で ある、併し先年滿百歳で歿した先代林屋正蔵などは矢張り怪談を盛んにやつたものだが、三味線も弾けば歌も唄ひ、噺も確固した調子だ、呼吸のちまかつた人である、又、人亭錦江これは初代だが怪談師としては有名なもの、明日は錦江のお話

●**乳母爭ひ**（大國座）　一番目は歌扇の出し物で乳母爭ひ、幾度も手がけたものだけに急所々々のきまりもよく小太郎への愾合も見えて結構である、竹若の照葉は一通り、奥庭で駒若を褒めそやすあたりやりにくいところを結構にしてゐた、幹尾の與市、哥川の小文次神妙に、國太郎の駒の井は一通り、歌丸の駒若もよくしてゐたがのし丸の小太郎、手足の仕科がよく充分に突つ込んで而も思ひ入れに味がある、とりわけ奥殿の引込み鷹揚な味のあるところ末頼もしい奥庭馬上の引込みなぞ天晴なものである、どうぞあの儘で伸びさせたい。中幕には竹三郎の與次郎、歌扇のおしゆん、新之助の傳兵衛といふ役者ぞろひで、近頃氣の入つた堀川であつた、二番目は新之助の持で十六夜清心が出てゐる、新之助の清心は初役とあるだけに一寸手心のわからないところもちらついた（蘆江）

怪　秋の夜長　幽霊漫談（十三）芸界某古老の思い出話
●都新聞　昭和二年九月十八日　2-225

秋の夜長 幽霊漫談

【十三】

藝界某古老の思ひ出話

寄席の怪談は司馬龍生（初代）の弟子司馬龍蝶といふのが始めたのださうだが、前に述べた人情亭錦紅は一人怪談を工風して其名を知られた、即ち普通なら

多勢の　手を要する怪談

怪談なから錦紅は何もかもたゞ一人で演じたのである、これは余程器用な人でなければ出來ない藝で、例の前机の中に燈火ばかりでなく本釣鐘の小さいのが吊つてあつたり、その他巧妙な仕掛が出來てゐて幽靈をしながら自分で鳴り物も入れゝば、早替りも幽靈も、他手を借らず一切自分獨りで演じたのであるが、それが又際立つて巧かつたから、初代の人情亭錦紅といつては有名な怪談師であつた現に河竹

默阿彌　翁の世話狂言、

「盲長屋梅加賀鳶」にも、伊勢屋質店の場で加賀鳶の梅吉と按摩の道玄とかダンマリほどきの掛合に一方が一蝶齋の品玉云々といふに對し、一方がこの人情亭錦紅の名を、臺詞の中で述べてゐるのは、好劇家御存知の通りである、それから初代の立川ぜん馬、これも怪談の名手であつた、ぜん馬は怪談も巧かつた上、幽靈を勤める弟子のぜんの助が、實に物凄い幽靈振りを見せたので一層名を賣つたのである、此ぜんの助は後に

二代目　を相續して幽靈

ぜん馬と呼ばれた人だが前身が俳優とかで容貌も好く扮装が巧かつた、幽靈に扮して「敷島譚」の遊女敷島などを勤めると最初行燈の右へ朦朧と顔を出す時は島田の髪も崩れて鬢の毛が頬にかゝり、水の滴れるやうな美しい顔なのにヒヨイと引込ませてスグに今度は行燈の左手から顔を出す時になると今の美女とは事變り、忽ち物凄い形相に變つてゐる、これが同じ人の早替りなのだから看客もアッと驚く譯で、何うしてその樣な

瞬間に　變る事が出來る

かといふと、そこが以前俳優の修行をしたゞけに早拵への秘傳を知つてゐたのである、といふのは兩手の指先に、食指が墨なら中指が紅、無名指が藍といふやうな適宜の順で別々の顔料をつけて置き、行燈の後ろで手早く顔を彩るのである、それ故忽ちの間に今までの美人が恐ろしい鬼女の相にも變るのである、所でこの人が師匠の跡をついで二代目ぜん馬になると、一向評判が芳ばしくなかつた、それは其筈で、今度は自分が

眞打だ　から得意の幽靈

になる譯には行かず、幽靈は弟子に演らせるのだから自分ほどに巧くは出來ない、いくら敎へても之れは駄目、そこで初代よりも受けなかつたのである、此二代目ぜん馬は綽名に泣幽靈といはれる位だから、この外にも人に出來ぬ藝をやつた

怪　秋の夜長　幽霊漫談（十四）芸界某古老の思い出話
●都新聞　昭和二年九月十九日　2-226

秋の夜長 幽霊漫談

【十四】

藝界某古老の思ひ出話

人に眞似の出來ぬ藝といふのは幽靈に扮する時着衣の胸を寛げて下腹をグッと凹ませ、臍の上に當るその凹みへ、短い蠟燭を立てゝ火を點ける、これに照されて上の肋骨が、一本々々

透いて　見えやうといふ

趣向、成程これは一寸むづかしい放れ業である、今なら懐中電燈があるから何の造作もなからうが蠟燭とは危險である、これが幽靈ぜん馬の得意であつた、それからその跡をついだ三代目ぜん馬といふ人、これも怪談師であつたが滅法界好い男で、それが爲めに始終浮名も立ち中には性質の惡い艶聞があつたとやら、ところが最後には前橋に巡業中、ある資産家の未亡人に思はれて首尾よくその家へ入夫になつた

美貌が　元手で金が出來

て見れば今さら毎晩寄席へ出て、ハテ恐ろしい執念じやなアと目をむいてゐる必要もなく、年中おかいこぐるみで脂下り、ハテ浦山しい身分ぢやなアと云はれてゐた、その中に此人が興行主になつて劇場を一軒に寄席を一軒經營する事になつた、劇場はその名を敷島座と稱したと覺えてゐるが、仲々堂々たる建物で東京の歌舞伎もチヨ

イ〳〵騒つた筈である、ぜん馬は女房との間に娘まで設け、その座主として土地でも顔役の中に加はり幸福にくらしてゐると、ある時

新派劇の一座が興行中どうした疎相か樂屋から火を失してアレヨ〳〵と騒ぐ中、見る〳〵火は場内一杯に擴がり、入場の觀客は驚き慌てゝ逃げ惑ひ大混亂の體となつた、元來こういふ建物は周圍ばかりで内部の大部分はガラン洞だから風が火を呼び火勢を助け、燃え出したら一面に擴けるのが實に早いものである、舞臺の道具は大てい張物だからこれが又メラ〳〵と烈しく燃える、俳優は扮裝の儘樂屋口から先を爭つて逃出すといふ騒ぎ、幸ひにして觀客には大した

負傷もなく、辛ふじて皆避難が出來たが、憐れむべしこの火事に就いて、ぜん馬夫婦は年頃の娘と共に、親子三人燒死して一家全滅の憂き目にあつた、因縁でも怪火でもなく、誠に氣の毒な最後といふのみで、別に怪談に關係のある話ではないが、ぜん馬の代々を述べた次手だから餘談が此人の死に飛び火をしたといふ次第話が陰氣になつたから今度は少々滑稽なのを交ぜるとして、前にも述べた通り怪談の樂屋は總て暗やみの仕事、手さぐりで馴れて終へば

呼吸も巧く行くが、一つ間違ふといろ〳〵な失敗も出來る譯、これに就いて故人の先代圓左に、とても可笑しい逸話があるそれは又明日のお樂み

怪　秋の夜長　幽霊漫談（十五）芸界某古老の思い出話　2-227
●都新聞　昭和二年九月二十日

秋の夜長 幽靈漫談【十五】
藝界某古老の思ひ出話

先代圓左は本名を小泉熊山といひ今の圓左の父であるが圓朝門下の名手であつた、明治三十八年に落語研究會が出來、其の

落語好き連中が喜んで研究會を樂みに集まるようになつてから、圓左の眞面目な藝が俄に一般から認められるようになつて晩年は大いにその名を稱せられたがそれ迄は誠に人氣のパッとしない人であつた、その圓左が若い時分、私も一つ怪談を演つて見ようといふ事になつて、今はなくなつたがその頃有名な寄席であつた瀬戸物町の伊勢本へ相談した、伊勢本は怪談講談の定席があり夜は色物を興行し、綺麗な落ついた氣分の寄席であつた、伊勢本の席主は圓左からの

相談を受けて首をひねり、どうも圓左さんお前さんは怪談といふガラでは無いように思ふがと不安な顔をした、それは其筈で晩年も見るから好々爺らしいトボけた顔をした圓左であつたから若い時分も狸などゝ綽名され、怪味を第一の要素とする怪談には不向きな顔であつた、圓左はオット待つてゐましたと云はぬばかり、だから私はテンから怪談とは名乘りませんよ、これには餘程頭を捻めて考へたのだが、ヤツとこんな看板にしようと思ふんだと云ひながら、懷中からまきビラの圖案を出した、見ると

繪ガラも可笑味なポンチ繪式で、上には百鬼夜行滑稽怪しとしてある、勿論大道具大仕掛鳴物入り引ぬき早替り三遊亭圓左相勤め申候と能がきがついてゐるつまり前にも述べた幽靈ではなく妖怪の方で行かうといふのである成程お前さんがこれ迄に工風したのなら、餘程自信のあるものに違ひなからうから、それではやつて見ようといふ事になり、圓左は喜び勇んで仕度にかゝつた、話の材料はどんなものかといふと滑稽怪談といふのだから大ていは落語種初日の出し物は例の「古寺」であつた、それは圓左が

素噺でもよくやつた得意の賣物で、諸國を廻る六十六部が行きくれて一夜の宿を求めると近頃お上のおふれが厳しいから旅の人を泊める譯には行かぬと斷られ、據ろなく近頃無住になつて荒放題の古寺へ泊る事になつたが淋しい山の中の廢寺とて、門は傾き、屋根は崩れ寺内は身丈より高い雜草が茂り、本堂も廊裡も天井や壁が穴だらけ、通常でもこの寺には妖怪が出ると聞いたゞけに、六部もいゝ心持はしない、ヤレ〳〵大變な所に泊つたぞと思つたが今更仕方がなく、佛前へよりかゝつて休んでゐると

コトンカタンと織機の音、ハテナとそれをたよりに來て

見ると、二人の美女が一心に機を織つてゐる、これは不思議と六部も考へた

怪　秋の夜長　幽霊漫談（十六）　芸界某古老の思い出話
●都新聞　昭和二年九月二十一日　2-228

秋の夜長 幽霊漫談

【十六】 藝界某古老の思ひ出話

餘つ程謎をかけようと思つたが、イヤそうでないと考へ直した六部が、第一に解せないのはこんな淋しい山寺の祠も半分打壊れた庫裡に夜になるまで

若い女

が、氣丈にも只一人で機を織つてゐそうな筈はない、傳へ聞く菅保名の女房葛の葉は狐の化けたものであつたとやらこいつもその手に違ひない、左様なものは古いくゝッと一喝すると機織の女は忽然として消えて終つた、オヤ、古いくゝといへば消えるのかと思ふと、今度は又變つた怪事が現れる、それを古いくゝと六部が叱る、皆な消えて終ふ、その中に夜があける、ヤレ嬉しやこれで無事に助かつたか、オウくゝ日の出だと喜んでゐると目の前へ

サーツ

くゝと打よする浪の音、遙か太陽の出現した影が波へ美しく映つてゐる、ア、いゝ景色だと六部が合掌する途端に、日の出も波もパッと消えて、四邊は眞つ暗闇の夜中、雑草を押わけてヒョイと出た狐が「六部さん、今度は新らしからう」といつた、それが落になつてゐる、この落語を道具入りで演らうといふのだが馴れない事ゆゑ圓左も心配しながら噺の筋の運び、イヨくゝ本釣鐘をキッカケか何かで高座の後ろ幕を振落すと一面の黒幕にしゆ手が輕便、上手に毀れかけた

須彌壇

があり、蜘蛛の巣が張つてゐるようといふ破れ寺本堂の體よろしく、木魚入りか何かの合方になる、左は引抜いて六部の姿、懺悔の合詞があると、薄ドロになつて上手から張り物の狸が、チョコくゝと六部の前を通るといふ仕掛、ハテ怪やなアと六部が見得を切る途端、看客はドッと笑つた、何が可笑しいのかと眼を定めてよく見ると、狸が後ろ向きに歩いてゐる、これでは笑ふ筈で如何に狸でも器用過ぎる、圓左はハッと思つたが仕方がない、これは稽古

下稽古

をした時に、弟子のさら左といふのへ命令て、狸を樂屋から引張らせ、何度も何度もやつて見て具合を調べ、之でいいと取付けてあつた、それが生憎後ろ向きに取付けてあつたのである、さら左もそれと氣がついてこれは失敗つたと思つたが、兎も角も下手へ狸を後ろ向きの儘引込ませ、それなりにして置けばよかつたものを今度は名譽回復のつもりで、上手へ廻つてモウ一度引張り出した、圓左は面喰つて終ひ「エエ同じとこを行つたり來たり、狸の往復はうるさいわえ」と睨みながら臺詞をいつた

觀客も

樂屋も吹き出してドッと惡落ち、このさら左は後に入船亭扇橋となり更に隅田川浪五郎といふ手品師になつた、ところで圓朝にも滑稽な失敗がある

怪　秋の夜長　幽霊漫談（十七）　芸界某古老の思い出話
●都新聞　昭和二年九月二十二日　2-229

秋の夜長 幽霊漫談

【十七】 藝界某古老の思ひ出話

圓朝といつても二代目圓朝の圓右ではなく初代の即ち名人圓朝である、この人は本名出淵治郎吉、父は橘家

圓太郎

といつた、後に近世切つての巨匠となつた圓朝も一家を成す迄にはいろくゝな經歴があり、これもその一つだが、ある時父親の圓太郎が土手倉の寄席で怪談を演つた、土手倉といふのは江戸橋と日本橋との間の河岸、即ち今三越の倉庫のある場所で此寄席が當時日本一と云はれた程客の多く來る名代の席であつた、後に此寄席で木戸番をしてゐた佐助さんといふ人が程遠からぬ木原店の食傷新道に木原亭といふ寄席を出し今度はこの方が盛るようになつて

土手倉

の方は廢業した

怪

秋の夜長　幽霊漫談（十八）　芸界某古老の思い出話

●都新聞　昭和二年九月二十三日　2-230

秋の夜長 幽靈漫談

藝界某古老の思ひ出話

【十八】

[illegible]川鯉かん、これは音曲師の藝名で今の鯉かんは音曲も落語も達者にこなすが先代の鯉かんは美音で

有名な

人であつた、この人に關する面白い逸話もあるが龍の門下となつて小左龍と名乘り怪談の眞打を少しの間

演つて

ゐた事がある、その頃の逸話だつた本所の津輕ツ原に六二亭といふ寄席があつて此處へ出演り、怪談の演題が例の敷島物語、この話は累双紙へも因縁を引き鎖る陰慘殘酷な筋、幽靈を出して凄がらせるには持つて來いの材料である、はん若の小左龍が最後へ上つて前机控へ、納まり返つて充分に恐そうな所を伺つて居ると、樂屋に詰てゐた手傳ひの連中、ドウだい一つ思ひ切つて大きな音のするガラを入れて見ようではないかと相談した、ガラとは前にも説明した如く話の最中

樂屋で

ダシヌケに大きな音をさせて聽衆を吃驚させる事である、それよからうと皆な大賛成、その中の一人が工夫して、斯うすればキッといゝぜと持つて來たのが一枚の四分板だ、これを高座の後方へあてがつて下端を杉戸の敷居へ押ばさみ、上端を二人がかりで後方へ引張るから四分板は弓のやうに反りかへる、ウンと反らせて置いて時分を見はからひ、押へた手を一度に放せば、四分板は恐ろしい勢ひで撥ねかへり、杉戸へ打突つてキッと

素晴ら

しい音がするに違ひないといふのであつた、成程これは思ひ付きだと早速にその裝置にかゝり、刻限を見計らつてゐると小左龍はいよ〳〵凄味の個所へかゝつて來た、夫れ此處だつと一人が合圖をする、ヨシ來たつと勢ひ込んで、充分に反らせた四分板を、押放したから堪らない、見込通り杉戸へ烈しく打つかつて百雷一時に轟く如きと大袈裟な形容をし度い程ドエライ音がしたから聽衆は思はずキヤツと聲を立てゝ驚いたが、あまり効果があり過ぎて

が、その木原亭も先年やめて了つた、それは扨おき此土手倉で圓太郎が怪談を興行の折、幽靈を勤めたのは即ち作の圓朝であつた、併し後の大家はその頃から頭腦も違ひ、工風力に富んでゐたと見え圓朝は前人未發の趣向を立てた、といふのは幽靈がいつもの通り樂屋へコソ〳〵と引込まず散々宙に迷つた末、スーッと天上して了はうといふ仕掛だつた、即ち高座前の天井板を二枚だけ釘をぬいてゆるくして置き、天井裏の梁へ滑車を取つけ

樂屋で

細引の一端をゆるめると一端が天井裏から高座前へスーと下る、その細引の端に金具の鈎がついてゐて、之を圓朝の幽靈が自分の襟へ引かけ、キッカケを合圖に樂屋から細引をたぐれば圓朝の身體はその儘天井板を肩で押上げ、天井裏へ引上げられて終ひ、天井板は以前の通りになつて何處へ消えたか判らなくなるといふ段取り、流石に面白い工風である、果して演つて見ると大受け、大喝采、時分はよしと樂屋では前座が力一杯に細引を引つ張つたから

注文通

り圓朝の身體は天井裏へスーッと引上げられた、そこ迄は大へん好かつたが打出してから前座がいくら細引をゆるめても圓朝が下りて來ない、これは餘り強く引張つたので、金具が滑車へはさまつて何うもがいても外れなかつたのである、サア大騷ぎになつて、足場を築摺へに取りつけるやら、梯子をかけるやらで外の天井板も外してしまひ、樂屋連や席亭も總掛かりで天井裏へ幽靈の救助に赴いたが、この救援の來る迄圓朝は何うすることも出來ず、埃をかぶり着付の裾をダラリと下げた儘、煤だらけ

蜘蛛の

巣だらけの眞黑な天井裏にブラ下つてゐたのである、後年の名人にもこんな逸話があつたかと思ふと無限の興味があるではないか、併しこれなどはまだ〳〵罪の輕い方、失敗にもモッと手酷いのがある

2-231 怪 秋の夜長　幽霊漫談（十九）芸界某古老の思い出話
●都新聞　昭和二年九月二十四日

秋の夜長 幽霊漫談【十九】
芸界某古老の思ひ出話

お婆アさんこそ好い面の皮で一心に小左龍の怪談を聞いてゐる最中突然に大きな音がしたかと思ふと身をかはす暇もなく目の前の

黒い机 が高座から転がり落ちてイヤツといふ拍子に頭へ打つかり、見る〱瘤が出来て腫れ上つた始末に、思はずギヤツと悲鳴をあげる、満場聴衆は不意の出来事に驚いて総立ちになり、ワア〱と騒ぎ立てる、何が何やら大混乱・青くなつたのは楽屋の連中

杉戸は敷居から外れて終ひ、前に **吊つて** あつた後ろ扉を押外し、モロに小左龍の頭上へ打倒れたので、何ぞ堪らん小左龍は脇大を打たれてウーンとばかり高座へのめつて目を廻す、ハズミを食つて前机は、真逆様に客席へ転がり落ち前にゐたお婆アさんに打突かる、瘤が出来るといふ大騒動

これはチト薬が強過ぎたと後悔しても追つゝかない、サア何うしようと顛倒して狼狽へるもあり、高座へ飛び上つて目を廻してゐる小左龍の手当をし、水よ薬よと騒ぐもあり、客席へ飛び出して粗忽を詫び、婆さんにあやまる者もあるといふ次第、すると

看客が 今度はドツと笑してゐる図などゝいふものはこれは滑稽なものに違ひない、ヤアお化が出て来たワーイ〱と小児が騒ぐ、幽霊先生ハツとして大いに面喰らひ、急いで楽屋へ逃げ込んだがモウ間に合はない、それでは今さら

怪談の つゞきを演るどころでなく、演つたにした所でモウ正体を見せた以上は凄くもおつかなくも何ともない、とう〱その儘打出したが、翌日になつてお婆さんの宅まで詫に行くやら散々な失敗　小左龍は怪我なく正気づいたものゝ、翌日は頭が痛くて寝込んだなどは酷い目に逢ふもの、この時幽霊を勤めたのが当時の鯉橋であるが、この鯉橋にはまだ〱可笑しな咄がある、といふのは現在睦会に出てゐる古今亭今松、この今松の父親が桂文吾といつて

晩年は 龍門と称し、先年故人になつたが、この文吾は前名を市川男女助といひ即ち俳優であつた、役者出身ゆゑ立廻りの形も素敵に巧く、おまけに器用な人で鳥居風の看板絵を好くした、それ故自分で背景も描き、本式の道具を造り、これを使つて怪談限らぬきの立廻りを演じた、この人のは一人怪談でなく二人も三人も対手を使つて演つた、つまりお芝居と同じ趣向で、而もその対手には俳優時代の

仲間が 来て応援した、三橘きん生といふのが坂東花若、三橘といふのが若井小紫の弟子、それだから万事本格、といふような具合、面白い、この中へ前述の鯉橋も加はり、これは若手で面白いゝ所から女形などを勤め、至る所で受けてゐた、その中に大滑稽の失敗を演ずるといふ一條

2-232 怪 秋の夜長　幽霊漫談（二十）芸界某古老の思い出話
●都新聞　昭和二年九月二十五日

秋の夜長 幽霊漫談【二十】
芸界某古老の思ひ出話

桂文吾の一座がよくかゝつて大入をとつたのは当時回向院の境内にあつた常盤亭であつた、此寄席を

経営し てゐたのは角力茶屋大和家の主人で、その頃また子供であつた辰ちやんといふ大和家・息子さんこそ後年の野呂辰之助君、先日物故した即ち松旭斎天勝の良人であり興行主であつた其人である、するとある年正月の事春芝居出勤の都合から花若のきん生も三橘も本職の方が忙しくて補助に来られない、そこで文吾は鯉橋だけを対手にして、鮫洲の林亭といふ寄席へ出演し「化学応用怪談噺」といふ看板をあげた、この看板が人の

好奇心 に投じたものか初席ではあり毎夜一ぱいの入りであつた、何で化学応用などと名乗りをあげたかと申せば、幽霊の出

る時にシユーッと燃す鬼火がその頃としては極めて新らしい思ひ付きであつた爲めで、普通なら燒酎火か何かで間に合はすところを、文吾が誰に教はつたのか藥品を用ひて効果をあげた、藥品とは鹽剥と硫酸で、鹽剥はいふ迄もなく鹽酸加里、これも硫酸も無論劇藥である。今なら劇毒物の取締が厳しいから、なか〳〵

素人の 手には入らない

ふやうなマダるつこい事をするより、硫酸の方を茶碗へ入れて置き鹽ボッをあとから投込む事にした方が手つ取り早くて仕事も樂だと思ひつき、そこで

茶碗へ は硫酸を入れ、鹽ボッは少許紙片へ包んで袂へ入れて置いた、文吾はそんな事とも知らずに噺の筋を運び、引ぬきの立廻りも濟み、愈々幽靈の出る段になつた、鯉橋はこゝぞと豫ての計畫通り袂の紙包を取出して大ドロ〳〵諸とも、硫酸の中へ投入れろと思ひきや大椿事が出來した

怪　秋の夜長　幽霊漫談（二十一）　●都新聞　昭和二年九月二十六日　芸界某古老の思い出話　2-233

秋の夜長 幽靈漫談

藝界某古老の思ひ出話

【廿一】

天晴手數を省いた新案の積りで投げ込んだ鹽ボッが、いつもの通りシユーッと燃え上るかと思ひの外シユーどころかちつとも火焔が立たず、ブツ〳〵ブツ〳〵と

異様な 音がするばかり、その中に忽ち何うにも斯うにも鼻持のならぬ悪臭が盛んに匂つて來た、即ち猛烈なアンモニア瓦斯が發生したのである、肥桶と魚腸樽を引掻廻して溝泥へ交ぜアセチリン瓦斯で沸かしたやうな天下無類の臭い匂ひが場内一杯に張つたから堪まらない、幽靈はむせ返つて嚔をする、文吾は思はず鼻をつまんで高座へ突つ伏す、一杯入つてゐた聽衆は、あまりの臭さに辟易して一度にドッと木戸口へ逃げ出す、下足番は面喰つて大狼狽、喧々囂々

大混亂 の中を客の過半は履物もはかずに跣足で逃げ歸つたといふから、餘程臭かつたに違ひない、文吾も鯉橋も樂屋一同、一遍に胸を悪くして終つて中には戻す者さへあり、兎に角この悪臭が鼻について翌日も晝飯が咽喉へ通らなかつたとある、モウ〳〵馬鹿な工風はやめよう、素人とはいへ扨々化學應用はむづかしいものと、今夜は矢つ張りいつもの通りにやらうと鯉橋も後悔して林亭へ出て行つたところ化學の怪談は酷く臭いものだといふ評判が前夜の中に

一般へ 知れ渡つたものと見え、その晩は八時になつても小兒一人入場者がない、トウ〳〵入れ掛けになつて了つたが、イヤ文吾が恨むまい事か鯉橋さん冗談じやアない、お前のお蔭で折角入りのあつたお客を皆んな追つ拂つて了つたじやアないかと、愚痴をこぼされた時には鯉橋も穴があつたら入りたい程であつたさうな、ついでながらこの鯉橋にモウ一つ珍談がある、深川の西町に梅本といふ寄席があつて、此の鯉橋が眞打ちを勤め、スケは柳好、小柳といふ看板、この柳好は後に隅田川

馬石と なり晩年鶯春亭梅朝となつた達者な落語家、小柳は先年大震災の時被服廠で亡き人の數に入つた先代柳橋である、眞打の鯉橋もまだ若い頃で、其時分は眞打といへば必ず續き物の人情噺を演なければならない頃であつたから、鯉橋は知合の櫻家楠之助といふ盲人の三味線ひきに「吉田騒動」の續き話を毎日一席づゝ教はつてはこれを大切に演じてゐたこの楠之助について一場の物語、それは後に廻すとして、ある夜の事大變なドシヤぶり、鯉橋が

林亭へ やつて來ると四つ辻の角に下足番が待つてゐて、大變だ〳〵今夜は柳好さんも小柳さんも缺席で高座に穴があき、前座が二度上りでつないでゐるといふ注進、これからが又失敗談

怪　秋の夜長　幽霊漫談（二十二）　●都新聞　昭和二年九月二十七日　芸界某古老の思い出話　2-234

秋の夜長 幽靈漫談

藝界某古老の思ひ出話

【廿二】

怪

秋の夜長　幽霊漫談（二十三）　芸界某古老の思い出話　2-235

●都新聞　昭和二年九月二十八日

秋の夜長 幽靈漫談

藝界某古老の思ひ出話

【廿三】

鯉かん之助は前名を瀬戸鶴太夫といひ新内の三味線ひきで、唄の鶴賀鶴太夫と二人ツルミで毎夜吉原その他を流してゐた、瀬戸鶴太夫の三味線が素法巧いところへ

鶴太夫

が又素敵な美音と來てゐたのでこの一組は至る所で歡迎され喝采を受けて居た、これへ目をつけたのが當時不動新道の師匠と呼ばれた三代目柳橋、即ち後の柳橋で、兩人に交渉して弟子分とし寄席へ出す事にした、兩人とても雨がふつては稼業にならず冬の夜寒に肌も凍る程の思ひをするよりは、高座の藝人になつた方がどの位好いか判らぬので大に喜び、そこで瀬戸鶴太夫が櫻家鯉之助と改め鶴太夫が瀧川鯉かんとなつた即ち前に述べた先代である、果して

柳橋の

見込は違はず、高座へ出して見ると兩名とも大受けであつた、ところが鯉かんはふるへつき度い程の美音であつたに拘はらず殘念ながら三味線が弾けない、そこへ付込んで鯉之助が高座でもチョイ／＼意地の惡い弾き方をしては鯉かんを苛め、少し氣に入らぬ事があるとスグに虚病を使つて休んでゐた、三味線無しでは寄席へ出られないから鯉かんは大に困り、その都度鯉之助を見舞ひに行き土産の金品を贈つては御機嫌を取つてゐた、これをいゝ事にして鯉之助がのべつにこの儀をやるので

鯉橋が急いで樂屋入りをすると成程前座が大童になつて繋いでゐる、この前座は本名を辰さんといつて研屋であつた、

職業は

即ち正眞正銘の研屋だから面白い而もこの研辰は深川の扇橋に住んでゐて、自宅の近所に天狗汁粉といふのがあり、そこの主人が何ういふ事情か咽喉をついて自殺したもの研辰は餘程その事件に感じたものとみえ、天狗が咽喉を突いた／＼と口癖のように云つてゐたが、そういふ自分も後に咽喉を突いて死んだといふ奇異な傳記の主であつた、勿論それは後の話でまだこの時は研辰も壯健、モットモ壯健でなくては高座も勤まらない、どうも餘計な

冗口を

利くので漫談横道に脱れて困るが、さて鯉橋は急いで仕度をし、研辰に代つて高座へ現れ、扨伺ひまするお噺はと、前夜の續きを一席辯じ、これで兎も角も中入りといふ事になつた、ところが雨は益々強く、車軸を流すような強い降りだ、この雨に道を止められたか、出演者は誰もやつて來ない、據ろなく鯉橋は中入後にモウ一席勤めて打出す事に決心したものゝ、此席にハタと當惑したといふのは、前にもいふ通、鯉橋は毎日一席分づゝ問屋の鯉之助から續き噺を仕入れて來るのであるから、今

中入前

に演つて終つた後ではその先を覺えてゐない、これが當人の若い爲めで本來なら万一を慮つて中入前には普通の落し咄しを演り、大切に續きをやればよかつたのである、それを身代ありつたけ店拂ひに及んだあとでは何うに、仕方がない、エ、儘よと度胸を据ゑて登場つた鯉橋は、出演者が雨の爲め缺席の多かつた詑を述べ、扨この度はお賑やかにお鳴物を入れまして、手前得意の七段目といふ芝居咄しをお聞きに入れますと胡麻化しかけたが、聽衆が承知しない、そんなものより

先刻の

續きを演つて呉れろといふ注文、ヘエ併し、あまり陰氣なお咄がつゞきますからといふと、又外の客がナーニ陰氣でもいゝよと聲をかける、彼方からも此方からも異口同音に續きを演れ演れと迫られて、鯉橋赤くなり青くなり、見渡せば聽衆の中には大分新造や年増の女客も居る、當人色氣盛りの若い頃とて、極りは惡し胸はドキつく、とう／＼堪まりかねて誠に相濟みません、實はあの先をまだ教はつて居りませんので、と閉口して謝罪つたときは滿場

ドッと

大笑ひ、時は二月の中旬だといふのに、鯉橋は全身にビッショリ汗をかいたといふ事、それは怪談でも何でもないホンのエピソードだが、扨この鯉橋に話を教へた鯉之助に就いて眞實の物凄い物語がある

鯉かんは心中無念で堪まらず、これも皆自分が三味線の弾けない爲めだ、唄ばかりで絃が出來ぬとあつては片輪な藝人、こんな事ではならぬと大いに發奮し毎夜人の寝靜まるのを待つて一心に三味線の稽古をした、それも夜中になつてペン／＼シャン／＼やるのでは世間の妨害にもなり、第一自分の未熟が知れるといふので工風の結果三味線へ胴の胴板をあてた儘ひそかに稽古を繰返して夜を徹し、實に血を吐く程の苦心を積んだ、その効空しからず鯉かんは誰も知らぬ間に、いつしか三味線も**充分に**ひけるやうになつたのである、誠に藝界の佳話ではないか、斯くとも知らぬ橋之助は、ある時又も例の僞病氣と稱し席を休み、今に又鯉かんが謝罪して迎へに來るだらうと待かまへてゐると、豈計らんや今度は中々に來ない、オヤ／＼こんな筈ではなかつたが、鯉かんは何うしたのだらうと探づて見ると、相變らず毎夜出席してゐるとの事、ハテそれでは誰か外に三味線弾きを頼んだのか、兎に角そつと様子を見て來ようと、盲人の橋之助が**妹に手**をひかれてやつて來たのが八丁堀の朝田亭、路次の奥にあつた一寸有名な寄席である、その路次に立止つて耳を澄ますと丁度鯉かんが唄つてゐる、橋之助はアッと驚いた

怪　秋の夜長　幽霊漫談（二十四）　芸界某古老の思い出話　●都新聞　昭和二年九月二十九日　2-236

秋の夜長 幽靈漫談

【廿四】

藝界某古老の思ひ出話

橋之助がびつ驚したのも道理、鯉かんは彈語りで立派に勤めてゐるのである、聽衆は大受け大喝采、三味線の撥の冴えも亦驚くべき**手腕で**あつたから、橋之助は今更面目なく、スゴ／＼と我家へ引返したが翌日になると今度は自分の方から手土産の折を携へて鯉かんの家へ訪ねて行き、今日迄の無禮を謝罪した、鯉かんも斯う迄詫られて見れば心も解けぬ筈はなく、考へれば橋之助の皮肉が發奮の刺戟劑となつて、今まで出來なかつた三味線も弾けるやうになつたのであるから、ある意味の恩人であると、あらためて橋之助の勞を謝し、爾今は兄弟の交はりを結ばうではないかと却て親睦になつた、その後は橋之助も**皮肉な**眞似をせず、益々鯉かんの伎を助けたから人氣は上るばかり、後に兩人掛合の都々逸といふのを演つて、互に高座で對手の惡口くらべをし、これを喰味都々逸と稱して馬鹿に喜ばれたものであつた、後年先々代今輔と都々逸扇歌とがその眞似をして受けたのも最初はこの兩名の創案を學んだのである、かくて鯉かんと橋之助は義兄弟となつて眞の骨肉以上に親しくしてゐたが、ある時橋之助は鯉かんと別れて旅へ出る事になり、上州路へ巡業に行つた、すると鯉かんの家を**夜中に**訪れる者があつたので鯉かんは自身立出で見ると橋之助が悄然として立つてゐる、オウ誰かと思へば橋さんじやアないか、何うして今時分と聲をかける、橋之助は見えぬ目に振仰いで兄弟、永々一方ならぬ厄介になつたネエ、と言つたかと思ふ途端、姿は消えて誰もゐない、鯉かんは怪んでオイ橋さん／＼と探したが返事もなく、其處へバタ／＼と人の足音、電報ですと配達されたのを見ると、ハシノスケシスといふ旅先からの訃報であつた、扨は今のは幽靈であつたか、生前の**親交を**思へばこそ、別れを告げに來たのかと鯉かんはゾッとしたといふ、これは有名な逸話である、而も旅先で客死した橋之助には跡を弔ふ親族もなかつたので、前に述べた鯉橋が故人の爲めに橋場の菩提所へ墓を建立し、話を敎へて貰つた恩に報じた、そして仲間の有志の人々とその法事を營んで引上げたのが木原亭の樂屋、何も眞似事だと近所の赤行燈から茶飯にあんかけを取よせて一同で會食した事があつた、思ひ出せばそれからそれと切りが無いが**名人と**呼ばれた三代目左樂の門人に語樂といふのがあり後に柳亭燕雨となり、小さんが十八番の「猫久」などを巧に話した、この語樂と先代今輔とにこれもおかしい話がある

怪　秋の夜長　幽霊漫談（二十五）　芸界某古老の思い出話
●都新聞　昭和二年九月三十日　2-237

秋の夜長 幽靈漫談

藝界某古老の思ひ出話

【廿五】

先代の今輔は本名を村田政次郎といひ、晩年には御承知の通り高座布團からハミ出す程肥つてゐたが

若い時 にはスラリと瘦形な時代もあつたさうで、この先代今輔に何處となく容貌も態度も酷似してゐるのが現在の春風亭柳枝といふ人、次手ながら今度改名した武生改め鈴々舎馬風は先代のしん生即ち前の雷門助六に生寫し、又翁家さん馬が故人の都々一扇歌に似てゐる、何の血縁もないに他人の空似といふものはあるものである、これは餘談だが、扨今輔がまだ古今亭しん猫と稱した頃、前に述べた語樂の手傳ひで怪談の幽靈を勤めてゐた、スルとかかつたのが淺草の酒悦亭といふ今はないか

雷門前 の並木亭に並んでゐた寄席である、此處で語樂が怪談を勤め、いよ〳〵幽靈を出す段取になつて場内は眞暗がり、語樂が手燭で高座をパッ〳〵と照らして見たが幽靈が出てゐない、樂屋では騒んに大ドロ〳〵で凄味をつけてゐるのに肝腎の幽靈が見えなくては仕方がない、語樂は氣が氣でなく、オイ、ユータはどうした〳〵と聲をかけると、しん猫の聲で出てゐます〳〵といふ返事だが高座には何者の影も見えない聲はすれども姿は見えず、ホンに

お前は 何とやらと都々逸を歌つてゐる場合でないから、語樂は語氣を強めて何處へ出てるんだつと叱る、此處です〳〵此處へ出てゐるじやアありませんかと幽靈もムッとしたらしい口調、樂屋の者がヒョイと覗いて思はずプッと吹出したのは、語樂も酷い近眼であつたがしん猫の今輔もそれに劣らぬ強度の近眼、兩人とも眼鏡を外せば盲人も同様の始末であつたから巧く行かう筈がなく、しん猫の幽靈は出るには出たものの道具幕と黒幕との間に立つてゐたのである、これでは何時まで

經つて も見えない譯で丁度縄のれんといふ落語同様、こんな可笑しな事はなかつたと一つ噺になつてゐる、扨こそ數へて見ると昔から怪談を演つた經驗のある者は可成り多い譯で、人の好奇心が如何にこの種の怪奇な物語を喜ぶかの程度も思はれる、モットモそれも無理ではなく、斯く迄進んだ今の世でさへ事實の幽靈話が相當信じられて噂されるのだから驚くが、現在つい一月ほど前に本紙の社會面記事欄にも見えたが根津とやらに空家から

若い女 の幽靈が出て付近の大評判になつたといふ事、この賑やかな都市の中央でさへそれだから、淋しい土地での傳説は皆然かも知れず、そうかと思へば縊込とかの踏切にも變な噂、これが又實に奇怪千万なのである

怪　秋の夜長　幽霊漫談（二十六）　芸界某古老の思い出話
●都新聞　昭和二年十月一日　2-238

秋の夜長 幽靈漫談

藝界某古老の思ひ出話

【廿六】

何でも此踏切に就いては死靈の祟りが引續いて、間違ひが起るといふので、先頃も供養の法事を營んださうだが、その

以後は 何うか知らぬが、確に幽靈を見たといふ者が大分あつたとやら、それも夜中に出るのと曉方に出るのとでは幽靈の人物が違ふのださうな、一人は若い女で、一人は年よりの男だといふ事何方が夜中で何方が曉方の番かそれは聞かなかつたが多分夜中でない方が曉方で、曉方でない方が夜中に出るのだと思つてゐれば間違ひはあるまい、二人一緒に出たっ淋しくなくてよささうなもの、別ぺに出るところを見ると、踏切だけに交替なのだらうとは、丸で落し噺しであるが、それが半は信じられてゐるのだから

不思議 である、それから又久しい以前だが、芝口から宇田川町迄の電車の中へ毎夜赤電車近くになると、定つて幽靈が電車に乗ると云ふ噂の立つた事がある、幽靈が電車に乗るとは文化的になつたものだが、何でもこれは切髪の老婆であつたさうな、影の如く煙の如く、腰掛の隅に悄然とのつてゐたのを車掌だか運轉手だ

かが發見して、思はず驚きの聲をあげた途端、怪の人影はパッと消えて了つたといふのが、噂の最初であつたが、眞にそんなものを發見したとしたらそれは

慄然と したに違ひない

サアそれから大評判になつて、毎晩その時刻になると、用もないのに怖いもの見たさから、我もくと乘つて見るので、どの電車も皆滿員、押すなくと大變な騷ぎ、こう陽氣では幽靈も出られぬと見えて、誰も見たものは遂になかつた、これは見えないのが當り前だらうが、その老婆の幽靈は誰も乘つてゐない電車でなければ出ないのだと、又誰やらが云ひ觸らしたとの位確な話はなく、それでは十年經つても

見參は 出來ぬ次第、何とも早バカくしい話である、そうかと思ふと又中には説をなすものがあつて、世の中が不景氣になり、それもドン詰りになると、キツと世間に幽靈沙汰が傳へられるものだといふ、これは或は眞理かも知れない、して見れば今年も昨年を不景氣のドン底として、そろそろ活氣づいて世が直る前兆であら、それならば幽靈大明神である、これも餘程以前の事だが、赤坂に幽靈借家といふのがあつた、その家は住む人も住む人も、永くて一月と尻が据はらず、皆逃ぐるが如く

引越し て行くので、何か怪い事があるに違ひないと思ひ噂が立ち、永い事ふさがらずにゐた、スルと氣丈な男があつてヨシ俺が一つ住む事になつた、これから怪談の正體を見屆ける一條

怪　秋の夜長　幽霊漫談（二十七）　芸界某古老の思い出話　2-239

●都新聞　昭和二年十月二日

秋の夜長 幽靈漫談

【廿七】 藝界某古老の思ひ出話

誰も住み人が無いとなれば家賃の安くなるのは當り前、幾代目様なその安値に惚込んで、何の氣味の惡い位は百年でも我慢をすると、幽靈承知で

引越し て來た粹の男だから何うして膽は据つてゐる、無事に引越も濟んでサア何でも出るなら出て見ろと、度胸を極めてゐたところ、一日二日三日と日が經つても何事もない、ナアンだ話らねえと聊か張合ぬけ拍子ぬけの氣味もあつて、世間の噂ほどアテにならない物はない、ザマあ見ろ此方の威勢に恐れて化物も姿を見せねえじやアねへかと、タンカを切つた彼の男が、ある夜遲くまで獨酌で酒を掘り、いゝ心持にねて終つたが、冷たい夜風の肌寒く、ブルくツと

身慄ひ 勢ひ、氣がついて目をさますと夜は早丁時を過ぎてゐるらしく、四邊は寂として靜まつてゐる、ムツクリ起き上つて大きな欠伸一つ、エ、馬鹿に醉つたものだぞと目をこすりながらヒヨイツと見るとこは如何に、植込の繁みを越した庭の彼方に朦朧とした光り物が、或は高く或は低く、見えたり隱れたりする具合、さながら話に聞いた人玉とかいふもの、魂魄この土に止まつて、宙を迷ふが如くなので、男は一時に醉ひもさめ、ホーラお出なすつたなと胸を

ドキツ かせたが、何うなるものか拳そのこと、傍へよつて正體を見現してやらうと、自棄半分の勇氣も出て、拔き足差足に足音を忍ばせ、次第々々に庭の奥へ進んで行つたところ、生垣一つを堺にして、地つゞきは隣家の庭これが又ダゝつ廣いお屋敷で澤山に茄子が生つてゐる、それをお屋敷の番人が腰へ提灯をさした儘、しきりと茄子を捥取つてゐたのである、人玉と見たのは提灯の光りが繁みの葉隙を通して青白く見えたので、番人が脊を

延ばせ ば高くもなり身を屈めれば低くもなる筈、これが人玉の正體と判つて、先日からの幽靈騷ぎも、これが原因かと思ふとその男急に可笑しくなり、堪へ切れずに吹き出して高笑ひ、だしぬけに人の笑ひ聲を聞いて、番人の方が肝をつぶし、後をも見ずに逃げて行つたといふ珍談もある、併し人玉は兎も角もとして、墓地などには雨の晩などに、所謂燐火が燃えて氣味のわるい光りを發することこれは科學的の事實で、寺男や墓地の付近に住む人は

珍らし くも思つてゐぬ程である、その燐を怪談に應用したのは矢張り前に述べた初代左龍

で、彼は工風の結果人玉を巧に客席へ飛ばした、真つ暗な中を青白いやつがフワリ／＼と尾をひいて低徊するのは可なり凄いものだつたといふ、その仕掛が一寸面白かつた。

怪　秋の夜長　幽霊漫談（二十八）芸界某古老の思い出話　●都新聞　昭和二年十月三日　2-240

秋の夜長 幽霊漫談

藝界某古老の思ひ出話

【廿八】

雑巾で

仕掛といつても至つて簡単なもので、只手頃の木片に燐を塗りつけたゞけの事であつたが、イザこれを使ふといふ場合には雑巾で此木片をギユッと撫でる、忽ち燐が火を発してボッと燃える、闇やみの中だから此火が陰々と青く光つて、頗る怪談的の効果があつた、この木片を細い竿の先などへつけて客席のまんなかへ差出し、空中をフラ／＼させるのだが、暗いからその竿は見えず、只人玉然とした怪い光りが宙をさ迷つて居るように見えたのである、ところが此真似をして大失敗をした者もある、といふのは所謂生兵法で本当の扱ひ方を知らなかつたものだから手加減の

呼吸を

知らず強く摩擦した為めに、発火の程度が強過ぎて人上で手を火傷し、それも単なる火傷では済まず、燐が血管へ入つてグツ／＼してゐては生命にも係はるからといふので、脊に腹は替られず、毒の全身へ廻らぬ中片手を二の腕から無惨にも切落とすといふ大手術を受ける騒ぎになり、生れもつかぬ不具者になつた男が実際にあつた、これなどは失敗も滑稽を通りこして悲惨である、馴れない事は注意が肝要、その左龍の弟子に左猿といふのがあつて目白の寄席から牛込

柳町へ

の掛持ち、無論電車などはないグッと古い頃の話である、所謂二刷バネといふ奴で師匠の左龍が目白亭即ち今の江戸川亭を打出して、これは真打だから人力車か何かで柳町へ急行するその跡から左猿があと片付もソコ／＼にこれはテクで追つかけるモツトモ左龍は柳町へ行つてからも一席タツプリ演るのだから、その噺の中に間に合へばいゝわけ、左猿は大きな包を脊負つて道を急いだが、この包の中には何が入つてゐるかといふと、大首と称する左龍の

秘蔵の

幽霊の面だ、この事は前にも一寸述べたが三尺もあらうといふ素晴らしい大きな面で実に物凄いものであつた、その大首の中へ一口に目刺しと謂ふデク人形の小さい幽霊を五六番突込んで、風呂敷包にして脊負つてゐるのだが、此デクの事も前述の通りこれは片手で使へるようになつて居り、真直ぐな板つ片の先へお化の面が打付けてあり、胴体へ不細工に衣裳らしい布片を着せてあるだけのイケぞんざいな品物である、こういふ奇々怪々な

荷物を

背負つて左猿が遅れては大変と、汗だくになつて息を切りながら、柳町へ急がうと近道を横切つて来かゝつたのが矢来の淋しい道、今でも賑やかではないがその頃は取分けて人通りさへない、すると、左猿の後ろから待てと一声

怪　秋の夜長　幽霊漫談（二十九）芸界某古老の思い出話　●都新聞　昭和二年十月四日　2-241

秋の夜長 幽霊漫談

藝界某古老の思ひ出話

【廿九】

如何にこれが稼業とはいひながら左猿としても決していゝ心持ではない、ユータの入つた風呂敷を背負つて、真つ暗な淋しい道を

夜ふけ

に通るのだから内心多少の不安と気味わるさ心細さを抱いてゐるところへ、突然に待てと来たのだからギヨッとせざるを得ない、思はずギクリと立止まつて、ヘエお止めなすつたのは、テ、テ、てまへで御座いますかと聞さへも半顫へてゐる、途端にぬつと暗の中から顔を出したのは、同時に光つた角燈の光りで巡回中の警官である事が知れ、何だお巡りさんかヤアよかつた、追剥ではなかつたといさゝか安堵の胸を撫でたものゝ警官の方は

胡乱な

奴と、一度睨んだ恐い目は益々光るばかり、コラ

今時分こんな所を何の用で何處へ行くか、ヘエ何決して怪い者じやア御座いません、少々急ぎますので近道を參りました、ソレその急ぐのが怪いぞ、見れば大きな風呂敷を背負つてゐるが、その包みの中は何だ、アヽこれで御座いますか、これはその幽靈で、何、何を云ふか、コラ貴樣は本官を侮辱するな、馬鹿にしてはいかんぞ、何處の國に幽靈を背負つて歩く奴がある、いゝ加減な事をいふなッ、イエ**決して**いゝ加減では御座いません、正眞正銘の幽靈で、馬鹿をいへ、そんなものを背負つて何うするんだ、ヘエこれから行つてこれを出しますので、モウそろ〳〵私の行くのを待ち兼て居りませう、幽靈を待かねる奴があるものか、全體貴樣は何んだ、私は藝人で、ヘエ寄席へ出て居りますもの、御胡亂と思召すなら一寸御覧に入れませうと、左猿も時間は切迫するし氣が氣でないから、押問答をしてゐるより論より證據のエテレキを見せて疑ひをはらさせようと首つ玉にしばりつけた**風呂敷**の結び目をときながら片脇へ下してスツと中から取出したのは、例の目ざしのデクである、踏つぶしたやうな平ペチヤな顔ながら、青い顔に血がついて、黒い髮の毛鼠の着付、形は正に幽靈に違ひない、これを鼻の先へ突出されて、ウームと唸つた警官がタジ〳〵とあとへ下り、ウムわかつたモウいゝから早く行け、エ、何また此方にも御座いますと左猿も斯うなると面白半分、最後に取出したのは例の大首、如何に警官でも驚かずにはゐられない、思はず**キヤツ**と叫びたいところを體面上グツと我慢し、コレもういゝといふのに困つた奴だと、この叱言は酷く力がなく慄へてゐたといふこと、警官も驚いたに違ひない、左猿よせばいゝのに今度は此大首をスポリ被つた

秋の夜長　幽霊漫談（三十）　芸界某古老の思い出話
●都新聞　昭和二年十月五日　2-242

秋の夜長

幽靈漫談

【三十】—藝界某古老の思ひ出話

警官だとて氣味の惡さに變りはない、場合が場合でゾツとしたからモウいゝ〳〵早く行けと解放してくれたのだ、その時スグに立去ればよかつたものを笠にかゝつて**脅かし**にかゝり、大首を被つて身ぶり迄出して見せたので見ただけでさへ澤山なところ、餘り惡どすぎると警官も反感を起し馬鹿ッと一聲怒鳴りつけ、怪しからん奴だ兎も角も交番へ來いと引張られた、左猿も失敗つたと思つたが追つ付かない、散々に油を絞られ、平ぐものやうに謝罪つてやう〳〵免されたものゝ、それから駈つけたとて柳亭へ間に合ひそうな筈もなく左龍は據ろなくお化ぬきで打出したあとへ、樂屋入りをし目の玉の飛び出る程**カスを**食つた、つまり左猿は大首のお蔭で一晩に二度も此言を食つた譯である、併しこの大首は今何處に有るか知らぬが、確に傑作といふべき逸品であつた最初は普通の面でも看客が怖がつてゐたのであるが、アヽでもない斯うでもないと工風の末、こういふ大首も拵へるやうな事になつたのであらうが、工風といへばまだコンナ話もある、先代の五明樓玉輔がまだ前名の馬きんを名乗つてゐた頃、桐生へ怪談で興行に行つたことがあり、此時の同行は馬之助と先代司馬**龍生の**二人、この馬之助こそ後年の燕路でいづれも藝達者な連中であつた、ところがこの桐生の寄席といふのが可なり大きな構造で、殊に目立つのはその佛壇であつた、佛壇といつても押入の隅や、箪笥の上に乘つかつてゐる小型のものと違ひ、高さ六尺間口一間もあらうといふ大きなものこれが又何ういふ譯か麗々と高座の脇に並んで置いてあつた、高座の脇に佛壇があるなどは如何にも奇抜千万だが、これが眞實だから仕方がない、すると幽靈に扮する馬之助即ち後の燕路が、フト**妙案を**思ひついた、と

いふのはこの佛壇を夜になつて寄席の始まる頃になると、六枚折の屏風で圍ふ處から佛壇と屏風とを利用して、君客をアツと驚かす趣向を案じようと考へたのである。そこで樂屋の中にソツと佛壇の中の位牌やらその他の道具をスツカリ片づけ、ガラン洞にして置いて、夜になつたら怪談の始まる刻限を見はからひ、幽靈の扮裝でひそかに佛壇の中へ忍び、本釣もろとも大ドロ／＼を合圖に、ヌツと佛壇の戸を開いて凄い姿を現さうといふ魂膽。そればかりか今一つ

お慰み を兼ねて、前に立廻した六枚屏風へ這ひ上り、屏風のふちを渡つて見せ、ヤンヤと喝采させよう企み、此奴ア確に大當りだと其夜を待つてゐた

怪　秋の夜長　幽霊漫談（三十一）芸界某古老の思い出話　2-243

●都新聞　昭和二年十月六日

秋の夜長 幽靈漫談

藝界某古老の思ひ出話

【卅一】

もつとも燕路の馬之助は、その以前博多長三郎といふ輕業師の一座にゐた事があり、屏風渡りの秘訣も教はつて多少の心得があつた所から、彼こそ斯くは思ひついた

次第で あるが、いよいよ幽靈の出現となつて、佛壇の戸が開き、スーツと乘出した白衣の姿が、六枚屏風の上を渡り始めた時は、客の定看客大喝采であつたが、併しそれもホンの束の間で、幽靈は不覺にもスツテンコロリと看客の中へ轉がり落ちたから堪まらない、イヤといふ程前にゐたお爺さんの肩をふんづけ、連れてゐた子供を蹴飛ばした上、御丁寧にその向ふにゐたお内儀さんと目から火の出る程鉢合せをし、兩手は踏こわした土瓶の

破片で 怪我をするといふ大醜態、驚いて悲鳴をあげる者ドツとばかりに笑ふもの、イヤ早大混亂で怪談は大メチヤ／＼、キ、何をしやアがると馬之助を毆りつける者もあり、幽靈は生命から／＼樂屋へ逃げ込んだが、何でこんな失敗をしたかといへば、屏風渡りの心得はあつても、暫間練習した時と違ひ、夜は怪談のこと故

内證が暗く足元が見えぬ爲め中心を取りそこなつて、この始末とは成つたのである、馬之助は此時ほど弱つた事はないと。幽靈には大よわり／＼、それは

燕路 になつてからもよく思ひ出に話してゐた、だが幽靈を勤めるのはなか／＼むづかしいもので、これを家の藝とする尾上家にも、種々の秘傳があるとの事だが、たとへ寄席で一寸眞似事に出すとしても、幽靈がうまくないと怪談は引立たない、前に述べた幽靈ぜん馬のやうな名手は別として誰しもこれを勤める者は皆な相當の苦心をしたとある、その中で奇拔なのはこれも一寸前に述べた先代正藏が怪談を盛んに演つてゐる時分、その幽靈を勤めた同人の

女房の 事である、この婦人は藝名を富士松某といふ新内語りであつたが、夫を助けて下座鳴物で一高座勤め、怪談にかゝると幽靈に扮したものであつた、女だから自分の髪の毛をその儘亂れ髪にして鬘を使はず、姿も女だけにホツソリとして酷く好かつた正藏もこの女房も大變な犬好きで、タマといふのが永い事その愛犬で

あつた、旅興行をそれからそれと打續ける間もタマを連れて歩くのだが、これが又よく馴らしたもので、夕方になり一番太鼓を打込む時分になつて、タマや、サア

御商賣 だよと聲をかけると、タマはスーツと女房の膝元を離れて樂屋の隅へ飛んで行き、雑用の夜具布團の中へ潜り込んでグウ／＼寢て終ひ、稼業中は決して出て來なかつたものだが、それからが奇拔である

怪　秋の夜長　幽霊漫談（三十二）芸界某古老の思い出話　2-244

●都新聞　昭和二年十月七日

秋の夜長 幽靈漫談

藝界某古老の思ひ出話

【卅二】

ドロン／＼と打出しの太鼓が鳴りまアツ今晩は是ぎりへエ有難う御座います、お靜かにいらつしやいと樂屋一同で聲をかけると、よく覺えたものでその聲を合圖にタマは布團の中から

飛出し て來るのである

そしてさも嬉しさうに正藏夫婦の

身邊にからみついて尾を振る具合、人間ならば何うも御苦勞様で御座いましたと挨拶するところなので、あらう、此可憐な様子を見ると妻君は可愛くて堪らない、オウ〳〵可哀想に無待遠であつたらうネエサア〳〵早く御飯を喰べてスグに寝ンねをしようと世話をやき、着物を着かへるのもソコ〳〵にタマを抱いて寝床に入る、顔を洗つて白粉を落とすのも面倒だとばかりその儘寝て了ふのだから額に生々しい創を描き、目尻を

釣上げ 口を割つた恐ろしい扮装の幽靈と毛ムクジヤラのタマとが相抱いて眠つてゐるといふ、天下の奇觀を毎夜のように現出したものだそうな、幽靈とワン〳〵の一つ寝などは餘程の珍である、併し道具を使つたり幽靈を出したり、總てお芝居がかりで凄がらせるのも一つの手段であり方法には違ひないが、單に口頭の辯舌だけで、それより以上の効果を出すのが怪談として藝術の最上なものなる事云ふ迄もない、子供だましの大掛かりな騒ぎをせずとも

扇一本 の素話で、心の底から聴衆に恐怖不安の念を充分起させた名人も尠くはなかつた今の桃川如燕の父である先々代春錦亭柳櫻、即ち前にも述べた不動新道が柳橋と稱した時代に、麹町の萬長といふ寄席へかゝつて四谷怪談を演じた事がある、四谷怪談は芝居で演る大南北の狂言とは、大分筋立も違つて居り外題は多分にあるのだらうか、大體事實らしく出來た物語であつた、柳櫻の柳橋がこの話を創作したのだとも傳へられるが、その位であつたから此話は同人の

得意中 の得意であり、これを演ずる旨のビラを諸方へ張出して宣傳すれば、聴衆は争つて集まつたものだといふ、萬長も例によつて毎夜の大入、柳橋は至つて物堅く、信心の厚い人であつたから、この話を演ずるに因み、毎日お岩稲荷様へ、參詣しては勤めてゐた、ところが丁度七日目の事何うにも差支へが生じて日參が出來ない、柳橋は心に濟まぬと思ひながら遥拝だけにして樂屋入りをしたが、何うも氣が落つかない、その中に大切になつたから高座へ上つて

昨夜の 續きを話し始め次第に作境に入らうといふ時になると、突然客席の天井に當つてガラ〳〵ヅシンと怪しい物音、聴衆も柳橋もギヨツとして上を見上げた

怪　秋の夜長　幽霊漫談（三十三）　芸界某古老の思い出話　2-245

●都新聞　昭和二年十月八日

秋の夜長 幽靈漫談

藝界某古老の思ひ出話

【卅三】

この物音は天井の飾り縁が、何うして[illegible]

つた、夜風が冷々と其の窓から吹込み、空には星の光りも見える

平素は 丈夫な細引で縛つてあるのだが、その細引が極鋭利な刃物で切つたかの如くプツリと美事に切斷され、その爲めに窓があいたものと判つた、さらぬだに不安な心持で恐々辯じてゐた所へ思ひ設けぬ怪異な出來事が起つたので、柳橋は見る〳〵中に青くなり、ガタ〳〵と膝さへ顫へ出してお客様方誠に相濟みません、實は今日無精をしてお岩様への日參を怠り、氣にかゝつて居りました折柄、これは確にその罰で御座ります、それでも、

構はず に話を續けましたら此上どんな祟りがあるかも知れません、お客様方に御迷惑をかけましては何とも恐れ入りますから、何卒今晩はこれ迄にして御勘辨を願ひ度う存じます、明日早速お岩様へお詫に伺ひ、よろしいといふお告げが出ましたら、先を續けさせて頂きます故、今晩は半札で御不承を願ひますと詫入つた、聴衆も異様な心持になつて、苦情も云はずに打出しとなつたが、その後で柳橋と萬長の主人が、互に落つかぬ顔を見合せながら、兎に角明朝

お詫參 りに行かうといふ相談になり、演者への祟りか、席主への祟りかわからぬから、兩人別々に參拝して、此先打續ける事の可否を、お神籤によつて占はうと打合せた、そこで翌日になると、柳橋は自宅から直接にお岩稲荷へ參つて昨日不參のお詫をなしあらためてお神籤を頂いたところ第何番かの大吉が出た、柳橋は始めてホツと安心し、喜んで萬長へ來て見ると、席の主人は柳橋より

も先に参詣して來たとて最う歸宅してゐた、そして柳橋さん

喜んで 下さい、大吉が出ましたよと頂いて來たお神籤を見せた、ところが驚くべしそのお籤が、柳橋の取つたのと同じ番號であつたものだから、柳橋は又も襟元から冷水をかけられたやうにゾツとしたが、万長の主人も今更肝をつぶし、扨々神ごとは爭へぬものだとつく〴〵感歎したとある併し大吉が出て見ればいゝに違ひないから早速今夜から續けようといふ事になつて、念の爲めにその趣きを張出したりチラシを撒いた所、何分前夜の一件が知れ渡つてゐた折柄とて一層

好奇心 をそゝつて此與行連夜大入大當りであつたとの事思へばお岩樣のお蔭の話から始まつて、又此話に納まつたのもこれも因縁、モウお彼岸も疾うに濟んだ事ではあり、幽霊も此邊で往生得脱と致しませう、ヒユードロドロ永々御退屈樣（終）

資　建て方の粗悪がお化けの正体

●松陽新報　昭和二年九月六日　2-246

秋の夜の 街頭ゴシツプ

建て方の粗悪が お化けの正体

学町に立つた奇怪な噂……毎夜市をなす

松江市学町菓子店にては最近深夜更になると店の間の硝子戸が独り手に動き出すそれは乾度お化けの仕業であらうといつた奇怪至極な噂が持上り然も此噂が更に数日来々々な風説を生んでそれが盛んに宣伝せられたもので見ね中お年夜をりなお化の正体を見届けやうとするもの好きな連中が毎夜の店頭へ盛んに押掛け現に四日夜の如きは一時三四百名の群衆が込み合ひ大混雑を極めるので態々松江署から出張し警戒をからして追へども〳〵寄つて来る、さいふ程の大騒ぎを演じた、それに就て始め此硝子戸が動くのは床下の地盤が弛んでゐる為ではないかさもいはれてゐたが松江署で調べた結果、同家は家が大きい割合に建築が極めて粗造で少し力を入れて二階座敷を踏むさスグその響きが階下にはりひいて附近の硝子戸に及ぶ、それが此のお化騒ぎの根本だつたので同家で早速此悪い所へ修繕を加へモウ地太踏んでも股を踏んでも動かないやうにしてこのもの好きな群衆の鼻を明かしてしまつた、拝は常一年でところの顔むお伽の本にでもありさうな図柄だ

資　怪物の姿はまだ見えぬ　八分通り水を吸んだが…

●福島民友新聞　昭和二年九月七日　2-247

怪物の姿は まだ見えぬ

八分通り水を吸んだが 不思議な大須の池

桃生郡鷹巣村大須の池に怪物がモクく浮き沈んでゐるので大評判となつたが正体をみとゞけた者なく山師連は二百圓で買とまで云ひ出したので村民は毎日黒山の如くあつまり先月三十一日より内務省土木出張所用の水揚げ發動機を一臺二十五圓で三臺借り受け戦場の様な騒ぎで排水に努めたが何分面積は一反歩位だが水深が十八尺もあると云ふので容易でなく去る二日漸く八九分通り排水をした處怪物は泥にでももぐり込んだか姿を消したので一同口あんぐり狐にでもつまゝれた形であるが全く六七間もある黒い大きなものが浮いたり沈んだりしてゐたので部落を張つて水干に努めてゐるとの事であるか、はたして怪物の正體は？

怪　盛岡市仁王の由来本尊　アラ不思議や市長の夢枕

●岩手日報　昭和二年九月二十九日　2-248

盛岡市仁王の由來本尊

丈餘の仁王樣が發見された

十一面観世音と共に玉山村観音堂で

アラ不思議や市長の夢枕

その昔 盛岡市仁王が仁王村といつた頃一村の守本尊として丈餘の仁王樣と十一面觀音が安置されてゐた由來、今尚盛岡市には仁王の地名さへ、殘つてゐるが……さて、守本尊仁王樣の行衛について誰一人知つてゐる者がなかつた

ところ が北田老市長この程丈餘の仁王樣がはるか北の山根から盛岡の御城下に歸りたいといふ夢を見た、それが一度ならず二度、三度つゞいたので、流石豪氣の老市長も、仁王尊の靈験にうたれ二十七日の朝その道にあかるい中村市助役を

岩手郡 玉山村に差遣はしたまさに之昭和の奇蹟とでも言へやう玉山村字城内の観音堂中に無慘にも四肢ともにもぎとられドウ體のまゝ鎮座してゐる、仁王尊ゾウを發見した中村助役このいたはしい

尊像を 拜觀するや・三拜九拜、案内役竹田重治老人に聞きたゞすと、竹澤家に立派な古文書があつて昔盛岡市仁王にあることが明瞭になつた、この旨中村助役が直ちに北田市長に報告したので、老市長は是非仁王尊と

十一面 觀音二軀の一軀を今年中に盛岡へ歸還したいと大

いに準備をいそいでゐる、今仁王像の古文書をかゞげると左の通りである

古文書

岩手郡玉山村觀音堂、むかし仁王村にあり、此所、諸士町になさる故、觀音（註十一面觀音）仁王ともに玉山村に勸請し奉る古作也といふ由來傳はらず

觀音堂は元祿十五年御上より御譜請なされしなり、右御國の神社佛閣を書し物にあり

文政四辰四月四日寫

とあり　いつの頃、玉山村に勸請したものか一際不明だが元祿十五年以前なることは明かだと

資　喜多会所演の土蜘蛛　能舞曲の梗概

★羅府新報　昭和二年九月二十九日　2-249

喜多會所演の土蜘蛛

能舞曲の梗概

前シテ僧（實は土蜘蛛）▲後シテ蜘蛛の精▲ツレ頼光、小蝶、太刀持▲ワキ獨武者▲ツレ武士▲處は山城

此の謡は平家物語又は太平記などの卷首に記載された る劍の卷の内蜘蛛切丸の事を拔き取り、我國の武勇物語として作り出されたるものに相違なく、佛教の意味も含まれ、謡曲として味ふよりも能樂として見る所多く、他に比類なき蜘蛛の巣に像りたる紙條を投げ出さるるなど大いに人目を引ける物柄なる故謡に

能樂賞家に嗜まれ易い物である。先づ囃子方座に着けば後見二人が一疊臺を脇座に運び頼光と太刀持が出て頼光は臺に上り褥を左手に被い病床に居る趣きを示す、囃子方は次第と曰ふ拍子を打ち出し小蝶が幕より出て頼光の病狀を語り典藥頭より藥を持ち來つた事を告げ慇懃に病氣見舞を謡につけて諷い徐ろに退場する、その中に重き位ある謡振りで頼光が『此に消えて彼所に結ぶ水の泡の……』と病中の述懷を謡ひ地謡なりて『色を盡して夜晝の……』と何となく陰氣なる心持で稍々物凄く運ぶ、全曲中陰靜なる趣味に富める句節であつて小蝶は此等の文句の中から靜かに退場する『月清き夜半とも見えず雲霧の……』と次に名もなき怪僧陰を犯して頼光の邸宅へ忍び入り

物凄き文句を列ねてます〱頼光の病床へ進み入る『如何に頼光御心地は何と御入り候ぞ』と此の一言こそ眞に人膽を寒からしむるもの、流石の頼光も驚く然し剛膽にして勇猛なる人なれば何んで懼るべき、『不思議や誰れとも知らぬ僧形の……』と詰問する、猛惡不敵の曲者、恰も嘲弄するが如き口調にて『愚の仰せ候や、惱み給ふも我がせこが……』と魔力を顯はし頼光を死地に陷れんとするが、倚ではと頼光も勇氣を振ひ側にありたる太刀に手を掛けんとすれば怪僧も邪惡顯と思い曲者の本性を顯はして愈獰猛に鋭く掛る『化生と見るよりも……』の地謡になると劍の靈驗は顯れぬ、頼光の病魔は洗ひし如く取拂はれ武將の勇氣更に百倍、

名劍を拔いて妖

邪を切り拂ふ、曲者は如何でか之れに敵せん一太刀切られて血痕を止めつゝ姿は忽ち消え失せぬ、その働の中に例の蜘蛛の巣に倣りたる紙片を幾條も出すのである、亦電光石火の二人の動作は謡の文字につれ緩に急に面白き見處である。

間もなく早鼓と曰ふ大小鼓の囃子につれ脇の武士出で容易ならざる騒音に驚いて賴光の前に伺候し、一部始終の物語を聽き昂然として愁り彼の曲者を退治すべき事を請ひ命令一下を待つ而して全曲の後半に於て此等武士が遂々血痕を辿つて土蜘蛛を退治する場面を顯はしおやじき岩間の蔭より鬼神の姿を衝き止め打つて懸ると

『汝知らずや我れ昔、葛城山に年經たる土蜘の精魂なり』

と鷹揚に構へるのを武士共は手に手を取り組み塚の内に居る怪物を目懸けて攻撃する、敵もさるもの塚の内から巣を投げかけ／＼鋭い勢であるので武士も一時は五体をつゞめて倒れ伏す事もあつたが

◎◎◎◎◎◎◎◎◎

結局舞働と曰ふ

囃子の中に太刀打ちして終に曲者の首を切り伏せ天下泰平の治世を爲したと曰ふ最も壯快なる能柄である。

結末に一旦殺された土蜘が終演と同時に悠々として立つて幕入をするなど最も味ふべき事なで能樂の尊ぶべきは此等の點に存ずるのであるから趣味の上から曰つても何等観客の心を傷け無い特長の點であらう（終）

制服の吾兒―四十女の幻と語る　幽霊は…

怪　●東奥日報　昭和二年十月十二日（十一日夕）　2-250

燈下漫談（3）

制服の吾兒―四十女の幻と語る

＝幽靈はあるものか？＝

話者　正覺寺住職　楠美龍祥師

仲秋の青白い月がほの／＼と柳の梢に懸つて、虫の音もひそやかに夜も次第に更けて行くお寺の一室である。

『靈魂は不滅なものでせうか』

『佛教の方では人が死ねば、その靈魂は轉生と言つて他の何物かに生を代へるので、不滅であるとされて居ます。然し幽靈などはないものですね。ハヽア、乃木大將が令息の姿を見たと云ふ話ですか。あれは幽靈でなくて靈通と言ふものですが、それならば私にも經驗があります。但し之は生きて居る人間同志で、然も何等かの關係がある人々の間にのみ行はれる事で、死者との間にはない事です』

◇

一昨年の事である。東京の岩倉鐵道學校へ十五になる次男を送り屆けて歸寺した二日目の朝の事、五時頃フト眼を醒ました私は、枕許を見て思はず夢ではないかと驚いた。何故なら東京に送り屆けた筈の次男が制服を着けて首垂れたまゝ坐つて居るではないか……。

『オヤ！お前は何故歸つて來たのたい？』

思はず聲をかけると一言の返事もなくて、次男の姿は吹き消す様に見えなくなつた。氣の故かしら？とその日はそのまゝで過ごしたが、翌朝同じ時刻に同じ様な事に出遇つた私は、流石に胸が騒いでならなかつた。

これは後になつて判つた事だが、次男は私を上野の停車場に送つた時、淋しくて／＼たまらず『いつそ歸らうかしら』とその後も思ひ續けたさうだが、その思ひ續けた一心が、こんな幻になつて私の前に現れたのだつた。

◇

佛教の方に血脈を授けるといふ事がある。之は宗祖の系圖の終りに、授けられる人の名前が書いてやる事で、これを受ければその人は佛の仲間入をした事になるのだが、私の師の坊が或夜目を醒ますと枕邊に見慣れない四十位の女がキチンと坐つてゐて、『何卒私に血脈を授けて下さい』と懇願する。

『貴女は一向見受ない方ですが、どなたですか』とたづねたら、女の姿はフッと見えなくなり、やがて本堂でガラ〳〵と戸の音がした。それで『歸つたな』と思ひつゝもきつと朝にでもまた取りに來るだらうと、その夜の中に血脈を作つて佛前に供へて置いた。所が不思議々々朝になつて見ると、其血脈が影も形も見えなくなつて居るではないか、妙な事もあるものだわいと色々檀家の方をたづねて見たが、とう〳〵何處の誰とも分らないでしまつた。

『これなどは一寸不思議で、眉唾物ですが、でも師匠の實驗談なのですからね』

◇

『墓場などを通る時、ゾーッと冷水でもかけられた樣に淋しくなるのは、死者の靈が通ずるのでなく、死者に對する生前の記憶が、さうした氣持にさせるのですね。要するに怖いとか、恐ろしいとかいふのは、その人の心に何等かの弱點があるからです。さういふ點から見て、私共僧侶には珠數が大變な武器で、あれを持つて居ると居ないとでは氣持の上に非常な違ひがあります。然し僧侶にも臆病者は居りますよ』

◇

師の坊の舍弟は、中々の元氣者で、若い時は誰でもやる樣に、友達四五人といつも試膽會をやつて居た。その方法は新しい死人のある毎に、その墓の周圍へ釘を打つて來る事であつた。

所がある時例によつてその會をやつたが、始めの二人三人は無事歸つて來たけれども、四人目のふだん臆病者に思はれて居る若い僧が二十分待つても、三十分待つても歸つて來ない、さあ大變とみんなで墓へ行つて見ると、こはそも如何に、その僧は墓の前に倒れて居て、呼べど叫べど返事がない。見れば氣を失つて居るではないか。活を入れるやら、水を吹きかけるやらやつと息を吹き返さしたが『さあ行かう』と手を引いたら、奴さん再びウーンと氣絶してしまつた。『これは不思議』とよく〳〵見れば何の事、その僧は自分の衣の裾に一緒に釘を打つて居るではないか……』一同顔を見合してハヽーンと點頭きはしたが、釘をそつと拔いて、若い僧を起せば、その僧は顔色青ざめて『……僧は幽靈が裾を引つ張るので……』と聲震はせて語るに一同笑ふにも笑はれなかつたさうである。（ヒデゾ）

2-251

松江城山伝説ローマンス（三）　直政公の…

●松陽新報　昭和二年十月十四日

怪

市有になつた

松江城山　(3)ローマンス傳說

直政公の機智
妖女を退散さす
使ひを承つた子姓久彌
このしろ櫓の怪談

堀尾家三代の後を承けて松江城主となつたのは南朝四代の後亀山天皇の元中九年足利義滿の命で出雲守護に下つた京極治部少輔高詮の十一代目の京極近江守忠高が寛永十一年夏七夕の日に當

千鳥城へ入城したが在任三年、四十五歲で江戸の下屋敷で歿したがこれも堀尾と同じく嗣子がない爲め斷絶したので幕府は松平和泉守を下して當城を管理せしめた。斯くて舞台は次第に推移して松江藩主直政卿の出現の幕とはなつたのである

◇

寛永十四年十月、九州の一角、島原の古城で天草四郎時貞を大將とする小西行長の遺臣、森宗意軒、大矢野、千束の面々がキリシタンバテレンの信者を擁して革命の烽火を擧げたので西國方の豐臣恩顧の諸大名が其勢ひに加はつて如何なる不虞もあらんかと將軍秀忠は其一門親藩の中より中國樞要な松江の地へ萬一の押へとして我直政公を選抜した時に直政三十八才前任地信州筑摩郡松本の城より歩武堂々二百六十里の長程を四月十三日紫雲英の咲揃ふ津田の松原に宗家の三葉葵の金紋の先箱を輝かせ豐太閤傳來の五三の桐の槍印きらびやかに大橋を渡つて盛大なる入城式を擧げた。其時御供に加はつて來た築城の名匠越前大野の產の竹内有兵衛の進言に依つて吉晴築城後天守の櫓が南の方へ三尺六寸程傾斜したのを修覆したと云ふ

◇

「其のお使ひ久彌奴が御請仕ります」

と遙末座の小子姓の中から凛とした聲音、佐乙女久彌其時十四歲

色白く　眉清らかに眼睛光りあつて柔和の中に威ある前髮姿、ヒワ色の大振袖に勝魚縞の袴

！共時まで互に當惑の顔を見合せて居た一座の宿直の者の瞳は期せずして此若者の姿にそゝがれた
話は其前日に溯る城主直政一日此千鳥の三層閣巡視の際いづくともなく十二單衣緋の袴の官女姿が

現れて「此城は、妾が城ぢや」と摑みかゝる樣な言で叫んだ時直政少しも動ぜず「このしろが欲しくは漁師共へ申付け網上より引かせて進上しよう」と事もなげに洒落ノメしたら彼女は掻き消す如く消え失せたと云ふ

其の言を履行すべく此深夜今朝領内十六島浦より獻上の鰶を、天守へ持参させる爲に宿居の者に命じたが誰一人と言下に應ずるものがなかつたので、若侍の氣嫌いさゝか斜の時であつた

—◇—

拍子木の音はさくの昔

蕭々たる秋雨は、あたかも巨人の吐息のように、呼吸をついては又降りしきる、夜は四つの刻廊下裏に消へて、雨戸を横に吹きつける音が一層凄みを増す中を、手燭の灯影を便りに城の櫓を一階、二階とさやくと袴の音もさわやかに頂上の三層の段梯子左に雪洞は高く、右手は靜かに杉戸を開けた

「何者じや」

と一喝、うす月夜か、星ある月夜か、内にはほーつと薄明り年の頃は三十三四、面長に色白きが如く目々と、釣眼、紅唇の間に鐵漿が、裝の光りをさしたとある、流石は大阪冬の陣の直政従士五十七士の一人佐乙女久左衛門勝正の孫である、髮毛一筋動かさず言葉爽かに若侍の傳言を述べて、拵へた三寶の鰶、膳臺を差出して退出したといふ、其時代十二單衣の女が彼に與へたのは貴殿にあつた直政の陣刀の志津三郎兼氏の柄の三匹狂い獅子の目貫が引ちぎつたようになつたのであつて、久彌が委細を復命した時には宿直の共一同いづれも歯の根が合はざつたと傳へられる翌朝この鰶の膳臺が

本丸下の荒神櫓へ移さ

れてあつて其後妖女の姿を見ず鰶櫓の地名が三百年の今日迄松江の怪談として殘されて居る

（寫眞は千鳥城の古瓦）

怪　松江城山伝説ローマンス（四）神使いの…　2-252
●松陽新報　昭和二年十月十五日

市有になつた
松江城山
(4)傳説ローマンス

神使ひの靈狐が 二度も現れて
直政公に棲身の地を求めた
普門院稲荷の由來

直政公築城後二年目の春の宵である外には爛漫の櫻雲が夢殿かな三の丸御殿を包んで音もなく散る花びらは鉛色の薄靄に中にほーッと浮び出た朧月に雪の如くちりしいてゐる。廻廊をへたてた樓殿では闇燈ほの暗く紙背で彩ごつた三ツ葵の金屏の影に朦朧とした人影が浮び出ていんぎんに直政公の机頭に訴へた

「臣は信州筑摩の邊りに住した諏訪明神の神使稲荷虎左衛門と申して大守昔て信州松本に御在城の砌毎月厚く供養を蒙つた者でございます、其御禮に大守の身を影ながら御護し遷城以前に先驅して城下普門院境内に止して朝夕法味を發して居りますが未だ棲身の地が御座いません何卒御憐の爲めに……」

？愕然と眼を發した公が瞳を定めて見れば今まであつた若武士の姿は消へて異香ふくいくと薫る一場南柯の夢！

—◇—

直政公は翌朝あまりの不思議に普門院住職前能義郡清水寺大證坊宥雅の賢清法印を呼んで其院内に來狐の有無を問へば法印賢清答へて曰く「無來答答」とあるそこで公以て「搞三虚夢一不二復敢問一」と松高山普門寺記にある。ところが又其夜も夢中に前夜の浪人が現れて「法印来た我現身を　らず願はく

は明朝今一度賢精を呼んでお訪
ねて下され」
と頼んで手に持つた白玉の碁石を差し出すや、身を翻して縁側の邊へ出た、其物音に近侍一同宿居の間から手燭をともして立出でれは白金と輝く神使の靈狐が一架の雲に乗じて丑寅の地へ飛行するのがアリ〳〵と見へたと云ふ

――◇――

公は直に使を飛ばして賢精法師を呼んで殘した碁石を見せたが賢精ハタと膝を叩いて
「市原は先年信州の住人で新左衛門

と名乗る浪人が日々佛前へ禮拜に来てみすず刈る信濃の諏訪の湖に、冬期氷の張り詰めた際の氷上の渡り初めする神さる狐の物語りをした事がありまして或時御家中で囲碁の名人と云はれた市原次郎左衛門殿と囲碁を闘はした時名人ともに許

した市原氏が何時も一日の差で彼浪人に負を取ったので見る者齊しく奇異に感じた事がありましたがそれこそ其靈狐の化身でしよう」
と答へたので早速城を去る丑寅の地老松鬱蒼と城壕の碧水に影を映す小丘へ祠を建てて眞左衛門の面體を似せた、陀枳尼天像を刻して松平稲荷として祭つたといふのが今の城山稲荷のらんちようであるが明治初年神佛分離の時稲荷の神は宇賀の御魂とし神社に残り、佛像は法印の住坊普門院の地を割し舊城内本地尊の名で同寺に祭られてゐる
（寫眞は普門院内眞左衛門稲荷堂）

怪　神石の大繁昌

★ユタ日報　昭和二年十月十五日夕　2-253

噂は噂を生んで布哇

神石の大繁昌

「不思議」だと科學者も頭をヒネる

近頃布哇でホントかウソか知らないが霊験神の御しと傳へら

れてゐるアヒアメの神石は其の噂が噂を生んで霊験の判ならぬ大繁昌で土曜日や日曜日などは

敷十臺の自動車が

群をなし約一千人近くの参詣人種が立ち替はり入りかはり、参拝し、其の周囲にはソーダ水賣りホットドッグの賣店も出來ると云ふ有様で丸きり縁日の様である近頃は布哇日本字新聞紙一面の重要欄を割いて前述の有様を報道する。斯うなつて來るともう迷信とか言つて笑つてゐる連中までが自分等の誇りとしてゐる科學的智識を放ったらかして参拜に行くと云ふことになる今までの参拜者で一番多いのは

支那人で

其の次は日本人、比島人、朝鮮人葡萄人だが此れからは米人まで押し掛けるに違ひない。違つた人種から違つた言葉で願をかけられて神石様も解釋に苦しんでゐるだろう、神石の前にお賽銭を上げるのが多くアヒアワ方面の子供がチョイ〳〵拾つて來ては、このお賽銭を失敬しチョコレートな

ど賽喰ひするので布哇領子會から依頼されてこの神石を

管理して

ゐるツヒアヲ水曾社支配人ウイルソン氏はお賽銭箱を設備した。二週間前には一日に二百弗上つたこともあるそうで今までのお賽銭總額六百弗はスコーフイルド兵營銀行に預金されてゐる、参拜者に支那人が多いのは當市で顔を知られてゐる支那人數名が神石のお利益で病氣全快しこれをあちらこちらで宣傳したからだそうである、果して全治するかに就ては現代科學や近代醫學から考へたら勿論馬鹿らしいことである簡し

自己暗示

で難病が奇蹟的に治るとかいふ神石の繁昌の理由は即ちこれであらうと解釋されてゐる

英字紙の報導せる

神石の傳説

子寶を授け病氣を治す

府は英字新聞は珍らしげに以下の如く報じてゐる曰く、神石中二つの高い石の方は初めて病氣を治した神『ロ一』だと信ぜられ又附近の池から歩いて來た新らしい神だとも信ぜられ、病氣を此世から除くため世に現はれたものと見られてゐる●又布哇傳説では二つは王家の一族で石に變つたものだと言はれてゐる二つの小さい石は一つは惡魔の神で若し之れを他人が拝んでゐる時觸れたら病氣になると信ぜられ、他の一つは子寶を授くる神樣だと言はれてゐる此の四つの石には種々な話が傳へられ支那人の信心家が殊の外多い為支那日曜日にはお賽銭箱から二百弗余の収入があつたさうであるさうだが先日そのお賽銭を盗んだ不心得者がある此泥棒は罰が當つて[illegible]ら死んだと噂されてゐる

ラ　きょうのラジオ　東京／童話劇　蜻蛉のお化

●小樽新聞　昭和二年十月十六日　2-254

東京

けふのラヂオ

六、童話劇蜻蛉のお化(上)

田武雄外二十名ばかり

ラ　よみうりラジオ版　能楽「土蜘」

●読売新聞　昭和二年十月十九日　2-255

けふの放送番組

十月十九日（水）　東京放送局三七五

◇連續講談　夜嵐お絹（第二席）　猫遊軒伯知

◇能樂　土蜘

シテ　金剛　右京

源頼光（ツレ）櫻間　道雄

胡蝶（ツレ）梅村平史郎

太刀持　廣瀬　熊彦

ワキ　野口質五郎

囃子方

大鼓　中村　慶作

小鼓　青木直七郎

太鼓　柿村　光司

笛　三谷　良馬

ラ　能楽「土蜘」

●読売新聞　昭和二年十月十九日　2-256

マイクを自由に動かしお能の舞臺が見える樣だ

金剛流の家の藝派やかな「土蜘」を朝日講堂から中繼放送

今晩は朝日講堂の中繼放送で謠曲「土蜘」が出ました。これは金剛流の家藝で賑かな同時に凄惨なものです。殊に「月清き夜半」の邊からノリになつて行つて、非常に

賑かに

囃子が這入ります。そして蜘蛛の精が出て來て頼光にものを云ひ蜘蛛退治の場となりますが、もともとこれは能としても苦心のいるものですが、殊にこの蜘蛛の糸の出る邊が一番のきき所でむづかしい所でせう。放送者の金剛右京氏は金剛派の家元でもう六十歳からになられる方。古來で滋味のある非常にうまい藝を持つてゐた人で放送は今度がはじめてです。それから櫻間道雄氏は

櫻間派

の一門で櫻間金

太郎の親類、また梅村平太郎氏は櫻間金太郎氏の弟子です。次に廣瀬熊彦氏は櫻間道雄氏のお弟子さん、それから野口貢五郎氏は觀世新氏の一門です。今晩はさきに云つたやうに朝日講堂の中繼放送ですが、今度はマイクロフォンも自由に使へるやうになりましたしまた朝日講堂は劇場のやうに

反響なども　餘りありませんから、うまく行くことだらうと思ひます。舞臺の構造も如實にはいり、もともと囃子が賑やかできゝいゝものですから、定めしよく謠人つて謠曲に對して素人のファンにも面白くきけることだらうと思ひます。

「土蜘」の舞臺面

へちちう（蜘蛛）の精靈、千筋の絲をくりためて、投げかけく蜘の……（これは梅若流の舞臺面でシテの「土蜘」は梅若六郎さんの扮装です）

◇朝日講堂無線中繼放送◇

能樂　―午後八時半ごろ―

土蜘

シテ　金剛右京　　太刀持　廣瀬熊彦
源頼光（ツレ）　櫻間道雄　　ワキ　野口貢五郎
胡蝶（ツレ）　梅村平史朗　　早打　柳田巖吉

源頼光が瘧痛をわづらつて悩んで居る或る宵に、僧形の蜘蛛の化身が親しく病床に迫り、千筋の糸を投げかけて苦しめようとしたが、却つて頼光の爲に切られて逃げ去る、其の血の跡を知るべに、頼光の家來が葛城山に赴き蜘蛛の巣を發見して蜘蛛を退治すると云ふ曲である。

ツレ次第へ浮き立つ雲の行方をや。風の心地を尋ねん。サシへ是は頼光の御内に仕へ申す。胡蝶と申す女にて候。詞へさても頼光例ならず惱ませ給ふより典藥の頭より。御藥をもち。唯今頼光の御所へ參り候。いかに誰か御入り候。トモ詞へ誰にて御座候ぞ。シテへ典藥の頭より御藥を持ちて。胡蝶が參りたるよし御申し候へ。トモへ心得申し候。御容體を以て申し上げうずるにて候。頼光サシへこゝに消えかしこに結ぶ水の泡の、浮世にめぐる身にぞありけれ。げにや人知れぬ、心はおもき小夜衣の。恨みん方もなき袖を。かたしきわぶる思ひかな。トモへいかに申し上げ候。典藥の頭より御藥を持ちて胡蝶の參られて候。頼光へこなたへ來たれと申し候へ。トモへ畏まつて候。此方に御參り候へ。ツレへいかに

怪　犬神つきという奇病に罹って　大騒ぎとなった…

★馬哇新聞　昭和二年十月二十一日　2-257

犬神つきといふ奇病に罹つて
大騷ぎとなつた實話

「いぬがみ」こんな神さまがあるものか無いものがサスガ博識の記者も知らぬので字引を出して見ると在る〳〵

いぬがみ（犬神）犬の靈を使ふ妖しき術とあり更に犬神憑とは犬の靈ののりうつりたると稱する一種の精神病にして中國邊に多し

とある故にマア犬神なるものがあると假定して置くが九州地方とか東北地方には無いそうであるが其れに似寄つた一種の精神病を死靈とか生靈とか呼んでをるらしい

サテ前提は此位に止めて此の犬神なる神様に乗りうつられたといふので家族は大氣づかひ友人

間には大騒ぎとなつてゐる事實談がある所もマウイだけとして置いて當人は天下太平といふ假名にして置く

葡國易者の奇言

前記の太平氏が病氣に罹るや先づ有名なポルキーの易者に見て貰つた所が彼女曰く

太平には或る者が憑いてをる俺が一本の草を敎へてやるから枕の下に入れて寢さしめよ然らば太平に憑いてをる者が自白するであらう

との宣託にて直ちに其通りに或る小草を枕の下に入れて暫くすると果して太平氏は奇妙奇天烈な怪語を語り異樣な動作を始めたので大騒ぎとなつた

全く犬の眞似事

狂態の概畧を記せば彼太平氏は曰く俺は海山（假名）の犬だから歸りたいのだがまだ歸る譯にいかぬモツト此所の内に居るなど、いふので友人等が歸れ〳〵と迫れば垣を飛び超へ床下をくゞるなど如何にも身輕で恰かも犬のそれの如であると更に食事の如きも不思議な程喰て尚ほ止めないまるで犬のそれの如である所から友人は彼に握り飯壹個を與へて最早是れ以上喰はす事はならぬと言ひ聞かせると彼太平氏は悲しげに四方の戸や窓を閉ぢて室の眞中に茶椀を置き其の廻りを四つ這ひしてはワン〳〵と犬の鳴きごゑを發すると數度して後ち之を食ひ始むるとか頗る奇言狂態を演ずるのであるそうな

千卷心經の供養

太平氏の奇病には家族や友人はいたく必痛し何とかして之を全治せしめんと苦心の結果中國邊でやるとかいふ友人総掛りで二晩も續けて千卷心經？の讀誦供養を試みた所が是まで御經など一切知らなかつた太平氏は千卷心經何物ぞ俺は萬卷心經をやるといひ出して六ケしい經文を諳誦するので友人はビツクリ仰天といふ有樣であつたなど丸で嘘の樣な事實である

病氣は氣から

以上の事實に因て觀察するに平常からオトナシイ人物であつた太平氏は何か些細な事で氣にかゝる事があつたらしい其れが嵩じ〳〵て終に神經衰弱を起し同人が中國人なるため子供の時から聞き傳へた『犬神』といふ者を心に作つた所謂精神病に外ならぬと信ぜられぬが兎も角多くの供子たちやら夫人を有する人が斯る奇病に罹つたとは氣の毒である由來病氣は氣からといふ事もあるから犬神位に負けずモツト大膽な氣持ちになつて速に全快し可愛い妻子を安心させなくてはならぬと注意しておく

灯下余談（一）　武蔵国宮戸川　石枕の伝説　2-258
怪　●下野新聞　昭和二年十月二十二日（二十一日夕）

燈下餘談（一）

武藏國宮戸川 石枕の傳說

石枕は今淺草の砂音院に傳はる

◇

昔、武藏の國宮戸川のほとりに一軒のあばら屋があつた。そこにはあばら屋にも似げない美しい娘とその母親の老婆とが住んでゐた。日ぐれ方此處にさしかゝつた旅人らは、附近に宿らしい家もないので此處に一夜の宿りを頼むのが例であつた。しかし不思議な事には旅人が宿りはするが一人として翌日出立するものはなかつた。此の不思議を知る由もない新らしい旅人は夜毎に此のあばら屋に泊るのであつた。何故斯やうに奇怪な事があるのであらう。

◇

今宵も泊つた旅人は人一倍に親切にあしらふ老婆に感謝しながら安らかに眠りについたしかしやがて旅人は怪しい響と共に息を絶つてしまつた。老婆が石の枕で旅人の頭蓋骨を叩き潰したのである。鬼婆は物凄い笑ひを浮べながら死人の着物と黄金の入つた腹卷を奪つて死體は床下の穴に引ずり落した。娘は母親のむごたらしい仕うちを痛く悲しみ、つねに諫言したものであるが鬼婆はいつかなきかなかつたのである。

◇

或夕のこと。世にも美しい一人の童子が一夜の泊りを乞ふた。娘は此の美しい童子も亦母親の慾の犠牲になる事かと思ふと身も世もあらず。童子を他の部屋に移し寢かせ。自ら石に枕して寢た。例によつて鬼婆は暗をさぐり寄つて一擊ちに石で打ち殺した。鬼婆がそれと氣付いた時には最愛の娘が無殘な死にざまをしてゐた。鬼婆の目に哀しみの涙が湧き出た時、隣部屋に寢て居た童子は觀音の姿となつて現れ行方も知れず消えて失せた。老婆は茲に初めて身の非を悔悟し、呵責に堪へかね、裏の池に投じて死んだと云ふ事である。一寸安達ヶ原の傳說と似た處があるが、之はもつと生々しい氣がする。

◇

此の石は只今傳はつて、淺草なる妙音院に藏されてゐる。直徑が四寸位、長さ一尺ばかり、隋圓形の石である。（三越傳說展より）

燈下餘談（二）

肉附面の話

西念寺の嫁威し

四百五十六年も昔の出來事

怪　灯下余談（二）　西念寺の嫁威し　肉附面の話　2-259
●下野新聞　昭和二年十月二十三日（二十二日夕）

姑の嫁いぢめの話は昔も今も變りなく、いろんな例をちよいくく聞く處である。しかし現代のお嫁さんはなかくく元氣がよくなつてゐるから、姑の虐げ位には敗けてばかりは居まい。つまりすぐ喧嘩と云ふ處か、あるひは反對に姑の方が虐められるかも知れない。茲に述べる話はまだ嫁がいぢめられて泣き寢入りした時代の話である。

◇

越前の國の吉崎なる處に西念寺と云ふ寺があるが、事件は文明元年と云ふから、今から四百五十六年も昔の事である。蓮如上人が此の西念寺に留錫した時である。程近い十樂村に與三郎と云ふ農民夫婦は信仰の念厚く、蓮如上人に歸依したのであつたが、與三郎の母はそれを快よしとせず、殊に與三郎の妻を憎むのあまり嫁をひどい目にあはせようと企てた。

◇

與三郎の妻が或る夜一人外出した時のこと小暗い道にさしかゝると、笹の葉ずれの音も氣味惡く、忽然と現れ出た化物！長い髮は蒼白い額に垂れかゝり、耳迄割けた口と眼からは火を噴いて見えた。與三郎の妻が氣を失つて倒れたのは勿論である。してやつたりと婆が面を取りはづそうとした時、あら不思議面が却々取れない。額際に兩指を入れて引き剝ごうとしても取れない。顎先から逆剝ぎに引つたつても取れない。

◇

夜が明けて西念寺の蓮如上人の部屋には般若の面を前に懺悔の涙にくれた與三郎の母が居た。どうしても取れなかつた面は蓮如上人の化導によつて初めて取れたのである。これはよい戒めとして面を鬼面房へ親授したのが、嫁威し肉附の面と稱へて今も西念寺に傳はつてゐる

燈下餘談（四）

犬になつた話

慳貪の報ひ

秩父の榮福寺に傳はる傳說

怪　灯下余談（四）　慳貪の報い　犬になった話　2-260
●下野新聞　昭和二年十月二十六日（二十五日夕）

昔、國は何處の國かは判然しないが、或る處に有福に暮してゐた農家があつた、此家の主人は何不自由なく暮してゐる身でありながら慳貪で吝嗇であつた。或る日のこと一人のみすぼらしい行脚僧が來て、一椀の食を乞ふたが、主人は僅の飯が出て一粒の飯も與へる事は出來ぬと斷つた。僧は庭前の器に糠があるのを見て、それでは糠でもよいからどうぞ貰ひ度いと折入つて願つた。それでも主人は頑として與へる事を肯じなかつた。仕方なく僧は何か心あるらしく此の家を去つた。

◇

やがて再び前の僧は此の農家に現れた。そして袋から一升の糠を取り出して犬の椀にそれを入れて犬を呼んだ。すると此の家の最愛の倅が恰も犬の如き聲を發してその糠を食べ初めた。すると不思議や倅の顏は忽ち犬に變じてしまつた。主人夫婦の驚きはたとへるにものなく僧に再々謝罪した。因果を示して只一言、此の童子のために祈れと云ひ殘して、何れへか失せてしまつた。

◇

自業自得とは云ひながら主人夫婦の悲嘆は哀れであつた。つひに父は此の犬をつれて四國西國坂東

の霊場と云ふ霊場を順拝し倅が再び人間に返るやうに祈つた。そしてつひに秩父の[illegible]番寺に至り・三七日の祈念を捧げた處・漸く倅は人間に返る事が出來たと云ふ・事實か嘘か知らぬが傳説として傳はつてゐる。

灯下余談（五）　霊夢に現れた行基の観音　2-261

怪　●下野新聞　昭和二年十月二十七日（二十六日夕）

燈下餘談（五）

霊夢に現れた 行基の観音
秩父に残る 舊跡の一つ

これも秩父山に於ける傳説の一つ。或時秩父の重忠が霊夢によつて山中に狩倉を設けた際・老木の梢に鷲の巣のあるを發見したので家臣本田次郎親常をしてその巣を射させた。親常は強弓取つては近郷に名高い武士であつたので・先づ一矢を放つて見ん事的中したが不思議やはね反へされてしまつた。第二の矢も第三の矢も皆當つてははね反へされてしまふのであつた。

×

餘りの不思議さに梢によぢ登つて巣を取り下した處・巣の中にあつたものは鷲の卵でもなく一個の観音像を發見した。重忠は初めて霊夢なりしを知り・郷民をして之を禮拝させた。處が古老の一人が云ふやうは・この山中に昔寺院があつて行基の手によつて刻まれた観音像があつたのであるが・承平五年・相馬の将門の反亂の爲めに國中の神社佛閣が兵燹の憂き目に逢ひ・行基の観音像も行方知れずになつて年久しい事である。或はこの観音こそ行基のそれではあるまいかと。

×

すなはち重忠は茲に御堂を建立し・一族を初め領内の悉く歸依せしめた處・しば〱靈驗があつたと傳はつてゐる。現在でも常山の奥の院に重忠の馬繋ぎ・親常の矢の跡など舊蹟が澤山殘つてゐる

灯下余談（六）　静御前の舞　雨を降らす　2-262

怪　●下野新聞　昭和二年十月二十八日（二十七日夕）

燈下餘談（六）

静御前の舞 雨を降らす
鶴ヶ岡八幡に 傳はる舞衣

静御前が舞の名人であり・義經の奥州に逃れた後・頼朝の命により・鎌倉の鶴ヶ岡八幡宮で義經を慕つた歌につれて舞つたと云ふ事は誰しも知る處であるが・静御前の舞については次のやうな話も傳はつてゐる。

×

後鳥羽天皇の御宇・大旱があつて國民の愁憂甚だしかつた時・天皇は高僧を召し給ひ・雨乞ひをさせたが一向効き目が無かつた。そこで静御前を召されて御衣を賜ひ舞を舞はされた處・忽ち天がかき曇り大雨沛然として到つたと云ふ。之は天皇の御徳と静御前の妙技さゝが天に感應して雨を降らしたものだと云ふので・當時稱へられたと傳へられてゐる。此の恩賜の御衣は今茨城縣光了寺に藏されてゐる。何故光了寺に之が藏されてゐるかと云ふと[illegible]光了寺の開基西願は後鳥羽天皇北面の士であつたのが出家したもので・此の法統は現今まで續いてゐるが・源氏の一族故義經が奥州下向の際當山に立寄り種々の物を預けたもので・義經の鎧と云ふ極めて粗末な木の鎧も傳はつてゐる。

×

静御前が鶴ヶ岡八幡で舞つたのは文治二年四月八日と傳はつてゐるが・當時の舞衣の片袖が同神社に傳はつてゐる。扇面に龜甲・日天・狩衣・笹等の模様を現し・金絲で縫が施されてある、八幡宮にはなほ静御前の袴が傳はつてゐる。濃い柿色に染められてゐる。その他愛用の古鏡や念持佛なども藏されてゐる。

灯下余談（七）　福島示現寺の殺生石絵巻由来　2-263

怪　●下野新聞　昭和二年十一月十二日（十一日夕）

燈下餘談（七）

福島示現寺の 殺生石繪巻由來
近衛院の玉藻の前 實は金毛九尾の狐

福島縣熱海に示現寺と云ふ古いお寺があるこのお寺から傳はつて有名になつてゐるものに『殺生石縁起繪巻』と云ふのがあるこれは金毛玉面九尾の狐が化してなつたと云ふ玉藻前の最期を描いたものであるが傳説に殘された處は斯うである

◇

元來此の金毛玉面九尾の狐と云ふは初め天竺に生れて斑足王の妃と

なり華陽夫人《くわやうふじん》と稱《しよう》してゐたものであるが後《のち》に支那《しな》に至《いた》り周《しう》の幽王《いうわう》の後宮《こうきう》に入《い》り褒姒《ほうじ》と名乗《なの》つたそして悪虐非道《あくぎやくひだう》の限《かぎ》りを盡《つく》したそれが更《さら》に日本《にほん》に生《うま》れ出《い》で、容貌《えうばう》玉《たま》の如《ごと》きにより近衞院《このゑゐん》の宮女《きうぢよ》となり玉藻前《たまものまへ》と呼《よ》ばれてゐたものである併《しか》し何ら畜獸《ちくじう》はついに畜獸《ちくじう》で、或《あ》る御宴《ぎよえん》に際《さい》して、はしたないふるまひを演《えん》じたので遂《つひ》に時《とき》の陰陽頭《おんやうのかみ》、加茂《かも》保親《やすちか》の爲《ため》に見《み》あらはされて忽《たちま》ち九尾《びの》狐《きつね》の正體《しやうたい》を現《あらは》し一飛《ひと》びに那須《なす》野《の》に逃《のが》れたそこで直《たゞ》ちに追跡《つゐせき》した弓《ゆみ》の名人《めいじん》三浦《みうら》介《のすけ》義明《よしあき》上總介《かづさのすけ》廣常《ひろつね》の兩名《りやうめい》の爲《ため》にさんざんに狩立《かりた》てられ仲々《なかなか》捕《とら》へられなかつたが遂《つひ》に逃《のが》れぬ處《ところ》と觀念《くわんねん》して石《いし》と化《くわ》してしまつた〇

しかも九尾《びの》狐《きつね》の怨念《をんねん》は此《こ》の石《いし》に止《とゞ》まりつねに殺氣《さつき》を生《しやう》じこれに觸《ふ》るゝものは飛鳥《ひてう》走獸《そうじう》立處《たちどころ》に斃《たふ》れざるはなかつた、たまたま玄翁《げんおう》上人《しやうにん》が那須野《なすの》を横切《よこぎ》り此《こ》の怪異《くわいい》を聞《き》き携《たづさ》へた鐵杖《てつぢやう》を以《もつ》て石《いし》を打《う》つて三唱《さんしやう》した處《ところ》石《いし》は碎《くだ》けてその一片《いつぺん》が示現《じげん》寺《じ》に落《お》ち殺氣《さつき》は忽《たちま》ち失《う》せ幽靈《いうれい》もその後《のち》現《あらは》れなくなつたと云《い》ふこの石《いし》も現在《げんざい》示現寺《じげんじ》に傳《つた》はつてゐる

資 こんどの映画『四谷怪談』

●東奥日報　昭和二年十月二十八日（二十七日夕）　2-264

『四谷怪談』
二十七日より遊樂座上映

こんどの映畫

青森

◎遊樂座（廿七日）から　△月形龍之介、鈴木澄子主演『四谷怪談』前後十六卷

怪 山口船長の海の話　火夫の人魂が現われた

★新世界　昭和二年十月二十八日　2-265

太平洋八十九回往復する山口船長の海の話
火夫の人魂が現はれた

大阪商船《おほさかしやうせん》ありぞな丸《まる》山口船長《やまぐちせんちやう》が太平洋横斷《たいへいやうわうだん》八十九回《くわい》のレコードを作《つく》つたことで當《たう》の山口船長《せんちやう》は語《かた》る

船客《せんきやく》として太平洋横斷《たいへいやうわうだん》數《すう》の最高記録保持者《ほぢしや》は目下《もくか》ニユーヨークに在《あ》る森村組《もりむらくみ》の村井保固氏で八十三回《くわい》もいふことですが私《わたし》は丁度《ちやうど》この航海《かうかい》で八十九回《くわい》、是非《ぜひ》百回《くわい》まではこぎつけますよ十二年前《ねんぜん》めきしこ丸《まる》船長《せんちやう》を命《めい》ぜられてあふりか丸《まる》まにら丸《まる》あらばま丸《まる》を經《へ》て本船《ほんせん》に移《うつ》りましたが長《なが》い間《あひだ》の經驗《けいけん》で海路《かいろ》も坦々《たんたん》たる陸路《りくろ》を通《とほ》る心持《こゝろもち》でゐます、海上生活《かいじやうせいくわつ》にはいろいろ面白《おもしろ》い話《はなし》もありますがその内《うち》の一つ丁度十七八年前《ねんぜん》ランプを點《てん》じてゐた頃《ころ》ジヤワから[illegible]港《かう》の途中《とちう》火夫が死《し》んで水葬《すゐさう》したが水葬後《すゐさうご》船尾《せんび》の方《はう》に吊してあつたランプが風《かぜ》もないのにひとりでに消《き》えたので不思議《ふしぎ》に思《おも》ひ船尾《せんび》に行《い》つて見《み》ると傍《かたはら》にあつたブラシが又ひとりでに消《き》えてなくなつた

怪《あや》しいと思《おも》つてゐると後の方にゐる船員《せんゐん》などが船長《せんちやう》の前《まへ》に人魂《ひとだま》が現《あらは》れたと騒《さわ》いだことがあります、これだけは今《いま》もつて不思議《ふしぎ》だと思《おも》つてゐますとつきない思《おも》ひ出話《でばなし》にふけつた

怪 法廷内で神霊術実験　白刃、焼火箸抜きや白刃渡り…

●函館新聞　昭和二年十月三十日（二十九日夕）　2-266

法廷内で神靈術實驗
白刃、燒火箸拔きや白刃渡りなども

【東京電話《とうきやうでんわ》】「汝《なんぢ》の病氣《びやうき》を神靈術《しんれいじゆつ》で快癒《くわいゆ》せしむ」といふ誇大廣告《こだいくわうこく》を新聞《しんぶん》に發表《はつぺう》して罰金《ばつきん》十五圓《えん》に處《しよ》せられた市外《しぐわい》巣鴨町宮中《すがもまちみやなか》芳醇こと武田太郎《たけだたらう》の實驗は東京區裁判所始つて以來《いらい》の

珍現象で

ある廿八日《にち》午後《ごご》二時《じ》から東京區裁判所《とうきやうくさいばんしよ》佐伯判

事、平野検事係で開廷、法廷は大入満員の大騒ぎである證人として出廷の市外大島町六丁目細川長人は其妻とよ（五三）の代理として「とよは腸腫物に苦しんでゐるが稍々良好に向ひ更に武田から治療を受けた」と陳述し裁判長は「それで治つたか」と訊ねたるに對し「依然快癒に向ひません」と曖昧な證言をなし次で今日の呼物である

實驗に移 つたが櫻田

虎之助、工藤久造の兩名が腕や頰に釘を刺し其後で白刃抜き、焼火箸拔き、白刃渡り、硬直腹上石割の神靈術等を試みた神靈術には記者團から提出の「靈媒者をして今井巡査部長を佐伯判事の前へ連れて行かしめよ」といふ文字を原稿紙に書いて渡した勿論靈媒者には其命令は秘密で武田が靈感を以て其命令を傳へず靈媒者が果して能く其命令通り今井巡査部長を佐伯判事の許に連行き得るや否やを實驗するにあり之に對して武田は

其紙片を チラと見て

股の間に挾み靈媒者工藤といふものに暗示を與へ手を連らねて所謂交靈術を行ふや靈媒者工藤は徐々と今井巡査部長を裁判長の前に連れて行き之を以て武田の神靈術の効果であるとし交靈術の實驗は之で全部終了し次回は十一月十一日午前九時再開と決定した

怪　灯火余談（一）　武蔵国宮古川の石枕の伝説
●河北新報　昭和二年十一月三日　2-267

燈火餘談（1）

武藏國宮古川の石枕の傳說

石枕は今もなほ淺草の妙音院に傳はつてゐる

昔、武藏の國宮古川のほとりに一軒のあばら屋があつた。そこにはあばら屋にも似げない美しい娘とその母親の老婆とが住んでゐたが日ぐれ方ころに差しかゝつた旅人等は、附近に宿らしい家もないのでこゝに一夜の宿りを頼むのが例であつた。しかし不思議なことには旅人が宿りはするが一人として翌日出立つするものはなかつた。この不思議を知る由もない新らしい旅人は夜毎にこのあばら屋に泊るのであつた。何故斯やうに奇怪なことがあるのであらう。

×

今宵も泊つた旅人は人一倍に親切にあしらふ老婆に感謝しながら安らかな眠りについた。しかしやがて旅人は怪しい聲と共に息を絶つてしまつた。老婆が石の枕で旅人の頭蓋骨を叩き潰したのである鬼婆は物凄い笑ひを浮べながら死人の着物や黄金の入つた腹巻とを奪つて死体は床下の穴に引きずり落した。娘は母親のむごたらしい仕うちを痛く悲しみ、つねに諫言したものであるが鬼婆はいつかなきかなかつたのである。

×

或る夕のこと、世にもうつくしい一人の童子が一夜の泊を乞ふた娘はこのうつくしい童子も亦母親の慾の犠牲になることかと思ふと身も世もあらず、童子を他の部屋に移し寢せ、自ら石に枕して寢た例によつて鬼婆は暗をさぐり寄つて一撃に石で打ち殺した。鬼婆がそれと氣付いた時には最愛の娘が無殘な死にざまをしてゐた。鬼婆の目に悲嘆の涙が湧き出た時隣部屋に寢てゐた童子は觀音の姿となつて現れ行衛も知れず消え失せた老婆はこゝに初めて身の罪を悔悟し呵責に堪れかね、裏の池に投じて死んだといふことである。一寸安達ケ原の傳說と似たところがあるが、これはもつと生々しい氣がする。

×

この石枕はたゞ今傳はつて、淺草なる妙音院に藏されてゐる。直徑が四寸位、長さが一尺ばかり、楕圓形の石である

怪　灯火余談（二）　恐ろしい累の怨霊
●河北新報　昭和二年十一月五日　2-268

燈火餘談（2）

恐ろしい累の怨靈

濟度に用ゐた袈裟の話

雨を降せた靜御前の舞衣芝居に仕組まれたり、講談などによつてよく知られてゐる怪談で四ッ谷のお岩の傳說と、下總の國絹川堤で夫多右衛門に殺害された累の物語りとが特に有名である累が殺されたのは承應二年八月十一日と傳へられてゐるが累の怨念はながくこの世に止まり、いろくな禍を多右衛門一家に殘した。

×

累の靈は特に多右衛門が後妻の

一人娘、お菊といふのに祟つた。それがためにお菊の惱みは、はたの見る目も氣の毒であつた。同時に累の怨靈を哀れに思つた村人等は種々追善をしてやつたけれどもその効はいさゝかも現れず、娘の惱みはいよ／＼増さるはかりであつた。遂に村人らは、當時弘經寺の和尚であつた祐天上人にたのむことに思ひ當つた。

×

さすがに執念深く祟り通した累の怨念も祐天上人の濟度によつて殘りなく晴れて、やうやく成佛した。そしてお菊の惱みも、また村人等の惱みもはれたといふ。この時、祐天上人が用ゐた袈裟は蜀紅の錦で、九條の袈裟であつた。これは正德三年夏、仙洞院より拜領したものと傳へられてゐる。

×

累濟度の際、上人が用ゐた右の袈裟と、法衣、及び珠數はたゞ今東京市外目黑、行人坂なる祐天寺に傳はつてゐる。

×

靜御前が舞の名人であり、義經の奥州に逃れた後、賴朝の命により、鎌倉の鶴ケ岡八幡宮で義經を慕つた歌につれて舞つたといふことは誰しも知るところであるが、靜御前の舞については次ぎのやうな話しも傳はつてゐる。

×

後鳥羽天皇の御宇、大旱があつて國民の愁憂甚だしかつた時、天皇は高僧を召し給ひ、雨乞ひをされたが一向きゝ目がなかつた。そこで靜御前を召されて御衣を賜ひ舞を舞はされたところ、忽ち天がかき曇り大雨沛然として到つたといふ。これは天皇の御仁德と靜御前の妙技とが天に感應して雨を降らしたものだといふので、當時唱へられたものだと傳へられてゐる。この恩賜の御衣は今茨城縣光了寺に藏されてゐる。何故光了寺にこれが藏されてゐるかといふと元來光了寺の開基、西願は後鳥羽天皇北面の士であつたのが出家したもので、この正統は現今まで續いてゐるが、源氏の一族故義經が奥州下向の際當山に立寄り種々の物を預けたもので、義經の鎧といふ極めて粗末な木の鎧も傳はつてゐる。

×

靜御前が鶴ケ岡八幡で舞つたのは文治二年四月八日と傳はつてゐるが、當時の舞衣の片袖が同神社に傳はつてゐる。扇面に龜甲、南天、羽衣、笹等の模樣を現し、金糸で縫ひが施されてゐる。八幡宮にはなほ靜御前の袴が傳はつてゐる。淡い柿色に染められてゐる。その他愛用の古鏡や念持佛なども藏されてゐる。

灯火余談（三）　犬になった話

●河北新報　昭和二年十一月六日　2-269

怪

燈火餘談 (3)

犬になつた話

秩父榮福寺に傳はる話

靈夢に現れた行基の觀音

昔、國は何所の國かは判然しないが或るところに有福に暮らしてゐた農家があつた。この家の主人は何不自由なく暮らしてゐる身でありながら慳貪で吝嗇であつた。或る日の事一人のみすぼらしい行脚僧が來て、一椀の食を乞ふたが主人は例の癖が出て一粒の飯も與へることは出來ぬと斷つた。僧は庭前の器に糟があるのを見て、それでは糟でもよいからどうぞ貰ひたいと折入つて賴つた。それでも主人は頑として與へることを背じなかつた。仕方なく僧は何か心あるらしくこの家を去つた。

×

やがて再び前の僧はこの農家に現れた。そして袋から一升の糟を取り出して犬の椀にそれを入れて犬を呼んだ。するとこの家の最愛の伜が恰も犬の如き聲を發してその糟をたべ初めた。すると不思議な伜の顏は忽ち犬に變じてしまつた。主人夫婦の驚きはたとへるにものなく僧に重々謝罪した。因果を示してたゞ一言、この童子堂にいのれといひ殘して、何れへか失せてしまつた。

×

自業自得とはいひながら主人夫婦の悲歎はあはれであつた。遂に父はこの犬をつれて四國、西國、坂東の靈場といふ靈場を順拜し伜が再び人間に返るやうにいのつた、そして遂に秩父の榮福寺に至り、三七の祈念をさゝげたところ漸く伜は人間に返ることが出來たといふ。事實か嘘か知らぬが傳說として傳はつてゐる。

×

これも秩父山における傳説の一つ、ある時秩父の重忠が靈夢によつて山中に狩倉を設けた際、老木の梢に鷲の巣のあるを發見したので家臣本田次郎親常をしてその巣を射させた。親常は強弓以つては近郷に名高い武士であつたので、まづ一矢を放つて見ん事的中したが不思議やはね返されてしまつた第二の矢も第三の矢も皆落つてははね返されてしまふのであつた。

×

餘りの不思議さに梢によぢ登つて巣を取りおろしたところ、巣の中にあつたものは鷲の卵でも雛でもなく一個の觀音像を發見した。重忠は始めて靈夢なりしを知り、郷民をしてこれを禮拜させた。ところが古老の一人がいふやうは、この山中に昔寺院があつて行基の手によつて刻まれた觀音像があつたのである。承平五年、相馬の將門の反亂のために國中の神社佛閣が兵燹の憂目に逢ひ、行基の觀音像も行方知れずになつて年久しいことである。或はこの觀音こそ行基のそれではあるまいかと。

×

すなはち重忠はこゝに御堂を建立し、一族をはじめ領内の委く歸依せしめたところ、しばしば靈驗があつたと傳はつてゐる。現在でも常山の奥の院に重忠の馬繋ぎ、親常の矢の跡などの遺蹟が澤山殘つてゐる。

怪　灯火余談（四）　追いつめられて石と化した狐

●河北新報　昭和二年十一月十一日　2-270

燈下餘談 (4)

追ひつめられて石と化した狐

福島縣示現寺に傳はる殺生石縁起繪卷の由來

福島縣に示現寺といふ古いお寺がある。このお寺に昔から傳はつて有名になつてゐるものに「殺生石縁起繪卷」といふのがある。これは金毛玉面九尾の狐が化してなつたといふ玉藻の前の最期を描いたものであるが、傳説に殘されたところは斯うである。

×

元來この金毛玉面九尾の狐といふは初め天竺に生れて、斑足三の妃となり華陽夫人と稱してゐたものであるが、後に支那に至り、周の幽王の後宮に入り、褒似と名乘つた。そして惡虐非道の限りを盡した。それが更に日本に生れ出でゝ藻艶玉の如きにより、近衛院の宮女となり玉藻の前と呼ばれてゐたものである。しかしながら畜獸はつひに畜獸で、或る御宴に際してはしたないふるまひを演じたのでつひに時の陰陽頭、加茂保親のために見あらはされて、忽ち九尾の狐の正体を現し、一飛びに那須野に逃れた。そこで直ちに追跡した弓の名人、三浦介義明、上總介廣常の兩名のためにさんざんに狩り立てられて仲々捕へられなかつたが、つひに逃がれぬところと觀念して石と化してしまつた。

×

しかも九尾の狐の怨念はこの石に止まり、つねに殺氣を生じ、これに觸るゝものは飛鳥走獸、立所に斃れざるはなかつた。たまたま玄翁上人が那須野を橫切り、この怪異を聞き、携へた鐵杖を以て石を打つて三喝したところ。石は碎けてその一片が示現寺に落ち、殺氣は忽ち失せ、靈驗もこの後現れなくなつたといふ。この石も現在示現寺に傳はつてゐる。

怪　怪？怪？墓石に蛇体

★新世界　昭和二年十一月五日　2-271

怪？怪？ 墓石に蛇體

秋の夜長に面妖な噂　實は御影石の化風作用

滋賀縣犬上郡磯田村字八坂の墓地に一きわ立派な墓碑――彦根町字京町質商北村久太夫氏が大正十四年八月建立した『北村家代々之墓』と刻まれた墓石の背面に先月初めごろから蛇體が現れたといふ噂が傳はり

近郷近在は もちろん

遠くは京阪神地方からわざわざ見物に來るものあり、いづれもその不思議な現象に奇異の感に打たれるといふので彦根署も捨ておけず各方面に亙り調査中であるが一般に傳へられてゐるところは北村氏が六百圓で石工に請負はせながら四百圓に負けさせたので

石工が憤死 したとい

ふ話に結びつけて石工の恨みの現れだとかその他いろ／＼根據のない風説を傳へてゐるが專門家の話によると墓碑を建立してから二年あまり風雨にさらされてゐるのでいはゆる有機的の作用により石のきずが自然に現れ偶然にも蛇がのたくる腹部の形となつたものだらう、みかげ石は最初美しく見へてゐても中途できずが現れることはよくあることだと言つてゐる、しかしかうした專門家の話も地方の人の耳には入らず噂は噂を生んで騒ぎ廻つてゐる

壁の幽霊　寝坊・お竹物語（上）
●信濃毎日新聞　昭和二年十一月七日　2-272

壁の幽霊

取潰された豪農一家

一家殺された　お竹さんの祟りださう

な塗り替へても塗りかへても幽霊のやうなあの人影はきつ度そうだよお竹さんだつてあんなむごい殺され方をしたんでは死んでも行き處へ行かれるものではなかんべい、今に祟りがあるだらうよ―こうした噂は人から人、村から村へ傳へられた。

●

その、お竹さんなる人は南佐久は前山村の豪農早川十右衛門さんの處に女中奉公をした女であつた、十右衛門さんには鬼の寝坊さんとあだ名された人があつた、豪農の二男坊であつただけに夜遊びの仕放題朝寝坊の仕放題といふ放蕩ものに生れついた結果が寝坊さんのニツクネームを付近の口さがない連中や家の下男女中達にまで奉られたのであつた

●

此寝坊さん放蕩ものになる丈けに男も良く近所となりの娘さん達からもやいの／＼をされたのみならず家に使はれてゐた女中のお竹さんにも秋波を送られた、戀に上下の區別がないこそこは遠くて近いは男女の仲、勝手な理窟をつけて相思相愛の仲となつて仕舞つた、而して現代的に共鳴でも愛の結晶がお竹さんの腹の中に出來て仕舞つた『ネーあなた』こいふ談判の結果二人一緒になつて結婚生活に入る事が出來ればなんの事はないが舊家氣質の兩親達が聞き入れず何んこしても女中風情を家の二男坊の嫁に直されやうぞこ因果を含めて子供を生ませ同家の人にして世間體を繕り本人を諦めて嫁に行つた、

●

これでけりになれば幽霊も出まいものを秋の夜長の晩はまだつよく、嫁に行つて後のある祭の日里へ歸る心持でお竹さんは寝坊さんの家へ招かれて來た、其夜大事件が突發した

壁の幽霊　寝坊・お竹物語（下）
●信濃毎日新聞　昭和二年十一月八日　2-273

壁の幽霊

人に恨みが…

女の最後の叫び

寝坊・お竹物語【下】

お竹さんの寝所へづぶ六に酔ひしれた寝坊さんは忍入したそして人妻である處のお竹さんに怪しからぬ振舞に及ぼうとした、お竹さんは以前は以前今は夫ある身の上どうして途ならぬことが出來やうぞと理非を説いて拒んだ、血迷つた寝坊さんにそんな道理のわかろう筈はなく猛獸のやうに飛びかゝつた、お竹さんも命にかけて爭つた

●

爭つてゐる内どうした機か蹴飛ばした足の力が餘つてお竹さんはのけぞつた、。離れなか

らにお竹さんは叫んだ『人にうらみがあるかないか覚えてゐろ思ひ知らせてやるから』と世にも恐ろしいぎやう相をして[illegible]坊さんをにらんだ流石に[illegible]坊さんも震へ上つて青くなつた

●

事きれたお竹さんは表向は急死といふ事で金に糸目をつけずに済ました、併し済まされぬは[illegible]坊さんの良心であつた毎夜その頃になると、お竹さんの姿は最後の怖ろしい眼をしてにらみつけながら『人に恨みの……』と出るのだ、[illegible]坊さんは人にも語れず、その頃になると酒を飲んでその良心の苛なみを逃れやうと試みた

●

かそれも束の間思はず見上げる一方にはお竹さんのあの怖ろしい目、をのゝいて目を閉ぢると耳元に『人に恨み……』と聞えて来る目茶々々に飲んで酔ひ潰れる頃にはもう夜が明けた、そしてその疲れで昼は[illegible]込んで仕舞つて全くの[illegible]坊さんを現出して来た、そうした事が毎夜のやうに続く、一方土蔵の壁に人影が現れた

●

[illegible]坊さんの土蔵の壁には幽霊が出る、お竹さんに似た幽霊が出る、お竹さんは[illegible]坊さんに絞殺されたんだそうな、[illegible]坊さんは幽霊に祟られてゐるげなと噂は噂を生んだ、加持もした、祈禱もしたがき、目はなくて[illegible]坊さんは悶え死に死んだ、其頃から十右衛門さんの身代にひゞが入り始めた息子[illegible]彌さんが國會議員に出たのを最後に家は破産した、豪壮を誇つた家も人手に渡つて仕舞つた、そして一家は離散した。

●

お竹さんの幽霊は出なくなつたが土蔵の人影は何度塗りつぶしても消えずに出る、[illegible]彌さんの家は取り払はれたが土蔵は未だに此物語りと共に残つてゐる。（写真[illegible]坊さんの土蔵）

よみうりラジオ版　漫談　幕末名奉行矢部駿州の逸事
●読売新聞　昭和二年十一月九日　2-274

よみうりラジオ版 907

けふの放送番組

◇漫談　幕末名奉行矢部駿州の逸事　悟道軒圓玉

漫談「幽霊の回礼」　幕末の名奉行矢部駿州の逸事
●読売新聞　昭和二年十一月九日　2-275

漫談

幽霊の廻禮
幕末の名奉行
矢部駿州の逸事
悟道軒圓玉
午後八時ごろ

天保年間の人傑矢部駿河守定謙は

百五十俵取りの御徒士から抜擢されて泉州堺の町奉行になりそれから大阪東町奉行を経て江戸の北町奉行を勤め今大岡と呼ばれて令名があつたその堺町奉行在役中だつたが土地の醫者與岡某に對し某異母弟から兄弟の名乗を求むる珍訴訟があつた、これは矢部の就任する二三代前から係爭中のものだつた。だが證據がない爲に歴代の奉行は決し兼ねて居たのだつたそ

頭が寒いと……悟道軒圓玉老

れを矢部は一首の和歌を引いて目出度兄弟の名乗をさせて和解をさせた

◇――◇

矢部は大阪東町奉行在役中、天滿與力の大鹽平八郎を股肱として治績を擧げたが後江戸町奉行になつて入府した後任の跡部山城守は赴任するに就いて矢部に其心得となるべき事を尋ねた矢部は只大鹽の用ひ方に就いて注意した。これを聞いた跡部は「矢部は人物だと聞いて居たが一與力のことをのみ云々するやうでは」と人々に語つて冷笑した然るに跡部は赴任後たちまち大鹽と衝突してそれからあの暴動事件と進展して跡部は散々に味噌をつけたのだつた

◇――◇

矢部が江戸町奉行となつて間もなく米價の大暴騰があつたその時に矢部は奸商を懲らして米價の調節をはかつて實績を擧げた其他種々と治績の見るべきもの多々あつたが時の閣老水野越州と意見を異にした爲め、職を褫めさせられ勢州桑名松平家へお預けとなつたがこれを潔としない矢部は遂に食を斷つていたましい最後を遂げた

◇――◇

然るに水野越州の天保改革はことごとく不評で遂に水野も失脚した天保十三年三月廿三日矢部の遺孤鶴松は召出されて三百俵の旗本に取り立てられて矢部の家名はこゝに再興するとになつた夫で鶴松が閣老の許へ廻禮に出かけたがこんどの家名再興にあづかつて力あつた二三の邸へは鶴松より以前に故人が禮に來て名札を置いて行つたので矢部の廻禮が二人來た事になりそれから夫と話が傳はりさては矢部駿州の亡靈だつたかと驚いたと云ふ事である

怪　仙郷竹田で酔客の猛者連が狸にツママる
●豊州新報　昭和二年十一月十二日夕　2-276

仙郷竹田で醉客の猛者連が狸にツマゝる

赤岩天狗松下で……

嘘らしい眞實の珍談

◇

昭和の此の新時代にさながら大昔の物語りを綴つた講談そのものの、樣な「與太」らしい眞實の事件が竹田町を距る北方約一里餘り明治村の一隅に起つた、ローマンスは次から次に湧き起る赤岩の邊りに聞くも身の毛もヨ立つ怪事件が起つた

◇

時は恰も祖母、大船、黒岳の各連峰は眞紅の美衣に裝はれ秋は漸く更けて行く去る八日の出來事である、恰度農繁期で殊更に淋しい竹田の人達の中にも今日は「用作」の紅葉に……あすは山下公園に、明くれば何處の菊見の宴と毎日のやうに紅葉と花と酒とに現をぬかと此の不景氣も何處を吹く風やらと美妓の手をひいては彼方此方と浮かれ廻つてゐるものもあまり珍らしくもないが恰度此日は竹田町で醉客を以て自ら誇る猛者家原、佐藤、川口、平川、後藤、二宮、石田とか呼ぶ各竹田有志の集まりで紅葉見物隊が成立した

◇

ハテ……其の陣地は何處がよいかと相談の末、山下公園は近い用作の紅葉は人出が澤山で心せわしい……では人の餘り行かない赤岩公園で赤岩一帶の紅葉と彼の緣したゝる老松を肴に、水入らずの同志が觀賞することに相談が一決した、そこで直に自動車一臺を借り入れて、牛肉七八斤、酒四、五升、醤油、玉葱木炭、支那萬器等其他器具類一切を積込んで赤岩公園に着いた

著いて見ると此處や彼處と探した末小高い所に昔から有名な天狗松と稱して實に風流極まりない一本の老松があるので直に其老樹の下に一行は陣取り愈々思ひ〳〵の馳走を取り出して盃を交し始めた

◇

折から……アラ不思議や午後四時半と云ふ頃になると今が今まで晴れ〳〵としてゐた空はいつの間にやら暮果てゝ東の空からは眞紅の美しいお月様が出ると云ふ有様……次いでは瞬く間に空は一面に暗闇となり一座の廻りには實に恐ろしい白壁、黒壁が押寄せて來る等危險愈々身に迫り一行は取るものも取りあへず其座はそのまゝ置き去りにして命から〳〵自動車の位置までたどりつき竹田町に向けて車を急がせた其途中字植木と云ふ所で騎馬提灯を幾つも持つて自動車一台に乘り込んだ妙齢の美人四五人が行き違つて赤岩方面に向け走つた……後で道通りの人の話に依ると赤岩方面に自動車は行かぬと云つてゐる而して一行が竹田町まで歸つて見ればまだ日は高々としてゐたが自各は家に歸るなり頭がボーとなり皆床につき種々様々の夢の様な間くも面白い夢幻境の裡に一夜を明したとのことである

◇

翌九日は早朝から此の怪事件の評判で上を下への大騒動を演じた、そこで同町の若手組の山村、志賀、堀、小倉、小池、森其他二、三の者が怪事件を探見せんとして再び自動車一台に乘り込み現場へ着いて見ると食物は其まゝであるが牛肉や酒を始め燒き鍋に殘つた肉類に至るまで一片の殘りもなくなめ盡し飯器はくつがへり落花狼藉言語道斷の有様に探檢隊の一行は約六十餘圓位の價額の各器物を取りまとめて後、いよ〳〵附近の探檢に着手した、勇敢なる探險隊は草木を分けて探檢の結果其附近に四ヶ所の大きい「タヌキ」穴を發見した

◇

テッキリ「タヌキ」の悪戯なるを確め一行は引き上げたが日頭は「古タヌキ」でも及はぬ有志連が反對に欺かれたと云ふので同地方一帯は此の怪事件を以て噂は愈々高く近く勇敢なる青年團は珍物譚の謎を解くべき此の神通自在の「古タヌキ」退治を決行すると意氣込んで居る…

資 学者も箔を付けた魔訶不思議の霊媒術　2-277

★京城日報　昭和二年十一月十三日

學者も箔を付けた 魔訶不思議の靈媒術

オンドルに靈を呼び返す

大邱の劉順和女

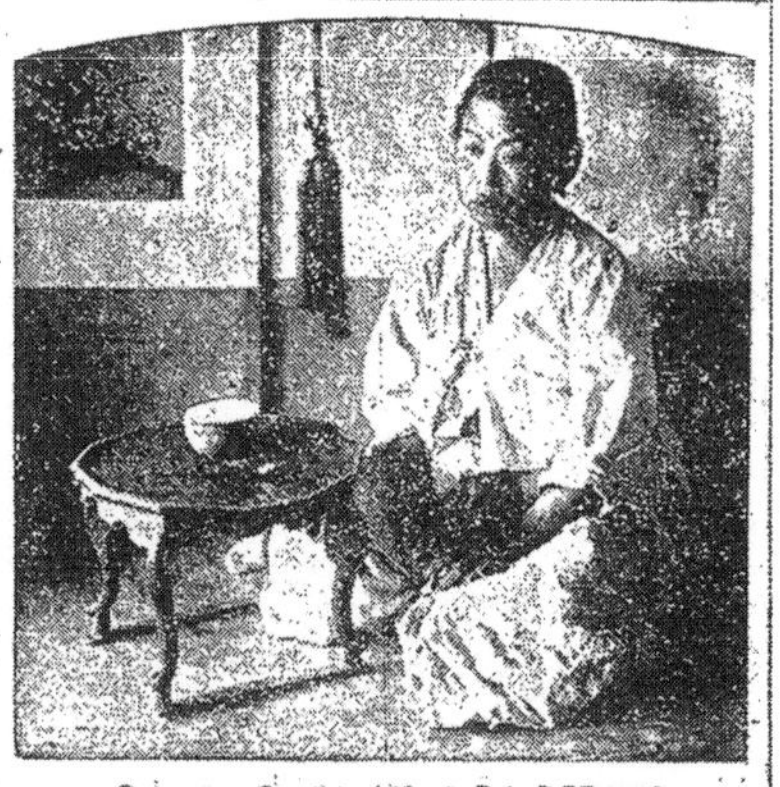

靈媒者劉順和さん

大邱の徳山町に、自分の子の心靈によつて飯をたべるといふ、魔訶不可思議の女が現れた それはおみき婆アさん式でもなくまた、お直婆さんの型でもなく、全く心靈學者が瑞喜の涙をこぼしさうな奇怪な人物で、話をきけば、何でも亡くなつた子供の音聲がカナリヤのさへづるが如くきこえ、母親の呼ぶに應じてピーッと戸外から飛び込んで來て、母親の身邊數尺の邊にとゞまり、質問に應じていかなる難問題でも靈魂からきかれる——といふのである。

◇

學界でも非常に重視され、本年七月京大の今村新吉博士は五名の醫師の立ち合ひでこれを實驗し、全く世間によくあるやうな詐術でないことを確めた、これを文學士蔭野和三郎氏にいはしめるならば、心靈現象中の物理的心靈現象に屬する直接談話現象のうちの花形で

氏は次ぎの如く報告してゐる

『即ち列席者の故舊親戚等の靈魂が靈媒のゐる室内に現はれ、

空中から音響を發して談話を交へることがある、歐米にはこの種の名靈媒が澤山輩出した、現在では米國のヴアリアンテイン氏が有名で、氏が一昨年ロンドンを訪れて實驗した時、同市在住の駒井權之助氏がこれに列席した、すると同氏の實兄大谷といふ人の靈魂が出現して、日本語で駒井氏と談話を交へたなどの奇譚もある』

◇

と發表してゐるが淺野氏は更に靈媒といふものについて左の如く詳說してゐる

『主觀、客觀何れの心靈現象にあつても茲に是非とも必要缺くべからざるものは靈媒の存在である、靈媒といふと何だかある厄介な介在物のやうに考へらるゝか知らないが少し考へて見れば當然なくてはならぬもので、これは現象世界と超現象世界との媒介者なのである連絡機關なのである、天地間の事象で媒介者抜きで何事が出來やう光線の傳達にはエーテル、音響の傳達には空氣、其他汽車汽船、郵便、電信、水道等あるゆるものがそこにそれぞれ必要な媒體を有してゐる』

この論理からすれば太郎の不可思議の老婆は、まさしく、かの亡兄の心靈を傳へる靈媒者といふことが出來るのである。

◇

以上の如く、學者はすでに彼女の怪術？に對して詐術でないと溜をつけたが記者は彼女が果して如何なる術を行ひ如何なる生ひ立ちの者であるかを實見したことがないので百聞一見にしかずと、或日靈媒者劉順和（四二）さんを、太郎府德山町五〇番地のむさ苦しいオンドル部屋にたづねた、つまりカナリヤの囀のやうな亡兄の話をきゝ、靈媒者の祈りぐあひを見ようといふのである

◇

訪ねて見れば劉さんも矢張りタダの人間であつた、垢にまみれた顏ぞしい太ッちよの婦人でピッコをひくといふ他には何の變哲もなく愈成吉といふ八の妻で十九歲を頭に五人の子供のお母さんである。

記者が客を裝ふて『みて下さい』と申し出ると、折惡く子供等と食事中であつた關係からか

『今日は舊曆の十一日である、一の日は神事をやらないから明後日來い』

とのエライ權幕、やむなく引かへしてその日にお伺ひすると、體の過まく例の四疊半あまりのオンドルに案內された

◇

部屋の中央には天井から吊られた一筋の紐に朝鮮の子供の帽子につけるマシクといふ飾物が吊るされてある。その下には食膳があり食膳の上には記者が納めた見料五十錢がのせてある、『見料は必ず前金』なか〱現金な神樣である、マシクの中をのぞくと五色の糸で珠數やうの物が包んであるきり何にもないやがて劉さんは敬虔な態度でそのマシグに向つて『セクセー』とのたもふと、ものゝ三分ばかりしてマシクの中から不可思議にも、例のカナリヤの囀るが如き靈妙な聲がきこえて來た。その聲が劉さんの亡兄の聲でつまり何か囁くことがあるかと云ふたのださうである。

◇

そこで記者の年齡はと、試みにきくと二十九だといふ、一ッ違ふが朝鮮では胎內にある內を一才に數へるからまづ確だらう、次いで私は自分の嗜好、職業等十數問きいたがみなあたる、そして『お前は今私（劉）の寫眞をとらんと考へてゐる』とききもしないことを素ッ破抜かれて記者もドギツとしたかくて心靈は『もうきく事はないかといふ『お前はそれを新聞に出すだらう、俺が唄ふからそれも出してくれ』と今度はカナリヤの如く唄ひ出した唄が終ると靈は歸りたいからとてサッサと遠い空間に行つてしまつた。」

◇

通譯の話によるとカナリヤの如き聲はみな言葉で、朝鮮語の話せる人には大體の意味は判斷がつくさうだ。

怪　福島示現寺の殺生石の由来　●秋田魁新報　昭和二年十一月十四日　2-278

燈下餘談

福島示現寺の殺生石の由來

近衛院の玉藻の前　實は金毛九尾の狐

×福島縣熱温に示現寺といふ古いお寺がある。このお寺に昔から傳はつて有名になつてゐるものに、「殺生石緣起繪卷」といふのがあるこれは金毛玉面九尾の狐が化してなつたといふ玉藻の前の最後を描いたものであるが傳說に殘された處は斯うである。

×元來この金毛玉面九尾の狐といふは初め天竺に生れて班足王の妃となり華陽夫人と稱してゐたもの

であるが後に支那に至り周の幽王の後宮に入り褒姒と名乗つた。そして悪逆非道の限りを盡した。それが更に日本に生れ出でて妖艶玉の如きにより近衛院の宮女となり玉藻の前と呼ばれてゐたものである。しかしながら斎獣にはつひ音獣で或御宴に際して、はしたないふるまひを演じたので、つひに時の陰陽頭加茂保親のために見あはされて忽ち九尾の狐の正體を現はし一飛に那須野に逃れた。そこで直に追跡した弓の名人三浦之介義明、上総之介廣常の兩名のためにさんぐ\に狩立てられなかく\捕へられなかつたが、つひに逃れぬ處と覺念して石と化してしまつた。

×

しかも九尾の狐の怨念はこの石に止まり常に殺氣を生じこれに觸るゝものは飛鳥走獸立處に斃れざるはなかつた。たまく\玄翁上人が那須野を橫切りこの怪異を聞き携へた錫杖をもつて石を打つて三喝した處石は碎けてその一片が示現寺に落ち殺氣は忽ち失せ幽靈もこの後現はれなくなつたといふ。

この石も現在示現寺に傳はつてゐる。

怪　片目の男の使　不思議な話
●二六新報　昭和二年十一月十七日（十六日夕）　2-279

不思議な話
片目の男の使
高井戸のある農家に一代に二度必ずある
現代にあるまじき「解け難い謎」

府下下高井戸八幡神社の背後に、數代住んでゐる農家で八束孝太郎といふのがある。當主はまだ學生で、市內の某中學に籍を置いて居るが、其の叔父、即ち先代の弟八束又次郎といふのが後見をして、一切の家事を取仕切つて居るが、此の家には代々其の主人の一生の間に、必ず二度の不思議があると言はれてゐる。[illegible]

一夜の中に悉く

搜がれてあつた。廢人其他を全く部調べて見たが、誰も其をしたといふ者はなかつた。すると、其から後、其米を入れた俵の中十俵かゞやはり一夜の中に見えなくなつた。家人は誰が盗んだのであらうと大騷ぎをしたが先代は其を制して、今に分るから騷ぐのではないと言つて居る

果せる哉

數日の後、市内の常に取引して居る某米穀商から、先代の米代だと言つて金を屆けて來た者てこそと其の米を屆けた者を聞くと、年の若い、片目のつぶれて居る男だとの事であつたが、八束の家の家人には、片目のない者は一人もなかつた。不可解な事だといふ[illegible]く、先代はつい近頃

此の世を

去つたのであつた。然るに、此の頃になつて、又、變な事が起つて來た。去二日の事、同じ村の後見人の又次郎の家へ、八束家からと稱して使が來た、其の使の者は、又太郎が見た事のない年の若い片目の男で、其の口上は、『唯今千代子さんのお産がありましたから

直ぐ來て

下さい』といふのであつた。千代子とは當主孝太郎の姉で、新宿町柏木の酒商内海某方に嫁入つて居るなるほど妊娠はして居るが實家に戻つて居る事はないので不思議に思ひ、よく聞かうとしたが、もう其の使ひの男の姿が[illegible]郎は兎も角もと

其の實家

へ行つて見ると、なる程千代子は來て居て、又男の子が生れたと大騷ぎをしてゐる。何時來たのかと聞くと、臨月ではあつたが、また今日たとは言はず、他にも用事があつたので、實家へ來てゐる中産氣づき、男の兒が生れたの

で、直ぐ使を新宿の方へは出したが、まだ**お宅の方**へ出さなかつたと、家が預かる老僕の金藏と云ふのが、如何にも面目なさそうに詫びて居る。いや、今使が來たのだがと、又次郎は集まつて居る家人を見廻したが、片目の男は一人も居なかつた。そこで、先代の時にあつた不思議も片目の男、今度も左うであるとすると、此の八束家に**不思議を**見せるのは、片目の男に限つて居るのかも知れぬと思ひ此の附近に住む老人に就て八束家に昔片目の男がなかつたらうかと聞いて見たが、誰も確に其と答へる者はなかつた。然るに去る十二日の事、又、片目の男が又次郎の處へ、孝太郎が急病だから、直ぐ來て呉れと言つて使に來た。そこで又次郎は其の**使の男を**捉へ、一緒に行くからと其の儘打連れて行くと、八束家の背戸の潜り戸を、又次郎に先立つて入つたまゝ、件の片目の男は、掻き消す如く、消えて何處へ行つたのか分らなくなつてしまつた。孝太郎は一時的の、急性腦貧血で又次郎の行つた時には、もう醫者も來て居る、すつかり恢復して居たが**此の片目**の男の不思議は、現代にあるまじき怪談として附近の評判は又々に高い、（寫眞は片眼の男の消えた潜り戸）

獣　大森堤防下で海蛇を生捕る　尾が五ツに分れた…
●函館新聞　昭和二年十一月十九日（十八日夕）　2-280

大森堤防下で海蛇を生捕る

附近の人々は龍神様だと大騒ぎ

尾が五ツに分れた珍しい物

東京府下大井町二二二の堤防上に住んでゐる小林民造（五五）妻テル（五三）といふ内職の夫婦は十七日の朝六時頃堤防下へ屑物など拾ひに行つた所波打際に黒光りする蛇様のものがうねうねしてゐるのでソッと**生捕に**して持歸りペンキに海水を汲んで入れ二三軒隣所の[illegible]へ見せた所大井の龍神さんだ、これは珍らしい[illegible]ものだ、出雲の大社の使ひ姫だといふので大喜び早速御神酒だ燈明だとはしやぎ出したので界隈では**大評判**　長サ二尺五寸太サ五分位で背は黒色腹は黄ばんだ色で白く下部に龜甲状の白い斑あり尾は五ッに分れて菓子の花の様な形で一寸珍らしいものだが今朝死んだと大森署では龍神さんが上つたから鰻太漁疑ひなしといつてゐる

幽　幽霊を見た話　徳昇物語（一）
●都新聞　昭和二年十二月二日　2-281

幽霊を見た話

徳昇物語（一）

揚羽家といふ帮間の一派を造り上げた元祖の揚羽家徳次改め徳昇は以前先代嵐美藏の弟子で役者であつた、今でも元祿風のチヨンまげを結つて來年からはとりわけ若がへらうとある、この徳昇老人の過こし方にいろいろの話がある中で怪談を二つ三つ

私が十六の年でした、その頃は役者にもならない素堅氣でしたが、藏前瓦町通りのめがねや原島といふ家へ年期奉公に上つてゐました春のおひがんが來まして、淺草田町まで**おはぎ**を持つて行つてのかへり道、淺草田圃のあるお寺の前の大どぶの中に白布を三尺四方に切り、その四すみに三尺くらゐの竹をつけて、どぶの中に差し込み、どぶのふちには手桶に水を入れて柄杓をつけてあるのを見ました、子供心に妙な事をしたものだと思ひながらのぞくと、中には**小石が**五つ六つ入つて居つて、そこへ通りかかる人は誰かれなしに手桶の水を柄杓でかけてゐます、私も見やう見まねで二三杯水をぶつかけてゐると、布の眞ん中に穴があきました、それは小石の重みと水のために布が腐つてゐたからなんでせうか、私としてはびつくりしました

大急ぎで瓦町の主人の家にかへつて、その晩、いつもの通りに、御藏の前の部屋でお手習

ひをしてゐました。その部屋には主人夫婦も居ました。主人はたしか大川屋のもの丶貸本を讀み、妻女は女中を相手に針仕事をしながら主人の讀む小説本を聽いてゐました。丁度九時といふ刻限です。私は何といふ事なしに

背中か ら水でもかけられたやうに、ぞつとしましたので、びつくりしてお藏の方を見ると、そこに三十からみのおかみさん風な女がしよんぼりと立つてゐます。思はず知らずアッと聲をあげましたら、主人夫婦と女中はびつくりして、中に女中のおいとさんが私の背中を

トンと 叩いて、おい寢ぼけちやいけないよといひました。私は寢ぼけたのでも何でもありません、が、だしぬけに叩かれたのでハッとして正氣づきましたが、それから急に怖くなつて來ましたあんまり怖いので、がたく〳〵慄へながら、今見た儘をそつくり主人に話しましたら、主人夫婦は

耳にも 入れず、馬鹿野郎だの、寢ぼけ小僧だのと散々に笑ひましたが、私はそれどころぢやありません

幽霊を見た話　徳昇物語（二）

●都新聞　昭和二年十二月三日　2-282

幽靈を見た話

徳昇物語—(二)

いくら寢ぼけ小僧と云はれても、自分としては寢ぼけたわけでも何でもなく、正に

女の姿 を見たのですから、いつまで經つても不思議さは消えません、その中に、不圖心づいたのは、晝間、淺草田圃で見た寺門前の白布を破つた事です、實は晝間かういふ事がありましたが、と、主人に話して見ますと、主人の母親が、仔細を聞きとつて

それは

流れ灌 頂といふもので産後の肥立の惡い爲めに死んだ人の後生をよくしやうといふのでまつるもの、これへ水をかけてゐる中に、白布に穴があけば、その時亡者が浮ばれたといふしるしだと云ひ傳へてある、だから、お前さんのかけた水で穴があいたんだから、乾度

亡者が お禮を云ひに來たんだらうと敎へてくれました、何だか氣味の惡い話で、かういふ事が判ると、今まで私を寢ぼけ小僧あつかひしてゐた人たちが、すつかり怖毛を慄つて、其場はまるで怪談じこみになつて了ひました。其の時私の目にうつつた

亡靈の 姿といふものは荒い縞のきもので、髮は丸まげ、それが私の方をニッコリと笑ひながらする〳〵と私の方へすり寄つて來さうに見えたので、アッと聲をあげたのです、さて翌日の朝十時頃、主人のおふくろさまと一緒に、前のお寺へ行つて、門番へ前からの話をしますと

仕職が 逢つてくれました、さて住職の話には、三月九日に産後の血が上つて死んだ本年二十八歳の若女房の供養の爲めに出して置いた流れ灌頂だが、丁度十三日目に成佛得脱したらしいので取拂ひました、全く

小僧さ んのお力であつた、よい功徳をなさいましたと、私は面目を施しました、一體この佛は氣の毒なお方でな、早速お經をあげませうと住職は奧へ入りました、入りかはつて出て來た役僧の話によると、初七日の時、佛の母親と妹、亭主の方からは奉公人が二人に親類が二人墓參をしたばかり、まことにお粗末な事ですと、ありました

幽霊を見た話　徳昇物語（三）

●都新聞　昭和二年十二月四日　2-283

幽靈を見た話

徳昇物語—(三)

その中に、本堂の仕度が出來て住職と役僧の二名で讀經をして塔婆を持ち

墓場へ 行つて見ますと、その佛は土が高くもり上げてあり、その上に墓石が置いてあります、主人の御ふくろさんと一緒に、私も念佛を唱へてから元の客間へ戻りますと、やがてきものをかへて出て來た住職が物語をはじめました、あなたの特志により佛の功徳の爲めこの佛についてのあらましの話を

幽霊を見た話 徳昇物語―（四）

幽霊を見た話　徳昇物語（四）　●都新聞　昭和二年十二月五日　2-284

申し上げませう

此の佛 は、馬喰町のある旅館の嫁で、實家は堀切にあります、亭主が道樂もので、馬喰町の郡代にゐた踊りの師匠西川なにがしといふ婦人にうつつをぬかして、家の事をかへりみないといふ人でした、尤も、佛がよめいつて來た時は、里方が有福だつたので毎月白米二三俵くらゐづつ、屆けてよこしたものださうですが、二三年來

佛の兄 が失敗つゞきで

そろ〳〵不手まはりになつてゐたやうです、その間に、佛は姙娠しました、が良人の道樂は益々はげしく、近頃では三日目に一度かへつて來るくらゐのもので、家業はとんと番頭任せといふ次第、その上、姑が近所に有名なやかましやで、只さへうるさい上に、倅の

道樂が 氣にさわつて、これを悉く嫁のせいにしての八つ當り、かれやこれやの氣苦勞の中に、佛はすつかり、氣病みをして、始終寢たり起きたりしてゐたやうですが、その中に産み月も近づいたので妹をよびよせ、奥まはりの用をさせる事にしてゐました、さうなつても良人は内へ歸つて來ません、家は定宿だものですから、客には

不行届 きだらけといふわけ、その中に、到頭九ケ月目で男の子を產んだのです、その時だつて、女中が良人を迎ひに行つたのですがすぐには歸つて來なかつたらしい、歸つた來たかと思つたらすぐに師匠のところへ引かへして了つた、第一に姑がちつとも嬉しさうな顔もしないと云ふ有様佛は妹と二人でみづ兒をかかへて泣きくらしてゐたさうです、親類はかまひつけず

同業者 がより集まつて良人を意見をしたので晝間だけは不精不性に帳場へ坐つてゐましたが、病間へは只の一度も顔出しをしません

こうしたわけで、病人は十一日目からめつきり重態になり、それから六日の間苦しみづめに苦しんだ

揚句に 死んで了つたのです、里方へはその日になつて始めて知らしてやつたので、佛の兄は隨分怒つて、葬式をすまし、赤兒は兄の子にして實家へ引取りました、とあつた私の幽霊のはなしは、これでおしまひですが、あとでもの心ついてからよく聞いて見ると旅館といふのは馬喰町の高田屋といふ店で嫁の里は堀切の豪家

植木屋 嫁は二十三でよめに來たのださうです、高田屋の浮れてゐた西川の師匠といふのはその以前から、情夫があつて、淺草藏井町へ逃げて了ひました、それから高田屋の主人もその月の五日に死んだといふ事です、明治十五六年から卅年頃まで寄席の高座で芸を見せる人がありました、高座へ仰向けに寢て兩足へきものを着せ、お面を

足首に かぶせ、三四通りぐらゐ、その面をかへて、足を手にしていろ〳〵な踊りを見せるといふ珍妙なものです、今考へると隨分馬鹿々々しいものですが、その頃は中々人氣がありました、此の男は三遊亭白馬といふ名でした、女房はおしんと云つて、元は新吉原京町二丁目の安尾張といふ貸座敷（明治二十年頃まで繁昌してゐました）で

君香と 名乘つて見世を張つてゐた女です、二十六の年に安尾張を出て、かねて云ひかはしてゐた馬道六丁目の金井銀之助といふ客のところへ乘り込んだのです、銀之助は花川戸の鼻緒問屋の通ひ番頭でその頃三十二三の男でした、乘り込んで見ると銀之助には親類から嫁の來るわけになつてゐたので納まつてゐるわけにゆかない、尤も先約のあつた嫁といふのは

病氣の 爲め嫁入りが延引してゐた事が分つたので、おしんの方から身を引いて一ケ月ほどの後金井家を出て、おしんは八王子の實家へかへりました、娼妓上りと思はれぬほど貞節のある女で、八王子へかへつてからは、病身の父の看病をして孝養を盡して居りました

幽霊を見た話　徳昇物語（五）
●都新聞　昭和二年十二月六日　2-285

幽靈を見た話

徳昇物語—(五)

金井家を出たおしんはその後八王子で知合になつたある料理屋に手傳ひに行つて一年半も働いてゐたそこへおしんの弟が八王子へやつて來て

藝者屋 をはじめる事になりました、其弟といふのは其時分の中村時藏、即ち故人歌六の門弟で中村時彌といふ名で八王子から甲州へかけて一寸人氣のあつた女形でした、尤も自分は役者をしてゐるのですから八王子の藝者屋は青梅の料理屋の娘にやらせるといふわけです、それやこれやでおしんもそこに手傳ふやうになつて都合三年ばかり八王子で獨身のくらしをしてゐますと緣があつたものか一旦緣の切れた金井銀之助が女房の早死の爲め此あとがまへ

復緣と いふ事に話がまとまり、元の馬道へ戻つて金井の女房といふ事になりました、さてこれからが怪談になるのですが金井銀之助の先の女房といふのは嫁入りの時に病氣をした位で、嫁入つて後も兎角病身で、男の兒一人生み落として、死んで了つたのですといふわけで、後妻に入つたおしんは、その日から乳吞兒の世話をしなければならなくなりました時は七月頃、乳吞兒が風邪の氣味で發熱しましたのでおしんは子供の看病がてら早寢をして居ますと銀之助は本店の方に用があつて

お店泊 りといふ事になる、その留守の間の淋しい閨の中で、おしんが子供の顔を何氣なく見ますと……かれこれ夜の十二時頃、自分の手に抱かれて寢てゐる子供が仰向に寢た儘で、ニヤ〳〵と笑ひました、その笑ひ顔が夢などを見たわらひ顔とちがつてどうやら人にあやされた時にわらふ笑顔のやうです、おしんは見るとなしに顔をあげて、子供の目の向く方を見ますと、枕元にぼんやり見えたのは、丸まげを結つた女の姿、から

立膝に 坐つて、兩手を膝がしらへのせ、顔を下向にして子供の顔をぢつと見つめてゐるやうです、といふ姿が、あり〳〵とおしんの目にうつつた時、おしんは總身に水をあびせられたやうに慄へ上りました

幽霊を見た話　徳昇物語（六）
●都新聞　昭和二年十二月七日　2-286

幽靈を見た話

徳昇物語—(六)

あまりの怖ろしさに、おしんは目を閉ぢたまゝ子供を抱きしめてぢつとしてゐましたが、やがて心を取直して

口の中 で、必ず〳〵子供の事は心配しないで下さい、如何なる病氣にかからうとも、私がきつと大事にかけて、立派に養育して見せますから、どうぞ安心して下さいとくりかへし〳〵云つてゐる中に、その姿はかき消すやうに消えて了ひました、が、もうこんな事があると

怖くて ぢつとしてゐられません、すぐに、そろ〳〵起きて二三軒先の番頭の家へ行きましたさうです、そして何だか今夜は氣味がわるくて寢られませんから内儀さんに泊りに來て下さいませんかと頼み込むと、おつと承知とばかり番頭が手かぎを持つて家のまはりを見まはつてくれるし、内儀は内儀で

泊りに 來てくれるといふ、翌朝になつて銀之助がお店から戻つて來たので、その話をすると、銀之助はいやな顔をしたが、だれにも云はないで置いてくれといつださうです、それからおしんは子供を抱いて淺草清島町の妙音寺にある先妻の墓へおまゐりをし

生きた 人にものをいふやうに、私はね、お前さんにお禮こそ云はれやうとも、恨みを云はれるおぼえはありません、あなたが心を殘してゐなさるこの子供も私の手で大事に〳〵養つて居ります、元來私は銀之助さんのところに嫁入りたくはなかつたのです、けれども、あんまり銀之助さんのお友だちがおすゝめになるし、た

つての **お頼み** ゆゑ、からして臨終に入つて來てゐるくらゐですから今更、お前さんに不足を云はれるところは少しもないと思ひます、お前さんが、あゝやつて、浮ばれないで迷つて出るやうならば、私は銀之助さんの女房で辛抱するわけにはいきません、私は出て了ふ その上、お前さんが **迷つて** ゐるといふ事になつたら、誰一人來てくれる後妻はありますまい、そしたら困るのはあなたの殘した坊やばかりです

幽霊を見た話　徳昇物語（七）

●都新聞　昭和二年十二月八日　2-287

幽靈を見た話

徳昇物語―(七)

しまひには誰も子供の世話をする人がなくなりますから、結句はあなたの生み殘した坊やが可愛さうなものになりますよと、理窟とならべて **愚痴を** 一緒にならべて もし今夜も、お前さんが來なすつたら、私は八王子へかへりますからさう思つて下さいとくれぐ\も念を押して置いて、寺の人へも何も云はずに、我家へかへりました、その言葉があの世へ囤いたのかどうか、その日から十日ばかりは幽靈の姿も見えず、子供の **病氣も** 薄皮をはぐやうになほつて、おしんもすつかり安心するところまで行つた、ところがある晩、銀之助が本店からべろべろに醉つてかへつて來た事があります、それは夜の十時頃だつたさうです、子供は先に寢かしてあつたので、おしんは良人のおつき合ひをして一緒にそばを **食べて** ゐると、たしかに寢てゐる筈の子供が眼をさまして、何かぼそ\/\云つてゐるらしい、おや、起きたのかしらと云ひながら、おしんは次の間卽ち子供を寢かして置いた六疊の間を覗き込んで見ると、又ぞろ先妻の姿が前夜の通りの姿で現れて、子供の **枕元に** 坐つてゐます、おしんはびつくりして、すぐに銀之助に知らせる、銀之助もそれを眺めたまゝぼんやりして了つて、何も云はなくなりました、その間三分間ぐらゐだつたかとありますやがて幽靈の姿はぼうつと消えて了つたさうです、と同時に、銀之助がやつと我にかへつて、何事があつても氣にしてくれぬやうに **お前に** 居なくなられたら、どうにも仕方がない、どうぞ辛抱してくれ、そしてこの事が近所にでも知れたら家の信用にもかかる事だからと、くど\/\と頼み入りました、べろ\/\に醉つてた酒も一度にさめて了つた樣子ですその晩はそれですみました、翌日は何事もなかつた、尤もその日に **親類を** 寺へあつめて、供養をした上、住職が墓前に立つて說教をしたさうです

幽霊を見た話　徳昇物語（八）

●都新聞　昭和二年十二月九日　2-288

幽靈を見た話

徳昇物語―(八)

その後おしくも兎角氣分がすぐれなくなつたので、八王子の弟に相談の上、どうしたものかとあとあとの **始末を** 考へはじめる、さうしてゐる中に、一方では誰がいふともなく、金井の家には先妻の幽靈が出るさうだといふ噂が、盛んになつて來ました、銀之助の親類の側でも、何かしら氣づかひはじめる、からなると、兎角おしんの元の身分の事ばかり云ひ出される勝で、おしんが辛抱した事よりも、おしんの **惡口の** 方が人々の口の端に上るやうになりました、こんな有樣では、とても落付けるものではないので、おしんも決心してその年の十一月二十九の年に銀之助を離緣することになりました、都合六ケ月の女房だつたわけです、獨りものになつたおしんは、八王子へ戻つて、弟の中村時彌がやつてゐる **藝者屋** 中田家のかゝり人になりました、その後、銀之助の家にはある畫家の娘を三度目の女房にもらひうけましたさうですが、相かはらず先妻の幽靈が出るので、間もなく逃げて行つて了つたといひます、更に四人目の女房五人目の女房といふ風に、おしんのあとへ三人ほども

後妻が 入りましたが、三人ともどしく逃げてゆきました、而もその三人が三人とも子供を一人づつ生み捨てゝ行つたのも不思議なはなしです、かういふ風にして、三年間に三人の女房に出られてゐる中、やつと幽霊が出なくなつた、その時分銀之助は猿若町で下駄屋を開業してゐたさうです、銀之助の方の話する事になつて居ります

幽霊を見た話　徳昇物語（九）

●都新聞　昭和二年十二月十日　2-289

幽霊を見た話

徳昇物語—（九）

おしんの弟の時彌はその後役者をやめて、東京へ出で、馬道に住んで新派の狂言方となり、妻女は清元と小唄の師匠をして浅草の芸者たちに稽古をつけてゐたさうです、おしんの方は大正六年の夏から子宮癌にかかつて **随分困** つてゐたやうでした、何しろ癌の事ですからどうなほしても治らず、白馬を始め、圓右の弟子になつた銀之助の長男も、心配して親切に介抱したが捗々しからず、第一白馬はこの頃六十六七になつてゐたので、人気も落ちて、山の手の場末ばかりまはつてゐて、結局女房の手當も届かないといふわけになつて了ひました、その中、新派のある役者の口添へで以前おしんが吉原で君香と云つてゐた時代の客で小塚の羅紗屋の主人といふ人が同情して入院をさしてやる事になりました、そのおかげで **大正七** 年には一旦全快したやうでしたが、大正八年の春又發病して了ひました、その時分はおしん夫婦は下谷御徒町に住んでゐたので、同じ下谷の揚羽家徳二とも親しくなり、白馬は揚羽家連の縫物の手傳ひをする、おしんは揚羽家の仕立物を引受け、苦勞の多かつた此の女も、最期の際は不足ながらも安楽に其日をくらしてゐました、そして大正八年の四月二十六日といふ日に五十八才で死にました、さてここにも一つ不思議な事がありますおしんが **死んで** から二日目即ち四月二十八日の夜の十時頃、猿若町で下駄屋をしてゐる金井銀之助の家の臺所へお婆さんがふら／＼やつて來てつゝ立つてゐる、女中がいつて何ぞ御用ですかと云つても默つてゐる、あまり變だから主人に話をすると銀之助が何の氣なしに覗いて見たら之がおしんだ

十四でした、圓花はその後大阪で圓馬は大震災の前に七十四で死にました、時彌は喜多村の一座に一時入つてゐましたが今はどこに居ります事やら金井の行方も震災とともに判りませんが、浅草永住町の善立寺にあるおしんの墓には盆と彼岸にはちやんと香華が手向けてあるさうです

幽霊を見た話　徳昇物語（十）

●都新聞　昭和二年十二月十一日　2-290

幽霊を見た話

徳昇物語—（十）

話がもう一つ遡上つて、私がまだ先代柳川春葉の弟子で登九蔵と云つて

下廻り をしてゐた頃の事、たしか明治二十二年の九月でした、浅草瓦町に蛇の目ずしといふ一寸売れたすしやがありましたそのうらに、田舎まはりの鳴物師で、楽屋が不足な時には役者も手傳ふといふ男、名は澤村紀鶴といふ男が居りました、そのおはやしさんのところへ私が埼玉地方をまはる安芝居の打合せに出かけました、それは **芝居仲** 間ではたんかいから芝居と云つて居ります、このたんかいから芝居の仕込みの相談をすまして、紀鶴のうちを出たのが夜の九時頃、長家の前をずつとぬけて、ぬけたところに薄暗く建つてゐる共同便所で用を足しながら、不圖向ふを見ますと、便所と並んでゐるのが長家のはづれの家、それが空家になつてゐまして、臺所のやぶれ **障子が** 目の前に見える其障子のやぶれ穴から何心なく中をのぞいて見ますと、その空家の臺所の戸棚の前に、丸まげ姿の女が坐つてゐます、空家の向ふ側に口入屋があつて、口入屋の入口に

は瓦斯燈が出てゐましたが、その瓦斯燈の光りがおぼろげにさし込んでゐるので、これがよく判るのです、何だつて、あんな

空家に 女が坐つてゐるのだらうと思ひながら、私は用を足して了つてから、その障子の際に行つて覗き込むと、どうしたものか、さつとばかり背中へ水をあびせられたやうな氣持がしましたそれに何ともつかず、あたまがシンくと痺むやうな心持です、私は只轉がるやうにして、紀歡のうちへ引かへし、紀歡夫婦にその事を話しました

夫婦は 互に顔を見合せて、あれだねといひました、紀歡の女房はおうらさんと云つて、芝居の下座の三味線ひき、外に鬘の髪も結つて、まづ當時のたんから芝居では名物女でした、あれとは何だと怖々聞きますと、そのおうらさんが、幽霊さと例の胸先へ兩手をぶらさげて見せます

2-291

幽霊を見た話　徳昇物語（十一）　●都新聞　昭和二年十二月十二日

幽霊を見た話

徳昇物語—(十一)

私は見た事はないけれど、近所ではちよいく評判してゐるんですよ、とおうらさんは

前置き して幽霊ばなしをはじめたお前さんが、そんなものを見たといふのなら本當だらうあの家は人が越して來ても、十日と経たない中に引越して了ふんです、家主の方でも近頃はあきれかへつて、貸さなくなりました、いづれ近日壊して了ふんだといつて

貸家札 も引ぺがしてある筈ですが、それに何でも大工だつて、いやがつて、手をつけやうとしないんださうで、あの儘にしてある中には、いつとなしに、湯屋の木ひろいがやつて來て、入口の揚板を二三枚盗んで行つたやうですが、結局立ちぐされのやうになつてゐるんです、まことに近所

迷惑な 家ですよと云つただけで、これ以上は云ひませんでした、尤も私の方にして見てもその家の隣つゞきで而もずんく更けてゆく秋の夜ですから、あんまりほじくつて聞く氣になれません、さつさと逃げ出して數寄屋町の家へかへりましたところがそれからといふものは毎晩九時頃になりさへすればどこに居ても

丸まげ の女の姿が目の前にちらつくやうで氣味がわるくてたまらない、その都度母親に話しては身ぶるひをしてゐました、それから三日經つて私は市川錦風といふ役者の一座に入つて、埼玉縣入間川の方面へ一日芝居に出る事になりました、市川錦風といふのは、明治三年頃、向柳原の

柳盛座 で一座を組織して安手な芝居を始めた、所謂どん帳芝居の元祖です、當時も錦風芝居と云つたら、今の鐵蔵同様な人氣を持つてゐたものです、一日芝居といふのは、近郷近在を一日ダテで巡廻興行するので、毎晩五時開場で夜半の十時か十一時に打ち出して見せる芝居です、この芝居へ入つて近郷をまはりはじめた時、一座に紀歡夫婦も居りましたが、その時、件の

長家の 丸まげ女の怪談のあら筋をおうらさんから聞きました、その仔細といふのは

2-292

幽霊を見た話　徳昇物語（十二）　●都新聞　昭和二年十二月十三日

幽霊を見た話

徳昇物語—(十二)

紀歡のゐる長家の角の家にゐたのは袋物の職人だつたさうです、職をする外に、上等

金具の 仲買などもして女房と母親の三人ぐらし、ところがその女房が大したやきもち燒きで、夫婦げんくわの絶え間なしといふ家庭、母親も持てあまし近所に迷惑をかける事殆ど毎日といふ有様だつたさうです、元來女房がやくほど亭主は浮は氣ものぢやなかつたのです、浮は氣ものどころか、もう分別ざかりの

五十男・でその頃の職人としては珍しく、相當の貯金も出來て、仲間中でも堅人で通つてゐ

た男だつたさうです、それに女房の方も自分のへそくりが大分貯つてゐるといふ近所の評判でした、ところでこの職人の家の向ふ側に前にも申しました通り、中田屋といふ口入屋がありましたが、この（明治二十一年）十一月にその

口入屋

へ、ある地方から地方へ雇はれてゆく茶屋女が五六人やつて來た、中田屋では迚も遣り切れないので、この中の二人ほど富田（角の家のあるじは富田といふ名でした）へ泊らしてやる事になつた、その二人の泊り客と富田とがいろ／＼話してゐる中に一人の方は茶屋女ではなく

堅氣の

商家へ奉公したいのですがなりゆきで、かうなつたのですと愚痴を云つた、その境遇に富田が同情したあまり、さういふ事ならと口入屋へ相談してやり茅町通の金物屋へ女中に住み込ましてやる事になりました、これが緣となつて、女は折々富田へも酒肴を出すし、富田も何かにつけて女の相談も聞いてやり

世話も

やくといふ事になつた、これが富田の女房のやきもちの種になつたのです、その年の十二月の事、富田が帶どめの金具を二つ女房に内緒で、女にやつたといふ事が、口入屋へ出入りするものゝ口から女房に知れました、さあそこで大騒ぎが持上つて、長屋總出になるほどの揉め事になつたのです、餘まり騒ぎが大きいし

女房の

けんまくが荒いので、女はびつくりして、薄氣味惡がつてゐたさうですが、結局口入屋の内儀が女に因果をふくめて金物屋へは年末の中にかはりを入れ女ば國元へかへしてやりました

幽霊を見た話　徳昇物語（十三）
●都新聞　昭和二年十二月十四日　2-293

幽靈を見た話

徳昇物語―（十三）

ところが富田の女房はそれをどうしても本當にしません、國許へかへした事にして、私をごまかしてゐるが、實は

亭主と

口入屋の内儀が相談の上女をよそへ隱したのにちがひない、さあどこへ隱した、出さなけあ承知しないと毎日毎日富田の胸ぐらをこづき廻してはあばれまはる、あんまりの邪推にしまひには口入屋も怒つて了つて、富田の事にはとりあはなくなつて了ひました、併し女房のやきもちは尚更嵩じて、折から年末の事ゆゑ、富田は

商賣の

都合から頻に忙しがつても、乾度私をだまして女のところへゆくのだらうと女房はそればかりに取つて、外へも出しません、全く手もつけられなくなつて居りましたが、その中にだん／＼氣がをかしくなり、一月になつてからはばつたり床について了ひました、その癖

目と耳

は凄いほど鋭くなつて、向ひの口入屋へ女でも出入りする樣子を見てゐると、ソレあの女が來た、うちの人を呼び出しに來た、やれうちの人と逢はしてゐるのだらうと、やきもきしては飛び起きて口入屋を覗き込むといふ有樣に、もう長屋一同は氣味わるがつて、富田の傍は、みんながよけて通るやうになりました、さういふわけで、（一

一月の

末に富田はそこにも住んでゐられず、神田へ引越して了ひました、かうして居どころが變つて見ると、氣もかはると見えて、二月に入つては病人もめつきりよいので、富田は横濱へ泊りがけに用達しに出かけ、富田の母親は日きりのお祖師樣へおまゐりに出かけた、さて、富田が横濱の商用をすましたついでに

病人に

湯藥があるといふのを聞き出して手に入れ、いそ／＼とかへつて來ると床の中に寢てゐる筈の女房がゐない、近所に聞いて見ても外へ出た樣子はなかつたといふのでその中にかへつて來た母親もろ共方々探しまはつてゐると、物置の中で首をくゝつて死んでゐたといふのです

幽霊を見た話　徳昇物語（十四）
●都新聞　昭和二年十二月十五日　2-294

幽靈を見た話

徳昇物語―（十四）

富田のうちでは大騒ぎです、物置

の梁に
細紐を…かけてぶらさがつてゐるのを下して介抱するやら醫者を呼ぶ、大屋さんがかけつけるといふ、上を下への有様、併しもうすつかり縡切れてゐまして萬事はあとの祭りでした、隨分厄介な女房ではありましたが、からなつて見ると、富田もがつかり氣ぬけのしたやうになつて、どうやらあと始末を濟まし、母親は毎晩
題目を　唱へて暮しましたが、三月に入つたある晩、誰がいふともなく、富田の枕元に丸まげを結つた女の姿が坐つてゐたといふ噂が近所にぱつとひろがつた、それについて富田は何とも云はなかつたが、三月の末に商賣がへをしますからといふ口上で近所にいとま乞ひをして横須賀へ引越しました、さて、そのあとに、どうも件の角のうちに
幽靈が　出るといふ噂が消えません、何も知らずに引越して來る人があつてもすぐに引拂つて了ふ、ものの十日と住みつづける人はありません、その幽靈といふものは、いつも戸棚の前に坐つてゐるとかいひますから、丁度私が見たのと同じ姿であらはれるらしいのです、亭主に内緒でためたへそくりを
疊の下　へ隱して、その上へ床を展べ、戸棚を枕元にしていつも寢てゐたといひますからこの幽靈、やきもちやきの上に、慾の皮もつつぱつてゐたのかも知れません、鶴鳳一座にゐた市川左八といふ役者が富田の友だちでしたので、この話を芝居に仕組んで、鶴鳳が中村雀次といふ
役者を　相手に二幕ものにして上演した事があります、すると此狂言大當りで、三ヶ所で出しましたが三ヶ所とも大入だつたといふのは不思議です、そればかりでなくこの家をその後家主が毀して明治二十三年に二階だてになほしましたら、ここに住む人はその後皆緣起がよく、だれもくく相當の貯金をして、大通りへ出る事になつたといひます、といふわけで、その
お庇を　蒙つた人たちやら、大屋さん、それから關係者一同が寄つて明治二十八年に七回忌の法事をしてやりましたとやら聞きました、もう今では、この關係者一同故人となり、私だけが生き殘つてゐるわけです（終）

資　法廷で実験する心霊不思議の術　★羅府新報　昭和二年十二月二日　2-295

法廷て實驗する　心靈不思議の術
『武田信玄の後えい』裁判
―署長さんも證人に―

◎武田信玄の後えいと稱する◎府下巣鴨町二二〇六東京心靈療院長武田芳淳氏（四五）は先ごろ誇大廣告のかどで巣鴨署に引致

▲拘留十五日に附されたのを憤慨し正式裁判を仰いでゐた所その第一回公判が廿一日午前十時から東京區裁判所佐伯判事係り平野檢事立會角岡、林辯護人列席で開廷されたゞちに武田氏から現早大教授武田豊四郎氏と前巣鴨署長二重作藏氏を特別辯護人にしてほしい旨の申請書を提出した後事實審理にいり

▲武田氏は憤然として『私は誇大廣告をする積ではない、それは見解の相違からで當局のやり方はけしからん。どうか自分に實驗をさせてほしい』と申立て結局靈交術、千里眼透射術、強直術、腹上石割術などを來る廿八日の次回公判廷で行ふことが許可された

つゞいて辯護人側からいろくの證據提出や證人申請あり結局次回には酒井巣鴨署長以下七名の證人を喚問することとなり正午閉廷した

資　比叡山上の妖怪　★新世界　昭和二年十二月十七日　2-296

比叡山上の妖怪
實は人の三十倍の影
珍らしい夜中の現象

◎比叡氣象觀測所では山頂山麓と京都市内京都測候所との比較觀

測を十一月十五日から二時間ごと施行つてゐるが比叡山頂で濃霧に閉されたる十六日午前二時一分ごろ測所露臺上の觀測者藤野充治氏の影が全體の卅倍の實影をなして現れ頭の附近に光芒的やうな稀薄の後光が認めた、それは同氏背面に立てられてある電燈による屈折現象であつてブロッケン妖怪といはれこの現象は從來本邦でも伊吹山、雲仙嶽などの高山觀測所で認めたことはあるが夜中かうした現象を見たのは珍しいさうで外國ではロンドン停車場で燈光によりまたドイツ、マールブルグのワンヤール氏は同地大學二階でガス燈の光でこれを見たといふことである

妖　河童の話

●信濃毎日新聞　昭和二年十二月十八日　2-297

河童の話

一名河太郎、芥川龍之介の材料等々

祐　次　生

東國にては河太郎

辭林のかつぱの條を見ると、次のやうにかいてある。——東國などにて河太郎ともいふ。

水中にすむ怪物にして、その形小兒の泣き聲に似るといふ——とある。また百科辭典の同じ條下を見ると、——俗に河中にすむといふ怪物、河太郎ともいふ。その形十歳ばかりの小兒の如く、裸體にして立行し、毛髮短く頭上に皿と稱する凹處あり。其說は背黑色にして背甲の如く、常に水下にすみ、時に陸上に出て來ることありといふ（下略）——などとも出てゐる。兎に角かつぱ（kappa）といふやつはゐたに違ひない。ある日つれ／＼に開いて見た辭書に偶然にかつぱの條が目にとまり、ぼくの好奇癖が、急にこいつをせんさくしてみたくなつたわけだ。ぼくは近頃頭の具合がどうも變だ冴えない。該博過度の神經衰弱症だと思つてゐるが、かつぱなんていふイカモノに興味を覺えてきたのも、あづかつて神經衰弱の然らしむること太なりだと考へる。試に見給へ——『水洟や』の一句を殘して忽然として逝いた澄江堂主人が『かつぱ』を書き上げたのは神經衰弱の最頂時代ぢやあないかまあそんなことはどうでもいいとして、ホヂクリ出したかつぱ漫談一席を御披露に及ばう！

越後で捕へた水虎

さていま書いたやうに、辭書になども、出てゐるし、繪などにもあの道化たみた化け物がよく描かれるが、あながち古人の空想の所産とのみ片付けられまい。いや殘つてゐる古い繪まきものや傳說などみると、たしかにかつぱこいふものはいたやうに思はれてならないのだ。僕の長兄の友人にＩといふ藏家があるが、その人の所藏品に『甲志文庫』と印をおしたかつぱの繪巻き物がある。餘くめづらしい掘出し物で、なんでもＩ氏の知人が持つたゐたものださうだ

その巻き物の中に記載してある文字をよんでみると、天明三年冬十一月に伊藤祐香といふ人が寫したものを、文政三年六月八日に栗本といふ男が寫し、それをば弘化二年ごろに至つてまた甲志といふ人が寫したものらしい。江戸ではカッパと呼び、山城では河太郎といひ但馬地方ではカワロとも呼ぶなど、も記してあるが、かつぱをば別名『水虎』とも呼ぶことがあるやうだ。この繪巻き物のまづ冒頭に描かれてあるのが、この水虎の圖で、それには越後國新潟郡に於いて寛政甲寅の年に捕へたものとかいてある。

その次に三匹（匹といつて呼ぶかどうか知らないが）並んでゐる圖には、水戸浦より上り候かつぱと註があつて、身丈三尺五寸餘目方十二貫目あり、殊のほか形より重みがあると書いてある。水戸浦東濱の網取次といふ漁師が土地の役人にでも知らせたものか『常地はす時々捕へ候も有之候へ共、今

珍聞閑聞【一】

この裏に貸屁あり、と張紙して置く。いつの間にやら熊太郎が度々剝がして取る。大家これではならぬと考へ、木札に釘付け五寸釘にて打つけ、『之なら四五年もこたへやう』

度の如く大なるを見候事無之候間皆々村中御見物以上』などと認めてある

猛烈な放屁に參る

播磨名蹟巡覽の記す所によるとある日、赤兒の泣くやうな聲がしきりに聞えるので、漁夫連が方々探すと河童とおぼしきものが海底にゐるので網を下して鰤網の中へ十四五疋も入れたところ、とび出して逃げるので、櫂や櫓などをふり上げて各自寄つてたゝき殺さうと追ひ廻したが、ぬる／＼すべつて一向手ごたへがない。すると一匹[illegible]にまぎれ込んだのが[illegible]の。で、たゝき殺してみると『此時、屁をコキ申候。まことに臭氣堪へがたく、総頭などは後にてわずらひ申候』と書いてあるから、餘程猛烈なる放屁をくれたものと見えるのみならず、その時ふり廻した櫂や櫓までが何時までも臭いにほひがして消えなかつたさうである。まつたく話のやうな話だが、屁のカッパとは成程よく言つたものだと思ふ。猶また、その時、頭をたゝくと首が八分ほども胴の中にめり込んでしまひ、胸が張り出してちよう度セムシのような形になつたが、死んだ後では首を引込めなくなつたさうで、よく見ると尻の穴が三ッあつたと付記してあるから面白い。臭いのも道理である。

それから太田蔵六といふ漁夫の捕へた河童は『總身さながら水こけの如く、頭は鍛のはたに似て粘滑多く、頭髮、棕梠の毛の如くして頭頂に少しく穴あり』と記されてあるし『寛永年中豊後の國肥田にて捕ふ』と書き加へられた圖もあつた。

川太郎、熊本菊川與信地取長七寸、手足の指五つ猿の如く惣身に細毛あり」としたものもあるが、圖はいづれも大同小異で、形が一致してゐる。たゞ水戸浦でとつたといふものは別に頭髮のことが記してないけれど、圖にはやはり頭髮があるが、熊本で捕はれたものにはそれがなく全身に細毛ありと言つて、ぬる／＼滑るといふやうな事が書いてないのと、始めの河童が鰤網で捕へた水虎の龜のやうな形をしてゐる事が、異つてゐるだけである。

ある古い隨筆をみると、『手足にみずかきありて、全身極めてなめらかなりとぞ』など書いてあるが、こゝにはみずかきのことはちよつとも出てゐない。

河獺の劫を經しもの

貞享三年ごろ發行された本で、山岡元隣といふ人の著した『百物語り評判記』といふ書物には、世の奇話、珍語がくまなく集められてあるが、その文中に『河太郎付リ河獺のこと』といふ一條に河童の話が出てゐる。

（ことはつて置きたいのは、この百物語り評判記といふのは、山岡元隣の宅で、門人連が一夜寄り集まつて百物語りを催したる折に、一の話が出る毎に元隣先生が故事を引いて評したものだといはれてゐることだ。從つてこの文中の物語りはすべて、元隣と他の人の話體になつてゐる）では少しく河童の一條を原文のまゝ抄錄する。

『一人の曰く、河太郎とは如何なるものを申候や、某が女房の在所江州野洲河の近邊にて候が、その邊に子供の水泳ぎして居申候內に、折々は見え申さぬことに申ならはし侍る。自らも溺れて流れ候はんと存候が、いかなるやらむと問ひければ、先生評して曰く。

河太郎も河獺の劫を經たるなるべし。河獺は正月に天を祭ること、七十二候の一にして、よく魚をとる獸なり。狀、ちいさき狗の如く四足短かく、毛色うす青黑く、はだへはこほもりの如しといへり。このもの變化せしこともふこしにもあり。

珍聞閑聞【二】

髮を亂したる女、息せき切つて渡し場へ乘り一文投げ出す『もしねえさん渡し賃は二文だよ』といへば振りむき『わたしや川のまん中まで』

丁初と言ひし者、長瀬淵の堤を行きしに、後よりしきりに呼ぶ聲のおそろしく、身の毛もよだちければ、あやじくかへり見るに、容顔たへなる女房、二八あまりにて、寄ききるものをきて寄き絹がさをきたり。いかさまにも變化のものならんと、足早に逃げさりて尚もかへり見れば彼の女房淵の中に飛び込みて大きなる河獺となれり。さて絹がさや、きる物と見しは、蓮の葉にして破れ散りたると太平廣記にのせたり。これ河獺の化けにしためしなれば、太郎もその一門たるべし。太郎とは河邊に長じたる稱にこそ。と評せられき」

と書いてある。これによれば河童は河獺といふ怪物の化けものだといふ。○○先生も河童のことはあまり知らず、問ひつめられて、河獺の話で、にごしてしまつたわけではあるまいか。尚、古書をひもとくと、次のやうな興味ある話も出てゐる。原文はめんどうくさいので、内容をつまんで書いてみよう。

河童を助けた話

「それは寛政二年の五月二十八日のこと。土屋伊賀守正方の家臣で、平野で八尚啓といふ劍道の師範があつた。この人は身の丈六尺三寸、體重三十二貫もあつたといふ大兵の男であるが、其の日、いづれは月もないくらい夜のことでもあつたらう、唯一人お堀端を歩いてくると、道の中程まで来かかつた時、何者か足首のあたりから、下駄へとりついて引倒さんとするやうであるから、力を入れて踏みこたへながら用意の火うちを切つててらしてみると、異様な色黒のものが、しつかと取り縋いてゐるので、眸をこらしてよくよく見ると、丁度三四歳の小兒位の大きさのもので、滑り甚だしく青臭い匂ひがプンと鼻をうつのを覺えた。これぞ確かに河童に相違なしと見てとつた師範平野は「おのれ河童め！」と言ひざま足をもつて踏みおさへながら人に對し言ふが如く言葉を改め「汝畜生の身を以つて、人間を河中に引入れ害をなさんとするが如きは、天を怖れざる不届至極の處置である。殊に與佐にもかよわき女小供に對して難を與ふる如きは悔みても餘りある。今宵は汝の一命だけは助けとらするによつて、早々ゆきて汝等の同類に其由を告げ、再び人間に害をなす如きある可からず」と懇々と説ききかせた。すると河童は丸くなつて地上に手をつきながら鼻息ばかりしてゐたが、その様子が、どうやら一命を救はれたのを喜び且つ言ひ聞かされた事が解つたらしく思はれたので、師範は河童をお堀の中に投げ込み、そのまゝ戻つたのであつた。

其後程經てから師範は弟子二名を引き連れて、ある夜またお堀の端を通りかかると、行く手に當つて三四才の小兒のやうな際を出す色黒いものが立上りながら白い歯をむき出して笑つてゐるやうな様子で此方をふり向きつゝ、しきりにお辭儀をするので弟子共は不思議に思ひ、何物であらうと尋ねると、師範は行きながら先夜の次第をもの語り「命を助けとらせし上に、因果をよく説き聞かせし爲、その禮を述べんと我の通行を知つて姿を現はせるものならん」と話した。

といふ話である。その時の弟子の一人は畫心があつたので、もつて行つた懐紙のあかりでその河童の顔を描いておいたと記してあるが、その繪は別に見えない。

兎も角、こうした話しや、かなりはつきりした年代など殘つてゐる處を見ても、河童といふ生物が昔は非常に棲んでゐたものらしい。果して澄江堂主人の描いたマッグやクラバック（ぼくの記憶に違ひがなければ）などの河童がすんでゐる、あの奇怪な、おそろしく近代的な社會をいとなんでゐたものかどっかは知らない。

kappa. kappa!…實に微妙なにくめない語感をもつてゐるものだ河童の文獻も、もつとくわしく

珍聞閑聞【三】

姦夫姦婦を鍛二つに斬殺す、女房『わたしも共に斬つてくんなせえ』といふ、亭主頭をふり『先づさうは致すまい。』女房手を合せて『慈悲ぢや殺してくんなせえ』といへば亭主『いゝや殺さぬ、あの世で添はせてはならぬ』

しらべたら色々と珍らしい、材料があがつてくるかも知れない。だがぼくはもう疲れた。誰かこのあとを次いで調べてくれる人があるだらう。

猶、ついでに習つておきたいとは、昔は、見世物や、芝居や、寄席などで、その近邊に俳徊してゐて、通行人をみつけては、觀覽を強ひた者があつて、それを『河童』とやはり、よんでゐた。一つの興業手段に用ひた男だつた。丁度河童が人を水中に、引き入れるやうに、人間を無理矢理に引つ張つたところから『河童』などといはれたものだらう。

又、それを『ひつぱり』とか『よびこみ』などとも呼んでゐた。

この風習は天保年間の改革の時に、醜を認めて斷然禁止を命ぜられたものだといふ。

現今、あらゆる都市に巣食ふてのれんの間から男を手招く、いかがはしい女たちも、河童と呼んで然るべきだと思ふ。

獸　小さな人魚　●やまと新聞　昭和二年十二月二十一日　2-298
九州一葉ヶ浜で捕う

小さな人魚
九州一葉ヶ濱で捕ふ

人魚と云へば腰から上は玉顔麗容の美女で腰から下が魚になつてゐると誰もが思ふ其人魚が去る十七日宮崎市外一葉ヶ濱で荒い漁男達の手に捕へられた、身長は一尺位で人達が夢に描いてゐる人魚のやうではないが其顔は人間にそつくりで殊に可愛い口元をしてる捕へて直ぐ死んで了つたのを皆殘念がつてゐるが宮崎市役所の石田勸業課長が大事に箱にをさめて保存してゐる

獸　珍しい人形魚　●鹿児島新聞　昭和二年十二月二十一日　2-299

珍しい人形魚
宮崎市外一ッ葉濱で捕獲

宮崎市外大淀村字一ッ葉海濱では去る十七日地引網に於て人形魚を捕獲し市營漁市場に持參したが同人形魚は漁市場開設以來始めての珍魚で腹部は白く背は鼠色を帶び長さ七寸位で顔面よくそなはり腮には歯及舌を生じ鰭は二本ありて猿に似てゐるが漁市場では酒精漬として保存してゐる（寫眞は人形魚）

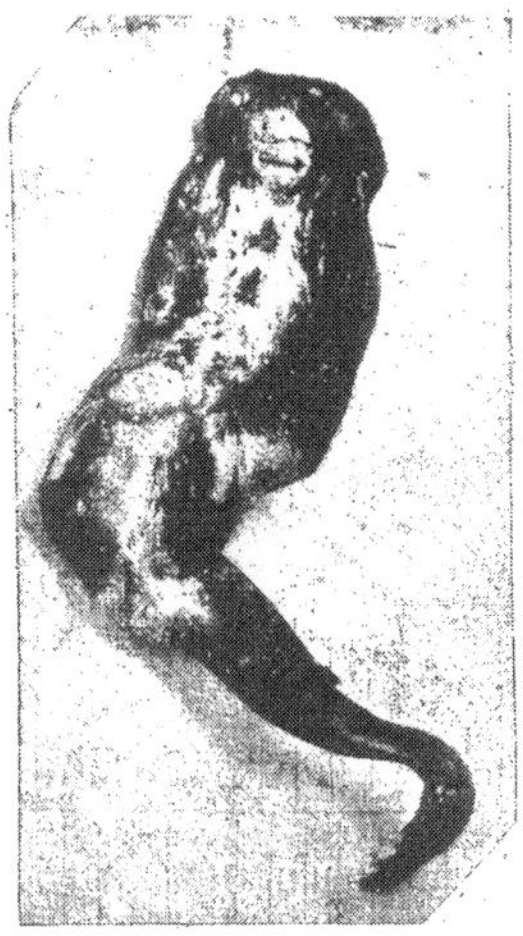

獸　宮崎市の海岸で人魚を捕う　●函館毎日新聞　昭和二年十二月二十二日（二十一日夕）　2-300

宮崎市の海岸で
人魚を捕ふ
身長はやく一尺
顔は人間そつくり

（宮崎電話）人魚と言へば腰から上は玉顔麗容の美女で腰から下は魚になつて居るとは誰しもが思ふ處であるが其人魚が去る十八日宮崎市外一葉濱で荒い漁男に捕へられた身長は一尺位で人々の夢のやうに描いてゐる人魚の様はないが其顔は人間ソックリで可愛い口元をして居るが捕へると直ぐ死んでしまつたので皆は殘念がつて居る之は市の勸業課長が箱に入れて大切にして居る

獸　顔は人間にソックリの人魚　●河北新報　昭和二年十二月二十二日（二十一日夕）　2-301
宮崎市外の海岸…

顔は人間に
ソツクリの人魚
宮崎市外の海岸で捕ふ
念殘ながらすぐ死んだ

人魚といへば腰から上は玉顔玲瓏の美女で腰から下は魚になつてゐるとは誰もが思ふ所であるがその人魚が去る十八日宮崎市外一ッ葉ヶ濱で荒い漁男達の手に捕へられた身長一尺位で人達が夢に描いてゐる人魚の様はないがその顔は人間にソックリで殊に可愛い口元をして居る捕へて直ぐ死んでしまつたので皆殘念がつて居るが今これを市の勸業課長が箱にいれて大事にして居る（宮崎）

資　ラジオの最新智識　●都新聞　昭和二年十二月二十九日　2-302
人を食ったお化けの放送

最新智識 ラヂオ

人を食つた――
お化けの放送
〔六〕　駒澤生

先日アメリカの或放送局がラヂオ・ドラマで幽靈の出てくるものをやつた、これが却々難かしい『趣向』だつたらしく日本の芝居なればさしづめ本釣が一本鳴つてヒユドロ／＼を響かせれば、黒でも幽靈でも難なく現れた感じが出るであらうが、西洋のお化はギター とか、グリトソとかを弾く鍵の頭に鐘をかけるやうなヒッシシシ（歯の浮くやうな音）を出さねばならぬから放送裏面のうちでも難物であつたらう、この人を喰つた新趣好にアメリカの或雑誌のラヂオ批評家が次のやうな皮肉を

書いてゐる
「無芸と懶怠は人間の常態である」平凡な人達は絶えず新奇を求めて
『単調』に抵抗する、時にはスバらしい創意がこの単調を癒やしてくれる、だが多くの場合この新案が失敗するのは人間共通の欲望や趣味に深い根をもたないからである、お化の放送は許せる

る、だがまだ年若なラヂオのやうな芸術にこいつが出てくるのはチト早や過ぎる、似た話が近代詩人たちが第二のシエーリーを夢みて創作した偽の又ジヨールの詩がそこいらの雑誌にふんだんに発表されるが、植字が大抵間違ふまでになつてゐる、これらの怪詩句が植字工に
『馴らされてゐない』から
である、御んで今まで試みられなかつた事で風変りな真似をするだけのことなれば創作ではない、例へば最寄りの菓子屋へ行つて六ペンスブルツーダとチヨコレートクリームとを注文し、代り番こに味はつて見るのも面白い、だがこうした新趣向は概ね二〇銭どこの相場である

放送プロでも同様で創意や新奇は悉くもあらう、だがその多くは二〇銭どころの使ひ分けと変化である、今時放送を向け出した
『幽霊』がマイクの前で登

をせかいふを述べるなぞはあんまりな試案を並べてゐるではないか、私は幽霊そのものに恐怖も崇敬もあるわけではない、事実の幽が私はまだ一度も幽霊にお目にかゝつたことがなく、さればとて精神物理

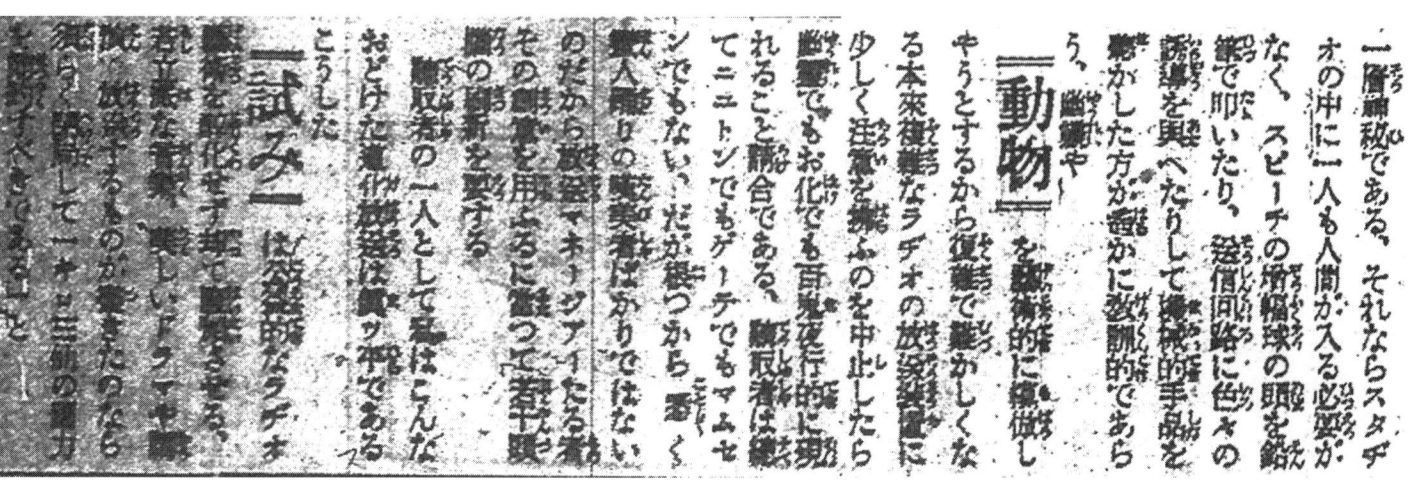

学上幽霊の存在を否定するほどの頑固者でもないが、その幽霊が突然放送を始めるとは私には全く予期できなかつた、少くとも幽霊が私に用事があつたら昼間に私の事務所へ訪問して貰ひたい、ガラスの破片を打つたり五厘で駆銭がきさうなサクソホンの
『雑音』入りで私の家庭の聖楽を物凄くもおびやかして貰ひたくない

序でに可笑しくもないのは動物園の擬音放送である、これらは子供の時間にやるのならまだしも、大人には例のライオンや象や駱駝の吠へる物真似は決して感心したものではなく何ら得るところがない、中には可成模擬動物を聴取して獅子も虎も同じやうに聞こえるの次第である、少しく風邪をひいた人間がマイクの前で単に唸つただけで、スピーカーには
『獅子』の咆哮のやうに聞こえるものである、これは自戒すべき放送ではなく機械装置の欠陥の反響である
した動物の真音や動物の音楽を聞かせるだけが放送なれば、雑音や空電だけを聴いてゐた方が

一層神秘である、それならスタヂオの中に一人も人間が入る必要がなく、スピーチの増幅球の頭を鉛筆で叩いたり、送信回路に色々の誘導を与へたりして機械的手段を動かした方が遥かに教訓的であらう、幽霊や
『動物』を機械的に模倣しやうとするから複雑で難かしくなる本来複雑なラヂオの放送装置に少しく注意を払ふのを中止したら幽霊でもお化でも百鬼夜行的に現れること請合である、聴取者は敢てニユトンでもゲーテでもマムセンでもない、だが我々から若く素人離りの聴取者ばかりではないのだから放送マネーヂアーたる者その雑音を用ふるに際つて若干聴取の趣新を要する

聴取者の一人として私はこんなおどけた通俗放送は真ッ平である
こうした
『試み』は粗雑的なラヂオ技術を簡化せず事で聴覚をさせる、若干高な音楽、美しいドラマ、演は、放送するものが帰たのなら殊に公明に関聯して一キロ三銭の聴力を聴取すべきであると—

獣 石見に頒布せる竜蛇の伝説

●山陰新聞　昭和三年一月一日　3-1

石見に頒布せる龍蛇の傳説

千代延尚壽氏述

（一）

傳説に現れた龍蛇、それも分類して見ると傳説學としては或は宗教縁起傳説といふべきものもあらう、沈鐘傳説に入るべきものもあらう。又は陥沒傳説を見なさねばならぬものもある。人沼傳説とすべきもの、人蛇傳説と銘うつのが至當とするものもある筈である。併し此處には石見といふ一つの範圍に限られてゐる流布の傳説はさうした系統をたてゝ論ずる程の多き資料がない。之等の分類のいづれに屬するを是とするかといふ科學的な論斷は先づ措いて、説話そのものを略記することにしよう。

吾々の祖先が耳から口へ、口より耳へと傳へて、今日迄傳へられた説話によつて、そこにいひしれぬなつかしさを覺ゆるのである。勿論かうした説話は廣布傳説の特長として、類似なものが各地に傳へられてゐる。その變遷と學術的研究は他日をまつことにして、こゝに説話を主としてあげることにする。

（二）

一、オマン淵

那賀郡高木村の山賀といふ所に木戸川といふのがある。其處にオマン淵と呼ばれる淵がある。その淵のいはれは次の樣なローマンスがある。

畑といふ處に城といふ舊家がある。其家におまんといふ下女があつた。其家には牛が飼はれてゐた。一日二回宛水を與へることになつてゐた何うしたものかおまんは此の牛を恐れて、小屋の戸口に水を捨てておいたので、牛は咽喉が渇いて仕方がないといふ樣な啼き聲をしてゐたが、堪へられなかつたのか、小屋から遽然に逃げ出した。そして淵に臨んで思ふさま水を飲んだが、終にそのまゝ死んでしまつた。其後四五日を經てから淵の方でおまん／＼と呼ぶ聲がする。おまんは氣ちがひの樣にそは／＼しだした。或日おまんは晴れの衣裳をつけて淵に身をなげた。それから其の淵をおまん淵と呼ぶのださうな。此淵に石を投げると雨が降る。おまんは龍蛇の化身であつた。今でも村人は雨乞ひのために石を投げて祈る。

□

周布川の支流に木戸川といふ稍大きな川がある。川の岡に、お城の樣な構へ、巨萬の富を有した長者が居た。主人は夏は川へ冬は山へ、毎日遊獵を事としてゐた。彼はおまんといふ召使に一匹の牝牛の世話をさせてゐた。夏の或日、打續く旱天に渇しきつた牛は一握りの青草、一掬の水を求めておまんを呼ぶのであつたが、何うしたことかおまんは一向取りあはなかつた。牝牛は狂ひ死に死んだ。

數日の後、おまんは用達しの歸り途、一人の美男子に出會つた。男はおまんを誘つて、淵の側の大木の下に、一時の話をつゞけた。斯うしてゐるうちに、男はおまんの手をとつて淵を指した、と思ふと一匹の牝牛に變じて、ざぶりとばかりおまんを抱へたまゝ淵に飛込む。おまんはいつの間にやら大蛇になつてゐた。それからこの淵をオマン淵と村人はよんでゐる。

（このオマン淵の傳説は、種々なタイプによつて傳へられてゐる先般山陰紙に乗せられた型のもの、先年松陽紙に掲げられたそれ、併しながらそのモーチーフにはやはり一つの通有性がある）

雅邦筆『龍乗り辨財天』
藤原半次郎氏所藏

二、矢田が池

那賀郡國分村の矢田谷には矢田池といつて、深さ數十尋の大池があつた。石見風土記の十町三反許りとあるのもこの池、靈現あらたかな池として信じられた。

出雲國楯縫郡山代郷矢田村の豪族某に一人の美姫があつた。姫は物心がつくにつれ石見の矢田が池を見たいと思つた。或る日姫は心願の筋があるから是非石見の矢田が池に詣りたいと父に願つた。一應は止めても見たがあまりに切なる姫の願ひに、父も其の請ひを許して多くの武士に警護させて矢田が池に向はせた。一行の池畔についたのは夕日のうすつく頃であつた。徐ろに駕を下りた姫は暫らく祠畔に額づいて何やら祈念するものゝ樣であつたが、祈り終へた姫は地についてゐた手を洗ふべく池に臨む、其時であつた。見るまに池中に吸はれて行く。娘は蛇の化身だといはれた。さうして谷田池の雄蛇を慕ふてのことだとも沙汰されてゐた。

其の後矢田の池にはヌシが住んで通る人を呼びとめると云ふのでいつの間にかすたれてしまつた。谷田家七代の祖重正氏が松平康映公の許しを得て承應二年七月に山を開いて手入をしたが、また崩れたので寛文十二年其の嗣重長が三度開鑿した。承應二年五月二十日から二十六日迄池畔の鐘懸山に通夜して大願成就の祈りをあげるとその滿願の夜、池の主が池を渡すといふ證據に蛇鱗一枚を殘したさうで、爾來谷田家では龍火を神として祀ることにした。元祿八年十一月二十三日に上府村の神職等が奉幣の際に池の上空高く迦陵頻迦の鳴き聲がして一首の歌をうたつたとやら、今でも谷田家の庭前に竪七間横十五間の長方形の池が殘つてゐる。これが昔の谷田池の名勝なさうな。

一説には那賀郡波佐村の長者の娘が、長病の末此池に投じて大蛇になつたともいふ。

一説に安國寺（上府村）の法會に蛇が忍耳して後此池で洗足し、本堂で祈願し遂に成佛化脱したので一鱗を殘したともいふ。

（この傳説にも多少異つた説話が傳へられてゐるが、之は大同小異なので一例話だけにとゞめておくことにしたのである）

三、菰澤池

那賀郡淺利村の高臺に老夫婦が住んで居た。或夕方普化僧が一宿を請うた。夕飯もすんで圍爐裏で話してゐた僧は『今夜此家の裏庭池になるから荷物を片附けて立退きの用意をするがいゝ』と話した老夫婦は『そんな縁起でもないことをいふ様なら出て行つて貰ひたい貴僧の御身にもかゝることだ』と、とうとう僧を追ひ出してしまつた。

翌朝ふと目を開くと、之はまあ何と云ふ不思議なことであらう、昨日迄の土地は一面の水となつてゐた。普化僧は死体となつて水面に浮んでゐた。その死体がまあ一夜のうちに沈んで、そこに一つの島が出來た。時々龍の姿が現はれるとふので、誰いふとなく蛇島と呼ばれた。月の冴ね た夜には、島の上に美人の姿を見る。時には龍蛇の姿そのまゝで現れることもある。之は虚無僧の靈だといふのでその池を虚無僧が池といつてゐたそれが訛つて菰澤の池といふのださうな。

或旱天の時に此の池の水を田に引いた、すると龍蛇は大いに怒つて火の雨をふらして人々を焚いた此の池の隣の谷といふ所には大きな穴があつて、そこから都治村の長僧池に穴が續いて居る。長僧池の雌蛇と此の菰澤池の雄蛇は夫婦であるさうな。

四、蛇淵

那賀郡長安村大字宿目か原に夫婦の百姓があつた。二人の間には子がなかつたので、靈驗あらたかなといふ岩神社に祈つて子寶を授かつた。それは一人の美しい女の子であつた。年頃になつて婿の選擇といふことになつた折から、この娘は眞夜中に家を忍び出て夜明け前に我家へ歸つてゐることが毎晩つづいた。ふと氣付いた爺さん婆さん、或る晩娘の跡をつけて行くと、當淵の傍に佇んで淵に向つて一生懸命何か念じてゐたが、水中に踏込んで、人に見られたと知つてか、龍の本態を現して口からは火炎をはいた。此の様に驚いた夫婦は氣絶してその儘そこに岩と化した。娘はこの淵のヌシとなつたと言はれて居る。さうして此淵を蛇淵とよぶ様になつた。

五、丸池

美濃郡益田町の七尾山の麓に一つの池がある。池畔に龍蛇神が祀つてある。昔、此池には龍がすんでゐて作物を荒したり、人を傷つけたりしたので、一人の武士がわざわざ龍にのまれて、腹を割いて退治したさうだ。その時に得た鱗が三枚、神社の御神躰になつてゐる。毎年大晦日には供養がある。供物を池に投ると、それが池の中心に來て火を發して沈むのださうである。此の龍はもと高津の蟠龍湖につづいてゐて、龍はいつも往復してゐたといふことである。

以上五項が石見に頒布せる龍蛇傳説の主なものである。此の他に小蛇に關する説話もあるけれどもここには採録しなかつた。

（三）

随蛇傳説も石見にのみ限つた特殊な説話があるのでもない。頗布傳説共通なもののあるのは止むを得ないことである。今、田中阿歌麿氏の『湖沼めぐり』にあらはれた傳説を左に列記して見る。之を石見の傳説と比較して見れば、何等かのヒントを得ることが出來るのである。今は全文を引例することを止めて大意を略記することにした。

一、小沼

昔、赤堀道玄といふ豪族が赤城山麓赤堀にゐた。その一人娘が數多の侍女に擁されながら、揃て赤城登山をした。小沼のほとりに差しかゝると、姫は水が欲しいといふ。侍女は界隈を探したがないので道を急いだ。姫は堪へらないといふ。では谷水なりと探しにと出ふ時『水が！』與の聲はあがつた。姫は輿を出ようとする侍女はとめる。不思議にも姫は小沼の汀に水を掬ふ。侍女は驚いて馳せよる。姫の姿は吸はれる樣に水中に入つた。侍女は急を主人に傳へた。

姫の背には生れ落ちるとから蛇鱗の樣なものが三つついて居た。夕方になると一間に閉ぢ籠つて父母にもあはない。その謎が今とけたのだといつて悲しんだ。赤堀家には蛇體の位牌が殖れ、小沼の岸には一堂がたつた。

この傳説を矢田が池のそれと比較して見ると、やはり同じ主潮の流れを知ることが出來る。

二、榛名山上の湖

榛名山巓に湖がある。岸邊に神祠がある。木部宮内少輔の奥方は社に參らうとのことであつたが、平輿後から見ると龍蛇に見れる。附近に近よらぬがよいといふので。近臣は止めたが聞き入れられなかつた。其の日揃で參詣した奥方は湖中に入つて龍となり『鱗つて之を納へ』と、脇の下から鱗三枚を取つて、怖れる家臣に渡し、悠々水中に入つた。明徳四年四月二十日奥方の名は花女、箕輪城主長野信濃守の息女。

この説話も矢田が池なり小沼の傳説相通ずるもののあることを知られる。

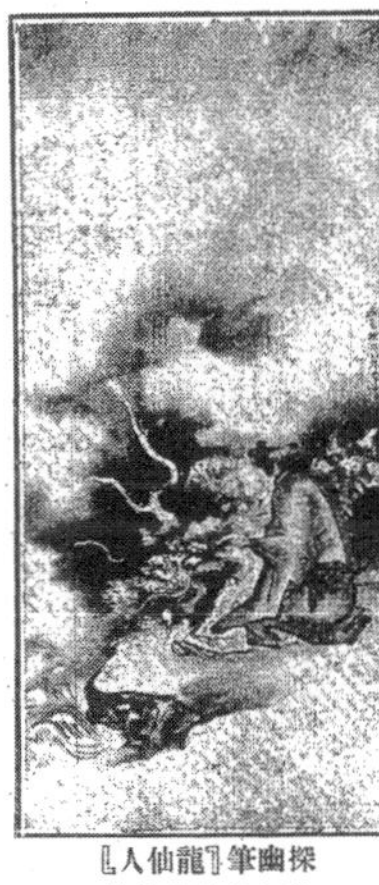

探幽筆「龍仙人」

三、種ケ池

昔、因幡國宮下村に長者があつた。細川村のお種といふ下女を雇つた。或る秋の夜のこと、皆の衆は爐邊に集まつて世間話しをしてゐる。お種は皆樣に御馳走するといつて一寸外出したが柿を一籠持つて歸つた。其の柿は非常に美味しかつた。其翌晩も翌晩もお種は柿を持つて來た。斯した柿の馳走が長く續いた。下男等は不思議に思つて或夜お種の後をつけた。

お種は湯山村の池に行つた。池の中島の柿をとるためにお種は本來の龍の姿になつた。下男たちは驚き恐れて走り歸つて皆の者に話した。

其夜からお種の姿は見られなくなり、長者の家もだんだん衰へて來た。村人はこの池をお種が池と呼んだ。木葉は不思議に浮かずに沈む。餅を投げまつると中心へ吸ひこまれる。お種が水中に入つてから馬でそばを通つた若侍が池に吸ひこまれたこともある。

池の底には日本海につゞいた穴があるといふ事である。

四、宮城の潟沼

昔、仙臺侯にお七樣といふ姫があつた。容姿がわるくて縁遠かつた。姫は小姓の今野彌左衛門と相愛の仲になつて、南部釜石に走つた。男は寺小屋を始めた。姫は故郷戀しといつて鳴子に來た。潟沼の話を聞いてヌジになりたいと思つた。其のうちに侯の追手の爲めに捕へられ斬罪に處せられることになつた。姫の首は潟沼に飛んだ。彌左衛門は花淵山頂の沼に入つた。毎年五月の節句の夜に潟沼と花淵山頂の沼との間に紅の雲がたなびく。

五、十和田湖

昔、鹿角郡十和田湖の近村に八太郎といふ樵夫がゐた。中食の菜にと岩魚を三尾づつて鹽燒にして食つた。咽喉がかわくので溪水を呑んだ。すると疾風迅雷天變地異一大湖が出來た。八太郎は蛇になつた。其の湖が十和田湖で八太郎は湖の主。

六、八郎潟

八太郎がヌシになつてゐると南僧坊と云ふ僧が來て爭つた。八太郎はまけて毛馬内に行き米代川をせいて湖として住んだ。其處へ山の神が現はれて意地められた八太郎はとうとう逃げて今の八郎潟を作つた。

七、田澤湖

仙北郡に田鶴子といふ美人がゐた。八太郎は之と夫婦になつた。一説には田鶴子は八太郎に添はれぬので田澤湖に投身した。母は田鶴子を探してゐると、田澤湖から顔を出したが、躰は蛇になつてゐた。

（四）

湖沼の龍蛇とは附き物の様に現れて來る。さうして湖沼にはヌシの存在といふことがいつも前提になつてゐる。中には人沼傳説の様に人間が湖沼になるといふ形式をとるものや、一つの湖沼が他の湖沼を退治するといふ形式なのもあるが、その中でも主要なのは人間が蛇になつてそれが湖沼の主といふ様な人蛇傳説が多い。石見に頒布してゐる湖沼傳説も此の種に屬するものである。而も人蛇傳説には拔穴傳説の域内に入るべきものもないではない。之が椀貸傳説と共通してゐる。

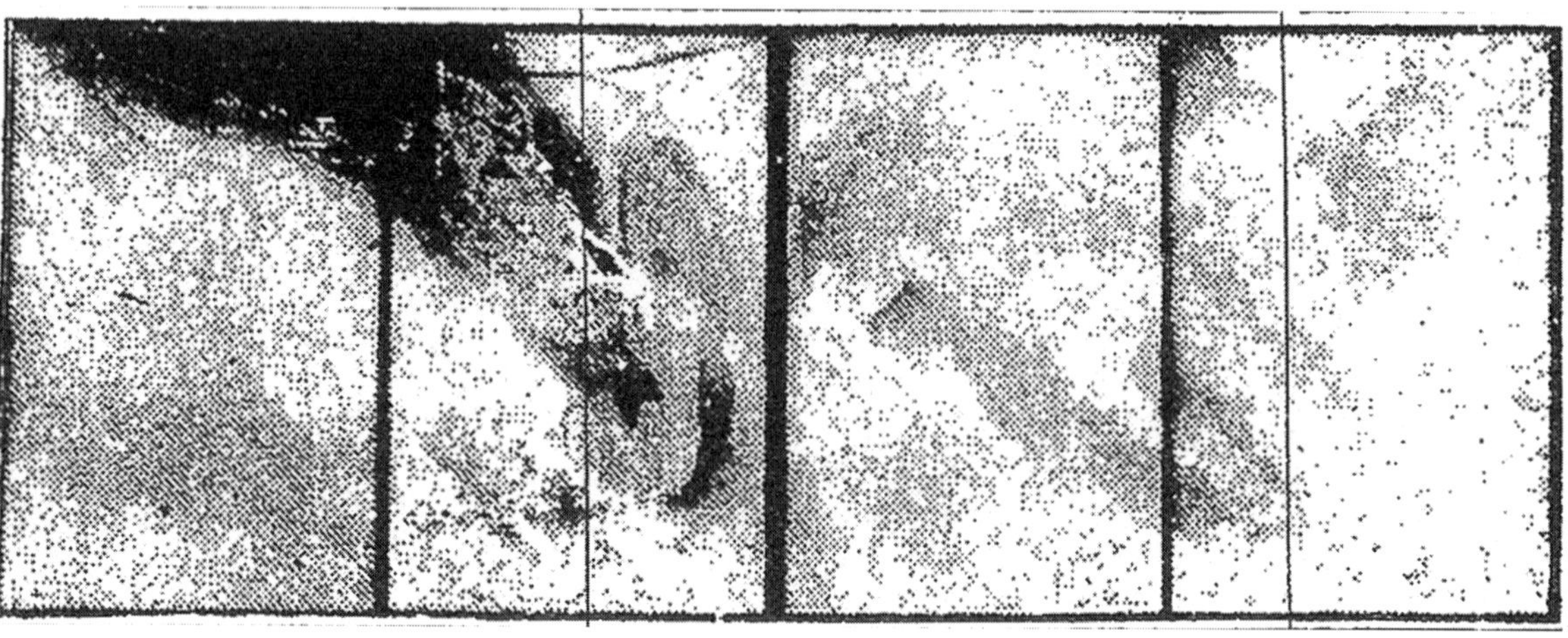

蘆雪筆裸龍　八束大野村　西光寺所藏

石見の傳説『矢田が池』と同じタイプに屬するのは『小沼』と『榛名山上の湖沼』である。何れも一人の女性が湖沼に入つて蛇となるといふのである。人蛇傳説の一つ十和田湖、八郎潟は人間が湖沼になつたといふ部類。これに類似の傳説は戸隱山中の九頭龍山の傳説で、山の本躰が蛇であるといふ。

昔、戸隱鄕の代官久山氏が山の本性を見屆けたいと山深く入るさ美しい山娘にあつた。氏は蘊氣の爲めに天刑病になつたが屈せず龍にのつて種ケ池に行く『汝性ある者ならば我身を水中に入れよ』と呼ぶ。すると池面に怪しき渦巻が起つて氏を卷こんだ。六代の久山氏は夢の示現に從つて山の本態を見た。それは大蛇であつた。雨乞ひ、風除などには靈現あらたなりと今でも人は信じてゐる。

群馬縣館林町の善導寺の開山が説教してゐると、躑躅ケ岡の龍が美人に化して來た。上人は祈禱をして此女を井戸に封じた。後龍は成佛して龍燈をあげた。此井の蓋をとると大雨になると信じられてゐる。

越後國柏崎の南にある佐藤が池のヌシに信州野尻の池に移る様に祈願をこめた明藏寺の良深に信州から談判『越後方面から黑雲が湧いて野尻の池があれて困る』とのこと良深は青龍權現と祈つて自分の池に封じた。所願の日にヌシの龍が人間に化して暇乞ひに町中を廻つたといふ話しもあり、斯うした諸國に頒布してゐる龍蛇傳説を考察すると何れにも通有するものがある特に石見だけに特有といふものはない。唯御多分に漏れぬ龍蛇傳説が石見にもあるといふのである。

（五）

たてそめし志しだにたゆまずば龍のあぎとの珠もとるべしとは石見の國學者野々口隆正翁の詠である。精神一到何事かならざらん、要は志しをたつるにある。志したゝずんば能なき舟の如きもので、人世行路難・荒いけはしい浮世の波を押し切ることは出來ない。あゝ、辰の年、そのたつ年に因んで我が石見に頒布せる龍蛇傳説の概要をのべるこしかり。と云もいさゝか層蘇の機微たるなからんやである。

蘆雪筆裸龍　八束大野村　西光寺所蔵

各専門家の視たる竜の話

●山陰新聞　昭和三年一月三日　3-2

獣

龍の話

各専門家の視たる
吉川靈華、幸田露伴、塚本靖
石橋臥波氏の説

青木青美

龍の傳説や、龍に關した話しはこれまであまり書かれたことがないやうである、今年は辰年であるが昔から辰年に生れたものは出世すると云ひ傳へられてゐる、そして

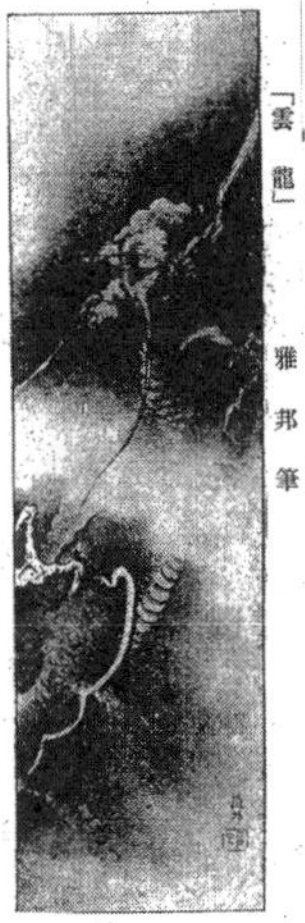

「雲龍」雅邦筆

出世した人物

文事實

が非常に多い、しかしこれは單に辰は勇ましいもの、お芽出度いものとされてゐるところから、さういふ風に思はれて來たもので、必ずしも辰年に生れたものは出世すると限つたことでないが、やはり辰年はいい年だからと自ら自覺して發奮するから隨つてよけい出世するのではあるまいかと思はれる

さて龍にはいろ〱の説があつて龍と辰とは同一であるといふ者もあり、又幸田露伴博士の如く龍は辰のことを云ふのではないといふ説もあつて到底私如き淺學の遠く及ぶところではないが、各一流專門家の説を拜借しながら種々の方面に渉つて龍を研究してみやうと思ふ・先づ龍の畫家として有名な吉川靈華氏の談には

日本の繪畫

に扱はれた龍は印度のものと、支那のものと兩樣ある・此の二つは形も違ひ、表徴の根柢も違ふのであつて、支那の龍は祥瑞から生れ印度のは宗教の所産であるといふことが出來る、支那の龍は、それがはつきりした形で遺されたものは漢の畫象石で、その中に印刻された龍は蜥蜴に近い形で蜿蜒の如しといつた形容に相應しい處があるが降つて六朝や唐のものになると遥かに異つた形となり、印度のものが加はるに隨つて更に異なつて來た、印度の龍は全く

宗教的所産

で梵名那伽と云はれてゐるが、その形は支那と異なつて全く蛇である、これは毒蛇の害を畏怖するの餘り、祀り鎭めたものかと思はれる、龍といふ語は佛典に可なり多く見たてゐるが、八大龍王の如きは誰も知るところのものである、これは難陀、跋難陀、娑伽羅、和修吉、徳叉迦、阿那婆達多、摩那斯、優鉢羅の八王であつて——一に天の宮殿を守護す、二に雲雨を起し人間を益す、三に地龍にして江を決る、四に轉輪王大福人の藏を守る——斯う云つた働きをするのであるが各

頭上には龍

を頂いてゐて、それが皆何れも毒蛇の形をしてゐる、佛教が入るに及んで支那の龍は全く變化した、蛇の形だけでは面白くない處から在來の形式も執り入れて、其處に印度と支那の合の子といふべき龍が出來上つてしまつた、六朝時代になると著しく形が變つて、顔は四角になり、角の生え方が後方に反つてゐる、唐代の龍は猪のやうに鼻が反り上つてゐる、その遺品として見らるるものが朝鮮で發掘されたが、それは遠い時代の

古墳で發見されたもので、その壁畫に書かれた龍は、一頭の大きさ一間以上もあつて、胴が細く足が長く、溌溂とした勢ひを有つてゐて、形式は正しく六朝時代のものであると

繪畫の方面

から氏の所說を述べられてゐる、これによつて龍の形狀の次第に變化して來た經路を知ることが出來る、しかし龍ははたして辰の事であるか、又實在のものか想像のものかといふことについては古來種々の說があつて未だ確定せず、その意見もまちまちであるが先づその方面の造詣深き工學博士塚本靖氏の說によると

辰は即ち龍

のことである、元來十二支に使つてある種々の文字は普通動物に使ふ文字とは全然違ひ、例へば子、丑、寅、卯の如き皆異樣な文字を使つてゐる、この十二支といふのは餘程古くから行はれてゐて、後世に到つて十二の動物を無理にそれに當はめたにすぎない、辰即ち龍については古來世界の諸國に於て非常に澤山の傳說が殘つてゐるが、然しその最初は印度に起つたものらしい、隨つて佛敎の傳はつた支那は勿論のこと朝鮮、日本等には之を工藝上に澤山應用してゐる、支那では

龍を帝王の象

として非常に瑞祥としてゐるが、西洋では全然さうでない、兇惡なる人間の敵として敵視してゐる、又印度では八大龍王とか龍神とか稱して一つの神としてゐる、元來毒蛇などが非常に人間に害をなす處より其の害を除かんが爲に神として祀つたのであらう、支那では古く書物によく龍の肉を食ふとか龍を馴らすとか云つて、恰も實在のもののやうに書いたのがあるがどうも最初は實在のものであつたらしい、例へば孔子が

老子を評して

『恰も龍の如きか端倪すべからず』と云つてゐる、即ち實在のものとして斯く想像したのであらう、さて實在のものとしたらどんなものであつたか、ある書物には魚の甲の樣なものを立てて、蜿蜒の如く匐ひ廻ると書いてあるが、又ある人の說に鰐、蜴の樣な形をしたもので、水中に棲息し且つ蜴類などにある背の靑色が日光に遇つて變化極まりなき色を呈したものだとある、又東漢の武梁祠の畫像石に殘つてゐるのを見ると比較的首と尾とは長いが、胴は短い、四足は恰かも獸のやうで、やはり蜥蜴の類に近い、それから

時代の移る

に隨つて變化し、六朝から唐の時代になつて漸く蛇らしい形をなしてゐる、隨つて段段胴が長くなり樣々なものに掴みつかすやうになつた、斯くて遂に龍といふものは全く想像的なものになつてしまつた、即ち頭は駱駝に似、角は鹿に似、各部が各種の動物に似てゐるといふところより、龍に九似ありと云はれてゐる、つまり人間の想像によつてコンポジションされた動物の代表者になつてしまつたと語つて居る、しかしこの辰は龍であるといふのと全く異なつた說がある、それは文學博士の

幸田露伴

氏で、その談によると世間では辰を龍だと思つてゐる人があるが、辰は果して龍であるかどうか頗る疑はしい、如何なる書物を調てみても、辰は龍であると述べてあるものはない、尤も辰といふ字には動物の意味はあるが、龍といふ意味は全然ない『龍龕』といふ書物に辰に九つの子があつて、その中に㞅といふ子があると書いてあるので、この㞅と辰といふ字を同音の辰と速了して

辰は龍の子

なりと附會して、辰を龍であるさ思ふに至つたのではあるまいか、要するに辰は動物であるが、直ちに龍なりと斷定は下されない』と述べられてゐる、故に辰の話しをするとすれば頗る範圍が狹い、若し辰が龍であるとすれば話しの材料も少くないが、龍でないのだから殆んど話しの材料がない、で今辰といふ音で記憶に殘つてゐるものを並べてみると、風を

たつみ風

風の神を出羽、北條時政の紋がたつの鱗、海馬をたつの落とし子、名所にたつ田川あり、又大和にたつの門あり、下總にたつの石がある、水戸の地理學者久保赤石氏の書いた書物に『赤井ケ嶽から眺めるとたつの瀬が見ゐる』と書いて

ある、又『たつの京』といふ書物は魚を批評したものだし、たつ巻に巻かれて助かつた舟がたつ丸でたつの骨といふものは今でも尚各地の山の中にあるさうである』と語られてゐるが、これはまことに有益な文献で、世に益するところが多い、又こゝに珍奇なのは石橋臥波氏の説で、その説によると

龍は玉子を生む

と云はれてゐる、即ち龍には胎生、卵生、濕生、化生の四種があると印度の佛典の中に説いてあるが、日本では化生や卵生は傳説に存してゐるが、濕生や胎生は聞かないやうである、世に云ふ龍の落し子は、或は胎生としてのものかもしれぬ、卵生のものには龍の卵が潜存してゐたのが海に千年、山に千年、川に千年の齢を經て龍になつて昇天したといふ話があるが、こゝに一つ珍らしい話がある、それは東京牛込市ケ谷の根來山報恩寺に經四寸八分に四寸六分位の

龍の玉

といふものがあつて、當寺の什寶になつてゐた、この玉が雲氣の立つ日には直ちに濕氣を催し、雨天の際はしつとりと濕ひ、又年を經るにつれて多少成長したといふことである、天保の頃三好想山はこの玉を見て『これは龍の卵である迅雷風雨の日を待つて孵化する、その時は殿堂をも崩し、大木をも倒すであらうから、人跡なき深山へ捨てるがよい』と言ふと、時の住僧英湛阿闍梨にすゝめじが阿闍梨は拙僧がまだ小僧であつた三十年以前には前のやうな變化があらはれたが、今はそんなことがなくなつたから或ひは死んだのかもしれぬと、そのまゝ寺に保存しておいた。この

玉を包んだ帛

には『根來山報恩寺什物寛政八丙辰龍次六月吉日施主村井氏』と記してある――と想山著聞集に見えて居るが報恩寺は維新の際に廢寺となり、今は現存してゐないから私もいろく取りしらべにみたが、その龍の玉は如何なつたかは更に不明である』未だ述べ來ればいくらもあるが、斯のやうに諸家の意見はまちまちてある、しかし龍の話となると、これらの所説による外はない、故に自分一個の意見を述べるよりも遙に世に益することが多からうと思ひ、これら專門家の述ぶるところを纏めてみた次第である

資　名馬も出れば化け猫も出る芝居
★布哇報知　昭和三年一月八日　3-3

名馬も出れば化け猫も出る芝居

十日から日本館で開演する浪花節歌舞伎

來布以來各地到る所で人氣を博し今春になつてからカカアコ及びモイリリにて開演し素晴らしい大當りを取つた阪東太三郎一座の浪花節芝居は來る〔火曜〕から十四日〔土曜日〕まで五日間アアラ街の日本館で開演する

殊に今回の

出し物は新春興行とあつて初日から三日間續きで『實錄塩原多助名馬の響』を上演し、特に製

佐賀の夜櫻

即ち十三日〔金〕からは『鍋島猫騷動』を月曜日〔十六日〕まで更に三日續きで上演する之れに出る大猫も亦今度特製したもので見るからに怖ろしい化け猫である。お座の猫騷動なら舞べや唄へだが之れは舞臺で人を喰ひ殺すのだから物凄い。其の物凄い所が見ものであり、又木戸は前通りに七十五仙均一の入り込みぢや

獣　竜の伝説　楼門の竜が人を喰うた話
●関門日日新聞　昭和三年一月九日（八日夕）　3-4

龍の傳說

樓門の龍が人を喰ふた話

名工左甚五郎が刻んだ引接寺の龍

名工左甚五郎が此下關市に來たか來ぬかそんな確證は何もないが外濱町の引接寺や阿彌陀寺町永福寺に其彫刻物が殘つてゐることを思へば萬更こしらへ事の際へ草でもあるまい、それは何時の時代とも其頃の引接寺の和尚さんが誰であつたかさへも詳ではないが蟻の様に群ひ集まる門徒達の勸精と深山の寄進とによつて引接寺の樓門が新築されてゐた當時丁度お寺に

寄宿して非常に優遇された甚五郎は、御禮心から沐浴して一室にたてこもり一心に何をか刻初めた、軈て餘にして漸く出來上つたのは一基の臥龍であつたが餘り見ばへのせぬのみか何の姿とも分り兼ねる怪物の様な薄氣味悪い彫像で甚五郎自身が稍意に叶つたものが出來ましたと得意げに捧げ行つたのでそんなに名工の作とも知らなかつたのだが捨てもならず不承無性で楼門落成と同時に天井の眞ん中へ上げたのである

◇

其後參詣者の誰彼となく楼門を潜る度に必ず之を仰ぎ見る、なる程名工の作だけに下で見ての怪物も上にあげれば立派な臥龍で將に目を見開き大きな角を振りたて火炎を吐て飛びも掛らん物々しさに思はずゾッと寒氣を感じたものだが其あとは却つて邪氣を拂はれて何となくスガスガしい好い氣持になつたものである。不思議は之のみにとゞまらず其後誰云ふとなく引接寺の龍は眞夜中水を飲みに出ると云ふ噂がパッとたつた。それは高尾の池が湖の様に大きかつた時代のこと湖邊に沿ふた細道に星影も見えぬ眞夜中の道を恐れげもない一人の女性がトボトボと歩いてゐる、男でさへも、肌に粟だちを感ずるものを或る若者は道づれをもとめてその女に聲をかけた。が其刹那振返つた娘の美しさ神々しさ——辨天さまの生き寫姿、驚き異性達二人は思はず顔のホテりを覺えたけれども難なく二人は身を寄り添へてヒソヒソ話を續けた丁度高尾の池に差し掛つた時可愛らしい娘の顔が異様に輝いて闇の道に姿がメラメラと蛇のやうに光つたと見る間に池の水は逆巻いて一匹の龍が昇天すると見えて同時に娘の姿は消え失せたとか……。

◇

之が噂の原因であつた或る日引接寺の和尚は早朝楼門を仰ぐと甚五郎の龍の口には血糊がベットリと流れて左の角さへ折れてゐる之は不思議と思ふてゐる所へ男一人が、「大變々々」と駈付けて來た、暴れ者のバテ八は女にちやれる娘の姿をうつ物を狙む其外の悪事に掛けたら抜き目のない男が昨夜の高尾の池に網を入れた罰で今朝は土左衛門となつて浮いたと云ふ、之を龍の仕業と知つたは和尚だけで其夜にコッソリと龍の鱗をけづり取つた爲め浮世の怪は消え失せたとの事である（寫眞は市内外濱町引接寺楼門の龍、大隅鋳粹）

竜の伝説　竜のひそむ蛇の池

獣

●関門日日新聞　昭和三年一月十二日（十一日夕）　3-5

龍の傳説
龍のひそむ 蛇の池
大島郡平郡村

大島郡の平郡村は本島を離れた西南海上の熊毛郡室津半島に近い一島である此島の西端字深見の海岸に面し波打際を去る三四町の所に天然の池がある僅に十數歩であり乍ら些の鹽分を含まぬのが不思議の一つ何時もどんより淀つた水を一ぱいたゝへてあたりに一戸の人家も無く一見してぞつと身の毛がよだつ様な心地がする、之が龍の傳説の持主平郡蛇の池である。

◇

今を去る事七百四十一年の元暦の昔平家は一の谷屋島の戰ひで敗北し西へ西へと落延びて其一部は熊毛郡室津半島當時大池のあつた池の浦あたりに落伏した、勝ち誇つた源氏の猛者それをも逃さじと追つめ來り両軍入り亂れて戰ひ鬨山に響き池水は腥い鮮血と化した驚いたのは此池に棲む釋迦如來の使者の大蛇、幾久しく住馴れた平和な天地を阿鼻叫喚の聲に脅かされ池水は血潮で汚されたのでこりやこうしては居られぬ何處か閑靜の地に移住せねばと妙齢の一美人に化して出て來たのが其地の海岸一漁船がまさに出漁に出かけんとして逆風の爲纜を解きかねて居た所である

美「モシモシ船頭さん妾を彼の島

に渡して下さいませぬか」
漁「アーよがんすが今風が悪いから待ちなはれ」
美人が乗船すると逆風は忽ち順風と變り漁夫達は眞帆をまき揚げ船は早くも美人の望む平郡西の濱に着いて美人は上陸した
美『あなた方に賃金は上げぬが其代りこの海岸で漁をしなさい必ず大漁があるしかし二度は出來ませぬぞ』
漁『いやいやあんたの樣な別嬪さんには金を出して乗せてあげてもよい之で運勢が直る』
漁夫等は言ふが儘に直に一網を試みた捕れたも捕れたも鰮やすゞきや鮒に一杯漁夫等は慾心をおこし船を借て來て二回の網を投じた今度は海蛇やくらげばかりが網に一杯であつた

◇

之はと驚いた瞬間美人の姿は消え去つたので今のは變化だと狼狽して船を數町漕ぎ出した時大雷雨と共に白雲深々と上り今の蛇の池を現出した、數里を隔てた本島安下庄八幡川の上流にある川間の淵之が底知れず平郡の蛇の池に連絡し淵に物を投ずれば蛇は池に浮び出るといふのである、平郡村民は此池に敬意を拂ひ池水を神水と唱へ

漁網も入れず灌漑にも用ひず
滴じやといふて粗末にやならぬ
こゝは蛇の池神の水

と謡ふてゐるが本島人は歌ふて「平群（平郡の元名）蛇の池にや蛇がゐるげなが小い蛇じやげな蛇じやげな」と嘲り歌ふものもある、由來龍は美人と因縁が多い清姫が蛇に化して日高川を渡つたのも其一例である、大正十三年に大島郡水産會は此池にワカサギを放養したが成績良好といふことである昨年の旱魃に安下庄青年は川間の淵をさらへて龍の避難所を枯渇させた。

竜の伝説三題

獣 ●関門日日新聞　昭和三年一月十三日（十二日夕）　3-6

龍の傳說 三題

龍門寺　都濃郡長尾村の

龍門寺と云へば山號でも相當格式があり末寺を三十六ケ寺も持つ禪宗寺で龍門寺山にある、餘程古刹で何時頃の時代であつたかよく判らぬが此寺の方丈に博識の名僧が住んでゐた、或の年のこと續く大干魃に土民の苦しみ騒ぐさまを見てその僧は寺にあつてひそかに雨乞ひの祈禱を行つたが滿願の夜「當山に住む主であるが自分の命は明日に迫つてゐるからどうか僧侶の手で引導を渡してくれ」と頼まれたと夢を見た。

◇

其翌朝のことである、龍門寺山の麓を流れてゐる錦川の淵に美しい一人の娘が投身するや村はわれるやうな地響きが鳴りその淵からは水煙を立てゝ龍體が起ると見る間に龍が昇天して三日三夜さ大暴風雨が續き豐作の年を迎へたと云はれてゐるが投身した美しい娘は龍門寺山に住んでゐた龍の化身でその淵を龍ケ淵と名付けられ雨乞ひには今でも龍ケ淵で行はれ雨乞ひの祈禱には龍門寺の方丈がしなくては靈驗がないと云ひ傳へられてゐる。

雲龍岩　大津郡の掛淵川

に丁度龍を彫刻した様な形のついてゐる屏風石があつて龍の所々に金色の斑點があるが之には斯うした傳說がある、大昔其一帶は海で海岸に住んでゐた若夫婦の漁師がゐた、何處かの落人で素性ありげな此若夫婦は餘程睦まじかつたが或る日男は小舟をあやつりながら漁に出掛た時突然暴風雨に襲はれて歸らなかつた、戀しい夫を氣遣ふその妻は毎日海邊に出ては岩に登りはせぬかしか夫の姿が波間に寫りはせぬかと海面を眺めてゐたけれども夫の姿は寫りさうもなかつた、妻はもう家に歸ることも忘れ、もの喰べるすべさへも忘れて幾日かを岩に泣きふしてゐたが夫を慕ふ一念は遂に蛇となつて海中に入り夫の屍を探し求めたと云はれ妻が幾日か泣き崩れてゐた岩が今尚殘つてゐるから雲龍岩であるさうな

龍宮岩

それから幾日目かの事大津郡の神合に一人の男の死体に纏ついた死蛇が浮びあがつた村人は之を見てねんごろに葬つて塚を立てたのが今の神谷區の中の手長島にある小岩でこれを龍宮岩と云ひ傳へ此龍宮岩に船が衝突すると大暴風雨になるとされ大津郡の宇津加村外三ケ村では小舟二十艘を連ねて龍宮岩を廻る雨乞ひ祭が現代でも行はれてゐるといふ

（ただし生）

竜の伝説　神童為朝が大蛇退治

獣　●関門日日新聞　昭和三年一月十六日（十五日夕）　3-7

龍の傳說

神童爲朝が大蛇退治

白川池に棲んだ怪物　黒髪山に殘る物語

史蹟名勝天然記念物の三拍子揃つた傳說の黒髪山は佐賀縣西松浦郡と杵島郡の境界にあり神代の神話が冠れる蛇を投たのが此山であるといふ可愛い神話を抱いて長崎本線武雄伊万里有田の各地點を三角形に描いた其中心に冠の如く聳へ立つてゐる奇勝絶景耶馬溪に勝れ天然記念物としてカネコ齒朶あり神話傳說に富み奇草珍木一大植物園である。黒髪山は近来四季を通じ旅人の杖を引くもの絶へ間なし、同山の頂きには握り拳の様な形ちに見上られる天童岩といふ大盤岩がある、山腹には白山宮といふ祠がありその山麓即ち伊万里有田の中間に龍門といふ洞窟ありこれ等の奇岩珍祠こそ鎮西八郎爲朝大蛇退治の傳說を物語るものである。山頂の天童岩は長崎縣雲仙嶽の普賢嶽さながらの見上ぐれば脚を冷す崩れそうなその頂きには七巻半した大蛇の巻跡が殘つてゐる、雲仙普賢嶽をまいた大蛇には退治物語りが傳へられてないが黒髪山のそれには立派な歴史が殘つてゐる

◇

白山宮は樹齢幾百年の老樹晝暗く繁い大きな祠の奥行きはまだ知る人もなく之が天童岩を巻いた大蛇の古巣である、其祠の内陣には戦慄すべき大蛇の鱗の跡が明かである。今をから七百八十餘年の昔近衛天皇久壽元年源爲朝は九州肥前の國にありて武雄若木村に住んでゐた。その頃有田白川の池に黒髪山から降りた大蛇が棲んでゐて住民を苦しめるところから時の領主後藤左衛門高宗は神童と謳はれてゐた十四歳の爲朝に大蛇退治を命じた、強弓無双の爲朝は高宗の臣千餘の騎馬武者を從へて白川の池より踊る大蛇を白山宮に待つた、千餘の荒武者は一の備へから六の備へ迄時の至るを手具脛引いて待てども待てども來らず、夜は更け幾千萬の木葉は皆眠りに落ちあたりは寂寞の境に靜かな丑満つ頃銀色に輝ける大空は俄に墨を流した様に掻き曇り其瞬間黒髪山は崩れよとばかりの大音響が山を搖がした流石の荒武者も氣を失ひ千變萬化神出鬼没天通力を持つた大蛇の魔變に退治の第一回は見事失敗に歸した爾來猛り狂つた怒りの大蛇は愈く其暴威を揮ひ益々田畑を荒し村人を喰ひ人間共の無氣力さをセセラ笑つてノサバリ廻つた、怒り心頭に發した領主高宗は第二の策戦計畫を爲朝をして龍門の陣地に廻らしめた、或る夜高宗の妻女は神のお告げを夢に見た、それは美しい女を大蛇に人身御供とするのであつた直ちに評議は開かれ白山宮の祠前に美人を高棧せしめ大蛇に捧げる事に一決し要所々々に決議文の高札が掲げられた時恰も大晦日の夜茲に天使の如き萬壽姫と云ふ武雄に浪居する松尾彈正之助の一人娘十六歳の美少女が自ら人身御供を申し出た十二單衣を美しく着飾り左の手には犠牲の結晶とも云ふべき水晶の珠數右手には法華經をシカと抱いて漆の如き艶々しい黒髪を背に波打たせ白山宮の祠前の高棧に座つた。

◇

その姿は實に神々しく今が最後の觀念に目を優しく結んだ天女萬壽姫を目のあたり眺めた黒髪山の松の大木にもまがふ如き獰猛な大蛇は一時恍惚としてゐたが次の瞬間には忽ちに紅蓮の舌を姫の際に捲揚胴体に波濤よはしあはや一呑みといふ一刹那領主高宗の一子高章は三人張の弓により放つた一矢は美事大蛇の眉間に突つ立つた大蛇は自若と微動だもせず鉦の音と念佛に、餘念なき萬壽姫の身邊に近づきあはや一呑みといふ間一髪爲朝は八人張の大弓を滿月の如く引き絞ぼりさつと放つた一矢は唸りを生じて發止とばかり大蛇の頭尾を貫通した、息を殺してゐた軍兵は喊聲を揚げて七轉八倒断末魔の苦闘に喘ぐ大蛇にトドメを入れるべく近づかんとせしに大蛇は大木を搖る春の柔かな若草をなぎ倒すが如く死物狂ひに龍門の洞窟へ逃さつた勝鬨の軍兵は大蛇退治の記念にその鱗三枚を京に送るべく大力の牛に負はし凱歌を奏して伊万里の町へ下つたその牛は鱗三枚の重量に堪へ兼首を突つ込んで死んだと云ふ

◇

所が今伊万里町郊外に祭られてゐるのはその牛の首塚である。牛に死なれた軍兵は三枚の鎧を一枚宛三頭の馬に乗せ唐津伊万里間の街路に差掛つた時又も其重さに堪え兼て馬は悲鳴を挙げて倒れたといふそこが今の駒鳴峠である。又鎧岳の下には為朝が野営した幕頭の地があり有田町には評定場、蛇焼、蛇頭山、今池といふ大蛇にちなめる地名が残り有田の町内には軍兵が祝の宴を張つたといふ大樽中樽小樽の地あり黒髪山と龍門の中間には崇厳そのもの丶如き雌雄の大岩巌あり伊万里線夫婦岩駅から三丁程隔ての川中にも毎年満潮の大晦日の夜半には忍び寄つてピツタリ抱合ふといふ夫婦石ありだが黒髪山の雌雄岩は抱合らた上に男女の悲しいすゝり泣き声が人々の魂をひつ掻むしるといふ此両岩は万寿姫と為朝、高弟と万寿姫の恋の三角関係を物語るもので大蛇退治にちなめるとは勿論である龍門の岩壁には古人の詩文が微に七百八十余年前のありし事どもを淋しく物語つてゐる

大智院在黒髪山、寺在五十町山上有大盤、名龍頭岩、大五丈余往昔在大蛇、郷此岩七 、毎所棲蛇池、千今有之、鎮西八郎為朝射殺之、而以来人安堵（斉木紫舟）

尺八の祟り　夢に現われる虚無僧

怪　●長崎日日新聞　昭和三年一月十六日　3-8

尺八の祟り
夢に現はれる虚無僧
再び墓に納める
「尺八を返せ〳〵」と妻女にせまる
黒田藩脱走の侍

北松浦郡大野村士木請負業工藤与太郎（〇）氏は附近で知られた尺八の名人であるが、此の程乾分の者から手に入れた尺八から端なくも同村の古刹西蓮寺に絡まる怪異に祟られたと云ふ異聞がある、事の起りは、同人の乾分たる山口三吉君が西蓮寺の墓地の改葬に雇はれ、墓石を発掘中、そこから一本の朱塗の美事な尺八を発見したので、兼て恩恵ある前記工藤氏に送つた、工藤氏は之を携へ佐世保市の某楽器店に修繕を依頼した処、此の尺八が世にも稀なる逸品である事が判明したので、爾来床の間に飾つて時折取出して音色を楽んでゐた、然るにその後幾何もなく、同人の妻女が毎夜の如く、武家風の虚無僧風の男に襲はれ「尺八を返せ〳〵」と責められる夢を見るので、その旨を夫に打ち明け、的切り尺八の祟りだと西蓮寺の住職を訪れ、墓の因縁を調べた処、意外にもその墓は今を去る約そ九十年前黒田藩を脱走した高碌の武家が、その尺八を友として各地を流浪した末、同寺に寄寓し世を終へた、その人を葬つた墓である事が判つた、其処で工藤夫婦は再びその墓を発掘して尺八を納めた処件の怪異は全く熄んだと佐世保界隈では、昨今此の噂に持切つて居る

世相ふぃるむ

獣　●小樽新聞　昭和三年一月十七日（十六日夕）　3-9

余市郡志内村字南市街地の町外れに住む日雇業吉田頭太郎さんは今年で七年間二匹の青大将を飼つてゐる

◇

モウ〳〵我子のように可愛がつて朝晩何にやかやと手入れ

◇

ところが二日の晩その二匹の蛇が頭太郎さんの枕辺にやさしい女の姿で現はれさていはく「わたしたち夫婦は七年間あなたのお世話になりまことに有難い、ことしの

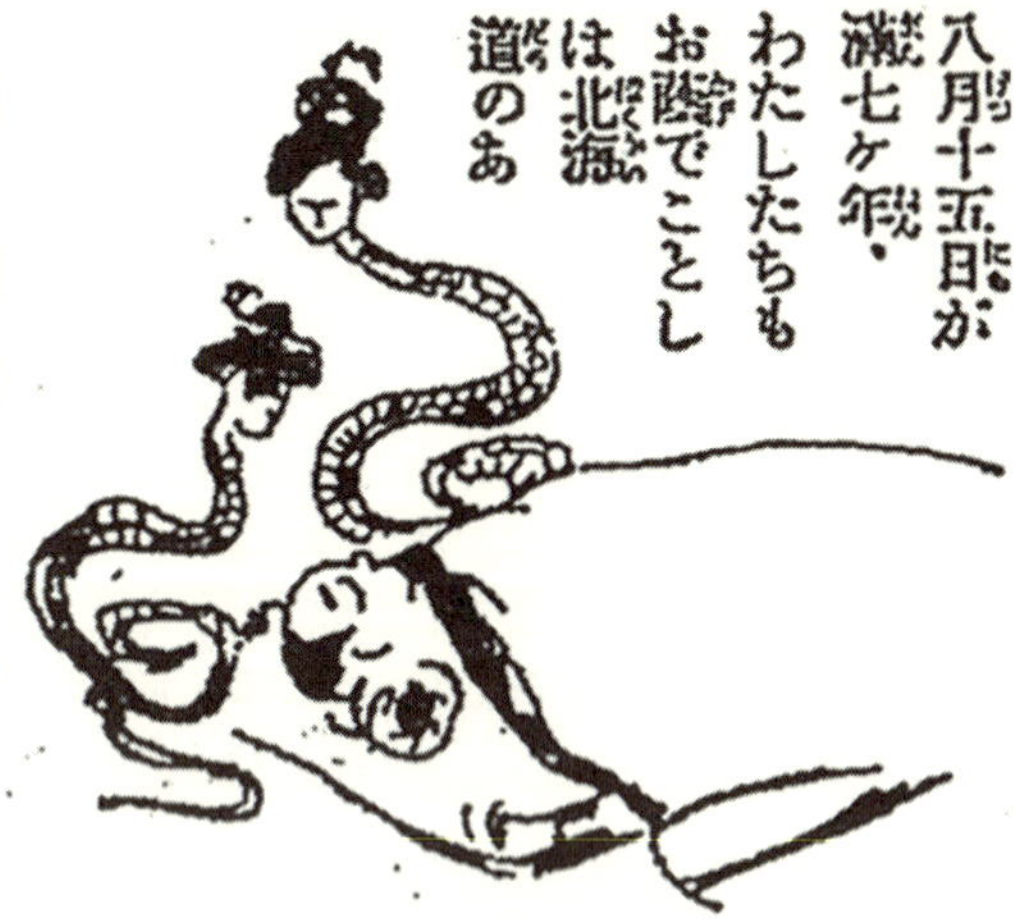

八月十五日が満七ヶ年、わたしたちもお蔭でことしは北海道のある大きな沼の主となつて行くことになつたがそれといふのもあなたのお蔭お禮は言葉でつくされない

◇

わたしたちがこの家を立つのは六月十五日である、お別れは辛い、努々うたごうことなかれ」ドロンドロン

◇

さア雨太郎さんそれ以來「大變だ大變だ」と大騒ぎ。ことしは龍の年だから二匹の蛇が龍になつて昇天するのだらうとこの街では大評判々々

◇

事実怪談　幽霊の家　夜毎現われる凄艶な姿

●神戸又新日報　昭和三年一月二十二日　3-10

幽

事實怪談

幽靈の家

夜毎現はれる凄艶な姿

髪結女の笞の下に慘めに死んだ藝妓笑子

美方郡濱阪町では一時は全盛を極めた某樓金澤つるは數年前浜水町に藝妓置屋を新築したりして派手に稼業をやつてゐた。その頃同家にゐた抱藝妓小笑といへばおつとりとした田舍には稀な美人の賣つ妓だつた。

◇

三年程前樓主のつるはふとした病がもとで四五日床に就いた後死んでしまひ、其頃から家は次第に左り前になつて行つた。その翌年のこと、その賣つ妓の笑子――本名は松尾小秋、年は十九――が因果の胤を宿した。『情夫の胤などなんで孕む、商賣はあがつたりぢやないか』と日毎夜毎笑子を虐め抜いたのは同家の後見人、町の女髪結西川とら――人目にも餘る折檻に笑子は終に酷たらしい死を遂げてしまつた。

◇

◇

その後誰いふとなく同家に[illegible]ぎめた笑子の凄艶な姿が現れるといふ噂が立つた今の世に馬鹿なと、笑ふものそれで[illegible]あのやうな死に様では無理もないといふもの、噂は町の人の間にそれからそれへと傳はつていつた。それかあらぬかそれから間もなく、同家では家の整理をやつて抱妓は皆んな外へ仕替ひをする、家人は散りぢりに別れ去つて三味の音にさんざめいた同家もばたりと死んだやうな氣味の悪い静けさに包まれてしまつた

◇

其の後同家はとらの所有になつたが、其後も幽靈の姿は消えないといふ噂さに、新築の同家も借る人とてなくあたら鼠の跳梁にまかせてゐた。

◇

昨年の夏のこと温泉町から濱阪に移つて來た泉なみ女が同家を借て藝妓達へ唄や三味を教へることにな、再び問題の家からは若々しい女たちの笑ひ聲が三味稽古の音にまじつて洩れ出した、だがそれも一時のこと、やがて又怪しい女の姿を夜な夜な見るといふ家人の話しに若い妓などは晝間も寄りつかなくなり二月たゝぬ間に元の死の静けさに歸つてしまひ、とうとう師匠たちも怪しい家を引き拂つたので又々噂は噂を生んで町の人々の間に暗いさゝやきがつゞけられてゐる

日田町の蛇地蔵　それに絡む伝説

●豊州新報　昭和三年一月二十二日夕　3-11

獣

日田町の蛇地藏

それに絡む傳説

◇日田町の城内部落に蛇地藏といふのがある、それにはこんな傳説がからまつてゐる……昔、此部落に忠次郎といふ男がすんでゐたある夏の朝、忠次郎は三里許り離れた一尺八寸山に草刈りに行つた彼が腰をのばして一服してゐると叢の中で異様な物音がした

◇不審に思つて近づいてみれば蛇が雉をぐるぐるとまいてゐるではないか、忠次郎は、そこへいつ

て蛇をはねのけ雉を奪ひとつた、◇彼は草と雉を擔いで意氣揚々と家路に就いた、すると蛇が後からぞろ〳〵とついてくる、追へば叢に逃げ込むが、少し歩けばまたついてくる、それを幾度も繰返し乍らとう〳〵城内部落の見える處まで戻り着いた

◇流石執念深い蛇も、血みどろになつて其處で死んでしまつた。彼はそれを見てヤレ〳〵と安堵の胸を撫下した、そして家へ入るなり早速雉を料理して鍋で炊だした◇と、鍋の様から血みどろの蛇が鎌首をもちあげ鍋の中を覗き込んで欲しそうに舌をペラ〳〵と出す、彼れは吃驚して思はず身顫ひをした、と次の瞬間には蛇は消えてゐる、

◇雉を椀に盛つて食べんとすれば蛇が膳の蔭からまた鎌首を上げて赤い舌をペろ〳〵出す、アッと驚けばまたその蛇は烟のやうに消える、夜、床に就けば蛇が蒲團の上をのろ〳〵と這ひ廻る

◇それからといふものは忠次郎は日夜蛇に惱まされ通しであつたそこで忠次郎は庭前に蛇の靈を祀つたそうなその後は蛇が祟らなくなつたといふことだ

伝説の鞍手（十）　正宗の名刀でも消えぬ妖怪　3-12

●九州日報　昭和三年一月二十六日

幽

傳説の鞍手 —（十）—

正宗の名刀でも消へぬ妖怪

今は昔宗像騒動で倭臣に打たれた菊姫

山口村より畑川にそうて山の峡を東南へ登ること、約二十町にして東面の山腹に浮世離れた人も訪ねぬさゝやかな禪寺がある、西に神興山を背にして靜かな山ふところに包まれ、前は××城趾のゆるやかな丘を見おろす閑寂な圓通院がそれである

◆

宗像、粕屋、鞍手を領して隱然筑前を壓してゐた宗像大宮司は本を正せば人皇五十九代宇多天皇の皇子清氏親王を祖とする名門であるが、降つて天文年間所謂宗像騷動の際世繼の爭ひあつて七十六代氏貞の一子千代松はまだ母の乳房も離れぬ三歳の稚兒であつたが氏貞の侍妾たる乳母の綾に抱かれて南の方鞍手を指して落延びた、か弱い女の慣れぬ旅には路もはかどらず、やうやく鞍手境の山路を越えて山口村の畑（字名）へ來た時はもう日が暮れて夕闇があたりの山や谷を包んでゐた。此處で追ひついた相手方の追手のために無心の兒は母諸共無慙の刄にあはれはかない血煙と消えた、姉の菊姫は妙見山の本城で三月二十三日朧にかすむ春の宵、御殿の局の月待の花かざまがふろうたけた宵を言ひふくめられた倭臣の手に授けたのであつた。

◆

それからであつた。妙見山のお城では月の夜毎に美人の幽靈が出て侍女たちを騒がせた、後日を継いで宗像大宮司となつた四郎氏貞は正宗の名刀を拔き放つて怪物消ねよと突きつけたが何の甲斐もなかつた、それは不思議な事であつた、正宗の名刀で消ねない妖怪は今までにためしのない事であつた氏貞はとう〳〵妙見山を出て多禮に別莊を造つて之に移つた。怪事が諸所に現はれた、さま〴〵の祈禱も供養も何のきゝめもなかつた田島の若八幡も妖怪鎮靜のために祀られたのであつた。

◆

無慙の死を遂げた千代松の靈を慰めるために建立されたのがこの圓通院であつた、寺の古記には『千代松及乳母綾の殺されし處より巽に當つて一丁の處に葬り松を植てしるしとなす』とある、寺の前面谷合に昔から『山神』と稱してゐる鬱蒼たる森があつて、其の西南に當つて老松一株空を壓してうす暗い蔭をつくつてゐる。和尚は『あれが其のしるしの松だと言ひ傳へてゐるのです』と敎へた。今寺の後墓地に一尺あまりの小さな自然石の墓標が淋しげに二つ並んでゐる、若君と乳母綾の墓である。

◆

この圓通院には征淸の役に金州城外悲壯の死を遂げた忠勇義烈の士山崎羔三郎君の墓がある。久しく顧みられなかつた君の愛國の純情を滿く世の心ある人々に訴ふべく山口村では傳記の編纂を計畫中であるが、最近同村小學校の前に『烈士山崎羔三郎君之碑』が頭山滿翁の筆で立てられてゐる

怪

不思議な霊験の数々

●越中新聞　昭和三年一月二十六日　3-13

さて不思議昭和聖代の怪物語
眞か、僞か事實は小説よりも奇
高岡片原横町の「化物屋敷」に現れた鐵丸
金剛明王の有難いお告げから
――不思議な靈驗の數々――

人の世は永遠に不可解なものであり神秘なものである、此のラビリンスのやうな謎の人の世に此れまた不思議な宗教といふものが創り出されてわれ／＼に色々の偉大な力を見せてゐる、宗教を信仰するといふことに依つて常識で判斷を許さない不可解極まる種々な現象に直面して驚くことが多々ある――今玆に本紙が報導する一事實も、此の謎の人生にあつてエニグマの現象を遺憾なく見せつけた所謂信仰の表はれである、讀者の中には此の記事のある一部について或ひは全部について、リアリテイリーズンに考へて「此れは僞だ」「此れは與太記事だ」と信じない人もあるか知れない――が事實は事實として玆に見たまゝ聞いたまゝ信じたまゝの奇蹟な現實の出來事を報ずることにする

剣道達人も逃げ出した
高岡に噂の高い化物屋敷
海産物商店がうつり住んで夫婦がブツかつた種々の事件

不思議 な出來事の現れた家は高岡市片原横町二十六番地海産物商今井與三吉方の商店部である――知る人は知つてゐるだらう――十數年前から噂の高い化物屋敷を……夕べもまた奇妙な唸り聲が聞えた、いや一昨夜の深更にはズンベラ坊主が三人で泣いてゐた……とか、いふやうな色々の疑ひ話を捲き巣は新聞記者や劍道の達人などが恐ろしいもの見たさに一夜宿泊の探險をなしたりして

奇々怪 々の事實にぶつかつたりし、まだ一昨年頃まで矢鱈に騒がれてゐた有名な化物屋敷を……實に出來事はこの以前にさはがれた化物屋敷に現在海産物商を開いてゐる今井方に起つた一事である――元々この家は今井方において、ある貸金の抵當に取つた家で一昨年の十一月二十五日に同所で現在の海産物店を開かない前にはいろ／＼の人に貸してゐたが物の噂と、然に家賃は払はぬ奇怪事を度々見せつけられたりして借主の幾人かは遂々の態で引拂つたもので、中には有名な柔道三段の横田藤吉といふ骨董屋さへ我慢が出來なくて同所から逃げ出したくらゐの

縁起の ある家である

だからその後ながらく空家になつてゐたが、信仰心の強い今井のお内儀さんが佛様を信じてゐる者にそんな馬鹿なことはないといふので家族を説得し前記の通り一昨年の十一月二十五日に海産物の店を同所で開き現在にいたつてゐるものである……前置が永くなつたが、とにかく今井のお内儀さんがいはれた通りその後は不思議なども滅多になく店も繁昌して今日にいたつたが、昨臘初旬頃今井方において同家の廊下や臺所の方を改増築することにし工事を進めてゐたが邪魔になるので

便所が 移轉することにし取敢ず便所を壊してゐたところが小便所のカメ下から普通の鐵瓶大の頑丈な鐵丸（玉）が一個糞便に塗れて現れたので、人足共は、ただ單におかしな鐵丸玉とぐらゐに思つてそのまゝ引上げて庭に投げ出しておいたが後から

お内儀 さん（今井與三吉妻さき子（五三））がそれを見て妙に心をうたれ不思議な鐵玉として日頃の信心からその鐵丸玉を綺麗に洗ひ、床の間に飾つてそのまゝその二三日は過ぎたが、鐵丸玉が發見されてから五日目の夜、實にお内儀が夢の間に金剛明王が現れて「善哉々々その鐵丸の縁起を

當地の どこかのお寺で判じて見なされ」とのお示へがあつたので、主婦は大いに驚き取敢ず翌朝になつてから市内上關の曹洞宗林桃寺にはせつけて住職與野道孝氏の加持祈禱を受けたところが實に驚くべき縁起の判斷が降されたのである

夢疑ふなかれ
禪僧が判斷した由來
ずつと前に信仰した人々の念が乗り遷つた玉
眉唾もの、金剛明王の縁起

加持祈禱で有名な林桃寺の住職與野道孝氏は鐵丸を見てから異常なインスピレイションに打たれたそうで早速に祈禱をなしたところが左の縁起が判斷された

金剛明王の縁起

抑々この由來を按ずるに元來鐵丸にして人工のものなり今を去ること凡そ九十一年の昔、天保九年戊辰の三月頃高岡を距ること約五六町餘の北方に有位富豪の士あり一朝識者の願により心願あつてこの鐵丸を鑄造せり、この人は、國の地より來りしものにして地鎮神の信仰に篤き人となり、然るに鑄造の趣旨は祖先の靈を祀つて一家出世長壽を滿たさんとするにあり蓋し鐵丸の工者は古城邊に住居せし年齢六十歳を越ゆる名手の聞えありしものなり、按ずるにこの鐵丸には丈一寸内のものと五寸大のものと二個あり、荒神の形にして鑛石かあるひは金屬ならん、但し形に不似合の重量あるは以前に信仰者の念慮がその鐵丸に乗り遷りしものなり

然るに信者の歿後その子孫の者これを守るに倦みて神托により片原町のある寺院の境内墓地の

櫻木の根元に埋めしものなり、

鐵丸を安置した堂【記事參照】

恰も時移り今より廿數年前の火災の折に埋めし箇所から掘り出されて川に投じられその後轉々當家（今井方を指す）に緊ながりの福縁ありしものが床下に或ひは不淨場の附近にありて異樣の通力を現はして家人の見え出しを待つものの如くありしを今や時來りて家人に發見されしは實に優曇華の次第なり故に家人こぞつて誠心を捧げて信仰すれば福徳神となり家門繁昌、商賣發展、福徳圓滿うたがひなし、鐵丸中にある神体は神の使者にして純金をふくむこと大なり、これを猛形とす、不圖災難を拂ふなり、但し信仰薄ければ却つて逆境に陥るの注意を要す、右靈智にあつて神托を判ずるものにして疑ふこと更に勿れ

とあつたので、お主婦は一方でなく空を飛ぶやうにして歸宅し家人や親戚の者にこの由を傳へて一家こぞつて福徳の前兆に歡喜してゐたが、元々林桃寺に置くものでもないとして去月三十日に預けてあつた林桃寺から鐵丸を引取り假宮をこしらへて安置しておいたものである

忽然と現れた
小さい二体の地藏尊
庭の金柑の盆栽の上に
瑞喜に醉ふ家族

ところが正月の十日の日に同家の前を貫流する住友用水において今井方の息松太郎（ ）が自宅前で魚籠を洗つてゐたところ長さ二尺五寸餘の大きな黒鯉がピチ〳〵と水を切つてきたので持つてゐる魚籠で難なく捕へ

寒中の鯉として珍らしく思ひ同夜食膳に供しやうとしたがお主婦さんが鐵丸の不思議な縁起を受けてゐる折柄でもあるといふので食膳の犠牲にすることを中止しその大鯉を大ダライに入れて一夜置いたところが翌朝になつて大ダライの水と共に鯉の姿が見えなくなつてゐたので同家では今更の如くその不思議に目を瞠つてゐたがそれから一週間後の十七日の未明にいたり不可思議にも同家の庭においてあつた

金柑の鉢物の上に丈七寸餘の小柄な地藏尊が一体安置されてあり更に翌十八日の未明にまた前同樣の地藏尊が安置されてあつたのでお主婦をはじめ家人一同は數々の不思議に驚かんばかりに驚き同十八日夜再びこの縁起の數々を桃林寺で加持祈禱をして貰つたところが「鐵丸の縁起に伴ふ信仰のお蔭で金剛明王の神体である」との判斷であり一家は有難いやら勿体ないやらのうちに手の舞ひ足の踏むところも知れない瑞喜に醉つて一日に三回お主婦は一日中といふ具合に假宮の鐵丸と安置した二體の地藏尊に參詣默拜を續けてゐたのである

宮を造營
玉を安置
あら、不思議
水が酒に

こうした中にあつて先に注文しておいた鐵丸を永久に安置しておく宮（堂宇）が新しく出來て來たので去る二十日の午前十時から同家の二階八疊間で鐵丸の遷神式を執修するとになり林桃寺住職眞野道孝氏が導師となつて嚴かに假宮から本宮の堂宇に遷神を行つた時、大ハライのために使ふ清水をたまたま參詣に來てゐた市内大坪町の弘法大師の信仰者龜谷嘉四郎（六五）が臺所から小茶碗に汲んで來たり眞野住職が榊の一枚によつてその茶碗の水をはらつて間もなく遷神が終つて、みんなが同家を辭して後に不思議にも〳〵先刻龜谷氏が汲んで來た小茶碗の殘りの眞清水がいつの間にか芳香紛々と高い酒に化してゐたので、家人はここでまたまた一驚きを演じたが更に翌朝三寶の上に誰れも供へた覺えのない

二体の地藏尊【記事參照】

白米が約五合ばかり供物にされてゐるとなどを發見したので敬虔なる瑞兆に今井一家はたゞ〳〵床の上の鐵丸や安置の掌字や地藏尊を前にして三拜四拜瑞喜の涙にかきくれてゐる

觀覽者踵を接し 一杯の人集り
供米と酒と燈明 小神社さながらに

から した數々の不思議な瑞兆に今井一家が敬虔してゐることがそれからそれへと市内に傳はり二十日以來同家へ鐵丸や地藏尊を參拜に來る者日に〳〵多くなり昨今は朝の内から信心家や教育者などが押寄せて海産物商をそつちのけの賑はひと忙がしさであるそして世間では早くも化物屋敷の有難い奇怪事をいろ〳〵と語り合ひ議會解散以上の大評判で、中には以前化物が出たり不思議な怪事の數々あつたのも

その 鐵丸の神体が不淨な便所底に埋没されてあつたためであると稱してゐる者もある、もつとも林桃寺の加持祈禱に現れた「床下に或は不淨所の附近にありて異樣の通力を現して家人の見出しを待つものゝ如く……」との言から察してもそうした世間の憶測にも合致する點もあるが信心のきはめて深い内儀の佛事信仰心によつてこの瑞兆が現れたと見れば見れないこともない、兎に角今の世に不思議な事實で一般に一度は拜んで來て主婦の話を聞くのも無意義ではなからう、同家では本宅が影無坂にあつて

其處 の方へこの神体を遷したいといつてゐるが、林桃寺では「出張商店部の家で發見したものであるから他へ遷しては神の怒りに觸れる虞がありそのまゝに商店部に安置しておくべし」との話なので、主婦は四五日來本宅へ歸らず商店部の二階にあつて一歩も席を外さない……きのふ訪問の記者に對して主婦のさき子さんは左の如く語つた

何か らお話してよいか私には判りません、とに角不思議なことの數々で一家は夢見心地に有難がつてゐます、この地藏尊などは餓鬼道を濟度する地藏樣だそうです、私の家は眞宗ですが經文にある第十八願のお知らせに十八日の日にこのお地藏樣が現はれになりましたものとして涙を流してゐます、私は大の佛教信者ですが、それでも迷へる人間の一人です、こうじて迷つてゐる餓鬼道の私達を濟度されるために此お地藏樣がお見えになつたものと思はれます……不思議な鐵丸は御神体として此通りに安置して御座います……水が酒になる、酒がゐなくなる地藏尊が一体お現はれになる、お米が供へられてある……こんな不思議なことが御座いますか邪念のある人はウソに思はれるでせう……何しろ有難いことです……

と事 の起りから今までのことをずつかりと語つてくれる、そこへ長男の松次郎氏が出て來て「若い私も始めてこんな不思議な瑞兆に直面して、いろ〳〵佛道を考へさせられました」と神酒を供へ說明をともして參詣する内に鐵の大の鐵丸は前記の緣起にある通り不似合な重みがあつて婦人の力で支へることが至難で十五貫內外もあるから不思議であり以前信心した人の一念が籠もつての重みだといふ緣起の程も察しられる

怪 化物屋敷の後聞（一）　地藏尊二体と鉄丸の買手　3-14

●越中新聞　昭和三年一月二十七日

化物屋敷の後聞〔一〕

地藏尊二躰と 鐵丸の買手
二箇寺から競爭で申込む 貴金屬商や道具屋が これも競爭で

×

便所の板の下から發見された不思議な鐵丸から次から次と目の前に起つた不可思議な事件──高岡市片原横町海産物商今井與三吉方の怪奇物語は昨報の如く本紙記事によつて評判は更に擴大し今や高岡の近鄕近在にあつてはこの話で持切りの有樣を呈し一方各方面から踵を接して見物に來る仕末で時ならぬ賑ひを見せてゐる……何ぶん事が以前に問題を起してゐる有名な化物屋敷での出來事だけに噂はなほ更に大きくなつて行く

×

ところがこうしたことからその鐵丸を五百圓に一千圓にと讓り受んと

するものが四五人も現れ殊に二三の某々投機商人や道具屋は鐵丸の寸法に不似合の重味あるのは金塊か何かがその中に多分混入してゐるからのものと睨み莫大な金を投げて鐵丸を得んとまでしてゐるさうである

×

神体の鐵丸を難へそれが五百圓だらうと一千圓だらうと一萬圓だらうと高価吹つかけて買求めんとする利得屋がかりして現れても今井方では賣るはずのものでもなく殊に信心家のさき子さんなど「御神体を金に替へて買求めんとするなど罰當りも甚だしいことです……」と度偉い權幕であり何と騒ぎ何と犇ぎあげやうとも絶對に手放さないと朝から晩まで鐵丸安置の堂宇の前に座つたまま動かうともしない

×

一方傍の二体の地藏尊にも買手が走り射水郡二塚村の曹洞宗高台寺と石動町のある庵寺とが競争的に地藏尊を譲つてくれとの強い懇願だが他へ譲つては罰當りになるといつて前同様に相手にもならない

……話は前へさかのぼるが後の地藏尊が現れた十八日の日に同家ではあまりの氣味悪さと何とかで高岡署の遺失物係へその地藏尊を持ち届けたところが係官が苦笑して「こんなお可笑な地藏を持つて來つて始末に困る、どこかの寺へ出すか或はお前の家に置いた方がよい」といつて受付けやうともしなかつた相で今となつては警察が受付けて異れなくて良かつたと同家では喜んでゐる

怪　化物屋敷の後聞（二）　遠い処から汽車で見物に

●越中新聞　昭和三年一月二十八日　3-15

化物屋敷の後聞［二］

遠い處から汽車で見物に

鐵丸と地藏尊を中心に噂の花咲く

昨今近郷近在の人々は晝夜を除いてこんな鐵丸と地藏尊を取捲いて毎日毎日見に來る……佐野村の太田といふ大の佛教信者などは今井の家に無理頼みして泊りがけでゐるのも面白く腰のたゝぬお婆さんや中風症のお爺いさんまでが車に乘つて今井の家へ押寄せる

×

それで今井方では供物をなし燈明を點じ小神社さながらにやつてゐるから驚く

×

謎の鐵丸と地藏尊に對する世評はこうして日毎に喧しくなつてゆく……と同時に一時杜絶へてゐた化物屋敷の噂がまたく〳〵こと新しく巷間にいひ傳へられる「今となつて見れば化物の出たのもうなづかれる、殊に便所の方でよく〳〵奇怪なことがあつたといふのもあの鐵丸が便所の中に埋藏されてゐたからだ……」と合點する者が多く「深夜便所どこの方で赤兒の泣くやうな聲をよく聞えたし、ガラガラと糸をまくやうな物凄い音を度度耳にした」といふ以前の借主の話も、今になつて成程と、うなづかれるといふ者がある

×

こうなつてくると珍らしいもの見度さは人の常で近郷近在はおろか汽車に乘つて氷見、礪波、富山、新川方面から態々供へ物を持つて見物にくる者もあるさうで一昨日など本紙の記事によつて加賀、越前あたりからも信者がやつてくるといふ有樣で今井の家は時ならぬ雑沓を呈してゐる

ラ　よみうり東京ラジオ版　義太夫「奥州安達原…

●読売新聞　昭和三年二月三日　3-16

よみうり 東京 ラヂオ版

けふの番組　JOAK

奥州安達原　袖萩祭文の段

淨るり　竹本住若

三味線　鶴澤才輔

ラ　義太夫「奥州安達原」（袖萩祭文の段）

●読売新聞　昭和三年二月三日　3-17

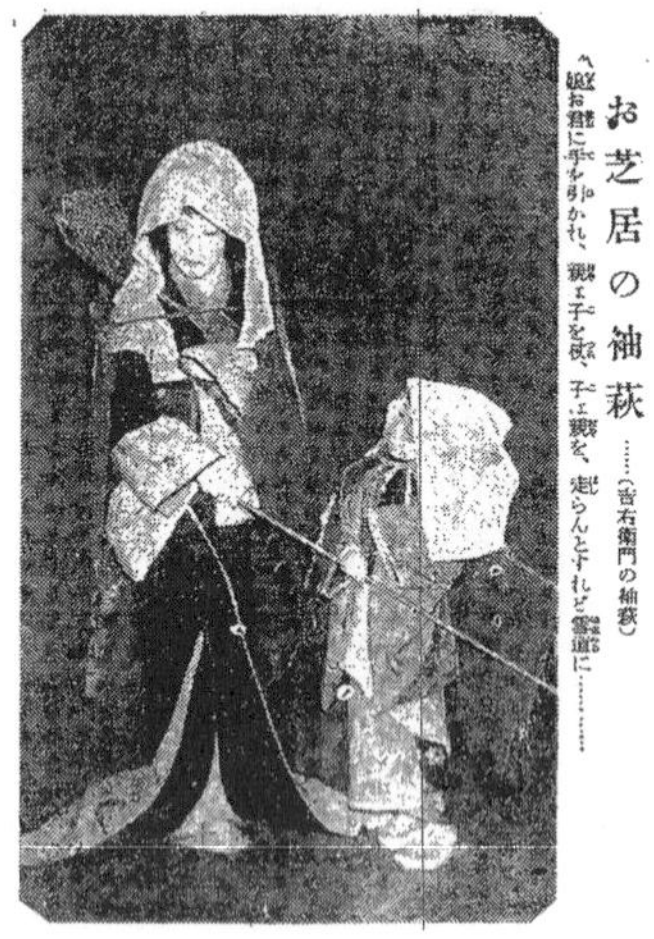

お芝居の袖萩……（吉右衛門の袖萩）
〽娘お君に手を引かれ、親は子を杖、子は親を、走らんとすれど雪道に……

義太夫　奥州安達原

＝午後八時四十分ごろ

—（袖萩祭文の段）—

浄るり　竹本住若
三味線　鶴澤才綱

今晩の義太夫「奥州安達原袖萩祭文の段」は寶暦十二年九月竹本座操浄瑠璃に上場したもので作者は近松半二等で、後三年の合戰を土臺に平兼盛の「陸奥の安達ケ原の黒塚に鬼こもれり」云ふは誠か」の古歌を潤色したもので名題もそれに因んだものである

へ立つて入りにける、只さへ曇る雪空に、心の闇の暮近く、一間に直す白梅も、無常を急ぐ冬の風、身にこたゆるは血筋の縁、不憫やお袖はとぼ〳〵と、親の大事と聞くつらさ、娘お君に手を引かれ、親は子を杖子は親を、走らんとすれど雪道に、力なく〳〵たどり來て、垣の外面に『ア、嬉しや、たれも咎めはせなんだか『イ、エ門口に侍衆がいねむつて居やしやつた間に『ヲ、賢い子じや、謙杖様は此春から、主のおやしきに御座はござらず、此宮様の御所にと聞いて、どうやらかうやら爰迄來た事は來たなれど、御勘當の父上母さま、殊に淺ましい此形で、誰が取次でくれる者も有るまい、お目にかゝつて御詫言の、様子がどうぞ聞きたやと、さぐればさはる小柴垣『ム、爰はお庭先のしほり門、戸をたゝくにもたゝかれぬ不孝の報い、此垣一重が鐵の、門より高う心から、泣く聲さへも憚りて簀戸にくひ付き泣き居たり、謙杖は斯く共しらず『垣の外に誰やら人聲、アレ女共はをらぬかと、いひつゝ自身庭の面、外にはそれとなつかしさ、恥かしさもまた外に立つて、おほふ袖萩知らぬ父、明けて潜り戸をぴつしやり、何の御用と腰元共、浜ゆふも庭に立ち出で『謙杖殿何ぞいの『イヤ何でもない、見ぐるしいやつがうせおつた腰元共アレ追出せ、ぼい、あんなもの見る物でない、こつちへお來やれお來やれと、夫の詞は氣も付かず『何をきよと〳〵云はつしやる、犬でも這入りましたかと、何心なく戸を明けて、よく〳〵透かせば娘の袖萩、はつと呆れて又ばつたり、娘は聲を聞き知れど、母様かとも得も云はず、母はかはりし形を見て、胸一ツぱいにふさがる思ひ、押下げ〳〵『定めない世といひながら、テモ扨も、扨も扨ても思ひがけもない『コレ〳〵ば何いやる『イヤさあ矢ッ張り犬でござんした、ほんに憎い犬め、親に背いた天罰で、目も潰れたな神佛にも見離され、定めて世に落果ておらうとは思ふたれど是は又あんまりきつい落魄やう、今思ひ知りおつたかと、餘所にしらすも涙聲、様子しらねば腰元共『さつても慮外な、物貰ひなら仲間衆には貰はいで、お庭先へむさくろしい、とつと〻出やとせり立てられ『ハイ〳〵なされどうぞ御了簡なされてマちつとの間『ハテしつこいと女中の口々、ヤレ待つてくれ女共、ヤイ物貰ひ、お錢がほしくばなぜ歌を謠はぬぞ、ねがひの筋も何なりと、謠ふて聞かせと夫の手前、ちつとの間なと顔入れたさ、あいとはいへど袖萩が、久しぶりの母の前、琴の組とは引かへて、露命を繋ぐ古糸に皮もやぶれし三味線の『前も慮外な顧みず、おねがひ申し奉る、**ウタ**〽娘のうき身の恥かしさ、父上や母様の、お気に背きし報にて、二世の夫にも引きわかれ、泣き淋したるめなし鳥二人が中の、コレ此お君とて、明けて漸う十一の、子を持つてしる親の恩、しらぬ祖父様ばゞ様を、したふ此子が、いぢらしさ不便とおぼし玉はれと、跡讃ひさしせき入る

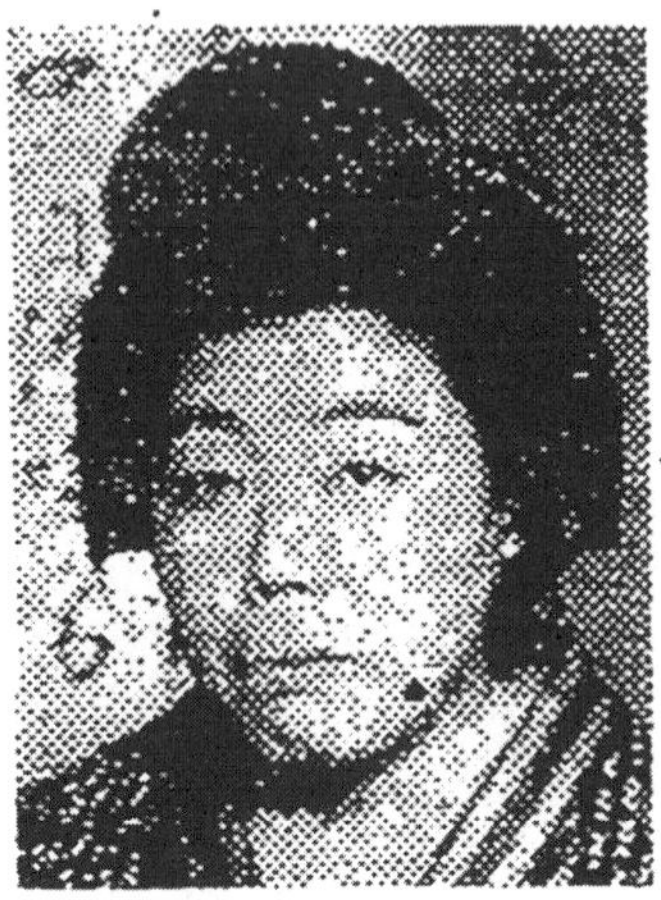

義太夫浄るりの　竹本住若さん

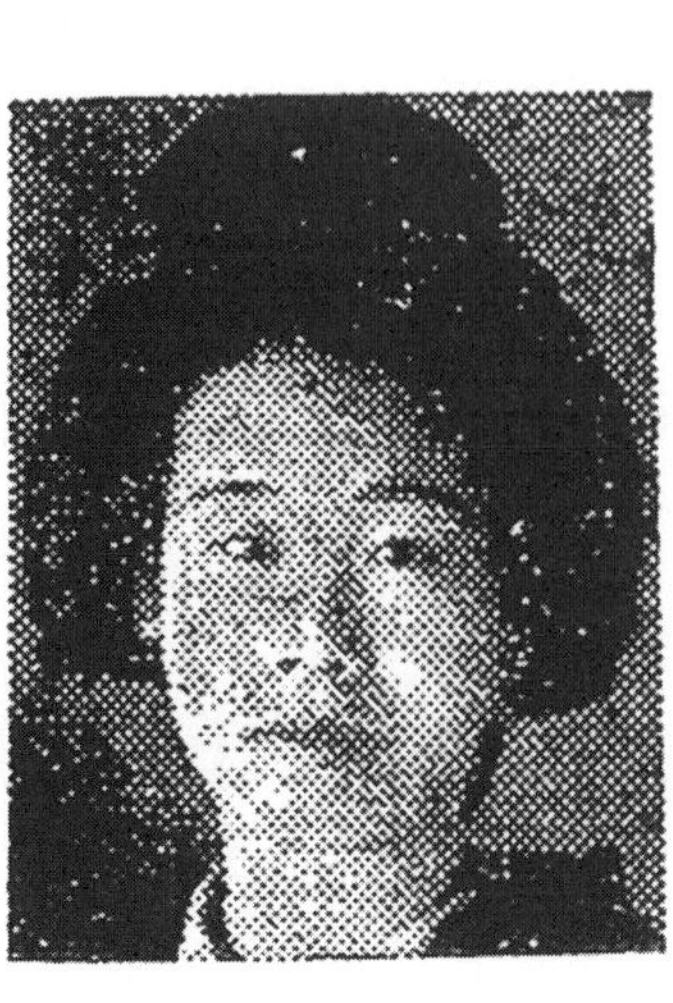

義太夫三味線の　鶴澤才綱さん

娘、孫と聞くより濱ゆふが、飛立つ斗り戸の隙間、いだき入れたさ縋りたさ、祖父もかはらぬあひたさを、隠してわざととがり聲『ヤアかしましい小歌聞きたうない、女共も奥へいて、お客人に侍いて居よ、サ、皆いけ／＼、ぐづつかずと早おぢやれと、鋭い詞にせがまれて、母も是非なく立つて行く『のうコレ暫しもう逢ふとは申しませぬ、お身の難儀の其譯を、どうぞ聞かもてくださりませ、申し／＼と延び上り、見れど盲の垣覗き、早暮過ぐる風につれ、折から頻りにふる雪に身は濡鷺の隔垣や、中を隔つる白妙も、天道様のお憎しみ、謗し此身はいとはねど様子聞かねばなんぼでも、いなぬ／＼と泣く聲も、嵐と雪に埋もれて、聞えぬ父と根泣き、次第／＼に降りつもる、數氣に肌も冷切れば、持病の癪の差込んで、かつばと轉べばお君はうろ／＼、さする背中も針氷、涙片手に我着物、一重をぬいで母親に、着せてしよんぼり白雪を、すくうて口にふくますれば、漸うに顔を上げ『ヲ、お君もうよござる、此又冷る事わいの、そなたは寒うはないかや『イエ／＼わたしは温かうござります『よう着て居やるか、ドレ／＼、ヤアこなたはこりや裸身、着物はどう仕やつた『アイあんまりお前が寒からうと思ふて『ヘッエ親なればこそエー、子なればこそ、わしが様な不孝な者が何として、そなたの様な孝行な子を持つた、是れも因果の中か逆、だきしめ／＼泣く涙、こたへ兼て垣越に、縋ひらりと濱ゆふが『さつきにから皆聞いて居る、アッア儘ならぬ浮世ぢやな、町人の身の上ならば、若い者ぢやもの徒もせいぢや、そんなよい孫産んだ娘、ヤレ出かしたと呼入れて、聟よ舅と云ふべきに、抱きたうてならぬ、初孫の顔もろくに得見ぬは、武士に連添ふ浅ましさと、諦めていんでくれヨヨ、といふ中に『奥濱ゆふ／＼『アイ／＼そこへ参ります、只今参りますわいのう娘よ孫よもうさらば可愛の者やと老の足、見返り／＼奥へ行く、御大将も直乗の、袖射削つて餘りの矢先竹に忽ちすつく／＼と宗任、詞　前見通し歸りしは、兄家来本意を遂げん爲、優姿華まさりの濱の敵、サ、勝負／＼とつめかくるを、貞任しばしと押とゞめ　詞　晋の豫譲は衣をさく、八幡とは八ツの幡、此白幡をまつ此如く手に取れば、八幡が首提げんは緣の内、敦妙の身には大切な、夫婦の緣を繼目の旗、ソレ大將に召され濱ゆふと、渡すは夫のはた天晴勇が最後に、魂を、ひるがへしたる梅花の赤旗、我家のはた諸共に、奥州におし立／＼、　詞　父頼時の弔ひ軍、一先此場は宗任きたれ、ハツアハゝゝ、實に、尤も兄者人、雪持つ笹は源氏の旗竿、一矢射たるは當座の腹いせ、首を洗ふて義家お待やれ、ヲゝ／＼互に戰場／＼それは重ねて先眼前に朝敵の安倍の貞任、生捕て面縛させんといふは表、其装束を其のまゝに桂中納言教氏卿、御苦労ぞふと式禮に、詞　おさらばさらばと敵味方、ちやくする冠装束も、故郷へ歸る袖たもとかりの翅の雲の上、母にわかれてをさな子が、父よと呼べばふり返り、見やる目もとに一時雨、はつゝ枯葉のちり／＼あらし、心よわれど兄弟が、また取直すいさみ聲よるべ涙に立かねて、幾重の思ひ濱ゆふが、身にふる雪の白妙に、なびく源氏の御大將、安倍の貞任宗任が、武勇は今に隠れなし（終）

切支丹伴天連の妖術　支那らしいお話　3-18

怪　●長崎日日新聞　昭和三年二月四日（三日夕）

切支丹伴天連の妖術
支那らしいお話
大砲でも死なぬ大刀會員
討伐官兵が手古摺る

大刀會員が彈丸に當らぬとの迷信は強ち彼等輩のみに限られた信念でない、最近通化から情況報告に來た一官兵は片唾を呑んで左の如く語つた

通化で逮捕した大刀會員數名は官憲反抗の重罪囚として、足枷手枷その儘で銃殺すべく型の如く刑場に並べられた、軈て處刑指揮官の「打てッ」の號令と共に銃撃鋭く囚人の全身各部に向け數十發宛の彈丸が放たれた、四人の大刀會員は神色自若何の變りもなかつた、的が外れたと思つた官兵共は狼狽して續け様に

打つた、が然し大刀會匪等は何んの躊躇りがない許りか、嘲笑さへ浮べてゐた、囚人の足許には打ち放たれた彈丸の總てが落ちてゐた。處刑指揮官は暫く考へた後、大刀會員一人々々の口を無理矢理に開かせて、口中狙つで彈丸を打込んだ、然し囚人は微な聲さへ揚げずに手足の抑共儘で起立してゐた、彈丸の貫通した跡もないので指揮官は囚人に訊いた、數名の囚人はフッと吐く呼吸と共に先程の彈丸を口から吐出してニッと笑つた、指揮官は些か怯けづいた、間もなく刑場には奉天軍自慢の迫撃砲が持ち出され恐ろしい砲門が囚人大刀會員に向けられるや、忽ち異る轟然たる響と共に躍る砲煙中に大刀會員の姿は地上から消えた、天空高く人聲がする、官兵は一齊に空を仰いだ、囚人の大刀會員は空高く舞上つてゐる、胸を擴げて「此處を打て」と高らかに聽こえる樣だつた、その空間から大刀會員は再び追撃砲門の前に先程の儘の姿で依然として起立してゐた。官兵は愕然色を失つた、指揮官は今更の樣に彈丸に當らぬ大刀會員を見た、刑場の周圍を取卷く觀衆の黒山から、一齊に歡びの聲が揚がつた。軈て幾本かの長い木の丸棒が刑場に持ち出されると處刑指揮官の姿が再び刑場に現はれた、數名の官兵は立たせてあつた囚人大刀會員を一樣に押倒し、腹匍ひにさせ乍ら一人々々のズボンを脱がせた、用意の丸棒が腹匍ひの囚人達の尻の穴に向けられると、一人の官兵は大槌を振るつて打ち込んだ、此の時初めて囚人大刀會員等の口から斷末魔の呻吟の聲が聽こえた斯くて漸く彼等を極刑に處し得た。討伐官兵は今此の大刀會員には全く手古摺つてゐる（奉天發聯合郵信）

幽 世相フィルム

●小樽新聞　昭和三年二月五日（四日夕）　3-19

◇

市内花園町公園館の隣跡から幽靈が出るといふ噂がパッとひろまる

◇

お定まりの丑滿ごろ、隣跡の内部から板塀をコツ／＼たたく凄い音―つゞいて「助けてくれッ」といふ女の悲鳴が微に―

◇

あるものは髮を振亂した女が隣跡にしよんぼりたゞずんでさめざめと泣いてゐるのをみたなぞとまことしやかにいふものがあるので噂はそれからそれへ

◇

この界隈のもの氣味惡がつて夜

から晩までポカ／＼ポカ／＼（木魚をたたく音）（H生投）

◇

怪 名物美人 化物屋敷（一）

★馬哇新聞　昭和三年二月十五日　3-20

名物美人（一）化物屋敷

桃水

本所横綱に化物屋敷と評判された、可なり大きな建物があつた。両隣は空地で、草茫々と生茂り、一頃は近所の少年の遊場になつて居たが、度々怪我をする者のあるのは、矢張り何かの祟だらうと、取沙汰をした處から、後には近寄るものもなくなつた。

その中央に位置して居る化物屋敷は、總坪數三百餘坪、元は小身の旗本何某の住居であつたが無實の罪で腹を切りその妻は發狂して、二人の小兒を庭前の古池に打込み、自分も續いて身を投げたといふ悲慘な物語が傳へられて居る一旦闕所になつた後、去る御家人が申受けて、一年餘り住むかと思へば、是がまた兄弟の爲、連累喰つて腹を切つた

其の後本所の藥種屋の隱居が、只同樣の安價で買取り少しばかり手入れをして、妾と二人此所に住んだが、或晩強盗か忍入つて、酷たらしく隠居を殺し、妾を縛つて辱かしめた上、有金を引攫つて立去つたといふ珍事もある、ナニ強盗ではない、あのお妾には情人があつた。畢竟二人で隠居を殺し、金を盗まうばかりの狂言怖しい女だと、専ばら町内では噂したが、何にしても不吉な屋敷、もう重ねてその家に住む者はないのであつた。

疑問の妾は何なつたか誰も知る者はなかつたが、隠居の死んだ三年目、而も祥月命日に妾は破れた塀の間から、屋敷の内へ忍入り、また彼の古池に身を投げて死んだ。

賣らうといつても買人はなし、貸さうといつても借人はない、貰ひ人があれば只で譲る、少々金を附けても好いと藥種屋の主は、自ら抱へ屋敷といふ、名ばかりも嫌がつて出入の者や取引先にいろ／＼と頼んで見たが、遂に貰はうといふ者もなかつた。

解崩して湯屋にやり、新しく家でも建てたら、買人もあらう。借り人も付かう。序に池も取潰してと、出入の大工に相談したが、マア御免蒙りませう、あんな屋敷をいぢくると、ろくな事は起りませんと、一言の下に刎付けた。

以來七年間、遂々誰一人足踏入れた事もないので、家根が傷む、雨漏りがする、疊は腐る、床まで落ちる。まして庭内は高草で、池も見えない程になつた。

化物屋敷の筋向に、將棊床といつて餘り繁昌せぬ、床屋がある、主の吉次は五十餘の小僧一人使つて居るが、此の男飯よりも將棊が好きで、髪結に來る客を見掛けて、先づ一番と將棊盤持出す、親方今日は大急ぎだ、幸ひ外に客もなければ、直お頼み申しますといへば、不承無精仕事に掛つていかにもぞんざいに結上げる、其の代り相手になつて、一番負けてもやらうものなら至極氣を入れて上手に結ひ、鬚のそり方でも頗る旨い。

「ヨー、今日は、滅法界詰掛けて居るな、是ぢやア親方將棊もさせめえ。」

「ナーニ相手せねえありやアさしてねんだ、一昨日の後の一番は、全く惜しい將棊だつたつまり角を上つたのが破滅の原因になつちまつた、あの桂は好く利た、いつその事入王と出掛けりやア、まだ工合が好かつたんだ、とにかくお入

んなせゑ、もう一つ二つでお
了だから。」
「だつて澤山待つてるぢやア
ねゑか。」
「此に居る御連中は、髮なん
か結つても結はなくても構ふ
事アねゑんだ、皆な斯してや
つて來たなア、化物屋敷が氣
になるんだ。」
「親方、化物屋敷と言やア、
誰か入つたといふぢやアねゑ
か。」
「入つたの入らねゑのッて、
大變なものが飛込んだ、頭は
まだ知んなさらねゑのか。」
『私ア漸と今朝聞いたんだ。』
「何しろ頭も知つての通り、
藥屋の隱居の妾がお土左にな
つてから恰度七年、どら猫一
疋入つた事のねゑ化物屋敷は
座敷の眞中に高草が生ゑて居
るといふ始末で何にも手の付
けようはなかつたんだ、夫に
今から五日程前、大工が入る
佐官が入る、草を拔くやら疊
敷込むやら、大騷動をおつ始
めた。近所の者は呆れけかゑ
つて何事かと思ふ中、やがて
移轉して來た者があるんだ。」
「そいつア驚いた、大方山中
鹿之助とか、宮本武藏とかい
ふ、滅法强い士だらう。」
「處が大違ゑ、二十を越した
か越さねゑかといふ女も女、
さしずめ講釋師なら、小野の
小町か楊貴妃かと來る處だ。」
「親方、おどかしちやア不可
ぜ、ほんとに女がやつて來た
のか、ぢやアまた何だな、池
にどんぶりやつたんだらう。」
「荒物屋の大將、私にばつか
り喋舌らして置かねゑで、ち
と代つておくんなせゑ、餘り
話に實が入つて、少し月代を
切込んだ。」
「ア、痛ゑ、親方ひどい事を
するぢやアねゑか。」
「ナニほんの少しだ。」
「ハヽヽヽ、熊公安心しね
ゑ、命にやア別條ねゑとよ。」
「夫ぢやア私が代り合はう、
頭斯いふ譯だ聞きなさい、
最初に大工や佐官が來たのは
かうッと、爾だ、十三日の朝
だつた、何しろ夜まで仕事を
して、十四日中に床や壁の繕
ひが出來上ると、十五日には
疊が入る、其の晩荷車一臺で
何處からか越して來たのが、
稻田伊曾といふ、イヤもうす
ばらしい好い女だ。」
「荒物屋の大將は、女の名前
までちやんと調あげて居なさ
るんだね。」
「そりや知らなくて何するも
のか、兩隣はないが向ふ三軒
私の處へも移轉蕎麥を配つた
上、自分で挨拶にやつて來た
んだ。」といひつゝ莨一服吸付
ける。
「夫から何したんだね。」
『ハヽアさすがは頭、木遣の
受けでお出なすつた。』
『まぜつけゑしちやア不可ゑ
夫から何しましたね。」
「急くまい〳〵、ちよつと一
服やつた上、ゆつくりと話し
ます。」
「イヤに大將勿體付けるね。」
「講釋師なら、後は明晩の前
講に申上ると來る處だ。」
「ぢらさねゑで手ッ取り早く
話して聞かしておくんなせゑ
「最初私の處へ來て、何分宜
しくと挨拶して、夫から隣り
の八百屋へ行つたが、何もそ
りやア素的な女だ、先づ江戸
中捜しても、ちよつとあれだ
けの美人はなからう。」
「そんな好い女が化物屋敷へ
……」

「何にも知らないで遠方から移轉したのに違ねゑ。」可哀さうに、大將も大將だ、言つて聞かしてやんなさりやア好いのに。」

「眞逆初めて逢つた人に、そんな事は話されない、第一大工、佐官、疊屋、家根屋と大分澤山のお金をかけて、折角移轉して來た人に、言つて聞かすのも氣の毒だから、私はマア默つて居たのさ。」

「飛んでもない處へ移轉したんだなア、私が一番話してやらう。」

「オット頭、心配には及ばねゑ、疾くの昔承知之助だ。」

「親方話してやつたのかね。」

「私は話さねゑが、それ八百屋の隣りの落語家だ、奴さん女と來た日にやア、直に目尻を下げて、おつう親切めいた事を言ふのが癖だ、恰度女が挨拶に出掛けた時、私は八百屋の婆さんから、嫁の讒訴を聞いて居たが、奴さんいつもの調子で、エ、何方へお越しになりやした、ナニお向ふの空屋敷へ、夫はお芽出たいと申上げたうございますが、マアお止めになつた方が好うがす、

怪

名物美人 化物屋敷（二）

★馬哇新聞　昭和三年二月十八日　3-21

名物美人

化物屋敷（二）

桃水

實はな、あの屋敷は町内でも化物屋敷と申しまして賣る事も貸す事も出來ません、呉れうといつても貰ひ人のない屋敷でなと、べら〳〵喋舌立た時、その女はにつこり笑つて一番先に居た方が、御切腹をなさつた事も、奥さまが池に入つて、母子お死になりました事も、藥種屋の御隱居さんお妾の終りまで、殘らず私は承知の上、借りる事に致しました、唯た一人で淋しい生計お化でも出てくれますと、結句伽になりませう。といつたんで奴さん開いた口も閉がらねゑ糞膽を潰した、何もその時の樣子つたら、皆さんに見せたかつた。」

「そりや落語家ばかりぢやアねゑ、誰だつて膽を潰さア、怖しい女があつたもんだ、きつと白縫姫とか、鬼神お松とかいふんだらう。」

「その辮蟲も殺さねゑやうな美しい女でさア。」

「ぢやア何だ、宮本武藏見たいな強い旦那が附いて居るんだ。」

「私も大方そんな事だらうと思つて、朝から晩まで氣を付けて居るが、飯炊婆さんと唯た二人、移轉して來たツきり二日ばかりといふもの少しも影を見せねゑんで、もうまた古池にざんぶりやつたか、ぶらんこ往生でもしたんぢやアねゑか、何も變だと思つて居ると、三日目に洗湯へ出掛けて行つた。」

と、將棊床の主が述立てる、その先取つて、荒物屋の爺さんは、次のやうに語り添へた

「恰度その時八百屋のかみさんも、風呂で一緒になつたそうだが、何も美しいの美しくねゑのツて、居合はした女連は見惚て了つたといつて居た

「見てゐな〳〵、己等ア先刻

から、もう二刻も待つて居る
がまだ影も見ねゐんだ、今日
は何處にも出掛けねゐかなア

「三日目に出かけるやら、五日經て出掛けるやら分らねゐのだ、店ッぷさぎされちやア往生だ。」

「親方、そんな因業な事を言ひなさんな、いつもは、マア好い〳〵といつて引留める癖に、意地が惡りい。」

「ハ、、、、親方斯しなせゐ、一刻いくら、半日いくらと極めて、席貸し料を取んなせゐ。」

「成る程荒物屋の大將の言ひなさる通り、場代を取る事にしませうよ。」

「是さ親方慾張つた事を言はねゐもんだ、お蔭で商賣繁昌ぢやアねゐか、うつもはさつばり客がなくつてヨ、一人ぼんやり將棊盤に向つて、小首を捻る恰好は、餘り見つともいゝものぢやアねゐ、夫に斯大勢が朝から晩まで詰めかけて居ると、强勢な景氣だ、ヨー、魚定のかつぎが、用聞きに行きやがつたな、奴が歸るのを引留めて、樣子を聞いて見ようぢやアねゐか。」

「そいつア好からう。」

二三人表へ飛出し、暫く待つて居ると魚屋は化物屋敷の門から出て來た。

「オー、魚屋さん、ちよつと此家へ寄つてくんねゐ。」

魚屋は荷を下して、

「エ、、鯛に鯖にまぐろに鰈烏賊に鯵にめざしにはんぺん

「マア、そんなに出さなくても好いや、夫より汝に聽きてゐのア、化物屋敷の事だ、あそこの家は幾人居るのか。

「二十歳ばかりのお孃さんと婆さんと唯た二人だ。」

「男は居ねゐのか。」

「居ねゐよ、魚だつて、今日も昨日も、切身二つしきや買やアしねゐ。」

「眞實男氣はねゐのが、お孃さんは何して居るんだ。」

「評判のお化を待つて居てもちつとも、出て來ねゐから、淋しいと言つて居た。」

「淋しけりやア俺達が、ちよく〳〵話に行つてやらうか。」

「そんな事ア何でも好い、親方、魚は何を買ひなさるけゐ

「マア今日は止しにしよう。」

「だつてわざ〳〵呼んだぢやアねゐか、八さん何か買つておくれ。」

「唯話せゐ聽きやア好いんだ魚なんか要らねゐよ。」

「何だ人、馬鹿にしてらア。」

とぼん〳〵怒りながら立去つた。

七八年の長い間、人の恐れて寄付かなかつた化物屋敷に年若な女の身そらで住込んだ美人の噂は、夫から夫と擴まつた。

一體女は何者だらう――近所の者が二人と集れば、きつと此問題を持出したが、遂に疑團は解けなかつた。

町内の差配をして居る吉兵衛といふ老人は、時折大びらに話しに出掛けて、美人の素性を可なり委しく聽糺したといはれて居る、其吉兵衛の言ふ所では何でも東國筋の士が江戸留守居を勤めた折、愛妾に生ました娘、父親が死んだ後は、浪人の叔父に養はれて隨分諸國を流浪したが、叔父

は武術の名人で、女もその傳授を受けて、門弟に代稽古する程の練磨を遂げた、處が叔父は去年の夏神戸で異人を斬つた爲、忽ち切腹仰付けられ、女は木から落ちた猿、もう頼る先もなくなつたが、女だてらに武藝指南の看板も掛けられず、何か糊口の道を得たいと、折角考へ中との事、武藝の心得があればこそ、化物屋敷を承知で借りて、びくともせぬ精神、全く恐入つたものだと、好く〳〵感心の體に見ゐた。

一月經ても二月經ても、更に變つた事もないので、化物屋敷に對する恐怖は、自然人々に忘れられ、今は美人の噂ばかりが、未解決の儘に殘つた。

用聞は勿論の事、それ祭だ何だといつては、町内の若い者なぞが、頻りに近くやうに仕掛けた。

或夏の夕方、例の將棊床では、表を綺麗に掃除して打水にほこりをしめし、縁臺に將棊盤持出して、近所の若い者と涼みながら、頻りに勝負を競うて居ると一人は立ち二人は集り、忽ち知つた顔が五六人寄合ふと、またしても美人の噂。

「オイ兄貴、昨夜前の化物屋敷にお化の出た話を聞いたか

「エツ、お化が出た、そいつア初耳だ、ほんたうか。」

「何だつて俺等が嘘を吐くものか。」

「汝誰に聞いたんだ。」

「俺等アそのお化に聞いたんだから間違ゐねゐ。」

「何だか怪しいぜ、皆な眉毛に唾を付けな。」

「とにかくどんなお化だつたか、善く話して聞かせなさいと角の酒屋の主がいへば、

「實ア、斯いふ譯でさア、此に居る連中なんか、何れも謀叛氣を起しやがつて、一度は付狙つて見たんだがとても手におへねゐんで、退下つ了つたんでさア。」

「何だ善公、汝こそ大逆上でせつせと通つて居た癖に。」

「マア〳〵混ッ返しこなしさム、、夫で何したね。」と酒屋の主は聞きたがる。

「向ふ横町の劔術の先生の處に、竹部兵藏さんといつても旦那は御存じねゐでせうか、あの鬼瓦でさア。」

「鬼瓦なら知つて居る、何だか滅法強さうな人だ。」

「夫が何も大笑ひでね、評判の化物屋敷に、女ばかり住む筈はねゐ、其美人こそ妖怪變化、いで正體を顯はしくれんと、羅生門へでも出掛ける氣で、昨夜遲く御苦勞樣にも、忍入つたと思ひなせゐ。」

「向ふの屋敷へ飛んでもねゐ眞似をしやアがる。」

「是さ八公、嫉くにやア當らねゑ、マア落着て聞きな。」

3-22
怪
名物美人 化物屋敷（三）
★馬哇新聞　昭和三年二月二十二日

名物美人 化物屋敷（三）

桃水

「ム、、爾うして善さん、どど、何したね。」

「ハ、ア旦那も大分氣が揉めますね、實をいふ鬼瓦だつて

妖怪とも變化とも思つてやしませんのさ、何でも一番脅かし付けて、ものにしようといふ太ゑ了簡。」

「そりや夫に違ゐねゑ。」

「鬼瓦が忍込んで、そつと様子を窺ふと、お孃さんは奥の八疊に、唯た一人寢て居るでせう、婆は勝手の側の女中部屋、少々聲を掛けたツて、聞ゑッこはねゑと見たんで、突然雨戸をこぢ開けて、ぬつと内へ入つたものです。」

「亂暴だなア、お孃さんは嘸喫驚しなすつたらう。」

「喫驚するにやア極つて居る夫から何した。」と八公は聲はずまして聞く。

「處が、ちつとも驚かねゑでぢつと凝視めて居たさうだが鬼瓦が好い氣になつて、お孃さんの傍へ寄ると突然捩伏せて了つたよと。」

「ヤア、太ゑ野郎、お孃さんを强姦したのか」

「コウ八氣を慥かに持てよ、お孃ぢやアねゑといふ事よ、お孃さんの方で鬼瓦をとつちめたんだ。」

「ナニ、お孃さんが鬼瓦を、そんな事が出來るものか、鬼瓦は見掛けだけ馬鹿に力も强ゑのだぜ。」

「刎返さうと思ふ中にもうふんじばられて了ひやがつた。」

「鬼瓦が……好い氣味だな」

「サアもう何する事も出來ねゑんだ、其中お孃さんは婆を起して、盗賊を捉へたから早く町役人を呼んで來いといつたさうだ、斯なると鬼瓦も仕方がねゑんで、實ア盗賊でも何でもねゑ、お孃さんを口説きに來たんだ、何か許して下さいッて泣かねゑばかりに賴んだで、さんざ小言をいつた上、繩をといて追返したつてだが何もきまりが惡くてもう此町内にも居られねゑんで、鬼瓦は今朝早く先生に暇を貰つて自分の田舎へ歸つたんだ
「汝其の事をお孃さんに聞いたのか。」

「お孃さんはそんな事を話すやうな人ぢやねゑが、先刻婆さんに逢つた時、極々内密で聞いたんだ、その外にも串戯しかけて、ひどい目に遭つた者が二三人はあるといつたぜ此に居る手合の中にも何だか一人位はありさうだな、ハヽ、、、。」

今までは若い男が是といふ用もないのに、何の彼のと口藉つけて蒼蠅い程出入をしたが、此の鬼瓦の評判が町内に聞ゑた後は、何れも深く恐れを懷いて、音訪ふ者はぐつと減つた。

美人が此に移轉したのは二月の初、荒れ果た庭に白梅の咲香ふ頃だつた。夫から四月の末までは、隔日または三日目毎に洗湯へ出掛けたから、町内の者は待かねて、その往復に顔を見たが、五月以後は湯殿を繕ひ、自家で入浴する事にした。買物は大方婆、美人は月に一二度位用足しに出掛けたが、その時もおせつかいに跡を跟けるものがあるので、此の頃は外出もやめて塀居の退屈凌ぎには、庭の花壇をこしらへたり、裏の空地に畠を作つて、其の日〳〵を送るらしい。

七月末に暴風雨があつて、

化物屋敷の左右の塀は、半以上吹倒された。板は大方朽ちて居て修繕する事もならぬので、假りに疎な竹垣を結はした。犬は自由に出入りをする。二三度盗賊も窺つたといふので、急に二人程下男を雇入れる事〻したが、偶に水汲や薪割の手傳をする、是といふ用もないので、晝はぶらぶら出歩いて居た。

諸藩勤王の志士を捕へては片ッ端から嚴刑に處し、首斬池田と呼なされた池田播摩守昵近の幕臣に、須田甚五郎といふ殘忍酷薄の與力が居つた隼のやうな目でちよつと睨めば直に罪人の見分はつくと平生人にも誇る徒者、或時同僚の內藤銀藏、山本庄九郎と青柳で飲みながら、

「水戸浪士はまだ知れぬかと池田殿から催促受けたが、江戸の中には居ないのかな」

と須田甚五郎が問掛けた時

「隨分心を付けて居ても、一向に手掛りがない、或は當地に入込まず、上方へ行つたかとも思はれる。」

と、山本は答へた。

「イヤ〱、上方へは行くまい、暫時ほとぼりのさめるまで、野州上州邊の温泉にでも潜んだ上、後には必らず當地へ入込む。」

と、重ねて須田が語つた時、內藤銀藏は四邊見廻し、

「もはや當地にやつて來て居る。」

「ナニ、もう江戸へ入込んだか。」

「而して彼奴等は何處に居るのか。」

左右から問詰めた時、內藤は額を撫つゝ、

「實は今晩是へ參る途中、一ツ目の橋際でばつたり撞見した二人の男は旅商人といふいでたち、一言二言話す中に、水戸訛があつたので、きつと月光に透して見れば、水戸浪士の關鐵之助と蓮田市五郎の人相書に合つて居るのだ。」

「ム、關に蓮田か、孰も水戸浪士中の鏘々たる者だ。」

「二人とも聞えた劔客、うつかり手出をして失敗つちやア後の妨げ、何でも行先を突留めた上、徐々に謀るが好いと思つて、醉つたふりの千鳥足小唄をうたひながら十間ばかり引さがつて、夫となく後を跟けた。」

「してその二人が行先は。」

「面目ないが失敗た。」

「ヤア失敗た？」

「二人の內蓮田市五郎と見ゐるのが、ハサア困つた、大事なものを遺失したと言ひながら逸散に駈て來たが、行違つたかと思ふ間もなく、拙者は夢でも見たやうに、川の中へ投込まれた、而して漸と這上つた時はもう二人とも何處へ行つたか、影も形も見へないのだ。」

「ヤレ〱、夫はまた飛んだ災難、併し生命のあつたのが不幸中の幸だ。」

「して見れば、水戸浪士も殘らず當地へ乘込んだに違ひない。」

「今夜の返報、やがて思知らしてくれる。」

三人は酒飲みながら、水戸浪士探偵の事に就き、互ひに手筈を打合した。

怪　名物美人　化物屋敷（四）

★馬哇新聞　昭和三年二月二十五日　3-23

名物美人　化物屋敷（四）

桃水

さて浮世雑談に移つた時、須田甚五郎は二人に向つて、

「慥か評判の化物屋敷は、ツイ何處か此近所だらう。」

「あれは直此の後に當る。」

「その化物屋敷に綺麗な女が住込んだといふではないか。」

「あれは餘程怪しい女、内々調べて見た事なら、何か物になりさうだ。内藤は別して近所、好く知つて居るだらう。」

と山本庄五郎は杯さす、内藤銀藏はにつこり笑つて、

「何しろ七八年も打棄て、草一本ひいた事のない評判の化物屋敷、持主の藥種屋は、少々金をつけても宜しい、誰かあすこを貰つてはくれまいかと言出したが一歩足を踏込んでも、祟があると聞いて居るから、遂に貰受ける者もなかつた。そこへまだ年の若い、而も無類の別嬪が、男氣もなく婆と二人、移轉して來たもんだから、忽ちゑらい噂になつた。知らないで入つたかと思ふと化物屋敷は委細承知と夫はく濟したもの、此奴凡の女ぢやないワ、一番洗つて化物より女の正體を見顯はさうといふんで、早速拙者は小間物商人と化込み、先づ傭人の婆を懐けて、首尾よく主の女に會つたが、イヤもう美人々々といつても、恐らく類のない代物、聞けば東國浪人の娘、早く兩親に別れた後は、叔父の手許で養はれて、諸國流浪する中に、先頃叔父は異人を斬つて切腹した處から、今では頼る先もなく叔父の遺した金をもつて、當地に移り住んだのも、實は幼稚時から許嫁をした者が、江戸に居ると聴いたので、夫を探す爲だといつてゐる。最初世間の評判では、賭博宿だともいひ盗賊の潜伏家だともいつたが、何してく對面て見ると、なかくそんな惡い事に加擔するやうな女ぢやない。聞けば劔術柔術にも勝れて一度近所の馬鹿者が、夜中に忍込んだのを手もなく取つて押へて以來、再び無禮をする者もなくなつたといふ事だ、あれは全くゑらい女、拙者はほとく感心した。」

是から三人は藝妓を呼んで夜の更けるまで盛んに飲んだ以來三人は密偵を放ち、競つて水戸浪士の所在を捜した取分け須田甚五郎は、何しても内藤、山本より早く浪士を狩出して手柄にしたいと思込み、晝夜心を碎いて居た。

大勢使つた密偵の中で金太といふ遊人が或晩甚五郎を訪うて來て、水戸浪人と見ゐる者が、本所横網の化物屋敷に入込むのを慥かに見受けた、年の頃は二十七八、唐桟の着物に前垂掛け、商人體に作つて居ても、何處かいかめしい物腰恰好、人相書に合はして見ると岡部三十郎そつくりの容貌と密告した。

甚五郎は大いに喜び、翌朝出入の呉服屋から、絹反物を五六反取寄せ、自分は行商人の身裝に粧ひ、風呂敷包引しよつて、化物屋敷へ出掛けて行つた。先づ屋敷の四方をぐるりと一度立廻つたが、例の疎な竹垣ごしに不圖見れば、座敷の障子押開けて厠に立つ一人の士、須田は慌しく目を、反したが、水戸浪士中の關鐵之助に相當する人相と咄嗟の間に見て取つた、座敷にはまだ外に客人が居る樣子、飽までも突留める爲、須田はのこ〳〵門内へ入り、勝手口の方へ廻つたが、傭人の婆さんを見ると、小腰を屈めて會釋しなから、

「へゝ、御免下さいまし、手前は呉服商賣を致す者で、極々お安く願ひますが、如何さまで御座いませう、此の御近所にもお花客さまが御座いまして毎度御用を承ひまして、へ、品物は十分吟味致しまして必らず悪い品なぞを差上げる氣遣ひ御座いませんので、へゝ」と一言いつてはお辭儀をする、婆さんこんな目には遭なれて居るので別段迷惑さうな顔もせず、

「折角ですが今日は奥にお客さまがありますからね、また今度お序の時寄つて見て下さい、もつとも此方ではお孃さまがお一人きり、餘り召物なんか、おこしらへになりませんよ」

「ではまた此の次伺つて見る事に致しませう、大分朝晩は凌ぎよくなりましたやうで」と莨道具取出せば、

「此に火がありますからお點火なさい」

「難有う御座います」と須田は上り口に腰を掛けて二三服莨をのむ。

「旦那樣や夫人樣は在らつしやらないので御座いますか」

「爾ですよ、御兩親樣とも早くお死去になつてお孃さまお一人ぼつち、御兄弟もなければ御親類も江戸には在らつしやいません」

「それはマアお心細い事で御座いませう」と言ひつゝ須田は用意して來た二子の前垂を取出して、

「之は誠にお粗末で御座いますが、何か御不斷用に…」

「おまへさん、そんな事およしなさい、御用があるやらないやら知れないのに」

「何致しまして、ほんの初めて伺ひましたしるしに差上げるので御座います」

「お氣の毒ですね、どれお茶でも進げませう」

「エゝもう何卒お構ひ下さいませんで、お客樣がおありになつて、お忙しい處に飛んだお邪魔を致します。」

「ナニお客さまといつた處がお酒や御飯が出るのではなしお茶もお孃さまが御自身汲んでお進げになりますから私の處は御用なしです」

「お客さまは大勢さんで在らつしやいますか」

「慥かお三人だらうと思ひます、夫ともお歸りになつたか知ら……お庭の垣根があの通り、出ようと思ふと何處からでも出られます、此へ入らつ

しやる方は、皆さんさつぱりなすつて、好く垣根の間から出たり入つたりなさるんですよ。」

「夫ぢや好く／＼お心易いお客さまと見ゑますねゑ」

「何いふ方ですか、私は少しも知りません」

「ずつと前からお出入りをなさいますからね」

「イヽエ、ほんの此頃からです、先月まではお客さまでお座敷に通つた方は一人もありません大方はお玄關きり」

「ぢやアお國からでもお出になつたお客さまと見ゑますねゑ。」

「そんなことかも知れませんよ。」

「今しがたちよつといゝ聲をきゝましたが、何でも水戸邊の方のやうで」と段々深く問ひ進む時、奥座敷から手が鳴つたので、婆は忙しく立去つた

須田は何かして後二人の客の相貌を見極めたいので、なか／＼立歸らうとしなかつた婆は再び出て來た時、

「ねまへさん、何な品を持つて在ですか、折角の事だから、買ふか買はないか分らなくても、一度見ようと仰しやるのです」

「エッ、あの御覽なすつて下さいますか。」

と須田は少しく狼狽した。

「恰度お客さまもお在だから見て頂くと仰しやつてね」

「それは何も有難う御座います。」

「サア、早く上んなさい」

須田甚五郎は婆に誘はれて奥座敷に通つた。噂にまさつた主の美人は麗はしい笑を含んで、緑側に立つて居た。

「婆、此は取散して居るから離れの方へ御案内して」といつた。

怪　名物美人　化物屋敷（五）

★馬哇新聞　昭和三年三月一日　3-24

名物美人　化物屋敷（五）

桃水

廻縁を右に曲つて、左手の土藏の前の茶室へ、婆は須田を導いた。

「此へお入んなさい、直に皆さん入らつしやいます」

と言捨て立去つた。須田は四邊をじろ／＼見廻し、召捕りに向ふ時は、此處に幾人、彼處に幾人、先にあの出口を斷切つてと、捕方手配りの方略が、咄嗟の間にも心に浮ぶ。

やがて三人の士が打連れて入つて來た。須田甚五郎の呉服屋は、恭々しく一禮する。

三人は何にも言はず甚五郎の顔を凝視めた。

「生憎今日は大方賣盡しまして、ほんの少々ばかり持合せが御座います、お好みの品は明日にもまた持て伺ひます」

と後に置いた風呂敷包を取出さうとするのを制て、

「イヤ、我々は呉服もの望みでない」

「では半襟のやうな物でも」

「我々所望致すのは、首斬池田が爪牙となつて、愛國正義の志士を殺す、須田甚五郎が素首だ。」

「エ、な、何と仰しやります、須田甚五郎、そ、それは何いふ人で御座いますか、手前は一向存じませんで。」

と身ぶるひしつゝ後逡巡。

「先頃も小塚原で吉田頼の諸氏を斬る時、自身望んで安島帯刀の首を刎ねた、須田甚五郎が憎むべき面、見忘れて好いものか。」

「足下が見込んだ通り、我々は水戸の浪人、關鐵之助。」

「蓮田市五郎。」

「岡部三十郎に違ひない。」

「斯く明かに名乗つた上は速かに召捕つて見い、足下が同僚内藤銀藏、山本庄九郎も既に我々の手に掛つた。」

「見れば無刀だな、サア此刀を貸渡す、尋常に立合つせい」

と一口の刀を投出す、斯なつては絶體絶命、所詮遁れる道はない、須田甚五郎は刀引寄せ、扱く手も見せず一番手近の、岡部三十郎へ斬付けたがひらりと躱して飛退きさま、抜合はして甚五郎か右手の臂を横なぐり、からりと刀取落した時、水もたまらず首打落す。山本庄五郎は須田よりも一日早く同じく密告を受取つた。同人は松平伯耆守麾下の與力平生須田甚五郎が手柄に誇る事を憎み、今度こそ魁けして、鼻を明かさせくれたいものと、石谷因幡守の與力、内藤銀藏と心を協はせ、前夜窃かに化物屋敷へ忍んで、いよ／＼密偵の報告通り、水戸浪士に相違なくば、人數を集めておつ取圍み、一網打盡と申合はした。


深夜例の竹垣から忍入つて内の様子を窺ふ兩人、土藏に沿うた離れ座敷の小窓に映る燈光を見てぬき足さし足忍寄れば、正しく話の聲が漏れる、山本庄九郎は濡縁に這上り、雨戸に耳をさし寄せてや、暫し竊聞いたが、朽ち果た縁板は、忽ちめり／＼と破れ落ちた。此の物音を聞くや否や、雨戸蹴放して現はれた、蓮田關の兩人、逸散に逃出した山本内藤を池に追詰め窮鼠の勢刀を抜いて、鋒するどく斬掛るのを、二三合あしらつた上、蓮田は内藤を打放し、關は山本を難なく仕留めた。

當時専ら暴威を振うて、愛國誠忠の浪士をあさつた三人の幕臣は、萬延元年春三月一日二日の夜にかけて、水戸浪士の手に命を捨てた。

明くれば三月三日、桃も櫻も花咲みだれて、春風駘蕩たるべき時節に、北風寒く吹つのり、曉方から雪降出して、積もること四五寸、その雪道を踏締め／＼、早朝愛宕山に會うた者は、水戸浪士關鐵之助、齋藤監物、黒澤忠三郎、蓮田市五郎、山口辰之助、海後瑳璣之助、森五六郎、木村權之助、稲田重藏、野村權之助、岡部三十郎、森山繁之助大關和七郎、増子金八、杉山彌一郎、廣木松之助、鯉淵要人、廣岡子之次郎、佐野竹之助に、薩摩浪士有村次左衛門何れも雪見體にもてなし、此で手筈を打合はした後、銘々櫻田門をさして行き、正五ツ時を期し、大老井伊掃部頭が登城の道に待伏せて、首尾よく其の首を討取つた。

此の壯擧の評判は、忽ち江戸中に響き渡り、人二人集まれば、何れも櫻田の噂だつた將碁床の前は、いつも人の集り場所、主と日頃懇意にする、松平何某といふ旗本の仲聞は、恰も主人の供をして、登城した折の出來事、委しく聞いた顛末を、自分見て來たやうに物語れば、近所の者もよつてたかつて、その話を聞くのであつた。

不斷滅多に門外へ出た事のない、化物屋敷の美人すら、此の話を聞きに來たので、將棊床の主は人を拂つて席を與へた。

『何しろ實に强勢なもんだつた、先頃井伊樣は喰違ひで、一發銃砲を食つてから、何してなかく用心堅固、今日も澤山なお供廻りで、櫻田門へさしかゝると、突然行列の前に駈出して、捧げますと言ひながら、竹の先に挾んだ訴狀を、一人の男が突出したんだ井伊樣の御家來が、何奴だ、退れと言へば、直に饅頭笠をかなぐり捨て、羽織を脱ぐと白鉢卷に白襷といふ凄い扮裝大刀を引こぬいて供頭の日下部三郎右衛門、澤村軍六といふ人をぶつたぎる其時合圖と見えて、鐵砲がずどんと鳴ると、左の方から五人ばかり、同じ扮裝の士が、鋒揃へて斬つてかゝると、前の方からも三四人、勇ましく斬込んだ、井伊樣の御家來衆は、皆な柄袋がかゝつて居るので、急に刀も拔けなかつたが、漸との事拔合はして、前と左に向つた時、右の方から五六人、井伊樣のお駕籠を目掛けて、ばらくと駈寄るかと思ふと、づぶり一刀、駕籠へ突込む、ウーンと呻る聲を聞くと、駕籠の扉を蹴破つて、掃部樣を引摺出し、手もなく首を打落した。』

『どゑれゑ事をやつ付けたな』

『夫が大方は水戸浪人で、唯た一人薩摩の浪士が交つて居たといふ事だ、何しろ櫻田御門外は、眞白に積つた雪が、血に染んだ儘蹴散らかされて凄いとも美しいとも、言樣のねゑ有樣だ。』

『浪士に怪我人はなかつたらうか。』

『有つたともく、何しろ浪士は二十人ばかり、井伊樣の御家來は百人足らずもあるんだもの、掃部樣の首を取つて立退からうといふまでにやア、命がけの働きだ、引揚げの途中で、腹切つて死んだ者も四五人あつたといふ事だが、後は大方脇阪樣や細川樣のお屋敷へ自訴て出たといふ噂よ。』

此まで話を聞いた時、美人は會心の笑を漏して、

『何も有難う御座いました』

と人々に一禮述べて、急ぎ我家へ立歸つたが、其夜の中に老婆を連れて、何處ともなく姿を匿した。家財道具も其儘置いて、住む人が居なくなつてから三日ばかりの後、町役人家主差配立會の上、家內殘らず吟味を遂げると、落ちくづれた土藏の中から、須田甚五郎、內藤銀藏、山本庄九郎の三つの死骸が發見された。

美人は稻田重藏の娘とか、森山繁之助の許嫁とか、さまぐに噂されたが、結局總ては謎の儘、今に於て解かれぬのである。（完）

3-25

山奥にひそむ色々な不思議（上）

怪 ●福島民報　昭和三年二月二十五日

山奥にひそむ色々な不思議（上）

（山莊雜記の中より）

山田貞三

今日科學の進歩に依つて不可解は解れつゝある。又昔から不思議と言ひ傳ひられてゐることも、科學の力で不思議と言ふ名も取り去られつゝある、然るに今迄見多事も、聞いた、事もない不可解な不思議が有るから不思議でならない今此處に話する題は、山に生活の經驗ある人でなくては、一寸理解が困難かも知れない、場所は福島縣耶麻郡奥川村を北へ約二十町餘の山間僻地の炭燒き部落で部落には青年の修養團の小舍も有り、團長も副團長も中等學校を出てゐる人達です。この部落へ講演に出向はれた、當山都村のクリスチヤンで太物商のT氏も餘りの不思議が變に成つたと言はれてゐる位、勿論T氏は見識も有る人格者で古い外語出身の人なのです。昔から天狗といふ言葉が有りますが、天狗の語源も知らない、淺學な私ですが、今白『天狗の虚木倒し』といふ言葉が有ります。第一に言葉から不思議な言葉です、ところが年寄達に聞いて見ると、この言葉も不思議な事も知つてゐるのです。奥山と聞いたゞけで山に馴れない人々は老樹が全山を覆てゐる山を見たゞけで、必ず先入意識に依つて、ある暗示を受けるでせう、この話は山奥の生活者の話です、潛在感念もなければ先入意識もなければ勿論移入恐怖でもない、現實を凝視してゐての事なのだから、誰しも否定の出來ない事實なのです現在科學者は神秘を恐れて科學の力で神秘を破壞して行くが、破壞と同時に新らしく神職の創造と發見をしてゐる、今此處で話するのは科學者も一寸困る『天狗の虚木倒し』です。

此部落へ毎夕六時頃とは正確に言はれないが、出現する日は不定ですけれども、約六時頃になればどこの家でも米炊をする時刻です誰言ふとなく『あゝ來た〳〵』『あゝあの木だ』と指を差して見てゐる、指を差された巨木を見ると突然烈風が巻き起る、と見る間に全山に鳴動し、其反響たるや、萬雷一時に落ちる以上の音響は誰しも恐れない人は無い、膽の小な人は逃げ出したらふと思ふ。

その周圍の草木は烈風雷動の中に在つて、少しも揺れもしなければ、動きもしない。只巨木丈は烈しく動揺して枝は折れそうになり枝と枝との觸れ合ふ度にすごい程の音をたてる、稍暫くして。本物の斧で幹を切る音がする硬い物と硬い物との交響でパンカ〳〵と聞いる此バカン、カツタンと云音は四五分間繼みなく續く、と、間も無くバリ〳〵バリーツバツサーと物凄い音を出す、けれども巨木は倒れないで、その儘平穏な姿であるのみでなく、周圍の雜木は根こじきになつて仕舞ふ、其の後は常の靜かな部落に還る、餘りに不思議なために、色々と自分のあらん限りの知識を搾つて考へて見た結果、空氣の變動と斷定して聞いて見る、と、そうでもない、泊りを重ねて復實見する、一日距いてその日の夕、前日と同じ事をやる、村の人達と皆で小石を礫として、目指す巨木へ斧の音が聞こえ初めると打出した時、不思議にも、斧の音はパタと絶へてしまふ、やゝ暫くして又斧の音がする、又礫を打出す、と、又やむ、礫を打出して後五六分位は斧の音がしないけれども、礫をやめて居ると音がする、どう考へて見ても空氣の作用ではない、色々と考へたけれ共皆駄目だ、人間の能力で大自然の神秘をあばく事は出來得ない。

3-26

山奥にひそむ色々な不思議（下）

怪 ●福島民報　昭和三年二月二十六日

山奥にひそむ色々な不思議（下）

（山莊雜記の中より）

山田貞三

復今年の冬私は只一人山莊で越年した時の事（四ヶ月）の間の出來事です、山莊には色んな小鳥を飼育してゐます、或る夜小禽の寢箱の中の鳥が變に悲しい啼方をするので、小禽の部屋へ行つて見るとガタツと音がしたゞけです、よく小鳥を見ると皆籠の隅に小くうづまつてゐるのです、平常でしたら騒ぐ筈の小鳥です、不思議なんで電燈を消して、ステッキを持つて部屋の隅に居たのです、間もなく闇の中でバタ〳〵するので電燈を點けて見ると小鳥は四羽とも殺されて居るので部屋中隅なく調べても穴もなく無論他より侵入の出來ない部屋ですにもかゝはらず、其の後三羽又殺されたのも今以て判りません、又私が村へ用事で出て夜遅くスキーで山へ登る時は必ず誰やら後から從いて來るのです、私が留まれば後の音も留まるのです、十二時、一時の雪の高原ですから悪戯に從て來る人はなく、只雪明りを頼りに登るのですが何だか誰か居る様な氣がして[illegible]けて見たくてなりません、林の中へ這入る時には必ず足音が私の先の方でするのですから不思議ですこんな事が毎夜續くので私としても氣持が悪かつたのです、氣のせいか山莊へ着くと直ぐ床に就きましたすると女の兒の聲で誰やら『今晩は〳〵』と二聲續けて言ふものですから出て見ると誰もゐないばかりか足の跡も無いのです、氣持が悪くなつた爲葡萄酒を呑んで寢やうとすると洗面所で誰か水をコボシてゐる音が一間半と離れない鼻の先でやられた時は思はず太い火箸を握つてイロリから取つて立つたと聞ガラ〳〵と次の室の戸を開ける音がした。此の時ばかりはひやりとして音の方へ行く元氣は無く炬燵の火を消すや否やスキーで村へ逃げ出して友達の家へ一晩厄介に成つた事が有る、その後足音を後前に聞かせて從つて來るのは可愛い白狐であつた事が判つたが『今晩』と呼んだり、水をコボシたり、戸を開ける音はどうしても人間ではこの謎を解く事は難しい何と云ふても神秘は存在すると思ふ

人間は自然を征服する爲に道理として科學を得たが又自然は科學を征服する爲に神秘を以てする。後半面に科學を進歩させる爲に自然は四季節々徐々に神秘を創造する科學が神秘をことごとく破壊した時を同じうして神秘に科學は破壊される。

在藏王山莊此の稿を終るに臨みまして誰にも理解出來得る様に書きました然し難い箇所がありましたら御判讀して下さい（完）

怪　伝説に包れて　六百年前の地蔵尊

●福島民報　昭和三年二月二十七日　3-27

傳說に包れて　六百年前の地藏尊

名も細谷の地藏畑から

◇……靈驗顯に出現

福島市郊外の名所として謳はれてゐる大森城山の南に僅二町ばかりの所に平田村字細谷といふさゝやかな部落があるこの舊城跡城山に近い丈に色々な…傳說…に富んでゐるのでこれ等好古家は足しげくこの地に來つてありし昔を調べてゐる。

◇

この細谷といふ部落では昔から舊正月二十四日が屋敷の守り神の祭日だと傳へこの日一日は老若男女を問はず仕事を休んで村の安泰を祈つてゐる、然るに念ずるこの神の在所が部落の何處であるか誰一人知るものがなかつた、只この部落の…南端…に地藏畑といふ字名があつて何か神佛に由緒がありさうだとは村の老人の話であつた。

◇

偶々細谷部落の管野とよ（四〇）が舊臘師走の二十七日地藏畑内を流れる無名の小川の邊で管野清氏所有の桑畑べりに倒れてゐる高さ一尺八寸巾七寸の古碑があるのを何氣なく起して手を合せると不思議や碑面に高さ六寸餘りの地藏尊の御神體が浮び出で然も御神體からは光が放してをるのでとよは餘りのことに身をすくまんばかりに驚き直に近所の管野すい（二六）方にそれを話し共に詣でた所以然とした御神體であつた爲名は部落の家毎にそれを知らしたので一同は變る〴〵碑前に詣でたが何の

村人の目にも
…御姿…はありくと映じた一體此の地藏尊は何を祭つたものであるか神秘を辿つてみる。

◇

この細谷部落に今より六百年前迄太左衛門といふ可成の長者が住つてゐた。五穀山なす長者夫婦の中に梅香る頃可愛い男の子を儲けたのであつた。何不足ない豐な家庭は喜びに滿つべきであるのに妻は産後の肥立悪しく我が子の笑ひ初める頃病に病んで果なくこの世を去つた。愛妻の亡後の太左衛門は一心我が子の成育を樂んだ。然るに無常の風は再びこの家を襲ふた、その年の

…桐葉…の落ちるころ愛兒は惡病魔に犯されて母の後を追つた。太左衛門の嘆きはたとへ様もなかつた、彼れは惠まれぬ悲な身をそとに我が屋敷のほとりに舊正月二十四日碑石を建立し名を延命地藏と稱し一生短命な妻子の冥福を祈つて終つたといふ、それから同部落では安全と子育ての守り神として信神した。

◇

不思議に安産や子育てをこの地藏尊に祈願すると靈驗頗るあらたかであると其後幾十年はこの信者で賑はつたといふ、それから幾百の星霜の變り行く世に祠の跡もなく畑べりに碑石ばかり打倒れてゐたのを偶此の程村人が發見したのであつた。

◇

茲に始めて靈驗あらたな守り神と判つた山田好國寺の玉木住職を始めとし管野濟、管野茂平、齋藤万吉、管野源藏、吉井政藏、管野茂吉、遠藤多吉、齋藤庄右衛門の諸氏が發起となり此の程小じんまりとした

…御堂…も建設して此處に地藏尊を移し去る舊正月二十四日はそれぐ供物を供へて盛大に祭禮を執行したこの日詣でた善男善女無慮千餘その後毎日安産と子育を祈願に詣ずる人引きも切らず御堂の邊には十數流の奉納旗が枯風に靡き永遠に信者の安全を護るかに見へて神々しい。

福岡市近郊の幽霊事実譚（一）

●九州日報　昭和三年二月二十九日　3-28

幽

福岡市近郊の幽靈事實譚(一)

高山天心

妖怪の正體見たり枯尾花

此の句は先づ、知らない人の無い位に一般の人口に膾炙してゐる。そして

「化物？莫迦其麼ものが出てたまるものか、迷信だよ」

と云ひ度い場合に此度引出されるの川柳である、が事實其麼心理作用に依る場合が決して少くはない。私の臆病にしてゐる人か、或る日獲物を漁りながら河添ひに堤の上を歩いてゐた。と河の流れに逆らつて首振り乍ら上つて行く噂の姿を發見した。倚たりとはかり跣を揃へて追跡すると、何の事たい棒杭の頭だつたと話したのを聞いた事がある。先づ其麼心理作用にも似通つてゐる。

私の生れは筑紫の一寒村、年に一度は村内の者が多勢揃つて吉木の濱へお潮井取りに出掛ける。朝まだ暗い中に家を出て石塊道を躓き乍ら、濱若宮傍りまで來ると夜が明け初める。と或る年其處で突然連れの一人が立ち竦んだ「何たいあれは？」よく見るとまだほの暗い街道の中にぼんやり白く人間らしいものゝ姿が見られる。見詰めてゐるうちに現れてゐる。「幽靈たぞ」ゾツとして足が竦んだ、さうしても歩けない。そして其れが路傍の石地藏であつた事の確められる迄の恐かつた事。

此麼經驗は皆さんにも隨分おありな事と思ふ、が兎角其麼經驗のある人達は、幽靈なんかは客觀的に存在するものではなくつて、全々主觀的にのみ錯覺的に捏造したり想像したりする結果に外ならぬものと斷定しがちである。私も嘗ては確にさうだつた。が輓近歐米諸國で科學的に心靈現象を研究する事が盛んになり、今日では死後の靈魂の具體的な實在なさが隨分確實に摑れる樣になつて來た事實を知つて以來、幽靈が客觀的に存在し得ないなさの斷定は、頗る早計であり、輕率ではないかと考へさせられる樣になつた。

が、夫等の六つかしい科學的な形而上學的な論證や研究は他日の批判を仰ぐ事にして、今回は私の見

聞した幽霊實話の中で、比較的最近の出來事であり、且つ此の近くで實現したと云ふ事實だけを摘出して、諸賢の御參考に供し度いと思ふ。

高野旭蘭、先師旭翁の幽霊を見る

高野旭蘭、旭芳の姉妹は筑前琵琶界では、誰れ知らぬ人も無い大家である。姉妹の琴と琵琶との合奏の如きは正しく天下一品だ。此の姉妹が、確か大正十年だつたかと思ふ。先師旭翁の追弔彈奏會を博多下洲崎の行萬寺で開いた事がある。（實は此の寺の名前が記憶に明かでない、本人に問合せ度いと思ひ乍ら、つひ仕事に逐はれながら其の儘になつてゐる）

其の晩は小雨そぼ降る淋しい晩だつた。彈奏が次々に終つて行つて妹の旭芳が演壇に座つた頃は、可成りに夜も更けてゐた。旭芳の出し物は先年亡くなられた早川紫陽先生傑作の一つ佐倉宗五郎。大絃は嘈々急雨の如く、小絃は切々私語に似たりか。彈じ來たり演じ去つて何處に到るや、それこそ白樂天の云ふ、凝絶して通ぜず聲暫く歇み、別に幽愁暗恨の生ずる有りた。聽衆聲無く、點滴靜か。

此の時姉の旭蘭は弾め後の控席に坐はつてジッと妹の彈奏に聽き入つてゐた。と、突然旭蘭が「先生ッ！」と叫んで靜め方に駆けよつた。と驚くも喫驚して旭蘭の方を見た。と驚く可し、其處には法衣をつけ烏帽子を冠つた白髯の先師旭翁がニコヤカに笑つて立つてゐるではないか。ハッと思つて固唾を飲むで見てゐる中、老師の姿は消えて行つた。丁度此の時、本堂の横手の庭石の傍らには、五燭電燈位の青白い怪火が、雨の中に靜かに搖れてゐた。

私は此の話を聞かされた時早速紫陽先生に連れられて高野姉妹を萬行寺前の自宅に訪れて、當時の一切を聽取した。其の場に居合せた當時の弟子達も、聲を揃へて『アの時きや、恐ろしふゴザしたなア。アヽ思ひ出してもイヤ／＼。』と云つてゐた。

幽　福岡市近郊の幽霊事実譚（二）　3-29
●九州日報　昭和三年三月一日

福岡市近郊の『幽霊事實譚』（二）

高山天心

亡兄の亡靈に會つた高椋新氏の令閨

高椋新氏は、目下若松市修多羅尋常高等小學校の校長である。同氏がまた濱ノ町尋常小學校の主席訓導をしてゐられた頃。氏の令兄が危篤の床に就いてあつた。或日同氏は例に依つて學校に出掛けられた。其の留守宅に、誰れか訪れる人の聲がした。令閨が何の氣もなく玄關口に出て見られると案外、其處には明日をも知れぬ病人の筈である可き令兄が、笑ひ乍らに立つてゐられた。『あなたは……どうして……。』と呆氣にとられながら、『マアおあがんなさい』と座敷の方に案內されると何時の間にか姿は消えて自分一人、不思議な事もあるものだと令閨は主人のお歸宅を頻りと待つてゐられた。夕刻になつて高椋氏が學校から歸られると令閨は飛びつく樣に側に行つて、事の次第を語られた。『おかしいね其麼事は無い筈だが。多分お前の氣の故だらう。』と丁度お話の最中『兄死ス』旨の電報が來た。

是れに類した實例は外にも數へ切れない程澤山ある。が、其の中でも可成りに有名なのは、明治の人傑、彼の副島種臣が清國で體驗した愛孃の亡靈だ。其の時の有樣は、同氏が書かれた、『吊阿濟文』の中に詳細に書かれてある。ついでに書いて置かう。

（前略）四月八日の夜半、神異なりて眠る能はず。翌朝の曉、天神地祇及び祖宗の靈に默禱す。則ち神阿濟を攜へて儼然として前に在るを見る。再拜して是れを餞とし諸從士に告ぐ。既にして電報あり。昨夜お濟歿すと。（後略）――原文漢文。

幽靈と寫眞に寫つた津城ユキ子刀自

津城ユキ子刀自は、現在久留米市外西牟田に住んでゐられる筈。有名な日蓮信者だつたが、今はもう七十以上の老齡で相も變らず易トをやつたり、病氣平癒の祈禱をしてやつたりして、生きてゐられる事と思ふ。刀自がまだ若かつた頃一人の旅僧が刀自の家に寄寓した事がある、そして其の旅僧は、刀自の行屆いた介抱を感謝し乍ら、刀自の家で死んで行つた。臨終に當つて、涙の目で刀自の顏をジッと見詰めながら。

『ゑらいお世話に成り申した。たが俺がもし死んで行つても、魂魄は永く此の世に留まつて、そなたの側を離れずに、何時も守つて進ぜよう』

と云つたさうな、それから何日かを經た或る日の事、刀自が寫眞を撮られたが出來上つた寫眞の横後に、少し鮮明を缺いではゐるが、亡くなつた旅僧の立つた姿が寫つてゐた、其の寫眞は多分今でも刀自が大事に納まつてある筈。

此の種類の實話は餘り外國にはない、けれども日本では、また外に二三有名なのがある、例へば京都の南禪寺で先年迄住職をしてゐられた、西行禪師がまだお健者な頃一人で寫られた寫眞の後に、亡くなられた大黒さん（奥さんの事ださうな）がはつきり寫つてゐられた事がある。其の寫眞は福岡材木町安國寺の僧さんも確に見た事があると云つてゐられた。

福岡市近郊の幽霊事実譚（三）

●九州日報　昭和三年三月二日　3-30

福岡市近郊の幽靈事實譚（一）

親分の亡靈が枕上に立つた話

高山天心

是れは一寸古いが明治四十年、鞍手郡新入村、三菱新入炭坑であつた事實である、同坑の坑内機械部監督、森田芳太郎は、同坑の十七片が突然燃え出した時、急遽駈けつけて坑内に下つたが其の儘姿を見せなかつた、或る者は確に出て行つたと云ふし、又或る人は三貫所の方に這つて行つたまゝ還つて來ぬと云ふ――安全燈の數を調べて見ろ！』さう云はれて燈數が調べて見れば確に一つだけ足りない。

『じや、何處かでやられてゐるんだグズ／＼されない』一同は氣は氣でなく急いで何千尺の竪坑を下つて行つた、そして八方に手を分つて、それかと思ふ場所／＼が探し廻つて見たけれど死骸が無い、三貫所のパック（水溜）の中を探して見ろ』さう云はれてパックの中を掻き廻して見たけれども、何の手答へもない、萬事休す、一同は坑内を出て前後策を講ずる事にした。

其の晩、森田芳太郎の部下の一人中田藤吉君も親方の身の上を氣遣ひ乍ら床に就いた。人一倍可愛がられ世話に成つた男だけに、親方の事が忘れられずに、何度か轉々として寢返つた。けれども晝間の疲れに氣力も失せ、何時とは無しに深い眠りに陷つて行かうとする其の刹那、中田君の枕許に蕭然として親方芳太郎の姿が現はれた。ハッと思ふと怖氣がさし、恐々乍ら親方の方を盗み觀ると、親方は如何にも悲痛な面持ちで

『中田、已れは今、六貫所のパックの中に陷ちてゐる、お前に賴むから、どうか引上げて呉れよ』

と云つて靜かに手の甲で涙を拭いた。

夜の明けるのを待ち兼ねた中田君は、飛び起きて一同に此の事を話し、再び六貫所のパックの搜索をやつて見たが、依然として森田の姿は見當らない。狐にでもつまされた樣な氣がして途中は引上げた

『中田の奴、夢でも見たんならう枕上に立つたなど、馬鹿かあんまり仰山なもんだから、つひい莫迦を見せられたよ』

と一同苦笑せざるを得なかつた。

とまた其の晩中田君の枕邊には昨夜見たのと同じ姿の親方が、ションボリ立つてさう云つた。

『中田、已れだよ、解るかい森田だよ。ねエお前に賴む、已れは今、六貫所のパックの中に落ちてるんだ。苦しい。引上げてくれ。賴むよ』

中田君はまた飛び起きた。そして無理から一同にも來て貰つて、六貫所のパックの中を探して見た。すると其處には、蠟細工の樣に水脹れした森田の屍が浮いてゐた、それ以來、中田君は多少氣が變になつてゐたが今では、氣分も折合つて、直方町でセッセと牛乳配達をやつてゐる。

福岡市近郊の幽霊事実譚（四）
●九州日報　昭和三年三月三日　3-31

福岡市近郊の幽靈事實譚（四）

高山天心

怪靈に呪はれた阿部虎太氏

阿部虎太氏は宗像郡西郷尋常高等小學校の校長の現職に在る。氏がまた同郡勝浦村の小學校長をしてゐられた大正十五年、フトした事から病床につかれたが、發熱は連日四十一度から二度の間を往來する。精氣は衰へるし手足の自由はきかなくなる。醫師は腸チブスの徴候の様でもあるが、全々違つた徴候もあつて、どうにも病名の附けやうがないと云ふ。で、同氏は日頃信心する津屋崎の稻荷様の代人八坂氏をよんで、同氏得意の所謂釜鳴りの祈禱をして貰はれる事になつた。

此の釜鳴り祈禱は當今の物理學では、どうしても解決のつかない物理現象の一つである。火輪の上で沸騰してゐる釜の湯に呪文を唱へ洗米を投ずると、恐ろしい音響を立てゝ鳴り響く。私の宅でやつて貰つた時には近所の人達が『汽船の汽笛としてはチト變だが一體何の音だらう』と云つて訝かしがつたし、田川郡の後藤寺町でやられた時には、炭坑の非常汽笛と間違へて附近の人達が、右往左往して騒ぎ廻つたと云ふ位だから、略音響の大きさの想像もつく事と思ふ。そして其の音響は、代人が釜を持ち歩く内不淨な場所に到ると、パッと鳴りを止め其の場所を遠のくにつれてまた自然と偉大な音響に戻る。

阿部氏の際には、それが阿部氏の横臥してゐる蒲團の直上約二三尺の所で、どうしても鳴らない。八坂氏は頻りと洗米を投じ呪文を唱へて眞劍の祈禱を續けられる。すると阿部氏の肉眼にハッキリ怪靈の面貌が見えたした。男ともつかず女ともつかぬ、一種異様な形相をした凄い姿が浮び出た。

『見ゆるでせう。見えませんか。恐ろしい形相の奴ですよ。見えましたか』

と八坂氏は口早に云つては又呪文を續けられる所が怪靈はナカ／＼に退散せぬ。益恐ろしい形相で猛り狂ふ。八坂氏も必死の折伏。やつとの事に怪靈が退散して、祈禱の釜も平穩に鳴り響く様になると不思議に氣分も輕快になつて、それから旬日をおかないで、元の健康體に復せられた。

此の怪靈が何者であつたか。それは阿部氏自身にはよく判つてゐる。そしてそれを私も聞かされた。が今茲で公開するの自由がない。

早良郡の飯場峠で妖怪に逢ふ

糸島郡の怡土村から、早良郡の内野村へ山越に通じてゐる寂寞な峠を、飯場峠とも云へば飯場峠とも云ふ。今日ではどうだか知らないが私の父の青年時代、丁度明治二十四五年頃には盛んに妖怪が出没して、通行人を惱ましたものださうな。

私の義父は大原龍起と云ふ。至つて謹嚴な性格の人であつた。從つて義父の此の體驗談はいささかも誇張され敷衍されてゐないものと私は信じて疑はぬ。

父が丁度十六歳の時、村で、久々に芝居が打たれると云ふので、それが見たさに夜中の三時に家を出て怡土郡（當時今の糸島郡が二つに別れてゐた）の主丸まで役場の金を持つて行く事にした。

もとより飯場峠に妖怪が出るなどの話は聞かなかつたし豫期もしてゐなかつた。峠の上り七合目當り迄やつて來ると、一方は鬱々と茂つた雜木の丘がかぶさる様に押し迫つて、一方には狹い石塊の畠が道に添ふて幾つか並んでゐる所があり、其の間斜の道をクネつて峠の道が爪先上りに續いてゐる。傍らは陰々寂々、梟の啼き聲さへ聞えない。

福岡市近郊の幽霊事実譚（四）
●九州日報　昭和三年三月四日　3-32

福岡市近郊の幽靈事實譚（四）

高山天心

變死した母の亡靈と語つた藝妓紅子

福岡から久留米行の急行電車に乘つて、春日原の停留所で下車する右に折るれば、スポーツマン憧がれのグラウンド。反對の左に折れて一二町足らずの道を歩けば、左手に小高い丘を背にした新築の小さいお寺がある。それは日蓮宗の教會所で現在の住職を上田眞誠氏と云ふ。トランプでの卜が百發百中で、病氣平癒の祈禱にも不思議に靈驗があると云ふので、福博地方からの參詣者が日に絕えない。博多中洲券番の藝妓紅子（特に假名を用ひた）も病名の知れぬ難病に癒を希ふて、眞誠氏を賴つて來た一人である。

紅子が本堂に通される。上人の朗かな讀經の聲が續く。と其の側には、確に佐賀辺から來たといふ、紅子とは何の緣もないお婆さんがツクネンと座はつて祈禱の樣子を眺めてゐた。祈禱は段々と眞劍なつて行き、咽喉の張り切れる樣な讀經の聲が迫り上ぐる樣に續くと、上人の總身は熱湯を浴びた樣な流汗。間もなく、合掌した紅子の兩手が戰き出し、足が震ひ、軀が搖れて如何にも堪へ難き相貌が見え出した。上人は、益一心不亂。と、側にゐたお婆さんが、いきなり小腰をかがめ、兩手を揉んで上人の側を飛びのいた。上人は『ン、さては、こちらに出たな』とお婆さんの方に向き直つて、

『誰れじや、あんたは？』

と詰問される。お婆さんは恭しくお辭儀をして、

『ハイ〳〵、私は紅子の母で御座います。』

と云ふ。側で見てゐた紅子がワッと泣き出した。幼な心に聞き覺えのある母の聲。在りし日、さながらの母の腰付。寢ても醒めても忘れた事の無い懷かしい母に、思ひ掛けなく逢ふた樣な嬉さ。上人は聲を柔げて、

『さうかな、さうして來なすつた』

と尋ねられる。お婆さんは淚の目を押へながら、

『ハイ〳〵、實は申上げるのもお恥かしい話で御座りますが、私が在るに在られぬ苦しみに、鐵道自殺したまでの、一通りの話、お聞き下さりませ。』

と云て、紅子を殘して、死んで行かねばならなかつた一部始終を物語つた。紅子にあとで其の事の眞否を尋ねると、母の生前に寸分違ひのないお婆さんの言葉だつたと、有難さうに物語つた。

此んな實例も他に澤山ある。私の親友で今、西方町の大正通りに住んでゐる安部氏と云ふ人がある。此の人なども、亡くなつた實母の靈に乘入られた經驗を持つてゐる。一度、其時の氣持をたづねて見た處が『これはかりは、實に不思議ですな。自分で泣くまいと思つても淚が出て仕方がないし、自分で思ひもよらぬ事を、しかも他人の聲で喋らせられるんですからな。全く理窟のつけ樣がありませんよ』と云つて笑つてゐた。

幽　福岡市近郊の幽霊事実譚（六）　3-33

●九州日報　昭和三年三月五日

『福岡市近郊の』幽靈事實譚（六）

高山天心

幽靈火にブツ突かられた武田氏

幽靈の火を見たと云ふ人は珍らしくないが、幽靈火からブツ突かられたと云ふ人は一寸珍らしい。此の話は、目下福岡市藥院出口から福岡夜間中學に通勤されてゐる武田先生の實驗である。

先生がまだ十三四歲の頃、お母さんと叔父さんとの三人連れで糸島郡の加布里村からお祭りの途中・雷山に[illegible]を發して前原附近を流れてゐる泉川の土手に添うた往還までやつて來られた。[illegible]の日暮の短くて三人がトボ〳〵と此處まで來られた頃は、丑三つ時も少しはねた眞夜中の三時近く雨模樣の暗い空には星の影一つ見えないで、稻田を渡る風さへも死んだ樣にハタと止むでゐた。

と、十四五間離れた川向ふの田甫の上らしい暗闇の中に、小さいお盆位の青味を帶びた赤い火が見えた『アノ火を見ろ』と小聲で叔父さんがさう云つて、ジッと立ち止まられた。お母さんも先生も叔父さんの側に寄り添つてコッソリ覗いてゐられると、其の青い火が搖々と搖れ初めた。と思ふ瞬間、ブウーッと眞一文字に、三人めがけて飛んで來た。ハッと身をかはす餘裕もなく叔父さんの持つてゐられた提灯にドッとブツ突かつて地に落ちた。同時にパッと粉碎する、螢の樣な鈍い火が地上一面に散亂する硫黃のやうな臭氣がプッと鼻を衝く。

三人共、全身ゾッと粟立つて足も地につかぬ思ひに、また消れ殘つた火の幾つかを振りかへり振りか

へり、迯るやうにして歸つて來たとの話だつた。

◆　◆

福岡市郊外の農事實譚は、是で切上げて以下、數項、世界的に有名な農事實談を御紹介致します。

獣　玉石コンコン　狐の見世物に神狐怒る
●河北新報　昭和三年三月二日　3-34

玉石コンコン
狐の見世物に神狐怒る　崇られ通した初午祭

本年の初午祭は有名な常陸の笠間稲荷も本縣の竹駒神社もノッケから風雪に見舞はれ初午中の午をかけお賽錢の上りも例年の半減從つて旅客收入増加の御利益を希望した鐵道の輸送計畫も半減といふ憂目を見たに對し笠間稲荷ではこの原因を風雪の天災とのみは見ず要するにこれは鐵道で無料廣告を廢した結果宣傳が行屆かなかつたゝめだと鐵道を恨み、竹駒神社のに對しては岩沼町の人々が口を揃へて氏素性ある當神社のお狐様の土地に何所かの無宿狐が見世物となつて町に入り込んだゝめだと固く信じてゐる由來同町には初午祭には斷じて狐の見世物を禁じて置くのだが四年前フト何所からか狐が見世物となつて紛れ込んだことがあるがこれがためその年は矢張り御神狐のお祭りで祭期を通じて風伯雨師の強襲を受けたが本年も又それが紛れ込んだので此荒天を見たのだとある、これ即ち「玉石コン／＼」のためだと演しながら洒落てゐるからおもしろい

怪　珍談「竜の骨」の祟り　五十年前の岡山博覧会（三）
●山陽新報　昭和三年三月四日　3-35

五十年前の岡山博覽會（三）

珍談「龍の骨」の祟り
雨天つゞきで人氣は衰へる一方　高崎縣令の號令も天道様に聞かず

岡山開闢以來の賑ひを見せた、博覽會々社の開場式が終ると、雨また雨が、降りつゞく事となつた。ヤツチョロマカセの浮かれ心地が醒めきらない裡に、もう不平と怨嗟の聲が、だん／＼濃厚になつてゆくのであつた。

開場式當日の　入場者四千人

から、日を經るに從つて、次第々々に人足が減つて了ひ、遂にはガランと啼く閑古鳥の聲を聴かうと云ふのでは、悪い噂や愚痴等が出るのも無理からぬことのやうだ。殊に、この博覽會を當て込んで、一儲けしようと意氣込んだ、小商人達の失望落膽は可成りヒドイものであつた。

◇

たまに晴れたかと思へば、風が強い、折角喚びものの輕氣球は、綱が切れて行衛不明になる、風車は其風の爲に破損して、噴水は数の泡ほども水が上つては呉れない。輕氣球は其後、因州因幡の鳥取へ飛んで行つてた事が判つたが、噴水はその當時の智慧袋だつた師範學校の先生達が頭を絞つた相じやが、根つから水を空へ上げようとはして呉れないで、却つて空から下だるばかりの雨天續きとなつて了つたのである。そして人氣は次第に腐敗るばかりだ。

◇

これじやあ、不平も無理はなく、第一、博覽會々社の當事者が周章てずに居られなくなつた。

色々思案の頭を振つた果が

縣令高崎五六氏に泣きついたところが、この豪傑縣令即時に告知を縣下の町村長に發して曰く「役場吏員は事務を差し繰りたる上、必ず博覽會を參觀すべし」と命令した。それは五月十九日附の事であつた。鬼神も挫ぐように思はれてた、この高崎縣令の號令も天道様

には聴こえなかつたと見えて、雨欲は日にも日にも降り續いて、縣令様の御威勢も失墜することになつたのである。

◇

窮すれば通ずると云ふが、この難關に際して、一人の大讀書者が現はれたではないか。このヨハネの云ひけるには、「この博覧會の長雨は云はずと知れた、出品物中の龍の骨の祟りに違ひないのだ」と、熱心に語るのであつた。この言葉を聴いた、商人達は何んで默つて過ごそう筈がない。色々協議の末が、神社佛閣に祈願をなすことになり、色々に祈つて見たが、空は晴れようとはしない。加持祈祷から呪咀までやつて見たが、

青い雲は一向に姿を現さぬ

そこで衆議一決して、遂に、博覧會々社の事務局へ、「吾等、斯の龍の祟のために、難儀一方ならねば折角御催の[illegible]其骨を即時御取除き被下度、云々」と云ふ嘆願書を提出して、總代達は恭々其祟を説くのであつた。

◇

この「龍の骨」と云ふ奴が、其博覧會出品物中の人氣もので、豪い評判になつてた折柄とて、博覧會々社のお歴々も、然渡、頭をひねらずには居られないのである。と云つて、祟と聴けば無理からぬようでもあるしと、云ふので、開化論と保守説とが、端なくも喧しく闘はされる事になつたと云ふから實に面白い。

◇

結局、「庶民の難儀一方ならざるを以て、申し出でを乾度聴き屆くるものなり」と大威張りに威張つて、暫に迷信を肯定してるところが、其時代相を明確と表現してゐるではないか。何にしても皆んなが弱り果てゝ、貧すりや鈍するで、

智恵も才覺もなくなつた末

ではあらうが、今から考へると、日本も明治十二年頃には、まだ／＼チョン髷臭味が漂つてたものらしい。

◇

そう云へば「馬の角」が思ひ出される。龍の骨と共に、この博覧會中の人氣ものであつたが、これまた随分巫山戯た話柄を胎して居るのだ。續いてお話しよう。

怪　金冠の呪い　観世音の怪奇

●大分新聞　昭和三年三月六日（五日夕）　3-36

観世音の怪奇 金冠の呪ひ

立石町に起つた謎の盗難事件

時代めく女の狂亂

速見郡立石町大字立石舟村の中央字松葉山の中腹に瑞泉庵と稱する一字がある、里人呼んで松葉庵と云ふ創建の年代は詳かでないが餘程古いものらしく境内には一株の白樫の老樹がある本尊は觀世音で

不動明王と地藏菩薩

が合祀されてゐる、今の堂宇は大正十四年十月改築したものでそれまでのものは弘化四年三月の建築で堂主は[illegible]三郎、村役[illegible]野茂右衛門、同茂作、秋吉九左衛門、組頭[illegible]兵衛外三名云々と棟板が殘つてゐる本尊觀音は丈尺餘總金箔の木像で二尊沙彌壇上に安置されさんらんたる光彩を放つてゐるが巨匠の作だらうと云はれてゐる、然るに本尊の頭に戴いてゐた金冠のえうらくが最近何者かに盗まれて仕舞つたので信者は驚いてお厨子組に鍵前をつけ一方えうらくの

行方を探してゐると

去月二十四日その犯人が判つた、しかも犯人は精神に異狀を來たして自ら犯行を自白したといふので今更ながら佛罰の恐ろしさに村人達はおのゝいてゐるといふ

ところでその觀音様について二三の傳説がある往昔一人の托鉢僧が松葉庵で休息してゐる中慾心を起し其觀音像を盗み出し豊前國中津の某富豪の家に入質すべく背負ふて行つたが僧の背から觀音像が離れぬのみか五彩の光明赫耀として眼を射て近付けなかつた僧は恐れて再び佛像を松葉庵に納めたが間もなく佛罰で悶死したといふ、又舟村に古庄清藏と云ふものがあつて長男重吉を擧げたばかりの時女兒が欲しいとて女兒を授け給へと松葉觀音に祈願した「たとへ髪の毛はなくともよろしい」と只管念願した處不思議やその月より妻は懐胎月滿ちて産まれたのが女兒で頭髪がなく十三四歳の時數十

筋が生じるには、生じたが嫁ぐ時には『ヨギ針』で毛髪を止めて行つたそして八十餘歳で明治十年頃死亡したさうであるが村人は觀音の申子だと云つてゐた、又或る托鉢僧は松草庵に錫を駐めて修法して居たが後尼僧と同棲したので村人から排斥されたのを怨み觀音像の胸に呪の釘を打ち夜に紛れて逃亡した、今でもその呪ひの釘穴が殘つて居る話は、前の亘吉に戻るが或る夜の丑滿時誰れの聲とも判らず戸を打叩きながら『亘吉々々今松葉庵が燒けて居るから行つて觀世音を抱へ出せよ』といふ之が再三に及ぶので亘吉が眼を醒まし急ぎ駈けつけて見ると果して尊像の背後から火焰が立ち上り今や佛壇に燃え移らんとして居るので直に尊像を抱へ出して急を村人に告げたが火根不明の怪火で遂に堂宇は燒失した其の後村人の喜捨で再建した、それが弘化四年の事である

村人が恐らした幾多の奇蹟的傳說に隨喜してゐる觀世音尊像のえうらくが紛失したのだから騷いだのも無理はない、しかもその犯人は舟村の杉本増兵衛の女マスエ(四七)であつた、マスエは二十年前西國東郡高田町能丸家へ嫁付いたが深く松葉觀世音に歸依して大正十三年には大きな

手水鉢を　寄進した稲

である、しかるに日頃信ずる松葉庵に遠く離れて住む身の日夕參詣するは思ふに任せない處から一昨年春人知れずくだんのえうらくを持歸り佛間に安置して禮拜してゐたが無斷持歸つた事を後悔し自責の念にかられ遂に精神に異狀を來たし去月二十三日夜弟の妻某にその事を口走つたことから

大騷ぎと　なり再びえうらくは松葉庵に歸つたがマスエは『マスエでなくば觀世音の靈德を受けるものはない、急ぎ村の人は松葉庵のため道路をつけたり橋を架けたりせよ』など、觀世音氣取に喚き立てるので實弟某の進言により工費一切を喜捨して松葉庵を修覆する事になつてゐるさうである

怪　諸国の噂　広島県

●都新聞　昭和三年三月八日　3-37

諸國の噂

◆廣島縣◆　これも怪談、豐田郡野呂山の麓にある某質店の屋の棟から毎晩人魂が飛ぶ、同家でも氣味惡がり、祈禱師に乞ふて祈禱して貰ふと、その晩棟から飛んで出た人魂が七ッにちぎれて消え失せた、以來もう出なくなつた、不思議といへば不思議だが七つにちぎれて消えるなぞは質屋だけに面白く、大方流された質物の怨靈だらう、はとんだ落し噺

資　死後生あり（上）

★日米　昭和三年三月十三日　3-38

死後生あり

コーナン　ドーイル對　發明王エヂソンの◎挾み

華村　今村敬吉

【上】

近代科學のおどろくべき進步發達は、これを一面より見ればたゞもう無性に唯物觀に心醉し一も物質二も物質とやたらに物質文明を謳歌し、どこまでも唯物觀念にかぶれた近代文明を拉して、遂に前程を指さして人間には永生の命あり不死滅の靈魂ありと明敏に自覺した純粹でありそれがまた自然であつた往古の精神文明のそれのごとく、物と心物質と精神の兩々相まつて淳化玉成に達する精神文化にいるイーヴに立つてゐるのではあるまいか。

最近新聞紙の報ずるところによると發明王のエヂソン翁が七十七歲の賀宴をはつた、そこで新聞探訪員の一團が押しかけていつて種々なる質問を發した、或る一人が『人間死後の生如何』と呼吸をつがさずたゝみかけて翁の意見をもとめた。すると發明王はさら〳〵と何のことはないさばかりむしろ卒直に、『そうだね死後生なしと見るも五十また生ありと見るも五十、謂はゞ五十と五十で信疑相半する』と此ところ翁も下手な行司よろしくといふ見へでどちらへも團扇をあげず相方預かりとばかり、ありのまゝ思ふがまゝにやつてのけたそれまではよかつた。ところが英國の神靈調査研究會でつとにその人ありと知られたる一騎當千の旗頭たるサー、コーナン、ドイルからエヂソンの答話にたいしいも刺しにグサリと抗議の一矢をはなつた、

なんだ發明王たるエヂソンともあろう人物が謂はゞ人間宇宙生存價値の根本義の斷案となるべき斯かる大切なる問題に自己の意見の發言をなすに、まだ會心の研究もしないで事もなげにかゝる與太をとばすとは何事かと大きなお目だまを頂戴におよんだ。エヂソンも身もとより匆忙の人ではあるが、またさるものそれにたいして何ともいはぬらしい。それはさもこそあるべしで、何しろこの『死後生の有無如何』といふ問題は吾人をもつて見れば人間の救はれるか救はれざるかの分水嶺となるべき最も大切なるこの問題は千八百八十年頃から始まつて英國においては前にものべた神靈研究調査會といふものを組織して以來既に年を閱すること四十有餘年この方、大英國の一代の科學者連の精鋭をすぐつてこれ等の人々があらゆる苦心焦慮して腦漿をしぼりしぼつた揚句凡庸の人間から考ふれば不可思議とのみ看へる『死後生あり』といふ問題は最早今日となつては寸毫も疑ふ餘地なくいやでもおふでも肯定しなければならぬ確定の事實となつて居るのだ。

資　死後生あり（中）

★日米　昭和三年三月十四日　3-39

死後生あり

コーナン　ドーイル對　發明王エヂソンの板挾み

華村　今村敬吉

【中】

彼のクルック、チューブの發明者であるドクター・クルックも隨分と腦味噌をしぼつて百方研究調査の結果、とう〳〵いや〳〵ながら『死後生あるを信ぜず』といふ盲信のかぶとをぬいだ、きわめて有力な一肯定者である。

エレクツロニツク（電子說）學說の泰斗たるプロフエツサー、ミクカンと相對して電子科學者として押しも押されもせぬサーオリバー・ロッジも『死後生あり』といふ事實を肯定する一方の驍將である。その他當代科學界のチヤキ〳〵の連中が綺羅星のごとくこの事實の肯定者としてズラリとおしならんでゐる。

天文學の明星として世界に知れわたつたフランスのカミル・フラマリンも又これが肯定者として一方の旗がしらである、彼れの『死の間ぎわ』『死後の生』其の他の著述によつて明かである。

バイブルの中にも這般の消息に關する言句が見ゆるのも少くない。たとへばマスターの仰せられた

肉體は到底肉體であつて死に歸せざるべからず。けれども心靈は心靈である故に永世を享有する。

『神のみ國は汝のうちにあり』又は『內住のキリスト』佛陀の萬生佛性ありと仰られたのと一つこと。

三聖中の一人たるソクラテスはファイドウの章節に諄々とし弟子だちに人間靈魂の不滅なることを道破してゐる。

兎にかくエヂソンなる世界的人物が、かゝる重大なる人生上の問題にたいしよい加減のお託をならべたに對しコーナン・ドイルが眞劍に意氣まいて一矢をむくるたのは抑もなにを語るだろうか。

そはいふまでもなく當代世界の智識階級の選良は淺薄で安價な唯物科學に心するし濃厚な、迂遠さ加減とその悲しむべき無定見にさめて物質文明の魯鈍な皮臭にスフカり嫌厭の念を生じよい加減に見きりをつけて、進んで純眞な精神科學、精神文明の新境地に人間無限發展のポシビリチーを懸命に開拓すべく向上努力精進する社會的人間心理作用の自ら歸趨するところの一反響にすぎぬのである。

資　死後生あり（下）

★日米　昭和三年三月十五日　3-40

死後生あり

コーナン・ドーイル對發明王エヂソンの板挾み

華村　今村敬吉

▲古代と近代

自然界には普通人間に通有な知解や研究のやうな不完全で且制限された方法によつて説明することのできない隱祕でかつ不可思議なおほい事實が存在する、目に見わがたきものは目之を見ることはできない、しかし見わがたき隱れたるもの、例へばガスのやうなもの・太陽の發光力や、惑星・動物・人間の思考・記臆・想像・意思・感情・心理作用の感應・電氣・磁氣其の他一々枚擧するに暇のないこれらの活は如何うせん事實であつて之れを説明するには普通人間の到底無能なるにもかゝはらず存在する

自家の理解の及ばざるの故をもつて事物の存在を否定する人は滅多無性に事々物々を信ずる人とその輕信は相ひとしい・こいふ人々は自由にして覊束ない思索家ではなく、謂はゞ意がの奴れいか、しからざれば人、の理解の薄い人間だ、ところでこの批評の當てはまる人々は必ずしも教育のない人々とはかぎらない、學者達もその仲間入をするので彼等の倨傲の態度や、懐疑唯物觀によつて知ることができる

當代には偉大な見持るのなし生ないといふのではありません近代哲學者だちにはソクラテスや、プレトー、プリニー、アリストートルやパイサゴラスのやうな心魂を所有する人々があるのです、

一例を擧ぐればエヂソンは電信學にかんしては古代の人々よりズツト通曉してをる、けれどもファザーとよばれたパイサゴラスは有形の仲介物體なくして距離をへだてゝ思想傳送の技にかけてはエヂソンが知りうるかぎり以上のことを知つて居つた、ハモンド教授は人體の解ほう學コーリスは蒸汽汽罐にかけてはプレトウより遙によく之れを知つたけれどもプレトウは世界を運行する自然力についてはコーリスの知しうるかぎり以上のことを知つて居つた

にかけてはアリストートルよりもより以上のことを知つて居つたけれどもアリストートルは身體を構成する諸力とアプクリピユートに關しては近世の外科醫を打つて一團としたよりも遙より以上のことを知つて居つた

吾人は當今驚くべき時代に直面して居るのでその舞臺の開幕に當つては發明の二光科學の爍らんたる光輝に眩惑される、けれども民衆がこのけん惑の結果からぬぐふが如く回復したときに彼れ等は獨立の思想や眞理の光明な追求するのであろふ、社會の視聽から久しく埋沒された、たからは光明に出てきて民心の飢かつをいやし古代の智識は發掘され・不可思議不可解と思はれたものは沖天する白日のごとく尋常一般のことゝなるであろ

怪　昭和怪談　将門の首塚

●伊勢新聞　昭和三年三月十七日（十六日夕）　3-41

昭和怪談
將門の首塚
怖氣づいた大藏省が國費で大法會

四月十四日　於淺草日輪寺

平將門大法會

導師　相州藤澤遊行寺の大僧正

施主　大藏省

これは來月早々大藏省内へ張出される掲示の下書だ、大藏省が國費を投じてお門違ひの法事をやらうといふには奇々快々昭和怪談「將門首塚のたゝり」がある、役人の首を斬る大根を切る如き大藏省のお役人も將門の話になると首をすぼめておびわ切つてゐる、法事の外に墓所復活の申請をも大臣に出すといつてゐる、とのいはれはかうだ

◇　◇

将門の首塚は昔から大手町の大藏省構内左手のひさご形の池に面したほこらの中に東向にまつられて居た、将門の靈をまつる江戸名物の神田明神の祭禮當日は必ず神輿をほこらの前にかつぎ込むのはそのためだ、震災後ほこらも焼け池は跡形もなくなつた、あらはになつた首塚の石棺の上には主計局のバラックが建てられた、石棺の上にあつた高さ五尺程の石塔は邪魔物扱ひ、營繕局と主計局の内庭に雨風にさらされてすゑられた

◇◇

數百年間つゞいてゐた明神様のお祭當日の祝詞奉仕もそれつきりとなつた、大藏省内、殊に主計局と營繕管財局のお役人に病人が出る怪我人が出る死人が出る、早速大藏大臣をはじめ營繕局工務部長矢橋工學博士と相次いで死亡したものが今日まで十四人、怪我人の方では時の政務次官武内作平君、荒川事務官などを筆頭に一時は足を怪我せぬものはない程であつた、しかも怪我は申合せた様にアキレス腱が切れるさいふ厄介至極なものだ、誰いふとなしに大藏省内にこの怪談がはじまつたのはこの頃からである

◇◇

「天慶の昔、新皇と稱して關八州を荒し廻つた剛の者平将門の墓を荒した祟りだ」と氣味惡く傳へられる……去年の三月には頑固屋で通つた片岡前藏相も省内のうわさに参つてしまつた、春にでもなつたらお祭をしようといつてゐたが、財界のパニックに内閣ごとブツつぶれてその後沙汰止みとなつて居たところがまた〳〵最近營繕管財局の屬官がぽつくり死んだ。もうたまらなくなつて将門の過去帳がある淺草日輪寺で調ると将門の命日は四月十四日とわかつた、それでこそこの日に國費で法事をやるといふ昭和新怪談の由來である

将門の亡霊を弔う

怪

●松陽新報　昭和三年三月十八日　3-42

大藏省が怖氣づいて 将門の亡靈を弔ふ

國費をもつて近く大法會を 首塚が祟る昭和怪談

四月十四日　於淺草日輪寺
平将門大法會
導師　相州藤澤遊行寺の大僧正
施主　大藏省

これは來月早々大藏省内へ張出される掲示の下書だ、大藏省が國費を投じてお門違ひの法事をやらうといふには奇々怪々昭和怪談「将門首塚のたゝり」がある、役人の**首を**斬る事大根を切る如き大藏省のお役人も将門の話になると首をすぼめておびえ切つてゐる、法事の外に墓所復活の申請をも大臣に出すといつてゐる、ことのいはれはかうだ――将門の首塚は昔から大手町の大藏省構内左手のひさご形の池に面したほこらの中に東向にまつられて居た、将門の靈をまつる江戸名物の神田明神の祭禮當日は必ず神輿をほこらの前にかつぎ込むのはそのためだ、震災後ほこらも焼け、池は跡形もなくなつた、あらはになつた首塚の石棺の上には主計局のバラックが建てられた、石棺の上にあつた高さ五尺程の石塔は邪魔物扱ひ、營繕局と主計局の内庭に雨風に**さら**されてすゑられた、

◇◇

數百年間つゞいてゐた明神様のお祭當日の祝詞奉仕もそれつきりでなつた、大藏省内、殊に主計局と營繕管財局のお役人に病人が出る、怪我人が出る、死人が出る、早速大藏大臣をはじめ營繕局工務部長矢橋工學博士と相次いで、死亡したものが今日まで十四人、怪我人の方では時の政務次官武内作平君、荒川事務官などを筆頭に一時は足を**怪我**せぬものはない程であつた、しかも怪我は申合せた様にアキレス腱が切れるといふ厄介至極なものだ、たれいふとなしに大藏省内にこの怪談がはじまつたのはこの頃からである――「天慶の昔、新皇と稱して關八州を荒し廻つた剛の者平将門の墓を荒した

たゝりだ」と氣味惡く傳へられる——去年の三月には

頑固 屋で通つた片岡前藏相も省内のうわさに參つてしまつた、暮にでもなつたらお祭をしようといつてゐたが、財界のパニックに内閣ごとブッつぶれてその後沙汰止みとなつて居た、ところがまたく最近營繕管財局の屬官がぽつくり死んだ、もうたまらなくなつて將門の過去帳がある淺草日輪寺で調べると將門の命日は四月十四日とわかつた、それでこそこの日に國費で法事をやるといふ昭和新怪談の由來である(東京電話)

怪 不思議な因縁　巫女の予言で大当りの狂言

●九州新聞　昭和三年三月二十日（十九日夕）　3-43

不思議な因縁 巫女の豫言で大當りの狂言

死の戲曲『外國行』上演

【ロンドン發電通郵信】＝最近ロンドンの演劇界で最も大入りを占めた出し物はサツトン、ベーン著の戲曲『外國行(アウトワード、バウンド)』であるがこれについて不思議な因縁話がある右興行主ジェームス、フエントン氏はその前の出し物が客足を引かず缺損に缺損を重ねた爲め思ひ餘つて巫女の判斷を頼むと『今迄は運が惡かつたが乾度取返しがつきます船に關係のあることでもう一度運だめしをして御覧なさい、外國へ行く船のことで……』といふ御託宣があつたそれから間もなく氏が上演を決心した戲曲『外國行』は人生最大の暗影なる死を主題とした憂鬱なドラマであるが觀者から死に對する恐怖の心持を奪ひ去る力があると評判せられ居り久しい以前第一回の公演をした際にも死別の悲しみにある人々が爭つて見に出掛けたものだそうである然るに今度は上演すると間もなく大文豪ハーディの死がロンドンを驚かせ一般の底に全市民は愈々憂鬱となりそれに伴つて『外國行』の觀客は俄に激増したそれから僅か二十日程を經て老將ヘーグ元帥の訃報が更にロンドン市民の心を暗くしたがフエントン氏の劇場はその日から更に一入の大入りを續け劇界を驚かすに至つたのであるもう一つ不思議な因縁ともいふべき同戲曲の前回演出の際の主演女優デイス、フオリオット孃は街上で轉んだ傷がもとでケンシントン療養所に入院中今回の上演の初日の夜丁度開幕の時刻に危篤に陷りその儘永遠の外國へ旅立つてしまつたさうである

幽 世相フィルム

●小樽新聞　昭和三年三月二十三日（二十二日夕）　3-44

昭和の怪談——幽靈に送られた話といつたらまたかと答ふかも知れぬがこの頃名寄の一部に持ち上つた話題の一片だからマア聽いて呉れ給へ

◇

名寄のあるお役所につとめる某氏の令孃とく子(假名)さんは某市の女學校に在學中で寄宿舍から通學してゐたがこのほど久方振に歸省する喜びを胸にいだきながら終列車で歸途についた

◇

やがて列車が名寄驛に着いたと思召せ車窓からホームを見ると家にゐた頃、とく子さんを吾子のやうに可愛がつて呉れた爺やが唯一人ションボリと出迎へてゐて呉れた

◇

「お孃さんはきつと明日お出になるだらうとお家では皆お寢みでしたが、爺やはもしやと思つてお迎へに出て見ましたが、よくまアお歸りになりました」と嬉しそうにうつたへるのである

◇

それから道々はいろくの話に興じながらいつかわが家近くまで來ると、爺やは時間も遲いからといつて令孃に名殘惜し氣に別れて

しまつた

◇

話はただこれだけ――しかしその爺やは昨年の暮死んでゐるのだから凄いではないか

◇

さだめし令嬢なつかしさのあまり爺やの一念が現はれたのであらう

◇

令嬢翌朝その爺やが死んでゐるときいて髮毛が一本立ち、さつそくお寺詣りをして南無阿彌陀佛、南無阿彌陀佛

◇

崇るは平将門　大蔵省恐慌

怪 ●山形新聞　昭和三年三月二十七日（二十六日夕）　3-45

崇るは平將門 大藏省恐慌

病人續出するので

來月十四日法會執行

【東電】現在の大藏省の敷地は元神田明神と

今は

淺草區柴崎町に移つた日輪寺のあつた所で震災前迄大藏省の中に平の將門の首塚があつて將門を祭つて居た、然るに震災後バラツク建築に際して現在の營繕局の縁下になつてしまつたが夫以來大藏省には病人が續出し先づ早速藏相が

病死

し次で營繕管財局工務課長矢橋矢八博士も病死したのみならず大藏省の官吏三。四十名が病氣にかゝつて居るがこれは將門の祟りであると誰云ふとなしに云ひふらすに至つたので營繕管財局大臣官房の連中も大いに氣を病みこれ等が主催となつて二十四日午後四時から大藏省で鎭魂祭を執行したが向將門の

命日

たる來る十四日には淺草柴崎町の日輪寺で法會を行ふことゝなつた、當日は時宗本山藤澤の遊行寺から大僧正河野頼善師を招ぎ將門の祟りを除くことゝなつた

将門の霊よ　この通り謝まる

怪 ●東京朝日新聞　昭和三年三月二十七日（二十六日夕）　3-46

將門の靈よ この通り謝まる

大藏省のお役人連が

おぢ氣をふるつて　鎭祭

帝都の眞ん中しかもいかめしいお役所で昔ながらの怨靈鎭めの祭が行はれるその話はかうだ、震災後大藏省ではどういふものか、病人が續出して早速藏相、矢橋營繕管財局工務課長その他十數人は

現職の

まゝで亡くなつて行く、數字には冷靜で遠慮なく各省豫算を大引する役人も生命だけには神經過敏になつて一算盤をはぢいた結果どうもこれは將門の怨靈のせいらしいと衆議が一致した

今の丸之内大藏省敷地は元神田明神と淺草日輪寺のあつた所で震災前まではその中庭に平將門の首塚を祭つてゐたが震災後バラツクを建てる時に首塚を今の主計局の敷の下にたゝきこんで毎日靴でギユー／＼踏みつけてゐた、これは怒るのももつともだ

廿七日

午後四時省内第二食堂を祭場として神田明神社司主祭の下におごそかな鎭魂祭を行ふことになり、更に來月十四日には藤澤遊行寺の高野管長を招いて日輪寺で法要を營み大藏省役人一同『今後はどうぞよろしく』と參拜のはずである

大蔵省に平将軍崇る

怪 ●土陽新聞　昭和三年三月二十七日（二十六日夕）　3-47

大藏省に 平將軍崇る

お役人が怖氣づいて

明日鎭魂祭を營む

東京電話＝現在の大藏省敷地は元神山明神と今の淺草柴崎町に移つた一輪寺のあつた所で震災迄大藏省の中庭には平將門の首塚があつて將門を祭つて居た然るに震災後バラツク建築に際し現在の主計

前の欅の下に埋されてしまつた所がそれ以来大蔵省に病人が續々とあつて先づ早速整理部長が死亡し次いで營繕管財局工務課長矢橋博士も遂に病死したのみならず大蔵省の官吏三、四十名が現在病氣に罹つて居るが之は將門の祟りだと誰れ云ふともなく云ひ觸らしたので同省營繕管財局及大臣官房の連中が氣にしだし同局主催にて二十七日午後四時から大蔵省内で鎮魂祭を執行することゝなつた尚將門の命日に當る來月十四日には淺草柴崎町日輪寺に於いて法要を行ふ筈で同寺には時宗本山藤澤遊行寺から大僧正河野師を招き盛大に執行し將門の祟りを除く事となつた

獣 嫁入った白狐　お稲荷さんにきょう祭神される
●山形新聞　昭和三年三月二十八日（二十七日夕）　3-48

嫁入つた白狐
お稲荷さんに
けふ祭神される

紙面を賑してくれる昔噺その儘の嫁入つた白狐はお聟さんの家、新庄町神明町一谷光造方におかいこぐるみで贅澤三昧に暮してゐたが北村山郡宮沢村正厳神社の傍に新築中の祠が完成したので十八日午後一時四十三分新庄發の列車でお聟さんの光造さん其の他に送られお引つ越しをやることになつた宮澤村では有名な白狐のお入りとあり大歡迎會が開かれる筈で正厳神社の藏金神主により壮厳な祭神の式が執行されると

怪 山の神のお告げ　十三娘予言　なんでもあてると…
●山形新聞　昭和三年三月二十八日（二十七日夕）　3-49

山の神のお告げ
十三娘豫言
なんでもあてると
新庄町の大評判

新庄町吉川町、矢口榮作さんの孫てつ（一二）は不思議にも豫言をするのが、なんでも的中するので本物の占易そこのけに大繁昌。この小娘は本縣最上郡鮭川村川口の生れ小學校を一年修業したばかり、十歳の時から『私は小牛田の山の神様の娘で廿三歳になる小山の神様がのりうつついて世の中のことは何でも判る』と喋り出したのである。

◇

占つてもらふ時は頼む人はなんでもかんでも俗謡七つを唄はなければならぬ、唄はなければ絶對に口を聞かぬ、それは山の神様が唄好きであるからであると云ふにある、この小娘、至つて無慾、謝禮金品を要求せぬ、食物、衣類、履物、何んでも先づ山の神様にあげる……と禮拝してから食べたり着たりする。

◇

廿六日、この不思議な娘を白ばくれて訪れる……『一つ占つて頂きたい』と神妙に申入れると變な顔した娘は『おまいは何か疑つてゐるから、だめだ』と頭をふつていつかな聞かぬ、實に不思議だ靈感があるのか、しかたがない花の枝を鋏ぎ、寫眞を一つと頼むと、こんどは怒り出して奥の方に飛込んでしまつた

◇

この小娘寫眞が大好物、毎晩のように出掛ける、場所が高場の裏通りだから毎日、白粉の姐さん達の引つぱり凧、お蔭で矢口榮作さんと二人して手をつかねて樂に暮してゐる

獣 鰤の大曳網に珍らしい怪魚　高知県下に於る…
●函館毎日新聞　昭和三年三月三十一日（三十日夕）　3-50

鰤の大曳網に
珍らしい怪魚
高知縣下に於る珍事

（高知電話）二十九日午前十時頃高知縣安藝郡野根村沖合にて鰤の大引網に世にも稀な怪魚が引つかゝつた胴廻りは大鰤の三倍位で長さ三間餘り重さ三十貫背中は黒色なるも腹には赤、青、白の斑點あり頭と尾は鰐に似てをるも鰐ではなく兎に角珍らしい怪魚である

獣 鰤の大敷網に怪動物かかる
●松陽新報　昭和三年三月三十一日　3-51

鰤の大敷網に
怪動物かゝる
高知縣安藝郡の沖で

廿九日午前十時頃高知縣安藝郡井置村沖合で鰤大敷網に世にも奇怪

なる怪動物が掛つた胴體の廻りは大日の三倍長さは三間餘、飛出三百貫背中は黒色なるも腹には青、赤、白の斑點あり頭と尾は鰐に似て居るが鰐でなく更に角怪動物と見られてゐる（高知電話）

獣　名も知れぬ奇怪な獣　北山で斃死
●十日町新聞　昭和三年四月五日　3-52

名も知れぬ 奇怪な獣 北山で斃死

去る三十一日朝七時頃眞人村北山宮の越のある農夫がまことに珍らしい怪獣の斃死してゐるのを見附けたが身長一尺六寸尾の長さ一尺八寸七分尾は横幅が廣く廣い部分は五寸四分程あつたと云ふがこの不思議な獣は名さへ知つたものなく、何でも餘程の深山に棲息してゐるものらしく闇に乗じて餌あさりに里近くやつて來明け近く山へ歸る途中電柱に上り電線に觸たと見え片手は炭のやうに焼て居つたと云ふ、村人は午前中七十餘名午後百數十名も見物に押かけ大騒ぎを演じた上三日開催の副業品評會に出品しやうと云ふのであつたが電氣に焼けたので腹部から悪臭を放つため其儘葬つてしまつたと

怪　諸国の噂　岡山県
●都新聞　昭和三年四月五日　3-53

諸國の噂

◆岡山縣　苫田郡津山東町大字川崎林田小學校の水田中に眞裸體になつて死んだ、勝田郡川邊村大字日上、上田宇一（三）の死體が泥醉の結果、過失死となつて一段落ついたのは先頃の事だが、二三日前、親戚の一人が津山署へ出頭し「宇一の死は確に野狐の仕業です」と訴へ出た、この證據は、着てゐる衣類を入念に調べると着物の袂へは十數本の元が白くて先が狐色の毛があつて中には途中から折れたものが現れた、これは明に古狐の毛、殊に同所は古來狐がゐるとの傳説がある、確に醉餘狐に憑かれて死んだものだと云ふのだ、警察も驚いてゐるが、狐につまゝれたとはこの邊の感じか

怪　魔の官舎　平家落武者の霊が祟る
●神戸又新日報　昭和三年四月七日　3-54

魔の官舎
平家落武者の靈が祟る
不幸な事が打續く 山陰鎧驛の官舎

大藏省が將門に祟られて同省の官吏で病氣に罹つたり死亡する者が多いといふので大藏省が總がゝりで將門の法要を營んだが之に似た話が日本海に面した但馬の僻地城崎郡餘部村鎧に持ち上つた。

◇

問題の建物は山陰線鎧驛の驛長助役の官舎である鎧驛は餘部鐵橋で名高い山腹の一小驛であるが同驛の官舎に入る驛長、助役の家族で不思議にも病氣になつたり死亡する不幸が續く、官舎建設以來同官舎で死亡したもの既に六名に上り最近では某助役が病の床に呻吟してゐるので驛員仲間では全くの魔の官舎として恐怖して居る。聞くところに依ると同官舎は尾島の舗に於て源氏のためにみじめな敗北を取り隠岐の國に逃れんとして暴風の爲め同海岸に漂流した平家の落武者藤原某の墓のあつた處で官舎の建設のその當時元の墓を發掘し其の跡へ建た爲め藤原某の靈の祟りだらうと言はれてゐる。

◇

神戸鐵道局では御幣をかつぐ譯ではないが餘り魔の官舎の噂が高いので先般實地調査をしたとかで近く平家落武者の鎮魂祭を營むとの噂がある。

幽　亡霊が出る　北会津高野村木流の実父殺しに絡る怪談
●福島民友新聞　昭和三年四月九日　3-55

亡靈が出る
北會津高野村木流の實父殺しに絡る怪談

◇世は昭和だと云ふに是れはまた、亡靈が出る――話。

◇北會津郡高野村大字　流字木、宍戸流一（二九）は先だつてフトしたことから怒りに任せて實父を絞殺してしまつた。

◇流一が若松支部の公判で懲役十二年を求刑され、そして十日に十年の刑を言渡された事は既報の通りであるが、

◇あの殺害事件のあつてから間

もなく『源一の家に殺された實父亡靈が出る』といふ噂がパッと擴がつた『幽靈は源一の家ばかりでなく其の近所もうろつき廻る』

◇『死んでも死に切れずに　魂は迷つてゐるのだ、怖ろしいことだ――』噺りした話は尾にヒレをつけて、それからそれへと傳はつた『俺は身の毛もよだつやうな姿を見た』『俺が見たのは青い〳〵火の玉だつた』……。

◇あまりの恐ろしさに、夜は早く戸をおろして近所近隣は一歩も出ないやうになつた、そのあたりの夜は人ッ子一人通らなくなつてしまつた。

◇そんな事から親類などでも心配し出して二三日前和尚さまを呼び迎へ、そして有難い御經を讀んでもらつて懇ろな供養をした――と傳へられてゐる。

◇ひとやの中に繋かれている源一は果して是れを聞いたであらうか？……もしも知つたとしたなら、ひし〳〵悔悟の情に迫られて、冷たい夜のしとねは乾く涙に濡らされる事だらう。

獣　諸国の噂　山形県

●都新聞　昭和三年四月十日　3-56

諸國の噂

◆山形縣　新庄町で、源治郎をおとりにして年古りた白狐を捕へた事は先頃紹介、少からず諸方で有名になつたが、ここにその牝狐を奪はれた、牡狐は、捕へた關屋部落の涌井屋一を怨む事一通りでないと見え、近頃屋一の家の廻りを夜通し啼き歩き、鶏をとる兎をとる、而も決してわなでつかまらずその上この間は屋一が近所へ行きその踊りにはばかされて野中で夜を明かしたとか怪異が續く、近所ではおぢけをふるつてゐるが、これが又評判になり出した

獣　きょうの話題

●神戸又新日報　昭和三年四月十二日　3-57

◇山形縣新庄町で酒粕をおとりに年ふりた白狐を捕へた、牝狐を蔽はれた牡狐は、捕へた關屋部落の涌井屋一をうらむこと一通りでなく、同家のまはりを夜どほしなきあるき、鶏をとる、兎をとる、しかも決してわなでつかまらず、その上この間は屋一が近所に行つた踊りにばかされて野中で夜をあかした等々、怪異がつゞくので近所では、おぢけをふるつてゐるといふ。

妖　土佐の伝説　一つ目小僧

●神戸又新日報　昭和三年四月二十一日　3-58

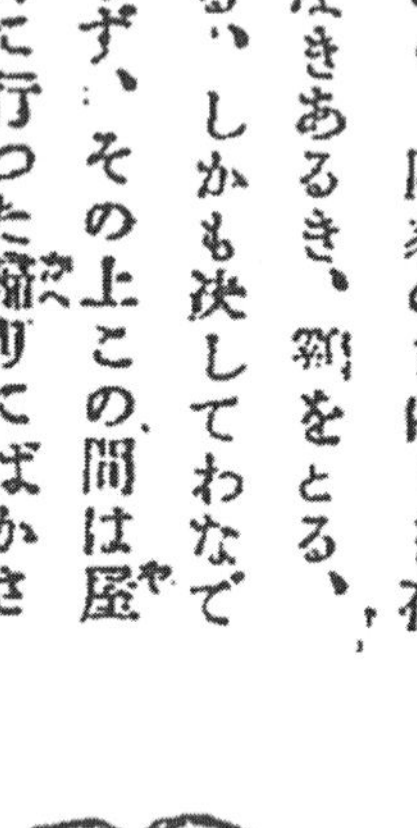

土佐の傳説　一つ目小僧

太田さむろ

土佐の國の子供に、昔からなぢみの深いのは一ッ目小僧のお話です。

小僧は、人の考へて居る事を何んでも、先にちやんと知つて仕舞ふのでした。時々山から人里に下りて來ては百姓達が汗水たらして作つて居る野菜でも何んでも荒して逃げてしまひます。

懲しめてやりたくても、なんでも先に知つて居るのでどうしてもかたきが討てません。

所が或日のこと山中の一軒家に村の若者達が集まつて圍爐裡にどん〳〵薪をくべて、天井から釣した鍋にいろ〳〵の野菜を入れて、煮ながら皆が盛んに一ッ目小僧の惡口を云つて居りました。

その時に表で耳をすまして、その話を聞いて居たのは、例の小僧です、人間め、又自分の悪口を云つて居るな……その時に突然吃驚する程の、恐ろしい大きな音がしました。それは、誰も知らない間に、竈の中に、竹が交つて入つて居ましたので、火がつくなり大きな音を立てたのです。

之には若者達も驚きましたが、不意を打たれて尚吃驚したのは、一ツ目小僧です。流石人間は賢い自分の考へて居ない様なことをすると感心しながら逃げて行きました。（東須磨下堀内コドモの家）

資　黒松内怪談会
●函館毎日新聞　昭和三年四月二十五日　3-59

黒松内怪談會

黒松内青年團主催の怪談會は定期例會の當日たる廿二日午後七時から龍正寺に於て開催された參會者は青年團員及び一般約百五十餘名定刻副團長小曾根氏の辭を述べ次きに中村女子青年團長、長谷部聯青副團長、井上氏青年團員數名は小學校兒童のため歴史講話やお伽噺等をなし午後九時一時中止小學校兒童を歸宅せしめて後九時半より再開青年團員其他一般聽衆約五十名は電燈を滅して蠟燭を點じて愈々當日の目的たる青年の膽力練磨のための怪談會に移つたが薄暗い本堂に聽衆は只だ呼吸を殺して耳を傾ける中に中村、長谷部、井上、安田、布谷、飯島の諸氏交々起ちて物凄き怪談をなし午後十一時半閉會した

幽　諸国の噂　石川県
●都新聞　昭和三年五月一日　3-60

諸國の噂

◆石川縣　能美郡根上村字福岡のある若者が河豚の刺身を喰つて、死亡した、直に納棺して翌日火葬と、その晩から「浮かばれぬく」と村内各戸に若者の幽靈が現れそればかりか大阪にゐる同人の姉の處へも幽的が現れて「姉さん、わしは本當に死んだのではない、假死の狀態でゐたのに燒かれて了つたのだ、こんな無念なことはない」とかきくどかれて姉さんもたまりかね、早速歸朝して亡弟のために回向をした、以來幽靈は出なくなつた

ラ　よみうり東京ラジオ版　落語「池の端猫怪談」…
●読売新聞　昭和三年五月二日　3-61

よみうり東京ラヂオ版
『けふの番組』　JOAK
池の端猫怪談　五明樓玉輔

ラ　落語　池の端猫怪談　五明楼玉輔
●読売新聞　昭和三年五月二日　3-62

落語　池の端猫怪談　＝午後八時十分＝　五明樓玉輔

生れつき愚か者の與太郎は、幼少から叔母に養育された男やもめの親分が死んでも其の死骸を始末する方法もなくぼんやりして居た、家主がそれを見兼ねて、同じ長屋の甚兵衛を呼んで來て手傳はせ、死骸を棺に納めて其夜與太郎と甚兵衛の二人に差荷ないでかつがせ、家主付添ひ、深川から谷中の寺へ行く途中、下谷池の端で與太郎が肩を替へるはづみに棺を落してこわれて終つた
家主と甚兵衛は更に棺を買ひに行き、與太郎獨りで、死骸の番をして居る處へ猫が來て死骸に魔をさし踊り出す、棺桶を買つて歸つて來た二人はびつくりして、腰をぬかし落ちのつく話。

ラ　よみうり東京ラジオ版　長唄　新古演劇十種の…
●読売新聞　昭和三年五月七日　3-63

よみうり東京ラヂオ版
『けふの番組』　JOAK

◇長唄　新古演劇十種の内茨木　唄富士田新藏▲同富士田音三久▲同富士田音松▲三味線柏伊三郎同齋美太郎改め松島壽三郎▲笛住田長次郎▲小鼓長

佐久改め望月太左衛門▲大鼓六郷福之助▲太鼓柏秀三郎

ラ　長唄　新古演劇十種の内　茨木

●読売新聞　昭和三年五月七日　3-64

長唄＝午後八時半ごろ

新古演劇十種の内　茨木

唄　富士田新蔵
同　富士田音三久
同　富士田音松
三味線　柏伊三郎
壽美太郎改め
同　松島壽三郎
笛　住田長次郎
長佐久改め
小鼓　望月太左衛門
大鼓　六郷福之助
太鼓　柏秀三郎

へ夫れ普天の下率土の濱王土にあらぬ地のなきにいづくに鬼の住けるか夜な夜な東寺の羅生門へあらはれ出て、害なせしを頼光 合 朝臣の四天王 へ渡邊源治綱、合 へ鬼神の腕を切りとりて武名を天下に輝せり へ綱は心に油斷なく仁王經をどくじゆなし門戸を閉して居たりける へかゝる處へ津の國の渡邊の里よりして、はるばるこゝへ叔母御前が へ對面を尋ねて如月の梅もいつしか色香うせ、片枝は枯れて杖つきののゝ字、 へ綱が屋敷へたどりきて、 へかまへゆかしき渡邊の門の外もにたゝずみてアラ曲もなき家の子やと。 へ音なう聲を綱はきゝ去りとて老の杖を引き尋ねうれしさ此まゝに内へも入ず戻さんはうしろめたしと立出て へことすげなくいゝはなし元の座にこそ直りける袖に涙の雨降りし過ぎにし事も老のぐち へひるは終日はだに負ひ 合 夜はよもすがらにだきねしてむづかる時はさま〴〵に 合 だましすかして出もせぬ乳ぶさをふくませなんどして身の老行もかへり見ず、成長なすを樂しみに へ頼光朝臣の臣となり御内の中で一チといふ二とは下らぬろうどうと人のうわさを聞度に、けふは時へてよう〳〵と尋ねてきたを内へも入ず門にすがりてさめ〴〵とうらみかこてば渡邊も聞事毎にたんそくなしとやせん角とためらいゐる、 へあはぬといへどあいたさに雨の柳の打しほれ 合 風にもまるゝふぜいにて行つ戻りつ いく度となくあとを見かへり杖をひき是非もなく〳〵行過れば へ産の親にも増りたる恩ある叔母を此まゝにかへすも本意ならざれば閉せし門を押開き夫はうれしき事なりと立かへり 合 へつまづきまろぶと手を取りて從者が案内に座につけば此方は敬ひ頭を下げ へ腕を納めし唐びつを御前へ直せば 合 見返りて心有りげにすりよれば綱は話しをよそになして へ主人の命にろうどうが瓶子かわらけたづさへ出で へ君が代は四つの海原 へおだやかに、合 へ風もみぎわへこぎよする千船百船 合 ほを疊む 合 長閑き空の八重かすみ立つやあしべの 合 あしべの田鶴の 合 千代の羽重ねいそなれ松、みどりの色播春のさゞなみ 合 二上り へ酒の機嫌を假寢にさす手ひく手の末廣や へつの國に 合 年を重ねて住のえの 合 額の浪に越かたをさもひ出見の濱遊び、合 乙女も春過ぎて 合 たれにあふきの御田植 へぬれにし仲も夏の夜の短きえにしたつ秋の風に結びし露ちりて 合 ひとりつもりの浦淋し遠里に野の問ふ人も へあられ松原多枯れ今いひ甲斐なき老の身をかこつよさみの小夜時雨、 へ昔こひしき舞の袖イザ へ語らんと座をかまへ へよろひかぶとに身をかため、君より賜はる名刀のしげきりといふ太刀をはき 合 如何なる敵に打乘りて殺人も逃れず只一騎、 へ時しも一天かきくもりふりくる雨は激しながら車軸を流す烈しきに進まぬ駒にむちを打駒をはなちて石だんへ登りて印の高札たつるをりから鳴動なし へかぶとのしころをむんずとつかみ我を宙へ引上げたりエイエイひくだんより下へと降りたり打つてかゝるを身をかわし、しば〳〵いどみ戰ひしがこは叶はじとかたへなる 合 ついじに手をかけ飛び上れば へ忽ち四方に黒雲たちめさきもしれぬ空中に 合 時節を待て又取るべしと へいふこへかすかに物すごく鬼神よりもおそろしく へ君の御感にあづかりて綱が名をこそあげにけり へ時を得顔に綱びめをどくことおそしと待つ内に從者がひつのふたとれば、そばへすりよりさしまねき へためつすがめつやゝしばし打まもりて居たりしが、次第〳〵

に血色かわりすきをうかゞひかの腕を取るよと見えしが忽ちに鬼神となりて飛び上れば合さてこそへんげ退きしと禰はあとをば追行きけり妖魔の所化に鳴動なし人々きやうふなす折しも、波風をけやぶりあらはれ出であたりをにらめし有樣は身の毛もよだつばかりなり、我が通力にて津の國の叔母が姿に身をへんじここ迄來るを知らざるや禰はいかりてさこそとふみ討たんとすればこくうに飛び行く自在の通力に、へ如何にかなして討取るべしと思へど黑雲立おふを鬼神の姿は消へ失せけり、なほ跡を得て討ち取るべし 妖魔にをそれぬ武勇の程、かんぜぬ者こそなかりけり（終り）

3-65　資　火星に棲む人類

●鹿児島新聞　昭和三年五月八日

火星に棲む人類

米國の宇宙天象學者パーシバル・ローウエル氏の說によると、火星の人類は、背が恐ろしく高い約一丈もあらうかそれに頭蓋は非常に大きく前額凸出し眼は巨瞳を有し耳朶は觸糸の如き薄膜をなし咽喉は細く鶴に似て居り左右の臂は鳥の羽裏の如き作用をなし兩手の指は觸毛の如き作用を有し更に全身は毛皮に掩はれ二本の足こ秋根こを有してゐるであらうこ

3-66　ラ　ラジオ 十日の番組

●函館毎日新聞　昭和三年五月十日　落語「植木怪談」柳屋枝太郎

十日の番組

オチラ

名古屋

▲七時五十分落語「植木怪談」柳屋枝太郎

3-67　怪　諸国の噂　松本市

●都新聞　昭和三年五月十四日

諸國の噂

◆松本市 清水町經師屋の黒田貞作方で、數日前朝早く、戸外から燦爛たる光りが屋内へ射したと思ふと、同家の床の間の白壁に、直徑四寸と一寸程の二つの黄金色した星の玉の模樣が現れた、而も之が毎日〳〵、いくらかづゝ、大きさと光りを増すといふ奇蹟を見せてゐる、主人は豐川稻荷の信者だから、多分その信仰の現れだらうといふ事になつてゐるが、何にしても摩訶不思議！

3-68　怪　諸国の噂　西宮市

●都新聞　昭和三年五月十八日

諸國の噂

◆西宮市 市外二つ瀧付近にある西宮警察署員の合宿所内に數十年來、誰かこしらへたものとも分からぬ古い稻荷さんがあるが、合宿所が出來てからは、參詣する人もなく荒れたまゝになつてゐる、處が今年の初めから所内に感冒やら熱病やらが絶えず流行する、かつぎやの誰かゞ伺ひをたてたら稻荷の祟りと分かり、早々六日の午の日お祭りをした、するとそれから病人が續々とよくなり、瀕死だつた堀内署長の息子さんの如きも全快して了ふ、その上ある夜、キヤン〳〵と狐の喜びの鳴き聲が五六人にも聞こえたといふ騒ぎ、は、いやどうも不思議〳〵

3-69　怪　幽霊に殺さる

★ユタ日報　昭和三年五月十九日夕

休暇利用の旅人

幽靈に殺さる

一人即死三人半死半生

テキサス州のフランキンといふ町に昔から有名な幽靈ハウスがある、昨夜その家に一夜を明かした親子四人の休暇を利用してベケー・ゴンに來た、ブラウンレーン（三十三才）と其妻並に二人の子供は夜中頭出た幽靈のため棍棒で滅多打ちに打たれ主人は即死し妻も殆んど生死の境にあり、二人の子供は未だ以て人事不省のまゝである。ヂヨンは自動車で昨日此土地にベケーションに來て其空家に寐たのであるが、幽靈が出るといふ話を人から聞いて大笑ひしそんな馬鹿げた事があるものかと云つてゐたものだ。因にこの幽靈といふのは多分盗棒の狂暴なもので狂人のやうな者が此家に住んでゐるのではないかと地方警官は見てゐるが未だ判明しないとの事。尚ほヂヨンの死は實に慘鼻を極めたもので頭蓋骨が滅茶苦茶に打ち砕かれてゐたとの事である。

山形七不思議（一）　一卜町浪人妻妾の争い

3-70

●山形新聞　昭和三年五月二十三日

夏夜怪談

幽

山形七不思議（一）

―一卜町浪人妻妾の爭ひ―

何時の世にも物好きな閑人があつたものと見え、此の物語りは全通し今より三百年前市井に云ひ囃された奇話怪談をある翁が筆まめにも書き蒐め拾ひ集めて置いたものが、やはり好事家の荒川日威男士の手に入り今日まで保存されてゐたものである、昔の怪談には髮ふり亂した白衣の女がドロドロン……と出て來るのがお定まり、昭和三年のモボ、モガにこんな怪談が怪談として通用するもんぢやないと言はれて見た處で何せ三百年前の種本に依るんであつて見れば筆者には如何とも致し方がない。

×　×

サテ當時の霞ヶ城下旅籠町の内一卜町に堤由右衛門といふ素浪人があつた。素浪人と言へば素寒貧は通り相場、多く以て尾羽打ち枯らした貧乏世帯であつたが、此堤由右衛門よほど色男だつたと見えて妻と妾を持つてゐた。昭和の今日の山形市民であるなら妾を持つて居れば素寒貧と否とに拘らず忽ち派に市會議員候補者位の資格は得てたのに、今から三百年前では妾を持つてゐることが市會議員の資格の一つにならなかつたらしい。

×　×

其の妾といふのがまた感心な女で奉公の餘暇には縫ひの賃仕事なぞを受とつて貧しい由右衛門夫婦に幾何かづゝみついでゐた。主人が半生の努力の結晶を塵なしにしてしまふやうな今どきの妾さんとはチト違ふ、ところがその妾はフトした病が重つて初夏のある夜ぽつくりと亡くなつて了つた。

×　×

悲しんだのは由右衛門『世が世ならば相當の縁を求めてかたづける筈であつたが、如何せん今の境遇せめて此の名殘に新しい物を着せて葬りたいと思ふがそれさへ叶はぬこの始末、面目次第も無いが帷子一枚讓つてくれまいか』と妻女に願つたは由右衛門一代の愁嘆場妻女もあはれを催し『何かは苦しく候はん、我とても年頃彼が世話になりたれば惜むべきにあらず、見苦しくとも是れをまゐらせ候はん』と箪笥を見せて白帷子一枚をおくつたのであつた。

×　×

由右衛門は喜ぶこと限りなく、晴着の帷子を妾に着せて甚大寺といふ寺に葬つた。然るに由右衛門の妻女は由右衛門の喜ぶにつけても嫉妬がやけて仕方がない、坊主にくけりやのたとへで呉れた帷子まで惜しくなつた。

×　×

葬式の夜ひそかに隣家の鋤を借りて甚大寺の卵塔場に忍んで主人が妾を葬るところを見てゐると、貧家の葬式にたがはず土を僅に掘つて埋め、其の上に石一つ据えて主人がサメ〳〵と泣いてゐる。

×　×

カーツとのぼせ上つた妻女は主人が歸るも遲しと新墓に進み寄り、今据へたばかりの石を轉がし、鋤で棺を掘起し白帷子を死體から剥ぎ取らうとすると、コハ如何に！妾の死體はすつくと立ち上り、白眼を開きハツタと妻女を睨んだ。

山形七不思議（二）　一卜町浪人妻妾の争い

3-71

●山形新聞　昭和三年五月二十四日

夏夜怪談

幽

山形七不思議（二）

―一卜町浪人妻妾の爭ひ―

墓から掘り返した妾の死體がスツクと立ち上つて、嫉妬に燃れた由右衛門の妻女を睨みつけた、大概の女ならキヤツと膽を冷やして氣絶してしまふに違ひ無いが由右衛門の妻女もさる者、毅然として死體目がけて躍りかゝつた。

×　×

昔の女が大膽であつたのか但しは此の妻女が唯物觀の遵奉者であつたのか、其の點は詳でないが兎に角白帷子の妾の死體に飛びついて行つたことは普通一般の怪談放れがしてゐて面白い。

×　×

妾の幽靈と妻女はつかみ合ひ捻り合ひ上になり下になり、とけつ轉びつ揉み爭ふ内に二人共髪ふりみだれ髪も振り乱れ、さながら鬼女の如く、どちらが幽霊で何れが人間か殆ど判じかねる物凄さ、荒川日蔵居士も『この場面を活動写真に撮つて置けば一と儲けが出来たらふナ』と言つて居ります。

×　×

こうして戦ふこと小半時妖女は先程附近に捨て置いた鍬に手が付きました、こゝらが人間のねらいところでせう、その鍬を握ると物をも見せず幽霊の眉間をしたゝか打つた、幽霊タヂ／＼とひるむすきに踏止とまた一つ。

×　×

人間の怒気は恐ろしいものだ、然し妬にもゆる妻女の盛んな怒気には流石の陰鬼の力も及ばなかつた。やがて鍬で滅多打ちに打ちのめされて再びもとの死体となつて了つた。

×　×

妻女は『さて／＼しつこき死人かな』とサン／＼死体に悪口をあびせかけながら白帷子をハギ取り、丸裸にしてもとの如く土中に埋め飛び散らした衣なぞを拾ひ身装ろひして払暁近く何食はぬ顔して帰宅しては見たものゝ、何となく気が落ち付かず、陰気な顔をして打ちしほれて居りました。

×　×

然るに翌日主人の素浪人由右衛門殿が何気なく背戸に出て隣家の裏を見ると白い帷子が物干竿にかけてある。ハテ見たことのあるやうな帷子だと思つてなほも近付いて見ると見違へもなく前日妻の死体に着せて埋葬した筈の帷子です。

由右衛門殿はギクリと驚いて隣家の女房に聞いて見ると『今朝お宅のお内儀さんが来て『手前の家は忌いから干場を借して貰ひ度い』と盥を借りて洗濯して干して行つたです』とのこと

×　×

由右衛門殿が眼の色をかへて墓場に駈け付けたのも無理はありません来て見ると甚大寺のお墓はサン／＼に荒しつくされてゐる、素浪人由右衛門も驚きあきれて妻女を責め問ふと斯様しか／＼の次第、由右衛門は烈火の如く怒つて妻女を離縁し放浪の旅に上つたとある。

妖　山形七不思議（三）　吉兵エ天狗に投げらる　3-72

●山形新聞　昭和三年五月二十五日

山形七不思議（三）

―吉兵エ天狗に投げらる―

寺町に吉兵衛といふ人があつた、木佛澤渡吉兵衛君の先祖であつたか乃至澤渡吉兵衛君の先代であつたか詳ではないが当時相当に暮してゐた人らしい。

×　×

サテこの吉兵衛幼少の頃友達に誘はれ盃山の後にそびゆる愛宕山へ栗拾ひに行き愛宕神社の奥深く進んで行くと雲突くばかりの山伏があらはれ、眼をいからし『この御山奥深く入るのみならず、栗の實を拾ふとは慾深い小わつぱである』と大手をひろげて怒鳴り其の聲はいん／＼として山谷にこだました。

×　×

多くの童子達は蜘蛛の子を散らす如く後をも見ずに逃げ帰つたが吉兵衛は余程口惜しかつたと見えて栗の實を後生大事と抱へて黙つてゐたすると山伏は大いに怒り吉兵衛を鷲づかみにすると遥彼方の小松原目がけて礫の如く投げ落した。

×　×

愛宕山東南の一峰は俗に太郎房山と言つて屏風を立てたやうな絶壁其の下には遥々たる馬見ケ崎河原この山上より投げられては木佛でも金佛でもたまつたものではありません、木ッ葉微塵と砕けるは必定、吉兵衛は横転逆転宙返りもんどり打つて落ちて来ると河原の小松原にあつた一人の武士に受け止められた。

×　×

夢うつゝのうちに其の人を見ると年の頃は三十ばかり容貌気高き武士であつた、武士は泣く吉兵衛をなだめすかし『此山には天狗が住んで居る、成長してもこの山には登るなお前の家まで送つてやる俺は霞ケ城の侍 某といふものだ』と教へて小白川まで送つてくれました。

×　×

吉兵衛の家では逃げ帰つた子供達から『吉兵衛が天狗にさらはれた』と聞いて大いに驚き、唯今で申す青年團や在郷軍人團なぞに頼んで大捜索隊を組織して山へ押しかけやうとしてゐるところに吉兵衛がボンヤリ歸つて來た。

× ×

吉兵衛の親達は事の次第を吉兵衛から聞いて、夫にしても其の侍が河原に居なかつたらと感謝の涙にかきくれながら翌朝はとるものもとりあへず霞ヶ城に件の侍を訪ふて見るとそんな名前の侍は居ないといふ、果して其の侍は何者であつたらふか、今のやうに野球が盛んな時代であつたら件の侍は名捕手とも謳はれたに相違ありません。」

× ×

此の時吉兵衛は兩親にも秘してゐたが同じ寺町の物持ち金兵衛の一人娘おみよにひそかに懸想し、いやがるおみよを無理やりに愛宕山に連れて行つたのであつた、然しおみよには與一といふ想ふ男があつて吉兵衛をきらつてゐた。

× ×

澤渡、渡邊兩吉兵衛さんのお宅には『愛宕登山嚴禁の事』といふ家藏があるかどうか知らぬが、近頃蔵王山や愛宕山なぞに若い男女學生が盛に戀のロケーションに出かけるところを見ると、愛宕山は戀の試験場であるかも知れません。

妖

山形七不思議（四）　宝幢寺逆柱のこと

3-73

●山形新聞　昭和三年五月二十六日

山形七不思議（四）

─寶幢寺逆柱のこと─

山形大火前までは市内地藏町にあつた今のお薬師さんの本堂の前身であるところの——これは寶幢寺のはなし——、市内に寶幢寺と云ふ古寺があつた、客殿寝殿の次の座敷に三間の床柱があり、その一間の内に誤つて建てたものかどうか一本の逆柱があつた。

× ×

雨風のはげしい夜になると此の柱から必ず奇怪な化物が出て、泣くが如く、むせぶが如く或ひはわめき、囁々耳を聾さんばかりの怪音を發するかと思ふと青白い怪光を發する、此の噂が傳はると檀徒も殆どお寺に近寄らないのみか、小僧はおぢ氣を振つて逃げ出し永く住まつて居る者がない。

× ×

住職の良寛法印はいたくこの事を心に痛み、何とかしてこの怪物を取しづめたいものだと日夜護摩を修め讀經祈願をこめてゐるが一向其の效驗が無く風雨の夜となると依然として怪物があらはれる、どうもこの坊さん生臭坊さんであつたらしい。

× ×

此の法印に理殿といふ一人の弟子があつて他の小僧は皆逃げて行つたのにこの小僧のみは大膽にも居殘つてゐた、道議のやうに聞々しい坊主だつたに違ひ無い、この小僧は當時まだ十三歳になつたばかりであつたが或る夜やはり風雨はげしく例の逆柱の間から怪しい物音が聞えて來た時、うちをのゝいてゐる良寛法印に向つて『あの怪物を自分がしづめて見たい』と申出た。

× ×

法印はかねかね理殿には見るところがあると思つて居り、自分はスツカリ手を焼いて居た時であつたから勿論喜んでこれを許した。

× ×

理殿は其の夜逆柱の間に行つて見ると外にはゴーッ！と物凄い風雨の音、折しも天井より青白い怪光があらはれた、扨こそと見上げると一見七八十歳ばかりの老婆が一つ眼よりらん〱たる怪光を放つて見下してゐる。

× ×

白髪は左右にみだれ、口よりは火焔を吐きスツと動くかと見る間に逆柱に添ふて蛇の如くさかさまに下つて來る。焔の光りにて一間はさながら夕陽を受たやうに紅に彩られる。

× ×

かくて此の老婆が疊に下り切るとスツと消ねて影も形も無くなつて了ふ、と見るまにまた〱天井にあらはれる、かくすること何十回雨風やまねば何時止むべしとも見えなかつた、理殿は意を決したものゝ如く老婆が姿を消した刹那ツト逆柱の下に迫り經を誦しながらハツタと天井を睨めた。

× ×

やがて天井にあらはれた一つ眼の老婆は火焔を吐きながら理厳めがけて逆柱を下りやうとする。理厳は必死と経を誦し怪物を睨み上げ徐々と柱を上つて行く。此處しばらくは怪物と小僧睨み合ひの態。

× ×

然し流石の怪物も萬物の靈長人間にはかなはなかつたものと見えます、ハッハと苦し氣な吐息を吐くかと思ふ間も無く老婆は忽ち一つの火玉となりやがてパッと四方に飛び散つて了つた。以後逆柱の怪物は絶えてあらはれる事がなかつたといふ。厳小僧怪物退治の一席

3-74　山形七不思議（五）長谷堂大滝の女神

●山形新聞　昭和三年五月二十七日

妖

山形七不思議（五）

—長谷堂大瀧の女神—

市外本澤村長谷堂より狸森に越える山道の左の谷に大谷といふ、道から遙に見おろす瀧がある、此邊に住む貧しい百姓の柴田某なる者が一日大谷瀧の附近で木を伐らんとして誤つて瀧壺に鉞を落として了つた。

× ×

此の柴田某は山里に住むに似ず河童のやうに水泳ぎのうまい男だつたと見え、落とした鉞を探して瀧壺に飛び込んだのであつた。

× ×

そして方々探してゐる内に身は何時しか不思議な洞穴の中に入つて呼吸も自由に出來るやうになつてゐた、柴田某は不審に思ひながらも尚奥へ／＼と洞穴を進むと行く先には思ひがけない綺麗な門があつて其の奥には結構を盡した一軒の家があつた。

× ×

柴田はまるで龍宮にでも來た心地で而も聞傳ひに奥に進むと庭の敷石はみな水晶の如く透き通り燦々たる白光を放ち其處こゝには金色の砂さへまじて文字通り黄金の光り目さむるばかり美しい庭の内には生れてから一度も見たことのない珍しい草花が咲き亂れてゐる。

× ×

貧農柴田は生れて始めて、いや長谷堂はおろか、浦島太郎を除けば日本國中の何人も曾て見たことが無いであらう寶の國に入つて實に輝かしい氣持ちだつた、暫らくそ思へば黄金は手當り次第に掴める然し乙姫様のやうな美人が其處にあらはれて歡迎して呉れないことが一寸不滿であつた。

× ×

柴田は尚も奥に進んだ……とオッ！居た／＼、端麗眼をあざむくばかりの美少女が縁先で機を織つてゐるではないか、柴田は『いやア君』と言葉をかけやうとすると美少女は厳かにほうずきのやうな唇を開きました『此處は人間の來るところではありません、あなたの鉞は門の外にあります』と柴田はハッとしました、そして『俺は砥ぎ減らした僅か一挺の鉞を探さなければならない身分だつたなア』と呟きました。……

× ×

門の外に出て見ると果して鉞があつた、柴田は元來た洞穴を抜けて再びしやばに出たのである、それから柴田は毎日夢見る心地でボンヤリ幾日かを過ごしました。

× ×

其の夏は非常な日照り續きで農民は苦しみました、此の時柴田は例の瀧壺のことを思ひ出したのです村民を引き連れ大谷瀧に至り瀧をせき止め水をドン／＼と汲み上げると山上に號泣する女の聲が聞えました、人々が驚いて見上げると氣高い天女が號泣してゐるのです。

× ×

數刻して蒼天にはかにかき曇り黒雲縦横に走るよと見る間に電光地を照らし瀧のやうな雨がドッと來ました。そして此の雨は三日も續いたといふことです。百姓のたすかつたことは申す迄もありません。

3-75　山形七不思議（六）笹谷峠のもの言う鹿

●山形新聞　昭和三年五月二十九日

獣

山形七不思議（六）

—笹谷峠のもの言ふ鹿—

山形より仙臺に越える笹谷峠の頂上に觀音堂があり其の傍に酒などを賣る茶店があつた、深山に唯一軒の茶屋であるか

ら谷に助け小屋と呼んでゐた。

×　×

當時は可成りに往來があつたものと見えて助け小屋も相當に繁昌してゐた、然し冬になると蕭山白がいく／＼の笹谷を通る人はよく／＼の用事のある人のみであつた、茶屋も冬の間は全く助け小屋の形をつとめてゐたのであつた。

×　×

日暮頃から降り出した粉雪はまたたく間に數尺積つた或る夜の事、戸外に十數人の足音がした。店の主人は定めし難儀の人々であらうと思つて焚火をして湯などわかしながら待つてゐたが軒近くまで來ても戸を叩かない。

×　×

ヘテ不思議な事だと思つて居るとやがて戸外の人々は觀音堂の前に行つて禮拜してゐる氣配がする。此の冬の深夜に何人であらうと主人は戸の隙間からのぞいて見たが觀音堂の前には人つ子一人居ない

×　×

主人はます／＼怪しんで耳をすますと確に御堂の前に人の居る氣配がする、その內に二人の聲がして

「サテ／＼此の邊の樣子も昔とは變つたものだなア、變れば變る世の中……」とつぶやきながら立ち去る樣子。

×　×

店のあるじも勇氣をつり上げて了つた、姿が見えずに人の聲のみがするといふ法はない、今ではラヂオで東京の聲も聞けるが三百年以前にはラヂオも無かつた、勿論笹谷の助け小屋にのみアンテナを張つてある道理もありません。

×　×

—茶屋の一家內はふるへ上つて焚火の周圍をかこみ、主人は再びそつと戸外をのぞくとつひぞ此の邊では見かけた事のない獸が四尺ばかり降り積つた雪をこぎ分けて行くのが見えた。

×　×

それからしばらくして仙臺から山形へ夜通しの商人が六七人連れでやつて來た、主人は早速商人達を焚火の傍に招じて最前の話をすると商人達は互に顏を見合せて眼を見張つてゐたが、その內一人の物知り顏な商人の語るところはこうだつた。

×　×

金華山の鹿が冬に一度笹谷の觀音堂に參詣するといふことは聞いてゐたが、今夜のはそれであらう、さつき途中で十二三頭連れの鹿に逢つたが我々が聲をかけると仙臺の者と見てか懷かしげにふり返つて谷へ下つて行つた。

山形七不思議（七）　嫉妬化して蛇となる

●山形新聞　昭和三年五月三十日　3-76

怪

山形七不思議（七）

—嫉妬化して蛇となる—

秋田城下に伊勢屋惣次郎といふ旅籠屋があつた、惣次郎不幸にして相果てたる後男子の子が無くさち、よしの二人の娘のうち何れかゞ家を繼ぐことゝなつた。

×　×

親族會議の結果山形の親族から姉のさちに養子を貰ひ惣次郎と名乗つて家業をついだ、それから間もなくどうしたことか妻のさちは眼病を患ひ床についたが一年あまりわづらつた後めくらになつてしまつた。

×　×

妹よしは十七歳、器量も出ばないが元來がさかしく出來てゐる上にきりようも十人並以上、心のやさしい女であつたと見えてめくらの姉に代つて家事萬端渡世にまで身を入れてゐる。

×　×

姉も喜んでゐるうち、[illegible]くて[illegible]は何時とやら、いつ頃よりか[illegible]が若い妹の容色に心うごき、[illegible]めのたはむれながら互に憎からず思ひ想はれるわりない仲となつた、みだれ初めにしもぢずりの、しのぶとすれど色に出でける、でこれがまた姉さちの耳に入つたのも無理とは申されません。

×　×

サテ姉のさちは妹に夫を取られては流石に妬けないわけには行きません、これが[illegible]の三角關係といふやつが生れるのは當然です、[illegible]し姉にして見れば朝夕世話になる妹であつて見れば、めくらの自分が一人こらへて居りさへすれば

よいのだと總てをあきらめる決心をした。

×　×

然し女の嫉妬の一念程恐ろしいものはありません、或日姉のさちが髪を洗つてゐるので妹のよしは湯をわかし盥に汲み、髪を洗ひ終へてしぼらうとすると不思議、おさちが丈なす黒髪はキリ／＼とおよしの腕に卷きついたのであります。

×　×

いや驚いたのはおよしで泣き叫び乍ら其の髪を取除こうとしたが仲々離れません、險も一生懸命髪を取除こうとするとおさちも氣づいてめくらながらに探つて見て驚きました。

×　×

二人は泣き叫びながら髪を解こうとしたがいつかな離れやうとしない。益々締まるばかり、やがてよく見ると丈なす黒髪は一本宛白蛇に變じて赤い火焔を吐いてゐるのであります。

×　×

エ、とこれは三百年以前のお話、當世のモダンガールなぞと申しまする代物のやいいちに至りましては黒髪變じて白蛇となるどころか黒こげも致しません、三角關係位は普通なそうですから……つまり世道人心が弛緩したといふものでせうナ。

山形七不思議（八）　放逸權次郎の慘死

●山形新聞　昭和三年五月三十一日　3-77

山形七不思議（八）

―放逸權次郎の慘死―

米澤領宮内町に權次郎といふ放逸無類の小百姓があつた、妻に死なれて後妻を迎へて何事もなく暮してゐたが、亡妻の七回忌に雉子一羽を捕へて來て酒の肴の吸物をこしらへろと後妻に命じた。

×　×

後妻は、せめて先妻の七回忌だけは殺生はつゝしんだらよからうと言つたが權次郎は苦笑ひして『なんのこしやくナ……殺生せぬからとて死人に禮を言はれたためしが無い、精進したとて難儀しないと限つた譯でもあるまい』といつかな聞き入れない。

×　×

妻は先妻の佛を氣の毒に思ひ近所の質屋に行つて着てゐた着物を質に置き米や豆腐を買つてひそかに菩提所に至り回向を賴んだ。

×　×

家に歸つて見ると權次郎は雉子酒に醉ひしれていぎたなくねむつてゐた。そして目をさますと『お前がお寺に行つたのは賓僧共にたらされたのだらう』とサン／＼に打ちなぐる始末。

×　×

女房は泣く／＼其の夜は權次郎と離れて寢についたが、フト目をさますと戸外は大荒れ、家の屋根までゆら／＼とゆらぐ、然し今更起きて夫のそばにも行きかね火でも焚きつけて起きてゐやうかと思つてゐると……青い火玉がフワ／＼ッと裏の窓から入つて來た。

×　×

蒲團の中から目ばかり出してふるへよつてゐると青い火玉はやがて顔青ざめ唇は黒く、髪ふり亂した女となつた、そして苦しげにつく吐息は燐火の如く光り、その光りを見るとまごうかたなき權次郎の先妻であつた。

×　×

怪しの女はスーッと自分の枕元に來て蹈る氣配、女房は氣も魂も身につかず人心地なくよるへてゐると何やらつぶやき、泣きながら女房に手を合せて拜んでゐる、やがて怪女は納戸に寢てゐる夫の方へ行つた樣子。

×　×

と……しばらくして夫の苦し氣なわめき聲を夢のやうに聞いたやうな氣がするが翌朝までこん／＼と死のやうなねむりに落ちてゐた、前夜苦し氣なわめき聲を聞いた近所の人々が權次郎の家に入つて見ると權次郎は血にそまつて死んでゐる、女房が漸く正氣づいて起きたので夫の着物を除いて見ると權次郎は全身爪を以て蚤き破られてゐる、人々はたゞ驚いて目を見はつてゐると權次郎の腹部を破つて一羽の雉子がするどい鳴き聲を上げて飛び去つた。

山形七不思議（九）　上ノ山の少女蛇を生む

●山形新聞　昭和三年六月一日　3-78

山形七不思議（九）
—上ノ山の少女蛇を生む—

上ノ山領宮の脇の百姓某は一人娘を育てゝゐた、娘は常に附近の川のほとりで遊んでゐたが十五歳の夏を迎へた、或る日例の川邊に出でゝ洗物をしてゐるときつひぞ此の邊で見かけたことの無い美少年が忽然として傍にやつて來た。」

×　×

娘は恥かしさに顔をあからめ逃げ出さんとすると美少年は娘の袖を捉へて『ザテ〳〵情なし』とかき口說く、娘も美しい少年に捉へられては惡い氣持ちはしない、岩木にあらぬ心は遂に解けて流れた、それからラブシーンよろしくあつて娘は家に歸つた。」

×　×

其後娘は美少年を片時も忘れることが出來なくなつた、美少年も毎夜同じ時刻に娘の室を訪れては夜明け前に何處ともなく歸つて行く

×　×

かくするうちに娘は何時しか身重になつた、人目を包めどお腹は遠慮なく大きくなる、今は隱す術もなくこの事を父親に打あけた。

×　×

父親は驚いて男の名を聞ふたが七之助と名乘るのみで何處の者か娘も知らなかつた、父親は其夜娘の室から歸つて行く男のアトをつけたことは申すまでもありません。

×　×

ところが美少年は川邊の大木のそばに行くとかき消す如く姿が見えなくなつてしまふ、次の夜もアトをつけたがまた同樣であつた、父親は怪しまざるを得なかつた、必ず變化の仕業に相違ないと次の夜は其の大木のほとりに身をひそめて待つてゐた。

×　×

丑滿時、ザブザブと水の音がして何やら川から上がつた樣子、よく〳〵見るとそれは胴の廻り二尺もあらうと思はれる大蛇であつた、父親はふるへ上がつてゐると大蛇はそろ〳〵と這ひ出し我が家の娘の室の前に來ると忽ち一人の美少年に變つて雨戸をほと〳〵とたゝいてゐる。

×　×

父親は大いに怒つて棍棒おつ取り直し件の美少年を力にまかせて打ちのめした、美少年はキヤッと苦し氣な音を立てると悶絕しやがて元の大蛇となり父親めがけて紅蓮の炎を吐き乍ら襲ひかゝつた。

×　×

物音に目を覺した近所の人々がかけ集まり漸く其の大蛇を退治したが翌日娘は急に產氣付いて產み落したのが數百匹の小蛇父親も我娘が產んだものであればたとひ小蛇でも殺す事は出來なかつたと見え件の川に放してやつたといふことである。

山形七不思議（十）　千歳山の窮蛙蛇を嚙む

●山形新聞　昭和三年六月二日　3-79

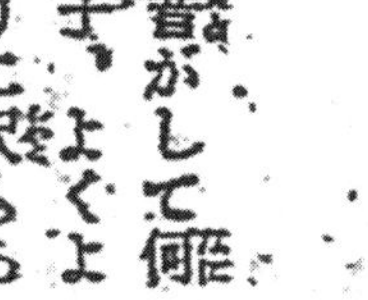

山形七不思議（十）
—千歳山の窮蛙蛇を嚙む—

寶暦年中のこと十日町に某といふ出遊びを好む男があつた、或る日千歳山に松の枝とりに行つたが岩五郎稻荷の裏の谷間に下つて松の枝ぶりを眺めてると傍の低原がざわ〳〵と音して胴のまはり一尺にも餘る奴が出て來た、またこちらを見ると大石のかげから一匹の大きな蛙がのつそりと出て來た。

×　×

蛙は立ち上つたら子供位もあらうかと思はれる程の大きさで、件の大蛇を睨めて動こうともしない、こゝもと蛇と蛙の睨み合の態。

×　×

やがて蛇はのそり〳〵と蛙めがけて這ひ出した、向ふの大蛙を呑まふとするのであらふ、某は此やうな大蛙をどうして呑むだらうと

好奇心に駆られて眺めて居た、大蛙は大蛇の近づいて來るのを知ると稍々頭を下げて尻をもたげ相撲が相手に立ち向ふやうな姿勢をとつた。

× ×

某は愈々興味を覺え息を殺して片唾をのむ、大蛇はラン〳〵たる眼を光らし、鎌首を立てゝあはや大蛙を一呑みにのみ込まん形勢、と……大蛙はグー〳〵と恐ろしい音を立てるかと思ふとハツ〳〵と紅の炎を吐いた、此の炎が蛇の膽にかゝるよと見る間にさしもの大蛇も立ちすくみ、やがて鎌首をうなだれて目をつぶつて了つた。

× ×

にわかに勇氣百倍した大蛙は四つ足をピンと立てゝ今度は長く延びた大蛇の膽の上を飛び越ねた、そして飛び越ねる時に黄色い小便をシュツ〳〵と大蛇にかける、斯くすること十數回遂に大蛇は死んで了つた。

× ×

大蛇が死ぬと件の蛙は後足にて蛇の膽に砂をかけ、グウ〳〵と得意そうな聲を立てながら僅籃の中に入つて了つた。

× ×

某は町に歸つて此事を話すと忽ち大評判、何時の時代にも閑な人間があつたもので、それでは一つ其の蛇を見て來ようと言ふ事になつて某が先導で十數名が千歳山の蛇をうめたところに行つて見るどこは如何に……蛇をうめた砂の上には一面に白いきのこが生へてゐる。

× ×

昨夜一夜に不思議に成長するきのこもあつたものだと驚いてゐると傍の僅籃が、にわかにザワめいて、前日の大蛙があらはれのそり〳〵と歩いて來て件の白いきのこを全部食つてしまつた、窮鼠猫を噛むといふ事はあるが窮蛙蛇を噛むは昭和の今日でも聞かない。

民衆を惑わす幽霊話し（一）

●松陽新報　昭和三年五月二十四日　3-80

民衆を惑はす

幽霊話し

仁右エ門重左の亡霊が立つと
さく今石西でえらい評判

（1）

昨今誰云ふともなく鹿足郡青原村大字宿ケ谷なる治右衛門仁右衛門重左の墓に亡霊が現れると云ふ風評が廣まり世間ではよるとさはるとその話で持ちきり縣外からは須佐江浦近くは

益田近在から毎日

の様に好奇心にかられてその亡霊を見んものと數百の人達が同所を訪れてゐるがそれが爲に茶店が二三軒その附近に建てられたと云ふから如何に多くの人の足を惹くかが略うかゞはれる。不思議なことに白晝現れるその亡霊を觀て歸つて來た人の話を聞くにとりどりで全く捕捉し難く噂は更に噂をうみ話は事實を離れて全く幽霊の様な話に變りつゝあるが右に關し津和野、益田の兩警察では低級なる民衆を迷はすものと見做し流言蜚語として厳重に取締をしてゐる状態で津和野署では目下事實に就て調査中であるが全く香具師的それ者の宣傳宜しきを得た結果斯の如く世間に廣まりたるものである、併しこの話が持ちあがるにはその背後に何等かの史實的なる原因がなくてはならない。それを紹介して見るに大體次の様なものである

×× ×× ××

それは万治二年のいつの頃とも判らないが吉松馬之丞は同僚安野織部と共に諸國修業の途に就いた。幾歳月は過ぎ流れ流れて石州津和野の城下に辿り着いたのは寛文二年秋もまさに終りに近づいて青野おろしが冷たく吹きまくる頃であつた。

住めば都とか二人

は放浪の旅過ぎ来し幾春秋を顧みる時今夏山多き石見路の旅を續ける勇氣は失て晩年を津和野在に住む事に決心し宿ケ谷を經て郷（青原村柳）の上組に足を留る事にした。と同時に馬之丞は名を治郎右衛門と改めて百姓になり下がり悠々自適の境涯を人里離れた山間で過ごしてゐた。併しその元を質せ

は武士である世の辛酸はなめつくしてゐる彼は隣人崇敬の的となり隣人の力強い味方であつた、そして上納の紙方を勤める迄に栄進を一耳に擔つた。かくして数十年は過ぎその係は仁右衛門の代になつた家運は續々栄へその業である紙漉いては資産を増した、仁右衛門には長子治右衛門、次子重左衛門長女つなの外に二子併せて五人の子供がある。親子共に義に厚く情に富み世の惡魔を一身に引受けて村民の為につくした。かく栄行く仁右衛門一家の姿を見る時に紙の庄屋は断り快々として楽まなかつた――彼の地位は遠きうちに奴の為に奪へされるに相違ない――そう思つた庄屋は彼一家に難題を吹きかけて窮境に陥れ様との陰謀を企てたその第一策として彼一家所有の士地分譲を申込んだ。

併し仁右衛門とし

て強て貰る程の必要に迫られてゐない家産を快よく貰る事を好まなかつた。問題は其処に端を発した百姓の分才で生意氣な奴に見てゐろ此復讐を！庄屋は憤慨した。其役庄屋は津和野藩に飛脚をとばし時の奉行の一人である米原某に一分始終を偽へ金貨を送りて機嫌を通ずる事があつた。その年も紙に迫る年貢として紙を上納すべき時が迫つた。併し庄屋としては今こそ復讐の時であると想ふと憤怒の焔は心中に燃へしきり彼が納入の半紙は見分の際検査不合格として悉事却下された。今日迄一度も不合格の汚名を受けた事のなかつた仁右衛門は不思議でならなかつたようし!!来年は今年の汚名を晴らしてやるからと意氣込んで上納して見れば又その年も却下された。彼は心外で堪まらなかつたけれ共泣く子と庄屋で如何ともその術がなかつた（未完）

石西を騒がす幽霊ばなし（二）

●松陽新報　昭和三年五月二十五日　3-81

幽

傳說めいた

史實から

こん度の噂も立つたらしい

石西を騒がす幽霊ばなし

（2）

百方苦心の結果紙の一枚々々に一株宛の白楮を漉込んで上納する事にした。すると又もや不合格として突返された。見れば自分が漉いた紙ではなく勿論白楮は這入つてゐなかつた

仁右衛門は抗議を

申込んだ私の上納の品は取換られてゐるに相違ないと叫んだ。庄屋は大いに怒つてさらば確證があるかと詰つた彼は白楮の這入つてゐる事を述べ検査所にある多くの上納紙を一々再検査すると果して其中に仁右衛門が漉いた紙は一本わて白楮入になつて立派に検査に合格して居る彼は庄屋の奸策を強硬に面責した遂に庄屋も言を左右に託して紛らはすより外に道はなかつたそれより先庄屋は上納半紙は必ず年内に完納し決して越年を許さないと厳命した併し庄屋配下の百姓は紙納期が切迫するに苦痛を感じた納期を失する者日毎に出るに至つた仁右衛門は深くこれを憂慮し延宝元年吉谷ケ谷庄屋支配に属する四ケ村の百姓を自宅に集め各人の意見をまとめ津和野の代官所へ陳情した然るに代官は庄屋からの賄賂を受けてゐるから仁右衛門の願へを耳にしても一向裁決し様とし

なかつた

詮方なく郡奉行に

訴ふべく津和野に赴いた、然るに郡奉行米原某も庄屋からの薬が利いてゐるから更に顧みなかつた、此の上は絶對絶命殿を得て大守に直訴するより外に道はないと仁右衛門は決心した、四ケ村の百姓は彼の固い志を見て續々津和野城下に集合した庄屋は激怒した。「己れ憎き者思ひしらせてやる」と更に郡奉行米原某に賄賂し彼を罪に陥れんと企てた郡奉行は仁右衛門並其の倅治右衛門次男重左右衛門の三人を捕へ「百姓等が御城下を騒がすは汝等三人の煽動に依る」と直ちに獄に投じた。其の時津和野藩の判官に大谷某と云ふ正義の士があつた、大に仁右衛門等に同情して彼等を救はんと種々斡旋したけれ共其他の役人等は皆賄賂を受けてゐる故に誰一人として聴き入れなかつた、郡奉行は仁右衛門父子三人を死刑に擬し其の裁可を江戸の大守に伺いた、大谷某は見るに忍びず斯くと聞くや直ちに急使を江戸に派して救はんとした、郡奉行はそれを知るやすはこそ大変と吉賀川に人

をつかはし渡し止めをなした

大谷の飛脚は已む

なく川を渡渉して順路をはるぐ江戸に着した、共時既に死刑裁可の後であつた大守は使者の言上に依つて大いに驚愕し直に共の殺術を命じたのである使は面をさんで津和野へ引き返した。到着して見れは憐れむべし彼等三人の刑は既に執行された後であつた。時に延享元年六月十五日塔の原（鹿足郡小川村）刑場の露と消れたのである。彼等が刑の時は頗る凄惨なものであつた。仁右衛門は云つた「恨みの程はこの首がさへば飛んで行つてあの草の根に噛みつくであらう」と治右衛門はいつた「余はあの水桶を噛まん」と果して其の言の如く二人共首を刎ねられるさ父の首は草泉にさんで草の根を噛み倅の言も亦その如くであつた、重左衛門はいつた「おれは首斬役人の喉に喰いついてやる」と首斬役人は機智のあるものであつた、先づ刀の背を以て重左衛門の首を一つ打つた、重左衛門は振返つて睨んだ。その際に二の太刀を下してすばりとやつた。三人の首級は獄門にかかげられた

不思議や首台の上

に置いた首はいつの間にか津和野の方を向いて恨めしそうに睨んでゐた。立直しておくさ再び津和野の方に向いた三度四度さ幾度かくり返した後親戚の者が三人の首を下附を願許されて本部山下村に持ち歸つて埋葬した、父仁右衛門は刑場に臨んで「自分は死後は津和野を三度焼き拂つてやる」と云つたので皆非常に恐れをなしてゐたが彼の死後百年目に津和野に大火があつて城下は火の海と化し全た山師は島行に歸した後世地方の人有原村大字鷲ヶ谷に小さな堂を建て父子の靈を祭つた。こうした傳說めいた史實が何かのさたんに世評に上る様になつたのであらう（完）

幽霊が白昼肉眼に見える？

●馬関毎日新聞　昭和三年五月二十五日（二十四日夕）　3-82

幽霊が白書

肉眼に見へる？

四萬三千石亀井隠岐守の御城下と云ふたら誰も知る忠臣藏で有名な桃の井若狭助多胡外記芝居の加古川本藏、劍術家では宮本武藏の出身地たる石州津和野であるが其の津和野に幽霊が現在白昼に現はれると云ふ如何にも不思議な現象に就て其の由来と事実を左に。

話は封建時代に立ち戻る昔は租税を納札父は耕作物出来上り其物で納めて居つたものであるが石洲津和野の城下外れに治右衛門重太と言ふ至つて正直な百姓を副業に紙すきを業とする二人が居つたがおとに納金郎ら騒動をせぬ事が紙を納するも不合格でなり唯威赫を受くるのみであつたが此の正直な二人は斯く迄精密に念を入れたものに不合格と言ふ事はない是れは悪役人共が他人の物とすり替へて居るに違いないがお上の御無理御尤で泣き寝入りの状態であつたが余り無念さに或年髪毛一本宛を紙にすき込みに納したがまた不合格と言ふので其の非道を攻めて證據に髪毛のすき込みある事を陳上した所夫れこそ不都合であるお納紙に不浄の髪毛をすき込む等は以ての外即ち打ち首と言ふ事になつたが当時藩は参勤交代で江戸に上られ不在中なので飛脚を江戸に遣はした所余の踏る當年の六月二十三日迄待てとの事であつた然るに殿は帰途に着かれた所が日原在左鐙川は豪雨で河留となり殿様は一夜同所でお泊りになつたが其日が二十三日に相当するので悪役人は治右衛門、重太を牢舎より引出し殿の命令と称して手打ちにする其死に先き達て遺言はないかと申渡すや治右衛門は此怨みは何時までも忘れることは出来ぬから津和野の谷を七度黒土へ燒き盡す意にするまで燒き拂ふ亦重太は本城落城する迄怨みは忘れぬ其證據には打ち首と同時に芝生にかみ付き城山を三度睨むと云つて其の儘打首になつたが其後津和野の町は幾度火を城は陶晴賢の攻略城すると言ふ破目となり民家は明治三十年頃迄の間に六七度大火災が起り半黒土に化したが其後に至り森町長多摩酒場其他の有志が發起て墓碑を建立し爾来一種の參拜所となつた同所は津和野町から約二里の畑ヶ迫村地内にあるが今幽霊の現れる場所は即ち此處である其墓碑に畫間現はれ而も肉眼で見へるさ云ふので近郷近在から見物の山を築く有様であるさ云ふが或日駐

在巡査某が軍刀で斬り落した所謂途自動車から墜落したと言ふ實談があるが是れから一層見物人は日一日と増加し居る幽靈は當右衛門夫婦に一人息子の三人で津和野近郷の人達は何か異變があるのではあるまいかと噂されて居るが昭和の今日白晝幽靈が現はれ然も何人にも肉眼で見へると云ふのは實に不思議で一寸聞いただけでは嘘の様である

怪　諸国の噂　朝鮮

●都新聞　昭和三年五月二十六日　3-83

諸國の噂

◇朝鮮　京畿道高陽郡恩平面弘法内里一二二張泰楠の妻金姓女(一三)は昨年の秋、村の裏手にある各寺山の夢を見た際、夢中に佛現れ「自分は數百年この土地に居る、掘出してくれ」とお告があつた、彼女は翌朝指示通りの所を掘つたら約一尺あまりの石佛が出て來た、持ち歸つて祈願をすると靈驗忽ち現れて、何事も百發百中、この評判が傳はつて毎日參詣數百人ある、殊に寄付金も少くないので「詐欺だ」と訴へを出す者が出來た、警察も物が物だけに御厄介癈中

怪　惨殺された赤子の亡霊

●新潟新聞　昭和三年五月二十九日（二十八日夕）　3-84

慘殺された赤子の亡靈

縣刑事課に迷ひ入る

あな恐しき怪談

新津町赤子虐殺事件について初夏の候人の肌に粟を生ぜしむる位の怪談が阿部刑事課長から齎された

時　昭和三年五月二十五日午前十時頃

・場所　縣警察部刑事課入口

人物　阿部刑事課長その他課員大勢

初夏…… の陽光まぶしくさし込んでゐる折柄突然刑事課入口廊下附近で火のついたやうな赤子の泣き聲が起つた、刑事課員は職業柄こいつ怪しと睨み阿部課長を初め内田警部補から給仕まで總出動でその邊りを搜査してたところ何者も見當らぬので氣のせいだつたかとそのまゝにしておくと、ひと時五分くらゐ經つと又もや同課

赤子 の泣き聲……はてさて不思議やとばかり課員は又も再出動折柄課長の机上警察電話がけたゝましく鳴り出す、受話器をとつたところ間に刑務課長の聲色はサツト變る「阿一赤ン坊を紛失した？」例の事件について新津署からの電話である「今新津から赤子が紛失した旨の通知があつた先刻の赤子の泣き聲は

病者…… でも盜み出してそこらに棄て行つたのでないか皆で搜せ」との厳命一下、しかし附近一帯の大搜査したが奇怪なるかな依然不明であつた、しかも不思議なことに刑事課に接續してゐる特高課や高等課にはあの悲しい赤子の泣き聲は少しも聞こえなかつたことである、阿部刑事課長は新聞記者を前に

「實に不思議な事だつた、赤子の泣き聲を聞いて間もなく新津からの電話である

口中…… に泥を押し込み局部を鋏でズタ〳〵に斬つたあの惨虐な殺し方、殺された赤子も自分を生んでくれた母である鈴木サトに殺害された事を訴へる事が出來ず仕方なくこの無念の最期を遂げた事を泣いて俺の所に訴へに來たのであらう、新津署でも矢張り同時刻に赤子の泣き聲が聞こえたといふが實に不思議なこともあるものだ」と語つた

怪　宗旦稲荷の由来ばなし

●京都日出新聞　昭和三年六月四日（三日夕）　3-85

坊主に化けて僧房に

宗旦師の姿で現れ

茶式を行ふ相國寺籔中の狐

宗旦稲荷の由来ばなし

相國寺僧堂の前、鐘樓堂の北東に夕顔稲荷さ稱する小祀がある、鳥居前の碑には「宗旦稲荷」……さ鐫刻され、祀前の掲示には

本祀陀枳尼尊天は夕顔稲荷大明神さ號し俗に宗旦稲荷さ稱せらる、弘化二年より、僧堂鎮守さして、勧請し來れる靈神にして、夙に化身を僧室の中に現はし、修道の徒に伍して、常住守護の實を示し、又弘く世人の爲に利益を施せる等、既に人口に

に遷座して、大方の参拜歸依に便する者也

之が此宗旦稲荷の由來……所謂縁起であるが、其稲荷さんを宗旦と稱する所以のものは即ち宗旦狐の靈を祀つたものなるが故であつて此宗旦狐とは相國寺の藪中に、年久しく住んで居た狐である、夫が此記中にもある通り「……夙に化身を僧容の中に現はし……」て居たのは、特に文中に示す如く、即ち其年弘化二年迄の事であつて、に、伏見の稲荷神社の神位を受け夕霞稲荷大明神と祟め祀つたものである事は、記録に依つて明瞭な處である。之が今から八十四年前の事であるから、其所謂「……人口に膾炙する……」所以、亦、最も新しい事實で、明治初年に遷化された、數代前の長老、大拙和尚の時代が、彼が畜類として應身の佛果を得、菩提の正覺を受たのである。然れば其僧容に化身して居た……と云ふのは、如何云ふ様子であつたかと云ふと、彼の僧堂の副司寮に、宗旦と呼ぶ

雲水か

居た、副司は僧堂の會計寮で、宗旦自ら出内の衝に當つて居たのだが、特に經濟的手腕でも持つて居たものか、或は他に原因がある、か、爾來寺は世俗に超然とした別世界に、氣の附くものも無かつたか、死に角、宗旦が入堂して、會計の衝に當るやうになつて以來、僧堂の經濟は、非常に富裕になつて、思はぬ施物が、豫期せぬ處から頻りに這入つてくる、此時分の世の中の状態は、如何であつたか

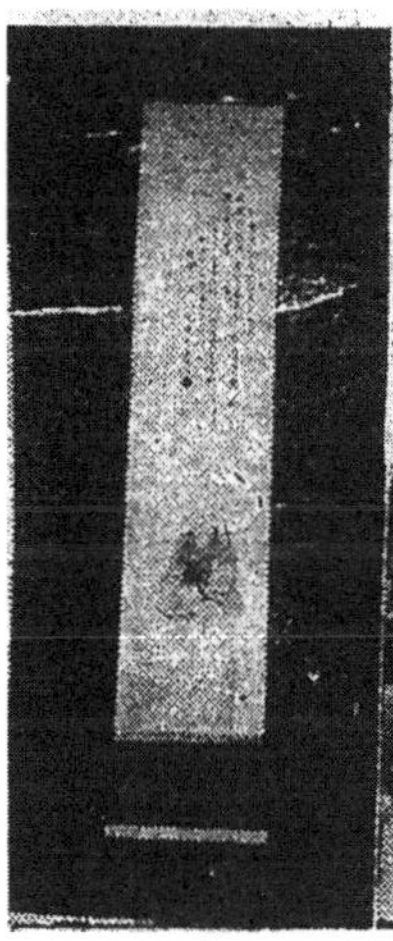

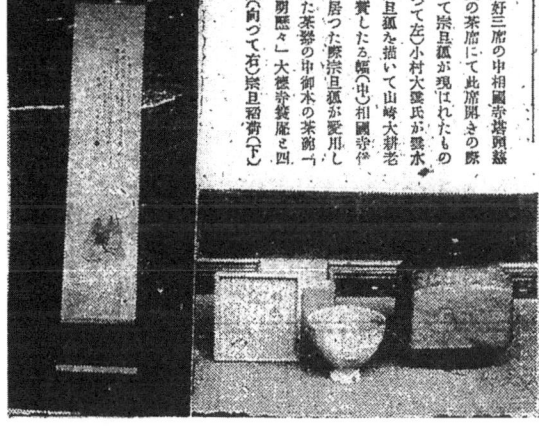

宗旦好三席の中相國寺塔頭慈照院の茶席にて此席開きの際始めて宗旦狐が現はれたもの（向つて左）小村大雲氏が雲水の宗旦狐を描いて山崎大耕老師が贊したる幅（中）相國寺僧堂に居つた際宗旦狐が愛用して居た茶器の中御木の茶碗「銘、明歷々」大德寺蓑庵と四方盤（向つて右）宗旦稲荷（下）

と云ふと、打續く飢饉に、百姓町人は、萎つた葉の様に、青く萎びて、活氣も生氣もない、窶れた身體を、眼ばかりパチ付かせて、太い息を虹の様に吐いてゐる。不景氣はドン底に陷つて、鬱陶しい氣

流が低迷し、沈滯した空氣の底から、何物かゞ爆發でもし相な、陰險な氣が潜んで、何となく不安な落着かない氣分に煎々してゐる時大阪では、天滿與力の大鹽平八郎が、遂に一揆をポツ始めて。城内の倉廩を開き、窮民を賑給する……と云ふ、米騷動が勃發する、江戸では幕府は外敵の爲に脅かされ、行詰つた經濟に、時局の收拾に苦しみ抜き、高野長英や渡邊華山等の、憂士が奮起して、大いに世氣勢を上げる等、時に漸く騷擾を捲き起さんとする機運を醞釀し、實に極度の國難に直面して居て戰々慄々たる状態にあり、上下一様に火の消えたる様な時代にも拘はらず、相國寺の僧堂のみは、活氣横溢の　花々しい景氣が立つてゐた、之は獨り相國寺に限つた譯ではなく、內所が豊かになつて活氣立つのは、僧房でも在家でも同じ事である、宗旦雲水は、斯くの如くして僧堂でも漸く重んぜられ大拙和尚にも、大いに籠遇されて居たのだが、夫が宗旦狐の化身である……と判つたのは、遙かに後の事で、最初の中は、此雲水の

行動が、敢て不思議とも見るものは無かつたのである……が、夫がフトした動機から、狐であることが發見された、併し其時分には、既に僧堂には貴重な雲水であり、夫と共に、敢て人に危害を加ねるでもなく、寧ろ、衆多の雲水と共に

座禪も

遣れば、提唱も聞く、大拙和尚よ本ものゝ人間よりは餘程機轉も利けば、間にも合ふので、宗旦狐と分つてからも、別に夫を面責して、化の皮を引き剝ごうとするものもなく、變らず宗旦さん〳〵と素知らぬ顔で合ふて居たものである。併し當人は野狐とは云へ、既に幾百年の業を積んで、五蘊を解して、人間に化行し、殊に禪機に接心して、佛果を得んと希ふ程のもの、他が自分を狐、化身と覺つて居る位な事は、疾くに覺知して居ると共に別に他が何事も云ひ聞かさないのに眞向きになつて飽く迄も人間に相違ない……と、辯明をする程の、養修の足らぬ人間……否や、狐でもない。未だしも自ら進んで、お察しの通り自分は、宗旦と云ふ狐でござる……と云はぬばかりに悠々と副司寮に、自ら手馴れた四方釜を懸け番匠ヶ器……御本の茶碗を捻くつて茶三昧に日を送つてゐた。此間に斯う云ふ話が傳つてゐる、夫は廣幡家の諸太夫某が此宗旦雲水と、非常に親しく交通し、互に嗜む碁を打つて常に黑白を戰はしてゐた、固より其諸太夫も、最初から雲水の宗旦が、狐の化身であらう等とは知らう筈なく、邸が寺町の今出川上る、筋違橋の北にあつて、毎日廣幡家へ通ふ道筋でもあり、相國寺を來する關係から、自ら大拙長老を遶りにも歸依すると共に、僧堂の誰彼れにも面識が出來、宗旦とも心易くなつて、自邸へも導いて好い碁敵にして居つたものと想像される、夫が或時、食事を出したが、如何な事食べない、給仕をして出しても手も觸れない「捨て置いて下さい後刻勝手に相伴する……」さて、箸も見ないので、家人は「然らば……」と次へ下つて放つて置いたが、程經て何心なく其座敷へ往つて見る、箸もさらず、器に口を着けて舌なめづりをして居る

格好を

思はず見たので驚いた家人は、夫れ以來、宗旦雲水を疑ひ出し、一擧一動宗旦の行動に注意を拂ふ様になつたが、斯ふなると、益々不思議な擧動に氣が付いて來る、例へば宗旦雲水を戸口へ送り出して見送つて居る間は、寺町通りを眞直に脇目も振らず歩んで行くが、フト外見でもすると直に何れへ横ぎつたか、姿が見えなくなる、怎麼事も不審の一つになつてゐたが既に其の時分には僧堂の人々からも、何うやら狐の化身らしい、宗旦狐が雲水になつてゐるのだ……その噂が、誰云ふとなく擴がつて遂に諸太夫の耳にも入る、併し僧堂に於ても、面責しないものを、出から恥かしめる必要もなく、氣持良く出入して居るのだから、相變らず氣持ち良く、好敵手として碁を圍んで居たが、夫れ以來、覺られたと氣が付くと、別に隱す必要もないと云ふ積もりでか、少し碁局面が六ヶ敷ゝつて、夢中になる様な場合は太い長い尻つ尾が、ノロリ……と出る様な事もあつて「宗旦さん」貴僧の尻から……」當人も氣が付いて慌てゝ捻ぢ込む……と云ふ様な場合が屢々あつて「又尾が出て居ますぜ……」と平氣で笑ひ合ふて居た……と云ふ話がある、之は其親族の人で現存者の直話である、宗旦狐……相國寺に宗旦と云ふ狐が居る事は、久しい以前からの事であつて、寺内は固より、附近の人でさへ誰知らぬ者もない程に有名な狐であるから、此の僧堂へ新に來た雲水が宗旦と自ら名乘つて居り、狐と判れば、宗旦狐の化身であると云ふ事は、誰の頭にも直覺される處であつて、狐自身も判つて見れば夫を強て押包もうともせず、好んで、野狐の禪を知らしめる風であつた、爾こで此狐が宗旦と乘るに至つた動機……因縁には、又頗る面白い宿因がある、話は其弘化二年を基調として、二百年許りを遡つた、寛永の末から、正保、慶安の昔に返る、千の

利休が

豐公の忌氣に觸れて、死を賜はつた時、道安、少菴の二子も罪に坐して、長は細川家に、次は蒲生家に、夫々配謫されて居たが、幾程もなく赦されて、父が故地を賜

ひ、家督を相續せしむる事になつたが、嫡子道安は盛病の故を以て、相續を辭し、家を弟に讓り悠々自適、道安好みの席、器物等を相當殘して、慶長十二年二月十七日逝去、年六十二、眠翁、又、不休齋と云ふたのは此の人である慥塵理由で、千家二代を相續したのは、弟の宗淳である、此の人は、利休居士の養子とも云ひ、道安の異母弟とも云ひ、母宗恩尼の連子なりとも云ふが、要するに利休の子として、道安に代り、三代を相續し、豐公より父の故地を賜つて、本法寺前……今の兩千家の邸……に、室を營んで茶道 本源をなして居たが、少庵（宗淳の號）元來隱栖の志あつて、遂に幼少の宗旦に、三代を相續せしめて、自身から洛西、西芳寺に隱遁した、西芳寺にある、特殊の茶席として有名な、彼の湘南亭は其の遺蹟であつて、慶長十九年九月七日六十九で歿した、爰に宗旦が出て來る、祖父の罪に坐し、幼にして、大德寺に入り、聚光院の喝食となつて年あり 父少庵が洛西へ隱遁するに及んで出て、三代を相續したのだが、非常に覇氣に富んだ人であつて、利休居士の創制を尤も民衆的に、圓滑な容式に改定し、茶道今日の基礎を作り、侘茶の樣式を決めて、上下貴賤に茶味を擴敷した人である、表千家の不審庵、裏千家の今日庵、囲々齋は何れ 其號を傳ねた遺跡であつて 又 翁とも云ひ、元伯と稱 た 此時代に相國寺の藪中に、年古る狐が住んでゐたのである、口碑 傳はる處に依ると、橋狹間の合戰や、大坂冬。夏の戰爭話等を人に聞かせて身慄ひせしむる程、懷惜な氣を起さしめた……といふ、夫より遡つて、屋島

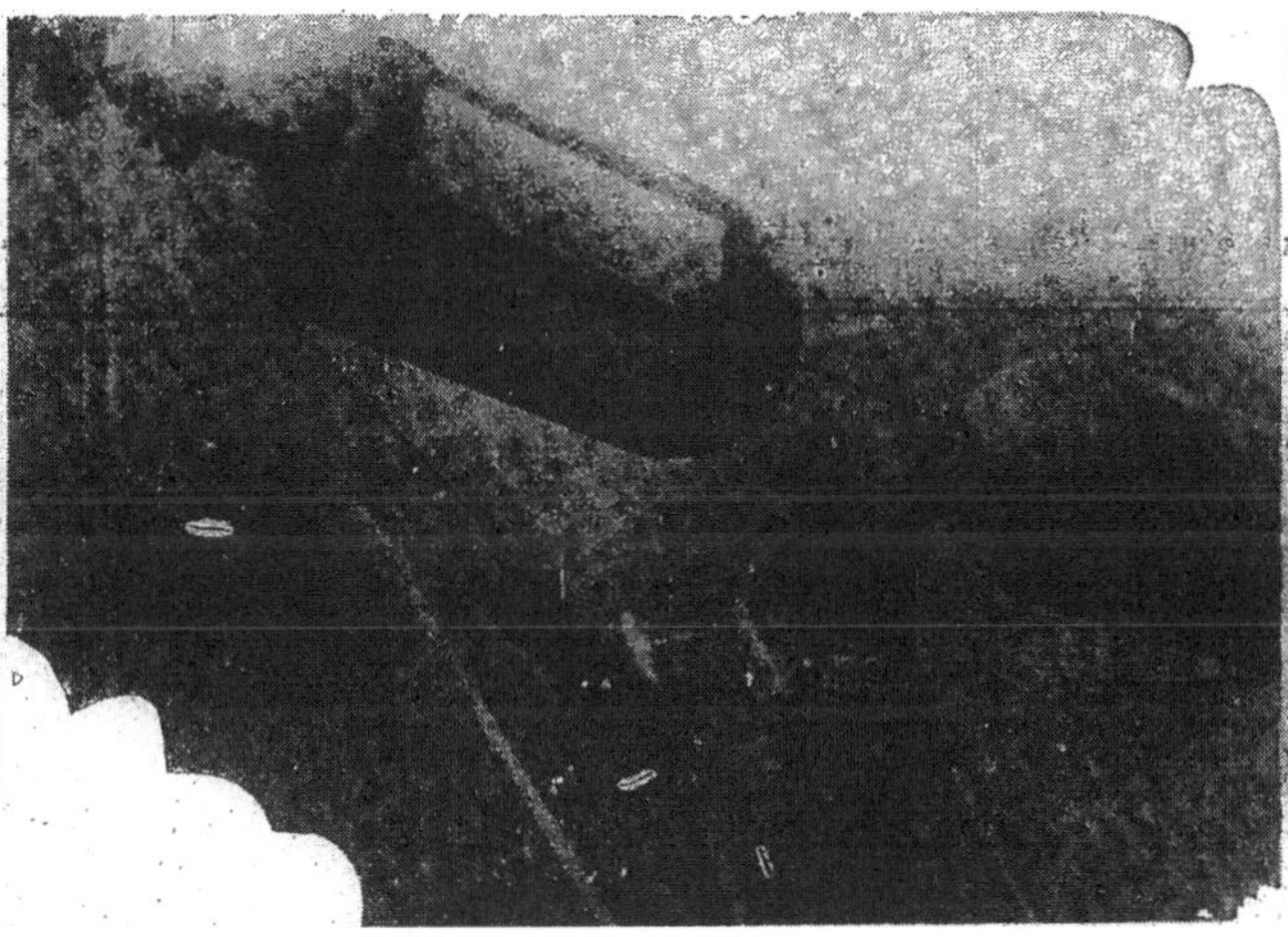

雷公を生捕にする鼠……電線の端子

壇の浦

の源平合戰杯を物語つて、人を驚かしたといふから可なり、古い年代を經た狐であつたに相違ない元伯の宗旦は、幼時大德寺にゐた關係から、清巖和尚等とは尤も親しい交渉を持つてゐたと共に相國寺邊りにも、頻りに接觸があつて老師や[illegible]と屢々往來し茶道の談話、問答等も盛んに交換されてゐたが、遂は塔頭の慈照院に、宗旦好みの茶席が出來た、幾月かを要する建築中は殆ど毎日、隙ある毎には相國寺へ出向き、慈照院の現場へ出張して、何彼の指圖もすると共に、其仕儈等とは點前の樣式、茶、噺は緊切に行はれてゐたのに相違ない、そこで此の慈照院である、現在こそ、周圍に人家稠密して、塀の外の烏丸通りには電車等が通つて、頗る賑やかな街となり相國寺境内とは懸離れた樣になつて居るが、當時は、彼の周圍、皆藪であつて、相國寺境内藪中の一寺院で、極めて幽邃な處所であつたのだ、現存する中 其茶席も竣工して、愈々席開きの茶事を催す迄に、時機が展開して來たのである、軈て當日は來た、規定の準備は、遺憾なく執り行はれて、夫々招待すべき先々へは、丁重に案內狀が發送され、當に其日の緒構を待つ中に、當日の朝に至つて、宗旦の邸へ、突然大阪から退つ引きならぬ客人が、豫告もなしに來訪した事も不思議であるが、其時は夫れ不思議なりと思ひ合はす樣な間者の心當りもなし、感應もない唯、其日の亭主役たる立場に、此突然の來訪を內心、迷惑に感ずるほかはなかつたが、宗旦は夫を明らかに色に顯す人ではない、程良くあしらつて、用辨後歸つて行つた人を送り出すと共に、倉皇として衣服を改め、五六町隔たれる慈照院の新茶席へ駈けつけた、恰も同院は、賑やかな景氣が上つて、日々に新席批評取々、道に卓越した一代の巨匠の見識を鑑賞して、其日の取合せなどに敬服し合つてゐる處へ、駈けつけた宗旦は亭主の自分が遲刻して、御招ぎした各位に申譯はないが、實は

大阪表

から斯々の人が來て、退つ引き

ならぬ用務の爲に遲れた意味を述べて無禮を謝して居たが、聞く人は一樣に怪訝な顏付で、目を見合してゐる、併し當人は大眞面目で一通りの挨拶を終へて、悠々と其日の所定に着いたのだが、來賓が斯の如く、この挨拶に呆氣に取らるゝ理由には、頗る大きな不思議の現實がある。夫は宗旦が、態々として駈けつけるより以前……招待した賓客の來る未だ以前に、既に宗旦は茲へ來て居つて、一々來客を迎へつけ、叮嚀にもてなして滿足に客をあしらうてゐたのだが突然中途から、妙な辻褄の合はぬ挨拶が起つて、頻りに恐縮して斷つてゐる、宗旦の樣子に、少からず面喰らつて、夫はあなた何を仰しやる……」と云ふ者さへない程、客を驚かして、何れも煙にまかれて了ふたのであるが、夫でも其日は何事もなく、妙だ、不思議だの中に、終了して、心を殘してかへつて行つた、固より宗旦は爾歴事のあつた事、及び客の何れもが、不審を抱いて歸つて行つた心中抔知りそうな筈が無かつた、夫づ慾がなく席開きは濟だものゝ、無なで下ろして居た事であろう、しかし中には、之れ一回に止まらず其後度々と、こうした不思議が繰り返され、妙な場合に逢着する毎に薄氣味惡い樣な疑問が、漸次高まつて、遂に宗旦の耳にも這入つた夫は不思議だ、凡そ、良く似たものと雖も、別人の見分が附けられぬ筈がないのみならず、斯の如く度々同じ樣な事が繰り返されて解る中に、此眞、僞の二人のアツ衛からない筈はないのだが、昔て夫らしく感付かれた事もあつた事はなく、客人の方も、いつも中途から、妙な挨拶が出る位の事で、別人か、同一人であるかの見分が截然と判然した事がないので、或は同じ人が、中途に妙な氣が變にでもなるのではあるまいか……とさへ疑ふ樣な事もあつたのだ、夫を宗旦に云ふと、そんな事はない、現に何某の方に、何刻時分まで居つて、此方へ廻つて來たのであるから、夫を確めて貰ふと、當家に來た時間が明かである……と、云ふ樣な辯明も仕なくてはならない機會が起る、不思議

格好に

は客人側より、今は宗旦の心中も妙なからず穩かでない、そこで、極秘密の裡に打合せ、一方には宗旦を迎ふる事を吹張し、一方宗旦は此の日は足一歩も門外へ踏出さぬ事を約して、茶事が行はれた、然るに、其家へ端なくも、宗旦が常に變らず、悠々と遣つて來た、其家では念の爲に、小川頭の千家を質して見ると、口約の如く宗匠は門外不出で、庵に引籠つて居る事が確かめられた、サア、愈々今日こそ、僞宗旦の正體を見現はしてくれんと、宗旦の周圍をたつ取りまいて「あなたは一體、何處の方だ……」「異な事を云はれる、俺は宗旦ぢや……」「其宗旦宗匠は今日は仔細あつて一歩も外出せず現に、庵に籠居して居らるゝ、夫を宗旦と名乘つて來せらるゝ貴公は怪しい……」と段々追窮して行くと、遂に包切れず「實は相國寺の藪中に年久しく住み馴れた狐であるが、絶えず宗旦宗匠が來て、色々茶の要諦を話されるのを耳にして、茶の妙味を悟ると、久しく獸苑にゐて、禪機に接心してゐる心持から、茶に親しみたい氣持になつて、遂に濟まぬ事だが、見馴れた、宗旦宗匠に身を扮して、今日迄皆樣を誑かつてゐた事は申譯はないが、決して惡意があつてした事でないから、許して貰ひたい……」と露骨に白状して、哭々啾謝した後、其日は藪へ歸つて行つたが、爰に始めて、狐が宗旦に化身してゐた事が判明すると共に、茶人仲間には大いに

評判も

高まつて、相國寺の宗旦狐と呼びならはす樣になつた、其後と雖度々宗旦の行く先へ行つて、茶によばれて歸つた後へ、本ものゝ宗旦が行つて、變に自分と同じ宗旦が來た事を聞き「又來ましたか……」と宗旦は其儘笑つて歸つた事も度々あつたと云ひ、噂は益々擴がつて行つた、宗旦は斯くて、拙子とはソリが合はず、宗拙は山科へ隱棲したので、次子の宗左(江岑)に跡を譲り千家の四代を繼せしめ、不審庵を嗣がせ、自分は三子宗室(仙叟)四子宗守(一翁)と共に隱居した、之が裏の今日庵で、茶道が表と裏の二流に分れた始まりである、後其隱居所(裏の

今日庵）が仙叟に繼がせ、自分は、更に隱居した、今日庵にある又隱がそれである。四子の宗守は武者小路へ分家して、官休庵と解した一翁が其祖で、武者小路千家と世俗に呼んでゐる、而して宗旦は、萬治元年十二月十九日、八十三で逝去したが、相國寺に於ける狐は依然として、宗旦狐の名を專解し世に傳解されつゝ遂に天保の末に至り、雲水に化身して、門から宗旦と名乗り、相國寺の僧堂へ現はれるに至つたのである、愈うして大和尚の會下に參學して、副司寮に納まつて居る中にも、二百年前、頻りに宗旦になりすまして、彼方此方へ赴いてゐる中に、貰いためたものであろう……釜、茶碗、瓶、茶杓、其他の道具を盜並べ愛用しつゝ、茶味に浸り、靜かに昔を追憶して居つたものであらう而して一面には、人の難儀を救ふた事も二三にしては止まらない、尤も爰に到る迄の空間、二百年近くの間にも、或は、人の危急を救ふた樣な場合も無いでは無かつたであらうが、人間ではなく、飄現的に狐を以て、乗り出さない限り誰人とも知らず

救助を

受けた……とか助けを蒙つた人も有るのだらうとも想像はされても、夫は明ら樣に判らないが、雲水になつて現はれてからは、可成り生活上にも特殊の利益に與かつて居るものが多い……事が、口碑に傳はつて居る。其一例を上げると相國寺畔の或る古道具屋の店先に立つた宗旦雲水が、其家に病人がらつて、藥餌の代にも苦しみ、生活にも困窮して居る事を聞くと直に「明日縦過ぎに、彼の店にある、茶碗を買いに來る老人があるから、安くとも夫を賣つて、其金で、何處の某といふ醫師に診て貰ふたら、直に病氣は癒る……」といふて立ち去つた、果して其時刻に指示された樣な人が來て、其茶々碗一個を買ふて歸つた、其金を以て云はれる通りに醫師を頼み藥を貰つて養生すると、日ならず本復して、宗旦雲水の恩を謝し、其後も云はるゝ儘に行動し、其家は昔に幾ノて、裕福になつた……と云ふ傳説もある、又、其頃總て前通り……相國寺南門前町……に小やかな豆腐屋があつた、茲へ宗旦雲水は、絶へず豆腐を買ひに行つて、家人とも心易く、其油揚を買つて喜んで食ふといふのが例であつた、或る時……之が弘化二年の七月、發前の事である、と想像が出來るのである……、常の如く、其豆腐屋へ行つて見ると、夫婦は甚はしい顔付で、些々と囁き合ふてゐる、樣子が常事でないと見て取つた宗旦雲水は「何か屈託に心配らしい顔をして相談してゐるのぢや……」と尋れたが、夫婦は、坊さんに……殊に一介の

雲水僧

に話をしても仕方がないとは思ひながら「實は近く于蘭盆が來て賣りまいになるのに、元を仕込む金がないので、何う才覺をして、豆を買ひ入れやうかと、相談してゐる……」と聞て「諾し〳〵、さうか、そう心配するな、俺が才覺を附けて遣る……金と云ふては俺は持たず、出家の事とて借る處もないが、明日の朝、蓮の葉を一荷持つて來て遣るから、それを賣つて豆を買へ……」と云ひ捨てゝ歸つて行つた、翌朝夫婦が起き出て見ると、戸の前には約に違はず瑞々した蓮の葉の荷が一荷、擦ひ揃へて添はて置かれて居た、亭主は喜んで、之を洛中へ賣歩き、若干の金を得て漸く賣りまへの豆の仕込みを行ひ相當の收獲を得たのを德として、何がな、宗旦さんに恩を報ぜんものと泣いて喜んだ……と云ふ事であつたが、其秋、河原に芝居があつて、相當人が寄る事と想像した宗旦雲水は、又豆腐屋へ駈け付けて「又儲かる機會が來た、芝居を當て込んで、田樂や其他、煮しめものでも作つて賣れば良い……」と知らせて遣つた、夫婦は毎もながら宗旦雲水の親切を喜んで、早速芝居の人出で一ト儲けしやうと力味返つたが、此の時は宗旦狐も少々見込違ひであつたらしい、前程の成績が上らなかつた、夫を含んで宗旦を陷入れてやろう……と謀つた……ともいふが、其説は餘り慘酷であるから、茲には尤も穩健な説を揭げる事にする、兎に角之の豆腐屋があたら千年古りて通力自在な、白狐が遂に命を損す動機をなしたものである、一説に速の蓮の禮にとて、鼠の油揚げ

な食はせたので、悟通を失ふたさもいふが、或日、豆腐屋が例に依つて、油揚げを遣つて居る最中、天井の梁でも走つた拍子に、足でも辷らしたものか、小鼠が一匹、煮え油の鍋の中へ落ち込んで、思ひがけない鼠の

天麩羅

出來と、芳ばしい匂ひ……狐には……之を、四邊に漂はしめた、之を嗅いだ宗旦、水は道が業通を得たる古狐ではあるが、爾こが畜生である、其匂を嗅いでは矢も楯もたまらず、香にひかされて豆腐屋へ遣つて來た、亭主が忌々しい相に油揚げになつた鼠を捨てたのを、拾ひ取つて、サモ甘そうに食つて終つた迄は良かつたが、夫婦も〇れ顔に眺めて居る中に業通は破れ、宗旦雲水の姿は何處へやら、忽ち狐の本性を現はして、相國寺の總門を驅け入らんとする刹那、今の光源院の處の、元慶雲院と云つた寺に飼ふてあつた白犬が、これを見付けるや否や、一足に飛び付いた、狐は犬にかゝつては、とても五角の敵ではない、スタスタと云ふ間にヒラリと身を躍らして、總門の塀に驅け上り、塀を傳ふて、現在の瑞光院の隣に、其頃あつた慶雲院の薮中へ身を逃れんとして一生懸命、勢ひ込んで飛降りた……あはてた時には、人間でも畜生でも同じ事で、こう云ふ場合行手の見極めなど、付けて驅け出す筈もなく、何百年來薮中に住んで委しく地理を知つてゐる筈の古狐も、全く宿業の盡た時か、宿命の然る因縁か、折悪く其處に底深い古井戸があつて、其底へ落ち込んで了ふたのである、折角佛性に近づいた身を、鼠一匹のために墮地獄の苦患を目前に示す佛縁であるかも知れないが……哀れ千年の古狐も空しく井の底に命を殞し、因果の恐ろしさを如實に示現したのであつた、醜い狐の死骸は、雲水達の手に引揚られ、狐ではあつたさいへ、今日迄親しく僧形の人で、同じ僧堂の雲水さして起居してゐたものであるから……と僧の禮を以て葬られた、こんな事は前管長であつた中原東嶽師の幼時親しく立會ふて知つて居られた話である、果して

何處へ

堀られたものか、其は今明さまに知る人もないが、八十四年前の夢の後、相國寺邊には様々の怪異が起こり、或は黒雲が去來したり、空中に聲が行つて、吟々として怨むが如く、泣くが如く、隣藩の士の面々……今の同志社の處は隣藩の邸であつた……が、空中を睨んで刀を提げて追ひ驅けたり、附近の人は恐れをなして外出もせず、四邊は寂れる、僧堂も頓に經濟的に激變があつて沈滯する、豆腐屋は潰れる……之が下季も保たざる轉機であつて、遂に頓悟徹底した寺家の人も、どうやら僅かが感ぜられ、遂に弘化六年の冬に至つて、伏見稲荷神社に、官位を得て夕顔稲荷大明神と祀つたもので、最初は僧堂の鎮守さして門内にあつたのだが、參者が多くして雲水の修道の上に、支障を來すと云ふので、今は門外に遷坐して、自由に參者の便宜に任せたのだが、同じ堂には、白狐の宗旦雲水が遺愛の茶道具が數々有つた相だが、夫が斯う優逸なものであるとは誰しも思はれぬ處から、ツイ散逸して、今は僅かに円方盆と御本の茶碗のみ宗旦狐の遺愛品として僧堂に保管されて居るが、盆も却々蒼然たる古色を帯び、蒔屋か、天猫か鑑識のない筆者には判斷しないが、結構なものと見受けられ、茶碗にも大徳寺の養庵和尚から一服の「」の銘が附いて居る位で珍藏すべき調子である、此狐の僧形には襟の袋でも支那のものと思はれる、雑

白藏主

もちり、朱に百丈山、大智師のふるこさもあつて覆記したい事も多々あるが、餘り長くもなるし、モウ書くのが嫌になつたから之に位にしておく（昭和三、五、三一、恣記）

資 身の毛もよだつ事実怪談集　文藝倶楽部
●東京朝日新聞　昭和三年六月七日（六日夕）
3-86

身の毛もよだつ事實怪談集

小說にあらず、聽くも怖ろし
全篇みな生々しき事實怪談！

●昭和怪談新皿屋敷
●明治怪談脊負つた死骸が道案内
●外國怪談子まで生んだ幽靈結婚
●蒙古怪談旅人を弄ぶ長白山の怪女
（幽靈問答）難産で死んだ女の幽靈
（蛇劇モデル）蚊帳に纒る蛇の群
（寄宿怪談）死を報らせた少女の執念
（青山怪談）墓地をさ迷ふ狂女
（シネマ怪談）狸の夜間撮影
（航空怪談）雲間に現れた友の顔
●放浪夜話阿伽桶て紅をとく女
（水戸怪談）屠殺された猛牛の妄念
（試膽會か）化物屋敷宿泊記
（今昔の怪談）夢窓國師と山の庵室

番外怪談
妖　婆……岡本綺堂

（江戸怪談）幽靈にされた男……馬場孤蝶
（外國奇談）醫學的怪談……小酒井不木
（今様百物語）骸骨は踊る……岡田光一郎
▲幽靈漫畫▼地獄巡禮圖……モダン幽靈百態

三千余人の男を弄んだ！
淫婦・餘美顏

●續鳴門祕帖……吉川英治
●幕末祕史鞍馬天狗……大佛次郎
●江戸市民の夢……白井喬二
◇家庭小說狂人
◇怪奇小說大崖の冒險
◇少女小說花園の犠牲
◇家庭小說命の燈
◇探偵小說黄金の草
◇傳奇小說死裝束八人旅
◇小說總てを失つた話
◇鮮血自由の旗風

▼南阿に客死せる世界的偉人
野口英世博士戀物語
▼チャツプリンの財産握る
高野虎市氏出世譚
▼十七人の博士と二千餘人の學士を生んだ
佐藤男榮華物語

この他
名講談落語
誌上に滿つ！

文藝倶樂部

七月號の素晴しい評判！
……これ丈はスグお求め！

◎一冊定價か五拾錢（送料三錢）◎東京小石川戸崎町四六　博文館

資 火星に棲む人類　珍聞奇談
●関門日日新聞　昭和三年六月八日
3-87

珍聞奇談

火星に棲む人類

米國の科學者パーシバル・ローウエル氏の說によると、火星の人類は、背が恐ろしく高い約一丈もあらうかそれに頭蓋は非常に大きく前額凸出し眼は巨瞳を有し耳朶は觸糸の如き形態をなし咽喉は細く鶴に似て居り左右の臂は鳥の羽翼の如き作用をなし兩手の指は觸毛の如き捕攫作用を有し更に全身は毛皮に掩はれ二本の足と觸根とを有してゐるであらうと

怪 諸国の噂　宮城県
●都新聞　昭和三年六月九日
3-88

諸國の噂

◆宮城縣　伊具郡角田町では南町と新町の兩端に一時に怪談騷ぎが起り、當局は面喰らつてゐる、新町のは元流行つた料理屋の女將、今はある人の妾になり、同じ場所に住んでゐるが毎夜々々、紙つぶてが飛び込む、これは開業してゐた當時、だました男の妄念だらうと云ふ、而もいくら警官が見張つてゐても、犯人らしい者を押へられぬが不思議とある、南町のは、三十日以來、切れ切れになつた衣類が、町内の觀音堂で發見される、多分狂人の仕業だらうとは見えるが、未だ分からない、やつさもつさで天手古舞

怪 私の異常な体験（九）　歩いている畑中に突然大河の…
●大阪毎日新聞　昭和三年六月十四日
3-89

私の異常な體驗（9）

歩いてゐる畑中に突然大河の出現や

無數の狐の人形が寢床に踊り込む
生田花朝さんの狐にだまされた話

大阪の女流畫家生田花朝さんが、たびたびきつねにつままれた話――

秋草が亂れ咲いてゐる宵のとでした私がまだ姉におんぶされるやうなころのとです。まだ今日のやうに御近所には家がたて込んでゐません。（大阪天王寺區上宮町上宮中學校前）お家に八百屋の店先に並べてあつた大きな五所柿が目についてたまらなかつたのです。お父さん（南水氏）にせびると「連れて行かう」といふので姉の背に乗つて三人で二、三町のところを行きますと

不思議

なことには一面の畑のなかに大きな川が流れてゐます。「アラ、お父さん！」と私は驚いて聲を出すと、姉も父も

「おやく〳〵」と驚いて足下に忽然と出現した川にすくんでぼんやりしてゐました。「妙やなア」とお互に驚くたゝずんでゐたやうでしたが、とてもその川は橋なしでは渡れません。うまさうな御所柿は惜しいけれど、行かれなければ仕方がありません。「もう歸らうなア、あきらめて……」父にすかされて歸らうとすると、突然、父は何かにけつまづく拍子に姉が驚いて、私はドシンと土の上に姉の背中から落とされてしまひました。別に怪我はなかつたのですが……。お家の近所まで來ると父が「あゝ矢張りきつねの仕事や」と苦笑しました。それで柿はとうく〳〵おやんでした。ほんとうの話です。それからも度々あります。何か食物を持つて歩くと、よくきつねにとられます。そんな時、きつと目の前が火事に見ねたり、賑やかな通りになつたりするのです。不思議なのは普通の場合、道などを歩いても決して人の着物の柄などはつきり印象にないのが、この時に限つて模様までが鮮かに覺にられるのです。確に人が行つたり、來たり――それを多分ぼんやり見惚れてゐるのです。「ア、またきつねになり――」と思ふと、元の通りになります。

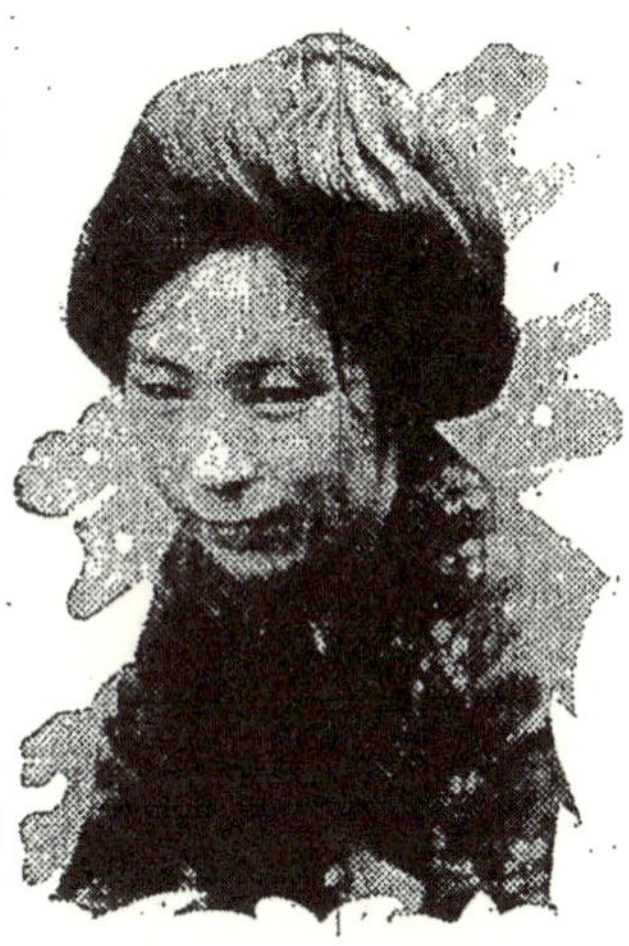

神官で

私の家は代々上宮神社の曾祖母さんの時には、たゞ今の宅の東方に神社がありました。今日では大江神社に合祀されたのでなくなりましたが、そのお宮の床下に大きなきつねが住んでゐたさうです。曾祖母さんが手を叩くときつねは出て參ります。それが評判で死んだ文樂の人形使ひの名人吉田玉造さんで、したかゞ「葛の葉」を上演する時に「きつねの所作を研究する」といつてわざく〳〵お出になつてお供物をして曾祖母さんがきつねを呼び三寶の上に乘つたのを食べる樣子を親しく見たなどの話も聞いてゐます。だから、ほんとうにきつねは澤山附近にゐたのです。近所の方で、よくだまされた人もあります。父なども度々で、よく宴會などで折を下げて歸つて來ると、きつと途中、今の電車通りから入つて來ると取られてゐます。そんな時は一生懸命後から「ワッショく〳〵」と大勢の人が押して來るのださうです。一度など門先まで歸つて母に「お土產だ」と手渡したと思ふとその瞬間に取られてしまつてゐたのです。母も姉も皆そんな經驗があるのです。近ごろはもうゐないとみねて、そんなことはありません。ほんとうに妙なことです。これも父の話ですが一度やはりお宮さんのきつねのゐる時分、きつねの穴にいたづらをしました。するとその夜、寢床の上に澤山のきつねの人形が躍り込んで來ていぢめるのです――

◇

閑雅な聚樂の盃を一杯に池に落して淀んだ水をたゝへた繁みの多い廣い庭に面したお座敷で、花朝さんが別に身ぶるひもせずに「夜など戸をたゝくといふやうなことが、よくありますか」「いゝゑ、この家へ來たやうなことはありません」と語りました花朝さん（寫眞は花朝さん）

異顔の話

私の異常な体験（十三）　アメリカから日本へ…　3-90

●大阪毎日新聞　昭和三年六月十八日

怪

私の異常な體驗 (13)

アメリカから日本へ

靈魂が飛び歸つた話

自動車の遭難を機緣に

神を知つた佐藤定吉博士

かつては東北帝大教授、同大學附屬化學研究所長などの要職にあり、汎太平洋學術會議には日本代表として出席した工學博士佐藤定吉氏は、さうしたかたくるしい經歷の學者である半面、めづらしい靈的體驗の所有者である。以下しるすところはその佐藤博士の得難い體驗談である

◇

大正十四年八月十八日サンノーゼ市から自動車でリック天文台へ出かけた時のことである。まるで箱根山見たやうに急カーブの多い山

道を數千尺の高さに登るのである。あたかも春霞のこめた加州平原のひろ〴〵した展開を喜びつゝあつたが、その平和な心境が一瞬にしてくつがへされてしまつた。へんな動搖を感じた時には　もう加速

自動車は

度で二千尺の谷底に墜落しつゝあつた。途中何の物であつたか、驚くべき大樹に衝突し、車體は七、八回もんどり打ちながらさらに深い〳〵谷底へと落ち込んで行つたではないか。意識した私は雜草の中に埋まつてゐる。どこにも怪我はない。すぐ頭の上の大木の根つこに車體はぺちやんこになつてゐる。三人の同乘者は?と見ればいづれも重傷ではあるが、不思議に命拾ひをしてゐる。さうして……さうして……この私はかすり傷さへ受けてゐないではないか、その時である——「全能の神は生きていまし給ひ、御用を勵む者をいとし兒のごとくいつくしみ、危險より救ひ給うたのである」と、はつきり感じたので

私たちは

手をとり合つてぼろ〳〵と泣いた。不思議なほど涙が流れて仕方がなかつた

この墜落の瞬間である。私の靈魂は私の肉體をはなれて日本に飛んで歸つてゐた。私たちの遭難と同時刻——日本では夜中の二時過ぎに輕井澤にゐた妻の夢に私があらはれた。つゞいて四人の乘る黒い箱車に私たち四人のものが乘せられて死刑場へと運ばれて行くところを彼女はまざ〳〵と見たのである。またハワイにゐた義妹は二度もつゞけて私の自動車が深い谷底に呑まれて行く夢を見た。あとで會見した時私が一言も話しもせぬのに彼女の語つた光景は私の

遭難當時

の光景そのまゝであつた。これらのことを單に奇跡的などいふ言葉で片づけてしまふには餘りに深いものを私は納得したのである。私は信ずる今やラヂオの波が空間一ぱいに存在するごとくさらにそれよりも一層不可思議にして微妙なる靈の波が宇宙にみち〳〵て、地表に立つ人と人との交通ができるばかりでなく人の靈波は神にまで達し、神より溢れ出る靈波は地上の私たちにまでさま〴〵と語りかけるものであることは、もはや

疑ひなき

ところとなつた。私ははじめからした心靈の研究とは極めて縁遠いものであつたが、この恐るべき、そして有難い體驗によつてはじめて生きることの素晴らしさと同時に生命の本體の研究に真實なる興味を持つたのである（寫眞は佐藤定吉博士）

怪　私の異常な体験（十六）　尺余の人だまが頭の上を…

●大阪毎日新聞　昭和三年六月二十三日　3-91

私の異常な體驗 (16)

尺餘の人だま 頭の上をヒューッと

持つてた折詰を放り出して 無我夢中の文樂座古靱太夫

話す人——文樂の古靱太夫こと金杉彌太郎さん
話題——直徑一尺余の人魂に襲はれた話

あつしは生れつきのおつかながり屋ですがね、こればつかりは正直正銘、いまだに不思議で仕方がないんでござんすよ……生れ故郷の東京で、十二の年にこの道に入つて、大阪に來てはじめて東京へ歸つた十四の秋、久しぶりだッてんで、知りあひの家々へ

御挨拶

に出た時の話ですが、丁度、下谷數寄屋町に住んでゐた松葉屋のおいねさんといつてネ、當時新橋でかなり知られた大姐さんですがね——そのお宅へあがつたのが夕方ごろ、「まア一杯」といふわけで、ふんだんに御馳走になつて、久方ぶりの上方の話に、ツイ時間が遅れたといつても十時前後、色街のことではござんすし、殊に賑しい町でもなく、本郷から下りて松阪屋のさきで、いまはござんせんがいはゆる鐵道馬車に乘らうかと、片手

に折詰をさげていゝ氣持で歩いてゐますと、松阪屋の横町、かなり明るい町中で、不意に！頭の上でヒユーツといふ音がしたなと思ふ瞬間、すくめた首をひよいと上げると、聲も出ず、身體も動かず「ギヤツ」といつたツきりで無我夢中その時はつきり目の前に現れたのが、よく申しますね、燒酎をもした時のアノ

青白く　黄味を帯びた人魂、しかも（と丸々とした兩手で抱へる恰好を見せて）直徑が鯨尺で一尺あまり、全くびつくり仰天といふのはあれですよ。知らぬ間に家まで走つて歸り、フト氣がつくと持つてたばかりの折詰がない。「どうしたんだ」と問はれてかく〳〵かやう、さては古狸の仕業よな……と、くやしいやら恐ろしいやらでスツカリベソをかいちやつた。頭の上を掠めた時熱かつたか冷たかつたかまるで夢中の大ひや汗でさア、その後は二度とそこいらを歩きませんが、廿三歳の時二度目に大阪に來た時、また妙な人魂に會ひましたよ。親下通のたしか二丁目、ふところには五厘玉一つしきやないのに家賃大枚二円五十錢の裏長屋を借りて、夏の夕方、行水をチヤブ〳〵やつてると、また例のヒユーツ……ワツとばかりにたまげてゐると近所のおかみさんが、露路角のお爺がいま死んだつて知らせに來たんです、つまりそれですね、大體あたしのおやぢさんは東京の淺草寺内に住んでたもんですから、舞台がすんで歸る時アいつも墓地を通らなきアならないわけで

墓地に　かゝる手前のそば屋の常談によく送つて貰つたもんですから何度も人魂を見て、心安いといへば變ですが、かなり慣れてはゐたのに拘らず、あの一尺余りの大人魂ばかりア全く恐れ入つちやいましたよアハ……（寫眞は古靱太夫）

資　イカ物の見世物興行　祭礼をあて込んだ
●北海タイムス　昭和三年六月十七日（十六日夕）　3-92

イカ物の見世物興行
祭禮をあて込んだ
或教育家語る

大のぼりのはためき、見世物小屋の叢聚、山車の行列、群衆、雜踏……新緑の幌都をゆるがす樣なお祭りのジヤツズは宵宮の夜からけふあすにかけて[illegible]てゐる、殊に[illegible]の[illegible]一般の興行ものは神社以上の賑はひを見せて地方からのお上りさんや子供達を盛んに吸收してゐるが中にはずい分いかゞはしいものもある模樣なのである教育家が一通り觀察した上次の如く語つた

お祭りの見世物は一時的なものであるといふ意味でか一般の興行物に比べて比較的閑却されてゐる樣であるが、お祭りがすんだあと兒童生徒達がいろ〳〵質問をする點から考へて相當影響があるものと思つたので一通り觀ました、どれもあまり感心したものではない樣ですがその中であまりひどいと思つたのは創成河畔で河から捕へた魔物とか何とかいつて盛に人を呼んでゐた[illegible]のです、[illegible]一つは[illegible]の中に入れた[illegible]がうずくまつた樣な頗る奇妙なものが床板の動くたびぴく〳〵動いてゐましたがこれは牛の胃袋に水を入れて牛の皮をかぶせたもので、さすがに氣がとがめると見えてはつきりした說明はしない樣でしたが、ずい分人を馬鹿にしたものですその他女の子を箱の中に入れて首だけ出したものを蜘蛛女とか、なぞの女とか呼んで人をつつてゐましたがあんまり見えすいてゐて、どうしてあんなものが許可されるのかと思ひました、また動物などの說明で間違つてゐるのが相當ありましたが、この點は興行者の方で注意して正確を期してほしいと思ひますお祭の見世物といつてしまへばそれまでですが十年二十年前と比べて未だに向進歩しないのは社會が[illegible]

怪　奇怪な迷信　新しく流行の『災害の手紙』
★大陸日報　昭和三年六月二十日　3-93

奇怪な迷信 新しく流行の『災害の手紙』

迷信に對する人間心理の弱點につけこんで數年前世界を一と廻りした『幸運の手紙』と同樣の『災害の手紙』ともいふべき迷信札が最近京阪神在住の支那人間に傳送され、しかも一倍迷信に強い支那人のことだから非常な勢ひで次から次へ送られてゐる、京阪神各警察部外事課では右迷信札の差出人の大檢擧に着手し續々迷信札を

沒收 してゐる、迷信札といふのは手紙のかたちで漢文印刷に附したもので『救難法語愼みて輕視するなかれ』との標語のもとにこの札は關聖帝君親筆をもつて今年人の七八分は死去すべしと垂示せられたるものにて觀音の大慈大悲は廣大無邊なればこの札一枚を傳送すれば一人の災ひを免れ十枚を傳送すれば一家の災ひ免れ百枚を傳送すれば一地方の災ひを免る、もし見て傳送せざる者あれば

血を 吐きて死なん、信せざるにおいては八月中に死者無數を算し十月には鷄鳴かず犬も吠ず夜三更にいたれば妖怪出現して呻聲絶ゆざるべく……といふ支那式の迷信文句を羅列したもので『今年は非常に災害の年で、疫病流行し、兵火起り、天災地變起つて、人類の七八割は死亡するだらうが、これを免れるためには胡椒二つとせうが三片とを煎じて飲めばよい』などとも書いてある、一ケ月以前北京からわづかに一通内地に舞ひこんだものらしいが忽ちにして京阪神の支那人間にゆきわたり、猛烈な勢ひ傳播して居る

資　怪談物の名優
●時事新報　昭和三年六月二十四日　3-94

怪談物の名優

畑　耕一

歌舞伎劇で幽靈の現はれるものは隨分多い。そしてこれが能から源を發してゐることはいふまでもない。能は二百番中、幽靈を取扱つたものが六十二種もある。この幽靈は戰國時代の影響や、藤原時代の陰推や、支那傳來の思想や風を受けて、武骨で嚴格なもの、仁俠で道義たる流で優美なもの、恐怖戰慄を目的としたものなど——舞臺上の役目は、主としないで、戰亂の跡を物語る一證言者たるに過ぎない。が、歌舞伎ではどこまでもそれを實在的にして、因果應報の形で幽靈の怪奇なるところを寫さんとしてゐる。

歌舞伎に幽靈を取扱つたものはすでに元祿の頃からあつて、近松は「傾城壬生大念佛」に、姿おみよの死靈が鏡の中から現はれるを描き、初代市川團十郎は「參會名護屋」といふ狂言で、不破伴左衞門の怨靈を演じた。當時の芝居では、この種のものを「怨靈事」と呼んでゐたが、これにいよ〳〵趣向と工夫を重ねて、ひたすら見物の膽を冷やし、眼を驚はしむるばかりの怪奇陰慘な幽靈芝居——所謂「怪談物」としたのは尾上松助後に松緑といつた名優である彼は從來の能樂から來た特殊ある幽靈を、飽くまで毒々しく實感的のものにした男だ。

尾上松緑

はやくから彼はかうしたものに特殊の技能をもつてゐたと見え、安永五年の廿八歳には、平家の亡靈猫股に扮し、天明四年の卅六歳には、「小町櫻」の橘逸勢といふ役で、骸骨蘇生の早變はりに成功して、以來怪談物を家の藝とするに至つた。それから、「伊勢物語」で[illegible]の亡靈と骸骨の早變り「[illegible]」で[illegible]と天狗の早變り「[illegible]木」で[illegible]方の亡靈が[illegible]に化する[illegible]、「[illegible]」[illegible]の[illegible]となつて[illegible]から拔け出る工夫、「天竺德兵衞」で[illegible]五百[illegible]の亡靈との早變り、「[illegible]」で[illegible]の早變り、その[illegible]、刑部姫、戻橋の惡鬼などいづれも眼にもとまらぬ仕掛物の手際で見

物の喝采を買つたものであつた。

　彼は自作の人形を用ひて、一人で二人の役を見せ、幽靈に扮して琴を彈じたり、本水を使つて浮かんだ蓮の葉の上を歩いたりして人を驚かせた。ことに「天竺徳兵衛」は彼の第一の當り藝で、徳兵衛が大蝦蟇の背を斷つて現はれたり五百崎を殺した[illegible]姿の徳兵衛がその幽靈にうしろ髪をひかれる工夫など、この三役を人形を吹き替へに使つて一人で演じ、どれが松緑だか、どれが人形だかわからないまでに、間髪を入れぬ變化を見せたので、しまひには切支丹の邪法でも使つてゐるのではないかと町奉行から役人が出張したほどであるといふ。彼の養子の粂三郎も家の藝たる怪談物に、父以上の手腕を示した三代目尾上菊五郎がそれである。

三代目菊五郎

菊五郎は小傳馬町の建具屋の息子であつた。五歳の時松緑に貰はれ舞臺へ出たが、文化五年の廿五歳で、養父が小幡小平次の舞臺に怪我をした時にその代役をして、水中の早替はりに、劣らぬ鮮かさを見せ、一躍世に認められた、その後天竺徳兵衛や累など親ゆずりの藝を演じて好評を博し、また「七變化」の所作や一人七役九役の早替はりをやつて、いよ〳〵人氣を高め、立役、女形、老人、若衆形立敵から三枚目敵まで、そのまゝの姿で踊るとまで噂された。白木屋お駒の幽靈や玉藻前や、五十三次の怪猫や、骨寄せの岩藤など、大道具、小道具に、また一層の巧妙な仕掛を工夫し、宙乘り、どん●●でん、居所變り、せり上げなどの喝采をした。―が、彼の遺したものでは何といつても「四谷怪談」である。これに當時の道具方長谷川勘兵衛が作者の南北と彼が苦心の趣向、こあらん限りの腕をふるひ、怪談師林家正藏もいろ〳〵助言を與へたのであつた。髪梳き、戸板返し、下手の流れ灌頂からお岩の亡靈現はれて、中央の佛壇や、上手の壁に消える仕掛など、今も梅幸氏の藝に見ることが出來る。

　このほか今はやらぬが、行燈抜けや藪鶯の欄間づたいなど、彼はいが上の巧い工夫を加へ、ことにあの蛇山の庵室は、盆の門火を焚くのが本筋だが、或時の如きはこれを雪降りにして、その中へ幽靈を出すなど奇抜なことまでやつた南北が文化八年七月にこの狂言を書きおろして以來、弘化元年七月中村座でこのお名残り狂言を出すまで、菊五郎は實に前後七回のお岩をつとめ、いつも大入續きで、書きおろしの時など、七月から九月の半まで打ち通したほどの大當りだつたといふ。

四代目小團次

怪談物の名優としては、彼につ(い)で四代目市川小團次がある。默阿彌と相携へて、「宇都谷峠」の文彌、「夢　古市」の正直清兵衛、「小幡怪異」の小平次、「再　岩藤」の岩藤などに、この種の狂言の一生面をひらいた。それから五代目尾上菊五郎――これは昔話にもならぬから、その名を逸することはできない、といふだけのことにして置く。

羊のような人間　珍談奇聞

●関門日日新聞　昭和三年六月二十四日

羊のやうな人間

英國貴族院議員エバラート●ホームは其著書中に人間の角の事を論じ其當時（一七九一年）生存してゐた二婦人の例を擧げてゐる、其一人は英國リンフルーシヤイアのものでロンスデール夫人といふ五十六歳の者で今一人はアレンといふ中年婦人である、前の夫人は最初左の耳の上へ瘤が出來だん〳〵太つて五年後には三吋位の角になり、次に角質のものさなつて羊の角位の大きさになつた、後の婦人も同じ狀態で五吋程の角が生えたさうだ

資　新版四ッ谷怪談　日活超特作映画

●万朝報　昭和三年六月二十八日　3-96

新映画　日活超特作映画

新版四ッ谷怪談

近日富士館、神田日活封切

原作脚色　伊藤大輔
監督　伊藤大輔
撮影　唐澤弘光

民谷伊右衛門　松本泰輔
直助権兵衛　葛木香一
女房お岩　伏見直江
父親左門　嵐玉松郎
佐藤与茂七　岡崎晴天
女中おきよ　瀧澤靜子
小仏小平　瀬川銀潮
目明し助五郎　浅見勝太郎
按摩宅悦　中村吉次
医師尾扇　尾上紫幸
秋山長兵衛　嵐岡岩
伊藤喜兵衛　嵐鶴三郎
乳母おまき　小松みどり
娘お梅　澤村春子
妹お袖　伏見直江

――【梗概】――

嫌ひ――と云ふわけではないが、ぞつこん惚れた譯でもない女と、ふとした縁から夫婦になり、その為に父親を殺して女房の妹から仇と狙はれねばならぬ立場に立たされた――民谷伊右衛門

しかも女房のお岩はこの不義非道酷薄無類の亭主に惚れきつて居るのだから始末が悪い、その亭主思ひの、深情が貞節が、従順が、また悉く伊右衛門をむかつかせるどうせ悪縁である、これを断つにはこれを殺さねばならぬ、そこでお岩を殺してしまつた、だが殺されてもお岩は伊右衛門に惚れてゐる、死んでも伊右衛門に未練がある、だから――同じ伊右衛門の極悪な手に殺されてお岩とは不義密通の汚名まで負はされた小仏小平の亡霊が伊右衛門に仇しようとする時、同じ戸板に背中合せに釘附にされてゐる関係上から小平に味方して伊右衛門を害すべきだのにお岩は飽まで亭主のために小平の邪魔をするのである

小平の亡霊の手引きで鳥目のお袖が捕吏を先導して伊右衛門召捕に向つた時最早悪業の大詰と悟つた彼が左門の仇としてお袖の手に討たれてやつた時非人情な伊右衛門の悪霊がその肉体を離れた時――お岩は始めて恋焦れた極悪人伊右衛門を自分のものにすることが出来たのであつた（写真は伏見直江のお岩）

獣　おのぼり京見物（九）　按摩の針に刺され悲鳴を挙げ…

●京都日出新聞　昭和三年六月二十八日（二十七日夕）　3-97

按摩の針に刺され
悲鳴を挙げた狸
臺場に轉がつた青い火の玉
天龍寺管長の怪談

（九）

降つても降つても降り止まぬ梅雨に、京見物もいさゝかたじろぎの有様であつたが「今日は嵯峨の情趣味はう」といふ藤公の名案に大いに心動かされた嵐山電車に揺れる事数分、郊外の眺望は目ざむるばかりに展開して

走る窓から見る雨に洗はれた野山や

田畑や人家がさても綺麗だ「静かぢやのう。すべてのものが亭主が死んでから間も無い寡婦さんのやうに慎ましうしさるのう」

「あはたゞしい京の街から此處までのがれて来ると別天地の感がしやうがな。此處が車折神社ぢや、此處へお詣りしたら俳金の取立てがうまく運ぶさうでよく料理家のたかみなんぞが詣りに来るよ」

「へゑ、一寸風變りな神様ぢやのう。少くとも吾々には用がないわ」

◇

電車の終點から降りて突當りは大本山天龍寺である。その昔長州勢が此の寺に籠つた時、包囲攻撃に遭ふて火を放つたが為め堂塔伽藍の幾棟かを焼き盡したといふが、それでも未だ々々廣い境内には宏大な建築物が一廓をつくつてゐる。選佛場に鈴木松年の描いた

素晴らしい出來榮の天井の龍を見て

から、管長清拙和尚に面會を申し込んで、さて一番に切り出したのが此の寺の怪談

「和尚さん、こんな古寺にはよく狸が化けて出るもんぢやが、此處はそんな事はありませんかの」

「へゝ君等ぢやの、近頃漫畫漫文の京巡りをしちよるのは！わしも讀者の一人ぢやよ。理がなうてえゝ」

眉間にその昔の苦行を偲ばせる三本の筋がギユツと立つた和尚さんは、澁い笑ひを見せながら「狸の話ならあるぞ〳〵」

◇

「まだそれはわしが修業中の事ぢやテ。陽明院に狸が出るといふんで。此奴ア面白い。何なら綺麗な女にでも化て來て吳れたら結構ぢやがと思ふて、大いに期待しながら幾晩か泊り込んだが一向に出そうもない。はてなこんな事ならつまらないがと失望してゐると、ある日松陰和尚が、ショウチン（與念？）院の方に

毎晩高さ三尺位の白髪長髯の老人姿

になつて出て來るといふぢやないか、若い頃ぢや、わしもそれを聞いて喜んだのう。で、早速その方へ移つて張番をしたが、これまた出て來そうな模樣がない。此奴アひよつとしたらわしの人相が惡いんで出澁つてゐるかのと、沸團を被つて顏を隱して見たが更に効目がない。わしは落膽したのう。でも松陰和尚が出るといふた位だから、出るには出たらうよ」

◇

和尚さんはニタリと笑つて澁い茶を啜りながら「まだいとゝか殘つとる」とおら達にウオツカーとかジヨツカーとかいふきつい洋酒をすゝめ、浪花送りの上菓子を突出して、さてまた話を續ける

「もう昔の事ぢやがのう。此邊にまだ民家が無かつた時分、古狸の奴め隨分人をばかしをつたそうな。その狸は何でも睾丸に腰かけさして包み殺しをしてかつたといふが、ある時座頭が通りかゝると「掛けなさい〳〵」と云ふそうな

無理にすゝめられるものだから座頭

もそれに腰をかけると、何だかこう軟らかい變な感じがするものぢやから、商賣道具の針を出してチクリとそれに刺し通したもんぢや。狸公驚くまい事か「キヤツ」と悲鳴を擧げるなり逃げ出したが、可愛そうにその針のため血まみれになつて死んで了つたといふのうハツハツヽ」

◇

「わしは元來然うした怪談めいた事が好きでのう。これも若い時の事ぢやが、此の奥のロクサンボウといふ墓場に幾死人を土葬した事があつてな。その凄い形相がどうでも迷ふて出そうなといふもんぢやから、物好きに

シヨボ〳〵と降る雨の中を眞夜中の

十二時過ぎに出かけて行つたものさ。すると、へ、注文通りに靑い火が轉がつてゐるわい。わしはそれを見ると密かに喜んだのう。此奴出をつたな、今に惱めしやアてな事でも云つて煙のやうな姿を見せるかと思ふと一寸興が湧いて來る。で、忍び足にその靑い火玉のところへ近寄ると、足を擧げてポンとそれを蹴つたもんぢや。すると、下駄に觸れた感じは、何だかかうゴム玉でも蹴つたやうな感じで、コロ〳〵と一間ばかり轉げると、その跡に螢の火のやうなものが一ぱいこぼれ落ちるんぢや。怪體なもんぢやと、わしはそれからまた二三度蹴つて見た。然し蹴つたばかりでは判らないからしまひにはそうつと手に拾ひ上げて見たのさ」（つゞく）

おのぼり京見物（十）不意打をくらって男の体面丸潰れ　3-98
獣　●京都日出新聞　昭和三年六月二十九日（二十八日夕）

不意打をくらって男の體面丸潰れ

雨に洗はれた嵐峡の雄觀

繪を描いて悪事露見

【十】

不氣味な怪談は續いた。外には靜かな雨の音――

「手に取って見ると火の塊。おやのに熱くもない。此奴持って戻ってやれと、わしは兩手に抱へたまゝ寺に歸って來たんぢや。そしてマッチを擦って見ると呆れたわね

火玉に見えたのは腐った木の根ぢや

よ。でも、暗い所へ出すと、青い火が出るものぢやから、一寸惡戯がして見たくなった。丁度皆が寢靜まってゐる時ではあるし、わしにそれを隣の奴の枕許へ置

してやったもんぢや。すると、目がさめた其奴が凝乎と見てゐたが、其奴め、默って臺所に持って行って正體を調べると、又持ち歸ってその隣の奴の枕許に置いてつゝき起してゐるんぢや。何しろ聲が出せない修業場ぢやから面白い。次から次と默って火玉の順送りさハッハッハ」

◇

「聞きたけりやまだあるがのう。それは幽靈退治ぢや。まだ清水寺が淋しい時分に、今の新高屋になってゐる山の中に一軒のあばら家があって、その中に情死した若い者の幽靈が出るといふんぢや。わしは何も修業ぢやと清水の管長が「そりや奇篤の事ぢや」と米一升に梅干十個呉れたんぢや。わしはその

米をお粥に炊いて梅干を噛りながら

一週間立て籠ったが、よく／＼斯ういふものには緣が無いと見えて、これも遂々出ずじまひぢや。鬼にしても幽靈にしても對手の人相を見てから、少しメチしいテ」

和尚は然う云って高らかに笑った。而もそんな冗戯話をしてゐる中にも、何處かに凝として引締ったところがあるのは偉大なる人物なればこそ

◇

二時間あまり管長の怪談を傾聽したおら達は、降しきる雨の中を嵐山道へ出た。連日の猛雨に保津川の水は氾濫して、瀨の音が轟々と物凄い。だが、瀧に洗はれた紺碧の色、山に盛った新綠の輝きに至っては

まさに天下に誇り得る大風景である

「ふむ、さすがは嵐峡ぢやのう。あの雨に洗はれた山の姿は、とても繪や筆の及ぶところでない」

「この流れを見給へ、如何に畫師が苦心したって此色は出せないよ」

おら達は互に賞め合ふて暫く其處へ立ちつくした。するとその時、おら達は俄に小便を催して來た。止むを得ず川べりにジャツヤ失敬してゐると、まんの惡い

現はしたものだ。おら達は慌てた。女學生は一歩一歩と近づいて來るのに。小便は容易に止みそうもない。

「チェッ、もう斯うなりや度胸を決めなきや仕方がない」

然るに愛すべき女學生よ！彼女は赤い顏をしながら傘に隱れて見ぬふりを粧ひ行き過ぎる。

◇

數分の後、おら達は川岸の「千鳥」といふ料理兼旅館の一室に案內されてゐた。一と風呂浴びてゐる中に注文の料理が運ばれ色の白い別嬪の仲居君が――さはおらが勝手に附けた名――クンがお酌をして呉れる。

「旦那はん何描いてゐやはりま

「これか、これはおらが小便しとるとこぢや」

「まあ

旦那はん隨分お行儀が惡らおつせな

そっちやの下の方は女學生だっか？」

「うむ、女学生ぢや。而も此の女学生は君んとこのお嬢さんなる事を今知つたよ」

「へえ？ちよ、ちよつと見せてお呉れやす」

若菜クンはそれを手に取るとパタ〳〵と奥へ駈け込んで了つた。嬢さんに報告しやうが為めである。

◇

「ひどいは旦那はん、」こんなもな紳士はんが立小便してゐやはるよつてどないせうかと思ふたと云つてはりましたホホホ……」

給の謎が解けた若菜クンは滅茶苦茶に嬉しがつて笑ひこけた。紳士の体面茲に至つて丸潰れだ。「田舎者はあれぢやから困る。

だらしが無いから
何処にでも小便の

垂れ流しや。友達までが要らん恥を掻かにやならん」
藤公は先方の味方となつてニヤ〳〵と盃を舐める
「でも、対手嬢はん子供を産みつけて歩くよりもマシぢやのう。」
そも何人？この時部屋の外にも笑ひ声がドッと挙がる。

踊りは「ちどり」とかいた提灯を一本宛持たせて送り出された。

「傘一本といふが、此奴ア提灯ぢやのう。この色彩が気に入つた。これを斯うしてブラ〳〵踊りるところに傘を使つた後悔が振り落されて了ふなあ」

お銚は子供のやうに嬉しがつて陰暗な道をトボ〳〵と歩いた小督の局の塚を見てから嵐橋に佇み、やがてまた電車道へ……

資　**事実種の怪談奇談を募る**

●大阪時事新報　昭和三年六月二十八日　3-99

物読の夏　定規募懸

事實種の怪談奇談を募る

怪しい身の毛のよだつ怪談、「虫が知らせる」と云つたやうな霊的体験による奇談、事実譚として伝へてゐる奇怪談を左記規定によつて募集いたします、振つて投稿（或は通知）下さい、当選原稿は逐次近日の夕刊紙上に掲載いたします。

一、投稿は十五字詰三百五十行以内、四五十行の短かいのでもよい
一、通報は郵便にて怪談の概要と場所を知らせて下さい
一、投稿（或は通報）は「怪談原稿」と書いて本社社会部宛に送つて下さい、締切は七月十日ですがなるべく早く
一、怪談中に出る地名人名の迷惑となるのは仮名のこと
一、投稿（或は通報）中紙上掲載の分に対しては薄謝を贈呈いたします

ラ　**ラジオ**　放送小説「お化け銀杏」松本狂郎

●函館新聞　昭和三年七月二日　3-100

オヂラ

大阪（二日）

放送小説「お化け銀杏」松本狂郎

怪　**開けずの宮殿の怪**　迷魂閣に絡る秘話

★満州日報　昭和三年七月三日（二日夕）　3-101

乾隆帝が淫楽のあと
開けずの宮殿の怪
寵妓梨嬢が妃の嫉妬に火焙り
迷魂閣に絡る秘話

その昔一世の豪奢を極めた乾隆帝が宮中の桃源洞天として綺羅をつくして建立した迷魂閣は、帝が在らん限りの狂淫耽溺をつゞけた宮殿の一つで清朝の宮殿は統帝の太清落ち以来総て開放されて北京人士の遊覧場所となつたが、独り永華殿裏の迷魂閣のみは門前に固く垣をめぐらして開けずの御殿とされてゐた

◇――◇

男と女とこそ異なれ乾隆帝の淫奔生活は我が吉田御殿のそれに比すべきものであつた、京洛中の美しい娘といふ娘は片ツ端から白羽の矢がたてられた、そして迷魂閣中に帝の飽くなき淫慾の犠牲となつて斃れたものは数へ切れぬ程だつた、その一人に有名な梨嬢がある、梨嬢の父母は洗ふが如き貧困の裏に病んで薬餌の資は言ふも更其日の糧さへ思ひに任せぬ惨めさであつたゝめに彼女はいたいけない小娘姿を紅燈の影にうつさなければならなかつた

◇――◇

梨嬢の出現を迎へた花街は殺気だつ程に客足をひいた、そして彼女の開花を争ふ男の群れは哀れにも物凄いものだつた、がこの酒俗の間に身を処するに彼女は常に氷霜玉をかとして固く守つてゐた、が、幾何もなく其楚々たる姿はそこから消えて幾万の遊冶郎を失望させた

◇――◇

彼女は遂に天下に色を漁る乾隆帝の目にとまつたのだつた、それからの乾隆帝は総てを拋つて迷魂閣中に入りびたり、錦繍にくるめられた彼女は何うすることも出来ぬ淫威の蹂躙に泣く身となつた
この帝の乱行を何時までも皇妃が気づかぬ筈はなかつた、そして程なく帝は外に追はれ永遠にこの迷魂閣は封鎖されることゝなつて彼女は玉の肌を裸体に梁に倒さ懸けとなつて火焙りの刑に処せられた……斯くて幾百年開かずの御殿となつたのである

る

◇―――◇

宣統帝が去つた直後此閣内に入つたもの丶話では、厖の積るに委せてはあつたもの丶壁は總て大理石でそれに無數の裸體大理石像が並べられ其裝飾の佳麗は到底他に比すべきものがなく、その一隅の小室は入口に禁宮の二字額が掲げられ男女二人の抱擁した像があるのみならず、室内の寶物は總て乾隆淫樂のあとを物語るものであるとのことである

◇―――◇

民國となつて一旦この淫樂の秘庫は開かれたが、何故か忽ちにして再び閉ざされ其理由を知るものとては無かつた、今年春誰からとなく開放の議が出で、それと同時に一部雨露に朽ちた個所の修理を施すこととなつて十四人の職人が入り込んだが、其日の中に名前もつかぬ怪病に六人までも斃れた、でも北京の新人達はこれから生れた謠言を迷信として笑ひながら開放を斷行した

◇―――◇

去る四月一日、共開館の第一日三人の好事家が眞先きに飛び込んだが忽ちにして色を失つて逃げ出した、それは樓上に六十七人―しかも百年以上も大昔の裝束そのまゝの女の死體があつたからだつた、容易ならぬこの三人の實見談に清宮處理事宜の役人は直ちに調査をしたところ、果して八人のミイラが古裝のまゝで在つたので棺に納めて篤く葬り、その上に「宮女の墓」と一基の碑をたてゝ冥福を祈り一段落をつげたが、又數日を經て七人のミイラとなつた女が發見されたので遂に役所では固く門を鎖して永久に乾隆后妃のたてた「此地は獄所也永遠に開放を許さず」との門前の碑銘を其儘實行することゝした

◇―――◇

二度目にミイラを發見した一行の中に在つた一人の女は、其夜から病の床につき「わたしは梨妃だ」と譫語を言ひつゞけて數日の後死んだとは清朝廷の宮殿に於る噓のやうな事實である。

（寫眞）宮殿の一部

怪 執念の血の池 珍談奇聞

●関門日日新聞　昭和三年七月三日　3-102

執念の血の池

肥後國葦北郡日奈久町の近くに血の池といふがある、昔此邊の丘に平家の落武者がゐたが遺恨から其間に攻合が始まり一方の武士が相手の武士の爲自分の娘を攻滅ぼされた、敗北の原因は相手を不意打にする計略が侍女の口から相手の方に洩れた爲であつたので武士は怒つて其侍女を斬殺したまゝ死骸を池に投げ込んだ、その女の亡念がその場所を離れず今日に到つて爾來毎年殺された日になると血のやうな人魂が、朦朧と池のあたりに見えると云はれる

資 いよいよシーズン　お化けくらべ

●二六新報　昭和三年七月四日（三日夕）　3-103

いよ〳〵シーズン―お化けくらべ
お露とお岩の妄念甦つて　お盆の吉例呼物に

夏興行なら清涼劑一服、誰にも喜ばれる吉例に倣つて此お盆興行にも本邦映畫は各社各樣が化くらべ―色ッぽい味は女の化物に限るとあつて『牡丹燈籠』と『四谷怪談』が執念くも又甦ることゝなり『牡丹燈籠』は松竹蒲田の清水宏監督で、柳さく子のお露と、東亞では石田民三監督下に淺間昇子のお露が、それ〴〵濃艷なお化ぶりを見せる―『四谷怪談』の方は日活河合、マキノ、帝キネの四社で競演で日活は直江、鈴木澄子・五月信子松枝鶴子が何れも適り役のお岩に

扮するが就中河合の澄子のお岩はお化二度の勤めに磨きがかゝりつて興味たつぷりな處を見せるであろう－！

之に對してお化の持合せのない外國映畫、その巧くぼかされてお目當りの殺人興行に生毛を抜かれぬ用心こそ肝腎であろう

『振袖火事』拵る

松竹京都の星哲六監督が阪東玉之助主演、千早晶子・浦波須磨子、岩月孔雀・相馬一平・正宗新九郎等の助演の下に撮影中の『振袖火事』は目下セットにより製作中だが之が各社に對抗すべく玉之助の為に選んだもので玉之助役の小主水と呼ぶ岩侍が果敢なく死んだ愛人の幻惑に惱みつゝ短かい生涯を終るまでを描き全篇凄惨味に富んだ作品らしい

競映の『四谷怪談』
顔觸れ競べ

日活の『四谷怪談』は六日から富士館みやこ座でマキノは再映『四谷怪談』を千代田館、帝キネ・阪妻・河合も『四谷怪談』近々封切ときまつたが各社その主要配役は左の如くである（松竹は別項で詳説の通り）

社別	監督	民谷伊右衛門	お岩
日活	伊藤	松本泰輔	伏見直江
帝キネ	佐藤	明石緑郎	松枝鶴子
阪妻	安田	梅若禮三郎	小松峰子
河合	古海	森野五郎	鈴木澄子
マキノ	井上	月形龍之助	鈴木澄子

資　3-104
映画「四谷怪談」
●河北新報　昭和三年七月五日（四日夕）

映画

帝國キネマ撮影所製作
大時代劇
「四谷怪談」全篇

脚色　上島量
監督　佐藤樹一郎
撮影　三木茂

◇配役◇

浪人民谷伊右衛門……明石緑郎、妻お岩……松枝鶴子、お岩の父諏訪左門……實川延笑、お岩の弟與之助……中村小福、富豪浪人伊藤喜兵衛……市川幅十郎、娘お梅……南愛子、仲間直助……東艮之助、浪人秋山長平衛……片桐恒男

【梗概】盆踊りの夜伊藤喜兵衛の孫お梅と武家娘お岩を見た民谷伊右衛門は呼び出しをかけて來た、お梅よりしとやかなお岩のうつくしさに心奪はれ、秋山長兵衛と直助の計らひでお岩と踊りの仲間に入つたが、伊右衛門は人違ひから捕手と爭ひのがれる途中行き當つた武家を斬つて捨てた、その夜から伊右衛門とお岩の新生活は始められたが、あの夜斬つた武家がお岩の父諏訪左門と知れてから、伊右衛門は人に語れぬ惱みをいだき心ひそかに回向してゐた、友人秋山は盆踊りの夜伊右衛門に振られてから未だに思ひ續けてゐるお梅を伊右衛門に結びつけた、それからの伊右衛門は事毎にお岩に邪慳になつたがお岩は何事も自分の罪と伊右衛門に仕へてゐた、ある夜お梅は血道の良薬といつはり與へたそれも知らず服んだお岩の顔容は二目と見られぬ物凄さにかはつた、お岩の弟與之助はかすかな記憶の父の仇を伊右衛門と知り立合つたが斬り立てられて與之助は河中に落ちた、すべてのたくみを知つたお岩は伊右衛門を恨み伊藤一家をのろひ復讐を叫んであはれ悶絶した、伊右衛門は可哀想なお岩をかはつて來た仲間の小平を殺し二人の死骸を戸板に結びつけ河に流した、お岩の亡靈に惱まされた伊右衛門お梅を斬り喜兵衛をも斬つた、そして絶えず惱まされてゐた、與之助はお岩の亡靈の助力で父の仇民谷伊右衛門を討つた

帝キネ映畫【四ツ谷怪談】明石緑郎の伊右エ門と松枝つる子のお岩

資　3-105
東海道四谷怪談・三角屋敷　ほか
●都新聞　昭和三年七月九日

東海道四谷怪談

◇皆様に依つて選ばれた◇
◇怪談劇の代表的傑作を◇
◇配役揃ひにて若手奮闘◇

澤村訥子

本郷座の七月興行は、一日を初日に毎夕四時半開演、訥子、九蔵、紅若、吉之丞、權十郎、七三郎、錦若、勝太郎など若手揃ひに源之助と云ふ一座で、兼て皆様に御期待を戴きました「東海道四谷怪談」を通しで出す事に成りました。それで豫て希望して居りました三角屋敷も出る事に成りまして、私が直助權兵衛を勤め、おこがましけれど南北研究の一端を茲に發表致したい考へながら、御承知の仲々激しい狂言ですから何しても色々と制限を受ます。止むを無い儀でございます。今度はいつもの浪宅の前に三場出して居ります。お袖は父の四谷左門を養ひのため、淺草境内の楊枝店へ出てゐます。それを左門とは同じ鹽冶家の浪人である奥田將監の下部であつた直助權兵衛が挑みます。權兵衛今は藤八五文の藥賣に成つて居るのです。そこへお袖には言號の夫たる佐藤與茂七、之は主家の敵師直を討たんがために小間物屋と成つてゐるのですが、それが矢張り地獄宿へ案内せられてくるのです。そこで、直助にとつては、與茂七は戀敵、後をつけ覘つて到頭殺して仕舞つた、しかし、それは與茂七ではなく、自分の元の主人奥田將監の子息庄三郎であつた。直助は夫の敵を打つてやるとてお袖と夫婦になつたが、お袖は自分の實の妹である事が判つて自ら割腹して相果ます、愈々一日と雖も入浴の缺かされない季節になりましたが、使つた後がぬらつかず又がさつかず、眞に心持の宜しいのがミツワ石鹸でございます。作用が緩和で後に石鹸分を殘さず、しつとりと整へてよろしうございます。

三角屋敷

河原崎權十郎

當本郷座七月興行の儀は豫て御承知の如く、愈々通し狂言「四谷怪談」が出る事になりました。之へ私も佐藤與茂七を勤める事になりましたが、三角屋敷が出て居りますから仲々の役でございます。

隱し姻で一味徒黨の大切なる廻文状を失つた。それを取返さんがために矢張其時手に入つた鰻かき、それの燒印をたよりに三角屋敷を尋ね宛ます。今原作の舞臺を見ますと、此三角屋敷が、舞臺は二重の世話づくり、正面は喚鐘のかゝつた納戸に古びた壁、一つ竈や引窓に佗た内の様を見せ、上手の方は卒塔婆まじりの生垣に草むした五輪の頭も見え、下手の方には寺の入口で、冠木門をとりつけ、門口からその門へ物干竿をわたし

て、前の幕《まく》の小佛《こぼとけ》小平《こへい》の着物《きもの》が干《ほ》してあつて、何となく凄味《すごみ》があります。梅雨《つゆ》明けの衣更《ころもがへ》に、お召物《めしもの》をお仕舞《しまひ》の折《をり》、ミツワ香嚢《においぶくろ》を入れてお納ひになれば、蟲《むし》を防《ふせ》ぎ、かびを除《よ》け、よい移《うつ》り香《か》を殘《のこ》します。

忠臣藏《ちうしんぐら》の世界《せかい》

市川《いちかは》九藏《くざう》

今興行《こんこうぎやう》には當本郷座《たうほんがうざ》へ出勤、四世《せい》鶴屋《つるや》南北原作、瀬谷三二改修《かいしう》の通し狂言《きやうげん》「東海道《とうかいだう》四谷怪談《よつやくわいだん》」が上演《じやうえん》、私は民谷《たみや》伊右衛門《いゑもん》を勤《つと》める事になりましたが、御承知の通り此《この》「四谷怪談《よつやくわいだん》」の書卸《かきおろ》しが文政八年七月の中村座で、當時の役割《やくわり》が菊五郎のお岩《いは》、小平《こへい》、與茂七《よもしち》の三役、お梅《うめ》が岩井《いはゐ》粂次、お弓《ゆみ》が吾妻《あづま》綠藏、喜兵衛《へゑ》とおくまが市川榮三郎、宅悦《たくえつ》が門藏、長兵衛《へゑ》が阪東善次、官藏が市川染五郎、權兵衛《ごんべゑ》が幸四郎、伊右衛門《いゑもん》が國十郎、などでございました。御承知の此《こ》の世界《せかい》が忠臣藏になつてをりますので、小平《こへい》の主筋《しゆすぢ》小汐田又之丞といへば義士《ぎし》の一人、つまり其病氣《びやうき》が治したさから小平《こへい》が伊右衛門の藥《くすり》を盗《ぬす》みます次第《しだい》、つまり伊右衛門もお岩達《いはたち》の親《おや》の左内も皆《みな》鹽冶《えんや》の浪人で、與茂七《よもしち》も義士《ぎし》の一人、それから伊藤喜兵衛《いとうきへゑ》は師直《もろなほ》が家中、また民谷《たみや》の母のおくまは若い頃《ころ》その師直《もろなほ》の邸《やしき》に仕《つか》へてゐたわけで、其折《そのをり》貰《もら》つた墨付《すみつき》をば、出世の料《しろ》にとて伊右衛門に例《れい》の隱亡堀で與《あた》へますわけなので、と申《まを》しますのが此書卸《このかきおろ》しの折《をり》の一番目が即《すなは》ち忠臣藏でしたから、つまりその縁《えん》をもつて、斯《か》うした仕組《しくみ》に成つて居りますのでございます。いよく\短夜《みじかよ》の明易《あけやす》い夏のこの頃《ごろ》、朝起《あさお》きの洗面《せんめん》に缺《か》かされないのが、定評《ていひやう》のありますミツワ練歯磨《ねりはみがき》でございます。これまでの種類《しゆるゐ》と違《ちが》ひまして、まことに味《あぢ》も匂《にほ》ひもゆかしくて、すこしの苦味《にがみ》も脂臭《やにくさ》さもございません。お用《もち》ひになりました直《す》ぐ後で、玉露《ぎよくろ》のお茶《ちや》をお召《め》しになりましても、その風味《ふうみ》に、すこしの障《さはり》りもございません。誠《まこと》に優秀《いうしう》な煉歯磨《ねりはみがき》でございます。

怪《くわい》談《だん》話《はなし》

澤村《さはむら》源之助《げんのすけ》

「東海道《とうかいだう》四谷怪談《よつやくわいだん》」が丁度《ちやうど》此興行《このこうぎやう》に出る事になりましたに就《つ》いては私も出勤《しゆつきん》の上お岩《いは》を勤《つと》めますが何しろ怪談《くわいだん》狂言《きやうげん》では名《な》高いもので凄《すご》い狂言《きやうげん》な事は申《まを》すまでもありません。これに就《つ》いては、色々《いろいろ》のお話《はなし》が殘《のこ》つて居ります。作者《さくしや》南北《なんぼく》が之を書卸《かきおろ》しました折《をり》の事、三代目《だいめ》菊《きく》五郎の宅《たく》で内讀《ないよみ》をいたしましたが、其座敷《そのざしき》の腰障子《こししやうじ》がすうつと開《あ》きました。勿論《もちろん》二人は熱心《ねつしん》に相談《さうだん》いたして居りましたし、殊《こと》に此《この》三代目《だいめ》といふ人は、常《つね》に甘草《かんざう》と氷砂糖《こほりざたう》とを煎《せん》じて飲《の》んでゐたものですから、すぐと其《それ》をつくる湯《ゆ》でも持つて誰《だれ》か來たものであらうと思《おも》つて、今來てはいけないよ、と云《い》つて其開《そのあ》いた障子《しやうじ》をぴたりと閉《し》めました。と、又其障子《またそのしやうじ》が自然《ひとりで》に開《あ》きました。少し怒《おこ》つて三代目《だいめ》が之《これ》を亦閉《またし》める。之《これ》を三度も繰返《くりかへ》したかと思《おも》ふと、今度はピチリといふ音《おと》がしました。それは隣座敷《となりざしき》らしいので行つて見ますと、そこに立掛《たてか》けてあつた琴の絃《いと》が十三本とも皆《みな》切《き》れて居つたといふのでございます。そこで三代目《だい》が南北に言《い》ひますには、この狂言《きやうげん》はきつと當《あた》るよ、

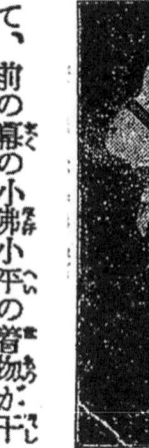

と豫言しました處が、開けて見ると果して大當りを取つたと申します。お暑さの折柄、惡疫病氣も多い様でございますから、處方を明示し、内容を公開しましたミツワ家庭藥のお備へが肝要でござい升

資　塩を摑んで思わず―南無お岩様々
●二六新報　昭和三年七月十日（九日夕）　3-106

塩を摑んで思はず……
南無お岩様々
檢閲官泣かせの怪談

『四谷怪談』が流行るわ〳〵、舞臺の方では、本郷座の訥子と二座で源之助が一世一代のお岩様、金龍館では木下八百子が新演出の『四谷怪談』で、それも、これも越前堀のお岩稲荷へおまゐりに出かける。中には『華々しく參詣』といふ宣傳屋さんまで飛出す騷ぎ、さう華々しくやられちやァお岩様も物凄くなくなつて來るが、映畫の方では物凄い話がある

▽――△

映畫のお岩様、本年の新作は阪妻の梅若禮三郎と小松律子の『伊右衛門』といふのを筆頭に、河合プロが森田五郎、鈴木澄子の『四谷怪談』日活が松本泰輔と伏見直江の『新版四谷怪談』、古いもの、燒き直しは、帝キネの明石潮郎、松枝鶴子の『四谷怪談』とマキノは鈴木澄子と月形龍之助の『四谷怪談』と檢閲室はお岩様が、押すな〳〵

▽――△

このお岩様映畫を、薄暗い檢閲室で、怖い眼を光らす役目は田島檢閲官、「どうせ同じやうな映畫檢閲の方針も一層一人の方がよからう」とあつて、田島さん毎日〳〵お岩様責めに少々怖れをなしたか檢閲室に浄めのお鹽を持込んで一巻毎に室の中を清めてゐる。

▽――△

ところが、河合プロのお岩様鈴木澄子が二度目の主演とて腕に撚をかけてせい〴〵物凄さを見せる、それがどうした拍子か映寫機にかけるで、ボッン〳〵と切れてしまふ、いつもなら『アセトンが鼠を引いてるぞ』位で笑殺するところだが、お岩様だけに鬼氣迫つて冗談も言へず、切れるたんびに田島さん、お鹽を摑んで立上り、『南無阿彌陀佛〳〵』

怪　事実だねの怪談奇談（一）　鼠を喰う花嫁（上）
●大阪時事新報　昭和三年七月十日（九日夕）　3-107

事實だねの――怪談奇談（一）

初夜の衾を脱け出した
彼女の口もとに生血がベツトリ
捜し出した花婿の眼に―
身の毛もよだつ物凄い姿
鼠を喰ふ花嫁（上）

出船入船、眞帆片帆。吐き出す煙に未練を殘して去り行く船。そして陸では揚げ荷積み荷にせわしき人の群――徳島縣勝浦郡△△は縣下でも有數の港町である。その町の某石油會社の會計係を勤めてゐた武本英次郎と云ふ青年。二十五歳の血氣盛り。腕もある、品行も良い、だから勿論社内の氣受けの點から言ふ筈はない。そして同僚にすゝめられるまゝに新妻を迎へることになつた。

◇――◇

花嫁と云ふのは――この港町を北へ二里ばかり離れた或る村の岡田と云ふ村醫の娘。この花嫁が、年こそ二つばかり上だつたが、第一縹緻が良い、そして生花、裁縫など婦道一通りは心得てゐる、申し分がない。武本青年は毎日にこにこと寫眞を眺めては樂しい結婚の日を待ちこがれてゐた。

◇――◇

やつとその夜が來た。羽織袴の禮装端然と三國一の花婿殿になり澄ました武本青年は、社長重役を始め同僚親戚の誰彼からのお祝物と「お目出度う〳〵」の包圍攻撃で妙にかたくなりつゝ、それでも祝言の式は無事婚禮式にあつさりと擧げられて、十一時を卅分も過ぎたころには親戚の人々も大ていは家路についてしまつた。

◇――◇

夜は次第に更けて行く。もう何時かしら？新夫は不圖眼をさました。と、傍に居るべき筈の花嫁の姿が見えぬではないか？

『何處へ行つたのだらう？』

武本はむつくり床の上へ起き直つ

た。

「便所かな？」

けれども十分しても二十分待つてゐても花嫁は戻りさうにもないのである。頭の上の柱時計は二時半である。何かしら不安な氣持になつて來た武本は隣の部屋から勝手元便所と家中を隈なく探して見たが花嫁の姿はどこにも無い。

◇―◇

ますく高まる不安のまゝに武本は猶も家中をうろくと探し歩いたが、その時ふと廊下の突當りの雨戸が一枚取はずされてあるのに氣がついた。

「俺を嫌つて逃げたのだな!?」

思はず取りはずされた雨戸へ馳せ寄つたが、見ると裏口にぼんやりと黒い影が動いてゐる。すひつけられる樣に武本はふらくと洗足のまゝその黒い影へ近寄つた。

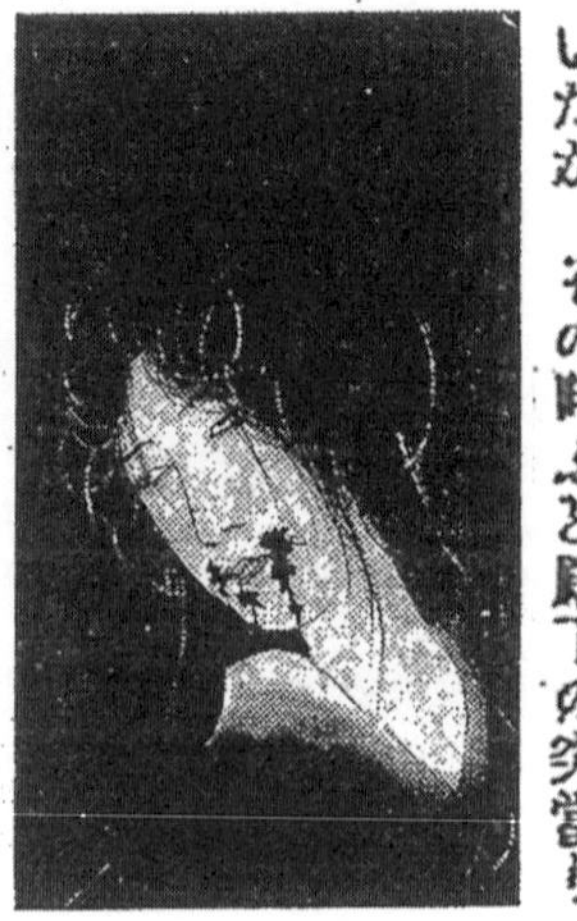

菊子である。正しく花嫁の菊子である！

「おい、そんな所で一體何をしてゐるんだ？」

不意の言葉にあわてふためいた花嫁は、何故か碌に返事もせずたゞおどくと部屋へ入つて行つた。

「あツ？」

その瞬間思はず叫ばうとした驚きの聲を武本は我と我が口を强く押へて呑み込んでしまつた。

血だ！血だ！闇とは言へ、薄ぼんやりと白く浮いてみえる花嫁の顏の脣のあたりはまざくと一面の血潮に色どられてゐたのである

心の迷ひかも知れぬ――と打ち消して見たが武本の眼はそれを打ち消すことを承知しなかつた。

◇―◇

考へ込んでしまつた武本はそれでも五分ほどして部屋へ戻つてみると、花嫁は何事もなかつたやうにすやくと夢路を辿つてゐるではないか。しかも武本が第一に鋭い眼を向けた花嫁の脣の週圍には、血潮の色どころか、たゞ小さく結ばれた美しい口元が靜かに眠つてゐるだけである。

「氣の迷ひかな？」（徳島市栗原生）（つゞく）

事實だねの怪談奇談（二）　ねずみを喰う花嫁（下）

●大阪時事新報　昭和三年七月十一日（十日夕）　3-108

事實だねの　怪談奇談（3）

美しい姿が―見るく猫の形相に

繰返された次の夜の出來事　懺悔の告白から四國巡禮へ

ねずみを喰ふ花嫁（下）

さて次の夜のこと……

昨夜のことがどうしても氣になるまゝに一日を新妻の一擧一動を監視して送つてしまつた武本は、それでも床に就くと一日の心の緊張の疲れか、思はずもうとくとした時、時計がねむさうに二時を報ずるのを夢ともなく現ともなく聞いた。

と思つた時、新妻菊子はがばと床の上に起き上つたのである。

◇―◇

「はてな？」

昨夜以來、拂へども去らぬ武本の不審の心は床上に起坐した新妻の姿に集注されて、その髮の毛の動きすらも見逃すまいとしてゐるとも知らぬ菊子は、夢遊病者のやうに立ち上つてふらくと歩き出した。全身を全部神經にして、氣取られぬ樣に武本は壁に身をすり寄せてそろくと後をつけて行つた。

彼女は部屋を出て臺所の方へ行くのであつた。そして何やら一生懸命にきよろくと四邊をうかゞつてゐる樣子である。武本の神經は今やはち切れさうな緊張をして固唾を呑み、呼吸を殺し彼女の眼の動くところ、手の指さす先、足の運び、一つとして見逃すまいと注視してゐる。

◇―◇

たつた一つ燈つてゐる十燭の電燈が、臺所を不氣味に薄暗く照してゐた。

一秒、二秒、三秒……そして一分……二分……、見よ！彼女の異樣な眼の輝きを！腰を折り足を張り兩手を前にかざしたあの格構を！突如、彼は何物かに飛びついた。そしてさも美味さうに囓り付き、むしやくと食べ始めた。そ

の様子はまさしく猫そのものである。武本はぎよつとした。前後の分別もなく馳せ寄つて新妻の肩をむんずと捕へた。

「おい、な　何を食ふのだ？」

彼女の美しい唇には毒々しい

生血が、赤黒くついてゐる。そして手に持つてゐるのは鼠！鼠!!まさしく鼠の食ひかけではないか？

呆然と武本は立ち縮んでしまつた。

◇——◇

良人に見られたなと思ふと、まるで夢からさめた様に彼女はわッとその場へ泣き仆れた……そしてやがて血に染つた蒼白い顔を上げると、彼女は涙とともに語り出した……

「お目にとまつた上からはもう＊かくしは申しません、實はふとしたはづみで近所の猫を残酷な目に合はせて殺してしまつてからと云ふものは、不思議な事には、鼠さへ見れば食べたくて堪らず、生け捕つてぼり／＼食べる甘さ加減！我ながら恐ろしいほどで、幸ひ、父母にも氣づかれず今夜まで來たもの丶毎日毎夜猫に祟られた身の因果を歎かぬ日とてはなかつたのでございます……どうぞ憐れと思召し御離縁だけは御容赦を……」

あとはたゞ、さめ／＼と……。

◇——◇

翌日、武本の辭職願が重役の机の上に見られた。

社長や重役連は大變驚いた。しかしいくら引留めても、彼はどうしても聞き入れなかつた。

武本夫妻が、飄然と四國巡禮の途に登つたのは、それから數日を出ずしてであつた。（終）

事実種の怪談奇談（三）　幽霊の手引きで

●大阪時事新報　昭和三年七月十二日（十一日夕）　3-109

幽

ポトリと落ちた女の櫛!!

幽霊の手引きで

検擧された奇怪の殺人

事實種の怪談奇談（三）

北海道の釧路市浦見町に、今は活動寫眞常設館になつたが、以前は歌舞伎を専門にやつてゐた大きな劇場××座がある、場主は淺岡蔣次（假名）とて同市の大親分、乾兒が五百人もゐるほどの豪勢さで彼の大邸宅へはこの劇場にかゝつた座の座長が必ず泊る事になつてゐた、或時この地へ女浪曲一座がすばらしい人氣で乘込み大評判の裡に或夜一座の内で年若のとても美しい花形娘が突然行方不明になつたので街の人々は「謎の怪事件」として大騒ぎであつた

◇——◇

毎年決つたやうに、春の始めから夏の終りにかけて大阪から仙臺青森、北海道方面を巡業してゐる新派芝居の一座がある。その一座の座長に中村紅雀といふ年のころ二十七、八歳のまだうら若い青年俳優が、年に似合はぬいゝ味を持つて生れた美貌とで、田舎娘や浮氣な若後家などにもてはやされてゐた、この紅雀一座が今年の夏のはじめ、北海道に巡業の足を踏み入れ、釧路はやはり××座で興行することになつた、總勢二十人ばかりの一座は「町巡り」や挨拶がすんで初日は大入滿員、まづ座主で大親分の淺岡蔣次氏の家で芝居が閉ねた後の午後十一時、風呂に入つて白粉を落し、お銚子を重ねて大馳走、座員は宿に歸り、座長紅雀は何時もの夜食を濟まして寢床に這入つた

ほろ酔ひ機嫌に紅雀はグッスリ眠込んでしまつたがその夜にかぎつて夜中にフト眼を醒ました、「はてな、ついぞ夜中に眼が醒めたことなぞない俺だが……」、小用を催したので寢室を出て勝手の分らぬ廊下を二足三足歩いた、と、前方に「見知らぬ女」が立つてゐる、年頃二十歳ばかり、ゾッとするほど美しい女だ　しかもヂッとこちらを凝視めてゐるではないか、紅雀は思はずハッとした、奥女中？妾？、妾？　無言で導かれるまゝに「小用」をたして寢床に歸つて旅の疲れかウッ／＼と眠りかけてゐた處、輕く自分のフトンをゆすつてすゝり泣く者がある、夜中に女の啜り泣き！ソッと眼をあけると

さきの美女が枕元に坐つてゐる

◇　◇　◇

その瞬間、紅雀は故しらぬ恐怖の念が身うちを逆流するのを覺えた、何か云はうとしたが咽喉に痰がつまつたやうに小聲さへも出ない、しばしそこに立ちすくんでゐると……やをら女の表情が崩れてかすかに脣を動かす、不思議に聲は出ないが明かに何事かしきりに哀願してゐるらしい樣子、黒髪が亂れて泣き伏した女は右に表れたかと思へば左に！、前に後に消えては表れる、そして哀願する、突然氣の弱い紅雀は急に意識を失つてその場へ倒れてしまつた……

その翌朝、ふと眼醒めた紅雀は意識のなかに、昨夜の事件を思ひ浮べて今更に、ゾッとする、「あゝ怖ろしかつた」と、そつと四邊を見まはす、途端、かすかな響きを立てゝ落ちて來たものがある、恐る恐る手を伸して拾ひ上げた、櫛！女の櫛だ！「昨夜の女とこの櫛」……彼紅雀は狂氣の如くなつて同家を駈け出しその足で釧路警察署へこの旨を急報したのだつた

◇　◇　◇

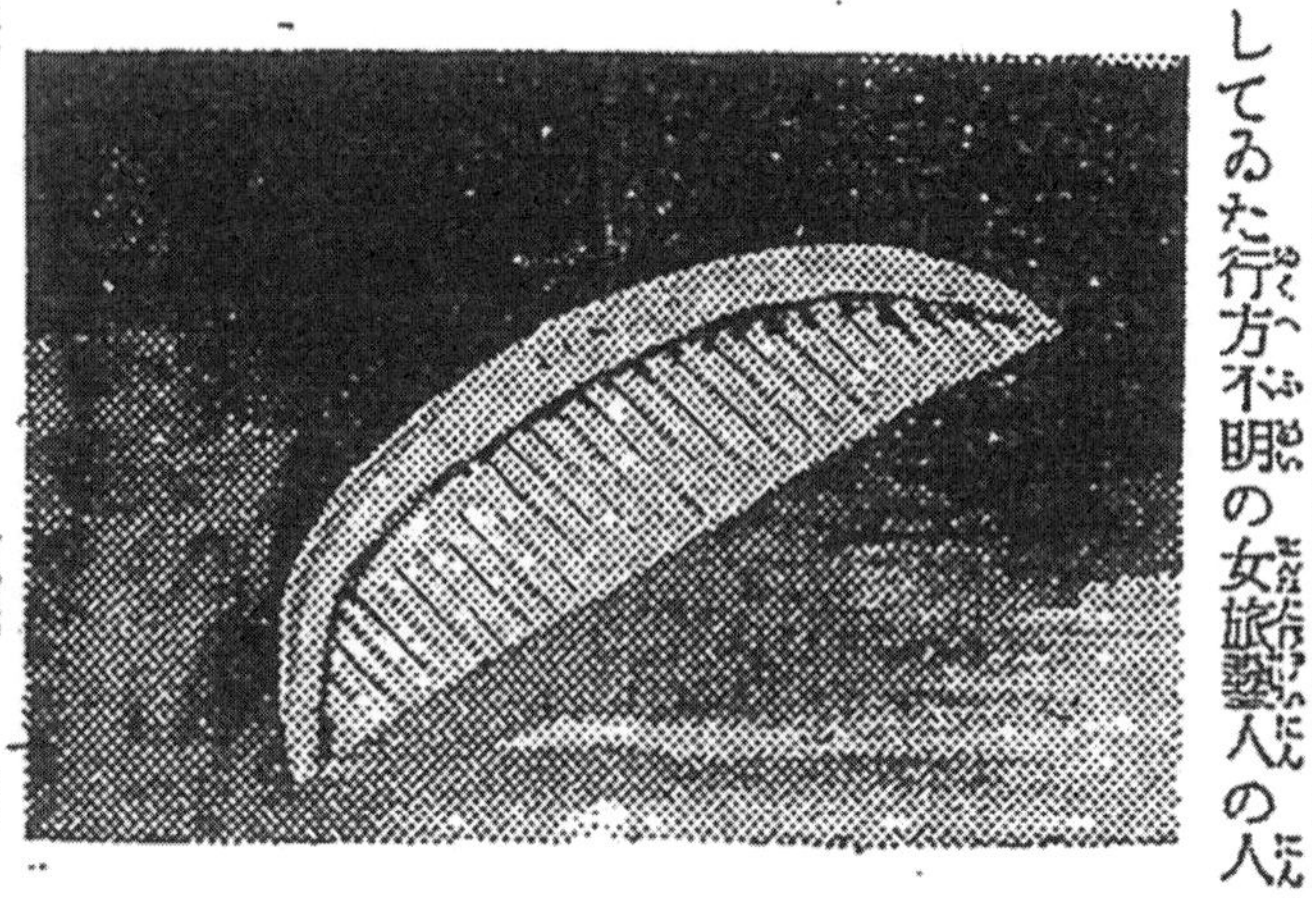

紅雀の逢つた女は確に警察で捜査してゐた行方不明の女旅藝人の人相そつくりだつた、警察では謎の怪事件——幽靈——櫛……その夜半突如十數名の刑事がかねてから注意人物淺岡親分の邸宅に乘込んだ、親分、家の子郎黨をズッカり捕縛してから隈なく家宅捜査を行つてゐるうち、天井に上つた一刑事が突然アッと叫んだ、腐爛しきつた女の他殺死體を發見したのである、××劇場主淺岡將次は係官の嚴重な取調べの結果、つひに包み切れず恐るべき一切の犯行を自白するに至つた

「……ほんとうに悪いことは出來ないものですね。恐ろしいことです、恐ろしいことです。恰度昨年の昨夜でした、私の劇場にかゝつた浪曲一座のなかに、素晴らしくみめ美しい女が居たのです、お恥しいことですが私はその女にすつかり參つてしまつたのです、で、その夜、悪いことゝは知りながら、その女を欺いて私の家に呼び寄せ、無暴にも私は挑みかゝつたのです、ところが彼女は肯じないばかりか頑強に抵抗するので私は逆上してしまひ、もう無我夢中で彼女を倒し、つひに辱かしめたうへ殺害しました。そして、その死體の處置に窮した擧句、死體は屋根裏へ隱匿して素知らぬ顔をしてゐたのですが……悪いことは出來ないものです、昨日が恰度その女の二年目の祥月命日に當ります。怖ろしいことです怖ろしいことです——」（大阪玉川町四、西村白彦生）

事実だねの怪談奇談（四）化け物寺「法應寺」…　3-110

●大阪時事新報　昭和三年七月十三日（十二日夕）

事實だねの 怪談奇談（4）

みぞれ降る眞夜中に 靈魂の寺まゐり

化け物寺「法應寺」の怪

—M省の役人を驚かした—

N市のA町にある法應寺は日蓮宗でも可なり有名な堂々たる寺ですが何う云ふものか化物寺として知られてゐます。と云ふのは餘程以前から住職がゐない。住職がゐると、寢る時に疊んでおいた衣が起きて見ると無茶苦茶になつてゐたり、枕下に置いてゐた筈の煙草盆が足元でひつくり返つてゐたり必ず不思議なことが起ると云ふのです。住職以外の者には別に變つたことはない。だから今では住職は別に家を持つて儀式がある時にだけ寺へ顔を出してゐる。そして住職の代理は執事のYさんがやつてゐるのですが破れ衣を著た此のYさんは身體が矮少で、頭が畸形的に大きく、眼光物凄く、口が篦棒に大きく、無精髯を動かしながら諄々として喋る頗る人間離れのした、よく言へば悟つた人で、化

物の正體は此の人ではないかとさへ思はれる位です

◇――◇

法隆寺はA町の中央に位して周圍は大變賑かな街です。特別保護建造物になつてゐる、此の寺の山門を調査する爲めにM省から私が出張したのは丁度師走も大分迫つた、廿日頃で雪の降る陰氣な日でした。先づ通された山裡の一室は總ての造作が大きく嚴丈で古城と云つた感じです。廊下を誰か歩いて來る。障子に映る奇形。私はギヨッとしました。障子を開いて首丈を出し私を見詰た時再びギヨッとしました。次の瞬間にはもう私の前にぶつきら棒に坐つてゐる。之がYさんでした。

◇――◇

何だか厭な豫感ばかり與へられる寺で、こんな寺に四五日も泊らなければならないとは……と悲觀したのですがYさんも話して見ると案外親切で叮嚀で、其日も暮た頃ボツンボツン私を慰め顔に話しました「化物が出ると云ふ噂は嘘ぢやありませんよ。出る處は今日あんたと會つたあの室の隣の室ですがね、住職に限らず誰が泊つてもおかしい。俺はその正體を知つてゐるが說明して廻るのもうるさいから化物寺の肩書を有難く戴いてゐる。去年の冬ぢやつた。住職の甥で高等學校の學生が休暇を利用して感心にやつて來たので私は禪坊主の公案見たいなものを與へて例の室に泊めてやつた。すると翌朝やつて來て昨晩は隣室で夜通しがやがや話聲がして眠れなかつたから室を變へて呉れといふのぢや。寺には六人しかゐない。そんな筈はないと惚けてやると其晩も仕方なしに寝よつた。すると翌朝青い顔をしてやつて來て、昨晩座禪してゐると自分の坐つてゐる位置が何時の間にか轉々として變つてゐたと云ひながら先生感心どころかほう〱の體で引揚げて行つたよ。人間ともあらうものが……と俺は腹で笑つてゐたよ。何うぢやあんた今晩泊つて正體は見屆ける氣はないかな。わかればつまらんもんぢや」

◇――◇

私は禪の妙諦を聞かされてゐるのか出鱈目でからかはれてゐるのかわからなかつたが兎に角男だ泊つて見ることにした。耳を澄すと山門から庫裡へ續く敷石をカラカラと危げにたどる滿齒の響です。來たなと思ふと下駄の音はYさんの室の前で止り、しわがれ聲で「今晩は、今晩は」と呼んでゐる。「誰ぢや、用事なら明日來て下され」とYさんは落付いてゐる「俺は倉田屋の婆ですが佛樣に上げやうと藪大根を引いときました。一寸上げて來ます」如何にも苦しげな聲でしたが私の耳に明瞭り殘りました。「あゝおとせさんか。併しあんたは長いこと病氣ぢやつた筈だがもう快くおなんなすつたか」Yさんがかう言ふ頃もう下駄の響もしわがれ聲も聞えなかつた。翌朝私は意外な出來事を知つた。夫は妖怪寺の妖怪とは全然別の出來事である。倉田屋の若い男が寺へ來て長い間寢てゐた婆さんが昨夜息を引きとつたと報じたのである「おとせさんは昨夜寺へ來たよ」

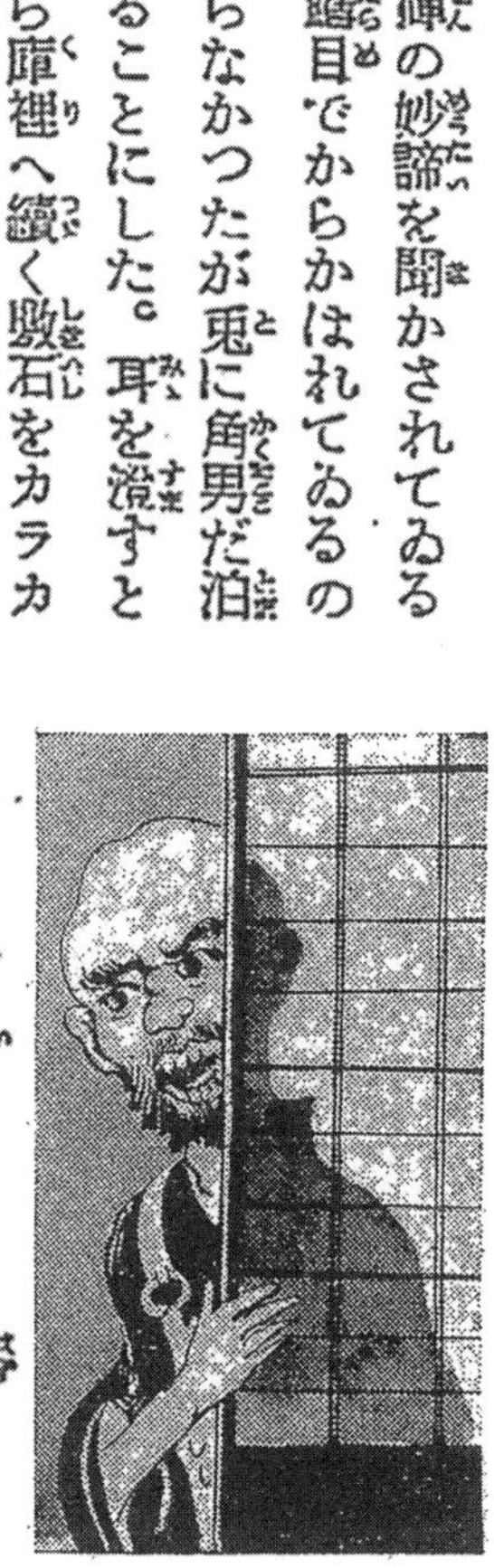

とYさんが言ふ。「そんな筈はありません」と男がけげんな顏をする戸締りのしてあつた筈の本堂には大根がそなへてあつた。狐につままれた樣な顏をして若者が歸つた後で私はYさんに言つた「私も確かに婆さんが來たと信じますが、何うも變ですね」するとYさんは「何人間と云ふものは死ぬ前必ず一度自分の寺へ來るもんぢや」と事もなげに云ひながら人生の莊嚴な儀式へ愴惶として出て行つた。
（和歌山市竹田武彥）

獣

怪談奇談（五）　鼬をあやつる蛟竜

● 大阪時事新報　昭和三年七月十四日（十三日夕）

3-111

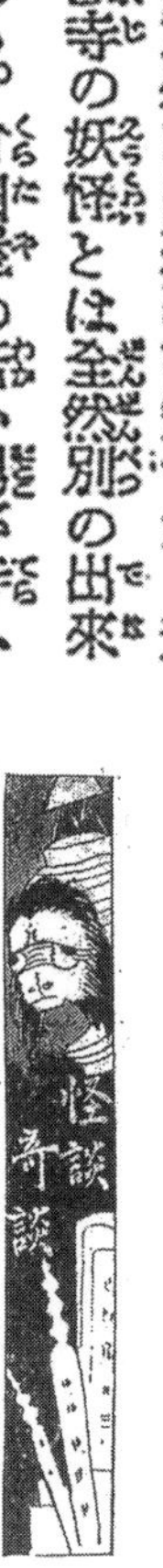

5

燒けつく樣な炎天下に 鼬をあやつる蛟龍

物凄い呻り聲と千變萬化の怪奇
田草取りの主従が見た事實談

これは、去年の八月中旬、私

の祖母と母とそれから奉公人の金さんといふ若者との三人が目撃したいはゆる正眞正銘の事實談――

物語りを進めるに先立つてこの金さんといふ男のことを少し說明しなければならぬ。金さんは生來豪氣な性質の持主で、彼の膽力は飛拔けて大きく、また何事にも果斷に富んでゐた。そうかといつて彼の行爲は往々常規を逸したこともないではなかつた。然し、一夏中、時を得顏に田の面を跳梁跋扈する蛇退治役として無くてはならぬ重寶な男だが、と云つてこの蛇退治以外に金さんにはこれといふ取柄はなかつた。彼が山奧の一軒家の私のうちに相當の給料で雇はれてゐたといふのも畢竟さうした特殊な技能を認められてのことであつたのは云ふまでもない。

◇――◇

祖母と母は私の家のすぐ近くで第二回目の田草取りをしてゐた。正午ちかく、燒けつくやうな太陽の直射に耐へかねた二人がつと腰をのばして立ちあがつた。途端！祖母たちのゐた田の上段の窪地の方向に當つて慌しい鵙の叫び聲を聞いた、頻繁に、そして窮迫したその叫び聲は二人の視線を現場へ導いた。と、其處十間と隔たらない灌木の中に、何とまあ大きな鵙が一匹、しきりに飛び廻つてゐるではないか。同じ一箇所をめぐつて或は右に或は左に、ある時は胴を細くし、ある時は風袋のやうに膨く膨らみなどして無茶苦茶に跳ねまはるその仔細ありげな樣子は二人の心に異樣な疑ひと怖れとを抱かせずには置かなかつた。二人はともかく最寄りの畦へ上つた。そしてその奇怪な跳梁を凝視めたとき、突然背後から追ひかけるやうに響いて來た異樣な怪聲、ウオー、ウオーといふ太く逞しい底力のこもつた何かわけの分らぬ唸り聲が、あまりにも近々と耳の鼓膜をとゞろかせた。はぢかれたやうに二人は身を縮めて振り返つた。だが、不思議や、只今の獰猛な唸り聲にふさはしい何者もそこには發見し得られないではないか。そのかはり、たゞ見えるのは千變萬化、虛々實々、祕術の限りを盡して跳躍する鵙の姿ばかり。そしてその動作はいよ〱冴えていよいよ活潑になつて來た。好奇心から恐怖心へ――やがて二人は無言のまゝ畦を辿り下りた。そして程近い木樵道を女だてらの韋駄天走り。そこには例の金さんが日陰に仰臥して朧氣の夢を貪つてゐる。呼べば聞える距離でありながら、聲を立てることさへ憚つた二人であつたのだ。

金さんは起された。そしてこの奇怪事が報告されると彼の目はらん〱と輝いた。肩にうちかけてゐた襦袢をかなぐり棄てると、その赤銅色の逞しい腕に薪割用の手斧をしつかり握つてやをら立ち上つた。

◇――◇

金さんは、最初祖母たちのゐた畦のほとりに立ち上つた。背丈けが二寸ばかり伸びた。そうして凡そ五秒間爪先は彼の全身を支へてゐたのち、更に前方へと用心深くにぢり出した。もう五六尺――といふ所で金さんはぴたりと腹這ひになつた。彼の身體は平たく、土に吸ひついた。

五分――さうだ、短かくとも五分は經つたであらうと思はれたころ、金さんの四肢が徐ろに動きはじめた。腹這つたまゝで腹部を軸として兩手と兩足で大きく圓を描いて身體を鵙のやうにキリ〱と廻して方向を轉換した。そしてその儘スッポンのやうに四肢で土をかいて四五間いざり下りるとそこで急に身を起して、あたふたと驅け出した。手斧はそこに拋棄したまゝで――あつけにとられてこの光景を見守つてゐた二人の前に、金さんはよろ〱として戻つて來た。彼の顏は土色に染つてのど佛の下の窪みに只ならぬ鼓動が見えた。唇はわなわなと震ひ、瞳は死んだやうにぢつと据はつてゐる。

「金さん、何うしたんだね」

期せずして一致した二人の問。

「……」

金さんは無言のまゝ崩れるやうにそこへぐにやりとへたばつた。彼の廣い大きな禿げ上つた額から玉を綴つた油汗がぽたりと一滴、金さんの膝坊主の上にこぼれた。そしてそれぎり、金さんは眠るやうに意識を失つてしまつた。

彼が漸く蘇生したのは、それから小半時も經つた時であつた。そして彼が、未だ全く消え去らぬ恐怖觀念にえ怯ながらもぼつり〳〵と物語つた所を綜合すると——

金さんは僅か一間ばかりの間隔をおいて確に鯉以外に黒い得體の知れぬものを見た。四斗樽ほどもある胴體がうねうねと蜷ろを卷いてゐるのを見て蛇かなと思つた、だが、蛇にしては頭がおかしい、鯰に似た途も無いかつこうな頭に長い角を二本はやし、わつと開けた口が耳のあたりまで裂け、そこから赤黒い舌をペロリ、ペロリと出しては入れる度に鱗はキリ〳〵と廻つた、その異樣なすがた——そしてそれが地獄のはてから響いてでも來るかのやうな獰猛な唸り聲を立てる、と、ひとたまりもなく金さんは氣壓されてしまつたのである。なんと奇々怪々な事實ではあるまいか、當時、この話を傳へ聞いた村人たちは各人各樣の臆説を逞しうしたが、結局、それは村で一番物知りとされてゐる鎭守の宮の神官の話によつて、「蛟龍」であらうといふことに話は決つたが、果して蛟龍であるか何うかは永久に解けない謎として、今も近隣の人の語り草となつてゐる。

（島根縣簸川郡西田村高橋榮太郎）

怪談奇談（六）　鯉の仇討

獣　●大阪時事新報　昭和三年七月十五日（十四日夕）　3-112

鯉の仇討

之れは不思議!! 二人の客に膳が三つ

誑らかされた女將や藝妓

富山市—東廓怪話

目の下三尺もあらうと云ふ大きな奴、五六寸の可愛いもの、黒、白、緋と取り混ぜて數百、數千の鯉の放つてあつた「清水の鯉溜」はこゝ富山の自慢であり、特に溜池の主と云はれた四五尺もある眞鯉緋鯉はめつたに姿を見せないが時々水面に浮び上つて附近の人々を驚かせ「夫婦鯉」の名さへあつた。

櫻町、櫻木町、東田地方と富山市内に飛島の樣に散在してゐた遊廓が、お國名物の大火や時の流れに段々追ひまくられて此の「鯉溜」のある清水町に集まつて現在の東廓が全盛を誇るやうになつた頃、この鯉溜に臨んで「一二三亭」と云ふ小ぢんまりした小料理屋があつた板場の庖丁のきれ味もさることながら、溜に臨んだ離座敷が乙に氣が利いてゐると云ふので相當繁昌してゐたものだ。

◇——◇

七月のカラリとした或夕暮時、「お客樣」と云ふ聲に愛相よく出迎へ、例の離座敷へ案内した女中が團扇、濕手拭と氣を利かせ、さて料理を運んで見ると三人連のお客の一人が見えない。「かはやかしら」と膳を並べにかゝると「そこは誰が坐るんだ」とお客が妙な顏をする。てつきりからかはれてゐるものと思ひ「綺麗な人でも見えるのでせうよ」と輕く流して退下つたが、合點がいかぬのはお客の方で「醫者かな？何うせ呼ぶ氣でゐたんだから良いものゝ、勝手に料理を運ぶとは厚かましい」と、それでも心待ちに待つて見るが一向出て來る樣子もない。氣を腐らして「もう歸らう」と勘定書を見ると三人前だ。

「呼びもせず、來もせぬ醫者の料理代まで拂ふのかい」とお客は作色をなす。「お連れは確かお三人……」と女將も負てはゐない。二人だ。二人だ。三人だ。二人だ。

の水掛論も料理に手がつけてないところから結局女將の負となり、「一杯喰はされた」と女將の愚痴となり、浪の花が勢ひよく蒔かれた。

◇——◇

それからと云ふもの毎日お客を數へ損ふ。二人連れの時は三人、

五人連れの時は六人と料理が一人

詮索多くなる。女將が數へても、醫者が數へても……いざ膳となるとお客が一人足りない。始めから一人天引しておいた積りでも矢張り駄目だ。女中は氣味惡がつて何か口實を設けては暇を取つてゆく。醫者を呼んでもお座敷だと云つて來て呉れぬ。その中お客の足もばつたり途絶え、帳場には火の車が廻り始める。此頃女將さんは段々綺麗になる、凄いほど美しい」と噂は立つても店は一向繁昌らぬ。

さしもの「一二三亭」が賣物に出たのは其の年の秋で、同時に其れまで氣狂じみて、恨めし相に始終はねくり續けてゐた鯉溜の主、大緋鯉が急に柔順しくなつた。

◇—◇

「一二三亭」はこはされた。間もなく鯉溜も埋められた。當時半玉で客を數へ損ねた妓が今では立派な姐さんになつてゐる。

「妾が殺したあの眞鯉が……」

一二三亭の女將が何かの機に口走つたが、あとの言葉を濁したまゝ何處かへ引越した。其の後誰も姿を見た者がないらしい（富山市、村井生）

怪談奇談（七）　のた打ちまわる怪物

獣　●大阪時事新報　昭和三年七月十七日（十六日夕）　3-113

ごしや降りの魔の淵に のた打ちまはる怪物

流石に河童の源兵衛もギヨツとした　その翌日から大暴風雨、大洪水!!

丹波で名高い大江山の麓に有路村と云ふ村がある。福知山から由良川に沿うて四里許り下つた處で、川は此村で「有路の淵」を作つてゐる。此邊は山が迫つてゐる爲めに大雨が續くと激浪がさかまき揺鉢の底、福知山町は忽ち水に浸つてしまふ。此の水勢に有路の淵は段々深く抉り下げられ、漸く淀んで、大公孫樹や子供達の集會所になつてゐる。處が此の有路の淵で、夏、子供がよく溺れ始めた。妙な事に決して死體が上つて來ない。泳いでゐる中足首をひどく噛まれた子供もあつた。それも大抵夕方である。それからは主がすんでる蛇がすんでると噂が立ち誰も泳ぎに行かなくなつた。

◇—◇

此の村に河童の源兵衛と云ふのがゐる、獨身者で河獺を渡世にしてゐる。水に潜つて鮎掛針で鮎を引掛ける。網も釣も中々上手い。此の源兵衛が或晩狐針で（丈夫な絲の先に針をつけ鰌を刺し、細竹を添へて石垣の穴などへ指込み鰻や鯰などを釣るもの）この「有路の淵」へ夜釣に出かけた。とある大きな穴で烈しい手應へがあつた。絲を手繰るとぐら〳〵としてぷちりと切れた。其の翌晩、今晩こそはと特に丈夫な絲の狐針を同じ穴へ指込んだ。確に手應へ。引かうとするとぐら〳〵としてぷちりと切れた。源兵衛は驚いた。此の絲では五百匁の鰻さへ釣つたことがあるのに……。

◇—◇

翌日源兵衛は豪いことを造り出した。五寸釘を曲げて鑢をかけて針を作つた。てぐすを澤山撚り合して縒緒にした。電燈のコードを絲にした。これなら針金入りだ。夜になると鰌を澤山用意して淵へと出かけた。空は雨模様で、雷鳴さへ加はつてゐる。瓦斯燈一つを便りに鰌を目刺の樣にさし例の穴へ指込んだ。餘り大袈裟なのに面喰つたのか以前の樣にがぶりと來ない。退屈したのでコードの先を杭に縛りつけ、先づ煙草を一服。

だが風が烈しくて燐寸がつかない。瓦斯燈を覗いた拍子にこれも消えた。雷鳴が加はつて、雨はどしやぶりとなつた。さて困つたなと思つた頃ゴトゴトと捨石が動いた。占めた。力一杯コードを手繰つた。パチャン〳〵怪物が穴の中で暴れてゐる。出た時分だと手探りをして見る。ぬらぬらと大きな奴だ。力一杯兩手で引張る。二尺程出たが未だ出切らぬ。探つて見るとぬらぬらして四尺もある。が未だ出切らぬ。源兵衛は考へた。「はてな鯰にしては長過ぎるし、鰻にしては太過ぎる。山椒魚！大蛇！淵の主！」流石の河童の源兵衛もギヨツとした。途端に怪物がのたうつてギユウと怪しげな聲を出した。

源兵衛は胴顫ひして後をも見ずに駈け出した。

◇―◇

大暴風雨になつた。翌る日も、其の翌日も降り續く。遂に大洪水となつて福知山の家は多く二階まで水がついた。福知山工兵隊が出動した。明治四十一年の大水害である。源兵衛は毎日鮎も出來ず寢そべつてゐたが、四日目に投網で鮎狩りに出かけた。例の穴へ來て見ると未だコードが杭に縛りつけてあり先は穴へ消えてゐる。怖々手繰つて見ると出て來た。白い腹の太くて長いのが。死んでゐる。耳の生えた大鰻である、周圍一尺長さ五尺五寸。先日土佐で捕れた大鰻は四貫目あつた相だが之は四貫五百目あつた。河童の源兵衛が鰻を殺してから子供も溺れなくなつたさうだ（加古川、山田淡水）

幽 怪談奇談（八）　按摩の亡霊
●大阪時事新報　昭和三年七月十八日（十七日夕）　3-114

怪談奇談（8）

按摩の亡靈

悲戀に悶え死んだ　夜更けの女湯に　さまぐの怪奇

山陰のＹ町は鳥取から十數里離れ文明と没交渉のやうな陰鬱な田舍町で、低い家並が曇りがちの重々しい空に押しつぶされたやうに連つてゐる、此町の辻から辻へ軒下傳ひに、聽く者の胸にはかない諦めの哀音を沁みこませる笛を吹きながら、夜となく晝となく杖を頼りにさ迷つてゆく、年のころ二十七、八の盲目の按摩があつた廣江民藏と云ふが、俯き加減の覺つかなげに歩いてゆく恰好が蟹に似てゐる處から、「蟹さん」と云ふ綽名で通つてゐた、子供たちが「蟹さん」と嘲つても、「蝦さん」と合言葉のやうに答へて笑つた、「蟹さん、蟹さん」と呼びかけると、「蝦さん、蝦さん、我さん」など戯談を言ひつゝ樂しげに街を辿つた愛想が好く、實直で、物をおどおどして云ふやうな性質だつたが、療治の腕は達者で誰彼から贔屓の引つ張凧になつた。

蟹さんは獨身で身寄りもないので、親方の家に居た、親方夫婦は狡猾な因業者揃ひで、碌々働きもせず、蟹さんの儲け高をすつかり取り上げ、肝腎の蟹さんには旨い物も與へずみすぼらしいなりをさせて、自分たちは遊び暮してゐた。町の人々は蟹さんに同情し特に大分の心附をするのがみな親方の懐を暖めてしまふらしかつた、おかみさんは遊女上りの小綺麗な女で、どこか淫らな感じのする顔立に、しどけない風をして巻煙草をふかしてゐた、近所の若い衆が格子戸を覗いて「蟹さんは盲目だからよいが、目があいてたらたまらないだらう。」など云つた。

◇―◇

或る年の梅雨時だつた、毎日じめじめと霖雨がふり續く日、蟹さんは親切な療治先で振舞はれた御馳走が仇になり、食傷りで寢ついて終つた。親方は諸方からのお客を斷りつゝ「穀潰しだ」とて醫者にも診せず、煎餅蒲團一枚出してやつたきりで罵つたりこづき廻したりして虐待した、みるみる病勢はつのつた。自分の命數を知つた時蟹さんは親方の留守をうかがつておかみさんに初めて、また最後の怖ろしい告白をした。蟹さんはおかみさんを戀してゐたのである、だからさんざん苛められながらも

悲憤する心に人知れぬ喜びで仕へてきた、だが親方夫婦の放恣な生活は蟹さんにとつて闇の世界であつた。其永久に閉された闇の裡で戀しいおかみさんのつやのよい顔濡れた唇、燃ゆる瞳、燃えて爛れて白蛇のやうにうねる身體を見えぬ眼にみつめ續けてきた、それは幾年も幾年も積み重ねられた「妄執の煉獄」だつた。蟹さんは悲戀を訴へた、そして泣いた。おかみさんは身の毛がよだつやうな戰慄を覺えた。なにもかも投げ出した哀願ではあつたが、もとより受け

入れられやう筈はなかつた、それから數日を經て蛭さんは消えるやうに「謎の死」で死んだ。見る影もない粗末な葬式は贔屓の人々の涙をしぼらせた。

◇――◇

親方夫婦は蛭さんの稼ぎ溜めを資本に目貫の場所を買ひ取つて「大正湯」といふ湯屋を開いた、立派な構へで設備もよく整つてゐたので、大人氣、他の湯屋はどんどん浴客を吸ひとられた、親方夫婦は舞ひ込んできた福の神の前で、毎日晴々としてゐた。ところが翌年の梅雨時分である、その夜も一年前のやうに鬱陶しい雨日和であつた、宵の口から客足が疎らだつた、おかみさんは十二時を廻つてからしまひ湯につかるつもりで入つていつた。すると誰もゐないと思つてゐたのに、湯槽のへりに男が一人向ふむきにしやがんでゐる「まあ、こゝは女湯だのに頓間な人だ。」さう考へて注意をしようとした刹那、男がこちらを振り向いた。それが蛭さんの病みほうけた顔だつたのだ。もやもやと煙る湯槽のなかゝら白い目で吸ひつくやうにじつとおかみさんをみつめてゐる。おかみさんは聲も立てることができず、氣を失つてその場にのけぞつてしまつた。親方はもちろん秘密を守つた。しかしそれからといふもの女湯に限り、浴客が獨りで身體を洗つてゐるとき、不意に背中を撫でる者があるので振り返つてみると誰もゐなかつたとか、湯槽のなかで誰かに足を引つ張られたとか、板石を歩いてゐて足を掬はれたため倒れたとか妖しい噂が次から次へ町中に擴がつた さしも繁昌してゐた大正湯も客足がばつたり途絶えてしまつた。親方夫婦は湯屋を閉してしまひ、地面を賣ることにした。だが夜になると空地に蛭さんが立つて怨みを訴へてゐるといふ噂が再び疫病のやうに町の人々を恐れさして、只にしても引取手がないのであつた親方夫婦は町に居れなくなつて夜逃げをしてしまつた。どこへ流れていつたか、それからもう數年になる。（大阪市住吉區粂津町一三二上野内、初子）

怪談奇談（九）物凄い「河女郎」の泣き声

●大阪時事新報　昭和三年七月十九日（十八日夕）

3-115

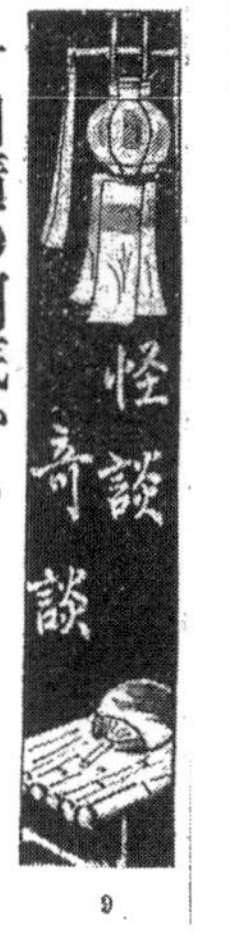

財田磧の河底から―

物凄い「河女郎」の泣き聲

沿岸の人々の夕涼みを封じた

化け物は乞食の惡戯

「ウオーイ、オイ、オイ、オイ、……、ウオーイ、オイ、オイ……たすけてくれ―……」と深夜に細く、長く斷續するかなしげな泣き聲。今廿町程も上流に聞えたかと思ふと次の瞬間にはもう十數町下流に聞える。足元で泣いてゐるかと思ふと、もう對岸に移つてゐる「河女郎」だ。河女郎だ。

◇……河で死んだ女の亡靈だ……◇

浮み切れないのだ。何て物凄い聲だ。あゝたまらない。寄ると觸ると此怖ろしい「河女郎」の噂で持切りで香川縣三豐郡財田川沿岸の人人は全く夜の外出をしなくなつた事がある、數年前の大旱魃の年の事だつた。

觀音寺港を左岸に沿うて上ること二里、本山村大字本大に、よくある鼻息のあらい力自慢の青年が二人ゐた「大正の御代に河女郎？」片腹痛い」とばかり或闇の晩、二人打ち連れて財田磧に出かけ、雑草中に身をひそめ、息を殺して化物の正體を見屆けにかゝつた、温氣のこもるくさむらの暑さと、群がる蚊と戰つてゐる中

◇……夜は靜かに更けて行く……◇

と、突然二間程前方でばさりと音がした。青年はハツと胸を打たれたがとりあへず燐寸をともしてすかして見ると、こは如何に、鮮血に染れた野犬が一匹ピクピクと斷末魔のけいれんを續けてゐる。呆氣にとられてゐる中に燐寸が消えた。途端に尾を引いた青白い鬼火がぱつと岸の松葉を照らした。豪傑達は蒼くなつて怯へ上がつた、陰へ胸をきざむやうな哀しい聲、

「ウォーイ、オイ、オイ、オイ、オイ、ウォーイ、オイ、オイ、たすけてくれー」と助けを求めるむせぶやうな泣き聲が河底から足元に迫つて來る、豪傑達は後をも見ずにまつしぐらに馳せ歸つたまゝ寢ついてしまつた　そして「河女郎」の怪話は村々を不安に包んでしまつて其の後はいくら暑くても誰も涼みに出る者すらなかつた、

十日程經つてからの事、××村駐在所の巡査が召集からの歸り途日が暮れてから丁度鐵橋に添つた密林を通りかゝつた。そして右手の森の中から

◇……『河女郎』の泣聲を聞いた……◇

ウォーイ、オイ、オイ、オイ、川上から。川下から。巡査は佩劍を握つたまゝ立ちすくんでしまつた　燐火がぱつと燃える。その途端、燐火をすかして目にうつゝた怪物！それは河女郎ではなくて確にみすぼらしいなりの男の姿。忽ち元氣付いた巡査は、半ば夢中で駈け

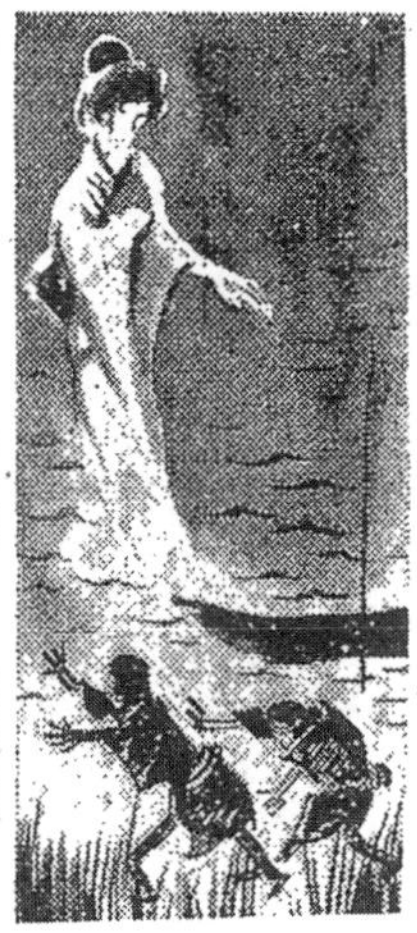

寄り「コラッ」と大喝して早速其の男を引つ捕へた

男は其場ですつかり河女郎の正體を白狀してしまつた、それに依ると、彼等は東讃岐から流れて來た乞食の群で、十五名餘りが財田礦の

◇……密林の中に蒲鉾小屋の……◇

樣なものを造り山窩の生活をして其處を根城に附近の村々を貰ひ歩いてゐたが、人に知られると、追ひまくられる虞があるところから河女郎の名義を考へ出し、仲間と連絡をとつて、なるべく臥つた夜など方々から河女郎の泣聲を眞似、硫黃を焚いては燐火を燃やして村人を驚かしてゐたものと判つた。巡査の報告でその翌日直ちに浮浪狩が催され、河女郎の乞食の一群は何れへかに追ひまくられてしまつた（讃岐觀音寺白木生）

怪談奇談（十）
●大阪時事新報　昭和三年七月二十日（十九日夕）
恋に狂う姫の怨霊
3-116

戀に狂ふ姫の怨靈
鴨打ちの市會議員を熱病でとり殺す

鬱蒼と生ひ繁る老松古杉をつきぬいて、白雲徂來する點青の空にそそり立つ此處

◇……伊豫の國は唐子山……◇

の國府城、聖武天皇が諸國に令して建立せしめ給ふた國分寺を始め法華尼寺、三重の塔、五重の塔が周圍に散在し伊豫國唯一の繁華な城下町越智氏が此處に發見された、頃は南北二派に分れて寧日もなき南北朝攻防の時代であつた、南朝の忠臣脇屋義助公は居城國府に籠居して大義に義旗を飜し、一門の名將月原丹後守道衆は本城を距たる十五丁の法華尼寺城を護つてゐた、その愛娘桔梗姫は青春の花漸く綻ぶ十八歲、黑髮はさんさんとして丈長く、夕顏のやうに白い顏、優しい眉、愁はしげな瞳は夜明けの星のやうにうるんでゐた、幼くして母を喪ひ、蒲柳の質、深窓に文を繙いて、天性歌道に長じてゐた　丹後守は月の九、十九、二十九日には山を下つて

◇……法華尼寺へ詣でる……◇

のを常としてゐたが、そのたびごとに桔梗姫を伴つた──姫は若僧紅陽を見染めた、かくて寂しい山上の戀は萠え出でたのである、だが姫は嚴しい城主の一人娘、紅陽は女人禁制の僧侶、父に打明ける氣力もなく、紅陽の高欄に添れては法華尼寺を見降してさめざめと夕闇に泣くのであつた。

△……………△

靜かな日が明けては暮れ暮れては明けた、甲冑は鎧櫃に、槍は長押にかけられた。そして一夜、花陸に優しい宴がひらかれた、姫はそつと席をはずしたが、紅陽に會ひたい一念、手薄になつてゐる監視の目を掠めて城門を脱け出した

◇……仰げば春 月牛天に……◇

憩つて、花の匂ひ、新緑の香り、ほのぼのとなやましく戀にふさはしい夕である、法華尼寺へ、紅陽樣に、と急いで辿る木の下道、俄に轟ろく鬨の聲「すは敵の夜襲」と突嗟に感じつゝふりさけみれば、いまのいま姫が出てきたなつかしい月下の法華尼寺城には、見よ、炎々と兵火が揚がつてゐるではないか、往くべきか、戻るべきか、父とともに劍を執つて立たうか、紅陽の膝に身を投げ出さうか、とつおいつ迷ひに迷ふ女心、しかししかし姫は武士の娘であつた、十二一衣の褄とつて木の根岩角に躓づきつゝ歸りつけば、不意を打たれた味方の軍勢は徒らにあけて空しく焦つて、算を亂して倒れてゐる、漸く走りこんだ本丸に、哀れ・父丹後守の亡骸を見やうとは迫りくる荒武者の足音

◇……劍戟の響 姫はわれ……◇

とわが身を突き刺して亂刃の巷に自害した、

▽…………△

時は流れ、時代は移つた。數々の勇ましい話、悲しい物語を傳へてゐた國分寺、法華尼寺、三軍の塔、五重の塔も盡く徳川時代に烏有に歸した、たゞ唐子山には姫の魂魄いまだに殘つて、月の九、十九、二十九日には十二一衣の美しい姿が木下闇をさ迷つてゐるといふ噂だけが殘された、櫻井町から北へ二里、織ネルで名高い今治市に上村一平といふ年頃五十三、四歳の市會議員があつた。資産家で閑さへあれば鐵砲打ちに凝つてゐた。腕に覺えができてくるにつれて、獵好きの仲間を驚かせるやうな手柄をしてみたくなつた、唐子山の「明神池」には

◇……桔梗姫の 恐ろしい……◇

傳説があるから、さすがに老練な獵師たちさへ近付かなかつたゝめ無數の鴨が群り棲んでゐた、上村さんはこの明神池の鴨狩りを思ひ立つたのだ、秋——彈を五十發も用意して明神池に著いたのはもう夕暮、古池のほとりの葦叢で死に瀕した鈴蟲が啼いてゐるのも物淒い、九日月がさしのぼつた、鴨の

脊が銀色に光る、凡そ二十羽も居るだらうか、そのうち一羽に上村さんは狙ひをつけた、刹那、鴨はみるみる十二一衣を纏つた妖艶な桔梗姫に化つた、一瞬間、音といふ音がまつたく消え失せ、動いてゐるものすべてが靜止してしまつたやうな天地の沈默を上村さんは感じたやうに思つた、續いて氷のやうな冷い戰慄が總身を包んだ、高いところから落ちてゆくやうな眩暈を覺えた

◇……無意識に 引金はひ……◇

かれた、桔梗姫の口は耳まで裂けた、たらたらと滴る黒血、血塗れの顏がさつと詰寄つてきた、上村さんは、もう夢我夢中だつた、鐵砲を棄てるなり、眞つ蒼になつて轉げるやうに山を馳け下つた、上村さんが高熱に魘されて「紅陽、紅陽」とさけびつゝ息を引取つたのは、それから一月のうちの九日であつた（愛媛縣越智郡櫻井町・村上謙一）

怪談奇談（十一）　悪鬼の手から鮮血が流れた

●大阪時事新報　昭和三年七月二十一日（二十日夕）　3-117

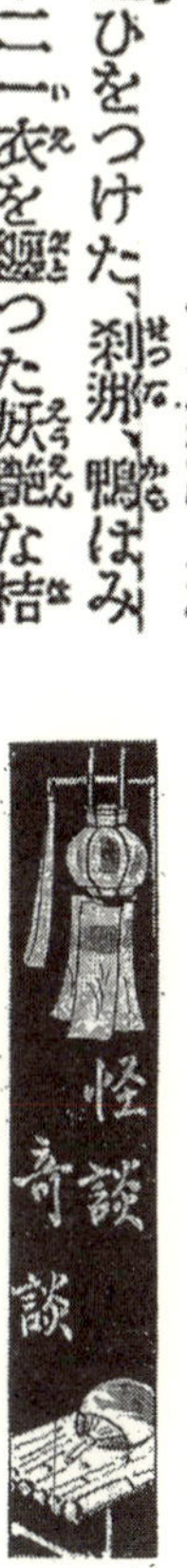

ゲラゲラと笑つた 悪鬼の手から 鮮血が流れた

わが子を一寸刻みにした「玉さん」

師走の夏の夜も更けた——こゝ福井の花街、榮新地を屑籠を肩にした「玉さん」は艶めかしい軒燈毎の源氏名を讀んで行く、その「玉さん」の名は既に街の人の記憶から消えざかつて今では單なる「精神病者」に過ぎないが、彼が精神に異狀を來すまでの數奇な運命は、一掬の涙なくして聽き得ないと共に肌に粟を生ぜしむる怖ろしい記録を持つてゐる、「玉さん」は複雑な家庭の事情から進んで軍人を志願した、そして「玉さん」が伍長に進級した年である、日露の風雲急に官職は

遂に布告され、彼も亦軍人として勇ましく出征した、例へ彼の家庭は恵まれてゐなかつたとは云へ、既に妻帯もし、その妻は妊娠中であつた、「玉さん」も赤い夕陽の満洲で、どんなにか國に殘した妻や生まれ出やうとするわが子の愛に引かされたことか、彼の屬する部隊は名にし負ふ旅順の攻撃に追つた乃木將軍の麾下、連戰苦闘幾萬の犠牲を拂ひ、さしもの旅順も陥落しそれからは向ふ所到るところに連戰連勝を續けて凱旋は日本に揚がつた、軍曹に昇進して華々しく郷里に歸つた

玉さんの得意さは當時の

戰勝氣分を味つたものでなくては判らぬ程の熱狂の頂點にあ[illegible]た

◇―◇

津々浦々に沸きあがる「日本勝つた〳〵」の叫び「玉さん」もさうした騒ぎに加はつてゐたことは勿論である、人一倍、感激性の強かつた彼は、名譽ある實戰の勇士として世人から稱讃の辭を浴びせられる度にその昂奮性は止め度もなく昂進して行つた、折も折妻は玉のやうな男兒を生んだ、重なる喜びに彼は宛ら夢のやうな日を送つた、その頃、漸く戰役の行賞が次ぎ次ぎ發表されつゝあつた、恰度子供が生れて四十日目に「玉さん」の名は新聞に麗々しく載せられた、功七級金鵄勲章！光榮ある勇士よ！、昂奮状態を續けてゐた「玉さん」はこの時ばかりは殆ど夢遊病者の如くになつて了つた、産褥を離れた妻は里から夫の許に歸つて來た、初めて見る可愛い吾子の姿それに名譽ある金鵄勲章……子供と、發表の新聞とを前にして彼は

悦びの餘り にヒタ泣きに

泣いた、さうして彼は感激の極遂に精神に異状を來したのであつた「玉さん」の恵まれた幸福な日はあまりにも短かゝつた、彼の妻はいとしい夫の狂つた姿を見るたびにわが子を抱きしめてどんなに悲しんだことか！、

◇―◇

が、運命の悪戯はまだそれだけでは濟まなかつた、或る日、妻の外出中、空虚な心でわが子を抱いてゐた「玉さん」は、心にもなき惨虐の手をわが子の上に下した、餘りの怖しさに狂氣の様に里へ逃げ歸つた「玉さん」の妻の話によると可愛い子供は家の流し元で出双庖丁でもつて、殆ど原形を止めぬまでに一寸刻みに刻みさいなまれてをり、出双を持つた彼は悪鬼のやうに血を見てゲラ〳〵と笑つてゐたといふ――それから春風秋雨二十有餘年、その間「玉さん」は監禁を破つて街に飛び出し、出双を揮つて人々を追ひ廻したことも二、三回に止まらなかつた、今は市役所の温かい手に育くまれて塵一つ無い破れ家に無心の日を過ごし靴の屑を拾つてゐる、「玉さん」の大食は見事なもので、一食一升は平氣の平左である

街の人達は けふこのごろ

の夕涼み話に「玉さん」の大食は殺したわが子が彼に乗り移つてゐるのだ二人前の食事をするのだ――と怖れ戦いてゐる、そして「玉さん」は空腹になると奇聲を張りあげて自問自答一時間でも二時間でも話し續けてゐる、街の人達はこれをわが子と話し合つてゐるのだと氣味悪がつてゐる、が「玉さん」のこの頃は常人と變らぬほどで、近所の無學文盲が葉書を讀んで貰つたりしてゐるのも珍妙な可笑しい圖であるが、代筆をさせると譯の判らぬことを書き並べてゲタ〳〵と笑ひこけるといふ（福井市、柳泉芳郎）

事実種の怪談奇談（十二）　瀬戸内海の船幽霊　3-118

幽 ●大阪時事新報　昭和三年七月二十二日（二十一日夕）

事實種の怪談奇談……(12)

サット沖天に尾を引く 瀬戸内海の船幽靈

千尋の底に蹴込まれた女房の恨みは遂に千壽丸をやきつくす……

大正七年、私が廿歳の六月の或日、五十石の日本帆船に木材を満載して小倉から廣島へ出帆した。どんよりした雨もよひの中を三田尻沖にさしかゝつたのが午前一時頃だつたらう。私は頻に睡氣を催し、兄は舵について外套をすつぼり頭から被つた儘、凝と先方を見

詰めてゐた。さつきから前方で長くなつたり短くなつたりしてゐる提燈の様な火を見てゐるらしい。「一寸代つて呉れ」と兄は突然私に舵を預けて室へ降りて了つた。私も幾分氣味悪く思ひながら前方の火を見てゐたが、其の火がサッと尾を引いて沖天に上り、頭上をかすめて後方へ消えてしまつた、ズーンとしたが音も立てず舵に噛りついてゐると、二十分程して「火は何處へ行つた？」と兄が上つて來た。そして人魂だと説明した。私が見た船幽靈は後にも先にも之が一度ぎりだ。

◇―◇

私の父は廢藩置縣のあほりを喰つて、大小を捨て、黒田侯の御用船を貰つて船乗を始めた一人であつた。父の船が萬榮丸、木村と云ふ友達の船が傑船千壽丸。此の千壽丸が明治十三年頃の今時分木材と木炭とを積んで中津から岡山方面に出帆した。そして此の航海に限つて妻のたねが同航した。と云ふのも木村が馬關の女郎に迷つて賣上を持つて歸つたことがなかつたからだ。船荷を賣つた歸り途、船は矢張り馬關に寄つた。女郎が來ると船は其まゝ出帆した、たねは赤毛布をかむつて獨り舵を操つた。船室の痴話が涼みに上つて來た時たねは厭味を並べた。喧しい「蹴込むぞ」その積りではなかつたのが遂々木村は眞實に妻を蹴込んでしまつた。帆綱を弛めて探して見たがわからない。無事に航海もすんで、葬式もすませた頃から、この船の櫓の口に女が出る。男が寢ると赤毛布が馬乗りになると云ふ噂が立つた、船は八九人持主を變へ、最後に寺澤と云ふ元氣な男が二束三文に買ひとつたが、風もないのに中津の鶴の洲に乗り上げた。そして焼けてしまつた。

◇―◇

船幽靈の事實談は私共の里で始終とり交はされてゐる、じめ〳〵した梅雨期から七月初にかけて、場所は三田尻沖の十八里。此方から一杯追風に走つて行くと前方からも一杯追風で同様な船が走つて來る。風は一方にしか吹かぬ筈だが……うつかり避けたりすると暗礁にのり上げる。また此方が帆を蝶形に張つて右に青、左に赤の信號燈をつるして進んでゐると、前方からも鏡に映した様に蝶形の帆

がやつて來る。だが幻影であれば信號燈が左右反對に灯いてゐるから直ぐわかる。構はず進みさへすれば何時か消えて失ふ。其他汽船が來る。八挺櫓の漁船が來る。そして幻影に限つて如何にも騒々しいのが定石だ。掛聲と共に艪が勢ひよく軋む。エンヂンがリズムを打つ。小氣味のよい音をたてゝ水が切れる。がや〳〵罵り合つてゐるが一言もわからない。死人や船の破片に出會ふのは多くはこんな時である。そしてそんな時には先を焼いた水竿を海に浸けたり艫の下の桟屑を海へ捨てたりする。魔除である。ちやこをいぶす。生臭匂をたてるのである。眞水を海へ流す。死者の靈を慰めるのである。また「恥かくし」と云つて苫や莚や板切を死人めがけて投げてやる

（小倉岩田生）

事実種の怪談奇談（十三）　物凄い女の顔が……　3-119

●大阪時事新報　昭和三年七月二十四日（二十三日夕）

事實種の怪談奇談（13）

或る夜、禪寺の襖に 物凄い女の顔が……

夫に武者ぶりついたお吉さんは 間もなく此世の人でなかつた

兵庫縣養父郡の××村に禪雲寺といふかなり古い禪寺がある、そこの住職の西田諦道さんが二度目の妻を娶つてから數箇月を經たないのに、その妻のお吉さんが病床に臥して了つた、醫者に診て貰つても判然とした病氣の原因が解らない、だのに病人はだん〳〵衰弱するばかりだつた、嫁いで來た時のことを思ふと、別人かと思はれるやうに痩せ細つた妻の姿をぢつと凝視た諦道さんは

「この女も、また死ぬのではないかな？」

さう云ふ忌はしい豫感に、ふと脅かされてゾッとした、それは、最初娶つた妻のおせいさんも、結

婚後數箇月を經たない間に發狂して死んだのであつたから……、だが、前の妻のおせいさんのやうに病人の心が亂れないのがせめてもの慰籍であつた、が、さうした諦道さんの慰籍も一月經つか經たない間に無慘にも破壞されてしまつた、お吉さんの病狀は急に變じて狂はしく呻くやうになり、それが日が經つに從つて激しくなつた。

「あ……あ……あア……」

と、何かに襲はれたやうにお吉さんの狂ほしい叫び聲が聞えた、隣室に寢てゐた諦道さんが驅けつけた時、お吉さんの眼は恐怖に顫へてゐるやうにおど〳〵してゐたが

「あつ！恐ろしい顏が……」

と叫んでひきつけられたやうに隣の部屋との境の襖を凝視た

「どうしたのだ？俺だ、俺だよ……」

諦道さんはお吉さんに呼び掛けた。お吉さんは、それでも諦道さんの言葉が耳に入らないやうに、怖えた眼差を襖へそゝいで居たがふと諦道さんの顏が自分の間近にあるのを意識すると

「まあ、あなた……」

と云つて諦道さんに取縋つた。

「どうしたんだ、ほんとうに？」

諦道さんは不安相に、妻の顏をぢつと凝視めた。

「恐ろしい顏をした、女の姿が？……」

「えゝ女の姿が……」

諦道さんが訊きかへしたとき、お吉さんの顏色は紫いろに變つて

「聽いて下さいますな？怖ろしいから……」

さう云つて軟い吐息をして四邊を見廻した、……妻の言葉が氣にかゝるので諦道さんはどうかして聽きたとさうとしたが、お吉さんは何も云はうとしなかつた、そして病勢はしだいに昂進してゆくばかりであつた

◇―◇

ある夜、狂ほしい呻き聲がするのに愕いて諦道さんが驅けつけたとき、お吉さんは空虚な眼差しを隣室の襖に向けてゐたが

「堪忍してください。」

と、叫んで合掌した。諦道さんは確乎と妻の身體を抱くやうに自分の方へ引寄せて叫んだ――

「どうした、しつかりしなさい」

だが、お吉さんは諦道さんの顏が眼に入らないものやうに、隣室の襖を凝視めて居たが、愕いて跳び上るやうに身體を顫はせたかと思ふと

「そ、そ、そんな恐ろしい顏をして……」

と叫ぶとゝもに諦道さんの身體に武者振りついた。瞬間、諦道さんは思はずはつとした。亡くなつた前の妻のおせいさんも、死ぬ間際に同じ言葉を口走つて苦しんだからであつた。諦道さんは不安な恐怖に驅られてぢつと妻の顏を見守つたが、「あつ」と叫んで顏色を

變へた。お吉さんの手は既に段々冷たくなつてゐたからである

◇―◇

翌朝、寺に集つて來た檀家の人人を見て諦道さんは、一夜の恐怖のためにすつかり元氣を失つてしみじみと昨夜の事件を物語つた。すると、默つて聽いてゐた一人の老人が氣の毒さう諦道さんを見やつたのち、思ひ當ることがあるらしく話し出した。

それは、数代前のこの寺の住職が、その妻を座敷牢に入れて出て行けがしに虐待し、自分は他からある女人女を引き入れて妻に直し、遂にその正妻を餓死せしめたことがあつた。が、間もなくその女人女は一夜の裡に狂ひ死をし、住職も数日経たない間に頓死をして了つた。それからと云ふものは座敷牢であつた部屋の周囲を釘づけにして誰も這入れないやうにして了つた。そして、その部屋を何時からともなく開かずの間と呼ぶやうになり、その部屋には恐ろしい女の怨念が籠つて居ると信じられるやうになつた。

その部屋こそ二人の妻が狂ひ死をした開かずの間であると知つて諦道さんは思はずぞつと身顫ひをした。

◇—◇

その翌日、諦道さんの姿がこの寺から見えなくなつたのは云ふまでもない。（高松市中野町一二五、草林潤之助）

幽 事実種の怪談奇談（十四） 行灯の灯影に血塗… 3-120
●大阪時事新報 昭和三年七月二十五日（二十四日夕）

行燈の灯影に——血塗れ男

うぬ、迷ひ居つたな…… 清三郎が亡霊を斬下げた皆の一刀に

戀のお銀は虚空をつかんで……

事実種の怪談奇談 ……⑭……

（上）

戀に絡まる怖ろしい因果事実談である

……○……

お国自慢は小濱のお湯よ裏のお山ぢやほととぎす旅のうたたねさましますと云へ、さすがに真夜中を過ぎれば、弾く三味線の音もなんとなく侘しくて、唄声も自ら沈みがち、いましがた相馬屋を立出でたのは呉服屋の手代孝次郎、なにごとか思案顔に廓をぬけてそゝくさとさし寛つた肥後は小濱の打出しの月空に冴えて流れる水も凍りさうな逢魔が時。橋のたもとの柳蔭から、つ、つ、つと辷り出た覆面の人影、物も云はせず、抜く手も見せず、孝次郎の肩先目がけて気合諸共さつと斬りこむ手練の早業浴せ斬り。孝次郎、がつくりとのけぞつて早断末魔、怨みの断もきれぎれに……

「た、誰ぢや？」

「云はずと知れた田村清三郎、貴様とは因果の繋がる戀敵ぢや。邪魔になる素町人を斬り殺し、可愛いお銀を手に入れようとの胸算段。は、は、は……くやしいか。」

「さては田村様！怨みますぞ。」

云はせも果てず、突き刺す止めの一刀。月光蒼く、天地の寂寞に、遠ざかりゆく川鳥の声一つ、二つ。

……○……

「小濱小町は相馬屋お銀」と、なまめかしい廓の端唄にもうたはれて持て囃された美貌のお銀。全盛を誇る遊女だつた。手代孝次郎との絵草紙のやうな夜毎の戀は情死沙汰に至るまで誰知らぬ者もない深い仲であつた。小濱から程遠からぬ岩野村の郷士田村清三郎、金もあり、学問もある四十過ぎの分別盛りで、ならぶ者なき関口流の使ひ手だつた。数年前に妻を喪つてから母と二人の侘しい暮し、お銀を思ひ初めたのが乱行の元、あたら家宝の名刀を無益な殺傷で汚してしまつた。すぐにお銀を落籍して中空の捌れた綱に酔ひ痴れた五年、十年も一夢のやうに過ぎて、身に泌みてきた人生の夕暮に、思ひ出すのは一昔前の古傷でなければならなかつた。かてて加へて妻のお銀はいまはしい癩患になつた。色街に降る雪と白さをきそつた滑らかな肌も火傷のやうにぶよぶよと膿で腐爛して白粉やけのした顔は、肉がくづれて見る影もなくなつた、お銀はこの不治の業病を孝次郎の祟りだと念ひつめてゐた、清三郎にとつてお銀を見ることは忘れやうとしてゐる兇行を蘇らす手掛りに外ならなかつた。それが怖ろしかつた。お銀は離れ座敷に押しこめられた。お休は竹編みだつたから、日一日と皮膚を破つてくひこんだ。近所近辺では、だから「紋切型の御内儀」と噂した。食物も碌に與へられなかつた。邪慳な老母と清三郎とはお

銀を醜いと云つては罵り、呻くのがうるさいと云つては打擲した。離れ座敷は毒血と臭い膿との泥濘であつた。

「孝次郎殿、堪忍して……」

と、訴へる聲が夜となく晝となく洩れてくるのが聞えた。

……○……

濤三郎も眠られぬ夜が多くなつてきた。それは蒸し暑い夏の夜であつた、寝苦しいまゝに、濤三郎は縁側の障子を開け放した寝室で輾々と寝返りを打つてゐた。ふと庭先を誰かゞ歩いてくるやうな氣がした。なんの氣もなく顔を上げてすかしてみると、行燈の灯影が溢れてゐる闇のなかに浮んでゐるのは忘れやうとしても忘れることのできぬ血塗れになつてゐる孝次郎だつた。

「うぬ、迷ひをつたな。」

濤三郎は枕元の刀を鷲摑みにして亡靈を追つかけた。離れ座敷の上り框まで追ひつめて斬り下げた「う、う、う。」とさけぶ悲鳴。思はずわれに返つてよく見れば・足元に、いつの間にぬけ出してきたのか、お銀が虚空をつかんで倒れてゐた。それ以後濤三郎は夜な夜な魔物に憑かれたやうに打出獵へ迷ひ出て、通りすがる人々を辻斬りするやうになつた、氣がふれたのだ。まもなく逮捕された、そして獄で舌を噛み切つて死んだ（續く）（熊本縣鹿本郡山鹿町警察署前　坂崎内堀一男）

事実種の怪談奇談（十五）　幽霊の正体は貧乏寺の…　3-121

●大阪時事新報　昭和三年七月二十六日（二十五日夕）

幽　事實種の怪談奇談（15）

幽靈の正體は　貧乏寺の和尚　化けて百金を騙る

（下）

老母が獨り殘された、下男と女中が二、三人居るきりだつた、身寄りがない譯ではなかつたが、平生から高くとまつてつとめて交際を避けてきただけに、とりわけ不吉な兇事が引續いて起つたいまとなつては見向いてもくれなかつた古風な屋敷は廣いだけに、却つて底のしれないぶきみな靜けさが被ひかぶさつてゐるやうな陰鬱な感じがした。老母は濤三郎とゝもにお銀を虐待したのだ。彼女は離れ座敷の上り框で件の狂刃に倒されてゐる[illegible]な姿も見た。老母も不意に物音がしたと云つては怖れ、女中の影を見たと云つて怯えてゐた。

二十日餘り經つたころだつた、午下りからばらばらと降つてゐた雨空は夜に入ると同時に本降りになつてきた、庭樹はさうざうしく鳴りはためいてゐた。風も少し出てきたやうだつた。灯の心細いまたゝき。自分の影法師が座敷の壁に大きくゆれてゐる。「今夜は夜通し灯をつけておきませう。」さう思つて、部屋から出やうとしたときたしかに廊下を歩いてくるらしい衣擦れの音が聞えたやうに思つた

「もしや……」

怖ろしい豫感で肩先がすくむやうな氣がした。慌てゝ座敷へ引返さうとした。と、追ひ縋るやうな女の聲。

「お母さん、お銀です。濤三郎様に殺された癩病やみのお銀です。」

思はず振り返る老母の眼に寫る深夜の怪異、お銀だ、お銀だ、お銀だ、陰慘な廊下の端れにほの白く浮んで、血に塗れて、風に顫られて、古井戸の底からでも訴へてゐるやうな縷々たる怨みの數々。

「わたしはこのまゝ死に切れませぬ。もし成佛さしてやらうとお思ひなら、明晩の十二時ごろお墓まで百圓持つてこさせてくだされ。それが叶はぬなら、家代々祟りますぞ。」

老母は聞きながら失神した。

……○……

翌朝、お銀を埋めてある佛巌寺の良念和尚が田村家へ訪ねてきた濤三郎が死んで老母一人になつてから特に懇意な仲だつたので老母はゆうべのできごとを打明けた。和尚は一々感じ入つたやうに肯いて、さて慰めるやうにいふのであつた。

「昔からの例もあることぢや。愚僧もこれまでそのやうな話を二、三聞いて知つてゐます。なにごとも前世からの因縁ぢやと諦めて、云ふまゝにしてあげるのが佛のため、またひとつにはお家のためぢや。愚僧も三部經を唱へて成佛なさるやうに盡力しませう。さだめて今宵から新佛も辿らるべき道を安らかに辿つてゆかれることでござらう。よい功徳ぢや。南無阿彌陀佛、

南無阿彌陀佛……」

和尚のすゝめるまゝに、恐怖で心の顛倒してゐる老母は、その日の夜二人の下男に命じて百圓を佛殿寺にある新佛の墓まで持つて行かせた。

……○……

ところが一方、お銀の亡靈が老母を脅かした夜、村役場の吏員三名が小料理で祝ごとの振舞酒を鱈腹飲まされて醉つた勢ひで土砂降りの夜道を松野村まで戻つてきた。

幽靈屋敷と云はれてゐる田村家の附近まで差しかゝつた時、裏木戸から突然髮をふり亂した白衣の女があたりを憚かるやうに忍び出てきたが、パッと傘をさして彼等とは反對の方角へ歩き出した

「そら幽靈だ」

と一瞬間驚き慄へたが、幽靈なら傘をさすのはおかしいし、それに足があつて高下駄をはいてをり、男勝りらしい元氣な歩きぶりだ、それにこちらは三人も居る、一杯元氣だ、で、そこは職掌柄とにかく跡をつけてみた。すると白衣の女は佛殿寺へ消えてしまつた。下男の口からお銀の墓へ百圓供へたことも判つた。村吏は良念和尚を取調べた。その結果、貧乏寺の和尚が田村家の祕密を利用して大金をせしめるためにお銀の幽靈に化けたことを自白した（熊本縣鹿本郡山鹿町警察署前坂崎内、堀一男）

事実種の怪談奇談（十六）　夜霧の中に浮出た女

●大阪時事新報　昭和三年七月二十七日（二十六日夕）　3-122

幽

事實種の怪談奇談……(16)

夜霧の中に浮出た女

白蠟のやうな顔に鬢のほつれ毛
ふた筋、三すじゆらいで　六爺の驚いた話

銀星が二つ三つ、かすかに瞬たいた……そして、夜は次第に灰色の幽の翼、をひろげ、ものゝすべてをその闇底に吸ひ込んでゆく、黒門の蓮華寺で撞く梵鐘が妙に無氣味な餘韻を震はして消えると、一つ尾を引いて落ちた流星に夜はいよ〳〵更けて、空模樣が怪しくなつた。こゝ高知市中島町を西に突き切つたところ、高坂城の外濠から溢れ出る細流に懸つた金子橋のたもとに「お六宿」と呼ぶさゝやかな駄菓子屋がある。菓子屋だのになぜ「お六宿」と云ひ出したのか知らぬが、近隣の人々はみな「お六宿」「お六宿」と呼んでゐる、その亭主六爺さん、眼をしよぼしよぼさせながら讀みさしの講談本を伏せて婆のお里に聲をかけた、

「もうおつゝけ十一時だよ、今晩は人も通らんで、寝るかまへをしようか喃」

その時に、奥の間で縫くり物をしてゐたお里婆さんが聞うげに耳を立たい腰を上げた、その時！、雨戸をこつ、こつ、こつ……とさも力無げに打つ者がある、六彌、[illegible]は知れぬ無氣味で不安な恐怖がんでもない妄想をさつと五官に流すと、頭から冷水を浴びたやうにぞうとして意氣地無く膝頭がぶるぶると打慄へて、胸の動悸が烈しく高まり立上る氣力さへ無い……と見えたが、漸て「うん」と下腹に力をこめてすくんと突立つた。途端、またしても無氣味な戸を打つ音。六爺、今は思ひ切つてつかつかと表戸に近寄つて勢ひよくさつと雨戸を開けた。ぬらりと生温い風が頬を撫でたのではつとした六爺の眼に、しよんぼりと佇んでゐる女が映つた

銀杏返しの鬢のほつれ毛が二すじ、三すじ、白蠟のやうな顔に垂れ下つた姿は憂鬱といはふか、夜目にもはづきりそれが見られたほ

かは、格別變つたところもない、女は、言葉少に、飴玉を買ひ求めて夜霧のなかに消えて行つた。

◇―◇

その翌朝、六部の家には奇怪な事實が發見された、それは、昨夜の不可解な女が置いて歸つた三錢が賽錢箱に無いかはりに、入れた憶えのない三枚の樒の木の葉がまだ生々しい緑いろを見せて魔の手形の如く入れてあつた。そして飴玉買ひの淋しい美女は次の夜も、その次の夜もこの老夫婦を惱ましたのである。

◇―◇

ある日、高知市の街はづれ小石敗山の墓地で、墓參りに來たある商家の女房が、とある新墓のほとりを通りかゝつたとき、その墓の下からかすかな嬰兒の泣き聲を聞いたといふ噂が高知の街に流布されたのはそれから間もなくのことであつた、そして、數日後――その新墓は發掘された、奇怪にもまる々太つた男の子が、うら若くして死んだ母親の胸にしつかりと抱かれて泣いてゐるのが人々の涙を誘つた これについては次ぎのやうな哀れな物語りが潜んでゐる。

◇―◇

高知市の目拔の場所、桝形の商店街に村桝屋といふ豪商がある、その一人娘のお糸は桝形小町といはれた美人、そこに緣あつて貰はれた三國一の婿殿は、何を血迷つたか巨萬の富と美しい妻をふり捨てゝ、他に愛し女を作り遂にその女と駈落をしたのである。殘されたお糸が、臨月の身で無情な男を呪つたのは云ふまでもない、そして、やがて生れ出るであらう愛しのわが子に限りない執着を殘してお糸は遂に自殺を遂げたのである。

◇―◇

「お六宿」に飴玉を買ひに行つて六部を驚かせた女はこのお糸さんであつたとの噂が街々に傳つた

（大阪市西区阿波座中通一丁目阪本方町田誠助）

事実種の怪談奇談（十七）　恨みは深し釣瓶縄

幽 ●大阪時事新報　昭和三年七月二十八日（二十七日夕）　3-123

責め苛まれた腰元

恨みは深し釣瓶縄

士族屋敷の古井戸に絡る因果ばなし

事實種の怪談奇談……□

大分市の今は縣廳になつてゐる府内城の未申に當る隅櫓の下に古風な士族屋敷が殘つてゐる、三抱もあるやうな銀杏や樟の大木が春から秋にかけて青葉で屋根を覆ひ、風の荒れる夜や雨の降りしきる宵には、誰かゞ獨り言を呟いてゐるやうな葉擦の音が行人の心を悲くせずにはおかない

この屋敷に明治三十四、五年ごろから大分地方裁判所長小松毅が住んでゐた。彼は官權を濫用して傍若無人の振舞をするので、純朴な市民から怨嗟の的になつてゐた。その小松が三十八年一月霰の降る晩にどうしたのか裏庭の古井戸へ投身して死んだ。土地の新聞は筆を揃へて彼の謎の死を書きたてた。「まあ怖ろしい、あの井戸に……」さう言つて、人々は今更のやうに戦慄したのであつた。

▽……△

この士族屋敷の舊主は岡本主水と云ひ、府内藩の上席家老であつた、五十を二つ三つ越した學者肌の武人で殿のお覺えめでたく家中の信望も篤かつた。

ところが或る年の土用時分、半歳にわたる戰ひから歸國して、御殿で催された凱旋を壽ぐ無禮講の夜宴で飲み過し、醉歩蹣跚とわが家へ歸つてきた。玄關へ上らうとしたとき、ふと、三つ指をついて慎しく自分を出迎へてゐる腰元の浪江が目にとまつた。主人は思ひがけなく心が妖しく動搖するのを覺えた。浪江が先きに立つて居室へ案内する後姿の處女林の木肌のやうに白くかすんだなまなましい襟首に、眩暈するばかりに烈しい慾情の飢ゑを唆られるのであつた、戰陣の砂を嚙むやうな乾燥した生活の幾日、酒、與座殿に引き籠つてゐるらしい壞れた樂器のやうに潤ひの缺けた奥方、雅はしい浪江の薄物を透かして盛あがつてゐるわかわかしい幻……それらを意識することは、主水にとつて新しい感覺の發見だつた、だが嚴粛なることを貴い信條として護つてきた自分ではなかつたかーと自制すればするほど、かへつて逆りゆく暗鬱な情慾の旋風であつた。それからといふもの主水は悶々たる胸に、日ごと夜ごと崩れんとする萬斛の想ひを秘めて、しかし、ともすれば多人數の腰元のうちからなにかにつけて浪江を呼んでしまふのであつた。

▽……△

奥方お里の方は家付の娘で、今で云ふ、ヒステリーだつた、夫が歸つてきた日から掴みどころのない不安を感じだしてゐた。腰元たちの影口から疑惑を裏づけるなに

ものかを酌みとつた。彼女は逆上した。淀江を責め苛んでみた。けれども淀江は、主水が自分にどのやうな愍情をなげかけてゐるか知つてゐなかつた、不愍をかけてくれる主人のために忠實に勤めてゐるにすぎなかつたのだ。覺えがないと、云ひ張つた。お里の方は他の腰元に命じて、淀江の著物を剝ぎとらせた。裏庭へひきずり出して井戸の釣瓶繩で兩足を縛らせ、まつさかさまに投げこませた。沈んだかと思へば手繰りあげ、再び叩き落さすのであつた。淀江は全身の血が逆流して口もきけなかつた。上げ下しされるたびに石崖にぶつつかつた。皮肉は石榴のやうにはぢけた。唇は割けた。歯といふ歯は根こそぎにもげた。鮮血は噴上のやうにほとばしつて冷い地下水を眞つ赤に染めた。そして遂に悶絶してしまつた。

それから一月と經たぬうちに、お里の方と釣瓶繩を手繰らせられた二人の腰元とが相次いで同じ井戸へ身を投げた。

▽……△

爾來、この井戸の水を汲むと、かならず髪の毛が釣瓶繩に捲きついてくるやうになつた。井戸がへも數回行はれた。しかし汲へても汲へても髪の毛は跡を絶たない。そして死靈がこもつてゐるのだと信じられてゐる（大分市長池町、洞上生）

事実種の怪談奇談（十八）　真夜中の田圃で…　3-124

獣　●大阪時事新報　昭和三年七月二十九日（二十八日夕）

眞夜中の田甫で初々しい娘に歡待された話

おらが大將の故郷で……

事實種の怪談奇談……18

おらが大將の生れ故郷、長州萩の町はづれにさゝやかな荒神様の祠がある、こんもりとした森につゝまれてゐて田の中にあるところから、人呼んで「田中の荒神様」と云ふ、この荒神の森に古狐が澤山棲んでゐて、附近の者が誑かされたといふことは今尚ほさされてゐる、つぎに記す事實談も正しく萩町の酒田信二（假名）といふお醫者さんの遭遇事實談である

◇……◇

ある夜ふけ、萩町酒田醫院の門を激しく叩くものがある、眠たい眼をこすり〳〵書生君が起き出て門を開けると、其處には見馴れぬ美しい娘が立つてゐる、そして

「夜更に參りまして誠に相濟みませぬ、渡邊（土地の豪家假名）の家から參りましたが、實は奧様がお産氣付かれましたが、難産でお苦しみ遊ばすので誠に相濟みませぬが、どうか先生にお出でを願ひたふございます」

とのこと、渡邊家へは始終出入りしてゐる大家のことであるから、酒田先生さつそく藥籠をさげてその娘に導かれて行つた。

夫人は餘程の難産と見えて苦しんでゐたが、先生の手當で、やがて大きな赤ん坊が生れた。そのうち主人も出て禮を述べる、家族も落ち付いたので、何はなくと一獻差上げるとあつて別室へ案内された。見ると立派な高脚膳で二の膳までついて居り、美事な御馳走が並べられてある、そして傍にはさつき迎へに來た娘やその他同家を擧げての大歡待、先生元來いける口だし、勸めはすんだし、おまけに別嬪たちが下にも置かぬもてなしなので、思ふ存分過ごしいゝ氣持になつて、何時のまにかうとうと、寢入つてしまつた。

◇……◇

翌朝、野良にゆく百姓が通りかかると、田の中に倒れてゐるものがある。誰れだらう？怖々のぞいて見ると、酒田先生が酩酊して寢てゐるのだ、そしてその側には御馳走の喰ひちらしで落花狼藉、すこし離れたところには血の附著したものまである。

百姓たちは一體どうしたことか合點がゆかず、ともかく先生を起した、だが先生はボンヤリしてゐて生氣がない

「先生！先生!!」

みんなが大聲でどなつたのでやつと濃い眠りからさめた、こゝで始めて前夜來のいきさつが判つたのである。

「夫れやてつきり田中の荒神様のでせう、これから何をするか判りませんですよ、御用心なさりませ」

と、注意して百姓共は行つてしまつた。

先生、面目ないやら、情ないやらで、ユラ〳〵と家に歸り、誰が來ても面會謝絶と云ふ事にして床

に入つてゐた。すると、まもなく書生があはてゝ奥に飛んで来て「大變ですぐ／＼またゆうべの娘が来ました」とガタ／＼ふるへてゐる「そして、その娘がゆうべのお禮だというて、これを置いて行きました」とて一つの紙包を差し出した。怖々、それをあけて見ると十圓札が一枚入つてゐる。

◇……◇

一方、萩で随一の料亭「高嘉」では同夜婚禮の披露宴の御馳走が一組何時のまにか消えて失くなつて大騒ぎをやつた。ところが、その一組こそ、瀧田先生が御馳走になつたもので、空きからによつて、すぐそれが判つた。だが、十圓紙幣の出所は遂に判らなかつた（西宮市、萩屋生）

事実種の怪談奇談（十九）　ぬっと出た「大入道」

妖　●大阪時事新報　昭和三年七月三十一日（三十日夕）　3-125

ぬつと出た「大入道」

フラ／＼と来る白衣の女

すつかり當込んだ「妙見」さん

處は紀州潮崎本の宮、昨年の秋も未だ餘り深くならない頃、黒潮新報の配達をしてゐた松澤が配達帰りに新聞の後援者になつてゐる黒潮詩社へ慌たゞしく驅け込んで来て「あゝ怖い、明日から配達は止めだ」と傍へ臨で言つた。お宮へ新聞を入れやうと榕樹の側まで行つた時、的場石の後から突然「大入道」が現はれたと云ふのである。厭がる松澤を無理に出すと翌日も同じ様に逃げて歸つて来た。皆で行つて見ると現場には腐つた血糊がネットリ落ちてゐて、不思議にも其晩から大入道は出なくなつたが、同じ場所を夜十時頃不気味な鈴が鳴るかと思へば男女の笑ひ聲が聞えると云ふ噂が傳はつたその上十二時頃になると串本の北から南へ白衣の女が歩くと云ふ。この地の新聞は毎日の様にその記事を書き立てた。

◇

此の人心の動揺を上手く利用したのがでつぷり太つた五十女の妙見さんの祭司だつた。「大入道」が出たり、白衣の女が歩いたり、鈴が鳴つたりするのは、ありや妙見さんが顕はれるのぢや。妙見さんはお腹が空いてゐられる、大入道になつて出たが丁度神前だつたので神様にお叱りを受け、でもお腹が空いて仕方がないので今度は鈴になつたり白衣の女になつたりされるのぢや。」此の有難い御神託のお蔭で榕樹の前には、牛肉、かしわ、油揚などの御馳走が急に豊富にあげられる様になつた。

◇

十二月の或晩店員二人と、榕樹の影で様子を覗つてゐると、海岸の方から白い物がふら／＼やつて来る。幽霊でない證據には足がある。而も女だ。神前に額いて冠物、履物をとり神前を行きつ戻りつする。白い顔、赤い唇、前後から擁して詰問すると女は泣き出した。それは串本の北に住むSと云ふ十九の女で愛人の病氣平癒の丑時参りと判つた、がその女も四五日して愛人の家でモルヒネを嚥んだと云ふ。

◇

一方附近の猟師が榕樹の附近にワナをかけてゐた、それに眞白い大きな猫がかゝつた。猫は夜が来ると頸でワナを引摺りながら、ワナに付けた鈴を鳴らして歩いた。と云ふのが鈴の音の正體で、此の事實は私の弟が發見した。

◇

残る怪は大入道である。私達は物好きにも探索を續けてゐたが或夜拝殿の後の竹藪で小原神主に逢つた。毎晩々々怪しい足音がすると思つた。化物の正體はお前達か？一體何をしてゐるんぢや」と神主が云ふ「大入道」と答へると彼は腹を抱へて笑つた。そして「やれ／＼、御苦労な事ぢやの。あれは伜がステッキの材料に鯨の骨を雨に曝してゐるんぢや。皆が驚くといけないと思つたので裏の畑に轉がしてある。まあ正體を見て見れ」と云ひながら先にたつた。行つて見ると成程畑の中に三十尺もあらうと云ふ骨が轉ばしてある。が種を明かすと妙見さんの方で困るだらうと思つたから誰にも云つたことはない。今妙見さんは繁昌、待人、失物、方位一件五十錢で大流行で、神前の供物も絶えたことがない（串本町鈴木祥底）

怪談奇談（二十）　馬車に乗る三人づれの幽霊　3-126

幽　●大阪時事新報　昭和三年八月一日（三十一日夕）

怪談奇談 (20)

馬車に乗る三人づれの幽靈

トリ殺された宋さん

支那人墓の怪

今は大連の接續市となつてゐるが、その頃はまだ市外であつた沙河口、その沙河口の終點で電車を降りて星ヶ浦に通ふ廣い道路を一丁程後戻りしたところ、左は一面の畑、右の方はひろ〳〵として大陸的ななだらかな丘、ところ〴〵に點々と赤土の支那の家がある、そこからはるかに見ゆる山の麓に、恰も倉庫かと思はれる赤煉瓦の建物の幾棟かがならんでゐる、その右手の方二丁とへだたつてゐないところに、大きな饅頭を置いたやうな支那の墓が十五六ほど見えかくれしてゐる、この怪事件はこゝの墓地でおこつたのである――

◇―◇

頃は晩秋、空はどんよりと曇つて、うそ寒い風がおほかた散り盡したポプラの梢をゆすつて、何となく心細さをそゝるやうな夕暮である、時に、から、から、から、から……といふ車の軋る音が聞えて砂けむりのなかから現はれ出る客馬車、人通りの少い丘の上を、馭者臺の人も馬も終日の疲れにぐつたりとして、……そのうら淋しいすがたも、やがて向ふに見える赤煉瓦の家のかげに消えてしまうと、あたりは急にまたもとの靜けさにかへる。

◇―◇

宋（支那人の名）は今日も皆と一しよに馬車を驅つて街まで出かけたが、今日に限つてとんとお客がない。それでも活動のはねる頃までに五圓餘り儲けたので、そろそろ歸り仕度をした、時計を見ると十一時すこし前である。

明るい街をすぎて、淋しいポプラの並木道にさしかゝつたとき、ふと、人の呼ぶ聲にふり返ると闇のなかに三人の人影が見える。一人はよくは判らないが三十恰好と思はれる男、あとの二人は若い女とその母親らしい年老つた女、そして、老女はランプを持つてゐる、こんな客に馴れてゐる宋は、三人を乘せたまゝ別に急ぎもせず、うつら〳〵と馬車を驅つてゐた。そして、およそ三十分も走つたかと思はれたころ　立派な家の前に來た。馬車をとめると三人は默つてその家に入つた、暫くして召使らしい小女が出て來て賃金を拂ふから、這入つて一服して具れ、といふ、云はれるまゝに内に這入つた瞬間、宋は故しらぬ恐怖の念に身うちがブル〳〵と顫へるのを覺えた、が、格別怪しい樣子もない。出された茶を飲んで賃金を具れるのを待つてゐるあひだ、かなりながい時間が經つたやうに思はれたが、彼はいつのまにか其處へ眠込んでしまつた。

◇―◇

翌朝、支那墓地のまへに一臺の馬車がとまつてゐるのを見つけたものがある、行つて見ると一人の馭者が昏々と、眠つてゐる、呼び起して見ると宋だ、色々聞きたゞしてやつとゆふべからの經緯がすつかり判つた、そのうち、何事が起つたのかと集つて來た人々にさゝへられて、宋は漸く我が家へ歸ることが出來た、が、それから二時間の後に可哀さうに宋はたうとう死んでしまつた（京都市上京區中立賣千本西入雙林寺内西山無事）

怪談奇談（二十）　蛇攻めの女（上）　3-127

怪　●大阪時事新報　昭和三年八月三日（二日夕）

怪談奇談 (20)

蛇攻めの女（上）

代々狂女が出る

信濃の豪家「油谷家」にからまる因縁話

東に南アルプス連峯の「赤石嶽」の山々が峨々として天際に屹立し西に中央アルプスの主嶺駒ヶ嶽連山が對峙して聳ゆる山峡「伊那の谷」が横はつてゐる、こゝはみすゞかる信濃路にも豐かな未開な盆地で、諏訪湖から南へ流れてこの谷を兩斷しつゝある大川こそ「天龍川」の激流である、この川東赤石山麓にかけて打ち拓かれた卅八箇村の大庄家をつとめた豪家高木村の油谷家には「狂女」がたえた事なく、今尚同家の離れ座敷からは哀れな狂影が深山にこだましてゐるがこの「狂女」にはいたましい怪話がある

◇

この油谷家の先代林右衛門は四十からみの大柄、三十餘代の舊家で森林の大部分を私有し、邸宅は自然の溪谷、美を取り入れて蜿蜒たる高塀をめぐらしてゐる、門番小屋だけでも六箇所、女中は二十人を超えてゐた。

林右衛門は性來の色好み、みめ麗はしい女どもは、ほの暗い燭臺の影で、我儘な「一千一夜物語」の王様に夜伽に侍らねばならなかつた。門閥の優れた貴人に寵を受けることを忝ない榮譽のやうに思ひなじてゐた悲しい時世である妾のお京は庄屋から嫁いできた綺緻好しだつたが、夫の愛が去つて以來孤閨に女盛りを憤しく蝕ま

せて、もう十餘年夫の荒淫をみつめてきた。お京は油谷家に雇はれてゐる雪江といふ娘を愛してゐた。雪江は十九であつた。彼女は幼いとき、よぎない事情のため山陽道の主家を棄てた浪人の父とゝもに森木村へ流れこみ林右衛門に救はれて、油谷家で大きくなつた。父は數年前に亡くなつてゐた。

◇

荒廢した愛欲の戲れに飽いてきた林右衛門の目は、水邊の花のやうに淨らかな雪江の肉體に、新しく慾情の處女地を發見した。匂はせてみたが、應じられなかつた。女どもの媚になれてゐる林右衛門は、拒まれれば拒まれるほど征服慾を煽りたてられていつた。月の白い夜、下男に命じて雪江を籠に乘せて裏山のいただきにある油谷家の墓地へ運ばせた。そして威嚇し、家育の恩義をかさにきてあらあらしく挑みかゝつた。

◇

だが、どうしても想ひを果せなかつた。林右衛門は焦立つて、それからといふもの家中の誰彼にまで當り散らしてゐたが、たくさんある離れ座敷のうちいちばん母屋から遠ざかつてゐる山腹の離れ座敷へ、つひに雪江を押しこめて、小さいので六尺以上、大きいのは十尺ほどもある青大將を十四匹下男に室のなかへ投げこませた。青大將は鎌首をもたげて細長い舌をちらちらと閃かせつゝ、驚きと怖ろしさと、厚みと恨みとで蒼ざめて生きてゐる心地もない雪江の周りから這ひかかるのであつた。彼女の解放を、お京は泣いて林右衛門に訴へた。親戚の者も諫めた。しかし、それらの諫言や哀願は林右衛門の不機嫌を募らせるばかりだつた。翌る日も十四、その次の日も十四……そして七日目には捕獲してきただけの青大將をことごとくぶちこんだ。鴨居も蛇だ、障子も蛇だ、疊も蛇だ、雪江の手も足も首も頭も腹も股も蛇だ、蛇だ、蛇だ。拂つても拂つても這ひ上られ、纏ひつかれて、締めつけられて、跼くほどひきしまつて雪江は死んだ。

◇

花麗はしい山國の五月だつた。林右衛門は雪江の亡骸を裸體にして、すべての蛇とともに荒削りの寝棺に詰めさせた。そして下男に一里半ほど離れてゐる天龍川のほとりまで擔いでゆかせた（續く岐阜市K生）

怪談奇談（二十二）　蛇攻めの女（下）

●大阪時事新報　昭和三年八月七日（六日夕）　3-128

捨てた棺が―天龍川の渦に―七日間キリキリ舞ひ

狂人の絶ねぬ信濃の豪家　油谷家に絡る因縁話

蛇責めの女（下）＝怪談奇談（22）

河岸は飯田へ通ふ街道になつてゐる、そこから斷崖の下五丈ばかりに、季節の雨で水嵩を增して滿々とふくらんだ天龍川の濁流が、ふるさとの傳説をうかべて日ねもす夜もすがら流れてゐる、川の中ほどに小島があつて、さゝやかな辨天様の祠が建ち、松が二本生えてゐる。水嵩が乏しい時分には島の形が望見されるが、强つてくると全島が洗はれて祠と夫婦松が激流に抗して水上に浮き出してゐるやうに見える、辨天島の前は淵を成し、直徑五間ほどもありさうな大渦がまんなかを擂鉢の底のやうにくぼませつゝ、きりきり、きりきり、と物狂ほしく旋回してゐるのだ大渦は犧牲に飢ゑて隙なき渦を放ち誰にともなく呼びかけてゐる、其魔性の隙を開き分けた者は死の誘惑を感じないではゐられないであらう。林右衛門の云ひつけを守つて、下男たちは街道から脚下にさかまく大渦目蒐けてざんぶとばかり棺桶を投げこんだ。飛沫は煙火のやうに舞ひあがつて飛散した。

◇―◇

翌日、飯田へ行つてゐた下男が蒼ざめて駈け戻つてきた。投げこむなりすぐに沈んでしまつたものとばかり信じきつてゐた棺桶が、まだ浮んで大渦の傾斜した内壁に沿つて回轉してゐると云ふのだ、

林右衛門は女に酌をさせて酒を飲んでゐたが「明日は沈むだらう」と答へて、殊に氣にもとめずに杯を重ねた。

だがその翌日も同じ知らせがあつた。彼はもう返事さへしなかつた。

そして次の日は、夜明前から下男を叩き起して見にゆかせた。

「旦那様、まだでございます。」

「馬鹿つ。」

林右衛門は噛みつくやうに怒鳴つた。默りこんで、座敷のなかを猛獸のやうに荒つぽく廻り始めるのであつた。

五日目も、六日目も見にやつたけれど、やはり沈んでゐなかつた。林右衛門を非難する聲が村から村へ擴がつた、彼は泉水へ降りて祕藏の金襴の袈裟を庭石へ叩きつけたり、錦繡を蹴散らしたりしてゐたが、七日目に俄に供養を思ひたつた。七日目の生氣は褪せて、肉附のよかつた頰はこけ、見違へるほど彼は

憔悴してゐた。

◇―◇

三十八箇村の寺々から僧侶たちが天龍川の岸邊へ出揃つたのは、もう夕暮だつた。前例のない大袈裟な供養の話を傳へ聞いた村人も群がつてきた。林右衛門も下男に支へられるやうにして蹌踉と辿りついた。彼は僧侶たちのなかほどへ跪くなり、前額を地につけて合掌した。兩手は絶えまなく痙攣してゐた、一齊に讀經は始められた、山巓にほんのりと息づいてゐた夕明りは刻一刻と黒ずんできた夜、原始的な山國の夜だ、篝火がたかれた。眞つ赤に燃れて闇を焼く焰に映し出された脚下の大渦には細長い蜿蜒が白い生物のやうに浮んだかと思へば沈み、沈んだかと思へば再び浮んで目まぐるしく渦に飜弄されながら廻つてゐる、一時間……二時間……三時間も經つたであらうか、ふいに内部からはじかれたやうに總橋が碎けた

「うけつ……」と言ふ咆哮するやうな恐怖に戦くどよめきが村人の口々からほとばしつた、いまゝでもつれ合つてゐた幾十の蛇は俄に水中で跳躍したかと思ふまもなく四方八方に波を切つて逃れてゆく、腐爛した雪江の顔には黒髪が粘りつき、亡骸は夜目にも白く、大渦に揉まれてゐたが、やがて次第次第に川底へ吸ひこまれていつた、讀經のコーラスは高まつた。まるで慟哭するやうに

◇―◇

林右衛門は氣が狂ひ、雪江が押し込められてゐた山腹の離れ座敷へこもつてゐたが數箇月ののちに息をひきとつた、するとしばらくして娘のおけいさんも發狂した。もう四十二になるが、同じ離れ座敷でいまだに明けても暮れても囈語を口走つてゐる（岐阜市K生）

事実奇談（二十三）　盂蘭盆の夜（上）　3-129

怪　●大阪時事新報　昭和三年八月八日（七日夕）

事實怪談……(23)

「盂蘭盆の夜（上）

黒田辰男

相模灘の紺碧の水を隔てゝ、一里許りの向ふに小田原の町の輪郭が茫と見える處に、戸數で言へば二三百許りの小さな漁村がある。岸では、有名な迎へ火の大篝火が焚かれる、夜の海の黒い波にまつ赤に照り映えるこの篝火は盂蘭盆といふ一種奇妙な雰囲氣や、死んだ人の魂を迎へると言ふ傳說の奇怪さに伴はれて、何かしら神祕なそして無氣味な氣持を見る人の心に與へずにはおかなかつた。毎年この大篝火を見て、それに馴れつこになつてゐるこの村の漁夫たちも、この夜は何だか自分では意識しない乍ら、ある不思議な神祕めいた情緒を感ずるのであつた。

この漁村の村はづれ、五六丁許りの　丁度山が海岸までせまつてゐるところ、十軒ばかりの家が群がつて建つてゐる小村がある。この小村の背後は高さ三間ばかりの崖があつて、その上には石を山から切り出す、石切場がある。この石切場がこの小さな一村の財産であつた。と云ふより、この小村の村長であり、家長である石井傳吉の所有物だつたのである。

◇―◇

この小村は、四五十人ばかりのその住民が、みんな血のつながる一族なのである。彼等は決して近親のもの以外とは結婚しない、それがこの村の法律であつた。それ故漁村の人たちは彼等を輕蔑し毛蟲のやうに嫌つてゐる、そして「畜生村」と呼んでゐた。

石井傳吉はもう六十にもあまる老人であつたがその元氣と精力は壮者も凌ぐ程であつた。彼の風貌といへば、怪異とでも言はうか、潮風にまつ黒に焼けた鐵のやうな顔の中にただこの鋭い兩眼が炯々と奥ふかくで底光りして光つてゐた。彼の性質は恐ろしく頑固で、強情で、自我が強い、そしてこの性質が、この小村の忌はしい血族結婚制度の原因となつたと云ふのは、彼はこの村が、彼の血をわけた一族であり子孫である者たちで成立つてゐる事によつて、限りない誇りを感じてゐたのであつた。

石井傳吉の家は村の眞中にあり一番大きな構であつた。そしてそこには傳吉の息子である當主の與吉がその從妹のおよねと夫婦になつて住んでゐた。彼等の間には、もう二十一歳になる娘のお染を頭にして四人の子供があつた。しかし血族結婚の祟りか、彼等の子供は皆どこか白痴じみた馬鹿ものばかりであつた。このやうな不幸な恐ろしい結果は、この本家だけで

はなく、他の六七軒の分家にもあらはれてゐた。しかしこの一番上の娘のお染は、性根は少し馬鹿のやうであつても、姿や顔かたちは却々かうした田舎には見られない程の美人であつた。この小村の若者たちは言ふに及ばず、彼等を蔑視してゐる漁村の若者のうちにも秘かにお染に心を寄せてゐるものさへあつた。

◇――◇

ところが、こゝにこの石井與吉の家の隣に、その家の石垣に沿つて小さな小屋を建てて乞食のやうな住居をしてゐる母子があつた。近藤安次といふ二十あまりの若者と、その母のおゆきである。彼等は以前、漁村の方で相當な暮しを立ててゐた荷物船の一家であつたが、親爺が流行病で亡つて、あとに殘つた女房のおゆきが、その頃やつと十歳ばかりの息子を女手一つで育てゝゆかなければならなかつたのであつたが、元來土地のものでなかつた彼等に對しては、村人たちは決して情深くはなかつた親父の死後に殘された借金に倒だん／＼借金がかさみ、とう／＼彼等はその漁村から追ひ立てられなければならなかつた。しかし何處へとも行く先がなかつた彼等は、この「畜生村」にころげ込んで、石井の家の隣に小屋を建て、そこで母子は、石あげの手傳ひなどして、僅かな施し物に似た賃金を貰つてやつと細々煙を立てゝゐた。

事実奇談（二十四）　盂蘭盆の夜（中）　3-130

怪　●大阪時事新報　昭和三年八月九日（八日夕）

事實怪談……(24)

盂蘭盆の夜（中）

黒田辰男

石井の一家がこの母子に自分の家のそばで小屋を作つて住はす事を許したのはおそらく「畜生村」と呼ばれた彼等のひがんだ心にはこの母子を乞食のやうにして自分たちの奴隷のやうにして近くにおく事が、ある優越感を感じさせてゐるためであつたらう。

ところが、この小屋の若者の安次が石井の娘のお染といゝ仲になつてしまつたのである。若い二人はふしぎに誰れにも氣づかれないで、逢瀬をつゞけ、情を重ねた。

そして安次はお染を何とかして女房にもらひうけたいと考へ。母に一切を打ちあけて相談した。誰から大かた感づいてゐた母は、可愛一人の息子のこのぞみをどうにかして叶へてやり度いと思つたのである。彼等は今は乞食のやうな境遇にこそあれ、以前は立派な人間であつたので石井の一家のやうな村の人たちに蔑まれてゐる「畜生たち」とは異ふのだといふ誇りを持つてゐた。それで母は大して心配もしないで、石井に事情を話して娘を與れるやうに頼んだ。ところが、それを聞いた石井の與吉は驚き且つ怒つた。そして爺さんの傳吉が倘一層ひどく激怒した。

「馬鹿らしい、大事な娘を、そんな乞食にくれてやれるかい！」と、一言の下にその願は蹴とばされ、そして母子二人は、その日の中にもその村から追ひ出されさうになつた。

安次の絶望は並々ではなかつた彼はすつかりしよげきつて、魂のぬけた死んだもののやうになつて小屋の奥にうづくまつてゐた、そして母は、さうした息子のすがたを見てためいきばかりついてゐた。

◇――◇

その事があつて三日とたゝない中に、お染は叔父の三十歳あまりにもなる松吉の許へ嫁にやられたその嫁入りの日がすんで、四五日たつと、盂蘭盆が來た。小田原の濱では例年の通り大篝火がたかれ其焔は、眞黒い夜の相模灣の波を惡魔の血のやうにまつ赤に染めた沖の方には、蠟燭の灯けられた流し燈籠が、波間にゆら／＼と搖れて光つた。靜かな重苦しいその夜の空は、夜半になつて俄に吹きはじめた暴風雨に、狂氣のやうに荒れ出した。この四五年來なかつたと言はれるやうな恐ろしい烈しい嵐が一夜中ふき荒んだ。そして朝になつて、やや風と波の静まつた頃に出て行つた漁村の人たちは、そこで、小さな一艘の漁船が姿を消してゐる事に氣がついた。そして同時に「畜生村」の小村では、近藤母子の者の姿が見えなかつた。

「きつと船にのつて逃げ出したの

事実奇談（二十五）孟蘭盆の夜（下）　3-131
怪　●大阪時事新報　昭和三年八月十日（九日夕）

事實怪談……(25)

孟蘭盆の夜（下）

黒田辰男

そこで彼は、玄關の土間に仰向けにたふれてゐる女房の身體と、そのまつ蒼な瀕死の顔を見たのであつた。

「おうい！誰か來てくれ！」

崖の上から聲いた狂人のやうな喚き聲にこの小村の石井一族の者たちが駈けつけた時には、松吉は崖から足をふみはづして落ちて、したたか頭をうち重傷をうけて瀕死のうめきを立ててゐた。

「早く、早く！家へ行つて見て來てくれ！染が海坊主にころされた！」

から彼はくりかへして叫んで、やがて正氣を失つてしまつた。

村の人々は、急いで崖をかけ登つて小屋へかけつけた。ところが敷居をまたぐと、彼等は茫然として立ちすくんだ。本當に海坊主がやつて來たのか、小屋の中には一面、眞黒い水が流れこんでゐた。

やがて、一同が氣がつくと、もう水はひいてしまつてゐた、そしてそこで、土間に死んだもののやうになつて青ざめはてて、手で虚空をもがき摑んでゐるお染を見つけたのである。そして蚊帳の中では赤ん坊が息絶えてころんでゐた。

「あの……安次さんが……海坊主になつて……赤ん坊をとつて行つた……」

お染は身をもだえひきつらせ乍ら、譫言のやうにから叫びつづけてゐたといふ。

この小屋に駈けつけた村の人々の中に、丁度その時その小村へ用事にやつて來てゐた漁村の太吉といふ男が居合せてゐた。さうしてかうした話は、その太吉が漁村に歸つて語つたところから、またたく間に村中に知れわたつたのである。

「罰だよ、親子兄弟が夫婦になるなんて畜生のやうな事をするから神さんの罰なんだ。」

「あの赤ん坊はきつと安次の子だんべい。だから海で死んだ安次はあの子が可愛うて、孟蘭盆の晩に海坊主になつてかへつて來て、あの子をとり戻しに來たのだんべい。」

村の人はいろいろと話し合つただらう、すりや、あの嵐でもう海の底にお陀佛になつたに違ひないや。」村の人々はさう語り合つた。そして時と共にその母子の事は村人たちの記憶から消えて行つた。

◇―◇

娘のお染を女房にした松吉は、石切場の職人となつて、小村のうしろの崖の上の石切場に小屋を建てて住んでゐた。一年のゝち二人の間にけ最早生れて四月ばかりになる赤ん坊があつた。丁度安次が村から姿を消してから一年たつた孟蘭盆の夜であつた。

むし暑い夜であつた。早くから床に入つても妙にねつかれなかつた松吉は、暗い崖の小徑を降りて小村を通りぬけて海岸へ出た。しかし風は死んだやうに凪ぎ、波は少しも立つてゐなかつた。氣味わるい靜寂と、重苦しいむしあつさが立ちこめてゐた。すると黒い海の向ふに大篝火が、燃え立つた。赤い焔が、赤い焔が、まるで血まみれな舌でなめずりまはすやうに海に照り映つた。松吉はその火を見、暗い海の水を見てゐる中、何だか言葉では言ひ得ない氣味わるい恐怖が、背中に、冷たく走るのを感じた。そしてその時、家にのこして來た女房のお染が、蚊帳の中で死んだやうに仰向けになつてゐる青ざめた顔が、さつと頭の中をかすめて、ひらめいた。本能的に無意識に家の方にふり返つた彼は、黒い海の水と、赤い篝火に背から追つかけられるやうな心持で一目散にわが家の方へ走り出した……

自分の家の敷居をまたいだ彼はそこで棒立ちになつてしまつた。（續く）

松吉は崖からおちたまゝ間もなく息絶えた。そしてお染は、生命をとりとめたが、全くの白痴となり狂女となつてしまつた。そして小田原の漁火が海を赤く染める頃になると、いつも物につかれたやうに、わけのわからない唄など大聲に唄ひ作ら、濱邊を走りまはつた。

しかし若者の安次とその母は果して海で死んだのであらうか？……この事件があつて、七八年も經つた頃漁村の或者は東京へ出て、そこで偶然、立派な職人になつてゐる安次に出會つたと言つた。

それから又この恐ろしい事件を目撃した爺の太吉は、又かうも語つた。「考へて見りや、小屋の中の青い火は、ひよつとしたらお月さんの光りかも判んべい、何分あの晩は滅法暗かつたからな！」（終）黒田氏は「ドストエーフスキー評傳」「裝甲列車」「構成主義藝術論」「運命の歌」等の譯著者である

怪　村人らを恐れさせていた神様　●大阪時事新報　昭和三年七月十日　3-132

村人らを恐れさせてゐた神様

ローカルカラーの濃厚な

阿武野村の「白長龍王」

三島郡阿武野村大字塚原の村道のド眞ん中に一坪くらゐの小さな築山がある、處が此の築山のために道が二つに岐れ、通行に大變不便を感じ、つまらないことをしたものだと思はせるが、是には中々こみ入つた由來因緣があり詳しい事情は判らないが、村では「さいの神さま」といつて非常に怖ろしいものにして居る。その築山には一つの木片れ、一個の土塊でさへ未だ曾て

手を觸れたものがないのに徹しても判る、現に去る大正十三年に其の築山の松の木が倒れたけれども誰一人手を觸はるものがなかつ位だ、恐ろしいといふのは其の祟りである、そこの木片や石土つ塊にせよ何でも手を觸れると直ぐ腹が痛んで床につくといふ古くからの口碑を村人が恐れるからである、一體何樣を祀つてあるかといへば

築山の乾角のあたりにちいさな「五輪塔」のやうなひようた

ん狀の石が二三個ある許りで西の方が「牛神さん」北の方が「さいの神さん」といひ、さいの神さんの方は祭日はないが、牛の神樣の方は毎年舊五月の節句に牛を三べん伴れて廻るといふ舊慣がある、近頃では村でも「切り拂はふ」といふ進歩派と「怖ろしいから

此儘にしておかう」といふ保守派があり、一時紛糾したが折衷派が顯はれて同村經王寺住職能代日秀師に祈禱して貰ひ其神樣らの意見を聞いた處、主は「白長龍王」と呼び現在の築山をずつかり其の儘持つて行くのなら何處に移轉してもよいといふ御仰せ、漸く愁眉を開いた村人は近く村社八幡大神宮の境内に移轉することになつた（寫眞は恐ろしいさいの神樣）

資　飛び出す生首　御大典記念納涼博記（三）　●神戸新聞　昭和三年七月十一日　3-133

御大典記念納涼博記（3）

飛び出す生首

ほの暗いあなぐらに悲鳴起る

腥風冷やけきところ

化物屋敷の大賑はひ

[illegible]を中心とする密茂き松林に「化物屋敷」がある、入り口に、すゝけた破れ提灯が薄暗い光りのまたゝきを見せ、亂れた女の髮の毛が夏の夜風に悲しく顫ふ――「化物屋敷」におあつらへ向きの寂しい感きがイヤさいふほど漂つてゐる

◇

行くこと十數歩、ウス氣味惡い、陰氣の濁りのやうな、冷ッこい風が額のあたりを弄ぶ――灯守

——く、暗くよるへるあなぐらの細道を廻つて行くと、ツイこゝ三間先で『キヤツー』と女の悲鳴だ

『何んだらう？』と、ト胸をつかれて、闇を便りに歩を早めるとそこには血に染んだ女の生首が道の眞ん中に飛び出してゐるのだ、それを眼前に若い女づれはド膽を抜かしてゐるのだ『おゝコワ、生首——まあ、なんていやらしい』と、連れの女たちはぶるぶるふるえてゐる。そこへ氷のあなぐらから訪づれて來るやうな冷つこい隙風がサツと掠める、でもコワいもの見たさの思ひに離れもその傍を去らうともせぬ

◇

——今度は蛇だ、大蛇だ、しかも一つ、二つ、三つ、爛々と輝く呪はしい眼の色——悲鳴はまたもそこゝからおこる、尚ほ餘興相撲は今夜の主なる取組は次の如し

伊勢濱△幟嵐——常の花△須磨浦——兵庫灘△谷嵐——江戸川△小畑山——小松島△須磨海——新海△神の戸——大峰山△吉野山——山錦

怪　お岩様の怨念　大鼠になって若夫婦を悩す

●都新聞　昭和三年七月十二日　3-134

お岩様の怨念

大鼠になつて若夫婦を悩す

芝居で「四谷怪談」を出すと、お岩様の祟りで、劇場か役者にきつといゝさはりがあると云はれてゐたものだが、珍しくも今月の本郷座では今だにそれがない、と思ふのは大間違ひで、大いに

さはり

があつたといふハテなと思つて訊いて見ると即ち俳優は別として兎に角大抵の月は一人の役者が二役位は持つてゐるのに、今月は大部分が一人一役、二役は七百蔵、我十、米五郎、紅若、源之助の四人ぎり、一人一役なら早く歸れさうなものなのに、大抵おそくまで引つぱられる役廻り、そこで樂屋の智者が、これもお岩様の怨靈さと云へば源之助が「ナーニお岩様の

怨靈で

はない、給金の郎の與茂七で、水門から出るだけなのに、樂屋へ歸つて見ると左の膝に疵が出來てゐる、それが殆ど毎日で、何時どこで受けたものか怪我をしたのを當人少しも知らないといふ、最後にもう一つ、春江と共に愛の巣に棲んでゐる一鶴は伊藤の娘お梅の役で、お岩様の祟りは一番これにありさう、當人も頗る氣にしてゐたが、不思議な事に初日以來、毎日々々一鶴の家に

大きな

鼠が出る、留守を守つてゐる春江ッジンも、氣味惡がつてゐたが、二三日前など襖を喰ひ破つてとう／＼大きな穴をあけて了つた、流石の春江ももう一人では留守居が出來ず、そこで菓子や煎餅をふんだんに買込み、近所の女房連に遊びに來て貰つてせい／＼賑やかにしてゐるか、芝居から一鶴が歸つて來ると春江いそ／＼として「皆さん、どうも御苦勞様、また明日

お願ひ

します」とどんどん追ひ立てるので、女房ども退散しながら「なんてまあ現金な人なんだらう」

資　新四谷怪談（金竜館）

●都新聞　昭和三年七月十二日　3-135

◉新四谷怪談（金龍館）

金龍館は新四谷怪談を出して、木下八百子がお峰をしてゐる、樂屋の噂では如何にもわざとらしく痛々お富は安手などころがよく天草浪子のお八重はすつきりしてゐる、其外雲を踏む男があり、モダン三人女、地球は小さい、有情などあり、正岡蓉がモダン万歳で特別出演をしてゐる（蘆江）

資　怖くないお化け　喜多村主催の怪談会

●都新聞　昭和三年七月十二日　3-136

怖くないお化け

喜多村主催の怪談會

明治座の喜多村の處から濱町の富久家へ使者が立つた、その用件といふのが、今夜小車双紙に因んで怪談會を催すから、そのつもりで仕度をして置いてくれとある、その使と共に故右田年英畫伯の筆になる幽靈の掛軸が届く、富久家の方でも一切心得て——それといふので件の軸を床の間へブラ下げ、欄間の電氣に青いカバーを被せるなど、せい／＼凄味を見せて待ちかまへてゐると、やがて小車双紙を濟ませてやつて來たのが喜多村を始め、里見弴、久保田万太郎、吉

井郷、小村雪岱、それに作者の瀬戸英一、當日見物に來てゐた小堀なんどといふ面々、先づかうした顔が揃ふと藝妓で眞ッ先に顔を出したのが、小正、米子、小三郎、政彌といふ、それこそ幽靈の方でキャーッといひさうな強者、それでも始めのうちは、アラ氣味が惡いわ、とか何とか云つて床の間へは近付かず隅つこの方に一かたまりになつてゐる、床の間を背負つてゐる彌さんは、こいつあ皆が惡いなあと苦情を云つてゐたが、おりゑ、太郎、富奴、ぼたん、小菱などの面々が現れるに從つて、一同物怯ぢをしなくなり、一番キャーッと云ひさうな小徳が、これが醉つてゐるために幽靈がチラ〱して障張り見えず、今夜の怪談の元締である、き皆の喜多村はウヰスキーのじやん拳のみですつかりはしやいでしまひ、彌さんの笑ひ聲が一調子高くなり、万太郎君は片手をブランにして無闇に頭の毛を掻き上げる、といふ具合で、あつちにも笑ひ聲、こつちにも笑ひ聲、從つて怪談會の怪の字は快の字と早變りして、最初ふれ込んだ怪談會は何處へ行つて了つたのか行方が知れず、この方が餘程怪談だが、ある人説をなして曰く「どうも今晩の集まりは二番目の小車双紙に因まず、大切のかつぼれに因んだものらしい、つまり怪談かつぼれ同志さ」に又ある人「ナーに、さうではない、今晩の藝妓の顔ぶれから觀て、こいつは猥談同ぼれ同志さ」

資　永福寺の幽霊　来る十七日に
●関門日日新聞　昭和三年七月十四日　3-137

永福寺の幽靈
來る十七日に

下關の夏のお祭として幽靈の掛軸で有名な觀音崎町永福寺觀音堂の縁日は來る十七日で例年の通りお祭を執行する當夜も恰も東築倉の盛祭もあり例によつて參詣人で大賑はひを呈するであらう（寫眞は永福寺幽靈）

幽　宮殿の奥深く亡霊現る
●国民新聞　昭和三年七月十五日　3-138

古今世界奇聞 1

宮殿の奥深く亡靈現る
【印度ムガール王朝の榮華を語る】世界一のターヂマハル

ピラミツド、萬里の長城と肩を並べて世界の三大建築と云はれてゐるインドのターヂマハルはその壯麗な點に於て世界第一と讃へられ、封建の昔にかくも偉大な藝術を如何にして生んだかは大きな疑問とされてゐるが、このマハル（宮殿）をめぐつて織出された幾多のローマンスは今も尚ほ詩に文學に綴られてインドを訪れる人の足を止めてゐる、ターヂマハルはアクバル大帝がインドを統一して文明史上にムガール王朝の榮華時代を記してから約八十年後にアクバル三世即ちシヤー・ジヤハン王がクレオパトラの第二世と讃へられる傾國の佳人ムムタヅ・マハル妃の死をいたみ、その墳墓としてアグラの町に建造したものであつた、生れつき情熱の兒であつた三世は愛する王妃の死と共に國中へ布告を發して老若男女を問はず數十萬人の人足をアグラの町へかり集め一大靈殿建設の殿命を發した、名工と云ふ名工はイタリー、ペルシヤ、支那等から呼び寄せられ廿年の歳月と巨萬の富を費して漸くに成つたのがターヂマハルであつた、建築の美を誇る日光の東照宮が當時三萬圓の大金を散じたものと云はれてゐるがターヂは一説に約卅萬圓の金が投じられてゐる、然しこのやうな豪奢の宮殿を作りあげた建築技師がその完成と共にアクバル三世から與へられた報酬は何であつたか、彼は三世の前へ呼び出されるや否やその眼は無殘にも深くえぐり取られてしまつたのである、ターヂマハルの完成に

雀躍りした三世はマハルからジユムナー河を距てたアグラ城の上に立つては毎日ターヂマハルを眺めて亡き王妃の面影を偲んでゐたが、時恰もターヂの建築のために國費を亂費し幾萬と云ふ犧牲者を出した揚句とて、人民は三世を呪ひ、王はつひにその子アクバル四世のために捕へられ、アグラ城の地下深く幽閉されてしまつた、三世は彼が虐殺した建築技師の亡靈に苦しめられながらも『一目ターヂマハルを眺めて死にたい』と絶叫しつゝつひに悶死してしまつた、ムガール王朝の滅亡後インドは年々兵火のちまたと化した、然

しターチマハルだけは王妃の奥津城の一部が盗み出されたほかは大理石にちりばめられた金銀寶石も昔のまゝに殘されてゐる、これはターチマハルの財物を盗みとつたものは必ずアクバル三世の亡靈に祟られると云ふためで、今も何ほ宮殿の何處からとも知れずこの建築のために虐殺された人々のうめきがきこえてくるとかでインド人は恐れ戰慄いてゐる。（寫眞はターチマハルの一部）

怪　甲府へも出る幽霊の二番煎じ「四谷怪談」の事ども
●山梨日日新聞　昭和三年七月十五日　3-139

甲府へも出る幽靈の二番煎じ
「四谷怪談」の事ども

例年の吉例の如く、夏の盛りになるとあつちでも幽靈、こつちでも幽靈……今年も「四谷怪談」各社競映で、今やお盆のお精靈樣と一緒に京阪神で封切りされてゐる。

×

昔から從興行の幽靈は皆美しい婦人に限るやうだ、とても消極的なヒステリックな怪談にも色氣がある、暑さにうだつた見物に眠氣ざましの刺戟の多い襟元から水を注したやうな、ゾッとする怪談物を撰んだ狂言作者も、小豆アイスでなか〳〵氣の利いたユモリストだ

×

云ふ迄もなく「四谷怪談」は大南北の作で、文政八年の七月江戸の中村座で「東海道四谷怪談」として上演したのが最初で、三代目菊五郎が、お岩外二役早替り、民谷伊右衛門が七代目の團十郎……

×

實説は寛文年間四谷左門町の同心田宮又左衛門の娘お岩が、夫に對する嫉妬から悶死して御亭主を大いに惱ました。といふのと、砂村の隠亡堀で抱合心中のあつたのを鰻かきの男が發見して其筋へ屆出でた。といふのと、も一つは、やはり鰻かきに直助と權兵衛なる二惡漢があつて主人を殺したため品川で磔の刑に處せられた。と云ふ當時のニュースを巧に織まぜ、直助權兵衛なんていふ一人の男にして了つたりして茲に「東海道四谷怪談」が出來上つたのだと云ふ

×

此の狂言を最初上演した時は大當りで七月から九月迄打ちつゞけの大入つゞきだつたが樂屋うちに怪我人があり、其の後も此の狂言を上演すると必ず出演者に不詳事が突發したので、今日に至るまで該狂言上演又は上映に際しては盛んな稻荷祭りを行ふのを例としてゐるが、擔ぎ屋の多い興行界として無理からぬ次第でもあり、納め手拭や稻荷提灯で飾るのも小屋前の景氣を添へて夏らしくもある。

×

何にしても「四谷怪談」をはじめ小幡小平次の「彩入御伽草」やお菊の「播州皿屋敷」なぞは怪談物の三傑で。必ず興行價値滿點の折紙附なのだから越前堀のお岩樣が繁昌するわけだ。

×

七月の甲府は祇園祭禮で佛樣にはおかまひなしだが、其かはり八月になると夫等ドロン〳〵連中が幽靈の二番煎じといふところで各館へ現れる事だらう。

資　新版「四ッ谷怪談」日活作品
●徳島毎日新聞　昭和三年七月十六日　3-140

日活作品
日活時代劇夏期特作映畫
新版 四ッ谷怪談
原作脚色監督伊藤大輔◇撮影唐澤弘光

●役と人　民谷伊右衛門（松本泰輔）△直助權兵衛（葛木香一）△女房お岩（伏見直江）△按摩宅悦（中村吉次郎）△娘お梅（澤村春子）△娘お袖（伏見直江）

●梗概　嫌ひ——と云ふ譯ではないが、ぞツこん惚れた譯でもない女と、ふとした縁から夫婦に成り、その爲めに女の父親を殺して、女房の妹から仇と狙はれねばならぬ立場に立たされた民谷伊右衛門。しかも女房のお岩は、この不義非道、酷薄無類の亭主に惚れきつて居るのだから始末が惡い。—その亭主思ひの溫情が、貞節が、從順が、また悉く伊右衛門をむかつかせる。どうせ惡縁である。これを斷つにはこれを殺さねばならぬ。そこでお岩を殺してしまつた。だが、殺されてもお岩は伊右衛門に惚れてゐる。死んでも伊右衛門に未練がある。だから——同じ伊右衛門の極惡な手に殺されて、お岩とは不義密通の汚名まで負はされた小佛小平の亡靈が伊右衛門に仇しようとする時、同じ戸板に背中合せに釘附けにされてゐる關係上からも小平に味方して伊右衛門を害すべきだのに、お岩は飽迄、亭主のために邪魔するのである。小平の亡靈の手引きで、爲目のお袖が捕吏を先導して伊右衛門召捕に向つた時、最早惡業の大詰を覺つた彼が左門の仇としてお袖の手に討たれてやつた時、非人情な伊右衛門の惡業がその肉体を離れた時—お岩は始めて纏焦れた極惡人伊右衛門を自分のものにする事が

出來たのであつた。＝寫眞は松本喜三郎作＝

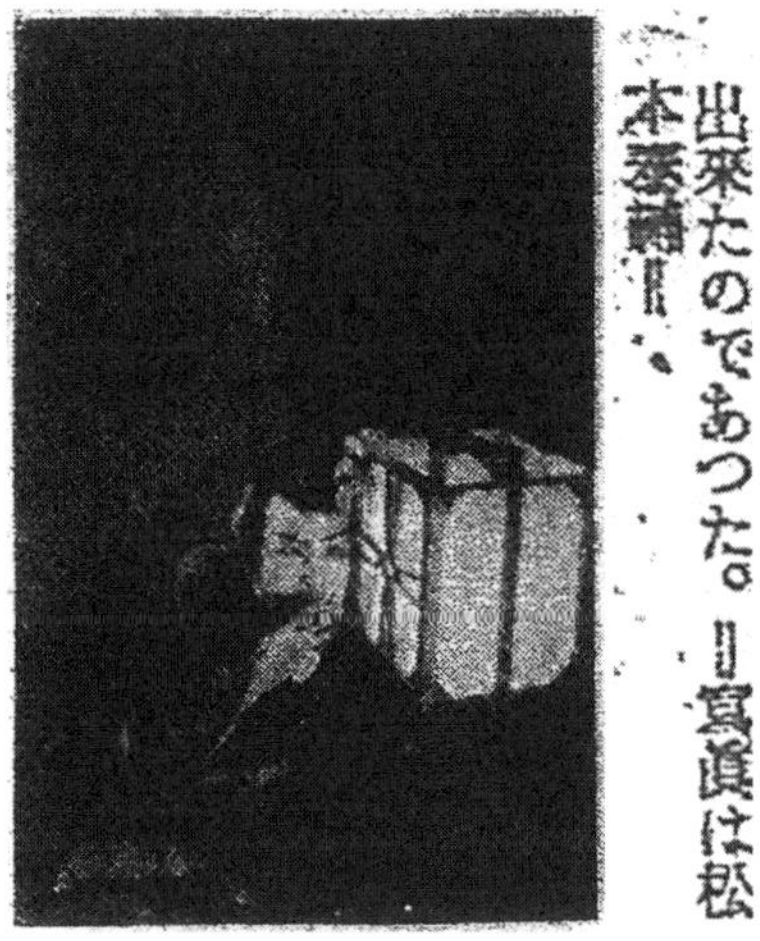

月曜讀物　怪談号

●長崎日日新聞　昭和三年七月十六日　3-141

人間の永生の要求

魂の形化したものが幽靈

靈魂不滅說に絡まるローマンス

いろ〳〵の怪談を生む

今日、幽靈といふものがあるといふ人、ないといふ人、その何れを聞いても明確な科學的實證から出たものでないだけに、一層幽靈に對する私共の疑惑が深められてゆくが、一體

幽靈說

は何時の頃から行はれる樣になつたかあまりはつきりして居らぬが、靈魂存在說以後において生じたものと思はれる何故なら靈魂の存在を信じなければ、幽靈といふものを考へる事が出來ないからである、それでは、靈魂と幽靈と何うちがつてゐるかといふと、本質的には同じものであるが體において異るものとして取扱はれてゐる場合が多く、眼に

見えな

いものが靈魂で靈魂の形に現れたものが幽靈であるといふ風に考へられてゐる、即ち魂の形化したものが幽靈である、してみると、若し私共が靈魂存在の觀念を持たなかつたならば幽靈といふものも永久に現れて來なかつたかもしれない、しかし靈魂の存在を信ずる者必ず幽靈の存在を云々するといふわけではなく

靈魂の

存在說を信じて居りながら、幽靈に對してはその存在についてかなりの疑ひをもつてゐる人が澤山にある元來靈魂の存在說は、靈魂の不滅說と共に、極めて太古の時代より人々の觀念となつて現れてゐたものであつて靈魂觀念の起原は、人間が永生の要求から來たものであると云つてよからう、その觀念は、肉體の他に靈魂といふものがあるといふのである、而して

肉體が

死んでも不死の生命をおびてゐる靈魂は永遠に生きてゐる、この意味において生物は死と同時に全く空に歸するものではないといふ思想も古くから到る處の國々の人々に抱かれて來たしかしその地方々々によりて各信ずる處を異にしてゐるから面白い、[illegible]科學的にその立證を求めやうとしてゐる文明人の間には、宗教的觀念を通してそれを信ずべく苦しんでゐるが、未だに

原始人

の如き生活にある未開人の間にはさうした古い傳說によつて靈魂の存在と不滅を信じてゐるものがかなりある、今その例を擧げてみれば、アメリカ土人の中には、人間の身體には二重の魂魄があつて一つの魂魄は肉體の生を司どり、一つの魂魄は身體が眠りについてゐる間、體內より出で、處々方々をさまよつて

歩くもの

として、夢なども之より現はれるものと信じられてゐる、これに似た事は支那の古い書にも見えてゐる「夢は像なり、魂魄身をはなれて空に往來し陰陽感じ、吉凶の驗をなす」としかしこれらは死後に於る靈魂といふものには觸れてないが、オーストラリア土人の間に信じられてゐる說は、男子が始めて人を殺せばその

殺され

た人の靈魂が直に殺せし方の男に乘移り、常にその男を護つてゆくといふ、殺された者は迷惑、殺す方の者にとつては極めて都合のよい說である、又ニユーギニア人は父親が死ぬと共魂が男の子に乘移り、母親が死ねはその魂が女の子に乘り移ると信じてゐるが、何れにしても死者の靈魂が此の世に猶も止まつてゐるといふ事を信じてゐるものである、處がエヂプトにおいては

死者の

靈魂は西部の沙漠に皆ゆくものと信じられてゐた事があり、ギリシヤ人は西方の海の彼方即ち、イタリー、又はアフ

りカの海岸に死靈の國があると信じられてゐた時代があつた、又南洋トーレス、ストレートの土人は死後の靈は西方の未知の島キブに行くと信じ、マレイ諸島は土人はトーレス、スレートの西端であるボイゾ島に集まるものとし、臺灣の

生蕃人

中には、島の南の方の端に死靈の國があると信じてるものがあるさうである、又、死者に對して我國における六道の辻錢を入れてやつたり、笠やわらじ、杖などを用意してやる風習の如き、メキシコ人が死者に旅行免狀の紙片をつけてやるといふ如き、アイルランド人が貨幣を死者の手に握らしめてやるといふ事、グリンランド人の子供が死んだ場合

見張の

犬を共に埋めるといふ事、フイジー島人が死者の妻とか奴隷ノ若くは友人までも未來の友として殉死せしめるといふ風エジプト人が死者の身體を幾度ちまはして、亡靈の再び家に戻つて來ぬやう、その道を忘れしむるといふ儀式等の如き、皆死後靈魂の不滅を信ずる觀念から行はれるものである、しかるに死の國の觀念が漸次確定的に考へられて來て現實の

世界に

對して之を考へられる樣になつて來た、そこには無論宗敎的思想から生じたものもあらうがしかし今日の科學的頭で死後の世界の位置と存在を信ずる以上に困難な事であり、不可解な事であると云はねばならない

四谷怪談

怪談芝居の王

東西兩作家の暗合

歌舞伎「四谷怪談」は近頃では原作そのまゝの殘忍やわいせつや野卑や醜悪が今日到底實現を許されない以上は伊藤喜兵衛宅で伊右衛門がその一家を誤つて殺す場面を抜くことがあるそれは却て劇全體を單純化する點から云つて効果があると思ふ。

劇藝術としての歌舞伎世話物の面白味は、根本的に考へると、脚本の行爲の運び、人物の性行、舞臺面の構圖、俳優の臺詞科介や衣しやう等における、理想化さ寫實主義の對照や交さくや反覆から生れて居る。現實以上の美しく強く、物凄く、壯大にえがうとする傾向と、自然な家常茶飯的な寫生味を重んずる傾向の對立や調和やその一方からの他の一方への變化などが、確かに「四谷怪談」の主な興味となつて居る。隱亡堀を頂點として三角屋敷にも蛇山にもこの點から起る幻奇の氣分が横溢して居る。

それからこの作の興味は、民谷伊右衛門やお岩の性格行爲の徹底味深刻味からも強く起きて來る。兇惡はどこまでも兇惡、復讐はどこまでも復讐であつて、その間に少しも妥協や感傷や軟化がない。

お岩（東海道四谷怪談）お岩（尾上梅幸）伊右衛門（市村羽左衛門）梅麻宅悦（片岡市藏）これもやはり鶴屋南北の作で、怪靈芝居の覇王である、殊に梅幸のお岩の至藝に至つては斯界に珍重すべきもので、髪梳きの場で鏡や行燈、おはぐろ道具に血のついた落毛を棚にお岩の凄惨な姿を舞臺の隅々にまで殘して死んでゆく（寫眞は隱亡堀板返しの場の羽左衛門の伊右衛門と民谷長宅の梅幸のお岩と市藏の宅悦）

まして默阿彌式の戻りもなければ謠曲式の怨靈退散もないのである序幕の末から大破殺が始まつてその高潮のまゝ大詰まで續くのである。伊右衛門は意識せずに絶えず自分の墓穴を掘つて居る。彼ば反省や悔恨を知らない。從つてお岩の亡靈は彼の良心の亡靈ではない。この意味で伊右衛門はドン・ファンに似て居る。彼にとつてのお岩の亡靈は、ドン・ファンにとつての司令官の石像である。ドン・ファンに殺された司令官の石像が動き出して虚無的に剛慢な彼を地獄へ連れて行くやうに、お岩の怨靈も『首が飛んでも動いて見せるわ』と豪語する不敵な夫を取り殺すのである。しかもモリエールの『ドン・ファン』に出て來る僕スガナレルにはあん摩宅悦に似たところがある。强惡非道の人間にからかつな滑けいな臆病者を配した趣向

はけたし東西作家の如せざる暗合であらうか。

この芝居のはまり役で梅幸のお岩は至藝である。薬を飲んでから顔の變つたのに氣が付くまでの間は、完べきといつても足らぬ程である。しかし、歌舞伎劇の機械的方面の粹ともいふべき仕掛物や理想化された怪の凄みなどが、この先いつまで見物の興味をひくであらうか疑問であるこの作をいかして行くにはお化の芝居としてではなく伊右衛門とお岩の芝居として取扱ふことが必要になつて來はしまいか。羽左衛門の伊右衛門は姿や形の美から來た理想化といふ點ではすぐれて居るが、どうも根が單純な善良な人物のやうに思はる所がある。

怪談異聞

古い本の中から

眉毛に唾

野狐とか妖怪とかにあつた時、眉に唾をぬる事は故實がある、人皇五十六代清和天皇御幼少の頃、狐狸を甚だ忌み嫌はれた、或日南殿の庭に御遊びの時、御月廻りを狐が走つた、御後見の忠仁公がその節それその魔を伏せ給へと申上げたのを帝は眉を伏せよとお聞き違ひ遊ばされ、御指で兩の御眉を撫で伏せ給ふた、忠仁の申上げたのは「魔を降伏させ給へ」であつたのである、これが「眉唾」の由來である事は「禁詞要略」二百九十六巻五十三丁目に出てゐる（鵜飼信興の「和漢珍書考」）

地中の家と人

文化十二年の夏、信州淺間ケ嶽あたりの農家で井戸を掘りかけた處二丈餘り掘つたが水は出ずに瓦が二三枚出た、なほ掘りさげると屋根を掘りあてた、その屋根をめくると薄ぐらくはあるが座敷らしく、しかも人がゐるらしい、そこで松明を用意してよく／＼見れば年頃五六十の人が二人ゐた「私共は今は二人ぎりになりましたが、元は外にまだ四人をりました、餘程前の事ですがだしぬけに私共は家諸共に地の下になりました、藏には其時米三千俵酒三千樽がありましたので、夫を飲み食ひしてゐる中に四人は死にました」聞いてみれば三十三年前の淺間燒の椿事に土中に埋まり、珍らしくも生きてゐたのである、しかし三十三年も土中にゐたので、急に地上へ出したならば死ぬだらうと先づ穴を大きく掘り、日光が少しづつ射すやうにして、食物を當がつて置いた（太田南畝の「半日閑話」）

腕が蛇に

美濃の國池田郡小島庄廣瀬の坂本といふ村に實右衛門といふ親不孝者がゐた、母をむごく扱ひ足蹴にする事も珍らしくなかつた、その母が死んだので火葬にしたが片腕が燒殘つた、他人に見られるのを厭つて家へ持ち歸り、藁苞にして棟木へつり、機を見て川へ流さうと思つてゐる中に、或夜その腕が蛇になつて、實右衛門を追ひかけた、狂亂して逃げ廻つた末、火のある圍爐の中へ倒れて氣絶した、近所の者が漸く助けたが、片腕は火傷で自由が利かなかつた、そんな事は幾晩つゞいた、たうとう實右衛門は出家して亡母の回向を長く怠らなかつた（伴蒿蹊の「閑田耕筆」）

腹中の猫

小野淺之丞はふと氣がついた、自分の腹の中で猫がないてゐる、淺之丞は先日、飼ひ鳥をとつて食らふ隣家の猫を射殺す積りで、何の憎い事もない他家の猫を殺したのである、その猫が淺之丞の腹の中に憑いてなくのである

いかにしても猫のなく聲は、腹の中に絶えなかつた、淺之丞は次第に氣鬱して病人の如くなつた、かうして死んで行くのかと思ふと、口惜しくもあつた

伯父が見舞ひにきてかういつた「自分でも口惜しからうから切腹したらどうだ、しかしたゞ死ぬは殘念、腹中の猫のなく聲をよく／＼聞き極めて、ぐさと刺せ」と敎へた、淺之丞はその氣になつて、劍を逆手に腹をなで、耳をすまして聞き入つたが、一向に猫はなかなかつた、たうとう猫はその後腹の中でなく事がなかつた（松崎堯臣の「窓のすさみ」）

怪　月曜読物　怪談号（続き）

●長崎日日新聞　昭和三年七月十六日　3-142

牡丹燈籠（伴蔵内の場）萩口屋伴蔵（實川延若）お米の霊（市川齊入）お露の霊（中村福太郎）牛込轉子坂の旗本、飯島平左衛門の娘お露は召使のお米を伴れて本所柳島の別荘に病氣保養をしてゐる所に、或る日、出入りの医者山本志丈が若い男をつれて聞やりをした、その若い男は根津の浪人萩原新三郎で、お露と戀に陥ちた、が、二人はお露の繼母の邪魔で會ふことが出来ぬ、新三郎はたゞぼんやり病へ込んでゐる、毎夜お露とお米が會ひに來る、そして新三郎はたんく衰へてゆく、そのことを知つた白翁堂勇齋は心配して、良石和尚から守札と金無垢の如來像を貰ひ受け新三郎の身の護りとした、するとお露、お米は會ひに來ても會へない、二人は非業の死を遂げた亡靈なのであった

婆婆に殘した執着

幻想にあらずして實在のもの

幽靈の厚みは不明

「幽靈のにんぺつ」なるものは、自分の信ずるがまゝに、幽靈を實在するものと見ての上のお話であるから、ナニ今時と、その存在を否定し

◇……**怪談** を一笑に附する方々には、固より無用のものである事を、先づ御承知願ひたい、これたけお斷りして置いて、では幽靈はどうして出るかと云ふ、あなたの第一問から、先づお答へして行くと、謝恩、謝罪、戀慕、求助、怨恨、さうした感情を此の世の人に表示する爲め、云へば婆婆に殘したある執着を除いて貰ひたさに、姿を現して人に訴へるので

◇……**幽靈** 必ずしも凄いものでなく、また人に何らの禍をするものではない、從つて幽靈は一定の人にはかかりは出ない、相手かまはず、機さへあればそれを訴へに出るのである、然も單純でこゝと決めた處即ち執着の殘つた處にしか出ない、あつちへも出たこつちへ出たと云ふのは、つまりその執着物の移動に從ふからで、人に思ひが殘れば

◇……**何所** までもその人に着くし、家であれば何所までも其家につく、持主の誰であると云ふやうな事は幽靈の關せぬ處であるからよく世間には身に何等覺えないのに幽靈に出られたと云ふ人があるが、みなかゝる理由からでこの事實に見ても、幽靈が一種の幻想にあらずして實在のものである事が判る、處で幽靈はどう云ふ方法で、自分を人に

◇……**知ら** せるかと云ふと、その最初は第六感に訴へて來る、即ちどうもこの家は陰氣だとか、此處は氣味が惡いとか、何だかゾッとするなどと云ふのがそれで、次に聽覺、臭覺、觸覺のいづれへかへ訴へて來る、例へば急に體の何處かが縮んで來たとか、髪の毛の觸れる音がするとか、聲が聞こへるとか、或はあたりの空氣が嫌にいやな匂ひを持つて來るなどがさうで次にいよく

◇……**視覺** （尤も其以前に光ものなどによるものがある）に入つて來る、がこれとてもまた階梯があつてその最初は私達が朦朧相と呼んでゐる、淡きこと影の如くボーと人形を判別しない位に現れる、次にやゝ幻の如く見える一つ進んで滅相となる、滅相と云ふのは死相を現す事で、一番氣持が惡い、この上が先相と云ふのでこれは生ける

◇……**人を** 思はす如く、その肌にも光澤があるが、然しさう云ふ姿を見せても幽靈はおほむね透明體のもので、巾はあつてもその厚みは不明である、よく寢てゐる人の頭と屛風との間が一尺とないのに幽靈が坐り込むなどゝ云ふのはこれで、どんなにハッキリ見えても量積と云ふものがない、こゝで問題になるのは幽靈の足であるが、これはある、あるけれども

◇……**人は** その上半身のみを見て既に恐怖し、その足のあるなしまで見屆けない、其の爲め繪でも芝居でも、幽靈と云へば足はないものとしてゐるが、西洋などの繪（日本でも古い繪には足がある）を見ると確にあり、自分等の經驗によつても足はたしかにあつた、たゞその足が生きてゐる人のやうに運動するかどうかと云ふ事は疑問でスウッと辷るやうに足を運んだのを見た事はある

謠曲と幽靈

因果應報の理を説く

多くの題材を取入れて

◇……幽靈や亡靈を取扱つたもの

ゝ最も多いのは謠曲である、これは元來、神佛の信仰、靈驗といふやうなこと、因果應報の理を説く方便に用ゐたと見られるやうなものが多いので、此世を去つた人が幽靈となつて現れ、ありし世の有樣を物語つたり、今いふ擬人法のやうに、あるものゝ精が假に人の姿となつて現れ物語をする

◇…「朝長」とか「熊坂」とか「通盛」とかいふやうなものは皆「源平盛衰記」「平家物語」あたりから拔け出た人々で、勇ましい軍物語をするのもあれば、ありし世を忍んで風流な昔語をするのもある、中には又唯の幽靈ではなく怨靈で、死して仇を報ずるといふやうなことから現れるのもある

◇…假へば「野宮」は「源氏物語」から題材を取り、六條御息所が葵の上に嫉まれて加茂の祭りに恥しめられ、その怨みを晴らす爲め生靈となり葵の上を取殺し、之が爲め源氏が野宮に籠ると、こゝに六條の御息所が幽靈となつて現れる、かうした所謂源氏ものにはまた「夕顏」があり矢張紋切形のやうに幽靈となつて出て來る

◇…さうかと思ふと、名歌の物語りにことよせて、その中の人物が現はれて來るのもある「小鹽」に於ける業平の亡靈「江口」に於ける遊女江口が西行法師と歌語りする等は面白い趣向である、さうかと思ふと「松蟲」のやうに松蟲を飼つて居た人が酒の座敷に現れて、松蟲の物語をするといふ風流なのもあり

◇…「杜若」は例の伊勢物語から出たもので、杜若の精と業平で出來て居る「藤戸」はまた變つた形式で佐々木盛綱が備前の兒島に平家攻めた時、海路の案内をした漁夫を刺し殺し、自分一人の手柄にしたが、事治まつて後、その母に恨みを受け冥福を祈つて亡靈を成佛せしめる、幽靈はその漁夫の母である

累（伊達競阿國劇場）

◇…これと同じやうなのは「鵜飼」で、これは甲斐の石和川で鵜飼が殺され、亡靈となつて出て來るのを日蓮上人が法華法の力に依つて成佛せしめたことを脚色して居る、日蓮上人の出るものには、「身延」もある、これでは女人の亡靈がシテとなつて現はれ、上人はこれを法の功德で成佛せしめるさうかと思ふと「砧」のやうに、砧の音で亡き妻の靈が現れるのもあれば「海士」のやうに前の大臣が、母の姿を見、これに逢はうとすると母が前身の海士となつて現れるといふのもある

死靈を見た

不義を働いた女の頭の上に 煙のやうな黑い影

幽靈とか死靈とかがあるないの問題は別として、以前讀んだある本に死靈は頭の上に現れるといふことが書いてあつて、何だか興味をひかれてかなり深く注意をしてゐたところ、ある日のこと、私は友人の家で偶然にもこの

死靈 なるものを見たのである、私が坐つてゐる隣座敷には友人の細君と話をしてゐる一人の婦人があつた、煙草をくわへたまゝ、ふと何氣なしにその婦人を見ると頭の上二三寸離れた上の方に三尺ばかり煙のやうなものが見えた、不思議に思つて見つめてゐると、それがだん〳〵はつきりして、遂に年の頃四十許りの病み

疲れ た男がおろ〳〵してゐるやうに感じられた、で私は「妙だな、ぶしつけだが一つ訊ねて見ようか參考になることもあらう」と靜かに隣室の婦人に「失禮ですが、貴女には死靈がつき纏つてゐます」と言ふと友人の細君もその婦人も共に顏の色を失つてしばらくは言葉もなかつた「しまつた、惡いことを言つた」と内心びく〳〵ものでゐると其の

婦人 はやがて怖ろしげに「惡いことは出來ないものです」と過去の罪惡の懺悔話――其の婦人は十四年前まで或所で内緣の夫と同棲してゐたが、その夫がふとした惡い病魔に犯され起ち居も自由にならなくなつた折も折、天魔に魅入られたかこの婦人は或男と通じて病夫を殘したまゝ駈落をしてしまつた、それから間もなく病夫

は悶々のうちにごう〳〵この世を去つたが、その怨念か不義の甘酒に酔つた婦人もやがて数ケ月の後には其の男から見捨てられ、帰るに家なき哀れな境遇に陥ち、未だに浮ぶ瀬もなくぶら〳〵してゐるのだ――と聞いた時私は何だか大きな発明でもしたやうな気になつてこの死霊談が面白くて堪まらない、死霊々々と私は死霊を探し廻つたがごう〳〵又一つ某所で白衣の

暗影を認めた、或日の事某茶舗の前を通りながら家の奥の方を不図覗くと妙な淡黒い影がうごめいて居るではないか、夫が一つならず三つも四つもウロ〳〵して居る様に見えたのである、其時此家に何か不吉の現象でも起るのではなからうかと感じたので或人にあの茶舗にはきつと遠からず不吉の事件が勃発するかも知れぬと

豫言した、すると果たしてそれから幾許もなく其の店の妻女も病死するし主人は浄心寺の井戸に身を投じて死んだといふ事である、其後私も次第に多忙な身になつて幽霊の探索などもして居られず、従つて幻覚か錯覚か何の譯ちなく理論は理論としても結局幽霊は矢張り字の如く幽霊で有るとしても無いとしても社会に大なる影響もなからう（T Y生）

応挙が幽霊を描いた動機

日本で幽霊といひ生霊といふのは支那の「鬼」といふ文字にあてはまる、幻影なども矢張之を書幽霊など〻一つになるやうである併しそれは文字が生霊であり

◇鬼であることを示す外形の上では区別して居らなかつたやうである、腰から下を細くして手を重ねてダラリ下げ、髪をごろ〳〵にした形は中世画家が案出したもので、応挙あたりからではなからうか、応挙が幽霊を描く動機になつたのは、初めて富士を描かうとして、京都に立ち出で駿河に向ふ途中、大津に囲つてある

◇妾のお花を訪ねると、お花は病みほゝけた顔に薄化粧して応挙を迎へた、初めて病み衰へた顔の幾分でも見せまいとする可憐な心遣ひであつた、富士の写生が出来て、三州のある宿場に一泊した、夜半枕許に起すものがあるので目を開くと、それはお花であつた、何か物言はうとする風情なので、それと察して床から離れやうとすると、お花の姿は消えて獨り

◇懊苦しさに悶えて居たのであつた、それから旅路を急いで再びお花を訪ねると、お花は応挙を待ちこがれて世を去つたといふその死んだ日は恰度、幻にお花の姿を見た三州の泊りの日であつた、応挙はそれから幻に見たお花を絵に描かうと筆を執つた、幽霊を描くやうになつたのは此の頃だといふ

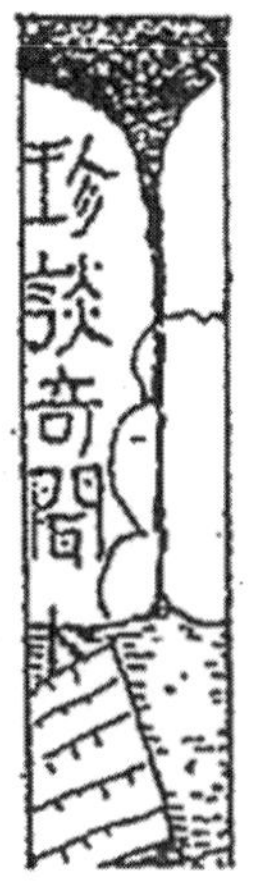

米國の幽霊話

米国の幽霊話　珍談奇聞
●関門日日新聞　昭和三年七月十七日　3-143

米國オハイオ州にリバーチー・センターといふ淋しい村があるが其の村外れに鬱蒼と暗い森林がある、一八七二年六月二十三日の日曜日朝教会からの帰り途に何者かの為に殺されたマリー・アラベル・セカーといふ十四歳の少女の石碑が一つ此の森林の中に立つてゐるがその少女を殺したといふ冤罪で惨殺された二人の青年の亡霊が毎夜此の石碑の傍に現はれたが其の真犯人が捕まつてから急に幽霊が現はれなくなつたと伝へられ不思議な事には其幽霊の写真が厳然と残つてゐるから恐い

資 観音と金竜　怪談物　十九日から

●二六新報　昭和三年七月十八日（十七日夕）

3-144

観音と金龍 怪談物 十九日から

今夏の各興行は怪談物大流行でお盆が過ぎても幽霊の引つ張り凧であるが木内館行部の

金龍館 は目下上演中の「新四ッ谷怪談」が大當りなので十九日より次狂言には更に物すごい味を加へた喜劇の怪談物を小櫻松夜氏に書卸させることゝなり「怪異二ッ膽」と名題を据え十次郎の旅藝人はげ松、と花枝の乗替切符のお儀が宿賃を踏倒す爲に幽霊を利用する筋で之れを呼物とし木下八百子は音羽屋張の『辨天小僧』で日本駄右衞門は荒二郎、南郷力丸は五蝶が勤める他に落語種の『湯屋番』『戀愛遊戯』や中井櫻洲氏作の『辨天山の鐘が鳴る』等相變らず賑やかな物のみを上演

観音劇 は引續き明石潮一派で二大劍劇物服部秀氏作『闘東五郎』と渡邊汀雨氏作『殿様勘次』の二氏が選び田中や若手が幕毎の大亂闘を演じ、第三は三遊亭圓朝口演の『怪談乳房榎』三幕六場で、これは明石が下男正助・蟒の三次・菱川重信の亡靈の四役を三十六回の早替りで見せる事となり大詰の角筈十二社瀧は本水使用の大瀧で、明石は傘一本で二役お替る等大熱演をする

怪 河の瀬川魔境の怪雨　題材募集　夏の読物（二）

●土陽新聞　昭和三年七月十九日（十八日夕）

3-145

題材募集『夏の讀物』（二）

河ノ瀬魔の淵には怪があるとの言ひ傳へ、正体が知れない、從て「猿猴金」がすみ込んだが何を見たかすくんでしまつて一言も吐かぬ、「猿猴金」は果して何を見たでせう

一宮村　十河正幸

猿こう金をすくませた 河の瀬川魔境の怪雨

こんな怖い目にあつたのは初めてと 思ひ出して身ふるひ

鷲尾山の麓を縫ふてウネクリ／＼ながら、鴨田村から潮江の水田に水をそゝいでゐる小さな川が、下流は鴨部原公園の有名な沈下橋の少し上流に流れ込んで居るがこの小川が河瀬川で下流に近づけば岸の兩側に柳などが生ひ繁つて、川巾も稍廣くなつて、川らしい感じを與へるこの川には大きな淵があつて昔から魔の淵であるといふ傳説が傳はつて居る。

◇

それでこの魔の淵にはいれば誰れ一人勝かつた者のもなければ、必ず魔の餌食になるといふゾッとするやうな傳説の淵で、誰れも網を入れるものもなければ淵の中に入はつたものもないらしい、其淵には大きな鯉が澤山棲んでゐて、時々大きな赤い鯉や、黒い鯉、白い鯉が麗しい金色の鱗を輝かして泳いで居る有様を見ることがあるので、セメて釣でも垂れてとつてみたいといふ氣を起り立てるがそれでも色々の噂におぢ氣さして釣を下ろしたものもないといふ話、……その魔の淵……傳説の淵に潜つて魔の淵と言はれて居る鯉を捕つてやらうと思ひ立つたのが通稱『猿猴金』……市内潮江土居町大坂金太郎クンである。

◇

毎日阪神汽船の發着どきに梅ケ辻の電車の待合に赤銅色の肌を露はして投網をスイて居る一老人がある、この人が猿猴金サンで大阪商船の手荷物取扱ひをやつて居る、金サンがヤヽ二十年といふ元氣旺盛のときであつた、當時金サンは「猿猴金」と綽名される程も水を潜ることには有名であつた、誰れも知らない浦内の海底は陸上の移動するやうにどこに何がある、何處にはどのやうな礁があると、何に一つ知らないことがない位専門的に水を潜つてゐた

◇

河瀬川の魔の淵といふはクズ崎といふところにあつて五尋から七尋もある、その淵に別世界のやうにして泳いで居る鯉を捕へてやらうと思ひ立つて舟を乗り入れた『今思ふても不思議でならない、二回潜つたぎりで二度と行く氣にならなかつた』と金サンが當時を思ひ出しての物語り『一緒に行つたのが順サン中山友吉、中山友治、三樹の旦那サンで網を投げ込めば私がスグ潜つて鯉を捕へるのであつた、一つ投げで入つてみたが淵の

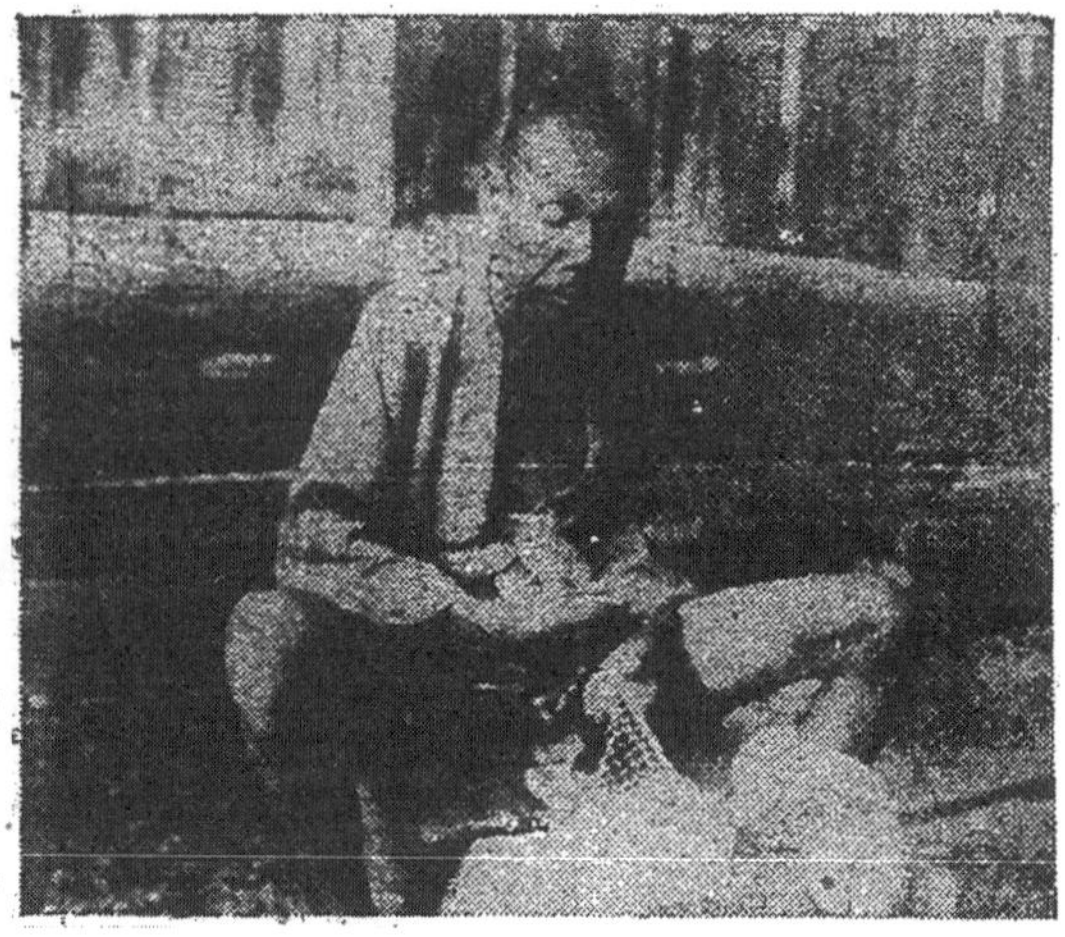

岩が斜にソゲてゐて中に入つて行くと口があつて中が広くなつて居る、鯉の居るには驚いた、一丈の竿でドッサリ荷にしたが次ぎには樽を浮かしヤマを附けて潜つてみた、小さい口から中に潜ると大きなウツロになつて居る、中からみると僅に水面の光が見へて居る位だ、穴の中をマゼくつてヤマを手ぐるにやつと出てきたやれ〱と舟に上がつて見ると間もなく大雨となつた、釣舟も沈む位の降り方これは大変と逃げるやうに帰つて来た、川尻にくると少しも降つてゐない、又行つて淵をマゼた、その時も前同様の大雨川尻から先きは降つてゐない、妙な不思議なこともあることヂヤと思ひそれ以来ばこはくなつて一度もよう行かなくなつた』と金サンの顔の筋が緊張する。

◇

更に話を進め『私より先に潜つた男は淵に入つたキリで姿が見へなくなつたといふ話である、兎に角不思議な淵だ』と金サンの物語りは大団円＝賞金は猿猴金＝

引つゞいて斯うした珍奇な聞題を募集します、採用したもの、中で勝れたものには薄謝を呈します

亡き骸に秘められた怪

題材募集　夏の読物（四）

●土陽新聞　昭和三年七月二十一日（二十日夕）　3-146

怪

題材募集＝『夏の読物』（四）

叢に捨てられた霊木の亡き骸に秘められた怪

天狗の止り木を炭に焼く剛愎ものが鼻柱を折られた話

香陽山南村特旭の里畷道路傍に五六年前より雨露に晒されたる長さ一二間以上もある数個の松丸太が横たはつてゐるこれこそは岸本月見山西麓に在つた霊木傘松の残骸で今の世には珍らしい奇々怪々の事実物語りがある

高知病院内　西内改雲

高知新道月見山西麓より四、五町、月見山の西麓小さい祠の傍らに大きな傘松の切り株がある、俗に[illegible]の周囲が一丈以上もある傘松が聳え立つてゐたが地上一丈四、五尺位のところから枝が四方に出て丁度雨傘を拡げた様な形をしてゐたので傘松の名称[illegible]樹齢七、八百年土佐[illegible]すると云ふ[illegible]。

◇

『この傘松の上に、お天狗様がとまるのぢや』と土地の人々は霊木として崇め、樹下の小祠は「傘松の八幡」として其名高く、祭日には附近近郷からの参詣人があると云ふ。

◇

この霊木から約二町位隔たつた処に河野と呼ぶ旧家がある。当時の主人公安馬さんは、何時も傘松の下へやつて来ては、落葉を掃いて松の前を浄めてゐたが、大正十二年三月七日、七十五才？の天寿を全ふして死去した夜、突然も同時刻に「城の傘松」が幹の中程から折れてドッサリと地上に倒れてしまつた。其夜は格別激しい雨も風もなかつたので、霊松と安馬さんの死との間に、何等かの因縁があるのではあるまいかと、土地の人々は不思議がつた。

◇

『城の傘松が倒れたぞ』

『河野の安馬さんが死ぬると一所に傘松が倒れたさうな』

『霊木が倒れてお天狗様の止り木が無うなつた』

『祟りが恐ろしいきに、倒れた松の木へは触られんぞ』

と不意に倒れた傘松の霊を恐れて誰一人近寄る者なく、しばらくの間は倒れた儘地上に横たはつてゐた。

◇

誰一人として傘松の亡き骸を始末する者もなかつた時、此の松の木を焼いて炭にしやうと云ふ豪胆な人物が現れた。宮相撲も取り兵隊さんにもなつてゐた百田某で、迷信家の事柄は一向相手にせず頗る豪胆な性質をそなへてゐるが、誰も霊木を焼く経験があつたか[illegible]

松の始末が出來ぬものなら自分が買つて、炭に焼かうと思ひ立つた

◇

何時までも倒れた儘に捨て置く譯にもゆかぬので、土地の人々は百田某の申出を渡りに船と倒れた傘松を安く拂ひ下げたので、剛放なる百田某は、人々が恐れ戦くをも一

切お構ひなしに、ゴシ／＼／＼と霊木をひき截つて、炭焼の竈まで一里近くも引上げて炭に焼く準備に取り掛つた。

◇

ところが平生めつたに病氣をしたことのない百田某が、急に熱病にとりつかれて了つた。色々と手當を加へたが容易に回復する模様がない。

『傘松が祟つたのぢや』『霊木を截つた祟りぢや』との評判がだん／＼高くなつて來たので、流石の百田某も我を折つて或たゆうさんに祈禱して貰ひ、やつとの事で全快したと云ふ

◇

それ以來、傘松を炭に焼く事はフツツリと思ひ切り二度と手を觸れなかつたので、天狗のお宿であつたと云ふ霊木傘松の残骸は山嶺村神地の里、路傍の雑草に埋れたまゝ、今なほ春雨秋風にさらされてゐる【寫眞はありし日の靈木傘松と、神地の里の路傍に放置せられてゐるその残骸の一つ】

四つ足の手品使い　題材募集　夏の読物（十五）
●土陽新聞　昭和三年八月二日（一日夕）　3-147

獣　題材募集『夏の讀物』（十五）

不動さんの森に棲む
四つ足の手品使ひ
刈跡の田ん圃に摩訶不可思議
魚賣女の描ける幻影

長岡郡高須村の文珠通り南詰に檜の林にかこまれた不動の社があります。その不動様には茶目な狸が棲んでゐて、いろ／＼と悪戯をしたさうです　どんなことをしたか書いて下さい。（高須村松村男）

文珠通りで電車をおりて、南へ五六町ばかり行くと『一石一文字法華經塔』と刻した古塚があつて大きな松がその上に、かぶさるやうに枝を四方に擴げてゐます。不動さんはその古塔の後の暗い檜林の中に、大木の根元に鎮坐してゐます。不動の狸は、ずつと昔からこゝに棲んでゐると傳へられてゐる

◇

村人に訊いてみると、

『あゝ、不動の狸さんですか、あれは面白い狸ですよ……』と、少しも恐れる色もなく、ニツコリとする。

『どんな處が面白いですか？』

『さうですね。人を僻ますといふよりは、茶目氣を出して、人をからかふのが、面白いですよ。』

『どんなことをしますか……？』

記者の質問に對し、村人は次のやうに答へました。

◇

この不動さんは、何時の時代に出來たか知れないが、私の父、祖父、そのまた父の時代にもあつて今の狸はもう非常な年寄りか、或は何代目かの子孫かも知れません

◇

秋の刈入れがすんで、田には一面に切株が新しく見える頃には、毎年のやうに不思議に雨が降ります。雨の時季でないのに、幾日も／＼も續けて雨が降ります。さうすると、不動さんの下の田道も、水が一杯溜つて池のやうになることがあります。

この村にお民さんといつて、小魚の行商に出掛ける女がありました。或る日のこと、高知の城下へ行商に行つての歸りに、何時もより少しおくれて、薄暮の頃、『お經石』――（前記の法華經塔のこと）――の附近に差し掛りました。

連日の雨に、四邊は一面の水でお民さんが、歩く度びに、ヂヤブ／＼といふ水の音が、さびしく響きました。

◇

不圖、見ると、あちらこちらにも、こちらにも、お民さんの周圍には、赤い鯉や黒い鯉、大きなナマヅ、

ウナギや、フナなどが、群れをなして泳いでゐるではありませんか。お民さんは吃驚しました。『まア、澤山の魚だこと、この魚を取つて城下で賣つたら、どんなにか儲かるだらう。』

商賣根性のお民さんは斯う考へてその澤山の魚を捕へんと決心しました。頑丈な女のことなので、ザルを傍らの松の根元に据て置いて必死になつて、あつちへ走り、こつちへ廻つて、獲物はづぶぬれになつて、奮闘しました。

◇

到頭、眞暗い夜になりました。それでも、お民さんは澤山の魚をザルに入れて、上から大きな石で重しをして、汗だく／＼の態で家に歸りました。家では歸りが遅いので心配してゐましたが、詳しい話を聞いて皆喜びました。近所の人たちも珍らしげに馳集まつてきたのです。

さうして、蓋をあけてみると、驚いたことには、今までお民さんが魚だ／＼と思つてゐたのは、瓦や石ころや雑草でありました。これは、不動の狸にばかされたのです。

◇

或日、大きな鯉が附近の田にゐたので、村人が必死になつて鍬を以て追つかけた處、その鯉は不動さんへ上がる道の處へ来て、ブル／＼と身ぶるひをしたかと思ふと大きな狸になつて山へかけ登つたのであります。

◇

また一人の青年が、夜學校から歸りに前記の場所を通りました。すると、道ばたの小溝でドブンどいふ音がしたので、良く見ると、大きな石が投げられてゐました。これは狸の悪戯です。みんな、退屈まぎれの気晴らしだといはれてゐます。

◇

大正十三年の舊正月の元旦、私の家が例年の通り、氏神さまと、文殊さまにお参りしての歸り途に、一人の漁師が不動の森で猟を見附けたと騒いでゐたのです。で、行つて見ると、不動の岩の下に小さい穴があります。漁師はその口で火をたいて、くすべてゐました。頭は興味深く不動の森を包んで猟犬はワン／＼と吠てゐたが、狸は一向に出て来ませんでした。漁師は夕方、残念がつて悄然と歸りました。それから數日ならずして、その漁師は不慮の災難に出會つたさうであります。

◇

村人の話は、まだ續きますが、これ位に止めて置きます。（寫眞はお民さんが化されたといふお堂

昔、香美郡上韮生村字久保に物に動ぜぬ庄屋があつて、附近の淵の魚を『カラ川流』をして捕獲したことより不思議な災禍が相ついで起つたと聞いてゐます。實地に其の地を踏破されて、面白い物語りを紹介して下さい。（香美郡西川村　五藤茂」

轟釜の「カラ川流」（上）　題材募集　夏の読物（十六）

●土陽新聞　昭和三年八月三日（二日夕）

3-148

怪

怪奇の淵の魚族を鏖して 大酒盛を開く献立

試めされた神様の腕前や如何に

轟釜の「カラ川流」（上）

題材募集「夏の讀物」（十六）

――その一――

この久保郷は、槇山村の大栃から山道を五里許り奥へ入つた山峡で、土阿國境の直く近くであります。注文により、過日、記者はこの地を實地踏査して面白い物語りを知ることを得たのです。『カラ川流』のことに就ては、村人間にいろ／＼傳へられてゐて、話す人によつて大分物語りの筋が違ふやうであります。記者は苦心の結果、同地の徳望家楠瀬徳盛氏方に秘蔵されてゐた古い記録を得たので、それによつて、左の如き物語りを書くことが出来ます。

◇

今から約百六十年昔のことです。この久保郷の庄屋に久保源兵衛盛利といふ者がありました。頗る豪膽な、負ず嫌ひな性格を持つてゐました。其の祖先は平家の門脇宰相教盛の後守國盛で、源平の戦ひに破れて隠遁し、他日、武運の再興を計らんと企てたが、遂にその機會を得

ずして、数十代を経ました。さうして、世が變つて徳川の時代となり、山内公が入國してからは附近の廣大なる田畑の領有を許されてその權勢信望は非常なものでした源兵衛もまた多くの者より畏敬されました。

◇

源兵衛の大きな屋敷から西へ、約半里ばかりはなれた處に一つの谷がありました。これを竹谷と云ひます。その谷のうちに、三つの深い淵があつて、一の釜、二の釜、三の釜と呼ばれてゐたのです。また、この三つの淵を總稱して、轟きの釜とも云ひました。

淵の兩岸には、老松古杉枝を交はして、晝でもなほ暗い程です。急流をなした谷川の水は、そこかしこ、岩にせかれてあふれ落ち、ドウ／＼と凄しい音を立ててゐます。淵の水色は藍のやうに深くよどんでゐます。

◇

當時の人々は、この轟きの釜には、神靈がゐて、いろ／＼な不思議な現象を示すといつて、おそれおのゝいて、敢てその淵に近づくものがなかつたのです。

さうして、その淵の下流には、澤山の魚が群をなして棲息してゐたが、誰一人として長い間、その流れにも網を投ずるものはありませんでした。

◇

ある日の夕方、源兵衛の宅にて家來、隣人、その他二十八人ばかりの者が集まつて、夕顔棚の下でよもやまの物語りをしました。夕べの月は、向ふの山の上に淡くかゝつてゐました。

◇

その時、話は何時の間にか、轟きの釜の奇怪な現象のことに及んで居ました。家來どもは、その不可思議なことを仰々しく云ひはやしました。處が、その話をだまつて聞いて居た源兵衛は急にカラ／＼と打ち笑ひました。

『お前たちの云ふやうな、そんな奇怪事が、この久保郷にあつて堪まるかい。それ等は皆、臆病者が自分で自分の心に描く妄想なんだ』

豪膽な源兵衛は、一言の下に打ち消しました。が、家來たちは、

『いや、そんなことはありません現に與平が、その淵で變化に逢ひました。その外にも、見た者が澤山あります』

と、なか／＼承知しません。

◇

『だから、與平やその人たちは、皆、心の迷ひからぢやといふのだ怖ろしい／＼と思つてゐるから、ひとりでに目の前に、妖怪の幻影を描き出すのぢや……』

源兵衛は、尚家來どもを諭すやうに云ひました。しかし、それでも、家來どもは承知出來ませんでした。

その、いぶかしげな樣子を見た源兵衛は、更に聲をはげまして云ひました。

『わたしの云ふことが、それほどお前たちに解らなければ、實際に於て、妖怪變化の無いことを説明しやう。明日は、その轟きの釜は勿論、附近の谷川にカラ川流しをして、魚を皆取り盡して大酒宴を開くのだ。さうすれば、祟りがあるか無いか直ぐ解るのだ。さあ、明日は、皆、わしの云ふ通りするのぢやぞ……』

源兵衛のこの言葉に、家來の人たちは互に顔を見合す許りでした。さうして、何時しか談話も杜絶へて、夜も次第に淋しく更けてゆきました。（つゞく）【寫眞は久保郷の源兵衛邸のあつた附近の遠望】

附記＝此の問題は五藤君と同様に市中須賀門田松惠さんからも來てゐますが、先着順によつて五藤君のを採用しました。

轟釜の「カラ川流」（中）　題材募集　夏の読物（十七）

●土陽新聞　昭和三年八月四日（三日夕）　3-149

怪

題材募集「夏の讀物」（十七）

偶發か、神の復讐か

恐ろしき異變は起る

村人二十八名のあつけなき横死

轟釜の「カラ川流」（中）

翌朝、東の空がほの／＼と白みかけた頃、源兵衛は家來の半右門

を起し、總ての用意をさせ、外に大西村の木地挽を業としてゐる藤次を一人つれて、三人で邸を出ました。勿論、他の家來や、久保郷の人々は、この源兵衛の仕打ちを心良からず思つたが、その威勢に怖れ、或は恐いもの見たさの心から、『カラ川流し』を見にゆきました。

この『カラ川流し』と云ふのは、また唐金流しとも云つて、金属に或る種のものを混じて作つた粉末を、水に投じたなら、その粉末の作用で、水中の魚族は悉く浮び上つて死んで終ふのです。

◇

源兵衛三人のものが、轟き釜の附近に行つた時には、淵の水も、谷川の水も真赤な血のやうな色に變じてゐました。さうして、大地は、ゴー〳〵遠雷の如く、薄氣味悪い鳴動をしてゐました。けれど、三人とも、揃ひも揃つて、命知らずの勇者であつたから、そんなことには怖れず臆せず進んでゆきました。

『さあ、用意は出來たか。出來たら直ぐ初めるんだよ』

源兵衛は命じました。家來二人の者も、その命のまゝに、直にカラ川流の粉末を、流れや淵に投じ初めました。

◇

粉末の恐ろしい効めは、半時間と經たぬうちに現はれました。淵の底深く住んでゐた魚も、岩の間に潜んでゐた魚も、相ついで、ぽかり〳〵と、皆醉へるが如く、水面に浮び出て、白い腹を仰向けにして、下流に流れはじめました。それは恰度、嵐に吹かれた白い花片が水に漂つて流れてゆくやうに見へました。

源兵衛三人の喜びはもとより、怖れ乍ら見に來てゐた附近の人たちも、今は多勢を頼み、籠や網を携てきて、先きを争つて拾ひ集めるやうになりました。

◇

其の夜、源兵衛の邸にては、大酒宴が開かれました。親戚、知己、家來、附近の人々等、流石に廣大な源兵衛の邸も、一ぱいの人たかりでありました。捕へて來た魚は膾にしたり、炙つたり、いろ〳〵の料理に仕立て、人々の前に列べられました。

酒が廻ると、杯をあげて歌ふの、隠し藝を出すもの、拳を興ずるもの、――など、騒々しさの限り、歡樂の限りを盡しました。

◇

源兵衛は大いに酔ひました。さうして、前後も知らず大廣間に打ち倒れたまゝ熟睡しました。處が翌朝、下女が慌ただしく駈け來て彼をゆり起しました。

『旦那様、旦那さま、どうかお目ざめになつて下さい。不思議なことが御座います。』

『うむ、うるさい……。どうしたんだい。』

『今朝、火を焚かんとして爐を見ますと、灰の中に數本の茸が生へてゐました。こんなことは、あり得ることではございませんので、何か變つたことでも……。いえ、何んだか氣味が悪いのですが、いかゞいたしませうか……。』

下女の聲はふるへてゐました。が、源兵衛は驚きません。

『何あに……。そんなこと心配せんでも良い。灰は土になるのだ。土に茸の生へるのは當然のことだ。茶釜の底にでも逆さまに生へたら、不思議と云へるが……。心配せんでも良いよ。あゝ、眠い……眠い……。』

彼は、また目をとぢると、鼾聲雷の如く深い眠りに落ちました。

◇

その翌朝、下女は起きて何心なく竈の處に行きますと、昨日、源兵衛が云つてゐたやうに、茶釜の底に茸が逆さまに生へてゐました。彼女は色を失ひました。さうして主人の室へ走つてゆきました。

『旦那さま、今日は茶釜の底に茸が逆さまに生へてゐます。旦那さまが昨日仰せられたやうに……』

源兵衛は、この言葉を聞いて驚くかと思ひの外、顔にシワ一ツ寄

怪 轟釜の「カラ川流」（下）　題材募集　夏の読物（十八）

●土陽新聞　昭和三年八月五日（四日夕）

3-150

題材募集『夏の讀物』（下）

先代の遺志をついで 二代目も怪神に殉づく

主家に殉じて地下に朽ちる黄金の家畜

轟釜の「カラ川流」（六）

高峰の崩壊した土砂や岩石は、東西三丁、南北二丁の廣大な地域に擴がつて、山麓になだれ込んだので、藤原川（物部川の上流）をせき止めました。それで、附近一帶は見る〳〵うちにべう〳〵たる湖水と變じて水は逆さまに押しかへしました。これがため、川の流域近くに構へてゐた民家は、こと〴〵く家財道具を取まとめて、上方の山の中腹に逃れました。

中には、倉の屋根に穴をあけて荷物を取出した家もあつたのです

◇

常時、源兵衛のうちには二個の寶物がありました。一は金の鶏で、今一つは金の猫であります。家傳の寶物として、毎年七月七日には倉から取り出して風を入れるのが例となつてゐたが、不思議にも雨い時と臨い時とありました。

その二つの寶物も、山崩れのために埋没したといはれてゐます。

殆ど、二年間も、藤原川はせきとめられてゐたが、後、水の流れる力でその一部に水路が出來て、漸く下流にはけるやうになりました。

◇

源兵衛一家は全滅して以來、一時、家名斷絶の形ちとなつてゐたが、末家の一つである高岡郡鏡川村の久保台八を、藩廳で證議の上源兵衛の相續者と定めました。處が、この台八も、源兵衛に劣らず剛氣のものでした。

或日、伴の者は一人も召し連れず單獨で轟の一の釜に行きました

さうして、さも嘲り笑ふやうな態度で、『この釜には、昔から牛鬼あるやうに傳へられてゐるが、果して居あれば俺の目の前で、その證據を見せてくれ。それを見ぬうちは、信じないよ。牛鬼だ何んだと云つても俺は主なんかおるものか……。』

彼は、心あつてか、悪口雑言しました。

せず、

『わしに教へられて生へたとて、不思議なことはない、放つて置け心配することは無い』

彼は、平氣で少しも氣にとめませんでした。

◇

この話を隣室で聞いた源兵衛の母は、不安氣に起きて、戸外に出てみると、前庭の池水が血のやうに紅に變じてゐました。

『これは奇怪な事ぢや。カラ川流しの祟りかも知れない……』

母は斯う思ふと、急いで源兵衛の室にゆきました。

『お前、斯う云ふ時には御祈禱でもして貰つて、神佛の加護を頼まなければなりませんよ。早く、誰かに頼んで、災禍を未然に防いで下さい。のう、源兵衛どの……』

彼女は、心をこめて、我子を諭しました。しかし、彼は母の諭しも耳に入らなかつたのです。

『御老人や女どもは繰り言が多くて困ります。迷信も良い加減にして下さい。ねえ、お母さん……』

彼女は、止むを得ず口をつぐみました。

◇

處が、不思議なことには、その日から急に雨が降り初め、雷鳴さへ交り、全く暴風雨の天候となりました。

さうして、雨と風と雷鳴は、刻々、その激しさを加へて、山は鳴りいうなりを生じ、大木の枝を折り、屋根を吹き飛ばし、砂石を捲き起して、修羅場のやうに荒れました。

久保郷の人々は、何れも安き心地はしたかつたのです。

◇

翌朝――天明八申年七月廿六日の朝――豪雨、暴風は、まだその猛威を逞しうしてゐる時でした四邊はまだ薄暗い頃でした。源兵衛の邸裏の藤原山の頂上に騒しい音がしたかと思ふと、忽ち大地がゴー〳〵と震動して、更にその上手に高く聳へてゐた大山が、一時にくづれて、源兵衛の邸へなだれ込みました。

源兵衛家族、家來ども二十八人が、一人も殘らず土中に埋没されたのは云ふまでもありません。（つゞく）

【寫眞は此の物語りに關する古い記録を所藏してゐる楠瀬氏と崩壊した高い山と×は源兵衛の邸の埋没した跡】

◇

すると、身の丈が一丈もあらうと思はれる帯刀の山伏が忽焉として台八の眼前に現はれました。しかし、彼は少しも愁きません。

『お前の差してゐる刀は、俺も持つてゐる。此れを見よ……。』

と、いふより早く、彼は抜刀して、その怪しの山伏を斬らんとしたが、忽ちに姿は何れかへ消え失せました。

『ハハ臆病な山伏だな……。』

彼は、嘲笑しました。

◇

すると、今度は、花を欺くばかりの、窈窕たる仙女が、一人、何處からともなく淵の上に現はれました。台八はまた云ひました。

『お前より美しい女は、俺の庭女には澤山あるんだ。お前のやうな女は見たくない。さあ、歸れ／＼……。』

仙女は、彼の言葉と共に消え失せました。と、見ると、今度は、白髪の腰の曲つた、歯をむき出した老婆が忽然と現れました。

さうして、次から次へと、種々の怪奇を演ずるので、流石の台八も辟易して家に歸つたと云はれてゐます。

◇

源兵衛の『カヲ川流し』の際に發頭人として働いた木地挽きの藤次は、一時、惨害を免れてゐたが其の後、暫くして、彼の一子……當時八才になる……が一人の山伏に攫きさらわれました。

この山伏こそ、淵釜の主だといはれてゐます。

◇

久保谷に、藤原万次といふのがありました。彼は獨身者にて、わびしい生活を送つてゐた處が、生れつき痴鈍で、仕事をさしても充分なことは出來ませんでした。それで、人々は彼を度外視して『カヲ川流し』にも、仲間に入れなかつたのです。

處が、かへつて、それが幸ひして、彼は源兵衛の邸の近くにありて、山の崩壊した中央にあつて、當然第一番に土砂に埋没されなければならぬ筈でしたのに、不思議なことには、何等の災害を受けなかつたのです。

◇

台八の息を高助と云ひます。高助もまた非常に豪膽な氣象を持つてゐましたが、あまり豪放すぎて身の破滅を來たし、久保の家も高助を最後に斷絶しました。

◇

この物語りは、楠瀬氏の所藏せる古い記録『天明卯辰久保の夜嵐』の中から取つたものですが、まだこの外に、面白い話が傳へられてゐるでせう。また、記者は、楠瀬氏の好意によつて、山の崩れたと云はれて居る場所、川の水をせいて一面に湖と化したと言はれて居る稲田附近、淵釜の位置等をおしへられて、創作的な想像が限りなく心中に起つてくるのを感じました。（終）

（寫眞は崩壊せる土砂によつてせき止められ一面の湖に化したといふ稲田附近）

3-151

老いたる神木に…　題材募集　夏の讀物(二十二)

●土陽新聞　昭和三年八月九日（八日夕）

怪

題材募集『夏の讀物』(22)

老いたる神木に孕まれし異形の珍石

切口から現はれると同時に悪疫が大はやり

樹の精か毒氣の塊か

吾川郡神ノ谷村奈路を瀦々と流るゝ小川のほとりに一字の御堂があります。此神庭に數百年を經たかと思はるゝ杉の古木がありました。それを數年前に切り倒しましたが、思ひ掛けなくも其中に神像が安置してあつたと云ひます。御視察を願ひます。（高岡郡川内村波川　谷本茂理）

神ノ谷村奈路を流るゝ小川のほとりに在る御堂と云ふのは貴船神社の事であります。七、八年前貴船神社は、ほど近くにある戸開け天神に合祀されたのですが、本堂のみは取壊さず今に殘つてゐます。本堂の右手に大きな杉の切株があり、其切株の上に、ささやかな祠が安置されてゐますが、之が今日の『夏の讀み物』の題材になつたのです。

◇

貴船神社が合併になるまで、境内の古杉は亭々と天を摩するばかりに聳えてゐました。之だけの古木は宗路近邊に一本もありませんでしたから土地の人々は靈木として崇めてゐたのです。

ホウ〳〵と古木の梢に梟の啼く夜などはその附近一帯は神秘の氣に鎖されてゐる樣に思はれました。

◇

『安さん――貴船神社の杉を切るつが本當ぢやらうかのう』

『俺もそう云ふ噂を一寸聞いたがまさかあの古木を切る事はあるまいて』

『貴船神社を戸開け天神へ合併する事になつたので、その費用に當る爲めに杉を切るそうぢや』

『そんな事をして、えゝらうかのうし。滅多な事をすると、あとの祟りが恐ろしいぞ』

『俺も内々心配しちよるが、あの杉を切り倒したら何ぞ事が起るに違ひない』

◇

斯う云ふ會話が交されてから、數日ならずして、古杉の根元へは大鋸が當られ、數人掛りで挽き初めたものですから、前述の會話を交した連中は今更の樣に恐れ戰いてゐました。四抱え近くもあらうと云ふ大木が、徐々ドサリと地上に倒れた時、果して珍事が發見されたのです。

◇

杉の切り口に空洞があつて其中から珍らしい數箇の石が出て來ました。何れも特殊の色と特殊の形ちをそなへてゐましたので、樵夫は喜んで自分の家に持歸つたところ、直に熱病にとりつかれ病床に呻吟し初めました。色々と手當を加へたが容易になほりません。若しやと思つて神官に見て貰ふと

『この熱病は、境内に在つた老杉を切つたのが、神の怒りに觸れた爲めである。その時に出て來た珍石は直に元の處へ返すがよい』

との事でしたので、樵夫の宅にあつた數箇の石は、再び境内に戻つて來て、切株の上に安置される樣になりました。

◇

然し樵夫の病は遂に回復せず、とう〳〵死んでしまひました。神の怒りは之に止まらず、この杉を仕成した者や世話した者も數名死亡し、倒れた杉の梢に當つて居た毛田には悪病が流行し初め、今迄戸を閉してゐた避病院に患者が溢れる樣になりました。

◇

避病院の患者は汚物を下の小川へ流すのを常としてゐましたが、この小川は河原へ出ると直に鏡川へは注がず遠く西へ流れ、保木と云ふ人家の前を隣切つて居ますが、其の土地の人々は病氣の傳染を恐れて、大きな溝を掘り川の流れを變へるなど一時は大騒ぎをした事實があります。

◇

斯樣な騒ぎがもち上がるやうになつたのも、貴船神社境内にあつた古杉を怖れ氣も無く切り倒したのが原因であると云ふので、杉の切り株の上に小祠をつくり、珍石を其の中に入れて祭りました。そして一時はすばらしい參詣人があつたと云ふ事です。（寫眞は杉の切り株の上に安置されてゐる小祠と其中に入れられてある珍石の一つ）

怪 死神の目を晦ます　題材募集　夏の読物（二十三）

●土陽新聞　昭和三年八月十日（九日夕）　3-152

題材募集「夏の讀物」（二十三）

長き生涯を假裝して
死神の目を晦ます
祖先以來呪ひの息のかゝつた家
美人に見へるお爺さん

高岡町で誰知らぬ者もない名物男花井熊雄さんを紹介して下

さい（高岡町Ｓ・Ｋ）此の題材は蓮池村の無良尾加生からも報告して来ましたが先著に依りＳ・Ｋ生のを採用致しました。

四國靈場第三十五番札所として名高い清瀧寺の麓に、本名津野熊太郎と呼ぶ爺さんがあるが、高岡附近では津野さんと呼ぶ者は一人もなく熊姐さんで通つてゐる男である。熊太郎さんが、何故姐さんと呼ばれるのであるか？頭髪から服装、歩き振まで誰が目にも立派な女に見えるからである。

◇

男であつて女装したがる者は、世間に尠くはない。然し熊姐さんの様に齢六十を過ぎて妙齢の婦人の装ひをこらし、起臥常住はもとよりの事畑けへ出る時にも、町へ作物の取引に出る時も、決して女装を改めず、流行服や流行髷は云ふに及ばず、自分が好むパラソルや装身具は如何な金をつひやしても必ず之を求めると云ふ徹底してゐるのは一寸珍らしい。

◇

やかましい世間の風評を意に介せず熊姐さんが此れ程徹底した態度をとるにいたつたのは何等かの理由があるのではあるまいか。此の点に記者は興味を持つて熊姐さんを訪問し親しく会談した。

『お年は幾つですか？』

『戸籍面では六十三になつてゐる様ですが今年六十二才です』

『何時頃から、其の様な服装をしてゐらつしやいますか？』

『確か三十の時からだと思つてゐます』

◇

二十四、五才の時分熊太郎氏は村役場へ勤めてゐた事もあり性格的には普通男性と異つた点はすこしもなく

『どういふ訳で女の服装をするやうになりましたか？』

『私の父も祖父も皆等しく四十六才で死亡しました。祖先の或因縁に依つて代々男が祟られてゐると云ふ事を訊かされましたので、自分も若死するのではあるまいかと不図気に病む様になり、女どして生活してゐたなら或は祖先の祟りを免れるのではあるまいかとの信念から断然女装をする様になりました』

◇

熊太郎氏が熊姐さんと呼びなされるに至つた因縁は依て来るところが遠い。気まぐれや中性的の理由で女装をしてゐる者はあつても、斯くの如き一種の信念から終世女として生きん事を希つてゐる男性は世界廣しと雖も他にあるとは思はれない。

『今日まで幾度となく親戚の者や友人達から女装をやめる様にとの諫言を受けましたが、自分さえ世間からの嘲りを我慢すればよいと思つてゐます。私にとつては生命掛けの問題ですからね』

◇

熊太郎さんには唯一人の息があつたが京都蚕業学校に修業中に死亡して了つた。そこで愈々男が祟られてゐるとの観念が強くし自分が四十六才の厄年を無事にのがれたのは女として生きて来たからであるとの信念を強くしたのである

『私は斯様な風態をしてゐますので、出来る丈け心を純浄にして世間の人々と交はつてゐます。取引上でも決して間違つた事はしてゐない心算です。社会の人に迷惑をせねば私の女装を許して貰つてもかまわぬではないでせうか』

◇

質朴な熊姐さんに悪い評判のある事を耳にしない。頗る真面目な人物である。

◇

数年前の或夜更け――熊姐さんは水も滴たる大島ロに結つて高岡の町から家路へと急いでゐた。ところが夜遊び帰りの若い衆がテッキリ美人と思ひ込み、それとなく云ひ寄つて大失敗を演じたと云ふ事である。記者が突如訪問した時も束髪に薄化粧をして一寸見たところ二十歳前後の乙女の風態だつたので流石に一驚を喫したのだ。名高い高岡の名物に熊姐さんの如きは単に高岡の奇人にとゞまらず奇人中の奇人だと云へやう。

◇

熊太郎氏は記者の訪問を大変迷惑がつて、新聞に紹介されるのを此の上もなく嫌がつた。然し記者は彼が熊姐さんと呼ばれるに至つた動機を紹介して、徒らなる世間の誤解をとかんとした迄である。

そして記者が結んだ約束は、宅を辭しての歸途、直に果してゐる事を熊姐さんに申上げて置く。（寫眞は姐さん姿の浄野熊太郎氏）夏の讀物第二十一回の記事中勘左衛門とあるは其弟の野右衛門の誤りだと教へてくれた人がありますので訂正して置きます。野右衛門の通稱は勘左衛門と呼ばれてゐたとの事です土地の人々が間違へてゐたのでせう

融通のきかぬ神通力　題材募集　夏の読物（二十七）　3-153

獣　●土陽新聞　昭和三年八月十四日（十三日夕）

題材募集『夏の讀物』（三十七）

大ガマの持てる融通のきかぬ神通力

何時來ても同じ姿、同じ聲音　押ケ峰臺石の由來

安藝郡東川村押ケ峰の大蟇の傳説を書いて下さい　安藝町　安政老人

安藝郡東川村奈比賀の對岸の大江から、北に押ケ峰の高臺を仰ぐと其處には人家があり田畑もあり、鐘田と云つて、山田としては、かなりひろいまんまるい形ちの田が一つある、此の邊一帶に樹木が生ひ茂つてゐて今でいふ、鐘田は森林の中の泥沼なのであつた。夜になると此の泥沼にいろ／＼な獣が餌をあさりに來たり水をのみに來るので、獵人たちは木の上に『タナ』を設けて、そこに待ちをやり獣類を打取るんだが、これを即ち『ぬた待ち』と言ふのだ。はなしは之れからである。

◇

今奈比賀にある並川家は藩政郷士で奈比賀一圓を領地として居つたが現在の並川家の主人長三郎氏から幾代か前に並川小才治と言つて膽力がすぐれ武勇の氣に富んだ頗る獵のすきな人があつた。

◇

或る夜のこと、小才治は押ケ峰に『ぬた待ち』に出掛けてゐると、待つ内から幾ら待つても兎の子一匹も出てこない、これはどうしたものかなと、思つてゐると、もうあけ方に近い頃、大江の方から提灯の火が見へてソレがこつちへ次第に近付いて來るではないか、ソレ正しく鬼火と、小才治は火縄をしらべて銃身を確かと握つたまゝ、瞳をこらして居ると、件の提灯は直ぐ眼前の泥沼の傍に來り、而もまだ年若い女が立つて居るではないか、沼の上には其提灯が動く毎に、細く長く其影がユラ／＼とするあたり全く以て妖怪變化！

◇

小才治は、たつた一發と引き金を下ろさんとする刹那

『旦那様、奥様がお産で御座います、すぐ御歸りを御願します』

と云う下女のおひさの聲に小才治は思はず引金より手を引き、よく見ると、まがう方なき召使のひさではないか、小才治は取るものも取りあへず自宅へ飛ぶやうに歸つて見ると、家には子も生れて居なければ女中も使に行つたものでないので、小才治は無氣味に思ひながらも、例の豪膽、一笑に附して、其の翌晩も例のぬた待らに出かけたが、不思議なことには其の夜も前夜の如く女中のひさが、奥様のお産だと云つて呼びに來たので胸に一物ある小才治は、あゝヨシ／＼と、直ぐ歸宅したが、案の定、何の事もない

◇

三日目の夕方小才治は、獵銃を肩にして『ぬた待』に出掛ける際、『今夜はたとひ、何程の大事が起らうとも、必ず呼手をかけてはならないぞ』と堅く妻女に云ひ付けて出て行つたが、此の夜も鼠一匹もコソ付かない、次第に更け行く森の夜は、まるで死んだやうな、淋しさ、丁度例の刻限だと瞳をこらして居ると、提灯の光が遠くの杉林の間にボーと見へたので小才治は、

今夜こそはと鐵砲を取り上げて待つ間ほどなく泥沼のそばに姿をあらはしたのは疑ひもない下女のおひさであつた『旦那さま、ほんとに唯今奥樣がお産がありました、早く御歸り下さいませ』と云ふや小才治は『何をッ』と轟然一發銃を定めて射ち放した、ゴーと物凄い響が森から森へと傳はつて行く

◇

『だ、だ、旦那樣、ひさで御座います、なぜひさを御射ちになりました』と悲鳴をあげながら逃げて行くので、小才治は若しやほんとのひさではなかつたかと、不安の夜を明したが、夜が明けると其所あたり一面は黒い血がなま／＼しく落ちて居る、小才治は此血のしたゝりの跡をつけて自分の家の玄口まで來ると、門のくゞり戸が開いて居るので、中に入つて見ると臺所も血がポツ／＼と落ちて居るので小才治は『失策』と思はず叫びながら『ひさ／＼』と連呼すると内からひさの眠い聲で『はい』と返事があつたので、小才治は胸をなでをろし『何事もないか』と問へば『ハイ、何事もございません』と女中のひさは眼をこすりながら起きて來た

◇

小才治は血の跡が床の中に這入り込んで居るので疊を引き上げて調べて見ると、奥の間の下に疊半枚程の大蝦蟇が血にまみれて死んで居たので一同面を見合せた……其後件の大蝦蟇は、土中に埋められ大きな石を二個置いてあつたが、何うした事か色々／＼祟るといふので、結局母に懇んな供養をして居た今の山崎家の祖先が伊尾木村から來て此の土地を開いて宅地としてからもしば／＼祟りがあつたが、小供等がこの蟇の石の上にあがりでもしたら、きつと病氣になると村人から恐れられたものである

◇

或る時に阿波から山伏が來て、こんなものには供養をせぬ方がよいと云つて蝦蟇の靈を封じ海へ送り出してから供養をせぬやうになつたといつて居る、山崎家の今年七十二才になるシゲヨ婆あさんは往訪の記者に『私の若い時など當家の久吉爺いさんからコノ談をよく聞かされたものでございました』と同家庭先の片隅にある蟇石を指さして語るのであつた。＝寫眞は蟇石のある家と蟇石

古池の底の大業物　題材募集　夏の読物（三十一）

獣　●土陽新聞　昭和三年八月十八日（十七日夕）　3-154

題材募集『夏の讀物』（三十一）

恐ろしい威力を示した古池の底の大業物

濁波逆まく中の大爭鬪に大蛇の巨軀を筒斬り

宇佐の蟹ケ池には今でも池の主の大蟹が棲んでゐるとのことですが此奴なか／＼手におへぬ動物で恐ろしい歷史をもつてをります。調べて見たら面白いでせう（波介　波の介）

高岡郡宇佐町龍四郎聖塚川六番の札所青龍寺北方田圃の中に蟹ケ池と稱する池沼がある、俗に青龍寺の不動明王の池と呼んで昔から奇怪の傳説が傳へられ今も猶奇怪な事があるとの噂、池面は實測三町八畝二十六歩で夏季には紅白の美しい蓮が繁り青々とした葉が水面を掩ふて獨鈷山の涼風はザウ／＼と其上を渡つてゐる

◇

天長二年三月弘法大師が青龍寺開基のため此に來錫した當時既に此の池沼はあつた、然し其の時分は蓮も繁殖してゐなければ鯉も鮒も棲息してはゐなかつた、大師は椎の葉は鮒に、樫の葉は鯉になれと投入したのが蟹ケ池の魚族の鼻祖であると云はれてゐる、そして池の主は八疊敷の大蟹だとの傳説である

◇

寛永二年頃住職祐廣は徳高く附近の民衆からかなり尊敬されて居たが家庭の都合から一人の鐵女を寺に引取つて面倒を見てゐた、鐵女は下女の様に臺所や家庭内のことを何くれとなく手傳ふてゐたが同年六月十五日の炎天下に布團の洗濯をしようと不動の池の畔りに立つてふと前方を見ると大きな岩が突出てゐる、アノで洗へば好都合だと一人でうなづき岸づたいに岩にと飛びあがつたところ岩と思ふたのは大蟹で忽ち彼の女を乘せたまゝ泳ぎ出して彼の女は池の底に引き入れられた、其の翌朝彼の女の胴体が無慘にも三つに挾み切られて岸になげ上げられてゐた、女人の立入りを禁ぜられてゐるお寺の墓所には婦人の墓は無い、然し祐廣は鐵女の最期に同情して

累代の墓所に埋葬し立派な石碑を建立したのが今猶残つてゐる

◇

鉄女怪死事件のあつた年の八月中旬龍山にすんでゐた大蛇が数回に亘る旱魃に水に渇して蟹ケ沼へノソノ／＼やつて来た、静かな湖面に物凄い渦を巻起してゴウゴウと鳴りひゞきまたゝくうちに沼の水は泥水と化した、此の凄絶な光景は三日三夜続き部落民はおぢ恐れて戸外に出づるものなく四日目にやつと静まつて南方の田圃に大蛇の屍が十切に挟み切られて投げ上げられてゐた、それであの恐ろしい沼の渦巻は蟹と大蛇の争闘のあほりであつたことが判つた、現在では大蛇の屍のあつた田を十切田と称して大蛇の頭蓋骨は背龍寺の宝物として保はつてゐる

◇

明治初年頃佐川の郷士西田某親子が狩猟のため船に遊び狩猟禁制の湖面に鴨を射止めた、息子は喜んで池に飛び込んだところ忽ち蟹の怒りにふれて逆巻く泥水のなかに吸込まれて絶命したしたと云ふ話もある

◇

明治廿五年四月税務署が池沼整理のため官有地であつた蟹ケ池を宇佐の役場で競争入札に附した、十九円で新居村川崎亀太郎氏に落札した、其後川崎氏は蟹ケ池の鯉、鮒、鰻などを京阪市場に移出せんと計画し飼料貯蔵所、渡船、番小屋などを作つて漁業に着手したが船をこぎ出すや今迄静かであつた水面は大波が起つて前方の浪の中から直径五尺位の両眼の鋭い大蟹が怒りを生じて船に飛びつきあはや沈没せんとしたが辛くも免れて逃げ帰つた、川崎氏は其後再び龍部落へは姿を見せず小屋も船も艪も二、三年間に腐つて了つた

◇

沼には数ケ年前から蓮が繁殖して全面を掩ふてゐるが一ケ処だけ少しも蓮の繁殖しない処がある、それが年々移動するので其処にて沼の主の大蟹が棲息してゐるだらうと云つてゐる（写真は蟹ケ池の全景）

悪戯ものの命を断つ　題材募集　夏の読物（三十二）

獣　●土陽新聞　昭和三年八月十九日（十八日夕）　3-155

題材募集「夏の読物」（三十二）

名剣みづから抜けて 悪戯ものゝ命を断つ

刀魂空しく飛去る

所有者の浅慮な試し斬りから

上ノ加江に世に知られざる名剣があります、今では刀の魂は飛び去つてしまつたと云はれてゐますが、飛剣と呼んで奇蹟的な歴史を持つてゐることが土地の伝説に残つてゐるまずからお知らせします

上ノ加江　長谷　江兄

高岡郡上ノ加江町の一部左右背後を峨々たる磯山で囲い、目前にさゝやかな小島を浮べ、刻々妙なる自然のコーラスを聞き渺茫たるたる大洋の展開を望む処面積なれば、一町に充たぬも立入る人をして幽遠なる思ひを抱かしめずにはおかない神秘の地、名を矢田部と云ふ磯浜があることゝは元来の神秘の境地、謎と不思議でうづめられた魔境である、この僻地の謎界にあつて、只一軒、只一人、昔（二百年）小蔵と云ふ一老爺が終生、半農、半漁を生活の手段として至つて安楽に平穏無事の月日を送つてゐた、物語りはその小蔵（一名小ス）の所持してゐた霊刀、飛剣に絡まる世に知れぬ奇怪な伝説である。

◇

人呼びて、怖れ磯、怖れ山、怖れ島と云ふ、彼がその魔境の平安な生活！

それには相当の理由がなければならなかつた、然し加江（昔上ノ加江と云ひ港は矢田部の背裏に当る）の漁師達も誰一人として、

その理由を、知る者は無かつた天氣が良くて海さえ靜であれば、朝も早く、それも東雲には、まだ大分間のある七ツ時、沖行きの漁師達はこの矢田部の濱近く舟を寄せては只、僊ス爺に誘ひの聲を、掛ける位のものであつた。勿論、當の僊ス爺、その人も、自分が、この魔境で只一人、何等の不安も屈托もなく平安な生活の出來る事を只、不思議のやうにしか思つてゐなかつた、と幾許もなくその理由、その謎の解ける時が來た。

◇

ある變態な雨の夜明け前、何者とも知れず、トン〳〵と雨戸をたゝいて、彼の夢を醒ますものがあつた、床から起き上がつた彼は耳を傾けてゐたが、それが、いたづら者の狸の業である事を直感すると、枡納な怒聲を投げかけて再び彼は床にもぐつた然ししばらくは窓外に注ぐ雨の騷きに精神を捉へられて、まんじりともしなかつた。そうしてや、半時も過ぎた頃、又窓外に人の氣配がして、

『僊ス、僊スよ、僊ス、もう起きて沖へいかんかェ……』

それは仲間達が來て誘つて呉れる聲であつた、と、その聲の絡らぬ裡に聞き馴れぬ鍔の音と刀の鞘走る音をかすかに耳にしてつゞいて窓外で何者かゞ倒れる物音が聞えた、不思議に思つた彼が靜かに雨戸を開けて見ると、其處には人の姿は無く生々しい血潮を浴びて大きい一匹の狸の死体が倒れてゐた、肩から胸へ深く食ひ込んだ見事な斬口、不審を抱いた彼が無惨な狸の屍を携へて家の内に入つた時、其處に又、生々しい鮮血が點々として疊を傳つて彼が心ばかりの神棚に置いてあつた秘藏の一刀にまでついてゐた、鞘を拂へば牙へ滲つた刀身に一點の血痕、謎は解けた。

◇

今こそ彼が魔境にあつて平安な生活を樂むことが出來る理由と判つた。然し永久に解けぬは刀の飛ふゆゑんである。その後も度々その夜のやうな事件が續出した。魔境の妖怪、變化の類も彼の生命に對しては一指だに加へることは出來なかつた、かの謎を知つた漁師達は島の靈刀、飛劔のうはさを口々に傳へた。

僊ス、僊ス、鯨が潮吹く見にいかんか。何處で吹く加江岬のはなで吹くと、今も尚、町の老母が子守に唄ふ悠長なリズムの民謡は、いたづら者の狸が漁師にばけて彼をなぶつた言葉から起つたものである。

◇

其後、幾年かを過ぎた、或秋の一日、とぼ〳〵と彼が陋宅を訪れた一人の見苦しき六部があつた、しきりに拒む彼を說きつけて、やつと二百兩の金子でその靈刀を買入れる事に話がきまつた、當座の手つけとして所持の百兩を彼に渡し、殘に賭つて殘金の百兩を持參ずるまで、必ず刀にふれてはならないぞと言ひおいて六部は何處ともなく立去つた。彼は六部が去つた後で持出し刀の斬味を試しで見た、眞向から力まかせに斬りおろしたが石臼は見事に、眞ッ二つにわれて僊ス爺も其物凄さに身ぶるひした。

◇

殘金を懷にして刀を受取りに來た六部ま今更のやうに靈刀に見入つて、靜かに鞘を拂つた、ジツと刀身に見入つてゐたが、やゝあつて徐に口をひらいた、彼は僊スが約束を破つて刀を拔いたことを看破したのである、僊スは匿し切れず一切のことを白狀した、

『おしい事をしたものだ、お前が氣合をかけずに無言で打おろしたばかりに此の名刀も最早何の用にも立たぬ鈍刀となつてしまつた、刀魂がぬけたのだ』

六部はこう云つて殘念さうに默約すると其の儘何處ともなく立去つてしまつた。

◇

飛劔は、今僊ス藏の四代目の松尾吉氏が所有してゐる刀身一尺八寸非常にソリの深い双である、作者藤原までは讀めるが後は不明で赤鞘である。

怪　生き神さま―透視の出来る上等兵

★大陸日報　昭和三年七月二十一日　3-156

生き神さま――

透視の出來る上等兵

大將を感心させる

試驗問題がパツと目に見ゆ

千葉陸軍歩兵學校第四中隊に「生き神樣」と騒がれてゐる上等兵がゐる

◇

大阪歩兵第三十七聯隊第一中隊から分遣された土田芳太郎(三)君は透視や豫言が得意で陸軍歩兵學校教導聯隊長高田英明大佐が胃病の爲め千葉醫科大學に入院中「この痛みは今夜の八時四十分には止む」と云ふ豫言が的中した以來一層有名になつた

◇

町田經宇大將、千葉歩兵學校長林彌三吉中將の諸將並に濱口民政黨總裁、床次同顧問等政界巨頭連も試みた事があり、六月二十八日大阪の原隊に歸るので盛大な歸隊祝賀會が東京で開かれた

◇

同上等兵は奈良縣郡山町生れで同地中學校を三年で退學し大阪私立計理學校に轉じ同校を卒業したものである

◇

土田上等兵は語る

「中學三年のとき試驗の問題がパツパツと眼に見えたので始めて不思議だと思つたのです、線香の灰の落ちる音でも非常に大きく響いたり毎晩夜中の一時二時になると眠れずいろいろなものが眼に映つて來ます自分は三十四歳になれば死ぬか、兩眼とも失明するものと信じてゐますのでその間社會奉仕をしやうと決心してゐます」

獣　恐ろしい海の怪物

●読売新聞　昭和三年七月二十二日　海蛇　3-157

恐ろしい海の怪物

船に衝突する鯨―船に大穴を穿つかぢき鮪―人を捕へ食ふ大たこ―六十尺の大烏賊―八十呎の海蛇

東京高等商船學校教授　須川邦彦氏談

海蛇

昔から大きな海蛇を見たといふ航海者は隨分あります。スエーデンの或る陸軍少佐にバルチック海の小さい灣で長さ八十呎もある大海蛇が、その大きな頭をもたげて長々と水の上を泳いでゐるのを百米突の近くから見たと云ひます。又ドイツのメリレンブルグの海岸を距る凡そ四分の三浬の所で突然長さ百ヤードもあるやうな黑色の海蛇が現れ、大きな頭をもたげて非常な速さで波をけだてゝ泳いでゐた有樣は丁度モーターボートのやうであつたと言つてゐます

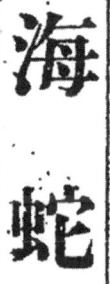

獣　瀬戸内海で捕えた海の怪物

★台湾日日新報　昭和三年七月二十五日（二十四日夕）　3-158

瀬戸内海で捕へた

海の怪物

ハート形で長さ五尺

總重量五十貫

眼の玉は風船玉位の大さ

【高松特電二十四日發】高松市花園町森本國松外一名が二十三日午前七時頃木田郡古高松村新川の沖合に於て釣をしてゐた所突然海中から四升樽位の頭をもたげ釣舟目がけて突進して來た大きな怪物があつたので兩人は失神したが附近にゐた漁師が必死となつて漸く捕へた所重量約五十貫あり形はハート形で長さ五尺目の玉は風船玉程あり一見海龜の如くであるが普通の龜と異り尾がなく又膃肭獸の如く指も爪もなく一種の怪物で香川縣生産試驗場で目下鑑定中であつたが瀬戸内海始めての怪物の事とて山の如く見物人が集つてゐる

幽　夏は行く（十三）　薄気味悪い幽霊の出盛期

●東海朝日新聞　昭和三年七月二十六日（二十五日夕）　3-159

夏は行く(13)

薄氣味惡い

幽靈の出盛期

矢張り夏が季節

見た人の話いろいろ

あやめも判らぬ眞の闇、時計は午前二時を打つ、屋根の棟は三寸下り、流るゝ水は止まつて……あらゆる惡魔に跋扈跳梁する闇にこもつた鐘はボーンとなり陰に恐を生ずる薄氣味の惡い折が尤み幽靈の出盛り期だ。

△

馬に乘つた幽靈

一人の旅人が陸中の山中を夜更けて歩いてゐた、今から十年ばかり前の事だ、その道は片方は青由で青田との境には丸太で柵が結んである　夜更けては居たが皎々と月の好い晩で麥の穗が青く見えてゐた　すると彼方から馬に乘つた男がポクポクとやつて來て旅人と摺れ違ふ時にスウーツと、その男は柵を跨ぎもせず煙の樣に青田へ入つて行つ

たので。オヤッと思ふと、ぞつとして旅人は逃げ歸つた、後で聞くとその數町先で、恰度その時刻にある男が落馬して死んだと云ふ事で旅人がそこを通るといつも姿を現はすのださうな

△

弟子の暇乞ひ

明治△△年の夏の夕 四ッ谷津の上に、桐座と云ふ劇場を建築した關東一の大工の棟梁泉重五郎が庭の泉水を眺めてゐると誰やら椽側に男がしやがんでゐるので、見ると弟子の飯沼伊三郎だつたので

「お前甲府へ行つたぢやないかもう歸つたのか」

と問ひ掛けると叩頭してフット消えてしまつた、棟梁も變に思つてゐるとその夜 伊三郎の實家から伊三郎が死去した電報を受取つた

△椽の下△

有名な新派俳優某が名古屋へ興行に行き定宿へ泊つた所、立て込んでゐたゝめ漸く庭續きの隣れ座敷を無理にあけさして寢てゐると 室内一杯に得も云はれぬ鬼氣を迫つて來る樣な感じがするので薄氣味惡くも思ひ乍らゐると 忽然 髮をおどろに振亂した年若い女が現はれ蚊帳の中に入つて來さうにするので、某はイキナリ長煙管をもつて眉間を打ち据えると、パッとその若い女の姿が消えてしまつた。その後何の變つたこともなかつた、翌朝主人を呼んで訊すと亭主は頭をかき乍ら

「實は昨日一人の女中が病死したが、餘りにお客樣が多くて忙しいので親許へも知らせもならず、この椽の下に隱しておきましたから、それを怨んで出たのかも知れません、誠に申譯のないことで」

と云ふので某は主人共椽板をまくつて調べると 女の死體の眉間には新しい打疵がありありとついてゐた。

幽　夏は行く（十四）　鳳関が見た伯母さんの幽霊

●東海朝日新聞　昭和三年七月二十八日（二十七日夕）　3-160

夏は行く（14）

鳳關が見た伯母さんの幽靈

死んだ赤ん坊がフラ〳〵と風呂場へ

△鳳關の見た話△

これは大鳳關……いまの宮城野親方の實見談である、彼がまた十二歳の頃、ある日學校からの歸りに、隣村の伯母さんが中形の着物に手拭を 姉さん冠りにして自分より先にツイと家へ入つたので

「今伯母さんが來たらう」

と母に聞くと、母は怪訝な顔をして

「何を云ふのだい、その伯母さんはたつた今死んだと云ふ知らせが來たので、これから行く處だよ」

母の云ふ如く伯母さんは永い間枕も上らぬ大病だつた。

それにしても今見た姿は、と、不思議に思ひ乍ら伯母の家へ行つてみると、伯母は全く死んでゐて、死際にかけてある中形の着物も手拭の樣も、彼が今現にみたのと寸分も違つてゐなかつた、キットこれは伯母の靈魂が暇乞に來たものであらうと、人々は顔を見合せてゾッとした。

△

△赤ん坊が風呂へ△

九州へ旅行した人が 宿料をせつて貰ふ心算で知人の家へ泊めて貰つた、その晩の出來事その家の赤ん坊が大病で醫者や父親もつき切りでゐた、母親は隙を見て入浴してゐると、十時頃だつたが 病人の樣子が危篤と云ふので、醫者が懸命に脈を見てゐると、母親が裸體になつて風呂場から駈け込んで來た

「今入浴してゐると 赤ん坊がフラ〳〵姿を現はつて入つて來るので、お前は病氣ぢやないか 浮雲いと抱き上げようとすると、その姿がヌーと消えたので、ハッと思つて飛んで來ました」

と云つてゐる内に 赤ん坊は呼吸を引取つた、これも母に名残を惜しみに行つたものと思はれる。

△

△青電燈の家△

つい二三年前の八月中旬のことである、神戸の資産家のある家で 確かに幽靈を見たと云ふ二階家のかなり廣い家で二階には兄と妻と 下にはその姉妹が臥せつてゐた 寝る時に電燈に青い袋を被せるのがこの家の習慣であつた 姉が夜中にフツト目を覺ました折 青電燈は海の底の如く薄氣味惡い色を漂はせて、廣々とした家内に云ひ知れぬ不安を感じた折柄、トン／＼と輕い足音が二階から降りて來る、兄が便所へでも行くのか知らと、頭をもたげた刹那ハツと總身に水を浴びた樣になつた姉は頭から蒲團をかぶつてしまつた、そこの梯子段の所に白衣の女が朦朧と立つて、靜かにこちらへ歩いて來るのだ そして姉妹との間に暫時停立して五六寸程の細く／＼[illegible]やうな手…先がポツーとして……怖いもので何やらかう探る樣子 それでも夜着の端から見たさにそつと見てゐると、白衣の女はやがて、本意なさそうに、もと來た方へ歩き出した。と、思つたらスウーと消ねてしまつた

翌朝姉妹は兄に話すと。

『こはがると思つて沈默してゐたが、實は俺も見た、お前も見たと云ふ以上は この家にはゐられないー』

と云つて外へ移轉したが、以前この家を建てた資産家と云ふのが妾に溺れて本妻を虐待し拔いて殺してしまつたとかで それ怨靈が出るのだと云ふ。

夏は行く（十九） 乱塔婆の陰に蠢く妖怪の群
●東海朝日新聞 昭和三年八月三日（二日夕） 3-161

妖

(19) 夏は行く

亂塔婆の陰に 蠢く妖怪の群

傘の一本足と一ッ目小僧 死靈と魔精の生活

死靈とは生物の幽魂にして魔精とは万物の變形なり 即ち世に謂ふ妖怪は、これ死靈と魔精のことなり 抑も妖怪は草木の眠る刻に其姿を現はし、風水の覺むる刻に其姿を消す定めとせり……………

△

陰にこもつた鐘がボーンとなること〻は北の墓地である、夜はしん／＼と更けて 丑の刻の鐘の音は物凄い まして空は怪しく雲き亂りざわ／＼と枯尾花を撫でる風が妙に底冷たい戰慄しこれが妖怪の世界なのである。

やがてポツリ………雨が降つて來た途端に彼方の亂塔婆のかげからスウーと鬼火がもれたすると又此方の無緣墓の下からスウーと鬼火がもえた、と見る間に亂塔婆の鬼火は『傘の一本足』となつた、同じく無緣墓の鬼火が『一つ目小僧』となつた傘の一本足は傘をすぼめて頭から冠り一本足に足駄をはいた化物た一つ目小僧はよく古寺へ現はれる奴で小人で顔の眞ん中にたつた一つ目が光つてゐる化物た

『よう、一本足ー』

『よう、一つ目か』

『お前御用か』

『ウン、お役だ お前は？ー』

『おなじくさ』

『何用だ…！』

『ムン、俺ら西へお迎へに行くのさ』

と一つ目の答へる西と云ふのは北は男怪ばかり棲んでゐるけれど、西は女怪ばかり棲んでゐる故 そこに西方淨土を利かしてつけたらしい

『フウ、そいつあ豪儀たな 俺らなんか もうヤクザな御用はつかりさ』

『おい／＼ 獸にベソをかくちやねえか 一體お前の御用は何んたいー』

『何、俺らの御用かあんまり云ひたくは無えが、死人の家へ行つて枕團子を盗んで來る役たえ〻、もうベソをかゝずにや、ゐられるけれ』

「ウッフ詰らねれ愚痴をこぼしてやがる、これも宿世の約束事た、阿弥陀経でも唱へて観念しちまへ」

「ちゝ仕方がねえぢやあ花より枕団子を盗みに出かけようかい」

と一本足と一つ目とが右と左に分れようとする処へ、鬼火をもやし乍ら現はれたのは乞食坊主の亡霊……

「ヨウ待ちねね」

を彼が声をかけるや、一本足と一つ目とは悸として振返り

「待てと呼ぶのは誰だ」

「暗くて解らねえや、鬼火をつけろい」

と咎める様に怒鳴つた。

「はゝゝ、いや誰でも無ねえさ乞食坊主だよ」

乞食坊主は破れ衣の袖を腕まくりし乍ら、近づいた

「何んだ　新米のお化か

「待てたあ　何う云ふ訳だ」

「ナニ銅も鉄も無ねがお前達の今の話しぢやあ今夜は何か法事でもある様だが何んとそうぢやねえかな」

「如何にもその通りよ、つまりお岩が地獄へお生れになつた御命日さ」

「うらんお前は新米なんで知られねな今に見ろ西から美しい女怪がぞろぞろ御入来遊ばすぜ、まあ塔婆のかげから御迎ねするがいゝや」

「何んたって女怪が来るつてそれぢや百合姫も……ウムそうだ」

と乞食坊主は何か首肯いた。

妖　夏は行く（二十）　出刃庖丁片手に残虐のほほえみ

●東海朝日新聞　昭和三年八月四日（三日夕）　3-162

夏は行く(2)

出刃庖丁片手に　残虐のほゝえみ

乱塔婆の蔭に女怪を狙ふ　妖怪共の恋愛闘争

（二）

雨は頻みに濃くなつて来た、この雨を縫つて頻りに青白い鬼火がめらめらと燃ねては消ね燃ねては消えてゐる

乞食坊主は塔婆の影からスウと顔を出して、ヂッと彼方を睨んでゐたが、俄かに視野がボウと燃ね展いたので思はず首を縮め

「うつ、何うやら来た様だ」

と歎声きながら、またも塔婆の蔭へ姿を消してしまつた

彼方からのやり鬼火が迫つて来て彼の言葉通りに幾多の妖怪が此方へと近付いて来る

めらめらと燃える鬼火、ちよろちよろと閃めく鬼火、それにまざまざと描き出された幾多の妖怪は一つ目小僧が迎ねに行つた西の女怪達であつた

さう云へば一つ目が破れた白張提灯に鬼火を燃して案内に先立つてゐる

「エゝ遠い処をうござんすからさうぞお気を付け下せね」

と一つ目がお世辞を云へばその背後にボンヤリ姿を現はしてゐるお岩が

「あらお前さん、冗談ぢやあないよ、あたし達ア揮り乍ら足なんざあ持合さないんだからねえ」

とニタリ笑ふ

「なる程、違ねねえ　へゝゝ」

一つ目は甚だ照れて頭をかく、と　お岩の背後から口三味線で義太夫を唄つて来る洒落たのがある

「ようよう」

「待つてました一

一つ目小僧は早速「ドウズル」をやつて一本足は手に枕団子の包を抱へてゐる

「いゝ声ぢやねえか」

「ウン　それにお柳さんが語つてゐるだけに一層の情がある　俺あ　何だか悲しくなつて来たぜ」

「フゝゝ　お前なんかに悲しがられたんぢやあ　お柳さんも浮ばれめえ」

なぞと両人が相変らず与太つてゐると　アレイと悲鳴をあげて空間を飛んで来る女怪があつた　お露である

「何たね、お露さん」

「冷かしちや、不可ねねぜ」

と云ひ乍ら一本足は傘をつぼめて歩き出した

雨が上つて片割月がションボリと空にかゝつた 森の奥でフクロが、ボウ〳〵と物淋しく啼くほろ〳〵と柳が散る。
月の光に鬼火が淡れて 女怪の姿も纔に映り、ともすれば風に搔き消されそうである
「もし 皆さん どうか早くお出でなされ
と一つ目がやけに叫んだ、幽靈に足がおそいと云ふのに新しい言葉だ
一本足は逃げる樣にして、さつさと急ぐ、そのあとを女怪は風に惱ましくも吹き消され乍ら楚々として行く
片割月が雲に隱れてあたりは又物凄い烏羽玉の闇に包まれて了つた、この時 乞食坊主は塔婆の蔭からニヤリと笑つて現はれたのである
多くの女怪の中にある百合姫の姿をじつと見つめてゐる
そしてその後、廻した右手には慘虐な微笑するかの樣に キラリと出齒庖丁が光つた。

隠岐国沖合で怪獣を捕る

★聖州新報　昭和三年七月二十七日　3-163

隱岐國沖合で 怪獸を捕る

六月一日隱岐國和夫郡沖合で同村中原菊治が壺網漁業に從事中怪獸を捕獲したが全身黑茶色長さ二十二尺胴廻り九尺口の直徑二尺大きなひれが六枚あり體重二百五十貫といふ大怪物で鯨でも鱶魚でもなく誰も名前を知らず每日見物人で賑はつてゐると。

南蛮の井と寝返りの間

●福岡日日新聞　昭和三年七月二十九日　3-164

南蠻の井と寢返りの間 切支丹退治の殘塵を物語る遺跡 長崎本蓮寺の怪異

長崎市西上町の本蓮寺は日蓮宗で元和六年肥前大村の本經寺第二世本瑞院日惠の創建にかゝり曹洞宗の晧臺寺淨土宗の大音寺と共に長崎に於ける三名刹の一つに數へられて居るが其敷地は慶長年間サン、ジヨアン、バプチスタと稱する吉利支丹宗門の敎會が建つてゐた跡で其敎會堂は一時は餘程隆昌したものと見へ附近には同名の町さへ出來上つたと傳へられて居る

◇◇

然るに慶長も末となり十八年の冬に至つて切利支丹宗門禁制の假令が發布せられ其翌年此の敎會堂も幕府の命を受けた大村領主により兵力を以て無殘に破壞されて了つた併しそんなひどいことをされても長崎に於ける切支丹宗門の勢力はなか〳〵侮るべからざるものがあつた

◇◇

之に憤慨した日惠は大村に於ける自分の寺は之を徒弟に委ね、決然去つて長崎に來り盛んに法華宗を説いて吉利支丹宗門の破折に努めアノ元和の殉敎として史上に著聞なバテレン以下信徒の大虐殺事件の際には坊主の癖に甲冑を着て現場で大に活動しそれが偶ゝ時の長崎奉行のお目にとまり奉行は彼の功勞に酬ゆる爲め幕府に請ふてサンジョアン、バプチスタ敎會堂跡四反九畝歩の土地を同人に下附し一寺を建立せしめたのが即ち此のお寺である

◇◇

其境内に南蠻の井と云ふのがあり此井に接近して建つて居る庫裡の内井は狹も近ひ四疊半の一間は寢返りの間と稱せられ共に此物語の遺物である其の井と云ふ

のはサン、ジョアン、パプチスタの教會堂を大村の領主が兵隊で包圍して破壊する時逃げ惑ふ多數のバテレン以下信徒の首を掻き集め十字架や聖像と共に抛り込んだ個所と傳へられお寺の住職にして信仰の薄い者にはそれが祟りを爲し四疊半の間には晝間でも白髪の老翁や凄い婦人の妖怪が現れると云ふのみならず此の四疊半の間は住職の信仰の障礙に拘らず凡そ井の方へ足を向けて寝る者は何時の間にか頭は枕と共に反對の方向に寢返つて居るとの事で現在では井も部屋も密閉し毎朝讀經を缺がさず鄭重に之を祭つて居る

◇　◇

試みにソーッと近づいて觀ると成程凄愴の氣張り鬼氣人に迫るものがありジツト之を怺へて和尙が次から次に語り出づる戦慄すべき幾多の傳説を聽いて居ると盛夏の候炎天の下にありながら肌に粟を生ずる。——寫眞は庫裡の一部で植込の右方蓋をしてあるのが南蠻井、その右方格子窓が寢返りの間（長崎支局林生）

幽　3-165　顔が半分黒焦の亡霊　●上毛新聞　昭和三年八月一日（三十一日夕）

銷夏漫談

顔が半分黒焦の亡靈

——位牌を燒かれた怨みが顔に——

何時の時代とも分らない。又何處の國の出來事かも知らない。尤もそれは妓にはつきり分らない方が却つて面白いのであるかもしれない。兎に角斯やうな傳説が何處かにあると云ふ事を傳へ聞いた儘の話だ。

×

或る夫婦ははたの見る目もうらやましい程であつた。男は實直にその日〳〵を働き、妻を可愛がる事、はたの者はいさゝかあてられる位であつた。妻は心立てよく至つて器量よし、若夫婦も時に此のやうな男女に於いてこそ樂しさは惠まれるものゝやうに見えた。しかし無常が世の姿、完全なる快樂は誰にも惠まれないのと見えて、妻はいさゝかの病氣から、どつと頭が上らなくなり、ひと七日目にはぽつこりと死んでしまつたのである。男の悲嘆は想像以上であつたらう。死んだ妻の靈も亦男を忘れかねたものと見え、亡靈となつて夜毎に男の枕頭に姿を現した。それは果敢ないとも、樂しいとも云はれない。逢瀬であつたに違ひない。しかし斯やうな幽明境を異にしての逢瀬が本當に滿足を與へ得るものであらう。本當に人間性の淋しさと云はふか、男はすゝめる人があつて新しい妻を迎へる事になつた。さあそうなると亡靈はみじめである。今迄のやうに夜毎におとづれる譯にも行くまい。新しい妻は里歸りして不在であつた、

或る夜の事、男は現在の喜び、過去の喜びや悲しみの思ひ出とに万感交々一人淋しく留守居して居ると、とん〳〵〳〵と雨戸を叩く者がある。男が雨戸をあけた時そこには亡靈が久しぶりに怨めしげに又さびしげにしよんぼりと立つて居るではないか、それは今迄のやうに樂しげなおとづれではなかつた。今迄のおとづれにはありし日の喜びを語り合つたものであるが今宵は只顔を垂れてしく〳〵泣いてばかりゐるのみであつた。その時男の心に新しい妻、亡靈、此の二つを考へると不吉な感におそはれた、そこで云つた。

「悲しからうが、あまり來てくれるな」

それは亡靈には最も大きな打撃でなければならない。今迄しやくり泣きの亡靈はわつと泣き伏したがやがて

「どうぞ私の來た事を云はないで頂戴」

斯う一言殘して何れへか去つた。此の事があつてから男の心は千々に亂れ初めた。あたらしい妻は歸つて來て、憂鬱な男の姿を不思議に思つたので譯を聞いたが仲々云は

ない。しかしつひに思ひ切つて一切を打ちあけた。あゝ嫉妬と云ふものが世にないものならば治まるであらうが、そうは行かない。妻はむらむらと嫉妬の炎を燃したのである。そこで有り來りの喧嘩になつてしまつた。遂に妻は佛壇から先の妻の位牌を取り出して火鉢の中にたゝきこんだ。あつと驚いた男がそれを取り上げた時には半分位も燒けてしまつてゐた。あたらしい妻が何れへか逐電してしまつた後、男はいよいよ淋しくなつた、或夜又雨戸を叩く音、あゝしかし男はもう雨戸をあける力もない。やうやく立ちよつて雨戸を開いた時、そこには以前の亡靈が現れてゐた。しかし今迄とは違つてまつ白の着物を着て居り亂れた髮、いよいよ青ざめた顏、いやそれよりも物凄いのは半分まつ黑に燒け焦れたその顏であつた。そして云ふ事には

『云ふたな……云ふたな……』

瘦せ細つた兩手をあげて亡靈が摑みかゝらうとする前に男はすでに昏倒してしまつて居た。

ラ　ラジオ　今日の番組　童話、幽霊噺「耳無し抱一」石川進
●河北新報　昭和三年八月一日　3-166

JOHK（仙臺）

◇同六時　童話、幽靈噺「耳無し抱一」　仙臺　石川進

ラ　童話　幽霊噺「耳無し抱一」石川進
●河北新報　昭和三年八月一日　3-167

童話

幽靈噺「耳無し抱一」

石川進

壇の浦に滅んだ平家の菩提を弔ふ阿彌陀寺といふお寺に源平のその昔をよく物語る一人の盲目の琵琶法師が居りました、名を抱一といひまして彼が壇の浦の戰ひを語る時には聽く人は勿論、遠い世界の幽靈までが涙を流して聽き入りました、或る夏の暑い夜でした、眞夜中も過ぎて抱一が一人このお寺に居ります時、突然平家の幽靈があらはれました、抱一は幽靈につれられて、平家の一門の居るところへまゐりました、抱一は壇の浦の戰ひを琵琶に合せて物語りました、それからといふもの抱一は夜な夜な平家の幽靈に誘はれては寺を出て行きました、そこでこの寺のお坊さんが大變心配をして、抱一の體中に有難いお經を書きつけて置きました、或る夜また幽靈があらはれました、抱一は幽靈につれていかれないかはりに、幽靈のために耳を取られてしまひましたかういふお話。

★　漁村を悩す榊姫の怨霊
●福岡日日新聞　昭和三年八月一日　3-168

漁村を惱す榊姫の怨靈

小笠原家に絡る古ものがたり

延命寺に供養の碑

「廣壽山に使して四つ時までに又く小倉に歸城せよ」との圓照院の命令である、榊姫は廣壽山からの歸途を急いで駕籠舁は全身汗滴に濡れたが、中津口へ來た時四つの鐘が情用捨も無く鳴り響いた、茲に榊姫は思ひ惱んだ「四つ時までに歸城せよとの無理な言ひ付けも榊姫は自分が日頃から殿様の寵を受けて居るとの邪推からの難題である、此の儘歸城せば彼の荒神のやうな家姓の圓照院様の事である、如何様な無理無體の責苦に逢ふやも知れぬ、一層此儘何處へ逃げ延びやう」と決心して榊姫は獨り濱浦へ出た――時は寛永年間、小笠原忠眞公が播州から小倉に移封せられてより幾許も經ざる頃、圓照院は藩主忠眞公の側室、榊姫は其の侍女である、廣壽山は藩公の菩提寺で足立山麓に在る

×　×

長濱浦の漁夫は涙に泣き濡れてゐる見目美しき榊姫を見て夫れと覺つた、榊姫の言ふ儘に下關へ逃がしてやつたら圓照院様の後難が恐ろしい、夫れよりもお褒めの言葉に預からうものと、漁夫は船を馬關へ向けると見せて城内に漕いで行くと注進をした、紫電一閃、

延命寺の榊姫供養の碑

榊姫は家老の刃の露となつて鮮血はお濠の水を紅に染めたが其の際姫は『我れを詐はつて城中に引渡したる怨みの一念、必ず酬ゐずに置く可きや』と不信の漁夫を深く恨んで死に就いた

× ×

夫れより姫の怨靈は夜な／＼長濱の漁人を惱ました、海は時化る、不漁は續く、殊に其の漁夫の家は癩病に見舞はれ不具な兒が生れ果ては子孫死に絶ゆる、と云ふ恐ろしさに、里人は岩礁の一角に小社を建て榊姫神社と呼んで朝な夕な香華を手向けた

× ×

歳月流れて大正二年、小倉市の實業家小林徳一郎氏の請負で小倉鐵道海岸線工事を長濱でやつてゐると四名の工夫が不慮の死を遂げるやら其他不氣味な事が頻發する、調べて見ると榊姫の祠を取毀した事が良く無いと言ふので榊姫神社の岩石を富野の九軌延線なる延命山觀音寺境内に運び此の寫眞に在るが如き供養の碑を建て懇な施餓鬼を執り行つた、碑は長濱浦から彦島一帯を一眸に收むるの高丘に在る、今では女の腰から下の病氣を平癒すると云ふ話が傳はつた下關、門司方面から來て紅、白粉を供へて祈願する者が少く無いと言ふ事である

× ×

榊姫神社は明治四年富野須賀神社に合祀せられた事になつてゐるが明細帳に漏れて其の由緒が詳かで無い、一説には殿様の榊姫寵愛の事實を否定し單に使の刻限に後れたから逃げやうとしたとも言ひ又市誌『鵜の眞似』には細川三齋忠興の時代とあり、又『倉府俗話傳』には或る當國主の妾と言つて居るかと思へば『豐前地理鑑』には一の戀物語となし其の爲めの御手打としてある、殿様の侍女を何故に榊姫と呼んだかに就ては別に名があつたのを千二三百年前に在つた榊姫と云ふ物語とゴッチャにしたのであるとも傳へられてゐる（小倉支局北光生）

亡友の姿が忽ち腐爛屍体に　大内氏時代秘録（二）　昭和三年八月一日　3-169

●馬関毎日新聞

幽

大内氏時代秘録（二）

亡友の姿が忽ち腐爛屍體に

葬式前に消え失せた亡者　眞夏の夜の物語り

眞夏の夜の、あのなつかしくも嬉しい月光のもとで、冥府から迷ひ出た武太夫と榮三郎は、絶ゆる事を知らぬ物語りに、耽つてゐたのであるが、さるほどに家の軒も三寸下ると云はれる丑滿時となつて殷賑を誇る山口城下の街々にも死のやうな沈默が訪れて來た。サラ／＼と夜風に鳴る笹、遙かゝらの微な響は水鷄であらう。

◇

其處には水のやうな月光を浴びて青疊の上にクッキリと影を落し物の化のやうに二人は坐はりつくしてゐたが、やがて武太夫は居ずまいを直し喰ひ入るやうな眼を榮三郎に向けて

『デハ榮三郎又一年のお別れだ。夜が明けるから俺はあの世に歸るからノー』

と云ひつゝ立ち上つたと思ふと武太夫は何かに突きとばされたやうにブッ倒れた。それと共に、これは又どうしたことか急に鼻もちもならぬ惡臭が室中に滿ちた。榮三郎は思はず顔をしかめてブッ倒れた武太夫を月の光りにすかして見た、ト……其處に横たはつた武太夫の身體は武太夫とは似ても付かぬ大きな身體ではないか。武士に生れた榮三郎も何がしら物の怪に襲はれたやうにゾッとした、脊筋に冷たいものが走つたやうに身を縮め、身じろぎもせず聲も立て得ずじッと奇怪な屍に見入つてゐる中に夜は白々と明け放れた。

◆

ものゝ一時以上もジーッとしてゐた榮三郎は四邊が全く明るくなつて始めて我にかへつて改めてソノ惡臭を放つ奇快な屍を見た。しかしそれは矢張り武太夫ではなくて似てもつかぬ腐りかけた百姓風の若者の屍であつた。

榮三郎は餘りのことに夢遊病者のやうな足取りで外に出た。そして通りがゝりの者を捉へて昨夜から

の有様を物語つた。噂は忽ち山口の町に行き渡つて榮三郎の門前には物珍らし氣な町の人々が殺倒した。そして何れも此の奇怪な事實に戦慄せぬ者はなかつた。その中に晝頃に來た百姓がソノ屍を見ると急に顔色をかへてとび上つた。人々はドヨミを作つて其の男を見た。

『ハテ不思議なこともあればあるものかな此の亡者はヤツガレの伜で三日前に死にましたのを葬らしやうとするとにわかに屍が無くなりましたが玆にこうして來てゐるとは……』

いきなり座敷に飛び上つた百姓の親父は斯う云つてサメザメと泣き出した群がつた人々は色を失つて一齊に南無阿彌陀佛を唱へ出した

ラ　ラジオ　今日の番組　常磐津「戻り橋」

●河北新報　昭和三年八月二日　3-170

JOHK（仙臺）

◇午後八時

常磐津「戻り橋」

東京　浄瑠璃　常磐津紙太夫

同　同　大和太夫

三味線　同　麒之助

上調子　同　麒三郎

ラ　常磐津　戻橋

●河北新報　昭和三年八月二日　3-171

常磐津

戻橋

浄瑠璃　常磐津紙太夫

同　同　大和太夫

三味線　同　麒之助

上調子　同　麒三郎

□解　説□

尾上家の三代目梅壽菊五郎といふ人は妖怪物を最も得意とした人でそれ以來お化けは音羽屋の家の藝になくてならないものとなりました。五代目菊五郎が蒐録した新古演劇十種には勿論妖怪ものが取入れてあります、この戻り橋なんかもその一つなのです、戻り橋は明治二十三年十月默阿彌が筆をとつて五代目のために書卸し木挽町で上演したものです。今では常磐津としては代表的のものとなつてゐます。筋は渡邊綱が從者をつれて夜陰に一條戻り橋を通るとうつくしい扇折早百合に出逢ひます。早百合は悪鬼でありまして色仕かけで綱を陥れやうとしたが見顯はされますので正体を現して綱を中空に引きあげたが腕を切られて消え失せます。

□浄瑠璃ぬきがき□

へ姿やさしき花菖蒲、引きつ引かれつ澤水に、袖もぬれにしこそならんへそれは御身の思ひ違ひ。かかる名もなき田舎武士、誰が思ひをかけやうぞへイエ〳〵立派なお名ゆゑにへ何立派な名とはへ當時内裏を警衛に、都へ上りし源の頼光朝臣の身内にて、渡邊源次綱殿ゆゑへヤ如何致して其の名をばへ戀しく思ふ殿御故、とくより存じて居りまするへ戀しく思ふといふは僞はり、御身がわが名を存ぜしは、妖魔の術であらうがなへ星をさゝれて打驚きへ何妖魔の術ではへみめよき女に化するとも、その本性は悪鬼ならんへ何とへ汝は心づかざりしか、月の光りに映りたる、影は怪しき鬼形なりしぞへヤアへ其本性をあらはせよへいふに妖女も忽ちに、憤怒の相を現せばへ後ろに窺ふ郎黨が、觀念せよと、組つくを、事ともなさず振り拂ひへわれは愛宕の山奥に、幾歳棲みて、天然と、業通得たる悪鬼なり。車輪の如き目を見開き、焔を吐きし有様は、身の毛もよだつばかりなりへさてこそ悪鬼でありしよなへイデこの上は汝をば、わが隠れ家へつれ行かんへ小癪なことをへ引き立て行かんと立ちかかれば、綱は生どりくれんずと、勇力振るふ時しもあれへ一天俄にかき曇り、震動なして四方より、黒雲蔽ひ重なりて、綱が襟上むんずとつかみへ砂石を飛ばす暴風につれて虚空へ引上ぐればへ髭切の太刀抜き放し、鬼のかひなを切り拂ひ、どつと落ちたる北野の廻廊へ悪鬼はむらがる雲隠れ、光りを放ちてうせにけり。

資　「郷土怪談」募集

●山形新聞　昭和三年八月二日　3-172

『郷土怪談』募集

科學萬能を謳歌する一方、尚科學に依つても解決がつかないと云ふ色々な事を我々は常に耳にする。その中、とりわけ古來からの神靈談や妖怪談に就いては夏の夕涼み新秋夜長の談り草として、縁邊に爐邊に談り古され聞き古されて居りながらそれへ明快な解決を與へて吳れた者は未だ誰一人居りませんでした。死んだ井上圓了博士などは幽靈の存在を極力主張してゐた事は周知の事實です

ばけ物の正体見たりかれ尾花

などと一蹴し去るには、忍びない色々の物語りが乾度讀者諸氏の身邊にも轉がつてゐるに違ひありません。それを募集いたします。文章の巧拙はかまひません。なるべく不思議なもの、凄かつた事――事實談でもよし、噂ばなしでもよし、傳說でもよし、そのいづれでもよろしい奮つて御投稿を希望します。尚紙上掲載の分には薄謝を進呈いたします＝（締切は八月十日）＝

ラ　ラジオ　今日の番組　謡曲（宝生流）「土蜘蛛」…

●河北新報　昭和三年八月四日　3-173

JOHK（仙臺）

◇午後零時十分
謡曲（寶生流）
「土蜘蛛」
東京
シテ、地　瀬尾要
頼光、地　高橋則之
ワキ　田部井次郎
ツレ　淺倉六郎

▼義太夫
奥州安達原（袖萩祭文の段）
東京　淨瑠璃　竹本越駒
三味線　竹本津賀榮

ラ　謡曲　宝生流　土蜘蛛

●河北新報　昭和三年八月四日　3-174

謡曲

土蜘蛛

寶生流

ツレ　胡蝶　淺倉六郎
シテ　僧形の者　瀬尾要
ワキ一人の武士　田部井次郎
頼光　高橋則之
地　高橋則之　瀬尾要

ツレ次第へ浮き立つ雲の行方をや風の心地をたづねん サシへこれは頼光の御内に仕へ申す胡蝶と申す女にて候 詞へさても頼光例ならず惱ませたまふより典藥の頭より御藥を持ちたゞ今頼光の御所へ參り候いかに誰か御入り候 トモ詞へ誰にて候ふぞ シテへ典藥の頭より御藥をもちて胡蝶が參りたるよし御申し候へ トモへ心得申し候 御機嫌を以て申しあげうずるにて候 頼光サシへこゝに消ゆかしこに結ぶ水の泡の浮世にめぐる身にぞありけるげにや人知れぬ心はおもき小夜衣の恨みん方もなき袖をかたしきわぶる思ひかな……中略……

ワキへ然りとはいへども地へしかりとはいへども神國王地のめぐみをたのみ彼の土蜘蛛を中にとりこめ大勢みだれかゝりければ劔の光りに少しおそるゝ氣色をたよりに切り伏せ〳〵土蜘蛛の首打ち落しよろこびにいさみ都へとてこそ歸りけれ

歌右衛門の袖萩

義太夫

奥州安達原

袖萩祭文の段
淨瑠璃　竹本越駒
三味線　竹本津賀榮

□解説□

作者は近松半二、寶暦十二年九月大阪竹本座の操りに上演したもので全部で五段から成り袖萩の件は三段目で通例「安達の三」と呼ばれて居ります

□筋□

安倍貞任の忠臣善知鳥安方は貞任の一子千代童の藥の代に禁制の鶴を殺したが安倍宗任はその下手人として都に上り八幡太郎に一矢を報ひやうとします、宗任が引かれたのは八幡太郎の館でありますがその舅に當る謙丈直方は環の宮を守護してゐるが宮は何者かに奪はれて申譯に切腹しなければならぬハメとなります、直方夫婦には袖萩といふ一人娘がありますが親の許さぬ安倍貞任の妻になつたゝめ勘當され今は落人の夫貞任の行方を尋ねて流浪し袖乞ひ姿になつて眼を泣き潰しやうやくたどり着いたのは八幡館の垣の外でありました。直方夫婦は親の恩愛を義理に曲げて對面を許しません。衣川の戰ひに負けた貞任も桂中納言教氏と名乗つてこの館に僞勅使となつて乘込んでゐます。計らずも夫婦兄弟がめぐり逢ひ貞任は夫のために父の首を所望したが直方は宮を奪はれた責を負つて切腹しますので事足れりと袖萩も自害します、

八幡太郎は寛仁大度の大將で兄弟を見破つたがそのいきまくのを詞止して戰場で逢はうと約束して落してやります

□淨瑠璃ぬきかき□

へ不憫やお袖はさぼ〳〵と親の大事と聞くつらさ、娘お君に手を引かれ、親は子を杖子は親を、走らんとすれざ雪道に、力なく〳〵たどり來て、垣の外面にアヽうれしや詞誰も見咎めはせなんだか。イヽエ、門口に侍衆が、居眠つて居やしやつた間に。オヽ賢い子ぢや、讒杖樣はこの春から、まのお屋敷にはござらず、この宮樣の御所にと聞いて、どうやらかうやらこゝまで、來る事は來たれども、御勘當の父上母樣、誰か取り次いでくれこのなりで、誰か取り次いでくれる者もあるまい、お目にかゝつて御難儀の樣子がどうぞ聞きたやさぐればさはる小柴垣、詞ム、こゝは、お庭先の柴門、戸をたゝくにもたゝかれぬ不孝の報い、この垣一重が鐵の、門より高う心から泣き聲さへもはゞかりて簀戸にくひつき泣き居たり

獣

狐につままれ臭い浴槽に（一）

●上毛新聞　昭和三年八月四日　3-175

綠陰漫談

狐につまゝれ臭い浴槽に一夜をあかした

粕川村の角さんの話(一)

角さんと狐との怪奇的な因縁話は赤城山麓、粕川村を取り囲む村落では離れ知らぬものはなく、話の種を蒔いた角さんの一家は今も須藤與三郎さんが繼承し今でも立派な營みをつづけてゐると聞く、左の一篇は赤城山室澤の老人須藤與一郎氏の茶飲み話をかいつまんで記したまでゝあることを附記せよ

◇

角さんは晝飯を食べると、鍬を肩に、鉈豆煙管へ手作りの荒い刻みを詰めて、すぱりすぱりと吸ひながら家を出た。晝前からやり掛けの西田ん圃へ一番作を切りに出かけたのである。赤城山のてつぺんに斑に殘つた雪が遠く北空に霞んで、雲雀が何處かで鳴いてる。うらうらと照る日が、頰かむりの手拭の端を外て角さんの顔に眩しい

◇

俗に熊野と呼んで、權現樣が何かの石宮が建つてゐる枯れ草の塚の前から、南へ切れる馬入れの細路が、角さんの持田の所謂西田ん圃へつゞいてゐる。三反五畝ほどある角さんの谷田の東は、細畑一つ隔てゝ、淨雲寺沼といふ氣味の惡い程青い水を湛へた灌漑用の貯水池になつてゐる。

◇

ゆる〳〵と煙草を吹かしながら馬入れを歩いて來た角さんは、我が田の七八間手前まで來た時、鉈豆煙管の吸ひ殼を、擔いだ鍬の柄でカチ〳〵とはたいた。途端にハッとしたやうに足を止めたが、額に皺を寄せてじッと前方を視つめたやがてにやりと笑つて角さんは忙しく鉈豆煙管を腰に入れて鍬にはきんだ、角さんは沼の上手の枯芝の上に狐が寢てゐる大きな狐を見つけたのである。角さんは『こんな時に鐵砲を持つて來ればなア……』と一寸殘念に思つたが鍬で打ち殺すには近寄らないうちに狐の方で氣づいて逃げるのは必定、今日は一つ狐の奴魂消してやれと思つた。

◇

角さんはぬき足さし足息を殺し、音のしないやうに沼の上手の枯芝を踏んで狐に近づいた。べら坊によく眠つたものと見えて、狐は詐々しい狐色の毛並に靜かに波を打たせて好い心持さうに寢てゐる。この分では或は打ち殺せるかとも思つて見たが、妙に男氣といたづら氣のある角さんだ、手頃の處へ接近した時、一振高く鍬を振り上げたがサッと鍬を上げると同時に、狐から二尺ばかり離れた處の枯芝の上をパターンとひつぱたいたものである。

獣

狐につままれ臭い浴槽に（二）

●上毛新聞　昭和三年八月五日　3-176

綠陰漫談

狐につまゝれ臭い浴槽に一夜をあかした

粕川村の角さんの話(二)

◎案の定、ハツト眼をさました狐は、驚きざまに後足で枯芝を踏ん切つて、七八尺も宙へすつ飛び上つた、飛びあがつたのはいゝが、前後の見さかひもなく沼の上へ飛び上つたのだから堪まらない、狐は宙に半圓を描いて、浮雲寺沼の深碧へ水煙を立てゝドブーンと落ち込んでしまつた。角さんは狐の踏ん立てた枯芝と下顎の交錯した素晴らしい跳ひを靜に眺しながら、[illegible]上の成功にさも痛快で堪まらないらしく、ワツハツハツハとひとりで聲を立てゝ笑つた、落ち込んだ勢ひと自身の重みで暫らく水中へ潜つた狐は、水面に浮かび上ると飛び込んだ方とは反對へ向つて泳ぎ出した、やがて十五六間ある東の岸へ泳ぎつき漸く枯草を分けて這ひ上つた。

◎狐の這ひ上つた沼の東は土手から直ぐ雜木林になつてゐて、其處から四五丁へだてた浮雲寺といふ古寺の裏の墓地に續いてゐた。岸へ上つた狐はぶる／＼つと身ぶるひをして、角さんの方を一度振り返つたが、間もなく雜木林の奧へ姿を消してしまつた、角さんは狐の見えなくなるまで沼の土手に鍬を突いて見送つてゐたが、如何にもいたづら氣の滿足したらしい面持ちでもう一度溢れるやうな笑ひ聲を洩らした。

◎角さんはやがて沼の土手から細畦を飛び超えて自分の田の畦へ立つたが「どうれ」と獨り言して絆纏を畦へ脱ぎ捨て、頬かむりをキリヽと鉢巻にしかへて麥の作を切り始めた、雲雀が晴いてゐて、午後の日がほか／＼と背中に暖かい、黒の土の香ひや麥の香ひが鼻へ熱く口づけるのを快よく思ひながら角さんは、この四五日めつきりと綠の腰を立てゝ來た麥に促されるやうな心持になり、もう狐のことなど忘れてせつせと作を切つた。

◎暫らくすると角さんは、何だか妙にうそ寒い風を襟元へ感じて來た、足元の日が急にかげつたので「ハテな、これは又雨になるのかな」と思つて、ヒヨツと腰を伸して見上げた時には、もう空が一面に曇つてゐた「何ちう氣まぐれな天氣だんべえ」とつぶやきながら又作を切りつゞけた角さんの襟首へ、今度はつめたい大粒の雨がポツンと當つた、つゞいてポツン／＼と足の甲にも鎌の柄にもぶつかつた「これは一雨降るな、夕立の氣だんべ」と角さんが鎌を[illegible]も挑はずに、一先づ何處へか雨宿りに行かうと思ふ間にザーツと吹き降りになり、あたりが次第に暗くなつて來た。

◎まだ日が暮るには早いと思ふが、矢つ張りもう暮たのかと思つた、あたりはもう一寸先も見えない程暗くなつた、角さんは吹き降りの雨にびしよ濡れになりながら暗闇で考へて見た、さつき狐を驚かしてからまだ間もないやうな氣もするが、もう長い事時間が過ぎたやうにも思はれる、角さんは矢つ張り一生懸命作を切つてゐる間に思ひの外早く日が暮たのだなと思つた、それでもだん／＼雨は小降りになり、四辺も靜かになつたが、あたりは矢つ張りまつ暗闇である

獸

狐につまれ臭い浴槽に（三）

●上毛新聞　昭和三年八月六日　3-177

綠陰漫談

狐につまゝれ臭い浴槽に一夜をあかした

粕川村の角さんの話(三)

角さんは暗闇でも案内知つた吾が田の畔傳ひに馬入れへ出て歸るつもりで、暗中を手探り足探りに歩き出した。すると浮雲寺の方角に當つて、只一つ人家の燈火らしいのがまたたいて見えた。角さんの足はおのづから引きつけられるやうに、その燈火の方へ向つて歩き出した。●細堀を跨いで沼の南の土手と思ふを、探り探り辿つて、だんだん燈火のある處へ近づいて行つた雨はもう止んでゐるが、どうにも寒くなつて我慢が出來ない。近づいて見ると燈火は、暗闇にはつきりと茅葺き屋根の輪郭を

狐につままれ臭い浴槽に（四）

獣　●上毛新聞　昭和三年八月七日　3-178

緑陰漫談

狐につまゝれ臭い浴槽に一夜をあかした

粕川村の角さんの話（四）

麥の播き付けが終り、秋の收穫がすつかり片付いたので、角爺さんは久しぶりに今日は伸んびりと朝寢をして起き出した。初冬の日の暖く射す椽側で、手馴れの火繩銃の掃除をするともうお午になつた。

◙

「爺さん」とは云つてもまだ五十がらみ、總領のお宗に婿を取つて孫が一人あるので、家内の者や近所の者から爺いさん爺いさんとは云はれるが、壯健で多慾な力自慢、殊に鐵砲は角爺いさんの得意とする處で、鐵砲は飯よりも好きであつた。百姓の仕事がお[illegible]きで大[illegible]に出やうと樂しんでゐた[illegible]いさんは、其日の午後手始めに兎の一つも取つて來るつもりで出掛けた。

◙

描いた白壁家の小窓の古障子にぼんやりと映つてゐて、家の中ではごそごそ人のけはいがしてゐた。軒下に立つて障子の破れ穴からそつと覗いて見ると、入口の土間に向つた圍爐裏で七十ばかりの老婆がひとりで火を焚いてゐる。煤けた自在鍵に雜炊の鍋が懸つてゐて、榾の火が寒さにふるへてゐる角さんを誘惑する樣に赤々と燃えて見えた角さんの頭にはもう時や處に對する觀念はなくなつてゐた

◙

「今晩は今晩は」

角さんは遠い旅路を行き暮れた旅人のやうな心持で案内をこうた、内からは直ぐ、嗄れた老婆の聲でいらへがあつて、おとずしと破れ戸をあけて呉れた、戸口を這入つた角さんは寒くて仕方がないからあてゝ呉れと云つて吸ひつけられる樣に自分から圍爐裏の傍へ近寄つた、婆アさんは愛想よく『もつと火の側へ寄つてよくお當んなされ』と云つて、どん／＼火を燃して呉れた、角さんは『ありがたいありがたい』と云つて爐ぶちへ腰をおろし、濡れた野良股引の兩脚を爐の灰の中まで踏ん込んで暖を取つた、榾が燃えくづれておきが澤山出來たのを、婆アさんは十能で角さんの足元の方へ掻きひろげながら『さアどうぞ、さアどうぞ』とすゝめた。

◙

角さんはだん／＼暖かくなり、體に暖みが廻いて毛脛へ焼きつく樣に熱くなつたので、だんだん足を引いて後じさりをした婆アさんは角さんが足を引くまゝに『さアどうぞ、さアどうぞ』と云つておきをひろげた、角さんはあまりあつくなつて堪まらないので、今度は一度に小一尺も尻を後に引いた、トタンに爐ぶちと思ふ處から俄に尻が外れて、あつと思ふ間に、うしろへ眞つ逆樣に轉落した、つゞいてドブーンと物凄い音を立てゝ角さんのからだは急につめたい水中深く突ツ通さつてしまつた、角さんは不意の事とて水中で鼻から口から、したゝか水を呑んだが、それと氣づいては素より水練に心得があるから、どうにか水面に浮かび上つた、浮かび上つて眼をあいて見ると、其處は浄蓮寺沼の東の岸から六七尺離れた處で、あたりはまぶしいほど日のカン／＼と照る明るい晝間であつた。

◙

それでもまだ何が何やら夢我夢中で角さんは東の岸へ泳ぎつき、狐が這ひ上つた處と同じ場所を、濡れねずみのやうになつて這ひ上つた、漸く夢からさめたやうに吾にかへつた角さんの頭の中を、狐が驚いて飛び上つた光景や、濡れねずみになつて雜木林に隱れたうしろ姿や、俄雨やら老婆やらの記憶が一緒になつて忙しく廻轉した、沼の水面や、土手の枯草の上に、まだ八つ過ぎの春の日が靜かに陽炎を這はせてゐるのが、人を馬鹿にしたやうに角さんの眼に映つた、西田ん圃の上では雲雀が何事もなかつたやうに啼いてゐた。これは文久の頃、舊二月末つ方の日中、角さんがお狐樣を驚かしてから二時間足らずの間の出來事であつた。

角爺いさんの家の裏は「上の山」と呼ぶ一帶の雜木林で、林の中を貫く細道が北へだら〳〵上りに赤城山まで續いてゐた。手製の草鞋にかさこそと落葉を踏んで行く角爺いさんの足音が、初冬の靜かな林の中へ透るやうに響いた。小鳥がチッ〳〵と鳴いて落葉の中から飛び立つた。林の梢の上から、上半身を現してくつきりと青空に浮き立たせた赤城の姿が、角爺いさんの眼にも美しいものに見えた。

◇

七入[illegible]のまつて來た獸に出會

龍源寺といふ禪宗の古刹で、寺の裏山一帶の雜木林を里人は龍源寺山と呼んだ。龍源寺山をあちこちと半時あまりさまよつたが其の日はどうしたものか、兎一匹雉子一羽にも出會はしない。鳩や懸巣ならいくらもゐるが、そんなものは角爺いさんの眼中になかつた。今日は初獵だから何か一つ取つたら早く歸らうと思ふので、角爺いさんは少し焦燥の氣味で、落葉を踏み立てゝ林の奥へ這入つて行つた。傾く冬の日脚が美しく林の中へ透つて、雜木の根方に散り殘つた紅葉が赤々と燃えた。

◇

今日はいよ〳〵駄目だと呟いた角爺いさんは目の前に一抱へ程の圓い石が半分落葉に埋もれて頭を出してゐるのがあつたので、それへ腰をおろして休息した。煙草を吹かしながら、今日はしかたがないから寝の土産に猟の一つも打つて歸らうかと考へた。ふと其時十數間前の木立の中をのそり〳〵と歩いて行く貉の後姿を發見した。角爺いさんの胸は躍つた。右手がそつと伸びると側へ置いた鐵砲が引き寄せられた。打ち頃の距離なので角爺いさんは其儘片膝立てになり、用意の火繩を取つて追ひ打ちに覗ひを付けた。

◇

ズドーンと一發空林の靜寂をつんざいたが角爺いさんは、手ごたへで駄目と直感した。貉はキヤツと悲鳴を上げながら、左の後足をかゞめて三本足で跳び出したが疾風の如く落葉を蹴立てゝ忽ち木立の奥へ逃げ込んでしまつた。逃げた貉のあとを見送つて殘念さうに第二彈を込めた角爺いさんの足は、自然と貉の逃げ込んだ木立の方へ向つた。草鞋がけの爪先に冷氣を感じながら、大分深く這入つたのに氣づいた時には、もうとつぷりと日が暮れてゐた。

獸　狐につままれ臭い浴槽に（五）
●上毛新聞　昭和三年八月八日　3-179

綠陰漫談

狐につまゝれ臭い浴槽に一夜をあかした

粕川村の角さんの話（五）

角爺いさんは赤城へ一番近い室沢村の東あたりへ自分が來てゐる事を知つたので、林傳ひに室沢へ出て歸るつもりで其方向へ歩き出した。だがいくら行つても同じやうな林つゞきで室沢へ出られない。「これは方角を違へたかナ」と暫らく足を止めて考へて見た。あたりはもうすつかり暗い夜の幕に閉ざされてゐた。こんな時には心を落ちつけて方角を考へるに限ると思つたので、そのまゝ其處へ腰をおろして煙草を取出した。

◇

いつどうか火繩の火が消えて居たので火口を切つて煙草を吸ひつけた。心の中で、撃ち損ねた貉の返報を思はないではなかつたが、大膽な角爺いさんは殆んど氣には止めなかつた。一二服吸つてゐるうちに室沢と思ふ方面が何だか明るいやうに思はれるのであつた。大變！あれが室沢であつたのかと、一縷の光明を見出だした心持ちで角爺いさんの心も明るくなつた。やがて木の間を透して燈火の散らつくのが見えた。いよ〳〵元氣づいて立ち上つた角爺いさんは、燈火を目當に林の中の闇を辿つて行つた。

◇

急に林が盡きたと思ふと、室沢の赤城通りへ出た。燈火は赤城

獣　狐につままれ臭い浴槽に（六）

●上毛新聞　昭和三年八月九日（八日夕）　3-180

緑陰漫談

狐につまゝれ臭い浴槽に一夜をあかした

粕川村の角さんの話（六）

通りから田ん圃一つ隔てた室澤の大盡叶屋の門を出這入る提灯であつた室澤の叶屋と云へば代々馬喰の親方で土地の舊家である。此春叶屋から馬を買つた事のある角爺いさんは、叶屋一家の者とは見知り越しなのを幸ひ提灯を借るつもりで田ん圃を越えて叶屋の門前へ出た。

◇

先から提灯の出はいりが烈しいので、何事かあるのだなと思ひながら、門へ近づいた時にパッと明りがさして、ドヤドヤと門内から松火を持つた村の若い衆が大勢出て來た、角さんは「今晩は何事でがんすか」とたづねて見た。すると若い衆の中から「やあ角さんぢやねいか、いゝ處へ來た今夜は叶屋の御祝儀だまあ寄つて一杯のんで呉れ」といふ者があつた、見ると知らない顔だが先方は自分を知つてるらしい。今花嫁が來るので若い衆が迎へに出る處であつた。

◇

角さんは門内へは入つたが御祝儀ときいたので火[illegible]を持つた自分の姿に氣がひけて、一寸躊躇してゐると、又家の中から酔拂ひの一團がどやどやと出て來て「やあ角さんだいゝ處へ來た」といふので、草鞋を脱がされて到頭座敷へ引つ張り上げられてしまつた。

◇

叶屋の大廣間は燭の光で晝のやうに明るい。膳部が並べられて大勢の客が酒を飲んだり歌を唄つたりしてゐた。お勝手の方では煮物のけむりが立ち罩めた中で手傳ひの女達がたすきがけで右往左往に働いてゐた。叶屋の主人の顔は見えなかつたが、この家から此春馬を買つた事を思ふと、角爺いさんは御馳走の前に座つても満更他人ではないやうな氣がして氣安かつた。十六七の小娘がお酌をして呉れた。角爺いさんは空腹を感じてゐたので、酒も甘く飲み、色々の御馳走を充分に食べた。

處へ「お客さまお湯に這入つて下され」とお酌に出た小娘が來て言つた。湯の好きな角爺いさんはもう遠慮などはしてゐなかつた。案内されるまゝに座敷から土間へおりて行くと、内庭の隅に据風呂があつて、風呂釜の口に赤く火が見へた。其前の縁臺の上へ着物を脱いだ角爺いさんは風呂に這入つた。

◇

陶然と酔ひの廻つた角爺いさんは、とつぷりと湯の中へ體を沈めて、[illegible]好い氣持になつて欠伸を一つした。先の小娘が湯加減を聞きに來たので角爺いさんは「少しぬるい」と言つた。そのうちに奥の座敷の方で、花嫁花婿の取結びの式が始まつたと見へて「高砂や」の謡ひを唄ふのが聞へて來た。謡ひは鐵砲と力業と共に角爺いさんの自慢の一つである。好きな事とて耳を澄まして謡ひの聲を聞いて見ると、どうもその下手なこと甚しい。角爺いさんはそれが歯がゆくてならない。自分で謡つて見たくて堪らなくなつた角爺いさんは風呂の側を枕にしてゐた頭を上げて「謡ひは斯う謡ふもんだ」と言つて一寸見得を切つたが、頭を又元の位置に安定させると、目を細くして自慢の聲を張り上げて『ターカーサーゴーヤー』とうたひ出したものである。

◇

一方角爺いさんの家では、爺いさんの歸りが遲いので心配し出した。遲くまで夜なべをしながら待つて見たが歸らない。婿の辰三郎が舅への義理に提灯をつけて裏山から龍源寺の邊りまで捜しに出たが空しく戻つて來た其夜は心配しながら家内の者は寝についた。

◇

逸早く目をさました角爺いさんの連れ合ひのお幹婆アさんは「辰や辰や」の呼んで辰をおこした。「なんだか外で唄ア唄ふやうな聲がするが爺いさんちやアなかんべいか」と言ひながらお幹婆アさんが起き上つた。續いて「爺いさんだ」「爺いさんの聲だ」と言つて嫁も娘のお宗も起き出した。

◇

戸をあけて外へ出て見ると、夜が明け放れた處で庭には霜が白くおりてゐた。聲は下屋の方から聞へて來る。聲のする方へ辰三郎が先に立つて急いで行つて見たがあツと驚いて立ち上つた。つゞいて娘も婆アさんも駈けつけたが、これも又まあと顔を見合せるばかりで言葉が急には出なかつた。角爺いさんが糞溜の中から首だけ出して、ちよん髷頭を振り立てながら眼を細くして唄ひを唄つてゐたのである。

「どうしたんだ爺いさん」とお幹婆アさんが怒鳴つた。「爺いさん」「爺いさん」と娘も嫁も呼んだ。そして三人がかりで漸く糞溜の中から爺いさんを引き上げた。

◇

正氣になつてから角爺いさんは昨日からの出來事を辿つて話した。矢つ張り狢に敵うちをされたんだと、家の者も角爺いさん自身も思つた。しかし角爺いさんには、昨日の記憶があまりにまざ〳〵としてゐて、どうしてもそれが事實のやうに思はれて仕方がなかつた。それで其日のうちに婿の辰三郎を一里ばかりある室澤の叶屋へやつて、昨夜の事を聞き合せて見たが、叶屋には別に御祝儀も何もなかつたといふ事であつた（これは[illegible]郡粕川村[illegible]藤原三郎氏の家に残る實話です）

顔が半分…黒焦の幽霊　位牌を焼かれた怨み　3-181

幽　★京城日報　昭和三年八月四日（三日夕）

銷夏漫談

顔が半分……黒焦の幽靈

位牌を燒かれた怨み

何時の時代とも分らない、又何處の國の出來事かも知らない、尤もそれは茲にはつきり分らない方が却つて面白いのであるかも知れない、兎に角斯うした傳説が何處かにあつたと云ふ事を傳へ聞いた儘の話だ

×

或る夫婦ははたの見る目もうらやましい程であつた、男は律直に其の日〳〵を働き、妻を可愛がる[illegible]、はたの者はいさゝか當てられる程であつた、妻は心立てよく至つて器量よし、若夫婦も特にこのやうな男女においてこそ樂しさは惠まれるもののやうに見えた、しかし無常が世の姿、完全なる快樂は誰にも惠まれないものと見えて、妻はいさゝかの病氣から、どうと頭が上がらなくなり、ひと七日目にはぽつくりと死んでしまつたのである。男の悲嘆は想像以上であつたらう。死んだ妻の靈もまた男を忘れかねたものと見え、亡靈となつて夜毎に男の枕頭に姿を現した。それははかないとも、樂しいともいはれない逢瀬であつたに違ひない。しかしかやうに幽明境を異にしての逢瀬が本當に満足を與へうるものであらうか。遂に人間世の淺ましさといはふが、男はすゝめる人があつて新らしい妻を迎へることになつた。さあそうなると亡靈はみじめである。今までのやうに夜毎に訪れる譯にもゆくまい新しい妻は里歸りして不在であつたある夜の事、男は現在の喜び、過去の喜びや悲しみの思ひ出とに萬感交々一人さびしく留守居して居ると、とん〳〵〳〵雨戸を叩く者がある。男が雨戸をあけた時そこには亡靈が久しぶりにうらめしげに、又さびしげにしよんぼりと立つて居るではないか。それは今までのやうに樂しげな訪れではなかつた。今までの訪れにはありし日の喜びを語りあつたものであるが今宵はたゞ頭をたれてしく〳〵泣いてばかりゐるのみであつた。その時男の心に新しい妻、亡靈この二つを考へると不吉な感に襲はれた。そこでいつた。

『悲からうが、あまり來てくれるな』

それは亡靈には最も大きな打撃でなければならない。今までしやうく

り泣きの亡靈はわつと泣き伏したが、やがて
『どうぞ私の來た事をいはないで頂戴』
かう言ひ殘して何れへか去つた。
この事があつてから男の心は千々に亂れ初めた。新しい妻は歸つて來て、憂鬱な男の姿を不思議に思つたので譯を聞いたが仲々いはない。しかしつひに思ひ切つて一切を打ち明けた。あゝ嫉妬といふものが世にないものならば治まるであらうか、そうは行かない。妻はむら〳〵と嫉妬の炎を燃やしだのである。そこで有來りの喧嘩になつてしまつた。妻に妻は佛壇から先の妻の位牌を取り出して火鉢の火に叩きこんだ。あつと驚いた男がそれを取り上げた時には半分位も燒けてしまつてゐた。新しい妻が何れへか逐電してしまつた後は男はいよ〳〵さびしくなつた。或夜又雨戸を叩く音、あゝしかし男はもう雨戸をあける力もない。やうやく立ち上がつて恐る〳〵雨戸を開いた時、そこには以前の亡靈が現れてゐた。しかも今までとは違つてまつ白の着物をきてをり亂れた髮、いよ〳〵青ざめた顏、いやそれよりも物凄いのは半分まつ黑に燒け焦がれたその顏であつた
そしていふ事には
『いふたな……いふたな……』
恐ろしげに兩手をあげて亡靈がつかみかゝろうとする前に男はすでに昏倒してしまつて居た（終り）

怪　幽霊の正体（一）
●東海朝日新聞　昭和三年八月五日（四日夕）　3-182

幽靈の正體【一】

枯尾花

最近私は一枚の紙片を拾つた
話はそれから始まる
場所は大山塚の踏切から豐橋驛に至る迄の間　時は昭和三年七月二十四日午後八時三十分頃
拾つた紙片は紙質の好くない西洋紙に、汚い活字で刷つた活動寫眞の廣告である
何故に私がこれを拾つた？
と云ふと　そこは夜道の薄暗いのに、近眼の私の眼が、それを[illegible]本か何かの廣告と見誤つたのであつた　で、一旦手に取り上げて見ると間違つてゐたとは云へ　餘り大急ぎで拾つた爲め急に捨てる譯にも行かなかた・丁度　闇夜に博多の巾が落ちてゐたと思つて　鮭の皮を拾つたが　慾張りの間違だと思はれるのが厭さに、それを捨てもならず、到頭家まで下げて歸つたと云ふ老婆のやうに…。
私はその紙片の砂をハタいて矢張り負惜しみから袂へ收つた。けれ共夫つきりそのことは忘れて了つてゐた　寢る前になつて懷中の物を悉皆　机の上へブチまけた時　袂からあの紙片が出て　何の氣もなし電燈の下でその表紙を檢めて見るさ　四つに疊んだ紙の裏の一端に、極くザッとした地圖が描いてあつた　柔い鉛筆で、至つて亂暴に、先づ太い平行線の上部の方に、万字巴（お寺の印）が書いてあつて、それに向合つた下部の線からは、それに垂直をした平行線が　稍狹い通路を現はしてゐる。それに向つた通路の兩角には目印が打つてある　左は〇で別に棒が引張つて・ポストと書いてある　右は四角で　そこからは線が引いて、豆屋と書いてある　その通路の下は別に細い往來で、突當りから鍵の手に折れ曲つた所に更らに狹い横丁　と云ふよりは路地らしいものがあつて、その下の方の左に小さい白四角がある・その筋向ふに黑四角がある　白い方に協會　黑い方に片假名で『サツキ』と書いてあつた　圖はそれだけである
疑もなく夫れは此の「サツキ」の所在を判らせる爲めに書かれた地圖である、この『サツキ』が何であるか？と云ふよりも寺の向ふに通路のある場所を先へ考へた　この廣告を配つた常設館から四方へ五六丁宛線引を張つて見て　この圖に相當しさうな所を探すのは難しくなかつた　私はこの圖の示す場所がこの常設館の廣告の利く地點た

と云ふとに氣がついた私は直ぐその邊の禪寺の向ふに通りのあるとを思ひ出した。（つゞく）

幽霊の正体（二）
怪 ●東海朝日新聞　昭和三年八月七日（六日夕）　3-183

幽靈の正體【二】

枯尾花

私がこんな事をするのは實を云ふと亜米利加の作家 アラン ポウの『黄金虫』と云ふ短篇に感心してゐるからなので、その話の主人公は一片の羊皮紙を手に入れて それに書いてあつた暗號文を讀み當てた爲めに、久しく地中に埋れてゐた巨万の富を發掘するとが出來た 私は今でも隣の隣の土中の瓶かなにかに埋つてゐるか、押入の天井に祕密の紙包があつて 豫て[illegible]か或ひはその昔の古金で三千兩も出て來ないかと云ふ様な妄想に囚はれるとがある 尤もこんな事實は今たに時折新聞紙上で報導されてゐる、それだけに私には何時か有りさうなとの様に思はれてならない。

△

翌日 私は午後からあの紙片を摑んで心當りの方角へ探しに行つた、最初あの廣告を出した當該館の傍から、曾つて紙片を拾つた電車通りへ出て、西の方へ四五丁歩いて行つて、それから左へ折れて二つ許りの四ッ辻を越したそれでもものゝ二丁も行かない中に右に小さい寺の門が見えた 圖面の中の万字巴が小さいので私はこの寺かさして大きくない寺と云ふとを知つてゐた 見ると門前に通路がある、そして其の左角にはポストが立つてゐた 是れでもう二つの條件には適合してゐる譯だ、次は第三の條件たる一方の角を見るとそれは地圖に示してある豆屋ではない、が麺麭や菓子類を賣つてゐる硝子戸の嵌まつた角店で、背の高い硝子のツボには、カキ餅やアラレ、豆類も入つて並んでゐた。

△

私は餘りに早く見付かつたとに少々不満を感じながら角を曲つた、そして突當る、直ぐに左へ折れたが、あの圖に示してある様な路地は愚、庇合一つ見つからなかつた、漸く半丁も行つた所に一つの横町があつたが、それは汚い錢湯の裏で低い煉火塀に續いて ある病院の横手になつてゐる 片側に貨車の置場だの石段、細い暖簾の一膳めし屋だのが列んでゐる 淋しい通りだ 私は圖を出して見て『ムゝ會』と書いてある所を見たしかしこの邊のさう云ふ建物は、どれも此の圖に當嵌らなかつた 私は元來た道へ戻つて以前の寺の前へ出ると、行きに來たとは反對の方面へ足に任せて歩いて行つた、七時過ぎの町は薄暗くて、淋しいと云ふよりは奇麗に凄かつた

幽霊の正体（三）
怪 ●東海朝日新聞　昭和三年八月八日（七日夕）　3-184

幽靈の正體【三】

枯尾花

何故か斯う知らない遠國の町を歩いてゐる様に私は思つた。四五丁も歩いたろうが もう少しでその通路を出はづれる處へ來て私は立止まつた 石の柱に嵌めた扉を取りつけた寺の門の角ふに通路があつて、しかも向ふ角には煙草屋の前に眞つ赤なポストが薄暗い中にクッキリと浮き出てゐた もう一度地圖を出して見るとポストは〇が書き現はされてゐる 是れで見ても前のは間違つてゐたと云ふ事が判る、此方の角を見ると土間の眞中に井戸のある軒の低い豆腐屋だつた、地圖を見ると『豆や』と字間があけて書いてある そこで私はすぐ一方の『豆フヤ』を片假名で書いたのがフの字が手ずれか何かで消れたものであらうと考へた

後の『すゞき』もその紙で片假名に書いたものらし 。實際地圖の中には平假名一つも使つてなかつた

その横町を突當ると、果して路の手に出る細い路地があつた、両角は質屋と貸本やだつたと思ふ 眞ん中には新しい溝板がヅツと敷いてあつた そこを入つてゆくと中程に黒地へ金文字で書いた看板の出てゐる格子造りの處があつた 戸袋の上に掛つてゐる看板には『△△協會』と書いてあつた、私はそれを見ると妙に胸騒ぎがした その筋向はノレンのかゝつて居る陰氣な家で黒いノレンには『御手軽料理すゞき』と染抜いてあつた あの地圖の協會と書いてあつたのは多分この看板の半分だけを覺わてかいたものらしい 私はそう思ひ乍らツッとノレンをくぐつた、上り口からすぐ階段になつてゐるので、私は二階へ上つた、三間はかり小さい限られてゐる二階は全く薄暗かつた、

私が入るとすぐ『いらつしやい』と云つた聲の主らしい女が私の後からスリ抜けて先へ座敷へ入つて、電燈のスイッチをヒネつた、女の袖口がすべつて腕が白く見えた 十燭電球の薄暗い灯影は六疊の部屋の隅々まではつきりと見る事が出來なかつた。（つゞく）

幽霊の正体（四）

怪 ●東海朝日新聞　昭和三年八月九日（八日夕）

3-185

幽霊の正體【四】

枯尾花

やがて隅の方から丸い瀬戸の手焙を持ち出したそして階下からマッチを持つて來た私はその中年増が粗末な茶器を盆にのせて持つてきた時 ニシの料理にお酒を添へた女は馬鹿に丁寧にそのイテフ返しの頭を下げたがつと立つて行つた。

△

中年増の女は銚子を片手に私を『何者?』と觀察を作す爲めか言葉少なにジロ〳〵と眺めてゐるが私はそんなことに更らに頓着せず何とかして地圖の秘密が知りたいと焦つた

『この頃はどうだね、少しは忙しい方だろう』

私は斯う女に話しかけたが女は何故か黙つて意味あり氣な微笑を両頬にたゝへてゐる銚子は二三本またゝく内にあいて私は『酔つた』と意識し乍ら妙な昂奮に捕はれた

『旦那 少しはお酔なすつた様ですね』

『いや、いゝ氣持になつてしまつたよ』

中年増は相變らず微笑をたゝへてゐる……。

『お替りなさいよ奥様が定めし待つてゐらつしやるでしようから』

△

女の下つた後で私は何か求めようと耳目をたへず働かしてゐたがそれから三十分程の間はコトリもせず氣味の悪い程靜寂さが續いてゐると、次の間から男と女の逢を忍ぶ様なヒソ〳〵話の聲が洩れてきた。話してゐることはわからないが時々低い笑聲に途斷られる話聲は女の方から何も彼も話して了はうとする様に續けられた私はそつと足音を忍んで境の襖にピッタリと身體を寄せた

『たつてお前 それぢや僕が困るよ』

『困るつてどうせそうでしようよ 自分さへよけりや人のことはどうでもいゝんだわ』

『誤解しちやあ、閉口た』

『でこの次は いつ?』

『……………』

襖越しに聞取つた話はこれだけである、而かもその男女は歸り仕度をし始めたのかサワ〳〵と衣ずれの音が一しきり續いてトンと階段をふむ音がした、破れた障子の穴から男女の何者かを確かめ様とした私は愕然として立ちすくんだ。

『アッ、女〇〇た』

怪　幽霊の正体（五）
●東海朝日新聞　昭和三年八月十日（九日夕）　3-186

幽靈の正體【五】
枯　尾　花

そんな事があつてから三四日後の事であつた。私が何の氣なしにそこを通りかかると、二人の青年が私の姿を見ると矢庭に暗闇に姿を消そうとして急ぎ足で私の視野を避け始めたので、私はこれを目敏く見つけると同時に　妙な好奇心にかられてすぐその青年の後を逐つた　その青年の後姿が妙に私の友人であるエスこ似通つてゐたから私は『まさか』と思ひ乍らも青年の袂をさらへた

△

『實際面目ないよ』

エスは頭をかき乍ら私の顏を正視するとをさけつゝわづかに斯う云つた
『それぢや　君も地圖に依つてこの家を覺えたのか』

『えゝつ─、地圖によつて』

エスは仰山さうに驚きの表情をし乍ら
『貴方も地圖を買つてここへ來る樣になつたんですか』

『いや　違ふ　僕は妙なことからさゐる路上で地圖を拾つてから、野良犬の樣にホツキ廻してゐるんだ─

エスは漸く安心したのか
『さうですか、そりやまよかつたんですね、僕は今非常に後悔してゐるんです』

『なにを？』

『この家へ足繁く通つたことを』

エスは恨めしさうに二階の破れ障子を見上げつつ太い吐息をついた

△

私はその後エスに向つて種々と說いて聞かせた、その加減かエスも此頃では更らに「その家」に近付かうともしなかつた
私はわずか一片の紙片を拾つたのが原因で、見るべからざるものまで見せつけられ不快の念を抱いたがその中から一人の友人を眞面目な道に立返らしめたことを心ひそかに喜んだ
それと同時に「その家」の正體が何者であるか判然と讀者の前に公開の出來ないのを悲しむ一方唯漠然とした所謂『幽靈の正體見たり枯尾花─』としておくだけにとゞまるのを遺憾とする次第です。（をはり）

獣　四本足の鳥　珍聞奇談
●関門日日新聞　昭和三年八月五日　3-187

珍聞奇談

四本足の鳥

四本足の鳥及び翼の上端に指の附着してゐる鳥は化石として度々出るが今は唯一種クレストホクトジンこ稱する四足鳥が英領ギアナにゐる、之は鳥類が爬蟲類から進化

したこいふことを證明する唯一の材料である、此の鳥の今尙殘つてゐるのはアラムの葉を食ひ惡臭を出すため他動物に嫌はれるのこ、深林中にかくれる性質を有するから自然此種族を今日まで殘すに至つたので正に鳥類の祖先こいふべきものである

怪　洞窟の中に美人の亡骸
●福岡日日新聞　昭和三年八月六日　3-188

洞窟の中に美人の亡骸、
瀧が取りもつた不思議な縁
「人か魂か」河原村寄姫瀧の怪

ここは千古に謎を殘す怪死美人の名に因む熊本縣上益城郡河原村寄姫の瀧（元の名を白糸瀧と云ふ）數の尾の川上十數町の崖頭から夏なほ凍れとばかり綠も岩も霞む程の水煙を捲き起して舞ひ下る水の柱─

夏の夜語りにも相應しい白糸の瀧が寄姫の瀧と呼ばるまでの謂れ因縁――人類が機織道具を運んだ話、水の中を歩いても足の濡れない女の話――里人が云ひ傳へる世にも奇しき話の一くさり

◇――◇

時は元龜天正の天下麻の如く亂れておた時のことこの地の領主木山左近大夫恒久は美少年小姓兵部を連れて此瀧に涼みに來たが美童兵部どうしたものかこの瀧の勝景に魅らせられてこゝへ來ぬ日は物憂くさへ感ぜられるやうになつた或日岩に腰据ゑて深さもしれぬ瀧壺の中みつめてゐる内いつしか恍惚として眠りに落ちやうとした刹那……折からヒヤリと一陣の冷風が森の梢を揺ぶつてサッと水面を撫でた時不圖向ふを見ると縹渺たる水煙の中に二八許りの美人が宛かも霧中の花のやうに形を現したがその姿態が眞に妖艶で紅の唇は珊瑚の玉を噛いたやうに見ゑたそうして此婦人は何か白い服紗に包んだ物を携ゑて居たが草履を腰に挾みサヲ〳〵と瀧を下り水面を歩んで來るのを見て居ると足が少しも濡れて居ない兵部は少しも油斷なく怪訝の眼を睜り婦人の姿に見惚れて居ると婦人はニッコリ笑つて兵部に近づいて來て今更兵部が桃花の唇漆出の嬌態に黒い瞳を向けウッとりとなつて居た

◇　◇

兵部はよろこんだそして日を約して歸り翌日白糸の瀧に往つて見ると寄姫はチャンと來て居る兵部も獨り者であるから家事を寄姫に任せ二人一所に睦まじゆう暮して居る中寄姫は機織を始めたいと言ふので兵部はこれを許すと寄姫は申の刻(午前六時)に家を出て酉の刻半(午後五時半)に歸るが常であつたので兵部は淋しくもあり旁々妬み心も起りて明日から家を出ることは出來ないと言ひ付けた姫は痛く當惑して機の道具を取りに行きたいと言つても使の者を遣れと言つて許さない姫は機の道具は所々に預けて居るから自身に取りに往かないと纏まらないといふ兵部は仕方なくこれを許した

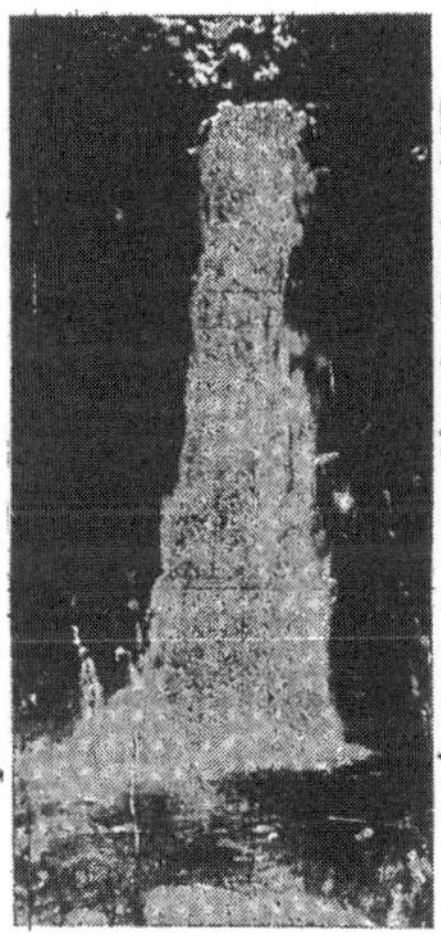

◇　◇

姫一人で擔ひ切れない程の澤山な品物を擔いで歸つても少しも疲れた樣子が見ゑないので不思議に力のある女だと思つて居た然るに或る朝同僚の士某が遽たゞしく入り來たり兵部を外方に呼び出し息もせはしく語るやう何ぞ君が家に怪しいことはないか昨夜酉の刻半に所用あつて村はづれの塘を通る時大提灯のやうな火のかたまりに逢つた能く〳〵見ると火の中に女の形ちがあつて容顏いと美しゆう見ゑたがその女は機の道具を擔いで居た自身は大に怪しみ其火に跟いて行くと火は君が家の門に入つてパッタリ消ゑた同僚某も同じ火を見たと告げたので兵部は此女は妖怪變化のものではないかと思ひ姫の素性を糺しにかかると姫は顏を眞赤にしてウンともスンとも答へないから兵部は武士性質の一徹心で怒りに堪ゑないでヤオラ床間にあつた一刀を提げ來りて如何に姫に迫りても決して返答をしない

◇　◇

斯くなりては百年を契つた戀も一朝に碎果て兵部は夢中になり氷なす刃はギラ〳〵閃くかと見ゑたがエイと鋭き叫びをなした刹那姫が雪なす肌ゑの胸板を柄も通れと突き刺したので唐紅の血汐は姫の顏にパッとかゝつた此瞬間アッと叫んだ姫の姿は宙を飛んで忽ち見失つた此一場の惨劇の跡は寔に落花狼藉、今更兵部は愛し切つて居た女を手にかけて苦しい夢は夜もすがら結びもあゑず夜の明くるも俟ちかねて血引きの痕を辿りて捜し歩いてソコより一里餘の川上である迫村山溪の奥に流のある處に到つて見ると大きな淵が一ッあつた穴の中の薄闇い處に此絶世の美人の骸は横たはつて居た妖怪であれば死して形を現はすべきものであるのに矢張り立派な美人の姿であつたのはハテ同僚の注告に信を措き過ぎて早まつたことをしたものだと兵部は兩手を合せその骸に向ひ懺悔を繰返して詫入つたのであつた

◇　◇

兵部は其後再び妻を迎ゑて蕭名宮園村即ち當時の河原村に住し數代連綿の子孫今に此村に住まつてゐると云ふ

妖　海の不思議　人魚の正体

●河北新報　昭和三年八月八日　3-189

海の不思議

人魚の正体

暗夜に光る海の話

海！海！夏の日にわれ〳〵の最もあこがれの的となるのは海であります。それは山をなつかしむ心と同等のよろこびといへませう。山が嶮嶮で偉大ならば海は快活で深い趣きを持つてをります。しかも両方とも神祕をわれ〳〵に與へます。そこで海についての不思議を記しませう

人魚の話

陸地には王様があつて壯厳なる宮殿があるやうに、われ〳〵は何だか海の底にもわれ〳〵のやうな人間が住んでをり、そして龍宮でも本當にあるのではなからうかと思はせられます、そこで人間が海の底に行つた傳說や神話等があります。同時に海にも人魚といふものが住んでゐるともいはれてをりますが、果して本當に人魚はをるものなのだらうか、よく繪にはそれが描かれてをります、ドイツにベツクリンといふ繪かきがゐて有名な人魚の繪を描きました、腰から上はうつくしい女で、足がなくて尾を持つた人魚が岩の上に休んでゐると、大きな蛇がその周圍を取りまいてゐる繪や、海の妖怪共と泳ぎ戯れてゐる――それはものすごい繪です、そのれ外童話などにもいろ〳〵な話しがあります、しかし、日本で人魚と呼んでゐるのは人の顔や鱗のついた魚ではありません、琉球あたりでじゆごんといふのがをりますがこれは鯨のやうにやはり海に住むではゐるが、魚ぢやないのです。これを人魚と呼んでゐますが、頭は丁度河馬のやうで體は鱗がなく、全く鯨と同じで長さは一丈近くもあります、この人魚は人間のお母さんのやうな姿で、赤ちやんにお乳をやりますので、いつからか人魚と呼ぶやうになりました。

夜暗に光る海

暗い晩海が光る。これも亦不思議な思ひなしでは居られません。九州の八代海や有明灣等では時をきめて海が光る。それは何が光るのか分らないといふので不知火等呼ばれて、詩や歌等に歌はれて有名になつて居ります。或ひは夜光虫かも知れないといひ、それでもないとかいひ、矢張り不思議の一つとされて居ります。夜光虫といふのは世界至る所に居ります。極めて小さな虫であつて、體は一ミリメートル位の丸型の虫です。大きくなると赤いぐらげのやうな虫で、一本の鞭毛がついて居ります。夜光虫はこれを振りながら海を泳ぎます。そしてこの虫は何千万とも知れない群をなして居りますから、晝間見ますと海が眞つ赤に見えます。そこで夜光虫の群を赤潮と唱へてをりますが、夜になると虫の體に含んでゐる燐が光ります。斯様に科學的に考へると、人魚にしろ、光る海にしろ味のないものになつてしまひさうですが、海を思ふ時なほ本當に不思議なものが存在してゐるさうな氣がするではありませんか。それほど海は神祕的であり、傳說を生むにふさはしいといへませう。

怪　漫談（六）井端に下駄　ドブンの音は石の手洗鉢

●河北新報　昭和三年八月八日　3-190

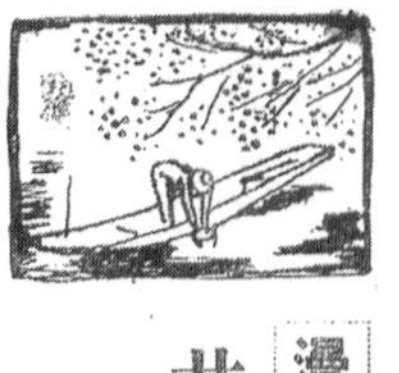

漫談　井端に下駄【6】

ドブンの音は石の手洗鉢

血に染まる片腕

何時まで降り續かう淫雨ぢややら今日こそ間違ひなく大丈夫たらうと、うつかり豫報でやらに騙されて、横着者の漫談子、たま〳〵早起きして見れば、背越しのけちな雨が相かはりもせずしと〳〵、しとしと……從つて漫談も遂々鬱結晴らしに、怪談へ方向轉換してしまつた、ところで一體この世の中に幽靈なんてあるものでせうかね、と、いやに改まつてむづかしい質問を受けた、でまあ仕方がない、

こゝ暫らく、あるで思ふ人にはあるだらうし、ないと信ずる人にはないだらう位に簡單にお答へして置かう、漫談子何ぼ閑了博士の乾分でも、ザイン、ゾルレンぢやあ話しが如何にも窮屈、餘り節外れて名向きとなる、さてその幽靈だが

□□□由來本邦の幽靈は目で見た

隨分視覺の幽靈が多く、芝居ではどろどろ、どろんと鳴り物入りで現れて來るが、實際幽靈を經驗したといふ人の直話を聞いて見ても目で見ただけでそのどろどろ、どろんがところ即ち音響を同時に聞いたといふのは至極稀なのである

然るに所かはれば品代る、西洋のになると、幽靈に足のあることは言はずもがな、昔の幽靈から臭の幽靈、それに味の幽靈に至るまで感官五官の幽靈がはゝ、ちと大形だがちやんと完備して御座る、たとへばた「僕は昨夜ずゐぶん臭い幽靈を見て、ぢやない嗅いでね……」「さうか、僕はまたたとても

□□□鹽つぱいお化を味はつたよ

中にはフライの奴もあつたつけ……」の如しである、惡くすると、漫談子の言ふことも怪談もどきぢやないのかなど夢疑ふなかれ、物の本には立派に證明が立てゝあるたが五官の幽靈必ずしもわが愛する日本にないのかといふに決してさうではない、文化の光りは擶や振袖の幽靈を可然的ハイカらせてさうしたモダンお化けがだん〳〵出現召されることになつた、それを日本の名譽?のために御披露する饗倍であるが、けふは「化け物の正体見たり枯れ尾花」幽靈のお里についてこの間噂の噂欄で紹介したスポーツ課長の思ひ出話し等をお隣へする――課長の家は東京府下でも比較的閑靜な、といふよりか邊鄙な所に建てられてあつた從つて地所の廻りも廣く、昔から夜な夜な無氣味な物音が庭先の茂みから聞こえて來るといふ評判があつた、成る程

□□□しつとりとした秋の夜など

ごと〳〵と重苦しく雨戸が叩かれたり、或時は廊下でみしりみしり人の足音がしたことさへあつたのを覺えて居つたさうだ、とある夜のこと、一家そろつて茶のみ話しに時を過ごし、「おやすみなさい、おやすみなさい……」とめいめい寢室に引き上げて漸くうと〳〵眠りに入らうとする折柄であつた、突然どぶーんと庭の井戸端に時ならぬ音物がしたさてはと身投げか、化物の仕業かと家内總立ち井戸端に駈け寄つて見ると、井桁のかたへに下駄が一足脱ぎ棄てゝある、そこで近所は上を下への大騷ぎ、翌朝人を頼んで隈なく探して貰つたけれど、藁ッ端、紙切れ一つ浮んでない

□□□それにしては昨夜のあの音

この下駄はどうした譯なんだらう程經て底淺ひをして見たら何のこと、石の手洗鉢が沈んでゐた、課長註して曰く「鼬鼠や狢か知らんがひどい手のこんだ惡戲をするものですな、最も奴さんの在家を突きとめるためにそこら中一面砂を撒いて見たらそれからとんと姿を現さなくなつたさうでしたがね」それからも一つ、これは或る大學生の實話であるが同君の生家は田舍の物持ちでさういふ家にはあり勝ちな建物も古く、間取りが古風なだけだゞッ廣くて非常に陰氣くさい、從つて怨靈亡靈の因緣話しさへあれば幽靈など至つて面倒なく出現遊ばすのだが家の傳へ來の一際凄じい怪談がある、宵の口から夜半にかけてぶある、この座敷でもよろしい五分心ランプを前にしてじいつと半眼開いて端座してゐると、天地次第に寂寞五分心の音のみがちと〳〵耳にひゞいて來る、やがてうつとり眠氣を催す頃合になると、ふいら……血みどろになつた

□□□人間の二の腕が天井裏から

現れて目の前を動きはじめる、それがだん〳〵數を加へてしまいには滅法矢鱈に向ふの隅、こちらの蔭から鐵砲玉の如く飛び出して亂舞亂踏する、常人これを誰にでも聞かせるためか話し家まがひにうまくやつてのけるのであるが、兩腕落されて繪書になつた妻吉さんの腕と同類ぢやないか知ら「君、そのときは驚いたらうなあ……」と同情すれば「いゝや何でもありやしないさ、聞くところによると

貂といふ獸の仕業なさうでね……」と至つてテン然たるものだつた

漫談（七）玄関の三畳　床下にシクシク女の泣声　3-191

●河北新報　昭和三年八月九日

怪 漫談——【7】

玄關の三疊

床下にシク〱女の泣聲

手頃な貸屋の怪

かれこれもう十年一昔前の話しである、Kといふ三味線のお師匠さんが市内目抜きの場所に手頃な貸家が出たといふことを噂に聞いたので出稽古やお弟子入りの關係からどつかへ引越したいと考へてゐた矢先でもあり、早速下檢分に出掛て見ると、その貸家といふのは大通りに面した建前の古い家ではあるが八疊二間に六疊と、三疊の玄關、それに

□□□四疊半の離れ座敷があつて

庭は狹からず廣からずちよつとした植込みなんかもある上に廁や井戸の配りが具合よく行つてるのでまあこの分なら我慢しませう、ついては先約のつかない中に大家さんへ手附金でも預けて來ようと、そつとゝ家へ歸つて來たがさて、途々思ひ返して見ると外の座敷はさうでもないが玄關の三疊間が何所となく陰氣くさい、稼業柄玄關があれではね、どうせもう暫らくの辛棒、外にいゝ家が出るまでまつとしようかそれにしても一應あの方に意見を立てゝ貰ひませうと前々から何かと相談相手になつてくれてる隣座敷のお美代さんといふ若いお神さんに話しをした、とこれが「まあ、あの家へ、あすこなら惡いことは申しません

□□□お止しなさい お止しなさい

よ……」と話し半はで壓しつけるやうにてんから反對をとなへた、その反對したそも〱の緒由といふのがかうである、話しは更にそれから七八年前に溯る、その貸家に江戸前のちよつとした料理店が入つて居つた、その主といふのがお美代さんの叔父に當る人であつたが丁度秋も末つ方、お美代さんは人手が足りないといふのでそこへ手傳ひに行くことになつた、その日は眞面目に稼いたせいか夕方からすつかり疲れがくたぶれて十二時少し過ぎ、玄關に床を伸べて貰つて横になるなり間もなくぐつすりと寢込んでしまつた、と後から思ひ出したのだが丁度午前二時か二時半ごろであつたらうかすかに夢心地がしてうつらうつらしてゐると、ふと自分の寢てゐる床の下で若い女がしく〱むせび泣いてゐる樣な聲がする、はて

□□□をかしい氣の迷ひかしらと

それでも晝間の疲れでまたうとうととまどろみかけた時である、布團の裾の方にみしり〱といふ人の足音がした、場合が場合お美代さんはぎよつくりして頭からすつぽり布團をかぶり息を殺して「南無阿彌陀佛〱〱」と心の裡で一生懸命念佛を唱へた、すると人の足音も次第に止んでしまつた、折柄隣座敷には輕い寢息がきこゆる、戸外では何時から降り出したものかしと〱と雨が軒端をうつてゐるさう氣が附くともう目が冴えて寢やうとしても寢つかれやしない、おや、見れば先刻まで閉まつてゐた筈の唐紙が知らぬ間にあいてゐる、何て變な晩でせう

□□□獨り言をいひながら寢返り

をした途端、ひよつと何心なく目をやると、恐ろしく丈の高い毬栗頭の男がぬつと敷居の上に立つてゐた「南無阿彌陀佛〱〱」お美代さんは頻りに念佛を繰り返したがいが栗男はたゞ默々、そをつと枕許に近づいて、やがて肩先から足の方へのそり、のそりと歩き出した、それから布團の裾に足をかけたと思ふと今度はお美代さんの體へすうつと伸しかゝるやうにして布團の襟をさつと捲くつた、もうさうなると念佛も咽喉につかへる、叫ぼうにも聲が出ない、私は一体どうなることだらう、氣も遠くなつてきつしり兩手の間に足を組んでゐると、いが栗男いきなり襟許を掴むなりお美代さんの體を思ひ切り宙に釣り上げた「うわツ……」といふ叫びを聞いて人々が駈けつけた時はお美代さん顏色が眞つ蒼になつて息もつけなくなつてゐたさうだ

□□□翌朝ゆうべの
怖い恐ろしい

思ひ出をたどりながら井戸端で茶碗など洗つてゐると料理番の一人がつかつかと寄つて来て「お神さんゆふべ行つたでせう？」「ねェ？」お美代さんはとぼけた、實は昨夜の出来事があまりに無気味なので家の人々には悪い夢を見たものですからさり気ないことにして置いたのだがから図星を差して聞かれて見ればかくしだてもならない、そやから話してゐると今度は當の料理番が妙に顔をゆがめて「やはてな……」と首をかしげた、それも道理、料理番もお美代さん同様

□□□その晩不思議
な人影を見た

のであるがそれはいが栗男ではなく若い脊のひくい女だつたといふのである、そしてお美代さんが悲鳴を上げたほんの少し前、その女が料理番の枕許を抜き足、差し足してあつちへ行きこつちへ行き何か物をさがすやうな素振りに見えたがしまひには庭先に向つてゐる切窓からひらりと姿を消してしまつたのであつた、それから間もなくその料理店は商賣が思はしくないといふので店を閉めてしまつたが跡に引つ越して来た人も、或る雨の降る晩、矢張り三畳の玄関に寝てゐると布團の上をみしり／＼と渡られた上、更に眞暗やみの中で唇をぐいつと。つねられたさうだ、「その時はいが栗男、白いもや／＼した湯煙のやうなものにつゝまれて半身だけを現したとあるが聞いたKさんといふお師匠さん

□□□それからとい
ふものあの邊

はモウ懲り懲りですと妻も通らなくなつた、今ではその建物、瀟洒なバラック式にかわつてゐるが幽霊の因縁話しを聞くとその昔、ここに住んで居つた御家人が寃罪を蒙つて一家断罪に處されたといふことだがそれにしては御家人の頭が毬栗とはちと變だ！（漫談の場所と人物が事實に相違してゐると親切に注意してくれた人があつたが、それは現存してゐる関係者の迷惑を考慮して承知の上で書いてゐるのです、松生）

漫談（七）女の生首　夫の機関車に轢かれた病妻

●河北新報　昭和三年八月十日　3-192

幽

漫談（七）
女の生首
夫の機関車に轢かれた病妻
お綱さんの死

出勤前に急いでかつ込んだ冷飯のまた口をモグ／＼させながら機關手の阿部さんは、暗い臺所でガチヤ／＼と食器の始末を終ると丁度午前二時の時計が鳴いた、「ホイ二時だ、おやア行つて来るよ、何だぜ、今夜は馬鹿に底冷えがするから、こいつをもう一枚かぶつて暖かくしてなきやアな、ほ濃に悪いぜ」無造作に褪抜けの

□□□掛蒲團を病妻
にかけてやり

ながらズボンに附いたおまんまをヒヨイと口に運んだ「あなた」「おい、さう起きちやアいけないよ、なんだな、厠か」「み……水がのみたいんです、あなた」「水おいーよ、まちな今持つて来てやるよ……、ホラ茶碗だぜ、ナニ起きる、駄目だ／＼、無理をしちや悪いんだがなア」「あなた、この水はなんだか苦いんではないでせうかしら」「ドレ貸して見な、チツともなんでもないぜ、熱のせいだよ、キツト」「ほんたうに勝手なことばかり申上げて……と……さんた御迷惑ばかりかけますわねね」「なんだなつまらない、サア寝てるんだ／＼、一寸行つて来るぜ」気軽に阿部さんは靴をはき終ると戸締をして表に出た、話聲をも聞近だといふに

□□□雨もよひの空
は重くら／＼

はや土用もすぎた秋の気がシンモりと暗に漂ふ深更の裏街を物の怪の呼ぶやうな機關車の入換機關車から吐き出す汽笛が間遠く鮮の若が見るやうに諸々沈んでゐる町の家並の屋根越に聞きながら阿部さんは機關車乗務員控所へと暗を衝いて急いだ、可愛さうに此のおとなしい優しい機關手は病妻お綱さんの悲しい告別の所作を豫感さへもしなかつた、事實一人口は過ごせぬが二人口は過ごせると縁あつて夫婦となつてもう五年貧しいながらも新婚の樂しい睦みはあるにはあつたがそれも永いことではなかつた、子のないさびしさが二人で折に觸れては語り合つたことも今は結句仕合せの間もなく妻は不治

の病で月雪花もいつそもの憂しで見る程に三年越の床づき、藥餌の代に追はれ〳〵て阿部さんの生活は自分が宛ら車輪の如く働いても働いても身にも骨にもならなかつた、それがお綱さんには

□□□自分の病より
も苦しかつた

夫が優しくしてくれゝばくれるさては男が覗くものではないと輕く叱つた臺所のお總菜やらご飯炊きの仕事やらすゝぎ洗濯に至るまで鼻唄まぢりにやつてのける夫の姿を寢ながら見てゐる事は死ぬより辛かつた、幾度も蒲團にもぐり込んでは噛んで泣いて歯を喰ひしばつて唇に血がにぢむまで、お綱さんは妻として妻甲斐のない自分のみじめさを哭ふた、夫の一生を埋らすのは妾だ、生きてゐればゐる程夫の苦しみを増すばかりだと幾度も考へてはその都度夫の優しさに氣が折れ夫のいとしさに

□□□言ひ甲斐なく
覺悟が挫けた

然しもうとても堪へられない、お綱さんは遂に絶え入るほど蒲團に顔を埋めて泣きつくしてからやがて立上つた

深更の軌條をたよりないヘッドライトにたよつて阿部さんは東北本線下り列車幾百の旅客のうつゝなる夢を乘せたまゝヒタ走りに北に走つた、幾百の生命をたゞ此一本のレギユレーターに委ねる、いや委ねられる機關車乘務員の責任は重大だ、暗に遠く流れる二條の鐵路をおぼつかない前燈の浮かし出す範圍に怠なかれ、怠なかれと念じながら機關助手の焚口に投げ込む炭の一回々々ドッと赤く燃え上る火光を斜めに受けて阿部さんは手術室にメスを取る醫師の如く緊張した

□□□サラサラと細
かい雨が窓に

そゝぐ突然すさまじくバラストがみだれ飛んだ「アッ、まぐろだッ」機關助手はショベルを投げて叫んだ「轢いたなッ」と思ふ瞬間阿部さんはグーッとレギユレーターを強く引いたド、、、、ッ連續した車輪の衝動が鈍くひゞく急停車「ワッ、首がッ」機關助手は顔色をかへてテンダーの上に躍り上がつた「うゝ」阿部さんは途端にう車輪にはね上げられたか矢のやうに飛んで來て足許にガッシと上がつた女の生首を見た「アッお綱ッ……さう〳〵やつたな」それは確かにお綱さんの淺間しい面影であつた夫いとしい戀しいの一念は淺墓にも鐵道の運轉支障と恐るべき列車の災害が夫の責任となるも知らず、せめてものとに

□□□死なば夫の牽
く汽車に快く

死んで行きたいといふ心か、細目に見上るお綱の首は笑みかけるが如く詫ぶるが如く「ばかッ馬鹿々々ッ」阿部さんの眼からはボロボロと涙が出た「お綱、おれと一緒に澤の停車場まで行かうなア」力なくもとに返すレギユレーター停車と見た列車は再び重く搖るぎ出した吹き込む夜風と列車の煽りにお綱の首に亂れた髮はサラ〳〵と後に流れる「か風邪をひくなよ、さ寒からうなア」阿部さんは幾度も首に物を言ひかけた。阿部さんは假名たが來たつとめてゐる、機關庫も驛區間もわざと逸した。

漫談（八）痩せ衰えて　枕元に座る不気味な老婆
●河北新報　昭和三年八月十一日　3-193

怪

漫談―［8］

痩せ衰へて

枕元に座る無氣味な老婆

惡夢に怯える男

その當時、學校を出たばかりであつたところの新聞記者K君は、無論まだ獨身者で、先輩の市内北某街T・H氏の許に家族同様にして厄介になつて居つた、H氏の家といふのは六疊と八疊と十疊の奥座敷それに

□□□二疊の玄關が
あつてK君は

奥の十疊に寢起きしてゐたのだが同家のいふところによれば、その家は妙な家で家族でも居ればさうでもないが夜なんかつくねんと一人で留守居をしてると、新築してからまた一年とは小しよか經つてないに拘らずなんとなしに物の氣がするやうに思へて、人並に臆病者であつたK君にとつて留守番はとてもたまらない役目だつたのである、それといふのも裏の日はぎつしりと貸家が建て込んでるのだが裏手は庭ともつかず畠ともつかず

栗の木や楡などが植ゑてあつてその脇に洋館まがひの貸家が立つてゐるがそれが永いこと空家のまゝになつてるのでさうした譯もあつたのかも知れない、丁度秋も半ばのしつとりと靜かな晩であつた、家族はH氏夫婦に

□□□十一を頭に三人のお子さん

があつたが親戚に御親儀ごとがあつてH氏はK君に留守を頼んでみんなを引き連れて外出した、そこでK君は六疊の茶の間に寢轉んで氣散じな講談本などを讀んで居つたのだが十時ころ何だか斯うとろ〳〵眠氣を催して來たので豫て勝手を心得てゐる、玄關と臺所の戶締をした上廊下だけの雖を外し自分の座敷に床をのべてお先失禮することにしたのであつた、尤も留守居の役はK君にとつて先刻いつたやうに大した努力を要することでなのでさういふ意味も少からずあつたい相違ない床に就くもう間もなく寢入つてしまつたが午前の一時前後でもあつたらう、その二三ケ月殆ど毎晩のことではあるがその夜は殊更氣味の惡い夢に襲はれた、鏡臺の前に

□□□座つて髮をいぢくつてゐる

と額の生ぬ際から毛がぼそ〳〵と脫ける、そしてしまひにはずつかり脫け落ちてしまつて地肌が石榴みたいにはつた、あゝどうしたといふんだらう、今度は口をあけて見た、するとと上顎下顎も齒といふ齒は一本もなくなつた、われとわが形相に驚いて唸され唸されながら目を覺まして寢返りを打つた拍子に、誰やら自分の枕もとに人のゐることに氣がついた、ぢやあHさん今歸つてきたのかな、それにしても、もう餘程の時刻だらうが今時分何しに自分の部室に入つて來たのだらう、親切なHさんのことだ或は布團でも直しに見廻つてくれたのかも知れないとまた覺め切らない

□□□目を上げてひよいと見ると

「ううつ」K君聲を出したのだが咽喉に支へて出やしない、夢ぢやないだらうな、目をつぶつて考へて見たが確かに違ひない、H氏と思つたその人間は年の頃六十ばかり髮を散切りにした白眼の老婆で中腰に構へ痩せ細つた腕を差し伸べながら「もし〳〵」と聞こゐない程低い聲で同君を搖り起したのである、額がいやにのつこりと膨上つてゐる、細い目に妙な笑みさへ泛べた、思ひ出すとなほ更恐くなつてK君いきなり布團を上げて飛び起きるとどうだ、これはまた同じやうな人間が布團の裾にすわつて手をかざし、お出で〳〵をしてゐる、忘れてゐたが電燈は寢るとき消してあつたので座敷の中は眞暗なはずなんだがその

□□□姿だけは不思議にぼーつと

はつきり見ゐる「どうした〳〵」H氏はびつくりして起きて來てくれた、あゝ夢にしては變だ、しかし部屋は締切つてあるので人の入れる道理はない、その晩はH氏の部屋に寢かして貰つたそれから後夢ともつかず現ともなくさうした晩が二三度繰り返された、或る時は襖を開けて押入れの巾からやつて來た、或る時は枕の下から、そして床の間の懸物から拔け出すやうに現れたこともある、そんなそんな馬鹿なことがあり得るものぢやない、氣のせいだ、氣の迷いに違ひないとK君われとわが心理解剖をやつて見たがそのころビクターのレコードで時々ゲーテの「魔王」を聞いてゐる

□□□そして子を攫ふ魔王の姿を

よく現實に引きなほして想像して見たものである、だからその無意識的傾向といはうかさういふものが夢と現實の境に浮かんで來たのではなからうかとさうも解釋して見た、それからまたH氏と一緒にその家を引越してから後その家で肺病にかゝつて二人まで死んでゐるといふのを聞いたのでもしかすると其亡靈かも知れなかつたといさゝか迷信がつても見た、だが〳〵それよりも、もつと〳〵重大な發見をしてK君「なる程な」とわれながら感心したものである、といふのは十疊のその座敷に西に開いた一間の切窓があつた、その切窓には擦りガラスの戶をはめてあるのだが、あゝいつた恐い晩に限つて切窓から蒼白い月光がさら〳〵とさして座敷にさし込んでゐることなのである、さうして思ひ起せば最初の晩

□□□月の光りから
白ら白ら自分
の顔を照らし出してゐたすべてはレコードを切窓から來たのさ、學生時代に心理學をやつたといふK君それをわかりやすく尤もらしく説明してくれた

漫談（九）厩の中で死んだ娘　その娘に…
●河北新報　昭和三年八月十二日
3-194
獣

漫談 [9]

厩の中で 死んだ娘

その娘に殉じた白馬
鰻と鶏の怪

今日まで七八篇人間主題の幽霊話を紹介し及んだがしかし人間ばかりが化けて出ると思つたら大きに間違ひ、鍋島の怪猫はいはずもがな鳥や獣の類で雖も仕儀によつてはお化けになる、さてその第一席畜生が人間と提携して現れた話山形縣北村山郡東根といへば

◇

葉煙草の耕作で有名な村だがその東根から東方約一里半東郷村のさる部落に今からざつと

□□□一年ほど前近
隣の若夫婦が
分家して土地を手に入れ一戸を新築した、いよ／＼引越もをはり新築披露も事なく濟んでその夜やれうれしやと若夫婦奥の一間に枕を並べてやすんだのがかれこれもう十二時近い刻限であつた、晝の稼ぎつかれではやうつゝ夢を結はうとする折しも勝手の方から若い女のしく／＼とむせび泣く聲が聞こえてきた、はて不思議な、ロックアウトでも喰らはされて近所のいたづら娘が泣き込んで來たのか知らん「オイ／＼聞いたか？」「ねえ、いま時分どうしたといふんでせう？」互ひに

□□頭をもたげて
聽き耳立てゝ
ゐると、いとも悲しげな嗚咽の聲が影も形もなく次第にこちらに近づいて來るかと思ふとぼうつと薄明りがさしてまた二十歳前、桃割に結つた田舎娘が枕許にすうつと立現れた、でも先方は一人、こつちは二人、氣持ちも幾分できてゐるのでじつとその様子を見まもつてゐると今度は娘の背後に眞白い馬の姿が浮び出た「オ、嫌だ！」女房が叫ぶと亭主も急に恐くなつて「シッ畜生！」と叱るやうに聲をあげた、すると娘も馬も頼りな氣に打ち萎れてそのまゝ姿をかき消してしまつた、二日三日と經つて近所の人々に泊りに來てもらつたが矢張り悲し氣な咽び泣きにつれて娘と馬は毎晩みんなの枕許に現れた、若い娘と白馬の怪とは、そもどんな因縁であつたらう、聞けば以前この界隈に住んでゐた若い娘が繼母の虐待に堪へず一夜厩の中で首をくゝつて哀れな最期、何も知らない娘の父親が間もなく

□□□出先から歸つ
て來て輗馬を
厩に挽き入れようとしたらどうしたものかその日に限つて馬は一足も閾を跨がぬ、打つ蹴る毆るで漸く叩き込んだと思つたら馬はヒイーンと一聲斃れてしまつた、びつくりして中に這入つて見たら中にはこれは[illegible]愛しい娘の骸、馬は飼ひ馴らされた娘のために殉死したのであつた、若夫婦それと知つて倉皇とその家を立ち退いたがこのことは昭和の幽霊話として昨今地方では偉い評判である——。

◇

第二席、鰻屋の作さんは年に似氣ない働き者だつた、近所の次郎坊太郎公が洋服着込んで中學校の生徒さんだぞと威張りくさつて小さな肩で風を切つて歩かうといふ時分から作さんは

□□□印半纏に岡持
擔いてせつせ
と店の手傳ひ、お蔭でそれが評判になつて親爺の代に飲み倒された身代をめき／＼盛り返し作さん三十を過ぎるころには店も新たに造作する、小僧も一人二人と雇ひ入れた、さうなると商賣は繁昌する一方、所がその頃から作さんに一つの惱みが生れた、といふのは外でもない、作さん十七八の年から三十過ぎる今日までわが手にかけて殺した鰻のことである、どうせ魚貝は人間のために生れて來たもの、往生供養は人間の胃の腑ですると自分で自分を慰めて見は見たものゝ、錐で刺してきゆつ／＼と鋭い出刃の切先にかける、する

と鰻奴は断末魔の苦しみを尻尾に集めて宙にのた打つ、若しか奴等に靈魂があると假定したら、それも十や二十なら格別日がな毎日殺し續けて積り積つた數百鰻魂は吾ながら大したものだ

□□□おもへば萬更
□□□いゝ氣持ちは

しない、といつて今更商買替への出來た澄ではなし、一徹者だけに思ひ詰めるとはてしがなかつたそれは眞夏の蒸し返すやうな暑い晩のこと、作さん厠に屈みながら月明りに隣座敷の栗の木を見てゐると風も死んだに枝葉の一つがかすかに搖れた、虫かなと眼をみはつてるとそれが次第に鰻の首にかはつてやがて葉つぱといふ葉つぱはすつかり鰻の首になつて動き始めた、錯覺た、さう自分を叱つて見たがそれから作さんの氣は變になつた、晝飯の最中突然「あッッ……」奇聲を發すると「畜生〳〵」と天井裏を睨んで立ち上る、鰻がする〳〵と床柱に登る、障子の構が奴の

□□□肋骨に見える
□□□といふわけて

眞晝中、道を歩いてゐるとちら〳〵する陽の光りが鰻の眼に見へるやうにさへなつた、さうかうして二三年作さんはとうとう孫子どころか女房も貰はずに氣の毒な生涯を終つた、死因はしかし内臟の疾患だつたといふ、これは縣下の或る町の出來事漫談子が作さんの仲間から聞いた話しである——

◇

第三席、お君（二二）と其兄由太（二三）の父親は村でも名うての鷄買ひだつたさうな、それがお君の十五か六のころ、大酒が祟つて村の端づれの街道で卒倒したが口からあぶ〳〵を吐くとうんうん唸つたがこの世の名殘とう〳〵はかなくなつてしまつた、世間では殺した鷄の祟りだと噂し合つた、殘された二人の兄妹はやむなく掘立小屋を建てゝ近所の手間取り稼ぎをしながら辛くも身過ぎ世過ぎを續けて居つたが寢るにも

□□□夜具は煎餅布
□□□團がただ一枚

その中お君はどした加減かお腹がふくれて子を生んだ、そして生れた子供は由太の種だといふことだつた、役場のお役人眞面目くさつてその然る所以を尋ねて見たら何時ぞや雪の深い晩、お君の顏が牡鷄に見えた、」由太はそこで雄鷄になつてしまつた「父爺の業が二人を畜生の性にかはらせたんでさあ」と告白したさうだ、果して由太の告白が本當かどうかそれは又聞きだから請合はれない、だが子供の出來たことだけは嘘でも僞りでもありません、これは數年前縣下某郡に起つたこと。

漫談（十）石を蹴る墓

●河北新報　昭和三年八月十三日　3-195

漫談〔十〕

石を蹴る墓
井戸中のて鳴る金盥
戸を叩く羽虫

これは今更書くまでもなからうけれど、福島縣相馬郡中村町の町外れ妙見社の境内に有名な因縁つきの古井戸がある、それへ石を投げ込むとさながら鋼の甕を叩いた如くに餘韻を引いてガラ、……ラーンと異様な響きを傳へ、氣の弱い者などはゾッと寒氣立つ、これはその昔妙齢の姫御前が仕合に遭つてその時一緒に放り込まれた金盥が響き渡るのであらうと稱された、さうした由緒ある井戸だけに飛び込み自殺を企てる者が跡を絶たず最近怨靈話しも現れる仕末なので最近とう〳〵これを埋めて了つた、これは考へ方一つで何もさうまでする必要もなかりはせんかと漫談子寧ろ遺憾に思つてゐるある人井戸に通ずる間道の反響ではあるまいかと牽強附會したが埋める際もつと綿密に調べて見たら面白かつたらう

◇

市内北某番丁に住んでゐたWさいふ友達　近所の子供に性の悪いのがゐるのでわが子の教育上面白からずとあつて最近北山近くの閑靜なところに引越した、案の條結果は非常に良いのでよろこんで居つたが何せ場所柄とて夜のさびしさつたらない、そこで家の周りでも明るくしたらと考へて軒先に街燈を一つ奮發したら、その晩から軒先に夜通しコトン〳〵と異様の物音がする、そこは靈場も間近かな寺町なので氣の小さいW君これやあ只事でないかも知れん、若しかすると幽靈ではなからうか……と

漫談子が怪談漁りをしてゐると知つて人の氣を引き〳〵ほつり〳〵と語り出したものである、これは素的な材料だ一段と膝をすゝめて。でそれからどうなりましたね？」と話しを追つたら「それでね、ある晩コトン〳〵と戸を叩き始めた刻限を見計つて家内の者共恐る〳〵窓を開けて覗いて見たらそれがね、君、羽虫が火に迷つてトタン屋根にコトン〳〵突き當つてゐたんよ……」折角聞いて居れば相手が羽虫た、お化けでなくも「うらめしやア……」と漫談子の方があきらめかねた。

その屋敷は今でもあるといふし其人もまた存命なさうだが然し、もう年月も經つてゐる、殊にあの邊は電車が通るやうになつてから大分樣子もかはつてゐるので確かな見當は附きかねるが市内片平丁控訴院裏、そこに小さいふ舊藩時代からの古い屋敷があつた、そして不思議なことには夕頃から日沒前後にかけてその家の庭先にほん〳〵と砂利石を放る者がある、前の日箒目を立てゝ綺麗に掃除して置いても翌朝見ると庭一面砂利石たらけになつてゐる、とある日の夕方その家の姑が庭草履を突かけて化壇の手入れなどしてゐるところへ足許にほんと拳大の石が飛んできた、それからほん〳〵と間拍子置いて來るは來るはしまひには雨、霰の如くどう〳〵お姑さん足の踏場もなくなりさうであつた、もともと隣屋敷にはかなりの距離がある、ましてそんな悪戯をする子供もない筈なので茫然なすがまゝにしてゐると、ものゝ半時も過ぎてそれがピツタリ止んだが最後にほつ〳〵と太い吐息が聞こえたさうなると邇に氣味が悪くなつて間もなく一家總動員、屋敷中を隈なく檢索して見たら、驚いた、縁の下からのつそりのそり這ひ出たのが大いさ二尺に餘る全身黒光りした大蟇だつた、それが日中はわが身を恥ぢて床下にがまんして御座るがさて日沒近かくなると氣分轉換と洒落てのこ〳〵匍ひ出しほうつと庭先に向つて息を吐く譯だが奴さん根が至つて愛嬌よく出來てるたちだけに出て來た序にそこら中の小石を拾つて投げちやあ巫山戯ちらす意でもあつたらうといふ噂だつた、それぢやあその大蟇一体どうなつたかと聞けば、驚き逃げる人々を尻目にかけて、にやつと一笑ひ自當也紛ひに煙りと消ゐたといふがそいつはいさゝか據に近い――

獣　漫談（十一）先生を招いて猿の歓迎会

●河北新報　昭和三年八月十四日　3-196

漫談〔11〕

先生を招いで猿の歡迎會

泳げども〳〵岸なき川　ばかされた話

先輩下某中學校に奉職したことがあるといふ綽名をケマル、パシャと呼ばれた國漢文の先生Yさん、人に物を教へようといふからには

ロロ　さう間が抜けてあられやう

藥はないのだがどうした加減か時々狐狸の畜生に飛んだ御難な目にあはされる、確か在邊の田舍につとめて居つた當時だと聞いてゐるYさん何かの講習會が濟ませて日暮れ時分一人とぼ〳〵と家路を差して歸つて來ると、あら不思議行手の方に突然大きな河が現れたそれが濁水滔々として奔流し鳴る蝉の聲は耳を聾せんばかりであるYさんはたゞ當惑したが今更道を引つ返す譯にも行かず靴を脱ぎすてズボンも上衣もすつかり取つて素裸となり弥次喜多河越ゐの見得ひよろしく

ロロ　バンドて括つた荷物を頭に

乗つけてざんぶとばかり弥猛目がけて得意の抜き手を切つたものたところが幾ら泳いでも泳いでも流れの岸といふものがない、とうとう五体綿の如く疲れはて、果てはあつぷ〳〵もう溺つたと観念して流れのまゝに押流された、「もし〳〵、もし〳〵、どうなさいました？」ふと耳許で人の聲がするのでYさん徐に目を開いて見ればどうもかうもない、わが家から程遠からぬ桑畑の中に丸裸でぐつたり倒れてゐたといふ、それから間もないことである、矢張り學校から歸宅の途中狐か何んかに引き廻されてあの道この道と夢中になつて歩き香歩かされた末見も知らぬ山の中にほんと棄て子にされてしまつた、古まつたなとわれながらわが行状にあきれ果て、木の株草

の根を掻き分けく

□□□宵闇の山中を彷徨してゐる

と、がさがさッといふ時ならぬ物の氣配、Yさんまたかと立ち止まつた、するとかはり合ひまして出現したのが狐狸と同類の畜生には違ひないがその邊には珍らしくない山猿であつた、猿といふ奴は妙なものでこちらから手出しをしてかゝると意地になつて悪戯をするものだが目今の支那ならずとも、いよいよお近い所の政界にも例はある妥協術合の氣分を出して神妙に構へてると案外向ふでも好意を見せる、Yさ●勿論そんな餘計なことを考へてゐる餘裕はなかつたらうがその中に一匹が二匹

□□□二匹が三匹と薄闇の山中に

きやつくと奇聲を木靈させながら瞬く間に數十匹の猿群がYさんのまわりをぐるりと取り圍んでしまつた、さうなることかとこの異樣な歡迎ぶりに膽をつぶしてゐると圍みをはなれた一匹がそろくYさんに近寄ると見るやきやつと一聲前先に飛びついた、それを合圖に殘んの猿群はらくくとつと驅け集まつてわつしよいくYさんを擽御輿のやうに昇つぎあげ山奥深く分け入つた、丁度八時か七時半ころでもあつたらう、天狗の角力座といつたやうな芝生の廣場まで來るとYさん不意に身を投げられたそこで身振り手眞似、猿公の命ずるがまゝに兎に角あぐらをかいて連中のやる仕事をいさゝか微笑の氣分で見てゐると、どこから手に入れたものかマッチをすつて焚き火を始めたそして

□□□お出てお出ての手まねきは

こゝに來てあたれといふわけだらうとそこは職業柄解釋は行き屆いたものだおとなしく腰をかゞめるさるほどに木靈もするとく再び起る一種悽愴たる鳴き聲、そして現れたのがこれまた數十匹の猿公、何やら運んで來たなとおもつたらそれは黒塗りの高膳に山と盛られた御祝儀の割箸であつた、Yさん斷るまでもなく、満足に咽喉へは通らなかつたが據ろ喰はぬは人間の恥ち先づ一通り箸だけはつけたその夜は猿にまもられて山賊小屋の親分氣取りで夜をふかしたが翌朝白らく明けの刻限、猿に手を引かれて無事わが家の里に送り返された

□□□後て聞いたら祝儀のお膳は

前夜村方のある家から酒宴の最中數十匹の猿が襲つてきてあれくと騒ぎ騒ぐ中を掻つ浚つて行つたものと知れた、狐狸の讐を猿公が仕返しじてくれたのか、さなくはYさん前生で猿に功徳を施した報いでもあつたのか、そこまでは場合が場合當人も聞いて來なかつたこれあ嘘のやうな話しだがYさん新入生のある度毎、歡迎の席に代へてさもくく手柄功名のやうにお忘れなく話してくれたさうだ、Yさんいまは出世榮達とこかで校長さんになつてゐる由

漫談（十四）仏壇の蔭から叔母さんの声
●河北新報　昭和三年八月十七日　3-197

怪

【14】漫談

佛壇の蔭から叔母さんの聲

祖母の死の前に無數の小鳥
死の知らせ種々

日の暮れも近く、もうそろく父親が役所から退けて來る時分になつたので母親は何時ものやうに一丁程先の青物市場へお惣菜の買ひ出しに出かけて行つた、留守居に殘された芳郎君と姉さんの

□□□貞子さんはわが時到れりと

ばかり戸棚は勿論茶簞笥から押入れの中まで隈なく家宅捜索をして見たがその日に限つて何ちよこ一つ、せんべい一枚見つからなかつた、そこで貞子さんの動議に從つて父親の歸るまで我慢しませうといふことになつたがその時芳郎君ふと思ひついたのは今朝方母親が何かの釣り錢に取つて佛壇の上に乘せて置いた五錢白銅だつた「うまいぞッ」と手をたゝいた芳郎君姉さんに見張りをさせて一つはし惡人氣取り、中腰になつてそろりくと佛壇近く歩み寄り右手を差し伸べて燭臺のところにあつた五錢玉に手をかけようとしたその時である「芳郎……、貞子……」佛壇の奥から突然さう呼ぶ聲が聞えた「姉さん！こはいッ……」芳郎君は殆ど氣絶しさうであつた、母

漫談（十五）行く手の足許に眞赤な血の滴り
●河北新報　昭和三年八月十八日　3-198

怪

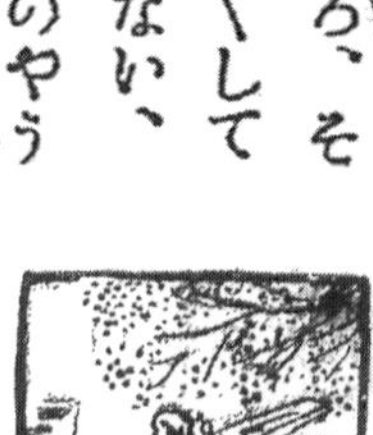

行く手の足許に眞赤な血の滴り

佛になつた母と遊ぶ幼な兒

死の知らせ種々

漫談【15】

母が死んだのは僕が中學二年の時分、學年の進級試驗がもう目の前に迫つてゐる頃であつた、永いこと病勞に惱んでゐた母も五六日以來目に見ゐて落着いてきたやうであつたがしかしそれは世間でいふ中休みかも知れないと兄姉達が話し合つてゐるのをふと耳にはさんだことがある、その日は

親が戻つて來た時

芳郎君は顔色を眞蒼にして

またぶる〳〵ふるへてゐたがそれを言へば無事露顯の因、二人とも口をつぐんで默つてゐた、その翌日、芳郎君が誰よりも誰よりも好きな肴の叔母さんが亡くなつたといふ知らせが屆いた、それは芳郎君が七つの年いまから丁度二十二年前のこと、今日でも佛壇の前にすわつてゐると「芳郎……貞子……」さういふ聲と同時にあの叔母さんの色白な顔がぼんやりと目に浮んでくることがある

◇

今日が明日かと危ぶまれながらそれでも不思議に一年餘り持ち續けた

祖母の病氣も今度こそもう

見込みがない、よく行つて明後日悪くすると明日の朝になるかも知れないと聞いてR君は仕事も碌々手に仕かず豫約の分だけを濟ませ跡の所は友達に頼んで三時頃トットと北山外れのわが家に歸つて來た、門口まで來ると弟が「兄さん〳〵」と叫びながらあわてくさつて玄關に駆けて來たのでさては？と思つて聞いて見ると、今庭先に見たこともない小鳥が幾十羽となく飛んで來た、それが人の姿を見て暫く所か返つて馴れ〳〵しく縁側などにぴよんこ〳〵飛び上るので五六羽捕まへて差詰め鳥籠も見當らないまゝ笊を鳥籠代用にしてかぶせて置いたから一寸見てくれといふのであつた

成れ程見れば毛色格好は雀

のやうだがそれともまた違ふ、明日社へ行つたら友達に聞いて見ようとその日は祖母の看病に出掛けて氣を許す暇もなかつたせいだらう何時か鳥のことなどは忘れてゐた、翌日になると矢つ張り醫者が宣言したとほりで祖母はとう〳〵この世の人でなくなつたがお通夜の騒々しい人聲の中でR君ふと頭に浮んだのは昨日の見知らぬ小鳥のことであつた、あれが死の知らせとでもいふのか知らんとR君、親戚の一人にそのことを話したら「こんな場合鳥など捕まへて置くものぢやありませんよ、放してやりなさい〳〵」といはれた、そこで家へ歸つて取り敢ず例の

笊をそうつと開けて見たら

不思議とも不思議、笊の中には鳥の糞すらなくなつてゐる、弟に聞くと誰がわざ〳〵獲つたものを逃がしてやるものですかといふ、結局弟でもなければまた妻君でもない、遂一月ばかりの前の話しであるがR君いまでもこの信ずべき謎を解きかねてゐる

◇

僕が床についたのは八時ころ、それからやゝ暫らくうつら〳〵してはゐたがさう夜は更けてない、季節は春先で丁度このごろのやうに霖雨が降り續いてその晩もしと〳〵と軒端に雨の音を聴いた、急にすつと裾の方から冷たい風が入つてきたので雨戸でも空いてゐるのか知らと思つて

つと半身をおこして見たが

さうでもない妙だな、自分で自分を疑ふ心持ちになつてしかしまた横になると今度はさや〳〵と庭に葉擦れの音がするかとおもつたその瞬間、自分の兩足がぐいと引つはられた、ざつといふ感じがした おやッ側を見れば妹はすや〳〵寢入つてゐる、その日東京にゐる友人が病死したのだが、いくら友人でも死の知らせに足を引つぱるなんて一寸珍らしいぢやないか？でA君は矢張りめづらしいやうな顔つきをして見せた

地理か歴史の午後の時間で

あつた、母の様子が急にあやしくなつたからおいでまな買つて直ぐ歸つて來るやうにといふ電話が屆いた、あやしくなつた！といつてもまさか死ぬやうなことはないだらう、とうは思つたもの〻しかし學校から直ぐ俥を呼はうとしたが生憎その邊には車屋がなかつた時である、そこで明るい中なので少々氣は引けたが鞄を左手にかゝへるなり人通りの多い町を眞直ぐ家に向つて駈け出した、ところが駈けてゐる中にふと氣がついたのは自分の足許にほたり〳〵水のやうなものがこぼれ落ちてゐることである、しかもそれが手桶の水でも垂れたやうに目の前にどこまでもどこまでも續いてゐる、オヤ變だなと思つて

後を振り返つて見たら確か

あつた筈たのに後の方には一滴も落ちてゐない、乾くにしては早過ぎる、自分の眼のあやまりかも知れないとまたトツと〻駈け出すと今度はその滴りが血の色にかはつた、そう〳〵家まで續いてその跡はどこへどう消れたのか影も形もない、奥座敷の病室に入つて行つた時は母はもう息を引き取つて、兄姉達が無言のまゝ枕許に首をうなだれて座つてゐた、でも僕だけはどうしても母の死を信ずる氣にはなれなかつた、たゞ先刻の血の滴りのやうなものがほたり〳〵何時までも〳〵目先にちら附いて離れなかつた

◇

その時は私の外に、モ一人道伴れがありました、ですから私たけの氣の迷ひとは思へない譯です、夕頃東八番丁蓮坊向ひの間道を鐵道線路に添つて歩いてをりました、するとS子さんが向ふから

たすきがけてバケツを下げ

て來るのを見つけたので「S子さん」「S子さん…」と呼んで見ました、ところが返事をしません、聞こえないのか知らと思つて遂二三間手前に來てから「S子さん」とまた呼びました、けれども返事をしない、變たわね、どうしたといふんでせう、その中S子さんは私達を見向きもせずつんと澄まして、御存知の通りあすこは狹い道ですから私達とは本當に擦れ〳〵につうッと通りすぎてしまひました、何か怒つてゐるのかも判らない、とう私達もいくらか心配になつたのでその晩S子さんの家へ行つたら、家のS子はもう

今朝がた心臟痲痺で死んで

終ひましたと聞かされた時は背から冷水を浴びせられたやうに急にゾッと身震きをしました

◇

一昨年の冬十一月の事である、市内中央部Tさんのお神さん道子さんはフとした風邪が因で病床の人となつたが間もなく夫のねんごろな看護も効なく其年漸く三つになつたはかりの一粒種修さんを「坊や〳〵……」と呼び續けながら二十幾歳を最後としてそう〳〵果敢なくなつて了つた、野邊の送りもたゞにあわたゞしく日數は早や五日六日と過ぎて初七日の夜となつた、Tさんはありし日のこと共を今更懷しくそれからそれへと思ひ浮べながら修さんの體をしつかとわが胸に抱き締め永い時間さびしい床に目を覺してゐたが何時か知らん想ひに疲れてぐつすり寢入つて了つた、丁度午前の二時前後よくいふ

草木も眠る丑滿の刻限で

あつた、何やら夢にうなされて、ふと目を覺ますとどうしたことであらう一緒に寢てゐた筈の修さんが居ないはて不思議な床から寢轉けてでもゐるんぢやなからうかとむつくり起き上つて見たが矢張り見れない、おゝこれあいよ〳〵變だ、Tさんにはかに不安に胸がとどろいた、とその時唐紙一重をへだてた隣座敷に、かたこと人の氣配がする、恐怖よりも不安、つと伸び上つて見ると修さん何時の間にか佛壇の前に行つて無心に玩具をいぢくつてゐた、その夜はそれで何事もなかつたが初七日も過ぎて二七日の時刻も同じ丑滿ころ、修さんひよいと父親の床をぬけ出すと

ちよこ〳〵と佛壇の前まで

行つてそれから片言まぢりに物を言ひ〳〵、しかも時々「母あちやん……母あちやん……」とはつきり母の名を呼びながらそこら邊の手頃な玩具を持ち出しては無心に遊んでゐる、さもその場に母親がお相手してゐるやうにそれが見られるのであつた、七日目、七日目にかうして七七四十九日修さんは影の母親と遊びつゞけたが四十九日を過ぎるともう起き出しもしなかつた、人の靈こそ不思議なものはない、漫談も怪談の方が面白いからといふ御註文に應じてまた二席、さがし出すと十人の中一人は必ずかうした話しを聞かして下さるのもまた考へて見れば不思議なものである

我郷土の怪談　おさわ幽霊相聞記　婢女の子別け

3-199

●山形新聞　昭和三年八月八日

我郷土の怪談

おさは幽靈相聞記
婢女の子別け
山形市外松原の昔譚り

南村山郡金井村松原　深山岩書生

はしがき

時＝天保或は文化、この年月の判然しないのは誠に遺憾に堪へないが、何分今より百何年前のことである故、到底聞く可き人がゐない。否寧ろゐる筈がないのだ、秋元但馬守の時にて、その番所の役人が武士氣質の發露から、その幽靈の出る家に行き大見得を切つたが、ほうぼうの態にて逃げ去つたと云ふ話よりおしへて見ても天保或は文化らしい。但馬守の山形入りは明和四年で、それより引續き弘化二年までの話しのやうである。

所＝金井村松原或る豪家（姓名は某氏に對して、そういふこともなからうが、一寸迷惑するやうなことがあると濟まない故止す）然しこの記事を讀まるゝ其の地の人達は、勿論凡て知つてゐる筈である、是位世人に知悉され、又傳統的に子供の時より寢物語りに聞かされる話はあまりないであらう。それ位知れ渡つた事實の物語である。

幽靈となつた人及關連者＝名…

おさは…（幽靈となつた人）

長五郎…（關連者）

二人ともその豪家の奉公人そして相思相愛の仲となつたのである。はしがきはこれにてとめる。

一

「……戀する二人の仲は日に日に深まり、つひにおさはは姙娠してしまつた。そして月も滿ちて分娩する時不幸にも黃泉の客となつた。怪奇極まる物語りはこゝより緒を發する。

二

そこでその雇ひ主なる豪家の主人が葬儀を出してやることゝなり元來使用人なれば、いと簡單にと裏口の木戸より寺へ送り出したのであつた。然し私にこの物語りを懇に敎へてくれた或る老翁がいふには、おさはの靈魂が、どうしても幽靈となつて人々に執拗につき纏ひ、訴へねばならなかつた原因は實にこゝにあるのだそうだ。

それは姙婦が死した時は子別けといふものをして葬儀を出す可きであるそうだ。そしてその子別けは經文の有難さによつて出來得るのだそうである。それを忙がしいのにまぎれてか又婢女であつたせいかその子別けを濟まさずに葬むつたことが第一の原因であたそうだ。（昔の豪家は權式があつた故かも知れん）

長五郎はそのことを知つてゐたかもしれないが、何分婢男であつたから、又不義をした彼には、それを云ふべき勇氣もなかつたらう又幾ら婢女であつても裏口の木戸より送り出されたことがひどく口惜しいのであつたと、これも老翁が敎へてくれた。然し女として自分の最愛な子をうまずに死んだことが、一番殘念であつたに違ひない。」

三

其の後、毎夜々々、おさは幽靈は豪家に訪れた。するときまつた樣に其の家に住む人達は、皆ガタ〳〵と顫ひて、ふとんに埋くまり冷たい汗を流して、ハラ〳〵した既に安らかな夢を結んでゐた馬さえ、悲鳴を擧げ、殊更らに凄慘味を增した。靜寂な夜半の空氣を裂き破つて、カラコロ、カラコロと高く下駄の音がする。おさはの歩んでくる音だ。すると一齊に皆『それつ！』と異樣な聲と叫びを發し乍ら我れ先きにと身をちゞめた。その氣配は又となく無氣味に恐ろしいものだつた。

間もなく裏木戸が、無暗無性とカラカラと開く。そして、おさは幽靈はきまつて『ホホホ』と笑つた。

薄暗い土間を通り生前愛してゐた自分の戀人なる長五郎の部屋と歩んだ、そこへ着くと『長五郎さん、長五郎さん』と呼んだ。長五郎は勿論どんなに淋しかつたらう蠟燭灯して居れば魔風と共にかき消してしまふ。何處へ、かくれてゐても直ぐ探される。全く恐ろしいこと此上ない。皆が生きた甲

姿がなかつた。そしておさは生前着てゐた衣服と寸分違はないもの、を着け、前掛けさへも、その縞が同じだつた。同じことが毎夜毎夜繰返された（つゞく）

我郷土の怪談　おさわ幽霊相聞記　屏風に血の痕　3-200

●山形新聞　昭和三年八月九日

幽　我郷土の怪談

おさは幽靈相聞記 屏風に血の痕

山形市外松原の昔がたり

南村山郡金井村松原　深山岩苔生

四

それが番所の役人の耳に這入つた（その番所は今の金井村役場の附近にあつたそうだ）役人は役目の手前ほつて置けずと、或夜兩刀を提へ、長五郎の部屋へ行つた。そして大きな机を前に据ゑ、皎々たる百目蠟燭を灯し、朗々たる聲をあげて讀書してゐた。その樣は自分を恐れて幽靈奴も出て來られまいと云ふ風な人を呑んだ姿態である。夜が更けた。下駄の音が響いた。役人は刀の柄に手をかけて來たなと思つた。戸が開いた。と同時に灯が消されてしまつた。おさは幽靈はもう此處に來てゐたのだ。そして無氣味な風と共に消れてしまつた。役人はすつかり驚いてしまつた。部屋は漆を流した樣な闇だ、役人は只呆然！と闇の彼方で「ホホホ」と笑ふ聲がする。役人は分別も何もなくして一目散に逃げ去つたといふことである。後には「長五郎さん、長五郎さん」と呼ぶ聲が氣味惡く響いてゐた。

五

そこで皆が心配思慮した結果、和尚が子別けをして濟度さしてやることにした、この時の和尚は實に四圍にその名を馳せた名僧だつたそうだ、ですぐ和尚は嚴然たる態度をとり經文をとなへてゐると魔風一陣皎々らんらんたる蠟燭が消れて了つた、和尚は端然と座したる儘騷がず動かず「小僧、蠟燭を灯せ」と命じた、名將の許に弱卒なしとか、その小僧何の恐るゝことなく灯を點じたとのことである、見ると傍の屏風に、眞紅の血痕鮮かに飛散してゐた、それが卽ち、おさはが子を分娩したのだつた、おさはは初めて滿足した、そしてその後決して人々に姿を見せたことはなかつたと云ふ、その屏風は永く、その豪家に秘藏してあつたが、十年許り前に河に流してやつたとのことである（終り）

【附記】是は百年も前の出來事故に、自分の聞いたことが、あるひは事實と多少違つてゐるかもしれない、讀者幸に諒せられよ尙自分に敎へてくれた（この物語りを）老翁も、その老翁の母から聞いたのだと云ふ。老翁年齡八十歲。そして老翁の母の幼少の頃の出來事だつたそうである。

我郷土の怪談　瀬見発電所の怪（一）愉快な狐狸の戯れ　3-201

●山形新聞　昭和三年八月十日

獸　我郷土の怪談

瀬見發電所の怪（一） 愉快な狐狸の戲れ

昨年夏の或夜のはなし

最上郡瀬見溫泉　孝二生

『私が瀬見發電所にゐた昨年の末だ新らしいことである……』とOさんは語り出した。忘れてゐたがOさんは電氣方面をやつて居るエンジニアーであつた。――以下Oさんの話し

◇

鬱陶しい八月の或夜のこと、その夜は雷鳴が頻りにあつて、果ては車軸を流すような豪雨は沛然とやつて來た、夏には付きものゝ雷と電氣、仲の好い者は喧嘩も多い、怒らした雷鳴の夜には屹度何か故障が起る、同僚は三人こんな晩の當直に廻されたとをかこちながも機械の所要の箇所を點檢することを忘れなかつた、瀬見發電所は瀬見溫泉から半道も離れた山懷の河緣にあつた。この發電所の開けない前は發電所の右手を流るゝ澤を猛蛇澤と云つて仙人さへ恐れて通るなら棺桶を逆さに背負つて行けと云つたものだ。」

◇

一体發電所は山の奥にある丈けに天狗狐物の化の類を主とした話を多分にもつて居るAと云ふ發電所では河を隔てゝ對岸に杉林が全山をもの凄い程亭々と包んでゐた、夜勤の者は人里數里離れたこの山中に人も自然も寢靜まつた眞夜中頃大勢の杣人の聲がして杉林を切り倒す音をきくと云ふ。不思議に思つて朝見ると何も變つたことがなく杉は平然と生茂つて居る、天狗の所業とも狐の所業とも云つて居るまた發電所は機械油を多量に使ふ處だから初冬の寒い朝眼を覺した勤務の者が門口の雪を拂ふものなら、そこにステッキの先きで突いたような一直線の点々とした得体の知れぬ動物の足跡を發見するであらう、これは必ず狐が油室に油なめに窺ひ寄つ

たのである。縣道を隔てた河の對岸に鬱蒼とした林が續く、夜遅く通ると、流れのせゝらぎの音に混つて赤ン坊を操す母親の聲をきく。然も半里この方人家がない狐はよく赤ン坊の泣くのや操す眞似を上手にやるものだ狐の話がよく出るが狐は夜半人家の戸を叩くことがある。それはあの太い房々とした毛の尾を打つ付けるものだ、蒲目荒涼たる月明の冬の夜狐のダンスを見たと云ふ人がある、これは何かと云ふに便所にそつと忍んで窓から外を覗ふ處を早くも知つて故意に人を馬鹿した仕草をやつたものだとしてある。

◇

鼬もよく怪をやる、背負つて居る物が急に重くなつたり輕くなつたりするのは鼬が背の荷の上に跳び上がつたり跳下りたるするからだ これ等一々の動物が人に怪を見せたり聞かせたりすることは人に親しみたい溫かい心からである、山に居ると動物と人間との隔りが近くなるものだ。

◇

そこで私の今話そうとすることは之等動物の怪ではなく人間の怪異であつた、怪異と云つても幽靈の話ではない、白晝しかも地の底であつたことだ。

勤勉な所員の努力で活うした雷鳴の夜でも故障と云ふ程のこともなく午前三時まで勤務時間が進んで行つた。

午前三時と云へば夏の夜の黎明近くである、その時、ヌーッと何處からともなく若い女が機械室に這入つて來た——オヤと思つて重い眼で見据ゑると顔に見覺えのある女である。水路緣に建つて居る一軒屋の百姓女であつた。

『Oさん大變です……』と云ふのである

『なんだこの夜中に——』と私は叫んだ

考へて見ると彼の女はいつもこの時間に瀬見溫泉に立つ朝市に野菜類を持つて行つて幾何かの金に替へて來るのであつた。

『……オラ……氣味が惡い。今水路の山路を通るとトンネル口の跡に女の下駄二足に子供の下駄片方それに洋傘と風呂敷包とが……あれはなんでせうモシかし心得違ひでもしたのではないかと思ふとオラ怖くて怖くて夢中で……』

との注進である如何にも物に怯ゑたと云ふ風にふるへて居た（係りより——深山岩吉生氏住所姓名改めて御通知を乞ふ）

怪　我郷土の怪談　瀬見発電所の怪（二）水槽に溺死女　3-202

●山形新聞　昭和三年八月十一日

我鄕土の怪談

瀬見發電所の怪（二）
水漕に溺死女
——昨年夏八月の事實談——

最上郡瀬見溫泉　芋　二　生

水路トンネル口の手前に工夫達の休む小屋がある。あれを見たかと聞いたら迚も怖くてそんなどころの騒ぎでなかつたと云ふ。それもそうだ。然らばあの下駄やコーモリ、風呂敷包は何を意味したと云ふものだ。遺留品の主が小屋に潜んでゐるとしても品物を雨ざらしにして置くことは妙だ。こゝまで來ると誰もの胸にも不吉な恐ろしい疑惑が湧いて來る。

夜が明けたので人を早速現場に調べにやつた。

◇

歸つて來た者の報告を聞くと、確に水路のトンネルに締まつたものらしいと云ふ。

『小屋には誰も居なかつたか』

『居ないばかりか、休んだ形跡も發見することが出來なかつた』

『すると君達は、水路へ入水したといふんだね』

こうなれば默つて置かれない、水路看守社宅へ電話をかけて直に斷水を命じた。

◇

水量は徐々に減水される。二十分ばかりして農家の者らしい二十三四の女が水槽に押し流されて來た。眼をカッと見開いて如何にも無念さうな死相をしてゐた。

◇

瀬見發電所の水路は延長廿三町もあつて、誘導管の水槽から五町ばかりをトンネルにして居る水量は平時七十個も流れてゐる水壓トンネルだ。

水量は減じてやがてちよろ〳〵、水が落ちた。待つてゐたが後の二人は流れて來ない。トンネルの中につかへたものらしい、誰か中に入つて死體を取り出して來なければならない。この任に進んで第一に當つた者はKと云ふ豪氣を人も許し、われも許した男であつた。他に三四人の者と——彼等はカンテラを點して氣味の惡い惡魔の口とも思はれる暗いトンネルの奧深く入つて行つた。

◇

トンネル入りは只さへ餘り氣持ちのよいものではない、加へて死体捜索と來ては氣持ちの惡いのを通り越して物凄い、黒白も分らない闇の中をカンテラの光けで進む、カンテラの光りは遠くで自分の姿を他に明かにするにはいゝが自分の方から先方を見るには僅かに三四尺處より見へない、彼等は冗談を言ひ〳〵大抵死体のあつてもよさそうな處まで來たが更にそれらしいものが見當らない

◇

冷たい雫が襟元に落ちてヒヤリとする。

『ほとけさんは、何處に御座らつしやるでしようね』

『何處かでお前を招いで居るだらうよ』

恰度その時である。

何處か遠くの方で何とも知れない、細い餘韻を引く陰氣な絶へ絶への聲とも唸りとも判らないものが空氣を傳はつて來た。

『オヤ？』

と一同はきゝ耳を立てゝ固くなつた。

確に人間の唸り聲である。

『人間は生きてるぞ！』

『冗談言つてはいけない、そんなことがあつて堪るものか、この水路に通水したらトンネルに水壓がかゝつて水が一杯になつて居るぜ、そこを潜つて——五町の間を呼吸が續くと思ふか、生きられるなんて余り慾の皮が張り過ぎてる』

◇

言はれて見るとその通りである實際このトンネルに縮まつたら最後、あの七封度半の水壓、強い水勢に押し流されて五分と經たないうちにお陀佛になつてしまふ。

何も一同は耳を傾けてじーつとして立つた。聞ゐて來る、確に聞へて來る。しかも頭の上かららしい。

『幽靈だ！』と誰かが叫んだ——と同時にカンテラを持つたK君が先に立つて逃げ出したものだから闇に殘つた後の連中は、われ先にと爭ふて逃げ出した。帽子を失ふ者、手拭を落す者、たゞもう夢中になつて物の怪に追ひかけられるようで生きた心もなかつた。

それでもトンネルの外に出て日光を浴ると、ほつと胸を撫で下した。怪我のなかつたことはせめてもの幸であつた。

更に二度目には逆に東口トンネルから入つて行つた、先刻の怪しい聲のしたと云ふところは恰度トンネルの中頃に當つてゐる、これまで來たのでは別に怪しいところがないので、そこでじつとして怪音の起るのを待つてゐた。

果もてそれから五六分もたつたと思ふ頃、呼吸を呑んでゐると微に黄泉の國から聞へて來る幽鬼の泣き聲のようなものが長く尾を引いてきこへて來た。

怪　我郷土の怪談　瀬見発電所の怪（三）　生きてる幽霊

●山形新聞　昭和三年八月十二日　3-203

我郷土の怪談

瀬見發電所の怪（三）
生きてる幽靈

生へ執着する魂の不可思議な力

最上郡瀬見温泉　芋二生

一同は之だと思つて二三度繰返してきいてから、そこ等を調べ初めたが、トンネル内だけのことゝて別に詮議すると云ふ處もなかつた。

さて聲のみが闇に聞こゐて正體を現さないとすれば、これは全く三人が押流されて水死し、亡魂が殘つてうらみを云ふのだらうと云ふことになつてしまふ。

魂魄でも妖怪でもいゝ、白晝多勢の人間の前で怪を現すとは果してどんな正體の者だらうか。

◇

併し發電所としては聲をきいたとあつてはその儘だまつて置く譯に行かない、若し生きてゐる人間だつたら彼をほんとうの幽靈にしてしまふ許りか死體さへも失つてしまふ。

三回目の探險隊が組織されて闇の謎のトンネルに繰込んで行つたのはCといふポリスにかく云ふ私も加はつて同勢十幾人かであつた

こゝで瀬見發電所のトンネルの構造を一度説明するが、五町の間は新トンネルのコンクリート一町舊トンネルの留木に板張のが四町程からなつて居た。

充分な警備の準備と周到な注意と多勢を恃んでやる仕事だから中には面白可笑しくついて來た者もあつたが、奥に段々進んでトンネル内の冷氣に觸れると流石に一同の心も緊張して來た、氣のせいか何か幽氣の漂ふような一種の凄味さへ加はつた。

◇

一同は聲を立てる者もない、ぴちやり〳〵草鞋の音がトンネル内に反響して、それが又自分達以外の者が尾いて來るようで淋し味とも恐怖ともつかないものが身に迫る。

大分行つた頃だつた、たしかにさつき怪しい聲のきいた中央の處だつた。先頭に立つたものがぴたり足を止めた。そうして手で制してだまつて止まれと云ふ。そこで一同は全身の神經を耳に集めて怪

しの者の聲をきゝもらすまいと息を殺して待つて居た。

こんなときの時間は五分だつたか十分だつたか或は二十分だつたか想像の付くものでない、併し大分長い時間がたつたと思はれる。

◇

地の底から湧いて遠く鳴咽とも訴へるともつかない細い絶え入るような誰かと語つてゐるような女の聲が一同の耳に流れて來た、間をおいて三度許りきいて

『誰だ？』としかつた。

『〇〇子です！』と云ふ。

『何處に居る？』

『此處に居ます！』明瞭答へた。

なる程聲の發處は頭の上の留木の方からである、カンテラを照してトンネル内を調べて見ると、張板の朽腐した處に猫の子が潜る位の穴、こんな小さな處から人間一人が通れると思ふであらうか？ けれどもその聲の主はトンネル内を流されながら死線を越へる可く必死の努力で人間がくぐれさうもない小さな朽穴に手がふれると夢中ではひ上り、留木と地との空隙に裸體をひきがへるのやうにひそませて辛くも呼吸を續けて居たのであつた。

◇

私の話がこれでおしまいだがね危ふく一人の人間が幽靈になりかける處を僅に生きてゐたのだ。どうして女達が水にはまつたつてかい？ それはこうだ。

生命拾ひをした娘は例の水路稼の一軒家の者なんだ、他に嫁に行づて今度里歸りの時そこの家の小舅と女の子を連れて瀬見温泉に夜の十時頃まで遊んだ、知つて居る路ではあるし山家育ちの彼女達は恐れといふものを知らないであの雷雨の中をやつて來たのが抑々の間違へだつたんだ、――女の子は雷鳴に驚いて足を踏み辷らし水路に落つる。助けようと思つて小舅は水に跳び込む、次に娘も默つて見て居られなくなつて二人の後を追ふと云ふように三人共入水した。全水量を一杯張つてゐるトンネルは口をぱくと開けて彼女達を呑んだ而して瞬くうちに二人の生命を奪ひ一人を地獄の三丁目まで呼んで放免する悲劇が演じられた譯だ。

女の子の死體は三日後一里許り川下で發見された。助かるべくもなく助かつたのはその娘一人だけだつたのである。

――人間は羞恥心のある中は生命力のあるものだよ、娘は救ひ出された時纎弱な肉體の一部分でも露出にしてゐることを非常に氣にして居たが――その娘は今ピンピンとして丈夫でゐる（終り）

幽　我郷土の怪談　千手堂観音に残る梵鐘の由来譚

●山形新聞　昭和三年八月十三日　3-204

我郷土の怪談

千手堂觀音に殘る 梵鐘の由來譚

山伏の手に殘る執念の片袖

東村山郡大郷村字成安　三澤圓次郎

享保十年七月の始めの事今の村山平野を貫流する馬見ヶ崎川の下流を白川と云つて其の川邊に成安村と云ふ二十戸にも足らぬ淋しい小村があつた、其の村に八幡山金剛院と云ふ遠村にも聞へた大法院があつた。

◇

其の法院に一人娘のお千代と云ふ女があつて、櫻花の咲き初めた頃柳澤の長右衛門の次男喜兵衛と云ふ人が聟に定まつた、一目會見て戀花の咲き初めた二人は樂しき添寢の夢をおもつて、其の日〳〵を待ち暮してゐた、ところが春も過ぎ初夏の涼風の訪れる頃お千代は風邪がもとで床に臥してしまつた最早今年の秋には結婚の式をあげやうと云ふお千代が病氣になつたので兩親は寢食を忘れて盡した手厚い看護も甲斐なく、盆も間近くなつたころお千代の命は今日か明日かといふ程になつた、其の時枕邊に兩親を呼んで『もう妾は駄目ですから諦めて下さい、只一目喜兵衛さんに會ひたうございます』と苦しい中にも虫の息で云ふた、兩親はすぐに喜兵衛を連れて來たお千代は細い目を開いて喜兵衛の手を握りながら歸らぬ國へ旅立ちした。

◇

其の頃南部の靈場恐山に遍路の山伏がトボ〳〵登つて居た、眞夏の太陽は遠慮なくヂリ〳〵と照る、山伏は谷より吹き上げる涼風に氣持よく岩根に腰を下した、旅のつかれにいつしかうたゝ寢の夢を結んでゐた。

◇

其の時『モシ山伏さん御願ひで御座います』と呼ぶ聲にフト目を開いて見れば側に美しい女が立つてゐる『オ、お前は誰だ』此山は女人禁制の山なのにうら若い女がゐるとは、と不思議に思つた『御不審は御尤もでございます』ホロ〳〵と涙を流して『あなたにお願ひが御座います、妾は此の世の者ではございません、出羽成安の金剛院の娘で最早世を去りましたが、妾

婆には懐しい[illegible]を殘して來ましたところが何の因緣か魂は彼の世に殘つてゐてまだ故郷の空を彷徨て居ります、山伏さん君しも出羽の成安村をお通りの時は金剛院に寄つて娘千代の爲に程遠からぬ吉祥院の千手觀音樣に梵鐘を納めて供養を賴むと千代が申したとお傳へ下さりませ、其の印に妾の生前身に着けて居た此の振袖の片袖を差上げますから』と云つて紅櫻模樣の振袖の片袖を切つて渡した、『ではお願ひで御座います』と云つて娘の姿は煙のやうに消へて行くと同時に目が醒めた。

◇

ア、今のは夢であつたかと思ふと不思議にも紅櫻模樣の片袖が手に握られて居た、それから丁度六年目、山伏はやうやく成安村に着いた、金剛院と云へば直ぐわかつた、其の家には老夫婦が名も知れぬ山伏の訪れて來たので不思議に思つたが先づ奧の間に通した。

◇

山伏は四方山の話の末に『當院にもとお千代と云ふ娘が居りましたらうか』と尋ねた上先にあの恐山で賴まれた事を一部始終物語つた其の證據に紅櫻模樣の片袖を兩親に見せた、すると一目見て『あの振袖は娘の形見に殘した筈なのに』とて藏の中から振袖を出して見ると矢張り片袖が千切れてゐた

これを見た兩親は六年前のお千代の事を思ひ出して其の場にワツト泣き臥してしまつた。

◇

そして山伏に厚く禮を述べ片袖を貰ひ受け娘の云ふ通り梵鐘を作つて千手堂の觀音に納めたと云ふ事である、其の梵鐘が參拾年前紛失して其の後再び成安金剛院で納めた、それには享保拾參年と銘を入れお千代の戒名が刻まれてあるさうな…(終り)

我郷土の怪談　恩田家惨劇に絡る鶴岡化物屋敷

●山形新聞　昭和三年八月十四日　3-205

怪

我郷土の怪談

恩田家惨劇に絡る
鶴岡化物屋敷
源太ロハ借りの其頃の晩

鶴岡市文化村　齋藤小虎

明治三十二年といへば今から二十年前のことだがお正月も過ぎ小正月近い庄内特有の大吹雪の晩のことである

僕の友人であつた源太郎君がそれから三日前ばかりに此處の家に移轉したのだ、鶴岡銀座通りといふ繁昌な場所で六間々口といふ大家である

素寒貧な源太郎君はこんな大きな家を借る譯はないと私は同君を訪問と、見た

『源ちやん、居るかえ』

『よく來たな、大變な吹雪でないか……よく荒れるものだな』

『大した廣い家だな、家賃は高いだろう……』

『家賃は月に三十両さ』

『三十両の家賃が出せるかえ』

『何だと、人を馬鹿にするなえ！こう見へても源太は偉いんだろう』

『それあ眞實か……』

と詰めて見ると、前齒二本許り缺けて居る源太郎君

『ロハだよ……無家賃さ、世の中は有難いもので俺が貧乏に同情して家守り格で引越したのだ』

『有難い事ぢやな、しかし何んだか事情がありそうなものだな』

『勿論大ありさ、君が知らないのか……この家はな、誰れだつて知らぬ者がない化物屋敷だ…』

『道理でロハだな……眞實にお化るのか』

源太郎君の大家に移轉した事情も讀めたが、まだその化物は出ないと云ふ、源ちやんは仲々の元氣者で當時二十五歳と記憶してゐるが獨身者で母親一人と二人の弟子を養ふて製本屋をやつてゐた、僕も二十一と云ふ元氣盛り勿論科學萬能信者であり化物が此世に居る等と云ふ事はてんで問題にしてゐない、そこで化物見參と相談が一決して夜明しに牛鍋をつゝき飲むことにした

そこで大體家屋を説明して置く必要がある

場所は鶴岡市内の中央三日町の大通り間口が六間の店舗屋で店上が二階、店から奧が茶の間、その間の次が座敷に納戸があり勝手が茶の間に續き、その奧に六疊の離れ座敷で、勝手と座敷の間は中庭になつて店から奧まで十五六間は一間巾土間が通ふてゐる家の一番奧には土藏一棟(一棟は取毀されたといふ)があり一体に光線が薄く陰氣臭い大家であつた、離れの一番陰氣な座敷に僕等は陣取り牛鍋で酒を飲んでゐたが槍でも鉄砲でも持つてこいといふ樣な大した元氣である

カン／＼と火鉢に炭火をおこして燗徳利に芳醇な大山酒……と牛鍋……今考へても決して惡くはなかつた莫迦話に花を咲かせてゐたがもう外は大吹雪で雨戸はガタン／＼と音を立て隙間もる寒風は骨を刺したのだ、丑滿も過ぎて見ると何となく陰氣で氣持がぞつとする、軈て吹雪も歇んで牡丹雪が音もなく降り積つてゐる

『もふ酒が切れたか……』

『半樽の酒だ……そんなに飲まれるものか』

と源太郎君が樽を振る……途端…

ツドン………

障子一枚後い勝手板敷に大人一人

が飛び下りた様な物音『さては……』

四つの目がぴつたり出遇ふて二人で勝手を探したが何物も發見されぬ、家族は白河夜船だ

『何だ、人を莫迦にしてるな……』

と離れて歸り再び盃を手にして二三盃を重ねると、またしても

ズドン……

以前にまさる大きな響きである、屋内を探したが何物もない只僕等の後に何となく鬼氣迫る感じがする、何等の異狀ないのに大音響＝奇怪極まりなき事實談はかくして續く（係りより＝屋代村空堂氏住所姓名至急一報ありたし）

我郷土の怪談　鶴岡化物屋敷の跡（二）浮浪人の無心
●山形新聞　昭和三年八月十五日　3-206

我郷土の怪談

鶴岡化物屋敷の跡〔二〕
浮浪人の無心
強慾漢『米座』恩田佐兵衛へ三百兩を

鶴岡市文化村　齋藤小虎

屋内を探したが何の異狀もない鬼を喰ふやうなことを云ふも口先ばかり、實は源太君も僕もおそらく眞蒼になつて雪の夜は明はなれた。

不可思議――奇怪――今日に至るもその謎は解けないが以下源ちやんと僕が化物屋敷と謂れた古老の事實談を綜合して見るとこうである。」

×

幕末に於ける荘内藩の活躍は物凄かつた、新武器の連發銃を購入した酒井家は東北での裕福な藩である、金穴には酒田の本間がある天下の兵を引受け最後まで奮闘したが遂に白旗を掲げた、その後廢藩置縣＝斷髪＝廢刀＝目まぐるしい大改革が續いた。

酒井家十四萬石の城下町、鶴ケ岡三日町に三百年も續いたといふ恩田佐兵衛と云ふ豪家があつた、代々米座と云ふて、藩士が給米を米札で渡るのを商人から金に替えたものだ、その米札を公然賣買し得るのが米座であり米座を單に座と云ふたものであつた、今日に於ける米穀取次所の前身といふても米座は支障ないのだ。

時代が如何に變遷しても恩田家は萬代不易の分限長者な事は云ふまでもないが幕末から明治初年にかけた、當主の佐兵衛は強慾非道と云はれただけ米座の儲けが毎日たいまりとしたもので金の中から首を突き出してゐる、内所で高利貸等をやつて唸る黄金の洪水を一人で喜んでゐた。

×

その頃の藩主の有様は悲惨なものであつた、時勢の變遷から家祿は公債、公債は士族の商法で直ぐ飛んで仕舞ふ、尾羽打ち枯らした痩せ浪人の篠崎權藏がふいとおもひ浮べたのは恩田家の事である、權藏の實父は恩田家へ可成り恩を賣つた、今日の急場を救ふて呉れるものは佐兵衛しかあるまい、そうだ恩田に談合して見やう、それにしても智者の黒田勘太の分別をかりて一策とこう決心した權藏は莫逆の友黒田を訪問した。

『佐兵衛奴に金子三百兩の調達を申込む！幾ら慾人の倅だと云はれてもオイソレと耳を揃へて三百圓は出すものぢやないだと云ふても別に才覺は出來ない、脅し付けて刀の手前に借りるのだな……』

『如何にも、一筋繩ではウンと首を縦に振る男ぢやない、それがよかろう』

相談一決する、秋の日の暮れ灯がいゝあんどんにともされ頃ほひ篠田、黒田の兩人は明治の世になつたと云ふても一本の落し差、五ッ紋の着流しで訪れた、澁茶を勸めた佐兵衛はけゞんな顔で

『お二人様のお出で……何御用でおざります』

『その許の家は知つての通り我父から大恩を受けて居る筈、父がこの世を旅立つ際に萬一の一大事があればお身によく談合せよとの遺言でご座る……』

と言葉を切れば佐兵衛は默つて佛頂面をする

『佐兵衛殿有難くもない明治の世、もらつた公債は士族の商法で文なし家族五人が路頭に迷ふ仕儀……近頃迷惑千万であらうが三百兩を借して頂きたい』

『なかなか以て三百兩といふ大金はオイソレと才覺が出來ませぬで……』

『お身でなければ出來ない相談是非借用致したいものでござる』

黒田は今まで默つてゐたが

『佐兵衛どの貴下の如き分限長者は三百兩は愚か五百金でも千兩でも手許にあるべき筈、篠崎の窮乏を救はざるは義理知らずと云ふものだ……』

と詰め寄つたが佐兵衛は唯當惑顔をする許りである（つゞく）

我郷土の怪談　鶴岡化物屋敷の跡（三）親子三人惨殺
●山形新聞　昭和三年八月十六日　3-207

我郷土の怪談

鶴岡化物屋敷の跡〔三〕
親子三人惨殺
恨みは殘る床下の大金

鶴岡市文化村　齋藤小虎

その晩は要領を得ず篠崎と黒田は歸つた、それから三度ばかり兩人は手をかえ品をかえ、佐兵衛に交渉したが、びた三文借用は出來なかつた、最初は脅し文句をならべ最後は辭を低くし

たがそれも駄目、結局武士の体面を侮辱したな覚え居れと物別れとなつたものだ、そこで最後の手段をとるべく機會を狙つてゐた

×

晩酌の佐兵衛はちびり〳〵と傾けてゐた、妻のお峰は微笑び浮べたように夫を見て

『だゝはん（旦那）篠崎さんのことを考へて見ると氣味悪くて仕方ない、夜番でも置いて下さい』

と何事か豫感され暗示を與へられたように身ぶるひをした。

『何だい、お峰夜番等置けば金もかゝるし、あの貧乏侍に何が出來るものか……』

フ、ンと鼻先に微笑を浮べた彼はこれまで夜番を置くことを幾度も勸めたが佐兵衛は承知せず、金の洪水のみを夢見てゐた、でその晩も夫婦は子供と共にいつもの如く臥戸に入つた。

木枯らしの吹き荒ぶその夜の丑満過ぎ、覆面の怪漢二人は佐兵衛夫婦の枕許に音もなく現れた

『佐兵衛々々起きろ、命を貰ひに來た……恨みは身に覚えがあろう』

とポンと枕を蹴る、驚く佐兵衛夫婦、がつばと起き両手を合せ

『旦那様、四十や五十の金は差上げます、命許りはお助け下さい、それとて金が不足なれば……』

がた〳〵と身震してゐるを尻目にかけ

『武士に侮辱を與へた汝、もう金は入らぬ、命だ〳〵エイ面倒だ……』

怪漢の手から紫電一閃流れて佐兵衛を大袈裟がけに……どつと鮮血迸りアッと苦悶の斷末魔！　逃れんとする於峰

『アレ……助けてくれ……』

『友人の仇……』

一閃飛んで首筋深く斬り付けられた、ワッと泣いたのは佐兵衛の一粒種、夫婦冥途の道連れだと斬り付けられると可愛い子供の首は落ちた。

『それ止めの一刀』

斷末魔の二人は止めを刺された。臥戸は血の海、鬼氣物凄く迫つてゐる、この惨劇に斬かつたのは老さき短い老母と奉公人であつたがあとは大騒ぎとなつて役人に届け親戚縁者の者が駆けつけ形の如く検視あつて野邊の送りも過ぎたが土蔵内には現金と云ふものは更になかつた、百萬長者の家に小判一枚ないのは不思議だと段々取調べると、臥戸の床下は穴藏であつたそこには千兩箱が積まれてゐるのを發見したので、箱を一つ二つ取出して見ると、金に執着の怨霊か千兩箱は黒い血でベタリと染められてゐたので、あつと驚き七つまでは取出したが物凄くあとは取出すことが出來なかつた――それが今し語り草に殘つてゐる。

×

恩田家はこの惨劇で絶家となつた下手人は云ふまでもなく篠崎權藏黒田勘太であるは勿論だが、明治初年のどさくさまぎれであり警察力の薄弱な時代の事とて犯人は検擧されず暗から暗へと葬り去られた。

×

恩田家は一部改造されたが大體そのまゝ鶴岡の大通りに現存してゐる、五十何年間の間、自稱豪傑連が住まつて見たが佐兵衛夫婦の怨靈が絶へず現れ座敷に血が流れ出したり、大音響が發生したり數々の奇怪に三日と居たまらず逃げ出す者が多く、はては化物屋敷の噂がぱつとひろがり、誰も借人がなくなり二十年前に家守となつた源太郎君まで逃げ出したものだ、今は或る物持の手に入つたが矢張り借手がなく共同青物市場となつてゐる（此の項完）

我郷土の怪談　関山道路の犠牲　無縁仏は訴う
●山形新聞　昭和三年八月十七日　3-208

幽

我郷土の怪談

關山道路の犠牲
無縁佛は訴ふ

明年が丁度その五十年目

北村山郡高崎村關山　中里泰雄

山をぬき谷を埋めて幾千代も
車も通す道となりけり

これは三島縣令が關山峠完成の時に詠まれたる三十一文字である全く完成後の本道は奥羽本線開通迄は山形宮城間唯一の幹線で通な關山に郵便遞送人が五十人、人力車が百二三十臺、荷馬車が二百臺もあり行かふ人か日々幾百となく通る賑かさであつた、然し此の道路の開鑿には痛ましい犠牲をはらつた大惨狀の殉難がひそんでる

◇

時は明治十三年七月廿一日土用の眞盛り開鑿用の火藥を運ぶべく關山から多數の人夫が召集されたその日の晝頃である宮城縣扱の下にて運搬中の火藥が爆發して二十三名の即死者多數の負傷者を出だしたその惨狀は聞くさへ身の毛のよだつ樣な悲惨さである。そこは關山峠から宮城縣へ七八丁ばかり行くと縣道から眞下りの舊道がある千古の樹木鬱蒼として晝尚暗く深山の氣みなぎり自ら寂寞を感ずる底の靜地である舊道を下り終ると一寸とした平がある一本橋を隔て

ゝ縣道へ迷つてゐる此平を川なりに道路かとうなづかれる跡があるが此の道路こそ慘事を惹き起した現場なのである。そこに名も知らぬ草木や篠竹が一面に生え繁つてゐる中に朽ち果てた施餓鬼柱が傾いて寂しく立つてゐるのが當時を偲ぶ唯一の目じるしである、此の塔婆の由來が本文なのである

◇

現場を教へて呉れた一老翁の話によれば其の當時は此の出來事が話の中心になつてそつちにもこつちにも追弔會や供養會等營まれ關係のない自分等迄も有難い事だと思ふ程でこゝを通るにも皆感激の目を以て追弔の意を表して歩いたものだが時過ぎ星流るゝに從つて忘れらるゝ樣になつて來た。この時である幽靈の出たのは——見た人は酒田の商人（姓名不詳）とか、商用で仙臺からの歸りに夜道にこゝを通つた

◇

ほの暗い晩でそよ吹く風に晩秋の木の葉はサラ〳〵と落ち何となく陰氣に感ぜられた、小川の橋にかゝつて譯もなく小川を見た時覺えずゾットした、あれ怖ろしやボコ〳〵と薄青い火が燃えたと思ふたらその下から若い女が（殉難者の中に胎兒諸共死んだ婦人もある）生れ子を抱いて言ふに言はれぬ苦しき形相しく何か訴へる如くヘッと思ふて伺も見れば四五間離れて男の人、同じ苦しみの形にて手を合せて立つて居るその後にも後にも無數と、誠に瞬間の出來事なれど餘りの怖しさに身は慄へ目はくらみ轉倒せんばかりに驚いて程近い一軒屋（今は仙臺へ移轉したが）に漸くのことで辿りついたがそのまゝ夢中になつて仕舞ふた

◇

それからと云ふものは誰も見た彼も見たと云ふ話、これは畢竟殉死者の靈魂のせいだと云ふ事になりてその場に施餓鬼塔婆を建て盛な供養會を營まれた、其の後は斯樣な話はなくなつたと一老翁が話して呉れた

◇

それからは幾十年風雨に洗はれて柱は朽ち果てゝ一文字さへわからなくなつて叢の中に寂しく如實に當時を物語つて居た、勿論此の間關山の密藏寺にも殉難者各位の精靈を祀つて毎年施餓鬼供養會を營まれ村でも亦數年前大瀧不動の境内に殉難碑を建てゝその靈を慰め又明昭和四年にはちようど五十年忌に相當するので盛大なる法要を營み現場にも永久的な追悼碑建造の計畫中とのことなればこの道路には永久かゝる不吉な現象や噂は取り除かるゝ譯である（終り）

我郷土の怪談（十）

斬首の義民石地藏　夜な夜な夜泣

●山形新聞　昭和三年八月十八日　3-209

我郷土の怪談（一〇）

斬首の義民石地藏 夜な〳〵夜泣

幼い子供にのり移つて

東置賜郡屋代村　西澤翠雨

一

天物を言はず人をして言はしむ茲に不言の石地藏人をして物を言はしむこの不思議な地藏樣を讀者諸君に紹介したいと思ふ

抑この石の地藏尊は屋代郷三十六ヶ村の郷民の爲めに犠牲者となり、時の領主より斬首の刑に處せられし義民二井宿村高梨利右衛門氏の靈を慰め、またはその記念として三十六ヶ村に一基づつ六角六面に六體の地藏尊を彫刻したる六地藏の石塔が建立されてある。この石の地藏が物を言ふのだ。

二

屋代村の北端に一部落がある、入り口の村道より右に折れ作場小徑がある。その岐れ目にこの六地藏の石塔が建つてゐる。時しも天高く肥馬嘶く秋の日和に遠藤某と云ふ人、黄金したゝる刈稲の稲を馬につけて手綱を曳きハイヨ〳〵と馬をはげましながらこの小徑に踏み入らんとした刹那かの石地藏の塔につゝかゝり忽ちその石地藏が横にドタンと倒れてしまつた、それにも

三

頓着せず毎日稲つけをして居たのであつた

遠藤某の長男は日露戰役に召集の身となり最愛の妻が姙娠中臨月間際に出立還征して惜しいかな名譽の戰死を遂げた、その後間もなく生れた子が三歳になる年であつたが、その子供は毎夜夜泣きをするので困つてしまつた、いかに慰めすかせども泣き止まず、萬籟聲なき秋の眞夜中に「外へアエベ」と叫ぶ、致し方なく背負ふて家の表に出て見ると「コッチでない」と外裏に指をさして駄々をこねる、そこで外裏に行くと忽ちにして泣き止むのであつた、この裏道より行けば地藏塔への近道である。若しや戰死した親父の靈が來て呼び出すのではないかと家内の者がこう思つて居たのであつた

四

それから五日目の晩になると、何も知らない思慮もない三歳の子供が、ろく〳〵舌のまわらぬ呂律で「チャントシロ〳〵」と云ふのであつた、何の事かわからずにゐたが、家内の者共が漸く氣がついて考へて見ると、六地藏樣を倒して

そのまゝにして置いた爲めた、斯う云ふのであると心づいたので、八日目にその地蔵様を元の通り建て、新願所の住職を頼み地蔵本願経を読誦してもらひお詫をしたのであつた、どころが不思議にもその晩より夜泣きはピッタリと止まつたので家内は安眠されるようになつた。

3-210

我郷土の怪談（十一）　高館落城の金鶏　闇夜叫び舞う

●山形新聞　昭和三年八月十九日

獣　我郷土の怪談

（一）

高館落城の金鶏 闇夜叫び舞ふ

暴君滅びんとして長恨

南村山郡上ノ山町　太田昧見

数日降り続いた雨も、もうどうやら午後は降らずに済んだ。でも空は未だに灰色。生温い風は未だに吹きやまない。降らなければきつと田畑に出る準太は今日も晝から畑へ出たのであるもう暮色蒼然と暮れかゝつてゐる。蔵王の連峰は雲で見えない町屋も、左手の御屋敷町も、ぼうと煙つてゐる。

◇

天神森の黒みの中に小さいながらも月岡城が白く浮立つてゐる。楯山熊野嶽の裏手でかつこうが啼き出した。やがて小雨が落ちてきた。準太は用意の笠をかぶつて家へといそいだ。はつと途中で気がついた。木にかけて置いた胴亂を忘れたのである。

◆

いや〳〵ながら元の畑へもどつた時は、もう四邊は眞暗だつた小雨はさら〳〵降る。五月闇は木と云はず、草と云はず、物皆を氣味悪く呑んでゐる。歩く様な風が吹いてゐる、しかもなま温く。

小心者の準太はこまかく顫へて居つた。その上淋しさに走る雨脚は鼓動と共に早かつた。俄然！金光爛々、闇夜に舞ふ雄雞の金鶏。

早からずをそからず、準太の眼前十數歩の内を舞ふ。啼聲低弱なれども嚴肅悲壯。

もう準太の腰は曲り釘。

ぱつと金鶏が消ゑ失せた。以前の明光はどつかへ去つて餘光微々やがて一つの城砦、多數の軍勢そこには、血の河、屍の山、無慙な戦場があらはれた、人馬劔戟の音は耳を劈く。天主閣に火が乗つた、愈落城だ、炎々たる火焔は天を焦し、地をなめつくして止んだ。

もう前の眞闇、前の靜寂。たゞ怪鳥は、うらめしげに悲しげに、その夜一晩中啼き通した。

準太は怪光の消ゆる頃には氣が遠くなつてゐた。翌朝、自宅の床で介抱されながら、年老つた祖父治兵衛に次の様な話を聞かされてゐた。

◆

上ノ山の西南高館の地に永正五年から廿一年間、無慈悲な城主が居つた、名は小梁川貞伴、彼は領民の苦しみをよそに見て、多額の税を課し、膏血を絞り上げて居た城中は華奢、うたげは日夜豪奢、就中金員を湯水に用ひ、最も寵愛したもの二つあつた、一つは金鶏の床飾り、他は美妾東姫氏は益々苦しんだ、しかし彼の横暴は日に日に加はつた、天罰覿面、彼はついに天文四年九月、上ノ山月岡城主武永義忠の爲に攻められた、彼貞伴は一心に防戦した、而し苦戦敗戦、一日美妾東姫は流れ矢にたほれた、二玉の一つは奪はれたのである、貞伴は半狂亂、死んでも一つは敵手に渡すものかと、落城の夜、裏の虚空蔵森に金鶏を埋め怨みに怨んでなかなしく、お城と共に永久に去つたのである、時は九月十三日、冴れてゐた月もいつか曇り、夜更けと共に小雨と化し、お城の火焔がおさまる頃は雨は本降りとなつてゐた

月日はうつり幾百年、雨降る夜に金鶏が舞ふと傳へられてゐる

◆

治兵衛は以上の話に又つけて「あゝ悪人の一心は怖ろしいもんぢや。領民は落城の日に餅をついて喜んだと云はれてゐるが今尚百姓にその古例があるのぢや。この餅つきのあるかぎり、いつまでも金の鶏も舞ふだらうなあ、啼くだらうなあ」と孫をなでながら身顫ひした。翁の顔には異常の動きがあつた（係りより＝野川傳氏住所本名至急御通知ありたし）

3-211

我郷土の怪談（十二）　昔からの語り草　郷土七不思議

●山形新聞　昭和三年八月二十日

怪　我郷土の怪談

（二）

昔からの語り草 郷土七不思議

村の人は今も信じて居る

西村山郡川土居村吉川　鈴振鎌人

寒河江川を北に流して三面山をめぐらした、靜かな村にも今に傳はる、七不思議を耳にする。近來に至つて發電所やら、製糸工場やらで急に開け出した村も以前はこの七不思議で賑つたに違ひない。私達の六つ七つを數へた頃、爐邊で焚火をかこんで老人から聞かされた七不思議を追憶するのも亦、懐しいものである。

七不思議と云ふのは、十二壇、片葉の葭、五色の井戸、左巻の田螺、幟の缺、御榊様、尻沼の片目鮒で次にそれを述べると

◇十二壇

饅頭型の土にもられた「直徑六七間程の壇が平野の中に出てゐる然も、その壇が饅頭を二つならべた様に必ずならんでゐるのである六組ある。都合十二壇である。平野地にあるので平地に掘下げて田畑にもして了つたので、今では五つ六つしか殘つてない、ところで田畑にされた壇の耕地人は、必ず祟られてしまふのが不思議である。然大昔の墳墓と云ふ人もゐるが、然し壇の開墾の際にそれらしい石器人骨等を發見した事は未だない。

◇片葉の葭

村から半里程山に入り込んだ谷地にある葭の不思議である。普通の葭は兩方に葉を持つてゐるのにこの谷地の葭のみは片方にだけ葉を持つてゐる。夕方山仕事を終つてこの谷地を通つて來る時、風にゆられた片葉の葭を見るのは實に氣味の惡いものであると云ふ。」

◇五色の井戸

今では家が立ちならんでゐるので五色の井戸の存在も神秘の程から離れた感があるが、それも埋もれ殘つた井戸の跡だけは明瞭である、昔この井戸の水は一日に五回青、赤、黄、白、黑の五色に變化したと云はれてゐる、又老人の話に依るとこの井戸に棲んでゐた、蛙や、小魚の様なものはみんな目が無かつた等とも聞いてゐる。

◇左巻の田螺

村の鎭守様と云はれる大杉で圍まれた所に社が建つてゐるその社の後に、餘り大きくないが寂しい沼がある。その沼にゐる田螺は皆左からの渦巻をしてゐるのが不思議である。今はこの沼が埋められてしまつたので田螺の棲む由もないが、私の子供の時分は、この沼もあつて、そこには左巻の田螺を見た事も未だ忘れない。」

◇幟の缺

私の村は五月節句と云つてもいまだに幟も立てる家は一軒も見られない。幟を立てない事にしてゐるのだ、それは隨分昔からの習慣になつてゐるのであらう。私等の子供の時分は隣村の鯉幟を見ては我慢が出來ない程母親にねだつたのであつたがどうしても許してはくれなかつた。それは幟を立てると、屹度村中に不祥事が起ると云つて、いつも怒られ氣味たつた。幟を立てない理由は誰にきいたつて解らない、久しい以前そんな事は馬鹿臭い習慣だ、と云つて幟を立てた家があつたか、その日に火事になつて燒けてしまつたと云ふ事だ。

◇御榊様

冬の吹雪吹く寒中に御榊様の緣日の夜の事である。この夜、村人は決して外へは一歩も出ぬ事にしてゐる。それは外へ出ると屹度、白衣姿の神々しいと云ふよりむしろ凄い、御榊様に逢ふと云ふのである。御榊様に逢ふと屹度、死ぬと云ふからである。

◇片目の鮒

村の西端から山に入り込んで地獄坂を越えたところに、尻沼と云ふ沼がある。たいして大きい沼と云ふでもないが、深山に挾まれた氣持の惡い沼である。ところが、この沼にゐる鮒は不思議に左眼がつぶれた鮒である。小さいのは一寸位のものから、大きいのになると七八寸のも珍しくないが皆、片目である事が不思議だ。その昔、天池藤五郎と云ふ豪傑が大蛇に弓を射つた時、大蛇は左眼に矢をうけ、その目をこの尻沼で洗つた爲だと云つてゐる。

×　×

科學萬能の今の世の中から見たら、七不思議と云つても決して不思議なものでない。一笑の價値かも知れない、然し昔から云ひ傳へられてゐる不思議をそのまゝに、無邪氣に考へるところに、不思議と云ふ妙味をもつ事が出來ると思つてゐる（終）

獣　我郷土の怪談（十三）　夏の夜語り　蛇子の由来（上）
●山形新聞　昭和三年八月二十一日　3-212

我郷土の怪談　(13)

夏の夜語り
蛇子の由來　(上)

通ふて來た若衆髷の男

南村山郡堀田村　よね・すゞき

幾度も參る心は長谷寺の
谷も深くなりけり

最上三十三ヶ所觀世音巡禮の鈴の音、虛空藏山の清風に御詠歌の聲和する長谷堂は館山の筋向ひに名を漆房といふ村落がある。

現代文化のメーターといはれる自動車の騒音から離れて、遠く東は藏王、龍山の紫に霞めるを眺め、近くは館山や菅澤山を初め形ち面白き山々にめぐまれて空氣は清く澄んで、人心いやが上にも質朴なるこの漆房、朝は早くより太陽に惠まれ夕は早く大平山に入つで涼しく人の齢もいと永き平和の境に世にも珍しい蛇子さんといふ御苗字がある。

◆

「この夏の夜の事です、まアお窮屈になさらないで、ずーつと前に出て下さいよ、さアうちわでも使ひながらお樂に聞いて下さい。」

◆

ずうつと前の事です、昔の話なんです、今の須刈田の丁度二三丁前に小川倉といふ所がございますね、そこに天童滯から小瀧に申次ぎをする小川倉之丞といふお親父さんがあつたのです、倉之丞さんが小瀧に又は天童に往復するその留守中は娘さんのお小夜とお母樣の二人ばかりが或は衣裳を縫つたりもわだの木の皮をむいたのを細かくして糸に製するのが日課であつた、淋しい二人暮し、お小夜は『今度のかへりには前垂れを忘れないで買つて來て下さるだろうか』『今度は新らしい下駄も欲しいし、そして半襟の氣の利いたのを二筋ばかり頼んでやつたんだけど』首を長くして父のかへりを待つてゐる純な乙女でありました、明ければ藏王、龍山のなだらかな線上に出づる太陽を拜し暮れては遠く長谷堂の觀音堂に向つて念ずる彼の女こそ顔も心も美しい娘であつた、そうだのに、どうした事なんでせう。

近頃になつてからは、めつきり元氣がなくなつて食事もろくにとらず、瓜實顔の歌麿の繪からぬけた樣なあの顔が血色も次第々々に衰へて行くのが目にたつようになつてくる。

今までは母親と優しい物語りなどしてゐたものを、口もなるべくは緘してゐるような始末、時折りには針仕事の手を休めて、ぼんやりと何か遠くを見つめ乍ら物思ひに沈むような樣子も見ゐるのである。

又月夜などは淸らかな光りを仰いでは一人涙してゐる事などもあつたので一人娘を持つ母はもう氣が氣でなかつた。

◆

そこで母親は娘に優しくきくのであつた。

『どうしたの一体？　近ごろ何んだかあまり變だから、お母樣は心配してゐたんだよ』

だけど娘は何も云はなかつた、又云はれなかつたのでもある、娘は十八花ならば盛りである、それだのにどこか加減でも惡いのか、近頃の氣のないようなあの樣子、母親の姿さへ見へぬと針の手を休めては肩でかすかに息するような有樣、彼の女の胸は心配の爲めに渦巻いてゐるのであつた。

◆

何でもそれから三四日の後の眞夜中、母親は便所に起きてのかへり、思ひがけなく人のさゝやきを聞いた、それは自分の娘の寢てゐる室にあたつてである、ほのかあかりに障子にうつる若衆髷の男の姿、それにもつるゝ桃割の髮、二人の影が一つになつたり離れたりぢつと正視することの出來ない程の熱愛の影繪である。

母親はぞつとした、娘の顔色のすぐれないのもあれが原因なのか自分が優しく話しかけても、變になつたのもあれがもとなのか――あつ！　さうだ、この間の晩湯に入る時の娘のお腹があまりに大きいと思つたが、若しや？　母親の胸は異常な波うちを初めた、おつと立ちつゞけることの出來ない程に驚きにうたれたのであつた。

『だつてこんなに早く歸らなくともよいんでせう、歸つてはいや、あなたが歸つてから妾がどんなに淋しく泣いてゐるか、さつぱり思つて下さらないんだもの……』

お小夜の聲は鼻聲になつて、男の胸に美しい顔が埋もれる、男はやさしく女を引きよせて

『止めてくれるのはうれしいけれど、あまりおそくなると夜あけも近くなる夏の短夜だ、お母樣に知れると又逢ふ時の妨げになる、ね、ね』

なごやかに娘をさとすのであつた落ちついた威嚴と情熱とを備へた透とほる聲の持主である、そして目鼻立ちの調つた中に特にその瞳が得も云はれない魅力をもつてゐる娘は魂もとろけるような氣分になつて男から云はれる事はどんな事でも反抗する氣にはなれなかつた、たゞいつまでもこうして男に抱擁せられて熱い戀に陶醉してゐたかつたのである。

士族の若衆輩、せつぱつまつてどんな事にならないものでもない、彼は思ふとすぐに障子をあけて、娘をきめつける氣にもなれなかつた、翌日にやさしく娘に昨夜の男の事をそれとなくきいて見るのであつた（然し娘はどこの男か何といふ人かは云はなかつたのである、熱愛するものは全く盲目である、批判の眼はなかつた、どんな身分か、どこ藩の人かもわからなかつた、それは春の夜の親に話せぬ夢となり易い、娘盛りの一人寝だ、ある夜忍んできた凛々しい士族の若衆輩があつた、ゆり起されて口説かれた時の話は天童藩のものであるが二度三度忍を通る道すがら貴女を見てからわすれられず今夜は遠くから逢ひたさにきたのである、今夜までも幾夜かは、外にたちつくしたまゝかへつて行つた、命までもと思ひ込んだ自分の戀をかなへさしてくれと、熱烈な戀をきかされたとき、娘は全く意外な感じとうれしいような誇らしいような皆がらかつた感情にうたれて、ただわけもなく耳のみがあつくなつた、獨りでにまぶしそうに男の凛々しい顔、美しい目の光りに威壓されるように首をうなだれてしまふのであつた。こんなお前とならどんなに母親から父父親から叱言を言はれても良いと思つた。

◆

獣
我郷土の怪談（十四）蛇子の姓の由来話（下）
●山形新聞　昭和三年八月二十二日　3-213

我郷土の怪談
(14)
蛇子の姓の由來話
娘と大蛇の淫
（下）
漆房に殘る奇妙な苗字
南村山郡堀田村　よね・すゞき

男から取られる手には初めて感ずる電氣のような若い血潮の高鳴り、嗟天も地もわがためにこそあれ、女に生れた幸福をこの時ほどしみじみと嬉しく幸福に思はれたことはなかつた、もう男の外には何物もない戀の殿堂に幾度か汗ばむほどに溺愛して居たのである

男も亦男であつた、一度かうして女と深い熱い契りを結んだ後はあまりに昨夜の熱烈な愛に今夜こそ休んで來られまいと淡いあきらめをしてゐるのに矢張り母親が寝付いた頃を見計らつて忍んできては、昨夜よりも尚熱烈の愛を示すのであつた、女は徹夜の限りなき愛の惑溺に男を慕ふ情が益々深刻になると同時に睡眠不足と過度の溺愛に神經衰弱のような症状を表はしてきたのである、その中に遂に行くべき所に行つて男の情を宿して月の物を見ないようになり、親には話せず……といふ中にだん〳〵お腹が大きくなる、といふ始末であつた、その後に前申上げたように男に逢つてゐた所を母親に見付かつたのである

◆

いろいろに責められて遂に男は天童藩の士族であるといふのであつた『ほんとうに天童藩の士族ならば朝にかへつて毎晩通ふには遠すぎる、殊にどんなに厳重な戸締りをしておいても必ず夜中に音もなく入つてくる男の不可思議な様子と、かへる時のすばやく姿をかくす方法とは誠に意外なものであり又ある不安をも考へさせられた

どこにも狐にだまされた話や狸に淫せられた話等がざらにあるその頃の事とて何とも不安を感ずるのも無理はなかつた

『ねエ、お小夜や、明日の晩また來たらね、忘れないでかへり先きに男の裾に針をさして、その針には母様が作つたこの糸を長く〳〵つないでやりなさい、男が若しもほんとうの天童藩の士ならば西の方に行くに相違な疑ふわけではないが幾夜か通ふ間一晩もその後母様に姿を見せないといふ不思議も之でとける筈だから』

娘も母に云はれて見るとそれもそうだとも思つたのでその夜男のくるのを待つてゐた。その夜は雨戸もしつかとしめきつて決して容易には外から入れないようにしておいた。所が母親が寝た頃になると外の方でトン〳〵とかすかに雨戸をたゝく音がする。返事もせずヂツと様子をうかゞつてゐるお小夜の胸にははや早鐘のような血潮の高鳴りが初まつてゐた。

『こんな事をして今夜あの人が妾と逢はないで怒つてかへつてしまふではないだらうか』

若い女の心持は男の顔を見ないではをられない衝動にかられた、所が一寸戸をたゝくのをやめたと思ふと音もなく、もう廊下の中に男はたつてゐた、静かに足音もなく障子の近くに來ると、何も云はずに女の目元を怨みを含んで優しく睨めてゐたが、思ひ直したように

『どうしたんだ、このように辛い思ひを押してくる自分の心持がほんとうにわかつてはくれないのか』

常になく沈んだ男の悲痛な聲をきくとも母親こそ情ない人におもはれた、これほどまでに妾を思ふて下さるものを、なぜにあんな事を指圖するのだらう、考へると母がうらめしい……かうした感じが湧いてくる、だけどその事だけは絶對に云ふまいと心に固く思つてゐた。

『粗末な品ではあるが』

と云つて土産だと里芋を置いた氣

品のある掛物を差出して之をかけておくと決して鼠の害を受けず米と金とに不自由をしない掛物であるから決して粗末にせぬようにと冗談ともなく掛物を娘の前に出した。

その蛇ももう夜あけ近くに男は出て行つた。しかし娘は袴の裾に針を刺して行衛をつきとめる氣にはなれなかつた。今かうして愛して愛して愛しぬく男の心を思ふと男を試みようとは思はれなかつたのである。しばらくの間は僅の前に行はれた享楽の思ひ出に恍惚としてゐたが、その後を襲ふてくるものは、一人ぼつちになつて夜までは男に逢へない寂しさであつたこんな事の後に娘には母から云はれた言葉が思ひ起された、今度きたらと又母の心にもなつた。

次の夜に遂に男の袴裾に針をさして母の云ふ通り長い〳〵糸をばつけてやつた。男は陶酔にある中に行はれたこの針のたくらみをどれほどか不快に思つたから急にびくりと眉を動かして目には異様な曇りをみせたのであつたけれど それも束の間忽ち元にかへつて快く歸つて行つたしかしかへりにはわざとつとめて苦痛を堪へてゐるらしい氣持が見えてゐた、彼の行衛は翌朝調べて見て意外であつた天童の方へも小瀧の方へも行かず小御所山の方に糸がひかれてゐた。母親はその糸の方へ辿つて行つた。それは細い山道である。だん〳〵行くと天をもつくような杉の大木に三升樽より太いかと思はれる胴まはりをした三間あまりの大蛇が三まはり四まはり卷きついたまゝ死んでゐた。そして娘に渡した縫針が鱗の一枚を美事に貫ぬいてゐたのである。何といふ意外な事であらう、娘に通つてゐた男といふのは實はこの大蛇の變化であつた。噫一人娘のお小夜はこの蛇性の淫に犯されて、あの姿になつたのだ、どうしよう、どうしよう母親は半狂亂になつてゐた、しばらくは何を考へてゐたかも知れないほどに杉の木の傍に立ちつくした。

それから暫くの後に娘は産氣づいて生みなした子供は以外にも數百頭の蛇だつた。ぞよ〳〵とはひまはる蛇の子、それが、この家の母の孫だつたのです、娘はあまりの事に氣が狂つたやうになり、心を痛め、遂に産褥のまゝあの世の旅、蛇の子は遂に皆何所ともなく、行衛不明、廣い〳〵浮世の中に二人の老夫婦は大蛇から、大事な〳〵娘を奪はれて後は只々人生の儚なさを感じながら失神したようにうつろな生活をさびしく〳〵續けて行くのであつた。

明治二十三年頃かに杉の大木を伐つた時に、蛇が死ぬ時の怨念がこもつて居たために木の株から血が流れたといひます。

男から貰つたといふ掛物はめぐりめぐつて柏倉門傳村の高木のある社に納まつて舊九月十九日にはその神樣の御緣日としてをられるといふ。

明治の初年に苗字をつける折にこの物語りを忘れないために漆房のある人が蛇子さんといふ變つた苗字をつけたんださうです（この項終り）

怪

我郷土の怪談（十五）左手首に絡む因縁（上）

●山形新聞　昭和三年八月二十三日　3-214

我郷土の怪談

(15)

左手首に絡む因縁
女同志の搭闘
尼僧をいたわる情が仇

東村山郡大郷村　松田文雄

（上）

私の村の中程に、安兵衛と言ふ中流の農家がある。其の家に數年前左の手首の無い子供が産まれた、今も丈夫で遊んで居るなぜ左の手首が無いのか？　それに付いては今村人の語り草になつて居る、一つの奇談!!・怪談がある。

安兵衛と言ふは、其の子の祖父にあたる人で、明治の初め私の村に流れて來たのだといふ。そして其頃妻のみつと二人で貧しく暮してゐた。秋も過ぎて、東北の空にはちらほら雪が見ねる夕暮時、安兵衛宅を訪れた一人の尼僧があつた『御免下さい……どうか今宵一夜の宿を……』と物悲しげに願ふのだつた。丁度夕飯を食つてゐた安兵衛夫婦は顔を見合せ乍ら『誰だね今開くから一寸お待ちなせ』と膳から離れて戸口に立つた妻の持ち來たつた行燈の光りに戸を開いて見ると、墨染の衣に身を包み苦痛に堪ねかねてゐる樣子『おゝ!どこのお方か知りませんが』と、家は破れて、人を通す所とてもないが、見れば若い尼僧而も病氣の樣子、夫婦は手を取つて家の中に上げた、何の爲めに尼になつたかこれには何かわけがありさうである。安兵衛は聞たゞして見た

問はれて話す尼僧の哀れな身上話=この尼僧は會津の者で、父は會津藩士であつたと言ふ、それがあの若松城の露と消えて母

怪

我郷土の怪談(十六)

●山形新聞　昭和三年八月二十四日　左手首に絡む因縁(下)　3-215

我郷土の怪談 (16)

左手首に絡む因縁　孫とは仇同士 (下)

尼僧の呪ひに悩む祖母

東村山郡大郷村　松田文雄

と只二人残されてわびしく暮して居るうちたつた一人の母にも十三歳の時に別れてしまつたそれから彼女は尼寺に入り、父母の靈をなぐさめて淋しく暮して居るうち父母の墓を建てることを思ひ立ち今から五年前諸國行脚の旅に出でて、こゝに流れて來たのである、そして先刻より寒さと飢腹が病み出して歩行も困難、ぜひなく御宅におすがり到したる次第と重苦しき息の中から涙の物語り

安兵衛夫婦もいたく同情して、早速床をのべて尼僧を寢かせた。その親切に尼僧は『これが五年間の報ひなのです』と旅衣の中から大切に金包を出して、床の下にしていつとはなしに眠りにおちてしまつた、外は東北名物の吹雪が猛り狂ふてばら〳〵と雨戸に吹き來ては物凄く遠ざかる!

◆

貧故に其の日〳〵を追はれてゐる安兵衛夫婦に取つては『尼僧の金』『床の下の金』それが彼等の頭をかきまわしさしては魂を迷はせてしまつた。爐中の火はとろとろと二人の顔を氣味悪く光らせて居る、金!尼僧!眠!先刻の親切も金の爲には、何もなくなつたどれ程の金か? だがあの金で少しは樂に暮せさうだ。外は益々吹雪が猛り狂ふ! 外が物凄くなればなる程、二人の心中も物凄くなる『やつてしまはう』安兵衛の聲は低く重々しく妻のおみつを促した、妻とても勿論異議がない否夫より以上の慾に焼きつくされてゐたのだつた。

◆

外の樹木は物すごくうめき立てる、家は反對に何の音もない、只雨戸の風音、この時! この時! 金の爲めに悪魔になつた夫婦は、静かに静かに眠れる尼僧の枕元に忍んで行つた、手は伸びた。おみつの左手は伸びた。床の下の金包にふれた。瞬間! 其の時! 尼僧の目はパッチリ開いた。

『あッ!』『あッ!』尼僧の口から妻の口から同時に叫び聲、外は物凄い迄に荒れ狂ふ吹雪――、尼僧は亂れた姿をもかへりみず、よろ〳〵と立ち上がり、おみつの左手にかぢり附く、おみつはそれを振り離さうとしてもがく、髪ふり亂して女同志の格闘……。

妻と尼僧の格闘……然し病める尼僧は敵し得なかつた、最早これ迄と思つたか、尼の歯はおみつの左の手首に嚙みついた『あッ!』餘りの物凄さにおみつは金包みを離して其の場に倒れた。それと同時に、安兵衛の足は尼僧の腦天を蹴りつけた『うッ』眼光鋭く二人を見つめた尼僧は、そのまゝ息絶へた。人とては誰も知らない、惨劇の一夜は明けた。吹雪がもう止んで、雪の中から讀經の聲と共に鐘が悲しく聞えて來る。

明治の初年頃の事だ。どんな具合にこの事件を暗に葬つたかは想像にまかせる

其の後安兵衛宅には吹雪の時に限つて尼僧の泣き叫ぶ聲がして、二人の前には亡靈が物凄くせまつて來たと言ふ。そしておみつの左の手首が痛む。だが其の後の安兵衛の家は村の不思議家と言はれる程財産が増して行つた。

◆

然し、それから數年の後、安兵衛は氣狂ひとなり、其の事件の起つた座敷で首を縊つて死んでしまつた。時節も恰度冬の吹雪の夜であつた。かくして居る内に世は大正となり人々の頭からはいつとなく、安兵衛宅の話は遠ざかつた。安兵衛の死後殘された妻おみつは其の子に嫁を迎へて裕福に何不足なく暮して居た、そしておみつはやがて生れ出づべき孫の顔を一日も早かれと願つて居た。

やがて又冬となる、一月も過ぎ二月となる、おみつには二月は夫安兵衛の年忌でありまたあの尼僧の年忌でもあつた故に、過去の罪悪を思ひ出させるいやな月であつた。けれども今月は孫の出産月なる故に幾分かなぐさめられて居た。

尼僧の事のあつた二月の二十二日、今日も朝から雪降り、夜に入つてからは昔を思はせる物凄い吹雪となつてゐた。」

◆

人々は皆眠りに附かうとした頃おみつの嫁は産氣を催して來た、夫は早速産婆に走る、母のおみつ

も嬉々として湯を沸かす、着物を出して來る。産婦は苦し相にうめき立てる其の時、不意におみつの目に映じたのは尼僧の姿「あゝッ」おみつは恐ろしさの餘り躍り上つて産婦の部屋へ走り込んだ。丁度その時嫁女は玉の樣な女の子を産み落した。悲喜交々おみつは初孫の顔を見やればこはそも如何に？氣も轉倒せんばかり後によろめき倒れた。「左の手首」！あゝ左手！左の手首が無かつたのだ。おみつには過去の物凄い有樣が電光の樣にひらめいた、そして産婆の來た時には正氣無く倒れてゐた。」

◆

その後おみつは毎日の樣に此處彼處の神社等に祈願しては尼僧にわびた。然し左手首のないのはどうにも仕方がなかつた。尼僧の恨みは晴れたとしても、おみつは終生可愛い孫の呪ひを受けぬ譯には行かぬのであつた。尼僧の恨みは大正の御代に於て遺憾無く晴らされたと言へよう。然し其の左手首を摑み取られた不幸な子は村人は同情してゐる。

我が村の街道に左手を出さずに袖に入れて淋しい相に笑ひつゝ遊ぶ子供がある（了）

我郷土の怪談（十七）　紅花豪商人の愛娘（上）

3-216

獣

●山形新聞　昭和三年八月二十五日

我郷土の怪談

（17）

紅花豪商人の愛娘
わけ知らぬ憂鬱

忠實な美しい下男茂助

（上）

山形市八日町　尾原悦太郎

古杉鬱蒼として繁つて居つた山形霞ヶ城の堤の大きな高い杉も今は何本あるかを數へる事が出來る位の物になつてしまひました。最上氏時代の榮華を忍ぶには唯古老の話による城址の廣さを知つて追憶する位なものです

◆

其最上氏時代の時も過ぎ鳥井忠政の藩主となる迄は山形の繁榮はすばらしいものであつたらしいのです、其頃は今の八日町十日町に巨商富豪軒を連ね物貨輻輳し全く四通八達の廣街であつたのです、其時分の當地の名産紅花の賣買は頗る盛であつて當時の東國旅行談と言ふ本に

『夏の花盛りは古坂より楢下まで十一里が間皆紅花を造つて營業となす朝な〳〵摘みて此の町より花市に持ち來りて金銀穀物と交易す、老若男女群集すること夥しこの紅花の買取人を花歸りと稱して諸國より入込み俵にして京阪其他の地方に送る云々

と書いてあるのを見ても當時の山形の紅花の盛んな事は知る事が出來るでせう、八日町に佐渡屋喜兵衛と云ふ紅花の巨商が居りました其の家にお妙といふ娘が居つて非常な美人であつたらしいのです當時の男と云ふ男は其の娘お妙に可愛がられたいと常に祈つて居りました。

◆

丁度夏の花盛りで主人は花を澤山仕入れて、多くの下男番頭と共に京阪地方に商賣に出かけたのでした、例年の得意の家々を訪ねて紅花を賣らうと致しましたがいつかな買つてくれません。其れで其の商人も途方にくれてしまひました當時日本の二大商人として近江商人と並び稱せられてゐた最上商人です、あの有名な「紅花五條河原燒捨て」で大きい瞻つ玉を見せて京人達を驚かした事件を持ち上らしたものです。

◆

其花師の家に殘つた娘お妙は父が京に出てからは何とはなしに憂鬱になつて日に日に瘦せ衰へて行くばかりでした。

名醫を遠くから呼んで診察してもらつても少しも効果がありません。市外千歳山の岩五郎稻荷に、或は近所の神佛に加持祈禱を致しましたが何の効もありません。大きな屋敷なのでしたから裏の方の離れ座敷に移して種々と恢復の方法を講じましたが娘はかへつて衰弱して行くばかりでした。

其離れの緣近くに梅の大木があつて其木の枝からつるべ落としに風流な花崗岩の古風な井戸があつたのです、そして其緣から少し手前に池があつて鯉や緋魚が飼つてありました、毎夜母は娘と一緒に居て看護致しましたが少しも娘は喜びません、父は京に旅をして居るし母は全く疲れきつて自分も娘同樣に寢なければならなくなつたのでした。

◆

其家に二三年前から雇つた下男で茂助といふ何事にも器用な美男子が居ました、この男は何事にも拔け目なく立ち働くので非常に主人にも可愛がられて居りました、留守中の家務一切は表面番頭にまかせられてありましたが實際の仕事は此の若造の茂助が總てに牛耳を取つて居つたのです、茂助は毎

日家務一切をきちん〳〵と處理するのでみんなに可愛がられて夕飯後は必ず離れを奇麗に掃除して歸るのでした、

◇

或日の夜のこと娘は、痩せた面を行燈の灯になぶらせて池面をじつと見つめて居りました、母は安らかに別室に眠つて居つたのです深く夜の更け行くに從つて娘の青白い面は異樣に輝きじつと池の眞ん中の小さな島を見つめて居るのでした。母の何事も知らぬ小さな寢息が戸一重越しに聞ゆるのでした。お妙は島を見つめては怪しい異樣な笑ひをもらして居ました

（つゞく）

我郷土の怪談（十八）紅花豪商人の愛娘（下）

●山形新聞　昭和三年八月二十六日　3-217

我郷土の怪談（18）

紅花豪商人の愛娘
かはうそ心中
（下）一代の花師一家も沒落

山形市六日町　尾原悅太郎

夜はしん〳〵と更けて物音一つ聞けなくなりました、娘は默したまんま時々ほゝゑんでは靜かに物思ひに耽んでるのでした、ト井戸の蔭から突然に小姓姿の美男子が現れて來ました、見てゐるとその小姓は娘の部屋へと靜かに歩んで行くのでした、絹行燈は柔かい光りをなげてこの美しい若い男を浮び出さしてゐます、娘はそれを見てついと縁に立ち上りました。

昔い言ひ草に丑滿時は棟木も三寸下ると言ひます。丁度これは丑滿時の出來事なのです。

◇

斯うして小姓姿の美男子は毎夜々々井戸の蔭から現れ出ては娘の部屋へ忍んで行きました、奥の間に病人の樣に衰へてゐる娘は、この小姓姿の美男子の現れると別人のように元氣になつていそ〳〵と喜ばしげにその男をわが寢間へ誘ひ込みました、或朝の事です、毎朝早く起きて庭掃除する筈の茂助が見ゑません、家内一同は心配して家中を探したが居りません。

◇

一人の老女が離れに雨戸を開けて娘を起しに部屋を訪れると娘も居りません。フト外を見ると井戸端の梅の大木に年若い美人がぶらりと首を縊つてゐます。サア大騒ぎになりました。家中はひつくりかへる樣な騷ぎです。首縊りの美人は其家の一人娘お妙だつたのです。何で死んだかは判りません。すると翌朝同じ井戸の梅の木の下に一人の美男子の死體が轉がつてゐました。見ると昨日行方不明になつた下男の茂助だつたのです。

◇

娘の變死に次で茂助の變死——兎に角坊さんを呼べと云ふので騒いでゐると茂助の死體は何時の間にか年を經た獺になつてゐました、して見ると茂助の本性は年功の經た獺であつたのですがさて又娘が變死したところで、この獺がなぜ死んでゐたか？、いろ〳〵な風説が出ましたが死後檢めたところに依ると娘は姙娠してゐましたので仕末に困つて縊死したのだらうと獺は時に小姓になつたり茂助になつたりして娘につきまとつてゐたが娘が死んだので、さすがに生き甲斐がないとて、その後を追ふたのだらうと云ふ事でありました。

◇

京都の主人の所には早速飛脚が出されました病臥の娘の母には、の事件を知らさぬやうにしてゐたがいつの間にか知れて母は驚きの餘り狂ひ出し例の井戸の中へ投身して了ひました。一方京都から急いで歸つて來た老商人は、一人娘が變死し又最愛の妻が狂死し自分の氣に入りの下男が途方もないものであつたのを知つて、流石豪氣の男も其日から哀れな姿となり、櫻の枝をかついで町をぶら〳〵まわつていづこともなくさまよひ出て行方知れずとなつてしまひました。勿論この紅花豪商の家は沒落して了ひました。大邸宅は草雜草におほはれてしまひました。それからと云ふものは其の古井戸から火玉がとび出すだの井戸のそばを通つた人は狂死するのと言ひはやされ、時々古井戸からは丈余の火柱が現れたとの事です。

◇

今もその古井戸があるさうで又梅の古株もあると云はれてゐますが、どの邊でせうか？（了）

我郷土の怪談（十九）十王村怪光の正体

●山形新聞　昭和三年八月二十七日　3-218

我郷土の怪談（19）

十王村怪光の正体
切支丹の虐殺
白百合の如きお京の殉教

西置賜郡十王村　西村正華

一

四月の微風が平和な私達の村にも静かに訪れてくる。陽光は野良一面に、そこここからは青草の芽が萌出でる。

その若草が全部伸び切らないころには、きつとあの怪光が夜な夜な燃え上るのだ。

『光り物』と云へば、私の村の者は誰一人知らぬものはないが、又それが何の爲めに光るのか誰一人として知つて居らない。

青白い光！　ガス燈のような蒼然とした光である。しかれども怪光を誰も近づいて見ることが出來ないのだ。遠くの方からは見へ、近よれば見へざる不思議な光物！

その光は私の家の庭からもはつきりと見へる。殊にしめつぽいボンヤリした夜は恐ろしく燃え上るのである。

總てのものを呪ふが如き炎である。

怪光！

その光り物を見ては村の人は皆おびえざるを得ないのだ。

二

今は昔、わが國に切支丹が傳はり、或る時代には廣く傳導され、又ある時代には衰微し、信徒は彼の十字架の露と消えうせた時があつた。

その頃やはり傳導師としてわが村に流れて來た邪宗門の一人がアルバン教會なるものを開いたのであつた。その牧師は朝な夕な宣教に務めた。附近の村人は皆彼をば思慕し、敬愛したのだつた。

けれども次第々々に幕府の迫害が強くなつてくる。牧師は轉々として身をかくし信徒の家を渡り歩いてはキリストの教へを説いた。

かうして、迫害の目をかすめてゐるうち、早二三年は過ぎた。しかしさう〳〵身をかくしておほせるものではない。彼の牧師もつひにキリストのもとへ歸らねばならなかつた。これを聞いた幾多の信徒は天を仰いで嘆いた。

三

「コラ、立てッ」

ピシヤリ〳〵と打たれながら、役人の怒罵の聲を浴びて刑場に引かれゆく者はその後も續々としてつゞいた。

「これを踏めッ――」

きのふもけふもこうした踏繪が行はれ、宗旨改めが行はれてゐた。

『いゝえ、われ等の父聖キリスト様を踏めなんてそれは餘り勿體いことでござりまする』

「コラ〳〵、何をぐつ〳〵するかッ」

忽ちにして刑場へ送られてゆくけふも三名、あすも四名と……。

それ等の信徒のうちに、純情なそして可憐な十七の少女お京といふ娘が居つた。

彼の女は朝に夕に聖像にぬかづいては感謝の祈りを捧げてゐた。しかし日毎に行はれる虐殺を見聞きしては、じつとして居れない。意を決して或る夜十王村を逃げ出さうとしたのだつた。けれども幕府の役人に見つかつて、彼の女もやはり彼の刑場へと送られねばならなかつた。

村の人々は皆この哀れな娘の刑場へ引かれゆく姿を見ては涙を流して惜しんだ。

萩野河原の刑場――十字架の前にむごたらしい屍が、一つ二つつと投げ捨てられてあつた。そして開設以來月日僅にして、アルハン教會は燒かれ、信徒は殺され總てが四散した。けれども如何に迫害を受けても根強い信仰心は依然として根絶することは出來なかつた。

暗夜密かに燒跡から聖の十字架を掘り出し、再び教會を建て、表面改宗を裝ひながら秘そかに切支丹傳導が始められた。

四

幾多の靈魂を秘めた萩野河原はいつか茫々たる荒野と化した。アルバン教會堂は稱名寺と改名され、悲慘な語り草も忘れて行つた

（先程、某紙に荒砥町菖蒲稱名寺とあるは誤りで、實は十王村の西北の山麓にある）

五

さてあの怪光はこの怨みを呑んで刑場の露と消ねたお京外數十名の亡魂が、娑婆に出ようとしてあの恐ろしい光を放つのだといふ。

そして村人は、この怪光におびゐ恐れてゐる。

今は見えません。春か秋そく草木の葉が無い時には文明の今日も、はつきりと見へます。

（係りより――その十王村の怪光については某訓導よりも投稿がありました。確かに事實だと某訓導は證言してゐる）

我郷土の怪談（二十）　須川橋の夕すずみ　3-219

●山形新聞　昭和三年八月二十八日

我郷土の怪談

(30)

須川橋の夕すゞみ
裸女を追ふ話
不倫の地主をうらむ女

山形市外大郷村船町　多田藤次郎

隣村の鈴木某は釣り商賣をやつてゐる。彼に言はせると、釣りは月並な言葉ではあるが三度の飯より好きだと言ふ男で、それは晝となく夜となく何時でも出かける。これは彼鈴木某から、私は須川橋で夕涼みしてゐて一寸會つて聽かして貰つた話だが、もう恰度一年になる。以下鈴木某の話し——

◆

「實際不思議なんだ、それにしても先づあの辰道新道なんだが……大した噂にも上つてゐない樣だがちよい／＼變な事を耳にするんだ夜田に水引に行つて、火玉が飛んで闇空で花火の樣に散つたのを見たとか、又提灯が消ゐたとか、誰もゐないのに後から足音が聞ゐたとかと云ふ具合に……、でも兎に角自分は今迄そんなものがあらう筈がないと信じてゐた。

だからあの新道を格別淋しいとは思つてゐなかつたんだ。であずこの堰は場所がいゝから夜釣りには持つて來いだといふので、隣りと二人で出かけたんだ。そして俺は鯉二匹、隣りは鯰一つをあげてゐた時分で、さう多分十二時過ぎだつたらう、なんでも五六間離れてゐた隣りへ、俺は歸らうかと聲をかけた、その時向ふから足駄の音が聞こえて來るんだ。それがだん／＼鮮かになつて來ると女の足音だ今時分一人でこの新道を通るなんて余つ程大膽な女だと、實は内心驚かされた

するとと思ひがけなく柳に吊つたカンテラがぽつと消ゐた。同時に隣のも消ゐたんだ。でも全く風とてはなかつたんだよ。二人はおや？と言ひ合つたなり、マッチを擂る餘裕も得られぬ樣に近づいた女の方を注視した。すると意外！俺は先づ吃驚してしまつた。それは腰卷もつけない全くの裸體の女なんだ。それに高い足駄を穿いてゐるではないか……」

◆

「髪は亂れてゐるとは言へしなやかで肩先から乳房のあたり迄垂れてゐて、その豐滿な肉體は不思議な程鮮かに、くつきりと闇に透きて見ゐるんだ。凄さは凄いが高が女だといふ心からして、幾分氣强さを覺ゐてその姿を見守つてゐると俺の後に近づいて來た。薄氣味惡くてその時はなんでも生きた氣もしなくて、顔あたりがさら／＼したよ。俺は『今晩は——』と言葉をかけて見た。がその聲はふるゐてゐたんだ。でも返事がない——振り向いて顔を覗くとその刹那、女は媚びる樣な眼でニヤリと笑ひを見せた。その笑ひの氣味惡さつたら……迚も話にはならない肝つ玉がひん拔けたような氣かしたよ」

◆

「そしてこんどは隣の傍へすた／＼行つた。隣も今晩は——とかけた。が、矢張り返事がない。おい！可笑しな奴だ捕まへちまへよ……。咄嗟隣はかう大聲を立てた自分はその大聲に引き釣られて、氣味惡さも怖さも忘れた樣な反感的無茶氣が湧き立つたんだなア、待てッ！と怒鳴りながら立ち上つたよ。

その時裸の女は村の方へ駈け出した、俺と隣りは肩を竝べてこら待て！つてな具合に怒鳴りながら追つかけたんだ。こつちは大の男二人、向ふは裸の女……然も足駄で逃げるのだから捕まへられぬ筈がないのだが不思議なんだ。……

走つても／＼、全くそれは全くあらん限りの力を出したんだが迚も追ひつけないんだ。あの新道村の入口迄七八町位だつたらう。そこを一走りで追つて村の入口近く迄來ると、その女の姿が瞬く間にぽつと消ゐちまつたんだよ。實際不思議だ。二人はその時拍子拔けがしながらも氣味惡くなつたので、猶走り續けて家へ歸つてしまつたのだ」

◆

「その時はなんだか夢でも見た樣で、翌日迄正氣ではないらしかつた、が翌朝早く隣が昨夜は不思議だつたぢやないかと言つて來た。それで初めて、彼す處は矢つ張り出るんだと二人は頷き合つたんだ、そしてすぐ釣竿取りに出かけた、餌もみんなまんまだつたけがなア、世の中に化物とか幽靈とかあるとは信じられなかつた自分もこれで初めて信じなければならなくなつたよ、ハ、ア……裸の女がそんなに怖かつたかなどと、若い者の中には好奇心にかられて言ふかも知れないが、いや實際もう眞つ平だ」

◆

「ではその、あの新道に出るといふのは、一體どんなわけか話して呉れと云ふのか？それは餘り詳し

い事は知らないが祖父の話ではナ何時頃の時代だかも判らないが勘助といふ大地主で强慾非道、剰へ不倫の噂が高い者が居つて、それには誰も腫物に觸るゝ樣に敬遠してゐたんだつて、ところがその勘助がある若者の妻を見染めて煩惱の血を燃やしたんだとさ。

だが女は最愛の夫を捨てゝ倫落の煉獄に呻吟するを堪へ得られず途に首を括つて死の道を選んださうだ、祖父の幼い時にはまだ彼處に其の首つつた大松があつたさうだ、今ではあの通り新道に換へられてあと形も殘つてないが、その松があつた時には其の出來事以來幾人かの首つり人は皆その松の枝に託して命を棄てゝゐるんださうだよ此事實を聞くと女はどれ程の恨みを呑んで果てた事だらう（了）

（係りより＝野川傳氏至急住所御通知ありたし）

3-220　**幽**　我郷土の怪談（二十）　恋文が心にかかる　娘死体の…
●山形新聞　昭和三年八月二十九日

我郷土の怪談 (20)

戀文が心にかゝる　娘死体の願ひ

話して呉れた僧も變死

山形縣蠶業試驗場　野川傳

上ノ山町に某と云ふ寺がある、そこに幽靈の名畫がある、夫は一年に一度お盆のころかに本堂にかけ、參詣に來る多くの善男善女に拜させるさうだ、そしてそれは應擧の作だと云はれてゐる、その昔應擧が東北地方に永い繪の旅を續けたとき、上ノ山の土地がよかつたのか、夫とも溫泉が氣に入つたのか、しばらく今の米屋の一室で繪に專念してゐた。

◆

する或夜、ザワ／＼ッと音がしたと思ふ時、髮を振亂したうらめしさうな、大阪へ殘して來た妻女の姿が室の一隅にボンヤリと現はれたさうだ、それをヂッと眺めた應擧は直に繪筆をとりそれをモデルにして書いた繪が今の名畫だそうだ（眞僞は知らぬがそう傳へられて居る）

◆

私達は何年か前にその繪を見せてもらふため數人で、その寺の住職を訪ねたことがあつた、その時川向きの涼しい室に招ぜられ茶を頂きながらその軸を見せてもらつたのである、繪の善惡や出來不出來等は判らぬ私達でも、その繪の物凄さ、うらめしさうな眼、憎さうにゆがんだ口から血の流れてる樣子、二度と見られぬ樣な冷りとする繪であつた。

その時住職の和尚さんは諄々と靈魂不滅を力說されその例話として次の樣な話をされた

◆

某所の物持の若い娘さんが死んだ、一家の悲歎は格別、旦那寺の或る一人の坊さんに枕經を上げていたゞき、且つ御通夜をして頂くことにした、講談や浪花節の文句ぢやないが、夜はしん／＼と更け渡り草木も眠る丑滿頃、今迄瘦せ衰へて固く冷たくなつて居た娘さんの死體は、この時線香の白煙の中にヌット立つた。その和尚さん齒がかた／＼とふるへはしないが餘り心地よくもなかつたらう然るに娘さんは何か坊さんに願ひ事でもあるかの樣に、無言の儘默禮をして床側にある常用簞笥の小抽斗を頻りと指さしするのであつたその次に娘さんは火鉢とマッチに指をさした。

◆

坊さんも『ハハア』と氣がつき抽斗を引いた、すると中には生前娘さんが或る一人の男ととり交した戀通の艷書があつた。これに娘は心殘りがあつたのであらう。坊さんは夫れを死體の命ずる儘に火鉢の中で燒いて終つた。するとその死體の娘さんはさも思ひ殘りがなくなつたやうに元通り床の上に横たはつたのでした。坊さんはよい功德をした娘さんを成佛さしたと喜んだとの話。

◆

こんな話をして呉れたその和尚さんは、その數年後の或る朝右手で木魚を打ち續け、左手に剃刀を持ち讀經をなしつゝ咽喉笛を切り自殺をしたのである、果して師の靈魂は今何處をさまよつて居るであらう？之は杳として覺りがない（了）

3-221　**怪**　我郷土の怪談（二十一）　白雪中に見る牛頭
●山形新聞　昭和三年八月三十日

我郷土の怪談 (21)

白雪中に見る牛頭　村人を呪殺す

今も尚殘る牛塚の由來

山形市外船町　秋葉茂

短い日の冬のこと

須川の村は早く靄に包まれ日が暮れた。

丑太郎の一人娘のお花の容態は其頃から、段々險惡になつて十時過ぎから全く危篤の狀態になつた。丑太朗の悲嘆は云ふまでもない彼は不安と焦燥の裡に二里近くもある山形まで醫師を迎ひに出掛けた。

丑太郎が町に着いた頃から「チラホラ降り出した雪は急に激しくなつた。馴れた道ではあるが、歸りは夜半の事でもあり、道と言はず山といはず田も畑も銀世界の上にのしかゝる樣な吹雪なので時々つまづいたりして倒れる事があつた

併し彼は一刻も早く歸りたかつた、醫藥に飢てゐる娘を思ふと駈け出したい氣持ちになるのであつた。

◆

彼は考へるともなしに娘の病氣を考へて見た、ひよつとしたら死んで了ふでなからうか

彼の臉はほてつた。くら／＼と目まひがした、づきん／＼と痛む頭を押へて彼は踏み止まつた、そしてうるんだ眸で三四間前を見張つた。

突然それはほんとうに突然、眞白な雪の中にポッチリと浮いた樣に黑いものが見ゐる。

かき亂された丑太郎の頭にもそれが何であるかを明瞭に意識する事が出來た。

牛だ、牛の頭だ、三四寸の太い角がある、生々した眼、ぴく／＼動いてゐる耳、鼻づらが通されてそれに短い綱が通されてある、ぶつゝり斬り放された首からは光を放つてゐる。

◆

『アッ』彼は思はず叫んで尻餅をついた、そして眼を閉ぢて一心に念佛した、軈て彼が眼を開いた時は今まで牛の頭だと思つてゐたものが何時の間にか、お花が大切にしてゐた鏡臺にかはつてゐた、そしてその鏡臺をよく見てゐると、何時かお花が『こゝにこんなキズがあつてよ、お父さんは安物買ひだ』と言つて指さした時のそれと寸分違ひのないキズがあつた。

『ウワッ』再び叫んで眼を閉ぢたそして又眼を開けて見ると鏡にお花の姿がそつくり寫つてゐる、お花が病氣にならない前の美しさである、丑太郎は餘りの不思議さに恐怖をこらへて懸命に見つめてゐた、鏡に寫つたお花は無心に髮をといてゐる、併しよく見てゐるとお花の顏が薄黑く處々に斑點がついてゐる、そしてそれが軈て血汐であるかのように思はれてくる、更にそれが流れ出す――黑い血汐がだく／＼と――

◆

丑太郎は見るに忍びなかつた。何時までも／＼眼をとぢてゐた。夜が明けるまで眼をあけなかつた彼が家へ歸つた時は、お花はもうこの世にはゐなくなつてゐた。

丑太郎は其後悶々の日を送り七日目の夜半の頭のあつた場所で悶死した

それから毎年毎年丑太郎と娘お花と牛の頭と代る／＼魂がさまよひ出て幽靈が出ると云ふので村人は惱まされた。

娘の戀人だつた定三郎は、每晩／＼お花と丑太郎に迎ひに來られうなされては毎夜／＼其の場所に行き終に悶死した。それからお花と丑太郎の幽靈が出なくなつたがそれに變つて牛の鳴き聲が毎晩續き牛の頭が入道の樣に現れる樣になり村人を冷々さした。

◆

一年後村人は相談して牛の塚をたて傍にお花父子の墓をも建てゝやつた。そして初めて村は平安に復した。今尚船町の西に牛塚といふ處があるが附近はすつかり開墾されて上田になつてゐる。

我郷土の怪談（二十二）　いろ好きの美少女…（上）

3-222

●山形新聞　昭和三年八月三十一日

我郷土の怪談 (22)

いろ好きの美少女
ゲキ坂の慘劇
爛れた戀の三角關係（上）

南村山郡東澤村　靑水生

時＝今より約百年前の話である大字久保川に千代と呼ぶうら若い娘があつた彼の女は衆に優れた美人で一度男子と生れた者は何人も戀心を抱くのが常であつた、この美しい千代が十七の時黑澤の某宅に嫁いだ、暫らくの間夫婦の仲もよく樂しく日を送つてゐたが馴れるにつれてそろ／＼身を持ちくづした、嫁いで翌年十八歲の頃、夫の目を盜み間男を作つた、そして人の目の關を越て、たま／＼果敢ない逢ふ瀨を樂しむ樣になつて居た、二人のたゞれた戀は益々深く益々闇へと導いた、之を知つた夫は、悶々の鬱を晴らすに由なく千

我郷土の怪談(二十三)　井戸底に冷く笑う…(下)　3-223

●山形新聞　昭和三年九月一日

幽

我郷土の怪談 (23)

井戸底に冷く笑ふ 激左衛の死霊

—彦蔵ざんげの物語り—

(下)　南村山郡○○村　青水生

激左衛門が殺されたとも知らず男の通ひ來るのを待ち焦れた千代は何時も片手に團扇を持ちながら獨り怪樂に身をゾク〳〵させてゐたが然し激左衛門の姿はいつ迄待てど見えない。其の中に、つひうとうとしてしまつた。すると「お千代〳〵」と呼ぶ聲がする。邊りを見れば激左衛門がウス暗がりに突つ立つて悄然としてうなだれてゐた。アラッと思ふ間もなく「俺は何者かに殺された」と一言殘して姿を消した。同時にお千代はフト我に返つた。全身びしよ濡れである。

◆

翌晩——彦蔵宅に來客があつた妻は冷水を御馳走しようと井戸に來て釣瓶を上げたが、キャッと悲鳴を上げて倒れた。彦蔵は何事だと戸を開けて井戸端に來た。井戸底をのぞくと激左衛門がぼんやり上を見上げて居るではないか、而もニコ〳〵しながら……。

或雨のシト〳〵と降る闇の夜であつた。家内の者は隣の家に湯をもらひに行き、彦蔵が一人留守をしてゐた。……とバラ〳〵と傘に雨の當る樣な音がしたと思ふと「彦蔵さん、彦蔵さん——」其の聲は正にぞつこん惚れたお千代の聲である。「サテは激左衛門が居ない爲め俺に思ひを寄せ居つたナ」彦蔵自惚れ、心にニヤ〳〵しながら戸を開けた。途端！其の場に彼は氣絶した。するも道理お千代と思ひの外、己の殺した激左衛門ではないか。」

◆

村人が見れば桂(名を上桂)激左衛門の埋まつた木)としか見れなかつたものが、お千代の家内が見れば激左衛門が日でりみのを着て帽子を戴き銃を手にし(立射の姿勢)千代の家にねらつてゐる。而も夜になれば銃口から青色の火がチラ〳〵出てゐる事も稀ではなかつた。之れを見て家内の者が氣味悪くなり、家を東方に移したものである(當字の非常警備所の隣の切桑畑に古井戸があるがその事實を證明してゐる)

◆

其れから間もなくフトした感冒がもとでお千代は歸らぬ國に旅立つた、丁度その時刻は激左衛門が殺された時と同じ頃であつたが、代に暇をやり歸宅せしめた、果して千代の戀人は何者であつたか。

◆

身の丈六尺餘もあるかと思はれる肥え太つた一見獵師らしい男、激左衛門と云ふのが千代の情人であつた、千代が暇を出され歸宅すると激左衛門は、有頂天になつて大字楢下の自宅から夜な夜な千代の許に通ひつめてゐた、しかしこうした爛れ切つた二人の夢も間もなく破られた、それは激左衛門の外に千代へ思ひを寄せてゐた或男の無謀な殺人沙汰からである。

◆

久保川より楢下に至る途中に坂がある、そぼ降る雨の暗の中を激左衛門はニタ〳〵と薄笑ひをうかべながら千代の許に急いで居た。丁度その坂まで來かゝつた時突然背後より黒い人影が躍り出で物をも云はず彼を目がけて飛びかゝつた、不意を打たれた激左衛門は身をかはす暇もなく第二の棍棒で彼の頭部を強か毆られた、あはれ豪氣の激左衛門も朽木倒れにドウと倒れる(其の坂をその後ゲキ坂と呼ぶ樣になつた) 果して其の屍は如何なる始末をしたか？

◆

男はそのまゝ激左衛門の屍體を擔ぎあげてすた〳〵と歩き出した行先は彦蔵の家である、屍體はその彦蔵の家の裏手の竹藪に埋られた、そしてその男は彦蔵の家に入つた、見れば男と云ふのは彦蔵であつたのである、けれども彦蔵は不安で堪まらない、色々思案の末裏の山(谷岡山)の自宅と某家の堺の桂の木のほら穴の中に(今もこの木がある)入れやう、そうすれば、この殺人は永久に現れまいよしさうだとばかり、埋ておいた屍を掘り出して桂の木の朽た部分へ穴を掘り其の中に屍を入れ何食はぬ顔をしてゐた(今其の穴も殘つて居る) これが抑この怪談のはじまりである。(つゞく)

(係りより——本稿青水生氏本姓名至急御通知ありたし)

お千代は目に何か見ゆるやうに激左衛門の名を呼び續けて息絶へた其の後遺族は何となく顔色が勝れなかつた。ブラ／＼病とでも云ふのか、時には大聲絞つて走り廻つたりした、自宅の板戸がよく激左衛門とお千代の姿に見えたりした

◆

この物語りは遺族も二人の後を追ふて息絶へる時集まつた村人を見廻して今迄胸に秘めて居た萬事を打明けた事柄である。そしてそれを語り終へると彼はサモ安堵したが如くウ、、、と唸つて絶命した、其れから後其家には不具者が續出する、占つてもらうと『裏に惡い井戸がある爲だ』とどの占ひ者も同じ事を云ふさうな、今も其家に不具者が居ます（この項了）

（係りより＝青水生氏至急本姓名住所字名御通知ありたし）

我郷土の怪談

怪

我郷土の怪談（二十四）

二人が死んで一つの…（上）　3-224
●山形新聞　昭和三年九月二日

二人が死んで一つの屍体になる（上）

さくら屋の聟は何處か

山形市上町　青木代吉

市内五日町交番所に或日息せき切つて駈け込んだ農夫があつた。（昨年の事である、讀者中には或はこの事件を未だ覺えて居らるゝ人もあるに違ひがない）今畑の中に首を縊つてゐる者を發見したとの屆出である。

◆

警察からも交番からも早速警官が飛んで行つた。取調べの末この縊死した男は市南某町さくら屋（へ名譽を重んじて特に町名並に屋號を秘す）の若旦那たる聟殿である事が判明した。原因は何であるかそれは判明しない。しかしさいら屋方では、確に『これは家の若旦那である』と證言した。

◆

さくら屋と云へば市南でも舊家に屬してゐた。そのさくら屋の若旦那が縊死したと云ふので一時に評判になつた。自宅に引き取られた若旦那の屍體を前にして一家はすつかり悲嘆の涙にくれてゐた、ところが……ところが全く意外！香澄町の某家でも倅が行衛不明になつたと警察署へ屆出た。事に依ると先の縊死者がその倅ではないか一應見せて呉れとの嘆願である

◆

火葬に附さない以前だつたので幸せ。早速その棺の蓋を開いた屍體を香澄町の某家の者達に見せた果然！この屍體と云ふのは確に倅の屍體であるとの主張である。似たりも似たり、さくら屋でも家の若旦那だと主張し香澄町の某家でも家の倅であると主張する。さてこの屍體は何れの家に引取られるべきものであらう。

◆

しかし着衣を細かに檢査すれば其着物にはさくら屋で見覺ゑがない云ひ、香澄町側では家の倅のものであると證明する。そこで屍體は反對に香澄町側に引渡された。ではさくら屋の若旦那は何處へ行つたか？彼は數日前佐澤と新庄に金工面に出張したきり音信がなかつた。その金策が成功せずに縊死したともとればとられる。一變去つて一變、さて若旦那は何處へ行つ――た？それに就いて家人に思ひ出される怪談がある。怪談！怪談とは次のやうなものである。

◆

昔――いつ頃の事かそれは判然しない。さくら屋に一人娘のおつゆと云ふのが居た。

蝶よ花よと育てられて十七の春聟を貰つた。夢のやうな生活をつゞけてる中に母親はフトした病から彼の世に旅立て仕舞つた。娘は泣く／＼野邊の送りを濟ませたが其れ以來は娘のおつゆも憂鬱症に掛つて仕舞つた。金にあかして醫師や湯治へと行つたが効なくだん／＼と體が衰へる許りである。父は掌中の玉にキズがついた如く悲觀して看護に手をつくしたが聟殿はいつか他の女に迷ひ出して居たおつゆは病床にありながらもそれをうす／＼知つてゐた。その折は既に姙娠五ケ月であつたが、父親も入夫であつたせいか聟にはやかましい事は言はぬやうな男であつた。

◆

おつゆはあれを考へこれを考へ獨り胸を痛めて居た。度々聟殿へすがりついて意見はして見たが、何等その反應がなかつた。そしておつゆは苦しみ悶ゑ悲しみの末に母親の後を追ふて死んでしまつた數年の月日は流れ過ぎ去つたが聟

の亂行はをさまらない。遂に父も我慢が出來ず聟殿を追放してしまつた。この時、聟殿は頑固な梅毒にかゝつて歩行にも不自由であつたが親聟へ面當に屋敷裏の立木に首を吊つて死んでしまつた。近所では「自業自得とは言へ、あれあ母娘のたゝりだ」と噂された。（つゞく）

我郷土の怪談（二十五）　土藏内の怪異（下）　3-225
●山形新聞　昭和三年九月三日

怪

我郷土の怪談（25）

土藏内の怪異

呪はれたさくら屋

幾代も祟られ通しの聟（下）

山形市上町　青木代吉

妻に先立たれ娘に死なれ聟――聟の名は由太郎と云つた――由太郎には首を縊られたつた一人後に殘つた父（これも聟）は孤獨の寂しさから、新に養子夫婦を迎へた養子夫婦は呉服店を出したがとん〳〵と當つて商賣繁昌の目出度さである。而るにこの家には、度々奇怪な事が續發した。」

◆

養子の娘が土藏の中で勉強中のことである。

「お母さん……どうです、坊やの顏が青いのね、何處か惡いのでせうか」

「どこも惡いことはないが、由太郎が惡いのだ。お祖父さんにも辛く當つて妾アロ惜しい」

突然さう云ふ聲が聞こえ出してさめ〳〵と泣く音がする。娘は驚いて青くなつて土藏から飛び出した父親はそれを聞いて土藏を一應檢めたが何等異狀がない。だがその後になつて時々家内の者の目には女の幻が土藏の前に見えたり深夜井戸釣瓶の音がしたり、庭先で男女の口論が聞こえたり、さうかと思ふと云ひ負かされた女の口惜し泣きの聲が聞えたりした。（僕が小學校に行つてゐる頃この呉服屋の息子とは同級だつたが、よくその息子からこんな奇怪な話を實際に聞かされたものである）

◆

或日の事である。呉服店さくら屋の御内儀が土藏内で反物をとりかたづけてゐると突然目の前に突つ立つた若い女がある「アッ」と其場にすくんで了つてよく見るとそれは話に聞いてゐた此の家の死んだ娘おつゆである。ワナ〳〵と顫へてゐると、その女は押入れの方を指さしながら案内するので御内儀はフラ〳〵とその後を追ふて行つた。ト思ふとその女は押入れの前で搔消すやうに見えなくなつて了つた。御内儀はバッタリその場に尻餅をついて咽喉にからまる聲をふり絞つて家人を呼び立てた。その聲に誰彼となく駈けつけたところ御内儀は押入の前にベッタリと尻を落つけて押入れを指さして口も利けない態。サテはと思つて押入れを開いて見ると中には死んだ娘おつゆの生前の晴れ着が二三枚這入つてゐた。

◆

近所の人達も、いつか土藏からは火の玉が飛んだの門前に女の姿がぼんやり立つてゐたの又はこれも死んだおつゆの母親がくゞり戸を開いて家の中に這入るところを見たのと噂に噂を重ねて取沙汰するやうになつた。果は夜に入つてからと云ふものはこの家に近づく者がなくなつて了つた。

◆

こんな事から父親も遂に狂ひ死に死んで了つた。呉服屋の養子夫婦も度々の怪異に居堪らず五六丁離れた店を借受けて轉居する事になつてしまつた。だが幾代か過ぎた後にさくらやは、聟を貰つた。この聟は相場に手を出してウマク思惑が當つて小成金になつた、で、元の屋敷を再び買ひ戻したがその後は相場も思ふやうには當らないつひに借財がかさんでその整理の爲めにこの聟が金策へと佐澤、新庄方面に旅行する事になつたのである。――こゝで話は前に戻る。

◆

金策に出た聟の音信がないのみか、縊死してゐたと早まつて斷定してしまつたさくら屋一家は狼狽したのも無理はない。何代か以前には、聟の爲めに一家が散々な目に遭ふた外に怪談さへ生み出してゐる。サテは、今度の聟にも矢張り祟るのではないかと云ふのが、さくら屋の底知れぬ恐怖だつたのである。

◆

ところが聟たる若旦那は借金で死ぬやうな男ではなかつた。縊死者が香澄町の者と判明すると間もなく漂然として歸宅した。家人は一時に愁眉を開いたが、彼聟殿の云ふところは斯うである――

「佐澤新庄方面を馳け廻つたが思ふやうに金策がつかず歸宅し

て見ても貧し主には申譯がつかず、マ、よ、どうでもなれとヤケクソになつて銀山温泉に湯治して居たんだ』

これには一同豚に臍をなめられたやうな顏をして一先安堵はしたが近所の者は今でも夜になればまくら屋には近づかぬやうにしてゐる。（終）

怪
我郷土の怪談（二十六）土地欲しさの余り 呪いの…
●山形新聞　昭和三年九月四日
3-226

我郷土の怪談 (26)

土地欲しさの餘り 呪ひの五寸釘

五年間病みつゞけた話し

米澤市外　秋葉　實

米澤市から程遠からぬ寒村南原村の秋葉與作は今年とつて五十五歳、小さい時から野良仕事をして來た彼の骨組は鶩嶋のやうにたくましい、それは恐らく、私が病菌であつたなら彼のやうな武骨な體には取付くまい、それ程丈夫であつた彼が此五ヶ年ばかりといふものは事もあらふに胃病といふ洒落た病氣に苦しみ通してゐるのだ、なんとそれは滑稽にさへ思はれるのであるが當人にとつては滑稽どころではない、並大抵の病み方ではないのだ。

◆

彼に言はせると胃の腑を爪で搔きむしられるやうに痛いといふのだ、その時彼は酒を一升もあふるが、酒氣がなくなるとまた痛み出す、痛み出したとなると彼は其のたくましい體を轉がしてウン〳〵うなつてゐるのだから仁王様が胃を病んでゐるやうで全く以てテコ變だ、そしてそれがひどくなると彼の頭が狂ひ出すんだから堪まらない、突然屋根裏を見つめ『いたちが居る〳〵』と怒鳴り出しては『俺の咽喉笛に嚙みついた』とわめきながら丸裸で戸外に飛び出す始末、家人は手の付けやうも足のつけやうもない、入院さしても其の調子で病院からお斷りを喰ふと言つたわけで家人もほと〳〵閉口頓首仕てゐた」

◆

サテこれは只事ではないと考へた御幣かつぎ屋の姉ぢや人は早速米澤市の某占者に占ひをたてゝ貰つた、すると勿體振つた占ひ者が言ふ事には『これは勿論只事では御座らぬ、誰か與作の土地を欲しい者が、與作を呪つてゐるのだ、酒を飲んで病氣になり其の欲しい土地を手放したら自分のものに仕様としてゐるのだ、きつと附近の神社に藁人形をこしらへ五寸釘を打つてゐるに相違ない、家に歸つてよく神社を調べて見たらよからふ」

◆

何と笑ふべき御託宣ではあるがかつぎ屋の與作の姉は『ホダベホダベ』と膝を打つて家に歸つた、つたところ家人一同も『ホダベホダベ』と勇み立ち翌日は早朝から村社の附近を隈なく調査した、然るに……驚くべし魔訶不思議村社の緣の下の柱に三寸大の藁人形が五寸釘で打ち付けられてゐるではないか、而も其の藁人形は相當の年月を經たものらしく藁はボロボロに腐朽してゐるのである、一同はぞつとして口を利く者もなかつたといふ事である。

◆

それから一同は其のまゝ家に歸つて與作を中心に誰が此の呪ひの釘を打つたであらうかに就いて家内全體會議を開いた其の時與作の妻はハタと膝を打つた今から丁度五年前隣家の春藏親父が死ぬ時の言葉に思ひ當る節があるといふのである、春藏親父は俗に言ふダメ叔父で六十何年間働き通して來てゐるのだがそれでも與作の家と春藏の家の間の空地を自分のものとして一軒の「家をかまへ度いといふのが一生の願望であつたといふのだ、それが出來ずに春藏親父六十三歳で死んだが死ぬ數日前與作の妻が見舞に行くと『あれ〳〵あのお前の家のあの土地が俺の腰に祟つて起てなくなつたんだ』とうらめしそうに空地を指して言つたといふのだ。

◆

土地が腰に祟るの頭に祟るのといふ馬鹿〳〵しい話はあるものではないが然し、農民の土地に對する執着は恐ろしいものだ、我子を殺しても土地を守つた農村哀話は數限り無くある、呪ひの五寸釘も果して春藏親父が打つたのかそれとも以前からあつたものかそれは占ひ者にまかす事として、與作の家では其の翌日神官を頼んで早速藁人形殺の祭りをやつて祝盃を擧げたが不思議にも與作の胃病はちつとも痛み出さず甘露々々と一升五合程を平げたといふ事である。

（係りより秋葉實氏住所本姓名御通知あれ）

怪　我郷土の怪談（二十七）　多情の工女惨殺　3-227

●山形新聞　昭和三年九月五日

我郷土の怪談

（27）

多情の工女惨殺——工場遂に閉鎖

怨霊に恐れ同僚逃げて帰らず

山形市宮町　長谷川木人

今から二十二三年も前の事と思ふ。僕が七つか八つ頃の事であつたと記憶する。その頃まだ殘つて居た瓦版の讀賣りが毎夜僕の町を腰へブラ提灯をつき差し、頭へ手拭をたゝんでチョナンと載せ、聲はり上げて賣り歩いたものである——今記憶にある文句は。

「一つとせ、ひろい日本にかくれなき山形市内は宥町、女殺しのあわれさよ——二つとせ、ふかいしさいを尋ねれば……あといくら憶ひ出さうとしても思ひ出せない。

◆

——その頃の之れは出來事である。——關係者はまだ生存してゐる事であり、名譽のある人の家の出來事でもあるから、本名は特に御免を蒙らう。

◆

絹撚織業の田中三右衞門氏の工場は桑畑の中に建てられてあつた今でもそれはあるが、二階建の工場で當時はまだ石油ランプの時代であつたので、電力應用など、云ふ事はない手機で以てキーコパタ／＼とやつてゐたものである。今でも記憶にあるが、唄自慢の工女連が、そのキーコパタ／＼のアヒの手にワイ歌を唄つては少年時代の僕等へ、學校で習ふ桃太郎の唱歌よりも面白いナと感心させてゐたものである。

◆

初夏の雨上りの晝だつた。三右衞門氏の工場へ、一人の百姓男が訪れて來て、おきよと云ふ工女へ面會したいと申込んで來た。このおきよと云ふのは相當キリヨウよしの方だつたと記憶してゐるが、キリヨウよしの特長として浮氣者でもあつたらしい。訪れた男とは關係があつたがいゝ加減樂しんで了うと、もうその男には用がなくなつたのでもあつたらう。男と二言三言話し合つてゐたかと思ふと愛そづかしのタンカを切つて、サッサと受け持ちの機のところへ引き返してしまつた。

◆

泣くやうに、國交繼續を嘆願してゐた男——八兵衞は、早や交渉決裂と見てとるや直に宣戰を布告かくし持つたる出刄庖丁をさかてに追ひすがつて後からザックと肩先、斬り付けてふり向くおきよの面部へ「グソッ」とばかりザックリ……注文通りにアタリ一邊から紅い鮮血飛んで工場の障子を染める。

◆

この有様に居並ぶ工女連悲鳴を擧げて飛び出す。その中にタシテケローシトゴロスーと絶叫したのは我がおきよである。血塗れになつて工場から逃げ出した。逃がしてなるかと追ひかける八兵衞……こゝしばらくは二人の格闘。

◆

染物ほし場を二三回グル／＼逃げ廻つたおきよは、イキなり主人の帳場へと飛び込んだ、そこで列國は承知しない。忽ち軍備を整へたクッ強の若者、あり合ふ棍棒、モノホシざほを持つて立ち向ふ。こゝしばらくは八兵衞の大立廻り……四日町の交番から警官が飛んで來る前、當時ナラズ者の名をとつた無職の助作が（この男今は改心してなんでも葬儀屋の車ひきみたいなものになつてゐる）「ナンデイー」とばかり八兵衞手捕りの功名を立てる——その間におきよは藥石効なく恨みを呑んで絶命した。僕は勇作がイキ揚々として八兵衛の縄尻をつかまへて引揚げるところを見物して、その時分勇作を東郷大将よりもエライ男のやうに感心したものである。

◆

三右衛門氏の工場には、その晩から御約束の幽的がドロ／＼と出た、染物乾し場にボンヤリ突つ立つて居たり、近くへお稲荷さんがあつたが、そのお稲荷さんの鳥居のそばに泣いてゐたり、工場の天井の梁からドサリと足をはづして落ちて來て鼠になつたりした、こんなのはまだ優しい方で、よく聞いたのは、機を織つてゐるとどこかむこうの方でも機を織つてる音がしたり、深夜誰も居ない工場から突然キーコパタの音がしたり、工女の髪の毛をいつの間にか機へ結びつけたり、引つぱつたりしたもので、僕等も今まで景氣よく機の音がして居たかと思ふと、よくワッと叫ぶ工女の聲がして突然機の音が止んで了つたことを覺へてゐる、ごんな時はきつと機の下からおきよに足をひつぱられたの、頰つぺたをなでられたの、襟もとへ息をふつかけられたのと云ふ事件が起きて居たのであつた。

◆

こんな工合で、工女は一人減り二人減り遂にはみんな逃げ出して了つた、そして絹織工場はしばらく休業の止むない状態に立ち至つた、思へば幽靈と云ふものは恐ろしいもので一國の生産事業までを脅かすのである＝どうも怪談が落語か漫談にでもなりさうでこの方が却つてヒヤ／＼する＝

◆

しかしいつの間にか、その幽靈もだん／＼年を老つて出無精になり人間脅しの興味にも飽きて來たものと見え、今では當時以上にモートル仕掛の大量生産と云ふやつでやつてゐるが、大戰當時の好況時代には深夜十二時一時過ぎまでもジャカ／＼ジャカ／＼（これは手機の音ではなく機械機の音）とやつたものでその當時は、三右衛門氏もしこたま餘剰價値を獨占したものであつた。しかしその時分おきよの幽靈は出なかつた。あの時分出るやうだつたらあの工場だけは深夜業を中止してる工場として市内の模範工場になれただであらうが惜しい事である。（終り）

妖　神秘の境伝説の母　海の不思議
●上毛新聞　昭和三年八月九日（八日夕）
3-228

神秘の境傳説の母
海の不思議
人魚とは何物夜暗に光る海

海―、海―、夏の日に吾々の最も憧れの的となるのは海であります。それは山を懷しむ心と同等の喜びと云へませう。山が嚴肅で偉大ならば海は快活で深い趣を持つて居ります。しかも方兩共神秘を吾に與へます。そこで海についての不思議を記しませう。

人魚の話

陸地には王様があつて莊嚴なる宮殿があるやうに、吾々は何だか海の底にも吾のやうな人間が住んで居り、そして龍宮でも本當に在るのではなからうかと思はせられます。そこで人間が海の底に行つた傳説や神秘等があります、同時に海には人魚と云ふものが住んでゐるとも云はれて居りますが、果して本當に人魚は居るものなのだらうが、よく繪にはそれが描かれて居ります、ドイツにベックリンと云ふ繪かきが居て有名な人魚の繪をゑがきました、腰から上は美しい女で、足が無くて尾を持つた人魚が岩の上に休んでゐると、大きな蛇がその周圍を取り卷いてゐる繪や、海の妖怪共と遊び戲れてゐる繪―それは物凄い繪です、その外童話等にもいろ／＼な話があります。しかし、日本で人魚と呼んでゐるのは人の顔や鱗のついた魚ではありません。琉球邊りでじゆこんと云ふのが居りますがこれは鯨のやうにやはり海に住んでは居るが、魚ぢやないのです。これを人魚と呼んでゐますが、頭は丁度河馬のやうで體は鱗が無く、全く鯨と同じで長さは一丈近くもあります、この人魚は人間のお母さんのやうな姿で、赤ちゃんにお乳をやりますので、何時からか人魚と呼ぶやうになりました。

夜暗に光る海

暗い海が光る、これも不思議な思ひ無しでは居られません。

九州の八代海や有明海等では時を[illegible]、それは[illegible][illegible]

呼ばれて、詩や歌等に歌はれて有名になつて居ります。或は夜光蟲かも知れぬと云ひ、それでも無いと云ひ、矢張り不思議の一つとされて居ります、夜光蟲と云ふのは世界至るところに居ります。極めて小さな虫であつて、體は一ミリメートル位の丸型の虫でく、大きくなると赤いくらげのやうな虫で一本の鞭毛がついて居ります、夜光蟲はこれを振りながら海を游ぎます、そして此の虫は何千万ともしれない群をなして居りますから晝間見ますと海が眞つ赤に見えます、そこで夜光蟲の群を赤潮と稱へて居りますが、夜になると虫の體に含んで居る燐が光ります。

斯やうに科學的に考へると、人魚にしろ、光る海にしろ味の無いものにはなつてしまひそうですが海を思ふ時なほ本當に不思議なものが存在してゐるそうな氣がするではありませんか、それ程海は神秘的であり、傳説を生むに相應しいと云へませう。

京と怪談（一）　最も古典的な一条戻り橋の由来

怪　●京都日出新聞　昭和三年八月十日（九日夕）　3-229

京と怪談〔1〕

最も古典的な 一條戻り橋の由來

安部晴明も此處で易を立てた 不思議に合ふ吉凶判斷

幽靈――化物――妖怪――變化――之を科學者に云はしたらそんなもの丶存在はあり得ないと否定するであらう、本來怪談なるものは讀んで字の示す如く怪しげな話でもある。しかし怪談にしても古典的なものになると立派な折紙がついてゐるから科學者の批評が許さないものがある、幽靈にしろ、化物にしろ人間の幻覺或は錯覺として確に有り得るものと思はれる、古都京都には種々なる相を現はした怪談がある、古典的なものもあれば清新なるものもある、回を追つて怪談の種々相を紹介して見やう

◇

一條戻橋――の怪談はクラシツクな部分に屬するが、兎に角名高いものである。いふまでもなく一條通堀川に架設されてある橋だ、怪談の起りは浄藏といふ坊さんの實父三善清行なるものが亡くなつた浄藏は自分の父が死んでゐると知らず久し振りで都に歸つて來た、そして一條堀川橋を渡らんとして葬式にぶつかつた、參列者に何人の葬式であるかとたづねて見た、意外にも葬式は自分の父清行であつた、浄藏は如何に僧侶の身であるとは云へ驚きと悲しみの感情は交々至つた、まるで鐵棒でガンと殴られた氣持がした、と言つてその場合泣いてばかりもゐられないので、棺に向つて精神を罩めて祈念した、すると摩訶不思議にも清行は忽然よみがへつた、倒れんばかりに驚いてゐる葬ひの人々を後に殘して我家に父を連れ戻つた、それから世間では戻橋――戻橋といふやうになつた、また安部晴明は十二神を一條の橋下に置き何かの時には、橋下から出して使用してゐたといふ、その後世人は此橋詰で辻占を聞くことが流行した、吉凶判斷が不思議なほど合つたそうである。

一條のもとり馬なりけふの月　元祿年間戻り橋のもとに柳風呂といふ娼家があつたそうである、太祇は或俳人と共に此處に上つたそうである

今でも川つ縁には柳の大木がある、柳の並木のやうだ、雨そぼ降る夜などは不氣味な思ひがする、その昔人家稀なる時には氣弱い人間には幻覺の起りそうな妖怪味たつぷりなところであつたらうと思はれる（寫眞は戻橋）

京と怪談（二）　夜な夜な狸が行人の度胆を抜く
●京都日出新聞　昭和三年八月十一日（十日夕）　3-230

京と怪談〔2〕

夜な〳〵狸が 行人の度膽を抜く

今は彼等の樂土も住宅地に 有名な寺町の筋違橋

狸は怪談につきものとなつてゐる、寺町通今出川を數丁北に行くと「筋違橋」といふ橋がある、迂闊な者でなくとも橋上を通りながら氣づかずに行き過ぎるであらう、名の知られてゐる割合に至つて呑ん氣に出來てゐる、橋が架設された當時は流水はあつたことはいふまでもない

◇

この橋の上に夜な〳〵狸が現れて通行人の度ぎもを抜き随分惱まされたものである、橋の附近が今日の如く開けたら、如何に圖々しい、大膽な老狸でも影を潛めてしまつた、橋の袂の北側にはラヂオ屋あり、南の袂には音樂研究所があることからして、狸共が彼等の世界として恣に隱見出没して通行人を翻弄したのは夢のやうだとこぼしてゐるであらう

◇

彼等が樂土としてゐた藪はすつかり伐り拂はれて宅地となり住宅が建込んでゐる、今日では物語りとして残つてゐるばかり

◇

其處の狸は毎夜十二時過ぎから出張つてゐた、大抵の者なら狸のいたづらを知つてゐるので夜遅くなると、不氣味な筋違橋は、避けて通行してゐた、で狸の方にして見ると、折角手具脛引いて待構へてゐてもすつぽかしに會ふ夜が多かつた、彼等に玩弄されるのは何處かの宴會の歸りとか、遊蕩の歸りに狸のたの字も忘れてゐた場合である

◇

いゝ氣持になり、足もと蹣跚として千鳥足・手には一個の折箱をぶら提げてゐる。席であつた綺麗な女のことを幻想しながら橋の上に行く、何だか躓づいた感じに足もとを見ると白布に包まれた箱が暗く白い、よく見ると死人を入れる棺だ。幻想は忽ち破れた。醉も何處へやら變な戰慄をさへ覺へるしまつた狸の仕業だと氣がついても、いゝ氣持はしない。恐々棺を避けて通ると次には美人が行手の暗に浮く、或時には大入道に早代りをする、そうなるも狸の仕業とも思ふ餘裕もない、御馳走の折箱を其處に投げ出して夢中に逃て行く、氣の弱い者なら翌日は大ていも頭が上らない、後で狸は折箱の御馳走をうまそうにパクついてゐた（怪談の面白き材料を持合はせの讀者は本社編輯局内京一生宛に御送り下さいお願じます）寫眞は筋違橋

京と怪談（三）　清水さんの幽霊
●京都日出新聞　昭和三年八月十二日（十一日夕）　3-231

京と怪談〔3〕

清水さんの幽靈 正體見屆けの雲水

遂に幽靈は出ずその見物で お參り以上の賑はひ

洛西嵯峨の臨済宗本山天龍寺管長關精拙師がまだ雲水として本山僧堂に於て修行中のこと、東山清水山内のやぶれ寺に連夜幽靈が出るといふ噂が京都の街から嵯峨方面まで傳はつて行つた

◇

新聞紙なども幽靈記事で賑したものである、雲水の關さんはその頃真夜中頃淋しい墓地を選び修行のため坐禪をやつてゐた最中である。幽靈の正體を見屆るとはい、修行の一つにならうと師の僧たる峨山和尚に許しを得、一週間の暇を貰つた。食糧としては一升飯と梅干を十數個用意した。別に赤毛布一枚は蒲團の代用である、その外に仲間の雲水を一人同行した

◇

その頃の清水は今日の如く賑つてゐなかつた、本堂庫裡書院に至るまで随分荒廢してゐた。幽靈の出現するといふ寺は殆んどこはれてゐた。ただ玄關一間が不思議に残つてゐるばかり、幽靈は若い女だといふ噂であつた。時は冬である。然も雪の日であつた。嵯峨よりの例の雲水姿でテク〳〵やつて來

た、夕方近く清水に辿り着いた。如何にやぶれ寺にしろ、本山に一

應自分達の目的を述べ依頼して置いた、出る時間は夜二時頃と云はれてゐた、所謂丑滿の刻である

◇

待遠しかつた時刻は來た。十二時頃から赤毛布を頭よりすつぽり被り時の刻々と過て行くのを待つてゐた、けれどもその時刻が來ても、幽靈の――ゆ――も現はれない。たゞ吹雪がごつごとその一室を襲ふばかりであつた「どうしたのだらう？」一向音沙汰なしぢやの……」と二人の雲水は聊か手持無沙汰。そのうちに黎明頃となつた。二人は悲觀した。二人だから出ないのかも知れない、今晩よりは一人づゝにしやうとて次の夜より一一人づゝでやることにした。やつぱり出ない

◇

三日目には幽靈よりも關さん達のことが有名になり幽靈を見るよりも「けつたいな」坊主を見に行かうと清水はた參り以上に賑つた餘り騒がしいので松原署員が出張して關さん達は取調べられた、しかし事情を聞いてその豪膽なのに驚いたほどであつた。幽靈も遂に顔を見せなかつたので失望して一週間の後天龍寺へ歸つて行つた

怪　京と怪談（四）　京都の真中に持上った人玉騒ぎ

●京都日出新聞　昭和三年八月十二日（十二日夕）　3-232

京と怪談（４）

京都の眞中に持上つた人玉騷ぎ

附近に夜店も出る見物の雜沓　養子の毒藥自殺から

京都の町の眞中に人玉騷ぎがあつた約七八年前の夏の夜のことだつた、場所は不明門通魚棚角現在の御園カフエーの二三代前で「女かみゆひ」の家だつた、未だに附近の人々はあの騷ぎの頃は本統に困りましたと記憶にこびりついてゐるほど一大騷動を演出したものだ、事件の起りといふのは同家の養子で小心者の何某が猫イラズで自殺に始まる

◇

女髮結と云へば婦人職業中でも收入は多い、養子といふのは悉皆屋の番頭をしてゐた男で、番頭として髮結の家へた得意廻りに出入りしてゐるうちに懇意になつてゐた、おとなしい男だからと見込まれ、髮結の母親も女ばかりの家にはあんな溫順な男がよからうと望み婿養子に迎ゐた、養子にした當時は女ばかりの家に男が出來たことゝて一家は俄に陽氣になつた、それも一瞬の間、おとなしい男と見こみ養子にしたものゝ、辛氣臭いこと甚しい、その上資本を出して悉皆屋を始めさして見たものゝとても商賣にならぬ、姑の母親は手酷しく當り散らす

◇

彼の妻たる髮結までが母親と一緒になり口穢く罵る、男は小糠三合の味をしみゞ味はされた、多少覇氣のある男だつたら、勝手にしろ、手切れ金を寄越したら出て行つてやらうと嘯くだらう、けれど、そんな氣のきいたことの出來る男でない、遂に死を選び猫イラズを外出先で嚥下して歸宅するなり苦しさの餘り二階でのた打ち廻つた、その際早速醫者を迎へて手當をするどころか、反對に凡ゆる嘲罵を加へた、醫者の來やうが早ければ或は生命を取止めたかも知れなかつた、苦しみ拔いた揚句死んでしまつた

◇

町内の人々は養子に大變同情してゐたことが原因して怨みの人玉が出ると言ひ觸らしたのだらう、附近の人々の宣傳は宣傳をうみ、噂は噂を生じて人玉騷ぎが全市に擴がつて行つた自動車を走らして見物に行く物好きはなかつたが烏丸魚の棚電車停留場は大變だつた附近には臨時に毎夜店が出た。所轄署よりは署員を派出して警戒する仕末、見物の人々は、夜二時三時までも根氣よく今か今かと人玉の出るのを待つてゐた。しかし誰一人として人玉を見た者はなか

つた「カットは人玉出現の噂のあつた家」。

京と怪談（五）母家へ飛出した壁に塗込めた怨霊

●京都日出新聞　昭和三年八月十四日（十三日夕）　3-233

京と怪談【５】

母家へ飛出した壁に塗込めた怨靈

主人夫婦と息子にとりつく
縊死した油屋の亭主

北野神社北門裏方面の畑や藪は整理されて住宅に變つてゐるけれど、十數年前の同方面にはかなり藪や畑地が多かつた、神社より程遠からぬ處に、奥行廿五間もあらうといふ藏付の相當な家がある

◇

同家の藏の横手には不思議にも通路を塞ぐ壁があつた大正四五年頃のことである、下男の一人は好奇心に駆られ、通路を閉塞してゐる壁を打毀して見ると五間ほど向ふで行づまりになつてゐた、中は一面の蜘蛛の巣で薄氣味が悪い頭上には一本の丸太が南北に渡してである、外に何等怪奇的な事實を認めることは出來なかつた、下男は折角好奇心に捉はれてやつた仕事であつたが酬はれる何ものもなかつた、主人に報告をすると丁度いゝ其處を使用することにしやうといふことであつた、それから凡そ一ヶ月ばかりは何事もなく經過したところが、町内で誰云ふとなく藏の横手の電燈の微光に人影が映つてゐるといふ

◇

主人の耳にも奇怪な噂は入つたその夜の來るのを待つて例の藏の横手に行つて見た、息子は息子で翌日朝起きるのを待兼ねて父親に異變の有無を聞き訊して見たが父親は何事も語らず默々としてゐた。そのうちに一ヶ年は過ぎたと思ふ頃であつた。同家の妻女が病床に就いた、間もなく主人も續いて病床の人となつた、息子もまた病氣に仆れた、しかし醫者にも病名が分らない、近所では壁に映る人影の噺が再燃した、しかし醫者としては近所の噂を信ずる分けには行かないが息子一人を親族に預けしめた、病後間もなく病名並に病原も不明の儘妻女は死んだ、妻女の七逮夜も濟まさぬうちに又もや主人も妻女の後を追つて行つた主人夫妻の死後主人の弟が、同家に移つて來た、同人も一ヶ月經つや經たずに例の不思議な病氣に取つかれて死んでしまつた

◇

この凄惨な事件に人々はたゞ不思議だ／＼あの人影だ、幽靈の仕業と斷じ立てゝゐた

◇

明治初年に同家に住んでゐた男は油屋を營んでゐた、主人はかの藏の横手の丸太で首つりして死んだ、家人は不淨の場所として家人の出入を禁ずるために壁を塗つた然し怨靈は其處に閉塞されてゐた、然るに下男が毀つたのを幸ひに待つてましたとばかり本家へ飛び出し無關係な人々を恨み殺したのだといふことであつた。縊死した主人の死因は妻女が雇人と不倫な行爲をしたとも云ひ、また上七軒の藝妓にはまり過ぎて稼業がうまく立行かぬやうになつたからだとも言ひ傳へられてゐた。（怪談の投書を歡迎します京一生）

「カットは一勇齋國芳畫」

京と怪談（六）若い美人幽霊吉田山の松林…

●京都日出新聞　昭和三年八月十五日（十四日夕）　3-234

京と怪談【六】

若い美人幽靈

吉田山の松林に現る
豪膽な男の供養で姿を消す
其男は間もなく往生

明治初年頃、吉田山を東に廻り淨土寺村の方に行く松林の中に毎晩若い美しい女が出るとの噂が立つた。その女を見た男は大抵驚きの餘り氣絶をした。その頃岡崎滿願寺附近に山本由之助といふ豪膽な男があつた、或日の晩白川方面に行かねばならぬ用件が出來た、あい憎夕方よりしと／＼雨が降り出した、豪膽で知られてゐた由之助ではあるが、今晩は外出は妙に氣が進まなかつた、吉田山の裾を通ることは何となく不氣味に思は

れてならなかつた、さりとて臆病風が起つたわけではない、妻女は外出の進まぬ顔色を讀み「今晩は出にくそうに見ゑますがいやでも是非ひと走りに行つて來られてはどうです」妻から切にすゝめられるので重い臀をあげて我家を出た

◇

さて家を出て見たものゝ、足がすゝみ兼ねる、しかし出て來たからには後に引返すことは變だと思つてゐるうちに吉田山近くになつた、雨は相變らず降つてゐる。

愈吉田山の裾になつた。しかし彼の頭には女怪に就ては何も浮んでゐなかつた。そんなことに思ひ惱むほどの小膽者ではない

◇

由之助が吉田山の裾を白川の方に廻らうとする時であつた、暗の松林に突然妖艶な美女が浮いた、彼の頭には直覺的に噂の女はこれだなと思つた、そして一瞥したのみで行き過ぎやうとしたけれど、足が前に出ぬ變テコな戰慄を覺る、付て經驗のない恐怖の念が押寄せる、しかし根が豪膽な男だけに氣絶はしなかつた

◇

女はニコ〳〵しながら、あなたを見込んでお願ひしたいことがあるからどうぞおきゝ下さい——由之助は女が何を言ひ出すのだらうと待つてゐると

實は私は京の町の何某といふ者で家付の娘です、養子は先月死ました、私は一週間前に死にましたが、親族達は私の家の財産の分配に夢中になり私の葬ひは十分にしてくれません、それで成佛することが出來ずかくは毎晩此處に迷つて出てゐるのです今日までに此處を通る方々をつかまへてお賴みしやうとしましたがいづれも氣を失はれてしまひますのでおたのみすることが出來ません、今晩は幸ひあなたにお目にかゝりましたのを幸ひお願ひいたします、私の家の事は吉田山智福院の和尙さんにおたづれくだされぱよく分ります

◇

由之助は承知したと答へると彼女は煙の如く消へてしまつた、翌日智福院に行つて和尙をたづれて前夜の次第を語ると、和尙は死去の話は聞いてゐるが弔ひの事は何も聞いてゐません。それでは早速讀經してあげませうと承諾した、それ以來幽靈女は出なくなつたけれど豪膽で聞へた彼は煩つて死んでしまつた

京と怪談（七）　乗合船の幽霊

●京都日出新聞　昭和三年八月十六日（十五日夕）

3-235

京と怪談（七）

乘合船の幽靈

憤死した役者の女房

男はその時刻自宅で發熱しつひに悶死を遂げた

頃は元祿十四年を二年後の十六年で、然も今月今日にあつた事實譚り——その頃京都に古今新左衛門といふ狂言役者があつた、元は江戶の舞臺に立つてゐたが或事情の爲めに妻子眷屬諸共京都に住を移した、元來が好色列傳中の男である上に美男であつたから、遊廓の女を始め良家の人妻や娘までも戀するものが多かつた。中でも島原の遊女とはとても深く馴染を重れた餘り、三人の愛子と共に糟糠の妻を離別してしまつた。離別された彼の妻は嫉妬と憤怨の極遂に死んでしまつた、無情な新左衛門は結句厄拂ひをしたやうな氣がしたと喜んでゐた。

◇

元祿十六年八月十五日彼は仲間の者と大阪に引越すことになつた仲間の者は準備が出來たとて一足先に伏見に出で乘合船の人となり大阪に向つた。淀から船が八幡迄に行つたと思ふ頃死んだ筈の新左衛門の妻が同船してゐた。そして彼の妻は一同に向ひ生前と變りなく色々の物語りをする變なこともあるものだと一同は思ひに耽つてゐる間に船は大阪に着かないと思つたら、今迄話し合つてゐた新左衛門の妻の姿は何處へか消へてしまつた、乘合客一同は靑くなつて殆ど言葉も出ぬほどであつた

◇

其內の一人は此の怪事件を新左衛門に知らせんと、かの船で伏見に引返し京都の新左衛門の宅に行つて見ると彼の妻が船中に現はれ

たと同じ時刻に大變發熱してその儘死んでゐたので引返した男は二度びつくりしてその場に卒倒した。船中では新左衛門の妻の怨念が現はれたのであつた。

3-236

京と怪談（八）　祠と大銀杏がそもそも怪談の種
●京都日出新聞　昭和三年八月十七日（十六日夕）

怪

京と怪談（八）

祠と大銀杏が
そも／＼怪談の種
いつまでも空屋敷の其まゝ
荒神橋畔の細川屋敷

市内荒神橋西詰一西院の裏手に當り加茂川に面し、千數百坪より二千坪もあらうと思はれるほどの、尨大な空地がある、明治が大正になり、昭和の御代になつても依然として空地の儘になつてゐる

◇

その昔は今津屋敷と云はれ、後島津公の屋敷となり、更に岩崎家の有となり、轉じて目下は細川侯の屋敷となつてゐる、以前は荒神の森と云はれてゐただけに薄氣味の惡いほど榎や椋の大木老樹があり、屋敷の眞中と思はれる箇所に銀杏の大樹が傘の如く枝を擴げてゐる—銀杏樹の下に玩具の如きさゝやかなる祠が祀つてある、この祠と大銀杏こそそも／＼怪談の種をつくり、家主に祟るのだとの噂の主になつてゐる

◇

今津屋敷の時代のことは分らないが、島津屋敷となつてから怪談が始まる、公の年をとつた母堂の別邸として今津屋敷を手に入れ、山明水媚の古都に悠々餘生を樂しまれることになり別邸建築の準備中突如母堂は長逝した、島津公の手を離れて岩崎家の手に移つてからは、府の知事だつた木内氏が邸宅を建ることに決定し、凡ての設計なり、大工より植木職まで入つて建築に着手せんとする際木内氏は病死した、その外に邸内で仕事に從事した大工や植木屋でふいの危難で死んだものさへある　夫は大銀杏に鋏を入れた植木屋や例の小さい祠を動かした大工だつた

祠には辨才天が祀りしてあるそうだ、邸内には大蛇がたり籔は伐さられたが以前は籔

◇

細川侯も今秋邸内に別邸を建らしいが急に模築は中止されたな屋敷ではある

（細川屋敷）

3-237

京と怪談（九）　妖怪の主は古狸
●京都日出新聞　昭和三年八月十八日（十七日夕）

獣

京と怪談（九）

妖怪の主は古狸
眞夜中に顔を舐る
香嶠氏が居堪らず逃げ出し
秋聲氏も遂に引拂ふ

谷口香嶠さんが南禪寺の宅に移轉したのは小川竹屋町下る宅に怪事件があつたからである、書生の某は或日師匠に向ひ「先生、ゆうべ夜中に私の顔を舐めたものがあります、びつくりして眼が醒めました、起き上つて見ましたけれど、誰もゐりません」書生の顔にはゆうべの恐ろしい出來事が殘つて居る、香嶠さんは「今の世の中にそんな變なことがある筈がない—馬鹿々々しい」と書生の言葉を言下に打消してしまつた、しかし書生にして見ると實際そんな筈があつたので、どうしても夢とは思へなかつた

◇

其後も奇怪な氣味の惡い出來事が續出した、師匠の香嶠さんに其都度訴へて見ても、どうしても本氣になつて聞いて貰へない、書生は夜が來ると命が縮まる思ひがした、未來の大畫家としての名譽を理想としてゐた書生ではあつたが恐ろしい現實の前には理想も何處へやら……さう／＼我慢が仕切れなく妖怪變化の出沒する香嶠さんの家を飛び出してしまつた

京と怪談（十）　窶れた恋人をモデルにした応挙
● 京都日出新聞　昭和三年八月十九日（十八日夕）　3-238

幽 京と怪談（十）

窶れた戀人を モデルにした應擧

忘れ得ぬ便所に立つた姿 此手法で幽靈を描く

幽靈の繪畫と云へば應擧を聯想するほど幽靈の繪と應擧は世間の人の頭に妙な聯鎖を持つてゐる、幽靈畫家として應擧が名を擧げるに至つたローマンスを書いて見やう

◇

應擧がまだ名も爲さぬ時代である、殊に青春の血の漲つてゐた若い時のことだ、市内錦小路通麸屋町西入る伊豫屋（現在は十八代目）といふ仕出し屋がある、十三代目の又兵衛さんに一人の娘があつた小町娘の評判高く、洛中洛外にもあれほどの美人はなからうといふほどであつたどういふ關係だつたか、應擧はその家へ親しく出入りしてゐた、町内の若い衆もくだらぬ用事にかこつけて伊豫屋へ頻繁に出入りしてゐた

◇

娘一人に婿八人にはさすがに伊豫屋の主人も困つてゐた、きづの附かぬ今のうちに仕末をつければならぬと思つてゐた、その内に應擧は戀愛合戰に勝利者となつてゐた、美人娘は早くも應擧の掌中のものとなつてゐた、又兵衛主人も粹人だけあつてそれと知つても決して生木を裂くやうなことはしなかつた、その頃の應擧は戀しい女の顏ばかり見てはゐられなかつた生活費を稼ぐために地方へ遊歴の旅に出た、その留守中娘は感冒が原因で病床にどつと就いてしまつた、感冒位と高を括つてゐた、病氣は次第に重くなつて行つた、娘はとても應擧を慕つて父親の又兵衛を困らした、又兵衛も娘を不憫に思ひ早飛脚を立て旅の應擧を迎ひにやつた

◇

應擧は宙を飛ぶやうにして京都に歸つて見ると、僅か半月乃至一月のうちに戀人の花の姿は見る影もないまでに窶れてゐた、應擧は戀人の枕頭で男泣きに泣き崩れた

◇

書生が逃げ出す位だから萬更嘘偽りではなからうとて今迄書生が寢てゐた部屋に寢て怪物出沒の實地試驗をして見ると、書生の言つたことは事實であつた

◇

馬鹿々々しいとて一笑に附してゐた事件も事實として見ると呑氣に觀過してゐる分けには行かない早速その日から住宅探しに香嶠さん自身も飛廻り、出入の表具屋などにも依頼した、それから南禪寺に轉居した

◇

その後早苗會現幹事小早川秋聲氏が妖怪の出ることを知らず香嶠さんが逃げ出した家を借りて移り住んだ、秋聲氏は萬更噂を知らぬこともなかつたが、世界を股にかけて歩くだけの人そんな事にはもとより耳を借す筈がなかつた、秋聲氏には老人があつた、視力の乏しい上に耳の方まで完全でなかつた、或日のこと「お客さまだよ、お茶をおあげ……」と女中に命じた、女中さんは人の訪れて來た氣配もしないにおかしなことだと思ひながら表の間に來て見ると、誰もゐない、玄關には無論下足がない、老人に聞いて見ると、文金高島田に結つた綺麗な娘さんだつたといふ

◇

それから令弟（當時繪專在學中）が一人の學友を連れて歸つて來た夜おそくまで話込み泊ることになつた、さて翌日學友は「絶對君の家には今後泊らない」といふ、漸く宥めて聞いて見ると眞夜中に顏をペロリと舐められてぞつとしたといふ、その後餘り奇怪なことに秋聲氏自身が例の不思議な部屋に寢た、すると眞夜中丁度二時頃非常な力を以て胸部を押へられた、まるで息がつまる思ひをした

◇

さすがの秋聲氏も同家を引拂つてしまつた、妖怪の主は古狸だといふことである

悲しい日を幾日か戀人の病室で過ごして看護につとめた、その時一夜娘が便所に立つたその姿が應擧の眼に何と映つたであらう。いつ迄も忘れることが出來なかつた、戀人の死んだ後のいつ迄も――眼前にあの夜の戀人の姿がちらついて消へなかつた。應擧は何を思つたか筆を執つて悲しい娘の姿を描いて見た。何といふ凄惨な繪であらう、その後應擧はかの手法で幽靈を描き出したものである

◇

應擧が愛人をモデルとして描いた幽靈繪として傳はつたものが明治維新の際新選組の隊長近藤勇が所藏家に懇望して壬生の屯所に持ち歸り床に掛けてゐたが、勇以外の豪勇な連中もその繪を凝視する勇氣はなく勇に迫り前の持主に返さしめたそうである――

京と怪談（十一）　本国寺の「木娘」　●京都日出新聞　昭和三年八月二十日　3-239

京と怪談（十一）

本國寺の「木娘」

退治に上り眞逆様

いよ〳〵騒ぎは大きくなる　娘のかたちした大杉

十數年前京都の其處此處に「木娘」騒ぎの持ち上つたことがある

◇

市内猪熊通花屋町本國寺境内にも「木娘」が出現した。連日「木娘」見物の騒ぎは本國寺の法要以上にわい〳〵押寄せた。問題の木娘といふのは境内花屋町通に面して一本の大杉は直々と天に冲してゐる。その杉の梢の方が娘の格好になつてゐた。たゞそれだけのことであるが、夜その木娘が化けて出るの、通行人を悩ますといふではないが、野次馬連が面白さに雲集した

◇

この話を聞いたのが堀川署内で變りもので通つてゐる小使某である[illegible]仙人以上だと常に誇り熱湯の中に手を差入れ、焼火箸を握り、夏尚寒さを感じる三尺の秋水の上を平氣で刀渡りすることを得意として自慢にしてゐる男であつた

◇

「木娘何するものだ」と、飛出して本國寺へ駈けつけた。行つて見ると見物が黒山を築いてゐる見物の中に與駄な男があつて小便を煽動したからたまらない。あの「木娘」が夜になると姿をいろ〳〵に變化して通行人を始め附近の家々を困らす、默々と聞いてゐた小使はよし俺が引き受けたとも云はず歸つて行つた。そして夜になるのを待ち兼ね本國寺へ出かけた

◇

腰に一丁の鋸を差込み猿の如く木娘の木をする〳〵と上つて行つた。木娘のところまで行くと緒縄で身體を縛りつけ腰の鋸を外して伐りかけた。小使は妖怪木娘退治のつもりである。すると不思議なこともあるもの彼は鋸を木に當てた刹那眞逆様に地上に轉落して氣絶した。大變だ、醫者へ擔ぎ込むやら堀川署へ使を走らすやら……小使は醫者の手當に依り一命は漸く取止めた。其から更に木娘騒ぎは大きく擴がつて行つたがいつとはなしに忘れられてしまつた

京と怪談（十二）　幽霊の正体は牛乳を消毒する煙　●京都日出新聞　昭和三年八月二十一日（二十日夕）　3-240

京と怪談（十二）

幽靈の正體は

牛乳を消毒する煙

カフエーでは大儲けをした　第二京極の大さわぎ

―幽靈の正體見たり枯れ尾花―幽靈の正體なるものが分つて見れば實際多愛もない馬鹿らしいものであることが多い

◇

第二京極に毎晩幽靈が出るとて大騒ぎをしたのは數年前であつた昨今の京都は活動小屋から寄席に至るまで幽靈劇大流行である、その所謂だらうと京極に住んでゐる連中は毎晩吹く風が「なまぬくい」と言つてゐる。

◇

それはさて措き、数年前の幽霊騒ぎのあつた場所は第二京極うすさま図子の有栖沙摩明王堂の裏手の墓地であつた。幽霊の出る時間は毎夜きまつたやうに午前三時である。その刻限になると墓地よりお堂の屋根の上にボーッ〳〵と紫の煙がなよ〳〵と力なく立昇る、出たツー出たツ！と見物は喜ぶ、見物するには一福廊のおたりが最上の場所、お蔭で一福廊を始め其処等のカフエーは意外な儲けが有り幽霊様々と奉る仕末。二日三日と日が経過するに随ひ、見物の数は増して行き賑やかなことたら活動の「はれ」時のやう、しかし幽霊の正体を見届けたものは一人もない、明け易い夏の夜のことゝて正体を見届けぬうちに夜は明けはなれてしまふ、そうして次第に騒ぎが大きくなるばかり、京極派出所より巡査が出て取調べに来る、巡査は先づ煙の立昇る家に就て調査することになつた、煙を出してゐるのは河原通りの牛乳屋だつた。それで幽霊の出る所も見当はつ

いた。

◇

早速牛乳屋を叩き起し、妻君に就て取調べた主人が女を虐待したことはないか、それとも妻君が嫉妬の余り使用人に対し不法なことはしたことはないかといふのであつた、牛乳屋にして見ると何が何だか分らない、訊問される事件なるものゝ説明を巡査に求めると、煙だ、幽霊の煙だと分つた。

◇

それだつたら、私の方は毎夜午前三時より牛乳の前拵をしますから煙筒から煙を吐きます、そんな幽霊などは何年前から毎晩出してゐますと云はれて取調べに行つた巡査も見物もあんぐり――

京と怪談（十三）　鳥新のお多福

●京都日出新聞　昭和三年八月二十三日（二十二日夕）

3-241

京と怪談

鳥新のお多福

問題にせぬ仲居さん

怪漢の種蒔いた奥二階探検

縄手の七不思議の一

大仏の七不思議は人口に膾炙されてゐるが、縄手の七不思議なる怪談に至つては知つてゐる人は少いやうである、そのうちの一つに数へられてゐる「鳥新」の「お多福」がある、福が多いといふのだから誠に結構な怪談で、同家に取つては瑞祥の表現とも云へる。然るに同家にふるくつとめてゐる仲居さんに聞いて見ると「そんな阿呆なことがおすかいな――」と打消す

◇

「ほんまに、おんな阿呆な話しが何処から出たんどすやろ。その時分は此処ら辺の祇甲のお得意さんで一々言訳をするやら、ほんまにゑらいことどした」兎に角近年鳥新怪談お多福譚りを知つてゐる人達は少くなつてゐるやうだが、夏の夜。床几に腰掛ての涼み噺には時々蒸し返されてゐるらしい

◇

怪談の材料を蒔いた座敷といふのは同家の奥二階六畳の間で、二階といふよりは中二階に見へる、しかしこの階下には立派な一人前の座敷がある、我々にして見ればこの下座敷の方こそ検分に行つた時に興味の湧いた部屋ではあつた百聞は一見に如かずと同家を訪れて見た、偶然にも注文通の部屋に案内されたのは幸ひであつた

◇

話しに依ると天井にぽかり「お多福」の面が浮くと聞いてゐたから、

何は兎もあれ、天井とばかり睨んでゐた、その座敷は中々凝つて建られてゐる、問題の中心の天井は彩色の絵が描かれてらつたらしいが、今では殆んど剝落して悶様が判然せぬほどになつてゐる、白い白粉ばかり點々として残つてゐるのは気の所為か気味がよくな

い、座敷の裏手はお茶屋になつてゐるから、その家の側面になつてゐる、座敷の前にはさゝやかな庭がある、座敷の前に石燈があり、ひよろ長い榮養不良と言つた調子の棕梠がによき／＼とのびてゐるこれも考へやう見やうに依つて妙な錯覺の種となるであらう

◇

その座敷にはかなり坐り込み、お多福のお見舞に預りたいものだと願つてゐたけれど、一向それらしいものどころか鼠一疋ちゆう！ともごとーとも音を立てず、仲居さんよりは「阿呆らしい……」と一笑に附せられてしまつた、七不思議の一つに數へられるまでのお多福の怪の出所は何處から出たものであらう？

京と怪談（十四）　大仏の人魂と建仁寺銀杏の人魂

怪　●京都日出新聞　昭和三年八月二十四日（二十三日夕）　3-242

京と怪談

大佛の人魂と
建仁寺銀杏の人魂
最初に見た人は膽を潰した
涼みの人々の餘興か

大佛に「人魂」が出たことがある噂ばかりでなく眞實人魂を目撃した人が現在大佛前にゐる、人魂は涼みの人達の餘興とでも思つたのだらう

◇

數晩つゞいて長い尾を曳き「ふわり／＼」と低空を浮流して豐國神社前の大通りを南へ、博物館正門入口北側に殘つてゐる巨巖の岩垣の後より延上つてゐる松の木に紙魚の如く引つかゝり暗い妖光を放つてゐたからたまらない、野次馬は忽ち群集した、最初發見した男は腰を拔かさんばかりに膽を潰した、けれど所謂恐い物の見たさにあの廣場を埋めるほどに見物が群がると、而白半分だから恐怖心を抱くもの誰一人としてない

◇

子供のない妻君さん達は自分の懐中へ飛び込んでくれたらとさへ祈るものさへあつた（人魂が婦人の懐中に飛込むと子供が生れるとの傳説がある）其うちに人魂は地獄か極樂へか飛んで行つたのだらうふわり／＼と浮流しなくなつた

◇

大佛の人魂事件と前後して建仁寺松原上る摩利支天境内の銀杏に人魂が出ると騒いだことがある白晝、その怪木銀杏の樹を見ても何等の異變がないけれど、夜になると「ピカリ」と光りを放つ、附近には宮川町を控へ、少し離れて祇甲があることゝて、お茶ッ引の藝妓共が見物に行くから、變態性の男達は人魂見物よりも藝妓達の方に引きつけられて行つたものである、この方は大佛前の見物よりも濃艶だつた

どうしても原因が不明なので、銀杏に木脂でも出てゐて、それが夜何かの作用で光るのではないかといふ事に落つき、木登りをして檢分して見た物好きの男もあつたが、木脂もなく一週間ほど過ぎた頃人魂はなくなつた、その邊（建仁寺塔中久昌院）に「たはと」といふ怪木（老杉）があつたけれど、枯死してしまつた

京と怪談（十五）　愛人の枕頭にすがたを現わした

幽　●京都日出新聞　昭和三年八月二十五日（二十四日夕）　3-243

京と怪談

愛人の枕頭に
すがたを現はした
同時刻に病院で息を引取る
美術學生に絡る怪談

今から十一、二年前市立京都繪畫專門學校に幸田三郎（假名）といふ學生がゐた、君の同窓生には今日京都畫壇の中堅作家がゐる

◇

幸田君には相思の女があつた、戀人同志の關係に就ては二人の親兄弟は勿論友人すら知らずにゐたそれほど戀人達はたくみに戀の生活に耽つてゐた幸田君の愛人S子は家庭の事情で名古屋に轉じた、しかしS子の兩親達は依然として京都にゐたのである、S子は何かと用事をかこつけて屢々京都に歸

戻り幸田君に會つてゐた。S子の兩親は娘にそんな秘密があらうとは夢にも知らなかつた

◇

十一月の或日幸田君はS子が名古屋に歸つて行くのを京都驛に送つて行つたが、驛頭での別離を惜しみ同車して彦根まで送つて行つた、再會の日を樂しみにして君は京都に引返した、烏丸丸太町停留場にほど近き我家へ飛ぶやうにして歸つた、我家までの僅かな道を走つた時に膜に故障が出來た自家の敷居を跨ぐなりばつたり倒れた

◇

醫者を迎へて診察して貰ふと肋膜が惡いとの見立てゞある、しかも君は日々惡くなる一方であつた兩親はこれではならぬとさる病院に入院せしめた、院長の診察の結果肋膜でなく腸が惡い、しかも手術をするにしても既に手おちだとの宣告を受けた

◇

S子は別れたばかりの愛人が生死の巷を彷徨してゐるほどの重患を知らう筈がなかつた。近く機會があるから出京する大阪迄迎ひに來て欲しいとの手紙を幸田君の學校へ彼宛に寄越してゐた

◇

S子は愛人のもとへ手紙を出して間もない或日の朝の六時頃であつた、黑のソフト帽子に將校マント姿の愛人が雨戸を開けて自分の寢室へ這入つて來た、オヤ早く來てくれたものだと喜び有難う！と立上らんとして眼がさめた、はつと見ると愛人は其處にゐない、はつと思ひ雨戸を開けて外を見たが別に變つた怪しいことはない

◇

不思議な思ひに惱まされ氣がかりになつてならない、翌日早速京都に來て見ると愛人の葬式の日であつた、S子は二度びつくりして喪心せんばかりから、始めて二人の間柄を自分の兩親に打開け葬式の列に加つた幸田君がS子の枕頭に姿を現はした時刻、君は病院のベットの上で兩親兄妹に護られつゝこの世を辭して行つた時刻と同じであつた

◇

當時幸田君の幽靈事件は當時美術學生の間に有名であつた

資 マキノの四ッ谷怪談　大盛館上映中
●東海朝日新聞　昭和三年八月十日（九日夕）　3-244

マキノの四ッ谷怪談　大盛舘上映中

鈴木澄子のお岩、月形陽候の民谷伊右エ門、市川小文治の直助、廣田昂の宅悦、岡島艶子のお梅、と云ふキャストで井上金太郎が監督した南北の四ッ谷怪談、今大盛舘に上映中のもの。

秋篠珊次郎の脚色であるが原作に比較的忠實であるのが感じがよい。月形の伊右エ門、よくその業惡を描き、澄子のお岩よくその凄味を見せて共に遺憾がない。

この劇の[illegible]デリケートな人事關係を單純化さず、而も立派に説明してゆくところが、同じ四ッ谷怪談でも原作型なしにイヂクリ廻したのよりすつきりしてゐて氣持がよい。

南北はこの劇に、ドロ／＼の惡や凄さを完全に描いて來るべき時代の爛末的暗示を與へたものである以上、原作の心持はそのまゝ生かした方がいゝのである。それを徒らに史實に拘泥して、科學的にこの劇を解剖する映畫人があるがそれは以ての外のことで四ッ谷怪談は有名な大作であればそれだけ原作をそのまゝ生かすべきなのである

この點に於てマキノのこれは非常に効果的と云ふことが出來るたら

妖　神秘の境！海の不思議　3-245

●馬関毎日新聞　昭和三年八月十日

神秘の境！海の不思議

◇……人魚とは何物……◇
◇……夜暗に光る海……◇

海！海！夏の日に吾々の最も憧れの的となるのは海であります。それは山を懐しむ心と同等の喜びと云へませう。山は厳粛で偉大ならば海は快活で深い趣きを持つて居ります。しかも兩方共神秘を吾々に與へます。そこで海についての不思議を記しませう。

う（ケイ生）

人魚の話

陸地には王様があつて荘厳なる宮殿があるやうに、吾々は何だか海の底にも吾々のやうな人間が棲んで居り、そして

龍宮 でも本當に在るのではなからうかと思はせられます。

そこで人間が海の底に往つた傳説や神話等があります。同時に海には人魚と云ふものが棲んでゐると云はれて居りますが、果して本當に人魚は居るものなのだらうかも云はれて居りますが、果して本當に人魚は居るものなのだらうかよく繪にはそれが描かれて居ります。ドイツにベックリンと云ふ繪かきが居て有名な人魚の繪を描きました。腰から上は美しい女で、足が無くて尾を持つた人魚が岩の上に休んでゐると、大きな

蛇か その周圍を取り繞いてゐる繪や、海の妖怪變化と泳ぎ戯れてゐる――それは勿論繪ですその外童話等にもいろいろな話があります。しかし、日本で人魚と稱んでゐるのは人の顔や鱗のついた魚ではありません。琉球邊でじゅごんと云ふのが居りますが之は鯨のやうにやはり海に棲んでは居るが、魚ぢやないのです。これを人魚と稱んでゐますが、頭は丁度

河馬 のやうで體は鱗が無く、全く鯨と同じで長さは一丈近くもあります。この人魚は人間のお母さんの哺うな姿で、赤ちやんにお乳をやりますので、何時からか人魚と呼ぶやうになりました。

夜暗に光る海

闇い晩海が光る、これも亦不思議な思ひ無しでは居られません。九州の八代海や有明海等では期をきめて海が光る。それは何が光るのか判らないと云ふので不知火等稱ばれて

詩や 歌等に詠はれて有名になつて居ります。或は夜光蟲が若知れぬと云ひ、それでも非いと云ひ、矢張り不思議の一つとされて居ります。夜光蟲と云ふのは世界隨るところに居ります。極めて小さな蟲であつて、體は一ミリメートル位の丸型の蟲です。大きくなると赤いくらげのやうな蟲で、一本の鞭毛がついて居ります。夜光蟲はこれを振りながら海を泳ぎます。そして此の蟲は何千萬ともしれない

群を なして居りますから晝間見ますと海が眞つ赤に見れます。そこで夜光蟲の群を赤潮と稱へて居りますが、夜になると蟲の口に含んで居る燐が光ります。斯やうに科學的に考へると、人魚にしろ、光る海にしろ味の無いものになつてしまひさうですが、海を思ふ時なほ本當に不思議なものが

存在 してゐそうな氣がするではありませんか。それ程海は神秘的であり、傳説を生むに相應しいと云へませう。

妖　ニンギョ　3-246

★満州日報　昭和三年八月十日

ニンギョ

ハンブン　ハ　ニンゲンデ
ハンブン　ハ　オサカナ
コノシヤシン　ヲ　ゴランナサイ　カラ
ダノ　ハンブン　ウヘ　ハ　ニンゲンノ
カタチ　ヲ　シテヰマスガ　シタノ　ハ
ウハ　オサカナデス　モシ　**ニンギヨ**

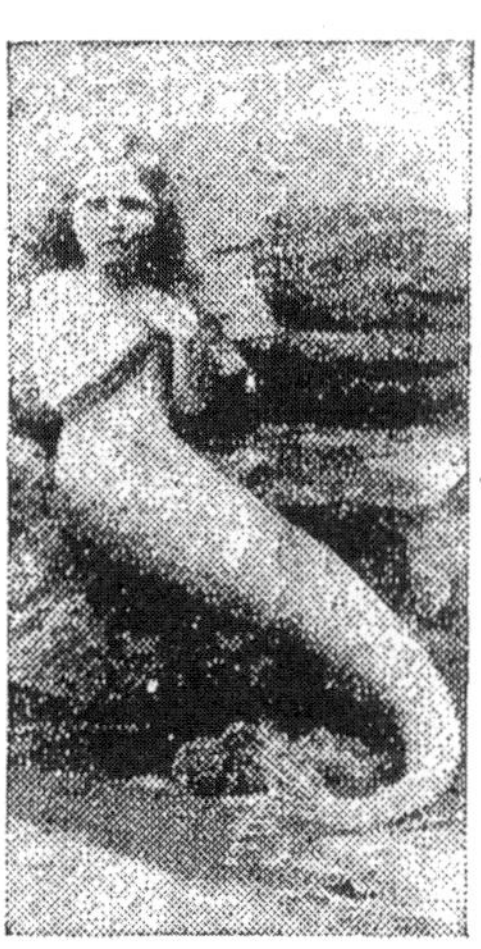

トイフモノガ　コノヨニ　スンデヰルナラバ　キツトコンナモノデセウ　シカシムカシカラ　セカイ　ノ　ドコニイツテモ　ニンギヨ　ノ　オハナシハ　アリマスガ　ニンギヨ　ヲホンタウニ　ミタヒトハ　ダレモアリマセン　ソレニシテモコノ　シヤシン　ハ　ドウシテウツシタノデセウ

資　話題と解説　怪談（一）　本ものの四谷怪談　3-247
●東京朝日新聞　昭和三年八月十四日

話題と解説　**怪談**（一）　本ものゝ四谷怪談

花火と共に、夏の景物に怪談がある。暑苦しい夜をゾッとさせて涼しくしようといふ寸法である。

背筋をゾッとさせるやうな怪談もその材料を洗つて見ると、作者の拵へたが大部分で、大したすごいものはない。暑さしのぎに、怪談種明しを二三席弁じさせて頂く。

怪談物の横綱格に、四谷怪談、芝居だと「東海道四谷怪談」と銘うつたものがある。

お岩は始めから醜婦だつた

四谷左門町の手先同心田宮伊織が大病で死にひんした時、家の断絶を恐れて娘お岩に播州浪人神谷伊右衛門を婿に取つた。花婿三十一、嫁二十一の時であつたが、お岩は天然痘のために、「面體いぶ紙の如く引つ張り、髪は白髪交りにちゞみ上り、鼻はおほかみの遠ぼえの如く、腰は曲つて松の木の如く、眼はつぶれて絶えず涙を流し」てゐた大ジャンコであつた。なぜ伊右衛門がこの醜婦を妻にしたかといへば、食ひ詰めた挙句の一時しのぎであつたから、折あらばお岩と手を切りたいと考へてゐた。

四谷怪談は元禄時代のこと

折柄、上役伊藤喜兵衛が、おことといふ女をはらませて始末に困つてゐるのを幸ひに、伊右衛門は貧乏をだしにお岩を番町辺に女中奉公にだし、留守に持参金つきのその女を家にいれ、二三人の子供まで出来た。中家大輔に働いてゐたお岩が、人づてにこれを聞いて足も空に左門町に帰ると、果してうはさ通りだつたので、組屋敷中を狂ひ回つて遂に行方不明となつた。その後、伊右衛門の妻子始め関係者が変死した。これが四谷怪談の材料で元禄の出来事であつた。

芝居になつたのは文政六年で、その筋がまた縁もゆかりもない赤穂義士にくつつけられ、場所がまた東海道程谷の隣の四谷となり、主人公の姓名も民谷伊右衛門と変へられた。おまけに、伊右衛門を見染めた娘お梅の望みをかなへさせるために、伊藤喜兵衛がお岩を毒薬で醜婦にしたこととなり、もつともすごい場面である「隠亡堀戸板返しの場」なんか、全く作者鶴屋南北のでつちあげた根も葉もない事柄である。高い見料をだして、わざわざゾッとしにゆく見物を、南北は墓場の下から手をたゝいて笑つてゐることであらう。

資　話題と解説　怪談（二）　なまめかしい牡丹灯籠　3-248
●東京朝日新聞　昭和三年八月十五日

話題と解説　**怪談**（三）　なまめかしい牡丹燈籠

あらけづりな荒つぽい四谷怪談に対して、至極洗練されたなまめかしい怪談に「牡丹燈籠」がある。「牡丹燈籠」の材料が、支那の「剪燈新話」の中の「牡丹燈記」であることは、あまねく知られてゐる通りである。「剪燈新話」は明の瞿佑といふ学者の著作で二十一の怪奇談を集めた有名な本である。日本に渡来したのは文明年間であつた。これが、寛文六年に至つて、浅井了意によつて「牡丹燈籠」といふ題下に翻案されて「伽婢子」の中に加へられ、更にこれが円朝によつて高座に上せられていよいよ一般化されて来た。

骸骨美人を戀した喬生

明州（今の寧波）にゐた喬生といふ若い男が、細君を亡くして沈み込んでゐると、丁度正月十五日の観燈の晩に門前で女児に燈ろうを持たせて通りかかつた十七、八の美人となじむ。美人は、月湖のほとりの湖心寺の暗室に安置された棺の中の金蓮といふ女の骸骨の化身で、女児はその棺の下にあつた明器婢子であつた。

喬生がこの骸骨美人に魅ろうされてゐるのを壁の穴からのぞいて知つた隣家の老人は、彼にすゝめて朱符を家にはらせて、お化けの近寄ることを防ぐ。一月あまりした後に、友人の許で飲酒してふらくと湖心寺門前を通ると、金蓮の姿が現れて彼を誘ひ、遂に自分の棺の中に引きいれる、喬生は、女の骸骨と抱きあつて死んでゐた。——これが原本「牡丹燈記」の荒筋で、昨年六月寿美蔵（喬生）福助（金蓮）等によつて本郷座で上演されたのはこれである。

了意によつて翻案されたものも筋はほとんど原話に一致してゐるが、場所を京都とし、喬生が五條京極の荻原新之丞となり、金蓮が二階堂左衛門尉政宣の息女彌子となり、湖心寺が万寿寺となつて、季節が正月から七月十五日のお盆に變へられてゐる

いう靈て足のあるお露

『牡丹燈籠』が寄席化された圓朝物になると、了意の翻案を複雑な物語に改作した。場所も京都から江戸に變り、筋も大分趣をかへて、現れてくるいう靈も、浪人荻原新三郎の關係あつた女お露となり、女兒の代りに三十年増の乳母お米が、ぼたん、いゝ、しやくやくの花のついた燈ろうを提げで、あでやかなこしらへした十七八の娘お露を、新三郎の蚊帳の中に案内するやうになり、墓所も新幡随院となつてゐるが、結末は矢張り良石和尚のお守をのけたため怪女に殺されることになつてゐる。

この怪談で面白いのは、足のないことに相場のきまつてゐるいう靈が、圓朝物ではさえ渡つた十三夜の月をあびてカラコンカラコンと駒下駄の音を響かせて現れてくることである。

資 話題と解説　怪談（三）　醜女故に殺された累
●東京朝日新聞　昭和三年八月十六日　3-249

話題と解説　**怪談**〔三〕　醜女故に殺された累

以上の外に大衆化された怪談に「累」と「番町皿屋敷」とがある。このいづれもがまた、芝居となると甚だしく脚色がしてあるから驚かざるを得ない。

承應二年八月、新暦でいふと九月半ばのある夕暮、下總國岡田郡羽生村の百姓與右衛門は、思ふさま女房累にかり豆を背負はせて野良から歸る途中、累は荷が重いからと與右衛門の荷と取りかへてくれといつたが、今少し我慢しろ絹川の所にいつたら取り換へてやるといつて、絹川の側に行つて荷をおろしてやるやうな風をしてふちの中へ突き落し自分も後から飛び込んで殴殺した。そこは今でも累ケ淵と呼ばれて村人の恐れをなしてゐる所である

顔は醜く邪険だつた累

元來、與右衛門は婿養子であつたが、家付娘の累は生來の醜女で、おまけに邪險な女であつたので、折あらば亡きものとして、美しい女房を取り換へようと思つてゐたので、この兇行を敢てしたのであつた。與右衛門は、女房が過つて川に落ちて溺死したことにして村人の前をつくろひ、事なく葬儀も終つた。さて、それから、新妻をもらつたが、くる女もくる女も死んでしまつて、六人目の女房の生んだ娘菊は、遂に累の死靈に悩まされたが、弘經寺の祐天上人が累の死靈を教化し成佛させた。

累の實説は大要以上の如くであつが、これが色々に脚色されて芝居になつた。その中でもよく上場される清元の累の道行即ち「色彩間苅豆」になると、百姓與右衛門實は小姓久保田金五郎が盆に祐念和尚のお十念の時ふと契りを交した女房累實は與女中かさねと木根川堤で心中をする積りで落ち合つた時、かまを貫いたどくろが流れて來たので、そのかまを抜きとると、今まで美しかつた累がたちまちメッカチの恐ろしい形相となりおまけにビッコとなる。それは、累の實母菊が嫌つて同じ絹川土手で殺した夫の助（メッカチでビッコだつた）のどくろだつたのである。これからが、觀客をゾットさせる與右衛門と累との立回りがあつて、累は同じくかまで殺され、ゆきかけんとする與右衛門が、累の怨靈に引き戻されて、「累、まよふたか」と見得を切る所になる。

芝居の累は生れ付美女

この怪談においても、四谷怪談と同じく、實説では生來醜女のヒロインが、芝居になるとそれでは興味索然とあつて美女が醜女と變つて、そこに高潮した場面を呈出

することになつてゐる。

芝居となつてゐる累には、この清元物の外に色々あるが、初期のものを除いて、浄るりとなつた「つまなかさねそ」、常盤津となつた「玉櫛二葉梶」、歌舞伎狂言としての「薫樹累物語」は、いづれも累は美女にされてゐる。もつとも、最初からビッコでメッカチの累に飛びだされては、観客はゾッとし過ぎて風邪を引かぬとも限らぬが……。

3-250
話題と解説　怪談（四）　実説様々な皿屋敷
●東京朝日新聞　昭和三年八月十七日

資

話題と解説　**怪談**〔四〕　實説様々な　**皿屋敷**

怪談「皿屋敷」の實説は紛々としてゐるが、もつとも廣く知られてゐるのは江戸番町の旗本青山主膳の家に起つた出來事である。

承應二年正月二日の晝過ぎ、番町の青山家の台所で、取つてまだ十六になつたばかりの下女お菊は、お給仕の酒宴の後片づけをしてゐた。彼女は、ふとした機會から、主人秘藏の十枚そろひの南京燒のさます皿一枚を割つた。

夫妻ともに殘忍な性質

青山主膳は、火付盗賊改め役といふ勤めをしてゐた位で、殘忍で酒亂の性質の所へ、夫人がまた冷酷で、常々からお菊等に對しても手荒い取扱ひをしてゐたので、粗忽したお菊はぼう然として割れた皿のかけらを見守つてゐた。失態は間もなく夫人の知る所となり、つゞいて主膳の所へ報告された。屠蘇で荒立つた主膳は、松の内をはばかつて手打ちにはしなかつたが、小柄でお菊の中指を切り落して、物置に監禁した。數日すると、お菊の姿は物置から消えて無くなつた。邸内はくまなく捜索され、遂に古井戸の中から無殘なお菊の死骸が發見された。公儀へは、お菊は病死したと届け出たが、その年の五月に夫人が生んだ男の子に中指が無かつたり、古井戸から「一つ二つ三つ……」と物を數へる聲がしたり、青い鬼火や髪を振り亂した青白い少女のいう霊が現れたりした。さすがの主膳も色々と手を盡したが、間もなく役儀御免、親類へ永預けとなつてつひに家は斷絶した。

脚色し直した新皿屋敷

芝居となつた皿屋敷では、多く舞台は番町をもぢつて播州となり、あるものではお家騒動にくつつけられたり（「たくみの毒皿」）、いしづごからわざわざ家の重寶の皿を割つたり（「女夫星逢夜小町」）したことになつてゐる。明治十六年五月市村座で初演された「新皿屋敷」では、場所は江戸に變へられたが、人物の名稱も筋も全く變へられてゐる。

もつとも新しい岡本綺堂さんの「番町皿屋敷」では、名稱も場所も實説とほゞ同一になつてゐるが、下女のお菊は主膳と戀仲で、主膳への縁談に悶えたお菊が心試しに皿を割り手打となることになつてゐるが、こゝに出る主膳は、白柄組の一人として大家のお坊つちやんとして、一徹者ではあるが殘忍な所は見られない。殺されたお菊も、満足して打たれてゐるやうで、いう霊となつて出もしないし、青山家を亡ぼしさうな怨み心は無ささうで、もう怪談の域を脱した戀物語りになつてゐる。

3-251
話題と解説　怪談（五）　足のない絵のゆう霊
●東京朝日新聞　昭和三年八月十八日

資

話題と解説　**怪談**〔五〕　足のない繪のいう霊

怪談身許調べはこれ位で切り上げて、次は繪となつたいう霊について少し申上げて見たいと思ふ。牡丹燈籠のところで、いう霊が下駄をはいて出かけてくることについて述べたが、大昔からいう霊には足が無かつたといふ譯では無ささうで、いう霊の足に外科手術を施して切り落したのは、わが畫壇の巨匠圓山應擧だといはれてゐる。見方によると、應擧の名をなさしめたのはいう霊だともいへる。

應擧がいう霊を畫くに至つた動機については、色々といひ傳へられてゐる。一説には、江州大津に居た彼の愛妾が、彼の遊歴中に死んで、相思の情にたへず一夜いう霊となつて枕頭に現れたのを、直に筆をとつて寫生した、といふすこぶるつやつぽい因縁話がある。また一説には、かけやに立つた彼の母親が、手水を使つてゐる姿が障子に映つたのを見て非常に驚き、その瞬間の恐ろしさから得た印象に作意を得たともいはれてゐる。

應擧のいう靈のモデル

しかし、もつともよく諸邇に上される動機は、次のやうな話である。長崎に遊んだ彼が、一夜丸山遊廓に遊んだ時、深更かけやで見た病みほうけた女のたたずんだせいいえんな姿を寫したもので、後年艶麗な京都のもち屋のさびれた時、人氣なほしにそれを畫いて與へた所、もち屋の主人は先年家出行方不明となつた愛娘の姿に似てゐるのに驚いて、その畫の由來を聞いて人を丸山遊廓に派して尋ねさせたが、その時既にその遊女は死んでゐたといふ。しかし、娘の靈の加護によつてか、そのもち屋は急に商賣繁昌したといふことである。

これらの因縁話が眞か僞かはおいて、いう靈の足をもぎとつたのが應擧だといふことは確らしい。

怪談に現はれる動植物

怪談の主人公は、多く人間の亡靈であるが、時に動物又は植物が持ちだされることがある。動物として、その種類も相當多くて、きつね、たぬき、ねこ、蛇等は普通で、この外、蛙、がま、てふ、蛾のやうな小動物まで出て、人間を誑ろうすることもある。植物としては、いう靈の腰ぎんちやくとなつてゐる柳の外にいてう、けやきのやうな老木がある。

人間の靈が死後どうなるかといふことは、しきりと議論されてゐる所で、なかなか容易に決定しさうもないが、近來神靈學者なる一派によつて不滅論が主張され、唯物論を土台とする科學者のうちにすら、イギリスの物理學界の權威サー・オリヴアー・ロッチの如く歐洲大戰で戰死した愛息レーモンドの亡靈が現れたと發表し、一時氣狂ひ扱ひさへされたことがある。（終）

盂蘭盆五題（一）

●松陽新報　昭和三年八月十四日（十三日夕）　3-252

盂蘭盆五題（1）　お盆の十六日に船を出すさ、水死して浮ばれない連中の幽靈がやつて來て柄杓を借せさいひ、ウツカリ借すとそれで船に水を掬み入れて沈沒を計る。それで用意周到な船頭さん達は底のない柄杓を豫め用意して船を出すさか（高橋みどる生）

西南役敗兵の怨霊

●福岡日日新聞　昭和三年八月十四日　3-253

西南役敗兵の怨靈

恨は深し孫子七代まで祟る

西南役が產んだ一挿話

この物語は明治十年も肌寒き秋の末つ方役の不世出の英傑西郷南洲が一敗地に塗れ秋風落莫悲慘な最後を遂げた西南役の餘沫を受けた挿話の一つである

◇　◇

肥後の天地を震駭した官賊兩軍の砲聲も絶えた或日の夕暮短い秋の陽は山蔭に沈んで夏でさへ暮れ易いこの山峡には秋の冷氣と深い夜の幕が押し迫つてゐた……と其時傷つき飢ゑた年の頃は三十五六とも覺しき一人の敗兵が慌てふためきながら熊本縣玉名郡の南關路を東の方へ急いでゐた、そうして間もなく山間の闇に其の姿は消れた……

その翌日の事である南關から東へ遠くない筑後肥後の境大牟田市外銀水村四ヶ村といふ小さな村の部落民は怖れ戰き全村沸湯する騒ぎが起つた……何か深い仔細あつたのであらう只一人戰場から遁れたであらう昨日の敗兵は四ヶ村盆地を流るゝ川の畔で無殘にも殺されてゐたのだつた棒杭で口から後頭部へ打拔かれ二つの眼球は飛出し一面鮮血に染つて斃れてゐた

その夜敗兵は極度の飢と疲れから村の農家に一夜の宿を求めた賊軍の名に穢れた敗兵である恐しさに後難を怖れ誰も彼を匿ふて與れ

る慈悲深い人とてなかつた敗兵は遂に苟且の出來心から部落でも物持の大須六左衛門の家に盗み入つた生憎主人に見付かつた彼は逃げた出來る丈逃げた然しもう抵抗の餘力とてなかつた川の畔で六左衛門の爲容易に捕つた殺氣立つた六左衛門は散々敗兵を打ち懲らした揚句彼の面を仰向にするといきなり川岸の棒杭を引拔いて彼の口中に押し入れ樣とした敗兵は面を背けやうと焦り乍ら合掌して哀願した

「命丈は助けて下さい私は盗人ではありません田坂原の戰に敗れ妻子不憫さに逃げ迷ふ武士ですただ飢と疲れに耐え兼ねて本意ならぬでき心から盗を……」

敗兵は啼き泣いた『エイッ』再び彼の喰しばつた口には棒杭の尖端が當てられ樣としたそればかりでない頑丈な六左衛門の右手には石塊さへも固く握まれてゐた之を見た敗兵は再び口を開き叫んだ『アッ』彼はもがき喘いだそうして唸く樣に宣言した

『貴樣を祟り殺してやる』

これが彼の此世に殘した最後の辭世の言葉だつた

◇　◇

山あひの闇に谺してコッコッコッ……異樣な物凄い音が五ッ六ッ響いた打込む礫は火の玉となつて四散した東へ西へ南へ北へ……と散つて行く人の玉を見た人もあると傳へらる……村の人々によつて敗兵の屍は三池郡四ヶ村峠の草叢の中に無縁塔として哀れにも寂しく葬られた

六左衛門は其翌月野良の仕事からの歸り手足の泥を流さうと川の畔に佇んで一足二足流れに足を入れた刹那紅の鮮血に流れゐる川を見た彼は叫んだ儘わ戰き後へバッタリ倒れた儘だつたそれから彼の妻は六左衛門が變死してから七日目に之も悶死した六人の子供は皆二十歳前後で夭折した今は彼の直系を引く家柄は斷絶してゐる

◇　◇

その頃まで此あたりは追剝の要所として有名だつた四ヶ村峠も今は大牟田方面から南關迄通りの自動車が威勢よく疾走してゐるが峠の絶頂から南側へ少し下つた右手一段低い叢の中に自然石を一つ無雜作に乘せた無縁塔がある之ぞ限りなき憎惡と呪咀の一念を此世に殘して逝いた物語の主人公賊軍敗兵の墓である青く苔蒸した墓石の下に永遠に眠つてゐる武士今も靈魂の行衛に迷ふてゐる事であらう此四ヶ村では今尚殺された命日は殺された同時刻の眞夜中異樣な響きが山から山へ縱して數個の靈火が闇空高く舞ひ上り山から山谷から谷へ彷徨ひ飛ぶといふ又夜更けて六左衛門の遠縁に當る人が此墓あたりを通りかゝると自ら提灯の火が消ゆると云はれてゐる。

銷夏座談　妖　河童に大切なお皿の水（一）
●都新聞　昭和三年八月十五日　3-254

銷夏座談

河童に大切なお皿の水

涸れると弱くなる

（一）河柳雨吉氏談

河童といふものが、果してこの世に實在するものかどうかといふやうな詮索はしばらく措き、私共の頭に馴染深いこの怪物が、どういふ姿をもつて我々の先祖から

私共へ

傳へられてゐるかを考へて見ますのも、また夏の一話題だと思ひます、先づ河童といふものはいつ頃から我々の世界へ姿を現したかと云ひますと、河童の傳説は、かなり古くからあつたらしく、既に今昔物語卷の廿七には「從東國上人値鬼語」に河伯と云ふ言葉が見えて居ります、一本には何侍と書いてありますが、若これが河童と云ふ

名稱の

早い物だとすれば隨分古い者と思はねばなりません、然し河童傳説の最も盛んだつたのは徳川時代でありませう、今日でも至る處にその話は殘つてゐますが、明治初期を限りとして、プッツリ河童の見聞談が跡を絶つた事は、一寸考へねばならないことです、河童といふのは我國特有の怪動物ですが、外國にもワッセルロイテ、又はニクゼンと云ふ河童にあたるものがあり、又

支那の

雜書にもこれに似たものが記載されて居ります、また即ち「輟耕錄」に見える水虎といふは「[illegible]雜志」に見える水虎といふのがそれで、その形狀の説明を見ると全く我國の河童に彷彿たるものがあります、我國に傳へられてゐる河童の形狀は、その傳説や繪畫によつてそれ〳〵多少異なり、其種類は數知れません

妖　銷夏座談　各地で違う河童の名（二）　●都新聞　昭和三年八月十六日　3-255

銷夏座談

各地で違ふ河童の名

一番の大敵は猿

（二）　河柳雨吉氏談

先年芥川龍之介氏が「河童」といふ創作を發表した時、その標題に「カッパと讀んで下さい」と註をしたので、若い文學者などからキザだとか何だとか云はれた事がありましたが、これは決してキザでも何でもなく、事實「河童」くらゐ

各地方 によつて讀み方の違ふものはありません、つまりそれだけ各地方によつて河童の呼び方が異なる譯で、私の知つただけでも五十幾通りかの名があります、カッパと云ふのは申すまでもなく川の童、カハワッパの詰つた呼び方で、その形狀から見て呼んで居るのですが、昔の文人などは河童と云はず、これを前に申しました支那の「水虎」と云ふ名で呼んで居ります、これらの

稱呼に ついて、やゝ詳しく書かれて居りますものは雀庵長房著の「さへづり草」で、その中には斯う書かれて居ります「肥後國の熊本にては土俗ガハッパとよべるとぞ、按ずるにガハッパ、カッパ共に川ワッパの中略にして、正しくいはゞ川童の訛なるべし、又川太郎とよべる はすべて物の魁なるを太郎とよべるは我俗のつねにて、水獸の物いと多かる中此物は一種の怪物にして其妖他物に比すべきなければ

川太郎 の名はおはしゝならむ、又因幡の土俗川小坊主といひ、伊勢の白子の土人川原小僧といへるも又川太郎と同意なり、肥州佐賀にて川僧といへるは小もじを略したるにて云々」と、出羽にてはカハダロウ、播磨姫路にてガアタロウ、土佐にてカダロウ、近江彦根にてガハタ、越後新發田にてカハダ、越中にてガハラ、薩摩にてガハロ、出羽にてガハッハ、日向及び安藝、廣島又甲斐等にてカハッハ、備前岡山、作州津山にてゴンゴウ、能登にて

ミヅシ 尾張にてヌシ、豐前、豐後にて川ノトノ、日向國府にて水神、越中富山にてガメ、松前にてコマヒキ、紅毛語トロンペイタなど各地の名が出て居りますが、この他「物類稱呼」、甲子夜話、書言字考節用集、本草綱目釋義、嬉遊笑覽、閑窓自語、松の落葉や、私の手許に集まつたものなどを見ますと、まだ〳〵澤山の名で、ガラッパ、ガアタラウ、ガワンタロ、カパコ、カワラコゾウ、テガワラ、カワコ、ガゴ、カウラか、これは全く河童それ自身か多種類なのか、或ひは全く

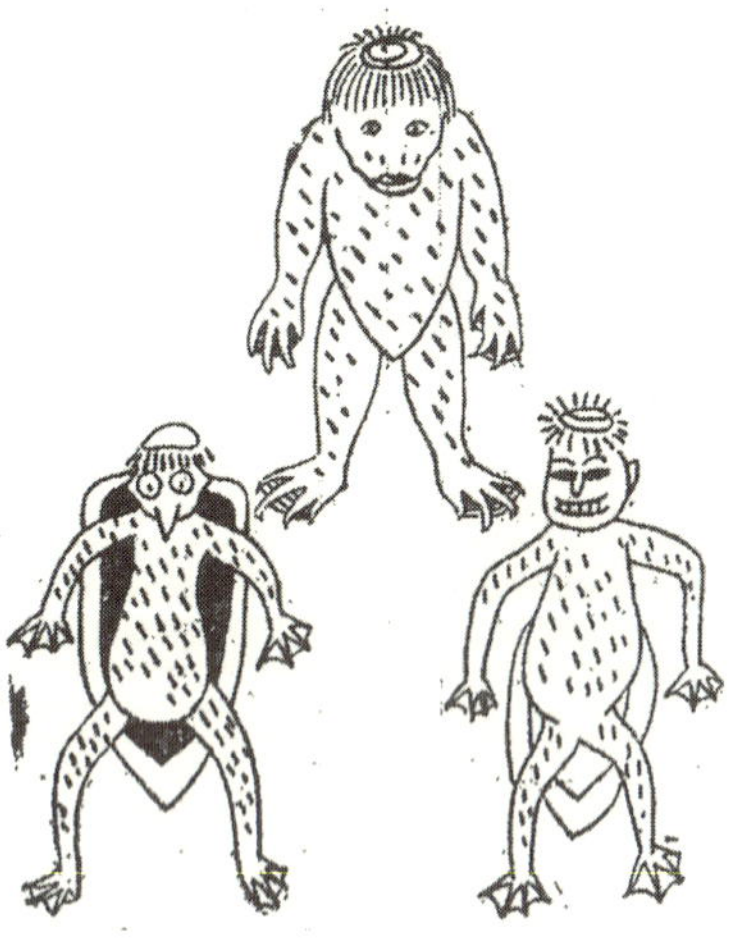

想像的 なものであるだけにその筆者の主觀によつてそこにかく相違が生じたのか、これは難かしい問題でありますが、各書を漁つてその説くところを綜合しこゝに新しく我國の河童なるものの形狀を描いて見ますと、體軀は大抵小兒位の大きさで、一尺二寸から三尺五寸と云ひますから、普通の猿ぐらゐと思へば好いでせう頭上には深さ一寸ばかりの皿のやうな

窪みが あり、その周圍には、疎らで硬い赤毛が二寸から四五寸の長さに生えて、耳の上へ垂れて居り、眼は丸く口吻大きく尖り、鋭い牙があり、皮膚は滑らかで脂さく、手足に蛙のやうな水掻があります、また背後は龜のやうに水中でも呼吸が出來、淡水にも海水にも棲み、水中を游泳したり水底を這ひ歩き、陸上にては直立して步行することも巧であります、食物は魚貝、野菜

瓜類を 嗜食し、狐狸のやうに人を蠱惑します、時には婦女子を犯し、狐の如く人にツキます、また河童は體軀とは不似合に力があつて、大人に角力を挑むことが好きです、併し、頭の皿の中の水が無くなると、俄然力が弱くなると云ひ、また人を捉へて水中に引込み肛門から手を差し入れて生膽を取つて喰ふこともあると云はれて居ります

（挿繪上は常陸領濱に見えた河童、下右は享保年中本所砂村にて見たといふ河童、同左は水戸領に於いて見たといふ河童）

ワラウ、ゴンゴウ、カワロ、**ネゝコ** 或ひは川子大明神、水天宮、水神などゝ云つてゐるところもあり、山城などではこの川太郎が山へ上つたのを山太郎などゝ呼んで居ます、面白いのはエンコ又はエンコウで紀伊、土佐長門の地方ではこれに猿猴と云ふ文字を使つて居ります、つまりその形が猿に似てゐるといふところから來たのでせう、處がをかしい事にはこの河童といふのが猿が

大嫌ひ で、猿と見ると力をおとし、甚だしい時には必ず死ぬと云ひます、ですから笈埃隨筆はこの事を記して「斯恐ろしき物なれど、猿を見れば働く事あたはず、猿も亦其もの有と見れば必ず捕へんとす、故に猿曳川を渡るに必ず猿の面を包む」とあります これは河童は水中では十二刻（今の一日）より耐へてゐられないのに、猿は二十四刻（今の二日）水に耐へ得るので、とても

敵はぬ からださうであります（豊後大分地方の話）河童の嫌ひなものはこの猿の他にトウキビ、サゝゲ、アサ灰、鹿の角、鐵物などで、又湯を浴せても力を大いに落とすと云はれてゐます

妖　銷夏座談　河童の総締は教経の妻（三）
●都新聞　昭和三年八月十七日　3-256

談座夏銷

河童の總締は教經の妻

活躍期は端午から

（三）　河柳雨吉氏談

河童傳説の分布を見ますと、どうしても南の方の暖かい國、水に縁のある國へ行く程多く、寒い地方では越後と北海道の松前とにわづかに跡を見るばかりで、他は河童の名は傳へられてゐても

口碑と して殘されてゐるものはあまりありません、そこへ行くと何と云つても一番多いのは九州で、殊に柳川はその本場とされて居ります、流石に本場は本場だけあつて、こゝには九千坊といふ川童九千の頭があつたと傳へられ、また瀬戸内海には海御前と云ふ河童の總締がゐると云はれてゐます、此海御前は壇の浦の戰に入水した能登守教經の奥方が神となつたものださうで毎年河童の

出遊期 端午の節句になると、海御前は河童一同を集めて汝等は平家の族黨なる故、蕎麥の花が咲き出せば、源氏の軍勢が押寄せたものと思つて直に山へ引上げよ、又この山へ籠つてゐる間は決して人畜の生命をとつてはならぬと嚴命する、ですから彼等河童は初秋蕎麥の花が咲き出すと、山に歸ると傳へられてゐます、河童が初秋山へ歸るといふのはよく九州で云はれてゐる事で

肥後の 八代では、この時季は見えないが、ヒユ〳〵音がすると云ひ、あれは多分河童の屁だらうと、この音を俗に「河童の屁」と呼んでゐるさうです、東京にも昔から隨分河童の名所があり今でも紀の國坂下の濠端とか、關口の大瀧下、京橋の小田原町付近、本所深川方面の川筋などは、河童が出たさうだなどゝ云はれてゐますが、江戸以來の河童の晴の舞臺は

葛西の 源兵衛堀でせうと小唄にある

「私は葛西の源兵衛堀
源兵衛さんの隣の河童でござる
私に御馳走なさるなら
胡瓜にお酒に尻子玉

唯今でも本所には源兵衛堀と云ふ名が殘つてゐますが、それはこの小唄の源兵衛堀とは違ふやうで、今の東武鐵道の淺草驛、あれと業平橋との間あたりが、昔の河童の棲み家だつたやうであります、この他では利根川筋の河童もなかなか有名だつたやうで、安政二年發行の「利根川圖志」には「ネ、コといへる河伯あり」などゝ出て居ります、河童の

活躍期 は、前の海御前の條にもありますやうに、端午の節句から初秋までと云はれて居りますが、端午の節句からとしたのはどういふ譯か、こゝから夏の景色になるからでありませうか、これに就いて豊後大分地方には面白い話が殘されて居ります、それは昔さるところに兄弟の子供があり、ある日友達に誘はれて川遊びに行くことになりました、その時一人の方の子は

柏餅を 喰べてゐたので出かけるのに手間がとれたが、一人の方は裸の餅を喰べてゐたので直ぐに駈出した、その爲め、その子は河童に引つ張り込まれたが、遲れた方の子は助かつたといふので、以來喰ふには手間取るが、柏

餅の方が普通の餅よりも息災だといふので、これを端午の節句に喰べるやうになつたのだと云ふのであります

妖　銷夏座談　河童に名高い屁の正体（四）
●都新聞　昭和三年八月十八日　3-257

銷夏座談

河童に名高い屁の正體

尻子玉を拔くの說

(四)　河柳雨吉氏談

昔からよく「河童の屁」といふ事を云ひますが、河童の屁といふものはそれほど特色あるものでありませうか、享和元年、水戸領東濱の漁師權平治といふ者が、河童を捕つたといふので、この事を

役人に 屆けてゐますが、その上申を見ますと「當六月朔日水戸浦より上り候河童丈三尺五寸餘、重サ十二貫目有之候、殊に外形より重く御座候、海中にて赤子の鳴聲夥しくいたし候間、漁師共船にて乘廻り候渚、海の底にて御座候故、網を下し申候處色々の聲仕候、それよりさし網を引廻し候へば繩網の內へ十四五疋入候ておどり出し逃げ申候、船頭共棒かひなどにて打候へ共、一向きゝ申さず候、其內一疋船の中へ飛び込み候故、とまなど押かけ其上より叩き打殺し申候、其節迄やはり赤子の鳴聲致し申候(中略)打殺し候節屁をこき申候、誠に堪へ難きにほひにて、船頭など後にはすらひ申候、打候棒かひなど、青くさきにほひ、未だ去り申さず候、尻の穴三つ有之候、總體骨なき樣に相見え申候

屁の音 はスツ／＼と許り申候、打候へば、首は胴の內へ八分程入申候、胸肩張出し、脊むしの如くに御座候、死候ては首引込み申さず候(下略)云々」などとまことしやかに書いてありますが、文獻に於ける河童の屁はたゞこれ一つで、他の河童見聞記はいづれも屁に云ひ及んで居りません、これは河童が尻子玉を覘ふといふ傳說から

聯想さ れたもので、造作もないといふ意味の江戸の喩へ「木端の火」といふ言葉がこゝへ轉訛して來たのではないかと思ひます、處で河童が尻子玉を覘ふといふ事でありますが、これに就いては善庵隨筆にかういふ意味のことが書かれてあります「水中にて人を捕り殺すもの三つあり、一は河童、一はスツポン、一は水蛇(へび)、今この三屍を檢視するに、河童に捕られたのは口を開いて笑ふが如く、

水蛇は 歯を喰ひしばり向ふ歯二枚かけ墜ち、スツポンは臍腹章門邊に爪を入れし痕ありて死す、これを以て分別すべし、何れも肛門は開く、世人肛門より入りて、臟腑を喰ふと云ふは非也、すべて溺死は肛門開くものなり、何となれば、死する時口より押入る水、肛門より出づる故に、肛門閉せざることを得ず」云々、この說も何處まで信じていゝか判りませんが

溺死者 はいづれも肛門が開くもので、これは決して河童の爲めではないとしたのは、今日ではもう一般の常識ですが、その頃としては見識ある說としなければなりますまい、河童の尻子玉も要するに洗へばこんなところでありませう、昔はそれを盲信してゐたらしく、こんな可笑しい話さへ殘つて居ります、それはある村で川端につないで置いた馬が急に物に驚いたやうに

駈け出 したので、村人が怪み止めて見ると手綱のところに猿のやうな怪物がすがりついてゐる、よく／＼見るとこれが河童なので、これを生捕り、殺すべき奴だと種々意見を加へ、しばらくその村で飼ふ事にしました、始めの中は河童も大人しく何かと村の仕事の手傳ひなどしてゐましたが、だん／＼尻が温まつて來るといつか本性を現して矢鱈に人の尻を覘つて仕方がないので、村中

大恐慌 を起し、それ以來村人はみんなお尻に瓦を當て步いたと云ふのです

妖　銷夏座談　各地に残る河童の薬（五）
●都新聞　昭和三年八月十九日　3-258

銷夏座談

各地に殘る河童の藥

切り疵骨接ぎに妙

(五)　河柳雨吉氏談

河童傳說の副産物として、今もつて各地に殘されてゐるものは河

童の「妙藥」でありませう、東京で有名だつたのは八丁堀の馬場のヤマニといふ酒屋で賣つてゐた河童の藥で震災前までは店頭に河童の

看板を　掲げてありましたが、今はどうなりましたか、これに次いで名高いのは武州熊谷の河童の藥で、これにはかういふ云ひ傳へが殘されて居ります、ある家の女主人が、一夜後架へ行つて用をたしてゐると、便所の中から怪しい黑い手が出た、婦人は驚いて其所を飛び出したが、どう考へてもそんな馬鹿な事のあるべき筈が無い、これは自分の

氣の迷　ひだらうと云ふので、その夜はそのまゝ濟みました、處が翌晩後架へ行くと、また昨夜と同じ黑い手が出たので、これは唯事ではない、何か怪しい者が忍んでゐるに違ひないと、氣丈な婦人ですから翌夜は短刀を懐中へ忍ばせて後架へ行きました、するとまた案の定黑い手が出て來て、婦人のおなかへ延びやうとしましたので、こゝぞと隱し持つた短刀を拔いて

二の腕　から切斷り、怪の叫びを後へ聞き捨てゝ座敷へ戻り、その腕を見ますと、全く黑い毛に覆はれた醜い手で、その上指の股には水搔きがついてゐる、翌朝後架のあたりを調べると、そこから血滴が點々として走り、末は荒川の堤で消えて無くなつてゐたので、さては河童奴であつたかと、その腕を大事に藏つて置きますと、ある晩見なれぬ片腕の男がやつて來て

內々で　女御主人に御意を得たいと云ふ會つてみると、自分は荒川の河童だが、此度は惡戯を働きお驚かせした段申譯ない、今後は誓つて斯樣な事はしないから御慈悲で御助けの上、切取つた腕を返して頂き度い、その御禮には當家を守護しやうと涙を流して頼み入るので、女主人もその改心の情に氣の毒になり、よく〳〵戒めて、さて望みとあれば腕を返してもいゝが、既に

切取ら　れたものをどうしやうもないではないかと聞くと河童はいや私の方に切斷、骨接ぎの妙藥があるからお返しさへ下されば元の身體になると云ふ、女主人も面白い事を云ふと思つて、それではこの場で藥をつくつて接いで見よと云ふと、河童はかしこまつて、暫くしてこれらの材料を揃へ、見てゐる前で藥を煉つて、立ち所に腕を接いで見せ、この御恩返しにこれなる妙藥の

處方を　御傳授いたさうと、事詳しく教へて吳れたのがこの藥のはじめだと云ふのであります、諸國に殘つてゐる河童の妙藥の傳說は、河童が腕を斬られるまでのいきさつには多少の相違がありますが、大體これと同じ筋であるのも面白いと思ひます、河童だからと云つて惡い事ばかりはしないもので、改心するとなか〳〵人間の爲めに盡くして居ります、昔相模國

金澤村　の漁師重右衞門の方にあつたといふ福太郎と呼ぶ河童を祀つた社は、水難、疱瘡、痳疹の守り神としてその靈驗遠近に聞こえ、參詣者引きもきらず、殊に南八丁堀二丁目の丸屋久七といふ商家の主人は信心厚く盛んに勸財をやつたと云はれてゐます、この丸屋久七といふ人と八丁堀の河童の藥とはどういふ關係か、或ひはその家筋でもあつたのか、知る事が出來ないのは殘念です

妖　銷夏座談　河童の正体は獺か亀か（六）

●都新聞　昭和三年八月二十日　3-259

銷夏座談

河童の正體は 獺か龜か

愉快な古人の想像

（六）　河柳雨吉氏談

以上申上げましたところで、河童といふもの、大體の輪廓はお判りになつた事と思ひますが、さてこんなとぼけた化物は、一體どんなところから生れて來たものでありませうか

河童の　存在に疑ひをはさみ、之は何か他の類似動物が誤り傳へられたものだらうとしてゐる文獻を漁つて見ますと、先づ貞享三年六月京都で刊行された「百物語評判」には「河太郎も河獺の劫を經たるなるべし（中略）よく魚を捕る獸なり、狀小さき狗の如く、四足短く毛色は淺黑く肌は蝙蝠の如しと云へり此物變化せしことは諸國にもあり、丁初と云ひし者、長崎唐の堤を行きしに、後より頻に

呼ぶ聲 の怖ろしく身の毛もよだちければ、怪しく顧みるに容顔妙なる女房、二八餘りにして青き着物を着て、青き絹笠をきたり、いかさまにも變化の物ならんと、足早に逃げ去りて、猶もかへり見れば、彼の女房沼の中に飛び入りて、大きなる河獺となれり、さて絹笠や着るものと見しは、蓮の葉にして破れ散りたると、大平廣記にのせたり、これ獺の化にし例なれば

太郎も 其の一門なるべし」云々とあり、こゝではまだ半獺信半疑で居りますが、前田の雀巣庵の「さへづり草」には、山崎美成云ふとして「水虎の寫眞とて見しは、背腹ともにすつぽんの甲の如きものありて、手足首のやうす、すつぽんにいとよく似たり、世人のすつぽんの年經たるものなれりといふもうべなり」といふ言葉を掲げこれに彼自身「實にかはがめの年經たるが

變化す るところのものなるべし、越中富山の方言にガメといへるも大によしあり」と裏書してゐるのは、やゝ河童の正體を

明らかにして來たと云へるでせう更に興味あるのは最近の見聞として南方熊楠氏の隨筆に見えた記事で、之には「五年前五月（この著明治四十五年一月）紀州西牟婁郡瀬呂村で、毎夜、カシヤンボ（熊野地方の河童の方言）牛部屋に入り涎を牛の

全身に 粘付し、病苦せしむる事甚だしければ、村人計策して、一夕灰を牛舍邊に撒き、晨に就いて見れば、●みづか●きを具せる足跡若干を印せり、因つて其の水鳥様の物たるを知れりと村人來り話せり（中略）予曾て獺を畜ひしを見るに、頗る悪戯を好むものなれば、時に厩舍に入りて家畜を惱ますを河童と心得るに至りしにて、少なくとも瀬呂村の一例は獺の行爲たる事

疑ひ無 しと思ふ」と斷じてあります、かれこれして河童の正體と云ふものを考へますのに、水中にあつて害をなすところは、「すつぽん」らしく、水邊にあつて悪戯をなすところは「河獺」のやうにも思はれます、この二者がいつか混り合ひ、これに支那の傳説にある水虎などの形狀も一部加はつて、こゝに始めて日本獨特の河童と云ふ愛嬌ある姿がつくられたのではないでせうか、いづれにしても私共は

古人の 想像力の奇想天外であることを愉快とします、然しこの古人の想像によつてつくられた河童は決して現代に存在しない譯では無く、一日銀座街頭に立つならば、そこには大小の男女河童共が、お互ひに尻を覗ひつゝ陸續としてつゞくのを見るでありませう（挿繪は、上は國芳の漫畫に見えた河童、下は雀庵隨筆に見えた河童、スッポンに近づいてゐるところに興味があります）

—この項終り—

資　時代劇　牡丹灯籠　東亜キネマ京都作品　3-260

●徳島毎日新聞　昭和三年八月十六日

東亞キネマ京都作品　時代劇 牡丹燈籠

原作脚色 内田徳司◇監督 石田民三◇撮影 小柳京之助

◆配役 飯島平左衛門（市川花紅）△娘お露 淺間昇子）△愛妾お國（住吉惠美子）△女中お米（山本日出子）△宮部源一郎（高村榮一）△黒川孝藏（加藤喜一郎）△同孝助（片岡左衛門）△山本志丈（月岡正夫）△萩原新三郎（洛日八郎）△白翁堂勇齋（岩井昇）△下男伴藏（衣笠欣哉）△良石和尚（大谷友四郎）

◆梗概 飯島平左衛門の娘お露と新三郎はふとした事から相慕ふ仲になつた。處が平左衛門の愛妾お國は隣家の次男源三郎と密通し、とかくお露を憎んで居たが新三郎との顛末を知るとこれ幸と計り平左衛門につげた。平左衛門 怒つてお露を殺した。仲間孝助はお國の惡計を知るとそれを平左衛門につげる。あざむかれた事を知つた平左衛門は姦夫姦婦を一刀のもとにと思ふ時、孝助が、二十年前彼が斬つた孝藏の一子で仇を討とうとして

居る事を知る。彼は自ら討つて、孝助の刄に仆される。孝助は平左衛門の恩に感じて源三郎とお國を討つべく旅へ——。一方新三郎はお露の死を知ると悲しみ氣鬱の病にかゝつて夢にでもお露に逢ひたいと念じる。江戸谷中清水谷に牡丹燈籠を提げて毎日々々新三郎のもとへ通ふ年増女を武家娘……カランコロンと云ふ下駄の音——。それはお露と女中お米の靈である。かくて新三郎の純情と男を慕ふお露の魂が、美しいが淒い濡れ場を見せて行く。そふしてとゞ新三郎は死よりも強い戀の力に自ら求めて死の淵へと急ぐ。一方孝助も無事お國、源三郎の兩名を打果し、平左衛門の靈をなぐさめた【寫眞は貴間昇子、春日八郎】

怪

神威に襲われ御霊代を捨てた

●伊勢新聞　昭和三年八月十七日　3-261

神威に襲はれ 御靈代を捨てた
詣參りして投げた錢も はね返るおそろしさ

河藝郡栗眞村逆川神社の神殿を破り神鏡三面を盜み去つた犯人を十五日一身田署の手に逮捕したことは夕刊所報の通りであるが犯人逮捕の端緒について聞くに十五日未明郡内豐津街道に神鏡が投棄してあつたのを白塚村の漁師前川初太郎が

發見 して同地駐在所に拾得届出たる爲一身田署にては俄に活氣付き直に活動を開始し該神鏡を包裝してあつた女の着物裏及メリケン袋その袋に書いてあつた文字の筆跡を唯一の手がゝりとして八方に刑事を派し捜査を開始したところ二時間後に有力なる被疑者として郡内白塚村鷄卵買賣業前科一犯歡德五郎([illegible])を一身田署に

引致 して證據品全部を突き付け嚴重取調べたるところ遂に包み切れず悉く自供したのであるがその言ふところでは歡は賭博の常習者で去る五月中頃賭博で三百圓程食ひ込んだ爲之を挽回せんとして何事か一仕事もくろみつゝ逆川神社の神鏡が貴重なる金目の品なるをきいて之を盜取せんと機を窺ひ去る七月三十一日月明の夜意を決して同神社神殿に忍び込み目的を達し神鏡を自宅の

天井 に匿し置き知人某に買却せんと心組んでゐたが該神鏡盜取以來毎夜の如く神威に襲はれ安眠出來ず遂に本月十五日の夜明に神鏡を前記布片に包み桑摘籠に入れて豐津街道に捨てたものであるが尙茲にもう一つ不思議なことは去る十三日同社の社掌川島康秀及同社氏子總代西口九藏の兩名が同社々務所に休憩中一人の男が賽錢を上げんとしてゐるが

何回 賽錢箱に投げ込まんとしてもはね返して來る爲遂に箱の中へ手で掴み入れてゐたのを見て不思議なことがあるものと話し合つてゐたところ今回一身田署より神鏡盜み犯人が捕へられ錢が歸つたからとの通知に接したので社掌等が警察に出頭して係官に取調べられてゐる犯人を見ると驚くべし十三日の賽錢投込に失敗して居た男によく似てゐるので尋ねたところ

犯人 歡は「毎夜神威に襲はれるので一度お詫詣りをして來ようと十三日賽錢を持つて逆川神社に參詣して賽錢を投げ込まうとしたが何回投入れても手元に返つて來り爲に愈々恐ろしくなり遂に意を決したのです」と語つたと

獣

仙台の狐（一）　御城下の真中に出没

●河北新報　昭和三年八月十九日（十八日夕）　3-262

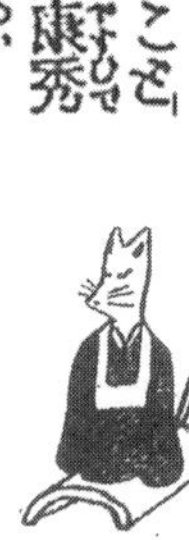

仙臺の狐 [一]
御城下の眞中に出沒

狐や狸が人間に近づかうとして出沒するところは田圃であるとかさびしい街道端であるとかに殆ど限られてゐるやうであるが仙臺の市中を横行してゐた時代があつた。しかもそれが六十二万石の大藩の首都としてその常時にあつてすら殷賑を極めた仙臺の城下であつたのだ。そのころ仙臺の市街で繁華の中心であつたところの國分町十九軒や芭蕉の

辻させては中央から青葉城の追手に通じてゐる

大町筋などに

狐狸の類が出沒してゐた。まして暗い生垣などに囲まれた物靜かな侍屋敷の町々には彼等がところを得顔にはびこつてゐたとはいふまでもない。晝間でさへも彼等は狡猾な圖々しい眼つきで人を尻目にかけてのさばり歩いてゐたらしい。彼等は當時の仙臺の市民の間に公然と人間と同じやうに出入してゐたのであつた。市民もまた狐狸と人間の交渉を敢て不思議とも考へてゐなかつたらしい。當時の知識階級であつたはずの俳聖蕪村でさへ狐狸は人を

化かすもの

と信じてわざ〱眼をつぶして一晩かゝつて狐の動作を觀察したといふことが彼の隨筆の中に見れる。またそのころ江戸から出版された今日のインサイクロペデイアとも稱すべき種々の丁寧記や便覽の類の本には一樣に狐狸の難を除く方法が載せてある。斯かるまことに有難い御時世に生れ合せた狐狸の得意は思ふべしであつたのである。仙臺の口碑や記録によると彼等は數匹も打揃つて仙臺一流の料亭へ上り込んだこともあつたしまた最も嚴格たるべき武士の家に乘り込んでマンマとしてやつたこともあつた。はては巧妙な老練なものになると一城の主たる藩公になり濟ましてゐたこともあつたといふ。これは行燈の光りが紙を

徹して茫乎と

照らしてゐた時代であつた。われ〱はそこに或る時代における祖先の生活の一面を知ることが出來るのである。それをば次に語る樣々の人間と狐狸の交渉に關する口碑や記録によつて考へて見たい。

明和三年十二月末の或る晩のことである。その日は朝からの雪で夜に入つても歇まなかつた。往來も途絶れ雪がしん〱と降つてゐる花京院通りに住んでゐた大番士松山伊織の門を夜更けてトン〱と叩いて訪れる者があつた。主の伊織には若い嫁があつた伊織は遊蕩の

味を忘れかね

てよく塩釜の遊女屋に通ふことがあつた。嫁は御殿のつとめで遲くなると思つてゐる。その晩も未だ夫は歸らなかつたので妻は寢ずに起きてゐたのたつた。雪國に育つた者だけが知つてゐるやうに雪の降りしきる夜は家の中はしいんとして針一本落ちる音でも聞こへる位物靜かである。戸外からは枝の撓んだ樹が雪を落とす音やかすかに笹が雨戸を摺れる音が聞これる。その時トン〱といふ門を叩く音が聞こへたのである。嫁は「どなたで御座りますか」と聲をかけると「わしぢや」といふ聲は夫であつたので門を開くと伊織は合羽を雪で眞白に包んで這入つて來る。嫁はいんぎんに仕へて

雪を拂ひなど

してゐると伊織は「御殿の都合で遲うなつた」といつたきりで餘り口を利かず行火に暖められた着物に着代へ妻と共に膳に向ひ合つたが日頃よりも伊織は多く飯がすゝみ肴も餘さずに食た、そして種々の物語りをしたが伊織は寢まうともしない遂に一番鶏の聲が聞れた、伊織は立上つて「御役向きにて七つ前に在郷へ行かねばならぬ朝飯の仕度を頼むぞへ先方への手みやげも用意してくれ」といつて嫁を急きたてゝ朝飯を濟まして出て行く、嫁は二番鶏少し前に寢についた、夜が明け放れて

雪は歇んだが

近所では雪拂ひで賑やかであつた。小田原の方から御殿に上る侍たちが幾人も通つたが伊織の邸の前は雪も掃いてはゐず門もしまつてゐるのに隣屋敷の者がいぶかしく思つて門をあけて入り嫁を起して見ると顏色が蒼白として失神したやうな有樣であつた。そして座敷中獸の足あとが點々としてしるされ飯櫃や倒れた行燈や一滴の油もなくなつてゐる油壺などが狼藉として散らばつてゐた。隣人はそれが狐の仕業である事がすぐわかつた。この老練な狐はそのころ定禪寺山に棲んでゐた狐であつたといふ。伊織はそれ以來塩釜通ひをふつつりと止め決して外出しなかつた。これなどは實に機會のとらへ方が心憎い程巧緻なものであらう。

初々しい嫁が

夫をまちわびてゐるそして雪の夜であることを悠々と乘込んで行つて嫁と差合ひで飯を二度まで馳走になりそ

ればかりでなくみやけ物までせしめたのである。然も夫の伊織に遊蕩を止めさせたさあつてはいよいよ味な事をしたものであつたに違ひない、

仙台の狐（二）　完全に誑されたお侍

獣

●河北新報　昭和三年八月二十一日（二十日夕）

3-263

仙臺の狐 [二]

完全に誑されたお侍

藩中の侍たちは打續く太平の世に生れ合せて矢叫び鬨の聲の中に功名手柄を立てるさいふやうな事は夢にも望まれない時代である。彼等にさつて年に一回正月三日に御野初めさいふのがあつた。これは藩公以下全藩をあげて岩切方面に出動し野山を狩立てゝ雉を射て賞を受けるさいふ行事で實戰になぞらへたものであつた。せめて煙硝のにほひを嗅いで戰場を馳驅するやうな氣分に滿足するのは年一回のこの日だけであつた。よしそれさても射止めるのは雉位のものである。腕に覺えのある血の氣の多い連中は事あれかしさまち構へてゐた者もあつたに違ひない。せめて妖怪變化位は出て欲しく思つてゐたのである。かうした時代の心理も狐にさつてはまことによきコンデイシヨンでなければならない。狐は決してそれを見逃しはしなかつた。

仙山公の代に砂三十郎さいふ美男で大力無双の侍があつた。三十郎は大男ではあつたが御多分に洩れない少し廻りかねる男で大酒を呷つてはよく惡戯をして歩いた。あるときは寺のつき鐘を外して來たり或るときは辻番所をひつくり返したりしてはよろこんでゐた。

そのころ細横丁に妖怪が現れるさいふ噂があつた。その時分の細横丁は極めてさびしいところであつたさいふが或る晩三十郎は寄り合ひの戻りに一番おれが退治してやるさ稱して出かけた。ところが朋輩たちが幾らまてども歸つて來ない。不審に思つて一人の侍が後から行つて見るさ三十郎がさある家の塀に跨つて何やらいつてゐる朋輩が聲をかけて「砂氏何をして居らるゝ」さいふさ三十郎はすましたもので「いやこの馬の口の强いことなか〳〵自由が利き申さぬて」さ他愛がなかつた。三十郎が塀から下ろされたさきは勿論さうに狐はそこにゐなかつたし携帶の肴も見當らなかつた。

當時の仙臺の市中には化け物が現れるさか狐がわるさをするさいふ場所は大抵きまつてゐたらしい。その頃仙臺のさうした事を引き受けてゐたところが數ケ所あつた。東六番丁のお假宮の附近、細横丁北の方へ行つては八幡町へ通ずる土橋などがさうであつた。さうした箇所を通行する際、歩いてゐる者には一種の力が働いてゐたのである。さういふことも狐にさつては好都合のことであつたさ思はれる。こんな事がある。冬の夜更けに一人の侍が折詰を下げてお假宮の前を通つた。こゝは怪しいこさがあるので名高いところ出てうせたら目に物見せてくれうさいふ面魂で通るさ何事も無い、聊か張り詰めた氣も弛んで歩いて行くさ足下に小判が一枚落ちてゐる。雪明りにうつくしく見えてゐる小判を侍は思はず手で拾はうさするさ餘程落してから時刻がたつたさ見えて凍てついてゐる。それを剝がさうさするが離れないので兩手で剝がして見るさ頗る輕い、見るさ木ノ葉で、舌打ちしてまた歩き出さうさして折詰を取らうさするさ影も形も無くなつてゐたさいふのである。お假宮の難所さいふ先入主を前提さして慾に釣り込んだ手際は素晴らしい鮮かさである

ある侍が五ツ橋の通りを歩いてゐるさ一匹の狐に出會つた。太平病患者の侍の腕は鳴らずにはゐなかつた。「こいつおれをたぶらかさうさして出てうせたのだらうがおれの眼力は貴樣の姿を突き止めたのぢや」侍はさういひながらおどりかゝりさま握り拳をかためて毆りつけるさ狐はもろくも參つてしまつたので侍は武勇傳のダシにする積りで家の者に見せやうため死んだ狐を肩にかついで歸途についた。大橋を渡つて講武所の前まで行くさ狐の屍骸が莫迦に重い。手が疲れたので大地へ下ろすさどしんさいふ物音によく見るさ狐さはかり思つてゐたのは大きな石である。侍ははかに氣恥づかしくそこ〳〵に家へ歸つた。手が痛むのでそうつさ見るさ狐を打つた時石を毆つたさ見えて皮がすりむけて血が流れてゐた。この場合興味をひくのは侍が肴も折詰

も何も持つてゐなかつたことである。狐の方ではこの悪い相手に偶然に出會つたのである。肴もとれずおまけに毆り殺されては狐としはこんなに合はない話はない筈である。彼は裏の裏をかいて屍骸に化けたのである。それが驚くことには突差の場合であることた。

仙台の狐（三）　やり方のへまな赤狐

3-264
獸　●河北新報　昭和三年八月二十二日（二十一日夕）

仙臺の狐【三】

やり方のへまな赤狐

仙臺開府以來繁華の中心は芭蕉の辻を中心に十字路をなしてゐる國分町十九軒、南町、大町であつた。辻の角からお城の方にゆく大町や十九軒には何れも漆喰ひつくりの大きな土藏店が甍をならべてゐたのである。日野屋とか佐助とか糸作とか金眞屋とかさうした大きな商家が多かつた。また辻の角から國分町へ向つた兩側には横店といふのがあつて奇麗な小賣店が櫛比してゐて今日の東一番丁といふにぎやかな所であつた。一口にいふと芭蕉の辻は國道で藩公のお成り街道の交錯點であつたのである。

かうした界隈へまで彼等が悠々と出沒した時代があつた。如何に彼等にとつて有難いよい御時世であつたかゞ判らうと思ふ。それらの狐でもが市の場末の方から辻の角あたりまで出て來るには可なり長い距離があつてそこをやつて來るのは困難な仕事であつたがそこには彼等の體をかくす非常にいゝものがあつた。それは下水堀である。昔仙臺の下水堀はみんな道路の眞中にあつてその兩側を往來するやうになつてゐた、この面影は今でも市内の北方に極稀に殘つてゐる。昔は國分町もさうであつた。仙臺の歳の市は昔は辻の角から四方へ延つたもので道路の眞中にある下水堀を中に脊中合せに小屋掛をしたのである、仲見世といふ名はそれから發してゐる。

狐はこの下水堀を傳はつてやつて來たのであつた。

同心町にすむ小身の侍某がある晩肴町を通りかゝつて鮭の頭を買ひ求め油紙に包んで袂に入れ歸途新傳馬町に用向きがあるので辻の角まで來ると六つ位の女の子が泣いてゐる。某が譯を尋ねると女の子は父に連れられて錢湯に來る途中父を見失つたのだといつて泣きやまない。家を尋ねると歳徳神横丁だといふ。某は歸る道筋でもあるしするので届けてやらうと考へその子を負はうとするとなかなか重い、それに袂の中の鮭の頭が邪魔になつて手が後に廻らないのでそれを手に下げて女の子を脊負ひ出かけた。名懸町へ來た時知り合ひの者に逢つたのでその仔細を語り子守唄を唄ひながら行き過ぎやうとしたのを知り合ひの者が怪しんで見てゐると某は大きな石を脊負つて眞面目になつてあやしながら歩いて行く樣子に呆れ果てたが拔く手も見せず石を目がけて斬りつけるとキヤッといつて逃げ出したものがある。某はその物音に漸くわれに歸つて見ると三貫目もある道端の石であつた。手に持つた筈の鮭の頭もなくなつてゐた。この狐は孝勝寺裏の狐であつたといふ話である。

ある晩大町二丁目横丁の藪そばでもう火を落さうとしてゐる所へ五人連れの坊さんが來た。何れも緋の衣を着た立派な坊さんで油揚のをといふ注文であつた。そは屋では夜おそくといふこと、緋の衣を着てゐることゝ注文の喰物とが腑に落ちかねた。そこで折から近所へ來てゐる彌左衛門といふ者の所へ使を走らせることになつた。彌左衛門は座つたなりで動かうともしない。そして又かといふ顏をしてゐる。やがてふところから丸薬を五粒取り出してこれを桐の葉へ一粒づゝのせて彼らのゐる室へ置くがいゝ。さうすれば一度は喰はなくとも南は越河、北は相去の國境まで行つても必ず引返して來て喰はねば氣が濟むまいから兎に角彼らの注文通り喰物をやつて明朝までは構はずに置きなさいといふ。使の者が歸つて行つてその通りにして置くと坊さん達は腹一杯喰べて勘定を支拂つたがまた何かひそ〳〵話をして立ち歸らうともしない。彌左衛門の話もあるのでそのまゝにして寢て了つた。明くる朝主人も早く起き一同恐々襖の隙から覗いて見ると大きな赤毛の狐が五匹にて何れも桐の葉の中へ頭を突つ込んで恰度涎掛をかけた小兒が寢そべつてゐるやうな格好をして死んでゐたのである。それから前夜受け取つた筈の金札を調べて見ると椿の葉であつた。

此赤狐は何所に棲んでゐた狐だつたか傳へられて居らないが他の定禪寺山の狐やお假り宮のいろは狐や孝勝寺裏の狐などに比べると遣り口が極めて拙劣である。緋の衣などを着たのも餘りに人を喰つてゐたし餌を求めるにも餘りに怠であつた。緋の衣は自分の赤毛を利用したものであつたらしいが何んと言つても容易に捕まる代物であつたことは否まれない。それ等の點から見て恐らく城下から餘程離れた土地に棲んでゐた狐だつたのであらう。

この彌左衛門といふ男は何者であらう。

仙台の狐（四）　弥左衛門には迚も敵わぬ

獣　●河北新報　昭和三年八月二十三日（二十二日夕）　3-265

仙臺の狐【四】
彌左衛門には迚も敵はぬ

傳へられる所によると彌左衛門は狐を捕る事にかけては領内に双ぶ者のない一代の名人であつた。

彼は狐捕りの彌左衛門と呼ばれてゐた。先年亡くなつたが毎日野犬を撲殺して歩く犬殺し三平といふ男が仙臺にゐたが彌左衛門もさうした特殊な生業を以て暮らしてゐたのであらう。

彌左衛門は狐を捕る仕事以外にどんな生業を持つてゐたかは詳しく傳へられてゐない。或ひは獵師のやうな事もしてゐたかも知れない。しかし犬殺し三平の如く一種の賤民扱ひにされてゐる男ではなかつたやうだ。何となれば彼は藩から御裏林の見張り役を申しつけられてゐたのである。彼は狐狸の事情に通じてゐるばかりでなく山野を駈け廻ることにおいても素早かつたと思はれる。三平は明治になつてからの人間で、さまで人間に害のない寧ろ親しみのある犬をむごたらしく撲殺して歩いたのであつたが彌左衛門が狐を仆す方法は鮮かでもあり不可思議でもあり寧ろ仙骨を帶びたものであつたらしい。殊に人間を誑すといふ獸を相手とするのであつたから仙臺では彌左衛門を半ば英雄扱ひにしてゐたと思はれる。

彌左衛門が狐を捕る方法は一粒の丸藥を狐の側に置けばいゝといふ至極簡單なものであつた。狐が一度丸藥のにほひを嗅んだが最後どうしても探し出して喰はねば氣が濟まず喰へばいのちをとられるといふものであつた。一度藥の香を知つた狐ならその場を立ち去つても東は鹽河、北は相去までは有効で必ず戻つて來ると彼は言つてゐた。この丸藥は小粒のものであつたと傳へられてゐるが一子相傳の祕法であつた。

彌左衛門が最も活躍したのは文政年間の末頃であつた。彼は北五十人町にすんでゐたが方々から狐捕を頼まれ時々地方にも出かけた。彼一代に捕殺した狐の數は莫大のもので狐にとつては脅威であつた

かうした特殊な人間に往々あるやうに彌左衛門にも因果が傳へられてゐる。彼の子は生れながらに顔が狐にそつくりで酒に醉へば必ず狐踊りといふのを踊つたといふそれを見たことのある老人が近年まで存生してゐてよくそのことが語り出されたものだといふ。

狐がどんなに彌左衛門を恐れたかは大抵の狐が彌左衛門が來ることを知つて觀念してゐたといふことが記録に傳へられてゐることによつても知られる。しかし中には命を取り替ても丸藥を喰ひたくなつて勇ましく狐捕の名人に挑戰して來る狐もあつた。彌左衛門ほどの者に立向ふのであるから甚だ辛辣を極めたとはいふまでもない。人間をたぶらかすに妙を得た狐と、狐を取る名人とが如何にして腕を振るつたかについて二三の説話が傳へられてゐる。

彌左衛門には母があつて或る時親戚へ泊りがけで出かけて行つた夜中母が突然歸つて來て、今戻つたゆゑ戸を開けよといふ聲に眼を覺ました彌左衛門はまたかと思ひながら女房に向つて態ざと大きな聲で「母者人はどんなに寒くてお戻りか知れぬ早うお入れ申せ、床は延べたか」といひつけて置いて例のやつを忘れるなと眼で知らせ母を寢間へ案内し「この寒む空にお泊りなされて來ればよう御座りましたに、さゝ早うお休みなさりませ」といふと母は「むゝさうだよ、だから早う休みませう」といひ女房に夜具をかけさせて寢につく。女房はそつと丸藥を置いて引取つた。翌朝床の中で一匹の狐が

體を硬くして息が絶れてゐた。狐は彌左衛門にかゝつては死ぬ事が必然的であり彌左衛門の方でもそれがわかつてゐるのであつてただ丸藥を手に入れるまでどんな事をしてたぶらかさうとしたかが問題である。こゝでは彌左衛門の母に化けたのである。彼に對してはこれ以上の方法は無かつたであらう。かうして狐の方でも彼をたぶらかす方法としては彼と最も重大な關係にあつて頭の上がらない者に化けて來た事は次の例でもわかる。

彌左衛門が御裏林の見廻りをしてゐる時の事である。突然他行他行といふお先觸れの聲が林にこだましたので、見ると瀋公の御行列が行く手に早や間近かに迫つてゐる。彼は心からおそれ入つて狼狽しながら土下座をして路傍に畏まつてゐるとやがて御乘り物が近づいた。彌左衛門の前まで來ると駕籠のタレが上つて「これ〳〵彌左衛門とやら」殿樣の聲である。「其方、狐捕りの名人など言ひ觸らし生類を害むること不屆き至極向後かゝる事は相成らぬぞ」駕籠が止まつた時から彌左衛門の心には直覺があつたらうと思ふ、そして、この言葉が切れると同時に心中ねれにを畜生めといふ言葉が發したと思はれる。彌左衛門は地べ夕へ頭を擦りつけてお受けをしながらいつもの丸藥をこつそり落して立ち去つた。翌日行つて見るとその場所に果して年古く經た狐が一匹死んでゐたのである。この狐などは素晴らしく達者なものであらう。途中から失敗はしてゐるものの殿樣といふ絕對的の地位から脅かしたあたりさすがの彌左衛門も最初はうろたへざるを得なかつたのである。

仙台の狐（五）人間なみの名前を頂戴して

獸　●河北新報　昭和三年八月二十五日（二十四日夕）　3-266

仙臺の狐【五】
人間なみの名前を頂戴して

兎に角、彌左衛門の前には彼等も何等威力を示すことが出來なかつたがその他の市人に對しては相かはらず振舞つてゐた。人々の心には狐に對する見れない力が神經質に働いてゐるので環境が異常に物さびしいとか、相手の人間が擧動や言語に不審な點があるとかすると往々間違ひが起つた。尤も神經が尖つてゐるばかりでなく、獸類にたぶらかされるなどいふことは誰に聞かれたつて氣の利かないことだしあはよくば撲り殺すか生け捕るかしてやりたいといふ氣持ちもあつたので果ては本統の人間を殺つて狐の代りに打ち殺さうとするやうなことになつたのである

閖上に殘つてゐる說話であるが閖上街道の落合の渡場近くに猿猴沼といふ所がある。狐が多く棲んでゐるので昔は名高い所であつた閖上の漁師で毎日仙臺へ魚を運搬する者があつた。この男はこゝを通る度にはかされたもので仲間の者は彼を狐の友達か何かのやうに考へてゐたくらゐであつたといふ

ある日、彼がまたそこを通りかかると生憎暗がりで向ふから來た男に突き當つた。無禮者ッと大喝されてびつくりして凝視すると立派な侍である。漁師は怒鳴られてハッと思つたがいつもの狐だと思ふと急に癪にさはつて來た。今日こそ許さぬと天秤を取つて打つてかゝつたので侍は拔刀して漁師をおどして見たが何分にも手がつけられぬので天秤を打ち落し路傍の松の木へ縛りつけて立ち去つた。夜が明けても彼は縛られたままでゐる自分を見出した。相手が分別のない侍だつたら彼は狐でない人間に斬られてしまふところであつた。

寛永年中、藩の小吏某が氣仙に赴いたが病氣にかゝつて任期が滿たぬ内に仙臺へ歸る事になつた。折柄冬の最中で宿の主から狐の毛皮を貰つて下着に着込み馬に乘つて松島迄來た時、馬子が氣をつけて見てゐると侍の裾の間からちら〳〵尻尾が見れる、狐に違ひないと思ひ込んで高城の村へ入ると物も言はずに馬を捨てゝ村人を集めに駈け出した。村人は手に〳〵獲物を取つて侍を取り圍みさあ往生せよと口々に喚き立てる。侍は何が何やら少しも分らずその理由を尋ねても言譯をしても聞かない。村人の數は段々に多くなつて來て果ては打ち殺されさうになつて來た。そこへ村の長がやつて來て仔細を調べ漸く事なきを得た。昔はさうした事が多かつたと見ね毛皮は必ず尾を去らなければい

けないとされてゐたといふ。

人間がほんとうの人間を狐と間違つてその何れかゞ生命にもかゝはるやうなことをしば／＼惹き起したことは前述の通りであるが狐の方でもそれを知つてゐると見え時々自分に害を加へた人間に對する悪辣な報復手段に利用してゐたやうである。

こんな話がある。涌谷の清浄院といふ寺の住持が或る月明の晩、寢に就かうとしてゐると一匹の狐が寺を窺つてゐるのを見つけたので眠つたふりをして眼をかすかに開いて見てゐた。狐はやがて座敷へ上り込んで物を探し始めたので住持は矢庭に戸を閉め切ると狐は狼狽して逃げ出す拍子に尾を挾んで了つたが尾をち切つて逃走したその翌日のことである。涌谷の伊達家の御勝手頭瀬伊兵衛が途で清浄院の住持に會ひ、笑つてわかれるしなに住持は何に狂つたのか忽ち伊兵衛に飛びかゝつて頭に爪を立てた。よく見ると狐だつたので その次ぎに再び住持と會つた時、住持を有無も言はさず捕へて正体を現せと朋輩の手を借り火あぶりにして狐にかはるのをまつてゐるとゝ、とう／＼狐にかはらずにしまひ大問題となつた。住持はひどく怒つてしまひ表沙汰になりかけたが伊兵衛はひたすら恐縮して百方陳謝した結果火傷の療治金を出して内濟になつた。

そんな譯で狐捕り彌左衛門以外の者は彼らの横行を傍觀してゐる外はなかつたのである。

狐火などといふものは仙臺の郊外まで行かなくとも場末では秋の夜などはしば／＼見受けられたといふ事であつたし、又或る者は親狐が數匹の子狐を集めて人を誑かす方法を教へてゐるところを見たといふ者もあつた。

彼等は何れも人間の名前を頂戴していよ／＼得意であつた。お裏林のお三子狐、支倉通り北五番丁の新十郎狐、宮城野のおいで狐、波の波のお菊狐などがそれであつた。（おはり）

よみうり東京ラヂオ版

ラ　よみうり東京ラジオ版　講談　有馬の猫　猫遊軒伯知

●読売新聞　昭和三年八月十九日　3-267

講談

有馬の猫

＝午後七時廿五分＝

猫遊軒　伯知　口演

九州筑後廿一万石の城主有馬玄蕃頭頼方公の奥方清姫が梅見にと數多の女中を供に向島小梅の下屋敷へ出かけ、お膳の用意の出來る間をと物見に上つて表を御覧になつてゐると、折柄降り出した雪の中を、籠に一ぱい蜆を入れた天秤を肩に通りかゝつたのは八ッか九ッ位の可愛い小僧。

寒さに手足も眞赤になつて慄へながら聲張り上げて『蜆や蜆』とやつて行く。

『あんな小さな子が此の雪の中を蜆賣などするのには何か深い仔細があらう』といふので、其の蜆賣の小僧を屋敷へ呼び入れて奥方が直々にお訊きになる、この子供は本所中ノ郷に住む植木屋金五郎の倅與吉といひ、父親金五郎は三年前に死んで、母は盲目の上に長らく病氣で寢てゐる、姉のお瀧と二人で母を養つてゐるのだとの話。

哀れに思召された奥方、大枚の金子を遣はされた上に姉のおたきを奥女中として手許にお召抱へになつた。其の時、飼猫のたまも一緒に御殿に上つて、奥方の膝で寵愛されるやうになりました。

翌年三月のこと、芝赤羽のお花見の酒宴の最中、頼方公の御膳にあつた大鯛の頭をたまが咥へて逃げ出した。『無禮者！』といふので勇壮活潑な頼方公、飼馴らしの猛犬をケシかけてたまを追掛けさせると如何した譯か猛犬は猫をソッチのけに暴れ出して奥女中楓の太腿に喰ひついた外四五人に傷を負はせ猶も猛り狂ふのを、おたきが手水鉢の上にあつた南蠻鐵の柄杓で眉間をハッシと打つて殺しました。

怪猫劇の一席　猫遊軒伯知さん

その功によつて、たまの無禮を許された上、奥方の御口添へもあつて、おたきを愛妾にされた。

所が奥女中漣はおたきの出世を嫉んで、おたき付の女中おなかに笄を盗んだといふ冤罪を被せおなかを責めた上におたきを散々に辱しめましたので、おたきは自害して果てる。

　おたきの愛猫たまは主人の仇の漣を初め一味の女中を喰殺して奥庭深く姿を隠し之を退治しようとする人々を悩まして有馬家の怪猫と世間の評判も高くなつたが、その當時の名力士で有馬家お抱への小野川喜三郎が、遂に之を退治して事なきを得たといふ一席。

資　『新四谷怪談』合評会

●北國新聞　昭和三年八月十九日　3-268

粟ケ崎大衆座八月公演

『新四谷怪談』合評會

十二日夜＝粟ケ崎遊園内にて

出席者＝藤森貢砂雪（北毎）岡本鵬祥（夕刊）小原俊一郎（報知）村田稔（新報）窪田流月（北國）西尾源二郎（粟ケ崎遊園）大衆座側＝川上一郎、中井惣一菊田阿會夫、川上喜芳、中島登美乃、村井辨濤、篠耽、日角利夫

川上『只今より新四谷怪談の合評をして頂きたいと思ひます』
西尾『まづ序幕の舞臺裝置からゆきませう』
中井『窪田さん、どうですか』
窪田『まづ第一番に感じたことは粟ケ崎においてア丿棟木を見せられたことは二三度あるやうだが今度が一番ぴつたりと來てゐるやうである』
中井『あれで、充分に舞臺裝置の上に陰慘な氣持が出ますか』
窪田『あの棟木一本でその氣持が出てゐるといつてもいいね』
小原『本郷座では正面奥を見透しをきかせて螢なんか飛ばしてありますが、こちらは黑幕でしたね』
窪田『舞臺に地藏があつたね、あれは少しわざとらしい』
西尾『わざとらしいね、殊に位置く場所がわざとらしい』
中井『樂屋の中に地藏さんによく似たものをかざつた方がよかつたかも知れない—地藏さんといふものが必要である場合は。』
村田『樂屋の出入口が暗らすぎるねあれじや、觀客に最初から幽靈が出るぞといふやうな潛入意識を入れすぎる』
西尾『一たいに暗らすぎる』
窪田『奥を明るくした方が却つてよかつたかも知れぬ』
村田『舞臺口に小さな電氣を一つ點けるとよい、地藏さんの頭の方にね』
中井『下手の方からお峰が出てくるのは隣の室から出てくるやうに思はれますか』
窪田『障子をあけて出て來る方がよい』
川上『あの舞臺は田舍廻りの役者がゴッチヤにゐる大部室の樂屋です』
窪田『それなら碁をうつてゐるのは脚本の指定かも知れないけれど、むしろ將棋の方がよいやうに思ふね』
一同『その方がよい』
中井『初日は將棋をやつてゐたんです』
川上『それに碁盤が上等の碁盤ときてゐるから仕末が悪い』
藤森『舞臺や天井の色が新しくつて場末の小屋としては不自然のやうな氣持がする』
窪田『これは、材木はお手のものの平澤さんだから新しくなりたがるんだらうね』
中井『序幕の所作の方では如何ですか——まづ碁をうつてゐるとき化物が出て來るでせう、あの時役者の一人が「菊三郎さんじやないか」と無雜作にいふがどうもあれは自分が前からわかつてゐたやうに思はれるが、そう感じませんでしたか』
小原『そうも思はれないね、ナンボ恐がつてゐたところで、いつも一緒にゐるものは一目見ればすぐ判るからね、ましてかづら冠つただけでそう念の入つたお化でもなかつたやうだから—』
藤森『序幕は一たいに滑稽味が多すぎるね』
中井『それであの地藏は脚本になかつたのだが、あの場をぐつと落ちつかせて凄みを持たせるため特に加へたのですが、如何でしたらうか』
窪田『この前は棟木で首を吊つたとか何んとかいつてたね』
中井『あすこは眞面目にいく分の凄味で答へる處ですね』
小原『地藏は蛇足であつた、棟木の話だけで十分すごみは出せると思ふ、無い方がなほよい』
中島『あれを一層田舍の小屋に祭つてある祠のやうにやつたらよかつたと思ひます』
川上『棟木くづれのところへ祠みたいにして地藏のかたちにして祭つた方が自然でないかね』
西尾『舞臺の裝置からいふとあの地藏のところへ何か置かねばいかぬのでせう』
藤森『お開さんの團扇の使ひ方はもうすこし工夫してほしい、非常によく使つてゐたけれども……』
中井『數が多すぎるといふ氣持ちがなかつたかね』
小原『そういふ風にも感じなかつ

たね……あの位動かせば……』
猿田『團扇のバタ〳〵で客が喜んでゐるのを見てゐるとその方がよいかも知れない、兎に角『新四ッ谷怪談』で久し振りで女形を使ひこなしたことは大成功であり、女形諸君の腕である』
小原『女形では六ヶしからうね』
村田『田舎廻りの役者としては衣裳がきれいである』
小原『それほどあまり氣にならないね』
村田『羽織が多すぎたやうだ』
壽芳『しかし役者であり、殊に田舎廻りであるから衣裳……羽織の一枚位大抵持つてゐるでしやう』
猿田『羽織ぐらゐ持たねば町廻りも出來まいからね』
一同『ハハハハ……』
菊田『私（仙十郎）の宿付けがあまり地味すぎてゐた、あれは派手な浴衣地に縮緬の帶をしめてその上に黒の羽織を着た方がもう少し役者らしく粋に見えたのですが、衣裳屋が間に合はなかつたのです』
岡本『女たらしらしくなく、堅氣の商人のやうでした』
菊田『出てゐる役者がみんな新派のやうに思はれて舊の役者の氣持ちが出てゐましたかね』
村井『新派の役者には絶對に舊派の味が出ません――仕方がないでせう』
小原『開幕直後は八釜しくて何が何だかさつぱり聞えなかつた』
中井『一同が邪の家へ去つてからの髮梳き場はどうですか、少し間が長くはなかつたかね』
岡本『あんなものでせう』
猿田『村井君の衣裳屋はワキ役として大成功だね』
中井『お峰の屍體を電燈をかたげて見るところなんか實によかつたね』
村田『お峰は初めから幽靈がかつてゐたね、思はせすぎるやうです』
小原『左の手がヘンに曲つてほんとうに初めから幽靈の様です』
猿田『一体アザや跛にしたりするのもあまりワザとらしい』
村井『仙十郎が歸つて來てから虐待したときにアザをつけた方がよくはないか』
猿田『アザといふと一流醫者であつた時代からあつたやうな氣がする』
壽芳『あれは、仙十郎の梅毒に感染して出來たアザで腕の曲つたのと跛になつたのは病臥してから身体が不自由なので二階から落ちたためとなつてゐるのですこの科白は碁をうつてるときいふのですが、八釜しくて聞きとれなかつたかも知れない』
川上『その科白ははつきり聞かせる必要がある』
中井『仙十郎がお峰を虐待するときは……』
猿田『あそこは眞劍でいいね』
中井『お富は……』
村田『お富が雜誌を見てゐたね――』
一同『あれは甚だいかぬ』
小原『何んぼ自分がもう仙十郎のものであると問題にしてゐなかつたところで目の前であれだけ虐待されてゐるのを見れば雜誌なんか見てゐる餘裕はないね』
村田『柱によりかかつて見てゐる方がまだよい』
小原『お富がどの程度に仙十郎に惚れてゐるかが問題だが、お峰とあの晩はじめて會つたんだから好奇心があるから――虐待に心をひかれてゐるのが當然である煙草をのむのも引込みのときにのませる方がよいね』
中井『夫は少しワザとらしいね』
川上『みんなの性格がうまく現れてゐたでせうか』
猿田『序幕は言分はないですね』

○

川上『二幕目の舞臺裝置はどうですか』
西尾『井戸は變だ』
村田『戸口と庭との境が欲しかつた、仙十郎が刀を振り廻すと戸の外へ出るやうだ』
藤森『仙十郎は少し刀をふりすぎた庭へ飛びおりたのは不可なかつた、室だけで十分恐怖が現はれるでせう』
一同『舞臺がはじめから暗らすぎる』
藤森『坊さんがかへるまではモウ少し明るくして欲しい、坊さんが歸つてから舞臺が空虚の時に照明でだん〳〵暗くして夕方の氣持ちを現はす方がよいね、松居松翁の脚本によくやるやうに……』
村田『佛檀に蠟燭を一本つける方がよい、そして坊さんが歸るとき消してゆく風に……』
壽芳『お峰が俥に乘つてくるときに幌をかけるが花道があまり暗いので遠くのお客は中に誰が入つてゐるのか判らない、あすこはもう少し明るくして一般に判るやうにして欲しいと思ふ』
岡本『俥屋は少しハシヤギ過ぎたね』
小原『少し田舎者らしくした方がよい』
村田『最初は夢だと思はなかつた』
小原『この劇は夢と現實の場がキ

ツバリ別れてゐてここで實によく活かしてゐる』
岡本『幽靈が次の間へ案内されてから歩いて出てゆくのは目ざはりだね』
川上『あれは拙つた、あすこはヤツパリドへ消すか、ドンデン返しで消すところですなあ』
窪田『幽靈には成るべく歩かせたくないね』
西尾『お八重が仙十郎の濡物を衣桁にかけるときに鋲でとめるがあれは最も目立つ、いかにもここから幽靈が出ますといふやうでね』
川上『あれはとても難しい、が何んとかせねばならぬ』
村田『料理屋の娘としてはお八重はあまり堅すぎる、もう少しアバズレのところがあつていゝ』
言葉使においても……』
菊田『仙十郎が井戸に腰をかけるが變だといふお説ですが脚本では車井戸にしてお峰の顔を見て驚くと同時に釣瓶縄に引込まれて井戸に落ちるといふことになつてゐます』
一同『その方がいゝ』
岡本『火の玉の舞ひ具合はとてもよかつた』
一同『とにかく近來の傑作だね』
中井『要するに二幕目としては舞臺が暗すぎることと、幽靈が次の部屋に案内されてからの引込みがあんまり極端なこと、井戸を車井戸にすること、佛檀に蝋燭をつけること、仙十郎の狂亂が庭へ下りないこと——そんなものですか』
川上『新四谷怪談全部としてどうでせう』
一同『成功でせうね』
川上『大体お話しも盡きたやうですからこれで散會します、どうも有難うございました』

幽　赤坂怪談　弁慶橋から運転手の亡霊
●中央新聞　昭和三年八月二十二日　3-269

赤坂怪談

辨慶橋から運轉手の亡靈

丑滿刻水中から氣味惡るい自動車の響

赤坂見付辨慶橋際外濠の中から去る十五日午前一時から三時まで突然自動車が疾走するやうな異樣な響が聞えはじめ以來毎夜の如く人通りもないのに同所から薄氣味惡い響きが聞えるので目下附近の人々は不安におのゝいてゐるといふそのやうな事實

◇

近所の人々のいふところによると今から三年前に同所へ自動車が墜落して運轉手が慘死したことがあるのでその亡靈がうなり聲を發するのだと騒いでゐるが一説には御所から大きな蛙が逃げ出して外濠に潜み鳴いてゐるのだともいはれ物好きな連中百五十人ばかりがこの怪音の正體を見屆けんものと半分涼みがてら辨慶橋にぞろぞろと押しかける有様だつた

◇

一方所轄表町署では信ぜられないこの噂にあまり騒ぎが大きくなつたためまんざら捨てゝも置けないと目下警官數名が毎夜亡靈の張番をしてゐるといふ調子であるが署員の見るところでは電車の通らなくなつた深夜四谷見付方面を疾走する自動車の音が傳はつてひゞくのではないかともいはれてゐるがこれも判然しない説で同署でもホトホト弱り抜いてゐる

妖　確に河童を見た話（上）　銷夏座談
●都新聞　昭和三年八月二十三日　3-270

銷夏座談

確に河童を見た話

私は實在を信ずる
（上）岡田眞弓（寄）

常識で河獺さんか、河童は訛傳に生じた非實在の動物たるべきものだと仰有つたに就いて、聊か拙者の反對意見を述べさせて頂く、成る程河童といふ奴は

明治前

には全國各地でその傳説があつたものであるのに現代に至つてフッツリとその出現の噂が無くなつたところを見ると、如何にも古人の迷信産物であるらしく想はれる、しかし今代に見られないからとて、未開時代人の迷信産物であると斷ずる論法はない拙者は若い時から河童話が飯よりも好物で、徳川時代から明治の初年にかけての河童の文獻や口碑は何百何か數知れぬほど探求研究して來てゐるが、それらの資料に就いて考へると、どうも河童を

非實在

の架空動物と斷じ難い點があつたので、三年前わざわざ石見國の東部各郡へ研究旅

妖　銷夏座談

河童が來ると酒の振舞

大漁があるからと

（下）岡田眞弓（寄）

河童が来ると酒の振舞（下）　銷夏座談

●都新聞　昭和三年八月二十四日　3-271

行に出向した、それは石見の東部には、比較的近代まで河童が多く居つた土地だと聽き込んだから、活きた良い材料が手に入るだらうと想像をしたからの事であつたが、果然出向先で有力な種々な研究材料を獲て、そのためにこの怪奇な水棲動物が、實在物であつて、決して未開人の迷信產物やお伽話的架空の產物でないと知つたのである。

安濃郡

同國大田町字新市の農春日彦市の老父德次郎は明治十七八年頃に、同地の大田川沿岸の小字踊の上なる竹藪の際にある欅の根元に出て居る河童を何度となく見て居る、見るのは約二十間を隔てた對岸の堤防を通るときで、屢々同行者にも指示して一緒に見たのださうだが、その河童の容子は一見猿の如くで、頭に長い毛を被り、傳說にあるところの頭の窪みの皿はよく見えなかつたけれど體の色は青黑く見え、口吻は猿よりも尖つて居たさうだ、その

河童の

居るところは、いつも一定してゐて、彼からも此方を見て居り、スワと言はゞすぐに淵へ飛び込みさうな樣子に見えてゐたといふが、そのころ該淵の眞下は深さ一丈許りの深潭であつて、水泳者が二三度死んだと云つて、所の人に魔所だと言はれて居たが、現今では淵が無くなつて、河童は居なくなつたと云ふてゐる、また同地から約一里半ほどある猪谷の山間部落に、清瀧といふ飛瀑がある、或夏の日に、隣村の人が

その瀧

に打たれるために二人連で瀧の近くへ行くと、瀧ツボの横の大巖の上に、一疋の猿に似た動物が上つて居たが、人々の近づくのを見て、身を躍らせて瀧ツボの深潭中へ飛び入つたまゝ遂に現れなかつたので、そいつこそ河童であつたと氣付いたといふ話が明治廿三四年の頃にあつた

また同郡の柳瀬といふ漁村では二度まで漁夫の網にかゝつた河童が、其度毎に酒を飲まされて海へ放棄されたとか明治の中葉にある

肥前の

漁村地方では、河童が來ると漁が無いと言ふが、この石見東部の漁村では、河童が來ると大漁があるとて喜んで居る習慣からして、酒を振舞つてやるのである、河童に關して何故九州地方の漁夫の言ふところと反對な現象があるかと考へると、河童は魚を追廻すもので、魚の逃げたあとへ網をつけたのと、魚が追詰られて集まつたところへ網をつけたのと、漁獲の多寡の相違が生ずる譯であるが、いづれもその

偶然の

ものたることは言ふまでもないことだ、また右の柳瀬の隣接地たる大津といふ農村部落にて、或日の早朝に、農夫が前日から波根湖の沿岸に仕かけ置いた灌漑用の水車を踏みに行つたところ、此水車の羽の中に、見馴れぬ動物が三疋蠢いて居るので、引捉へて珍しがつて眺めて居ると、通りかかりの旅人が、それは河童の子であるぞと注意をしたので、農夫は後難を恐れて、直に放つたら、三疋ともに湖中へ泳ぎ去つたことも明治中年にある、また

靜間の

同國邇摩郡靜間村大字屋號鍵屋といふ農家の飼ひ馬が河童を引込んで駆戻つて來た有名な實話がある、これは明治の初年のことらしいが馬が靜間川の河岸で草を喰つて居たところを河童が水中から出て來て馬の綱を自身の身體に卷付けたとき、馬が驚いて駆出したので、奴さんはそのまゝ引摺られて來たのだ、この河童は三日間鍵屋の納屋の前へ繋がれて、洽ねく、村民に曝らされたのであるが、毎晩のやうに主人の夢枕に立つて

助命を

乞ふたので、主人が赦して河中に放つた、この河童を見た老人は今も同村に少々殘つてゐる、また大正八年の八月に出雲國八束郡竹矢村の武内神社に大祭禮があつたとき、生きた眞正の河童の見せものがあつた、それを見たものは、皆々繪圖にある河童の通りであつたと感心をしてゐた、拙者の郷里の家族の一人も實見をした一人であるが、その河童の顏色の凄くて陰氣で嫌な青黑

色であつた光景が今も忘れられぬと言つて居る、三四年前まで

樺太で 伐木事業をやつてみた本田氏の話しに、同氏の配下の杣の一人に、大分縣の山地の者が居て、河童を見たといふて詳しく話したさうだが、その地方の村民は、河童を皆信じて居るさうだ、冬が來ると農家で、食物なんかゞ突然と掻消える如くに無くなつて了ふことが屢々あるが、そいつは河童が取つたのだと知るのだどうしてそれと知るかと云ふと風呂敷のやうなものを頭から被つて布目から透して見ると、何疋も河童が圍爐裡ばたに

居並ん で火に煖つて居るのが見えるが、生の肉眼では一向に姿が見えない不思議があると云ふ、とにかく河童は妖物で實在物たることは疑ひがないと思ふのである

資　涼しかった怪談噺（上）　銷夏座談　3-272

●都新聞　昭和三年八月二十六日

銷夏座談

涼しかつた怪談噺（上）

今は風壞て禁止

石谷勝氏談

怪談噺といふものは、何故夏に適しいかと云へば、冬やるものにしては餘り凉過ぎるといふ處もあり、暑い夏の夜更に聽くものとして、一種の銷夏味があるといふ處から、夏のものとなつたのではないかと思はれます、江戸時代には殊にこの

怪談が 流行つたものですが、現代では寄席などで、怪談噺をすることは、禁ぜられた樣で、一時、苦しまぎれに開談噺などゝ、看板を揚げたりしました、眞暗になつた處をうろつく幽靈に女客は殆ど、連れの男客に縋り付く、中には女に縋り付かれたさに出かける輩が現れ風壞だといふお達しでもつて、座席を眞暗にするなどは、まかりならぬと、申し渡された譯です、怪談の

巧みだ つたのが、初代林家正藏です、これが怪談噺の新形式をなした譯で、近世での名人と云へば、百一歳で沼津でなくなつた先代林家正藏と、今一人柳亭左龍が擧げられます、これらの全盛は明治中年です、それ以後は、幽靈といふものなどがゐるものか馬鹿〳〵しいといふ感を誰も抱くやうになつたのです、しかし、そんな意味から見ず、單に藝としてみる時、たか〴〵

興味深 いものです、噺手は、黑の紋付を着、背景は黑の布でもつてして、前に案箱を置き左右に立龕燈を二本立て、しとしとと噺を進めて行く、そして、噺が高調に達すると、灯り隱しといふものをやり、ランプには被をかぶせ、龕燈を綿の仕掛でドンと落とすと、ぽつとした灯りが、たつた二つだけのこることゝなりますその間に、早變りをして「宇都谷峠」ならば、文彌の姿と、重兵衛などの

二役を 使ひ分けます、その間楽屋では雨音を小豆で出したりするのです、一方前座は幽靈の裝束を身につけ出を待つてゐるので、この前座を幽太と呼びますいざ舞臺に幽靈が出ると、噺手は手龕燈でこの幽靈を明滅さすのです、そして「はて恐ろしき執念ぢやなアー」でパッと灯りがつくともう幽靈も何もゐず元の儘の姿の

噺し手 が「今晩は先づこれ切り」といふので、打ち出しとなるのです、この場合、賑々しい囃子で、舞臺の背景には四谷お岩稲荷の提灯などのついた遠見が描かれてゐて、客の心を浮き立たせる樣になつてゐるのです、吉田錦紅といふ器用人は、これを一人でやつたもので、鉦を鳴らし、後の布を落して、かねてぶらさげておいた幽靈を浮き立たせなどし一人舞臺と云つて人氣を立たせたものです

資　怪談ばなし　縮尻物語（下）　銷夏座談　3-273

●都新聞　昭和三年八月二十七日

銷夏座談

怪談ばなし 縮尻物語（下）

人魂で火傷する

石谷勝氏談

怪談噺で客を恐がらすには、その要素として凄さに加へるに眞面目さがなければならないのです、處が場末の寄席などへ怪談噺がかゝると、その內の一日位は必ず面白い

失敗が あります、何しろ他のことゝ違ひ怪談ですから、お客の心に滑稽味が流れ込むと、もうその怪談噺は滅茶滅茶になつ

てしまふのです、先の林家正藏の弟子で正鶴といふ男がゐて、この男は本所荒井町に住んでゐましたが、始終家にゐたことなく、座長となつて場末の寄席を怪談噺の看板であちこち歩き廻つてゐましたこの男の

獨特と する處は、噺の最後に「はて恐ろしき執念ぢやなアー」と云ふのと一緒に、蠟燭の灯を口で、ふッーと吹き消すのがきまりとなつてゐました、處が、ある日この男が何かの加減で、前齒を缺いてしまつたが、やがて、噺の了はり口となつて「執念ぢやなアー」で灯を消さうとしたが、遺憾ながら、フッフッと云ふ許りで灯が消えない、見物はわつと湧く、その

翌夜か らは「執念ぢやなアー」と云ふと、見物中の子供達が聲を揃へてフッフッと云つて囃したので、一座はとうとう逃げ出した、又この正鶴の弟子で正輔といふ男がゐました、これは下町の相當の家の子だつたが、怪談がやりたくて、落語家になつたといふ程の男、ある夜村井長庵の噺しで吉原田んぼで、重兵衛の後家を殺す處へ來た、例の通り樂屋では、細竹の先へ

燒酒火 をともして人魂に見せかけ、それをあなたこなたと振つてゐました、がそれがどうしたはづみか、正輔の額へ當つたのです、正輔だつてこいつには耐りません、思はず「あつ……」と云つたので客席は大喜び、蓋し人魂でやけどをしたなどは一寸見當らない圖です、又今の三遊亭一朝は圓朝門下の唯一の古老で、今度天杯を送貰ひますが、この

一朝が 未だ小圓朝と云つた若盛りの頃「眞景累ヶ淵」をやりまして、新吉が新五郎の獄門首に出合ふ場で、一朝は首の役を承り、黒布の垂れた棚の後へ、坐つて首だけ出してゐましたが、何分高座は暑くて蚊が多いため、裸體になつて扇子を使つてゐました、所が扇子のあほりで前の布が開いてドロ〳〵入りの折角の凄味に、褌姿の一朝がしやあ〳〵と

扇子を 使つてゐるので見物は大騷ぎ、やつと氣づいた一朝も、今更しかたなく、そのまゝ後へひつくり反つてしまつた、又靈岸島の川端亭に出てゐた麥枝が、八町堀の席へかけ持するため、間に合はないので幽靈の扮裝のまゝかけ出し、車をすゝめに近よつた俥屋が氣絶して、とう〳〵警察の御厄介になつたこともあれば、初代の圓橘が、八王子のお寺で

怪談を やつた時、幽靈の卷いてゐる布が、ほどけて、裸踊りになつたなど、いやもう、面白い話が隨分あります

興味尽きぬ「謎」つばさと共に大盛へ　3-274

資 ●東海朝日新聞　昭和三年八月二十五日（二十四日夕）

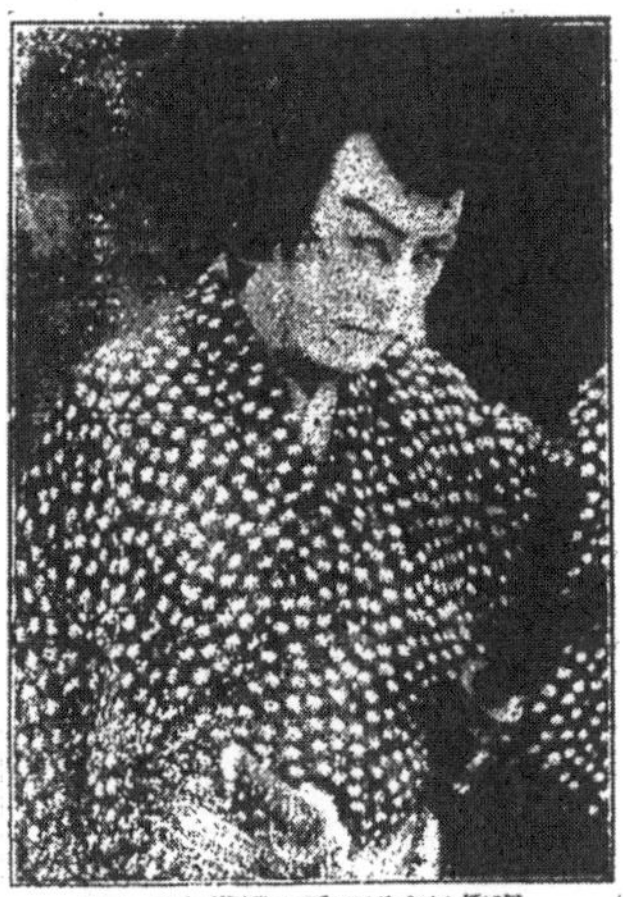

寫眞は南光明氏の[illegible]矢堂柄之助

キネマ界

興味盡きぬ「謎」

つばさと共に大盛へ

壽々喜多呂九平原作　佐平次取物帳のうち第五篇『謎』に來週大盛館に上映される。つばさと共に豊橋キネマ界來週の人氣は大盛館に集まるもの[illegible]見られる。

主演は昔の手品師で映畫人として名ある近藤伊與吉、續いて南光明、根岸東一郎　高木新平　小金井勝　松浦築枝・などで監督マキノ省三氏に依つて各々獨特の個性を生かす『怪盜天誅盜』とはそも何物?。

大江戸八百八町の闇をついて劍光亂れ飛ぶ物凄い映畫また興味津々として盡きぬものがある

闇から闇へ 崇禪寺馬場

怖ろしいその祟り

折角撮りかけた儘で、撮影中止になつた形の、マキノものの『崇禪寺馬場の仇討』は芝居道でもよく祟りがあるとかで嫌はれるが、今度も實に不思議な事が續出、さてこそ中止となつて了つた、マキノ當事者も幾分はこうした祟りは豫期し、撮影開始前から、撮影所内事務所の中に線香を絶やさず、佛壇の正面には

大将組と云ふ大位牌が具へられその前には樒・香等がある 而も撮影所の事た、坊主の役もよく出る、ここへその連中が出入りすると一層氣分が出る、おまけにマキノの大将 省三オン大は去年來どうも身體がよくないその評判が事實以上に傳へられてゐる。たものだからたまに出入りする連中は早合點して『オヤ』と云ふ譯。氣の早いのはおくやみ迄云ひ出した。これが省三オン次が第一気にし出した發端た、こんな譯で流石に無神經な主演者の南光明もじつとしてはをれず、生田傳八郎と云ふ役名の手前 一同に先んじて大々的の大鏡餅をこの祭壇に具へたこれでどうやら安心しているたらこれ以上の品物が出た。それが松浦築枝の出した餅 と云ふのは此の築枝の役が、今迄の崇禪寺ノ違ひ、おかつと云ふ女 その女が遠藤兄弟をなぶり殺しにすると云ふ大敵役、さてこそこの奮發となつたのた。然しこうして了へば安心、築枝大奮闘をしたが劇中このおかつが相手を六連發のピストルでつるべ撃ちにする勇ましい所があるここをとりかゝつた時た。流石の築枝の決心が鈍つて了つたと云ふのは、ピストルが大嫌ひたからた結局正博監督に泣きを入れ『他の物なら何でもやりますから、これたけは堪忍して下さい』と頼み込んだ。正博監督も可哀さうになつたが、どう工夫してもこれを變へると全體へ響いて來る『どうぞやつてくれ』と反對に拜み出した。とう／＼双方で頼みつこの三時間 築枝が怒り出した『ぢや、家へ歸つてお母さんに聞いてくる。ピストルなんて危い物 使つてもいゝかいけないか』と血相かへて歸つてしまつた。が、やがてしほ／＼と現れ『お母さん迄やれと云つた』と云ふ報告。一同ホツとして撮影開始 美事六連發の發射やつたが、すむや否や築枝ははつたり倒れてしまつた。まさかこれが因ではあるまいが、その翌日から發熱して四五日は寢込んた。その上 此病中に築枝の實父が病死と云ふ 重ね／＼の不幸 流石のモダーン活動屋や『桑原々々』と 此『崇禪寺馬場』は暗から暗 逆戻り

ラ きょうのラジオ 仙台／心理学講座幽霊と妖怪

●小樽新聞 昭和三年八月二十六日 3-275

オチラのふけ

仙臺 △七時十分心理學講座幽靈と妖怪（東北帝大教授醫學博士成井消泰）

ラ きょうのラジオ 仙台／心理学講座第二 きつねは果して…

●小樽新聞 昭和三年八月二十七日 3-276

オチラのふけ

仙臺 △午後六時家庭講座月光と金星（東京阿部秀雄）△同六時二十分心理學講座第二きつねは果して人間をだますか（東北帝大醫學博士成井消泰）

怪 汗掻地蔵様 お伽行脚余録（三）

●関門日日新聞 昭和三年八月二十七日 3-277

お伽行脚餘録（三）
汗掻地藏様
汗をかゝれると村に不吉な事件が起こる
粟野浦地藏の奇蹟

◇……粟野浦の街中に大きな石の地藏さまがある、村人は汗かき地藏様と崇め時々奇蹟があるといふので近在に有名である。奇蹟といふのはこのお地藏様は汗をかゝれる、併もこの汗をかかれた後には村に必ず何か不吉なことがあるといふのである。

◇……それは何時の頃誰が建立したとも分明しないがこの村に旱害があるとか沖が時化て難船があるとか或は洪水、火災の前など必ずこのお地藏さまが汗をかいて村人達に必ずこれを豫報されるといふ古老等の言ひ傳へであるが此傳説がフト十年前事實に現はれたことがある。或る朝の事だ、この地藏さまが汗をかいて居られるのを參詣のお婆さんが發見した、ソラ大變だと村人は心配の餘り手に手に手拭を持出しお地藏さまの肌を拭

へども拭へども玉の様な汗い露が次から次へベツトリと流れて消へない。何か不吉な事がありはせぬかと心配してゐるうちに或る夜遂に左兵衛爺さんの家から失火してあかたの村家は大抵焼失してしまつた。

◇……それから三年前にもこんなことがあつた、この田舎には珍らしい容姿のみやびた若夫婦がこの村を訪れた。様子ありげな行動が

忽ち人の口の端に上つたが翌朝見ると地藏さまの肌にじつとり汗滴がにじんでゐる。そして総ての村人には珍らしくも十圓札が這入つてゐる。サテは昨日の男女が寄贈したに違ひない。それにしても何か不吉な事がありはせぬかと噂へ聞く處村人は生きた心地もなかつた。處がその日の午後ツイ近所の濱崎に件の男女の死体が浮び上つた。

◇……後に身許の判つた處に依ると男は近衛師團の將校、女は或る商家の人妻で二人はフトした動機から不義の戀を結ぶ仲になり遂に人目に立つて東京へ居堪まらず曾て近衛師團に勤務し今は此村に住んでゐる男の戦友某をたよつて遥々來たのである。處がここまで來て死に神につかれたのか前夜お地藏様に冥福を祈り格外な賽錢を奮發し海に投じたものであつた。サテはお地藏様の汗はこの情死の豫言であつたかと村人は漸く胸を撫でをろした。その後も別に不吉はなく、この事件は今も村人の記憶に新らしく濱崎心中として語り傳へられてゐる。

◇……又これはヅツト昔の話し、お上からの厳命とあつてこのお地藏様を道路ばたから山の手へ移轉されることゝなり村人總出ねじ鉢巻で二三日掛り難行苦行の上やつと引越しが濟んだそれ以來不祥事が續發するのでこれはお地藏様の御機嫌を損じたに違ひないと再び元の場所へ祀つたが今度は苦もなく半日仕事で終つた之も不可思議な奇蹟の一つに數へられ益々村人の信仰を深くしてゐる（寫眞は粟野の汗かき地藏）大隅生

ラ　きょうのラジオ　仙台／心理学講座 精神現象について　3-278

●小樽新聞　昭和三年八月二十八日

オヂラのふけ　仙臺

心理學講座精神現象について（東北帝大教授醫學博士丸井成泰）△七時十分

獣　毎晩繰返す列車衝突（一）　銷夏座談　3-279

●都新聞　昭和三年八月二十八日

銷夏座談

毎晩繰返す列車衝突

狐狸の怪物語（一）

岡田蒼溟

淺草の場末の方で、毎晩狸の腹鼓だらうと云ふ怪音が聞えると云ふ高評を聞き込んだ四五の連中が一夜その怪音の探檢に出かけて突留めたところ――

鍛冶屋の大フイゴの音であることが判明した、また某田舎に泊つたとき、雨降りの夜であつたが、家の外庭で終夜ボカツポカツと云ふ音がするので、その家の人々は狸の腹鼓ではなからうかとて氣味惡がつて寢就かれなかつた、翌朝起きて出て見ると、右の腹鼓の正體は、意外の竹の切株の中へ、雨垂れの落込む音であつたことがばれた、すべて昔から狐や狸の怪談は、みなこの様な事の誤覺が原因だと云ふやうに、彼の有名な妖怪ブチ壊し博士の故人井上圓了先生が明治の中葉にその

講義録で天下の青年を教訓して以來、狐狸天狗幽靈類は此物質全盛世界の中から飛散し盡した筈である、にも拘らず私がこゝに狐狸の怪を説かうといふのはこの生きた眼がそれを信ずるからで、すべて机上論でない所が値打ちである、理窟は後にしてボツボツ實例を擧げることにする、上州沼田町の下手約半里のところの、榧野と云ふ地に東源寺なる古刹があり、昔から老狐の變化を爲すのが居るといふ噂のあるところであつた、一昨年のことだ

沸曉に沼田發の上り一番汽車がその榧野を通るとき、毎日きまつた様に若い姿に見える一人の女が、線路の鐵橋の上に立つて列車の進行を阻止するのだ、三日もこのことが續いたから、機關手が皆怒つた、また出たら轢いて了

へとの決心をした、四日目の未明にもまた女が立つたから、こんどは汽車を乗りかけたところ、二股の尾の古狐が轢き殺された、又丹波國龜岡町の城跡は、目下大本教の修行場となつて居て、宏壯な建築物が充滿して居り、いつも五六十人の人が住つて居るのに毎度のやうに夜分に異状がある、一番よく人目につくのは、夜行列車の

衝突の

光景である、實際の汽車の通る時刻でないときに本丸の高みから北方の谷底の低地を見ると、客車の窓毎に電燈のついた列車が西からと東からと汽笛を鳴らして行進して來て、バッタリ衝突をしてから、元の闇になると云ふことである、無論龜城内の一角に棲む狸の惡戲だと疑はぬ人はない、▲兩三年前の事實だ、大阪府北河内郡山田村の某青年が、夜分に他村から、一籠の生魚を自轉車の後部に括りつけて歸つて來て村内の字山屋敷と云ふ所へ差かゝると、前面の山の中から、數百の灯を連られた賑々しい

葬式が

長い行列で繰出して來た、行列が間近になつたとき、該青年は道傍へそれを避けかけると、葬式の行列が故意どらしく青年の方へ寄つて來るので、こいつは日頃から此邊に居て人をばかすと云はれる古狐の所爲であらうと氣付いたまゝ、憤然一喝エイと懸聲をして、自轉車を行列の中心目がけて乗りつけ、死人の棺に衝突をしたと覺えた瞬間に、棺は音もなく左右へ、パッと分かれて散つたやうに感じた、青年はそれから後をも見ずに一散に我家に馳走し去つてから見ると、いつの間にやられて居たのか、一疋の魚の尾部の方が一口だけかつきりと囓み取られてあつた―

面白くなって足を出す（二）　銷夏座談　3-280

●都新聞　昭和三年八月二十九日

獣　銷夏座談

面白くなつて足を出す

浮かれ狸の失敗

（二）　岡田蒼溟

六七年前の事である、帝都郊外王子の印刷局付屬の倉庫が取壞されたとき、人夫どもが、一疋の古狸をその倉庫の中で生捕つた、餘つ程齡をとつたものであつたらしく毛は

銀光り

をしてゐた、その夜は之で狸汁をするのだとて、人夫どもは騒いで居たが、同局の首席技師の某が、殺すのは可哀さうだとて、金を出して買つてやり、その金で人夫に飲ませて、狸は自分の官宅へ牽いて歸り、檻に入れて飼つて居た。

狸は主人の面前では、至つて柔順にして、いつも眠つたやうにして居り、主人が出勤をしたあとでは、俄然起き上つて、元氣よく檻の中であばれたものだ、或日、主人が出勤した後で、近所でチヤン／＼とけたゝましく

警鐘が

鳴つた、奧さんや下女は慌てゝ戸外へ出て見たが、一向に火事らしくもない、また或ときは、面白さうに叩き囃す太鼓の音が、極く近くで起つたその音がどうも邸内に起つて居るのに相違ないので、いろ／＼と邸内を探したが、誰が鳴らしたのか不明である、警鐘や太鼓の音は何日間も毎日のやうに聞かれたフト氣付いたのは、彼の狸のわるさではないかとの事であつたが、音のするときに奴の態度を窺ふと彼は極つて居眠りを裝ふて居るけれど、どうも奴が

怪しい

といふ事に一決した、そこで奧さんや下女が恐怖心を起こして旦那に迫つて、狸を追放させることにした、旦那は自分も一度はその狸の珍藝を聞きたいものだと思つたけれど、旦那の居るときは一度も惡戲をやらなかつた、遂に狸は人夫に連れられて、荒川の堤防へ釋放されたさうな、この事は狸の近所の壽司屋の老主人の話しで、當時界隈に名高い事であつたと云ふ、また之は明治前の事であるが、筆者の親戚方へ出入りの獨身もの老婆が

古狸と

同棲をして居ていろ／＼の珍談を蒔いたものだ、その婆さんが來る前には、必ず狸がコツソリと先に來たもので、臺所廻りの輕い器物が、今が今そこにあつたのに突然と紛失し、家中大騒ぎでさがし廻つても發見されないで、困つてゐると、忽ち元の場所に現れると云ふやうなことが毎度であつた、筆者の祖母はその狸、婆あをよく知つてゐて、狸と婆さんとの會話の面白いことを毎度筆者へ語つたことがある、筆者方の四代前の刀自も、近所の古狸と毎度仲よしをした、

實話か 家に傳はつてゐる、刀自が或夜獨りで留守居をして行燈の前で木綿車を廻してゐると、身邊にあつたクダ箱が突然顚覆して、中なるクダが皆散らばると、その空箱が二尺許りの空中に浮かみ上つて右に左に彷徨する、刀自は剛膽な婦人であつたので、チラリと横目で一瞥をしてから、靜かに糸引唄を唄ひ出すと、彼の空箱の下に、狸らしい四つ足の胴體が現れて、後肢で立ち乍ら唄に合はせて **踊り出** すのであつたと云ふ、狸が自分も興に乗つて仕舞ひ、體を現したところに味がある

獣　狐の催眠術の偉い威力（三）　銷夏座談　3-281

●都新聞　昭和三年八月三十日

銷夏座談

狐の催眠術の偉い威力

猛烈な動物磁氣

（三）　岡田蒼溟

明治初年時代までは、全國の都鄙には狐狸が、犬猫よりも多く住んで居り、彼等の全盛時代には、彼等の精力もナカ〳〵旺盛で而して人畜を蠱惑する力が猛烈であつた、今の人たちは **動物園** などで自由を拘束せられて居り、自然性の魅力を發揮しない平凡な狐狸を觀察研究の士が多くにして、狐狸は人をばかすものではないと説く、白晝に人や家禽をだましつゝある狐狸の現狀を見ないで、狐狸の怪を否認するのは考へものである、但馬國入鹿在の中村と云ふ養雞家の實話だ、或日の夕方、裏の桑畑に遊んでゐた一群の雞が俄然大に叫喚して四方に飛び散つた、出て見ると、一羽の牡雞が無言でヒヨコン〳〵と妙な足どりをして前面の竹林の方へ進んで行く、能く見ると、竹林の際の茶の木の後ろに一疋の狐が立つて居て **前肢で** おいで〳〵をして居るやうな手つきをして居り、牡雞はその狐に向つて行進をして居ることが判つた、仍て大聲をあげて狐を追逃がしたとき、牡雞は始めて其自由を得て、叫喚しざまに後方へ駆戻つたと云ふ、狐の催眠術の如何に有力なるかは此一例でも十分であらう、狐は樹上の鳥をもたぶらかす、日光では古狸が老松の梢から鷲を眠らして谷底へ陥した話もある、狐の尾の長大な理由を研究し、護身用と防寒用との外に、人畜をばかすときの道具立たることを知つたときには快感を覺えた、また狐は後足で立つて歩行をするときには、狸と同じやうに **その尾** を支柱用にして體の直立を補助する、筆者の郷里の或農家の婆さんが金毘羅谷と云ふ山へ薪を伐りに入つた折、山の中で七八疋の狐が、後足で歩行をする稽古最中の現場を見屆けたことがある、野獸は人類の想像以上の智巧がある、また人類以上の動物磁氣にも富んでゐる、宮城縣氣仙沼町の古田君の實見談である、若いときその地方の盂蘭盆の前日に、五里を隔てた岩手縣の高田町へ集金に行くことがあつた、三里ばかりの夜道をして國境の山を向ふへ超えて、麓近い縣道へ出て來たとき丁度夜が明けた、溪河の縁の此方の **木の根** に腰を下ろして煙草を吸つて休息をしたが、四邊の木立の中はまだ夜の帷に閉されてゐて闇かつた、ツト見ると、前方十間ばかりの所で、道のマン中に坐つて、上機嫌で獨りで酒を飲んで居るやうな態をして居る男がゐるのであつた、こいつは狂人だらうと見てゐるうちに忽ち、自分の顏面の半分が、電氣でもかけられたやうにジヤーとした何とも言へない嫌な感じがしたが、その衝動の原力が右方から來たので、思はず右方を見ると、大樹の下に一疋の赤毛の古狐が居つて、臀部を彼の狂態をしてゐる男に向けて居たが、尾を男に向けて **竹の如** くに眞直ぐに伸ばし乍ら、その尖端を迅速に廻轉させて小い輪を空中に描いて居る そして狐は自己の面をもねぢ向けて彼の男を一心に凝視してゐて餘念が無い、古田君は之を見るなりこの古狐めと手近の石を攫にして投付けると、狐は吃驚して山に飛び込んだが、其時同時に彼の男は狐の飛んだ方向へうつ俯しにノメツて了つて、起き上らない、古田君は駆寄つて引起し、背部を一撃して正氣づかしてから問ふと、知人の婚禮の宴席で芝居を見乍ら酒をよばれて **愉快を** してゐたところ

だと告げ、腰のあたりをさがし廻して、前日に土産物として持出した乾鮭の首が亡せてゐると騒いだと云ふ、狐が尾を使つて催眠術をかける實例は、他にも適例が三ツ四ツあるが、第三者たる古田君の顔面にまで動物磁氣を波及させる古狐の電磁氣の猛烈さは珍しい實例ではないか

――この項終り――

市民を驚かした火ばしら

怪 ●新潟新聞　昭和三年八月二十九日（二十八日夕）

3-282

市民を驚かした火ばしら

昨夜市の東天に當つて現る

流言さへ生む騒ぎ

火柱が立つた、火柱だ〳〵昨夜二十七日夜七時半ころどこからともなく起つた恐怖と好奇との叫びの聲――續いて起る「うたさうだ、火柱だ、大火事のあるケサか知らん」

と云ふ

不安と詰問の騒ぎ、得体の知れぬ怪物――火柱はすぐ消え去つたが納まらぬのはこれを見た市中、市内にも相當あつたらしく各地の頻々たる火事と二十一年前の新潟市の大火を聯想して實は傳へ聞へられて來た噂話もどきに喧傳され、瞬く間に市内一般に擴がつてしまつた、氣の早い連中は「大火の前兆だ」を信じ切つて家財道具の取りかたづけまで

始めた

ものもあるとか抑々この不安と恐怖を醸かした火柱の正体は？

一間半許り逆立に

薄氣味の悪い光り

目撃者談

實際を目撃した一人の談……私が夕食を濟まして白山公園を散歩して丁度美由岐ヶ岡の上へ

登つた

刹那午後七時二十五分でしたか新潟驛の右手東方の空に當り初め蒼白い丁度瓦斯の光りのやうな色で而もさまに異様な鋭い光りで相當廣い範圍に光つたのですが、その光りが信濃川の水に映つた瞬間は恰も月の昇るやうな明るさであつた、それが次第に中央に收縮したかと思ふと今度は縦に赤く彼是一間半と思ふ程の長さで逆立して消えてしまつたのです、まづ十秒か二十秒位のものでせう」と語つてゐる、町で見た人はその

目撃の

場所によつて上下た何町だと騒いでゐるが時間の關係といひ、その狀況から推察していはゆる火柱の方向はこれに一致してゐるやうだ、いづれにせよ目撃者の話では東の空だが新潟との距離は余程あるものと思はれたとのことである

放電か

燐の燃焼か

專門家の觀測

別項光柱の奇現象について天文に關する專門家二三氏の説を聞かんとしたがいづれもそれを目撃しなかつたので何の爲の現象か判らぬ、要するに空中電氣の放電か燐の燃燒かの爲ではあるまいかと語るだけであつた

警察から警察へ

注意報告が飛ぶ騒ぎ

警火には持つて來いの材料

縣下各地の怪光騒ぎ

別項怪光騒ぎについて新津町でも大騒ぎを演じた、氣の早い連中は何等か變異のある前兆だとか以前新津の大火にも火柱が立つたことがあるなどゝ噂はそれからそれへと傳へられた新津署長は

新津

荻川のみならず小須戸方面にもあつたといふ注意報告が來てゐるからおそらくこの附近のみならず到るところで見えたものであらう僕はサーチライトと思つたがそうでもないやうださうした或は氣候の關係で電氣作用であらう二十七日は花火の揚る祭禮日だから花火でなからうかとも思つた、これについて種々の風説もあるがもし人心を惑はすやうな流言をなすものあらば厳重に處罰する云々と語つてゐたが

兎に角

火の用心には持つてこいの材料だと喜んでゐるものもある

探照燈説と電氣説

村松地方を脅かした怪光

去る廿七日夜七時半頃村松町の南方にあたり一大怪光が現れ暫くにして消え去つたがこれを見た町民の多數は火の玉だとか火柱だとかいひ傳へて恟々としてゐるが識者の説く處を聞くにこれは驅逐艦の

照海燈の反映であるといひまたこの説を打消すものにあつては之は打続く旱魃に因した空中の氣と地氣の交錯から生じた一種の氣作用であるとなし諸説紛々たるものがある

ラ　ラジオ　本日のプログラム　霊怪談話会／滑稽…
●都新聞　昭和三年八月二十九日　3-283

本日のプログラム

〔東京〕

▼午後七時二十五分

◇靈怪談話會　柳田國男
泉鏡花
喜多村緑郎
中村古峡

◇滑稽掛合噺「おばけや」丸一鏡味小仙一座
番頭頓九郎　小仙
お化屋化安　小金
おしん　亀造
若者　小勝
若者　小松
雛子　道中

ラ　顔触れの面白い怪談会
●都新聞　昭和三年八月二十九日　3-284

顔觸れの面白い怪談會

「幽霊の正體見たり枯尾花」――幽霊なんて一體あるのか無いのかなどといふ野暮な評議はまづ止めにして兎に角幽霊……兎に角お化け……怪談會……更に言葉をかへればラヂオ向に靈怪座談會、何だか、段々怖くなくなつて來る樣ですが……お話し手は靈怪座談會といふ方では有名な人々ばかりで第一が嘗て貴族院書記官長だつた、民族學の權威柳田國男氏次が神秘的な小説家泉鏡花氏……鏡花氏がラヂオをやるとは珍しいと評判です……續いては、鏡花氏の物をよく芝居でやる俳優喜多村緑郎氏、喜多村氏の新四谷怪談は寫實風な凄味でゾッとさせられます、柳田氏のは少しく理論的な話ださうで、鏡花氏喜多村氏は怪談を一つ二つ位宛、最後の中村古峡氏は、變態心理學者で、以上三氏の靈怪座談に結論をつけるといふ豫定になつてゐます

割腹した武士が庭前に現はる
家族達が一人々々挨拶した

維新當時の實験談

【夜七時廿五分】＝柳田國男

柳田國男氏は、例の土俗學の立場から、その土地々々に發生した傳説、迷信

怪談

などに、獨特の興味を持ち、又研究をしてゐる人で、今晩の怪談の夕の出演者としては、相應しい人です、柳田氏の話としては、氏の近親者の出合つた例として、よく氏の話されるのは氏の祖母さんの口傳です、信州の飯田で、長患ひをしてゐた人がゐて、毎日猫が蒲團の上へあがつて、朝から晩までねてゐるので、あゝいやな猫だ、いやな猫だと云つてゐました、軈て、病氣が治つたので、猫を風呂敷に包んで捨てに行きました、そして、それつきり、その

人も

歸つて來なかつたといふ話があります、又氏の知人の話ですが、その知人の叔父が御維新の頃、蛤御門の戰ひに敗れ、天王山に駆上つて腹を切りました、明治初年招魂碑が建つて熊本の花岡山でお祭りがあるといふ前夜、親類のものが一同來て一泊し、いよ／＼夜が白みかけた時、彼の父が、手水を使ひに縁先に出て見たら、庭の橘の樹のこんもりした梢に、二十五歳で腹を切つたその勇士が、端然と控てゐました、おゝ來てゐるのかといふので、その勇士の一家一族を、縁先に呼んでずらりと坐らせ

一人

一人ひき合せたさうです、これなどは、決して、作りごとではない樣です

◇おばけ二いろ＝生首を啣へた妖魔は一筆齋文調の筆、左は佐脇嵩文寫の圖卷より＝（今宵の怪談會に因む）

ラ　物凄い老婆が病人の枕元に座る
●都新聞　昭和三年八月二十九日　3-285

物凄い老婆が病人の枕元に坐る
鏑木清方畫伯の夫人が
病院内身の毛をよだてた話

【夜七時四十五分頃】＝泉鏡花

泉鏡花氏といへば、あの一種獨特の味を持つ神秘小説を直に思ひ浮べます、從つて氏の周圍にはいろいろの

怪談

の持合せが渦を卷いてるさうです、その内の一つ二つについて、氏は「私は鏑木清方君とは長年の知己です

が、その奧さんのお照さんについて面白い話があります、お照さんが九ツ位の時、鹿島灘の近くの磐城平にゐた頃、近所の農家の十二三歳の男の兒が重い病氣に罹り、醫者もゐなかつたので、お照さんのお父さんが、神樣のお札を水に浸して飲ませますと、けろりと治りました、しかしその兒は、それから不意にゐなくなり

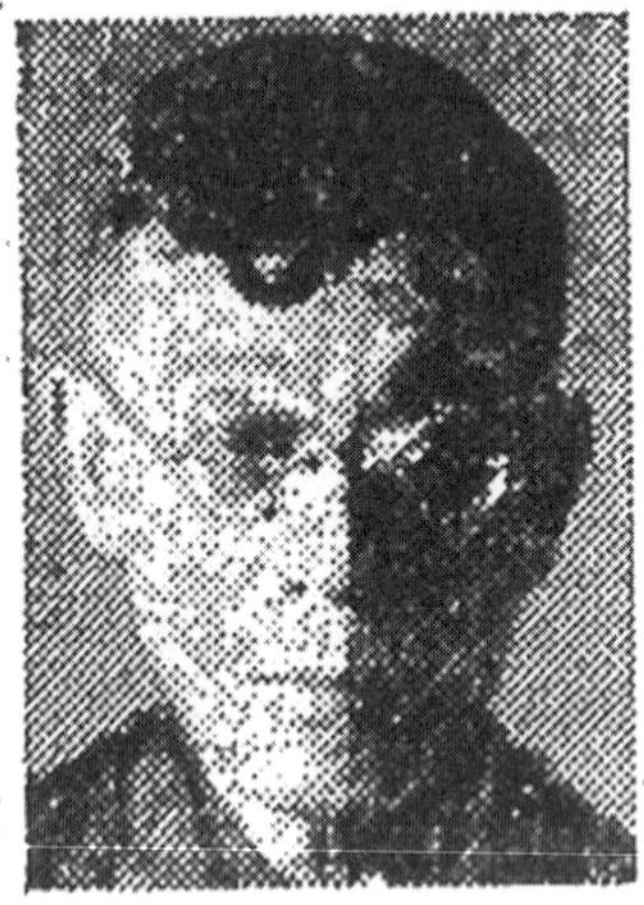

暫く

するとお宮のない神樣から貰つたといつて白南天を持つて來るのです、この南天は、そこらの付近の山などには決して無いものださうです、一種の神隱しにあつた樣なものでせう、又お照さんが、病氣で病院へ運ばれた時です、二三日經つたある夜、奧さんの頭の上で物凄い婆さんが、髮を振り亂して、坐つてゐます、奧さんがそれを睨み返しますと、婆さんは音もなく、隣室へ姿を消しました、その途端に看護婦が走つて來て「實は今奧さんのお部屋から誰か出たやうな

氣配

がしましたので、變だと思つてをりますと、一つおいた次の病室の患者さんが、天井を指さし何か來た、何か來たと譫言を言ひながら、息を引きとられました」と話したさうです……これなどは泉鏡花氏が直接本人からきかれた怪談です

撞かぬのに鳴る寺の本堂の鐘

葬式が來ると云ふ嫌な前觸れ　言づけをした魂が本題

【夜八時十分頃】喜多村綠郎

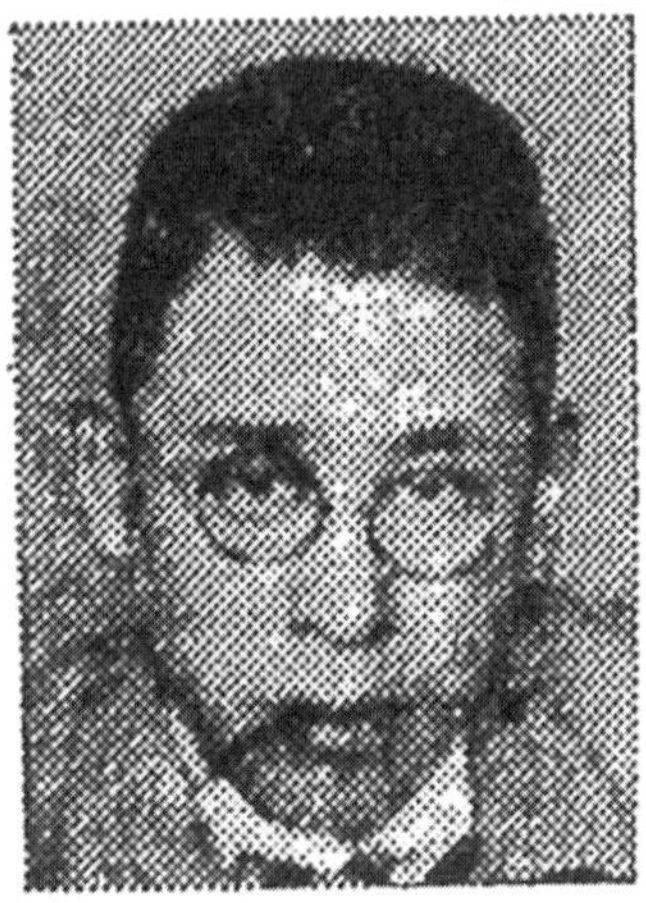

自分は怪談物の芝居を澤山やつてゐますが、それは怪談物が好きなのでありまして

芝居

ばかりでなく、幽靈の好きな人達ばかりを集めて怪談會などをしばしば催しました、幽靈は怖い、然しさア幽靈が出るぞと云つてから幽靈を出したつて凄味がありません、又怪談會にしても、いきなり怪談の傳説を話しても凄味は出ません、話す人も聞く人も、其場の雰圍氣がお誂へになつて來ないとピッタリしません「では一つこれから怪談をやりませう」と改まつて話し出しては駄目です、雨のショボショボと降る晩など、燈も何となくジメジメして、氣の合つた連中が四五人集まつて、ソト

怪談

じみた話に落ちて來る「僕が大阪に居た時分、ある大家の息子に骨無しの人があつたが」「ソム」「ちやんとして置けば何でもないが、今日は、とでもお辭儀をすると首がガクリとなつたままなんだ、一寸氣持の惡い相手だつたよ」「氣持が惡いと云へば〇君の嫂さんが死ぬ時だつたか……」「何かあつたかい」「うむ、今日か明日かといふ時だつた、看病してゐる人の耳に突然ピシャピシャと、手洗鉢の水でもこぼした樣な音がしたさうだ」「フム」「すると死にかゝつてゐた病人が、アアいい氣持だと云つたさうだが……」「そりや偶然の言葉だらう」「さうかも知れないがね」「時に

死ぬ

といへば何でも人が死ぬ時は前振れがきつとあるものだつてね」「うむ、僕の知つてるある坊さんが、夜中に本堂の鐘がカーンと鳴ると、明日はお客さんがあると云ふと、きつと翌日は檀家に死人があつたさうだ」「それに親類や緣者などへも知らせがあるさうだつてね」「誰か知らせにあつた事があるかい」などゝしめつぽい所へ「時に、これは僕が本當に見た話なんだが」と怪談話を持ちかけると、素敵に凄味がきく譯です、怪談話には是非此雰圍氣が必要なんですが、扨ラヂオでは寄席の怪談噺程の凄味を持たせる

準備

は出來ません、おまけに雰圍氣が無闇に利用されて來ては幽靈も出にくくなつて來てゐますからね……で、私の今夜の話の題は「言づけをした魂」といふんですが、底を割つちや面白くありませんから、內容の方はまだきかないでをつて下さい……と

人の靈魂は何故殘るか
科學的に說く
(午後八時四十分頃)＝中村古峡

中村古峡氏は變態心理學專攻の文學士で、幽冥界の解決を科學的につけようとしてゐる人です、今晩は、

解決

しんがりを承つて、それに一々獨得の解釋をつけて行くとのことです。如何にして、人間の總てが、この世の中に殘るか、そして、それが果して確實に形となつて現れるものかどうか、これは面白いことだと思はれます、「化物の正體見たり枯尾花」といふ句があります、或ひは物として存在するのでなくて、人間の心に、その樣な姿が聯想觀念によつて浮ぶのかも知れない、幽靈にしても、化物にしても、何にしても見る人の迷ひからかも知れません、これらについて、古峡氏などの

樣な

解釋を與へるか、これは前述者が各々その道の大家だけに、一層興味深い問題です

ラ　滑稽掛合噺「おばけや」丸一鏡味小仙一座で
●都新聞　昭和三年八月二十九日　3-286

滑稽掛合噺＝夜八時五十分頃

おばけや

丸一鏡味小仙一座で

この掛合は別に靈怪座談會に因んで新作した譯でなく、古くからあるもので、化安が小金、番頭が小仙で笑はせます

番頭の傾九郎が、あばずれ女のおしんといふのに引つかかつて、主人の金を使ひ込み、結局お約束

『通り』

心中といふ事になつた、男の方はてんで死ぬ氣はないおしんの方は本當に死ぬ氣だが

番「おしん、可愛いおしんや、ぢや此川に身を投げて死ぬとしやう」し「アイ」番「覺悟はよいか」し「南無阿彌陀佛」と云ひながら番頭の背中をポンと突いたから、アツといふと傾九郎は、獨りで飛び込んぢまつた　し「エヽ、世話をやかせやがつてオホヽヽ、とんだ白玉傾九郎サ」とおしんは赤い舌をペロリと出して歸つて行つた、こつちは飛び込んだ番頭さん、アツと思つたが漸く岸に取ついて泥まみれで陸へ上り　番「畜生ッ、ひどい目に合はせやがつた、財布の底をはたかせておいて

『揚句』

の果が心中の置いてきぼり」と懷へ飛びこんだ泥や鮒をかき出して手にさはつたのが、おしんと取かはした起請誓紙　番「一枚、二枚、三枚、四枚……九枚」と數へた時にドロ〳〵〳〵といふと「恨めしい」と出たお化け　番「お前は何だ」「九枚といふからお菊に頼まれて出て來た」番「お菊に恨まれる覺えはない人違ひだ……ハテ見た事のある人だが、お前安ぢやねえか」安「ヘエ、此頃お化の商賣を始めました」番「さうかい、それは都合がいゝ、實はこれ〳〵しか〴〵、おしんのあまに恨みを返してやりてえから、お前俺のお化になつておしんをおどかしてくれないか」安「ヘエ、そりやお化は

『商賣』

ですからお引受け致しますが、お化にも上中下の三つがあります、上の方は色々鳴物がはいつて萬事高級に出來てをりますが金が高い……」番「いや今心中に來た所で金は持つてゐないから下等で願ひたい」安「下等は私一人がうらめしいと出るだけで、鳴物がないと凄味がききませんよ」番「ぢや清水の舞臺から飛んだつもりで……エヽ、飛び込むのはもう眞平だが、上等にしやうか」安「ヘエ、お有難う存じます……」と云つたが太鼓を持ち合せてゐません、「こいつは困つたなア」と云ふと向ふから迷子さがしの連中が來た、化安がお手の物のお化でおどかして太鼓を取上げ　安「ぢや一つ稽古をしませう」

『先づ』火がボヤと燃える「そこで太鼓をドロ〳〵、一寸やつて見て下さい」番「トコトロンコトントコトン……」安「困りますな、そんな陽氣ぢやお化が出られません、ドロ〳〵とやつて下さい」番「ドロ〳〵」安「お化がぬかるみへはいつてる樣ですよ」番「尤も俺は泥だらけだ」安「呑氣な場合ぢやありません、さアドロ〳〵〳〵〳〵〳〵と……」番「ドロ〳〵〳〵」安「恨めしやア……と此呼吸です、さア出かけませう」とおしんの家へ來て見ると、おしんは火鉢の前で長煙管か何かで煙草をすつてゐる　安「さア、きつかけはようござんすか」番「ドロ〳〵〳〵」安「恨めしやア」するとおしんが煙草の烟をプーウと吹きかけたから

『化安』が「ハツクション」し「何だね晝日中氣がきかないお化けだね」安「夜は淋しいもんですから」し「愚圖〳〵せずと出て失せな」とピシヤリと閉つた　安「ウワツ」と飛び出して　安「番頭さん、とても手に合ひません」番「よし、權はねえ、今度は鍛冶店の與三と蝙蝠安を氣取つてゆすりと出やうぢやないか」安「ようがす……エヽ、もし奥さん、姐さんえ、すみませんが草鞋錢に四百ばかりおくんなせえ」し「何だ、今のお化けぢやねえか、四百がほしけりや持つてきな」と柄杓を放り出した　安「番頭さん迚も駄目です」番「よし、俺がやる……モシ、御しんぞ、おかみさんいやさおしん久し振だアな」し「そうしてお前は」番「蝙九郎だ」し「エツ」番「おぬしや俺を見忘れたか、俺ばかりを

『飛び』込ませて、よくもおぬしや達者でゐたなア、安ヤイこれぢや柄杓ぢや蹴られねえ……さア金を貰ひてえ」し「金がほしけりや、さア持つてきな」と今度はあたり鉦を出した　番「オイ、安」安「ヘエ」番「今度はチヤンチキの鉦だ、二人で巡禮にでも行けといふのだらふ、そんなら所始めに此家からやらふか」安「ようござんす」二人「父母の、恵みも深き粉川寺チン……巡禮に御報謝……」し「また愚圖〳〵してゐたのか、何だ今度は坂東巡禮だね」番「いいえ、番頭幽靈でございます」

昭和怪談―夜鳴きの怪の正体　3-287

獣　●国民新聞　昭和三年八月三十日（二十九日夕）

昭和怪談―夜鳴きの怪の正體

赤坂辨慶橋のお濠から夜な〳〵異樣のうめき聲が起る―さては同所で死んだ運轉手の幽靈だいや、化物だとうはさはうはさを生み、毎夜濠の周圍は恐いもの見たさの見物が黒山のやう、中には妖怪退治の冒險家(?)も敷人現れた始末、この冒險家の一人同區一ツ木町東京製米赤坂支店の配達人村上(二二)君は、われこそ退治てくれようと毎夜妖怪の動勢を覗つてゐたが二十八日深夜はからずも呻きの場所を突きとめたので、二十九日早朝、件の場所に行つて見ると、妖怪とおぼしきものがむつくと頭をもたげた、さてこそござんなれと濠に躍り込み拔手を切つて捕へた正體は、何んの事だ八百匁ばかりの古龜、辨慶橋の派出所に持つて行くとおまはりさんはどうもこんな龜があんな鳴き聲を出すだらうかと首をひねつた末、二十九日一晩龜を派出所のバケツの中に留置しお濠の樣子を見る事にしたが果して此の龜が正體であるかどうか今晩のお濠こそ興味の中心である

怪談会の蛇　喜多村青くなる　3-288

資　●都新聞　昭和三年九月三日

怪談會の蛇　喜多村青くなる

本郷座で喜多村が眞景累ヶ淵をやるについて、宣傳がてら二十九日に怪談會を無料公開する、司會者は喜多村とあつた、一體喜多村といへば怪談會の元締ででもあるやうに、いつ如何なる時に怪談會の催しがあつても、喜多村の名が入つてゐない事がない、先頃、同じ狂言を大阪中座で演つた時にも、今度のやうな怪談會の催しがあつて、中座の舞臺から、見物席へかけて一つ家をつくつたり、一座總出で仕掛けものをつくつたり、

がかりの大道具大仕掛といふ怪談ごつこになつた、會衆一同度がつたり、面白がつたり、それぞれ興じてゐる中に場內が異樣に緊張して會衆一同の目が眞劍にきよろつきはじめた、一つ家の

屋根に ほんものの蛇が三匹のたくつてゐるといふのであ

ふのは、あんまり油が强すぎると云やつて幹事の喜多村に小言をいふ人もあつたが、喜多村は一向平氣な顏をしてあれは鰻だよと打消してゐた、併し皆のさわぎがあまり激しいので、喜多村のこ〳〵と行つて見ると、なるほど一つ家の屋根うらに

寒冷紗 を張つてその中に本物の蛇が三匹のたくつてゐたこれは大變、一體誰がこんないたづらをしたらうと云つてゐる中に何しろあつい晩だつた上に人いきれの爲めに、蛇が元氣づいて、到頭寒冷紗をかみ破つて、屋根うらから逃げ出して了つた、さあ大變大變、と場內はいよ〳〵騷ぎ立つ

女子供 はあれよ〳〵と逃げ迷ふ、第一喜多村は眞靑になつて自分の部屋へ逃げ戾り、扉をぴつたり閉めて、ぶる〳〵慄へてゐるといふ有樣であつた、かうした騷ぎの中に、中老人が一人、のそりとやつて來て、悠々と三匹の蛇を手づかみにして、さつさと持去つた人がある、それで一同ホッとして

騷ぎは 靜まつたが、それにしても、あの勇士は誰だらうと詮索すると、近所の蛇屋の主人で、而も屋根うらに蛇を入れたのも此中老人の洒落であつたといふ

怪　矢部川の水源地　茶と木材と幽靈の絵で評判

●福岡日日新聞　昭和三年九月四日夕　3-289

法師蟬の聲に新秋張る 矢部川の水源地

秋色加はる日向神の絶勝 茶と木材と幽靈の繪で評判

九州山口大河下りも球磨の急流傳說の松浦川、維新鴻業の秘史を包んだ阿武川等々滴る綠、清き流れに暑熱を忘れ、どの川もが持つ傳說史實に昔を偲び興趣湧くまゝ冊足の早きに却つて恨むこともしば〳〵日數は積つて

◇　◇

＝此處筑後＝ の國矢部川のくだりは何時しか袷の風に衿かき合はする秋冷九月とはなつて水源矢部村の奧地は秋はやみ早や柿の熟れを知らするつく〳〵ぼうしの聲は旅舍の閉められた部屋にうら淋しさを送り、暮るゝに早い夕べのあはたゞしさは自づと遊子の足を早めさせる

◇　◇

「八女は茶どころ茶は綠どころ」茶の名所たる矢部川上流一帶の茶山は春の

＝茶摘み頃＝ にもなれば近郷近在から幾百名の若い男女を吸ひ寄せて丈なす茶樹の蔭に姉さん冠りの歌が見え隱れ長閑た茶山唄に草深い田舍は時ならぬ賑合を見せ、此の八女茶は一頃は靜岡本場ものゝレッテルで「綠どころ」のローマンスを包裝に包み込んでアメリカ邊りに洋行した時代もあつた相な

◇　◇

茶の外に矢部川は木材の產出が多い、欅とか、から松、雜木、斧を入れぬ千古の深山も多く「山に子がなく、木挽の子ぢやの木挽は子はない鋸の聲」の

＝木挽唄は＝ 矢部の富を稱にて今に里人に唄はれて居るが斯うして茶と木材に惠まれた山奧にある有難さにはアベコベに町ッ兒に「日本一の田舍」にされて了ひ柳川人の見た矢部村の人は蟶（あげまき）を喰つたことがないと言つては蟶の兵兒を取り違へて汚れ褌（柳河地方でヘコと言ふ）を御膳に載せたり、二階に上れば降り方が分らず猿の眞似して臀に匹ッん匍ひで匍ひ降りたり、屏風の立て方が分らず襖と勘違ひして夜通し引ッ張つて疲たりさせられたりして

◇　◇

柳河地方ではお伽噺代りに矢部の田舍振りを話して聞かせたりしたものだが今では製材には電力應用の製材が矢部村だけで十幾ヶ所、電燈も灯れば乘合自動車も通ひ今の矢部人は、その昔鐵道敷設の時線路が敷かれては子供が轢かれると言つて停車場設置に反對して繁榮を矢部川驛に奪はれやうとする

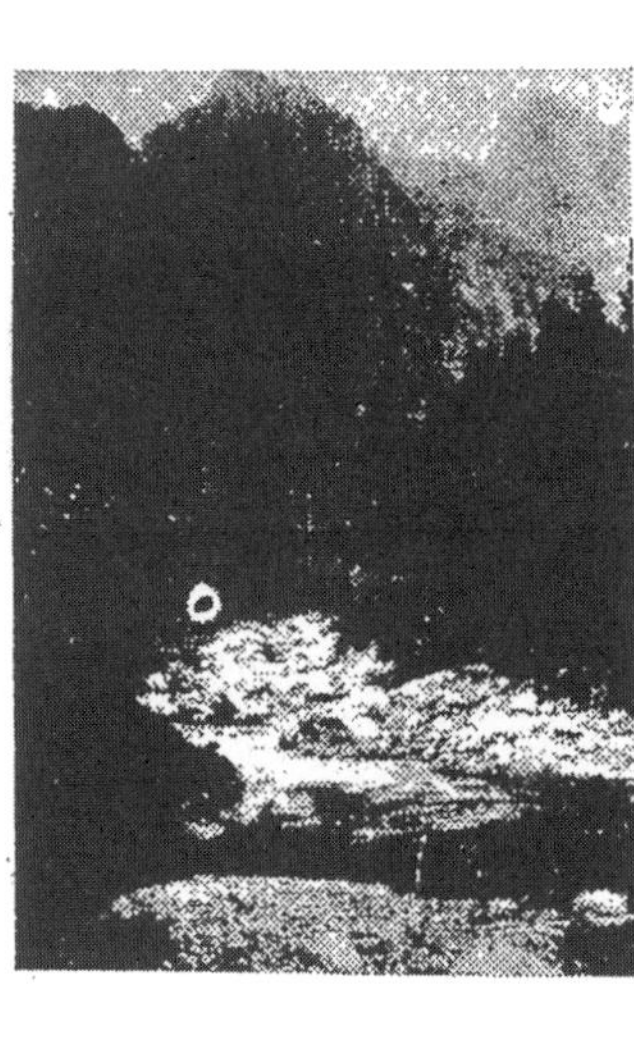

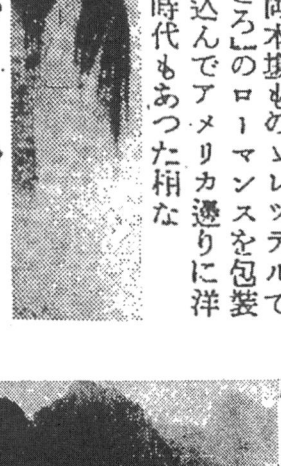

◇……日向神岩の奥

柳河人の先兒の不明を嗤つて居ると矢部の新知識は言ふ。

◇　◇

矢部の丘所には日向神岩と後征西將軍の御墓がある。

＝日向神岩＝ は八女日向神の天降りの地。天降りの時瓊々杵尊が岩と水の景勝の良い此處で一日清遊を試みられたことがあり其の宴席が「千疊敷」と呼ぶ千疊敷もあらう位の平な大岩で座興に岩を蹴破られたのが奇巌「蹴洞岩」馬の慰みをなさつた跡が「馬蹄石」と言つて大きな蹄の跡が岩に刻まれ、其の他俗說數限りないが、

◇　◇

日向神は耶馬溪の縮景だとあつて觀光客誘引のため此處に新四國の札所を祀る計畫もあるが可惜千疊岩には鐵町車に掛まで架けて自然の妙巧を損じたのは殘念である、祇園祭の黑木町は記念物大藏でも知られて居るが黑木の少し上手木屋村サダラの光蓮寺に女幽靈の寫生繪が傳はつて居る

＝七八十年も＝ 前のことか、住職石門先生が或る日のお晝餉時上院に拜見して居た時院の障子に音もなく人影がうつゝて浮かばれぬから」と讀經を乞ふた、そこで石門先生は形がなければといつて障子にうつゝた影を寫生したのが此の繪で毎年春秋の彼岸に供養する例であるが幽靈の主の墓は光善寺の近くにあるらしいが、幽靈は石門先生に正體を明すことを口止めして幽靈バナシは傳へられて居ない。

◇　◇

此の外福島の提灯、舟小屋の礦泉、大淵村なる村會議員男爵五條頼次氏と御百姓の殿樣立花伯爵が柳河に本邸を持つて一つ川の上と下に華族が二家ある因縁も面白いが柳河の鹹山餅、蛇飯（鰻飯）として詩人＝北原白秋＝ 氏、陸軍少將の町長さんと酒の瀬高の「大人形さん」は紹介すべく餘りに有名なはなしである。（終り）

怪　谷村の東漸寺山に大火柱が現れた

●山梨民報　昭和三年九月四日　3-290

谷村の東漸寺山に 大火柱が現れた

變事の前兆と 町民は大騷ぎ

去月二十六日午後六時二十分頃岳麓谷村町横町地先東漸寺山方面に電波の如き火柱が現れたので附近のものの中誰となく變事の前兆であるとふれ出した爲目下大騷ぎしてゐる

怪　沼津に奇習流行

●静岡民友新聞　昭和三年九月六日（五日夕）　3-291

沼津に奇習流行

怪しげなことを信じて

最近沼津市内の男子は右の足首に白糸又女子は左の足首に黑糸を結び付ける奇習が流行してゐるがこれは伊豆の或る漁村某家に最近人面牛體所謂件と稱する畸形兒が生れたがその畸形兒が不思議にも口を開き今年は悪病が流行するから記の方法を講ずればその災難をまぬかれると言ひ終るとその儘死亡したと傳へられるがうそか誠か信義なることはわからぬが昨今は一般市民間に流行されてゐる

幽　幽霊と語った話　蒲田漫談（三）

●大阪時事新報　昭和三年九月十四日（十三日夕）　3-292

蒲田漫談(3)

「もう逢へまい」「御きげん好く」

幽靈と語つた話

男優　新井淳の巻（下）

こゝに改めて御紹介申し上げるが、新井淳の怪談は近頃賣り出しのもので「うらう……うらめしや」とやる彼一流のどもり調が一層話をうまく覺えさせるその新井淳、容を改めての幽的ばなし。――これは嘗の怪談ではない。

話しはまだ日活の向島スタヂオ華やかなりし頃。今、洋行してゐる監督の衣笠貞之助氏が日活の女形として活躍する少しばかり以前のはなし。即ち衣笠氏の先代女形たる立花貞次郎の臨終に絡まる物語である。

女形だから立花貞次郎勿論美しかつたに相違ない。そこで新井淳け少しその艶めかしいところにボーッとなつた。つまり同性愛とでも云ふのでせうね、と先生なかなかしやれた事を云ふ。

ところで貞次郎、美しすぎたは

好いが、佳人病多しで註文通り肺を病んで何とか云ふ病院に入つて

しまつた。その時のはなしである。どうも難しいらしいとは聞きながらも、何とかして救ひたい、がやはり友達の間柄で、淳先生うとうとしてゐた或夜半、誰かゞしきりに身體を搖つて起さうとする。

起き上つた新井淳、ねぼけ眼で坐り直すと、病院でウナつてゐる筈の貞次郎だ。

「おい好いのかい？」淳が言葉をかけると枕許へ坐つた貞次郎、かすかに肯いた。

淳よく／＼ながめると入院する時は長髪を分けて、絣の着物を着てゐた筈だつたのに、けふはきれいに頭髪を丸坊主にして白けた衣裳を著けてゐる。しかし膝を組んだ彼らしい姿勢は別に長く病氣に苦しんだ人とも見えなかつた。

「お父さんやお母さんに逢へないかも知れぬが君からよろしく」と貞次郎は靜かに口を切つた。その様子は如何にも自然的であつた。

「何處かへ行くのかい？」「少し遠方へ行くからもう逢へないだらう御きげんやう」「それは名殘り惜しいなア、丈夫で行けよ」淳は出て行く貞次郎は坐つたまゝ見送つてゐたが、何だか妙なので、そのまゝ病院へかけつけた。

貞次郎は丁度呼吸を引きとつたところだつた。白裝束に丸坊主、——淳は「アッ」と驚いた。平氣で幽靈と語つた淳はこの時初めて恐怖を感じた。あれが幽靈だつたのだ。

「思ひ出して後で怖くなるなんて、ほんとに妙ですけれど、あの時だけは、本當に」ドモリながら語る淳は胴震ひしてゐる。

「私はその立花の二代目としてあんたの女形が好きなんですよ」と淳が語り初めると衣笠氏も「縁起でもない」と青くなつて逃げ出したと云ふ。（この項終）

怪　我郷土の伝説（六）　玉庭の名の由来とお化け地蔵尊

●山形新聞　昭和三年九月十六日　3-293

説傳の土郷我

（6）

玉庭の名の由來とお化け地藏尊

化けは化けても子供好

東置賜郡玉庭村　本間幸喜

四方皆、田圃に圍まれた中に小池に廻られ年ふりし松杉の下蔭に苔蒸した石のお宮がある、これが玉の池辨才天と稱し安政元年に建て替えたと云ふ、中には小さい木像が安置されて居る、毎年の農始めには餅や牡丹餅を供へて其の年の豐作を願ふのである、この池には古から耳の生えた大鰻が棲んでゐるとの言ひ傳へがあり誰も村の腕白連さへも網を入れたことがない。

×

未だ六七軒しかない此の里が漸く開け初めの頃、何不自由もなく豐かに暮してゐる老婆が居つた、が一人の子供もなく寂しく其の日を送つてゐた、處が或時親族からお玉と呼ぶ女の子を貰つた、お玉は其名の如く容貌美しく花の顏雪の肌其れは實に世にも稀な美しい子女であつた、幾歳かの深い惠みの露にうるほひて咲き初めた撫子の玉は僅かの病の床に就いてあつたが哀れ無常の秋風に只一人の老婆を殘して歸らぬ旅路へと去つた。

×

老婆は悲しさの餘り泣く／＼なき玉を想ひ儘ならぬ浮世を歎じつゝ暮してゐた、處が或夜、庭の隅に奇しい光の放つのを見た老婆は恐る／＼近づいて見ると其れは一つの美しい寶玉であつた、これはキッとお玉のなき形身であらう？と寶玉を納め周圍に池を掘り此れを祭り寂しい餘生を送つたと云ふ之が今尚存在する玉の池辨才天で玉庭の名稱が之れから成つたものであると云ふ。

×

これから僅か離れ縣道に沿ふた傍に延命地蔵堂がある、靈驗があらたな地蔵尊で舊七月廿四日の祭には鎭守の祭禮よりも參詣人に賑ふ位である、往古柿本僧正と云ふ聖僧が置賜山に大光院と云ふ寺を建てた處が麓を流れる犬川に毎朝梵字が顯れる、僧正の思ふには此の川上にはキッと己の信仰する佛陀がお在すに違ひないと一笠一杖に身を固め路なき野邊の草を踏み楫なき川を渡り漸く上つて來たもの丶早日は暮れて杉の木蔭に一夜を明かす翌日再び歩みを續け經杉の下蔭を流れる清い小川に佛陀の響きあり尊い梵字の流れて來た源と知れたのである此處に一夜を宿り奥の院として寺を建て之を寶幢院と名づけた。

×

元は地蔵尊を此の寶幢院に安置してあつたが今は寺は影も形もなく僅に殘る苔むした土臺石に、ありし日の面影を止めてゐるだけである、地蔵尊は一名化地蔵とも云はれてゐる、若し通夜等をして地蔵尊の方に脚を延ばして寢ると何時の間にか身體を廻轉されて頭の方が地蔵尊に向いてゐると云ふ。

×

未だ自分等の幼い頃、村の若衆等が集まつて秋の夜長の無聊さに思ひ出したのが——誰でも一人地蔵堂に安置されてゐる地蔵尊を持ち出すことに一決して或る豪膽者が『ヨシ俺が持ち出してやる』と地蔵堂に入らうとした處が疊が一枚立つてゐた『此奴コンナ惡戯をして俺を困らす氣だナ』と乘り越ると亦向ふに一枚立つてゐる、行つても行つても疊でトウ〳〵持ち出すことが出來ずに歸つて來たのである、御神體は眞黒い木像で僧行基の作であると傳へられてゐる。

子供の好きな地蔵尊と見えて祈願の爲め、納めた子供の頭巾や涎掛け、着物と所狹きまでに室中に飾られてゐる

されば堂は村の腕白連の遊び場所となり、毎日、子守娘や、鼻垂小僧の居らぬ時はなく、鐘を撞く、扉は叩く、鬼ごつこ、陣取りこ地蔵堂は實に子供等の樂園なのである。（終り）

妖　我郷土の伝説（七）　北山形駅の近くにふざけた天狗

●山形新聞　昭和三年九月十八日　3-294

我郷土の傳説（7）

北山形驛の近くにふざけた天狗

悪戯の跡だけ殘し目下行衛不明

山形市宮町　井上ながを

北山形驛のプラットホームに立つた人は誰しも東方四町にある杉木立を目に止めるだらう。

×

その杉に時は不明だが天狗が棲んでをつたと云ふ。その天狗は農夫の便をはかり、北山形驛附近を天狗畑と稱するが、今尚一枚岩の橋が殘り、天狗がかけたと傳へられて居る。その天狗はあまんじやくとみえ、農夫の便利になる樣な事もしたが、隨分惡戯振り否惡狗とでもいはうか、兎に角相當のいたづらをやつたらしく、其の住所なる慈光寺の門扉は取りつけても取りつけても引きはぐ始末、寺では呆れ遂に扉は永久につけないでしまつたと……それでもあるまいが今でも慈光寺の門には扉がない……また道行く人の鼻をつまんだり、持ち物をすつたり。

×

ある日何が氣に喰はぬのか、杉の梢にのぼり石をうつた、しかも大きい徑四尺もある石が七個だから、餘程天狗は變態になつたのかも知れぬ。

×

石をなげた迄はよいが、なげてからが問題だ、その七つの石は杉の方七町餘の田に落下した、しかもせまいたつた一枚の水田に申し合せた樣に七つとも落ち半以上埋もれて七個思ひ〳〵にぼつかりと落着いてしまつた、その儘天狗は去つた、鞍馬か、羽黒か、行く先不明になつたことだけは明かだ。

×

田の持主は仕事に邪魔だ除け樣と努力したが空しかつた、のけず終ひになつたばかりか持主はその場で頓死した、誰いふとなく云ひ

だしたのは「天狗様の祟りだ」

×

持主が變つた、邪魔ばかりか大きい石故耕地の過半は駄目だと經濟意識を出して人夫がゝりで除き始めた、ところが根がついた様でうごかない、埋やうと穴を掘り下げても泰然自若として動かない、亦失敗し、また再度の持主も死んでしまつた、また誰ともなく「あれは天狗様の祟りだ――」

×

以來勇敢に取除からうとする者もなく、石はまだある、二十世紀になり、二十世紀の四分の一もすぎたが天狗の祟りがあると信じ、誰も手をつけない、石をのいた所でそれだけの收益がないとでも考へなくもないだらうが、とにかく今尚苔蒸したまゝ一枚の田に並んでゐる。

×

若し折があつたら北山形の北東八町位たらう杖引きつゝみるのも一興だらうと思ひ天下にしらせる次第である。

我郷土の傳說

（8）

沼の主の憤りから赤子を水中へ

自ら招く德兵衛の禍

山形市外舟町　永山善四郎

隣村に行く通りがけには必ず見ることのできる、あまり大きくない沼があります。この沼は赤子沼と言つて、今でこそ皆樹木を刈つてしまつて、沼邊はすつかり平地になつてゐるのでそれ程にも思はれないが、其の頃は草や樹木は鬱蒼に生繁つて、晝でさへ當時暗くして氣味惡い處だつたそうです、しからばこの沼をなぜ赤子沼と言ふか！　それは丁度赤子がづきんをかぶつた様に形どつた、やゝ大きな石が沼の中部にあるからです。しかしこれにはある一つの物語りが傳へられてゐる。

×

この村には、その沼に昔から主が住んで居つて、一匹でも魚など捕つたりあらしたりすると村中に祟られると言ふ風說が傳へられてゐたので、誰一人として手を入れるものもなかつた、德兵衛とよぶ中年の男がその頃遠村からこの村に移つて來て住んで居つた。彼れは妻に死なれ二歳になる男の子の生長と好きな釣を樂しみに暮してゐた、彼れはこの村にある沼の風說を信じられなかつた、そして或夜こつそりと釣糸を垂れた、誰も捕へたことのないこの沼に、きつと大きな魚ばかりゐるだらうと、釣慾にたへられず――頭上にのぼつた折からの十三夜月の光りは沼面に反映たくさし込んでゐる、案の通り魚は澤山とれた、びくの中をのぞいて見た彼は喜びを滿面にたゝへながら、すたこら我家に歸つた、それから數刻後夜明け近くの頃である、大空もやぶれるかと思はるゝ大音響が村人の安らかな眠りを醒ましたかと思ふと、それに續いて風となり雨となつて、それが翌日になつても熄まなかつた。

×

折からの秋の收穫時の頃とて、殆ど困りはてた村人は相談の結果近村に居る占ひ者に德兵衛が總代となつて行つて、占ひを立てゝもらつたところ、占ひ者の言ふには「イヤ、これは貴村の噂の沼より誰か魚を奪つた者があるに違ひない、たしかに沼の主の祟りぢや」こう言はれて彼は内心ギクリとしたが、素知らぬ顔をしてゐた。占ひ者は再び一言つけ加へて言つた「しかし村より赤子一人を沼へいけにえとして捧げたら、暴風や祟りも止むであらう」と、村に歸つて此事を話すと、村人も場合が場合であるので、占ひ者を信じて兎に角それを行ふ事になつて、どの子供がよからうと言ふ事になつた。

×

すると德兵衛は物知つたように口出してはくじ引きに致さうと言ひ出した。それが運惡くも長い紙よりは自分に引けた。しまつたと思つたが後の祭り悔たつて仕方がない自分から口出したことゝて尻込みするわけにも行かず諦めるより外はなかつた。彼の子供は村人の手によつて早速沼にほうり込まれた。するとこの迷信めいた行ひが、果して偶然のことか眞實のことか、大荒れにあれてゐた風雨もだんだんに熄んで行つたのであつた。その事で愛兒をなくした德兵衛は、悲しさのあまり數日後とう／＼半狂亂の如くになり、ある夜愛兒の幻のため苦じめられて沼に行き狂ひ死をしてしまつた。

×

村が安泰になつたかはり、沼の祟りは彼一身に加へられたのだらう。こんな事があつてから夜毎にかの沼より赤子の父母をしたひて泣く聲が、物哀れにきこえてくるようになつたのである。後で村人は不憫に思ひ小さな塚を立てゝやつたが命日にはまだきくことが出來たそうです。

×

その年の秋も終り頃になつて、沼の水が減少した頃例の石が現れた。前の年には全くこんな石は無かつたもので、かの出來事後現れた物であるから、多分その子供が化石したのであらうと言ひ傳へられて居る（係りより＝明神社狸村の投稿者住所氏名なし至急御通知ありたし）

怪

我郷土の伝説（十四）沢庵の蛙鳴止石と乙松作睡り鯉

●山形新聞　昭和三年九月二十六日

3-296

我郷土の傳說

（14）

澤庵の蛙鳴止石と乙松作睡り鯉

南村山郡上ノ山町　太田昧兒

ねむり鯉

乗降客の多數で名のある上ノ山驛で三等車をすてる『ヘイ米屋』『月岡ホテル御案内』『〇〇屋』『△△屋』客引番頭の惜しげなくふりまく愛嬌が構外に吐きだされる群衆の雜沓に交錯して、溫泉町らしい第一印象をあたへる、車庫の前で、客待ち顔にドアを開けてゐる乘合に座を占める、やがて動きだした、安全第一の自動車に三ツ輪會社とは名が惡い滿輪とすれや結構だ——なんて、いらぬお世話を考へてゐるうち、我が十錢バスは矢來大橋を下つて大通りへ出た、新シボレー、ガダフォードが大道せましと上下してゐる。

×

さすが縣下自動車網の一中心よと頷かれる、觀音坂下大湯前四辻で車をすてゝ右手に入ると、そこには西本願寺風のお寺がある、まあこの近邊では、群をぬいて壯觀な巨刹である、當山こそ、この傳說をもつ無量山法圓寺（西派淨土眞宗）なのであるが、この寺の欄間に數種の非凡な彫刻がある、鯉龍、麒麟、鳳凰いづれも冴えたる手腕である、中にも鯉の彫刻が最も卓越してゐる。

×

夕日やうやく太平山に入り、夜のとばりが靜かに上ノ山の町をも野をも包む頃——一番星がきらめきだす頃——この元氣の眠鯉も眼をとぢて眠に入ると傳へられてゐるのである、この鯉こそ、我郷土のもつかくれたる名工乙松（堀田村半郷出身）の手になつた逸品である。

×

乙松は文政年間、江戸修業中、彫つた鼠を猫にとられ、江戸八百八町にその名を轟かした名工であるが、この鯉を彫るにも次のやうな苦心談がある、乙松、大川の水を堰入れた池端に莚をのべて、朝から晩まで一ケ月ばかり、多くの鯉を細々と穿鑿的に研究して、ややく手を下し、滿心の熱と力とをもつて彫つたといふのである。

×

左甚五郎のねむり猫は夜目をあき、乙松のねむり鯉は夜眼をとぢる、名工の魂、作品にうつる、また偶なるかなとでも申さうか？

蛙鳴止石

時は寛永六年、禪寺の名僧澤庵上人は、賜はつた紫衣が科となり、奥の細道、山越えて出羽の上の山へと流されたのである。

最上川早瀬に月も流されてしばし浮世にすむかひもなし

上人の心の中は如何ばかりであつたらう。

×

初夏の夜——空は眞暗で雨でも降りそうな氣配、裏の池で蛙がしきりになく。

×

こゝは松山の澤庵居數、上人は讀みかけの書をそのまゝ、靜かに庭へ歩き出た、そして菖蒲の滿開な池のほとりをしばし逍遙してゐる。

×

京を出でこゝに一年、配流の身として、萬事心淋しい今日此頃、花につけ月につけ強く襲ひくるノスタルヂヤ、自由の月日の待遠しさ、さすが上人も俗人と何の變りがあらう、何の大小があらう、しばらくの後、上人は池端の庭石に坐して讀經をはじめた、清澄な一句々々は四邊を壓し、何とも言ひ得ぬシーンである、と不思議や！今の今まで時節柄に啼いてゐた池の蛙、一つ二つとなき止んで、やがて蛙の喧噪は消え失せた、上人の人格に畏服し、讀經の有難さに斷なき蛙も鳴き止んで默したのであらう。

×

この石を人傳へて蛙鳴止石といひ、上ノ山小學校庭に現存してゐる（この項終り）

怪

我郷土の伝説（十五）

●山形新聞　昭和三年九月二十七日

3-297　豪勇の夫の変死に梅ヶ枝の…

我郷土の傳說

（15）

豪勇の夫の變死に梅ヶ枝の狂亂（上）

東根城主里見家の凶事

北村山郡東根町　押野源十郎

我が東根町は太古より早く開けたる土地として古事傳說が數多散在して居りますが今其の一二を擧げて御紹介申上ます

慶長年間の話――東根城主里見薩摩守景佐の臣にして家老上席の職波波武右衛門(?)は學才高く溫厚篤實の人物、其の女梅ヶ枝は容姿端麗資性亦溫良にして好みて學を修め諸藝に長じて居た、別けて孝心の情深く上下の信を一身に集めて居る評判の美女でありました。

×

一日城外實館觀世音（本像行基の作）に參詣同境内の讀經庵に休息致しました、同庵は前城主坂本親高の息女西姫が同觀世音に深く歸依し建立して自らの安息所となせし所であるが姫（梅ヶ枝）は別當某より詳しく其の由を承はり數々の遺物等を拜觀して始めて如來の有難さを知りそれより一途宗門に歸依して慈悲博愛の道を修業し罪障消滅を希ひ願ふたのであります。

×

後、縁有りて城主景佐の舍弟廣大に嫁す廣大は當時城内無双の強者武勇絶倫の人であつたが故粗暴の振舞多く終日山野に狩して鳥獸を追ひ廻すを日課とし居る有樣に梅ヶ枝深く之を愁ひ殺生の無益なるを說きて之が改心を伺ひしも更に聞き入れず益々斯道に猛進する樣な次第なので姫も如何ともなし難く只朝夕經文を讀誦して失はれたる鳥獸の靈を慰め一つには夫の心の寸時も早く邪道より離れ給はん事を祈願するのでありました。

×

今日も今日とて廣大は早朝より遊山と稱して多くの走卒を従へ城外に狩出をしました、城東一里餘川を渡り森を越え丘なす低地を踏み分けながら右に左に無數の山々の起伏する奥羽山脈の彼方へと歩みを進めたのです。

×

俗稱靜ヶ澤と稱する谷間の邊りに至り獲物や有らんと馬上より小手をかざして見てあるに丁度左手の山腹に突出せる奇岸有り數多老松生繁つて趣を添へ一寸した美觀を現出し有る所でありますが、折しも岩上高く輪を描きつゝある雌雄二羽の大鷲、稍有りて岩上に舞下りたので之を眺めると岩の中頃に洞穴有り、之鷲の巣を構へたるにして今や親鷲の雛を撫育しつゝあるを見た廣大、大に喜びよき獲物かな生捕にせんと人々の止むるも聞かず彼の岩によぢ登らんとしてあやまつて岩下に墜落其の儘死んでしまつたのであります。

×

城内にありて夫變死の報を受けたる妻の梅ヶ枝は夢かとばかり打驚き且つ悲しみ、日頃の所業或はかくやあらんと思はぬ事も無かり我郷土の伝説（十六）有徳の僧の説法で古狸にも…
●山形新聞　昭和三年九月二十八日　3-298

獣

我郷土の傳説

（16）

有徳の僧の說法で古狸にも佛性

法蓮寺寶物となる珍書

北村山郡東根町　押野源十郞

（下）

サテ八千八聲の苦しみと悲しみも最早是までゝ、いざや先立つ夫に追ひついて三途の川の道案内、自ら夫の手を引いて佛陀の前に額づいて夫婦が生前の罪業を謝し彌陀の御救ひに二世も三世も一蓮托生、更生の新世體を十萬億土の極樂世界に持たばやとあはやと云ふ間に梅ヶ枝は側への古池にザンブと投身、身ははかなくもなりにける。

×

餘り文句は義太夫か常盤津の樣になつたが、源平藤橘は未だ愚か西洋でも南洋でも戀には國境無しだワなんて、金にさへなりやすぐ右や左の才旦那様にするピカ金のモダンガール達には、洒落にもこれは出來まい。之が我國特有の貞女の鑑だそうですから、一寸そこらへんの方々に御通知申上げて置きます。

×

閑話休題梅ヶ枝姫が投身した古池は其の後清水と變りこん〳〵として玉の如き冷水が湧き出でゝ何時頃からともなく此の清水の附近の地名を其の儘梅ヶ枝清水と呼ぶ様になりました、尙廣大の死せる岩を廣大岩、附近を廣大山と呼ぶ様になり彼の清水と共に今尙其の儘昔を偲ぶものがあります。

×

さて次に話しは時代不詳、凡そ八百年前の話です、今の法蓮寺が未だ津賀山二の平といふ所にあつた時の事、時の住僧は學識高く道德堅固の譽ある者であつたので、老若男女皆之に歸依して居りました、或る年、施餓鬼大法會を營みました三七二十一日の間說法を試みましたところ善男善女我を競ふて聽聞に集ひ、門前市をなしたが、其の時候日時刻を違へず然も和尚の直前に座をしめ熱心に法話を聽聞してゐる一見賤しからざる白髮の一老人があつた。

×

この翁は倦まず和尚の說法に聞き入り或は感極まつてか面を掩ふて人知れず涕泣しつゝ何時も最後迄禮拜し居つたが、人々不審に思ひて、彼が跡を追ふにいつも山間の小徑に分け入ると見れば煙りの如く消ゐて更に何處の者とも判らず、皆々不思議に思ふて居るのでした。愈々二十一日の法會も滿願となり參詣人の皆歸りたる後、只一人殘つた例の老人、住僧の前に膝を進み先づ再拜の後曰く『我は此の山奥に棲む古狸なり今回有難き貴僧の說法を受け獸性を脫する事を得たり。依つて萬分が一の御恩報じの爲め、一筆を印すべし』とて紙硯を乞ふたので云ふが儘に筆紙を與へた處、和尚の面前に於いて何等臆する事なく悠々と筆を振ひ之を和尚に與へて立ち去りました。

×

和尙不思議に思つて右の書き物

しが今正しく此の悲報を聞く。身は半狂亂となり心も千々に亂れ髪は頭へる手足は七上の空、落ちる淚は拭ひもあへず人前もあらばこそ帶の解けたるも構はず、城外津賀の宿迄驅け出し、夫の死せる山の邊を見つめて居りましたが、やがて從者の夫の死骸を擔し來るのに會つて急ぎ走り寄つて我が夫を見るに岩に臉を打ちにけんしみ出づる血は、蒼白なる顏面に紅葉を散らし齒を食ひしばつて兩手を堅く握りしめ無念の形相を現しぬれ共全身冷却して呼べ共答へず叫べ共應ぜず。如何に生者必滅、定めなき浮世のならひとは云ひ作ら今朝迄は鬼神をもひしぐ勇將も變り果てたる御姿かな、嘗て妾が幾回も申し上げたる諫言をとり上げ下さる事もなく、今此の有樣は何事ぞ嗚呼自業自得か因果應報か佛陀の怒りにふれ給ふ無覺の夫にやありしかど今最愛の夫に別れて我れ一人此世に生き永らへたとて何の樂しみあるべきぞや……この邊義太夫もどきで文句が一寸變だが モ少し我慢して讀んで貰はう。（つゞく）

を見るに彌陀の立姿をものせんとしたる者にして其の意を得る甚だ遠き者なれども筆勢また頗る珍妙にして人間共のよくし與はざる所もあるとか、けだし天下の珍と云ふべく今尚法蓮寺寶物の一として同寺に秘藏してあり信心堅固の参詣者に隨時拜觀を許すとの事です

獣　我郷土の伝説（二十一）月も明るき山村に異形の…　3-299
●山形新聞　昭和三年十月三日

我郷土の傳説 （21）

月も明るき山村に異形のはら鼓（上）

田麥野村、昔は狸野村

北村山郡田麥野村　藤田喜代子

北村山郡田麥野村はもと狸野村といつた。それはこのお話となんかのかゝはりがありそうですこのお話はこの村にいつの頃よりかつたへられてゐるのです。

×

どこから來たか、夕暮近くあじろ笠深く鉦をたゝいて一人の六部僧が山奥の小さな村に訪れた、やつとお祭がすぎたといふのに高殿には草野葡萄は紫に、山漆は紅に、秋ももうじきそこまできてゐることを告げてゐた、夕暮のうすい煙は、しのびやかにのぼつてゐるのも木陰にみることが出來た、僧は鉦をうちつゝ一心に讀經して一軒二軒とあるいてゐたが大きな楢の木のある家の門口で鉦をはたとやんだ、そしてそこの主婦らしい老人と立つてなにか話をしてゐる姿が赤い夕陽に映れてゐる。

×

この村は奥羽大山脈の奥深く僅か十數戸にたらぬ、さゝやかな村であるが、そこの村に不似合に大きな社があつた、その社がある社の前は廣い野原になつてゐるが入口の朽た鳥居を入ると古木茂つて數町の間は薄暗い小道になつてゐる、拜殿のところはパット明るく日がさすが奥の院はやつぱり薄暗いまでに茂つてゐる林の中にあつた、この村に一寸した異變があれば勿論、雨がふりつゞいても嵐がしてもそこに額づくのであつた、村人の敬崇のまと[illegible]ろいのちの中心ともいふべき社であつた、ところが三年に一度若い娘を一人そこに、いけにゑにするのがいつ頃からのならはしであつた。

×

ゐろりを圍んで老夫婦は一人の若い僧としみ〴〵話をしてゐたがやがて三人は佛壇に向つて夜明けまで讀經をつゞけた、有明月は傾いても、秋の虫はまだしきりにないてゐる、次の日も六部僧は鉦うちならし、その村のかど口に立ちつゝまはつた、老夫婦の外は誰一人その僧の顔をみた者がなかつたその聲をきいて、たぶん旅に疲れた年とつたお出家様としか思つてゐなかつたらう、又その日の夕暮どきから明神社にその姿を消したことも誰一人しらなかつた、この旅僧によつて昨日の夕暮から靜かな寂しいこの村にくしき波紋を擲いたこともうみんなから忘れられてゐた。

×

旅僧は社の拜殿の天井裏に潜んで夜の來るのを待つてゐた、やがて月かげが木の間をもれて夜はます〳〵靜けさをましてきた、全く物音がない、草木さへ眠るてふ丑の刻、そのときさや〳〵と尾花がゆらいで生温かい風が吹いてきた天井の節穴のところにゐる旅僧の六部は今や一つの眼と二つの耳になつてゐる、そのとき俄然奥の院にミシリッ！ミシリッ！と偉大なるものゝこなたへ歩むひゞきがした、つゞいて小さな早い騒然たる足のひゞきがつゞく、やがて拜殿の廣場に、黒い怪物が二三十列んだが一同ひつそりとしてゐる、頭らしい大きなものは、しきりに鼻をうごめかしてゐる、やがて一同を床下やまはりをさがしめ天井をも小首かしげつゝ嗅いでゐる、やがては安心したものゝごとく頭を中心に冴え渡る月に向つてならんだ、頭はやなら立つてくまなき月に見とれることしばし、やがて腹をまんまるにふくらせて忽然と自分の左手で『ポン！』とうつた、つゞけて右手で又『ポン！』と打つた、冴ゑかへる月の深山の木だまにくしくもひゞく、かくては左と右と交る交る打つ彼は自分の腹の律動的なひゞきに恍然としてよへるごとく交代する左右の手はます〳〵強く、列べる小さきものゝ眼はおく露の玉のごとく光る。やがては一同立つて手をそ

ろへも己が腹をうち鳴らす、やがては唄ふ。うちつゝ唄ふ。遅く、弱く、早く、強く、それにあはせてたみ鼓の唄……（つゞく）

獣　我郷土の伝説（二十二）　花は咲く村の平和…　3-300
●山形新聞　昭和三年十月四日

我郷土の傳説

（22）

花は咲く村の平和 ベンペコ太郎（下）

田麥野村、昔は狸野村

北村山郡田麥野村　藤田喜代子

夜は益更け月は益冴ゐる、やがて頭は一だんたかく

『ベンペコタロにあのことこのことききかせんな！』ポンポコ。ポンポコ

と唄へば一同は聲をそろへて

『ベンペコタロにあのことこのこときかせんな！』ポンポコアポンポンコ。

頭は

『シイナノオノ國のベンペコ太郎にきかせんな！』ポンポコ。ポンポコ。

一同は

『信濃の國のベンペコ太郎にきかせんな！』ポン、ポコアポンポンポコ

やがて一隊は歩調をそろへて踊れば一隊はそれに合せて腹をうつ。

×

その秋も更け灰色の空と陰鬱な北風がもたらす冬も和やかな暖かいそよ風にかはり、恵まれた總ての草木は堅い褐色の鱗片を一片二片づゝ破つて黄ばんだ柔かい芽をふく頃になつた。

然しこの村の人々は皆暗い顔をして笑ひ聲一つきくことができなかつた。

それはあの杜の一本櫻の咲く夜を思つては、身震ひするからであつた。

と云ふのは花咲く春の宵にこの村の一番美しい娘をいけにえにせねばならぬからであつた。

しかしそれはしきたりで呪はれた運命とすら思つてはならないとさへ皆んなが思つてゐた。

×

村端の一本杉の梢に高すぎから鳥が一羽異様に啼いてさの村に異變のあることを告げてゐます。

日毎にふくらんでくる花の蕾を見では村の人々は泣かされてゐます。まして、この聲を聞いては耕すものは鍬を置いて長嘆息をもらし衣縫ふものは子を抱いて涙を流し、糸を紡げるものは念佛を唱へてゐました。

ところがそのとき大きさ獅子の如き猛犬、信濃の國のベンペコ太郎はいつぞや現はれて旅僧に伴はれてその杉の下に現はれました、然しそれを知つてゐるものは總ての老夫婦たけであつた。

ベンペコ太郎は太い尾をふつたり、首をあげたり土にこすつたり、くる〳〵廻つたり、喜ぶやうな苦しむやうなさまであつたが旅僧の指す杜に飛んでいつてしまつた。

旅僧と老夫婦は佛壇に向つて讀經してゐた。

×

その後小一時間も過ぎると、この杜の東方約小半里の谷間から猛犬の吠ゐる聲があたりの谷々にひびく。續いて異様の獸の叫び聲うなり聲が入り亂れて、凄愴とても聞く事が出來ない位であつた。

村の人々は、續く凶變に戦いて唯々神に祈り佛を拝むのみであつた。

日は暮れてその叫びは益々亂れ益々凄愴を極めたが途にひつそり全く靜けさにかへつた。

その夜は眞つ暗で、やがてはしよぼ〳〵と雨さへ降つて來た。

灯をともしてる家は一軒もない死んでゐるやうな、窒息してるやうな奥山の小さな村、幼子の泣き聲すらしない寂しさ。老夫婦と旅僧は線香をともして、眞つ暗い中にしめやかに讀經してゐた。

×

不安の一夜は明けた。

天も地もそのまゝであつた。

雨は全く霽れたが、まだ暮靄は谷間をこめてゐる。

血みどろになつた小牛のやうなベンペコ太郎は老夫婦の軒下にねむつてゐた。

旅僧はベンペコ太郎を伴つて此の村を去つた。嵐のあとの一日二日は只恐怖の中に過ごしたが三日目に老夫婦は明神の杜に額づき、騒がしたる事をわび且つ怪物を掃つたことの喜びを申上げ村民にもその旨を告げた。

やがて村の櫻の大木はらんまんと咲いた。

村人のだれの目にもニコ〳〵笑つて花が咲いてゐる。いけにえはもうこの春から必要がなくなつたのである。

老幼男女は花のもとに神酒にを

どり神酒に唄つた。――めでたしめでたし………。

附記＝その猛犬も重傷と疲勞とで歸途一里の山口村で死んだ。今山口村の妙けん神社の境内にその妙犬をまつる碑が建つてゐる。又明神社も一本杉も村に現存してる。

一讀者より＝我が郷土の怪談及我が郷土の傳說を後日單行本にして頒布しては如何

怪 我郷土の伝説（二十三）雨を降らした武士 地主の…

●山形新聞　昭和三年十月五日　3-301

我郷土の傳說（23）

雨を降らした武士 地主の娘要求

町の東南のオケサ沼（上）

最上郡新庄町　高橋民三

新庄町の東南一里半の處に、大自然の松林金澤山と申す官有林が有ります、昔金澤三千石大半の水源地でありました、其の山奥にオケサ沼と申す沼がありますす此の沼に關して、昔からある傳說を申上げます

×

今から丁度三百五十年許り前、戸澤侯が新庄に入國なさらなかつた頃、或る年新庄地方は稀有の大旱魃に見舞はれた事がありました、連日打續く炎天に大地は燒付く樣に日中すいわらじで歩けば足の爪先が火ぶくれになる位、畑地は勿論田園には夥しき龜裂を生じ作物の枯死さへ所々に見受けられ、飲料水にまで差支る樣になりました一般人民の悲歎は如何ばかりでせう、取わけ農民等は毎日の雨乞ひ祈禱神參りにあきたらず雨乞ひの行列さへ行はれましたけれど雨は少しも降りませんでした、日々の仕事も手につかず、空をあふいでは深い哀愁にくれる許りでした。

×

當時新庄町金澤に布屋萬兵衛と申す情深き大地主がありました、萬民からは、親父の樣に尊敬されて居りました、或る日地主は何時もの如く空をながめ天候にぐちを言ひながら自家の田地に見廻りに來ました、稻は半枯れ、田のほとりの小川には一滴の水もありません。

×

――地主の頭はいつしか不安の念にそまりました。地主は水恋しさに水をたづねて水源地金澤山の奥にふみ込み、大きな沼につきました。沼は周圍七八町位水青黑く、四圍の松樹をさかさにうつし一見氣味惡げな沼でした。地主はかたへの石に腰をおろし、青く黑ずんだ水をうらめしさうにながめ、深い物思ひにしづみました。

×

午後の太陽は尚かん〳〵と照りますす。地主は沼の水をば田地に引いて見たいと幾度も一心に思つて見ました。物思ひに時を移した地主が歸らうとしたのはもの黃昏近く、四圍の松樹の梢に淡い陽光がかすかに照つてゐました。

×

と丁度其の時一人の若武士風の男がどこともなく現れました。庄屋はすかさず武士に『これは旅のお武士樣何處へ御越しですか』と尋ねました『エ、拙者は旅の者ちやが道にまよひ難儀いたす、どうぞ久里まで案内して貰ひたい』と素より情ある地主ですから早速自分の家につれ歸り、家内一同で武士を待遇しました。

×

サテ地主が色々世間話の末、今年の旱魃に人民が非常に苦しんで居る事を聞かせました、最後に今雨を降らせてくれる樣な人がありましたならば、其の人に私の物望み次第差上げ娘も三人の中、其の人の好きな娘をも上げます等と申しました。

×

考へ（〳〵）ら聞いてゐた武士は何思つた事か急に立上り『然らば拙者が雨を降らしてやる、其の代價として娘一人貰ひ受けやう』地主は苦しい時の神頼みのやうに一も二もなく承知しました。

×

降雨の代價として娘一人貰ふ約束を堅くした武士は其夜家内のとめるのも聞かずどこかへ立去りました、と其の翌日不思議や、天候一變して正午時分から盆を覆へす樣な雨が降りました、雨を待ちこがれた人々は雀おどりして喜びました、わけても地主の喜びは如何でしたでせう、雨は翌日の夕方まで降り續きました、其の夜の事、地主の家に前に武士が參りまして

約束通り娘を貰ひに来たと申しました、地主は今更の様に不思議に驚きました（つゞく）

怪　我郷土の伝説（二十四）村人と父とのため沼の主の…
●山形新聞　昭和三年十月六日　3-302

我郷土の傳説（24）

村人と父とのため沼の主の妻に

（下）歳は十八犠牲のおけさ

最上郡新庄町　高橋民三

驚いたものゝ約束した上は是非もありません、地主は降雨の禮を厚くのべ、武士へ末子のおけさを與へなければなりませんでした。

地主には三人の娘がありました。姉をおさきと云ひ今年二十二、妹いゝおしん二十、末子おけさは十八でした。

×

末子おけさは姉達二人に比べて心も手藝も容貌もはるかに優れ近所界隈の評判の娘でした、地主は最愛の末子を末の楽しみにして居ましたがこの娘を心も知れぬ武士に與へるのはいやになりました。

しかし約束です、仕方がないので明日の夜與へることに定めました武士はかへりました、其夜地主は娘に事の仔細を語りました、おけさは『身も心もわからぬ人に嫁ぐはいやです、けれど村の人のため父上のためなれば私は決していといひません』と泣く〳〵承知いたしました。

×

翌日以前の武士が来まして『拙者宅は新庄の東十數里にある。拙者は賑かな城下の武家の子です、一ヶ月經ちましたら里歸りに参ります』と申残して娘を連れて去りました。やがて一ヶ月になりました。

×

丁度舊暦八月十五日でした、地主の家では、娘の里歸りだとて用意萬端整へて待つて居りました。夕方近く二人の姿が見ゑました。地主夫婦は快く二人を迎へました、娘はやがて両親の前で嫁入り先は賑かな城下の立派な武家だと告げました、これを聞いた親達の喜びつたらありません。

×

時が經ちまして就寝時になりました。娘は床に入る前、母にこう申しました『御願ひです。どうぞ私の寝た所を見ないで下さい』見るなと言はれゝば、尚更に見たがるのは人情の常でせう。母親は夜中便所の歸りに、娘の部屋を見ました。

×

と室をのぞいてびつくり、母親は『アレ！』と悲鳴をあげました。叫ぶも道理、娘は室一パイの大蛇と寝て居たのです。それは大蛇の化身であつたのです

×

自分の秘密に感づかれた二人はすぐ起きました。娘は『御母様私は御母様にこんな所を見せ、母様に心配をかけてすみません。私は親達に心配をかけない以上、二度ともう此の家にもどりません、私は私の家に歸ります。私の家は此處から東二里位、金澤山の奥の沼です。御母様これが私の一生のお別れです。御母様達者で暮らして下さい。これも皆世の爲め人の爲です母様年々今月今夜私の家を訪ねて下さい、どうぞお願ひです』と娘は泣く〳〵申しました。

×

二人は家路いや沼路へとたどりました。折しも雲間に顔を出した十五夜の月は、二人を悲しくてらしました。風姿立派な武士の月にうつる影は見るも恐ろしい大蛇でした。名残惜しげな娘を見送つた母親の目は悲しい悲しい哀愁にとざされました。

×

其後年々八月十五日、母親は此の沼に娘のすきな供物を持つて缺かさず参りました。此の事を聞いて以来村人は此の沼をオケサ沼と申す様になつたのです。今だに舊八月十五日に沼の前で『おけさやーい』と呼べば『おゝ』と答へると言ひ傳へられて居ります。幾星霜静かに青くすんだ水面は沼の底へこの物語りを秘めて、沼辺のあいは風のまゝにこれを物語つてゐ

ます（この項終り）

我郷土の伝説（二十五）老僧の死屍変じて…（上）　3-303
●山形新聞　昭和三年十月七日

怪

我郷土の傳説（25）

老僧の死屍變じて達摩像となる

畫像の達摩は酒を呑む（上）

東村山郡豐田學校内　原田たつ緒

――はしがき――
私の村の達摩寺に『生き達摩』と呼ばれてゐる掛物がある。其の掛軸にまつはる世に奇しき傳へを書いて見ます。」

×

今から約三百七十年程以前の事です。山邊右衛門の督の遺臣に原田大學と言ふ人が住んで居た。此の人は達摩寺村の庄屋を勤めてゐる人でした。

×

淺春の頃ほい夕靄の千切れ飛ぶ黄昏時とぼ／＼と破れた法衣に杖をつき重い足どりをした眉白の雲水の僧がうるんだ眼付と空腹とに堪え兼ねて時の庄屋大學の宅に入つた。入口にたゞずみながら云ふ様『どうぞ旅の僧であるが一夜の宿をお借し下さい。どんな處でも厭いませんから……』と。
大學氏は元より情のある人。早速請に應じて座敷に通して大いにもてなし四方山の話をして其の夜は寢についた。

×

ふと目をさましたる大學は彼方座敷より苦痛の爲めに呻吟する聲が耳に入つたので大いに驚いてかけつけると僧は苦しげに臥れてゐた。介抱する大學を見上げて
『いやとんだ御迷惑掛けまして誠に恐れ入ります。私は骨肉も及ばない貴殿の御情に感謝して何等かはりなく瞑目することが出來る。ついては貴殿どうぞ一の縁と思ひ下さつて私の死後をよろしく頼む。そして燒かずに瓶に入れて須川の傍の櫻の木の下に埋づめて呉れ、そして七日たつたらその瓶の中を見てくれ……』
から遺言して老僧は大學の手厚い介抱も甲斐なく逝つてしまつた。

×

大學は僧の云ふ儘に叮嚀に野邊の送りを濟まし七日目の夕方半好奇心にかられながら其の埋めた瓶の中を見ると僧の姿は何處へともなく跡形もなく中に一幅の掛軸があつた。大學しばし茫然として急いで家に歸り開いて見ればこは不思議、達摩大師の畫像であつた。
かゝる話は村一帶にひゞき渡つた。參詣人が大學の家に拜を成して連なり連日連夜老幼男女の足音のひゞきが絶えなかつた。

×

ところがこの達摩像は參詣人の供へるとり／＼の供物をまたゝくまに食くふまゝさへ[illegible]る……といふ噂がぱつと響き渡り誰云ふとなく生達摩様と呼ぶに至つた。そして參詣人の上げた賽錢は一日中籠に數杯の多きに達したといふ。
大學つく／＼思つたらしく。若しも我家に祀りて失禮等ありては却つて佛の尊嚴をきずつけん事を恐れて早速菩提寺なる少林山達摩寺に寄進した。

×

住職は須彌壇に祀りて旦夕いろとり／＼の供物を上ぐるにまたゝく間に食つてしまふ。あまつさへ斗酒猶辭せず、醉へば顔を赤らめて、小唄の一つも唄ひたい様子である。
しかし星移り月代り幾年月を經るに從ひ掛軸の表裝いたくいためたれば住職はる／＼江戸の某表具師の許に表装にやつた。間もなく表装が出來たとの通知により急いで見るとすざる掛軸五六幅あつて、表具師の云へる様『貴殿のお掛軸がどれであるか一寸失念致しましたからどうぞ此の中から御自由にお選びなすつて下さい』と、住職は其の一を選んで持參して村に歸り又須彌壇に祀つた。

×

或る時、子供等大勢が御堂で遊んでゐたがつく／＼と其軸物を見て云へる様『和尚様、此の達摩様は元の達摩様と違つて少しも目ばたきもしません、達摩様は死んだのでせうか……』子供等の言に初めて氣付いた住職は失心せんばかりに大いに驚いて、見るまに顔色蒼白となつた（つゞく）
――貴社募集にかゝる郷土の怪談傳說を單行本とせよとの一讀者の提議に賛成します。想像を描きたる小說などより興味を持つ吾等も冊子頒布に大賛成であります

怪　我郷土の伝説（二十六）　火の中を躍り出る…（下）

●山形新聞　昭和三年十月九日　3-304

我郷土の傳説（26）

火の中を躍り出る 達摩の懸け軸

（下）

危い處で身賣りを免る

東村山郡鹽田學校内　原田たつ緒

毀像の達摩さんが死んだと云ふので住職は早速村人を集めて事のよしを語り、とやかくと相談し合つたが如何せん施す術もない。いら〳〵した落ち付かぬ心を抱いて寢に就かんとしたが眼がさえてねむれず。床の上にてん〳〵してる中に住職の枕元に當つてたゞならぬ音あり、住職眼をやればそれは達摩大師のお姿であつた。

×

住職暫し茫然とするにお姿曰く『私は今穢むの表具師の爲めに苦しんでゐる。そして私は達摩寺に歸る事も出來ず偽せ物と取り換へられて仕舞つた。愚圖々々してゐる間に私は別の所に賣られて仕舞はねばならぬ。一日も早く取り戻して達摩寺に返して呉れ。汝が參れば表具師は又五六軸の寸分違はない掛軸を示して汝の目をくらますであらう。そして汝はしかと私を見定める事が出來ないだらう。其の時の用意として笹の葉を用意せよ。そして何れなるか不解な時順次に其笹の葉にて目を撫でゝ見よ。其の時目ばたきする者はたつた私一人のみじや……』

と、住職大いに喜び胸に一縷の望みを託して夜明けを待つていそいそと出發した。

×

表具師の許で事の次第を述べ取り返さんとしたところ表具師は例の如く五六幅の軸をとり出して何れにても自由に選べと云ふ。住職教へらるゝまゝに袂より笹の葉を出し順次になでて行くとフト目ばたきせし達摩大師がある。住職占めたとばかり持つて歸鄕した。その日恰も舊の三月五日の日である

×

住職は大いに喜んで、村へ歸つた上村人と熟議の結果盗難をおそれて村の親方で保管する事にした所が折惡しく其の親方の家から火災が出來て混雜の餘り其の大切な軸物を持ち運ぶ事が失念してゐた初めて氣の付いた親方はすは一大事、寺よりの貴重な預かり物を燒いては何とも申し譯がないと悄然として燒け跡と化した我家の品物を見廻つたが、あらう筈がない。

ふと見ると裏の柿の木に異樣なものが引つかゝつてゐる。おどる胸をしづめながら近付いて見れば、そはまぎれもなく達摩大師の掛軸であつた。

×

此の事あつてより壇徒總代の宅にあづけ火災の虞れのなき土藏中に入れて置く事となつた、現に原田某氏宅にてあづかつてゐる。

毎年舊三月四日の夕暮時住職は小僧に寺男を引き連れ壇徒總代の宅に行つて達摩大師をお迎へ申し翌三月五日未明の四時頃迄三時間村人に對して御開帳してゐる。

御開帳中は二名の見屆け役と村内若者の嚴重なる監視のもとに參詣を許される。

×

御開帳當日は古を偲ぶよすがとして酒樽數個をお供へして奇しき佛を偲んでゐるが一年の中たつた三時間の御開帳後は又嚴重なる封印をしてお迎へ時と同樣に壇徒總代宅にお屆けする。

×

かゝる奇しき云ひ傳へあるものなれば近鄕近在の老幼男女陸續として參詣しばしば人垣を築く。其の昔水野公もしば〳〵御參詣せられたと村人の唇よりもれてゐる。以來我達摩寺は其の後火災なければ村民皆火災の神として深く信仰してゐる。

因に達摩大師の筆者は定かならねど二樣あり。一は狩野元信なりと云ひ一は鄕の目右京之進なりと言ひおれど確たる記錄はなし（この項終り）

怪　我郷土の伝説（三十一）　小白府の悪漢弥助…（上）　3-305
●山形新聞　昭和三年十月十四日

我郷土の傳説（31）

小白府の悪漢彌助 生き埋め事件

清源寺助命奔走の主

（上）

南村山郡山元村小白府　川合右平

小白府街道は村山総点標より右折すれば点々まばらに桑畑の間に存在して往昔より開拓の地と種々の古跡を有してゐる小白府本郷組である。又左折すれば元富地及置賜に面より北ノ山町に通ずる道がある今は只昔時の交通繁き面影を止むばかりであるが、この道に従つて約二十町ばかり行けば雑木林中の笹藪中に高き塚があるのが本篇、本餘たる彌助の墓である。

×

又小白府街道より右折し小白府の入口に「人取り地蔵」と名稱ある富地藏寺の堂宇がある、境内には数個の石塔が奉置せられてある。其の中に高さ二尺五六寸位の自然石に南無阿彌陀佛と中央に大書し右方には小字にて慶應元丑年乙丑五月本懇組中左には彌助菩提也世話人川合市右衛門川合正卜とある苔むす数字の不可解な石塔がある。

事件發端年間は遺憾ながら不明であるが傳説の記事に依つて判断下さい。

×

親も無く兄弟もなく子も無い獨身の彌助と稱する無頼極まる惡漢があつた。親族の寛大なる説諭又は親切なる村人の制裁など度々なれ共少しも改心せず、其の度を増すばかりである。村人もこれには何とも手のつけやうがなかつた。そこで親族及び村人等は秘そかに相談り取りかこんで一擧の下に捕縛し、やがて用意の土穴に打ちいれ早速土を掛けて生き埋とした。そして組人及び親族等は不徳極まる危険人物たる彌助を片づけ平和の胸を撫でおろし一服つけてゐた。

×

一方之れが騒ぎを聞いた本澤村清源寺にては誠に残酷なりとて寺方に貰ひ受け改心善導させせんと小白府へ駈けつけた時は彌助を捕縛し生き埋の土まで持ち運んだ後なれば寺方にては又もや山道を遡つて小高き丘より大聲にて彌助の寺方に救助方を申込んだ。

怪　我郷土の伝説（三十二）　生埋の弥助の死霊…（下）　3-306
●山形新聞　昭和三年十月十六日

我郷土の傳説（33）

生埋の彌助の死靈 疫病神となる

助命嘆願も既に遲し

（下）

南村山郡山元村小白府　川合右平

彌助生埋の現場へ清源寺住職が大聲で呼びかけたので村人等も不意を打たれた様に互に顔を見合せて居る、其の中にかけつけた清源寺の住職の大聲で村人等も漸く納得して掘り起した時は既に遲し彌助は此世の人ではない。

×

ていかな名僧も今は致し方なしと尊き御経文一誦と共に又元の如く埋めて寺へ歸つた、其の後は人も安心して仕事に餘念がなかつた、翌年に至るや、疫病發生したと思ふ中に急激なる猖獗を極め、村中全員病魔に犯され中には看護人も居なくなつた様な工合で、他家に縁付いてゐるものを貰ひ受け看護してゐる悲惨なる有様であつた。

×

困り切つた村人は神託を仰ぐと先年生埋の彌助は地下にあつて改心し生前の罪惡を悔ひてゐるが其の死後を村人に詛んとすれども今は他界の事なれば得心する事も出来ず病魔となつて顯れたるとの事故、村人も評ちつて彌助の靈魂を慰撫せん爲めに供養を執行した。

×

其後年月を經過する中に彌助の昔話も薄らぎ慶應元年となつた、ところが又々前同様の悪疫が益々として部落内に傳播した、村人も以前の悲惨なる出来事を追憶して前述の塔婆を建立して又々大供養を執行したら、すつかり疫病の跡をたつた。

◇

爾後は千古不朽の碑塔なれば地蔵堂に参拝の途次は村人も皆々生前に敬心出來ぬ哀れな無縁の石塔に参詣する様になり、今は昔物語りとなりこの傳説も石塔に依つて明瞭に事實が存在されてゐるのである（をはり）

獣

我郷土の伝説（三十五）一家を呪う白蛇（上）…　3-307

●山形新聞　昭和三年十月二十日

我郷土の傳説（35）

一家を呪ふ白蛇（上）先づ愛兒を奪ふ

坂上源之丞沒落顛末

東村山郡長崎町　須藤生

蛇塚……私の今話をする蛇塚と言ふのは我郷土の程近い畑道のそばに小高く土が盛られその上に古い石が立つてるのです。字も判然とはしてないのです、一見何も斯様なところに由來があるものかと思はれますが實は嘉永年間に生れた老人等に聞く時はそれこそ世にも不可思議な事があるのです。

×

嘉永初年頃の出來事其の頃今の塚があるところに小さな村があつた、其の村に坂上源之丞と云ふ其の日暮しの百姓があつた。或日源之丞は一人野良仕事に行つての歸り道山を下りて來ると道の眞ン中に二尺位の細い白い蛇が居た、いつもなら蛇位はと見むきもしないのだが、これは白い蛇で珍しいと見つめて居ると蛇は去らうともしないでゐるので源之丞は不圖殘忍な心持になりその頭を足で踏んだ蛇は怒つて今にも飛付かんとする有様それを見た源之丞は益々に障つて一氣に踏みにじつて了つた。其の儘川の中頃に投棄て了つた。

×

その事があつてから三年の月日は無作もなくすぎてしまつた、しかし三年前の源之丞の家とは見違へる程富貴な生活になつてゐた、そして源之丞一家は親子三人日頃睦ましう下女下男を使つて樂しく暮してゐた。

×

或る年の夏であつた、村の子供達に誘はれて源之丞の一人むす子の源作も水泳に出かけた、子供にとつては樂しい水およぎ、多くの子供等が夢中になつて泳いでゐる中に源作だけはみんなとはなれて深いところに入つて行くのであつた、そして子供等が見つけた時はもう首だけが浮んで居たのであつた、子供等は大いに驚いで騒いでゐるうちにもう首も沈んでしまつた急を聞いた両親は下男達を集め夢中になつて川邊に來た、その時はもうおそかつた。

×

下男、村の若者達が懸命に探したが見つからず、二回三回と大捜索も空しく水泡に歸してしまつたそれから一週間位後の事川下の或村より子供の死骸を發見したとの知らせ調査の結果源作と判つた、母のおれんは狂氣の如く吾子の屍を抱き上げると二本の足に何かグル〳〵と卷ついた跡があつた、それはまぎれもない蛇の卷ついた跡ではないか、驚いた源之丞も考へてゐたが既に鮮が見る〳〵眞青になつて震れ出した、あゝそれは三年程前、彼の源之丞が白い蛇を殺して川に投棄てたではないか、今源作の死んだ川も場所も投棄てたところと同じではないか、おゝこれは彼の蛇のたゝりではないか、それから源之丞は病床の人となつてしまつた。

×

それから一週間はすぎた、或日の朝だつた朝食の用意に下女は水ガメの蓋を取ると意外……どこより入つて來たのか一疋の蛇が死んでゐた、あゝこれこそ坂上一家を呪ふ恐ろしい白蛇の執念が坂上一家を皆殺しにする氣だつたのだらう、氣の弱い下女の事とてどんなに驚いた事か（つゞく）

（係りより＝須藤氏本名御通知を乞ふ）

我郷土の伝説（三十六）一家を呪う白蛇（下）…　3-308
●山形新聞　昭和三年十月二十一日

我郷土の傳説
（36）

一家を呪ふ白蛇（下）
親子三人横死
坂上源之丞沒落顛末

東村山郡長崎町　須藤生

斯様の事が三四回もあつた。下女は暇を貰ふ下男も亦次第に少くなつて行くばかりだつた。それと共に源之丞の病は益々重くなるばかりだつた。そして時々源之丞の目には恐ろしい白蛇が、何百疋となく現れては手足をきらはず食ひ付く様に見えるのだつた。

×

祈祷者を頼んで物の怪を拂つても少しも験がなかつた。

これまでは源之丞の外誰一人として此の蛇の怪を知る者はなかつた。源之丞は或日妻のおれんを枕元によんで

『おれんや今日はお前に是非聞いてもらはなければならない事があるのだ、今迄といふものはお前にも秘して居たものだつたが……』

と三年程前の出來事を殘らず話してしまつた。あゝあの子も水に溺れて死んだのは白蛇の祟りであつた。夫が殺して捨てた川も所も同じ場所で死んだのだ何も彼も執念深い白い蛇の祟りであつたのか。

×

妻は此の不思議な物語を聞いてどんなに蛇の執念深い事を恐ろしく思つた事であらう。其れから間もなく源之丞は蛇に首を絞められる様な苦しい思ひをして死んでしまつたと言ふ。妻の『おれん』は世を呪つた、天をも呪つた。あゝ世の中に自分ほど不幸な人はあらうかと常に歎いた。

×

かうして別に變つた事もなく二三年の月日は過ぎ去つた『おれん』は毎日淋しい暮しをして居た。丁度今年は夫とあの子との三周年忌だと命日を待つて盛大に法會を營んだ。村の人々をよんで……村の人々は源之丞の奇死をまざまざと思ひうかべた事だらう！

×

盛大に行はれた法會も終へ夕方には一人へり二人行きまして遂にはみんな去つてしまつた、おれん一人晝のつかれで佛壇の前に床を敷いて寢に就かうとした時である どこより來たのか一疋の白蛇が佛壇の前の燈明の上にぶら下つたと思ふとスル〳〵と燈明の上にと降りて來た、その時おれんは恐ろしながらも氣を附けて見てゐるとおりた蛇は燈明臺にバタリ……燈明臺はひつくり返ると同時に其の火は佛壇の障子に燃え移つた、おれんは餘りの變事に聲さへ出ず其の場にどつと氣絶してしまつた。

×

怪火、執念の火は直に襖へ移つた、蛇の舌の如く火はメラ〳〵と家を包んだ、それ火事だとばかり下男達が懸命に消火につとめても乾き切つた夏の事とて忽ちにしてさしも大きな一家を焼いてしまつた。

×

焼跡からは、おれんの死體が出て來た。而もおれんの首には何か巻きつかれて絞め殺されたやうな跡が歴然としるされてあつた。村人はそれを見て慄然とした。そして祈祷者を頼んで盛大な供養をやつた、今源之丞の家跡に殘つてゐる蛇塚は、その時に建立されたものであるといふ。

我郷土の伝説（三十八）白坂白狐の悲恋と…　3-309
●山形新聞　昭和三年十月二十三日

我郷土の傳説
（38）

白坂白狐の悲戀と
白龍嫉妬の事
幽寂の地大沼の昔譚

山形市外舟町　秋葉茂

私が大沼の壯大な姿に接したのは昨年の九月末だつた、傳説白

狐で有名な白坂を通り玉虫沼の白龍ゃそゝろに想ひつゝ大沼に一日の清遊と試みた、大沼の風景は實に雄大で、どつしりしてゐて俗塵の影響がない。沼を取圍んだ山はすつかり紅葉化し鏡の如き沼水に反映して眼がさめる程燃え冴えてゐた。この大沼について最近面白い話を聞いた

×

大沼附近一帯の山には七つの小さくない沼がある、その一つにジユン菜が繁茂してゐるジユン菜沼がある。この沼に昔主がゐた、それは年經た大蛇であつた。村々の人達はその主が棲息してゐると思はれる箇處に小宇を建立し湖面に賽錢を投じて種々の吉凶や穀物の出來不出來を占つた。主が願ひをきゝ届けた場合は紙にひねつた賽錢がういて向ふ岸に着く、聞きとゞけられなかつた場合にはそれが沼底に沈むものと信じてゐた、村人の話では實際にあるものは浮き、あるものは沈んだそうだ。

×

或る時腕力自慢の若者が村相撲に勝ちたいと念じ沼面に大きな石を投じて大力を與へてくれと主に願つた、石はどれもこれも沈んだ主はその愚なる振舞に腹を立て忽然として大沼に移つた、その際には大暴風雨に襲はれたといふ、それから一年に一度その主が村人の願ひを聞き届けるために來るといふ日を定め、その日に祭りをし願ひの占ひをする様になつた。

×

その大蛇がまた大沼に以前から棲んでゐた主の白蛇と爭つてそれを打負かして自分の居城としたのださうだが、その負けた白蛇は七つの沼のどれにも棲むことが出來ず、玉虫沼に逃げこんだ、そして其處の主になつたがこの時沼附近一帯の地は主として白狐が専有してゐたのだつたが白狐は喜んで白蛇を迎へた、白狐と白蛇とは毎夜々々樂しく遊んでは無二の慰安とした。

×

時、欽明天皇の御代の事である相撲村のある人が玉虫沼の邊を通り懸つた淋しい山中だのに突然美しい女に出遭つた、とても美しいしばし見惚れてゐた。美人は、はにかみそうにして沼邊に立ち其のまんま水中に進んで行つたから驚いた。

×

「あゝもし〳〵」とその男は急いで手を引いたら水上高く白蛇が飛び上つたそうだ。美人は不安さうにしてゐたが忽ちサツと顏を紅に染めてはにかんだ。それが又とても美しかつた。男はとう〳〵家まで連れ歸つて妻としてしまつたやがて男の子が生れた。その後の事である、一日その女にどういふ譯か、犬が吠えかゝつた事があつた。すると女は驚き恐れて野干の姿をあらはして屏風の上に飛び上つて犬を避けた。男はとても驚いた、そして犬を追つ拂つた。然し一度野干の姿に還つたものはもう一度、しかも夫の前で女の姿に變る事が出來なかつた。男は悲しみ且つ可哀さうにも思つた。

『汝獣類といへ共此の程の契り忘れがたし夜にきてねよ』その言葉に從つて野干は毎夜〳〵男の許に來て寝た。その『來て寝た』からそれ以來野干の事を『きつね』といふのださうである。

×

すると玉虫沼の白蛇はヤケて〳〵たまらず憤然として西村山郡大谷村の浮島で有名な大沼へ轉じそこの主となりその子孫が今日も棲んでゐて時折白蛇の姿を現はすそうである。玉虫沼の白狐は再び沼に歸らず白坂に陣取つて子孫長久し明治三十年頃まで白坂白狐として近郷に名が聞えてゐた。

我郷土の伝説（三十九）　深夜一文飴を買う…（上）　●山形新聞　昭和三年十月二十四日　3-310

我郷土の傳說（39）

深夜一文飴を買ふ 若い女の訴へ

安養寺檀徒の由來……（上）

西村山郡金井村黒澤　玉兎雲母

高湯街道で先づ一休みと湯治客が腰を下す半郷村、此の村の入口に老杉鬱蒼と茂る寺がある其の名は安養寺と云ふ。我等が子供の時代には土ふまずの安養寺などと云ふてゐた。多分昔からの名刹であつたらしい。此の寺に遠く離れた村の檀徒がある。其の由來を本紙を通じて紹介する。‖村の傳說にくわしい親爺は外風呂に汗を流しながら飛ぶ星を見てそろ〳〵語り出した。それは地獄橋の川施餓鬼

をした和尚の頃だらう。

×

寺の少し南を流れる川がある。其の橋もとに一軒の飴屋があつた（其の家を今も飴屋と云ふ）或夏の夜であつた。月影のうす暗い深夜、飴屋の戸は風も無いのにコト〱と音を立てた。主人が商賣の飴屋、もしや客でもあるのかと雨戸を開ければ、年うら若い女が立つてゐた。

「何か御用？」

女は一文錢を出して飴を買つて去つた。

×

だが不思議な事には其の翌晩も來た。亦次の晩も――。併も時刻は同じ九ッ時。毎日同じ一文錢。蒼ざめた顔、細い手。灯の無い眞夜中の女の一人歩み。そして影のやうに消えて行く姿。何處の女だらう？　何故に一文づゝの飴だらう？

×

毎夜の客に不思議に思ひながら今宵こそは見とゞけて呉れんと其の夜は寢もやらず女性の來るのを待つて居た。夜は更け行くにつれて月は益々さえて行く。時刻も來たのか風も無いのに靜ずれの音がしてコト〱と戸をたゝく音がして障子が開かれた。飴屋の老爺は女の顔をつく〲となかめたが女は恥かしさうに顔をそむけて只一文錢のみが目にはつきりと見えて居た。月の光りは音もなく室内に流れ込む、男も無言、女も無言、飴は細い女の手に渡された。女は一禮するとすぐ寺の方へとあるいて行く。後姿を見送つてゐた飴屋のおやぢは何思ふたのか、後姿がゾク〱と立つた。果して何を見たのだらう？　女の姿は遠くまではつきりと見ゐても女の影法師は見えなかつた。何處から來るのか？　何處へ行くのか？　何處の女かは飴屋のおやぢも村人も知る者がなかつた。

×

かうして飴屋に怪しの女が現はれた其の日から同じ安養寺に同じ女が現れた。いつも時刻は丑滿つ時本堂の障子が開く音がして眞暗の音が聞ゐたかと思ふと女の姿は何時も如來の前に禮拜してゐた。

×

住職は夜更けの女に不審をいだきながら一夜はあけた、併し其の次の夜も亦次の夜も老杉繁る安養寺へと村人でさへ怖がる森の中を通ふ女の氣高さ……毎夜の女性、深更の禮拜、住職は今宵こそはと本堂に座禪をくみながら女の來るのを待つてゐた、其の夜も同じ時刻に當の女が本堂を訪れた。（つゞく）

幽　我郷土の伝説（四十）飴で愛児を養う幽霊の…（下）

●山形新聞　昭和三年十月二十五日　3-311

我郷土の傳説（40）

飴で愛兒を養ふ 幽靈の母性愛

安養寺檀徒の由來……（下）

南村山郡金井村黒澤　玉兎雲母

一文の飴を買つては毎夜半安養寺に現れる女性に不審を起した僧は、或夜慈悲のこもつた聲で女の素性を尋ねた。彼の女性は嬉しげに平伏して先づ口を切つた。斯くして女性の秘密は發かれたのである。

×

「妾は實は此の村の者ではありません村は標準で家の名は（遂に失念した）と云ひます。先月子を産み兼ねてあの世に旅立ちましたがお腹の子が氣になり、行きつ戻りつ如何にしようと初めは寺内（山形）の專稱寺に現れましたが、只怪しとの噂許り、寺僧でさ怖がり、世人の話の種となる許り、頼み甲斐のない事とあきらめました」

×

住職は無言で聞いて居た＝「生前話によりまして御僧の智徳の高い事を聞き是非思ひを晴らしていたゞきたう御座います故、毎夜かうして來るのです。寫して思ひとは言はい妾は親族方の厚い弔ひにより思ひ殘す事はありませんが、お腹の子が氣に成つてなりません産まれば重い母としての惱み、如何に有難い御經でも三界の首かせになつて成佛に成りませぬ」斯く云ふてさめ〲と泣くのであつた

×

「さらばお腹の子は如何致して居りました」

『はい、お顏の飴屋より六道錢にて買ひ求め之迄育てゝおります』

果して此子は生か死か？　之は讀者諸君の判斷におまかせします

『うん左樣な次第と有らば拙僧が親族一同と相談致し子分致してやる程に今宵は一先づ歸りなさい』

とねんごろにさとされて女性は家の名と己が名を僧に敎へて三拜したかと思へば煙の樣に消ね去つた後は近くを流るゝ小川の水の音ばかり。

×

其の翌日住職は人を樣にはして其の眞疑をただした。然しそれは眞實で有つた。寺の知らせに驚いた家内の者は、早速近親の者二人と安養寺をおとづれて引導を乞ふた。其の夜女の緣者と僧と四人は女の來るのを待つてゐた。夜は深々とふけ渡り、御堂の下には、こほろぎが經を唱ねて、水の音さね何やら物語る樣に聞ねて來る。さらさらと木の葉のすれる音がして本堂の方に人の來る氣配がした。女の緣者は障子のかげからのぞき見て驚いた、正しく死んだ彼の女が今目の前に來てゐるのである。僧は靜かに立つて右の次第を女に告げると女性はさもうれしげに禮拜して法の舟を待つのであつた。

×

僧は緣者を別室に入れて、おもむろに經文を唱ね始めた。香のみゆらぐ本堂の寛さ。燈火も無い暗夜の讀經……かくて靜かな夜は、いやが上にも更けて行く。讀經終る頃にザプリと水の出る音が、何處からとも無く聞ねた。斯くて子は産まれたのか？この音は僧にも女性の緣者にも手にとる樣に聞ねた

こうして女性は此の奇特なる僧の讀經に由り成佛する事が出來たのである。

×

此の事があつてから、此の一家は寺内の或る寺より分れて安養寺の檀徒と成つたわけであると云ふ（終）

我郷土の傳說（48）

流れ武士の藤五郎　荒野開きの大願

薄暮山道に出遭ふ美女

【上】

西村山郡川土居村沼山　奈賀佐和

西村山郡の一角三山電鉄の終点間澤驛から一里程西南の方沼山の大奥に大きさに至つては一寸此の附近には見ることが出來ない大の字形である處から大沼と呼びなされて居る沼がある今は周圍の大木は凡て伐り拂はれて若い雜木林と村の造林地になつてしまつて昔の俤は認める由もないが唯此の沼丈けは凡ての神秘を昔のまゝに語つて居るこの沼の入口近い處にたつた一つの島があつてこゝには明神樣を祀る小さな祠がある、この祠の北に梵天林と云ふ雨乞ひの祈願道場がある

×

いつと云ふ年代は勿論明かでは無いが左澤の隣村雨池と云ふ處に上方から來た藤五郎といふ武士があつた此の藤五郎は生一本の武士ではなかつた、晩酌のポッとした顏を夕風になぶらせながら陶然として村端れまで杖を曳く事が度々あつた。其度に目の前に展開された萱野や裏山續きの松林はどうしても此儘にして置くのが勿體ない氣がしてならなかつた。斯うした萱野を拓いて田や畑にしたら百姓共はどれ程幸福になるか判らないそれにしても先づ考へねばならないのが水利の事だ。彼は夜となく晝となく一心に其事許りを考へた

×

水路は見事數年後に切り開かれた。土地の百姓は彼を神の如く敬ひ尊んだ、こんな武士にも似合はぬ考ひを持つた彼は隣村高松にも出懸けた事もあつた。寸尺の土地も荒地にして置くのは勿體ない、若しこんな土地があつたら早速切り開いて少しでも百姓共に幸福を受けたいと云ふ大願はいつも念頭から離れなかつた。彼は又此處にも無限に擴がつてゐるのに目が付いた止むに止まれぬ彼は再び水利の調査をして見たがどうしても適當

な方法を見出す事が出來なかつた。百姓の爲めなら命を打ち込んでもと思ふ義俠に篤い彼はとう〳〵お水神様と云はれてゐた大沼明神に祈願を籠める事となつた。

×

此處は芦沼田といふ其の當時六七軒の人家のある處から急坂七八町も西に斧鉞を知らぬ雑木林の天を摩し晝尚暗しと云ふ樣な處に形ばかりの山道を辿らねばならなかつた。而も其の雑木林の盡きるところから杉の林の間から白々と沼の一端が見ゐる。そこを通り抜けて四五十間で前に云つた祠の處に出る。今でも可なり薄氣味の悪い處であるから何百年前の物凄さは想像される。藤五郎はしば〳〵此處まできて祈願をしたのである。

×

或る日祈願の歸り途のことであつた。タボケ峠の中頃に行きかゝつた時見るから恐ろしく鱗の青光りする大蛇が此の動きの取れない峠道に横たはつてゐる、然し藤五郎は心にも止めず大股に跨いで黄昏路をヒタ〳〵と通り過ぎた。暫らく経つて後から自分を呼ぶ聲がするので振り返つて見ると一人の美しい女が何事か仔細のありさうに近寄つてきた。（續く）

怪　我郷土の伝説（四十九）片目を射ぬかれた幡谷の…（下）　●山形新聞　昭和三年十一月三日　3-313

我郷土の傳説

（49）

片目を射ぬかれた幡谷の沼の主

【下】　藤五郎水路の念願叶ふ

西村山郡川土居村沼山　奈賀佐和

藤五郎に近寄つた美しい女——そして女の云ふには我は假に身を人間に現してゐるが實は汝が祈願してゐる大沼の主である、我は今迄仔細あつて誰か頼りになる者があるまいかと思つて此處を通る者を試して居たが更に一人として居なかつたが今其方の豪膽な樣子を見てきつと我が願ひを叶はしてくれる者と思ふからしばらくの間聴いてはくれまいかと頼み入つた。

×

事の次第は斯うだ。近頃我が住んで居る大沼に幡谷の沼の主が頻りに攻寄せては我れを苦しめて居る、幡谷の主は南から大きな波を立てゝ北へ進むし我は小さな波で北から南へ進み丁度沼の眞ん中で両方が揉み合ふことになつて居る、それで其の大きい波に向つて弓を射て呉れ、假にも彼の居る間は安心して此の沼に住んで居る譯には行かないから汝一人を頼みにする我が心中を察して是非退治して呉れと頼つた。

×

約束の日に四里近い山路を大沼に急いだ。晝でさへ物凄い沼のほとりに廣々とした湖面を眺めながらそこにあつた楢の木の大きな根元に腰を休め何事かを考へるのであつた。夕陽は沼一面に金色の鱗を浮べたかと思ふと西山に影を沒してしまつた。靜寂さは刻一刻増して夜の湖面は全く暮れた。冷れ切つた湖面の空氣は時々顔に流れて來た。夜は更けかゝつたが何の變りもなかつた幽默りのない時間は暫らく續いた。

×

後の笹葉が幽に揺れた、頭上に生ひ冠つた青葉のきしる音も聞ける樣になつた。續いて今迄鏡の樣に靜まり返つて居た沼までがバタ〳〵波を立てゝ足先へ押寄せ來たやがて一陣の強風がすざまじい音を立てゝ吹いて來たと思ふと南から北から激しい波の衝突が始まつた。先程から待ちくたびれて居た藤五郎は好敵ござんなれとばかり持つたる強弓に矢がつがへられた。暗澹として皆目見當が付かない。眼を据ねて遙か彼方を見れば幽にも夫れらしきものが見ゐる。満月なりの弦を離れた矢は闇を縫ふて消ゐた。

×

間もなくあれ程荒れに荒れた波はけろりと靜まつた。あたりは元の靜寂に返つた。藤五郎の爲めに左の眼を射抜かれた幡谷の主は此處を逃れて東南一里許りの原部落にある天狗山中腹の小さな沼で血塗れになつた眼を洗つて行つた。今でも此沼に居る魚は片眼で水は血の色をして片葉の葦まで生ゐて昔ながらの傳説を物語つてゐる。

×

強敵を退治して呉れたお礼に何なりとも聞かれた。そこで別に望みが無いが今迄困つてゐた水利の事を語り何卒水路の方面を教へて貰ひたいと申出た。

×

龍神様は或る基点から歩き始めた。蟹形はうまく出来る處が或る場所にいつて左へ行つては戻り右へ行つては戻りした蟹形は八方に出来た。今でそこを八ツ口といつてるさうである。尚一説には堰路を教へて呉れた外に第一文字の刀とお米の盡きない米俵とを呉れたともある。其刀は上杉神社に納まつてゐるとの事だ。

（附記）由来大沼明神とは約千年以前から知られて居て雨乞ひの霊場として方々から祈願に来た形跡が存してある。現に今から八百二十年以前に高松左門が水利成功の為め高松堰取入口に當社の分霊社を建てられた記録がある。大正元年神霊を長沼の地に遷し祀つて置くが元年以来不思議と春秋の祭日には雨が降つたことは一度もない。それでこの神社には雨具の設備は一つもない。今でも参詣に来る事が珍しく縣外からも参詣に來る事が珍らしくない。序であるが長沼は境内地であるから禁漁區として知事の認可を得て居る事をつけ加へて筆を擱く事にする。

怪　伝説行脚記　知らずに食べた蟹は淵の主
●伊予新報　昭和三年九月十八日　3-314

傳説行脚記

知らずに喰べた蟹は淵の主

大頭川に絡はる怪異

本社記者　首藤はじめ

周桑郡の巻（一）

一、エピローグ

夏も終りに近い或夜の出来事…… 昨日の夕立でいつもカラ〱してゐる大頭川に珍らしく水が出た。が水源地の不完全な為に早その水も下へ流れて行つてしまつた。水の出た後には必ず蟹や鰻が下りて来る。闇をすかして、かゞり火が四つ五つ──河原の石の下にひそんでゐる獲物を得やうと村人達が黙々とあさつてゐる。

二、甲の話

「素敵もない大きな蟹が取れたぞ。」

「どれ…お見せ。」

かごの中を、かゞり火を便りにのぞいて見ると驚いた。甲の直径がかれこれ八寸もある。それを見た他の人々はひそかにさゝやき合つた。

「あんな大きいのは此の上の淵の主ではなからうか。」

「きつとそうだよ。あんなのを殺せば間違ひない祟りがあるぞ。」

「こわい事ではないか……。」

甲之助は珍らしい獲物の為に我家へ飛んで帰つた。村人達のささやきも他所に──そして呪はれてゐるとも知らで……。

甲之助は早速料理して味はつた。おいしい事、彼の食慾は無しように進んで、とう〱その大きい蟹を一人で食べてしまつた時──彼は表へとび出した。近所の人が「甲之助さん、何處へ行くの？」

すると彼は

「自分の家へ帰るのよ。」

さう言つた其の顔には何處となしに物凄さがあつた。そして言ひ終ると等しく蟹の様な格好をして這ひ出した。人々は何となしにゾツとした。頭の心までがピリツとしたのであつた……。

だが人々はすぐ思ひ返して又いつもの悪ふざけであらうと気にも止めなかつた。──甲之助は這つたまゝ何處かへ消へた。

翌朝早く薪取りに出かけた二、三の村人が淵の中に浮かんでゐる甲之助のむくろを見つけた。言ひ傳へ聞き傳へた村人は淵を取巻いた──そして期せずして昨夜の出来事を思ひ浮かべ人々の顔は恐怖におびえ切つてゐた。

三、乙の話

同じ夜の出来事である。乙太郎は素晴らしく大きい鰻を捕えた。大喜びで帰宅するや否や料理をして火にかけた。

ジユー、ジユー……。

油の焼ける音。彼はのどから流れ出るよだれを無節制に口から出るに任せ乍ら一心に焼けるのを待つてゐた時……怪、怪、怪、鰻の口がパク〱と動き出した。

「お花さん、お花さん、大分背が暖くなつたから帰らうや。」

「お花さん、大分ぬくもつたから帰らうや。」

◇

「キャーッ。」——悲鳴を聞いて驚いた近所の者が乙太郎の家へかけつけた時、彼は其處へ引つくり返つて悶絶してゐた。

水よ、藥よ、大さわぎをしてやつと正氣に返つた彼は、その邊をキヨロ〱見廻してゐたが、其處にあつた饅が消えてゐるのを見つけると彼はもう以前の彼ではなかつた。

「お花さん、ぬくもつたからもらういのや。」

「お花さん、ぬくもつたからもう歸ろうや。」

彼は遂に狂人になつてしまつた。

四、プロローグ

潤桑郡石根村地方で、大頭川とその上の淵を中心に語りつがれてゐる傳説である。

八幡神社の怪　天狗が現われると宇佐美村民大騒ぎ　3-315

妖 ●静岡民友新聞　昭和三年九月二十一日（二十日夕）

八幡神社の怪
天狗が現はれると
宇佐美村民大騒ぎ

二三日前の晩である伊東町在宇佐美村八幡神社内に天狗が現れて夜になると木の枝を折つては投げて人を驚かすと傳へる物があつた、昭和の今日まさかそんな馬鹿な事が……始めは耳を傾ける者もなかつたが、噂はそれからそれと傳はつて村中は沸き立つ騒擾のやうな騒ぎ

◇

初津、富田、桑原、山田の各部落の奥からも我こそ天狗を見屆けやうと八幡社内は黒山の人だかり、靜かに耳をすましてゐるとポキンと枝を折る樣な音が續いてカチーンと神社のトタン屋根に當る音。それが繰返されてゐるのだからサア事だ、天狗か、怪鳥かと村民の心を益不安に導いて行く

◇

夜の一時過ぎ草木も眠る頃附近の者が耳をすますとやはり怪音は繰返されて居るのである、不思議は不思議を生み、怪奇は怪奇を生み八幡社内の怪音は附近町村にまで傳はつて居るがまだその怪音の正體は判然しない

怪談お俊　小光物語　3-316

怪 ●都新聞　昭和三年十月二日

怪談お俊
小光物語

清元梅吉の家の佛壇に、燒けて灰になつた紙片が大切相に入つてゐる、觸れると崩れるからと誰にも

觸れさせないやうにしてゐるが、之にはこんな話がある

先頃死んだ赤坂の名妓小光、今更いふ迄もなく、小光は非常に熱心な人であつた、梅吉の爲めに清元に凝つて、最近には清元を赤坂の土地に植付ける事についてはとりわけ力の限りをつくしてゐた、自分も近頃からお俊の稽古を始めて、やつと中分ほど上つた、その矢先に例の心臓麻痺で死んで了つたので、梅吉は本人がさぞ殘念がつてゐるだらうと

お俊の稽古本一冊と、本人遺愛の撥とを棺の中に入れて野邊の送りを濟んだ、火葬場は高圓寺で、電氣火葬になつてゐる、梅吉夫婦はじめ、會葬者が柩のカマへ納まるのを見ると、それ〱最後の告別をして、待合茶屋へ引下つた――そして灰になるのを待つてゐると、その梅吉夫婦の腰かけてゐる前の空中へ何か知らず、ヒラリ〱と舞ひ下りて來るものがある、何だらう〱と見てゐる中に件のヒラ〱したものは

幾度か空中に漂よみながら、やがて梅吉の足の前へフワリと落ちた、よく〱見ると稽古本の灰で、而もお俊の淨瑠璃があり〱と讀まれたといふ、梅吉夫婦は奇異の思ひをしてその灰をそつとすくひ上げ、丁重に持つて戻つて佛前へ供へたのだといふ

よみうり東京ラジオ版　落語　幽霊の酒もり　3-317

ラ ●読売新聞　昭和三年十月九日

よみうり東京ラヂオ版

けふの番組　JOAK

◇後〇、一〇　落語　幽霊の酒もり　柳亭小燕枝

3-318

ラ　幽霊の酒もり　面白いお昼の落語

●読売新聞　昭和三年十月九日

これは〳〵眞晝間と云ふに

幽靈の酒もり

小燕枝クンが獨特の藝で笑はせる

面白いお晝の落語

このあひだ仙臺の放送でたんまり儲けて來た、下谷、勝の家い兒さん小燕枝か、趣味のあるはなしを一席演るのだが、幽靈の小燕枝君のことだから、幽靈の彈く三味線と道具屋の都々逸で腕とノドに冴えを見せることであらう。

商賣は道に依つて賢し、何でも面白いと思はねば商賣はやつて居られません。道具屋など殊に面白いものです、一圓で買つたものが百圓にも千圓にもなるのですから堪まりません、然し此の商賣は眼が利かなければ駄目です。

『どうも有難うございました。』

『オヤお踊りなさい火だねを上げませうか。』

『どうも有難う存じますが……、火は埋けて置きましたから』と隣のお內儀さんに挨拶して家へ入る

幽靈を相手に一浮れの　柳亭小燕枝さん

此の男は道具屋の金兵衛さんといつて呑氣な獨身者、着物を着かへて風呂へ行つて歸つて來る。

『酒屋は未だ持つて來ないのかナ湯上りの一杯千兩、早く飲みたいナ。』と呟きながら、市で買つて來た軸を取出して床の間へかけて見る。

『この軸は物になりさうだナ、落款はないが丸山應擧らしい、俺に何とも言へぬい丶出來だ。こいつは滅多に撈ぎ廻すまい。此の間の珍山だつて左樣だ、本物ぢやあるまいと一兩に買つたのを三兩にやつた、後であいつが五兩やらうと言ふから變だと思つてよく訊くと百兩になつたのだと言ふ。今度は其の手に乘らぬぞ、これは賣りたくないと見せかけて賣るのだから。……まア兎に角、掛けて置かう。どうもい丶ナ。』と一人悦に入つてゐると其處へ『今日は』と入つて來た者があります。

この男はやはり道具屋仲間の一人だが、此の軸を大層賞めて結局百兩で讓つてくれと言ふ事になり『今持合せがないから……』と手付として十兩を置いて歸る。

喜んだ金兵衛さん、刺身や上等な鰻丼を取寄せて酒を飲み始める。『俺に儲けさせてくれたお掛物にお神酒を上げて……と、だが此奴が幽靈だと言ふが俺には如何しても美人に見えるんだがナ……髮のさけてゐる所など俺に何とも言へずい丶、然しこいつにはチットモ赤い所がない……何にしても道具屋は止められねえ二兩二分が百兩にもなるのだからナ』と酒もソロ〳〵廻つて宜い氣持になつてゐると不意に金さんの前に現れたのは素張らしい美人『あなたは誰だ？』と訊くと『掛物の幽靈だが大へん嬉しいので、拔け出して來た』とのこと。

それから金さんと幽靈の美人はさしつさ丶れつ酒宴を始め、果ては美人が三味線を彈き出し金さんも都々逸を唸るなど大陽氣にハシヤグ。

隣一軒置いてのお內儀さんが驚いて『金さん如何したの？』と表の戸を開けて入つて來る。金さんがお內儀さんと話してゐる中に美人の姿が見えなくなつたので、『ハテナ』と床の間を見ると、軸が前とは違つて、眞赤になつた幽靈が打倒れて寢てゐるので金さん、『サアしまつた。これぢや百兩にならぬ。明日の朝までに、どうか此醉ひが醒めてくれ丶ばい丶がナー』

3-319

資　妖怪文学に就て（上）

●国民新聞　昭和三年十月九日

妖怪文學に就て［上］

池田孝次郎

怪談の流行が盛んになつて來

た。あまり心持のいゝ流行でない。
しかし現代の怪談は怪談會と稱するものと怪談號と呼ぶ雜誌の上での怪談であるから、凄味といふものが割に少い。昔の怪談といふものを考へてみると、確に現今のよりは凄味に於てだけでも優つてゐたらう。妖怪變化などゝいふものは今日の電燈の明るい世界に横行すべき場所もないし、又科學文明はさういつた恐怖心を嘲笑してしまつた。

江戸時代、文化の末紀になると、江戸人の興味といふものが、全くこの方面に惹かれてしまつた。血なまぐさい戲曲と錦繪は一層江戸人の神經を彌が上に刺戟して、それを以て江戸人は官能を滿足させる傾向さへ生じて來たやうであつた。

有名な「東海道四谷怪談」文政八年、鶴屋南北の作で、これなどは如何に江戸人の神經を強く刺戟し、それによつて頽廢した彼等の生活に一味の清凉劑を與へたことであらう。

江戸末紀のさういつた種類のものは汗牛充棟ともいふべく、書いてみたら限りもあるまい。

私は嘗て、寫本ではあるが、「大和怪談全書」といふものを讀んだことがある。この書には主として、享保元文年間の怪談を蒐錄したもので、寶曆の頃に書かれたものらしい。

この時代の怪談の特色がうかゞはれて面白い。後世の怪談と相異してゐるところにその特色がある。

享保元文よりは大分昔である寛文六年に、瓢水子松雲の「伽婢子」と呼ぶ怪談書がある。これは有名な怪談書で今更述べ立てることもあるまい。樣々な不思議な話を蒐したものである。その終りに、怪を語ば怪至といふ文章がある。「昔より人のいひ傳へし怖ろしき事、怪しき事を集めて百話すれば、必ずおそろしき事、怪しき事ありといへり。」

昔から妖怪談をやると必ずその夜不思議なことがあるといふことは云ひ傳へられてゐる。又江戸人はそれを信じてゐたのである。江戸人の好奇の心は强かつたのであらう。さまで恐ろしい妖怪談の流行はそれを語つてゐる。話が横道に外れるが、いはゆる百物語といふものには一つの法式があつた。伽婢子の著者は言葉をつゞけてゐる。「月暗き夜行燈に火を點じ、其行燈は青き紙にてはりたて、百筋の灯心を點じ、一つの物語りに、灯心一筋づゝ引とりぬれば、座中漸々暗くなり、青き紙の色うつろひて、何となく物凄くなり行也、それに語りつゞくれば、必ずあやしき事怖ろしき事現るゝとかや。」こゝで伽婢子の作者はその實例を掲げてゐるが紙數に限りあるので割愛する。前掲の「大和怪談書全書」は恐らくは、怪談に於てその時代を徴したもので、こゝでは幽靈といふものは扱はずに怨靈といふものを扱つてゐる。その中に、「菅谷次郎八戀慕の妖怪に逐し仔細の事」といふのがある。

資　妖怪文学に就て（下）
●国民新聞　昭和三年十月十日　3-320

妖怪文學に就て（下）

池田孝次郎

御勘番で四百石を取つてゐた菅谷次郎八は新吉原角町家田屋の抱遊女白梅といふのになじみを重ねた。次郎八は京都二條御城在番に當つたので白梅とは悲しき一夜を明かし、來ん春を待つべく堅く言ひかはして別れた。京都にある次郎八は白梅への戀慕の情忘れ難く、その頃流行した竹田細工と呼ぶ等身大の人形を造らせてそれを夜の慰みとして添寢などした、この人形はぜんまい仕掛で手足が動くやうになつてゐる。云ふことをはゞかるところまで備へてゐた。ある夜彼の人形と一つ夜著を打かけて生ける人に物いふ如く、白梅そなたはわしをかはゆく思ふやと戯れに云つた。と、眞實可愛しうございますと人形の口動かして答へた。白梅の聲と毫も差はず。次郎八はむつくと起き上つて、奇怪至極、われ白梅の色香に迷ひ、片時も忘るゝひまなきを狐狸の魅みて誑かすと覺えたりと、枕元の脇差を取るより早く人形を眞二つに斬つて棄てた。延享三年七月五日の夜である。

一年の勤務終つて江戸に歸つた次郎八は兎も角もと家田屋を訪ふと、白梅は相果てたといふ。いかにしてと問へば、何者とも知れざる初會の客ありて座敷も面白からず引けしが、其客白梅の寢入りたるを窺ひ、胸元を刺通し、かへす刀におのが咽喉を貫きて兩人とも落命したといふ。おもふに其容、身に不首尾の事ありて、わざ／＼里に入込み科なき遊女を手に懸け相對死とやらに見せかけたのであらうといふ。次郎八不審に思つて、それは何日と聞けば、七月五日夜八ツ時と答へた。次郎八が人形を斬つて捨てた同日同刻であつた。あまりの不思議に次郎八は唯驚きあきれて言葉もなかつた。菅谷次郎八はそれ以來本心に立歸つて好色を改めた。

白梅の遺骸は三谷邊の寺へ葬つた。菅谷の菩提所は本所の本行寺といふ日蓮宗であつたのでそれに白梅の塚を立て、深教院（一本には深敬院）妙香白梅信女と贈名して跡懇ろに弔つた。寺の隣家に年久しく住ひし人の物語である。

「大和怪談皆全書」は江戸時代の妖怪文學として見て立派な體裁と文章とを有つてゐる。あまり人に知られてゐないやうである。

江戸時代の滑稽本を滑稽文學と呼び得るものとすれば、江戸時代の妖怪文學は研究に値する好題目であらねばならぬ。私はこゝで「大和怪談皆全書」といふものを讀み、他の多くの怪談書なるものを手にしてこの感を深くした。

戸隠夜話（一）　怪談ナメラ淵（一）

●信濃毎日新聞　昭和三年十月九日

3-321

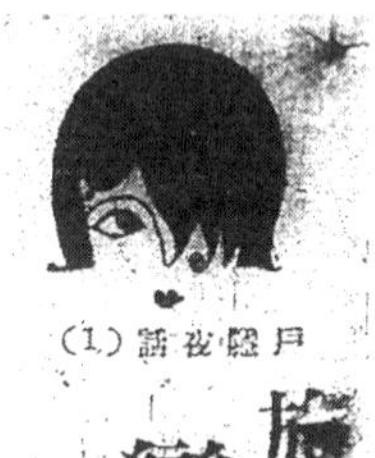

戸隠夜話(1)

旅商人に戀狂ふ女

怪談ナメラ淵(1)

戸隠山と荒倉山のあひを流れくだるのが楠川、その楠川の中程に名もナメラ淵といふ無氣味な淵があります。大きさこそ、それほどでもありませんが、まるで巨大な死魚の眼のやうで頂く、深々と底知れぬ蒼白の水をたゝへて、いかさま陰惨な呪ひ物語りが沈められてゐるやうです。

淋しく寂でした。長い冬籠しい冬が、明るい浮き／＼した春に變る頃が來れば、雪どけのぬかるむ山道を踏みしめてこの楠川部落へ必ず、善光寺の里から古着の旅商人の一群が登つて來るのでした

楠川の女達には、この旅商人の一群がさながら「春」を運んでくるかのやうに喜ばしく、胸ときめかせて待ち受けてゐるのです。まことに、冬ごもりの間に疲れ果てた心には、新しい訪問者のもたらす、珍しい話題や華れいな衣類の色彩は、又無き贈物に違ひありませんでした。

楠川の奥の「入りの地」に住む淋しいお里も、またそのやうに旅商人の樂しい足音を待ちこがれてゐました。けれどもお里の求めるのは美しい衣類や珍しい話題ではなくてやさしいけな紋な古着やの惣助でした。

夫に先立たれたお里は寡婦二十七歳の色ざかりです。そこ揺れば觸の中にとけて消えさうな、その桃色の乳房は、また觸せば胸一ぱいに、ほの／＼と大輪の花のやうにも咲き誇る年頃です。優情的な心と魅力的な身體で、死ねばかり一づに戀人を思ひ悩むのは無理の無い事でした。

春が、來ました。

雪解けのぬかるむ山道に、わらぢぬらして古着の商人が登つて來ました。

惣助の若々しい男振りが一段と光つて見えました。

さて、お里の家に、愛彈のやうな幸福到着……。

或る日の事

その日も惣助は朝から入りびたりです。悩ましい、尽きせぬ戀のされ事のあとで、お里は留守居を惣助にたのんでとなり村まで用事に行きました。

すると驚くべき事には、その用先の家には、ほんの今しがた家に置して來た許りの惣助が古着の包みを家中一ぱいにぶちあけて商賣をしてゐるではありませんか。

「あれ！」

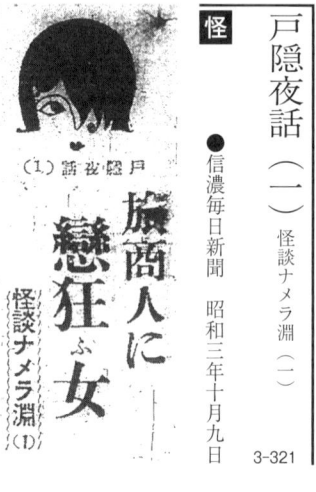

お里は、驚きの聲を胸先で押し殺して只眼を見張りました。まさかこの他人の前で「惣さん、あれほどたのんだ留守居はどうしたのさ」と詰ねる譯にはゆきません。また當の惣助も一向知らぬ顔の半

兵衛をきめ込んでゐる憎々しさ。したが、第一、里の男の惣助が、この山道をどう急いだものだとして、お里より早くこの家を訪れ、このやうに品物をひろげてゐられるわけは有りません。

□

不思議です。お里は見る／＼顔つさをに顔色をかへました。

3-322

戸隠夜話（二）　怪談ナメラ淵（二）

●信濃毎日新聞　昭和三年十月十日

怪

哀れ見よ 蛇性の淫

怪談ナメラ淵(2)

名も姿もそつくり其まゝの總し惣助が二人……影も立てず逃げお里は顔色かへて我村へ引返しました

□

お里は油汗をつめたく額にたぎらせながら隣家のお勝婆あさんにこの奇怪な一ぶしぢうを物語つた後

「そういへば、わたしや常々惣さんの忍びやう隠れやうの巧さを不思議なものに思つてゐましたのさ」

と不審がりますと、

「ふん、成程ね、これはてつきり魔性のものかも知れないよよし／＼私が一番見極めてあげるから先づ男のもとに帰り豆炒りでもさせて、みつくり便所へでも行つた隙で襖をはづして御覧な」

□

とお勝婆さんも力をつけます

何食はぬ顔で我家へ帰つたお里は、高鳴るむねを押し静めながら

「おや、さぞ待遠でござんしたらうねえ惣さん」

ともたれかゝり、疑ぐれば刃のやうにも寒々とつめたい男の肌を愛撫しながら豆いりをたのんでそうとその場をはづします

□

一方、お勝婆さんは、瞳の太さうな眉をびく／＼させて様子いかにとお里の家の裏口からのぞき込みました。そしてその隙間その暗黒裡のふちに見たものは……

□

あゝ、これぞうるしの様に底光る恐ろしい蛇鱗の紋てでした背は妖しき黒髪のやうにうねり／＼と、腹は女の生血で染め出したもの、如く赤々と、二丈にも近い巨蛇が、いまし、二階から尾をたれて闇黒裡の鍵にぎり／＼巻きつけ尾先で豆を掻き廻してゐるでは有りませんか。

一閃の水のやうに、戦慄がお勝婆アさんの背筋をつんざいたかと思ふ許り。けれども気丈なこの老女は僅も息をのみひとみを凝らして凝視を続けますと――。

□

お里は間も無く帰つて来ました。

此物音に大蛇は風宛らの身軽さで二階からずる／＼すべりドり、そのまゝお里の懐近にとぐろを巻くのです。

、お里もやがて、恐怖を忘れたか、いとほしげに大蛇の眼を見やれば、大蛇も鎌首つと立てゝ焔吐く舌をなめづります。これがお里には男の笑ふとも見えたのでせう、いまは其熟れ切つた三十近い総の五體をなよ／＼とくねらせて、なみだの雨にぬれながら、心ゆくまで世にも怪しき蛇性の淫に身をまかせるのでした。

3-323

戸隠夜話（三）　怪談ナメラ淵（三）

●信濃毎日新聞　昭和三年十月十一日

怪

蛇の卵を生んだ女

怪談ナメラ淵(3)

翌朝のこと、お勝婆あさんはお里を我家へ招いて、かの女が蛇と淫欲のありさまを事こまかに物語つて聞かせましたが、お里は処女のやうな純心にたゞ白々とうなだれて

「惣助こそ氷のやうにつめたい人だけれど、まさか惣さんが魔界のものだとは？」

と何も淡い疑ひに嘆くばかりです。お勝婆あさんは

「だからさ、お前さんの得心のゆくやうに、ちやあんと正体を見せてあげるから、今度来た時には、男の着物の裾元へ針で糸を縫ひつけて御置きな」

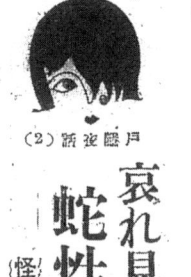

□

お里は半信半疑の心で我家へ歸りますと、果して惣助はお里の姿を待ちあぐねてをりました で、お勝婆アさんが教へた通り、素知らぬ顔で麻糸を縫ひつけて、男が歸つてから調べて見ますと、麻糸はズル〳〵裏の土藏の下をくゞり、草むらや雜木林を通り拔けトロ〳〵と住む楠川のナメラ淵へと、續いて居るのでした。

お里の胸は悲愁の嵐です。むちの樣に涙が心を打つのです。驚きや恐れよりも、先づ身も消えよと泣き入るのです。

戀に雨の朝も風の夕も交無き喜びのうちに明け暮れしたのに、其生命ぞと願ふ戀こそは、何といふ呪はれの陽の下に育つたものであつたか！

そのまた翌晩のこと。惣助の姿を借りたナメラ淵の主は再びのこ〳〵やつて來は來ましたが、只ならぬお里の嘆きを見るや、忽ち見破られたと知つて、一陣の黑雲を呼びおこし大蛇の正體を醜く現して逃げ去りました。

お里は哀れ此ときに身ごもつてゐたのです。そして間も無く灰色の蛇の卵を一斗も生んだのでした。親切なお勝婆あさんはその一斗もの蛇の卵に煮湯をぶちかけ地中深く埋めてしまひました。

其後ほど經て村の男がナメラ淵の付近を通り過ぎると小さな蛇が溜め土に眠つてゐましたので上から大石を突き落とすと忽ちおどろ〳〵と恐ろしい山鳴りがして血はナメラ淵のはし〳〵を彩つ赤な花のやうにいろどり咲きし楠川の流れ幾日の間濁りに濁つた事がありました。

これが、あの人間の女に戀した妖しき蛇體の最後だと知ると悪戯な村の男はのけぞり返つて驚き慄し歸宅するや身體から火を吐くばかりの高熱を發して倒れてしまつたのです。

いまは醜い枯れ木のやうな大蛇の死體は楠川の人々の手に依つて幾つかに切斷され俵に詰めてナメラ淵のほとりに厚く埋葬されたのは申すまでもありません。

ナメラ淵！ナメラといふ奇怪な響きを持つこの名は「蛇」といふ方言だといふ事です。（由）

戸隠夜話（四）鬼のおまん（一）

●信濃毎日新聞　昭和三年十月十二日　3-324

怪

戸隠夜話（4）

秋の深山に　嘆く紅葉

鬼のおまん（1）

「白樺は一夜に枯れ木となつて道をふたげ、熊笹は丈けなして妖しく繁る。赤土の赤のつめたさ。まるで蛇體の腹でも踏む思ひだ……

都は遠い。けれども「都」にくらべて何とたやすく旅立てる事だらう。こゝに住む人の數は熊の數と同じでは無いか？こゝに住む人の顔は熊の顔と同じではないか？右を見ても左を見ても只心無き深山の姿ばかりなのにあゝいとほしや、わが身はまだまだこんなにも若く美しいのを何とせうぞ」

秋悲しき奥社の禿參道に呪はれた都の女が一人――。

それは罪無く山流しされた美しい紅葉でした。時は天暦十年十月のことで、山肌まで木々のいゝくれなゐはえて血よりも赤き或る夕暮のことです。

紅葉の詠嘆調はだん〳〵テンポを早め亂れて來ます。

「わらはは一體どれだけの罪をかしたといふのであらうか。奥州の會津で安賀舒村の源吉を狂ひ死させた事がなんであらうあの男は勝手にわらはを見染め勝手に戀思ひし十六歳のうひうひしいわらはの身體を勝手に戀入させてしまつたのだもの。だからわらはも自身の「あこがれ心」の誘ふまゝに都へ勝手に走つただけだ。

「夫から、京の四條の假住まひ。そして經基公のから騒ぎ。

怪

戸隠夜話（五）　鬼のおまん（二）

●信濃毎日新聞　昭和三年十月十三日　3-325

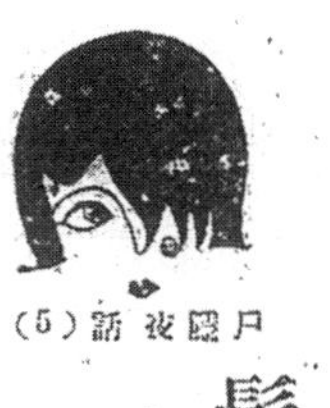

戸隠夜話（5）

千里飛ぶ髪で一夜に　鬼のおまん（2）

夕暮の山みちに女一人で帰るさへ物恐ろしいのに、突然熊笹の中から人頭のやうな真つ白な顔が出たのです。きよつとして
「た、たれぢや！」

紅葉は髪をふるはせました。と……

「おまんぢやよ」

白い顔は、おぼろに、ゆがんで声も無げな高笑ひが悲いくちびるからカラ〱と響くのでした。

□

「なに、おまん？おまんぢやと？」

紅葉はたゝみかけて問ひ返します。その問ひには答へもせずにゆさ〱笹藪をへし倒しながら姿を現したのは、身の丈け六尺もあらうかと思はれる髪つくばかりの大女。足は裸足で着物もつづれのぼろ〱ですが、只、美事なのは両肩から背へかけて、つばさとなつて拡がつてゐる髪の毛のゆたかさ、長さ、つや〱しさです。

□

この女は戸隠界隈で「鬼のおまん」と仇名される名うての女賊でした。年こそ廿二歳の若々しさでも力は三十五人力。ここに走る時こそその蛇の様な髪の毛をさつ〱と風になびかせ、風を呼び、雲霧一ぱいに巨大な翼のやうに打ち広げて鳥より早く飛ぶのです。一夜山の裾野や飯綱の原中にこの女が通り魔の如く横切るのを見て、村人は幾度か肝をひやした事でせう。かくして一夜に何十里、遠国の里々を荒しては帰つて来るのでした。

□

「おまんぢやと、してまた其鬼のおまんが、わらはに何用あるのぢや」

紅葉も戸隠しに流されてから噂話に恐ろしいこの女賊の事を聞き知つてゐましたので、心も不安げに問ひ詰めます。するとおまんは、鬼百合花のやうななよ〱しい紅葉の姿に、高らかな笑ひ声を嵐の如く降らせつゝ、

「鬼になりたいのがお望みならわしの後からついて来なさるがよいと申上げ度いのさ」

「…………」

「わしは一夜に千里も飛べる。わしは何のやうな遠い都へも、一飛びで行き帰り出来る。わしの力は荒男の三十五倍もある。


「経基公の事だつてわらはに何一つ無理のあらう道理は無い。男に「野心」があつたやうに女にも「あこがれ心」が有つたのだもの。ふと召されてわらはが琴の調べを御宴にかなでた時のたのしさ。そして、思はぬ囲ひ者の明け暮れの臥に、小暗い座敷牢のやうな密室が、十七のわらはを待ちうけてゐたと知つた時のかなしさ。

□

「なるほど、わらはは経基公の奥方に毒ぐすりを盛らうとはしたけれど、それより他に何うして、わらはの火のやうなあこがれ心を生かすすべのあつたらう

□

「夜ごと〱、息をはづませ、汚らはしい淫慾に眼を燃え立たせながら「待て、望みのまゝぢやぞ」と経基公はおつしやるけれど、当の無い夢を待つてゐる間に、花よりもろくわらはの若さが散つてしまふだらう。

□

「あゝ第一、なにゆゑ父の笹丸と母の菊世は三七廿一日の魔神の祈願までして、たのみもせぬわらはをこの世へ生み出したものであらうぞ

□

「えゝいまはわが身よ鬼になれ鬼になれ。鬼になつて世のあまねき男達に復讐をしてやるのぢや」

□

狂はしい紅葉の叫びは、空しく山々からこだまとなつて返ります。

……と。そのこだまと共に、熊笹の中から、通り魔のやうに真つ白な女の顔が一つ、浮き出しました。

おみの願ひは望みのまゝぢやよ……」

「わらはに、そちの手下になれと申すのか？」

「いんにや。わしが御身の手下になるのぢやよ。わしは、たんだ今、浮れ男のやうに御身の姿に心のしんからほれたのぢや。御身のためなら百人の敵のそつ首を引ん抜いてやらうぞと躍りで誓つたのぢや……」

紅葉は、山に流されて此方はじめての微笑を顔に浮かべて、妙に多くつぶやきました。

「行かう、わらはのおまんよ」

□

かうして、紅葉はその夜から、荒倉山の山腹にあるあの有名な「紅葉の岩屋」に起臥するやうになつたのでした。

戸隠夜話（六）鬼のおまん（三）
●信濃毎日新聞　昭和三年十月十四日　3-326

怪

地獄の酒宴！

鬼のおまん（3）

野獣そのまゝの山男や荒くれた戸隠の悪法師達が、やがて荒倉山の紅葉の岩屋にかり集められました。

怪力と妖術と飛術とでかれ等の荒肝をひしいだ鬼のおまんは、一文巧な統率に依つて、紅葉を女王として、この一大盗賊団に組織させる事に成功したのです。

□

夜ごと日ごとの荒仕事はまたゝく間に岩屋の中を美ごとな宮殿に飾り立て、紅葉をめぐる従者や酒盛が来てし無く続けられるのでした。

□

或る日のこと、鬼のおまんは紅葉への心盡しから、暖元にもごく都の若い娘を掠奪して来ました。北嵯峨の眼は、つばらな貝からのやうに輝く眼でした。

頬は、ばら色の花片より晴々しい頬でした。

姿は高貴な姫百合の美しさでした。

まして夢の如くほのかに身體一面たちこめるかの女の香気！

□

紅葉は都の娘を見た時「何というふけたかさうるはしさであらう」と思ひました。が次の瞬間「私には最早この娘のやうな美しさが無くなつたのだ」と暗い呟きがひしと胸を打ちました。そして何故かは知らぬ憎しみと憤怒とが、みる〲嵐のやうに心のどん底からこみあげて来ました。

紅葉は眼をつぶり肩をもたげて血を吐くやうに叫んだのです。

「おまんよ。娘は斬つてしまへ！」

□

紅葉の叫びが終らぬうちに、蠟人形のやうな娘の手が、哀しく血にまみれ、虚空をつかんでゐました。

□

自分よりも、優れたものを亡ぼす事は何といふ不思議な喜びであらう。

紅葉は邪淫な妖女のやうに高笑ひして申しました。

「おまんよ。第二の女を……」

□

かくてその日から、里の娘、都の女が日となく夜となく紅葉の岩屋に、生々しい血の仇花を咲かさせねばなりませんでした。

血はやがて「盃」の酒の中にそゝがれました。

肉はやがて荒男の泥のやうな胃のふの中に落ちこみました。

首はやがて笑ひの種として紅葉の前に捧げられました。

□

地獄の酒宴！

地獄の酒宴！

そして信濃一圓の里々はおろかはるかに遠き都まで恐怖、驚愕、戦慄、怒號、混亂の渦を巻き立たせたのであります。

戸隠夜話（七）鬼のおまん（四）
●信濃毎日新聞　昭和三年十月十五日　3-327

怪

若く強き維茂公

鬼のおまん（4）

恐怖と戦慄の渦巻く都から、鬼女の住む戸隠指して紅葉退治に乗出したのは若く強き公卿平朝臣維茂公でありました。時は安和二年の夏七月。後に従ふは指折りの強者二百五十餘騎。宵葉のかげに、つるぎのつば鳴り轟しく聞いて、都の人達は武運強かれと祝禱をせずにゐられなかつたのです。

。

一方、或る夜、髪のつばさを擴げて凄々を荒し廻つた鬼のおまんは、ふと此維茂公出陣の噂を聞きました。そして電光の如く岩屋へ飛び帰り

「紅葉どの、恐ろしい事ぢや。都の公卿が押しよせて来るげぢやー」

と息せき切つて一ぶしじうを告げました。平常に無いおまんの狼狽を笑止に思ひ笑ひながら

「都の公卿ぢやとては誰であらう」

「紅葉どの、笑ひの沙汰では無い。維茂公が總大將で軍勢は二百五六十騎もあらうさうな」

維茂公と聞いて、さすがの紅葉も顔色をかへて叫びます。

「なんと維茂公ぢや！おゝ維茂公は虎よりも強く男々しく恐ろしいお方ぢや！

さあ、おまん！命の限り戦ふのぢやー」

紅葉の眼は見る／＼血走りわたりまるで張裂けたやうです。鬼のおまんは、髪をさつ／＼さればたきさせつつ紅葉の叫びと共に飛び上がり、岩屋全體の荒くれ男に下知しました。

「命の限り戦ふのぢや！」

。

上を下への大騒動がわき起りました。死物狂ひの防禦工事です。

岩屋をめぐつて大岩石の屏風が忽ち張り廻されました。

一度び瞬ければ巨岩巨石の崩落する死の關塞が山麓や谷々に作られました。

劍は一齊に引拔かれ、總ての強弓に矢がかみ合はされました。

。

紅葉の岩屋に防禦の手配の成つた時、うはさにそむかぬ都の軍勢が物々しく戸隠山中に姿を現じたのです。二百五十騎、二隊に分かち、河原太郎定国が前軍攻撃の隊長を承つて大平に陣を敷けば、維茂公は自ら正面軍をひきゐて荒倉山麓に駒を進めます。女ごはいへ對手は鬼こもまがふ兇悪無類。ここに地の利を得て要所々々に怪しき詭計をめぐらしてあらう事は火を見るより明かであります。心いら立ちつ形勢偵察に手間どれて空しい對陣のうちに十數日が消し飛びました。

。

すると、ある夜、荒倉、戸隠、飯綱一帶に深山特有の大風雨が地響き立てゝ襲來したのです。

「神の御加護ぢや、時期到來ぢや、あすこそ、この奴のきつ先に、鬼のほえづら突き通して見せるわ！」

維茂公は、矢玉のやうな豪雨の中に、勇ましくつつ立つて自信ありげにかう叫びました。

怪

戸隠夜話（八）　鬼のおまん（五）

●信濃毎日新聞　昭和三年十月十六日　3-328

戸隠夜話（8）

紅葉の死に思はぬ嘆き

鬼のおまん（5）

山も野も落ちもたゞ、薄暗い一色に包んで、ほの／＼と黎明が訪れました。ゆうべ深夜の山荒れは、さながら嘘にしたやうなば本晴れです。

「最早、道は安全無比ぢや。賊方が苦心の策略へは、われ等の代りに、ゆんべの風が引つ掛かり申したらう。」

維茂公は若々しく高笑ひを響かせつゝ、やがて、正面軍隊の勝軍勢に總攻撃の命令を下しました。

。

まことに智將維茂公の讀みにたがひは有りません。死の關塞はたち切られ、釣り天井はゆり落ち、落とし穴は險い口をわんぐり明けて、あらゆる陷穽は既に死物となつてゐるのです。それのみでは無い。見よ行手の

怪

戸隠夜話（九）

鬼のおまん（六）

●信濃毎日新聞　昭和三年十月十七日　3-329

戸隠夜話（9）

首振切って哀れ自害

鬼のおまん（6）

その日の夕暮どき中社にほど近き硯石の丘の上に泣きつかれ疲れ果てたおまんの姿が現れました。

その丘には、其名にゆかりの硯石が尽きせぬ泉をたゝへてゐます。おまんは硯石の泉をくんで先づ穢身の血のりを洗ひ落しました。彼女の面には最早荒々しき鬼の形相はありません。それは恋人を失つた女のみの持つ、わびしい或る決意を総へた顔でした。

□

おまんは眼をあげて此世の最後の風光を見やうとしました。遥く、おごそかな富士の姿が何より先づ激しく心を打ちました。そしてとりでのやうにいかめしい八ッ岳や槍、穂高、白馬の遠山たみ。けふも赤々と火を吐く

紅葉の岩屋には、さすがの岩屋風さへ老婆の形相に取りこぼれ青ざめた逆賊どもが悲の修羅にうろたへ騒ぎ立てゝゐるではありませんか！

□

突然喊が起りました。いかん声があがりました。鬼のやうな荒男の血が岩屋の壁を紅に染めてなぎ斬りされました。

血煙りが続いて妖しい血の虹さへ立ちました。

□

岩屋の奥に懐剣を逆手にしたまゝ紅葉は味方の敗ちんを悲しく眺めてゐます。くちびるはきつく噛みしめられ椿花のやうな血がにじみ出てゐます。

おまんの姿は見えません。

逃げ口はありません。

極道な悪業に酔ふすべは知つてゐても、刀をとつてたゝかふ術なぞ思ひも知らぬ宮女達でした。

□

「うぬッ！、紅葉はこゝにか！」

維茂公の助たけた武者振りが、突然紅葉の前に、影の如く浮び出ました。

維茂公のたくましい手が、佩刀のつかにかゝるのを、うつとり見つめました。

紅葉は何か、非常に優れた美しい舞台でも見るかのやうに、うつゝ心で此荒き虎の男時ぶりを眺めました。

そして次の瞬間、一閃、緋花火のやうな、はかない血しぶきがかの女の頸つ向から吹きあがりました。

□

あくがれの女奴隷、紅葉はかうして三十三才で生命の最後の幕を総つたのです

□

その頃、鬼のおまんは、残り少い部下を引きまとめて[illegible]へ〳〵と敗走してゐました。おまんの心では

——紅葉どのは殺されずに都へ送られるだらう。だからこの危急の際には嫌つて紅葉どのを犠牲にして、自分等が命をまつとうし、更に都への途大を襲つて紅葉どのを救ふ方が第一の策なのぢやと思つてゐたのです。

□

ところが紅葉の美しい生命を[illegible]の先に突きつらぬいて、勝ち誇つた維茂卿が鬼のおまんをも発見するのを見ました。

「おゝ、紅葉どの、既に御最後ぢやつたか？」

鬼のおまんは、突然全身の力がたら〳〵に抜けて立ち止まり首をうなだれ、生れてこの方、かつて知らなかつた涙を双の眼からさん〳〵と流しました。が、またも突然、今度はつきものにつかれた如く髪ふり乱して何處とも無く無二無三に飛び出したのです。

□

こゝにあはれをとゞめたのは、鬼のおまんにとり残された賊の残党。一夜に千里を走るおまんには追ひすがるすべも無く、中社の西方十五町余、西の窪で維茂卿に追ひつかれ遂に全滅皆殺しの憂目を見ねばなりませんでした。

淺間や、さては黒衣の聖人木曾御嶽。

また苛烈の厳しい北方の黒姫妙高も、けふのつひ今しがたまで我家であつた荒倉山など総てあかね色の夕ばえに美しく彩られるのです。

そこには、聖者も悩みも、呪ひも争ひも無い神々しい大自然の姿があるばかりでした。

□

おまんは自害する事のた易さを悲しんで一度び山を下りました。そして中社勧修院の門をたゝき三輪五誡をさかれて仏門に入つたのです。

□

けれども其後まもない或る朝。人々は此火焔のやうた熱烈の尼僧が、自らの命を断ち切るために、かの女自身の異常な力に依つて自分の首をねぢ切つてゐたのを発見しました。

□

これで鬼のおまんの物語りは終ります。鬼のおまんや鬼女紅葉の怨霊は今でも信濃人達に深い感銘を与へてゐるさうです。

▼おまんの碑塔はありませんが、足神大神はおまんを祭つたものださうです。

▼おまんの髪の毛は今でも中社久山家に残されてあるさうなが、此れはちと怪しい。

▼紅葉の死體は、柵村志垣の五輪坂に埋められその五輪塔は鬼塚と呼ばれてゐます。

□

▼紅葉の位牌は柵村栃原の曹洞宗大昌寺にあります。これは後年作られたものらしいとの事。

▼有名な紅葉の岩屋は荒倉山の山腹に……

□

▼柵村字矢坂の矢本八幡神社と字志垣の矢先八幡は維茂公が紅葉退治の折に、八幡に祈つ[illegible]、こ[illegible]を射さんと二筋の矢を射たここ八の字形に落ち立つて[illegible]ち濃霧が晴れたといふ伝説か[illegible]ら射た所「矢」八幡、落ちた所が矢先八幡

□

▼鬼無里や柵の村の名も此紅葉退治の折に文字通りの由来から夫々名づけられたこの話（止）

怪

戸隠夜話（十）宣澄踊り（一）

●信濃毎日新聞　昭和三年十月十八日　3-330

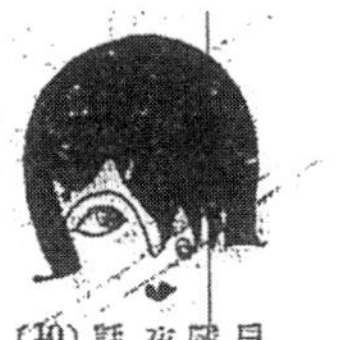

戸隠夜話（10）

燃ゆる怨恨　火柱立つ

宣澄踊り（1）

戸隠の里に名題の杉並木……。その杉の並木道に、足音ろ夕暮こなれば、旅人は、餘りに古風な餘りに素朴な、しかも一種謎めいた歌謡の流れが流れて来るのに、いぶかしく耳をかたむけるでせう。

なむ、宣澄さん
思ふ願ひの叶ふよに
叶ふよに
思ふ願ひの叶ふよに

けふもまた、村人達が、獣狩の御神酒の一杯に一日の労を忘れて、人間の幸福を祈つて踊り狂ふあの宣澄踊りの一節であります。

□

それは今から約四百五十年ほど前に不思議なえにしのもとに生れて、けふの日までめんくと傳へられてゐる踊りです。

話は遠く仏の昔に溯る。

丁度、足利氏の中葉で、その頃の戸隠山は仏の隆盛時代。天台真言両宗の顕光寺の数も戸隠三千坊とさへ称へられてゐた頃です。けれども此天台真言両派の僧は火と水とよりも険しく法論に託した勢力争ひが日毎に火花を散らしてゐたのでした。

□

真言派はとにかくに押され気味でした。ここに天台派中随一の利け者である東光院住職宣澄法印のために或る公開の席上で、真っ向から論破されて以来、真言派は、法燈消え、遂に全く立つ事の出来ないやうな深手を負はされてしまつたのです。

□

燃ゆる怨恨！

真言派第一の大寺瑠璃光寺の僧徒達は、やがて刃を法衣の袖に隠し、姿を黒装束に包んで恐ろしい最後の復讐のために護命を

狙ふやうになりました。

□

無慘なナマス斬り！

應仁二年七月九日の夜、血を流したやうに星一つ無き暗闇の空の下で、かうして宣澄法印は聲も立て得ぬ哀れな最後を遂げたのでした。

翌朝、別當顯光寺（今の久山家）門前に投り棄てた死骸を發見した眞言派の人達は熱涙のみつつ篤く弔ひを終へました。

□

それから間も無い或夜。してやつたりと北叟笑んでゐた天台派西光寺の屋上に、無氣味な十筋の大火柱が立つたのです。しかも、立つよと見るまにその大火柱は、まるで砂の塔でも突き崩したやうに、大伽藍を一のみにしつゝ、忽ちどた〳〵と崩れ散りました。

□

火の大渦巻が一瞬に大伽藍全部を包んだのです。

火の鼠盗が隅から隅へと数限り無く這ひ廻るのです。

防ぐ手だてはありません。かくてみる〳〵西光寺は炎上し僧徒の群は大傷小傷にあへぎながら命から〴〵逃げのびたのでした。

戸隠夜話（十一）　宣澄踊り（二）

●信濃毎日新聞　昭和三年十月十九日　3-331

（11）戸隠夜話

願ひ有れば踊る村人

宣澄踊り（2）

西光寺炎上の後も眞言派に奇怪な出来事のみが續きました。なかでも宣澄暗殺一味の僧徒達が枕を並べての狂ひ死は、眞言天臺兩派は勿論、村人にさへ異常な戰慄を與へずにおかなかつたのです。

□

天臺宗側でも打棄てておけず、宣澄法印の靈を天臺宗中興大明神として毛無山頂に祭ると共に、宣澄法印が生前踊りをこのんだといふのにちなんで、一つの踊りをあみ出しその靈をなくさめる事にしました。

□

怨敵降伏……。

さしも惡鬼のやうに眞言一派を脅かした怪妖はこの事あつてから全く靜まりをさまつたと申します。

その踊りがいまの宣澄踊りなのです。

□

宣澄法印は其後（寛永五年中社[illegible]神社に祀られて念願成就の神となり、宣澄踊りもまた、願ひある者が御神酒一升を宣澄さまに奉ると村人が集まつて願ひ人の願意を傳へるために踊られる踊りとなりました。歌は次の通りです。

1、踊り子が揃うた稲の出穂よりまだ揃たよく揃た稲の出穂よりよく揃た

2、若衆の白手拭は藪に尾花の咲いた様だ咲いた様だ藪に尾花の咲いた様だ

3、南無宣澄さん思ふ願ひの叶ふよに叶ふよに思ふ願ひの叶ふよに

4、戸隠山は名高いお山と沙汰をする名高いお山と沙汰をする

5、沙汰すればこそ峯の慈悲鳥梢になく梢になく峯の慈悲鳥梢になく

6、来いとは言葉の世辭よ行けば納戸の戸が締る行けば納戸の戸が締る

7、納戸の戸でも押せばあくよに開くよにあくよに押せばあくよに開くよに

8、思はくも字に書くならば一帖紙にも書きれの書きれの一帖紙にも書きれの

お月さなー同じよに出たが滿たいの

お月やー山端に　イヨーサー

わたしやこーここに　サノサー

エーこれわい宣澄さん

ヤーコーセー

□

毎年八月十六日が宣澄法印の命日といふので宣澄屋敷主人落合正人氏を祭主にして當日は日の出頃から中社部落の老いも若きも踊り狂ひ、ひねもす五齋神社境内の木蔭には浮世離れた極樂境がつくられるといひます

□

宣澄踊りにちなむ遺跡は

▼宣澄法印屋敷　當時の東光院は現在の落合正人氏邸でいま尚宣澄法印行水の靈井が殘つてゐる。

▼西光寺跡　中社から北を指して表山と西岳の間に至るこ

西南向きの一小平地がある。百年ほど前までは未だ礎礎泉水等の面影がそのまゝあつたさうだが今は全くの竹藪と化してゐます。尚西光寺の末は長野市外上松の昌龍寺。
▼別當觀光寺門前　今の久山家門前がそれです。七八百年以前からの大寺屋敷で德川時代には五百石を領し寺侍も三家ほど有つて一山三院を司配する崇勝なものであつたげな。――（市）

3-332

よみうり東京ラジオ版　落語　お化長屋　橘家円蔵

●読売新聞　昭和三年十月十一日

よみうり東京ラヂオ版

＝けふの番組＝　ＪＯＡＫ

◇後〇、一〇　落語　お化長屋　橘家圓藏

3-333

落語　お化長屋　橘家円蔵

●読売新聞　昭和三年十月十一日

落　語＝午後零時十分

お化長屋

橘家圓藏

此處に一軒空店が御座いまして中々結構なお家、處が、どうも家主さんがひどく因業と來て居りますので、長屋の連中が寄りまして、どうかしてその家をふさがらないやうにしてやらうと相談、各々考へたあげくが、その中の一人が差配になりすまして借りに來るものに應待することになつた。

◇

「折角ですが、どうもあの家はね夜になるとヒユードロ／＼恨めしやーと出て來る奴がありまして、え、つまり幽靈ですな、何でも以前あの家に住んでゐた人が博奕打で、女房が死んでも葬ひらしいこともしてやらない、生きてゐる中は散々にいぢめ散らしておいたものだから、かみさん死んでも死に切れないので御座んすよ。まア借りるのはおやめになつた方がよう御座んすね」てなわけで威しつけては退散させてしまふ。

◇

處が世の中には又變つて男がゐるものでそれを聞いて「いやそいつは面白い、化物つてなものは決して恐ろしくない、却つて賑やかで好い」てなことを云つて無理に引越て來てしまつた。面喰つたのは例の長屋の連中、どうもそれにはいたしかたがない。ぢやアいつそ奴を威しつけて逃げ出させやうと一策を案じて、その男が湯に行つた留守に入り込んで、佛壇や押入へ隠れて居ります。

◇

そして男が歸つて來るや否や、いきなりリン／＼と鈴を鳴らすゲタ／＼と變な聲で笑ふ、足踏みなする、いや驚いたのは先つきの強がり男「タ、、大變」とばかりに親分の家へころがり込み、兎に角助けに來て呉れと云ふことにする。

一方威しに成功した連中歸つて來たら、もう一層威してやらうと坊主頭の按摩を連れ込み、寝かせつけて催眠術を長くし、連中の一人がその裾から足を出して、大入道が寝てゐると云ふ趣向。

◇

が、逃げ出した男の連れて來た親分と言ふのが、滅法強さうな奴、こりやいけないとばかり、三人の連中コソ／＼と逃げ出してしまつた。親分一切を知つて思はずクス／＼笑ひ出し、按摩に「然しお前一人置いて逃げ出すとはあんまり足腰のねえ奴等だな」

「ヘイ足腰は先程皆逃げてしまひました」

素咄しの味をたつぷり――橘家圓藏

今と昔と人と物　老狐が贈った銘刀の由来

獣　●北國新聞　昭和三年十月十二日　3-334

今と昔と人と物
老狐が贈った銘刀の由來
火伏せの効驗があると今も即得寺に傳はる物語り

いまから百年ばかり昔のこと能美郡三濱山附近に身の毛もよだつやうな怪奇がつづいた、それは大抵日沒後のことだが、雨しとどふる淋しい秋になるとたまには日中でも行人を驚かすことがあつて、何もののたたりか近村の人々は絶對に森の附近や山のへりを一人で通行することを戒めた

○

怪奇は、その折々區々一樣ではなかつた、夜もすがら薪物をズタズタに裂いて鉈刀をとつてゐたが朝になつて鉈刀の對手が老木であることに氣がついたり、山中深くわけ入つて谷間においてけぼりを喰つたり、美しい女と手を取つて、あまき戀をささやかんとすればいつしかその女は皺くちや婆さんに變つてゐたり、それは／＼無氣味なことである

○

隣村の森蔭から火柱が立つ、それ火事だと驅付けて見れば廣[illegible]間として煙草の吹殻一つないこともあれば、雨もふらぬに地軸を砕くやうな雨だれの音がする、一番困つたのは、花嫁が二人をつてどれが本物の嫁さんか祝儀に迷つて婚禮が滅茶苦茶になる、といふやうな仕末で、いまの人にいはせたら狐狸も及ばないことばかりであつた

○

里人稱して老狐のわざだといふしかし老狐の正体を見屆けたものがゐないだけ、それも好い加減な當推量にすぎなかつた、のみならずたとへ老狐のわざにしても、さはれば祟つてたたりが募るものとして、迂闊に手をふれるものがゐなかつた、そのうち三道山につがひの白狐がゐる、確に見たといふものがあつて、ほこらを建て祀つたけれど、やはり怪奇は、人々のうへにくりかへされた

○

當時寺井野村字寺井の即得寺前に久藏といふ馬方がゐた、馬方だけに力もあり、非常に豪膽な男で、人通り少い三道山附近を化物なら一生に一度會つて見たいとばかり、人の噂さをあざ笑ひつつ毎日往復してゐた、すきとほるやうな馬方節を唄つてシャンコ／＼と通ふのである、しかし不思議にも彼れは怪奇から免れてゐた

○

ところがある日のこと、久藏がいつもの通り川上の火釜村から馬に酒樽を積むで寺井村へ戻らうとして來寺と三道山の森の細道にさしかかつたとき、一人の老婆に出會つた、白髮を茶筅に結むだ上品な婆さんだが、腰を海老にまげて見るからに歩行は難澁らしい、久藏は『フ、ーンおかしいぞ、ことによつたら例の化物だわい、一番だまされる俺がだましてやらう』と決心したのだから大變な剛氣ものだ

○

そこで久藏は『婆さんどこへ行くつかれたやうだに馬に乘せてやろうか』といつたものだ、婆さんは久藏の思ふ壺にはまつて馬に乘ぜられた、久藏は喜むだらうぬこの化物め、いまに見ろとばかり、それでも口の先では馬から落ちると危いといふもので婆さんを自由のきかないまでに縛りあげた、そして親切さうに寺井村に歸つてきたのである

○

久藏はわが家の前で老婆を馬からおろすとともに更に一層厳重に手足の自由をうばつた、そして即得寺の境内に引き出して目も口もあかないばかりに蹴し立てたところ、それは果して古狐であつた、上品な婆さんも苦悶につれて形相もの凄く次第に獸体と變じ、悲鳴をあげてもだえ苦しむのである、久藏は豫見のはづれなかつたことを誇るとともに、憎しころすつもりでいよ／＼ます／＼烈しくいぶし立てた

○

すると寺僧導惠がこれを見て殺生なことをするものでない、たたりが恐ろしくないかと戒めてこれを放してやつた、その後つがひの老狐は即得寺境内にうつり住むで日を同うして牡牝とも死むだそうだが、同寺院にはいまなほ長さ七寸五分の一口の古刀がある、無銘ではあるが國重の作だといつてをるけれど鑑刀家は國綱だらうといふ、それ

が老婆に化けた老狐を助けた翌朝火防に験しがあるといつて爾来同寺院には絶えて火災がないといはれてをる、結論までが狐につままれたやうな話である

怪 新城入船の化物語

●豊橋日日新聞　昭和三年十月十三日　3-335

新城入船の化物話

南設楽郡新城町入船は城趾のあるところで昔戦國騒亂の頃横死した奥女中の亡靈が化物となつて出るといふ科學進歩の今日到底信ずべからざる噂のある所であるが茲にはしなくも昭和の怪談が突發した

數日前の夜十一時頃降りすさみのジメ／＼した闇を同町某醫師が入船の中尾某を往診に行くべく俥を走らせてゐると風もないのに提灯の灯が消ねた

しかしこれには車夫も醫師も別に氣にもさめなかつたが今度は自然に俥がブツ倒れ醫師は俥の外に投げだされてしまつた——診察がすんでから醫師は友人と現場へ行つたが何もなかつた

—噂は噂をうみ頗る不思議とされてゐる

怪 アメリカから日本へ霊魂が飛ぶ（上）

★大北日報　昭和三年十月十三日　3-336

アメリカから日本へ 靈魂が飛ぶ

自動車の遭難を機縁に神を知つた佐藤定博士（上）

かつては東北帝大教授、同大學附屬化學研究所長などの要職にあり汎太平洋學術會議には日本代表として出席した工學博士佐藤定吉氏はさうしたかたくるしい經歴の學者である半面めづらしい靈的體驗の所有者である以下しるすところはその佐藤博士の得難い體驗談である

○

大正十四年八月十八日サンノーゼから自動車でリツク天文臺へ出かけた時のことでまるで箱根山見たようにカーブの多い山道を數千尺の高さに登るのである。あたかも春霞のこめた加州平原の廣々とした展開を喜びつゝあつたがその平和な心境が一瞬にしてくつがへされてしまつたへんな動搖を感じた時には

自動車は

もう加速度で二千尺の谷底に墜落しつゝあつた途中何の樹であつたか驚くべき大樹に衝突し車體は七八回もんどり打ちながらさらに深い／＼谷底へ落込んで行つたではないか。意識した私は雜草の中に埋まつてゐるどこにも怪我はないすぐ頭の上の大木の根つこに車體はぺちやんこになつてゐる三人の同情者はと見ればいづれも重傷であるが不思議にも命拾ひをしてゐるさうして。この私はかすり傷さへ受けてゐないではないか

その時である——

「全能の神は生きていまし給ひ御用を勵む者をいとし兒のごとくいつくしみ危險より救ひ給うたのである」

とはつきり感じた

怪 アメリカから日本へ霊魂が飛ぶ（下）

★大北日報　昭和三年十月十五日　3-337

アメリカから日本へ 靈魂が飛ぶ

自動車の遭難を機縁に神を知つた佐藤定博士（下）

私たちは手をとり合つてぼろ／＼と泣いた。不思議なほど涙が流れて仕方がなかつた。この墜落の瞬間である私の靈魂は私の肉體をはなれて日本に飛んで歸つてゐた。私たちの遭難と同時刻——日本では夜中の二時過ぎに輕井澤にゐた妻の夢に私があらはれたつづいて四人の乘る黒い箱車に。私たちのものが乘せられて火葬場へと運ばれて行くところを彼女はまざ／＼と見たのである。またハワイにゐた義妹は二晩もつづけて私の自動車が深い谷底に呑まれて行く夢を見たあとで會見した時私が一言も話しもせぬのに彼女の語つた夢物語りは私の

遭難當時

の光景そのまゝであつた。これらのことを

單に奇跡的などいふ言葉て片づけてしまふには餘りに深いものを私は體得したのであるわたくしは信ずる今やラジオの波が空間一ぱいに存在するごとくさらにそれよりも一層不可思議にして微妙なる靈の波が宇宙にみち／＼て地表に立つ人と人との交通ができるばかりでなく人の靈波は神にまで達し神より流れ出る靈波は地上のわたしたちにまでさま／＼と語りかけるものであることはもはや

疑ひなき ところとなつ私ははじめからした心靈の問題とは極めて縁遠いものであつたがこの恐るべきそして有難い體驗によつてはじめて生きるとこの喜びを覺えたと同時に生命の本質の研究に確實なる端緒を得たのである

ラ　ラジオ　今日の番組　映画台詞　番町皿屋敷
●河北新報　昭和三年十月二十一日　3-338

JOHK（仙臺）

◇午後零時十分
映畫臺詞　番町皿屋敷　松本夢學
青山播磨　外四名

ラ　映画台詞　番町皿屋敷
●河北新報　昭和三年十月二十一日　3-339

映畫臺詞

番町皿屋敷

配役

青山播磨　松本夢學
用人柴田十太夫　松本日洲
腰元お菊　石田豊
奴、平三　菅野粹洋
腰元　權次お仙　種田錦園
外　雜方

七百石の旗本青山播磨は二十五歳の今日まで無妻で押通す日毎夜毎に町奴相手の喧嘩沙汰その荒んだ氣を直さうと伯母眞弓は妻帯したらむも直らうかさすゝめる縁談を斷るのも腰元お菊と誓つたことがあるためだつた、播磨は身分は上下の隔てはあるが武士の面目を重んじ伯母の縁談をそれさなくしりぞける腰元お菊はそれを信じて居ながらもお仙や奴三平等の噂に胸を痛めてゐる。或る日白柄組の頭水野十郎左衞門初め一黨の來客に備へんと家重代の寶高麗燒きを取り出したが万一あやまつてその一枚を打割つた時は手討になるしい掟ある事を話した、お菊は播磨の眞實を確かめんと女心の淺はかに大切な皿を故意に打砕いた播磨はお菊の前で殘りの皿を打割り「播磨は皿を惜しんでお菊を成敗するのではない潔白な男の誠を疑つた女の罪は重いと知れ」と因果をふくめてお菊を斬つた

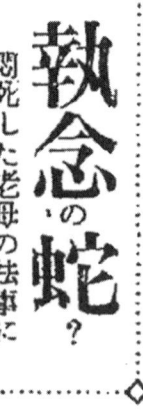

怪　執念の蛇？　悶死した老母の法事に膳へ蛇の痕
●山梨日日新聞　昭和三年十月二十四日　3-340

執念の蛇？

悶死した老母の法事に　膳へ蛇の痕

【鹽山發】東山梨郡奥野田村熊野假名、山川俊方にて去る十六日老母てい（八五）の一週忌を行はんとして物置の戸棚より黒塗の食膳を取り出した所、膳の裏面にかなり大きな蛇の腹の痕が歴然と殘つてゐるので臨席した立正寺末寺東の坊の住職がまがりくねつてゐる痕を計つて見たら五尺二寸程あつた、兎に角薄氣味惡いので同住職が讀經の上同村梶畑の共同墓地へ膳を納め昨朝埋めてしまつたが前日まではこの膳を見んと見物に押し掛けた程である

噂によれば同家の妻女は後妻にて、亡くなつた老母が、先妻の子のみ可愛がり後妻假名としの子を虐待するとて、老母が發病してからはその腹いせに虐待し殆んど悶死せしめたのでその恨みが蛇の形となつて現はれたのだと傳ふるものあり尚俊も十六日の晩から亡くなつた母と同じやうに足が痛む病氣となつたといふ噂もある

ラ　ラジオ　音曲噺「植木のお化け」

●函館新聞　昭和三年十一月一日　3-341

ラヂオ

札幌（一日）

音曲噺「植木のお化け」

怪　秋空に聳え立つ遍照寺の銀杏

●山陽新報　昭和三年十一月二日　3-342

笠岡秋景

秋空に聳え立つ

遍照寺の銀杏

弁財天取毀ちのたゝり話

噂に上つた池の主

笠岡切つての名木――遍照寺銀杏樹はもう幾百年かを経てゐると言はれまして、屹然として一碧の秋空に聳え立つこと十丈余、流石に天を摩するの大樹でありますが、深秋すでに全く黄葉しつくして、陽にひらめいては地に黄金をしくさま、金扇をひるがへすに似てゐます

×

この大樹のもと、さゝやかな石の玉垣をめぐらし、鳥居もいかめしく鎮座する小祠は弁財天でありますが、参詣者甚だ多からないのですけれど、いはゆる、祟り弁財天の名はまだ世人の記憶に消えもゆきますまい

×

最初弁財天は銀杏樹などを取り入れた寺苑の庭池に築山して建立してあつたのでした、だが秋から冬にかけて銀杏樹などの落葉おびただしく掃除も行き届かないので、全く塵埃の捨て場のような有様でした、それが偶々寺院修理の際に問題となり、築山も庭池を壊されました、幾百となく池中に棲んでゐた亀などが院裏の小池に移されたのもその時でありました

×

それからいくばくもなく、末寺にあたる住職が不明の奇病で亡くなりました檀徒総代でした老翁が急な急死をとげたのも直後のことでありました、あるひは工事に従つた人夫共の一人が、十砂運搬の仕事場で、自ら曳く荷車の下敷となつて無惨な死傷をしたり、またある若僧か奇妙奇天烈な難病に罹れて行つたりして、弁財天の取毀しの工事にかゝはつた者は次から次へ急死、変死、奇病に罹つたのであります

×

たゞ祟り由来とて申しますが、世人の視聴をあつめましたのは、弁財天を祭祀してゐた築山をかこむ池中の「亀の主」がゐましたが、その当時生き埋めにされてあるとかのよして噂は噂を生んでゐました

×

今、鎮座する弁財天はこの事があつてからのちに再建したものであります、名木銀杏樹のもとに、この祟り弁財天が鎮座してゐますことも皮肉であり、また興味深くもあります

写真は大銀杏

怪　鎌鼬に襲われ重傷を負う

●豊橋日日新聞　昭和三年十二月一日　3-343

鎌鼬に襲はれ

重傷を負ふ

宝飯郡豊川町大字豊川[illegible]（五十三）は二十九日午後一時頃大字向ケ原の竹藪で鎌鼬に襲はれ右足に長さ一寸深さ二寸位の負傷を負ひ人事不省になつてゐたのを通行人が発見し戸刈医院へ担ぎ込み応急手当てを施したが全治まで約二箇月を要する重傷であるさ同人の家庭は頗る貧困でその日の糊口にも窮する有様なので附近の人々同情し同町八幡会から十円其他から五円村役員から七円の見舞金を贈つた

獣　百五十歳の大猿　珍聞奇談

●関門日日新聞　昭和三年十二月二日　3-344

珍聞奇談

百五十歳の大猿

靜岡縣若松市の獵師二人が、朝早くから附近の花嫁山と言ふ可なり高い山に猟に出かけて行つた處、突然密林の中から一頭の大猿が躍り出で、連れて來た二匹の獵犬と猛烈に鬪ひ終に二匹をムニャく咬み殺して、更に獵師に飛びかゝつて來たので、二人の獵師はびつくりして、逸早く山を下り、村人の應援を得てやつと射殺したが、身長五尺八寸目方十八貫頭髪は六寸以上に伸び、どうしても百五十年以上を經たものだと

密会除けの幽霊も出る

幽　●静岡民友新聞　昭和三年十二月九日（八日夕）　3-345

密會除けの幽靈も出る
暮の濱松に妖怪話

濱松市三組町前田四郎方の借家に最近一週一度位若い女の幽靈が出て戸をあけてくれといふ事である、何でも同所では明治初年頃大阪生れの旅役者が娘を斬り殺した事があるとか云ひ傳へられてゐる、又去る十月十八日から新廳舍に移轉後空家となつてゐる濱松署舊廳舍は其後一時男女の密會場所になつてゐたが最近こゝへも裏手へ跛の男の幽靈が出て泣くやうな笑ふやうな奇聲を發するといふ噂がはつと立つて男女の密會も後を絶つてしまつたと

今と昔と人と物　裾に波打つ化狐の尾を発見

獣　●北國新聞　昭和三年十二月十六日　3-346

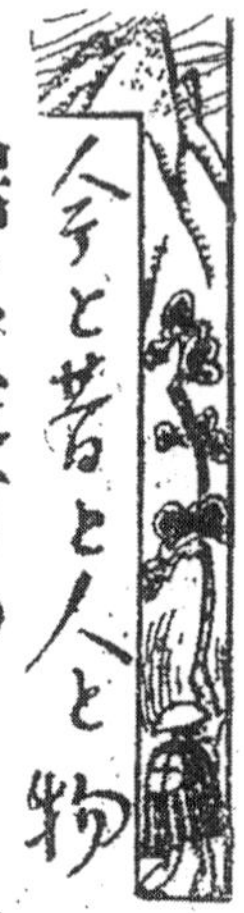

裾に波打つ
化狐の尾を發見
逃さじと追ひ掛けた主従
通行人の惱み除かる

寶暦十年二月七日のことである、大聖寺町上手の袋町（今はその字なし）といふところから火を發し中新道へ飛火した、火は風にあふられて二手に分れ、一手は觀音町、魚町、鍋町、越前町をなめつくし、他の一手は五間町、一本橋、京町、荒町、福田町から新町、上福田村におよんで漸く鎭火した、蜿蜒長蛇の如き大聖寺町は一夜のうちに焦土と化し、その慘害言語に絶するものがあつた

◇

藩主前田利道公は、仁慈の名君と呼ばれて敬慕された人だけにこの慘状を見て非常に心をいためられた、藩民の災難は同時に藩主の災害であるといつて、重役を集めて復興方を協議の結果、罹災民のうちで住宅を再興する場合は、所領の立木を伐採して無償で交付することとなつた、藩としては非常な英斷で、何といふなさけ深いお慈悲であるかといつて罹災者は涙を流した

◇

中尾某も立木拜領の光榮に浴したので、三人の家僕をつれて伐採に出掛けることになつた、ところは山代の奥、桂谷といふ密林である、大聖寺町から道のりも餘程遠いので主従四人は夜中に發足して桂谷に向つた、途中に黒瀧、中代といふやうな小すごい森もあるが、大の男四人づれでは噓にも夜道は恐いともいはれず、火繩のあかしをたよりにたどくと道を急いだことである

◇

ところが中代にさしかかると、ピシャリと火繩の火が消えた、鼻をつまれてもわからない闇の夜であり、これでは大變と主従總がかりで燧石をうてども、どうしたことか一向に火が出ない、これには一同按摩が杖をとられたやうに當惑してゐると、てふど行く手に二人づれの飛脚体の男が提灯をさげて急ぎゆくのを認めた、主従はこの火を地獄で佛にあつたやうに喜むだ、そして早速追ひついて火種を貰ふことにしたのである

◇

然るに、家僕のうちの吉兵衛といふ男が、先なる飛脚体の男に疑ひをさしはさむだ、どうもをかしい、主人らしいのが黒羽織を着し、小者は單衣をきてゐるけれど、この奥に人家もないのに今自分この繩手からどこへ行くのか、のみならず笠のきぶりといひ、羽織の窮態といひ、どう見てもあやしな風体である、さらに裾から尾のやうなものがむらく動いてゐるのが解け難き疑問の第一である、こいつあ若しかするとかねて噂に聞く中代の化狐のいたづらかも知れない、こう思つてひそかに同行のものにささやいたことである

◇

注意されて同行のものも始めて尾に氣がついた、なるほど狐尻にちがひない、といふことに決定して見れば今まで火欲しさに汗水たらしたのが阿呆らしく、足をゆるゆると飛脚の足も同時にゆるやかとなつた、だが相變らず小者の裾に尻尾が波を打つてゐるので、主從は期せずして高笑ひをなし『あさましい化けざまだな、裾から尾が見えるぞ』と罵つた

◇

すると主人らしいのがビックリしたやうに足をとどめ、小者を叱るやうな態が見えたが忽ち提灯を路傍に投げすてて中代繩手を一直線に駈け出して仕舞つた、主從は逃がすなぶつ殺せとばかり追跡したがつひに殺に姿をかくして跡方もなくなつた、主從いたく殘念がつたが、思へば滑稽でもあつたといつて散々に下手なばけざまを罵倒した、ところが狐も非常にこれを恥ぢたものであらう、それからといふもの中代の化狐の噂は世上から消え去つて、通行人のなやみが除かれたといふことである

3-347 怪 生麦事件の不思議な旅

★日米時報　昭和三年十二月二十九日

生麥事件の 不思議な旅

手をかけた者は 死んだり病氣に―

世は昭和の御代とあるにこれは又不可思議な怪談が横濱に起つて口さがない濱つ子の話題に上つてゐる

それは慶應年間にあつた彼の英人殺しで問題になつた生麥事件の現場である現在の記念碑に隣んしてあつた樹齢二百餘年を超えてゐる老松に始る先年この老松の夫婦松を伐採したところ伐採者は忽ち熱病を病んで死んで仕舞つたのを以來英人の魂が殘つてゐる靈樹として洲近の人たちから手を觸れることさへ恐れられてゐた、所が市の電氣局では、市電生麥引込所の工事をするのに是が非でもこの靈松を伐らねばならぬとあつて請負者に入札せしめやうとしたが誰も應じやうとはせぬ、やむなく電氣局では人夫を雇つて最近伐採せしめた、ところがその人夫の黒幸次郎（二二）は日頃の頑健にも似ず俄かに不思議な熱病に冒されて死し間もなくその親方の内藤市太郎（二八）も死んだ、そしてその代りあとへローラーをかけた瀬戸運轉手は大怪我をする、さては現場監督の相川技手、敷地主任の園井主事が發病して二週間の臥床と來たので電氣局内は勿論生麥あたりでは大變な騷ぎ多田庶務課長などスッカリ氣にやんで祈禱でもせねばこの上どこ迄たゝられるか知れぬとビクビク

獣

我国の伝説に現われた蛇（一） 蛇と縁組を…

●河北新報　昭和四年一月一日　4-1

我國の傳説に
現はれた蛇

蛇と縁組をした話

【一】　三原良吉

【一】

人間の身でありながら妙齢の處女が、人間以外の超自然物あるひは動物と交婚したといふ話や、懐姙してそれらのものの子を生んだといふやうな話はわが國の傳説の中には非常に多い。そしてそれらの不思議な縁組をした娘たちの相手になつたものの中で蛇が大多數を占めて居るのである。

古事記の崇神天皇の條にかういふ傳説がある。大和の國に活玉依姫といふうつくしい姫があつた。毎夜うつくしい若者が忍んで來て逢ふうちに姫は懐姙した。兩親が譯をたづねると相手の名が分らない。そこで兩親は今夜男が來たら赤い土を床の前に撒き閉蘇の紡麻を針につけ裾を刺して見よと教へたので姫はその晩、兩親の教へ通りにして翌朝見ると針に附けて置いた糸は戸の鈎の穴から出て三勾ほど殘つてゐる。姫はその糸を辿つて行くと美和山の神社に留まつたのでさては神の子であつたかとわかつた。そこで糸が三勾殘つたので土地の名を三輪と名づけた。

【二】

この傳説は、全國に散在してゐる。昔、出雲のある里に長者があつて、そこの一人娘のもとに夜毎に男が通ふうち、娘は顔色蒼ざめたゞならぬ様子となつたので、乳母が問ふと、仔細が分つたので、乳母は男の所在を突きとめる一策として男の裾に針で糸を縫ひつけさせる。娘が糸をたぐつて行くとやがて穴があつて、その中を覗くと蛇の腹に針が刺さつてゐた。懐姙してゐた娘は月滿ちて澤山の蛇の子を生んだ。

次ぎは日向の姥嶽の明神の話、昔日向の塩田に長者があつて、花の本といふ一人娘があつた。ある日、水干立烏帽子のうつくしい男が來て、娘と樂しく語らつて明方歸つて行つた。それから半年も通つて來たが、男は名を告げず書間は決して姿を見せない。兩親もそれと知つて男の身の上を知るために男の裾へ針で糸を通させる。糸をたよりに兩親が行つて見ると、日向の國境にある姥嶽の岩窟でとまつた。穴の中から苦しげなうめき聲と共に

「私は花の本の夫である。胸に針を刺されたのでもう命はない、しかし私の姿を見せたなら驚くだらう。花の本の腹に宿つてゐる子は男子で世に稀な勇士となるであらうから、その名を大太惟基とつけてくれ、私はそのまもり神とならう」と答へたので、兩親もさては神であつたかと嘆き悲しみ、一目でも姿を拜ませてくれといふと、大蛇が頭のみを穴の口から出して見せた後岩穴の中で息が絶えた。その子は後に、豐後國を押領して大太豐後守と呼ばれたといふ。これ等の話の外に、上野國利根郡布施村に遺つてゐる蛇森の傳説もさうであつて、娘は盥に幾つも小蛇を生み落したといふ。又越後南蒲原郡笠堀にもこの話が傳へられてゐる。紀伊國有田郡安諦村大字野原の河津瀧に、この傳説が殘つてゐる。娘は月滿ちて盥のやうな男の子を生んでゐる。

【三】

一体傳説といふものはある土地に發生したものが方々に浮遊する性質を持つてゐる。人間の交通によつて一ッの話が方々へ持ち運ばれ、その一ッ一ッがその土地に落着いて恰も土地個有の傳説の如くに再生するのが通例である。たとへば長者傳説の如きは全國至る所に殘つてゐるが長者屋敷の跡と傳へられてゐるやうな所は多くはかつて話のうまい者でその長者傳説の移入者の趾跡である。でこの場合においても古事記の中に出てゐる三輪山の傳説を源泉として、此の如く全國に支流を發したものであらう。故にこの種の傳説では三輪山の話が最も古いと見て三輪山式傳説と稱されてゐる。三輪山傳説は更にアイヌにも傳へられてゐる。

金田一京助氏によると日高國沙流アイヌのユキといふ者とコボアヌといふ者が共に三輪山式傳説を

傳へてゐるといふ。ユキの傳承では男の裾に黒いカナ糸に針をつけて住居を突き止めると朽木の下で止まり中から蛇の親子の囁きが聞えたといふ。そして娘は小蛇を六十匹生んだ。コボアヌの昔話では矢張り針と糸で男を突き止め月滿ちて辛うじて六匹の小蛇を生んだ所が三輪山傳説は朝鮮にも記錄がある。咸鏡北道城津附近の慶積寺にこの話が殘つてゐるといふ。矢張り針と糸が用ひられて居り、娘は男の子を生み長じて明の太祖となつたといふ事である。

また咸鏡北道會寧地方にも三輪山傳説がある。糸をたよつて行くと豆滿江の河中にある鳥啼岩で止まり主は川獺であつた。そして川獺は村人に殺され娘も父親の怒りに觸れて池に投げ込まれて死んだその時娘の腹から男の子が生れ、その子は長じて三人の男を生み次子が滿州の太祖となつたと傳へられてゐる。朝鮮の方は何れも無難が水界になつて居り生れた子は皆王となつてゐるのが特徴である。

【四】

三輪山の傳説が朝鮮に輸入されたものであるか或ひはまた朝鮮からわが國に傳はつたものであるかは考ふべきであるが大体北方大陸系の民族の傳説が朝鮮を通過してわが國に入つたと見るのも一つの順序ではないかとも思はれる。北方大陸系民族の習俗がわが國に入つた例は東北各地に見られるオシラ神とシャーマニズムの關係の如きものもあるから必ずしも否定は出來ないのである。（つゞく）

獣　我国の伝説に現われた蛇（二）　蛇と縁組を…　4-2

●河北新報　昭和四年一月二日

我國の傳説に現はれた蛇

蛇と縁組をした話 [二]

三原良吉

【五】

以上多くの例に現れた三輪山式傳説の特徴は娘の所へ蛇が男になつて通ひ、男は決して所も名も告げぬこと、娘は懐妊すること。親が男の所在を突き止める方法を教へること。針と糸を男の裾に刺すこと。娘は男の正体を知ると共に兩性は分離すること。そして娘は子を生む事であるがその中で男の所在を知る方法の苧環と正体を見た事によつて男女が別れるといふ二つは三輪山式傳説の欠くべからざる要素である。

私は三輪山傳説によつて遠い遠い私たちの祖先の生活を考へて見たいのである。男が蛇であつたといふ事は何れの原始民族にも見られる蛇神崇拜の影響であらうと思はれる。そして男の正体が判明したために男女が分離するといふ事はタブーの掟から來てゐるのではないかと考へられる。

原始時代においては人間の生も死もすべてが不可解の閉ざされたる神祕であつてその多くは惡魔が司どつてゐると信ぜられ若しもこの掟を破ればその人間は非常な禍を受けなければならぬと固く信ぜられてゐたのである。それがタブーである。結婚の如きも嚴重なタブーが定められてゐて新郎も新婦もどちらもお互ひの裸体を見てはいけないとされてゐた。この習俗は今でも南アフリカや南洋の諸族の間に殘つてゐる。蛇が針を刺されたゝめに横死するといふことは石器時代の末に金屬が發見されその威力に驚いたその頃の時代思想が想像されるのである。苧環を手繰つてゆくその手段は原始時代における單純な唯一の手段であつたであらうが傳説を如何にうつくしてゐるか知れないと思ふ。

【六】

人間が人間以外の者と不思議な縁を結ぶといふ話は神婚傳説と稱されてゐるが神婚傳説の中には前にいつた三輪山式傳説と形式を異にした二つの類型的の傳説がある。昔、坂上田村麿が東夷征討の任を帶びて多賀城に居た時、利府の近くに稀なうつくしい乙女があつて足繁く通ふうちに乙女は懐妊した。やがて月滿ちた時、田村麿は乙女から決して産屋を見給ふなと固くいはれた約束を破つて覗くと、乙女は大蛇となつて飛び去り美しい血潮の中に玉のやうな男の子が殘されてあつた。利府の赤沼はその時の産屋の跡でそこに生える刈安草の茎の色は惡玉御前の血の色であると傳へられる。その時の生れた男の子は後の田村麿將軍であるといふ。

これと同じ傳說が遠江國磐田郡二股にも殘つてゐる。そして主人公は田村麿になつてゐる。矢張り産屋を見てはいけないといふ禁を犯して田村麿がのぞく。中には大蛇が赤兒の頭をなめてゐるので田村麿が驚く、すると大蛇は正体を見られたからはわがいのちも今限りとなげいて赤兒を育てるため、乳の代りに一ツの珠と、水が涸いて陸にな[illegible]といふ森とを授けて死。今の椎[illegible]神社はその大蛇をぬ祀つた社であると傳へられてゐる

飛驒國吉城郡坂下村岸奥といふところの河のほとりに昔、親孝行な息子があつて、或る日うつくしい娘がたづねて來て宿を乞うたのが縁となつて夫婦となつた。女房は夜毎に河へ行つて魚を獲り親と夫に喰はして殘りを貯つて働いたところが女房は河へ行く時、決して姿を見るなと夫にいふので不審におもつて夫が或晩高黍の蔭に忍んで見てゐると女房は河へ飛び込むと同時に大蛇の姿にかはつた。

やがて魚をとつて來たが夫を見つけると忽ちもとの女房にかはつて歸つて來たが夫にわかれを告げ学玉を形見に殘して去つた。二人をわかれさしたのは夫が高黍の蔭で見てゐたゝめだから決して高黍をつくるなと女房が言つたので今でも村では高黍をつくらない。そして嫁ケ淵といふ地名も未だに殘つてゐる。

近江國琵琶湖の東にある龍王寺の梵鐘の話では、昔京都の公卿が念願があつて藥師に參詣するといつも同じ時刻にうつくしい乙女と逢つた。二人はいつか結ばれたが三ケ月ほどたつと仔細あつておわかれする時が來た姿に逢ひたくは平木の澤を訪ねてくれといつて女は泣いて立去つた男が訪ねて行つて見ると家らしいものもなく茫然としてたゝずんでゐると大蛇が現れて夫婦の緣の形見だといつて箱を渡し百日立たぬ内は見るなといふ男は百日をまち切れず九十九日目に蓋をあけたら紫の煙が昇つて天上から梵鐘が現れた三井寺の傳說もこれ等と同じ話である。

伊勢國桑名に向ひ合せの家があつて十五の息子と十四の娘があつたが娘はいつか病氣になつて日に日に衰へて來る。兩親がたづねると娘は向ひの息子に[illegible]むでゐると打明けたので早速向ひの家に話して息子を婿に迎へた。婚禮の翌日いつまで立つても[illegible]ないので家人が怪しんで室をあけて見ると花嫁は恐ろしい大蛇となつて花婿の体を半分はかり吞で兩方とも息が絕へてゐた。

【七】

この五つの傳說を見ると男の方が人間であつて女の方が蛇であるつまりこれ等の男は蛇と不思議な婚を通じたのである。そして出來事が起つた所は必ず人間界である話の重要な要素を爲してゐるのは男が禁を犯して産屋を覗いたゝめに永久に男女がわかれなければならないといふ點に氣づくだらうと思ふ。古事記の火遠理命の條を見ると次のやうな傳說がある。火照命は海幸、弟の火遠理命は山幸を持つてゐた。ある日、兄弟は海幸山幸を取交へて出かけたが火遠理命は一尾の魚もとれぬばかりか鈎かぎを海中になくして兄にわびたが許されない。困り果てゝ海辺に泣いてゐると鹽椎神が來てよい方法を敎へ海神の宮へ行かせる。命が訪ねて行くと海神の娘、豐玉姫が出て來て命を感心しマグハヒなして父へ知らせた。父神は命を歓待して二人を夫婦にし三年の間樂しい日を送つたが命は釣鈎の事を思ひ出して嘆いてゐるのを見て姫が父神へ聞いたところ父神は大小の魚をことごとく集めて取調べた末、赤目魚の咽喉から發見したので命は喜んで釣鈎と二つの球を貰つて一尋鰐の背に乘つて歸つた。その時豐玉姫は身重になつてゐたので命の跡を追つて上つ國へ來て産をする時決して産屋を見ないことを固く約束したが命が禁を犯したゝめに姫は八尋鰐に化して去り二人は永久にわかれる。前述の五つの神婚傳說はこの豐玉姫の傳說の系統であるために人間界において男が動物と交婚した話は豐玉姫式傳說と稱してゐる。この不思議な緣組をしたもの同志が永久にわかれるといふ動機はタブーの法則に反むいたゝめであると考へられる。

我国の伝説に現われた蛇（三）蛇と縁組を…　4-3
●河北新報　昭和四年一月三日

我國の傳説に現はれた蛇

蛇と縁組をした話【三】

三原良吉

【八】

次に前の場合と反對に、人間の女が蛇と交婚するといふ傳説がある。三輪山傳説と似てゐるやうであるがそれと異なつてゐることは婚姻が必ず水界であることである水界でない場合もあるが出來事の發生する世界は多くは怪しげな沼とか池とか深い淵である。

美濃國安八郡にむかし豊かな百姓で安八太夫といふ者があつた。或る年大旱魃に苦しんだがどんなことをしても雨が降らない、果ては水を與へる者には望みのものをやるといつて祈つたが空しかつたところがある日大雨が突然降つたので大いによろこんだ。その後安八は娘を連れて村の大池を通ると物すごい大蛇が現れたが娘はそのまゝ池に飛び込んでしまつた。安八は雨を降らしたのはさては大蛇であつたかと驚き御禮のためには仕方がないと娘のことを諦めた。それから毎年一度だけ娘は家へ歸つて來る。そして寢姿だけは決して見るなといふことであつたが安八夫婦はさういはれると見たくなつてゐる夜娘の寢間をのぞくと大蛇が座敷一ぱいに横たはつてゐた娘はそれきり家へは歸らなかつた

わが國に於ける土俗玩具の中で最も著名な首人形を産する佐渡國川原田の談議所坊といふ寺に音羽といふうつくしい女中があつた。晩春の頃のある日蕨をとりに山へ行き段々深入りをして女の行く事を禁じられてゐる金北山の方まで踏み入つた。恰度その時音羽には月のさはりがあつたので傍らの池で汚れた裳裾を清めてゐると池の主の大蛇が男に化けて來て音羽をとらへて放さないので音羽はその場のがれに夫婦約束をして逃げ歸つた。翌くる日になると男は白馬に乘つて迎へに來た。音羽は今更仕方なしに男に連れられて行つた寺の和尚が審しくおもつて追て行くと音羽は昨日の池の岸に立つた和尚は駈け寄つて仔細をたづねると事情を語つて形見に鏡と櫛と帷子の袖を殘して池へ飛び込んで了つた形見の品は今も寺に保存されて居り池も音羽池といつて未だに殘つてゐる。

富山縣新川郡愛本村に愛本橋といふ橋があつてその下は黒部川の底知れない淵が湛えてゐる。橋の西に茶見世がある。むかしこの茶見世にうつくしい娘があつた。ある夜、加賀藩の家中たと稱する若い立派な侍が訪れて娘を妻に申受けたいとの事に兩親は大よろこびで即座に娘をくれてやつたが娘は二年立つても何の便りもない。兩親も案じてゐると三年目にひよつくりお産をしに歸つて來た。すると娘は決して産屋を見てくれるなと念を押したが兩親は孫が生れる嬉しさに約束を忘れて覗くと娘が生み落したのは十二匹の小蛇であつた。兩親の仰天するけしきに氣づいた娘は涙ながらに自分は橋の下の淵に棲む大蛇に見込まれ今は睦まじく暮らしてゐるが今夫に背けば自分のいのちはない、これがおわかれだといつて娘は小蛇をつれて立去つた。今も茶見世に娘の生んだ小蛇の掛物が殘つてゐるといふ事である。

山形縣西村山郡西山村に尻無澤といふ所があつて昔は大きい沼であつた。沼の主は大蛇であつた。その近くに籠造りの夫婦が暮らしてゐた。ある日女房が沼の邊りで米をかしいでゐると沼の主に見込まれて水中へ引き込まれて了つた夫は憤ほりの餘り蛇の嫌ひな栗の杭を何本も沼のへりへ打ち込んだので大蛇は堪まらなくなつて牛の首に化けて飛び出し何所かへ飛んで行つた。牛が首の地名が今も沼の邊りに殘つてゐるといふ。

伊豫國宇和郡藤田村に庄屋六兵衛といふ者があつた。公用で暫らく不在であつたが、毎晩家へ戻つて來る。妻は眞の夫と思つて安心してゐる内懐胎して臨月となつたすると枕元へ一匹の蛇が現れて番をしてゐるので人々が追散らさうとした所女房は少し譯があると言つて止めた後蛇の子に似た長い物を凡そ一斗程も生んで死んでしまつた。

岩手縣上閉伊郡釜石町の板澤某にうつくしい娘があつた。或る日桑を摘みに裏山へ出かけたまゝ行

方知れずになつた。家人が驚き騒いでゐると一人の旅の行者が來合せてわけを聞き、實はその娘は生來、水性の者の許に嫁ぎ行くやうに生れ合せてゐたので、今は閉伊川の岸の腹帶といふ所の淵の主に行つてゐるが、いのちに別條がない。これからは年に一度は必ず家へ歸るだらうと言つて立ち去つた。この腹帶の傳説によると淵の主は蛇であるといふことである。

【九】

わが國でこの種の傳説の最も古いと思はれるのは、肥前風土記の小城郡の條にある褶振峰の傳説である。弟日姫子は狹手彥連と夫婦であつたが、夫が他用で家をあけた。五日ばかりたつた或る日のこと姿や顏が夫と少しも違はない男が來たので、弟日姫子は夫だと思つてゐたが、いつも夜になると來て朝になると出て行くのを怪しんで、麻糸を男の裾に針で刺して行つて見ると褶振峰の邊の沼でとまつた。見ると恐ろしい大蛇が寢てゐるので驚く間もなく、弟日姫子は蛇もろとも沼の底に引込まれてしまつた。

この傳説は三輪山傳説と、もう一つの傳説の二つの形式を備へてゐるが、苧環の件を拔けば明らかに三輪山傳説とは別の形式になつてゐる。水界を舞臺とし、人間の女が蛇の男と交婚して体ごと沼の中に連れて行くのである。故にこの形式の傳説は弟日姫子式傳説と稱してゐる。

【十】

弟日姫子式傳説を見るに著るしい特徴が感じられる。第一にはうつくしい女が男に化身した大蛇に拉致されること、第二には行く先が水界である事、第三には女には年に一度とか隔年に一度とか必ず家へ歸ること、第四には拉致されてからの女の正体を家人に發見されることによつて永久に姿を隱すことの四つがそれである。

この四つの特徴によつて考へられることは弟日姫子式傳説には掠奪結婚の形式が色濃く反映してゐることである。前にあげた數個の例の中で佐渡國河原田の狩の傳説などはどうしても掠奪結婚である。女が他に掠奪されて行く、そして一度は歸されるが女は事情を家人に明すことによつてきびしい刑罰を受けねばならないのであつたらうと考へられる。そしてこれ等の掠奪結婚は私たちの祖先同志の間に起つたこともあらうしまた或る場合には私たちの祖先と他の民族との間に起つたこともあつたらうとおもはれる。特徴の中に蛇と水界とが存在することは傳説の形式的要素である。

獣

我国の伝説に現われた蛇（四）人が蛇に…

●河北新報　昭和四年一月四日

4-4

我國の傳説に現はれた蛇

人が蛇になつた話

【四】　三原良吉

【十一】

以上三つの神婚傳説と共に蛇の傳説の大きな部分を占め全國到る所に散在してゐる傳説がある。

昔上杉謙信が、越後に割據してゐるころ、謙信の姉婿長尾政景に反逆の聞えがあつた。謙信は討手を信濃國野尻湖畔の城將宇佐美定行に命じた。定行はその不可なることを說いたが容れられず、夏の一日政景を釣に事よせ野尻湖上に招じわざと言がゝりをつけて船底の栓を拔き取組んだまゝ湖底に沈んだ。政景の屍体は浮んだが、定行は兼ねて天の申し子で脇に三枚の鱗があつたと傳へられてゐるので屍体は上らなかつた。そして蛇体になつたといふ。

[illegible]の或る武士に[illegible]つた。或る時大山詣でにつくし行き僧房の雛僧を戀して歸途赤松ケ池で駕籠を止め突然水中に投じた。雲助共が探したが屍体があがらない。やがて白い物が浮んだので引上げやうとすると又沈んで行く同じ事を繰り返してゐる內に一天俄にかき曇り立ち騷ぐ波間から一頭の大蛇が空中へ飛び去つた。

群馬縣吾妻郡原町の善導寺に昔一人の老婆がゐて榛名神社へ参詣したいと言つて出かけたが榛名湖の畔まで來た時駕籠舁きが休んだ。すると老婆は駕籠から出て湖の岸で手を洗つてゐたがそのまゝズンズン深みへ沈んで行つた。駕籠舁きが驚いて叫んだが老婆の姿は湖の面から消えた。やがて恐ろしい大蛇が現れてわしはもう斯ういふ姿になつたから寺へは歸られぬと言つた。

茨城縣大貫町の西方に涸沼川と水下川の分岐點で船渡河岸といふ所がある。昔この渡守に彌左衞門と言つて水戸侯から船を拜領する程の船頭があつた。或る年水戸侯に客として招かれた仙臺樣を渡しての歸りに波が荒れて船が覆へり水中に沈んだが屍体は發見されなかつた。彌左衞門は大蛇になつたのである。そして現今も福島縣の涸の内辨天に祀られてゐる。大貫地方の船頭は必ず參詣することになつてゐるが大貫といふ名をいふことを禁じられてゐる。若しも禁を破ると彌左衞門の化身した大蛇が故鄕戀しさの餘り荒れて海が時化になると信じられてゐる。

その他、上州の榛名湖には湖畔の長者の娘藤浪が投身し、大蛇となり侍女も續いて入水して蟹になつてその行衞を探したといふ話しや、また湖畔の城將木部宮内少輔の奥方が榛名湖に入水して大蛇となり、亡き跡を弔つてくれといつて家臣に三枚の鱗を渡して水面から姿を消したといふ話しが殘つてゐる。

鹿兒島縣蒲生村の住吉沼には清水の里の老婆にうつくしい娘があつて名を清姫といひ入水して大蛇となつたといふ傳說が殘つてゐる

【十二】

此の種の傳說は全國のあらゆる湖沼に附隨して存在してゐるのであつて一括して人蛇傳說と稱してゐる。人が水中に入つて蛇に化身するといふ單純な内容ではあるが私はこの傳說の中に私たちの祖先の抱いてゐた原始時代の思想を見ることが出來るのである。すべてが驚異であり不可思議と考へてゐた時代にあつては死といふことは生と對照して中でも大きな不思議であつたと思はれる。殊に何等かの原因で死が突然來るといふやうな場合には、死を司どると信じてゐる所の悪魔を極端におそれたに違ひない。そしてそこに神祕を感じさせるまでに水を湛えた淵や沼や湖があつたのである。人間の屍体が蛇になるといふやうな事は私たちの祖先には充分信じ得られる思想であつたらうと思はれる。

【十三】

神婚傳說と人蛇傳說とは蛇の傳說の中で最も著るしい特徴を有する二大說話であるがこの外、蛇に關する傳說には怨靈傳說、報恩傳說、天然傳說等に屬して頗る多く神話傳說の大半をしめてゐる。何故このやうに蛇が說話の中に出て來るかを考へて見たい。

何れの民族に於ても原始時代にあつては多くは動物たとへば狼であるとか熊、虎、狐、龜、鷲、木兎のやうなものを彼等の部族の名稱としたりまた彼等の祖先と同一の祖先と見做して部族共通の崇拜物とし彼等の守護神として禮拜する習俗があつて現今でもアメリカインド人や南アフリカ、南洋等の未開人の間にこの習俗が殘つてゐる。これはトーテムと呼ばれてゐる蛇をトーテムとする民族は非常に多い。蛇の傳說が多いのはこのトーテムの反映と見るのも一說ではあるがわが國にトーテミズムが存在したか否かは民俗學界でも大きな疑問とされてゐる所でこの說はしばらく保留したい。しかし何れの民族の間においても蛇を崇拜したと同樣に私たちの祖先も蛇を崇拜したとは認められるのである。

云ふまでもなく未開時代における私たちの祖先は智力をはじめすべての方面で自然の力と對抗する事は非常に困難であつた。あらゆる自然現象にしろ動物にしろすべてが驚異であり常にこの壓迫からのがれるために私たちの祖先はそれらを神として崇め供物を捧げある場合には人間をまで犧牲として捧げてそれをやはらげやうとしたのである。かくして一切の事象を神靈として認める信仰は宗教の起原となつた。當時、しばしば私たちの祖先を悩ました大蛇であるとか蝮のやうな毒蛇は勿論神として禮拜する外はなかつたらうと思はれる。人類に對して恐ろしい危害を加へたであらうこれらの蛇に對しては遂に二の俗信を生じさせるに至つたのである。一つは古代フヰニシャ人のやうに蛇の出現を吉兆として拜しまた北ボルネオ島のダイヤツク種族のやうに蛇を神聖視するやうに蛇を神として崇拜する傾向である。他の一つはアイヌ種族のやうに蛇を人類とは絶對に相容れぬ惡魔として禁呪する傾向である。

【十四】

蛇の傳說がこの二つの俗信の影響を受けてゐることは否むことが

出來ないと思ふ。これらの蛇に對する俗信は今なほ私たちのフオクロアの間に存在してゐる。蛇の夢を見れば金が入ると信じられてゐる。又、わが國で信仰する辨才天と白蛇とはインドから渡來した信仰で辨才天といふのはインドのサラスヴアヂイ神であるが、この神は上半身が人間で下半身が蛇であつてその使ひ女は白蛇である。その他、蛇憑きであるとか、或ひは蛇を殺したなら頭部を何かで突き刺して捨てないと祟りを受けるといふやうな俗信もある。都會においてすら多くの蛇に關する俗信があるのであるから蛇と最も交渉の多い山間の地などにはこの種の信仰や禁呪は頗る多いと思ふ。

まして私たちの祖先の時代にあつては蛇と人との交渉を如何に眞實に考へたかは想像に餘りあると思はれる（完）

怪魚を退治た松ヶ浜の孝子

獣　●河北新報　昭和四年一月三日　4-5

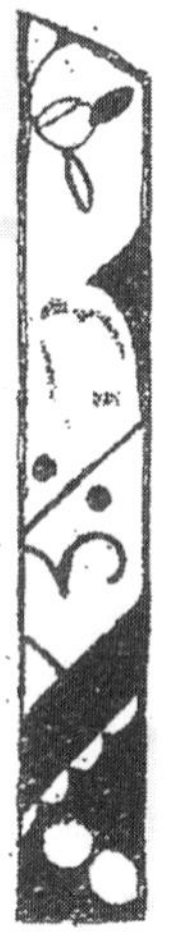

怪魚を退治た
松ヶ濱の孝子

八番町人

その日も、御殿崎の崖上に魔の淵を睨め暮した漁師の權右衞門は濱督の海岸を力なく、大鉞を肩にして悄然とわが家に歸つて來た

親父の仁兵衞が、御殿崎の魔の淵で怪魚の御食となつてから、七年の月日は流るゝやうに過ぎた、その七年は權右衞にとつては、隨分に永い年月であつた、その永い間を權右衞門は、暇さへあれば朝となく夜となく、御殿崎の淵に立ち盡しそして大鉞を肩にしては、力なくわが家をたどるのであつた佛前に座つた權右衞門は、その日も遂に怪魚の姿を發見し得ずに空しく歸つたことを、ありし人に物語るが如くに報告するのであつたその日は恰度亡き父親の七回忌であつた、七年前の今日、父親は悲慘な最期を遂げたのである

その日、權右衞門の父親の仁兵衞は、鮑をとりに松ヶ濱に行つたそして大岩小岩の間を潜つては、鮑とりに餘念がなかつたが、日も暮れ方に近くなつて海面には夕靄が立籠めたので漁も終りにしやうと淵に潜つて行くと、薄暗い水底から大口をあいて、たゞ一とのみとすゝんで來る怪魚があつた、仁兵衞は驚きあわてゝ水面に浮び出て、そして岸に匍ひ上がらうとしたがその時迫つた怪魚は仁兵衞がアッと叫ぶ間もなく、その左の足に噛みついた、水中に引きずり込まうとする怪魚、逃れやうとあせる仁兵衞、しかし怪魚の力は仁兵衞の左の足を股の附け根から噛み取つたまゝ再び水底に沈んでしまつた、失神したやうになつた仁兵衞は、その悲鳴に駈け集まつた濱の人々に助けられてわが家に歸つた、家族の者の熱心な介抱もその効がなく、一日一晩苦しみ惱んだ末は「怪魚を」「怪魚を」と叫びつゝ悶死した、仁兵衞を噛み殺したのは御殿崎の淵に年久しく棲む鰐鮫であつたのだ

權右衞門はその時の事を思ひ浮べて今更に悲憤の涙に暮れるのであつた

權右衞門が夜となく晝となく松ヶ崎の淵に立つてたのはその父の仇なる怪魚を退治したいがためであつたのだ、佛壇に燈明を點じた權右衞門は、その意氣地なきを、七年のその間に父の仇なる怪魚を仕留ることの出來なかつたことを報告しては、悲憤の涙にかき暮れながら亡き父の冥福を祈るのであつた。

その時に、門邊に立つて鐃を鳴らし經を誦して扶施を乞ふ旅僧があつた、これを知つた權右衞門は折よく今日は亡き父の七回忌であるから有難い御經を上げて貰つてせめても亡父の靈を慰めやうと殊勝にも旅の僧を座敷に招じていともねんごろに、饗應して回向をたのんだ

讀經の後で旅僧は權右衞門が、漁師のそれも若い身空で、信仰のあついのに感じ入り、ことに讀經の最中に涙を流して共々念佛を唱へるやうの仔細のありげに、それとなくたづねた、權右衞門も僧の眞心に感じたものか、怪魚に一命を奪はれたことから、その怪魚を退治するため、七年の永い間苦心

して來たことなどゝまずに物語つた。

これをよく聽きとつた旅僧は權右衛門の心情をあはれに思つてか怪魚退治の秘訣を授けてあつぱれ成功を祈つて立去つた

夜の明けるのをまちかねた權右衛門は旅僧から授かつた秘訣によつて野良犬を殺してその肉を餌さし頑丈な大釣針に鐵の鎖をむすび、御殿崎の淵に、これを下して怪魚のかゝるのをまつた、そして其の日もむなしく暮らした、二日目も過ぎた、しかし孝子の一念が天にとゞいてか三日目の朝になつて、餌は何ものにか引かれた、鎖は猛烈な勢ひで水中にたぐられた狂氣のごとくになつた權右衛門はまけじと鎖を手繰つた、さうして幾時かの後には猛悪な怪魚も次第に力が弱つて斷末魔の勢ひも、ものすごく、凄じい水音と共に水面に浮び上つたのは見るも恐ろしい稀大の大怪魚であつた、かくして孝子權右衛門が七年間の苦心は報ひられてつひに父の仇は討つた

附　記

この物語は今の宮城郡七ヶ濱村松ヶ濱に傳はる傳説である、その後事の由が伊達藩主伊達重村公の上聞に達して玄孫猿松なるものが御前に召され、仔細に尋ねられた、猿松は其家に傳はるところの怪魚の骨と巨釣を持參して仇討の若心を言上した、重村公は、殊のほかに感じ入りこれを賞した上にその魚骨と釣を入れる箱を調製し儒者田邊希元に命じてその由來を認めさせられた——その遺物は今もなほ松ヶ濱の太宰藤治なる人が所藏してるといふも筆者は不幸にして未だこれを確めず、從つて事の眞疑は判らない。

怪　巳年に因んだ本県内の伝説　ドクロと哀彦道　4-6

●下野新聞　昭和四年一月四日

巳年に因んだ本縣内の傳説

ドクロと哀彦道

（本社懸賞三等當選）

上都賀郡粟野町　松尾元保

今からざつと三十年前の話であるといふよりも現存した事實で餘る話は斯うである粟野町は大通り中町の南裏の狹い路地に通稱『賭博兵』といふ老夫婦が住んでゐた夫の兵は當時五十餘歳其の某はそれより二三歳の年下であつた兵は惡と云ふ感覺は無く慶應自稱の賭博打ち、または哀彦道とテッカ打ちと稱する——相當な點になつて着物を質に入れて又打つ——ものゝ使ひ歩きをしては僅な錢貨を得て生計を立てゝいつも貧困を抱いてゐたそれが或る年の冬餓死に瀕しい着物まで近處の借金は返す數日の期は一文も殘さず綺麗に拂つて仕舞つた

小金も

貯へてある樣子である近處のものは異樣の眼を睜り火を見たら火事と思へ人は泥棒と思へと古人の教への通り兵は相當に上の君子と云はれた仲間ではあるまいかと危まれたが兵は一向頓着しない賭博は法律の禁制をくゞり人目を避けてゐる關係上常に場所を換へる必要がある一時兵は必ず當りの場所に行つたが常連の影も形ちも無い血眼になつて捜し廻つた通り廻つて字深澤といふ同町區一の森林地帯がある其處に田原明神が祭られてあるその社殿を巡ると山麻々櫨といふが或る一定の間隔を置いて賭足なりにトグロを巻いて鎌首を五六寸上げて睨み合つてゐる時は白雄の祭の通りから、と日は吹き寒れつゝ多くの木立ちと木枯らしの●る十二月中旬の日暮に間近い薄暗い森の中である兵は不思議に思ひ乍らは暫らの組士の群の上に出立つ態世を折り取り死んでゐるのかと

一匹の

頭を叩くとホクリ〳〵する又代り〳〵にたゝくと二匹ともホクリする兵は俄に快氣立つて其處から引き返した其の話を深澤の或る酒店の親爺に話すと（酒店は現存す）親爺は兵の話をつく〳〵打ち眺めて感じていふにはお前は運を取り返した今一と走り行つて來い物は試しだまだ其處にゐたらお前の着物の左の袂に入れて持つて來て辨天様に祭れ若し居なかつたら其處の土を持つて來て神棚に上げろと云ふに教へられたので急ぎ引き還して見ると矢張り居ない兵は落膽したが教へられた通り土を持つて來て其の晩から神棚にあげて燈明は供へる柏手は拍つ翌朝も禮拜した斯くすること五十日餘り續いた然も命はどうかしたいかにしか思つてゐない夫れからといふものは手に打てば勝つ勝てば打つ貯々と拍手に當り番の目が出て借錢にも述べた近所のお着物に新調する借金は返す舊の正月には餅を搗く山高いて居蘇を腹飲むなどと好

い氣持になつてゐたすると哀れの性悴ひに手狭の家屋だから恐さま一人でいつも謹る爺の手は借りぬ今日も爺の留守に婆あが神棚の掃除に昇ると白紙のお鎗りがある爺奴クスネやがつたなこん度は俺がセシメてやると開いて見ると金ではない哉

一塊の土である哀れも一

十面喰らつたが弛んだ馬鹿々々しいと腹立紛れに外に放り出して仕舞つた兵も今日は何時もの元氣こ似ず佛頂面して日暮れに歸つて來たヲト神棚を見上げると有るべき筈の紙包みがない婆あを呼んで聞いて見ると土だから捨たといふ兵怒るまいことか佛前が夜叉の如く早代り此奴が此奴がと…を眺めて婆の横頰をなぐり付ける婆あも負けてはゐず組合が始まつた近處でも年寄の癖に犬も喰はぬ夫婦喧嘩かと思つたが見てもゐられず引き分けて水を入れたが以上の話を兵から聞き世には不思議なこともあるものかと感じたがそれで兵が衣類新調資借返還の理由も分つたが夫れからといふものは兵は怠け續けに怠けて元の阿彌陀になつて仕舞つた一二年の後此夫婦は何處かに移り住んだ今は兩人とも妻も故人となつたらうが此の事實を見聞した人は今も沢山生きてゐる（完）

獣

蛇婚物語（一）

●万朝報　昭和四年一月六日　4-7

蛇婚物語……（一）……

中山太郎

蛇はヴントの所謂靈魂動物中の第一位を占めてゐるだけに、これに關する傳説や説話は世界を通じて殆ど數限りもなく存してゐる。ここに我國の神婚説話のうちから蛇を主人公とした物語りの二三を抽出し、その種類や分布に就いて略述し以て巳年新春の讀み物とする。

一、豐玉姫式神婚説話

海神のむすめである豐玉姫が天孫火々出見尊と結婚し妊娠し、分娩に際し本國の姿である蛇體を見られたので、皇子を殘して歸國するといふ事でも知つてゐる有名な説話である。此の説話の特色は（一）女性が大蛇であること（二）子を産むところを良人に見られること（三）子を殘して夫婦別れをすることの三點である。然して此の説話の系統に屬するものが各地に存じ、ここにその總てを擧げることは出來ぬが、其中で重なる二三の例を示すと、遠州磐田郡二股町の椎河脇神社の祭神は大蛇である。これは昔坂上田村麿が東夷征伐の折に此の地にやどつたところ、天龍川に棲む大蛇が美女と化して田村麿と契り子を産む際に正體を見られたので子を殘し川に歸つたのを祭つたものだと傳へてゐる。此の説話は更に發展して大蛇が我子のために兩眼を抉り取り、近州三井寺の晩鐘の由來にまで及んでゐる。然るにこれと少しも違はぬ説話が遠州には海山三百里を隔てた九州の溫泉ヶ嶽にも傳はつてゐる九州の方では獵師が溫泉ヶ嶽の池の主である大蛇と夫婦になり、出産の折に蛇身を見られて逃げ歸り子供のために眼の球を抉ることまで全くそのままに殘つてゐる。どうして斯かる説話が甲地にも乙地にも傳はつてゐるかに就いては後段に述べるとして、更に此の系統の説話の例を載せるとする。飛騨吉城郡坂下村字岸奥に嫁ヶ淵といふがある。これは昔大蛇が女と化して農民と契り暮すうちに、出産して正體を現はし子を殘して淵に入つたので斯く稱するとのことである、越後國北蒲原郡乙村の百姓が或る女を九十九池の主とも知らず妻にしたが、同じく子を分娩する折に妻が本體の大蛇となつて赤子をなめてゐるのを見て驚き、妻も蛇體を見られたので子を置いて池に戻つた。類話は際限がないから此の位にして他は省くが、要するに此の類話の女性の蛇身といふ點が、蛇をトーテム（トーテムは靈體と譯す學者もあるが内容が複雜して居て簡單に説明できぬ、一言にして盡せば蛇虎狐熊等の動物、又は石木竹草等の徴生物から先祖が出たといふので、それ等關係の動物なり植物なりを族靈として崇拜する信仰である）とした民族の説話であらうと考へるのである。我國でも古く女が蛇となる説話を合理的に解釋しやうとして、蛇身は邪身なりと國音の相通から説明を試みた者もあるが、今では是等の説は棄られてしまつたのである。

獣

蛇婚物語（二）
●万朝報　昭和四年一月七日　4-8

蛇婚物語……二……

中山太郎

二、三輪山式神婚説話

我國の神婚説話中で最も著聞されてゐるものであつて、活玉依姫の許へ夜々通ひ來る壯夫があつたが、いつか姫が懐姙したので兩親が怪しみ、或る夜その壯夫の衣服の裾に針で長い絲を刺し、翌朝その絲を頼りて往くと三輪山の神社に留まつてゐた。そしてその壯夫は大蛇の化身であつたといふの説話の骨子である。此の説話の特色となつてゐるのは、(一)通ひ來る男性が蛇であること、(二)蛇の嫌ふ鐵針を刺したゝめに、その蛇が傷つき又は死ぬといふこと(三)兩性の間には必ずしも子を擧げるのを要素とせぬことの三點である、然して此の説話と同系のものは頗る多く我國の各地に亘つてそれこそ數へつくせぬほど存してゐる。古くは常陸風土記逸文にある多賀郡綜麻里の故事や、源平盛衰記にある九州の尾形三郎維義の物語などを始めとして、少しく誇張して云へば全く僂指にも堪へぬほどである。こゝに代表的のもの二三を載せんに、越後南蒲原郡飯田山の城主五十嵐小豐治は母が夜留川の大蛇と契、三輪山式の手續きもあり産み落した子である。源の頼朝に仕へ武勇比なく殊功があつた。駿河國安部奨和村の杉橋長者の娘が高山ヶ池の大蛇と婚媾し、これも三輪山式の手順でその忍び男が蛇身であることが露顯した。阿波勝浦郡福原村の郷士の娘が婿を迎へぬのに姙娠したので、母親が三輪山式の事をさせ、それが大蛇の仕業であると判明し後に娘は小蛇を桶に七杯半も産んだ。上野國利根郡布施村の大倉長者の娘も素性の知れぬ男の種を宿し、これも三輪山式の手續きがあつてその男が大蛇であることが知れ、娘は蛇の子を盥に幾杯も産んだ。その小蛇を埋めたのが今の蛇の森であると土地で云ふてゐる。然して此の説話では男性が蛇とあるのを男のトーテムと見たいのである。

三、弟日子姫式神婚説話

欽明朝に大伴狹手彦の渡韓を…ん振峰に送つた情人弟日子姫の許へ夜になると狹手彦に似た男が通ふて來たが、此の男は領振峰の沼に棲む大蛇であつて、間もなく蛇も姫も死んでしまふたといふの説話の梗概である。此の説話の特色は(一)男性が蛇であるこれは三輪山式と同じであるが(二)その蛇が正體を見破られると共に死ぬと(三)それと同時に蛇と契つた女も概して死ぬといふ三點である。然して此の種の説話も各地に分布してゐるが例の如く二三を擧げるにする羽前國西村山郡西山村に尻無沼といふ所がある。昔こゝに大きな沼があつて沼の主は大蛇であつたが或日のこと沼の邊で働いてゐた農屋の妻を大蛇が引込んだので夫が怒り、蛇の嫌ふ栗の木の杭を沼に打込んだので蛇は姿を隱してしまつた。美濃國安八郡の長者安八太夫が旱魃に苦しみ灌漑水を與れた者には自分の娘を遣ると觸れると或日美少年が來て大雨を降らせ娘を連れて往つた。その美少年は蛇の化身であつた。娘は一年に一度づゝ實家へ歸つて來たが父長者が違約したので後には歸らぬやうになつた。佐渡國佐渡郡河原田町の談義寺の曾羽といふ女中が、金北山の池にゐた大蛇と夫婦約束してその池に入つたが、記念として殘した鏡、櫛、雛子が今に寺寶として存してゐる。そして此の説話も蛇を男のトーテムと同じたいのである。

獣

蛇婚物語（三）
●万朝報　昭和四年一月八日　4-9

蛇婚物語……三……

中山太郎

四、蛇の子孫と稱する家

我國にトーテム時代が存したか否かといふ問題は、單に間口ばかりでなく頗る奥行の深い研究題目であつて、今に學界に定説を見ないといふ現状である。勿論、私とても我國にトーテムありと主張する者ではないが蛇が人と婚媾し然も子まで儲けるといふやうな説話は、トーテムを以て解釋するより外に致し方があるまいと考へてゐる。更に神婚説話ばかりでなく昭和の現代にあつても蛇の子孫と稱する家々が各地に在るのは、古きトーテムの名殘りであると見るのが一番穩當のやうに思はれるのである。蛇の子孫である爲に身體の一部に鱗がはへる（文學博士櫻井秀氏は此の事は鱗狀癬といふ一種の病氣であると論じてゐる）といふ話は大昔からかぞへきれぬほど澤山ある。私は古い話は取つてすて玆に昭和の現時にあつて此の事を傳へてゐる二三の例證を擧げるとする。岡山市上之町の榎は代代岡山藩の典藥であつたが、幾代か前の祖先が蛇と婚媾してから代代生れる子供は背中に鱗が三枚づつある。今の戶主は養子ではあるが辯護士で榎昌氏といふてゐる。家付の妻女の背には鱗があるので入浴の際他人に見らるゝのを嫌ふさうである。浦和高等學校の教授である文學博士松村武雄氏の家も蛇の子孫であつて、代々惣領の男子には鱗があると言はれたと氏が語つてゐる。越中國婦負郡神明村大字島村の元代議士出崎佐次郎氏の家にも鱗の生る話が傳つてゐるこれは同氏の先祖德兵衛が程近き富山市へ往つた戾りに神通川まで來ると、當時の領主が同川に船橋を架け鐵鎖を以て繫いたので、川の主である蛇は正體では通れぬので小さい鮭と化したところを小供に捕へられ殺されやうとするのを德兵衛が助けたので蛇は報恩のため美女と變じ、同人の妻となり子を儲けたが後に正體を見られたので昇天した。その子孫は長男に限り臍腹に必ず二枚の鱗が生れると傳へられてゐる。更に鱗はないが蛇の子孫といふ家のあることを一つだけ承知してゐる。陸中國上閉伊郡小友村字鮎貝に上鮎貝といふ家がある。此の家の下婢お仙といふが山に往つて戾らぬのでその子が大に驚き、山に尋ねて往くとお仙が常の如く出て來て乳を與へて歸つたが、四五日たつと姿は蛇身となつたので、實子でも人を見ると食ひたくなるから以來は來ぬやうにと誡めたまゝ姿を消してしまつた。此の子孫は今に淺倉源次郎氏として現存してゐる。

獣 蛇婚物語（四）

●万朝報　昭和四年一月九日　4-10

蛇婚物語……四……

中山太郎

斯うした蛇婚物語（此の外狐の子孫、鮎や鯉の子孫、猿の子孫、鰐の子孫などいふ家も各地に存してゐる、旁證として揭ぐべきであるが長文になるので省略した）は如何にするも理窟では解釋することが面倒なので、これをトーテムの信仰に由來してゐると見るのが安全のやうに考へられる。猶ほ鱗に就いては櫻井氏と異つた考へを私は有つてゐるが、これも他岐に涉るし正月の讀み物としては少し肩が張るので今は何も言はぬこととする。

五、傳說の分布する徑路

同じやうな傳說なり說話なり、（傳說と說話の區別も理窟に傾くので省略する）が各地に分布される徑路に就いては、素より幾多の道筋があつたことゝ思ふ。民族の移動といふほどの大仕掛のものでなくとも、甲地に生れた者が乙地に移住した場合にも運ばれやうし更に旅行者や行商人などによつて傳播する場合も尠くなかつたと考へなければならぬ。然るに私の信じてゐるところでは是等の場合よりは時代において古く傳播力において强かつたものは巫女（東京邊では口寄又は市子と云ひ、東北地方ではイタコ、ワカ、モリコ、サ、ハタキなど云ひ越後ではマンチ信州では梓巫女、壹岐では市ジャマ、琉球ではユタなど土地々々で呼び名が變つてゐる）の神遊びの文句の中に、此の種の傳說や說話が在つたといふことである。巫女が神を降して遊ばせるために唱へる文句——彼等に言はせると呪文であるが、此中には實に種々なるものがあつたやうである。勿論ここにそれを一々擧げることは差控へねばならぬが、私にはさう主張するとの必ずしも無稽でない幾つかの證據を集めてゐるのである。然し初春のこと餘り考證したり詮索することは興味を減ずるので深く述べることを避けこれで擱筆する(完)

蛇の伝説　米子城山と安来十神山の主のはなし

獣　●松陽新報　昭和四年一月八日（七日夕）

4-11

蛇の傳說

米子城山と安來十神山の主のはなし

昔米子の城山(久米城湊山)に雄の巳さん(蛇)が棲んでゐたこと夫婦の雌蛇が安來の十神山に居たさうです、夫婦別居とは至つて現代式な所もありますが何かの事情で一ッ所では住めなかつたんでせう、即ち雄蛇は久米城の主、雌蛇は十神山の主だつたんです。お互に一山の主として相當責任をつくさねばならぬので毎度夫婦が會合する譯には行かない、年に只一度夫婦の語らひをしたんですね、米子城山の高い松の樹が五重層の天主閣諸共眞黑な雲に覆はれてザット一流し大滴の雨が降る、五重の天主閣が黑雲に鎖されて雨車軸となつて來る時、久米城内外遠雷の様な音があるかと思へは城山下の中海上、水面俄に騒ぎ立つて激波ごう／＼、やがてピカリと稲妻のひらめき、ハッと見る間に火焔をふいた姿いとも凄く雄蛇は悠々と中海を乘り切つて安來の十神山へ——細君を訪問するんです、十神山は見ても落着いた女性的な優しい御山ですが勿論主が雌蛇のせいでせふ、かくて雨蛇は一年に一回會つたさうです。天上に棲む天の河が一年一回の夫婦かたらひださうです、天上人は年一回でよいかも知れませんが地上のものは年一回では一寸氣の毒です、たから此の雨蛇も年に一度あふとして餘りの三百幾十日は誠にいぢらしく戀慕の情堪へがたくてお互に會ひたくて／＼、氣がモメて／＼堪らなかつたのです、執念の深い事を蛇の様なと云ひ、蛇の如くにつけまとうなんて言葉も此の米子、安來の夫婦蛇の心境を察して出來たことかも知れません。米子の久米城に大きな蛇がゐると云ふ噂もつぱらな所から城代荒尾但馬（の時だかどうか知りませんが）が家臣に命じて正體見屆方を發令しました數人かの家臣いづれも正體さぐりをやりましたが目つぶれ、耳ふさぐの思ひで命から〴〵敗北、よう本體を見屆ませんでしたのをヂャア俺が行かふと久米城隨一の勇士村川與市右衞門（へ之も至つて受あひません）が出かけました、與市右衞門は江戸柳營の表大門の柱に手をかけキユッと一ひねりビールのコロップを拔くように柱をポンと持上て下へ襖ぞうりをはさませて歸つたといふ豪傑ですから之が正體見屆に出張つたんですから御の雄蛇も勇士の面目を重んじ官女の姿となつて面會し一場の對談まで致しました、蛇の語つた要領は

「自分は當湊山の主である、久米城鎭護の爲陰に守護してやるから心配するな、決して俺に無禮なことを働くと承知しないぞ」

「これから今一言云つて置くが近來當城には勇士が頗る少く數多の城士皆腰抜けヂヤ、之では自分として甚だ安心にたれん次第、折角お前の様な豪傑が居る事だから城士一般に武道を奬勵してモチット強くならせろ、俺はかり守護してもお前がたが確かりせんけりや駄目ヂアー」

と飛んだ痛いところ……村川先生すつかり叱られて引下がりました、此の時與市右衞門が蛇と面會した記念に貰つたと云ふ蛇鱗一枚、たしかに明治初年まで市内どこだかに殘つて居たそうですが今はありません、城山に齋の神さんが今もあります、十四五年前に此の齋の神さんの下を堀つた時とぐろを巻いた石の蛇體が出て來たさうで當時城山主の石化したものだとて迷信者少からず參詣するもの頗る多かつたとの事でした。(了)

資　ぢ如件

★布哇報知　昭和四年一月八日　4-12

怪　一白母蛇精物語（一）　支那に伝わる怪談

★台湾日日新報　昭和四年一月九日　4-13

一白母蛇精物語（一）

支那に傳はる怪談

支那四川省成都府の西方に一座の青城山が高く重疊し峻しく起伏してゐるが此山の清風洞内に一白母

蛇精 あり、千八百年間修行し一人も毒害したことがなかつた。修行の年久しく法術にも精しく自ら白珍娘と稱してゐた。ある日洞内に遊玩中ふと自分が多年此處に修行し未だ名山に遊んだこともなく浙江杭州の繁華の處に有名な西湖の名所があるのを思ひ、一たび思ひ立つては矢も楯もたまらず遂に洞府を封閉し雲の上に昇つたが偶々眞武北極大帝（龜蛇が掌る玄天上帝）が天闕（天上の金殿）に參内し武待仙山に駕回せんとした時遙か西方から白母蛇精が現はれたので大帝は怒り出した。白蛇は大に驚き直ちに

雲上 に跪き『小畜は青城山の清風洞の白蛇精であるが修行千八百年敢へて生靈を毒害したこともないが未だ佛になり得ないので只今南海に往き觀音菩薩に面會しようと雲に駕した處大帝の駕臨を知らず小畜回避を失したことはどうかお許し下さい』大帝微笑して云ふには

お前はほんとに南海へ行くとせば須く誓へ

と白蛇卽ち跪きて誓ひて曰には

小畜もし謊言て

南海 へ行かなかつたら他日必ず雷峯塔の壓死に遭ふ

と大帝降駕の前に命じてその誓ひを明記して去つた、白蛇喜ひて杭州に至り雲の上から落りて寂靜な寺院を尋ねた、杭州は繁華な所で王侯の第宅、名園、古刹はその數を知らないほど多く城垣の東王府の花園は久しく荒廢したまゝとなつてゐた白蛇はこの荒園の曠麗を見て大いに喜び入つて見ると料らずも園の奥の翠簃樓内に一母青蛇が巢を作つてゐる、此の蛇も修行八百餘年を閱し法術も精もかつた白蛇の入つて來るのを見て

何處の妖怪か吾が花園へ入つて來るとはけしからぬ

と白蛇俺は青城山清風洞の白蛇洞王で

洞中 に修行すること一千八百年、未だ正果（佛）にならないので雲に駕り中華に來遊し仙道を尋ねんとしてゐるのであるが此處を借りて暫く身を安ぜようと思ふ、お前と我とは同氣で何の怒る事があらう

青蛇曰く 此處は我の仙府でお前は外來の野怪何ぞ施を恃んで我が花園を占領するか、お前に法力があれば我と格鬪しやう

と白蛇微笑して曰く

お前は妾と鬪ふと云ふがお前と妾とは一體であるのでお前の性命を傷けないつもりだ、だが勝負の結果勝てば主となり負れば婢（下女）となる事にしやう

と青蛇怒りて

寶劍 をふりかざし、白蛇も寶劍を拔き格鬪したが青蛇の及ぶ處にあらず大に驚き跪き『娘々怒りを止めて下さい小畜は下女となつて願ぎに使へますから』と白蛇笑ひて『我は汝が小術を施したに過ぎない、お前が既に降參せば下女になるなら許さう』と青蛇大いに喜んで白蛇に向つて四拜した、これから此の二妖が

主婢 を稱呼して此の園に

宿るやうになつた。春光明媚な時は既に清明佳節となり世は何れも祖先の墓掃除の行事をすべく道路は三々五々往來の人で賑はつてゐた。東王府花園内の青白二蛇精も西湖に遊玩してゐた。湖の岸の延閣重樓が湖の小波に映じ遊人の跡も絶えない。偶々元朝浙江杭州府錢縣人許漢文も祖先の墓掃除をすまして

西湖 に來り觀覽してゐたが、覺えず愉快となりふと遙か橋上を眺めると二人の美人が佇んで向ふからもこちらを見つめてゐる。此の二美人こそは靑白二蛇精で、許漢文の秀麗な姿を見てお互に戀慕の情を燃してゐた。折柄何處からともなく黒雲起り風雨遽かに來り、何れも雨を避けて散り〳〵になつた。無情の雨の爲に離れがたない絆をたゝれ漢文は悔しくてならなかつたが、日が暮れかゝつたので小船を雇ひ歸途に就かうとした時、岸上に船を呼ぶ優しい聲がしたふと頭を擡げて見ると

意外 にも西湖橋上で邂逅した二美人であつたので狂喜して喜び船を返して之に乘せ密の樣な戀を語らひ乍らやがて岸に著いたが、又雨が降り出した漢文は自分の傘を貸してやり自分は雨を冒して姉の家へ歸つたが其夜二美人の事を思ひ耽つてまんじりともしなかつた（續く）

一白母蛇精物語（二）　支那に伝わる怪談

★台湾日日新報　昭和四年一月十日　4-14

怪

一白母蛇精物語（二）

支那に傳はる怪談

翌朝傘にかこつけ教つた住所を訪れた所二人は非常に喜び宴を張つて大に歡待して呉れた。お互に家譜世系を語り合ひ遂々

末は 夫婦になる約束したが白蛇は許の淸貧であるのを憐み靑蛇をして錢塘縣の金庫内から庫銀を盗み出させ、結納費として許に贈つた、許がその紋銀を貰ひ姉婿李公甫の處へ行つたところ李公甫は金庫の監視番であつたので遂に自首し許漢文は捕はれ、酷く拷問された上蘇州へ流された。白靑二蛇妖は意外な結果を見て大に驚き、遁走して蘇州へ來り、許漢文を尋ねた。間もなく黄道吉日を撰んで

結婚 したがその後許は呉といふ富豪の援助に依り藥店を開き、店號を保安堂とつけた。開業して以來商賣は繁昌しないので許は焦燥した、白蛇は一計を案して靑蛇をして蘇州を中心に到る處い池井に毒氣を撒いた、人々は之を飲み遂に惡疫が流行し十人の内九人は斃れると云ふ慘憺たる有樣を呈した。そこで白蛇は救瘟丹といふ藥を製造し販賣した、人々はその丸藥が神の如く利く事を聞き爭へ、たちまち許の店は繁昌し始めた。時は四月朔日呂祖先師の聖誕があつた。各戸では何れも

廟に 參拜した。當日許漢文は四兩銀を携へて呉家へ藥材を購ふべく呂祖廟の前を通つたが多くの人々は廟内に入つて遊玩して

ゐた、廟内には法號陸一眞人と稱する茅山から一位の道人が來てゐる。道術秘むく妖怪鬼科を驅除する事が出來ると云ひ、大殿上で丹藥を施し衆生を普く救うてゐる。たま〳〵眞人は漢文の面に妖氣を帶びてゐるのを見て靜室内に案内しその來歷を問ふた、漢文はこの道人が仙風道骨・状貌淸奇・覺えず悚然として尊敬の念を起した

『小生もし

妖魔 の犯さる所となつて居ればどうか憐み下さい』と跪いた、そこで眞人は空中に向つて神符三枚を與へた、漢文感謝して藥材を買ふべき四兩銀を眞人に贈り靈符を貰つて歸つた、白蛇家に居て既にそのことを知り、小靑に

『夫が茅山の野道に騙され今符を携へて歸へつて來る、我等を害するかも知れぬから夫が入つて來たらかう〳〵せよ』

と教へた。やがて漢文が歸つて來たが白氏を見ても何事も話さなかつた白氏が

『今朝呉家へ藥を買べく行かれ

「たかなぜ遅くなつたのですか」と問ふた、漢文いつはりて「一笑から留められ御馳走を貰つた爲すぐ歸つて來ることが出來なかつた」と答へた、二人が

問答 する間に、小青が茶を捧じて入つて來る、許が茶を受取らんとする時に靈符を露出した小青『それは何んですか』漢文『これは處方箋である』と答へた、小青『處方箋なら見せて頂戴』漢文『お前は女流の輩て處方箋なんどは分らない』と答へるや、小青は直ちにその靈符を奪ひ取つて破つてしまつた、漢文は怒り出したが小青が『それは處方箋でなくして情詩で小婢をからかふものですよ』と云つたので白氏も笑うて『それは呂祖廟内に茅山の妖道から貰つた僞りの

符で 夫が騙されて四兩銀を取られたのである、明朝私は銀を取り戻して來る』といつて出かけた漢文は默々として言葉もなく一夜悶々としてゐた

翌朝白氏が呂祖廟に至りて押問答を爲し果は格闘までして眞人から銀兩を取り返した、眞人は己れの術の未熟なのを恥ぢて茅山へ歸つた、時は端陽佳節（五月節句）各戸では何れも雄黃酒を買ひお祝ひをしてゐた、俗に蛇が雄黃酒を見るは恰も鬼が閻王を見るよう、その味を嗅げば恰も腹をたち割る樣に腹が

痛み 出すと云はれてゐた當日小青は病と僞稱して床に臥し白氏は修道の年久しく雄黃などは怕れないので端陽佳節に白氏と許漢文二人雄黃酒を買ひ一席を設けて佳節を祝つた時許漢文の勸めらるゝまゝに無理に雄黃酒一杯を飲んだ爲腹中痛み出し床に横はつた、許漢文は龍舟を觀に江邊に外出したが家に白氏が酒に醉ふてゐるし、小青が病を得て寐てゐるのを想ひついてやがて歸つて來た

寢室 に入つて帳を開いて見ると床の上には一隻の白蛇が蹈つてゐたので大に驚き人事不省に陥り其場に昏倒した

怪

一白母蛇精物語（完）　支那に伝わる怪談

★台湾日日新報　昭和四年一月十二日　4-15

一白母蛇精物語（完）

支那に傳はる怪談

白氏も又許漢文の倒れたのを見て驚き種々介抱したが蘇生せず、冒險とは思つたが、瑤池仙境に忍び入り

仙丹 を盗み出して救はんとした處が瑤池には白猿童子と云ふ豪傑が洞門を監視してゐた夫を救ふ爲聖母に仙丹を惠んで貰ひに來た旨を告げ開門を迫つたが聞かないので已むを得ず寶珠を吐き出して童子を傷け洞門の奥深く進まんとしたが聖母の爲に捕はれ將に斬られんとした處を幸ひに觀音菩薩が來て

聖母 に助命して呉れたので生命を救はれた、其上觀音菩薩の指圖で紫微山の南極仙翁の元へ赴き回生の仙草を賜つた、南極宮からの歸途白鶴童子に遇ひ將に喙え去られんとしたが又復南海の觀音の佛旨に依り白鶯童子の爲に救はれた、仙草を煎じ且つ一計を案じ一條の白綾帕を白巨蛇に變化せしめ寶劍を以てズタ〱に斬り庭に捨てた仙草を飲んで漢文が蘇生した時茅山の道人の言葉を思ひ出し

白娘 の身邊を疑つたが庭に白蛇の斬られてゐるのを見て疑を晴らし以前にも増して愛情こまやかなるものがあつた、その後三豐祖師の生誕に當り醫生等が競うて古玩寶器を排設して聖誕を祝する儀があつた、その年醫生等が許文漢が日毎に繁昌してゐるのを嫉み、許漢文を困らせる爲めに寶器の輪番に當らしめたが、白氏は小青に命じて

京城 の榮王府内から珊瑚樹一座、玉孩童一位、沈香麒麟一隻、瑪瑙孔雀一對の四件の寶器を盗み出し、祖師の靈誕日に廟内に

陳列した、偶々京城の梁王が目を患つた時玉孩童を以て目を拯せやうとした時、始めて玉孩童を失つたことを知り各所に檄を發して犯人を捕ふやうに命じた、その頃白氏は懷孕してゐた。漢文の誕生日に當り家中で宴を張り四件の寶器を陳列し祝賀してゐる內、官の知る所となり遂に許漢文が捕へられて鎭江府に流され

蘇州 の吳と云ふ富豪の紹介に依り徐と云ふ富豪に救はれた二蛇妖も鎭江府に來り暫く街に保安堂と稱する藥店を開いたが間もなく許漢文は愛情にひかされて白氏の元に歸つて來た光陰は矢の如く秋冬を過ぎて春の候となつた、ある日漢文は徐富豪と共に金山寺に遊び同寺の法海禪師に會ひ妖精に迷はされてゐることを教へられ遂に同寺に宿つた白氏は法海禪師と武を比べ白氏は四海龍王に命じて豪雨で金山寺を倒さうとしたが果さず反つて城內の數多の

人民 は災難に遭ひ白氏は大罪を犯したので元居つた満風洞に歸り、後杭州で漢文に遭ひまたも同棲した。白氏は夜毎に香を焚き幾多の生靈を殺した罪亡ぼしを祈つた白氏の妊娠は既に月滿ちて男を分娩した、名を夢蛟とつけた金山寺の法海禪師、觀音佛の金旨を奉じて白蛇を退治し、雷峰塔に收められた、青蛇は満風洞に歸り修行苦練の後佛となつたが、許漢文は髮を剃り金山寺で出家した、光陰の如く夢蛟は許の姉李公甫が扶養し書を學ぶやうとなり、ある日同學の童から母の素性を聞き許氏からも

法海 の始末根由並漢文白氏の前後事情を一々說明せられた日夜父母を偲び遂に精神に異狀を來したが南海の觀音佛祖の救ふ所となり病全癒した遂に志を奮ひて苦讀し螢雪の功空しからず夢蛟は鄕試で第一名の解元に及第し、更に上京し會試に應じ會元に及第更に殿試で第一番に合格した、斯くて父許漢子は中極大殿學士に母白氏は節義御夫人に封ぜられた、夢蛟は金山寺に詣て、始めて父に會ひ又

西湖 に至りて母の救められた雷峰塔を祭つた處塔にはかに搖れ動き中から白光輝くと共に母白氏面前に表れ十數年振りで親子再會したが白氏は災難滿ちて佛となり白雲に化して九霄雲裡に消えた、許漢子も青雲に化して天に昇り一片の祥雲再々として西に向ふて去つた、夢蛟狀元は父母の金像を塑し堂中に供養し朝夕

禮拜 した、許夢蛟は後父の姉婿に當る李公甫の娘と吉日を擇みて花燭の典を擧げたが代々縉紳として榮えた（終）

巳歳に因む物語　雪の肌に纏わる無数の毒蛇　4-16

獣　●大分新聞　昭和四年一月十日（九日夕）

巳歳に因む物語

雪の肌に纏はる 無數の毒蛇

美女お秋の亡靈を封じた『眞瀬大明神』の傳說【上】

蛇に因む傳說として、佐伯地方に傳はる有名な史實を二つばかり紹介しやう、蛇祠社五所明神社境內に祀られてある『眞瀬大明神』は、その昔蛇攻めに逢つて敢なく此世を去つた愛妾お秋の方の亡靈を封じたものである、時は寛保、寶曆の頃、佐伯藩第六代の藩主毛利周防守高慶公の愛妾に、お秋と呼ぶ容色麗しい女があつた。江戶下町の生れで海棠の雨にも似た彼女の艶色に、殿の寵遇は勿論何を措いてゐた。程なくお秋の方は末頼母しい一人の若君者の親となつた。そして殿の血を享けたその子を親心の一筋に毛利家の後目相續させやうと念じ續けたのであつたが、高慶公にはすでに正室との間にその頃十九歳になる若君があつて、お秋の方の念願は容易に容れられる由もなかつたのである。しかし思ひ詰めた女の一念は一つの悪計を案出し、御典醫に命じて怪しげな毒藥を盛らせたのである、江戶は麻布の下屋敷に起臥してゐた或朝

の事、柳営（幕府）に出仕せんとする若君に一杯の茶がすゝめられた何気なくそれを服して登城した若君は、九ツを過ぎて登城の大小名達も退席するといふ頃になつても座を立たうとしなかつた。それを見た臼杵藩の稲葉氏は不審に思つてツカ〳〵と進み寄り毛利の若君に帰邸を促し立てたが、此時すでに毒に當てられてゐた若君は顔色蒼ざめ、座席には不浄のものさへ散乱してゐた。稲葉氏は驚いて籠を呼び半死の若君を留尾の屋敷へと送り届けたが若君は遂に日ならずして黄泉の人となつたのである

毛利の屋敷では上を下への大騒ぎとなつた。やがて厳しい詮議の揚句、下手人は愛妾お秋の方と判明して、殿の怒りは忽ち頂点に達し、可愛さ餘つて憎さの喩へに洩れず愛妾を極刑の蛇攻めに處することゝした。周囲九尺に餘る樽の中に無数の蛇を入れ、その中に全裸體にしたお秋の方を詰めて二日二夜を毒蛇の咬むに任せたのであつた。一代の美女お秋の方もこの恐ろしい攻苦のために殿を恨み、歯を食ひしばつて世を去つた、此の事あつて以來毛利の邸には種々の怪事起り、後日を継いだ高丘公も言ひしれぬ不安と焦燥の日が續くのでこれは正しく惨死したお秋の方の怨靈の爲す業であらうと悟つて寛永八年二月、藩元における氏神五所明神社の境内に『鎮魂善神』として奉祀し毎年祭事を怠らぬやうにした結果、さしも藩主の一統を苦しめてゐた亡靈も祟りを納め藩主も心置きなく善政を布くことが出來たといふ（いのる生）

写真はお秋の方を祀る鎮魂善神の社殿

巳歳に因む物語　蛇に化した不思議な旅僧

●大分新聞　昭和四年一月十一日（十日夕）　4-17

巳歳に因む物語

蛇に化した不思議な旅僧

潮谷寺安置佛像の由來

上堅田村『蛇崎』の傳説［下］

佐伯市街から番匠川づたひに約一マイル下ると、上堅田村の内に属する農業部落に蛇崎といふのがある、建久の昔（佐伯氏の頃）そこの川岸は千船百船の寄港する立派な港口であつた。ある日土佐から佐伯へと渡つて來た一艘の帆船に、貧しげな僧が一人便を借りて來たが、どうした譯か僧は舟から約一里の沖合で突然海中に身を投じた、アレヨ〳〵と船頭達の騒いでゐる間に、僧はいつしか蛇身となつて海岸に泳ぎ着き、さらに陸上にいゝ、のたうちながら汐月の方へ姿を消してしまつた。それを見てゐた船頭は不思議な事もあるものかなと、或る日堅田の農民に此の不思議を物語り蛇身の隠れた汐月附近には日ならずして奇怪な事が起るであらうと豫言した。程なく附近の山に柴刈りに行つた一農夫が、山の頂きにとぐろを巻いてゐる大きな蛇を見つけ、その蛇の上に眩しい光りを放つ佛像の立つてゐるのを認めた、佛像はやがて村の人達によつて小やかな庵に安置され爾來衆人渇仰の的となつた。天正十四年、庵室が炎上した時にも佛像のみは巍然として焼失を免れてゐたといふ。今は佐伯町浄土宗の古刹潮谷寺に保存され、郷土史家佐藤鶴谷外史の編纂した佛像の由緒書と共に寺内の珍寶とされて

ゐるが、蛇崎の名はこの旅館の蛇身となつて泳ぎ着いた史實を採つて、名付けられたものである。（いのる生）

【寫眞は佐伯町より見たる蛇崎（×印）の遠景】

資　吉野の二青年が化物退治の帰途

●南予時事新聞　昭和四年一月十日　4-18

吉野の二青年が 化物退治の歸途

線路へ大木を置いた列車妨害 來る十五日公判開廷

客年十一月二十九日夜十一時頃化物退治からの歸途吉野松丸間の宇鐵線路上に大木を横たへた北宇和郡吉野生村字吉野兒玉傳（二二）山本睿海（二三）の兩名にかゝる列車妨害事件は來る十五日午前十時より松山地方裁判所宇和島支部に於て開廷されるとゝなつた辯護人は山本は國松辯護士兒玉は官選竹田辯護士である

尚竹内龍光院下中畑數市、辻三治の兩名にかゝる脅喝事件は十七日午前十時より公判開廷に決定した

怪　ハテ面妖な　小石の降る家

●馬関毎日新聞　昭和四年一月十六日（十五日夕）　4-19

ハテ面妖な 小石の降る家

近代人の妙な一面を語る しかも福岡市内の電車通り

近代人の一面には、殺伐を好む世紀末的な赤い血が狂つております大根切りに斬つて斬りまくる『虎徹がうなる』劍戟映畫が、依然として民衆娯樂の王座をしめており大衆的人氣の中心にあるのも、これを端的に語る一つの反證だ——といふ人があります。多くのキネマ。フアンを御覧なさい。格鬪、チヤン〜バラ〜が展開すると拍手喝采なんです。ものが壊れる度す、さらにある痛快さが伴なふものです。その痛快さを近代人は好みます。

×

みなさん、福岡の大濠の一角にある『小石の降る家』を御存じですかそこはあの東亞博覧會の折、集會場に設けられた面積三百坪のモダンな家です。バラック建てではありますが、ちよつとしたハイカラな家なので、ほかの會場を壊した際に、そこばかりは何かに使ひたい、使へるだらうといふのでそのまゝ殘して居りました屋根のてつぺんには光線をとるために傾斜した兩面に三十坪ばかりの硝子窓があります。そして兩側面にも澤山硝子の窓が拵へてあります。ところが夜に入ると、毎晩何者とも分らぬ者が來てそれへ盛に石を投げるのです。ヂヤリン！窓硝子は痛快な悲鳴をあげてチン〜バラバラに壊れて了ひます。あき家である時ならまだしも、御大典記念館として開館中も毎晩小石の彈丸です。で、壊れた部分にバラビン紙を張つて雨をしのぐやうにしましたが、こんどはその紙の窓へ向つて石の彈丸です。この寫眞を御覧なさい。全くこの通りの有様なんです。市のお役人も、これにはほと〜へいこうの體であります。

×

これは、むろんそこを通る人たちの單なる惡戯でせうが、子供の仕業でないことだけはその距離でもはつきり分ります。そこがそれ、『虎徹がうなる』映畫を求めると同じ心理、同じ痛快さを望む近代人の氣持の一端のあらはれでせう全く、その附近を通ると一種の誘惑を感じるのです。そしてちようど手ごろの小石があたりにはうんとあります。加へて場所がくらやみの道のほとりであります。だからこの一種變態的な近代人の氣持ちをみたすには全くもつてこいの場所であり、あつらへ向きのものなのです。ヒユツ！と小石の風を切る響き、つづいてヂヤリン！グワチ〜ン……窓の壊れる音、ガラスのわれる音、夜ふけのこの異様な音響を聞いてゐると、全く人間といふ者に對して、無氣味な惑さへ起るのです（寫眞がそれ）

怪　諸国の噂　宮城県

●都新聞　昭和四年一月十八日　4-20

諸國の噂

◆宮城縣伊具郡西根村に突然と

入つて來た一人の狩人、この村も十年後には大風か大火事のために全滅して了ふであらうと村人にいやがらせを云つたゝめ、忽ち村から追ひ出されて了つた、村を去りながらその狩人は同村の豪家大橋藤之助方に立ち寄つて「お前さんの屋敷の土藏下に古刀と寶玉が埋藏されてある、嘘と思ふなら試みに掘つて見よ」と云つて去つた、何を云ふのかと思つたが、兎に角掘つて見ると驚くべし地下二尺の處から古刀と寶玉めいた二品が現れた、鑑定を乞ふために東北帝大に持ち込んだが、村民は彼の狩人の豫言がピタリ當つた時、思はずブル／＼と身ぶるひをした

怪　幽霊の由来は何？　芸妓屋の女将を誘う死の神様の正体
●中央新聞　昭和四年一月二十二日（二十一日夕）　4-21

幽靈の由來は何？
藝妓屋の女將を誘ふ死の神樣の正體
不思議な屏風？女中？
〔新富町の新吉田屋をめぐる噂の種〕

正月の松が取れて間のない去十三日に二階の物干で首を縊つて死んだ京橋區新富町の藝妓屋新吉田の女將持田やへ（三二）の葬式は十五日に濟んだが十三日の晩から女將の幽靈が新吉田へ出て座敷の襖にぴつたり着いて睨めてゐた、イヤ然うぢやない裏口を出て隣の料理屋へ入るのを見たさうだなどと

近い所 よりも却つて遠い築地の方で噂をしてゐると聽き込んだ人がある、尤も他人が變死して夫れが女だとすぐ幽靈の出る話が始まるものだ、取分け女將の變死にはいろ／＼の推量があつた或所で云ふには女將の部屋に松蔦のもつてゐた鳥邊山心中の屏風がある、女將は不斷夫れを見ながら芝居好き御ひゐきに頂いた屏風でも心中ものゝ畫は

淋しく つて厭だ、芝居で觀る鳥邊山のやうに好きぢやないと氣にかけてゐた、其屏風の元の持主も屏風を引取つて座敷へ置いたら其日に風邪を引いて重くなつた、何でも是は屏風に祟りがあらうと寶物にしたのが巡り巡つて女將の所へ來た、心中の屏風なんてそんなに祟るものかねと怖氣を慄つて見ない者まで

女將の 變死を疑ふらしく思つてゐると、外の所で云ふには屏風の祟りなんてそんなことぢやなからう、あの家では其前の女將も又其前の女將も自殺した、今度で三代續いて自殺をした、多分家相が惡いんでせうと、先づどれにしても幽靈の出るには屈竟の原因になりさうである、其處で尚よく聽いてみると女將が變死した家に

三代續 いて自殺があつたといふのは跡形もない話で、此家は震災後の區劃整理で新規に建てた家だ、家相が良いか惡いか知らぬが女將が始めて入つた家で變死したのは女將が最初だ、二代三代は何時出來るか判る譯のものぢやない、屏風の祟りなんと云ふのも好い加減のことだ、描いた者が安泰で飾つておく女將にばかり祟らう筈がない、だが何で

女將が 變死したのだらう、となると變な所がないのではない、女將は今までに二度も自殺をしかけた、今度は三度目で思ひ遂りに死んだのだ、今迄は死に場所が人目につき易いから見つけられて助かつた、今度は洗濯物を干すやうな樣子をして物干で首を吊つたのだから誰も氣がつかずにゐたものだ

夫れは 判つた、死に場所は判つたがなぜ三度も自殺しかけて到頭死んだのだらう死なゝければならない原因はと問詰られると矢張り判らなくなるが、女將は獨身者ぢやない、直ぐ表に菊芳といふ料理家があつて其主人の女將さんだ、其處にどんな都合があるか知らないが女將は去年藝妓家新吉田を開業して抱へもおき朝晩

獨りで 寢泊りしてゐた菊芳の方は親方と女中とで商賣をしてゐるのです、大かた亭主が料理屋をして稼ぎ女將さんが藝妓屋をして儲ける、夫婦共稼ぎなんでしたらう、さうかつて女中を邪魔にしたり恨むなんて事がなく大層

可愛が つてゐた樣でした、夫れを度々死にかけた具合では死神に誘引れたとでもいふので

せうかねといふ邊が落ちになつてゐる、お化の話も其處いらから出たのだらう、女將の家は切詰めた地所に建てある、裏の奥の日當りの悪い餘り陽氣な所ぢやない

蛇物語（二）　粟野町

獣　●下野新聞　昭和四年一月二十四日（二十三日夕）　4-22

蛇物語
粟野町

（二）

△昭和三年の九月の末大字口粟野の妙見寺の欄の上方の土堤で、野川の左岸に蛇が一團の輪になつて、蛇皷を『又は『玉縒』と稱する演技？の光景を新拾ひに行つた同町の松本鍛冶屋の妻女が見て驚き歸つて近所のものに話した夫れと云つて急いで行つて見ると既にほぐれて四五十匹附近を這ひ廻つてゐたのを擲打ちにして四匹殺して藥にすると持ち歸つたこれは縞蛇であつた凡そ二百匹はゐたらうと

△同年十月或る日の夕暮であつた大字口粟野叶杢子家の裏手の畑に蛇が團子になつて攫み合つてゐるのを附近の人が發見し大騷ぎとなり中にも強氣の女が手を中に差し入れたので蛇も驚き逃げたが何物もなかつた昔から蛇の玉絹には名玉を弄ぶと傳へられてゐるからであるこれは山かがしで少數蛇の二十頭位であつたと

△大字口粟野字藥澤には昔から大蛇が棲んでゐて見たものは勿怪病みして四五日も飯も喰はずに夏でも夜着を頭から被つて寢たものは何人もある最近と云つても數年前である積木屋が盆栽にする小松を取りに行つてふと向ふ山を見ると中腹より下の處に一丈五六尺のものが黒く波形に置かれてあるへへア木の女奴等を置忘れたなと摑り合ふ氣も山を下つて近寄つて見ると豈計らんや大蛇が日向ぼつこしてゐたのであつた驚くまいことか踵がドツノ邉に届くほど宙を飛んで逃げ來た煩らはなかつたが腰に挟んだ鋏や拔き取つた小松を拋り落した大蛇は『ヅウカ澤』を本據として兎などをとつて餌食としてゐると

△傳説を一つ照會する大字入粟野字赤仁田から上新尾大井坪に通ずる山路があり頂上より少し下つた新尾向きに可なりな池がある知らずと云はれてゐる今から百年ばかり前同地方に大旱魃があつて農家は憂慮の絶頂に達し此池に祈つて雨乞ひをした二十一日の結願になる前夜に雨乞ひの連中の夢枕に立つた告げて曰く『幾等祈つても俺が雨を降らせぬ』と翌朝語り合つて皆同一の夢を見たのに奇異の思ひをなし池の畔に行つて見ると黒いものが浮いてゐる引上げるとこれは三尺餘の斯蝎であつた宮守ではない此池の主であつたのを祈られて神罰を受けて斃れたものであると想像されてゐるが斯る功を經た怪物神通力を得て夢枕に立つたに相違ないと今は大蛇が代つて池の主になつてゐて時々見ることがあるが雨降りの日などの一人歩きは危險であるとその附近の人が云つてゐる

△粟野町に某といふ豪家が昔有つた時代は分らないが餘程の金滿家でいろは蔵が建連らねてあつた或る年の夏其家の娘が蔵に行く約束が出來て番頭が先に立ち此蔵は米蔵・衣類蔵・器具の蔵・と一々指示して歩いたが一番奥の蔵の處へ行くと夏の癖で一天俄に墨を潑したやうにかき曇り白雨は車軸を流した如く降り注ぐので暫らく蔵の軒下に雨宿りをしてゐると一寸離れた所に澁柿の木がありちよろ〳〵と六七寸の小蛇が昇つて行く頂上に達すると農家の草刈籠位の大きさな蛇體となり昇天して仕舞つた夫れからといふもの此家は微祿したが今子孫が殘つてゐる淨土宗祖法然上人の師源皇阿闍梨が彌蛇佛の出世を待つ可く長生を必要として長生には蛇に限ると靜岡縣の櫻ヶ池に身を投じて蛇體となつた事は物の本にも記されまた縣内の勝道上人の母が其子の行末を氣遣つて上人の誕生した村の池に今も猶蛇體となつてゐると取沙汰せられてゐる兎に角蛇は長生のものであるものであるから今も某家の庭から天した蛇は生存してゐると信じられてゐる同じ家で時代は變つてゐるが近火で家根に火の燃移らうとするとき何處からともなく無數の蛇が現れて家根ぐしに搦み附き細になつて家根の上を這ひ廻り遂に防ぎ得てその難をのがれた越後背谷の不動尊の御堂が燒んとする時田蛇が這ひ上がり家根一面に水を噴て消止めたと好一

對の話柄である堂前の池には急須大の田螺の孵けたのがある

△明治二十二三年の頃同町阿部牛乳店の主人が町有横根山林を二百町計り借受牧場を經營した時代の話であるが牧場に雇はれてゐた某といふが山を下て字上五月に來ると前方に二十歳ばかりの女が喘ぎ／＼汗を流して幾度か後を振仰つて行くのに追ひ縋り樣子が變なのでどうしたのかと聞くと蛇に追はれて來たが足がすくんで駈られぬといふ娘の指す方面を見ると成程一匹の山かゞしが追つて來る山家育ちの娘の癖にあればかりの小蛇に怖れるのかと娘に聞くと娘は大きな蛇だといふ何は兎もあれ此んな畜生と某が石を投げると蛇は脇道へ隱れて有名な金鑵不動尊の森の中へ隱れて仕舞つたがこれも變化であらうと噂されてゐる

幽 珍らしい幽霊裁判　原告と被告が顛倒
●豊州新報　昭和四年一月二十六日夕　4-23

珍らしい幽靈裁判
お家騒動に絡まり 原告と被告が顛倒

世に珍らしい幽靈裁判――東京地方裁判所民事第十五部柴崎裁判長係で六年越……繋爭中の原告が意外にも大震災で死亡してゐる幽靈であることが法廷で發覺し

怪奇な渦

を捲き起してゐる、原告は東京市本所外手町一三大野けい外五名で親類の同區番場町一一大野忠藏を相手取り大正十三年土地共有權確認抹消の訴訟を提起したのである、このまた訴訟の原因が大野一家の財産爭ひにからまりすこぶる怪奇的な……綾を持つてゐるもので被告の祖父忠助の放らちを歎いた忠助の妻が隅田川に入水自殺し忠助が

妾を家に

入れようとするのを長男忠太郎が反對した處から忠助は立腹して忠太郎の知らぬ間に（財産相續の手續きを踏まずに）遺言狀をしたゝめてあつた忠助の死後何人にも知らぬ忠太郎が相續すると妹と甥姪から遺言狀をたてに財産分配の訴へを起されたのに氣をやみ忠太郎は昨年十二月に死亡してしまつた、その

通夜の晩

に忠太郎の幽靈が出て被告共が悩まされたさかいふので被告達がよく考へると本事件の原告の一人大野けいも震災のさき被服廠で燒死して居り、それを今一人の原告大野はなが盲判を作り戸籍面をそのまゝにして生きてる格好にして訴訟を出したここに氣付き今度は忠藏の方から大野はなを私文書僞造で區檢事局に告發した檢事局でも驚いて取調べ中であるが本筋の訴への方はこの二十六日

原告幽靈

さわかつてから初めての口頭辯論が行はれる裁判所始まつて以來ない幽靈裁判その成行かどうなるかゞ非常に興味深い

怪 諸国の噂　山形県
●都新聞　昭和四年一月二十八日　4-24

諸國の噂

◆山形縣　東村山郡金井村小學校で、夜な夜な二時頃になると二階の窓をスーッと明けて、さめ／＼と泣く聲が聞える、宿直の先生が行つて見ると窓はちやんと閉つて人影どころか鼠一匹ゐない、幽靈といふ事になつて昨今では宿直の先生を二名に殖やしたが、矢つ張り毎晩同じ時刻になると二階で泣き聲がする、そこで今度は村會から青年團に頼んで毎夜青年團を校舎内に張り込ませる事にした、同校の敷地は五十年ばかり前まで墓地であつたのを學校を建てるにつき碌な地祭りもしなかつたので數々の無緣佛が相集つて愚痴つてゐるのだらうと噂されてゐる

資 寿座の「有馬の猫」
●中央新聞　昭和四年一月三十一日（三十日夕）　4-25

壽座の「有馬の猫」　鶴之輔のお仲賢は怪猫

獣　問題を解く不思議な馬

●大分新聞　昭和四年二月十日（九日夕）　4-26

問題を解く不思議な馬

人間の問に一々答へる

誰から教つたかと聞くと『神様から』

ごく最近の事でした。世界的に有名なニューヨークのある美術蒐集家の間接室の美しい敷物の上にムシヤクシヤと毛の生えた

四つ足 のけものが立つてゐます。それを取りまいて、美しく着飾つた男の人、女の人が、だまつて唾を飲むやうにして一心に眺めてゐますけものはシエトランド〔イギリスのスコツトランドの北岸にある島々〕産の小馬でした。このシエトランド産の小馬といふのはイギリスの馬の中で一番小さい種類のもので、そして小さい割合に力が強いので有名です。この小馬がこんな所へ入れられて一体どうしたといふのでせう？、外ではありません、この小馬が、童話にある通りに物を考へたり言つたりするので、それを試さうといふわけです。

小馬の 前にはちよつとした棚が立てゝあり、それには幾枚もの錫の札がかゝつてゐます。札にはABCが全部と一二三が十まで書いてあります。で馬の持主が何か尋ぬると、馬は即座に言葉の代りに札を指して行つて文字をつゞり、文をつくりして答へて行くのです。この小馬は、ほとんどうそかと思はれるばかりにハツキリと人間のやうに頭をはたらかせました。小馬は男女を区別出来ました。時間を言ひました。また歴史上の出来事の年代を言ひました。その中の問答の例を少しばかり次にあげますからごらん下さい。

問『この町は何といふ町かね？』

答『ニユー・ヨーク』

問『お前は町へ出て来るのはすきかい？』

答――小馬はこの時さうだと大きくかぶりを振りました。

問『お前はこの町で何をするんだ？』

答『訪問』

問『では誰を訪ねたんだ』

答『偉い、気だてのいゝ人たちです』

これを聞いて人々はみんな大笑ひをしました。

その外 の面白い問題をあげてみますと。

――小馬君、君は元、誰かの体の中にゐた事があるかい？

『さうだ』と小馬は首をふりました。

――ぢや誰の体だ？

『ソロモン王』

皆は驚いてしまひました。

――なるほど。ぢや、そのソロモン王は何時頃の人だね？

『キリストがお生れになるずつと前です。』

――君は何時生れた？

『一九一七年二月二十五日。』

こゝで問答はちよつと切れ、次に他の人が代つて始めました。その人は小さな

置時計 を持ち出して馬に見せ、今何時かと聞きました。すると小馬はよく考へてゐましたが、やがて『十時二十八分』である事を数字の札によつて示しました

――では十時に何分あるか？

『三十二分』

――コロンブスがアメリカを発見したのは？

『一千四百九十二年』

さすがの小馬もこゝでは六年のまちがひをしました。アメリカ大陸の発見はみなさまも御存じの通り一千四百九十八年です。それから、もう一つやはりこんな年号を尋ねたらまちがつたので人々は『疲れたのだらう、少し休ませてやるが好い』と申しますと、馬の持主は『いや、ちよつとばかり言ひちがへたゞけだよ、構ふ事はない』と申しました。それですぐ次の問題に移りました。

――ねえ小馬君、石竹色の着物を着た婦人の所へ行つて挨拶して来たまへ。

その室には五人の婦人がゐましたが、小馬はすぐさま、その中から石竹色の着物の人をさがして

挨拶を しました。それから最後の問題です。

――お前いろんな事を知つてるが誰から教はつた？

『神様から』

と一字々々札を差しながら小馬

は答へました。これを聞いた一同は顔を見合はせて微ゑみました。大學生をすら羨ましがらせるやうな知識を持つてゐるこの小馬は數ケ月前、その時小馬は年とつた主人を乗せて、たま／＼アメリカの大きな煙草商フエラー氏の土地を通りかゝつたのがフエラー氏に發見されて、馬も主人も、そこへ、そのまゝ客になつてゐたのでした。

幽　露店の婆さん幽霊となる

●山形新聞　昭和四年二月十三日　4-27

露店の婆さん幽靈となる
二十數名の同商人ビツクリして供養

昨今鶴岡市内に流言されて居る幽靈の話一つ

◇

鶴岡市七軒町に居住する露店商人にて六十にも手がとゞくと云ふ婆さん友野はなは舊臘二十六日コロリと頓死したものだが其後毎夜の如く仲間の露店商人達の枕許に姿を現して脅かしてゐたが去る廿五日の如きは大山町の歳の市に二十數名の露店商人が夜明けに橇を挽いて大山町に赴く途中其の婆さんも橇に荷物を一杯積み込み我等露店商人一行の先になつて歩いてゐるので二度びつくりさせた

◇

この幽靈話が仲間の噂となり「おはな婆さんは貧困で死んだのだから幽靈に出るのだらう」と同組合員二十四名は婆さんの菩提寺なる市内十三軒町淨禅院に於て去る十一日盛なる供養を行つたと云ふ事である

資　マキノ作品「羅生門」撮影を開始

●中央新聞　昭和四年二月十五日（十四日夕）　4-28

マキノ作品「羅生門」
◇撮影を開始

マキノ省三氏が「バグダツトの盗賊」を見て以來トリツク映畫としてこれに負けないものを製作しやうと企てたのは一昨年以來の事であつたが、爾來充分研究を重ねた結果、漸く其の自信を得るに至つたので今度同氏獨特の工風を凝らし「大江山」「奇蹟羅生門」全十卷を製作する事になつた、マキノ省三總指揮、原作脚色大山黎、監督勝見正義で、配役は左の如く堂々たるオールスターであるが、特に當年派の活躍を期したもので既に本讀みも終り、目下非常な大仕掛でトリツクを、考案してゐる、キヤメラは三木稔で完成の上は定めし本邦映畫界に劃期的の反響を招くに至るであらう

渡邊綱（南光明）坂田金時（根岸東一郎）卜部季武（河津清三郎）碓井の貞光（マキノ潔）平井保昌（嵐徳太郎）源頼光（谷崎十郎）酒呑童子（東條猛）茨木童子（阪東三右衛門）鐵童子（マキノ正美）虎童子（市原義夫）鬼女、白拍子（マキノ智子）少将の姫（浦路輝子）中納言の姫（櫻木梅子）長者の娘（岡島艶子）三條の姫（北岡よし江）邪鬼（土ぐも）柳妻麗三郎

幽　諸国の噂　鶴岡市

●都新聞　昭和四年二月十九日　4-29

諸國の噂

◆鶴岡市七軒町に住む露店商人友野はな（六〇）は、去年の暮の二十六日にコロリと死んだ所がその後、仲間の商人達の枕許に姿を現して脅かしてゐたが、先月廿五日の如きは大山町の歳の市に廿人餘りの露店商人が、夜明けに橇を挽いて大山町に赴く途中、お婆さんも橇に荷物を積込んで一行の先に立つて歩いて行つた、この話が仲間の評判となり「貧乏で死に誰も供養をしないからだらう」といふ事になり、十六日、一同集まつて婆さんの菩提寺である、市内十三軒町淨禅院で供養を行つた

怪　大友謹慎　岩藤の祟　原因のない疵　飲まれない酒

●都新聞　昭和四年二月二十一日　4-30

大友謹慎
岩藤の祟
原因のない疵　飲まれない酒

友右衛門の岩藤、二十五年ぶりの女形とあつて、本人も一層氣を入れてやつてゐるが、この岩藤に

不思議な因縁話がある

友右衛門がまだ駒助と云つて市村座にゐた時分、駒助ならきつとや

れるだらうとあつて、田村成義氏が骨よせの岩藤を役づけた、當時芙雀と云つた故人の菊次郎が二代の尾上、勘彌が由賀利之丞といふ役割で

初日が 出ると芝居は大した人氣であつたが、駒助自身に不思議が起つた、といふのは序幕に鳥居の石段がついてゐて、故人片市の近江、駒助の八幡、築三郎時代の坂彦は工藤といふ役であつたが、ある日石段を濟まして駒助が部屋へ入ると衣裳に血がべつとりにじんでゐる、だん〳〵調べると、いつ怪我をしたともなく

首筋に 斬疵がある、醫者に見せると、縫はなければならぬといふ、縫つては芝居に出られないので金神様へお願ひ申して、無理に我慢をして、芝居をその儘勤めた、千秋樂の日に順天堂に入院して、約一ヶ月後にやつと全快したが、全快後

金神様 のお告げには佛罰による怪我だとある、佛罰をうけるやうな事は何にもおぼえがないと、いろ〳〵しらべると怪我をする二三日前に、小道具で使ふ彌陀の尊像を紛失した事がある、それを探さない儘で代りの尊像を入れ、樂の日まで間に合はせた事がある、ところが紛失の

尊像は 樂の日に奈落へ落込んで、汚いところに挾まつてゐたのを見つけだしたといふ事である、多分これが佛罰のいはれであらうと、その時は、件の尊像を清めてもらつて金神様へおわびをしたといふ、そんな事があつたので今度は餘程身を愼んでゐるが、やつぱり岩藤の祟りでもあるのか

好きな 酒を少しでも飲むとすぐに胃が痛むので、どうぞ何事もありませぬやうにと、金神様にすがりついてゐるといふ

ラジオ　趣味講座　安達ヶ原鬼婆の遺跡　中井泰孝

●函館新聞　昭和四年二月二十四日　4-31

ラヂオ

大阪（廿四日）

▲六時卅分　趣味講座　安達ヶ原鬼婆の遺跡　中井泰孝

甲州昔噺（三十一）　実説小松怨霊（一）

●山梨日日新聞　昭和四年二月二十四日　4-32

たよと茂右衛門は 親戚許婚の間柄

然し貧富の相違があつた

實說 小松怨靈【一】

秋であつた。

松葉の繁く降る万力林はチロロ鳴く虫の音と、笛吹の流れが遠くむせぶ外物音一つなかつた。

たよと茂右衛門は寄添ふて歩いた。下弦の月が冷たく白銀にかゝつて、いつまでも言葉のない二人に淡い影のみ刻ましてゐた。

茂右衛門は結局戀は地上のものでない夢だと思つた。人生そのものが儚ない夢だと思つた。悠久なる宇宙の生命に比すれば人生は一閃の火花より儚なく消ゆて無くなる夢だと考へた。するとまた再び底知れぬ寂寥が襲ひかかり更にその儚ない戀が惜まれてならなかつた。

一人々々で生れて來て一人々々で死んでゆく人の世に、唯一人信じ合ひ愛し合ひ涙を流して慰ひ合つた人その人が──人生が儚なければ儚ないだけ、淋しければ、淋しいだけ、尊く、いとほしく思はれてならなかつた。

許婚の間柄

失戀の茂右衛門の嘆き

「たよ思ひ返さないか、金が何だ、財産が何だ、所詮は食ふ以上は要らないものだ。それよりお互の理解が尊い！愛が尊くはないか！」茂右衛門は斷腸の思ひでいつた。然したよは平氣であつた。「もう〳〵そんな貫一もどきの口說はきゝたくないわあたしお宮でなしよ」「貫一もどき──さうだ！俺は貫一の立場だ。唯違ふ處は貫一は失戀して高利貸の手代になつた。俺は死んで幽靈になつて出るばかりだ。新居格にいはせると貫一の場合には社會運動家になるのが當然だといふが俺は現在の如き社會運動家になる勇氣はないから幽靈一本槍だ！然しお前が彦兵衛との縁談を捨てゝ俺に靡れば幽靈になる必要はない。どうだたよ、もう一度考へて吳れぬか？そりあ小松の治左衛門といへば富豪であり、苗字帶刀を許されてゐる家柄、長男利右衛門は府中の紙屋六郎衛門から嫁を取つたといへば二男彦兵衛は分產して直ぐにも新家を建て様だが彦兵衛にあるものは只それだけだ。本當の人間生活には何等價値のないものばかりだ。俺には彦兵衛の如き財産はない、地位はない、然し何物にも代へ難

い愛がある。たよ！餓死してもよいと誓ひ合つた俺と愛の巣をいとなむ氣はないか！既に俺達は許婚の間柄、夫であり妻ではないか、俺の父が死ぬときどういつた！おまへの父はどういつて約束を許したか！」—茂右衛門の腦裡には父の臨終の夜のさまがまざ〳〵と蘇つて來た。

親戚の關係

幼い頃も睦まじかつた

茂右衛門の父七兵衛はたよの父甚五左衛門とは從兄弟の關係にあつた、その上同じ村の神内川に軒を並べてゐたので二人は振分け髪の幼い頃からよく、まゝごと遊びなどして遊んだ。近所の年寄やかみさん達は夫婦雛のやうだとはやしたてた。それ程二人は子供の頃から睦まじく美しかつた。その二人の間にいつか優しい戀が芽ばれて胸深く成長し、茂右衛門が十九たよが十五の春は燒き盡すほど白熱してゐた。茂右衛門の父七兵衛は二人の間が唯事ではないと思つてゐたが親戚とはいへ、甚五左衛門方は土地一流の富豪、自分のうちは要ら、永患ひの末外亡した上、水害で田畑を流し、今は自分も病床にゐて、その日〳〵の糊口にさへ支障を來す貧しさであつたから「たよを嫁にしたなら……」とは思つても「いや〳〵釣り合はぬは不縁の因……」と夫となく我子茂右衛門に諭してゐた。茂右衛門はたよに、父七兵衛の淋しい心情を噛い氣持で話すこともあつたがいつもたよは「かまはないわ、あたしがとうさんや、おぢさんにお願ひしてに夫婦にして戴くわ」と小雛の如くはしやいでゐた。そんなとき茂右衛門はいつもたよを抱きすくめて「俺の可愛い神さま」としみ〴〵幸福を思つたのであつた

戀を打明け

兩親から許されてゐた

茂右衛門とたよの戀は春の水の如く緩やかに流れて夫々双方の親に打ち明けた。たよの父甚五左衛門は娘から「あたし茂右衛門さんにラブしたわ」と聞かされて一時は驚ろいたが二人は親戚關係ではあるし、茂右衛門も確かりした青年であるので「よし〳〵」とうなづくと、たよの手を引き父娘で七兵衛方に駈け込んできて、七兵衛が「今仲からきけば、大事の大事のお嬢様を…」といふのを遮つて「兩家は親戚ではあるし、どうのこうのはない、是非こうなれば貰つて戴かねば困る。未だ十五ばかりでは晴れて夫婦もなんだから追つて祝言でもみつくろひ習はせて一緒にさせよう。就ては家計の點も食ふ位は當方から差し上げる程に今すぐ婚約をして貰ひたいもので…」といつた。茂右

衛門もたよも喜こんだ。そして親の前も憚らず手を取つて躍り上り、ラララとダンスをした。

婚約の夜に

七兵衛は嬉しさに死亡

然し、それにも増して七兵衛は嬉しかつた。妻に早く死なれ、男の手一つで貧しいうちにも育てて來た茂右衛門が、成人すれば一流の富豪甚五左衛門方の娘を嫁にとることができ、その上田畑まで與へて生活の保償をするといふのであるから不自由の身體を病床に起し事を合せて甚五左衛門を拝み乍ら結納の、樽だよいふ貧者の酒をおし戴いて飲んだ。然し七兵衛は餘り喜んだためか、安心したためか、睦い睦い約束の盃を取り交し納めの盃を飲みほすと急に容態が激變して床の上に倒れた。茂右衛門とたよは許婚同志になつたので共に熱心に介抱したが七兵衛は甚五左衛門に將來を頼み乍らそのまゝ息を引き取つたのであつた。

茂右衛門の頬にはいつか熱い涙が傳はつてゐた。

【寫眞は小松郷の屋敷跡—本稿は少し性質が違ふので入れない豫定であつたが讀者の希望も

あり、いさゝか今迄は固いものであつたから、これを入れることにします」

甲州昔噺（三十二）　実説小松怨霊（二）　4-33

●山梨日日新聞　昭和四年二月二十五日

我娘たよの美貌に 甚五左衛門の慾

小松村彦兵衛が横懸慕

實説 小松怨靈【二】

戸邊の秋草には露が重たく下りてゐた。虫は頻りに鳴いた。月は利鎌に似て西へ傾いた。

茂右衛門の頬にはとめどなく涙が流れた。「たよ！お前の親父は俺を騙してゐたのみでなく、父七兵衛をも騙したのだ！そしてお前ばかりは、例令笛吹川の水が逆しまに流れるときがあつても、心變りはないと確く信じてゐたのに、そのお前迄俺を捨て去る―それでいゝと思ふか！済まぬとは思はぬか！」――どうせ儚ない命なら、消ねて無くなる命なら、このまゝ消ねて無くなれ、月も直ぐに光りを消せ！虫も死ね！地球も粉微塵に砕けて天邊のどこかに吹き飛んでしまへ！茂右衛門はチョン髷を掻きむしつて悶へた。

胸のあらし

二人の戀にさす魔の影

「激變だ！　激變だ！昨日までは平和であつた俺に、今日は何といふ暴風雨だ！甚五左衛門の嘘八百の言葉と、たよの腐れ果てた心變りにあたら男一匹は潰れて了つた。慾が出て金の奴となつた獣ども！」彼はよろめいて松の幹にもたれかゝると、呻くが如く叫んだ。その聲はかすれて物の怪のやうに静寂な林に響き渡つた。

甚五左衛門は二人の婚約を許すと心から茂右衛門に畑を與へたよを娶合せやうと思つてゐたたよは唯無性に嬉しく晝は晝で夜は夜で、茂右衛門とばかり逢つてゐた。茂右衛門は甚五左衛門の好意に感謝して、父の亡い後は眞實の親の如く仕へ、一日千秋の思ひで晴れて添ふ日を待つてゐた。

然し一年過ぎ、二年經ち、六年の歳月が流れて茂右衛門が二十五歳、たよが二十一歳の美しい娘盛りになると、この戀に魔の影がさしたのであつた。

結婚の申込

たよ彦兵衛の妻を承知

甚五左衛門はたよが美しくなればなるほど「何處の何様の奥様にしても決して恥かしくない」と思ひ出した。そして茂右衛門との婚約を困るものゝやうに考へて來た。そこへ小松村治左衛門方から嫁に貰ひたいと人を頼んで交渉して來た。小松治左衛門といへば、自分の家などその比ではない財産家、甚五左衛門は大いに心が動いたので娘たよにそつときいて見た。すると「わたし本當は茂右衛門さんには倦きたわ、彦兵衛さんとやらの奥さんになつて見たいわ」といふのであつた。案に相違した娘が賛成したので早速先方にその向きを傳へ、意を決して茂右衛門を呼んだ。茂右衛門は「いよ〳〵晴れて夫婦か」と喜び勇んで馳けつけると「實は小松の治左衛門方に借財があつてな……」といふのであつた。

茂右衛門に

甚五左衛門破婚を宣告

「その財産の代償としてたよを嫁にやらねばならないとになつた。人の家といふものは表面はよくても内部は案外苦しいもので俺の家もたよをやらねば直ぐに破産することになつた。就ては無理ではあらうが田地二反歩と金子二十兩は約束通り渡せるから、まげて承知して貰ひたい」と遂に破婚の宣告であつた。實に意外の言葉に、茂右衛門は驚いた。「僕がいくらでも働らいて、その負債は必らず返しますからおたよだけはこのまゝにして置いて下さい」とひたすら願つた。「ところがその負債は十萬兩ばかりの大金だ。お前が一生働らいても十分の一返すことはできないもので困つてゐるのだ」とありありとわかる虚構の言葉をきかされた。餘りのことに茂右衛門は身を慄はし、顔を掩けて男泣きに泣いたが、「争ふ氣なら争つて見ろ！世界中の人が俺を離れてもたよだけは……」と思ひ、深く決意するとそのまゝ引き取つた。そして今夜となつたのであつた。

たよの變心

茂右衛門激怒して罵る

「たよ！それが貴様は済まぬと思はぬか！」茂右衛門はたよを睨むと再びいつた。「まあ恐い顔をするよ、さう向きになるものではないのよ。その晩、初めて、笑つて、[illegible]この頃の人の戀を考へて御覧なさいな。それから見れば六年なんて随分永かつたわそれにお金と田地を貰つて別れるなんて、こんなうまいことはないと思ふわ、それよりこの世の中はお金だわ、あなただつて百万両もあつて御覧なさい、親族のお偉様が御辭儀できますわ」「何!貴様は何といふ女となつたのだ。その何いた心は一體何うするのだ!」「あなたの方がよつぽどどうかしてゐるわ、この節僞いたなどといふ者は馬鹿の骨頂よ、お嫁にゆくまでに淺くか、深くか、戀を感じないなんて女が世界中に一人でもあるとお思ひ?、僞へ僞いたなどいつても子供をお腹に抱へてお嫁にゆき裁判沙汰となる者より、餘程増しだわ」たよは全く餘期に反してゐた。茂右衛門は絶望と憤怒にわななき乍ら「馬鹿!賣女!」といふが早いか拳を固めて殴りつけた。足を擧げて蹴つた。たよは倒れた。「馬鹿!淫婦奴!」倒れてゐる顔を又蹴つた。

腐れた女を
蹴倒すと自宅に引返す

「覺ねてゐろ!必らずこの恨みは晴らして見せるぞ!家に歸つたら甚五左衛門によくいへ、茂右衛門は死んで、死んで怨靈となつて必らず一家中を取り殺してやるからつて…。必らず恨みは晴らすぞ!何で晴らさで置くものか!」といふと振り向きもせず一散に自宅に飛び歸つた。後にはたよの泣きじやくる聲が、虫の音とともにいつまでも、いつまでも響いてゐた。

怪　甲州昔噺(三十三)　実説小松怨霊(三)
●山梨日日新聞　昭和四年二月二十六日　4-34

たよが輿入りの夜 茂右衛門は自殺
斬り込んだが遮ぎられて
實説 小松怨靈[三]

茂右衛門は自宅に飛び歸ると佛壇の前に倒れた。そして狂ひ廻つたが軈て父母の位牌に香を焚き、悶々の情を訴へると脇差を持ち出して鞘を拂つた。

治左衛門方
に茂右衛門斬り込む

氷の如く冷たい刃先は、押し開いた茂右衛門の白い下腹部を見るとその肌の下に波打つてゐる腸を食るべく紫の焔を吐いて來た熱した刃先は肌に迫つた。とその脇差に父七兵衛の顔が現れた。無念の歯噛みをしてゐる―甚五左衛門の顔が現れた。たよの顔が現れた。その三つの顔は噛み合ひ乍ら笑つてゐる―「ウム―甚五左衛門だ!たよだ!よくも…」と呻くと茂右衛門は脇差を投げた。脇差は魂あるもの如く佛壇の中に飛んで、父の位牌を眞二つに斬つた「斬つたな!父の位牌を斬つたな!甚五左衛門一家を斬つて恨みを晴らせといふことか!」彼は脇差を取上ると甚五左衛門方にまつしぐらに斬り込んだ。

父娘は逃ぐ
住職と名主が仲裁に

甚五左衛門は恰度婚禮の運いたよを探して歸宅した處であつた「默共そこ動くな!茂右衛門の恨みの一刀有難く受けて親娘もろとも地獄に墜ちろ!」茂右衛門の切先は鋭かつた。たよと甚五左衛門は「命あつての物種だ」と思つて慌て、裏口から「人殺し!人殺し!」と悲鳴をあげて逃げ出した。近所の者は何事かと飛び出して見るとこの騷ぎに暴れ狂ふ茂右衛門を押へつけ、檀那寺に引き立てた。茂右衛門は多勢で押へるので餘儀なく本堂に座ると住職や名主が中に立つて來て「さう一概に向きになる者ではない、現に角男の半分は女だ女などどこにでも轉がつてゐる それより貧乏人は貧乏人らしく呉れるといふものを貰つて引き下がつたのがよくはないか」と仲裁するのであつた。

和戸の姉に
相談すべく引下がる

茂右衛門は堪へられない胸の鬱憤を相手に對して住職や名主まで金持ちに加擔する―その暴戻と侮辱に泣いても泣き切れなかつた。いつそ仲裁を拒絶しやうと思つたがその頃は、名主と檀那寺の住職の仲裁では必ず承知しなければならないといふことになつてゐたので「自分は決して異議を挾むものではないが、和戸に一人の姉があるから其姉に一と通り話して御返事致します」と、一日の猶豫を求め、和戸の姉方に引返つた。姉は事情を聞くと「許婚の妻を金や土地で賣つたら世間に對しても恥かしい、それより男らしくその金と田地をたよにつけて先方にやるがよい」と諭した。「勿論僕もその考へでした。矢張り眞實の姉さんは姉さん

です。男らしく思ひ切ります」と
その夜は姉方に泊り、翌朝遺書を
すると別室に入つた。

恨みの自殺
二通の遺書を残して

暫らくするとその部屋から只ならぬ呻き声が洩れた。姉は何事かと思つて座敷に入り、茂右衛門を呼んだが返事が無い。不思議なこともあるものと手探りで行燈をつけやうとすると、血がべつとり手についた。驚いて灯をつけると、茂右衛門は傍らに二通の遺書を置き神内川の渡りを睨んだまゝ無残な自殺を遂げてゐた。姉が泣き乍ら封を切ると一通には「其れた衛門親娘兵[illegible]して婚約を破棄した以上一刀両断にすべきであるが親娘の命は名主と住職に義理で與へ自分の身を殺す、然し必らず怨靈となつて恨を晴らすから将来を見てくれ」とあり一通には「姉様へ」として『自分の考へは書き置きの通りです。決して泣いて下さいますな、實は御暇乞ひに来てこゝで自殺したものです」と認めてあつた。近隣の人々も茂右衛門の悲痛な決意に何れも涙を流して同情した。

たよの輿入

茂右衛門の自殺の夜

たよは茂右衛門が自殺したその夜、治左衛門方に嫁いだ。万一姉[illegible]に知れてはと特に茂右衛門が[illegible]の姉方に行つた事を[illegible]

それも「盗み出し」といふ形式で化粧金を百両持たして、近所にも秘密に送り届けたのであつた。治左衛門方では美しい嫁を迎へたので直ぐに御殿のやうな新家を建て財産を分けて彦兵衛とたよを住まはした。たよは數人の僕婢にかしづかれ、豫期に反して夫彦兵衛も寵愛するので「ねえ、あなた、ねえあなた」と毎日、芝居に行つたり、活動を見たりして贅澤に味の日を送つてゐた。出て来る筈の茂右衛門の怨靈も出てこなかつた。村の人達は「茂右衛門さんの怨靈はどうしたのでせう矢張り死ねもの贅澤ですね」などといつてゐたがその噂も消えて、たよは彦兵衛の子を二人まで生み十年といふ長い時を經過した。

たよ殺さる
夫彦兵衛が亂心して

嫁いで十年目の正徳四年七月十九日に不思議な事件が起つてたよは夫彦兵衛に斬り殺され、彦兵衛は發狂して暴れ廻つた。

怪　甲州昔噺（三十四）　実説小松怨霊（四）
●山梨日日新聞　昭和四年二月二十七日　4-35

彦兵衛發狂して たよを斬り殺す
治左衛門外三名も怪死
實說 小松怨靈【四】

その日は蒸し暑く曇つてゐた。彦兵衛は對見に倦むと、ごろりと横になつて、眠るともなく眠つた。たよは「風邪でも引いては……」と二三枚の座布團を掛けてやり、化粧崩れを直してゐると、眠つてゐた筈の彦兵衛がむつくり起き上つてたよの顔を見ると「アッ！」と飛び退り[illegible]や座布團を無闇に投げつけるのであつた。顔を蒼白にして、唇を歪め、息をはずませてゐた。

茂右衛門の
恨み彦兵衛發狂する

「まあ、どうしたの……あなたどうしたのってば……」とたよが近寄らうとすると愈々後ずさつて床の間の床に背を押しつけた。そして猶も出口を探してゐるものゝ如く、両手で壁を撫で廻してゐたが、刀掛けの脇差に手が觸れるとその一本を掴んだ。鞘を捨てた彦兵衛の眼は血走つて来た「茂右衛門ッ！貴様はよくも俺を殺しに来たな！殺されるものか！」太刀を振り冠ると吐き出す如くいつた。すると今度はたよが悲鳴を揚げ両手で顔を掩つた。──今迄夫彦兵衛とのみ思つてゐたのが、寸分違はぬ茂右衛門であつたからだ。髪は亂れ、口は裂け、その口から眞赤の血がダラダラ流れてゐる、茂右衛門の顔であつたからだ。

たよの悲鳴
肩から乳房にかけて

たよは餘りの恐ろしさに逃げ出さうとした。その一刹那、彦兵衛の振り冠つた太刀はたよの左の肩先から右の乳房にかけ斬り下げられた。たよは悲鳴をあげて斃れた。彦兵衛は「斬つた！茂右衛門を斬つた！」と血刀を提げてカラカラと笑つてゐた。この騒ぎにたよの傍に午睡してゐたふじとべんといふ母親似の美しい子供が眼を醒ました。姉のふじは眼が斬殺され

甲州昔噺（三十五）　実説小松怨霊（五）　4-36

●山梨日日新聞　昭和四年二月二十八日

怪

◇35◇

汲んだ釣瓶から生首がごろごろ

怨霊退散の祈禱も効がない

實説 小松怨靈【五】

鶴瀬から養子し、たよの遺子べんと結婚した九兵衛は、新築の邸に引移つてからは、たよや茂右衛門の命日には必ず僧侶を招いて懇な法會をしたためか、その當座は格別變つたこともなかつた。

釣瓶に生首

幾つも出てべん氣絶

然しその年の三月も末の櫻の花の散る朧夜のこと、べんが裏の竹藪に近い車井戸で釣瓶の繩を手繰つてゐると風もないのに竹藪がザワザワ動き出した。氣味の惡い晩もあるものと思ひ、急いで汲みあげ手桶にあけやうとすると、釣瓶の中に生首が一つ眼をみひらいてゐた。餘りの恐ろしさにべんが屋内に逃げ込まうとすると生首はべんの頭の上を飛び越えて、行手に突つ立つた。驚に避けやうとすると

てゐたので駈よつて「かあさん、かあさん……」とゆすぶり乍ら泣いた。妹のべんは父彦兵衛にすがつて「勘忍して下さい。鳴ぼつぽをきつと救ひますから」と母のために詫入つた。彦兵衛は又飛び退つて「アッ！未だ生きてゐたな！斬られて二人になつたな！」と血刀を振り上げ、先づべんを目掛けて斬り下げやうとした。そのとき二三人の下男が駈込んできて後から抱き止め、押へつけた。近所の人達も飛びつけて來て、これは發作的に精神に異狀を來したと思ふが危險だから嚴重に監置を要するといふので繩で縛り上げ座敷牢を急造してその中に入れ下男二人で交替に監視した。

不思議の事

養子半右衛門が自殺

善後策を協議する親類會議はその翌日開かれたがふじは未だ九歳、べんは六歳の少女のため、遠縁に當る同じ小松の飯島太郎左衛門の二男で半右衛門といふ十七歳になる子供を養子に貰ひ受け追つてふじと娶合はせ彦兵衛の家督を相續させることにした。半右衛門が彦兵衛方の養子になると不思議にもその家から生首が就所を轉がり歩いたり、口が

耳まで裂けた大男が出て來て「この家はお前の家ではない、出て行け！」といふので半右衛門は實家に逃げ歸つた。實家の父は「そんな事を氣にしては駄目です」と叱りつけ嫌ひで歸さうとすると「それでは少し休んでから」と別の座敷に入るや、そのまま縊死してしまつた。重ね重ねの不吉に餘儀なく彦兵衛宅は潰して燒き捨て、娘二人は治左衛門が引取り成長後再興させることにした。

治左衛門は

縊死利右衛門は悶死

治左衛門方で二人の子供を引取ると、長男の利右衛門が突然大病に罹り熱に浮かされて狂ひ廻り二十八歳を一期としてその年の秋悶死した。利右衛門が死にすると治左衛門が發狂し、刃物と見れば咽喉に突き立て自殺しやうとするので刃物の類は全部隱したがその冬小藏内に入り縊死してしまつた。三男平八が次左衛門を襲名し家督を引繼いだ。ふじとべんは平八の手で成長し十六歳となつたので彦兵衛方を再興することになり、[illegible]次左衛門の妻の生家である[illegible]から、その弟の九兵衛を貰ひ受け、[illegible]の地を選んで以前に倍る邸宅を新築して引移りした。

彦兵衛發心

僧侶になり菩提を弔ふ

監置されてゐた彦兵衛はこの頃になつて、夢から醒めたやうに正氣づいた。そして、たよを斬り殺したことから以後の不思議な出來事をきいて無常を感じたよの後を追つて自殺しやうとしたが親類などに止められて悶々としてゐた。然し自分がたよに横戀慕して無理にたよと結婚したばかりに茂右衛門のことを苦にして、自らたよを殺した。それから後の不思議な人もの死亡はどうしても自分とたよの結婚に關係してゐるやうな氣がしてならなかつた。いつそ僧侶となつてこれらの人々の菩提を用ひ、罪障消滅を圖らうとして、遂に長禪寺に入山し名も一雙と變へて俗界と斷ち、ひたすら念佛を唱へたが、不思議は益々甚だしくなり、不思議は全く[illegible]となつて飛躍するのであつた。

別の生首が釣瓶から飛び出して行く手を遮つた。後に逃げやうとすると井戸の中から幾つもの生首が浮き上つて何れもべんを睨めつけたと、その生首はタラ〳〵と血を吐き歯の音を立てゝ噛み合ひ乍らべんの周圍を駈け廻つた。べんは「キヤツ!」と悲鳴をあげるとそのまゝ氣絶してしまつた。

夜毎の怪異
退散の祈禱も効なし

九兵衛が駈け寄つて見るとべんが氣絶してゐるので、介抱して事情をきくと、未だ慄へ乍ら生首のことを物語つた。傍らで聞いてゐた下男や下女は聞いただけで何れも膝が立たないやうになつてしまつた。九兵衛は直ちに近村の法印や僧侶を集めて惡魔退散の祈禱をしたり、施餓鬼をしたりしたが、その後は夜毎夜々の怪異が起り、如何に祈禱しても讀經してもやまなかつた。夜に入れば必らず家鳴りがしだした。いつとはなく行燈の灯が暗くなると、行燈の中から女の血首がゲラ〳〵笑ひ乍ら飛び出て天井の下を飛廻つたり、べんや九兵衛の肩を叩いたりした。夏になるとそれが愈激しくなり男の首が三ツ、四ツ女の首一つどこともなく飛び出して來て泣いたり笑つたりし乍ら駈け廻りそれが消ゐると、障子の外がぼんやり明るくなつて、髪を亂した女がうつり、髪の毛をさら〳〵障子に觸れさせる。續いて男の影が映ると、女の首が長くなつて障子の桝目を突き破つて飛出す男の首が後を追つて飛び出すと二つの首が影から現れて轉がり廻る。といふ樣なことが毎晩繰返された

茂右衛門の
姿が現れて恨みごと

九兵衛とべんは食物も咽喉を通らず日一日と痩せ衰へていつた。七月末頃その夜は數十人の法印が九兵衛とべんの寢てゐる蚊帳を取り卷いて座を占め熱心に讀經してゐた「今夜は大丈夫だから少し眠りなさい」といふので二人も意を強くして眠りにつかうとしてゐると、いつか法印の讀經が細り出した「駄目です大きな聲でなければ……」といくら注意しても追々に細つてゆくばかりであつた。遂に杜絶れてしまふと、忽ち家鳴りがして來て戸にあらしが吹きつける樣な音がした。身を縮めてゐると行燈の灯が消ゐ、天井から白い足が一本ヌツと下がつて來た。手が下がり、首が下がり、それが蚊帳の上にフワ〳〵動いてゐたが其手足や首が一處に集まると茂右衛門の姿になつた。茂右衛門はすうつと兩人の枕許に下りて來て「たよが約を違ねて彦兵衛と結婚した恨み思ひ知れ!一家殘らず取殺して亡靈を苦しめてやるぞ、先づたよの亡靈を見て置け!」といひカラ〳〵笑ふと女の血首が蚊帳の上に落ちて來た。其生首は茂右衛門が動くに連れて天井に突き當つたり疊の上に落ちたり、悲鳴をあげながら轉がり廻つた。茂右衛門の身體が消ゐると男の生首が現れて女の生首に喰ひつき天井を突き拔けて何れにか消ゐ去つた。行燈の灯が明るくなると法師の讀經の聲が夢のやうに聞こゑて來たがもう九兵衛にもべんにも呼びかける力さへなかつた。

眞言秘密の
祈禱を行つても駄目

九兵衛は夜のあけるを俟つて親戚に使を立て怪異退散について協議した。その結果自宅では名のある行者を賴み、荒行をして眞言秘密の祈禱を行ひ、一方彦兵衛の僧一雙が入山した長慶寺でも大念佛を修行することになり屬く縣下から僧侶や行者を集めて數日に亘つて行つたが怨靈は退散するどころではなく益々甚だしくするばかり、初めのうちは一晩に一度か二度位であつたものが一晩に數回となり、この頃は夜に入ると夜の明けるまで連續して現はれ加へて誰にでも見ゐるやうになつた。

退治の猛者
押すな押すなで殺到

この小松怨靈のことが世間に傳はると「僕は劍道廿七段のものであるが怨靈の話をきいて來た。就ては腕の運動を少しさして戴きたい、必ず退治してお目にかける」などといふ髭面の男がきた。「我輩は柔道三十五段であるが少し腕の訓練をさして貰ひたい」などといふ大男や「私は出羽ケ嶽を三度ばかり國技館の天下の土俵で觀客席に吹き飛ばした者であるが一と握りにさして貰ひたい」等といふ男さては「木曾の山中に入つて五十年木の根草の實を食つて修業した

修驗者であるが甲州小松の怪異のことを聞いてわざ／＼來た封じさして戴きたい」などゝいふ髭の白い男などが毎日數十人押し寄せて來ては鉢巻をしたり、天秤棒を擔ぎ出したり經文を吐鳴つたりしたが愈々行燈が消ゐ家鳴りが初まり生首が飛出すと、何れも腰を拔かしたり、臺所に轉がり落ちて足を折つたりして逃げ歸り、退治するものも、退散させるものもなかつた。江戸から心靈學研究のためわざ／＼來たといふ學者は一目見ると眼を廻してそのまゝになつてしまつた。

夜が來ると

抱き合ひ夜を明かす

餘儀なく親類の人々が集まり怨靈が出て來ると全部で眼をつぶつて抱き合ひ乍ら夜を明かした九兵衛とべんは益々蒼ざめて死ぬより外ないと嘆き合ふのであつた。

怪　甲州昔噺（三十六）　実説小松怨霊（六）

●山梨日日新聞　昭和四年三月一日　4-37

保雲寺大和尚の 祕法で怨靈退散

現はれた大百足を笛吹に流す

實說 小松怨靈〔六〕

廣い天下に茂右衛門の怨靈を退散させる者が無いといふので神内川の中老や青年が二十五六人小松に押しかけた「俺は茂右衛門君とは無二の親友だつたから俺が忠告しさへすれば大丈夫だ」「なに、僕の親爺は七兵衛の厄介を見てやつたことがあるから僕が一言いへばそれでいゝよ」「若しそれで肯かなければ腕で退治する許りだ」などと賑やかに酒を飲み乍ら夜になるのを待つてゐた。そこへ「その怨靈は是非拙僧に任して貰ひたい」と市部の法華寺から來たといふ僧侶が駈つけて來て、祭壇を拵へ五色の御幣を切つて立て並べた神内川の一隊が「坊さん怨靈はこちらで戴きます」どいつても「いや拙僧が貰ひます」といつてあたり構はず祈禱を初めた。神内川の一隊も「それでは腕競べしやう」と怨靈の出るのを待つてゐた。

又出た怨靈

神内川の一隊も卒倒

すると突然裏の土藏から籾を挽く音と米を搗く音が忙しく聞ねて來た。「それ出た！」とあつて神内川の一隊が「萬一肯かぬ場合の準備だ」とそれ／＼獲物を持つてゆき、土藏の戸をあけて見ると、何事もなく森閑として居た。「何だ氣の迷ひか」と引返さうとすると、鼻の先に白衣の幽靈が下がつて來てたら／＼血を吐いた。茂右衛門と無二の親友だつたといふ男が眞先に尻餅を搗いたが、それでも「俺だから」と叫ぶと幽靈は消ゐた。一隊は屋内に入つて來て「どうだ我々が完全に退散させた」と威張り「坊主歸れ！」などゝいつてると今度は素晴らしい家鳴りがして來た。そのうちに大風が吹き家が潰れさうに搖れ砂利が降り出した。それが止むと大黒柱の根元七八寸の處から眞赤な血を浴びた生首が現れ座敷中を飛び歩き二階に飛び上つた。神内川の一隊はこの生首を見ると何れも膽を潰し氣絶してしまつたが法華寺の僧侶は目をつぶつて熱心に祈禱してゐたのでこの生首を知らなかつた。暫らくすると二階の戸をあける音がし大きな石を並べる音がした。僧侶は「神内川の小膽者どもは家鳴りで氣絶した」といひ乍ら、御幣を持つて二階に上ると忽ち數個の生首が屋根裏から落ちて來て法衣の裳に嚙みついたゝめ階段から轉がり落ちて氣絶した。翌朝手桶に水を汲んでゆき頭からかけると全部正氣づいたがそれ以來は退散させやうなどゝいつて來る者も無くなつた。九兵衛とふじ（昨紙べんは誤り）は自宅に居ることができず親戚を泊り歩くやうになつた。

親戚に泊る

九兵衛等居る處なし

その年も暮れて享保六年の春になつても、夏になつても、怪異は夜毎繰返されてゐた。親戚に泊れば泊る家へ怨靈も現れるやうになつた。このまゝでは一家は死滅するよりないといふので縊死した、治左衛門の弟で、伯父に當る新左衛門が「西郡の甘利に靈顯あらたかな不動尊があるからそこへ頼んで明王の教へをきいて見やう」といふので七月五日使をたてると「之を鎭めるものは國中に無いが然し九兵衛宅から西に當る禪宗の寺に頼み修法すれば退散するであらう」との事に禪宗の寺を探すと鎭目の保雲寺が禪宗であり住職の玉線和尚は下野國善備寺から入山した高僧であるので此住職に賴むとにし早速交渉すると「國内知らぬものゝない怨靈であるから若し退散させれば今迄の人が無能になり、退散出きなければ自分が笑はれるから……」と拒絕されたので玉線和尚と懇意の熊野堂村石雲寺の和尚から交渉して貰ふべく次代治左衛門が行つたが「玉線和尚も困ることであらう」と承知しない遂に新左衛門、治▲衛門外親戚、村民全部で保雲寺に座り込み「承知して下さらなければ幾日でも動きません、是非十七日はたよの命日になるので其日にして下さい」と賴み入つた。

玉線和尚が

退散の法會を引受く

玉線和尚も餘儀なく「それでは法會の準備や期日は石雲寺に通知する」と承知したので涙を流して一同は引取つた。玉線和尚は程なく石雲寺住職以下の衆僧親戚村民を殘らず呼び寄せ「この怨靈は國中に流布されてゐるため諸人怨靈の退散を祈禱しなければならないので、明後十日から七日間怨靈除けの秘法を修さねばならないがその間は一切話しかけていけない、又村人は修法の人足に出ること、大法會はこの最後の日の十六日にすること」など～注意した。愈々十日になるとその日から玉線和尚は寺院の一室に籠つて晝夜秘法を誦し續けた。愈々一週間目の十六日になると和尚は九兵衛の庭に高さ八尺の欄を結はせ、五色の旗をたて、あらゆる佛を勸請し、種々の供物を供へ、欄の南方には二本の大旗をたてた上茂右衛門の法名「道春居士」たよの法名「明譽光壽信女」外不思議の死に方をした人々の位牌を飾らした。

百足が落ち

川に流すと退散した

この手警が整つたことを村民が報告すると和尚は衆僧十六人を率いて山門におりたち、迎へに來た村民に「各々異念を起すと、惡魔を制することができぬから注意されたい」といひきかした。小松の九兵衛方に到着すると四方を見廻した上、戌亥の方向の壁を破らせ九兵衛を法座の眞中に据ゑ大音をあげて一卷の秘法を讀むのであつた。この大施餓鬼を見物しやうと近村からも多數押しかけて九兵衛宅を取り圍み、人山を築いたがその嚴肅な法會にのまれて聲を發する者もなかつた。玉線和尚が秘法を讀み終ると不思議にも、天井から三尺餘の大百足が落ちて九兵衛の肩にかゝつた。和尚が大喝して拂ひ除けると百足は弱つたので莚に包み供物と共に笛吹川に流したこの法會に依つてさしもの怨靈も退散し一同胸を撫で下ろしたのである。（此稿終）

【明日より柏尾山戰爭を掲げる】

怪　怨霊はめぐる　霞ケ関の怪

●国民新聞　昭和四年二月二十六日　4-38

怨靈はめぐる　霞ケ關の怪

望月人情大臣が病んで　また不氣味な噂さ

帝都のまんなか、而も宮城に近い霞ケ關の一角に、また持ちあがつた因緣騷ぎ、うはさの出所は度々話題にのぼる例の内相官邸をめぐる―と聞ひた。

怪談を生む霞ケ關の□相官邸

なにがさて

次官々舍は一番初めに住み込んだ小橋一太さんが患つたのを筆頭に、堀田貢さんも故人となり、今議會で「おらが首相」をモリ〳〵とつちめた湯淺倉平氏も、この官舍に居た時は大病にとつつかれて生死の間をさまよつた經驗をもつ故武藤金吉氏が斃れたのは官舍生活中ではないが、矢張次官在任中であつた、安河內、杉山兩次官に至つては「なんの、祟りだなんて馬鹿な事が……」と

官舎に納る　と間もなく

アノ世へ新任してしまつた、代々の次官が大病に罹るか、命をとられるかして居るのを目のあたり眺めては、關君之輔さんが、あの不細工な禿頭から冷汗を流して「ブル／＼あの官舎ばかりは……」とおぞけをふるつて引下がつたのも御もつとも千萬な話である。

一方大臣官邸は床次さんが大臣の時糟糠の夫人を亡くし手向草の一冊にあまた女性の涙をしぼらせた以外、誰も病氣になつた事はないが、つい二、三日前望月人情大臣が風邪をこじらせたためか心臓を悪くして引籠つた、人情大臣

病氣の報が

忽ち「そら、また祟りだ」と因縁物語り再燃の導火線になつて、議會ではこのうはさで持ち切つてゐる

怪　人柱と難破船　権兵衛の霊が…

●土陽新聞　昭和四年二月二十八日　4-39

人柱と難破船

権兵衛の靈が何んで怒らう　寧ろ共鳴しやうと

修築技師怪説に苦笑す

最近室戸港を根據とする漁船或は運送船が相次で遭難するので同町に於ては遂に種々の風説が傳はるにいたりたる事は既報せし如くなるが其の一例としては室戸の偉人一木権兵衛が延寶五年自ら主となりて同港の擴張をくはだてた際、港口に巨礁ありて工事進捗せず権兵衛は一身を犠牲として海神に祈り遂に粉碎するを得た工成つて権兵衛は自刃し其の屍は津照寺に葬つたが自刃の理據たる港口海水より突出せる岩石に二尺餘りの木標を立て當時より人柱として觸ると血が出ると云つて恐れ誰一人近寄る者がなかつた處同港改修に餘儀なく其れを取り除けて了つた處が數日して取除けに携はつた工夫が急死し其れ以來難破船が續出するのでテッキリ一木権兵衛の靈の怒りだと評は評を生むに至つた譯である、右につき同港修築事務所の技師は苦笑しながら語る

人柱のある石を取り除けた者が死んだなんて全く根據も無い事ですよ、本人は健在でピン／＼してゐます、室戸町將來の發展を思ひ同港を擴張した、一木氏がヨリ以上の發展さす爲めの改修に何んの怒る處がありませう私は寧ろ共鳴の喜びと共に此の改修に幸多かれと祈つてくれてゐると信じます、然し近時遭難船の頻發は私もどうした事かと思つてゐます、が機關の故障は不可抗力で致し方なく港口での難破は操縦を誤るからです、港口目標の電燈を數倍の高さにして夜間の入港に便ならしめる事にしました

怪　嘘のような嘘の話　岡山太平記

●山陽新報　昭和四年三月十一日　4-40

岡山太平記

嘘のやうな嘘の話

『赤穂屋の猫』と『幽靈ふ槌』　岡山傳説の研究（24）

丘　三千古

今の子供さん達は、吹き出して耳も傾けまいが、この岡山に、古くから、炬燵の團欒や添乳の徒然に、子供の恐怖を高めさした、名高い物語が傳へ貽されて來て居るのである。中にも忘れられないのは『赤穂屋の猫』の話だ。荒唐無稽などと理窟は云はずに、吾等の祖先が子供の時には喜んで繰り返された話だ、利巧振らずにお聴き下され。

◇

石關の赤穂屋と云へば、船着町の河本家などと並び稱せられた岡山の名家である。若林正祖と云ふ有名な歌人が出た程の家柄で、代々醤油の醸造を業とした。そこのおいつさんであるお婆さんが、實は歳を經た古猫だつたと云ふのだから、どうしても黄表紙ものだ。

『赤穂屋の猫が化て出る』と云ふ噂が、何時ともなしに擴まつて、『この頃は兵團の籔へ化けて出るさうな』と誰が云ふともなしに閉てられぬ人の口が喧しくなつて來た。

其當時御城下切つての豪の者と云はれた笹川團右衛門が、それは面白とばかりに、丑滿頃を待兼て兵團の土手へ出掛ける事になつたのである。

その頃の兵團、丁度今ある派出所の所から土手傳ひに御崎様のところ迄、道をはさむで一面の籔續で、晝さへ怖しい様な場所だつたのである。其所へ悠然差し懸つた笹川團右衛門、『何も出ては呉れ相にない哩、これじやあ猫でなくつて、人間に騙されたようなものじや』と、私言ながら行く程もなく、向うに顯れた一人の美人。二八あまりの振袖姿、嫣然笑つた繪のような阿娜な顔に、流石の團右衛門も思はず眼を瞠つて後巡ひだ。招く尾花に引きよせられたか、バ

タ〳〵と近よつたかと思ふと、拔く手も見せず尖光一閃。「ギャア」と云つた聲諸共に美しい姿は消失せて、邊の靜寂に返つた。幽かな月の光を頼りに圓右衛門は、其滴る血潮を辿つて行けば、その血が噂の通り石側の赤穂屋へ續いて居つたと云ふのだ。

その翌朝、圓右衛門は知らぬ顔で赤穂屋を訪ねた所が、何となく取込みの樣子。「どうかなされたか」と訊ねると、「昨夜遲く御老母樣が鉢前へ落られまして、飛んだ大怪我をなされました」との返事に、「さては噂に違はぬか」と、獨り首肯きながら圓右衛門は立ち去つたのであつた。

◇

間もなく、赤穂屋の老婆は死んで、立派な葬式が營まれた。それと一緒に猫の化る話も葬られて、沓として噂がなくなつた。

◇

この猫の姉妹が二匹、岡山にをつた。一匹は中山下の別所（今の深抵小學校の東隣）と云ふ邸にをり、今一匹は中之町御門のところの形部樣の邸にをつた相である。

ある日の事、江戸から來た武藝者が、偶々その形部樣のお屋敷へ泊つたのであつたが、便所の戻りをヒョイと一間を覗ひて見ると、立派な衣裳の姫さんが、口を其儘皿へ持つて行き、殘りものゝ肴の骨をシャぶつてるのだ。愕きながら、「己妖怪奴」と、其所にあつた燭台を手に取るや、滅多打ちに打擲た。

その夜明げると、刑部樣の邸は上を下への大騷だ。「昨夜何者か忍び込んだか、姫君樣には、頭を打たれてあへない御最後……」と、悲嘆の泪に一家は鎖されて了つてるのであつた。

◇

これ以來刑部樣のお屋敷には不思議な椿事が全く後を絶つた相てある。「別所の猫」の話は別に傳へられてないが、隣りへ出來た「松の江」の猫の話には名高いのが少くない。御維新以來隣りへ宿を替たものかも知れない。

◇

岡山には昔から隨分名のある幽靈が澤山をつた。

その幽靈の大親分、總元締に三之本五郎左衛門と云ふ幽靈がをつた。この幽靈は手腕才智とも優れて居つたのであるが、剛情と膽力とで他の幽靈を慴伏して居つたと云ふ豪傑幽靈であつた。

その頃、田町に稻生平太郎と云ふ豪傑がをつた。昔から兩雄並らび立ずの言葉の通り、稻生平太郎が「三之本五郎左衛門が如何に豪い幽靈だと云つて、高が幽靈の事じゃ、斬つても血も出ねば、斬り力もあるまい」と、人さへ見れば吹き捲る高言に、三之本五郎左衛門も腹に据へ兼ね「諾矣」とばかりに力試しに出掛ける事になつた。

稻生平太郎が自分の宅へ這入らうとすると、門口で女の腹を履んで居つたり、便所へ行くと大蛇が噛みつかうとしたり、庭松の木に張り付がゐつたり。稻生の邸に變化魔生が頻々と起る事になつた。

しかし稻生は更に懼く氣色なく「三之本とも云はれる幽靈が怎んな事か。モ少し元氣を出さねば、顔に關るぜ」と、微笑を洩らすばかりで、ビクともしないのであつた。

三ケ年間秘術怪腕の限りを三之本五郎左衛門は盡したが、結局、稻生平太郎をドウする事も出來なかつた。

遂々三之本も兜を拔ぎ、ある日稻生に向ひ、「俺も貴公の剛情には平公した。この小槌を貴公に上げるから、今後幽靈が出たら此小槌で三遍北の隅の柱を叩きなさい。どんな幽靈でも退散する。これは私の置土産じや。それでは御機嫌よろしう」と、云ひ置いて姿を消して了つて行衞が判らなくなつた

それが名高い「三之本幽靈小槌」と云つて、今に其小槌が何處かに殘つて居ると云ふのだが、この小槌を見たと云ふ人を聞ないから不思議だ。

舌を拔かれては大變だから「嘘の話」はこの位にして、次は「嘘か本統か判らぬ話」をしよう。

ラ　よみうり東京ラジオ版　琵琶　羅生門　豊田旭穣　4-41

●讀売新聞　昭和四年三月十二日

東京　よみうりラヂオ版

＝けふの番組＝　ＪＯＡＫ　東京波長三五〇

◇後八、〇〇　琵琶　羅生門　豊田　旭穣

ラ　筑前琵琶　羅生門　豊田旭穣弾奏
● 読売新聞　昭和四年三月十二日　4-42

筑前琵琶

羅生門

豊田旭穣弾奏

＝午後八時ＡＫより繼送＝

花見車の出衣、簾も匂ふ紫や
薄紅の花ぐもり、やがて催す春
雨の、都大路をしめやかに、降り
しづめたる夕護、さて源の頼光
は、天晴れ朝家の守護として、
世に聞えたる良将の、立てし勲
も大江山、千丈ヶ嶽の賊ども
を、うち亡ぼして以來は國安ら
かに劔太刀、用もなき身の春半
定光、季武、綱、公時、何れも劣
らぬ郎黨を、近く侍らせ庭の面
の、今をさかりの櫻花、酒くむ
もいと樂しげに見えにけり、さ
しもにながき春の日も、いつし
か西に入相のかねのひゞきに大
空の、霞の袖は綻びて、數よむ程
の雨のいと、み池の面にあやを
おり、汀の櫻ほろ／＼と、浮寝催
すをしどりの、夢の中にぞちり
かゝる、此時保昌申す樣、如何に
我君、また方々も聞き玉へ、近頃
不思議なる事こそ候へ、九條の
羅生門に鬼すみて、暮るれば人
の通らぬよし、よに專らのとり
ざたをかたりいづれば一同は、
堅唾を呑んでつめよせたり、綱
は聞くより進みいで、筋なき事
なのたまひそ、四海波靜かにて、
御威稜輝く君が代のしかも都の
南門に、鬼神の棲むとは心得ず、
粗忽にものな宣ひそと、いへば
保昌きゝ咎め、コハ心得ぬ仰せ
哉、さては某僞を申すと思ぼ
し候よなさまで不審に思ぼしな
ば、行きて御覧じ候へと、いはれ
て綱はやり雄の、心の駒の絆
をば引かへすべきけしき、、
某臆して參らぬと、おぼしな
されん事こそは、かへす／＼も
心外なれ、是より直ちにはせ向
ひ、虚偽見とゞけて標の札を立
て來んと其座をつつと立ち上る
其座のともがら一同は、是は無
益の爭ひと、衣の袖をぞひかへ
ける、綱はかたちを改めて、御心
づかひはさる事ながら、嘗にも
せよ九重の、宮 近くにいまは
しき、化生の棲むとは奇怪なり、
某かならず見とゞけん、一つ
は君の御ためなり、また一つに
はものゝふの、弓矢の意地にて
候と、形をなして申けり、頼光
之をきゝ玉ひ、げに／＼綱のい
ふ如く、君の御爲武門のためた、
しかに見とゞけ候へと、標の札
と御佩刀、御盃のあまりたびけ
れば、時の面目 承はつて、綱は
館をいでゝ行く、すでに其夜
も宵すぎて、軒端をめぐる玉水
の、音すご／＼とふけ渡り、綱は
の毛のなく駿に、ふりまさり行
くあめのあし、妻戸にあたるか
ぜさへも、幽鬼の泣くが如くな
り、綱は暫しも猶豫せず、褐の
直垂結びあげ、家重代の鎧をば
ザックとかたになげかけて、嚴
物作の大太刀に、たびける劍は
き添へて、下鞍おかせとび乗つて、如法
闇夜もものともせず、九條表に
うつていで、小手うちかざし雲
すきに、羅生門を見渡せば、かぜ
なまぐさくふき落ちて、篠つく
雨は面をば、いたくもうつや丑
三の、かねゝ亂れてひゞきくる、
ふしぎやさしも逸物の、駒もお
びえて進み得ず、身慄ひしてぞ
立つたりける、さてはと鞍より
とんで下り、羅生門の石段に、
標の札をたておきて、かへらん
とする後より、ムンズとかぶと
の錣をば、つかんで放たぬ金剛
力、スワヤ鬼神と太刀ぬきて、
切らんとすればかぶとの緒、プ
ッツト切れて思はずも、綱は段
よりとび下りたり、四邊は黑雲
まき起り、ひらめき渡る稻妻に
鬼神の姿は現はれたり、綱は少
しもさわがずして、太刀眞向に
ふりかざし、土も木も、皆大君の
國なるに御門を汚す化性のもの
そこ動くなと呼ばはりて徹座に
なれとぞきりかゝる、鬼神は牙
をかみならし、持つたる鐵杖と
りのべて、縱横無盡に打ちふる
ふ、ヒラリ／＼ととびちがひ、ヘ
ッと手許に入るかと見えしが、
勢ひこんでうつ太刀に斬られて
そのまゝくみつくを、綱ふつる
ぎにかひなをば、斬り落されて
怯むとき、見えつる鬼神はくろ
くもに、はやとびのりて空高く、
時節をまちてとるべしと、さけ

ぶ騒さへいと凄く、愛宕の方へ一筋の、火焔となりて消えて行く、やがて聖ゆる霄の、おねもろともにほの〴〵と、あけ行く空に夜あらしも、いつしかやみて旭子の、光さやけき羅生門、鬼神よりも恐ろしき、綱の名をこそ上げにけれ。

怪　大評判 新竹の化物騒ぎ

★台湾日日新報　昭和四年三月十二日　4-43

大評判＝新竹の化物騒ぎ

輝やく昭和の御代にこの奇怪……

近く市制が施かれると云ふ新竹の街に化物が出ると云ふ奇怪な噂、場所は圖書館の前通りから小學校の横あたり

× × ×

噂の立ち始めは一月の末で、小學校に大毎の御大典活動寫眞があつた日の午後七時頃其の日は薄ら寒い小雨の降りそうなお化の出るには誂へ向きの晩であつた、花巻寫眞館の裏から或るおばあさんが活動寫眞を見るべくお成橋を渡つて圖書館前から小學校へ曲るつもりであつたが、どうした事か反對の街役場方面へ廻り、變だ〴〵と思ひ乍ら市場の表まで廻つて再びお成橋に出た

× × ×

何をぼんやりしてゐるのだらう我と我が身を叱り乍ら、今度こそはと小學校へと目ざしたが行けども〴〵目の前の小學校へ行けず高い煙突が見えるなと思つてゐたら旭町を通り越して屠牛場の近くへ來てゐた、とで狐につまされた様な話の折柄南門の或る人は二月の始めに小學校の横門から

× × ×

水の滴る様な二十二三の美人の出て來るのを見てヅットした瞬間、何かにつまづいて後を見た時はもう美人の姿はかき消す様になくなつてゐた、又東門の或る人は圖書館の前で之も小雨の降る八時頃坊主が二重マントを着て來るのに行きあつたが眞暗な晩に拘らずマントの下まで透き通る様に見えたとのいろんな噂に、そんな馬鹿な事があるかと云ふので東門の下駄屋さん、正體を見屆けて呉れんものと夜な〴〵出張に及ぶこと數回、脊の低い胴の一尺位ある

× × ×

尾の太い怪物を二三回見た一度は河から這ひ上る所を目撃したとの話しに上村青年團長も八日夜十一時頃探險に出向いたが何物も見附け得なかつた。ウッカリして二重マントを着て出たので二重マントの坊主と間違へられて武勇傳の豪傑連にぶん擲られてもつまらんと其まゝ歸つて來たが、此程自動車がお成橋と間違へて河中に飛び込んだのも怪物のしわざではないかなど取沙汰されてゐる

× ×

最一つ菅檢察官の前の宿舎は以前狸が三尺位の坊主に化けて女の上にのしかゝつて胸を押へたり、大坊主、小坊主が行列したりすると云ふので代々其官舎に這入るのを嫌つてゐたが菅さんは這入ると直ぐ本物の坊さんを呼んでお經を上げ床の間には鐘馗さんの軸をかけ毎晩謡を唸つたり、琵琶を彈じたり、酒飲んだりして騒いでゐるので化物も驚いて退散したと話してゐたが、菅さんが旭町小學校裏の新官舎へ移つたので狸がお供してアノ邊をウロついてゐるのではないかと云ふ人もある。下駄屋さんの話しに依ると内務部長官舎裏の魚北埤のあたりから河傳ひに圖書館の横へ來て崖のくづれた處から這ひ上るらしいと揣摩憶測を逞うし專らの評判である

資 中村古峡氏講演要旨 迷信の対象となり易き心理現象 4-44

●松陽新報 昭和四年三月十三日

迷信の對象となり易き
心理現象
八束會舘の迷信打破講習會での
中村古峡氏講演要旨

佛教聯合團八束、松江各支部、雲國曹洞宗青年會主催の迷信打破講習會は十二日午後二時より八束會舘にて開催、聽講者は約百名で田松江支部副團長開會の挨拶を述べ次いで講師中村古峡氏は「迷信の對象となり易き心理現象」の題下に大要左の如き講演をなし同四時半第一日を終つた

我々の心に智、情、意の三つが等分に働く時人は怪しみもせず

不可思議にも

思はず、迷信も從つてないけれど變つた並ならぬ狀態に入つた時動もすれば神秘的に解釋され迷信となり易いがかゝる變つた心理現象はどうして起るかといふと潛在意識卽ち分裂意識の作用によるものである、さて我々の意識のうちで最も普通に働いてゐるのは主意識と呼び上意識、表在意識、顯在意識、第一意識、第一人格とも稱し、これに對して、主意識より分かれた意識を分裂意識或は下意識、副意識、無意識、潛在意識、第二意識、第二人格と呼んでゐる、そして假死狀態等意識の無い時を無意識と云つてゐる、……人の心の働きは同時に一つの事のみに働くとは限らぬ、二つにも三つにも働く事が出來る、これを意識の分裂と呼ぶ、假に

今一つの意識

の流れが進んで働く時も一つの意識の流れが進行する、この時主幹となるのが主意識で他の一つが分裂意識である、そして健全な意識の人は如何に分裂意識が働いてもそれは主意識の規格の中にあるのである、然るにこれが病的な精神の時卽ちヒステリー、てんかん強度の神經衰弱の時などは分裂意識が主意識を離れて活動するがこれは五感に障害のあるためである（さてその例としてヒステリー症婦人の心理現象の例をあげ次いで狐狗狸やプランセットに關して）これ等のものには人が手を置かねば動かぬ、つまり手の意識がこれを動かすのである、その意識の中樞が動かずのである、色々な神秘的に考へられる事がそれによつて起るかそれはその人の分裂意識が働いてゐるのである、その卓に手を置く人の頭に入つて居る潛在意識で主意識によつて呼び出されぬものが

出て來て働く

のであるから不思議に思ふのである、かゝる自働現象を運動性自働現象と云つてゐる、そしてこれが文字になつた時自働手記と稱し、言語になつた時が自働言語であるが如何なる場合も全然頭に印象づけられぬものが出るといふ事は絶對にないのである、そして平凡な繪や文字でなくこれが宗教的に現れる時人々は大さわぎをなし文字の時お筆先と云ひ言語の時はお口先といふが要するにこれ等は分裂意識による自働現象であると解釋されるのである自働現象のうち讀心術といふのがあるがこれは觀念運動とも云ふべきでこれがあたるのは一つのある動作を幾つにも區切つてその一つ〳〵を強く思念せしめる自働運動によつて行はれるので熟練さへすれば誰にでも出來るのである（さて運動性自働現象の例をあげ次で感覺性自働現象に移り）これが

感覺に現はれ

る事があるがこれは一層複雜で一層神秘的である、最も普通に現れるのが透明體幻視で透明體を凝視する事によつて精神が統一され分裂意識が働いて忘れ物の場所などが思ひ出されて來る、明けない土人の間には甲せんか乙せんかと迷ふた時海岸に立つて見渡し十分に精神を靜めて貝殼を取つて聞くとそれに如何にすべきかの聲を聞くといふが之等の幻聽は大體に於て潛在意識では決定してゐるが主意識は動搖してゐる樣な場合精神の統一によつて分裂意識の聲を聞くのである（と實例をあげた後交替的意識分裂に及び主意識と分裂意識が同時に現れず交替的に現れた時が交替的意識分裂でその普通なものに夢がある、睡眠中は臘な

観念が活動し
断片的である がさめてから結びつけてこしらへあげて夢が出來上る、夢の中には不合理がそのまゝ受入れられてゐるが眼にない事は決して見ないのであるこの夢と覺醒意識交替意識の分裂といつてもいゝ大體夢を見ない睡眠といふものはないが勞働者の眠り即ち熟眠型の人は記憶に殘らず神經衰弱型の人には夢は多いのである（つゞく）

資　中村古峡氏講演要旨（二）　迷信の対象となり…　4-45

●松陽新報　昭和四年三月十五日

迷信の對象となり易き

心理現象

八束會館の迷信打破講習會での
中村古峡氏講演要旨

（二）

◇…**夢**（續き） 神秘的に解釋され勝ちであるが夢は分裂意識が働き主意識は微弱に働いてゐる時に夢を見るものでたとへ種々變つた事が夢に現れるとしてもこれ等はすべて主意識の中を通過し或は主意識の中に育まれた事のみである、そしてこれがどうして起るかといふと二つの場合がある即ち外部の刺戟を受けた時又は臓器感覺その他精神方面の内部的苦惱や葛藤の起つてゐる場合とである、外部的刺戟で起るものは旭の光りや電燈の光が入つたゝめに火事の夢を見るなどで内部的なものでは受驗生が受驗苦の夢を見る樣なものである、そして又夢を見てゐる時は身體が平穩であるため小さな刺戟も頗る強烈に反應するもので重ねた足がずり落ちただけでも崖から落ちた夢や胸に手を置いたといふ其丈の胸部壓迫に非常に苦しい夢を見たりする又夢の中で豫言したりするのは身體が安らかであるため潜在意識が現れて來るが爲である、向學術上外部的刺戟から來る夢を感覺的夢或は末梢的夢と稱し、精神狀態より來る夢を精神的夢或は中樞的夢と云つてゐる

◇…**夢中遊行** 夢はどんなものでも感念のみであるがこれが強烈に働くと行動に現れて來る、これを夢中遊行症又は夢遊病と云つてゐる、この特色は夢の意識が強烈になつて行動し又床に入つて眠り醒めて後知らぬのが原則である、どうして起るかは夢と同樣で主意識の知らぬ間に強烈に分裂意識が活動し或は多少の連繫を持つ場合もあるが兎に角意識の分裂によつて起るものである夢中遊行の極端なものは所謂ネボケで複雜なものになると重大な犯罪を行ひ或は傑作、發明等をなす事もあるが大體その行動は主意識の仕事の連續したものが多い、この夢遊病のために器物の置場所が朝起て見ると異なつてゐたりして化物屋敷などゝ云はれる事もよくある事である、夢遊中に殺人その他の重要犯罪が行はれることも屢々でその例は隨分多いさて夢遊病の患者の發病中の狀態は如何といふに大抵は眼を半眼にし、またゝきをせず眞直に進む、そして足は頗る早いこれは分裂意識のみが働いてゐるため他の意識がなくために只目的物に向つて一とすぢに歩みつゞけるため頗る早いので險阻の處も平氣で走つて行かれるのであるそれ故普通人では狐がついたなどとさわぐ樣になるわけである、夢中遊行中の人を醒ますには大きな聲で呼ぶとか背を叩くとかすればいゝが危險な場所を歩いてゐる時には決して覺醒せしめてはならない、これは覺醒によつて恐怖觀念を起しそのために思はぬ負傷等する事があるから

◇…**覺醒遊行** 夢遊病と同樣な事が覺醒中に起つた時覺醒遊行と稱して居る、心理上から見れば同樣なもので地方に於てよく神隱しに會ふとか天狗にさらはれたとかいふ樣な話は全部夢中遊行か覺醒遊行かである、滋賀縣で小兒が夕方出たまゝ歸らず數日後大木の下で傷を負ふて死んでゐたといふ事件があつたがこれも夢中か覺醒中かに此の狀態に陷り大木に上つた時に主意識に歸り恐怖觀念によつて墜落死亡したものと見るべきである、又これ等遊行中恐ろしいものに手を引かれたとか恐ろしい聲を聞いたとかいふのは幻視幻聽である癲癇の朦朧狀態に於て放火をやるなども夢中遊行、

中村古峡氏講演要旨（三）　迷信の対象となり…　4-46

資　●松陽新報　昭和四年三月十六日（十五日夕）

迷信の對象となり易き

心理現象

八束會舘の迷信排除講習會での
中村古峡氏講演要旨

（三）

◇…自己催眠　催眠術は人爲的に潛在意識を出す方法であるがこれを人の手に待たず自己自身で主意識を消して分裂意識を引き出した時これを自己催眠狀態と稱してゐる、かゝる狀態は人が非常に一生懸命になつてゐる時に現れるもので火事の際頗る重いものを持ち出し火事が終つて驚くといつた樣な場合など屢々聞くところであるがこれも自己催眠である、これは大きな刺戟のため、自ら分裂意識の狀態に入つたのである、俗に狐にはかされたといふ事があるがこれも自分の恐怖心によつて自己催眠に陷り幻視、幻聽につれて動いてゐるのである、一體狐などには學術上決して人をはかしたり人に憑いたりする能力はないものでこれは傳說によつて强く暗示され、豫期觀念によつて恐怖心が强く働き主意識が惱亂して分裂意識狀態となるためである、狐に物を取られるといふのも自己催眠により自分でやつてゐるので決して狐そのものがはかしてゐるのではない

◇…鎭魂歸神法、加持祈禱法　これも人爲的意識の分裂である、鎭魂歸神法なども決してそれ自體は惡い事ではない、善い潛在意識を引き出すとか、暗示によつて惡い潛在意識をなくすといふのならいゝがこれによつて行はれる方式に惡いものがあるのである、憑ものを與へるとか、又はつきものを取除くとかいふそれ自體が惡いのである、即ち行ふ方式や後に弊害を殘すのが惡いので自分の攻擊するのはかゝるものに對してである

◇…二重人格　覺醒遂行の場合分裂意識が非常に强くて主意識の第一人格に對して分裂人格を構成する事がある、即ち分裂意識が一個の人格にまで發達した時であるがこの場合第一人格とともに第二人格（分裂人格）を構成してゐるのであるから二重人格となるのである、二重人格の人は主意識が働く第一人格の際と分裂意識が働く第二人格の際とは丸で異つた人格者として行動する、そして第一人格は第二人格を知らず第二人格は第一人格を知らないのである。

その顯著な例をあげるとアメリカのロードアイランド州に、アンゼル、ボーンといふ牧師があつたがある時銀行より金を引き出したまま行方不明となり三ケ月後アメリカの北方の或る村で發見された、然るに本人はこの三ケ月間をちつとも知らなかつたがボーンには此の間ブラウンと稱して菓子商となり普通人と少しも異らなかつた、これを聞いたウヰリアム、ゼームス博士は催眠術によつてこれを實驗しその二重人格なるを證明したがこの二つの人格を統一せしめることは不可能であつたと發表してゐる、日本でも第一人格は愚鈍な女中であるが第二人格では男性的な學識のある婦人になるものを自分は硏究してゐる

◇…精神分裂症　普通には早發性痴呆症と云つてゐる、これは思春期より發病し漸次消極的覺醒遂行と同樣に見るべきである、

◇…催眠狀態　人爲的方法で意識を分裂させたのが催眠狀態である、主意識が働いてゐる覺醒狀態から分裂意識のみ働く純催眠狀態までは階段を七つに分つてゐる、この催眠狀態は民族發生と同時にあつたもので太古は神に通ずると思はれてゐた催眠術の方法は最初凝視法が行はれ次いで單調なる音を聽かしめる諸法、皮膚の撫擦による撫擦法など感覺を刺戟して行はれてゐたが現在では感念運動によつて催眠狀態に入らせてゐる催眠狀態とは眠りによつて分裂意識を出す方法で眠つてゐる狀態ではないのである（未完）

資 ●松陽新報　昭和四年三月十七日（十六日夕）
中村古峡氏講演要旨（四）　科学で証明出来ない…　4-47

科學で證明出來ない
心靈的現象

八束會舘の迷信排除講習會での
中村古峡氏講演要旨
（四）

◇…偽心靈現象　以上述べたことこそは精神科學に於て證明出來ることそのみであるが如何にしても實驗的に科學で證明出來ないものがある、これを心靈現象と呼んでゐる、物理、化學、心理學、精神學等によつて證明し得るものは決して心靈的現象でなく、これを偽心靈現象といふのである、これまで自分が話して來たものは全部科學的に證明の出來る心理現象であるから偽心靈現象の一つで心靈には一指も染てゐない從つて不可思議と稱すべきものではないのである、先づ心靈現象に入る前に偽心靈現象をあげると

一、物理現象
二、生理的現象
三、心理的現象

以上三つになる、物理的現象は燒火箸をしごいて見たり、刀の刃渡りをやつたりするたぐひでこれは物理學用を應した物理現象と稱し熟練すれば誰にも出來證明も物理學的にする事が出來生理的現象は體に針を立てたりする類で生理學的に證明出來る三番目の心理現象は分裂意識によるもので此れまで説明した通りである、要するに奇術師や魔術師も種を割つて見れば此の三つの何れかに屬するものである

◇…眞心靈現象　然るに此處に現代の科學を以てしては如何にしても證明の出來ないものがある、即ち人間の心靈である、世間では少し不思議な事があるとすぐ心靈の現象だなど云つてゐるが大ていのものは深く研究すれば證明が出來る、從つて心靈現象ではなく偽心靈現象である、然るに如何なる學問を以てしても證明の出來ない心靈現象は科學に超越してゐるだけその研究はあまり進んでゐないのであるさて如何なるものが心靈現象に屬するかこれを列擧すれば

一、精神感應現象
二、千里眼的能力現象
三、交靈現象
四、心靈物理現象

以上の四つに分つ事が出來る以下順を追ふて説明して見ようと思ふ

◇…精神感應現象　原語はテリ、パシイと稱し精神感應とも精神感通とも精神隔感とも云はれてゐる、俗に以心傳心といふ事があるがこれが精神の感應で思想傳達と云つてもいゝ、「夢のお告げがあつた」とか「虫が知らせた」といふやうなうちにはこれに屬するものもある然らば精神の感應はどんな場合に起きるか……讀心術はこれのまがひもので心理現象であることは述べたが精神感應は距離を問はず、物理的、生理的或は陰鬱な人間となり幻視、幻聽が出で妄想に捕はれる、所謂誇大妄想狂となり恐怖症となる、誇大妄想狂にも財政的なものや、政治的なもの色情的なものなどあるが要するにこれ等の痴呆症も意識の分裂によるもので精神病者のうちでは最もなほり難く、又これが病症は最も判別しにくい、やつかいなものである

◇…憑靈、神憑　これは既に以上の説明で心理的な現象であることこそは明瞭になつてゐる事と思ふが狐や、狸、生き靈などのつきものはすべて自己暗示か、又は他發的暗示かでとに角本人の精神狀態から起つた意識の分裂である事は申すまでもない、そしてそのついた相手の如何によつて神憑りといふので神憑りそれ自體も決して不思議なものでも尊いものでもなく分裂意識で出て來たものであるから一種の迷信である

◇…宗教　以上心理的意識分裂を述べたしかしいくら調ても判らないものがある、それを研究していくがどこまでも判り切るとは申されぬ、只くたらぬ事を神秘的にするのは社會の進歩を妨げる、これが爲めに迷信の排除に進んで行くのである……然らば宗教とは何か私の考へではすべての意識を統一して行く宇宙の大意識がある、と思はれる、これが神であり佛であると考へていゝと思ふ、然してこの宇宙の大意識に對して感謝の念を捧げて行くのが眞の信仰である、かく信ずる事によつて神の存在及宗教に對して決して矛盾はしないと思つてゐる（未完）

中村古峡氏講演要旨（五）　科学で証明出来ない…

資 ●松陽新報　昭和四年三月十九日（十八日夕）　4-48

科學で證明出來ない
心靈的現象
八束會舘の迷信排除講習會での
中村古峡氏講演要旨
（五）

◇…精神感應現象(續)
精神感應現象の證明は現代科學では出來ないが假說はある、即ち

心理的媒介なくして精神の感應をなした時を言ふのである、然して精神感應の現象が起る場合傳へる方を傳達者又は思念者と呼び、受ける方を感知者と呼んでゐるが此の現象には二つの條件が必要である、その第一は思念者と感知者の間に特別の關係がなければならない親子、夫婦、兄弟、姉妹、親友とか又は催眠術者と被催眠術者、利害を共にするもの、精神的に理解ある者、靈媒とこれを受けるものといふ風な特別關係者であることで第二の條件としては思念者が相手に知らせてやらねばならぬと云ふ思念に滿ちた時でなければならぬそして感知者は餘念を抱かず無念無想の時、或は放心狀態の時又はトロ〳〵と眠りかけてゐる時淺い眠りに入つた時、といふ條件が必要である、然らば實際の場合は如何にといふに思念者が瀕死の狀態に陥つた時など所謂危急存亡の一大事件の起つた時で思念者の全意識が只一つの思念となつて發動した場合、感智者が前記の條件を具備してゐたら精神感應は成立する、併し人間には記憶の誤り、追憶の誤謬があるから十分に研究に研究を重ねないと飛んでもない間違ひが起る、それ故感應のあつた事を事實の現れない前に手紙に書くか、日記に認めるか、確實な人に話してその證言があるかする事が必要で更にその感應が事實も場所も日時も適合しなければならぬ、かゝる種々なるやかましい條件を附して英國の心靈現象研究會が世界各國より募つた結果精神感應を肯定するに至つたものでその實例の一二をあげて見る

◇…精神感應實例
遠洋航海で常に留守勝な夫を持つた女があつた、ある晝急に眠くなつてトロ〳〵と眠つた時眼前に大海が現れ船の進んで行くのが見えた、そしてその甲板に夫が見なれぬ着物を着て現れてゐたがやがて海中に墜落した、はつと思つた女はその不思議な現象を知り人を話したが果して彼女が見たと同樣な報知をやがて受けた、又或る新婚の夫婦が湖畔に避暑してゐた、男は女の寢てゐる間に湖上にボートを浮べるのが例であつた、或る朝女が眠つてゐる時頬を打たれたやうに思つて目がさめた、醒めて女中に知らせ不安のうちに夫を待つ時男は歸つて來たがはたして妻が感應したと同時刻に頬をけがしてゐたこれ等は精神感應の顯著な例である、これを實驗的に行ふと深い催眠術によつてごく簡單なものは出來るが學問上では明瞭な證明がされて居ない、兎に角世間でよく精神感應現象が現れるといふやうなことがあるがほんとうに無念無想になり得る靈媒があれば別として眉唾ものが大部分である、調べあげたらきつと手品の種はあがつてしまふ（未完）

一、精神移動說
二、精神波動說
の二つで精神移動說は思念者の精神が拔け出て感知者に移つて行くといふのである、これは說明としては分りやすいが科學的ではない、而も魂がぬけ出た時の思念者は呆然自失の狀態になるといふのだが決してかゝる事は信ぜられぬ、第二の波動說は念波となつて感知者に波動して行くといふのである即ち思念者が一心に思念する時ラヂオの電波の如く波動しこれを受けるべき條件を持つてゐる感知者の心靈に感知すると說明して居る今では此の波動說の方が信ぜられてゐるが假說にすぎない、若し確定說が出來たら心靈現象ではないのだから……

◇…千里眼的能力現象
この心靈現象には二つがある、即ち
一、千里眼
二、透視
で精神感應的現象程度までは出來、透視はかつて熊本の三船チツ子が木皮を透して中に居た毛虫を視たといふに始まり稲に人

れたものを厳封のまゝ透視し十のうち七つまでは云ひあてた然しチヅ子が透視する際は瞑想の状態に入り精神の統一をはかつてゐたから試験者と一種の精神感應の現象を起して云ひあてたものと思はれてゐる、千里眼に於ても同様精神感應現象としては證明されるがそれ以上は出來ない、スエーデンの有名なる神人セイデン・ボルクは郷里ストックホルムの火災を歸郷の途中知つたといふ事は歴史上有名な話であるがこれも郷里に殘つた家族の念波が波動して主人に知らせたと見るべきで精神感應の一つであると云ひ得る、然しそれ以上の事はどうしても判らないのである

◇…交靈現象　精神感應現象は生きてゐる人の間に、行はれる心靈現象であるが死後の靈魂と交通した場合これを交靈現象といつてゐる、一體人間は死の瞬間に於て精神力は絶大な力を持つのが普通で従つて精神感應現象はかゝる場合に多く出で來るものと信ぜられてゐる、然るに死者の靈魂との交通は如何に？……先づ第一階段として死後にまで靈魂が存在するや否やが問題である、人間の靈魂は死後肉體をはなれて空間にふわふわと漂ふと稱してゐる一派がある、しかし精神科學の方面では靈肉は一致で決して死後に於てとか、子孫に殘るといふ意味に靈魂がふわ／＼としてゐるとは信じない、靈魂不滅はその思想於てならば肯定出來るが靈魂が獨自的に浮游するとは決して肯定は出來ない、然るに死後に於てその靈魂が生者と交靈出來るといふ事は困難な問題だ、ないと斷言も出來ぬし、あるとは信ぜられぬ、死後の靈魂については英國の心靈研究會で會員は死んだら必ず死後の様子を知らせようと申し合せをなし此の大問題を解決しやうとしたが最も巧なる靈媒によつて呼び出された亡靈は遂に死後を語らず、又いで誰も知らぬ秘密の文書を厳封して死後靈を呼び出してこれを言はしめたが遂に一つもあたらず結局死後に靈魂あるとは實驗的には成功しなかつたのである

◇…心靈物理現象　これは心靈そのまゝで何等物質の力を借りずして物理現象を起すのを云ふのである、化物屋敷とか念寫とか云ふものがこれに含まれる、伊太利のユーサッピアといふ靈媒は密閉せる部屋に何等物質の力を借りずして花束を投げ入れ、死人に會はせたりした然しこれらの物理現象は大てい種があがつたかどうしても分らぬものもあり、更に佛蘭西のバイバーと いふすぐれた靈媒のやつた離れてゐるピアノをならしたり椅子を自由に空中に廻せたりする所謂心靈的物理現象の種はどうしてもあがらなかつた幽靈寫眞は紐育のアムラといふ寫眞師がお客の寫眞を取つた處その傍にうすい人の影があらはれたといふのが始まりでその原因も遂に分らなかつた、日本では長尾いく子夫人が透視を行ひ百發百中といふ成績だつた當時試驗してゐた福來博士が現象しない寫眞の種板を透視せしめた時そのまわりに雲影の如き曇りが現れた、これは長尾いく子の念波が寫つたのであると福來博士は解釋しこれを念寫と名づけた、念寫は議論沸騰して遂に世界的大問題となつたが結局明瞭なる解決を見ないうちに長尾いく子は死んでしまつたのでそのまゝとなつた、この後で三田光一が念寫を現すといふので一時有名であつたがこれは手品の種があがつてしまつた、要するに此の心靈的物理現象は交靈現象と共に全く不明なものであつてあるかないかさへ判然としてゐない、従つてこれが解決も下されないわけで科學的には未知のものとされてゐる、然しこれ等のものは迷信の對象とされ勝ちなものであるので學問的にはまだ全くの無解決ではあるが説明したわけである（完）

怪　三代祟られた魔の家（一）　回春堂惨劇余聞
★台湾日日新報　昭和四年三月十五日（十四日夕）　4-49

三代祟られた 魔の家（一）

—回春堂惨劇餘聞—

奥田回春堂の兇行事件は近來の惨劇として新聞面を賑はすと共に衆人の耳目を強く聳動せしめた、事件の眞因は加害者の奥田藤渡が蟲の息で病床に呻吟してゐる爲に知るによしないが此惨劇を生むまでにはこの家を包む空氣の何處かに醸成分子が潜在して居たに違ひない、この醱酵菌が何處を浮動してゐたか、この家を縱横から顯微鏡にかけて見やう

◇

惨事を惹起した奥田回春堂は明治二十八年來の藥店として島都は勿論、臺灣藥種商の草分けであつた、京町改築前は今の小塚印刷所邊に店舗を構へ一時は京町でも資産家の一人に數えられる程成功の域にあつた人であつたが現主人市三郎の妻女タキが持病の喘息でこの世を去る頃から家運は傾きかけて開業以來三十年の老舗も京町に新築する事すら出來ず兇行のあつた本町を借りてゐる事になつた

◇

問題はまづこの家から始まる、この家屋は今は物故した大稻埕の資産家李春生の所有なのだが仰々この家が魔の家であつたのである、三代前の借主たる老婆が首を吊つて非業な最期を遂げ前代は神島事件の被疑者であつた鹿毛嘉市が自轉車屋を營んで居たがこれも事件の爲に店をたたんでしまつたのである、斯うした事からこの事件の發生前より魔の家と呼ばれて家賃も安くなつては居たのだが京町改築等で拂底の爲また盛り返して現在では七十圓の家賃である、今度惨劇の行はれた二階裏七疊は曾て老婆が縊死を遂げた部屋で採光の悪い此部屋は晝なほ暗く見るからに陰惨なる部屋であつた

◇

魔がさすと云はうか死靈に誘はれたとでも云ふのかこの部屋に入つてゐるだけでも一種異樣な悪感に打たれずには居られない位で毎日不快な日を送つてゐた藤渡が兇行を演ずる迄に至つたのも彼の精神に斷定を與へた一つの分子はこの陰鬱な部屋にうづくまつてゐるジメ〳〵した空氣も確かにその中に加つてゐたであらう

怪　三代祟られた魔の家（二）　回春堂惨劇余聞
★台湾日日新報　昭和四年三月十六日（十五日夕）　4-50

三代祟られた 魔の家（二）

—回春堂惨劇餘聞—

二代に祟り今また惨劇を生んだこの家の空氣はまづ奥田一家の家庭を錯亂した、大正十五年市三郎の弟にあたる臺中籍田回春堂の妻の知合とかで迎へた藤渡と市三郎とは事毎に意見が合はなかつた、艱難辛苦小僧から叩き上げて石橋を叩いて渡るやうに

渡世してゐた市三郎に學校時代から苦學を續けて來たとは云へ呑氣なサラリー生活を續けて來た藤渡が氣に入らう筈はなかつた、斯うした例は世間にはザラにある事で新舊思想の衝突とか云つては居るが雙方が氣持ちを理解し合はないのに因るもので市三郎も已れの苦心した小僧時代を藤渡に強ひんとし藤渡も

呑氣だつた藥劑師時代を養父に要求した、この時別れてゐればなんでもなかつたのであらうが奥田回春堂が藥種商を營むには藥劑師の免状を持つた

三代祟られた魔の家（三）　回春堂惨劇余聞

怪　★台湾日日新報　昭和四年三月十七日（十六日夕）　4-51

三代祟られた
魔の家（三）

—回春堂慘劇餘聞—

最愛の妻たる節子も冷たかつた遊蕩三昧に金を湯水と流す市三郎や不快な顔をするばかりで家業に勵まうともしない藤渡等の中にあつて奥田家の家計を緊めて行かねばならぬ節子は歸つて來たとは云へ忠言をはね除けて逃がれ去つた藤渡を愛する氣持ちにはなれなかつた、二兒までなした仲でありながら夫婦とは名のみで口さへ利かうとはしなかつたのである

世間では祖父に劣らぬ吝嗇家とも言はれた、それも奥田家を想へば致し方はなかつた、藤渡に横走六寸の重傷を咽喉に負はされながら家人の助さへ乞はずに本村醫院に走つた彼女である、家人が大騒ぎしてヤツと本村醫院に居た事が判明したと云ふ程沈著な節子は歸宅後血に汚れた著物を盥に漬けて著換へて病院に行つた程の氣丈な女であつた

理智に鋭い彼女は孰れかと云へば夫婦愛の溫情などより家業に熱心な理性に勝つた女であつた、それが尠からず藤渡には不滿であり煩惱を與へた產後であつたからでもあらうが藤渡と節子は寢室さへ分けた節子と市三郎は表二階にやすみ藤渡は妹等の家族と共に裏座敷に寐た藤渡はこの點にも

不安を感じたのであつた二百圓三百圓の小切手で仕拂ふ市三郎ではあつたが兎角に娼妓藤渡がどうしても必要であつたのである、不和は何時迄も續いた家庭は冷たくなつて妻のせつ子にも夫に對する愛情はなかつた、昨年離緣談も持上つて藤渡は一時

鄕里の熊本に歸つただが長女の和子を私生兒にして置くには忍びないからとて市三郎等の懇望を容れて再び奥田家に歸つた然して昨年の三月九日に入籍の手續きを取つたのである、藤渡は寺尾姓から奥田と名乘りを換へた、だが藤渡としては冷いこの家に何時も居やうとはこの時さへも思つては居なかつた鄕里熊本で開業したいとは口癖のやうに言つて居た言葉だつたそこで

今年再び逃がれるやうにして去つた、恰度市三郎が商用で上京してゐた留守中とて家内の者は憤つた娘からの電報に接して市三郎も憤怒に燃えて歸臺した、市三郎も斷然離別の處置を取らんと決意した、その藤渡が飄然と再び奥田家の敷居を跨いだ、がその逃がれる樣に去つた藤渡がと人々は唖然としたのだがその

經緯は斯うであつた——藤渡には三人の兄弟がある、幼かりし頃父親は三人の幼兒を母の手一つに預けて行方を晦ました母は子供がいとしいばつかりに涙の出るやうな苦勞にもめげず父親の行方を搜がした、この事を涙ながらに母から聞かされ藤渡は臺北に殘した子供の上を考へる時再び臺北へ歸らずには居られなかつたのである——

兇行を演ずるホンノ二週間も前に斯くして氣持ちを變へた藤渡が市三郎に謝罪する姿を見たのであつた、然し振切つて出た藤渡を家庭では以前にも增して冷たく遇した、口一つきいては吳れなかつた、母親を想ひ愛兒を想ふ藤渡の心情の何處かにはこの時既に固い決心がほのめいて居たやうである、

共からも嫌はれ變態性慾者めいた噂さへ遊里の巷では持上つた市三郎だけに藤渡は不審つた、それに以前から常識では考へられぬやうな風評も耳にしこれが爲に或る新聞社員から脅喝されて三十五圓を支拂つた事も知つてゐるだけに

藤渡 としても堪へられない氣持になつた、これもこの慘劇を生むに至つた一つの原因であるらしい、それにしても殘された家族――と云つても市三郎と末の娘さんだけであるが――の悲歎は如何ばかりであらう末の娘さんは生き殘つた重雄を抱いてミルクの世話からおむつの洗濯までもしなければならず店員達は魔の家を恐れる一方

慘事 を恥ぢてか仕事に手が附かない、女學校を出て間もない娘さん一人は毎日〳〵涙に暮れて歎いてゐる（完）

ラ　よみうり東京ラジオ版　講談「小幡小平次」桃川若燕

●読売新聞　昭和四年三月十五日　4-52

よみうり東京ラヂオ版

けふの番組　JOAK　東京波長三五〇

◇後〇、〇五　講談「小幡小平次」桃川若燕

ラ　講談　小幡小平次　桃川若燕

●読売新聞　昭和四年三月十五日　4-53

講談

小幡小平次

小平次亡靈に扮して好評

桃川若燕

午後〇時五分

初代團十郎の血を享けた二代目團十郎は藝の虫と言はれる程、藝道に熱心な人で、ある年二代目はその一黨を引具して小田原で打つことになつた。

華々しい一行の

乘り込みもすみ、狂言は『木曾義仲』を上場することになつた。團十郎の藝を渇望してゐた、小田原城下の人々の人氣をあふり、初日は木戸止めをする程である、愈々初日の幕が開く、坊さんに扮した團十郎がしづ〳〵と花道を踏み、舞臺に現れると熱狂した觀客は總立ちとなつてワーッと云ふ。舞臺に現れた團十郎が不圖氣づいたのは珠數を忘れたことであつた

後見をしてゐた

で團十郎が黒衣を着て弟子の小六に小さな聲で『珠數々々』と言つた、小六は樂屋へひき下つたが待てど暮せど小六は出て來ない、稍暫くして小六は何を聞き違へたか、小さな鏡臺を持つて來て團十郎に渡した、客はドッとふき出し、此の一幕はめちや〳〵になつて幕を引く、怒つたのは團十郎即座に小六を勘當した、止むを得ず小六はしを〳〵と江戸へ立ち歸り兄弟子のこのしろ傳兵衛に事情を語り、破門を許されるやう師匠團十郎にとりなしを願つた、傳兵衛も

弟弟子小六の事

師匠に勘當をお許しあるやうにと願つたが、團十郎は頑として許さなかつた、小六は大宮在の百姓の伜、芝居道をこゝろざして兩親が役者になることを嫌ひ、許さないのを叔父に認め、名優にならねば家へは歸らぬからと、熱心に先づ叔父を說き、兩親に取りなして貰ひ漸く江戸に出て、二代目團十郎の門下の一人となつて藝道に精進

小平次の發端を一席…桃川若燕

してゐたのだ、それが今己れの過失から師匠の怒りが解けず、破門に處された、なんとしておめ〳〵故郷へも歸ることが出來得よう、小六は先づ己れをせめ、過失を

師匠に詫びよう

とその機會をねらつてゐた、時恰も、作者津打治兵衛が團十郎のために『楠三代記』といふ新狂言を執筆中であつた、小六は誠心を披瀝して『自分のために何か一役書き足して下さい』と懇願した、最初は治兵衛も笑つて取合はなかつたが小六の熱心に動かされ、正成之靈にふられた金作が役不足をいつて

逃げを打つたのでこれ幸ひ、小六に亡靈になる役をふつた、治竄も此の由を團十郎に話をした、團十郎も皆が役不足を言つて成り手のない時であつたから澁々と承知した。

見物が怖がらず

其の頃幽靈に扮する役者は端役がなる許りでなく幽靈が出ると笑つたもので幽靈役者は端役を勤めたり、笑はれたりしてはつまらぬといふので役不足を言つたものだ。

さて小六は喜び勇んで我が家に歸つて來た、そして幽靈を勤むべく色々と精魂を打ち込んで研究を始めたが、巧い工夫が出ない、追ひ〳〵初日が接近して來た。

ある日の事である、長尾の懇意な爺さんが死んだ、茲で此の爺さんの死顏を見て小六は覺る所があつた、今まで紅をもつて顏を描いてゐたのだが小六は青黛と薄ずみを以て顏をかく凄い

隈取を案出した

小六は己れの苦心を誰にも語らず初日を指折り數へて待つてゐる。

サア木挽町山村座の初日が來た、六部に扮した正行の團十郎が正成の墓の前でセリフを述べ、そこに眠る所へ墓が眞二つに割れ、小六の扮した正成の亡靈が現はれるその凄いこと、流石の團十郎もぶる〳〵胴ぶるひした、幽靈が出ると何時も笑ふ客は水を打つたやうに靜まり、女や娘は「コワイヨコワイヨ」と泣き出した。小六の亡靈は大好評を博した、樂屋へ歸つた團十郎は小六を呼び

その至藝を褒め

兄弟子がこのしろ傳兵衛の藝名であるからといふので、小六には、こはだ（小鰭）小平次といふ藝名を與へ、その後團十郎は小平次を愛し、そして引き立てた。

希臘の神話に出る海の妖怪　人魚の正体

獣　●福島民友新聞　昭和四年三月二十四日　4-54

希臘の神話に出る

海の妖怪

◇人魚の正体◇

◆人魚の傳說は可成一般に普及されてゐますがその本體は實に現れてゐるやうな上半身が婦人で下半身が魚であるやうなものではありません、人魚の正体はザンノ魚と云ふ一種の海獸で哺乳類の中の鯨などゝ同じ仲間に入れられてゐるのであります。産地は多く太平洋に分布し、琉球諸島の如きは、ザンノ魚を神樣の樣に思つてゐると云ふことです。

◆大きさは一丈餘のもので形狀は鯨によく似てゐます。然も草食で主として海藻を食し生活してゐます。琉球では、之を食用にしてゐる事であります。我國でも脂皮を剝いで乾して食してゐる所がありますが、中々美味しいと云ふさうです。古來は之を食べますと百才までの壽を保てる等と云はれてゐたさうですが、勿論それは迷信に過ぎません。これは哺乳動物ですから子供は乳で哺育します。お産をした人魚は仰向けになつて幼兒を抱へながら泳ぐか又は水面上に上半身を現し、胸にある乳房を兒に與へてゐます。それを背面から見ますと、恰度人の頭の樣に見へ、下半身が魚の姿をしてゐますから人魚と呼ぶ樣になつたものと思はれます。

春宵化物ばなし（一）　貸家の怪

怪　●都新聞　昭和四年三月二十八日　4-55

貸家の怪

―春宵化物ばなし―

【一】植木屋若夫婦

氣の早い櫻はもう咲いてゐるといふ春先に、然も昭和の御代、箱根からむかふにだつて今は

滅多に

出たといふ噂を聞かぬ化物が、山の手第一の盛り場新宿のスグお隣り大久保に、近頃起つた化物騷ぎ、場所はしばらくお預かりとして、兎に角大久保に、さまで大きい家ではないが、まだ新らしい二階家で普通で行つたら三十圓、少し強慾の家主なら三十二三圓には貸せさうな一戸建、買物の便も惡くはなし、用心も相當よさゝうなのに

不思議

とこの家が一ヶ年この方空家になつてゐる、それでも初めのうちは貸家札が貼られてゐたが近頃ではそれも剝がれッ放しで、腐らうと、燒けやうとどうとなさいといつた風に荒れ放題にしてあるのは、家主もどうやらこの家を持て餘してゐる態だ。

これほど手頃の家を、どうして借手がないのだらうと、だん〳〵

樣子を

聞いて見ると茲に一つの化物物語があるのだ、今から四年ばかり前、若い植木職人が女房を貰ふと同時に、此家で新世帶を持つた、姑も小姑もない純粹の夫婦二人ッきり、今月は着物が一枚殖れば、來月は風入らずを一つ買はうと、每月每月道具の一つづゝも殖えるのを何よりも樂みに暮してゐた、ところがその女房の實の兄で亀作といふ男、これといふ手に職もなく、と云つて何處へ勤めるといふ氣もなくて每日ブラリ〳〵

遊んで

ゐる、一口に云へば怠け者の兄が、妹の世帶がどうにかやつてゐるのをいゝ幸ひに此の家へ轉がり込んだ。夫の手前、こんなやくざな兄に寄りつかれて女房はどんなにか肩身の狹い思ひをしてゐたが、夫は職人仲間でも評判の好人物、いやな顏一つするでもなく却て「ナーニ兄さんだつて子供ぢやなし、そのうちには何か仕事に取りつく氣になるだらうさ」と女房を

慰める

やうにしてゐた

が、こゝに突然、績木屋若夫婦、とりわけ女房の心臓を破裂させるやうな大事件が突發した

◉籠釣瓶（末廣座）「籠釣瓶花街醉醒」を仲の町見染から百人斬まで出してゐる、華嬢の八ツ橋は熱心で器用にこなし四郎五郎の長兵衛老練、左莚の次郎左衛門精一杯活躍し縁切の場は細かい持味を見せた、延蝶の治六、月岡の權八も結構「河内山」は左莚の松江侯品格あり升蔵の大膳、松蔦の小左衛門に四郎五郎の宗俊は太い線で玄關先は殊に引締まつて見せ「女小僧」は華嬢の女賊木鼠お吉を中心に松蔦の易者白陽軒、錦糸の女房、左莚の大工喜太郎等は大詰妙源寺境内の立廻りは華嬢が大向ふを存分に喜ばせた、他に月岡の山崎、升蔵の鷺助、冠玉の由井、美根子の雪江等で藤蔭團見聞「上野の鐘」を出してゐる

怪　春宵化物ばなし（二）　針金強盗　●都新聞　昭和四年三月二十九日　4-56

針金強盗

——春宵化物ばなし——

【二】女房の縊死

ある朝見馴れない男がやつて來て甚作の事に就いて根掘り葉掘り聞かうとするので女房が、甚作は一體どなたですかと訊くと

刑事だ といふ、この二日ばかり前から甚作がどうも家へ寄りつかないと思つてゐたら、淀橋のある家へ忍び込んで家人を針金で縛し、金品を強奪して外へ出た處を、密行にひつかゝつて捕へられた事が判つて、女房はハッと思つた、現在の夫が怪月なす事もなくブラ〳〵して喰ひ潰してゐる事だけでも、夫の手前少なからず肩身の狹い

思ひを してゐたのに、こんな大それた事を仕出來かされて、今後は夫の手前ばかりでなく世間的にも顔むけの出來ない身の上になつた、夫に濟まない、世間に濟まないの一心から、夫が參考人として警察へ呼ばれて行つたあとで、女房は臺所の梁へ細引をかけて縊死を遂げた、その後この若い績木屋は世帯を畳んで郷里の福島へ歸つたさうだが、その家は

一ヶ月 ばかり貸家札も貼らずに戸締をしたまゝにしてあつたが、もう縊死人があつたといふほとぼりもさめた頃だらうと三月目に貸家の札を貼るとスグに借り手がついた、主人は鐵道の機關手で、妻君はまだ十八九の若夫婦だつたが、每晩十二時頃になると臺所のあたりで、さめ〴〵と泣く若い女の聲が聞える、はじめのうちは氣の迷ひかと思つてゐたが、それが連夜なので、夫の

泊り番 の夜など妻君も若い妻君一人では怖くて寢られないといふので、一ヶ月ばかり住んだ末に、遂に大急ぎに荷物を纏めて引越してしまつた、そのあとに、中野へんから引越して來たのが、四つばかりの女の子と七つ位の男の子のある四人暮しの世帯だつた

怪　春宵化物ばなし（三）　四谷の金　●都新聞　昭和四年三月三十日　4-57

四谷の金

——春宵化物ばなし——

【三】物好きな男

四つになる方の子供が毎夜のやうに十二時から一時頃にかけて、高い處からでも落とされたやうにキヤーッと泣き出す、さうしては怖い〳〵と勝手の

障子の 方を指さしては泣く、何が怖いのだか判然とは判らないが、かうした夜泣きが毎晩なので親達も氣になり出し、何かの機會に近所の人と世間話の末、だん〳〵樣子を訊いて見ると、數ヶ月以前、この家で若い妻君が首を吊つて死んだと聞かされ、早速荷物を引纏めて、あしたと云はずその日のうちに引越してしまつたなどゝいふ話もある、かうして始めのうちは、ほんの針の先ほどの化物騒ぎだつたが、僅

一ヶ月 ばかりのうちに二度も三度も引越して來たかと思ふとスグに立退いて了ふやうな事があつたので、噂はそれから〳〵

と擬がり、果はあの家は化物屋敷だなどゝいふ取沙汰さへ立つた、かうなると三十五圓の家賃を二十五圓に下げたつて入る者はない、從つて大家ももう近頃では立腐れにする腹をきめてゐたところ、何時の世になつても物好きはあるもので、まだ此の年になるまで、どうか化物といふ奴に一遍逢つて見たいと思つてゐたが、遂にその願ひが叶はなかつたところ、いゝ鹽梅にさういふ家があるなら是非三十五圓の家賃を四十圓出してもいゝから、あたしに貸て貰ひたいと申込んで來た變り者がある、大家はもう待つてゐましたとばかり四十圓は愚か三十圓も頂戴しないあの家に住んで下すつて、世間に擴まつてゐる化物騷ぎを拭消して下さるのなら無家賃でもいゝ、是非住んで下さいと拜むやうにして頼む、玆に話はトン〳〵と運んで、この變り者は件の化物屋敷に住む事になつた、この變り者こそ一時は「四谷の金」と云へば泣く子も默つた程の男で、今はすつかり別人のやうになつた紳太夫門下の常磐津麒佐太夫その人である。

春宵化物ばなし（四）

●都新聞　昭和四年三月三十一日

きぬ摺れ　4-58

きぬ摺れ

—春宵化物ばなし—

【四】勝手の怪音

常磐津麒佐太夫が、この問題の家を借る事に話をきめたのは二月ばかり前の事だが、さすがに女で妻女は、いくら醉狂だって餘んまり醉狂が强過ぎる、そんな曰く付の家に引越すのはいやだと反對說を唱へたが、この說は通らず、結局引越すといふ事になつた、妻君が無氣味がつて當座二三日といふものは寢つけなかつたのに反し麒佐太夫は、毎晩床には入るが決して眠らない、といふのは所謂化物に逢ひたい一心からで、かうして夜眠らずに晝間寢るやうにし、化物を待かまへてゐたが、一週間ばかりは化物のバの字も出なかつた、なんだ詰らない、大方こんな事だらうと思つてゐた、と、麒佐太夫は詰らなさうに、それからは化物を待つてゐるのが馬鹿々々しくなつて、自づと夜も眠るやうになつた、と、驚いた、聞きしにたがはず毎夜麒佐太夫がトロ〳〵とした かと思ふと、勝手の方で微かな衣摺れがして、上げ板を靜かにあげる音さへ聞える、しめたッと麒佐太夫は化物の油斷、化物に油斷といふのもおかしいが、だしぬけに床をはね起きて勝手の障子をガラッとあけて見たが、化物どころか鼠の子一匹ゐない、寢床へ入つてトロ〳〵とするとまた衣摺れがして上げ板を踏む音が聞える、今度こそと障子をあけると矢つ張り姿は見えない「ハハア矢つ張り出るんだな」と麒佐太夫は密に考へた、實の處彼は、今の世に化物なんか絕對に出る物かといふ信念があつたからこそ物好きを裝つてこの家を借たのだが、イザ入つて見ると事實、姿こそ見ないが毎夜怪い衣摺れが聞えるので、さすがの四谷の金さんも一寸ゾッとした——

春宵化物ばなし（五）

●都新聞　昭和四年四月一日

怪物退治　4-59

怪物退治

—春宵化物ばなし—

【五】鼠取の奏功

今更金さん弱音も吐けず、翌日から臺所の隅に布團を敷いて寢たがあんまりいゝ氣持のものではありませんでした——とこれはあとで麒佐太夫の吐いた本音——幸か不幸かその晩は何も出なかつたが、更にその翌晩、二時と思はれる頃例の衣摺れの音が聞え始めた、ハッと耳を欹てるとその音は緣の下からだ、それでもヂッと氣を落ちつけてゐると、やがて臺所の上げ板がスーッと開いて、またスーッと閉つた、腕自慢で鳴らした四谷の金さんも此時ばかりは背筋に冷水を浴びせられる思ひがした、上げ板はスーッと開く、またスーッと閉まる、これが一三度繰返されたので麒佐太夫は正體を顯せッとばかりガバと刎起きて周圍を見廻したが何にもゐない、上げ板を上げて見ても勿論何の氣配もない、不氣味のうちに其夜はあけたが、翌朝念のため、もう一度仔細に縁の下を調べて見ると其處にある物を發見した、鉄佐太夫は雀躍りして、早速表へ飛び出し、バネ仕掛の鼠取りを三個買つて來て、これをゆうべ開いた上げ板の下に

仕掛け て置いた、その晩矢つ張り二時頃になると先づ衣摺れの音がして、今度は上げ板の開く音がした瞬間パチンと鉄の下で鳴つたかと思ふとギャー〱といふ物凄い猫の泣き聲、それ化猫が捕まつたとばかり臺所へ飛んで行つて上げ板を開けて見ると、小犬ほどもあらうと思はれるブチ猫が前足を鼠取りに挾まれて鳴き叫んでゐる、鉄佐太夫は早速

細引で しめ殺して庭の片隅に埋めてしまつたが、前日鉄佐太夫が縁の下を調べた時其處には魚の骨やら鶏の骨が一面に散亂してゐたのでハハー化物は猫だつたなと直感したのださうで、衣摺れと聞いたは縁の下に在る炭俵がありそれを猫が踏む音で、毎夜人の寢靜まるのを待つて上げ板を押し上げ、臺所へ餌物をあさりに來てゐた事が判つた、尤もその猫は一貫二百目からあり、年古りた

猫では あつたが、勿論それが化けた譯ではなく、前に變死人があつたりなどした家だけに近所の人が化物屋敷にして了つた次第で、爾今からした噂もなくなつたといふ(終)

幽　幽霊ばなし
●信濃毎日新聞　昭和四年三月二十八日　4-60

幽霊ばなし

探検青年隊　逃げ歸る

【伊那電話】上伊那郡南箕輪村久保區上方西天龍水路付近の山林中に昨年八月頃朝鮮人がわらで家を造つて住んでゐたが近頃空家となつてゐた處最近幽靈が出るといふ話しが一般に擴がり村の人を脅かすので廿六日夜同區の屈強な青年數名がそんな馬鹿な話しがないとて實見に向つて泊り込んだが眞夜中になると鼠の聲や大木を切る音が起りそれからやがて振り髮の女が現れたので一同膽をつぶしほう〱の態で逃げ歸つたので不思議なことだと噂は噂をよんでゐる

幽　女の幽霊が井戸端で毎夜皿を数える
●山形新聞　昭和四年三月三十一日　4-61

郷土のほこり（三）

女の幽靈が井戸端で　毎夜皿を數へる

迷信や御幣をかつぐ風が強い　東田川郡　東榮村の巻

東榮村は總面積二千八十九町歩人口三千八百二十七人、この戸數四百三十六戸中四百三戸は農業に從事してゐる素朴なる農村である、從つて米産額も一萬四千二百石に上り此の内約三千二百石は村内に於て消費するから一萬一千石を輸出するわけである、相當古くから開拓された地方ではあるが太平の裡に推移したものと見えて一般に文化に遅れ、物質偏重　飲酒の弊が强い今日まで村が生んだ大人物は農事試験場長鈴木忠三郎君一人であるとは情ない極みだ。

こんなわけで村民には一般に迷信が行はれ今日でも

一、寅の日には弔物を送らぬ
一、子丑の日には葬式を出さぬ
一、會葬の際は寄道をしない
一、同年齡の葬式は見ない
一、丑の日糊付けた着物を着て病氣すると長引くから丑の日には糊付けしない
一、一日、十五日は神の日であるから糊付けしない
一、春の彼岸には洗濯しない
一、月の七日は旅行しない
一、四、六、九の數を嫌ふ
一、一杯茶を飲むと後家になる
一、夜爪を切ると親の死目に會へぬ
一、小豆飯にお湯をかけて食ふと縁付く時に荒れる
一、北枕は決してしない
一、脱けた上齒は肥塚に下齒は屋根に上げる

等々をかたく信じられて實行してゐる

……○……

神事にも亦面白い風習が澤山ある大字添川の郷社兩所神社の大祭は毎年九月一日に行はれるが當日は花嫁花聟の献花といふのがある、一裝用の禮服に着飾つた女子數百名が献花を持つて参拜する、それを見る爲め數千の村の衆が近在から蝟集する、百花繚爛目をあざむくばかりだとこの祭を村の衆が自慢にし一年中の樂しみにもしてゐるが、村嬢の花行列、果してどれ程の美觀を呈するかは保證の限りではない其の後から花嫁花聟が簞笥の底を拂つた淋艦飾で練つて來る何のことはない村夫野孃の展覽會である。

……○……

こんな風に所謂質實剛健の見本に

したいやうな素朴な村だけに開村の歴史といふものも甚だボンヤリしたもので唯口碑として傳はつてゐるばかりであるが中でも面白いものは大字堀越の皿屋敷の物語りである、何時の時代であつたか堀越の豪家叶野若衛門方にたけと云ふ下女があつた、或日同家秘藏の錦手燒の皿十二枚を洗はんとして其の内一枚を落して壞して了つた正直なたけは始末に困つた末同家の井戸に投身して死んで了つた、それから毎夜同家の井戸端にたけの幽靈があらはれ一枚二枚と十一枚まで皿を數へる音がするが十二枚目を數へる音がしない、同家でもたけの心根を哀れに思ひ菩提寺で丁寧に供養し殘りの十一枚の皿をたけの墓に埋めてやると幽靈が出なくなつたといふ、その塚が今でも殘つてゐる。

また同村の川尻から無音部落にかけては昔はたゞ蒲々たる沼であつたが沼には龍神の主が棲んで居つた、その沼のほとりに萬福寺といふ寺があり此の寺は今でも無音につて居るが、住職が毎朝讀經をすると龍神は沼のほとりの佛の大木に登つてお經を聽いてゐた、住職は多分龍神が血脈を受けたいのだらうと或る朝血脈を授けた、龍神は喜んで女體に扮し、明光不惑の球と縫目なしの法衣を寺僧に贈り爾來姿を見せなくなつたといふ最近まで其の球と法衣は萬福寺の寶として保存されて居たが傳說のやうに何時頃からか行方不明になつてしまつた、こんな傳說が數限りなくまことしやかに傳へ[illegible]でゐる

桜咲く上毛の伝説　忠度鞭の桜樹

怪

●上毛新聞　昭和四年四月十三日（十二日夕）　4-62

忠度鞭の櫻樹

双林寺七不思議の一ッ

櫻咲く上毛の傳說　宇都木義祐

群馬郡白郷井村に双林寺と云ふ大きな寺がある、双林寺の七不思議と言へば近郷近在誰一人知らないものもないがそれは、開山の一つ拍子木、開山の腰ぎ櫃、龍神木千本柏、鏡の井、山門小僧と鶴、忠度鞭の櫻であるがこゝには忠度鞭の櫻のみ語らう

◇

開山に隨從して居た牽牛といふものは實に話の名人で評判だつたがその牽牛毎日連續で平家物語りを語ると云ふのだからその人氣はたいしたものそれは丁度四日目、今日は忠度の都落ちだといふので一層の人出であつた

◇

話は暫らく續いた……かくて薩摩の守忠度はいづこともなく來り侍五騎、童一人、わが身とも五騎にて五條の三位俊成の卿を訪れて卿に申すたは、かしこき遊りにて撰集の沙汰あるべき由承りて生涯の面目に一首なりとも御恩を蒙らうと存じたるに今は悲しくも落人の身の若し御沙汰あらば一首なりともお加へ下されよと百首ばかり記した一卷を渡して頼みたれば俊成卿も氣の毒に思ひ總てを快よく承諾した

屍を山野にさらせばさらせ、うき名を西海に流さば流せ、今は浮世に思ひ置く事なしさらばお暇申すと忠度の喜び一方ならず兜の緒をしめ直して落ちて行く薩摩の守は西手の大將軍であつたが哀れ平家の人々は西海の藻と消えた。

◇

落人の身は哀しくも人目をしのび忠度其日の裝束は紺地の錦の直垂に黑糸おどしの鎧着て黑い馬の太く逞い沃懸地の鞍置いたる乘り同勢百騎ばかりの中に打ちまれていともさわがず靜々と落ち給ふにこゝに武藏の國住人岡部六彌太忠純よき敵と目をかけ鞭鐙を合せて追つかけ來りあれはよき大將軍とこそ見まゐらせたりかへさせ給へと呼ばはれば

吾は味方なり、あやしみ給ふな

とてふり仰ぎたるを見れば、かね黑々と染たり

味方に鐵醬をつけたる者はなきものをいかさまにもこれは平家の公達にてこそおはすらむ

おしなべてむずと組めばこれを見たる百騎ばかりの雜兵ども皆國々のかり武者なれば主を捨てゝ後をも見ず逃れ散つてしまつた。

◇

後に殘つた薩摩の守は聞えたる熊野そだちの大力無双の早業に組み來る六彌太を取つて押へ

憎つくき奴かれ、味方と言はゞ言はせよかし

とて六彌太を引寄せ馬の上にて

二太刀、おちつく所で一太刀、三太刀まで突きたるも悲しや二太刀は鎧の上なれば通らず一刀は内鎧へ突き入れたれど薄手なれば死なずされぼとつて押へて首をかゝらうとする所へ六彌太の童おくればせ來つていそぎ馬より飛び降り討ち刀を拔いて薩摩の守の右腕を臂のもとからぶつゝと打落とした薩摩守は今はこれまでなりと

しばし待て、最後の十念唱へむ、

と六彌太をつかむで弓だけ投げ退け西に向つて

光明遍照十方世界念佛衆生攝取不捨、

おりしも組しかれたる六彌太ははねかへり後より薩摩の守の首を切つた

さてはよき首を上げたり、

と思へども名をぞ誰とも知らず迷ふ折りもおり箙に結ぶ文を見れば旅宿の花といふ題にして

行きくれて木の下陰を宿とせば花ぞ今宵の主ならまし忠度

と書かれたれば始めて薩摩の守と知りやがて首をば刀の先に貫ぬき高く上げ大音聲にて

この日頃、日本國中に鬼神と聞えたる薩摩の守殿をば武藏の住人岡部六彌太忠純が討ちとりたり、

名のりをきくや敵も味方もあゝいとほし武藝も歌道もすぐれてよき大將軍にあはしつる人を、

とて皆鎧の袖をぬらした、かくて壽永の風も止みこの世のしずまる頃千載集は選ばれたその中に詠人知らずとて忠度の一首は加へられてゐた

さゞなみや、志賀の都は荒れにしをむかしながらの山櫻、

話は神にせまつたとき忽然現れた鎧武者、開山は

其の方は何者なるか、

と尋ねたれば彼の武者は

吾れは薩摩の守忠度なり櫻化滿開なれば夜櫻の下にて一句詠まんとし行き暮れて……一句それ下の句を繼がざる中に激戰となり遂に討死したるものなれば下の句が心にかゝりて今に成佛出來ず希くば吾れに安心な與へ給へ

と開山は直に

行き暮れて花に心はなかりけり

と仰せられしに忠度は破顏大笑して吾れは安心成佛せりよつて吾多年戰場に持ち廻つたる櫻の鞭を境内に挿置くべし其の鞭から芽を出せば吾成佛せる驗しなりとてかき消すやうに見えなくなつてしまつた。

◇

翌朝境内をしらべて見る見ると皮の破れた櫻の古鞭から發芽してゐるのを發見した其の櫻は今も境内にあるが一定の大きさになると枯れて新芽を出し餘り大きくならないと言つてゐる大きくなつては鞭の役に立たないと言ふ心配からでもあるまいが

桜咲く上毛の伝説　化け石塔の怪

●上毛新聞　昭和四年四月十四日（十三日夕）　4-63

怪

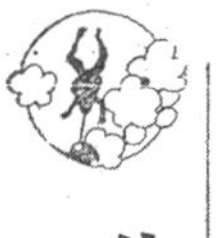

化け石塔の怪

明治村横塚の森の怪談

櫻咲く上毛の傳説　宇都木義祐

群馬郡明治村字野田に横塚の森といふ何んだかうす氣味の惡い森がある昔こゝに妖怪が住んでゐて人畜の被害は一通りでなかつた、夜が明ければ森にはそこにもこゝにも鳥の羽根、犬の足、血まみれになつた着物、などが恐ろしく亂れ散つてゐる、里人はすぐにそれらをきれいに掃除した、夕暮からは恐れおのゝいて外出は深くいましめられ、里人の苦しさは一通りではなかつた。然も亂れ散つた殘骸を掃除でもしないでそのまゝに打ち捨てゝ置かふものならば里人は更に恐ろしい祟を受けなければならない、この朝々の掃除はこの里にとつては一番大切の事であつた。

◇

かうして何時となく月日は移りは變つたが里人の苦しめらるゝには少しの變りもない、こゝに神道流の達人森田安次は附き魔人、いつかは萬神に立ち蹄る事もあらうと捨て置いたるにいまだ人をなやます不屆き惡業、退治てくれやうと遂に勇み立つ安次は夕暮を待つて森へ出かけた。

◇

森田安次の勇に恐れてか妖怪は姿を見せないかくていつかは梅も散り櫻の花咲く頃となつてし

まつた、妖怪は出ないとは言ふものゝ森田が居なければその晩に限つて以前にまさる被害があつた、晝は家に歸り夜は森の番これには流石の森田も困つてしまつた、或る夜、朝から降りみ降らずみのあやふやの空模樣もどうやら降らずにすみさうである、湖畔の森があはき光に包まれ始めたのは月でものぼるのだらうか、杉にまじる山櫻はもう盛りも過ぎたのかチラ〳〵散つてゐるのがほのかに見える

森山、森田、安次、森田

呼ぶのはやさしい女性であつた

◇

見れば●●●クッキリ浮かぶ絶世の美人、齢は十六、七歳位のなまめかしい遊女

ムゝ色に事よせそれがしを取り殺さんとはおろか千万

抜く手も見せぬ氷のやいば哀れ女性は眞二つ倒るゝ音も物すごくそれと同時に森田安次の五體は何物にかおさへつけられてしまつた。

不思議な

と見ればそれもそのはず杉の立木を切り倒しそれにおさへつけられてゐる馬鹿らしさ

コレはやまるな、猪武士

刄は腕にて切るものならず、心で切れ

美女は杉の梢に身を交へ笑つてゐる

妖怪變化の分ざいにて意見がましい事を申すな

四方八方に切りまくる、チラリ〳〵と身をかへる美女

◇

斯て二たとき綿のやうに勞れ果てた森田、心は狂ひ、目はくらみ、腕はもとらず、體はきかず、あゝ無念、殘念だ、

森田は悪魔のなすまゝになぶるゝより外はなかつた、今となつては腹かき切る事さへ出來ない程身は勞れてゐる

不思議な

と、妖魔は安次のそばへ寄らうともしない、むしろ同情してゐるらしい

◇

心で切れとはこゝの事なるぞ腕で切らうとすれば體はいたずらに勞れるばかり、汝の勇に恐れて妖魔も出まい、この打衣を身にまとひ女と裝ひ待つときは必ず事も成就すべし

美女の姿は消えてしまつた、見ればそこには以前の打衣ばかりあり〳〵と殘つてゐる。

おゝかたじけない、今のは神の化身であつたか無體の罪はゆるさせ給へ、あゝ我れながら今のうろたへやう腕で切らずに心で切れとは吾にはよき御教訓

早速打衣を身にまとひ山櫻のもとに佇んで待つてゐた、すると間もなく近寄つて來るものがある見ればそれは恐ろしい大入道、然も一つ目口は耳よりも深くさけ朱を注いだやうな物凄き、女裝してゐる森田を見て嬉しさうに近づいた

いざや、悪魔めござんなれ

無銘ながらも抜けば玉散る氷の刄、腕は神影流の達人、抜くより早く切つけやうと思つたが

腕で切らず心で切れ

悪魔何うするか身構へて心やすめて見れば、大入道歩く足もとには音もなく四五尺離れた所に草づれの音

ムゝ、妖魔の正體はこゝだ

淡黒き影、大入道に氣をくばりながらもすきを見出して一刀あびせ懸ればたしかに手ごたへ、物の倒れる音もろともに大入道の姿は消えてしまつた。

夜は明けた、傷を負つた石塔はそこに倒れてゐる、妖魔は此石塔だつたのであるそれからは人畜の被害は全く絶へたがその石塔はその後幾度となく立てたが立てる度にすぐ倒れてしまうので今もそのまゝになつてゐる。

（おはり）

実際在った怪談（其一）　幽霊になって重態の…

★台湾日日新報　昭和四年四月十八日　4-64

幽

幽靈になつて重態の愛兒を看護した話

實際在つた怪談（其一）

…私がT病院隔離室の附添婦から、この怪談を直接に、彼女の怖ろしき經驗談として聞たのは昨

年の五月――病院隔離室の庭の百日紅が、獸の血のやうに、黒味をおびて數點雨後の青い空に咲いてゐるある日の午後であつた……

臺南州新豐郡〇〇〇製糖所に栗山（假名）といふ實直な所員がゐた。妻とも子（假名）に四年前三十二の女ざかりで先立たれとも子との仲にもうけた義廣（小學校三年生）とたつた二人の

◇…寂しい家庭 であつた。茶屋酒の味はしらないし、圍碁將棋の道樂とてなし栗山のそのさみしさをまぎらわすもの――それは彼の性質とはひどくかけ離れ、愛妻とも子の俤がその不二額のあたりに幽かに感じられる義廣が、ボールのやうに家で跳ね上つたり棒チギレをもつては夕膳のとき『今宵の虎徹は血に飢ゑてゐるぞ！さあ參れッ！』と坂妻氣取りで父に挑戰する、そのあどけなき

◇…快活な振舞 であつた。

『むゝ……では參るぞッ！』栗山も、彼の挑戰に應ずるやうに箸箱をとつた。

『何處からでも打込んで參れ』

『よし！面ッ！』

『アイタッ―眞實に毆るやつがあるかッ！』

栗山は、强か面を一本とられ澁面つくりながらも、一本氣で快活な義廣の振舞がうれしくてならなかつた。

『今日はお父さんが負け―さア御飯をたべろ』

と、そこで父子二人つきりのさみしい、だが

◇…嬉しい夕餉 につくのであつた――平凡といへば平凡だが栗山にとつては平和な屈託のない嬉しい日が續いた。

が、運命は單調が嫌ひである。その義廣が、一昨年暮から腸チフスにかゝつた。

栗山はがく然とした、彼の平凡な、だが平和な生活はこゝに第一の波瀾をあげた。彼は四年前愛妻とも子が腸チフスで、彼の手からもぎとられたときの苦惱を新に感じるとともに、こゝに同樣の魔の手が、今度は彼にとつて殘された唯一者である義廣をもぎとらうとする底意地惡い企みを感じた。天國から地獄へ――ドンと突落された氣持である。義廣は直ちに臺南のT病院

◇…傳染隔離室 に、父栗山附添ひの下に、擔架にのせられて運ばれた、彼は、T病院の行き屆いた設備を信賴し、醫者の手腕を信じやうと努めた、が―彼がさう努むれば努むるだけ、彼の不安は、夕闇が黄昏れとゝもに、大きく擴く、地上を籠めて了ふやうに、だん／＼彼のこゝろに擴大されて行くのをどうすることも能きなかつた。

彼はその日から製糖所には缺勤屆を出し、愛兒義廣の

◇…寢臺の横に つきゝりだつた。熱が昂つても不安だし、熱が下りすぎても不安だつた。あまり安らかに深睡してゐるときなどは

『死んでゐるのぢやないか』

と、そつと耳を寄せて寐息をうかがふほどだつた。

『あまり接近しないやうに』

との醫者の注意もあつたが、彼の義廣に對する盲ひた愛はどうしても彼を接近させずには措かなかつた。五日たち十日がすぎたが義廣の熱は依然チフス特有のひどい高下をつゞけた。

その頃から栗山は彼自身からだに異狀のあるのが感じられてきた。

『ナニ―疲れのせいだらう』

彼は最初さう思つた。いや强ひてさう信じやうと努めた。が、二日三日とたつと全身に。

◇…惡熱を感じ ―どう

にもやりきれなくなつた。そして四日目義廣の氷嚢を替へるため、氷を砕いてゐるとき、彼はバッタリと其處に斃れて了つた。

実際在った怪談（其二）　幽霊になって重態の…　4-65

★台湾日日新報　昭和四年四月十九日

幽霊になつて重態の愛兒を看護した話

實際在つた怪談（其二）

間もなく彼が薄目をあけたとき彼は自分が義廣の室とは様子のちがつた室に氷嚢を吊り、氷枕で横つてゐる

◇…自分自身を發見した

『目がさめましたネ』

彼の枕頭に立つ白い服をきた人が聴診器を片手にさげて、さういつた、彼はその人が義廣の主治醫∪氏であることを、その聲によつて感ずるとゝもに、總てを想像することが能きた

『先生——いろ／＼と御迷惑かけます、義廣のこと、何分御願ひ致します』

彼はさういつて目をつむつた、と青い液體が、彼の目頭のあたりに二つ三つ光つた、かと思ふとゝめどなく、その

◇…蒼ざめた頬を傳つて氷枕の上にすべり落ちるのがみられた

『御子息さんは大丈夫です、それより貴下が氣をしつかり持たねば駄目ですよ——ナニチフスは峠さへ過せば、あとは當人の攝生だけで治りますからネ』

O氏は[illegible]にさういつて

『御子息さんには、Kといふ附添婦をつけて置きましたよ』

と靜かに出ていつた

▽　△

機械は、一部に狂ひがあるか、毀れるかすると、全部の活動が休止して了ふ、だが

◇…運命は機械ではない、一つに狂ひができても、狂つたまゝに活動を續行する、そして第二、第三と狂ひができ、運命はます／＼狂暴にタンクのやうに驀進する、そこで一つの悲劇はそれだけで幕とならない起承流結——それは戯曲の法則どほり、さまざまの悲劇を織り込んで最後のクライマックスに到達する

栗山の場合がまさにさうである彼はまづ愛妻とも子を奪はれた即ち戯曲の起——

◇…悲劇の發生である

續いて愛妻とも子を奪つたものはさらに魔手を愛兒義廣の上にのばした。即ち承である、が魔手はそれのみで滿足しない、今度は彼自身を奪はんと野獸のやうな貪婪の爪を磨いてゐるのだ

悲劇は、まさにクライマックスに達するかの如くみえた●即ち點に達し、もはやカタストロフイーに入るかの如くみえた。

二日三日四日。栗山の病勢は日とゝもに昂進した。愛兒義廣がもはや危險な『病勢進行』の峠を越しやうやく快復への一路にさしかゝるとき彼はもつとも

◇…危險な病勢を示した●が彼自身夫をしらなかつた彼はただ昏々と、深いねむりに陷ちてゐるばかりだ。ときどき

『義廣ッ！危い…危いッ！』

と呼ぶ悲痛な聲や、突拍子もない、だが力のない笑聲や

『さア遠慮なく打込んで参れ』

と、多分義廣と夕膳を前に劍劇を眞似てゐるだらう、寢言にも似た聲が附添婦のこゝろに、痛々しく喰入るばかりだつた。

悲劇の終焉は刻一刻と近づいた

そして五日の朝未明附添婦がコクリコクリと居ねむりしてゐるとき、ゴロゴロと咽喉を鳴したかと思ふと、義廣との劍劇の夢をみたまゝ彼の悲劇的生涯には幕が下りて了つた。彼の愛妻も

と子を殺つたものゝ手によつて愛妻もと子の靈魂の元に歸つたのである（終）（渡邊生）

実際在った怪談（其三）　幽霊になって重態の…　4-66
★台湾日日新報　昭和四年四月二十日

幽

幽靈になつて重態の愛兒を看護した話

實際在つた怪談（其三）

栗本の

◇…悲劇的な死　はあとに殘された愛兒義廣に對するT病院全體の同情となつたK附添婦の如き栗本の死骸を包んだ靈が柩その朝・隔離室から火葬場へ二三の人によつてさみしく送らるゝのを拜み

『お子息さんの病氣はこの婆の生命に替へてもきつと全快させます』とひそかに誓つたほどであつたが不思議は栗本の死とゝもにK附添婦をおどろかした。

彼女が靈柩を見送つて歸るとそれまでスヤスヤと―安らかに眠つてゐた義廣がパッと目をみひらいていつた。

『小母さん

◇…お父さんが　今きたでしやう。』

『いゝえ！』

彼女は頭をふつた。

『きてゐたよ――白い衣物をきて。』

『白い衣物をきて――』

彼女はその瞬間、何故か――ぞつと冷い惡寒が脊すぢをぬけるのを感じた。』

『坊つちやんは夢をみたんでせう、お父さんは……』

彼女は何かいはうとしたが急に口をつぐみ

『來やしないよ。』

『さう――お夢かしら今――はつきりお父さんをみたの、そして小母さんに何か―頭をさげて頼んでゐたよ、僕お父さんに會ひたいよ、小母さん。』

義廣は素直に彼女の言葉をうけいれて又靜かに目をつむつた。

◇…が次の瞬間　彼女はさらに驚くべきことをみた。彼女は義廣が目つむつたのをみると縫ひかけの浴衣を今日中に仕上げやうと彼の寢臺を離れやうとした瞬間彼の眼前二三歩のところに白いものが突立つてゐたのである、今が今―義廣が不思議な言葉を殘しねむつた許である。彼女は

『誰ですか』

と、咽からにも口が利けないほど恐怖のために氣がひき吊つて了つた

『迷ひだ――こゝろの迷ひだ』

彼女は懸命にさう思ふと努めたそして一分二分とすぎた――とその白いものゝ姿は、漸次薄くなつて文字どほり

◇…煙のやうに　消えて了つた

『やつぱり迷ひだつた』

彼女はホッと安堵の胸撫下ろしたが不思議はそればかりでなかつた。その日が暮れて、雀色の黄昏がさつきまでカツ〳〵と明るかつた庭。軒端、草花の蔭にひそかに動きそめる頃。義廣は又目をあけていつた

『小母さん、今ネお父さんがこの蚊帳の外をグル〳〵何囘も何囘も廻つてゐたが、這入れないもんだから殘念さうに歸つていつたよ』

翌日はさらに不思議なことがあつた。彼女は朝買物があつて街に出かけ、正午ちよつと前に歸ると誰れがもつてきて吳れたのか新らしい

◇…水藥と散藥がチャンと置てあつた。

『おや――御親切に誰れかしら――坊つちやん、お藥誰れがもつてきてくれたの？』

と訊ねると、義廣はかうだつた

『お父さんが、つい先刻もつでてきて呉れたの』

『エツ――お父さんが』

彼女は又、昨日みた白いものゝ姿を思浮べてぞツとした。とゝもに

『迷ひだ』と思つたことが『迷ひでない』事實であることを考へると、石女が子を抱きにくる

◇…むかし物語を思出し今さら親が子を愛することの如何に深きかといふことを泌々と感じさせられた、不思議はその後も續いた。あるときは花束を置いていつた。あるときは義廣と亡魂とはたのしいさゝやきさへ交した、が彼女はもうそれを怖れなかつた。馴れたからではない、幽霊――彼女は亡魂といつてゐた――のよき意思を識つたからである。一さい手厚い看護をした。肉身も及ばない、不眠不休の看護もしてやつた。

そして義廣の病氣も薄紙を剝ぐやうに漸次に全快に向ひ、一箇月半後に退院するまでになつた

△　△

私はその後義廣君が――地上にたつた一人とり殘された快活な劍劇少年がどうなつたかを聞漏した。が彼のよき成長を願ふ

◇…父の亡魂は　きづと今でも義廣君の影身に添つて保護を加へ從つて義廣君は『今宵の虎徹は血に飢ゑてゐるぞ――さア參れ』とあの懐かしい寂しいお父さん相手に（彼は父の死亡を知つてゐないのだ）生きてゐたときと同様劍劇ごつこをしてはお父さんのお面をとり亡魂を苦笑させよろこばせてゐるであらうことを信じてゐる。（渡邊生）

次は『花好きの幽靈』

実際在った怪談（其二） 花好きな幽霊物語り（上）

★台湾日日新報　昭和四年四月二十七日　4-67

花好きな幽靈物語り

實際在つた怪談（其二）（上）

―渡邊生―

これもT病院の元看護婦愛田葉保子(假名)さんが、たつた一度みたといふ幽靈が

◇…薔薇の花簪を落し忘れていつたといふ、とてもそメーンな怪談である話は大分むかしに溯るが、T病院といへばその頃、からいつては失禮かしれぬが、藪井竹庵もどきの町醫者が門前雀羅を張つてゐたときではあるし、それに又光線とか何々とか泰西醫學の最新流行の設備をした唯一の官立病院といふので、大した人氣集中だつた病室は何時も滿員だつた。外來患者は、遠くよその町から朝の一番列車で、かけつけ、仄暗い

◇…街路樹の下を搭車をとばしたものだつた。一年がすぎ二年がすぎた。新らしい白ペンキ塗りの病室も、風雨の跡でうすぎたない色となりかけたが、病院は相變らず――殊に春さきから初夏五月にかけては、數十室の病室は滿員といふ盛況だつた。が、その盛況にも拘らず、何時の頃よりか、西側病棟のある、一つの病室だけが、いつもガランと大きな、空虚な口を開き、寢臺が四つ、白い埃にまみれてゐるのだつた。其處で

説明を要する。今でもさうだがT病院は二病棟になつてゐて、東病棟は軽患者、西病棟はかなりの重患者が

◇…傳染病患者 にあてられ、病室は一二三四五六―といふ日本数字によつて仕切られてゐた。いつも空いてゐる病室は、その西病棟の四室だつた。四室――それは死室である。而も、西は佛說でいへば西方浄土すなはち死の國を意味する。迷信だ。といつて了へばそれッ切りだ。が病氣をわづらうやうになれば、肉體が衰へるし、肉體が衰へれば自然精神も脆弱となり、つい曖昧な迷信もかつぎたくなる。で自然西病棟四室は、さういふ曖昧な迷信のために、いつも空ッぽにされた。いやーさうばかりでもなかつたが

◇…不思議にも そこに入院する患者は、死室を裏づけでもするやうにバタ〳〵と斃れて了つた、而もそればかりでない。かういふことにはつきものの幽靈談が、パッと傳へられた

『西病棟四室には幽靈が出るさうだ――可愛いゝ十七八のお下髮の少女が、花束を抱いてすゝり泣くさうな。』

『誰々さんが泣き聲を聞たさうな――それは、それはとッても悲しいむせぶやうな泣き聲で』

と、看護婦や附添婦等が、はばかるやうな低聲でさゝやき交すのがきかれた。

◇…美保子さん が、T病院西病棟の看護婦として、白い服をつけたのは、その噂のある頃だつた。勿論美保子さんはその噂を看護婦となつた翌日、悪戯好きらしい年増看護婦達からきかされたが

『幽靈なンか……』

と、そんなことを信ずるのは自分の教養を穢けでもするやうに口さきだけでは強がつた若い看護婦の一人だつた。

春がすぎ、夏が又すぎて文字ぞほり秋がきた。といつて、日本や佛蘭西あたりのやうに、秋といつてヴイロンも落葉の音もきけない――それはさく漠たる植民地風の

◇…陽氣な秋で ある、美保子さんは、臺灣娘が、すべてさうであるやうに（秋の中に詩）を感じ、グウルモンのやうに

『あゝわれ臘月の末日に際しつくづく生の虚無なるを思ふ』人生も感じなかつた。

『秋なンて、ちつとも寂しかないわ』

美保子さんは近頃内地からきたばかりのオールバククの若い薬劑師が薬局のガラス窓から蒼い――それは何ンといつて形容していゝか、新感覺派的にいつたら、△△とかげの色情のやうに蒼ざめたとでもいはうか、そんな

◇…凄さんな光 にみちた十月の空をみつめて甘いセンチメンタルな言葉をさゝやいたとき、さう強く言ひ切つて薬劑をかゝへて廊下に出た、薬局から西病棟まで十五間ばかりの板張りの廊下があつた。美保子さんはその廊子をスタ〳〵と少さくスリッパの音できざみながら歩いた。と――二三間も歩くとふと彼女は自分の前――二三歩のところを襟頸のクッキリと白い、だが、うなだれたお下髮の少女が一把の花束を抱へ、ッッッ、、ウと跫音もさゝないで歩いてゐるのを見た……（つゞく）

★ 実際在った怪談（其二）花好きな幽霊物語り（下）
★台湾日日新報　昭和四年四月二十八日　4-68

花好きな幽靈物語り

實際在つた怪談（其二）（下）

―渡邊生―

『おや……誰だか、みたやうな女だが』

美保子さんは、さう思ふとすこし早足で、追つ駈けるやうに歩いたが、花束を抱へた少女も亦、彼女が足早になると同じ早速さで、ツツツウと相變らず二三歩の間隔をおいて歩くではないか！

それに尚不思議なことにはその

◇…桃色の裳裾をひいた、そのむき出しの素足が、空でも歩いてゐるやうにフラフラと動いてはゆくが、ちつとも廊下についてゐるやうがみえないばかりか、あれだけの速度で歩きながら跫音一つたてなければ、後姿のあのかよわさで息切れらしいもの一つ感じられないことだつた。

『可怪な女だわ……まさか。』

眞つ晝だ。青銀の空には、灼けきつた銅色の太陽が、ギラギラと輝いてゐる。庭は明るい。夾竹桃の眞紅の花が、熱い吐息をもらしてゐる。

『まさか……。』

美保子さんは、あることを想像したが、強いてそれを。

◇…打消さうと努めた瞬間、突然何ともいへぬ悪寒がすウと脊をつき走るのを感じたとゝもに、所謂浮腰立つといふやつで、歩みの速度が、彼女が意識しないにも拘ゝはらず、急に急に今までより一さうテンポが速くなつたが、前の花束を抱いた少女も亦、同じ間隔をおいて、ツツツツウ――美保子さんは、もう――さうなると口に言へない白い恐怖につゝまれて無我無中だつた。走つた。走つた。

反對の方向へ走ると追つ駈けられるやうに想へたので、無意識に西病棟へ走つた。と、例の四室の前に

◇…來ると突然、何か――ドタリともの ゝ落ちる音がした美保子さんは、ギクリとして立止つた。いや、立止つたといふよりも、突然足が釘づけにされたやうになつて、動けなくなつたのだ。美保子さんは、大きく目をみひらいた。そして、其處に何ものかをもとめた瞬間、彼女は思はず、大きな悲鳴をあげて了つた。

彼女は一體何をみたのであらうか――間もなく、白い繃帯をグルグル頭にまきつけた若い男の患者や、看護婦や醫者や、そして例のオールバックの青年薬剤士らが、美保子さんが卒倒したといふので駈けつけてきたとき美保子さんは、氣絶したまゝ、彼女がさつきみたお下髪の少女の抱へてゐた

◇…コスモスの花束をしツかり抱きしめてゐた。

△　△　△

『で一體貴女は何をみたンですか。』

記者がさう訊ねると、美保子さんは。

『もう、そのことだけは聴かないで下さい。妾今でも、そのときのことを想ふと、ゾツと寒氣がしますの。』

といつて。

『もつと愉快なお話をしましや

うよ―何か、とツても快愉な。」と、その想出のすべてから遠ざかりたいやうにいつた。次は「幽霊を診察した」袖木公醫

平賀源内と「神霊矢口の渡」

●香川新報　昭和四年四月二十二日　4-69

怪

平賀源内と「神靈矢口の渡」

東京　研堂學人

源内が「神靈矢口渡」の材料とした所謂矢口渡とは東京の南郊を流るる多摩川中流の一渡船場である、ところが多摩川といふ川は只それだけでなく妙にわが縣の先覺と深い縁故をもつ、すなはちその上流秩父山地では源内が金や鉛鉱を採掘しまた石綿を發見して防火布を造り「神靈矢口渡」の戯曲もこの山中で書いて居る、下流川崎は弘法大師巡錫の跡地「川崎大師」として天下に著聞してゐる、つまり上流は殖産興業中流は藝術下流は宗教で源内弘法の御両人で要處を押へ史上に巨大な足跡を印してゐるのである、またこの二人は仲々の健脚家で弘法健脚はいはずもがな源内に於ても西は長崎東は陸奥、日本を東西に駆け歩いてゐる

こんな調子だから源内に在りては秩父入りや多摩川流域の跋渉は吾等の内庭も同然、従つてそこら中一面が源内の足跡だらけである、矢口渡しから程遠からぬ新田神社の祠官と源内が懇意となつたのも當然で祠官が彼に頼んで「神靈矢口渡」を書いて貰ひ、それによつて祭神新田義興の事跡を世に紹介し以て社殿再建費の募集に資したことも頗る自然である、天性任俠の源内のことであるから戯曲に經驗はなかつたにしても直引受けたものに相違ない

源内は「神靈矢口渡」以後都合九篇の戯曲を世に贈つてゐるが此の處女作のみ不朽の名作となつて殘つてゐるのは何故かといふにこれには人形使吉田冠子外數名の浄瑠璃作者が源内を指導してよく舞台上の効果あらしむべくその麗筆を揮はしめたからだ

殊に面白いことには源内は我國電氣學の鼻祖、新田義興は雷神、源内は文學においてまで雷名を驅使之を材料にして傑作を出してゐると

こまでも源内と電氣とは附物らしい、新田神社の由來を今更くど／＼しく述べる必要もなからふがまあ日本歴史復習の意味で一寸と書けば次の通りだ

南朝の忠臣新田義興は脇屋義治等と共に宗良親王を奉じ觀應二年二月十五日上野に兵を擧げ鎌倉に據れる足利尊氏を討つべく南下した、尊氏鎌倉の地形守備に不利なるを知り之を棄て官軍の鋒先を神奈川に避けた

茲に於て義興は難なく鎌倉に入り弟義治が尊氏掃蕩に向けた、此時既に官軍は尊氏の策戰に甘くひつかゝつてゐた、果して義宗は一旦一見原で尊氏に勝つたが二十八日小手指原の決戰で大敗し義興亦小笠原政長に攻込まれて脆くも惨敗鎌倉を後に西走平塚から河村城へと落延びた、これで全く勝敗は決したのだが尊氏はまた義興の存在が氣に掛かり畠山道誓と謀り部下の竹澤右京亮をして義興に伴つて降參せしめ鎌倉を奇襲するのだといつて折々と矢口渡に引出し船頭（鈍兵衛）に言ひ附け船が渡の中流に到つた時船底の栓を抜いて沈没せしめ義興等主從十四人怨みを呑んで自刃して相果てた

歴史のお話はこれで終りであるが終らぬのは義興の幽魂で其後電光怪火となつて暴れ廻り里人を惱ますこと一方でない、そこで祠を建てゝ之を神に崇めた、時は後村上帝正平年間の事である、以来同社は連綿として今日に傳はつてゐる而して明治六年には府社に列せられ明治末年には義興に從三位が贈位されてゐる、今でも神社の背後に十坪餘の樹木に囲まれた荒墳がある、これ義興の遺骨を葬つたところでその棺は遭難當時の渡し船にと云はれる、土地の古老の話したよれは此の叢森に這入る者は出ることが出來ないと、里人からは非常に怖がられてゐる、現に叢森の竹を伐つて氣が狂つた若者があるといひ、また中で死體となつてゐたのを見たものがあるといふ

茲に一つ不可思議なことは叢森中に三十本の竹が生えてゐるが何れも無氣味に烈しく決裂してゐる、里人は雷鳴のある時竹が裂けるのだといふ一名雷竹と呼ばれてゐる、また土地の話しでは畠山の後繼者は

二三十年前まで怠らず御墓參りをしてゐたが畠山が祭る日即ち十月十日の祭日には必ず雷鳴が伴ふたといふ。この新田神社は現在の矢口の渡場より西北約七丁のところに在る、而して義興遭難當時の矢口渡の跡は新田神社の西北方六丁の處に在り今は田畑と化してゐるすなはち川道變遷の結果である、然し今尚當時の舊堤明瞭に存在し單人にきけば現在浦田多摩川線電車が舊堤を横斷してゐる、踏切の直前二本の老松の繁ゆる邊が昔の渡船場の在りしところなりと答ふ此の踏切の直西側に、鈍兵衛地藏（一名とろけ地藏）といふがある一基の地藏尊が堂内に安置されてゐる、地藏は石佛であるが全体水蝕されたが如く大あばたとなり目鼻は勿論合掌せる手の邊も分明でない、之について傳説に二説ある一は鈍兵衛が何か拾ひ上げて守り本尊としたのだといひ、一は鈍兵衛が其者を地藏に祭つたのだが何度新規に造るとも義興公を害した悪業によつて三年經たぬうちに全体が崩れて了ふのだといふ、また鈍兵衛は上流岩見の在の者たが此の岩見村の者が新田神社に參拜すると必ず障りがあつたと言ひ傳へてゐる、右の外新田神社の南方約二丁の處に十寄明神なる小祠があるこれは義興の最期に殉じた從者十三名を合祀せるものだといふ、荒墳及舊矢口渡の詳を得たので之を添へて置く

◇

竹樹蕭森幽古朝　館墟黯淡鎖倉池
如今無復膠舟恨　萬片浮萍合不離　（大沼枕山）

◇

渡頭流水綠於苔　魚腹當年恨不窮
覇業終應歸猾賊　娥眉日古誤英雄
千金身碎膠舟底　十騎兵殲亂箭中
寄居九原須瞑目　汗青傳得一門忠　（古賀洞庵）

◇

低徊欲問古提中　昔日何邊舟楫通
石佛不言人不到　老松偃蹇叫天風　（岡田松東）

幽　幽霊は実在するか全く幻覚か（その一）

★樺太日日新聞　昭和四年五月三日　4-70

幽靈は實在するか
全く幻覺か
噂の幽靈屋敷探險記　その一

彼は確に仰向けに寢た儘、カッと兩眼を開いてゐる積りだつた。髪をおどろに振亂した丸裸の女が何時の間にか傍に坐つて居て右手を伸ばして蒲團の上から胸の邊を押へて居るのである。動く事が出來ない。高壓線に觸れたさくら鳥が斷末魔に喘ぐやうな氣持だつた

糞ッ、負るものか、恨めしそうに見て居る蒼白い女の顔をグッと睨み返すと、不思議や女の姿が霧の如く掻き消えて、胸を押へた手だけが白く殘つて居る。

……彼は酷く魘されてゐるところを家人に揺り起されて、ホッと深い溜息をした。確に俺は眼を開いてゐる積りだつたが……と、彼はまだ醒めた後でもそんな考へを持つてゐた。

◇　◇

ところもあらうに、豊原花街の眞ん中に、夜な〳〵幽靈が現はれて人を惱ます。昭和聖代にあり得べしとも思はれない奇怪な噂とり〴〵、凄いところに輪に輪をかけた話を、曖昧屋が痛くなる程吹込まれて歸つて寢た。其晩、神經質な彼はそんな妄想幻覺に襲はれて、ベットリと寢汗をかいて了つた。手をやると白い額際にも冷たい油汗がしたゝかに浮いてゐた。と云ふ話を其翌日ボッリ〳〵と彼は話てゐた。

◇　◇

又或若い夫婦者が寢てゐて、男が夜中にフト眼を覺ました。夜はしん〳〵とふけ渉つて將に三更、お客のないガランとした廣い店を持つてゐるだけに、何となく心淋しい。妻はよく眠つてゐる。そんな夜ふけに、他の者がよく眠つてゐて、自分だけ眼が冴えて眠られない程氣持の悪い事はない。と、バサリ、かれは確に物音が枕許の障子にしたと思つた。そして其物音は女の髪の毛がバサリと障子に掛つた音だと思つた。彼れは俄にぞく〳〵ッとして妻を遮二無二揺り起して了つた。それから二人は到頭夜明けまでまんぢりともしなかつた。

◇　◇

こんなのが所謂幽靈の正態だつたとしたら、幽靈屋敷は必ずしも例の青葉軒跡の、鷲見病院跡の、さが井料理店跡の空屋敷ばかりとは云へない。幽靈屋敷は至るところにある譯である。そして、そうした幽靈なるものが、矢張多くの人の考へる如く、神經衰弱症の描く幻覺だつたり、妄想だつたりに過ないものならば、世の中に幽靈

など〻云ふものはないと云ふ事になる。

◇◇

ともあれ僕は、是から編輯長の命令に依つて、此幽霊屋敷に一晩泊らねばならない。僕が若幽霊を見なかつたら、そして何の物音も聞かなかつたら、あれだけの噂は全くの虚報か悪宣傳か？若幽霊を見たら、そして何等か奇怪な物音に飛び出すやうな事があつたら果してそれは幽霊實在か？或ひは幻覺か？妄想か？幸ひにして僕が神經衰弱に侵されて居らない事を祈るばかりである（青児生）

幽霊は実在するか全く幻覚か（その二）

4-71

★樺太日日新聞　昭和四年五月四日

幽

幽霊は實在するか 全く幻覺か

噂の幽霊屋敷探険記 その二

先づ家主さんである太田新五郎氏の諒解を得て屋敷の下検分を行ふ。今夜一緒に泊つてくれるのは、大橋品八さんである。樺太廳の劍道師範だ。識見力量共に優れた豪の者といふよりも、この際鬼をもひしぐ髯むぢやの荒武者といふことになつて貰ひたい。そしてなぜこの人を選んだかといふ事に就て少しばかり駄足を加へさして戴きたい。

◇

元來僕は、痩我慢なたちであるが根はいたつて素直な方であるから、ほん當は餘りこんな荒仕事は好まない。然るに意地が悪くつて要領のいゝ編輯長と他の同人達は巧に煽動するもんだから、多少お目出度い僕は……そうだ僕は確に少しお目出度い。僕はこんな幽霊屋敷の探險だなど〻柄にもない荒仕事をやつたばかりに、懐中電燈料金二圓二十錢也を自腹切つたし貴重な春の一夜を寢もやらず棒に振つてしまつた。……そのお目出度いこころの僕はマンマと一杯乘せられてよし俺が幽霊屋敷の探險をして、幽霊出現の眞疑を確めやうなど〻、いゝ氣になつてしまつたのであるから誠に天下の奇蹟である。後で『しまつた』と思つたが、もう『あれは冗談でした』なんて云へた義理ではない。

◇

そんな譯で引受るには引き受けたが、獨りでは迚も行く元氣はない。僕は其前夜既にその空屋敷の無氣味さをよく見て來て居る。と云ふのは丁度其前夜も此幽霊屋敷探險の話が出た。獨りでブラツと外へ出たのはもう間もなく十二時を打たんとする頃だ。僕は其時ズツト前以て其周圍の様子を見ておく必要を感じた。感じた迄は我れ乍ら頗る勇ましがつたが、愈〻門の前まで行くと、急に背中のあたりがサワ〳〵ツとして足が云ふ事をきかなくなつた。残念だつたから門の前へ小便をして歸つて來たが、それが又迚もお話にならない程の無氣味さであつた。

◇

そうして小便をやつてゐると、今にも何だか門の中から白い奴がフワツと出て來て、股倉へ手を突ツ込まれそうな氣持がする。早くお了ひにしやうとするのだが、何しろ長話で溜めておいたので小便の奴却々止まらないと來て居るところへ、這ずつと向ふの方で、辻占賣の悲しそうな聲が聞えたりするんだから、實のところ全く飛び上りそうだつたのである。

◇

で僕はどうしても適當な相棒を探さなければならない。希望者は数名あつたが、結局、僕は大橋荒武者先生に同行を願つた大橋先生のお尻に掴まつて居ればおつかなくないからだらう。など〻悪口を加き給ふな。勿論それもあるにはあるが、それには又相當の理由がある。幽霊若實在するものに非ざれば、神經衰弱者の幻覺か妄想であるとは前に述べた通りであるが又更に恐怖心に依つて、極めて合理的な現象をしも奇怪と誤信して了ふ事がある。眞に幽霊の出現有無を究めんとするならば、根底的に恐怖心を除去して掛る必要がある。又獨りでは正確に見聞するといへども其眞疑の程證明する人がないから困るのである。以上の意味に於て僕は、僕の恐怖心を根底的に除去してくれると同時に、當時の模様を最も正確に證明してくれる度胸を所有する同氏を選んだ譯である

（青児生）

幽霊は実在するか全く幻覚か（その三）

4-72

★樺太日日新聞　昭和四年五月五日

幽靈は實在するか 全く幻覺か
噂の幽靈屋敷探險記 その三

・太田氏は態々僕等の爲に若い衆を差向けて、板を打ッつけてあつた空家の裏口を開けてくれた。僕は青葉軒時代と病院時代とに數回來た事があるので、屋内の勝手は大体知つて居る筈だつた。玄關を這入つた處で突きあたりの階段を登らずに左へ切れてずつと奥へ進むと、北向の非常口があつて、その手前の左側に便所がある。小便所の北側に大便所が向ひ合つて二ツ在る。北に向つて右側が、例の締切りになつてゐた便所だ。みんな開いてみたが何も變つた處はない。只そのドアに長方形の紙の剝がれた痕跡がある。多分『締切り』と書いてはつてあつた紙を剝いだ跡なのであらう。

◇　◇

拜み形に造られた階段の横腹に電話が廊下に面して、まだ取つけたまゝになつてゐる。信號をして見る。何回も鳴らして見たが、何の應答もない。只ガランとした屋内に電鈴の音が無氣味に反響するばかりだ。線は既に切斷されてゐる。

◇　◇

電話の線の切斷されてるのを確めてから臺所の方へ逆もどりして行、流し臺と板前と堀井戸が亂雜な感じである殊に井戸の枠はもう可なり古びて、苔が生えそうな感じだ。耳を澄ますと、ポトン〳〵といふ音が深い底の方に聞えて居る。この音は、水をはられたまゝ井戸の中途に釣下られてある釣瓶から水の洩る音だ。

◇　◇

臺所の一隅から細い階段が一ッ設けられてあつて、其處からも二階へ上れるやうになつてゐる。頭の閊へそうな狹いところを登つて行と、丁度臺所の眞上にあたる。中二階の間に出る。三ッに仕切られて、眞ゝ中が四疊半、左右が三疊敷ぐらゐの物置みたいなあん配になつてゐる。細いゴミ〳〵した廊下の中間に二段ばかりの置階段があつて、其處から本建築の二階へ拔けるやうになつてゐる。拔けるとすぐ其處が北向の四疊半（茶の間上）と南向の八疊（玄關眞上）の向ひあつた廊下である。この北向の四疊半といふのが例の幽靈が出たと言はれる部屋なのである

◇　◇

見ると別に何も變つたところがない。窓から外をみると、丁度料亭双葉の二階窓と向き合で、隣人と戀を語る持つて來いの地理である。押入れの天井板が二三枚ずつてゐるので、僕は輕い體で大橋氏に尻を押てもらつて、天井裏へ上つて見る。何も怪しい品物などはあげてない。併し、梁を渡つて奥の方へ行と、晝とは言つても明り採りの光線が弱くて、隅の方が眞ッ暗だから道に、いゝ氣持はしないしないが併し、結局鼠の仔一匹も發見することが出來なかつた。

◇　◇

その他の部屋はいづれも西側の例の鐵道線路の方に面した總二階の建築に屬する分で、上も下も勿論異狀を認めない。そして疊建具は全部取拂つてある。電燈のコードまですつかり拔き取つてしまつてある。太田氏から差向けられた若い衆君は、それ迄の間に、片ッ端から窓の内側から釘を打込んでしまつて、他から何者の出入りをも出來ないやうにした。只一ケ所茶の間の窓口だけを殘して、玄關口へも、裏口へも板を×に打ちつけてしまつた

◇　◇

是でいゝ〳〵、是で下檢分も終つたし、總ての準備も出來あがつた。後は愈々今夜二人で乘込めばいゝ譯である。大橋氏は一と足先へ歸つて一と寢入りする事になつたし、僕は近所のホンの二三軒だけを訪問して、豫め其夜の計畫を傳へて灯影が見えても人の氣配がしても騷ぎ立てくれぬやうと挨拶をして廻つた。

幽霊は実在するか全く幻覚か（その四）

4-73

★樺太日日新聞　昭和四年五月七日

幽靈は實在するか 全く幻覺か
噂の幽靈屋敷探險記 その四

少し寢過ごして十二時過、二人は不自然なうたゝ寢から醒めて、うそ〳〵と妙に鼻にかゝる呼吸をしながら仕度をする。その夜の大橋氏の扮裝はと見れば、例によつてゴツ〳〵木綿の久留米絣に、紺木綿の袴をはいて、黑セルの羽織を着、茶の中折帽黑羅紗の二重マ

ントを無雑作に引かけてゐる。
　無事此郡生一日如兩日
　生活七十年更是百四十
蘇東坡の句を彫りつけた棍棒のやうなステッキの拳をにぎつて、朴齒の足駄をカラリコロリ

◇　◇

同氏の純日本式な扮裝に引換へ僕の方は全くの洋式焦げ茶の兩前背廣に黒の蝶ネクタイを結んで黒羅紗の帽子に黒羅紗のマント、黒革の編上どいふ、極彩色抜きの單調な扮裝である。大橋氏はウイスキーの角瓶をトンビの袖に隠し、僕は二ツの懐中電燈をポケットにひそめて、この荒武者と瀟洒な探險家は、フラリと散歩にでも行くやうな無雑作な氣持で家を立出たのである。

◇　◇

寝て起きたので妙に頭がうそうそする。どうせ幽靈や化物が出るのは一時過の所謂丑滿つ時なのであるから未だ早い。其處へらで一杯そばでも詰込んで、腹をあつためやうといふので、すぐ附近のおでん屋へ飛込む。銚子が二本とおでんが四人前それでどうやら寝醒めの悪寒をふるひ落す。

『おい、お女將さん勘定はおいたよ」

腹ごしらへは出來たし、元氣はついたし、之でもうカゼを引く心配はない。おかみさんの愛想に送られて外へ出る。之が昔で云へば山寺へ行鸞の掛け茶屋といふことになるらしい。

◇　◇

流石に夜の十二時過といへば街の中も靜かで、人通もボツリ〳〵空はどんよりと雲が垂れて星影は一つもみえず、犬の遠吠すらふと杜絶えた。愈々乘込むのだと思ふと、何となく身内が引しまる。足の方が妙にふるへるやうな氣がする。と、腹にちつとも力が入つてない。是はいけない。で僕は臍の下へグッと力を入れる。所謂臍下丹田だ。驚いた事には、あんなに元氣でちつとも恐ろしくはないと思つてゐたにも拘らず、僕の膽ッ玉はそれまでの間まるで宙に上吊つてゐたらしい。僕は其時始めて、自分は我乍ら驚くべき億病者だつたといふ事を知つた。元來が素直なタチだの何だのと、痩我慢にも云つて居られない人間である事をつく〴〵さとつた。

◇　◇

すると忽ち不思議な事が一つ起つた。と云ふのは僕は、晝間可樂のおかみさんに、今夜ゴザを一枚貸して貰ふやうにたのんで置いたので、それを借にゆくと、出て來た女中さんが

『あら、あなた達今行んですか？』と云ふんである。

『そうだよ、今僕等はやつてきたばかりなんだよ』と云ふと、彼女は不思議さうな顔をして

『さうですか、でもさつきから、あの空屋敷の中から火がみえるのよ』ッて云ふ譯だ。

そうら云はねえこッちやねえ、到頭おいでなすつた。僕は瞬間ゾーッと背中から水をぶつかぶせられたやうな氣持がしたんである。

幽霊は実在するか全く幻覚か（その五）

★樺太日日新聞　昭和四年五月八日　4-74

幽靈は實在するか

全く幻覺か

幽靈は遂に出なかつた
而も頗る陽氣……その五

僕はもう入らぬ先に避易して了つたが、大橋氏の方は一向平氣なもので、のつし〳〵行くものだから、今更男として行かない譯にはいかない。で仕方無しについて行く、晝間に開けて置いて貰つた茶の間の窓から這入つて行く、すると、二階の方でコトリ〳〵音がする。話聲がする。幽靈が靴をはいてる譯もなければ話をする譯もない。サテは僕等の先に、誰かやつて來てゐるに違ひない。ホッと一と安心

◇　◇

臺所の階段から上つて行くと、果せるかな先客だ。而も六人も居る。中學生が四人と他に二人、中學生はいづれも竹刀と懐中電燈を持つてゐる。外から見えた火影と云ふのは其懐中電燈だ。すつかり屋内を廻つて見たが何も無かつたと云ふ。すつかり自分等の畑を荒されたやうな氣持で、僕は内心頗る忿懣を感じたが兎に角今夜は僕等が留守番をする事になつて來たのだからと云ふ理由で歸つて貰ふ中學生達はみんな解りがよく直ぐ引上て呉れたが、一緒にゐた一人の醉ッ拂ひがネチクチ言つて却々歸らうと言はないのには散々手古ずつた。

◇　◇

漸く醉ッ拂ひを外へ出し扨愈〳〵

例の北向四疊半と向合つた八疊に薄べりをしいて陣取つた。ウ井スキーの口を拔いて先づ元氣をつける。すると、誰かが又外へやつて來た氣配がする。表梯を持つて來て玄關の上の、丁度僕等の陣取つてゐる座敷の窓のところへ差かけて誰か登つて來た。

◇

『モシ〳〵』ドン〳〵と叩く『構はないから開けて見ろ』提灯らしい明りが障子にうつる。三人ばかりの氣配である

◇　◇

僕等のゐる事を知つて誰かやつて來たのかも知れない。返辭をしやうと思つたがうるさいので默つて鳴りを鎭めてゐると、到頭裏手の開いてる窓をめつけて這入つて來た。袢天を着たのが提灯を持つて、詰襟の服にオーバも何も着ないのと、中折に背廣を着てオーバを引ッ掛けたのと三人の青年である。世の中には却々勇敢な連中が澤山ゐるものだ。一緒に置いて呉れと頻りにせがまれたが、併し、その大の男が僕等の他に三人もゐては、幽靈の方で遠慮して了ふだらうと云ふので、之も氣の毒乍ら歸つて貰ふ。

◇　◇

暫らくすると又誰か外へやつて來た。此度は藝妓を二人連た二人連れの紳士の醉ッ拂ひだ。『何だ、幽靈だ、馬鹿を云へ、幽靈なんか何にも出て來ない』なんて景氣をつけてゐる。女をおびかなかせて幽靈屋敷をひやかしに來たのである。こんなのを本當の醉狂と云ふんだらう。

◇　◇

何しろ、外で見ると、大きな建物がニユッと夜空に聳えてゐて、中が眞ッ暗闇と來てゐるので、一寸手のつけられない程無氣味だが、中へ這入つて見ると、それとは全然反對に、北には双葉があり、東には常盤があり、南には可樂があり、と云つた按配に料亭が建込んで、其窓からはいづれも皎々と電燈の光りが洩れ、絃歌さんざめく紅燈の巷と來てゐる。そこへ持つて來て、素見に事欠いて幽靈屋敷を素見しに來たりする手合がゐるものだから、其陽氣な事驚くばかりだ。

◇　◇

三時過ると漸くそれ等の料亭もあたりは水を打つたやうに靜かになる併し其時はもうそろ〳〵と障子に有明の色が忍び寄つて來る。おや、月の明かりとは少し違ふやうだなと、思つてゐる內に早白々と夜は明け放れる。今迄居ても何も出ないのだから、今度は一と寢入りして、一ッ呻されて見やうぢやないかと云ふので、マントをかぶつて横になる。眼が醒めて見ると、もうすつかり夜が明けてゐる。夢も見なければ魘されもしない案外安らかな一夜だつた。

◇　◇

その後行つて見た人もあるさうだが、矢張不思議を見た人は無いらしい。僕はあの屋敷の中で一夜を過して、陰氣どころか其の餘りに陽氣なのに面食つた。幽靈とは果して實在するものか？それとも全くの幻覺か？實在すると云ふ人もある。無いと云ふ人もある。見た人はあると云ふのだらうし、見ない人はないと主張するのだらう。併し、幽明の境から遙に遠い地點を進みつゝある健康な精神狀態の僕等には、果して其いづれを眞實とすべきか判斷を下す事が出來なかつた（靑児生）終

幽霊を診断した柚木公医の話（上）
★台湾日日新報　昭和四年五月四日　4-75

幽靈を診斷した柚木公醫の話（上）

實際あつたこと

渡邊生

『苟も最新の科學に奉仕する醫者がこんな迷信を擔ぐのは甚だどうも矛盾のやうですが』と前提し臺南州曾文郡〇〇の公醫柚木公平氏（假名）はある日記者に語つた、以下柚木公醫の言葉をそのまゝできるだけ精確に寫してみると――

もう七八年もむかしのことです――その頃開業醫といへば私一人――醫生とか限地醫とかはありましたが何しろその頃內地の醫專を卒業し官立の病院に二三年も勤めてゐたといふ肩書はこの町では私一人だつたもンだから開業するときから自慢ぢやありませんがそりや大した評判のやうでした。

これは餘談ですが、その頃の醫生や限地醫の無茶苦茶ぶりを發揮したこれに面白い話があります。

『先生――うちの家内が難産で困つてゐます。醫生の李さんに診てもらつたが出血がひどくて駄目です、早く來て下さい。』

と、この町でも相當の雜貨屋をしてゐる陳といふ本島人が蒼くなつてきたものです、で私はさつそく驅けつけてみると、なるほどひどい苦しみやうで、もう女の額のあたりはすつかり血の氣がなくなつて、窓からさす夏の午後の光で青白くなつて、もう蟲の息です。で私はさきにきてゐる醫生の李に

『どれ―私に診せなさい。』

と近よつてみると、そこらに腥臭いものがボロにつゝんで放つてある。

『こりや何んです。』

私がそのつゝみを指さしていふと李が。

『後産(胎盤)です』

といふ。

『後産にしては多すぎるやうだが』

私はさう思ひながらそのつゝみを解いてみるとどうしやうか、李が後産(胎盤)といつたものゝ中に、女の子宮が掴み出されてゐるではありませんか？

『君――こりや後産ちやない。子宮ちやないか――こんなものを掴み出しちや出血がひどいの當あたり前さ』

が、今さらどうにも仕様がないいろいろ手當をしてやりましたが、とうとう駄目でしたがネ。そんな譯でその頃の醫生なンて中には、そりや亂暴な先生がゐましたよ。が。そんなことやなンかで、結局私の評判はだンだン良くなり四、五里もある田舍から私のうちに來る患者もあるといふありさまで、私もお山の大將ですツかりいゝ氣になつてゐましたが、開業の翌年忘れもしない――四月下旬、私ははじめて幽靈といふやつもみたのです。

神靈學とか、精神科學とか、近頃になつても相變らずむかしの狐㕵狸さんや狐つかひに學問の假面をつけたやつが横行し靈の存在とか、降靈術とかずい分いかゞはしいことを實驗してみせる？靈をあらはしてみせると出放題のことを並べては「メシの種」にしてゐるのもあるが、私は自分が最新の科學に奉仕する職業にあるからといふ意味からばかりでなく、私は大に御話するやうに、現在二つ生きた眼で所謂幽靈をみたにも拘らず、理論的には靈の存在なんて論證たる曖昧至極な神靈科學を否定します。

聖人は怪力亂心を語らず、といふ言葉があります、すなはちこころの透徹し肚のすわつたものは怪異變化をみないといふ意味だらうと思ふが、これは確かに科學的にみて至言です。いふ迄もなく、私達がみて幽靈と感ずるものは、靈のすがたでなく、私たちの頭腦が、ひどく衰へよはめられたとき、頭腦を通じて心に反映する頭腦の衰へ、弱りそのものゝすがたであります。

幽霊を診断した柚木公医の話（中） 4-76

★台湾日日新報 昭和四年五月五日

幽靈を診斷した 柚木公醫の話（中）

實際あつたこと

渡邊生

だから昔から幽靈は、明るいところよりも暗き場所にあらはれるし、又所謂『ドロドロ』的にあらはれて、はつきりと全姿を示し足の爪さきまでをあらはさぬ蓋し暗いところは頭腦が衰へる

幽霊を診断した柚木公医の話（下）　4-77

★台湾日日新報　昭和四年五月六日

幽霊を診断した柚木公醫の話（下）

實際あつたこと　渡邊生

し、從つてしつかり肚の据つてゐないものは、得て恐怖い念を懷きやすい。そこで頭腦の中からいろ／＼な怪異變化が飛出し恰も怪異變化そのものゝ如く私たちの眼を欺かし、いや視覺をあざむき、怪異の實在を信ぜしむるが、元來が、かういふ怪異を生むやうな頭腦は、確かな正覺狀態に於ける頭腦でない、病的頭腦である。そこでこの病的頭腦の産物であるだけ、あらはれた怪異變化も、病的な――つまり四肢五體の揃はぬ、假令ば幽靈のやうに腰から下が薄ぼんやりで『ドロドロ』と消えたり、一つ目小僧、三つ目小僧、大入道となるのです。で――あまり餘談にばかり亙りますが、芝居の幽靈が――生きたときの儘の姿であらはれず、お岩にしろ、皿屋敷のおきくにしろ、あの皎麗玉の如き顏が忽ち變じてあの物凄いお面相となり、腰から下がナマヅの尻つ尾みたいになるのはあまりつくりごとのやうにもみえますが、ありや確かに事實をあらはしたものだと思ひます。むかしの狂言作者にもなかなか科學的頭腦をもつた人がありましたネ。

そこで本題に入りますが、私のみた幽靈は、ところがさういふ典型的なやつでなかつた。又白煙のやうにドロ／＼とあらはれて。

『怨めしや』

と、あらはれて又ドロドロをきめ込むやつでもない。とても近代的な四肢五體ともチヤンと揃つた。從來の型破りの幽靈だつたのです。

その日は、とても陽氣な日でした。臺車線路にヤラ／＼と陽炎が燃えてゐるし、甘蔗の若い劍のやうにするどくそりかへつてゐる葉の上に風はさら／＼と流れ酷然たる趣をみせてゐるしせんだんの花は紫陽花色の香煙でも焚くやうに碧瑠璃の空に匂つてゐるし溫度も八十度を越えてゐました。私は晝間自轉車で往診に四五里もひき廻され、その夕はいゝ加減疲勞て風呂をあびると直夕膳にむかつてブランデーを舌舐めづつて田舍醫者に相應はしい浩然の氣をやつてゐるときでした。通譯兼藥局生の陳明倫が

『先生――〇〇組合の大沼（假名）の奧さんが大變おわるい様子で診察室にみえてゐますが』

といつてきました。

『ナニー大沼さんの奧さんが』

〇〇組合といへば私の家から少なくとも五里はある、而も山道通りで人家の滅多にない――來るとすれば輿かなにかだが

『ナニ一人で來るぐらゐなら大したこともなからう』

と思つたものゝ、妙に氣がかりになるものだから私は、平素のぶしやうにも似ず、直に腰をあげて診察室に行きました。

『奧さん――どうなすつたンですか』

すこし聲をかけてゐたので亂暴だと思つたんですが、景氣よくさういつたものです。

となるはずの――ほとんど空には黄昏れどきのあの雀色の淡いものが籠めて了つて、電燈をつけないと診察室のうす暗い窓ぎわに、くつきりと白い大沼夫人の姿がはつきりとみえる。

大沼夫人は、髪を櫛でぐる／＼卷きにしてはあるが、餘つた髪の毛はざんばらに額に懸り首は自づから垂れ下つて力なく、夕闇に其の白い色を見せてゐる。

『まアお掛なさいませ。』

私がさういふと、大沼夫人は默つて籐椅子に倒れるやうに腰をかける。

『どうしたんです。』

私は大沼夫人が、再三こちらからいろ／＼問かけるにも拘らず無口一天張りなのにすこし氣を腐らしてさういつたものです。が、夫人は相變らず無言。で注意すると、どうだらう――人間が生きてゐるかぎりは十分間とせずにはゐられない呼吸がピッタリと止つてゐるではありませんか。

いや、尠くともその瞬間、夫人のあまりに靜かな、ひつそりとかまへたその態度からは『呼吸をしてゐる』といふ生きた事實を感ずる事が出來ませんでした。それに、私の口からかういふことを喋舌るのも、どうかと思ふが、私達がいかに職業化し、又職業化さうと努力しても、やはり生きた人間であるかぎり、そして又相手が生きた人間であるかぎり、患者と相對するとき、何かしら一種の生氣といふものを感じ、また性によつてそれぞれ、かはつた感覺をうけるものです。で婦人患者などからはある特殊な性の香氣をかんずるのですが、この瞬間――私は相對してゐる大沼夫人から、その生氣、香氣といふものをちつとも感じなかつたのです。

『こりや可怪しいぞ。』

貴下方の職業でいへば第六感といふやつですね――私は、さう感ずるとゝもに、何かしら一種の不安と、その不安をひし／＼としめつけるある凄い妖氣を一時にひつかぶるやうに感じたものです。が――みればまさか大沼夫人が死人だとは思へない。チヤンと椅子に掛けてゐるし、姿勢だつて肩のあたりに力がぬけて崩れてゐるとはいつても、樂なしに崩れてゐる譯ではなし而も三里の山道を歩いてきてゐる。

とすれば――當然私は彼女を診ねばならない義務がある。職業ではない――義務だ。とかなり私は、私自身のこゝろがおびえてゐるにもかゝはらず、夫人の手をとつて脈をあたらうとした――その瞬間である。

私は、彼女の手に觸れるか、觸れないか、その瞬間。

『こりや死人の手だツ！』

思はず大きく叫んで了つた。そして、それツきり、私は約二時間昏々とふかい、暗い谷底に墜ちるやうな氣持を意識しながら所謂昏睡狀態といふのになつたらしかつた。

◇　◇

そして、これはあとで家内から聞たことですが。

『こりや死人の手だツ！』

といふ突拍子もない聲をきゝつけて家内が駈けつけたときには私の前にゐた筈の大沼夫人の姿はもうみえないばかりか、それと三十分間も經たないとき〇〇組合の大沼氏から電話で

『家内が、午後六時四十五分突然死ました。御苦勞ですが先生に來て頂きたいが』

といふ話があつたさうですが、私が大沼夫人を診てゐたのは、夫人が三里も離れたところで恰度息をひきとつたその六時四十分頃だつたのです（完）

芝神明色懺悔（七）　お化の話二つ　4-78

怪　●中央新聞　昭和四年五月十日（九日夕）

芝神明色懺悔（七）

お化の話二つ

恐しかつた旅館の一夜

更に横須賀當時の話になりますが或時お泊りになりましたお客とお前二人が神奈川のお化旅館増村屋に泊つた晩ほど恐ろしいことはありませんでした、宿屋の中二階の下が便所で何となく氣持ちの惡い家でありました、私が醉つ拂つて

便所に行つたのでせうが其處はハツキリ分りませんけれども手洗鉢のところへ落ちて、夜明けまで誰も知らずに寝込んでしまひましたと申し[illegible]けでは何事もありませんが、昔此家の女中が何か深い事情がありまして首を縊つて死んで以来、誰か便所に行きましてもはゞかりをすると血が跳ねかへるので大方のお客は

悲鳴を

あげて便所でブチ返るのが常だと云ふことでしたから或は私も其のやうなことに出會つたのでありませうが醉つ拂つて居りましたから何も判らずに寝込んでしまつたのではあるまいかと氣がついて餘り身に寒氣を生じたことも御座います、それから其處の年寄夫婦が死んだあとで親戚のものが寄り集まつて葬式を出してから家の中を調べて見ますと老夫婦が常に使用してゐた長火鉢の落しの下に古金銀が澤山入れてあつたとのことであります。またこれも矢張りお化けの話しで御座いますが横須賀の

一力と

いふ料理屋も其の邊りで今は存じませんが、私が横須賀に居りました當時便所へまゐりますとキンかくしの前の壁に大きな坊さんの影がニユーツと現れるので締切つてしまつたのであかずの便所と名付けられたこともあります、其處で一力でも不思議に思つて或る時壁を塗り替へたこともありますが、どうしたものか矢張りお客が便所に行くと大きな坊さんが現はれたとかで廊下に倒れて大騒ぎをしたこともありますのでいろ〳〵の

人を頼

んでよく〳〵調べて見ると何でもなくそれは雨漏りのために壁が自然に濡れてさうなることが判つて馬鹿々々しく思つたこともありますが神奈川のお化旅館のそれだけはどうしても分りませんでした、それから此の話は少し違ひますが私共の若い時代は今の若い人達のやうに岡惚れとか何とか云ふやうなことは絶對になく岡惚れをすればそれが既に情夫になつたもので何處までも徹底して居りましたオホ！（此項完）

ラ　ラジオプログラム　趣味講座「奥羽地方に於ける巨人…

●北海タイムス　昭和四年五月十一日　4-79

ラヂオプログラム

—（五月十一日）—

▼七時二十五分

仙臺（JOHK）

趣味講座「奥羽地方に於ける巨人傳説」佐々木喜善

ラ　ラジオ版　きょうの番組　地方俚謡

●読売新聞　昭和四年五月十三日　4-80

ラヂオ版

けふの番組

JOAK　東京 波長三五〇

◇後八、〇〇　地方俚謡

イ、越後おけさ

ロ、越後追分

ハ、越後十日町民謡サッテモ節（永井白湄作詞中山晋平作曲）

越後十日町芸妓連

ラ　踊りが上手なおけさは猫が化けた美人

●読売新聞　昭和四年五月十三日　4-81

踊りが上手なおけさは

猫が化けた美人

越後おけさの傳説の一つ

サッテモ節は中山晋平作曲

今晩は雪の國越後の名物となつてゐる地方俚謡の放送がある、最初の『越後おけさ』『越後追分』の二つは已に何回も紹介されてゐるから珍しくもないが最後の『越後十日町サッテモ節』は新民謡ずきに俚謡ファンを喜ばすに充分なものがあらう。

◇

越後特有の「おけさ」の起源に面白い傳説がある。話はさかのぼつて江戸時代深川に「おけさ」と呼ぶ猫を可愛がりながら細い煙をあげてゐた老婆があつた、寄る年波に勝

てず老婆は路頭に迷はねばならぬやうになつた、その折愛猫おけさは不思議にも物を言ひ出し、御恩報じに私は藝妓に化けて越後へ賣られて行きませうといふことになり婆さんもそれ程に言ふならといふので美人に化けた愛猫おけさを越後へ藝妓に賣つた、賣られた「おけさ」は踊が上手なので自然と猫のおけさの踊りが越後一圓にひろまり今日の「越後おけさ」になつたといふが此の話は餘りあてにはならないがおけさと呼ぶ唄と踊の上手な婆さんが元祖だといふのが眞實らしい。

◇

次に越後追分は徳川幕府時代信州の小諸、追分あたりの馬子唄が越後に流入して越後の船付場の茶屋場に唄はれ今日の越後追分となつたものだ

最後の『越後十日町サツテモ節』は明石ちゞみの名産地として有名な十日町の人々が、越後の國には昔から有名な俚謠は澤山あるが街としては別段天下に紹介すべき謠俚がないといふので町の人達が松坂屋意匠研究部の永井白眉氏に新民謠をと依頼して來たので先づ永井氏が作詩し中山晋平氏が作曲した民謠で雪に埋れてゐる織物地十日町の氣分が豊に盛られてゐる涙のある新俚謠である。

怪　首斬場跡のお地蔵さん　宇都宮伝説

●上毛新聞　昭和四年五月二十三日　4-82

宇都宮傳説
首斬場跡のお地藏さん
不思議な石の由來
宮署も手を燒く

宇都宮市郊外今泉町から竹林村を通つて豊郷村地内小高い丘松林に圍まれて風致に富み居る處に由緒あるお地藏さんが安置されてゐる萬病が癒ると云ふので大した評判で月の二十五日の縁日など參詣人の爲めに自動車も出る馬車も出る人力車も往來繁く押すな〱の大流行車止めになる盛況さ

◇

境内に一とつの石があり祈願をこめてそれを持ち上げると癒る病氣なら易々と上がるが不治の病氣なら決して上がらないとの事で萬人の人の手に觸れるその石はツルツル光つて居る……あまりの評判にこうした迷信で人を寄せるのは怪しからんと宇都宮警察署で立ち退きを命じた處その年に村が凶作で困つた上に續いて傳染病が流行した……さあ村の人は村地藏さんのお怒りだと警察署へ陳情して再びこのお地藏さんが盛り出したと云ふ流石警察でさへ手古摺つた程の此のお地藏さんにはこうした傳説がある

◇

この地一帶はその昔罪人の首斬場所であつた中には大した罪科も無いものを悪代官の爲めに生命を落とした不幸なものも澤山にあつた……そうした浮かばれない靈魂を慰めんとあとで地藏さんを立てた不思議に願ひ事が利くので村の人が堂を建て村の守りとした處一夜に堂の前に前述の不思議な石が降り來て左程重くも無いが願ひが叶へばそれが易々と上がり叶はねば容易に上がらないと云ひ傳へられ今日に及んだと云ふ……堂を覗くと線香の烟と蠟燭の光りでむせ返るやうである、これが宇都宮市第一の流行神となつて居る

幽　学生を苦めた美少女の幽霊

★台湾日日新報　昭和四年五月二十三日　4-83

學生を苦めた美少女の幽靈
天井板に少女の掌跡
◇…不思議な家に殘る怪談

夏向きの怪談一つ——とかうはあまり具體的に書くと家主さんが困るさうだからT病院裏門の前〇〇宿舎とよばれてゐる中のその一軒であるとして置く

今はもうゐないが、一箇月程前までその一軒（といつても長屋の二軒であるが）に臺南高商の學生さんが三人、半自炊的生活を營んでゐたものであるが、話はその頃のことである。高商の學生さん事B君は多分試験の波れか何かで時は午後二時頃學校から歸るなりノートはポンと玄關入口に抛り出し裏八疊座敷に大の字なりにふんぞり返るかたちで午睡をむさぼらうとしたものである。

と、ふだんあまり氣がつかなかつたが、其ときにB君はその座敷の天井板に掌型のシミを發見して

『おやつ！』

と思つたのである

その掌型シミの大きさは少年の掌か、せい〴〵十七八の少女の掌のあとゝしか想像されない優美な、花のやうに小さなものだつた。

『八尺もあらう天井板にとゞく掌にしてはあまり小さすぎるが――何かのシミだらうか。』

B君は元來暢氣坊だとみえそれがシミであるか、それとも掌の痕であるかをはつきりきめやうともせず、その儘うつら〳〵となりかけた

と突然

『ガラガラッ』

と天井板のはづれるやうな、おほきな響がB君をそのうつらうつら状態から目をさまさした。

『畜生ッ、又猫の奴が天井へのぼりやがッタナ。』

B君は午睡をさまたげた猫族と一戰の覺悟で、大儀さうに薄目をあけたその瞬間、ツ、、ウーと白い布のやうなものが天井から下る氣配を感ずるとゝもに、さらにその次の瞬間、彼は彼の眼前三尺と離れた空間に異形のものを見なければならなかつたのである。

『おやツ！』

彼は起き直らうとしたがどういふ譯か、全身が疊に釘づけになつたやうに動かなかつた。そして、みよ！

彼の眼前三尺の空間に、天井に兩掌をつけた芳紀十七八の明眸皓歯、黒髪は疊の上にまで垂れた白ふばかりの美少女が、泳ぐやうにぶら下り

『ヒ、、、、。』

と、眞珠のやうな前歯をむき出し笑つてゐるではないか！

『糞ッ！出やがつたな。』

B君はかねて、この家に妙齢の幽靈が出る、といふ噂はきいてゐたが、何しろ鐵火の如き青年たちのことで

『そんなシャンな幽靈に出會はすのは男めうがさア』

と好んでこの家を借りた手前もある

『ほよ〳〵出た。』

とは思つたが、まさか弱味はみせられぬ。といふと四肢は硬直して動かないし――幸ひまだ舌頭の自由だけがある

と覺悟のホゾを固め

『ナニ！貴様なンかに脅されるか』

と、彼は挑戰的にその美少女の幽靈に喰つてかゝつた。が相手は靜かである。ただ空間に、ふンわりと浮びながら、もの凄い例の笑ひを唇のあたりに浮べ

『ヒヒヒヒ……』

と笑つてゐる。とB君はますます舌頭だけで猛り立つて、無茶苦茶に幽靈を罵倒した

と、さすがの氣ごころのやさしい幽靈もすこし憤慨したのかッツツウと彼の上に迫つてきた。

B君はハネ起きやうと藻掻いたがその努力は無駄だつた。手足は鉛のやうに重く動かない。とみる〳〵彼の美少女はB君の上にのしかゝり兩手をのばして彼の頸ッ玉を絞めつけた

『ウーム〳〵』

B君は脂汗でドロ〳〵になるまで藻掻いたが美少女が

『ヒ、、、、』

と皓歯をむき出し輕くしめつけるその兩手には千鈞の力が籠められてゐた。B君は漸次氣が遠くなるやうに感じた。あたりが急に黄昏れたやうにそしては自身はその闇の中にだん〳〵消えいるやうに感じた

が、それとゝもに彼自身の意識はすこしづつはつきりしてきた

そして間もなく、B君はシャツもズボンも雨にでもあつたやうにビッショ濡れに濡れその中に手足がどろ〳〵に横はつてゐるのをみたのである

『今のは夢だつたのか』

B君はさう思つてみた

が（夢だとは思へない）現に彼は今の今眼前三尺と離れぬ空間でそれをみたのである。そして、こん身の力をふるつて闘つたのである

『俺は確かに目覚めてゐた。夢ではない』

と、いふ気がついてさつきの天井をみると、おゝ鮮やかにそこに掌の型が二つ、はつきりとみえるではないか思はずB君は

『あれだッ！』

と、跳起きざまに外へ飛出して了つたのであつた。

○　○

附近の奥さんや娘さんの話題の中心になつた学生さん三人がその家を引越したのはB君にそのことあつてから間もなくであつた

そして、附近の人々によりこのB君の見霊談は専ら伝へられ一説によるとその掌の痕のついた天井から血が深夜ボト〳〵と滴り落ちる音を聞たとか、又その下の床のハメ板は何度修繕しても直ぐ外れて了ひボコ〳〵と空ろな音がするとかいはれてゐるが幽霊の本体たる美少女については何等語れてゐない

資　妖談集　朝日七月号
●国民新聞　昭和四年六月三日　4-84

資　映画俳優実験怪談集　講談雑誌七月号
●東京朝日新聞　昭和四年六月七日（六日夕）　4-85

怪　花形女優の語る不思議な夢物語
●国民新聞　昭和四年六月十一日　4-86

花形女優の語る不思議な夢物語

夢の前兆と怖ろしい體驗

一、ビーブ・ダニエルス孃の夢

夢だからと云つてしまはれない恐ろしい夢、妾は一人で自動車を馳らせてゐました。處が何かのはずみで崖からあッと云ふ間に墜落してそのまゝ人事不省に陷つてゐたらしいのですが、不圖氣付くと格別怪我もしてゐなかつたので、そのまゝ急いで家への路を走り出しますと、その途中で死んだウオーレス●リードさんハロルド●ロツクウツドさんクラリン●セイモアさん、メリー●サアマンさん、ボビー●ハロンさんなどが一隊になつて元氣に笑ひながら踊り唄つてゐるではありませんか、で妾は驚いて「皆さんはこゝで何をしてゐるのですか」と尋ねますと、リードさんが、皆なは貴女の來るのを待つてゐたのです。よくいらしつたその喜びををどつてゐるのです、さあ、仲間にお入りなさい、と云ふではありませんか。そして私が一緒にまじつてをどり始めた途端、その夢がさめたのです。

處がその翌日かに、私は出演映畫のロケーションで、テッデイ●フオン●エルツさんと自動車を走らせてゐますと風の煽りで首の布が眼をおほつてともすれば運轉中の私の視界をさへぎります。さうしつて走つてゐながら私は思はず叫びました。其走つてゐる途の邊りの景色が昨日夢に見たその道路とそつくりではありませんか。あツと云つた刹那テッデイさんは悄然として妾の布を拂つて呉れたのはよかつたが力餘つて、妾の目を叩いて了つたので、咄嗟に妾は盲目同然になつて遂に夢は本當になつた、崖から車は落るのだらうと觀念の臍を決めました。が事實は、車が正に崖にかゝらうとした瞬間一髪にどうした加減か巧く妾が逆行させて事なきを得たのです。古い夢物語ですが、今までにこんな恐ろしい經驗をしたことはありません。

二、エステル・テイラー孃の夢

フオックスで『ホーナー●ボンド』を製作中の事です、妾はその前夜、セットがたふれて撮影中の妾がその下敷となつて命を落した惡い夢を見たのです。縁起の惡い夢、不吉な前兆と考へながら、撮影所へ出かけて見ますと、何とその夢で見た大きなセットが出來てゐるではありませんか。妾は監督のアール●グリーンさんに、夢を打あけて、あのセットは確に倒れます。どうか今日の撮影は外の場面にして下さい――と頼みました、監督さんは初めは笑つて取合はない樣子でしたが妾が餘り眞劍になつて頼んだので、遂に豫定をかへて別のスタヂイオで撮影を續けました。すると何うでせう、僅か一寸の計算違ひが原因で、そのセットは間もなく倒潰しました。若し妾が夢の前知らせがなかつたら多分はそのセットの下敷となり、敢ない最期をしてゐたと思ふと、本當に恐ろしくなります。グリーンさんも心からよかつた〳〵と云つてくれました。

三、メイ・マツカヴオイ孃の夢

妾がまだニューヨークからホリウッドに移り住んだばかりの事、母の用事で自動車を飛ばせた事があります。一人の青年が此時同乘しましたが、此人は運轉など出來ない人で、妾が一生懸命に車を走らせてゐますと或る急坂にかゝりました。そしてその坂を殆ど上りつめた頃、何うした原因か自動車は上る力を失つて逆行し初めたのです。大變ッと思ふとギアをかけブレーキをかけましたが利きません。うか〳〵して居ればその坂から逆行のまゝ何處かに衝突するのです。妾は直ぐに『降ろして下さい』と叫ぶとその青年につかまりました。彼は素早く妾を抱くと、未だそれ程に勢ひづかぬ車から妾を抱いて事なく飛降りましたが、降りると直ぐ車は凄い勢ひで逆行して、道端に衝突し、殆ど滅茶々々になつて了つたのです。

妾が斯うした危機に際して『降ろして――』と叫んだのは、不思議にも此數日前之と殆ど同じ樣な夢を見てゐたからで、その夢の中での、自動車が疾驅中ブレーキが効かず、危く死にかゝつた自分を思ひ出したのが幸ひして危地を脱する事が出來たのでした。

資 獣だ、蛇だと香具師の詐欺　●名古屋新聞　昭和四年六月十三日　4-87

獣だ、蛇だと香具師の詐欺

不具の子供二人で客をつる
興行中豊橋で御用

東京市日本橋區箱崎町生れ當時市内中區堀川町香具師關根豊こと久保田寛(三七)及び内縁の妻 田中みの子(三三)雇人西川武一(四三)の三名は十一日夜豐橋市西八町あき地に小屋掛けして七、八歳の男女二人をさらし首にしロ上して曰く

この一人の子供は越前永平寺門前にゆうぜんテリメンの衣服に包まれ手紙に金卅円を添へ捨子してあつたのを拾ひ取り養育したるが首より上は人間で胴体は獣である、倘女子は胴体が長虫で「ウロコ」があるこの母親は高箏女學校を卒業した相當の家庭であるが外聞が悪いので捨子をされた不幸なもので二人とも家に居る中は泣き叫んでゐる皆さん研究のため一度御覽なさいと呼び込み二人の子供が逆立ちとなつて見せるから

といふので物ずき連が小屋に入り見ると別に異狀がないので山口部長外巡査が踏込み取調べしたところ二人の子供は幾分不思議はあるも獸物でも長虫でもなくうそであるので前記三名を本署に引致詐欺罪として目下取調べ中である

怪 花形女優の語る不思議な夢物語　●山陽新報　昭和四年六月十五日（十四日夕）　4-88

花形女優の語る不思議な夢物語

夢の前兆と怖しい體驗

一、ビーブ・ダニエルス孃の夢

夢だからと云つてしまはれない恐ろしい夢、妾は一人で自動車を走らせてゐました。處が何かのはずみで崖からあツと云ふ間に墜落してそのまゝ

人事不省に陷つてゐたらしいのですが、不圖氣付くと格別怪我もしてゐなかつたので、そのまま急いで家への路を走り出しますと、その途中で死んだサオーレスリードさんヘロルド・ロツクウツドさんクラリン・セイモアさん、メリー・サアマンさん、ボビー・ハロンさんなどが一團になつて元氣に笑ひながら踊り興つてゐるのではありませんか、で妾は驚いて「皆さんはこゝで何をしてゐるのですか」と尋ねますと、リードさんが、皆なは貴女の來るのを待つてゐたのです。よくいらしつたその喜びををどつてゐるのです、さあ、仲間にお入りなさい、と云ふてはありませんか。そして私が一緒にまじつてをどり始めた途端、その夢がさめたのです。

處がその翌日かに、私は出演映畫のロケーションで、テツデイ・フオン・エルツさんと自動車を走らせてゐますと風の煽りで首の布が顔をおほつてともすれば運轉中の私の視界をさへぎります。さうしつて走つてゐながら私は思はず叫びました。其走つてゐる途の邊りの景色が昨日夢に見たその道路とそつくりではありませんかあツと云つた刹那テツデイさんは毅然として妾の布を掃つて呉れたのはよかつたが力餘つて、妾の目を叩いて了つたので、咄嗟に妾は盲目同然になつて遂に妾は本當になつた。崖から車は落るのだらうと觀念の臍を決めました。が事實は車が正に崖道にかゝらうとした間一髪にどうした加減か巧く妾が逆行させて事なきを得たのです。

古い夢物語ですが、今までにこんな恐ろしい經驗をしたことはありません。

怪 花形女優の語る不思議な夢物語　●山陽新報　昭和四年六月十六日（十五日夕）　4-89

花形女優の語る不思議な夢物語

夢の前兆と怖しい體驗

二、エステル・テイラー孃の夢

フオツクスで「ホーナー・ボンド」を製作中の事です、妾はその前夜セツトがだふれて撮影中の妾がそ

の下敷となつて命を落した夢を見たのです。

夢 縁起の悪い不吉な前兆と考へながら、撮影所へ出かけて見ますと、何とその夢で見た大きなセツトが出來てゐるではありませんか。妾は監督のアール・グリーンさんに夢を打あけて、あのセツトは確に倒れます。どうか今日の撮影は外の場面にして下さい――と頼みました、監督さんは初めは笑つて取合はない様子でしたが妾が餘り眞劍になつて頼んだので、遂に豫定をかへて別のスタヂイオで撮影を續けました。すると何うでせう、僅か一寸の計算違ひが原因で、そのセツトは間もなく倒潰しました若し妾が夢の前知らせがなかつたら多分はそのセツトの下敷となり

敵 ない最期をしてゐたと思ふと、本當に恐ろしくなりますグリーンさんも心からよかつた〱と云つてくれました

三、メイ・マツカヴオイ孃の夢

妾がまだニユーヨークからホリウツドに移り住んだばかりの事、母の用事で自動車を飛ばせた事があります。一人の青年が此時同乗しましたが、此人は

運 轉など出來ない人で、妾が一生懸命に車を走らせてゐますと或る急阪にかゝりました。そしてその坂を殆ど上りつめた頃、何うした原因か自動車は上る力を失つて逆行し初めたのです。大變ツと思つてブレキーをかけましたが利きません。うか〱して居ればその坂から逆行のまゝ何處かに衝突するのです。妾は直ぐに、『降ろして下さい』と叫ぶとその青年につかまりました。彼は素早く妾を抱くと、未だそれ程に勢ひづかぬ車から妾を抱いて事なく飛降りましたが、降りると直ぐ車は凄い勢ひで逆行して、道端に

衝 突し、殆ど滅茶々々になつて了つたのです。妾が斯うした危機に際して『降ろして――』と叫んだのは、不思議にも此數日前之と殆ど同じ様な夢を見てゐたからで、その夢の中での、自動車が疾驅中ブレーキが効かず、危く死にかゝつた自分を思ひ出したのが幸ひして危地を脱する事が出來たのでした。

大阪の舞踊　お小姓に化けて通う狸
●大阪時事新報　昭和四年六月十八日（十七日夕）　4-90

大阪の舞踊

お小姓に化けて通ふ狸

情けにほだされた新町の太夫
「雪」の歌曲にからむ一つの挿話

山村流の舞踊（6）

大阪 の名優嵐三十郎が江戸から歸阪のお名殘り狂言を演ずべく作られた大津繪「藤娘」がある振付けは名人として今尚知られてゐる四代目杵屋六三郎である。大部分三下りだが、途中で本調子に變り「いたこ節」を入れるのを常規とされてをり

「津の國の浪花の春はゆめなれや、はや廿年の月花を、眺めし詠のいろどりも、かきつくされぬかず〱に、山も錦の折を得て、故郷にかへる袖たもと」と云ふ歌詞で、彼れ三十郎が歸らうとしてゐる故郷の大阪を指して明瞭に呼びかけた事が肯定る、以上のやうに山村流舞踊の

巧者 が多く江戸に赴いて大いに發展したものであるから、江戸で隆盛の藤間流がその山村流を鑑賞して採長補短を行ひ、五登儀右衛門に教へる所あつた素質に加へて、更にそれを根柢として山村流との共通點が益々増加されたもので、多くの節所にその色彩の濃厚が露骨となつて行つたと同時に、轉じて三百里外の江戸の地に於て呱々の聲を擧げた山村流舞踊が頗る多數に上つたものであつた。そして前記の代表的舞踊の中に在つて、更に

地唄 山村と云へば直ちに想到せしめる程有名であるのは「雪」である。番付けはその時々の舞手々々の嗜好に依つて異つてゐるやうだが、持物のあの傘の柄は必ずつぎ柄になつてゐる。これは「ぐち」などと共に全く東京方面には見られないものである。それは來阪毎に若柳、花柳などの屈指の師匠連が、多くの場合この「雪」と「ぐち」とを所望して參考とする所があると云ふに見ても證せられ

るもので、近年では「雪」をよく舞つたのが今の三代鶴の姉分に當る富田屋の小さんである。

餘談 ではあるがこの「雪」の歌曲が生れた原因の、面白いエピソードを紹介しやう。無論封建時代ではあるが毎時頃であつたかは知らない。が、新町に狸――年經りた狸が棲んでゐたといふのがその發端である。その當時新町の花魁に某太夫――名前は傳へられないが――可成り全盛の太夫が出てゐた。ところがその狸、何うした機會からかその太夫に執心したのである。つまり惚れたので、その爲に毎晩實に綺麗な水の滴るやうなお小姓に化けて通ひ出した

あの 踊りの中に指で七つ鐘を算へる振りのあるのがそれで初めの中こそ狸が化けてゐるのだと、何處から何うして聞こえたものか正體が露見したものだから、勿論恐ろしくもあるし氣持も惡い、さりとてフツとその狸の要求に應じないと云ふのは餘計恐ろしくなるといふ譯で、頗る仕末に困つたものらしいが、遂には情にほだされたといふのか根負けしたといふのか、何時とはなしにその狸のお小姓と情意投合し、毎夜のやうに七つの刻を限つて出現する彼を待ち退屈るやうになつたのである。

寫眞は新町木原席千代太郎の「雪の上」……狸々に扇を使うて居るところ……

海洋怪奇伝説　海の神秘は昔の話

怪　●上毛新聞　昭和四年六月十八日（十七日夕）　4-91

海洋怪奇傳説

海の神秘は昔の話　今では世界の寶庫

水産講習所教授技師　丸川久俊氏談

炎熱燒くが如き夏になると山とか海とかに涼味を求める者が非常に多くなる、山を求むる者には

山の智識が必要て

ある樣に海を求むる者にも海の智識が必要である、今日でこそ海に關する智識が餘程發達して來て居るが、昔は種々雜多な迷信や傳説があつたものである、人魚に出合つたとか、或は半島に遭遇したとか、又船幽靈を見たとか色々の事が流布されて恐怖心をそゝるが如き物語が多かつた、其の當時の吾々は航洋は[illegible]間に自然に築かれた不可侵の神秘境の樣に考へられ、そして此の魔界は如何なる方法手段に依つても踏み越える事が出來ないかの樣に考へられて居た、故に海を以て包圍された國家は安全第一の樣に信ぜられて居た。

迷信奇説として傳

へられたもの〳〵中、先づ怪獸牛鬼に就ては一説伴に似て居て其の肩脛には一本の角を有ち、身の尖端には小さい袋があつて其の袋を利用して水中を自由自在に遊泳する事が出來る、[illegible]陸上の生活には何等差支がない一度牛鬼に見込まれたら大變！山でも海でも非常な努ひで追ひ駈けて來る、海には又大牙の鱶が居る千石船でも其の背が船の底に觸れると如何に努力して航走せんとしても寸尺も進む事が出來ない、其の儘怒に達した時は猛然と背巾を持ち上げて譯なく千石船を顚覆させる大力を持つて居る、又

海には龍神が住ん

で居る、其の[illegible]に觸れた場合には[illegible]にして[illegible]が起ると云はれて居る、[illegible]の英國に於ても亦昔は矢張り同じ樣な迷信や奇説があつた、例へばロスチンエンチャーと云ふ動物は一見海豹の樣で、而も前の額には二本の角を有つてゐる、四肢に依つて歩行し皮膚は象の如くに厚く且固い、如何に鋭利な銛を以つてしても之を射止めるはむづかしいそして一晝夜に十二時間の睡眠を取る、其時に二本の角を磯邊の岩角にかけて體を持支え、磯打つ波に揺られながら眠つて居る、夜の白々と明ける時分目を覺ますや天地も鳴動せんばかりに咆哮する

其の聲を聞いた時

は如何なる勇者も身を縮めると云はれて居る、又ロイラーと云ふ鯨よりも大魚が居る、其の最大なものになると三百九十尺もある。どんな大きな鯨でも精々百二十尺位である。然しながら口には一本の歯もないと云ふから無害である、其の[illegible]

海洋に関する怪奇伝説

●福岡日日新聞　昭和四年六月十九日　4-92

怪

海洋に關する 怪奇傳説

海の神秘は昔の話 今では世界寶庫

水産講習所教授技師　丸川久俊氏談

◇……炎熱燒く が如き夏になると山とか海とかに凉味を求める者が非常に多くなる、山を求むる者には山の智識が必要である樣に海を求むる者にも海の智識が必要である。今日でこそ海に關する智識が餘程發達して來て居るが、昔は種々雜多な迷信や傳説があつたものである、人魚に出合つたとか、龍神を見たとか、或は牛鬼に遭遇したとか、又船幽靈を見たとか色々の事が流布されて恐怖心を唆るが如き物語が多かつた。其爲め昔は海洋は各國民間に自然に築かれた不可侵の神祕境の樣に考へられ、そして此の境界は如何なる方法手段に依つても踏み越ゆる事が出來ないかの樣に考へられて居た。故に海を以て包圍された國家は安全第一の樣に信ぜられて居た。

◇……迷信奇説 として傳へられたもの〻中、珍妙な例を述べると先づ怪獸牛鬼に就ては一見牛に似て居て其の眉間には一本の角を有ち鼻の尖端には小さい袋があつて其が袋を利用して水中を自由自在に潛行する事が出來る。此の袋が破れても陸上の生活には何等差支がない。一度牛鬼に見込まれたら大變山でも海でも非常な勢ひで追ひ駈けて來る。海には又太牙な鱶が居る。千石船でも其の背が船に底に觸れると如何に努力して航走せんとしても寸尺も進む事が出來ない。其の憤怒に遭遇した時は猛然と背中に持ち上げて譯なく千石船を顛覆させる大力を持つて居る。又海には龍神が住んで居る。其の龍神に觸れた場合には忽ちにして龍卷が起ると云はれて居る、

◇……彼の海上 に覇を唱ふる處の英國にかても亦昔は矢張り同じ樣な迷信や奇説があつた、假令ばロスチンエンジヤーと云ふ動物は一見海豹の樣で、而も前の額には二本の角を有つてゐる。四肢に依つて歩行し皮膚は象の如くに厚く且固い。如何に鋭利な銛を以つてしても之を射止めるは難かしい。そして一晝夜に十二時間の睡眠を續ける。其時に二本の角を磯邊の岩角にかけて體を狩依い、磯打つ波に搖られながら眠つて居る、夜の白々と明ける時分目を覺ますや天地も鳴動せんばかりに咆哮する。其の聲を聞く時は如何なる勇者も身を縮めると云はれて居る、又ロイラーと云ふ鯨よりも大魚が居る。其の最大なものになると三百九十尺もあるどんな大きな鯨でも精々百二十尺位である。然しながら口には一本の齒もないと云ふから妙である。其の肉は迚も美味しいが、其の擧動が頗る輕快で敏捷なので容易に捕へられない

◇……斯う云つ た奇説迷説が東西何れにも澤山ある其の爲に之迄海洋に對する恐怖心を起さしめたのも少くないのみならず、昔は造船航海、氣象に關する知識が

が頗る輕快で敏捷なので容易に捕へられない、斯う云つた奇説、迷説が東西何れにも澤山ある。其の爲に之迄海洋に對する恐怖心を起さしめたのも少くないのみならず昔は造船、航海、氣象に關する智識が乏しかつた爲めに小船を操つて海洋に出た者の遭難も亦續々とあつたので

◇自然海洋は危險な 處であるとされて板子一枚底は地獄と云つた樣な考へを助長せしめたものである。然し海洋、氣象の學問が開け、造船、航海の術が發達した今日では海上は寧ろ陸上よりも安全であり、交通運輸の便もよく、又國防上海運程大事な處はなく、漁業の上からは之程大きな寶庫はないので食糧供給の點から云つても海の重要性が叫まれるのである故に今日では各國民は競ふて此の海洋を利用せんとして居るのである。

乏しかつた爲めに小船を操つて海洋に出た者の遭難も亦頻々とあつたので、自然海洋は危險な處であるとされて板子一枚底地獄と云つた樣な考へを助長せしめたものである。

◇……然し海洋　氣象の學問が開け、造船、航海の術が發達した今日では海上は寧ろ陸上よりも安全であり、交通運輸の便もよく又國防上海程大事な處はなく、漁業の上からは之程大きな資源はないので食糧供給の點から云つても海の重要性が肯かれるのである。

故に今日では各國民は競ふて[illegible]海洋を利用せんとして居るので[illegible]る

怪　十五年目毎に太る奇石

●松陽新報　昭和四年六月二十日（十九日夕）　4-93

十五年目毎に太る奇石
─傳説に彩られた─ 都茂の『聖石』

無生の石が年々大きくなるといふ話――美濃郡都茂村の丸毛といふ所に大善寺といふ曹洞宗の御寺があるその境内に聖石と名づけられ高さ一尺位の圓形の石が小さい祠堂におさまつてゐる

◇――

この石が年々大きくなつてゆくさうだ土地の古老に聞くと十四五年目毎にこのホコラを大きく改築せねばならんとの事。同地方では物理學者に研究して貰つたら三數年前より問題にされてゐるさうだがこの奇石については次の樣な傳説がある――

◇――

遠く昔神宮皇后三韓征伐の當時從軍した一臣がその凱旋して歸國の時草鞋の中に大豆大の小石がはさまつた、それをふるい落せばまた、はさまるので不思議の石として持ち歸つたのがこの奇石である早速小さい祠堂を建てて、おさめたところ不思議や無生の小石は年々大きくなり現在までに數十回ホコラを建てかへたとの事である

怪　後期怪談派　千一夜物語（第一夜）

●九州日日新聞　昭和四年六月二十日（十九日夕）　4-94

後期怪談派 ─千一夜物語─ 第一夜

夜更けに學校の便所を覗く狂女
（登山家Yの話）

幽靈もお化けもジヤズに乘つて行つてしまつた。――とは言ふものゝ、人間心理の深底に、ほんのちよつぴり潜みへばりついた何ものかは、フロイドの「精神分析入門」に書かれたそれの如く、怪奇な波紋を時々おし擴げ溢れさせる。

銀河を鋲止めにした夏の夜空。海の底の樣な蚊帳。夜目にも白く物乾竿に取殘された洗濯もの、浴衣。

さては、盂蘭盆頭の燈籠。蒸しあつさに幾度寢返りうつても寢られぬ時、無氣味にも長く尾をひいて星が流れ、時節はずれの螢が、ぽかり、軒にぶちあつて死ぬ――。

さあ之で後期怪談派の舞臺裝置は出來上つた。

ラッパズボンの幽靈が出るか、眉を三日月型に書いたブーベンコップのお化けが現はれるか、あつち、こつちへ凄い話を聞いて歩るく。

「もうかれこれ五年にもなるかな」怪談をするに相應しからぬ頑丈な身體のY君は、つい去年迄K大學登山部でならした腕。ならぬ毛もじやじやの脚の蚊を拂ひ乍ら語り出す。

Yがリーダーとなつて夏休みに入つてすぐ登山部員六名、濱町で年老いたるフオードをすて、

後期怪談派　千一夜物語（第二夜）

●九州日日新聞　昭和四年六月二十一日（二十日夕）　4-95

後期怪談派 ―千一夜物語― 第二夜

夜更けに學校の便所を覗く狂女

（登山家Ｙの話）

『リーダー倒れて殘兵完からず』といふ奴さ、『便所の窓に女の生首が置いてあつてそれがゲラッと笑つた』と云つたつて『嘘だ——おどかすな』と口では言ふが、Ｙの眞蒼な顏色を見ては半信半疑の有様で、お互に顏を見合つてばかり居て誰一人『首實驗』に行かうと云ふ勇士もない。

『おどかすな——嘘だらうが？』と言ひ乍ら只、次第〳〵に、薄暗い十燭光（そいつ、虫の糞だらけで倍暗くなつてゐる）のたつた一つの電燈の下に、大の男が六人も膝でにじり寄るといふだらしなさ加減、さあ、もうからなゝと情ない話だがその室から一歩も出られ

上益城の奥から阿蘇へと高原の旅を續けはじめた時の話。二日目、おきまりの路に迷ひ、やつと夜遲くなつてたどりついたのが、Ａ村から二里も離れたＡ村の小學校の分敎場、たつた一人の四十歲位の先生が親切に、といふより人なつかしさの餘り、色々夜も遲いのに手料理で、芋や鹽からい魚なんか御馳走して呉れる。さて寢る段になつて「山の上だから夜明けは寒いから」といくら大丈夫だからとことはつても、まあ〳〵と自分で提灯に火を入れて村迄蒲團借りに出て行つてしまつた。

知らぬ旅路で知らぬ人から深切にもてなされて、人の子のなさけにさすがに獰猛な登山部の連中も、山の奥の夜更けの冷氣も手つだつてか、皆んな柄になくセンチメンタルになつてしまつた。——が——『人間、動物である以上、生理的にこゝに場所柄もわきまへず排泄器は、不用物の排泄を訴へた』（こゝにおいて初めてＹは專門家らしい言葉を使つたのである）けど長い學校の廊下の端にあるであらう便所を考へると一寸臆劫になる。意地なもので我慢仕様と思へば尚ほ一層催すこと一層切になる。えゝまゝよ——と思ひ切つて、當直室を出たら、凄い色の三日月がどす暗い杉の梢にひつ懸つてゐる。

夜の校舍には、なんだか、古寺の様な、それ特有のすご味がある。埃つぽい様な——怪物でも眠つてゐる様な——

よせばいいに秋の様に地中遙鳴く。暗いやけに又長い廊下はザラ〳〵と足底に氣持が惡い。蠟燭の光を掌で覆ひ乍ら、壁に大きく寫る自分の大入道の様な影におのゝき乍ら、ハタ〳〵と頭の上でゆれる二宮尊德先生の額畫に瞻をつぶし乍ら、自分の臆病を嘲笑しながら、やつとさぐり當てた便所は荒板で圍つただけでしかない。

「尾籠な話だが、用を足し乍ら、フト顏を上げた時、俺の心臓は身體中の血潮と一緒に、けし飛んでしまつて、身體中の筋といふ筋は背中のある一點にひき寄せられてしまうた様に、そのまゝその場に立ちすくんでしまつたよ——だつてお前、明り取りの窓に蒼白い若い女の顏（いやその時は首にしか見えなかつた）が長い髮を兩頰に迄ふり亂して、じつと俺を見つめてるじやないか——誰だつてびつくりするさ。聲もなんも出るものか——その次ぎの瞬間その首がものすごくゲラッと笑つたじやないか、びつくりした時頭の髮が一本立ちすると云ふが、ありや本當だよ——原理——そんなもんなんかとうだつていゝ、たしかに髮が立つよ——それからどうしたと云ふのか——わかつてるじやないか。——おはづかしい次第だが、そのまゝ廊下の柱に二三度肩や膝をぶつつけて、皆んなのゐる室に飛び込んださ』

Ｙは話に夢中になつて、眞面目な顏して、身振りよろしくその光景を再演して見せる。（つゞく）

ぬ――いや、もう一と處を向いたきりで後も一寸振り向けない、その時意地惡くも、ガアーと、老人の咽喉に咳がつまつた樣な音させで、煤だらけの文字も讀めぬ玉振時計がゆる〳〵ボーンと一時をうつた。それが場合が場合だけに夜更けて聞く寺の鐘にも聞こえて、皆一樣にゾーツとなる。

山の奧の一軒屋の學校だから梟が鳴くのも無理はない話だが、もうたまらぬ、そうなると、この學校の先生迄怪しく思へて來る、ガタ〳〵ふるひ出したのも、あながち晝間汗で濡れて肌にヒタ〳〵と觸れるシャツのせいばかりじゃない。皆んなの顏は土色――うらん違ふ大分陽に照らされて黑かつたから糞色だ」この邊聞く記者も、今夜便所に行けるかな――と餘りいゝ氣持じゃない。『何んだ――君迄そんなに怖がるなよ、安心しろよ先生が歸つて來たんだよ――うん先生がさ――化物じゃない先生だよ――うれしかつたね、村の青年に龍達に着せてくれる浦團を背負はせてさ――嬉しかつたね――今迄消えてゐた行燈に急に火がともつた樣な氣がしたよ――笑ふなよ譯のわからない涙が溢れて出て來やがるのさ、胸のとこをラムネの玉見たいな奴がグイ〳〵上り下りしやがつたのさ――いきなり抱きついて顏中キッスしてやりたい程だつたね。」〳〵

その内に青年が茶をわかす、先生が懷から村で買つて來た駄菓子をつまみ出して古新聞の上にならべる、村の青年と都會から來たY等との間に話が大分はずみ出した

さてそこでYは、恥しながら「便所の首」に就いて先生に話しかけたのである。

處が村先生驚くかと思ひの外、之は又意外、烟突の樣に黑い天井を仰いで、赤く燒酎やけした胸の邊の館のそれの樣な毛を、ゆすぶつて笑ひ出してしまつた。

「見ましたか――あはは――ありや首だけじゃありませんよ、――あの下に胴體も手も足もありますよ、――あハハハ――。」他の奴も今になつて、それ見ろと村の青年等と一緒に初めて笑ひ出しやがる「可哀相な氣違ひ娘ですよ、あの娘の家はこの次の次のH村なのですが四里もの山路を毎晩平氣で一人でスタコラやつてくるのですよ何んでも、私より二代前に、この分校に中學出の代用教員がゐたそうですが、その人があの娘と懇仲になつた――といふよりもつと手つ取り早やく云へばあの娘を騙まして弄んだんですね――實際こんな世間離れした仙人みたいな生活は若い人には無理ですからね。――その揚句の果が、筋書通りドロンと他所に轉任してしまつたんです、――それで可哀相にあの娘は氣が狂ひましてね、夜が來ると狂人の悲しさ、昔の夢が忘れられず、あゝやつて厚化粧してはるばるまむしも居る夜路を、出懸けてくるのですよ――ええ、やつぱり本人は、その若い代用教師と媾曳のつもりでね。」

× ×

「便所の窓の笑ふ生首」は村の青年に伴れられて、歸つて行つた。

× ×

「その夜、それから便所に行けたか――つて云ふのか、意地の惡い質問をしやがるなあ――皆んなで一緒に出懸けたさ――そして廊下に出た時、後から呼びかけたその時の村先生の言葉が無上にうれしくて今も耳に殘つてゐるよ「あの廊下から飛ばしてもかまひませんよ」（この項をはり）

後期怪談派　千一夜物語（第三夜）

怪　●九州日日新聞　昭和四年六月二十二日（二十一日夕）　4-96

後期怪談派 ─千一夜物語─ 第三夜

松の枝の折れる音と一緒に目の前を掠めて足もとに落ちた怪物

（左官の忠さんの話）

忠さんは職人に似合しからぬ、煙草はおろか、一本の晩酌の味も知らぬ善良な左官である──だから甘いもの好きで「蟻」といふ綽名を持つてゐる──であるにかゝはらず──不思議なことには砂糖黍を見せるとそつぽを向いて苦い顔をする。

「何が彼をそうさせたか？」

それを飽く迄も糺明するなれば今は胡麻鹽頭の忠さんを「ニキビの花、華やかなりし」二十代の昔の姿に、引戻すべく歴史の歯車を逆轉させねばならぬ。

忠さんの生れ里は熊本縣でも有名な砂糖黍の産地宇土郡のＵ村であるから話は面白い。凡そ村の若者の誰もがさうである如くに、我が後期怪談派の主人公たる忠さんも、晝間は左官の手傳ひで終日壁土をグチャ〳〵と踏み、「寧鷄口追はれば君駈し」と安もののポーマ・ドを親父に氣兼ねし作らもやつと一寸程に延ばした綿毛に包はせ、「よか女もん」のゐる家にのこのこと上りこんではわざ〳〵熊本迄出かけて行つて、入れてもらつた小豆色の偽金歯を女に見せる爲めに、をかしくもないのにわざと大口を開けて笑つたりして、夜更かしゝたものである。

或る夜の歸り途、忠さんはその夜に限つて何だか、口淋しくなつて來た、邊りを見廻したが畑のあぜ道、人が居よう筈がない闇夜を幸ひ、路傍の砂糖黍畑に這入り込んで、水々しく成熟したステッキ程の奴を二、三本失敬して又もとの路に出た。ところがところである──人の居ない筈のあぜ路に人が立つてゐるではないか──ドキッと心臓が止まつた──提灯を持つてゐる──印は？警察の印──チャラッと佩劒の金屬性の音。忠さんは泣き出しさうになつた。でも無意識にくるりと向きなほると一生懸命──それこそ、本當に命がけで砂糖黍畑の中をガラ〳〵猪の様に音させて無茶苦茶に走り出した。

一町たらずの黍畑が十里にも思へた。一畝もない野菜畑を横切るのが一里にも思へた。用水池を勢ひよく飛び越えた拍子に片一方の其年の盆に買つた下駄がぬげてしまつたが、そんなものは此際どうでもよかつた。──只逃げのびさへしたら──「走る。走る。るるるる、る。」まるで未來派の詩である。

×　×

さて、とにかく我が忠さんは無事逃げのびたのである──いゝや、走つたのである──なんとなれば（それは後で解つたことだが）その巡査は、一歩も忠さんの後を追はなかつたのであるから。

海岸に出てしまつた。もう追手から逃げのびたと思ふと急に忠さんはぐつたりした。そしてすぐ傍の枝の曲りくねつた松の根元に轉ぶ様にへたばつてしまつた。

咽喉が水のなくなつたボイラーの様にいりつき今にも破裂しさうだ水といつたつて海岸だし井戸のあらう筈がない。苦しくて思はず首に手をもつて行つた時、何時の間にか握り占めてゐた棒切れで頬をついた。──何あんだ──砂糖黍じゃないか、──から迄走らせた當の原因の砂糖黍を握りしめてゐたのではないか。

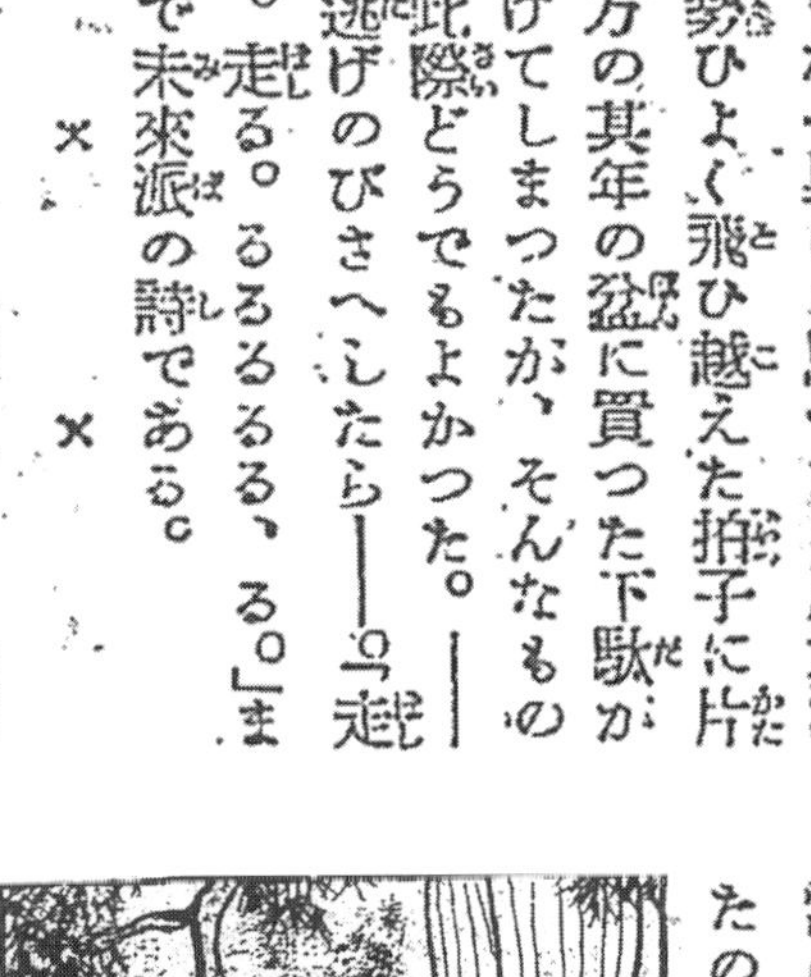

皮をむくのも、手間取らしく、いきなり噛ぢり付いた。飢た乳兒が母の乳房をすはぶる様に、──あさましくもチュー〳〵と音までてゝ。

その内に大分氣が落ち付いてくると、方角も解らず逃げのびたのせゐか歸りの途が案じられ出した。どうも闇夜ではつきりは解らぬが、海岸の具合がＳヶ濱らしい。Ｓヶ濱ならＴの燈臺が見えさうなものとやをら腰を持ち上げた時、轟く彈力性のものがポンと頭にぶちあたつた。オヤと思つて何心なく身體をかはして眼の前にフワ〳〵してゐる白いものを何んだらうと思つてつかまへて見たらヒヤリッと無氣味な 冷たさが脊髄迄傳はつた——あー人間の足だ——本能的に手をひく拍子に、思はず手に力が這入つたのか、松の枝の折れる音と一緒に人の身體様なものがスーッと目の前をかすめて、足下に落ちると、「ボコッ！」と氣味の悪い音をたてた。その時なまめかしい若い女特有の匂ひが潮の香より高く鼻をつく、「うわあ——首つりだ！」（つゞく）

怪 後期怪談派 千一夜物語（第四夜）

●九州日日新聞　昭和四年六月二十三日（二十二日夕）　4-97

後期怪談派　千一夜物語　第四夜

足くびに縋りついて追ひかける若い女の死体

何處迄も地面をずる〳〵と——（左官の忠さんの話）

泡を喰つた忠さん、浮腰になつて駆け出す拍子に死體の腸腹の邊に「ボン」と躓つまづいたから——見事に闇間に一廻轉して前にのめつたが——泣きづらに蜂——その餘り高くない鼻を、地面に迄はびこつた松の根で、目から星が飛ぶ程つき上げてしまつた。

でもその痛さより、死體を蹴つた爪先の、蛇を踏んだ様な無氣味な觸覺——今でも憶ひ出す度に——脊筋を氷塊で撫でまはされる様だと忠さんは言ふ。

又立ち上がらうとした時、フワッと忠さんの左の足首に捲き付いたものがある、てつきり死人が握つたんだと思つた忠さん、いよ〳〵ふるひ上つてしまつた。無理に振り切つて五、六歩駆け出したら、松の木から落ちた儘の姿の女の死體が忠さんの左の足首にしがみついて地面をずる〳〵ずつてぶらさがつて來るではないか、可哀さうに、忠さんはもう駄目だと思うた——世界最後の日が來た時の様な絶望が、二十代の忠さんの胎内を高い動悸と一緒に環り初めた。あゝ——幽靈に取り付かれた——もう駄目だ。

それでも、怯えたかすり聲で——幽靈だ——助けてくれッ——と叫び作ら、五、六間、なまめかしい死體に縋られたまゝよろめき歩んだが、——あはれ「受難の忠さん」は——その場に、べつたりと陸に放り上げられた海月然と坐り込んでしまつた。

頭の血が、口がねのゆるんだ容氣枕の様にスーと一時に抜けて行くのが自分でもわかつた。

T燈臺の光が不知火の様に水平線一杯に擴がつたり、一つにかたまつたり、遠くなつたり又近くなつたりする様に忠さんにはそれもとう〳〵見えなくなつた時、忠さんは、完全に意識を失つて、あんなに迄おびえて居た「幽靈」の上に折重なる様にくたばつてしまつた。

その時空にはたつた一つの星が猫の目の玉の様に凄くかがやいてゐた——かどうかは記者は知らない

× ×

こゝで忠さんは一寸てれて、白髪が三分の頭をポリ〳〵かき作ら聲を一段とおとし「氣付いて見りやM署の保護室じやありませんか、——いや になつちや いましたよ——だ つてあなたようく、話を聞いて見りや——首をくゝつて死んだ女の袂に足を差込んで、朝迄氣絶してゐたと云ふじやありませんか、後で考へて見れば最初蹴つて死體に躓つまづいて轉んだ時、自分で自分の足を、死人の袂に突き込んで置き作ら、その儘逃げ出して居たんですねえ、なる程、之ぢや 死人が追つかける筈 ですよ——」

× ×

忠さんは之で話をおしまひに仕様とする。記者が「その若い首つり美人は？」ともちかけたら、忠さん益々てれて、記者の耳にさゝやいた「何んでも借金でぬきさし出來なくなつたM町の料亭の妻だと云ふ事ですが——それもはつきりは知りませんよ——何しろ、それから七日間砂糖黍三本のお陰でM署の豚箱で官費生活をさせられたものですからね」

× ×

だから、それ以後忠さんは砂糖黍を食はないんである。（この項了）

怪 後期怪談派　千一夜物語（第五夜）　4-98
●九州日日新聞　昭和四年六月二十五日（二十四日夕）

後期怪談派―千一夜物語―第五夜

毒にあたりて死んだ 住職の荒れ墓の中から

五月闇をついて聞えるうめき聲
とろ〳〵と燃えあがる青い怪火

夜ぴて邪頭奴の奏する騒音に茶屋留守豚を踊りぬき、朝とは名づけ難き頃、栗かき羽根沸園のベツトに目を覺まし――マンハツタンくさいあくびをする方々には、これは餘りにも、につぽん的であり、これは餘りにも世紀に距りのある話には違ひあるまいが――まあ、さう言はずにたまには吉公の兎層（みつくち）をついて出る、この濁り酒にも似たるはなしの味にも醉ひたまへ――

ここはM町の町はずれの一寸處、時候は丁度今頃の様な梅雨時、時刻は雨さへ降らなければ宵の星が光り出さう――その頃から一しきり、この附近は幽靈見物の人波で陰慘な空氣の中にも一すじのほのかな活氣を見せる――といふのは――M町に一軒しかなかつた一寸したH寺の住職が五十七年の生涯をその前の年の秋、鰻と梅干の食ひ合せで、血へどと共に吐き出して斃れて以來、後繼者もなくて、今は屋根にはペン〳〵草がいたずらに茂り、廢寺同様に荒れはてたH寺之もあればはてて草だらけの墓場から、毎晩毎夜、怨みのこもつたうめき聲が高く或ひは低く五月闇をついて聞こえてくると云ふのである。三町とは離れてゐない縣道を商賣歸りの魚屋のおかみさんが最初、それを聞いて目をまはしてからといふものは「こわいもの見たさ」の人の心理、さあ大變な人出で氣轉家の空瓶買ひの久平が商賣がへして、その頃流行の飴湯の屋臺をひつぱり出すと云ふ騒ぎになつたが、――こんな時、當然捨てては置けぬと乘り出す筈の警官も――悲しい哉――當時のM町の分署には「痩馬にも劣る、老いたる巡査揃ひ。曰く「今時幽靈なんか居るものか」

噂は噂の母となり、子を産み孫をつくつて行く――「若い女の聲ですよ」といふ奴もあるかと思ふと「とても凄い入道だ」と見た様にいふ奴もあり、「きつと死んだおじゅつ（住職）さんが寺に未練があつて迷つてゐるのに違ひない」とか「あの寺の山門に埋めてある人柱の怨嗟の聲だ」とか、とう〳〵最後には「寺の墓場の亡靈が、生前餘んまり供養もしなかつた住職を怨んで、よつてたかつて、坊主の魂をいじめるので成佛が出來ずに、幽靈になつてこの世に迷ひ出るんだ」なんて、如何にも眞實らしいものになつてしまつた。

× × ×

處が――である。

俄然――この「恐怖の町」を又しても第二の怪事がおびやかした。それには、毎晩のこととて氣味惡い墓地からのうめき聲にも、少しはなれた流石の連中も一時にドツと恐怖の叫び聲を擧げて一散に町に逃げ歸つたといふ――（讀者諸君よ、――せい〳〵驚ひ給へ）――ある雨の晩、とう〳〵本式に、墓場で青い怪火がトロ〳〵と燃え初めたのである（つゞく）

怪 後期怪談派　千一夜物語（第六夜）　4-99
●九州日日新聞　昭和四年六月二十六日（二十五日夕）

後期怪談派―千一夜物語―第六夜

吉公が死物ぐるひで 生捕つた幽靈の正體は

白い浴衣に赤いネルの腰巻き
奇妙きてれつな扮装の白痴

「幽靈現れて忠臣現はれ、家貧にして孝子出づ」こゝに全町の輿望を擔つて「幽靈を手捕にして見世物にしよう」といふ世にも勇ましき四人の勇士が現はれた、その筆頭に我が吉公の名前があつたことは勿論のことである。吉公その日のいでたちは、印絆纏を素肌に着、半ズボンに裸足足袋、防水帽を阿彌陀にかぶつて若禿をかくし、帶代りに細た荒繩に商賣道具の手鈎の大の方の奴を一本ぶちこみ、右手には枇杷の木劍、左手には隣の宿屋から借りもの〻、その頃では珍らしい懷中電氣――といふからいとも珍なるものであつたらう――さてその異様な武裝の同勢四人、わざ〳〵明るい色街を示威運動をやり、一寸樓の日寺の山門にさしかゝつたら、折悪くベジョボショとぬくい雨が落ち初めた。絶好の幽靈日和。

寺の内は死んだやうに静まり返つてゐる。空家くさい本堂の破れ椽の下を通つて、本場の墓場に出たら流石の勇士も餘んまりいゝ氣持ではない――「來なけりやよかつた」――と思つたのは、あながち一人じやなかつたらしい。

たつた今町を出る時、多數の見物人の前で力み返つた「勇ましき心」はもう何處へ行つてしまつたやら不規束に並んだ石碑が骸骨の様に見える。

もう足がひき釣つた様にすくむ。

「しまつた！こんなに俺は臆病な筈じやなかつたが」といくら、がんばつてもやつぱり小きざみに身内がふるふ。

あゝ彼等勇士の群は、「町の勇士」であつて「幽靈寺の勇士」ではなかつたのである。悲惨にも、紅雀の様に四人、暑いのに身體をすり寄せて、ひき釣る様な足並で一歩二歩と墓場に近づいて行く――ガザ〳〵と枯れた墓花を踏み乍ら――やつと餘り置くもない墓場の中央に來た。

幽靈は未だ出ない。いいや、出ない方がいいんだ。その時吉公がフト懷中電燈を借りる時「つけつ放しにして置くと保ちが悪い」と言はれた宿屋の親父の言葉を思ひ出して、何心なくカチリと消したら――おゝ――闇に青くトロ〳〵と怪火が墓碑の上に點々と燃えてゐるではないか――脊を冷たいものがサートー流れた。

次の瞬間「恐しき姿のドンキホーテ達はもう一散に駈け出してゐた逃げおくれた吉公逃げ出す途端「キー」と足元から凄いうめき聲と共に行く手に白い怪物がヌッと立ちふさがつた。ふり亂れた髪の毛

凄い顔。

「アッ……」と吉公が尻もちをつく拍子に、汗でぬる〳〵になつた右手の木劍が手からぬけて、高くはね上つたが矢の様に落ちて來て、目の前の「幽靈」の頭に「ポカッ」とあたつた。

「痛い――」不思議や、幽靈がものを言うた、吉公は立ち上ると死にもの狂ひになつて手鈎で幽靈に盲ら打ちに打ちかゝつた。

「手ごたへのある幽靈」と吉公の隨分のつかみ合ひ。

× ×

夜がしら〳〵と明ける。白日はすべてのものをありの儘の姿にさらけ出す。

吉公は「幽靈」を生捕つた。

白い浴衣の上から赤いネルの腰巻をしめ、額に女のかもじを、はち巻きでくゝりつけた鉢づらの白痴の「幽靈」を生捕つた。

この「幽靈は」晝間は破れ寺の本堂で寢て暮し、夜がくると、御丁寧に顔にチョークを水でといて塗り「猫入らず」を墓碑の上になすりつけて歩るいた。――青い火がトロ〳〵と燃える――そこで新墓の屋根の中に坐つて、せい〳〵凄い聲を張り上げた……「キー――」。

その「幽靈」を吉公は「生捕」にした今その「幽靈」は色街で女の腰巻の古いのをやりさへすれば、どんなひどい仕事でもするといふので重寶がられてゐる。

後期怪談派　千一夜物語（第七夜）　4-100

怪　●九州日日新聞　昭和四年六月二十七日（二十六日夕）

後期怪談派　―千一夜物語―　第七夜

山を越え谷を渡りて たどりついた一軒家に

老人が横はるその枕元に逆屏風 ―（自稱詩人Cの話）―

西暦一九二七年八月三日（晴）
山又山、峰又峰。
渓を渉り、釣橋を渡る。
あゝ、わしは山猿ではなかつたか――
ふる里を出でて三宵、行き行けど青空の涯知らず。
寂しさ限りなし。
夢もなし幻もなし、見るはたゞ青き山のみ。

西暦一九二七年八月四日（雨）
降る雨になき濡れて山路登りぬ
降る雨になき濡れて山路降りぬ
あゝ。晴れたとて、せんもなき我にしあれど――。

詩人のCさんは、その日の夕方やつと一軒の家に辿り着きました。「御免下さい」――「御免下さい」――やつぱり返事がありません。緣廣いがらんとした一軒家です。緣側に廻つて見ました、雨戸が一枚置き位に閉めてあります。薄暗い室に誰か寢てゐます、――静かに仰向けに、木綿ではありますが、洗濯の行きとどいた冬蒲團を二枚も着、夏蒲團を三枚も重ねて――。

いくら山の奥だと云つても八月に――一寸變に思ひましたが、さ程氣に止めず、今度は裏口に廻つて見ました、――一人の老婆が雨水で洗濯してゐます。

「一寸家に取りこみがあるんで」と一度は宿を斷られたが、Cさんのずぶ濡れの姿を見て哀を催したのか座敷に上げて呉れました「取りこみがある」といひ乍ら、家の中はひつそりとしてゐます、煙で煤けてゐるものの黒光りする程柱も疊の敷いてない床も拭き込んであります――さすが平家の殘黨の子孫だわい――と感覺の鋭い詩人のCさんはもう感心してあぐらを正坐に組み返ます。

隣室には先程の冬蒲團を着た人が寢てゐるのが見えます頭髮のある品のいゝ老人です――やつぱり仰向けに行儀よく寢返り一つうつてゐません。枕下に二曲屏風がめぐらしてあります――「オヤ」何といふ膽やな間違ひでせう――その屏風が逆になつてゐるではありませんか。Cさんが親切にもそれを婆さんに注意した時、Cさんは猫に追ひつめられた鼠の様に、うろたへてしまひました。

「町ではどうだか知りませんが、こちらでは死人の枕下には、あゝやつて屏風を逆にして立てますんですよ――爺も死にましてから、もう三日になりますが――あなた村から未だ葬式の道具を持つて來ませんのでね――」

婆さんは洒々として立つて行つて枕下に線香を立てました。なるほどさう云ふと、屏風の蔭には線香を置いてあります。

どうかした拍子に、プーンと線香の匂に混じつて變な匂ひがして來ます。やがて婆さんは、さつぱりした蒲團をひき出して寢床を敷いてくれました。

こんな雨降りにしかも夜路は絶對に不可能なことだとあきらめて、暑いのを我慢して蒲團を頭からスツポリかぶり、隣にはなつて見たものゝ薄氣味が惡くてどうしても寢つかれません、その内に婆さんは暗いランプの下で、死人に着せる白裝束を縫ひ始めました。

Cさんはその年の春、歌舞伎座で見た「奥州安達ケ原」の舞臺面をそゞろに、思ひ浮かべたのでした。

三十分――五十分――一時間、夜は更けて行きます。猫が皿の水を飲む様な音たてゝ雨だれが軒をたゝきます。

名も知らぬ鳥が、鋭く一聲鳴いて通り過ぎました。コトリと異様な物音にヒョイと、籠の子の様に蒲團からもたげたおびえたCさんの極度の近視眼にこれは又形相ものの凄く魚切庖丁を逆手に握りしめた老婆の全身が映じたではありませんか。

後期怪談派　千一夜物語（第八夜）

怪 ●九州日日新聞　昭和四年六月二十八日（二十七日夕）

4-101

後期怪談派

—千一夜物語—　第八夜

老婆の手首にねつとりと無氣味に卷きついたもの

圍爐裡で燒く變な臭氣

—〔自稱詩人Cの話〕—

Cさんは詩人としての落ちつきを完全に失つてしまいました。いゝいゝもぐらもちの様に蒲團に縮こまると、讃美歌クリスチヤンの彼は、狂はしい迄に「我が主エスの御名を呼び續けました「おゝ、神よ！罪の子をゆるし給へ！奇蹟を我が上に垂れ給へ…！」

あゝ、けれど、やつぱりCさんは『受難の罪の子』でした――「おなつかしきサンタマリアさまも、主エスさま」も人里離れたその九州連山の奥の一軒家迄は、御目がとゞきませんのでせう――人一倍敏感なCさんは、やがて、蒲團の上から馬乘りになつた老婆のけいはひをおぼえたのでした。サーッと蒼ざめたCさんは「もう之迄だ」と思ふと、いきなり勢よく蒲團を跳のけて、飛び起きてしまひました。

オヤ、だのに、何といふ拍子拔けのした光景でせう――老婆は、きちんと圍爐裡の傍で、バサ〳〵、――庖丁で障子紙を裁つてゐるではありませんか、片へには殊念に造られた葬の蓮花を積んで――。自分でもわけのわからぬ微笑がCさんの頰に浮かびました。その次に、凡そ一番間が拔けた顏をすると、ソーッと蒲團を引寄せて又横になりました――そして、Cさんは右手でCさんの身體の内で只一の肉付きの場所である尻の邊をグッと掴つて見るのでした。

× × ×

幾時間位の後でせうか、曉近く――異様な臭氣を含んだ匂に、Cさんの淺いおどろ〳〵した夢は破れました。

老婆はもう起きて、圍爐裡で何か燒いてゐます。「火葬！」又してもCさんは直感してしまひました。處が「直感は常に妥當ならず」で、おそる〳〵隣室に目をやつたCさんは、白蠟で造つた様なデッドマスクがやつぱり昨夜の儘にあるのを認めたのでした。

「では！何を？」ふり返つて、老婆に注いだ、獵奇と恐怖にサンドウイチされたCさんの睡眠不足の視線に――あゝ、之は圍爐裡に渡された一本の串竹に、うね〳〵と捲きつき、活き作らにして燒かれて行く一尾の蛇と――又しても燒かるべく老婆の骨ばつた手首に、ねつとりと無氣味にも之も絡きついたもう一尾の蛇――とが、投影されたのでした。

もう一度蒲團にかくれたCさんは猿股の紐を締めなほしました。そしてそつと床をぬけ出して、縁側に出ました。雨戸をかゝへる様にして、やつと一枚明けました。外は未だ明け切つてゐませんが、雨は降ひ止んでゐます。庭に飛び下りると雨に濡れて木靴の様に固くなつた編み入げを足にくゝりつけました。未だ老婆は氣付かぬ様子です。之幸ひとリックサックに腕を通すと一目散にぬる〳〵する庭先を驅け出しました。でもいつもあはれなCさんは、その時、ひよつくり、雨戸の隙間から銀髪をつき出した老婆に、生垣を乘り越すべくまごついてゐる處を――裸足で追ひ縋られてしまひました。そしてグイ〳〵又家の方へと曳いCさんをひつぱつて行くではありませんか、Cさんは、活きた氣持はしません「どうか――お慈悲です、お助け下さい」悲しい聲を出してしまひました。

それでも、白髮をふり亂した老婆は老人とは思はれぬ怪力で、とう〳〵無理矢理に、縁側迄連れて來てしまひました、そしてCさんの背のリックサックを、もぎ取る様に下ろと大きな聲でいひました。

「あれさ、何、言はしやるか、書生さんどけえ、こう早うから行きなさるか、――さう遠慮しなさんな――家は精進でもお客さまには魚食はせ様と思うて、せつかく鰻を谷から引き上げて朝早ようから燒いておいたに――ゆつくり、朝めしでも食つてから御出掛けなされや――何、遠慮しなさるか」

× ×

西暦一九二七年八月五日（雨後

晴）

旅にあり――

ひさ〳〵に皿の鰻の一ひらを箸につけば、心清き人のなさけ身にしみて白き飯ほろほろと膝にこぼれぬ

こりや、をかし。

何故ぞ、涙ながるゝ。

後期怪談派　千一夜物語（第九夜）

4-102
怪 ●九州日日新聞　昭和四年六月二十九日（二十八日夕）

後期怪談派
千一夜物語　第九夜

階下に轉がり落ちた女　上半身をグイと起せば……

―六ぽん目のお銚子の怪―（貸席の倅Nの話）―

今更じやないが、ぼくは「怪談」といふ字を繰つて見た――金澤庄三郎博士新辭林には（一）あやしきうはさ（二）ばけもののはなし、藤村作博士掌中小辭典には（一）稀有の話（二）化物の話、武信和英大辭典には（一）醜聞（二）化物話、とかいてある。

然からば、今、ぼくの話さうとすることは「稀有の話」であり「あやしきうはさ」であり「醜聞」の類なのかもわからない――が。

藝者置屋――（そんなに變な目つきをしなくてもいい）――平常着の儘なまめかしくも、きの字形に立膝した夢ゑがく式の藝者一人、もの憂へげに思ひに沈んでゐる――夜がつきり十二時――プイと頬杖にしてた長煙管を投げ出すと立ち上つて三味線懸けから三味線をはづす、――トントン階段を二段上る――こつちに向きなほつて三段目に腰を下す――らん〳〵と凄く光る、その妓の目――やがて音締の緩んだ三本の絃から、ゆつくりと「青柳」が女の雨色の爪先ではじき出される。――一ぺん――二へん――三べん――。

と――あら不思議やな――ポツカリと「會ひたかつた」――といふ妓の顏が、あらはれる――といふはなし。

× × ×

もう一つ話さうか――

これ、何んだか知つてるかい――まるで百足見たいだけど、算盤の球の古い奴を、編紐に通してあるだけだよ――何處の樓でも――と云ふわけではないが、――ぼくとこでは、座敷に銚子を出す度に、かうやつて一つ球を上に送つて、心おぼえにして置くんだよ――處がね――或る晩――天氣もいいのに素見客も寄りつかない、客といつては二階の文奴といふ女の室に宵方登つた土方風の男がただ一人――つていふ馬鹿に淋しい晩があつたんだよたゞいやに寂しい晩だなあと遣手等と話してる内に――又文奴の室から「銚子の御換はり」――と來た。

その時迄にもう此球が五つも上にあがつてゐる。なか〳〵上客だ。いつもの樣に又一つ球をはね上げ樣としたら、糊付けした樣に六つ目の球が動かない。紐でもきしむものか手に取つて調べて見たが何んともない――變だなと思つて、グツと力を入れたら、この丈夫な編紐が切れてそこら邊一面に球が飛び散つてしまつた――（縁起でもねえ）――

と思はず口走つたが――遣手婆の機轉に一つまみ、まいてくれた、いゝのはな（鹽）のでまへ――氣を取りなほして球を拾ひにかゝつたけれど、室紐に通して見たら一つ足らぬ、一杯はひ廻るけどどうしてもないいやな晩だな、變なことだなーと思つたほとんどそれと同時に

ドタ〳〵とあはたゞしく走る足音が二階の廊下に聞えたと思ふ間に大きな物音をたてて誰かが階段から轉がり落ちて來た――文奴だ――駈け寄つて俯向いた體が、動かないので上半身をグイと起したら『きあつ』と云つてしまつた。無慘にも頸に、六本目の銚子の口の缺げが二寸程、そのまま殘つて深く突きたてられてゐるじやないか、――文奴の血を浴びた凄い顏――遣手婆は乳兒の小便の樣に温い血の中にべつたり坐つてしまつた。

× × ×

その内に警察からやつて來たので恐る〳〵二階に上つて行つた、男も又――何と云ふ因果か六本目の銚子のかけらで見事に、腹を裂いて死んでゐるではないか、でもそれよりも、ぼくが驚いたことには血の飛んだ長火鉢の縁に、ちよこなんと置かれた盆の中に、さつきあれほど探しまわつた球が、冷たく浮いてをつたといふ――ことだよ――（おや、もう惠比須時だ）さあ歸つた〳〵。商賣の邪魔だ〳〵（了）

怪 後期怪談派　千一夜物語（第十夜）

●九州日日新聞　昭和四年七月三日（二日夕）　4-103

後期怪談派 ―千一夜物語― 第十夜

誰も居ないはずの室に 通夜をしてゐる人影は……

遊廓に剃刀心中があつた晩
お白粉の空瓶に血の色の花

Kさんは M町の貸席の若きあるじである。慶應大學經濟部出身の學士の肩書ある青年紳士で、胸のポケットに模様入りの、絹のハンカチーフを不用意の用意に、ホンちよつぴり覗かせ、りゆうとしたアッシのステッキついて濶歩する時なんか、あつちの置家の妓もこつちの檢番の妓もちのみちをアップさせたものである——と。

× × ×

左様に「よい意味のモダンボーイ」のKさんが時代錯誤的にも幽靈を見た——といふはなし

× × ×

その當時、Kさんの家は未だN町にあつたさうだが、雨が街燈を濡らすある晩、照彌といふ相當賣れつこの女が船員上りの客と剃刀心中をやつてしまつた。街の口ではあつたし、檢視も早く片付いて、その晩の內に二つの屍は火葬場に送つてしまつたので、何も知らぬ客足はぞろ／＼と街を流れては居たが、なんとなう色街一帶に重たい空氣が陰氣に淀んであつた。早や／＼と大戸を下ろしたKさんの樓では形ばかりの、ほんのお申譯の御通夜を未だ消毒藥臭い照彌の室で催し、合客もあつたのでそれ／＼自分の室に引上げてしまつたKさんも居間に歸つてヤレ／＼一服と、袂の煙草をさぐつたら——ない——「おや——「ははあ、さつき御通夜の時、照彌の室に置き忘れたわい」

又二階にひきかへしたKさんはフト照彌の室の障子にうつつた男女の影に——しかも泣きしやくつてゐる……二人の影法に立止まつた「オヤ誰も居ないと思つたら未だ誰か通夜してゐるな、誰だらう——然もお客迄ひつぱり込んで」と思ひ乍ら、外から

「もういい加減に室に歸らないか」

と呼び聲をかけてさて障子を開けたらKさんはギヨツとした——誰もゐない——さつき血をふき取つた疊のあとが未だづづ黑い——オヤツ火鉢の縁に煙草が二本火もついてゐないのが——しかも差向ひにおいてある——覆ひをはね上げた照彌の鏡臺の白粉の空瓶に血の色のアネモネの花がたつた一輪、ぼつかりと——

Kさんは海の底に鉛をくくり付いて投げこまれたな氣がした、ひやあ——では今の障子の影は——テルヤとオキヤク——

怪 後期怪談派　千一夜物語（第十一夜）

●九州日日新聞　昭和四年七月四日（三日夕）　4-104

後期怪談派 ―千一夜物語― 第十一夜（承前）

蚊帳の外にシヨンボリと 立つた白ゆかたの照彌

お禮を述べてスーツと消える
―幽靈に確信をもつKさん―

おぶなく奇聲を上げるところを流石はKさん女護ヶ島の一人男の手まへ——自己の名譽のために、やつと持ちこたへたが——自分の寢室に戻ると、着のみ着のまま、朝迄まんじりともしなかつた。

それから一週間、如何にKさんは夜の來るのが怖ろしかつたか。一つには照彌の室の怪と、二つにはそれに原因する家の人氣に就いて考へることによつて——。

× × ×

でも幸ひなことに、照彌の室に就いて何等の怪事を傳へるものもなく三ケ月程過ぎてしまつた。

或る晩やつぱり雨が街燈を濡らしてゐた。Kさんは何時もさうである様に、その夜も大引けの拍子木を聞くときつちりと帳面をしめ上げ自分でもう一度、炊事場の火消壺をのぞき、神棚の御燈明を親父の代から傳はつてゐる煤けた渋團扇で消してから床に這入り込んだ

それから床に這入つたとは言ふものゝ——床の中で本を讀まねば寢られぬKさんは、あつち向になつたり、こつち向になつたりして、「改造」を讀んでゐると、急に足を壓したものがある

枕から頭を上げると、白い浴衣を着た女が蚊帳の外に突つ立つてゐ

る。見おぼえのある女なのでKさんは、自分の樓の女と思ひ何心なく『何か用か』と聲をかけたら、下げてゐた顔をジッと上げた——！おッ死んだ照彌ではないか——Kさんはその幻影に驚いて、烈しくその方に手を振り廻すと、照彌は蚊帳の裾の方へ滑りぬけた「此間は色々御心配かけて、本當にすみません、御禮は決して忘れません——御禮に参りましたが、では之で、おいとま致します」蚊の様な聲だが、はつきりといひ乍ら茶の間の方へすーと出て行つてしまつた。

×　×　×

「何言つていやがる、それやてめえが夢を見たんだ！、馬鹿々しい幽靈が御禮になんか來るもんか、そんな幽靈話は豚に食はれろだ」なんてKさんに言つて見よ、それこそ「否や、僕は確かにその時未だ寢

付いてはゐなかつた、目覺めてゐたんだよ、そして暗がりなら疑ふ餘地があるが、僕は寢て本を讀む癖があるんで五十燭光が明か明かとして室内のものは、はつきり見えてゐたんだ、誰がなんと言つたつて、僕は判然と照彌の幽靈を見たんだ」

とむきになつて幽靈の様にしつこく駁論してくるから——

×　×　×

さて——話を又その晩に戻さう、——Yさんは行きなり飛びおきて茶の間に足を踏み入れたら——あッ床の間には誰が活けたのか、照彌の室で見たのと同じ血の色のアネモネが一輪——そして座敷の眞中には徳利が二本——やつぱり差向ひにあの夜の様にきころがつてあつた

怪　後期怪談派　千一夜物語（第十二夜）
●九州日日新聞　昭和四年七月五日（四日夕）　4-105

後期怪談派　千一夜物語　第十二夜

眞夜中に看護婦室の扉を烈しく叩く音

—出て見れば外には誰も居ない—

ある看護婦よりの投書（上）

『後期怪談派』係記者様——

突然、こんな手紙を差上げます、わたくしの無禮を御免下さいませ

何故、わたくしが、こんな手紙を無學をも顧みず、恥しげもなくあなた様方に御届けするか——それは只今からのべます事柄によつて御了解になることと存じます。

何分、只今も申上げました様に文盲の上に、亂筆の悪筆、さぞかし御讀み難くは御座いませうが之も重ねて御許し下さいませ。

私はY町M病院に四年も務めてゐる看護婦で御座います。

去年の春で御座いました。この町には珍らしくも若い專門學校の生徒さんが、（後で解りましたが、それは早稲田の高等學院の生徒さんだつたさうです）咽喉を患つて入院されました。

その人は女みたいに、おとなしくて何時も枕下には文藝雑誌や詩集なんかを五六册も積んでゐられたので、わたくしの外に三人も看護婦が居ましたが皆んなその人に好感を持つて暇さへあるとその學生さんの病室に集まつて「プロレタリヤ」文學だの「新感覺派」だのといふただ徒らに、私達には活字の羅列にしか過ぎないものを手にとつて見たりしてゐました。その内に二週間程經過しましたが、その人の咽喉の具合は、はかばかしくは治療が進みません。——その頃では、もうすつかり私がその人の係りになつてしまつてゐました。

或る晩のことでした、九時の檢溫にその人の病室に行つたら平常よりも具合がよくなつた子様で、靜かに眠つてゐられるので、私も安心して、看護婦控室の寢床に這入り込んで晝間の疲れでグッスリと寢込んでしまひました。——そしたら、二三時頃でせう——看護婦室の扉を烈しく叩く音に、びつくりして私は目をさましました。

「患者の誰かが悪いのだな」といふ職業意識が、知らずしらずにもう私に白い看護服を着せてゐました起き上つて、戸を開けて見たら、

外には誰も居ません、變だなあと思ひましたが念の爲め一應病室の廊下を廻つて見ましたがどの病室も靜まり返つてそれらしい樣子もなく何の異狀もありません狐につまゝれた樣な氣持で室に歸つて來たら、同僚のS子さんが寢床の上に起き上つて變な目付で私の顏を穴のあく程見つめてゐるのですそれで『扉をたゝく音を聞かなかつた』と尋ねましたらSさんは變な顏をして「さつきから私目をさましてゐたけれども何もそんな音は聞かなかつたわ——それより私、あなたが、夜中にひよつくり起きて服に着換へて出て行くのでびつくりした」と云ふのです。

何んだか、薄氣味が惡くなつたので、あはてゝ寢床に這入りました

× × ×

ものゝ十分もたちました。

Sさんはもう鼾をかいて、寢てゐます、私はなんだか、ゾン〳〵と寒氣がさしてどうしても寢付かれません、——それにしてもさつき扉をたゝいたのは誰だらうか——と思ふ途端又しても今度は、身體でも、ぶちつける程、烈しい音が扉口で起りました。私はもうすつかり、おびやかされてガツ〳〵ふるひ初めました。

怪　後期怪談派　千一夜物語（第十三夜）

●九州日日新聞　昭和四年七月六日（五日夕）　4-106

後期怪談派　千一夜物語　第十三夜

毛布に手をかけ胸の邊までまくつた時

世にも物凄い患者のすがた

——ある看護婦よりの投書（上）

怪異な一夜は、曉を鳴く鷄にもおのゝきつゝ、やつと明けました。ふるへてゐたわたくしの心がもとの懷にかへり、くり擴げられた窓から、さしこむ朝の太陽が何んと尊くその朝は見えたことでせう。やがて朝の診斷が始まりました。

一號室——二號室——三號室——例の學生さんの病室の番になりました。わたくしは、自分の室にでも這入る樣な調子で、ほんの形式だけに、扉をノックしました。處が何時もの輕い返事かありません、未だ目を覺ましては居らつしやらないのか知らん——いつも早起きの方にも似付かない——それにしても、もう九時過ぎだから——と思つて、扉を押て院長を導き入れました。

續いて病室に這入つたわたくしが蚊帳をはづしに懸つてもよつぽどぐつすり寢込んでゐられるか、頭から白い毛布をかぶつた儘で未だ目を覺まされません。院長もわたくしも、クツ〳〵笑ひ乍ら、毛布の襟に手をかけて胸の邊迄捲くつた時、思はず、わたくしも院長も「アー——」と叫んでしまひましえ。記者樣——あゝ、ベットの內には世にも、もの凄い形相の學生さんの——いゝえ、「フアウスト」の『メフイストフエレス』の冷たい屍が横たはつてゐるでは御座いませんか——我れと我が手でしつかと病み細つた咽喉を摑み、鼻孔と、食ひしばつた暗紫色の脣の間から、細く赤毛絲三條ほどの血の流れを頰に垂て目は白く開いたまゝ

× × ×

その時電光の樣にわたくしの頭に前夜の「怪しい扉の音響」の事か浮かんだので御座います。患者——看護婦——扉を叩く音、患者の死。——それでは、この學生さんと、日頃、親しかつたわたくしに（現に死の二三日前に自分の愛人にやる手紙を私に代筆させたりなさいました）死ぬことを知らせたい一念が、あの樣な不思議な、扉の音響となつて表れたのではあるまいか——。

× × ×

それ迄思ひをめぐらした時、私は氷室の扉を密閉された樣な、妙な寒氣に襲はれてしまひました。

× × ×

でも今になつて、若しもあの晩、あの時、私が、學生さんの室に、『人魂が戸を叩く』——いくら生前親しかつた人とは言へ、女の私、思ふ度、言ふ度に、今でも無氣味な幻が、その時見た死人の顏よりも、凄く浮かび上り、骨壺を抱いてゐる樣な氣が致すので御座います「後期怪談派」係記者樣——永々と、愚かにもつかぬことを書いて御忙しい中を御邪魔致しました。では之で擱筆致しますが、若しあなた樣が此事實を新聞にでも御

發表になりますのなら、私の名と町の名と、病院の名を變へて下さいませ、近頃の人は、兎角斯樣な話しを、嘲笑してしまひますから。かしこ　M病院内T子
「後期怪談派係記者殿」

後期怪談派　千一夜物語（第十四夜）
怪　●九州日日新聞　昭和四年七月七日（六日夕）　4-107

後期怪談派　―千一夜物語―　第十四夜

すごくない怪談一つ二つ

―地獄の悋氣女房―

―エヱ、落語家の醸酒家秀三で御座います。御贔屓みによりまして『凄くない怪談』ネタ（種のこと）を一つ二つ。

一口に幽靈と申しましても、やつぱり、こいつにもピンからキリ迄御座いまして、何んてつたつて、四谷怪談の「お岩さん」なんか、堂々一流で御座んしよう、―中にや―大正四年の夏の夜、露軍が明日ワルソーを捨てゝ、總退却しようなんて言ふ時、所もあらうに銃口から飛び出した兵隊幽靈もあつたさうで―何のために、そんな變な處から出たのか、いやはや隨分愛嬌のある幽靈もあつたもんで―。

所が―今度は、その「妖怪樣」の御出勤になる時間とその場所とが此れ又問題なんで、嚴密な税務局の調査によりますと春夏秋冬を通じ年中出勤めに出てゐるさうで、比較的多いのが夏から秋で、次が冬ださうで御座いますから皆樣も御用心なさいませ、時間も一定の制限はないさうで亥刻から始まつて丑滿が最も多く、曉になるに伴れて姿を消すのが普通ださうで尤も「玉帚木」によりますと白晝公然と出る例も御座いますが此れなんか、餘程圖々しい方で、なんでも營業免許證をもらつてるさうですが―どうだか。

場所も又「妖怪は場所を選ばず」で鑑札もなく自由出勤でげーすが、物に依つては矢張り網張りがきまつてゐて、海にや、舟幽靈、海坊主、川には河童、毛女郎は遊郭で山姥に山の精は山の奧、大入道は野原で、長壁は古館、提灯お化は寺と家の緣側で幽靈は柳の下、垢なめは湯屋で、ろくろ首は襖の上「のつぺらぼう」なんて云ふやうな奴は無茶苦茶で出鱈目の化物で交り難いや―。

×　×

さて、こゝに、りんき深い女房がありましたが、假そめの風邪がもとで、ころりつとくたばつてしまひました、ところが、餘程この女房りんきの虫が强すぎたと見えて地獄に來てから迄、亭主の浮氣を氣に病んで、仕事が手に付きません―えゝ仕事と云ふのは、サンズのカワの砂利ひきでげすー。

その内に、ある時、東の方からの風の便りに、亭主が、女房の死後若い後釜を見付けて一緒に住んでゐるといふことを聞いてからは矢も楯もたまり兼ね、「ようし―この上は幽靈になつて、恨みを述べ取り殺さくれん」とトカゲ色の顏色をして閻魔の前に出てまゐりまして、「お閻魔さま、これ〳〵しか〴〵、かく〳〵、どうしても、このまゝでは、成佛なりませぬ、何卒、何卒、わたしを幽靈にして―」と、一張らの白帷子の袂を濡らして嘆願に及びました。

ところが默つて此時迄女房の云ふのを聞いてゐられた、閻魔大王、粋な閻魔さんと見えて、つく〴〵と女房の顏をうちながめ……

『こりや女房、幽靈とは押しが太と過ぎる、お化で行け！』

へい、今晩は之まで、後は又明晩に―（この項をなすに當り梅原北明君に万謝）

（挿畫は北齋畫くお岩さん）

4-108
怪　後期怪談派　千一夜物語（第十五夜）
●九州日日新聞　昭和四年七月九日（八日夕）

後期怪談派―千一夜物語―第十五夜

天井一ぱいに老婆の顔が

―腰を抜かした徳さん―

――どうも落語に出て来る奴には少しばかり後頭部に異常のあるのが多いやうで――、御多分に洩れず、徳さんといふ男、人並に、嬶をもらひまして、一軒家を借り、愛の巣とか蜂の巣とか云ふものが始まつたんで御座います。――處が轉宅して來たその晩嬶が『うーうー』唸り出した。こわい夢でも見たんだらうと徳さんが、呼び起しますと、飛び起き様、しがみついた、『あなた、幽靈が――あゝこわい、幽靈が――』『ど、ど、どうしたんだい幽靈が』『あな恐ろしい老婆の幽靈が、じつと妾をにらみ付けて、此家はおれの家だ、それを、あの強慾な、この家の家主が、奪ひをつた、あゝうらめしい之はおれの家だ、出て行け、出て行かぬと祟り殺すぞ――つて云ふじやありませんか、ああ、こわいさあ、あなた、出て行きましよう』徳さんも、そゞろに薄氣味悪くなつたが、こゝが一番、亭主の亭主たる威厳の見せ所と、膽はふるひ作らも『な、な、なあに、そりや、おまへが夢を見たんだよ、ゆゆ、ゆふれいなんか、この科學の進歩した今日――科』と云ひかけて、何氣なしに見上げた天井に、朦朧と、しかし、あり〳〵と一人の見すぼらしい老婆の顔が天井板一杯に――。徳さんびつくりしたのなんのつて、行きなり、眞夜中の街に飛び出すと、家主の家の雨戸を蹴破つて、どか〳〵泥足のまゝ奥の間迄上り込み家主の枕下でぺつたり、見事に腰を抜かしてしまひました。この物音に、目覺めた、強慾な家主、徳さんの格構を見て説明を聞く迄もなく『はゝあ又出をつたな、よく出たがる幽靈だな、然し、いくら家に執着があつたにしろ、何も借家人に迄祟らなくてよささうなものだのに。直接、俺んとこに、出て來ればいゝのに――』と獨言を言へば、徳さん、ふるひが未だ止まず、腰は抜けた儘『えゝ歸つたら、さう言うて聞きませう…でも、幽靈には、どうも人間の理屈が、通用しないらしう御座いますぜ――』

4-109
怪　後期怪談派　千一夜物語（第十六夜）
●九州日日新聞　昭和四年七月十日（九日夕）

後期怪談派―千一夜物語―第十六夜

ゆうれいのお門ちがひ

―相手にせぬ柔道の先生―

今度は、こゝに「善良な悪漢」三名その名は鐵に寅。馘首された工場主に對する恨みを幽靈に化けて、工場主一家を悩まし、くれんものと、鐵が、白衣を頭から覆つて幽靈となり、寅が、遠くで聞こゆる犬の「ピヨウ〳〵」なき聲から、「キヤラ〳〵」と釣瓶の音、さては、「ボーン」と夜陰にひゞく、遠寺の鐘の音迄、幽靈登場の舞臺効果は一切一人で引受ける事に悪議一決、「悪は急げ」と「牛木も寢る、草滿時」「勝手知つたる他人の家」にまんまと首尾よう忍び込みました。――と思ひきや、白衣を覆つた（幽靈の鐵公どうした間違ひか、隣の柔道の先生の家に這入り込んでしまひました。

「しまつた――」と思つたが、もうおそい、頃はよしと寅公が裏庭の邊で釣瓶代りの金盥を、ボーン、たたいて「ケロ〳〵」つと、釣瓶をくみ始めた「えゝまゝよ」と度胸をきめた鐵公が「うらめしや、俺はおまへの工場で首を切られた職工の妄靈だ――うらめしや――迷うた迷うた――」と家人が寢てゐる蚊帳をゆすぶりました。むつくと起き上つた、その家の主人驚くかと思ひの外、流行は、柔道の師範「おい、こらあ、幽靈、お門違ひじや、工場を持つてるのは隣家じや」それでも鐵公、いよ〳〵歸るに歸られず「うらめしや――迷うた」とやつて居たが、一向柔道の先生、相手にしないので、すつかり鐵公、業を煮やし、今迄覆つてゐた白衣をかなぐり捨てると、巻舌で「チエッ！わからねえでいの松野郷だな、――だから、さつきから「迷うた」「迷うた」と言つてゐるじやねえか――」
――へい――御退屈様。

後期怪談派　千一夜物語（第十七夜）　4-110
怪 ●九州日日新聞　昭和四年七月十一日（十日夕）

後期怪談派 ―千一夜物語― 第十七夜

庭の柿の木を手槍で突く

辰公の怪死と大地主（上）

――ぼくは柿の木を見ると、この話を想ひ出す――。

農民組合の書記長Aさん、彼は熱情家らしい瞳を輝かす。

田園の秋景色。銀杏の葉が、だまつて落ちてきて――遠くで誰かが吹く笛が、もう一つ哀愁をまし、何んでもないのに泪を流したい心が、その頃のあたりの空氣の色の様に、はつきりと感じられる――につぽんのアキ。Aさんの村の冷たい用水池に、冷たい辰公の死體が浮かんでゐるのを村の人が發見した、辰公は村で評判の律義者辰吉さんの伜で只一の野良仕事のアツシスタントである。そして、その時、十八歳にもなつてゐたので――まさか、五つや六つの子供じやあるめえし、あやまつて池に落ち込んで死ぬなんて、誰が本當にしよう。それに、辰公は賢い、よく働く伜だ――と村の誰もが日頃ほめてゐたんだもの、それが何んで、自殺なんかしよう――。むごたらしい――ではどうして。

こんな噂が、誰言ふとなく、村中に波紋の様に擴がつてしまつた。

――「松野屋の柿の木に辰公の幽靈が――。」

又「柿の木から白いものが、スーつと落ちては、フワーツと柿の木に舞上り又スーつと飛び降りる。」

又「ようく、見たら死んだ辰公にそつくりじやないか、あゝこわい辰公が迷うて來たんや。」等々。

昨日迄物靜かな村、今日の物凄い村。

では話の順序として、その松野屋のことから話さう――。今でこそ松野家と云へば、小さい小地主だが、その當時迄は、なか／＼どうして有名な大地主で、白壁の土藏か二棟も、夕陽に照り輝き――松野屋敷の御藏の中には――。なんて盆踊りの唄に迄唄はれたものだが、その時の親爺が、因慾非道な奴で、なんぼ凶年の不作年でも小作人から規定だけの年貢米は、どし／＼遠慮なしに取り上げ、奪ひ取り、小作人が血の汗で作り上げた米が食へなくて、粟を粥にして、よし一日に一度啜らう――と、そんなことなんか他人の仙氣程にも氣に懸けない典型的の守錢奴だつた。

――が――ではなんだつてその松野屋の裏庭の柿の木に、辰公は幽靈になつて出る――（無人島には娘はたゝぬ）――無氣味な噂が立ちそめる頃か――その前か――夜になると因業な親爺は、物におびえた様に、ガバつと臥床を蹴つて起き上り、狂人の目の様に血走らせ、四方を凄くにらみ付ける――かと思ふと走りがゝりに、長押に懸かつて居た手槍の鞘をはねのけると物騒にも、いきり立つて無暗に、突きまくし立てる――そして歯をキツとむき出して、かう叫ぶのだつた。

「柿盗人――こい――殺してやる」

「てめえが、盗むから悪い、それにわしを怨むとは何んだ」

「殺してやる――ああ、わしが悪かつた、ああ――辰、かんにんして呉れ、ああ、わしが――」

そして柿の木はむなしく傷きずだらけになつて行く――。

後期怪談派　千一夜物語（第十八夜）

●九州日日新聞　昭和四年七月十二日（十一日夕）　4-111

後期怪談派　―千一夜物語―　第十八夜

目標狂つて 額を柿の木に

辰公の怪死と大地主（下）

――それから七日目、もう完全に松野屋の親爺は氣がふれてをつた――そしてその晩も槍を持ち出しては柿の木の周圍を相變らず「やい辰公、小作人のくせに――」なんて呼び乍ら振廻してゐたが、突然憑かれたやうに「この辰め、積怨みだ、からしてくれる」と大聲に叫んだかと思ふと、勢ひよく柿の幹めかけて、突きかゝつたが、あッ――目標が狂つて額をしたゝか幹に打ちつけた――儘――目から血を流して、悶死してしまつた。

――ことゝに到つては、村人の誰も「辰公は松野屋の旦那に槍で突き殺されたんや、ほいで幽靈になつて、又旦那をとり殺したんや」と言ふ樣になつた――が――きう――その通り、事實その通り卽ち辰公が池に冷たく浮かび上つた前の晩、辰公は、松野屋の柿の木にのぼつて、手探りに熟したやつをもぎ取つては「猿蟹合戰」の猿の樣よろしく喰つてゐたのであつた、それを、ひよつくり見て知つた因業親爺がどうして默つて居樣、蟷郎の樣に怒つて手槍をしごいて柿の木の下から突きまくつたのである。

身體にこそ觸れなかつたが辰公はびつくりして、「松野屋の旦那、こらへておくんなはれ」泣聲で哀れをこうたが松野屋の親爺は聞き入れる者か、「馬鹿野郎柿泥棒め此槍で突き殺してやる」冗談じやない――本氣で、リユウ〳〵たぐり出すんである。可哀さうに辰は、すつかり膽を潰し、色を失つて、あはてた拍子に足を辷らしてしまつた――それに、又何んと悪運の辰だらうか――柿の根を壓さえてあつた、重石に激しく頭をたたきつけてその儘、グッと反つてじまつた。流石の松野屋の親爺も豫期しない出來事に一寸は驚いたが何を思つたか納屋に引返し、仕事着に着かへると辰の死體のとこに歸つて來た――身をかゞめて輕々と辰を擔ぎ上げ、濡れた草を踏んで村の用水池の方に運んで行く――えゝ、よいしよ――ドブン――辰の死體は一旦深く池の底に消えたが――波がずーつと丸く擴がつて行つて岸の葦をザワ〳〵と揺すぶると、又もとの一と所に歸つて來た――とき〴〵辰のむごたらしい死體が、池の面に黒く浮かび上つてをつた。もう松野屋の親爺の姿はそこらには見えない。

「からして置けば大丈夫、辰があやまつて池に落ちて死んだ――可哀相にお若いのに――さぞ力落しに――で事件は落着」つて松野屋の親爺はその時、思つたに違ひあるまいが、――どつこい、そこに辰公の幽靈の柿の木登り――（辰公の幽靈の眞僞は別として何はさて置き）何んと因業な大地主が憑かれさうな妖怪談ではないか。

Aさんは我ことの樣に得意の笑みをもらす。（この項終り）

なが〳〵とおどかしてすみませんでした。もうちようどいいゆうれいのひつこみどきとおもはれます――いいかげんにきえてなくならんと――へたなやくしやのゆうれいのやうにひつこみがつかなくなつてしまひます。ひゆうどろ〳〵ときえませう。（ふじはら）

海洋に関する怪奇伝説

●大分新聞　昭和四年六月二十二日（二十一日夕）　4-112

海洋に關する 怪奇傳說

『海の神祕は昔の話 今では世界の寶庫』

丸川久俊氏談

炎熱燒くが如き夏になると山とか海とかに涼味を求める者が非常に多くなる。山を求むる者には山の智識が必要である樣に海を求むる者にも海の智識が必要である。今日でこそ海に關する智識が餘程發達して來て居るが昔は種々雜多な迷信や傳說があつたものである、人魚に出合つたとか、或は牛鬼に遭遇したとか、龍神を見たとか、また船幽靈を見たとか色々の事が流布されて恐怖心を喚るが如き物語りが多かつた。その爲め昔は海洋は各國民間に自然に築かれた不可侵の神秘境のやうに考へられ、そして、此の境界は如何なる方法手段に依つても踏み越える事が出來ないかのやうに考へられてゐた。故に海を以て包圍された國家は安全第一のやうに信ぜられてゐた

× ×

迷信奇説として傳へられたもの、中、先づ怪獸牛鬼に就いては一見牛に似てゐてその眉間には一本の角をもち、鼻の尖端には小さい袋があつてその袋を利用して水中を自由自在に游行する事が出來る。この袋が破れても陸上の生活には何等差支がない。一度牛鬼に見込まれたら大變！山でも海でも非常な勢ひで追ひ掛けて來る。海にはまた大牙な鱶がゐる。千石船でもその背が船の底に觸れると如何に努力して航走せんとしても寸尺も進むことが出來ない。その憤怒に逢した時は猛然と背中を持ち上げて惜氣なく千石船を顚覆させる大力を持つてゐる。また海には龍神が住んでゐる。その捕獲に觸れた場合には忽ちにして龍巻が起ると云はれてゐる、彼の海上に覇を唱ふる處の英國においてもまた昔は矢張り同じやうな迷信や奇説があつた。例へばロスサンエンジヤーと云ふ動物は一見海豹のやうで、しかも前の額には二本の角を有つてゐる。四肢に依つて歩行し皮膚は象の如くに厚くかつ固い、如何に鋭利な銛を以てしてもこれを射止めるは難かしい。そして一晝夜に十二時間の睡眠を續ける。その時に二本の角を磯邊の岩角にかけて体を持挾え、磯打つ波に揺られながら眠つて居る、夜の白々と明ける時分目を覺すや天地も鳴動せんばかりに咆哮する、その聲をを聞いた時は如何なる勇者も身を縮めると云はれて居る、またロイラーと云ふ鯨よりも大魚が居る、居るが、その最大なものになると三百九十尺もある、どんな大きな鯨でも精々百二十尺位である、然しながら口には一本の歯もないと云ふから妙であるその肉は迚も美味しいが、その擧動が頗る輕快で敏捷なので容易に捕へられない

× ×

から云つた奇説、迷説が東西何れにも澤山ある。その爲めにこれまで海洋に對する恐怖心を起さしめたのも少くないのみならず、昔は造船、航海、氣象に關する智識が乏しかつた爲めに小舟を操つて海洋に出た者の遭難もまた頻々とあつたので自然海洋は危險な處であるとされて板子一枚底地獄と云つた様な考へを助長せしめたものである然し海洋氣象の學問が開け造船、航海の術が發達した今日では海上は寧ろ陸上よりも安全であり、交通運輸の便もよく、まれ國防上海程大事な處はなく、漁業の上からはこれ程大きな寶庫はないので食糧供給の點から云つても海の重要性が肯かれるのである。故に今日では各國民は競ふて此の海洋を利用せんとしてゐるのである。

資　妖怪国　百鬼夜行物語

●小樽新聞　昭和四年六月二十四日　4-113

月曜の読物

●長崎日日新聞　昭和四年六月二十四日　4-114

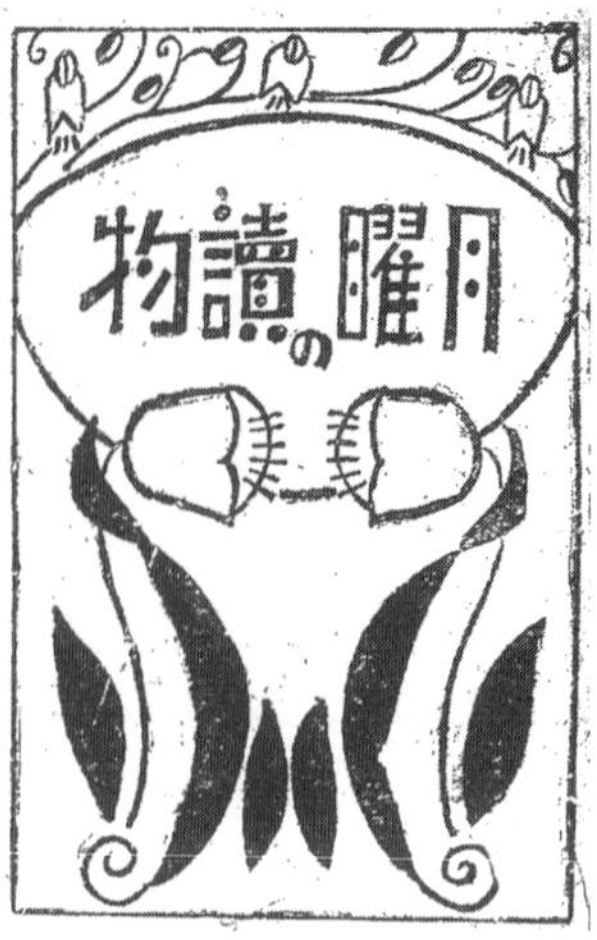

本蓮寺客殿に集ふ
夏の宵に相應しい座談會
多數の婦人會員も混へて

『靈魂と靈能』……【寺田本社員速記】

長崎座談會主催、長崎日日新聞社後援の『靈能と靈魂』に關する座談會は六月十五日午後七時から西上町本蓮寺に於て開會された、當夜の座談内容は左の如くであつた

△淺田博士（司會者）　今晩靈能、靈魂の座談會に移るのでありますが、非常に問題が大きいですから、其問題をいろんな方面から、順序もなく出鱈目に質問が出たり、議論が出たりすると、迚も纏まりが付かないのでありますので、斯う云ふ刷物を持つて來ました、大體斯う云ふやうな順序で、先づ御體驗なり、お聞きになつたことなりをお話して頂きまして、夫れに就きまして、今晩は澤山宗教家もお出でになりましたから、さう云ふお方のお考へを承りまして、夫れから又其後で科學者も大分お出でになりますから、科學的御意見を承りまして、夫れから其次の問題に移る、斯う云ふ風にして頂きたいのであります、是等の問題を、我々は今日の科學の知識宗教の方面に於きまして、何う云ふ概念を持つて居れば時代に遅れて居らないか、此の時代にあつては斯うであると云ふ概念を持つに止めたいのであります、先づ一番初めに茲に「憑きもの」の話を出してございますが、順序を致しまして第二の「幽靈」の方を先にして置く方が都合が宜いと思ひます幽靈の概念が判つてから、憑きものに移つた方がよく判りますから來月は妖怪の話でありますから、今夜は妖怪に關することは此の中に入れません、妖怪と非常に似て居りますけれども、妖怪は來月纏めることにします、今夜は妖怪は拔きであります、幽靈に就て先づ何誰か、御意見なり、又はお聞きになりました面白いお話がありましたならばお願ひ致します、夫れでは何誰か幽靈に關するお話はございませんか、ドシ／＼意見を出して頂ひます、何誰か光源寺の幽靈の由來でも御存じの方がありましたら、お話を伺ひたいと思ひます、西村さん佛教の方で幽靈に就て何う云ふお考へがございますか承りたうございます

△西村慈洸氏（本蓮寺住職）　私は幽靈に就ては何も話はありません、見たことがありませんから……

△酒美保造氏（長崎無盡支配人）　私の子供の時代にいろ／＼幽靈の話を聞き、又光源寺の話も聞きましたが、我々人間は死ぬと共儘、我々の身體はなくなる又魂もなくなるが、夫れと同時に、そこに佛教で云ふ所の心識共に生れて來る、其時に於ける人間は肉眼に見えぬだけで、心識共に生れ變るものであつて、幽靈とか魂魄とか云ふやうに、フラ／＼して居るものではないのであります今日の物理學で之れを考へます時は、恰度水を火にかけますと、水はだん／＼無くなりますが、同時に水蒸氣と變ると同様です

△淺田博士　西村さんの御意見は何うですか、酒美さんの御意見に就て反駁する所はありませんか

幽靈 ―魚青筆　長崎市八幡町 高島氏藏

幽靈は女性が多い
人間執着の象徴か

△高原憲氏（醫學士）　私共は見たことはないのですが、聞いたり讀んだりしますと、幽靈の大部分は女性のやうです、私の考へでは幽靈と云ふものは、人間の執着と云ふものを一のシンボルに化したものではないぢやらうか。

夫れが幽霊ではなからうかと思ひます、何うでせうか、人間の執着と云ふものをシンボル化したもの多くは幽霊は女性である故に、女性は執着を意味する所以です、何うやら執着の深い所をシンボルで現はした姿ではなからうかと思ひます

△田邊啓藏氏（辯護士）　何誰も幽霊を御覧になつたことのないお方ばかりのやうでございますが、私のも幽霊と云ふか何うか知りませんが、今までに二三不思議でならんことがありますから、其事實を申上げて置きます

奥の座敷に老婆の姿

生れて間もなく、京都の田舎の方に預けられて、十二まで其處で育つたのですが、餘程神經が強かつたやうです夜寢る時などおそはれて居る時がありまして、晝寢してもよくおそはれることがある、田舎の家と云ふのは四間に分れて居りまして、一番奥に廣い座敷があります、其處に佛壇がありまして、其部屋はお客さんの部屋として、我々子供は入られない、時々留守中に入つて見たり、夫れから病氣するとよくそこに寢かされました四つか五つ位ですからハッキリしませんが、確に其部屋に、眞白い着物を着た尼さんのやうな人が居つた、まだ頑是ない子供ですから不思議とも何とも思ひませんでしたが、だん／＼考へて見ますと、遍見たのではない、時々現はれたやうな氣がする、併し今から振り返つて見ると、そんな奥の間に眞白い着物を着たお婆さんが居る筈がない、矢張り私の神經の強かつた所からさう云ふやうなものが、始終目に入つたものぢやなからうかと思ひます、唯だ子供の神經にさう云ふものが無意味に現はれると云ふことは思はれない、何かそこにさう云ふお婆さんが出る因緣がありはせんのでなからうか不幸にして其原因と云ふやうなことは聞かずに京都に歸つて了つたと云ふ所が夫れとちよいと良く似た話が私の友達にもあります

机の横に女の顔

今滿洲に居りますが、其友達が勉強に疲れた揚句、本から目を放すと、横の方に女の人が見える、確かり見ると居らない、又勉強して居ると女の顔が夫れとなく見えるところが友達は子供のことで何にも氣が付かずに居りましたが、世間で評判が立つ、其評判と云ふのは今のお母さんは後添ひだ、さうして前に居つたお母さんを無理に出した、夫れで前のお神さんの心持が其子の上に殘つて居るかも知れない、其殘つて居る心持が時々現はれるのじやらう、矢張神經質な者とか、いろんなことに感じ易い人間には、さう云ふものが現はれるのではないかしらん、さう云ふ事實を聞くもんですから、矢張生きてる間に非常に思ひ詰めて居つた其心持と云ふものは、其人が亡くなつてからも矢張殘るものではなからうかと思ひます

轢死者が夢枕に立つ
鼈甲緣の眼鏡

△田代一二氏（長崎驛勤務）　お話申上げる順序として、私の職務關係をちよいと申上げます、鐵道に奉職して居るもので長崎の檢車所に勤務して居ります、早岐に分所が在り友人が其處に勤務して居りました、恰度今年の一月一日午前零時五十六分頃の出來事です、其晩は何うやら氣色が惡くつて寢み切れなかつた、ウイスキーでも飲んで寢んだらよからうと、ウイスキーを二三杯飲んで寢みました、所が夢現の如くして居りますと、官舍の硝子戸が開いたやうな氣がしました、何か強盗でも入つたのではなからうかと直感しました、直感すると同時に、枕許に眼鏡をかけた男が立つて居る非常に夫れが恐い、今まで曾てさう云ふ恐い目に遭つたことがない非常に狼いて了つて蒲團の中に潜り込みたいやうな氣がしました、スーッと心が抜けたやうな氣がし

ました、夫れから目が醒めまして何ぢやつたらうか、こんな恐いことはありはしない、今まで斯う云ふ恐い、體驗を持つたことがない非常に惱苦しいさう云ふことを考へて居りました、暫らく考へて電燈を點けませうと思つて居ります時に、電話のベルが荐に鳴りますから直ぐ起きて行つて電話にかゝりました、すると今早岐檢車所分所の工業學校を出た人が汽車に轢かれて死んだ、私は非常に驚いて了つて之れは不思議なもんだいつ何時何分に死んだのであるかと聞くと零時五十六分に轢かれて死だ、斯う云ふ其時ボーンと一時が打ちました、恰度私の枕許に恐いものが居つたのを感じました、時刻と死んだ時刻が一致して居る之れは何か知らせに來たのではなからうか、さう云ふことを考へはした、死んだ本人は鼈甲緣の眼鏡をかけて居りましたが矢張私の見たのも鼈甲緣の黒い眼鏡をかけて居ることがよく判つた、私は今まで靈魂と云ふものに就て餘り信念を持たなかつた、又研究したこともありませんでしたが、さう云ふ事柄を體驗しましたに就て、確に靈魂と云ふものはあるものさう云ふ信念が出來ました。

蚊帳の外に女中の姿

△酒美氏　先程宗教上の見地からチヨット申上げましたが、幽靈の話は澤山あつて、現に光源寺の幽靈、夫れから此のお寺にも豎返りの間と云ふ間があります、そこに寢た人は朝になると反對の方に身體がなつて居ると云ふことでございます、そこの前の井戸には何となくヒー〱と云ふいやな聲がする、今夜にも其聲がするかも知れません、此前伺ひました時、役僧の方に此處に斯う云ふことがあるさうですが、本當ですかと聞くと、本當です、或る時そこに小僧を寢かせました、さうすると夜中に小僧がヒー〱おらんで廊下を歩くやうな音がする、翌朝小僧に聞いて見るとチツトも知らなかつたと云ふことです、その井戸の中の聲は何とも言へない、何う云ふ譯か知りませんが、こゝは元耶蘇の寺があつて、あすこの井戸に切支丹宗門の人を吊し斷して入れて居る、あの井戸には切支丹信者が澤山入つて居ります、何うか皆さんお歸りを用心して下さい、夫れから之れは最近私の家庭にあつたことでございます、夫は私が曾て西山に住んで居りました時代でございましたが、其家を移つてから家内が言ひましたが、夜中に目を醒すと、蚊帳の外に十七八の女中見たやうな人が坐つてゐる何うかするとスーッと蚊帳の中に入つて來るやうなことがあつた、夫れが厭で仕樣がない、夫が一回ならず二回ならず、三回もあつたと言ふことであります、所が夫は夫だけの事實でありますが、だん〱聞いて見ると其家で女中が首を縊つて死んだ、その死んだ時の姿が家内が見たやうな姿であつたのです

（と語つて後大本教の淺野和三郎著書中の幽靈の寫眞のことや、同書に靈魂とか魂魄とかが人間の腦以外にあると云ふことを書いてあることや、學者の研究によると蛙は腦髓を摘出しても泳いで居ることなどを論じて、人間も腦以外に何かあるのではなからうかと結ぶ）

五社山下の時計屋殺し

△田代氏　モウ少し申上げて置きたいと思ひますが――私の枕許に立つて居つた男は、私が監督する立場にあるので、鐵道で怪我をすると云ふことを豫て喧しく言つて居つた、怪我をしては不可んと云ふことを常に本人も考へて居つたらしい、夫れで怪我をしたから直ぐ夫れと同時に、心が私の所に來たのではないでせうか、早岐から長崎にラヂオのやうですが……

△西村氏　私は實は僧になりまして大分長くなつて居りますが、幽靈に一遍も出會したことがありません、私の師匠の奥さんは、幽靈はあると言つて信じて居りました、夫れは五歳の時でございますが、自分の父が亡くなつて、自分が寢て居てフト目を覺したところが、臺所の方を脚袢を穿いて白裝束で正しく通つた、夫れを私は見た、もつとも父と別居して居つたのですが――、斯う云ふことを申して居ります、今の

田代さんの虫の知らせと云ふことは私も御同感に思つて居ります此の事は私も實際に經驗しました、夫れは恰度五六年前、彼の時計屋殺しと云つて有名な話でございますが、五六年前の八月の上旬徳末時計屋の主人が此のお寺の上の方で殺されたことがございます恰度私は寢て居りました、殺されたことは少しも知らないで居て居りました所が、夜明頃でありませうか、非常に不思議な夢を見ました時計屋の主人は私も知つて居りますが、其主人が絽の紋付羽織を着て、袴を穿いてズーッと通つて行きました、そして其後から刀を振つて追つかけて行く人がある、夫れで私がそんなことはしていかんと言つたが、二人が喧嘩をするので私が分けて入つて、喧嘩をしてはいかんと言つて居るうち、徳末の腕を斬つた、そしてモウ一つの刀を以て徳末の腕をヅブッとやつた、其時私の見た時に殺した人は、茶色の勞働服を着た人で、而も向うに工場のやうなものが見える、そして其處に逃げると云ふやうな如くに見えた、そして私は非常に早く起きるので、すが、お勤めをして居ると、徳末と云ふ人が殺されたと云ふことです、夫れならば殺した人は確に勞働者に違ひない、そして其人は三菱の職工さんに違ひないと言つて居りました所が、矢張其人は三菱の人でありまして、殺された徳末は胸に刀を突つ込んだ儘殺されて居ました、之れは私が見た通りでありまして、矢張虫の知らせでありませう、其人を生前に知つて居りますから、死ぬ瞬間に、知つて居ると云ふ考へがありまして、其心靈がヒヨッと私の胸に來たものだと思ひます

△渡邊氏（新聞記者）　ちよつとお伺ひしますが、其夢を御覧になつた時間は何時でせうか

△西村氏　夜明頃です

△渡邊氏　時計屋が殺されたのは五社さんの下で、私は警察の檢視の巡査の來る前に現場まで行つたので記憶がありますが、時間が違ひはしませんでせうか

△西村氏　朝見たのですが

△渡邊氏　朝ぢやありません夕方でせう、朝は殺されて了つて居りますが……、午後六時頃時計を買ふと言つて連れ出して、そして此の上で殺したのですから

△西村氏　さうすると時間がさう云ふやうでございますが、さう云ふことが胸に映じたのですが

科學的に觀た 幽靈の正體

西洋のは靴を穿く

△淺田博士　虫の知らせと云ふことに就ては、私の家内も一つの經驗を持つて居ります、私の家内が三年程前に、晝の二時頃、夏だつたと思ひますが、思案橋の方に買物に行きまして、思案橋から電車に乗りましたところが、電車の中で別に居眠りもして居なかつたのですが、子供が頭に繃帶して居る姿が朦朧として前に現はれて來た、其時ハッとして怪我でもしたのではなからうかと思つて家に歸つて見ると、果して子供が椽から落ちまして頭を怪我して、女中が繃帯をしてやつた所です、恰度電車の中で見た時刻と、子供が繃帶して居つた時刻とが一緒でした、夫れは偶然かも知れませんが、矢張一種の虫の知らせと思ふのであります、大分お話が出ましたが、私の信じて居ります幽靈に對する科學的の見解を申上げませう、今幽靈に就きまして科學的に説明すると、錯覺幻覺と云ふことから説明して行かなければなりません、錯覺と申しますのは、目に何か寫つては居るが、寫つて居る品物を夫れを誤つて認識する、つまり郵便函が前にあると其郵便函が幽靈に見える、或は墓場を通つて石塔が立つて居ると、夫れが幽靈に見えると云ふやうなものでありまして、錯覺は普通の健康な人でもありますが、眞日中では起りませんが、薄暗い所、暮れ時、或は眞暗い時のみ起ります、幻覺と申しますと、頭の中で或る想像を描く譯なんですね、夢と同じやうに、夢は目で物を見て居りませんのです、腦の細胞が曾て何か見たことのある、其像を印象して腦の細胞が働きまして、そして目で物を見たのと同じやうな働きを致します、夢は寢て居る時の幻覺で、醒めて居る時の幻覺と言ひますのは、目が醒めて居る夢であ

ります、此幻覺は中毒の時に起ります、或はアルコール中毒、コカイン中毒、或は又モルヒネ中毒のやうな時によく起ります

（と語り、幻覺は其外耳或は觸覺臭覺等總てのものから起るとて一々例を擧げて説明し、又國に依つて幽靈の形が違ひ、日本には足の無い幽靈が多いが、西洋の幽靈は足があつて、靴を穿いて居る、國に依つて形が異つて居るから、絶對的のものではないと述べ、更に語を次いで）

モウ一つ、其虫の知らせと云ふものは、之れは今日の科學の程度ではよく判然判りませんですね、判りませんけれども、矢張さつき西村さんのお話になつたやうに、生きて居る人からのみ來るもので、死んだ人からは來ない、正に死ぬ瞬間、其人の頭から何か一の電波のやうなものが出るのでせうか、何かエネルギーが出るらしい、死の瞬間には隨分遠い所に居る人でも、無關係の人でも、親類なぞは勿論頭にピカッと浮んで參ります、ラヂオが途中電線も何もなく、受話機さへあれば其音が聞えるやうに、目には見えないが、腦の細胞が刺戟されて、夫れがまざ／＼目に見たやうになつて來る、死んで居る人から來るものは潜在意識から來るのでせう、潜在意識として色々聞いたことがありますが注意をしない場合は、頭に刺戟が入つたけれども、一向夫れを氣が付かぬことがある、さう云ふ場合には何かの機會に一旦潜在意識として入つたものが、數時間後、數日の後、數ケ月の後にポカッと出て來ることがある、其場合には死んだ人と話したやうに考へられる死に角死んだ者と話さうと云ふことは、學者は疑つて居る、死んで腦が無くなつて了ふから、さう云ふことはないと我々は考へるのであります

△酒美氏・ 今のことは、靈魂は絶對にないと云ふ前提の下に、さう云ふことになつて來ますか

△淺田博士・ 靈魂はありません、宗教的ではありません、科學的に……

△酒美氏・ 淺野和三郎さんが歐米に行かれました時の書物に、幽靈の寫眞が載つて居りますが、彼れは矢張手品ですか

△淺田博士・ 彼れは手品です幽靈の寫眞は幾らでも出來ます（未完）

夏の映画陣　例によって怪談もの

●松陽新報　昭和四年六月二十六日（二十五日夕）　4-115

夏の映畫陣

例によつて怪談もの

各社が競つて

映畫界はそろ／＼夏の怪談シーズンに入つたので各社とも銷夏映畫として例に依つて怪談物に着手してゐるが、帝キネでは松本田三郎主演の怪談文彌殺しをつくる筈で之は中村梅太郎がグル／＼坊主になつて共演する外千草香子、都さくら其他オールスターキャストものので四谷怪談以上の戰慄と恐怖にみちた怪談映畫である、この外帝キネでは實川延松主演で「因果草紙」を撮ることになつて居るが何れも盆頃に封切される筈である、マキノでは澤村國太郎主演の「旗本小普請集」十二卷にナンセンス物の現代劇を一本添へて大いに景氣をつけることになつた「旗本小普請集」は嘗て阪東妻三郎や月形龍之助、市川右太衛門、嵐寛壽郎等をして今日名をなさしめた名シナリオライター壽々喜多呂九平氏の原作、二川文太郎氏監督のコンビネーションで大いに力瘤をいれ更に水中映畫「彌次喜多」の第四篇「龍宮の卷」で夏の暑ぐるしい館内の氣分を涼味で一掃しやうと云ふ趣向で全篇水中撮影とし、目下ファストシーンの彌次喜多が龍宮へ赴く海底の道中を撮影のため撮影隊は琵琶湖に出張してタンクを使用して涼しい水中撮影を行つてゐる、また東亞では嵐寛壽郎、原駒子共演で山岳異聞「鞍馬天狗」を後藤岱山氏が監督して撮ることになつてゐる

青い繭と大蛇の印　伝説そのままの話

怪 ●新会津　昭和四年六月二十七日（二十六日夕）　4-116

青い繭と大蛇の印

傳說そのまゝの話

門田村御山の遠藤家に起つた昔話のやうな不思議な出來事

緣板に大へびの生寫し

眞青な繭が只一つあつたのを發見大騷ぎをして家內中寄び集め見せやうとした處アヲ不思議やたつた今あつた筈の青い繭が天に飛んだか地に潜つたかいつの間にやら消えて無くなつてしまつたので主人末次を始め家內中狐につまされたやうな心持ちで其處らを探し廻つて居ると是は又不思議！緣板にあり〳〵と一間餘の大蛇がねつて居る。びつくりしてよく〳〵見直すと生きた蛇にあらず、這つた跡にもあらずありありと然も鱗の一枚々々から頭までがはつきりと印されてゐるので再びびつくりして家內中を呼び集め一同怪訝な不安にも襲はれながら見分の後跡ではないかと雜巾を以て拭つて見たが少しも跡がとれない。然もそれが先程まで家人が步いてゐて少しも氣附かなかつたものであるといふ。蛇嫌いな同家の眼の見えない老婆はびつくり仰天したが、先刻の青い不思議な繭といへこの奇怪な蛇といへ考へて見ると昔からよく傳說などにある神樣の！同家は養蠶國神社を信仰してゐるので確かに神樣が斯うした不思議をお見せになつたことゝ今までの不安は急に明るし喜びと變つて遂にその緣板を枚を剝がし床に祭つて、お灯をあげ御神酒を供へて拜んでゐるが是を寫眞に撮つて置くと言つてゐる。因に同家は盲目の老婆を非常に敬ひ一家圓滿て村內の評判のいゝ模範家庭であると

月曜の読物

資 ●長崎日日新聞　昭和四年七月一日　4-117

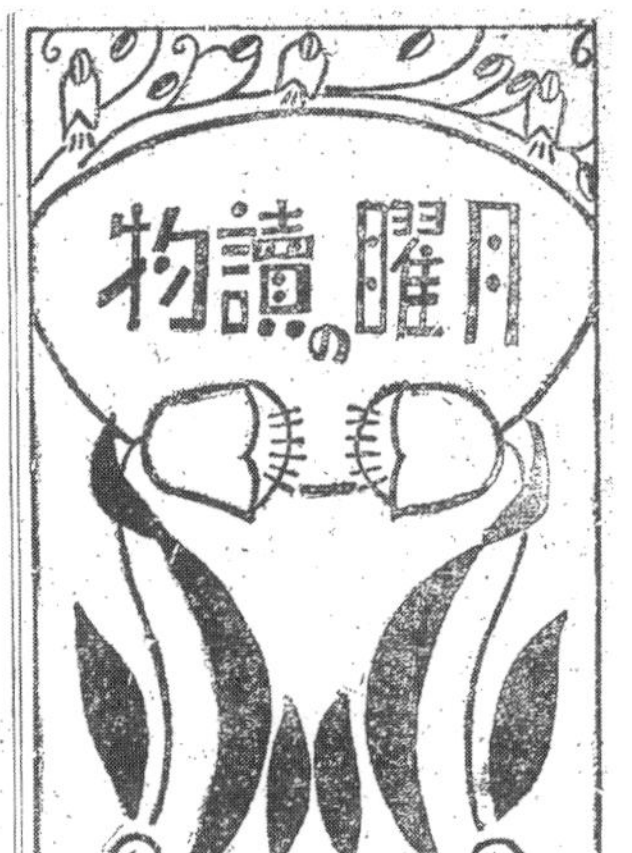

「靈魂と靈能」—【座談會續き】

戰慄を催す怪談に興湧く

多數の婦人會員をも交へて　本蓮寺客殿に集ふ

肉は亡びても靈は殘る

幽靈の實在を强調

田邊啓藏氏（辯護士）　此の幽靈のことに就ては、私は餘程興味を以て考へて居るが、私は世の中には幽靈と云ふものはあるものと信じて居る。そこで人間と云ふものには、肉體と靈と云ふ二つのものがある、肉體と靈との二つが合して人間があるので、靈を離れて肉體ばかりでは無い。肉體を離れて靈ばかりでも人間は成立たない。兩方相俟つて人間と云ふものが生きて居る。夫れであるから、斯う私は思つて居る、今手にちよつと怪我をする、之は肉體に怪我をすると同時に、靈にも夫れだけ怪我をすることになる。我々には判らんけれども靈と云ふものは、肉體と云ふものに依つてすつかり包まれて居る、斯う私は信ずる。夫れで私は幽靈は在り得るものと思ふ。

播州皿屋敷

淺田博士（司會者）　夫れは矛盾しては居りませんか

虛心坦懷で研究すべし

田邊氏　人間の靈は肉體が無くなつた時にもあります、そこで種々の現象が起つて來る、科學者は我々の當り前の知識を超越した考へを持たなければならぬ、科學者が集まつて靈のことに就て話しをした場合、さう云ふことはないと云ふが、例へばコップに水を一杯注いで、モッと注いで呉れろと云へば、モウ溢れるから仕方がないと云ふ、あなた方の頭にはいろんな現象が入つて居るから、靈の話をしても判らん、夫れでコップの水を空にしてから、靈の話をすればよく判ります、何うも科學者の頭は昨今さうなつて居る（ヒヤ〱と云ふものがあり、拍手盛んに起る）根本から靈魂と肉體が合して人間が出來てゐるものと云ふ頭を以て考へて見ると、靈と云ふものは獨立して存在し得ると考へる、左うすると幽靈と云ふものは出て來る、夫れなら何故みんなが幽靈になつて出て來ないか、私に言はすると、時と場合には出て來る、夫れは其の人の考へ如何に依つて出て來るだらうと私は想像して居る、夫れで餘程熱心な人が幽靈になる、言葉を換へて言ふと幽靈は婦人が多い、婦人は一心になると酷いですからね

と一同を笑はせ、女の執着の強い所を一通り述べて

之れは田邊一個の考へでございますが、さう解釋した方が解釋し易くはないかと思ふ

淺田博士　幽靈は宗教的方面、科學的方面、或はさう云ふ我流の說明もありますが、斯う云ふ所で打切ることにしませう

新靈魂說

靈魂存在を認識

森氏　靈魂は靈魂其のものが現はれるものであつて、我々肉眼に見えるやうな場合には、幽靈となつて居るやうでございます

と最近新靈魂說なるものが出來科學的實驗の結果、靈魂の存在を認めて居るが、自分も靈魂行脚をした結果、其說を承認するやうになつたことを說く

淺田博士　新靈魂說とは何う云ふものですか

森氏　新靈魂說とは、我々は死ぬると同時に靈魂は生くる、そして靈魂の世界に居る、然らば夫れが何う云ふ風にして述べ立てられて居るかと申しますと、歐米の物理學者、科學者などが、或ものは數百回、或ものは數十回に亘つて實驗研究の結果斷案を下したものであります

と答へ、自分は夫れを信じて居るから自ら其實驗をし其結果を發表したいと思つて居ると述べ茲で田邊氏先刻言ひ足りなかつたとて、靈魂の問題を考へるには、人間といふものが不完全なものと言ふことを前提して考へなければならぬと、現代文明人が昔の人に比べてだん〱劣つて居ることを說き

田邊氏　斯樣に弱い力を以て靈魂などを考へやうとするから、却々むづかしいと私は考へて居る

科學を超越した 神秘な靈の力

大阪控訴院で實驗した

高木昂氏（南高島原町）　私も此の靈魂と云ふ問題に就て趣味を有つて居ります、今日は島原からわざ〱參りましてお話を承り、又今夜から仲間に入れて頂きたいと思ひまして參列させて頂いた次第でございます、だん〱今までお話を聞きましたが、大阪に長南シミエと云ふ女の人がありまして……之れは明治二十五年であります……此人はよく人の病氣を癒してやつて居た人でございます、所が非常に病氣が癒るので、何う云ふ風にやるだらうかと云ふと、病人が五人見えると空瓶を五つ前に並べるさうでございます、そして長南トシエと云ふ人がお禱りをすると、其空瓶に水藥が入るさうです、夫れで病人が非常によく癒るので、警察から中止させられまして、監獄に囚はれの身となつたのであります、其控訴審に於きまして、裁判官が、夫れでは實地檢證をしやう、斯う云ふことで大阪控訴院の辯護士室で實驗が行はれた、そして二合入の瓶を密閉致しましてそして長南トシエの前に出したのであります、そして長南トシエがお禱りをしたのが、一分經たずに水が充滿したと云ふので無罪になつたと云ふことであります、之れは事實あつた話でございます、斯う云ふことを考へますと、何かそこに科學を超越したものがなければならないと

私は思ひまして、今までいろ〳〵研究を續けて居りますが、私は學者で、ない爲によく判りませんが、之れは私の考へだけでありますが、人間は魂と肉體とから成立つて居るものと考へるのであります、何故なれば人間が寢て居る時眼を開いて見ても見えない魂が、寢て居る爲に……

淺田博士 大分幽靈の話に花が咲きましたが……

大審院で認めた神憑り

寺田氏（南高多比良） ちよつと私も一つお話をします、靈魂の研究があると云ふ話を聞いて島原の方と一緒に來たのです先刻からお話になりました心理學上からの幻覺錯覺、或は暗示說、近頃出來ました感應說と云ふものは、ちよつと考へると尤もな話でございますが、御承知の通りに大本敎事件が大正十四年七月に大審院で判決されました、あれは出口ナホ子と云ふ人がお筆先になつて、神憑がお書きになつた中に、〇〇と云ふのが不敬罪になつて居ります此の問題を前後六年間かゝつて判決したものでありますが（と其判決文を朗讀し）被告の神がゝり狀態にある事實は之れを否定すべからずと云ふことを書いてあります そして刑法第二十八條、罪を犯すの意思なき者は之れを罰せずと云ふことに依つて、之れを罰せぬと云ふことに判決が下され、大審院でも神がゝりを認めて居る。

母親の亡靈の願

遺兒に心引かるゝ

病氣がケロリとなほる

夫れからこれは岡山での出來事ですが、或る人が夕方墓地に參拜した所が、其踊りがけに女の人が其前に立つて居る、よく〳〵見ると何うも幽靈らしいと云ふのです、其人は豫て靈的研究に趣味を有つて居た人である爲、恐るゝ所なく其女の風貌を見てみると、何となく自分に賴みたいやうな相貌が現はれて居つた、そこで貴女は何誰ですか、そして何か御用がありますか、斯う云ふことを尋ねた所が、其幽靈は私は岡山の二日市と云ふ所に住つて居た山本シカと云ふ者であつて、此の一ケ月ばかり前に死んだものである、そして自分の夫の許に二人の子供が居るが、自分が死んだら後添の妻を取つて吳れるな、是非取るとすれば自分の妹が故鄕に居るから娶つて吳れと云ふことを賴んで死んだ所が、夫は夫れを無視して後妻を迎へた其爲に二人の子供は苦しんで居る其長男はモウ既に自分が幽界に引取つて了つて、モウ一人の弟の方も近々引取らうと思ふて居る、夫れを自分の夫に甚だ御苦勞であるけれども告げて吳れと、斯う云ふ、夫れぢや自分が其人の宅を訪ねてさう云ふことを申しますと言つて、幽靈とお別れした譯です、夫れから同人が三日後山本と云ふ人を訪ねて逐一話したが、夫は夫れを眞に受けなかつたが、五六日經つてその弟の方が突然熱發し危篤狀態になつたので、相談の末亡靈の願ひ通り後妻を出して妹を入れたところ、不思議に子供の病氣が癒つた、之れは本年一月の出來事です

拔けた魂が再び返る

高木氏 或る人が病氣で非常に危篤に陷つた時、お醫者さんが來たり、近親の人が來て居るが、自分の靈魂がスーツと拔け出て了つて、そして自分の身體を見て居ると、お醫者さん達がグズ〳〵何かやつて居るんだから、危篤だから早くせねばいかんぞ、早くせねばいかんぞと靈魂の方が云ふ、けれども却々聞えず、みんな泣き愁嘆して居る、夫れで、盛んに早くせねば自分の肉體の息が切れるぞと言つて見るが、一向通じない、暫らくしたところが、何だか現界に歸りたいやうな氣がしたから歸つて見ると、其儘病氣が癒つて了つた、其人は今現に生きて居るのです

神村照彥氏 自分は壹岐對馬の方の大本敎の宣傳員として末席を汚して居るものでありますが今日の科學者は靈魂と云ふものに對して餘りに無識である、生きた人間の世界より、目に見えない世界の方が大きい、犬猫其他總てのものに靈魂があるのである

と大本敎の宗敎的及科學的見解から靈魂存在說を縷々述べ、大審院の判決を引用力說する

壓搾すれば 目に見える

靈魂實在の實驗

寺田氏 靈魂は無いとは何うしても言へんのであります、貴方がたは（淺田博士を指す）醫家の方でございますから、實驗が出來ますが、動物にも靈魂はある、瓶に蛙を入れて夫れを密閉して殺す、そして其空氣を壓搾すれば、其靈魂はスーッと瓶から浮き出て來る夫れは實驗さるゝと判る、モウ實驗した人は澤山ある

と滿場を哄笑させて、煙草の煙にしたところが、昇るに從て見えなくなるが此の空氣を壓縮すれば再び見えて來ると例を擧げ靈魂の重量は極く稀薄なものでありまして、空氣以下の重量をもつて居る、夫れを壓搾すれば目に見えて來る、夫れで醫家の人は之れを實驗して見れば直ぐ判る

此時一同ドッと笑ひを爆發させて拍手盛んに起る

フワリ〳〵と 飛んで行く人魂

淺田博士 人魂を見た人がありますか、人魂の話に行きませうか……

渡邊氏（新聞記者） 私も小い時に見ました、夏でしたが、十二時過ぎに向うの屋根の上を螢の光のやうなものがフワリ〳〵と飛びましたが、一軒隣の人が翌朝四時頃死にました、夫れが人魂であると云ふことを聞かされた譯です

淺田博士 私は六つか七つの時分に見ました、夜三時頃日を發したのですが、冬でした、此の位の（手で圓を描く）玉が尾を引いて、薄い赤みがあつてゞすな、家の中をフワ〳〵と飛びましたが其晩女中が死んだのです

松本氏（新聞記者） 貴方がたのは生きて居る人魂ですが……、私のは十歳ばかりの頃に、私の裏の家の妻君が亡くなつて、子供が一人あつたのです、後妻を貰つたところが、毎晩人魂が出て來て、子供の寢んで居る蒲團の周圍をスーッと通つて、蚊帳に至つて消える、或る晩夏でしたが、直ぐ私の家へやつて來て、今人魂が出て居るからちよつと來て御覽なさいと云ふから、私が飛び出して見た所が、家の中から屋根に拔けて、夫れから五六間先の方の溝に至つて落ちた、行つて見ると、馬の足跡の中に何か軟かいものがありましたがね、子供の時で夫れだけが見たのですが有名な話です（此時滿場哄笑する）

森氏 心理學者の實驗に依れば人魂は鑛物と云ふことになつて居る、併し手に觸つて見ても熱くはない、又人魂、幽靈、生靈、死靈と云ふやうなものは、總て靈魂の現はれで、夫れが如何にして現はれるかと云ふことも、實驗の結果明かになつて居る、自分も二十年ばかり前までは、そんな馬鹿なことがあるかと言つて居たが、夫れを信ずるやうになつて來た

淺田博士 西村さんは人魂を見たことはありませんか

西村慈琥氏（本蓮寺住職） 唯だ不思議に思つて居つたことがありますが……數年前、私の部屋で寺の總代の人と二人話して居た所、臺所の井戸のところに夕方五分間ばかり一尺位の光りを照らしたことがあります、不思議だと思つて或は懷中電燈を照したものがありはせぬかと思つて尋ねて見ましたが、何もなかつた、不思議に思つて居りますが、併し人魂ぢやない

淺田博士 人魂は燐光から成るさうですが、家の中にあるところから見ると私は目の錯覺だと思ふて居る

渡邊氏 目の錯覺が數人一時に起ることがありますか

淺田博士 一時に起ることはありませんが、一人が見たと云ふことを聞くと、暗示が出來てさう見えるのです

●**木原氏** は自分で見たことではないがと前提して十年ばかり前神の奥平野と云ふところの出來事で、之れ亦妻君が亡くなつて、後妻を迎へたので、先妻の人魂が屋根の上をフワ〳〵と廻る、夫れが先妻の顏に見えたと云ふことであると語る

●**高木氏** も島原の船津新地の金藏山附近で或る人がカンテラを照して夜釣に行つて居るとヒヨッと大きな火の玉が頭の上を通つた、其夜夢の中に若い娘が現はれて『お前が火を照して居ると出られんから一週間が間は來て呉れるな』と頼んだことがあつたところが、其人は豪膽な男で、直ぐ翌日も行つて見ると、いつの間にか潮が滿ちて居るので泳いで歸つて來たが、其夜大熱を發したことがあると、黒板

に地圖まで描いて面白可笑しく話し續ける

狐狗狸さん
試驗問題に失敗

淺田博士 先に移ります靈能の所に自働運動及自働器具、狐狗狸さん、プランシエツトなどを掲げて置きましたから……狐狗狸さんをやつたことがありますか

田邊氏 私が大學に居つた時分に狐狗狸さんが大分流行つたが、先生方がやると甘くいくが、私がやるといかん、夫れで何ですな狐狗狸さんが甘く當るやうならば明日の試驗問題をやつて見やうと云ふのでやつて見たが、當らなかつたことがあります

靈媒により
靈に接觸

森氏 我々の靈と云ふものは肉體で包んで居るもんだから我々普通の場合は靈と接觸することは出來ないが、靈媒がやると接觸することが出來る

淺田博士 靈媒も男より女の方がよいやうですな

次いで田代氏及酒美氏と淺田博士との間に、讀心術自働運動等に就て二三意見の交換があり、鳥原の高木氏も劇場に於て觀客の持物を當てる讀心術に就て語る、又酒美氏は朝鮮の靈媒に就て語る

大木氏 私が見たものも女の五十歳位でしたが、目隱しをして、お客さんの持つて居るものをよく當てる

鏡山再岩藤

と參錢切手、壹錢銅貨、或は時計何でもよく當てる不思議でならんと語る

雜念が交れば
透視は成功せず
友人の妻の不義を透視

田邊氏 稻佐に居つた和田義孫君が透視のことで實驗談をやつて與れたことがある、先生は御承知の通り三菱の請負をやつて居た夫れで相手方の札を透視が出來さへすれば、夫より以下に入れれば自分に落ちる、斯う云ふ考へから透視を研究した、或時入札の時に透視をやつて見たところが、狀袋はちやんと寫る、夫から中の入札して居る紙も寫るが、何うしても中の肝腎な文句が寫らん、何うしても判らん、何故に寫らんかと云ふので、よく考へて見ると、そこに一つ邪心と云ふものが起つて居る、一つ之れを見出せば、儲かる、それより安いものを入れて取つてやらうと云ふ邪心が起つて居るから判らん、透視をする時には、悉く雜念を去つて無念無想にならなければいかんと云ふことに歸着す"る、少しでも蟠りがあると成功を誤る、夫から先生が透視をやめた理由として一例を話したことがあるが、自分の友達の女房が間男をした、私も其人は知つて居るが後に夫れが眞に間男して居ることが判つて離緣になつたのです、夫れは和田君が透視して友達に忠告したので始めて判つた、透視をすれば斯う云ふことまで透視して家庭を紊すことになるから、透視を止めたと言つて居る、夫れは和田君の本當の話です

靈媒の多くは
魔術らしい

森氏 一口に靈媒々々と言ひますけれども、物體を浮び上げることの出來る大靈媒は少い

淺田博士 靈媒研究は却々難かしいものでありまして、玉石混淆して居るらしいですな、本當に科學の力で説明出來るやうな、不可思議な靈能をもつて居る者もあることはあるが非常に少い、併しさう云ふものが絶對にないと云ふことは出來ない、併し大多數は魔術らしい

森氏 さうですな、自分も長

崎で三人の靈媒にぶつつかつたが駄目でした、實際靈媒の素質如何で語らん場合がある、支離滅裂で殆ど物にならない、素質の非常に勝れた靈媒になると、靈驗は非常に美事なものであります

茲で酒美氏、淺田博士の間に神の靈驗に就て談話が交される

（以下三面）

資　月曜の讀物（續き）

●長崎日日新聞　昭和四年七月一日　4-118

靈媒によりて 先祖の靈と語る

鑄方陸軍中將の夫人

（二面より續く）

・森氏　靈媒に依つて判らなかつた立派な祖先が判つて居りますこれは事實ですからお話しませう鑄方陸軍中將は熊本の田舍の方ですが、東京に居住する積りで、東京に屋敷を買つて家を建てて居られたが、祖先が非常に古くて、立派な祖先であると云ふことを聞かれて、祖先の墓を見付けて居たが何うしても見付からない、仕方がないから近い祖先だけの墓を祀つて居られた、そして二十年來奧さんが右の足が僂麻質斯ですが何うしても良くならない、そして熊本に來て居る時分に非常に酷くなつた、ところが熊本の長洲の松田大靈媒のことを聞いて、奧さんは松田先生の所へ行かれました、私もそこに行きましたから知つて居りますが、先生は奧さんの後の方から首を押へ、斯うして見て「奧さん貴女の御先祖は大變に立派な方ですね、貴女の病氣は一番上の先祖を祀つて呉れと言つて居るが、誰も祀らぬ、夫れが爲でせう、貴女が祖先の佛壇を大切にさるゝと云ふと、自然と其病氣は良くなる、兎に角病氣から先に癒しませう、三日間のうちには痛痒を感じないやうにしてやりませう」とのことで、佛壇を祀られたところが案の如く三日目にして何の苦痛もなくなつた、夫れから奧さんは松下先生のところで祝詞など習つて居られたが、或る時松下先生のところに行つたとき、今日歸つたら佛壇によく詣つて御覽なさいと云ふので、家に歸つて佛壇に詣つて心靈現象を實驗して見たところ、ゴトンと音がした、ハツとして見るとお父さんの顏が見えたので「あらツ」と云ふたら「判つたか」と言はれた、其時奧さんは身體が顫へたと云ふことですが、そして「何うして貴方が私にお會ひになることが出來ましたか」と言はれた、ところが「長洲の松田先生に祖先の靈魂のお顯で、お前が先祖を祀るやうになつたから、お前が見ることが出來るやうになつた、德藏を呼びなさい……」德藏と云ふのは陸軍中將の鑄方さんのことでございますが……、早く呼んで聞かせなさい」と言はれた

夫れから奧さんが先祖の靈から聞いたけのことを、鑄方中將が聞いて方々探した揚句、素林城址の村上太之助と云ふ者の屋敷内にある古い塚を發見し、夫れが祖先の墓であることが判つたことから、家族打揃つて參詣したこと迄語り

一度參詣して太之助と云ふ人の家で茶を飲んで居られた時、奧さんが何うも引寄せらるゝやうにあるから、モウ一遍奧さんが草茫々たる塚の前で合掌して瞑目して何か祈つて居つたところが、忽然として現はれたものがある、よく見ると金色の烏帽子に緋縅の鎧を着た人が盛裝の儘現はれて「よく詣つて呉れた、自分達は此處に埋つて居るが、祀つて呉れぬ、松田先生の引合せでお父さんが佛壇に現はれて、自分達の墓を發見するやうにして呉れた」と云つた、そして先祖は五百二十五年前の藤原重則公で、鑄方中將は二十五世と云ふことが判つて了つた

夫れて地所を買ひ石垣を築いて立派な墓を建て、夫れ以來墓や佛壇で奧さんが先祖の靈と話したことを記錄に止め、既に六百七拾八枚からあること、十四五年前東京に於て刀屋が金の烏帽子に緋縅の鎧を着た人が夢に現はれて、貴方に持つて行けと云ふから是非買つて呉れとて買はされた刀が、重則公の佩びた銘刀であり、菊池川の戰で、重則公から殺されたもの殆んど百五十人以上あるに、刃こぼれ一つなかつたことなどを詳しく話し續ける

讀心術の種明し

問者と術者との間に一定の信號がある

・淺田博士　時間も經ちます

から、私より大體科學的に知つて居ることを申上げませう、靈媒と云ふものは、外國では却々よく研究されて居りまして、讀心術、透視術などよくやる者もあるでせうが、併しながら多くの學者は疑つて居ります、特に靈媒を研究して居る研究家もあるけれども、其方法も一般科學的と少し違つて居つて、何うも我々から見ると物足らないものが澤山ある。

と語り之れを信じて居る人に巴里大學のリセー、佛蘭西のクルック等相當あるが、之れ等の人が實驗して物體浮揚などは皆暗がりで、日中には出來ない、夫れで立會つた學者も疑つて居ること等を話し

讀心術など香具師のやるのは詐術です、嘘なんです、銅貨の番號まで當てるが、相棒があつて相棒の質問に應じて答へる、質問の仕方がある、相棒と術者との間に約束がありまして非常に練習を積まなければならぬ、問ひかける言葉に依つて直ぐに答へらるゝやうになつて居る・其例は、私はよく知りませんけれども、此處に持つて居るのは何であるかと云ふ問ひ方ですね、其問ひ方に『之れは何んだ』とか、或は『早く〳〵』とか云ふ、言ひ方がある『早く言つて』とか、言はんでもいゝ所に『早く〳〵』とか言ふ、夫れが銅貨を意味して居るとか、或は錢入とか、何とか判り易い符牒を作つて居る、そして文句の相違に依つて、或はアクセントの相違に依つて、術者が答へるやうになつて居る、さう云ふ風に詐術が多いのです、夫れで其場に持合せがないやうな突飛なものをやると、不成功に終るものです

夫れから『透視』及『念寫』の信ずべからざることゝ『テレキネジー』は大體透視と同じやうなものであることゝ並に『虫の知らせ』は幻覺であること並に『精神療法』『豫言』易、八卦、占、手相、人相など科『豫め掲げたる研究題目に就て』學的見解並に說明を加へた（完）

獣　「くらげ」に似た海の怪物　横浜の磯子沖で捕獲

●函館新聞　昭和四年七月二日（一日夕）　4-119

「くらげ」に似た 海の怪物

横濱の磯子沖で捕獲

古老連變事の前兆と騒ぐ

【横濱電話】横濱市磯子區竹頭町五七漁夫小泉半次郎(三〇)さんは廿九日午後五時頃磯子沖で蛸とり網を打つた所直徑一尺ばかり円形綠色で長さ十尺位の大足三十本に無數の細かい足のある一見「くらげ」の様な重さ一貫目餘の怪物がかゝつて來たので之は珍らしい魚だと濱に歸つて古老連に聞いて見たがこんなものは見た事がない何か變事が起らねばよいがと大變の騒ぎで熟議のはて磯子署に持込んだ結局縣水産試驗場に送る事となつた

獣　磯子沖合で網に掛った怪物

●函館毎日新聞　昭和四年七月二日（一日夕）　4-120

磯子沖合で 網に掛つた怪物

変事が起らねばよいと 漁師連は大騒ぎ

（横濱電話）横濱市磯子區竹頭町五七漁夫小泉半次郎(三〇)さんは二十九日午後五時頃

磯子沖で蛸獲網を打つた所直徑一尺ばかり圓形綠色で長さ十尺位の大足三十本に無數の細かい足のある一見くらげの様な重さ一貫目餘の怪物がかゝつて來たので之は珍らしい魚だと濱に歸つて古老連に聞いて見たがこんなものは見た事がない何か變事が起らねばよいがと

大變の 騒ぎで熟議のはて磯子署に持ち込んだか結局縣水産試驗場に送る事となつた

獣　蛸取り網に怪物かかる

●東奥日報　昭和四年七月二日（一日夕）　4-121

蛸取り網に 怪物かゝる

圓い綠色で長さ十尺の大足が 卅本もある シロモノ

(横濱電話)横濱市磯子區竹頭町五十七漁夫小泉半次郎(三〇)さんは三十日午後五時頃磯子沖で蛸取りの網を打つたところ直徑一尺許り圓形綠色で長さ十尺位の大足三十本に無數のこまかい足のある一見くらげの様な重さ一貫目餘りの怪物がかゝつて來たので是は珍しい魚だと濱に歸つて古老達に聞いて見たが斯んなものは見たことがない何か變事が起らねば宜いがと大へんな騒ぎの揚句の果て磯子署に持込んだが結局縣水産試驗場に送ることゝなつた。

夏と趣味　落語それから怪談

幽　●二六新報　昭和四年七月二日（一日夕）　4-122

落語それから怪談
名人の品切れと西洋物排斥
小說より奇なる實話

映畫界のコメデイアン、新井じゆんさんの話――私の趣味、話術で見るとドボケた男だから、さぞ變つた餘技でもあるだらうといふのですが、それが實は、大して變つたものでもありませんのでして

×

一體、私は十歳位から寄席へはいゝ家の話しを聞きに行くのが[illegible]せして今でもひまさへあれば牛込の神樂坂演藝場、四谷の喜よしなどへ出掛けます、しかしこれは道樂とか趣味で行くのではなく、表情研究に行くので…さうかと言つて十歳ぐらひから私が役者かつていふと、さうでもないのですから、まア研究は近頃のことで、ずきが七分といふ事に成りませう――

×

所で近頃の私が、この研究で感心した人は先代小さんと小せん故圓右、先日死んだ林家正藏（似て居る？いえさうでも有ません）など……チツとすはつて語り描く輕妙深刻な表情がどれだけ私共の參考になるか知れませんけれど目下の落語家は圓生を除いては他に名人といふ樣なのは見當りません

×

それから怪談は私の無二の友です、現在私の家には古今の怪談本が三百冊位ありますが西洋怪談にはあまり興味を持ちません、何せ幽靈がドアをノツクし乍らスウとはいつてくるなんて感じが薄い、やつぱり障子の隙間からスウと來ないと、氣分が出ませんや

×

趣味といふものは恐ろしいもので怪談といふものは大抵筋も幽靈の出る起因も同じ樣なものだから普通ならあきが來るところだが私は毎晩讀まないとどうしても眠れない、眞物の幽靈は今まで二回ばかり見ましたが、こはくてその夜は便所へも行けないなんてことは一度もなかつた

×

最近私が○醫師に聞いた事實談ですが○が友人のI醫師と雜談中に人間の靈魂は果して不滅か否かをためすために二人の中どつちか先に死んだ方が死んでから電氣のかさをたゝくといふ約束をした

×

若したゝいて音がすれば靈魂は不滅だといふ證明が出來るといふのですが、さあこの約束が因で三年後に○醫師がその娘さんと一緒に飛んだ奇蹟に會ふことになりました。

夏と趣味　深夜電気の傘が鳴る

幽　●二六新報　昭和四年七月三日（二日夕）　4-123

深夜電氣の傘が鳴る
約束通り訪れたI醫師の靈魂
天井に蒼い大きな顔

新井淳さんの話しの續き――醫者の○とIが靈魂不滅說の實證のために死後電燈のかさをたゝく約束をしてから早くも三年經過して、これは極最近のある晩のことでした、○醫師が患家を見舞つて自宅へ歸つて來た、

×

まだ十時ごろだつたので娘さんは針仕で裁縫をたべてゐると頭上の電氣のかさがコンコンと小さな音を立てた、がすぐ止んで仕舞つたので別に氣にもしな

かつたがすぐまたコン〳〵と棒みたいな物ではたく音がしたので、『おや變だなア』と思つて上を見ると音はピタリと止まつた、そこで少し堅くなつてぢつと電氣を見てゐるとまた笠をたゝく音がする、

×

今度は前よりも大きく、そして音は急激的に高くなつて、とうとう傘がゆれだしてガラ〳〵ガシヤンと眼前へ落下した『アッ』と頭を抱えたO醫師と娘が間もなく息を殺して眼をあけて見ると電氣はこはれたどころか、元通りチャンと燈つてゐるそれから天井へ眼を移すと二度ビックリ、誰だか分らないが青ざめた男の大きな顔がヌウと浮かんでゐる『ハアッ』と思はず息を引いてOも娘もその晩はまんぢりともせず、やがて恐怖の一夜は明けた

×

しかし電燈の變事もそれつ切りで止んでしまつたからOはこの事を忘れるともなく忘れかけた數日後のこと、友人から『I君が死んだが君知つてるか』とたづねられた時、始めて三年前の約束を思ひ出してぞうとした、死んだI醫師の靈魂が生前の約束通り私の家の電燈の傘をたゝいて、己れの死を私に告げたのだ

×

メチニコフが説く靈魂不滅説はかくて實證された、この靈界不知の事實の前には科學者である私は何等の權威もないといふのです

×

O醫師のこの經驗談は私が読んだ多くの怪談物語りのいかなる傑作よりも私を戰慄させました、事實は正に小説よりも奇なりです

×

次に私は故人の墳墓を探ることが、すきでして、賴朝がこゝで昔立小便をしたとか、熊谷直實があつ盛の首をとつて埋めた處などに感興を寄せて隨分あちこちの古跡をさがし廻つたがこれは表情の參考にもならないのでこの邊はとんと興ざめの形です……（終り）

獣

人魚に就て

●河北新報　昭和四年七月三日　4-124

學藝

人魚に就て

東北帝大理學部　曽根　廣

（九）頸骨の數は普通七個（海牛にては六個）いづれも前後に扁平となりて極めて薄いが、鯨などに見るが如く癒着するものでなく、常に一定數は存してゐる。前に述べたるが如く後肢は退化せるために特別な薦椎部はなく、各脊椎骨には關節突起があるが、尾椎部では不完全である。

（十）肋骨の背端は二頭となりて脊椎骨と關節するが、胸骨は著しく退化してゐる。

（十一）肩帶には鎖骨がない。肩胛骨の形狀は他の陸棲哺乳動物と同じで、鯨類などゝは著しく違ふ後肢をなす骨は、各骨共に完全に存し腰部は唯一對の小棒狀骨を殘すのみである。

（十二）齒は本類のものは一般に發達よろしくない。齒列の如きも種類によりて、色々である。例へば大海牛と稱する絶滅種の如きものは、全然見ることが出來ない。儒艮の如きものは臼齒は上下兩顎五乃至六對を有して、その齒には齒根もなく琺瑯質もない、牡にありては上顎に一對の牙狀門齒を有する。海牛の如きでは臼齒は上下兩顎十一對を有し、しかも琺瑯質もあるまた齒根もある。門齒はない。海牛類の臼齒は象に見ると同樣に、臼齒全數が同時に存するものではなく、前のものが磨滅して脱落すると、後方のものが出て來てこれに代るのである。

（十三）唾腺はよく發達し、胃は二部に分たれ、賁門部には腺を有し、幽門部には通常二個の盲囊が附屬してゐる。大腸に盲腸が附着してゐる。

（十四）心室の頂端は二つに裂け主靜脈は矢張り左右一對を持つ

てゐる。（十五）脳は小さくその表面の皺襞も極めて少い。（十六）精巣は腹腔内に存し、牝の乳房はたゞ一対胸部にある。子宮は双角子宮、胎盤は非脱落性帯状胎盤である。

海牛類の現存するものは後に述ぶる二属五種あるのみである。而して総て暖海の海岸に近い浅海又は河口等に棲息し陸上には上らない。常に群居を好み、動作は遅鈍、性極めて従順である。これで海牛類といふものゝ特徴の大体が了解したことゝして、今度は現世に生存してゐるものゝ種類について述ぶることゝしやう。

儒艮　一名ザンノヰオ又はザンノウヲともいふ。学名をHalicore dugongと称し紅海印度洋の海岸ボルネオの西海岸フイリッピン群島、琉球、大隅の南部等の海岸にゐる。体長は普五尺乃至七尺、大なるものは八尺九寸位に達するものがある。鼻孔は口吻の上面に開き、尾鰭は半月状をなして後縁は凹んでゐる。槳状の前肢には爪の痕跡はない。皮膚の色は青灰色腹面は多少淡い。歯は牡にありては上顎に一対の牙状門歯を持つてゐる。牝においてはそれが小さくて歯齦上に現れない。臼歯は雌雄とも上下両顎ともに五対、前方のものが脱落して後後方のものが現はれる。門歯も臼歯も歯根がなくて終生生長し、琺瑯質は門歯にはあるが、臼歯にはない。

常に暖海の浅海に棲み、大西洋にゐる海牛の如く河に上つてゐることはない。時に数百頭位群棲することがあるといふことである。この動物の効用として、真皮の脂肪層から、高價の油をとり肉は食用に供し、皮膚は細工用になるといふことである。

濠西太剌利儒艮　学名をHalicore australisといふ。前者によく似てゐるものである。これは濠西太剌利の北部の海岸と、新ギネヤの南方の海と、東インド諸島にのみゐるものである。

海牛　体長約七尺九寸、その色は暗灰色、體の全面には粗い毛がある。鼻孔は吻端に開き、尾鰭は圓形である。前肢には多くは三個の小さい扁爪がある。門歯は退化して全く無い。臼歯は上下両顎共十一対、歯冠は上から見ると方形をなし、横行の隆起があつて、而も貘の下顎の臼歯に似てゐる。而してこの歯が同時にその用をなすものは、大抵上下共六対位である。海牛は大西洋の海岸近くの浅海又は河口に棲み、しばしば大河を上つて、奥深く陸上に来ることがある、といふことである。食物としては海藻、及び淡水の植物を摂る。その効用は儒艮と同じである。

近来盛んに濫獲せらるゝため現今では著るしくその数を減じ、比較的稀有の動物となりつゝあるのでブラジルの識者共などは、大に憂慮してゐるといふことである。その種類は今日生き残つてるものは僅かに三種類となつて仕舞つた Manatusi nunguis といふものはオリノコ河から、ブラジルのリオデジヤネーロの海岸並にアマゾンの流域に分布してゐる種類である。又Manatus latirostrisといふ種類はメキシコ湾の沿岸から、西印度諸島、中央アメリカの西海岸より、ブラジルのブランコ岬附近まで分布してゐるものである。なほ一種はアフリカの西海岸にゐるもので Manatus senegalensisといふ種類である。之はセネガル河口よりコンゴー河口に至る大西洋岸、及びこゝにそゝぐ諸河並にサハラの南のチヤド湖にもゐるといふ事である

人魚に就て

●河北新報　昭和四年七月四日　4-125

人魚に就て

東北帝大理学部　曾根廣

大海牛。学名をRhytina stelleriといふこれは十七八世紀の頃まではベーリング海、アロイト群島、コッパー島及び北樺太などの海岸に棲んでゐたといふことである体長大なるものは九メートルに達したものがあつたといふことであるその色は暗褐色で、時に白斑又は條を有し、粗毛を生やし、掌状の前肢は小さく、尾鰭は儒艮のそれに似てをつた、といふことである。この動物はアフリカのドードー鳥などゝ共に、現世において絶滅した動物で、有名なものである。

以上は主として、今日生存してゐるものについて、述べたのであるが、前世界の海牛類、即ち化石海牛類には先に述べたる如く可なり沢山の種類があるが、今は述べない。又化石海牛の一種に日本から産出するものにデスモスチルスと称するものがある。この動物の歯が美濃国から出てゐる。又この動物の歯が天塩、出雲、佐渡及び樺太などからも、産出した。この動物は前の儒艮や海牛などゝは大いに違ふ種類である、これを一々述べるとは専門に亘る事故こゝには省略することとする。若し詳しく知らんと欲する人あらば東京帝国大学の理科大学紀要や東北帝国大学の理科報告を見て戴きたい。徳永、岩崎、松本の三博士が詳細に論じてある。

既に述べたる如く、海牛類は始新世に初めてこの地球上に現れ、それから今日に至るまで各種の種属となりて、つゞいて来てゐるのである。されば其の種類も可なり沢山あるのである。小生の調べた範囲においては三科二十二属四十二種ある。若しこれを世界の各洲に就て見る時は

ヨーロッパにおいては、始新世から鮮新世までであつて、その数三科九属十九種、而して現世には全く居らなくなつた。

北米においては始新世から、現代まで続いてゐる、その数三科十属十二種その内今日生きてゐるものは Manatus latirostris 一種あるのみである。

南米においては漸新世から現代まで続いてゐる。その数一科四属五種その内今生き残つてゐるものは Manatus latirostris と Manatus inunguis との一属二種あるのみである。

アジアにおいては中新世及び更新世から現代まで知られてゐる。その数二科三属四種、その内今日生き残つてゐるものは儒艮只一種あるのみである。

太洋洲においては鮮新世並に現代に産するのである。その数一科二属二種、その内今生き残つて居るものは濠西太剌利儒艮（Halicore australis）一種あるのみである。

アフリカにおいては始新世並に現代に産するのである。その数二科四属五種、その内今日生き残つてゐるものは太平洋側の儒艮と大西洋側の前記の海牛の一種（Manatus senegalensis）だけである。

日本においては二科二属四種位（デスモスチルスが二種か三種あるらしい）その内生存して居るものは儒艮只一種あるのみである。

海牛類の分布を世界の各洲について見る時は右の如くであるが、若し又、遡つてこれを時代的方面より見渡すならば

始新世には二科五屬七種
漸新世には二科四屬六種
中新世には三科十屬十八種
鮮新世には二科三屬四種
更新世には二科二屬三種
現代においては二科二屬五種

といふことになる。以上地理的及び時代的の分布の有樣をよく見ると、海牛類即ち人魚の仲間は今日においては熱帶地方の暖海にのみと限られてゐるが、遠き昔の地質時代から今日までを通覽するならば決して熱帶地方の暖海のみばかりではなしに、南米パタゴニヤの南の果てから、北米アラスカの北の果てまで分布して居り、既に前に述べた通り全世界の各洲から、ことごとく發見されてゐるところを見ると、この仲間は全世界に廣く分布してゐたものである、といふても決して過言ではない、と思ふのである。又面白いことにはデスモステルスの仲間は太平洋沿岸諸國にのみ知られて居り、又海牛は大西洋沿岸諸國に、現今は大西洋沿岸に、又儒艮の類は主として廣く世界に分布してゐたものゝ如くに思はるゝのである。現今においては、インド洋並びに南太平洋沿岸にのみ棲息してゐるのである。

×

要するに人魚の仲間は、有蹄類や、游水類並びに長鼻類などゝ祖先を同ふするところの、祖先型の動物の祖先から、始新世の初めにおいて、この地球上に初めて出現し、漸新世に至つてやゝ發達し、中新世には全盛を極め、鮮新世更新世となるに從つて段々と衰へ現世となつてますます衰へて、遂に僅かに二屬五種となり、同時にその個体の數も年々減少しつゝあるので、やがては全く亡びてしまふところの運命にある、まことに憐れむべき動物の種族であると、いはざるを得ないものである(終)

資　モダン怪談で浮ばれる忠次の怨霊
●中央新聞　昭和四年七月四日　4-126

モダン怪談で浮ばれる

忠次の怨靈

亡姉の新盆に潤子が主演
これも何かの因縁

怪談のモガ、モボ化、奇抜なモダーン怪談映畫製作の企てを發表するや松竹蒲田に應募し來つた六百卅餘通の脚本中から一等に選まれたのが大森文雄作の「一〇〇、〇〇〇、〇〇〇圓」と云ふ零の

お化け 見たいな題名の脚本だが、此の内容は富豪の放埒娘が戀人とキヤムプに出かけ自宅に心中の偽手紙を送つたことから怪談の發端となり國定忠次が埋藏したとの傳説ある莫大の金を繞つて山男、狂女、亡靈などが陸續と現れる凄味の中に云ひ知れぬユーモアとモダーン・センスを豐富に含む喜劇である、蒲田では池田忠雄の

脚色が 終ると共に齋藤寅次郎監督、齋藤達雄、松井潤子主演、阪本武、吉川滿子、大山健二其他の助演、武富善雄のカメラで撮影を開始した、面白いのは測らずも主役に選まれた松井潤子は亡姉千枝子の新盆に遭遇することとて怪談物なら姉の供養も充分出來ると意氣込んでゐるさうな

怪　船幽霊におそわれてお祀りした地蔵さま
●伊勢新聞　昭和四年七月五日（四日夕）　4-127

船幽靈におそはれて お祀りした 地藏さま

廿九日に船出したら
キツト土左衛門になつた
大正ッ子の大湊の踊り

ボンボンボンといつも發動機船の「町」であるだけに一番多いの
快よい音を立てゝゐる大湊は港の　です

船頭かはいや音頭の瀬戸で
一丈五尺の櫓がしわる…

こんな船唄があの赤銅色したたくましい水子の潮さびこゑになつて海風におくられる時は音頭の瀬戸を通ふ船頭のみに限らず濃紺色に海の澄み透うて千尋の底も見えるやうな爽かな日などが多いのは當

然でしよ。何と香氣だといふてもそこは「板子一枚下は地獄」の商買です。それはまあ悲慘なことがありますよ。大湊でも十餘年以前までは再々遭難者が出て「人間てわからんもんだのう」お互に果敢なさを感じてお通夜に行つたのが年々幾度となくあつたもんです。それが近來、いやこの十一二年來ぴたりと止んで船乗りは安全だと思ひ込まれるやうになつたのは一半は慥かに從來の帆船が皆發動機關を据ゑ付けたので航海が頗る樂になつたのにありませうがあの祭つたお地藏さんのお蔭もあるでしよ

◇　◇

「何ちゆう不思議なこつた」と人々が言ひあつたのも尤もな話ですよその土左衛門が出るのが月も押つまつた廿九日ときまつてゐるのです毛唐は金曜日の船出を嫌ふと聞いちやゐますが……。で或る者は船出靈が導くのだといふし死ぞこないの五左といふは背物語りそのまゝに「俺や底ぬきの杓子をやつて助かつた」と身ぶるいして見せるしたので廿九日の大湊と言へば「文學者流で全く『死の海』の觀でした。で行志が大心配して神佛にでもすがらねばと苦しい時の何やらで町の東端、燈明臺の下で景色絕佳といふのに三界萬靈水難死者靈位の合碑と共にお祀りしたのが地藏さんです。此の地藏さんのお祭りが毎年六月廿九日川施餓鬼と共に禪寺の海眼院の庭であるのですが…地藏さんを祀つて踊るのですから地藏踊りといふてゐます。それのお蔭でせう。もう十二年もたつた一人も海の上で死にません

◇　◇

別に新しく大正年間に發生した踊ですから特徵の少い踊ですがネ、それでも一寸踊なんてカラッペたな連中には二の足ふまれます、でまあ見物といふところです。すると

　踊る阿呆に見る阿呆
　同じ阿呆なら踊らんせ！

ですつて。一寸面が赤くなりますよやつぱり若い衆の歡樂世界です

　戀に憧がれて鳴く蟬よりも
　鳴かぬ螢が身をもやす

全くですよ、若い者のあつまりですからネ。音頭取りの居る屋臺を圍んで幾組かの目と目手振りと手振りと無電の交換をはじまりにローマンス發生となりますが――

　お前百までわしや九十九迄
　共に白髮のはえるまで

この踊を月下氷人として收まるのもあります。二十九日の土左衛門から近代的歌謠と舞踊を發生せしめたゞけが吾々のもつ一つの艶なローカル、カラーでもありまたローカルアーツの一つでもあります

（多氣郡大湊町井村東玲君投）

怪　海の怪奇伝説　牛鬼・竜神・ロイラー等々

●福島民友新聞　昭和四年七月五日　4-128

海の怪奇傳說

牛鬼・龍神・ロイラー等々

昔は 海洋は各國民間に自然にきづかれた不可侵の神秘境のやうに考へられ、そしてこの境界は如何なる方法手段によつても踏越えることが出來ないかのやうに考へられてゐたのです故に海を以て包圍された國家は安全第一のやうに信ぜられてゐました、迷信

奇說 として傳へられたものゝ中、先怪獸牛鬼についていては一見牛に似てゐてその眉間には一本の角を有ち、鼻の尖端には小さい袋があつて其の袋を利用して水中を自由自在に潛行することができる、この袋が破れても陸上の生活には何等差し支がない、一度牛鬼に見込まれたら大變――山でも海でも非常な勢ひで追随てくるといふのです、海にはまた大牙な鱶がゐます、千石船でもその脊が船の底に觸れると如何に努力して航走せんとしても寸尺も進むことが出來ない、その憤怒に達した時は猛然と脊中を持ち上げて譯なく千石船を顚覆させる大力をもつてゐるのです、また海には

龍神 が住んでゐて其の逆鱗に觸れた場合には忽ちにして暴風雨が起るといはれてゐます、かの海上に覇を唱ふるところの英國に於ても又昔はやはり同じ様な迷信や奇說がありました、たとへばロスチンジャーといふ動物は一見海豹のやうで、しかも前の額には二本の角を有つて

ゐる、四肢によつて歩行し皮膚は象の如くにあつく且かたい、如何に鋭利な銛を以てしても之を射止めるはむづかしく、そして一晝夜に十二時間の睡眠を續ける、その時に二本の角を礁湊の岩角にかけて体を持ちこたえ磯打つ波に揺られながら眠つてゐるのです、夜の白々と明る時分目を覺ますや天地も震動せんばかりに

咆哮

する、その聲を聞いた時は如何なる勇者も身を縮めるといはれてゐます

四百尺の巨軀

一本も歯のない怪魚

またロイラーといふ鯨よりも大きな魚がゐる。その最大なものになると三百九十尺もありますどんな大きな鯨でも精々百二十尺位です。しかしながら口には一本の歯もないといふから妙です。その肉は迚もおいしいが、その擧動が頗る輕快で敏捷なので容易に捕へられないのです。

斯ういつた奇説

迷説

が東西何れにも澤山あります。その爲めにこれまで海洋に對する恐怖心を起さしめたことも少くないのみならず、昔は造船、航海、氣象に關する智識が乏しかつた爲めに小船を操つて海洋に出た者の遭難も頻々とあつたので、自然海洋は危險な處であるとされて、板子一枚底地獄といつた樣な考へを助長せしめたものであります。しかし海洋、氣象の學問が開け、造船、航海の術が發達した今日では海上は寧ろ陸上よりも安全であるやうになりました。（丸川久俊氏談）

資　妖怪画談全集　●大阪毎日新聞　昭和四年七月六日　4-129

妖怪画談全集

全十冊　豫約募集　〆切七月卅日

只の繪話でない
昔話の寄集でない

科學的文學的に
取扱はれる世界
民族恐怖の表現

あの科學と器械で固まつてゐる現實一點張の現代アメリカにも不可思議な妖怪が出現する奇怪！ 妖幻！ 理論の鍵の開き得ぬ扉の蔭を此全集で窺つて見給へ

第一回配本開始　全國書店に行渡る

日本篇 上　藤澤衛彦編

川端龍子畫伯の高雅なる裝幀
本篇所輯の妖怪文章六十篇
繪畫一百五十面・畫家は左の通り

菱川師宣　狩野探幽　西川祐信
月岡雪鼎　安藤廣重　大蘇芳年
吉田半兵衛　河鍋曉齋　松本楓湖
一勇齋國芳　鳥山石燕　菁山直翬
圓山應擧　龍齊正澄　葛飾北齋
雪蹊齋南湖　北川周月　谷　臨川
下河邊拾水　忍水春曉　崇　絢齋
五雲亭夏秀　鈴木春信　岡多國輝
竹原春泉　岡多玉英　外百十餘

人智の解き得ざりし不思議、奇怪幻妖の怪異實の大集成、而もそれは全世界に亘たるのだから偉觀すべきである。日本のものは二册、傳説學者の權威藤澤衛彦氏が編纂する。古文の解し難きをさけて悉く現代文で書いてある。支那篇は北平の文人過耀良氏、ロシヤ、ドイツ及び北歐諸國はワノーフスキー氏、印度篇は詩聖タゴール翁が人選中、イギリス篇はグラント氏、アメリカはラコツク氏、フランス篇はボルネ氏、比較妖怪學はスパルビン博士が執筆される。要するに全世界の妖怪圖書館で且つその研究室だ

申込金 五十錢
一册 壹圓五十錢
送料 一册十二錢
豫約者以外に分賣せず

内容見本全國書店にて進呈

東京市外長崎町
中央美術社
振替東京四七六八二番

怪　津軽の昔話と伝説に現われた化物　●東奥日報　昭和四年七月七日　4-130

津輕の昔話と傳説に現はれた化物

川合勇太郎

◇

津輕でいふ『モコ』の事を、南部に來て『アモコ』ときいた。モコとアモコの違ひは、言葉からのみではなかつた。津輕と南部と二つに別けられてゐた事が、支配者の兩立のみではなく、そこをかつきり區限られた自然の生んだ違であつたかのやうに、モコとアモコの考へ方は、思想の相違、空想の相違、民族文化の相違であつたと思ふ。南部人が空想したアモコの話は暫くおいて、津輕人の考へたモコの話、それも竹内君の方から限定された『傳説、民話に現はれた妖怪』といふやうな事で話をすゝめたい。

◇

化物話が夏に入用になつたのは、オラが國のしきたりではない。少くも化物、妖怪の話は私達に取つては冬の吹雪の夜爐邊のまどゐ

のものであつたのである。モコが來るといふ語は、何かしら子供心を妖しくもおびやかしたもの丶、爐邊できいたモコの話はおかしかつた。面白かつた。私たちの親達が生んでくれた、子供たちへのモコ話は徒らに伸び行く子供の心を傷つけなかつた。私たちは親たちのさうした氣持ちを有難く思ふと共に、津輕の人達のユーモラスな氣持ちをなつかしく考へる。

◇

『昔あつたどナ。昔にせナ、おつかないモコの出はる山寺あつたぢものナ』

夜になるとぢやがら、ぢやがらとその寺の中からおそろしい物音がした。村の人もみんなおかながつて入る者がない。或時きつい『若ぜ』があつて『おら入つて見ら』と人達のとめるのもきかずに寺の中へ入り夜を明す事にした。破れた寺の本堂の大黒柱といふから來迎柱の事であらう。太い冷たい柱によりかゝつてゴザをしいてモコの來るのを待つてゐると、ぢやがら〳〵と音したかと思ふと『オイ古みの』とよんだものがあつた。オヤ〳〵と見てゐると、バサ〳〵と這ひ寄つたものがある。すると續いて『古笠』とよぶと『オイ』と返事してガサヲ〳〵と音した。『オイ古つゞら』『オイ』『みんなそろつたら踊るべア』『ヨシおどるべア』と云つたかと思ふと、

『すつちやんちやがら、ちやんちやがら、古みの、古笠、古つゞら、すつちやんちやがら、ちやんぢやがら』

と唄ひ出して、そのモコ達がをどり出したのである。『若ぜ』もびつくりはしたものゝあまりモコのをどりがおもしろいのでたう〳〵莫蓙をかぶつてをどり出し、モコの仲間に入つた。するとやがてモコ達も氣がついて、『オイ〳〵ンがどつから來たば、なんぢ化物だ』と若ぜにきいた。『わが、わゴジヤの化物だ』といふとモコたちも面白がつて『そんだらンガも踊れ』といふので一緒になつて踊り出した。

『すつちやんちやがらちやんちやがら、古笠、古みの、古つゞら、古ゴージヤの化物、すつちやんちやがらちやんちやがら』

そのうちに鷄が鳴いて東が白むとモコたちも『もう止めベア』とそのまゝどそ〳〵と來迎柱の下にもぐり込んだ。若ぜもつかれて寢てゐるとモコに食はれたべと云ふので村の人が來て見るとぐう〳〵寢てゐるので起してきくとこれこれだと云ふ。早速來迎柱の下を見ると古い笠と古いみの、古いつゞらがあつて、その中には大判小判が一ぱい入つてゐた。笠とみのとは隠れ笠と隠れ蓑と云ふものであつた。古くなると金には性が入つて化るものだ。

◇

金が化る話はまだきいた。やはりお寺の事でそこの化物は夜出てくると『おぼさる〳〵』といふ。氣丈な若者があつて『そらおぼされ』といふとぢやがら〳〵と冷たく頭からかゝつた。翌くる朝見ると大判小判であつた。あまり古くなつて世の中に出たがつてモコになつたのだときいた。

寺の話にはよく化物が出る昔話がある。猫の繪を書く事の好きな小坊が出されてある化物の出る山寺に泊る。淋しいので四方に猫の繪を張つておくと、夜半におそろしい鼠が出て小坊を食はうとすると繪の猫が出て來て大喧嘩して鼠を退治する。小坊はお寺の中で一人で好きな繪を書く事が出來るし村の人もモコが出なくなつたので安心するといふのである。馬鹿なむこが嫁の里へ行くとお萩をこしらへて出す。あまり子供がうるさいので里の母は子供達に『これはおかないモコだ』とおしへる。子供達も手を出さないがむこもおそろしくなつて食はない。『そんなら娘の土産にせと藁つとの中へ入れて背負はせる。むこはモコが背中について居ると思つておそろしさに汗を流して來ると、途中の小川でむこがすとんと跳ねる。すると藁苞の中からモコがボタラと落ちる。『このやろ出たナ』とむこが持つてゐる棒でたゝくと白い飯が出て來る。『モコの野郎、わさきば(牙)もくて來たナ』と散々ふみ潰してしまつた。

◇

津輕の昔話に現れて來るモコの話、化物の話には何の不安もない子供心を傷ねまいとする親々の心遣ひであつたかもしれぬ。

昔津輕の温湯に湯治に來た繪師があつて非常に丹精の紗を得てゐ

た。それを弘前の士が殿樣に申上る。殿樣は『そんな上手な繪描きなら幽靈の繪を書かして來い』と云ひつけた。家來はその旨を繪師に傳へる繪師は命を受けてその構圖に苦心したがまだ現實に幽靈を見た事がないので書けずに苦しみ日毎に靑くやせる。それを見かねて妻が譯をきくと幽靈を見たいと云ふ。ある日の夜明頃障子に昔するものがあるのでふと繪師が見ると障子にうつる恨めしさうな幽靈の姿、はつと思つて繪師はすぐに繪筆をにぎる、書きあげて見ると妻の面影に似てゐるので二度びつくり部屋をのぞくと妻は自害して冷たくなつてゐた。その幽靈の繪は久渡寺にのこされてあるといふ話を私たちはどれ程おびえて聞いたらうか。

昔旅の六部が金をもつてゐたゝめに殺されてしまつた。金を取つた男はそれで商ひをしてもうける。やがて男の子が生れる。七つばかりになつた或雨の晩『とつちやわ小便ロ出る』とその子が云ふ『そごにおまるあるはンでさへでけら』と父が世話をやく。子供は便器に居ながら『とつちや、こんたら晩であつたねし』といふ。父は何かしら恐ろしく『何よ』とたづねる。俺ば殺して金取つたこと忘れたか』と男の襟がみつかんで空中へどこともなく去つてしまつた―』靑森の何とかぢ家の跡そごだぢァね』ときかされた話のおそろしさ津輕の傳說に傳へられる妖怪の話は陰慘だ。そこに現はれて來るのは北國人特有の陰恐さより外に何ものもない傳說と童話の妖怪の行き方がそこではつきりと區別されてゐるのは面白い。(完)

4-131

海洋に関する怪奇伝説

●秋田魁新報　昭和四年七月八日

怪

海洋に關する怪奇傳說

海の神秘は昔の話　今では世界の寶庫

水產講習所教授技師　丸川久俊氏談

炎熱燒くが如き夏になると山とか海とかに涼味を求めるものが非常に多くなる、山を求むるものには山の智識が必要である樣に海を求むるものにも海の智識が必要である。今日でこそ海に關する智識が餘程發達して來てゐるが

昔は

種々雜多な迷信や傳說があつたものである。人魚に出合つたとか、龍神を見たとか、或は牛鬼に遭遇したとか、又船幽靈を見たとか色々のことが流布されて恐怖心をそゝるが如き物語りが多かつた。そのため昔は海洋は各國民間に自然に築かれた不可侵の神秘境の樣に考へられ、そしてこの境界は如何なる方法手段によつても踏み越ゆることが出來ないかの樣に考へられてゐた。故に海を以て包圍された國家は安全第一の樣に信ぜられてゐた

迷信

奇說として傳へられたものゝ中、先づ怪獸牛鬼については一見牛に似ててその眉間には一本の角をもち、鼻の尖端には小い袋があつてその袋を利用して水中を自由自在に潜行することが出來る。この袋が破れても陸上の生活には何等差支がない。一度牛鬼に見込まれたら大變――山でも海でも非常な勢ひで追ひ驅けて來る。海には又大牙なフカがゐる。千石船でもその背が船の底に觸れると如何に努力して航走せんとしても寸尺も進むことが出來ない。

其の

憤怒に達した時は猛然と背中を持ち上げて譯なく千石船を顚覆させる大力を持つてゐる。又海には龍神が住んでゐる。その龍鱗に觸れた場合には怒ちにして龍卷が起ると云はれてゐる。彼の海上に覇を唱ふる所の英國においても亦昔は矢張り同じ樣な迷信や奇說があつた。例へばロスチンエンジャーと云ふ動物は一見海豹の樣で、而も前の額には二本の角をもつてゐる。四肢によつて步行し皮膚は象の如くに厚く且固い

如何

に鋭利な銛を以てしてもこれを射止めるはむづかしい。そして一晝夜に十二時間の睡眠を續ける。その時に二本の角を礒邊の岩角にかけて身體を持こらへ、礒打つ波に搖られながら眠つてゐる。夜の白々と明ける時分目を覺ます天地も鳴動せんばかりに咆哮する、その聲を聞いた時は如何なる勇者も身を縮めると云はれてゐる、又ロイラーと云ふ鯨よりも大魚がゐる。その最大なものになると三百九十尺もある。どんな大きな鯨でも精々百二

十尺位である。

然しながら口には一本の歯もないと云ふから妙である、その肉は迚もおいしいが、その擧動が頗る輕快で敏捷なので容易に捕へられない、斯う云つた奇説、迷説が東西何れにも澤山ある。そのためにこれ迄海洋に對する恐怖心を起さしめたのも少くないのみならず、昔は造船、航海、氣象に關する智識が乏しかつたゝめに小船を操つて海洋に出たものゝ遭難も亦頻々とあつたので自然海洋は危險な所であるとされて

板子一枚底地獄と云つた様な考へを助長せしめたものである、然し海洋、氣象の學問が開け、造船、航海の術が發達した今日では海上は寧ろ陸上よりも安全であり、交通運輸の便もよく、又國防上海程大事な所はなく、漁業の上からはこれ程大きな資庫はないので食糧供給の點から云つても海の重要性が肯かれるのである。故に今日では各國民は競ふてこの海洋を利用せんとしてゐるのである。

資　盆興行と怪談芝居　劇界にレビュ時代

●二六新報　昭和四年七月八日（七日夕）　4-132

盆興行と怪談芝居
暗轉二十いく回のめまぐろしさ
劇界にレビュ時代

毎年の事ながら今年も早くも盆興行を打上げると俳優も幹部どころは大低避暑旅行か、別莊へ逃避してしまふ そして八月一杯は、劇界も學校と同様で夏季講習會もどきに若手の奮闘劇は見られてもうたゝ淋しいいの感あるは免れない

○

それにしても盆興行に定つて現れるものは、怪談芝居だ、化粧のものが時期を限つてドヤ〳〵現れるも變な話しだが、佛様をお迎へ申すら盆とあつては文句も言へまい

○

今月は歌舞伎座が『皿屋敷化粧姿鏡』で梅幸のお菊に、羽左衛門の鐵山、菊五郎の忠太ですごいところを出し淺草あたりは常磐座の『小車草紙』を始め木内系の小屋などあちらもこちらも怪談がらよら上は何せいさゝか涼味ざんこく

○

それから矢ッ張りレヴュー時代である舞台短くテンポ早しが流行らしい、新派劇にしても、明治の『九條武子』（これは評判の特作）にしても若しそれ本郷座に至つては舞臺廻轉の早いこと一芝居にパッパッと轉換二十三回は眼が廻ると慨歎する評家もある、この傾向映畫と芝居の接近だと喜んで良いものやら悪いやら……

資　妖怪画談全集

★満州日報　昭和四年七月八日　4-133

妖怪画談全集

全十冊　豫約募集　〆切七月卅日

只の繪話でない　昔話の寄集でない

科學的文學的に取扱はれる世界民族恐怖の表現

あの科學と器械で固まつてゐる現實一點張の現代アメリカにも不可思議な妖怪が出現する奇怪！妖幻！理論の鍵の開き得ぬ扉の蔭を此全集で窺つて見給へ

第一回配本開始　全國書店に行渡る

日本篇上　藤澤衛彦編

川端龍子畫伯の高雅なる裝幀　本篇所輯の妖怪文章六十篇　繪畫一百五十面・畫家は左の通り

申込金　五十錢　一冊　壹圓五十錢　送料　一冊十二錢　豫約者以外に分賣せず

内容見本全國書店にて進呈

東京市外長崎村　中央美術社

怪　海の神秘は昔の話　今では世界の宝庫

★京城日報　昭和四年七月九日（八日夕）　4-134

海の神秘は昔の話
今では世界の寶庫
海洋に關する怪奇な傳説

炎熱焼くが如き夏になると山とか海とかに涼味を求める者が非常に多くなる。山を求むる者には山の智識が必要である様に海を求むる者にも海の智識が必要である。今日でこそ海に關する智識が余程發達して來て居るが、昔は種々雑多な迷信や傳説があつたものである、人魚に出合つたとか、龍神を見たとか或は、牛鬼に遭遇したとか、又幽靈船を見たとか色々の話が流布されて恐怖心を唆るが如き物語りが多かつた。そのため昔は海洋は各國民間に自然にきづかれた不可侵の神秘境の様に考へられそしてこの境界はいかなる方法手段によつても踏み越えることが出來ないかの様に考へられて居た。ゆゑに海を以て包圍された國家は安全第一の様に信ぜられて居た

◇

迷信奇談として傳へられたものゝ中、まづ怪獣牛鬼については一見牛に似て居てその眉間には一本の角をもち、鼻の先端には小さい袋があつてその袋を利用して水中を自由自在に潜行することが出來る、この袋が破れても陸上の生活には何等差支がない一度牛鬼に見こまれたら大變——山でも海でも非常な勢ひで追ひ廻して來る。海には又太平なふかが居る。千石船でもその背が船の底に觸れると如何に努力して航走せんとしても寸尺も進むとが出來ない。その憤怒に達した時は猛然と背中を持ちあげて難なく千石船を顛覆させる大力を持つて居る。又海には龍神が住んで居る。その纜繩に觸れた場合には忽ちにして暴風が起ごるといはれてゐる

◇

彼の海上に覇を唱ふる英國においても又昔はやはり同じ様な迷信や奇説があつた。例へばロスチンエンジヤヽといふ動物は一見海豹の様で然も顔の額には二本の角を持つてゐる。四肢によつて歩行し皮膚は象の如くに厚くかつ堅い。如何に鋭利な銛を以てしてもこれを射とめるはむつかしい。そして一週後に十二時間の睡眠を續ける。その時に二本の角を巖石の岸邊にかけて體を持こらえ、打つ波に揺られながら眠つて居る。夜の白々と明ける時分目を覺すや天地も鳴動せんばかりに咆哮するその聲を聞いた時はいかなる勇者も身を縮めるといはれて居る。又ロイラーといふ鯨よりも大魚がをる。その最大なものになると三百九十尺もある。どんな大きな鯨でも精々百二十尺位である。然しながら口には一本の歯もないといふから妙であるその肉はとてもおいしいが、その舉動が頗る輕快で敏捷なので容易に捕へられない。

◇

かういつた奇説、迷説が東西いづれにも澤山ある。その爲にこれまで海洋に對する恐怖心をおこさしめたのも少くないのみならず、昔は造船航海、氣象に關する智識が乏しかつた爲に小船を操つて海洋に出た者の遭難もまた頻々とあつたので、自然海洋は危險な處であるとされて板子一枚底は地獄といつた様な考へを助長せしめたものである。然し海洋、氣象の學問が開け、造船、航海の術が發達した今日では海上は寧ろ陸上よりも安全であり、交通運輸の便もよく、又國防上海程大事な處はない、經濟の上からはこれ程大きな寶庫はないので食糧供給の點からいつても海の重要性が説かれるのであるゆゑに今日では各國民は競ふてこの海洋を利用せんとして居るのである

資　幽霊の出現は有り得るもの

★満州日報　昭和四年七月九日　4-135

幽靈の出現は有り得るもの
幽靈の家に閉籠つて
靈魂不滅を研究する坊さん

【長春】靈魂不滅の學説を立證する爲めに「幽靈の出る家」に自ら求めて居住してゐる青年がある

◇

長春露月町四十三番地の滿鐵集合社宅の一軒に住んでゐた當時滿鐵社員（ホテル勤務）永本某は妻と二人暮しであつたが家庭は至つて圓滿で何不足もないらしかつたが昨年六月二十一日友人を招待しやうとして妻は炊事場で鯛の料理にとりかゝり夫は友人を迎へに出掛けた、夫永本が三十分程して歸つて來た所炊事場で料理をしてゐる筈の愛妻はどうした原因かは解らぬが料理をしかけた鯛をそのまゝにして奥の四疊の室の柱にしごきを掛けてお死してゐた、何が彼女を死に至らしめたか、單調な生活の淋しさに堪へずしてか、それとも結婚前に夫には秘して大きな罪惡があつたのか、それにしても死の三十分前にはいそ〳〵と立ち働らいてゐた彼女の死は夫永本にはどうしても判らなかつた、全く謎の死であつたが懇ろな葬儀も無事に濟ませ永本が職を去つて內地に引上げた後社宅係りは他の社員にこの家を當てがつた所不思議にもその家に移つてからは家人が屢々うなされて安眠が出來ない殊に毎月二十一日の命日には明かに幽靈が出て家人を脅かすと云ふ、社員を替へて見ても同樣な出來事が繰返され遂には誰も入り手が無くなり長く空家となつたまゝ社宅係りも持て餘してゐたが

◇

この事をきゝ込んだ日蓮宗經王寺の青年從職吉岡辨行氏は日蓮の教說を立證する好機だと早速滿鐵地方事務所に申込んで五月下旬から引續き居住してゐる、人の念力はある物體から離れないと固く信じてゐる、この若き信徒は日夜精神を統一して行ける人の靈を求めてさゝやきかけやうとしてゐる氏を「幽靈の出る家」に訪へば六疊の一間には机や本や衣類などが雜然ととり亂され事件のあつたその室には緑の地に南妙法蓮華經と染め出した一幅がかけられその前には永本氏夫人の位牌が安置されてある、吉岡さんはポツ〳〵語り出す

◇

變死人が出て入り手の無い家に坊主が入つたと言へばごく平凡なことですが私は靈魂の不滅を實驗心理學的に立證すべく研究して見たいのです、私が茲に來て四十日許りですが私は之までうなされたと云ふことはないのに茲に來てから三度うなされました、恐怖觀念だなどと簡單にかたづけることは出來ません、念力が特定の場所に根據して離れないのは有り得ることだと信じてゐます、生前滿たされない靈は確かにある物體から離れません、滿たされない念力は幽靈となつたり又近くのものがうなされたり色々の形となつて現はれるのです、恰かも水に映る柳の影のやうなもので柳の木がある以上影は流れないのです、尚例を擧げれば昔人間の病氣にかゝるのはどんな原因か解らなかつたのでせうが顯微鏡が發明されて黴菌が發見されたのです、それと同じくある方法に依つて人の靈魂を立證すべき方法を考へたいと思ひます、私は毎日讀經して精神を統一し死人の靈に接し佛の教を傳へて慰めてやらうと思ひます、こうして靈が滿足せしめられた時その人の念力は茲を去ります、それまで私は茲にゐるつもりですと

ラジオ版　きょうの番組　講演『幽霊に就いて』

●読売新聞　昭和四年七月十日　4-136

『けふの番組』　JOAK　東京波長三四五

◇後七、二五　講演『幽靈に就いて』　松村介石

皆さん幽霊を見たことがありますか

●読売新聞　昭和四年七月十日　4-137

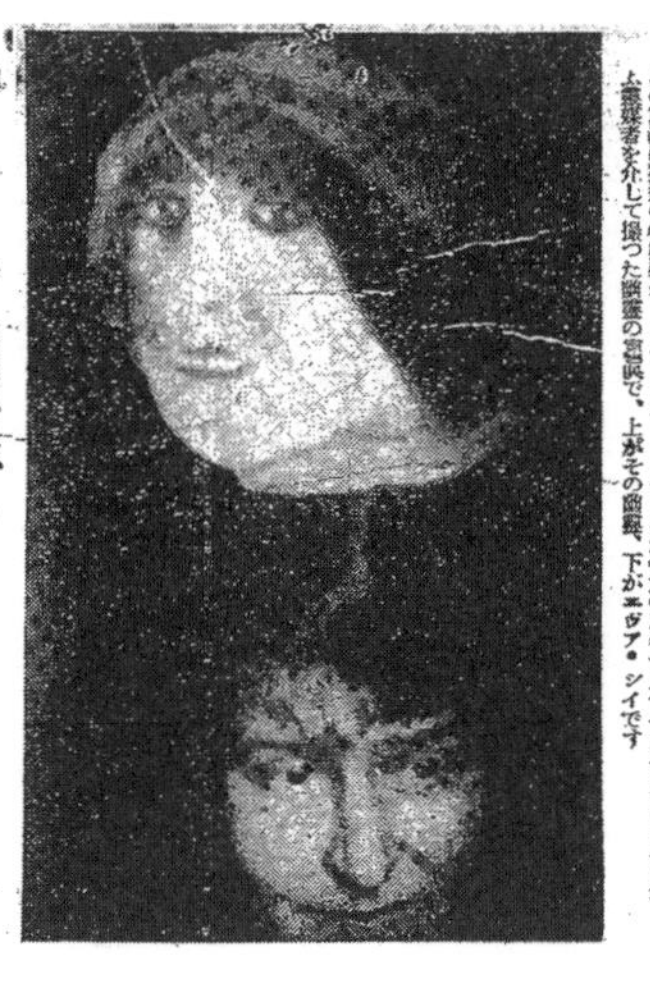

これは珍幽靈の寫眞

この寫眞は獨逸の心靈學者、シユレンク・ノツチングが一九一二年十月十七日エヴア・Ｃと云ふ靈媒者を介して撮つた幽靈の寫眞で、上がその幽靈、下がエヴア・シイです

皆さん幽靈を見たことがありますか

人間界と靈魂界とを連絡させて　幽靈現象を說く　松村氏の銷夏一夕話

松村氏は宗教學者として知名であるが、殊に三十餘年前、故元良、福來兩博士などゝ共に、日本心靈現象研究會を創立して以來引續き右の研究に精進して居る、氏は靈魂不滅を次のやうに說いてゐる

『世の中に幽靈が有るとか無いとか、種々各方面から論じられてゐるが、私は幽靈の存在を信じてゐる、然し

世間で　幽靈を見たといふ人が澤山あるけれども、それが必ずしも、本當に幽靈であつたかどうかといふことは、實際に具體

的の研究をなし、よく調査した上
幽靈の話をする…松村介石氏

でなければ、決めることは出來ない、世人の幽靈を見たといふのは往々幻覺であつたり錯覺であつたりする場合が多い、だから世人の見た中、どれが本當の幽靈であつたかといふやうなことは、輕々しく斷定することは出來ない

多くの 他の學者の說くやうに幻覺や錯覺で見た幽靈は勿論假の幽靈であるが、靈魂は眞に存在し且つ不滅なので、此の靈魂の顯現が所謂幽靈の現象であつて決して學理上から見て根據のないものでなく靈魂界との交通は必ず開かれるのであつて現にイギリスのサー・オリバー・ロッヂなどは、人間界と靈魂界の兩方面からトンネルを掘つて居り

兩界の 連絡はたいして遠い將來のことではなくなつてゐるのである」氏は以上の信念のもとに多年研究した心靈上の現象を通俗的に話されるのである

ラ　ラジオ　本日のプログラム　講演「幽霊に就いて」
●都新聞　昭和四年七月十日　4-138

本日のプログラム
◇講演「幽靈に就いて」　松村介石

ラ　幻覚錯覚でないほんとの幽霊
●都新聞　昭和四年七月十日　4-139

◇幽靈の寫眞　オリバー・ロッヂが靈媒で實驗した幽靈の元、存命の人間を箱の中に監禁し、靈媒を與へて幽靈を口から誘導した幽靈寫眞であります（講演）

幻覺錯覺でない ほんとの幽靈

學理上から根據のある研究

〔講演〕――午後七時二十五分

松村介石氏は宗教學者として知られてをり、その研究に洋行もしたが、殊に三十餘年前故元良、福來兩博士等と日本心靈現象研究會を創立し、爾來その研究に精進してゐます

私達のこの現實の世界に幽靈が有るとか無いとか、種々各方面から議論されて居るが、私は英國の科學者オリバー・ロッヂ、心理學者、哲學者として有名な米國のジエームス、英國のマイヤー・レビュー・オブ・レビユーを始めとして

靈媒 を行つたステッド等と同樣に幽靈の存在を信じてゐます、幽靈の話は日本に於いても數限りなく澤山あり、[illegible]

[illegible]それがどうして現れるか等の問題は別にして、私達は實際幽靈を目に見たり、耳に聞いたりしてゐるから、只今日では、何が何であるかの點が不可解なだけで、一口に馬鹿な話だと打消すとは出來ますまい、元來幽靈には種々あつて、目に見えるもの、耳で聞くもの、死んでから現れるもの

存命 中に現れるもの等があり、實に千差万別であるが、併し多くの場合、死ぬ時に現れるのが普通であります、臨終の時等には、幽靈がその場に定着してゐることがあり、又病人の床の内に出たり、[illegible]を立て〻現れたり、ドン／＼と[illegible]にも聞える樣に戶をたゝいて來るもの、[illegible]らんと[illegible]、ランプ[illegible]をたてるもの、[illegible]種々です、[illegible]心靈現象の[illegible]（サイキックスエノメナー）の中、[illegible]面白いのは、死人が[illegible]へのそ[illegible]と云ふので「自分が死んだときスト氣が付くと、自分の

靈が 目の前に橫たはつてゐる、その橫になつた身體がないと思ふと、それが棺に入り、そして葬式となつて運ばれる、モウ一度元の身體になつて

見たいともがくと、偶然目が覺め氣が付くと棺の內で自分は甦つてゐた」と云ふのがあります。併し世人が幽靈を見たと話すのは往々幻覺であつたり、錯覺であつたりする場合が非常に多いから、世人が見た澤山の幽靈の中、どれが眞の幽靈であつたかと云ふ樣なことは、輕々しく

判斷

は出來ないが、併し私の實驗調査に依れば十中八九までは僞りの幽靈でありました。多數の學者が說明する樣に、幻覺や錯覺で見た幽靈は勿論僞りの幽靈であるが、最近西洋でも日本でも眞に幽靈は實在すると認識し、幽靈を寫眞に撮つてゐる學者（一八六二年ボストンの彫刻家にして寫眞家なるマムラーが最初）もあります。私は友人の押川方義が仙臺の幽靈屋敷に行つて實際の幽靈を見たと云ふ體驗談を聞いたことがあり、又最近同じく友人の

安永

と呼ぶ秋の濃士からも、餘り世人に知られてゐない幽靈の話を聞きましたこれは氏が昨年郷里の秋に歸つたとき、一老姥の若い時代の思ひ出話で、吉田松陰の母が實際體驗したのを當時の彼女に物語つた話です。松陰が三十歲の時小塚原の刑場に於いて首を斬られた、其晩、彼の母が寢てゐると、夢とも現ともなく、我子の松陰が枕もとに現れ、親しく挨拶したので、翌朝そのことを夫に話すと、松陰の父は「それは實に不思議な事である、私も昨夜

松陰

の姿を見たが、その時松陰が云ふには、お父さん首を斬られると云ふことは、只ひやりとする許りで痛くも何ともないものだね、と話したよ實に妙な、おかしなこともあるものだね」と妻に語つたそうです、斯樣に人間には肉體以外に幽體（エクトプラズム）と云ふ氣體の物質化したものが實在し、且それは不滅なものであり、その幽體の發現即ち幽體を靈媒で誘導したものが所謂幽靈の現象であつて、決して學理上から

檢討

して見て、根據のないことではありません。現に英國のサー・オリバー・ロッヂ、ラチュームで有名なキューリー夫人等多數の學者は人間界と靈魂界との交通を開かうと、立派な靈場を作り專心この兩方面の連絡を計りたいと日夜努力を傾注してゐます、先年我國でも非常にこの幽靈研究が流行してゐたが、現在は少し衰微した形ではあるものの、でも近く某氏等が發起となり某所に靈場を設備して、歐米諸國に劣らない研究を重ねるさうであります

幽霊の話

ラ　●上毛新聞　昭和四年七月十二日（十一日夕）　4-140

幽靈の話

日本心靈現象研究會　村松介石氏談

科學萬能の今日でも尙幽靈に就いては果して此の世の中に存在するかどうかと云ふ事が疑問視されてゐる處であるが、歐羅巴では早

各方面から

種々論ぜられくから心靈學の研究を進められ、我國に於ても多年此の心靈現象に就いて一部の學者間に盛んに研究せられた結果、吾々は幽靈の實在を確認する事が出來得たのである、それは例へば縊死した場所とか、或は心中した谷間とか、瀧とか、トンネルとか其他未練釜敷い死蹟の場所に於て、靈介者の祈禱に依り亡靈の現れたのを、心靈寫眞機に撮つて立證し得られるのである。然し世間で幽靈を見たと云ふ人が可成りあるけれども、それが必ずしも

本當に幽靈

であつたかどうかと云ふ事は、實際に具體的の研究をなし、よく調査した上でなければ極める事は出來ない、世人の幽靈を見たと云ふのは往々幻覺であつたり、錯覺であつたりする場合が多い、だから世人の見た中果してどれが本當の幽靈であつたかと云ふ樣な事は輕々しく判斷する事は出來ない、多くの他の學者の說く樣に幻覺や錯覺で見た幽靈は勿論僞幽靈であるが、靈魂は眞に實在し、且つ不滅なので此の靈魂の發現が所謂幽靈の現象であつて、決して學理上から見て根據のないものではない。近い將來に於ては人間界と

靈魂界との

軌道が必ず開かれるのであつて、現に英國のサー・オリバー、ロッヂなどは人間界と靈魂界との兩方面からトンネルを掘つて居るのであるから、兩界の連絡はさして遠い將來ではなからうと想像される。

ラ　ラジオ版　きょうの番組　民俗伝説の夕
●読売新聞　昭和四年七月十二日　4-141

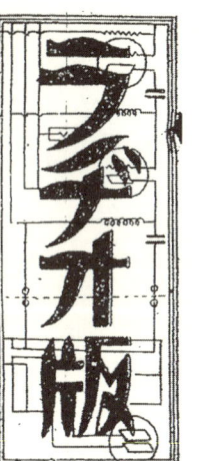

ラヂオ版

＝けふの番組＝　ＪＯＡＫ　東京波長三四五

◇後七、二五　民俗傳說の夕
一、『神樂と舞踊』　小寺　融吉
二、『河童傳說』　折口　信夫
三、『アイヌの間に殘る義經の傳說』　金田一京助

ラ　伝説に残された神楽と河童と義経
●読売新聞　昭和四年七月十二日　4-142

傳說に殘された
神樂と河童と義經
權威ある研究家を集めて銷夏奇談

今晩は既報の通り『民俗傳說の夕』であります。我が民族の持つ古い傳說に耳を傾けるのは凉味夜話に相應しい計畫でありませう。講師の顏觸れはよく權威ある研究家を拉し來つた、それだけに一段と眞摯な研究談が聞けるわけです。

まづ最初に『神樂と舞踊』を語る小寺融吉さんは、早稻田大學文科の出身で舞踊を發表する傍ら

◇……民族藝術　舞踊の研究に專く殊に舞踊方面は邦內斯道博士か、氏自身の舞踊研究一團を小寺氏に托した程の出色の人で、『近代舞踊史論』の著があり最近『藝術としての神樂の研究』と云ふ著を刊行しました。民俗家小寺融吉さんの令弟です。『河童傳說』の折口信夫さんは歌人異才釋迢空さんの本名で、現在慶應、國學院兩大學の教授で、夙に

◇……日本古代　文學及び民族學の研究に於て前人未踏の新境地を開拓して學界に新旗幟を樹てました『古代研究民族篇』『同文學篇』の二著が最近の氏の所產です『アイヌの間に殘る義經の傳說』の金田一京助さんは、早稻田大學及び東大助教授で言語學者として知られてゐますが、それよりも氏を知るには石川啄木の親友として有名で、氏の温顏の中に秘む情熱か、啄木のあの情熱に相通ずる

◇……何者かゞ　あることを知ると往時の俠者の交遊の樣が彷彿とされます、薄倖の武人義經の傳說を語るには氏こそ最も相應しい人でせう

古代の神樂を傳へた
十二座神樂の內みそぎの舞
（埼玉縣南埼玉郡鷲宮町鷲宮神社）

民俗傳說の夕一

一口に舞踊と言ふが
舞と踊は別もの
神樂の特徵は持ち物
小寺融吉氏の第一話

神樂は日本の最も古い儀式的舞踊で、今日では一つは宮中に傳はり一つは廣く各地の神社に傳はりました。その爲めに民間の神樂を

＝宮中＝　のそれに對して里神樂（村神樂）とも呼ぶことがありますが、これは近世の習慣で恐らく江戸時代に入つて作られた名稱でせう。而も都會の學者が便宜上に使用するだけで實際に廣く用ひられたわけではありませんでした。普通最も用ひられたのは大々（或ひは太々）神樂の名で、古く寬延元年の有名な假名手本忠臣藏の淨るり七段目一力茶屋場に大星が寺岡平右衞門にお前は足輕だからと云つて

＝仇討＝　參加を思ひ切らせようとする所にも『太々神樂云々』と見えてゐます。そして太々神樂に似た名に大神樂と云ふのがあつてラヂオ放送などにも出てお馴染でせうが、これは曲藝及び茶番狂言を專門とする丸一の鏡仙太郎一派の藝、所謂獅子舞の別名になつてゐます。獅子舞を神樂と稱するのは相應に廣く行はれてゐますが大神樂と呼ぶのは

＝東京＝　伊勢、紀伊位のものでせう。然らば大々神樂と言ふ神樂はいつ頃生れたかと言ふと江戸時代初期に生れたらしく神代

神楽と言ふ言葉は東京では神話を題材とした演劇化せる神楽を指し[illegible]州秩父神社でも云ふがこの言葉は更に新しく恐らく幕末或ひは明治初年のものでありませう。神楽の一つの特色は、手に物を持つて舞ふことで物を持たないで舞ふことはありません。そして持つ物は

＝神聖＝ 視せられるので、後世の芸術として或ひは娯楽として発達した舞踊に於ける持ち物とはその意味を異にしてゐます。そして此の神楽の伝説は日本の舞踊が外国の舞踊に比して一つの著しい特色をなす所の『手に物を持つ』と云ふ約束を作り上げたのであります。今は舞踊と云ふ言葉が盛んに用ひられますが、古くは舞と踊の二つが最く用ひられる言葉で舞と踊との区別は時に依り所によつて

＝相違＝ があつて總括的に簡単に説明するのは困難ですが恐に角神楽の舞踊は舞に属して踊には属してゐません。いづれそれ等の具体例は今晩申上げることにいたします

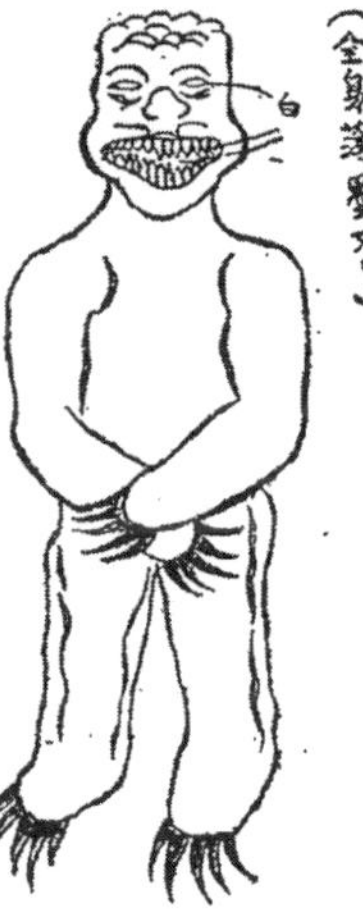

河童の印象図（小堀鞆七氏所蔵）
嵆慶時代江戸城半蔵門付近にて行人の出會した河童の印象

ラ　稚気愛すべき妖怪　河童は水の神
●読売新聞　昭和四年七月十二日　4-143

民俗傳說のタニ

稚氣愛すべき妖怪
河童は水の神
哲口信夫氏の第二話

世間普通に考へられてゐる河童と云ふものは、その姿が一種愛すべき形を具へてゐるので、妖怪として以外に一種の趣味を感ぜられて丁度狸と同じ状態に在ります

傳說を語る（上）小寺融吉（中）折口信夫（下）金田一京助三氏の

◇……河童の 姿は例の手足には水かきを持ち口はとがり頭に皿を頂く奇怪な形と見られてゐますがそれは所謂河郎、或ひは河太郎など云ふもので、その他にもう二種類程違つた河童の一類があります、一は猿で、普通エンコと云はれて猿猴科に属してゐる奴です。その他の一類は種々雑多で或ひはスッポンであることもありカハオソであることもあり時として蛇であることもあるやうです、所謂

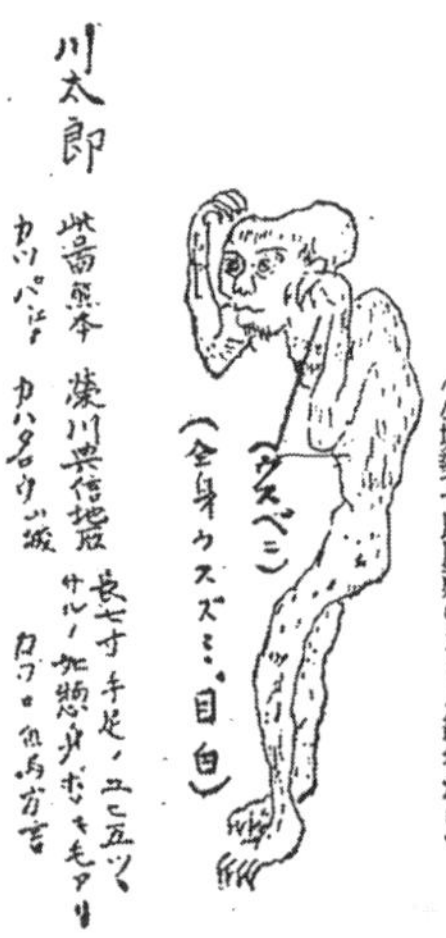

實說的に描いたカツパの姿（小堀鞆七氏所蔵のカッパ絵巻から）

◇……河太郎 なる河童は全然水にゐる鑵の形のものと云ふ心算りらしく沖縄ではこれを河禿と云つてゐます。この妖怪は元水の神殊に井の神でありました。そして北九州及び九州の西から北へ渡つて島々の伝承を調べて見ると半妖怪らしいもつと神性を帯へてゐました。そして農村の富の源である水は実は此の河童である井の神によつて司どられてゐたもので水の供給は此の神の

◇……心の儘 であります。そして河童の力の源は其頭の皿の中に湛へられた水に在るとされ、それを振りこぼすとによつて河童は容易に降服するものと見られてゐました。つまり水が力であると云ふことはそこから出たことです。世間でよく云ふ河童が何是相撲を取りたがるかと云ふのは昔の宮相撲は田の神である水に捧げる為めに取つたものなので、従つて水の神である河童がそれを好むのに

◇……不思議 はありません。そして河童の話で普通容んで語られるのは河童が馬を水中に引き込まうとして却つて人間にやり込められて以後降服を誓つた話であるが、その回意は今晩のラヂオで申上げることにします。――要するに河童は斯うした水の神であつて然も妖怪のやうな半面を益々拡大して来た奇怪にして尚ほ且つ稚気愛すべきものであるのであります

ラ

義経の蝦夷入り

●読売新聞　昭和四年七月十二日　4-144

アイヌ部落の義經神社
北海道日高國平取ハヨピラに在る、後方の赤ハゲの見える頂上の突出部はアイヌ部落

民俗傳說の夕三

英雄不死論が生んだ

義經の蝦夷入り

國史に現れた最初は林鵞峰の『東國通鑑』

金田一京助氏の第三話

義經が北海道へ渡つたと云ふ說が傳はり出したのは彼が死んで五百年も經つてからで、林羅山の息の鵞峰の東國通鑑に『或ひは云ふ彼は死せず逃れて蝦夷に入り遺跡今に存す』と出たのが恐らく初のものと私は思つてゐます。今から丁度二百十七年の昔のことです。それにはわけがあつて、寬文九年に北海道で蝦夷族の最後の大謀叛があつて日本人の大虐殺がありました。幕府はそれまですつかり蝦夷を放任しておいたので驚駭に水と人を派して警戒を加へるやうになりました。その人達が傳へたのが義經の北海道へ渡つたと云ふ說で彼は蝦夷へ渡るとアイヌの

◇……酋長　の娘と結婚したが或る日、酋長の秘する兵法虎の巻を奪ふとそこを逃げ出し神威岬から船に乘つて更に北地へ渡つたと云ふのです。所があにはからんや……それにはネタがあるのであつて、足利時代の御曹子島渡りと云ふものがあつてその中の文句はお伽草紙にも取り入れられてゐて淨るりの語りものになつたものである。その內容にその傳說と同じものがあつてそれは

◇……義經　が牛若丸時代奧州平泉の秀衡館に居た時、秀衡が牛若に云ふのには蝦夷の大將は兵法虎の巻の素晴らしいものを持つてゐるからそれを手に入れさへすれば平家を亡ぼすはわけはないと敎へたので、牛若は十三の港を後に小人島大人國女護ケ島を經て蝦夷に赴き酋長にとり入り娘を手にして虎の巻を持つて來た云々が美しく傳へられ、それを座頭が東國を語り傳へて歩き

◇……西國　の琵琶法師の語り物に對して義經記となつて多くの人にひどく受けました。そしてその內容には色んな地名が出て來るものだからその土地々々の人達は物語りを自分の土地に結びつけて事實として信ずるやうになつてしまつたのです。從つて當然それは蝦夷地にまで傳はりアイヌにまで入り、それを後の蝦夷地へ渡航した人が座頭によつて內地から輸入されたとは知らずアイヌから

◇……初耳　として聞き直に疑ふとなく却つて逆輸出したのです。——勿論義經は衣川で死んだのが事實であつて、その傳說は人情の自然で、英雄不死傳說の一型として唱へられたものでせう。

妖

津軽の人魚の話

●東奥日報　昭和四年七月十四日　4-145

津輕の人魚の話

川合勇太郎

[illegible]子僊といふ人が、津輕へ行つて旅宿してゐた時に、その宿の嘉右衛門からきいた實話だと云つて大槻玄澤が書いた『六物新志』にこんな話が記載されてある。

それは寶暦年中の、八月下旬であつたといふ。嘉右衛門は一人の漁師と共に、野內の沖へ釣に出かけた。その歸り日がもう沈まうとしてゐる時分岸邊へ近づいて來ると、浪の中から女の姿がひよつこりと現はれた。

その姿を見ると顔の色は白く、髮は雪のやうに輝いて艶かで、それに夕日の映る態は得も云はれぬ美しさであつた。髮は少し赤かつたが、黑み勝ちに肩にかゝつてゐ

た。手も乳房も人と少しも異らず。腰には蛇のやうなものを纏つてゐたといふ。それから下は水中に隠れて見えなかつた。

嘉右衛門は漁師に、それと目で知らせたので、漁師もそれを見てゐたが、うつかりして手にした銛を海に落してしまつた。

その水音に驚いた人魚は、再び海の底へ沈んだがもう二度と姿を見せなかつたといふ。古来津軽の海で人魚を見だといふ事が、段々にあるやうで、その出現をもつて吉凶禍福のものとされてゐる。

◇

『北條五代記』によると文治五年の夏、外ヶ濱へ人魚が流れ寄つた。この年の秋、奥州の豪族藤原泰衡の一族がみんな亡んでしまつた。

建仁三年四月また津軽の浦へ寄つた時には、将軍頼家が公暁のために刺された。（此一條は吾妻鏡によると秋田といふ事になつてゐる）次で寶治元年三月十一日、同じ津軽の浦へ人魚が寄つたといふ注進が鎌倉にあつたので、鶴ヶ岡八幡宮で天下泰平の祈禱が催された。『分類本朝年代記』巻二には『寶治元年三月二十日人魚死して津軽の浦に流れ寄る形人の如し腹に四足あり』と書いて『先代有之兵亂起因有天下御祈禱』とある。

然しその験もなく、その年の六月五日に、三浦泰村が叛して、所謂三浦合戦が起きた。『吾妻鏡』によると『同年の五月十一日、津軽の海邊に死人の如き大魚流れ寄る、先日頃より海水赤色なりしはこの魚死したる故か。隨つて同じ頃奥州の海浦波濤赤くして紅の如くであつた』云々と當時みちのくの國司であつた三浦五郎左衛門尉盛時が、鎌倉へ報告してよこしてゐる。

◇

『鎌倉史』巻の二は『有物自西行東光紹々似白旗。是月陸奥海水紅如臙脂。海人獲人魚一枚』と誌してある。當時稀有の事として巷間に語りつがれ官邊でも可成り神經を悩ました、一大事變であつたのであらう。

ところが翌年の寶治二年の秋、またもや外ヶ濱へ人魚が寄つたと云ふ噂が、かまびすしく天下を衝動さした。

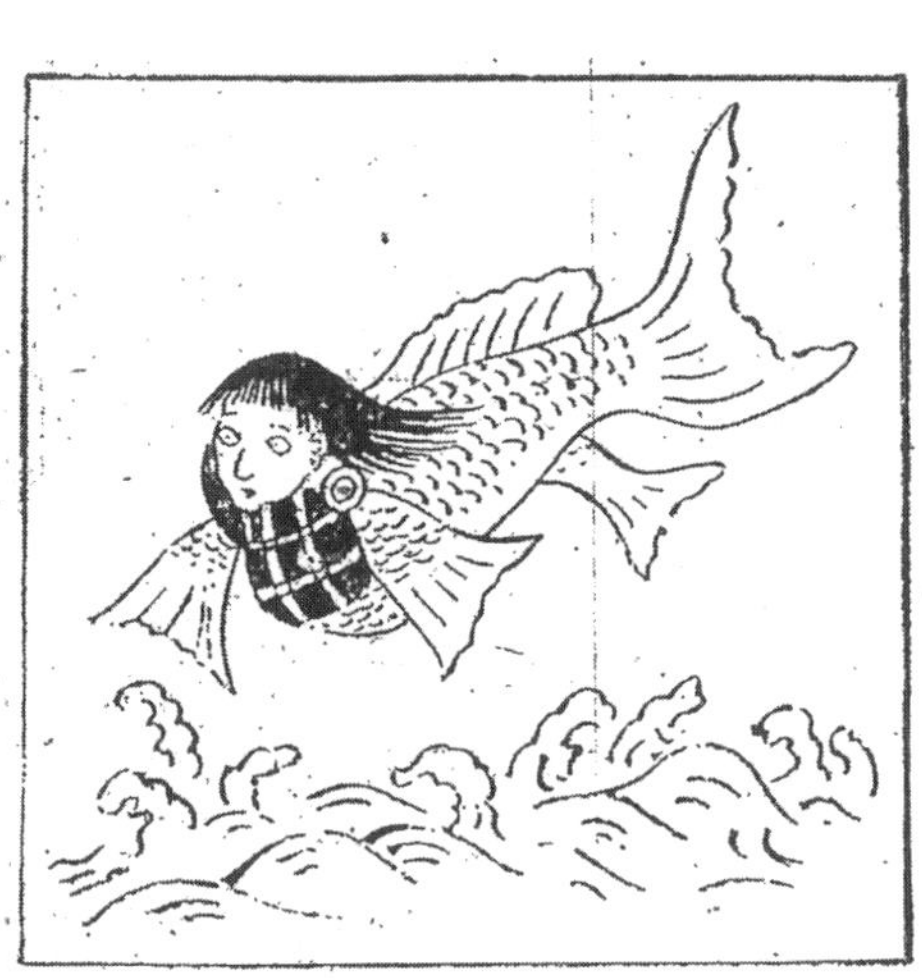

『津軽舊記』記載の人魚の圖

この時の執權北條時頼は、『前にも人魚の寄つた時には、度々國に不祥があつた、その都度人魚の寄つた時には、充分祈禱する慣例であるのに近頃巷間に傳へる津軽浦へ人魚の寄つたといふ報告を、何故によこさぬ』と厳しく國司三浦盛時に詰した。その時の盛時の返事は『去ぬる九月十日噂の如く津軽浦へ人魚が流れよつたので、三度の注進を立てたが不吉の事であると言上しなかつたものであらう』と答へた。

時頼は執奏者のおせつかいを不快な顔色に浮べ、直に将軍家から諸寺社に向けて、御祈禱の事があつた。

◇

かうして人魚の寄るといふ事が、凶禍の前兆であるやうに信ぜられてゐるのである。

『魚の中に人魚ある事、必定海人の殺生いふにたへたり』と例の北條五代記はその殺生信仰をほのめかしてある。

人魚の形に就ては『長崎夜話』をはじめ、古来その形をうつしたものが、非常に多いのであるが、これを文献に現れた津軽の人魚についてのみ云ふと、最初述べた淺虫の嘉右衛門の話が、最もよく傳へられてゐるが、他の文献ではあまりよく明瞭してゐないやうであるしその場所も或は外ヶ濱、或は津軽の浦とのみで、その場所ははつきりして居らぬ。

由来津軽外ヶ濱と云つたのは何處であるかと云へば、東鑑によると、糠部と外ヶ濱との堺なる『有多宇末井梯』とある文献からして今の東津軽郡淺虫温泉の傍に聳える善知鳥前の古跡附近から、奥の海邊を外ヶ濱と昔の人は稱へた事が想像される。

寶治元年三月二十日に寄つたものとして、『分類本朝年代記』一の巻は『人魚死津軽浦流寄、形如人、有腹四足』と漠然形を述べてゐるだけで詳しくは分らぬ。これは北條五代記に記してある、同年三月十一日のものと同じ記録であるやうに思はれる。その後の條下に『先代有之兵亂起凶有天下御祈禱』と誌してある。即ち鶴ヶ岡八幡宮で、天下泰平の祈禱を催した事を指してゐるのであらう。

『津輕徧記』には、寛延九年三月下旬に津輕石崎村(東津輕郡)の湊で、人魚を捕へた事を記録し、丹念にその奇怪な形体まで寫し取られてある。その時綱を引いた漁師達によく問うたら『百年ばかり前藤先寺の小坊主が、松前へ渡る途中、船から落ちて死んだ事がある。多分それが斯うしたものに生れたのだらう。』と、大きに話し申したさうであるが、圖によつて見ると、人魚といふよりも怪魚といふやうなもので、胸には袈裟樣のものをかけ、鰭の上には袈裟の輪がある。漁師たちにはこれによつて或は遠い祖父の物語りを如實に浮ばしたのであつたかも知れない『原始漫筆風土年表九』に明和三年の秋下北の脇野澤沖で船の舳先に半ば上つた人魚を見たとある

◇

半身半魚の想像的生物であるマーメード即ち人魚については、その俗信は決して津輕のみではない海洋に面した世界のあらゆる國々の普遍的存在であるが、同じ海をめぐらされた南部の海に、この出現を見ないのは不思議なものゝ一つである。(完)

資 映画　怪異談「怪炎」

●河北新報　昭和四年七月十四日　4-146

マキノ御室作品

怪異談「怪　炎」

【解説とあらすぢ】「生れぞこなひ」が改題されたもの谷崎十郎が主演し大佛伊左衛門に扮してゐる市川幡谷の蟒喰ひ正兵衛、大林梅子の大佛の情婦、大谷鬼若の伊勢屋主人、河上若菜のその娘等の配役で、グロテスク監督の運名ある押本長之輔監督の原作になり獨特のグロテスク味たつぷりなもの然かも夏向きらしい怪談味を帯びた特異ある映畫である筋は戀故に伊左衛門は情婦に十兩の金を與へる事を約束したがどうしても作る途はなかつた、思案にくれて彷徨する大川端、計らず悪黨の蟒喰ひ正兵衛と逢ひ仲間になつて押込み強盗に這入つた折柄燒きつく様な赤兒の泣き聲を聞きつけ行つて見ると捨子なので拾つて透ぼした、斯くまでして得た十兩を握つて愛人を訪れて見れば、金が欲しさの愛想と知り伊左衛門は情婦を斬つた——十七年の年月は流れ拾つた赤兒は成長し今は花恥かしいうつくしい娘、彼の心は娘にこびりつき懺悔の日を送らねばならなかつた——ただ過去の罪を悔い娘に知れぬ樣つとめた——突如正兵衛が訪れ昔の古疵を發いたので二人は激しく爭つた、——遂に二人は共倒れに斃れた?、奇怪は之から……

マキノ映畫【怪炎】谷崎十郎と河上君榮

資 座談会例会　自然界の不思議と化けて…

●長崎日日新聞　昭和四年七月十五日　4-147

芝居に現はれた妖怪

自然界の不思議と化けて出る動植物

雨ふる夜に『妖怪』を語る

七月六日本蓮寺客殿に於て開會
座談會例會（寺田本社員速記）

長崎座談會七月例會は六日午後七時より門上町本蓮寺客殿に於て開會、屋外は梅雨降りしきり室内には切子燈籠を吊して陰惨な氣が漂ひ、話題の『妖怪』にふさはしい情景である、當夜大村から長與銀行頭取長與園治氏外二名迄々參會し、會衆二百名に上る盛況を呈した

淺田博士（司會者）　今夜の妖怪座談會を之れから始めます、先づ歴史及劇に現はれた妖怪の話を渡邊さんにお願ひします

芝居に出る妖怪のいろく

渡邊停舟氏（新聞記者）　夫れでは私から劇に現はれた妖怪について簡單に申上げます、怪談が何時頃から劇になつたかは判りませぬが、今から二百五十三年前の延寶五年、京都の萬太夫座で「藤壺の女御」を上演したのが、現在までに發見されて居る記録の上では一番古いやうです、之は藤壺の女御の怨靈が藤の花から大蛇になるといふ趣向です、夫れから降つて元祿、文化文政、明治と引續いて三都で上演されて居ります此の怪談劇は大抵六七八の三箇月で夏の芝居として興行されました舞臺裝置が簡單に、凄苦しい感じがせず、又暑氣に弛緩した神經には強い刺戟が必要だとも考へられし、怪談物でゾッとして夏的ほ寒きを覺えしむるといふ趣向であつたらうとも考へられる、劇に現はれた怪談は多種多樣であるが、夫れは三種に區別する事が出來ます先づ第一類に屬するものは幽靈で死靈、生靈、怨靈、亡靈を取扱つたもので、之れは前回の座談會の話題に供せられたものであります四谷怪談のお岩、牡丹燈籠のお露皿屋敷のお菊、黒田騒動の五十嵐とか、磔柱をかついで出て來る佐倉宗五郎とか、其他色々の幽靈がありますが、今日は問題外ですから略する事に致します、第二類は妖魔惡鬼で動植物の妖精、卽ち今日の話題となつて居るものでありますが、色々のものが取扱はれて居るのであります

鬼と天狗

長崎でも上演

渡邊氏　鬼が材料としたのに一つ家ノ婆があります、極事が今の中島會館、元の長崎劇場でやつた茨木、紅葉狩があり、菊五郎が南座でやつた戻橋もあります、其の奇怪な形相は空想が基として作り上げられたもので、芝居では女に變裝し、最後に正體を現はす事になつて居ります、尤も今昔物語の中には、油壺に化けたり、板に化けたりして人を害したものも居りますが、芝居では老女が美女に變裝して居ります、次は天狗ですが之れは今ノ我當、當時千代之助が親爺の仁左衛門と一緒に來て南座でやつた鞍馬山、市川三升が永久座でやつた高時の天狗舞等がありますが、鼻が高く嘴の尖つて居るのが特長です、人心を察知し、未來を豫見するといふ通力がある事になつて居りますが、之れは日本獨得のものであります、支那の天狗は舌が馬鹿に長くてゲラ〳〵笑ふだけで、日本のとは大分趣が異にして居ります

老女に化ける猫

人間の子をうむ狐

渡邊氏　猫には有馬騒動の猫、岡崎の猫、鍋島の猫などがあり、大抵は老婆に化て行燈の油をなめる、蛇には日高川、白縫物語等があり、狸には姫路城を背景とした小刑部姫があります、次に狐ですが、之れは支那傳來で、支那では百年劫を經れば美女に化け、千年經ては淫婦に化けると云つて居ります、其の化けるのは、頭に髑髏をのせて北斗七星を百遍拜んで落ちねば化ける事が出來るといふ事です、之れを劇に取扱つたのは玉藻の前で、周の幽王をたぶらかし殷の紂王をたぶらかして日本に渡り、而して近衛院を惱まし、安部晴明に禳られて那須野ヶ原の殺生石となつてまで人を害するのがあるかと思へば、獵師に救はれて其

恩返しに妻となり　子まで設けた葛の葉の狐がある、狸や蛇が女に化けて人間と交はり、子供を生んだといふ傳説はない、子供を生むのは狐ばかりのやうです、其の外蝦蟇の兒雷也、土蜘蛛、先年南座でやつた左團治の瀧窓志賀之助、即ち鯉つかみの鯉の精、植物では柳の精の三十三間堂、關の戸の櫻の精など、いろ〳〵の妖怪があるのであります、第三類は加持祈禱といふやうなもので、今日の話題には直接關係はありませんから略します。

日本獨得の 面白い狸の化物

狐とは全然相反す

●淺田氏●　動物の化物に就ての歴史やちよつと讀んだところを申しますと、今渡邊さんのお話がありましたやうに、狐が化けるとか人に憑くとか云ふやうなことは、何うも支那から移入したものらしい、狐は今お話しがありましたやうに、よく女に化ける、そして子供を産むと云ふのが多い、そして狐はよく字を書くことがあるさうですな、そしてよく人をたぶらかす、さう云ふことは支那の小説に澤山ある、漢文が日本に來たのと共に日本に來たと云ふことです、之れに反して狸は日本が本場らしいですね、狸と狐は化けるのも全く反對で、狸は酒屋の丁稚とか、大入道とか、男に化ける方が多いそして狸は字よりも繪を描く、夫れから腹鼓を打つと云ふことで、非常に樂天的ですな、そして男女關係を起さない、睾丸を八疊敷に擴げると云ふやうに非常に面白いですね、民族學的に考へても、物語的に考へても、日本の或る特長を示して居るやうに思はれる、支那には餘りないのださうです、狸は日本の化物としての特産物です

憑き物の 地方色

●淺田氏●　夫れから地方的に特色がある、四國には狐は居ない、實際居るか何うか知らんが、四國では狐の化物とか憑くとか云ふことはない、狐火もない、四國は狐の代りに犬神がある、そして町人には犬神が憑き、士族には天狗が憑く、隱岐に行くと猫が憑く、地方的に憑物が違ふ、或る所では蛇、鼬、獺と云ふやうに憑いたり化けたりするのが違ふ、憑かれるもの、症狀は同じであるが、その同じものを地方々々の人はさう云ふ風に解釋して居るが、實際は狐や狸に化ける能力はないと思ふ、動物學者で眞面目に研究して居る人もあるが、そんなことはないと云ふことです、天狗と云ふ言葉は古事記や日本書紀邊りからあるから支那とは違ふんですね、日本書紀邊りでは天狗と書いて天狗と讀ましてある、天狗ぢやなくて天狗です

●渡邊氏●　狐が化けるのは雄狐でも化ける、昔はさうなつて居る、餘程昔からあつたものと思ふ、夫木集には「花を見る道のほとりの古狐、かりの色にや人迷ふらん」といふ歌があります

●淺田博士●　井上圓了博士は狐にばかされるのは人爲的僞怪、心的錯覺から起るものだと言つて居ますね

●渡邊氏●　今誰か心理學者が研究して居りますか

●淺田博士●　井上圓了さん以後、さう云ふ専門家は知りません

正體の判らぬ 不知火

●淺田氏●　それでは現代の妖怪に移りませう、先づ無生物界の化物の一番初めの天變、地妖に就て、何かお話がございませんか、今まで雷だとか或は隕石が墜ちて來たとか、或は流れ星とか、山彦とか、あれも化物のやうに思つて居つた併しさう云ふものは今では誰も化物と思はなくなつて了つた、又地震でも火山でも、或は溫泉なども不可思議なものに違ひなかつたが今ではどんな人でも之を化物と思ふ人はなくなつて了つた、怪石と云ふものは大方天から墜ちて來た石とか、或は天然の妙な格好をして居る石ですな、人間の格好をして居つたり、猛獸のやうな格好をして居るものがある、夫から鳥居龍藏さんあたりが發見したドルメン、メンヒール、巨石ですな、非常に大きい石、石器時代の人が造つた石の記念物ですな、さう云ふ

ものが方々にある、宮崎縣邊りは澤山ある、四國の海岸にも多い、長崎縣下にもあります、雪ノ浦にもあつて、よく海岸の直ぐ船の着きさうな所にあります、此ハドルメン、メンヒールの格好は世界中同じで非常に不思議だと思ふ、併しさう云ふものは化物とは考へて居らなかつたですな、怪火、火柱、不知火、いろんなものが出て來るのですが、夫れ等に就て御經驗はありませんか、有明海の不知火など未だ本體は判らんですね、何でも滿潮の時に多い、夜船に乗つて櫓を漕ぐと水が光るさうですね

渡邊氏　不知火は沖の方一面にズーッとあつて、今まであつた所に漕いで行つてもなくて、先の方へ行くと又後の方にズーッと光が見える、或る距離に依つて見えるらしいですね

淺田博士　井上圓了さんの説では淺瀬にあると云ふことですね、有明の海の所には淺瀬があつて、滿潮の時に淺瀬に波がぶつつかるさう云ふ時に光が出る、そいつを或る距離から見る譯ですね

渡邊氏　千々石灘にもありますが、矢張微生物でせう、夜光虫ですな

西村慈珖師（本蓮寺住職）　船を漕ぎますと確かに火が出ます非常に綺麗です、燐のやうな光が出ますが、何でせうか

淺田博士　プランクトンですね黴菌のやうな發光虫ですね

地藏様の所から
赤味を帯びた火
夏の初めから秋にかけて出る

松本勝氏（新聞記者）　さなたもお話がないから私より申上げます、私の實家から約十二、三町離れた畑中に地藏様があつてノウガキと申しますが、其の地名か地藏様の名か判然知りません、その所から毎年夏の初めから秋の初めにかけて火の玉が出て、そこから私の宅の横手の方に一直線の小溝がありまして、右の火の玉は此の溝を傳はつて殆ど毎晩上下するので、私なぞは小さな時「ノウガキの火」が來たといへば泣き止むといふ様にあつたのです、或る時――多分私の中學二年生頃と思ひますが――隣村の親戚の宅に行き、父と二人で夜遅く歸る時丁度此の火が出て、私共の方に向つて來て居ります、そこで好奇心にかられ、父と共に麥畑（麥の熟しかけた時でした）の中に隠れて見て居りますと、私共の前方約四、五間位の所に來ると、其の火は一應停まりまして、夫れから二三十間左方に急に走つて下手に行きましたが、その火は此の位（兩手を以て大きさを示す）のものです、火は丁度古提灯に火をつけたもの、様で、燐の様に青味はありませんでした

淺田博士　可なり大きい火ですね、丸い輪廓ですね、尾も何も引かないですか

松本氏　いゝえ

淺田博士　非常に早く走るですか

松本氏　早い時もあれば、遅い時もあります

神代祇彦氏（新聞記者）　火の高さはどの位ですか

松本氏　地上から一間半位だと思ひます

淺田博士　そばに來た時温か味でもあるのですか

松本氏　温かみはありません

淺田博士　古提灯の火とはどんなものですか

松本氏　古い提灯に火をつけた様で、即ち幾分赤味を帯びたものです

淺田博士　それは何月頃ですか

松本氏　麥の熟しかけた時ですから五月頃ですかね……

梅雨の夜に
出る狐火

秋岡行衛氏　燐ぢやらうと思ひますが、丁度今の時期です、今晩でも行つて見たらありはせんかと思ひますが、高野平からズーッと登つて、今新道が出來て居る愛宕の方へ登ると、四ケ辻の火葬場の方へ行く道と、瓶岩の方へ行く道と三つになつて居る所がある、あすこの所で晩十二時頃、……私は恰度三年間田上に住んで居つたから、一日置きに晩の十一時頃から梅香崎から田上にポツ〳〵歸つて居つたが、毎年梅雨の時期には必ず見た、初めは火葬場の歸りと思つたが、何回も經驗するし元淺田さんの別莊のある上の方に

盆燈籠のやうなものが丸く列を作つて、他所にも移動せんで、一つく並びながら點いて居る、そして遠方の物の響きのやうなものが光りの方に聞える、夫れであれが狐の火かなと感じました、冬や秋には見なかつた、斯う云ふ梅雨の降る晩には必ず見えた、幾か何うか近寄つて見たらと思つて居つたが、朝早く出なければならぬので近寄つて見たことはありません、

淺田博士●● 松本さんの見たのはこんな晩には或は出るかも知れん盆ですか夜ですか、天氣は何うですか

松本氏●● 無論夜ですが、天氣は立派な天氣です

淺田博士 あなた（秋岡氏のこと）は何時も雨の降つた時ですか

秋岡氏● 天氣の時は殆んどなく雨のしよぼく降る時です

渡邊氏●● 福岡でも營所裏の練兵場でも火の玉が出たのを見た人があります、私は四五晩續けて行つたが見ませんでした

淺田博士 さう云ふ風に季節的に梅雨の候に限つて居るのは虫かも知れませんね、

秋岡氏●● 行つて見たら面白かろうと思ひますが

淺田博士 發光體の虫は螢でも何でもよく集まるから、よく化物らしく感ぜらるゝですね。

烏啼きの一考察

死人の匂を嗅ぎわけるか

淺田博士●● よく烏鳴きと云ふことがある、井上圓了さんはあれを妖怪の中に入れて居るが、井上さんの說に依れば、天候に急に變化のあつた時によく烏が鳴く、人間の死ぬのも、將に死なんとするやうな時に、氣候の激變があつて、急に溫度の變ると死ぬもんですから、偶々烏が鳴くのと人の死ぬのが一致して居るが、烏が人の死ぬのを豫知して居る譯ではないと云ふことを說明して居る、又斯く云ふことも言はれる、死にかけて居る人は、死人の匂ひがする、非常に臭い、名醫は直ぐ判る、烏は遠い所から地上の餌を見ることが出來るから、死にかけて居る人があれば、其匂ひを嗅ぎ分けることが出來るかも知れん。（未完）

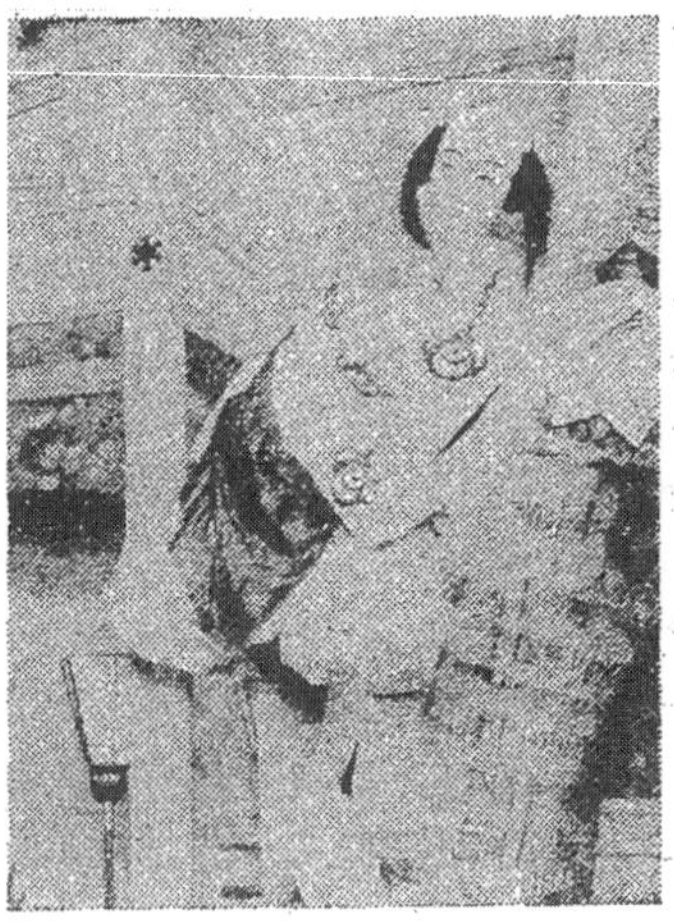

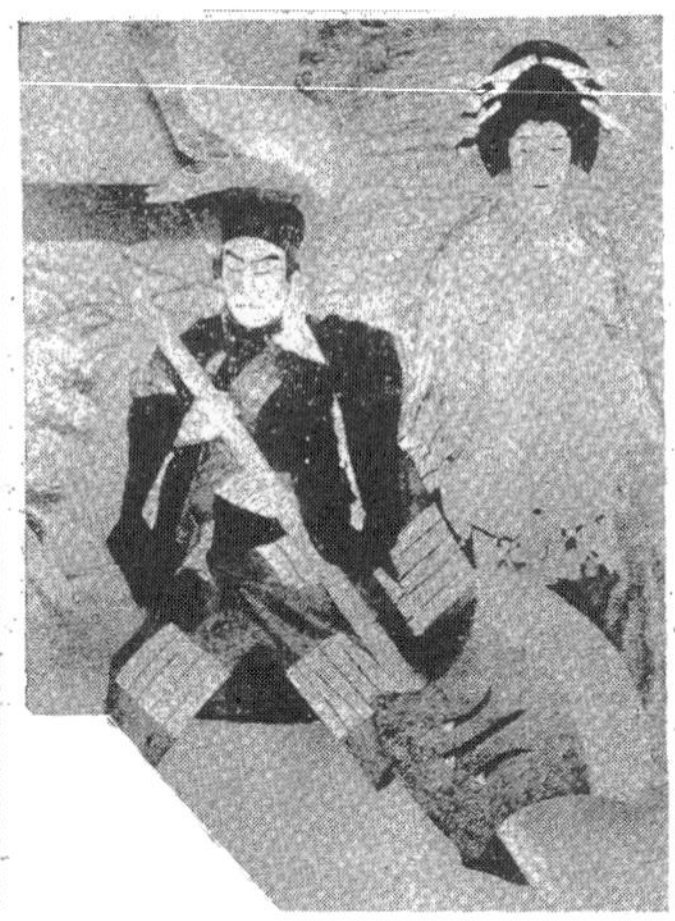

芝居に現はれた妖怪

（上圖）積戀雪關扉 中村福助の墨染櫻の精・松本幸四郎の關守關兵衞
（左圖）鯉つかみ 市川右團治の鯉・精靈瀧吉賀之助
（右圖）吉野山 林長三郎の塚本狐

資 座談会例会 科学の力で次第に妖怪の…
●長崎日日新聞 昭和四年七月二十九日　4-148

科學の力で次第に妖怪の影が薄れる

七月六日本蓮寺客殿に於て（續き）
座談會例會（寺田本社員速記）

山村のあばら家に

狸が化けて飯貰ひに

山脇麗剛氏（僧侶） 私が京都に居りました時分、宇治川の水力電氣の工事中、山村に人も何も住んで居ない寂れた一軒の家がありましたが、そこに工事に從事する朝鮮人の土方が七、八人が入つて居りました、冷度夏で蚊帳を吊つて居りますと、十二時過き頃妙齢の美人が蚊帳の外に來て坐る、每晩來るので朝鮮人も逃げ出して了つた、その後日本人の土方が行つたがこれも又逃げ出して了つた、だんく調べて見ると、狸が幽靈に化て飯貰ひに來よつたさうです

姉さん冠りの人

打殺すと狸だつた

酒井寅作氏 私の國で若い時分、或る晩十一時過ぎに湯に行つて五六人歸りかけた、そこに古狸が始終出ると云ふことが聞いて居つたが、模樣入りの手拭を冠

つて、綺麗に染めた袷を着て居る人間が通つて居る。ところが其模様の入つて居るのから袷い柄まで夜の暗闇でよく判る、夫れが約五間ばかり離れて追ひ付かうとしても、矢張り五間ばかりの間隔で歩いて居る。五六人の者が待ちなさい〳〵と言つても五間ばかりは何うしても夫れが早い、愈々狸に違ひないと云ふので石を投げ付け「死んだ〳〵」と言ふとコロッと倒れて了つた、それで五六人の者が行つて見ると、やつぱり模様の入つた手拭や染模様の着物を着て居て、狸が目をグッとむいて見たり何んかして居る、五六人の者は下駄や何かで叩いたところが、二三度飛び起きたがとう〳〵打殺して了つた（笑聲荐りにして拍手さへするものがある）私は現に見て居りました、夫れに狸は馬鹿と言つていゝか怜悧もんと言つていゝか判らん、夫れは翌日料理つて味噌汁で食べました、實際でございます、頭に被つて居る白木綿の手拭に模様の入つて居るのが立派に判りました

某氏　さう云ふものの材料を何處から取つて來たのでせう

酒井氏　殺した時には何にもなかつた、狸ばかりです（大笑ひ）

狐に化けた手長男

淺田博士（司會者）　泥棒が狐や狸に化けたり、幽靈に化けたりすることがある、稻荷信者の所へ行つて、自分は裏の狐である、金を與れると倍にして返すからと云つて來るので、最初稻荷さんに五錢程置いておくと、翌日は拾錢になつて居る、今度は五拾錢置くと壹圓になつて居る、こいつは本當だと今度は拾圓置いた所が無くなつて了つた（笑聲起る）

さて今度は幽靈に化けて、娘が亡くなつた所に行つて着物や帶がなければ行く處へ行かれぬとて、良い物を片端から持つて行く、夫れ等も其正體を見屆けなければ本當の幽靈となつて了ふであらうと述べる

山の奧に琵琶の音

狐のお産を世話

福本氏　私は竹が好きでありますが、狸の竹を切る音、竹の倒るゝ音・笹を掃ひ除ける音、之れを切り削る音杯は幾度も聞いた事があります、殊に夕カ山（竹の山）の傍を通ると、さうした音の外、人の泣き聲や琵琶を彈く音或は唄ふ聲なども能く聞きます、私は東彼千綿の宿から約一里許りの所に堤のあります所で聞きましたが、ツイ二三年前も、時津に獵に行つた時も聞きました、兎に角こんな話は私許りでなく、皆聞いた事實談です

淺田博士　狸のそんな音を出すといふのは大抵夜中だそうですが、あなたの聞かれたのは何時頃でしたか

福本氏　私共の聞いたのは、多分夜の八時頃だつたと思ひます

淺田博士　夜は所謂萬籟靜かで隨分遠方の音が聞えるものです、殊に天氣加減で空氣の靜かな時にはよく聞えますが、ハッキリした音ではないらしいですね、あなたは實際狸の音を立てゝるのを見たのですか

福本氏　音だけ聞きました

淺田博士　聞いた人は多い樣ですが、實際夫れを見た人は無い樣です

福本氏　然し一里以上も行かねば人家はない山の中で、琵琶の音が聞える道理は無いぢやありませんか

淺田博士　夫れは隨分遠方の音が聞えるものです、晝間はいろいろ雜音が交つて聞えぬけれども、夜間には之が無いからです。ラヂオでも晝間はよく聞えないが、夜間に聞えるも之と同樣な譯です

福本氏　之は私の郷里の話で約二十年許り前の事ですが、或る人の妻が姙娠しまして、[illegible]箇月位で産み落しましたが、それが今で言ふ葡萄兒でしたので、恥かしいとて誰にも見せぬ事にしたが、當時の[illegible]は[illegible]人に見せないと却て後の祟りが恐ろしいから、見せた方がよからうと言ふので皆に見せましたが、夫れから二、三日してから其の妻の言ふには——元來此の夫婦は別の室に分れて寢る習慣であつた——狐が三晩ばかり來て痒いなら蕎麥がらで膠よといつて、夫れから姙娠したのだと話したさうです、夫れから今一つは、私の村で隨分上

手と言はれた産婆の話ですが、或る晩お産があるといつて迎へに來た。そして伴れに來た人は提灯をつけて跣足で先きに立つて、常に一定の距離を保つて約一里許りの上手に行つて產をさせた所、非常の難産であつたが兎に角生れたので、何れも非常に悦んで大に御馳走をして待遇されたので、其の晩は泊る事にしたが、夜明け頃少し寒いので目を醒ますと、自身の着て居るのは蒲團でなく、芝であつたのに驚いたが、御馳走やお金はほん物てあつたといひます、此の産婆さんは二度もこんな目に逢つたと言つて居りました

人間が逆に 幽霊に化ける

引捕へると女泥棒

山下末太氏（周旋業）　私は幽靈に化た奴を捕へたことがある小濱警察署に刑事をして居る時分ですが、小濱に山領と云ふところがある、名前は申しませんが……そこの娘さんで二十一になるのがお逝ぎた、相當の家庭ですが、晩になると娘さんの幽靈が出て、先行きが出來んと云つて佛さんの棚の横とに毎晩出る、夫れが評判になつて警察の方でも聞き付けて山領に幽靈が出るさうな、毎晩、出らん晩もあるが出る晩が多い、私共の想像では――可笑しいぞ、ヒョッとするとヒョットとする……斯う云ふ話、時の署長は貝塚さんで、君今晩泊りに行つてみんかと云はれた、私は幽靈と云ふから氣持が良うなか、こわい、併し命令とあるから仕方がないところが其晩は幸か不幸か出て來ん、又翌晩も來て吳れと云ふので行つたが、一杯酒が出て醉ふて寢て居ると、夜明頃例の通り出た、誰を起すかと云ふと母親を起す、そして女の聲で一番良い帶を持つて行かんと先行が出來んと云ふ、母親はやられは先行が出來んたろうと毎晩やつて居つた、家の人が私のところに來て今母親の所に出とりますと云ふから、母は何處に寢て居るかと聞くと納戸に寢て居る、そこに來て居ると云ふ、ヘッヘッ……夫れから私も蔭恐くなつた、矢つ張氣持が良いもんぢやありません、田舍の納戸と云ふものは佛さんのあるところで中々寂しい、そこに行つて透かして見ると、白粉を付けな女のやうにある、顏に綺を書いてある、墨で……、何うしても人間のごとある、長い着物を着て居るが本當の足が出て居る、飛び付いた捕へて見たところが、三十二になる女で、直ぐ近所の隣隣の人で、毎晩取つた着物は家にちやんと藏つてあつた、座敷の椽の下から芋釜に入つて、上の方に這ひ上つて佛さんの襖を開けてスーッと出て來よつたのです

と面白く語り縮け『モウ一つ此の本蓮寺の近所で後家さんの所へ幽靈が出たことがある』とて、之れも矢張自分が泊りに行つたが、後家さんの色男が財產欲しさに、先の亭主に化けて來よつたらしい、之れは自分の行つた時には出て來なかつたと語す

淺田博士　醫者や產婆が狐に招かれると云ふことに就て、井上圓了さんは其醫者や產婆に問合せたが、全部虚實無根と云ふことになつて居る、夫れから天狗でありますが、神社などに天狗の頭と云ふものが置いてあることがあるが、彼れは大抵海豚の頭らしい。

女郎が生んだ 葡萄兒

福本氏　二三年前戸町の明治屋の女郎が狸の胤を宿して葡萄兒が生れたと云ふことを新聞に書いてありましたが、彼れは何うなりましたか

津田博士　葡萄狀鬼胎は人間にもよく出來ることがあります、精神病の素質のある女は、妊娠中或は分娩の前後に氣狂ひになる、それがある、葡萄狀鬼胎を產んだ人でさう云ふ素質があると、狐と關係したと云ふことを考へるかも知れません、一種の精神病です

福本氏　生理上から人間が動物の胤を宿すもんですか　長崎醫科大學には人間が犬の子を產んだのを取つてあるさうですが……

淺田博士　さう云ふことは知りません

西村慈琥氏（僧侶）　八犬傳は作つたものですか

淺田博士　あれは作つたものです

渡邊停舟氏　化物屋敷が長崎にも隨分ありますね

浅田博士　化物屋敷と云ふ噂が立つと、そこに入る人は化物におそはれますが、期待してかゝるからしいですね

大阪の舞踊　犬神とちえだ狐の暗闘

★ ●大阪時事新報　昭和四年七月十六日（十五日夕）　4-149

犬神とちゐだ狐の暗闘

危く難を免がれた頼方の三人舞「犬神」　小川流舞踊の巻（6）

四國　は土佐の國に犬神といふ神がある。夫が今日文明の現代に然うした野蛮極まる風習けが遺されてはゐまいが、古来或る時代まで、その神に對して一つの奇怪な神事が傳へられてゐた。それは假りに甲の人物が乙といふ男に非常な怨みを持つてゐて、何うしても殺して了はなければならないのだが表面だつて討つ事は許されないとする。その時に甲は犬神に祈願を籠めて、犬神に乙を殺して貰ふ。即ちその祈願の方法といふのは、一匹の頑健な犬を捕へて縄に入れ、その首だけを縄の上部に出して動かれないやうにし、その鼻先の届かない所へ

犬の　嗜きさうな御馳走を並べたてる。犬こそ災難であるがつまり然うして一週間なり三週間なり、前に御馳走をうんと並べて置いて犬を餓死さすのである。そして完全に餓死して了つた犬の首を斬り落し、それを恭々しく犬神の神前に供へて自分の恨みの程を述べたて、乙を殺して貰ふべく祈る。実に陰惨極まる迷信であるが、これがあの女の丑の刻參りと同じく、或る効果のあつたものだと言はれる。が、その祈願の本旨が戀愛に關係した事もあらう、或ひは道ならぬ怨みに願ひを立てたものもあらう、しかもそれを題材として案出されたものが小川流の代表的舞踊の一になつてゐる「犬神」である。

而し　て此「犬神」の筋の主人公である頼方も、又犬神を驅使して頼方を討たうとする長尾監元といふ人物も、實在か架空か判らないが、兎も角或る國の頼方といふ大名を討つべく、敵の長尾監元が犬神を使つた筋のもので、その犬神の悪魔が前髪立ちの美しい小姓に化けて頼方に附随ひ、隙あれば殺さうとつけ狙ふ。所がこの犬神と同じやうに容貌麗しい腰元に身を變へ、暗に頼方を護衛て犬神に手を下ろさしめなかつたのが和泉の國のちいゝゐだ狐である。このちいゝゐだ狐は以前にこの犬神の爲めに

親狐　を殺されたので親の仇として犬神を狙うてゐたのであつたが、何うした[illegible]からか、先祖代々傳へて來た名玉が、今彼が仕へてゐる頼方の手に入つてゐるので、その爲めに特有の變通自在の力が得られず、空しく頼方を護衛つゝ犬神の美小姓と睨み合つてゐたのであつた。しかしその頼方といふ大名は甚だ名君であつて、遂には兩人―腰元と小姓―の本性を見極め、その名玉を狐の腰元に返し與へると同時にその犬神の小姓を討てと命じる。そこでちいゝゐだ狐は大いに力を得て犬神を討たうと活躍するが

犬神　は形勢非なりと見て何れへか逃げて了ふ。そして狐は頼方に種々禮を述べ乍ら、更に親の仇を討つべく立ち去つてゆくのである。兎も角何時代の作品になるものか非常に面白い趣向で、曲調は淨瑠璃をかりてをり、舞踊では頼方とちいゝゐだ狐と犬神の三人の舞人で踊るのである（[illegible]）

涼芝居一夕話　涼み芝居にはつきものの「怪談」

資 ●松陽新報　昭和四年七月十六日（十五日夕）　4-150

涼芝

居一夕話 ◇ 一

涼み芝居にはつきもの、『怪談』
浴衣や帷子で動く及傷もの

伊原青々園

何んと云つてもお互の住む山陰地方は土地が不便な事や、それほど洗練された観客の多くない事や隨つて興行者側で算盤のされぬことや何にやかで胸のスーッとする様ないゝ芝居は年が年中殆んどみられない、一部の欲求者にとつてはこうした娯樂機關のないとにたまらないほど生活の空虚を感ずる、そこでこの道に造詣の深い伊原青々園、鳥居清忠兩氏に夏の芝居に關するお話を伺つて紙上を通し恰も實際に夏の芝居でも見る想ひをあらしめ聊かでもそうした意味の空虚さから救ひ得たらどんなものたらうかとその話を書いてお目にかけることにする

涼み芝居に付いて廻つてゐるものは怪談狂言である、現に今月東京の歌舞伎座で極幸のしてゐる「皿屋敷」はその一例だが、何うして怪談狂言を夏の興行にするかといふと、それは涼み芝居といふよりも盆芝居だからである、盆には家庭の行事に魂祭といふものがあつて生靈様を御迎へする、それから縁を引いて芝居でもお化を見せるのである

然し、もう一つは、何うせ暑い時分にむつかしい芝居は見物にこたへる、それで頭で考へるよりも、眼先に訴へる狂言をする、怪談はケレンを主とするのだから即ち眼先に訴へる狂言に屬する、それが涼み芝居に怪談の幅を利かして居る理由であらう

扨て怪談狂言では、舞臺を暗くする必要がある、そこで棧敷の後へまで黒幕を引いて光線を防ぐといふ事がよく行はれる、暑い最中に折角風の通つてゐる棧敷の後を幕で塞がれるのは隨分つらい折角の涼み芝居が熱くるしい芝居になつてしまふ、でなくても一體に舞臺や見物場を眞つ暗にするのは隨分熱くるしい感じのするものだ

怪談狂言で棧敷裏へ幕を引くことは少くなつた代りに、近ごろはレビウ式に場面をバタ〳〵變へる狂言がはやつて、此の道具變りにノベツに場内を眞つ暗にするあれも涼み芝居にふさはしくないでなくても、光明や音響がやかましくなつたので、西洋の建築をまねたので、近頃出來た劇場は風通しがわるい、何うも涼み芝居には不向きなのが澤山ある

昔は土用中には大頭の役者は休んだものださうな、二代目團十郎は當人だけの特權として、極暑と極寒とは休む事を劇場から許されてゐたといふが、明治時代の九代目團十郎も正月と七月は休んだそれは散入りの小僧さんが見物するとき場内が騒々しくなるのを嫌つたからだといはれてゐるが、散入りは只つた一日だから、そういふ理由で休んだのではあるまい、自分の健康をいとつたからであらう

其の頃は役者でなく劇場そのものが興行を休むことを平氣でしてゐた、だから團十郎以外の役者も夏休みが出來たのであるが、今日はそうでない、劇場は殆ど毎日休みなしで興行してゐる、隨つて役者で、多くはとにかく、暑中だけ休む人はあるが、興行は續けて居る、これは經濟問題から來て居るので止むを得ないだらう

併し劇場の夏休みが絶對に出來ないものとすれば、涼み芝居として何か今日の建築に適應した新機軸を考へ出す必要があると思ふ、前にいつた怪談芝居のほかに「伊勢音頭」とか「夏祭」とかいふ及傷ものが、矢張り涼み芝居の付き物だ、それも結構だらうが、もつと機械的な涼しい芝居といふよりは涼しい見せ場が出來得る筈だ

窓がスーッと開き青ざめた女の物凄い笑い
幽 ★満州日報　昭和四年七月十六日（十五日夕）　4-151

窓がスーッと開き青ざめた女の物凄い笑ひ
古井戸の上に建つ奇怪な貸家
小崗子に幽霊が出る

小崗子大龍街四六貸商吉祥當の裏貸家に幽靈が出ると云ふ話――同借家は數年前より借り手がなく始終人が變つてゐたが一昨年何處からともなく飄然引越して來た爺さんも二ケ月ばかりすると又夢のやうに引き拂つて行き、間もなく附近に開店した漢藥商積德堂の主人龍會長も祕り、前隣り漢藥者仁壽堂の婆さんも病氣ばかりするので本家に引揚げた、その後菓子屋の張旭亭と云ふ支那人が住み込んだが引越すと間もなく毎夜の如く風もないのに獨りで

窓硝子

が開くので不審に想ひ前の婆さんに尋ねると「アノ家は住み惡い家だ、理由はきいて與れるな」と云ふのみで深く語らぬので薄氣味惡く思つてゐると今度は家族が惱され轉寢より不圖起き上つた張旭亭の後頭部は枕についてゐる部分の一寸四方ばかり何時の間にか禿てゐた、それでも「鬼が髮を刈つた」のだと云ふ支那の傳說を信じてゐたが、或夜三歲になる子供が小便を催したので屋外に出ると、二十五、六歲の色靑褪た女が髮を亂してスーツと目の前に立ち現はれた、張は子供を放つて傍にあつた

棍棒を

投げ付けるとその女は眞紅の唇を大きく開いてニタ〳〵と笑ひながら又スーツと元の如く消え去つたので全身水を浴びせられたやうにゾッとした張は始めて幽靈なる事を知り、以來玄關入口に靑龍刀をブラ下げて魔除けとし自分の枕許にも支那刀を置いて毎夜二三度之れを振り廻して寢るのを常としてゐた、ソレから一週間とも經たぬ中今度は張の背中に直徑五寸位の大きな黑痣が出來た、別に痛みもしないのでその儘放つて置いた處何時の間にか取れて了つたが、

春雨

シト〳〵と降る去る四日の夜、突然熟睡してゐた妻が「キヤツ」と悲鳴を擧げ乍ら飛び起きたので張も目覺めて[illegible]除けると以前屋外で見たと同樣年齡二十五、六歲の色靑褪た女が、白裝束に髮ふり亂しションボリ枕許へ立つたので、用意の支那刀を持つて縱横無盡に斬りまくると手答へもなく又してもスーツと消え失せたが窓は依然として夜中に開く、張にはその後も腰のあたりに大きな痣が出來、これも獨りでに癒くなると共に

禿げた

後頭部の禿げに毛が生えて今度は頭の顚頂部に一錢銅貨大の禿が出來た、流石剛膽な張もいよ〳〵怯氣づきとう〳〵同家を逃げ出したが最近では山東の避難民が五、六ケ族共同で住んでゐる。云ひ忘れたが、張旭亭の住んでゐる當時、庭で遊んでゐた近所の子供が突然悲鳴を擧げて泣き出したので驚いて馳け付けて見るとその子供は片足を土の中に落込ましてゐる不審に思つて見ると同所は腐れ板になつてポカリ下に穴が明いた、好く調べて見るとその穴は疊六、七疊も敷かる

大きな

古井戸になり而も幽靈の出る張の家の半分はその古井戸の上にかゝつてゐる事が判明した、今より十七、八年前その附近は馬車宿であつたが、星移り年變つて何時の間にか井戸も埋沒されずその儘板を渡し土を載せて家屋を新築されたもの如くその井戸に身を投じて自殺したか投込まれて殺された女が成佛出來ず幽靈となつて斯くは迷ひ出るのではなからうかと云はれてゐる

●附記● 頭が禿けたり身體に痣が出來るのはその古井戸より發散するメタン瓦斯か亞硫酸瓦斯に原因するのではないかと

資　夏の怪談芝居　大連とお盆の漫談

★大連新聞　昭和四年七月十六日（十五日夕）　4-152

今年はまだ出ない

夏の怪談芝居

ゾッとして涼しくならぬはなし

大連とお盆の漫談

今日はお盆の十五日です、盆興行だとか夏狂言だとか涼み芝居とか毎年夏にやるものですが今年の大連には未だ怪談物は出ない樣です、東京では例に依つて梅幸等が歌舞伎の番町皿屋敷をやる事になつたと云つてゐます、市內では怪談物等は今年は見えず先だつて寶館が四谷怪談を出して居たやうで其他に付返つて人情物が多いやうです、それから怪談ではないが磐城町で世界一小男の曲藝がありましたが兎に角夏と怪談とはどんな風に結びつけられてゐるのか隨分昔から因緣が深いものらしい露臺の夕涼みに今日は怪談狂言等を語る積りです

◇

夏の涼み芝居の怪談もへなんか物凄くてゾッとする、それで涼しくなるといふわけではありません、ゾッとするのなら不景氣でどうも具合のわいのもゾッとしますがこれは一向に涼しくない、冷汗が出て却てあつくなるといふ始末です怪談芝居は盆芝居、涼み芝居は日本の家庭の大きな行事たるお盆にあたる魂まつりに因んで化物を見せるといふことになつてゐます、

が理屈はさておき暑いころは考へさせられる芝居よりも目さきで見せるものがよろしい、そこへゆくと怪談は何よりも眼に見せる芝居です、夏に怪談ものゝ力がある所以でありませう

◇

いよ〳〵怪談芝居がはじまると舞臺を暗くしなくてはならない、で見物のうしろの黒幕を見んなおろしてしまふやうなことをしますから涼しいどころか大變にあつくるしいことになります、それでなくても暗いのはあつくるしいのですから、このごろ流行のレビユウ式の舞臺のしきりに變化するなんかは引つきりなしに舞臺が暗くされて見物はあぶら汗を流すといふありさまです、芝居の苦情ばかりいふやうですが近年の芝居はどうしても光明がしつかりあるのと音樂がやかましいのと、それから建物が西洋風であるのとで、とても昔に比べてあつくるしいのです、涼み芝居どころか汗を出す觀劇といふことになつてしまひます、扇風機なんかも生ぬるい風をおくつてかへつて汗がひかぬ位です

◇

土用は二十一日からですいよ〳〵あつくなりますが、しかし多少風が出ますから暑いわりにはしのぎよいものです、昔の芝居ではこの土用中大頭の幹部どこはみな休んだものです、二代目團十郎は極寒と極暑には休む特權を劇場からあたへられてゐたものです、明治に入つてからの九代目團十郎も正月と七月は休みました、健康の關係で休んだのでせうけれども藪入り小僧がやかましくていやだといふたとの說もあります、昔は役者もですが劇場が平氣で休みましたが今日は仲々さうはゆかぬ、株式會社何々といふことになるとどうしてもソロバンを考へます、とにかく興行して經濟的にやつてゆけなくてはならんといふことになり涼しくもない御話になつてしまひました

◇

怪談芝居もゆきつまつた、あれではいかん、ほんとに涼しい見せ場がなくてはならんといふ說がこのごろさかんです、涼しいレヴユーもなんかでも生れそうな氣がしますが殊に大連の娯樂機關等は頗る乏しいからあつさりした場所がほしいものだと云ふ人が多い様です

怪　お盆に相応しい支那の伝説（一）　牡丹灯籠物語　4-153
★大連新聞　昭和四年七月十六日（十五日夕）

お盆に相應しい支那の傳說

(一)　牡丹燈籠物語

いよ〳〵お盆の燈籠流しの時が來ました、燈籠に關する支那の傳說を御紹介申上げませう

昔支那の元の時代の事、その頃の明州今の浙江省寧波ではお盆の十五日から五日間毎晩軒先きに燈籠を吊して死者のお祭りをする習慣がありました、その爲めに軒々に吊り下げられた美しい燈籠の光に誘はれて町中の女子供はそれを見物にぞく〳〵と流れ歩くので街々け至る所大變な賑はひを呈するのでした、喬と云ふ若者はその町の鎭明嶺の麓に住んでゐました、かれは、少し前に最愛の妻に死なれて日頃鬱々と家の中にばかり閉ぢこもつて暮してゐました。それでお盆の宵も晴々しく町を見物に出掛けもしないで唯ボンヤリと憑れた人の様に門口に立つてゐてもなくその邊を眺めて居りました。その夜も更けて三更近くなりますと流石に街道も人足が杜絶えて、刻一刻と平素の靜かな片田舍の町へと歸つて行きます、喬は何故か今宵に限つて亡き妻の生前の事どもが一入胸にあざやかに浮び出て何時まで經つても床に入らうとせず、折柄西の方に淡い影を投げて落ちて行かうとする月を眺めてはホロリとしてゐました。その時、喬の前にひよつこりと二人の女連れが通りかゝりました、それが夜目にも鮮かに描き出された明眸皓齒の美人です。先に立つたのは腰元と見える女で手に雙頭の牡丹燈籠を持つてゐます。その後から年の頃十七八の可憐な少女が細腰嫋々と步を運んで靜かに步み寄つて來ます、細い顔立ちに似合はぬ大きなつぶらな瞳、燈籠の光にうすぼんやりと照らし出されたその姿は、見るからに神情恍惚の情をそなへて、とてもこの地上に棲む婦人だとは思へぬ程の美しさでした、しかも裾や袖口には桃色とうす水色

の衣の色がぐつきりと浮び出てゐるのがたまらなく魅惑をもつて迫つて來るではありませんか

怪　お盆に相応しい支那の伝説（二）　牡丹灯籠の…
★大連新聞　昭和四年七月十七日（十六日夕）　4-154

お盆に相應しい支那の傳說 (二)

牡丹燈籠の物語り

喬生は何故か魂を引かれるやうな怪しい心の動搖を感じて、二人の跡を尾けてゆきました

夕風が冷たい露をふくんで時折サツと過ぎて行きます。喬生と女達とは互にあとになり先になりして暫くはそこはかとなくあてどない漫步に時を過ごしました

やがて喬生の肌がかすかに汗ばん…來て、腋や脊中のあたりに夜風が一入冷たい感觸を與へだした頃、丁度前を步いてゐた女の一人がちらとあとふり向いて喬生に話かけました

『あら、お約束をして置かなかつたのに、不思議にお目に掛る事が出來ましたのね、これは吃度偶然ぢやないんですわ。わた

『金蓮や、ね、ほんとうにさうしやうぢやないの、お前提灯を持つて先へお立ちなね』

と、いそいそとして步き出しました。喬生は娘の云ふがまゝに、否何か目に見えぬ糸に操られる樣な夢心地で、ふらふらと二人の女をつれて己が家に歸つて來ました

喬生は家にはいると手製の茶の葉を燒いて茶を進めたり、冷たい小川の水を酌んで來て、杏の精などを交ぜて二人に進めました。そこで娘は次の樣なお話を喬生に聞かせるのでした。外ではやはり涼しい夜風が時折サツと通りすぎてあたりはもう全く靜かです

『私は符麗卿と申しまして、父は廣東省の奉化州の役人でした。然し早く亡くなつてしまつたので家はすつかり滅びてしまひました。今は兄弟も何もなく、殘つて居るのは唯私一人切りです

金蓮と二人で湖西に家を借りて棲んでゐるのです……』

一夜をいろいろ物語りに明かして、翌る朝まだすつかり夜が明け切らない中に、娘と金蓮は名殘り惜そうに歸つて行きました（續）

怪　お盆に相応しい支那の伝説（三）　牡丹灯籠の…
★大連新聞　昭和四年七月十八日（十七日夕）　4-155

お盆に相應しい支那の傳說 (三)

牡丹燈籠の物語り

喬生の家の隣には一人の老翁が住んでゐました。

老翁は近頃めつきり樣子が變つた喬生を見てそれとなく注意を怠りませんでしたが、ある夕べそつと喬生の家の戸の隙から中を窺つて見ました。

するとどうでせう。

ぼんやりと仄暗い燈の下で喬生は髑髏と一緒になつて座つてゐるではありませんか、その氣味の惡たではないか』

と喬の顏色にサツと一脈の羞恥の色が流れすしたが、仲々事實を包みかくしてゐて

『そんな馬鹿な事が……』

と老翁の云ふ事をてんから問題にしないのです、老翁は思はず長嘆息して云ひました。

『あゝ、お前さんは、まだお若いのに地獄の邪氣に取憑かれてゐるんだ！そしてそれを自分で知らないのだ、私が折角諫めに來たのにお前さんが悟らないのだから仕方がない、あゝ氣の毒だ！お前さんは、もうぢき精力を枯らして死んぢまうんだよ……』

喬生は何だか、その時ふと醒めた樣でした。

『お爺さん、何だか氣味が惡くなつて來ましたよ』

喬生はとうとう今までの不思議に美しい女性との語らひや、その娘に心引かれて夜も日もない自分の心持ちをすつかり打明けてしまひました。

じつと首をかしげて何事か肯いてゐた老翁は、さもさも不思議にたへぬ樣に云ひました

『そりあお前さん、變だよ、然しまあ早く夢からさめてくれてよかつた。兎も角その娘さんが湖西に棲んでゐるといふのだから、一つ其處へ行つて向詳しく事情を穿鑿して見ちやどうだね、どう云ふ身分の者だか判るだらうからね』

翌日、喬生は老翁の忠告に從つて月湖の西岸に行つて堤の上、橋下など、到る所娘の家を探しあぐ

ね、その近所の人々にも聞いて見ましたが誰一人として符麗卿などと云ふ娘の家を知つてゐる人がありません（つゞく）

4-156

お盆に相応しい支那の伝説（四） 牡丹灯籠の…

怪 ★大連新聞 昭和四年七月十九日（十八日夕）

お盆に相應しい支那の傳説（四）

牡丹燈籠の物語り

その中に日も西に傾き夕闇も次第〳〵に湖面に色濃く迫つて來ました、喬生は何だか物淋しい氣になつてふと傍の湖心寺と云ふ寺の門を潜つて見ました、門を這入つて正面につき當たると、東西兩側に細長く廊下が造られてゐます所在なく東の廊下をずつと奥までブラ〳〵歩いて行つた喬生はそこから引返すと今度は西の廊下を歩いて行きますと廊下が盡きた所に一寸暗い部屋がありました、喬生は何氣なく中に這入つて見ると、そこに誰か旅人が寺へ預けた儘にして本葬は行はなかつたらしい柩が一つ預かつて居ます、そしてその上には『故奉化州判女麗卿之柩』と書いた白い紙が貼つてあります

『呀ッ』

喬生は眞青になりました、だがあれ程探し求めてゐた彼女がこの柩の主であらうとは……しかも柩の前には雙頭の牡丹燈籠が吊るしてあるではありませんか、更にその燈籠の下には一つの女の塑像が立ててあつて、その背中には金蓮と云ふ文字が判然讀めます

喬生は全身がガタ〳〵ふるへて來ました、おお幽靈の戀！一目散にそこを飛び出して後も振り向かず歸つて來ると、その夜は一晩隣の老翁の家に泊めて貰ひました

そこで老翁はこの喬生を如何にも不憫に思つて

『元妙觀の魏と云ふ法師は、故の開府の王眞人と云ふ人のお弟子さんですが、あの人のおまじないは、まあ天下一品だ、早くあすこへ行つて御符を頂いて來るがいゝ』と親切に勸めました、で次の日喬生は云はれる通り法師を訪ねて行きますと法師は喬生の姿を見るや、まだ口を開かない中に

『おや、あなたの體には妖氣が一杯ついて居ますよ、どんな用事で一體來たのです』

と訊ねるのです、喬生は法師の前に跪いて具に其の今までの事を話しました、法師はそこで二枚の御符を書いて喬生に與へて云ひました

『一枚は門へ懸けて置き、一枚は寢臺に貼つて置くのですよ』

そして

『でも、これからも決して湖心寺へ往つてはいけません』

とつけ加へました

喬生は切符を頂いて大事に家に持ち歸り法師に敎はつた通りに、一枚は門、一枚は寢臺に貼つて置きました。すると覿面に驗が現はれて幽靈は二度と訪れて來なくなりました（續）

4-157

お盆に相応しい支那の伝説（五） 牡丹灯籠の…

怪 ★大連新聞 昭和四年七月二十日（十九日夕）

お盆に相應しい支那の傳説（五）

牡丹燈籠の物語り

ひと月餘りの日が經ちました、もう喬生は、幽靈の娘などすつかり忘れて居りました、或る晩そぞろに家を出て衮繡橋のほとりに住んでゐる友人を訪ね、酒の御馳走になつて思はず時を過ごしてしまひました、そして夜になつて始めて其處を辭して醉眼朦朧として歸路に就いたのです。

久し振りに呷つた酒は喬生の心臓の血をかきたてて、もう今は過去の事も將來の事も一切眼中になく、先達ての法師の戒めも遂に忘れて、フラ〳〵と湖心寺のほとりに出て來ました、と寺の前まで來ると其所に腰元の金蓮が立つてゐて、喬生の來るのを懐しげに眺めてゐます

『まあ、まあなたは如何なさつたと云ふのです、お孃さんはあなたをお待ち兼ねで御座いますのに、それにあなたと云ふ人はほんとう

に薄情なお方で御座いますわね、今夜は是非お孃さんに逢つてあげて下さいましね』

金蓮はそう云つて無理やりに喬生の袖を引ッ張つて行きました長い廊下を通つて、又暗い一室の中に出ますと、そこには麗卿がちやんと座つてゐます、彼女は一目喬生を見ると、もう目に涙を一杯うるませて

『いつかの宵、始めて貴郎にお目にかかり、御親切につまされてわたくしもあなたを心の限り思ひ續けてゐたのです、毎晩お目にかかり、あんなに樂しい語らひを續けてゐましたに、それを、まああなたと云ふお方はどうしたのでせうあんな、まやかし坊主の云ふ事を眞にうけて、私をお疑ひになりわたくしと絶交なさろうなどとお考へになりましたのですわね。わたしは本當にあなたをお怨み申上げましたわ、でも嬉しう御座いますわ今夜こそは、もう永久にあなたをお歸し致しませんよ』

――と心のたけをのべてかき口説くのでした、そしていきなり喬生の手を引いて柩の前につれて行きました、すると不思議にも柩の蓋は忽然ひとりでに開きました、麗卿はグイと喬生をその中にひきずり込みました。

あはれ喬生は柩の中で絶息してしまつたのです（續）

お盆に相応しい支那の伝説（六）　牡丹灯籠の…

怪　★大連新聞　昭和四年七月二十一日（二十日夕）　4-158

お盆に相應しい支那の傳説（六）

牡丹燈籠の物語り

話は續つて喬生の家の隣に棲む老翁は、喬生が出て行つたきり到頭家へ歸つて來ないのに不審を抱きあちこちの人に喬生の行方を尋ね歩きましたが杳として其の所在が判りませんで、若しやと思つて湖心寺へ行つて見る氣になりました寺の西の廊下を通ると、その先に人の居ない一間があつて柩が置いてあります。老翁がこの部屋には入つて見ると、柩の蓋の間から見なれた喬生の着物の裾が少しばかり見えてゐるのです

『おや』

と思つて早速寺の住職を呼んで來て、其の柩を開いて貰ふ事にしました

柩の蓋を明けると、果してその中に喬生が居ましたが、もう死んでから餘程たつたものらしく、見る影もないやつれ果てやうです。そしてその傍に麗卿の屍もありましたが、體は死んだは思へないほど艶々しくて、生きてゐるんぢやないか知らんと疑ひたい程です老翁は息づまるやうにこの有樣を見てゐましたが、やがてポッタりと涙を落して云ひました

『あゝ若いのに、これが果して幸福なのだらうか』――と

寺の坊さんの語る所に依ると、麗卿は奉化州の役人の符と云ふ者の娘であつて、死んだのは十七才の時でしたが、その兩親は他郷に轉任しなければならなかつたので柩を寺に預けて一家と共に任地に赴いたのです。お寺ではその後何かのたよりがあるだらうと思つて待つてゐましたが、全く音沙汰もなく今日に至つたのださうです

『それであなた、今になつて祟りをするのですからねえ、隨分恐ろしいものです』

坊さんは身顫ひして云ひましたが、老翁は喬生の死が娘に祟られたのでなくして、世にも不思議な魂の戀と云つたやうなものを考へてゐました（終）

夏の漫談（十五）　幽霊有無論

資　●大分新聞　昭和四年七月十七日（十六日夕）　4-159

夏の漫談（15）

幽靈有無論

學術上幽靈はたしかその現はれ方のいろ〲

幽靈が眞に夏のものなりや否やはどうもわかりかねます。柳の下からスーッとなんといふとやうしても夏ですが、といふて木枯し吹きすさぶ冬のたゞ中にスーッと出ないといふわけはなささうです。ひとだまなんかはどうしても夏向です。但し仕掛花火なんかとは全く趣を異にはいたしますが。

しからばそも〱その幽靈なるものはあるかどうか、これは大變にむつかしいことでありま す。

◇

およそ幽靈が出たとか、それを見たとかいふ話ぐらゐたくさんある話もありますまい。

或るものは、幽靈は全く一ツの錯覺であり幻影である、そんなものはあり得る筈がないと一概に打ち消してしまふ。また或る者は、それは自ら描くのである。その人間の生活に關係して描き出されるのだとも言ひます

錯覺かもしれぬ、幻影かもしれぬ、しかし二十人も同座してゐて二十人が一度に一ツの幽靈を見たといふやうなのはどうなるか、二十人はさておき、三人が一ぺんに見た、それが幻影であるとは思へぬふしもあります

また全く關係のない第三者第四者が幽靈を見ることがある。關係のない人を描き出すといふのも不思議です。自分の知つてゐるものゝ幽靈とか、名をきいてゐるものゝそれとかならまだしも、全く縁もゆかりもない幽靈に出くわす道なんかをきかれるとは、また合點のゆかぬことです。

錯覺から生れたもの、自ら描き出したもの、そんなものでもなしに正眞正銘、實在的な幽靈がどうもゐるやうにも思はれます。

◇

つひ先日もご承知のやうにラヂオで松村介石氏が、ほんとの幽靈の話をされました。氏のお話によりますと――

◇

英國の科學者オーバー・ロッヂ心理學者、哲學者として有名な米國のジエームス、英國のマイヤー・レビユー・オフ・レビユーなどの主張するが如くに、幽靈の存在は信ぜられる。

日本にも數限りないほどたくさんこの話があり、どういふわけで出現するかは別として、實際には目に見たり耳にきいたりする。不可解な點はたくさんあるにしても馬鹿なと打ち消してしまふことはできなくなつた

◇

元來幽靈には種々ある。目に見えるもの、聲にきこえるもの死んでから出現するもの、生きてゐるうちに現れるもの、全く千差萬別であるけれども、主として多く死ぬときに現れる。これが普通である。

自殺するとき、そこへ幽靈が定着してゐることもある。

だまつてスーツとやつてくるのもある、聲を立てゝ現れるのもある、また、夢のごとく幻の如くほんとに幽靈のやうに現れるのもあります。

夏の漫談（十四）　有馬温泉に来た老武士は実は山の…
●大分新聞　昭和四年七月十八日（十七日夕）　4-160

怪

夏の漫談（14）

有馬溫泉に來た老武士は

實は山の怪物だつた

・大和アルプスに殘る怪奇

◇

海拔六千尺、伊勢、紀伊、大和の三ケ國にまたがる大和アルプすの大連峯、そこにはまだ前人未踏の深山がある。そこの伯母峰峠といふのには昔も今も師走の二十日にはきつと一本足の怪物が出てきて人を取つて食ふといふことになつてゐて、要害なこの街道も人が一人も通らぬ。

今は昔この山に生笹とよぶ怪物が棲んでゐた。これは恐ろしく大きな身體で大食大力な奴である山麓の村々へ出ては人の子、家畜をとり食ひ、農作物を荒してゐた。

眞の闇夜に限つて出る怪物だから誰も正體を見屆けたものはなかつた。しかし全身に笹の葉のやうな毛が生えてゐるといふので、生笹とよばれた。

◇

某といふ村の獵師はなんとかしてこの生笹を退治しやうと決心をした。このまゝゆけば村はほろびるの外はない。そこで彼は祖先から生命にかゝはる時の外用ひてはならぬといふ火繩銃を用ふる事を考へた。

村人は止めたが、彼は怪物を退治するために村に生命を捧げるといふて、何日かの辨當を用

意して山にわり入つた。

野宿を三日もした或日のこと彼はむすびをかぢりつゝはるか向ふに異様な黒いものを發見した。岩にしては丸い、牛にしては大きい。

果して怪物だつた。猛然一發彼の火繩銃はたしかに手ごたへがあつた。

◇

彼は怪物のおとした血潮をたどつてゆきたかつたが、にはかに寒氣を生じて前進できなくて山を下りやつと家にかへるなりどつと重い熱病になり、村人の厚い看護のうちに怪物はたしかに斃つたといひつゝ死んで行つた村人は厚く彼をほうむつた。

◇

お話かはつてこちらは有馬の温泉なるある宿屋の主人、三ヶ月前から來てゐる武士の素振りが怪しいので或日そつと湯に入つてゐる態をのぞくと、驚くべし、それは牛の六倍もある怪物が、片足の傷口を養生してゐるのだつた。

湯から上つたくだんの武士即ち怪物は、宿の主人をよび『おれは伯母峰峠の生能といふものだ、猟師にうたれたうらみに村をほろぼしてしまつてやる』といつて、そのまゝその宿を出て行つた

◇

また村が荒されだした。

しかし村人はどんな方法を用ひたのか、怪物と條約を締結したのである。その結果生能は以後村を荒さぬ、人畜に被害を及ぼさぬその代り十二月二十日一日にかぎり峠を越すものを犠牲にやらうといふことになつた。

怪物は出なくなつた。しかし村では師走二十日に峠をこす人は一人もない。

資　夏のまんだん（十三）　狂言と怪談　4-161

●九州新聞　昭和四年七月十七日

夏のまんだん 13

狂言と怪談

トテモ暑い暑い涼み芝居―行きつまれる怪談物―今後の打開策

夏狂言、涼み芝居のころともなりました。これは例によつて怪談ものときまつて居ます。今月は東京では梅幸が歌舞伎座で『皿屋敷』をやります。これを皮切りに大小の涼み芝居がいたるところではじまるでありませう。

◇

なぜ涼み芝居は怪談ものなんか物凄くてゾッとする、それで涼しくなるといふわけではありませんゾッとするのなら不景氣でどうも具合のわるいのもゾッとしますがこれは一向に涼しくない、冷汗が出て却てあつくなるといふ始末です。怪談芝居は盆芝居、涼み芝居は日本の家庭の大きな行事たるお盆にあたるころです、魂まつりに因んで化物を見せるといふことになつてゐます。が、理窟はさておき暑いころは考へさせられる芝居よりも、目さきで見せる芝居がよろしい。そこへゆくと怪談は何よりも眼に見せる芝居です。夏に怪談ものの魅力がある所以でありませう。

◇

いよ／＼怪談芝居がはじまると舞臺を暗くしなくてはならない。で、桟敷のうしろの黒幕を見んなおろしてしまふやうなことをしますから、涼しいどころか大變にあつくるしいことになります。それでなくても暗いのはあつくるしいのですから、此ごろ流行のレビュウ式の舞臺のしきりに變化するなんかは引つきりなしに舞臺が暗くされて、見物はあぶら汗を流すといふありさまです。どうも面白くありません。芝居の苦情ばかりいふやうですが、近年の芝居はどうしても光明がしつかりあるのと、音樂がやかましいのと、それから建物が西洋風であるのとで、とても昔に比べてあつくるしいのです涼み芝居どころか、汗を出す芝居といふことになつてしまひます。扇風機なんかも生ぬるい風をおくつて、かへつて汗がひかぬ位です

◇

土用は二十一日からです。愈々あつくなりますが、しかし多少風が出ますから、暑いわりにはしのぎよいものです。昔の芝居ではこの土用中、大頭の幹部どこはみな休んだものです。二代目團十郎は極寒と極暑には休む特權を劇場からあたへられてゐたものです。明治に入つてからの九代目團十郎も

正月と七月は休みました。歐洲の關係で休んだのでせうけれども、鼓入り小僧がやかましくていやだといふたとの說もあります。

◇

昔は役者もですが、劇場が平氣で休みましたが、今日は仲々さうはゆかぬ。株式會社何々といふことになるとどうしてもソロバンを考へます。とにかく興行して經濟的にやつてゆけなくてはならぬといふことになり、涼しくもないお話になつてしまひました。——怪談芝居もゆきつまつた、あれではいかん、ほんとに涼しい見せ場がなくてはならんといふ說がこのごろさかんです。

資　夏のまんだん（十五）　幽霊有無論

●九州新聞　昭和四年七月十九日　4-162

夏のまんだん 15

幽靈有無論

學術上幽靈は確か——その現はれ方のいろいろ——種類のいろいろ

幽靈が眞に夏のものなりや否やはどうもわかりかねます。柳の下からスーッとなんといふとどうしても夏ですが、といふて木枯し吹きすさぶ冬の只中にスーッと出ないといふわけはなささうです。ひとだまなんかはどうしても夏向きです。但し仕掛花火なんかとは全く趣を異にはいたしますが。

しからばそもそも幽靈なるものはあるかどうか、これは大變にむつかしいことであります。

◇

およそ幽靈が出たとか、それを見たとかいふ話くらゐたくさんある話もありますまい。

或るものは、幽靈は全く一ツの錯覺であり幻影である、そんなものはあり得る筈がないと一概に打ち消してしまふ。また或る者は、それは自ら描くのである、その人間の生活に關係じて描き出されるのだとも言ひます。

錯覺かもしれぬ。幻影かもしれぬ、しかし二十人の同座してゐて二十人が一度に一ツの幽靈を見たといふやうなのはどうなるか、二十人は、さておき三人が一ぺんに見た、それが幻影であるとは思へぬふしもあります。

また全く關係のない第三者第四者が幽靈を見ることがある。關係のない人を描き出すといふのも不思議です。自分の知つてゐるもの、幽靈とか、名をきいてゐるもの、それとかならまだしも、全く縁もゆかりもない幽靈に出くわす、道なんかをきかれるとは、また合點のゆかぬことです。

錯覺から生れたもの。自ら描き出したもの、そんなものでなしに正眞正銘、實在的な幽靈かどうもゐるやうにも思はれます。

◇

つひ先日もご承知のやうにラヂオで松村介石氏が、ほんとの幽靈の話をされました。此のお話によりますと——。

◇

英國の科學者オーバー・ロッヂ心理學者哲學者として有名な米國のジエームス、英國のマイヤー・レビュー・オフ・レビューなどの主張するが如くに、幽靈の存在は信ぜられる。

日本にも數限りないほどたくさんこの話があり、どういふわけで出現するかは別として、實際には目に見たり耳にきいたりする。不可解な點はたくさんあるにしても馬鹿なと打ち消してしまふことはできなくなつた。

◇

元來幽靈には種々ある。目に見えるもの、耳にきこえるもの、死んでから出現するもの、生きてゐるうちに現はれるもの、全く千差万別であるけれ共、主として多く死ぬときに現はれる。これが普通である。

自殺すると、そこへ幽靈が定着してゐることもある。

だまつてスーッとやつてくるのもある、聲を立ててくるのもある音を立てて現はれるのもある、また、夢のごとく幻の如くほんとに幽靈のやうに現はれるのもあります。

資　夏のまんだん（十六）　多い偽幽霊

●九州新聞　昭和四年七月二十日　4-163

夏のまんだん 16

多い僞幽靈

十中八九はウソの幽靈——盛んな外國の幽靈研究——靈界との交通

面白いのは、一ぺん死んで幽靈になり、また生きかへつて人間になつたといふのがあります。これは心靈現象のうちでも最も奇怪なものなのです。

死んだ人がよみ返つてきた。そして次のやうにいふた。『自分が死んでふと氣がつくと自分の身體が自分の前に横たわつてゐる。それからその身體がなくなつだと思ふと棺の中に入れられた。それから葬式といふことになる。自分はもう一ぺんもとの身體になりたいともがいた。しばらくして氣がつくと自分は棺の中でよみがへつてゐた。』すなはち死んで、生きかへる迄の自分をみんな見てゐるのです。死んで幽靈になつてやつたこともみんな覺えてゐるといふ具合です。

◇

そんなら世間で言はれてゐる幽靈は、十が十みんなほんとのものかといふに中々、實は十中八九は錯覺か、幻影なので、ほんとのものはさうさうないらしい。

けれども西洋でも日本でも幽靈はあるといふことになつてゐて、幽靈を寫眞にとつた學者もあるのです。

できた、前の松村介石氏のお話してすが——。

◇

押川方義君が仙臺の幽靈屋敷へ行つて、幽靈を見てきた體驗談をきいたこともある。

これはまたごく最近の話で、友人の安永氏といふのから、あまり世人に知られてゐない幽靈談をきいた。

安永氏は萩の藩士であるが一昨年故郷へ歸られたとき一老媼の若い時の思ひ出ばなしで、松蔭の母が實驗したのを彼女に語つたものである。

吉田松蔭が三十歳の時、小塚原の刑場に於て首を斬られた。その晩松蔭の母がねてゐると、夢とも幻ともなく松蔭が枕元にあらはれ親しく挨拶した。あまりに不思議なのであくる朝そのことを良人に話すと、良人も、それは不思議だ、實は昨晩自分も松蔭にあふた。その折松蔭が言ふには、お父さん、首を斬られるといふことはただひやりとするだけで、痛くもなんともないものだねと、どうもおかしなこともあるものだといふた。つまり松蔭の幽靈がきたのである。

◇

さて松村氏をはじめ外の有數の學者のお話でいろいろ面白いこともありますが、今回はこれ位にしませう。

人間には、肉體以外に幽體といふものがある、これは氣體の物質化したもので且つ不滅である。これが靈媒にて誘導したもの即ち幽靈であると、かう言つてゐる學者も澤山あります。とにかく學理上立派に根據があるといふのが最近の學界で有力であります。

外國では、ことに英國では堂々たる道場がひらかれて、靈界との交通をする、つまり幽靈と應接する研究がさかんであるとのことで日本でも近ごろまたさかんになりかけてゐるとのことです。

資 4-164 幽霊は果してあるものでしょうか

●関門日日新聞　昭和四年七月十九日

夏の夜話

幽靈は果して
あるものでしやうか
大變むつかしい話ですが

下關市永福寺緣日は每年七月十七日に行はれますがその日に限つて寺では有名な幽靈の掛物を公開して參詣者に見せますがその掛物の幽靈は何代前かの住職が見た幽靈を寫生したものだと傳へられて居ります……。

◇

幽靈は大体女のものゝやうになつて居りますがどうでせうか柳の下からスーツとかなんとかいふとどうしても女ですが、といふても木がらし吹きすさぶ冬の只中にスーツと出ないといふわけはなさゝうです、ひとだまなんかはどうしても男向です但し仕掛花火なんかとは全く趣きを異にはいたしますがしからばそも／＼幽靈なるものは

あるかどうかこれは大變にむつかしいことであります。

◇

およそ幽靈が出たとかそれを見たとかいふ話くらゐたくさんある話もありますまい、或るものは幽靈は全く一つの錯覺であり幻影であるそんなものはあり得る筈がないと一概に打消してしまふ、また或るものはそれは自ら描くのであるその人間の生活に關係して描き出されるのだとふいひます、錯覺かもしれぬ幻影かもしれぬ、しかし二十人も同座してゐて二十人が一度に二つの幽靈を見たといふやうなのはどうなるか、二十人はさて

おき三人が一ぺんに見た、それが幻影であるとは思へぬふしもあります、また全く關係のない第三者第四者が幽靈を見ることがある、關係のない人を描き出すといふのも不思議です、自分の知つてゐるもの、幽靈とか名をきいてゐるもの、それとかならまだしも、全く縁もゆかりもない幽靈に出くわす道なんかをきかれるとはまた合點のゆかぬことです、錯覺から生れたもの自ら描き出したものそんなものでなしに正眞正銘實在的な幽靈がどうもゐる樣にも思はれます

◇

つひ先日も御承知のやうにラヂオで松村介石氏が、ほんとの幽靈の話をされました。氏のお話によりますと——。

◇

英國の科學者オーバー、ロッヂ心理學者哲學者として有名な米國のジエームス、英國のマイヤー、レビユー、オフ、レビユーなどの主張するが如くに、幽靈の存在は信ぜられる。日本にも數限りない程たくさんこの話しがありどういふ譯で出現するかは別として、實際には日に見たり耳にきいたりする。不可解な幽靈はたくさんあるにしても馬鹿だと打消してしまふことはできなくなつた。

◇

元來幽靈には種々ある。日に見えるもの、耳に聞えるもの、死んでから出現するもの、生きてゐる内に現はれるもの、全く不意識別であるけれども、主として多く死ぬときに現はれる。これが普通である。自殺するとき、そこへ幽靈が定着してゐるともある。だまつてスーツとやつてくるのもある、音を立てゝくるのもある音を立てゝ現れるのもある、又夢の如く幻の如くほんどに幽靈のやうに現はれるのもあります。天下の浪人頭山滿翁さへ嘗て支那某革命家戰死の幽靈を見たといふ話しもありますから——。

夏の夜の怪談　髪ふり乱して蒼ざめた女
●小樽新聞　昭和四年七月二十一日　4-165

夏の夜の怪談

髪ふり亂して蒼ざめた女
◇……驚いた傳ちやん

夏の夜にこれはまたおあつらへ向の怪談一つ

◇

場所は小樽市石山町六九日雇井城傳次郎(三七)方、この傳次郎といふ男五六日前から風邪で床についたのである、ところが五日目の十九日午前二時ころ——世話にいふと草木もねむる丑滿時、街路の電燈はいよいよ輝きを増し、家並が深い眠りに落ちてゐるころである、傳ちやんどうしたものかねむられない、そこで床の上に坐つて物思ひに沈んでゐると、年のごろなら二十二三の女、頭髪ぼうぼうと振亂し、顏色はあくまで蒼白、口をゆがめて——これは傳ちやんがお目にかゝつた當時の形相——何ごとか頻りに喋らうとしてゐる

◇

サア傳ちやんのおどろきは一通りでない、ガタガタ五體をふるはせながら掌を合せて「南無阿彌陀佛、南無阿彌陀佛」夢中である

◇

さて幽靈のおつしやるには——わたしは十年前齋藤常次郎といふ夫とこの家に世帯をもつてゐたサトと申すもの、そのころわたしは二十歳、この世に頼るは常さん一人と身も魂もさゝげて盡つてゐました

ところが常さんは、この樣に思つてゐるわたしを虐待し無情にも他から女を引入れこれみよがしの亂行三昧、わたしや口惜しくつて口惜しくつて、とうとうこの家の梁に首をつるして死んだのであります

◇

ところが夫は嬉々と思ひの外、わたしをこの家の床下にうづめて、そのにくらしい女と手に手をとつて逃げつちまいました、そして現在もなほ同棲して太大泊の貝塚といふところに現在棲んでゐます。わたしやその二人をとり殺してくれようとどんなにもがいたか知れませんが身は三尺の地下に埋られてゐますまことに濟まぬことながらお前の子供二人病死したのもわたしを掘出してくれない怨みからわたしがさそつたのですお前がわたしを掘出してくれなければ、氣の毒ながらお前もともどもつれてゆくぞやトードロンドロン。この幽靈なかなかしつかりしてゐる

◇

翌朝傳ちやんはさつそく末廣町の米森駒吉方から鍬をかりて床下を

掘ると、アーラ不思議やな白骨が出た。傳ちやん前夜のことを思ひ出してヒヤリ。これが昭和怪談大臘の筋書である。

◇

錦町交番の巡査がこのはなしをきいて飛んでゆく、刑事も出動といふことになつたが、これには何ぞカラクリがありそうだと界隈の評判。

幽霊有無論

資

幽霊有無論

學術上幽霊はたしか―

その現はれ方のいろく

●東奥日報　昭和四年七月二十一日　4-166

幽霊が眞に夏のものなりや否やはどうも解りかねます。柳の下からスーッとなんといふとどうしても夏ですか、といつて木枯吹きすさぶ冬の只中にスーッと出ないどいふわけはなささうです。ひとだまなんかはどうしても夏向きです。但し仕掛花火なんかとは全く趣きを異にはいたしますが。しからばそもそも幽霊なるものはあるかどうか、これは大變にむづかしいことであります。

◇

およそ幽霊が出たとか、それを見たとかいふ話ぐらゐたくさんある話しもありますまい。

或るものは、幽霊は全く一ツの錯覺であり幻影である、そんなものはあり得る筈がないと一概に打ち消してしまふ。また或學者は、それは自ら描くのである、その人間の生活に關係して描き出されるのだとも言ひます。

錯覺かもしれぬ、幻影かもしれぬ、しかし二十人も同座してゐて二十人が一度に一ツの幽霊を見たといふやうなのはどうなるか。二十人はさておき、三人が一ぺんに見た、それが幻影であるとは思へぬふしもあります。

、また全く關係のない第三者第四者が幽霊を見ることがある。關係のない人を描き出すといふのも不思議です。自分の知つてゐるもの、幽霊とか、名をきいてゐるもの、それとかならまだしも、全く縁もゆかりもない幽霊に出ッくわす、道なんかをきかれるとは、また合點のゆかぬことです。

錯覺から生れたもの、自ら描き出したもの、そんなものでなしに正眞正銘、實在的な幽霊がどうもゐるやうにも思はれます。

◇

つひ先日もご承知のやうにラヂオで松村介石氏が、ほんとの幽霊の話をされました。氏のお話によりますと――。

◇

英國の科學者オーバー・ロッヂ心理學者哲學者として有名な米國のジェームス、英國のマイヤー・レビュー・オフ・レビューなどの主張するが如くに、幽霊の存在は信ぜられる。

日本にも數限りないほどたくさんこの話があり、どういふわけで出現するかは別として、實際には目に見たり耳にきいたりする。不可解な點はたくさんあるにしても馬鹿なと打ち消してしまふことはできなくなつた。

◇

元來幽霊には種々ある。目に見えるもの、聲のきこえるもの、死んでから出現するもの、生きてゐるうちに現れるもの、全く千差萬別であるけれ共、主として多く死ぬときに現はれる。これが普通である。

自殺するとき、そこへ幽霊か先着してゐることもある。

だまつてスーッとやつてくるのもある、聲を立てゝくるのもある音を立てゝ現はれるのもある、また、夢のごとく幻の如くほんとに幽霊のやうに現はれるのもあります。

奇談怪談（一）　深山の呼び声

怪

談怪談奇

……（1）……

深山の呼び聲

その夜の物凄さ

日向山奥―木挽の實話

●報知新聞　昭和四年七月二十一日　4-167

明治三十年頃日向國の奥山では盛んに材木を伐り出してゐました。近國は勿論、遠國から出稼ぎに來た木挽達は、彼方の山、此方の谷に一團となつて働くのです。終日鬱蒼たる森林の中でノコギリをひく音、ヲノを打込む音、大木の倒れるひゞきが四邊にこだまします。黄昏ともなれば、人々はふもとに近い木挽小舍へ歸つて、一日の勞苦を語り合ふのを樂しみにしました。私もその中の一人で、六人組の一番年かさでした。

△

ある夏の夜のこと、一同は四方山の話しに夜を更かしてゐると、山の奥の方から、かすかにザツコンくといふノコギリをひく音が聞えて來ました。その中にその音は、だんく大きくなつて、今度は勇ましいたけ聲が、ガラくドサーンといふ大木の倒れる音にまじつて、手にとるやうに聞え出して來ました。やがて、その音も遠のいて、しばし、あたりは太古の靜寂に歸りました。人々は、二度の夏とはいへ、深山の氣が、夜ともに冷たく、うそ寒い感じにとらはれて來ます。すると、突然谷をへだてた前の山から『オーイ』といふ人聲が聞えて參りました。

△

確かにこちらへ呼びかけたやうだつたが、それとも違ふのかしらと、なほも聞き耳をたてゝゐますと、また向ふから、今度は一層はつきり『オーイ』と呼びかけました。私達は毎夜の事とはいひながら、薄氣味惡い人聲に誰一人として答へをするものがありません。

というのは、もしもこの『オーイ』に返事をすると、その男は、つひに朝まだきまで『オーイ』を叫び續け、つひに得體の知れぬ毒氣をうけて、喉から血を吐き絶命するといふ話を聞いてゐたからです。

△

しかし、その夜の『オーイ』といふ呼び聲は、何ともいへぬ人をひきつける魅力を持つてゐました。ある時には美女の金切聲とも思はれ、ある時は老人の助けを呼ぶしわがれ聲とも思はれました。しかし、私達はあくまでも、前の話しに身をいれようとあせりながら、聞くまいくとするのですが、この夜に限つて、眼はだんくさえるばかり、恐ろしい寂寞の中に『オーイ』といふ救ひを呼ぶ聲が、斷續的にやつて參ります。

△

皆んなの顏には、冷汗が流れて來ました。私も何んだか嫌な、不吉な、恐ろしい觀念にとらはれ始めました。ぢつと座つてゐる氣がしません。居ても、立つてもをられないやうになり、無氣味な魔物にひつぱり出されるやうに思はれるのです。

△

その中、廣島から出て來たばかりの一番年若い男が、フラくと立ちあがつて外に出ました。息を殺してゐるとすさまじい金切聲で『オーイ』と身近くに呼聲があがりました。すると、彼方の森から、谺びに堪へぬやうに『オーイ』とひゞいて參ります。

△

『オーイ』

『オーイ』

といふ聲が、だんくはげしく、かけ合ひでやり始めました。私がたまらなくなつて小舍を出ると、一座の人々も爭つて出て來ました。どうでせう。廣島の若者は、白痴のやうな顏をして、力いつぱい、根限り月の光りを全身に浴びて『オーイ』と叫んでゐるのです。これは大變な事になつたと、人々は他の小舍を走りめぐり、大勢の人々を呼び集めました。そして、廣島の若者の側に立つて、交るぐ『オーイ』と叫び始めました。すると、直ぐ向ふ谷から『オーイ』と返事があります。

からなると、こちらは大勢です。

聲の續く限り、交るゞ「オーイ」を叫び續けてゐる中に、向ふの聲はだんゞ弱つて來るやうです。しまひには糸のやうに細くかすかになつて來ました。その中ピタリと聲がやみました。かくして、一同がおのゞその小舍に歸つたのはほとんど朝に近くでした。

△

翌日、大杉の根元に、喉から血を吐いて死んでゐる大猿々を發見したのは、彼の廣島の若者でした。

（麻布竹谷町河野氏寄）

怪　奇談怪談（二一）　あの世に三日　4-168

●報知新聞　昭和四年七月二十二日

談怪談奇（２）

あの世に三日

酒が怨みの魚屋

甲府に傳はる話

私がまだ子供の頃、甲府の町に松本○吉といふそれはゞ飲んだくれの魚屋が住んでゐました。三度の飯を魚屋といつて朝から酒氣なしには生きられぬ男でした、梅雨も明けて急にヂリゞと照りつける日の午後でした、魚屋さん何處で飲んだかいゝ心持ちになつて、その頃流行り始めたバーの暖簾をくゞり、女中代りの小僧さんをからかひながらちびりゞと燒酎を飲み始めました。

△

不圖、隣を見ると職人風の者がブランデーをあふつてゐました、酒飲みの通有性として人の飲んでゐるものが欲しくなるもので、小僧さんの運んで來るブランデーを續け樣に四五杯あふつてさて「どんなもんだい」といひた氣な顏をお隣に向けるとお隣のお客も負けてゐません、盛んに「お代り」をします、魚屋さんいよゞ張りのぼせて「おい小僧、燒酎を一升持つて來い」と、なみゞ注いで出す一升枡を見事に乾してしまひました、隣客もこんな猛々のやうな男に出會つちやかなはんとでも思つたか、勘定もそこゞに出て行つてしまひました、魚屋さん今は得意の絶頂「甲府廣しといへども乃公程の飲み手はまづなからう」と肩をそびやかしながらよろゞと出て行きました。

△

やがて我家の店先きに立現れ、若い衆やおかみさんに散々當り散らして奧の一室でぐつすり寢込んでしまひました、いつも二時間位すると醉ひ覺めの水を持つて來いと怒鳴る魚屋さん、この夜に限つて不思議な位靜かでした、おかみさんのお嶋さん「妙なことがあるものだ」と怪訝に思ひながら水差とコップをお盆に載せて枕元へ持つて行つて驚きました、[illegible]に、顏は土氣色に變つてゐるのです、手を口に當て見ましたが呼吸は止つて早くも手足の先からつめたくなりつゝあるのです。

△

「あんなに元氣で歸つたのに……」とお嶋さんは暫しが程呆然自失の體であつたが、やがて氣を取直し若い衆を醫者や親類へ走らせて、葬式の準備を整へました、いよゞ夜中親類の人々の集まるのを待つて棺桶に納め翌日の夕刻賑やかな葬儀が營まれましたのです。

△

それから三日を經た日の夕方でした、表木戸が音もなく開いて暗闇にまぎれもない人影が我家の方へトボゞと歩んで來るのです、驚いてはいけません、この人影こそ魚屋さんだつたのです、死んだ筈の魚屋さんが泥だらけの白衣を着け手足には擦傷さへ負つてゐるのでした「お嶋、お嶋はゐるか」蚊の鳴くやうな聲で家族を呼びました、締切つた奧の一室では親類知己が集まつて魚屋さんの供養をしてゐる最中でした「なんまーいーだーぶゞゞ」お念佛の聲が聞えて來ます、魚屋さんやつと我に返り「さてはこのおれが死んだものと思つて……」と土足のまゝづかゞと上り込み、いきなり障子をガラリとあけたのでびつくり仰天、跣足で逃げ出すものもあつたが、よく／＼見ればまぎれもない泉鏡さんなので、お客達の顔は忽ちお喜びの叫びと変り、一同手を取合ひうれし泣きに泣いてしまひました。

△

こゝで話の[illegible]になるのですが、泉鏡さんがどうして蘇生したか、どうして現れたかといふことになるのですが、泉鏡さんあまり深酒なのに脳溢血したので、呼吸がすつかり絶えてしまひ、一旦は死んだのですが、地中で三日許りするうちに段々解けたゝれた部分が冷えて来て次第に意識を回復し、體の自由も利くやうになつたとき始めて棺の中にゐることに気がつき、やつとの思ひで棺のふたを突き上げて再びこの世の人となつたのです。

△

このことあつて以来泉鏡さんすきな酒を絶ち、六十の坂を越してはゐるが今も社[illegible]を[illegible]ぐ元気で[illegible]に精を出してゐます。（[illegible]町 [illegible]川氏寄）

幽　奇談怪談（三）　ドブ泥を浴びる
●報知新聞　昭和四年七月二十三日　4-169

談怪談奇（3）

ドブ泥を浴びる
素裸の美人幽霊
蒲田小町にまつはる話

もう十二三年も前のことです。蒲田もまだその頃は半農のさみしい村でした。

丁度いまの松竹キネマ蒲田の撮影所のところに中村染工所があつてその側にはいろんな汚物を浮かべてヌラ／＼に濁つたドブがとても悪臭を放つて流れてゐました。

△

何かの所用で友だちの所へ立寄つた私はその夜十二時頃まで飲んでやゝ酔ひの廻つた頃をやつと帰途についたのです。

七月の初めで、その夜は月もありませんでした。でもいゝ心持で蓬々と人の背丈程ものびた草ツ原の中の道をブラリ／＼と、丁度くだんのドブの所へさしかゝりました。と、その途端！前方の五六本の黒々と葉の繁つた柳の木におほはれたドブの中でピチヤ／＼と水をはねかしてゐるやうな異様な音がするのです。

△

ひやりツ！とした瞬間、私は射すくめられたやうに立止まつて、瞳孔を擴げられるだけ擴げて薄明りをすかして前方をみつめました。

その時、私の頭の中に、村でも評判だつた美人のおちかさんが縊れて死んだのもその柳の木であるとが思ひ浮かびました。怖さは一層私の全身をしびれたやうにしてしまひましたが、なほも眼をすゑてドブの中をみつめてゐると、どうでせう！――身に一糸もまとはない若い女が、白々と肩を露にして、鼻もちもならぬやうな悪臭を放つドブの汚水を浴びてゐるのです。顔といはず肩から背から腰のあたりまで汚水を塗つてゐるのです。私はそれをみた瞬間全く動けなくなつてしまひました。女はしばらく汚水を浴びてゐたがやがてそのまゝ上つて来ると、四方をキヨロ／＼見廻してそのまゝスーツと姿を消してしまひました。その拍子にすつくと立上つた私は無我夢中に家へ駈け戻ると、蒲団をはだけて息をはづませてゐる私は、びつくりした家人に一部始終を話してやつと『それはおちかさんの幽霊だらう』といふことで私も初めて安心し夜明け頃になつて眠りました。處がこれが意外な事になつて現れて来ました。……

△

その翌晩の事です。當時芝に道場を持つて居た柔道四段のK先生が[illegible]遅れての帰り件のドブの所を通りかゝつたのです。と丁度例の幽霊がドブから上つて行く所なんです。矢張り素裸で頭髪までぬれてゐました。先生も随分ギヨツとして立止つたが、技が修行できたへただけに、気を静めると『誰だツ！』と一喝しました。が、何の答へもなく、振り返りもせずにスーツと暗の中へ消えてしまひました。

『妙だなあ』とおもふと同時に何か臭ひかゝつて来るもの、気配に、全身をこはゞらして身構へながら道を急ぎました――が『何もない』。

「好いたなあ」とおもつて翌日私にそれを話されたので私も見たまゝを話して互にギョッとしたのです。で多分おちかさんの亡魂だらうといふことにして別れました。

△

それから五六日後の夜明け方、一緒に二人は死ぬといはれた因縁つきの蒲田の踏み切で若い女が無殘な轢死を遂げてゐるのが發見されました。——蒲田の町の人々の中にはまだその頃の事を記憶してゐる方も居るでせう。——

それが、當時蒲田小町と呼ばれてゐたおふみさんだつたので村では大變な騒ぎだつたのです。自殺の原因は勿論、家庭の事情か、失戀か位に皆は考へてゐたのですが、意外にもおふみさんの遺書によつて陰の[illegible]の意味がおふみさんと深い關係のある事がわかりました。おふみさんの遺書によりますと、おふみさんは[illegible]だつたのです。その[illegible]のもつ[illegible]が、おふみさんを小町娘と呼ばれる程の美しさにしたのですが、おふみさんは自分がそんな大それた[illegible]だと知ると、同時に[illegible]の現れるのを恐れました。日夜、胸を痛めてゐた矢先、近所のお婆さんがもの、話のついでに「[illegible]には夜の一二時頃、三七廿一日間、ドブ泥で顔を洗へばなほる、若し、その中に人に見つけられゝば十日以内に死んでしまふ」と話して居るのをふいと耳にしたおふみさんは、[illegible]なほしたさの一心で、夜になると、家の裏のドブへ行つては眞裸となつて顔を洗つてゐた。その滿願廿一日目の夜、可哀さうに、K先生に見つけられてしまつた。

△

「人に見つけられゝば、十日以内に死んでしまふ」
おふみさんはその言葉を實行したのかどうか…（蒲田新宿町[illegible]氏寄）

怪　奇談怪談（四）牡犬の祟り
●報知新聞　昭和四年七月二十四日　4-170

牡犬の祟り

四ツん這ひの坊ちゃん　今は犬の生活

談怪談奇（4）

昭和二年十一月のことです。横須賀線に沿つたある田舎町に可愛らしい坊ちやんを連れて、A氏夫婦が引越して來ました。Aさんはある會社の技師で、御夫婦にお子さん一人の、まことに水入らずの樂しい家庭でした。

△

愛くるしい坊ちやん——H君は、いつもこの晴れやかなA家のプリンスでした。H君を中心に賑やかな惠まれた日はA家に、けふも明日も繰返されました……ところが、しと〳〵と秋雨の降り出したある一夜です、どこからともなく一匹の牡犬がこの家に入つて來ました。翌日になつても歸らうともせず、追つても出て行かぬのみか、すつかり坊ちやんになづいて、いゝ遊び友達となつてしまひました。しかしAさんが丹精をこめて手入れした庭はじやれるあまりに滅茶なしにされたことは幾度か知れません、愛兒のために今まで大目に見てゐたA氏も度重なるのに業を煮やしていつそ撲殺してやらう——さう心を決めて奥さんに打ちあけました。

△

それを側で聞いてゐたH君はたまらなくなつて「お父さん、それは可哀さうだよ、明日僕が學校へ連れて行つて遠くにやりたいから殺すのはよして下さい」——と、子供心に歎願した。しかし父の心はもう堅く決つてゐた「駄目だよ、坊やがつれて行つても直ぐ歸つて來るから……」と嚴しい返事でした。つひにその翌日です、H君の食べてゐた菓子に毒藥を入れて犬に食はせてしまつたんです。

△

毒のまはりは早かつた。犬は苦しさのため、目をむき出し、血を吐きながらのたうち廻りつゝ、歯をくひしばつて死んでしまひました、側で見てゐたH君、たまりかねて目を見据ゑたまゝ「お

「父さん!……」いひ終つたか終らぬ中にH君は庭に飛び降りた、いきなりいま解放されたばかりの犬の側に四ツんばひになつた、顔は真ッ青です。歯[illegible]をわな〳〵震はせた、――かと思ふと、キヤン〳〵、二声、三声、犬そのまゝの悲鳴をあげる。爪を立て、土を引つかき転げ、転がりながら苦しむ、――たつた今死んだ犬そつくりの姿です。それが一瞬の間の出来事で見てゐたA氏も私もたゞ驚きと恐ろしさに身がすくんで足先に釘づけにされてしまひました。

△

しばらくして意識にかへつたものゝ、坊ちやんは失神してしまひました。医者の手当も一時的のものでした。その夜静まつた頃、またもやこの発作が起つた。きのふまで楽しかつた家庭は喜び切れぬ悲しみにつゝまれてしまつた。A氏夫妻は生きた心地もありませんでした。その翌日は七回もこの発作が繰り返され、留守居中の奥さんはその度毎に悲鳴をあげて飛び出すさわぎでした。その後毎日繰り返され、時など教師も面食つて[illegible]中に起つた日から登校は禁止されてしまひました。この発作後は必ず舌をペロ〳〵出して水を飲みます。食事の時も手は使はず舌先で食べるやうになつてしまひました。

△

A氏夫妻も愛児のために医者よ、祈禱よと、あらゆる手を尽くしたが二年後の今日も、この恐ろしい発作は止みません、それのみか、この頃では外に出ると犬が盛んにほえたて、牡犬が五六匹もぞろぞろついて来ます。

△

近所では『あの犬の魂が[illegible]あの子に乗り移つたんだ』――といつてゐます。（横浜市[illegible]生寄）

> 離れた『奇談怪談』を社会部宛に寄せて下さい、掲載の分には薄謝を呈します

奇談怪談（五）　地底の泣き声

●報知新聞　昭和四年七月二十五日　4-171

怪　奇談怪談（5）

地底の泣き聲

水死人が初めて笑顔に
奇蹟的に助かつた赤ん坊
福島県下浅見川の実話

大正十年八月[illegible]の浅見川が未曽有の出水で各所の堤防が決壊し、沿岸の村落はほとんど押流された時の事です。

△

「ゴーッ」と地鳴りのやうな物すごい音を立て、真ツ先に襲はれた浅見野村は助かつた家が一軒もなく全滅しました。時の村長木[illegible]一氏は水退けと同時に村の青年を督励し昼夜兼行で家の発掘に尽くしました。村の世話役[illegible]氏もその時は字小松の青年団を引率して死体の発掘運搬その他に従事してゐました。何分夏の事でしたから[illegible]体にふくれ上つた死体は悪臭を放つてゐました。いづれも真ツ黒のもの多く、家に柱の下敷や材木に圧されたのや、親子が堅く身を抱き合つたり、一家中一塊となつて死んでゐる等目も当てられぬ惨状でした。それでも[illegible]氏は『皆んなおれたちの兄弟だ、静にすまぬ、早く苦しさから助けよう!』と一同を励ましながら自分でも、黙々と死体の片づけ作業に従事してゐたのです。

▲

丁度その時でした、倒壊した家の柱の下敷になつて打伏たまゝ窒死してゐる裸体の女の死体を見つけました。顔は見えぬが肉付きのよい、廿五六とも覚しい、か水膨れした死人にはあまりに艶々しい皮膚の色に、もしや生きてゐるのではあるまいかと思はれたのです。[illegible]氏は「若しや生き返りでもすれば……」と不思議な考へに動かされながら女の足に手をかけて引出したのです。その途端[illegible]氏は思はずゾッとしたさうです。引き出された女はくるりと上向きになつたと思ふや、その顔は如何にも苦悶したらしく頭髪をくはへ歯を食ひしばりぎろりと白眼をむいて両手は胸のあたりで握りしめてゐたのです。顔がその死体の下には毛布や

座布團がしきつめられてゐました「何かあるに違ひない!」と叫びながら取り除いて見ると、更に戸板が一枚あつて、その戸板に手をかけた途端、下の方から赤兒の泣き聲がきこえて來ました、一同は慄然としました。

△

急いで戸板をはねのけるとその下に穴があつて、薄つ暗い所でくるんだものがうごめいてゐます。その包みを解くと何んとい不思議でせう、生れて五六ヶ月もたつたらしい丈夫さうな赤ん坊が眼をパチクリしてほゝ笑んでゐるぢやありませんか、一同の者はびつくりしてしまひました。その時です、一同が陰氣なうめきがまつきの女の死體から洩れたので、一同は二度びつくり、飛び上るやうに振りむくと、あれ程物すごい形相をしてゐた女の顏は何かしら安心したやうな表情となり、眼は閉ぢて、ゆがんでゐた口もゆるみ、兩手もだらりとたれて全て水死人のやうになつてゐました。

△

その翌朝、一同は更に不思議だといふので赤ん坊を包んで入れて居た穴の中を調べますと、札束が一つあるのに氣づきました。その穴は二尺四方足らずで深さは三尺位あり、周圍の土一面に爪のあとがついてゐました。赤ん坊はその後某醫師氏の手で育てられ（女の子でしたが）成長してゐるとの事です。

奇談怪談（六）奇怪なお告げ

●報知新聞　昭和四年七月二十六日　4-172

奇談怪談（6）

奇怪なお告げ

不思議な春男少年の死
薄氣味悪い行者の譲り
錠前の下りた土藏の中から

六七年前の六月、北多摩郡田無町に奇怪な失そう事件が起つた、町切つての資産家K氏の三男春男の寢床がある朝、藻抜けの殼になつて居たのが事件の始まりである、寢卷のまゝ、しかも金一文も持たぬのだからと最初は近所を探し廻つたが更に姿は見當らない。

◇

春男はおとなしい眞面目な十八歳の少年だつた、失戀か、家庭の不和か、しかし家出の理由は何も思ひ當らない、うはさはうはさを生んでこの事件は小さな平和の町に大きな波紋を投じ町の人々はきのふは八王子、今日は東京、明日は横濱へと春男の影を追つて歩いた、人々は最早同人の死を側したが父母はいつまでも捜索を續けた。

◇

その頃この町の人々に次のやうな事が信じられて居た、それは八王子の呼ばり山の一軒家へ行つて訊ねれば、探し物が見付かるといふのだ、山の頂上のその一軒家には見るからに恐ろしい形相の不思議な男がその妻と共に住んで居た、失そう後十餘日、ある日父親及び四五人の人々が山へ登つてその男へ頼み込んだ、一通りの話を聞いたその男は

「私がよしといふまで聞えなくなつた人の名を呼んでこの家のまはりを廻つて下さい」

といふので、一同はいはれた通りにして居ると、その奇怪な男は一心に何事か念じて居たが、突然叫んだ

「もうよろしい、今夜か明朝、キッとお告げがあります、待つて居て下さい」

◇

その夜の事、人々は座敷で夕飯をしながら奇怪なお告げを待つて居た、どこかの時計が十時を打ち人々は不氣味な沈默に襲はれて默想を續けた、突然、雨戸を破つて土藏のかぎがガチャくと音を立てた「それ!土藏が怪しい」とは

怪 奇談怪談（七）　生きた化け物

●報知新聞　昭和四年七月二十七日　4-173

談怪談奇
……〈7〉……

生きた化け物

美しい娘のみを襲ふ
伊吹山麓の失恋青年
誰も知らぬ醫長さんのその昔

女にばかり、しかも妙齢の女にばかりとり付く幽霊が現れた。――伊吹山の麓、有名な東泉寺のあるA村に。関ケ原の古戦場に近いこの村では、きつと落人達を殺した昔の祟だと大変な騒ぎとなり、村の衆はそこで世にも奇怪な幽霊狩を行ふことに衆議一決した。

× ×

土地の名物伊吹おろしの寒風が、麓の村々をピユー〱と吹きすさむ夜の四ツ時、村長宅の裏庭には軍服や、赤線入りの消防服をつけた幽霊狩の連中が手に〱棒や竹槍を持つて集まつた。村長の白や竹槍を持つて集まつた。村長のせがれは祖先傳來の鎧を土蔵の奥からひき出し、大身の槍さへ持つて武者振勇ましく出かけた。しかし神變不可思議な女好みの幽霊はその影さへ見せなかつた。

× ×

この村にお花といふ小町娘が居た。評判通りなか〱の器量よしだつたが、村一番の豪農藤四郎どんとこの政二といふ若者の許に嫁入した、賑やかな婚礼騒ぎも幾日か続いてお花さんがあだツぽい大丸まげに結上げて表に出た頃へしばらく姿を見せなかつた女好みの幽霊がまたヌーツと出た、花嫁はその場に卒倒した。

× ×

手がつけられぬので、村の衆は悪鬼退散の大法会を東泉寺の本堂で行つた、しかし次から次へ村の娘ツ子達は得体の知れぬ幽霊に襲はれるばかりで手がつけられなかつた。村の若い衆に藤次と善作の二青年がゐた、どうかして幽霊を引つ捕らへようと二人は女装して毎夜々々ひそかに苦心して探索に出かけてゐた。

× ×

村外れの一本松、その娘ツ子を装次と善作が女装して歩いてゆく後から、例の物凄い幽霊がニユーと出たものだ、二人は得たりとばかり木刀で叩きつけた。「アイタ……」おや人間の声だ、二人は組付きざま幽霊を投げ飛ば

かり人々は手に〱提灯を持つて土蔵の中へ足を踏み込んだが何ともいはれぬ異臭が鼻をつく、二階へ上れば異臭益々強く、提灯をかざすと大長持の[illegible]にウジ虫がわいて居るではないか、「ワッ、居たぞッ」先頭の一人は大声をあげて梯子段をころげ下りた。

◆

「どこだ、どこだ」「二……二……二階の大……大長持の中だ」一同は身ぶるひしながらも、ドヤ〱二階へ上り込んだ、見れば大長持の上には色々な物が置かれ、人が入り込んだ形跡はないがウジ虫の居るのが何よりの証拠だ、恐る〱大長持の蓋を持上げれば……北枕に仰向となり早や腐らんし切つた善男の死体が現れた。死体の在りかを知らした幽霊の声は果して呼り出しの死霊の幽霊か？ そして善男の死の原因は？ 何れも解けない謎である。（写真下図）

した、幽霊の島田まげがふつと消えんだ。たくましい男の二本足さへ見えた、彼女の顔がコロコロところがり出た。

「なーんのこつた」つくづく見ると意外、兵作とは仲よしの村の竹藏がシクシク泣いてゐた。

「なんだ竹さんか」「お前死んでもない芝居をして」……

罵ひ嘲られた竹藏は泣きながらお花殿と固い約束をしてゐたが兵隊に行つてゐるうちに女の心は自分から離れ、除隊して見るともうお花の心はつめたくなつてゐた、自分は世の中の女といふ女に復讐するために幽霊になつたのだと二郎に謝つた。

×　×

竹藏は二人にその罪を赦へられ、志を立てゝ上京し、今では某縣の[illegible]長になつてゐる。村の人はいまだその幽霊の正体を知らないでゐる。（牛込區早稻田鶴巻町前田秋[illegible]氏寄）

奇談怪談（八）指を嚙まれた魂

●報知新聞　昭和四年七月二十八日　4-174

奇談怪談（８）

指を嚙まれた魂

擽ぐられた永鳴寺住職

不思議なお定婆さん

秋田縣本荘町に起つた實話

秋田縣本荘に永鳴寺といふ寺があるが、そこの寺に末代さんといふお婆さんがゐた。隣家の小間物屋にお定さんといふ矢張りお婆さんがあつて、娘時代からまるで姉妹のやうに仲がよかつた、ところがお定さんは突然中風にかゝつて病床につく身になつてしまつた。

◇

不思議なことがあるものでそれからは深夜末代さんや夫の住職の千葉秦順さんが便所に入るとお定さんが遊びに來て枕元のふすまをガラリと音を立てゝあけ放したり、寝具をぐんぐん引張つたり、寝具の上に上つては力をこめて押しつけたりするのである、初めは氣持悪く思つたものゝ別に恨みあつてのことでなく、ほんのいたづらをするだけのことなので、後には慣れつこになつて、さまで氣にもかけなくなつた、あまりいたづらがはげしくてうるさい時は翌日末代婆さんはお定婆さんを見舞つては

「お定はんもあんまりな、あんまりおどろかすもんぢやありませんよ、養生ですからこれから來て呉れないやうに頼みます」とねんごろに因果をふくめてはお定さんのすきさうなお菓子だとか、おイその[illegible]つけだとかをお土産につめてはおいて來るのだつた、さうすると二三日は訪ねて來ないが、さびしくなつて來るものかまた永鳴寺に行つてはいたづらを始める、こんなことが二年もつゞいた。

◇

ある冬、五六日吹きすさぶ吹雪で戸外へちよつとも出られぬといふ時[illegible]の[illegible]が開いた、流石のお[illegible]さんもこれには弱りくしたらしいとうはさをしてコタツに温めた寝具にくるまつて眠入ようとする[illegible]で淋しい眠りにつかうとすると、はて面妖な、今まで明るかつた行燈の灯がすうツと沈むやうに暗くなつたと思ふと、氷のやうにつめたい手が末代さんのふところに入つて來た、[illegible]は寸[illegible]から冷水を浴せかけられたやうになつていくらその氷の手をよけやうにしても執念深くまとひついて乳の辺りまでさはらうとする、末代さんは寝衣の襟に顔をうめるやうなおそろしさにもう正體も失ひかけたのだが、それでも力かぎりその女の手を握りしめてかつきりと指先をかみついてやつた、たしかに手應へはあつたやうだつた

◇

翌日は雪も晴れた、末代さんは隣の[illegible]の[illegible]さんに「昨夜お定はんが久しぶりにやつて來た、[illegible]れたらまた毎夜來られてはやり切れないから見舞に行つてよく頼んでおいで」といつたので早速見舞

ひかたく〱釣竿で行くと、いつもなら機嫌よく[illegible]するのがくると意張りそうつで知らぬ顔をしてゐる、[illegible]訪ねて来たのにとお代婆さんもあつ氣にとられてゐると、娘の[illegible]子といふのが[illegible]を利かして「かあちやどうしたのよ、お寺のお爺さんがわざ〱遊びに来てやつたのに……」と[illegible]の[illegible]をあしめくつていふと「わしが昨夜遊びに行つたらお父さんがわしの[illegible]をかんでくれてこの通り」と胸を[illegible]つて出されたのを見るとまさしく[illegible]く腫れ上つてゐた……[illegible]

妖　奇談怪談（九）狐の仕返し　●報知新聞　昭和四年七月二十九日　4-175

狐の仕返し
蹴飛ばした川の深みへ若者が眞ツさかさま
岐阜の山奥ではかされた話

まうかつても、まうからなくても若者が勇んで[illegible]休みの[illegible]日――地酒とボタモチの味は、なか〱忘れ難いもので、されば、村娘ためにいよ〱肥え、村夫ためにます〱精力を増すといふ。ある年、ある月、ある日、岐阜縣郡上郡在なる安久田村の青年喜平次君は、その日の酒肴にする心算で村の東北にある溪流へ網打ちに出かけました。

◇

溪谷を縫る流れの美しさ、冷たさ、その中にヤマメ、イハナの魚族が豊富に棲息してゐるのです。喜平次君、網を肩に、魚籠を腰に、繁茂した木立ちを潜つて淵に出ようとしてヒヨイと見ると、直ぐ目の前の岩の上に、大きな狐がぢつと、喜平次君を見つめてゐます。狐の性格は面白いもので、畫間からして人間などに逢ふと、すこしもあわてず、ずるさうな眼つきでぢつと見つめてゐるものです。

喜平次君は、狐などは何時も見馴れてゐて、野良犬程にも思はないが、その狡猾極まる眼つきがしつこくそゝがれるので、ぐつと癪にさはりました。いくらそばに行つても、狐はぢつとしたきりです。喜平次君は「こん畜生め！」と、片足あげて蹴飛ばすと、狐はたわいなくゴロ〱ボッチヤーン、溪流の渦巻へ落ち込みました。狐は水泳力をもつてる動物故、直ぐ浮き上つて向う岸の岩の上にはひあがり、さてまた喜平次君をぐつと一とにらみ、それからコソ〱とヤブの中にその姿を消しました。

◇

「畜生が憎い！」とブツ〱いひながら喜平次君、それから少し下つた淵にさつと一網いれました。「ハテナ」「ハテナ」「ハテナ」。不思議と今日は手ごたへがない。下流へ〱と、不漁に氣をあせりながら一生懸命、その中あたりは薄暗くなりました。

まもなく眞つ暗闇、喜平次君は、途方にくれたが、ふと向うの茂き火を見つけて、野宿の決心、近づいて見ると、それは一軒の掘立小屋でした。年老いた男が一人、喜平次君をジロ〱見ながら「どうしてこんな暗がりに網打ちなんかに来たのかい」と、問ひました。喜平次君は始終を語つて「ネ、爺さん、今夜は一つ泊めてくれ」「ア、いゝとも」と、老人は、ます〱火力を増大して行くので、喜平次君は、知らず〱後すさりをしました。

と、「あつ！」といふ間に、喜平次君は、川の深みへ眞ッさかさまに落ちました。

◇

喜平次君、びつくり、しやつくり、やつとの事で、岩にかじりつきはひ上りました。氣がつくと、そこはさつき狐を蹴込んだ淵です。暗闇どころか、有難さうなお日さまがカン〱照つてゐるのです。

「ウァ、ハ、ハ、ハ、ハ」と、この時調子づいた笑ひが、向う岸の繁みの中から響いて來ました。と、いふお話しです。（小林定美氏投）

4-176

奇談怪談（十）　一本松と医者

●報知新聞　昭和四年七月三十日

一本松と醫者

多年巣をくつてる狢　車夫を連れてグルグル　驚いた患家の出迎へ人

埼玉縣北葛飾郡吉川町大字高富に、須藤鶴の一本松といふ所がある、その邊りには可成り多くのムジナが巣を食つてゐる、まう大分古い話しだが、ある時町の醫者が在方の患家から往診を乞はれて、夜おそく人力車で出掛けた、所が、患家の方では何時まで待つても醫者が來ないので、雇人を迎へにやつた、その雇人が通り道の一本松まで來かゝると提燈が一つグルグルと同じ所をめぐつてゐるので、不審を抱きながら近くへ寄つてよく見るとそれは往診を頼んだ醫者の車夫で、松の木の周りをグルグル走り廻つてゐるではないか、ハテナと思つた雇人が醫者はと見ればこれはしたり、一生懸命松の木へ注射をしてゐた（埼玉縣吉川町新井氏投）

狐の赤ん坊取上げ

山形での話

山形縣東田川郡□□村大字□□の産婆成田けさよさんの所へ去る三月十日の夜、隣村の黒川から來たといつて若者二人が馳せ切つて飛び込んで來た「家のかあさんが急に産氣付いたから來て下さい」とのことなので夜中ではあるがけさよさんは若者の案内で駈けつけた、行つて見るとなかなか立派な農家である、すぐお産の部屋にとほつて取り上げて見ると玉のやうな男の子、それ生れたと撫でさあげると、次々に生れるわくわくと、とうとう九人の赤ん坊が飛び出した、あまりのことにけさよさんもあきれはててたが無事お産も済んだもまづ母子共に無事なので安心してまた若者に送られて家に歸つて來た、しかし翌朝になつて見るといかにもをかしい、事によつたら狐のお産をとりあげたのではないかと気味悪く思ひながらその農家からもらつた紙包をあけて見るとちやんと十圓札が入れてあつた、しかしその農家の在所はどうしても見當らない、九匹の子供を生むのですつかり手古ずつた狐めがとうとう人間のお産婆さんの手を借りたものらしく附近でもこのうはさで持ちきりである（鶴岡市成田氏投）

4-177

奇談怪談（十一）　天狗の酒場の怪

●報知新聞　昭和四年七月三十一日

天狗の酒場の怪

毛だらけの「勘やん」の手　雪の夜に浚はれた父が　歸つてから傾き始めた家運

私の家は代々富山縣□□村水□△△村で百姓をやつてゐる農家でしたが父の伊左衛門（當六十二歳）の代になつて家はくし、家財道具も人手に渡してしまひました。この物語は、私の父、伊左衛門が、まだ十三歳の頃のことです。屋敷の地續き北東の一隅に欅の大木がありましたが、村の人々は大木を「天狗の酒場」と呼んでゐました。風の強い日などはその枝が屋根瓦にふれて気味悪い音を立てるので、父はそのうちの太い一本をとうとう切つてしまひました。

◇

その年の冬も全く暮れて六七尺も積つた雪の日の午後に、農家から隣家へそなへる餅と松の枝とりを命ぜられた父は途中で遊び仲間の「勘さん」に誘はれて道連れになつてもらひました。間もなく隣家に餅と松の枝をとつて「勘さん」の家の軒まで

奇談怪談（十二）　極楽を見て帰る
●報知新聞　昭和四年八月一日　4-178

怪

談怪談奇
……〈12〉……

極樂を見て歸る

罰當りの樋さんが
一ぺんで大の有難屋に

府下南多摩郡川口村（八王子から約一里）の地點に××といふ一寒村があります。その村に今年たしか五十九歳の百姓の小谷樋藏老人が住んでゐます。このおぢいさん今では大の信者で、野良仕事にも精を出し、相當の財も貯へて安樂な身の上ですが……その若かつた頃はとても手にをへない若者で、家業をすてゝは伯樂などをして諸國に賭け酒のみ、博奕くのが大好きといつた仕樣のない男だつたさうです。それが樋さんの二十八九歳頃の事です。

◇

ところが、卅歳になつた春、樋さんはふと寢込んでしまひました。どこが惡いのかさつぱりわかりませんが四月の半ば頃可哀さうに樋さんはとう／＼三十歳を一期に息を引きとつてしまつたのです。兩親の歎き、親戚、知己等の驚き、用問客等々でひつくり返るやうな

來て、さようならをすると前方から「樋やん」がのそり／＼やつて來ておばさん（私の母のこと）は大變おこつてゐるよ、酔とりが惡いといつて歸つて來ないつて」といふのです、父は何かしらをかしいと感じました。が「樋やん」が「俺が行つてあやまつてやるから」と、先に立つて歩き出して、樋家の裏門へ來ると雪が積つてゐるので飛び越えねばならぬのを、いつもたつて鈍な樋やんが身輕く門の屋根にとび上りました。父も續いてとび上らうとするとどうしたものかつるりツと辷る！上で「樋やん」がニヤ／＼笑ひながら「ちや俺の手につかまれ！」といふので、つかまるとその瞬間父は「あツ！」と叫んだのです。

◇

家では大騒ぎとなりました。皆不思議なのは雪の上に何かの大きな足跡が數

門の處まで續いて消えてゐる。榊と松の枝が枕元にキチンとそろべておいてある。それからでも行方がわかりません。全く何の手がかりもなかつたのですが、その七日目の眞夜中頃、突然、十藏の方から人間のうめき聲がきこえて來ました。下男の權公が聲をたてゝ起きし、おそる／＼十藏を明けました。が、何一つ變つたことはありません。だが、戸が閉まるとまた十藏の方からうめき聲がする！そのうちに白々と夜も明けて來ました。

「ギク／＼／＼／＼ツー」と突然誰かゞ門をあけた。寢に居た權公がふと起ると、門の外、凍つた雪の中に誰かと父が立つてゐるではありませんか。しかも肌じゆばん一枚で蘇つた死人のやうな面影で……。家の者はすつかり肝を潰しました。が父の口から「誰だ！何しとるか！」とどなりつけました。權公が家へ擔ぎ込んだ父の體は氷のやうに冷たく意識もなかつたといひます。三日三晩眠りつゞけて、やつと目をさました父の話しによると、父は榊と松の枝をもつて極樂の門で「誰」に手をとられたところ、その手は毛だらけでとても氣味が悪く、それから後は何も分らないといふのです。

◇

その翌年五月一日の朝、風のない日でしたのに、裏庭でバサリツと大きな音がしました。みると、マチの大木の上から昨年父が着て出た着物がボロ／＼になつて落ちて來たのです。それから私の父の家は日に年に榮いて行きました。村の人々は「天狗の雪駄」の枝を切つたたゝりだと語り合つてゐたさうです（府下■■村■■一四六六五十嵐生）

中に杣頭に集まつて翌日の葬式の準備について打合せて居ました。それはもう午前三時頃でした。

◇

その時です！つめたく死んでゐた肝心の樵さんはムツクリ床から起き上ると、たちまち、ふるへ聲でとても氣味悪い聲をしながら「南無阿彌陀佛々々々々々々」とお念佛を唱へ初めたのです！驚いたのは一同の驚き方はたとへやうもありません、が「どうした？…どうした！」とどなりつけるやうにたづねてみるとふるへをおびた聲のなさゝうな聲で「其方だよ、其方だよ」と答へるのです「さあ大變、生き返つた」とばかり、葬儀用意をとりはづすやら、坊さんをことわるやら……大變な騒動！——の中にも一家や親類は非常な喜びでした。

◇

これからがいよいよ樵さんの話す奇談なのです——死期の苦しみで喰べられなくなつたと思つた途端、スーツと身體は綺麗な所へ飛入つて行つたさうです。「南無……々々」と呼ぶ聲で、ふと氣がついてみると、鼠色の法衣をつけた坊さんが、右手でこつちへ〳〵と招くので後から歩いて行かれると、足はまるで雲の上のやうだ、しばらくして「向ふを見よ」といふので頭を上げると、坊さんは指さして「あの死人共は在世で罪を犯した者達だ」との事、故郷を透かしてみると、まあ何んといふ光景でせう！二目とは見られません、「あれはみな在世で罪を犯したものだ」と説明されるのです。

◆

かうして暫くは靈界に遊ぶ、靈界へ來ました。そこはらんまんと咲き亂れた一大花園のやうな光景です。「これは在世で善業を積んだ人の來る處だ」と坊さんがいはれます。なほも進むと前面に壯麗な一大伽藍が建つてゐます。と思ふ間もなく、遙か正面の會堂に光る大ふすまがサーツと左右に開きました。樵さんは思はずそこに手をついて平伏しますと、さつきの坊さんが正面に出て、まばゆいばかりの光を放つてゐます。「……おゝ佛さまか！」と樵さんは光にうたれました。するとその方は「樵よ、お前はまだ俗人ぢや、こゝへは來られぬ、早く歸つて佛を信じ業を積めよ、さらばこの安樂淨土へ來ることが出來るのぢや、注文の佛壇も半分は出來てゐる、門の閉ぢぬうちに歸つて信心せよ」としづかにさとされた。あまりの有難さに「南無阿彌陀佛々々々々々々々」と唱へて歸つて來た。——といふのです。そして丁度樵さんのいふやうに、私の佛壇は半分出來上つてゐました。

◇

この事件があつたさうと[illegible]の頃はこの地方でとてもひどい評判だつたのは、今も有名な話です。（府下寺島町大九七安藤實生）

奇談怪談（十三）原始林の一つ家

●報知新聞　昭和四年八月二日　4-179

怪　奇談怪談（13）

原始林の一つ家

闇に浮く丸まげの女

精進湖畔、青木ケ原の深夜

世の怪奇者達に私はあの不思議な小屋をお知らせしよう、場所は富士山北麓の精進湖畔、青木ケ原の大原始林の中です、可成り年を經たらしい西洋風の小屋が住む人もなくこの森の中に雨や風に曝されて立つてゐます、私達は一昨年の夏のこと偶然キャンプ旅行の途上この小屋に一夜の宿をかりることにしたのです、そこで私達は實にいぶかしい事實に遭遇しました。

◇

可成り疲れて精進湖を差して來た一行五人が暮れかゝつた森林中でこの小屋を發見し、井戸水もこん〳〵と流れ出してゐるのを見た時は、どんなに喜んだかしれません、小屋は全くの一軒屋で中は四疊半に二疊と土間と押入れの小さな正方形で、壁には人間にジャパンタイムスが貼りつけられてゐました

◇

自炊の飯に舌鼓を鳴らして、ウイ

スキーに酔つた五人が高いびきでこの四疊半で重なるやうにして眠り込んだその眞夜中のことでしたYがしきりに苦しさうなうめき聲をあげるので隣に寢てゐたSはふと目をさましました「うなされてゐるな」と思ひながらまたSが眠りに落ちようとした瞬間です、突然Yは「畜生！」と可成り大きな聲で叫びました、そしてしきりに自分で自分の左手を抑へて呻つて居るのです。

◇

何年も人が住まなかつた爲めな、それとも眞夜中であつた爲めか、陰氣な夜氣がぞく〳〵と背筋にしみこんで來ます、再びうと〳〵と眠りかけたSはまたもや異様な物音に驚かされました、間の襖の二疊の部屋から何物かがすーつとこの室へ入つて來た樣子です、氣のせゐかと思つたSは變なその姿を見定めやうとして、その方向を振り向いた瞬間、今度は流石に膽の士でも崩れかゝるやうな不思議な魅力を全身に感じ出したのでした、口ではいへない奇怪な力です「こいつは變だ」と氣がついた時足元の邊りに、もうろうとした女の姿が浮き上つて來たのでした、青白い顏でした、丸まげに結つて白い經帷子の浴衣を着て居ました、Sは「今思ひ出しても胸の悪くなる氣持だつた」といつて居ます、右の眼は凹くたゞれて、ニタリ〳〵と薄氣味惡く笑つて近よつて來たのです、渦を巻く様な不氣味な魅力が女の動く度に流れて來るのです、そして急に手を伸してSの胸をつかみにかゝつた時、十八貫もあるSの身體がすーつと浮き上るかと思へたさうです。

◇

しかしSは非常に氣の強い男なので毅然としてこの侵入者の胸中を「畜生！」となれと殴りあげました、と、パツとその姿は消え失せて、同時に手も足も急に自由をほどかれたやうに輕くなりました、起き上つたSは先づ隣に寢てゐたYを起してその話しをすると、Yはびつくりして「自分もたつた今その通りの女に手をつかまれた」と話したのです、先刻Yがしきりにうなつたのもその爲めでした。

◇

話はこれだけです、しかしあの小屋は今もなほあの森林の中にある筈です、一行は後でそこは有名な化物小屋だときいて驚きましたが、この夏も誰かあの小屋に行つて見た人はありませんか（神奈川田浦町■■太郎氏寄書）

奇談怪談（十四）　河童と死霊

●報知新聞　昭和四年八月三日　4-180

妖　奇談怪談〈14〉

河童と死靈

河童に引つぱられたお婆さん　水を飲みに來た死靈

ユーモラスな妖怪、河童については古來、種々様々な傳說がある、が、とにかくこの變化だけは我國の特産品らしい、蛙と天狗と人間とをつきまぜたやうなものへ、へんな甲羅をおつかぶせたのが、どうやらこの國産品の御正體らしいが、御愛嬌いあること、多分に滑稽味をもつてゐることは、他の妖怪變化には見られない所だらう。

◇

それは兎に角、大正八九年頃、山陰道の各地を生きた河童を見せ物にして廻つた人間があつた、それを見た人が大いに驚いたのは、繪や物語に書かれてゐる河童とは似ても似つかぬ眼ギヨロリとしたとてもすごい奴であつたさうな、私の知人でAの老父は明治初年頃郷の川岸にある橋の下で、水から上つて來では甲羅を干てゐる二尺ばかりの河童をいつもみたさうな、捕らへたいのだが機會をおそれて止めた

◇ところで現に河童に會つたといふ話し——大阪市西區松島町に鶴田清次郎さん方に小使をしてゐる、通稱「オツさん」の老女おまつさんが、一昨年の六月末丹波何鹿郡和知村で白轉車屋をしてゐる長男の所へ遊びに行つて、一日孫たちと川へ行つた、子供たちは橋の下で裸體に繩を引つたり泳いだりしてゐる。おまつ婆アさんは河原に座つて見物してゐると、突然後から現れた三ぐ歳りのお河童頭の子供が、「小母さん泳がうよ」といつて側へやつて來た。「厭だ」と答へても「水へ入らうよ、入らうよ」といつかなきかず、果は小母さん！といつて手を握つて水の方へ引つ張る。小母さんとてもこはくなつて逃げて歸ると大熱が出てとうく一ケ月あまり、フラノくした、おまつ婆アさんはあれが河童だらう、と今でもいふ。

◇

大正六年八月廿四日の夜中のことです、松江市北堀江町濟町の酒屋油商山上藤兵衛方の臺所でガタコトと物音がするのを老婆が聞きつけておそるおそる見に行つたのです、ところが同家の奉公人に當る愚吉（三〇）といふのが、いつの間に來たものか水がめから水を汲んで飲まうとしてゐる所なんです、妻さんが聲を掛けると愚吉はアと、ふり返りましたが、奧樣はその顔を見てギヤツとしてしまひました、愚吉さんの顔は蒼白だらけなんです、大聲で叫んだので寢てゐた家人達が皆起きて來ました、そして愚吉の身の上に變つた事でも起つたではないかと直ぐ實家へ駈けつけて叩き起し、あつたことを一部始終話しました、丁度そこへ實家が戸をたゝいて『たゞ今あの踏み切で轢死人があつたが、所持品でお宅の愚吉さんだとわかりました』との知らせでした（市外王子町の内八〇〇岡田眞弓氏寄）

奇談怪談（十五）　あの世で出産

●報知新聞　昭和四年八月四日　4-181

奇談怪談 (15)

あの世で出産

早合點されて埋められた怨めしい妊婦の夢枕

[illegible]に與三郎さんといふ百姓が居つた、妻のお淸さんとの仲は至極睦まじかつた、秋の收穫時が近づいた頃お淸さんは臨月になる喜びの日が近づいて居た、ある夕方、芽出度い徴候があつた、だが幾度襲つて來た陣痛にも拘はらずなかく出産しない、初めは左程でもなかつたがお産が永びくにつれて母體も弱り産婦は苦痛を訴へた。顔はだんく必死の色に變つて行つた。

△

しかし何分にも山間の寒村では醫師も産婆などもない、與四郎さん初め隣近所や親類縁者の女たちがお淸さんの枕頭に詰さつてお淸さんの苦痛をいたはつたり、慰めるだけで、外には何とも致し方がなかつた、そのうち大波のやうに最後の陣痛が襲つて來た、がその陣痛が徐々に去つて行くのと同時に、可哀さうなお淸さんはとうく呼吸を引きとつて終つた、この地方の習慣でお淸さんはその夜のうちに急いで野邊の送りをされた。

△

その夜明け、雨間の人々も大方歸り、手傳ひの親族の者達も大方は寢についた時分になつても與四郎さんは泣いてゐた、そして一心に念佛を唱へてゐると、目の前にボーツとお淸さんの姿が現れた、そして『たゞ今やつとお産をいたしました。どうかすぐ掘つて下さい』といつたかと思ふと、もうその姿は見えなかつた。

『氣のせゐかなあ……』與四郎さんはかう思つた、所がその翌晩、またお淸さんの姿が現れた、泣いてゐるやうだつた、そして『やつとお産をいたしました、實を讀んで下さい、男の子です、すぐ葬つて下さい」といつて消えた、その亡霊やはりお清さんが現れた「なぜ早く葬つてくれないのです、早く葬つてくれねば子供が死にます。可哀さうですに」お清さんの顔も恨みを含んで居た。

△

眞暗闇をさますと與四郎さんはこらへかねて鍬をかついで走り出した、間もなく土が掘返された、新しい棺のふたがチラリと土の中からみえた、その途端、棺の中から「オギヤア／＼」と二聲ばかり赤児の泣き聲がした。身慄を堪へながら與四郎さんは棺のふたをとつた、その瞬間である「おう！」與四郎さんは叫んだ、棺の中には冷たくなつたお清さんが玉のやうな男の子を抱いて眠つてるではないか！

△

その後の話し――お清さんは實は死んではゐなかつたのだ、實は仮死の状態に陥つてしまつたのが死んだものと誤解されて生きながらに葬られたものなんだらう、といふ事でケリがついた。その時の赤ん坊は今×県庁下で有名な△△寺の住職名僧との評が高い。（宮下岩雄町中司宮喜氏寄）

奇談怪談（十六）　猫のお通夜

●報知新聞　昭和四年八月五日　4-182

獣

猫のお通夜

家の棟も三寸下る丑三時に
死骸を圍んで舞ひ踊る

これは私が實際見た話しです。大正十一年の丁度八月で蒸し暑い晩りでした、私の家の直ぐ後ろに家が一軒空いてゐましたが家賃が高いせゐか借り手がなく、まだ新らしい家ですが永いとそのまゝになつてゐました、ある晩、あんまり蒸すのでとても自分の家では寝つかれないので、あの空家なら涼しからうとソツとその家へ入つて寝て見ました。永い間人が住んでゐないので、新らしい畳もしいてありましたが、ちよつと陰氣ではあるし、家主の方からよく掃除の人が來るので、室内は割合に綺麗です。それに空家だから道具なんかなく風通しがよくつて全く夏向きのおあつらへなので、すつかり涼しくなつて一夜を明かしました。

△

これに味をしめて、翌晩もこつそり忍びこんで、自分が借りた氣持で寝てゐると、眞夜中に妙なものを見たのです。雨戸がついてゐないからよくは見えませんでしたが裏口からでも入つて來たらしい五六匹の猫が、お弔ひのやうに行列をつくつて、そして一匹づゝ静かに梯子段を上つて二階に行くのでした、何しろ家の棟が三寸下るといふ丑三時の刻限です、私もゾツとしたのですがなほも横になつたまゝ梯子段の方を見てゐると、猫は上つたまゝ却々降りて來ない、二階は依然としてヒツソリ閑としてゐるのです。私は様子をうかゞふつもりで梯子段の方へ近づいて行つたが何か不氣味なものを見せられやしないかとしばらくたゝずんで躊躇しましたがとうとう勇を鼓してソツと二階へ上つて行きました。

△

二階へ上つて見たが猫の姿は見えません。はてなと思つてふすまの隙から隣の六疊をのぞいて見ると、さつき上つて來た猫共が人の寝静まつたのを幸ひに、後足で立上つて踊つてゐるではありませんか。猫はよく踊るとはいひますがこんな不思議な光景を見せられた私は總身に水を浴びたやうになつてソツと逃げるやうに階下へ下りて來て、夢のやうに寝た振りを

してゐました。そして鼠を慣らしてゐるとしばらく経つてから、一匹の鼠が降りて来ました。今度は鼠が降り

てしまふと、今度は一緒に集まつて、ニヤゴ〳〵と誰か人間が話しでもするやうな調子で語り合つてゐました。たしかに何か打合せをでもするやうな様子でした。またこの座敷で語られてはやりきれないとおもさくなつてゐると、二階から鼠に撒つたらしい一匹が降りて来て、再び行列を作つて元の裏口から出て行つてしまひました。

△

私はその事を人々に話しませんでしたが、その後はその空家に寄ることは遠慮することにしました。すると二三日経つてから、その家を借りたいといふ人が来ました。

私は前から家主に頼まれてゐましたので、その人を案内して、二階へ上つて見ると六畳の座敷の床の間の前に、一匹の大きな鼠が死骸となつて臭気を放つてゐるのでした。一週間位前に死んだものらしいのです。恐らく夜な〳〵五六匹の鼠がやつて来て、この大鼠の周で何かしてゐたのはこの大鼠のお通夜をしたり、お弔ひでもするつもりであつたに違ひありません。（東京白川生寄）

奇談怪談（十七）　火葬場の青鬼

●報知新聞　昭和四年八月六日　4-183

怪

奇談怪談（17）

火葬場の青鬼

ジク〳〵焼焦げる婿の肉を
うまさうに摘み食ふ

十数年前のある夏の夜のこと、秋田県仙北郡の或る農村に起つた実話であります。同地方では今でも土葬にばかりいたしますので、火葬の番が廻つたりしますのは三年に一度、五年に一度といつた有様なので、そこにいろ〳〵の怪談が生れ出るのであります。

△

村一番の物持ち、三右衛門の婿ちやが脳溢血で死んだ時、山に近い林の中でその火葬が行はれました。棺の上に山と積んだワラや薪に火をつけて、もく〳〵と立ち昇る煙を見ながら、皆家に帰つたのですが、事件はその夜、夜更けに起りました。見廻りに行つた作男の吉作兄が、息をきらして駈け込んだまゝ、上り框の所に打倒れて、しばらくは口もきけなかつたさうですが、水を飲ましたり名を呼ばゝつたり、漸くに落ち着かせて聞いた話はかうなのです。

△

気味の悪いのを口笛か何かにまぎらしながら、だん〳〵火葬場に近づいて参りますと、人を焼くあの特有な匂ひがぷうんと鼻をついて、林の間からはちら〳〵と青い焔が伸び縮みして見えたさうです。と、吉兄ははつとして立止りました。その火に近く一個の影が、長い箸を持つてしやがんでゐるのです。青い髪を振り乱した背の高い鬼でした。丸い二つの目と大きな口でした。そして頭の真上にはにょつきとした一本の角さへが生えてゐたのです。その恐しい鬼が時々長い箸の先で火の中から焼け爛れた婿ちやの肉を摘出しては、べしやく〳〵とおいしさうに食べてゐたのです。吉兄は恐く息の止りさうになつたのを、やつとのことで上り框まで駈け込んだのでした。

△

話を聞いた人々は、何れも若者を嘲いて笑ひました。学校の先生は「廿世紀の今日……」といひました。村長さんは「これはいく〳〵と迷ひながら行つたので、草の葉の動いたのでも見てさう思つたのだらう」とひげをひねりました。そして吉兄の話をみんなが笑はれたのでした。翌朝の若者が三人、新たに見廻りに行きました。が、それも間もなく血の気を失つて逃げ帰つたのです。青鬼が一匹たし

かに死人の肉を集つてゐたのを、三人が三人とも六つの目で見たといふのです。

△

それからの騒ぎは大変なものでした。半鐘を鳴らして消防が集まる。青年団が総動員される。村から山麓までは提灯が続き、夫は暁くまではえしきりました。子供や婦人は布団の中に顔をひそめたり、念仏をとなへたりしながらふるへてゐたのでした。

△

翌朝の結果は、その夜のうちにうはさとなつて、村から村へ、野火の如く村中へ拡がつて行きました。そして、それを聞いた村人はいづれも呆然として、開いた口がふさがりませんでした。大騒ぎの後に捕へられたのは、二寸程髭のついた黒イモの葉に、眼と口の穴をあけたのを被つて、火事の騒ぎさを避けながら、さうした騒ぎを起したとも知らずに、役所の畑から盗んで来た枝豆を食いてゐたおくらといふ老乞食でした。（佐藤生）

奇談怪談（十八）　叔母の卒塔婆　4-184

●報知新聞　昭和四年八月七日

怪

奇談怪談（18）

叔母の卒塔婆

骨壺を抱いて雪の日に

若い医学士の怪死

今から十五年前、私がまだ北海道S市の△△病院に看護婦として勤めてゐた頃の話です。内科病室の医局に網川といふ東大出の若い先生がゐました。私は不図したことからこの医師と近しくなり二人とも独身者（私も学校を出たばかり）の気安さから、よく話が合つて、間もなく共同で一戸を借りうけて自炊を始めました。

△

網川さんには両親はなく、東京のある会社の重役に嫁いでゐる一人の姉と、当時そのS市のAミツションスクールに舎監をして居られた叔母さんだけでした。生地が京都であるのに、はるばると北の果北海道まで来てゐるのは、叔母さんがなつかしいからだといふやうなこともそれとなく話られたが、叔母さんといふ方は、落着いた品のある方で、ちよつと見には外国婦人かと思はれる位美しい人でした。網川さん姉弟と一緒に暮らして来、大きくしてからは叔母自身はミツションスクールに舎監をして、生涯を神にさゝげて独身でゐらつしやるのださうでした。

△

網川さんがこの叔母さんを慕つて居られたことは非常なものでした。ところが、その年の秋、突然叔母さんが病死されました。網川さんは失神する程落胆しましたが、遺骸は町端れの外人墓地へ葬られました。ところが、秋も暮れて山々の頂きに白いものが見えるやうになつた頃から、網川さんの様子が少し変になつて来たのです——もとく快活であつたが、叔母さんを亡くして以来といふもの、日にく憔悴して行きましたやうで、いよく心配して見ましたが、その都度「有難う」といふだけで、私を見返す眼には一ぱい涙が光つてゐました。

△

網川さんの態度は日を経るに従つて更にをかしくなつて来ました。夜中の一二時頃になると、そッと起上つて私の寝顔をうかゞつてからどこかへ出て行くのです。それが毎夜のやうになつて来ました。とうくある夜私は意を決して尾行して見ました。家を出た網川さんは、全然魅かれたものゝやうに町端れへ向つて進んで行きます。行きついた所は、果して外人墓地でした。——暗闇にぢつと眼をすゑて見透して居ると、網川さんは一本の卒塔婆の前へすわつて、間もなくすゝり泣く声がもれて来ました。と、突然、網川さんはその卒塔婆を抜きとつて、その跡を掘り始めたやうです。しばらくして穴下から白い[illegible]のやうなものを指さしあげました。「アッ！[illegible]だ！」と思はず私は心の中で叫びました。

△

一時に寒けが襲つて来た私は蒲団をかぶつて寝たふりをしてゐました。やがて細川さんもこつそりと帰つて来て、私の寝顔をうかゞつてから床に入りました。朝、私がいつもより早く起上ると「[illegible]さん！」と、寝床から追つかけるやうに細川さんが呼びとめました。ふり返ると床の上にすわつて私をにらんでゐます。私は胸を刺されたやうにぎつくりしましたがさり気なく「何ですか？」と近づきました。するとやさしい声で「あなたは昨夜何か見ましたでせう！」私は急には返事が出来ませんでしたが、つひに意を決して「すみません！ 大変悪いことをいたしました。……」と、あやまつてしまひました。すると細川さんは「さうでせう、私も気がついて来ると思ひました」といつて涙を落としながら「悪い事ではありません、私の秘密がよほど悪い事なんです。お[illegible]いて下さい、誰にも話しちやいやですが……」といつて次のやうな話をしました。

△

細川さんは、とても叔母さんがすきでした。また叔母さんもひどく愛してくれてゐたのです。叔母さんが死んでからは自分でも自分がわからなくなり、昼はさ程でもないが、夜になると叔母恋しさで全身がわくわくして来る。フラフラと出て、初めのうちは墓場に行つては卒塔婆を抱きしめて泣いた。が、しまひにはそれでも我慢がならなくなり、墓石を掘つて死骸を抱いた。「叔母さん、叔母さん！」つひには死骸に頬ずりまでした。それから三年後、矢張初春の[illegible]る頃、細川さんはその死骸を抱いて、あの外人墓地で死んでゐたさうです。……一ケ月も発見されずに、死骸は干からびたやうになつて……（東京・本田[illegible]氏寄）

奇談怪談（十九） 待合の夜の怪

●報知新聞　昭和四年八月八日　4-185

怪

談怪談奇（19）

待合の夜の怪

浮氣男を情夫に持つて
床下に棄て殺された女の怨靈

〆香姐さんはチーッと聞き耳をたてた。側に寝てゐる半玉の〆奴、音丸の二人は夢中にもがいてゐる。揺り起さうとすると、何處からともなく『うーん……うーん』苦しさうな女の声がして来た。気丈な姐さんも、背筋に冷水を浴びせられたやうにゾーッとして、髪は逆立、手足が凍ばつて揺り起すことも出来ずに一夜をあかした。あくる朝二人の半玉は真ッ青な顔をしてゐた。——〆香姐さんの家（〆の家）は、その土地では一流の芸者屋で、この悩ましい夜の前日、三月十日空家になつてゐた家へ引越して来たのだ。しかし二日目の夜は、昨夜の三人の外に〆の家の夫婦がまたもや例の声に悩まされ、三日目の夜は、一家十四人が夜明ししようといつてゐたが、またもうとうとすると、不思議なうなり声がお耳元にひゞいたりしたので、とうとう四日目には、元の空家になつてしまつた。

△

一[illegible]「[illegible]かね田」が一家が引越して来たが、これも三日でまた引越し、一月程過ぎて横川といふしもた家が引越して来たがこれも三日で空家……お化屋敷のうはさはぱつとひろがつて行つた。半年程過ぎた秋、そのうはさも大分下火となつた頃Tといふ人が引越して来て、景気よく待合を開業し、当分はかへつて大繁昌を見たもの、ある賑やかな騒ぎも済んで寝静まつた頃、便所へ立つた客が廊下の曲り角で若い女の影が[illegible]つたのを見た「幽霊だッ——」真ッ青になつてがたがたふるへながらその待合を飛出したが、その夜泊つた他の客も、不思議なうなり声に悩まされたり、おさへつけられてうなりあかした。

△

消えかゝつてゐたうはさはまた火の手をあげた。噂を大げさに[illegible]へやすいのは花柳界の常で、お[illegible]へ行つても、芸妓さんへ行つても待合屋敷、お化屋敷の話で持ちきりで、待合から呼びに来てもおことわり、もう門を潜るものもなくなつてあれば[illegible]のよかつた[illegible]さんの[illegible]台も三四日目に朽ちてしまつた。

△

以上は今から八年前の話。聞くところによると、この空家屋敷には、前にはSといふ洋服男が住んでゐた。ある日細君の留守中情婦をひき入れてゐた。ところへ突然細君が帰つて来たので、驚いたSは八畳の床下へ情婦をかくまひ何食はぬ顔をしてゐた——だが玄関に脱ぎすてゝあつた下駄ですべてはわかつた。しかも[illegible]なSは三日の間知らぬ顔で押通し、三日目にそつと畳を上げてみると、これはいかに……若く、美しかつた情婦は紫色に化して、虚空をつかんで横たはつてゐる。

△

狼狽したSは夜ひそかに情婦の死体を附近の[illegible]川に投げ棄てたまゝ何処へか引越してしまつた。棄てられた死体は三日の後、[illegible]下に浮き上り、その筋で調査したが、外傷もなく他殺の疑ひもない、投身自殺といふことで、この世から葬り去られてしまつた——。浮ばれぬ無縁仏の祟りだらう。

かうした話に包まれたまゝ、今も[illegible]屋敷は町の中ほどに空家となつて残つてゐる。（仙台市[illegible]女[illegible]氏投）

奇談怪談（二十）闇に浮く娘の姿

●報知新聞　昭和四年八月十日　4-186

奇談怪談（20）

闇に浮く娘の姿

消えるやうに飛込んだ墓場に

不思議血糊のついた苔

十時半の終列車でSは四月振りに帰省した。停車場から真ッ暗な田舎道を右手にトランク、左手にバスケットをさげて、家路に急いでゐた。明るい都の夜から、暗過る田舎道へ、その上、一軒の家もなく道行く人とてない夜道だ、さびしさはもうひし／＼とSの胸に迫つて来た。こゝからあの墓場を抜けねばならない、いやだなア——その瞬間、パツと目に映つたのが、若い女の後姿だ。

△

墓場から一人であつた[illegible]なのに、十間ほど前を薄ぼんやりではあるが、髪もきちんと結ひ、着物に帯締つた若い娘の姿が闇の中に浮んだのだ。息づまる瞬間はつゞいた。……しかしよく見れば足もある。してみれば怪物でもなからう。一人合点してSはその娘の後を追つた。Sがいそげば娘もいそぐ、立ち停まれば娘も立つてゐる。二人の距離は少しもちゞまらぬ。[illegible]か——かうなればSも意地だ。こゝでへたばつてはどんなことになるかも知れない、もう家も遠くない、足音高く踏みしめ／＼歩いた。

△

いよ／＼墓場の入口へ来た時だ、今まで前をすウ／＼と歩いてゐた娘が墓地に入つてしまつた。こゝに至つてSは五体に寒気が伝はつたやうに立ちすくんだ。ぞーツと寒気がした。やつとの思ひで顔をあげて墓場を見た。もう早や娘の姿はそこにはなかつた。驚きと恐怖に胸は高まり、汗ぐつしよりになつて、やつと家にたどりついたが心臓の鼓動はやまず、夢中で床にもぐり込んでしまつた。翌朝、不思議な、さうして恐ろしかつた昨夜の出来事を家人に物語り、[illegible]に墓場に出かけて、娘の消えたと思はれる墓所をさがした。草の生ひ繁つた荒れた墓場をあちこちと探してゐるうち、Sは「わアーツ」と悲鳴とも[illegible]ともつかぬ叫びをあげた。わな／＼ふるへてゐる。その[illegible]の石碑を見よ！　かけつけた家人は二足三足思はず後ずさりをした。

△

その石碑の表には見るも毒々しい血のやうな真紅な苔が生えてゐる。しかもそれが人の顔をつくつてゐるではないか、……これは五年前の八月初め、私の故郷、[illegible]の町外れの墓場に起つた事件です。（千葉、[illegible]生）

奇談怪談（二十一）死屍室の白衣姿

●報知新聞　昭和四年八月十一日　4-187

奇談怪談（21）

死屍室の白衣姿

つはもの共を悸ひ戦かした

佐倉聯隊の幽霊話

深夜本丸の大松に白い首が懸るとか、深紅の血しぶきを散らしてゐるとか、あるひは井戸の中から焔が出るとか——かうした話はいつも兵営面の話題を賑はしてゐる——こゝは下総佐倉町の[illegible]址、佐倉五十七聯隊附属の衛戍病院です、私は入営当時はそんな話は單に過ぎ一場の話、幽霊か、古兵の新兵おどかしに過ぎないと思つてゐましたが、九月の初めのすごい暴風雨の夜、聯隊が西表野方面へ野營に出かけた後です、各中隊には衛兵勤務兵と、十名ばかりの留守部隊ばかりで、まことに寂しいやうな一夜でした。

▲

當直兵が名残なく晴れた翌朝、各中隊から集まつた不寝番者のうちの一人が、眞ッ青な顔をして——『おれは昨夜午前一時頃、あのあらしの眞ッ最中を白衣の坊主が聯隊司令部の方から本丸の森林の中へ消えて行く姿を見た』——といふのです、するとその時聯隊よりやゝ離れて歩哨に立つた日といふ上等兵も『おれもそれらしい姿を火藥庫の際で認めたので『誰だッ』と一喝食はすと、どこかへ消えてしまつた』と、後を受けたのです。あるひは幽霊の仕業といひ、ムジナのいたづらだといひ、それこそ本丸の白骨の亡霊だなどゝいひ合つたものゝ、思はず總毛立つてしまひました。

▲

私の日記によると九月二十一日夜十二時から私は誰もが最もいやがる兵營の不寝番に當り一個の提燈をたよりに立つてゐると、一時から二時頃です、猛烈な風雨を嚙みしめるやうな音が段々私に近づいて來るのです、私は冷水を浴びせられた樣な氣持をこらへてゐたがとうとうくたまりかね、提燈をかざしてあたりをうかゞひましたが何の姿も見えないので最後の決心をして兵室の中をのぞきますと、どうでせう、窓の外側に眞白な顔のしかも白衣の人影が、はつきりと私の視覺を射たのです、髪の亂れた顔が、ラフソクの灯のゆらめきに映じて、私の眼前が兵室一ぱいに踊り狂ひました。

▲

私はどきッとの瞬間の鐘を打ちのめされたやうな衝動を受けて夢中に叫び廻りたかつたが、咽喉はきびしい恐怖、戦慄のがれ得ないと觀念して提燈を力一杯に握りしめ、思ひ切りの聲で『たれだッ』と誰何しました、私は見返すだけの力もなく、やがて悪へ捕らうとする姿の後の姿は本丸寄りの暗の中に消えてしまひました、私はその年の十一月除隊しましたので、その正體についてはまだ何も聞きませんが、その後二年毎秋になるとその夜の恐ろしさの追憶がまざまざとよみがへつて來ます……（本縣松島吉雄氏談）

怪

奇談怪談（二十二）　奇抜な悪食会

●報知新聞　昭和四年八月十二日　4-188

談怪談奇（22）

奇拔な惡食會

『蜜漬にした鼠の胎兒』に眞青になつた話

鹿兒島地方の風俗だといふ闇汁會は、讀んで字のやうに、眞つ暗闇の室で集まつた連中が、各自持參のイカモノを一つ鍋で煮て食べるのだ、だから何が口の中へ飛び込むか判つたものでない、だもんだから藝者家や藥劑師にいはせると、『あ！臭いぞ、なんだ、これは下駄ではねエか』『藝者のは俵金のついたべつ甲皮の靴で御座るわい』『おれのとこは……』なんかと、とんでもないことをしやべる。

▲

いつか私が渡した時煮え上つたのかまぼこと混ぜてコーと色の大變な奴が出來てゐた。前菜、酢、テラ、鮭サケ、等々でこけつていたのは鶏卵玉と鶏セナであつたりした、それを聞いた麹町の數寄者六人ばかりが本年の二月十七日の夜第一回を催した。元來こんなことがすきな私は歡迎されてゐたが『初めてだからすごいのは勘辨してもらはう』といふ條件付で參加したので、最初にホウレン草を投げ込んだ。さて、煮上つてみると鍋の中は世にも怪しげなのやうなすごいのが出來てゐる、これおや一杯どころか、見て逃げ出したのも居た。が、それからと退ふとお代りをした私の箸も出て來た。——で、悪食振りをみせる事にした。と……納豆、ウナギの頭、蛇の骨、やえなりもやし、鰹節のタラ、猫の首、雄イカ等で既に奇妙でもなかつた。處が七月三日、僕の所で行はれた闇汁會とは恐ろしい數日の惡食會が行はれた。

▲

十二支料理といふので會員が十二人、會員も十二名、私も參加した。會主は以前香田重作氏が言いたが、記者「[illegible]せん會」の獻立を書いて北海道でやつた人々のあつた料理を呼び起して庖丁を揮つてゐた。丑は牛の舌のシチユウで、一同の心臟を寒からするに足りなかつた。寅は南支那の虎の[illegible]で、[illegible]な[illegible]上戸は反つて大喜び、卯は土竜の骨つきのブダウ酒煮が甘い、辰は海の龍はタヂラだといふので辰さらしタヂラの酢のもので[illegible]もなく、巳は蛇といふので一同は一寸顔を見合せたが伊豆の伊東から取入れた蛇ウナギの甘い[illegible]。午は本物の馬肉、未も本物のマトーのコールに白ソース。申も[illegible]の[illegible]から獲たものをテキにしたもの。酉は鶏で七面鳥のドブ漬玉子、臭いので戌口、しかも[illegible]がバタ〳〵のキャラ煮と來たものですつかり[illegible]した。亥も正真の[illegible]犬をボイルしてケチャップをそへたもの。亥は山タヂラでつくだ煮でごまかし最後に子は鼠だから何が出るかと一同をとやくさした。鼠が果して……[illegible]が立つていはくに「[illegible]の[illegible]は[illegible]禁止です十二匹分そろへるのに骨を折つたがやつと手に入れた。[illegible]で、[illegible]むけの[illegible]がブヨ〳〵した[illegible]を蒲焼にした奴、口へ入れてチユウといふ[illegible]を實演してくれますやう」との口上だ。一同、これにはお[illegible]が一時にムカ〳〵して來るのをどうすることも出來なかつた。

△

[illegible]悪くなつたものも居る、でも私は[illegible]しました。[illegible]をつぶつて[illegible]一にはしをつけた——と、それは[illegible]だらう[illegible]の[illegible]なんぞと人をおつかなびつくりさせたもの、實はしんこ細工と知れた。[illegible]はうそばつとあつて三十[illegible]に[illegible]五大[illegible]それにタラダの[illegible]、豆腐の[illegible]、スッポンの[illegible]をわびに出して一同[illegible]で下しな[illegible]を[illegible]くして夜中[illegible]した、入[illegible]きのいゝ話しではありませんねえ。（[illegible]）

奇談怪談（二十三）　背中の蒲団が呼ぶ　4-189

●報知新聞　昭和四年八月十四日

怪

奇談怪談（23）

背中の蒲團が呼ぶ

甲府へのだんだら坂の途中で
膽を潰した茂助爺さん

山梨縣[illegible]代咲村に[illegible]者を[illegible]ぐ元氣さと正直で[illegible]の茂助と呼ぶ[illegible]の老人が居りました。[illegible]き、[illegible]か[illegible]で毎日雨でも風でも甲府市との間を往復してゐました。

◇

或秋のある日、少し用達にひまどつたと思ふと、釣瓶落としに日が暮れて、爺さんが歸路についた頃はもうあたりが眞ッ暗でした。が、慣れた道だし、提灯も持たず、[illegible]安く買込んだ古蒲團を背負つて元氣よく三里のだんだら坂にかゝりました。その邊は一めんに[illegible]林で晝でも薄暗い所ですが、夜更けの事とて[illegible]々とする夜[illegible]と[illegible]さで、ともすると[illegible]出した木の根や小石につまづきながら、やつと坂の七分目あたりに來た頃です。

いつもなら[illegible]ひなれた[illegible]でも口ずさみながら元氣をつけるのに、その晩に限つて妙に胸つ苦しい心持で、[illegible]で全く泣けさうな[illegible]さへされました。

◇

と、その途端！冷々とした風がスーッと全身を撫でゝ通りすぎますと

「待つて下さい……」と

[illegible]々とした力ない女の聲が茂助爺を呼びかけました。

ギクリ！としたもの[illegible]立停つて[illegible]的に振り返りましたが、何の人影も見えません。あたりは眞ッ暗です。

「氣のせゐかなあ」と思つて、また歩きつゞけました。とまた

「待つて下さい……」

陰氣な女の聲です。

「これや可怪しい！」

茂助爺はきつとなつて振り返ると「誰だ！」と闇の中へ怒鳴りました。が、何の返事もなく、聲は大氣に吸ひ込んでしまふと、あとは一層深々としてゐます。[illegible]方なくまた歩きつゞけようとしたのです。

◇

すると今度は直ぐ耳の側で

「待つて下さい……」

さすがの茂助爺もすつかり脅えました。そして何んだか背負つてゐる古蒲團の中からニユーッと女の手が出て來て爺の首筋をつかみに來るやうな氣がしてなりません。さうなると、もう一歩も前へ進むことが出來ず、[illegible]にあやまりました。また「待つて下さい……」すぐ背後からつかみかゝるやうに呼びかけました。

◇

それからあとは夢中でしたが、古蒲團の包を放り出して逃げて歸りました。翌朝、茂助爺はあんまり奇怪な昨夜の出來事を村の人

やに黙りました。すると若い番頭は我れも我れもと梯子段の坂の上り口へ見に行きました。そこには爺さんの話したやうに古新聞の包が転がつてゐましたが、誰も恐しさうな顔色もありませんで、爺さんも[illegible]して其の包を持ち上げました。と「アッ！」と老爺は叫びました。その包からサラ／＼と女の髪の毛が落ちたからです。さあ大変――わい／＼いひながら包を覗き込んで騒いでゐましたが、やがて意を決して皆の手で包を解いてみることになり、ひろげ一見ました。と、どうでせう！　古新聞には一めんに鮮血がついて居り女の髪の毛がからみついて居ます。一同は慄然としてしまひました。

◇

出所を調べますとその新聞は、甲府市の△△家のもので夫が情婦と[illegible]するため邪魔になつた妻を殺して包んであつた新聞だとわかり、この奇怪な謎が解かれたやうです。女の亡霊――。それは今から六年前にあつた事です。其番頭は今でも当時のことを思ふと誠に身の毛が寒くなるさうです。（横濱市　森川生寄）

怪

奇談怪談（二十四）　死人が「竹」を運ぶ　4-190

●報知新聞　昭和四年八月十五日

奇談怪談（24）

死人が「竹」を運ぶ

好い竹を持つて来てやると歸郷し　その儘死んだ實直な下男が

私の家に居た下男の與作は信州の生れで、少し足りぬやうな男であつた。無口で無愛想で、無精者だつたが、一旦決心したことや、約束したことはきつと仕事にやり遂げねば気のすまぬ性分だつた。大の竹細工狂だつた私の祖父さんの夜業を熱心に見てゐる彼の姿を私は毎々見覚えてゐる。夜業がすむと二人で茶をわかして飲んだ。ある夜も夜業をへて茶を飲んでゐると、突然與作は「旦那様、すまんねエがわッしにも一つ竹細工を教へてくれめエか」とひどく真剣らしいので、祖父も笑ひながら、「いゝ竹さへ持つて来れば教へてやる」といつた。與作は毎年八月には郷里に休暇へ帰るのが例だつたので、その年も『きつと、いゝ竹をもつて来べエな』といひ残して彼は家を出て行つた。

◇

九月になる頃には必ず帰つて来る筈の與作が十月になつても帰つて来なかつた。十一月になつても十二月になつても、つひに與作は姿を見せなかつた。或日ある日與作の家から一通の書状が届けられた。「元気よく出発した與作は家へ帰るとすぐ病気になつていまだにふせつてゐる」といふ事。家でもひどく心配してまあ／＼よくなればいゝがなあ、などいひ／＼したことだつた。お互に暮の忙しいある晩だつた。ひどくやせ衰へた與作が、ひよつくり帰つて来た一束の竹を土産に持つてゐる。祖父さんは非常に喜んで竹を納屋にしまふと、與作のために早速夕食を食べさせる用意を命じた。

◇

間もなく與作の大好きな魚の膳部も添へた膳についたが與作ははし一ツつけるではなく、何を聞いても返事もせねばたゞニヤ／＼と笑つてゐるだけであつたが、その頬のこけ方、顔の色、眼の光り全く生きた人のやうではなかつた。「まあゆつくり飯を食つて、今日は休むがえゝぞい」祖父がいつて、別の室で私の家の人たちは、與作のたゞならぬ顔や態度、その様子などについて話し合つてゐた。暫時して誰か立つて行つてそーツと與作の様子を見ると、今までそこの膳についてゐた筈の與作の姿が消えてなくなつてゐるのだ。それから家中、納屋、仕事場、どこをさがしても與作の姿は見えない。皆は何かしら不吉な予感に打たれた。

◇

丁度その時である。また、信州から書状が届いた。見ると「與作こと一週日前つひに死亡致し候、早速御知らせ可申處つひ取引致候段御許し被下度候、なほ臨終の際しきりに主家へ竹を持つて行かねば／＼との事を申居候故、近々出荷仕るべく候云々」とあつた。祖父さんは納屋へ走つて行つた。が、見たとのない竹の一束はやつぱり納屋の一隅にあつた。――と私の父が私に語つて聞かした實話である。私の家はその頃横井原在であつたさうな。（新潟縣南魚沼郡[illegible]村岸田　志大博寄）

怪 奇談怪談（二十五）金の玉を探す　4-191

●報知新聞　昭和四年八月十六日

談怪談奇（25）

金の玉を探す

お伽噺のやうな物語を繞る
帝室林野局技師の苦心

「なかのりさん」で謡はれた木曽の御料林を舞台に、源平時代の伝説のからまる八個の金の玉の行方を探してゐる帝室林野局の技師がある、木曽支局に在勤十五年、そろ／＼木曽の主になりかけてゐる辛木豆夫氏がその人。

事の終始は[illegible]の床の[illegible]を有する上松町小川の有力者八十八[illegible]豪訪吉氏が知つて居るが、他人の容みに[illegible]する事を恐れて居た、しかし寄る年波に自分の死後、秘密が埋もれてしまふのをおそれ辛木技師を訪ね、事件は既に時効にかゝつて居るのを知つて、扶く語つたのが次の話である。

△

明治卅六年の頃、二人の大工、三留野村の男と王滝村の某が山小屋を建てる為めに御嶽に登り頂上に近い卅六童子の祠の前で一尺四角位の杉の[illegible]を拾つた、中から何か飛出すか、妙な物が飛出したら殺さうと二人は火を焚いてその前で恐る／＼箱を開いた、出て来たものは錦の袋に納め、更に青磁の器に入れた金色燦然たる八個の玉だつた、二人は折柄山に来合はせた御嶽の先達（行者）に見せたら、その男は三百円で買ふといひ出し手付金として百円をおいて帰つた、しかし間もなく先達から[illegible]が来て右の金の玉は我々が所有すべき物ではないから某神社へ奉納せよと忠告して来た。

△

その少し以前小川から一里余離れた高倉の里に「高倉の一つ火」といふ怪事件があつた、一つ火の出たある夜、林野局の上松出張所長山田清十氏が部下を待出しねらひを定めておき、翌朝その方向を探した所、火の玉の出た個所の地所は森田吉九郎の家で、源平時代は[illegible]皇子、高倉宮[illegible]の[illegible]に[illegible]高倉宮をかくまひその宝物が伝はつて祠の中に埋められて居ることがわかつた、この祠は平氏の[illegible]の某に追はれて高倉から程遠からぬ小川の里に於いて自殺し、いまその遺骸は[illegible]と称し、附近に祀られた[illegible]神社は明治十三年明治天皇木曽行幸のみぎり御代拝の宮殿下を遣はされた由緒ある神社になつて居る。

△

さて宝物のある事を知つた前記の宗本[illegible]吉父子は、ある日吉九郎方に酒二升を持参して宝物を掘らせて呉れと頼んだが断わられた、ある晩同人にチャリン／＼音がして[illegible]内の宝物が紛失して居ることが発見された、森田家では[illegible]があるといはれた宝物を盗まれて困つて[illegible]をした位に考へ、あまり宝物の行方を探さなかつたが、その後[illegible]山上に金の玉が発見され玉と共に納められた由来記により、人々は宗吉父子が宝物を盗み出し、その[illegible]に[illegible]に納めて御嶽に献上したものとして両事件を結びつけたのである。

△

他方先達の言に従ひ二名の大工は例の金の玉を木曽福島の[illegible]に献けたが、一年たつて再び玉がわからないので両人の物になつた、二人は玉を四個宛山分けした、一方はその後[illegible]なる者の手に渡つたが同人は「あれは俺の玉だ」と称してその後の玉の行方を語らない、他の四個は某神社に納められたといはれるが神主は言を左右にして真相を語らない、[illegible]はその後何代も代り、前記の[illegible]は先年の大火で焼失し当時の記録は烏有に帰した。

△

辛木技師の熱心に探してゐるのは、おとぎ噺に出て来さうなこの八個の金の玉の行方である。（S生）

怪 奇談怪談（二十六）死人が子を育てる　4-192

●報知新聞　昭和四年八月十七日

談怪談奇（26）

死人が子を育てる

正體を見屆けてやると出掛けた
權さんまで腰をぬかす

不思議な話しです。——[illegible]村の小野田炭坑に三浦と呼ぶ五十歳位の坑夫が居る。気のすさんだ人達ばかりの中にこれはまた、あまりに人の好すぎる男で、ある年の暮、[illegible]として金五円也を支給された時、权さん、五円札の[illegible]なんてをがむのが初めてなもんだから焚き火の上でためつ、すがめつ、裏表を見てはニヤくしてゐた。ところがどうしたはづみか、それを火中へ落とした。アッ！と思ふ間もなくヒラくと焼けてしまつた。それでも爺さん、矢つ張ニヤくさせてゐたなど、三浦さんらしいと今でも笑ひの種になつてゐる。こんな位で、収入も少く生活も荒れてゐた。

△

が、貧乏人の子澤山で妻のおふくさんは五人の子を生んだ。四人は貰他へやつて當時二歳になる女の子を殘して三人暮らしであつたが、おふくさんはまたお腹をふくらませた。臨月が來て、產氣づいたが非常な難產で、一夜陣痛に苦しんだまゝ氣の毒にも死んでしまつた。三浦さんは葬式も出せないで困つてゐたが、知人達がよつて翌日の夜こつそりと野邊の送りをすましてやつた。で三浦さんは二つになる女の子をイチコ（ワラであんで子供を入れておくもの）に入れて、毎日働きに出た。子供には每朝一回重湯の汁を飮ませるだけであつた。

△

五六日たつて二三人の者が炭燒から歸つて來ると、三浦さんはおふくさんの墓の所で土に顔をくつゝけて何かしてゐる。「おい見なぜ、三浦さんを見なよ」さういつて皆が三浦さんを呼んだ。「何をしてゐたんだよ」と聞くと「每晩あすこを通ると土の中から赤子の聲がするんだ」と眞面目になつて答へる。「そんな馬鹿な事あるもんでねエ」といつても三浦さんは眞顔になつて說明する。それから二ヶ月餘後のこと、三浦さんとは同じ飯場の山[illegible]さんが氣分がよくないので未明の二時頃歸つて來た。途中おふくさんの墓場の前へさしかゝると、そこに一人の女が子を抱へて沈んでゐる。「妙なこともあるもんだ」と思つた瞬間、いつぞや三浦さんのいつた事が頭の中によみがへつて來た。氣味わるくなつて立ち止まつてゐると、間もなくカンテラを點けた二三人の知人が背後の方から來たので見直さうとすると、その姿はもうどつかへ消えてしまつてゐた。一什始終を話すと皆がおぢけをふるつた。

△

そんなこんなを書き傳へてその山でも「向ふ見ずの五」といはれる飯場の若い衆の、男分肌の男がやつて來た。三浦さんにも會つて直接そんな話しを聞いて「よしおれが一つ見屆けてやる」と豪語し、それから毎晩、墓場と三浦さんの家に氣をつけてゐた。ある雨催ひの夜、いつものやうに「向ふみずの五」が三浦さんの家の前を通り、何心なく羽目板から内部をのぞいてみた。のぞいてみてびつくりした。内部ではラフソクをつけて、女が背向きにすわつてゐる。亂れ髪で向ふ向いたまゝ何かをしてゐる。「さては三浦の奴はまた女を作りやがつて」と思つたが、間もなく、イチコの中の女の子が泣き出した。女は立ちもせず、スーツと近寄ると、女の子に乳をふくませた。と、見れば、それが死んだといふおかみのおふくさんではないか！流石の五さんもゾーツとして、凍つた。その拍子に「アーツ」と叫んで居すくんだのである。

△

その叫びを聞いて何事だらうと飯場のおかみ達が出て來た。そして立てなくなつてゐる五さんを起した。「これくだ」と五さんが一切を話した。「おふくさんはあの子を愛してゐたからなあ」おかみ達は一齊に答へた。それはとにかく不思議なことには、三浦さんが夜どんなにおそくなつて歸つて來ても女の子はすやくと眠つて居り、日にく丸々とふとつて成長した。今ではもう一人前の娘ッ子になつて居る。死んだ母に育てられた子、だと皆がいふ――。（[illegible]、七[illegible]）

妖 **奇談怪談（二十七）** 眼を剝く娘っ子 4-193

●報知新聞 昭和四年八月十八日

談怪談奇 ……(27)……

眼を剝く娘つ子

按摩さんを脅かさうとして

命を落した化け猫

信州信濃の……善光寺さまの御開帳元がまだ只今のやうに善男善女で賑はつてゐない頃、今の仁王門と元善町のあたりに七八軒の名物屋がチラくしてゐるだけで、夜などはお、暗い軒燈に眠さうな石燈籠に灯火が揺いでいひやうない寂寞さであつた、だから信者たちも夜道には怖い、朝早くからお寺の小路を通つて（今玉屋小路は今の仁王門の東から西へ通つてゐる路の名）行路するのでした。

◇

大の臆病者だつた横山町のおとみ婆さんも六十を越したその年になつても朝参りは欠かした事はありません、いつも、ユジナが化けるとか、化けて出るとかいふお玉屋小路を通つて、その日もおとみさんは参詣に出掛けたのです。が、どうしたものか、その日に限つて一人の参詣人にも会はぬのです。

「いつもなら七八人の方には会ふのに、今日はまあどうしたといふことだらう？」

ひとりごちながらお玉屋小路にさしかゝりますと、前方から美しい妖艶な娘の娘ッ子が来るのです。

「まあく[illegible]な」

と思つて行き交ふ時、何心なく娘ッ子の顔を見上げておとみ婆さんはオッタマゲてしまひました。

◇

娘ッ子は大きなすごい白眼をむき出したからでした。

「やれおやの」

と、念仏を口吟みながらそれから三十間も行つた頃です、また一人の前と同じやうな姿の娘ッ子が来ました、パッタリ行会つた時おとみ婆さんは娘ッ子に話したのです。

「これから先で娘さんに会つても顔をみちやならんぞえ、大きな白眼をむくからねい！」

◇

と、どうでせう、その娘ッ子は、前の娘ッ子の眼より大きな白眼をグルリとむき出して

「こんな眼をですか」

と、おとみさんをのぞき込んだものです、婆さん、思はず「アーッ」と叫びました、その事あつて五六日後、婆さんは、そこでは娘ッ子に会ひ、すごい白眼でおびやかされました、ユジナの化け話もよけいに有名になりました。

◇

おとみ婆さんはこんな話を耳にしていひました。

「朝参詣りの人をやつちや今にユジナも罰があたらあねい」

ある夕方のことです、仁王町に住んでゐた、これも信者でめくらの按摩さんBが、仲店のつたやへ招ばれて行く途中、そのお玉屋小路を通りました、でもう小路もこゝまで来た時、Bは何かしら大きな柔かいものにぶつかつて、つまづきましたが

「ひどいでねえか、畜生よ、南無阿弥陀仏々々々々々々」

と、Bは行き過ぎてしまひました、Bは帰宅するとすぐその事をその町のあまりの[illegible]さと、あつた事を家人に話つた上、近所の若い者に知らして五六人がお玉小路に行つて見ました、と、どうでせう、とても顔を出たユジナが大きな白眼をむき出して悶絶してゐるのです！

◇

そのユジナは娘ッ子に化けて白眼をむいて人を化かすのが得意でしたが、その日は相手が盲目だつたからたまりません、何度むいて見せてもこたへません、あまりむき過ぎたゝめ、とうく眼玉がとんで出て死んで終つたらしいのです、仏罰だとおとみ婆さんは話しました。（盛岡市新田町[illegible]）

奇談怪談（二十八）　嫉妬狐の悪戯

●報知新聞　昭和四年八月二十一日　4-194

獣

談怪談奇 (28)

嫉妬狐の悪戯

小町娘を誑した上淵に沈め　その恋男と兄まで殺す

岩手山と、北上山脈の北端に聳ゆる姫神山との間を、遠く流るゝ北上川に沿うて点々百戸ばかりの農家が作つた杉とポプラの多い小村――××村、そこは常時無名の詩人啄木が幾日かを悶々として明け暮らしたところである。

◇

この物語りはやゝ以前その村で起つた実話である。その頃、村でも物持の左衛門が家の一人娘のお絹は近郷までも聞こえた小町娘であつた、村の若い衆が手もなくちやらの浮名を胸にくんで、お絹坊の幻影を追つてはかなはぬ恋に悩んだことは勿論だ、がそれもその筈、お絹坊には魂までもと打込んでゐたいゝ若者が居つた。

◇

村でもまづしい、しかし親子四人がとても睦まじく猟を渡世に暮らしてゐる源蔵が家の弟息子良作だ

つた……ある年の秋の半ば頃――のある夕方、突然お絹の姿が見えなくなつた、一家、親族、村中が総出で行方を探した、と、翌未明、北上川の奔流が不気味に淀む舟場の淵にみる影もない姿となつて浮き上つた、このことは村――村――村までも伝はつて稲の凶作以上のセンセーションをまき起した。

◇

ところが村は更におどろかされた――彼女のしめやかな野辺送が終つた三日目、猟師源蔵の二人息子が寺山の奥の谷の同じ場所で無残に殺されてゐる事が発見された、調べてみると兄源助は頭に弟良作は咽喉にいづれも銃丸をうけてゐた、両人の側には銃がおかれてゐたため村の人々は兄弟の死について奇怪な不審を抱いた、お定りのやうにさまざまなうはさが立つた

◇

事はそれで終らなかつた、二人の息子を一時に失つた猟師の源蔵夫婦はあまりの悲しみのため、息子の初七日の夜自家の納屋裏で相抱いて縊れて死んだ、かうなると村人は一種の恐怖に襲はれたやうに動揺した、そしてこの三つの事件の裏に内在する怪奇な原因の幻想におびえた。

◇

美しいお絹の死の原因は誰一人知る者はなかつたのである、けれど彼女が家出をした翌朝彼女の居間の縁下に薄い白粉のやうにまかれてゐた香粉の上に狐の足あとがくつきりとついてゐた、――その日もお絹は良作が忍び会ひに来るのを待つてゐた、これを知つて日頃お絹坊の美貌と二人の戀をねたんでゐた寺山の古狐が、男に化けてお絹をおびき出し、夜の村中を引き廻した上……可哀さうにお絹は化された戀に悩んだ揚句、あの姿に変つた。彼を来世にしてゐた良作はそれを知らぬ筈はなかつた、『あのキツネ奴！こともあらうに人の戀を嫉んで、お絹坊を殺すとは！……』三世までもと契つた戀人を奪はれた良作は、憤りに燃えた、兄の源助に助勢を頼んでその復讐のために寺山の奥へ出掛けた、『畜生！今に見てゐろう！』彼は仇討の念を深く胸に抱いて奥へ奥へと進んだ、とある別れ道の所で兄弟は前方にチラリと狐の姿をみつけた。

「ズドーンツ！…ドーンツ」期せずして発射した。が、残念！射ち逃がした、二人は狐のあとを追つた、いつかはなればなれになつた。

◇

それから幾時間か経た、良作は崖に立つた、そして前方の谷底の大木の根の所にうづくまつてゐる狐の姿をみつけた！『おのれ、今度こそ！』彼は心を沈めて照準をさだめた、銃口はピタリと狐の頭部をねらつてゐた、引金に指がかゝつた、『ドーンツ！』バタリと狐は倒れた、『しめた』良作は叫んだ、一目散に獲物の方へ走り寄つた、と、良作は仰天した。

◇

獲物とねらつて撃つたのは彼の敬愛するたゞ一人の兄、源助ではないか？彼は呆然としてしまつた、泣いても泣き切れない、恨んでも恨み切れない、良作はつひに意を決したのであつた、その翌日、兄弟二人の無残な死の姿が発見されたのである、源蔵夫婦の死も、お絹の死のなぞもすべては解かれた、『殺生のむくいだつた、源蔵はよく狐を撃つたものなあ』村人は今更のやうに語つた、今もこの村には一人の猟師なく、銃をもつ者もない、狐りの噂は夕暮れると[illegible]に村中をのさばつてゐる。

（[illegible]細川安[illegible]）

獣

奇談怪談（二十九）　こわや大猿の怨　4-195

●報知新聞　昭和四年八月二十三日

奇談怪談 ㉙

こはや大猿の怨

人間の無慈悲を憤って　その児へ覿面の仇

を断りする――この世にも奇怪なる事実を紹介するに当り、事実の主人公たるべき人物は、現に呪はれたる奇怪な姿をひそかに現世にさらしてゐるのみならず、その奇怪なる関係者の名誉のために本名や所を明かにする事は憚るのである。

△

雪の国青森の某町。話しは今から廿余年前にさかのぼる、未開の地、しかも紋半歳を雪

にとざされるこの地方には今でも毎年數頭の熊や、まれには狼さへ獲物になるが、まして今や廿數年前のこの土地には多くの獣類が跋扈したであらうし、土地の人達にその半歳を狩猟に暮らしたもの、多い事も想像に難くはない。

△

假に猟師の名を大島といふ、彼も半職業的な猟師であつた、その腕前も多くの猟師仲間の前で誇々と自慢し得るだけの自信をもつてゐた、一月——深山の雪は一丈にも近くまれな大雪だつたが、猟師は雪の多い年は獲物が多いので喜んだ、雪の中に埋もれた穴熊の様な小屋、大島は數人の同じ仲間とこゝに立こもつて毎日獲物の數を自慢し合つてゐた、今にも大吹雪の來さうな鉛色に暗い日の午後彼は珍しく大きな女猿を發見した、谷間をへだてた彼方の樹かげで、猿は雪を掘り夢中になつて食物をあさつてゐるらしく、餘りにも近くに彼女のおそろしい敵の近づいてゐる事を知らずにゐる。

△

猟師の心はをどつた、指は素早くも引がねにかゝつた、ねらひを定められたこの獲物は見るからに物すごい程の大猿である、今正に引がねが引かれんとした刹那—猿はふと顔をあげた。しかもその眼にうつゝたものは、この恐ろしい光景である、電氣にでもかゝつたやうに一間餘もはね上つた大猿は夢中でこの危険から脱しようとしたが、既に定められた銃口は虎口の如く彼女にせまつてゐた、猟師の大島は逃がしては一大事と銃を取直してねらひを定めた時である、飛びのいた猿は逃げるかと思ひの外、クルリと猟師の方へ向き直り、突差の場合、妙な手眞似をしだした、それは片方の手で自分の腹を指さし、懇願かペコ／＼と頭を下げてゐる、大島もこの奇妙な素振りに興味を覚えて、しばらく引がねの手をやめてその様子を見まもつた、大猿はしきりに手を合せては自分の腹を指さし、頭をさげてゐる、よく見ればこの大猿は妊娠してゐるらしく大きな腹を抱へてゐる、その様子は如何にも人間と何等變ることなき哀れみを乞ふ救命の願ひである。

△

この不思議な猿の素振りに、引がねにかゝつた大島の指はにぶつたが、獲物を前にした人間の残忍な征服心はすべての力を壓してゐた、しかも身持の猿が獲物として非常に高價に賣れる事も彼の心理をそゝり、アヽヤといふ間にぐわう然たる銃聲は谷間にこだました。

△

銃聲のあと、鉛色の空に雪は散つて、雪の上にはあけにそまつた大猿が無残にも斃れてゐた、大島の獲物は高かつた、しかもこの猿は珍しい年古りた大猿であつた、しかしこの賣ひのあとで彼の目前に浮かび出るものは死に直面した猿の手眞似の素振りだつた、惡い事をした——今更の様に彼の心には人間的な悔恨がひし／＼と身を責めるのであつた、夜間何事もないやうによそほふが彼は夜な夜なこの猿の幻になやまされつゞけてゐた、しかも彼の家には妊娠した妻がゐたのでなほ更彼は苦悶した。

△

苦痛と悔恨になやみ抜いた彼は山を降り、家に歸つた、歸つて見れば臨月に近い大きな腹を抱へた妻は何のためにかのた打ちまはつて苦悶してゐる、そして數日つゞくまで苦悶し續けた、[illegible]の妻に生み落とした子は世にも奇怪なる姿——それは猿にそつくりの人間猿とでもいふべき、女の怪物であり、妻はそのまゝ悶死してしまつた、この事實を見た猟師は最早や銃を取る氣はしなかつた、生れた子供は二た目と見られぬ怪物ではあるがやつぱり我が子、と に角残されたものを大事に育て上げた、しかも彼の目に浮かぶ不思議な猿の幻はいつまでも消えなかつた、彼もつひに狂ひ、猿を葬つた銃口を己が咽喉にあてゝ死し、残されたものは呪はれた人間猿の孤兒である。

△

廿數年後の今日、奇怪な人の手に引取られ暗い一室にとぢこめられたこの人間猿は依然として不思議な生活を續けてゐる、物いふ口もなく、人間としての智慧能力は全く失はれ、男かと思はれる様な大きな體格、不思議な全身、奇怪な容ぼう、冬の最中でも衣類をまとふでなく、見る人をして戦慄せしめる存在である、呪はれたこの人間達は、世間から完全にかくされてゐるが、耳さといある興行師はひそかにこれを聞きつけ、[illegible]をぬすみ見に行つたが、あまりの[illegible]さにさすがの香具師も手を引いた程である。（X生）

奇談怪談（三十）白骨を嚙る嫁御

4-196

●報知新聞　昭和四年八月二十六日

怪 談怪談奇（30）

白骨を嚙る嫁御

真夜中にソツと墓場へ……

親父が人を殺めた祟り

群馬県[illegible]山郡下△△村の大百姓中山左右衛門方では一人息子の世話する為に隣村の農家の一人娘加代を迎へた、年は廿三だつたがきりやうはよし、気立はよく世話持もなかなかしつかりしたものだつた、新夫婦は非常にホクホクしてゐた、一二ヶ月も経つてから、家族は奇怪な妻のしぐさに気づいた。

△

それは加代が毎夜、真夜中頃になると、ソツと新郎の寝息をうかがつては床をぬけ出すことだつた、しかも奇怪なことは女の手には土がついてゐた、夫の[illegible]は[illegible]した、ある夜——女の後を跟けた、と意外にも墓場の方へ消えて行つた、墓地へ入ると女は急に落ちついて或墓に素手で土を掘り初めた、夢中で——女はとう／＼棺を掘り出すとポリ／＼と音を立てながら、うまさうに、人間の白骨を食ひはじめた。

△

夫はふるへながら家へ帰つて来た、間もなく加代も素知らぬ顔で床に入つて来た、夫は身をふるはしながら問うた。「何処へ行つて来た？」女はうつ向いたまゝ顔を上げなかつた、が、チラリと夫の顔を上目づかひに見上げた——うらむやうでもあり、あはれみを乞ふやうでもあつた、女はつひに答へなかつた、翌日離縁された。加代はそれから幾人もの[illegible]子をもらつたが男は四五日で離縁されて帰つた、これを聞いたある行者が進んで[illegible]子を[illegible]して出た「助けて進ぜよう、何かの祟りだ」と彼はいつた。

△

女は相変らず夜中になると墓場へ行つて白骨をポリツ、ポリツと食つた、行者はいろ／＼と祈りもし[illegible]もした——と村の古老は、[illegible]聞いたゞけだが、とて、こんなことをいふのが彼の耳に入つた「あの家は昔[illegible]を[illegible]にしてゐたが[illegible]な当時の親父は[illegible]の多い旅人を殺めては床下へ埋めた、そして何時の間にか[illegible]になつて[illegible]を止めて百姓にかはつた」と——行者はポンと自分の膝をたゝいた、翌日家人達が集まつて床下を掘り下げてみた、と果して人の白骨がるゐ／＼として掘り出された。

△

翌日から嫁の加代は嘘のやうになつてしまつた、——[illegible]が間もなく[illegible]された、大[illegible]もされた、——それから四十九日目には[illegible]の[illegible]を[illegible]つたと[illegible]は後になつて聞いた。（[illegible]）

奇談怪談（三十一）地獄から来た赤鬼

4-197

●報知新聞　昭和四年八月二十九日

怪 談怪談奇（31）

地獄から來た赤鬼

娘の遺言を聞き入れなかつた

いんごふな夫婦悩まさる

[illegible]小川町、[illegible]の

さゝやかな平和なこの町に、小金を貯へて家業に暮らしてゐる作治といふ老夫婦が居りました、一人娘のかのは美女でしたがまことに気立のいゝ、まれな孝行者でした、二十歳になつたので婿でももらはねばと、降るやうな縁談のうちに年来の[illegible]がかうじて可哀さうにその年の夏の半ば過ぎ果敢なく散りました。

△

彼女の最後の願ひは臨終の床で唯一つ「私が死んだら着物や装身具その他の持物全部を私と一緒に埋めてほしい、もしやむのこりにでもなれば知つて不孝の事だから……」との事でした、が彼女の葬ひはあまりに寂しいものでした、老夫婦は装身具はおろか彼女の着てゐた着物まで剥ぎとつて経帷子のまゝ埋めてしまひました。

△

その翌晩の真夜中過ぎの事でした——老夫婦の寝てゐる枕元に、それはとても恐ろしい顔をした、鬼のやうな姿のものが現れました、そして『わしは地獄の鬼の使であるが、娘のものを何故一緒に埋め

ぬか！」と老夫婦を叱りつけ、翌晩も同じやうな姿のものが枕元へ現れました。翌々晩も同じやうに老夫婦を叱りつけ『もしそれ埋めるのをけちくするならば、お前たち両人の生命ももらつてしまふぞ』と鬼のやうにどなりつけました、さすがの老夫婦もこれには閉口し翌日早速土蔵の奥から古物などをその墓所へ埋めてやりました。

△

僧侶はしぶ／＼残りのものを埋めてしまひました、にも拘はらずその晩も、その翌晩も同じ頃に同じ怪物が現れてしまひには『かの所持金も埋めろ』と叱りつけて十日経つても老夫婦は悩ましつゞけられました。老夫婦も最後にはすつかり持てあましひどく憂鬱になつたばかりでなく病気しくもなり、けちん坊でもなくなりました、が、一方に奇怪なことには墓場へ埋めたものはいつの間にか後からく／＼と何者にか掘り出されて持ち去られてゐる事でした。

△

で、小川分署でも、もしやと思つてある夜、一人の刑事が僧侶方へ忍び込んで真夜中頃幽霊に扮装のために呪伏せられたのです。強欲は散財にもかく亡霊を捕へつけ、夜の明けるのを待つて、つく／＼とその顔を見ました、途端『やあ！貴様か！』とどなつたのです、亡霊は町の無職漢の辰吉だつたのです、老夫婦をこらすためと寄代を取るために夜な／＼全身に紅がらを塗りつけ、頭には蓑笠を結び腰の物をはいて松の丸太を手にしてゐたものと判りました。（芝高輪署某刑事談）…

奇談怪談（三十二）　信心で眼が開く　4-198

●報知新聞　昭和四年八月三十日

怪

奇談怪談（32）

信心で眼が開く

蓮行上人が夢枕に立ち
盲ひた老人が救はれた話

信じ切つてゐる心でなければ信仰の益がないといはれます、信じ切つてゐる心にこそ神は通ふとの事です、奇蹟もそこに生れるといはれます。

△

新潟県中頸城郡大代村の農業中[illegible]左平といふ六十八歳になる老人は貧しい農家の主人でした、大変熱心な信者でどんな日でも朝夕の礼拝読経を休んだことはなく、畑に出てと一緒に野良に出て帰るときまでも絶えずブツ／＼と念仏を口づさんでゐる位で、全く心のドン底からの信者でした。

△

所が左平さん、ちよつとしたことから眼を病んで、どんなに手当をしてもなほりません、年も年で日に／＼見えなくなり、一ヶ月後には完全に盲目になつてしまひました、医師のいふには、老人だからもう眼の中の水が乾くので、もうよくなる見込がないといふことでした、老人は幸福は心の眼を開けてさへ居れば拝まれると言つてゐるから……と平気なもので、日頃と変らず信心をつゞけて居りました、朝夕の礼拝読経——野良へ行けなくなつただけ一層熱心に信心に専注してゐる様でした。

△

それからほとんど八ヶ月も経ちました、老人の眼は益々固く結んでもう開からうたつて開けさうになかつたのです、奇蹟がそこで行はれました、ある真夜中に左平老人は『わあーッ』と大声を揚げて飛起き、家族の家人をびつくりさせました『どうしました？』家族のものは何事かと思つて老人の傍らに寄つて来て更にびつくりしたのです、まる八ヶ月も閉ぢてゐた左平老人の眼はパッチリ開いてゐるのです、老人は開いた眼に一杯涙をためて念仏を唱へ始めました、家人はたゞおそれてゐるばかりでした。

△

一しきり念仏を唱へてゐた老人左平さんの話によれば、夢の中で一心に、阿弥陀如来を念じてゐた時、どこからともなくスーッと墨染の衣を着た上人がお見えになり『きてもく／＼[illegible]左平であるぞ、眼が見えないではさぞ不便であらうから汝の信心によつてその眼を開けて進ぜよう、それッ！』といつて件の上人は左平さんの眼にその手を触れたと思つた瞬間眼が見えてその上人の姿を見上げた。それは日頃信仰してゐる蓮行上人であつた為め老人有難さとうれしさに大声でお念仏を唱へた、その途端、眼がさめたと。

△

見える！おゝ！見える！見える！
老人は全く飛上るやうに、喜んで一層信心に精進した、村の人々もこの話を聞いてひどく感心し、以來熱心な信者になるものが續々出て、今ではこの村全體が信心村にしました。（富山　寺久[illegible]）

奇談怪談（三十三）別嬪の客は幽霊

●報知新聞　昭和四年九月三日　4-199

奇談怪談 (33)

別嬪の客は幽靈

乳呑兒を殘して死んだ若妻が墓場から自動車で歸る

仙臺市の寺町で、二三年前にあつた事です、高山某といふ運轉手が、いつものやうに仕事を終へて疲れた腕に空自動車を運轉しながら寺町にかゝりました。

△

もう午前一時近くであつたさうです、とある寺の裏門の、墓地出入口の所に二十四五かとも思はれる色白のすんなりした奥樣が立つてゐます。

「こんな夜更けに？……」

高山は疲れた眼に映つた美しい女に十分の怪しさを感じましたが、通り過ぎようとすると、車を呼んで

「××町にある井上までやつて下さい、少し急いで」

若奥樣がさういつて車に乗りました、井上といへばその町でも眼につくやうな表構への相當知られた資産家なものですから、もう何の怪しみもなくハンドルを廻すと、夜更けの町をフルスピードで走りました。

△

やがて井上家の表玄關で威勢よくピツタリと車をとめると、高山は勝手知つたいつもの口調で

「ハツ、有難うございました」

さういつて、ドアを開けようと斜うしろに向き直りました。

「ヤツ！」

高山は思はず聲を立てました。女の姿は見えません、彼は飛降りてしまひました、しばらく、車から離れて立つてゐました、なま温い晩春の深更です、彼は何かしらまだ氣味惡さでそは／＼してゐました。

△

つひに、勇氣を振つて井上家の玄關の戸を叩きました、やがて老女が現れて迂散臭さうに彼をながめてゐる、彼は、寺町から若い女を載せてこゝまでやつて來た前後の事を一切話しました、すると老女は

「あーあ、さうでしたか、實は宅の娘が二三日前に乳呑兒をおいて死んだのです、處がどうしたものか今晩、赤ん坊が泣いて仕樣がなく、先刻から懸命にあやしてゐたが、家の表で自動車が停つたらしい物音がした、こんな深更に誰がたづねて來たのだらうと思つた、それからピタリと赤ん坊の泣くのが止つた、多分娘が子供が泣くのでお乳を飲ませに來たのでせう」

と答へました。（仙臺一　[illegible]）

奇談怪談（三十四）古井戸に女の悲鳴

●報知新聞　昭和四年九月四日　4-200

奇談怪談 (34)

古井戸に女の悲鳴

博徒の親分に慘殺され投込まれた美人の死體

三十年前まだ私が警察判事の頃越後の古井戸事件といふ奇怪な事件を取扱つた事があつた。

△

越後國長岡在の××村のはづれに草ぼう／＼とした一面の野原があり、そこに底なしの井戸といはれた不氣味な古井戸があつた、夏のことで、草刈に出かけた男が、その古井戸の底から時には絶え／＼に、時には吊る裂くやうに、時には訴ふる如く聞えて來る女の悲鳴を聞いたからたまらない、村の巡査が驅けつけるやら、何處にもある奴で元氣一杯な若い衆等が驅けつけるやらで、皆はその古井戸を恐る／＼のぞき込んだものだ。

△

ツタカヅラが朽ち果てた井戸の縁に蛇の様にからまりついてナメクヂがはひ廻つてゐた、底は眞ツ暗の闇、何ともいはれぬ一種の妖氣が立ちこめて見るから凄みが漂つてゐた、さて飛込んで怪しい聲の正體を突止める者もなかつたが、結局警察の事柄といふ悲しい勇氣を振ひ起して村の若い巡査が恐る／＼その古井戸に降りて行つた。

△

底はわづかの湧き水がたゝへてゐる、フト見ると暗の中に緋縮緬の長襦袢一つに口には猿ぐつわをはめられ、兩手兩足とも高手小手

にガンジからめとなつた若い美人の死體がころがつてゐた、『オーイ』……巡査はうつろな力のない聲で外にゐる村の衆に呼びかけて助力を乞うたので、續いて二三人が降りて行つた、よつてたかつて死體を引揚げて見ると女は村で評判のおろくといふ小町美人の死體であつた。

△

檢視によつて私も檢證に立會つたが、死後二週間を經過してゐるとが判つた、今でも不思議に思ふのは明かに死後一週間も經過してゐる死體がどうして呼び聲をあげたか、明かにその悲鳴によつて發見の動機を作つたに間違ひはない、今でもその悲鳴のなぞは私には不思議である。

△

おろくは近郷に聞えた博徒の親分與五郎の妾であつた、與五郎は不意の御手當で入牢となつたが、妾おろくは親分の留守を幸ひ子分の一人と密通した、それがいつの間にか牢內の親分にも知れた、怒つたのは親分でしや娑に出たら最後どうするか見ろとばかり牢の鐵格子にしがみついて口惜しがつた、姦夫姦婦は手に手をとつて早くも姿を消した、その內親分は出獄したが、歸つて見るとこの始末にいよく怒つて、草を分けても二人の行方を探さうと決心し方々をたづね廻り、數年後初めて上州の某所の桑畑の小道でバツタリ女と出會つたものだ、有無をいはせず親分が女をひきずる樣にして越後につれ戻つたのは勿論である。

△

それからは文字通りの責折かん、打つ、蹴る、なぐる、果は立木に逆さにつるして松葉でいぶす、錐をつきさす、とうく一寸ためし五分ためしの慘殺を行ひ、夜陰この古井戸に蹴落してしまつた。

△

親分と先妻の間に生れた七つと五つの二人の子の口から親分の犯罪は明かに立證された、しかし聰明な裁判官達も死人の悲鳴については說明出來るものは一人もなかつた。（阪本本社取締役談）

奇談怪談（三十五）　●報知新聞　昭和四年九月七日　神様の有難さ　4-201

奇談怪談 (35)

神樣の有難さ

日頃の信深さが報はれて　九死から一生を得た人

信仰心がなければ信じないし、御利益がなければ神佛も値打がないやうにいふのが普通だ——處が秋田縣仙北郡横澤村國見の藤澤辨治郎さんは當年四十七歲、いろはのいの字も解さないが二男三女のいゝお父さんで家業が農、生來信仰深くて、殺生が大嫌ひ、生物をいぢめてゐる子供たちを見つけても、いろくと納得させて、助けてやるといふ方、家庭も平和だし、德望家でもある、氏は屋敷內に小さい祠を建て、內神樣と呼び日夜の禮拜、とても信仰してゐる、だから蛇は內神樣のお使だといふので特に大事に扱ふ。

△

大正十四年の秋、氏は風邪が因で床につき、十日程手當を加へたが病勢が募るばかり、醫師の來診をもとめたが、日にく重態に陥つてとうく醫師もサジを投げてしまつた、病名が判然しない、熱が四十度近くもあつてとうく最後の夜が來た、親族の者、家族、皆枕頭に集まつて刻々に迫る死を待つてゐた、長男の忠治君(二二)祖母おいのさん(八〇)も居つた、その前に辨治郎さんは昏々として眠つてゐた、間もなくひどく疲れてゐた一同は睡魔に襲はれ始めた、誰も彼も他愛なく斷末魔の人を前にして眠つた。

△

暫時！——突然重病人の辨治郎さんは怒鳴り出したのである『內神樣が來た！內神樣が來た！』一同はびつくりして眼を覺ました、そして二度びつくりした、病人は床の上に起き上つてすわつてゐたからである、それ以來一日々々と回復して十二三日後には元の體になつた、親族や家族ばかりではなく私の村人も、事の意外に氣味惡くさへ思つた。

△

辨治郎さんの話によれば、每日大きなガマが寝床の下に現れては、上を向いて毒を吐きかけるので逃げようくとしても逃げられず、とうく病みついてしまつたといふのだ、ある日內神様のお使(蛇)が來てガマをかみ殺してくれたように見て(夢のやうで夢でない)病氣がよくなり死からも救はれた、といふのであつた、それを聞いた妻女はびつくりした、といふのは、いつか子供等が大きなガマを捕へて來て、何處かへ埋めたとの話をチラリと耳にはさんでゐたからである。

△

もしや?と思つて家族一同が家の周圍からあらゆる所を掘り返して見た、と同家の床下から生々しいガマの無殘な死體が發見された、一同は空恐ろしい感に打たれた。

△

辨治郎さんは語るのである
『病氣などをすると忽ち神様を信じ始める、そんなさもしい心がけぢや駄目だ、一點の疑もなく强く信じて居つてこそ神佛の御加護もあれば御利益もあるものだ、一切を打込んで信じ切つてゐる心が即ち御利益であるのだ』と
一文一字も知らぬ辨治郎さんの言葉だけに一しほ尊い。(秋田市、田口五郎氏)

奇談怪談（三十六）　こわや蛇の祟り

●報知新聞　昭和四年九月八日　4-202

こはや蛇の祟り

美女の全身うろこに包まれ
ペロリ〱と赤い舌を出す

長野縣上高井郡小布施村で起つたことです、村の彌助は二町歩ばかりをもつた一寸した百姓でした、同家の娘のおていは十七でしたが非常な働き者でまれな美人でした、ナスが實をむすぶ頃からおていは毎日一人でナス畑へ行つては水の引入れや虫とりや施肥等とせつせと働いてゐました。

△

とある日、二尺ばかりの青大將がどうしたはずみかおていの足へ卷つきました、一度はオヤツと思つて、誤つて踏んだのか知らと考へたのですが、その翌日もフイと油斷したはずみにまた前日の青大將が足へ卷つきました、その翌日も同じやうに同じ青大將が足へ卷つくのでした『あ、氣味が惡い!』おていは思はずつぶやきました『あれ程追ひ拂ふのにどうして來るのだらう』それからもほとんど毎日同じやうに青大將がおていの足へ卷つきました、で、父の彌助も度々青大將が娘を脅かすと聞いたのでひどく憤慨し『畜生の癖に』とたゝき殺すつもりで畑へ行きましたが、どれ程探しても見當りません、翌日も……彌助が行つたが見當らない、とう〱最後に娘のおていを伴なつて行つて、彌助はあぜの所で見てゐました、と果して二尺ばかりの青大將がノソリノソリ出て來て、娘の足へ卷つかうとするのです。

△

『この野郎!』彌助はいきなり手にした棒切れで青大將の頭をたゝきつぶしました、尾の方がまだピク〱してゐる奴を野原の方へ捨て、その日は無事に歸つて來ました、翌朝、彌助はいつものやうに野良に出ようとして家の表へ立つと、前日畑で殺した頭のつぶれた蛇が、死んで居るのでした『オヤツ』と思つて小川へ投込みました、その晩のことです、おていはひどく發熱してうめき始めました、醫師を迎へてみたがどうしたのかわかりません、五六日同じやうな日が續きました、兩親たちは非常に心痛しました、と蛇を殺してから丁度七日目の晩、おていの全身一面にうろこのやうなやゝ青味がゝつたあざが浮いて來たのです――兩親は仰天しました、三四人も醫師を招きましたが、依然として病名がわかりません、どの藥を飲んでも効きません、あざは日に〱はつきりと蛇のうろこのやうに見えて來ました。

△

それから二三日後おていはペロペロと舌を出すやうになりました、と今度は今まで身動きも出來なかつた體をもたげて座敷中をはひ廻るのです――ペロ〱と舌を出しながら……、兩親は狂はんばかりに驚きました、悲しみもしました――十日もたつてからです、突然、托鉢の僧が彌助の門前に現れました『近所で聞いたが娘をみて進ぜよう』といひました、兩親もおそる〱娘の室へ案内しました、と件の僧が娘を一目見るや、『蛇を殺したから祟つたので御座るぞい』と、宣告するやうに彌助に申しました、『殺生してはいけぬぞい』一週間の間、

托鉢の僧は日夜讀經を續けました、お蔭で娘の病氣は消えて行く影のやうに癒つてしまひました。

△

托鉢の僧は何方から來て何方へ行つたのかわかりません、娘がよくなつた日に姿をかくしました。（長野縣上水内郡大豆島村久保田生）

資　生物界の怪異談に夏の雨夜は陰惨と更く　●長崎日日新聞　昭和四年七月二十二日　4-203

劇に出る妖怪
（上）茨木＝松本幸四郎の渡邊綱と、尾上梅幸の茨木童子
（下）土蜘＝尾上梅幸の土蜘の精と、市川中車の平井保昌

生物界の怪異談に
夏の雨夜は陰惨と更く
七月六日本蓮寺客殿に於て（前號續き）
座談會例會（寺田本社員速記）

お寺の柱が汗かくこと
屹度死人が來る

淺田博士（司會者）　夫れから斯う云ふこともある、多少餘事になるかも知れませんが、發汗地藏と言つて石の地藏さんが汗をかくことがある、其地藏が汗をかくと、必ず人が死ぬんですよ、ところが考へて見ると何でもない事で矢張暑いのが急に寒くなつた時に汗をかく、急に氣候の變化によつて寒くなると露がつく、壺の水蒸氣を含んだ空氣が夜だんく冷えますと、木の葉に露が付くのと同じです、氣候の變化が急に起ると石の地藏さんの身體がビショくになる、人間も亦さう云ふ風に氣候の急激な變化のあるときに死ぬもので、夫れだから別に不思議は無い、何處かのお寺では柱が汗をかくと死人がやつて來ると云ふことがあるが、石の地藏さんと同じ理屈です、七不思議と云ふものはいろんな所にある、人間は七と云ふ數が好きで、お伽噺や小説神話など作るのにも、よく七つだけ揃へるもんです

と順次豫め掲げたる項目に就て科學的意見を述べ、蜃氣樓も昔は不思議なものであつたらうが今は別に不思議なことでなく、密度の違つた二つの氣流が重つた爲に、恰度鏡合せになつたやうなものである、神戸藥學專門部の大倉教授が東京の街を朝五時頃人ッ子一人通らない時歩いて居ると、向ふからだんく一人の男が近づいて來て、自分と擂れ違ふ時にフッと見えなくなつたが、之れも蜃氣樓と同じ關係で、自分の姿が鏡に寫つて居るやうなものである、又自分の友達が大阪の箕面の瀧の所を登つて居た時も、誰も居ない筈なのに一人向うからやつて來たが之れ亦直ぐに消ねて了つたと皆例を擧げる

日本アルプスのお化谷

日本アルプスのお化谷も之と同じ理由で、あすこを二人歩いて居ると、お連れの者の顏が化物のやうに見える、夫れは恰度南座の前のしるこやに行くと、出張つたやうな、或は短く見えたり長く見えたりする鏡があるが、彼のやうに空氣の層が揃ふて居ないで凸凹になつて居るのです、飛行機に乗る人に聞くと、山の峽は空氣の層が凸凹になつて、谷に沿ふて行つて居る空氣の層が斜面になつて居る、さう云ふ所では當り前に見えない

悪い鏡で見て居るやうに凸凹に見える、其谷を出ると當り前に見える、さう云ふ所は空氣の層の密度の關係ですね

雪國のカマイタチ

斬られずに血が出で
肉を削がれて血が出ない

淺田博士　カマイタチに就て知つて居る方はありませんか――さて、カマイタチは南國になくて寒い國にあり又秋口に多く氣候の變化によつて旋風が起る時にあるので、旋風の中心に眞空の所が出來る、そして歩いて居るとき其中心に入ると皮膚の表面から血が出る、斬れては居ないが血が出る、併し其眞空の所を渦ぎると何でもない、之れが恰度鎌のある鼬にさされたやうであるら、カマイタチと云ふのであらうと、一通り自己の見解を述べる

山脇麗剛氏（僧侶）　身延山で參詣に來た人がやられたことがある、參詣を濟まして廊下を下りやうとしてバッタリ倒れた、其時には三日月形に四五寸ばかり肉を取られて居るのが、兩方に緊縮して居るのを見ましたが、血は出ませんでした

淺田博士　皮膚だけ斬れたのでせうな、急は眞空に入つだのだから皮膚を非常に摘まみ上げられたのと同じ狀態になつたので、皮膚の乾燥してゐる人だつたら裂けるのかも知れません……

山脇氏　二分位の深さぢやなかつたかと思ひます

淺田博士　寒い所では皮膚が乾燥して貧血してゐるから、血が出ないかも知れませんが、之れを温めますと皮膚の血管が充血して來ますから、或は血が出るかも知れません

御嶽教會の釜鳴

祈禱がすめば直ぐ止まる
種も仕掛けもない

淺田博士　夫れから、釜鳴りと云ふことを不思議がつたが、之れは不思議なことはない、蒸汽が隙間を通つて蒸發すれば、笛のやうに鳴るものである

村上健一氏（新聞記者）　併し私は釜鳴に就て實際見ました尾の道に居ります時に、御嶽教會ぢやつたが、釜鳴をやると云ふので、素見半分に見に行つたところが、夫れが斯うなんです、太夫さんが正面に居りまして、釜をボロ〱焚いて居る、釜の上は筒形になつたものですが、火を焚いて御祈禱をする、御祈禱が進行するとゴーンと鳴り出す、サアお釜さんがお鳴りになると云ふので、信者共が代る〲釜の前へ行つて息を吸ふて來る、夫れまでは何か細工があるものだと思つて居つたが、太夫さんが皆さんお濟みですかと言つて、御祈禱の濟んだ禮をする、と、釜に手を觸れるでもなく、何にもしないのに御祈禱が濟むとピタリと音が止む、不思議だと思つて感心して居るが、今に夫れが判らん、夫れから後之れは不思議だと思つて二度も三度も行つて見るが不思議です、火は割木三本ばかりで餘り酷く焚くでもなく、ボロ〱と同じやうに焚くので、蓋を取つて拜み出すとゴーンと鳴る、そしてよく鳴る人と、非常に音が小さくなる人とがある、濱れた人が行くと止まるさうである、兎に角音は高くなり低くなり……

淺田博士　釜の格好は當り前ですか

村上氏　普通の釜です、ちよつと樽の上下を抜いたやうなものを乘つけるのです

淺田博士　夫れは上に樽のやうなものがあるとすれば、樽に仕掛があると考へられますね

村上氏　覗いて見ると普通の樽のやうで、仕掛もなければ何にもない

淺田博士　面白いですな

村上氏　面白いです

淺田博士　併し電氣仕掛で笛の仕掛があるのではないでせうか

村上氏　笛のやうな裝置があるのなら蒸氣の力が弱つて來たら鳴らん譯です

淺田博士　下の火の方がですね

村上氏　薪木の分量は少いんです、初め焚き出す時は水が多いのに鳴ると云ふ理窟が云へるが、水が少くなつても初めと同じ分量の薪木を焚いて、そして神主さんが拜むとズッと止まる

淺田博士　吸入器でも水が少くなると音は出ない

村上氏　併し夫れが覗いて見ると、湯氣が立つて居る

淺田博士　湯氣は立つけれども……、蒸汽が少くなると吸入器なと音が出ませんが、あんな譯ではありませんか

村上氏　兎に角一度行つて御覧なさい

淺田博士　蒸汽の力で橡見たやうなものに音を擴大する裝置がしてあるのですね

村上氏　夫れでも割木三本位焚いてゴーンと一町位聞えるんです

淺田博士　一町も聞えますか

村上氏　噓でも何でもない

渡邊氏　村上さん、鳴る音は長いんですか

村上氏　拜んだら何時までも鳴ります、濟むまで何時までもやつて居るが、お濟みですか、濟みましたと云ふと、お祓が濟む頃にパツと止まる

科學的に觀た狐火

淺田博士　林學長から聽いた話ですが、確か以前のお宅での話のやうです、夜——夜更に電話の呼鈴が鳴る、しかし誰れも呼んではゐない、幽靈の仕業ではないかとその都度女中が慄え上つたさうです、けれど、それは天井裏を通つてゐる電線の護皮を鼠が嚙ぢつて兩方の線がくつつくやうになつてゐるのに、夜半になつて鼠が時々それに觸れてはリン〳〵と鳴るのだといふことが後になつて判つたさうです、つまり鼠が「モシ〳〵」をやつてゐたのです、さて、次は生物界の怪異についてお話を承りたいと思ひます、どなたか御經驗のある方はありませんか、たれか狐か何かに魅かされた方はありませんか——（あちこちに笑聲が起る）ところで狐火について私の考へを申しますれば、狐火といふのはその土地、土地の人が勝手につけた名稱だと思ひます、狐火が灯るといふのは大概五、六月頃で、空中の無生物のせいかもしれません、それにその頃は有機物が腐敗する時候ですから、それから、燐光を放つのを狐火といふのではないでせうか、また狐が腐つた魚を咬へて飛び廻るのがさう見えるのかもしれません、また狐が走ると、空氣と摩擦して光が出るやうなことがあるかもしれません、猫でも暗いところで撫でると光が出ると申しますから——

突然石が飛來る
藪の中から

松竹智慶氏（僧侶）　野間の水と云ふ所から五人揃つて自轉車で雲仙に登らうと云ふので、櫃田原を通過する時、藪の中から石がバラ〳〵飛んで來て、五臺の自轉車がパッタリ停つた、二人死んだが三人だけ助かつたことがあります

松本勝氏（新聞記者）　石の話で思ひ出しましたが、私も一度石を投げられた事があります、それは數年前選擧の爲め西彼杵郡を遊説した時の事ですが、大草驛の先に瀧の入りこんだ所がありませう、あの部落で演説會を濟まし、私と同志三名並に巡査部長、巡査二名都合七名でアノ山際を歸る時左手の山からバラ〳〵と石を投じたものがありましたから、テッキリ之は反對黨の連中がするのだと思つて、同行の警官に捕へる樣申しまして、直に警官は山の中に分け入りましたが、間もなく歸つて來てアレは狐でしたと申しました（笑聲起る）

秋岡行衞氏　渡邊さん大分前のことですが、磨屋町で夕方になると石を投げると云ふ評判がありましたが、彼れは何う解決したのでせうか、矢張り狸でしたらうか

淺田博士　石を投げることに就て、井上圓了さんは化物が夜中石を投げてよく人を驚かし、又狐狸が後足で石を蹴飛ばすと云ふ說があるが、今日では夫等は人の所業であることが判つて來たと言つて居る

さて井上圓了博士が例を擧げて居る京都に起つた事件、即ち下女が下男と懇仲となり、主人に夫れを發見されて意見されたのを怨んで毎晩石を投げて居たことを述べる

金の茶釜に化けた
筑前花見のおさん狐

西村慈洸師（僧侶）　館林茂林寺（上州）の文福茶釜は、あれは狸が化けたんですが、先日福岡（筑前）に行きましたが、あすこの花見と云ふ所に、おさん狐と云ふのがあるのですが、頗る上手に化ける、ところが又ぜと云ふ者が居りまして、之れは狐以上に商賣が上手であつた、或る時馬を引つ張つて町から歸つて來ると、松原の中でおさん狐が綺麗な婦人に化け

資

怪談名作揃ひ
文藝倶樂部大增刊

怪談名作揃い　文藝倶楽部大増刊

●報知新聞　昭和四年七月二十三日　4-204

て居つた、又ぜがお前は何處へ行くと云ふと、私は花見と云ふ所に行く、私も行くから一緒に行かうと云ふので、化けた女を馬に乘せ落ちると不可ないからと縛つて、そして馬を走らして家に連れて行き、此處に來た以上は、今迄人を化かして居るから松葉燻しにして殺して了ふから覺悟しろと虐めたところが、狐がどうぞ命だけは助けて呉れと云ふので、そんなら金の茶釜になれと云ふと、金の茶釜になつた、そこで又ぜは今暫らく茶釜になつて居れと、夫れを風呂敷に包んでお寺に持つて行つて、此通り金の茶釜があるから買つて呉れ、ヨシと云つて買うんですな、そして歸ると直又ぜは家内に誰が來ても、此間から病氣だと言へと云つて、身體中に里芋を茹でて押付け、膏藥を張つて寢て了ふ、お寺では總代などを集めて、それでお茶を呑めば長生すると云ふので其茶釜を圍爐裡にかけて、紋付や何かを着て控へて居ると、おさんは暑くてたまらん、急に手が出、足が出て、到頭飛び出して了つた、さてそこで彼の又ぜが騙したと云ふので、又ぜの家へ行つて見ると寢床の中でウン／＼言つて呻つて居る、此間から病氣で寢て居ると云ふ譯、夫れぢやあいつは又ぜぢやなくて、狐ぢや、おさん狐だと云ふことになつたのださうです、狸ぢやなくて、狐が茶釜になつて居るので、面白いと思つて居ります

少女の怪
一年間續いた

高木武次氏（小川町）　私のは物語でなくて、また本人が存命ですから、ちよつとお話し致します、之れは東彼川棚での事實あつたことです、十四五年になりませう、十三の女の子供ですが、非常に不思議なことがあつた、何時來たともなく、そこに大きな竹が來て居る、之れは不思議だと思つて居ると、突然腕に齒形が付いて居る、親達が不思議がつて居ると、今度は反對の腕に齒形が付く、夫れが大方晝の話です、ところが又大きな千斤も千五百斤もある位の石が庭に轉がり込んで居ることもある、さう云ふ不思議なことがあるもんですから、父親が抱いて寢て居ると、娘のお腹をペタ／＼と手で叩くやうな音がする、そこで父親が斯う云ふところでじて呉れては困ると云ふと、今度は背中の方でペタ／＼と叩く、夫れが約一年ばかり續いて、其後所を變へたところが癒つたが、白晝のことで、狐狸の所業でもあるまいが、一種の魔とでも云ふものぢやなからうか

●●●淺田博士　自分の手で叩くんですか

●●●高木氏　いえ、さうぢやない

山道で提灯の火を消す

内田英雄氏　これはほんとうの話です、私の知人がある晩山道を歩いてゐると提灯の火が消える、何度つけてもよく消える、不思議だ、狐ではないかと氣を付けてゐるとそれは鼬だつた、提灯の底をぽんと蹴上ぐる、私の考へでは鼬が火の消えるのに興味を感じてやつたものではないかと思ひます、狐は蠟燭をとるためむかしよく提灯の火を消したといふ話すが、次にこれは大正十一年、宇治にあつた話です、私が京都の中學の四年の時でした、その頃宇治水電の工事で朝鮮人が澤山入り込んでゐましたが、或る家に夜半になると、蚊帳の外に美人の姿がぼーつと出る、夫が毎晩出る、土方の朝鮮人も氣味惡がつてその家から出て了ひました、その家は久しく空家となつてゐたものでしたが、何んでも狸の住家となつてゐたのを水電工事で土工が這入つて來て自分の巣を奪はれたので、それを取り返す計畫から、人間の氣味惡がる幽靈にちよつと化けてみたものではないかといふことでした、その狸はなか／＼の智惠者で染物屋の死んだ娘の幽靈に化けては裏木戸をとん／＼と叩いて、飢いから御飯を呉れと、お握りを貰つては喰べてゐたといふことです

（未完）

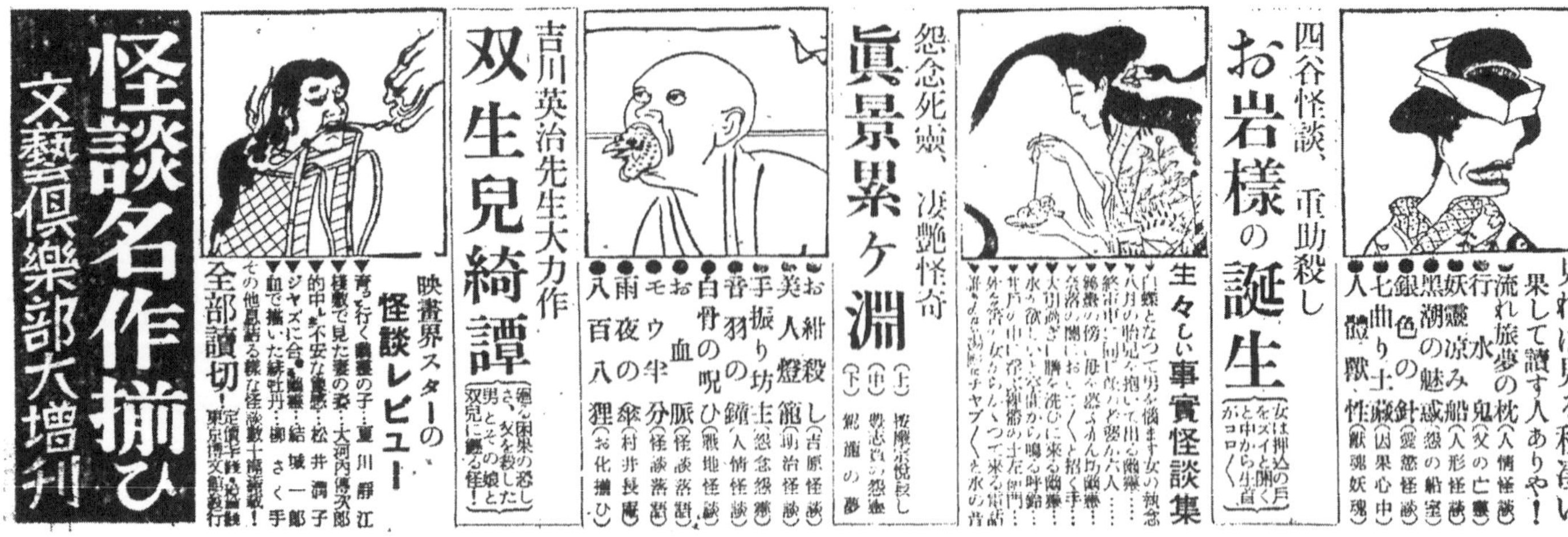

怪談名作揃ひ
文藝倶樂部大増刊
映畫界スターの
怪談レビュー
全部讀切！
吉川英治先生大力作
双生児綺譚
怨念死靈、凄艶怪奇
眞景累ヶ淵
生々しい事實怪談集
四谷怪談、重助殺し
お岩様の誕生
見れば見る程凄い
果して讀す人ありや！

ゾッとするような実話（第一話） 妙な猫の… 4-205

怪 ●名古屋新聞 昭和四年七月二十三日（二十二日夕）

ゾツとするやうな實話

妙な猫の鳴聲に 赤ん坊の影

（第一話） 無茶な連中も眞青

春雨家雷蔵君の話

『怪談』の体験といふのを聞いてまはる。――『あつしやあこれでもその体験てやつが二つ三つありまさあ』と落語の春雨家雷蔵君が歯切れのよいところでまづ口を切る。

◇

――雷門助六が文長座へかゝつた野郎ども多勢で宿めしはえらい、一軒借なせいとあたしが世話したのが坂田さんの借家で上前津のそばにある有名な幽霊屋敷だ、若い嫁さんが引越した五日目に頓死したといふあとだ。

◇

松林若燕といふ坊さん上り、これは幽霊を友達に心得てらあ。そいつが離れ座敷に陣取つた『何かあつたかい』と若燕の室へ行くと『まあ御覧なせえ』といふ。

◇

電燈がボーツと暗くなるやうだ。壁がちらちらとしたと思ふとハダカの赤ん坊の影がうつる、そいつが三晩つゞいた。

◇

『おひまをいたゞきたい』と炊事の婆さんがいひ出した。私の寿命が持ちませんと青くなつて『晩めしの時も見知らぬ人が一人ふえてるぢやありませんか、急いで御膳を持つて行くと……、ゐない、戻つて見るとしよんぼりとすわつてゐる』といふ。

◇

しかたがないからばあさんにひまをやつてあたしが一人でがんばつてゐるとウーウーと……猫の鳴き聲までが数だ、ゾーツとして來る若いものが皆ワアッとわめいた。便所の入口に縁ろうとした男が立つてるといふ。

◇

その晩はすんだがその翌晩だ。のんだくれの呑氣助の左卿が階段からころがり落ちた『妙な男がおりて來た、年は四十七八、荒いタテ縞のユカタ』と人相までもはつきりといふ、無茶な連中も眞青だ。五年前のこと。

ゾッとするような実話（第二話）死んだ婆…　4-206

怪 ●名古屋新聞　昭和四年七月二十四日（二十三日夕）

ゾツとするやうな實話

死んだ婆さんが會ひに來た

本當に……幻覺ぢやない

（第二話）竹下春麿君の話

「夏でした、眞夜中でした、死んだお婆さんが私のところへ來た、これは斷乎として幻覺ぢやない、いはんや夢ぢやない」と教育講談の竹下春麿君がくる〳〵の眼をリスのやうにした。

◇

「父の叔母で父を育てた人で私をかわいがつてくれたお婆さんだ」—とその幽靈の御本体の説明がいつもやゝこしい『半身不隨だ、七十四歳だ、血がかようてるのか木でつくつたホトケさんだか、とつくり見なければわからんほどの状態だつたがとてもなつかしいしわしわ婆あさんだつた。」

◇

——そのシワがシワのまゝで伸縮しなくなつた、今晩あたりはむづかしい」とそろ〳〵むづかしく話が進行する『家中が熊本に行つた私と書生とが留守番だ、夜になつた、待つても眠らない、ぐつすりと寝こんだ」と竹下君の話には身ぶりの中に夜がふける。

◇

ボーンと鐘が鳴つたかガー〳〵と終電が通つたか竹下君がフト眼をさました、夏のことだから雨戸を明けつぱなして電燈は消してある月の影がはつてゐる——と見れば何と『黒い影がすうとさしてとぼ〳〵とぬれ縁をあがつて來るものがあるんです

、私は飛び起きた拍子ッ、それにしてはせきとしてあまりに靜かな拍子だ、いてついたやうなすそさばき、白い布のはしがちら〳〵と動いて黒い影にからみつく、銀の毛髪、黒いカラセキ、かやのそばまでやつて來た。

◇

——見ればしわくちやなそのなつかしい顔ぢやないか『やあお婆あさん』といつたら『來たばい、來たばい』と熊本なまりのいつもの聲だ、然たる夜氣が汗の顔をなでる、私はかやを飛び出してゐた。

◇

チョンとその時刻にお婆あさんは息ひきとつたのだつた、最先きに私のところへ來てくれたんだ、斷乎として幻覺ぢやない、いはんや夢ぢやない」

ゾッとするような実話（第三話）亡魂を誘…　4-207

怪 ●名古屋新聞　昭和四年七月二十五日（二十四日夕）

ゾツとするやうな實話

亡魂を誘つた琵琶の妖曲

雨に躍る森羅萬象

（第三話）安倍旭洲君の話

筑前琵琶と怪談、そのぞつとするやうな体験を安倍旭洲氏が持つてゐると聞いてその告白をたゝいた。暑い夕方だつた。涼しい座敷だつた。

◇

『米一丸といふ曲がある、九州人には皆親しみのある曲だ』とまづ曲の説明だ。駿河の木島の長者、つたところが彼の主君がこの姫にモーションをかけ米一丸をなきものにせんと筑前博多に使せしめた旨を受けた與伊右衛門の夜討、千

本松原の殺陣、餓死、あとをしたつて八千代還がさすらふ——といふいと月並のテーマだ。

◇

この夜討に關係した家に子孫代々崇藤家等々いづれもその地方の素封家だが奇妙なことが時々傳はる、米一丸を斬つた刀は柴藤家にあるが七八年前にその當主が逆上してその刀で父を殺した。

◇

『米一丸の殺されたところ、千本松原中の地藏松原には彼の亡靈が出る血みどろのすごい形相、しかもそこに私の伯父の家がある、夕立のザーッと降つた時だつた、私は伯父に米一丸の一曲をと

◇

——今晩あたりは？とひや〳〵し

てる折も折だから私は全くヘキエキの態だつたが仕方がない、シヤン〳〵とやりかけた、かなり長い曲だ、ふと伯父が立つて行つたが曲をやめるわけにはいかない。

◇

やつてる中に不思議な音がしかけた、劍戟、矢さけびのひゞき、私は身体が寒くなつた。あゝぶるぶると身体がゆれる。もう夢中だ。かなでるものは私ぢやない、すつかり私は遊離しちやつた。ハツと正氣を戻ると譜本も燈ろうも雨の中にをどるぢやないか、汗びつしよりでやつてる中にばらりと四弦がきれちやつた、氣を靜めると朦朧たる人のすがた、何の幻覺か、今

ゾッとするような実話（第五話）　まざまざ…　4-208

●名古屋新聞　昭和四年七月二十七日（二十六日夕）

ゾツとするやうな實話

まざ〳〵見た女房の生靈

遺兒を慕ふ不惑さよ

（第五話）　西尾魯山師の話

『私は先妻の生靈と亡靈とこの二つをまざ〳〵と見てをります』と講談師の西尾魯山君がいふ。

◇

『貧のどん底に落ちた時でした、よわり目にたゝり目、家内が流感にやられた』六疊と四疊半の裏長屋、その四疊半の南のはづれに妻をねせ、男の子を二人間におき、當歳の赤兒をだいて魯山君がねた妻も赤兒も今か、今かの重態。

◇

『看護のつかれでうと〳〵としたハツと氣がつくと抱いてゐた赤兒がゐない、見ると、何と、四十度の熱でうわごとばかりいつてた妻が抱いて乳をのましてゐる、とつくに脈のぬけた妻だが』赤兒がはつて行つたか、妻が抱いて行つたか——親子の情合、生靈の力『私はぞつとして來ました、やせにやせて骸骨になつた顔、いぼじりにまいた髮がみだれてそれにかゝる』それがさびしく笑つて『この子も大阪へつれて行きますよ』といふのだ

◇

彼女は、大阪生れだ。

◇

『びつくりして子供を取りあげたがそれから二十分ほどで妻は息をひきとりました、子供はその後一時間半ほどで母の後を追ひました——

つれて行きますよ、といつたが今ごろどこをうろついてゐるだらうと後にのこつた二人の子と顔見合せてゐたその晩の氣持ち』

◇

『それが一月の九日でした、ここて十四日の眞夜中です、もう年ごろになつた娘の豐子が大阪から來て親子四人がホトケの初七日の夕イヤをさびしくすまして寢こんだ時です――『とよ、とよ』と呼ぶ聲に眼をあいて見ると枕もとに赤兒をだいて亡妻がすわつてゐるじやありませんか『あつ、うめ、お前來たのか』と私が呼ぶと、またさびしく笑つてくれたがその笑ひがもうろうと消える……。

◇

娘の豐子もおきあがつてこのすがたを見てゐた、私一人なら夢まぼろしで片づける話だが親子二人がそろつて見る夢はない貧のどん底に死別した妻の生靈、亡靈、畬山君のこの夜話に凄涼の氣がせまつた。

ゾッとするような実話（第六話）　パッと火…　4-209

怪　●名古屋新聞　昭和四年七月二十八日（二十七日夕）

ゾツとするやうな實話

パッと火の玉現れた幽靈船

私は一晩中見てゐた

（第六話）阪本樂天さんの話

幽靈船が今でも四國の海に出る。日本陶器、一小寮の舎監長で定評ある精神家で人格者の阪本喜太郎（樂天）氏はこの實見者で立證者だ『私の友人の九大教授の理學者はこれを錯覺だといつた、さういふ君こそ錯覺だと私がいつた、松村介石氏は私の方へ左擔した』と樂……

◇

八月の十五、十六の月明は一年たゞ一度の鯛の夜釣りの機會だ、私達三人は伊豫の吉田から船を乘出した。船頭は伊達侯の御座船の船頭をした達者な老人だ。吉田と宇和島との境が暗浪の鼻、こゝから先きに野島が見える、このあたり……んと釣れない』

◇

とんと釣れない時とバカに釣れる時と、この二つには何かの異變がある、これは代數の法則だ、十一時ごろに阪本氏がやつとあなごを一尾釣つたゞけだ、『歸らうか、とふり返つたら宇和島の城趾の附近に二抱へもある大赤球がぽーつと上つた、その火の玉は矢の如く進行して來て吉田の入江に入るか……ッと消えたと思ふとそこに大きな汽船が現出した。あッ幽靈船だ。

◇

幽靈船はふら／＼と野島へ向つたがたちまちに歸つて來さうだ『急ぎあの船へ、と私も櫓を手傳つてこぎよせたが半里近く接近すると

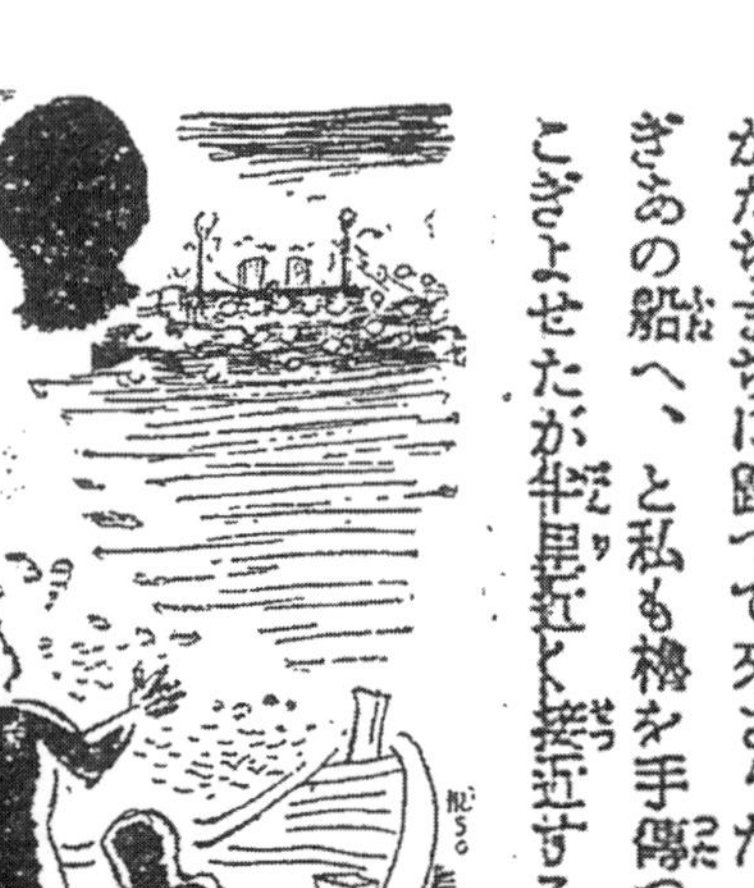

パッとまた方向をかへる、そこで私は同船の友達に問をかけた、汽船に火はあるか『ある』煙が出てるか『出てゐない』船は動くか『動かない』スクリューの音は？『しない』誰の見るところも同じだ。

◇

船がまたパッと火の玉になる、火になり船になりして四時間あまりすごいよりも興味が深い、夜がしらしらと明けかけると網船がやつて來た『今、幽靈船を見たぞ』といふと『漁がありませんぞ』とその船からいふ、浦のものは平氣だ誰もかも見なれてゐる、勇氣をふ

るつて幽靈船にぶつかつた船がある、乗り合のものはみな袖が破れ……、、

ゾッとするような実話（第七話）　怪談に縁…　4-210

幽 ●名古屋新聞　昭和四年七月三十日（二十九日夕）

ゾツとするやうな實話

怪談に縁深い旅役者の話

心中者の亡靈に會ふ

（第七話）新守座加藤君の話

『新派の女形に西川秀之助といふのがあつた、河合武雄のやうな藝風でかなり達者にやつた』と新守座にゐる脚本家の加藤博君が旅役者の怪を語る。

◇

――その西川が田舎廻りの中に藝者と關係した、それが進行して行きつまつて情死とありふれた徑路だ『鐵路のサビ』とセンチメンタルの寐を地で行つてだき合つたまゝ待つてゐるところへグッグと汽車が來た、いよ／＼の瞬間に西川のヤツ、はつと命が惜しくなつて飛び出したものだ。

◇

ガッガと汽車が來る、飛びはねる、ほとんど同時だ、女がぐつと袖をつかんで『卑怯モノ』血をしぼる聲だ、無我夢中だ。眞青の氣ヌケのやうな風で西川が宿へ歸つて來た『お前の袖は何だ』と誰かがいつた、見ると、どうだ、女の片腕がぶら下つてるぢやないか、それからの西川のうなされる方はすごかつた、そして間もなく彼も死んだ。

◇

東濃大井に大榮座といふがあるこゝに『明かずの間』がある、旅役興行中に女優が肺病をやつた、一行は冷酷にもこれを殘して去つた大榮座のそのへやでわづらつてたが座主も冷淡だ、彼女はこの室に恨みをこめて悶死した、窓をあけ

ると枕ざめたその女があらはれる『といふが僕はまだ實見しない』と加藤君は殘念がつてゐる。

◇

『ところが之は僕の實見だ』と加藤君の怪談は豐富だ『脚本に苦しんでさびしいところをさがして山科温泉にとまつた、大きな宿屋だが客がない、どの室も電氣を消してまつくらだ、情死でもありさうなところだなあ、と思つて寢たら眞夜中に髪のくづれた、ぬけ上つたやうな女がきて僕を呼起したうと／＼としてゐるといつまでもゐたがその中にすうと音もなく消えた、翌日、聞いて見るとその室で大津藝者と京都の染物屋の手代とが情死したばつかりだといふので水をあびせられるやうだつた』

ゾッとするような実話（第八話）　王仁三郎…　4-211

怪 ●名古屋新聞　昭和四年七月三十一日（三十日夕）

ゾツとするやうな實話

王仁三郎と海坊主を見る

高さ一丈、その數澤山

（第八話）心靈學者U君の話

『海坊主ならたしかに見た』と心靈現象を研究してゐる本社のU君がいつてゐる。新舞鶴の沖合十里のところに沓島（オジマ）と冠島（メジマ）とがある。大本教の王仁三郎とU君等一行は七月のはじめ夜の八時に船を乘り出した。この兩島は大本教祖苦行の地だ。

◇

『眞の暗です、バクチが崎を出は

なれるとひつくり返るやうなシケだ。ドブーン、ダヽヽと寄せ返す波頭を見てゐると、どうです、眞黒の海に、より黒い怪物がヌーと現れるじやないか。船のゆれるに從つてヌー／＼とそれがいくつも出沒して船の四五間先にせまるんだ。手足のない人形のやうな恰好で高さは一丈以上。

◇

すると王仁がいふ。『これは一行中に不淨のものがゐるんだ。船を返せ』おどしつけられて船中ガッガッと齒の根も合はない始末だ。船頭は氣をきかせて『皆さんの辨當を投げてやつて下さい』といふ。ここはしけるといつも出るところだ『難破して沈んだゝのが救ひを求めに

出て來るんです』と船頭はいつてたが、何しろゾッとさせる海坊主だ。

◇

U君はも一つゾッとさせられてゐる、それは家の怪だ。『名古屋の

西區俵町二丁目五番地の怪しの家これは四年前にこわしたがこわすまでU君は古事記研究家の水野滿年氏と一緒にこゝに住んでゐた。『神棚の榊や唐紙が交互にゆれる鐵瓶の龍頭がゆれる、天ピンのハカリがビリ／＼はねる、押入の中にプロペラのやうなひゞきが起るとんと原因はわからない——

◇

——週期的にその不思議がおきてパツタリやむと家内にきつと病人が起る、水野氏が旅に出かけるとその不在にきつと病人が起る、ここは隣家との境に小高い塚があつた、若ザムラヒが殺されて葬られたところだといふ、雨の夜にカミシモを着てその若ザムラヒがあらはれたのを隣家の松山氏母堂が見たといふ。

ゾッとするような実話（第九話）　闇の田圃…　4-212
●名古屋新聞　昭和四年八月一日（三十一日夕）

怪

ゾッとするやうな實話

闇の田圃道に 眞黒な怪物

驚いて橋からドブン

（第九話）奇術師野田君の話

『ザル茸で夜がふけた、眞ツくらの田舍道をとぼ／＼と一人でやつて來ました』奇術師の野田徹象君の体驗談だ『鼻をつまんでもわからんな』とノンキなトウサン、自分で鼻をつまんで見たものだ。『その自分の手さへもわからんほどのくらさでしたよ』と。

◇

丹波の田舍だつたさうな、あれで内心びく／＼ものだが『怪物ござんなれ』あわよくば奇術の着想ができる、てな調子でてく／＼とやつてると眼前二三尺、突然眞ッ黒な怪物がガバと飛び出してワッと襲ひかゝつた『いや驚いたの何の』とオッサン、バッタのやうに飛び上つて横飛びだ、そこが小川にかゝつた土橋の上だつたから今度はザブリと川へはまつて一丁程もずぶぬれだ、なるほどこれは物理的にゾッとした話だ。

◇

でもさすがは徹象君だ、川の中につゝ立つて悠然と精神統一をしたんださうな『敵にも狼狽の氣味があつた』で『さては』とたぐりかけた『あの川へ犬が水飲みに來てやがつたな、驚いて飛び出しをつたな』で『まあ左様にしとけ』と

ごまかしたが『犬ならキャンとかスウとかいはねばならん』と、ぷりぷりしながら今以て『けしからん』とさ。

◇

まだある『丹波の綾部から佐賀村へ出る峠です』と今度はオバケだ、峠に墓場がある、夏の月夜だ、あちらでは土葬の上にサヤといふものをのせる、棺桶の屋根のやうなものだ『月あかりで見るとそのサヤがポコン／＼と動くぢやないか――その度に胸がドキン／＼とした――さうな『ワシは逃げませんぜ』とあれでも度胸をすえたんださうな足でさぐつて（足でだ）手ごろな石を見つけて投げつけた。

◇

すると『誰だ？』といふ『オバケでもモノいふオバケなら話せる』と勇気百倍して三つも四つも投げつけたら『やいッ』といつて人間が飛んで来た『見るとなんのことだ乞食が石塔と石塔とに紙帳（紙の蚊帳）をつゝて寝てたんだ』でやれ／＼。

ゾッとするような実話（第十話）　汽車を化…　4-213

怪　●名古屋新聞　昭和四年八月二日（一日夕）

ゾツとするやうな實話

汽車を化かす 親狐の返報

氣味わるい轢死場所

（第十話）日本一古参運轉手の話

名古屋鉄道局の鈴木捨吉君は乗務員生活三十九年、日本一の古参で技術は国宝とまでいはれるんだ。この人のゾッとした實話。

◇

『昔はありましたよ、汽車が狐にだまされた話なんか』とナンセンスなところから話がはじまる『関ケ原、米原間、もとは単線で四十分の急コウバイだつた、こゝを下り両側は森林、星もない闇夜、突然前方から上り列車がやつて来るぢやないか、正面衝突だ『びつくりして急停車するとなあんにもないあそこは誰でもやられましたよ』こゝで狐の子が轢死したので親狐のヤツ、根気よく復讐したんださうな。

◇

『近ごろでは岡崎を発して矢作川が見えるところだ』上りの軌道が一面の火になつてゐる、枕木が燃えるのとも違ふ、次の安城駅で早速知らせる『安城駅から線路工夫が飛んで行つて見るとなあんにもない』

◇

ない、みんな逃げ出してしまふ、そして今度は飛び込んでやる』線路のそばにこそ／＼と怪しのものがゐる、あいつも死ぬやつだな、と思ふと次の二、三列車のどれかにひかれてゐる『死に迷ふ、その迷ふ時間だけ彼等は寿命の残りが霧だ。

◇

それでも気持ちが悪い、一度ひいたあとは通るたびに『どや知らんどや知らん』と思ふんださうな

『やりきれなんだのはこのごろだ沼津からの下り七列車を運転して藤枝をはなれたと思ふと西の踏切りで、チカ／＼としたかと思ふとドーンと一発、汽車がとまつた』名古屋上前津の自動車が助手と二人よつぱらつて衝突したあの事件だ。

◇

乗り手は二人とも死屍散乱、自動車は切断して前部が機関車の先きに押されて走つた『あれが何かにひつかゝつたら汽車は脱線、テン覆と思ふとぶる／＼とふるへてアタマの先きからほんとうにゾ

ゾッとするような実話（第十二話）帽子で死… 4-214

幽 ●名古屋新聞　昭和四年八月四日（三日夕）

ゾッとするやうな實話

帽子で死んだ水兵の亡靈

滿洲列車に怪美人

（第十二話）新派高梨俵堂君の話

『水兵の亡霊が乗つてゐる』と鉄道従業員が青くなつた、東海道線の夜行、掛川附近だつたと思ふ――と新派の高梨俵堂君の談だ『水兵が帰隊の列車中だつた、友達がいたづらをして帽子をかくした、お前の帽子が飛んだぞ、そりや大変だ、と青くなつて窓から飛び出した、ザクロのやうになつて即死それ以来その列車にかぎつてうろうろと水兵の亡霊が出て車内をさがしまはる』と

◇

――それに似た亡霊をまざまざと見た、と高梨君がいふ『河合武雄一行で満洲をまはつた帰り安東県へ二時間ぐらゐといふところ、真夜中だ、うすぐらい電燈がついてゐた、うつらうつらとしてゐたがふと眼をさますと前のクッションに白魚のやうな手をかけて私をのぞきこんでゐる女がある、ユカタを着た美しい女だ、視線がぶつかつたから私は眼をつむつた、でも美人だつたから、もう一度眼をあいたらゐない、見まはしたがゐない――

◇

あまり変だから寝てゐる友達をおこしたら、景気のよい男だつたが青くなつちやつた、二人でこそこそと探して見たが列車中に女の日本人は一人もゐない、列車に因縁があるかその男にアクジがあるかどうも変だ、何故私には身におぼえがないが』と高梨君いまさら凉しい顔をしてゐるのだ。

◇

『神戸の三の宮に歌舞伎座といふがある、古い小屋だ』と、こゝで高梨君ぶるぶるとやつたんださうな『こゝで夏興行をやつた、三階に仕度部屋がある、その一方の階段がのけぞるやうな急傾斜だ、昇ると薄暗い三尺の廊下で一方には大道具の張物が一ぱいに立てゝある』と何しろやゝこしいシロ物だ

◇

役をすましてとんとんと上つて来てふと見るとこまかい格子式の男が腕ぐみしてよつかゝつてゐるよく見るともうゐない』変だなと思ひながらも無神経な高梨君だ『ところが次の日も次の日もとその現象があるんだからだんだんふるひかけた』打上げの日にこれを話したらいろいろな因縁を聞かされたんださうな、けれどもと高梨君はいふ『私は因縁を信じない、ただ断乎として私の眼を信ずる、だからもうろうたるその現象を信ずる』とさ。

ゾッとするような実話（第十三話）新城の宿… 4-215

獣 ●名古屋新聞　昭和四年八月六日（五日夕）

ゾッとするやうな實話

新城の宿で蛇と添ひ寝

蛇のお蔭で榮えた家

（第十三話）富士松春太夫師の話

『これほど蛇と添寝をしたはなしゾッとしたことはありませんよ』と新内の師匠、名古屋の富士松春太夫師がいふ。

◇

鳳来寺へ遊んで新城に宿をとつたのが縁『幸だから稽古を』と頼まれて春太夫師がこゝに腰をおろしたところ有志の奔走で借りたのが新城の町の某豪家の二階座敷、八畳の座敷に二間の押入『ところがこの押入だけはお貸申せませぬ明けても下さるなといふが釘づけ

で明けようもない——

◇

——新内には稽古本がない、夜は二時過ぎまで私が稽古本を書くんです、[illegible]いつて小説をよみながら、うつらうつらとしてみると、ぬる／＼と私の手をなでるものがある、ハッと見ると青白い長いものが、私の腕を廻つてるぢやないか。

◇

『蛇ぢやないか、蛇』と春太夫さん飛び上つたさうな、何しろ寢てはをれない、蛇は例の押入のスキマから中へはゐつた『この押入に蛇がゐる』と夜の[illegible]

『だから押入はお貸しないんです』といふ。

◇

『蛇が私の家の主だ』一匹や二匹

ぢやありませんよ、とお婆さんのいひぐさだ『いやなら出て行け』[illegible]見ると四代以前からの連綿たる蛇屋敷ださうな『白蛇にナマ米をやつて可愛がつた』それから築て山も當る一方、身代が太るよりも蛇のケンゾクの繁殖の方が盛んで『いまでは年に四俵づゝのナマ米をやりますよ』とさ。

◇

『そんなに仰しやるなら押入を見せませう』と何年ぶりとかに釘づけの戸をあけた、鼠の巣のやうなゴモクのかたまり、飯ビツを入れるイヅミ、それらをひつくりかへしたら『さあ、どうです、ザルにドジョウをすくひあげたやうにくね／＼したものがみんな蛇です』それはまだよい、天井からピカッと光るものがある、直徑四寸の恐ろしい大蛇がだらりと下つて來る。

ゾッとするような実話（第十五話）　狐野郎に…　4-216

獣　●名古屋新聞　昭和四年八月八日（七日夕）

ゾッとするやうな實話

狐野郎に化かされた

所は今の第三高女裏　寸楽の林さんの話（第十五話）

喜多村緑郎等の怪談會の際入りおよそ怪談の間座のやうに思はれてゐる寸楽の林喜兵衛さんをたづねた、『恐ろしいといふ感情』そんなものはお母さんの腹の中へ忘れて來たやうな人だ、鬼火をくゞりぬいたこの人に『ゾッとした實話』は少々無理でもあるんだが。

◇

『我武者羅でころついてた頃でした』この人には裏も表もない『橦木町の今の第三高女の裏あたり、ザワ／＼とした一廓の家だつた、

畜生、私はそこで狐にばかされた、あの邊の穴にすんでた野郎どもに——

◇

森村陶器、ワンタイン等の畜工や荷造りが盛んにバクチをやると聞いた、あそこらは私の縄張だ今夜こそその賭場をさがしあてゝ尻まくつてやらう、そしていくらかの小遣ひ——をせしめてやらう、といふので私はそこへ來かゝつたのだ、夜の十時ごろだ、雨がザーザーふつてゐたつけ——

◇

——烏屋筋の角あたりまで來てふと見ると傘をさして私の三歩ばかり前を行くヤツがある『どこまでも人の前を行きやがるな』と思つ

たがそれがいつどこからあらはれ

たかは氣にもとめなかつた『あいつも賭場へ行くんだな』と思へて來たから『幸だ、つけてやらう』と私はついて行つた。

◇

藪の間に四五軒の借屋がある、借屋の間の閑所の中、そこが私の足をつけてるところだ、いよ／＼そこへ來かかつた『あいつもそこへ行くんだらう』ときめてかゝつてゐたんだが見てる間に何と驚くじやないか、フイとその男が消えてしまつた。

◇

『畜生、賭場の見張だな』と思つたが何しろ目前三歩で消えた、見まはしても何もゐない『あつ、やられた、狐だな』と思つたら毛あながゾーンとして來た、ばかされるとゾーッとするといふが私はその一番しまひにゾーッとした、何しろ妙な話さ」＝完＝

文　醫學生
繪　井口正夫

大阪の怪談（一）　怖しい「化け物障子」　4-217

●大阪時事新報　昭和四年七月二十三日（二十二日夕）

怪

大阪の怪談（1）

心齋橋筋に現はれた　怖しい「化け物障子」

中の芝居の男衆が見付けた　鬼氣肌に迫る怪物

大阪が日本の顔ならその眼である心齋橋に、世にも怖ろしい怪談「化けもの障子」が歴の錆となつて巷間に殘されて居る。――大阪郷土史の研究家として知られてゐる南區北炭屋町の田中吉太郎氏は、物凄く語る。以下はその物語りである。

大阪の心齋橋筋といへば、昔は虹の帶を繰り擴げた賑しさ、夜は光の波が流れ亘る大阪繁華の中心地であるが、茲七八十年前は餘り立派な街ではなかつた。長閑なうちに陰氣な空氣が漂うてゐた。

――昔の大丸は、破風造りの本瓦葺の建物で、間口は二十間ぐらゐ、軒先き悉く紺暖簾を懸け連ね、それには大丸、松屋、江戸傳馬町など染拔きに書いてある。暖簾を潜つて内に入ると、左の側に大きな印入りの銅盆が掛けられた竈があつて、絶えず茶を沸してお客を見れば丁稚が汲んで運んで來る。座敷の床は一面に腰掛けとなつて、一疊位を隔てゝ番頭が列座して居る。

番頭の座右には硯箱の役をする帳場代りの箱がある。箱の正面にはお家流で、與七とか、長八とか番頭の名を表はしてある。客は好みの小座敷に來客に接してゐる。座敷を丁稚を呼んで品物を續々取寄へてゆく、丁稚が長い――大きな聲で返事したり、足袋やアー―、紋やアー―、仕立やアー―等と、下職人を呼んで居る。この丁稚の呼聲は實によく當時の大丸精神を發揮して居る――。こゝまでは此の物語りの前奏曲だ。

その大丸を少し南へ入つた東側現在のしかん香の位置に絲物屋があつた。緞子、縮緬、琴三味線の絲まで商ふ家だ、今の様にショウヰンドウがあるでもなく、棚に絲の見本を並べてあつて、表には「諸々絲物處」といふ立看板がある。軒には紺の暖簾を垂れ、軒下の揚げ床は（將几が床に取りつけられたもので、晝は店の延長となり、夜は戸締りの一部となる）を阻んだ障子を「揚げ床障子」といつた。今でも堀江の諸問屋に斯うした面影が殘つて居る。

この絲屋の揚げ床障子を「化もの障子」といつて有名であつた。それはこの障子に半紙大の繪が全面に張りまぜにされて、その繪は悉く妖怪變化が描かれ「四ッ目のお六」「ろくろ首」「死神」「幽靈」「一ツ目小僧」「餓鬼」「踊り骸骨」「脫衣婆」「惡鬼夜叉」「般若」「豆たぬき」「海坊主」など總ゆる化物の怖ろしい狀態がまざ／＼と描き出されてあつて、一目見ても身の毛の慄つやうだ、女や子供は眼を閉ぢ顔を掩うて通り過ぎる。

一體こんな繪を物好きにも何故描いたのであらうか、その由來の不思議をこれから物語らうとするのである。

安政元年、丁度八代目團十郎が初めて上洛の時、大阪へ來て腹を切つたといふ歴史に有名な年、その頃である、春は彌生の花の頃、道頓堀には江戸芝居の評判で持切り、積み物、飾り幟り、吹ちりなどの飾り物があり、其の景氣は實に素晴らしいものであつた。

その頃の芝居は今の樣に、午後二時過ぎから十時頃終るといふやうな暢氣なものではなく、大芝居となると、早朝も早朝四時頃に三番叟を開け、十一幕も十二幕も續演し、夜の十時過ぎまでやり通した、さうして開演中を一時間とすれば幕間は二時間もかゝるのであつて、當時の人は皆根氣のよいものであつた。

ある早朝、鰻谷邊に住んで居た一人の金剛(役者附の男衆)が例の通り中の芝居へと急いだ。心齋橋筋を南へ進む　まだ明けぬ夜は眞ッ暗で、空には星明りさへ見えぬ陰氣な夜で、何となく雨氣を含むで氣持が惡い。少々頭痛もするやうだ、彼れは大きな風呂敷包みを持つて、睡た眼をこすりながら太丸の前を過ぎて南へ行く、と思はずゾッとした。怖ろしい、怖ろしい、世にも凄いものを見たのである。

怪 ●大阪時事新報　昭和四年七月二十四日（二十三日夕）

大阪の怪談（二）　怖しい「化け物障子」　4-218

大阪の怪談（2）

妙齢の娘を棺に入れ 坊主三人で舁ぎ出す

千日寺の火屋で落花の戯れ

怖しい「化け物障子」

金剛が丁度糸屋の前に來た時、その入口の戸がスーッと開いた……音もせずに開いた。今時分こんな家から人が出るとは不思議だ、何者か起きたのに違ひないと、物蔭に身を潛めて窺つて居ると、奇怪にも白い服裝をした人が三人躍り出した。アッと思ふ間もなく其三人は素早い勢ひで新しい棺桶を荷つて居る。ボーとして顏は見えないが、三人ともどうやら坊さんらしい。二人が棺を擔ひ、一人は後について南へ向つて急ぐ、其足の輕さといつたら驚くばかりの快速であつた。向ふ側の軒下に佇んだ金剛は、全く失神せんばかりであつたが、怖いもの見たしで、其儘見すてる譯にもゆかず、自分もそこを飛び出して見え隱れに其の跡を追ふた。

朦朧とした白い一塊が戎橋を渡つて東へ折れて行く、いよ／＼足取りが速くなつた、後を追ふのはなか／＼辛い、太左衛門橋南詰には御札場がある。それから南へ折れて千日寺の入口「自安寺」の妙見さんの處まで來ると、彼の白い塊は火葬場の隅に轉んでジッとして動かない。金剛は何時の間にか草履を捨て、足袋はだしとなり尻をからげて、躍る胸を押へながら逡巡しつゝ無氣味な潜戸を潜り入つた。

內にはお迎へ地藏が六體氷のやうに立つてゐる。抹香の匂ひがプーンと來る。火葬場の火屋からまだ折々火の粉を吹き異臭の籠つた白煙は大地に沈滞して息が塞るやうだ。風でもなく、蟲の音でもない一種の凄い微音……「ちーちー」と聞えて鬼氣身に迫る。

白い塊が擔ぎ出した、また坊さんが現はれて棺桶を火屋の前へ置いた。火屋の戸が開いたと思ふと、中から鋭い光がポーッと射して、[illegible]つた煙が濛々と吹き出す、その光りに怪物の有樣があり／＼と見えた。三人の坊さんは手を組み合つて、棺桶の周圍をぐる／＼と廻つて居る。何をするのかと息を殺してゐると、棺の蓋が自らスーッと開いた、と同時に、火屋の火が忽ち消えて眞ッ暗になつた中に、不思議や女の姿が鮮かに見えるのである――。

七分ほど身を棺桶から出して居る、十七八の娘――、白綸子の單衣

に、鹿の子絞りの腰あげを締め、髪は前といはず後といはず、ダラリと垂れ下がつてゐる。乳の邊に兩手をかざして顫へてゐる。鼻筋通り、口元は恐ろしく引締められて、眼は開くか開かぬかと思はれるまで僅かに輝いてゐる。女は體を反らして火屋の奥を見やりながら、物思はし氣に頭をうなだれ、痩せ衰へた全身をふるはせて居る物凄さは譬へやうがない。

今まで佇んで居た坊さんは、この時俄に飛び出した。一人娘の裾のあたりにしがみつき、一人はその白い腕に喰ひついた。——娘の顔は見えぬ——、今一人の坊さんに推擁されてゐるらしい。火屋の煙出しから吐き出される煙混りの火の粉が此の葛藤の上に散りかかると、異臭いよ〱鼻を衝く——。金剛が身をかたくして其の成行きを凝視してゐると、何處とも知らず、鐘がボーンと響のあたりを掠めて行く。火屋の火氣が消えたと見ると、棺は元の通り蓋されて三人の坊さんが又騒ぎ出した金剛は驚いて急に身を轉じ大頭の陰に隠れた、怪物は少しも心附かぬらしい。棺を荷うて千日を出て前の通りの道を過ぎて糸屋の前まで戻ると、不思議や彼れ等の姿は忽然と消えて了つた。この時明けの鶏が大丸の塀越の松が枝で、二聲三聲啼き始め東はホンノリ白んで來た。

金剛は不思議に堪へぬ此の有様に、糸屋を敲いて見る勇氣もなく元の道を引き返して芝居へ急いだ。櫓太鼓が霰のやうな音を立てゝ、今三番叟の幕が開いたところだ。

（つゞく）

大阪の怪談（三）　怖しい「化け物障子」　4-219

●大阪時事新報　昭和四年七月二十五日（二十四日夕）

大阪の怪談（3）

穢ある女の身で　寺小姓に住込んだ

その妄執が絲屋の娘に……

怖しい「化け物障子」

金剛は肌身に泌みる怖ろしさに一切の事實を誰にも語らず、鎮まらぬ胸騒ぎを押へて、強ひてその日の勤めを果して歸宅したが、顔色の常ならぬのを女房に訝しまれても萬事を否定して閨に入り、眠れぬ一夜を明して翌早朝家を出た。夜氣まだ去らず小雨さへショボショボと降つて來て何となく高足を踏むやうだ。大丸の前を南へ過ぎると、ギヨツと驚いた、それは朝霧の中に飄々と浮び出たのは昨日の妖怪。白い裾褄を引いで出て來るアッといふまもなく南をさして逃走した。金剛はもう沈着いて其日の勤めをする氣にもなれず、一日の暇を貰つて糸屋を訪問しやうと決心した。彼れが糸屋の前へ來て見ると、いろ〱な人の出入が頻繁として、餘程取込んで居るらしい。暫時躊躇したが思ひ切つて「ごめん」と一聲高く這入つた。

奥から「はい」と答へて姿を見せたのは四十位の婦人であつた。餘程の心配があるらしい窶れた顔で彼れ金剛を迎撫しながら來意を訊かれたので、金剛は「何かお取込みでもあるやうに見受けられますが私の用事を申上ぐるより、失禮ながらどうなされたのでございますか」と云ふと「實は娘の病氣で」と済みなさそうな聲で答へた。そこで恐る〱顔を擡げて、怪事を一通り話して聞かすと、婦人はよく聞かず遁てゝ奥へ入つた。今度はこの家の主人らしい人と一緒に出て來た。前のはおかみさんであつたのは言ふまでもない。主人に向つて更に委しく物語ると、夫婦は大理石のやうに硬直して了つたまゝ潸然と涙を流して頭を垂れた。

金剛は「かういふ事になるといふのは何か深い事情がないともいへません、私に何もかもお話下さる譯にはまゐりませんか？」と云ふたが、夫婦は顔を見合せて、それには答へず、たゞ金剛の親切を只管感謝するばかりなので、彼れは其の上強ひるわけにも行かず、

心を殘して家に歸つた。彼れが二三日經つてから糸屋の軒を通ると不幸のあつた後の片付も濟んで寂寞として居た。そして七日七日には香華の供養も怠らず・滿中陰の法要も丁寧に營まれたが、兩親の悲愁は日が經つほど募るばかりで亡者の菩提を弔ふ爲めに懺悔すること限りがなかつたらしい。

——爾後一箇年ほど經てから糸屋の掛戸に「化け物障子」が出來た何でもさる高僧の筆蹟だといはれて、斯んなものを描かせて大衆の見せしめとすることが、亡者の追福になるものであるとは何たる誤でもあらうか？[illegible]る時、この障子をつくぐと視てゐた中年の人が獨語に斯ういつた。

「あゝ怖ろしい事だ、昔から大師が結界して置かれた清淨地に穢れある女人の身を寺小姓にやつして、あの坊に住み込ませたのだ、なんでも、かれこれ一年ばかり山内に居つたやうだが、歸つて來たのは一昨年の秋だつたかしらん・妄執とはこんなものだな、あアおそろしいことだ」

維新後この糸屋は失くなつた、家も建ち變つた、木挽寄贈の大大阪中心點の鐵柱から咫尺の地・繁華の結晶點も、七八十年前の昔の皮を剝いで見ると、こんな物語りも潜まれて居る。心齋橋のローマンス決してこればかりではなからう（この稿終り）

大阪の怪談（四）　無気味な大阪城内（一）

4-220

怪　●大阪時事新報　昭和四年七月二十六日（二十五日夕）

大阪の怪談（4）

開けずの室に 夜な〳〵聞ゆる悲鳴

淀君の建てた稲荷社を毀して 無氣味な大阪城内（一）

大阪落城後の城内には、いろいろ様々な無氣味な傳説が殘されて居る。これは豐臣家一門の怨靈惡鬼が集まつて、城代以下の役人を惱ますのであらうとの取沙汰である。今茲に一二を拾ひ集めて見よう——。

京橋口 脇には城番屋敷があつて、猫間川に架かる鴫野橋——今の鴫野橋は平野川にある——を隔てた所に、城內用意の味噌、醬油から薪炭の類を收めた藏を建て聯ね、更にその南方に張り出した四十八戸前の米庫は世にいふ「いろは藏」であつた。ところが其の北を流れる淀川、南を流れる大和川——今は堺と住吉の間を流れて居る——、さては東南から西北へ流れる猫間川などが錯流する水路は物凄く寂しかつた。

徳川の 天下となつた後、元和五年七月內藤紀伊守信政を初代の城代とし、最後の元治元年十一月に來た牧野越中守貞明が、明治元年の二月まで、此の間、二百五十餘年、前後七十一人は大阪城代として譜代つて來たが、何れも怪物に出會つては臆病風に誘はれて無事に守り得ず、事に託して中途半端で江戸に逃げ歸り、押して踏み留まる者は忽ち熱病を起し惱亂の苦しみを續けた。からした不思議に大阪詰めを苦痛とするものが多かつた。

其處で 享保十三年四月二十一人目の城代となつて來た內藤豐前守弌信は戸田大隅守といふ大剛の士を選んで城番に押据ゑた。この大隅守は世に聞えた無雙の豪傑「猿面冠者が作つた城跡に何程の事があるか、さる年々の城代・城番が女童にも似た振舞ひは笑止千萬、德川末代までの恥辱だ」と豪語してその任に就いた。その夜靜まり更けるを待つて唯一人、城中を見廻つた、その翌日、庭前にある稲荷神社を叩き毀さうとした、これを聞いた城內の諸士は驚いて「これこそ淀君が勸修し

た信仰の遺跡、當城鎮護の爲め、今日に至るも年々の祭祀奉納を缺かさず、若しこれを怠れば必ず不思議の變が起る」との言葉に、大閣守は笑ひながら「馬鹿をいふな我こそ家宣將軍の命をうけて當城の鎭護となつて來たもの、なんすれぞ淫婦

淀君の

祟つた稲荷を拜むものかッ」と直ちに打ち碎いて焼拂つた。その後二三日で家臣に大熱を發するものが出來、その病勢は次第に諸士に傳播して忽ち數十人が一時に枕を並べての苦悶狂亂、然も多年閉ぢ籠めた「不開室」といふ三番の奥書院に、何ものとも知れず、夜なく〜悲鳴をあげる怪物の聲が物凄く城内に響く、終には書院口から廊下に現はれ、人を驚かせ家番用人どもの中には、深夜閨や手足を逆撫でされたり掻き疵を負うて、思はず悲鳴をあげる者さへあつて、城中は深い不安の雲に包まれた（つゞく）

4-221
大阪の怪談（五）　無気味な大阪城内（二）
●大阪時事新報　昭和四年七月二十七日（二十六日夕）

大阪の怪談(5)

襖が靜かに開いて現はれた美しい女

忽ち怖ろしい惡鬼と化す

無氣味な大阪城内(二)

城内に妖怪出没の噂を耳にした大閣守は靜かに笑つて、さては「不開室」こそ怪物の本體が忍ぶところであらう「面白し、その室を掃き清めて我が寢室とせよ」と元和の落城以來多年四方の入口を釘付にして、晝なほ闇く、鬼氣陰森として人を襲ふ物凄い大廣間。

その日の

薄闇を

待つた大閣守、殊更に無腰のまゝ靜かに這入つて、座敷の中央へ延べた床の上に端坐し、僅かに研ぎ澄した一梃の短劍を右の膝下に忍ばし、ボーッと點る一穂の灯影に我が影を映しつゝ「聞き及ぶ怪物いざござんなれ、

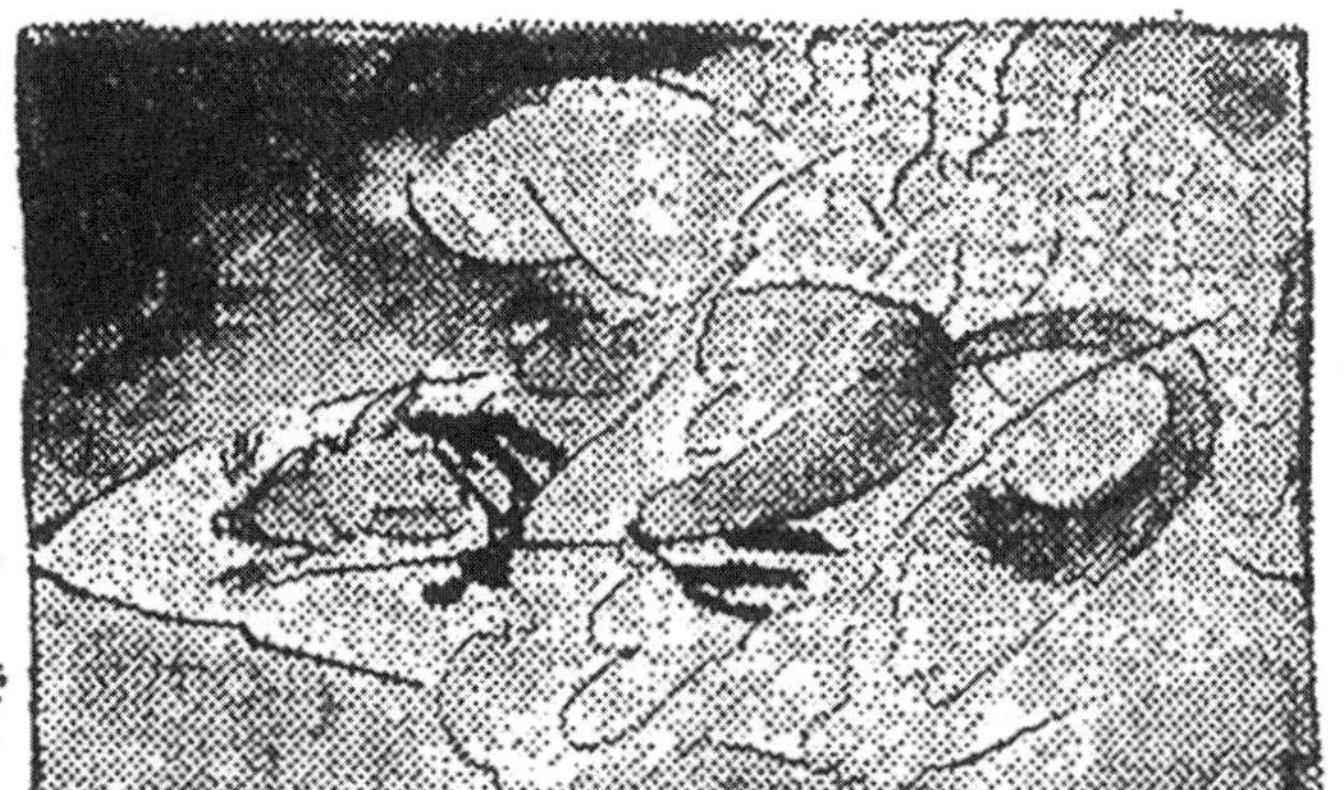

出來よくば生捕にし、若し面倒なれば鎧の一なぎに掻き斬つて呉れる」と、待てども〜姿を見せず音もない、只だ夜氣は沈々として遠音に聞ゆるものは梟のホー、ホーといふ啼聲ばかり——。夜はほのぼのと曉方近く書院の板戸の隙間から漏るゝ頃、うつら〜と

居眠り

始めた、この時隣の室の大襖が靜かに開く音に眼を醒すと、美しい品のよい一人の若い女の立姿が、ぼうつと現はれた。大閣守これを横目でじろりと見て、左の手を肩より心持ち高くあげて靜かに差し招く、美女はほほと微笑ながら進んで來て、室内を彼方此方と暫くの間歩いた後、床の間の柱に倚りかゝつて袖襖の狐であつた。その後城番屋敷には怪しいものが出なくなつた。その尾は剝ぎ取つて久しく戸田家に傳へたといふ。（次ぎは城内のかむろ雪隱）

4-222
大阪の怪談（六）　無気味な大阪城内（三）
●大阪時事新報　昭和四年七月二十八日（二十七日夕）

大阪の怪談(6)

天守閣の西手 かむろ雪隱の妖怪

現はれた手燭を持つ小娘

無氣味な大阪城内(三)

大阪城内天守閣の西は豐家落城時の頃は「お手討ち場で」あつた。徳川方から入込んだ男女の間者は相當多く此の場所でバッサリとやられた。又落城當時は其の場所は豐家一門の人々は怨みの最後を遂げた、殊に桐間では從者が怨みの毒藥を嚥して死んで居る——、斯

ふした無気味の場所だけに、明治維新後にこの辺に立つた歩哨が幽霊のやうに幾度も姿を消したといふ無気味な噂が伝へられた。それ程に

陰惨な 場所なのである

ところが徳川時代にはその場所は城代番頭の役所になつて、そこには「禿雪隠」といふものがあつた。明暦三年の夏、彼の一世に鳴つた町奴幡随院長兵衛を斬殺した、白柄組の首領、水野十郎左衛門が或る年番士となつて営城内に在勤した時、この雪隠から頻に怪物が現はれるとの噂を聞いた十郎左衛門は元来が粗暴の性とて、好奇心を躍らせ、月のない夜は更け、人々が寝静まるのを待つて、誰れ一人伴れず我が手に

手燭を 採つて脚下を照しながら厠へ行き、用を便じたが片手でお尻を撫でられもせず一向何事もなく、更に怪しい點は一つもなかつた。其處で「怪物が現はれるとは卑怯者の評判か」と冷笑しながら出て見ると、十一二歳ばかりの小娘が静かに小腰になつて十郎左衛門が置いてあつた手燭を取り上げて、脚下を照した。さては出てうせたかと思つたが、元来の娘頭とて、その儘静かに手水鉢の水を汲んで手を洗ひつゝ「女官！ 手拭を忘れた、その方の袖をかせ」といへば、禿は其場に坐つて片手に

振袖を 巻いて捧げた、十郎左衛門、その袖が破れンずばかりに手を拭きながら「今、二三年も長て居たならば、今時は勤番ものゝ寂しい闇のお伽にしやうものを、おしいものだ」と言ひつゝ禿を取つて内に入らうとして振り返れば、禿の姿はポーと消へて、その後に残るものは一摑みの黒いもの、怪しんで拾うて見れば髪の毛であつた。ハッと思つて自分の頭に手をやつて見れば、ヤアッ、さしもの江戸八百八町に鳴り響かせた旗本奴の男前は何時の間にやら剃り取られて、見るも悲しい「禿頭」となつてゐた――。（次ぎは大阪博労町にあつた「猫の自殺」）

大阪の怪談（七）　黒猫が悲観の自殺

獣 ●大阪時事新報　昭和四年七月三十日（二十九日夕）

4-223

大阪の怪談（７）

飼ひ主に死別れた 黒猫が悲観の自殺

火屋のなかで死骸が招く

博労町に起つた出来事

魔物……猫、猫……魔物、凡そ人間に飼はれる動物中、物凄い伝説や妖怪変化の伴ふものは猫であらう。「鍋島の猫」などは最も広く世に知られて居る。また西洋にも猫に絡はる怪談に「壁に塗り込められた猫」といつたやうなものがあり、又魔術の婆には必ず猫がついて居るところから見ても東西両洋とも猫を魔性のものとして居るのは明かである。――今から丁度二百四十年ばかり前、貞享二年の秋も半を過ぎて

吹く風 も悲しい音を立てる頃、大阪博労の内葉山町で噂の高い美しい人妻として知られた鍛冶屋八兵衛の妻お花さんが、去年の秋亭主に死に別れて以来、久しく飼つて居た黒猫と寂しく暮して居たが、不図した感冒が因で重い病の床に就いた。黒猫は心配らしい顔をして床のあたりを離れない、お花未亡人は此の重い患ひでは迚も癒らないことを覚つたものか、或る夜、薄暗い行燈の灯影で細い痩せこけた顔を擡げて枕頭の黒猫に向ひ「私の生命は最早永くはない、死んだ後はお前を可愛がる人もないから、今のうち何處へなりと行つてお呉れ」と

別れの 言葉をかけた、猫は悲しさうに打ち萎れて頭を垂れて居る――。数日の後哀れやお花さんが三十二を最後にあの世へ……。親戚知己の人々が寄り集まつて千日の墓場へ野辺送りを営む時、白い輿が三休橋を渡らうとする時、棺の後に例の黒猫がついて居るのを発見した人達は「魔性の猫めッ」とむごたらしう追ひ返した。やがて輿が墓場に入り、坊さんのお経も済んで火屋へ棺を納め

た頃は、もう火屋の軒下あたりから

闇の夜

は更けて居た。一般の会葬者は何れも帰りを急いだ。後に残るものは縁故の深い三四人のみである。この人達によつて「附け火」をする為に火を点けかけた時、凄い音を立てゝ棺が破れた、一同がはッと思つた刹那、髪をおどろに振り乱したお花さんがヌッと立ち上り、ニッと笑つて北に向つて蒼ざめた細い手でさし招く……キヤッと叫んで後ろ様へつと倒れるもの、素早く火屋から逃げだすもの。さてはそのまゝ釘づけにされて動けぬものなど鬼気肌に迫る凄惨な場面が

薄闇の

なかに展開された。外には凩吹く風がヒユー、ヒユーと鳴つて居る――。逃げ帰つた一人の男は、事情を話すと主なき家の留守居の人達まで顔色を変へて慄へながら四方を見渡すと、ボーと灯る行燈の灯影に何やら黒い塊が横はつて居る、一同はギヨッとして、怖わ怖わ覗いて見ると例の黒猫が舌を噛み切つてドス黒い血潮の中で死んで居る。一同の者は生きた心地もせず慄へ上つて逃げ出さうとした時、大家の爺が這入つて来て事情を聞き『それは可愛がられた猫が悲観して自殺したのであらうから、お花さんと一緒に焼いてやればよからう』との事に、猫を火葬場へ運ぶ事にした。――今まで立ち続けて居たお花さんの物凄い死骸は猫が来たのを見てか静かに元のやうに棺の中に納まつた。（次ぎは本町に起つた怨みの時計）

怪　大阪の怪談（八）　生首が宙に現わる

●大阪時事新報　昭和四年七月三十一日（三十日夕）　4-224

大阪の怪談（8）

本町のド眞中で 生首が宙に現はる

薩摩藩士の無道から井戸の怪　渡ひ上げられた舶來の「懐中時計」

人魂が飛ぶ！、亡霊が現はれる！血潮滴る生首が宙に揺らめく！。かうした物凄い噂が大阪市東区本町四丁目界隈で頻に伝へられる。これを目撃したといふものは何れも同所にある由緒の深い浄正坊といふ退如上人の直弟が開祖となつた四五百年もある大きな寺の庭園だといふ事になつて居た。この

浄正坊

は明治初年には薩州藩士の宿舎に充てられ、樹木鬱蒼として夏の夜は梟の啼き声さへ聞える静けさであつた。夏の夜もやうやく暮れ初めて、蚊遣り火の煙は漆黒く流れる浄正坊の庫裡の軒端で涼んで居た寺男の目の前へ、音もなくスーッと白い煙の線を曳いた町人髷の生首がヌッと現はれた。「キヤッ」と叫んで其の場に倒れた。この消魂しい声に、宿舎の武士が四五名駈けつけて気絶して居る寺男に活を入れ、一人は冷たい水を飲ませてやらうと庭井戸の

釣瓶に

手をかけやらうとすると、その井戸の中から又現はれた件の生首！。流石の武士も「アッ」と一声驚きながら、素早く一刀を引抜きざま、生首めがけて斬りつけた。生首は二三回宙で廻転したかと思ふと、元の井戸の中へスッと消えた。これを眺めた数名の武士は、俠勇揃ひの島津藩士だけあつて、幽霊なぞあらうとは思はなかつたが、目前、目のあたり一人ならず我々五人までありありと見た上は、そのまゝには捨て置けぬ、薩摩武士の名折れだとあつて「生首退治」といふ事に定めた。――夜は次第に更けて行く、提灯の明りでは

井戸の

底まで光は届かない、いろいろ考へた末、縄に提灯をつるして水際まで卸して見たが、人の首らしいものが見当らない。已むを得ずその夜は二人の寝ず番を置いて夜の明くるのを待つ

た。藩士の宿舎では妖怪生首の話で持ち切りである。一同のものは何れも若いだけに明日の「生首退治」に深い興味と好奇心を躍らせて居る。ところが其の中に一人が一言も口を利かず、顔色も蒼ざめて首を打垂れて居るのは小林吉之助といふ男であつた。――二時三時の鐘の響と共に夜は明けた。さすが物々しく「生首退治」だといふので十数名の若士は、淨正坊の廢井戸を取囲んだ。だが井戸の中には生首らしいものがない。或は

水底に

潜り込んで居るのであらうとの説に、人夫を雇うて井戸替をさす事にした。中から現はれたのは當時世にも珍らしい一個の舶来懐中時計！。武士達はあつと驚いた。――この時計は三年前、横堀通四丁目に住んで居た、歩き役の幸助といふ者が、古物商を営んで居て、この時計を店に飾つて置いた。ある日の夕方、通りかゝつた一人の武士はこれに目をつけ、代價も問はずに懐中して出て行つた。居合せた番頭の下女が驚いて居るところへ主人の幸助が立帰つたので、その由を語ると、幸助は直ちに武士の跡を追ひながら返して呉れと縋つたがなかなか聴せない、已むなく尾行して行くと淨正坊へ這入つたので、更に追ひ縋ると無法な武士が

幸助を

縛り上げ「武士に賊名を着せたものとして」東町奉行所へ引渡した。奉行所では即夜戸長、幸助の長屋伊兵衛に出頭を命じ、幸助の行状を訊問した。その翌日「幸助は親孝心ものなれば何分寛大に」と嘆願したが、哀れや幸助はその夜打首にされた――。この時計の現はれた事に依つて武士達が驚いたのは無理ではなかつた。この事が遂に藩主島津公の耳に入り、幸助の死を憐みその遺族へ一時金を贈つた。――生首退治の協議の際蒼くなつて居た木村吉之助は、その夜のうちに何處へか姿を隠した。その後件の井戸は埋められて今は無い。（次ぎは夢の浮橋に終まる怪談）

大阪の怪談（九）　薄気味の悪い花嫁

獣　●大阪時事新報　昭和四年八月一日（三十一日夕）　4-225

大阪の怪談（9）

柳の下へ迎へ出た 薄氣味の悪い花嫁

馬の尻を覗いて喜ぶ旅人 「夢の浮橋」附近の妖怪

大阪名木の一つ「御津の柳」はいよいよ葉みを加へて緑の糸を夕風に揺らせる頃、涼しい陰で客を呼ぶ甘酒屋を取り囲んで一入賑ふのであつた。――こゝは西本願寺別院の南側、道修本町筋を隔てた南、南渡邊町の東側を北に「狐小路」に近い處で「夢の浮橋」といふ小さな石橋の架かゝつた附近である――涼み客の話題の中心は、近頃頻に出没して多くの人を悩ます悪性な狐のお化け語りである。その中の一人の話では

昨夜も

私の隣の酒屋の養子藤吉さんが毎夜の得意先きへ行つての歸り、この柳の下まで來ると花嫁のお菊さんが迎へに出て、今晩は餘り暑さが烈しいので迚も寝られない、この邊を散歩でもして一と涼みした後歸りませうといふので二人は仲よく肩を列べて御堂さんの周りをぶらぶら歩いて居た何時の間にやら「夢の浮橋」へ來た時、どうした機みかお菊さんは足を踏み外し「あッ」といふ間もなく下水道へ轉び落ちて、白地の浴衣は素より、結ひ立ての綺麗な丸髷の先までがドロドロに汚れた。養子は狼狽て引揚げて家へ連れ歸つた。處が家の敷居を踏み入るか入らぬ先きに

花嫁の

お菊が奥から出て來て「あなた、どうして歸りが遅くなつたの、あつ、あなたの其のなりはどうしたのですか？」と

の言葉に吃驚して自分の著衣を見ると成程、下半身から左半身はドブ泥が一面に著いてた。樣子の樣さん、たゞ呆うとして目をパチクリさせるのみで、ポカンとしてゐた。――先きに迎へ出た花嫁は狐の化け物だつたのは云ふまでもない――。耳を澄して聞いて居た數名の涼み客は咳一つせず、身を硬うして聞入る、中で一人大きな聲を一つして「あゝ、感冒をひいたらしい」と云ひながら一人減り二人減りして、前に物語りした男と今一人の男が居るのみで甘酒屋の客もなくなつてゐた。また話が續く、「兎に角近頃の狐は悪どい化し方をするやうになりました、一昨日の夜は何んでも旅の人らしいが、あの

狐小路 の入口へ繋いであつた馬の尻を頻に覗いて喜んで居た男があつたが、「そんな事をして居ては、馬に蹴殺されるぞッ」と怒鳴られた馬士の聲で始めて氣付いたらしいが、その旅人の話では、宵五ツ時頃から彼れ是れ一と時程、綺麗な娘と道づれになつて歩いた末、お半、長右衛門の「覗き」を見やうといふので、見て居たのは、今の馬士に叱られた馬の尻であつたといふ事であつた。然し狐があゝした美くしい女に化けたりするのは實に不思議でならないものですナ……」と話を結んだ。今まで感心したやうに聞いて居た一人の男は、身震ひしたかと思ふと「それ位の事は何んでもないや」と云ふや否や、忽ち綺麗な女に化けて、ニッと笑つた。――今まで聞いて居た男は狐であつたのだ。大阪城の上へ二十日ばかりの
る紀州街道は人影で賑ひ、その中

月がポカンと浮んで居た（次ぎは飛田の妖怪）

怪　大阪の怪談（十）　晒された男女の生首

●大阪時事新報　昭和四年八月二日（一日夕）　4-226

大阪の怪談(10)

飛田の獄門臺に晒された男女の生首

雷鳴の中で戯れ遊ぶ　物凄い異様な聲を發して

大阪七墓の一つ、飛田墓地は明治後に廢されたがまだ三十年程前までは墓石や卒塔婆は累々として横はり陰慘な空氣が漂うてゐた。――飛田遊廓の邊から、霞町市電車庫の南（關西線路を隔てた南側）の八田と稱する一帶はその墓地であつた――。無論この墓地の一部には仕置場があつて、その西側は紀州街道に面し、殆ど毎日のやうに色々な

獄門首 が晒されてゐた幕末の血なまぐさい風は京都を中心に吹いてゐた頃、流石商人の大阪だけに氣樂な人々が多かつた。灼けつくやうな猛夏の陽はやうやく西に落ちて、サッと夕風が流れる紀州街道は人影で賑ひ、その中

る紀州街道は人影で賑ひ、その中

を彩る垂れを巻き揚げた籠は色とりぐの男女の客を乗せて馳けて行く……。住吉神社の森陰が夢のやうに、闇の中に浮んだ頃、何處かの料理屋で呑みつぶれた客らしい男を乗せて一挺の籠が、淡い提灯の灯で足許を照しつゝ大阪方面へと急ぐ。天下茶屋を過ぎた頃、北西の方角から

遠雷が 聞えだした。「おい相棒、どうやら一雨きさうだぜ」「かも知れんナ、一とふんばりやらうか！」呼吸を合せた籠屋は韋駄天の如く飛んだ。間もなくポツリ、ポツリと大粒が脳天を打ち出したかと思ふと、物凄なぐりの大風と共に、瀧のやうな大雨、闇

にも白く乾き切つた街道筋は土埃を立ててゐる。閃く稲妻と共に消え凄しい霹靂の響！・大粒に激しくなる。駕籠の屋根には雨脚の飛沫。中の客は眠りから醒めたらしい、駕籠はいよ／＼急ぐ――。飛田墓地の仕置場の前で駕籠はピタリと止まつた。『相棒！迚もやり切れんナ』と言ひながら腰をしやくつて見せた――駕籠脇の獄門台には今日晒し首になつた怪盗の生首と不義密通を重ねたといふ

若妻の 生首が並べられてあつた。『旦那、此の雨ぢや迚もあかい、酒手をハヅムから約束通り本町まで頼む』言ひながら身を震はせてゐる。斯うした淋しい場所を利用して、客に酒手を強請るのは、彼れ等悪駕籠屋の常套手段であつた。――『一歩や二歩行つたつて此先き一足も行けませんや』と突し付けた時。獄門台で異様な声を発した。思はず

三人が 見あげると、男の生首が雨中へ飛び上つて女の首に噛みかゝつた。雨に濡れた女の首はニッと笑つて男の首へ振向く物凄さ。この有様に悪辣な駕籠屋も胆をつぶして一目散に逃げ出した、駕籠の客も身を慄はせて眼を閉ぢたまゝその場を駆け出した。後には尚ほ二つの生首は霹靂はげしい中で、上になり下になつて戯れ遊んで居た。こんな物語りは飛田墓地にはまだ／＼少くない。

怪　大阪の怪談（十一）　四つ橋に現われる「死神」（上）
●大阪時事新報　昭和四年八月三日（二日夕）　4-227

大阪の怪談（11）

夜毎に出來る 上繋橋下の水死人

年の若い男や美しい娘達ばかり

四つ橋に現はれる「死神」（上）

気品ある処女のそれのやうな誇りを持つ清楚な四ッ橋 四橋とも打ち揃ふた白い肌に緑の雪洞を飾つた風姿こそは、水郷大阪の誇りであらう。「涼しさに四つ橋を四つ渡りけり」の名句を残された程、古くから我が大阪の一名所であつた。――まだ電車が走らず、無論自動車のない頃の四つ橋は、近代的な匂さへない寂びた欄干のある木橋が架けられてゐた――。その四つの

橋の袂 には緑に垂る枝垂れ柳は川風に吹かれて、涼しい感じといふよりも、何処やらに一抹の寂しさがあつた。その上繋橋（四つ橋の一つ）の西詰の柳の下には五つ六つの提灯の灯に照らされて横はつて居るのは、まだ年若い娘の溺死体である。死後まだ数時間より経たぬのか、目鼻だちの整つた蒼白い顔には、死斑一つ出てない。今しがた投網船の網に引つかゝつて引揚げられたとの噂。娘の

死骸を 取り巻く人々の話では、この上繋橋の袂には、夜な／＼死神が現はれる、怖ろしい場所で、昨日の夕方此処から船場の娘の死体が揚つた。又その前の夜は若い夫婦ものゝ死体がといつたやうに、こゝ一ト月ばかりのうちに十七八人も殆ど同じ場所から

娘の死體が揚げられて居る。しかもそれが不思議に若い男や女ばかりで、何れもその家から見ると「死鬼方」に此の上繋橋が當つて居た。譬へば船場のお嬢さんの死んだ昨夕は、申の日だつたので、その家が丑の方向に當つて居るといふのである。で今揚げられた娘さんの家はまだ判らぬが、今日は酉の日だから何れ巳の方向にある家の娘さんだらうと

陰氣な

話に花が咲く折から、一人の下男につれられて駈けつけて來た、北炭屋町の鼈甲問屋の内儀は、一目死骸を見るや否や抱きついて、わつと泣き出した。程なく町役人が來て、死體を母親に引き取らせた後は、猫の子一匹も通らぬヒツソリとした靜かな夜となつた。下弦の月は中天に瞬き薄ぼんやり見える來山の句碑は柳の枝に撫でられてサラ〳〵と幽かな音の聞える頃、佐野屋橋を北へ渡つた上繋橋の方へ向つて來る男は酒屋の番頭らしい、肩には三升樽を舁いでゐる。……「今日は酉の日で炭屋町の娘さんが、この橋の下で死ぬし、今日の日は巳の方向に住む者に取つては、上繋橋は怖ろしい

鬼門だ

こんな嫌な晩に急き前の註文だとは、何と因果な事やらう」と獨り言をいひつゝ、橋の袂にかゝると、丁度前刻娘の死體が横たはつてゐた邊の柳の影から、骨もあらはに痩せこけた死神は、破れ團扇を持つて酒屋の番頭をさし招いた。（つゞく）

大阪の怪談（十二）　四つ橋に現われる「死神」（下）

怪

●大阪時事新報　昭和四年八月四日（三日夕）　4-228

大阪の怪談（13）

川面の花園に　娘さんの姿を見た？

飛び込んだ酒屋の番頭　四つ橋に現はれる「死神」（下）

死神に招かれた酒屋の番頭、それを知つてか知らずか、燻し銀のやうに光る綺麗な川面を眺めて佇んでゐたが、何時の間にか目を細め嬉しさうにニヤツと笑つた。折柄ザツと一陣、橋下で砕けた井形の川水は、淡い月光を吸うて白い波頭に華が咲く、それが番頭の目には春の花園に見えたのか、或は死神から送る一種の靈波から

幻視に

よる錯覺を起したか、瞑視する川波の一つ一つは色とり〴〵の美しい草花となつて、川一面はパツと開け五彩七色を呈した。肌觸りのよい涼風は吹き續いてゐた。夢心地になつた番頭は、無意識に肩から酒樽を卸して、それに腰を打ちかけ、尚ほ一生懸命に川面を眺め入る。柳の影の死神は、ブラ〳〵とした足どりで番頭の背後へ進み寄り、痩せ枯れたドス黒い顔を唇に動かしながら、例の破れ

團扇で

ゆるやかにあほぎ立てると、番頭は人形のやうにスツド靜かに立ちあがつて、一足二足川べりへ進み出た。――また一しきり強い夜嵐が川面を撫でたこの時番頭は「あゝ、嬢ぼん」と一聲叫びざま上繋橋川へ水煙を立ててザンブと飛び込んだ。暫しばかりのやうな死神は揉手を打つて喜んでゐる……。一たん沈んだ番頭の姿は直ぐ浮き上つて四疋のやうな首だけ出して岸へと泳ぎ出した水神が遮るらしい。だが一向岸へ泳ぎ寄らうとせず、同じ場所をグル〳〵廻つてゐるのみだつた。死神は静かな足音を立てて

柳の影

から上繋橋の上を躍りながら往つたり來たりし始めた。蒼白い月の光に照らされた番頭の蒼ざめた顔には、大きな疲れの色が見え出した、それでも時々水中から片手を上げて、何かものを摑まうとしてゐるのは、先きに叫んだ「嬢ぼん」の姿が目の前に見えて、その袖でも摑まうとして居るやうである。――程なく一際大波を描いたかと思ふと、「ウームツー」といふ唸き聲を立てるや、番頭の首は水面から消えた。水底へ沈んだのであらう、そのあたり白い泡を立ててた。ブク、〳〵〳〵と夜目にもペブク、〳〵〳〵と夜目にも白い泡を立ててた。柳の影にはモウ死神の姿は見えない。――夏の夜は沈々と更けて行く。（此稿終り・次ぎは難波新地の「藪林の涎そり」）

大阪の怪談（十三）「髭剃」の怪盗現わる　4-229

●大阪時事新報　昭和四年八月六日（五日夕）

大阪の怪談（13）

南阪町の藪影に「髭剃」の怪盗現はる

小雨降る夜の大入道は殺された人々の亡霊

今でこそ絃歌乱舞の彩り美しい南阪町となつて美妓の蝟集地だが、明治三十年四月大阪市に編入される前までは難波村の大字高津の内字「髭剃」といつて、難波河原町の東に接した竹藪に沿ふた寂なほ薄暗い陰鬱な場所であつた。殊にその南には千日墓所があり、また一方には血痕のついた獄門首が晒されて居るといふ物凄さであつただから

道頓堀 の芝居櫓から打ち鳴らす撥ね太鼓に吐き出された観客は思ひ〳〵に散らばつた後は流石の道頓堀さへ人気のないヒッソリとして寂しい街となつてゐた――森として髭剃の藪影には、一人の大男が蹲みながらなた豆煙管を銜へてスパ〳〵煙を吹いては、片手で足のあたりを刺す藪蚊をたたきつゝ「ヒドく暇どつてゐやがらア」と独り言をいふ折柄、バタバタッと足音忙しく駈けつけて来た二人の荒男の肩から投げ出されたのは、手拭ひで

猿轡を 施された商家の若旦那らしく夜目にも色の白い痩せ型の若者であつた。一人の荒男は「馬鹿に骨を折らしやアがつた」と呟くや倒れて居る男の猿轡を取つてやつて「若エの、もう観念したらうよ」と言ひながら半身を起してやつた。若者は無言のまゝ二の腕のあたりを頻に擦つて居る。前から煙草を喫うてゐた大男は、鼻先きに薄ら笑ひを見せて、二人の男に目もくれず若者の方へ一足二足いざり寄り、「おい、若エの、こゝへ舁ぎ込まれるまでだいぶ痛めつけられたやうだナ、モウ怖れなくてもいゝや、生命まで取らうとは言はねエ、さア内懐の

巾紗包 みの茲へ置いて行きな、それが嫌なら「髭剃」ろか？」。藪の彼方こなたでキイ、キイ幽かな奇声を立てるのは夜風に靡く竹の枝摺れの音。――斯うした手段で此辺には強盗が出没して婦女子は素より良家の人々を脅かし、時としては所持品を素なほに出さぬ者があれば、それでは「髭剃」ろうと言つて、髪刀でズバリと咽首を刺されて惨殺されたものであつた――。だから此の髭剃りの藪影には、無残な最期を遂げた人々の亡霊が小雨降る夜毎に大入道となつて現はれ、若し通行人でもあれば大きな毛の生えた手で、襟がみを掴んで藪の中へ引摺り込まれ、髷を逆撫でされるといふ無気味な噂がパッと伝へられた後は近くの道頓堀は芝居に賑うても、此の「髭剃」の通りは夕暮れ近くからパッタリ人影が絶えて、

それはそれは寂しい墓地に化したのであつた。

大阪の怪談（十四）死児を生んだ若妻の狂態（上）　4-230

●大阪時事新報　昭和四年八月七日（六日夕）

大阪の怪談（14）

南地盛り場に著名な鰻屋に妖氣棚曳く

ハイカラ主人の恒例無視から死児を生んだ若妻の狂態（上）

南地に現存する有名な鰻屋、因つて名と場所は遠慮するが、そこに今を去る四十年ほど以前、初秋の風の吹き初める頃起つた怪談で物喧しかつた当時の噂は今なほ古老の耳には残つてゐる事であらう。

この家 の主人芳三郎は当時二十六歳、三年前に父を失ひその後を継いだのであるが、若い者の常として今迄亡父が年々盂蘭盆には平素家業の為めに殺生した鰻、鰌、鯰をはじめその他の魚介の為めに怠らなかつた

施餓鬼 をば「魚は人に食はれて成仏する、なんでそんなことが要るもんかいな」と事もなげに片づけてしまつたのが、この

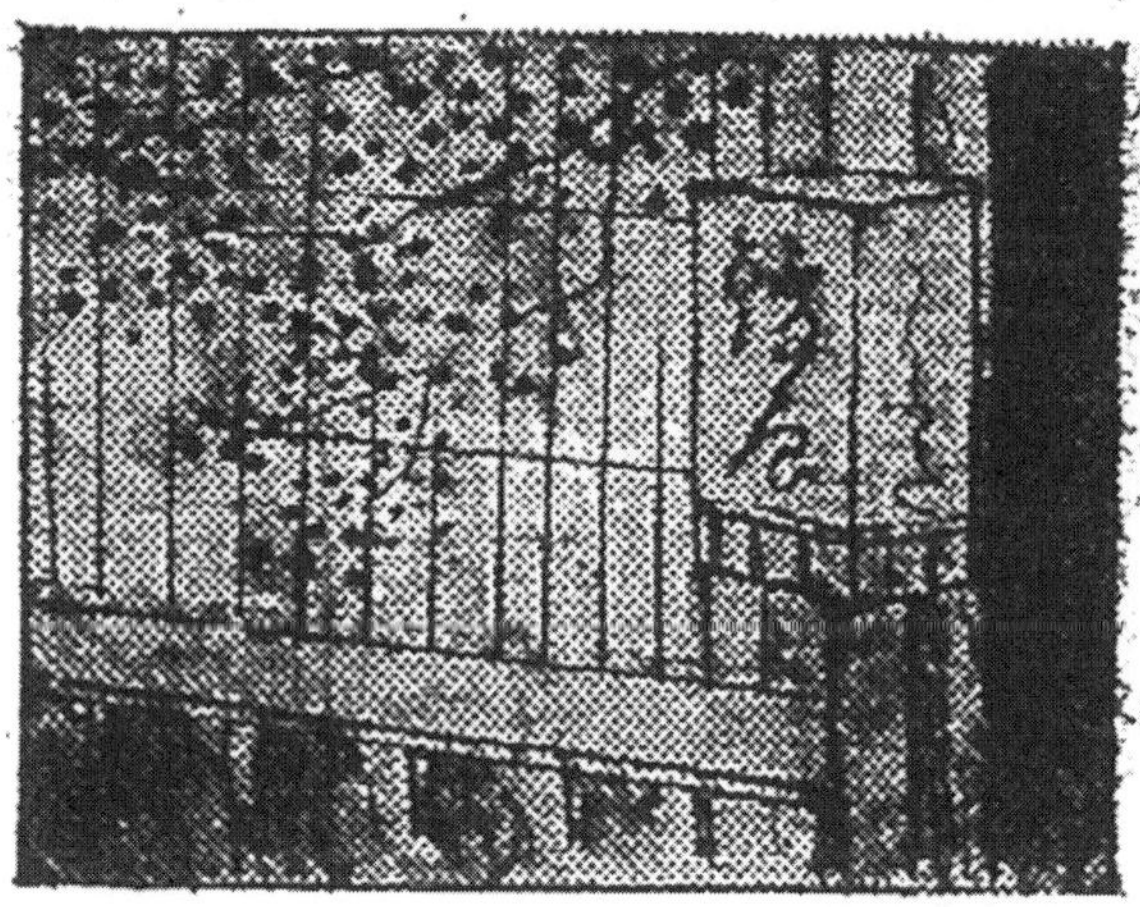

話の起りである。芳三郎は相續の翌秋初めての盆から断然その事を廃してしまつた。年取つた母親、板場、彼の女房などはしきりにそれを氣に病むのであつたが

氣強な 芳三郎はいつかな聞き入れやうともせず皆の申立をせゝら笑つてゐた。それより久しい間事もなく過ぎて、芳三郎はひとり勝誇つてゐたが、翌年の夏女房のお藤は二度目のお産に死児を生みその後血が納まらぬと云はうか發狂の状態に陥つた。

そして 板場で鰻を割く時に不思議やそれの聞える筈もない遠くの離座敷に引籠つてゐたお藤が急に激しい發作を起して口には泡をため無氣味に身をのたうち廻らすのであつた。その様は宛然ずるから俎に移され、錐を刺されて藻搔く鰻にも似て寒氣を誘ふものであつた。

家内の 者は一圖にこれを芳三郎の佛心の無さより起きた祟りとして彼を責めた。流石の芳三郎も空恐ろしく感ぜぬでもなかつたが、今は行掛りからも「そんなぢやらちやらしたことがあるかい。お産の後に氣が狂ふたやうになるのんはようあることつちや、たゞあいつが平常から殺生職業を氣にして腐つたさかい、そんなことを口走るだけや。ぢつきに癒りよる」

彼の母 は秘かに僧侶や祈禱師に頼んで加持祈禱をしてもらつてゐたが、夫の芳三郎としては一遍の神詣でをするでもなく平然と稼業を續けて己の憂を晴らすために日夜酒ばかりくらつてゐたさて、お藤の病は日夜募る一方、今は骨と皮とに痩せ細つてたゞ死ぬ日を待つばかりであつた。

ある日 母は芳三郎を呼んで「お前のやうに氣の強いのばかりが能やない、げんに祟りが嫁に現れてんさかい、一遍位お坊さんに來てもろて謝まつてもらはな」と泣かんばかりに頼んだ。しかし芳三郎はそれも聞き入れず、たゞ病態のお藤をこの家に置くことは何れにしてもよくないからといふので、高津にある知人の寮を借入れて移すことだけは承諾した（つゞく）

大阪の怪談（十五）　壁一面に鰻が……

●大阪時事新報　昭和四年八月八日（七日夕）　4-231

大阪の怪談（15）

夜更けた店に 美しい女の一人客

其艶姿は消え失せて 壁一面に鰻がウヨ〳〵（下）

寮に住むやうになつたお藤は思ひの他恢復して、發作も日に日に靜まり、今はたゞ、折ふし

床の中 にあつてひとり泣き沈むと云ふやうな靜かな狂人になつてゐた。またしても芳三郎は「どうや、見てみい、こんな騒騒しい處へ置いといたんが悪かつてん、鰻みたいなもんに祟りがあつてたまるかい」と豪語するのであつた。母親はじめ家の者も、お藤が快方に向つて來たのと、芳三郎の強氣につられて、いつしか楽な氣持になつてゐた。處が、ある夜、九月も末近くのことであつた。

涼風の 立ち初めて、何處かの軒端に釣した風鈴から鈴虫の鳴く音はさびしく響はつてゐたさしもの花街も宵の賑ひから夜の靜けさに移らうとした。時にすれば十一時の頃合であつた。芳三郎の家でも宵から引續いてあつた客は既に去り出前も杜絶えて「今夜はもう火を落さう」と通ひの仲居は歸り支度を始めてゐた。

その時 突然玄關に客の氣配がした。女中が驅出すと細面の女がひとりしよんぼりと立つてゐた。頭は櫛巻にして、粧飾せぬ肌はぬけさうに白く小さな袋を抱く手には靜脈が蒼く浮き出てゐたゞ云はゞ物凄い美しさのある女であ

つた。「折角でおますけども火を落しましたんで」と女中は馴れた口調で斷つた。女け强てとも云ひ兼ねてゐたが、非常に困つた顏をした「おい、ちよつと」と帳場から芳三郎の際がしたので「暫くお待ちを」と

女中は 女に云つて帳場に近づいた

「誰ぞお待合せの人でもあるのやろ、まだ板場もそのまゝやさかいお通し申したらどや」

そこで女は二階に通され、註文によつて瀧鐡二人分、その他のものが運ばれた。

「あの、どうぞ放つといとくれやす、あてひとりの方が結構だすよつて」

「さうだつか、そんなら勝手さしてもらひます。御用があつたら、どうぞ」それから、半時、一時間と過ぎて、もう時計は二時を示してゐたが、女の伴れらしい人は來ず、二階からも何の沙汰も無かつたので、下でもそろそろ

不審に なつて來た。

「お民どん、一遍上つて見て來といで」

「ほんまにけつたいにおまんな」女中は怯々と二階に上つていつたが、女のゐる筈の間の襖を開くと共に「キヤツ」と大きな聲を出した。あわてゝ芳三郎はじめ男達も駈上つたが、お民は廊下に氣を失つて倒れてゐた。そして更に驚いたことには女客の姿け消えて無く周圍の壁には隙間を殘さず生きた鰻が匍ひ上つてぬるくくと蠢いてゐたのである。

その後 の話けなんの變哲もないが、流石の芳三郎も初めて後悔して、三七日の間高僧を招いて加持をしたので壁の鰻は漸く退散し女房の病もその後次第に快くなつたと云ふのである。店頭には「カベにウナギは數々ござる」など洒落のめしてはゐたものの、恐れをなしてか寄り付かず、芳三郎の家も數年後改築するまでは、たとへようもないさびれ方であつたと云ふ。

大阪の怪談（十六）紅毛碧眼の客に…　4-232

●大阪時事新報　昭和四年八月九日（八日夕）

大阪の怪談（16）

紅毛碧眼の客に 魅入られた「友鶴」（上）

山嘉こ女將の惡智慧！ 九軒の夜櫻見物が發端

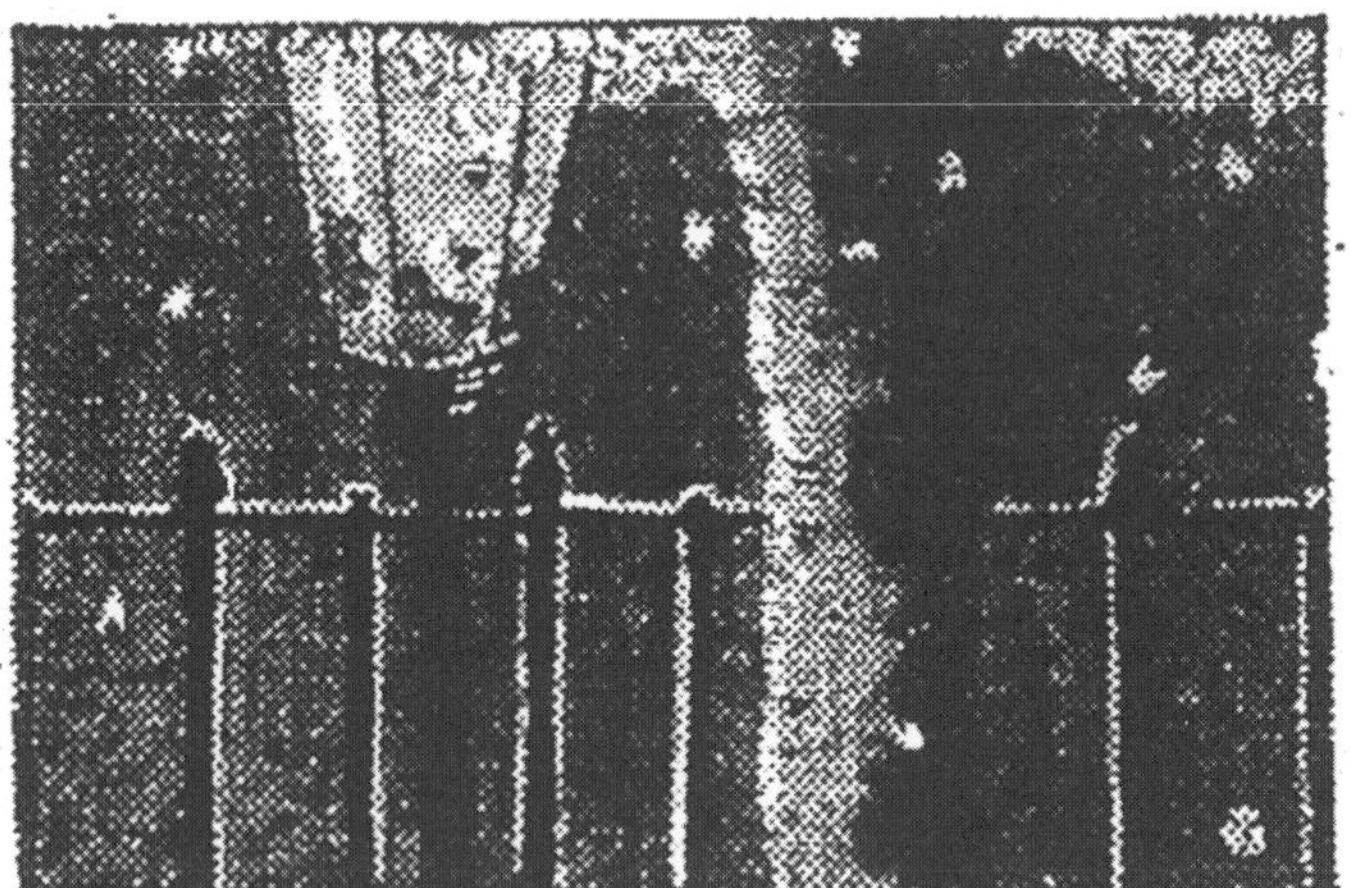

明治三十年を□三年過ぎた春のことであつた。その頃大阪川口の居留地に住つてゐた獨逸商人グレーゼルは道修町の藥問屋山嘉の主人山田嘉兵衞に誘はれて川口から程遠からぬ新町九軒の夜櫻見物に出かけた。リキシヤ（俥）にゆられて町をゆくグレーゼルの目に先づ映つたものは著飾つて町を往く美しい

娘の群 であつた。彼はウンテル・デア・リンデンのそゞろ歩きを思つて、しきりに故鄕が戀しくなつた。この娘達によつて彼は文字通りの街の娘を思ひ出したのである。グレーゼルは一年か高々二年のつもりで日本に來て、もう四年も獨りで暮してゐる五十男であつた。

二人は 砂場で俥を捨てて、九軒に入つていつた。道ゆく人は物奇しげにグレーゼルを見た彼は「キレイ」「キレイ」と云つて、櫻やぼんぼりに魂を奪はれてゐた。九軒の雜沓を抜けた彼等は、越後町のとある青樓に上つた。山嘉の□□して並べられた數多くの

美妓の うち、彼は友鶴花はにひどく心を惹かれた。思つたことを率直に言葉に表す外國人、

怪

大阪の怪談（十七）　母親の泣き言に…　4-233

●大阪時事新報　昭和四年八月十日（九日夕）

大阪の怪談 (17)

母親の泣き言に 覺悟を決めた其夜 (中)

長堀川の材木置場から ドス黒い魔の川面を凝視た

小方の主人が強く責めれば、友鶴の實母は優しく取りなした。

「まあ、そない強う云はんと堪忍してやつとくれやす」「どうやお前も、もうえゝ加減にうんと云うてくれたら、わしにしたかてお前をそんな異人さんの自由にはさしとうない、けれどもな、家の事情も考へてみてや、父親なしに六人の子を抱へて苦勞をしてるわての身にもなつてみとくれ。そら、月々お前の助けは借りてるけど、一通りのことやないで。お前もどうせ嫌な客も取らんならんのやつたら、小出しに苦勞するよりか、その異人さんに、自由な身體にしてもろて、末の見込みの立つだけの物もろて直に別れてしもたらええやないかいな」

母親の 泣き落しにかゝつて友鶴は仕方なく、口先だけでもグレーゼルを客に取ると云はなければならなくなつた。氣の變らぬうちにと急いで事は運ばれて、其翌夜越後町の前の茶屋で友鶴はグレーゼルに逢ふことになつた。

山嘉か ら委細を聞いたグレーゼルは異人だけに昇天の歡びであつた。しかし、裏にこんなカラクリのあつたことはすこしも知らなかつた。さて、その夜のことである。グレーゼルは早くから山嘉と共にさきの家に來てゐた。やゝ遅れて友鶴は美しく粧ひ

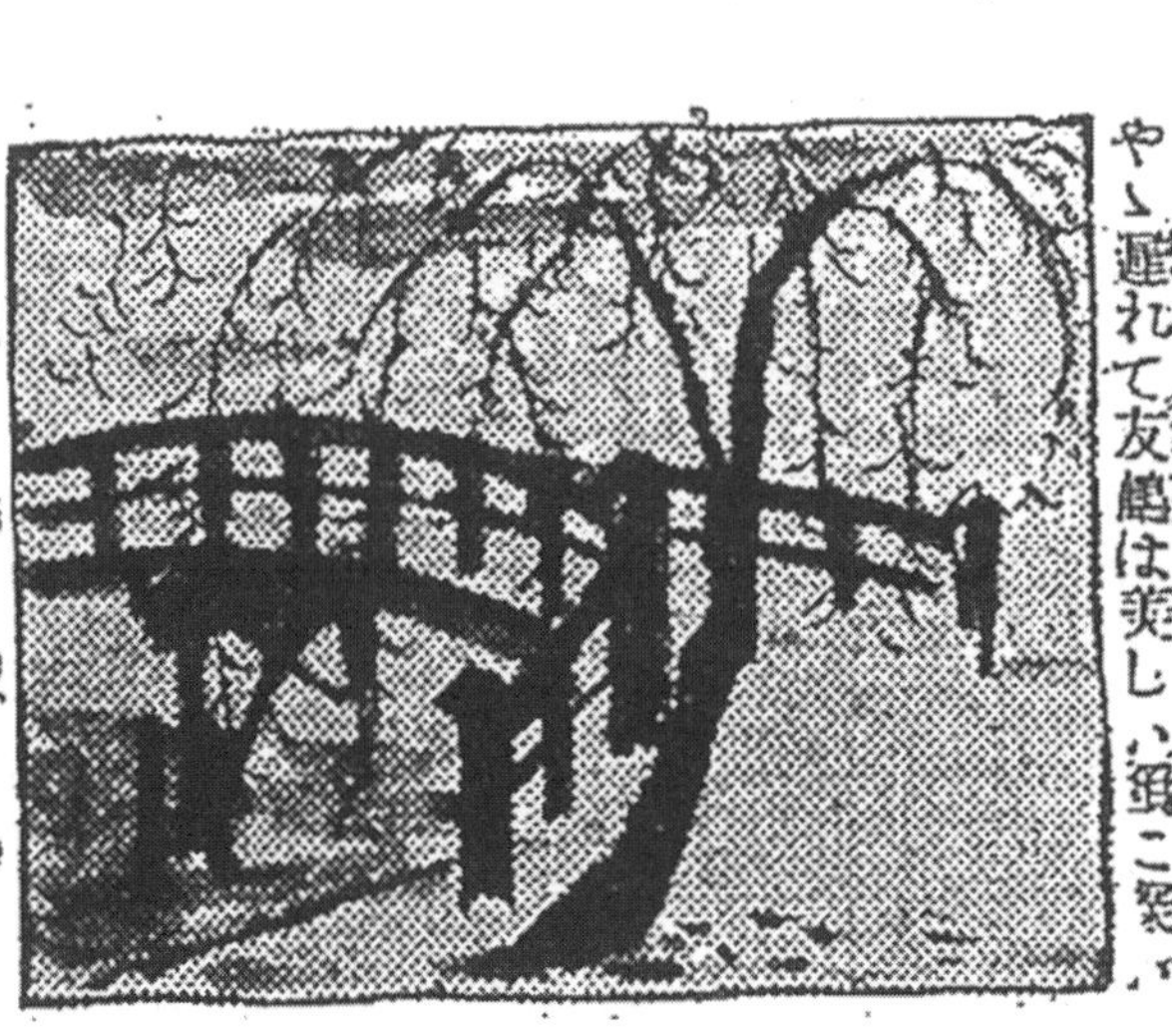

憂ひを浮べて靜かに入つて來た。碁盤に蒲團を重ねて腰かけてゐるグレーゼルは彼女には大江山の酒呑童子のやうに思はれた。今夜に限つて誰の指圖からか

友鶴の 他に一人の藝者も呼ばれてゐなかつた。

「お母ちやん、淋しいわ、もつ

ことに五十の坂を越したグレーゼルは無遠慮に友鶴ばかりを眺めてゐた。

「この人ウツタシイ、こゝ富士山のやう」

「キヤツー」

赤毛の 生えた大きな手で顔を弄られて友鶴は思はず大きな叫び聲を出した。その夜は事なく山嘉と共にグレーゼルは十時頃その家を引上げたが、それから後どうしても彼は友鶴の姿が忘れられなかつた。或日彼は廻らぬ舌で思ひのだけを山嘉に打明けた。山嘉も困つたことになつたと思つたが今グレーゼルの

機嫌を 惡くしては大變だし、若し物になればその御禮に彼の店だけに與へてくれるといふ特權には一層心が傾いたので、出來るだけの智慧を搾つて取りなしに努力することになつた。

「異人かて人間や、別に取つて喰はうとも云へへんわいな。一つうんと云うてみたらどうや、こゝいゝそこそした日本人を相手にしてるのと違うて、取つたろ思ふたらなんぼでも搾り取れるのや。ともかく角持つとほるもんの柄がちがふねさかいな、どや？あかんか」

山嘉と 女將のお近とは口を酢つぱくしてグレーゼルを客に取ることを勸めたが、友鶴は涙を浮べて

「なんぼなんでもあて厭だす、堪忍しとくなはれ」

と云つて聞かなかつた。しかし山嘉と女將の惡智慧は搦手から攻めて慾に目のない友鶴の抱主や

母親を 動かして、遂に友鶴をのつぴきならぬ立場に陷れた。その結果友鶴の入水となりお定まりの怪談となるのであるがあとは次回

とたんに「いゝ芸妓はん呼んどくなはれいな」

今幾徽を損じては大事と早速大勢の妓が聘されて、座敷は急に賑やかになつた。友鶴は人の止めるのも聞かずガブガブとお酒をあふつてゐた。

「あの異人さん、今夜から、あいての旦那はんやし、皆よう見といてうや」

常から温和しい妓だけにその調子つばづれの様子は一層目にたつた

事情を

知つて秘かに同情してゐた妓もあつたが今はどうする術もなかつた。たゞ山嘉一味のものだけは「もう大丈夫」と安心してゐた。しかしそのまゝでは済まなかつた。離れ座敷でグレーゼルと二人になつた時、友鶴は「ちよつと」と云つて、部屋を出ていつた。グレーゼルは不思議さうに碧眼をみ張つてゐたが、仕方がなかつた。

部屋を

抜けた友鶴は跣足のまゝ、そつと急いで裏口から長堀川の河岸に走り出た。淋しい材木の置場を通つて富田屋橋の南詰に来た時彼女は思はず立止まつた。大きな柳の幹にもたれて、どす黒い川面をぢつと眺めてゐた友鶴は、暫くしてほつとしたやうな寂しい笑ひを蒼白い顔に浮べた。

大阪の怪談（十八）　大渉橋の下流へ怨みを呑んだ友鶴…
4-234
怪
●大阪時事新報　昭和四年八月十一日（十日夕）

大阪の怪談（18）

大渉橋の下流へ怨みを呑んだ友鶴が（下）

一番に見付けた山嘉は發狂
祟られた小方は終に廢業！

ゆうべ

極めて引込みのつかない踊り方をしたグレーゼルにお詫びをする為、早朝山嘉は居留地に向つた。途中彼が大渉橋に来た時、橋の上は黒山の人だかり、山嘉が人を分て見てみると、二三間下流の洗濯場に女の死體が流れついてゐた「朝から悪いものを見た」と山嘉はそのま[illegible]行き過ぎようとしたが、ふと頭に浮んだのは友鶴の事である。まさかとは思つたが、憑かれた者のやうに彼は洗濯場に降りていつた。死體は正しく

友鶴で

ゆうべ美しく結つてゐた島田は形もなく崩れて濡がまとひついてゐた。棒杭や流された材木にぶつつかつたものか、顔には惨く傷がついてゐた。きのふに變る醜い姿、殊に自分を睨んでゐるやうな凄い形相に流石の山嘉もぞつとした。早速友鶴の屍形へも知らし、手續を取るべきだつたが、根が臆病な卑しい男のことゝて、あとの引つかゝりを恐れてか、そのまゝグレーゼルの許へも立寄らず何處かへ姿を消してしまつた。しかし、友鶴の死體が先づ怨み深き山嘉によつて發見されたことは奇とせずばなるまい。

その日

の黄昏頃、身元がわかつて友鶴は實家に渡された山嘉の隣に彼女は物見高い町中で白晝恥をさらす憂目を見たのである。

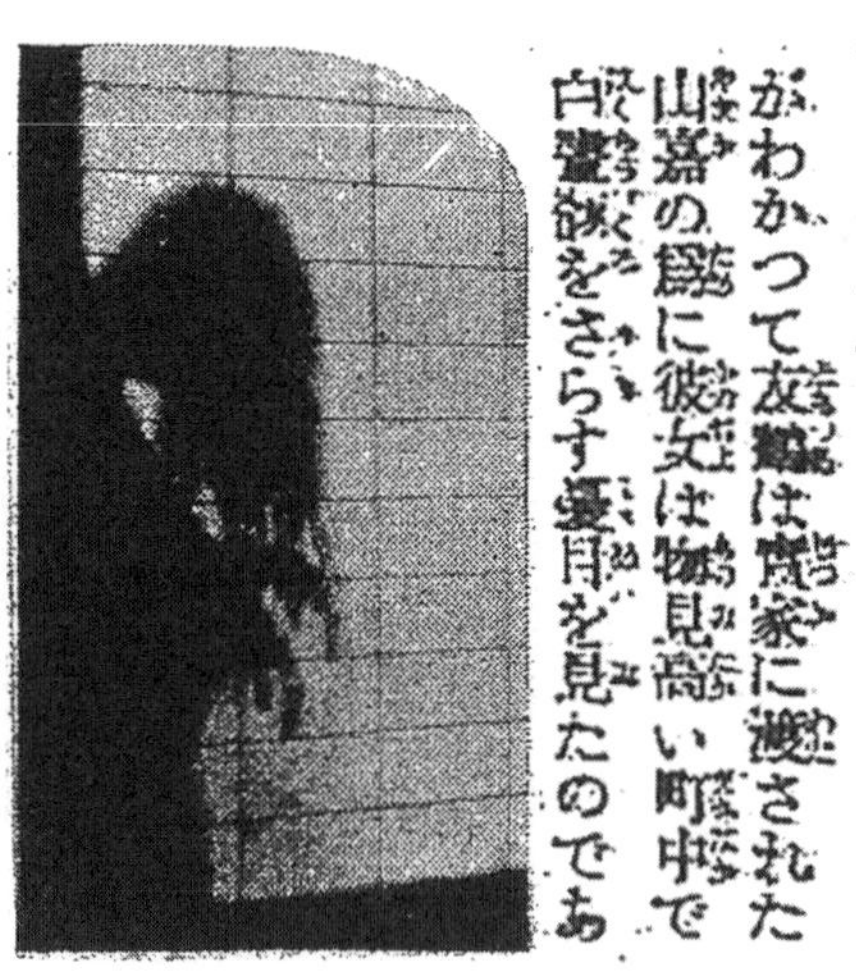

屍形では前夜友鶴が姿を消したのを、てつきり何處かへ足抜きをしたとばかり思つて八方へ追手を出して探してゐたが、死んだと知つて流石に悄然とした。しかしそれは恐らく玉を失つた悲しみであつたのであらう。一旦

自分の

家へ運びこまれた骸をどうしても門を入れようとは云はず、更に遠い道を三軒家の彼女の母の家まで送らせたことからでもそのことはわかる。死んでの後も様々の苦しみを受けた友鶴の亡靈の彼等に祟らぬわけはなかつた。山嘉は大渉橋での惨い死顔が眼に殘つて、絶えず友鶴に憑きまとはれてゐるやうな氣がした。日々彼は憔悴してあらぬことを口走り、遂には發狂して前記の無氣味な面付になつてしまつたといふことである。まだ友鶴のゐた小方は

夜な夜

な彼女の幽靈に苦しめられ、多勢ゐた藝者も一人逃げて、暮しもならず、その秋とうとう何れへともなく遁走してしまつた。たゞひとり當の敵のグレーゼルだけは何の祟りも受け

ず、或は感じないのか、シヤアく として時折新町へも姿を現はしてゐた。

「友鶴さんは幽霊になつたかてあの男人の處へ行くのが嫌やねやろ」

これは廓人のうがつた解釈である

大阪の怪談（十九）　八化けの年古る狸　4-235

獣　●大阪時事新報　昭和四年八月十三日（十二日夕）

大阪の怪談（19）

天満方面を騒がした八化けの年古る狸

乾物屋の主人に煽てられて一生懸命に眼を剝き破る

ずつと以前のことですが、さうですね、今から三十年ほども前のことゝ[illegible]つて頂ければ結構です。その頃天満小路から八軒家の邊りへかけて夜な夜な大變性質の悪い狸が出て人を騒がせたことがございます。こいつの悪戯は普通大阪あたりでよく聞く腹鼓を打つとか、床下で啼き聲を出すとかいふ程のない奴ぢやなくて、狸としてはその化け方がかなり込み入つてゐるのです

一番　人のよくひつかゝつたのは今迄何にもないと思つて通つてゐた道路へ急に大きな石に化けた狸公が轉がつて道をふさいでしまふといふ手なんです。なんでもないと思つてゐても無氣味でそれを踏み越えてゆくことはちよつと出來ないものです。立派な男でも「また化けてるな」と思ひながらもつい道を避けて遠廻りをしてしまひます。女子供は瞎をつぶして夜になれば用事があつても外へ出ないといふことになつて

人々　は大變不便な思ひをして居りました。しかし、こいつの化け方はそれだけではとゞまりません「雨のショボショボ降る晩に豆狸が徳利持つて酒買ひに」と、唄にまである狐步から、不良狸だけがやらかす「大入道」「一ッ目小僧」などといふ奥の手まで出すのだから堪りません。思ふに狸仲間では餘程の傑物だつたんでせう。

幽霊　の方は由緒のある者だけに出るのですから、よろしいが狸の方は誰彼なしで相手の見境がないのだからことです。兎も角近所に住む者や、その邊りに用事のある者は非常に困つたのです。だから怪談だつて云ふけれどもちつとも怖くない、それはさうですよ。幽霊話とはちがつて、狸の方には愛嬌が身上です。これから面白くなります。

或る　秋の晩のことです。狸のシーズンですね。十一時も過ぎた頃と思つて下さい。天満市場にある乾物屋の主人で吉野屋の九郎兵衛さん、時代な名前です。その御人が頼母子講の寄合で曾根崎邊へ行つて、その刻に歸つてこられたのです。よい機嫌で「花咲かば告げんと云ひし山里の。……」と、鞍馬天狗でも口づさんでゐたのです。自分の店の前に來たので、足を止めて、ふと前を見ると、店の前に、將まで届く大入道が立つてるぢやありませんか、驚きましたね。しかし、この人は瞎の太い男だつたんです「あゝ例の狸か」と思ふと

直ぐ　に怖くもなんともなくなつてしまつたのです。狸にしてみれば全然張合のない話です。「やい、われは狸やろ！いつもいつも、人さんをだまし腐つて罰あたりめ。なんぼ化けたかてわいは恐がれへん。狸なら狸らしうして出てうせえ」太した勢ひです。狸の方も氣を飲まれて、素直に狸の姿にかへりました。

立派　體格は餘りな方ではありませんだが、憎らしさうに九郎兵衛さんを睨んでゐます。

「睨らんでんねな、もつと眼むいてみい」

負けぬ氣で狸も眼をむきます。

「もうそれよりむけへんか」

「それだけか」

獺に障つて狸公は汗を出して、うんうん呻つて居ります。いづまで係り合つても同じことゝ、九郎兵衛さん「うんとむけ、はゝゝ」と捨臺辭を殘して格子を開けて家に入つて行きました。後で狸先生は夢中です。九郎兵衛さんが歸つてしまつたのも知らぬ位です。

翌朝 お隣近所は大變早く世間の暗いうちから小僧さんが表の掃除をしてゐます。

「旦那はん、けつたいな犬みたいなもんが死んでます」

九郎兵衛さんが出て見ると、昨夜の狸が敢なくなつて石疊の上に倒れて居るではありませんか。哀れ一世を騒がした名代の狸もむきい死に死んでしまつたのです。

狸の むき死の話は諸國にあるやうですが、これは實話です。九郎兵衛さんが現存して居られゝば八十歳位です。

大阪の怪談（二十）二体になった仏様

●大阪時事新報　昭和四年八月十四日（十三日夕）　4-236

怪談大阪の（20）

俄然！屋鳴り震動！ 二體になつた佛様

夜半に戻る長柄橋の眞中で「モシ〳〵」と呼ぶ馴染の女

東淀川區國次町そのころは淡路と云つたのである。新京阪の淡路がそれだ。其淡路にあつたはなし

二十年 も前の話である

その頃の淡路の青年——でも、今ぢや四十おやぢだ——が大阪へ遊びに來て夜も十二時をすぎるころ、あだし枕を交した女に現の夢を描きながらあの長い長柄の橋をトボトボと歸つて來る。いくら暑い夏でも夜半を過ぎると、夜露に浴衣がしつとりとぬれて、可成り無氣味である。さら〳〵。淀川の水が星を碎いて流れてゐる。何だか妙に耳朶に殘る。橋は未だ中半へさしかゝつたばかりである。どうも、夜半

長い橋 をトボ〳〵と獨りで渡る位無氣味なことはない。そんなことを思つて、歩いてゐると後方から優しい聲がする。

「まア一寸。呼んでゐるのに返事もしやへんなんテ、にくたらしい！」

ふとふり返ると、つい先刻まで枕を交した遊び女ではないか。

「おい。こんなに更けてどうしたんだい。」

「——」

女は美しい眼をきら〳〵と星の様に輝かして、返事もしない

「おい。君は××樓の××だらう。さつきの××だらう」

「——」

答へるかはりに

女は星 の様な輝きをみせた眼を、もつと激しく輝かす。よく見ると、どうやら彼女には足がない。まるで幽靈の様でもある

「ヒヤツ」と大聲を擧げる處を、咽喉もとで嚙みしめ、足早に走ると彼女も同じ様におつかけて來る。然も地震か何ぞの様に橋が搖れるばた〳〵と耳を聾する許りである兎に角、無我夢中で橋の袂まで來ると、怪しの女はどこへやら消えて行く橋の袂には氷水屋が未だ起きてゐて、仔細を承知したと云ふ顔付で、彼に氷水をすゝめる。

初めて 大阪へ遊ぶ青年達はきつとかうして、怪しい女——と云つてもつい先程まで遊び

たはむれた彼女ではある――に尾行される。そして膽をぬかれるのである。けれども馴れるに從つて恐ろしいうちにも、幾分か許りの興味も湧く。だが、夏の夜とは云へ可成り氣持ちの惡い事だ。折角遊びに行つて歸つて來ると、こう云ふ目に遭ふのでは遊んだ面白みがなくなる。

そこで、青年達はこの怪しい女を擒りしやうと考へたのである。

それには恰度つい此間までやもめの老人が住んでゐた離れ家があつた。で、そこへうまく誘きよせることにした。

その夜 も、一人の青年が夜半トボ〳〵と長柄橋を歸つて來ると、いつもの樣に女が出たのだつた。青年は何とか働しい言葉をかけ〳〵し乍ら件の離れ家まで誘き出して來た。そこには手に手に棍棒、鋤、鍬をもつた青年が一擧のもとに打ちとらうと待ちかまへてゐた。怪しの女が敷居をまたげると、表戸は直ぐ閉ぢられた。それッと云ふので、青年達は怪しい女に飛びかゝつた。でも、一向に手ごたへがない。のみならず、彼女の姿は忽ちどこへやら、そして萬雷の樣な足音をたてつゝ、天井と云はず床下と云はず逃げ狂ふのだつた。

これで はどうすることも出來ない。で暫くヂッとして容子をかんがへることにした。暫くして怪しい音は止んだ。

「おい大變だ佛樣が二つになつた」

一人の青年があたふたと注進する。と、他の一人は如何にも心得たと云ふ樣に北叟笑んで云ふのだつた。

「こゝの佛は俺がよう知つてるだから、キット一つは化けてるのだ」

青年達はどや〳〵と佛間へ行つた。成程同じ佛樣が二體ある。先刻の青年も餘りに同じ二つの佛像を前に困惑せずにはいられなかつた。だが、彼は大いに頭を絞つたそして云つた。

「おい。この佛樣はよく笑ふと云ふが、笑はない方はキット化けてるのだ。しつかり見い」

暫くすると、右側の佛像がにこりとした。「それつ……」と云ふので手にする得物でそれを打つた。佛像をどやしつけた時の樣な手ごたへがあつた。

「一寸と待つて呉れ。俺が惡かつた」と

佛像が 云ふのである

「俺は此邊にすむ古い狸だ。どうか殺さずに逃がして呉れ。そのかはり此地を繁昌さすから」勿論古狸は追放された。二十年前の話である。そして二十年のけふ、淡路はかくも繁昌な町となつた。

怪　大阪の怪談（二十一）清太郎をつけ廻わす…　4-237
●大阪時事新報　昭和四年八月十五日（十四日夕）

大阪の怪談（21）
久寶寺町に名ある櫛屋の若旦那に生れた
清太郎をつけ廻はす京娘（上）

「うらめしい」とは云つて出なかつた幽靈の戀の話です。事はずつと古く文化文政の時代、大阪船場南久寶寺町の櫛屋の若旦那で清太郎と云ふ水も滴る男振りの與三郎そつくりといふ好い男がございました。お定まりの放蕩にならぬうちにと母親の心遣ひから商賣見習ひを兼ねて十八歳の春

京の問屋 に預けられることになりました。この三條の信濃屋と云ふのは清太郎の實家とは永年の取引先、先方でも夜遊びなどには嚴しく眼を瞠つてゐましたが他の奉公人とは自然その扱ひが違つて居ります。奥向きの用事なども主に清太郎が、承つて神妙に働いて居りましたので、重寶がられてゐるうちに一年は過ぎてしまひました。清太郎にしても初めは若旦那から急に雇人に變つたのですから何かと不自由に暮して居りました、併し馴れてくると却つて實家にゐるより

氣が樂だ 位に考へるほどになつてゐました。たゞこゝにゐて清太郎が不愉快だつたのはこの家の娘でお君といふ京娘にしては器量のよくないのが清太郎に氣があつて、べちや〳〵とまとひついてくることゝ、こゝの伜の藤七といふのが萬事に主人面をして若し近所の娘なんかゞ「信濃屋の

清太郎はんはえゝ男はんどすえなあ」などと蔭で噂でもしてゐるのを聞くと、自分が辱しめられたかのやうに腹を立てゝ、清太郎に強く当ることだけだつたのです。丁度清太郎が京に来て一年目、やはり祇園や

清水の花 で人の賑いでゐた頃です。信濃屋へ清太郎と同じやうな身分、と云つてもこちらは親が逼塞したため、この家の郷里信州の飯田から預けられて来たお貞と云ふ娘がありました。憂ひを含んだ美しい顔をしてゐます山国で育つた人だけが持つ澄み切つた眼、雪のやうに美しい肌、漆黒の髪、さすがの京娘もたじたじする程です。年は十六歳。信濃屋

に取つては恩義のある人の娘だつたのです。

美しい女 に綺麗な男まして一つ家に住んで、同じやうに家の者でもなく奉公人でもなく暮してゐるのです。二人が思ひ合ふやうになつたのになんの不思議もありませぬ。人目を忍んで二人は大戸の下ろされた夜の軒下に、または人の来ぬ部屋の片隅で樂さうに睦言を交して居ります。

大阪の怪談　引き戻された清太郎の悲しき恋（中）　4-238
怪 ●大阪時事新報　昭和四年八月十六日（十五日夕）

大阪の怪談
悩ましき淀の川舟で
引き戻された清太郎の悲しき戀（中）

惚合ふ時の眼付からして違ふのです、こつそりやつてゐるつもりでも人は直ぐに知つてしまひます。まして、豫てから清太郎に思ひをかけてゐた娘のお君や、折あらばお貞を物にしようとして、これまでに二度口説いて二度振られたといふ藤七の眼はたゞならぬのです

兄妹が 悪意で云ひふらす噂は家の中だけではとゞまらず今では近隣の人、出入の者までも知るやうになりました。その年の事始めが終つて京の町にはもう北の山から冷い風が吹いて居ります或朝十時頃清太郎の母親が供一人連れて突然信濃屋に姿をあらはしました。夜舟で着いたのでせう。店先で江州の仲買を相手にしてゐた清太郎はそれを見るとさつと

顔色を 変へてしまひました。この寒い時候に、ことに暮も迫つた今日此頃母親が京に上つてくる筈はないのにと考へたのは後のことで、母の姿を見るなり直ぐに「お貞のことで呼び戻されるのだな」と直感したからなのです彼の予感に狂ひはなかつたのです。信濃屋惣兵衛からの急飛脚で母は慌てゝ上つて来たのでした。

母親が 惣兵衛と奥の間で話してゐる間の清太郎の気持はたまつたものではありませんでした。そつと手紙をお貞に渡して置きたいと思つたが、お君はお貞を相手にして離しませぬ。藤七が結界の中で意地悪い眼で睨んでゐます。明日とも云はず、その夜のうちに清太郎は大阪に連れ帰られました。お貞に言葉一つ交せず離れて来た清太郎は後髪を引かれる思いで、伏見から乗つた河船の中でも陽気な乗合から離れてひとり沈み込んで居ります。

「あのお貞はんと云ふ娘はんをお前の嫁に呉れと云ふたら、信濃屋はんでも好き同志やつたら夫婦にしてやつたらえゝし云うてにえさかい　なにも心配することはあれへん」

優しく 慰めてくれる母

の言葉に清太郎も幾分落著いては來ましたが、直ぐにあの厭な藤七の顔が眼に浮んで。心が安まらなくなるのです。

4-239
怪 大阪の怪談 一生娶らずに楽しく送った清太郎（下）
●大阪時事新報 昭和四年八月十七日（十六日夕）

大阪の怪談

お貞の幽靈を妻とし

一生娶らずに樂しく送つた清太郎

清太郎は實家に歸つて後喧しく云ふので母は京へ度々使ひをはせましたが、信濃屋ではュつきりした返事をしてくれませぬ

「家に似た年頃の娘があるのに他人の娘を先に片付けることは出來ませぬ」

最後の返事はこれでしたそれに續いて清太郎は意外の噂を耳にしました。それはお貞が藤七の嫁になるといふことなのです。彼は立つても坐つてもゐられませぬ。一日母にも語らず京に上りました。信濃屋の邊へ行つて其噂を糺しましたがそれに間違ひはありませぬので狂人のやうになつて信濃屋にどなり込みました。そして

お貞にも逢へず、藤七からひどい辱しめをうけてしよんぼりと大阪に歸つて來ました。途中淀川へ幾度か飛込まうかと思ひましたが、母一人子一人の身を思ふとそれもなりませぬ。それにつけても腹の立つのはお貞の心變り、憎くて憎くて……

それから後清太郎の生活は一變しました。母の心配もかまはず茶屋酒に耽ります。二日三日家を明けることもザラです。或夜清太郎は島の内で遊びつかれ何處か氣安な處をと生玉近所の茶屋に入つてゆきました「今日はゆつくり休みたい、女は誰も要らぬ」と珍しいことだんねな」そして清太郎は女將を相手に二つ三つ盃を重ね快よく眠つてしまひました。

夜半水が欲しくなつて眼をさますと、枕元に女がひとり坐つてゐるではありませぬか「今夜だけは女氣なしで寢たいと思うてたのに」と迷惑さうに眼をやりました。

「あつ！あんたお貞はんやないか、どうしてこんな處へ？」

餘りの不思議に清太郎は思はず大きな聲を出しました。すると女は

涙を拭ふやうにそれを制して別れてからの一部始終を物語りましたそれによると、惣兵衛は清太郎の處へやるつもりでゐたが、藤七が母に泣付いて、たうとう自分の嫁にすることにしてしまつたのです。お貞も種々の事情の爲め拒み兼ねたが、遂に明日に婚禮を控へた今夜信濃屋を拔出て。糺の森で自ら命を絶つてしまつたと云ふのです。清太郎は驚きました。その女はお貞の幽靈だつたのです

その後の話は手短に申します。清太郎の放蕩はぷつつり止んで、母は嫁をもらふやうにと再三勸めたが表向きは娶らず、幽靈のお貞を妻として人には知られず樂しく一生を送つたと云ふことです（終り）

4-240
幽 大阪の怪談 新発意は一人死んだ
●大阪時事新報 昭和四年八月十八日（十七日夕）

大阪の怪談

新發意は一人死んだ

その幽靈を見た南地老妓の實話

「恐い云ふたかてあてこの年まであんな恐いこと知らなんだわ、御座敷を間違うて、襖開けたら血みどろの坊さんが仰向に倒れてんねやないかいな」

南の老妓×吉は當時を思ひ起したやうに、さも恐くて堪まらぬといふ身振をしながら冷いビールをぐつと飲み乾した。それは×吉がまだ二十を過ぎたばかりのことであつた。仲町の吉川（假名）と云ふ茶屋に雨の降る淋しい夜など幽靈が出ると云ふ噂がぱつと廓中に擴がつた。若い妓は皆嫌がつてそこへ入るのを避けてゐたが、×吉だけは旦那があつて餘儀なく日夜出入りをしてゐた。だが今迄それらしいものも見ぬので「あれは噂だけや、げんに睡眠泊

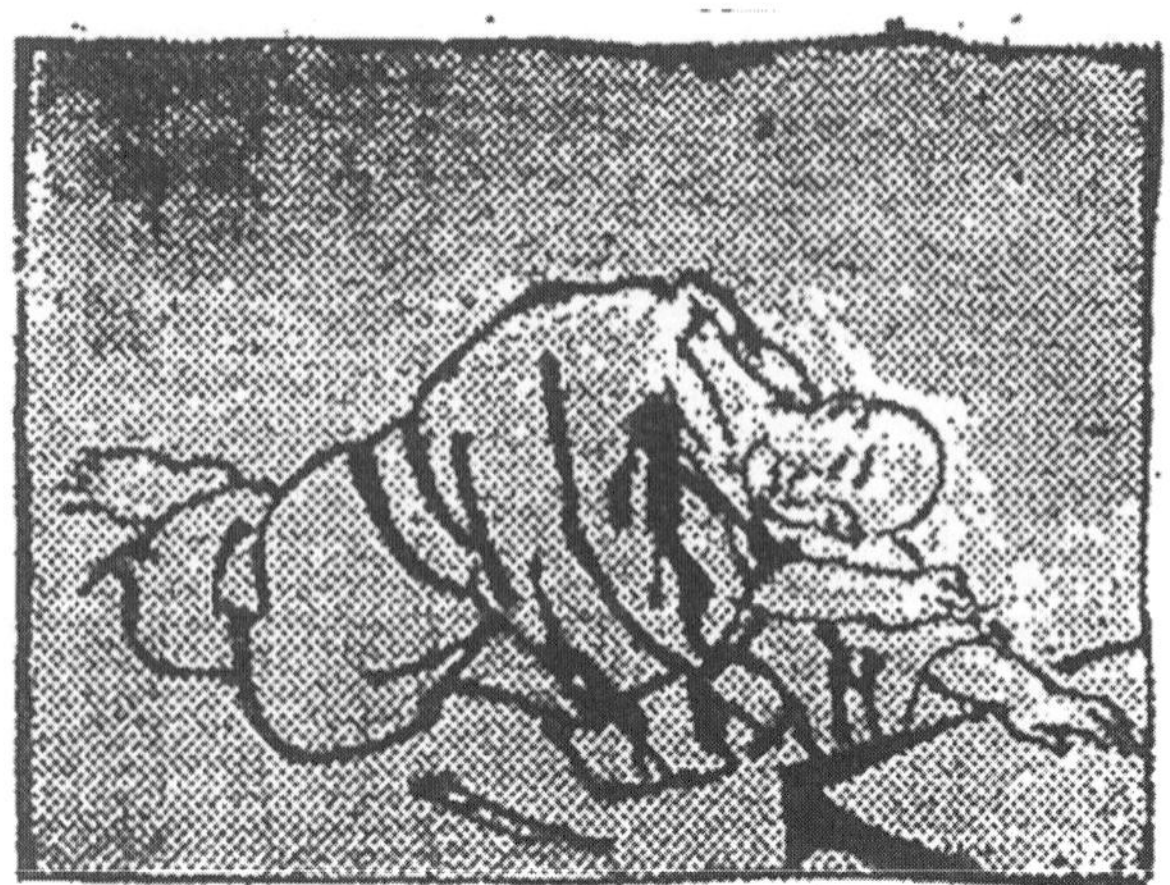

つてるあてが見えへん位ゐやよつてに」と

朋輩に　取消してゐたほどだが、遂にその夜それを見てしまつたのである。

氣を失つた×吉はドの座敷に運ばれて旦那や吉歌の女將から鄭重な看護を受けてやつと氣を取戻した。その時女將が聲を落して「×吉さん、これだけは頼みやさかい誰にも云はんと置いとうや」と云つて語る物語によれば、この家に僧侶の幽靈の出るのは、あながち謂れないことではなかつた。

話は更に古く女將の叔母であつた人の時代に溯る。その叔母と云ふ人はこの土地で榮龍と云つて出てゐた藝者で、さして美人と云ふわけではなかつたが、何處か男をひきつける處を持つた女であつた

その人　がまだ若かつた頃、「天寺町の正念寺の納所」で素人と云ふのに深く思はれた、當人もさほど嫌とも思つてゐなかつたので、度々逢ふ瀬を重ねてゐたが或る夜素人が吉歌に來てさきの六疊の部屋で榮龍と差向ひになつた時、突拍子もなく「一緒に死んでくれ」と云つて短刀を突きつけた。それはかなり裕福な寺に生れた素人ではあつたが、今はお定まりの金に窮し、その上實家からも見離されて父の後を繼いで寺を持つことも出來ぬからと云ふのであつた

榮龍に　して見れば、素人が死ぬほど好きと云ふわけではなかつたので非常に困つたが、その場の仕儀で仕方なく今日といはれても妾にも仕度したことがあるから明日の晩にしてくれと頼んでその夜は無事に濟ました。

そして、その翌晩、外には雨がしと〳〵と降つてゐた、素雲は早くから吉歌に來てゐたが、榮龍は他處へ花に行つて幾ら逢状をかけても遂に姿を現さなかつた。素雲は騙されたものと思つて榮龍を怨んで一人で死んでしまつた。それから後その部屋には小雨の降る、丁度素雲の死んだ夜に似た夜には、あの部屋に死んだ時の姿で素雲が現はれると云ふことであつた。

其吉歌　は今は亡びても う何處にはない。老妓の×吉は「あて、その時聞いてから、人に話しするのは始めてやし」と云つてはゐるが、もう何人かに話し古したやうに話が順序立つてゐた。

大阪の怪談　露天神に現われた娘
怪
●大阪時事新報　昭和四年八月二十日（十九日夕）
4-241

大阪の怪談
露天神に現はれた娘
北區大火の翌朝町内安全を語る

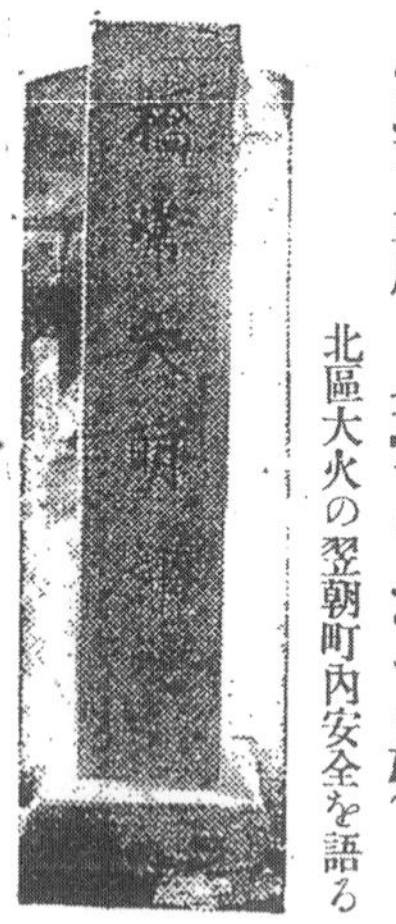

明治四十二年七月三十一日の未明北區空心町二丁目より失火した。「北區の大火」は丸一晝夜燃え續けて東西一里南北十町に亘る五十一箇町一萬一千三百六十五戸を灰燼とした

此の時　奇蹟的に火難を免れた曾根崎中二丁目樋端東詰に居た加藤愛子といふ婦人は翌八月一日の未明、餘燼尚ほ消えやらぬ露天神の境内にイみ、焼け倒れた社殿に向つて禮拜して居ると、ムクムクと立ち昇る白煙の彼方、焼け殘れた大木の陰から現はれた合歡風の娘が、夕顏の如く夜目にもクツキリ白い顏に微笑を見せて、馴れ〳〵しく近寄り

「私は貴女の家の前の稲荷の下で棲む『樋常』といふ狸です、昨朝來の大火は今やうやく福島で消えましたが、火事はおそろしいもの、それにしても年久しく稲荷下で棲む私は町内安全の爲めに火の用心に努めてゐます、若し町内から火事のあるやうな時には三日前に何かの合圖で屹度知らしますから安心して下さい。」

いふや　否や姿を煙の間へ消して仕舞つた。愛子さんは只茫然として、全く狐に卷かれた思ひで歸つた。――その後一年餘り何事もなかつたが、殘暑きびしい或る夜　寢られぬまゝに當時埋沒

された川のない都橋跡で夜の更ける頃まで涼むで居た愛子さんと向側の薬醫院の夫人とか、何か話して居た前へ現はれた一人の娘は、昨年露天神境内で見た令嬢と同じ齢をして居た。その娘は

長い袖 で涙を拭きながら

「この橋下の川を埋められたので私の棲む所がなくなり、已むを得ずこちらのお隣者の奥様の宅の剪栽の雪見燈籠の下を借りてゐますが、何かにつけて不自由でなりませんから、どこか低い場所へ私の棲家を造つて下さい、その代り町内の火の用心だけは充分に努めます……」

言葉の絶ると共に、忽ち眞ッ白な狸の姿となつて闇の中へ消えて仕舞つた。隣者の奥様は何が何んだか判らなかつたが、愛子さんの説明を聞いて始めてそれと知る事が出來た。其處で此の二人で協議した上

お醫者 の勝手口の門脇へ、煉瓦とコンクリートで二尺に三尺ばかりの洞屋を造つてやつた出來上つた日の翌朝、その洞屋の上に狸の脚跡が鮮かにつけられてあつた（今も尚ほこの洞屋が残されてある）――その夜愛子さんの主人公が發企となつて都橋跡へ一碑を建てゝ、その裏へ「橋常大明神」と刻み込み今尚ほ曾根崎町内の人々は、多年町内に火災の起らないのは此の白狸のお蔭だと稱して感謝してゐる。――

その後 白狸が愛子さんに告げた言葉では、近年は色々な都合で同町内長数寺の堂の下で棲まつてゐるとの事である。――この怪談は今日尚ほ同町内に傳はる事實談である（寫眞は元都橋址にある橋常大明神の碑）

怪 大阪の怪談 新らしい騙りの術

● 大阪時事新報　昭和四年八月二十一日（二十日夕）　4-242

大阪の怪談
新らしい騙りの術
一匹の小狐を種に夫婦の奸策

木津の 富人が平野郷へ物見に行つて、その歸りがけ河堀口の邊を通つた一軒の百姓屋の前に小さな檻が置いてあつて、中には可愛らしい小狐が遊んで居た。その繊敏な動作、人なつこい目付富人は急にそれが欲しくなつた。案内を請ふと三十七八の男が現れて云ふのに

「これは先日私が曾根崎の天神の社内を通りかゝつた時、一疋の牝狐が二疋の尨犬に襲はれて臓腑のあたりを嚙付かれて息も絶え〴〵に倒れて居りました。憐れに思つて見てゐると、何か心殘りらしく彼方の方を見て居ります。その邊りに丁度一本の洞のある欅の木があつたのです其中にこの小狐がふるへて居りました。そして私は親狐にこれの生長するまで預つて育てゝやる、誰か祭神にでもしてくれる人のない限りは譲らないと約束したのです」

となか〳〵譲らうとは云ひませぬ富人はさうなると一層欲しくてたまらない

言葉を 極めて賴んでやつとのことでもらひ受け、お禮をと云つたが男は受取らなかつた。仕方なくそのまゝ件の者に檻を運ばせ、木津の家に歸つた。翌日河堀口に使を遣して禮を持たしてやつたが、男は家をたゝんで何處かへ行つてしまつてゐた。富人は物堅い人もあるものと、その禮を小狐に向けてそれを非常に寵愛した

しかし、どうしたものか狐は人に馴れず、食も取らず、怏々して日に日に瘠細つてゆく一方だつた。富人は心配して狐の大好物と云ふ鼠の天婦羅などを與へたが口をつけようともしない。

ある夜 一人の女が富人の門に現れた。取次の者に「わたしはお世話になつてゐる小狐の叔母に當るものです。御主人にお取次下さればわかります」と云ふのでよく顔を見ると、どうも口がとがつてゐる、無氣味なことゝ思ひながら主人に取次いだ。主人は幽つてゐる際とて、喜んで招じ、小狐に逢はせると、小狐は懐し氣に側に寄付いて行つた。さて〳〵血筋は恐ろしいものと富人は感心して見てゐたが、女は次のことをしみ〴〵と語つた。それによると小狐はこのまゝ置けば死んでしまふ敢なく死んだ姉の靈の爲にも生長する迄自分の手で育てたい

それに 我々には大恩ある河堀口の男は百兩の金に窮して

今生きるか死ぬかの境にゐると。それを聞いて富人は資類にもこの

情があろかと大いに感じ入つて早速頼みを聞き入れて、叔母狐に小狐を託し、百兩の金を手渡した。この物語りの作者縫足は古い時代の人だが、これに對して近代味のある解決を與へてゐる。女は狐ではなく、さきの河堀口の男の女房で、二人で共謀して手馴れた小狐を種に到る處で詐欺を働いてゐたと云ふ事である。

大阪の怪談　現われた骸骨の踊子
怪　●大阪時事新報　昭和四年八月二十二日（二十一日夕）
4-243

大阪の怪談

現はれた骸骨の踊子

堂島川の縁に陰火流れて若き男女へ

大阪の曾根崎新地にまだ茶汲女や垢取り女が飛躍して艶めかしい情緒を蜆川へ流した頃、新地の東端今の回生病院の前あたりは「骨放」と稱して人骨を捨てられた紫窠とした寂しい場所であつた。――初秋の月はポッカリ中天に浮ぶ靜かな晩だつた。

蜆川 べりを綾に縺れて歩み來る男女は、新地あたりで遊び疲れた客が、月に誘はれて浮れ出したものらしい。

「岸の柳は音なく招く、招く手先きに踊るは姫か、今ははかない肉艶とつた髑髏」。

當時流行した俗謡を二人が聲を揃へて唄うてゐる。川岸に樹ち並ぶ青柳のあなた此方ですだく蟲の音は寂れに聞える。

「近頃はやはり出した今の唄は、この邊(骨放)に現はれるといふ骸骨の凄い踊りださうだが、七十五日の生命延びの爲め、一つ見たいものやナ」

團扇 片手に浴衣がけの男は酔ひ機嫌の氣焔である。「ほんまにさうでんナ」とパッを合した。折柄一刷毛はいたやうな雲は月を覆うて、パラ〳〵と降る一時雨は二人の襟首へ冷たくあたつた。四面は忽ち眞つ暗闇。蟲の聲は一際冴えて寂しい。岸の柳は風に搖いて裏葉を見せるあたりから、ボッと現はれた陰火は長い糸を曳いて搖めく、そこには年若い綺麗な娘が現はれて長い振袖で舞ひ出した。二人は一時に電氣に打たれたやうに身を硬ばらせて立ちすくみ、物をもいはずジッと見つめる醉は忽ち消えて身は小刻みに顫ひ出し逃ぐるにも釘づけにされた足は動かない。

娘の 舞ひ姿は見る〳〵うちに振袖は消え帶は消え、衣類は消えて裸體となり、更に血は流れ肉は腐れ落ちて遂に骨ばかりとなつた。その怖ろしい骸骨の踊りは手の上げ下し、足どりの拍子に幽かに響く陰慘な音は「岸の柳は音なく招く……」と唄ふやうに聞える。二人は生きた心地なく、たゞ身をワナ〳〵顫はせてゐるのである。青味がかつた陰火は風に送られて二人の前へスーッと流れて來た「キャッ」と叫ぶ悲鳴と共に、そのまゝ地に倒れた。

骸骨 は窪んだ大きな眼に笑ひを見せて尚ほ踊り狂うてゐる――。その翌朝「骨放」の柳の木蔭に二人の男女は冷たくなつて死んでゐた　その蒼ざめた顏に白粉で贈り物をしやうか、それともどこか涼しい處でビールでも飲んで又、大いに話さうかとも思つたが何か失禮の様でもあり、又、びつたりとしない。

そこで頭を絞つたのは、蜆川氏が秘藏の茶入れ數千をみせて呉れたのに對して、氏は秘藏の盃をみせることにした。

遠くは漢時代のものを始め數千蜆川氏もこの心あるお禮には全く嬉しかつたと云ふ。美しい趣味家のかへしだと好事家の中では専ら評判だ

大阪の怪談　人魂が添乳

怪 ●大阪時事新報　昭和四年八月二十三日（二十二日夕）　4-244

大阪の怪談
人魂が添乳
棟割りの六軒長屋 怖しさに逃げ出す

大阪北部の大火に焼き出された多くの人達は、一時に住宅難を想へ當時市内の場末にベタく貼られてあつた空家札は忽ち剥ぎ取られてしまつた頃、東成區鯰江町大字鴫野の六軒長屋も、この罹災者ばかりで一蓮托生の夢の宿となつた。何時の間にか

夏は過ぎ秋も暮れて、[illegible]たる冬の最中となつた。[illegible]

長屋 の前は野崎詣りで有名な[illegible]堤、蓬々たる枯すゝきは[illegible]でそのむかふには猫間川が流れてゐるといふ晝でも物淋しい場所であつた。十二月も半を過ぎた或る日、此の六軒長屋の東の端に居た三十歳前後の妻女が二日二夜さ苦しみぬいた難産にたうとう赤ン坊を半分キバリ出したまゝ遂に死んでしまつた。無論赤ちゃんも死んだ事は云ふまでもない。處が後に遺された亭主は年兒ばかり三人を抱いて途方に暮れてゐた。殊に一番幼の子はやうやく満一年ばかりより経たぬので夜になると共に火のつくやうに

泣き 出すのであつた、だが貰ひ乳も出来ぬ悲しさに、用意の牛乳を飲ませても、なかく泣き止まない。――長屋に一つより無い井戸端に集まる女房達は、斯うした悲惨な家庭に同情して、寄ると觸ると、その話に花を咲かすのであつた。或る日夕餉の支度に米を磨ぐ一人の妻君は

「……昨夜、宅の子供が二人で町へ遊びに行つての歸り途、徳庵堤を歩いてゐると、この長屋の西の端から東へ向つて流れる光のない青味がかつた大きな火の玉がフーワくと動いて居るのを見たので、何かの反照だらう位に思つてゐたさうですが、しばらくするとそれが此の

井戸 屋形の上で四五回、グルく廻つたかと思ふと杜をつたつて、この家の隣格子からスーツと家の中へ這入つた。その時まで盛んに泣き續けてゐた赤ん坊が急に泣き止むだといふのです。やつぱり世の中には人魂といふものがあるのでせうか」

と話すのであつた、聞いてゐた女房達は急に無氣味さを感じて、暮やすい冬の夕闇の中を逃げるやうにして各々我家へ飛込むだ。

――夜は次第に更けて裏の竹藪は風もないのにザワめく音がする。長屋の人々は、夕暮に聞いた人魂の話に怖氣づく折柄とて、寝醒め勝ちの枕頭へ

赤兒 の泣き聲は傳はつて來る。生憎その夜に限つて何かの故障で電燈がつかず、何となく不安な感じが頭にサマぐと描かれる時に、何處からともなく差し込む青い光は鈍く室内へ流れ込んでボーツと部屋の有様を浮び出した「ソレ出た!」とばかり長屋中の人は身を顫はし蒲團で顔を覆ふた今まで聞えてゐた赤兒の泣き聲はモウ止んでゐた。人々はますく怖氣を催してその夜は寝られぬまゝに夜を明した。その翌日六軒長屋の罪ない家のみを殘した五軒の

家は申合せたやうに何處かへ引越して行つた――。

大阪の怪談　住吉の鬼女
●大阪時事新報　昭和四年八月二十四日（二十三日夕）　4-245

大阪の怪談
住吉の鬼女
赤兒を喰ふ物凄さ

道知らば摘みにも行かん住の江の岸に生ふてふ戀忘草……銀鈴のやうな朗詠の美聲は秋の夕闇の中からリヅムを刻んで聞えて來る。人影のない住吉の高燈籠に近い松蔭をそゞろ歩きする二人連れの年若い女は聲の主であつた。振袖姿の一人は住吉の百萬長者の娘深雪で、あとの一人は氣に入りの下女であつた。

深雪は生れながら和歌が好きで暇さへあればいろ〳〵な歌集に親しむのであつた。今謠つた貫之の古歌に動かされて、この住吉にあるといふ「忘草」を摘みに來たのである。當時の高燈籠附近は見渡す限り蒼白い月見草は夢のやうに咲き亂れ、彼方此方には薄尾花がスッスッと生ひ茂む中に松蟲、鈴蟲は露に濡れて啼いてゐた――。

折柄十日ばかりの月は松ケ枝に懸ると興が湧いたか、深雪は一段聲を張り揚げて「すみの江のあさみつ汐にみそぎして戀忘草摘みてかへらむ」と節面白く朗詠するのであつた。

松の梢を拂ひ來る露の白玉を綴る色が青味を含んで大理石に鏤めた鷄血石色の天女の瓔珞の如く地に落ちるその珠のほとばしりを片袖に受けた深雪は、何となく幽思に沈む。この時であつた。千草にすだく蟲の聲は一時にパッタリ休むだかと思ふと、目の前の大きな松の根元で只ならぬ音がした、二人は思はず瞳を向けると、月影淡くさすあたりに髮もおどろに振り亂した一人の女が、無慘にも嬰兒を逆さまに抱き、右手で獨活のやうな小腕を引き千切り、それを横啣ぶりにパリッ、パリッと物凄い音を立て貪り食ふ樣は、さながら

餓ゑた狼であつた、らい〳〵たる眼光といひ、耳のあたりまで引裂けた大きな口もとには血糊を流して、チラと見える白い齒に凄氣味惡い笑ひさへ見せた形相は、繪で見た鬼女そのまゝであつた。二人の娘は生きた心地もせず、一目見たあとは眼を瞑ぶつて逃げ歸つた。――深雪はその夜「忘草生ふと聞くなる住の江の岸べに鬼女の棲むぞいぶかし」一首くちずさむだ後、俄に熱病に冒された。あくる日、村の人達は鬼女の居たといふ松の根元へ行くと生々しい子供の白骨はバラ〳〵に散亂してあるのみで、一滴の血の氣も殘されてゐなかつた。とこれは昔語り……。

大阪の怪談　塚原坂の泥雨
●大阪時事新報　昭和四年八月二十五日（二十四日夕）　4-246

大阪の怪談
塚原坂の泥雨
友達が殺されたと訴へた女

大阪市内某署の刑事室には薄暗い一つの電燈が眠さうにまたゝく秋雨降る夜更けであつた、宿直のS刑事とO刑事の二人は何か事件の推移について語り合つてゐた。そこへ駈け込んで來たT刑事は全身濡鼠になつて

「おい又やられた!、折角買つた蛇の目傘はダイ無しだ、これ見給へ赭土混りの泥をベッタリ塗りつけられた、おまけに帽子にまで此の通り泥だ。馬鹿氣た事だとは思ひながらも飛田遊廓近くの、あの「塚原」の坂道を通れば乾度やられる。」

この話に二人は苦笑しながら「例の豆狸だらう、あいつ雨の晩は必ず惡戯をしやがるんだ、どうだい今夜もサーア、サーアと撫でられたのか」

「いや何時もその手を食ふので用心して若し東やがつたら傘で突き上げてやらうと思つて手に力を入れて、あの坂を七分通り下りた頃、急に傘が重くなつた

大阪の怪談　新夫婦の枕頭に墨絵のような人影
●大阪時事新報　昭和四年八月二十七日（二十六日夕）
4-247

幽

大阪の怪談
新夫婦の枕頭に
墨繪のやうな人影

新婚の花園は到る處に蜜の甘味を湛えて若い二人の前には何時も匂やかな花が咲く……。二人の結婚は今から三月ほど前に行はれその愛の巣は、北大阪を貫流する十三の淀川べりに構へ、下女も置かぬ氣樂な新世帯は花婿も勤め先きから歸る樂しい團欒の夜となつた。

淀川 の流れには盂蘭盆の十三日とて、綺麗に装飾された玩具のやうな小舟に迎へ灯を點して流されて行く。二階から欄を擁へせた鈍い電燈の影に薄墨で描いたやうな人影がスーッと枕頭に浮き出てゐる！。「幻影だ、幻影だ」花婿は強ひて斯う信じたが、その薄墨の

人影 が消えない。この時

頃でスヤ／＼眠つてゐた妻は「ウム、ウム、ウーム」と魘され出したので、花婿はゾッとして身慄ひしながら愛妻を揺り起した。花嫁は半身起上りながら「あア怖ろし！」といひながら夫の膝へ縋り付いた。不安に絶えない夫は「どうしたのだ」と小聲で訊くと「彼の男」の夢を見たのだと言つた。花婿は頭から水を浴びたやうな悪寒を感じて、そーつと薄暗の人影の方へ目を向けると、蚊帳の外にはモウ人影は消えてゐた。――靈魂の躍動？――二人は怖ろしさの餘りその夜は寢もやらず蚊帳の中で起きてゐた。戸外には夜露に濡れた蟋蟀はいつまでも／＼鳴いて居る（特に夫妻の名は秘して置く）

ので、今夜は傘の上に乘りやアがつたと思つて、逆に傘を傾けるや否や、サツと投げられたのが此の帽子の泥だ、いま／＼しくて仕様がないから、石を拾つて無暗に投げたら、その中の一つが電燈へ當つたと見えて、グワツチヤと音がした刹那眞つ暗闇になつた。雨はます／＼激しくなるし、一種の幻影だらうと思ふが銀色に光る雨中に黒い物影が浮き出て僕の前を離れないので妙に氣味悪くなつたから急ぎ足で歸つたのサ」

と語つた。夜は次第に更けて行く雨はまだ歇まない、此の時髮を振り亂した綺麗な仲居風の女が飛び込み、

「今、塚原の坂路で私のお友達が殺されました、早く來て下さい」

と訴へ出た。三人の刑事は、部屋に掛けてあつた外套を頭からスツポリ被つて、傘も持たず雨中を馳けだした。

訴へられた場所には髮を散ばらにした若い女が血に塗れて倒れて居る。三人の刑事は女の口に手を當てゝ見たり、脈を取つたりしたが全く絶命してゐた。三人の刑事が加害者の手證になる遺留品でもないかと雨の中を探し廻つて居ると、サアツと泥が降つて來て三人は泥まみれとなつた「チェッ、豆

狸め」と振り仰ぐ目の前に大きな入道天窓！

女の死體なども跡方もなく消え失せて居たこれは悉く豆狸の業と判つて三人は夢からさめたやうにブル／＼と軀をふるはせ「ハークション・オイ風邪を引いたやうだ！」これは五六年前の秋のある夜の出來事である

たゞ

大阪の怪談　晦日に月が出た
怪 ●大阪時事新報　昭和四年八月二十八日（二十七日夕）
4-248

大阪の怪談
晦日に月が出た
大津浪のあつた十一月

晦日の空に月が出た！……安政元年の十一月、この不思議な言葉に西大阪の人々は極度に不安を感じ、また此の間のやうな凄惨な大地震と津浪が襲來する前兆ではなからうかと噂が噂を傳へて、一夜のうちに全市に恐怖の響がグン〳〵と擴がつた――。

元政元年といふ年は幾度か大地震に見舞はれ、わけて十一月四日から五日にかけて大阪の天地を震り動かし、五日夕暮の如きは、グラ〳〵と來たかと思ふと木津川口の一の洲から轟々と唸鳴りを立てゝ襲來した高潮は、忽ちのうちに諸國から入津の大船を始め、荷舟、芥舟、小舟等千八百四十三艘は悉く押流されその勢を食つた上流の橋梁は脚術を拂はれて流失したもの十橋に及び、溺死者また二百七十三人といふ悲慘な光景を呈した。

この事あつて漸く二十五日を過ぎた十一月の晦日に無氣味な月が出たといふのだから市民の騒ぐも無理はない。

殊にこの「月」には雲がかゝらぬのみか時が經つても動かず、水にもその影を映さぬといふ逆もの不思議さに、木津川口に碇泊する船人はます〳〵不思議を感じて、寢るにも寢られず次第に更けゆく夜風に身を慄はせつゝ、帆柱の上に懸る魔の月を眺め入るのみであつた。

折柄夜風を衝いて流れ來る鐘の音は、心なしか人の心の底へ忍び寄る。この時今までまんじりとも動かなかつた魔の月は俄に上下左右に動き始めたかと思ふと、長い絲を曳いてスーッと波を打たせて船の上まで降りて來た、

これを見てゐた多くの船人は、迚も生きた心地はせず、ハッと身を縮めながら「餘りの怖ろしさにその成行きを見てゐると、海月のやうな魔の月はます〳〵活躍を續けて、今度は木津川口に繋いだ船といふ船を一つも殘さず掠めて飛び、遂には枯葉の芦が生ひ茂る海洲の彼方へ消えた。

――次ぎの日船人達は打ち寄つて、昨夜の魔の月は、この前の大津浪に溺死した人達の亡靈が一塊となつて現はれたのだらうと想像しその日夕刻、阿彌陀池の和光寺で横死者の爲め大施餓鬼を行ひ、更に「横死溺死者追善碑」を建てて亡者を弔つた。

またその大津浪に最も慘状を極めた今の大正橋東詰へその翌年の七月「津浪の碑」を建て當時珍らしくも假名混りの碑文を刻して末の世の人の爲めにとの親切か津浪時の心得を書き現はしたものは今尚ほ殘されてゐる（寫眞は大正橋東詰の「津浪の碑」）

大阪の怪談　一等婦人客の悩み
幽 ●大阪時事新報　昭和四年八月二十九日（二十八日夕）
4-249

大阪の怪談
難航海の夜船
一等婦人客の悩み

月を戴せて航行する四國通ひの×汽船は神戸を發して由良沖に差しかゝつた頃、躍るやうに流れる叢雲はサッと月を覆ふた。海面を亘る風はゴウ〳〵と唸鳴りを生じて吹くよと見る間に、今まで油を流したやうな靜かさは忽ち破られて、忙しく白波を奔騰させた。

二百十日の厄日を前にした航海には、斯うした突發的な荒波に見舞はれる事は敢て少くない現象であつた――。船は次第に進んで沼島を過ぎた頃、怒濤いよ〳〵逆巻き、舷側を打つ山の如き大波は物凄い音を立てゝ甲板上を洗ふ。

殊に潮岬に近づいた頃は颱風の勢ひ實に凄まじく、荒れ狂ふ激浪は船を呑まんとし、スクルーは空轉して船體の動揺はげしく、宛然木の葉のそれの如く字字通り翻弄された。乘組客の大部分はスッカリ醉ひつぶれ、ボーイは忙しく金盥を運ぶ船地獄を現出した――

一等船客の一婦人はベットに横たはりながら、早くから受持ボーイに背を撫でられてゐるが如何にも苦しさうである。

大阪の怪談　一等婦人客の悩み（三）

●大阪時事新報　昭和四年八月三十日（二十九日夕）　4-250

大阪の怪談

愛は變る悲涙

一等婦人客の惱み（三）

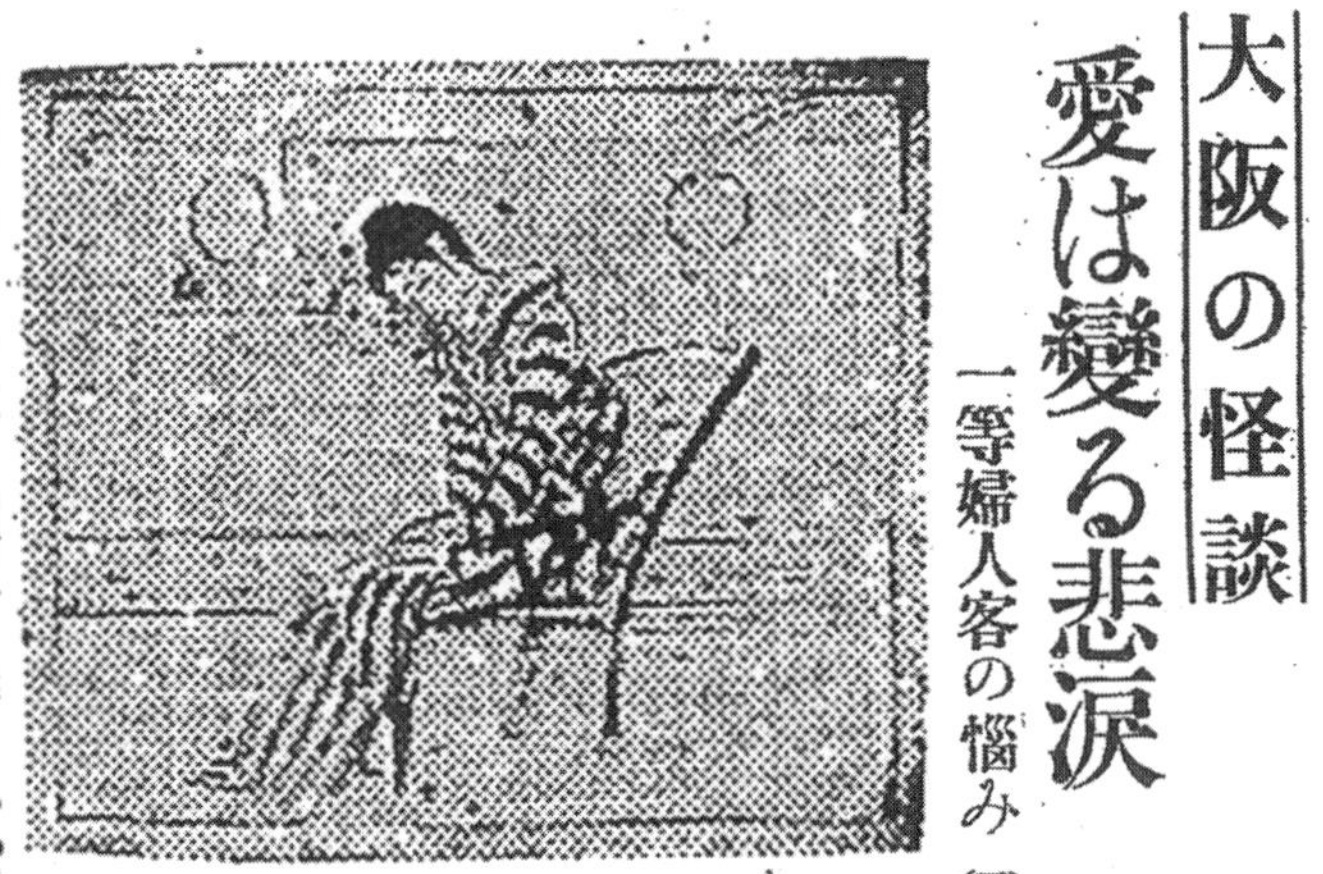

女優髷の婦人は大阪の去る富豪の未亡人で△○幸子といつた。郷里の徳島へ歸る船中で世話をかけたボーイの親切が妙な愛の絡みとなつてその後は何の用件もないのに本田といふボーイの乘組む×汽船を狙つて、幾度となく大阪徳島間を往復した、シカモ×汽船の往路は夜航で、歸路は晝航であつた。それで往路の船中は甲板に人影も消えて寢靜まる頃、本田ボーイは足音を忍ばせて幸子未亡人のキャビンに入り、樂しい話に耽るのであつた。斯うした甘い夢は六、七箇月も續いた。幸子未亡人は中年女にあり勝ちな若い燕の愛慾を飽滿したさから、一層のこと有り餘る財力で本田に船ボーイを休めさせ、何處か適當な場所へ愛の巣を營まそうと決心した。

そして此の事を話すべく今年の春も淺き三月の初め、×汽船に乘込み、早速本田ボーイを自分の室へ呼んだが、どうしたものか入口から顏だけを出して、一向這入つて來ようとはせぬ「變な本田さんだこと、まアお這入りよ」未亡人は聲をかけたが、素氣なく「今忙しいから……」と生返事をしたまゝスタ〳〵と歩み去つた。幸子は別に氣にも止めず時を過ごしたが、その後モウカ〳〵と心待ちに待つたが、本田は只の一度も顏を見せない。夜はます〳〵更けて、スクルーの響のみが耳を打つて、眠るにも寢られぬ腹立たしさにベルを押してボーイを呼んだ。本田はさい顏をして出て來た「何かご

「まだ浪は靜まりませんか？」

「さア、今やうやく潮岬を過ぎたばかりですから、モウ小一時間もすれば幾分樂な場所まで進みます、今しばらくの御辛棒です」

年若いボーイは親切に答へた。船は可なりの難航を續けて、その日の未明に小松島へ着いた。

それから數日を經た去年の八月の或る日、晝航の×汽船は小松島を離れて靜かな鳴門海峡を掠めて進む時、一等船室へアイスクリームを運んだ若いボーイに向つて、

「この間は大變なお世話をかけました」とお禮の言葉をかけたのは年頃三十二、三の女優髷の上品な婦人客であつた。言ふまでもなく數日前の本船が難航海をした時の婦人客である。

「本田さん、今日はあんな物凄い風にはなりますまいね」

と婦人客は愛嬌ある顏に微笑を見せた。ボーイの本田は

「今日は大丈夫です、若し風が出たら又背でも撫でさせて戴きます」

と思はず大聲で笑つた。世故に馴れた婦人は「どうぞ願ひます」と砕けた調子で答へた——。かうした會話が次第にはづんで、船は神戸を過ぎて大阪に向ふ頃は、二人は人並ならぬ心安さを包はせてゐた（つゞく）

用ですか、お這入りとおつしやつても船の規則でご用のない室へは這入れません」ブッきら棒な言葉を殘して立ち去つた。

幸子は本田の態度が激變したので、さま／＼と色々な事を考へさせられて、一睡もせぬ中に船は小松島へ著いた。幸子は用もない小松島に降りてその日の午前中に歸航する×汽船の出帆時間を待つた。黎明の小松島の明媚な風光も此の日の幸子には何の興趣もなかつた。

×汽船は長鳴一聲小松島を出た幸子未亡人は鬱々として一室に閉ぢ籠つてゐたが本田ボーイの態度の急變はどうしても腑に落ちないので。ベルを押して本田を呼んだ「ご用は何でご座いますか」と本田は相變らずブッ切ら棒だつた。

――幸子は便所の歸り廊下で何心なく或るキャビンを見ると、本田は若い女客とベッドに腰を卸して睦じやかに喃々と語つてゐた。幸子ははつと思つた（つゞく）

大阪の怪談　一等婦人客の悩み（三）
●大阪時事新報　昭和四年八月三十一日（三十日夕）
4-251

大阪の怪談
船内に亡靈！
一等婦人客の惱み（三）

あれだ、あれだ、あゝした若い女が出來た爲め、私から愛を離れたのだ、くやしい！、くやしい！幸子未亡人は自分の部屋に歸つてから、今までの愛着は俄に憎惡の念と變り、泣くにも泣けぬ悲戀の涙はとめどもなく膝にハフリ落ちるのであつた

やつぱり汽船ボーイは汽船ボーイだつた。輕薄な本田、憎むべき本田！純情そのものゝ青年だと一圖に思ひ込んだのは自分の過りであつた。――船は無心に淡路沖を過ぎ、神戸への寄港も終つて、一路大阪に向つて居た。春の陽は西に傾いて夕靄は海面を閉した。この時俄にザンブとばかり波音高く飛び込んだものがある。甲板上から「投身だ！」と一際高く叫ぶものがあつた。

船長は直ちに停船を命じた。投身者の救助作業に入つた。探したがその姿は容易に判らない。陽は鷲取山あたりへ沒して海面へはヒタ／＼と夕闇が押寄せて來た頃、やうやく發見されたのは三十二三歳の奥様風の婦人であつた。甲板に引揚げて人工呼吸を施したが遂に蘇生しなかつた――。

この時Y事務長の眼に入つたのは婦人の手に握られてゐた小さな紙片だつた、取り擴げると「本田さん、あなたを永久に恨みします」と簡單に書かれた萬年ペンのインクは青く滲んでゐた。Y事務長は蒼くなつて人影に佇んで居た本田ボーイへ横目で鋭い一瞥を與へた。本田は差し俯向いた――。

その翌日の新聞に「大阪の富豪△〇幸子未亡人謎の投身自殺」と題した報道記事が掲げられた。幸子未亡人はその名の如く決して幸福ではなかつた――。保の海上は漸々として實に長閑であつた。

×汽船は相變らず阿波航路を往復してゐた。或る日天保山を發して闇の大阪灣を進む船中には、本田と若い一女客が睦まじやかに語つてゐた。

本田は何心なく女のハンドバックを取らうとして立ち上れば、キャビンの化粧鏡に現はれた幸子未亡人の立ち姿がありありと現はれた。本田は「アッ！」と驚きの奇聲を立てゝ眞つ蒼になつた。女も其の聲に驚きながら「どうしたのです？」と訊いたが、本田は「イヤ別に何でもないのです」と聲を顫はせて答へた。

その夜本田は船内の下の部屋部屋へ行つても、凡ゆる鏡には幸子の立姿が現はれるのであつた――さうした無氣味な日は幾日もく

續くにつれ、本田は次第に身の搬を來して、例の若い女客が乘船しても、話しに行く勇氣も出ず、遂には妻子が自殺した百箇日目に、身體の衰弱に堪へかねて×汽船から下船し、何處へ行つたのか消息を絶つた。（完）

池の伝説　川池の地藏尊の巻
怪
●神戸又新日報　昭和四年七月二十三日　4-252

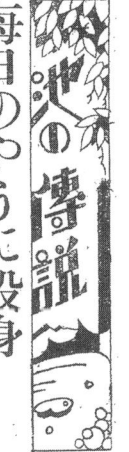

池の傳說
毎日のやうに投身
「人喰ひ地藏」への人々の憎しみ
川池の地藏尊の巻

藻川が現在の公園のところを流れてゐたころ、西側に川池といふのがあつた——十五年ほど前に埋立てられて、いま憲兵隊、市立第一高女、川池小學校が建てられてゐる所がそれだ池には毎日のやうに身投げがあつた。こんなに人が死ぬのは地藏のたゝりだと誰いふとなく言ひだされて、池のほとりに建立されてゐた地藏尊は「人喰ひ地藏」と呼ばれて人々の憎しみの的となつてしまつた。

ギラ／＼と夏の熾烈な陽光が川池のおもてに反射した、對岸にある福原病院の窓からも、さすがに窗をのぞける患者さへなかつた、風は死んで土ぼこりが燒きつけるやうだ、ひとりの老婆が川池の中へ夢遊病者のやうに歩み進んで行つた、通行人が驚いて抱きとめた池の中に蓮の花が綺麗に咲いてゐたので思はず採りに入つたのだが——と老婆は不思議さうにあたりを見廻した、抱きとめた男ばからだ中の汗が一度にひいたやうに思はれた『ナ、何をいふとるのぞい池の中に蓮の花なんてありやせんがな』

地藏のたゝりだといふ流言が、この事實のために確定的なものにされてしまつた。地藏尊への憎しみは倍加した。氣のあらい神戸ッ兒は「こんなもんが建つてゐるさかい人が死ぬ[illegible]や！」と池の中に地藏尊をたゝき込んだ。その翌日、地藏尊はもとの座にキチンと安座してゐた。こんなことが幾度も繰返されたので氣味わるがり出した。

高壓手段では駄目だとなると急に弱腰になつて今度は拜み倒してたゝりから逃れやうといふことになつた。いまの憲兵隊のあたりに地藏堂を建立して遷座し盛大な祭典がいとなまれた、それから川池地藏のたゝりがなくなつたかどうか、埋立てられてしまつたので立證することが出來なくなつた怪談もいつしか忘れられてしまつた（——寫眞は川池地藏——）

池の伝説（八）　多田池の巻（上）
獣
●神戸又新日報　昭和四年七月二十七日　4-253

池の傳說
遍路が開けた文函から
一匹の蛇がニヨロ／＼
百五十年の劫を經て里人を呑む
多田池の巻（上）

春やうやく老ゆる延喜二十二年西國二十五番の靈場淸水寺の峰はうらゝかな春霞につゝまれて、鬱蒼と若葉の中にそびえ立つ鐘樓から、錆た梵鐘の音が野づらを流れて、列をなした白衣の遍路の群が土ほこりをあげて通る。いま淸水寺を下る年老いた遍路が同行の老遍路をかえり見ていつた

『攝津昆陽池のあたりで、見知らぬ女から預つた文箱も、ほどなく屆先に渡されるの』『二十五番の札所から二十六番法華山への道すがらぢやといふたからには、もうほど近い筈ぢや』

◇　◇

やがて播州福田鄕の多田池のほとりに佇むといふ百姓長兵衛をたづねて、この老遍路ふたりは、里人に敎へられるまゝに三草の千草川を渡つて行つた。が尋ねる人はさらに知れなかつた、さがしあぐねたふたりは、多田池（現在の加東郡上福田村藤田にある）の堤の上に腰をおろして、つかれた足を長々と伸ばした。

『それにしても、昆陽池の澤で物を洗つてゐた女から屆けるといふ文には、一體何が書いてあるのかな』『まあさ、別れ住むひとり腰の淋しさでも書きつゞられてゐるのであらうわさ」

老遍路は腰をあげて笑つた。

◇　◇

「もし、さうだつたとしたら、やくたいもない骨折をさゝれたものぢや」「年寄の冷水とはこんなのをいふのぢやろ」「一度開いて中をあらためて見やうか」「それでも……」「いや、大事な文ぢやつたら、くたびれ序に探して渡してやる、もし何でもない文だつたら仕方がないから、どうにか仕末してしまつたらどんなものぢや」

躊躇してゐたひとりも、これからまだ長い遍路の旅を思ふと、同意せずには居られなかつた。紫が剝ねのけられた。と、ふたりはアッと叫びざま、尻もちをついた。

文函の中は文ではなうて、蛇が一匹、ニョロ〳〵と這ひ出して多田池の深みへ沈んで行つた。

◇　◇

遍路はしばし驚さへ得あげず、この怪奇なありさまに目をみはつたまゝでゐた。が、やがて我にかへると、里人にこの由をつげて法華山への道を急いだ。それから百五十年あまりの年が過ぎた――[…]。

◇　◇

多田池には大蛇がすむ。辨財天さまにお参りした杢兵衛がのまれた甚太郎兵衛の娘は池のそこにひき込まれた――こんな噂が、里人の恐怖をかぎりなくあほつた。（つゞく）＝写真は播州清水寺＝

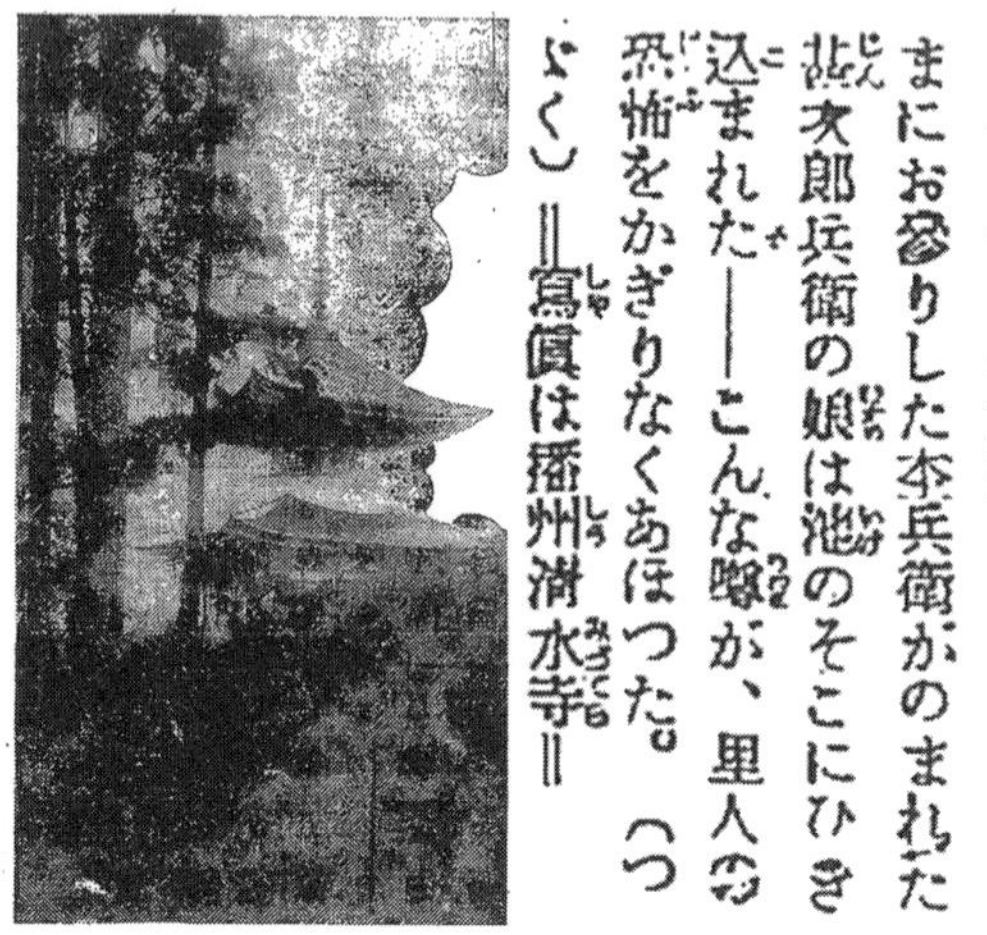

獣　池の伝説（九）多田池の巻（下）

●神戸又新日報　昭和四年七月二十八日　4-254

池の傳說(9)　胴と眼を射ぬかれて のたうち廻はる大蛇

發矢！と切つて放つた勇士の征矢

多田池の巻(下)

大蛇の悪業に激して里人のためにこれを退治すべく決意したのは同郡の郷士藤田三郎太夫であつた。藁筋の中に蕎麦と火薬を入れて人形をつくり、うちに火をつゝんでおいて、参詣人のごとく見せかけて辨財天の祠堂のほとりにおいた。

×　×

やがて、一抹の暗雲が池のおもてをおほふと見るまに、水は波だち騒ぎ、大蛇は姿をあらはした、しかけ人形とも知らず、大蛇はこれを一呑みにした。と見るまに、すさまじい響きとゝもに火薬は爆発した。さしもの大蛇も苦しみ悶えつゝ水上をのたうつ。物影からこのやうすを窺つてゐた豪勇の三郎太夫は、手だれの強弓をひきしぼるとひとしく、發矢！ときつて放つ。胴腹を射ぬかれて一跳ね跳ねあがつた大蛇は、堤を越えて二十町ほども下手の鳥居（現在の社町鳥居）までのがれたが、三郎太夫はなほも追ひすがつて矢を放つ大蛇は第二矢に眼を射ぬかれて死骸となつた。このとき池の堤は、大蛇ののたうちのために切れてしまつた。

×　×

この物語りは「播磨鑑」「播陽事始經略考」「播州古所跡略説」などにも誌されてゐる傳說で、現在でも、大蛇の苦悶したあとを「ころび」といひ、草木も生えぬ空地であり、第二矢のため眼を射ぬかれたところを「二つ木」といひ大蛇が常に枕をしてゐたといふ場所は「蛇枕」と稱へられてゐる。

×　×

なほ、そのとき池の堤が決潰したが、水はその池尻にある薬師如來の功德によつて忽ち逆流し、田畑に害を與へなかつたと傳へられてゐるが、その跡は現に逆川といつて上福田村藤田部落のすそを流れてゐる。（草栖氏の記誌による）

怪　ある夜のお話会　お化けの話（上）

★満州日報　昭和四年七月二十四日　4-255

ある夜のお話會

お化けの話(上)

武藤一枝

此の間の晩の夜皆で集つて、化物話を致しました。

お父さんと伯父さんと私と妹と弟二人、お母さんは亡くなりましたから皆で六人です。

伯父さんは色々な果物を出して下さいましたし、お父さんはお煎餅を買つて下さいました。

さて始めようとすると皆なかなかづるいので先に致しません。

「ぐづ〳〵して居ると夜が明けるよ」

と伯父さんが話し始めました。

「皆さんは海坊主を知つてるかね。私の友達で船長をしてゐる人がゐるが、その人が或時自分の船に乘つて航海してゐた。丁度日が暮れかゝつてネ、そろ〳〵暗くなると遠くからドロドローーツと妙な風が吹いてくる……」伯父さんは奇妙な聲を出しておどかします。

「ハテナ?と船に乘つてゐた人達が海の上を見ると大きな、大きなとても大きな、そして眞黒けた海坊主が現はれて金色の大眼玉をグリグリツと廻して睨みつけた」

「ほう!」と皆が感心します。

「船長さんは大變に驚いたが、其の船にゐた年とつた水夫が「構はんから海坊主にぶつかつてゆけ」と言ふので、皆が元氣を出してネ、ヌーツと立つてゐる海坊主の中へどん〳〵船を進めると、ザザーーーツと霧の様に消えてしまつたとさ」

伯父さんの話は終りました。珍しい話なので皆が感心して居ます、ほんとに不思議です。

「伯父さん、其は海の水蒸氣の粒が集つて其んな形に見えたのではないかしら」私が聞きますと伯父さんは「そうかも知れないネ」と言ひました。弟達は「ナニ、蛸の化物だい」と言つてガリガリお煎餅を噛ぢつて居ます。

「今度はお父さんだ」と言ふと話を知らないお父さんはマゴマゴしてゐましたが覺悟を決めて話し始めました。

「お父さんが小さい時、田舍はゐたが、其の村の近くに五分一川といふ川があつて化け物が出るので夜になると人が通らぬ。そこで堀主水といふ侍が…」

「あつ!又堀主水!十遍も聞いてる。お父さんの話はそれ一つだ」私達は呆れて口惜しがりました。其話は小さい時から何遍も聞いてゐるので、私達の方が却つて好く知つてゐるのですもの。所が伯父さんは

「私はまだ知らん、話して下さい」とお父さんを助けます。

「では話さう、さて侍が眞暗な晩川の傍で化物を待つてゐると、バタ〳〵と女が一人やつて來た」

「若し、お侍さん、淋しうてなりませぬから一緒におつれ下さりませ」と女が頼むんだ、知つてるよ」と弟が先に言つてしまひました。

「うん、殘念ながらその通り。そこで侍は女と一緒に歩きながら刀をぬからとするとヒョイと女が此方を見た。青い顏をして髮をふり亂し、耳まで裂け眞赤な口をあいてキラキラ光る眼玉で睨んだ。侍はキヤツと氣絶した。暫くすると一人のお爺さんが通りかゝつてその侍を助け起し、どうしたのかと聞いたので侍は化物の事を話すとネ、急に爺さんが先刻の化物になつて「こんな顏だつたかね」と顏をつき出したので、侍は、ワアーツと後も見ずに逃げて家へ歸つたんだ。そこへ奥さんが出て、

「貴方、どうなさいました。青い顏をして」と訊ねたので侍が化物の事を話すと「では、此んな化物でしたか、ヒヒ……」といつて又あの化物になつた。そこで又侍は驚いて氣絶した暫くして氣が着いて見ると矢張り川の傍にゐたのだつたとサ」

やつと濟んだのです。伯父さんは

「仲々悪戯をする化物だ。獺が化けたんでせうな」

「さうですよ。獺の奴ですよ」とお父さんは伯父さんが熱心に聞いてゐたので嬉しがつてゐます。

怪　ある夜のお話会　お化けの話（中）
★満州日報　昭和四年七月二十六日　4-256

ある夜のお話會
お化けの話（中）
武藤一枝

今度は私。私はづるくないので直に始めました。

「えゝと、或る船長が航海してゐました。或晩、それは眞暗で凄い氣味の悪い風が吹く夜です。ふしぎな事には今迄早く走つてゐた船がだん／＼おそくなる。何だか海の底から大きな手が出て船を捕まへてゐる様に、いくら運轉手が急いでも船は進まない。船長は心配して室で考へてゐると、一人の水夫が青くなつてとんで來て「タタタイヘン／＼」と引張る。そこで船長も胸をドキドキさせて甲板に上つてゆくと、船員達も眞青になつて、うろ／＼してゐる、船長が驚いて海の中を見ると、幾十もの生首が眞暗な浪の上に浮んで、ギロ／＼目を光らして船のまはりをグルりと取り巻いてゐる。船長はもうぶる／＼しながら、自分のお守りにしてゐる觀音様のお札を投げつけて、運轉手を勵まし、やつと逃げる事が出來たつて。をはりよ」みんな怖がつて默つて居ます。私は大得意でした。伯父さんは怖くて寒くなつたと言ひお父さんも熱いお茶を入れて下さいました。

今度は伯父様。

「或所に古い大きなお寺があつた。その寺の便所へ人が入るときつと出られなくなる。そこで「オーイ天狗さん明けてくれえ」と言ふとネ、遠くの山の方で「よおーーし」と氣味の悪い聲がしてひとりでに戸があくんだとサ」

「ワハ。天狗は悪い惡戯をするネ」

私達は大笑ひでした。

「天狗つて奴は丈が高くて顏が赤く鼻が長いのださうだが、僕はかう思ふね。昔外國人が日本へ流れついて、日本の山へなど入つて住んだのを日本人が天狗といふ化物にしてしまつたんだらう」とお父さんが言ひました

「さうですよ、ソラ、毎日くるロシヤパン屋も大男で赤い顏で鼻が長いからね。大江山の酒呑童子だつて、ロシヤ人だつたとか言ふ」伯父さんも贊成してゐました。

怪　ある夜のお話会　お化けの話（下）
★満州日報　昭和四年七月二十九日（二十八日夕）　4-257

ある夜のお話會
お化けの話（下）
武藤一枝

「お父さんは一寸もお話しない長いお話してよ」私達が責めるとお父さんは、いつもに似合ず直に言ふ事をきいてくれました

或る池の傍に梨の木が一本あつて、その木がふしぎな木でネ、梨が一つ落ちると又一つ殖えるのだ。そして、しよつちう梨の實が池へ落ちて、ボチヤーン、又一つボチヤン、又ボチヤン、ボチヤン、ボチヤン、ボチヤンボチヤン千年たつても萬年たつてもボチヤン、ボチヤン……」

「一寸待つて、ボチヤンはもう好いから其の先をして」と言ふと、憎らしい事には

「ナニ、何時までたつてもボチヤンなのだ。それ、ボチヤン、ボチヤン」

「知らん！知らん！」私達は怒つてやりましたが平氣なものです。伯父さんがふと口を出しました。

「此んな話知つてるかネ」日本の何處かの海に赤えひの主がゐるさうだ。赤えひつて、ロシヤ町に澤山乾てゐるネ、あんなんぢやない。もつと大きい、その赤えひの主が時々海岸の方へ浮いてくるが山の上から見てゐると海の水が一面に薄赤くなつて

ひれを動かすと大浪が立つ位ださうだ」

「大きいね、此の家くらいある？」

「とても〳〵。中央公園の滿鐵グラウンドより少し大きいんだ」と伯父さんはゐばる。

「アツハ、僕の話も長い話つたが伯父さんの話も大きい話だ」お父さんは大笑ひしました。だが伯父さんは目をグル〳〵させて
「いやこれはほんとだ。滿鐵グラウンド位だ」とゐばつてゐました。

資　幻影か化物か　行灯から幽霊などすべて錯覚から
●上毛新聞　昭和四年七月二十六日（二十五日夕）　4-258

盛夏些談

幻影か化け物か○○○

行燈から幽靈などすべて錯覺から

昔は今よりもつと物の怪と云ふものを信じてゐた。それが爲にいろんな傳説を生んだり、

夜陰には外出にもおつかなびつくりで行かねばならぬ、幽靈の繪なども昔からいろんなのが描かれてゐる、一たい幽靈と云ふものは何か原因で出現するものであらう豐國や國芳の錦繪に、織越大領政知が淺倉當吾の亡靈に惱まされてゐる圖がある政知は當吾を殺した爲めに良心の呵責で氣が狂つたものであらう、豐國の畫がいたものによれば血みどろになつた凄い姿の當吾が亡靈となつて現れると、藥を捧げた醫者の顔までがされ頭に見える、それに驚いた

政知が刀を引抜くのに取すがつた腰元の顔までが髮を亂して陰慘な化物になつてゐる之は幻覺に襲はれた政知の心理狀態を描いたものであらう、又國芳の繪を見ると、政知の病室の襖に當吾の姿が朦朧と現れ、それがでんぐりを打つて疊に座つてうらめしそうに政知を睨む政知は刀を抜きざまに切つけたら腰元が血に染まつて倒れてゐた。そして凄景を描いた屏風に磔にされた人間の姿があるかと思ふと松の幹であり、幾つかのされ頭があるかと見れば植込みの

灌木に雪が積んでゐる處がある、之等はすべて精神の異狀によつて錯覺を起した結果である。氣狂ひが絶えず、何物かに追はれてゐるやうなそぶりを見せてしきりに怒鳴つたりなどするのは此樣な錯覺によるものである、又國芳の繪に同じく政知を題材にしたものがある、即ち亡靈に驚いてをびへてゐると何時の間にか亡靈が同じ寢床にもぐり込んで來たので騒ぎ立てゝゐるもの或は何か長い手で頬ぺたを撫でられてびつくりすると

枕元に朦朧と亡靈が現れてゐる圖がある。之等は觸覺に錯覺を起したものであるそれが爲に氣狂ひはそれをはらひのける爲にばた〳〵して悲鳴をあげる、精神的に健康な者でさへ時に錯覺によつて飛んでもないものに見える場合がある。化物の正體見たり……と云ふのがそれだ。即ち今に出はせぬかとおつかなびつくりでゐる處に、ことりと鼠でも音を立てるとワツと總身の毛が立つ、まして何か良心の呵嘖を受けつゝある者が常におびへてゐる結果、亡靈などを見るのは當然と云へ樣、しかも

昔の夜と云へば今の樣に明るい電燈がある譯ではなし、せい〳〵燭臺の火か行燈の明かり此の行燈の明りと云ふ奴が人の心を微妙なものとさせ、周圍をほの暗く照すひやう〳〵どろ〳〵には時に持つて來いの代物とも考へられる。

資　妖怪に集る心　超現実の魅力
●河北新報　昭和四年七月二十六日　4-259

妖怪に集る心

超現實の魅力

グロテスクの味――これは古今東西を問はず、つねにわれ〳〵人類に一種の興味を與へて來た、物の本を見るが良い、繪畫、彫刻にもそれがある。藝術發祥の地とも見るべきエジプト人は人面獅身の怪物を創造した。ギリシヤの神話は殆どグロテスク味から出發してゐる、たとへば頭髮が蛇になつた

といふラオコーン、美の神ヴイナスの母は海底の女神で銀の脚の持ち主であつたといふ。その他あげれば切りがない、それ等の神話を讀むわれ等は夢の世界に誘はれる樣である、夢といへば彼のアラビヤンナイトも亦快よい夢を見せるではないが、ダンテの神曲もミルトンの失樂園もすべて怪奇な夢。失樂園の繪畫化されたものにドーレの描く所によれば天使とサタンの戰ひ、海の怪獸の出現など怪奇に滿ちたものである。ウイリアムブレークの快樂園の挿繪は有名なものである、それはドーレ邊りの比でない、彼は話にも繪にもグロテスクを發揮してゐる。これ等を卷物にする時、將に百鬼夜行圖が出來上るだらう。百鬼夜行圖といへば土佐長作と傳ふる有名な繪卷物には彼が如何に偉太なる想像力を持つてゐたかゞ分る、同時に病學子に現れた所も病の本体はすべてグロテスクなる生態で表現してある、鳥山石燕は百鬼夜行圖を二百種描いた、これも身の毛をよだたしむる。支那の本で有名な山海經にも鳥、獸、人魚、虫類を妖怪化して表現してある、その他緣田玉英や春泉、龍齋正澄等は妖怪變化の數々を版畫にした、廣重、豐國、國芳、國周等何れも凄惨な變化の姿を描いてゐる、北齋は或時松本幸四郎の頼みで幽霊を描いた、今も舞臺に現れるお岩はそれによるものだといふ、この外に豐國は万町皿屋敷お菊の亡靈、國周は才次郎の亡靈などの版畫が殘つてゐる一たい日本人は殊にグロテスクの味を解した國民と見えて右の樣に數多の繪畫にも殘されてゐるが、彼の上田秋成の雨月物語りなど最も知られた怪奇小說といふべきであらう、妖怪談を記したものには、怪異辨斷、和朝靈神記、日本靈異記、古今族魂考、死靈解說物語り、鬼神集說、今昔雜冥談新撰百物語り、茶飲夜話集、可笑得談など枚擧にいとまない程ある支那の西遊記も非常なグロテスクの[illegible]物であるが、日本にも[illegible]國[illegible]がある、西洋で最も怪奇な繪を描いたのはドイツのベックリンであらう、彼は胃寂感による妖氣を繪にした、死の島、ケンタウル（半人半馬）の戰等鬼氣迴る思ひがある、ヌクビンの繪も怪奇主義の繪である、そのエッチングルピエコになつた死、おれの國から來た幽靈、海の怪などベックリン以上に物凄いものである、グロッスのそれは物凄いといふよりも悲哀と風刺を含んでゐる、又最近ジョルジュ・ド・キリコは超現實派ととなへられる繪を描く、これを一種のグロテスクと見るべきであらう。

資　怪談名作揃い　文藝倶楽部大増刊

●小樽新聞　昭和四年七月二十七日　4-260

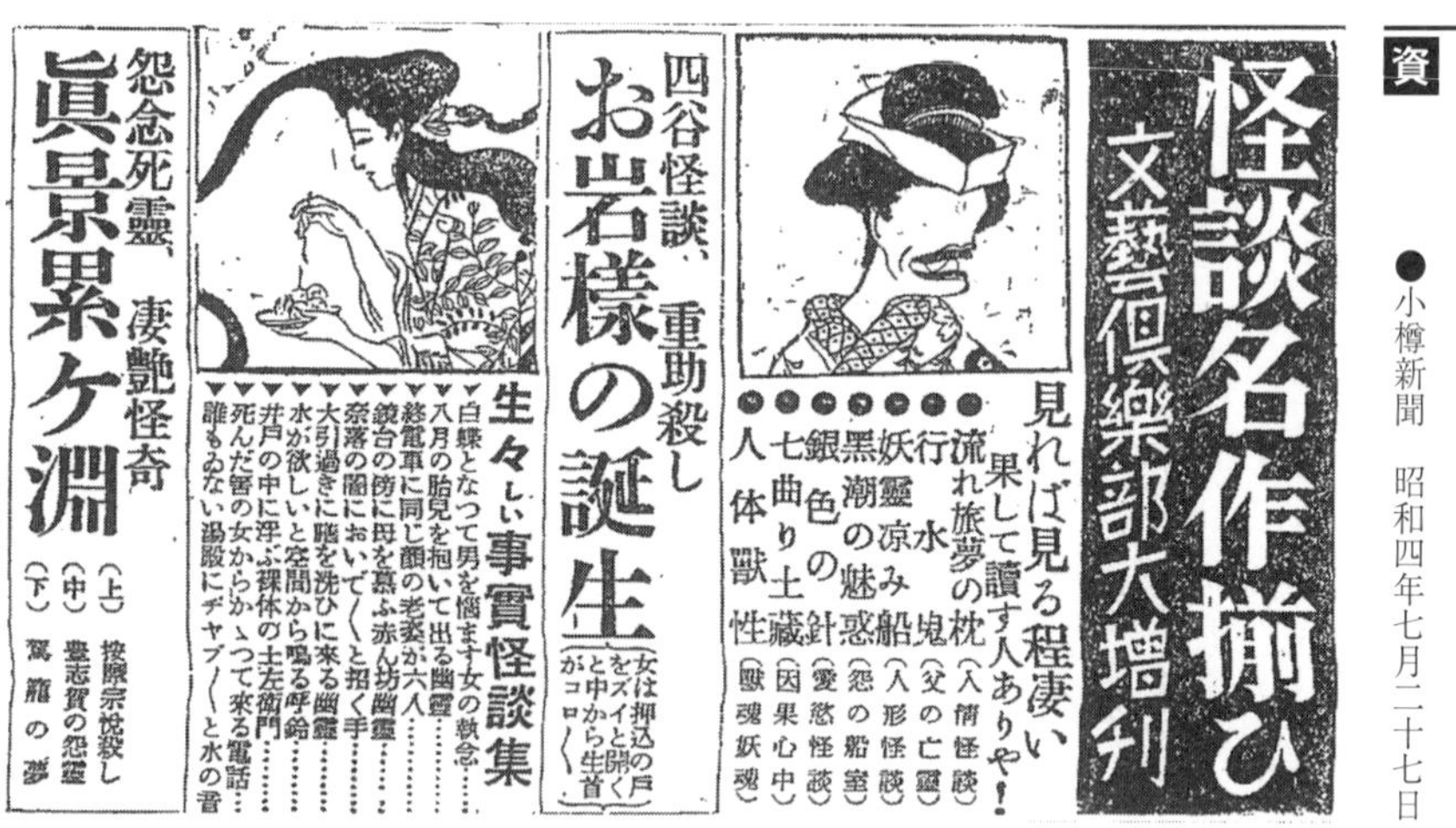

怪談名作揃ひ　文藝倶樂部大增刊

見れば見る程凄い、果して讀す人ありや！

●流れ旅夢の枕（人情怪談）
●行水鬼（父の亡靈）
●妖靈凉み船（人形怪談）
●黑潮の魅惑（怨の船室）
●銀色の針（愛慾怪談）
●七曲り土藏（因果心中）
●人体獸性（獸魂妖魂）

四谷怪談、重助殺し　お岩樣の誕生（女は押込の戶をズイと開くと中から生首がコロ〳〵）

生々しい事實怪談集
▼白蝶となつて男を惱ます女の執念……
▼八月の胎兒を抱いて出る幽靈……
▼終電車に同じ顏の老婆が六人……
▼鏡台の傍に母を慕ふ赤ん坊幽靈……
▼奈落の闇においで〳〵と招く手……
▼大引過ぎに腦を洗ひに來る幽靈……
▼水が欲しいと空間から鳴る呼鈴……
▼井戶の中に浮ぶ裸体の土左衛門……
▼死んだ筈の女からかゝつて來る電話……
▼誰もゐない湯殿にチャブ〳〵と水の音

怨念死靈、凄艷怪奇　眞景累ケ淵（上）按摩宗悅殺し（中）豊志賀の怨靈（下）駕籠の夢

資　幽霊はいるのか　サテ其の現れ方色々

★大連新聞　昭和四年七月二十八日（二十七日夕）　4-261

紙上銷夏法露臺の話
幽霊はゐるのか
魔術上では認められてゐる
サテ其の現れ方色々

幽霊が眞に夏のものなりや否やはどうもわかりかねます。柳の下からスーッとなんといふとどうしても夏ですが、といふて木枯し吹きすさぶ冬の空中にスーッと出ないといふわけはなささうです。ひとだまなんかはどうしても夏向きです。但し仕掛花火なんかとは全く趣を異にはい

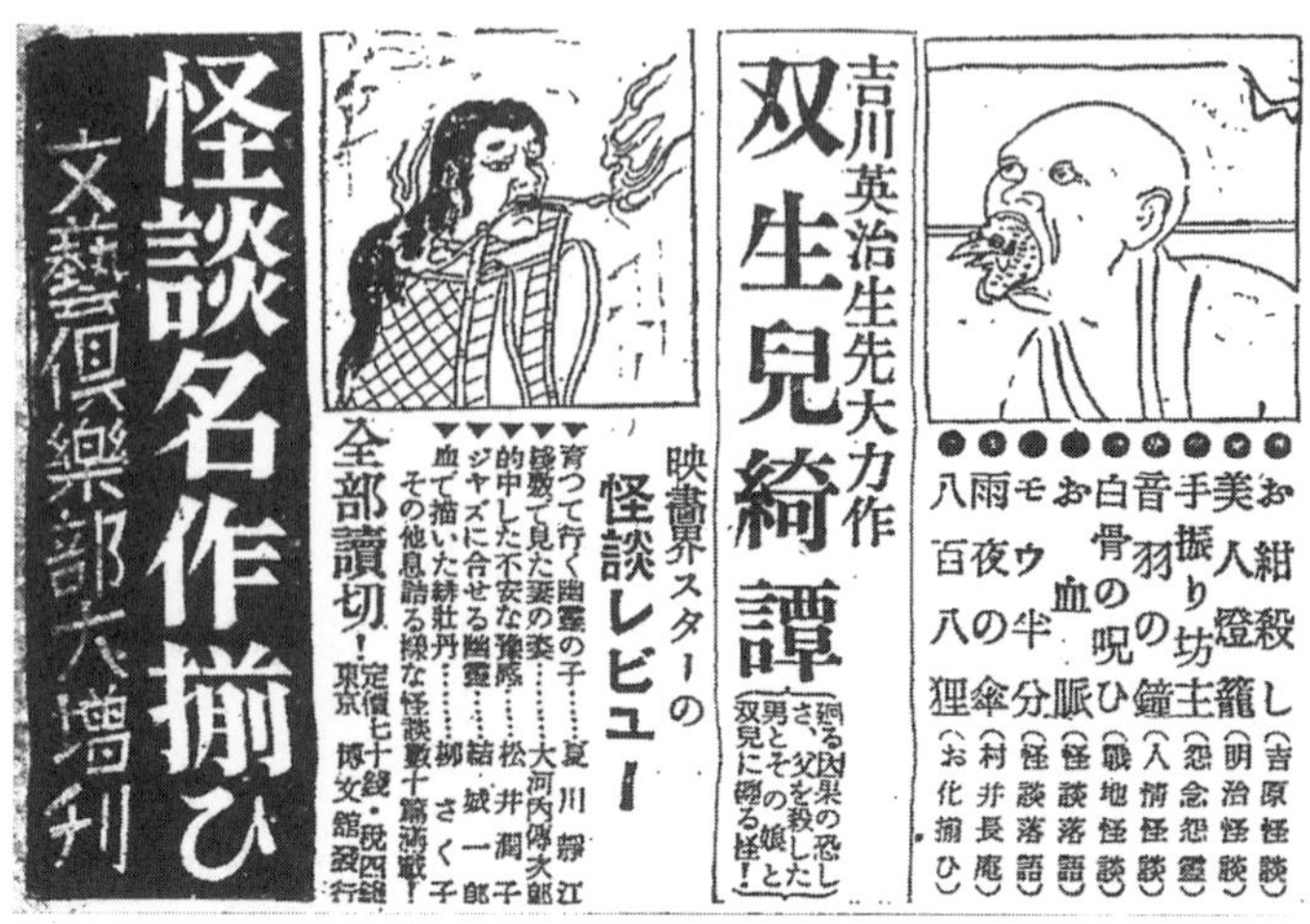

怪談名作揃ひ　文藝倶樂部大增刊

映畫界スターの怪談レビュー
▼育つて行く幽靈の子……夏川靜江
▼座敷で見た妻の姿……大河內傳次郎
▼的中した不安な豫感……松井潤子
▼ジャズに合せる幽靈……結城一郎
▼血で描いた緋牡丹……柳さく子
その他息詰る樣な怪談數十篇滿載！

全部讀切！　定價七十錢・稅四錢　東京 博文館發行

吉川英治先生大力作　双生兒綺譚（廻る因果の恐しさ、父を殺した男とその娘と双兒に纏る怪！）

●お紺殺し（吉原怪談）
●美人燈籠（明治怪談）
●手振り坊主（怨念怨靈）
●音羽の鐘（人情怪談）
●白骨の呪ひ（戰地怪談）
●お血脈（怪談落語）
●モウ半分（怪談落語）
●雨夜の傘（村井長庵）
●八百八狸（お化揃ひ）

たしますが。しからばそもそも幽靈なるものはあるかどうかこれは大變にむつかしいことであります。

◇

およそ幽靈が出たとか、それを見たとかいふ話くらゐたくさんある話もありますまい。或るものは幽靈は全く一ッの錯覺であり幻影である、そんなものはあり得る筈がないと一概に打ち消してしまふ。また或る者は、それは自ら描くのである、その人間の生活に關係して描き出されるのだとも言ひます錯覺かも知れぬ、幻影かもしれぬしかし二十人も同座してゐて二十人が一度に一ッの幽靈を見たといふやうなのはどうなるか、二十人はさておき三人が一ぺんに見た、それが幻影であるとは思へぬふしもあります、また全く關係のない第三者第四者が幽靈を見ることがある關係のない人を描き出すといふのも不思議です。自分の知つてゐるもの〻幽靈とか名をきいてゐるもの〻それとかならまだしも、全く緣もゆかりもない幽靈に出くわす、道なんかをきかれるとはまた合點のゆかぬことです。錯覺から生れたもの自ら描き出したものそんなものでなしに正眞正銘、實在的な幽靈がどうもゐるやうにも思はれます。

◇

英國の科學者オーバー、ロッヂ心理學者哲學者とし有名な米國のジエームス英國のマイヤー、レビユー、オフ、レビユーなどの主張するが如くに、幽靈の存在は信ぜられる。日本にも數限りないほどたくさんこの話があり、どういふわけで出現するかは別として、實際には目に見たり耳にきいたりする。不可解な點はたくさんあるにしても馬鹿なと打ち消してしまふことはできなくなつた。

◇

元來幽靈には種々ある。目に見えるもの、聲にきこえるもの死んでから出現するもの、生きてゐるうちに現はれるもの、全く千差萬別であるけれ共、主として多く死ぬときに現はれるこれが普通である自殺するときそこへ幽靈が定着してゐることもある。だまつてスーとやつてくるのもある、聲を立て〻くるのもある音を立て〻現はれるのもある、また夢のごとく幻の如くほんとに幻しのやうに現はれるのもあります。

怪　南部の祟り田
●東奥日報　昭和四年七月二十八日　4-262

南部の祟り田

―七戸と八戸地方に残る怪談―

川合勇太郎

昔七戸のお城にまだ殿樣が居た頃の話である。七戸の作田といふ所に老人の夫婦があつて雌雄の鷹を飼つてゐた。稀代の名鳥で老人夫婦は子のやうに可愛がり、田の畔の李の木につけて飼養してゐた。その事が殿樣のお耳に達して所望されたので、夫婦は謹んで殿樣に献上した。殿樣は大變に喜んで夫婦に扶持を授け當の鷹はそのま〻夫婦の者へ御預けになつた。老人たちは此上もなく有難い殿の上意を喜んだ。

鷹は元のやうに田の畔の李の枝に羽を休めて、剽悍な目を蒼空に向けてゐた。或時の事、老人夫婦は用事があつて外出した。歸つて來て見ると大事な鷹はむごたらしい死ざまをして死んでゐた。艶やかな羽も血にまみれ、むしり取られてゐる樣子から見ると、誰かゞ殺して行つた事は明かであつた。夫婦は血の氣を失ふほどに愕然とした。

◇

鷹を失つた老人夫婦は、その日から扶持を放たれた。嘆きと悲しみの中に糊口は次第に逼迫して來た。殺した者を限り呪つた事も老先の短い二人にしては無理でもなかつた。はては狂氣のやうになつて自分の身體を食ひ切り、李の木を逆さまに挿して「この木が成長してゐる限りはこの谷地に手をつけるものは天刑病の病にかゝれ」と呪ひの聲を上げて悶死してしまつた。

◇

夫婦が恨みをこめた李の樹はその谷地で幾度も花をつけ實を結んだ。村の人達はかうした話を忘れたかのやうにこの谷地の賣り買ひをした。しかし買つた人の家ではすぐ病人が出來たり妖しい事がひつきりなしに起つたりするので、遠い昔の老人夫婦の話を思ひ出しては怨念の怖ろしさに賣り主に返してしまふ。かうしてその谷地は幾度も持主を變へた。遂にはその場所を七戸の瑞龍寺へ寄進してしまつた。十八世晃山和尚の時老人夫婦の怨靈を慰めるために供養しその谷地を開いてその内八畝ばかりの田地を、作田の新山神社の別當へ、夫婦の墓の掃除料として更に寄進依頼した。土地では隣の子爺婆の話として怨念の恐ろしさを語りつたへてゐる

◇

その祟り谷地は七戸の町から西へ十五丁ばかり、老人夫婦が呪ひをこめて挿したといふ李の樹は今目通り三尺廻りもあらうか。幹ももはや朽ちてゐるが根元が二尺位のところからふたまたに別れてなほ茂り交してゐる。その下に苔むした夫婦の石碑が立つてゐる

大圓與覺居士
順覺自証大姉

とある。

◇

八戸の町からざつと一里半、館村田面木にも村の人から怖れられてゐる祟り地がある。昔この田面木に盲人の夫婦があつた。不自由な身に少しばかりの田作を仕付けてゐたが、或年稻刈の八幡さまの祭の晩――舊の八月十四日の夜にこの盲目の夫婦の持田八畝歩ほどの稻が、一晩のうちに刈取られてしまつた。次の年も、次の年もさうであつた。一村擧げて夜明まで踊りぬいてゐる祭の騒ぎの間にこつそり持つて行かれた。

◇

夫婦の怒りは火のやうに燃えさかつた。その翌年の十四日の晩、盲人の夫は自分の田へ見廻りに行つた。今もこの祭りの頃は月がいゝ。八幡の林からひゞく太鼓の音や遠い唄の聲がゆるやかにひゞく間を足元で切々と虫の聲がする。八幡祭の十四日の晩と云へばさうした晩である。

見廻りに行つた盲人はふと自分の田の方からぞりつ、ぞりつといふ稻を刈る音をきいた。盲人はかつとした。音をたよりに靜かに近寄つた。稻盗人は夢中であつたとみえて少しも氣がつかなかつたのか逃れる事もせずに恨みの燃えた盲人に押へられた。盲人は男の手から鎌をひつたくつた。憤怒の叫びと共に鎌は盗人の身體を切りさいなんだ。あけに染んだ男の屍は田の中に横はつてしまつた。

◇

盲人は稻盗人が田の畦につないでおいた牛に男の首を切り落して背につけ、『性があるなら家さ送り屆けろ』と追つてやつた。物凄い話である、男は是川の天狗澤といふところの者であつた。牛はのそり〳〵家へ歸つた。男の母が出てみると鞍の間に自分の息子の生首がつけられてあつた。母親は非常に驚きその屍を田の中から探し出して、その場所に鷄を生き乍ら逆しまに土瓶の中に納め呪文を封じ込んで『七代七流れ祟れ』と石の蓋をしてその田のほとりに埋めた。その母親は巫女であつたときいた。

◇

それを知つた田面木の盲人夫婦も人を頼んで修法してもらつてその呪ひを返さした。この二重の呪ひが田はもとより牛が歩いて行つた田の畦まで怨みをのこして今も色々祟りをするといふ。その田を持つた人は急に死んだり怪我したり、狂ひ死をした。そしてはまた持主が代る。代るとまた祟られる。そこで遂には盲目夫婦の菩提寺であつた村の善照院といふ眞言寺に納めてしまつた。然し人の怨念は御法の力より強かつた。今度は寺の和尚に祟りをなした。寺の住職が若死をしたり、妖しい事におびえてすぐに去つたりした。先代の和尚などは寢てゐる枕から病みやつれた顔を上げて『祟り地を寺に納めたから俺まで呪ひ殺されるのだ』と云ひ云ひして狂ひ死んだ。事實この寺では無住も久しかつたので、田も寺のものであつて寺のものでないやうな狀態である。

男が田から米を盗んだのは、九月十九日にこのあたりでつく九日餅に用ゐるためであつたから、男が死んだといふ十九日の晩は、善照院でその田の米で餅をついて佛の供養をし、村の者こぞつて寺に集まり、五斗でも十斗でも甘酒やら、赤飯やらに作つて、何でもかんでもその日一日の中に食つてしまふ。これには十人ばかりの年番があつて、順番にそこを耕してこの行事を行ふといふ話である。

◇

その田の場所に今も柳の木がある。根元は二抱もあるが高さは一丈あるなしで大分朽ちてゐる。若枝が無數に根元や幹から出てゐるがその柳はその夜男が牛を追つて來たのが鞭を田の畔へ挿しておい

たので、それに根がついたのだといふ、その柳の東北四五十間の所に杉の木立があり、物凄いほど荒れてゐる。そこに二尺ほどの粗末な石碑がたつてゐる。梵字一つの下に南靈大信士、本不生位とありその左に元祿十三年右に九月十九日とある。誰が手向けるものか、花や幣束が度々見える。

◇

その祟り地の杉の木を、八幡の桶屋が『祟りなんてあるものか』と大言して伐り倒したらその幹の切口から赤い血がどく〳〵と噴き出したので、桶屋は驚いて逃げ歸つた。その晩から大熱を發して大變に苦しんだ。（桶屋が歸つたら子供がさうなつたともいふ）これはきつと祟り地の祟りだと思つて杉の木を植足して供養したらけろりと癒つたといふ。

◇

祟り田の話は南部の中でまだ方々できいたり見たりした。さうした所はきつとのやうに澤合か、谷地の田が多く、その片隅に殺された時腰をかけた腰かけ石だとか、墓石のやうなものがあつた。南部地方に多いこの田の怨靈傳説は、その構成が新しく多分に事實談らしい要素を含んではゐるけれども、何かしらその谷地と石といふものに遠い先祖が懐いてゐた恐怖と遺蹤におのゝいた魂の名殘があるのではあるまいかと思はれる。千曳の石の物語りなどの發生はかうした傳説の原流をなしてゐたのではなからうか。祟りする田を見る度にふいとさうした事が思はれてならない。…（完）

資　猫が祟る　映画　結婚悲劇

●京都日日新聞　昭和四年七月二十九日（二十八日夕）　4-263

猫が祟る

映畫　結婚悲劇

武者小路氏の不幸な男に猫二匹を殺した天罰覿面

日活の昭和新怪談

日活の東坊城監督が沖悦二、英百合子、一木禮二、鈴川和子、北原夏江等共演で撮つた武者小路實篤氏作『不幸な男』改題『結婚悲劇』の完成したのは、たしか五月の上旬だつた、しかも出來榮えは相當いゝものだと云ふ評判だつたのに既に三ケ月にもなる今日、この映畫は日活東京本社の倉庫の中で娑婆に出る日を待つてゐるがその裏面には恐ろしい猫の祟りが潜んでゐるとは夏の物語りに相應しい、と云ふのは映畫の梗概から云はねばならないが或る男が友人から妻を世話されたが結婚して間もなく妻は姙娠した、がしかし男は結婚前「あなたは子供が出來ない」と醫師から宣告されてゐる　友人を責めた結果、それは友人の不義の胤と判り、悶へる、惱む、そして妾を圍つて慰めを求めたが軈てその妾も姙娠した、男は世の不義を、否社會の凡てを呪つて二階でピストル自殺をする、丁度その時階下では妻は不義の赤ちんを產む處だつた……

と云ふのであるが、檢閲の際保留となつた、餘り人生を深く突き込んだのがわざわひしたらしいが、問題はこの映畫の中に男がピストルで猫を殺す場面がある、その場面を撮るために雄と雌の二匹の猫を殺したのであつた、何かにつけてかつぎたがる撮影所ではあんないゝ映畫が檢閲保留になるのもつまりは殺した猫が祟つてゐるのだ猫を殺せば七代たゝるといふぢやないかと云ふことになり近日所内で猫の魂祭を行ひ然るのち『結婚悲劇』に修正を加へて再檢閲を受けると云ふことである、それでこの映畫も久しぶりで娑婆に出ることが出來るわけだ、怪談一幕―「をはり

資　幻影か……化物か　行灯から幽霊

●下野新聞　昭和四年七月二十九日　4-264

盛夏些談

幻影か……化け物か

行燈から幽靈　總て錯覺から

昔は今よりもつと物の氣と云ふものを信じてゐた。それが爲めにいろんな傳説を生むだり、夜陰には外出にもおつかなびつくりで行かねばならぬ。幽靈の繪なども昔からいろんなのが描かれてゐる一たい幽靈と云ふものは何が原因で出現するものであらう

：豐國や國芳の錦繪に繊越大領政知が淺倉當吾の亡靈に惱まされてゐる圖がある。政知は當吾を殺した爲めに良心の呵責で氣が狂つたものであらうよ　豐國の繪いたものによれば血みどろになつた凄姿の當吾が凄い姿の亡靈となつて現

れると、薬を捧げた医者の顔までがされ頭に見える、それに驚いた政知が刀を引き抜くのに取りすがつた腰元の顔までが髪を乱して陰惨な化物になつてゐる。之は幻覚に襲はれた政知の心理状態を描いたものであらう。又國芳の絵を見ると、政知の病室の襖に常吾の姿が朦朧と現れ、それがでんぐりを打つて枕に坐つてうらめしそうに政知を睨む、政知は刀を抜きざまに切りつけたら腰元が血に染つて倒れてゐた。そして雪景を描いた屏風に磔にされた人間の姿があるかと思ふと松の幹であり、幾つかのされ頭があるかと見れば植え込みの灌木に雪が積んでゐる態である。之等はすべて精神の異常によつて錯覚を起した結果である。氣狂ひが絶えず、何物かに逐はれてゐるやうなそぶりを見せてしきりに怒鳴つたりなどするのは此の様な錯覚によるものである。又國芳の絵に同じく政知を題材にしたものがある。即ち亡霊に驚いて怯へてゐると何時の間にか亡霊が同じ寝床にもぐりこんで来たので驚ぎ立てゝゐるもの、或は何か長い手で頬べたを撫でられてびつくりすると枕元に朦朧と亡霊が現れてゐる図がある。此等は錯覚に錯覚を起したものである、それが為めに氣狂ひはそれをはらひ除ける為めにばた〳〵して怒鳴をあげる、精神的に健康な者でさへ時に錯覚によつて飛んでもないものに見える場合がある。化物の正體見たり……と云ふのがそれだ。則ち今に出はせぬかとおつかなびつる處に、ことりと鼠でも音を立てるとワッと總身の毛が立つ、まして何か良心の呵責を受けつゝある者が常に怯へてゐる結果、亡霊などを見るのは當然と云へ様、しかも昔の夜と云へば今の様に明かるい電燈がある譯ではなし、せい〴〵燈臺の火か行燈の明かり、此行燈の明かりと云ふ奴が人の心を微妙なものとさせ、周囲をほの暗く照す、ひやう〳〵どろ〳〵には特に持つて來いの代物とも考へられる。

大阪の舞踊　旦那に化けた古狸の業

獣　●大阪時事新報　昭和四年七月三十一日（三十日夕）　4-265

旦那に化けた古狸の業

背景から振付けまで山村とは違ふ

吉村流舞踊の巻（５）

「葵の上」と同様・山村流でも代表作品として扱はれて居るものでしかも吉村流ではその振りは勿論それに絡まる傳説までも異にしてゐるものに地唄の「雪」がある。それが山村流の方での傳説では、以前に紹介した通り新町廓の或る太夫が、自分に執心して通ふ古狸の熱烈な情にほだされて遂にはそれと關係を結び、結局明瞭とはしないが情死か踏晦したかになつてゐる。

で　吉村流で傳へられる話によると、新町の太夫、古狸などは同じであるが、筋は非常に違つてゐるので、つまりその新町の太夫には可成り以前から氣のあつた旦那があつて、舞踊の中にもある毎夜の七つの鐘を限つてその旦那が通つて來たのであつた。所がその太夫の館に古い狸が一匹棲んでゐたが、その狸が毎夜のやうに聴かされる彼等兩人の睦言に飛んだ色氣を出し、何がな悪戯をして呉れやうと考へた末、或る夜の事、その旦那に化けてお定りの裏の潜門をほと〳〵と叩いたのである。

そ　れが折悪くも旦那が來ぬ夜であつて、太夫は適合旦那の來訪と悦び乍ら、その狸の化けた旦那を座敷は請じ入れ、毎日ものやうに酒汲み合せなどして閨の睦言宜しく寝に就いた。が、その夜半太夫は不圖眼醒めてつく〴〵その旦那を眺めてゐた所が、氣がつくと何うもその寝入つた姿なり容貌などに違つた點があるやうに思はれてならなくなつた。それに擬る迄に変した物語りなどを考へ合せてみると、臆しさの餘りその時は氣付かなかつたもの丶徐々不審の雲が殖えて來る。

と　その時入れた巨燵の熱さからかその旦那がニユツと蒲團の外に突き出した足を見たとき、太夫は失心せんばかりに驚いたのである。それは紛ふかたもない獸類の毛だらけの足で、それに容貌も俄に變つた奇態な形ちになつた。つまりいかな古狸も寢入つて了つては變通自在の力も拔けたものらしいが、その太夫の驚きの聲に彼れも吃驚し、忽ち本性を表すと共に何れともなく逃げ去つて了つたのである。

古　狸の惡戯とは云へ隨分罪な事をしたものさ、それ以後その太夫は絶對に人と幽を合さず思ひ切れにくい旦那との逢ふ瀬も樂まずに遂には或る夜の事たどくしい文を書き遺して空しい人となつて了つたと傳へられてゐると云ふ。だからこの傳説によつた以上その振りも非常に運ひ背景は上手に茶室があり、植え込み飛び石など宜しくあつて雪景色で、太夫に扮した婦人は胴ぬきの著物に左手には雪洞

右　手にぼつちよ笠を差しかざして舞ふのであつて、即ちほとほとと戸を叩いて訪れた狸の化けた旦那を迎へにゆくといふ心持へであると云はれる。

資　外国の幽霊研究　多いのは偽の幽霊
★大連新聞　昭和四年七月三十一日（三十日夕）　4-266

外國の幽靈研究

盛夏に相應しい話

満洲では支那人間に大分ある
多いのは僞の幽靈

もう大分以前だつたが滿鐵病院に幽靈が出ると云ふので大分騒がしかつた事があつたし、近くでは小崗子に幽靈が出ると云ふ噂があつた、大連でも其昔南山麓の幽靈屋敷、ロシア町の幽靈屋敷などと大分幽靈に關する話も多かつたやうであるが、今頃では誰も信ずる者もない樣になつてゐる。然し支那人間には未だ迷信から色んな幽靈が出る樣な話もあるが殆ど僞者が多い樣である。最近の如くあのヂリケートな幽靈の存在も之を科學的に研究されて來た時代となつては心細い事ではないだらうか。先づ心靈現象として盛に外國では研究されてゐる事だから盛夏の話題に續けるのも一興だらう

◇

面白いのは一ぺん死んで幽靈になり、また生きかへつて人間になつたといふのがあります。これは心靈現象のうちでも最も奇怪なものなのです

死んだ人がよみ返つてきた。そして次のやうにいふた。「自分が死んでふと氣がつくと自分の體が自分の前に横たわつてゐる。それからその體がなくなつたと思ふと棺の中に入れられた。それから葬式といふことになる。自分はもう一ぺんもとの身體になりたいともがいた。しばらくして氣がつくと自分は棺の中でよみがへつてゐた」

すなはち死んで生きかへる迄の自分をみんな見てゐるのです。死んで幽靈になつてやつたこともみんな覺えてゐるといふ具合です

◇

そんな世間で言はれる幽靈は十が十みんなほんとのものかといふに中々、實は十中八九は錯覺か幻影なので、ほんとのものはさうさうないらしい

けれども西洋でも日本でも幽靈はあるといふことになつてゐて幽靈を寫眞にとつた學者もあるのです

で又前の松村介石先生のお話しですが――

◇

押川方義と云ふ人が仙臺の幽靈屋敷へ行つて幽靈を見てきた體驗談をきいたこともある。これはまたごく最近の話で或る友人からあまり世人に知られてゐない幽靈談をきいた。安永氏は萩の藩士であるが一昨年故郷へ歸られたとき老媼の若い時の思ひ出ばなしで、松陰の母が實驗したのを彼女に語つたものである

吉田松陰が三十歳の時小塚原の刑場に於て首を斬られた。その晩松陰の母がねてゐると、夢とも幻ともなく松陰が枕元にあらはれ親く挨拶した。あまり不思議なのであくる朝そのことを良人に話すと、良人もそれは不思

職だ。實は昨晩自分も松陰にあふた。その折松陰が言ふには、お父さん、首を斬られるといふことは、ただひやりとするだけで、痛くもなんともないものだねと、どうもおかしなこともあるものだといふた。つまり松陰の幽靈がきたのである

◇

さて松村先生をはじめ外の有數の學者のお話でいろいろ面白いこともありますが、今回はこれ位にしませう。人間には肉體以外に幽體といふものがある。これは氣體の物質化したもので、且つ不滅である。これが靈媒にて誘導したもの即ち幽靈であるとかう言つてゐる學者も澤山あります。とにかく學理上立派に根據があるといふのが最近の學界で有力であります。外國では、ことに英國では堂々たる道場がひらかれて、靈界との交通をする。つまり幽靈と應接する研究がさかんであるとのことで、日本でも近ごろまたさかんになりかけてゐるとのことです

ラ　ラジオ　落語レヴュー「化物行進曲」

●国民新聞　昭和四年七月三十一日　4-267

ラヂオ番組（卅一日）

▲落語レヴュー「化物行進曲」（杏曉紅作並に解說）

ラ　落語レヴュー　化物行進曲

●国民新聞　昭和四年七月三十一日　4-268

落語レヴュー　化物行進曲

出演者

宿屋の主人	柳家小さん
町の職人熊五郎	三遊亭金馬
町の職人留吉	立川談志
劍術の先生	桂文治
横那寺のお尚	桂小南
隣りの旦那	鈴々舎馬風
宿屋の女中	桂文治
旅の武家	蝶花樓馬樂

場所は或る街道の宿屋、時は月待の晩、年代は昔かと思へば現代、これを擬輪年間とでも申しませうか、即ちそれがつゞり台

化物行進曲出演者

（向つて右より）柳家小さん、三遊亭金馬、桂小南、桂文治、立川談志、蝶花樓馬樂

せた「化物行進曲」の怪しくもまた新らしい所

宿屋の主人　よくまア來て下せえましたよ、何しろハア無年家徳の月待でごせえますだから、今晩は學者きのお客様の外は斷つて皆さんと同志に調子瀨で[illegible]すべ[illegible]ごぜえますだよ

參會者は熊五郎、留吉、和尚、劍術の先生、隣りの旦那、其の他大勢

留吉　此頃の江戸と來ちやア、とても松氣ちやア寄り付かれねえと

いふぜ、銀座の柳にモダン蛙といふやつがピョン〳〵はね赤い灯、青い灯……。

主人　なアに今晩は、ハア別に趣向も立てゝねえでごぜえますが、皆さんがお集まりになつた所で、面白え智慧のうお借り申すべえと思つてゐたでごぜえます、一ッ皆さんでプランを立てゝ貰ひてえもので……。

商賣柄プラン等と新しい言葉をつかつて皆をおどろかす、劍術の先生は身構へして答へこんだ、皆がこはがると

先生　イヤ氣遣ひあるな、劍劇などは最早古く相成り申した。然し、それにつけても惜い事を致したは澤正氏でござる、あゝ、今も目先に殘る彼れの藝道、甲源一刀流音無しの構へ、えいッ

留と熊は思はず調子にのつて立廻りの眞似等するがとゞ皆で代る〴〵怪談話をし、その中へジヤズを入れて、化物行進曲をやらうと一決して、先づ先生が皮切りをすることになる

先生　ウム心得てござる、然らば拙者から相始めるか……ハテ恐い話はと……オ、ある〳〵、先づお聞きあれ。

未だ拙者が青年血氣の頃、諸國へ廻歴即ち武藝修行に出かけた時の事でござるが

彼は語ります、東海道鞠子の宿を夜中に發足して宇都谷峠にさしがゝり山又山と踏迷ひ一軒の辻堂に夜を明さうとしてゐると二人の山賊があらはれて獲物を張つてゐたところへ、旅の盲人が按摩らしい男を供につれさしかゝると山賊は紋切型を並べてゆすりにかゝつたが相手も氣がつよく山賊にかぶりついた

先生　ところが山賊はまた盲人に世にも稀代の薬物だ、かぶりつき來つた盲人を猫の首筋をつかむ樣につまみ上げると、頭上高く差上げて、えゝッやつと一際彼方の岩角へ打ちつける、忽ち盲人は粉々になつてしまつた、これをみてゐたたいこ持が打つてかゝると山賊兩人が引張り合つて、ちぎつてしまつた

先生　ところで山賊共は、ちぎつたたいこ餅を、ざとうの粉をつけて食つちまつた……といふ物語だハ、、、、何と面白からう

一同はまんまと擔がれて大笑ひとなる、約束通り、晋吉が即興ジヤズを唱ふ

ウタへ赤い灯、青い灯、山また山の。木の間隠れの、命の燈火。あはれ座頭の、涙雨皆々。ヤンヤ〳〵

次は和尚で念佛まじりにやり出した、昨年の秋も末つかた、新佛を迎へた夜、どうしても寢つかれないので、土饅頭の生々しい墓場へ參つて經文を唱へてゐると夜は寂々と更け渡り、後の方で、坊…主…と哀れな聲、ふり返へると、燐火の青く赤く燃る草の蔭に、山の芋……坊主々々と山の芋また擔かれた

ウタへ赤い火、青い火、墓場の火、誰か呼ぶ聲、小夜嵐
坊主ウ、坊――主、山の芋――

皆々、大出來々々々面白い〳〵

さアさア今度は誰の番だな。

次は熊五郎の番、かつて博奕で江戸を喰詰め熊谷堤まで逃げ出した時急病で倒れてゐる老爺に行會ひ介抱してやつてゐるうち大金を所持してゐるのを知りつい出來心がさした

熊五郎　眞當にも嘘にも、俺が一生の悩みの種、初めて明す懺悔話だ、其の時その老爺さんを濡手拭で片付けてしまひ、ズル〳〵と引張り出した懐中の胴卷、忘れもしねえ、其の胴卷は、紫縮緬、中には金銀取交ぜて百兩といふ金子

皆々　ふーむ

留吉　おど、おど、驚いたなア

和尚　なむあみだぶつ〳〵

熊五郎　和尚さん有難うごぜえます、お前さんが念佛を唱へておくんなさりや俺の罪もいくらか輕くなりまさア……ところで其の時胴卷を此方の懐中へねぢこんでしまふと、何も草深え上州などをうろつく事もあるめえと、急に氣が大きくなり、其の晩そのまゝ後の宿へ戻つて宿屋を起して泊つたが、ねえ皆さん、えゝ、オウ留も聽いてくんな、人の怨みといふものは恐ろしい……。

其夜便所にたつと、廊下の燈火がパッタリ暗くなつたり、明るくなつたり、その內に厭に青いあかりで冷たい風がヒヤリと顔を撫で齒を食ひしばつた老爺の顔が……一同はキヤッと叫ぶあんまり、凄くて行進曲どころでないと留吉がしよげたが、熊五郎に勢をつけられてやります

ウタへ赤い燈、青い燈、廊下の燈り、消えて四邊は眞の闇、パット又つく明るみに、凄い老爺の笑ひ顔

其處へ女中が息せききつてかけつけ、奥に泊つてゐる御武家が今通り掛りに熊さんの話をきい

て、やつこそは長年尋ねる親の敵といきまいてゐると傳へたので一同は顔色をかへ、なかにも熊五郎は生きた色もなく今のはつくり話だとしきりに辯解したが間に合はず荒々しく件の武家がやつて來た

武家　オ、汝敵ッ逃げようとて逃がすべき、十餘年以前上州熊谷堤に於て我が父を討つたる曲者、こゝで會ひしは優曇華の花待ち得たる今日たゞ今、イデ尋常に勝負々々……といふ所だが、當座敷の内にては主人に氣の毒、のみならず一夜の客の迷惑をも察する故、明朝夜明けを待つて當家を離れし野原に於て勝負を致さう、先づ其れまでは此の者を當家の主人を初め一座の人々に預け置く

熊さんは腰拔かさんばかり、劍術の先生は義によつて武家に助太刀するといふし和尚は跡を弔つてやる等と、一同沈みきつてゐると又武家があらはれて、今の話はうそだといふ

武家　ハヽヽ、貴僧はあまり其方等が喋舌り居るので、うるさくて眠る事が出來ぬ爲に一寸おどかして鎭まらしたのぢや、何と身共の話が一番恐ろしかつたらうがなハヽ

……

一同は今夜の秀逸に腹の底から笑ひつゝ大切として皆で唄ひやらける

ウタヘ　紅い顔、青い顔、變な顔、熊さん、まごつく、敵討、嘘の河原の、根無し草

怪　酒顛童子に似た物語り　都窪の巻（十二）
●山陽新報　昭和四年七月三十一日　4-269

都窪の巻 (12)

酒顛童子に似た物語り

◇…血吸川の出來た由來

三須村に聞く傳説

都窪郡の北部、中國線服部驛の南約十五町に三須村がある。戸數五百人口三千百四十八の農村である。此の村は一年に麥表三万四千五百枚花莚を九千四百五十本產出してゐる外には之といふ目星しい副業はない。三須村大字赤濱の森谷義男、犬飼嘉三郎の兩氏が主となつて管理してゐる赤濱共同組合は、花莚米麥の共同販賣や肥料其他の共同購入を行つて、組合員の經濟的發展を助成してゐるので、本組合は年と共に繁榮の底を加へつゝある事は喜ばしい事であるが三須村全體としての大規模で、より統制のある信用購買組合が未だ組織されてゐない事は甚だ遺憾な事である。

◇——◇

本村出身の實業家に高杉晋氏がある。同氏は現に日本ビール株式會社の常務取締役として我國の麥酒界に重きをなしてゐる人である。氏は又愛鄕心の强い人で、最近は村役場に敎員住宅を寄附し、又村役場の建築に多額の基金を寄せて居る等あらゆる機會に於て鄕里の爲に力を盡してゐる。本村大字三須に高杉一氏と高杉謙一郎の富豪がある近鄕きつての大地主であつたが、土地よりの收益遞減を見越し、今では所有地の大半を手放して他の方面へ投資してゐるらしい大地主の存在は必然に小作農の存在を約束し、現時流行の小作爭議を聯想さすのであるが、時代思潮の流れに目を注いでゐた兩高杉氏は早くより小作料の減額を斷行したので、この村は醇朴なる農村を經濟鬪爭の巷と化するいまはしい小作問題の洗禮より免れたさうである。

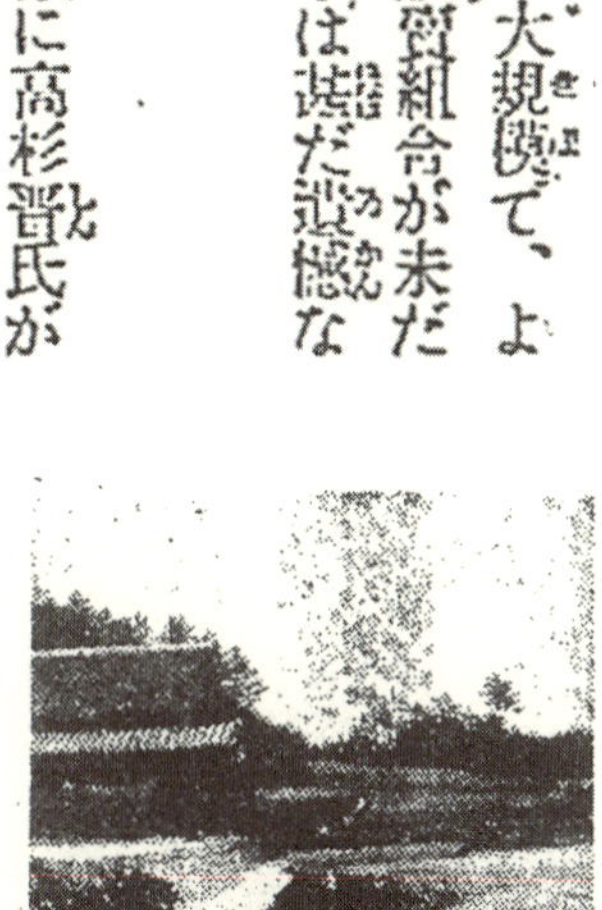

◇——◇

本村字赤濱の傳説は童話で有名な大江山の酒顛童子、物語に似た興味深いものである。昔昔その昔四道將軍吉備津彦命が中國平定の爲め吉備の國にお出になつた時吉備郡の阿曾村大字黒坂に岩屋を築いて住んでゐた溫羅と云ふ朝鮮人の惡者がゐて、此の鬼の様な惡者は地方の良民を苦しめてゐたので吉備津彦命は到々此の溫羅を阿曾の邊で御征伐になつた。其の時惡者の血が流れて今の血吸川が出來三須村の赤濱あたりは一面血の海と化したと傳へられ、赤濱とは血の海から出た地名であるさうである。

◇——◇

大字神林、國分寺と分國尼寺跡

の中間にある池の側に清冽なる泉水を滿々とたたへてゐる井戸がある。松井の名水と呼ばれて池に接して掘られてゐるのに池の水面より此の井戸の水面が數尺も高く、パスカル の連通管の原理を無視した奇現象を呈してゐる。松井の名水は万葉集にも出してゐるが其の由來は明かでない（太田生）【寫眞は松井の名水】

資　妖怪画談全集　本日〆切　即刻書店へ

★満州日報　昭和四年八月一日　4-270

妖怪画談全集
本日〆切　即刻書店へ
増刷又増刷
文藝家傳説研究者民族研究家を初め大衆の支持熾盛裡に〆切となる
東京市外長崎町　中央美術社　振替東京四七六八二番
第一回配本中　藤澤衛彦編　日本篇（上）
第二回配本（八月上旬）　アレキサンドル・ワノーフスキイ編　ロシヤ篇　ドイツ篇
内容見本進呈　挿畫百廿面　文章二百五十頁
全世界にわたる約一千七百種の妖怪畫類より選抜したる大集成

獣　電車で拾った話（三）　春日池から不思議な魚

★大連新聞　昭和四年八月三日（二日夕）　4-271

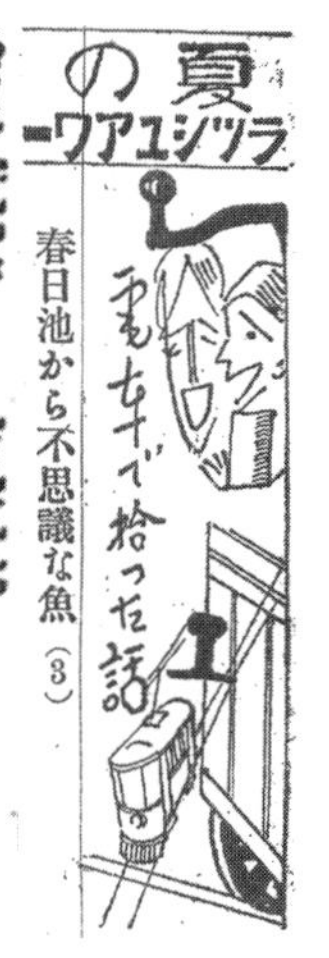

老虎灘行の七號電車の中での會話の斷篇

「春日池の水が乾いたそうですなあ」

「さう、こんな池の水はなくなつた方がいいですよ、もともとこの池は始めから土地に祟られて居るのですからなあ」

◇

土地の祟り……と云ふ不思議な言ひ傳へを『馬鹿らしい』と一笑に附してしまふ人に用はない春日池はその別名を魔の池と呼ばれる程、そもそもの生立ちから不氣味な事件が續いて今日に及んでゐる

春日池は大正八年、大連市の撒水池として開鑿されたものであるがその工事中監督の土木技師が足場を踏み外して斷崖から落ちて即死した、とその翌日工事場へ遊びに來てゐた附近の子供の一人が又崖から落ちて岩で頭を割つて死んだ、それを聞いた彼の父親は慌てて現狀に馳せ來る途中電柱に衝突して目の玉を飛出させて非業の死を遂げた

◇

かくて三人の頓死者を出した春日池はやがて工事成り滿々たる水を湛へるに至つた、四圍のみどりに圍まれ、キラ〳〵光る陽光を浴びた姿は羞み勝ちな處女の樣に慎ましやかでもあつた、然し春日池は最後まで池の祟りに呪はれてゐた、以來毎年必ず三四人の投身自殺者を出した、悲戀に泣いて死に赴いた化粧の女、病を苦にして厭世自殺を遂げた女、金故に浮世の淋しきを嘲つて情死した男女、等々の生命を容赦なく屠つてザツト九年の年月が流れた、晝は銀色に燦爛として輝き、夜は靜かな納涼場として可愛らしい生命を保ち乍ら……しかもその池畔にはささ

やかな茶店さへ出來るに至つた魔の池の邊に茶店を結んだ變り者を鈴木福吉君と云ひ、元青島民政署のお役人だとの事

◇

同君の話によると春日池での溺死者の魂は、世にも不思議な魚になつて池中を毎晩泳ぎ廻つてゐるとの事である、今年の海軍記念日當日模擬海戰の水雷にぶつつかつて浮び上つた一匹の怪魚があつた、長さ二尺周圍一尺の頭の馬鹿に大きな魚で、よく見ると頭が人間の顔にそつくり、しかも人間の悲鳴の様な奇聲を發し更に之れを解剖すると眞赤な血が、魚の血と思へないほど澤山流れてゐたりを一面血だらけにしたさうである。之を學者に見せるとこういふ魚類はかつて見た事がないといふ

◇

春日池が開鑿以來居つた三十八人の男女の魂が奇怪な魚と化した——そういふ噂がパツと擴がつたのはそれからの事である

怪　電車で拾った話（五）　空間の霊気＝大連医院の病室

★大連新聞　昭和四年八月六日（五日夕）　4-272

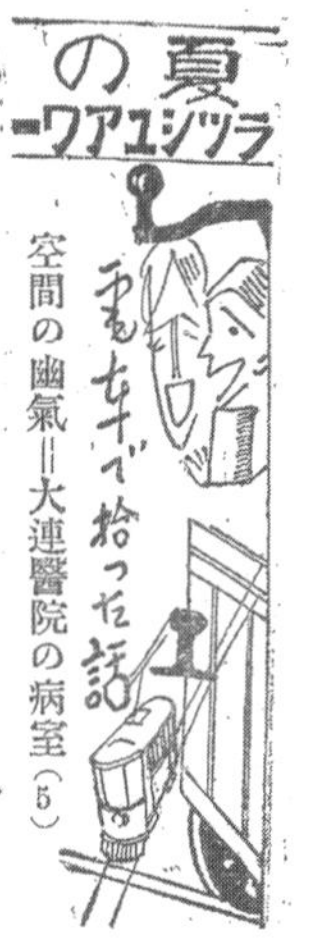

空間の幽氣＝大連醫院の病室（５）

「宇宙の幽氣！そう云うものを君は知つてゐるかね」

「知らんな」

「人間が空間に於て行つた一切の行動、及び當然それに伴ふ人間の意志が、たとへその人間が去つても、その空間に永遠に不滅に殘つてゐると云ふ説だ」

「馬鹿げた説だね」

「所が事實なんだ、空間に殘された人間の行動と意志は宿命のやうに、新しくその空間には入つて來た人間に作用さへするんだからね！」

◇

７號系の終電車の中での會話である、乘客の尠い車内で、青年はその友人に得意になつて話しかけて居る

「新聞に載つてゐた鬼の池だつて池の祟りぢやないんだよ、そこに存在する幽氣の誘惑なんだ死に神つて奴がそれだ」

「そうかね」

青年は能辯に次の様な尤もらしい引例を用ひた

◇

先日、大連醫院の三階十三號室の窓から患者が飛入りて自殺をした、あれはけつして偶然ではない、抑々あの十三號室は死人の幽氣に充ち充ちてゐるのだ、聞く所によると、あの部屋に這入つた者は必ず、何らかの形式で命を取られる、病死？それは表面最も穏やかな死に方であるが、それらの患者も、若しあの部屋に收容されなければ或は助かつたのかも判らないのだ。最初、あの病院が建築中アメリカフーラー會社、技師が十三號室にあたる場所で、苦力を蹴殺した事があつた、當時その問題は有耶無耶に葬られたが、葬ろうとして葬り得ないのは宇宙の幽氣なのである、その後二三日すると一匹の犬が何處からともなく、青ざめて硬直になつた支那人の幼兒の死體を咬へて來て、苦力が死んだ場所にキチンと置いた、偶然だと云へばそれ迄だが、一度死人を呑んだここの空間は、そこに漂つてゐる幽氣をして必然死の姿を運ばせたと云ふのではなかろうか

◇

以來この十三號室を中心とした

一體の空間には屢々不詳事が發生する、病院の右側のエレベーターが時折故障を生じて人を害める事なんか、もう一般に有志など知られてゐるし、あの丹毒患者も結局この幽氣に見舞はれたものに相違ない

◇

電車は老虎灘終點に着いた。ホッとして下車すると颯と夜風が氣持よく肌に吹く、宇宙幽氣を考へながら丘岡の道を辿ると二三歩前に黒い人影が見えた、ハッと思つて瞳を据えると最早何もない、扨ては、これも通行人が殘した幽氣だつたのか

（寫眞は大連醫院）

怪　電車で拾った話（六）　またも小崗子に奇怪な家

★大連新聞　昭和四年八月七日（六日夕）　4-273

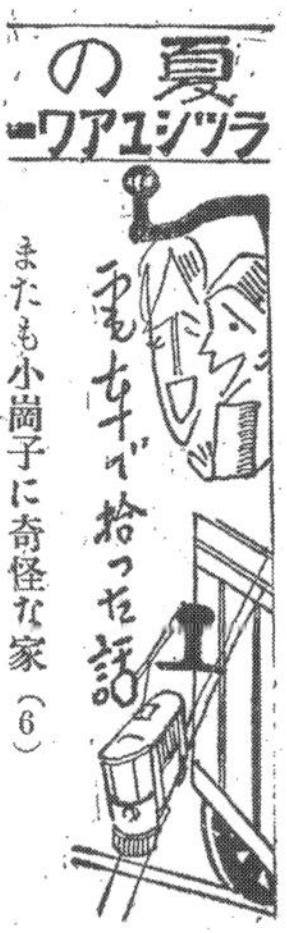

小崗子署管内は最近大連に於ける怪談の本場となつたかの觀がある、大龍街四十六番地の怪井戸問題、惠比須町二百八番地元緒玉璞部下參議曹景玉（四七）が妾の亡靈に惱まされた話など科學文明の今日あり得べざる怪談が支人間に事實談として傳へられてゐるが此處にも亦そうした怪談がある

◇

去る一日小崗子東關街派出所小山巡査が戸口調査に巡廻中西崗街四十七に夜な〳〵邪神が出て居住者を惱ますと云ふ話を聞き込み調査した處に依ると同家は元王寶亭なる者が貸座敷業を營み室の一隅に邪神を祭り朝夕家業の繁昌を祈つてゐたが大正十四年春主人が馬車に乘つて外出中奇禍に逢ひ死亡したのち娼妓二名が阿片を蒸下し自殺を遂げその後は家運も左前となり昨年六月閉店のやむなきに到つたが其後某阿片屋が同家を借り受け開業することゝなり同番地に住む硝子職仲發桂なる者に一ケ月程以前から同家の管理を依頼したのだ

◇

此れを幸ひと喜び勇んで同家に移り住んだが一週間程經てから毎日眞夜中になると一陣の冷風ザツと寢室を襲ひ家鳴震動して恐ろしい聲で「オイ起ろ、我は此の家の主人神たるぞ、汝等人間の住むべき家に非ず早速轉宅せよ」と何れからともなく奇聲が聽えるので目を覺ますと寢汗をビツショリかいて居り妻は何かに襲はれてゐるものゝ如く唸され果ては肩や腰　痛みを感ずるので流石强情我慢の强い仲發桂も居たゝまらず遂に三十一日轉居したが其後は妻の病氣もケロリと治り毎晩安眠が出來ると云ふので此れはテツキリ神の祟りだと附近居住者を脅かしてゐる

◇

小崗子某刑事のこんな話に聞き入つてゐる間に電車は日本橋迄遠慮なしにやつて來たので記者はハイサヨナラ

資　無理な怪談劇　八月の芝居（二）

●読売新聞　昭和四年八月四日　4-274

八月の芝居【二】

無理な怪談劇

中内蝶二

第二の「心中旅鴉」は例の怪談劇である。さうして、先代伊井・喜多村・河合の顔合はせの芝居である。

邪魔な二つの仕科

怪談劇は、自然にスラ〳〵と運んで、成程こんな事もありさうなと思はせるところに、魅力もあり凄味もあるものだ。しかも、この怪談劇には、役者の爲にこしらへたやうな無理な役と、わざとらしい早替りの爲にこしらへた不得要領の役と、この二つが邪魔になつて、折角の凄味も魅力もゼロになつてしまつた。ならうことなら、もう少しアッサリとかたづけて欲しかつた。

この劇で、强て見るべきものを求むるならば、喜多村の女髪結お粂が、男に對する戀の滿足と不安あの二つの心持の働きを上手に見せてゐることである。其他は總てゼロだ、河合の小南枝と云ふ役も無理なら、喜多村の寶賣りの女も無くもがなである。

英の魅惑的な色氣

第三「紳士淑女狐踏曲」は面白い現代式の女と酒のジャズテンポにシックリと合つて面白い。花柳の青年戸田も、八重子の令嬢るみ子

も、奔放自在に活動してゐる。活動寫眞の應用も氣が利いてゐる。さうして、英の未亡人りせ子に、男優の扮した、女として、あれだけの魅惑的な色氣の流れ出てゐるのにも感心した。ただ感心しないのは河合の男爵臣堂で、これあるが爲に折角の壯快なテンポに躓きとたるみを生じたのは遺憾である。若い人の世界には老人の出る幕ではない。見ぬ振をして若い人たちの活躍に任せて置くことだ（をはり）

幽　諸国の噂　長崎県「毎夜亡妻の幽霊」　●都新聞　昭和四年八月四日　4-275

諸國の噂

◆長崎縣　對馬奴加岳村字志多の浦、龜次郎次男、平山虎龜千（三三）は一日、墓所不敬、墳墓發掘罪の爲に嚴原檢事局に送られた、その原因は虎龜千の妻が一昨年腹膜炎で死んだのが動機で、本人も去年四月から同じ病氣になり嚴原病院へ入院した、所が隣室の患者久保村の小島あさ（五〇）と關係し同棲する迄になつた、すると毎夜亡妻の幽靈が出る、二人は大師堂にこもつて迄祈つたが幽靈は消えない虎龜千は怒り出して妻の墓所へ行つて叱りつけたが、未だいけない、後には墓石を針金でしばつた、未だ／＼、とう／＼墓所をあばいて糞尿を流し込んだ、之で幽靈は出なくなつたが警察へといふ大騷ぎが出來た譯だつた

怪　猟涼ところどころ（三）　坑底の涼　●九州日報　昭和四年八月四日　4-276

猟涼ところ／＼（三）坑底の涼

落磐にやられた一つの靈を送り出す

死骸へ知らせる通行の場所

怪談の多い坑内

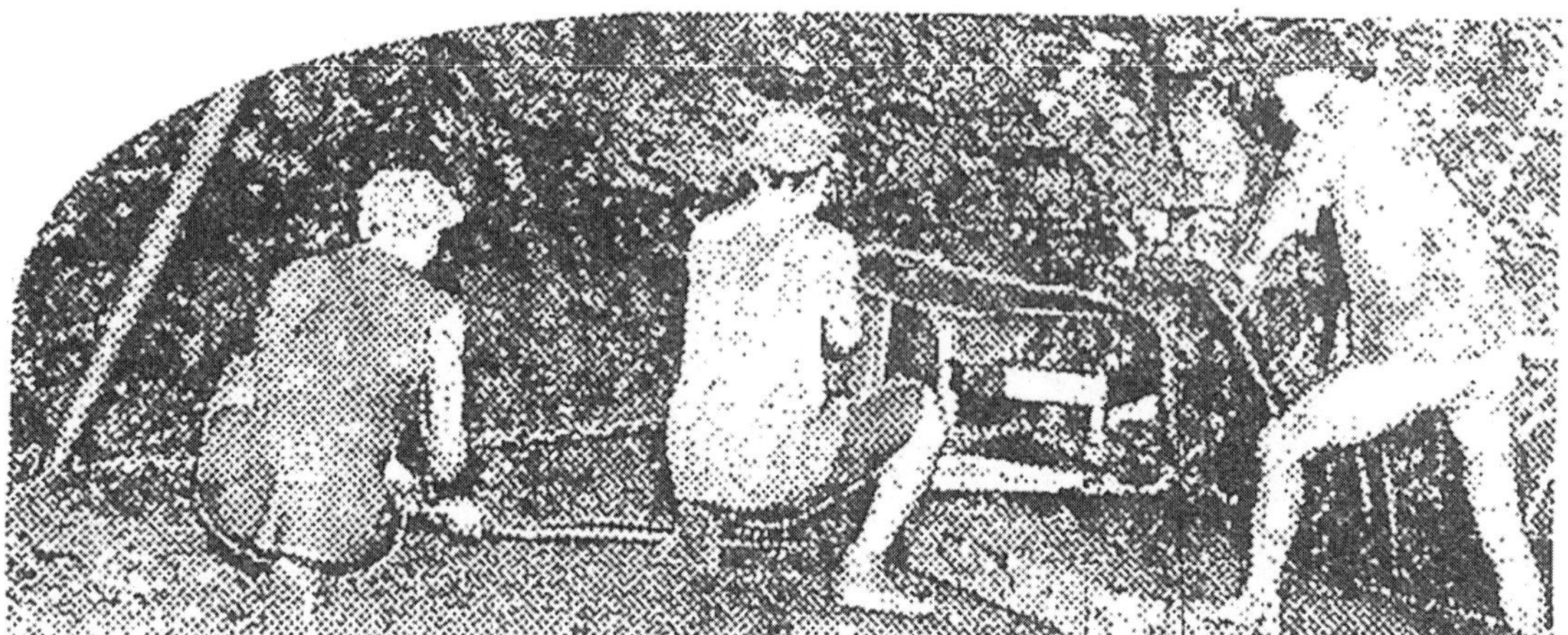

深底の闇を無氣味に撫でて、坑口から送り込まれる煽風機の風が生温く流れて行きます。そのオロシの底にボンヤリ安全燈が一つ浮んで來ました。續いて一つ、又一つ、默々として浮び出て來る安全燈の寂しい行列を近づくまゝに傍らに避けるさ、さうでせう、それは落磐にやられた仲間の一人を擔ぎ出す葬列だつたのです。先きに立つたのは係員さ巡査、裸形の男二人に擔がれた擔架が續き、あさにも二、三人坑夫たちが默々さついて行く場面なんです。やがてその安

全燈がカーヴの奥に消れると何處からともなく『××オロシぞお……』といふ聲が無氣味な谺と共に空洞を渡つて聞れて來ます

○

かうして、曲り角や四辻に出る毎に、その後について居る同僚は擔架に向つて今、擔架の行きつゝある場所を言ひ聞かせるのです。でないと變死者の魂がいつまでも坑底に殘つて浮ばれぬといふ迷信から來る習慣ですが然しその聲のひびきはさすが、坑夫たちの心を捉へると見れてキリハの奥に仕事に夢中の坑夫たちも、どこからともなく聞れて來るこの聲を耳にすると、思はず鶴嘴の手を休めて無言のまま顔を見合せると云ひます。『オヤ又聞れる……』かう言つて坑夫たちが耳を澄ますその聲の遠鳴きのやうな妖氣のある聲がキリハからキリハに闇の空洞を傳つて流れるとき、きつと落盤があるのだと言ひ傳へられてゐるのです。

○

で、坑内ほど怪談の多いところはありますまい。或る女が死んだ、するとそのキリハに行きさへすれば、いつとなくその女がそこでセッセと働いてゐる。或は棹取夫が炭車に挾まつて死んで間もなく、そこを通りさへすれば鐵の炭車が動かなくなる、不思議に思つて棹取夫の一人が振り返つて見ると、顔も體も血にまみれたその死んだ男が炭車に縋りついてゐる——こんな話は至るところに轉がつてゐるのです。出坑、入坑の人員を嚴重にしてゐるので現在でこそ入つたまゝ行衞不明になつた坑夫はありませんが、昔はずゐ分と坑内に下りて行つたまゝ道に迷つて死んでしまつた男もあつたやうで、あれほど設備の完全な三池炭坑でさへ、先年四ツ山坑と萬田坑との坑道連絡開通の際、幾年前に生埋になつたとも判らぬ白骨を掘り出したことがありました。

○

さうでせう、まるきり眺望がきかないせいか始めての者は、坑口附近の幹線鑿道さへ道の二町も歩いたら方角を間違へてしまふくらゐですから、二里も三里も支線から支線へと碁盤のめのやうに穿たれた坑道を歩いて行つたら、よほど馴れない限り道に迷つてしまふのでせう。昔は、喧嘩の揚句相手を叩き殺してその支線の奥に拋り込んだものだと言ひますが。何喰はぬ顔さへして居れば、それが、誰を殺し誰に殺されたものだか、死骸さへわからないことは稀だつたといひますから、恐ろしいではありませんか。（寫眞は坑内電車と機械掘り）（つゞく）

妖怪に集る魅力　有名な絵画と物語

★満州日報　昭和四年八月四日　4-277

資

グロテスクの持ち味
妖怪に集る魅力
古今東西を問はず興味を唆る
有名な繪畫と物語

グロテスクの味——これは古今東西を問はず、つねに我々人類に一種の興味を與へて來た。物の本を見るが良い、繪畫、彫刻にもそれがある。藝術發祥の地とも見るべきエヂプト人は

＝人面獅身の＝怪物を創造した、ギリシヤの神話は殆どグロテスク味から出發してゐる。「例へば頭髮が蛇になつたと云ふヲオゴーン、美の神ヴイナスの母は海底の女神で銀の脚の持主であつたと云ふ、其の他擧げれば切りがない、それ等の神話を讀む我等は夢の世界に誘はれる様である、夢と云へば彼のアラビヤンナイトも亦快い夢を見せるではないが、ダンテの神曲もミルトンの失樂園もすべて怪奇な夢。失樂園の繪畫化されたものにドーレの描く處によれば天使とサタンの戰、海の怪獸の出現など怪奇に滿ちたものである。ウイリアムブレークの失樂園の挿繪は有名なものである。それはドーレ邊りの比でない、彼は談にも繪にもグロテスクを發揮してゐる。之れ等を卷物にする時特に

＝百鬼夜行圖＝が出來上るだらう。百鬼夜行圖と云へば土佐長作と傳ふる有名な繪卷物には彼が如何に偉大なる想像力を持つてゐたかゞ判る。同時に病學子に現れた處も病の本體はすべてグロテスクなる生態で表現してある鳥山石燕は百鬼夜行圖を二百種を描いた。之も身の毛をよだしむる支那の本で有名な山海經にも鳥、獸、人、魚、虫類を妖怪化して表現してある。其他鍬田玉英や春泉龍齋正證等は妖怪變化の數々を版畫にした、蝦夷、髭國、國芳、國周等何れも凄惨な變化の姿を描いてゐる。北齋は或る時松本幸四郎

の顰みで幽靈を描いた、今も舞臺に現れるお岩はそれによるものだと云ふ、此の外に應擧は番町

皿屋敷お菊の亡靈

國周は才次郎の亡靈などの版畫が殘つてゐる。一たい日本人は殊にグロテスクの味を解した國民と見えて右の樣に數多の繪畫にも殘されてゐるが、彼の上田秋成の雨月物語など最も知られた怪奇小說と云ふべきであらう。妖怪談を記したものには、怪異辨斷、和朝靈神記日本靈異記、古今妖魅考、死靈解說物語、鬼神集說、今昔雜冥談新撰百物語、茶飲夜話集、可這得談など枚擧に遑ない程ある、支那の西遊記も純粹のグロテスクの物語であるが、日本にも諸國の妖怪談を錄した東遊記西遊記がある。西洋で最も怪奇な繪を描いたのはドイツのベックリンであらう、彼は靜寂感による妖氣を繪にした、死の島、ケンタウル（半人半馬）の戰爭の鬼氣迫る思ひがある、又スタピンの繪も

怪奇主義の繪

である。そのエッチングルビエロになつた死の國から來た幽靈海の怪などベックリン以上に物凄いものである。グロッズのそれは物凄いと云ふよりも悲哀と風刺を含んでゐる。又最近ジョルジョ、ド、キキリコは超現實派と稱へられる繪を描く、これを一種のグロテスクと見るべきであらうや

行燈から幽靈
錯覺の幻影
繪畫に現はれた幽靈

昔は今よりももつと物の化と云ふものを信じてゐたそれが爲めにいろんな傳說を生むだり、夜陰には外出にもおつかなびつくりで行かねばならぬ。幽靈の繪なども昔からいろんなのが描かれてゐる。一たい幽靈と云ふものは何が原因で出現するものであらう、豐國や國芳の錦繪に、織越大領政知が

淺倉當吾の亡靈に惱ま

されてゐる圖がある、政知は當吾を殺した爲めに良心の呵責で氣が狂つたものであらう。豐國の繪いたものによれば血みどろになつた磔姿の當吾が凄じい姿の亡靈となつて現はれると、藥を捧げた醫者の頸までがしやれ頭に見えるそれに驚いた政知が刀を引き拔くのに取りすがつた腰元の頸までが髮を亂して陰慘な化け物になつてる。之は幻覺に襲はれた政知の心理狀態を描いたものであらう。又國芳の繪を見ると政知の病室の襖に當吾の姿が朦朧と現れ、それがでんぐりを打つて床に座つてうらめしそうに政知を睨む、政知は刀を拔きざまに切りつけたら腰元が血に染まつて倒れてゐた。そして當吾を描いた屛風に磔にされた人間の姿があるかと思ふと松の幹でまり越つかのしやれ頭があるかと見れば植え込みの

灌木に雫が

積んでゐる處である。之等はすべて精神の異狀によつて錯覺を起した結果である。氣狂ひが絕えず、何物かに逐はれてゐるやうなそぶりを見せて、しきりに怒鳴つたりなどするのは此の樣な錯覺によるものである。又國芳の繪には同じく政知を題材にしたものがある。即ち亡靈に驚いて怯へてゐると何時の間にか亡靈が同じ寢床にもぐりこんで來たので騷ぎ立てゝゐるもの、或ひは何か長い手で寢べたを撫られてびつくりすると枕元に朦朧と亡靈が現れてゐる圖がある、之等は幻覺に錯覺を起したものである。それがために氣狂ひはそれをはらひ除ける爲めにばた〳〵して悲鳴をあげる、精神的に健康な者でさへ時に錯覺によつて飛んでもないものに見える場合がある

化物の正體

見たりと云ふのがそれだ。即ち今に出はせぬかとおつかなびつくりでゐる處にことりと鼠でも音を立てるとワッと總身の毛が立つ、まして何が良心の呵責を受けつゝある者が常に怯へてゐる結果、亡靈などを見るのは當然と云へ樣、しかも昔の夜と云へば今の樣に明るい電燈がある譯ではなし、せい〴〵燭臺の火か行燈の明りと云ふ奴が人の心を微妙なものとさせ、周圍をほの暗く照らす。ひやう〳〵どろ〳〵には持つて來いの代物とも考へられる。

資　空の幽霊、空の火事　涼み台（七）

●国民新聞　昭和四年八月五日　4-278

空の幽靈、空の火事

氣象臺の小父さん達が云ふことにや……

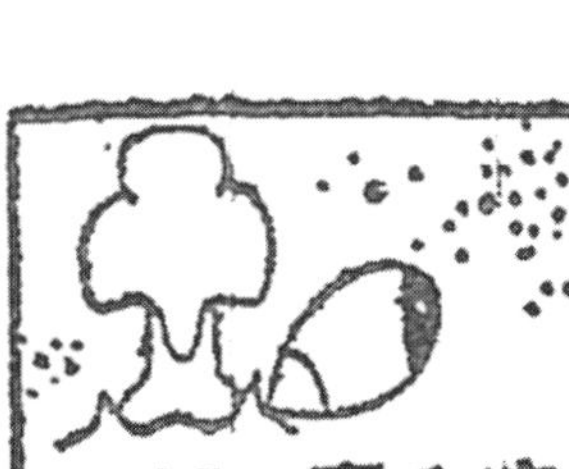

涼み臺【七】

露臺、縁臺、飛込み臺、高臺、天文臺、氣象臺等々。とかく臺の字がつく場所は涼しい感じを與へるものだが、バラックの天井が頭を撫でるやうな氣象臺はとても暑い。だかそこは天變地變を相手の諸先生だ。食堂は何時も話がすゞしい。氣象臺食堂漫談が生れるゆゑん――

○

お天氣博士

といふ、世にも諧謔と皮肉と親しみとを含む尊稱(?)を奉つた藤原咲平博士「僕の仕事は雲をつかむやうだ云々」とおつしやる。至て(明日は午前八時十五分まで曇天で後晴れ、三米の南西の風吹き、午後二時四十分に示り卅一分間驟雨あり)

とかいふ斷定ではなく

(明日は晴れたり曇つたり、雨が降つたり止んだりするかも知れない)

ではね。しかし最近博士[illegible]り研究した書を著し、題して「雲をつかむ」とつけたのは前の言葉といひ世間に投げつけた一種の皮肉ではないでせうか。このお天氣博士の云ふ事に

○

『昔し、昔し、ローマに迷宮を作つた有名な大工があつた。餘り腕がよすぎるので牢獄へ入れたら羽根を作つて牢獄から飛出した。其息子にイカルスといふのがあつた

『お父さんどうか空を飛ばせて下さい』

で、お父さんは羽根を作つて蠟でイカルスの肩にくつつけ

『さあ飛びなさい。』

イカルス[illegible]のやうな[illegible]

「おつと待つた。餘り高い所を飛んぢやいけないよ。」

しかし空中飛行の素晴らしい愉快さで、イカルスはシシリイ島海峡の上まで來た時、つい父さんの注意も忘れ上へ上へと飛んだ。所が太陽の熱で蠟がとけ羽根はとれイカルスは海へ落ちて死んだ。

○

『これは僕の話しぢやないよ。だが、西洋の人も日本の人も昔は上に行く程暑くなると思つてゐたんだからね。此の食堂から日比谷公園まで二キロあるとすると、その高さだけ上に行くと、今こゝが三十度としてそこは丁度三、四月頃の氣候で十度位だ。すぐ頭の上にそんな寒天地が見えてゐるぢやないか。それをすぐ下で暑い暑いとへたばつてゐるとは、何んとか工夫はないものかね。』

○

ブロッケン山の妖怪

『高い話が出たので――』と去る三十一日富士山頂の觀測所から下山したまつ黒い顏のよく禿げた(失禮)技師の佐藤順一氏が話を引取る。

○

『七月廿一日の朝飯がお済んだ頃だから八時ごろだつたと思ふ『霧が出た!』といふので外套をひつかけ小屋を飛び出し觀測所の後の賽の河原の隆起の上に立つた。霧はもう〳〵と劍ヶ峰の方から廣がつて來た。とやがて、こつ然として其の霧の中へ巨大な人間の姿が現れた。しかもその姿は五色の彩光にとりまかれ、又その外を白光の輪がとりまいてゐるではないか。

「アツ、お化けだ!」と、何んにも知らない人は氣絶する所であつたらうが、「素晴らしい。ブロッケン山の妖怪が現れたな」と、そこは僕だけに、その雄大美の中にとけ込むやうにあかず眺めてゐましたよ。筑波山では數度はつきりした美しいのを見た事があるが、富士山でこんなはつきりしたのを見た事は始めて、だが、僕の禿まではうつらなかつたよ。ハハハ……』

（孤峰に於て後に太陽を受け、前に塊状をした霧の存する時、霧が丁度スクリーンとなるので登山家は霧に映る巨大な自己の像を見るであらう。また、像の周圍には光線の工合で彩光輪が描かれる。獨逸のブロッケン山でよく見るのでブロッケン山の妖怪といふ。日本では佛の御光といふ）

○

セント・エルモの火

續いて觀測係主任の三浦榮五郎氏はあのトツ辯でぽつりぽつりと話し出す。

「ブロッケン山の妖怪の話が出たので、それに似たセント・エルモの火の事でも云はうか。といつても、僕が直接見たわけではない。僕の所の伊吹山觀測所の松井林平君の見た話だ。大正十五年十一月廿六日夕刻から降り出した雪は夜に入つて益々猛烈で九米八の北々西の風が吹荒び暗黒で咫尺を辨ぜずといふ有樣。午後九時卅分ごろ風力計が廻轉不能となつたので、露臺に登り修繕中、突然、風力計の風杯の周圍や風信機の尖端、避雷針の上、日照計の上部等に、アセチリンガスのやうな青い光が約五センチ米も立上り、物凄く、折柄の風雪と共に凄惨なる有様は云ふすべもなかつたさうだよ」……三浦さんの[illegible]活辯じみて來る。

（セント・エルモの火は雷雨、風雪等の時地上や海上から突き出てゐるもの。塔頂、枝頭、檣頭或は登山者の毛髮や指先等からイルミネーションのやうに發光するといふから凄いではないかだが、被害はちつともないといふから面白い。これは空中の電位の差が一米につき一萬ボルトのやうに大きな時起る放電の火花ださうだ）

○

所で、太陽黒點の關口さんは黒點のやうに見えなくなり、磁氣觀測の小野さんも、地震の國富さんも影薄いバラックを遂げたわけではないだらうが、出張中で食堂に姿を見せなかつたのは涼み臺子の[illegible]の至り（むら生）【寫眞は藤原博士、[illegible]】

奇怪な魚かごの出現
タヌキの復讐奇談

獣　★大陸日報　昭和四年八月五日　4-279

紀州の山の傳説 奇怪な魚かごの出現
深山に釣を樂しむ太郎作 タヌキの復讐奇談

紀州富田川の水源をなす千丈山（海抜一〇二七メートル）笠塔山（一〇五メートル）にはさまつてゐる西牟婁郡二川村兵生の山村に傳はる狸の復讐譚——この兵生の里は今でも人家僅か三十戸役場へ三里、それも人がどうして通るか不思議なくらゐの嶮道郵便配達夫が狼に追ひかけられたといふやうな話なんかざらにあるといふ里の上手に鬱蒼とそびゆるのが阪泰山官有林、千古斧鉞を入れぬ原始林で樅や栂の老樹、枝を連ね、風雨の夜は物凄く鳴動する、この深山に幾條かの清流があつて白糸のやうな瀧とかゝり或は湛へて碧淵をなしてゐる

◇

百年足らず昔のこと、村の愛嬌者兵生の太郎作といふ炭燒き、いつも藍をとかしたこの深淵に糸をたれるが唯一の樂しみ、人跡稀な密林に啼く小鳥をきゝ、あめの魚の游泳をながめてピクピク糸に竿に手に傳はる微動、その感觸の樂しさに醉ふのが癖であつたが、よく何者にとも知れず獲物を失敬された。ある日のこと釣竿肩に家をでて山中にわけ入り深潭にむかつて腰を下したちまち一尾のあめの魚を釣つたので大喜び、ところがふと魚籠をもつてくるのを忘れてゐたことに氣づいて『ナエッ』と舌をならして何げなくいつも魚籠をつるす岩かどをみると、不思議、忘れたはずの魚籠がチャンとぶらさがつてゐる

◇

たしか忘れて持つてこなかつたはずだのに思ひ違ひかな——とうつかりあめの魚を魚籠に移して水面にたれ、さて歸らうと足もとを見ると魚籠は影も形もない、炭燒小屋へ歸るとはたして魚籠は壁にかかつて置き忘れてゐた、ウウムと唸つた山の愛嬌もの太郎作、心ひそかにうなづいて翌日また魚籠を持たずにあめの魚釣りにでかけた——やがて釣れたのは昨日よりよほど大きいあめの魚、岩角をみる

と今日も奇怪な魚籠、ニヤリと腹の底で笑つた太郎作、魚籠の口を大きくあけるやいなや、あめの魚ならぬ足元の大きな石塊を幾一となくねぢ込むが早いか、どぶんとばかり深淵に投げ込んで後もみずスタ〳〵と家へ帰つた

◇

太郎作が阪泰山の狸か狐を淵へ沈めたさうな——といふうはさも薄らいでもはや兵生の里びとの話題にのぼらなくなつた一日、太郎作もけろりとそれを忘れておまめ釣りに阪泰山の淵へ出かけたが、その日に限つて一尾も釣れぬ、日も暮れかけたので釣竿肩に立上ると淵の中の巨岩にぼんやりと白い玉のやうなものが夕闇に浮いてみえた『なんだらう』とながめてゐると不思議、その白い玉が左右へ一尺二尺ぐん〳〵のびだしあつといふまに二間餘にもひろがつて、またぐん〳〵両端からちゞまりはじめた、やがて元の白い玉に帰つたかとみると今度は上へ上へ、三尺四尺すばらしい勢ひで幟のやうに延びはじめ三間あまりの高さになつたかと思ふと、幟とも煙ともつかぬその怪物は俄におそろしい大入道の顔に化けてカラ〳〵と笑ひ『太郎作子狸を戻せ』

◇

ぞつと身ぶるひした太郎作悲鳴をあげて谷といはず林といはず無我夢中で逃げだし『助けてくれ、狸が敵討にきた』と炭焼仲間の家へはう〳〵の態でとびこんだ、驚いたのは、その家に眠つてゐた飼犬で、すつかり狼狽して『ワン』とばかり太郎作に飛びかゝると『わ——ッ、狸！』可愛さうにおびえきつてゐた太郎作はそのまゝ氣絶してしまつた『犬と狸を見違へるなんて兵生の太郎作はずゐ分、臆病ものだ』と村人たちは笑つたが主人公太郎作はニコリともせず再び阪泰山の淵へは出かけなかつたといふ

幻覚錯覚でないほんとの幽霊　★布哇報知　昭和四年八月七日　4-280

資

幻覺錯覺でない ほんとの幽靈

學理上から根據のある研究

松村介石氏談

〔松村介石氏は宗教學者として知られてをり、その研究に洋行もしたが、殊に三十餘年前故元良福來兩博士等と日本心靈現象研究會を創立し爾來その研究に精進してゐます〕

私達のこの現實の世界に幽靈が有るとか無いとか、種々各方面から議論されて居るが、私は英國の科學者オリバー・ロッヂ、心理學者哲學者として有名な米國のジエームス、英國のマイヤー、レビユー、オブ、レビユーを始めとして

靈媒

を行つたステッド等と同樣に幽靈の存在を信じてゐます、幽靈の話は日本に於いても數限りなく澤山ありそれがどうして現れるか等の問題は別にして私達は實際幽靈を目に見たり、耳に聞いたりしてゐるから、只今日では何が何であるかの點が不可解なだけで、一口に馬鹿な話だと打消すとは出來ますまい、元來幽靈には種々あつて、目に見えるもの、聲で聞くもの死んでから現れるもの

存命

中に現れるもの等があり、實に千差万別である、併し多くの場合、死ぬ時に現れるのが普通であります即ち自害の時等には、幽靈がその場に定着してゐることがあり、又沈默の内に出たり、聲を立て、現れたりドン〳〵と誰にも聞える樣に戸をたゝいて來るものばちんと音〔ラツプ〕をたてるもの、夢、現の樣に茫然と現れるもの等樣々です、心靈現象の實話〔サイキックフエノメナー〕の中最も面白いのは、死人が甦つて來たと云ふので『自分が死んだことフト氣が付くと、自分の

體が

目の前に横たはつてゐる、その樣になつた身體がないと思ふと、それが棺に入り、そして葬式となつて運

ばれる、モウ一度元の身體になつて見たいともかくと、偶然目が覺め氣が付くと棺の内で自分は甦つてゐた」と云ふのがあります、併し世人が幽靈を見たと話すのは往々幻覺であつたり、錯覺であつたりする場合が非常に多いから世人が見た澤山の幽靈の中、どれが眞の幽靈であつたかと云ふ樣なことは、輕々しく

判斷

は出來ないが、併し私の實驗調査に依れば十中八九までは僞りの幽靈でありました、多數の學者が說明する樣に、幻覺や錯覺で見た幽靈は勿論僞りの幽靈であるが最近西洋でも日本でも眞に幽靈は實在すると認識し、幽靈を寫眞に撮つてゐる學者（一八六二年ボストンの彫刻家にして寫眞家なるマムラーが最初）もあります、私は友人の押川方義が仙臺の幽靈屋敷に行つて實地の幽靈を見たと云ふ體驗談を聞いたことがあり又最近同じく友人の

安水

と呼ぶ萩の藩士からも、餘り世人に知られてゐない幽靈の話を聞きましたこれは氏が昨年鄕里の萩に歸つたとき、一老婆の若い時代の思ひ出話で、吉田松陰の母が實際に經驗した話です、松陰が三十歲の時小塚原の刑場に於いて首を斬られた、其晩、彼の母が寢てゐると夢とも現ともなく、我子の松陰が枕もとに現れ、親しく挨拶したので、翌朝そのことを夫に話すと、松陰の父は『それは實に不思議な事である、私も昨夜

松陰

の姿を見たが、その松陰が云ふには、お父さん首を斬られると云ふことは只ひやりとする許で痛くも何ともないものだね、と話したよ、實に妙な、おかしなこともあるものだね』と妻に語つたさうです、斯樣に人間には肉體以外に幽體（エクトプラズム）と云ふ氣體の物質化したものが實在し、且それは不滅なものであり、その幽體の顯現即ち幽靈を靈媒で誘導したものが所謂幽靈の現象であつて、決して學理上から

檢討

して見て、根據のないことではありません、現に英國のサー、オリバー、ロツヂ、ラヂユームで有名なキユーリー夫人等多數の學者は人間界と靈魂界との交通を開かうと立派な實驗を作り專心この兩方の連絡を計りたいと日夜努力を傾注してゐます先年我國でも非常にこの幽靈研究が流行してゐたが、現在は少し衰微した形ではあるもの、、でも近く某氏等が提起となり某所に靈媒を設置して歐米諸國に劣らない研究を重ねるさうであります

資　怪奇の持味　超現実の魅力

★京城日報　昭和四年八月八日（七日夕）　4-281

夏の漫談

怪奇の持味

妖怪に集まる心

超現實の魅力

グロテスクの味——これは古今東西を問はずつねにわれ〳〵人類に一種の興味を與へて來た、物の本を見るがよい、繪畫、彫刻にもそれがある。藝術の國の地とも見るべきエジプト人は人面獸身の怪物を創造した、ギリシヤの神話は殆どグロテスク味から出發してゐる。例へば

◇……頭髮が蛇になつたといふメヂユーサ、美の神ヴイナスの夫の[illegible]の持ち主であつたといふ。その他擧げれば限りがない。それ等の神話を讀むわれ等は夢の世界に誘はれる感である、夢といへば彼のアラビヤンナイトもまたこゝろよい夢を見せるではないか、ダンテの神曲もミルトンの失樂園もすべて怪奇な夢を失樂園の繪畫化されたものにドーレの描く處によれば天使とサタン

の戦ひ、[illegible]の怪獣の出現、など怪奇に満ちたものである、ウイリアム・ブレークの失楽園の挿絵は有名なものである。それはドーレ遥りの比でない彼は詩にも

◇……絵に　もグロテスクを発揮してゐる。之等を巻物にする時まさに百鬼夜行図が出来上がるだらう。百鬼夜行図といへば土佐長作と伝ふる有名な絵巻物には彼が如何に偉大なる想像力を持つてゐたかゞわかる。同時に病学上に現れた処も病の本態はすべてグロテスクなる生態で表現してある、鳥山石燕は百鬼夜行図を二百種描いた。これも身の毛をよだゝしむる支那の本で有名な山海経にも鳥、獣、人魚、虫類を妖怪化して表現してある、その他織田玉英や春泉、龍斎正澄等は妖怪変化の獣々を版画にした、国貞、豊国、国芳、国周等何れも

◇……凄惨　な変化の姿を描いてゐる。北斎は或る時松本幸四郎の頼みで幽霊を描いた、今も舞台に現れるお岩はそれによるものだといふ、この外に豊国は番町皿屋敷お菊の亡霊、国周は才次郎の亡霊などの版画が残つてゐる一たい日本人は殊にグロテスクの味を解した国民と見えて右の様にあまり多の絵画にも残されてゐるが彼の上田秋成制の雨月物語りなど最も知られた怪奇小説といふべきであらう、妖怪談を記したものには、怪異弁断、和朝霊神記、日本霊異記、古今妖鬼考、死霊解説物語り、鬼神集説、今昔紫冥談、新選百物語、茶飲夜話集、可笑得談など枚挙に遑ない程である、支那の西游記も

◇……純粋　のグロテスクの物語りであるが日本にも諸国の妖怪談を録した東遊記、西遊記がある西洋で最も奇怪な絵を描いたのはドイツのベックリンであらう、彼は静寂感によるは気を絵にした。死の島、ケンタウル（半人半馬）の戦等鬼気迫る思ひがある。ヌクピンの絵も怪奇主義の絵である。その他エッチングルピエロになつた死、他の国から来た幽霊、海の怪などベックリン以上に物凄いものであるグロッスのそれは物凄いといふよりも悲哀と諷刺を含んでゐる。又最近ジョルジユ、ド、キリコは超現実派と称へられる絵を描く、これも一種のグロテスクと見るべきであらう。」

資　怪談発声映画「化物行進曲」着く

●函館毎日新聞　昭和四年八月九日（八日夕）　4-282

怪談發聲映畫
「化物行進曲」着く

マックス、マーシン、エドワード、ハムモンド両氏の舞台劇から「名物三羽鳥」を脚色したフレデリック、ブレナンが脚色及びせりふを物した夏期にふさはしい猟奇的な怪談映画フォックス百パーセント、ムーヴイトン「化物行進曲」が東京支社に入荷した、これはルーサイラー監督作品で、音響監督はジョエ、アイケン、主演は「青空」で一躍主役に選ばれたベビー、スター、ヘレン、トウエルヴトリース嬢と若きチヤールス、イートンに発声映画で浮びあがつた美声のカーメル、マイアース嬢、アールフォックスに目下全米の人気者である黒人俳優ステピン、フェッチ等の配役の奇万能時代の今日頗る注目すべき好個のムーヴイトンであるぞ

怪　赤城山などの湖沼伝説かずかず

●上毛新聞　昭和四年八月十日（九日夕）　4-283

赤城山などの
湖沼傳説かずかず
東京高師教授　藤澤衛彦氏談

湖沼の水は何となしに淀んで見て居ても人の心は非常に

靜

かになる位で、それが深く廣くなる程何か住んで居さうな氣持を起させる昔の人は其の湖沼の中に主と云ふものを想像した。、そこに棲む大きな鰡とか鯉とか又蝦が主ではないかと云ふ様な處から湖沼によつて色々の主を想像されて居る、然し湖沼の主と云ふものは多く龍とか蛇が主であるのが普通であつて、其の外鯰とか鰻とか或は蟹とか云ふ様なものは殆ど稀である、又其の主が実際謂であつた時はそこに妖物精霊を主として信ずるものがある。その中では鰡とか或は馬の鞍

とか云ふ様なものを

池の主と想像した話もある、龍蛇が湖沼の主と云ふ様な時にも二通りの傳説がある始めから湖沼の主と云ふものを想像した場合と、人間が湖沼に投身して後に其の人間が湖沼の主となると云ふ様な傳説とがある、此の湖沼の主が化て來ると云ふ形式であるが、その形式上には必ず其の龍蛇は男に化てそうして女を池の中に取入れてしまふといふ様な話がよくあるが、此の人間が龍蛇に取られたと云ふ説話にも成功した傳説と不成功に終つた傳説とがある。人間が湖沼の中に入つて、

湖沼の主となつたと云ふ場合は多く女である、それは投身するものゝ多くは女であるのである、斯うした風に人間が湖沼の主となると云ふ時には人間の投身傳説、女性が飛び込むと云ふ傳説を添へるのである、それから此の人間が其の儘自分の現身の儘湖沼の主とならずに湖沼そのものになつてしまふと云ふ傳説がある、信濃國更級郡更府村三水に泣き澤と云ふ澤がそれであるが、其の他に人間が其儘池や沼になつてしまふと云ふ傳説がある。陸奥國上北郡小川原沼と云ふ沼は元小川の沼に過ぎなかつたものであるが、之が大沼

小沼となつたと云ふ傳説で、つまり人間が湖沼となつたと云ふ人沼傳説である陸奥國八戸町附近に八の太郎沼と云ふのがあるが、十和田湖との戰爭の傳説があつてそこに沼湖主戰爭傳説と云ふ一つの形式が成立するのである龍蛇が湖沼の主であると云ふ場合は人間が湖沼に投身して龍蛇となると云ふ一つの形式と人間が湖沼の主に魅入られて其の妻となつて取られて行くと云ふ形である、群馬縣の榛名湖にも身を投じた女性の主となつた傳説がある又に事物精霊が主となつて居る場合がある鐘ヶ淵の中にも一つの鐘が沈んで居る、昔國分寺に納める二つの

鐘の一つが鐘ケ淵の中に沈んでしまつたと云ふ話がある、尚これに類似の傳説が諸所にある陸前國栗原郡栗駒村沼倉に鞍掛沼と云ふのがある、其の主が鞍を見込むと云ふ傳説がある

猪苗代湖とか濱名湖等の如く陸地が自然に陥沒してそこに湖が出來たと云ふ陸地陷沒傳説もある、その反對に近江の琵琶湖が出來た時富士山が一緒に出來、諏訪湖が出來た時に淺間山が出來たと云ふ湖沼出現傳説もある。又日本にも原始的思想にも巨人の足跡傳説と云ふものがある昔大駄羅法師と云ふ大男が

赤城山に腰をかけて足をフン張つた時出來たのが上州の赤沼であるとか辨慶の小便がたまつたと云ふ遠江國岩田原にあるオーダラボッチの小鯵池もある、殊に科學的說明してゐるのは山形縣と秋田縣の兩縣に跨がる藏王山のお釜がある、之れは火口の中に水がたまつて出來た湖である、天逆鉾のある霧島山の大波池、箱根の蘆の湖、群馬縣の榛名湖等がある、又天地開闢の初め天神が筑波山に天くだつた時其の山の麓まで波が押寄せ、地面に殘つたのが霞ケ浦で波がついたのが筑波山だと云ふ。要するに

湖沼が出來る形式は湖沼出現の傳説、巨人の足跡傳説及其れに類似の傳説と人沼傳説の三通りが湖沼出現傳説を構成するものである、尚其の外湖沼の中に住まつて居る色々な怪しげな魚例へば片目魚、腸のないワタナシ魚、或は湖沼に生ずる植物、片葉の蘆とかノビナイ葦とか云ふ樣な傳説もある。

資　死人、蓋を開けて出る　化物屋敷…

●神戸新聞　昭和四年八月十日　4-284

墓地に置いた棺桶から
死人、蓋を開けて出る
人氣の中心は何としても化物屋敷
素人相撲や餘興館も人氣の呼び物
湊川公園に涼氣みなぎる

化物屋敷―納涼海洋博

納涼海洋博は次から次へと新らしい趣好をこらして人氣を喚んでゐるが、殊に化物屋敷は蒼白い電燈の怪奇的の雰圍氣の中にほのかに燃える怪光、棺桶からふらくと蓋を押し上げて來る死人、氣味惡い藪の中から物凄の如く現はれる死靈の怪、どこからともなく降つ

たやうに夏の空から下りて來る奇怪の化物など女子供は膽を冷してキャッ／＼と叫び出す騒ぎに殆んど暑さを忘れて興がる人の群で盛況を極めてゐるが、ここを抜けて出ると涼風が氷のやうな飛沫を吹きつける大噴水の周圍のベンチに涼をいれて本館に入る、本館の諸設備はお盆を控へて、いよ／＼完備し、殊に本ものの雪を降らす北氷洋のあたりは涼氣に満ちたせながら、いつまでも去ることをわすれて殆ど人氣の中心かの感がある、その他海女の眞珠とりや素人相撲除興館など賑い會場内を散策しつゝ夜の長きもわすれて暑さを銷す都人で賑はつてゐる

幽霊がいた　現れ方のいろいろ

資　●松陽新報　昭和四年八月十一日（十日夕）　4-285

夏の漫談

幽靈がゐた

現れ方のいろ／＼

幽靈が既に此のものなりや否やはどうもわかりかねます。柳の下からスーッとなんといふとどうしても夏ですが、といふて木枯らし吹きすさぶ冬の只中にスーッと出ないといふわけはなさそうです、いゝえなんかはどうしても夏向きです。但仕掛花火なんかとは全く趣きを異にはいたしますが。しからばそもそも幽靈なるものはあるかどうか、これは大變にむつかしいことであります。

◇

およそ幽靈が出たとか、それを見たとかいふ話くらゐたくさんある話もありますまい。或るものは幽靈は全く一ツの錯覺であり幻影である、そんなものはあり得る筈がないと一概に打ち消してしまふまた或る者は、それは自ら描くのである、その人間の生活に関係して描き出されるのだとも言ひます錯覺かもしれぬ、幻影かもしれぬしかし二十人も同座してゐて二十人が一度に一つの幽靈を見たといふやうなのはどうなるか、二十人はさておき、二人が一ぺんに見たそれが幻影であるとは思へぬふしもあります。また全く関係のない第三者第四者が幽靈を見ることがある。関係のない人を描き出すといふのも不思議です。自分の知つてゐるもの、幽靈とか、名をきいてゐるもののそれとかならまだしも、全く縁もゆかりもない幽靈に出くわす、道なんかをきかれるとは、また合點のゆかぬことです。錯覺から生れたもの、自ら描き出したもの、そんなものでなしに正眞正銘、實在的な幽靈がどうもゐるやうにも思はれます。

◇

つひ先日もご承知のやうにラヂオで松村介石氏が、ほんとの幽靈の話をされました。氏のお話によりますと——。

◇

英國の科學者オーバー、ロッヂ心理學者哲學者として有名な米國のジエームス、英國のマイヤー、レビユー、オフ、レビユーなどの主張するが如くに、幽靈の存在は命ぜられる、日本にも數限りないほどたくさんこの話があり、どういふわけで出現するかは別として實際には目に見たり耳にきいたりする。不可解な點はたくさんあるにしても馬鹿なと打ち消してしまふ、ことはできなくなつた

◇

元來幽靈には種々ある。目に見ゆるもの、耳にきこゆるもの、死んでから出現するもの、生きてゐるうちに現れるもの、全く千差萬別であるけれ共、主として多く死ぬるときに現れる。これが普通である。自殺するとき、そこへ幽靈が逆着してゐることもある。たまつてスーッとやつてくるのもある、音を立てゝくるのもある、音を立てゝ現れるのもある、また、夢の如く幻の如くほんとに幽靈のやうに現れるのもあります。【寫眞】はマキノお室作品時代映

畫[illegible]「[illegible]」の一齣目でお光に扮した　泉清子の活躍なり

三本木野狐譚　狐の棚立と狐隊の話など
獣
●東奥日報　昭和四年八月十一日　4-286

三本木野狐譚
＝狐の棚立と狐隊の話など＝

川合勇太郎

◇ 三本木平には狐の話が多い。三本木野の狐の棚立てといふ事は、古くから傳へられてゐたと見えて、天明の頃この廣野をすぎた菅江眞澄は、その遊覧記にこの話をのせてゐる。翁が七戸の鶴の子平あたりで聞いた話には、「二月も末の残雪の頃、森木取りの人々が雪舟をひいての戻りなどに、三本木平のあたりで人のたけよりもずつと高い二つらの幟や鉾などが見える事がある。これを土地では狐の棚をふると云つてゐる。狐は人の影をかりてこのやうに戯れ遊ぶので、今年も五度見たなど土地の人が語つた。」といふのである。

◇ 岩手の和賀郡後藤野あたりでは、十二月の頃から三月頃までに出ては、土地では狐の館とよんでゐる。海によく現はれる海市は氣見城、蜃氣樓などのやうなものではあるまいかと云つてゐるのはさすがに勝れた見方である。後の南部の俳人たちはこれを狐隊とよんで季寄せの二月の部に入れてゐる。南部の俳書「俳諧たねいち山」といふ書の二月の部には

狐隊、南部七戸あたりの山野、又は奥海の中に蜃氣樓のごときものたちて、人馬の音あり、それを俗説に狐の行爲とて狐たいといふと、新季寄三月の部に出せり、左にあらず。狐隊は南部七戸の貫ン原にて正月末より二月中、里民雲山に登る、此時雪まだらにして朦朧たる日、原野のうち山海のかたちをなす、船をうかめ浪の音ほのかに聞え、大旗馬印ほのめきあらはれ、大かたは船軍の有様にして八島合戦の趣也、諺俗之を狐たひといふその中へよし考未、云傳へけるは年経る野狐神の所爲にやと薪季寄に海浪の上に蜃氣樓らしくと顯ひせしは誤りなり所見ぬ故也

おぼろけや船かと見ゆる木の浮　根常丸
むら消の雪や狐隊のわか農海、　五友

とあるが、眞澄翁の云ふ狐の棚立と同じもの、やうに思はれる。しかし、この書では何處までも野狐の所爲にしてゐるのは面白い。

『上北郡郷誌』によるとかうである。狐隊（丹満隊）

南部七戸に六里四方許りの野あり、ぞれに年々二月の末に狐隊と云ふことあり、其の邊りの人は酒筒（サ、エとは酒を入れて携へあるくもの）など携へて見に行く、凡そ空薄曇りたる日なり豫め窺ふに狐共出でゝ飛び歩くさまあれば必ず其日にて初めに二三十の狐ども出づるを人々高際に褒むれば頓て城廓の形現はる、是は二丁許りのかなたに見ゆ、さて甲冑を帶び馬に跨り陣立をなす凡そ二百許りに見ゆ又こなたより頻りに騎をかくる程にやがて諸侯の行列をなすこと二度、一度は松前侯の行粧、一度は津輕侯のさまをまねぶりなり、彼の城廓陣立などは厨川の戦の昔をまねぶ歟、此野の狐は是等の事より外に見ることなければなりといへり、ただこなたの見る人多くて騎をかくるの繁ければかしこの人數も多く花々しく見え人も騎も少ければさびしとなん

とある。松前侯津輕侯の行列はまだいゝとして、厨川の戦ひなどまで擧げて來て『これらの事より外は見る事なければなり』は振つてゐる。

◇ とにかく三本木平で狐どもが屋島合戦などをするといふ事は可成り有名な話であつたらしく、春になつて八戸の城下などからまで見物人が駆しかつたと前田利見翁の話であつた。當時これは盛岡の語る平家の物語りを狐どもが聞きおぼえたもので、戯れにうつし出すのだと云ひ傳へたさうである。三本木野を中心にして跳梁した狐は『洞内のだてまんと』『鶴の子平のつる子』『白上の白藤』『がまの澤のがん子』『きくり澤のきく子』『千才杜のお‥ん子』などいふ何れも女性であつた。あられもない姫御前の大名行列のいかめしい下座觸れ、千石舟の舟戦さも物凄かつたとは三本木元村の古老松田岩松翁の話であつた。然し夜の明け方には現し身を見せる事も度々であつたとは神通力の程も思はせられる。―

◇ 七戸の鶴の子平に住んでゐた『鶴の子平のつる子』と、大　内のよもぎが久保に住んでゐた何とか狐と、千才杜のおさんと三匹寄る

とそれこそどんな化方でもする事が出來た。或年のごと鶴の子平のつる子とよもぎが久保の狐とが上方見物に出かけて行つた。

箱根の關所へさしかゝると、關守が二匹を呼止めた『お前達は一体何處の何だ』すると二匹は『俺達は奥州三本木平の狐でつる子に何とかだ』と正直に答へた。すると關守は『そんならお前達は何でもいゝから藝をやれるならうこゝで一つ化けて見ろ、さうしたならば、この關所を通してやる』といふので鶴の子平のつる子は『實は三本木の千才杜といふ處にお三といふ親方狐が留守してゐるが、あの親方が居らぬと二匹だけではあまりうまい化し方は出來ない』といふと關守は『そんなら迎ひに行つて來い、それまでは通す事は出來ぬから』といふので二匹は仕方なく三本木へ引返して、お三に之々と話して加勢を頼んだ。お三はすぐに承知して箱根の關所へ行つた。そして三疋が秘術を盡して得意の屋島の戰をやつて見せた、箱根の關所には忽ち物凄い舟軍が現じた。荒れ狂ふ波、飛び迎ふ矢玉の中を行交ふ軍船、舟を接して斬り結ぶさまに、さすがの關守りも肝を消し、蒼くなつて三疋に向ひ『もう通すから止めてくれ』と歎願した、三疋が止めると、今までの物凄い舟軍はふつつと消えてあたりは依然として靜寂な山の關所である。

◇

お三は三本木の千才杜へ歸り、二疋はそれから上方見物をして廻つたといふ。『これはほんたうの事で、實に怖ろしかつたと箱根では傳へられてゐる』と古い頃にそこから來た旅の人が村で休んだ時に物語つてきかした話だといふ。

狐の話にはまだ聞いた。殊に千才杜のおさん狐は三本木平で有名な狐であつた。古くから千才杜の穴に住んでゐて村では稲荷の祠をたてゝゐた。安政六年新渡戸十次郎が三本木の町が出來たとき正一位宣下を乞ひ蒼前神社のあつた蒼前林に移した。今の郷社稲荷神社がそれである。その後三本木の原での狐の化す事が止んでしまつたのだとは惜しい事である。（寫眞は三本木のお三狐の穴のあと）

怪　きみのわるい家（上）

★満州日報　昭和四年八月十二日（十一日夕）　4-287

夏の夜の物語　きみのわるい家（上）

武藤一枝

今から六年ほど前だとおぼえてゐます。

そのころ私どもは新潟縣のある町に住んでゐました。丁度弟がうまれたり、その子もりが來たりして、家がだん〱せまくなつたので、いま少し大きい家にうつることになりました。

しりあひの方にたのんで、まもなく見つかつた家は、町はづれのお宮のとなりにある、かなり大きな一けん家です。なか〱ひろい家で、二かいなどは風とほしがよくて、りつぱでした。それに、今までとちがつて郊外ですから、まだ小さい子供だつた私も、ほんとに、よいお家だとよろこんでゐました。

げんくわんから門までは松、杉、ひばなどが植ゑてあり、あぢさゐの木もたくさんありました。

私どもが、ひつこしたときは、ちやうど大きなうすむらさきのあぢさゐがさみだれにぬれて咲いてゐました。

だが、この家についてふしぎなゐませんでした。

その中にあつい夏になりましたそれでもこの家はお隣にこんもりしげつた森があるので、いつも涼しい風がふいてゐました。やけつくやうなまひるでも、そのふかい森は私たちによいあそび場の日かげをつくつてくれてゐました。

そこにはたくさんのふくろふが住んでゐて、夜になると、うちの二かいのまどあたりでふいに『ホー、ホー』と鳴いたりすることがありました。

しかし、いやな事には、この家に來てから私が病氣ばかりするのです。一體私はからだがよわくて一ケ月の中五、六日はかならず學校をやすみました。だが、こんどはまへよりももつとやすむのです。『病床の一日』といふ綴り方を書いて上野先生から大さうほめられ甲上をいたゞいたのもそのころですし、又病の床について居たとき、やさしい上野先生が來て下さつてなみだの出るほどうれしかつたのもそのころでした。

その中に次第に秋がふかまり、木の葉が黄ばんで、お宮の森で一ばん古い木だといふ大いてふの實がめつきりじゆくして來て、村の子供らが、一日中いてふの木の下にあつまつて來るやうになりますと、私もかなりじやうぶになつて來ました。

4-288
きみのわるい家（中）
★満州日報　昭和四年八月十四日

怪　夏の夜の物語

きみのわるい家（中）

武藤一枝

秋も末になつて落葉の頃になりました。

それはいつ頃でしたらうか。もうわすれてしまひましたが、何でも野分の風と言ひますか、秋の末に大風がはげしくふきますが、そんな時分だつたとおもひます。はげしい風の夜でした。

お宮の森は、海鳴りの様にゴウ／＼とゞろき、さしもの大木の大いてふもはげしくゆれて、じゆくしきつた黄色い實が、ビシヤ／＼ビシヤ／＼と、地にたゝきつけられる音は、ちやうど、大雨の音のやうでした。

其の夜は、みんな早くねて、私が一人二かいのまどぎわで宿題の綴方を書くのに夢中になつて居ました。

二階の窓ガラスから、黒い森が、ものすごいさけびごゑをあげてまものゝやうに動くのがよく見えます。風のあひだ／＼にいてふの落ちる音。こんな晩は、いつものふくろふさへ鳴きません。

私はその頃、おともだちや家の者から「こわいもの知らずだ」と言はれてゐたくらゐでしたので、別におそろしいとも思はず、平氣ですわつて居りました。する中に階下で十一時を打つ音がしたので、私はぜんぶかたづけて、二階中の部屋の戸じまりをして電燈を消して、階下におりやうと思つて、はしごだんの上り口まで來た時、フッと何とも言へぬいやな氣もちになつて、しぜんに立ちどまつてしまひました。

私ははじめておそろしいきもちになつたので夢中でかけ下りてげんくわんのべんじよへ入りました。

そして外へ出る時に、ふと誰かべんじよの中に居るやうな氣がしたのです、人間のかほがどこかで私を見つめて居るやうな……そんな氣がします。

私はハッとして小まどを見上げると、大變！たしかに四十位の男のかほが見えたのです、私はゾッとして目を外らすと今度は、べんじよの中にも同じかほがゐるやうです。

私は、それでも今一度見なほす勇氣が有つたのです。だがもう、何も見えませんでした。

其はほんの一瞬間のやうにも思はれ又、恐ろしく長い時間のやうにも思はれました。とにかく私はもう後をも見ずに、ね間へかけ込んで、お父さんを起して話しました。

すると如何した事でせう！

4-289
きみのわるい家（下）
★満州日報　昭和四年八月十六日

怪　夏の夜の物語

きみのわるい家（下）

武藤一枝

お父さんはきめうにあわてゝ、一時はかほいろさへ變つたのです、だがすぐに

「馬鹿だなあ。そんなものがでるものか、ゆめを見てたんだらう」と笑ふのです、私は、さうだつたかしらと考へなほしても、たしかにあつた事ですから今度はお母さんに言ふと、

「此の子は、ものをこわがるといふことがないのですから、ほんとに、見たのではないでせうか？」としんぱいさうに言ひましたが、お父さんはお母さんに「ねぼけん坊の仲間に入るのかい」と笑つて相手にしません。私はそのばんは頭から、ふとんをかぶつてねました。風はまだはげしく吹いて居ります。

そんなことがあつてから半月ほど後の日曜日の午後、その日はくもり日で大そう家の中がくらかつたときです。私がふと、べんじよの前を通つてゐると、又、いやな氣がして、天井から誰かぶら下つてゐるやうな氣がするのです。何も見たのではありませんが、たゞそんな氣がしたゞけですが、へんにこわくなつたので、又お父さんにいふと、こんどはいやな顔をして私をしかりました。

それから一ケ月ほど後、町の方に好い家が有るといふので、そこへこすことになりました。しばらくして或日、お父さんか私たちにこんな事をいひました。

「前に住んでゐたあの家はね。むかし、四十位の男の人が住んでゐたが、何故か、首をくゝつて死んだのださうだ。場所はべんじよの前だといふ。お父さんは、そのことを、ひつこしてから三日目に人からきいたが他に家もないので、がまんしてゐたのだ、しかしお前たちに言ふとこわがつてべうきにでもなるとわるいから、だまつてかくしてたのだ。今はもう何もかくさずいふが、じつはお父さんも夜おそくかへる時なんか、あのべんじよの前を通る時、いやな氣がして、しやうがなかつたんだよ。それに、一枝ちやんが、あんな物を見たと言ふもんだから、さすがのお父さんもヒヤツとしたよ」

お父さんは話し終ると胸のおもにを下したやうに笑ふのでした。

（をはり）

資　活動人形と狐のお化け　暑さも忘れる折紙遊び

●読売新聞　昭和四年八月十二日　4-290

いよ／＼面白い 活動人形と 狐のお化け

暑さも忘れる折紙遊び

藤　五代策

狐化け

◇厚紙 を端書の大さに切り、上と下の端に耳をつけ、甲圖のやうな糸巻形に切り、中間を六等分し(一)(三)(五)に狐の面を画かき、(二)(四)(六)に人形の面をかきます

◇乙圖 は細長い雑用紙にて、甲の糸巻の中間部を包むやうになし巾は甲の(一)(二)(三)(四)(五)までをとり、一階位短くいたします、そして前面の(二)と(四)の斜線部のみと切りぬきます

◇今乙 の切りぬき紙で甲の雑用紙を包み、之を上に上げたり下に下げたりしますれば、狐と人形の顔は交る／＼隠れたり現はれたりするので、狐化と云ふ名前をつけたのであります

甲

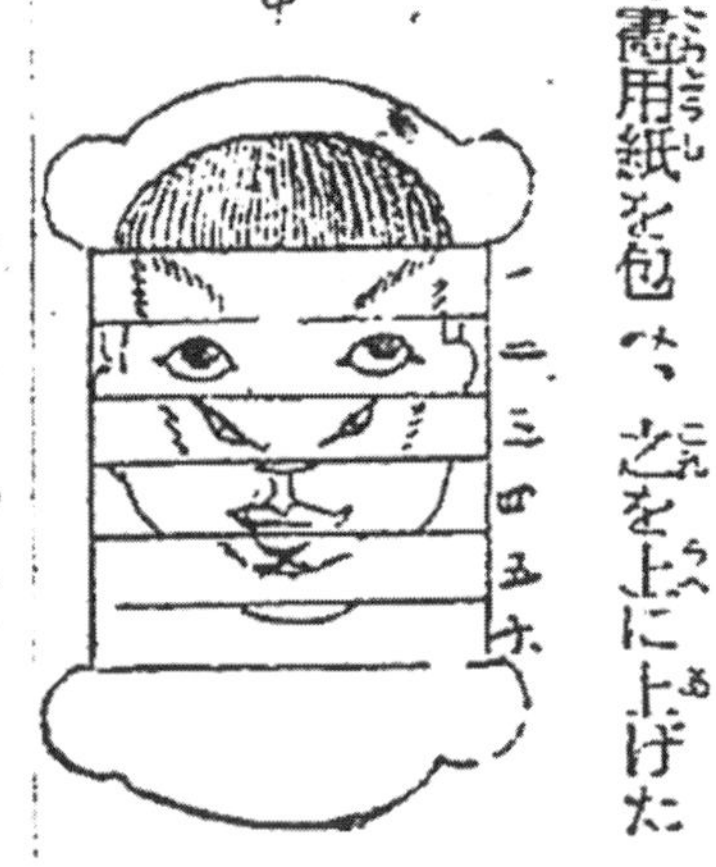

乙

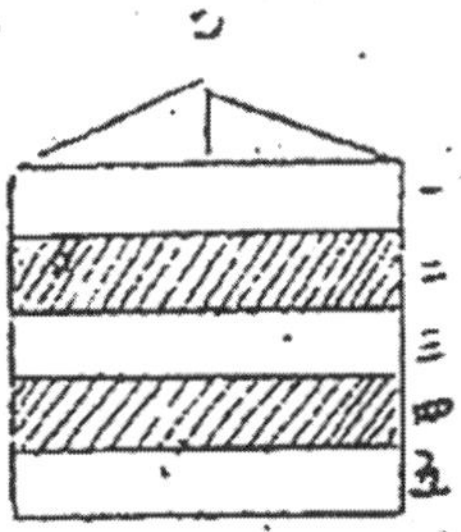

怪　夏の夜ばなし（三十八）　危く死に臨んでも家へ…

●二六新報　昭和四年八月十三日（十二日夕）　4-291

危く死に臨んでも 家へ知れるを厭ふ少年

神輿を擔いでばつたり倒れた　此の邊に見馴れぬ色白の兒

山王祭のある日

是れ は私が麹町永田町に住んで居た頃の話し。日枝神社の大祭で、表は小形の神輿をかついで、町内の中子供がわい／＼さわぎ廻つて居た時、その中の一人が丁度私の家の前で俄に心持が悪くなり、バツタリ倒れてしまつたので、それと見た私は直ぐ家の内にかつぎ込み、妻をすぐかゝりつけの醫者のもとへと走らせたのであつた。

醫者 は直ぐ來て異れて、注射をした後、

『心臓のよくない児のやうです。此のまゝ靜かにしばらく寢かせておいて下さい。大した事はあるまいとは思ひますが。』と言つて歸つたので、私は其の言葉の通りに手當をしてやると、病人はやゝ苦痛が薄らいだものか、靜かに目をとぢて枕に就いて居た。

年は 十七か八かと思ふ位色の白い、目鼻立の整つた中々美男子であつた。

『此の邊の子ではありませんね。ついぞ見かけませんもの。』

妻は つくづくその顔を見まもつて斯う言つたが、病人はその時靜かに目を開いて、

『すみません、小父さん、小母さん、家は此の近所ではないのです私は……』と何言ひつがうとするのを、私は押止めた。

『まだ話しをしてはいけない。決して心配はないから此處に寢ておいで、話しをしていゝやうになつたら聞いて、君の家へ知らせてやるから。』

病人 はおとなしくうなづいてまた眼をとぢてしまつた、その中に夕方になつたが、醫者が再び来て診察した上、

『もう大丈夫でしやう。しかし一兩日は、御迷惑でもお宅で寢かせておいて、やつて下さい。』と言つたので、私は始めて病人の家を聞くと、

『私は此の先の三河屋といふ酒屋へ、お祭で呼ばれたんです。家は芝の方なんですけれど……。』と如何やら自分の家にはこの事を知らせたくないやうな風が見えた。

三河 屋は私の家に出入りの酒屋なので、早速此の事を知らせてやると、主人は其の使ひと一緒にやつて来た。

『どうも何とも濟みません。眞に有難う御座いました。私はそれとは少しも知らなかつたものですから、とんだ御迷惑をかけまして、何とも申譯がありません。』

三河 屋の主人はこんな事をいひながら病人のねてゐる室へ通つて、その枕もとににじりよつた。

『幸吉く。』

病人 は靜かに目を開いたが、しきりにあはれみを乞ふやうな色を見せて、

『小父さん、家へは知らせないでね。』

『うむ。いゝよ。心配するな。それより何時まで此方の御厄介になつて居る譯にもいかないから、兎に角小父さんの處へ歸るがいゝ。』と引連れて歸りさうなので、私は醫者の注意を言つて、

『決してかまはないから、もう一日か二日、こゝで寢かしておくがいゝ』と言つてやつたのであつた（つゞく）

夏の夜ばなし（三十九）　夜半の雨戸に又訪る音　4-292

怪　●二六新報　昭和四年八月十四日（十三日夕）

夏の夜ばなし（三十九）

夜半の雨戸に又訪るゝ音

不幸な少年の身の上とそれに悩む病弱な父

繼母の虐待は日につのる

幸吉と呼ばれた少年は、私の家で一夜を過ごし、翌日の朝、まだ少し早いといふのをきかず、年の割には落ついた物の言ひ様で、私と妻とに禮を述べ、三河屋へ一先づ引取つたが、その夕刻、

『お蔭様で、もうよろしいやうでございますから、本人の言ふまゝに、

家へ 歸らせました』と三河の主人が禮に来てから言つたので、それきり、私の腦裡から、その事件は遠ざかつてしまつた。

すると一週間ばかりの後、それも夜中に、三河屋の主人がおとづれて来て、

『こんなに遅く、何とも相濟みませんが、もしやこちらに、幸吉が參つては居りませんか。』と意外な事を言ふので、私はそれが何故であるかと聞くと、

『此方にはまゐらぬと存じましたけれども、もう

捜す 處がありませんのでもしやと思つて伺ました。』

三河屋の主人は斯う言つてから幸吉少年の家出の事を語り、更にその身の上の話しをした。彼は芝の源助町のある金物屋の長男であるが、家付の娘であつた生母はその五歳の時に死歿し、番頭の妹がその後妻になつた處、母子の仲が

面白からず、殊に後妻には子供が男女四人もあり、父たる主人といふのは

病弱

で、店の事は一切番頭が取仕切つて居る關係から、その番頭と後妻とが一家の權を握つて居り、幸吉は奉公人同樣に虐待せられて居た。

しかし其の父親は、以前この家の奉公人で、先代の主人に認められ、一人娘の婿に選ばれた身の上であるから、家の血統を傳へて居るのは幸吉たゞ一人、その大切の子供が虐待せられて居るのを、如何にも先代に濟まぬと思ひながら番頭と

妻の

の權力があまりに强く、また其の二人が居なければ、店を張つて行くことが出來ないので、止むを得ず其のまゝ目をとぢて居るのであつた。

『私はごく遠緣に當りますもの、幸吉の味方になつて、いろ／＼心配して居ますのは私だけでございます。處が、この間の事が、とうとう知れまして、お祭などへ行つて學校を休んだり、店を休んだりしたのはけしからぬと

繼母

から大層叱られましした爲遺書もおかずに家出をしてしまひ、今以て行方が分らないので心當りをさがしましたが、どこにも居ないのです。』

三河屋の主人が、こんな話しをして歸つて行つたのは、彼これ夜半の一時を過ぎて居たが、それからまた三十分程過ぎて、今閉ざしたばかりの戸をほと／＼と打たゝくものがあつた。

夜半のおとづれ、そもそれは誰であつたらう。（つゞく）

夏の夜ばなし（四十）　継母の咽喉を…　4-293

怪 ●二六新報　昭和四年八月十五日（十四日夕）

繼母の咽喉を 肥後守で一えぐり
餘りな血汐に驚いて 其儘家を飛出した少年

彼は斯ういふ―夏の夜ばなし(四十)

三河屋の主人が立歸つて程なく又も雨戸をたゝく音。それも夜半の一時を過ぎてゐる。

『どなたですか。』

妻は

玄關に出て、戸は開けずに訴り聞いて見ると、

『御免下さいまし。私でございます。』と外では小供の聲らしい返事であつた。

『あら、あの子ではないでしやうか。』

妻は

私の傍らへ來て小聲でかうさゝやいた。

『左うらしいね。兎に角開けてやつたがいゝ。』

私の

言葉によつて雨戸があけられると、せう然として幸吉が入つて來た。

『今三河屋が君を探しに來て歸つたばかりだよ。家を飛出してしまつたといふぢやアないか。』

『えゝ、さうなんです。三河屋の小父さんが、こゝへ來たことも知つて居ます。』

『知つてゐる？　では君は、今夜早くから、門の内にでも隱れてゐたんだね。』

『えゝ。』

『まア兎に角此方へ來給へ。』

幸吉

を茶の間に通して、夫婦はそれを中に座を定めた。

『なぜ、家出などをしたのかね。』

『僕、大變な事をしたものですから。』

『大變な事？、何をしたのです。』

『お母さんを殺したのだ。』

『エツ、お母さんを？。』

私は

あまりに意外だつた。そんな事は新聞にも出ず、第一、たつた今歸つた三河屋の主人も、そんな事は少しも言つて居なかつたのだ。

『ほんとかい君。』

『ほんとです。だから僕家を逃げ出して、方々に隱れて居ましたけれど、如何したらいゝか、お聞きしに來たんです。』

『しかし、三河屋からも、そんな事は聞かなかつたよ。一體、何で殺したのだ。』

『肥後守で、寢て居るお母さんののどを切つたのです、大變な血が出ました。私はびつくりして家を飛出したのです。』

『如何してそんな馬鹿なまねをしたのだ。』

『わたしにも分らないのです。お母さんにあんまり叱られたので、何だかふら／＼となつてしまつたのです。』

『では兎に角、三河屋を呼びにや

るから、どこへも行かずにこゝに居るがいゝ。』

私は 直ぐ三河屋へ人をやつて、幸吉の來たことを知らせると、主人は大急ぎで飛んで來た。

『小父さん、濟みません、勘忍して下さい。』

幸吉 は三河屋の主人の姿を見ると、直ぐから言つてそこへ泣きふした。

『なくのなら、なぜ家などを飛出すのだ、それにこちら樣へ夜半に迷惑をかけたりして、さあ家まで一しよに來るがいゝ。』

三河 屋の主人は、直ぐにも連れて歸りさうなので、私はそれを押止めた

『それよりも大變な事がある。この子はお母さんを殺して家を飛出したと言つて居るが……』

『え、何でございますつて？』と一時はびつくりしたが、やがて、

『へ、へ、へ』と笑ひ出した。

（つゞく）

怪　夏の夜ばなし（四十二）　切られたという母親が…
●二六新報　昭和四年八月十七日（十六日夕）
4-294

切られたといふ母親が 達者で働いて居る

少年の幻影が生み出した 恐しい一場面であつたか

夏の夜ばなし（四十二）

三河屋の主人が俄に笑ひ出したので、私は少し不快に思つた。

『何がそんなにおかしいかね。』

『是はどうも相濟みません。』と私にはていねいにわびて、改めて幸吉を、

『幸吉、お前は夢でも見たのか、馬鹿々々しい事を言つて、こちら樣をお騒がせ申すのもいゝ加減にしろ。』と叱りつけた。

幸吉 は變な顔をして、三河屋の顔を見詰て居たが、

『夢を見て居やアしません。』

『それなら飛んでもないうそだ。』

『いゝえ、うそでもありません。』

『まだそんな事を言張るのか、お前のお母さんは、今日も店で達者で働いて居たぢやアないか。』

『え、そんな事はありません。』

『なにない事があるものか、私がちやんと見て來たのだ。』

『でも、わたしが、確かに肥後守で切つたのですもの。』

『馬鹿な事を言ひなさい。』

私は この二人の問答を聞いて居たが、少年の幻影から生れた事が明かになつたので、

『もういゝぢやないか、夢であり、うそであつたのは目出度い話しだ。しかし三河屋さん、確かに今日、この子のお母さんを見て來たのだね。』

『えゝ、確かでございます。』

『ぢやアこの子の幻影で、あつに相違ない。しかしそれについて、私は少し研究したいから、此子をしばらく預けてもらへまいか。』

『御迷惑で恐れ入りますが。』

『いゝや、私から頼むのだよ。』

『左樣でございますか、では何分共お願ひ申します。乞の家の方へは、私から申してやりますから。』と三河屋の主人は安心して歸つて行つた。

『お前は確かにお母さんを切つたのかい。』

私は もう夜半ではあるがある興味を以て幸吉に問ひはじめた。

『えゝ、確かに切りました。』

『それだのに、そのお母さんは何ともないと三河屋が言つて居る。しかも、それは今日見て來たといふのだ。お前はそれを如何思ふ。』

『そんな事はないと思ひますけれど……。』

『ぢやア聞くが、お母さんを切つたといふ肥後守は如何した。』

『肥後守ですか。』

『其場においてきたか、それとも持出してどこへか捨てたか。』

幸吉 はから聞かれて、ややしばらくじつと考へてゐたが、

『肥後守は持出しました。』

『それをどうしたね。』

『山王山の草の中へ捨てました。』

私に はちよつと分らなくなつた。この事が果して幻影ならその肥後守は如何したと聞かれても、たゞ漠として分らない筈である。しかるに幸吉は明かに、星ケ岡の草の中に捨てたと言つて居るではないか、して見ると、三河屋の言つて居るのが間違ひであらうか。

『君は、その肥後守の捨てた處を覺えて居るね。』

『えゝ、覺えて居ます。』

『それでは明日、それを探しに行かう。』

實否を確かめるのを明日にして、その日は寢てしまつたのたであつ。（つゞく）

4-295
怪 夏の夜ばなし（四十三）斬らない咽喉の傷？
●二六新報　昭和四年八月十八日（十七日夕）

斬らない咽喉の傷？

繼母の頸に卷れたほう帶

草の中に捨てた肥後守はあつたが
其の刄は人の膏の跡方もない

夏の夜ばなし ─四十三─

次の日の朝、私は再び幸吉に問うて見たが、やはりたしかに母親を切つてそのきやう器の肥後守は、崖ケ岡の草の中に捨てたに相違ないと言張つて居た。

そこで私は彼を連れて直ぐ日枝神社の崖ケ岡公園に赴いた。永田町の三平坂を下り切つて直ちに公園に入り、右手の石段の下から、赤坂のため池の方へ走つて居る細い道を半丁程も行くと、崖下へ通づる徑が破れて居る。幸吉はそこに立止つた。

『こゝです。』
指さした方はその葉がほこりで眞白になつて居る雜草のくさむらであつた。
『そこへ捨てたのか。』
『左うです。』
『探して見給へ、まだあるかも知れないから。』
『きつ度あると思ひます。』
彼は草の中を分けて、くさむらのそこここゝとさがして居たが、やがての事
『あゝ、ありました。』といひながら拾ひ出して來たのは一挺の肥後守であつた。

私はそれを受取つてつくづくと見たが、夜露にぬれた爲か刄は薄く赤くさびて居て、血の名殘があるかないか分らなかつた。

『君がこゝへ捨てた時は、血が付いて居なかつたか。』

『血ですか』と幸吉はやゝしばらく考へてゐたが其點の記おくは少しもないらしかつた。

『若しやこゝへ捨てる前に、紙か何かでふきはしなかつたか。』

『いゝえそんな事ありません。』


『左うか。』

私は紙を取出して、その刄のさびを拭ひながら、一緒に人間の脂肪がついて居はしかとない精細に調べたが、どうもそれらしいものは附着して居なかつた。

『君はお母さんを切つた樣な氣がしたゞけではないか、見給へ此のナイフには少しも脂肪らしいものが附着しては居ない。人を切つたのが事實ならば、必ずそれがついて居る筈だ。』

『でも確かに切つたのですもの。』

『どうもをかしいね。兎もあれ僕の家までやはり歸り給へ』。


私は幸吉をともなつて家に歸り、なを肥後守を調べて見たがやはり脂肪らしいものは發見し得なかつた。しかしこれは專門家に鑑定を乞ふ必要があるので、午後からその道の人の許へ赴かうと思つて居ると、正午少し前、彼の三河屋の主人がやつて來た。

『旦那樣妙なことがございます。私が幸吉の事の話しに、今朝その店へまゐりましたら、母親が喉にほう帶をまいて居ました、何でも大怪我でもしたのではないかといふ風に見えました。』

『えツ、これでは。』

私はこの憐れむべき少年を、遂に母親斬りの犯罪にせねばならないのかと驚いた。

『では何かね、ほんとう斬つたのかね。』

『いゝえそんなるはありません。昨日の朝私がまゐりました時は、何ともなかつたのでございますもの。』

『では如何したのだ。』

私は三河屋の返事が待遠しかつた（つゞく）

4-296
怪 夏の夜ばなし（四十四）切らぬ咽喉を病んで繼母は…
●二六新報　昭和四年八月十九日（十八日夕）

切らぬ咽喉を病んで

繼母は遂に悶死

殺さぬ親の幽靈が出るとて
幻影に死んだ不幸な子供

夏の夜ばなし ─四十四─

『私も變な事があると思ひましたので、よく聞いて見ましたら。』と三河屋の主人は更に膝を進めた。

『別に如何したといふ覺えはないさうですか、咽喉佛の處から、む

へこめかみの邊まで、斜に五分位の幅に、赤くふくれ上つたのださうで、大した痛みはないが、お醫者樣にも、何だか分らないといふ事でした。』

私は此の言葉を聞いて一層、なほ幸吉を今しばらく預かりたいと頼んで三河屋の主人を歸し草の中からさがし出した肥後守を持て、ある專門家をおとづれ、その刃に人を傷つけた痕跡の有無を鑑定してもらつたが、その結果で全然そんな事がないのが明らかになつた。

肥後守は人の肉を切つて居ないとすると、幸吉が母親を切つたといふのは、幻影に過ぎないと斷言し得る、そこで家に戻つてその事を幸吉に言ふと、

『變ですなア。わたし確かに切つたのですけれど。』と彼は如何にも不審に堪へやらぬやうな顔をするので、私は幻影なるものが、如何に深く本人には信ぜられるかをつくづくと感じたのであつた。

すると其の日の夕方少しすぎ、また三河屋の主人が飛んで來て、

『芝の店の家内が死んだといふ事ですから、幸吉をお歸し下さいまし。』と言つて來た。

私は餘りに意外なので心せくらしい主人を止めて聞くと

『よくは存じませんが、不思議なのどのはれ物か、午後の三時頃から急に痛んで來て、一面に紫色になり、熱も大層高くなりましたから、お醫者を呼んで手當をしましたけれど、とう／＼二時間ばかり苦しみ通しで死んださうです。』

といひながら更に聲をおとして、

『やはりまゝ兒をひどい目にあはしたばちでしやうかね。斬つたのではなくとも、幸吉の一念が、斬つたと同樣な事になり、そののどにお醫者にも分らぬやうな腫物が出來てそれで死んでしまつたなどは不思議ではありませんか。』といふのであつた。

もう少しその前後の樣子を聞きたいと思つたが、幸吉を早く行かせねばならぬと考へた爲そのまゝ連れさせて返したのであつた。

私はそれから間もなく移轉をしたので、その後幸吉が如何なつたかは知るを得なかつたが、つい此の間、三河屋の主人と電車の内で偶然にも出會したので、當時の話しの出たついでに幸吉の事を聞くと、

『あの節はいろ／＼御迷惑をかけましたが、あの後一年程して、幸吉はお母さんの幽靈が出るといひ出し、とう／＼發狂して死んでしまひました。それから芝の店もだん／＼左前になり、今は他人の手に渡りまして、あの父親といふのは、下谷邊へ行つて、極小さな店を開いて居ります。斬りもしない母親を斬つたなどゝ言つて、あの時からもう少し氣が變だつたに相違ありませんな』と話して居た。

（をはり）

怪　夏の夜ばなし（四十五）　不思議な離れ座敷

●二六新報　昭和四年八月二十日（十九日夕）　4-297

不思議な離れ座敷

取毀した無い壁へ突當る

他から届いた手紙は元よりの事
出さうとする手紙が紛失する

夏の夜ばなし（四十五）

牛込の北山伏町から、下谷の龍泉寺町へ移轉して、彼是二ケ月ばかりを過ぎた後、前の私の住居のあとへ入つたといふ小泉喜太郎氏がおとづれて來た。

小泉氏は肖像畫といふのの仲買をして居る人、私とは初對面何の爲におとづれて來たのか分らないが、ともあれ座敷へ通して會つて見ると、北山伏町の家の前住者である事をたしかめた後

『まことにつかぬ事をお尋ね申しますが、あなたがお住みになつておいでの時分、あの家に何か變つた事はありませんでしたかね。』と妙な事を聞き出した

それがあまりに突然なので、私は變つた事といふ意味を如何解したものかとちよつと迷つた。すると小泉氏は更に言葉を次いで

『あなたはあの家に長く住んでおいでなすつたさうですから、そんな事がなかつたかと思ひますがそのお跡へ私が住まひましてから妙な事があるので困つて居ます。』

『妙な事とは？』

『不思議な事があるのです、御承

知の通り、中庭に面した八疊の間の縁側を通つて、はなれみたいになつて居ます四疊半に行かうとすれば、ぐるりとまた縁を廻らねばならなかつたので、私はその突き當りの三尺の壁をこわしてしまつたのです。』

『なる程、左うすると、四疊半に直ぐ入れるやうにしたのですね。』

『左うなのです。すると夜、その壁をぬいた處を通らうとしますといきなりない壁にぶつかるのですびつくりしてよく〳〵見ると何にもないので、今度そこを通ると苦もなく通れます。そんな事がほとんど毎晩で、それからもう夜はそこを通らない事に致しました。何だか氣味が惡いので移轉したいと思ひますが、家主から造作を買つて入つたので、まことにつまらないとも思ひます、若しあなたのおいでの時分に、變な事があつて、これを私に話さずに造作を賣つたのなら、掛合方もあると存じますから、お伺ひした譯でございますが。』と話しを切つて私の顔を見つめてゐた。

小泉氏

は、私に不思議な事があつたと言つてもらひたいらしかつたが、私には左うは言へなかつた。

『それはまるで怪談ですね。しかし、私の居た時はそんな變なことはありませんでした。』

『左様ですか、其の壁の不思議なことの他にも妙なことがありますから、もしやと思ひましてうかがつたのです。』

『他にも妙な事？。』

私は何

だか此の話しに興味を覺えて來た。

『それは斯うなのです。壁の不思議が始まつてから、家の内で、度度手紙が紛失するのです。此方から出さうと思つて書いておいた手紙、外から届いた手紙が、どこへ行つたか知れなくなるのです。最初はおいた場所を思ひ違へたのであらうと氣にも止めませんでしたが、確かに私の机の上においた、届いたばかりの手紙が紛失するので、いよ〳〵不思議だと思ひ出したのです。』

『何だか變ですね。』

私は斯

う言ひながらも此の話しの裏に、何かひそんで居るのではないかと疑ひはじめた。

（つゞく）

夏の夜ばなし（四十六）　誰も入らぬ座敷で果して…

怪　●二六新報　昭和四年八月二十一日（二十日夕）　4-298

誰れも入らぬ座敷で果して手紙の紛失

▷▷この不思議には必らず譯がある▷▷
其の手品の種は何であらう

夏の夜ばなし　四十六

小泉

といふ人の言葉は、あまりに怪異で、到底直ちに信ずる事は出來ないが、未見の人の處へ、わざ〳〵虚構な事を言つて來る譯もなし、さうした不思議な事實にも興味を覺えたので、私は一度以前の住居である小泉氏方へおとづれる約束をしたのであつた。

二日

程を過ぎた後、私は以前の住居をおとづれると、小泉氏は直ぐ例の四疊半の間に案内して吳れた。見ると成程三尺の壁は取拂はれて、そのあとへ、開き戸が付けられてあつた。

『こゝに開き戸をお付けでしたね。』

開戸

をつけた事は聞いて居なかつたので、私は直ぐそれを話さなかつた小泉氏を變に思つたなぜなれば、壁を拔いたばかりでなく、そこに開き戸があれば、その戸に突き當るのではあるまいか閉ざしてない戸が、風の爲か何かでしまつて居るのを知らずに突き當つた人が、驚いて變な事を言ひ出したのではあるまいか。

『あけ放しにも出來ませんから開き戸をつけました。』

小泉

氏はそれが何の關係もない如くに言ふので、

『若しや、この開戸のしまつてゐるのに、突き當つたのではありませんか。』

『いゝえ、そんな事はありません開戸に突き當つたのとは全然感じが違ふのです。たしかに壁に突き當つたと思つてびつくりするのです。』

『妙ですね。』―

小泉 氏は不思議をどこまでも不思議にしたがるやうな風が見えたから、私はその點を深くは言はず手紙の紛失するといふ方へ話しを轉じた。

『手紙のなくなるのはのべつです貴方も手紙を書いて、あの座敷の疊の上でも、床の上にでもおいて御覧なさい。不思議になくなりますから。』

斯う いふ小泉氏は、既に手紙は紛失するものと斷定して居るらしいので、私は一通の手紙を書いた。其の文句は『不可思議を製造する者よ。なんぢの求むる處は何ぞ』といふので、それを封筒に納め、小泉氏の宛名にして、床の間の上に放り出しておいた。

『見て居ては駄目ですから、まアこちらで一服なすつて下さい。』

斯う 言はるゝまゝに、私は別室に退いた。その一室からは離れの四疊半が正面に見え、若しそこへ入る者があれば、如何しても私達の目に見えねばならないのであつた。

二人 は三時間ばかり、いろ／＼な世間ばなしをした。その間に誰一人四疊半へは人が入らなかつたが、

『さア行つて見ましやう。もうなくなつて居る時分ですから。』と小泉氏は既にその紛失を知つて居るやうな風で、私を彼の離れ座敷へ連れて行くと、果してその手紙はなくなつて居た。（つゞく）

怪　夏の夜ばなし（四十七）　手紙を持去つたは姿の…

●二六新報　昭和四年八月二十二日（二十一日夕）　4-299

手紙を持去つたは姿の見えぬ怪婦人

違棚に印せられた四本の指跡　最も不可解なのは現住者の態度

夏の夜ばなし（四十七）

手紙 は確かになくなつてゐた。しかし小泉といふ人が、既に紛失するものときめてかゝつて居た態度が、私には如何して解もし得なかつた、さり乍ら、手紙のなくなつてゐるのは事實なので、詳細に離れの四疊半を調べて居た

此の 一室の正面は、私と小泉氏とが見て居たのだから、其處から何者も入らなかつたのは勿論で、向つて左の方は廊下、そこも私達の居た處からよく見えて居たのだから、少しも疑ふべき處はない。

正面 と反對の側には、四枚の障子が立てられて居て、其處は一度も開かないのであつたからこれまた何等疑ふべき處はない。して見ると怪しまねばならぬのは右手の床の間とそれに續いた地袋違ひ棚である。

床の 間は私の手紙をおいた處、床板は固着して居て少しも動かず、三方の壁をたゝいて見たが別に異狀がない。そこで私は違ひ棚を調べて見ると、ウツスラおいたホコリに、かすかに親指を除いた四本の指の跡が印せられて居た。それは左手の指で、こゝに左手で體を支え、右手を少しのばせば、この違ひ棚の前からでも私のおいた手紙を取り去る事が出來る

さう 思ふと、私はもう一度指の跡を見たが、それは確かに女の指で、しかも藥指には指輪をはめて居るらしい形跡すらあつた

此の 指の跡は、自分がこゝへ手紙をおいた以前からあつたか、又は其の以後に出來たか、それは俄に斷ずるを得ないが、若し私達の出で去つた後に出來たとすると、私の手紙は、誰とも知れぬ婦人の手に依つて持ち去られたと言ふ事になるのである。

併し 其の婦人はそも／＼どこから入つて來たであらう。座敷の三方からは確かに誰も入らなかつただから、地袋の戸棚を開けてひそかに忍び込んだとより他には思はれぬ。

そこ で先づ戸棚の戸を開いて見たが、そこには置物を入れた箱やら、懸軸の箱やら詰つて居て、中々急速に出し入れするのは困難であらうと思はれた。

『何か發見なさいましたか。』

小泉 氏は私がいろ／＼調べてゐるのを、片腹痛いやうな顔をして見てゐたが、やがてから言つて冷笑した。

『別に何にも發見しません。しかし私のこゝにおいた手紙は、誰か

が持去つたのだと思ふ點があります。たゞそれだけです。』

『はゝア、何か、そんな證據でもありますか。しかし、こゝへは誰も入らなかつたではありませんかそれだのに誰が持去つたのでしやう。』

斯う 言はれると、それは如何にも不思議である。しかしながら誰か持去る者がなくして、何でその手紙が紛失しやう。

『しかし小泉さん。』と私は言葉靜かに、

『斷言は出來ませんが、私とあなたとこの座敷から出たあとで、どこから入つたか知りませんが、婦人が一人、現れたのではあるまいかと思はれる點があります。』

『それはまた如何いふ處から、そんな推定をなさるのですか。』

『それは何れお話し申す時がありましやう。兎に角わたしはこれで失禮します。何れ近い中に、もう一度お邪魔に上りますから。』と私はその家を辭して、直ぐ家の持主をおとづれたのであつた（つゞく）

夏の夜ばなし（四十七）　紛失した手紙が現れた…　4-300

怪　●二六新報　昭和四年八月二十三日（二十二日夕）

紛失した手紙が現れた
不思議製造人の机上
美しく若い妻女の左手には
指環を箝めては居なかつた

夏の夜ばなし（四十七）

私の 以前の住居、今の小泉氏の家を辭した時、私はその足で直ぐその家の持主を訪れ、小泉氏から何か言つて來ては居ないかと聞くと、

『さアその事で貴方のお宅へ伺はうと思つて居りました。あの北山伏町の家には、近頃何か不思議な事があるから、とても住んでは居られない。他へ移轉しやうと思ふが、あんな恐ろしい家を、承知で貸したのであらうから、支拂つた造作の金を返してくれと斯う言つて來て居ます。それが果して、そんな不思議がありますか如何か、貴方にお聞きしたら分るだらうと思ひまして、實は今日明日に參らうと思つて居りました。』

家主 の此の言葉によつて小泉氏は何か狂言をして居るなといふ私の疑ひをいよ〳〵深からしめた。

そこ で私は見聞した丈けの事を話してから、

『小泉さんの言ふ不思議には、きつと種があると思ひます、其の種明しをしてあげますから、當分相手にならずにお置きなさい。』と家主に注意をして歸つて來る道すがら、私はふと一つの事に思ひ付いた。

今訪 れたばかりであるから、小泉氏はもう自分が來やうとは思つて居まい。其の不用意な處を今一度訪れたら、或は何かを發見するかも知れぬ。要はあの四疊半へ、人知れず誰か入つて來る事の出來る仕掛を見出せばそれでよいのである。

時間 で言へば四時間程の後、私は再び小泉氏をおとづれると、やせたまだ若い細君が取次に出て、

『たゞいま一寸湯に參りましたが何ならお待ちを願ひます。』と中々に愛嬌がよい。私は或はと思つて其の左の手を見たが、薬指に指環はめて居なかつた。

『では、しばらくお待ち申したら存じますが。』

『さア、どうぞ。』

這麼 言葉がかはされてから、私は主人の書齋へ通されたが細君が茶を汲みに立つて行つた後何心なく、窓の下にすへられた机の上を見ると、何か大衆もの〻雜誌の下に、半分顏を出して居る紙片に目が付いた。その紙片には、如何にも私の書いたらしい文字が裏から見えて居るので、手早くそれを拔き出して見ると、果せるかな今の先、彼の四疊半で紛失した手紙で『不可思議を製造する者よ』云々と記した紙片であつた。

偖こ そ私の想像した通りこの家に不思議ありとの評判を立て、造作金を家主から取戻さうとする小泉氏の狂言である事はこれで明かになつたが、今日の中に二度も私がやつて來やうとは思はないので、この紙片をこんな處に置放しにしたに相違ない。

私は 手早くこれを懷中にをさめた處へ、細君は茶を持つて來たのでこの家庭に婦人が何人居

るかを闘いて見ると、細君とその妹、下女の三人である事が分つた

折柄 格子があいて、小泉氏は湯屋から戻つて來た。

4-301

怪 夏の夜ばなし（四十七）　●二六新報　昭和四年八月二十四日（二十三日夕）　忽然と降下して行く押入…

忽然と降下して行く 押入れの床板

手品の種はそれと明かに分つたが
まだ分らない不思議が一つある

夏の夜ばなし（四十七）

湯から 歸つて來た小泉氏は、私が待つて居るのを見て、意外らしい顔つきをした。そしてやゝ落つかない態度で机の前にすわり、私へ挨拶をしながら、彼の大衆物の雜誌へぢつと目をつけた

私は其 の有様を見まもつてから、あたふだけ言葉を靜かにして、

『小泉さん、私は大方こんな事であらうと思ひましたので、またお邪魔をしたのです。先刻、あつちの四疊半で紛失した手紙が、やうやく私の手に戻りました。御覽下さい。』と懐中から彼の紙片を取出して見せた。

小泉氏 はやゝしばらくだまつてうつ向いて居たが、やがて顔をあげて、

『申譯がありません。左う分つてしまつたのなら、別に改めて申上げる事もありませんが、如何して看破なさいました？』

『おいた物が忽然と紛失するにはそこに手品のない譯がありませんだからこれは何かし細があると思ひ、實はもう家主の處へも行つてあなたの要求の次第を聞いて來ました。それで大抵推察し得ましたが、たゞ分らないのは、如何してどこから、私のおいた手紙を誰が取りに入つたのですか。左の藥指に指輪をはめて居る婦人だらうとは思ひますけれど。』

『おつしやる通りです。家内の妹にやらせました。どこから出入したかは、あの四疊半に行つて御覽に入れましやう。』

わたし は小泉氏に伴なはれて離れに行つて見ると、氏は地袋の押入れの戸をあけ、手を入れて紐やうのものをひくと、いろ〳〵の箱やその他の小道具を乘せたまゝ、その押入れのゆか板は、靜かに降下しはじめ、約三尺程下つて止つた。そしてそこに、家の後から自由に人の一人位は入れる空間を作り出した。

『なる程、押入のゆか板が、いろ〳〵の道具を乘せたまゝ降りて行くのだとは考へつきませんでした。こゝの此の仕かけで、何人も驚かしたのでしやうな。しかし、なぜこんな事までして、此の家に不思議があると人に思はせたのです？たゞ單に、造作金を取戻さう爲でしたか。』

『目的はさうです。造作金を取戻したい爲ですが、此の家に居るのがいやになつた譯は、實際に不思議があるからです。』

『又、不思議ですか。』

『いや、これはほんとの話です。それはあのこわした壁に突き當るといふのですが、あの壁をこわしました際に、妙なものを發見したのですよ。』

『妙なもの。』

『まアもう一度書齋へ來て下さいまし。御覽に入れますから』

私は又 伴なはれて書齋に歸ると小泉氏は机の抽斗から、一通の手紙のやうなものを取出した。

『これなのです。』

『何ですか、手紙ではありませんか。』

『まア御覽下さい。これが壁の中へ塗込められて居たのです』

なる程 さういはれて見れば、白紙が壁土の色を吸ひ込んだと見えて、かなり鼠色になつて居た。

『何か書いてありますか。』と私はそれを受取つて押開いた（つゞく）

4-302

怪 夏の夜ばなし（四十九）　●二六新報　昭和四年八月二十五日（二十四日夕）　人血で書いた恐しい遺書…

人血で書いた恐しい遺書 『必ずとり殺すぞ』

事の次第は遂ひに知る由なく
素直に造作の金を返した家主

夏の夜ばなし（四十九）

小泉氏 から渡された手紙やうのものを讀み下すと、女の手蹟で左の文字が記されてあつた

……覺えておいでなさいきつとそのまゝにしてはおきません

死んでもわたしのたましいは死ぬものですかきつととり殺してみせますおぼえて……

此のあとは破れてゐて、誰から誰にあてたか、それも一切分らぬが、その恐ろしい文字は、どうやら墨で書いたのではないらしい。
『これはひよつとしたら、血で書いたのではないでしやうか。』

私は斯らいつて小泉氏の顔を見ると、
『私も血書だと思ひます。何しろ氣味の悪いものが出て來たので、かなり神經を悩めて居ますと、ない壁に時々突き當るといふ不思議がはじまつたのです。それで此の家に住むのが氣味が悪く、移轉したいと思ひますが、遺作を買つて入つたので、それが取返したくなつたのでした。』

小泉氏の此の言葉は如何やら眞實であるらしいが、私のこの家に住んで居た時は、壁に塗込められて居た爲か、少しもそんな不思議はなかつた。しかしこれが世に出て來たが爲に、不可解な事が始まつたなどゝは、まさかに信ずる事も出來ないので、私はその旨を小泉氏に告げると、
『如何しても私はこの家に住みたくないのです。何とも御迷惑でしやらが、貴方から改めて家主へ話して頂けないでしやうか。』

小泉氏のこの悩みを、私は快く引受けてやつた。そして、彼の血書の手紙を預かつて、またも家主のもとへと赴いたが、私からの話しを聞いて、
『ちよいと其の手紙を見せて下さいまし。』と言つた家主の顔は、言はん方もなく眞青になつて居た。
『その血書の遺書に、何かお心當りがありますか。』

わたしは相手の心の騒ぎが、次第に靜まるを待つてから斯う聞いて見ると、
『心あたりはあります。此の手紙は私に下さいませんか。』
『あの家の壁の中から出たのですから、あなたの所有といふべきでせう。別に小泉さんに異存はあるまいと思ひますから、お手許にお置下さいまし。』
『では、さう願ひます。』
『ついては、そのお心當りの譯を話して下さいませんか。』

家主はやゝしばらく考へて居たが、やがてかの血書の手紙をまきをさめて、
『それだけはどうぞ勘忍して下さいまし。その代り、小泉さんから造作として受取つた金は何時でも全額お返し申しましやう。取拂つつた壁も、此方で以前の通りに直しますから、そのまゝ移轉してもよいと言つて下さい。』

私は尚幾度も押返して聞きたゞしたが、つひに家主は何事も語らなかつた。

それから三日程して小泉氏は移轉をしたので、私は好奇心から、再びその家に戻らうと言ひ出したが、妻や一家の者が反對したので、詮方なく思ひ止つたのであつた（をはり）

怪　夏の夜ばなし（五十四）尺八を吹く幽霊
●二六新報　昭和四年八月三十日（二十九日夕）　4-303

夏の夜ばなし（四十五）

尺八を吹く幽靈
而も年若な坊さん
木曾上松の古刹輪行寺の不思議
虫と月の名所として有名な處
住職は舊派の俳人

『若い坊主の幽靈が出て、尺八を吹くんです。笑つちやァいけません。私が見た譯ではありませんけれど、專ら左ういふ評判です。』

その頃私の家へよく遊びに來た、長男の友達の中學生が眞面目にかう言ひ出した。
『今度小父さんが行つたら、今でも幽靈が出ると言ひますから、行つて御覧なさいまし。』

彼の故郷信州の上松から寝覺の床へ赴く途中、土地の人が松葉新田と呼んで居る一部落に、輪行寺といふ古刹があつて、月夜にそこをおとづれると、必ず尺八を吹く僧侶の幽靈が出るといふのである。

私が木曾探勝に赴くといふ話をしたら、その學生は自分の家は上松で旅人宿をして居るから、是非泊つて呉れるやうにそしてかういふ不思議なお寺があるから、そこへ行つて見たら如何

だといふのであつた。數年前の事である。

私はそれから間もなく豫定の如く木曽探勝に赴いた。しかし彼の學生の言つた事などは忘れてしまつて居たが、上松の驛に下車した時始めて、それを思ひ起し、どうせ泊るならと思つて驛員に聞くと、それは直ぐ驛の前の、桐屋といふ旅館であつた。

驛前の旅館は殺風景なので、私は好ましくなかつたが、くれ／＼も言はれた事だし、手紙を出しておくとさへ言つて居たからと思ひ返して、其處に宿を求めると、此上もなく丁寧に取扱はれた。

食事の後、主人が來ていろ／＼の話しの序に、私が彼の輪行寺の話しをはじめると

『ハヽヽヽ、せがれはそんな事を申しましたか、成程、昔そんなうわさがありましたけれど今ぢやア幽靈なぞ出ないでせう。併し其寺には行つて御覧になる値打はあります。昔は無住であれ果て居りましたが、今はすつかり修繕しまして、住職も居ります、虫を聞いたり月を見たりするには申分がないので、よく風流な人が訪ねて行きます。今の住職も何とかいふ東京の有名な俳かいの宗匠の弟子で、此土地では一二の宗匠です。お訪ねなさいましたら喜びませう。それにいろ／＼有名な人の手紙が澤山あるさうですから。』と問はぬ事までも話してくれたのであつた。

私は有名な人の手紙が澤山あるといふに心をうごかされた。そしてその翌日の夕方近く、早く食事を濟ませて輪行寺に赴いた。

寺の住職は水谷晋智といふ五十位の柔和な僧、俳號を不木と言つて、古い月並な句を喜んで居る人であつたが、私には非常に親切であつた。所藏してゐるといふ書翰も見せてもらつたが、明治中葉からの政治家の手紙ばかりなので、私の失望は一方ならなかつた。

『もう月も上りましやう。まア虫を聞いていらつしやい。それこそ心がすみ渡るやうに思ひますからそれだけが御馳走です』

住職がしひていふのでなつた。私はそこに一夜を過ごす事となつた。

其の夜の事である。私は妙なものを見たのであつた。（つゞく）

怪　夏の夜ばなし（五十五）　何処からさすか不可解…

●二六新報　昭和四年八月三十一日（三十日夕）　4-304

（五十五）夏の夜ばなし

何處からさすか不可解な光
何だか分らぬ笛

尺八かと思へば左うも聞え
よく聞けば左うでもないらしい

山國の秋の月夜

年若な坊主の幽靈が、尺八を吹くといふ話しを住職にすると、

『誰からお聞きでございましたか知りませんが、以前そんな事があつたやうに話しでは殘つて居ります。しかしその話しもまるで取止めがありません。無論今は幽靈など出ては參りませんから、御安心なすつてお休みなさいまし。』

本堂の横手から、離れになつて居る客座敷、其の奥の間へ私は寝かされたが、疲れては居ても、床が變ると寝られないくせなので、夜半すぎまでまじ／＼として居た。

なる程聞いた通りに、寺の四邊、中庭等の草葉にすだく虫は心もすむばかりそれにもう月も出たらうと思はれたので、寝られぬまゝに私は床を出て、前の雨戸を一枚あけて見ると月の光は畫かと思ふばかりであつた。

山國の月夜、その清らかさは言ふばかりもなく、そよとの風もないので、虫の聲はいさゝかも亂される事はなかつた。

『いゝ月夜だ。』

私は思はず斯うつぶやいて、そこに庭下駄のあつたのを幸ひと、縁から降りて自然のまゝの庭を歩いて見た。それぞと明かに名は知らないが、打渡す彼方に連峰がそびえ、目の限り森林なり、高原なり、斯ういふ有様は、山國ならねば到底見る事が出來ないのであつた。

餘りに氣が清々しいので私は伏戸に戻るが惜く、なほそこ

夏の夜ばなし（五十六）　怪光の幅は時に広くなり…　4-305

怪　●二六新報　昭和四年九月一日（三十一日夕）

夏の夜ばなし（五十六）

怪光の幅は時に廣くなり
時には又狹くもなる

何だか分らぬ笛の音には
少しも心を引かぬ古刹の住職
不思議の本體は何？

こゝと歩いて居ると、本堂の横手に一本の老松があり、その下蔭は月光がさえぎられて居た。

私は　何氣なく、其のほとりまで歩んで行くと、暗くなつ居る松の蔭のまん中を、月と同じやうな光がスーツと通つて行くやうに思はれた。

『おやツ。

私は　思はず足を止めた。そして目を定めてよく見ると、丁度サーチライトでも照らす様に、何かのものゝ光が、其の下蔭を通つて行くのであつた。

『何の光だらう。』

かなり精密に私はその光のさす方を調べたが、これぞと思ふものは何もなかつた。その中に光りが何か一つの形をつくり出して來て、恰も人が歩いてゞも行くやうに思はれはじめた。

光りの人、そんなものがあらう筈はないから、何かで左う見えるには相違ないが、如何してもその本體が分らなかつた。

私は　詮方なく思ひすてゝ座敷に戻り、床について目をつむつて居ると、何だか彼の松の方に當つて尺八の聲のやうなものが聞こえて來た。

『尺八？』

私は　じつと耳をすますとたしかに尺八だとも言ふ事の出來ぬやうな音色でもあつた。

尺八かと思へば、さうでもあるやうに思はれるし、さうでないかと思へば、左うでもないやうに思はれた。

そんな風で、つひに一夜は明けてしまつた。そして、住持に呼ばれて、共に朝食をとる事となつた。

『はゝア、あの松の下の光りものと笛の音？』

住持は　朝食をとりながらの私の話しをぢッと聞いてゐたが、

『この近所に尺八などを吹く者はありませんし、村とは離れて居りますから、宿で笛を吹く者はあつても、こゝまでは聞こえて來ない筈です。ですから、それは何かの音が笛に聞えたのでしやうが、松の下蔭の光り物は、私も一度見た事があります。何であらうかといろく研究しましたが、つひに何であるか分りませんでした。今夜もお泊り下さいまするなら、御一緒に探究しましやうか。』

此言葉によつて、前夜の怪しい光は、今に始まつたのではない事が分つた。そこで私は更にその寺にもう一泊する事となつた。

日中は　住職の案内で寢ざめの床をおとづれたが、夜に入るのを待つて二人は例の松の下に行づて見た。

やはり明かな月夜、私達の足音に一時鳴き止んだ虫が、程なくまた一齊に聲を立てはじめて、しきりに心のすみ行くのを覺えた。

『何しろ斯うした山國ですから、自然に秋も早くおとづれまして、月光は實にすみ切るのです。こんな月はとても東京では御覧になれないでしやう。』

和尚は　何故に二人がこゝへ來たかを忘れて居はせぬかと思ふ程、見聊れた月をあかず見やつて居た。

『あ、あれです。』

私は其の時、松の下蔭の、際立つて暗い眞ン中をつらぬきつゝ靜かに流れ行く怪しの光を認めた。其光のはゞは昨夜見たよりずつと狹く、さらし木綿を地上と松のこずえとの丁度中間位の處に張つたとも見えるのであつた。

『はゝア。』

住職も　殆ど同時にそれを認めたが、しきりに首を傾けながら、

『この前私の見ましたのは、やはりこゝではありますけれど、まるで今夜のとは違ひます。その時は丁度後光でもさしたやうだ、この松の下蔭が一ぱいに明るくなつたのです』

和尚の　此の言葉がまだ

終らない中に、彼の怪しの光はだん〳〵その幅を廣げて來て、間もなくさしもに暗かつた松の下蔭のこりなく、月光さしわたつて居る處と同じやうになつてしまつた。

『此の通りです、此の通りです。』

住職は 斯う叫んで、其の明るくなつた處へ入つて行つたが、私は如何にしても不審が晴れやらなかつた。

松の前 後左方の三方は向ふの山又は森林まで、何等目をさえぎるものもなく、右手は寺の本堂であるが、どこからも此の光をこゝへ投げかける處がない。しかるに現實に、どこからか光りはさして來るのであつた。

『如何もこれは分りませんな。何かお考へがつきましたか。』と住持はまた私のそばへ戻つて來て斯う聞くのであつた。

『此の下蔭を明るくするのは、松の木の裏に、何か光りの本があると思ひます。』

やゝあつてから私は思つたまゝを答へた。

怪　夏の夜ばなし（五十七）　怪光を研究して怪死を…　4-306
●二六新報　昭和四年九月二日（一日夕）

夏の夜ばなし（七十五）

怪光を研究して 怪死を遂げた和尚

腐朽したものから發生する燐 それは人を殺し得るだらうか

同じ運命の一青年

不可解の 光の起る本體は、つひにそれと知る事も出來ず、私はその寺を立つて、一月あまりを木曾の探勝につひやし、秋たけてから東京の家に戻つたので直ぐ彼の輪行寺の木谷曾智和尚に宛てゝ禮狀を出すと、折返して同寺から、曾智和尚は二週間以前に入寂した旨の返事が來た。

『あんなに丈夫に見えたあの和尚が如何して死んだらう。』

私は思は ずからつぶやく程に驚いたが、直ぐまた書面で、以前の例の旅館に問合せるとこれはまた意外な返事を得た。それによると、私が出立した後、和尚は毎夜のやうに、怪光のさす松の下へ行つたらしく、それを續けた七日目の夜、その松の下に倒れて死んでしまつたのであつた。その死體の檢さくによると、何かの中毒とは思ふが、しかとそれは分らず、無論他殺ではないといふ事で、今もつて疑問となつて遺されつゝあると記してあつた。

わたしは その手紙を前にしてつく〳〵考へた、若しあの和尚と共に、あのまゝ怪光の研究をあの松の木の下で續けて居たら、恐らくは私も死んで居たに相違ない。

怪光、それ は何であつたかは今以て分らぬが、人を殺すに足る恐ろしい力を持て居るものに相違なく、なほ深く研究して見たら、その原因をたしかめ得たであらうが、私はそれきり、その事件の解決に努めなかつた。されば怪光は何時までも私に取つてはナゾとしてのこされて居るのであつた。

それから かなり經つて後、この事をある學者に話したところ、

『それは君、その根方に、何か腐朽したものが埋めてあつて、リンが發生したのではないだらうか。光の幅の不定なのが、どうもそれらしく思はれる。そしてその坊さんがそれではないかと感づき、そこを掘るか何かして、そのリンのために一命を失つたのではあるまいか。大方さうであらう。』と次のやうな話しを聞かせてくれた。

學者の故 鄕に、何とかいふ大きな沼があつて、その沼の岸に、怪光を放つ場所があり、土地の人は不思議だ〳〵といひ暮らしてゐた。その光は雨夜が最も強く、光の幅はせまいときもあり廣いときもあり、その邊一帶を月夜の如く明るくする事もあつた。

其の時此 の怪光の研究を思ひ立つた一人の青年があつた。丁度十日あまりも、その光のさす中心に立つて、發生の原因をたしかめやうとして居る中、或夜そこに倒れて死んでしまつたのを朝になつて村人が發見し、大騷ぎとなつてその死因を究める中、青年の倒れて居たあたりから、或ひは毒氣をふき出すのではないかといふ者があつたので、その邊を村中總がゝりでほつて見ると、腐朽した藥賣の家が一軒、倒れたまゝ

埋づめられて居て、その腐つた木やワラから、甚だしくリンの發生してゐるを發見した由であつた。

學者の話 は以上の通りで、彼の木谷和尚の死が、果してそれと同一原因であるか否かは今こゝに斷定する限りではない。それに腐朽した木から發するリンが、如何いふ事から人を殺すか、それも私には分らないのである。

種々雑多な湖沼の伝説

怪 ●大分新聞　昭和四年八月十二日（十二日夕）　4-307

種々雑多な 湖沼の傳說

東京高師教授　藤澤衛彦氏談

湖沼の水は何となしに淀んで見てゐても人の心は非常に靜かになる位で、それが深く蹈くなる程何か住んでゐさうな氣持を起させる。昔の人はその湖沼の中に主と云ふものを想像した。そこに棲む大きな龍とか鯉とかまた蝦が主ではないかと云ふ樣な處から湖沼によつて色々の主を想像されてゐる。然し湖沼の主と云ふものは多く龍とか蛇が主であるのが普通であつて、その外蛙とか龜とか或は蝦とか云ふ樣なものはほとんどまれである。またその主が非動物であつた時はそこに非物情體を主として信ずるものがある。その中では鐘とか或は馬の鞍とか云ふ樣なものを池の主と想像した話もある。

＝龍蛇が＝ 湖沼の主と云ふ樣な時にも二通りの傳說がある。始めから湖沼の主と云ふものを想像した場合と、人間が湖沼に投身して後にその人間が湖沼の主となると云ふ樣な傳說とがある。此の湖沼の主が化けて來ると云ふ形式であるが、その形式上には必ずその龍蛇は男に化けてそうして女を池の中に取入れて了ふと云ふ樣な話がよくあるが、此の人間が龍蛇に取られたと云ふ說話にも成功した傳說と不成功に終つた傳說とがある。人間が湖沼の中に這入つて湖沼の主となつたと云ふ場合は多く女である、それは投身するものゝ多くは女であるであるからした風に人間が

＝湖沼の＝ 主となると云ふ時には人間の投身傳說女性が飛込むと云ふ傳說を添へるのである。それから此の人間がそのまゝ自分の現身のまゝ湖沼の主とならずに湖沼そのものになつて了ふと云ふ傳說がある。信濃國更級郡更府村三水に笊池と云ふ池がそれであるが、その他に人間がそのまゝ池や沼になつて了ふと云ふ傳說がある。陸奥國上北郡小川原沼と云ふ沼は元小川原の湖に過ぎなかつたものであるが、これが太沼小沼となつたと云ふ傳說で、つまり人間が湖沼になつたと云ふ人沼傳說である、陸奥國八戸町附近に八の太郎沼と云ふのがあるが、十和田湖との

＝戰爭の＝ 傳說があつてそこに湖沼主戰爭傳說と云ふ一つの形式が成立するのである

龍蛇が湖沼の主であるといふ場合は人間が湖沼に投身して龍蛇となると云ふ一つの形式と人間が湖沼の主に魅入られてその妻となつて取られて行くといふ形である、群馬縣の榛名湖にも身を投じた女性の主となつた傳說がある、

次に非物體鐘が主となつて居る場合がある霞ケ浦の中にも一つの鐘が沈んで居る、常陸國分寺に納める二つの鐘の一つが霞ケ浦の中に沈んでしまつたと云ふ話がある。尚これと類似の傳說が諸所にある、陸前國栗原郡栗駒村沼倉に鞍掛沼と云ふのがあるが、

＝其の主＝ が鞍を見込むと云ふ傳說がある、猪苗代湖とか諸名湖等の如く陸地が自然に陥沒してそこに湖が出たといふ陸地陥沒傳說もある。その反對に江近の琵琶湖が出來た時富士山が一緒に出來諏訪湖が出來た時に淺間山が出來たと云ふ湖沼出現傳說もある。

また日本にも原始的思想にも

巨人の足跡傳說と云ふものがある。昔大駄羅法師と云ふ大男が赤城山に腰をかけて足をラン張つた時出來たのが上州の赤沼であるとか、辨慶の小便が溜つたといふ遠江國岩田原にあるオーダラボッチの小便沼もある、殊に科學的說明してゐるのは山形縣と秋田縣の兩縣に跨る藏王山のお釜がある。これは火口の中に水が溜つて出來た湖である、天の逆鉾のある霧島山の大浪や、

＝箱根の＝ 蘆の湖、群馬縣の榛名湖等がある、また天地開闢の初め天神が筑波山に天降つた時その山の麓まで波が押寄せ、地面に殘つたのが霞ケ浦で波がついたのが筑波山だと云ふ。

要するに湖沼が出來る形式は湖沼出現の傳說、巨人の足跡傳說及それに類似の傳說と人沼傳說の三通りが湖沼出現傳說を構成するものである、尙その外湖沼の中に住つてゐる色々な怪しげな魚例へば片目魚、腸のないワタナシ魚、或は湖沼に生ずる植物、片葉の蘆とかノビナイ蘆とか云ふ樣な傳說もある。

資　幽霊の話（上）　人間の住む所皆幽霊の巣

●都新聞　昭和四年八月十四日　4-308

幽靈の話（上）

人間の住む所皆幽靈の巣

何所から出るか

文學博士　富士川游氏談

世界中何處の國に行つても幽靈とかお化けの話——即ち怪談といふものがある、しかもそれは文化の開けない大昔から科學の進んだ今日の

世の中 において依然として、さうした話が人々の間に傳はり、或ひは信じられてゐるのであります、我國にも昔から澤山にあつて、あるものは文學的に又は歴史的などに取扱はれてゐますが、それでは事實怪談といふものがあるかと云ふと、そんなものは昔から決してあるものでなく、皆人間が無いものをある樣に創作したに過ぎないのであります、怪談の中でも如何にも事實あるらしく

科學の 進んだ今日の人々にも信じられてゐるのは幽靈でありませう、この幽靈は太古も極原始時代から人間によつて創作されたもので、その原因は、當時人間の極幼稚な知識より起つたものであります、幽靈存在說に對して昔から各國の人々の間に三つの解釋が下されてゐますが、その中の一はギリシヤや印度あたりの說で人間は生きてゐる間は

呼吸を するが、死んでしまへば呼吸が止まつてしまふ、それでこの呼吸が人間の精神であるといふ風に解釋してゐるのであります、もう一つは、人間が生きてゐる間は身體が温かいが、死んでしまへば冷くなる、それでこの温といふものが人間の精神であるといふ風に解釋してゐるものであります、我國のはこれであつて、魂はこの温から出たもので

丸い火 といふ意味で、心の主人といふ風に考へてゐたのであります、又心と云ふ字も火がこほるの意で「こゝろ」となつたものであります、他のもう一つは生きてゐる間は影があるが死ぬと影がなくなる、で影を精神と解釋されたものであります、こういふ風に温にしても火にしても影にしても外部にあるものが、人間が生きてゐる間は體内に宿つてゐるが

死んで しまへば身體からぬけて何處かへ行つてしまふといふ風に信じてゐたのであります古代印度では「ヤマ」へ、我國では「黄泉」へ行くとしてゐたもので、幽靈はこの考へからそこに生れて來たもので、即ち精神が身體から離れて獨立に活動する事が出來るといふ考へから、幽靈といふものが創作されたのでありまして、今の人から考へれば實にバカバカしいほど

幼稚な 考へであるが、しかし今日でもこれが傳はり、ある人々にはさうと信じられてゐるのであります、でありますから、今日の文明の世の中にもコンクリートの建物から幽靈が出る樣になるのであります、今日の學問では精神といふものは身體の機能であると考へられて、身體が生活の働きをしてゐる間は精神もあるが、機能の働きが止まれば精神も共に

消滅してしまふもので、決して獨立して存在してゐるものではないとされて居ります、處がかなり知識の旣く明るい教育のある人でも現に幽靈を見たといふ人がいくらもありますが、それはその人が見たのであつて、第三者が見たわけではありません

幽霊の話（中）　菅原道真公が絵画の始め
●都新聞　昭和四年八月十五日　4-309

幽靈の話（中）

菅原道眞公が繪畫の始め

徳川期から足が無い

文學博士　富士川游氏談

では、なぜ其人だけが見たかといふと、それは幽靈を見たのではなく、錯覺や幻覺が幽靈をそこに生み出したのであります、即ち錯覺は他の物を幽靈の如く見たりする事であり

幻覺は 何もない處に幻を見る事であります、それをその人が見たからと云つて、神經の異常から來たものである事をよく考へず、なるほどやつぱり幽靈といふものはゐるものかなと考へる事はあまりにもばかばかしい事であります、又西洋のある人は幽靈を寫眞にとる事が出來るといふ事を云ひますが、これはウソか手品か又何ものかわからぬ寫眞を以て幽靈寫眞としたもので、即ち

精神を 物質と見てからいふ事を云ふのでありますが、事實幽靈といふものがない以上幽靈の寫眞のあるべき筈がなく又今日の學問では精神は決して物質でない事がよく證明されてゐます、我國で幽靈といふものが現れて來たのは、かなり古い時代からですが、これが形體に描かれる樣になつたのは藤原時代、京都北野神社緣起にある菅原

道眞公 の幽靈か抑々の最初であつて、當時の幽靈は生きてゐる人の姿そのまゝを描いたものであります、髮をふり亂し手をたらした恐ろしい姿の幽靈は德川時代になつて描かれたもので、幽靈に足がなくなつたのは丸山應擧に初まつた樣に云はれてゐますがそれ以前既に行はれてゐます、しかし應擧は一番多く足のない幽靈を描いた人でありました、又德川中期のものに足のみを現した

幽靈も あります、このやうに幽靈が生きた人間の生活の間に活躍しだしたのは德川期において殊に著るしかつた樣ですが、既に平安朝時代から活躍してゐて今昔物語などには澤山の幽靈が出て居ります、次に人魂であるが、これはかなり今日の人にも信じられて居る樣です、人が死ぬとその家から人魂が飛ぶとか、又事實人魂を見たといふ人も澤山にゐますが、この

人魂と いふ言葉も玉し火（魂）から出た意味で、一人が死ぬと精神（火）が身體からぬけて何處かへ行つてしまふといふ風に考へてゐる人々にとつては人魂が飛ぶといふ事は何處にもありさうに考へられる事ですが、これもやはり事實としては無い事で多くの人が見たといふ人魂は何かの機みに燐が空間でもえてゐるものを見たのであります、殊に墓場などによくあるもので

雨でも 降つたあとには時々燐がもえて人魂に見える事があるものです、しかし人間の心理作用で恐怖觀念が常に強く作用して居れば、そのものが非常に恐ろしくも怖くも見えるもので、燐のもえてゐるものを人魂を見て、ぞつとするのもそれであります

幽霊の話（下）　死者は祟らず心が責める
●都新聞　昭和四年八月十六日　4-310

幽靈の話（下）

死者は祟らず 心が責める

狐つきはヒステリー

文學博士　富士川游氏談

四谷怪談のやうに死者の怨みが殘つて生きてゐる人に祟るといふやうな事が今でも人々に信じられて居ますが、これも事實ない事でむしろこれは

死者が 祟るのではなくその反對に生きてゐる人が死者に對して生前怨まれる樣な惡い事をしてゐるので、自ら死者の怨みを感じて、その氣持ちになつてゆくもので、謂はゞ良心の呵責が死者の怨みと見られてしまふのでありますが、そしてその甚だしいものは精神病にまで昂じてゆくものでありますが、これは前にも云つた樣に人間の精神といふものゝ解釋を

根本を 誤つてゐるもの

で決して精神はラヂオの様に此處彼處と動いてゆくものではなく、身體の働きでそれを意識するだけのものであります、次にお化の話でありますが、これも日本ばかりでなく、何處の國にも草木、獸類、人間等が他の物に化るといふ事が云はれてゐますが、これも幽靈を人間が創作した様に、人間の幼稚な知識が

勝手に

それらのものを化させてしまつたもので、要するに人間の考へ方一つであるのですしかし人間の知識が發達してゆけばかうしたバカ〱しい考へは自然なくなると思ひます、この化物も傳説が多く、又殆ど決つてゐるものです、よく今日東京の眞ン中に化物屋敷がある事を聞きますが、これらは前からの云ひ傳へか、地質の關係及び衛生上の關係から、化物屋敷にしてしまつたもので、もしさうした

屋敷に

化物を見たといふ人があるとするなら、前以て潜在してゐる恐怖觀念が手傳つて錯覺又は幻覺を起して、そこに化物を見たに過ぎないのであります、狐や狸が化るといふ事も絶對にない事で、さういふ事を云ふその人が問題と云ふべきでありませう、化物ではないが又狐つきと云つて狐がついたといふのがあります、そして周圍の者がそれを信じて狐を追ひ出すのだと云つて

狂暴に

等しい觀を加へたりしてせめ、せつかんをしますが、これは迷信も甚だしいもので社會的有害な迷信と云はねばなりません、西洋でも狐や犬がつくといふ事がある人々に信じられてゐますが、これらは要するにヒステリーの發作に迷信の手傳つてゐるに過ぎないのであります、一體、幽靈にしろお化けにしろ怪談を生むといふ事は人間の精神界の幼稚から出たもので、殊に日本人においてはそれに對する知識といふものが

幼稚過

ぎる様に思はれる、今日でも子供の教育に家庭でよくお化を出すが、これは最も誤つた教育と云はねばなりません、家庭では決してお化を出してはいけません、子供に迷信を生むのもさうした事がかなり原因してゐると思ひます、私は一般の人がもつと人間の心といふものに對する知識を深めてほしいと望むものであります（終）

怪　奇怪！皮膚に視力　仏国で発表

●中央新聞　昭和四年八月十五日（十四日夕）　4-311

奇怪！皮膚に視力

佛國で發表

最近佛國學士院の某博士は「人間の皮膚に視力がある」と云ふ奇怪な學説を發表して世界の學界を驚かした。從來の學説によれば、生物中蚯蚓のみは皮膚に視力があるものとして認めてゐたが、實は全動物の皮膚に視力があり、たゞ長く用ゐられないために自ら退化をしたと云ふのであつて現にウイレツタ、ヒギンスと云ふ佛國の少女は完全に皮膚に視力を有すると云ふのである、さうすると盲ては人工的に、失はれた皮膚の視力を回復することが出來てつまり後に目がある勘定となるかも知れぬ

獣　恐ろしや　蛇の祟り　「牡丹灯の記」ブルブル話

●都新聞　昭和四年八月十五日　4-312

恐ろしや 蛇の祟り

「牡丹燈の記」ブル〱話

高橋壽康監督の指揮の下に、楠英二郎が「牡丹燈の記」を撮影中蛇の出る場面があり

二人と

も大苦心した件は御紹介したが、困つたのはこの蛇、一匹だけならいゝが、二十何匹を買ひ集めて來たが、この蛇の食物に困つた、係は立師の傳兵衛

だが、原つぱへ出て蟲をとつて來たり、鼠とりをしかけて五六匹を集めたりして蛇に提供したがどうもいけない、食物を絶對にとらない「困つたな／＼」の中に、全部急死してしまつた「傳染病たらう」と云ふ事にして、この死體をすてゝしまつた

それも 廣い日活撮影所の事である、何處かのすみへでも捨てればよかつたたらうに、樂屋の裏のすぐ傍にある竹藪へ投げこんだからたまらない、この暑さでどん／＼腐り出した、そのいやな臭ひつたらない、が、俳優連は香水でごまかしたが近所のお百姓連が納まらない、文句を云つて來た、とう／＼傳兵衛、鼻をつまんでこれを改めて埋てしまつた、扨これで臭ひの方は片づいたが、蛇の執念は恐ろしいものである、さなきだに蛇を扱ふ恐ろしさに、楠なんか三万圓の保險に入り、撮影中は出來るだけ

都合を つけて伏見稻荷へ日參といふ有樣だつた、これは前回御紹介しておいたが、當の高橋監督なんぞ「何を舊式な事云ふんだ」と平氣で居たのがいけなかつた、撮影へかゝる早々父君が病氣でとう／＼なくなつてしまふ、これは未だ偶然と片づけておくにして、次いでビン／＼してゐた第二世が、コロリとなくなるその上これも健康自慢の助監督が一人寢込んでしまつた、不思議はまだある、助演の小松みどりの顔が一夜妙に腫んだと思ふと翌朝は大きなおできが

出來て ゐる態々氣にしてゐる中に、このセットが漏電で燃え出した、幸ひ大事にならぬ中に消しとめたが、かうなると池永所長も默つてゐられなくなつた高橋監督も今更青くなつてせつつくので、楠、日參のゆかりによつて伏見稻荷から神官を呼び、懇ろにお祈禱をし、これで漸く安心した、先づ撮影も無事に進んだが、それでも何だか氣になる、中で流石に楠は生命保險へ這入つてゐるので涼しい顔をしてゐる「これに限る」となり、楠の

すゝめ で一同續々と生命保險へ入つたが、ナントこの又保險屋さんが楠の實の伯父さんであつたとは、因緣づくは何處までつゞくものやら……

幽　宿屋の戸を叩く亡霊　賢二八重子の…
●函館新聞　昭和四年八月十七日　4-313

夏の夜話

宿屋の戸を叩く亡霊

遇然同じ釜で燒かれた 賢二八重子の因緣話

溫泉 哀話として初秋の夜の挿話の好話題に上つてるのは湯川溫泉竹の家の情死賢二、八重子の身の上話、お座敷踊りの藝妓連やお茶をひいた半玉などもわが身につまされて暗いさびしい氣分になるといふ

二人 が情死する二日ばかり前のこと、市内若松町某旅館に夫婦といつて宿泊した、死出の旅路を急ぐ二人は宿料の用意もなかつたが二人は各その衣類を置いて宿を出た、それから二三日してから始めてこれと知つて宿屋の番頭が男の家に衣類を持參して金子に替へて來た、八重子の方へも行つたが取込んで居て話がまとまらなかつた

その 晩遲くなつてから宿屋の表戸をコト／＼と叩く若い男女があつた今頃來るお客さんは……と變に思つてると、今時はたしかに先晩泊つた若い二人の聲として「彼の私達の置いて行つた着物を返して下さい……早く出して下さい……」

番頭も女中も青くなつて南無阿彌陀佛を唱へ始めた

モル ヒネを嚥下したといふ急報が二人の實家に飛んだ時、賢二の母も八重子の母も宙を飛んで駈けつけた、何が原因といつて別にないが問題は二人を結婚さへさせれば斯んなことにならないのだといふ意圖が先に立つて二人の母は大變爭つたことも一人は即死し一人は昏睡狀態にあるその枕頭での醜い爭ひごとであつた

賢二 の兄は旅へ出て永く實家へも音信不通であつたが東京から長野の方へ多數の人夫を募集して連れてゆく汽車の窓で呼賣の新聞を買つて見て吃驚して途中から引返して來て葬儀に列したといふ賢二が先であつたので無論二三日前に火葬にしたが八重子の死はそれから間があつたが八重子の棺は

賢二の樺の釜で焼く筈であつたのが何うした間違ひか偶然にも先に賢三が入つた釜に入れられて火葬に附されたといふことなども奇しき因縁であるといはれてる

種々雑多な湖沼の伝説

資 ●秋田魁新報　昭和四年八月十八日（十七日夕）　4-314

種々雜多な湖沼の傳説

東京高師教授　藤澤衛彦

湖沼の水は何となしに淀んで見えてゐても人の心は非常に靜かになる位で、夫が深くなる程何だか住んでゐさうな氣持を起させる昔の人はその湖沼の中に主と云ふものを想像した。そこに棲む大きな龜とか鯉とか又蝦が主ではないかと云ふ樣な所から湖沼によつて色々の主を想像されてゐる。然し湖沼の主と云ふものは多く龍とか蛇が主であるのが普通であつて、その外蛙とか龜とか或は蝦とか云ふ樣なものは殆んど稀である。又その主が非動物であつた時はそこに事物精靈を主として信ずるものがある。その中では鏡とか或は馬の鞍とか云ふ樣なものを池の主と想像した話もある。龍蛇が湖沼の主と云ふ樣な時にも二通りの傳説がある。始めから湖沼の主と云ふものを想像した場合と、人間が湖沼に投身して後にその人間が湖沼の主となると云ふ樣な傳説とがある。この湖沼の主が化て來ると云ふ形式であるが、その形式上には必ずその龍蛇は男に化てそうして女を池の中に取入れて了ふと云ふ樣な話がよくあるが、この人間が龍蛇に取られたと云ふ説話にも成功した傳説と不成功に終つた傳説とがある。人間が湖沼の中に入つて湖沼の主となつたと云ふ場合は多く女である。夫は投身するものゝ多くは女であるからである所うした風に人間が湖沼の主となると云ふ時には人間の投身傳説女性が飛込むと云ふ傳説を添へるのである。それからこの人間がその儘自分の現身の儘湖沼の主とならずに湖沼そのものになつて了ふと云ふ傳説がある。信濃國更級郡更府三水に泣き池と云ふ池がそれであるが、その他に人間がその儘池や沼になつて了ふと云ふ傳説がある。陸奥國上北郡小川原沼と云ふ沼は元小川の淵に過ぎなかつたものであるが、之が大沼小沼となつたと云ふ傳説で、つまり人間が湖沼になつたと云ふ人沼傳説である。陸奥國三戸町附近に八の太郎沼と云ふのがあるが、十和田湖との戰爭の傳説があつてそこに湖沼主戰爭傳説と云ふ一つの形式が成立するのである。

龍蛇が湖沼の主であると云ふ場合は人間が湖沼に投身して龍蛇となると云ふ一つの形式と人間が湖沼の主に魅入られてその妻となつて取られて行くと云ふ形である。群馬縣の榛名湖にも身を投じた女性の主となつた傳説がある。

次に事物精靈が主となつてゐる場合がある。霞ケ浦の中にも一つの鏡が沈んでゐる。昔國分寺に納める二つの鏡の一つが霞ケ浦の中に沈んで了つたと云ふ話がある。尚これと類似の傳説が隨所にある陸前國栗原郡栗駒村沼倉に鞍掛沼と云ふのがあるが、その主が鞍を見込むと云ふ傳説がある。猪苗代湖とか濱名湖等の如く陸地が自然に陷没してそこに湖が出たと云ふ陸地陷没傳説もある。その反對に近江の琵琶湖が出來た時富士山が一緒に出來諏訪湖が出來た時に淺間山が出來たと云ふ湖沼出現傳説もある。

又日本にも原始的思想にも巨人の足跡傳説と云ふものがある。昔大駄羅法師と云ふ大男が赤城山に腰をかけて足をフン張つた時出來たのが上州の赤沼であるとか、搾樓の小便が溜つたと云ふ遠江國岩田原にあるオーダラボチシの小便壺もある、殊に科學的説明してゐるのは山形縣と秋田縣の兩縣に跨る藏王山のお釜がある。これは火口の中に水が溜つて出來た湖である。天逆鉾のある霧島山の大浪池、箱根の蘆の湖、群馬縣の榛名湖等がある。又天地開闢の初め天神が筑波山に天降つた時その山の麓まで波が押寄せ、地面に殘つたのが霞ケ浦で波がついたのが筑波山だと云ふ。

要するに湖沼が出來る形式は湖沼出現の傳説、巨人の足跡傳説それに類似の傳説と人沼傳説の三通りが湖沼出現傳説を構成するものである。尚その外湖沼の中に住んでゐる色々な怪しげな魚例へば片目魚、腸のないワタナシ魚、或は湖沼に生ずる植物、片葉の蘆とかノビナイ蘆とか云ふ樣な傳説もある。

文化奇談　怪猫娘敵討

獣 ●読売新聞　昭和四年八月十九日（十八日夕）　4-315

文化奇談 怪猫娘敵討

千代田錦城演

勝田華陵論

文化の初年の事、上総木更津より東にはなれた長須賀村に名主清左衛門といふ者があつた。篤實な人で、小作人や奉公人にも目を懸けますから人々は旦那様〳〵と欽敬する　娘をお雪と云ひ此時十七、部には希に見る美人、諸方より縁談を申込むが註文通りの口もなくそれ故ツイ延々になる。と此村の白井光太郎と云ふは越後村上内藤の家来白井幸右衛門の倅で、父と共に浪人して清左衛門の世話になり　村の子供を集めて大師流の書法を教授いたす、そこへは清左衛門の娘お雪も日毎に参る、すると

幸右衛門は光太郎廿一歳の時に病死した。光太郎は温順でそれに美男子、然しちつとも浮いた所為がない、それゆゑ村の評判も宜い、四月の末のことであつたがお雪が此處へ來る、雪「白井様、先日拝借いたしました御本をお返し申します」紫縮緬の帛に包んだまゝ出した　光「お讀みになりましたか、名歌でございませう　雪「左様でございます、あの今日は子供も見えませんね　光「今日は天神講でお休みでございます　雪「どうぞ白井様ちとお遊びにお出でドさいまし　光『後ほど參ります」お雪は戻る、後に光太郎がその包の中より取出した古今集　本箱へ入れようとすると短册が目に觸れた、お雪が歌を詠んだかと見ると『何故に迷ひそめぬる心ぞとわれさへ知らぬ戀の出路』と美しく書いた一首の和歌、下の方へ白井様としてあります、光「ア、困つたものだ、お雪どのはわしを慕ひ居ると見える、亡父在生の折より清左衛門殿には一方ならぬ恩義を受けて居る、その娘ど不義を働いては濟まぬ、ハテ何と

したものであらう、逢うて意見したならば恥入つて思ひ詰めたことなどいたすであらう、さりとて不義することはならぬ、困つたことが出來た」と其短册を見ながら考へて居たが、やがて筆を執つて認めた返書、それには見る影もなき拙者をさまでに思付し下さるは誠に辱けない何れ御面會の上申上げるとの文意、かうして置いて徐ろに意見をするつもり、此手紙を懐中にして其日の七ツ今の午後四時頃、清左衛門の許へ出てまゐつた。所が主人は隣村へ參つて不在、お雪の部屋へ參ると女中のおせなと共に針仕事をしてゐる、その傍には白毛の猫が緋縮緬の頸巻をしてそれに鈴を付けて坐つてゐる、金色の眼をして入つて來た光太郎を見て居ます、お雪は針の手を止めて光太郎の顔を偸み見てハツと顔を赤くしました。ドけ女は何も知らず　せな「これは先生、能くお出でなさいました、旦那様も彼是れ戻るでございませう、お

内儀さんは御親類に子供が生れたので木更津まで參りました　光「左様でござるか、時にお雪どの、先祭の御本確に受取りました、あれに面白い和歌が挿いてございましたな　雪「御覧に入れるもお恥づかしうございますが、あなたには何卒して頂からと存じまして　光「イヤ、なか〳〵手に入つたものでござるなあれに就いて御返歌をいたさうと存じて腰折れを認めて參りましたが」と云ひながら懐中へ手を入れたが、書いて來た一通が無い、宅に置いて來たか、それとも途中で落したか、頻りに考へてゐた、お雪は嬉しい返事があるかと待つてゐた所とて　雪「どういふお歌でございますか、拝見いたしたうございます　光「取急いだために宅に置いて參りました、何れ明日にも持參いたしませう」と云ひながらお雪の容子に目をつけてゐる、光太郎は堅固な性質、面と向ふと意見をすることが出來ない　堅いだけに遠慮する、

浮世話をしてゐる内に日が暮れた、何れ明日參る、御主人へ宜しうと其處を出て、我家へ戻つた。スルト此家の小作人で貝淵といふ所に居る富八と云ふ者年は廿七で百姓でありながら何時も敎かい搗をして遊んで居る先づ無頼漢である此者が今日參ると、入口の七間で手紙のやうな物を拾つた、見るとどうやら此頃讀は白井が書いたやう、差出人の名もなければ宛名もない　富「莫迦にしてやアがる宛名はなくともお孃樣に遣るに相違ねえ、見るかげもなき自分を左程までにお慕ひ下され候段有難く御禮申上候、御面會の上万々申上ぐべく候、此儀御覧の上は火中々々……何だらう火中々々と云ふのはハヽヽア見たら燒いて呉れと云ふんだな、是から考へるとお孃樣から戀文を送つたな、よし俺の手に入つたが幸ひ、これを道具にしてあの娘を引出し慰みものにしてやらふ」惡い奴があつたもので其日はその儘歸り翌日正午過ぎに再び出て來まして富「オイおせなさん、お孃さんは居るかの、少し頼まれたことがあるんでお目にかゝらなければならねえ御免なさいまし」縁に上つて娘の部屋へ行くと猫を膝の上に載せて本を讀んでゐたお雪、雪「オヤ富八さんかえ、何ぞ用でもございますか　富「お孃さん今しがた白井の先生に遇ひますと、これを貴女に屆けて呉れと云はれましたので預かつて來ました　どうぞ御覧になつておくんなさい」お雪はそれを取上げて見れば確に白井光太郎の書いた物、名の無きは他人に知れるのを防ぐ爲か　雪「大きに御苦勞でございました　富「そこで貴女にお目にかゝつてお話申したいことがある、今日の暮方淺　村の御堂まで來て頂きたいと斯う云つて居りました、どうでございますお出でになりますか　雪「さうねえ、何とかしてお目にかゝることにしませう　富「さうしておくんなさい、それに暮方にはわしが先に出てゐます、貴女がお出でなさればお堂に伴れて行きます　雪「どうぞさうしてドさいまし、島田の所に私、待つて居ますから　富「ちやてのつもりで、ヘイ左樣なら」富八は早々飛び出して　富「有難い〳〵

今夜は日頃の想ひを晴す事が來

る、オッと待て〳〵、こいつは困つた事が出來るぞ、あの娘が來た時に俺が堂の中へ伴れて行きそれから先きに化けると……暗い所だから面は判らねえが　女を伴れて入つて、直ぐに化けるはチト難かしいな、まアやつゝけて見ろ」富八は貝淵の住居に戻り其時刻を待つた。其内にもう八ツ過ぎ、出かけようと隣町・淺間の社へ來て縁臺に腰を掛け一服煙草を喫んで居るとそこを通りかゝつたのは此村で莫迦と評判を取つた馬之助といふ者　富「オイ馬、何處へ行つた」馬「ヤー富八さんか、願正寺にお葬式があつてそこへ行つて赤飯を貰つて來た　富「さうか時に馬、お前に百やるから頼まれてくれめえか、今度な木更津の與兵衞さんの所で茶番があるんでその稽古をしなければならねえ、今此處への、女形が一人來る。それは手拭を冠つて居るが、宜いか、お前ゝこのお堂の中に居る、そこへ俺がその女形を伴れて行き、少しの間格子の外に待たして置いて俺が中に入る、其時にお前が其女の袖を引つ張り中へ女形が入つたならば出て行くそれでお前の役は濟むんだ　馬「ヘエーほんとに百になるのか　富「うそを云ふものか　馬「その女形になるのは誰だい　富「それは何だ、與兵衞さんの奉公人だ　馬「ヘエーさうかい。まア遣つて見よう　富「今の手順を忘れてはいけねえよ」馬之助はお堂の中へ入る、あたりは暗くなつて來た。そこへ急ぎ足で

來たのは清左衛門の娘お雪、世間見ずの一人娘、富八の云ふ事を信用して居る 雪「富八さんか 富「お孃さん、能く出て來ましたな、先生はあのお堂の中に待つてゐます一寸知らせて來ませう此處に待つて居て下さい」格子の側へ來て中を覗くと羽目によりかゝつて馬之助は居眠をして居る 富「オイ馬、女形が來たぞ 馬「さうか早く伴れて來てくれ 富「默つて居ろ、口をきくなよ、ソレ此手拭で頰冠りをして、オイ〳〵鉢卷をするんぢやアねえ顏を包むんだ 馬「そんなこと約束しなかつたもう五十吳れ 富「そんなことを云ふな、宜いか手順を忘れるな 馬「大丈夫だよ」富八は引返して 富「お孃さん、先生に申上げますと此處へお伴れ申せと仰しやいます、貴女に會ふは極りが惡いから暗い所で話をすると云つてゐます 雪「それでは富八さん、伴れて行つておくれ 富「此方へお出でなさいませ」とお雪の手を取つて格子をスーツと開き 富「少しお待ちなさい」と中に入つた

〳〵

日は暮れて居るし此中は一層暗い

〳〵

草迦ノ馬之助はお雪ノ袖を引いたズル〳〵と中に引込まれる、同時に馬ノ助は出てしまつた、お雪は恥かしさが先立つて顫へて居ります、富八は手拭を冠つて口へ袖をあて 富「お雪どのでござるか」一生懸命にこれだけ云つた、ひどい奴があるもの。お雪は此處を戻らうとお堂を出た、と、途端にぽんやり立つて居た草迦ノ馬之助、その姿をみて 馬「オヤツ、富八さん、此女形は名主様のお孃様ぢやアねえか」といつた。これを聞いたお雪はあつと驚く。しまつたと富八が飛出す、お雪はそれを見ると一散に我家に駈け戻り暫く泣き仆れてゐましたが、暫く氣を取直し親に先立つ不孝の罪どうぞお免し下さいと書置を認め裏口より忍び出て海岸まで來た。お雪は念佛を唱へちつと海を見てゐた時にそこへ駈けて來たは手飼の玉といふ牝猫裾をピタリと咬えた 雪「オヽ玉やそこを放しておくれ、死なねばならぬ此私、どうぞ其處を放しておくれ」猫は力を入れて引戻さうとする 雪「それ程わたしを思ふならわたしに代つてあの富八を殺してお呉れ、此の怨みを晴らしておくれコレ玉や、エヽ此處放せ」と身を躍らして打寄せる波にザンブと飛び込んだが無情な浪は此お雪を呑んで遙か沖の方へ持行く、玉は之れを見て悲し氣に叫びましたが斯は不思議、忽ちその姿は掻き消えた。その夜九つ頃お雪が見えぬと清左衛門を始め家内は驚るやう部屋に書置があるが理由が書いてないから何で死んだか判らない、翌日の夕方波打際にお雪の死骸が漂着した、漁師の知らせによつて直にその死體を引取る、此事を耳にした富八は飛んだ事をしたと思つたが今更どうする事も出來ない此處に居ては命が危ないと飛び出した。その後で草迦の馬之助が茶番の稽古に頼まれた話をした、それではお雪が想つた男があつて忍び會ふ時に富八が替玉となつて慰さんだものであらう、それを知つて身を投げたに相違ない、して思ひ詰めた男は誰かとそれを尋ねた斯くと聞いた光太郎あゝ飛んだ事が出來たとお雪から贈りし和歌を認めし短册を清左衛門に見せ身の懺悔をした、こゝですつかり樣子が判りました、白井光太郎は自分故にお雪も情死した、此儘には捨置けぬ富八の行方を探ねお雪の無念を晴さねばならぬと、これも書置 清左衛門の許に送り木更津を出立した、此方は富八

〳〵

江戸へ出て來て四谷御假屋横町に

〳〵

居る上總屋五兵衛といふ御邸に手廻り、人足を入れる親方、以前は上總佐貫の生れ、これを富八が知つて居るから訪ねて來て此五兵衛の世話で新宿大宗寺前の松平帶刀といふ三百俵取りの旗本へ仲間に住込みました。先づ此處に居れば町方から手を入れることはないから大丈夫だと思つた、すると翌年の五月末主人の手紙を持つて善國寺谷ノ神保頼母といふ人の許へ使に參つた戻り途で既に夕立に遇つたので五兵衛の家へ寄つて傘を借り新宿さして行く、四谷町を出外るともう七ツ過ぎ、其頃は洵に淋しかつた。○「若し〳〵其處へお出

でなさるお方」と呼び止められて富八が振り向くとそこへ駈けて來たは十七八になる女、色のクッキリと白い眼鼻立の揃つた瓜實顔の上品な容貌、白地に菊の模樣を染出した單衣を着て縮緬の帶を締め吾妻下駄を穿いてゐる。頭を島田にとりあげ菅糸を掛け前髪に花櫛をさして洵に愛らしい。富「何だィ姐さん　女「わたくしは新宿まで行く者でございますが雨に降られて困りました、どうぞお傘の端へ入れて行つて下さいまし　富「あゝ宜いとも　女「有難うございます　富「お前は新宿の何處だ　女「大宗寺の先まで參ります　富「そいつは丁度いいや俺も大宗寺の前まで行くものだ　女「左樣でございますか　富「姐さんはどこへ行つた歸りだね　女「ハイ、麹町二丁目の大阪屋と云ふ紙屋に奉公して居りましたが御隱居樣が冗談ばかり仰しやいますのでそれが辛うございますから叔母の所へ戻ります　富「成程　女「初めてお目にかゝつたあなたにこんな事を申すは輕忽な女と思召すでございませうが、私は小さい時に兩親に別れまして叔母の手許で人になりましたが叔母は私に旦那をとらせ樂をしようなぞと申して居りますが……　富「そいつは氣の毒だな早く亭主を持つてしまへば叔母さんもそんな事は云ふめえ　女「ハイ、しかし

私のやうな者を女房にして下るお

方がございませうか　富「ございます所ぢやアねえ、大ありだ　どうだ俺の女房になつては……　俺は今でこそ仲間をして居るが故郷の上總に歸れば大百姓の旦那樣だ、ちと道樂をして勘當されたが叔父の所から此間も手紙が來て親父も大分氣が折れたから今年中には是非歸つて來いと云ふのだ、どうだ俺と一緒に上總に行くか、さうすれば大盡のお嫁さんだ可愛がつてやるぜ　女「あなたは何方に居らつしやいます　富「大宗寺前の松平帶刀といふ旗本邸に居る　女「それでは晩に參つて御相談いたしませう　富「待つて居るぜ　女「あなたのお名前は　富「富八と云ふ、お前の名は　女「お玉と申します　富「成程玉の樣に美しい何歳だね、十七か可愛い盛りだ、晩に待つて居るぜ」と云つて居る中に女の姿は見えなくなつてしまつた。富八は邸に戻つて來て門内の長屋に引取つて食事も終り内職に草履を拵へてゐる、夏の夜の更け易くいつか九つ。雨はシト〳〵降つてゐる、すると門をトン〳〵打叩き　女「此處を開けて下さい富八さん」と呼ぶは先刻の女の聲　富「こいつは不思議だ、俺が冗談に云つたのを眞に受けてやつて來たぜ、有難い〳〵、待つて呉れ今開ける」潛り門を開き　富「オイ姐さん能く來たなオヤ女は見えねえぜどうしたんだらう　女「此處に居ますよ」振向くともう座敷へ上がつてゐる　富「これは變だ、何時其處へ行つた、些つとも氣が付かなかつた然し能く來たな　女「參つてはお惡うございますか　富「惡い所ぢやアねえよすぎて夢のやうだ　女「所で富八さん、私を上總へ伴れて行つて下さいますか　富「伴れて行くともさぞ親父も喜ぶであらう立派な嫁が出來たと云つてな　女「あなたは上總のどの邊でございます　富「上總は何だ、木更津だ　女「木更津在の貝淵に居た事がございませう　富「エッ、オイ、どうしてそれを知つてゐる　女「お前は名主淸左衞門樣の娘を慰み、手を下さぬがそれを殺した覺えがあらう」富八は驚いて　富「さう云ふお前は何者だ　女「今こそ我正體を見せてやる」ヒラリ身を跳らしたが

コハ如何に此娘は一疋の猫になつ

た、而も雪の如き毛・金色をした目で富八をぢつと睨んだ、その凄い事、富八がアッと云つてそこを飛出さうとした時パッと飛付いた此猫、咽喉に嚙付き一振り振るとサ

ッと迸る血汐。ウヽヽムッと悲鳴を上げてバッタリ仆れた富八、猫は心地よげにそれを見てパッと表へ飛出したが忽ち姿は消え失せました。偖翌朝用人が買物に行かうと門へ来ると富八が此長屋内に仆れてゐた、而も血に染つて見るも無残な最期、咽喉を〆り取られたやう、四辺には白い毛が散つてゐる、サア此事が評判になり町方の役人の聞く處となつて段々調べると果て上總より訴へのある貝淵の富八といふ悪黨、それにしても何者が殺したかとその加害者を調べた、所で白井光太郎が敵を討たうと出立したとの事、それでは手を下した者は白井光太郎・あらうとその行方を調べると江戸に出て來て藩主内藤家に居るとのこと。そこでこれを町奉行が呼出して調べたが自分が手を下した覺えはないと云ふ。それでは何者の所業か更に判らない、とお雪の愛してゐた玉といふ猫が此事あつて後清左衛門の許へ戻つて來た、それより兩三日經つてお雪の墓の前で此猫は死んでゐた、さすれば藩主の恩を報ずる爲に猫が富八を殺したものであらうと初めて知り其處に塚を建て維新前まではこれは殘つてゐましたが、上總の須賀村の猫塚は是でございます。又白井光太郎は宿の處に仇を討たれ宿に恥入ると申して僧となりお雪の菩提を弔ひましたといふ。先づはこれにて讀み切り。

資　映画「八百八狸」

●河北新報　昭和四年八月二十日（十九日夕）　4-316

帝國キネマ作品

「八百八狸」

【解説とあらすぢ】松平昌之氏が原作脚色せるもの山下秀一氏これを監督明石緑郎、千草愛子、都さくら、片岡童十郎、片岡恒男共演近日完成の見込み「筋」伊豫國菩提寺は七つを過ぎると狸が出るて恐れられてゐた——一泊した浪人後藤小源太の武勇に感じた奥平久兵衛は彼を松山藩に任官させ娘お梅をめとはせんとした——久兵衛の姉娘お藤は殿のお情を受けながら家老山口與左衛門の息紋四郎と通じ懐妊した與左衛門はこれを殿のお胤となし紋四郎を殺し久兵衛と計りお家横領を企らんだ——そして志村修理之輔を殺したが修理の霊は小源太を訪れ彼等の陰謀を語つたのを早速殿に言上御本腹直太郎君の安全を講じた——城中に住む刑部狸は小源太の妻となり密にその悪事一切をあばいた久兵衛、與左衛門は自刄——かくて松山城は安泰に……

帝キネ映畫【八百八狸】明石緑郎の小源太と都さくらのお梅

資　小泉八雲と怪談（一）

●河北新報　昭和四年八月二十三日　4-317

小泉八雲と怪談

中島慶治

一

毎年の事であるが夏になると、怪談が流行する。探偵小説と劍戟小説との全盛を極めてゐる通俗雑誌も七月號や八月號は一齊に怪談物語り號と銘打つて出る。評論雑誌や婦人雑誌でさへも怪談隨筆とか幽霊座談會とかを載せて仲間入りをする。通俗本位のラヂオも勿論おくれてゐない。それは何故であらうか。怪談と夏との間には何か關係があるのであらうか。物知りにきいたらいづれ十分な説明があるであらうが、私はこれを知らない。極めて素人風に考へるとからうである。第一に夏は外界の現實が——自然が餘りに強烈であり旺盛であり白熱的である。人は静かにこれを味はひ楽しむどころか却てこれに反撥され壓倒されてしまふ。そして心は自ら寧ろ内的なもの、非現實的なもの、超自然的なものに向ふ。第二に夏の暑さは心身を弛緩させ痲痺させ陶酔させてしまふ。そして普通の刺戟にはもはや感じなくなつた心は無意識の中に異常な強烈な奔放な刺戟を求める。第三に暑さに疲勞し衰弱した心は何よりも輕く安易な慰めを欲する。

さて以上三種の要求に叶ふものは——非現實的な超自然的な且つ異常な奔放なそして同時に輕い精神的刺戟は先づ怪談を除いては他に見出し難いであらう。[illegible]談は非現實的であり、探偵小説は異常な強烈な刺戟があるにしても、その重苦しさは到底夏向きでない。お伽噺は非現實的な輕いものではあるが異常な刺戟がない。怪談は確かに暑さにだらけ切つた心身に一脈の清涼味と緊張感とを與へる。つまり肝ッ玉を冷つとさせるのである同時に心を超自然の世界に運び去つて暫し強烈な現實を忘れしめる然もそれは輕い想像の世界であつて殆ど論理的努力を要しないのである。思ふに斯うした人々の無意識的要求があつて夏には怪談が流行するのではなからうか。勿論以上の直接的な内的條件の他にも、たとへば夏は人々が夜間戸外に遊ぶ事が多く從つて「影の恐怖」に襲はれる事も多いとか、或は夏には盆の施餓鬼や魂祭りがあつて幽靈の話が出易いとか、その他の外的事情も怪談流行を助長する事を忘れてはならない。

二

さて怪談といへば直ちに思ひ出すのは小泉八雲——ラフカヂオ・ヘルンのことである。それは彼が「怪談」と題する一書を書いたからのみではない。「支那幽靈」も「骨董」も飜譯「クレオパトラの一夜」も同じく怪談集である。否それ程彼は怪談を好み且つ書いた。それは何故であらうか。幸ひにしてその答へは手近にある。西田幾多郎博士の説明は最も簡明にして適切なものである。「——ヘルン氏は万象の背後に心靈の活動を見るといふやうな一種深い神祕思想を抱いた文學者であつた。……氏の眼にはこの世界は固定せる物体の世界ではない、過去の過去から未來の未來にわたる靈的進化の世界である。不變なる物と物との間における、いはゆる自然科學的法則といふ如きものは物の表面的關係に過ぎないので、その裡面には永遠の過去より永遠の未來にわたる靈的進化の力が働いてゐるのである

斯くして氏にはこの平凡なる世界も濃い神祕の色を以て彩どられた。いはゆる詩人の空想なるものも氏には實在そのものであつた。……氏は好んで幽靈談を書いた、しかしそれは單純な幽靈談として感興をもつたのではなく、上述の如き幽遠深奥なる背景の上に立つ所に興味をもつたのである。」從つてヘルンの書いた怪談は單に凄涼味や妖怪味を盛るのみでなくその底には常にかくの如きロマンチックな幽靈的世界觀がひそかに然し嚴として宿つてゐる。彼が日本の昔話から選出した怪談にしてもすべて「靈魂の力」を中心點としない題材はない。人魂とか狐火とか家鳴りとか靈的背景の乏しい怪異現象は一つもとつてゐない。そしてこの幽靈哲學を基礎とせる點において吾々はヘルンの怪談の一特色を見るのである。

しかしヘルンは單なる形而上家ではなかつた。若しさうだつたら或ひは幽靈の研究や批評や辯護はしたかも知れないがその藝術的表現はしなかつたであらう。彼が或る多くの怪しくもうつくしい怪談を書いたのは彼が哲學者であると同時にそれ以上に藝術家でもあつたからである。彼は一生美を慕ひ惜しんだ人だ。彼によれば美は個人の魂の中に宿る幾多の祖先の靈の記憶であり驚異である。プラトンの説の如く「美は思ひ出」である（「異國趣味と回顧趣味」の一章「美は思ひ出」を參照）それ故に母方からギリシヤやアラビアの血統を承けたヘルンに取つて美は總て異教藝術にある。キリスト教は中世以來歐洲の美を滅じて了つた眞の藝術は古代のギリシヤか若しくは黄色黒色人種の土地のみに咲き匂れてゐる。異教の藝術は美なるが故に却つてそねまれ罵られ「惡魔」の汚名を着せられるのである（自傳的斷片「偶像崇拜」參照）

従つてヘルンに取つて怪談は畢竟藝術の華であり美の美なるものゝ表現に外ならなかつた。ましてその中には彼が抱く幽靈哲學が融合し浸透してゐたではないか。それは彼に取つて眞の美との奇しくも嬉しい一致であつた。そして彼はその怪談をば玲瓏玉の如き藝術品に仕上げた。そしてこの渾然たる藝術品であるといふ點において吾々はヘルンの怪談の今一つの特色を見るのである。

資　小泉八雲と怪談（二）　●河北新報　昭和四年八月二十四日　4-318

小泉八雲と怪談（二）

中島慶治

ヘルンは又その神秘思想から出發して彼獨特の高い倫理觀をたててゐた。これは實は彼の實際經驗に深く根差して發達したものであつた。彼の幼時實母が破婚の憂目にあひ二人の愛兒を殘して去つた記憶と、彼が自分の特殊な風彩と思想とのために社會の迫害を被つた經驗とは彼の義侠心を燃え立たせ弱きを苦しめる者をば極度に呪はしめ憎ましめた。そしてこの道心をも彼はその幽靈哲學の中に織込んだのであつた。即ち彼によればこの世の最も弱小なる者も最も強大なる者と靈の世界にあつては全く平等であつた。眞からの同胞であつた。佛教においては一切の者に佛性ありとしその故に物言はぬ生き物をも憐れめと教ふるのは痛くヘルンの胸を打つた。從つておよそ他のために身命を抛つ程大なる行爲はなく、これこそは唯一の英雄主義であつた。この崇高にして偉大なる道義的精神がヘルンの一生を貫ぬいて高潮し燃燒せる有樣は只々驚歎の外はない。英雄的自己犠牲に對する賞讃と弱者に對する同情とはその著書においても生涯においても幽靈思想と相並んでの最も著しい基調の一つである。その怪談にもこの精神の流れてゐない筈がない。たとへば「怪談」一卷を取れ。「おしどり」や「お貞の話」に見ゆる憐れな男女の愛、「乳母櫻」や「十六櫻」における悲壯な自己犠牲の精神、「雪女」や「力馬鹿」に含まれたるうつくしい母の愛情——すべてその背後には作者の暖かい同情と讃美とが溢れてゐる事を見逃してはならぬ。更に「むじな」や「おしどり」や「秋之助の夢」などの動物怪談、「青柳の話」とか「十六櫻」とかの植物怪談に至つては、蟻や蝶や蚊の文學を書き樹木や昆虫の詩歌を誦した時と同じく、一切平等の慈悲の眼からそれらに深い意義を認めて書いた事を忘れてはならぬ。その彫琢せる技巧的筆致の先に作者の熱い一掬の涙が潜んでゐるのを認めずしてはヘルンの怪談の最も微細ながら最もうるはしい特色を見落すことゝならう。

然しながら思へば思ふ程不思議な話である。どうして一体ヘルンの思想がこれ程強く幽靈と結合せられるに至つたか。田部隆次氏の言葉を借りれば「處女作から最後の作に至るまで一貫して奇談怪談を生命としてゐたヘルン」である。否著作のみではない。彼の日常の物の見方が常に事物の背後に幽靈を探し求めるといふ風であつた。これは抽象的な彼の世界觀の結果としては到底説明し難い。彼の幽靈哲學そのものがもつと具體的な幽靈經驗に基礎を置いてゐたからでなければならない。そこで最後の解決は結局これを彼の生涯そのものに求めなければならない。そして事實彼の生涯は自らこれを語つてゐるのである。ヘルンの遺稿の中に完成せずして終つた自傳の斷片がある。その一つの「私の守護神」は彼が七歳ころの驚くべき經驗を述べたものだ「最も確かな理由があつて私はそのころ幽靈やお化けの存在を信じてゐた——それは私が夜も晝も幽靈やお化けを見たからであつた。」といふ書出しから或る日の夕方二階の欄干に一人ゐた幼いヘルンが留守の筈の婦人の幽靈を見たといふのであるヘルンの友人の眼科醫グールドはこれをヘルンの異常に豐富な想像力とその幼時からの強度の近視のために起つた誇張と兩者の原因によると説明してゐる。その心理的生理的説明は今別として、兎に角ヘルンが幼時から幽靈やお化けを現實に見たのは確かだ。否一生を通じて見た事も確かである。西印度滯在中の出來事は「薄暮發見」にある（「異國趣味と回顧趣味」の中）。日本に來てからは小泉夫人の證言に聴くがよい。「著述に熱心に耽つてゐる時、よくありもしない物を見たり聞いたり致しますので私は心配の餘り、餘り熱心になり過ぎぬやう、もう少し考へぬやうにしてくれるとよいがとよく思ひました。」と述懐してゐるではないか。詰りヘルンはかのウヰリアムブレイクやシエリと等しく異常な視力を持つてゐた。メエテルリンクのいはゆる「第四ダイメンション」を見る能力を持つてゐた。眞の意味の神祕家であつた。何んとなれば「眞の神祕主義とは一個の經驗であり一個の生活」であるからである。けれどもヘルンはブレイクやシエリのやうに豫言書や詩を書かずにしまつた。そしてその代りに怪談を書いた。それはまた何故であらうか。それはヘルンが十九世紀の後半に生れたからだ、彼が一個の近代人であつたからである。近代人は自意識の強い事と、批評眼の鋭い事とを特徴とする。ヘルンは自己の異常な經驗を自ら觀察し説明せんとつとめざるを得なかつたのである。かういふ心から詩や豫言は生れない。彼は多くの心理學書を讀んだ。そして自己の異常な經驗と日常の現實とを繋ぐのに夢を以てした。アルバアトモオデルはその「文學における色情的動機」の中にフロイドの説を用ひてヘルンを説明してゐるが、夢に重心を置いた點では寧ろヘルンはフロイドの先驅者であつたといふべきであらうやがてスペンサアを研究するに至つてその進化哲學を精神的に解する事によつて初めて自己の異常な經驗に最後のそして最高の哲學的説明を得、こゝに彼の幽靈的世界觀は確立したのである。ヘルンがスペンサアをば世界最大の哲學者とし一生尊敬し師事してかはらなかつたのも不思議でない。後日本に來て日本の神道や佛教と親しむにつれ彼は自己の不思議な經驗に對する宗教的確認をさへ發見した。神道は靈魂の不死を唱へ佛教は靈魂の輪廻を説くではないか。斯うしてヘルンはその具体的經驗から出發して科學に至り哲學を經て遂には宗教にまでも達し道德をも併せ得たのであつた。それが一貫して幽靈的であつたのも亦當然であらう。然もヘルンは飽まで藝術家であつた。藝術家として獨創性を——自己に忠實なる事を最も重んじた人だ。彼が一生怪談を書きそこに異教の美を盛つたのは寧ろ必然の事であつた。彼は日本の昔話しを取つて之に彼自身の個性を殘りなく吹き込みこれを英語において蘇生せしめたのである。

斯く見來つて吾々は初めて彼が一生幽靈談怪談を書き續けたその創作の動機を肯く事が出來、またその作品の特色を眺める事が出來る。ヘルンは實に生れながらの怪談作家であつた。「君は新らしき戰標を主に齎せり」とのユウゴオの言葉彼に就いても亦言ひ得るのである(終)

幽　水上に浮ぶ幽霊の姿　三ッ水門奇聞

●山梨毎日新聞　昭和四年八月二十三日　4-319

不思議　水上に浮ぶ幽霊の姿

◇…三ッ水門奇聞

毎年々々、水泳する市民の命をとまつて三つは奪ふ魔の淵荒川三ッ水門の水上に夜な〳〵白衣の幽靈が現れると云ふ噂がパッと立ち市内はもとより近郊近在寄ると觸ると此の噂——

◇

噂の起源は、——去る十四日お盆の夜一時半頃、市内××町某寄麥店の出前持ちが水を浴びて歸り途、堤のはずれにある水門の上まで來かゝると荒川川下から「オーイ」と呼ぶ聲が聞こへたゾッとして振り返つて闇をすかして見ると油のやうな水の上に白絣の男がぼんぼりのあはい灯の光に照された蒼い顔にニタニタと笑みを浮べ乍ら手招いてゐる出前持君はわつと叫んでフエルト草履を手に握るや宙を飛んで歸つた、相生學校の所を横切つたまでは覺へてゐるが後は夢中で家に飛び込んで寢てから發熱甚だしく今日うなされてゐる…

◇

噂は噂を生み、溺死者の亡靈だいや三ツ水門の主だ、いゝえ昔ひ子三人殺しの子の魂よ、そうぢやない昔彼處は重罪人のお處刑場で獄門台も其處にあり其の横に首洗ひの井戸がまだ殘つてゐるだからその怨靈だ等々、

中禅ボート店の主人は語る

「飛んでも無い、わつしの商賣を妨害する野郎の芝居でさあ、しかしねそう言へばボートの客が餘り下流へ漕いで行くのでマチの上へ白い斜を着せた案山子を立てたことがありやすから、それを見たんぢやないですか」と、営業不振を心配して火の出るやうな辯解

◇

だが、不思議な事は五六年前、三ッ水門で死んだ幾十かの霊を慰めるため町内有力者の發起で堤の傍に施餓鬼所を造り毎年の盂蘭盆には大施餓鬼を行つて來たが今年だけ此の行事をやらなかつた折も折、幽霊が現れるといふ噂に町内の人達は一つは犠牲者の霊を慰め極楽往生を祈つてやり一つは折角有名になつて來た荒川納涼場を淋しくさせない爲めに二十一日正午から盛大な施餓鬼を行つた。

資 二体の新しい化物　納涼博全く興趣白熱す

●神戸新聞　昭和四年八月二十三日　4-320

化物屋敷にあらはれた

二體の新しい化物

美しいジャズダンスに虹を描いて

納涼博全く興趣白熱す

◇……秋立つとは風のそよぎに知られても相變らず殘暑酷しく湊川公園の本社主催納涼博は會期餘日も少なとなつたが益々勢力に餘興に夜打ち興ふ浴衣姿の老若男女引きも切らず賑はひかへつて居る

◇……餘興場では既に今日から妖異身に沁む二體の新化物を取り入れて怖いもの見ずれの人々に戰慄の魂を消さす趣、一入凄ろしさと賑はひを増すであらう演藝館でも出演者替りにせいぜい面白く奏はしつゞけ

◇……わけてもレビユウ劇のジヤズ、ダンス、チャルミーなど美人連が艶麗やかに目も奪ふ踊りを競ひ、伊勢音頭の古典や紳士の漁どり。五彩の噴泉に冷涼の氣を吸ひこんで更に本館で北氷洋海底館、川崎館等に夏を忘れ、例の相撲も益々意氣高らかに熱烈な試合ぶりを見せて居る

◇……湊川の夜空にかゞやく電燈の光もさわやかに、老松の梢を拂ふ風涼しく吹き渡り、その下を波打つなごやかなさんざめきは夜の更けわたるまでもつゞいた

資 右団治一派は四ッ谷怪談　九月の天満八千代座

●大阪時事新報　昭和四年八月二十四日（二十三日夕）　4-321

右團治一派は四ッ谷怪談

□□□□□□九月の天滿八千代座□□□□□□

天滿八千代座の九月は市川右團次、嵐德三郎、淺尾大吉等を中心に大南北の原作に依り「東海道四谷怪談」を珍しく序幕より大詰まで通して見せる

高島家の家の靈として從來上演して來た四谷怪談は伊右衛門宅隱亡堀の二幕だが、此度は淺草寺の見染・喜兵衛邸の祝言お岩の髮梳き隱亡堀の戸板返し一つ家の夢の場蛇山の大詰と五幕に分て見せるたゞ原作の宅悦住居と三角屋敷が脱けてゐるだけで他はすべて、古來のまゝ上演、右團治がお岩、小佛小平、佐藤與茂七、娘お岩、お袖と小平の亡靈などで早替りやケレンで大いに活躍德三郎の伊右衛門、大吉の宅悦は本極り尚出勤俳優は

市川右團次、嵐德三郎、賀川延太郎、市川右若、嵐若橘、淺尾よしの、市川右田十郎、嵐德次郎、市川右田三郎、嵐德藏、市川家右衛門、中村成三、市川右左次、市川右文次、中村駒之助淺尾大吉

また、さきに中國、九州路の巡業に出た賀川延若一行は「怪談乳房榎」「恋の非子別れ」二狂言にて九月一杯を旅にて當分歸阪せずといふ。

怪 ●馬関毎日新聞　昭和四年八月二十四日（二十三日夕）　4-322

夫を恨み女を呪て 火の玉が出る
眞逆と思ふが
長門町はお祭の様な人出（上）

この頃長門町に毎晩夫を恨み、女を呪つて火の玉が出ると言ふので下関市中殊に西の方ではもつぱらの評判――、眞逆そんなことがと聞き流してゐたが餘り噂が高いので二十二日夜見物に出かけた（一記者）

◇……噂の中心地である東被服工場附近にやつて來たのが十時舊暦十八日の夜の月は澄み切つた姿を東の山の松にかけて物語りに聞く妖怪の出る夜には餘りふさはしくない。だが先客は既に何十人も押し寄せ其處此處に七人十人の輪を作り恐ろしい物は見たいもの眞面目に火の玉を論議し珍客の參なれと待わびてゐる

◇……三晩續けて出て今夜が四晩目と言ふのであるがその何十人の仲には實際に見た者は一人もない。連れの寫眞班が『噂に過ぎんのだらう』と高をくゝると西ノ端町から見に來たと言ふ四十格好浴衣がけにステッキの品のよさそうな男が『見たことがないからこそ、わざわざ見にきたのだ、一度見たら恐ろしくて二度と見に出てこれるものですか』と、恐ろしい見幕こんな人達の仲で『そんな物が實際出るでしやうか』なんて少々でも疑念をさし挾むならどんな結果を見るか知れぬのでこちらも火の玉は出るものと心にきめて話を進める、

◇……『何處から出るのですか』『この東工場の裏に長屋がありますがその南から三軒目の家の裏の柿の木から出るのです』と例の紳士の言葉は見たこともない癖に飽くまで確定的である『じやあ柿の木の根にガン張つて居れば大丈夫ですか』『いやそれじや駄目です幾らガン張つてゐても近所に居たら火の玉が出る時には眠たくなりますから』と、一人合點で仲々うがつたことを言つてゐる、

◇

◇……こゝまではユーモアで濟んだがさて、最初に發見したと噂されてゐる近所の井上蒲鉾店主を訪ねてからは餘り冗談では過ごされぬ樣な氣がして少々氣持ちが惡くなつた、眞面そうな主人の話に依ると、

◇……二十日の晩のこと、十一時五十五分下關發の終列車が上條のガードを通つて間のないことだから十二時過ぎてゐたたらうか、主人が店の涼台に腰をおろしてゐたら突然表で『何の火でせう』と頓狂な聲がして見知らぬ男が主人の方に走り寄り東工場の屋根を指した、が主人がその方を見やうとした時見知らぬ男は『ア、消えた』と安心した樣な又惜しいことをした樣に言つた、その見知らぬ男は大坪に歸る途中でヒヨット空を見たら東工場の上に青い火が見へた『花火』と直感したが直經三寸位の青い火がゆるやかにしかも一尺程の尾を引いて工場の屋根の看板にもつれてゐるので次の瞬間『火事』かと思つたが餘り變なので思はず聲をたてたと言ふのである見知らぬ者がからかひ半分にそんなことを言ふ筈はなし、又恐れて顔を眞蒼にして落付きを失つた態度から見ても男の言を信じなければなりません。その前日までは火の玉の噂を聞ひてもそんなことがあるかと問題にしてゐませんでしたが大坪の男の樣を見てからほんとうに火の玉は出出るものゝやうに思はれ恐ろしくてなりません』と主人は

つけくはへた

◇……モウ十一時にもなると火の玉見物は犇々と東工場附近に押し寄せて上條の通りは全くお祭りの様な人出、竹崎派出所の巡査はこの時ならぬ人出に驚ひて『何事か』と出張に及ぶ騒ぎ近所の山々にも『見逃してはならじ』と大勢が押し寄せ見張つてゐる

怪　遺産金に未練か夫を呪うのか　長門町…（中）

●馬関毎日新聞　昭和四年八月二十五日（二十四日夕）　4-323

遺産金に未練か 夫を呪ふのか
それとも亡き父や娘が呼ぶのか
長門町の火の玉（中）

◇……どうして長屋の柿の木から火の玉が現はれるのだらう……見物人達　噂する因縁話。

◇……問題の長屋の南から三軒目（特に匿名）に夫婦暮しで主人は下關驛に勤めてゐるが、二十九歳になる或る美人の妻が妊娠五ケ月の身重で盆十三日の夜九時頃突然姿を消して今に行衛が判らぬので自殺してそい浮び得ぬが迷つてゐるのだらうと。●家出した謎の女は警察に保護願を出し、内緒出で八方、行衛を捜査であるが今手にがゝりがない死骸を發見されぬのだから勿論自殺したものと斷定は出來かねるが、家出に際し衣類をすつかり腰巻まで新調に改め、佛壇をはじめ室内の隅々まで何時になく立派に掃除してある點や、かねぐ＼自殺の話を兩度に

『私が無斷家出したらもう二度と歸りません、勿論死ぬためですが、他人に醜い屍を見つけられる様なことは決してしません』

と口癖の様に云つてゐた點又彼の女の片意地な性格から察しても自殺は確實らしく主人も關釜連絡船から投身したものと信じてゐると。

◇……では何故、美しい妻が無斷家出しなければならなかつたか

◇……これに就ての噂はとりぐ＼主人が囲ひ女をこしらへて虐待するのに堪へかねて死を決したもので、毎晩火の玉の出る時には主人と囲ひ女がうなされその呻めき聲のあまり高いので氣味の悪いので近所はとても寢られぬと言ふ説が一番高く、次には家出した女の父が一昨年鐵道自殺を遂げその遺産金を繼母（後妻）と唯一人の實弟と三人が平等に分配したがその後間もなく繼母は男をこしらて分配金を殘らず消費し、弟も亦遊蕩に身を持ち崩して殘り金少なくなり唯謎の女のみがその遺産金を大切にし夫に預けて居るがその金に怪談の種が醸されてゐるらしいとなかく＼突込んだのがあれば、夫婦は近所で評判する程仲が好かつたが今考へてみればお互に打ち解けぬ點があつた様に思はれると頗るボンヤリした説もある。又昨年四ツになる女の兒が死んだので父や娘の靈が呼んだのではないかともいはれてゐる

◇……さて、妻は火の玉の[illegible]る様子であるが、十九日の晩九時頃火の玉が噂の家の軒を這つてゐるのを同じ軒に連なる才田某の妻君が見つけ恐ろしくて聲が出なかつたと言ふが最初で、それからは毎晩時間を定めず東被服工場の屋根にユラ＼／揺れて柿の木に行つたり戻つたり終に達日和山の方に又は圓通寺山の方に飛んで消ゑるが二十一日の晩は下關商業會社裏の井戸に消へたさうな。凄い點では二十一日へ晩主人が寢てゐる蚊帳の外に謎の女が姿を現はしたので主人が驚き

『かへつたのか』

と挑ね起き様とすると笑ふとも恨むとも知れず唇が動いたと見れば突然女は火の玉になつて蚊帳を三廻りしたさうな

◇……斯うなるとどうしても噂の家を訪問する必要がある十一時過ぎて以上の凄い話をたつぷり聞かされた後である月夜といつても狭い小路は差し込む軒垂れに月光をさへぎられて眞黒であ

る。それを火の玉が軒をつたひ又蚊帳を廻ろ家に訪れるのだから餘り有難いものではない同行の寫眞班は火の玉や幽靈はレンズにうつりやせぬならこゝでまつてゐると言つて長屋のはずれから一歩も動かぬ。（つゞく）

夜毎千人の騒ぎを花火で片付る　長門町…（下）　4-324

怪　●馬関毎日新聞　昭和四年八月二十七日（二十六日夕）

夜毎千人の騒ぎを 花火で片付る 丑満時まで待たが遂に現れぬ 長門町の火の玉（下）

◇……單身火の玉の出る家を訪れ樣としたら長屋はずれまで押寄せた二十數人の中職工服を着た勇敢な三十男が二人同行を申出た、どうなると寫眞班も急に男氣百倍しいよく四人が柿の木を目標に火の玉が軒をつたふと言ふ怪談の家を訪問

◇……幾ら戸を叩いても返事がない、突然暗から

『どなたですか』

と女の聲、一同は先づ荒膽を拔かれた形、聲い主は怪談の家の主人の實弟の妻つまり義妹で義兄は驛に人を見送りに出て不在とのこと、そこで此女を相手に一行四人が交々問答する。火の玉が這ふと噂する軒下の暗で。

◇……兄さんの家に火の玉が出ると言ふ噂がモッパラですがあなたはお聞きになりましたが、』

『初湯屋で聞き昨日今日は日暮れから澤山な人が近所まで押寄せていやなことはかり言ふので腹が立つてなりません』

『噂の樣な怪物が一度でもありましたか、』

『そんなことがあつてたまるものですか、最初の晩は九時頃に出たといひますが、丁度その頃近所で小供が花火を揚げてゐましたがらそれをいふのでしやう火の玉が九時頃出てたまるものですか』

と、夜毎々々千人近い人の騒ぎを小供の花火にアッサり片付けて了ふつもりらしいがナッパ服二人は仲々承知せず、

『九時頃でるものですかと申されますともつと遅くなら出ると云ふ意味が含まれてゐるのですか』

と素早く言葉尻を捕へた。

『遅くても今の開けた世にそんなものがあるものですかそれは皆迷信ですヨ』

と少々言葉にトゲが生へて來るこの向きでは『でも御主人の枕許に亡靈が現はれ火の玉となつて蚊帳を三邊廻つた……』なんて質問しやうものなら、女ながらも撲り飛はさんではおくまい勢ひ。

『姉さんが十三日夜家出されたのは事實ですか』

『ハイ、そして今に歸られません』

『何故無斷家出されたか想像はつきませんか』

『姙娠五ケ月ではあつたしヒステリーからと思ひます、ボンではあるし佛壇の掃除を終つて回向してゐるうち死んだ父や娘のことを思ひ起してつひブラ〳〵となつたのじやありますまいか、方々の神樣や佛樣におうらなつてみてもらつたら最初は死ぬつもりで出たが急に氣が變りまだ生きてゐるとのことですから火の玉になる筈はありません』

と一刻前迄迷信打破主義の女丈夫は急にかつぎ家になつて火の玉出現を否認する勝手のよいところれたのとですが』

◇……『十二日の朝夫婦喧嘩をされたのとですが』

『二人共仲がよいからそんなことはありますまい。』

『兄さんに圍ひ女はありませんか』

『そんなこと知りませんよ』

『昨晩施が鬼をされたと言ふじやありませんか』

『セガキと申しますと書遺きですか……』

『イ、ヘ、亡き靈を慰める讀經です』

『やりましたがそれは……』

『それは誰の爲の施餓鬼ですか』

『それは死んだ娘の爲めにです』

『昨夜は娘さんの命日ですか』

『私は知りません、主人が歸るまで待つて下さい』

と施餓鬼の一件で女は急に引揚げて了つた。

◇……論より證據と言ふので一行は圓通寺山に登り柿の木のあたりを見守つた、お岩が出る、お菊が出る、永福寺の幽靈が出

る怪談に時が移り草木も眠る丑満になつたが何の變事もない一人が

『アーア』

とやツた次に

『ヤスキー千軒』

と安來節の放送をはじめた、月は眞上に輝いてゐる

『さうだ火の玉なんて出るものかと火の玉否認論者であるナッパ服の一人が凱歌をあげると

『バカ、貴樣の家に强盜は這入つて今晩來るだらうと待つて居て來なかつたら昨晩强盜の這入つたのは嘘にするか』

今一人のナッパ服は純理論で應戰し論戰の勝負を記者に仰ぐ。不幸にして記者は肉體を離れて精神の活動することやその眞跡につき裁斷を下し得る程の大學者でなかつた。（終）

怪　亡霊に悩む文七（上）　猟奇実話（二十一）

●山形新聞　昭和四年八月二十七日　4-325

亡靈に惱む文七（上）

―大石田町通り魔の怪火　犯人搜査に疲れ切る警察

獵奇實話

〔二一〕

己れが虐殺した養父母の靈に、終生さいなまされた桐原文七(七四)の物語り……

▲通り魔のやうな呪ひの火に大石田町の人々は夜に入るとモウばつたり家を閉めてしまふのであつた。ゆうべも寺へつけられた、おとゝいの火つけと同じ奴だそうだ――町々では寄ると觸るとその噂、人々あげて怪火の前に怖へ上つてゐたそれは大正十四年十一月のを皮警察界擧つての搜査も何等の効なく魔人は町から町へ、字から字へ、呪ひの火の手をさし延べて行く。

▲大石田町は西南に最上川の流れをひかへてゐる、火は出ても消すことにかけては他町村と比較にならぬほど鮮かなもので町の消防たちは常日頃自慢のところであつたが、消火はどうでも此

▲怪火を防ぐことは殆んど不可能だと歎じてゐた、町民の不安は募るどうにかして犯人をあげたいものとその筋は不眠不休の活動に入つたが杳として判らない

▲當時の所轄楯岡署長は今の縣監督課長遠藤定治君で頭腦明晰をたゝへられてゐた人だ、それが犯人を捕へられぬとあつては期待に背くわけ、遠藤署長は遂に大石田派出所に搜査本部を置いて是非檢擧せよとの嚴命を下した、それは十一月の十一日朝の事、刑事等は身の廻りの品々を携へて本部に出張し今度こそは檢擧せねば歸らぬと固い決心の程を見せてゐた……。

▲凄まじい決心であつた、魔人のやうな放火犯、それを捕へぬうちは歸らないといふのである遠藤署長もひそかに部下の成功を祈つたが果然その夜、正確に言へば十一月十四日午前二時卅分頃大膽不敵の賊は大石田町字今宿の寺崎久藏方宅續き物置小屋に放火した、餘りの事に一同呆然たる中を呪ひの火は三戸の住屋と四棟の非住屋をなめ盡してあけ方漸く鎭火、例によつてつけた犯人は跡もかたちも殘さず搜査本部を嘲笑してるやうな形であつた。

搜査本部を設けたばかりの日ではないか、その夜放火事件が又復發生するとは眞に警察の威信にもかゝはることであつた『このたびは大分燃ね飽いたやうだが、誰か火災中手懸りになる風評を聞かなかつたか』遠藤署長が搜査本部に風評聞き込みを命じた時であつた、慌しく入つて來た角袖の男、それは楯岡署にあつて長く刑事方面に働いてゐた矢野刑事（現在赤湯署勤務）であつた『署長殿！只今變な話を聞き込みましたので報告に參りました』面上に緊張を漲はした刑事の報告『ウム、どんな話だ』

▲魔の樣な火つけ男、それが煙の如く立ち去つたあとに、きまつて焔の揚るのを見て喜んでゐる男がゐる、寺崎の家が燒ける時も向ひ側の屋根の上から『あ！燃えるぞ、燃えるぞう』といつて手をたゝいてた男があつた、そして消防が驅けつける頃にはどこへ行つたか姿は見えなかつた――。

▲町々に傳へられた噂である、全部を信ずることは無理だが、いづれにしても奇怪な男だ『ヨシ！すぐ足取り搜査をやつて見ろ！』署長

怪

亡霊に悩む文七（中）　猟奇実話（二十二）　4-326

●山形新聞　昭和四年八月二十八日

亡霊に悩む文七（中）

三十三年前の忌はしい夢

獵奇 實話 〔二二〕

楯岡署に曳かれた桐原文七は何と言はれても知らぬ存ぜぬの一點張り、大石田町の放火犯に違ひないとて苦心慘憺の末に取押へた矢野刑事も全く持て餘した態であつた

▲文七は、飽迄も俺ではないと言つたきり至極落付いて留置場の中に納つてゐた『俺は火事の出るたびに見物はした、たしかに見物はしたに相違はないが、それだからとて俺を犯人だといふのは、ひどい話だ、俺は決して火などつけたことはない、知らねエことだ』と澄してゐる——

▲遠藤署長も困つてしまつた、今のところ魔のやうな放火男はどうしても桐原文七の外にはないと濃厚な疑ひをかけた文七がコウあつさりと納まつてゐるのである『ハテどうしてくれやう……』署長はさまざ／＼に心をくだいて見たが名案更に浮び出ない縣刑事課からは渡邊搜査主任警部補が行つて文七を調べて見たがやはりむだ事、どうしても犯人だと言はない

▲探偵上で手のつけられないのは由來放火だと云はれてゐる、證據はなし具体的取調べの材料は出ない、結局被疑者の自白を待つより外にない、といふのがこのやつかいな放火の謎だ——しかも大石田の放火といふのはつけられた家々に一定の系統がない、つまり怨恨を動機としてゐると云つて見ても如何なる怨恨であるかとんとその見當のつかぬ事件であつた。

▲……文七を捕へてからモウ三日になつてしまつた、その夜があくれば、大正十四年の十一月十七日、丁度午前一時頃の事である、監房に入れられてゐる文七が、何かうなされてゐる『ウーウム、アーウ』——異様な文七のうめき聲、それを初めて聞いたのは今寒河江署勤務巡査部長の進藤刑事であつたが『あ、文七が何かうなつてゐる！』と驚いて留置場の扉を開いて見た——『あゝ旦那ですかい、俺はとんだ夢を見てゐましてな……』

▲『文七、あれはすると寢言であつたか』と進藤刑事カマをかけて見る……『え、旦那！ではみんな、俺の寢言を聞いてゐたんですかい、無理もねエ、考へて見れば、けふは十一月の十七日丁度あいつらの三十三年忌にあたりやすでな、うらみの深い所業でありやした……』と首うなだれてゐる文七——進藤刑事は背筋へ冷水を浴せられたやうな氣持、ブル／＼足をガタつかせて司法室にねてゐる渡邊警部補を起しに行つた。

▲『……文七が何か恐ろしい事を言ひ出した、今監房から出しますから直ぐお出になつて下さい』——進藤刑事の話を聞いた渡邊警部補驚いて調室に駆付けて見ると赤い十燭光の電燈のもとに監房着を着た文七がさむ／＼と座つてゐる、こんやは文七も大變元氣を失つてうなだれた首筋が痩れだ——

▲『強情な奴が……』と不思議そうに渡邊警部補、調べ室に入つて行くと文七は『これは旦那ですか、夜分恐れ入りやした、……旦那、今宿(大石田)の火つけはみんなわつしでやす、間違ひねえところだ、……旦那、今夜は俺はみんな申上げますだ、——火つけも俺、泥棒も俺、……俺はそればつかりではねえ、三十三年前の命を受けた矢野刑事、鐵砲玉のやうに大石田へ向つた、だが、風のやうな噂、捕捉し難いその噂の男をどうして捜し出すことが出來るか……大石田についた矢野刑事もハタと當惑してしまつた。

▲しかし殆んど戸別的な足取捜査の結果、焔を見て喜ぶ奇怪な男は大石田町同三十三番地の農夫相原文七(七四)であつたことが判つた、矢野刑事は文七だと判ると彼を引立てゝ勇み本署に引返したが文七はビクともしなかつた『なる程俺は火事を見て『燃えるぞう』と言つてゐやしたがなんで火などつけるべい、夜の火事は見てゐて美しいもんだ、だから燃えるぞ、燃えるぞと囃しがつて見てゐただけ、恐ろしい火つけなどした覺えはねえ、どんでもないこつた』と言ふばかり……。（つゞく）

殺した極道者でござります!」

▲「ナニ、お前親を殺したといふか両親を……、フーム!」驚く警部補を前に文七、猶もざんげを續けて行く……。（つゞく）

亡霊に悩む文七（下）　猟奇実話（二十三）　4-327

●山形新聞　昭和四年八月二十九日

怪

亡霊に悩む文七（下）

両親を殺して最上川へ　なやみをまぎらす放火

猟奇實話〔三二〕

三十三年前の

その夜、両親を殺害したといふ文七の懺悔、餘りのことに渡邊警部補もしばし呆然たる有様であつた。

▲「火つけ男も俺、泥棒も俺、みんな俺だ、その上ふた親を俺は殺してこれまで隠して來た——思つて見れば何といふ恐ろしい極道であつたかな……」文七はたゞならず興奮した態であつた、それからそれへと續ける懺悔話、その呪はれた一生を、じつと聞いてゐた渡邊警部補、さすが數多い事件捜査の體驗を持つとは云へ、夜も丑満頃、ゾッとして無氣味さがこみあげてくる……が放火、窃盗、そして殺人を彼文七は『自白』してゐるのだと氣付くと警部補は急いで訊問調書の用紙を取出した——。

▲「……火つけも盗みも、わつしにして見れば何も必要があつてしたことではねえんです、ひとの家へ火をつけても三文にもならねえ話、又盗みをするほど俺の家は貧乏してるわけでもねえみんなこれには深い譯のある事……ゆうべ一晩俺は、殺した親がたの幽霊に出られやしてな、さま〴〵に苦しい思ひを致しやした、そしていつそ、旦那がたにぶちまけて了はうと心をきめて、俺は幽霊に勘辨してくれろと手を合せて頼みやした、やれこれで救はれた、と思つた時は夢から醒めたとき……そして本當に旦那がたへ、ざんげする心になりやした——」

▲思ひ起すにも三十三年前のこと、おぼろげな記憶ではあつたが文七その年の冬は名物の雪が恐ろしく早くやつて來て大石田から尾花澤あたり一面はモウ眞ッ白い世界に變つてゐたことを覺えてゐる、人々は六十年來の早降りだと騒いで十一月のはじめではあつたが最上川沿岸に繁茂させたよしを急いで刈取つた、長い冬眠に備へる蓄への算段にも忙しかつた——文七の家、彼の養父仙蔵（當時六十二歳）も冬暮しの蓄へについて妻のおそよ（五十九歳）と色々相談をしてゐたが貰ひ子文七の放蕩に結局話が落ちて行つた——『いつになつたら放蕩が厭になるのか、困つた奴は文七、いつそ身代を渡さねェで了ふより外なかんべ』仙蔵夫婦は色々と文七制禦策について謀り合ふのであつた……。

▲その夜も尾花澤の茶屋で前後不覺に飲んだ文七が眞夜中頃歸つて來て裏口に立つと中では仙蔵夫婦のヒソ〳〵話きゝ耳を立てゝじつときけば例に依つて自分の悪口である。しかも身代を文七に渡さぬといふ相談が進められてゐる!『畜生!』とつくの昔隠居してもえ、体でねェか、それでも俺に身代渡さねェといふなあ、べら棒にも程がある!」

——泥酔の勢もあつた、文七は肩の雪をも拂はずガラリと裏戸をあけると物をも言はずに流場から撂古木枠を携へて炉端に坐つてゐた仙蔵夫婦に飛鳥の如く飛かゝりたゞ一撃!

▲『アッ!』と言つたきりであつた仙蔵も、おそよも脳天をモノの美事に打割られその場に昏倒してしまつた『ザマあ見ろ、今度は俺が大將だ、お前がた地獄に行け!』文七はうれしくてたまらなかつた屍體はその儘にして、將來の事など樂しい空想にしばらくは浸つてゐた。が、やがて曉方近くなつてさしもの酒も醒めはじめたころ、フト我に歸つたものゝ如く屍體を見やつた時、あゝ何といふ恐ろしいことだ、仙蔵夫婦の屍體は白い眼をむき出して、深い恨みのまなざしを文七に投げてゐるではないか!『キャッ』と叫んだ文七醉ひも醒めはて、ワナ〳〵ふるへる足を踏みしめ漸く内庭から莚を取出し夫婦の屍體を包むが早いか雪舟に積んで最上川の流れへ……。

▲『……どこをどう通つたか俺は今になつても思ひ出す事は出來ねえ、殆んどあの時の事は辨へ

がないけれど、とにかく最上川に投げたことは忘れずに居りやす、それから四日目にでがしたかな、親がたのからだが清川の渡しに浮んで出たのは……だがそれから俺はじつとして居れば必ず幽靈になやまされて、どうせばえゝか譯がわからなくなつてしまひやした、必要もねえのに他人様の家へ火つけをしたり泥棒をしたりやつたのも、みんなじつとして家にゐて、亡靈に苦しめられるのがたまらねえからでござりやした、それでゐて毎年十一月の十七日、その夜一晩ひどくうなされて七十四のけふが日まで生き續けて來やしたもう今となつては、旦那！　何ちゆう情ねえ事をしたものだつたかと、くやしくて仕方がねえ……」

▲――涙のざんげを濟ました文七はそれから四日目に山形地方裁判所に廻され刑務所に收容された『窃盜、放火』の罪に依つてゞある、そして一ケ月目に裁判長は懲役七年を言渡した。

▲――兩親を殺した罪は？　しかしそれは遠く三十三年前の殺人だ、刑事訴訟法第二百八十一條公訴權の時効に關して『死刑に當る罪』は十五年を經過すれば消滅するとされてある、よつて殺人は不問に附されたのであるだが、文七はそれから一ケ年と九日目に獄中に於て仙蔵夫婦の亡靈にさへなまされながら憐れにも悶死してしまつた、人のつくつた法律からはまぬがれても天道を逃れることの出來ない文七であつたのであらう。（了）

資　マキノ御室作品『狐と狸』

●河北新報　昭和四年八月二十八日（二十七日夕）　4-328

マキノ御室作品

『狐と狸』

【解説とあらすぢ】杉本九一郎脚色の怪談物、桂武男、泉清子、市十郎等の共演監督は吉野二郎氏である「筋」天明三年來頻々と見る贋造小判――畫なほ明き御用提灯――十手の雨――この物騒な世の中にいちやくと女に惚れて、使ひはたし家は左前果ては人殺しの罪を犯して心中さた等の世――旦那巳之助は橋の上から姿を消すと相手のお光は恐ろしくなつてかとんく逃げる出すー―雨は降る――巳之助の幽靈が出る――贋金使ひ――小怪談を裁く十手……

資　幽霊捕わる　水の上は竹馬で

●山梨毎日新聞　昭和四年八月二十八日　4-329

マキノ映畫【狐と狸】桂武男・市川米十郎・泉清子

幽靈捕はる

西瓜の皮へ點火し
青火に見せかける

水の上は竹馬で

荒川三ツ水門で年々儚い生命を失つて行く人々の数は非常に多く、其結果は最近三ツ水門に亡靈が出るとか、又現に見たものがあるとか！カスリの着物を着てゐたとか水の上をスーツ／＼と歩いてゐたとか、種々様々の噂が噂を作て

◇…三ツ水門の初秋は物淋しい話題がつきない。ソコで文化の今日幽靈等と云ふ怪體なるものがある譯がないと科學的に斷定したオセツカイの連中「一つ征伐に出かけよう」と意氣まいた附近の桃太郎連が鬼が出るか蛇が出るかと三日三晩の三ツ水門の

◇…夜陰にたゞずんでゐたが一向に幽靈の出現がない、ナーだ矢張り人の噂か、と笑つて濟まそう、としたが濟まされぬ男の意氣地四日五日と通ひつめて丁度六日目の晩、二十三日夜も更けた十二時半か一時頃、はるかの川越しに一ツの青火……出た／＼といふ譯で三名

◇…強そうな事を云つてもいさゝか氣持はわるい……ボーツと一ツ、又一ツ、出たも出たり青い火が三つ並んで消えたりついたりして土手の上から川の方へ動いて來る、中の一ツは成程水の中いや上にスーツ／＼と出てくる、すると向ふ岸の青い火がフッと消えた……南無妙法蓮陀佛……

◇…日蓮宗と淨土宗がチ

ヤンボンに出る、二人の桃太郎がいさゝかブル〳〵もので瞳をこらして見てゐると、水上のが「をいで〳〵」をする其刹那、向ふ岸の青火が「ウマイゾ」と云ふかけ聲……畜生ッ……二人がばら〳〵とかけつけて見れば三人の青年の悪戯、一人は隣町で他の

◇……二人 は伊勢町の金子榮一(二三)に岡瀬潔(十九)と判明、岡田のは逃げ出して行衛不明で青い火は新聞紙をくり拔いて中へローソクを立てたもの水の上を歩いたのは竹馬に乘つてゐた……二人は散々ブンなぐられて引下つた、成程ウマイ幽靈ではありませんか、とは石浦工夫さんのお話。

4-330

怪　魔の老木枯死す

●北國新聞　昭和四年八月三十日

神秘な傳說を包む 魔の老木枯死す

四百年の樹齡を保つた 長町小學校庭の「タブ」の木

金澤市立長町尋常小學校庭の一隅鳴川に面して藩政時代から幾多の歷史をつゝんで鬱蒼と繁茂してゐた樹(地方名タモ)は今夏の打續いた旱天からあへなくも四百年の樹齡から去る八月初旬二日間の間に枯死してしまつた、この樹は昔

＝老樹＝ として名高く藩政以前から富田家の時めいた頃藩士鳴川家の庭園に既に神秘な傳說をつゝんで鬱然たる茂みの蔭から都人士の間に神話を傳へ、幼童だちからは魔の樹として好奇の眼でみられてゐたものだといふ、今は遺憾ながら昔時の神話めいた傳說を知る古老とてもなく文明の光りに追はれて時代の變遷に默々と葉風をすり合せてゐた、が又「加能老樹名木誌」に

＝記錄＝ され當地方でも稀れとしては稀にみる老いたもので高さ六間餘、周圍一丈三尺といふ大木であつた、明治初年頃より最近にいたるまでも月なき夜半などこの暗々たる樹間に不意に提灯がさがり婦女子の膽をうばふといひ傳へられ今なほ夜道に薄暗き鳴川町は人通りすら少かつたものである晝は休憩時間などに集まる兒童たちの可愛い手に取卷かれ慕まれてもゐたが枯れて

＝無慘＝ にも金澤市所有物として近日中に切り去られ競賣或ひは隨意入札によつて賣却される筈で幾多の人知れぬ歷史をひそめて名殘をとどめるとなつた（寫眞は枯れた老木）

4-331

資　神懸、狐憑は自己催眠

●松陽新報　昭和四年八月三十一日（三十日夕）

趣味

神懸、狐憑は 自己催眠

狐、狸は寃罪である

昔からよく人間が狐や狸にバカされた話を云ひ傳へて居り、今日になつても、そう云ふことを信じてゐる人がずい分あるのであるがそういふ人達は狐や狸が何か催眠術でもかけるかのやうに考へてゐる

狐や狸 にそんな術があるどころか、人間がそう云ふ戸惑ひめいたことに心を亂して居る、そのことさへ無關心である、つまりそれは、人間の自己催眠であつて、空想とか想像などから出た錯覺とか幻覺とかいふものであつて所謂夢中遊行に近いものである、例へば夜更けて山路を歩いてゐる時に眠氣を催して居るからいろ〳〵の幻覺から戸惑を起し易いしまた迷信に強い人はそういふ場合恐怖に滿ちてゐるから錯覺を起していろ〳〵な幻像を見る樣なことになるのである。故に

人間に そうした自己催眠に依る戸惑ひがあるとしても、それは狐や狸に何の關係もないものである、唯しかしこゝにあると思はれるのは所謂、神懸、狐憑き

等のことである、これらのことはあるにはあるが、神たの狐たのといふ外物が人間に乗り移るのではない、弘法大師が「佛法外にあらず、心中にして即ち然り」といつた通りで、迷ひの心も人間の精神的な缺陥から起る現象である。つまりそれに憑かれたといふ本人が自ら憑かれた氣分になるのである

この神がゝりや

狐憑き は多くは一時的發作性の精神の變態狀態であるがこの狀態にある間は狐に憑かれたものは「コンコン」と吼えたりするのである、この種の精神病にはいろ〳〵の種類があるのであるがその精神病者の憑きものの種類は土地に依つて違ふから面白い、島根の「人狐」上州の「オサキ狐」信州の「クダ狐」土佐の「犬神」讃岐の「猿神」伊豫の「蛇神」隱岐の「猫神」陸中の「蛇」等は皆その土地特有の憑物である。西洋では狼憑き、惡魔憑き、鬼憑きなどゝ云つてゐるが、この狼憑きは日本にない、また生靈憑きや

死靈憑 きといふのは日本にも西洋にもある、日本でも土佐には狐憑きがない、狐が土佐には居らない譯ではないが傳説によると何でも甚右衛門といふ狸が狐を追出したといふのである、そして土佐には狐憑きの代りに犬神憑きがあるのである。こういふ對象が精神病者に乘移つてバカ〳〵とか惑はすとかいふ現象を起すのである、つまりそれはその地方の人々が傳説的に或は慣習的に恐れてゐるものであれば何でもその對象となり得るのである右の種類のやうに

地方的 な憑物に依るのを定型的といふが、これはいつもかゝりつけてゐるものが最も多いのである、この場合の狀態は、恰度夢の中にゐる自分がいろ〳〵のものになる、つまり人格變換であつて平常の自分といふものを失つてしまつて犬になり猫になり狐になり、神様になつて、そうしてその氣持になつてしまふのである、

大本教の

教祖で あるお媼さんは神がかりで隨分山師達の利用するところとなつたが、あれは一種の精神病者であつたのだ

随筆　兵式怪談（一）松山のお菊（上）
●国民新聞　昭和四年九月一日（三十一日夕）　4-332

隨筆 兵式怪談

櫻井忠温　同　畫

（一）松山のお菊（上）

このころ、伊豫松山聯隊のお菊井戸から女の骨が出たさうだ。

私はその聯隊の出身なので「あの井戸から」と思ふと何となしゾツとする。

井戸は營内射擊場の一隅彈藥庫のそばにある。——松山城の眞つ黑な森を背にして——

松山のお菊も皿を毀して殿樣にたゝき斬られ井戸へ投り込まれたのである。皿を毀した腰元はみなお菊といふ名だつたと見え、ところ〳〵にお菊井戸といふのがある。姫路の城中のもお菊井戸なら、江戸番町にもお菊井戸といふのがあつたさうだ。から所々にあつては本家爭ひが起きさうだが、實際は我が松山が——と威張るに當らんか——本家なんださうである。

どちらが本家でもいゝが、松山のお菊井戸からもお菊の幽靈が出ることになつてゐる。

第三號彈藥庫——井戸に一番近い——の歩哨の耳にはところ〳〵に[illegible]の音がある。歩哨が何を見てうろたへたか、扉を銃劍で突き刺してゐるのである。

私が士官候補生の時一晩この彈藥庫の歩哨に立つたことがある。

彈藥庫の後ろにヤツトひとりで通れるくらゐの道が山の方へついてゐる。火の玉が井戸から出て、この細道を轉び上がるだのといふ話が傳はつてゐる。

少し離れた内務へは夜な〳〵女が水汲に立つて泣いてゐる。それ

怪

随筆　兵式怪談　（一）松山のお菊（下）

●国民新聞　昭和四年九月三日（二日夕）　4-333

随筆 兵式怪談

櫻井忠温

同　画

（1）松山のお菊（下）

銃剣のさきが光るといふ話を思ひ出した。私はジッと自分の銃尖を見つめた。

銃剣が光るとお菊が出るのださうだ。幽霊も暗がりでは出られぬと見え、灯りをともしてから出て来る。

西洋の幽霊は昔から月夜に限つて出ることになつてゐる。欧洲戦争で新設の幽霊も月夜に限つて出た。近代幽霊でも月の夜に出る。日本物は「月夜に幽霊」はうつりが悪い。ボロ／＼と鬼火をもして出て来る。そこで幽的も暗夜では出られぬといふ原則が成り立つ。お菊は発狂にも歩哨の銃剣の尖に火をともしてから出るのださうだ。

私は震へながら銃剣の尖を見つめてゐた。光る兵隊はないから、何程か安心してゐた。

不意にやゝ離れた地点――営の後ろと思ふあたりに、女のすゝり泣く声が起きた。

いよ／＼お菊が皿を数へては泣くな、と思ふと、肉と骨とが離ればなれになるやうだつた。

女の泣く声はかなり長くつゞいた。

一時間の立番がすむと次の交代兵が来た。私は何とも言はずに衛兵所へ帰つて行つた。

「出なかつたかい」

衛兵司令K軍曹がかういつた。

「何かです？」

「お菊が……」

「出ませんでした」

「さうか」

K軍曹は黙つてしまつた。すると、軍曹の後ろから、口を出した男がゐた。N二等卒である。

「軍曹殿、出ます。私が立つと営の後ろで女が泣きます。あれがお菊だと思ひます」

がお菊だといふ話もある。

歩哨の立つところは城山の麓で、竹やぶのそばである。松と榎が弾薬庫の屋根に大きな手をひろげてゐる。

弾薬庫付近まで来ると拡がりしたり、銃をガチャ／＼させたりする。

歩哨の銃剣の先きが蛍火のやうに光つたりする。どこから明りが来るでもないのに。ボーと明るくなる。併し歩哨が手を触ると消えてしまふ。歩哨の総身の毛は一本々々針のやうに立つ。

私が立つた日、こんなことがあつた。

二時の交代で私はひとりぽつち歩哨小屋の前へ残された。交代係の上等兵は逃げるやうに帰つて行つた。

二時―三時は幽霊の出る刻限だ。「お菊が出る」と思ふと、頭の中は樽で突つ張つたやう。

一体西洋の幽霊は夜の九時から十一時までとなつてゐる。この時刻にはすべての死物が活力を得て躍り出すとなつてゐるが、日本物は「夜はしん／＼と更け渡り、草木も眠る丑満の頃」に出る。西洋物にはあまり凄い奴はゐないが、日本物は入念に物凄く化粧して、わざ／＼柳の下から出たりする。

今ごろ歩哨に何の怨みがあつてお菊が出るのか。割れないアルミの皿でもくれといふのか。無邪気な兵隊をおどかして何が面白いのか。「出るなら出てみろ」といふ気になつた。

途端に薮の中からギャアといふ声がした。私の頭の毛は一本立ちに立つて、帽子を突き上げさうになつた。脚が胴についてゐるのかどうかわからなくなつた。

声はたゞ一度でやんだ。そして又もとの静けさに帰つた。

お菊が「今晩は」と目の前へ来るやうな気がした。何かしら白いものが網膜に映るやうだ。

こんな時に歩哨がむさんこに突きまくつたに違ひない。たしかに手ごたへがあつたと、夜が明けてしらべてみると、弾薬庫の扉に穴があいてゐた。

銃剣の尖を突いたのなら、手応へがありすぎるほどあつたに違ひない。

「女が泣く？」

「ハ、泣きます」

「候補生どうか？」

「さういへば泣くやうです」

「やはり泣くか、變だのう……」

「女の泣き聲」だつたか、樹の葉のすれる音だつたかわからぬ。藪の中でギヤアといつたのも梟が鳴いたのかも知れぬ。併し、チヤンと怪しげな井戸のある以上、そこからお菊が出るものと極め込んでゐた。

あまりこはがるので、二人の歩哨を置いた時もあつた。

ウーンといふうめき聲を聞いたといふ歩哨があつた。その歩哨は豪膽な男で呻き聲をたよりに近寄つて行つたが何もなかつた。

翌朝そこで女が首を吊つてゐた。

「あの時、見つけたら、助けてゐたのに」

歩哨は殘念がつた。

それもお菊のたゝりだとしてしまつた。

この頃射撃場を改築するので、この井戸を埋めにかゝつた。ところが埋めても〳〵水が吹き出るので、そのまゝにして蓋をしてしまつたさうだ。

水を汲み出す時女の骨が出た。それがお菊の骨だといふことになつた。

お菊が井戸の底から浮世へ出てみると、――幽靈のやうに出たのではあるが――かうして眞晝間出てみると、もうお城は昔の姿でなくなつてゐた。チヨン髷をゆつた侍らしい者もゐなくなつた。そして、兵隊が鐵砲を擔いで馬のやうな足どりで練兵をしてゐた。

お菊はもうだれにも祟るまいと思つた。かどうか知らぬが、お菊の骨は土の中に安らかに眠つてゐる。

随筆　兵式怪談（二）古戦場の怪

●国民新聞　昭和四年九月四日（三日夕）　4-334

随筆　兵式怪談
櫻井忠温
同　畫

（2）古戦場の怪

久留米の歩兵聯隊には十三塚の怪といふのがある。昔そこに十三の塚穴があつた。正平十四年菊池武光が太宰少貳と高良山に戦つた時、その戦死者を葬つた塚だともいはれてゐる。草を刈つても祟りがあると里人は恐れてゐた。

どき〳〵兵隊が鯨波の聲をあげる。それが一つの中隊から次ぎの中隊へと傳はり隊を破つてワーワー〳〵と叫ぶ。

その最初に叫んだ者は、美しい女に誘はれて草原の中へ連れて行かれるさうだ。そこには鎧武者が待ちうけてゐて、彼を寄つてたかつて首をしめたり、手足を引つぱつたりするさうだ。

兵隊を引つぱり出すのに女を使ふとは幽靈も心得たものだ。

夜中兵隊が鯨波の聲を揚げるので有名なのは熊本の聯隊である。正門から大きな火の玉が飛び込んだりするさうだ。明治四十四年頃が一番盛んだつたといふのも面白い。

久留米歩兵營の祟りといふのは原の上に兵營を建てたからださうだ。建築中にも何度か砕れたり、人夫が死んだりしたので、「今に祟りがあるぞ」と古老がいつてゐたさうだが、無邪氣な兵隊を攻めたところで仕方がない。

併し、この頃はトンと出なくなつたさうだ。といふのはこの原に戰車隊が置かれ、原の上をグツス〳〵と這ひ廻るので、さすが正平の鎧武者もペシヤンコになつたのだらうといふはさである。タンクで押されちや如何な幽靈もグ

4-335
随筆　兵式怪談（三）屋敷の隅
●国民新聞　昭和四年九月五日（四日夕）

随筆 兵式怪談

櫻井忠温 同畫

（3）屋敷の隅

松山聯隊には草の生えない地面がある。昔そこは首斬場だつたといふことで、兵隊が縊死するのはそこに限つてゐるたものだ。今はどうか知らぬが。

戸山原は昔狐の名所だつたさうで、今でも兵隊のどクつくやうなことがあるといふ話。太田道灌が若い娘から山吹の花を貰つたといふのは今の近衛騎兵の正門前ださうだ。狐からもらつたのぢやなかつたか。

忠臣藏の與市兵衛が提灯をさげてトボ〳〵出て來たのは伏見野砲聯隊の營庭で、定九郎が待伏せしてゐたのは營庭の外の午砲臺一寸した土饅頭の邊ださうだ。その時、定九郎は破れ傘を持つてゐるから雨が降つてゐたのだらう。

猪が飛び出したのは聯隊の裏手ださうだ。

併し與市兵衛の幽靈は出ないから兵隊安心してゐる。

その砲兵營の彈藥庫に女の幽靈が出るといふ噂が立つたことがある。與市兵衛の幽靈でなくて仕合せかも知れぬ。「財布を返せ、財布を返せ」などゝいつて爺さん兵隊に縋つて來ても困る。五十兩なんか持つちやゐないから。

ーの音も出まい。

古戦場に祟りがあるとすると歐洲の戦場では幽靈軍團でも出さうなわけだ。古戦場の土の上には新しい家も建ち、草も樹も掘り返したが兵隊の幽靈が出て來るといふ話を聞かない。

滿洲の古戦場にも怨めしくやる兵隊の幽靈なんかゐない。揃ひも揃つて氣のいゝ男なんだらう。

併し戰爭最中には幽靈話は可なりあつた。ロシヤの塹壕に「塹壕のお化け」が出て兵隊を引裂いたりした。フランスのランスの戦場にはアレ●ノアル（鬨の道）といふ所があつて、そこを通る兵隊はひとりも生きて歸らなかつた。

旅順にもそんなことがいくらもあつた。

化物砲臺といふのがあつた。そこから夜な〳〵支那人の幽靈が出るといふ噂が立つた。私も化物砲臺攻撃の一人だつたが、見たい化物は一度も姿を見せなかつた。一昨年の秋こゝを訪れた時は乃木菊（野菊）のさき亂れた中に廃墟のやうに突立つてゐた。名は化物砲臺でも何となくなつかしいものに思へた。

この砲臺では露兵が支那の女を斬つたのださうな。旅順舊市街にも化物の出る白堊館がある。そこでも要塞工事の苦力をたゝき斬つたといふ話だ。このころ、その家のそばを掘り起すと、骸骨が何百となく出た。骨に交つて銀貨や銅貨がたくさん出た。苦力の持つてゐたものだらう。

大阪の歩八の兵營に奉天會戰の真最中、ある夜のこと×中隊が歩調勇しく凱旋して歸つた騒ぎがあつた。中隊の兵舎からはワー〳〵といふ喜びの聲がもれた。不思議に思つて他中隊から驅けつけた時は、それなりに消え去つてしまつた。

その翌日×中隊全滅の電報が入つた。

聯隊で出るところに兵隊らしいところがある。

この話は秋田の歩兵營にもある。全滅した中隊の靴の音が聞えたといふことである。兵營が戀しくて歸つて來たのだらうといふうはさが立つた。

兵隊屋敷の弾薬庫は幽霊や化物の棲家といつてゐい。

そこは大てい兵営の隅つこで、藪があつたり、森があつたり、そして、火薬の庫といふ気味の悪いものが建つてゐるので、いつとなしそこへ幽霊や化物をデッチ上げたに違ひない。

昔の城趾に建てた兵営だと弾薬庫のありさうなところで、首を斬つたり、怨み死にしたりしたことがあつた先に違ひない。「屋敷の隅」といふだけでも何となく物凄いものだが、大きな城の隅では何が行はれてゐたかわからぬ。

こんなところに立つてゐる歩哨がふるへ上がらぬのは、上からぬ方がどうかしてゐる。

パチンとピストルを打つやうな音がする（狸ででもが樹の枝を折つたのだらう）。

蝙蝠のやうな音がする（樹の枝や葉でもが崩れたのだらう）。

歩哨はそのたび髪が頭の上に総立ちになる。

ある隊で「特に東方竹林を警戒すべし」といふ注意を歩哨に申し送つたものがあつた。特に何を注意するのかわからぬがそれだけで歩哨の頭が上がつてしまつた。その内竹やぶから異形のものがノソノソと犬のやうにはひ出た。見た歩哨は「止れ！誰か？」「止れ！誰か？」「止れ！誰か？」と一口に言つてしまつた、と同時に銃剣で怪しの物を突き刺した。

「キャッ」といふ悲鳴が上がつた。歩哨はもうそれきりそこへへたばつてしまつた。

夜が明けて見ると、そこには血のあとが点々とあつた。確に怪物を射止めたといふので歩哨君俄に宮本武蔵のやうに有名になつた。

その朝一人の若い兵隊が跛を引き引き歩いてゐた。「どうしたのか？」兵隊はニヤニヤ笑つて何ともいはなかつた。

随筆　兵式怪談（四）旅人

●国民新聞　昭和四年九月六日（五日夕）

4-336

随筆◇兵式怪談

櫻井忠温　同　画

（4）旅人

夜が大ぶん更けたころ、戸をトントン叩くものがあつた。

戸を開けて出たのはこの家の娘とよであつた。

とよの家は宿屋であるが、名代の薬種屋でもある。

とよの眼に映つたものは一人の若い男で旅の薬屋らしかつた。

「夜中御迷惑ですが泊めて下さいませ」

「さあどうぞ」

とよはこの若い薬屋にかう答へる気になれなかつた。

「あやしい者ではございません。明あさは早く立ちます。どうぞ御願ひいたします」

薬屋の眼はとよのあどけない姿に張つけられるのであつた。とよはその時十九であつた。

その仔鹿のやうにつぶらな眼がことに美しかつた。

「ハイ……」

とよの眼も薬屋の若者の姿に何となし釘付けられるのであつた。

「どこの隅でも結構でございますから」

とよは、それでもとはいひかねた。

「それではむさくるしいところですが……」

とよは若者を引き入れて静かに戸をしめた。

この様子をギロッとした眼で見てゐたのはこの宿の亭主――とよの父親であつた。

とよは若者を一室へ案内して引

下がつた。

一ときもするととよは若者の部屋の障子をしづかに開けて入り、若者をゆり起した。

二人の間にひそ／＼とした話がつゞいたが、間もなく二人は雨戸の外に出ていづこともなく姿を消した。

その二人のあとを追ふものがあつた。それは宿の亭主で手に鐵砲を持つてゐる。

二人は追手のあるとに氣がつき一さんに逃げたが、途を取り違へて別れ／＼になつた。

その内亭主に追つつかれた男は鐵砲に打たれて死んだ。とよも發見され父の手にかゝつて敢ない最期を遂げた。

この家に宿る者はあつても、長く立ちする者はなかつた。それは旅人の命を取り血を絞つて染物に使つてゐるのだといふ噂が立つた。染物は御殿一の名品として遠近にもてはやされてゐた。

この話は姫路にあつたことで、いつの時代ともわからぬ。野砲の兵營の將校集會所がその宿屋兼染物屋の居敷跡だそうである。

集會所の調理場のあるところが昔罪人を料理したところだの、血の染物を洗つたのが昔の堀だのといふ噂がある。

兵舎が建てられた時にもたくさん人骨が出たといふことである。

眞つ暗な夜の集會所――週番士官達も去つて、大きな建物は象のやうに靜まつてゐる。

この建物の中に住まつてゐるものは上等兵等二人である。

夜中鷄の首をしめるやうな音がする。

重いしづくがポタ／＼と床板の上に落ちるやうな音がする。

床板の下で唸る聲が陰々と響いて來る。

グワタ／＼と家がゆすれる。

ドーンと鐵砲の音がする。カラ／＼と彈を込める樣な音がする。

「オイ、A！（一人の兵）」

「上等兵殿！」

「ウァ……」

「ウァーッ」

不意にA兵が叫んだ。

「どうした？　どうしたか？」

「血の股に血が」

「血？　ウー」

二人は震へ乍ら夜を明かしたが翌くる朝、そこに股の首が落ちてゐた。

随筆　兵式怪談（五）霧のように（上）
●国民新聞　昭和四年九月七日（六日夕）　4-337

随筆

兵式怪談

櫻井忠温

同　畫

（5）霧のやうに（上）

兵隊の幽靈なんか氣が利かないが、出るものなら仕方がない。

古井戸――これも彈藥庫の――中から「飯盒！飯盒！」といつて泣く幽靈がある。

飯盒幽靈は久留米の山砲營の古井戸から出るといふ噂である。飯盒でも失くして井戸に飛び込んだ兵隊かも知れぬが。飯盒の名を呼ぶわけを知るものがない。

幽靈の正體を見たわけではないらしい。井戸からボーッと何か立上るのを見たものがあるのださうだ。そして井戸の底でコト／＼といふ音がする。それが「ハンゴー、ハンゴー」と聞えるらしい。

飯盒式幽靈は金澤歩兵營にも出る――のださうだ。

舊城の黒門のそばに飯盒池と名づけられた小さな池がある。

この池の中から「ハンゴー、ハンゴー」と聞えて來る。見廻りの歩哨が震へ上がつて逃げ歸ることが毎晩のやう。

だれが聞いてもたしかに「ハンゴー、ハンゴー」といふさうだ。そして池の中から兵隊姿の幽的がスクッと立つてゐることもあるさうな。

日露戰爭前、ある兵隊が自分の保管してゐた飯盒の數が足らなくなつたので、申わけにこの池へ身を投げて死んだのださうだ。

皿屋敷のお菊は皿のために釣斬りにされ、この兵隊は飯盒で一命を殞した。皿屋敷は芝居になるが飯盒池では手がつけられまい。

お菊から考へついたいたづらに

遊ひないが、それが可なり耐久性を持つてゐる。久留米にもあり、金澤にもあるといふのが、お菊井戸が姫路にも松山にもあるのとよく似てゐる。

お菊が一つ、二つと皿を數へるやうに、兵隊は飯盒を一個二個と數へてゐるだらう。

お菊とこの兵隊とを夫婦にしてやつたらいゝ。

「銃くれ！　銃くれ！」といふ幽靈もある。

一つは熊本にある。例によつて彈藥庫の井戸の中から出る——のださうだ。姿は滅多に見えぬさうだが、毎夜のやうに井戸の底から「銃くれ！　銃くれ！」といつて泣くさうな。

三十年も昔のことである。彈藥庫に立つてゐた歩哨が暑さと疲れのために眠氣を催した。頬をつねつてもまぶたが開かなかつた。

そのうち歩哨は銃を哨舍に立てかけて眠つてしまつた。

フト歩哨が目をさまして、銃へ手をやると、そこになかつた。驚いた歩哨はもう金槌で腦天を打たれたやうになつた。

随筆　兵式怪談（五）霧のように（下）
●国民新聞　昭和四年九月八日（七日夕）　4-338

怪

随筆　兵式怪談

櫻井忠温　同畫

(5) 霧のやうに（下）

歩哨はキリ／＼とまひまひ蟲のやうに同轉して銃をさがした。併し銃は遂に彼の手に歸らなかつた。

銃は軍人の魂、命より大事のものゝやうに思てゐる歩哨は、とう／＼井戸に身を投げて死んだ。

銃は草の上に倒れてゐた。だれが持つて行つたのでもなかつた。側にあるものが彼に見えなかつたのであつた。歩哨は銃なしに衛兵所へ歸ることが面目ないと命を捨てゝしまつたのである。

同じ話が朝鮮龍山にもある。これは十年ほど前から「銃くれ！　銃くれ！」といふのださうである。熊本から朝鮮へ移つた兵隊どもがお土產に持つて行つて植付けたのでないかと思ふ。

兵隊の幽靈といふと鐵砲だの、飯盒だのといふことまでが兵隊だけに堅い。

ある兵が川でシャツを洗つてゐた時誤つて深みへ落ちて死んだ。それ以來川の柳の樹の下にシャツの幽靈——シャツがフワ／＼と暗い中に出て來るのださうだ。岡山野砲隊での話。

わざ／＼柳の樹の下から出なくても出たいならどこでもよささうなものだが、ワザ／＼獨木の下から出るのは日本幽靈が物凄くやらうといふ魂膽だ。

兵隊の幽靈で有名なのは橘中佐の幽靈である。

中佐が首山堡で死んだのは三十七年八月卅一日の未明であつた。

その時、中佐夫人は長男の一郎左衛門をだいて寢てゐた。

寢てゐた猫が騷がしく啼つて來て床の上に飾つてあつた中佐の寫眞を引つくり返した。

物音に眼をさました夫人は良人の寫眞が倒れてゐるので、胸騷ぎがした。

此の時表の戸を叩くものがあつた。夜中に何事かと、夫人は寢間を出て玄關の戸を開けた。するとそこに中佐がまぼろしのやうに佇んでゐた。

「アッ、お歸り遊ばせ」といつたもの〻今どき良人が歸つて來る譯がないと思ふと總身がガタ／＼とふるへ出した。

中佐は、ため息をついて「けふはたくさんの部下を殺して申わけがない。どうぞその人達の冥福りをお前にたのむ」といつた。

その聲は地の底から起きるやうに重苦しかつた。

中佐がかういふと、姿は霧のやうに次第に消えて行つた。

「ア、あなた！」

併し、中佐の姿はもう見えなかつた。

これは夫人が後日さる人に語つたさうで、私も映畫「橘中佐」に實話として扱つた。

大モルトケの幽靈も有名であるモルトケは屢ろその姿を兵舍に現したさうだ。歩哨がモルトケに敬禮すると元氣よく答禮したといふことだ。歐洲戰爭當時はモルトケやビスマークは地下で地團駄を踏んでくやしがつたことだらう。

随筆　兵式怪談（六）人造人間（上）

●国民新聞　昭和四年九月十日（九日夕）　4-339

随筆
兵式怪談
櫻井忠溫
同畫

(6) 人造人間（上）

昔、松山聯隊に名代の人形師があつた。

聯隊では日清戰爭の凱旋記念祭が毎年行はれた。

ある年の祭の飾物に營内へ陣中生活の場面を作つた。その中に一人の若い支那の娘を置いた。

女の人形は人形師のKが擔當した。

Kの作つた人形は張り子の首や、祭の間ではなかつた。兵隊の人形とはひどく不釣合であつたが、Kはどうでもいゝ飾り物に精根を盡して作り上げたのである。

物好きでもあつたらうが、さすが人形師の作つたものと言はれたくもあつた。

果してこの支那の女の人形は大變な評判であつた。Kの名は新聞にも書き立てられ、たれ知らぬ者もなくなつた。

祭がすむと支那の女は衣裳をはがれて、中隊の倉庫へ置かれた。衣裳は町の衣裳屋から借りてゐたのだつたから。

人形は次の日曜日にKが外へ持つて出るつもりであつた。

祭の翌日の夜であつた。中隊の一人の兵が用があつて、倉庫の中へ入つて行つた。すると、目の前に裸體の女がコト〳〵歩いてゐたので、彼はデングリかへるやうに驚いて外へ飛び出した。彼はそれが祭の飾物に使つた人形だといふことを忘れてゐた。

彼はテッキリ女が倉庫に入つてゐると思つた。彼は急を週番軍曹に告げた。

軍曹は「何んだそれか、そりや人形だよ」といつた。

「人形？それでも動きました」

「動いたつて」

「ハア、たしかに動きました」

「人形が動くかい」

「たしかに、動きました」

「よし、それなら行つてみよう」

軍曹は彼と共に倉庫へ行つた。

すると暗い中からクッキリ浮いた白い裸女がコト〳〵と戸口の方へあるいて來たので、軍曹も兵もそこへたばつてしまつた。

その一夜が過ぎた。人形師のK兵はH少尉の前へ呼び出された。そばに裸體の人形がかしこまつて立つてゐる。

「人形裁判」の結果はかうであつた。

人形は動くのであつた。Kはこの人形を、かねてから考へてゐた「動く人形」として作つたのであつた。飾り物にした時は秘密のもれることを恐れて、そのカラクリを止めてあつたが、倉庫の中で何かのはずみで、自然に動き出したのであつた。

人造人間の製作者Kは間もなくそれをガタ〳〵にはしてしまつた。だれにもその仕掛を話さなかつた。

「人形の幽靈」といふ評判が立つた。Kはそれを苦々しいことに思つた。

話はそれだけだが、このころ雑誌××が、ショウ・ウインドの人形——衣裳を着けない前の——をたくさん口繪に出したので切取りを命ぜられたさうだ。併し、××新聞のある日の夕刊にはそれと同じやうな寫眞（一枚）が載つてゐたこともある。

私はある日の夜（十一時ごろだつた）××呉服店の七階の事務室を出た。旅順展の仕事のために遲くまで殘つてゐたのである。

事務室を出て、店員用のエレベーターに乘るため、芝居なら舞臺裏といふところを歩いて行つた。

フト、暗い中に裸女が一小隊も並んでゐるのでギョッとした。流行の着物を着せてショー・ウインドへ陳列した時はどんなにきれいだらう。併し人形にしろ眞白な體が一物も纏はないで暗い中に立つてゐる姿の恐ろしさつたらなかつた。

宿直の店員が夜中提灯をさげて晝の賑ひとは反對に寺の堂のやうにガランとした店の中を見廻るとき、ダイヤが青白い眼を光らしたり、お白粉の顔が糊のやうな白い肌を投げてゐたり、天井に吊した錦紗の着物が搖れるのを見てさへ身がふるへるさうだ。まして女人形のそばへは餘程の豪膽者でないと行けないさうだ。

私はその人形を見た時、人形師Ｋのことを思ひ出した。

Ｋの作つたのはどういふ仕掛であつたかわからぬが、人形が自然に動くのであつた。

随筆　兵式怪談（六）人造人間（下）

●国民新聞　昭和四年九月十二日（十一日夕）　4-340

随筆　兵式怪談　櫻井忠溫

（7）人造人間（下）

最近獨逸から人造人間が來るさうだ。そしてその首を安本龜八君が日本頭にすげかへて、マネキンに使ふのだといふ話を聞いた。

（眞否は保證出來ぬが）

「メトロポリス」の人造人間は映畫で有名になつた。ブリゲッテ・ホルムの扮したやうな人造人間（ロボット）が人間に代つて活動する時代も來さうに思はれる。

ローマのクローデイウス帝が大仕掛な水中芝居をやるため、海豚に乘つて海から出る神機トリトンを造つた。トリトンは水の中からガバと飛び上がつてラッパを吹いたさうだ。

中世紀にはランプの火を吹き消したり、音樂を奏したりする活動人形が作られてお祭の飾物に使つたりした。

活動人形はキリストの像にも應用され、キリストの頭や、眼玉や、唇が動くやうにして、一層信仰を高めたといふこともあつた。

ドイツでは千七百四十八年頃劇場で百數十齣の活動人形を使つて芝居を打つたといふ記録がある。

十八世紀のころ、フランス人ジャック・ド・ボオカンソンはもつと生命價値に富んだ人形を造り上げて芝居をやらした。

スイスの科學者ピエル・ジャッケ・ドローといふ人は字を書く人形を完成した。ペンにインキをつけて立派に書いたさうである。

ドローは千七百八十三年セビラの裁判所へ引き出され、裁判官の前でまやかしものでないといふことを證明させられた。

この器械人形は千八百十四年ホフマン劇の中にも一役を持つて出てゐる——器械人形といふことを知らずに戀をする場面に。昔のメトロポリスである。

もう今ではイギリスでもアメリカでもいろ／＼な考案で人造人間が出來るやうになつた。立つたり、坐つたり、談話したり、いろ／＼な藝當までやる。イギリスのデウイス氏の設計したのは、胸に立派な蓄音器装置を取りつけてある。

河童が水から頭を出したり引つ込めたりする見世物があるが、あれは鳳凰の頭に毛をつけて、臀から絲で引つばる仕掛である。こんな活動人形も昔は西洋にもあつたと見え、千七百八十九年ドイツで男爵フオン・ライニツクといふ人が将棋をさす人形を作つたことがある。それは机の下に、ほんとうの人間が隠れてゐて、人形を操るのであつた。

操り人形も一種の人造人間で文楽座も人造人間の芝居といへるかも知れぬ。ドイツでも操り人形ではピアノを弾いたり、器械體操をやつたり、戦争をやつたりしたといふ人形があつた。

今ではもう立派な人造人間――人間の代りとして活動する人形が出來るやうになつた。

戦争でもあると、戦場はむろん器械化して來るだらう。そして人間といふものが戦場に現れぬ時代が來るかも知れぬ。そして人造人間が戦場の勇士であるやうなことにもならう。

化物も人間の方で廢業して人造人間が引受けるやうにもならう。

（をはり）

4-341

怪　「天井に描かれた大坊主の絵」

★日伯新聞　昭和四年九月五日

天井に描かれた大坊主の繪が四十九日目に死んだ坊さんの顔とかはり、夜な〳〵大口を開いて笑ふ、といふ夏の夜にふさはしい怪談が神戸に擴がつてゐる。何としても面妖な話。

4-342

妖　伝説　河童の腕

●函館新聞　昭和四年九月五日夕刊附録

傳説　河童の腕
（私の故郷にあつた話）

舟貝利吉

私の故郷にあつた古い傳説なのです。何でも明治にならない前の話だそうです、通稱善さんと呼ぶ六十餘りの元氣なおぢいさんがありました、春も遲い五月の下旬、善さんは一生懸命に炎天にさらされて畠の草取に餘念がなかつたのでした、それから暫く立つて何時の間にか一人の若者がそばへ來て、善さんの草取を見てゐるのでした善さんが不圖氣が付いて、此奴は怪しいぞと考へました。

×

その頃すぐ近くの黒部川に河童が住んで、泳ぐ人のキモを盗むと云ふうはさがあつたのです、善さん早速尻と褌の間に石をはさみました、かくすれば河童は手を入れることが出來ないからです、矢張り河童だつたのです、ちよいちよい善さんの尻をなでゝ見ては『善さん善さん、あんたの尻は石尻だのう』と云ふのでした、善さんも負けないで『うん〳〵俺の尻は石尻だがどうした』と問返しましたけども『いや何んでもないんだ』と口の中でぶつぶやきつゝ向ふでは『善さん〳〵、こんなに暑くては草取もやり切れないぜ、一つ川へ泳ぎに行かうぢやないか』と、そろそろ本音を吐き出しました。

×

善さん『嫌だよ』と一度はことはりましたが、再三云はれるので何か胸に計略をつけて、でかけました川へついて善さんは何も云はないで右手を引つ張りました、スポリと音をさせてぬけましたので、河童をば河の中にたゝき落して家へ歸りました、之は河童の手が非常にぬけ易いものだと云ふことを聞いてゐたからです、河童にして見れば一度ならず二度までもかつがれその上腕をとられて口惜しかつたでせう。

×

善さんは腕をば大切に持つて歸りしまつておきました、それから二時間餘りもたつて元の姿で河童がやつて來ました、そして『どうかあの腕を返して下さい、そのかはり私は貴方によい金儲けを教へて上げます』と云つて今のシヤクシのやうなものと白い粉を出して『これを原料にして食物を作りなさい、之だけの原料があれば貴方は一生遊んで暮らせます』といひたして頼むのでした、善さんは承知をして『腕を返すがお前は之から俺の目の屆かない處へゆけ、再び俺の目にかゝつたら最後今度こそは生かしておかないから』と云ひまして腕を返してやりました。

×

河童は喜んで何べんも〳〵お辞儀をして、そのまゝどこかへ去つてしまひました、その後再び附近では河童を見たといふものがありませんでした、善さんは其後河童から教はつた通り白い粉を原料にして砂糖のやうなものを作りました

×

善さんは八十歳でなくなつたさうですが、其子孫は榮へ今では村一番の金持です、その時のシヤクシはその家の寶物となつてまだ殘つて居ります、私もそれを見ました木を五寸程に切つて、先の方が穴を掘つてあるのです、見るからに其當時がしのばれます、私は幼時この話を祖母から面白くきかされたのでそのまゝ書いたにすぎませんです（終り）

事実怪談（一）　長楽寺深夜の怪
●上毛新聞　昭和四年九月六日（五日夕）　4-343

怪

事實怪談（一）
長樂寺深夜の怪

水沙之吉

（長樂寺は上野國新田の庄長田村にある古刹）

上州名物の空つ風が吹き荒て、あちこちで流行感冒だ、鼻風だと呼ぶ聲が次第に遠い追憶の歎と消えて、そろ〳〵陽氣になつたと、櫻の蕾を神經の末端に宙がへりさせる頃であつた村々の街道に面した店の隅に、ところてんの皿やおし出し器が寢てろゐる、兎の様に下を向いてゐるあちこちの嚊さん達も、ふらんねるの腰まきを邪魔にし出さうとした頃だつた。村の名刹長樂寺の森の中の一つの樹木が毎夜怪しい音をたてるといふ評判が茶呑話から湯入り話となり、立話しから理髮所の新議となりはては村々へひゞき渡つて、はては東京新聞の地方版にさへ寫眞入りで出る樣になつた。

◇

初めの中は「木がうなる木がうなる」と子供騷ぎだらうと高をくゝつてゐたが、新聞に出ては眞實だらうと何だかんだやかんだと、ざわめいて、毎夜近郷近在から人が集まつてきた。四五日の中に五六百人も集まり、ついには千、二千といふ老若男女が來り會し、何に來たのか、忘れて、人だけ見て歸つたといふ人さへ見えた。人の騷ぐ中は駄目だと、茶の木株や桑原へ陣をとり「今うなるか、今うなるか」と好奇心をやたらに暗夜に研いてゐた

◇

村の物知りや老人は、何か不思議な因果に之を結びつけて説明するし、中學新卒業生達は何か科學的に之に意味づけるし、兵隊歸りのおぢやん連は、梟の仕業だといふし、又ある經驗者めいた人は
「木が水をすい上げるんだんべい」といへば「べら棒め吸水ポンプぢやあんめいし」と鷄の樣にかつちらかした。何さまとんと、その原因は不明の鈴なりであつた。

やがて、その怪しの樹木と稱される周り六七尺の欅のそばに、墨黑々と
「この靈木に近よるべからず」
と寺の執事が屋形の揭示を出した。さあ又益々村々の評判は高潮した。はては自動車でおしかけてくる好事家も出てくる盛況であつた。

事実怪談（二）　長楽寺深夜の怪
●上毛新聞　昭和四年九月七日（六日夕）　4-344

怪

事實怪談（二）
長樂寺深夜の怪

水沙之吉

◇

しかし木はならない。うならない。人々のゐる間はならぬ。辛抱強い者が五六人になつて闇夜に「今か今か」と耳をすまして桑藪の中にも坐して、バットをすぱ〳〵すつてゐると。丁度夜一時か二時頃の、どこの家も寢靜まり、遠く町の夜番廻りの太鼓が、氣のぬけた樣に響く頃、闇夜の中から突然
「ウーン、ウーン、ウンウン」
ときこへ出した。それ、鳴つたと耳も瞼もひきしめると「ウーン、ウーン、ウンウン」ときこえる。はてなと思つてよくきくと。

◇

「ぐーん、ぐーん、ぐんぐん」
ともきこえるたしかに森の西の方できこえる暗い西から響いて

來る、こそ／＼と、西の方へ行つて行つて、耳をすますと、こん度は東の方できこえる。

「オイシの木だ」といへば「いやその隣の木だ」といふ。いやたしかにこの木の上の方だといへばいや下の方だ、地の下だといふ。

西か東か、上か下か、皆總で耳をすましてゐると、どこが何うだかとんとわからなくなつてくる。それにこん度は、むやみに糸を繰る様に「ぐーんぐーん」と響いて來るし、鼻をつまゝれてもわからぬ森の中――ふと氣がついて見るといつの間にか、人々はどこかへ見えなくなつてゐる。やつと見つけた者へ呼び聲をかけて見ると、それは石佛のつめたい石だつたりする。

「ちえつ」今までの科學者的冒險心は、ふわ／＼と風にすつ飛び背中には冷汗がにぢんで來るさういふわけで、唯ひとり、ほんとによく、その不思議の音をきゝわけた人はなかつた。

◇

たゞ夜遊びに出られるので喜んだのは、近郷の好事家だけ。[illegible]夜々の人出の賑ひで、飲屋や玩具屋まで出るさわぎ、さて[illegible]香もなくては、その賑しの[illegible]にも來られないといふわけで、子供もつ親達はちと困つた。春のさわぎだといふ。そこで中には自轉車乗りにげされるものも出て若い衆や娘達は、夜ふけるまで遊び廻るので、日中の仕事は眠くなりいとどその靈木を怨んだが、それが、春といふ、冬の鳥子の仕ぐさを知らなかつた。

◇

やがて、陽氣がめつきりよくなり、ぱつと櫻花が笑ひ出して、村の人々は、鐘の出ない中に、どこへ花見にどこへ／＼といふてゐる中、いつかその不思議の怪木の事を忘れかけて來るし、又その怪木の方でも、うなるのを中止してしまつたのか、人の噂も七十五日で次第に世の中は明るくなつて來た。

「木のうなるといふのはどこだらべ…」と、日中聞きゝに來る閑人もあるが、何がさて日中みたのでは何の興趣も出ないのを知らない無趣味漢だ、たゞそこで考へて見ると、一番えらかつたのは寺の執事の腕であつたその怪木に「靈木」と銘した所で、世の心あるもの、ほめはやすこと、ほめはやすこと。この事件以來「長樂寺」は急に有名になつておみくぢ引きにくる、若い娘など數を知らずと人傳ふるのは少し山をかけすぎるか知れぬ。

附記　この寺院の裏手にいゝ山林があり、それが考古家、歴史家、にとつても、好ましい山林である由、それが近く次第に開拓されて行く由きゝ、惜し事と感ず。何とかして、天然記念物として、風致上よりしても、この山林を開拓されぬ様、誰か取り計らへはいゝと希ふものである。敢て一文を草すること[illegible]

資　植物の妖性と怪異（上）

★台湾日日新報　昭和四年九月八日（七日夕）　4-345

植物の「妖性と怪異」

理學博士　山内繁雄

植物に就ての不思議な物語りは東洋でも西洋でも昔から人の口に上つてゐる學問の啓けない昔は全く道理の外れた不思議なことがあるやうに云はれて居つたがだん／＼學問が進み人の觀察の眼が確かになつてくると不思議といはれた事は全く觀察の誤りで實際は各物の不思議といふ様なことがないと解つてきて所謂怪異に關する話は段んだんと立消えとなつて行つたものが隨分多い

一言にして云へば學問の知識が暗かつたゝめにいろ／＼の想像に想像を加へて考へてきたことが科學の發達に從つて即ち科學の光で照されゝば所謂怪異は少しも怪異でないことにはつきりと解るやうになつた例しはきはめて多い

松にしても、かなり老木の枝が

植物の妖性と怪異（中）

★台湾日日新報　昭和四年九月十日（九日夕）　4-346

植物の妖性と怪異　(中)

遺傳性

理學博士　山内繁雄

松林に往つて見ると松の枝に太さよりも幾層倍も大きな「コブ」が澤山ついて居ることがある。これも

集つて居る中に時としては風も通さぬ程に細かい枝が群り集つた大きな圓い形のものが出來てゐる事がしばしば見受けられる、その原因不明のときは說明の仕方がないから天狗がこゝに巣を造つたものと考へて天狗の巣と云ひ慣はした然るにかゝる枝を顯微鏡でその構造に就て調べて見ると實け菌類の特別な種類が其枝にある呼吸のために必ずあるべき孔か又は傷口から入つて枝を刺戟し從つて刺戟された枝はだんだんと異狀發育してこのやうになつたのである、菌類で昔からわかつて居つたものは食べる「キノコ」であつたが、そのキノコ」は菌類の繁殖のためにできたもので菌類の自分の身體は顯微鏡でなければ見えぬやうな細かくもつれた絲のやうなもので、少しも色がないから菌類が植物にとりついて寄生しても、菌類の體は見えないために取りつかれた植物の體が種々に變つたのを見て不思議がられることは無理ないことである

大豆は菌類のついたゝめに腫れて膨れ出したのである

夏分に食べる枝豆は植物學上では大豆で味噌を造るときに使はるゝのと同種類である、この枝豆が時には圓い枝が平たく廣く帶のやうになつてあたりまへよりは豆が鈴生になつて澤山つくことがある。廣く研究して見るとこれ等は菌類の取りついたゝめのことが原因のこともあり、又は遺傳でさういふ大豆を蒔けば同じにさういふ枝に平たく帶のやうに出來るといふことがわかる

又梅にしても杏にしても食べられるところの中に固い心があるのが普通である、この心即ち核の中はほんたうの種となつてゐる然るに全く固い核のない梅や杏がまゝ見つかる有るべきはずの核がないために餘種人は不思議がるけれども桃でも杏でもまだ若いときに見ると決して固い核が出來てないだから若い時のまゝで變化しないで居れば固い心がない事は少しも不思議ではない、柿の實は西洋には味のいゝのがなく、日本には誠に結構なのが澤山ある、その柿の實を割つて見ると中に同じやうな實がモウ一つ入つて居るやうな時もある、柿の實の中に實が入つて居つてはいかにも不思議に思はれるけれども、さういふ癖は一度出來ると遺傳をするからこれまた遺傳の研究が進んで見れば少しも不思議はない、今日でも伊豫の宇和島を中心としてその附近にはかういふ變つた柿の實をならす木がある、其の外植物の體は根にせよ、莖にせよ又花にしても果實にしても多量の養分を含んでゐるからそれを食べやうとして取りついた菌類の仕事で種々雜多な形になることは少しも不思議はない當然のことであります

又小さい動物殊に蟲類と昆蟲類などは好んで植物の根や莖や葉は果實等の巣を造るから蟲や昆蟲が造つた巣のために植物の體が腫れてきて想像もつかぬやうな不思議な

真直ぐに育つ筈の竹が、これまた幾度も曲りくねつたやうになり、細かな枝が澤山に簇り集つて、天狗巣を造ることが決して稀ではない

夏の間、食べる「唐もろこし」のまだ親株についてゐる間に「唐もろこし」の食べる小さい圓い粒が幾層倍も大きく膨れて不思議な形をして居るのを見ることが多い

これも「唐もろこし」の怪異といづてゐる科學の研究を進めれば、これまた菌類の取りついた爲めで出來たので、不思議は少しもないのである（續く）

形になつて人を驚かすことは決して稀でない（續く）

植物の妖性と怪異（下）

資 ★台湾日日新報　昭和四年九月十一日（十日夕）　4-347

植物の妖性と怪異（下）

理學博士 山内繁雄

大陸人は物を見て不思議といふのはその人がこれまで見たことがないものを見當てた場合不思議といふので強いてその不思議なものが嘗つて自分の見た何かに似て居ればそれにしてしまふのである月影でさへ晩に尾花と見たり枝の垂れたシダレ柳を見ては痩せた髪を亂した幽靈が人を招くと思ひ間違へるやうなことになり老木がしば〳〵その幹の心が老いのために腐つて洞穴が出來その中に鳥や獸が棲んで居つてそれ等が日中の音絶えた靜な夜になると音を立たり騒いだりする人々はそれを聞いて不思議がつてそれが木の心が腐つて鳥や獸が棲んで居つて音を立てるとは思はないで木がうなり出したと驚いてその妖性氣分に怯えるといふのも無理無い事である

即ち不思議は人の知識が正確でないときに起るもので廣く種々なことが解るに從つてだん〳〵その不思議が減つて行くには當然である今日文明人の間にもまだこの不思議といふこともあり相に怪しむ人があるが野蠻未開な民族にゆけばその不思議の範圍が大變に廣い

○

さて植物が何故不思議がられてきたかといふには科學の研究を進めて見ると餘程興味ある道理が含まれてゐる原因はいろ〳〵あるが一つは植物の長壽のことである歳若い間は格別恐ろしいと思はせることは少ない人にしても兒童を見ればいかにも罪がなく兒童の心持ちが分りきつて居つて『何をしでかすか？』といふやうな戀しい氣分を人に與へないが段々齢老つて頭に白髪を頂く老人になると尊敬する心持ちが起ると同時に人によつては恐ろしさこはさが加はつてくるのである

昔から不可思議な術を行ふと考へた仙人なども變んな年老つた頭の人ばかりである植物はその長命なこと到底動物が追ひつけない幾十年の壽命を持つた老樹は世界中いくらもある從つて老木には何かまた科學の發見し得ないあるものがあり相に思へる古い繪を書いた寶物になつてゐるものを見るとその原料が紙であるのが最も永く遺つかず保存されて居る絹は錆びて物と形を失うても紙はよく保存されるこの紙は植物の體から造つたものである即ち植物の纖維には長き時の流れが到底朽ちさせ得ないあるものが含まれてゐるやうに見える。●幾千萬年の昔地球上に棲んでゐる植物の體である石炭が科學を進歩させる原動力として働らくその偉大さを見ても植物の體に潜んでまだ科學の發見し得ない靈能があるやうに思ふことを拒み得ないのである

大矢野原の怪談

怪 ●九州日日新聞　昭和四年九月十二日（十一日夕）　4-348

大矢野原の怪談

自責の念から自殺した兵卒

爆彈と、砲彈の雨が降る大矢野原に、これはまたあまりに涼し過ぎる怪談がある

◇

演習地に着いた晩、一風呂浴びて筱竹のさびしい葉摺れの音をきゝながら、池の端の廠舍の青年將校室を覗く、若い人達の集まりだけに水筒に詰め込んだ冷酒で盡の英氣を養つてゐたが、盃を取り、箸の動くがまゝに居合せたM大尉の口からは廠舍を圍る怪談のトップが切られる。M大尉の語る所を聞くと斯うである

◇

今年で滿十五年前の事、大正四年M大尉がまだ士官候補生時代である、秋も深み入つた九月の半ば頃聯隊擧つて射擊演習にやつて來た其頃の廠舍生活といつたら今のやうに水道も電燈もなく大變不便を

怪

スポート奇譚 亡霊の導き（一）

★羅府新報　昭和四年九月十八日　4-349

スポート奇譚
亡靈の導き（一）
篠原哲雄

昭和の時代においてユウレイの存在なんてどなたも信用なさるまいと思ふ。しかし、且てその事實に遭遇しその不可思議に驚いてゐる私なのですそんな馬鹿なことをと皆様はお笑ひになるかもしれませんが、まあ初秋の夜の座談とでも思つてしばらく耳をかたむけて頂きませう。

×

今や故國特に東京においてラグビーといふスポーツが盛んに行はれて居ます各大學にはリーグ戰が毎シーズン行はれます、ちよつとこちらのフットボールに似たスポーツなのです、壯快な現代の若者の血をわきたたすにはもつて來いのスポーツです、このラグビーが大學に發達すると同時に中學校にもそろ〳〵盛んになりかけました。こゝ二三年の内に十校近くの中學校においては立派なチームが組織されてゐます。

×

私の母校である東京の曉星中學校もその一つです、今から六年前、私達有志が苦心して曲りながらも一つのチームを組織しました今お話しやうと思ふのはでの私達のチーム内にあつた出來ことなのです、丁度昭和三年即ち去年の夏、近年稀な暑さのため都會の人々は山へ海へと涼を追つて逃れて行くのでした。

×

この曉星中學のラグビー部主將の竹内君もその一人でした、彼は二三の友人と上高地へ登山し、そこでキャンプを張つてゐましたところが突然彼が急性盲腸炎にかゝり驚く友達に助けら

感じたものであつたが、一番不便だつた事は食後の食器洗ひに態々暗い細道を辿つて水の田尾まで通つてゐた。所が或る日同年の松本太助といふ初年兵が不幸にも飯盒を失つて了つた、一本の釘一つの釦でさへ失くすれば厳しく叱られた當時であるし、特に小心な松本初年兵は遂に自責の念に堪へ兼ねて其の翌晩遂に砲平彈藥庫の眞上にある眞つ黑な森を背にして首を縊つて死んだ

◆

それから暫らく〳〵して彈藥庫の步哨に立つた者の口から死んだ松本の幽靈が夜な〳〵現れて氣味の悪い泣聲で

飯盒、々々、々々！

と呼ぶ聲を聞いたとの噂が隊内にパット擴がつた、又或兵卒は步哨の立つ所から眞上の道をシオ〳〵と憔悴した松本が登つて行く姿を見たといふ者もあつた、丁度此頃M候補生も一晩この彈藥庫の步哨に立つことゝなつた、根が豪膽な男であるから若や松本の幽靈が出たなら、今ごろ步哨に何の怨みがあつて出るかと一本喰はして大いに說諭でもしてやらうといふ決心で立つた、二時――三時は草木も眠る丑滿の頃である、最う出さうなもんだと思つてゐる途端に、後の高い藪の中からガシヤ〳〵と物凄い音が聞へたかと思ふとボーッと火の玉が西の方に飛んで行つた

己れッ――

と五、六步突き進んで銃劍を振りかざしたが銃の先が重くて上らない、よく見ると步哨小屋の前の立木にブッズリ銃劍を突き差して總身の毛は一本々々針のやうに逆立ちをしてゐる其れから死んだ松本の幽靈は必ず出るものと決め一時は二人の步哨まで立てた事があるとM太尉は遠い昔の變事にまだ脅へてゐるやうな眼光を投げながら語つてゐた――大矢野原にて――

れながら急いで山を降りたのでした。急ぎに急いで帰京して早速帝大病院に入院して手術をしました、しかし遂に七月二十五日午後二時天無情遂にこの者の魂をうら若い青春とともにうばい去つてしまつたのです。急を聞いてラグビー部の選手どもは三三五五帰京して川内君の家へと集まりました。

×

海或は山から帰つた彼等の日焼した元氣な顔が見て現在我が子、しかも可愛い長男をなくした君の父君のなげきはいかばかりだつたでせう、しめやかな御通夜がその夜十五六人のラグビー部員によつて行はれた、そしてその席上で君の遺言が父君より發表されました

一　最後まで意識のはつきりしてゐた君は第一にラグビー部のため幾度も〳〵父君に主将として自分がつくせなかつたこと、そして自分が主将の中に是非我等の強敵慶應普通部のチームを破りたかつた等口走り、そして最後に彼の親友上野に後事を託して目を閉じたとのことです。

スポート奇譚　亡霊の導き（二）

★羅府新報　昭和四年九月十九日　4-350

怪

スポート奇譚（二）
亡霊の導き
篠原哲雄

以上を聞いたチームの面々はこぶしを握り涙を流して君の遺言にそむかぬことを棺の前で誓つたのでした　そしてその場で上野君が主将となり、竹内君の後を引受けました。私は黙々として後輩の計畫を涙ぐんで一々聞いてゐました。

×

故人を野邊に送つたころの彼等の意氣は物凄いばかりでした、そして秋のシーズンにそなへるため猛烈な練習は開始されました。九月に入つてはゐましたがまだ〳〵残暑のきびしい東京です、炎天の下でいたましいばかりの練習は毎日々々くりかへされます。私は毎日後輩のため郊外の目白のグラウンドに日參して無我夢中で彼等のなつかしい在校當時のユニフォームをつけてコーチをしなければなりませんでした。

×

青空高くボールが魔物のごとくまひ上る、パッスしながらかけ出て一團キックス。グラムタ。ツクルとの涙ぐましい懸命な努力の賜物が私の目から見ても日一日進歩の跡が明らかに現はれてゐます。

×

九月の中旬頃にはもうかなり暑さも下火です、したがつて練習も樂になりますそのかわり次の學期が始まります、然し彼等は授業を済ますとグラウンドに集まつて日沒まで練習にはげむのでした。

×

確か九月の廿日頃だつたと思ひます之れも東都中等學校の一方の獨者立教中學から試合を申込まれましたが充分自信のついた我々のことでしたから即座に承諾の返事を出しましたいよ〳〵

怪　スポート奇譚　亡霊の導き（三）

★羅府新報　昭和四年九月二十日　4-351

スポート奇譚（三）

亡霊の導き

篠原哲雄

廿六日ときまつた時から我々の練習は一段と眞劔味の加つたことは事實です。

×

廿五日我が川内君を失つた命日なのです、この日は時候はずれのむし暑さでした、大切な明日の試合のため午前中だけ輕い練習を一同そろつて玉川にある川内君の墓を訪れました、そして明日の試合を生ける人にものいふごとく告げて去りました。

×

その歸途なんといふ呪はれた日でせう、想出してもぞうとします、主將の上野君が急に玉川で泳ごうといひ出しました、一度いひ出したらきかない彼のことです皆が明日のため今日は止せとゝめ出したがちよつとでいゝからと服をぬぐ、ふといきなり飛込みました。

金色に輝く飛沫を殘して氣味悪く波紋はひろがつて行く、一秒二秒水面を見つめ、一同の目は異樣に輝いた。氣味悪い沈默の後ブタ〳〵〳〵一すぢのあぶくと共にかすかに水面二三尺の下に浮び上つて來た。あのガツシリした上野君の体を一同は見とめました。そして二三間かすかに手足をうごかすとその儘河の底に吞まれてしまつた。

×

はつと夢からさめたやうに一同は急にあわて出したそれといふので水泳自慢の連中さぶん〳〵と飛込み二三のものは急を近所の漁師につげて船を出してもらひました。

×

友を救はんと懸命にもぐるが深くてその上温度のひどい水底なればその發見は容易ではない、その内人々がかげつけ漁師が手猟れたトアミをその近邊へ幾度も投げました、その結果五時ごろやつと冷たくなつた上野君を河底から引上げました。

×

すぐ近所の醫師と巡査がかけつけたがおそかつた、若い醫師は簡單に診察しました、そして我々に向つて『お氣毒ですが駄目です、心臓麻痺でやられてゐますからね』、なんといふ悲しい診斷だらう。

×

死体は檢死の済むまでその儘にしておかねばならぬのです、なんといふ變り樣だらう。今の今まで元氣だつた君が皆は涙も出ない位ボンヤリしてゐました。その中一人がむせび泣きながら話出しました『さつき竹内君の墓の前で俺に上野君がいやなことを口走つてゐたよ、竹内が俺を迎へに來た夢をみたとかいつてね』氣味悪そうに彼は肩をすぼめた、そして語をつゞけた『それに皆忘れたか、竹内のなくなつたのが先月の今日の丁度二時だぜ』そうた、そういへば上野君の飛込んだのも丁度二時ごろです。

×

一同は話しをする元氣もありません、その中檢屍官と一緒に上野君の兄上等が青くなつてかけつけました夕やみせまつた八時ごろやつと檢屍が終つて一同上野君の家に引上げました。竹内君も主將で、先月の廿二日になくなつたのだ、一ケ月後の今日今夜又しても今ラグビー部主將上野君の御通夜をしやうとはその日の上野君の母君兄君そして吾々がなげきは私のつたない筆ではとても書きつくせません、早く父君に別れた上野君、不幸な君だつた。しかし慈愛深い母君のもとで今まで温く育まれた君だつた

怪　スポート奇譚　亡霊の導き（四）
★羅府新報　昭和四年九月二十一日　4-352

スポート奇譚（四）亡靈の導き

篠原哲雄

勿論そんな事件で明日の試合は中止しやうと一同きめ、その次を約して立教中學に斷りの電話をかけました、その翌晩も我々部員によつてしめやかな御通夜が行はれましたその時、次の主將についての件が持ち出されました。竹内君逝き上野君逝きその次の主將なのです。

×

流石の猛者連も氣味惡く思つてゐる時ですから、誰もその役をさけるやうですその中白羽の矢は四年級に席を置く私の弟に立ちました。半分以上五年生のチームで四年の弟が選ばれたのです、流石に私もギクッとしました、しかし弟は平然として『ぢや僕が引受けませう』とあつさり主將の大任を引受けてしまひました

×

私は止める譯にもいかず弱つてゐましたが弟が『心配するな、そんな迷信じみた因念話なんか氣にする必要はないよ』と私の心配を一蹴するのでした。体も私より大きく五尺八寸余もあつてチームでも一番大きな男でしたそして、猛烈なソンと脚と荒削りなプレーとがチームの中でも目立つてゐました。

×

魂去つた上野君を谷中の墓地に送つた後なんだか呪はれたやうな我々チームは以前のやうな元氣はありません、その中十月になりましたいよ〳〵ラグビーのシーズンがやつて參ります。

×

以前斷つた立教中學から又申込んで參りました、そして向ふで決めて來た日が丁度偶然にも廿五日なのです。竹内、上野兩君の命日だ、しかも八月二十五日に竹内君が、そして九月廿五日に上野君がなくなつた。そして三度目の十月廿五日に立教との試合、皆氣味惡がつて期日の變更を申出たが私の弟は斷然廿五日にやるといひ出しました。

×

そして皆に『廿五日を何故恐れるのだ、廿五日こそ上野君が主將として立教と

スポート奇譚 亡霊の導き（五）
★羅府新報　昭和四年九月二十二日　4-353

スポート奇譚（五） 亡霊の導き

篠原哲雄

前半はお互に一進一退で互格の勝負でした、敵は大したことはないのです、私の目から見てもチャンスはいくらもあるのです、それにいつもの實力を出せない位、二十五日といふ氣味悪い意識にチーム全体支配されてゐます、五分間の後又試合は續けられました、五分十分味方はだん／＼おされ氣味になりました。

×

その中、ちよつとしたすきにとう／＼敵の一人は勇敢にゴール目がけて飛込みました、三點先取されたのです、そして廿五ヤードラインから敵は美事にゴールポストに蹴込みました、三點加へて一擧に五點とられた味方はすつかり元氣がありません、狂氣のやうに私は弟を呼びました。

×

「馬鹿！何んといふざまだ、後の試合死物狂でワントライ位しろ」とどなりつけました、口惜しさうにうなづいた弟は元氣よく位置について開始の笛を持つてゐます、敵はます／＼元氣です味方のキックオフで試合は再び開始されました、刻一刻時は過ぎて行きます。

×

だん／＼試合が白熱するにつれて味方の者達もやうやく廿五日といふ意識がなくなつたのか俄然ふだんの實力にもどり出しました我チームの至寶スリーコーター活躍は目立つて來ました果然タイムアップ十分前にトライラインのズーと右隅に一人が飛込みました、おさ三點取り戻した、ゴールキックが行はれましたが惜しくもわきにはづれて失敗しました、あともう二點だ、ワントライすれば勝てるのです、敵は少しづゝあわて出しました。そして策戰をかへてかたく守つて時間のたつのを持つやうです、味方は無二無三に攻めます、後二分といふ時はそれまで味方の活躍に望みをかけてゐました。

×

誰れふとなく上野が出たぞ／＼私はハツトしましたそして見てゐる中に味方は何かにつかれたやうに丁度の試合の前日なくなつたのだ、だからこの二十五日の命日こそトムライ合戰に是非やらうといつて、皆を元氣づけました。

×

いよ／＼廿五日が來ました一同なんだか氣が進まぬやうです、グラウンド向側では立教の選手で元氣一杯でウーミングアツプをしてゐます味方は何んだか元氣かない、傍でコーチしながらこれを見た私は氣が氣でないそれに珍らしく今日は部長の先生が見物に來てゐます、これはいけないと心の中で叫んでゐる中に試合開始の笛がなりました。

怪 スポート奇譚 亡霊の導き（五）
★羅府新報　昭和四年九月二十四日　4-354

スポート奇譚 亡靈の導き（五）

篠原哲雄

密集の中からすつぽりぬけ出て弟はあの巨大な体をまるくし阿武修羅に敵のゴールさして飛んでゆきます見ればボールはしつかり片手に抱き込んでゐます。味方の應援團は狂氣の様にわき立ちます、行手を懸命に邪魔する敵をハンドフ或はサイド・ステップ・ドッヂングで左右にかわしながら、神秘な糸に引かれてゐるやうにフラ〱と敵のゴール目がけて進んで行きます、上野！、々々！、と叫びながら……。トライと叫んでゴールに飛び込みました。直ぐピー、ピー、ピーと試合終りの笛がひゞきました。

×

おゝ我々は勝つたのだ、私は狂喜しました。選手達は涙を流してゐます、その時皆上野が出て來たと變んなことを話し合つてゐます。きゝとがめた私が聞いて見ると丁度先月の今日死んだ上野君がタイムになる五分程前に我々味方の先頭に現はれたといふのです。

×

そして味方の者共は譯も解らず、氣味惡い魔法の糸にあやつられるごとくスタ〱と引つぱられたのださうです、そして弟に聞いて見ても確かに上野君を見たさうです、弟の十呎ばかし先を上野がかけてゴールまで行つて消えたとのことです。

×

最初私も先生もほんとにしませんでした。しかし皆が見たといふし、また先程私達が見た味方の足跡がどうもおかしかつた點等考へ合せると事實らしいのです。

×

皆様昭和の御代にこんな馬鹿氣たことがあるものかと仰言るでせうが、事實は事實なのです、それまで私は靈魂の存在なんて頭から打消してゐました。しかし、この事實以來私は急に靈魂の存在説に耳をかたむけるやうになりました。いづれにしても我々チームをめぐつて氣味惡い因縁といひませうか、宿命といひませうか、それがみやうな事實に惱まされたことをお話すればそれで私の役目はおしまひなのです。

×

私の弟ですか、元氣に今でもラグビー部の主將をつとめてゐます。剛膽な彼は平氣で皆がいやがる主將をつゞけてゐます。今年一杯で彼も卒業します。

×

剛膽な弟が事實見たといふのですから、私はかたく信じます、ユウレイといふのか靈魂といふのかとにかく昔からいひつたへのユウレイ話が昭和の現代にあつたことは事實なのですから……。（おわり）

怪　木の根が人に化けた話　●函館新聞　昭和四年九月二十日夕刊附録　4-355

木の根が人に化けた話

青木生

それは私が元住んでゐた村に傳つたお話です、その村に三人の親子が居りました、父は早くなくなつて母と兄と妹の三人で暮して居りました

▼▲

其母と云ふ人は至つて人情のない冷酷な人でした、何時も兄の居らない時は妹をいぢめ、キセルで打つたりなどするが妹は親孝行者で少しも恨みもせず只泣き寝入りして居りました、近所の人々も妹に同情して、母親の仕打を憎みました、兄は非常におとなしい賢こい人でしたから何時も母をいさめ妹を可愛がつて居りました

▼▲

或日の事、兄は何時もの如く五六町離れた畑へ出て働き日暮れてから帰る途すがらさびしい處を見け元氣な聲で歌へながら歩いて來ると道端の土手の上に自分の妹がサメ〴〵と泣いてゐるのを見付けたのでした、兄は又母にいぢめれたのか、ソンナに泣かないで早く一緒に帰らうと、いたわりながら言葉をかけました

▼▲

だが兄が不思議に思つたのは妹は如何に母にいぢめられても外へ出て泣くことがなかつたのに、今日だけこの暗い處で泣くのは變だと思ひましたが、見れば見る程まさしく自分の妹なので――早く帰らう〳〵――と云ふのですが妹は一向に其處から動かずに泣いてゐるのです

▼▲

兄は少し怒つて無理に引立てようとするが動きません、そのうちにどうかしたのか妹がヒヨイと立上つて兄の額を撫でました、その時ヒヤッと冷こく、兄は身振るひして驚きました、腰を抜かさんばかりに吃驚して後をも見ずに家へ逃げ帰つたのです

▼▲

家へ飛び込んで見ると、母も妹も夜食を食べてゐる所でもつて、眞青になつて飛び帰つた兄の顔を見た母と妹が却て驚いて譯を聞くと、兩人も更に驚きました、親子三人はその夜はまんじりともしないで明かしたのです

▼▲

翌朝に兄は早速夕べの道端に来て見ると、古い腐つた木の根がバラバラになつて、澤山附近に散らばつて居りました、こんなことがあつてから母親の邪険な心持が變つて大變良いお母さんになりました、その木は今も尚その道端にあります。

獣　虜となった怪人魚　高知県の海岸に出没　●やまと新聞　昭和四年九月二十日　4-356

虜となつた怪人魚

頭は犬、顔は人間、尾は魚

高知縣の海岸に出没

【高知電話】去る六月以來高知縣宿毛港外に巨大な怪物が現れ港外の漁場を荒し廻り漁獲が減少するので大島漁業組合其他で縣に捕獲願ひを出し之を捕へんとあせつたが怪物は全く神出鬼没で天氣のよい日には海中の岩の上に腰をかけ人を愚弄する等滑稽味を見せてゐたが全く魔の如く近寄れば海中に姿を沒し手に追へず今日に及んだが十九日午前十一時半頃宿毛町大島漁業組合員が今日こそ捕へんものと大島へ乘り出し鹿岬附近で怪物を發見し網を張り廻し漸く之を捕獲し喊聲をあげた、此の怪物は頭は犬に似て顔は人間、尾は魚で廿貫以上もあり人々は人魚と稱してゐる

獣　由伽のお使はお狐さん　県下一巡　児島の巻（七十五）　●山陽新報　昭和四年九月二十日　4-357

縣下一巡　児島の巻―(75)

由伽のお使は お狐さん

田村將軍と惡鬼の話

高原生

酒樓の繁榮を取り除いた由伽の里はまことに靜寂である。却てそれが遠く俗塵をはなれた淸淨な靈地であるとの感を深からしめ、こよなく味はひをもつものである。次第にすだく虫の音の多く、夜は更けてゆく。話は自然神秘な方面へ傾き易い。前にも書いた様に田村將軍の討ち平げた惡鬼の靈は變じて七十五の白狐となり、その後この山には不思議の事多かりきと記錄にあり、瑜伽のお使ひは狐だと昔から云ひ傳へられてゐる。『お狐様は昔は隨分ゐたものです、が

今ではめつたに姿を見た者はありませんそして參詣した者は袂の中に狐の毛が這入つてゐるとお蔭があつたのだと喜んだものです」と市太郎さん。「今でもありますが狐の穴があつて參詣者は供物を、どうか三分の一だけお殘し下さいと祈つて、それを狐の穴に入れて置いて祈禱して貰ふ、ところが後になつて下つた供物は物も見事に三分の一だけ恰も刄物で切つた様に殘つてゐる。こんな話をするとその間何だかからくりでもある様に思はれますが全く事實ですから不思議ぢやありませんか、私なんか穴の入り口で漁師の供へた鯛をじつと待つてゐて、取り出して見るとどうです骨と肉とが綺麗に分れて三分の一位殘つてゐるのです。それが瞬間の出來事だから驚くじやありませんか」と河原さんは最もらしく話す。こんな事が現代科學で證明出來るかどうか知らないが、これに類した話は諸所にある

× ×

信仰はともすると科學を超越した出來事となつて現れる事が多いかうした土地だけにこの里の人は非常にお狐さんを有難がる。昔からこの里は妙に盗難、火難がないだから鼠などの家も開けつ放しで寢るが泥棒に見舞れた例がない。ところが夜間突然絹を裂く様な「ギヤツ」とても物凄い狐の叫び聲が人々の夢を破る事がたまにある。さあ大變だと家々からは男も女も表の街路に飛び出す。皆んな揃つて祈禱をして貰ふ、その結果が「今晩は戸締りを嚴重にせよ」とのお告げだと判る、そこで各戸とも戸締りをして安心した氣持ちで床に這入ると云ふ有様で、深夜狐の聲を聞く事は何か不吉な報せだと人々は胸をおどらすのだ。

× ×

お狐さんを有難がり由伽大權現を信じる里人の中には又非常な黒住教凝りが多い。これらの教徒は何所そこに重病人があると聞くと十人二十人の男女が其家に押しかけて祈禱する。病人も苦しい中に非常に之を有難がり力強くなつて氣を取り戻すものか妙に全快する事がある。「つまり靈の感應作用ですね！」と河原さんは感心して話した。兎に角鷲羽山由伽山に相應しくこの里の人は老も若きも非常に信仰心が強い。また之は由伽が如何に各地に信仰者をもつてゐるかを裏書きする話であるが、——社殿を改築した時の事、建築材料は全部「何方から取り寄せたにも拘らず「備前瑜伽山行き」の札をつけて河を流し海に出して放つて行くと浪の間に間に漂ふ大木を見た附近を航行する船舶は必ず之を田ノ口近く迄曳航する。港から海岸に誰かが引き揚げる。そして通行の誰かれなく之を發見した者は寄つてたかつて一尺でも一間でも山頂へ押し上げる。斯くして多數の材木は格別運賃もいらずしてどんどん頂上に運ばれていつた。世に信仰程強いものはない。宗教の力の偉大なる事は時代と土地を問はず、随時随所に發見する事が出來る。

人魚捕えらる

■獣 ●信濃毎日新聞　昭和四年九月二十一日　4-358

人魚捕へらる

頭は犬、顔は人間 尾は魚で目方二十貫

【高知電話】去る六月以來高知縣宿毛港外に巨大なる怪物が現れ港外の漁場を荒し廻り漁獲が

○…減少 するので大島漁業組合その他で既に漁獲料ひを出しそれを捕へんとあせつたが怪物は全く神出鬼没で天氣のよい日などは海中の岩の上に腰を掛け人を愚弄するなど滑稽味を見せてゐたが全く魔の姫の如く近よれば

○…海中 に姿を没し手に負へず今日に及んだが十九日午前十時半ごろ宿毛町大島漁業組合員が今日こそ捕へんものと大島へ乗り出し咫ケ岬付近で怪物を發見網を張り廻し漸くこれを捕獲しかんを揚げて引上げたこの怪物は頭は犬に似て

○…顔は 人間で尾は魚で二十貫以上もあり人々は人魚さ稱してゐる

学界余談　人魂の経験（一）

■資 ●東京朝日新聞　昭和四年十月十七日　4-359

学界餘談

人魂の經驗【一】

小熊虎之助

神田氏の本欄における「鬼火と人魂」の話は私には興味の多いものであつた。私も近頃になつて色々の人から人魂についての信用すべき直接の經驗をきいて、そのやうな經驗が案外まれなものでないことを知つた。またその怪光がもちろん幻覺でもないと同時にまた何かの光覺を錯覺化したやうなものでもなく、全くある特別の光體であるやうに考へられてきたので、この類の經驗を興味をもつて色々と集めてみるやうになつた。その集まつたものを少しくこゝに紹介してみよう。

まづ私の友人で鎌倉在住のO氏夫妻の經驗がある。一昨年の八月頃のある夕方、既に薄暗くなつた時、二階にをられたら、隣家の庭に面した西側のガラス窓が突然火事のやうに赤く明るくなつた。窓

いてその窓から夫婆で外をのぞくと、直經三十センチメートル位の火の玉が、四五間先の隣の上をフワ〳〵と北の方へ飛んで行くのが見えた。傍の女中も一所にその火の玉を見てゐた。するとそのまゝ隣の屋根の上に拔けてそのかげになつたので、急いで北口の窓の方へ馳けて行つてそこからまた眺めたが、もうその時は見えなくなつてゐたさうである。

同夫婆には人魂は初めての經驗であり、殊に夫人は人魂といふと丸い火の玉を想像してをられたのに、それが丁度「おたまじやくし」のやうで、大きな尾をもち、全形がほとんど長方形に近く、しかも全長四五尺におよぶので、びつくりされたわけである。當日は無風で、付近には寺も墓地も無く、場所は町の裏通りで、割合に人家がこんでをり、山も近くには無い。

資

学界余談　人魂の経験（二）

●東京朝日新聞　昭和四年十月十八日　4-360

人魂の經驗【二】

小熊虎之助

この經驗で面白いのは、ガラス戸に反射したほど光輝の强かつたことで、またその火の玉の周圍も明るく輝いてゐたさうである。私がこの話を聞いてゐた時、同席のX夫人が同じやうな最近の經驗を語られた。同夫人が夏田舍に歸省されて、夕方暗くなつてから座敷で家人と話をしてをられたら、丁度電光がひらめいた時のやうに庭の方が突然明るくなつて、そこにあつた杉の木立が一本一本明るく見えた。驚いて聞きただしてみたら、その時隣家の屋根の方から人魂が出たので付近の人達が騷いでゐたのださうである。たゞその人魂の大きさは見た人によつて大小一定してゐなかつたと、夫人はいひ足された。この夫人の場合では火の玉の本體を見られたのではないが、しかし私は色々の理由から、それがゐん石のやうなものではなかつたと信ずる。

先のO夫人はまた夫人の叔父達の少年代の經驗として、ある時部屋のなかへ人魂がはひつて來たので、子供であつた叔父達兄弟がその不思議な玉を手捕りにしようと一生懸命になつたが、どうしても手のなかに入らなかつた。といふ事件を私に物語られた。これは他人傳への經驗談ではあるが、面白い所があつて、この話によると人魂には特別の熱や臭もなく、またそれを手にとらへようとしても火傷もしないらしい。

これらから想像すると、人魂は無熱のガス體のやうなものであつて、この想像は、私が直接聞いたS夫人の次の經驗からも保證されるやうである。S夫人は幼年時代に他の子供達と一所に戸外に遊んでゐたら、人魂がとんで來たので、皆で驚いて眺めてゐた。するとそれが一本の樹に當つたら、二つに分れてその樹をめぐつてまた先へと進んで行つたさうである。このやうに人魂が無熱で、燃燒力をもたないといふことは誠に幸のことで、もしさうでないと、人魂が折折人家に放火して歩く危險が起つてくるだらう。

資

学界余談　人魂の経験（三）

●東京朝日新聞　昭和四年十月十九日　4-361

人魂の經驗【三】

小熊虎之助

大審院の西郷判事の御宅は古くから小石川上富坂にあつて、明治の初期、まだ人家の少なかつた時代には、そばに墓地もあつて、裏庭で折々人魂を見られた經驗を同氏から御伺ひしたことがある。氏の經驗やその他を總合してみると、人魂は「おたまじやくし」の樣な形をしてをり、現れるのは多くは夏の夕方の、風の無い、むし暑いやうな日で、墓地や郊外にも出るが、しかしまた町通りや市中で見かけることも多い。そして普通は横にフワ〳〵とんで行くものである。またある原因からその光が非常に强いこともある。

昔て科學雜誌社で讀者から不思議な經驗を募集した時に、私がその集つて來たものを調査したことがあるが、そのなかに人魂や火柱に關係したものが二三あつた。なかにも夏の夕方、町通りに縁台をだして涼んでゐたら、足のそばを人魂がすつと通りぬけたといふ報告もあつた。あるひはまた、田舍において、墓地のある山の方から道路を越えて、火の玉が自分の家の方へ近づいて來て、庭にはいり、自分のそばへ進んで來たので、驚いて障子を閉めたら、ぱつと明るく障子に影がうつたといふ報告もあつた。

明大教授松村定次郎氏も少年時代に東京市中で折々人塊を見られたことを私に語られた。同氏の話によると、東京では人魂に二種類を區別してをつて、ランプの光のやうな黄色のものを「ひと玉」とよび青白く光るものを「金（かね）玉」とよんでゐるさうである。そして前者は頭が大きく、尾が長く、後者は尾は長くないがその代りに光が强い。同氏はこの兩方を見られたことがあるさうである。しかも東京では後の金玉の方を見た人には金の運が向いてくるといはれてゐるさうである。

兎に角、人魂についての心理的な經驗は大體以上のやうであるが、しかし人魂の理學的（あるひは微生物のやうなものであるかも知れぬから生物學的）本體は全く明かでない。問題はむしろこの客觀的正體の方面にあるやうに思はれる。しかしこの人魂が相變らず大膽であつて、今後も向しばしば〳〵現れるやうなことがあると、いつかは熱心な研究者、殊に理學者の手によつて生きたまゝとらへられて、その正體が明かにされる時が多分くるだらうと思ふ。私はそれを今から期待してゐるわけである。（了）

資

学界余談　石が降る（一）

●東京朝日新聞　昭和四年十一月二十日　4-362

石が降る【一】

小熊虎之助

どこからともなく石が降つてくるといふ怪異は、ドイツ語で Poltergeist（騒ぐえう怪）と特によばれてゐる現象に屬し、いはゆる心靈物理現象のうちの物理現象の一つである。心靈物理現象といふのは、心靈の力によつて起されてきたと考へられてゐる奇怪な物理現象で、これにも實驗的なものと自然的なものとあるが、この石の降るやうな怪異は自然的な物理現象である。

この騒ぐえう怪現象にも色々のものがあり、それは我國でも昔から評判のものである。即ち人口の戸が人もゐないのに毎晩自然と開かるとか、お膳の下駄が紛失するとか、たんすのなかの衣服が知らぬ間に引裂かれてゐるとか、寢てゐる間に布團の位置が變るとか、天井裏に異樣な響が聞こえるとか、屋根の上に何かの足音がするとか、小石などがどこからともなく毎晩家の中へ投げこまれるとか、あるひは燈利が戸だなの中から踊りだしたり、台所の酒だるや火鉢のなべなどがだれも觸らないのに突然ひつくり返るとか、縁側に異樣な足跡がついてゐたり、高い天井に落書が現はれるといふやうな、えう怪の姿は見えずにたゞ色々の物理的な騒動の起る現象である。

この騒ぐえう怪の現象に關しては、東西古今にわたつて色々と面白い記録がある。

まづローマの昔では、かの若きプリニがその書簡集のなかで既に區別してゐたといふ三種の型の怪談の一つにこれが擧げられてゐたさうで、それはプリニの下男の頭髪が、睡眠中に超自然的な何者かによつてかり取られ、部屋中にその毛がまき散らされてゐたといふ事件である。

資

学界余談　石が降る（二）

●東京朝日新聞　昭和四年十一月二十一日　4-363

石が降る【二】

小熊虎之助

その後も現代におよぶまでこれに似た色々の事件の記録があるが、なかにも歴史的に有名なものは、かのメソヂスト宗派の創立者ジョン・エスリの英國の留守宅に起つた騒動で、それは一七一六年の十二月から二ケ月間も續いた。その時は部屋の内のどこからともなく色々の合圖をするノックや、折々はまた激しい響が聞こえた。かのサウジもそのエスリ傳のなかで、この事件を不可思議の怪異として誌してゐるほどである。

我國では古今著聞集の變化の巻の「三條前右大臣の白河の亭に、いづこよりともなく、つぶてをうちけること雨の如し。人々あやしくおどろけども、何のしわざといふ事を知らず。次第に打ちはやりて、一日一夜に二たらひばかりなどうちけり。」といふ記事が、この現象の最初の記録ではないかと思ふ。この時はある出曾侍が、たぬきの所業だらうといひだして、深山のたぬきを集めさせ、また酒も用意させて、侍達がたぬき料理でたら腹飲食した後に、酒の元氣で大いにたぬきを罵倒しながら、まじなひをやつたら、その後は石を打つことがなかつたと書いてある。

また茂與隨筆のなかには次の話が出てゐる。江州大津のある醫者が、膽吹山から藥草と盆石を取つて來て、草は庭に植ゑ、石は床間に飾つておいた。するとその晩から盛に家のなかへ石を打ちこまれた。醫者はきつね、たぬきの所爲と考へて騒がないでゐたが、それでも毎晩打つので、つひに空地を堀つて石を埋めるといふ騒ぎになつた。するとその後膽吹山の村人が來たのでこの話をしたら、それは山神がその品物を惜まれるためだらうと答へたので、早速村人にたくして、藥草と盆石を山に返させたら、怪異がやんださうである。

資

学界余談　石が降る（三）

●東京朝日新聞　昭和四年十一月二十二日　4-364

石が降る【三】

小熊虎之助

これに似たものは、一六六一年英國テッドワース市の市長がある無宿の鼓手を拘引して裁判にかけ、その太鼓を沒收して自分の家に運んで來た時に起つてきた騒ぐえう怪事件である。その時は夜になると、その太鼓が激しく鳴りだすやら、その他色々の怪事が家内に起つて、最後にその鼓手を流刑にしたら休んだ。この事件は當時のローヤルソサイチの會員の一人が研究して、書物をだしたさうである。

また神隷が惜まれたといふことは、根岸肥後守の隨筆「耳袋」のなかの「池尻村の女召仕ふまじき事」といふ話に似てゐる。享保、延享の頃、評定所の出役某の宅で「偶々天井の上に大石にても落ちけるほどの音をしけるが、これを始めとして、燈火の宙へ上り、あるひは茶わんなどの長押を越えて次の間へ至り、中にも不思議なりしは、台所のうすにて米をつきゐたるに、米つき男、煙草など吸ひて休みけるうちに、右のうす、垣を越えて座敷へ至りしなり。その外たき火など飛ぶしは自らその邊りへ出ることありければ、火の元を恐れ、神主山伏を頼みて種々祈りけれども更にその驗なし」。最後にある老人に尋ねたら、池尻池袋邊の女を召使ひ、殊にその女に耽りなどしてゐると、池尻の産土神が氏子を惜んで怪異を起させるといふことを昔から聞いてゐるが、といふ話なので、早速調べてみたら果して召使の女が池尻村の者であつた。そこですぐに暇を出したら怪異もやんだと書いてある。

これらの怪異は、その事件を精査してみると、多くの場合このやうに張本人がどこかに隱れてゐるので、その人間を探し出して、他へ遠ざけると、きまつてその怪事もやむのである。從つて現代ではこのえう怪も、警察の手によつて正體暴露、拘引されることもなかなか多い。たとへば昭和二年七月三十日の都下諸紙所載の「夏の夜の怪、屋上の足跡、毎夜投石に見舞はれる區役の家」や同五月八日の「天々の怪、毎夜石が降る」などはその實例で、たゞ最近の本郷森川町の怪異は正體未だしである。

資

学界余談　石が降る（四）

●東京朝日新聞　昭和四年十一月二十三日　4-365

石が降る【四】

小熊虎之助

結局、この奇怪な物理現象は、古來ほとんど皆病的な不良の若年男女の所業からきたもので、彼等が他人の一寸の眼を盜んで祕に惡戯をしたものを、世間が迷信的氣分から全くの怪異現象のやうに想像し、評判したものである。

しかしそれでも殊に外國の有力な心靈研究家のうちには、この現象を實際の心靈現象と考へ、それら男女の周圍では、彼等が實際はさほど手足を觸れないのにそれらの物品が隔力現象として激しく動いてくるものであると主張してゐる者も多い。我國では北越奇談にこれに似た次のやうなのがある。

越後蒲原某村の少女が新町の祭禮見物に出て、面の赤い異僧からある術を致つて歸宅すると「その日より少女心に求むること成らずといふことなし。座しながら遙の物を取らうと欲すれば即ち飛び來りて前にあり。家人これを怪しみ、少女を責むれば忽ち家鳴動し、諸器物おのれと飛びて人力をもつて制しがたしうんぬん」

このやうな隔力現象を起す有名な靈媒でエウサピアとよぶ女がイタリーにゐて、世界各國の學者によつてその現象が實驗されたこともあつた。またこれに似た靈媒は電氣娘なる名で、興行的に巡歴したこともあつて、我國でも昔、落語家のブラックが通譯して電氣娘の力業などを見せたこともあつたさうである。

しかし兎に角、公平に見るとこの隔力現象の如きものゝ主張にはまだ確證が無いと考へられる。（完）

怪　街道のまぼろし

★日米　昭和四年十月二十一日　4-366

街道のまぼろし

閑鴎女

公達に狐化けたり宵の春

萬象が陽春の恵みに酔ふて浮かれ出しさうな、生温かい春の夕ぐれであつた。

私は小さい子供の手を引いて、ハイウエーをボツ／＼山の方へ向つて歩いてゐた。その灰色のアスファルトの道はどこまでもどこまでも續いてシエラ山脈の中までも分け入つてゐる。

宵といふには少し早く、日脚の長い春の夕陽はまだ仄かに名殘の光りを雪の峰へ斜に投げてゐた。

紫色の夕かすみの中に立つシエラ・ネバダの雪の山は夕日に映ゑて、ばら色、うす紅に、金色に、オパールの如く刻々に變化する様を、私はサイドウオークに立つて暫く茫然と見てゐた。

丁度その時であつた。私の前を一間ばかり間を置いて、紺色のクライスラーの自動車が音もなくスーと通つた。前のシートに座つてゐた人があわてゝ私の方へ向つて手を上げた。

「あら大寺さん」

と、私は叫んだ。去年南加へ行つた知人だ。どうして今頃山の方から降りて來たのだらう。私は不思議に思つて止まりもせず静かにハイウエーを滑べるやうに行く自動車をほんやりと見送つた。

如何に豫告がないとて、必ず大寺さんは私の家へ寄つて一別以來の物語りに夜を徹して遊ぶだらうと思つて、私は御馳走の献立を考へながら急いで家へ歸つた。

意外にも家の中はヒツソリとしてゐる。人の氣はいすらしない。

「いま大寺さんが來なかつて？」

と裏庭にゐた主人に聞いてみた。

「今頃來るものか」

「だつておかしいわ、今たしかに自動車で通つたのよ。だから一生懸命急いで歸つて來たんだわ」

「夢でも見たんだらう」

と主人はまるきり私を相手にしない。

「まさか？ハイウエーの眞中でどうして眠れて？ほんとうに大寺さんが見たのよ。貴方とおそろひに作つたグレイの格子縞のスーツを着てね。そう／＼挙げた手を膝の上へ置く時身體を一つゆするくせなんか、昔のまゝ、そつくりでしたもの」

私はムキになつて抗議した。

「それが、そも／＼怪しいのさ、道の眞中で走つてゐる自動車の中の人物の着物の柄なんか見ゑるわけはないぢやないか、この夕方にさ、眼で見たのぢやない、頭で見たのさ」と主人はまだ相手にしない。

「それぢや矢張り私が道路の邊でねほけ、夢を見たといふの？」

私はほんとに腹が立てた。

そして其のことに就ては再び口にしなかつた。勿論大寺はその夜も、その翌日も私の家へは立ち寄らなかつた。

その内に私はその出來事を忘れるともなく、思ひ出さなくなつて了つた。

それから彼れこれ一週間も經つた頃であつた。新聞の南加欄を拾ひ讀みしてゐた私は、あツ！と叫いた。大寺の葬送の御禮廣告が出てゐる。そしてなほよく記事の方を讀んで見ると、大寺は盲腸炎手術を受けて、結果が悪くて死んだと書いてあつた。

名所旧跡変った話（十八）京都―化性の者の…　4-367

怪 ●二六新報　昭和四年十月二十三日（二十二日夕）

名所舊蹟 變つた話（十八）

京都

化性の者の逃出す足音
―金閣寺の夜の怪音

京　衣笠山の麓に在る金閣寺は鹿苑寺と號し、足利義滿が豪奢を極め左遺跡として世に名高い

◇

三重閣、屋頂の銅鳳、林泉の布置、萩の違ひ棚、南天の床柱今の人の目から見れば、別にそれが非常な贅澤とも豪奢とも思はれない、殊に今は庭園の樹影も淡く池水もかるゝに近く、三重閣も大きな物淋然として、金ぱくの名殘りも、たゞそれぞと思はるゝのみ高い見物料を取り、やたらに勿體ぶつて居るので、見てしまつてから一種の反感さへ起るのであつた

◇

併し之れは今こゝで言ふには當らぬ事だ。此金閣寺についてはいくつもはなしがある。義滿が程近い平野神社の神官の夢枕に立つた話などは餘りにも馬鹿々々しいので、こゝにはそれよりも烏渡風變りなはなしを記すとしやう。

◇

明治になつてからの事、管理の某といふ男がよく頭の働いた者であつたと見え、それまで中々面倒な事を言つて、一般には見せなかつた金閣寺を公開し、見物料を取つたら相當の收入があると思つたが、それを決定するには、何か動機を作らねばならぬと思ひ、ある時、別に何ともないのに、大病だと稱して寢込んでしまつた。

◇

そして見舞に來た役人に、こんな事を話して聞かせた。

『私の今度の病氣はまことに不思議な事が原因をなしてゐる。つい此間の事、何となく氣分がすぐれないので寢て居ると、枕邊にやせ果てた老人が現れ、自分は金閣寺だが、近來世が開けるに連れ、様々な化性の者が追込まれて來て、寺は腐朽の度が益々甚だしくなるから、いつその事、世の中の人に公開し、人間が多く出入りするやうにしてほしい、さすれば必ず化性の者は立去るであらうといふかと思ふと夢がさめた。あまり馬鹿々々しいので、氣にとめずに居ると、毎夜の如く立現れ、なぜ、頼みを聞いて呉れぬかとせめられるので、斯ぐの如くに重い枕につくやうになつたのだ。』と語つた。

◇

取るにも足らぬこんな話しも明治の初年の事とて、如何にもつともらしく聞かれたらしく、それではといふのでいよ／＼公開の事が決定し、今までとは違つて誰でも行きさへすれば直ぐ見物が出來るやうになつた。

◇

然るにこの管理者の、よい加減な話しで、いよ／＼見物人が多くなると、毎夜の如く、金閣寺から逃げ出して行く化性の者の足音が、十日ばかりにわたつて聞こえたといふ事である。これは何かの音がさう聞こえたかは分らないが實際に毎夜妙な音がしたと見え附近の老人は、何人も聞いたと言つて居る。

◇

古い建物から發する奇音、それは決して絶無の事ではない。記者が實際に聞きとつた話しもあるが、それは日を改めて語る事としやう。

ラジオ　読切講談　怪談音羽の鐘　神田任治　4-368

ラ ●函館新聞　昭和四年十月二十三日

ラヂオ
大阪（廿三日）

▲七時十分＝ユース、讀切講談怪談音羽の鐘神田任治

お玉稲荷怪談（その一）　4-369

怪 ●下野新聞　昭和四年十月二十四日（二十三日夕）

水代村新井の古祠
お玉稲荷怪談
嫉妬に狂ふ怒りの刄
【その一】

◇……街頭に鳴く、蟲の聲もいと

ど淋しげに融く深み行く晩秋の情調をそゝらせる廿一日記者は栃木町から西南約二里もあるかと思はれる下都賀郡水代村大字新江に一度足を踏み込めば雑草豊に生ひ繁つて居る平原の一隅に一間四方位な古ぼけた、祠を發見したのである

◇……此の祠こそは播州皿屋敷四ッ谷怪談お玉稲荷全國三怪談中の其の一つ、お玉を祀つて數々の怪談を秘めた、お玉稲荷でそれにはこんな、道程を辿つて居るのだ

◇……物語りは、正徳年間に逆る今から三百餘年の昔水代村大字田向田村宗左衛門の愛娘に、お玉といふ、絶世の美人があつた、容貌の好いのに、大字下初田藥物藥吉深津庄太夫が深く心を寄せ、いつしか兩名共水ももらさぬ戀仲に落ちいつしか出雲の神の引合せで天下晴れての夫婦とはなつた

◇……お互に懐しく戀しく睦ましく近所隣の人々がうらやましがる程の生活を續けて居る内にお玉は懐妊して月は滿ち、産み落した、其の子は玉の様な男の子で名を庄太郎と呼んだ、斯ふして面白く、おかしく數年は夢のやうに流れて行つた

◇……ある年の夏は去り、肌寒き秋が訪づれた頃、夫の庄太夫は用事があつて外出したあと、この家の職人として長く住込んで居た、與四郎と庄太郎お玉の三人は、うす暗き、暗燈の投げて來る光をたよりに、内職をして居た、がいづこから、燈火をこがれて飛んで來たか黄金蟲が、暗燈の火にさからつてか、燈火は消えて家の中は眞暗となつた

◇……火打石はないかと、家中ざわめいて居る折柄誰か入り來つたやうな黒ひ物影が見えた、誰だいと聲をかけると俺だと返答したのが近所の須藤郎寛であつた、此の男は自分の一人娘を貰直な庄太夫に縁付けやうとして常に悪だくみをして居る男とはお玉は知る由もなかつた

◇……悪たくみを企てゝる郎寛には好い處にお茶が湧いたやうに、せゝら笑ひをして歸つて仕舞つた幾日か經て郎寛は庄太夫に向ひ、お前の妻は暗燈の火を消して、住込の職人與四郎と不義を重ねて居た、とざん言しお玉と離別する事を深く祈つて居たものである

◇……此話を眞面目にきいた、實直な庄太夫は、烈火の如く憤り不らちな妻である、此の上は用赦ならぬ殺して仕舞ふから刄ものを貸てくれと郎寛にせまり、明月九月十三日の夜を約して、刄ものを貸りる事にした

◇……月はさえ渡つて、蟲の聲も悲し氣に聞ゆる、明月は淡い光を投げて居る九月の十三日は訪れ、今宵といふ今宵こそ、お玉の一命を奪ふ、おそろしき一夜である、神ならぬお玉は斯うした、恐ろしき運命に遭遇するとは知る由もなく愛兒を連れて生家に明月を親しむべく立ち去つた後、嫉妬に燃え狂ふ庄太夫は郎寛から借り受けた水のたれるやうな刀をとぎ澄ませお玉の歸るを今や遲しと待ち受けて居た

幽霊の話（上）　人間の住む所皆幽霊の巣　4-370

資

幽靈の話 ……（上）……

人間の住む所 皆幽靈の巣

何所から出るか

富士川遊氏談

★布哇報知　昭和四年十月二十八日

世界中何處の國に行つても幽靈とかお化けの話――即ち怪談といふものがある、しかもそれは文化の開けない大昔から科學の進んだ今日の

世の中において依然

としてさうした話が人々の間に傳はり、或は信じられてゐるのであります、我國にも昔から澤山にあつて、あるものは文學的に又劇などに取扱はれてゐるますが、それでは事實怪談といふものがあるかと云ふに、そんなものは昔から決してあるものでなく、皆人間が無いものをある様に創作したに過ぎないのであります、怪談の中でも如何にも事實あるらしく

科學の　進んだ今日の

人々にも信じられてゐるのは幽靈でありませう、この幽靈は太古も極原始時代から人間によつて創作されたもので、その原因は、當時人間の極幼稚な知識より起つたものであります、幽靈存在說に對して

資

幽霊の話（下）　死者は祟らず心が責める

★布哇報知　昭和四年十月二十九日　4-371

幽靈の話（下）

死者は祟らず 心が責める 狐つきはヒステリー

富士川遊氏談

四谷怪談のやうに死者の怨みが殘つて生きてゐる人に祟るこいふやうな事が今でも人々に信じられて居ますが、これも事實ない事でむしろこれは

死者が 祟るのではなくその反對に生きてゐる人が死者に對して生前怨まれる樣な悪い事をしてゐるので、自ら死者の怨みを感じて、その氣持ちになつてゆくもので、謂はゞ良心の呵責か死者の怨類、人間等が他の物に化るこいふ事が云はれてゐますが、これも幽靈を人間が創作した樣に、人間の幼稚な知識が

勝手に それらのものを化させてしまつたもので、要するに人間の考へ方一つであるのです、しかし人間の知識が發達してゆけばかうじたバカ／＼しい考へは自然なくなるこ思ひます、この化物も傳說が多く、又型は殆どきまつてゐるものです、よく今日東京の眞ん中に化物屋敷がある事を聞きますが、これらは前からの云ひ傳へか、地質の關係及び衛生上の關係から、化物屋敷にしてしまつたもの

昔から各國の人々の間に三つの解釋が下されてゐますが、その中の一はギリシヤや印度あたりの說で人間は生きてゐる間は

呼吸を するが、死んでしまへばイキが止まつてしまふ、それでこのイキが人間の精神であるこいふ風に解釋してゐるのであります、もう一つは、人間が生きてゐる間は身體が温かいが、死んでしまへば冷やくなる、それでこの温こいふものが人間の精神であるこいふ風に解釋してゐるものであります、我國のはこれであつて、魂はこの温から出たもので

丸い火 こいふ意味で心の主人こいふ風に考へてゐたのであります、又心こ云ふ字も火がこぼるの意で『こゝろ』こなつたものであります他のもう一つは生きてゐる間は影があるが死ぬこ影がなくなる、で影を精神こ解釋されたものであります、こういふ風に温にしても火にしても影にしても外部にあるものが、人間が生きてゐる間は體內に宿つてゐるが

死んで しまへば身體からぬけて何處かへ行つてしまふこいふ風に信じてゐたのであります古代印度では『ヤマ』へ、我國では『ヨモ』へ行くこしてゐたもので、幽靈はこの考へからそこに生れて來たもので、即ち精神が身體から離れて獨立に活動する事が出來るこいふ考へから、幽靈こいふものが創作されたのでありまして、今の人から考へれば實にバカ／＼しいほご

幼稚な 考へであるがしかし今日でもこれが傳はりある人々にはさうこ信じられてゐるのであります、でありますから、今日の文明の世の中にもコンクリートの建物から幽靈が出る樣になるのであります、今日の學問では精神こいふものは身體の機能であるこ考へられて、身體が生活の働きをしてゐる間は精神もあるが、機能の働きが止まれば精神も共に消滅してしまふもので、決して獨立して存在してゐるものではないこされて居ります、處がかなり知識の廣く明るい教育のある人でも現に幽靈を見たこいふ人がいくらもありますが、それはその人が見たのであつて、第三者が見た譯ではありません

で、もしさうした**屋敷に**化物を見たさいふ人があるこするなら、前以て潜在してゐる恐怖觀念が手傳つて錯覺又は幻覺を起して、そこに化物を見たに過ぎないのであります、狐や狸が化るこいふ事も絶對にない事で、さういふ事を云ふその人が問題こ云ふべきでありませう、化物ではないが又狐つきこ云つて狐がついたこいふのがあります、そして周圍の者がそれを信じて狐を追ひ出すのだこ云つて**狂暴に**等しい鞭を加へたりしてせめ、せつかんをしますが、これは迷信も甚だしいもので社會的有害な迷信こ云はねばなりません、西洋でも狐や犬がつくこいふ事がある人々に信じられてゐますが、これらは要するにヒステリーの發作に迷信の手傳つてゐるに過ぎないのであります

一體、幽靈にしろお化にしろ怪談を生むこいふ事は人間の精神界の幼稚から出たもので殊に日本人においてはそれに對する知識こいふものが、**幼稚過**ぎる樣に思はれる、今日でも子供の教育に家庭でよくお化を出すが、これは最も誤つた教育こ云はねばなりません、家庭では決してお化を出してはいけません子供に迷信を生むのもさうした事がかなり原因してゐるこ思ひます、私は一般の人がもつこ人間の心こいふものに對する知識を深めてほしいこ望むものであります

松泉寺墓地に夜な夜な幽霊　下栗生野の怪談

●山梨毎日新聞　昭和四年十月三十一日　4-372

怪

松泉寺墓地に 夜な夜な幽靈

◇下栗生野の怪談
◇南天の陰からスーツ

幽靈の正體見たり枯尾花……

幽靈の話も昭和文明には古くさい、又耳を傾けはしまいがこれは又ほんとうの怪談一ツ……時は去る廿五日の夜の出來事である、東山梨郡大藤村下栗生野區に松泉寺と云ふ寺院がある、松泉寺の住職某夜檀家の法事の振舞ひに般若湯が少しすぎて、いゝ氣持で歸りついた、庫裡の裏手、すると右手の墓地で、何かしら「ガサツ」と云ふ薄氣味の惡い物音

◇―**講**談なら、折柄打出す遠寺の鐘、陰にこもつて物凄く、と來る處であつたがフイと住職が右手を見ると眞くらな墓地に上半身眞白な姿を振り亂した幽靈の影、南無三寶迷つたりな亡靈と、一生懸命になつて題目を唱へて其儘ズーッと庫裡に入つて仕舞つた、けれ共をさまらぬ住職の胸の中、夜の明けるのをまつて早速此の不思議を村人に口傳した廿六日の夜はめぐつて來た、此の噂で

◇―**好**奇心にそゝられた村人二三百人、わつしよく〳〵で松泉寺の墓地を目かけて殺到する元氣な幽靈で……わいわい人が集まると、物凄い姿を墓地の南天の陰へ引込で仕舞ふ、正吉ちやんが迷つたら、何だ彼だと、尾にひれをつけた怪談ばかり、而し衆生濟度の僧侶の身で亡靈が鎮められぬとあつては佛門の名折れと住職は決心し、二十八日の夜の

◇―**幕**が大菩薩の山嶺から靜かにをりて、下栗生野の部落の夜も初更に入つた頃、住職は大衆に取卷かれて墓地の一角に端座して神力品から普門品と誦して行く中、亡靈は「エヘン」と一ツ咳拂ひ、ハテ面妖な幽靈の咳も珍無類と一座の青年四五名ツカ〳〵

と満天の樹隙を洩つて見ると薄ッ暗い物貰ひが
—薄気味悪い声で「右や左の旦那様、命ばかりはおたく／＼」と手を合はしてゐるのに、一同うんざりして仕舞ひ、枯れ尾花ならぬ乞食の正体「和尚さんこりやなんちやい」

人魂を見るまで（一）　狐の嫁入から十五年　4-373
●河北新報　昭和四年十一月二日

怪

人魂を見るまで（一）
狐の嫁入から十五年
非想生

私は少年の頃、居村から二里半ほど隔つた白岩といふ所の親類の許へ行つたことがある、そばなど馳走されてる中に、日暮れ方になつたので、加七といふ作男（五十五六の爺さんであつた）に送られて帰ることにしたが、白岩の村を出ると日はとツぷり暮れた、春の末の静かな晩で、空には星が疎らに水田や堀川には蛙が啼いてゐた、一里近くも来たと思ふ頃、加七爺さんは「ア、狐の嫁入りだ」といふ、見れば川向ひの山の中腹の辺に松明のやうな明りが二ッ三ッ見える、ト、四ッ五ッ……見る／＼それが殖えて中腹から頂の辺までに無数の明りの行列になつた、ト、思ふとそれが一度にパッと消えてしまつた、暫らくすると又二ッ三ッと明りが現れ、忽ち連続した行列になる、一杯機嫌の加七爺さんは、「ハ、、おコンコのお目出度だ祝つてやるべいとて歩きながら唄ひ出した……目出度く／＼のナア若松さまよナア、枝も栄えるナア葉もしげるよ―……恰も近所のものゝ婚礼でも祝うやうな親しみのある調子だつた、この加七爺さんとしては、村の娘ッ子の嫁入りも狐の嫁入りも大して区別をして居ないのであらう、しかし私は不思議でたまらなかつた（怖ろしくも何ともなかつたが）今にも覚えてるがあの光景は、今の電燈広告のやうなものだつた

◯

その後一年程過ぎて私は角館に出て稲畑先生の静修塾に入つた、塾は今の政友会総裁犬養さんなどにも関係があつたので、例の黄山谷風の揮毫なども額になつて片隅に掲げられてあつた、塾生は二十人ほどで、中には今の平鹿百萬壽伯の兄の瀬造さんなども居た、瀬造さんは年少ではあつたが政談演説となるとグループ中の雄だつた、或る夏の夕方、いつもの連中でつまらない議論をしてる中で、私は、狐の嫁入りの火光の疑問を持ち出した、すると連中の多くは、そんな馬鹿なことはないと否定したばかりでなく……オイ、われ／＼は苟くも泰西文明の先覚を以て任ずるものだぜ、それに狐の嫁入りとは何だ、君様の馬鹿は馬鹿としても、塾の面目を如何せん……と来た、私も考へた、狐の嫁入りを提げ、泰西文明を向ふに廻して孤軍奮闘したところで下らない話だとアッサリ問題を放棄してしまつた

◯

その晩同じ蚊帳の中に枕を並べてゐた戸村（私の隣村の生れ）が、汗臭い体を私の方に向けて、実は今日の君の狐の嫁入の疑問については僕は大いに共鳴したんだけれど何をいふにも、彼等はルーソー、モンテスキューのコンデ（当時塾中の套語）だからね、静かに物の道理などを考へる手合ではないと思つたから助太刀にも出なかつたが事実君が狐の嫁入の光体を疑問とすると同じやうに、僕は狸の伐木の音響に対する疑問があるのだとてその事実を語り始めた。

◯

戸村はいふ、僕は去年の冬、村へ帰つた時、例の件（婚約のこと）について、大伯父……作伯父といふ老人で、若い時から独身、山に七分里に三分住むといふかはり者……にも話して置く必要があつたので村から三里半奥の小屋へ尋ねて行つた、君も知つてるだらうが僕の方では冬に木を伐つて積んで置いて、翌年秋の出水の時、谷川を流して持つて来て年中の薪にするので、作伯父は毎年の十月末から山籠りだつたのだ、雪の五尺位積つてる中を尋ねて行くと作伯父は大よろこびでタンポ（秋田地方の名物の食物）を拵へて御馳走してくれたりしたが午過ぎから谷合の空が鼠色に曇つて、やがて綿を千切つて投げ出すやうな大降りになつた、明日は晴れるから今夜は泊れといふから小屋に一泊ときめた、夜になると大きな嵐に大木の胴切

を五六本くべてドン〳〵燃やすので小屋の中は汗ばむ程の暖かさ、作伯父は火形だらけの背中を爐に向けてゴロリと寢た、外には雪がモソ〳〵と降つてるらしい、小屋圍ひの茅に時々サラ〳〵とかすかな音をさせるだけで、他には何んの物音もない、重苦しい夜の空氣は金山を壓しつけてるやうに思はれた、ト、小屋の後の方でズイコン、バイコン〳〵と鋸挽きの音が聞え出した。

◎

五六間とも距たらないほどの近さらしい、この山中にはこの小屋の外に小屋はない、隨つて人も居ない、それに深更雪の降る中で…僕は氣の迷ひではないかと耳をすまして聞き直したが確かに鋸挽きの音だ、作伯父さん〳〵木伐りの音が聞えるよと、大きい聲で呼ぶと、ウム、何だツて…と作伯父さんは寢ぼけ聲で答へて大きな手を耳にあてゝ居たが、ハヽヽと笑ひ出した、狸のいたづらだよハヽヽけものめ、誰もタヌキもしねいにハヽヽ構はず寢ろよ、さういつて木枕に頭を押つけたと思ふと間もなく鼾を始めた、一方ズイコンバイコンの方は同一の調子で續いてゐたが、やがてバリ〳〵〳〵と梢の枝の擦れ合ふ凄じい響きが聞えて、小屋の眞上へ大木が仆れて來るやうだから僕は思はず首を縮めて兩手で頭を緊と押へたが小屋には少しも障りがない、直ぐ又ズイコン、バイコンと例の調子で始めた、そして三十分位過ぎてバリ〳〵と來る、何度繰り返しても同じ場所の仕事としか思はれないそのうち僕も眠つたと見え目の覺めた時には、作伯父さんは鍋飯を焚き了つて味噌汁を煮てるところだつた、小屋の外へ出て見ると雪はスツカリ晴れ、白銀で包まれた向ふの山の頂から、華やかな旭が上つてる、昨夜のズインバイコンの邊はと見ると矗々と天を指して並び立つた樹木群は皆一樣に雪の冠、雪のガウンを裝ふで威儀を正してる、玻璃宮殿に文武群臣が參朝しておの〳〵その位次に着いたやうな森嚴、沈默、靜寂…とでもいひたい光景だつた、一本だつて伐り仆されてる木もなく、雪の上には、見渡す限り何の痕跡もない

…尤も獸などの足跡がついても降りしきる雪に埋られたかも知れないが…僕は朝飯を食ひながら作伯父に昨夜のことをいはうかとも思つたが、物に怯いて下らないことを氣にする奴だと思はれるが恥かしくて口に出し得なかつた

◎

さて木屋を辭して歸る途中いろいろに疑ひ惑ふた、音響といふものは、分子の振動が音源となつて空氣に波動を與へ、われ〳〵の聽覺を刺戟するのだといふではないか然るに昨夜のやうな巧妙な擬音、凄じい響きを、かの狸といふ小動物のしわざで發し得るわけはないさりとて他に音源となるべき何物もないのは事實だ、ア、なまじひに物理學や動物學の初歩を少しばかり聞き嚙ぢつたゝめに、こんな疑惑も起り不安も生ずる、作伯父さんのやうに、すべてを仕來りのまゝ、有のまゝに素樸に受け入れてさへ居れば何の疑ひもなく澄み切つた水のやうな心で、一生を終ることが出來る、それが幸福の人生といふものではないか、事實ズイコンバイコンが狸のしわざであらうとも、又他の原因であらうとも、われ〳〵の幸福とは何の交渉もないことなのだ、考へて見れば愚聞豈理のズイコンバイコンのみならんやだ、天地間あらゆる現象の本源といふものに對してわれわれはその解決の鍵の一つだも有つてゐないではないか、われ〳〵の人生は際限のない懷疑煩悶の連續だ、ア、どうかして、それから免れたい、が、しかし、悲しいかな既に理智の木の實の一片を口にしてしまつた、作伯父さんの心境に立戻れない運命なのだ――話は大分哲學じみて、あとは夢になつてしまつた

人魂を見るまで（二）狐の嫁入から十五年
●河北新報　昭和四年十一月五日　4-374

怪　學・藝

人魂を見るまで　狐の嫁入から十五年（二）

非想生

人魂を見る迄（二）

その後私の境遇はいろ〳〵に變化したので、狐の嫁入りも狸の伐木も全く忘れてゐた、明治十八年

の春仙臺に來て北一番丁（今の放送局のある邊）の或る家に寓居した、その頃の北一番丁は、兩側に杉の大木が天を摩するばかりに聳え立つてるので陰氣でジメ／＼する通りで、生垣をめぐらした侍屋敷に古い低い家が黒ずんで隱見するといふ有様だつた、私の寓居した家は主婦と娘二人、外に陸軍の看護長が同居してるだけだつたが、或夜のこと、奥さん／＼提灯が／＼……と、けたゝましく呼んで敷石をガタ／＼踏み鳴らしながら、駈け込んで來た女（縫ひ張りや用達しをする老婦で、主婦のところへ始終出入してゐた）があるナニ提灯……と主婦も看護長も娘も外へ出る氣配なので私も出て見た、老婦は少し息をはづませて「ア、見えなくなりした」と首を傾けて「さつきまであすこの（杉の梢の方を指さして）ところにこんな（と兩手で圓を示して）提灯がフラ／＼と下つて右左に動いてるのよ、わたし氣味が惡くて／＼、まだ胸がドキ／＼します」といふ看護長はハッ／＼と笑つて「提灯は何も珍らしいものぢやないぢやないか」といふと老婦は少しせき込んで「イエ、たゞの提灯でございません、昔から、この邊の大杉に提灯が下るといひ傳へてまして、現に五六年前にも小關さんの旦那さんが夜中に手水に起きた時、見さッたさうです、ね奥さん」と主婦に證明を求めると主婦もそれを肯定した、看護長は手を拱いで「關西邊で人魂、鬼火、狐火などといふ類なんだらう、しかし實際そんなものがありやしないさ、何かの錯誤から出たもので、要するに迷信に過ぎないんだ」と斷定した「イエあなた、確かにあることはあります、その提灯ばかりでない、赤井横丁の古濠からは小豆研ぎが出ます」「小豆研ぎ？」「そッしや、大提灯が出るとザックリザックリショ／＼と小豆を研ぐとッしや」「ハヽヽ、汁子屋でも開業する氣だらう」「イエほんとのとでがす、わしの伯母の亭主でお小人をつとめた、それは嚴格い人でしたが、その人も見たといつてした」と老婦は極力その存在を主張する、私は光体と音響の古い記憶を呼び起してゐたので傍から、それは小母さんのいふことは事實でせうといふと、看護長は極めて冷やかに笑つて…ハヽヽ、君も御連中だね…といひ捨てゝ引込んでしまつた

◎

その後、裏五番丁の水野といふ家（今の停車場前運輸事務所の斜向ひ）に友人を尋ねて行つて話し込み、夜更けになつて歸らうとすると、水野の主人は「泊つて行つたらよからう、この邊に人魂が出るなんていふから」といふ「エ、人魂が出るんですか」と問き返すと「八ッ小路の方から飛んで來るのを見たなんていふけれどナニ御假宮のコン／＼テキの仕はざさ」と兩手を招ぎ猫のやうにして額にあてゝ見せた、お假宮（東六番丁）の狐の所爲と斷定してるのだ、私も無氣味ではあるが、人魂の實存を確かめて看護長の冷笑に一矢を酬いてやらうといふ妙な意地が突張つたので、主人の忠告を肯き入れない、星明りの夜ふけ、左右に古ぼけたひしげ屋、ヒヨロリとした松、河童の頭の毛のやうな柳株すべてが呼吸の止まつたやうにシンと靜まり返つた間を、寛々と少し氣取つて歩いたが、人魂コンコンテキは勿論のこと、鼬一疋も見かけなかつた、してそこは今の大仙臺の玄關口停車場前なのだから今昔の感とやらもあらうといふもの

◎

それから三年ほど後のこと、今の縣會議員辯護士の鈴俊君が「や、鷄で一ぱいやるから來いや」といふ、即座に快諾した、御馳走になつたからいふではないが、その頃の鈴俊君の頭には鴉の濡れ羽のやうな髪がふんだんにあつて、それをカスミチックか何かで七三に分けた美男子だつた、小鳥が大好きその頃から洋鷄にも興味をもつて居たらしかつた、或る時同人三四名で定禪寺通りの小料理屋に上つたところ、興に乗じ過ぎて懷中が怪しくなつた、すると鈴俊君、僕は三町目の草刈（代議士になり群馬縣知事になつて死んだ）のところにブラマの卵を預かつてある、あれを財源にするから大丈夫だといふ、その仕末はどうしたつたか忘れたが兎に角われ／＼同人は大に鈴俊君を德としてブラマの卵と敬稱したものだ、その頃鈴俊君は車通りに居たが、その邊も老杉鬱

々のさびしい通り、殊にその宅は東側で門から二十間も奥に引ッ込んであつたと覺えてる、そこの奥の間でブラタマの馳走を受けながら談たま〳〵人魂の事に及ぶと鈴俊君は「そんなものは何でもないさ僕などは或る時夜遲く歸つて門をあけると、そこに大きな山が出來てるぢやないか、瀧を廻つて家に入るより外ないので、右に左にと迂廻して入口を見出さうとしてる間に夜の明けた事があつた、狸といふ奴は手に負へないものだ」といふ、人魂なんどは枝葉末節の問題で論ずるに足らないといはんばかりだつた。

怪　人魂を見るまで（三）　狐の嫁入から十五年　4-375

●河北新報　昭和四年十一月六日

學藝

人魂を見るまで

狐の嫁入から十五年（三）

非想生

◎

水野老人や鈴俊君が人魂などの現象を狐狸の所爲に歸するのも無理ではない、實際そのころは仙臺にも狐狸が多く棲んでゐたのだ、今の養賢堂が縣廳で收税部も廳内にあつたころ、養賢堂東前坪に白晝狸の子が出て戯れてる、（尤も何か物音がすると直ぐ縁下に引つ込む）時の收税長山田揆一さんなどは部長室からガラス戸越しにそれを見てニヤリ〳〵笑つたものだそこで私は給仕小使に計略を授け食パンを以て狸の子等を誘ひ出し大車輪で二疋まで生捕り暫らく小使室に飼つて居たこともある、そもそも勅任、奏任、判任の歴々數百名詰め居る縣廳、しかも從五位勳何等の山田さんの目の前にまでチヨロ〳〵と出て來て日當ぼつこをするなど横暴極まる狸のふるまひ、畢竟眷族の多きを頼んでの増長憎むべしとはいへ收税長も私の狸征伐に策動するのを見て、頼もしい心がけの男だとは思はなかつたらうが幸ひに處罰も譴責もせられずに濟んだ、思ふに今の伊藤清治郎さんなどは電狸と號して縣會の狸を一人で背負つて立つたやうな觀をしてるけれど、實は大正以後の新參ものなのだ……しかしそれを古來大先輩のやうに見せてるところが燐かも知れない

◎

しかし私は狐や狸を罪惡としてるのではない、なぜかといふに人魂狐火、提灯火、送り火の光、小豆とぎの音などは直接われ等の視覺や聽覺によりその存在を認められるけれど、その光源や音源に至つては全然不明なのであつて、狸や狐の仕わざだらうといふのは人の想像に過ぎない、彼等は或ひはヒドい兔罪だとこぼしてるかも知れない、且これ等の野獸にさうした大それた能力のないことは動物學者でなくとも分り切つてるのである、問題は光体と音響なのだが、若し宗教の信仰に類似した心理狀態から或る觀念を形成してるために、客觀的には存在しないものが視覺や聽覺に現れて來るのだとすれば、看護長のいはゆる迷信に過ぎないので問題ではないのだがしかし私にしても戸村にしても北一番丁の老婦にしても、豫め何の觀念ももつてゐないので偶然遭遇したのだ、實際光りも音も客觀的に存在すればこそ見もし聞きもしたのだ、且又あらぬ物を錯覺するほど驚怖してゐたのでもない

◎

武田坦氏（醫學士）にいつかその話をすると、それはいはゆる燐火だね、ボスポルの燃燒だらう、とアッサリしたものだ、八木長恭氏（藥學士藥劑化學士）に話して見るとボスポルは天然には他との化合物として存在するのみで遊離しては存在しない、大氣中で燃燒するのは遊離した場合に限るが、それにしても空中を飛ぶなどといふことはあり得ない、且ボスポルの光線は燐火に限るので螢光や提灯の光の色とは紛ふべくもないのだ、吾に至つてはわが輩には判らない、物理、就中光學、音響學の專攻家或は微生物學の專攻家に研究してもらつたら判るかも知れない、但しそれにしても研究すべき對象を提供しなくてはならないが……といふ、研究材料の提供と出られては降參の外はない、あきらめた

◎

だが、すでに人魂、狐火等その名が古くからある以上、昔の人もこれを見聞してるに相違ない、見聞した人のうちで筆まめなものは、記録にとゞめてるかも知れない、

怪
人魂を見るまで（四）狐の嫁入から十五年
●河北新報　昭和四年十一月七日　4-376

學…藝

人魂を見るまで（四）

狐の嫁入から十五年

非想生

そこで書物に注意し始めたが常識では肯定し難い物像や音響の出現した記載は、支那にも日本にも夥しい、殊に佛氏仙家の記傳や神佛の靈驗記などは殆ど例外なしにそれが附隨してるけれど、これ等は一種の觀念記錄乃至御利益の宣傳と見做して一切採らない、單に純然たる客觀的存在を肯定した記錄としてやゝ信ずべきものゝみでもなか／＼に多いが、こゝにはその代表的のものについての要領だけ記して置く、人魂について本草には人魄（支那では人が死ねば魂は天に上り魄は地に入ると信じてる）は縊死者の魄の地に入りたるものにて、これを掘ればその狀麩炭の如しとあるが、これは實物を見たのでない、谷川士清の記に「人魂の飛ぶ時、地より三四丈を過ぎず、蒟蒻玉の如く地下黄泉に入る、或は落るところに黒色の小虫多しといへり」とある、これは實見者から傳聞したのに多少の想像を加へたものであらう

中小路右大臣の中右記、大治四年の條に「御所三條殿の中に大人魂出づ云々」「十月九日、今夕火あり人魂飛びて火を渡る云々」これは筆者が實見したらしい書振りだが簡略に過ぎて狀況が分らない、同じ日記でも明月記には「正治二年三月五日訪門より告げられて曰く夜前北壺吳竹の邊に人魂あり飛び去る」云々とあり、實見した女房の言をも載せてある。それによるとその色白く丸にあらずして折敷の四方の如く土について東に行く云々とあるから、色も形もハツキリと見たのである、人魂と異名同質と思はるゝ鬼火、狐火について本草には牛馬の兵死するもの血土に入り年久しくして化すると云ふなどゝあれど、これは無論實驗を經たものでない、著聞集に、京のものが深更陽天門と會昌門との間を通るに陽天門の上を見上げければ、屋の上に眞青に光るものあり、カラ／＼と笑ふ聲しけり」とあるから、青は光体の外に、一種の音響も實驗してることが知られる、この外徳川時代に入りての紀行類や地誌類を見ると、龍火、龍燈、天狗火の外、神樂を奏する神樂火、音樂を奏する音樂火、たこ火、しる火、宗元火、五体火、惡路神の火など、呼ばるゝものが諸國にあり、その光色も、白、赤、青さま／＼で、音響を伴ふものも多いのだから、伐木の音や、ザツクラ／＼の小豆とぎの音も、今に始まつたものでないことも知られる、これ等を、こと／＼くあわてものゝ錯覺として片附けてしまふことは出來ないと、少し心強くはなつたものゝ、すゝんで存在を斷定する勇氣も出ない。

◎

明治二十二年頃、今の長丁の街路を同心町通りから外記丁へ、外記丁から大聖寺墓地を通つて定禪寺通りへ連絡させたので、外記丁十字路の東北には三角の邸が出來たその三角の底邊には大きな湯屋があり、頂角に近いところに古い小さい家があつた、私がその家を借りて引つ越したのは明治二十四年だつたと覺える、その年の冬……或は翌年の一二月頃か……私は居間のランプの下で本を讀んでゐた午後の九時過ぎ、外にはいつもの夜廻りそばが荷を下したらしく、そばー、そばえそばーと元氣のない聲で時々觸れる聲が聞えてゐたド、突然ガチヤガチヤンと瀬戸物でも落したやうな音が聞えたので障子を上げて見ると、西向きの出格子の窓に青い光りが一ぱいに映つてるから、驚いて立つて行つて窓を開いて見ると、十字路の邊、地上から二三丈の高さのところに、直經三四尺もあらうと見える青い光り玉がユラリ／＼と南に向つてやゝ孤狀を描きつゝ飛んで行くのである、可なりの早さで飛ぶのだが過ぎるところ二三間の間は樹木の枝でも生垣でも板塀でも人家の屋根もハツキリと青い光りで照らし出されて見える、私は妻をも喚んでそれを見せたが、光り物は大聖寺の西、今の仙臺警察署の邊で見えなくなつたやうに思はれた、私は出格子に摑まつて茫然と佇みしかけた

「あれは何だえ
「エ、驚きました、わしやお客さんにそばをつけて上げるところでしたがね、何だか、ゴーゴーく…て音がするんで、ヒヨイと頭を上げて見ますと、あれが、わしの頭の上に來るんぢやありませんかビツクリして皿をおつことしました…ア、お客さんは居ない、何所かへ逃げてしまつたナ
「それは氣の毒だつた、一体あれは何んだと思ふね
「魂つてもんでせうね
「何所から出て來たか出所を見たか
「旦那ンとこから出たんぢやありませんか
「冗談いつちやいけない、私のとこには、あんなに浮かれ出す魂は居ない
「ぢやお隣の湯屋の煙突かな
「煉玉ぢやあるまいし
「青白うがしたね、ハヽヽ、三助の魂ぢやねいや
笑ひながら話し合つたほどで凄くも恐ろしくもなかつた、これは私とそば屋ばかりでなく外にも見たものがあつたと見え、翌日になると某大家の夫人が大病なので、その魂が昨夜飛んだといふ噂が生じたほどである、思へば少年の時狐の嫁入火を見てからこの大人魂まで十五年、ばかくしいことに氣を揉んだものだ（終）

怪

晩秋怪談　石のふる家

●東京日日新聞　昭和四年十一月八日

4-377

晩秋怪談。石のふる家

本郷は帝大前・サテも怪しやな

帝大正門前からちよつと赤門寄りの洋服屋としるこ屋の間を少しばかり入つた本郷森川町七三の北原蓮造方と道をはさんで向ひ側の同町七〇吉本次郎方付近にどこから降つて來るのか小石や瓦のかけらなどが盛んに降る

×　×

六日の晩は一層はげしく北原方の女中の鼻先きのガラス戸はメチヤくに壊され吉本方では瓦の破片で壁に大きな穴をあけられた、七日は朝の七時ごろから雨が降つてゐる最中も小石がしきりに飛ぶ、ガラス瓶が舞ふ、夜近く六時ごろはますくひどく折柄雨上りなので付近は物好きの弥次馬で大騒な人だかり

×　×

本富士署からは山村司法主任はじめ私服の刑事連が各所に張り込んでゐるがさつぱり見當がつかない、昭和の御代に怪談じみてゐるが北原方では表をしめて不氣味な不安に駆られてゐる、人だかりが散るとまた石と瓦が飛ぶ、若い衆が出て弥次馬を追ふ、通行は危いと洋傘をさして通る人もある

×　×

「どうも狐かむじなの仕業らしいぜ」と見て來た様な話「いやりんごや梨が降つたぜ」「何んでも八月頃付近の地所を買占めた者が三割地代をあげたので家賃を上げられそれを恨んでやるのだ」と町の噂はとりく

×　×

この悪戯は八月頃からしばく付近にあつたがこの二、三日メツキリひどくなつて來た、六日の夜裏手の空家に隠れてゐた不良が三人ばかりつかまつたがこれらの悪戯でもないと見えて七日も朝か

ら夜まで石が降る、瓦が降る……

怪　あーら不思議や　夢枕のお告げで　盗まれた…

★新世界　昭和四年十一月十三日　4-378

あーら不思議や夢枕のお告げて
盗まれた神体が出る

市外高田町雑司ケ谷三八鬼子母神境内の寺院法明寺の御本尊であり千年の歴史を有するといふ木像武芳稲荷大明神および七代将軍奉納の随神で天然痘にあらたかな驗ありといふ南無將大明神の二體に昨年九月下旬づしいりのまま高麗犬

一對　外附屬品十數點と共

に盗み去られ住職近江正瑞氏を始め信徒は大らうばいで捜査に努力してゐたがわからず一同絶望してゐたところ

數日前住職正瑞氏は高田署に驅けこみ「大明神が夢枕に立つて近所にゐるから歸りたいとお仰つたから」との事に刑事連苦笑しながら探すと、あら不思議や稲荷様は池袋町九五三請負業三川直市方から、随神は板橋町金井窪六〇三牛乳屋永井仲一方からそれぞれ現れ出た

同時　に紛失していた高麗

犬その他もいろいろ蔓式に方々から飛びだしたので住職さん大喜びる束の間ここに喜劇が持ち上つた——

といふのはこの犯人は盗みだすと直ぐ巣鴨町の古物屋島田習念(四一)に全部二束三文で賣つてしまつた、それが更に古物店や市塲や興行師等の手を轉々して最後に前記の二軒に落着いたもので——

随神その他は無事にお寺へ還つたが本尊の持主三川方では細事のかめの(三七)さんが買ひ取つて鑑定してもらつたところ第十五豊川稲荷が化身だとあつたので忽ち大枚二千圓を投じて奉安所を作り自分は

祭服　姿で女祭主となり今

日では附近に信者が増してお参りが絶ゑねといふ狀態に至つてゐた

この次第とかめのさんは何萬圓積もうが、何としても手放さねと頑張るので高田署でも困り果て去る十月二十八日來御神體を高田署の刑事部屋の戸棚の中に預ることにしてしまつた、目下この騒動の原因である犯人を探してゐるが刑事連が代で燈明を獻じたり玄米を供へたりして「犯人を速かに捕へしめ給へ」と拍手打つてゐる

ラ　ラジオ（子供の時間）童話劇「化け狐の名主さん」

●国民新聞　昭和四年十一月十六日　4-379

番組（十六日）　長波　▽東京三四五▽大阪四〇〇▽仙臺三九〇▽札幌三六一▽名古屋三七〇

◇後六・〇〇（子供の時間）童話劇「化け狐の名主さん」（出演）若草童話劇協會（解説）鬼武沐山（伴奏）齋藤九崇（配役）（狐）高頭稚枝、岡野美美子、加藤文子、山下元子、辻裕子、鈴木智惠子、鈴木好子、河合千代子（おんどり）岡本愛子（狐と名主）鬼武沐山、（太郎兵衛爺）岡野省三、隣の杢兵衛正岡蕃夫（他三名）

ラ　童話劇「化け狐の名主サン」

●国民新聞　昭和四年十一月十六日　4-380

◆若草●　童話劇協會
◆伴奏●　齋藤　九崇
◆解説●　鬼武　沐山

童話劇【子供の時間】
化け狐の名主サン

▽ほがらかな朝は次第々々に明けて行かうとしてゐます、日頃太郎兵衛爺さんに可愛がつて育てられてゐる鶏達は、樂しさうに賑やかに歌つて居ります、けれどもそのうちに皆はこの頃お爺さんが、何となくしよげ返つてゐること、さう云へばピイ吉やピイ子の姿がみえない事等に氣がついて、急に淋しさうにだまりこくつてしまひました

▽そこへ、をんどりのをぢさんが來て、近頃私達の仲間が、何者にか、さらはれるのだと心配さうに云つてきかせました、一同は驚くなつて饑へ上つてゐると、どこからか一匹の狐が出て來て「こらッ、靜かにしないか、さあ捕へたぞ、人間の奴はゐないだらうな、うむ之でよし、家へ歸つて御馳走にならう」といひながら一羽をくはへ

て納屋の中へ逃げてしまひました

▽…若草童話劇協會員

▽そのあとへ來たお爺さんは、これは叶はぬと、すぐ名主さんのところへ相談に出かけました、これは狐の仕業に違ひないと云ふので早速ワナをかけることになりましたので鶏達は大喜びで「面白い〳〵わなにかゝれ悪狐」とうたひ囃して、まつてゐました、お爺さんも、ワナに油揚げをかけて、物かげからジーッと見てゐますと、向ふから狐が名主さんに化けてやつてきました

▽耳がピク〳〵してゐるのでお爺さんは、すぐそれとわかりましたが、何くはぬ顔をしてゐると狐もすましたもので、このワナは狐をとる爲かときゝました

▽お爺さんは、左の方から手を入れると安全に油あげがとれると教へますと、だまされたとも知らぬ狐は「人間なんて馬鹿な者だ」といひながらお爺さんが、行つてしまつた後で、ワナへ手を入れたから堪まりません、忽ち、手を挾んで絶體絶命、痛い〳〵と苦しみもだえました

▽かくれてゐたお爺さんと鶏達は一齊に飛出して「めでたい〳〵」と喜び合ひました、殊にをんどりのをぢさんは、コケコッコーと勇ましく、一段聲を張りあげました

美人の幽霊

怪談!!!　十七八の美人が髪を振り乱して…

●新朝報　昭和四年十二月一日　4-381

美人の幽靈

怪談!!!

十七八の美人が髪を振り亂して

通行人を凝視する

怪談にありそうな奇怪な話し、――豊橋市花田の立花湯の脚近く、建てられてから幾年も過ぎそうにない家がある。いまはさる人の住居となつてゐるが、二三日そこに住んだものに日本一の黍團子の旗印を掲げて名の通りきびだんごの市内行商に出掛ける商人があつたことは知る人ぞ知るでいわゆるヘンな噂サの傳えられるに至つたのはその頃からで、否その少し以前に二三人僅か宛の日數を住んだものもあるが……

◆――或る夜更け通行人の一人がきやツと悲鳴をあげて逃げ出したものである。その人の見た處によると何んでも年の頃十七、八、水もしたゝるような美人が髪をふり亂してジーッと通行人を見すゑてゐたと云ふのだ。美人幽靈現ると云ふ近代人では一寸理解し得ないような噂サがパッと擴まつたのも、その頃からであつた

◆それから間もなく「俺も見た」、「妾も見た」と云ふ人々が増して來たかと思ふと件のきびだんご屋さんは其處を引き拂つてしまつた。噂サは噂サを生んだ美人幽靈の話しは同地界隈の常談とさへなつた。その次ぎ借家した人は僅か一週間位で他へ引き移つた。それはその噂サを耳にして怖氣付き引越したものらしい。それから暫らく、その家は空家となつてゐた。その噂サ話しに連れ込まれた譯でもあるまいが、現在その家を借りてゐる人は美人幽靈におこかれて引越して來た。

◆それから、また數ケ月――あこがれの美人幽靈は姿を見せず無聊を喞つてゐると云ふ。それでも立花湯に行來する人々は指して「幽靈の出るのはこの家だげな」と云ふ葉を投げかけて行く、オモサテモ。――きびだんご屋と美人幽靈と何んの因緣あるか詳らかにしないが、きびだんご屋は一定の家に安住が出來ず、轉々として住家を變えてゐ

……るとか。……

怪 物騒な石の雨 弥次馬で大騒ぎ

★新世界 昭和四年十二月十一日 4-382

物騒な石の雨
彌次馬で大騒ぎ

本郷區森川町七〇番地、七三番地先の飲軒に石を頻りに投げつけるものあり、本富士署でも早く犯人を逮捕せんと數名の警官は徹夜で警戒し、同町青年團員も手傳つてゐるが、去る八日は午前七時頃から相變らず石とか瓦とか大根や人參まで時々降つて來るが一向正體が判らない、早朝から見物の彌次馬が遠く品川方面から辨當持ちで見に來るといふ馬鹿騒ぎで、夜になると四時五時頃から又復投石が始まり同地七三北原方など又更に硝子戸を破壞された。噂は噂を生んで本富士署でも何とかして早く正體を確めたいと努力して居るがどうにも判明しない

資 植物の持つ妖性と怪異（一）

●松陽新報 昭和四年十二月十五日（十四日夕） 4-383

植物の持つ妖性と怪異
【一】

植物に就ての不思議な物語りは東洋でも西洋でも屢々人の口に上つてゐる、學問の啓けない昔は全く道理の外れた不思議なことがあるように云はれて居つたが、だんだん學問が啓け人の觀察の眼が確になつてくると不思議といはれた事は全く觀察の誤りで實際は何の不可思議さいふ様なことがないと解つてきて所謂怪異に屬する話はだんだんと立派になつて行つたものが隨分多い 一言にして云へば學問の知識が暗かつたためにいろいろの

想像に

想像を加へて考へてきたことが、科學の發達に從つて即ち科學の光で照されゝば所謂怪異は少しも怪異でないことに、はつきりと解るやうになつた例しはきはめて多い、松にしてもかなり老木の枝が繁つてゐる中に時さしては風も通さぬ程に細かい枝が集り 集まつた大きな 固い形のものが出來てゐる事がしばしば見受けられる、その原因不明のさきは説明の仕方がないから天狗がこゝに巣を造つたものと考へて天狗の巣と云ひ慣はした然るにかゝる枝を顯微鏡でその構造に就て調べて見ると、實は

菌類の

特別な種類が枝にある呼吸のために必ずあるべき孔か又は傷口から入つて枝を刺戟し、從つて刺戟された枝はだんだんと異状發育してこのやうになつたものである、菌類で昔からわかつて居つたものは食べる「キノコ」であつたが、その「キノコ」は菌類の繁殖のためにできたもので、菌類の自分の身體は顯微鏡でなければ見られぬやうな細かくもつれた糸のやうなもので、少しも色がないから菌類が植物にとりついて

寄生し

ても、菌類の體は見えないために、取りつかれた植物の體が種々に變つたのを見て不思議がられたことは無理ないことである眞直に育つ筈の竹が、これまた幾度も幾度も曲りくねつたやうになり、細かな枝が澤山に簇り集つて、天狗巣を造ることが決して稀ではない、竹の又食べる「唐もろこし」のまた黒穂病について居る間に「唐もろこし」の食べる小さい

丸い粒

が幾層倍も大きく膨れて不思議な形をして居るのを見ることが多い、これも「唐もろこし」の怪異といつて居るが科學の研究を進めれば、これまた菌類の取りついた爲めで、出來たので不思議は少しもないのである。（續く）

資 植物の持つ妖性と怪異（二）

●松陽新報 昭和四年十二月十七日（十六日夕） 4-384

植物の持つ妖性と怪異
【二】

松林に往つて見ると松の枝に太き

さよりも數層倍も大きなコブが澤山ついてゐることがあるこれも大體は菌類のついたゝめに腫れて膨れ出したのである。夏分に食べる枝豆は植物學上では大豆で味噌を造るときに使はるゝのと同種類であるこの枝豆が時には細い枝が平たく廣く瘤のやうになつてあたりまへよりは豆が鈴成になつて澤山つくことがある廣く研究して見るとこれ等は菌類の取りついたゝめのことが原因のこともあり又は

遺傳で　さういふ大豆を蒔けば同じにそういふ枝に平たく瘤のやうに出來るといふことがわかる、また梅にしても杏にしても食べられるところの中に固い心があるのが普通であるこの心即ち核の中はほんとうの種となつてゐる然るに全く固い核のない梅や杏がまゝ見つかる有るべきはづの核がないために餘程人は不思議がるけれども桃でも杏でもまた若いときに見ると決して固い核が出來てないたから若い時のままで變化しないで居れば

固い心　がない事は少しも不思議ではない梅の實は西洋には味のいゝのがなく日本には誠に結構なのが澤山ある外その梅の實を割つて見ると中に同じやうな實が今一つ入つて居るやうな時もある梅の中に實が入つて居つてはいかにも不思議に思はれるけれどもそういふ瓣は一度出來ると遺傳をするからこれまた遺傳の研究が進んで見れば少しも不思議はない今日でも

伊豫の　宇和島を中心としてその附近にはこういふ變つた梅の實をならす木がある其外植物の體は根にせよ莖にせよ又花にしても果實にしても多量の養分を含んであるからそれを食べやうとして取りついた菌類の仕事で種々雜多な形になることは少しも不思議はない當然のことであります又小さい動物殊に虫類などは好んで植物の根や莖や葉や果實等の巣を造るから虫や

昆虫が　造つた巣のために植物の體が腫れてきて想像もつかぬやうな不思議な形になつて人を驚かすことは決して稀でない。（續く）

植物の持つ妖性と怪異（三）

資 ●松陽新報　昭和四年十二月十八日（十七日夕）　4-385

植物の持つ妖性と怪異

〔三〕

大體人は物を見て不思議といふのはその人がこれまで見たことがないものを見當てた場合不思議といふので強てその不思議なものが昔て自分の見た何かに似て居ればそれにしてしまふのである月影でさへ晩に尾花と見たり枝の垂れた「スダレ柳」を見ては痩た髪を亂した幽靈が人を招くと思ひ間違へるやうなことになり老木がしばしばその幹の心が老いのために腐つて洞穴が出來その中に

鳥や獸　が棲んで居つてそれ等が日中の音絶えた靜夜になると音を立てたり騷いだりする人々はそれを聞いて不思議がつて、それが木の心が腐つて鳥や獸が棲んで居つて音を立てるとはおもはないで木がうなり出したと驚いてその妖性氣分に伝ゐるといふのも無理無い事である即ち不思議は人の智識が正確でないときに起るもので廣く種々なことが解るに從つてだんだんその不思議が減つて行くには當然である今日文明人の間にもまたこの

不思議　といふこともあり相に怪しむ人があるが野蠻未開な民族にゆけばその不思議の範圍が大變に廣いさて植物が何故不思議がられてきたかといふには科學の研究を進めて見ると餘程興味ある道理が含まれてゐる原因はいろくあるが一つは植物の長壽のことである譬へば人間は格別恐ろしいことと思はせることは少くない人にしても兒童が見れば如何にも邪がなくて兒童の心持が分りきつて居つて「何をしてかすか」といふやうな氣分を人に與へないが段々齡老つて頭に

白髮を　頂く老人になると尊敬する心持が起ると同時に人によつては恐ろしいとさわさが加はつてくるのである昔から不可思議な業を行ふと考へた仙人なども隻な年老つた顏の人ばかりである植物はその長命なこと到底動物が追

つけない幾千年の壽命を持つた老樹は世界中いくらもある從つて老木には何かまた科學の發見し得ないあるものがあり相に思へる古い繪を書いた實物になつてゐるものを見るとその原料が紙であるのが最も永く建つかゝ保存されてゐる證は

錆びて

物さへ形を失ふても紙はよく保存されるこの紙は植物の纖から造つたものである即ち植物の纖維には長き時の流れが到底朽ささせ得ないあるものが含まれてゐるやうに見れる幾千万年の昔地球上に棲んでゐる植物の靈である石炭か科學を進歩させる原動力さして働くその偉大さを考へて見ても植物の體に潜んでまた科學の發見し得ない靈能があるやうに思ふことを拒み得ないのである（完）

ヒマラヤ山中に怪人雪男

資 ●山陽新報　昭和四年十二月二十日（十九日夕）　4-386

ヒマラヤ山中に怪人雪男

ヒマラヤ山のやうな高山の頂きには「雪男」が生存してゐるといふ話

——最近有名な英國探檢家はヒマラヤ山で望遠鏡に映つたのは確にさうした怪物に相違ないといつて居る。彼は雪の上に印せられた不思議な足跡を見たし、また雪男の奇聲を耳にしたが、普通の人間の前には決してその姿を現さないといふことである。また近頃ヒマラヤ山の最高峰キンタンジュンガに探検を試みたドイツ人の探検隊員もキャンプの外でさうした怪人が話してゐる聲を聞いたと報じてゐる。（印度ダージェーリング發）

首ッ吊り沢の怪！　狸に化かされた話

5-1　●山梨日日新聞　昭和五年一月十日

讀者課題【八】

首ッ吊り澤の怪！ 狸に化かされた話

文政年間から去年の暮までに遭難實話六篇を生む

「西八代郡上九一色村下芦川區と三帳區の中間に首つり澤という處があります。首つり澤とは名からして氣味の惡い處ですが、此の首つり澤に昔から幾度か狸が出て人を化かした事實話があります。調査して發表して下さい。新らしい處ではこの暮の二十日に化かされた者があります。（西八代郡上九一色村　田中竹市）」

化けた銀毛の古狸を撲殺

肉は振舞つたが皮は賣る

橘田老人の懷舊談

文政の頃、下蘆川におよしさんといふ都に見る美人があつた。三帳の七右衛門といふ若者を戀して毎夜この澤を通つてゐるうちに、或夜行き迷つて[illegible]に手ごめにされたのを恥じて縊死したので、首つり澤の名が起つたといふ曰くつきの場所のため初めはおよしさんの亡靈が行人をたぶらかすものと思つてゐたが其後化かした狸を捕獲した者が現れたので、狸が化かすことに確定された譯である。

その化かされた第一回は矢張り文政年間でおよしさんが縊死して間もない頃のことである。上九一色村入野區から三帳區に嫁に行つた人があり（その孫は現存してゐる）その姑が突然死亡したので、そのことを嫁の生家に知らせるため隣家の文四、文五といふ十六と十四になる兄弟が飛脚にたつた。今では荷馬車や大八車が毎日三四十臺も通行する坦々たる道路になつてゐるが當時は上り下りの多い曲りくねつた嫌な路であつたさうである。二人は道中差をさして提灯を持ち、午後九時頃首つり澤にかゝると向ふから定紋のついた弓張り提灯を袖に抱へた年增女が來て「ここを曲ると首つり澤だよ」といふかと思ふとフッと消えてしまつた。氣味が惡くなつて二人が驅け出すと前方の欅の木に首くゝりがブラ下つてゐる。膽を潰してどこをどう驅け廻つたか、兎に角翌朝三帳區の山の神の境内で倒れてゐたといふ話である。然し首つり澤に二度の首つりは無かつた。

二回目は少し間を置いた明治二十年頃、上九一色村の橘田酒造所の老父が中山の知人の處で夕飯の御馳走になり一杯機嫌で首つり澤にさしかゝつた。舊七月十三日の月明りのため提灯も持たず鼻唄を唄つて來ると、すぐ眼先きを見たことのない小僧がチョコ／＼行く少し先になるところりと轉がつて近づくのを待つては又チョコ／＼歩く。二三回繰かへすうちに橘田老人は「狸だな」と思つた。急ぎ足になると突然その小僧が消ねてしまつた。「變な小僧だ」と思ひながら大石の邊でドッカリ腰を下して一ぷく喫まうとすると又先の小僧が現れてぐうぐういひ乍ら近づいて來る。橘田老人も今は「髭の爺さん」で白い髭の神主さんのやうな老人になつてゐるが當時は血氣の若者、近寄つたなら組みついて叩き殺してくれやうと思つてゐたが手ごろの石を拾つて隱してゐたが狸の小僧はそんなことゝは知らないから足許まで來て來たぐう／＼やつてゐるので「この野郎……」とばかり組つきさま、持つてゐた石で腦天をポカ／＼殴り、叩き殺してしまつた。然し若し本當の人間であつてはとよくみると確かに狸、しかも銀毛の狸であつたので手拭で首を縛つて自宅迄引ずつて來た。翌朝橘田老人は狸退治の武勇傳を村人に聞かせ乍ら狸汁と酒を振舞つた。皮は時價一枚六十錢位のものを、この狸は銀毛のため二圓に賣れた「俺が一匹はとりやしたがね」と老人は今も得意である。

冬の河中を泳がされた

九一色郵便局の

土橋配達夫

次ぎは明治四十年頃の舊二月、上九一色郵便局の土橋配達夫が暮れてはゐるが月はあり、年中歩き馴れた道のため例の山の神を越して來ると急に道が暗くなつて馴れた道だが歩けない、思案の末、澤へ下りて川の中をジヤブ／＼二時間も通つたが豫定地には出られない、舊二月の夜で未だ冷たいので全く當惑してゐると「郵便屋さんらしいがどうしたのです、この月夜に川の中でぐる／＼廻つてゐるなんて氣でも違つたのではないのですか」といふ者がある。我に歸つて見ると既に夜明けに近いころで、鼻ッ先きの縣道を通りかゝつた緣起賣りが助けたのであつた。土橋郵便夫はこの緣起賣りに上九一色境の木賃宿で一升買つて御禮をいつた。

四回目は大正十四年の秋で、昨年四月亡くなつた市川の敬吾といふ俥屋さんの話――上九一色まで客を送つたところチップがよかつたので二三本の酒を平げて景氣よく夜の八時頃首つり澤にさしかかると、今迄明るかつた提灯が急に暗くなつて動けない「狸だな」と思つたから梶棒を下ろして一ぷくやると忽ち明るくなつた。二三丁行くと又暗くなる。一ぷくやると又明るくなる。いつそ落つけと動かなくてゐるといつ迄も明るい、動くと暗くなる。絡に上野村瀬田まで出るのに夜が明けた。結局米だ四十歳の男盛りで、二里足らずの路を一晩中かゝつたのである。

舊臘廿日に山崩れで

炭賣りを脅す

五回六回は昭和も昭和、昨四年のことである。その一つは上九一色の佐野[illegible]さんといふ人が病氣に罹つたので、甲府の[illegible]博士の診察を受けた、[illegible]を三[illegible]の[illegible]に寄つて例の澤に入つた月は朧に霞んで狸の出るには誂へ向の夜であつた爲か、どこからともなく馬鹿囃子の音が聞えて來た。追々近づいて笛も大鼓も鮮かに聞えるやうになつたので立ち止まつて耳を傾けると忽ち馬鹿囃子はずつと遠く幽かになつて消える。歩き出すと又近づく、歩いたり立ち止まつたりしたので、十二三町の道を四時間もかかつて歸宅したとのこと。

も一つは暮れも迫つた昨年の十二月二十日、同じ上九一色村の河野六郎さんが荷車に木炭四俵を積んで中巨摩郡西條村の得意先に屆けた歸りに午前二時頃この道を通つた。するとだしぬけに頭上で山崩れの音がした。驚いて仰いだが何ともない。不思議に思つたが通りすぎやうとすると又山崩れの音―六郎さんはとつて三十一歳の若者、それに身長は五尺六寸、体重も二十貫からあるので「狸だな」と思ふと寧ろ平氣になつて蒙ら山崩れの音がしてもずんずん歩いた。すると今度は足許が急に崩れだした流石に跳び上つたが矢張り音ばかりで何ともなつてゐない、こんなことで一里の道を五時間ばかりかゝつて漸く自宅に辿りついたといふ話である。

怪　淋しい丸まげの小式部人形のたたり

★大陸日報　昭和五年一月十七日　5-2

淋しい丸まげの小式部人形のたゞり

恐ろしい昭和の怪談

發狂者まで出る騒ぎ

東京三河島遊田一四〇古道具屋小林方で年の暮れの立場へ、あたま、胴、脚が三つの箱へ分けられて入つてゐる古い人形が出た、見ると二十六、七の淋しい表情の女で丸髷を結つて薄紫の手柄をかけてゐる、つないだら五尺三、四寸の大きさにはなる

◇

『生きてるやうだなア』と道具屋さん達一斉に、かういつた、そして金町の大井金五郎（假名）が二十五圓までセリ上げて買ひとつた、道具屋がうらやましがつて代る代る箱を開いて見てゐたが『魂がこもつてゐる、何か、かう恨んでゐるやうだ』と誰となくいひ出して、しまひには箱のふたへ手をかけるものもなくなつた

◇

金五郎が、三つの箱をかついで家へ戻つた時は、もう日のくれ方薄暗い電燈の下で改めてまた箱を開くと『わあッ』といつて顔をおはつた、女の人形が、ぢつと箱の中から金五郎を見て、淋しい、今にも泣き出しさうな顔をして少し微笑したといふのである

◇

それから金五郎は氣が違つたやうになつてあばれ廻つた、近所の人の話では裸で往來へ出たり、飛んでもない事を口走つたりしたといふが、今はぶらぶら病の氣味で床についてゐる、最初に診察した天沼醫師は『何か大きなショックを受けたものです、昔なら或はタタリとでもいふのでせうか』といふ

◇

かみさんは人一倍氣丈だが、どうも二度とこの人形の顔を見る事も出來ない、そのまゝ近所の人にたのんで、一緒に三つの箱を、荒川へ持つて行つてはうり込んだ、早い水の流れだ、すぐに箱は濁流へと思つたら水音がしたゞけでぴたりッとそこへ重りでもつけたやうに一尺、一寸も流れては行かないぢッとしてゐる箱、それを見詰めてゐるみんなの顔、眞青であつた

◇
どうしても流れない、仕方がないので翌日これを町屋の火葬場の前にある地藏院へ運んで、この寺へ納めて永代供養をしてもらふ事になつた、住職の森徹信氏が、よく箱を調べると「小式部」といふ古風な筆蹟の人形の名が書いてあるこれを不思議に思つて段々調べると最初の小林の立場へ出したその人形の持主は、同じ町屋の林田雪次郎といふ老人と判明した

◇
林田老人は卅年前に手に入れたといふ、それがしといふ熊本の士族が秘藏してゐたもので、その士族がたつた一人で、この人形を暮してゐた、よく女形の髮を結つてやつてゐるのを林田老人も見たといふのである、人形にしては珍らしい丸髷のいはれもこれでわかつた

◇
當時その人の話しに、これは文化のころ吉原の橋本樓の小式部太夫といふ遊女の姿で、小式部が三人の武家に思はれ、互に主家も浪々する程の通ひつめから、太夫も義理が立たなくなり、ある人形師にたのんで自分の生き人形三體をつくらせた、人形師が吉原へ通つて頻りに小式部の顔をにらんで製作してゐる半頃から、小式部はひそ／＼やつれ出し、いよ／＼最後といふ日に出來上つた自分の顔を見つめつゝ遂に息が絶えてしまつた

◇
遺書によつて、その三體が三人の武士に贈られたのは勿論で、その中の一體が即ち、これだといふのである、題して「昭和怪談人形」二席の終り

怪　狐につかれたか　酒の泉で溺死す
●岩手日報　昭和五年一月二十五日（二十四日夕）　5-3

狐につかれたか 酒の泉で溺死す

二戸仁左平の男

二戸郡爾薩体村大字仁左平二十二番地農關松藏（四三）は去る二十三日午前三時ころ同村大字堀野武内神社境内御神池に轉落溺死してゐたるを水汲みに行きたる荷馬車挽きが發見大騒ぎとなり直ちに二戸署に屆出でたが右御神池の水は附近切つての良泉で福岡町久慈酒造店の銘酒『堀の友』はこの水を以て醸造されこの日も荷馬車で水を運ばんとして發見したものであると原因は福岡町より泥醉歸宅の途中狐につまされたものらしく畑の中に荷物をおろし二十町も戻りて該池に這入つたものである

資　社告　怪奇談
●二六新報　昭和五年二月十二日（十一日夕）　5-4

▼社告

怪奇談

三井紫光

三井紫光氏は足跡日本全國に及ばぬ處なき大旅行家である、其の旅行中に見聞した怪奇談を特に本紙の爲に寄せられたので

明日の紙上

より之れを掲載する事とする

怪　怪奇談　代々変死をする家（一）
●二六新報　昭和五年二月十三日（十二日夕）　5-5

怪奇談

代々變死をする家

（一）　三井紫光

首だけなくなつた男
竹の切株で咽喉を貫いた女
舌を抜かれた老爺
活ける屍の老婆

『あの家ですよ、今ではもうお婆アさんきりになつてしまつて、それも大抵寢てばかり居ますから、家の中は大變です。

私が最近

五回目の高野山登山を濟ませた時、神谷から二里ばかり南の方で、乘物の便の何にもない木崎といふ部落をわざ／＼おとづれたのは、其の怪奇な話しの傳はる家があつた爲であつた。

小村きの

それは其の家に、たつた一人殘つて居る老婆の名で、今年七十四五、耳も聞えなければ、目もよくは見えない、無論餘命いくばくもないらしく思はれるのであつた。

家は、まばらな竹林を背後に、南をうけて背戸の廣い、かなり大きな、古びたといふよりは、荒る

ゝにまかせて廢屋同様の有様。

『隣は本當ですか。』

隣と言つても、東京ならば電車の一停留場位を隔てたある家で、私は先づ

其の噂を 確かめると萬蔵の主人は其の怪奇な家を指さしてから話してくれた。

『代々、病氣では死なゝいといふは本當です、昔の事はたゞ言傳へで聞いて居るばかりですが、今のおきの婆アさんの御亭主のお父さん、つまり先代の與五郎といふ人は、裏の水車小屋で、首だけなくなつて死んで居たのです、その

首は如何 しても分りませんでした、その女房のお藤婆アさんは、裏の竹を鎌で切つて、その竹に喉をつらぬいて死んだのです、今のおきの婆アさんの連合で萬次郎と言つた爺イさんは奥の佛壇の間で誰かに舌を拔かれて死んで居たのです。』

『舌を拔かれて………そんならはさは本當ですか。』

『本當ですとも、昔の事は知りませんが、與五郎爺さんやお藤婆アさんは

私の親達 が見た事ですし、萬次郎爺さんの事は、此の私が現に見たのです。』

『しかし、したを拔くなんて。』

『まアお聞きなさい。お藤婆アさんの十七回忌の時、佛壇の前で法事をして、村の人達が歸つたあと萬次郎爺さんは、どうした譯か、どうしても其の佛壇の前を離れなかつたのです、女房のおきの婆アさんが、何と言つてもそこを離れなかつたのです。さア、

其の理由 は分りません、つまり、まア、氣が變になつたのでせう。十二日といふもの、その佛壇の前を一寸も動かず、大小便さへ垂れ流しでしたが、とう〳〵、ある晩、舌を拔かれて死んで居たのです。』

『誰か忍び込んで、そんな慘酷な眞似をしたのですか。』

『いゝえ、誰も忍び込んだ様子はありませんでした。』

『では、自分で、舌を拔いたのでしやうか。』

『さア、それは何うだか分りませんが、

自分で舌 が拔けるでしやうか。』

精神病者は、とても常人の出來ない事を上くやりますからね。』

『では、さうかも知れませんが、私が行つた時は、その邊に釘拔きのやうなものはありませんでしたよ。いくら狂人でも、自分の手で指で、舌がぬけるでしやうか。』

『左うですね。普通では出來ない事ですけれど………、それは左うと

あの家を 見せてもらへるでしやうか、おきのさんといふお婆アさんにもあひたいのですが。』

『家へ行くには何でもありませんが、たゞ生きて居るといふだけで話しなんぞは出來ませんよ。』

『そんな風で、飯などは誰が食べさせるのですか。』

『何しろ、みんな、村の人達は、氣味を惡がつて行きませんから、

如何して 婆アさんがたべて居るのだか分りません。』

『子供はなかつたのですか。』

『一人もありませんでした。』

『では、ほんの一人きりですね。』

『さうです、それに、去年あたりから、その婆アさんが不思議な事をするさうです。』

『不思議とは、どんな事を。』

『これは、私は見たのではありませんが、まるで

動く事の 出來ない婆アさんが、夜半に、裏の竹やぶへ行つて、何たか變な事をして居るさうです。』

『變な事とは、如何いふ事を。』

『まア、それは言ひますまい。』

何故か、此の家の主人は、それだけを話してくれなかつた。婆アさんは、一體、どんな事をするのであらう。

怪奇談 代々変死をする家(二)

●二六新報 昭和五年二月十四日(十三日夕)

5-6

怪奇談

代々變死をする家 (二)

三井紫光

骨ばかりになつた建物

骨ばかりに痩せ果てた老女

何處を見て居るか分らぬ目

動かぬ白髪の首

『兎も角も、あの家へ連れて行つてもらへませんか。』

私は其處の主人を斯う言つてせき立てた。

『ちやア御一緒に行きますかな。』主人は鳥渡面倒だといふやうな表情をしたが、直ぐ思ひ返したやうな風で私と一緒に立出でた。

『あの荒れ方です、とても人は住んで居られないのですけれど、おきの婆さんは氣が狂つてゐるから住んでゐられるのです。』

私はたゞだまつてうなづいてゐると主人はずつと背戸から入つて行つた。

『婆アさんや〳〵。』

二聲ばかりよんだが一向に返事はない。

『とてもこんな事では聞えないかな、婆アさん〳〵。』

やはり何の返事もない私はその間にざつと此家の内に見廻した。

背戸の先を折柄の風に、落葉がしきりに舞つて居る。にぶい午後の日ざしは、骨があらはになつた壁に、半分枯れた柳の木の影が静かにうつつて居た。

家の内は、かなりに廣い、畳を切つてある間は、最早や床が落ち果てゝ、とても足を入れる事は出來ないやうに思はれた。

そのほかざつと五室田舎の事であるから、それが何れも十疊以上の廣さ、昔は中農であつた事がたゞそれだけで見て取られる。

『婆アさん、婆アさん。』

案内をして呉れた隣の主人はまた大きな聲を出して呼んで居た、地震でもあれば倒れはしないかと危まれる程傾いた家は、たゞ靜まり返つて、ぼろ〳〵になつた疊が、積つた埃をのせて物すさまじく見えて居た。

『一疊も居ないのではありませんか人の住んで居る座敷などはないやうに思ひますが。』

私はあんまり返事がないので、おきの婆あさんは、どこへか行つたのであらうと思つたが、隣家の主人はやがて舌打して、

『仕方がない裏から入りましやうなア向ふに莚がつゝてありましやう、あすこに婆アさんは居るのですけれ、聞こえないのですよ。』

先に立つて行く主人のあとについて、私も詮方なく裏手の方へ廻ると、そこにはまばらな竹藪があつて、其の中に、細い道が一本通じて居る。

家の裏も、こと〳〵く壁は落ち果て、こまいの竹も、もう半分はなくなつて居るがそこの一部厠らしい處にそうた處だけ、むしろが二枚つるされてあつた。

『婆アさんや。』

隣の主人は一枚のむしろを揚げると、なる程、そこには、破れ果てた疊のに、つるしてあるのと同じやうなむしろを二枚しいて、其の眞ン中によもぎの如く白髪の亂れた、小さな婆アさんが一人、たゞ一人チヨコなんとすわつて居た年は七十を既に越して居るらしい。目が糸の如く、こまかく、どこを見て居るのかさへ分らぬ程骨ばかりにやせ衰へ生る屍といふ言葉が、如何にもそれとうなづけるのであつた。

『婆あさん。』と隣の主人は耳に口を寄せて、

『東京からのお前の家が見たいと言つて、お客樣が見えたによ、やしきの内を御案内するからの。』

婆さんは聞えたのか聞えないのか返事もせず首一つ動かさうともしなかつた。

『家は今、こんな風になつてゐますが、昔は之でなか〳〵いゝ屋敷でした御案内しませうに。』

隣の主人の此言葉で、こゝの内は怪奇を極むる此家の一部が殘つたすぎないのを知つたので私はすぐ主人に向つて藪の中の細道を更に進んで行つた。

足の數にして四五十細道が左右に曲つてやがて藪を出放れると、其處に此の家の昔の屋敷跡がまざ〳〵と殘つて居る。

『御覽なせえまし、今はもう敷石ばかりになりましたよ。』

なる程、此の跡から察する處、昔は由緒ある大谷とも呼ばれた程の百姓であつたであらう。

怪奇談　代々変死をする家（三）

怪　●二六新報　昭和五年二月十五日（十四日夕）　5-7

怪奇譚

代々變死をする家（三）

三井紫光

殺した女房の首を持つて
譯ある後家の家に乘込んだ男
其の後家をも殺したが話の始め

因果はそれから

私は此の怪奇ならはさのある家が、その昔は、何々大盡と言はれたであらう事を、邸の跡について明かに認め得た。

『大變大きな邸だつたのですね。』

私が斯う言つて隣の主人を振返ると、

『わしの生れました時分は、もう此の邸はありませんでした。何でも餘程前に

腐れて倒

れてしまつたのださうです。それが倒れたまゝ、取り片付もせず、柱が散亂して居たと親共からよく聞きましたよ。』

『ではその後に、あの竹やぶの家を建てたのですね。』

『この屋敷が危くなつたので、あすこに今の家を建てたといふ事です、それも私のまだ生れない先のことですから、よくは知りませんが。』

『お世話でした。』

私は何時

まで、此の邸跡を見て居ても仕方がないので先づ禮を言つてから、

『あのお婆アさんに、何を聞いても駄目でしやうか、此の家の代々の事を知つて居る人が、此の村にないでしやうか。』

『さア、此の村の外れに。』といひ乍ら、隣の主人は、杉の木立の高く聳く

丘陵に沿

うて、西の方へ走つて居る方を指さしながら

『あすこにお寺の屋根が見えましやう。禁眼寺といふお寺です。あのお寺の和尚さんが、いろ／＼の事を知つて居ます。先達中病氣で誰にもあひませんでしたが、もうよくなつたと言ふですから、何なら御案内申しましやうかね。』

『それは、是非お願ひ申したいものですが。』

邸跡の處

を立去つておきの婆アさんの居る廢屋の前をすぎ、竹やぶを越て里道へ出たが寺まではかなり遠かつた

小川を境の村外れ、こんな寒村にはと思はれる樣なワラぶきではあるが大きな村、門から本堂までは、普通の農家のやうな、收穫した農作物が一杯にほされてあつた

隣の主人

は、直ぐ本堂の横手の庫裡の入口から、別に案内も乞はず、私を連れてずんずん入つて行つた。

住職といふのは老僧、隣の主人は私を紹介しておいてさつさと歸つてしまつた後、私は、此の村をおとづれて來た仔細を話すと、老僧はみづから茶を汲んで出したりして、

『これはよくお出になりましたな、あの家の事については、わしが

此の寺へ

直りましてから間もなく、左樣さ、今から十七八年前、いろ／＼調べた事がありました。それは、不思議ならわさがありますから、何か因縁因果の、さうなるやうな話しがあるのではないかと思つてやつて見たのですよ。よろしう御座います、少しは忘れたかも知れませんが、お話し申しましやう。まア御ゆるりとなさいませ。』

老僧はなる程病後らしかつたがそれでも元氣で、ぽつり／＼と話して呉れた。

『あの家は、此の寺の檀家で、過去帳もありますから、それを調べて見ました處

九代前に

此の村に何處からか來たらしいのです、何しろそんな古い事ですから何處から來たかは分りませんが、その九代前の與五郎といふ人が、女房ともう一人の女を殺して、此の先の鳳見殿といふ處でお仕置になつて居ます、もう一人の女といふのは、如何いふ女ですかよくは分りませんが、

其の時の

事が言ひ傳へに殘つて居るとて、ある老人が話してくれた處によりますと、もう一人といふのは、かなりな田地持の後家で、與五郎――あの家は先代まで、代々與五郎とした――は慾からその後家とねんごろになり、女房を殺して、その家に入聟にならうと思ひ、殺した女房の首を證據に持つて、後家の處へ行きますと、後家は俄に恐ろしくなり

怪奇談　代々変死をする家（四）

●二六新報　昭和五年二月十六日（十五日夕）　5-8

怪奇談

代々變死をする家（四）

三井紫光

お仕置者の子が大身代

僅な間に村で屈指の金持となり　六十一歳の時に百僧の大供養

位牌紛失の不思議

老僧は更に語り續けた。

『女房を殺し、後家を殺した與五郎といふ男は、申すまでもなく直ぐつかまつてお仕置になつた事は今申した通りです、處がその與五郎には一人の男の子があつたのですこれが中々利口な子供

それから逃げてばつかり居ました爲め、與五郎はおこつて、

其の後家 を殺したさうですが、後家は殺される時、代々祟つてやると言つたが、今の世まで怨靈となつてのこつて居る譯なのです。之れは人の言傳への話し、ほんとにさうであつたか如何かは分りませんけれど、まアそれから話しは始まるのです。』

老僧はこゝまではなして一度言葉をきつた。

其の時は 醜拂ひとなつて、何でも大阪の住吉邊に一人の叔父がありそこへ引取られてゐたのです、そして十七八になつた頃、お上にお目出度がつて赦免となり、この村へ歸つて來たのでした。』

老僧はこゝまで話すと、私の顔をじつと見て、

『こんな話しをお若いお前さんは、

馬鹿々々 しくはありませんか。』

『いや／＼。』と私は出來るだけ首を大きく振つて見せた。

『その話をお聞きしたくて、わざわざ參つたのですから。』

『左うですかな、してあの邸跡は御覧になりましたか。』

『見てまゐりました。かなり大きな邸だつたやうですね。』

『ゆるされて歸つて來た子供は、やはり其の時分與五郎と言つて居たさうです。そして

あの邸跡 のある處へ小さな家を叔父に建てもらつて、そこにたゞ一人住んで居たのでした。』

『處はお分りになりませんか。』

『藩政時代ですよ。その時分其の邊の村は、高野山のお膝ですか、諸國の人が金を落として行きますので、中々富んで居たさうです、今は

紀州第一 の貧乏村になりましたが、藩政時代、この村は、神谷から南の方で一番家が多かつたものです。』

老僧の話しは横道へ入りさうなので

『それで、その八代前の與五郎は如何したのですか。』と本題へ引戻した。

『その男はな、中々偉い男で、二十歳頃から

大阪住吉 あたりへ出掛けて行つて、いろ／＼の金儲をしました、何でもこの村で材木を買つては、大阪あたりへ持つて行つて賣り、段々身代をこしらへ、三十を越した時は、もう此の村で五本の指を折られる金持になり、女房を、もらても六十を越えるまでは無難で居りました。』

『其の一代で人大身代になつたのですか。』

『いや、左うではないのです、まアお聞きなさいまし其の與五郎は

六十一の 本卦かへりに、如何した動機からか、父親の殺した後家さんの事が氣になりはじめ、この寺へ來て百僧の供養を頼んだのでした、坊さんが百人出る法事それはこの村では珍しい事でしたらう、そしてこのお寺で村の重立つた百姓を全部招いて法事のあとで精進の御馳走をしたのです。何しろ與五郎といふ男はその時

大身代に なつて居ても、お仕置者の子供といふので村では決して尊敬されてはゐなかつたのですが、この百僧供養にはすつかり村の人々はびつくりして口々にほめそやして歸つたのでした、その有様を見て主人の與五郎は、いゝ心持であつたに相違ありません、女房と二人、村の人達を送つてから書院の方へ戻つて來ますと

寺の住持 をはじめ、何かは知らず大騒ぎをして居ます何であらうかと聞きますと、今日の供養を受けた、後家さんの位牌

がなくなつたといふのです、ほかのものとは違ふから、誰も持つて行く筈はない、さりとて位牌に足のある譯もないがどこへ行つたのか、消えてなくなつて居るといふのです。』

話しがそろ〳〵興味のある處へ入つて來たので、私は膝を進めたのであつた。

『位牌の紛失、お話しは中々面白くなりましたね。』

『それで、いろ〳〵探したが、如何しても見當らない、つまり位牌のなくなつた事は佛が供養を喜ばないといふ事になりますので、與五郎夫婦は、がつかりして家に歸つたのでした、そしてその晩、變な事から與五郎は一命を失ふ事なつたのです。』

住持は中々の話し上手、から言つて又一度言葉をきつた。

怪奇談　代々変死をする家（五）

●二六新報　昭和五年二月十九日（十八日夕）　5-9

怪奇談

代々變死をする家

（五）　三井紫光

死體が放さぬ位牌一基

父親の位牌まで忽然紛失した爲俄に發狂して身を投げた與五郎

女房は吃驚して絶命

住持はなほ語し續ける、

『何しろ百姓家といふやうな、此の村でも今までには一度もなかつた出來事をしたのですから、定めし佛も喜んで呉れたらうと思つて居たのに、飛んでもありません、それだのに、位牌の紛失といふ不思議があつたので、それではまだ怨靈は退散して呉れぬと吃驚して與五郎は家に戻つたのも無理はありません。そしてその時は、もう日が暮れて居りましたから、夫婦して佛間に入り、先づ佛壇に燈明をあげ、お仕置で死んだ父の位牌に向ひ、百僧の供養をした由をいひましてから、お父さんの手にかけた後家さんは、これ程にしたが浮かんでは呉れぬ、まだ怨靈は消滅しないから」折角これまでにした數代ではあるが、何時どんな事になるやら分りませぬと口の内に言ひ終つてふと顏をあげますと、何と不思議ではありませんが、確かに今迄あつた父親の位牌がなくなつて居るのです。びつくりして直ぐ女房と二人、其の邊を捜して見ましたが如何しても見當りません、重なる不思議に與五郎はその時氣が變になり、女房の止める袖を振拂つて裏手の方へかけ出し、そこを流れて居りました柴川といふ川へ身を投げてしまつたです、そして其の翌日、與五郎は死體となつて、下流に浮かび上りましたが、何と又、不思議ではありませんか、其の死體の兩方の手には、後家さんのと父親のと位牌を、しつかり左右に握つて居たさうです。』

住持はこゝまで話して又言葉を切つたので、私はやゝ笑ひ作ら、

『それは、如何いふ風に言ひ傳へられた話でしやう、大分世の中によくある作りはなしの怪談に似て居るやうです。位牌が紛失して、死人の手に握られて居たといふ事は『番町皿屋敷』の『お菊の怪』もその通りですし、十一夜物語の藥師柚八の話しもそれと同じで、まだそのほかにもあるだらうと思ひますが』

といふと、住持は又じつと私の顏を見た。

『左樣ですかな、しかしこの話しはうそではありません、其の位牌を村の人が引離さうとしましたけれど、死んだ與五郎が如何しても離さないので、よう〳〵引離したといふ事が、當時の此寺の住持が經を讀んで其の住持の書遺した者に載つて居ります、作り話しではありませんな。』

私の此言葉で、住持は一寸機嫌を惡くした。此のまゝ話を打切るやうにも見えたので、私は急いで、

『いや、作り話だと言つた譯ではありません、それから如何なりましたか。』

『夫が身を投げて死んでしまひ、其死體が家に運ばれましたのを見て、女房は氣絶をしましたが、そのまゝ生氣づかず、とうとう死んでしまひまして、あとに殘つたのは、十歳になる男の子一人でしたしかしまア身代はありますし**支配人の**やうなしつかりした人も居たさうで、其の子は無事に成長し、やはり與五郎といふ名をついで、立派な男になりました、これは八代前の主人、これがまた、非常な利口な人で、父親と同じやうに、よく大阪へ出ては材木を商ひ、若いには似ず、段段身代を大きくしましたが、斯ういふ因縁因果のあります家、もう近郷近在は元より**大阪にも**評判になつて居りますから、嫁の來手がありません、いろいろの人の手を經て相談した娘のある家へ話しを持込んでも、ことごとく體よくことわつて來ますので、與五郎は詮方なくあきらめましたが、身代のある人ですからやがて金で何こからか**嫁を連れ**て來やうと思ひ立ちました、それがために一命を失ふ事になつたのでした。』

住持はこゝで又お茶を啜めました。

怪奇談　代々変死をする家（六）

怪　●二六新報　昭和五年二月二十日（十九日夕）　5-10

怪奇談

代々變死をする家　（六）

三井紫光

切裂れた女の腹から

生れ出て成長したのが佛大盡
娘の駈落を怒つて相手を斬殺す

雷火で死んだ三代前

『若い男ですから、無理もない話しですが、與五郎は大阪の色町で遊ぶやうになり、ある女をひかして連れて來ました、そして女房とは披露せずに、そのまゝ家に置いたらしいのです。』

住持の話しは更に續いて行く。

『處が、その女には、以前に言ひかはした男があつて、久しい旅から戻つて來ますと**女は變心**し與五郎の處に居ると分つたので、ある夜ひそかに忍び込み、與五郎と女を斬殺しました、其處に女は腹を裂いてあつて、其處から臨月であつた男の子供が出てゐたといふことでした、そして、不思議にも其の子供は助かり、乳母の手で成長し、後に七代前の與五郎となつたのでした。』

住持はこれまで話すと、流石にやゝ疲れたものらしく、

『こんな事を一々お話し申してゐると長くなりますから、あとはかいつまんで言ひましやう、その**七代前の**與五郎は大酒飲み、酒に醉つて川に落ち、六代目には杉の森明神の祭禮に、ある浪人者と喧嘩をして斬られ、五代前のは大阪の旅籠屋で、賊の爲に斬られましたが、四代前の與五郎といふ人は非常に慈悲深かつた人、その人の時代が、一番身代のよかつた時でしたから、困つて居る者には惠んでやり、取り分け、御年貢に差支えて居る者は、代つて納めてやりましたので**佛大盡と**いふ名が近國にまでひゞいた程でした。これは代々が變死をして居りますから自分だけは病氣で普通に往生をしたい、それには善根を施しするに限ると思つたらしいのです、そんな風ですから、この人だけは疊の上で死んだかと申しますと、さうでないから不思議でありませんか、もつとも六十を越すまでは、何の事もありませんでした**此の人は**まことに碁が好きで、今で申しましたら、素人初段とでも言ますか、大阪のある碁打から免狀をもらつて居たさうです、それ故、旅の碁打はよく其處へ訪ねて來ましたが、ある時江戸の若い碁打が參りまして、しばらく其處に足を止めました。此の碁打が美男、與五郎の娘がそれに思ひを寄せて割ない仲となり、旅の碁打などとはトテも添はせては吳れまいといふ處から、二人はしめし合せて**駆落ちを**する事となりました、此の與五郎には男の子と女の子とが一人づゝ、その娘といふのを殊にも溺愛して居りましたので、駆け落しやうとした處を見付けたから堪まりません、殆ど逆上したやうになつてその旅の碁打を斬り殺しました、その罪で召捕られ、事情は氣の毒ですから、家はけつ所にはなりませんでした

が、與五郎は打首となり娘は自分から、こんな事を引起したといふので、父親のお仕置の日にカミソリで喉を切つて死んでしまひました、それから

三代前の　與五郎は非常な變人、今から考へますと、發狂して居たのではないかと思はれるやうな人でしたが、ある夏、庭の大きないてふの樹に落雷がありその下に居た與五郎は、黑こげとなつて死んださうです。』それから先代の與五郎と、おきの婆アさんの夫萬次郎との事はお聞きの事ですから

改めては　申しますまい。あの家に傳はる因緣話しといふのは先づこんな事なのです。』

長い住職の話しは終つた、その大部分は、僅かな事實をもとゝして、後人が作つたのではないかと思はれる點もあるが、兎もあれ九代の間の主人が、何れも變死をした事は事實であるらしい。

そこで私は更に住持に向つて、

『あのお婆アさんが竹やぶで、每夜變な事をするといふのは如何いふ事なのですか。』と問ひ出す

『ハヽヽ。』と住持は笑ひ出し

それは困りました

こゝへ案内して來た人は何と申しましたか。』

『聞きましたけれど、話されないと言ふのです。』

『左樣ですか、あの人は堅い人なので、言ふのがいやであつたのでしやう、おきの婆アさんは、每晚竹藪へ出ては男と祝言をするのです。』

『えつ、祝言。』

『ハヽヽ、何と不思議でせう、それは斯ういふ譯なのです。』

何かをかしいのか、住持はにこにこ笑つて居た。

怪奇談　代々変死をする家（七）
●二六新報　昭和五年二月二十一日（二十日夕）　5-11

怪奇談

代々變死をする家

（七）　三井紫光

一人で祝言の眞似事

老婆の狂つた心から尙消えぬ
何十年昔の三々九度の思出

舌を捜して彷徨ふ

竹やぶで、足腰のほとんど立たぬ老婆が、しかも每夜祝言すると聞いて私はあまりの馬鹿々々しさに腹をよせると住持はなほ笑ひ續けて、

『何しろ氣が狂つてゐる婆あさんのすることですから、其つもりでお聞き下さいまし、萬次郎さんが舌を拔かれて死んでから段々

氣が變に　なつて來たのですが、今年になつてから、はよやうにして裏の竹やぶに參り妙な事を言つて、何か手眞似をしきりにして居るのです。それを村の人から、私の處へ申してまゐりましたので、ある晚、私が行つて見ますと、何と妙ではありませぬか死んだ萬イさんの處へ嫁入りに來た晚の事を、其の通りにやつて居るのです。三々九度の眞似から、その他、媒酌人の言つた事まで、

實によく　覺えて居まして、おぢいさんのこわ色までつかふのです。それは不思議ですから、何なら行つて御覽なさい。』

私は此の住持の話しを聞いて、少からず好奇心を起したのであつた『それは、話しの種に、一度實際に見ておきたいものですが、每晚その祝言の眞ねをするのですか。』

『每晚でもないやうですから、二晚か三晚續けて、あの竹藪の處へ行つて御覽なさいまし。』

住持の僧　は餘程この事を面白く感じてゐたと見えて、話しが斯う一段落ついても、まだにこ〳〵と笑つて居た。

私は程なく餘慶寺を辭して旅宿に引あげた。そして其の夜、再び怪奇な家を訪づれる事にした。

夜食の際、給仕の女中に其の事を聞くと、

『あのお婆アさんは、餘程變つた人なのです。まだ足があんなに惡くならなかつた時分、よく此のあたりへも來ましたが、木の根だの

家の裏の　地面などをほつては、しきりに何か探すのです、お婆アさん何を探すのですかと聞きますと、この邊におぢいさんの舌はないかといふのです、何だかそれを聞くと、おそろしいやうに思ひました。』といふのであつた。

私は日がくれるのをまつて宿を出た、月も上らず星さへ見えぬくらさなので、其家にたどりついても、竹やぶまで行くにかなり足もとが危かつた。

婆さんの　居る家の裏

には、灯の光一つあるではない。耳をすまして物音を聞かうとしたが、果してそこに居るのか居ないのか、咳一つ聞こえて來ず、人の氣配すらないのであつた。

やがて私はまばらな竹藪の中に入つた、そしてそこに一時間あまりも居たが、たゞ夜氣のしきりに迫るのを覺えるばかりそこには誰もやつてくるやうな樣子がない。

『今夜は來ないのだらう。』

私は斯う　つぶやいて立去らうとした時、ごとり〳〵といふ音が、婆アさんの居る室の方から聞えて來た。

『はてな、婆あさんが出て來るのか。』

私は緊張して、再びそこに立つたまゝぢつと耳をすました。

5-12

怪奇談　代々変死をする家（八）

●二六新報　昭和五年二月二十二日（二十一日夕）

怪奇談

代々變死をする家（八）

怪しい老婆の振舞ひ

小祠の賽錢箱で隱したのは
薄い方一尺位の古い木の箱

三井紫光

其の內のものは何

おきの婆さんの住んで居る廢居に人の氣配が起つて來たので、私は耳をすまして居ると、果せるかな竹やぶの方へ、靜かに誰かやつて來るらしい。

何しろ月もない暗夜、懷中電燈を照らさうかと思つたがそれでは

婆さんの　引返すおそれがあるので、私はたゞ耳だけによつて判斷しやうと思ひ定めたのであつた。

その中に、人の氣配は次第に迫つて來て、丁度私の傍らを過ぎやうになつた。如何に暗黑でも、その暗さの中に久しく立つて居たし

直ぐ傍を　通るので、やゝそのものが何であるかは認め得た。確かにおきの婆あさんである。

衣類等は分らなかつたが、眞ッ白になつた頭髮がよく分り、あたかも犬のはう樣にして僅かづゝ進んで行く。

私がそこに立つてゐる事は全然心付かぬらしいので、其あとから靜かにつけて行くと、ばあさんは丁度竹やぶの眞ん中頃、たゝみなら三四疊しけさうな空地のある處へ來ると、

土の上へ　ペッタリとすはり込んだ。そして苦しいいきをしばらく休めて、何かくど〳〵と言ひ出したのであつた。

さては何十年かの前の祝言を思ひ出して、當時の事を口走るのかと、出來る限り近寄つていきをこらした。

そよとの　風もないから、婆の物音も聞こえてこず、神經の働きのすべてが私の耳に集まつて、老婆の聲だけが傳はつて來た。

しかし結局、これが人の言葉である事は分つたが、何といふ意味の言葉であるかは全然分らなかつた。この地方の婦人には、なる程一種のなまりはある。けれども、私に分らぬ程の難語ではない。

慈眼寺の　住職は如何して之れを祝言だと聞き分け得たのであらう。餘程いゝ耳に相違ない。私も無論、懸命にその一部でも聞かうと努力したがたゞ口の中でくど〳〵いふばかりつひに一語をも聞き分ける事は出來なかつた

その何とも分らぬ言葉はやがて終つた。そして婆さんは、くるりと右の方へ向つて、また

犬のやう　にはひはじめた、無論私もそのあとに從つたのであつた。

この竹やぶはさして深いものではなく、私の足で二十歩も歩めばもう裏の畑へと出放れるのであるが、その境の處に、小さな何をまつつたか分らぬほこらがあつて一尺四方位ある、かたばかりの賽錢箱が、かなり腐朽してその前におかれてあつた。

暗い夜半　それとは明らかに分らなかつたが、晝間こゝをおとづれた時に見ておいたので私は直にそれと知る事が出來た。

婆アさんはその祠の前の處で止ると、やゝしばらく息を休め、や

をらその賽錢箱に手をかけて、靜かにそばに押やつたのであつた。

そのあとへ、果して何が現れたか

私は殆ど 婆アさんに觸れる位に近寄つた。そして其處に現れたのを見やうと努めたが、それは、あまり厚味のない、小さな箱であつた。

婆アさんはそれを取り出すと、しつかり胸に抱いたまゝ、以前の竹藪の空地に戻り、それから又一時間あまりも何かしやべつて更に祠の前へ、箱を前の通りおいて賽錢箱をその上に、それから腰を屈ぎさする廢屋の方へ歸つて行つた。

私は老婆 の隱した箱を取出さうとしてやゝ躊躇した。若し之れが、何か財物であつたら如何であらう。竊取の意志はなくとも、竊取と同樣の行動である。

そこで私はそれを思ひ止つて宿に歸り慈眼寺をおとづれて住持に相談しやうと思つたのであつた。

怪奇談　代々変死をする家（九）
●二六新報　昭和五年二月二十三日（二十二日夕）
5-13

怪奇談

代々變死をする家（九）

三井紫光

箱の中には人の舌

慈眼寺の住持が立會ひの上不思議な箱を開いて見る

不思議なあるもの

私はその翌朝再び慈眼寺をおとづれ、住持に昨夜のありのまゝを話すと

『ほう、そんなに言葉が分りませんか、なる程、齒もない婆あさんの事故、東京の

お方には さうかも知れません。それで。』

『さア、それは分らないのです。私達には分るのです。そして婆の隱した箱には一體何が入つてゐたのですかな。』

『さア、それは分らないのです。其の場で取出して見やうかと思ひましたが、若し財物であると、よくない事だと

思ひます から斯うやつて御相談にうかがつたのです。』

住持は私の言葉をつくづくと聞いて居たが

『よくございます。あの婆アさんのものなら、私が立合つて、取出して見やうではありませんか。』

住持は無頓着に斯う言つたが、それでも私はなほ躊躇した。

『駐在所の巡査を立合はせたらよいと思ひますが。』

『なアに、構ひません、あの婆アさんのなら、そんなに心配はありませんから。』

斯ういふ のが、如何にも自信あるらしいので、私もそれではと住持を連れて引返した。例の老婆の廢屋まで來て、二人一緒に内を覗き込むと、おきの婆アさんは其處に倒れて、すやすやとよく眠つて居た。

『よく寢て居る。起しますまい。』と住持は

其のまゝ 竹やぶを通つて、小さなほこらの前まで來た

『此の賽錢箱の下ですか。』

『左うなのです。』

私は斯う答へて其の賽錢箱を取りのけると、昨夜見た通り、薄い幅一尺位のよごれ果てた木箱が現れ出でた。

『はゝア、これですな。』

『之れを抱いて、あの荒屋に歸つて、それから

又此處へ 置きに來たのです。』

『何だか汚ない物ですな。』

住持はそれを手に取上げて、やゝしばらく見詰て居たが、

『どうでせう、ふたを明けて見ませうか。』

『あけて見なければ分りませんでせうな。』

『ぢやあけて見ませう。』

碌なもの が入つて居るのではないでしやうけれど。』

住持はやがて、土の色が濃くしみ入つたふたを開いて見ると、中には眞黒になつた少し厚い木の葉のやうなものが入つて居た。

『何でしやう。』

『さア、何でしやう。』

二人は同じやうな事を言つて、其の

何もので あるかを知らうとしたが、私にはまるでその見當がつかなかつた

『その中に、住持はとん狂な聲を出して、

『や、これは、舌ではありませんか。』

『えッ、舌?。』

私は斯う言つてぢつと再びそれを見詰たのであつた。

怪奇談　代々変死をする家（十）
●二六新報　昭和五年二月二十四日（二十三日夕）　5-14

怪奇談

代々變死をする家（十）

三井紫光

或は夫を殺したか
舌を拔かれて死んだ萬次郎は女房の手に罹つたのか
恐しい樣な推定

おきの婆アさんが、ほこらの賽錢箱の下に隱しておく木箱の內にあつた物を慈眼寺の住持は人間の舌だといふ、なるほどさう言はれて見ると確かにそれであるらしい

『成程舌です、人間の舌の、ひからびたものです。』

私が斯う

言つて同意をすると、住持は何の爲かやゝ小聲になつて

『これが舌だとすると、萬次郎爺さんのに相違ありません、確かめた譯ではありませんが、まア左う思ふが當然でしやう』と私に同意を求めた。言ふまでもなく、萬次郎といふ此の婆アさんの夫は、何者にか舌を拔かれて死んだのであるから、さう判定するのは無理ではない。たゞ

おきの婆

さんが方々其の舌をさがして步いて居たといふ事實が一寸變になる

『萬次郎といふ人の舌だと思ふのは當り前ですが、あの婆アさんはまだ步行の自由であつた最近までその舌をさがして步いて居たといふ事を聞きましたそれが果して萬次郎といふひとの舌であればそんなにさがして步く譯がないのではないでせうか。』

『そんな事實がありますかしかし之は萬次郎の舌でございますよそればかりでなく萬次郎はあの婆アさんが殺したのかも知れません。』

『それは又如何いふ理由で。』

『私は左う思ふのです、理由と言はれると困りますが

その時に

もうあの婆アさんは氣が變になつて居て夫を殺したのか分りません。』

『それはあんまり想像に過ぎるでしやう。さうして、この舌は如何しますか。』

『とに角婆アさんを起して聞いて見ましやう。』

住持は舌のはいつた木箱を持つて私をせき立て彼の寢屋へと

竹藪の中

を引返した

おの時婆さんは睡眠からさめて、破れよごれた薄い布とんの上にすわつて居た。

『そう、婆さん、起きて居る。』と住持は其の耳に口を寄せて、

『婆さんや、お前が藪の祠の賽錢箱の下に隱した、此箱に入つて居るのは、萬次郎さんの舌ではないかな。』

住持のさし出した皮の箱を婆さんは

覺束ない

目でじつと見て居たがやがて突如、その箱をひつたくり

『これの〳〵、うちの人での』

何か口の內で、くど〳〵言てる言葉は、私にはよく分らなかつたが今のこの一語は、明かにそれと聞き取る事を得た。しかしそれから後は、木箱をしつかりと抱いて、また何か言ひはじめ言葉は、もう私には分らなくなつてしまつた。

併し住持

は耳をすまして、其の獨語のやうな言葉を聞き終つてから私の耳に口を寄せて

『それは確かに萬次郎の舌ですよけれども婆アさんは舌だと思はずに、萬次郎だと思つて居るやうです。』

『まだ生きて居ると思つて居るのですか。』

『どうも左うらしい。まアもう少し聞いて居ましやう。藪で

三々九度

の眞似をするのはこの舌を萬次郎だと思ふからでしやう。』

住持は甚しく面白くなつてきたらしく、又々老婆の言葉に耳を傾けはじめた。

怪奇談　代々変死をする家（十一）
●二六新報　昭和五年二月二十五日（二十四日夕）　5-15

怪奇談

代々變死をする家（十一）

三井紫光

夫を殺した婆さん
罪を逃れん爲に狂人を裝ひ巧みに村人を欺いて年久しく
死に臨んで告白

餘りに話が長くなるから、あとは其結末だけを記すとしやう。おきの婆さんの物語のやうな言葉は、

やはり私には分らず

萬次郎の舌は慈眼寺の住職から其の筋に屆出で、改めて其の寺の墓に埋める事となつた

其の筋では一應おきの婆アさんを取調べたが、精神に異狀もあり、老耄もして居るので、一向に要領を得ず、遂に其儘になつて了つた

私は此の舌についてなほ知りたい事があつたが、その時はそのまゝ此の村を辭し去り、更に半歳の後に再び慈眼寺をおとづれると、住職は私を待つて居たらしく、直樣自分の居間に通して

『貴方のお出でを待つて居ました あのおきの婆アさんが此間死にましてな。』と先づ斯う言つて、

私が何といふだらうと待つて居るらしいやうでした。

『左うですか、あの婆アさんは夫の萬次郎を殺して、その罪をかくさう爲に、狂人をよそほつて居たのでしやうね。』

私は自分の考へて居た通りを斯う言ひますと、住持はビツクリして、

『えツ、如何してそれを御存知なのです、誰からかお聞きでしたか』

『いゝや、誰にも聞きません、私は左う推定したのです。』

『よくそれがお分りになりましたね、お話しの通りです。』

『私が、あの耳を發見しなかつたら、恐くはつひに他の者には分らなかつたでしやう。』

『其の通りです〳〵。』

『そしてあなたは、如何してお分りになりました。』

『おきの婆アさんが死ぬ二日前、私に來てくれといふので其の枕邊に行つてやりましたら、婆アさんが告白したのでした。』

『その内容を私が想像して申しましやうか。』

『これは面白い、一つ聞かして下さい。』

『萬次郎といふ人には、他に情婦があつて、其の嫉妬から、おきの婆アさんは夫を殺したのでしやう

私があの舌を見ますのに中央に何か強い力ではさんだこん跡を認めました、寢て居る時は、釘拔きか何かではさんで、力まかせに引切つたのです、舌が其の殺され方が、あまりに破天荒なのでおきの婆アさんには少しも疑ひがかゝらなかつたでしやう。』

『不思議ですな、あなたのいふ通りです、おきの婆アさんのいふのに、夫が酒によひすぎて、生體のなくなつて居た時手足を結つておいて舌を釘拔きで、はさんで引出し、その根の方をかみそりで切つたといひました。全く嫉妬のためなのです。』

『さうなのでしやう。そこで、その罪を逃れる爲に、舌を隱くして狂人をよそほひ、わざ〳〵他の家へ舌を探しに行つたり、三々九度のまねやいろ〳〵の事をやつて村の人を欺いて居たのでせう。』

『死ぬ二日前までどうして婆アさんの氣はしつかりしたものでした 私に一切を告白しますと、これで漸く氣が樂になつたと言つてそれ切りもう人事が分らない樣でした

住持は斯う言てから又つく〴〵と私の顏を見て

『東京の方は流石にえらい、よくそれがお分りになりましたね。』と感心をして居た。（完）

怪奇談　怨霊かいたずらか（一）

怪 ●二六新報　昭和五年二月二十六日（二十五日夕）　5-16

怪奇談

怨靈かいたづらか

（一）　三井紫光

障子に映じた男の姿

それは娘の幻影ではないらしい
併し確に其處に人は居なかつた

不思議なナイフ

怪奇談と言つても、何も妖怪が出たり幽靈が現れたりするに限つた事はあるまい。つまり偶然な出來事でも、それが非常に怪奇に感ぜられる場合が多々ある、たゞそれでは讀者の興味をそゝり得るか如何かゝ問題であるが、第二話としては、甚だしく平凡な、さしての刺戟がなく、しかも實際不思議な話しをえらぶ事としやう。

私に煙霞のくせのある事は旣に說いた。それ程多く旅行をするがために、各地の旅館には心やすいのが多く、中には親類同樣に取扱はれる處さへある。

私はよく武州の岩槻町に行く。

その用向は俗用のためであるが同町太田の小さな旅宿叶屋といふのが定宿になつて居て、多い時には月に四五回位も行く處から、いはゆるおなじみのお客様、家人と一緒に食事もして

親類同様 に取扱はれて居る、その叶屋は、客の數も多からず、雇人はほんの一二人で、息子や娘が雇人同様に立働いて居るのである。

私の泊る室は、一番奥まつた八疊、裏庭に面した最も靜かな下座敷、しかも鳥渡離れのやうになつて居るので、私は其の室が塞がつて居ると、不愉快な顔をして見せるので、叶屋でもよく〳〵の時の都合でないと

其の室は 使はぬ様にしもしふさがつてから、私が行くと非常な無理をしてもその室を明けてくれるのが例であつた

話しは一昨年の春から始まる正月三ヶ日をすませて私は毎年の例の如く、四日の夕刻にはもう、かなり屋の其一室に酒を飲んでゐたとまり客は他にたゞ一組の夫婦者があつたばかり。

八時頃に なると、娘のお孝さんといふのが、美しく裝飾つてやつて來た。

『お目出度うございます。本年もどうぞ。』

『ヤア、お目出度う、相變らずねそれはさうと、馬鹿に美しいぢやアないか。』

『えゝ、今年は三井さんに思はれやうと思つて。』

この娘はもう二十二三になるお世辭者、このあたりの若者は、この娘を張つて、よく飲食に來るといふ事である。

『もう十年若ければね。』

『ホヽヽ、わたしも宿屋のおさんどんでなければね。』

それより 貴方へお出になりませんか、お父さんが飲みはじめましたわ。』

『左りかい、ぢやア行かう。』

この叶屋の亭主は久之助といふ老人實に好人物で私とよく話しが合ふのであつた。

亭主の居 る一室へ行つて見ると夫婦に子供か六人、雇人二人が集まつて、酒がはじまらうとして居た。私は直ぐ正座に迎へられ、亭主と二人で盛んに飲んだ、その他の者は食事を濟ませて殘らず私の話す東京の不景氣の事や、いろ〳〵の世間話を聞いて居た。

すると、十時頃、お孝さんは厠へ行くために立つて廊下を歩いて行つたが、直ぐ變な顔をして引返して來た、

『三井さん、あなたのお座敷に誰か居ますわ。』

『えツ。』

私は此の 一室の裡を見廻したが、一家は殘らず此處に集まつて居るし、他の夫婦者の客はもう寢てしまつて居るので、私の座敷へ行く者はない筈なのであつた。

『だつて、こゝにみんな居るぢやアないか。』と言つて總領息子の長太郎といふのが腰をあげた、私もそこには重要な書類を入れたカバンもおいてあるので變だとは思ひながら長太郎のあとに續いて座敷へ行つて見た。

其處には 無論誰も居なかつた。そして閾に人の入り込んだ様子もなくかばんにも手はつけてないし、障子などもしめたまゝになつて居た。

『お孝、おきて居て寢ぼけるな。』

長太郎は斯う言つてお孝さんをのゝしつた。

『でも變ねえ、向ふから見たら慥かだわ。』

『どういふ人が。』と私は其間に言葉をはさんだ。

『どういふ人だか分りませんけれど向ふから見た時はこの障子にたしかに人の姿がうつてゐましたもの、男よ。』

『はてね。』

私はお孝 さんの認めたのを、錯覺だとも言はれなかつた。そこでなほ仔細に室の内をしらべたが、やはり何も紛失して居る物はなかつた。

されば此の問題は、お孝さんが何かと見誤つたのだといふ事に落着し、私は其のまゝ此座敷に引取つたが、床を延に來た彼の女はしきりに見誤りでないとなほ主張して居た。

私は其れ を聞きなが

ら書きわすれて居た手紙を一本書いたそして巻紙のあまりをきるべくそこにおいてあつたナイフをさがしたが、どうしてもそれが見當らなかつた亭主の居る處へ行く前に一度使用したものでまだかばんへ戻しておかなかつたのであるから、こゝになければならないのであた。

『ないふがなくなりましたか。』

お孝さん はそれ見た事かといふやうな顔をした。しかし、わざ／＼ナイフ一つを盗みに賊が入るといふのも分らない話しであつた。

怪奇談　怨霊かいたずらか（二）

怪 ●二六新報　昭和五年二月二十七日（二十六日夕）

5-17

怪奇談

怨霊かいたづらか（二）

三井紫光

宿屋の本妻の恨みか

小刀が紛失するといふ床屋の話
地方にこんな噂はいくらもある

息子は首を振る

ナイフの紛失、そんな事位を、何も不思議がる事はないといふ讀者もあるであらうが、あるべきものがないといふ事は、たとへそれがどんな小さな、つまらぬものであつても、不思議であるには相違ない。

無論 ナイフが自然に消滅する譯はない。誰かゞ持ち去つたには相違ないが、其の人、其のしれが分らねば、不思議と言つてもしかるべきであらうと思はれる。

殊に其のナイフは、友人が態々ドイツから送つて呉れたもので、私に取つては一つの記念品になつて居るのであるから、それは失ひたくないのであつた。

『だから、先刻わたしが影坊師を見たのは

本當 ですよ、誰かゞ入つて來て、ナイフを持つて居つたに違ひありませんわ。』

お孝さんはこう云ひ出したやうにから言つて今の先のことしられた、兄の處へその事を告げに行くと、長太郎は一緒に私の室へやつて來た。

『ナイフがなくなつたのですか。』

私は そのナイフの由來を告げてからその邊をさがして呉れと頼んだ、すると長太郎は顔の色を曇らせて

『またナイフがなくなるのは變ですね、去年の暮も、この座敷であるお客様の大切なナイフがなくなつたのです、そのナイフも外國から持つて歸られたといふことでした。』

ナイフの紛失したといふたゞそれだけの事實も、斯うやつて二度かさなると、そこに何だか

深い 意味が含まれて居るやうに思はれて來た。そして長太郎は、たゞナイフ一本の爲に、如何いふ譯か、懸命になつて探して呉れたが、つひに發見する事は出來なかつた。

その時私は叶屋に六日ばかり居た、その六日目の朝、ヒゲをそるべく近くの理髪店に行つたが、そこの亭主は年若の面白い男で度々くるためにもう顔なじみになつて居た。

『旦那、また叶屋でナイフがなくなり出したさうですね。』

髯を そりながら、亭主はこう私に話しかけた。

『如何してそれを知つて居るのかね。』

『聞きましたよ、旦那に、こんな事を言つちやア、叶屋さんに惡いかも知れませんが、旦那は何にも御存じがないのですね。』

『何か。ナイフの紛失する事についてしさいでもあるのかね。』

『ありますとも、あの家はもとは小刀がよく紛失したものださうですが。

近頃 はそれがハイカラになつてナイフが紛失するのださうです。』

『そんな事があるのかね。』

『ありますとも、これは昔の話だから、ほんとかうそか分りませんが、三代前とかのあの叶屋の主人には妾があつて、本妻をひどい目にあはしたので、本妻は病氣になり、體の自由が利かず、自殺をしやうといふ風が見えましたから、家の人達は小刀の類などを殘らず隱してしまつた處、其の本妻は、

小刀 を貸して呉れを口癖のやうにして、とう／＼死んでしまつたさうですが、それから彼の家では、よく小刀が紛失したもので、如何探しても、決して出ては來ないさうですよ。それが近頃はナイフになつたのは、小刀を使ふ人がなくなつたからでしやう。』

私は、此の話しを聞いて、別に何とも言はなかつた。地方の宿屋などには、えてそんな話しがあるものである。その中にヒゲもそり終つたので宿に戻り、長太郎にその事を聞くと、目を丸くしながら

『飛んでもない。私の家にはそんな事はありません。』と直ぐ否定したが、そのあとから、

『けれども、此の頃、よくナイフが紛失するので不思議でなりません。』と首を傾けた。

怪奇談　怨霊かいたづらか（三）

怪●二六新報　昭和五年二月二十八日（二十七日夕）　5-18

怪奇談

怨霊かいたづらか（三）

三井紫光

嬉しさうな娘さんの顔

口説いてはねられたと思つた男

それが意外にも恥なくお智さん

謎は依然として謎

たゞ單に、ナイフが紛失するといふだけの事、それは何でもない樣な話しであるが、私はそれに何か面白い事實がひそんでゐるやうに思はれた。

先づ第一に起つたのは、理髪店の若い主人である、この男はまだ獨身、或ひはお孝さんに思ひをかけて居るのではあるまいか、いや思ひをかけて口説いて見たが、見事にひぢ鐵砲を食つた腹いせに、そんならはさを言ひふらすのではあるまいか、果してさうだとすれば、私の座敷へはこの男が忍び込、ナイフを盗み取つたのではないかとも考へられる。

其の時私は用事が濟んだので東京に戻つたが、十二三日して、又私は叶屋の客になつて居た。

『あれからナイフはなくならないかね。』

お給仕をして居たお孝さんに斯う聞くと、

『あゝ左うく、三井さんがお見えになつたら話さうと思つて居ましたわ。』

あれから又、家のナイフが一本、お客樣のナイフが一本なくなりましたわ。』

『やつぱり出て來ないかい。』

『えゝ、出て來ないのですの、不思議ですわねえ。』

此の間お孝さんは、此の座敷の障子に人の姿の映つたのを見たねえ。其の後、左うい事はないかい。

『ありませんや。家ではそんなに氣に

止めて居ませんけれど、わたし、何だか氣味が悪いのですの。』

『お孝さん、變な事を聞くやうだけれど、この先の床屋の主人を知つて居るね。』

『あの平さんですか。』

お孝さんは斯う言つて、私の顏をじつと見詰た。それは私が思ひもつかね事を言ひ出した爲であつたらう。

『平さんといふのかね、あの獨身者の？』

『えゝ、まだおかみさんはありませんの。』

『あの人は、若しや、お孝さんに何か變な事を言やアしなかつたかい。』

『わたしに？』

お孝さんはちよつとびつくりした容子であつた。

『お孝さんにだよ。何か言はれた事があるだらう。』

『あなた、お父さんに、何かお聞きなすつて？』

いゝや、別に何も聞きはしないよ、なぜさ。』

『あなたからお話しするわ。わたし、來月、あすこへ行きますのよ。』

『え。』

私は意外千萬であつた。口説いてはねられた恨みかと思つて居たのに、何といふ事實であらう。

『左うかいそれはお目出度う、ちつとも知らなかつた。』

『去年から話しがありましたの、さうして東京へ行くつもりになつてゐます。』

『東京へ？』

『えゝ神田へ、家のお父さんが、

店を出してやると言つて呉れますから。』

『さうしたら、時々家へお出でな神田なら近くだから。』

『えゝ、是非うかゞひますわ。東京には親類がないのですから。奥さんも、もう先お出でなすつた時は東京へ來たら、家へ寄るやうにとおつしやつて下すつたから、い

ゝでしやうね。』

話は妙な處へそれてお孝さんの顔はうれしさうにかゞやいて居た、私はほんとに意外だつた、自分の妻となるべき娘の家東京へ店を出して呉れるといふ家の事を、あの平さんなる男は、何故に怪談などを聞かせたのであらうそれもありもせぬ事を何の必要があつて言つたのか、その夜いろいろそれについて考へて見たが私にはどうも判定し得られなかつた

怪奇談　怨霊かいたずらか（四）

●二六新報　昭和五年三月一日（二十八日夕）　5-19

怪奇譚

怨霊かいたづらか（四）

三井紫光

自然に少し開いた障子

又しても机上のナイフが紛失した　しかも人は入らなかつた客室内で

此の犯人は家内の者

私は其の夜、わざと机の上に、新しく持つて來たナイフを置いて寝た。

『あれ、此處にナイフがありますわ。また失くなりますから。』とお孝さんが取片付けやうとするのを私は手を振つて

『其處へ置いて呉れ給へ。少し考へがあるのだから。』とやはり其のまゝにしておかせたのであつた。

ナイフの紛失、それは、必ず盗みに來る者があるに相違ないと思はれるので私は其のまゝ床の中に寝たふりをして居た。僅かな時間でも旅の疲れはあり、睡魔が襲てしまはうとするのを、努めて目を覺して居たが、帳場にかゝつて居る時計が十二時を報じた時は、私はもう堪まらなくなつて來た。

すると其時計が鳴り終つた時、此の一室の廊下に面した障子に、誰やらかすかに人の觸れたやうな氣勢がしたので、私を襲つて居た睡魔は一時に何處へか行つてしまつた。

私は氣を靜めて、出來得る限り呼吸を靜かに、あくまでも寝入つた如くに裝つて居ると、果せるかなその障子はするりと一寸あまりもあいたのであつた、室内の電燈は消しておいたが、長い間暗いうちに居た私の目は、若し其處へ人でも入つて來れば、それと認め得るやうにはなつて居た。

障子が開いてから彼是三十分あまり、私がもう努れ切る程、誰も入つては來なかつた。そして障子も、もうそれ切り開かれずになつてしまつた、時間は僅かに三十分間でも其の長さは一通りならず感ぜられつひにはもう堪へかねて私はガバと跳起き様、障子をカラリと開けて見たが、不思議や其處には誰も居ず、逃げて行く姿も其足音も聞えなかつた。

『變だなア。』

私は思はず斯うつぶやいた、こゝに人が居なかつたとすると、誰がこの障子を開いたのであらう。不可解千萬な話しである、しかし念のために、開いた障子の彼方にある一室をあけて見たが、そこにも人の立入つた様子はなく、廊下の突き當りの裏庭の方は雨戸が堅く閉ざされてゐた。刹那にそこから立て行く事などは無論出來ないのであつた。

私は室に戻つた。そして電燈を點じた時、思はずアッといふ聲を出さずには居られなかつた、なぜなれば、机上に置いたナイフが、何時の間にか消え去つて居たからであつた。

『不思議だな。』

斯うしたつぶやきと共に念のため室内を見廻したがどこにもそれを發見し得なかつたので私は此惡戲の犯人を家の内にあると斷定し、直樣あわたゞしげに手をたゝいた。

夜半ではあり、外に泊客もないので雇ひ人は早くに寝てしまつたらしく、長太郎が寝衣のまゝで驅けつけて來た。

『如何かなさいましたか。』

長太郎さん、不思議な事がある又、ナイフが失くなつたよ。それよりもをかしいのは、此の障子が自然に開いたのだ、いや、誰か開けたのであらうが、誰が開けたか分らないのだ。』

私は今夜の不可解な出來事を簡單に話して聞かすと、長太郎はしきりに首を振つて

『なる程、それはきつと家の者がいたづらに相違ありません。表もすつかりしめてありますからこれから一つあらためましやう』

『それがいゝ、私も手傳はう。』

『お願ひ申します、親父をはじめみんなたゝき起しますから。』と長太郎は自分達の居間の方へ驅けて行つた。

怪奇談　怨霊かいたずらか（五）　●二六新報　昭和五年三月二日（一日夕）　5-20

怨霊かいたづらか（五）

娘だけが伏目になつて

紛失したナイフを發見す可く
遂に叶屋の家宅捜索が始まつた
寝ぼけ顔の幾人

三井紫光

何か深い謀みがあつてか、それともたゞ單なる悪戯か、何れにせよ、此の犯人は、家の内の者との鑑定から、長太郎が眞先に立つて、殘らず寝た人を起して一室に集めた

驚いたの は叶屋の主人。せがれが氣が變になつたのではないかと心配したらしいので。

『お父さん、この間から家でナイフが紛失するのを知つて居るでしやう。それはたゞ夫れだけの事ですが、世間ではそれについて妙なうはさもありますし、そんな悪戯をこのまゝいつまでもさせて置きますと、今に何をやりだすか分りません。さうなると、叶屋の名前にもかゝはりますから

私はそれ を調べたいと思つて居た處なのでした。處が今夜、又三井さんのナイフが紛失したのです。』

『又、三井さんのが。』

主人は流石に眉を寄せてむす子の顔をじつと見た。

『それも、少し不思議な事があるのです。』

長太郎は 私の室の障子があいた事、そして人が入つてこずにナイフの紛失した事などを話すと

『それは不思議だな。』と主人はいよく眉を深くよせたのであつた

『世の中に不思議なぞいふ事はないのですから、誰かゞ工風して三井さんのお座敷へ入らずにナイフを盗んだ者があるに相違ないと思ひます。』

『そんなことが出來るかしら。』

『それはできないこともないでせうよ。』

『さうかな、しかし

家の内へ はどこからはいつて來たのだらう。』

『外からはいつて來た形跡はすこしもありません。』

『では………。』

『こんないたづらをする者が家の内にあるに相違ありません。』

『家の者？』

『左うです、お父さんやお母さんではないでしやう。』

『馬鹿な事を言へ。』

『馬鹿な事ではありません。

お父さん とか母さんを除いた者はみんな起します。』

『それで如何しやうといふのだ。』

『皆な此處に居てもらひたいのです。私と三井さんとで、家の内を調べますから。』

此の話の間、私はそこに居る人の顔を注意深く見て居た、寝て居る處を呼び起されて來たのであるから、何れも少しぼんやりして居て若し、其間に少しでも深く感情を動かす者があれば、私の目にそれが映じて來なければならないのであつた。

併し誰の 顔にも、そんな色は浮かばなかつた。たゞお孝さんだけが、絶えず伏目になつて、時々顔を横へ向けたりして居た。

『ぢやアみんな、此處に居てもらはう、お父さんお母さん、三井さんも、濟みませんが手傳つて下さい、家の内を檢べますから。』

長太郎は家の内を檢べれば、必ず紛失したナイフが出て來ると信じて居るらしく、私も或ひは左うであらうと思つたのであつた。

怪奇談　怨霊かいたずらか（五）　●二六新報　昭和五年三月四日（三日夕）　5-21

怨霊かいたづらか（五）

謎から生れた謎の紙箱

ナイフは漸くに發見せられたが
分らぬのはこんなことをする娘
秘密は天井裏に

三井紫光

長太郎と私とで、叶屋の家宅捜索を始めたが、どこでもナイフを發見する事は出來なかつた。そしてたゞお孝さんの部屋だけが殘された。

お孝さん はほかの兄妹とは違つて二階座敷ではあるが、自分だけの部屋を持つて居た。

『旦那、もうお孝の部屋ばかりですぜ。』

長太郎は斯う言つて私の顔を見た

『調べるかね。』

『調べますとも。』

『止したら何うだ。』

『なぜです。』

『お孝さんの部屋を調べるのは罪

ぢやアないか。人に見せたくないものもあるだらうし。』

『そんな事を構ふもんですか。』

『それは構はないにしても、若しナイフが 出たら如何するね。』

『えッ、お孝の部屋に、ナイフがあるといふ見込みですか。』

『私はあるやうな氣がする、なぜかといふ事は後で話しをするが、若しさうだとすると、近く嫁入りする體だけに非常に氣の毒ではないか。いや氣の毒だけで濟めばよいが、それ以上の事が起つて來ると困りはしないかね。』

私に斯う 言はれて、長太郎はやゝ暫く考へて居たが、

『おつしやる通りですけれど、兎に角検べて見ましやう。若し有つたら、其の時に又御相談を願ふとしまして。』

長太郎はお孝さんの部屋から、ナイフなどは現れぬものと思つて居るらしかつた。

『ぢやア調べて見やう。』

私の言葉 があるので、お孝さんの部屋は最も入念に調べられた。しかし、ナイフは彼女の所有と思はれるものが一本あつたばかり、紛失したは發見されなかつた。

『ないやうですね。』

流石に兄妹の事とて、長太郎は安心したらしい口吻で私に斯う言つた、私はそれに返事もせず、この三疊の一室をくまなく見廻はした
そして天井の一角に目を止めた。

家の娘で はあるが、雇人もすくないので、日の中も夜分もかなり多忙な爲か此の一室の掃除は數次行はれては居ないと見え、天井にはかなりにスヽが下つて居た。

疊が右手の、押入の上の一角だけが、少しもすゝが下つて居ないので、私はそこにあつた小机を踏み臺に、そこの天井板を 押上げ、屋根裏を漏れる日光にすかして見ると、一尺ばかり離れた處に、小さな箱のあるのを發見した。

私は手を入れて其の箱を取出して見ると、ミツワ石鹸三個入のボール箱で、中には紙くずのやうなものが一杯詰てあつた。

『何ですかそれは。』

長太郎は 眉を寄せて私の側へやつて來た。

『さア、此の中から、何か現れるだらうと思ふのだよ。』

私は斯う言ひながら、その紙屑を取のけると、果せるかな、數本のナイフが現れ出た。

『おや、ナイフ。』

『これが私のナイフだ。』

私はその 中の一つを取出して長太郎に見せた。

『お孝の奴ですね、あいつ太い奴だ。』

『まあお待ちよ長さん。』

私は非常におこり出した長太郎をなだめた
『此ナイフがお孝さんの部屋にあると思つた事はさつきあの人の態度が常の通りではないのを見て取つたからだ。しかし長さん、これは此のまゝにしておかう—

私は箱に 以前の通り紙屑を詰て、又も、天井裏へと入れておいた。

『此のまゝにしておくのですか。』

長太郎は私の心持をはかりかねて妙な顔をしてゐる。

『ナイフの紛失する原因がよく分つたから、もうその點の心配はなくなつたのだ。たゞ如何いふ譯でお孝さん がこんな事をするかはまだ明瞭でないが、それを明瞭にする事は私にまかしてもらひたいね。』

『おまかせ申します事は承知しましたが、しかし……。』

『まアいゝ。この箱を發見した事は秘密にしておかう、やはり何にもなかつた事にして。』

『ぢやアまア、何もかもおまかせ申します。』

『さうしてもらひたいね。』

斯くて二人は家の人の居る處へ戻つて、つひに何も發見し得なかつた事を報告した。

私は特に お孝さんに注意して居ると、その顔の色の曇りが、思ひなしか次第に晴れて行くやうに見えたのであつた。

しかしたゞやはり顔を曇らたのは亭主であつた。

『三井さん、ナイフが家の中から出て來ればいゝのですが、それが出て來ないとなると如何にも

不思議で 今に世間ではこの叶屋を化物屋敷だといふかも知れません。何うしたものでしやうね。』

『其心配は最もだが其中には眞相が判明するだらう、まあそんなに心配しない方がいゝね、かういふ事を調べるのが

私は好き だから、一つ調査をして見やう、これには何か深い譯があるだらうから。』

『それでは一つお願ひ申します。』

亭主も斯うよりほかには仕方がないらしかつた。

怪奇談　怨霊かいたずらか（六）
●二六新報　昭和五年三月六日（五日夕）　5-22

怪奇談

怨靈かいたづらか（六）

三井紫光

胸に秘めた悲しい戀

お孝さんの心の中に大きな悩み
果して其處に深い仔細があつたか

父親の隠された罪科

話しはもう終りになつて來た。叶屋の家宅捜索が始まつた次の日日中の靜ひまな時に、私は自分の座敷にそつとお孝さんを招いた。そして言葉靜かに天井裏の秘密をつげた

お孝さん の顔色は見る見る眞青になつた。その顔は次第にさがつて行つて

『すみません。』

ただ此一語ひざの上にはほろりと涙が落ちた。

『これには何か深い譯があるのだらうと察して居る。たゞ問題は、ナイフが紛失するといふ小さな事件だけれど、これがあんまりうはさになると、

此の叶屋 をばけ物やしきのやうに思つてお客が泊らなくなるおそれがあるから、もう、あんなつまらない事はしない方がいゝね。』

私は出來るだけ、お孝さんの話の語のあるやうに、しんみりと話して聞かすと、彼女はやがて涙を拭つた。

『もう、決してしませんから、三井さん、

わたしを 助けて下さいまし』

『助けて？』

『えゝ、たれも助けてくれる人はないのです』

『それはまた如何いふ譯だらう。お孝さんは近くに結婚して、東京に店を出すといふ幸福な身の上ぢやアないか。』

『いゝえ、これが幸福ではありません。』

『何故だね？』

私は膝を すゝめて、更に一膝と聲を落とした。

『家には分らない、決して、他人には話さないから、すべてを打明けて話したら如何だらう、その上で、私の力に及ぶ事なら、また、何とか相談のしやうもあらうではないか。』

『えゝ、何もかもお話し申しますわ、わたしが

平さんの 處へお嫁に行く氣なら、何でもないのですけれど。』

『それでは、平さんとの結婚がいやなのだね。』

『えゝ、左うなのです。』

『いやなればことわればいゝ筈だが、それが出來ない譯でもあるらしいね、さうなのだらう。』

『左うなのです、平さんが、わたしをほしいと言ひ出したのは

一昨年の 暮からなのです、けれど、わたしはもう其の時に、約束した人があつたのです。』

『なる程。』

『その時分家は借金が多くなつて、困つて居る最中でした。そんな風でしたから、わたしはある人の處へお嫁に行きたいとは言へなかつたのです、其人は

今東京に 奉公に行つて居る此の近處の人なのです、來年年が明けるのですけれど……。』

『なぜ、其の人の處へ行かないのかね。お孝さんの心一つぢやアないか、他の事とは違ふよ、お前さんがきらひなら平さんをことはつて其の人の處へ行きたいとお父さんに言へばいゝぢやアないか。』

『それがいけないのです。』

『つまり、お孝さんの氣が弱いからだ。』

『いゝえ、さうぢやアありませんの。』

お孝さん は誰も居ないのに、此の座敷の四邊を見廻し

て、

『大きな聲では言へませんけれど一昨年、お父さんが苦しまぎれに宮林の盗伐を、少しばかりした事があるのです。』

『え、宮林盗伐、それはいけないね。その事を平さんが知つて居るのだね。』

『えゝ。』

『そして、是非夫婦になれと脅迫をするといふ譯だな。』

『左うでもないのです、平さんは

默つて居 ますけれど

若し斷られたら、迄度訴へるでしやうと思つて、お父さんも心配して居ますし。』

『なる程、それは分つたが、如何してナイフを隱し出したのだね。』

『それは斯うですの。去年の春、あるお客様のナイフが、如何した譯か紛失したのです。それはあとで思ひもかけない押入から出て來ましたが

其の時は 如何にも不思議だと言つて家の者が騒いだのです。それで思ひついて、家に不思議な事があつたら、平さんは氣味を惡がつて、あきらめて吳れるかと思つたのです。』

『そんな淺はかな事を、お孝さんにも似氣ないではないか。』

『でも、如何していゝかわたしには分りませんから、そんな事よりほかにわたしには出來なかつたのです。』

『それで一切分つたが、お孝さんの決心は如何なのだね。

すべてを あきらめて

平さんの處へお嫁に行く氣になれるかね。』

『いゝえ、わたしは死んでもいやです。』

『でも、此の間其の事を自分から私に話して、東京へ行くと言つたぢやアないか。』

『それはうそです。すみません。平さんは東京などへ行きやアしません、あすとで

わたしを おかみさんにして、あのまゝやつて行くつもりなのです。』

『うゝむ。死んでもいや？。』

『えゝ。』

『では、平さんに此の縁談をことはつて、しかもお父さんの身の上に、心配のないやうにすればいゝのだね。』

『さうなんですけれど、そんな事が出來ましやうか。』

『ェツ、そんな事が出來ますか。』

『出來ると斷言はしないが、出來ないとあきらめてしまふにも當らないな。』

『三井さん、どうか助けて下さいお願します。』

お孝さんはかう言つて私の前にひれ伏した。

怪奇談　怨霊かいたずらか（七）

● 二六新報　昭和五年三月七日（六日夕）　5-23

怪奇談

怨靈かいたづらか（七）

三井紫光

目出度く二組の夫婦

若い女二人が此上もない滿足　よく話が分つて諦めた平さん

ナイフの謎は解けた

お孝さんに向つて對策のあるやうにいつたのは實はたゞ當座だけの氣やすめであつた彼女はさうとは知らないのであだかも救はれた樣な氣持になつて歸つて行つたあと、私は勤ひ腕をくまなければならなかつた。

今さし當 つてこの問題をどう解決してよいか工夫とてもないのであるから私は彼これ二三時間も、じつと考へねばならなかつた。
先づ順序として、叶屋の主人の宮林盗伐事件を調査する必要がある。幸ひ、そこの大林區署に友人が勤務して居たので、それを取あへず訪問する事にして其の日は終つた。

其次の日 私は友人が役所から歸るのを待つておとづれたそして事件を告げて調査を頼み、出來得る事なれば本人から辨償をする事として、内濟になるやうにと頼んで歸つた。

それから四日目、友人から使が來たので行つて見ると、

『いろいろ調べたが、一昨年の春に、盗伐の事實はない。あつたとしても報告がないのであるから、なかつたのを事實とせねばならぬ

その位の 程度である盗伐であらう。』との事であつた。
私は此の友人の言葉に安心を得たが、こんどは平さんが少し氣の毒になつた。少しも邪氣のない好人物、その人がそれ程思つて居る

お孝さんを、僕の手から奪ふので
である。しかし、それは止むない事
であるので、私は直ぐ平さんをお
とづれた。

『旦那、今日は誰も居りません、
さア直ぐやりやしやう。』と平さん
は――

何にも知らずに元氣
がいゝ、

『今日は頭ぢやアないのだ私よ。
お前さんに少し話したい事がある
のだが……。』

『へえ、どんな事ですね。』

『此處ぢやア誰か來ると困る。』

『では、此方へお出で下せえまし
まだ片付ずにありますけれど。』

斯う言つて私を茶の間へ連れて
行つた。

『平さん、今日は叶屋の怪談の種
明しをして

お前さんに、いやな
事を頼まなければならないのだ。』

『ぢやア叶屋でナイフがなくなる
譯が分つたのですね。』

『左うなのだ。』

『誰がそんな事をしたのです、幽
靈の仕業ですか。』

『お孝さんの仕わざだ。』

『えツ、お孝さんの？』

『ついてはお前さんに、お孝さん
をあきらめて

貰ひたいと思つて、
今日、私はやつてきたのだが。』

私は事の次第をくはしく話して
必ずよい嫁を世話するから、お孝
さんをあきらめてもらひたいと頼
んだのであつた。

平さんはやゝしばらくの間考へ
て居たが、

『分りました。いゝえ、私はお孝
さんに思ふ男があるのを知つて居
ます。だから、無理に私がもらつ
ても

末は如何なるか分ら
ないと思つて居たのです。あきら
めましやう。その方が私の爲にも
いゝかも分りません』

『それは有難い、そのかはり平さ
んさへ承知なら、今夜にもお嫁さ
んを連れて來る。』

『えツ、今夜？。』

『今夜といふ譯にも行くまいが、
その位に早く話しのまとまる人が
あるのだよ。』

『誰です。』

『まア、私にまかしておき給へ。』

此の話は　これで終つ
た。お孝さんはそれから半歳の後
その思ふ人と夫婦になつて、今は
東京の神田小川町に紙屋を開いて
居る。そして平さんはそれよりず
つと早く私がすべての話しをまと
めた時から十日ばかりの後、叶屋
の女中のお清さんと夫婦になつた
そしてお清さんの喜びは一通りで
はなかつた。

資　幽霊は亡びるか　岡田建文氏の『心霊不…　5-24

●東京日日新聞　昭和五年二月二十四日

幽靈は亡びるか

岡田建文氏の『心靈不滅』

愛住　興一

この頃東京に偉大な靈媒があら
はれた。眼の前で机や椅子を自動
せしめる。かういふ心靈現象が、
せはしい東京の一隅において、一
部の學者の注意を引いてゐること
が面白い。渦のやうなニユーヨー
クの流れの中で、しづかに心靈現
象を研究してゐる人も少なくな
い。

日本では井上圓了博士の妖怪
研究から、水野葉舟氏の幻覺の實
驗に至る間に、山川健次郎博士や
福來友吉博士の千里眼の研究など
も起つて、一と通り心靈研究に關
する著述も出たが、今度岡田建文
氏の「心靈不滅」より以上に、集大
成的に心靈現象の各方面を說述し
たものはない。

なるほど著者のシステムの廣大
さは、科學研究に關する心靈的事
實の中に、ガリレオが一六三二年
に地動說を公にすると、ローマ法
王は有名な宗教裁判を成立せしめ
て、遂にかれを火刑に處したこと
まで記してゐる。新知識があらは
れる時に、その時の權力ある學問
が如何にこれを取扱ふかを書いた
幾多の例は、殊更興味多い。『それ
でも地球は廻る』といふことは、
われ／＼の大いに考へなければな
らぬことである。

他の例として擧げられたものに
ゼンナーが、種痘を發明した時、
世人は「種痘された小兒はその顔
が牛に似て來るやうになり、その
聲も牛の聲に似るやうになる」と
騷ぎ立てたことがある。

著者は、これ等に關して、かう
いつてゐる。『われ／＼が實在物と
認むる靈魂が、今日の科學者に迷

信憑妄の唯一物と見なされるも、他日、純正科學の科目中のものに變轉しないとも限らぬ。否きつとさうなるべき性質のものであることを斷言する」

本書は、「靈媒交靈術と心靈、物理的現象、超物理現象、交靈會の幽靈、自殺の幽靈、遠感及び心靈遊離、二重體、臨終の感覺、幽冥界、再生に分れてゐる、もし何れの著述も最初の一章を細密に、仔細に讀むならばその著者の眞意をつかむことが出來るとしたならば、この著者のいはんと欲するところは、すでに自づから明らかである。

著者は、この書の後記において靈の生物學的考狀を述べて、靈は向上性を有す。但し努力せざるものは向下する、靈の不良なるものと白痴性のものとは亡ぼされる、幽靈は化學力の壓迫を蒙る、塞地を固守する靈は向上性を喪なふと述べて、とゝにかの心靈學から歸納した觀念を公けにしてゐる。（「心靈不滅」日本橋萬里閣、二圓半）

伝説物語（一）　報恩の鶏

獣

●越中新聞　昭和五年二月二十七日　5-25

傳說物語(1)

報恩の鷄

笹川　合水

予の幼少のみぎり今は亡き父より聞きたる傳說の記憶を辿りて書くことゝなれば或ひは世に傳へられてゐる傳說と違ひ首肯出來ぬこともあるであらうがその點は御諒承を乞ふ

加州金澤の　城下野町（？）中程に安政の初め頃青物商を營みゐたりし萬屋某なる者ありき萬屋にては卵を賣る目的にて數十羽の鷄を飼ひをりしがある日主が晩餐用の魚を料理してをつた時何處より來りしか一匹の野猫來り魚を啣へて走りしかば主怒りて手に持ちし庖丁を投げたるにその後足に立ち猫は悲しげに鳴きて何處ともなく逃げ去りたり。

それより數　ケ月經ちて自家に飼ありし鷄の晝夜の別かちなく羽搏なしつゝ時を告ぐるにぞ、主餘りにも喧しきに業を煮やし數羽を殘して皆賣拂ひたるが二三日經つてまたもその數羽も晝夜の別ちなく鳴きたればますます怒りて殘餘の鷄の足を縛して後を流るる用水に投じたりと。

しかるにそ　の鷄は流れ流れて、とある農家の裏にて木の杭にかかりしが、その家の主翁は羽搏の音を聞きて立ち出で見しに驚きて出入して見覺えある萬屋の鷄なれば大いに驚きかつ怪しみて取敢ず川より救ひ上げ明日にても持ち行かんものと思ひ繩を解き餌を與へて置きしがその夜一人の老翁枕邊に現れて曰く「我は萬屋に飼はれし鷄なるが過ぐる頃、傷つけられし猫、傷を癒してここ數日中に

主に害をな　さんとして來るを、我等知り異變あるを知らさんがため晝夜の別なく時を告げしが主これを悟らず今日に及びたり、御身これを疑はずして萬屋に告げよ」といひてその姿搔き消えたり。

主驚きて老　翁を見直さんせしがこれ南柯の一夢にして既に鷄鳴曉を告ぐる頃なりしかば急ぎ起き出で昨夕救ひ上げし鷄を携へて萬屋方に至り、ありし儘を告げしかば主も奇しきことに思ひ半信半疑鷄を受取り小屋に入れ置きたり。

さる程に二　三日後何時も曉を告ぐる鷄の鳴かざるにぞ小屋に至り見るに何處に行きしや一羽もをらざるに不思議に思ひたる時、表より前日の農夫慌ただしく入り來たりて曰く

「當家の鷄五羽今町外にて猫と闘ひつつあり疾く行きて救ふべし」

とて先に走　り出でしかば主も驚き棒持ちて續き町外れに來たりし時は最早闘爭も終り兩者とも死してあり、主はいたく鷄の死を哀れみ自家の寺に懇ろにこれを葬りその後はせめてもの供養にと萬屋にて數代卵を賣らざりしとぞ。

獣　伝説物語（二）　狐御殿
●越中新聞　昭和五年二月二十八日　5-26

傳說物語(2)
狐御殿
笹川台水

鳳至郡輪島町より穴水に通ずる山道を少し入りたるところの奥深き穴に何時の頃より棲みしものにや多くの狐棲みをり土地の人これを狐御殿といふ、この狐よほど年数を経たるものにてあるか

◇…輪島 町の人、嫁取りなどに多数の来客あり膳部など足らざる場合はその前日潔め来客の数へ、足らざる膳部をその狐御殿にいたり「明日は嫁取にて多勢の来客あり手前の家にては膳部不足故に何卒十人前だけ御貸しを願ひたし」とその不足だけの数を告げて依頼するのである。

◇…する と明朝行けば必ずその数の膳、椀を取揃へて穴の入口に出してありと、しかし若し借用の膳、椀にして損傷せる場合はこれと同様の品を弁償せねばならぬのである、同様の品物のなき時は修理を加へて返済すればよいのであるが、返済する時には二升程の赤飯と油揚廿枚程を添へて穴の入口まで持ち行き「昨日は誠に有難うございましたお陰をもちまして嫁取も無事済みましたが

◇…家内 のものゝ不注意により膳部を一人前損じましたが同様の品もなく繕ひおきましたからこれにて御勘弁を願ます、ついては甚だ粗末なものですが御好みの赤飯と油揚を持参いたしましたから御納めを願ます」

◇…斯く 告げて其処に置いて来るのであるが、この器具の修繕や弁償もなくまた赤飯と油揚の奉納なき場合は必ずその家に祟りあるべしと、この物語りは現今あるのではなく年代はわからないが今より百余年前のことらしい。

◇…また この狐御殿より他の山に棲む雄狐のところへ嫁入りする時は、前もつて町の人々に告げその晩は見物に来るやうに知らせるので、人々は狐の嫁取りを見んとて群つて出たものであるとその行列の華々しきこと国王大名の姫君の輿入れも斯やと思ふばかり数丁の長きにわたりて狐火燃え美しきことといはんかたなしとぞ。

怪　伝説物語（三）　平内の祠（上）
●越中新聞　昭和五年三月二日　5-27

傳說物語(3)
平内の祠(上)
笹川台水

回顧するだに慄然たらしむる彼の関東大震災の際に少しの破損もしなかつた浅草観世音の境内に一つ小やかな祠がある、これは町人天下として謳はれた幡随院長兵衛の尻押しをして白柄組に何時も煙たがられた剣客粂の平内を祀つたもので、平内が江戸へ出て町道場を開いて

間もない時 一人の紅顔の少年（名は仮に鉄馬としておく）が内門弟として入門し、毎日熱心に剣道の修業をなしその進境も著しいものがあつた、ある日内門弟が夜長のつれづれに一室に集まりいろいろの話の末一人が、

「各々近頃此処から程遠からぬ某町の空家に怪しのものが出没する由を御存じかな」

「それは初耳、一体何が出るのぢや」

「されば夜なく棲む人もなきに燈火が洩れたり、人の呻き声が聞かれたり、また人魂のやうなものもさまようとか喧しきことでござる」

と内弟子中の一番年長で分別顔したのが、肩肱張つて、

「何を馬鹿な我々道場の近辺に左様な奇怪なことがあつてなるものか、おほかた臆病な町人共の噂でござらう馬鹿々々しい」

と嘲んで吐き出すやうに罵つたするといひ出した若者は、

「イヤ、嘘にしろ火のないところからは煙が上がらぬ諺の通り狐狸のたぐひの悪戯かも知れぬて」

「貴公さほどまでいふならば只今からその正体を見現はしに行つて

はどうぢや」

「勿論斯くなれば意地にでも行くつもりぢや」

と、早立ちかけたので、

「拙者も同道しやう」

「拙者も……」

と、續々出るので、

「それしきのことに斯く多勢で行くは當道場の名折れにかゝはる籤引にして誰でも一人行けばよい」

「それも道理ぢや」

といふので　早速籤引した結果一番年少の鐵馬に當つた、彼は辭退するかと思ひの外、

「これは有難い、腕試しの時こそ來れり」

「鐵馬殿、拙者にお讓り下さるまいか、貴公は先生秘藏の弟子ぢやで」

と年長なのが半揶揄すやうにいつた、が鐵馬は言下に、

「どうして、なか／＼……」

と、讓るべき氣色もなく、早々に支度をなし平内の許しを得て勇ましくも道場を出て行つた。

傳說物語(4)
平内の祠(下)
笹川台水

此笹家とい　ふのは附近に人家杜絶えて隣接せるは某寺院にして墓のごとく誠に物淋しきところであつたが、鐵馬は恐るゝところなく屋内に入りて待つ程にやがて丑満頃となれば、次の間より陰火ぼう／＼と燃え、白装束の怪人出しより鐵馬猛然として起ち、それを取押さへたるに、その背後より加勢ふものありこれに屈せず奮闘力戰怪奇なるものを

三人まで捕　たがその後は何等變りたることもなく曉に近づけり、しかるに捕へたる怪物は狐狸の類にあらずして諸國を喰ひ詰めたる不浪の黨が人家稀なるを幸に人の恐れ近寄らざるを希ひて怪奇をなして、さま／＼の惡事を盡してゐたのである。

されば鐵馬　は夜明けてよりその結果を見に來た相弟子と共に三人を引立て來り斯と告げしに平内は近頃求めし新刀の好試しものと思ひ、
「汝等町奉行所に送りしとて何れは斬首を免れざるものなれば斯くいふ平内兵衛長守が自ら斬首いたして與れる」
といへば彼等は齊しく平内をハッタと睨み、
「世に罪人を斬るものは公儀より差許されたるものならではかなはぬに今汝が我等の首を刎ねんか、必ず汝に祟るべし」
といひしが平内肯ぜず、
「舌長きことをいふ奴等かな、汝等賊徒の身にして過言なり」
とて斬らんとせし時最初の一人
「われ汝に斬られんか、首汝を睨みて笑ふべし」
といひ第二者は、
「われは向ふの飛石に喰ひつくべし」
最後のものは眼怒らして、
「われ汝の喉首に喰ひつきて汝を冥道に伴ふべし」
といひしも　平内呵々大笑して第一者の首を刎ねるとその言の如く首ひるがへりて莞爾と笑ひぬ、されど平内何程のことやあらんと第二者を斬りしに、誠その首飛石に喰ひ付きたれば流石の平内も最後の者を斬るに臨み、最初峰打ちを喰らはして其氣を抜きて後その首を斬りしと、然るに其後

その時に用　ひし新刀を見る度に三人の首級あり／＼と刀身に寫りしかば、平内翻然として悟るところあり如何に正義のためとはいひながらこれまで手に掛けし多くの人々の菩提にもと、おのが木像を彫り多くの人に踏ましめんと淺草觀世音仁王門の下に埋めたのを後人如何にこれを間違ひしや

木像を掘り　出し堂宇に祀りて縁結び縁切りの神とあがめたのである、現今にても觀音堂に向つて左にその祠あり、花柳界の信仰殊に厚しといふ。

伝説物語（四）　狸寺
●越中新聞　昭和五年三月六日　5-29

怪

傳說物語(4)

狸寺

笹川台水

京都 紫野大德寺の一休禪師未だ俗籍に入りて幾何も經たざる頃京都より程近き某寺院に住職何人變りても、その夜怪物現れ問答を仕掛けられ、敗れたる結果翌日になれば血の氣失せる骸となりをり果ては後を繼ぐ住職もなしと傳へられた、一休の師僧日頃頓智頓才をもつて幾度か悩まされし一休の度胸を試さんものと、

「其方は近頃評判の某寺の變化の正体を見現さるゝや如何に」

と問ひしに、

「師の坊の仰なれば今宵にても必ず正体を見現して御覧に入れん」

「それは殊勝なることである、しからば今宵早速打向へよ」

一休 易々としてその寺に行きたるに久しく住職もなかりし故、軒は傾き、塵は堆積して物淋しきことといはんかたなし、しかれども如何なる勝算ありや一休少しも動ずるところなく本堂の須彌壇の前に陣取りて悠々たり。

さる 程に夜も初更と覺しき頃異樣の物音と共に、怪異なる僧一休の面前に現れ、

「そもさん」

と問答を仕掛けた、一休言下に

「說破！」

「五戒とは如何」

「愚問ぢやな、五戒とは即ち殺生偸盜、邪淫、妄語、飲酒なり汝我の問ふところを答へよ」

「說破」

「されば阿彌經に法の字幾何ありや」

と問ひしに答へず、

「汝ほどことを答へ得ずして人を殺めるとは潜上の沙汰なり」

と持 てる如意にて面上をハッシと打ちたれば、怪僧奇聲を發して本堂を逃げ廻るを隣室より躍り出し二人の人物と共に追詰て打据しかば遂にその息絶えたり、この時件の人物、

「一休よくぞなしたり」

といひしは師の坊と蜷川新左衞門であつた、こは如何に才智優れたる一休なればとて萬一のことありては托されし人に申譯なしと、隣室に忍び入り樣子を見てゐたのである。

程な く夜も白み、次の間を見ると、年經たる狸頭を割られて死んでゐた師の坊は、

「其方は納も未だ知らぬ阿彌經の法の字幾字ありや、何時覺えしか」

「我等も素より知らず、しかし斯樣な狐狸は人の心を知るものとかねてより聞きたれば、試みに問ふたのです」

と、答へて平然たるに今更ながらその頓才に驚きたりと、これ後世に殘りし狸寺の起緣とぞいふ。

伝説物語（六）　報恩の蛇（上）
●越中新聞　昭和五年三月八日　5-30

獣

傳說物語(6)

報恩の蛇(上)

笹川台水

足利も末期 の頃越中の國(今の東礪波郡？)の城下端づれに外科に巧者なる町醫者ありき春雨煙るある夜(當今の十時頃ならんか)シト〳〵と女乘物一挺を徒歩侍四人が前後を護りて醫師の門前に着きぬ。と先なる武士は閉ざされたる門をホト〳〵と叩き、

「夜陰かく遲く推參いたし甚だ恐縮のいたりなれど、怪我人なれば枉げて御診察ありたし」

と通じたる に、門番最早客もなければ早臥房に入らんとせし折りなれば、口尖らして呟きつゝ門を開き、

「斯く深更に何處よりぞ」

と愛想もなく訊した、

「これは城中のさる大身の奧方な

るが不意に大怪我をいたされ、夜陰なれども外科にては當家こそ城下隨一なりと聞きおよび斯くは推參いたせしなり、疾く先生に告げられたし」

とに懇乞ひ　しより門番の者も今は易々として奥に入りたり、待つ間ほどなく請じ入れられ侍に扶けられながら立ち出でし大身の奥方といふは、水も滴らんばかりの美人にて足を傷付けしにや、足引摺りつゝ部屋に通り醫師に向ひ、

「かく夜陰に推參して誠に恐れ入りたれど何卒御手當を願入る」

「心得申してござる」

白布もて結　ひし血滲む布を取去りたるに、これは打貫かれし彈傷にてもあるか血吹出しつゝあれば早速丁寧に手當をなしたがふと氣付きしはその肌の餘りにも冷たく恰も氷のごとくなるに、怪しみつゝも、

「如何にして斯のごとき彈傷を受けられしや」

と問ひしに供の者、

「さればわれらの主人今宵銃の手入れをなせし折如何にしてかのおりしや、不意に發彈して奥方を傷付けしものなり、したが此傷全癒までには幾日ほどかゝるや」

伝説物語（七）　報恩の蛇（中）　●越中新聞　昭和五年三月九日　5-31　獣

傳說物語(7)
報恩の蛇(中)
笹川台水

「左樣まづ十日程通はねばならぬしかし御都合惡くば當方より推參いたしてもよい」

といつたが供の侍手を打振り

「それにおよばず、我等の方より御迷惑かは存ぜねど、極内々のことなれば毎夜今時分推參いたすゆゑ左樣御承知ありたい」

と望むので　醫師は眉をひそめたるが、不承知なれば狼藉もしかねまじき氣勢に恐れ、

「異細承知つかまつる」

と、承知したので安堵なし多額の手當をおきて歸りたり。しかるに彼等が坐つてをつた跡は恰も露を吹たるごとく濡れてをるので、醫師はますく驚き、サテは變化ではなきかと思ひたれど、斷れば後の祟りを恐れてその後も一意專心治療したので程なく快癒したのである。

この醫師に　二人の男子があつたが長男は早逝し、次男庄次郎のみなるが、この庄次郎愚鈍にして迚も父の業を次ぐべくもなき故、多くの田地を賄ひ與へ、農家になさんと思ひをりたるが醫師はほどなく病死した。

されば庄次郎は醫師の門を閉ぢて母と共に農家に移りたるも元來が愚者なればその財も保ちかね、遂には人の走り使ひなどするほどに落ぶれ、かてゝ加へて間もなく母も逝き今はたよるものとてなくなつたのである。

さるほどに　母の一週忌も終つたある秋の夕暮まだ什器一人の巡禮、庄次郎の茅屋の前にて腰を延し苦しんでをつた、丁度そこへ歸つて來た彼はわが家に抱き入れて介抱した、その甲斐あつてか程なく納まりたるも附近には宿屋とてなければ一夜の宿を貸あたへた。

その夜如何なる月下氷人の懇意にや、巡禮と庄次郎は行末までもと契りたり、翌朝彼女（名はとめといふ）は、

「妾は必ず人の倍以上の働をする故多くの仕事を與へられるやう」

と乞ひたり、庄次郎は何はともあれこの由を村長に告げばやと早速伴ひでかくとつげたるに。

伝説物語（七）　報恩の蛇（下）　●越中新聞　昭和五年三月十一日　5-32　獣

傳說物語(7)
報恩の蛇(下)
笹川台水

村長はこれを聞き、

「お身のごとき者の妻となり、なほ人の倍も働くなどとは世の中は廣いものぢや」

とてためらふところもなく、その手續きをした、庄次郎は喜びいさんでおのが家に歸りとめ女にかくと告げ共に喜びぬ。

×　×　×

庄次郎はとめ女と夫婦となりてより早二十年の星霜は夢の如く過ぎ夫婦の間に愛子の二人も設け家庭もいと睦まじく暮すうち、ある初夏の日にたまく庄次郎所用ありて村長の家に赴きしが、用も辨じ夕暮に近き頃歸途につき一足

わが家に踏み入れしにこはそも如何に一匹の大蛇長々と横たはりしにぞ庄次郎膽を消し、アッとばかりに打轉びれたれば、この物音に今迄の大蛇忽ちとめ女となりて乾度かたちをたゞし、

「こはわが夫には醜りたまへしか したが妾が正体を見られたでありませう」

庄次郎唇打振るはし、

「いなく……」

「かくしたまはるな、今は何をかは隱すべき妾は過ぐる春、獵師のために傷つき一命をも危かりしをそなたの父親に救はれその恩を忘れかね、過ぐる頃よりいと貧しく暮しをられたれば、その恩の萬分の一にても報ひんと假の姿をかりておとなひしに、あるまじき情にほだされて今日におよべり、しかし御身と

妾の間に生れし子供は誠人間界のものなれば安堵せられたし、なほ子供は生れ付賢しければ今二、三年ならずして領主に見出されて重く用ひられべければせめてもの慰めにせられたし、さらば今日限り惜き別れを告げなむ」

とて戸外に出づれば一天俄に掻き曇り車軸を流すがごとき豪雨の中に何處ともなくその姿消えたり。

その後とめ女の言ひしごとく二年ならずして長男庄左衛門、次男庄太郎は共に時の領主に見出されて重く用ひられしと。

怪　伝説物語（八）　石藷（上）

●越中新聞　昭和五年三月十三日　5-33

傳説物語(8)

石藷（上）

笹川合水

弘法大師(?)が諸國行脚の折り(四國?)を巡錫中秋も早深み行き木々紅葉も日一日とその色を鮮かにする頃、とある野中を通りし時いたく疲勞と空腹を覺えしに折もよく道端に一人の老媼しきりに藷を掘りつゝありたれば法師

「これは婆さんごせい●●の出ることぢやのう」

といひしに老媼振り返り

「これは御坊さまか、これは孫奴らの手傳ひでござるよ」

「ほゝうそれは奇特なことぢや、時に衲はいたく空腹ぢやで、なんとその藷を二、三本喜捨にあづかれんかのう」

と請ひたるも聞えぬふりを裝ふにぞ法師はまた

「のう婆さんや、その藷二、三本喜捨して下さるまいか」

と再び請ひしに

「これは藷に似たるものぢやが喰へぬものぢや」

とにべもなくいひけり。

「それは知らざりし、手間どらして氣の毒ぢやのう」

と、とぼくと立ち去りし跡見送りて老媼は

「やれく乞食坊主奴が、去にをったか」

口汚くもいひ罵りつゝ掘り続けたり、されど秋の日の暮やすく早夕暮迫る頃となりたれば掘り藷を荷ひおのが家路を急ぎたり。

その夜、つれぐのまゝに今日掘り來し藷をゆで、家内打揃ひて食せんものと思ひしに不思議にもいかほど茹ればとて石のごとくなるに、いぶかしく思ひ焼きもしつればとて焼きたるが同じきことなれば皆呆然たりし。

しかるにたまく隣家の主來りこの由を聞きいぶかしく思ひたるが「われらけふ町に所用ありて行きしが一足違ひにて生佛樣といはるゝ弘法樣を拜まざりしはいと口惜きことであった」

といへばその家の主

「それはく、が御坊は何地に行かれしや」

怪　伝説物語（九）石藷（下）
●越中新聞　昭和五年三月十四日
5-34

傳說物語（９）
石藷（下）
笹川台水

「されば村の人々の話には次の村へ行かれたから、この村をも通られるであらうといへり、御身達は見かけざりしや」

この時老婆、

「それは如何なる人体であつたらうか」

「粗末な衣を纏ひ五十路あまりといふことぢや」

と答へたればなほもその容貌を問ひ訊し、先刻畑にて藷を請はれたる僧の姿を思ひ浮べて、いと不審に思ひ、仔細を語ると、

「そは弘法様らしいかなア」

「もしあの僧が弘法様なれば、この藷のかくなりしは仏罰であるかも知れん」

と、腹立てゝ泣き悲しむに、

「母上よ、いまだその僧が弘法様とさだまりたるにはあらねば、深く穿かなくてもいゝでせう、しかし母上は日頃余りにも慾深いが、今後は慎まれたし、またその僧も諸国行脚のことなれば再びこの村に来られぬといふこともないからその時は今日のことをとも〳〵に詫びやう」

と慰めたので老婆も打肯けり。

さるほどに翌その年も暮れて老の身には待たぬ春ぞ訪れて梅の花も散り頃、一昨歳通られしにや法師はまたこの村を通りたる時奇しくもかの老婆に出会ひ、只管に詫はるゝまゝに、その家に一夜を過ごした、その時老婆の話を聞き

「いはるゝごとく衲は弘法ぢやが衲は如何に飢ゆればとて人の難儀になるやうなことは訴らぬが藷の石のやうになつたとは、いぶかしきことぢや、その藷を見せられよ」

と促したれば早速取出し来れるに誠に石に異るところなければ、

「こは不思議な、しかし衲には如何ともすることが出来んがせめて世の人のために薬石ともなさん」

この家に止まること三日終日経を誦し、その石藷を試みに病婦に削り与へしがその病忽ち癒えたりと伝へらる。

今日夏薬店の出る時分往々西国の薬石なりと称して売つてゐるのを見受けるが多分ことさらに起縁するものならんか。

怪　伝説物語（十）長太と貉（上）
●越中新聞　昭和五年三月十五日
5-35

傳說物語（１０）
長太と貉（上）
笹川台水

今は昔 加賀の国鳳至郡西保村字大沢といへるところに五左衛門といふ百姓の弟に長太といへる者あり幼少の頃より強力にして大人もおよばざりしと、その成長するに従ひいよ〳〵強力無双となり、かつ大胆にしてしば〳〵猛獣と格闘してこれを斃すほどであつた、彼は毎日深山幽谷に分入り斧を揮つて樹木を伐採する樵夫であつたが、彼が二十三歳の折岸池村の某より山林を買受け樹木伐採の目的をもつて多量の用意をして、小やかなる小屋を建てこゝに起臥してゐた。頃しもその時分の十一月も早深み樹々の紅葉も散り果て、松籟を鳴らす凩のみ淋しく彼はこの単調にして訪ふものもなき山中に仕事を続けてをつたが、時には余りにも淋しきまゝ

日没を 待つておのが村に帰り友を訪ねて楽しく語り合ひ夜も更けてより山の小屋に戻ることもあつた。

しかるにその途中にて幾々の不思議に出会ふことあり、それは全山悉くが火の海と化し、黒煙濛々として立昇る中に大入道が姿を現せしかと思へば、火は忽ち消えて跡もなく

眼前は 滔々たる濁流渦巻く大河となり、またある時は幾多の美女現れて乱舞の様を見せるかと思へば行手は巍然たる山をなし進むべくもないことがあつた、がもとより豪胆なる彼なれば恐るるところもなく、却つて一つの慰

安として夜更けの路を續けしと、されば怪物も益々業を煮やし遂に彼の小屋をも襲ふやうになつた、

ある冬 の夜村の若者來たり、

「長太殿、母上が病氣危篤なれば疾く村に歸られたい」

と戸外より告げた、

「誰ぢや」

と、問ひしも名乘らずして前言のみを繰返したるにぞ、多分また狐狸の惡戯ならんと遂に出でず、しかし翌朝におよび孝心深き彼なれば母のことが氣にかゝり早速歸宅したれど母はいと健かに變りたることもなきゆゑ安心して歸りぬ、

しかるにその夜また、

「長太殿、母上が……」

伝説物語（十一）　長太と貉（下）

怪　●越中新聞　昭和五年三月十六日　5-36

傳説物語（11）

長太と貉（下）

笹川合水

と前夜 と同じきことを告げたが、彼は返事もせなかつたと今度は大聲にて、

「長太をるか、をらば出て來い」

が彼は銃を擬し、もし戸を蹴つて這入り來れば一發の下に斃さんと待ち受けた、と案のごとく彼も戸をメリメリと蹴つて入り來りし怪物を見てあれば、その身長一丈餘、[illegible]黑く[illegible]立ち眼光[illegible]たり、[illegible]は[illegible]のごとき[illegible]上げ、

しかる に提燈は過ぎつる頃より奇ッ怪にもわが住家を荒さんとす、若しこのまゝにて中止すれば一命のみは助けるが、さもなき時は今宵貴様を取喰はん」

と飛び掛からんとするに、彼も負けず、

「小癪な貉かな、その分なればこの斧の錆としてくれやう」

とここ に双方必死の大格闘が始まつた、がさしも怪力を誇る長太も怪物の力や勝りけん、早組敷かれて最後を遂げんとせし時、彼は死物狂ひに横に拂つた一擊は見事貉の脇腹深く斬り込まれ流石重力を得た貉も、ギヤッと一聲前庭なる谷間に逃げ込んだ。

かくし たる命がけの大亂

尺二寸餘、幅二尺八寸、牙の長さ三寸餘の世に珍らしき大なる貉の皮が干してあつた、彼はこの出來事に思出しかば藩にてもいたく彼の豪勇を賞揚せり、しかして皮や牙はそれぞれ藩の大身の武士が購ひたりといふ。

それよ り月日に關守もなく早七年は夢のごとく過ぎ長太はおのが村より約一里程離れたる太平谷といへるところに兄五左衞門と共に炭燒に稼ぎたるが、兄は日沒頃家に歸り彼一人小屋に殘つたその夜も初更と覺しき頃、天より下りしか地より湧き出でしか、

忽然として二十歳ばかりなる美女あらはれ、

「[illegible]の[illegible]妾は當時藩主の方に行つてをつて知らなんだが、妾は夫より長ずること七百年なれば必ず夫の恨みを晴らすべければ覺悟してゐよ」

と告げ て消え去りぬ、されば流石の長太も空恐ろしく翌朝早速村に歸り、前庭なる觀音の護符を肌身につけて再び山に行つた、その翌晩にや牝貉も手を出しかね、ある夜小屋の前に來り、

「妾はお前に仇なさんとすれど肌に付けたる護符のために近寄れず今は諦めたれば、せめて夫の法要を營まれんことをのぞむ」

と乞ひ しより長太も牝貉の心事を憐れみ靈高寺にて盛大なる法要をなしその靈を慰めた、

よりその夜[illegible]

獣　伝説物語（十二）　法船寺猫

●越中新聞　昭和五年三月十七日　5-37

傳說物語（21）

法船寺猫

笹川台水

享保の頃(?)金澤の城下に法船寺といふ寺があつた、この寺に多くの鼠が棲んでゐたものであらうか夜な〳〵本堂より庫裡を駈け廻り、經文はもとより佛具諸道具を喰ひ荒すので、和尙いたく立腹して日頃飼馴らしある猫を捉へ、

「畜生の其方にかくいふのも仕方のないことぢやが、お前は鼠を捕へるのを天職とするものぢやが何故に未だ一匹も捕らぬか」

愚なこと と思ひながら餘りに鼠が騷ぐので飼猫を捉へて愚痴をこぼしました。するとその夜寢てから夢に猫現はれ、

「和尙の御怒りは尤ものことでありますが、當寺にをる鼠は普通の鼠とちがひ到底一匹にては退治することが出來ません、さりとて他の猫の力を藉らうと思つても、當城下には强き猫もをらず、たゞ能登の鹿島郡に一匹非常に强い猫がをるゆゑ明日にても行きて連れて來ます」

といふ ので住職は不思議に思つたが、翌朝になつて見ると飼猫がをりませんでした、それより二三日經て彼の猫は見馴れぬ一匹の猫を伴ひ來り、その夜の夢にまた猫現はれ、

「約束のごとく能登の猫を頼んで來ましたから、三日後には必ず大鼠を退治します、しかし何卒遠來の猫ですから澤山の馳走を振舞はれたく、なほその日には私共に加勢の人を出して貰ひたい」

住職は乞はるゝ儘に翌日より三日手飼の猫と共に多くの馳走を與へたれば、この間に鋭氣を養ふたであらう、いよ〳〵

三日目 の午過ぎに至り二匹の猫は本堂の天井裏に飛上り その駈け廻る音の騷々しきことい はん方なし、されば約束のごとく二人の下男棒を持ちて天井裏を覗き猫に氣勢を添へたので、稍經て流石の鼠も力盡きて一方の天井板を破つてドッとばかりに落ちたので下男はすかさず棍棒をもつて打据たので遂に息絶えたり、その鼠を見るに身長二尺餘もあつたといふ、なほ猫も力盡きたものか、破れた穴から下を睨みて死んだ。

和尙は いたく猫の死を悲しみ、これは全く忠義の死なればと寺内に厚く葬り石碑をたてたりと、しかし今は變つて地藏尊が立つてをられるさうである。

怪　伝説物語（十三）　ある禅僧

●越中新聞　昭和五年三月十八日　5-38

傳說物語（13）

ある禪僧

笹川台水

安永年間のある年の秋の末、樹々の紅葉も早散かんとする頃、一人の禪僧が高岡より城端に赴かんとする道すから、疲れた身體をしばし休めんと一本の老松の根元に腰打掛けて休みましたが、長閑な秋の午さがりに何時しか眠りに落ち入りました。どれだけ眠りしか頬と松渡る風に眼を覺まして邊りを見廻せば傍らに見馴れぬ一人の小僧、これも今眠りより覺めしか手足を伸ばし大口開いて欠伸し、そして禪僧の顏をジロジロと見て物いひたげに見えしより氣輕な禪僧は、

「あゝ小僧さん何處の佛弟子か、また何處に行くか」

×

「何處の小僧であらうと、何處に行かうと、それを聞いて何んとする」

「小僧さんは何々理屈屋ぢや、拙僧はたゞ知りたいまでぢや、それを語られんのは疑ひを持つからぢや、これ即ち狐疑心といふものぢや」

「心中元來一物もなく、疑ふをもつて狐疑心といふならば、拙僧もまた五百生中の野狐生です」

禪僧怒つて

「野狐生とは其の方のことぢや、

不落因果、不迷因果の理は濟んだか」

「さても徹なるかな、不落も不迷も同じことで、反古の類です」

×

禪僧何と思つたか、俄に臥して足を伸ばし、

「お前の寺は何處で、誰の弟子ぢや」

「拙僧は法も磨がねば、師もない貧僧は仲々學問もありさうぢや、もう少し問答しやう」

といへば禪僧益々怒つて、

といへば小僧邊りをキヨロ／＼と見廻せり、禪僧また不性にも寢ながら片足あげて小便をなしたるに、不思議にも小僧慌て出し、クハイ／＼と鳴きて三間ばかりも飛び退き、四ッ足となつて逃げ失せたり、禪僧もまた妙なこともあるものぞと思ひし折柄二三人の人通りしかばその人達と連れ立ちて歩き出し件の話をすると、その中で年長なのが、

×

「それはこの野原に年久しく棲んでゐる老狐でせう、時々旅の人々が惱まされます」

と答へり、禪僧うなづき、

「成程さういはるれば、目付といひ、物のいひやうといひ、野狐に相違あるまい。で拙僧が寢ながら小便したるを見て拙僧を犬の化けたものと思ひ慌てゝ逃げ去つたものであらう」

と語り合へり。

伝説物語（十四）　狸と語る（上）
●越中新聞　昭和五年三月十九日　5-39

傳說物語（14）

狸と語る

（上）　伊豫　笹川台水

松山の藩に元祿二年の頃、その數に達せるをもつて新規に召抱へられた松澤源内といふ武士あり、折悪く城内にあいた屋敷がなかつたので城外に屋敷を給はつたが、屋敷は丁度城の後の山麓にて城にもさして遠くもなく、加ふるに屋敷内も廣く、後庭は廣く

折しも時は山櫻萬朶の花蕾を開き、月は朧に霞、實に一時千金の價なり、源内は

晩酌

の微醺をあるかなしの春風に吹かせ後庭を逍遙してをつた時、老木の小暗きところに人の氣配がするので瞳を定めて見れば一人の老僧蹲まりて源内に向ひ辭儀した、源内はいぶかしく思ひ
「貴僧はなんとて斯様なところに來られしや」
「されば拙僧は元來は人間にはあらず……」、
「何と……」

「マア待たれい……この山に久しく棲める狸であるが、この屋敷は一、二年前より住む人もなかつたので、われらの眷族を從へて來て遊びしところなれど、貴殿が來られてはそれもならず、だが今宵は懷しきあまり訪れたものです」

と述べ來意を加へるさまなし。

「こは面白きことを聞くものかな拙者が住んだのでそち達には氣の毒であるが君命なれば詮方もなしがそちら敢て我等に害もなさずば何時にても來て遊んだがよい」

とい

ふたので件の狸は喜び、

「これは有難き仰せかな、さらば御言葉に甘へて來り遊べばよしなにお願申す」

と禮をのべて立去つた、それより後月霞む夜、春雨シト／＼と降りそゝぐ夜など源内の屋敷裏には多くの狸遊べるを見掛けたりと。

そのうちに段々家内のものとも馴れ殊に年經たる親狸は人語を解するより源内も興を催し、さては書院に入れて語つて見るにその知識の深きに驚いた、ある夜源内
「お前はさほど物を知つてをるならば往時の戰ひも知つてゐるだらうが、知つてをつたなら聞かして欲しいものぢや」

伝説物語（十五）　狸と語る（下）

●越中新聞　昭和五年三月二十一日　5-40

獣

傳說物語(15)

狸と語る

（下）　笹川　台水

「そはいと易きことです、まづ川中島の物語りをお聞かせ申さう、なほ今宵は月冴えて叶ひませぬが明晩にもあれ小雨降る時は合戰の模樣も御覽に入るべし」

と誓ひ、その語るを聞けば微に入り細を穿つて面白きことといはん方もなければ家內のものも擧つて夜の間にて耳傾けた。

それから二、三日折惡く月冴え合戰の模樣を見る由もなかつたが四日目には月曇にして小雨降る時狸來りて、

「先日の約束を果すべし」

と御院の雨戶全部を拂はさせ、

×

「今この山より向ふの山にかけて合戰が開かれますから、よく御覽下さい」

いひも終らず鼕々と響く金太鼓の音、貝の音、ドッと揚がる鬨の聲、翩々たる旗差物、數百挺の鐵砲繰き渡る彈煙の晴れ間よりサッと繰出す秋の薄のごとくキラメク手槍隊、それに續く馬上に大刀振翳したる勇ましき武者數百騎、さては滔々として流るゝ犀川の眞只中で人を交へぬ一騎打、實に實戰もかくばかり激しかつたか疑ふばかりであつた。

×

されば源內いと滿足に何時果つべくもなければ、

「最早充分なり、われ今の世にありて兩雄の戰ひの樣を見るとはこれに越したる喜びはない」

とその勞を犒つたので戰爭繪卷を消した狸もいと滿足氣であつたそれより數年の間家內のものと共に面白き夜を送つたが、ある多の夜いつになく悄然と訪れた狸、

×

「永らく御厚情を賜はりましたが最早わが命數も今宵にて盡きますから別れを告げに參りました、後には眷族數多をれば、よしなにお願いたします、ついては裏山のわれら死体の傍に一本の松ありその根元には稀代の名刀一振あれば掘出て保存せられたい」

と暇乞ひして歸つた、翌日源內は下郞を伴ひ裏山にわけ上りしに一本の老松の廻りに數十の小狸集まりて首うなだれてをるので、近[illegible]
[illegible]
身長五尺ばかりの狸息絕えてをつた。

×

源內は數年來われらを慰めてくれたのはこの狸であつたかと不憫に思ひ、下郞と共に深く穴を掘り鄭重に埋葬した、それまで逃げもやらでゐた小狸は一樣に頭を垂れて謝意を示し傍らなる谷深く姿を隱したり、それより試みに松の根元を掘り返せば數尺ならずして袋にも包んだ長やかな物が出たので、わが家に持ち歸り解いて見ると誓ひしごとく一振の名刀があつた、源內はこれを私にするも心苦しく、主君に奉つたので城主も打喜び多くの金子を下げて源內をして死したる狸の冥福を祈らしめたりと。

伝説物語（十六）　蝮の祟り

●越中新聞　昭和五年三月二十三日　5-41

獣

傳說物語〔16〕

蝮の祟り

笹川　台水

安政の頃加賀宰相が江戸出府の際何月何日に金澤御出發、江戸表御着の豫定何月何日頃なりとの觸知をなさんと抱の飛脚中飛脚道を取り江戸に向ひ信州のとある山道に[illegible]
[illegible]

「今日は誠によい天氣であるが、魚は不漁ぢやな」

×

「ホー、この山の中に魚が獲れますかいなア」

「イヤこれは一本參つた、時にこの邊に長虫はゐないか」

「それなればことは本場ですからいくらでもゐます」

「それは有難い、どこにをるのぢや」

「それ、そこの石の間に蝮もをる

ぞえ」

「ナニ蝮、それは一段と有難い」

×

と件の飛脚は立上つて捨石のそばに行きその一個を取除けると、長さ二尺ばかりなる一匹の蝮をりしを、道中差の小柄を抜きてその首を斬り皮を剝ぎて焼き

「これは近頃になき珍味ぢや、一杯飲めるぞ」

と喜び舌鼓打ちて食したり、やがて昼食も終りたれば

「また帰りに厄介になるぞ」

「道中お大事に……」

×

と飛脚を後に立ち去つた、しかるにその翌日より茶屋の娘、かりそめの風邪にて床に付いたが段々と重態になり医者もその病名さへわからず、今は早死を待つのみとなつた

かかる所へ先年江戸に行きし飛脚帰郷の途次この茶屋に休み

「亭主、相変らず元気で結構ぢやのう」

「ヘエ〳〵大分年を老りましたがまだ病つたことがございません」

「それは羨ましい、時に娘はどうした、どこぞ使ひにでも行つたか」

「イヤ、使ひどころではございません、恰度先年貴郎が手前共でお休みになつた翌くる日から病み付いて今では死ぬのを待つばかりです」

×

「それは〳〵気の毒な、私の立つた翌くる日から病み付いたと……フム」

「床に付いたのは翌くる日ですが前の晩にはたゞ頭が痛いといつてゐました」

「前の晩といへば私の休んだ日ぢやなーフム」

×

としきりに何か考へてゐたが、ハタと膝を打ち

「亭主、心配するな今私が癒るやうにしてやる」

「貴郎にそんなことが出来ますかな」

「マア〳〵見てゐなさい」

と件の飛脚は先年蝮を獲りたる石の傍に行きその石を除くと次の石の間に先年斬りたる蝮の首、生けるが如く茶屋の方をハッタと睨みゐたり

「この奴恨みあらば何故私を恨まん茶屋の娘に祟るとは不埒な奴だ」

と小柄にて首を差し来り圍爐裡にて黒焼にして酒と共に飲み下し

「亭主これにて必ず娘の病気は全快するぞ」

と立ち去つたが、その言葉の通り翌日より薄紙を剝ぐごとく快方に赴き一月ならずして全快したりと

怪　伝説物語（十七）　親子狐

●越中新聞　昭和五年三月二十四日　5-42

傳說物語(17)

親子狐

笹川台水

越中の國氷見郡のある漁村の漁師は毎年冬季になると海があれて漁に出ることが出来ずその日の生活にも困るやうになるので漁師は皆いひ合せたやうに山に猟に出掛けて鳥や獣をとつてその日の糊口を凌いで行くのであつた。

×

その漁師の一人にいと山猟に上手なるものあり、一村の羨望の的となつてゐたがその妻はいたつて信仰心あつく一再ならずいさめたけれど聞き入れざるよりつひに妻は

「かくまでいつても山猟をやめら[illegible]

とまで極言したので夫も詮方なく

「左程までにいふならば必ずやめる」

と誓つたが、それより五六日たつて雪がチラ〳〵と降る寒い日

「ア、今日のやうな日に猟に行けば必ず大猟だがなア」

×

と思ひ鉄砲をうつた刹那の快感を幻に描いてはとてもヂッとしてをられず、妻や子に覚られぬやうソッと銃を持ち出して出掛けましたが、あひにくとそれを物蔭で見た妻はハラ〳〵と涙を流し

「ア、私の力ではとても夫の山猟はやまぬのか、この上は身を殺しても殺生だけは何とぞしてやめさせねばならぬ」

と悲壮な決心をして自身も、たつた一人の子供ともに白装束を

の森と森との間にある堤の上に立つて、夫の歸りを今か今かと待つてゐた。

×

その日漁師は山また山、谷また谷と駈廻りしが、一匹の兎、一羽の鳥の獲物もなくしほ／＼と歸り來しに、森の間なる堤上に二匹の白狐がむつまじくゐるのを見て、かれは北叟笑み狙ひ定めてズドンと一發放つたが、手練のかれなれば獲物に應ずるごとくに大きい方が倒れた、かれは勿論小さい方が逃げるものと思ひしに却つて倒れた狐の方に寄り縋りたればかれは近頃なき獲物ぞと、またも一發二匹とも斃しやをら取り來らんと近づけばそは狐ならでおのが最愛の妻子なるに打驚き

×

「お前は何とてかやうなところに」

と、聲ふるはして問ひたれば、妻は早はてなんとする息の下より「貴郎の山獵をやめさせたい一心からかくの有樣、私はあの生血滴る鳥や獸を見てはとても貴郎の行末が案ぜられてなりません、今はの際にたつた一言どうぞやめると一言聞かせて下さい」と夫の手にすがりけり、かれは悔悟の涙を揮拂

×

「オ、やめんで何としようぞ、神かけてやめる、汝等は淺い氣を確に持つてくれ」

といふ言葉を聞いて妻はニッコリと滿足氣に笑を浮べて、わが子をジッと抑えて息絶えたり。かれは呆然としてなすところを知らざりしが、村の人々に慰めはげまされて懇に野邊の送りを濟ませし後、頭を丸めて僧となり行方定めず旅に出たとの事である。

獣

伝説物語（十八）　蜈と大蛇（上）

●越中新聞　昭和五年三月二十五日　5-43

傳說物語【18】

蜈と大蛇（上）

笹川台水

昔加賀の國の一漁村に日頃より武術に熱心なる七人組と稱する漁師ありき、ある日何時ものごとく七人乘組みて沖合遙に出漁した時、俄に大暴風雨となり船は木葉の風に舞ふごとくに翻弄されて闇黑の海に漂ふこと數日、不思議にも顚覆は免れたるも食は盡き、水はなく今は只死を待つのみなつた時、

×

晴れ行く霧の中に一つの島を見出せし時の彼等の喜び、天にも昇る心地して船を島に寄せました。すると岩蔭より二十五六歲の青年現れたれば彼等は數日の間海に漂ひ、今は疲勞と饑餓に迫り如何ともなす能はず何卒救助を願ふと訴ひたるに青年は氣の毒さうに、

「あの暴風雨は私が貴郎方にこの島に來て貰ひたいばかりに起したものです、何は兎もあれお上り下さい」

×

といへば漁師達は互に顏見合してゐたが、極度の疲勞にどうすることも出來ず兎も角もと上陸すれば、稍平坦なる場所に案內して數人の人夫を督し、其處に山海の珍味を所狹きまでにならべたり、されど彼等は始めの中は氣味惡く思ひたるが空腹に堪へかねて恐る恐る食したるにその美味なることいはんかたなく、遂には飢狼の好餌にありつける如くに腹一杯に詰めたりけり、さるほどにかの青年は、

×

「さて貴郎方をこの島に呼び迎へしは、此處より遙か遠からぬ處にも一つの島があるが、その島主が數年前より私をこゝから追出してこの島を奪ひ取らうとするので、明日は其奴がいよ／＼最後の決戰をなすべくこの島にやつて來るのですが、私一人では覺束なく、そこで貴郎方の武勇を見込んで御助力をお願いたす次第です」

×

と賴みしに彼等は快く、

「われ等も危い命を御身に救つて貰つたのであるから、如何なる奴かは知らねども必ず一臂の力をお貸申す」

と答へたので青年は大いに喜び

「その敵といふのは人間ではなく年經たる蜈であります、また斯くいふ私自身もこの島に永らく棲む大蛇であるが、明朝敵が來ならば故意に上陸させておいて敵の不意を衝かんと思ふ故、もしも私が危

くなつたならば御助力をおねがひまをす」といひしに彼等は今更驚きたれど詮方なく、木を伐りて小屋を造り用意おさ〳〵怠りなかつた。

5-44

獣 伝説物語（十九）　蜈と大蛇（下）

●越中新聞　昭和五年三月二十七日

傳說物語【19】

蜈と大蛇（下）

笹川台水

×

早くもこの怪物の雌雄を決せんとする日は東天より白みかけた。見よ遥かなたに黒雲湧くと見れば暴風吹荒み、怒濤渦捲く波間に二面の鏡をつらねた如き眼を怒らして近づくを見れば正しく一匹の丈餘の大蜈なり、と思ふ間もなく彼等のゐたる島も崩れんばかりの鳴動と共に草も木も根こそぎにせん勢ひにて現れたるは、眼光爛々たる大蛇なり。

×

双方近づくや、喰ひつ噛まれつ一大爭鬪は展開されたが、蜈の力や勝りけん、大蛇は次第に撃退されたので彼等はドッとばかりに走り出で太刀、棍棒、手槍を揮つて蜈に打つて蒐つたので流石の蜈も遂にその場に斃されたり。すると間もなく前日の青年が數個の傷を負ひて現れ、

×

「お蔭を持ちまして、永年の私の敵を斃すことが出來ました、何ともお禮の申しやうもありません、願はくばこの島には田畑もあれば永住の地とされたし、若し故郷に歸りたいとなれば私が風を起してお送りいたすべし、なほ加賀の國能田の宮は私の分身なれば、この島に來たい時はお祈り下さい、必ず順風を得て來られます」

×

と告げて姿を隠しました、七人の漁師達は大いに喜び一旦故郷に歸り、希望者を得て再びこの島に渡り平和な別天地を開きたりといふ。先年石川縣下名産物紹介に當選の栄を得たるへぐら煮の原料の採れる舳倉島がこの島ださうです

まだ澤山の傳説を聞きましたが記憶がハッキりいたしません故一先づ筆を擱きます。（筆者）

5-45

怪 文明の世に珍らしい化物屋敷の話（上）

●東奥日報　昭和五年三月四日（三日夕）

文明の世に珍らしい化物屋敷の話（上）

弘前市に起つた怪談

◇其正体は何？

弘前市紺屋町の湯屋で入浴してゐた二三の人々が頻りに化物屋敷の怪談に花を咲かしてゐるので記者も其奇怪な話に耳を傾けてゐると其大要は

徒森町の某家に亡霊が現はれて家人を悩ますので神官に祓うて貰つたら漸く出なくなつたが其の亡霊は百年前のもので其家は代々化物屋敷と云はれてゐるのださうだ

と云ふのである、フとそれらの人々に意識を注ぐと其内の一人は記者の知人である

記者『そんな話があるのかね』

知人『あなた方は知らずに居るのですか、此の町内では大分前から大評判になつてゐるのですが……そんな譯で子供等は夜になると怖がつて其家の前を通れないと云ふ始末ですよ』

記者『初めて聞くがそんな馬鹿らしい話があるものか…科學が發達した此の文明の世の中に……』

知人『如何に科學が發達したとは云へ心霊方面に關する研究は進んでゐないでせうが……』

記者『或はさうかも知れないが然しそんな怪談は概ね精神に欠陥のある者に何でもないことが色々に感應して現れるものさ…つまり幻影其ものである…風の音に驚いたり、木の葉の落ちるのを怪物と見たと云ふ例は臆病者によくあることだよ』

知人『それはさうとして怪談の正体は果して何か一つ調査して見てくれませんか』

こんな問答を交しながら湯から上ると知人は湯屋の婆さんが直接本人から話を聞いたと云ふのですからどんな話であつたか參考に聞いて見たらと勧めるので記者も好奇心に驅られて婆さんと談話を開始した、婆さんは眞面目になつて本人から聞いた話を記者に語してくれた。

怪　文明の世に珍らしい化物屋敷の話（中）

●東奥日報　昭和五年三月五日（四日夕）

5-46

文明の世に珍らしい化物屋敷の話（中）

弘前市に起つた怪談

◇其正体は何？

現在其の家に居る人は黒石で大きい呉服店を營んでゐた鳴美さん(假名)と云ふ人ですが弘前へ移轉して來て其の家に入つてから奥さんや娘さんが夜間うなされることがあるので最初は鼠の仕業だらうと云つてゐたさうです、處が屢々そんなことがあつたので主人は『女や子供の處に來るとは卑怯ぢやないか何か望むことでもあつたら自分の處へ來るが良い』と云つた處或る晩主人の枕元に現れたのが女の姿であつた、そこで元來其の人の家は眞宗で迷信臭いことをしたことはないが餘りに不思議なのでどう云ふ譯か尋ねて見ようと茂森町の神様(巫女)の處へ行くと百年前の亡靈が浮ばせて貰ひたいと云ふ念願から出て居ることが分つたさうです、そこで其の後に祈禱をして貰う、處で出なくなつたと云ふのですが亡靈が浮ばれない理由はほんとうに悲しい物語でしたよ

と婆さんは語つた、實際に亡靈を見た人の直話と云ふのであるから婆さんは堅く之を信じて話しるのに何も不思議はないが果して其亡靈は百年前のものとすれば嘗ての様に昔からの化物屋敷に相違ないので郡内の老人に付て聞いて見ると其屋敷は現在の持主の前は某其前は某であつたが未だ曾てそんな噂を立てられた事はないばかりでなく近年現在の家主の所有になつてからも借家人は屢々代つてはゐるが少しもそんな話はなかつたと云ふのである、斯うなつて來ると亡靈を見たといふ人の精神が疑はしくなるので直接其本人に會つて見たいと考へてゐた矢先三月一日の東津軽郡甲村の湯屋で頻りにそれらしい話に纏綴を捕うてゐた人がある、此の人は問題の鳴美さんへ假名と分つたが其語る處は左の如きである

亡靈を見た人の直話＝

私が現在の家に入つたのは一昨年の秋でしたが一番最初に不思議な事が出來たのは其の年の秋彼岸の前でした、夫は夜間妻がうなされたのですが丸いものが背中から入つて來て腕の處に行き胸部に入ると云ふのです、それは現在までに六回、娘に四回ばかりあるのです、そして今度は私の處へ來たのですが妻へ來る時と同じなのです、そして現れたのは廿二三歳の女の姿でしたよ(鳴美さんは髪の形や顔の有様を説明する)そこで茂森町の神様へ行つて其の正体を探して貰うた處革秀寺へ行くと三本線の入つた位牌がある、それがその亡靈の位牌であると云ふのです。そして其の亡靈と云ふのは現在私の入つてゐる家に居つた羽賀と云ふ士族の娘で他へ縁付いたが夫の不在中に不義の姙娠をしたといふ寃罪で夫が歸つて來てから惨殺されたまゝ家に歸され死体は外便所の處に捨られ羽賀家は娘の監督不行屆きといふので祿を取上げられてしまつたといふのですから革秀寺へ行つて其位牌を探して貰うた處確かに其の通りの位牌があり享和何年といふのですから百年以上になるのです、そんな譯で祈禱をして貰うて居りました處家族皆んなの精神がさつぱりして元へ歸つた次第です、祈禱をしない前迄は子供等が幽靈の眞似をして困りましたが……茂森町の神様はなか／＼よく當りますよ

斯く語すことはしつかりしてゐて少しも嘘らしい處がないだけそれだけ不思議な話である。

怪　文明の世に珍らしい化物屋敷の話（下）

●東奥日報　昭和五年三月六日（五日夕）

5-47

文明の世に珍らしい化物屋敷の話（下）

弘前市に起つた怪談

◇其正体は何？

こんな話は實際に体驗したと云ふ其本人から説明されて居るのであるからそれからそれと傳はり、新聞配達の小學生などが怖がるのは無理もない、前にも書いた通り鳴美さんの言ふ事はしつかりしてゐて疑ふ餘地はないが試みに此の事件に關係ある革

禿寺を訪ふことにした

◇一週間施餓鬼

―を執行したと　石戸谷禪師語る

一室に記者を迎へた石戸谷一來禪師は記者の問に對し徐ろに口を開いて大要左の通り語つた

鳴美さんから依頼を受けたのは因縁があつて西茂森町の禪林に行つてゐた時であつたが、よく其話を聞いた上一週間施餓鬼を行ふことを引受けて歸山し早速位牌を調べて見ると成る程鳴美さんの云ふ通り三本の線のある位牌があつたのには驚いた位牌には五名の佛の戒名が記されてゐるが中に『享和元年…本光妙瑞信女…四月十八日』とあり其裏には羽賀茂之丞と記されてあり過去帳にも此の佛の戒名は記されてあるが何處町に居住してゐた羽賀家であるかは明かでない…兎に角一週間施餓鬼を執行し終つてから鳴美さんは精神がさつぱりしたと云つて謝意を表しに來てゐたのは事實です、そして其鳴美さんと云ふ方は𦾔々しつかりした人ですよ

語り終つた石戸谷師は記者と雜談の末『人間は名利を外にし清い精神を以て生きて行く事が最も肝要ですよ』と附け加へた、そして記者は『若し死んだ佛が弔らるゝなら數十金、數百金を投じても惜しくはありませんが……』と云ふと、禪師は記者の肩をぽんと叩いて笑つた

◇之まで不思議は

―全く無かつた　と―家主語る

石戸谷禪師の話に依つて鳴美さんが宣傳してゐる化物屋敷の話の經緯に間違ひのない事は明かであるが一方家主との間に利害關係或は感情の衝突でもあるかないか此の問題を解決する重要な參考資料でなければならぬので此の問題に對する家主の談を左に紹介しよう

あの家を私が買求めてから色々な人が居りましたが未だ曾て不思議な事は無かつたと云ふのは女と子供と五人の人が居つた事もあり又藤井少佐と前澤さん（假名）の二人だけが他へ移轉しただけで其他の人々は皆弘前に在勤中入つて居つた事實に見ても證明されませう…それを不思議があるから借家人が常に代つてゐる様に吹聽されては全く迷惑ですよ、鳴美さんは元は裕福な人でしたから現在の境遇では色々な煩悶があるのではないでせうかそれが今回の問題の起りでないでせうかそして家賃の拂ひも良くないから時に嚴重に督促した事もあつたのは事實です

と家主の坂本（假名）さんが語つてゐる處へ學校から歸つて來た小學生の娘さんが『坂本さんの貸家は化物屋敷だ、と學校の生徒達が云ふから私さうでないと云ふと皆んなでさうだよ、ほんたうだよと云ふの上』と無邪氣に話してゐる程この珍談が各方面に擴がつてゐるのは事實である

◇同居人は

―何も見ません　と語る

同家主の坂本さんは『家は其間取の家の元炭小屋であつた處を改造して私の店員が居住して居りますが何も不思議な事はないと云つて居りますからよく御調べ下さい』と云つて店員を呼んだが其店員は記者に對し坂本さんの話の通り全くそんな事はないと説明した、同じ家に居つて不思議を感ずる人と感じない人とあると鳴美さんの精神状態を疑はねばならなくなるが鳴美さんの前に借家してゐた前澤（假名）方では不思議が（妻君は女の影を見た）あつたと云つてゐるから其化物は精神の弱い人には見えないので強い人にばかり見えるのかも知れない

◇奇怪な話

―にも種がある　中村良之進氏談

問題の屋敷は昔羽賀茂之丞なる人が居つたか居らなかつたかも此の事件の眞相を解決する資料と考へたので郷土史の研究家中村良之進氏を訪問したが同氏所藏の記録や諸調べただけでは分明しなかつたが中村氏は左の通り語つた

私は此の年齢になるがその屋敷が化物屋敷であることを聞いたことがない、又平尾稻仙などの随筆には奇談怪談は記されてあるが私の見ただけでは其屋敷に關する怪談はない、今まで弘前市内に屢々化物屋敷だと稱せられたのがあり最近でも隨分多いものがある。同氏は其家々の話をしたが迷信を呼び起すから記さぬことにした」が數年を經ると噂は全く消えるものである、近年親方町に起つた化物屋敷は夜二階の天井から異樣な音が一つて來ると云ふ噂から専ら評判であつたがそれは借家人が立退を強要された腹癒せにやつた悪戯であつた、そんな譯で奇談怪談には色色な種があるものですよ

◇正体は果して何？

此の問題は果して見たものゝ記者が発見したのでないから鳴海美氏の体験談が真実あることを證明することが出來ぬと共に其宗の信者であると云ふ鳴海美氏が笹森町の神様が良く當ると吹聴したり斯かる不思議なことは成るべく人に話さないのが普通なのに公然之を話してゐる點、其他疑問の點も存することを讀者に傳へ其正体は讀者の判斷に一任して一先ず擱くことにし

怪　笹森町の化物屋敷

●東奥日報　昭和五年三月八日（七日夕）

5-48

笹森町の化物屋敷

＝羽賀家は昔其處に居なかつたらしい＝

弘前市笹森町の化物屋敷の本体は頗る疑問であることを報じて置いたが享和年間若くは其前後に羽賀家は其場所に居つたか否かは最も興味ある問題なので記者は郷土史研究の人々に調査を依頼してた處某氏から左の通りの回答に接した

『寶暦（約百七十年から百八十年前）の町割絵圖面を見た處今回の問題の場所に成田彦八郎と云ふ人が居り文政末頃（約百年前）の町割には同所に成田萬次郎なる人が居つた、而して向ひ側の寶暦の成田藤小郎と文政の成田藤助とは同じ屋敷であるらし名の一字も同じであるから同一の家であるらしい、又寶暦の須藤傳次郎と文政の須藤々左衛門も同じ屋敷であるから以上の三軒は同一の家で父子相續して來たものと思はれる、然し確なことは由緒書其他の文献に依らねば分らぬが若し右の推斷が當つて居るとすれば享和の頃には羽賀と云ふ家は問題の場所に無いと云ふことになる』

若し此の推斷通り羽賀家は其場所に居ないとすれば此の問題の本体は愈々以て怪しいものになる

◇訂正　鳴海美氏談話中にあつた二十三才の女の姿とあるは卅二三歳の誤植に付訂正

怪　奇談怪談（一）　幽霊の出る家

●東奥日報　昭和五年三月八日（七日夕）

5-49

奇談怪談（1）

幽靈の出る家

弘前市某町の有名な家
現在居住者は語る

弘前市の某町に化物屋敷と云はれた家がある同市に於ける某富豪の所有で中學校某教員、藝者の某、某代議士なども居住したことがあつた、現在では某東京新聞記者の某氏が入つてゐる、門構への相當な家である、どんな因縁で化物屋敷と云ふのか分らないが晩に便所へ行くとお尻を

撫で

られたとか幽靈が枕元に現れたとか色々な不思議があつたと近所の人々の噂に上り其界隈では誰も知らない者がない位であるが現在の某氏は入つてから既に三年を經過してゐるが果して不思議があるかどうか某氏の直話を其まゝ紹介しよう『私があの家に入る前までは家賃は卅圓でしたが永く居つて貰ひたいと云ふので廿五圓にまけてくれました、卅圓と云ふと軍人では佐官級ででもなければ入らぬから借り手の少いのは無理がないでせう、處で私が入つてから近所に居る

藝者

が何も出ませんかと云ふのですよ、有名な化物屋敷の名前を取つた家とすれば此の質問は無理はないのですが、餘りに馬鹿々々しい話なので『それはそんなものを見た人の神經さ』と云つたことがあつたが僕等の様に時々十二時過ぎまでも飲んで歸ると化物の方で怖がつて出て來ませんよ、處でそんな話を聞いてから常に物音や何かに注意してゐるが未だ曾て怪物は出ませんね、時々雨戸に觸るものがあるので注意して見たら犬が脊中を雨戸に擦するのでしたよ、それから或る晩寝てゐると玄關口の方が馬鹿に鳴るので之はてつきり泥棒だと思ひこつそり出て行つて見ると電報の配達夫が居るのですよ、電報々々といくら呼んでも出て來ないので配達夫の

先生

門を乘り越えて來たのでしたよ、要するに妖怪談の本体はそれ／＼さ。見た人の精神の如何にありますよ、それから貸家が高いから借家人が家主を懲す道具に使ふことはありますがね、私が此の家に入つてから三年も居るので

化物屋敷の名前は消えた訳ですよハアヽヽ

奇談怪談（二）　化物屋敷に借家した某薬剤師の実話

●東奥日報　昭和五年三月九日（八日夕）　5-50

奇談怪談（2）

化物屋敷に

借家した某藥劑師の實話

◇一發の銃聲に驚いた怪物

弘前市南川端町のある家も化物屋敷で有名だつた、借人か少いので草ぼうぼうと茂つて化物でも出さうな有様を見せてゐた、數年前のことである、そこに入つたのは弘前市出身の某

藥劑師　化學の研究者だけに化物の方面も研究してると見えて何[illegible]入つて見ようと借受くることになつて屋敷内の草も取れば掃除も充分やつて家族一同引越して來た處が、其藥劑師が不在な日に限つて夜間不思議なことがあると云ふのである、…夜間井戸の釣瓶が鳴つたり障子に女の姿が寫る音がしたりすると云ふのである、四方近所の噂では或る軍人の妻君が便所で變死した家だとか其家に入ると良く人が死ぬとか云ふのであるから家族の人々は怖くて仕樣がないので度々主人の藥劑師に移轉を迫るのであつた。そこで藥劑師先生妻君に命じて

玩具の　ピストルを購入させた、そして家人は妖怪が出ると云ふ時刻を見計つてピストルをズドンと一發發射した其後妖怪はピストルに恐れたものか藥劑師の留守中でも全く出なくなつたと云ふのである……斯く物語つた藥劑師は更に語をついで左の通り語つた。ピストルの音で出なくなつた代物であるから或は狸の樣な動物の仕業であつたかも知れないが恐らく家族の精神作用であらうと思ふ、又

此の家　で八年間居つた間に親族の老人が死んだゞけで其他の家族は皆健康だつた、尤も其の附近は昔金屬を取扱つた場所だと云ふのであるから我々の專門の方面から見ると或は水銀が地下に多量に落ちてゐてそれが其の家に住む人の身體に作用して中毒を起すことが人の死ぬ原因を爲したかも知れない（記者曰く水銀の中毒で死ぬことは早い頃東京銀座の中央で化物屋敷と云はれた家の正体がそれであつた事があるから此の話は專門家の觀察として當を得た話の類にも思はれる）何時か自分自らも疲勞の極度に達した時精神が妙になつた例もあつた、それは或る時狩猟に出かけて非常に疲れて歸つて來たのであつたが其の夜は

月の夜　であつた、ふと自分の前に大きい川が横はつて居るではありませんか、はて變だなアと思つて逆に戻つて來て飛び跳ねると小さい堀の中に入つてゐたのです……普通云ふ狐に騙されたと云ふのは此の樣でせうが我々の鐵砲仲間に良く狐に騙される事がありますが要するにそれは其の人の精神作用なのですよ、騙される人は時々騙される。騙されない人は全く騙されませんからね（此の藥劑師の話を記者の傍で聞いてゐた人は鐵砲を射つ人は狐や狸から恨まれてゐるから騙されるのは當然でせう……と笑つた）

奇談怪談（三）　弘前松森町の祟りの家

●東奥日報　昭和五年三月十二日（十一日夕）　5-51

奇談怪談（3）

弘前松森町の祟りの家

犬と劍と鏡のたゝり？

弘前市松森町にあつた祟りのお話をしようと郷土史研究家の中村良之進氏は口を開いた、それは

六七年　前のことであつたが…其家の子供は寢て目が覺めると必ず泣くと云ふのである、小さい子供であるから目覺めの時機嫌の良い兒もあれば惡い兒もあるから普通に考へると何でもない事である、處が或日子供が泣き出した時巫女が突如同家を訪ねて云ふには『只今向ひの蕎麥屋で蕎麥を食べやうとして箸を取つたらあなたの子供は泣き出したのでやつて來た譯だがそれは犬が祟つてゐるためであるから犬の繪を書いた木札を山觀に献納すると癒る』と云ふのである、そこで其家の人々等は巫女の言を信じて巫女の云つた通りに

犬の繪　を山觀に（弘前市西茂森町の山の觀音）に献納す

ると其の後不思議にも子供が泣かなくなつたので成る程ミコの云ふことが當つたと喜び相當な謝禮をしたと云ふのである、然るに其御ミコは又もやつて來て其の餘徳に休み徐に口を開いて『あなたの家には外にもたゝりがある、それがために此家に入つた人は三代どつゞかないのだ、祟りと云ふのは劔である、此處から十間向ふの地下にあるからそれを掘取らねばならぬ、そしてそれを掘るには決して晝にしてはいけない必ず夜に掘ることである』と云ふのであるからまた其言を信じてやつて見ると果たせるかな劔はミコの云ふ通り地下から出て來た、中々よく當たるミコであると感服してまたも相當な謝禮をした、處が其後更に其

巫女か

來て『一つの祟りがある、それは此の前に鏡のあつた處から西の方の地下に鏡がある』と其場所を示して掘り取ることを勸めるのであつた、其場所は倉庫にかゝるのでそれは困つたと云ふと『此の前に鏡の出た處から横に掘つて行くと差支はない』と話をつぐのであつた、前二回も良く當つたと信じてゐるのだから益々巫女の言に從うて其地下を掘ると果して鏡が出て來た、そこで又も巫女には相當の謝禮を爲した、そんな經緯のある奇談の劔と鏡を我々同志が見ることになり同家を訪ねて實見すると鏡と云ふのは鰐ではなくして鰐裂き（魚を料理する双物）の先が折れた樣なものであつたし又鏡も永く、土中に埋まつたものではなかつた、

化物に

顔を撫でられたと云ふのは此事で誠に滑稽であつたが其家では折角さう信じてゐるのであるから兎や角云ふのもどうかと考へて一同其家を辭したが途中お互に眼を見合せて笑つたことであつた、當時其家に病人があつて神經を尖らしてゐたのであるからそれに乘ぜられたことは申すまでもない、何時か其祕密を明かしてやりたいと考へたが其後その家の老主人が死んだのでそれなりになつてしまつた

奇談怪談（四）　中郡農会事務所の怪　5-52

怪　●東奥日報　昭和五年三月十三日（十二日夕）

奇談
怪談
（４）

中郡農會事務所の怪

夜間當直室の天井が鳴る
怪物退治の一幕

弘前市下白銀町の公園堀端に面した中津輕郡農會事務所は元は中津輕郡役所で十年前に縣の直營で建造されたもの、今でこそ新しい味はないが造られた當時は頗るモダンなものだつた、此

新廳舍

が出來て引越してから夜直室の天井が鳴ると云ふので氣の弱い役人は恐れたものだ、それは夜遲くなつて邊が靜かになつた頃に天井の直ぐ上の方向で鳴る…かと思ふとこんどは又他の方で鳴る、そして其鳴り音は物がハチ切れるやうな強い鳴り方で夜の靜けさを破つて響くのである、それは夜直室ばかりでなく事務室の階上や會議室の大廣間にも時々起るので公園は近いし狐狸の仕業ではないかとか或ひ昔津輕藩の大きい士族の邸宅の跡だから何かの因縁で妖怪が出るのではないかとか色々に取沙汰され憶病な連中を益々恐怖させたものである、それが郡役所が廢止され

郡農會

の事務所となつてからも相變らず鳴いてゐる、小使の婆さんなぞも『どうしてあんな物音がするのだらう』と首を傾けてゐるた然し誰敢擒ひの影偵職員は決してそんなものには驚かない、然るに兩三年前のこと餘りに大きい物音が階上會議室に起つたので遂には怖れを抱くに至つた末現場探險の結果漸く其の正體を發見したのである、齋藤幹事、一戸石岡の兩技手はストーブを圍みながら記者に語つたのを其の儘紹介しやう

或る夜

二階の會議室に音ならぬ物音がした、夫ははねて歩く樣な怪音で居合せた人々は其音に怖がつて夜間階下の事務室に行く者がなくなつてしまつたので益々困つた末化物退治と云ふ事になつて現場に行つて見ると、林檎の組合で新に購入した會議用の机の板が乾燥したために繼ぎ目が離れて鳴つてるのではありませんか全く滑稽な話ですね。今尚此鳴音は

時々起りますが春先の乾燥する時期に最も甚だしいですよ。

奇談怪談（五）　天井の上に住む怪物
●東奥日報　昭和五年三月十四日（十三日夕）　5-53

怪

天井の上に住む怪物

玉を轉ばす樣な音もする
某中等學校長の話直

奇談 怪談 (5)

弘前市某町に或る化物屋敷の名を取つた家がある、昨年まで某中等學校長が入つてゐたが同氏が他へ移轉してから今尚空家になつてゐる樣だ、某中等學校長と云ふのは徹頭徹尾の達人であり精神の

修養家

で充分腹が出來てゐるから化物屋敷の噂などは氣にも止めず一笑に附し借り受けたのであつた、噂に依ると其家の或る室に寢ると必ず怪物にうなされるとか、或は其家に入ると幼兒が死ぬとか……噂は更に枝葉がついて有名な化物屋敷となつたものらしい處が某校長が入つてから殆んど其噂は消えた形であつたが不幸にも初めて生れた愛兒が死亡し更に二番目の愛兒も死んだので前の噂を知つてゐた人々は『やつぱり噂の通りのこともあるものだ』と驚歎したのであつたが同氏が他へ移轉してから益々其噂が高くなつてゐる果して其家に不思議があつたか某校長の直話を紹介しよう

『私のあの家へ入る前に或る軍人が居つて家賃は廿五圓であつたさうだが私が入る樣になつてから

廿五圓

に値上げされたのでした、色々噂も聞いたがそんなことはあり得べきものでないと考へ學校に近いのを唯一の便宜とし借り受けたのでした、子供が二人死んだのは事實ですが其者は朝に東の陽が一寸入るだけで陰鬱な家であつたから非衛生的なので子供の健康に良くなかつたとも考へてゐるし又何かの巡り合せで死ぬ運命にあつたことゝ考へてゐるのです……外に不思議はなかつたかと云ふのですか……それは夜間天井の上をノソ〱と歩く音がするのですよ鼠の樣な小さい歩き樣ではなく大きい歩き樣なのですよ、そして恰も玉を轉ばす樣な奇怪な音がすることもありました

不思議

に思うたが何んか居るのではないかと判斷したので覗いて見ると大きい屋根と小さい屋根の間に大きな穴があつて天井の中に猫が居るのでしたよ、そんな譯で鶏を飼ふと良く猫に取られたものでした、……何故他へ移轉したかと云ふのですか……家賃の廿五圓は決して高いとは云へませんが家主が家の修理をしてくれないので雨が漏つて夜具を汚したり、夜半が眠れても良く修理せぬとか色々面白くないことがあつたので移轉したので、不思議があつて移轉した譯ではありませんよ。』

奇談怪談（六）　弘前下町某家の怪
●東奥日報　昭和五年三月十五日（十四日夕）　5-54

怪

弘前下町某家の怪

―夜間家はユラ〱と動く

奇談 怪談 (6)

弘前市の下町某町に住む某官吏の家に夜間怪事が起つたのは一昨年の春の末頃だつた、怪事と云ふのは夜間略定まつた時刻に家がユラ〱と動くのである、初めの間は鼠ではないかと云つてゐたが其

動搖振

りは鼠どころの騷ぎではない恰も地震の樣に大きく動くのには驚かざるを得なかつた、公園は近いから狸の仕業ではないかとか其他色々の推斷も下されたが結局家の人々はミコへ行つて占つて貰ふことに一決したので官吏先生役所からの歸途同市某町のミコを訪問したのであつた、ミコはつく〱と官吏先生の顏を見てから神樣に祈禱の樣なことをしてから

『此人は非常に億病な人だから精神を確りせねばならぬ…處で家が動くのは荒神樣の祟りであるから此の方向の家の柱を刃物で傷を付けると宜しい…』條々く神樣のお告げを傳へるのであつた官吏先生歸宅して早速ミコの云ふことを家人に告げ其云つたことの總てを實行したが更に家の動搖は止まらない…そこでミコの云ふことも當にならぬと云ふ話も出で家の動搖は暫く續いた後其近所の某家で中郡某村の

巫女を

頼んで來た話を聞いたので夫では序に今一回占つて貰はうと云ふことになつた、其巫女の云ふには『それは何とか

云ふ神様の祟りだから小豆飯を炊いて何處の良い方向に捨てろ」と教へた、そこで其占の通り實行した處途に偶然にも家の動揺が止んで今日に至つてゐる、官吏の某氏はそれに就て左の通り語つた

最初訪れた巫女は階下に鏡を誂へた、大の男は占に行つたのだから其風態を見て餘程臆病な者と見たのは當然でせう……女共は迷信が深いからどう考へてゐるか分らぬが私なら地盤が弱い関係だらうと思うてゐる、私の兄も來てゐた際動揺はあつたので驚いた位でしたがね……

同じ某土木官吏は兩三年前新寺町に近い某町に借家した、其家も近所では化物屋敷と稱し永く居住する人は無かつた、

不思議 と云ふのは家が甚しく動揺するのであるが土木官吏は職業柄反對してそんなことには怖れぬ、近所の人々はあなたの様に永く居る人はありませんが……と色々なことを云ふのであつた、が一年程も居住してゐた、尤も其後役所へ出勤するに不便なので移轉したが同氏は左の通り語つた。家の動揺するのは事實ですからかつぐ連中に云はせると不思議と云ふでせうが我々から見ると何でもないのですよ、荷車が通うても動くのですからね、可笑しなものですよハヽヽ

奇談怪談（七）怪奇どころか縁起のいい事ばかり　5-55

●東奥日報　昭和五年三月十六日（十五日夕）

怪奇談（7）

怪奇どころか

縁起のいゝ事ばかり　偕行社の山内中尉語る

数年前の事である、弘前偕行社舎監の社宅は縁起が悪いと云ふ噂がパッと擴まつた、かつぐ連中はそれからそれへと枝葉を付けるものだから噂の大きくなつたのも無理がない事實同社の

舎監は 極く少数の人を除いては永く勤續する者がなくて頻々として更迭する有様、上司の命ならいざ知らず本人から辭退するのであるから何か理由がなければならぬと云ふので妙な噂を一層煽るのであつた、舎監の富樫中尉夫妻は其社宅で死んだし其後に入つた越前大尉の奥さんも死んだと云ふ様な不幸な出來事が其噂の出た本體らしく迷信に囚はれた連中から色々に取沙汰されたものだつた處が今回退職した山内中尉（野三郎氏）が入つてから足掛七年、先年の噂は全く消えた形である、それに就いて山内中尉は左の通り語つた

私は現役を退いてから田舎の實父母の處へ歸つてゐた處計らずも推薦の榮に浴して着任したのは大正十三年でした當時の

旅團長 閣下は眞崎閣下であつたが色々な噂を聞かれたと見えて『舎監の社宅は鬼門に當つてゐると云ふことであるから別の方向へ移轉させよう』と云ふ誠に親切なお話でしたが私はそんなことは氣に留めてゐないから唯疊を全部新品に代へることゝ襖の紙を全部張り代へることを御願した處早速承諾され、私の希望は叶うて社宅に入つた次第でした、それから今回榮轉の都合で退職するまでに一昨年特別大演習の際臨時召集が出て欠勤したことゝ妻は盲腸炎を患うたことゝ現在長男が眼病に罹つて居る外は家族は常に健康でしたし妻の盲腸炎や眼病も前にもあつたのが原因で此の社宅に入つてから新に出たのではないから少しも縁起が悪いと考へて居らぬばかりでなく此處に入つた七年間に

娘二人 生れましたし特別大演習へ參加し計らずも宮殿下からウイスキー御下賜の光榮に浴するなど愉快なことが多かつたので縁起の良いことを喜んで居ります

因に記者の知つてゐる某家では先年官吏を勤めてゐた壯年の人が死んだ其後中學校を卒業し專門學校へ進んだ二人の青年が一人は卒業してから一人は半途で何れも死亡した母親は自分の家が悪いのだとか屋敷が悪いとか云つてゐたが其の母親も遂に死んで仕舞つた、が其の遺族は今更ながら肺病の様な病系には注意が大切だと驚いてゐる始末、化物屋敷の噂も概ねこんな處から出るものだ（終）

怪しい見世もの

資

●名古屋新聞　昭和五年三月二十日　5-56

「代は見ての歸り……」

怪しい見世もの

書き入れの彼岸日當に　門前署でお目だま

彼岸の賑ひをあてこんだぬけ目のない露店商人が今年も東別院境内に數百人それ／＼の店をはつてゐるが、興行物は例年通り、のぞき地獄極楽、犬芝居、曲乗り等々十五六ケ所に出てゐるが、その中には田舎の善男善女をたぶらかす随分いかゞはしい見世物があるので所轄門前署では彼岸入り當日それ／＼警告を發して取締をしたが、二日目も相變らず興行を續けてをつた左記二名に對し興行を禁止すると共に拘留十日間の處分をした

◇

岐阜市大正町一興行師安田異七方雇人西尾音吉（二七）は東別院西廣見で「角娘」の繪入看板を掲げ「頭に角の生へた美しい生きた娘が歌を唄ふ、ソレいま牛乳を呑んで居る。次は蛇を喰ひます」と出鱈目をしやべつて客を呼び込み、その實牛の胎兒をアルコールでびん詰めにしたものを見せ小娘に安來節を唄はせてをつた木戸錢大人十錢、小人五錢

◇

栃木縣宇都宮市隅田町二五五木村貞次郎（■〇）は牛の胃袋の中へ水を詰めた異様なものを見せて「子供が河へ落ちたのを探すと地曳網をひいてゐると網にがゝつたのがこの怪物である、生きてます／＼生きてますヨ、サア／＼見料はみてのお歸り／＼」と歎きたてゝゐた。

伝説　縄池の大蛇

米穀仲買の悪企み

怪

●函館新聞　昭和五年三月二十日夕刊附録　5-57

傳說

繩池の大蛇

米穀仲買の悪企み

福山町　素人（投）

昔俵藤太秀郷が近江の國勢多の唐橋で大蛇の願ひによつて大むかでを退治した話は有名で之を聽かない人はあるまい

此時大蛇は嬉しさの餘り（大蛇が美しい女に化身して居ることに想察して下さい）秀郷に何なりとお望み次第の謝禮をしたいから申して呉れと言つた、其頃秀郷は北陸の山間に暫しの住居を定めて居つたのであつたが此地方は至つて水不足で農民の窮乏状態を見るにつけ憂ひてをつたそれで事情を述べて水を豊富に與へてもらひたいと望んだ『大蛇はいとおやすい御用です暫くお待ち下さい』と橋の下に降りたと思ふ間に姿が消えた暫くして再び橋の上に現れた時蕗の葉に一匹の小さな小蛇を包んで持つて來た

×　×

大蛇『これは妾の子でございますがこれを召上げますからお持歸りになつてあなたが必要と思はるゝだけの地積に繩を張りまはして下さい、さうしてその中へこの小蛇を放せば一夜にして繩の通りに池が出來ます』

と申した秀郷は大きによろこび持ち歸つて早速農民を集めて大蛇の言葉に隨ひ一定の面積に繩を張りまはさせそれに小蛇を放した果せるかな翌日になつて如何と見れば洋々として水を湛へた大池が現出してゐたと云ふ現今でも繩池と稱し多くの水田に灌漑する大切な水源となつてゐる

×　×

この小蛇が成長して大蛇となり時々異變をあらはすと云ふ事を口傳へされて年を經た話は明治の初年からかけてまだその前の事であらう或米穀仲買が悪だくみをしたことである、元來大蛇は金物を非常に嫌ふと云はれてゐる蛇身が鐵氣に觸れると腐るとさへ云はれるので農家が稲も既に成長して田から水を落す結實期に入つて長雨を降らせて不作に導き米の値段を吊揚げて大儲けしようそれには繩池の大蛇を怒らすことが良策だと考へ商人は澤店の針を懐中にしてひそかに池へ投込んで逃げ歸つた

×　×

果してそれがためかどうかは知らぬが梅雨のやうに長雨が續き商人の思ふ壺にはまつたとの事である大蛇は鱗の間に入つた針を振り落とさうとして數日間暴れ廻り尚怒つて雨を降らすのだと信ぜられてゐる

斯様なことが度々續いたので以來今日に至るまで池に番人がつくことになつてみだりに人を寄せつけない一と頃は番人は手槍を持つて番をしてゐる時代もあつたと云ふ悪だくみさるものは大体どこそこの何某と噂にのぼるものと見え噂された者こそ災難あらぬ□みを蒙

り衆民に付き纏はれ身も危ふく投機で大金持となりながら太陽のものを大手を振つて歩けなかつたと古老は語つてゐた事がある（了）

怪　昨今大評判のあるオバケ話し　★馬哇新聞　昭和五年三月二十八日　5-58

昨今大評判のある オバケ話し
理窟にはまらぬ 不思議な事もあるもの

数日前の事キヘイの某氏は平常の如く大型ツラツクへ薪炭を満載してワイルクに出で所用もありてワイヘーまで行き近親某商店に立ち寄つて種々雑談をなし帰途についたのは何でも八時頃であつたとか順路キヘイに帰るべく飛行場近くの七番分岐点の角に來るや

突然後のフイルが穴に陥込むだ

ので此邊にコンナ深い穴は無つたにとは思ひ乍ら仕方がないので車から降りて後ろに廻つて見ると豈はからんや其所には是まで見た事もない

妙齢の婦人が子供を抱いて立つ

て居る某氏はハツと驚きながらも「ハロー」と聲をかければ彼の婦人はヘルプしてやるといふ而かも其婦人は何人種か見わけはつかなかつたと某氏は少々氣味が悪くなつたので『ネバーマイン』と返辞しつゝ直ちに車上に來りギヤスリンを十分に出してキヘイに向つて驀進する事可なり長時間であつたがフト氣がついて見ると

コワ如何にキヘイに非らずして

車はマラエアの坪井商店前に來てをるではないか再び後歸りして今度は確にキヘイ道へ曲つて走れども／＼海岸に出でざるより又々停車してあたりを見ればキヘイ道に帰つたと思つたのが永谷商店前に來て居る事が判つて茲に於て

氣味の悪いこと身の毛もよだつ

ばかりなるより意を決して下カフルイに出でプウネ、六番を通つて漸くキヘイの家へ帰つたのは余程遅かつたので家人は素より近所の人々まで大に心痛して某氏方へ來てをつたといふのである

右は噂なれば真疑は保証の限りでないが兎も角コウした事實のあつたとには間違はない

余程變てこであつた事は朝八ギヤロンのギヤスリンを注いだのが翌朝は殆んど空になつてゐたといふ程なれば能くよく走り廻つたものらしい

資　狐にばかされて山野を引ッ張り廻さる　●関門日日新聞　昭和五年三月三十日（二十九日夕）　5-59

狐にばかされて 山野を引ツ張り廻さる
教員と散歩に出かけた小學生が 大田町で大騒ぎを演ず

美禰郡大田小學校山中訓導は受持兒童尋常二學年男兒十二名を引率し廿七日午前九時出發秋吉臺山に散歩を試みたるに午後二時頃長者ケ森西部冠山の頂きで一行中の藤井義人（十歳）が姿を消したので

打驚き

捜査したが夕刻に至るも遂に發見せずこの由を本校に報告し校長以下居合せの教員直に現場に馳せつけて大田警察消防組青年團その他三百餘名の應援を受け主婦會は炊出しをなして夜半に至るまで捜査する等大騒ぎを演じたが當の義人は午後七時頃約五里を隔てたる同武郡川上村字木の根長門峽木の瀨淵の上部にたゝずみ居るを地方人が發見

不思議

に思ひ種々問ひ糺だしたるに不明瞭の中にも大田

の者なること判明して来たので大田町役場へ深更電話で通知して来たので役場員は時を移さず泰山にこの旨通報すると共に自動車を驅つて殺人を……一里余の嶮しき……日吉小學校へ大田町の東北約……に覺へてゐたが其れからどこをどうたどつたものかちつとも覺へないさうですがマア無事で何よりの事でありました云々

読者の注文　八股榎の伝説

獣　●伊予新報　昭和五年三月三十一日（三十日夕）

深夜を脅かす妖怪

＝古狸を刺し殺した堀口大學＝

彼の家には悲劇がつゞいた

八股榎の傳説

「勝負ごとに勝つやうに」「いゝ旦那がつくやうに」榎のテッペンにラヂオのアンテナが引かれやうとする一九三〇年時代に於ても、榎のお狸さんは、また花柳界や商賈人の間に燃然たる勢力をもつてゐるから世の中はデリケートだ。數ある……

傳説

明治維新前、時の松山藩……口大學があつた。……い晩秋の陽が西に沈み、……衛指南番で豪傑を謳はれてゐた堀……として……て行つた。

——○——

夜嵐

……にさらしつゝ堀端を歩いてゐた。ふと前方に怪しい物の気配がしたので彼はキツトなつて佇まつた。……

……んでゐるのだ。……夜何用あつて只一人淋しい堀端を歩まんとはするか。怪しい老婆をヂロリとねめ据えた。

「貴様は何故夜更けに一人で此處を通るのだ」

「小々お願ひしたい事がありまして」

「お願ひとは」

「ハア…お銭を恵んでいたゞきたくて……」

「拙者は

大金

を持たぬ、こゝにこれはほんの些少だが」——大學は秋の底をさぐつて三十文を取り出し老婆の掌にのせた。

「有難うございます」

「で……お前は一体今からどこへゆかうとするのだ。みかけたところ一定の住居を持たぬ放浪者と心得るが」

「お濠中へゆきます」

大學は心中サテはと思つたがさあらぬ體を装ひつゝ

「お濠の中とは？……」

「水を飲みに参ります、近頃飢餓續きで水なと飲んでゐ命をつないでゐる憐れな者でござります。」

と言葉を残して怪しの老婆はずたくと水中に足を運んでゆく。

一擧

凝視してゐた大學は、早くも妖怪變化の類である事を看破した。小脇にかい込んだ名槍の石突は老婆の背に一擊をくれんとする一刹那、早くも老婆はザンブと水音を残して水底深くもぐり込んだ。「失敗つたか」失望の面を上げる大學の視野に映じた大榎？の中央にらん〳〵と輝く探照燈の如く奇怪な光りがあつた殺人光線に似てその光は一時に大學の全意識を攪亂しやうとするではないか。しかし彼は流石に一城の主要をあづかる指南番だ。心ひそかに

苦笑

しながら怪光を睨げば光りと離れて大榎の根元に青い一點の影を發見した「ウン……」……

[illegible]

の一時に陥ちたかと思はれる大音響と共に手負ひの大狸は悲鳴を残して水中に躍り込み、もがき苦しみ初めた。

◇

翌朝お濠の水は鮮血に染まつて歳經た古狸の屍が水面に横はつてゐた。その夜からチヨン髷を斬られる者も油揚をさらはれる者もバタリとなくなつて町の人々は堀口大學の

武勇

を讃へた。しかし大狸退治の後、堀口家には悲劇が起つた。人々は例のお狸さんのたゝりだと言傳へた。堀の下に小さい祠が建てられたのはその後のことである。

◇

奇怪な傳説に富る堀は城濠埋立と共に抹殺されねばならない。しかしモダーン販賣に住む吏員さへ恐はがつて手をつけないのを、[illegible]

読者の注文　松山の七不思議

●伊予新報　昭和五年六月九日（八日夕）

5-61

読者の注文

松山の七不思議を紙上でお知らせ下さい（道方の愛読者）

一茶が詠んだ「痩せ蛙」

不思議太鼓や片目鮒、紫井戸なども今は傳説に過ぎぬ

松山の七不思議

松山　の七不思議として傳はつてゐるのは第一『お堀の鳴かぬ蛙』第二『南堀の不思議太鼓』第三『同心町の蒟蒻橋』第四『山越の紫井戸』第五『山越の片目鮒』第六『余戸の占ひの池』第七『好藤の食はず芋』であるが一説には『竹内郎の茄子花の謎』を第七に取り入れてゐるのもある。

◇

その　昔、城主から『濠の蛙でメソメソ泣くものは放逐する』と厳達があり、それ以來外濠の蛙は永く鳴かぬこととなつたといひ傳へられてゐる。今の宮古町大林寺前に二つの堀があつて、城主御代参が大林寺へ行列を進めた時、折柄來合せた俳人一茶が『痩せ蛙負けるな一茶此所にあり』と詠んだのも鳴かぬ蛙から出たものらしい『お濠の鳴かぬ蛙』これが七不思議の一番目……。今も鳴き聲をきかぬがソレは道理、蛙の姿が見えない。

◇

石手　川の堤に太鼓の音が聞える、今東で鳴つてゐるかと思ふと又西で鳴る、如何にも不思議な聞え方である。之れが『南堀の不思議太鼓』であるがこの太鼓を聞いたといふ老人の話では、時刻は必らず夜も更けて草木も眠る頃で、南郷ばかりでなく松山市内至る所に聞え、ソレがドドン／＼ドンと低く低く、何んともいへない淋しい音であつたさうな。城の太鼓が何かに谺するのか、ソレとも狸、悪戯でであつたのか、之れも七不思議の一つ……。

◇

出淵　町、今の武徳殿の前柴田洋服店の所に小さい川があつて、ソレにかゝつてゐた石橋に無雑作な蒟蒻形、所がこの橋が渡る毎にふるふので不思議なことにせられてゐた、『同心町の蒟蒻橋』今では跡かたもない『山越の紫井戸』と『山越の片目鮒』之れは伊豫ぶしにも唄はれ、七不思議の中でも一番よく人に知られてゐるもの、底土が光線の作用によつて井水を紫色に見せるのだといふ、片目鮒は眼の一つしかない鮒の事であるが今は見る事が出來ない。

温泉　郡余土村字余戸の沓脱天神裏に竹藪があり、其藪の中に池があつて其池に寫つた星を見て占ひをした、というつる。昔菅公が此池に寫つた星がドンといふ古事がある。池に星が何んなに寫つたのか、菅公が何ん

の占ひをしたのか詳しい記録はないが不思議の一つだとせられてゐる。今は股ヶ池も昔の姿は残つてゐない。

◇「好藤」の食はず芋◇ は市外好藤の一農夫が芋を洗つてゐる所へ、一人の旅僧が通り合せ其芋を所望すると「コレは固くて食はれない」と農夫は旅僧に芋を与へなかつたものだ、所が不思議にもその芋は石のやうに固く食へなくなつてしまつた、此旅僧は弘法大師であつたと云ふ伝説が残つてゐる。これも七不思議の一つとなつてゐる。一説による「竹内邸の燕子花の謡」

は美しい若衆を男色で男妾としてゐる主人が男色と通じた某が夕方燕子花の謡を謡ひ乍ら散歩してゐる所を後からバッサリ抜打で斬つてしまつた、所が此附近でソレからといふものは燕子花の謡を謡ふと何れからともなく唱吟するといふので、これも不思議に加へる説がある（写真は鳴かぬ蛙の居た堀端）

怪 読者の注文 八股奇談後日譚
●伊予新報 昭和五年六月十五日（十四日夕） 5-62

読者の注文

クリスチャンの狸退治

＝空虚を包んだ家は壊され話題は大榎一本に残つた＝

八股奇談後日譚

或る熱心なクリスチャンは郷の八股の榎を伐ると云ふことを突いて来ます。アライアンス教会を訪ねてみて下さい（市内N、T生）

アライアンス教会の若い牧師さんに来意を告げると「成る程」とうなづいて「この教会も時々そんな話を耳にしました。若い熱心なクリスチャンの人々は

◇迷信◇ 打破からあの榎を一體どうするんですか？、伐るのか伐らぬのか、或ひは伐るとすればどんな方法をお選びですか？、などと郷当局の意見を聞いてみたのも最近です。ところが郷当局は頗るあいまいに言葉を濁し、明答を与へなかつたさうです。でクリスト青年達はそのまゝ引き上げて来たんださうです。伐り手がなければ俺が伐らうといふのは常敬では

◇有力◇ ―者たる温泉郡北條町の人、可成り年をとつてゐますよ、勿論専門家ではないのですから独りで伐採する訳にはゆきますまいが若い下し初めの責任を負はふといふんでせう」

◇ それが迷信であることは十二分に解つてゐる。だがイザとなれば二の足をふむのが人間の弱點

「俺は榎ヶ伐つたのだ何かタタることはあるまいか？」さう神経を病んだらもう駄目だ。自ら憂ひを求めて神経衰弱になつてしまふ。

◇人間◇ は如何なる場合にも「万一!!」と云ふ偶然を考へたがる。考へなくていゝことだが妙に臆病にコビリつくものだ。何にも知らずにやつた場合は何事もないが、先入主があつてやつた場合は必ず何かゞ起る、囚はれがいけないんだ。そこを敢然と立つて迷信を征服しやう。と云ふるアライアンスの人々は一面偉さがある。……だがこの場合、伐採問題がそこまで具体的に進展してゐないことは宗教心に燃ゆる人々の試練の前に惜いことだ。何時でも伐らうといふこと、迷信を嘲笑してゐることだけは事実である。

◇ 何榎のぐるりにあつた

◇建物◇ は十三日全部壊されてしまつた。そして油揚と線香と小さいのぼりで飾られてゐた狸公の隠れ家は完全に姿を消してしまつた。残るは問題の

の大根一本だ。三〇年ト聖公の業り、気まぐれな近代人の話題にするにはあまりにアナクロすぎはしないか。
（鷄頭は八つ股の樹）

獣　狢の返り討ち　角力取り源さんの手柄話
●函館新聞　昭和五年四月五日夕刊附録　5-63

狢の返り討ち

角力取り源さんの手柄話

弘　生（投）

今時こんな話をしたなら、そんな馬鹿なことが世の中にあるものかと思ふだらうが、俺の親父がよくこんな話をした、俺達に聞かせたものだと、私の父が或る夜、小供達の集まつた時に、話してくれた父の父がまだ二十二三の頃の話だと云ふからもう九十年近くにもなつてゐる話でせう。私のおぢいさんと云ふ人は、石川縣羽咋郡杉の屋と云ふ所の生れで、話はおぢいさんの友達の自慢話ださうです。おぢいさんの友達、名は忘れたから假に源さんとでも云つておきませう。源さんは以前東京のお角力さんで、何んでも幕の内まで進んだ人ださうです。何かの事情で生れ故郷である杉の屋村へ歸つて來て今で云ふ夜番廻りをしてゐたのです

× ×

其夜も毎夜の通り、テン鐵とかいふ物をたゝきながら、丁度村はづれにある、自分の家の方へ歸つて來ると、四五間先の闇の中で、十八九歳の美しい女が腹でも病んでゐると見えて伏つて苦しんで居りました、力は强いが元來情深い男なので、其の女の前へ行き、『娘さん〳〵どこか身体具合でも惡いのですか』と、聞いて見たのだ相です、すると娘が美しい顔を上げて私は○○村の者ですが△△村の知人を尋ねて來る途中こゝまで來ると急にさしこみがおこつて苦しんで居ると云ふ話なので、氣の毒に思つた源さんが『△△村ならまだ一里餘も先の村だし、そう苦しんで居るのではとても△△村までは行けまい、幸ひ俺の家は此近くだから、今夜は俺の家で休んで明日早く行つたらよからう』と云ふと、娘は『ではどうぞ願みます』と云ふので、御苦勞樣にも源さんは其の娘をオンブして歸らうと背負つたのだ相です

× ×

フト源さんは考へて見ると、○○村から△△村までは五里とはない道、何時頃家を出てこんなに夜更けになつたのだらうと思つたので源さんは娘に話しかけたのでした

娘さん何時頃家を出たのですか』

しかし、娘は何とも返事をしないのでもう一度よんで見ましたがヤッパリ返事がないので、源さんは不思議に思ひ、娘の方を見るつもりで顔を後に向ける刹那？娘の身體は急にズシーンと重くなりました、ビックリした源さんはこりやてツきり前から話のあつた、狢が化て出たのだと思つたので良し生捕りにしてやらうといふ氣になり、娘の兩手をギユウと握り、大急ぎで我家の前まで來て『およし〳〵ッ早くあかりを持つて來い〳〵』と妻君を呼ぶと、今まで靜かにしてゐた娘が急に暴れ出したので、源さんは益々兩手に力を入れて娘の手を離しまいとしたが、娘のあばれ方があまりはげしいので、さすが力自慢の源さんも持ちこたへる事が出來なくなつてしまつたので、そばにあつた大石めがけて力一ぱい投げつけるとギヤーといふ聲と共に死んでしまひました、

× × ×

その夜は一先づ寢て次の日まだ暗い内から起き昨日の化け物はどうなつたかと思つて見ると、娘のまゝの姿になつて死んで居るので源さんは心配になり出して來ました若しこれがほんとうの人間で自分が狢と間違つて殺してしまつたのではなからうか、もしまちがひなら俺はとんでもないことを仕出かしてしまつたと、女房のおよしさんと二人で心配してゐると、やがて何處かの家の鷄がなく向ひの山から旭が出て來ました、するとどうでせう今までの娘の姿であつたのが不思議やだん〳〵變つて來て土佐犬ぐらいもあると思はるる狢の姿となり頭は餘程ヒドク石に打つけられたと見えて二つにわれ見るからに恐ろしい形相をして死んで居りましたので狢といふことがわかり、源さんも一安心しました、

× ×

その頃杉の屋村では肉食する人なそは誰もなかつたが新しいもの珍らしいこと好きの源さんは次の日猪の肉を喰べて仕舞つたのです

神様のお告げ　土蔵から小判を発掘

●会津日報　昭和五年四月十日夕　5-64

怪

神樣のお告げ

土藏から小判を發掘

耶麻郡岩月村字中川原二〇九七農坂内惣下郎（五七）は自分の土藏内土の中から古金を發見した夢を數回見たので、これは神樣の夢ぢらしと言ふものであらうとて七日喜多方町字東町の神子を訪れ拜んで貰つたところ、確かにお前の土藏、中仕切り下に古金が埋められてあるから直に歸つて掘れとのお告げにより掘つて見たところ果せるかな土中五寸位の處に直徑四寸五分、高さ六寸五分の瓶の中に南鐐小判八十一枚（銀製）一分銀四十二枚、二朱金五枚が入つてゐたのを發見したが小判の表には「以南鐐八片換小判一兩」と刻まれてあるところから推して紙幣の如きものであらうと言つて家人はこの不思議な出來ごとに早速先祖の位牌に小判を捧げ大喜びてゐる、なほ同家は現在まで廿二代目續いた舊家であると

人魂と鬼火　瓦斯を使うまで

●京都日日新聞　昭和五年四月十三日　5-65

資

人魂と鬼火

飛ぶ鳥を落した殺生石や生地獄なども瓦斯の通力

瓦斯を使ふまで

ガスには「石炭ガス」「アセチリン」「メタン」などの種類があります、その中のメタンといふのは腐敗したものが地中に埋まつて、それより發するガスをいふので近頃はそのメタンを利用して燈火や煮たきに使ふ方法が出來てゐます

木の葉などが沈んで腐つた

池の底を棒で突くと、ボコ〳〵と出る泡、あれがメタンです、ですからメタンを沼氣などゝもいひます、よく古井戸から人魂が出たなどゝいふのは、このメタンが偶然に發火して燃えたものかも知れません、また鬼火などゝいふのも、こういつたメタンガスの發生でせう、鬼火とか人魂などの出るところはキツト古沼とか、古池、墓場などに座つてゐますから、それが怪談に結びついて、怖ろしいものにされたのです、その證據には近年トント、鬼火などの噂を聞かなくなりました

科學の進歩は鬼火で火を點

したり、にたきをしたりするのですから驚いたものです、これぢや化物もウッカリ飛び出せません、助さん、格さんをつれて國々を漫遊した水戸黄門さんの話にも、八幡の藪知らずといふのがあつて、その藪の中へ入つたものは、再び外へ出ることが出來ないで命を失ふてしまふ、それを水戸さんが探檢して、中にすんでゐた怪物を退治し藪を切りひらいたといふ話がありますが、これなども今日から考へると、怪物の正體はこのガスの所業です、飛ぶ鳥を落した殺生石、生地獄などもみなガスの通力です、こんな話は日本ばかりではありません、外國にもたくさんあります、今から二百年前英國のワリングトンといふ町で大變な騒ぎがもち上つた、それは町はづれ

古沼から怪しい臭が發散し

にある

て人でも鳥でもその臭を嗅いだものは立どころに卒倒するといふので、大方悪鬼がその沼の中に棲んでゐて、毒氣を吐くに違ひないといふ噂が立つたからです、我れと思はん豪傑どもは悪退治に出かけるのですが、どれもこれもキツト仆されてしまふので、果ては近寄るものもなく、役人共で繩張をして魔所にしてしまひました、ところがその町にクレートンといふ科學者が住んでゐて、この噂を聞きこの世の中に鬼などが棲んでゐる譯がないと、ひそかにその池へやつて來て悪臭の出るといふ口へ試

みに火をつけて見ると青い焔を上げて燃えだした、そこでクレートンは人々の騒ぎを外に專ら氣體の性質を研究し、終にそれが地下の石炭の分解によつて發したものであることを知り、これと同時に同じ氣體を造ることに成功しましたそしてこの

氣體をゴムの嚢に充たして

嚢の口に穴をあけて、そこから氣體を出しては火をつけて人々に見せました、これを見た町の人達はクレートンは鬼火を弄ぶばかりか蠟燭の代りにするとは、今にこの町は鬼のたゝりで地獄の火に燒き拂はれるにちがひないと、騒ぎは又復大きくなつて、早くあんないたずらは止めさせなければならぬと、果ては大勢でクレートンの家へ押掛けて談判を初めました、その時クレートンは人々にその理由を說明し鬼火の原因を實驗して見せましたから町の人達は今更にクレートンの知識に感心しました後にはロンドンの王室學會の席で演說をして學者達を驚かしました

これがガスといふ物の發見

された初めですが、こうした世を驚した大發見も、その頃の人達には只學者のオモチヤ位にしか認められず實用にならぬものとして葬られてしまいました、それから百年經つて十八世紀の終りの頃矢張り英國のムルドツチといふ人が、クレートンの發見に目をつけ、自分の家で研究し火を點したりしてゐました、しかしその頃にも矢張り附近の人はクレートンの時以上に騒ぎ出し。今にも地獄の祟りがあるといつて夜なども眠らないといふ騒ぎでしたムルドツチは、これ等の人達に鬼火でも決して怖れる必要はない、これをよく使へば、重寶な燈火になるものであると說明をしました

次いで博覧會に出品をしま

すと、世の中の人々その頃一般に用ひられてゐた蠟燭の光にくらべると御話にならぬほど明るいので驚くには驚きましたが、矢張りそんな氣體を家の中へ引込んで若しか窒息したり、火事を起したりしては大變だからと反對をして用ふるものはありませんでした、その後間もなくロンドンのクレツプといふ人がムルドツチの後を引受けて大規模に石炭ガスを作る會社を起さうとその設計を議會に出して認可を求めますと、又復大反對に遇つて世間からヒドク攻撃されました、それも亦無理のないともあります、今日のやうに鉛管が出來なかつた時代でしたからガスを引くには石の管を用ふることにしてゐました、したがつてその接ぎ目が不完全になり

そこから瓦斯が洩れ窒息し

たり、火を發したりします『管がこはれて見ろ、ロンドンの人間は死んでしまふし、町中は大火事になるぞ』といつて恐れたからですこうした色々のくるしみをしてゐるうちに千八百十年にはヤット會社設立の許可がなり、間もなくテームス川に架せられてあるウエストミンスター橋にガス燈がつき暗かつた英國の都は晝のやうに輝き渡りました、こうして最初は人々から恐れられた鬼火も今日では進んで用ひるやうに世の中は進步したものです

怪　おらが北安の伝説巡り（一）　天狗岩の由来　5-66

●信濃毎日新聞　昭和五年四月十七日

改心した若者が天狗にさらはる

おらが北安の傳說巡り（一）

あゝら不思議や稻の田が……

◇天狗岩の由來

松川村の西南に、通稱バロウ山がある。この山は東の方から登る道傍に、天狗岩こいふ岩がチヨツト見える。更に、その岩を少し離れたところに、山の神の祠がある。この御宮は別に「信の宮」こも、地方の人々はいふさうだ。

……○……

その昔、同郡會染村に、信こいふ男がゐた。家は代々農業を營み、暮しをたてゝ來たが、信は性來惰け者である。家業などは少しもかまはず、果は親譲りの財産も、つかひ果してしまつたこれがため家中の者は、嘆き悲しんでゐた。或日、近所の若者が誘ひに來るさ、信は珍しくバロウ山へ薪取に出かけた。天狗岩の下まで來たら、信は何を感じたか、しみ〴〵した調子で叫んだ。「あゝ、おれが惡かつた。

之からは、必ず親孝行しよう」云々。突然のことに友達は驚いた。信は氣が狂つたのかと思つた。

……○……

どうしたんだ。オイ信、信や、――と聲をかけたが返事もない。たゞたゞずんでゐるのみだ。その時、忽然、西方に一人の天狗が現れた。信を小脇に抱へたまゝ、何處ともなく姿を消した。後に殘つた友達は、驚きの餘り呆然の態である。しばらくふるへてゐた。がやがて一目散に、山を逃げ歸つた。かくて信の家の人に、その事を話した。家の人々は非常になげき、ねんごろに葬式を營んだ。その中に秋の收穫時が訪れた。

……○……

仕事の忙しさにつけ、いかに怜け者でも「信が居たら」と、家人は愚痴をこぼした。すると或日、夜が明けて見たら、意外にも自分の田は全部、刈入れが濟んでゐた。家人は「マア誰の仕業だらう」と驚き且つ喜んだ。
――さて慾には限り
――のないものだ。
かうなると、又
明朝までには、稲が籾になつてゐてくれたら……と望んだ。翌朝起きてみると又スッカリ籾になつてゐた。そこで家の人々は事件の當時、信と一所に行つた友達の言葉を思ひ出し、これは信が、改心してくれた結果だらう――と喜んだ

……○……

御その後、信の霊には常に、線香の

現はれは絶えなかつた。又天狗の現れた岩を天狗岩と名づけた。更に南安有明山の方に向け、信の宮をたてた。これが今の山の神である

◇天狗岩の別説

こんな說もある。この山の神は同村久兵衛の息子信太郎が、或ろ年、同輩數人と馬を追ひ、笹刈りに出かけた。かくてバロウ谷に行くと、突然、馬は眞向に立ちあがつた。と思ふ間に身を躍らし、信太郎の首をとらへ、天狗岩に佇んだ。刹那、一大巨人と化し、バロウ谷を一と跨ぎに、山から山へと、彼は跨いでいつた。その折、彼は朋輩の方を顧み「さらば〳〵」と三度呼んだ。が、其聲は雷の如く、山から山へと反響し、實に物凄かつた。忽ち姿も見えなくなつた

……○……

親一人子一人の久兵衛だけ、嘆きは見るも氣の毒である。それと同時に、少からぬ田の植付けと、收穫とには、どうしたらよからう……と、案じわづらつてゐた。ところが不思議な事には、五月になると、一夜の中に、同家の田は全部が植付けられた。秋になれば稲は、立派に刈りあげられてある。この奇怪な出來事が、三年續いたので、久兵衛は、これは信太郎の仕業だらう……と思つた。そこでバロウ谷に信を祀つた。これが「信が宮」ださうな。

◇天狗に化けた人間

北小谷村眞名板通りは、道幅僅かに二尺位、東方に眞名板山を眺め、絕壁を横ぎる所などがある。甚だ危險な路で、こゝを通ることきは、心中、お薪鬼様を念じれば、危險がないといはれてゐる。その昔、中土村の某という男が、飄然、家出したまゝ行方不明となつた。家人は最早死んだものと諦らめ、家出した日を命日に、供養を營んでゐた

……○……

或年の或日、その男の兄が、糸魚川から魚を背負ひ、家路の途中、この眞名板通りで、はからずも弟にめぐりあつた。久し振での出會だけに、色々語りつゞけたかくて喜び勇んで歸らう――と、弟は急に、思ひ出したやうに、「これでおわかれだ以後、決して弟だなどといつてくれるな」といつた。同時に弟は、三度身を振ふと見る間に、恐ろしい鬼の姿に變つた。瞬をよんで、眞名板山へ飛んだ。兄があつ氣にとられて居

ると、やがて貞名椒では屏風岩の扉の開閉する音が聞こえた。今でも薄気味悪いところと傳へられ、通行人はビクビクものだ。（新井一涛）

獣　おらが北安伝説巡り（二）　蛇と菖蒲湯　ほか　5-67
●信濃毎日新聞　昭和五年四月十八日

姫の寝所へ通ふ不思議な美男

おらが北安傳説巡り（二）

糸を手繰つて見れば大池の中

◇蛇と菖蒲湯

昔、北小谷村に、一人のお姫様がゐた。

お花見の歸りに、驟雨に襲はれこまつてゐる。と、そこへ繪の様に美しい一人の、貴公子が通りかゝつた。

彼は姫の姿を見ると、ニコニコ笑んだ。自分でさしてゐた蛇の目傘を示し、その中へお姫様を入れたかくて姫の家まで送り届けた。

……○……

處が、その晩から不思議なことが起きた。この男は何處から、這入つて來るのか判らない。が、お姫様の寝所へ、忍び込んで仕方ない。家は嚴重に戸締してあるのに、どうも奇怪なことだ、――と思ひ、或夜のこと、こつそり針に糸をつけ、男の裾にさしてやつた。翌朝、その糸を手繰りながら、尋ねて見ると意外である。付近の池の中にその糸は這入つてゐた。奇妙な事もあるものだ――と、しばらく池の端に佇んでゐた。すると池の中で話聲が聞こえるではないか。

……○……

耳を澄してきくと、親の大蛇とも思はれるものが、「お前そんな所へ、毎晩いくもんだから、針などさゝれるのだ」と、たしなめる聲である。子の大蛇は、「私は、こんなうき目を見て死んでしまふのか。これも仕方ない。が、女も私の子を孕んでゐるから、子を生む時は、死んでしまふだらう」と答へた。

……○……

親の大蛇は「ばかな事をいふな人間といふものは、智慧があるから駄目だ。五月五日のしようぶ湯へは入り、そんな子はおろしてしまふゾ」と話してきかせた。姫は、その話をきいて喜んだ。早速家に飛び歸りしようぶ湯をわかしてはいつたとか。果して蛇の子が、七ざる牛もウヨ〳〵出たさうな。

◇犀川の大蛇

これは陸郷村と臨津方面の話。昔犀川の畔に、或る十人の市姓がゐた。そのお神さんは、可愛らしい女の子を生んだ。

……○……

お神さんは、その子が泣くたびに、泣くと犀川の大蛇にやるゾ――と怒鳴つた。さういつては子供の、泣くのをなだめた。その娘が十才になつた時、お母さんは夢を見たとか。夢は大蛇が現れ「お前は毎日のやうに娘を大蛇にやるといつてゐたぢやないか。だから明日、お前の内へ娘を貰ひに行く心算だ。良い着物をきせておけ。もし娘をよこさなければ、家中の者を殘らず喰ひ殺すぞ」といつた。母親はビックリ仰天。だが、仕方ないとあきらめた。そこで大蛇のいふ通り、娘に立派な着物を着せ今か〳〵と待つてゐた。

……○……

果して立派な若い衆が訪れ、其娘をつれて行つた。それから二三ヶ月後に、娘は子を生みに家へ歸つた此時、娘は屏風を四方に立て廻し、誰でも見てはいけない――といつた。が、母は我子の産だけに、見たくてたまらなかつた。屏風の隙間から、一寸のぞいて見ると、二度ビックリである。

……○……

その筈だ。娘は四五匹も、大蛇の子を生んでゐた。其時屏風の中で娘は、クヤシイ〳〵と叫んだ。と思ふ間に、子供をつれて犀川の方へ逃げた。

◇娘と大蛇

常盤村字清水に小字内堀といふ場所がある。そこの部落に某が住んでゐた。村人は誰いふとなく、アノ家の娘春子は、大蛇だと傳へた。或る日、その家で大工さんが、一生懸命に鉋らいてゐた。突然、どこからともなく、一匹の大蛇が現れその大工さんを、丸呑みに呑んだ

……○……

ところが大蛇は、間もなく七轉八倒の、苦しみを初めた。大工さんが尺金を、腰に指してゐたのを、知らなンで呑んだからだ。餘りの苦しさに見兼ね、大蛇の腹わきに、突きさゝッた尺金をとつてやつた。大蛇は喜んで姿を消した。その折「私に暇を下さい。私は娘の春子（假名）です。事情で大蛇になるのを、許して下さい」とさゝやいた。

……○……

續いて大蛇は「その代り、どんなことでも、家の人の頼みなら、聴き受るから」といつた。村人はこれを知り、その後、旱魃の時や、流行病氣で困る際は、ソレ内堀へ行け――とばかり、押しかけ續けての難を脱れた。今でも年寄り衆は茶話しにそんなことを口ばしるとか

獣　おらが北安伝説巡り（三）　大町の化物騒ぎ　ほか　5-68

●信濃毎日新聞　昭和五年四月十九日

おらが北安傳説巡り（三）

泣く子を抱く女の化物

エイッ、と斬つけた旅の武士

◇大町の化物騒ぎ

百二、三十年前のこと。大町下中町某旅館、北隣りの出來事だ。某家に一人の女中がゐた。彼はお産の後がわるく、とう〳〵死んでしまつた。その跡片付けもすんで間もない頃、毎夜、妖怪變化の出没で町内の噂が高かつた。

……○……

妖怪は頭に「けさ」をつけ（昔はお産で死ぬと、頭にけさをつけ、棺の中に入れたと）耳まで血の出るやうな、眞紅な口に、髭中の櫛をくはへ、ギヤ〳〵泣く子を抱いてゐた。怪しき彼は乳をのませ乍ら、裏口の雨戸をあけ、は入つて來たそうだ。佛壇に油物をおくと、必ず翌日はなかつた。毎晩そんな事が續くので、家では夕方早く戸をしめた。隅の方へ一所に集る、ふるえながら寝てゐた。

……○……

丁度、その頃、諸國武者修行の一武士が、この事をきいた。腕だめしには面白いゾ――武士は、怪物を退治してやらう――と、その家の奥の座敷に身を隠してゐた。すると、いつもの通り、すごい女がスーッと、衣ずれの音と一諸に現れた。彼の武士は、それを見て、これは愉快ぢやー――と、ささやいた。かくて自分の前を、歩み過ぎさせておき、突如後から「エイ」と切りつけた。件の怪物は「キヤッ」と悲鳴をあげ。見えなくなつた

……○……

早速、雪洞の火で調べると、血が落ちてゐるではないか。恐ろしがつてゐる家の人々を起し、その後をつけて見ると、彌專寺

境内の杉の大木の、洞の中に何者か唸つてゐた。引き出して見たら、大きな貉であつた。

◇貉と坊さん

大町の某家へ昔、美麻村千見の、法蔵寺の和尚さんが、駕籠で乗り込み、同家に一宿した。その夜、家内の者が何氣なく、和尚さんの部屋に行つた。所が、何處に行つ

怪

おらが北安の伝説巡り（四）　湖畔の哀話 ほか

●信濃毎日新聞　昭和五年四月二十日

5-69

おらが北安の傳說巡り（四）

哀れ親牛は湖水の主

天候の急變には悲しい鳴聲

◇湖畔の哀話

大昔、平村字青木といふ所に、貧しい百姓が住んでゐた。彼の家は青木湖を眼下に、見下すやうな、小高いところにあつた。妻と一人の男の兒と、一匹の赤い牝牛の外はこれといふ財産はない。たゞ、少しばかりの田畑を、持つてゐるに過ぎなかつた。が、この百姓に取つて、赤い牝牛は、大切な働き手であつた。

……◇……

その日〳〵の仕事も、この牛のおかげで、何うにか過して行けた。或年、この赤牛に、一匹の可愛い▲犢が生れた。それは湖水の氷もモウ解け、日本アルプス山麓の高原に、青々とした若草の、萌え立つ頃であつた。親子の牛は、非常によく似てゐた

また實に仲がよかつた。どこへ行くにも、いつも連れ立つては出かけた。が、この樂しい親子の間にも、遂ひに別れなければならぬ悲しみが起きた。それはその年の秋も過ぐる頃、貧しい百姓は、家計を助けるために、犢の方を、青木湖を隔だてた向ふ岸の、加藏區の一農家に賣つたことだ。

……○……

かくて、或秋晴の日であつた。百姓は何氣なく、すみきつた青空の下の田圃で懸命に働いてゐる親牛の目をかすめ、コッソリ犢を、加藏區へ連れて行つた。

賣られて行く犢は親戀しさに堪へかね、悲しげなさけび聲を立てゝ鳴いた。これを湖上はるかに、風のたよりに聞いた親牛はどんなに切ない思ひに沈んだことか

彼女はたゞ悲しく「も——」と鳴く

たのか、その姿が見えない。探して見たがサッパリわからぬ。妙なこともあるものだ。と思つてゐると、裏の方で、犬の鳴き聲が騒々しい。そこで裏へ行つて見ると、小柿の木に黒い影が見えた。よく見ると和尚さんであつた「和尚さん〳〵」とよんだら、急に貉の姿となつて逃げた。

◇大澤の三毛猫

昔平村の大澤寺で、三毛猫を飼つてゐた。當時の和尚さんは、その猫を、非常に可愛がつた。寢る時には、いつも三毛猫は、和尚さんと一緒に、床には入つては寢たとか。だが、夜中に目を覺すと、常に三毛猫の姿は見えない。和尚さんは不審に思ひ、或晩、眠つたふりで、猫が出ると直ぐ後について行つた。猫は寺を出るなり、野原をズン〳〵奥へ進んだ。その中に少し廣い場所へ出た。

……○……

見ると和尚さん驚くまいことか何十匹もの、多くの猫が、皆、思ひ思ひの衣を付け、お經をよんでゐた。そこへ例の三毛猫が行くと、皆が、大和尚さんが來たゾ——とばかり大さはぎ。かくして三毛猫か一番高い所に上り、大澤寺の和尚さんの衣を身につけ、大威張りでお經をよみ始めた。和尚さんは面白くなつて思はず「三毛出かした——」と叫んだ

……○……

すると今まで、何十匹とゐた猫は、一度に姿をかくしてしまつた。之以來、大澤寺の三毛猫も——永久に姿を見せなかつたさうな

◇貉の仕業？

明治初年の頃——北安南小谷村黒川に、立派なほうれい屋敷があつた。その家に毎夜、怖ろしい物が現れた。彼は色々惡い事をしてはどこともなく逃げていつたほうれい屋敷は、何とかして、その正體を見屆けてやらう——と焦つたが、ナカ〳〵駄目であつた。

……○……

つひに、村の人達と相談しこのえたいの分らぬ代者の、出ないやうに計らつた。そのためか、それからは出なくなつた。或る一部の人は、多分貉の仕業だらう——といつてゐる。

ばかりだ。

……○……

或夜、その聲に引かされてゐた親牛は、突然小屋を飛び出したザブリとばかり身を、青木湖に躍らせ、加蔵目指して泳いだ。このけれども東西半里以上の、この

大湖の冷たい水を、泳ぎ切ることは、彼女にとつては余りに重荷であつた。彼女が湖心近く行つたと思ふ頃、遂に水中に沈んでしまつた。かくて彼女は後に青木湖の主と、呼ばれるやうになつた。人の話に、天候の急變の際には、「モー」といふ聲が湖上に傳はり、物すごいとのことだ。

◇鐘の音

昔、青木湖畔で、戰爭があつたさうな。その時、湖水の邊りに、一人の殿様が、可成り立派な城を築いてゐた。彼は戰ひに破れ、どうしても、そこにゐることが出來なくなつた。或夜のことだ。月のよく照つてゐるのを幸ひ、ひそかに城を、ぬけ出さうと思つた。

……○……

總ての準備を整へ、船に乘り、湖をわたり初めた。その折、殿様は一つの黄金造りの、得難い鐘を所持してゐた。この鐘は命よりも大切だけに、逃げる時も持つて逃げたとか。船は湖上で敵に見付かつた。多勢に追ひかけられた。モウつかまりさうだと思はれる刹那、殿様は覺悟を決め、持參の鐘を、滅茶苦茶に打ち鳴らした。

と、見る間に船もろとも、湖の底へと深く沈んだ。今でも月の澄んだ夜には、どこからともなく、よい鐘の音がきこえるさうな。

◇殿様と釣鐘

青木湖の邊りに、昔、立派な寺があつた。寺の鐘は特に名高く當時、松本城主は、この鐘を欲しくて堪らなかつた。或る時、

使者を寺に遣はし、これを出させやうと、交渉を行つた。が、寺では應じなかつた。殿様は大層怒つた。つひに寺をつぶし、僧侶を殺してしまつた。

……◇……

やがて鐘を取りはづし、青木湖を横ぎらうと、岸を五六間離れた。と思ふ頃、鐘の重みか何うかで、舟は顛覆した。使者は一人残らず溺死、鐘は底深く沈んだ。

これを聞いた城主は、又も使者を送り、鐘を引上げやうとあせつた村人多勢にいひ付け、太い綱で引き上げにかゝつた。が鐘はだんだん引き揚げられ、水面に龍頭をあらはし、モウ一息だ。――と喜ぶと太い綱が、プッツリと切れてしまつた。

その後、何度もやつて見たが、いつも水面まで來ては、切れるのが常であつた。さしもの殿様も、とうとうあきらめ、鐘は、そのまゝ、湖底に殘しておいたその場所は物凄いうづが卷き、十間四方は、舟でも近よれなかつた岸から數間離れたところだけ、付近の小高い丘に登ると、その鐘がよく見えた。湖の底では絶えず、鐘の鳴るやうな音が

――してゐた。これ以來村人は湖の主は、鐘だといつた。

妖　おらが北安の伝説巡り（五）　河童の恩返し　ほか　5-70

●信濃毎日新聞　昭和五年四月二十一日

おらが北安の傳說巡り

（五）

婆さんを引ッ張る大きな河童

毎日魚と藥をもち運ぶ

◇河童の恩返し

北城村に青鬼といふ小さな部落がある。昔、その村の某が、付近の河原に、馬をつないで置いた。ところが何時の間にか、馬は河原から家に飛び歸つた。馬の鞍は風呂敷も苦しさうだ。家の人達は驚きの餘り、馬をヨク調べたが、どうもなつてゐない。

……○……

その夜、家のお婆様が庭に出てゐると、後から頻りに、引つぱるものがある。驚ろいて振り返ると、大きな河童であつた。お婆さんは直ちに、その河童をつ

かまへ、家に引つ張り込んだ。家の者を呼んで、その河童を殺さうと思つた。すると河童は、「自分の命を助けて呉れゝば、どんな病氣にでも、效く薬を敎へやう。また家の入口に、魚籠をつけて置けば、毎日その魚籠に、魚を一パイ入れてあげ樣」といつた。

……○……

つひに河童を助けた。成程、河童は翌日、魚と藥を持ち運んだ。毎日〳〵のことに、家人は薄氣味惡くなつた。ある日、家の隱居が、魚籠に針を打つたら、その翌日から持ち運ばなくなつた。

◇家傳藥と河童

平村字大出の出來事だ。ある日一人の村人が馬を引き出し、川邊に草を食べさせて置いた。日は落ちた。突然其馬は「ふう〳〵」といひながら、一目散に、家へ飛び歸つた。家の人々は驚いた。直ちに馬屋を調べると馬桶の中で、妙な者が蹲えた。よく見ると、河童の奴が小さく身體をすくめ、頻りにうなつてゐる。それと一緒に、手を合せては「どうか赦して下さい。その代りよい藥を敎へて上げるから……」と叫んだ。家人は「それでは許してやらう。その藥は……」と聽いた。

……○……

喜んだ河童は、付近の七草を取り集め、かうやればよい――と調合を數へた。今でも、その家は、この藥を家傳として、賣つてゐるさうだ。

◇河童と婆さん

これも同じ大出部落の話し。ある家の御婆さんが、便所に行つてゐた。ところが便所の下で、河童が手を出し、臀を撫かうとした。婆さんは驚ろいた。いきなり、その手を取ると、河童の手が拔けて仕舞つた。

……◇……

河童は泣きながら、「手を返してくれ、その代り毎日、魚を澤山持つて來るから……」といつた。婆アさんは可愛相に思ひ、その手を返してやつた。河童は喜んで姿を消した。次の朝から家の入口に、魚籠をつるして置くと、何時も魚が一杯入れてある。

……○……

その中に、籠の蔓が切れかゝつた。婆さん何氣なく、金の蔓に代へ、その籠をかけて置いた。ところが何うしたことか、その後、少しも持つて來なくなつた

◇河童と伯樂

北小谷村字李平に、伯樂を渡世の某がゐた。或る時商買の用事で、通稱來馬部落まで出掛けた。行き先きで酒を、チョット一杯飲んだ。かくて彼は、微醉氣嫌で、來馬河原に差し掛かつた。

……○……

そこへヒョッコリ、一人の小僧が現れた。小僧は「これから私と一緒に、安曇の宮島見物に行かう」といつた。小僧は伯樂の袖を、頻りに引つ張つた。つひに「行かぬ」「行かう」と兩名は爭論に入り喧嘩となつた。業を煮やした伯樂は、商賣道具の燒き金を腰から拔き、小僧の頭を毆つた。翌朝、そこには大きな河童が死んでゐた。この小僧こそ、永年姫川に住む河童とのこと。

おらが北安の伝説巡り（五）　殿様の失敗　ほか

●信濃毎日新聞　昭和五年四月二十二日

5-71

怪

おらが北安の傳說巡り（五）

金儲けには小谷の不動

魚が住まぬ話二ッ

◇殿様の失敗

會染村に坂井山長福寺といふ寺がある。江戸時代に松本の殿様が、

護符に御出になつた。その時である。一羽の鳥が突然、この寺にまひ込んだ。間もなく家來が尋ね、寺の坊さんに鳥を追出せといつたが、「これは寺に舞ひ込んだものだ」と坊さんは渡さないので。殿様に江戸へ出て裁判を仰いだが殿様の方が結局敗けてしまつた。殿様はカンカンにおこつた。寺の廻りへ柵を造りこれから外はおれの領地だ寺の者の出入はならぬ――こいつた

……○……

坊さんは困り抜き仕方なく寺を立退いた。事件は萬治二年だ、當時の文書は今も保存されてゐる。坊さんは逃げる時寺の井戸へ釣鐘を投げ込んだ。その井戸の跡がある。

◇小谷の不動尊

北小谷村字下寺の酒屋は此邊での舊家で素封家だ。此家には不動様が祀つてある。同家の奥座敷で寝たものが、もし不動様の方へ足をのばしてねたら大變だ。夜中に恐しいものが出現してどうしても眠られぬつかれては熟睡してしまうと枕の位置がかはつてゐるそうだ。また同家が金のたまり始めたのは或晩土藏の入口でえらく騒ぐ子供の聲が聞こえた。翌朝行つて見ると天保錢が一枚おちてゐた、それがもとだとか。

……○……

家の前に水車屋がある。夜中に米を碾みにくると、當時八十幾才のお婆さんの耳にだけ、チヤンときこえるさうな。同家で公徳販賣を

した頃の話し、草鞋や菓子を買ひ求め代を支拂はず品物を持つて行く。――と、誰も監視してゐないが足は金縛りにされどうしても持つて行かれなかつた。今も同家の跡がある。實に不思議な家だ。

◇弘法大師？

北小谷村横川に漁のすきな男がゐた。或日例の如く河へ出かけ澤山の魚をとつた。たま〳〵一人のみすぼらしい旅僧が、漁師の近くを通りかゝつた。旅僧は澤山とれたか――ときいた。漁師は、それが弘法大師だとも知らず「一つもとれぬ」と答へた。大師は持つてゐた一枚のお札を川へ流した。それ以來横川の川上には、魚が住まなくなつた。今でも川下から魚は上らず魚を放しても育たない。

◇山伏と漁師の説

北小谷村横川の下流二十町程のところに高さ四尺位の淵がある昔同村大網の某が打網で澤山の鱒をとつた。漁師はあまり澤山の獲物で、持ち切れないところへ丁度通り掛つた山伏に「この魚を背負ひおれの家まで行け」といつたが山伏は「無禮の事をいふナ」と承知しなかつた。漁師は腹をたて山伏を打ち殺しその死體を何氣なく、河の中に投げ込んだ。

……○……

山伏は死ぬとき懐中から不動様の護符をとり出した。と思ふ間に、淵つぼへ投げこんだ。それ以來魚が住まなくなつたといふのでこの淵を不動淵と名付けた漁師が「汝生あらば、頭を上にせよ」といつた。その聲に應じ頭を上に流れたとか。有名な傳説である。

続巡業御難記（三十二）　松林の怪　5-72

●都新聞　昭和五年四月十九日

幽

松林の怪

【其三十二】續巡業御難記

―代表的珍談の卷―

人間習はうより馴れろとやら、夜道も初めの中こそ驚いたが、この頃では少々平氣になつて來た、然し疲勞には

勝たれない、道端に何様かのお堂があつたから、くら闇の中を手探りで縁側に腰をおろしウト〳〵したものゝ忽ちに人肉の香を慕つて八方から集まつてくる猛烈な藪蚊の襲來にマンヂリとも

幽 続巡業御難記（三十三）　妄執の姿

●都新聞　昭和五年四月二十日　5-73

出來ない、草臥れぬいた女房をだまし／＼、機嫌を取り、蟻が這ふやうにして町外れ迄來たのは彼是モウ一時半も過ぎてゐるらしく、勿論人つ子一人通りはしない、見渡す限りといつても

闇夜だ

からよくは判らないが、兎に角一面の松並木で、人家などは少しも見えぬ、すると晝間旅人の休憩所に出してゐる茶店があつて、お約束の葭簀を立てかけ、中に縁臺もある所、とんと芝居の道具立その儘だが、これ幸ひと逆さに重ねた縁臺を下ろして平に並べ、油紙を敷いて菓子臺の上へ、兎も角女房を休ませたが、夜は深々と更渡り、風も肌に生ぬるく、闇の野中の吹さらし、なかなか

寢られ

たものではない四邊は沈々寂寞として、何とも名狀し難い物凄い感じがして來たから、ハテ何うした事だらうと、薄氣味わるく起き上つて見廻す彼方の松蔭に、朦朧として目に入つたは確に人の立ち姿だ、花圓藏もギヨッとしたが、よく／＼心を沈めて考へると、この暗い中で彼處だけが、ボンヤリながらも明るく見えるのは一つの不思議、松林の向ふは

田甫の

やうだから扨は蛙でも捕つてゐるのか片手にさげたは竹筒かガンドウの燈火が人の蔭になつて、それゆゑ身體が見えるのかとも思つたが、何うも甚だ氣味がよくない、するとよく寢てゐると思つた女房が、急に起き上つて彼の袖を引き、御覽なさいよ彼處に誰かゐるぢやアないか、確にあれは人間だよ、そらあんなに手招きをして、おいで／＼をしてゐるぢやアないかと云はれた時は

冷水を

襟筋へ流し込まれた如くにゾッとしたが、自分から弱音を吐いて、實は乃公も先刻から變だと思つてゐるんだ、事によつたら幽靈ぢやアあるまいかと、でも云はうものなら、女のことゆゑキャッと目を廻さぬといふ限りもない、そうなつては大變と思つた故虚勢を張り、何を詰らねへ、寢ぼけなさんなと胡麻化したが、實は當人も慄へてゐるのだ

妄執の姿

―代表的珍談の卷―

〔卅三〕 續巡業御難記

怪しの人影を目の前に見て、彼は強さうな事を云つたもの〻、口では一心に念佛をとなへてゐる中、夏の夜のあけ易く、うつすりと東が白んで來ると

同時に

ボーッと姿もかき消すやうになつて了つた、ヤレヤレと蘇生の思ひ、こんな處に長居は恐れと女房を促して出立したところ、よく／＼見れば並木の向ふに田甫なんぞはない、何だ見違ひだつたかと目をこすり／＼四五丁來ると夜は全くあけた、先づ一休みと傍らを見ると、松の枝が切おろしてある故これに荷をのせて一服やつてゐると、向ふからモウ八十に手の屆かうと思ふ程の

老婆が

風呂敷包を背負つて來たが、夫婦を見るや眉をひそめ、モシお前さん方、お見受け申せば旅のお方のやうだが、その松へ腰をかけては可けねへ止しなせえよ、お前さん方は知んなさるめえが、つい此間その松の枝で、首を縊つた旅人があるだ、何處の者ともわからねえから、死骸は村役場で片づけて、昨日葬つたばかりだが、書置きで見ると今年は三十七になり、子供は三人あるが借錢で路頭に迷

病氣と

ひ、女房の實家へ金策に來たが、それも出來ねえので浮世をはかなみ、自殺すると書いてあつたそうだが、傍にあつた包の中には子供への土産にするつもりか、新らしい玩具があつたとやら、何と可哀想な人ではねえかの、昨夜も嬶と話して泣きましたよ、何でも東京の者らしいと老婆の話に花圓藏夫婦、思はず顏を見合せて、扨は昨夜のはその男の

亡魂で

あつたか、百計盡きて死んだものの、後へ殘した妻や子に、心が殘つて浮ばれず、妄執の姿を現したものに違ひないと、思ひ當れば今更に、ゾッと身の毛もよだつばかり、老婆へ挨拶もそこ／＼に、逃ぐるが如く此處を立つたが、モウ／＼夜旅は眞つ平／＼、ア、東京がなつかしいと急に里心がついたところから、色

を工面をして歸京する迄の苦辛慘憺、千變萬化の物語はなかく\に盡きぬ上

此男の 御難話は信越、北陸、奧羽、北海道と、殆ど全國に亘つて無盡藏故、又の機會に御紹介するとして、何しろ本紙の記事が呼物になり、花園館も近頃座敷先で、落語よりはあの漫談が聞き度いと、所望されるとは禍ひも三年の譬へ、先づ此邊で一段落としまして、明日よりは漫談家西村樂天の御難話

獣

覆された　人魚の伝説　海の秘密館

●国民新聞　昭和五年四月二十六日　5-74

覆された═ 人魚の傳說

最近捕獲された實物を陳列
海底の秘密をあばく
―（海の秘密館）―

空の秘密館で天體の神秘に驚異の眼をみはつた入場者は次いで「海の秘密館」で海底の珍しい有樣に忽ち興味を吸寄せられる、即ち館を入れば内部は一面の海となり、水面を界にして上部には南洋や絶海の

孤島 にさまぐ\の陸を展開し下部は海底其のまゝの斷面で淺海にはあらゆる魚族が悠々と游泳するかと思へば忽ち奇怪な形態に名も知れぬ魚が棲息し宛然海底に遊ぶの思ひがする即ち北はオーロラの湧く海から南は珊瑚礁の美しい南の海まで淺い處と深い處とが其の水の色を異にし又其の棲物を異にして漁法の自から異る有樣を實地に說明して一般の人に理解させる外に深海探檢、捕鯨、鮭、鱒の

棲息 狀態からその漁法及び作業の實際迄の生活から其の製法の順序などを凡そ海に關する知識を一見して判る樣にしたのが此の館である、例へば漁網の實際として大敷網漁業の有樣を海上で實際行ふ作業そのまゝ模型を使つて巧に現はし其他大謀網、トロール船とトロール漁業の實際、巾着網の實況などを海上の船から海中へ曳いて漁する作業を

實地 と同樣に見せて漁業の知識を與へるもので北海における蟹工船漁業の如きは極めて興味がある、又海の深淺に依つて棲息する魚族の異る有樣を見せたものに「海産生物の垂直的分布模型」がある、この模型は海中の縱斷面で一々其の深淺の度に依つて魚族の棲息する狀態を模型で現はし、これに深淺の尺度を數字で現はしてあるので一目して何千尺の深海には何が棲息してゐるか、又はどんな

狀態 でゐるから直ぐ判る譯である、更に今此の館で人氣を集めてゐるのが人魚の實物である、從來の傳說によれば人魚は頭部が美人で身體に鱗を生じ尾があるものと信ぜられ又繪に其の實物と云ふものまで出てゐたが兎も角も其の實體を斷定するものが無かつたのを同館には最近沖繩の海で捕獲した眞實の人魚を陳列し其の傍に贋の人魚を並べて其の眞僞を一見して判る樣にしたのは

一度 見たもの〻徘徊去る能はざる興味津々たるもので帝都の眞ン中に人魚現はるの聲は現代文明の驚異として館内は入場者で毎日滿員の光景である、先づ人魚の正體を知りたいものは一見する價値充分で美しい傳說が一朝にして打破られた事は一ツのセンセーションである

資

ぢ如件

★満州日報　昭和五年四月二十六日　5-75

私しゃ備前の岡山生れ
ぢびゑ病氣はまだ知らん
●●いぼぢ、きれぢ、ぢろう。
だっこう、ぢ出血、ぢの痛み

秘効藥價

注意
ぢワ手術ハ肺病ヲ来ス恐アリ手術後二ケ年ニ再発ス又子孫ヘ遺傳ス
他ノ外用藥下剤ニテハ

返金之
送料十錢滿外四十錢
専門家傳藥
説明書無代進呈
定價七日分貳円、十五日分四円
切らずやかずに根本的に
のんでなをす家傳藥

備前岡山
肛門藥商會

資　多い偽幽霊　夏の漫談
●関門日日新聞　昭和五年五月十日　5-76

夏の漫談

多い偽幽霊

十中八九は嘘の幽霊
盛んな外國の幽霊研究

面白いのは、一ぺん死んで幽霊になり、また生きかへつて人間になつたといふのがあります、これは心霊現象のうちでも最も奇怪なものなのです。

死んだ人がよみ返つてきた、そして次のやうにいふた「自分が死んでふと氣がつくと、自分の体が自分の前に横たわつてゐる、それからその体がなくなつたと思ふと棺の中に入れられた、それから葬式といふことになる、自分はもう一ぺんもとの身体になりたいともがいた、しばらくして氣がつくと自分は棺の中でよみがへつてゐたすなはち死んで、生きかへる迄の自分をみんな見てゐるのです、死んで幽霊になつてやつたこともみんな覚えてゐるといふ具合です

◇

そんなら世間で言はれてゐる幽霊は、十が十みんなほんとのものかといふに中々、實は十中八九は錯覚か、幻影なので、ほんとのものはさうざらないらしい。

けれども西洋でも日本でも幽霊はあるといふことになつてゐて、幽霊を實質にとつた學者もあるのです。

でまた、前の松村介石氏のお話しですが――。

◇

押川方義君が仙台の幽霊屋敷へ行つて、幽霊を見てきた体験談をきいたこともある。

これはまたごく最近の話で、友人の安永氏といふのから、あまり世人に知られてゐない幽霊談をきいた。

安永氏は萩の藩士である一昨年故郷へ歸られたとき一老婦の若い時の思ひ出ばなしで、松陰の母が體験したのを彼女に語つたものである。

吉田松陰が三十歳の時、小塚原の刑場に於て首を斬られた。その晩松陰の母がねてゐると、夢とも幻ともなく松陰が枕元にあらはれ親しく挨拶した。あまり不思議なのであくる朝そのことを夫に話すと、夫も、それは不思議だ、實は昨夜、自分も松陰にあふた。その折松陰が言ふには、お父さん、首を斬られるといふことはたゞひやりとするだけで、痛くもなんともないものだねと。どうもおかしなこともあるものだといふた。つまり松陰の幽霊がきたのである。

◇

さて松村氏をはじめ外の有數の學者のお話でいろ〳〵面白いこともありますが、今回はこれ位にしませう。

人間には、肉体以外に幽体といふものがある、これは氣体の物質化したもので且不滅である、これが靈媒にて誘導したもの即ち幽霊であると、かう言つてゐる學者も澤山あります。とにかく學理上立派に根據があるといふのが最近の學界で有力であります。

外國では、ことに英國では堂々たる道場がひらかれて、靈界との交通をする、つまり幽霊と應接する研究がさかんであるとのことで日本でも近ごろまたさかんになりかけてゐるとのことです。

幽　怪談　夫婦幽霊　気になる証書？
★新高新報　昭和五年五月二十二日　5-77

怪談

夫婦幽霊

氣になる證書？

昭和の御代に而も朝夜の分ちなく雑踏する場所で夫婦の幽霊が夜な〳〵己が家に出ると云ふ近頃珍らしい話……

間多梅吉(假名)は基隆でも草分けの船頭でおつたが寄る年波みに養子を貰ひ人の出入が激しい市場で飲食店を開き何不自由なく氣樂に暮して居た彼等夫婦は晩酌の肴に市場で上る河豚を料理して食膳に上す事が何よりの樂しみであつた。

恐ろしい人の命を取るフグの毒を知り抜いては居たもののドうしても止める事が出來ない程好物

であつた。

×　×

春も酣な頃の或る夕まぐれ彼等は毎度の樣に好い河豚に舌鼓を打つて暖い臥床に入つたが遂ふ〳〵呪はしい毒が夫婦の全身に過り醫者の應急手當も、息子の看護も其効なく其夜も更けた丑滿時に兩人共はあの夜へ旅立つて仕舞つた。

其時の苦しみ方はハタの見る眼も悽い程で生きんとする執着のアガキはまことに怨靈になつて現在に殘りはしないかと思はれる程であつた。

務めに出て居た養子息子も泣く〳〵野邊の送りを濟ませ年端も行かないのに夫婦の殘した飲食店を引繼いで行つた。

初七日も過ぎた雨の降る夜淋しく寢て居ると表の潛戸をカラツと開けて亡くなつた筈の父が入つて來るハテナと思つて居ると奥の間の簞笥の前で足音がハタト止まつて仕舞ふ年若い養子はコワゴワ其處へ行つて見るが誰も居ない慥かに表戸を開けた音がしたと思つて行つて見るとチヤンと閉つて居る、其夜は氣の迷ひかと寢て仕舞つたが翌る夜今度は母が表戸を開けて簞笥の前迄來ては足音が消える次ぎの夜も亦其次ぎの夜も亡き父母が交る〳〵やつて來るので餘りの不思議と恐ろしさに簞笥を隈なく探して見ると大切さうに紙に包んだ貸金の證書が二通現はれて來た。夫婦の魂魄はこの二通の證書が氣になつて家の棟を離れ兼ね斯くと養子に告げたのだらうと近所の噂は見て來た事の樣な噂で持切つて居る

ラ　ラジオ版　きょうの番組　落語「化物使い」
●読売新聞　昭和五年五月二十三日　5-78

ラヂオ版

けふの番組　JOAK 東京波長三四五

◇後零、〇五　落語『化物使ひ』　三笑亭可樂

ラ　お化けを閉口させた恐しい隠居さん
●読売新聞　昭和五年五月二十三日　5-79

お化けを閉口させた

恐しい隱居さん

但しけふお書休みの落語です
三笑亭可樂の『化物使ひ』

あんまり人使ひが荒いので奉公人が居つかない、大抵のものは三日も居ると驚いて暇をとつて仕舞ふ早いのは朝來てお晝には暇をとつて歸ると言ふ隱居さん

桂庵でも困つて

ゐる、久藏と言ふ奥州生れの男が頼んで奉公に行つた

『お前も斯うして折角來たものだ辛抱して下さいよ』

『へエ辛抱する、だから幾らでも使つて下せえ』

『まだ使ふとも何とも言やしない今は別に用がないから、其處に坐つてお居で』

『それで今私が他所の家へ來ると云つたら、みんなよせ〳〵と止め

ただ』
『ハテナ、どう言ふ譯だ』
『それから私も聞いたゞ、俺が行くと云ふものを、何故止めるだと云ふと、一つ鍋の物を食ふ仲だから親切で云ふだが、そこの家へ行つて三日と辛抱したものがねえ、あんな人使えの荒え家はねえだから迚も辛抱は出來ねエ、たとへ二日でも三日でも働くだけつまんねエから、止せと斯ういふのだ』
『ウーム』
『それから私、強情ッ張りだから さう云つてやつた、幾ら人使えが荒えからつて、人間が人間を使ふだ

天狗様に使はれ

る譯でねエから高が知れてる、私が證據を無くす屁を働いて、きうと辛抱して見せると云ふて、皆の止めるのを肯かねエでやつて來たゞ、サテ使つて下せえ、幾らでも働くだ』
『アハヽヽ、さうか面白い男だ、お前の言ふ通り俺も人間だ、大して人使ひが荒いと言ふのぢやないが唯口八釜しいだけだ、まあ私の手許で二三年も辛抱すれば自分で世帯を持つてから身上をあげるに違ひない、掃除はよくしておくれよ

殊に私は癇性だから、其代り給金は並より餘計出すつもりだから』と、これから久藏を置いて見るとこれがよく働くの何のつて、そばから／＼用の催促をする位で、さすがの人使ひが荒い隠居さんも驚く位、まあいゝ奉公人を置きあてたと大喜び近所でも世の中にあんな人使ひの荒い隠居もないが、あんなに又

よく働く奉公人

もないと言つてスッカリ評判になつてしまつた。すると三年ばかり經つて、近所に小じんまりした家だが幽靈が出ると言ふ評判が立つて住み手のない安い家があつたので、隠居さんが安く値切り倒して買ひ取つて引越すことになつた、この化物の出る家へ引越すことを聞いた久藏は、人使ひの荒いのは辛抱が出來るが、化物では辛抱が出來ないと暇を貰つて引越しの日に國へ歸つてしまつた。

『アヽたうとう久藏も歸つしまつたか、併し感心な男もあるもので折角宜いと思つたら此處へ引越して來た爲に暇をとつてしまつた、一人居た者が歸つた爲めに急に淋しくなつた、早く化物でも出てくれゝば宜いが』と呑氣な隠居さんは

化物の出るのを

待つてゐる内に晝の疲れが出たか居眠りを始めたがやがてグーッグーッと鼾を立てゝ寢て仕舞つた、すると夜半になつて急に襟元から水を掛けられるやうに慄然として目を醒ますと、目の前に一つ目小僧が居る、隠居さんはいゝ所へ出て來たとばかり、肩を叩かせたり餅を燒かせたり洗ひものをさせたり雑巾がけをさせたり水を汲ましたり、休みなしに働かせて、その晩は濟んだ、翌晩は隠居さん、給金の要らないのと飯を食はせないで濟むので久藏よりいゝと化物の出て來るのを待つてゐると待ちくたびれてトロ／＼と居眠をすると又夜中にゾー、と寒氣がした
『こゝせやい、出る時、寒氣をさせやがつてこれから寒氣は拔きにして貰はう』と待つてゐると出て來たのは三つ目大入道だ恰度いゝとばかりに屋根の草をむしらせたり

水を汲ませたり

掃除をさせたり布團まで敷かせた揚句『明日の晩は小僧を寄越してくんなよ、縁の下を掃除して貰ふから大きいのと小さいのとチャンポンに來て貰ふと、誠に工合がいゝ』その晩は寢て又翌晩になると相變らず化物の出るのを待ち構へてゐる『ハテナ、どうしたのだなモウ睡氣を催す時分だが、今夜はどういふものか眠くない、早く出ないかなア』と言つてゐると障子をサッと開けてそれへ飛出したのを見ると大き狸

ラ　ラジオ　本日のプログラム　落語「化物使い」

●都新聞　昭和五年五月二十三日　5-80

本日のプログラム

◇時報

▼午後零時五分

◇落語「化物使ひ」三笑亭可樂

ラ　落語　化物使い　三笑亭可楽

●都新聞　昭和五年五月二十三日　5-81

化け物使ひ

【午後零時五分】三笑亭可樂

これは古い滑稽怪談噺で、落よりも隠居の人使ひの荒さといふ所に面白味がある、話し手の可樂は小さんに私淑した人で「らくだ」やこんな話に獨特の味がある

田舎の人はよく江戸へ出て金をため、故郷へ錦を飾らうといふ考へをもつ

『久造』も其つもりでやつて來たが、何處と云つて頼る人もない、今日なら職業紹介所があるから都合もよいが、江戸時代では、そんな譯にはゆかない、先づ馬喰町に宿を取り、桂庵へ出かける、すると高い臺に番頭が上つてゐて、仕事の口があると呼び上る「何町の何處に飯たきの口があるがどうだ」其聲に應じて「わしが行きませう」といふ工合で仕事の口が極まる、所が久造は毎日〳〵やつて來てゐるがちつとも「行きませう」と云はない、番頭はをかしな野郎があつたものだと、わざとそつちへ向つて「こんな口があるがどうだ」と

『怒鳴』つてやるが、久造はそつぽを向いてる 番「お前さんは仕事口を見付けに來てるんぢやないのかへ」久「さうだな」番「そんなら時には俺の云ふ事に返事位してもいいぢやないか」久「駄目だ」番「何故」久「どれもこれも仕事が樂さうだから駄目だ」番「こりあ驚いたね、樂な仕事はいやかい」久「人使ひの手ぬるい家は嫌ひだ」番「妙な病氣だね、さうかい、ぢやいい所がある、本所のある隠居さんだがケチで人使ひが荒いから誰も居つかない、行つて見るか」久「そりや耳よりな話だ、ゆくべえ」久造は二ツ返事で出かけた 久「今日は、馬喰町の

『桂庵』から参りました」お宅はケチで人使ひが荒いさうで…… 隠「それを承知で來たか、ア お前は何や挨拶は後でいゝ、一つ水をくんでくんな」成程、番頭が言つた通り、合理的に下男を使ふ隠居だ、使ひ方に無駄がない、外出の行き戻りには足を洗はせる、紙を買つて來い、酒を買つて來い、便所の掃除と一日中暇がない、久造も自分から云ひ出した事だ、いくらでも使ひやがれと[illegible]つて三年、するとケチな隠居は近所にあつた化物屋敷を二束三文で買ひ取り、其處へ

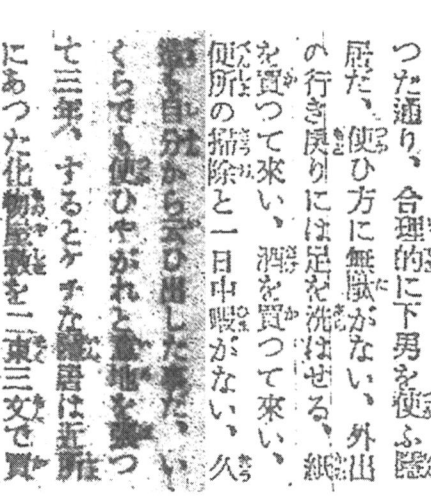

『住む』事になつた、久造は頗る臆病、化物屋敷ときいてふるへ上り、とう〳〵暇を取つた、隠居は一人で化物屋敷へ引越すと[illegible]に[illegible]だけあつて[illegible]出て來た、一ツ目小僧だ、然し隠居は少しも驚かない 隠「[illegible]使いふ

『何だ、お前は？』

『ヘエ私は化物でございます』

『ア、それぢやア昨夜も一日の晩も出たのはお前か』

『左様でございます』

『何故、今夜は化けて來ない』

『ヘエ私も、これで隨分諸方を化けて歩きましたが、あなた位、化物使ひの荒い人を見たことがありません』

所へ出てくれた、父親に暇を取られて困つてる所だ、其代りになつてくれ、今夜はお目見得だが挨拶はぬきにして、一つ水をくんでくんな……それがすんだら肩をもんでくれ」これには化物の方が驚いた、翌晩は大入道が出た 隠「大入道とは有難い、大分力がありさうだ、一寸『燈籠』の置きかへをしてくれ、それからついでに屋根瓦をなほして……」大入道も驚いて消えてしまつた、三日目にはもう化物が出ない、出て來たら用を云つけやうと待つてゐると行燈の所へ悄然と狸が現れた 隠「何だ、お前は狸ぢやないか、どうした」狸「どうも致しません、昨夜迄化て出たのは私でございます」隠「さうか、毎晩御苦勞だつた、で、何故今夜は化けない」狸「もうコリ〳〵です」隠「どうして」狸「私も方々へ化けて出ましたが、お宅のやうに化物使ひが荒くちやたまりません」

資 怪談狂言 夏の漫談
●関門日日新聞　昭和五年五月二十五日　5-82

夏の漫談

怪談狂言

迚も暑い涼み芝居 ゆき詰れる怪談物

夏狂言、涼み芝居の頃ともなりました。これは例によつて怪談ものときまつてゐます。なぜ涼み芝居は怪談ものなんか物凄くてゾツとする。それで涼しくなるといふわけではありませんゾツとするのなら不景氣でどうも具合のわるいのもゾツトしますがこれは一向に涼しくない、冷汗が出て却てあつくなるといふ始末です。

◇

怪談芝居は盆芝居、涼み芝居は日本の家庭の大きな行事たるお盆に當る頃です、魂まつりに因んで化物を見せるといふ事になつてゐます。が、理屈はさておき暑い頃は考へさせられる芝居よりも目さきで見せる芝居がよろしい、そこへゆくと怪談は何よりも眼に見せる芝居です、夏に怪談もの丶力がある所以でありませう。

◇

益々怪談芝居がはじまると舞臺を暗くしなくてはならない。桟敷のうしろの黒幕を見んなおろしてしまふやうな事をしますが、涼しい風が大變にあつくるしいことになります。それでなくても暗いのはあつくるしいのですから、この頃流行のレビユー式の舞臺のしきりに變化するなんかは引つきりなしに舞臺が暗くされて、見物はあぶら汗を流すといふ有様です。どうも面白くありませ

◇

芝居の苦情ばかりいふやうですが、近年の芝居はどうしても光明がしつかりあるのと、音樂がやかましいのと、それから建物が西洋風であるのとで、とても昔に比べてあつくるしいのです、涼み芝居處か、汗を出す興行といふことになつてしまひます。扇風機なんかも生ぬるい風を送つて、却て汗がひかぬ位です。

◇

土用は廿一日からです、益々暑くなりますが、然し多少風が出ますから、暑いわりにはしのぎよいものです。昔の芝居ではこの土用中、大頭の幹部どこはみな休んだものです。二代目團十郎は此暑と極寒には休む特權を劇場から與へられてゐたものです。明治に入つてからの九代目團十郎も、正月と七月は休みました。健康の關係で休んだのでせうけれども、數入小屋が喧しくていやだといふたとの説もあります。

◇

昔は役者もですが、劇場が平氣で休みましたが、今日は仲々さうは行かぬ。株式會社何々といふとになるとどうしてもソロバンを考へます。とにかく興行して經濟的にやつて行けなくてはならんといふ事になり、涼しくもないお話になつてしまひました。

◇

怪談芝居もゆきつまつたそれではいかん、ほんに涼しい見せ場がなくてはならんといふ説がこの頃盛んです。

資　霊媒について　トリックがあるか？

●東京日日新聞　昭和五年五月二十六日　5-83

霊媒について

トリックがあるか？

K　S　H

世の中が、だんだん、かういふ風になつて来ると起ることかと思ふのであるが、近頃眼につく社會現象の一つは、心理療法とか心霊術とかいふものゝ甚だ多い事である。これは、従來持つてゐた信仰の動揺を意味するものであると考へる。

私はこの頃、亀井三郎といふ霊媒といはれてゐる男の心霊現象の實験を見た。この霊媒をつかつて研究會を起してゐるのが、大本教で知られてゐる浅野和三郎氏である。

實験は、黒いカーテンを四方に張りめぐらした室で、電燈を消した後に行はれるのである。まるで、寫眞の現像室同様のところで、狐につまゝれても、判らないやうな暗さである。

何故暗いところでなされなければならないかといふに、それは、霊媒の霊の活動に必要であるコンヂションの一つだといふのである。勿論私は、一人の懐疑者だ。若し、私が、懐中電燈を持つてゐたら、私は思はず、パッと、つけたかも知れなかつたのである。

霊媒である亀井三郎君は、トランスにあるといはれた狀態で、この部屋につれて來られた。私は、中桐確太郎教授と二人で、かれの両手とかれの両脚を縛して、椅子に結び、かれの首から、かれの胴へかけて繩をかけて、各要所に、紙をつけて、一々封印したのである。

それから、電燈は浅野和三郎氏によりて消され、蓄音機は、アメリカのヂヤズ音樂を鳴らし初めた。この蓄音機は、實験の間、絶えず鳴らされてゐた。やかましいので、私は浅野氏にそれを止めることを求めたが、これも、コンヂションの一つであり、もし蓄音機をかけないならば、皆で歌をうたへばいゝといふことであつた。四方を閉めきつた上、やかましいヂヤズをやられるので、うだつて了つてゐた。

亀井君は今年三十になる青年で、関西大學の出身だ。幼少の時分から不思議な力を持つてゐることを自覺してゐたさうだが、この二三年來、浅野氏の指導の下に、百パーセントの霊媒となつて了つたのである。見てから、肥つた人で、弱々しい感じはない。併しかういふ人に、却つて纎細な神經の持主がすくなくないとは、事實であるが、見てゐて、この人が、不思議な力をもつ霊媒かと思ふほどに肥満した人だ。

亀井君の前には、小さなテーブルが置かれた。このテーブルは最も單純なもので、それには、テーブル掛けは、かけられてゐなかつた。このテーブルの上には、浅野氏の所謂そこいらで手あたり次第に買ひ集めて來た玩具の三四がのせられてゐた。それは、赤ん坊のもつセルロイド製で、鈴のついた玩具、ゴムのボール、紙人形などであつた。これにはみんな鐶がはつてあつた。

私とテーブルとの距離は、非常に近かつた。なぜならば、私は、後ろの方へと、わざわざ、すすめられたが、つとめて意地悪く立止つて、前の列のテーブルの前に坐つたのである。そして、私は屡々手をのばして見ると、私の手はテーブルに届いたのである。私の右には、浅野氏がゐて、左には心霊會員の人たちが二、三人ゐた。後ろの列には、いろいろの大學の教授や實業家の人々がゐた。皆で、三十人ばかりゐた。そして、前列の人が、前に出て邪魔をしないやうに、私たちは片手に繩をまきつけられた。尤も、それは極めて簡單に、ぐるりと繩を一まはり廻したゞけなので、いつの間にか、ぬけてゐたりした。

何事が起るかと眞暗闇の中にゐる私たちは、ひたすら霊媒の前のテーブルの位置に注意をしてゐたが、いつか、その上にガサガサといふ極めて小さな動物のはふやうな音がしてゐたが、しまひに、鈴をぬつた玩具が、ガタガタと動き出したのである。ぬば玉の暗の中に、燐光が動いたのである。それから、テーブルが、ガタガタ動いたり、持ち上つたりした。しまひには、紙人形が、空中にふらふら飛び上つたり、ボールが、私たちの頭の上を無鐵砲に浮動したりした。唯物論者に近い今の私は、これには、何かトリックがあるにちがひないと思ひきめて、それが手品ならば、その種を見明かしたいと考へたが、何にしろ暗いので困つた。私の位置は、テーブルに非常に近いし、私は耳をテーブルに近づけてゐたので、何人の動きをも聞き取ることが出來るわけであつた。しかも、私の聞き得たものは、テーブルの上に小さい動物の這ふやうなカサカサといふ音のみであつた。

靈媒には、廿五年前に死んだモゴルといふ印度人の靈がついてゐるといふのである。そして、その靈と私たちとの會話が行はれた。この會話は、凡て英語なのであるみな遠慮してゐるのか、あまり質問をしないものだから、淺野氏が、リードルを讀むやうなアクセントで、いつ死んだかといふやうなことを聞いた。私は何處で死んだかと聞いたら、オハヨーといつた。

この心靈交感の會話において、答へる言葉は、空中の、あちこちで聞えた。これも、あとで人から聞くと、朝鮮人で、自分は口を動かさないで、あちこちで聲をさせることの出來る藝人などがあるさうである。

この間に、テンケンといふ聲がすると、淺野氏は、點檢だといつて、赤い電燈をつけて、點檢することを私たちに求めた。勿論カーテンのうしろには何にもなく、靈媒の封印はそのまゝであつた。

一ぱん後に、あたり前なら、眉唾と思はれるところの靈の指紋の試驗があつた。時々テーブルの上の赤い電燈がついたり消えたりするたびに、靈媒の顔が見える。靈媒はトランスの狀態にゐるやうに見える。そのうちに、心靈會員らしい人が「見える、見える」といふと白い蠟細工のやうな指が三本見える。そして、長い間かゝつて、用意されてあるゴムと、熱湯とを用ゐて、指紋を取つたのである。あとで、すべてが終つてから、電燈をつけた時に、私たちは、その指紋のついたゴムを見たのである。

コナン・ドイルは、その著ニュー・レヴエレーションの中に「予は最初懷疑論者だつたが、だんだん心靈學を研究するうちに、それが詐僞でないことを知り、チー・チー・ホーム（有名な靈媒）が地上から七十フイートも高い一の窓から、他の窓に、空中を浮んで行つたのを、信用あり、名望あるロード・ダンラベン、ロード・リンゼー、キヤプテン・ウインなどが證言するので、これを信ぜざるを得ざるに至つた」と書いてゐる。私たちが、現前見たやうな現象、すなはち目に見ゆる物の觸れないのに重量の物體が動くと、靈媒から一つの隔たりにある重い物の動搖すること、テーブルや椅子が空中に上ることなどは、英國の有名な科學者サー・ウイリアム・クルックス教授などの研究報告にあることで、教授によれば、「これ等の現象は、知識に支配される。この知識の出所が重要な疑問だ。それは靈媒の知識か、その室にゐる他の人たちの知識か、或はまた他から來る知識か。予はこれが、その室内の人たちに屬するのでなく、外なる知識のエーヂエンシーに歸せねばならない或事實を目撃した」といふのである。

米國の有名な心理學者ウイリアム・チエームス博士や、オリヴアー・ロッヂ博士などが、熱心に科學的に研究した靈媒は、ペイパー夫人といふ人で、この夫人に憑いてゐた靈はフイニーといひ、いろいろ不思議な心靈的現象をあらはした記錄がある。

淺野氏の用ひてゐる靈媒龜井君は、非常に生活が自由で金がかゝるものだから、金持から大分借金をしてゐるといふ噂がある。私がこの噂をすると、「をかしいぢやないか、靈の力で方々から金を集めることが出來さうなものぢやないか」といふやうな戯談をいふ人が出て、靈媒も、心靈も飛んでしまつたことである。いづな使ひの話も、この話と關聯して大分聞かされたので、それから出來る限りの文書で、いづな使ひの記述を讀みもしたが、いづなの正體がはつきりしない。これも一つの茶話に終つてしまつて、私はやはり一人の懐疑論者として殘つてゐる。私たちが催眠術にかゝつたのだといふことをいふ人もあるし、電氣仕掛けではあるまいかといふ人などもゐる。ところが、どちらも、さうらしくないのである。淺野といふ人が、大分人の噂に上つてゐるが、この靈媒の關する限り、トリツクはないといつてゐる學者もゐる。私の今しやうとしたところは、私が見たところを、德川時代の隨筆作者がしたやうに、たゞそのまゝ書いただけなのである。

資　警部補殿の幽霊探検

★台湾日日新報　昭和五年五月二十七日　5-84

警部補殿の「幽靈探險」

基隆赤峰氏の珍武勇傳

基隆警察署赤峰警部補殿の幽靈探險と云ふ珍武勇傳――

◇

時はこれ昭和五年五月十三日、所は基隆基子頭六番地、雜貨商を營む相田某と云ふ六十夫婦があつたが、同夕フト鼠二匹を喰つてあの世へ共々旅立つたのがそも／＼の發端――その後誰云ふとなく每夜同家へ夫婦の幽靈が出ると云ふ噂がパツと擴がつた、一部の人の話によれば虎の子のやうに大事にしてゐた貯金證書に氣をひかれて行くところへも行けぬのだと云ふが、然し何んにしてもこの幽靈の正體を見たものがない、草相撲の大關さへも夜になると同家の傍は走つて通ると云ふ始末

◇

ところがこれを聞き傳へてじつとしてをれぬが赤峰警部補だ、別に昭和の豪傑を氣取つた譯ではないが、古今東西の犯罪史を繙いて幽靈の正體が泥的だつたりする例を見れば見る程押へ難い責任觀念に燃へる腕は無理にも鎮めて、民を惑がす幽靈を取つて押さへて豚箱へぶちこまうと云ふ寸法――二十三日の夜は更けに更けて正に十時、部下一名をひきつれてゲートル姿も甲斐甲斐しく出掛けたのはよいが一時もすぎ、二時にやうやくまはらうとする頃、風さへ加はつて降りしきる雨、暗さは暗し、恰度お誂へ向きの物凄さに殴々武者振ひがはじまる、佩劍の柄もつぶれよと握りしめたと云ふと如何にも勇ましいがこれは即ち出たツとなると直ちに逃げやうとの計畫、ガタ／＼ツと裏口の戸のゆれる毎に二三丁かけ出した事はそも幾度か、がたうとう幽靈は出づに夜は明け離れた

◇

『今日の聖代に幽靈なんぞあつてたまるか、僕はちやんと見屆けて來た』御本人さも／＼得意氣に語る傍らで、クス／＼と笑ひ聲が起つて聞いた『現在の幽靈は開けてゐるよ、きつとおかしくて出られなかつたのかもしれぬ、眉毛でも剃りおとされなかつたのがもつけの幸ひさ』とは少しひどい！

怪　霊界に居る人が人間界への通信（一）

●二六新報　昭和五年五月二十八日（二十七日夕）　5-85

靈界に居る人が人間界への通信

我國に於ける靈媒の現在

今はトリックでないかと疑はれる

それに似た古來の事實

靈媒◇といふ事は、歐米にはかなり古くから行はれて居るが我國では二三の人が、近頃これを唱へ出し、各所で實驗などが演ぜ

られて居る。

◇たゞ　斯う言つたばかりでは、一向何の事か分らぬ人もあらうから、此の話をはじめる前に、一寸其の説明をしておかう。

◇靈媒　とは、死んだ人の靈の媒介をして、死者の言はんとする事を代つて言ふ人である。我國にも昔『市子の口寄せ』なるものがあつて、之れと同一な事をしたが、今いふ靈媒なるものとは無論其の趣を異にして居る。

◇靈魂　の不滅即ち人は死んでも靈魂は其のまゝ存在して、靈の世界へ行く。そして其處からの通信を、靈媒の口をかりて人間の世に送り得るといふのが、此人達の主張する處である。

◇靈媒　の實驗といふのは、其の靈媒を椅子に堅く縛りつけ、全く手足の自由を利かぬやうにし其の室を眞暗にして、蓄音器で音樂を奏せしめると、机の上の物が自然に踊り出したり、白紙に自然に文字が書けたりする。

◇そん　な馬鹿な事がと一概にけなしてしまへばそれ迄の話しであるが、さう直ぐけなしてしまふべきではない。今の處ではたゞ不思議〳〵と言ふだけであるが、其れに立派な理由學理のある事が發見せられるかも知れない。

◇たゞ　その實驗は、室を暗くするのと、音樂を奏せしめるので、光のある處で行へぬのはトリツクがあるため、音樂を用ゐるのはトリツクの爲に發する音響を觀者の耳に入れぬ手段であるといはれて居る。

◇靈媒　の口をかりて言ふ靈の言葉は、今以て何故か速記にはなつて居らぬ。そしてそれを聞いたといふ人は、其親がたゞ一人、子供の靈から聞いたといふのに止る爲め、世人の信用をかひ得ないやうである。

◇靈媒　などといふ言葉は新しいけれど、前記の市子の外、それに似た事が今日までにいくらもあつた。かつて本所石原に、不思議な家として、當時新聞紙上を賑はした事實などは、今思へば明かにそれであつたらしい。

◇日清　戰爭の少し前、本所石原に、金物界の機關雜誌を出して居た某といふ者があつた、長男を廿二歳で失つたが、その初七日の夕方頃、某は伜の位牌の前に端坐し、目をとぢたまゝ二時間位は身動だにしなかつた。するとその座敷にあつた品物がこと〴〵く右に左に、前に後に動き出し、やがては一二尺もとび上つたりして、そこに居るのが危い位であつた。

◇そし　て、其の不思議な運動が終ると、某の口から、死んだ長男の通りの音調で、『もつと燈を明くして下さい。そして、この供物では足らないからもつと數をまして下さい。』と斯ういふのであつた。

◇第一　日は、前項の如く、只の一二語しか言はなかつたが、それから二日三日と日の經るに從つて、かなりいろ〳〵な事を言ひ出した。其の内容は、繼母に對する生前の怨言が多かつた。

◇つま　りこれは、一種の靈媒に相違ないが、敢て暗黒と音樂を條件とはしなかつた。其の時の樣子は、之れを實際に見た人の話に徴するとしやう（つゞく）

霊界に居る人が人間界への通信（二）

怪　●二六新報　昭和五年五月二十九日（二十八日夕）　5-86

霊界に居る人が人間界への通信

死者の言葉の始る前

座敷に在つた品物が動き廻る

實見者の語る不思議

◇◇◇◇◇（二）

昨日に記した本所石原の、不思議な家について、それを見た人の話しを次に記して見やう。

◇主人　がめい目して居た時間は、二時間位と思ひますが、時計を見て居た譯ではなく、左うい ふ時は非常に長く感ぜられるものですから、或は一時間位であつたかも知れません。◇

◇その　間は、私も一二度其の他の人も數回話しをしかけましたが、一回も返事をせず、それが聞えないやうな風でした、後に聞いて見たら、其間は全然自分としての意識はなかつたから、何と言はれたか、少しも知らなかつたと云ふ事でした

◇今の　靈媒者の顏には、非常に苦痛の色が現れるさうですが其の時の主人の顏には、別にそんな事はなく、身もだえもせず、ただ靜かにして居て、指一つ動かすやうな事はありませんでした。

以上は靈媒であつたと思はれるその家の主人の態度であつたしかして今の靈媒が見るに堪へぬやうな苦悶の色を現はし甚しく身悶えするといふのは非常な相違が其處に在る

◇變だ　變だ如何したのだらうと言つて居る中に、何となく家の中がしんとしたやうな氣に打たれまして、其處においてあつた新聞紙が、風もないのに、四五寸佛樣の方へ動いて行きました。物が動いたのはそれが最初です

◇新聞　紙は少しの風にでも動くものですから、私達はそれに對して深く注意をしませんでしたが、その次に、私の隣にすわつて居た人の卷煙草入れが、一尺ばかり、だしぬけに前方に動いて行つたので、はじめて一同がびつくりしたやうな譯でした。

◇それ　からあとは、實によくいろ〳〵の物が動きました。鐵びんとか火鉢とかいふ、重い物は動きませんでしたが、輕いものはほとんど全部動いたと言つてもいい位です。それも最初は、たゞ疊の上をする〳〵と動くだけでしたが、後には飛上つて、飛廻る品物などもありました。私などは、少し危く感じたので、外へ逃げ出して居た位です。

以上は靈の言葉の發せられる前の現象でやゝ誇張せられた話のやうに思はれるが實見者は特に決して大きく言つて居るのではないと斷つて居た

◇そん　な騒ぎが一時間程續きますと、大颪の止んだあとのやうにパッタリ靜かになつて、直ぐ主人が何か口をモグ〳〵させて居ましたが

『おとうさん、おとうさん』と斯う言ひ出したのです、それはほんとに細い聲で、餘程靜かにして居ないと聞き取れぬ程度でした

◇燈明　を、もつと明くして呉れといふのが最初でした。そして供物を多くして呉れとも確かに言ひました。その時の事は、その家の內部の事情に關する事ですから、私からは申されません、其の話をして居る間は、十分位なものでした。

以上で實見者の話は終つた次號にはもう一つの例をあげるとしやう

怪 ●二六新報　昭和五年五月三十日（二十九日夕）

霊界に居る人が人間界への通信（三）

5-87

（三）

靈界に居る人が人間界への通信

第二例は中氣の老婆

前科十七犯といふしたゝか者

二階で夜半に男の聲

◇本所石原の不思議な家の話は、大槪前號を以て要領を貫した次には第二の話に移らう

◇震災　後の區劃整理によつて、此の當時の場所が、今のどの邊に當るかは一寸分らなくなつたが、下谷の萬年町と入谷町の境から、新坂本町の、今はもうないが前田家の邸の北の外れへ出る横丁の中程に、店には品物のない、車で出るだけの八百屋があつた。氏名は今記者の記憶にないが、此の横丁は妙に曲りくねつて居て、兩側も、じめ〳〵した暗い陰氣な家ばかりであつた。

◇其の　八百屋の二階――と言つても天井は張つてなく、梁に

霊界に居る人が人間界への通信（四）

怪 ●二六新報　昭和五年五月三十一日（三十日夕）　5-88

（四）

霊界に居る人が
人間界への通信
死者の言葉が夢に通ひ
自分の死期を知つて居た老婆
死でも佛にはならぬ

頭の支えさうな中二階——の四疊半の間を借りて住まつて居た老婆があつた。姓は分らないが、名はお種婆あさんで通つて居たが、チーハーの運送をして、前科十七犯とかいふしたゝかものであつた。

◇まだ◇ 入谷の朝顔が盛んであつた時分の話し此の婆あさんにも亭主があつたらしいがそれはとうに死んで、三十年位もほんの一人ポッチの生活をして居た。女に似氣ない大酒呑それも收入がさしてはないから、普通の酒は飲み得ずせうちうばかりを飲んで居た。そのたゝりでか、つひに腦溢血を起し、一命は取止めたが、五年ばかり半身不隨で寢て居てこの世を去つた。

◇此の◇ お種婆アさんが中氣になつてからどいふものは、別段金を得る道がないのであつたが、月のなかばになると、どこからか書留郵便が來る、差出人は同一人ではあらうが、其都度わざと名前も住所もかはつてゐる。之れは婆アさんの息子であるが、何か大罪を犯し、氏名をいつはつて、どこかで相當に生活して居るのだといふうはさであつた。しかし、それは此の記事には關係がない。

◇婆さ◇ んが床に就てから一年ばかりたつた時、例の八百屋——これも獨身者、もうけた金は殘らず飲むといふ風であつた——が商賣をしまつてから飲みに出て、例の如く夜半近くに歸つて來て、敷放しの床にもぐり込まうとすると、二階で婆アさんが、何かしきりに言つて居る。

『お婆さん、まだ寢ないのかい。』

斯う言葉をかけて見たが返事がない。第一よく考へて見ると、婆あさんには獨語の癖はないのであつたから、若し何か話して居るとすると、誰か來て居るに相違ないのである。

◇毎月◇ 金を送つて來る男、或はそれかも知れないと思つたので、八百屋は梯子段の下まで行つて見ると、果せるかな、それは男の聲であつた。

『色男が來る譯はなし、構はねえから寢てしまへ』と酒に醉つて居るし、八百屋は斯う言つて寢てしまつたが、翌朝早く起きて見ると二階はひつそりして何の音もない客なら、客のやうに、朝飯の仕度位はしてやらうかと二階へ上つて見れば、其處には婆アさん一人が寢て居るばかり、別段客のあつた様子はなかつた。

◇八百◇ 屋は不思議に思つて婆アさんに聞くと、

『いゝえ、お客なんぞ來るものかね。』とすまして居る。成程左う言はれゝば、此の婆アさんの處へ客といふのが少し變だ、しかし、確かに聞いた男の聲。さては大罪を犯して居るといふむす子が來たので、婆アさんは隱してゐるに相違ない。一つ今度來たら脅かして酒代でもせしめてやらうと思つたのであつた。

◇其の◇ 次の夜、例の如く八百屋が醉つて歸つて來ると、二階に又しても男の聲が聞えて居る。

◇八百◇ 屋が聞いた二階の男の聲。一體どんな男であらう。酒代が出さうか如何か今夜こそは見てやらうとばかり、足音をぬすんでそつと梯子段を上つて見ると、此の中二階にはいつもの通り、五燭の電燈が、點ぜられて居るばかり、お種婆さんは床上に横つて居て其處には誰も居なかつた。

◇餘り◇ の不思議さに、八百屋は背中から水をかけられるやうな悪寒を覺え、梯子段の中途で立盡くして、なほ此の不思議をながめて居ると、婆さんは、しきりに何か言つて居た。其の時の言葉は八百屋が一々覺えては居なかたが大體次のやうなことであつたらしい。

何故◇ お前はそんなに心配をして居るのだ。死んでも決してこはい處へ行くのではない。わたしはお前がいつこゝへ來るかとチヤンと知つて居る。だから安心して居るがいゝ。たゞお前が死んだら誰もそこでは弔つて呉れる人があるまいから息子によく頼んでおくがよい。

其の◇ 當時、八百屋にはそれが何を意味して居るかよく分らなかつた。しかし、確かに、それを言つて居たのは婆さんで、そして其の聲は男の聲としか如何しても聞かれなかつた。

婆さ◇ んに何か取付いた——と斯う八百屋は思つた。そこで其の翌日、ことの次第を婆さんに話すと、『それはわたしが夢を見て居るのだ、寝言なのだよ。別に不思議はない。』とすましてゐて、夢の中に死んだ亭主から、その通りの話しを聞いたと付加へた、◇

寝言◇ にしてはあまり變だ第一男の聲なのだから、之れはきつと何か婆アさんに取付いたに相違ないとばかり、八百屋は近所の人達と相談して、修行者を呼び迎へ。いろ〳〵祈禱などをしてもらつたが、一向にきゝ目はなく、彼これ一月あまりもそんな事が續いた。

お種◇ 婆アさんの死んだのは、それから數年後で、其の間毎月のやうにこんな事が四五日あつた爲、後には馴れて、誰も不思議に思ふ者がなくなつてしまつた。

以上◇ はかつて、其の附近に居た人から聞いた話しであるから、或は幾分の誇張もあらうし、事實の違つてゐる點があるかも知れぬ。しかし今にして之れを考へると、靈界からの通信が、婆さんによつて傳へられたのではあるまいか。

現在◇ の靈界通信は、靈媒によつてその以外の人に致されるのであるが、この一例は、靈媒その人が通信を受ける人で、この靈の言葉が耳に致されるのではなくその音が夢となつて、その腦に傳へるのであつた

此の◇ お種婆アさんを知つて居た、近所の駄菓子屋の細君はその後にこんな事を言つて居た。『お婆アさんは、自分の死ぬ日を知つて居ましたよ。さうして、わたしは死んでも佛樣の處へ行くのではない、どこだか自分にも分らないけれど、死んだ亭主が待つて居て呉れる處へ行くのだと言つて居ました。ですから、ほんとに安心して死んで行つたやうです。』

然る◇ にその後、此の八百屋が、一計を案出し、自分の女房に婆アさんの死後もらつた——婆アさんがのり移つて、いろいろの人の身の上判斷をすると言ひふらしかなり愚夫愚婦から錢を取上げたやうであつた。

以上◇ は無知な階級に起つた一例だが、次號には左うでないのを記して見やう。

怪 霊界に居る人が人間界への通信（五）
●二六新報　昭和五年六月一日（三十一日夕）　5-89

靈界に居る人が 人間界への通信

（五）

十歳になる女の兒を靈媒に仕立てんとしたはなし

孝行な小學教師

前回に記したお種婆さんの事は無知な階級に屬するのであるから其處には只單なる迷信が交じへられて居たとも考へられるそこで今日からは有識階級に屬する人の一例を記さう

東◇ 京の話しではない——。埼玉縣と言つても東京に最も近い浦和の停車場の前通り、叶屋とか言つた菓子屋の二階を借りて、年の若い小學校の教師が住んで居た此の人は、後に千葉縣茂原の町役場に吏員をして居て、そこで肺病で死んだ由である。名は中山茂、此の話は其の二十七八歳位の時であつた。

此◇ の教員は非常な親孝行、故郷の茂原に居る兩親の事を常に心配して居たが母親が不慮の死—

荷馬車の馬が暴れて轢き倒された爲――をとげた時など、半月以上も毎日泣き通して居た。」

◇

死んだ母、如何かしてもう一度その聲を聞きたい。これがこの孝行敦員の願であつた。その時この孝心に同情して、外國にはこんな事があると、靈媒に關する書籍を貸して呉れた。

◇

彼は最初其の書を讀んだ時直にそれを信ずる事は出來なかつたが、若し之れが事實なれば、母の言葉を聞き得るかも知れぬ。靈の世界が存在するや否やは別問題として、一つ之れを試みたいものだと思つた。

◇

しかしながら、浦和に靈媒はない、東京に若しやありはせぬかと、知人の處へ手紙を出してたづねて見たが、その當時はそれらしい人も居なかつた。

◇

そこで彼は熱心に其の書籍を讀んだ、そして靈媒が何ういふものであるかを知り、自分の身邊に居る者を、靈媒に作り上げやうと斯う思ひついた。しかし彼は獨身者、身邊の者といへば、二階を借りて居る菓子屋の家の人よりほかにはないのである。

◇

其の菓子屋に當時十歳位の女の兒が居た。それが孝行敦員によくなついて居て、絶えず二階へ遊びに來て居るので、彼は此の女の兒を靈媒にしやうと思ひ立つたが、そんな例は恐らく外國にもない事であつたらう。

◇

彼は先づ最初に、其の女の兒を見詰めては、心の中で、しきりに、お母さん、お母さんと呼びかけて見た。勿論それは口に出しての言葉ではないから、女の兒がそれと知らう譯はなかつたのである。

怪

霊界に居る人が人間界への通信（六）

●二六新報　昭和五年六月三日（二日夕）

◇◇◇◇◇

（六）

靈界に居る人が人間界への通信

最初は催眠術の如く

女の兒は眠りにおちて行つた

遂に靈媒に成功

◇

孝行敦員は十歳になる女の兒をとらへては、しきりに心の中に『お母さん』と繰返して居た、無論それは心の中で呼びかけて居たのであるから、それが女の兒に聞えやう筈はなかつた。

◇

然るに、それが二日となり三日となると、左う呼びかける度毎に、女の兒は敦員の顔をぢつと見詰るやうになり、それから更に數日を經ると、今度は其の度毎に顔を傾けて

『先生、今何か言つたの』と聞くやうになつた。そこで敦員は、自分は心の中で言つてゐるのではあるが、自分の耳には聞えずに、言葉が自然に口に出るのではないかと疑つた。

◇

しかし、よく注意をして全然口を動かさず、心の中でだけ呼びかけた時も、やはり女の兒は不審さうにして、何を言つたかを聞くのであつた。聲のない言葉、何のひゞきを持たぬ言葉も、その心から發すれば、人の耳ではなく人の心にやはりひゞくのであらうと彼はかう思つた。

◇

孝行敦員は自分の心の聲が相手にひゞくやうになつたのを喜んで、今度は『お母さん』と呼びかけながら、女の兒の顔をぢつと見るとを試み出した。最初はその兒が不審さうに、

『なぜそんなに顔を見るの』と聞くのであつたが、同じやうな事を一月あまりも繰返して居ると、次第にその兒は目をつぶるやうになり、やがて夢でも見てゐるのではないかと思はれるやうになつた。

◇

催眠術、その狀態が、丁度之と同じだとは考へたが、それでも女の兒を靈媒たらしめやうとす

る熱心は、そんな事を振返る餘地はなかつた。よしや催眠術のそれでも何でもいゝ其の兒の口から、母の言葉を聞けばそれでよいのであつた。

◇

母 戀しさの心から教員は熱心に女の兒にいろ／＼の事を試みると半年ばかり、ある雨の陰氣な日曜日の朝彼は例の如く女の兒の顔を見詰て、心の中に『お母さん』を繰返して居ると其の兒の顔には甚だしい苦悶の色があらはれ、しきりに體をもんで居たがやがて『しげる、しげる。』とたゞ二語言つたやうに思はれた。

◇

教 員は自分の名を呼ばれたとは思つたが、決して明瞭ではなかつたので、もう一度確かにそれを聞き定めやうとばかり、懸命に例の如く心の中で母親を呼びかけて見た。しかし其の日はもうそれきりで、女の兒に何の異變も起らなかつた。

◇

次 の日教員は放課を待ちかねるやうにして歸つて來た。そして女の兒を抱くやうに二階へ上つたが、つひに彼の目的は、其日不十分ながらも達する事が出來た。當時の有樣は彼自身がある人にくはしく話して居る、次號に其の次第を記すとしやう。

怪　霊界に居る人が人間界への通信（七）
●二六新報　昭和五年六月五日（四日夕）　5-91

霊界に居る人が 人間界への通信（七）

死後の世界の存在を

確信して此の世を去つた教員

明かに靈の言葉

孝 行教員が女の兒を靈媒として、亡き母の言葉を聞き得た次第は本人から聞いた話を、又聞き乍ら次に記して見やう。

◇

私 が學校から歸ると、直ぐ其の女の兒を抱へて二階へあがりました、その當時その女の兒は、私に顔を見詰られては、催眠させられるので、少し私をいとふ傾向がありましたから、私は其の日、美しい簪を買つて、是を上げると言ひましたから、喜んで二階へ來たのです。

◇

彼 の女に先づかんざしを與へましたら、喜んでひきりにそれを頭にさし机上の鏡を取つて、自分の頭を映して居りました。私はその鏡に映つた顔を、彼の女の背後に居てじつと見詰、例の如くに『お母さん』を心の中に繰返しました。すると少女はやがて兩方の目をつむりましたが、直ぐ苦悶の色が面上に現れて來ました。

◇

實 を言ふと、私も一生懸命です、長く少女にそんなまねをして居る譯には行きませんから、凝視を極度に強め、夢中になつて母を心の中で呼んで居ますと、少女は如何にも苦しさうにして確かに『茂、茂。』と二聲私の名を呼びました。其の兒は常に私を先生と言つて、決して名は知らないのです、それが明に『茂』と呼んだのですから、私は靈の言葉であると思ひました。

◇

靈 媒の事を書いてある書籍を讀みますと、靈の言葉は、其の人の聲音のまゝに聞えるやうに書いてあります。つまり私の場合には、其の兒の聲でなく、私の母の聲音で聞えるといふのです。しかし、其の時『茂』と呼んだ女の兒の聲は決して母のそれでなく、さりとて子供の聲でもなく、一種絞り出ずやうな異樣な聲でした。

◇

私 は名を呼ばれたのに對してやはり心の中で『何ですか、何ですか。』を繰返しますと、今度は『わたしはいゝ處に居る。あんまりお前が私を呼ぶと、わたしは靜かにして居られない。』と言つたまゝ、女の兒はそこへ倒れてしまひました。そしてそれきり、もう何も聞く事は出來なかつたのです。

◇

孝 行教員の語つたのは、大要右に記した如くであつた。そして、此の有樣を、女の兒の母親に見られた爲、其の夜、彼は爾後そんな變な眞似をして呉れるなと斷られた。併し彼は、母の聲を聞きたい一心に、次の日は、其の兒をある心易い家に連れて行つて昨日

の通りやつて見たが、其日は成功しなかつたばかりでなく、又も母親の耳に入つて、二階を貸す事も斷られてしまつた

◇

彼は直ぐ隣のある家の二階を借りて引移つた。そして、例の女の兒を呼び入れやうとつとめたが母親の見張りが嚴重でつひに其の後は亡き母親の聲を聞く事は出來なかつたといふ事である。

◇

幾年かの後、彼が故郷で病死する際、最も親しくした友に、斯ういふ事を言つた由である。『自分は自分の實驗によつて、死後にもなほ靈の世界のある事を確信する、だから、自分は安心して死ぬ事が出來るのだ。』

屋根屋狐に騙さる

獣 ●新会津　昭和五年五月二十九日（二十八日夕）　5-92

屋根屋狐に騙さる
鰊と饅頭をとられ
山林中に人事不省

耶麻郡新郷村字千歳島屋根職佐藤左右（四二）は去る三月若松、坂下方面に出稼ぎして居たが去る二十日歸宅の途中新郷村字馬込み山中において行方不明となつたので村民が總出で捜査中二十一日道路から約八町程の山中に人事不省になつてゐるのを發見、手當を加へた結果漸く蘇生した、左右の語る處によると途中て自分の子供に出會ひ土産に買つてきたにしん一束、まんじう一包をくれたがそれから先きのことは意識がハッキりしないで寢むくなつたから眠つたといつてゐるが、彼の着物には狐の毛が無數に着いてゐるので狐につまゝれたのであらうと云はれて居る

大蛇を見た娘　発熱して死亡

獣 ●新会津　昭和五年五月三十一日（三十日夕）　5-93

大蛇を見た娘 發熱して死亡
新電社員連が
近く電氣で退治

大沼郡尾岐村吉岡重次郎長女カツ（一六）星豐藏三女ミキ（一七）の兩名は去る二十五日同村地内の明神ケ岳の草刈に出かけて立歸るや否や發熱して臥床したが二十八日に至りカツは病名不明のまゝ死亡してしまつたのでミキに問ひ質したところ前記明神ケ岳に於て草刈中素晴らしい大蛇に襲はれ命からぐ\逃戻つて來たものと判明したので近く村民總出で大蛇退治を行ふ事となつたが新潟電氣株式會社では山に工事を施し高壓電流を通じて退治の應援をなす筈

事実怪奇小説集

資 ●東京朝日新聞　昭和五年六月四日　文藝倶楽部七月号　5-94

亡霊は帰える

幽 ★満州日報　昭和五年六月四日　5-95

◇◇おはなし◇◇
亡靈は歸へる
渡邊三郎

こんな話をする－皆さんは「今

ごろ何あんだ馬鹿々々しい」とお笑ひになるかもしれません。しかしまあ初夏の夜の物語りとして聞いて下さい。

×

私の近所に淺岡の小母さんといふ人が居る、此の不思議な物語りはその小母さんのある夜のお話である。

淺岡の小母さんの親類に北野といふ家があやた、此の家も私の家のすぐ近所であつたが、此の家に栗ちゃんといふ今年六つになる女の子と利雄さんといふ男の子があつた。

利雄君は私とは學校友達で去年まで私と同じやうに母校の南川端小學校に通つてゐたがふとした病から昨年の夏たうとう死んでしまつた。

何でもそれから何日か經つた八月の初め頃である、その頃淺岡の小母さんは〔?〕の出町に居たさうであるが、北野さんのお家の人々は淺岡のおばさんに留守居を頼み鏡ケ池に涼みに出た。

小母さんは獨りぼつねんと留守をしてゐたが、北野さんの家の人々はいつまでも歸つて來なかつた

その中に小母さんは疲れが出ていうと〳〵と眠つたと思ふと、風もないのに戸がスーツト開いた、小母さんはハツと目を覺ました、

「おや、どうしたのだらう」

小母さんはさう思ひながら、つと立つて戸をしめた。それから、まもなく二階の階段をトン〳〵と登る、かすかな足音がする。

「オヤ？誰だらう？」

小母さんの胸は不安にふるえた

「栗ちゃん？」小母さんはさう呼んで見たが、返事がない、いよ〳〵不思議に思つて階段の方を見つめてゐると、又トン〳〵と輕い足音がしゝ誰かが階段を下りて來る様子である、その中にスウーツと戸が開いた、小母さんはギヨツとして呼吸をすぐませた、小母さんが驚いたのも無理はない、そこには去年死んだ筈の利雄さんが擬せおとろへた姿で立つてゐた。そして右の脇に自分の小倉服を大事さうにかゝへてゐる、小母さんはしばらくの間呆氣に取られて見てゐたが、漸く氣をしづめて

「まあ利ちゃん、どうして來たの？」と訊いたが、利ちゃんは默つたまゝ口を歪めて妙な笑ひを洩し音もなくスウーツと裏の方に出て行つてしまつた、小母さんはあわてゝ外に飛び出したが、その時にはもう利ちゃんの姿はかき消すやうに見えなくなつて火の玉が本願寺の方へ尾を引きながら消えて行つた。

おばさんの話はそれだけであるなんと不思議な話ぢやありませんか。

幽 夢枕に立つ夫の惨い姿 果して他殺か？

★満州日報　昭和五年六月四日　5-96

夢枕に立つ 夫の惨い姿

二月前から行方不明の船長に絡まる怪談

果して他殺か？

眞夜中、プンと血のりの匂が鼻を衝く、屋の棟三寸下る丑滿頃……これは六月にふさはしい怪奇めいた實話である、大連港から山東角にかけ變子窩沖を廻つて事件の緒は一ケ月程以前に遡ぼる、四月廿六日、咲き亂れた櫻がポツ〳〵葉に代らうとして鬱陶しい晩春の午後、水上署に髪ふり亂した一婦人が慌てゝしどろもどろで

「夫は殺されたに違ひありません、調べて下さい、確に殺されたのです、廿六年も永い間海の生活を續けて來た夫が

海で死んだものとは夢にも思はれません」

と驅け込み訴へ出た、恰度係に當つたのがその日の當直警部補臨山保安主任、慌てる婦人に冷めたい番茶を飲ませて聞き出した所を綜合すると、彼女は市内武藏町江島小市妻かね子（五五）で夫の小市は乃木町四番地小金丸貞一所有發動機船小金丸廿六號に船長として搭乘し山東沖に二週間程以前より出漁中であつたが、廿六日船は入港したが彼女の夫小市の姿は船内には認められず、僅かに着古した作業服と日頃愛用の釣の道具入れのみが殘され、小市の使用人三名中二名がボンヤリした顔をして「ヂャングイは山東省附近で足を踏滑らして

海中に落ちてしまひました、そして今一人の仲間張は變子窩に寄港した時上陸したまゝ歸りません！」

と小市の不慮の死と仲間の行方不明になつた事件を、慣れたとは云へ船板一枚下は地獄の底、生命を

的の生業に「無事で歸つてくれたら」と女心の一筋に神佛にまで祈つて待ちもうけてゐた彼女に逐一物語つた、かねはこの爆彈のやうな事件の惹起に仰天して取り敢ず訴へ出たものであるが、當時脇山主任も怪しいと睨み、まづ乘組支那船員を召喚、火の出るやうな取調べを行つたが結局彼等の口を割つて出たものは前後不徹底、筋の通らぬものゝみで物的證據なく「小市の過失死」といふ事に事件の**大團圓**を見るより落ちやうのない體なる一海難事件に過ぎないものになつてしまつた……しかるにその時から一ケ月餘りも經つた五月三十一日の午後、再び前記かねが水上署に出頭「たしかに殺されてゐます」と小市の他殺說を確信ありげに訴へ出た

毎夜の如くかねの夢路に夫小市が無念氣に立ちはだかり柘榴のやうに割られた胸を指さしながら何事かいはんとあせり、涙をながしながら殺された事を裏書きし仇をとつてくれと頼み込む……こんな日がづつと續くので今一度調べて見てくれ」といふのであつて「夫は確に**殺られ**たんです、そして支那人が金を持つて獅子窩から逃げたのに違ひない」このかねの眞面目な顔に水上署員もいさゝか氣味惡げな面持で取り敢ず再調査する事となつたが、昭和の今日、初夏にふさはしい實話讀物の一つとして紹介する

資　新しい不老長生術　四千八百年死なぬ

●関門日日新聞　昭和五年六月六日　5-97

かいがいのたより

新しい不老長生術

四千八百年死なぬ

人間は四千八百年の長壽を保つことが出來るといふ大發見が今度ベルリンの有名なマクス、ハートマン教授によつて發表された、ハートマン教授は多年の實驗の結果或る動物の細胞は不死不滅たるを得ることを實證しそして今やそれを動物にも應用しアメーバ細胞の如きは或る方法によつて明かに不死の域に導き得ることを確證した、この細胞不死の原理が一度確立された以上人間の不死は今や必ずしも荒唐無稽の說でないことになるのである、アメーバは最下等の動物で分裂によつて增加し行くのであるがハートマン教授はこのアメーバを定期に切斷することにより分裂を防止し得ることを發見した、而してアメーバの壽命は普通二日間なのにこの切斷したアメーバは啻に分裂をしないのみならず四ケ月間といふ長い壽命を保ち得るのである、二日間の命が四ケ月に延びるといふ割合で行くと人間の壽命は八十歲のものは四千八百歲まで長壽出來ることになる、然しこの四ケ月といふのもまだいくらも延長の可能性を持つてゐるのであるから人間も四千八百歲どころかまだ／＼長命出來るわけである、ハートマン教授の說によれば死は細胞の消失によつて生ずるものではなく寧ろ細胞の過剩によるのである、故に細胞の增加を防止することが長命の秘訣である、この原說が若返り法で有名なスタインナッハ博士の原說と酷似してゐるのは注目に價する、スタインナッハ博士の若返り法は或る內分泌腺を切斷することによりその活動を若返らせ得るといふので切斷といふ所に一致點がある。

怪　南魚沼浦佐の魔除「猫の面」

●新潟新聞　昭和五年六月十日（九日夕）　5-98

南魚沼浦佐の魔除「猫の面」

土産品展で一等に入選　由來に面白い傳說

南魚沼郡浦佐町の有名な毘沙門堂の「傳說魔除猫の面」（左甚五郎作）をマスクにして作つた郷土味豐かな面は今回鐵道省主催の土産展に出品、東北七縣の部で一等に當選したが、この魔除の面には左の如き興味深い傳說がある（寫眞は一等入選の面）

◇

いつ頃か時代は判然しないが毘沙門堂まで名高い浦佐の町にあつた奇怪な傳說。頃は睦月の初旬、折柄降り頻る名物雪の大路を吹き流し行く按摩の笛、それはそこひの杢市とて、按摩揉み療治に妙を得たゞめ暮しの吞氣者、彼れは生來の剽輕者で、いつも無駄口輕口で人を笑はせて他の盲人の誰れ彼れ差別なく可愛がらるゝ果報者だつた。

◇

と或日降り續いた雪の夜は深し

ゝとして駈けて行く。人の往來も途絶え勝ちに……

間もなく彼は、蠟燭の火影薄暗い毘沙門堂の本尊前で納所坊主珍念の横手に侍り一生懸命もみ療治に余念がなかつた。

暫らくすると、首をかしげ、眉を寄せ、頭と何か考へてゐるようだつたが、だん／＼に顔の色が青褪めて來て、プル／＼ツと身をふるはせたと思ふと、キヤツとばかりに悲鳴をあげてドタリとうしろへひつくり返つてしまつた。

◇それは、陰念の背格好が、どうしても普通の人間でないと心付くや、突嗟の間に彼は種々の恐怖を感じたからだ。さとられたと知つた化生の珍念は、見る／＼うちにいはゆる耳まで裂けて、鋭い白い牙を鳴らして、今にも杢市に飛びかゝらんずその形相、アナ恐ろしや猫を經た大山猫。火炎のような舌を吐き爪を研ぎつゝうめくが如き聲様な濁聲で物すごく「今宵この事のことを口外いたさば直ぐに汝をとり喰はん、夢々忘れるな」と言ひ捨めし折柄起る怪風に燈火消ゆれば掻き消す如く忽ち姿を隠してしまつた。

◇杢市は生きたる心地なく戦き慄れたゞワイ／＼と膝をすざり轉ぶが如く堂前に辷り出ると杖、履物も何のその御前差して無我夢中折柄、頭巾目深にかゝつた町役人、たゞならぬ杢市の體たらくに不審を抱き、問ひをかくれば今の先、口止めされたのも打忘れてく／＼と申せる、役人も吃驚仰天に助け扶けられ、息を切らして闇の夜路をこけつまろびつ逃げ去つた

◇その夜の内に町内へ觸れは廻された。決議の結果は 等の毘沙堂が廢絶にでもなるようなことがあつたら由緒深い毘沙天の一大事、の異變は目前だ。町子として默過する場合でない時を移さず大山狩を催して是非杢市のおどされたといふ山猫を退治せねばならぬといきまくものが多かつた。隣堡薬師山の城主某も、逸早くこの事を聞きつけて一臂の力添へしようと申出た。町方の意氣はいよ／＼あがつた。

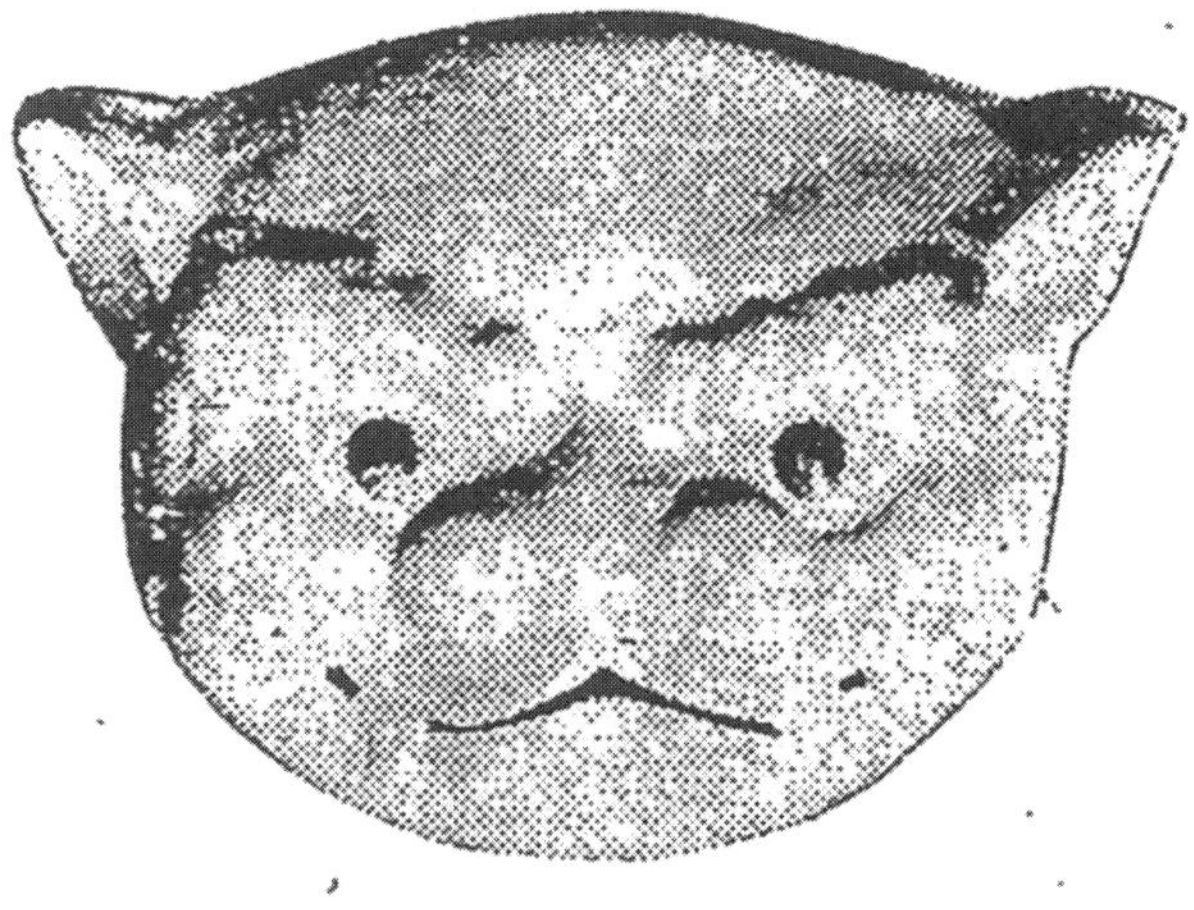

◇あくれば早朝、町方一同勢子となり薬師山の城主家來を勢つて押一押、ワアッ／＼とばかり鯨波あげて觀音寺山一帯の大山狩は開始された。時々刻々は移つて緊張なんとするも右往左往するは鼠獣ばかり、それらしいものは子猫一匹出て來ない、いよ／＼方途を換へて大勢に取囲んだ毘沙門堂を遠巻からジリ／＼攻めに攻め寄せて全く堂内に攻め込んだ時には、日はトップリと暮れ果てゝしまつた。

◇間もなく堂内とて、なだれ込む勢子の同勢で殆ど立錐の余地もなく、ワイ／＼騒ぎ立てゝ押合ひへし合ひ、上を下への混雑最中、天井裏からヒラリとばかり飛鳥の如く飛出した大山猫、逃げ場を失ひ身を躍らす隙もなく忽ち同勢の足下に蹂躙られ、ペシヤンコに踏潰されて見るも憐れな最期を遂げてしまつた。一日の山狩に疲れ果てた勢子も思はぬ獲物に狂喜してドットばかりに喊聲をあげ、勇みに勇んで引揚やうとした時、當の常光寺から祝酒を出してその勞をねぎらひ、一同は不時の饗應に舌皷を打つて喜びあひ祝しあふて夜更けるまで歓をつくした上、各自思ひ／＼に我家へと立ち戻つた。

◇寺では、爾來大晦日と怪魔除け修祓の意味でその後每年一月三日……それは山猫退治の日今では三月三日になつてゐる……この退治された猫の皮を敷いて當時の混雑を繰返し／＼して祝酒を出した。それが數十年の後に、さすがに猫を經た怪猫の皮だが、もうずた／＼に切れてしまつて敷くことも出來ないので、その代りに耳毯を作つて敷くことにした。

にこの地方では耳蔵のことをホコ〱といつてゐる。

◇

このことあつてから何年後のことか判然しないが、當時の名匠左甚五郎が越ケ通過の途次この話を聞いて興趣の湧くがまゝにその面影を毘沙門堂棟木の杣木に彫り付けたのが今も殘つてゐる。そしてこの猫の面が押合祭りのあと三月七日の晩、夜更けて啼くといひ傳へられてゐるその面影をマスクして厄拂を作り出來上つたのが「厄拂除猫の面」である。

◇

あれ程魔力を継へ、しかも神通力さへ得たらしい怪猫が、どうしてあの合又後からでもあの本市を喰殺さなかつたか、それは例ひ畜生でも兀々自分の惱みを癒して貰うために坊主に化けて腕の勝れた評判のよい本市に療治を頼んで、一時でもその惱みを忘れさせて貰つた恩義をおもつたからだ。

されば彼の名匠左甚五郎もきつとこんなところからフト惻隠の情が働いてあの面を残してやつたのだらう。奇人の奇行、眞に味はふべきではあるまいか。

怪　謎の塚（上）　●下野新聞　昭和五年六月十二日（十一日夕）　5-99

謎の塚（上）

馬頭の街はづれ、武茂川の環流を瞰下に、赤坂といふ磐和見街道のかたはらに、小松林をバックに『謎の塚』とて、界隈の人達から、この塚に纏つて、さまざまの怪異な説を傳へられてゐる『ひめ塚』といふのがある、この塚は現在青木定吉氏の所有山林となつてゐる。

◇それは未だこの馬頭の町が封建時代今から百三十年程の昔馬頭といつた文化の頃、この村の東北に山街道筋に棟高きいくつもの建屋があつて茂林の繁みを隔てゝ巍然と聳へ、たれが見ても王者をしのぐ豪奢な構へがあつて里の人達からは『かまいたち』と呼ばれてゐた百万長者があつた。

◇北から南へ　松と楓樹の枝打ち交はした生垣を、さゝやかな土堤芝の上に、ぐるりと繞らし、その中に見るからに清らかな東屋、築山に刈り込んだ、[illegible]芝を植えた築山、小石を敷いた空池、流れに渡した掛橋や、庭の飛石、築山の梅の大樹には[illegible]なげに藤蔓をからみ付け、風に鳴る軒ばの風鈴、露に滴る釣忍いづれも贅をつくした風致で、樹齢も深い一樹の槐の蔭によせかけて建てられた門柱には墨痕鮮やかに木村利右衛門と記された表札が、かゝげられてあつたので、この百万長者の名は木村利右衛門であるといふことが窺ひ知ることが出來た。

◇よく金が人を支配すると昔からの例へ、この長者も村の人達や親類縁者多くの召使の者共からまで尊敬されてこの界隈で誰知らぬものはない羽振を見せてゐた、附近一帶はおろか近郷まで田畑宅地の多くは殆ど長者が所有で、それ丈小作人や借地人も多く、宛然木村王國とまで謳はれた程、豪勢な限りを盡してゐたのであつた。

◇今も昔も同じこと、春から夏にかけて燕といふ呑氣な鳥がこの村へもやつてきて、長者が名も恐れずこの屋の軒ばに巣をつくつて飛びまわつては餌をあさりて巣の中の子に運んでゐた、時たま白い糞を落して木村利右衛門と書いた表札を眞二つに描き割つたこともあつたがこの長者は餘りに意にもとめなかつた、丁度その頃であつた長者はこの『ひめ塚』の前に幾十となくあつた無名の塚を掘返して畑地に開墾しようと思ひたつたのであつた、そもそもこれが長者が破落の初期であつた。

◇それから間もなく塚の掘返し作業は長者が手によつて實行された、傭ひ上げられた幾十人かの人夫は長者が指揮に從つて虱つぶしに片ッ端から塚を切り崩しはじめた、切崩された塚の中からは色々の古器物や刀劍の折れ等が續々出た、人々は祟りを恐れて村の明神さまへ奉納した（現存す）こうしたことが毎日繰返されて幾日かすぎて塚の大半を發掘した頃、頑丈な軀であつた長者は突然發熱した、そしてどつと病の床についた、それと同時に塚の發掘も中止したのであつた。

◇そして金のあるにまかせて醫療や看護に努めたが藥石の効は少しもなかつた、亦傍ら世間ではよいと

謎の塚（下）

怪　謎の塚（下）
●下野新聞　昭和五年六月十三日（十二日夕）　5-100

◇さてこの馬頭の室町に祖先から代々百萬の資産を受けついで何が不自由といふこともなく暮してゐた某といふ、ごく平穏な一家があつた、この某といふ男はよく世間にありふれる子孫の遺産爭ひを恐くられい後顧の禍根をたゝためにある日資産分配を我が子孫のために取極めたのであつた、そして嫡男の甲には資産の七分通りを割除して與へた、二男坊の乙には將來有爲の士たらしめやうと目論み帝都の高等學府に遊ばせて資産の三分通をこの二男坊につぎ込んだ・そして自己は樂隱居でもして老先を暮さうとした。この配分が取行はれてから嫡男の甲はその後間もなく『ひめ塚』附近の自個の所有である畑地の古墳を切崩して畑地にしようと思ひ立つて吉日をいらみその切崩しに掛つた、古墳からは刀劍の折れなどが發掘された、これと殆ど一緒に昨日までぴん〳〵してゐた甲の父が突然死んで仕舞つた餘りの不思議さに打ち驚いた嫡男の甲は刀劍類を明神さまに寄進していろ〳〵と除難の祈願をしたが神の祟りか其後幾何もたゝないうちに自個も貧乏の人となつて仕舞つたのであと目を相續する者もなくなつて仕舞ひ二男坊の乙が大學を卒業してからこの家にをさまつて遺産を相續し現在してゐる、この不思議な神の祟りに打ち驚いた一家ではさゝやかな祠を畑中に建立して祭つた

それからこの街のかたはらに太郎といつた一人の百姓があつた。ある日何心なく『ひめ塚』の古墳俗に大塚といふのを切崩したまでは何事もなかつたが、その夜突然太

云ふことはどんなことでもして見た、神に祈願をこめて見た、法會も營んで見たが神にも佛にも見放されたものと見えてこれ亦些少の効果もなく、病勢は次第に募つて行つたそして朝餐さへすこしも咽喉に通らなくなつて仕舞つた・今は全く體に疲勞の得床に苦吟する身となつた、然し未だ壽命丈はあるものと見えて死にもしなかつた、そして幾日か苦しみ續けた、その揚句全身から膿汁が流れ出た體は赤くはれ上つて、とろとろとろけ只眼球丈けな爛々と、かゞやいた物恐ろしい形相と變つた世にも恐ろしい天刑病であるといふことが判つた、それでも名の呼前村の人達や親類縁者の者達は日夜交互に枕邊に垣をつくつて看護に努めた　金ですむことなら万金を投げうつことは雜作もない長者も天命には敵はぬものと見えて一族從者の眞心こめての看護の甲斐もなく苦しみぬいて終に夏の野の草葉の露と消え果てゝ仕舞つた

◇こうしたことがあつてから村の人達の間に塚を發掘した神罰であるといふ噂がぱつと廣まつた、そしてこの覿面な神の祟りを村人は恐れおのゝへた、それからといふものは、この長者が一家に不思議な癩病人が發生しては、ころ〳〵と死んで行くばかりでなく財政上の異變が次から次にもち上つてきて破産して仕舞ひ一家は死に絶えて仕舞つた

◇人生の榮枯盛衰定まりなきは恰も愁天の如しだ、昨日まで百万長者とて名を近郷に知られた木村利右衛門一家も『ひめ塚』附屬の古墳を發掘してから見る見る内に、大木の打ち倒れるやうに、根から葉まで打ち枯れて仕舞ひ、槿花一日の夢と化し、流石の高閣も自然の荒れるにまかせ、緑濃き一樹の槐のかげにたてられてあつた門柱も表札も朽ちはててかへりみる人とてもなく・耕人の鋤や鍬の先きで、きりさへなまれ見る影もなき麥畑と化して仕舞ひ昔の面影をとどむるものとては何一つもなくなつて仕舞つた

◇こうした事があつてから星移り月はかけりて百年の歳月は流れ明治の聖代とはなつた、長者が一手に占めてゐた田畑宅地は分解されて町のさまざまの人達が所有するやうに變つた、然しこの『ひめ塚』のある前の田畑には未だ發掘し殘された多くの古墳が現存してあつた斷り置くがこれは現在この町に住む人々の不思議な出來事であるから氏名丈けは祕めて物語をすすめることにする

郎は死亡した、母の某は亦その夜から精神に異常をきたして街中を狂ひ歩き終に狂死したのであつた

×

これはこれ現在活きた、この町頭の町に『ひめ塚』を繞つて傳へられてゐる近頃の出來事であるから町の人達は誰知らぬ者はない程公知の事實となつてゐる、亦それだけ町の人達は恐れ戰ひてゐるから不思議な出來事といふより外に途はない

× ×

この『ひめ塚』は平かな畑地から一段六尺位の高さに玉石で積みあげられた上に圓形を描いて四方角の直徑約三間高程四間位の大きな塚である三段に築かれてあつて名さへ知れぬ雜草が生茂り櫻や松の大樹が巨人のやうに空に聳へ、見るからに小山の感を思はしむる程である、この塚に接續した後方は長さ十間巾五間位の平坦の地續きがあつて亦この平坦の地に續いて高程四尺位見事に築かした切堤があつて、その上は巾二間位の平坦な箇處があつて順次なだらた斜面に七八段これと同樣に繰返して築かれてあつて山の頂にまでのびて開いてゐる、この切り崩した段堤の兩端は丁度三角定規のやうに山の頂に至るに從つて狹くなつて、頂に及んで開いてゐる、この箇處は棘らな小松林で切堤は原形のまゝ儼然と存在してゐるので、前方より打ち眺めると神々しい感じがする、この塚より山頂まで約五十間の距離を有してその規模の廣大さには一驚を喫する、この塚を一應踏査したものは誰しも地方の豪族や城主の塚でないといふ事だけは直感するが、さて如何なる貴人の墳墓であるか目下の處確證がないのは遺憾の極みであるといはねばならない、町の人達は二年程前からこの塚の形状を詳細に知るやうになり塚形が往時の皇室御陵に酷似してゐるといふので考古者達は大いに研究する處があつたが遺憾ながらなかつた、この塚の前方には數十となく大小の供塚があつたが、長者、町の人達によつて切り崩されて仕舞つたが未だ數個現存してゐる。

× ×

數年前のこと、この『ひめ塚』の崩れた土砂に混つて素焼の形の甕の破片が發見されたことがあつた、この道に興味をもつ町の人達から帝大にまで持ち込んで、この甕の破片の鑑定を受けた處一千五百年前のものと鑑定された、そして破片は學術研究上得難きものであると云ふので寄附をせまられたので寄贈したのであつた。

× ×

亦近頃この塚の所有者である青木定吉氏がなにか珍らしきものがこの塚にあるかと好奇心にかられて塚の周圍を殘るくまなく探して見た處意外にも、石塔の屋根石一ケと塔上の飾石を發見した、果してこの塚に由緒あるものかどうか專門家の判定によらなければ確定的に述ぶることは至難であるが、塚の土砂に埋もれてあつたと云ふ點から見て先づ以てこの塚に縁のあつたものと推察して差支なきものと考察するから、それ等の大略を記すことにする、この石塔の屋根石は先づいたつて硬質である石名等は勿論判らないが、この附近の産でないといふことだけは確である、そして形状は一尺五寸の四方形で高さは一尺位、四方面各厚さ二寸位の軒形が刻まれて四方の四隅は一寸高く上り、尚四面軒形に刻みあるケ所より斜面に七つの段が秩序正しく刻まれて、順次上方にいたりて一寸四方位の四角形扁平の處があつたそれより高さ一寸位の圓筒形に刻まれてあつて、その上部は凹處に刻みこまれてある、亦飾石は『バット』やうの形をして最下部に凸形があつて長さ二尺位、これ亦その周圍を秩序正しく七つの段に刻まれてある、この屋根石　並に飾石共に七段に刻まれてあつて、塚の裏山の堤も七・八段に築かれてある點等は計數的に綜合してゐるから何か七と云ふ數に縁故のある塚ならんか。

× ×

青木氏の家は先祖代々この堂守として連綿と今日までその系統を傳へ來たとのことであるが再三の祝融の災にあつて、これが一切を證明する證據物も灰燼となつて何等ものをも物語るべき證左は現在してないのは甚だ惜みても尚餘りあることだ、この附近の字名は往古より里人の口碑に今尚傳へられてあるが聞くも、ゆかしき字名が今現實に里人が呼んでゐる、この塚の西方に見といふ大字に『上都』『中都』『下都』『櫻馬場』『應神澤』『荒神澤』等といふ處もあるその他石器時代の墳墓で有名な唐

の御所といふ、跡もあつて種々な傳説があるが記者はさきに、その詳細を馬頭の今昔といふ題下に述べてあるから茲に省略する……（小野生）——

獣 年古る狸と人妻の同棲

●土陽新聞　昭和五年六月十四日（十四日夕）　5-101

昭和怪談

年古る狸と人妻の同棲

神通力を失ひ撲殺さる　行方不明の亭主に化ける

山形電話＝狸と同棲した女の話……山形縣最上郡豐田村大字高井沓澤仁藏の妻ナヲ（二四）は夫が本年二月行商に出た儘行方知れずなつたので八方捜査中去る四月四日に仁藏がヒヨツコリ歸宅し其の後も毎日行商に出かけていくらか小使ひを儲けるので仲睦じく暮して居たが本月九日午後二時頃行方不明中の本物の仁藏が歸宅し何だか家の樣子が怪しいので障子の破れ目からソツと覗いてみるとナヲが一匹の古狸と睦し氣に食事中なので仁藏は大いに驚きいきなり棍棒で狸を毆り殺した所三貫目の大狸だつたので大騒ぎとなつたがその後ナヲは發熱して病床につき今では身動きもならぬ有樣である

獣 狸が亭主に化けて女房と差向いで食事

●関門日日新聞　昭和五年六月十五日　5-102

狸が亭主に化けて女房と差向ひで食事

本物の亭主が見つけて撲殺す　昭和の御代に古狸のいたづら

【山形電話】山形縣最上郡豐田村沓澤仁藏妻ナオ（二二）は仁藏が本年二月行商に出た儘行方知れず八方捜査中の所去る四月八日ヒヨツコリ歸宅しなほ毎日行商に出かけては歸つて來るのでナオは不思議がつてゐた所去る九日午後五時半頃行方不明となつてゐた本物の亭主仁藏が歸宅しソツト覗いて見るとナオが狸と食事中なので大ひに驚きイキなり一擊を加へて撲殺しヨク／＼見れば三貫目餘りの古狸だつたのであるその後ナオは病床につき身動きもならぬ有樣で附近では專らの噂である

獣 「たぬき」と同棲した女

●南予時事新聞　昭和五年六月十五日　5-103

昭和の怪談

夫に化けすましました「たぬき」と同棲した女

山形縣最上郡豐田村といふ山村に實際あつたはなし　家出した本物の夫が歸つて發見毆り殺す

【山形電話】狸と同棲した女の話……山形縣最上郡豐田村高井戸沓澤仁藏妻ナヲ（二二）は夫が本年二月行商に出た儘行衛知れず捜査中の處去る四月八日ひよつこり仁藏が歸宅し其後毎日行商に出掛けて幾らかの小遣ひを儲けて來るので不審を起さずにゐた處去る九日午後九時半ごろ行衛不明となつてゐた本物の亭主仁藏が歸宅しそつとのぞいて見るとナヲが狸と食事中なので大いに驚きいきなり棍棒で一擊の下に毆り殺しよく／＼見ると三貫匁餘りの古狸であつたので大騒ぎとなりナヲは其晩から病床に就き身動きならぬ有樣で附近では專らの噂である

獣 亭主になり済した古だぬき　女房とむつまじく食事

●河北新報　昭和五年六月十七日（十六日夕）　5-104

亭主になり濟した古だぬき

女房とむつまじく食事　本物の亭主ビックリ

山形縣最上郡豐田村大字井古、[illegible]甚藏の妻なか（二）假名は本年二月中甚藏が行商に出かけたまゝ消息不明となつたので八方心當りを捜索中、四月八日ヒヨツコリ甚藏が歸つて來た、それからはいつも日歸りで行商に出かけては小錢を儲けて歸るのでなかは不審も抱かず大喜び[illegible]人になつたと思つてゐたところへ、本月九日になつて本物の甚藏が歸りソツと家内を覗いて見ると、女房のなかが狸と睦ましさうに食事をしてゐるので大いに驚き棍棒を以て古狸を一擊撲殺したが、三貫目餘りの古狸であつた、なかはその後狸にたぶらかされた事を知り病床に臥してゐる。

怪 霊の叫び魂の踊り（一）　真夜中の舞台裏に突如…

●大阪時事新報　昭和五年六月十七日（十六日夕）　5-105

靈の叫び—(1)—魂の踊り

眞夜中の舞臺裏に突如、異様な物音

道具方の腦天にガーンと來た　美しい奈良美也子は氣絶した

深夜、大劇場の怪異——人氣のない夜の舞臺ほど無氣味なものはない、そして、舞臺生活者ほど夜の舞臺を恐がるものはまたない、左様に

暗黒 の夜に眠る劇場程恐ろしいものはないのだ　チエホフも自分の戯曲白鳥の歌の中でワシリイカといふ俳優を使つて斯う言つてゐる『世の中で何が恐いといつて眞夜中の舞臺裏ほど恐ろしいものはない、夜、人の子一人見出せない舞臺を歩けと言ふことは墓場で眠れといふことより更に恐ろしいことだ。一足舞臺に足を入れた時に既に身の氣がゾツとする』と、またさる露西の詩人は詩の中で夜の舞臺の無氣味さを謳つてゐるのに「夜の舞臺を見たら、まるで白馬の走つてゐるやうな

幻想

を描いた」と……。實に人の居らない眞夜中の舞臺ほどグロテスクな物凄さを覺へるところはない、例へば、電燈が消された暗い舞臺の闇の世界に大道具小道具が雜然と置かれてあるその中に首、手、足などの人形が捨てゝあるとしたら、よしんばそれが玩具であるとしても、ソレだけで早や氣味惡さを深くしてゐるではないか、實際眞暗な舞臺をチョッと覗いてみてもナニか棲んでゐるといふ底氣味惡い氣持に變はれる。また事實昔からどこの劇場にも

怪異

な物語は澤山あるのである——これは寶塚の新溫泉のあの少女歌劇の大劇場の話であるが……。アノ劇場は大正十二年一月の末、一度燒けてその後再び建てたものだが、大劇場の設備は世界的の劇場巴里のオデオン、テアトルフランセーやグランドオペラより優ると言はれてゐる程大規模なもので先年アメリカの有名な興行師が來朝の際、寶塚の大劇場を見學してあまりに宏大なその構造に驚歎し「ナンバーワン」を絶叫したといふ、その寶塚大劇場は新溫泉は別として總建坪二千三百坪、高さ八十七尺、舞臺の間口十五間

廻り

舞臺の直徑だけでも九間半あるといふ素晴しい建物なのである。その大きな劇場が墓石も寂しやうといふ深夜深黑の闇に包まれ靜かに眠つたとしたら、そ

——寫眞は寶塚大劇場に於る丑滿時の一場面と深夜の舞臺——

して、そこに人の姿は全くなくて若し百鬼夜行がほしいまゝにされたとしたら、そして、そこへたゞ一人勇敢に飛び込むとしたら、彼の足音にもわれらの魂はおどろかされることであらう、そこでソノ大劇場にもこんな實話があるのである、ある時大道具の一人の男が舞臺を閉場てから背景幕をかたづけて居ると不意に背景の錘が天井からガラ〱と頭上に落ちて

腦天

をアワヤ打ち割られんとし突差によけたもの、肩に重傷を負ひ打倒れたといふことがあつた、また美しいスターで鳴る同歌劇の奈良美也子がつい最近のことニューヨーク行進曲のラッキイボーイとして演技中に突然背景がブッ倒れて下敷になり打撲傷をうけたといつた具合にどれもこれも本當に絶對そんなことのある筈のないことによつて思はぬ傷をするやうなことがある、これらをみんな舞臺裏の生活者は舞臺の怪異として昔も今も替りもなく一つ迷信となつて脅え恐れてゐるのである　この寶塚の劇場も創立以來さうした迷信的な怪異事件の犧牲となつて大小の負傷した女優を始め大道具小道具その他の關係者は二十數名に上つてゐるといふが、ところがこの怪異な出來事も又不思議なことにお

稻荷

さんさへ信仰すれば大難は小難に難を免れるといつてそれは何處の劇場にもお稻荷さんがお祀りしてあつて信仰を厚うしてゐるのである寶塚にもやはりい

と靈驗あらたかな末廣大明神といふお稲荷さんがあつて劇場生活者數百名から祭つて崇拝されてゐる その靈驗は……。（つゞく）

靈の叫び魂の踊り（二）　舞台の紅千鶴さんへ…　5-106

怪 ●大阪時事新報　昭和五年六月十八日（十七日夕）

靈の叫び（2）魂の踊り

舞臺の紅千鶴さんへ　ズドンと短銃一發——

不思議や日ごろ信仰するお稲荷様のお蔭で助かつた

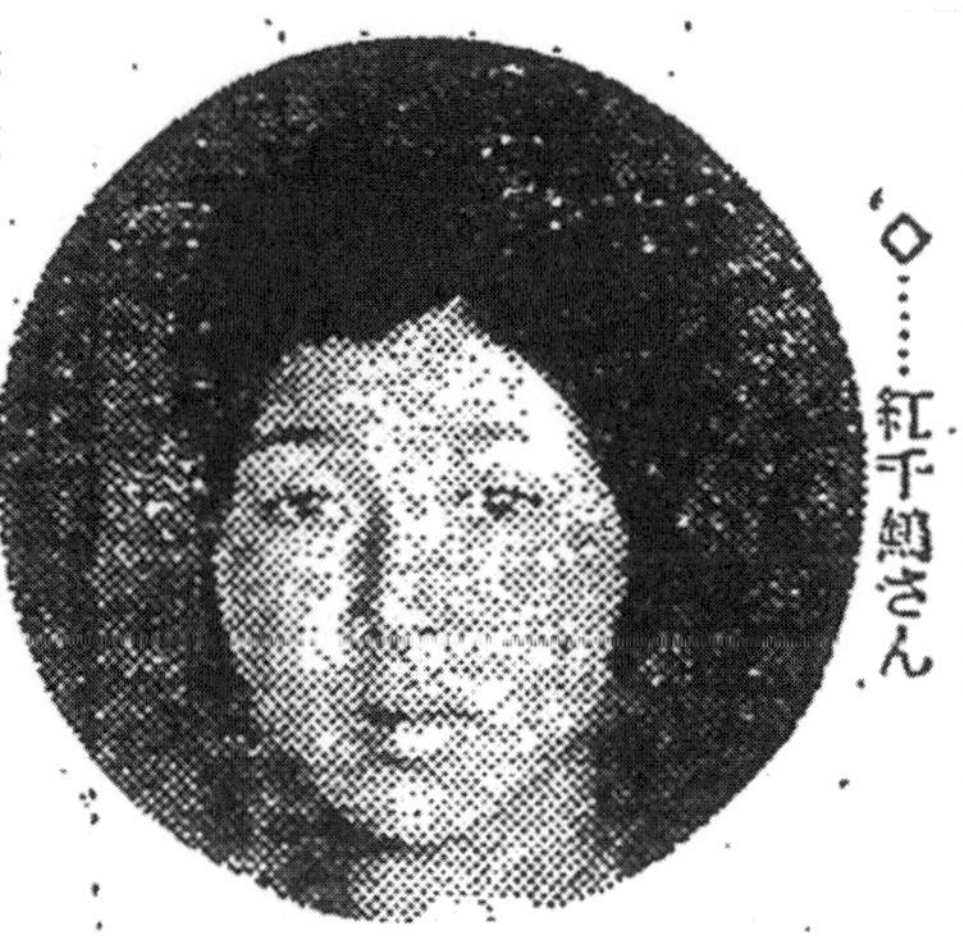

◇……紅千鶴さん

寶塚少女歌劇六月公演月組の出し物久松一聲氏作の歌劇「歌舞伎狂言 五月雨紙」は速よし子の五郎時宗、紅千鶴の大磯の虎で上演してゐるが この歌舞伎物は昔から化粧坂の

少將 と大磯の虎が五郎を取合つたといふ事柄から芝居道の傳說として二人が仲好くする場面を演ずると 乾度どちらかの俳優が思はぬ災難を蒙るといふので恐れられてゐるのだが、こんどの寶塚の公演には肝腎その役に扮する二人が、てんでそんなこと信ぜず無視してかゝつたところ、蓋明け初日の公演にヒョットしたはづみで五郎の傘の縁が大磯の虎の紅千鶴の眼にあたつて長さ一寸五分位もスリ傷をうけた、そして二日目は速よし子の五郎がナニ氣なく見得を切つた

刹那 に下駄が飛び上つて顏を打ちこれまた烈傷を負ふた、で、やはり化粧坂の少將の呪ひだとふるへあがつた二人は以前の勢ひもどこへやら、早速舞臺裏のお稲荷さん末廣大明神に特別の御祈禱をお願ひすると不思議にも三日目からは何事もなく無事舞臺を勤めてゐる、それから同じく本月公演のダンスオリンピックに出演の寶塚歌劇のピカ一の踊手仕野さへ子がクラシックバレーの踊の眞最中ジャンプした途端天井裏の五百燭光の電燈のカバーが急速度で落下

彼女 の肩をかすめて一大音響と共に舞臺の土間で木ッ葉微塵に碎れた、そしてさへ子はこの騒ぎにアッと思ふ間もなくとうを立てゝ落ちる筈のを兩足をもつれさして顚落し足の筋が攣つて三日ばかり休養した、しかし彼女が電燈カバーの落下にも負傷せずジャンプしそこねて足をくぢかず奇蹟的に助かつたのは日頃信心のお稲荷さんのお利益だといふのである——こんなことが末廣大明神の靈驗だとあつて大衆的信仰を蒐めてゐるのだが、——この信者中いつとう熱心な信仰者は春日花子が舞臺をひいた後可愛らしい

娘役 として賣出してゐる美女紅千鶴さうして新進の岡眞砂、加茂なか子、仕野さへ子らだとお守の神官の小使ひ主任林安太郎（五十九）爺さんは語つてゐた、

抑〻このお稲荷さんが今日新温泉從業員數百名から魔除けの神様として信仰を厚うしてゐるのは、昨年寒未だ淺き二月二十日午後三時ごろ觀客席の一隅から時ならぬ一發の銃聲 折柄上演の「雪の澤」の雪姫に扮してゐた紅千鶴を目蒐けて放たれたピストル、然し、そのピストルの的ははづれて末廣明神の大信者である紅千鶴はお蔭をもつて一命助かつた、といふ大評判を耳にした小林阪急社長や吉岡經營部長らが音頭取りとなつてそんなに

靈驗 あらたかなお稲荷さんなればとお稲荷さんのためにワザ〳〵劇場從業員全部を會員とした「協和會」といふのを組織して一日、十五日は月並祭として毎月二回西宮から神官を迎へてお祭するの今年の初午の如きは全從業員がこぞつて盛大なお稲荷祭を行つて呑めや唄への大散財をやつたといふ景氣の好さとなつたのである、ところで、このお稲荷さんは神官役の林爺さんが大正十二年歌劇場

怪　**霊の叫び魂の踊り（三）**　野暮はいはぬモダン仏さま
●大阪時事新報　昭和五年六月十九日（十八日夕）　5-107

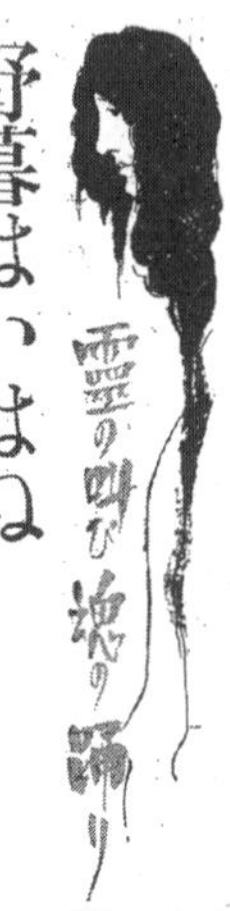

野暮はいはぬ モダン佛さま

來世よりも現世の御利益　近畿一の生駒の聖天さん

いゝいゝサアまゐんなはれサアまゐんなはれ、おし方は「現世利益」ぢや女の欲しい人、男の欲しい人、金の欲しい人、人間の慾望ならナンでも聞届ける但しどこが惡いこゝが惡いといふ陰氣な病人の類はあまり歡迎せぬ成るべく

陽氣

な願ひがよろしいソレ世は萬事色と金と言ふやおまへんか——。營業看板を「現世利益」に色と金の願ひにはいと鮮かなモダン佛様、いや聖天さん生駒の聖天さんはいつも斯く曰はつて下界の人間共の信仰をお勵ましになつて御座る、そして、こゝへお詣りする信者は一年三百萬人お賽錢だけでも百萬圓から上るといふ、そのお賽錢の中に五圓札や十圓札があることはザラのこと時偶には百圓札の一枚や二枚はあるといふこゝばかりは不景氣知らずのナンといつても近畿界隈切つての大

繁昌

を極めてゐるお寺である、オットどつこい俗に呼ぶ生駒聖天即ち大聖歡喜天は大阪府と奈良縣の分水嶺をなす海拔二千百餘尺の靈峰生駒山の中腹峨々たる十丈の般若窟を背景にした寶山寺といふお寺にお祀りされてゐるのである、その寶山寺は役の行者小角が開山後に行基、空海らの名僧によつて七堂大伽藍が創設され輪奐美を極めたが貞和の頃高師直のために寺録を奪はれ一山灰燼に歸したのを延寶年間寶山和尚湛海がこれを中興して今の本堂を延寶年間に建立し、自彫の不動明王を

本尊

に歡喜天を鎭守に安置したのが抑々の始まりで二十年前大軌電車の開通と共に未曾有に發展し現在では山上に戸數五百人口二千五百人の關西第一の山岳都市をつくりその大半は料亭、茶屋の類多く、置屋が二十三軒あり、藝妓が二百十八人居つて花代年額三十五萬圓を突破する天下の遊樂郷でもあるのだ、そして、附近にはダンスホールも數軒或はローラスケート場等が出來て斷髮洋裝のモダンガールやセーラズボンのモダーンボーイなども盛んに跳躍するといつた昔日の一寒村が今や「より近代的」な都會へと、さうして大軌電車の偉大な

飯櫃

となつて華々しい繁

の新築と共に伏見のお稲荷さんからお迎へしてホンの臺所の荒神さんのやうに御堂らしい

御堂

もなく粗末なお稲荷さんとして朝夕お神酒と御飯をあげる程度で祭つてゐたが、ソレを紅千鶴が寶塚に入社して程ない頃から妙に信仰して林糸さんと一緒に始終お世話をしてゐた、そのお利益でピストル事件の際に難を免れたと彼女自身も話してゐた、そしてお稲荷さんをお守りしてゐる變り者の林糸さんは又不思議なことに今を去る十七年前に稲川水力電氣會社に勤めてゐる頃にも會社裏の竹藪の中に世話するものとてなく埋れてゐるお稲荷さんをお祀りして段々信者を増やして今では阪急沿線の

名所

の一つとなつてゐる藤の森稲荷を育てた?といふ奇人で、こんどの寶塚の末廣大明神も今に天下のお稲荷さんにしてみせると全るで揃へものゝやうに力んでゐるから面白い（この項終り）

—寫眞は寶塚舞臺裏の末廣大明神參詣してゐる女優後姿は向つて右加茂なか子左岡眞砂とピストル事件で生命の助かつた紅千鶴—

怪　霊の叫び魂の踊り（四）　聖天さんの本体は男か女か…

●大阪時事新報　昭和五年六月二十日（十九日夕）　5-108

聖天さんの本體は男か女かそも何者？

一眼千兩儲かつた記者が生駒山上に於ける珍問答

黄金にして三萬圓の生駒聖天の御本體を究めに生駒の山に登つた、便利なことに日本一と稱する複線のケーブルが

山頂

まで達して約三分間で降りた。あとは數歩にして百二十段の石段を上つて漸く寺前に着いたが、さしてエライと言ふ程でもなかつた、高さ二千百餘尺の高峰その中腹ではあるが經乘蒸躍の山容から發する四季の風趣は文字佳、地内には參詣の衆徒が香堂拜殿の前に黒山の如く埋もれ、修行の聖金山に本籍する當院であつた大聖歡喜天は拜殿の奥深く

鎭座

ましますのだ、訪ひに應じて姿を現はした寶山寺中興の祖第十六世駒岡壽盛大僧正は紺の衣に緋の袈裟の姿も嚴かに眉濃く、厚く、長々の眼はまづ人を呑み背丈は六尺豐か目方は二十貫もあらう堂々しく太り、今年とつて六十三歳といふに若者を凌ぐ矍鑠たる精力の方丈である「わしは今日まで俗人と一度も逢つたことはない、だが、話はせぬといふ約束ぢやから顏だけ見せる、もうこれでよいか」サッと勤堂の方へ忽ち

姿を

隱した――ソレはその筈なのだ、この大僧正論見世物が近來の相場で五百圓から千圓位多に人と逢はぬ、これが醍醐？の觀光だといふ噂をする人がある、で記者は正に金千兩也を儲けたと言ふのか、そこで俗人の執事塚本奈司さんを仲介に一目千兩の大僧

獄をつゞけてゐるのだが、斯くま

で生駒町の殷賑を極めるやうになつたのはナニの力、ナニの魅力、ナニが生駒町をそうさせたか――「生駒の聖天さん」だ、生駒へ！生駒へ！人の心をみんな生駒へ引つけて行く全るでエリキのやうな佛さん生駒の聖天さんの魅力はナニか、どんな素晴しい力の持主だらう？ところが佛樣の位からいふとさう大して偉い佛さんでもないのである、人間に凡ゆる階級があるやうに神佛にも實は階級があつて、佛さんの方には三つの階級があり最上位は「佛」中位は「菩薩」最下位が「天部」生駒の……

聖天

さんはその天部である、だから、さう御利益もなさゝうに思はれるけれどお守の寶山寺の話では「聖天さんが特に佛から成り下つて天部といふやうな身分の低い位にお辛棒なさつて居られるのはなる丈け高いところから降つて大いに民衆化して人間界とウンと接近して人德を圓滿に授けてやらう、そして、他の神佛のやうに死んでから極樂へやつてやらうといふやうな宏遠なものではなくて生きて居る間に思ひ切り樂しませてやらう、人間現在の目の前の慾望ならナンでもかなへてやらう……といふ、神さんや佛さんの中では全く近代的な氣の利いた素敵なモダン佛さんなのです」と、

如才

ないが――いや、いや、生駒の聖天さんが天下三百萬の信徒の渇仰措く能はざる的となつてゐるのは……さうして人氣萬事色と金「現世利益」の看板に偽りなければ黄金にして三萬圓の御本體にあるのではないか、果して、生駒聖天の御本意はナニカ

――（つゞく）

――寫眞は生駒山寶山寺の本堂――

正と記者との間に「生駒の聖天さん」の御本體についての珍問答が交された

○

――こゝは何宗ですか――眞言律宗で、奈良西大寺の末寺で別格本山となつてゐる――聖天さんは非常に

嫉妬 深く夫婦連れや戀人同志がお詣りすると祟れさすといふが――そんなことはない大變粋な佛さんで戀の心願なら立ちどころにお聞屆けになる――御本體はどうして祀つてありますか――長さ二尺四五寸直徑七八寸の檜製金箔塗の上に純金の延板で捲いた丸い登龍型のお廚子の中にお祀りしてあつて、そのお廚子は直徑三尺位の銀製の圓壁の中央に安置してある、さうして その周圍には悉

銀製 の器物に御飯、御酒水供といつて全部

大根、小豆、當の實、御團子（小麥の形した油で揚げた團子）ブト（二つ折の團子）等と花と水を日々間斷なくお供へして年中絶え間なく眞言の法で御祈禱申し上げてゐる――本體は一體何ですか――大日如來の本地物と十一面觀世音である――大日如來とは男天――十一面觀世音とは女天――男天といひ女天といふが何のことか――陰と陽――陰と陽とはどういふ意味ですか――歡喜天の創造者である――では、其姿はどんなものか――歡形物である――歡形物とは

どんな形のものか――ソレ以上は

勿體 なくて言へぬ――では本體は二つですか――一つである――一つならどうしてゐるのか――合體してゐる――合體したらどういふ格好ですか――○○○○――では人形が抱き合つたやうな形ですか――○○○○――ではどの位の大きさですか――○○○――目方は○○○――ハツキリ言へぬなら大體でも好いが――お廚子の大きさから想像してくれ給へ――大きい――それでは一尺位ですか――そんなものだ――御本體の製造は――いつ頃からか分らぬ――分らずに祀つてゐるのか――

方丈 でさへ十六代も替つてゐるのだから詳でない――自然のものか拵へものですか――勿論、拵へものだ――質は何ですか――金天である――金天とは――純金だ――金にしたらどの位の價値のものですか――近頃は金の相場が下つてゐるから……しかし一萬圓以上はするだらう――盗みに來ませんか――その用心はチヤンとしてあるし、又晝夜お守りしてゐるから大丈夫だ――誰にでも拝觀はさせますか――絶對にさせぬ――では、どういふ人にのみ拝ませるのですか――誰にも

拝ま せたことはない、管長山でも方丈以外誰一人知らぬ――聖天さんの一番お喜びになる御馳走は――浴油である――浴油とはどうするのですか――多羅といつて深さ八寸直徑一尺五寸もある深い純金製の皿に胡麻の油、皿一杯に湛へ御本體をその中に入れ下から火を焚いて油がにえくりかへつて來たら、これも純金製の柄杓で念佛をあげながら御本體の全體に亙つておかけすると非常に御

滿足 になるのである――それはいつ頃に行ふのですか――草木も眠る丑滿時からボツ／＼始めて夜明まで徹宵浴油申し上げるこれは、年中かゝしたことはない――ソノ浴油の皿や柄杓はどうしたのか――昔からあつたが現在のは一昨年の春伊勢の桑名で一、二を競ふ大金持伊藤紀兵衛さんがお利益の偉大なのに感じて御寄附になつたもので二萬圓からする高價なものである――色と金「現世利益」とは成る程「生駒の

聖天 さん」はナンとまあエロ的な佛さんであることか（この項終り）――寫眞は生駒の諸で勤行の信者。

怪　霊の叫び魂の踊り（五）　顥目岩から赤い血

●大阪時事新報　昭和五年六月二十一日（二十日夕）　5-109

雨はショボ〱降る 題目岩から赤い血

お伽噺に出て來るやうな老媼 琵琶湖の孤島多景島の怪異

日本地圖からは蟻の涙ほどの影もとゞめず僅かに近江附圖から雨の一滴ほど點してゐる琵琶湖中の一孤島多景島、こゝにちかごろ

奇怪 な噂を生んで周圍七十里の湖畔の村人を騒がせてゐる珍しい話がある――多景島は近江長濱から湖上約二里汪洋たる大湖に黒々と浮ぶ周圍五町ばかりの湖中最小の島である、島全體は鬱蒼と茂れる樹木で包まれ灰色に洗はれた巨巖怪石が島のぐるりは殊に水際高く聳え立ち、怒濤巖壁を洗ふ毎に異様の響を發し一種の凄味をゆら搖れる樹間は靈域にある如く嚴肅極まりない、この島の頂は

風雪 に曝されて蒼然たる岩の上に小さな一つの祠がある、その祠と並んで又三坪ばかりのひどく荒れた番舍がある、こゝに島の主が住んでゐるのである、その島の主はお伽話に出てくる老媼のやうな頭に「銀」の雪を頂いた最早浮世を捨てた老婆である、安政元年の生れ當年とつて七十四歳、今から三十年程前故郷近江坂田の在から夫婆堪與三郎と共に名も無い無人島であつたこの多景島に渡り燈明火を据へたのであるといふ

老婆 の語るところによると島に渡るまでには又數奇な運命にあつたらしい「わしはお米といふのだよ、お爺さんは去年の春菜の花の散る時分にわしを殘して逝いて終ふた、これでも若い時には浮名なかしたこともある、これみんせい」ともろ肌脱げば左乳のあたり縮緬の肌に今尚鮮かな三寸餘の刀痕「わしも若い時には隨分きかぬ氣の女ぢやつた　お米さんはその昔近江坂田の在で荊棘の與三と少しは人に知られた

顔役 で若い者の五人や十人も置いてあつたが、そして一度や二度は血の雨を降らした大喧嘩もやつた、その喧嘩で爺さんが片腕斬られた意恨にこのわしが單身敵陣に乘込み一膽どうしてくれるんだいと啖呵切つたこともある、その時に負はされた傷がこれだよ」と指さして初めてニッコリ齒を氣味惡くお婆さんは笑つた――さて、けふこのごろ妖しい噂の種を蒔いてゐるといふのは……。多景島の

尖端 に眠れる獅子のやうな形をした巨巖、附近の人が題目岩と呼ぶ岩に絡る話である、この題目岩にはその名の如く南無妙法蓮華經と太文字に一つの經文が彫られてある、その經文の最後の下り法華經の經の字から雨の降る日に限つて血が滲み出るといふのだそして、雨が甚だしければ更にその血汐は滾々と泉のやうに流れて布の類で拭くとどす黒い血色に染まるといふのだ、超科學的なこの奇怪な事實が人を驚かせずしてどうする、まして

湖畔 に住む純朴な村人達の驚異の的となつたのは無理からぬこと、今やこの噂話は段々と廣まつて識者の中で獵奇的な興味もあつて近く探檢に行かうと企てゐる向も大分あるやうだ、しかし、これを さる物識の古老に聞くと「あゝ、あれかあれは井伊掃頭守が彦根城の築城にあたつて丁度多景島が鬼門にあたるので勝光院月澄上人に頼んで鎮祓して貰つたのだ、ところが、井伊掃頭守はその

因縁 からであらうか櫻田門外において水戸の浪士の兇刄に倒れたその時から掃頭守の怨みが

殘り、あの懸目岩は血となつて世にその無念を訴へてゐるのぢや」と至極簡單にかたづけて終つたが血‼血‼果して本當の血であらうか――（この項をはり）寫眞は多景島の全景――

霊の叫び魂の踊り（六）　枕元に美しい娘

怪　●大阪時事新報　昭和五年六月二十二日（二十一日夕）　5-110

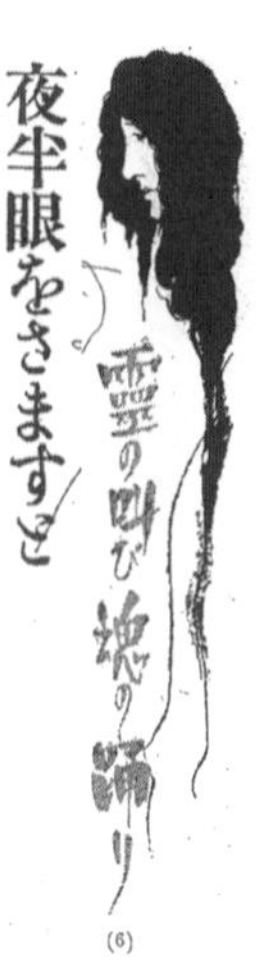

夜半眼をさますと 枕元に美しい娘

長右衛門と心中したお半の亡靈が出る桂川の化物屋敷

事實怪談「お半化物」の話――これは新京阪沿線桂驛から約東へ四五町桂川の堤防に沿うた戸數五六十戸餘りの小ちやな村しかし長くも桂離宮のある京都府葛野郡桂村字下桂の御靈神社前の古い一軒の空家に起つた恐ろしい出來事であるそして、今ではその空家もこゝ一箇月ばかり前に取り毀たれて三十有餘年未だ開いたとがないといふ謎の土藏をぼうくと生える草叢の中に悄然と殘したまゝその怪奇な物語を秘めてゐるのである。その土藏やその空家についても村の老人や物識り連中に聞いたがいつの頃からその空家があるのかそれを建てた人は誰れであるのかさへも數を算へられぬほど轉々と人手に渡つて來てゐるので薩張分らぬのだといふ。現代この家の大家さんは同村の堀尚嘉兵衛さん（假名）といふことになつてゐるが、實際は家は京都の某氏の所有であつて土地だけが自分のものだといふことであつた、で、その怪談は……それは丁度去年の秋も暮、暮々の風に落葉のサラくと散る蕭條の冬にも近い頃であつたい新京阪電車のある線路工夫が桂村に馬鹿に安いそして、とても廣くて大きい空家があると聞いて「それでは、合宿所によからう」と早速借りた不思議なことに階下のうす暗い奧座敷の床の間に空家として似合しからぬ一本の軸が始めから掛けてあつた、ソノ軸といふのがまた得體の知れぬものでボウと幽靈のやうに浮ぶ僧侶のやうなものが描かれてある相當に骨董品でみるから氣持の惡いものであつたが更に上の便所である座敷の便所にこれは又妙なことに太い五寸釘で堅く便所の戸を打ちつけて人の出入りを禁じてあることであつた　あまりの訝かしさに村人に尋ねると「あれは十數年この方入り手のない家で、眞夜中になると化物が出てくるといふ化物屋敷である」と言ふことであつたが、根が無茶者の寄合の線路工夫達のことなので氣にはしてゐたけれど、かへつて面白いといつた山氣もあつて總勢十五六人で住ふことになつたのであつた。第一夜も第二夜もナンのこともなく三夜さ四夜さを重ねてゐるうちに段々鬼氣が迫つて來て俗に言ふ丑滿時といふ深夜になると何物かゞ襲うてくるやうでジツト眠れない夜がつゞいて來たのであつた、で、口では大きいことを言つてゐた御連中も寢に就く時は蒲團を頭からスツポリ冠つて眠るといつた有樣であつた、さうして、釘付のしてある便所へ無理に入るやうなことがあれば死ぬとか負傷をするといふことや或は床の間にかけてある掛軸をはづすとその夜はきつと化物が出るといふことは誰からも聞いてゐたので、やはり氣味の惡いことでもあるし、そんな大膽なことはようしなかつたのであつたが丁度そこへ引越してから四日目の給料日のことであつた、いいみんなで夕食に一杯かたむけたのち景氣づいた一同は夜遊びに思ひ思ひに好い女のある方面に行つたその時に醉ひつぶれた一人の男が眠つてゐたので酒氣も手傳つてはづしてはならない例の軸を其男には知れぬやうにはづしてヲアく言ひながら出て行つたことであつた、その後の出來事である、夜はしんいい〳〵と更け亘つてといふ講談ものソツクリの草木も眠る眞夜中がやがて訪れて來た時に件の男が頭から水を浴びせられたやうな思ひをしてフト目覺めると――。スグ自分の枕元にそれは水もしたたるやうな美しい娘がボウと立つてゐた（つゞく）

怪　霊の叫び魂の踊り（九）　箱入娘を浚われた

●大阪時事新報　昭和五年六月二十六日（二十五日夕）

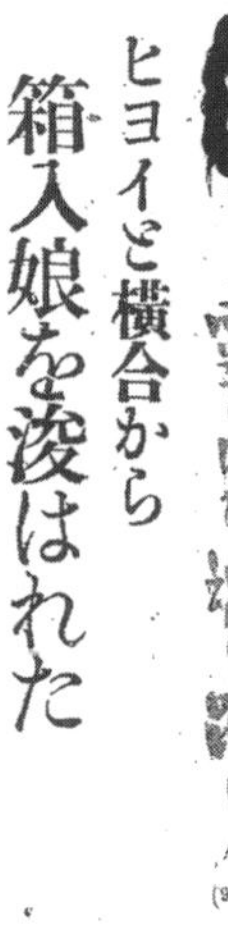

ヒヨイと横合から
箱入娘を浚はれた
タツタ一日で十餘萬圓の收入
觀音さんの御利益

水間の觀音さんにしろ、我孫子の觀音さんにしろ本當は南海電車のお蔭なのだ、ソレを新京阪線の阪和電鐵が丁度

紀泉の山間を走つてゐるお蔭で泉南泉北の山の手にある水間、我孫子の觀音詣りのお客をもらつて他所からボタ餅のボロ儲けをやつてゐるのだ、それでは和歌山全通十八年の長い年月我孫子を育てるやうに手塩にかけて大いに宣傳して漸く今日世間にも知られるやうになつて、さうして、南海のドル箱の一つともなつたものをヒヨイと新しく顏を出した阪和に

据膳であり離うとうまい汁を吸はれたのでは蟲が治まらぬといふのだ、そこで、南海阪和の泥合戰となつたのだが……、阪和にしてみるとたゞ漁夫の利を得たからといつて恨まれちやたまらない、そのかはりに新米の哀しさに沿線の電燈電力營業は南海に獨占されてゐるし乘合自動車の權利も大鐵に獲得されてゐるから實際電鐵會社の

餘得といふものはみんないいやられてゐるから觀音詣りの客位貰つたところで始まらないとコボしてゐるのである――まづ、こゝもと大事の大事の箱入り娘をドコの馬の骨とも分らぬ男に盗まれて了つたといふ格好で南海がプン〱怒つてゐるのである、そして、この爭ひが露骨に現はれたのはこの春の節分我孫子觀音大法要會式のときだ、我孫子觀音へ

南海から行くには高野線我孫子前で下車十數丁テクらねばならない。しかし、この道が從來は我孫子觀音參詣道となつてゐたのだが、阪和が出來てからはついこの間迄我孫子觀音前臨時驛であつた現在の觀音前驛を降りると約二丁も歩けばよいのだから、誰だつて近くて樂な阪和を利用することになるのだ、それでは南海は

阪和に人の褌で相撲をとられてゐるやうなことになるものだからジツとして居れないで、「市内の中心は便利な南海電車」といふ大宣傳を始めた、成程大阪市内からお詣りの客には邊鄙な阪和の阿部野橋驛で乘降するより交通に便利な南海難波の方がよい、ところが 阪和は「大阪から我孫子まで僅か六分」といふ

宣傳をやつた、これも成程南海電車で十何分かゝることを思ふとても早い、かういつた譯

子で觀音詣りの客の激しい爭奪戰が演じられたのだけれど、ソレほど資本金何百萬圓何千萬圓の大會社の南海や阪和が大人氣もなく血道をあげてお詣りの客の奪ひ合をやつてゐるほど我孫子觀音詣りの乘客は多いのか――節分當日我孫子觀音へのお詣りの人はザツト五十萬、南海電車はこのお蔭によつて一日、十數萬圓前後の

收益をあげてゐたのだ、今年初めて顏を出した阪和が僅か大阪アベノ橋我孫子前間片道十錢の料金とつたゞけでもその當日三萬圓からの利益を得たといふのだから素晴しい景氣だ、此不況のドン底に一日に十數萬圓からボロ儲けをやつてゐる會社といふものは日本廣しといへどザラにはあるまい、一國の

采配を揮つてゐる日本一の大番頭總理大臣でも十年以上勤めねばその收入にはならない、それが一日でコロリと入るのだから南海電車メートルをあげて戰ふのは無理もない。（つゞく）寫眞は我

孫子題音を中心に南海と阪和の爭奪戰――

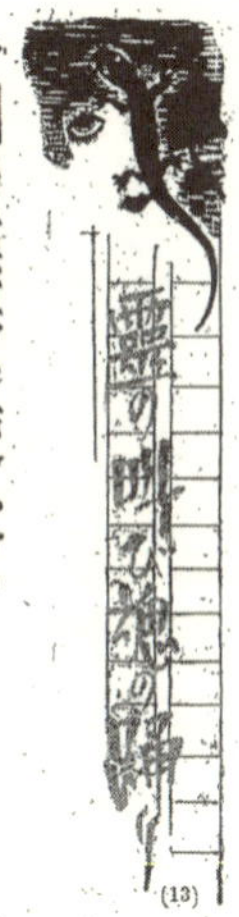

怪　霊の叫び魂の踊り（十三）　神が呼べ仏と語れる
●大阪時事新報　昭和五年七月一日（三十日夕）　5-112

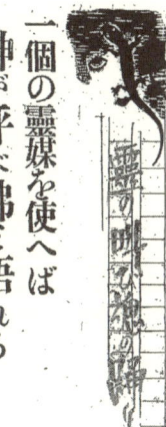

一個の靈媒を使へば 神が呼べ佛と語れる

忽然と現はれた淺野和三郎 靈界の門戸解放を叫ぶ

淺野和三郎氏が大阪に現はれた。天眞敎の豫言者淺野和三郎が大阪に來た、我が國心靈界の泰斗淺野和三郎先生が大阪にお越しになつた

忽然 と、それこそ忽然とそれは去る二十二日大阪心齋橋服部時計店の二階へだ、ナニをしに？「人生の一大疑問靈界との門戸開放のためにだ」とかれは言ふ――しかして、大正十年の秋、大本敎壞の腐敗墮落を嘆いて一ぺんの絶緣狀を出口王仁三郎に投げつけて憤然と綾部を去つたその後、杳く生死の消息さへ不明であつた彼、人の噂からもスッカリ消えて忘れられるともなく忘れられてゐたが……、その間いつたい彼はナニをしてゐたのであらう？

○

大本敎の出口聖主が全世界大本敎化を夢みて先づ支那の紅卍敎と握手し支那に

蒙古 に傳導に力を注ぎ始めた頃から彼は大本敎の信仰の方針がやゝともすれば邪敎にも似合はしい荒唐無稽な迷信的獸に陷入らんとする傾向があるので屢次出口王仁に諫言したがいれられず遂に意を決して大本敎壞を去つてからは約二年東京にあつて、時の內閣議公を始め諸名士を歷訪し心靈研究のゆるがせにすべからざるを說きしかして大正十二年春獨力で東京牛込に心靈科學研究會を設立し機關紙「心靈と人生」なる雜誌を發行し同好の士を求め日夜狂奔しつゝあつたが空しくも十二年秋九月の

東都 大震火災の厄にあつて運動は一時挫折し秘かに大阪に逃れて北區空心町で或る方面の壓迫の中に辛うじて二三の有志と共に雜誌を發行して會員の連絡につとめ大正十四年三月再び機運にのつて上京し今では横濱市鶴見町に本居を定め全國各地および大連、上海に約七千といふ大多數の會員を有するに、いたり昔の和三郎淺野大先生に返り咲き本年初春頃から東京、名古屋、大阪に實行機關としてそれ〴〵心靈科學協會を組織し事實上の支部とし大阪にも千餘の會員や同好の士があつて一切の

宗敎 主義、學說を超越した純然たる自由討究の心靈研究を行つてゐるが、その所謂淺野敎旗擧げの第一回心靈研究公開を卽ち大阪心齋橋服部時計店で決行したのだ。

○

さうして、淺野和三郎は服部時計店の二階でナニを行つたか、そして、心靈研究のナニを語つたか――彼の言ふ如くんば一個の靈媒を使へば死者の靈魂との交通も自由だ、人事、物件の調査も行へる、神も呼べる、佛とも語れる、ありと凡ゆる人間の

奇蹟 は靈界との門戸解放によつて解決出來るのだ、見よ!!いまこゝに次ノ一つの例として幾百里遠き所にある品物を一瞬間に取り寄せてやらう……。（つゞく）

――寫眞は大阪に現れたある日の淺野和三郎氏――

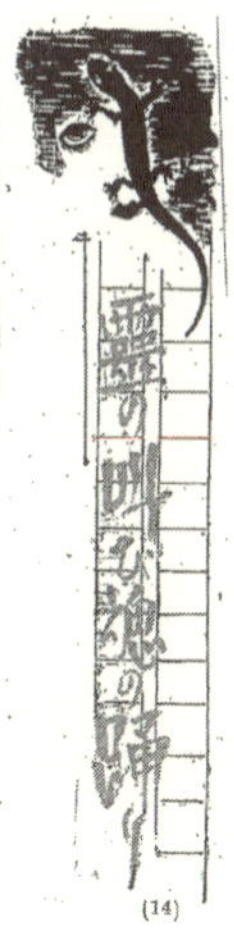

怪　霊の叫び魂の踊り（十四）　霊魂が押しよせた
●大阪時事新報　昭和五年七月二日（一日夕）　5-113

ラップが起つて 靈魂が押しよせた

靈媒は入神狀態に入った グロテスクな心靈現象

かつてはこの超科學的な奇々怪々の心靈現象の實驗には宇治電の副社長影山鉄三郎氏、加島銀行の常務星野行則氏や大阪ホテルの常務

間部子爵、王子製紙の堀越專務、興工銀行國枝常務・大阪每氏社長本山彦一、菊地寛芳氏らも立合つたことがある當夜は山岡服部時計店大阪支店長、池澤南海電鐵取締役課長ら

知名の人々二十餘名立合つて淺野和三郎氏指導のもとに目下東京居住の文士龜井三郎(三十)を靈媒として實驗された

○

實驗室は大阪心齋橋服部時計店三階の會議室である六坪ばかりの部屋だ、街は心ブラの人々で雜沓を極めてゐる宵の午後七時ごろである、心齋橋通りに面した二つの窓の重い鎧戸が降ろされ、その實驗室の隣の貴賓室とも通行を遮斷して堅く鍵が閉された、さうして、窓といふ窓や通風裝置さへことごとく

密閉されその上にカーテンを深く降ろし光線や風や一枚の紙片をも通ずる隙間もないやうに部屋は閉された、そして、その部屋の正座に靈媒の位置が定められその前に一つの卓子が置いてあつてその下手左に淺野和三郎氏が控へその横にズラリと立會人が並んで風死して動かざる暑熱九十度以上の部屋の中で汗ダクで沈默をまもりながらその時を待つた、しかして、いよく

靈媒は首、兩手、兩足、胴體を數條の細繩で嚴重に椅子に縛りつけられ細繩の結び目には封印を施し緊縛して入神狀態に入り電燈を消し部屋の中が闇黑となると共に部屋の一隅に備へ付けてある蓄音器のレコードが回轉して場所柄に似合ぬ華やかなジャヅを奏で始めた、と、やがて、お定りの叩音がいづこからか盛んに起つて來た、靈魂が聚し寄せて來た現象なのださうだ、と、その途端だ、靈媒の前のテーブルに置かれてあつた發光玩具類や懷中電燈が盛んに

空中に飛躍をはじめ卓子は言もなく空中高く數回浮揚し殊に懷中電燈が螢の如く明滅しながら室内せましと飛び廻つた有樣にはすべての人を驚かして終つた、この鮮かな靈異的現象はこれからのちは一體どうなるのかと立會の人々に少からぬ恐怖さへ與へたが程なく又新しい現象が起つてその晩急造の紙製のメガホンが突然空中に舞ひ揚がつた、と同時に空中放送を始めて立會者各自が

名刺に片假名で書いた短い文句を卓子の上に置くと「印度の叔父さん今晩は」「大盤石」「櫻は日本の花」等が一々讀みあげられどれもこれも全く的中し引續いて淺野氏の子供で昨年大連で死んだ青年の靈の假聲を使つて「僕はこれから家の模樣を見て來ます」と言ひ出し淺野氏苦笑の中に「今家の者は皆寢る支度をしてゐます近所の齋藤さんの息子さんが來て遊んでゐます」と言ひ次いで「ナニか物的證據をもつて來ませうか何にしませう」と言ひ出したので立會者一同は非常な興味を感じた（つゞく）

繪は實驗に現はれた亡靈と靈媒者

霊の叫び魂の踊り（十五）　驚くべし美人の写真

●大阪時事新報　昭和五年七月三日（二日夕）　5-114

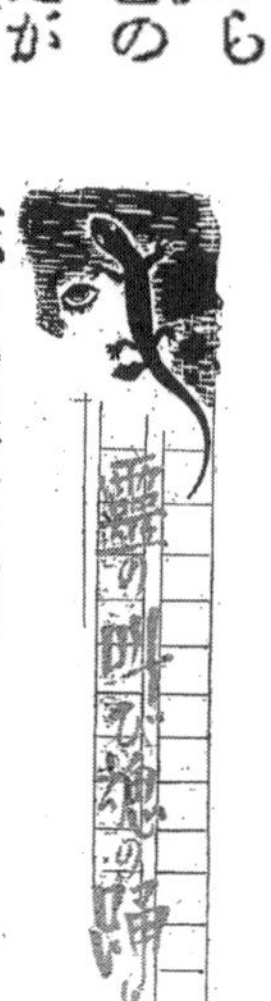

(15)

眩しい眼を見開くと驚くべし美人の寫眞

靈魂は虚空に泳いだ　科學か、詐術か、靈界の現象

部屋の中は眞暗だ、靈魂はとても愉快さうに躍つてゐる、空中に舞ひ上つてゐるメガホンからは億萬淨土の通信をいと朗かに頻りに

放送してくる、ナンといふ怪奇、ナンといふ珍現象、全く驚異だ、幻覺だ、いや〳〵否定出來ない現實だ、さうして、いま目前に行はれてゐる事實ではないか、

――科學の力か、將又詐術師の戯事か、或はわれらの知るあたはざる靈界の現象か、しかも、しかもそれは、それは、文化の都大大阪

の眞只中、そして、大阪の繁華一の繁華街心齋橋通りの一角において しかも夏の夜いまだ淺く織りしく人波にいよ／＼賑ふ最中……かくも怪奇な事實が公々然と行はれてゐやうとは……。

○

「ナニを持つてまゐりませう」ブラリ／＼室中を泳ぐやうに飛び廻つてゐる紙袋のメガホンから人の聲そつくりの聲色がいと微妙な

音律 をひゞかせて聞えてくる、立會者の面々も素晴しい興味に膽をワク／＼させたけれど突差の場合別に註文しようといふいい考へも出ず「なんでもよい」と誰かゞ言つた、すると「約五分間待つて下さい」といつてその靈魂はしばし立ち去つた、と、また前の如く懐中電燈と發光玩具が螢のやうに淡い光を明滅させながら盛んに飛び交うてゐた、さうして、もの、三分もたゝぬ間に再び室中放送が始められた「行つて來ました、蟲を取つてまゐりました」と しかし、一同はやゝ失望した。中には「蟲をとつて來たつて

横濱 の蟲と大阪の蟲とどう見分けがつくものか」と強く叫んだものさへあつた「いや、それは分ります、穴の中に居ります、生きて居ります」と自信あり氣に靈魂は答へた、穴の中に居ることも生きてゐることも別に立會者にはやはり深い感銘を與へなかつた更に「美人の寫眞を持つて來ます天勝、天勝」と呼ぶのでサテは天勝の寫眞をもつてくるのかと思はれた、そこで電燈をつけて一同點檢することになつて「點檢してよければラップ一つ」と指導の淺野氏が合圖をすると、木魚を叩くやなラ叩音が一つハッキリ部屋一杯に反響した

○

で、電燈のスイッチを捻つた、パッと一度に部屋の中は明るくなつた、眩しい眼を見開いて正座の方を眺めれば

靈媒 は依然として緊縛されたまゝのその姿であつた、立會者中の綴つた人々がこれを檢査してみたが封印にも畳目にもなんの異常もない、光る物の玩具の置いてあつた卓子の上にはおゝナンといふ奇怪なことだ、その前に跡も形もなかつたそこに白紙に包んだ一個の品物と美人の寫眞が、ソノ寫眞は寫眞帳から剝がして來たであらうと思はれる天勝の舞臺姿であつた、それで白紙を開いてみると幅二寸縦五寸厚一寸位の標札それは淺野和三郎と印せられた疑ひもない淺野氏の門にかゝつて居つたものらしい、それは淺野氏が數年前住居を横濱市鶴見町に定めた時に自ら認めた古びた標札であつた、裏をかへしてみると凸字型の穴がありその穴の中には嚴しくぺし

蜘蛛 が巣を張りその底に一匹の小さな蜘蛛が蠢めいてゐるではないか――蜘蛛！蜘蛛！並ゐる立會者は驚きの目を見張り眩惑されたやうに暫し呆然としてゐるのであつた、一個の標札、一ぺんの寫眞といへど横濱大阪間五百六十餘哩の長距離を僅か一瞬間のうちに果してナニによつて飛んで來たか、事實か、詐術か、當の淺野和三郎氏はこれをナンと說明する？……。（つゞく）――寫眞は廣濱から僅か三分間で飛んで來た天勝の寫眞――

◇　◇　◇　◇　◇

靈の叫び魂の踊り（十七）

「淺野氏の心霊現象…」

怪 ●大阪時事新報　昭和五年七月五日（四日夕）

5-115

「淺野氏の心靈現象は一種のマヂツクなり」

と喝破した女性が現はれた 誰れ？奇術師松旭齋天勝！

事實か、奇術か、淺野和三郎氏の心靈研究の實驗がどこまで眞實のものかどうかはこれを第三者として簡單に斷定することは出來ないしかし、眞實であるか否やの反證

5-116
霊の叫び魂の踊り（十八）　浅野氏は蒼くなった
怪
●大阪時事新報　昭和五年七月六日（五日夕）

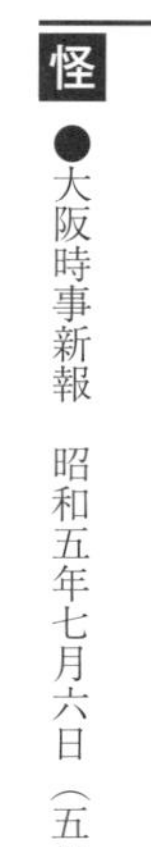

皮肉な天勝の答禮に
浅野氏は蒼くなつた

虚か、實か、心靈合戦始まる
青白い燐光に孤踏曲のリズム

「あたし、松旭斎天勝でございます」と、天勝から挨拶された浅野さんの顔色はナゼかサツと變つたそして、つと席を立つていつもの調子とはガラリとかはつて「皆さん、實驗に先立ちましてチヨツと簡單に今夜の實驗について申し述べたいと存じます」と、羽織の紐を両手で弄びながら「今宵こゝで御目にかける心靈現象の實驗はあ

實例をあげることはいくらでも出来る、贊成説もあらう、又反對説もあらう。こゝに突然浅野氏の心靈實驗は一種の魔術である、仕掛けのある手品だ、と喝破？した人物が現はれた、しかもそれは一人の

女性　である、しかし名もない女性ではない、おそらく日本的のみにとゞまらず世界的であらうところのいさゝか心靈研究の何者なるか位は解し得るところの一個の婦人である、果して、その奇怪なる女性は誰か、去る日服部時計店における實驗に際して幾百里離れた満洲の地から靈の力で浅野氏邸の標札と共にとり寄せられた美人の寫眞、ソノ寫眞の主であるところの

天下　の奇術師松旭斎天勝こと野呂勝子（四十六）その人なのである

○

ナニが故に松旭斎天勝は浅野氏の心靈實驗が信ずべからざるものであると叫んだか、それはソノ實驗に堂々と立會ひじかしてソノ實驗を目撃して、餘りにその根據の薄弱なることを知つたからであるその時の浅野氏はどうしたか、その時の

實驗　は如何なる結果に終つたか、……をこゝに報道することは本紙が過日来浅野氏の心靈研究の實驗の結果を連載するやその眞疑如何についての問合せやそれに對する各種の批評を以てした投書が編輯者の机上に山をなし今や各方面に多大の反響を呼び喧囂たる問題化して來たる際非常に興味あることがらに違ひない。

○

松旭斎天勝が浅野氏の實驗に立ち會つたのは彼女の一行が丁度京都南座で興行中

彼女　を訪ふた主婦の友記者西特派員大浦孝秋氏からその由を聞いたことから「それは素晴しい是非私もその實驗を拜見させて頂きたい」と希望し同氏の紹介によつて去月二十六日再び大阪心靈協服部時計店に催された心靈實驗會に臨んだのであつた、天勝がナゼにこれに興味を感じたか、彼女自身が日頃精神感應術――わかり安く言ふと相手の思つてゐることは何事でも喝破するといふ讀心術を會得して居つて

舞臺　でそれを演じていつも大向ふをヤンヤと唸らせてゐるそのテレパシーをやつてゐる關係上又このテレパシーは實際種も仕掛けもなく精神統一によつて相手の心中を立ち所に讀心する一つの精神的修養で出來る術であるものであり天勝の女婿が日本における精神哲學の泰斗であるといつたことから浅野氏の心靈實驗に非常に共鳴したのであつた、愈々その夜天勝は主婦の友記者大浦氏と共に服部時計店の三階の實驗室に姿を現はし浅野和三郎氏とも初對面の挨拶が交され當夜立會者となつた實業家齋藤亮輔氏、南海電車山路人事係長ら各方面の紳士淑女の御連中二十餘名は金五圓也の會費を拂つて殊に當夜は異常なる緊張と興味の中に實驗に移つた（つゞく）

寫眞は心靈實驗の會場服部時計店

りきたりの**手品**とか奇術だとかいふ種や仕掛けがあつて行はれるものではありません、眞面目な學術的研究でありまして、心靈界の驚くべき奇異なる現象をこゝに實驗して心靈の力がいかに偉大であるかさうして靈の實在してゐることは事實であるといふことを裏書し併せて靈のいかに尊ぶべきかを皆さんに心得て頂きたいといふ他に他意あるものではありません。今夜の實驗にはまづ空中から**靈魂**の聲があつていろいろのことを話かけます、ついで暗黒の世界の中で、この卓子の上においてある種々なる玩具類が蓄音樂の音と共にフワリ／＼と空中に舞ひ上つて青白い光を放ちながら踊ります、その後の現象についてはいま豫測出來ませんが、いづれにしても私達をビツクリさせるやうなことがらが起るだらうことは間違ひありません、その最後に身體を嚴重に縛した靈媒の鮮かな縄ヌケをご覽に入れて終りをつけたいと考へて居ります」とやゝ昂奮の態で殊更に天勝のために語るがごとく淺野さんは語つた、するとなにを思つたか**天勝**がツカ／＼と淺野氏の前にいたつて滿座のものに聞えるやうな大きい聲で「只今淺野さんの説明を伺ひましたが いま仰しやつたことがらだけなれば私の種のある手品で全部出來ます、けれど今晩おやりになることは種のないことなのでございますすから誠に結構なことで私は非常な興味を持つてみせて頂きます」と皮肉たつぷりの答禮を述べた、と、淺野さんの顔色はいよ／＼蒼くかはつた。

○

かくて、例の鐵筋コンクリートの實驗室の二十疊敷ばかりの部屋は全部黒布で天井といはず壁といはず包まれ、入口のドアは勿論鍵を降ろし空氣の入る**隙間**もなく堅く閉し二十幾名の立會者は淺野さんを除いたほかは天勝もみんな細い緒紐で珠數つなぎにつないで實驗の妨害や又は秘密に手傳ひするとかいふ疑をのぞいて靈媒の龜井三郎氏もい

つもの通りにがんじがらめに全身を緊縛して、電燈は消されて眞の闇だ。たゞ見えるものは幽靈火のやうな氣味の悪い實驗用器具にぬられたルべナスペイントの青白い燐の輝きだけだ、やがて浮き立つやうな蓄音器のフオクッストロットの**輕快**なリズムが緊張した實驗室の空氣をかすかにふるはせた。一分、二分……五分、十分叩音の響はまだ始まらない、十分、十五分、二十分と時計のセコンドが進む、室内の温度はます／＼昂騰していきづまる空氣の中に立會者の身體からは瀧のやうな汗がとうとうと流れるのであつた、天勝は闇の中で部屋の一點靈媒に對してジイツと鋭い目を光らしてゐる淺野さんは椅子の上に端座して無念無想の境地に入つて靈の動きをいまかと待ち構へてゐる、天勝と淺野さんが四つにガツチリ取り組んだこの勝負はどう終ることであらうか――（つゞく）緒はやがて解けるであらう靈の活躍である。

霊の叫び魂の踊り（十九）　天勝の精神力に霊媒…　5-117

怪　●大阪時事新報　昭和五年七月八日（七日夕）

天勝の精神力に靈媒も遂に敗る？

勝負待たと飛出した一婦人

日を更めて再見參

平素なら、一、二分で叩音が始まる筈だ、それにつゞいて靈の運動現象が起る筈だ、だが、蓄音器のレコードを幾度も取り替へて暗い部屋の中の空氣を震動させて靈の發動を待つたけれど、十分、二十分、三十分、さうして小一時間も

無言の時が過ぎる、ナンの現象も起らなかつた、浅野さんの神経は尖つた、眉宇のあたりに細かい皺さへ起して焦立つたけれど、遂にすべては徒労に終つた、浅野さんはその間霊媒に向つて数回「ナニか不服な條件があるのではないか――。」と聞いたが霊媒からは何の答へもなかつた。しかし、かすかにみる霊媒の顔面には油汗が滲み苦悩と疲労の色を現してゐた、浅野さんは當夜天勝が顔を出したことを最初から少からず危惧を感じてゐたらしい、で、實驗に入る前にも主婦之友大浦記者に對して「ヒヨツとしたら今夜の實驗は失敗に終るかも知れない」と洩らしてゐたといふ、さうして天勝の來てゐることを霊媒の耳へもいれなかつたのであつた。が、たうとう押へ切れなかつたとみえ「失禮ですが、天勝さんしばらく室外へ……」と天勝の外出を希望した、そこで、天勝以外の人々のみの立會ひによつて再び霊の現象を待つたけれど、依然として、霊の活動は起らなかつた。そして、いよいよ最後にその夜の實驗は中止と決定して最後に霊媒を呼べど叫べど答へがない。よくよく様子をみると驚くといはず腕といはず肉に喰ひ入るほど堅く麻繩で縛られた哀れな姿のまゝで霊媒は昏々と深い眠りに入つてゐるのであつた……とはなんと他愛ない結末ではないか――で、一々縛つた繩を解くのも面倒とナイフでブスリブスリ切つて早速霊媒を静かな部屋へ送つて休息させたその後で浅野さんは立會者一同に釈明するやうに「私は大阪で過去二十數回實驗したけれど、こんな無體裁な失敗に終つたことはない」と語つた。ナゼその夜の實驗が見事失敗に終つたか、それは天

勝の精神統一の力が失敗に終らせたのだといふ人がある、で彼女自身の言葉をかりて言ふなれば「當夜私は霊媒の姿が暗闇の中でみえなかつたので普通の肉眼では見えないから精神統一をして霊媒の實體を見究めやうとしたのです、それがヒヨツとしたら邪魔をしたのかも知れません」と。しかし、以上のことによつてこの天勝と浅野さんの勝負がどちらが勝つたとか負けたとかいふことを直ちに定めることは出來ない、ナゼなれば浅野さん自身も日を改めて再び験したいと言つてゐるから……。そして、また天勝側の言ひ分ばかりを聞いて浅野さんの心霊研究の實驗が魔術に等しいカラクリであると断定出來るであらうか「その勝負待つた」と浅野さんと天勝の取組の結果を聞いて飛び出した一人の女性がこゝにまた現れた。それは關西婦人社交界および婦人教育界に一勢力をなしてゐる古屋登代子女史その人である。（つゞく）

（寫眞は天秤にかゝつた天勝と浅野氏、中は留める女、古屋女史）

怪　霊の叫び魂の踊り（二十）

●大阪時事新報　昭和五年七月九日（八日夕）　種があれば魔術…　5-118

種があれば魔術　なければ心霊現象

フオツクス姉妹の眞しやかな告白も　底を割れば眉唾もの

天勝かつか、浅野さん負るか、異常な緊張のもとに開始された心霊實驗も肝腎の霊媒が昏々と眠つてゐたといふ呆氣ない結果で勝負は物別れとなつて了つた。しかし、そこに殘る一つの疑問は天勝が「浅野さんの心霊實驗は私の奇術でも出來る」といつたことだ、奇術と心霊現象それをどう區別するかといふことは大きいまた疑惑である、種があれば奇術だ、種がなければ超自然的現象だ、浅野さんの言つたことが眞實か、天勝のいふことが事實か――それは「その勝負待つた」と飛び出した古屋登代子女史がそれを説明してくれる古屋女史は言ふ迄もなく天勝と何等の縁故もない、浅野さんに又頼まれたわけではない、かつて天勝

の奇術を見物した、淺野氏の實驗に立會つたといふだけだ、言はゞ教育者として心靈現象を學術的立場から研究しつゝある人として最も公平にこの兩者の立場を批評しやうといふのである

〇

心靈現象の研究を始めてから未だ日の淺い私がこゝに乘り出してとやかく申し述べるのは烏滸がましい次第ですけれどいさゝか私見を述べて兩者の立場を明かにしたいと考へます實際のところ奇術と心靈現象或は靈媒の正體については私の心には絶えず種々樣々な疑惑が往來してやまないのです、かの世界的靈媒として將又靈魂論創始者であるアメリカ紐育州の北端ハイツヴイルの一寒村フオツクス家の敲音現象或ひはマーガレットおよびケテイナニ姉妹についてもまたいろ〳〵な臆測と疑惑が傳へられてゐるのであります、例へば彼女ら二姉妹が四十年間の職業的靈媒稼業から良心の苛責に堪へかね、てニユーヨークヘラルド紙へ「スピリチユアリズムは人生に對し神が封印した呪ひである」といふ一文を寄せて罪科多き過去の生活を告白したとか或は社會に我らの罪の宣告をしなければならないとニユーヨーク音樂學校の演壇に泣きぬれた姿で立て「……私は眞相を申し上げます、神樣どうぞ私をお助け下さいまし、私の行つた詐術に對して皆樣のうちには私を御嘲笑遊ばす方もありませう、しかし私達の上にふりかゝつた燃えるやうな苦痛と恥辱の私の過去におけるいつはらない歴史を御知せ下さいましたなら御非難遊ばされず可愛想とも思召し下さいますでせう、永年の間私が行つて參りました私の詐術は、まだ品性も心も定まらず、善惡のけじめもわきまへませぬ幼年の頃から始められたので御座います。私は成人してから後嫌しました、私は、脅迫や嘲笑やたへがたい逆運の年月を過ごしました、ただ今神樣と、そして私の良心の目覺めとに感謝いたします、私は遂にこの眞相を打ちあけてすることが出來るのです、多くの方の輝きのお心を濁らせ。多くの方の生命をわづらはしましたこの恐ろしい詐術の眞相を申し上げます、今晩私はこゝに靈魂論の創始者の一人といたしまして靈魂論は徹頭徹尾絶對的僞りであると申します、最も醜惡な迷信であり、あらゆるものゝ中でももつとも邪に、神樣をおけがしするものでありますと、……靈魂論勃發者であるフオツクス姉妹が懺悔したとかいふ彼女ら姉妹の生涯の一頁のみを以てフオツクス姉妹に絡まる心靈敲音現象を最もいいとふべき詐術であると片附て終ふものもありますが、ナニが故にフオツクス姉妹がかゝる奇怪なことを告白したかといふその告白の裏面にも亦淺猿しい事實があるのであります

（つゞく）（筆者は古屋登代子女史）

霊の叫び魂の踊り（二十一）まやかしの幻術…　5-119

怪 ●大阪時事新報　昭和五年七月十日（九日夕）

まやかしの幻術か 靈能力の發露か

笑ひこけるダヴエンポート兄弟 心靈現象に似て非なる奇術

マーガレット、ケテイナニの、姉妹は生來の大酒呑みでした、で、いつも金に困つて貧しく暮してゐました、そこへ目をつけた或一派の宗教家達が猛烈な迫害を加へる一方裏面でいろ〳〵と手を廻し籠絡手段を講じた結果、遂にヤンマと莫大な金を與へて買收して終つたのです、さうして、心にもない虚僞の告白を堂々とニユーヨーク市民の前にさせたのです、斯の如くして反對者は眞面目な心靈研究家を非難しやうとしたのです。迷夢から醒めたフオツクス姉妹は前非を悔いてもともと通りの世界最初の靈媒として心靈研究界に多大の貢獻をなしたのですが、世の反

読者はこの一部分を以てつねに心霊現象は詐術だといふ攻撃材料にしてゐるのです、奇術と心霊現象の結果とが間違へられやすい事柄についてはまた斯様なことがあります、それは丁度浅野さん指導の霊媒、この人はやがて世界的なメヂユアムとして知られるであらうと思ひますし現在めざましく霊媒として真価を発揮してゐます亀井三郎氏、その人の実験に現はれる現象と殆ど相似て居りますダヴエンポート兄弟の超自然現象です。

○

その暗黒交霊会の有様は、先づテーブルの上に色々の楽器が置かれてあるダヴエンポート兄弟はしつかりと椅子に手足を結びつけられてゐる、円形ではないが立会人は手をつないで一つの連鎖をつくつてゐる、燈火が消されると直ちに楽器が室の中を飛廻るやうに思はれた、兄弟が楽器を輸送する場合にいつも起す気流が居並ぶ人々の顔面に感ぜられた、鈴はけたゝましく鳴つた、喇叭は床を叩いた太鼓は全力を挙げてうち鳴りつゝ室内を飛び廻つた、南から西へ閃光がひらめいた、楽器がからだに触れたゞ人々は叫んだ、或る紳士は鼻を打たれ、皮が破れて床に血が流れた……。と、いふのです、けれども〳〵この異様な出来事に対して満座の列席者は驚異と戦慄にさへをふのきましたが肝腎のイラ・ダヴエンポートはカラ〳〵とまるで嘲笑するかの様に高らかに笑ひの声をあげて「くら闇の中で人々が想像することはまことに妙なものだ、楽器は私の手から離れないのに、立会人は楽器が空中に浮びながら鳴つてゐるのを聞いたと断言してゐる、ナンと馬鹿らしいことだ」といつたさうです、このダヴエンポート兄弟の語るやうに彼等兄弟の行つたところの超自然的な怪現象は実は霊能力によつて現はされた事実ではなくて本当に馬鹿らしい種のある奇術で行はれた事柄であつたのでありましたこれなどは自分は超自然現象ではないといつてゐるにもかゝはらず世間がよつて集つて偉大な心霊現象であると祭り上げたものであつて心霊研究の上に疑惑を残すところ一つの悪例であります、かやうに心霊現象の実験の事実と奇術は酷似してゐるものであつて、たま〳〵亀井氏の心霊実験がダヴエンポートの夫と似てゐるからといつて亀井氏の現象も奇術であるとは即断したくないのです。（つゞく）

――縄はダヴエンポート兄弟の奇術現象の説明――

霊の叫び魂の踊り（二十二）　コナン・ドイルを…

怪 ●大阪時事新報　昭和五年七月十一日（十日夕）　5-120

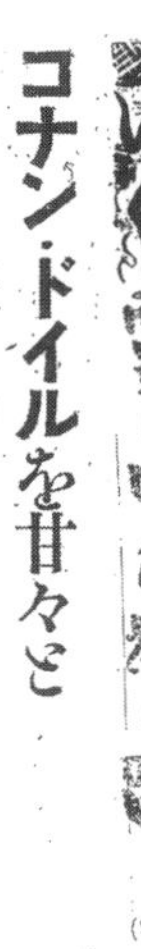

コナン・ドイルを甘々と昇いだ縄抜の名人

引退と同時に秘傳を公開して 心霊学者のド膽をぬく

…心霊現象のまがひものもう一つ……これはシャーロック・ホルムスでお馴染の先日物故したコナンドイルも瞞された話、コナンドイルは御承知の通り探偵小説家として有名なばかりでなく科学者として或は心霊学者として又知られた人物ですが、その当時欧洲全土で人気を湧かせてゐたジユールス、ザンチツクといふ夫婦者のテレパシストと称する実は曲芸師あがりの縄抜けの名人を偉大な霊能力者だと買ひ被つたのでありました、この夫婦者には実際斯界のいづれの識者達もスツカリのせられて「かれこそ近代の心霊研究界にもたらした最高の貢献者である」と折紙をつけてゐましただ

○

そのザンチツクが行ふところの霊能力実は演技は又実に素晴しいものだつたのです、卓子や玩具類や器物が空中にフラ〳〵浮揚する位のことなら昔から日本では狐狗狸さんといふのがありますし、たゞそれより仕掛が大袈裟だといふだけのことですが彼のやりますことは霊魂が肉眼にその姿をみせたり談話したり

甚しいのには握手もやりキッスもしてみせるといふのですからみんなが有頂天になつて終ふのも無理はありません、瓶拔けにいたつては殊に見事でした。それから二重も三重も戸前を堅くおろした金庫の中からでもまるで幽靈のやうに自由自在に出たり入つたりするといふのですから魂消てしまふぢやありませんか……。

○

ところで、その實例を一つ……それは幽靈の實驗でありました。その表現はれた幽靈はそれはすぐれて美しい婦人でした。幽靈は風もなく內房からスウッとやつて來たさうして立會人の面々の居所ちかくへ近付きました。刹那！一人の男がだしぬけに飛び出してその幽靈美人の腰部を引つかみ、こいつは靈媒だ〳〵と大聲で叫びましたで、列席者中の二三の人は續いて右の男を制止しやうとして大格闘を始めました、すると幽靈の姿は先づ足首から消え つゞいて兩脚が無くなり、宛かも水中の海豹のやうな恰好をしてくゞり拔けやうとする、飛びついた男は手に觸るるもの全部を摑んで離すまじと爭ひましたけれどいつの間にやら幽靈はスルリとすべり失せ、後には肉體の一部らしいものも、又衣服の斷片らしいものも何一つとして殘してはゐなかつたのです、それからすぐ內房を調べてみたが靈媒は緊縛されたまゝ依然として恍惚状態をつゞ[illegible]てゐた……さうです

しかし、ソノ幽靈を摑まへたといふ男の話では、幽靈はビッショリ汗をかいてゐたし血管が强く脈打つてゐたといひますから笑はさせられます。

○

だが、かうした人間業では出來さうもない事柄を鮮かにやつてみせるのですから、世間の人々が「あれは神通力だ」「靈の力」だと騒ぐのも又無理のない話です。さうして、偽靈媒の奇術師ザンチックは世間を巧に胡麻化してゐましたが年を經るに從つてザンチックの演技から靈能力らしい影を失つて來たので彼は一九二四年四月アメリカの一雜誌スフィンクスに

「予はいよ〳〵隱退することを決心した、今日迄コナンドイルや心靈研究協會やその他全世界にわたる人々を惑はしてゐた予の創造になるマヂックを五十名限り教授す」

と、突如極祕皆傳の廣告したのには、いまゝで惑はされてゐた人々はアッと魂を拔かれたやうに驚きました。兎角心靈學者がその研究に沒頭すると物の見方が浮世離れして、かやうな脫線振りを發揮するとみえます、ザンチックはまた

「私は足枷や閉込めの束縛から身をのがれることの出來るのは公言するが、しかし純眞な物理的方法で目的を達するもので、斷じて靈能力によるものでない私は自身が會得してゐる方法で有形物を取扱ふだけである、で祕傳を漏らせば何人にも了解出來る筈だ、しかし、これらの祕傳を公開することは、むしろ不正の人々に惡用させるだけだから、私は私の祕法を私と共に墓地に運ぶのである」

と宣言しました

○

これなどから見ましても心靈現象と奇術といふものがいかに類似してゐるかゞ判ります、けれどもこれをもつて心靈現象を奇術だと一概に申すことは出來ません、私は心靈を信じ、その現象を認め龜井氏を又信じます、でも、世間の人達が「お前は、では、奇術と心靈現象をいかに區別するか……」と押して問はれましたら、哀しいことに奇術の種も知らない私は又心靈現象に對する深い根據をもたない未だ心靈研究の途上にある私は强く申し開くところの力を持ちません、故に私はその道に通じて居られる大阪ホテルの間部子爵を推薦して私は淺野和三郎氏の心靈研究は眞面目なものであると保證して私の責任を逃れたいと存じます、ではさよなら……。」（つゞく）

5-121
怪 ●大阪時事新報　昭和五年七月十二日（十一日夕）
霊の叫び魂の踊り（二十三）巧みな話術で…

巧みな話術で―病を癒す「說法療法」

◇―奇術の發祥は心靈現象―◇

多藝多能の間部子

(23)

こんどはいよ〳〵大阪ホテルの支配人間部詮信子爵が登場した、氏は大阪の實業界でも異色の人物として一部の人々から尊敬を受けてゐる、今から八年前經營難のグラついてゐる大阪ホテルに保險屋さんから鞍替へして忽ち今日の鞏固な基礎を築いた大阪ホテルにはなくてはならぬ大黒柱なのである、間部子爵は多趣味の人、能もやる謡曲もやる、芝居も好きだ寄席へも行く又或時も堂に入つたものだ又打つて變つてスポーツ狂、野球とあれば京都でも神戸でも飛んで行く、さうして、又熱烈な信仰家でその信仰もナニ宗と限つてゐない佛法も耶蘇もなんでも信仰するこの調子で淺野和三郎氏の心靈科學協會にも入會して熱心に心靈現象の研究をやつてゐるのである。

ところで間部さんは一面信仰の人であると共に別にこれといふ修行して來たわけではないが精神療法とでもいふか巧な話術で說法療法でどんな病人でも癒すといふ風變りな人物だ、不治の病で醫師に死を宣告された人でも間部さんの說法で一ぺんに全快、壯健に再覺してゐるといふ人がある、氏は又手相を觀、骨相を觀る、易をたてる姓名判斷をやるナンとまあ「なんでも屋さん」ではないか、だが、まだある、年少の頃から奇術と來ては一流の玄人も跣足で逃げ出す程で日本奇術の元祖ともいふべき現在の天勝・天華らの師匠天一も氏には一目置いたといふのだから腕が判る、その間部さんが奇術と心靈現象の是非の判斷を下すといふのだから申分なからう

○

「もし心靈現象に似た奇術があれば、その奇術はその奇術に似た心靈現象があつたからその奇術が生れたのである、いくら奇術奇怪々の奇術といつてもみな種があるのだから、種のあるものなら原因がなければならぬ、そのもとが心靈現象なのだ、例へば人間がナニが造つたかどいふのである、人間が人間を造るのではない人間を造つた何者かゞあるのだ、奇術を造つた何者かが即ち心靈現象なのである、私は小さい時から奇術といふものに天才的な獨創力をもつてゐたさうしていかなる手品を見てもすぐ種が判つた、一時懸賞附の手品として天勝がやつてとても素晴らしい人氣であつた「樽ぬけ」たる拔けといふのはビール樽に人間が入つてゐるのを堅く栓でじめて絕對に出られぬやうにするのだが、實際は其栓をしめるといふのがその手品の種で栓をしめれば二つ目か三つ目の輪がゆるんでスッポリ中の人間が飛び出せるといふことになつてゐるので私は一目でゾレと分つた、私は幼時舞蹈を造へ近所の人を呼んで手品をやるといつた大仕掛けのことをやつた位で手品といふ手品なら一目で種を喝破することも出來るし、これは手品であるかないか位もすぐ見分けがつく淺野氏指導の靈媒龜井三郎氏が人目を瞞著してトリックを使つてゐるかどうか位もすぐ判斷は出來る、私は龜井氏は眞實の靈媒だと信じてゐるし知らぬものには馬鹿げた眉唾ものと思はれるだらうが心靈現象は正眞正銘の事實で決して流布されるが如き詐術でないことを保證する

○

世の中には科學の力で說明出來ない不思議なことが澤山あるものである、私が直面した事柄でも十三代前の私の先祖が最近出現したといふ事實があるのである（つゞく）

―寫眞は大阪ホテル支配人間部子爵―

5-122
怪 ●大阪時事新報　昭和五年七月十三日（十二日夕）
霊の叫び魂の踊り（二十四）何より怖いのは…

何より怖いのは生きてる人間だ

火葬の度に燈明を献ずるのも詮ずれば靈への禮

(24)

昨年諏訪の森に家を建てた、ちやうど墓地の隣りだ、朝な夕な死人を燒く臭ひがうすい紫の煙と共に私の家に流れてくる、その家を建

樂する時に家内の者は反對した、で、私は「そんな馬鹿なことはない、自分達が死んだら、誰方かに火葬の臭ひを嗅いで頂かねばならない、だから、先づ自分達が他人樣の臭ひを嗅いで置く必要があらう」と、言つて聞かせたところ家内中の者がみな心よく賛成したので引越した、それで、要はこの頃に火葬があれば直ちに佛壇に燈明をあげてその人の冥福を祈つてゐる私はこれは靈への禮だと信じてゐる、墓場といへば一般に怖がる人があるが何が恐ろしいのか、やがてはその墓地に眠る私達ではないか――。

○

これは親達が惡いのだ、幽靈がこはいの、蛇がおそろしいといふ觀念を與へた責任だ、この世の中にこはいものは一つもない人間が一番恐しいのだ、人間の過去に行つて來た罪惡はどうだ身傺ひを覺える、お墓まゐりは俗にカン〳〵陽の高い眞晝にするが、あれなどは眞夜中にすべきだ、靈は世間の騷がしい眞晝には昏々と墓地深くで眠つてゐるであらう、サラ〳〵騷ぐ草の音にも胸をときめかすやうな眞夜中でないと靈は目覺めてゐまい、深夜しつとりぬれた露草を踏んで墓前に額いた清淨な心持その時こそ靈と親しく語ることが出來るといふものだ。

○

これから盆に入つて吊り燈籠に消え殘る灯が青い焰をボウと浮かせてゐる時などは今夜こそは先祖の人々の御姿に接し得ることであらうと樂しまれてならない、その家を建てる時だ　京都のさる人に伺つて貰つた、すると、十三代前の先祖が出て「地面を早く買ひとれ家の設計圖も實に好い、臺所の都合なども素敵だ、土地は清淨だし井戸水もよい、たゞ中心より二丁離れてゐるけれど、わしはこんな喜ばしいことはない」と非常に滿足を表された、家の設計は私自身で作つたのである、ナニのために十三代前の先祖が出現してそんなことを言はれたのかは分らなかつたが、先祖の大滿足だといふので直ちに土地を買收し茅屋ながら恰好の家を建てた、土地の清淨なといふとは五、六十年も年を經た松が百本ばかりも植つてゐるしするから私もさうと信じてゐた、ところで・井戸を掘つてみると、なんと不思議なことに諏訪の森といふところは大體水の惡い土地であるのにこゝばかりは實は水が好い・幾ら汲んでも水は減らず澄み切つた滴り一つ浮かない清らかさだ。

○

先祖のお言葉には間違ひはないと喜んでゐたところ、フトある日、郷里福井の人で大阪のあるところへ養子に行つてゐる西尾といふ男が來て「貴方は本當によい所に家を建てられました、お先祖もさぞ

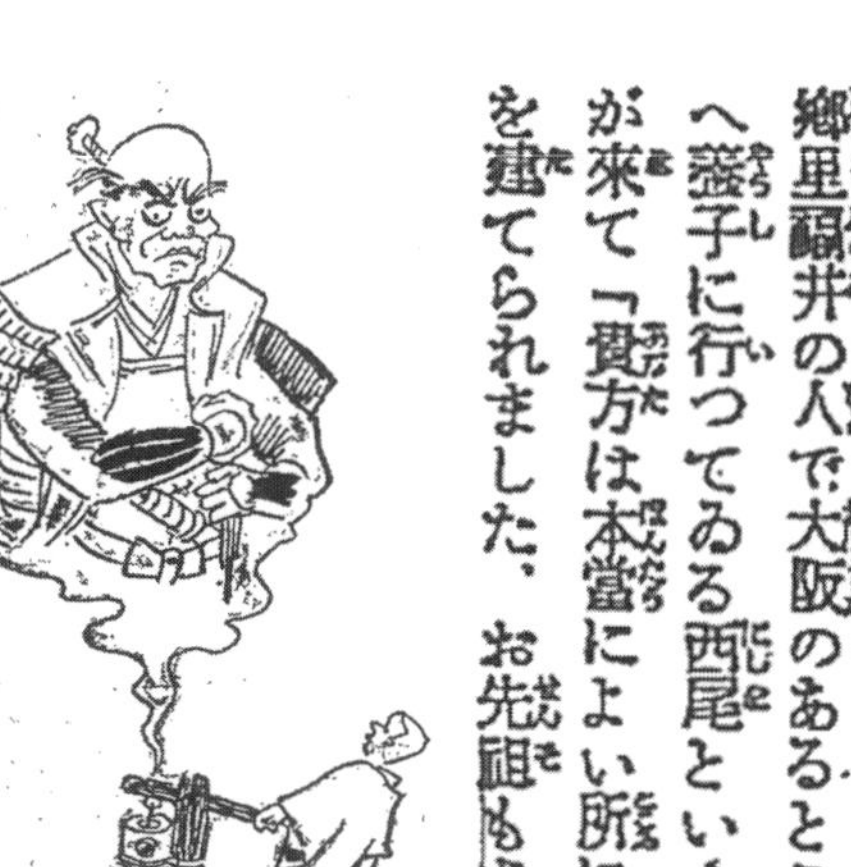

かしお喜びでせう」といふのだ、私には何のことか分らなかつたので押して聞いてみると「先日大阪府で編纂された大阪府史に泉南郡船尾下村（現寺町）は貴方の先祖間部詮房の領地であると書いてありました」といいので私はこの偶然に飛び上る程驚いた、それで萬事が了解出來た、中心より二丁離れてゐるといふのは十三代前の先祖が領地としてゐた船尾村より現在の土地が二丁離れてゐるからだ、さうして、十三代前の先祖が現れて非常な滿足を表したのもそれで判つた、そから、ついこの間、國から送つて來た系圖の寫し書によつて十三代前の先祖の詮房は元祿織の人、故あつて五歳の時母と共に泉州大津の里に隱れ住んでゐたが十六歳の初陣に敵の大將の首級を取つた殊功で一躍多田三萬石をあたへられこの泉州の一部をも領するにいたりしばし船尾村にも移り住んでゐたこともあるといふ因縁からだと判つた。

――繪は間部子爵の話中に現はれた十三代前の先祖――

怪 霊の叫び魂の踊り（二十五）　私が死ねば…　5-123

●大阪時事新報　昭和五年七月十五日（十四日夕）

私が死ねば屹度幽霊になつて出る

恐ろしいことだ、今にハヤるぞ ―「丑の刻」まゐり

人造人間が活躍し出した、日米無線電話が開通する、月の世界との通信が始まつた、といつても人間のすることは、いくら科学が進歩したからといつても霊界のそれに比較も及ぶべきもない、人間の総ては人間が何でも創造するやうに思つてゐるから間違つてゐる、偉大な宇宙や霊の世界から考へたら我々のそれよりも人間の生活は貧弱だ、我々の生存してゐるこの地球、その宇宙のホンの一角その一角もまことにみじめな一角しか知らない我々が考へてゐる素晴しく広大な地球であるけれど、その地球といへども広々たる太陽からみると僅千分の一の貧弱な存在なのだ、その太陽や地球やを抱含する宇宙はこれは又いかに我々の想像にも及ばない偉大な存在であることとか――しからばその偉大な宇宙からは如何ほどの存在をも認められない我々人間が考へること創造することは又偉大な宇宙からみれば貧弱だ貧弱なものでなければならないのである、それに自惚れの強い人間共はスツカリ自分一人お山の大将となつて喜んでゐるのである。五寸丸たらずの小ちやな頭脳から考へだす碌でもない考へを全部信じ切つてそれによつて世の中をこの偉大な宇宙を判断しやうとするところに大きな誤りがあるのである

○

私はいつも斯う思つてゐる、霊遊や耶蘇でも、ナニかを的にして研究して大悟徹底したのであらう、私もその研究すべき的を知りたいと、そこで人間は人間を作つてゐるやうに思つてゐるけれど、決して人間が人間を作つてゐるのではない、この世の中にはきつといい人間を造るナニものかゞある、そのナニものかを信じて自分の生命を拓かねばならないと、そこで、私は凡ゆる宗教を網羅して研究し信仰し私独自の信仰生活を自分で現在拓きつゝあるのだけれど、そこで私が考へることに人間はこの目に見えたまゝのこの人間の生活だけで終るものでない、死後再び死後の世界や生活があるものと信じてゐる、で、霊を信じ心霊研究を又行つてゐる

○

[illegible]三郎氏の行ふところの心霊現象が偶々天勝等の奇術と類似してゐるとしても、それでは街頭で黒いお椀を伏せて小ちやな紙片の類をあつちの椀へ入れたりこつちの椀へいれたりする支那の子供の手先の手品にしても同じやうなことを[illegible]井氏はやる、しかしそれで[illegible]井氏のも手先の手品であるとは一口に言ふことは出来ない、先刻も言つたやうに奇術に似た心霊現象があるから又その現象に似た奇術が生れたのであるから、今後私は一時杜絶えて来た「丑の刻参り」なども流行して来るだらうと思つてゐる、ナゼならば心霊研究が発達すれば霊と霊との通信も容易になつて自分の意志が他人の意志に通ずるからである、私は私が死んだら、この世に幽霊となつて

現れこの世の中の人に幽霊といふものをハッキリ見せてやりたいと思つてゐる、これなども私が一心にそれを思つて死ねば確に幽霊となつて出現することは間違ひないからである、左様に霊界は人間界の生活と自由自在なのである、霊界が進歩すれば近くそうなることを又私は信じて疑はない（この項終り）――写真は街頭で手品する支那少年――

霊の叫び魂の踊り（二十六）　鴈治郎と阿母…　5-124

怪　●大阪時事新報　昭和五年七月十六日（十五日夕）

鴈治郎と阿母さんの 生命は風前の燈火

アーラ不思議、クルリと廻つた 金神さまの御利益

鴈治郎はその頃、旅役者のそれのやうに村から村へ地方巡業の旅を続けてゐた。肥臭い田舎の中に貧弱な遊小屋を建て村の若衆や娘達を喜ばせてゐたのである。

○

彼はその時十九、母と祖母は熱烈な金光教信者だつた、大阪から西へは汽車は姫路までか通じてゐなかつた、祖母や母にすゝめられて彼は母と共に備州岡山の金光教御本部にお詣りした、その踊り途次やはり汽車もなければ老母の手を引きながら、幾十里の山河をテクデク日夜歩いたのである。さうして、彼は興行の約束の日も迫つたので心焦立ちながら加古川まで歩つて来た。と、加古川の渡船場は二三日前からの豪雨で一切船は出ないといふのである、金を積んでも船頭に頼んでもどの船頭も首を縦に振らうとはしなかつた、鴈治郎の顔が見えねば次回興行の幕が明けられない

○

男としての約束、鴈治郎はどうしても踏らねばならなかつた、彼は血眼のやうになつて船頭を船を漕ぐ男を探し廻つた揚句ヤッと男気の人力車夫が生命を賭けて渡してやらうと言つた、老母はあまりすまなかつたけれど、止むない鴈次郎の立場もあり一緒に船に乗つた、ところが不馴の船頭俄船頭のこと、そこへ滔々と濁流が渦巻いてゐるので船はドン〳〵川下へ流されて行つた、老母の顔も鴈治郎の顔面も色を失つてゐた、老母はたゞ信仰の一心で金光教の祈詞をあげてゐた。しかし、船は河岸に近く木の葉のやうに濁流に翻弄されるばかりで施す術もなかつ「岩！」岩！」鴈治郎は思はず、大きい声をあげた、目前に川の流れの曲り角に大きい岩が野良の牛のやうに

横たはつてゐたからだ、その岩に船がブッつければ船は微塵三人の生命もなかつたからである、だが、なんといふ奇蹟であらう。水の流れはクルリ鴈治郎らの乗つた船がその岩の背後へ廻つた、その突嗟夢中の間に鴈治郎の手にはその岩に生えてゐた柳の木の一枝を握られてゐた、そうして、親子の生命は救はれたのであつた その時、鴈治郎は思つた金光様の御利益だと、以来五十余年鴈治郎は祖母や母にも増した金光教の熱心な信者となつた、今でも大阪市内土佐堀の金光教玉水教会には月々かゝさずお参りしてゐるし年に一度は必ず岡山の御本部へ参詣してゐる道頓堀の中座は松竹が鴈治郎のために建てたやうなものだが、その中座の鴈治郎の部屋にはソレは〳〵立派に金神さまがお祀りしてあるさうして、中座へ歌右衛門や東都一流の俳優が来てもこの鴈治郎の部屋は誰れにも絶対使はさずに鴈治郎独自の部屋として占有してゐ

るのである、勝治郎は又俳優の中で金光教信者の草分けであつた、今では歌右衛門、吉右衛門、羽左衛門、中車等々大概その道の人は學つて金光教の教を深く信じてゐるのである（一部つゞく）

5-125

怪　霊の叫び魂の踊り（二十七）タッタ一つだけ…
●大阪時事新報　昭和五年七月十七日（十六日夕）

タッタ一つだけしか聞き屆けて呉れぬ
慾張つてはいけない金神さま
怪しげな「珍療法」

……（二七）……

勝治郎が左様に深く信仰してゐる金光教にも實は派が二つに別れてゐるのである、理論派と奇蹟派である、勝治郎の信じてゐるのはソノ奇蹟派の方である、だから、土佐堀の玉水教會は奇蹟派に屬するのである、さうして、しかも奇蹟派の巨頭なのである、即ち、お神酒を患部にブツかけて忽ち病氣を治さうといふ「珍療法」を用ゐる方なのである。

〇

この玉水教會の會長さんは湯川安太郎（六十一）といひ、二十五年前三十六歳の時に醫者も手を放した重態で死の刻を待つてゐる有様であつたが、病床から一心不亂に金光様にお祈りしたところ、不思議や芋を蒸したやうに身體中から熱湯の汗が流れて、一年間もウンウン呻吟つてゐた大病が僅か六日間でケロリと全快したのである、さうして、汗を流したと思つてゐたのは見るから艶らしい血色のうみであつたさうだ、この奇蹟的に救はれた靈驗に驚いてその後は我身を忘れて神に仕へ修行を重ねた結果、今日の神徳を頂いたのださうである、それで、結構なことに一目みればどんな病人でも醫者のやうに手をとり脈をみなくてもスグ病氣の診斷はつき又何里何千里離へ海外の地にある人のことでも忽ちその様子は知れて判斷もつくといふ。

〇

ところで、これは普通人には肉眼しか開いてゐないが、湯川大先生には心眼が開いてゐるからださうであつて、どんな我の强い人間でもこゝへ参詣してこの人がお廣前の結界うちから「お前の願ひごとはこれだ、病氣はこれだ」と一言で言ひ當るので「ハイ左様で……」とガチンとまゐつて終つて、それから一生懸命信心するさうである金光教會の中でこゝは又お利益もいゝ、いつとう顯たかで、たつた一つだけの願ひごとならどんなことでもお聞き屆け下さつて願ひ事又叶はざるないとのことである、で、信者の數も全國教會所で又指折りなのである、金光教全國の信者は約三百萬、その中で大阪と九州が一番信者多く、その大阪でもこの玉水教會が第一位、稱されてゐる數が四五萬、臺帳に載つてゐるだけでも一萬を突破してゐるといふ、ある人に言はせると「玉水教會は宣傳が上手な……」のであるさうであるけれど……（つゞく）——寫眞は玉水教會の参詣者昨夜うつす

——

5-126

怪　霊の叫び魂の踊り（二十八）お酒の好きな…
●大阪時事新報　昭和五年七月十八日（十七日夕）

裾の方でムラ〳〵と雲のやうな泡が立つ
―こ恥しさうに女が赤くなる
お酒の好きな神さま

……（二八）……

斷然奇拔な金光教の「お神酒吹つかけ」の珍療法――それは、いつたいほんとうにお利益があるのか、やつぱりそこらの稲荷下げのやうなまがひものか、信者からいふと、いや、信者は「有難や有難や」と、兩手合せて喜んでゐるの

であるが、門外漢にはどうも狐につまゝれたやうな話で信じられないのである。

○

實際、金光教の內部でも「お神酒吹つかけ」は信者釣りの邪道だと反對する向もある。さうして、事實金光教の教義にはそんな教へは全くない。では、これをいつたい誰が發明？したのか、こんなことをいつたい誰が始めたのか、果して、いつ頃から斯うしたことが行はれ出したのか……實は、金光教の先生達もソレについては餘りハッキリお存じないのである。ただ、兎に角關西特に大阪地方で「お神酒吹つかけ」は非常に盛んに行はれ又有難がられ、さうして不思議な靈驗もウンと澤山現はれてゐるのだソウである。

○

昨今不思議の「お神酒吹つかけ」の靈驗を幸ひ大阪土佐堀の玉水教會にお詣りした記者はそこの若先生達に尋ねた、——「お神酒吹つかけ……を疑ふやうぢや、まだ信心が淺い、たゞナニ事も神様にお縋りするといふ氣持で身心を捧げて信心すれば、神様は如何なる願ひ事でも立ち所にお聽き屆けになるのである。お神酒を吹つかけるのは、あれは別段お神酒でなくても好いのである、お水でもよければ、醤油でも酢でもなんでもかまはぬのである。神様へお供へしてあつたものなら好いのである、特にお神酒を吹つかけるのは神様がお神酒をいつとうお馳走に思召してゐるから、一番お利益も多からうと、お神酒を使つてゐるのである。

お神酒吹つかけのお利益について理窟や說明は要らぬ、例へばこゝに一人の病人がある、病名もナニも言はぬ、それでもお神酒を吹けば、患部へお神酒の霧の泡が立つて私達にはチヤンと分るのである。

○

女の參詣者は隨分多い、いや、信者の大半は女である。その女の參詣者の八分通り迄は子宮病が多い、しかし、場所が場所だけに初めてお詣りに來た女の信者は大概それを恥しがつて隱すのである、まあ、胃が惡いとかいつて、ところが、胃が惡いのかな、と思つて當方で神様にお祈りしてサテお神酒の霧を吹いてみるとナゼか胃のところで泡が立たない、さうして自然に下の方へ口が向いてプッとあのあたりで吹くのである、すると、不思議！不思議にも腰の方でムラ〳〵と雲のやうに泡が立つのがアリ〳〵と判る、ハアンこの患者は子宮が惡いが隱してゐるな、といふやうなもので『君は隱してゐますな、神様に嘘をついてはいけません』と、圖星をさすと忽ち正直に顏色を紅に染めて袖で顏をかくし恥かしさうに『左様でございます』と『すくまゐるのである』と、……その先生鄕々得意の鼻を高く轟かしながら悠々とお神酒吹つかけの効能を饒舌り出した（つゞく）——繪はお神酒吹つかけに恥づかしさうな婦人參詣者——

霊の叫び魂の踊り（二十九）　人もあらうに…　5-127

怪 ●大阪時事新報　昭和五年七月十九日（十八日夕）

人もあらうに醫學博士に　お神酒を吹ッかけた

場所は大學病院の患者室で

治らぬはお醫者さん

博士！博士というてもあんまり威張れない、ソノ博士のお醫者ハンが「このお神酒吹つかけ」のお利益には頭が上らないのである。現に大阪醫科大學病院の××科の醫長[illegible]博士（假名）がそれである。

○

[illegible]博士は昨夏、上海[illegible]といふ內地には珍しい病氣にかゝつた、ちやうど目の上のところに拳大の[illegible]が[illegible]杏のやうに眞赤にはれあがつて約一週間痛み通しで一瞬の間も安らかに眠れなかつた、他の博士連中も上海特有のこの病氣

に手當方法も分らず、たゞ、病ひの驀進するまゝに任してゐた、時に花村博士の妹さんが金光教の熱心な信者であつたので、幾度も博士に「お神酒吹つかけ」をすゝめたケレド、博士は頑として應じなかつた、さうかうしてゐるうちにいよ／＼病ひは惡化に來て終つたのである、さうして、あすの日も知れない有樣となつた、妹さんはもう堪まらなくなつて、玉水教會に駈けつけて湯川大先生に兩手を仕へて「神樣のお利益で、どうぞ兄の大病をお救ひ下さい」と涙ながらに縋んだ、湯川大先生は無言で神樣からお神酒を一本下げて彼女に與へた、妹さんはソノお神酒德利を抱へて宙を飛ぶやうにし兄の入院してゐる大學病院にとつてかへし、ブーブーと患部へお神酒を吹つかけた、その時、花村博士も最早觀念してゐることゝて妹のなすまゝにまかしてゐたのである。

○

不思議だ―お神酒を吹つかけられた博士は忽ち昏々と深い眠りに陷ちて終つた、さうして約四時間グッスリ寢込んで目覺めた時には博士の病態はスッカリ持ち返してゐた。痛みはとれてゐた、氣分もスガ／＼しかつ

たまるで夢のやうであつた、「俺はほんとうに病氣であつたのか知ら……」博士は自分を疑つた。それほどに病は快方に向つてゐたのだ、それがたゞお神酒を一吹き二吹き吹いただけの効能であつたとは……。

○

「いかに頑固もの」花村博士もこのあらたかなお利益には一言もなく、その後、同じ金光教の信者の北區の高村博士を訪問して、金光教のお神酒吹つかけはどういふわけであんなにあらたかなのでせうか、と聞きに行かれたさうです。これでみても花村博士が金光教のいやちこな靈驗に魂を拔かれる程驚いた證據です、……と語つた

○

それから、それから、いふことに斯樣に金光教の「お神酒吹つかけ」のお利益が顯著なのでこの分ぢや終には藥も醫者もこの世の中から要らなくなるといふので、このごろ金光教は「醫藥妨害」だと、一部のお醫者ハンや藥屋ハンが反金光教「お神酒吹つかけ」の反對運動の火の手をあげてゐるとは……話が大きい、大きい……。（つゞく）

――續はお神酒吹つかけ反對のお醫者はん――

靈の叫び魂の踊り（三十）　お神酒を吹つかけた…

●大阪時事新報　昭和五年七月二十日　5-128

怪

靈の叫び魂の踊り（三〇）

お神酒を吹つかけた―
お腹が脹れて來た
阿呆らしい、一體何のこッたい
金光教をやめた話

金光教「お神酒吹つかけ」靈驗の投書が舞込んだ、殘念ながらこのたびは金神さま恨みの投書である。早速その人を訪問した、北區太融寺の附近旅館屋の奧さん北村おかよさん（二十三）假名といふ若い別嬪さんであつた、この若奧さんの話。

○

奧さんは去年の夏に死んだ、その奧さんがとても酒好きで、さうして、中風であつた、それから、熱心

[illegible]な金光教の信者であつた、職人がザット二十人ばかし、その奉公人も無理無體に信心させられてゐた、家族のもので病人があつても醫者にかけたことがない、その證據に親爺さん中風で足腰たゝず三度の御飯も隣御の世話になつてゐたが、醫者の藥一滴も咽喉に通さず言ふことに「金神さまは有難てえや、ゲエプさ、さけさへ飲んでゐれや。病氣は快るんだから……」と、朝から晩まで酒びたり、いやお神酒につかつてゐた

○

息夫婦の中に可愛い男の子が出來た、生れて三月疫痢にかゝつた、床についてゐること七十日、しかし、醫者を迎へたことがない、教會から頂いて來た、生の米三粒づつ毎日與へて「これで大丈夫、これで大丈夫」と全快の日を待つてゐた、そのうちに男さんは口がきけなくなつた、酒が咽喉を通らなくなつた、さうして、可愛いベビーちやんも骨と皮ばかりになつて相前後して孫と親爺さんは「金神さまは有難てえ〳〵」と死んで終つた

○

次に、その[illegible]御寮去年の暮からフラ〳〵わけの分らぬ病ひにとりつかれた、女房孝行の亭主心配で碌碌商賣にも手がつかず お父つあんの信仰してゐた金光様へお詣りして相談した。そこの先生の言はれることに 「それは子宮病ぢや、けふから日に三度あそこへお神酒を吹つかけろ」……と、そこで、亭主恭々しくその教へ守つて「嬶〇〇〇げろ」と、日に三度プープー吹つかけてゐた、三月四月日が經つに連れて[illegible]若奥さんの眉毛が一本二本と抜けて、終ひには塗りたての壁のやうにツル〳〵に一本も毛がなくなつた、それからお腹が蛙の腹のやうにプカ〳〵ドン〳〵にはれあがつて來た、これは大變と大騒ぎしてゐる間に腹の中でグテン〳〵動き出した、二人目の子供が宿つてゐたのである、亭主こそ馬鹿をみたのである「妊娠」と「子宮病」……親類であるやうなないやうな關係のあるやうなないやうな病氣であるやうなないやうな「いつたいなんだつた」といふのだ、子宮病と妊娠 妊娠と子宮病」幾度か繰り返して考へた袋屋の大將はそれからプッスリ金光教に愛想をつかして無信心な男になつて終つた、それで、二十人程の職人は肩の荷をおろしたやうに「これで助かつた」と擧つて喜んでゐるといふ

○

金光教「お神酒吹つかけ」の珍療法のお利益はいかやうにも解釋されるのである、靈驗のあつた場合もある、ない場合もある、これを金光教の奇蹟派の先生達に聞くと、「お神酒吹つかけ」のお利益は「神様に一身なげ出してお縋りしてお助けを願はう」「この信者はどうしても快してやらねばならぬ」といふ信者と先生の二人の意思がピッタリあつたその信念の如何によるのである、疑つたり心に隙のある人には絶對お蔭がない、と、それは實際の話であるらしい、信仰は信念の問題であるから……（この項をはり）繪は金光さんに屁をかけた袋屋の女房――

霊の叫び魂の踊り（三十一）　奇しき人形の恋物語
怪 ●大阪時事新報　昭和五年七月二十二日（二十一日夕）　5-129

霊の叫び魂の踊り（三一）

安倍保名の優姿に 悶々の情を寄せる

天満市場銭屋孫兵衛の愛娘

奇しき人形の恋物語

大阪名物「天神祭」はあと四日ドンドコ太鼓に賑ふのである、当日はお迎へ人形船が十五隻、本船が六十四隻、列外二十五隻、還御船四十四隻といふ夥だしい船の大行列が若松町の浜から堂島川を下つて木津川を南へ江の子島西町工業奨励館の浜から上陸松島の行宮へ著御、水の都にふさはしい船渡御の祭礼を行ふのである

○……○

年に一度、大阪の街をあげてお祭気分に躍らせる天神祭、ソノ天神祭には例年沿道からお迎へ人形を出すのである、このお迎へ人形は享保の頃から行事の一つとして加へられたものらしい、現存してゐる人形は二十躯それを毎年三班に分てかはるぐ／＼順番に供養させてゐるのである、そのお迎へ人形は今から二百年程前浄瑠璃義太夫の流行した時代享保、享和の間に文楽の人形師の手によつておほかた作られたものなのである。そのことは浪速叢書を始め絵図、記録などで明かである、現在ある人形は野見宿禰、朝比奈三郎、与勘平、安倍保名、鯛、真田幸村、羽柴秀吉、鎮西八郎為朝、加藤清正、奴照平、胡蝶舞、雀踊、酒田の金時、鬼若丸、関羽、木津の勘助等々……であるが、このお迎へ人形にもいろ／＼伝説やエピソードがあるのである

○……○

「安倍保名」の人形、それには天満市場の丸持長者の娘おさいわに絡る奇しくも憐な人形の恋の物語が秘められてあるのである、近代的に言へばエロ百パーセント、マゾヒズムのローマンスであるけれど……。

おさいわ十八、天満市場市ノ側に住む銭屋孫兵衛の愛娘であつた、いつ知れずフラ／＼病むとなく病んで夢をみるやうな、うつろな日を送つてゐる。両親はあんじてあらゆる手当を加へたが、一向きゝめはなかつた、さうして、日に日に痩せ細るばかりで頬にかゝる鬢のほつれも憐れであつた、年頃の娘若しやと両親は乳母や女中にそれとなく問ひ訊させてみたが面を紅に染めて涙ぐむのみでナンの答へも与へなかつた、さうかうするうちに早祭月、七月の声を聞くやうになつておさいわはいよ／＼重態、ドット床について終つた、

さうして、わけもなく譫言を洩らし暮した、銭屋の家には町内から預りの天神祭のお迎へ人形安倍保名の人形があつた、祭典の日も近いといふので同家では蔵底の奥深くから保名の人形をひきづり出して店先に美々しく人形飾りをして町の人々に見せた、保名の人形は堺の人形師柳文三が畢生の大作として三七、二十一日の間、天満の天神宮に願ごめをして入神の妙技を振つた名作、霊気颯々として生きた人間そのまゝ、黒目勝な瞳、いまにも綻びさうな唇、人を魅する美しい優姿、みるもの皆惚れ惚れとするその姿であつた。

○……○

おさいわはその保名の人形に恋してゐたのであつた、人形飾りをしてからのおさいわの顔面は晴々と常にも増して容貌うるはしい女に返り咲いた、けふの日も危まれた彼女はその日から床をあげて髪をとくやら、コッテリ化粧をするやら身づくろひをあらためてベッタリ朝も昼も夜もソノ人形のそばに居坐りつゞけた、この変つたおさいわの様子に両親の驚きは又一通りではなかつた（つゞく）——写真は柳文三作安倍保名のお迎へ人形——

○……○

霊の叫び欄に連載した「お神酒吹つかけ」の記事について金光教より「お神酒吹つかけ」は金光教の教則では絶対に厳禁されてゐるのであるから御諒解を乞ふといふ申込があつた

霊の叫び魂の踊り（三十二）

町娘の人形心中

5-130

怪　●大阪時事新報　昭和五年七月二十三日（二十二日夕）

霊の叫び魂の踊り　―(三二)―

戀は永遠に生きる―

町娘の人形心中

けふを限りのお祭りを最後に

保名を抱いて大川へ

人形と戀しあつた、そんな馬鹿馬鹿しい話が今時の人間には生眞面目に考へられることではない、殊に一九三〇年のウルトラ、モダンガールなどの口の端にかゝつたならば「オホホ……その女、木の股から生れたのねえ……」てなことで一笑に附されることであらうよそれはいゝ箏、亭主と女房の古い殼を破つて「友愛結婚」てなイキでスイでとても素晴らしことを考へ出す彼と彼女である世の中ぢやもの……。

○……○

しかし、チョン髷を結つて亭主が關白の位で威張つて居られた時代には、少くとも、女房はいくら若くても人妻になれば眉毛を靑く剃り落したであらうし、おはぐろを黑く染めてゐたことであらうし・さうして、御無理御尤もで三間下手から兩手を仕へて「わが夫さまには……」てなこともやつてくれたであらう、娘と來たら、生れ落つるが早いか押入の中か・棚の底か、或は天井裏へ大切に投り上げて置いたことであらうから、男と言へば、お父つさんと手代と丁稚と足輕と手助等々……以外にはみたこともなからう、ソノ深窓に育つた娘……幸ひに丁稚に色の生白い好い男があればお染久松に、おいさんが、えゝ男であればお半長右衛門に、足輕によいのがあればおさんと五平に、なつたであらうけれど……。

○……○

ぼんぼんながら、そのどの條件にもあてはまらなかつた、天滿市場丸持長者錢屋孫兵衛の娘初心なおいさわは、人形に戀ひ焦がれたのである……。おいさわの病氣の原因が戀患ひ、ソノ相手が天神祭のお迎へ人形、「安倍保名」……それを知つた兩親の心痛は一方ではなかつた、世間への顏向けも考へられた愛娘の可憐らしい戀心も思はれた殊に母親の胸の中は千々に碎けたならうことなら　例へ相手の男が不具であらうと身分がどうであらうと添はしてやりたい親心であつたけれど、相手がもの言はぬ人形それにはホトホト困りあげたことであつた　この上からは娘の思ひをサッパリ諦めさせてやりたいとそれから・母親は人目忍んで天滿の天神さんへ夜詣りをつゞけた

○……○

でも、娘おいさわは相も變らずとり逆せた姿を保名の人形と共に店先へ曝してゐた、事の由を知らぬ通行人は「安倍保名」の人形とおいさわの姿を共に美しいと賞めそやしたが……おいさわの嬌態は日増しに激しくなつた、夜半寢屋を拔けて保名の人形のもとへ通ふ姿を見たと店の手代はいつた、白晝人形と睦言を交す時さへ折り重なつた、おいさわは既に氣が狂つてゐたのである……それから、ちやうど・祭太鼓の音に騒がしい天神祭の當日・大川を下るお迎へ人形船の列に加はつてゐた「保名」の人形と一緒に乘合せてゐたおいさわは、けふ限り再び藏の中にしまはれる人形と、それから自分との・逢ふ瀬の樂めないこと、到底添ひ遂げられぬ運命を儚んで大川の流れに身を投げて死んだ、母親の心盡しも甲斐なくして……。

○……○

いつも、祭どきがくると「安倍保名」の人形と共に流れてつきぬ大川の語りぐさとして町の噂を賑してゐるこれは哀れなおいさわと人形の戀の物語である、頃は今を去る一百餘年の昔・文政七年の天神祭り――繪は「安倍保名」の人形に戀焦がるゝおいさは――のことであつた（この項をはり）

お蚕の神の蛇姿　上三寄香塩に

獣　●会津日報　昭和五年六月二十三日夕

5-131

お蠶の神の蛇姿

上三寄香鹽に

世は擧げて不景氣な話し計りで然なだ人心は沈退勝の時豐蠶の徵としも昔から言はれて居る蛇の姿が蠶室に現はれたと大騒ぎ中の北會津郡上三寄字香鹽栗川喜一方に來る此姿か

現はれると當家は勿論近所近郷は非常に豊饒と言はれるので此の蠶様の神を見様と毎日近村から押かける者で賑はつて居ると

怪

雷様と桑原　紙上往来（十五）

●山陽新報　昭和五年七月二日　5-132

紙上往來（15）

雷様と桑原

藏知矩

梅雨期も殆ど終りに近づいて雷公活躍の季節に入らんとする折柄、徒然の餘り隨筆「雨魚鳥」（江戸の國學者北山久備著）を繙いて閲らずも、次の記事が見付かつた。

桑原井　東遊雑録（尾州岡田挺之）に云、和泉國和泉郡に桑原井あり、土人曰、昔此井へ雷、落ちけり、井より上らんとする處を、人々寄集ひ井の上に蓋を覆うて雷を責むることや、久し、雷大に苦んで、誓つて曰、永く此所へ落つることなしといひければ、それ蓋を取てゆるしやりぬ。それより此地に雷落つることなし、雷鳴の時、桑原々々といふもこれによるとぞ。

此記事素より御伽噺的のものであるが、兎に角桑原々々といふ言葉が雷避けに用ひらるゝ事は天下通用である。

×　　×

予が姻戚なる岡山の桑原家に、古くから動物の頭骨が一個傳はつて、五寸角位の虫孔だらけの桐箱に納め、つゞれかゝつた布で包んである。時代色から見て少くとも二三百年は經過したものらしく、これに就いて同家には別に何等の記録もないが傳説では雷の頭骨と稱して居るが、勿論好事者が牽強附會したものである。

×　　×

雷獣そのものゝ有無は別としても、予の見たる處では決して哺乳類の頭骨ではなく、恐らく爬虫類に屬する或種のものであらうと思はれる。何故に斯様なものが傳へられたかといふに同家の祖先が、或時、大雷が鳴つて井戸の中へおちた雷獣を斬り殺したのだといふのである其當時若し雷獣といふものがあると信ぜられて居り、そして大雷の時、或る獣が狼狽して井中に墜落したと假定しても、それならば其斬り殺して取つたといふ頭骨は或る種の獣の骨でなければならぬ。然るに前述の如く決して獣の頭骨でないと斷言して憚らない。全く其時代にいたづら者が物數奇にも爬虫類の或る種の骨を以て、桑原といふ姓にこぢつけて作つたものに違ひない。

×　　×

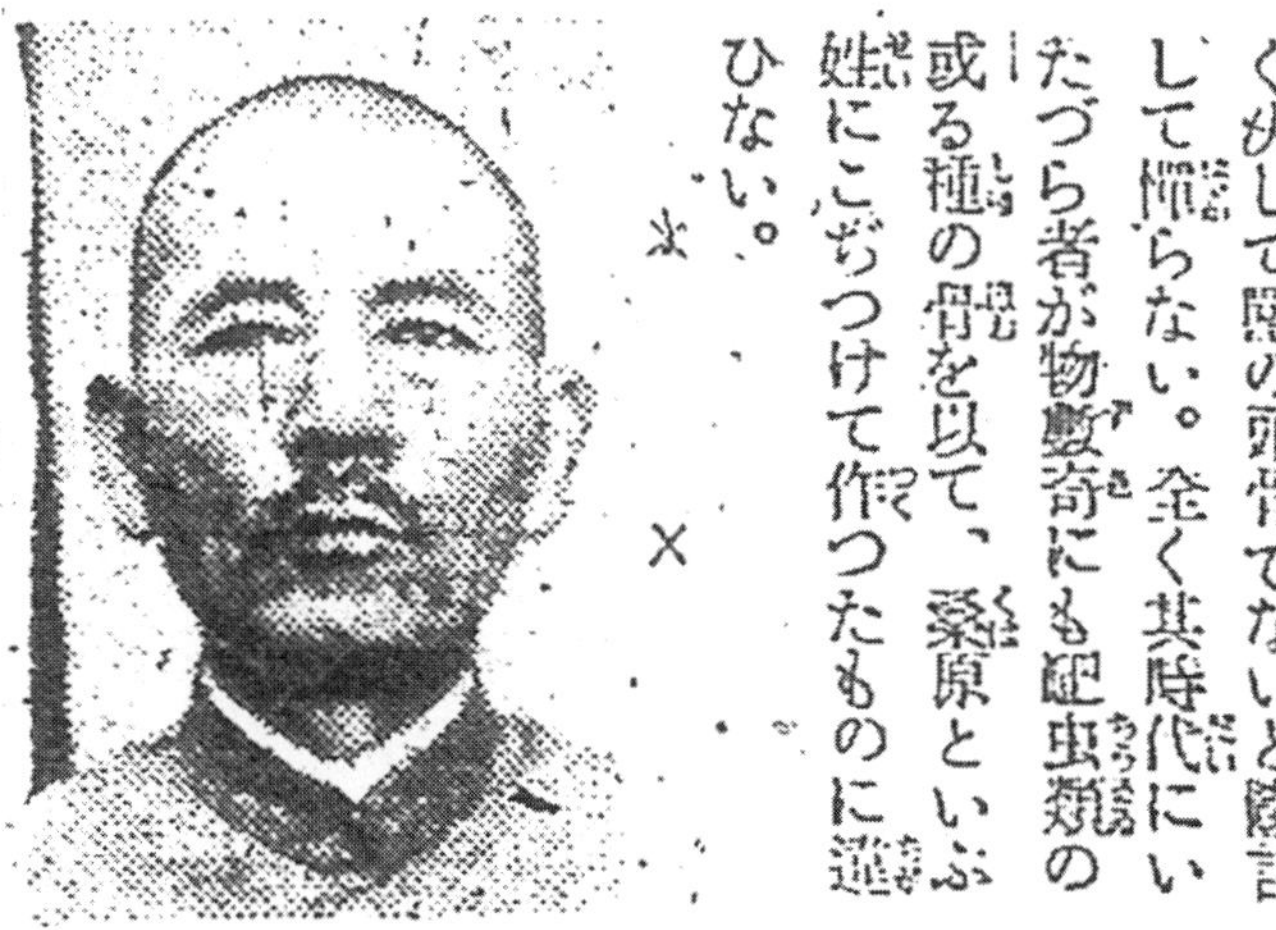

雷鳴の時に桑原々々といふ迷信については他にも色々の説があるが、それは略して「雨魚鳥」の著者が前に記した、桑原井の記事の後に書いて居る考へは隨る振つて居るから之を載録して置く。

一久備按、此説信じ難し、雷鳴の時、くはばら〳〵といふはさあ晴れよ〳〵と願ふ詞なるべし。くはといふは、源氏物語末摘花に「くはや昨日にかへりことあやしく心ばみすごさるゝとてなげ給へり」云々。註に、くはやはさあなどいふ詞なり、はや約はなり、ばらは晴れよなるべし。れよ約れむればろなり。同書にてらといへるならむ云々

古人も雷や電をば天象の一つとして取扱つては居たが、雷鳴ある時には必ず或動物が活動するものと信じて居つたらしく安永の頃諸國を巡歴したる、京都の人百井塘雨の漫遊記「笈埃隨筆」に次の如く記してある。

雷狩。豫州に雷州府といふ地、毎年夏の頃雷鳴夥しく其餘人家の際に近く墜て日々止む事なし。故に雷を以て地名とす。秋に至れば自然と

靜まりぬ。物有りて地中に伏也其時人々之を狩取て食ふ。その形豕の如しといへり。或説「三河雀」といふ本に、雷狩をすればいたちの如きもの多く取らるゝなりといふ。下野の國人云、毎年雷狩とて山中に入り、見る所ありて地を掘れば、底より鼬の如きもの出るといへり（後略）

人間に征服せられて　雷様の正體が明になつた今日では、かかる説は素より一笑話に過ぎないが、古人の雷に對する概念の一端を窺ひ知ることが出來る

【筆者は――元久世高女校長　郷土史研究家として知らる】

資　怪談

●九州日日新聞　昭和五年七月二日　5-133

怪談

小竹老夫

▲怪談は近年大分殖へて來た樣である。詩にも文にも演劇にも講談にも小説にも、總てのものに於て殖へた樣で頗る遺憾に思ふ。

▲妖怪なるものが果してあるか、夫は僕は知らぬ。果して無いか、夫も僕は知らない。

▲科學者と云ふ人達が世に妖怪と云ふものは無いと云ふ。さうかも知れぬ。年一年、科學者の進歩するに伴ひ不思議が減つて來るのは事實である。

▲元來不思議と云ふのは、人の智識で解釋が出來ぬと云ふだけの事であるから、智識の加はるに反比例して、不思議の減るのは當然である。併し唯だ減るのみで、不思議全滅と云ふのはチト早や過ぎはせぬか。不思議と云ふ字を字書から削り去ることには僕は尚早論を唱へ度い。

▲二十世紀の科學者とかはエライには相違無い。が森羅万象、宇宙間の有形無形一切の事物を解釋し得ると云ふは、餘り僭越である。餘り自惚である。ハイカラ口調を借りて言へば、宇宙一切の事物を解釋すべく、人は尚餘りに小なりである。

▲併し妖怪の有無は、僕の決して向ふ處で無い。世に妖怪があつても、無くても、文學上妖怪を談ずることは毫も妨げ無い。妖怪の有無は科學者の研究に任せて、文學者は盛んに妖怪を談ずべしである

▲文學の定義とか、條件とか、やかましい事は、そんじよそこらの先生に任せて兎も角も讀んで、或は看て面白いと云ふ事が必要である以上は、怪談の如きは、最も面白いものゝ一つである。

▲詩文、演劇、其他文學的のものが、苟くも想像と云ふ基礎に成るものとすれば、怪談ぐらゐ想像を恣まゝにし得るものは無い。而して既に怪談と云ふ以上は、何等の約束も束縛も無いから、自由自在の變化が出來る。總て怪談の面白い所以は茲に存する。

▲歐米でも、支那でも、日本でも怪談は古來實に多く、今日まで存してゐる不朽の文學の中には、怪談ものが隨分多いことは明白な事實で例證を擧げる迄も無い。

▲然らば怪談が何故殖へたかと云へば、例の自惚な僭越な科學者と當世がりの文學者の罪である。彼等化學者がそんな馬鹿な事は有り得ぬと云つて怪談ものを攻撃する文學者も亦一緒になつて天晴當世の文學者と云ふ氣取りで、怪談ものを排斥し、自身には尚更手を出さぬ。是に於てか怪談は大に殖へたのである。

▲孔子が怪力亂神を語らぬは僕等と同じく有無も理屈も分らぬからで、無いと極まれば、語らずで無く、無い所以を語る筈である。蘇東坡が退屈すると相手に怪談をさせたのは、流石に千古の快人である（五、六、二六、於竹田莊）

資　本邦各社の怪談映画案内

●函館毎日新聞　昭和五年七月四日（三日夕）　5-134

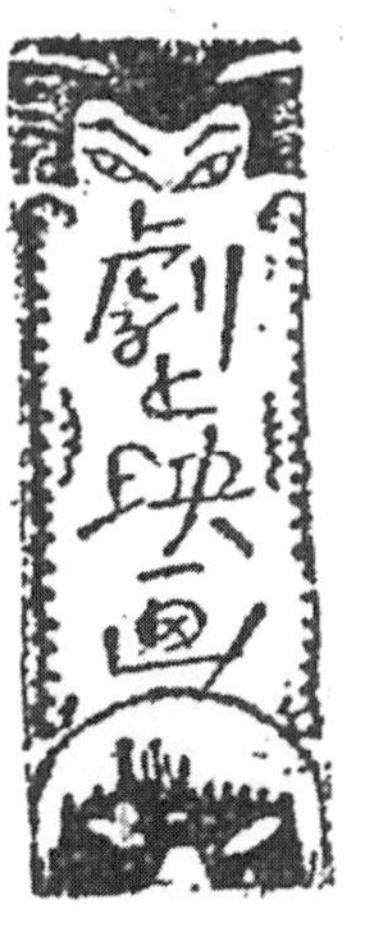

本邦各社の怪談映畫案内

毎年お盆になると本邦映畫各社は怪談映畫を澤山封切上映するが例である。本年も今回漸く各社の怪談映畫が全部取り揃へられた、先づ日活は新進の岡田敬監督が「髪」を市川小文治、永井寛二郎、

櫻井京子。川上彌生共演で撮つてゐる。松竹蒲田は懸賞當選の絹川秀次原作「五右衛門の法事」を製作する。マキノの二川文太郎監督は瀬川與志脚色「累ケ淵」を澤村國太郎。マキノ智子主演、中根、泉清子。松浦築枝、小金井共演カメラ大塚周一で完成を急いでゐる帝キネの山下秀一監督は松本田三郎外オールスターキャストで「怪談牡丹燈籠」をとつてゐる。何れもお盆頃までには封切り上映されて時ならぬ怪談映畫戦で賑ふであらう

怪　下手な幽霊　石を降らす　ジョクジャの化物屋敷
★爪哇日報　昭和五年七月四日　5-135

下手な幽靈　石を降らす

ジョクジャの化物屋敷

ジョクジャ市クランガンの支那人夫妻と土人夫妻と子供並に一プラナカンの住んでゐる家に最近化物が出ると云ふ附近の評判となつた家は前ヴェランダ、中ヴェランダ、廊下裏ヴェランダと二三の部屋があるのみで別に變つた家ではない、今迄は靜かに住んでゐたが最近二週間以來

不思議な出來事が續發した、第一は夜となると見ゑざる手が動いて家に石が落ちて來る、又嫌な音響が起り又數日前娘は見ゑざる手に握られて地上に投げ出されたが庭にも家の内にも他人の姿は無かつた、尚最近家人が中ヴェランで話をしゐた際中何か重いものがごしんと落ちて來た、それは正しく

廊下に落ちてゐた大石であつた、次いで金屬性の何が落ちた音がしたが後に一錢銅貨の落ちてゐるのを發見した、然し此ぶしつけなお客樣の姿は何處にも見ゑない更に不思議なことは近日中に若い妻君の室から裝身具が紛失してゐたことだ、然し此見ゑざる力は同家のみでなく

隣家へも石を降らしたので餘程不手際な幽靈であるらしく、従つてやがて此陰氣な事件は終熄するものと見られてゐる

怪　赤子の怪　こんな話がある（五）
●函館新聞　昭和五年七月五日附録　5-136

こんな話がある（五）

赤子の怪

黒田くにを

ずつと〱その昔、膽振の國のM町を幾里か離れたさびしい山里に、或る農夫が住んだといふ屋根は破れて床は落ち四方の壁は朽ち果てた今にも潰れさうに傾きかゝつた古小屋がありました後の方は小高い鬱蒼として密林に圍まれ、その傍らには幾百星霜を經たらしい太い古木が空を仰いで突つ立つて居りました。今にも潰れさうな此の古小屋と危ふく支へてゐるのは、密林と古木とによつて劇しい西北風を防いでゐるからでせう。幾丁かの平坦な叢は前面の峻しい山際に續いて、その山の麓を細い小川が西南に向つて靜かに音も立て得ず流れてゐるのでした。

▼**此の淋**▲しい山里を、夏の或る日の暮れ方、若い頑丈さうな一人の行商人が通りました。黄昏の色は次第に山野濃く染めてゆきます。そして梟の羽ばたきや、夜鳥の淋しい鳴き聲が間近の森から聞えてくる頃となりました。行けども〱とした小徑のみが續いて、そして人家らしいものは更になく、今や若い行商人の失望は極度でした……野宿をしやうか、戻らうか、それともこのまゝT部落まで歩き續けやうか……と心から込み上つてくる寂寥をじツとおさへためらひながら若い旅人は悄然として立すくんだのですするとその時、どこからともなく赤子の泣き聲が聞えてくるのでした。旅人の胸は喜びに躍りました蘇生の思ひでその聲をたよりに辿つたのです。それはかの古木の下の古小屋の中からでした。

▼**「ご免下**▲さい」旅人は戸を叩いてから案内を乞ふたのですすると、赤子の泣き聲ははたと止んで仕舞ひました、が然し中からは何時まで經つても人の答へるや

うな氣配は少しもないのです。彼は遂に戸を開けて中に入つたのでした。それと同時になんだかさッと靈氣に觸れたやうに彼は感じました。そこには何か形をとゞめてゐるに過ぎない錆切つた鍋釜が置かれてあつたり、そして、それらの上には恐らく何十年も前から積つたらしい塵埃が黴臭く鼻をつくのでした。白く細く伸びた蔭草は天井に一隅ひよろ／＼とついてゐるのです。……人の住まぬ荒れ小屋の近くで赤子の泣き聲をきく……彼は不思議に思ひながらも旅の疲れでそこでうと／＼としてしまひました。

▼凡そ幾▼時間經つた事でせう。彼は乳を探し求める赤子の近寄つてくる氣配に目を覺ましました。と同時に急に堪えられないやうなおそろしい寂しさに襲はれたのです。彼はそこに居たゝまらなくなつて外へと飛び出しました。あゝすると又何といふ奇怪な事でせう。今跳び出した小屋の中から哀れ悲しい骨にまで浸み渡るやうな赤子の泣き聲が再び聞えてくるのです。『狐狸の惡戯かも知れない』彼はこう思ひました。しかしそう感じた寂寥と恐怖の瞬間、彼は殆どそこを飛ぶやうにして遠ざかつてしまひました。

それから數刻の後、かの古小屋より奇怪にも人魂が浮び上つて、そして青白い尾を引きながら南の空へと流れて消えました。

山里の夏の夜は星の私語と共に靜かに更けて行きます。

▲話はこ▲れより幾十年か以前に遡り、その頃、この山里に中年者の夫婦が住んで居りました。彼等は春や夏は畑を耕したり秋や冬には近くの野山に出て獵をしたりして樂しくその日々を送つて居りました。彼等の何より寂しかつたのは子供のなかつたことでした。彼等は生物を殺す獵のあまりにも無情なのを知つてか之をぷつちりと止めて仕舞ひ、そして『神樣!どうぞ私共のために子供を授けて下さい!』と毎日のやうに神へこうした祈りをば續けるのでした。あゝそれから一年有餘の月日が經つた時、不思議にも神の力によつてか男の子が生れたのでした。夫婦の喜びは狂はしい程でした。しかし、その喜びは一瞬にして限りない悲しみと變つてしまひました。

▲生れて▲二十日も經たぬ可愛い魂は雪の降りしきる寒い或る夜、風邪のため幽明境を異にしてしまつたのです。夫婦のものの悲しみは如何ばかりだつたことでせう。彼等はその骸を抱きしめては冷たい涙に暮れたのです。やがてこうした悲しい幾日かが過ぎた後彼等は深い愛着に引かれながらも遂に骸を小函に入れて床下に埋めました。そしてこの世のすべてを放念したかの如く消然として神を信ずる南の國へ旅立つて行きました。

▼こうし▲て山里の地下にひとり取殘された小さな魂は、さびしくてか、人の氣配のする度に泣きました。そして、その精魂は、南の國へ旅して行つた父母の懷に通ふてゐたのです。扨て里の人々はこの古小屋を色々噂し合つては恐れて誰も近寄るものはありませんでした。人の噂も七十五日とか、赤子が泣くといふ不思議な古小屋の噂も年と共に次第に人々の腦裡から消えやうとしてゐた時、彼の若い旅人によつて噂はまたも新らしい噂を生んで擴げ傳へられるのでした。

▼月日は▲移り變つてこの山里は何時か小さな部落を形づくり、そして緣の荒だつた野も今や一面田畑と變つてしまひました。そして、彼の古小屋も遂に破壞されたのでした。あゝその時、一尺足らずの地下より小函に收められた小さな白骨が掘出された時、人々は今更愕然としたのです。これが長い間山里の人々を恐怖せしめてゐた噂の本體なのでした。人々はこの小さな靈魂のため厚く回向し弔つたのです。それから……不思議な赤子の泣く聲を誰も聞くものはありませんでした。（終）

●九州日日新聞　昭和五年七月九日　5-137

靈魂不滅に就て

人吉　曾我部快巖

先年人吉新報で予が靈魂不滅を說いたのは英國ダブリン心理研究會長フヲーニエル、ダルベ氏の靈魂不滅確實說を照介したのである此說に對して各氏の反駁論があつた玆に日本心靈學の泰斗、文學博士福來友吉氏が今回、弘法大師御靈影に就てと題し所說の一端を筆記し參考のため照介したいのである福來博士曰く人間はパンの外に靈の追及不斷の努力を捧げてゐるが而も啻に人間相互丈でなく草木に至るまで同じ要求を持つてゐる。

彼の詩人が與へられた一日若干の水をさいても、尚鐵窓下の草木に僅ばかしの潤ひを與へて滿足する心持は科學の世界では到底說明出來る所でない、之が即ち神秘意識であつて、これあるが爲め人間は天地万物を愛する事が出來、之が宗教心であり菩提心である。かくして大日經「眞言宗所依」に說く自分の心と宇宙の大日とは同一となり所謂入我々入の境に到達出來るのである。乃ち人間永久の生命は神秘意識の刹那直覺に依て始めて與へられるのである。さて神秘意識の世界に入ると現在の認識世界に在る科學万能論者には夢想することもできぬ事が顯はれてくる。即ち認識の世界では物の一分しか解らない、五官を超越した神秘意識の境界に入ると大宇宙の智（自在力、神通力妙力、不思議力等）が判つて來る。」この一切智の一部分が透視となつて顯はれてくる、人間の生命は認識の世界に於て五十年前の存在しかないが神秘の境界に入れば永遠に生命を持續することができる。こゝに靈魂不滅の論理が成立して來るのである、彼のベルグソンは腦中に記憶はないと主張して現代科學の說を否定するが大樂佛教では、人間も動物も乃至木石も總て一度經驗した働きは眞如の「清淨本覺」となり、實在の世界にあると主張されてゐる吾人の一切の働きは宇宙の靈魂となり、過去の一切は總て記錄されてゐるといふのであつて、彼の地獄の波璃鏡に過去諸相が映寫されてゐると曰ふは此の意味である。即ち神通力者の靈媒によれば如何なる過去も殘りなく顯はれるは理論的には否定出來ないことである

以上、三世一念の中に括め、無數の時刻を一刹那に收め靈の力を以て過去を知り此を念寫する事はまた理論的如何に證明するが目下の難事となつてゐる、所が本年京都市外嵯峨町の附近、龜山天皇御陵の傍に、船形屋敷といふ所があつて今から三十年程前まで、弘法大師から授かつたと曰ふ、硯を製造した田中と云ふ家がある、此處に一昨年頃から時々不思議なことが起りそこに住んでゐる瀬川然道氏といふ人が毎夜なく白光を感じ餘りに奇怪なので本年一月日本透視の權威者三田光一氏に依賴してその透視を行つた所が次の様な結果を得たのである

此地は僧空海が弘仁十三年七月より嵯峨天皇の御惱平癒を祈るため高野山に祀る丹生都比賣大神を請來して百ケ日間祈願せしに十一月に至り御惱御快癒あらせられたり依つて、同天皇は空海入定後玆に大石を安置し永く記念し給ふ靈地也、之は透視の結果を

文章に綴つたものでこの透視中に弘法大師の御姿が度々眼前の現映したと三田氏は云つてゐる。そこで此靈地保存の前提として透視に依る念寫の實驗をする事となり三月十六日嵯峨筒井町長外三名が主催となり案內狀を發し嵯峨公會堂に集まるもの學校教師知識階級者四百餘名先づ福來博士の講演終りて筒井町長は一ダース原封の儘の乾板を持ち集會人の希望により六枚目に大本山大覺寺の心經殿「弘仁九年天下大役の際、嵯峨天皇御宸筆金紙金泥般若心經奉安」を念寫する事を依賴した所六枚目は無感光であた七枚目が全面眞黑に感光して居り同町寫眞師を招き現像して見ると、心經殿ではなく弘仁十三年七月十五日から百ケ日間御修法なされた弘法大師四十九歳の御姿であつた、心經殿を念寫すべきが大師の御影像では些か符合出來ない様にも見へるが、之は前回三田氏が透視を行つた時大師の御影を感じた時から既に今日のある

事を大師の靈が待つて居られたものであります、兎も角も心靈學の最大問題たる靈魂不滅の理論はこの念寫に依り確實に證明されたわけである、隨つて弘法大師は[illegible]前と同樣今も尚實在致される[illegible]なりその結果實驗的に信仰が出來ることになつた（完）

丑満時　万日火葬場の一夜（一）　5-138

●九州日日新聞　昭和五年七月十日

怪

丑満時

竹矢來の内に―面妖な 虚空を摑む裸體の怪物

隠亡父子が語り出す奇談

万日火葬場の一夜（一）

◇

どすぐろい杜の梢に研ぎすました怪獸の牙の樣な弦月が凄くさえてゐた――ブンー鼻をうつ異樣な臭ひ――『ハハア今夜も盛んに燒いとりますばい』――段々墓地に挾まれて暗い窪みの胸突き坂を一杯機嫌の案内者万太郎爺さんが息杖を打振り乍ら後に續く記者に元氣な聲で語るのが何より心強い、それに森羅万象悉く鳴りを靜めて假死狀態に陷つた丑滿ごろであつた――万日山の火葬場は鬱蒼とした杜のしん／＼と更け行く常闇の底に薄いろい微な燈を叩いてゐた――〇チ――ツク、ハ――ツク地球の脈搏がわづかに聞えて來る――

◇

珍客の訪問に驚いたすばしこい番犬が、今にも喰ひ下がつて來さうに吠え立てゝ夜の靜寂を破つた「シーッ、シーッ、誰かッ」中から怪訝な顏をした隠亡の松太郎爺さんが五分芯のランプを點して出て來た、全身赭色の頑强な息子長吉君も褌一つで後から跳ね起きて來た――來意を聽いてやうやく中に招じ入れたが隠亡父子は互にジロ／＼目くばせし乍ら何を問うてもなか／＼口を割らない、やつとの事に相手を安心させてうまく話の緒口をつり出すと出るは／＼隠亡松太郎さん父子が此の万日山火葬場に詰め切つて十餘年の長い間に起つた珍談や前の隠亡から聞傳へて來た設立五十餘年間の奇譚を父子は話を競ひ合ふやうに語り續けて行く――

◇

「恰度私が十五才の時でしたから福岡から私達一家が此處へ引越してすぐの事でした」――息子の長吉君が緒口を切つた、それは十年前のある冬の夜であつた、ひるから降り出した雪は夜に入つて霙となつた、そのころはいまだ土地に穴を掘り薪を渡して棺を乘せ水で濡らしたむしろを引廻し土を寄せかけ下から火を放ちて燒いたものだ、隠亡の仕事に馴れない父子はその夜も三つの棺を燒かねばならなかつた。――霙に閉ざされた万日山の夜は沈々と更けわたりて唯遠くの人里から聞える犬の遠吠と繁り合つた松の雪折れの音が時々するばかりであつた、もう午前一時長吉少年は何時もの樣に一人隠亡の詰所から二丁餘を離れた火葬場まで燒け工合を視にトボ／＼と出かけた

◇

「アッ……」竹矢來の外から覗いてゐた長吉少年は忽ちそこに平太張つて仕舞つた――時間からいへばもう燒け盡してゐる筈なのにボーッと青い焔が燃え上がつたかと思ふ途端……くどから三尺程離れた土地に素裸の怪物が虚空を摑んで仰向けに倒れてゐるではないか……如何に大膽不適とは言へまだ十五才の長吉少年である、すつかり肝を潰したのも無理はない、逃げ下りやうにも足、腰がすくみ返つて起たず、叫ばうにも聲さへ出ない……一方詰め所では松太郎爺さん、何時もより歸りの遲い長吉少年を案じ乍ら待つてゐた時、敏感な番犬が靜しても／＼吠え立てるので「サテハ？」と不吉な豫感に襲はれ乍ら火葬場まで一目散に馳け上つて來て見れば此の始末、正氣に返つた長吉少年の口からその話を聞いて流石に松太郎爺さんも身顫いした

◇

靈魂のぬけた骸は犬や牛の死骸も同じ物だ、決して恐ろしいものではないと強い現實主義の信念を抱く隠亡父子ではあるもの、小説や講談にはよく怪猫がこんな大雪降りに出て來て人間の死體を攫つふと聞かされた話を思ひ出し「若しや其奴が？……」父子は一目散に馳け降り大きな松火を振り翳し鐵銃抱えて引返して來た、………その時である。竹矢來の北側の藪をガサ／＼音を立てつゝ春

日町五反畑に通ずる坂道を眞しぐらに駈け下る曲者がある。……うぬッ一發の下に射止めん……と松太郎爺さんが身構へた時、其處等邊の雪に殘つてゐるものは正しく人間の足跡だ……さては死人が生き返つて飛び出たのか？如何にも面妖極まる奇怪事ではある

――（つゞく）――

怪

丑満時　万日火葬場の一夜（二）

●九州日日新聞　昭和五年七月十一日　5-139

丑満時

本妙寺參詣の途中に迷ひ込んで來た一老人

隱亡父子が語り出す奇談

万日火葬場の一夜(二)

○

長吉少年が松火を翳して先に立ち松太郎爺さんが鐵砲を抱えて後ろからヂリ／＼と矢來の方へつめ寄り、ソーツと覗いて見ると居る居る。怪物は仰向けに寢てゐる、已れッ身動きでもしたら一發だッ……とばかり銃口を向けて近づいて見るとこれは又どうした事か、火葬場の竈の上に乗せられて燒けてゐる筈の死體が棺の中から轉げ出て新や棺ばかり燒き盡してゐる。――さては今しがた逃げた曲者の仕業に違ひはない、何と云ふ悪戯かと、父子は憤怒し乍らも恐怖にかられた胸を撫でドし裸の死體を叮嚀に竈に乗せかけ夜の明けるころまでには立派に燒き盡した――後で死體の主に私怨を抱く者の悪戯だつた事が判りましたが、何しろ今の改良竈になる前は、そんな悪戯は例外ですが、往々死體が燒け殘つてゐることがあるから夜明けごろまでに二三回は注意して見ねばならなかつたものです……今でも長吉君は當時の事を偲んではゾツとした樣な顔つきで語る――

○

此處の火葬場にも變化の風は訪れ九年程前、今の改良竈が設備されて以來全く畫期的な燒き方に變つた――[illegible]の抽出し見た樣な箱の底に金棒が渡され棺を仰向けに嵌めて煉瓦作りの竈の中へ押し込み下から火を放ちて四時間程經て抽き出して見ると、そこには綺麗に人間の骨のみが遺つてゐるといふ――まるでパンでも燒く樣な心持で人間一人を燒いて行くらしいがその資本金が僅く切れたつた薪十七把で充分だそうな、それで料金は十歳までが六圓、十四歳までが七圓、それ以上は大人として七圓五十錢、痩せ棺で十二圓と云ふ定めである、かうして一月平均七十五人を燒くといふから松太郎爺さん父子は十餘年の間に九千餘人を燒き、創立以來五十餘年間に幾万人の死體が一縷の煙と化した事を思へば一寸驚かれずには居られない、先年流行感冒の激しかつた時は一日平均十八人で並べた棺を夜を日についで先着順に燒いたと言ふ一體火葬場は世間の景氣不景氣に交渉がなく今でも一月平均七十五人を燒き一人の資本薪十七把を費し隱亡の月給は僅か四十五圓だそうな

◇

「さうだ、あんな事があつてから十年にもなるかナア……」――松太郎爺さんは顔を突出し長吉君に相談しかける樣な格好で語り出す――それは氣味の悪い生温かい春の夜更けであつた、シト／＼と小雨が煙つてゐた、その夜も死體を燒いてゐたが、もう燒け了はせた時刻だらうと松太郎爺さんが火葬場の入口まで來て何氣なく薄明かりで透かして見ると、竹矢來の傍に何かブツ／＼つぶやきながらうごめく怪しな者が居る「ハテナ？」ドギツとした松太郎爺さんはそこに立ちすくんだ、逸早くこれを嗅ぎつけた番犬が吠え立てるや曲者は「キヤツ！」と聲を立てゝ飛び上つて逃げ迷ふ「己れッ」とばかり番犬の聲援に元氣付いた松太郎爺さん夢中になつて飛び付き曲者の頸筋をとつて捻ぢ伏せた

◇

「ワアツ……お助けッ……」と悲鳴を上げるのを透して見れば、五十格好の旅姿の老人だ「一體此處はどこでございますか――」とギヨンとして居るので仔細を聞くと斯うである――宮崎縣小林町の岩村才一といふ隱居で、はる／＼本妙寺參詣を思ひ立ち夕方上熊本驛に降りその夜は本妙寺に通夜する筈で肩には汽車辨當だの、お菓子だの澤山振分け荷物を擔いでゐた、本妙寺の參道に差しかゝる手前の小藪の附近に來たら道が四方に岐れて居て何方へ行つたら本妙寺へ通ずるか地理不案内の才一翁は見

當がつかず、うろ／＼してゐる處へ綺麗な小娘が「私について御出でなさい」と云ふので才一翁は喜んでトボ／＼後に續いたが、さてどんなに歩いても／＼行き着かない、道の二里近くも來て此處が本妙寺だと云ふので一心に拜んでゐたのがこの火葬場だつた、ナーンだ、全く狐につまゝれたのだと判つて大笑ひだつた――（つゞく）

5-140

丑満時　万日火葬場の一夜（四）

●九州日日新聞　昭和五年七月十二日

丑満時 怪

ひよつと現れた地藏　玄翁の傷跡ある墓石

隠亡父子が語り出す奇談　万日火葬場の一夜（四）

◇

「狐につままれて此の火葬場に迷ひ込んで來る人はそらア存外多くて一々覺えてゐない位です――」或春の夕方城山村の農夫が野良仕事の歸りに行方が分らなくなり村人達が總出で万日山一帶を、鉦や太鼓で搜し廻つたが三日目の夕方へトへトになつて尋ねる農夫が此處へひよつこり現はれて來たのでそれと村人達に知らせた、本人は若い娘から連れられて非常に大きく綺麗な家に行き其處で毎日面白い芝居や踊を見乍ら御馳走になつてゐたと云ふが、着物はボロ／＼に千切れ足も手も傷だらけで万日山をうろつき廻り人の來た氣配のする時は岩の下にかくされてゐたのだと父子は狐の仕業を心から信じてゐるので他愛もない話に油が乗る――も一つ狐につまゝれた話

◇

八年程前坪井町生れ吉藏と云ふ剽輕な爺さんが人夫に雇はれてゐた毎日春日町五反畑から火葬場まで棺を背負つて來るのが仕事であつた、死人の多い時は一日に五回も十回も登つたり降つたりせねばならぬと云ふから吉藏爺さんの仕事は並大抵ではない、或正月の夜だつた、一杯機嫌の吉藏爺さんはヒヨツコラ／＼の鼻唄混じりで五反畑から登り始めた、吉藏爺さんは何時も飽託郡役所跡から此の火葬場までに憩ひ場所を三ケ所に決めてゐた

◇

蓮宗山の下に地藏さんが在る、其處が一番目の憩ひ場であつた、やうやく辿りついた吉藏爺さん、ヤレ／＼一ぷくと何時もの様に地藏さんの横の大石に腰を下ろして何氣なく横を見ると不思議／＼地藏さんが居ないどうしたのだらう？ヒヨツと上方を薄明りで透かして見るとても大きな地藏さんが上の方にニヨツキリ坐つてゐるではないか流石に剽輕者の吉藏爺さんも肝を潰して逃げ降つた、一方火葬場では松太郎爺さん父子は蠟に火を入れ吉藏爺さんの登つて來るのを今か／＼と夜明け近くまで待つたが到頭戻つて來ない、探して見ると地藏さんの傍に棺を放つたらかしたまゝ吉藏爺さんはそれぎりやめて仕舞つた――

◇

狐からつままれた話や、色情狂の女から變はれた話などそれからそれへどれだけでも盡きない「こればつかりは今にも不思議で堪りません」と隠亡父子が妙に改まつた態度で語り出した、――火葬場と詰所の中ごろで、道が出鵜のやうになつて道がカーブになつた個所に數ケ所に玄翁の傷跡のある大きな石が横たはつてゐる――昔から幾人かの石工が叩き割らふとしたが下から悲鳴の聲が聞えたといひ或は血がながれ出たとも云はれ、或石工の如きは其夜から發熱したとも傳へられ今に人が恐れて手を着け得ない不思議な石である――今から六年程前の或夏の夜更けであつた、その大石から左の怪しな事件が持ち上つた――（つゞく）

5-141

丑満時　万日火葬場の一夜（五）

●九州日日新聞　昭和五年七月十三日

丑満時 怪

昔からいろ／＼と不思議な噂を生む大石

隠亡父子が語り出す奇談　万日火葬場の一夜（五）

◇

松太郎爺さんの懇意な友達で古新聞や空瓶を買ひ歩く藤兵衛爺さんと云ふのが万日に住んでゐた、暇の時は良い肴が手に入つたと云つては提げて來て松太郎爺さんと燒酎を呑み乍ら面白い世間話を聞かせて歸るのが双方とも樂みであつたその日も夕方から二人は火葬場の憩ひ場で話し込んでゐたが到頭夕立に降り籠められ・おきまりの燒酎をチビリ／＼やつて時の經つの

も知らなかつた、猶の中では若い女の死體が異様な臭氣を放ちてトロ〳〵燃えてゐた、二人の話は何時しかその若い女の身の上話に移つてそれがシミ〳〵と續いてゐた——

その女は藤兵衛爺さんが何時も出入りする市外田崎の或家庭の一粒種でサチ子といひ、附近の小學校に勤めてゐたが、輕薄な或男のために身を誤り男を恨んで遂に自殺を遂げたものである

◇

淡い月影もとつぷり落ちて夜は餘程更けてゐた、思ひ出した様に藤兵爺さんは歸る支度を初め「今夜は妙に淋しい晩だナア」とつぶやき乍らガンドウ提灯をぶら提げトボ〳〵と畑の小路を縫つて一丁程もドつたところどうした事か風もないのに燈がフッと消えて了つた、肝腎なマッチがない、藤兵爺さんは足泳ぎでやうやく道端の大石に辿りつき視覺の次第に明るくなるのを待つてゐた——大石にもたれてゐた藤兵爺さんは酒の加減か眠氣がさしてうつら〳〵となつてゐると、大石の下の深い〳〵地の底からかすかに讀經の聲が湧いて來る、それがだん〳〵近づくと「モシお爺さん〳〵」と耳元で女の聲がする、振向くと何時も見かけてゐた紫紺の袴を穿いたサチ子が悩ましげな顔をして闇の中にくつきりと佇んでゐるではないか、ハッと氣付いて我に返つた時はもうその姿は消えてゐた、藤兵爺さんはキヨロ〳〵邊を見廻すが、しんとして蟲の聲一つ聞えて來ない、ハテナ?……たつた今此處に立つてゐたが……石を離れてキヨトンとしてゐるとき、プーン……火葬場で嗅いだあの異様な臭ひが鼻をうつ……サテハ……藤兵爺さんは身内の血が一時に凍つて來さうになつた

◇

何處をどう走つたか無我夢中になつて一目散に駈け下つた藤兵爺さん、一丁程來てヒヨッと後振り返つて見ると、大石の所に大きな青い火が燈され、それが次第に此方へ降つて來る氣配だ、ハハア……隱亡の松太郎爺さんが歸つて來るのだらう、火を一つもらはう——と二三歩踵を返したとき、これは又どうした事か、坂を降りつゝあつた火は一寸佇んでゐたがプーイ……煙管の火位に小さくなつて春日の射的場の方へ宙を飛んで行つて仕舞つた、さしもに大膽な藤兵爺さんも頭から凍り水をぶちかけられた様にゾットして一目散に逃げ歸り一週間程寢ついたと云ふがそれぎり夜は火葬場の狼い場に登つて來なくなつた——「あの大石の傍では昔から不思議な事ばかりあつたと以前の隱亡も話してゐましたが、今に石工が斷り切らないでゐる事から推すと、或は浮かびきれない亡者どもの妄念が集まつてゐるのかも知れませんナア……」隱亡父子は何氣なく語るが、記者は今しがたその大石に腰をかけ汗を拭いて一ぷくやつたところだ、人一倍臆病な記者はそんな話が眞にせよ僞にせよ、今更身内がゾッとするのを覺えた

◇

眉を八の字にし乍ら父子の話を心から面白さうに聞いてゐた万太郎爺さんは、何時しか上りがまちの柱にうづくまりコクリ〳〵と舟を漕ぎ初めた……隨分夜も更けたらしい、針一本落ちても大地に響きさうな万日山は靜に闇の底に眠つてゐた、煙突からは黄色い煙が音もなく流れてゐた、……チーツク、ハーツク——地球の脈搏がわづかに聞えて來るばかりである

——(完)——古閑生

涼み床几　府庁の物識り・由さんの話（六）

●京都日日新聞　昭和五年七月十日（九日夕）　5-142

怪

明けずの厠・東福寺の怪

戀の美僧が生埋めになつた東司

涼み床几　府廳の物識り・由さんの話(六)

▽東福寺と云へば、臨濟宗五山の一、通天の紅葉を思ひ、明兆殿司が幾多の名畫を殘したことや年々の涅槃會には殿司の筆に成る稀代の大幅涅槃像が掲げられ盛んな法會の營まれることなどは、既によく人の知る所である

▽△

茲に題する明けずの厠は、その東福寺三門の西脇に、物置ともつかねば藏ともつか、寶庫、切妻の本瓦葺の一棟がある、これこそ、禪刹七堂伽藍の一で、東司と稱し、禪家正式の便所である、嘉禎二年の建立と云ふから足利時代初期のもので、便所の國寶建造物はただ——全國唯一の珍物

▽△▽

さて東福寺の盛んなころ、法堂の雲水は數百人もゐた、彼等日日の嚴しい法堂生活にも、托鉢につかれた體の汗を流し合ひながら、求法の苦行を忘れて談笑する浴湯の時間が與へられるのであつた、或日のこと浴室に這入つて來た雲水誰彼の顔には、丁度御釋迦樣が佛滅盡經を解かれた時の樣にいつにも似ぬ恐怖の色が漂ひ、法悦と云ふ樣は微塵もなく何となく一同しめり勝な氣が漲るのを覺えた、肩を流しながら、コソ／＼話し合ふのは「オイあの美的とう／＼〇〇〇〇に附せられたさうな……

▽△▽△

美的と云ふのは同じ法堂に坐禪し共に修行を續けてゐる雲水の中に至つて小柄の一美男の若僧があつた、さすがは禁慾生活の雲水連でも、浴場の時間などには、この美僧のはなしが話題に上るのであつたが、而も美僧は曾てこの浴室に這入つたことがない、初めは單に風呂嫌ひの美僧として通つてゐたが、段々調べて見る物好き者が調べたところによると、美僧は男性でないことが判つた、而も同座の某雲水が小娘を雲水に仕立てゝ共に僧堂に入り込み日夜修行をなし所もあらうに前記の東司で毎夜媾曳してゐたと云ふことまでパッとなつた

▽△▽△△

僧堂の取締の副司さん、怒るまいことか、ゆで蛸の樣になつて「喝ッこの破戒の賣僧奴」と二人共東司の側に生埋めの嚴刑を科したのである

▽△▽△▽△

そのことあつて以來、東司で所用を果さんと這入るものがみなマッ蒼にふるひついて床につき、中には死ぬものまで出來ると云ふ始末之を聞き込んだ副司さん、馬鹿ナ禪門の名折れ、法の汚れだ、拙僧が確めて呉れんと、わざと深夜に件の東司の戸を開するや否や、美僧の蒼ざめた首が怨みの形相物凄く、ギットにらんだので、さすがの豪僧もヒヤッと膽をつぶされ、以來氣がくるつて死んでしまつたので東司の戸は開けるものなく開けずの東司として名高く、昭和の今日現在する東福寺東司の物語である＝寫眞は東福寺東司

涼み床几　府庁の物識り・由さんの話（七）

怪 ●京都日日新聞　昭和五年七月十一日（十日夕）　5-143

觸れば祟る北野の古塚

府廳の物識り・由さんの話（七）

昭和の御代にこれは又奇怪千萬！

▽

上京區御前通今小路下る馬喰町などゝ云つても、一寸見當はつきかねるであらうが、北野天滿宮の外苑、大鳥居の東手、電車道を隔てゝ一帶の空地がある、近く本門佛立講が、會堂を建てる敷地に買取つたとかで、時々、テント張りが出來て、幔幕を引廻し佛立ファンの善男善女が團扇太鼓の砲列に猛烈な御題目ジャズが演奏されることがある

▽△

その敷地の中か外かに古墳時代のものとおぼしき一基の古塚が（鳥居位と天井石を殘して）口を開けてゐる、そもく〜この塚、何時代のもので如何なる由緒來歴あるかは知る人もないが、古墳にからまる傳說の例にもれず、寄らば祟るさわらば不吉があると、誰云ふとなく、傳へ〳〵て恐れられてゐる

▽△▽

大阪の富豪某が、この地に營んだ豪著な別莊が、幾年ならずしてたちまち賣りに出て、さすがの建築も庭園も取毀たれ人手に渡つた時近所の人々は、あゝ又かと其おそろしさを噂き合つたのであつた、その後轉々京都の某富豪が食品として買取り、大いに緣起直しにと、岡山の多田福田會士に頼んで百萬遍數珠を繰つての祈禱をこらしたこともあつた

▽△▽△

その當時のこと同地の一隅に茶室の一棟が殘つてゐた、茶室は飛雲閣寫し、裏千家好みとかで、かなり贅澤な二疊臺目のものであつた、時に丁度茶室の古物を搜し廻つてゐる、禪僧上りのKと云ふのが、これを搜し當てゝかねて賴まれた洛南某寺に移築することゝなり、比較的安値に買取り、移轉築手入まで一切の工事を設計家のYに依賴することゝなつた、建築が出來上つてもKはYに一千金の移轉工事費を拂ふかともせなかつた、Yは殆ど手のつけようもないのに困り果てた、お寺の工事をしたのだからと寺へ請求すればKに一切渡し濟みと涼しい顏をしてゐる

▽△▽△▽

その內新聞紙は『一死以て辱知諸君に謝す』と遺言したKの〇死を報じた、Yはあきらめた『あゝ千圓の厄のがれだ』と、打てよ本門の團扇太鼓、那須野が原の殺生石に佛力を現し、鵜飼の幽靈を成佛せしめた法華の功力、唱へよ南無妙法蓮華經!!!　寫眞には會堂が建ちつゝある古塚の空地

有史以前の巨人の骸骨　世界珍話

資 ●函館毎日新聞　昭和五年七月十五日（十四日夕）　5-144

（テッキスコッコ（メキシコ）發）有史以前の巨人の骸骨が此程サン。アンドレス。ジャルテンコの附近で發見された。發見者は文部省から派遣された探檢家バッサツリ博士で極めて貴重な參考資料として、メキシコシチーに送られた

資　有史前の巨人の骨　海外奇聞
●北海タイムス　昭和五年七月十五日　5-145

海外奇聞

有史前の巨人の骨

【テッキスコッコ（メキシコ）發】有史以前の巨人骸骨が此の程サン・アンドレス・ジャルテンコの附近で發見された發見者は文部省から派遣された探險家バッサウリ博士で極めて貴重な參考資料としてメキシコシチードに送られた

資　『角男』が来た　各地で見世もの
●大阪毎日新聞　昭和五年七月十五日　5-146

『角男』が來た

二万圓の年俸取りになつて

各地で見世もの

額に二本の角を生やした珍しい年俸二万円の給料取りになつた「角男」劉文徳（七七）が、支那興行師らに連れられ十四日午後八時四十八分の列車で大阪に來た、なる程珍らしい「角男」各新聞社の写真班がたくマグネシュームの音と光におづ／＼するとしばし、出迎へた大阪の興行師の案内で港區九条旅館に落ついた、一両日休養して後、大阪醫大小澤博士の診斷を受け、大阪を振出しに、神戸、東京、横濱等を巡業し米國に渡るはずだが、同行の人の話によると、前頭部の角は周圍四寸、長さ三寸位、後頭部の大きいのは周圍二寸、長さ一尺二寸くらゐあり、寢る時は、角の始末に困るさうである――写真は大阪驛にて――

資　有史以前の巨人の骸骨
●山陽新報　昭和五年七月十七日（十六日夕）　5-147

有史以前の巨人の骸骨

有史以前の巨人の骸骨が此の程サン・アンドレス・ジャルテンコの附近で發見された。發見者は文部省から派遣された探檢家バッサウリ博士で極めて貴重な參考資料と

してメキシコシチーに送られた。（テッキスコッコ發）

資　角が痛くて……堪らぬ　人気者『角男』病院へ
●大阪毎日新聞　昭和五年七月十七日　5-148

角が痛くて……堪らぬ

人氣者『角男』病院へ

「伸びるため筋肉に炎症」……と診斷

◇…大きな角のあることを目先のきく企業家に發見され樂ましいかな年俸二万円の給料取りになつた「角男」―例の支那人劉文徳君（七七）は十四日夜來阪港區九條の旅館で長旅の疲れを癒やしてゐたが、どうも二本の角の生際が痛むといふので十六日午後二時半あのグロテスクな姿を大阪醫大附屬醫院に現し皮膚科醫長佐谷博士の診斷を受けたが

御本人が現れると「見たた見たい」と病院内は大騒ぎの人氣振

◇……ところで佐谷博士の診斷はからである

これは病名を皮角（コルム・クタネーム）といひ角層が增殖して角の形狀をとるもので全く先天的なものである、病氣そのものは珍しくないがこの男のごとく見事な角をもつてゐるのは文獻にもない、この男の角は二本で大きい方は長さ廿五チ、下部廻り十五チといふ歷史的なものである、角の下部が痛むといふのはこの四ケ月ほどの間に十五チも伸びたといふのだから伸びるために筋肉の炎症を起してそれが痛むのである【寫眞は診察を受けてゐる「角男」】

資　不思議な手
●北海タイムス　昭和五年七月十九日　5-149

△不思議な手………

不思議な手

その手がさはれば如何なる難病でも癒るといふ人身ラヂウム？とまで疑問にされ東京醫科大學にて十七日間に亘り研究したるもその原理不明なるも難病を治癒すること

を證明された不思議なる左手の持主鈴木天水師が過日來札二十日より三十日迄市内南七條西川山に出張所を設け治療に從事すと師は大正七年に札幌女子職業學校其他の學校大正十一年に札幌鐵道俱樂部札幌遞信局等各所にて試驗効能偉大なることを證明されたる事實があり今回の來札は三回目である適應症は肺病胃腸心臓神經痛ぜんそく等は最もよくトラホームの如きは只の一回で全治すると（廣告）

少年の幽霊

幽　●京都日出新聞　昭和五年七月二十日（十九日夕）　5-150

涼風を趁ふて　——隨筆と短歌——

少年の幽靈

那智俊宣

ついこの間、屋敷内で幽靈に出逢つた、然も眞晝の午後二時といふ時刻、私はこの縁側の籐椅子に腰をおろしてバットをふかしてゐた、すると眞正面の小門を潜つて、そこから可憐な絣降りを着た少年が白鉢巻をつけた正帽をかむつて、萩の植込みの處へスウーッと這入つて來る。まるで知らない少年だつたからかがみ腰になつて、割合に肩巾の廣い少年だ、で私は少年のいたづらと思つて暫く家内に小門を閉めさせたが、その間にその少年はさつきの植込 — 五六間の處を歩いて南の方へ行つた樣子

「オイ今の子供はどこのだよ」

「知りませんよ、何も見はないぢやありませんか」

妻は何も知らない樣子であつた。私は妙にいやな氣がして屋敷中を探したが遂にその少年は見つからなかつた。今でも私は幽靈だつたと信じてゐる屋敷内に狸がゐるといふ風說もきくが、私はかうした怪異に遭遇する特殊な徵候をもつてゐて度々怪異に出喰はす。それ以來時々その日の少年の事を思ひ出して眞晝の庭をぼんやり眺め暮す日もあるがそれつきりその少年は再び姿を現はさない

天上から毛が降る　垂水地方民を驚かす

怪　●鹿児島新聞　昭和五年七月二十日　5-151

十八日の暴風雨

縣下到る處の慘害

天上から毛が降る

豐年の前兆かとも言はれ

垂水地方民を驚かす

肝屬郡垂水町市木附近海上一帶に十七日午後一時ごろより約二時間に亘り天から白、黒、黒褐色等の毛類が降下して海上の人達を驚かしたが原因判明せず或は滿蒙地方から飛來したのではないかといはれまた海上で沈沒した船に積んでゐた毛類が風に吹き飛ばされたのではなからうかといふ者もあり種々の噂が傳はつてゐる。垂水署では參考のため長さ一尺位の毛數本を封筒に入れ縣高等課に送つたが縣衛生課日高技手の鑑定によれば馬か驢馬の尻毛ではなからうかとのことである。また垂水地方には六十年以前にも原因不明の毛類が降下したことあり豐年の前兆と一般に噂はれてゐるが兎に角疑問の毛として專ら評判となつてゐる。

怪談　亡霊から手紙、色あせた女性　ほか

怪　●京都日出新聞　昭和五年七月二十一日（二十日夕）　5-152

亡靈から手紙

怪異を信じ出した明成君

死人の代筆で恩借の金を返す

手紙は夢中で書いた

▽…現場に立合つた那智俊宣氏談

怪異に出逢はない人は、怪談といふと、あゝ又例の神經作用かと輕蔑するが、しかし——幾度か怪異に出逢つた私は、決して神經作用だなどと、輕蔑する事が出來ないで、數年來、この方面の材料を蒐集し、研究してゐる譯、處が——私の知人風見明成君（ある靈光といつてホトヽギス派の俳人）なども怪異を日頃馬鹿にしてかゝつたものだつたが、はからずも一ツの怪異に出會してからは、すつかり、私達の仲間になつてしまつた。話といふのはかうである——。

大正四年十一月、しかも月の末だつたと思ふ、淺草に住つてゐた明成君の友人が卅二歳で夭折したので野邊の送りを濟ませ、初七日を迎へた日、突然死人自筆の手紙が屆けられて來た。吞氣な明成君は生前したゝめて置いた手紙を遺族が郵送したものと簡單に解釋して讀み下して見ると、文面には、生前のお誼を謝する意味が記されてゐた、それはかりではない、恩借の金子は芝西久保巴手町のAに自分が預けた金があるから、同人からその金を取立てゝくれいと、重大な用件が記してある、で明成君はすつかり魂消てしまつて、取敢ず私の家へ相談に來た。そこで私も同道して巴手町へ行つて見ると、何といふ怪異な符合だらう、そこにはちやんとAの家がある。主にあつて、しかじかだと事情を話し、その手紙を見せると、主人は眞蒼にふるへて「返します、返します、お金は返します」と驚きやうは非常なものだつた。するとそこへ來た細君がこの樣子を見て急に笑ひ出した。

「貴郎不思議ぢやありませんよ、この手紙は貴郎がお書きなすつて私が投函したんぢやありませんか

色あせた女性

小山内氏を悩ました
晝夜帯の亡霊

小山内薫、那和俊宜、ルンプ、フリッツの三氏が昔水浴尻の兵舎屋を出たのは、終電車前だつた。街冬近い大空には銀河が流れて、田中町から乗つた電車には泥酔した労働者風の男が長靴を踏ん張つて居眠つてゐるだけで寂然たるもの……三人も大方はとろ〳〵と眠りにおちてゆく様子であつた。暁が別れ前に来ると、今まで無言でゐた小山内氏が突然、那和氏を揺りおこして、ヒドくあはてた様子で下車をする準備をしだした。

「どうしたのだい南禅寺迄ぢやないか……？」

「いけない、又出たのだ。見ろ！彼の労働者の横に坐つてやがるのだ、降りよう降りるのだ！」

那智氏はすぐ、ネルの單衣を着た紫繻子の晝夜帯の亡霊を思ひ出した。實際小山内氏は死ぬ迄、この怪異な女性の亡霊になやまされ通しであつた。新小説へ「色あせた女」の一節をのせたがその「色あせた女」はこの亡霊を取扱つたものであつた。

小山内氏が最初、亡霊に出喰したのは、彼がまだ學生時代の事で今の主計官のやうな仕事をしてゐた父の恩給で親子三人——母親と彼と妹はつゝましい生計を送つてゐた。駿河臺のとある借宅、そこが彼の家庭らしい生活のはじまりだつたが、又この亡霊と最初の出會地であつた。何でもこの借宅の主がはしたない醜行と関係した事から、その細君が劇薬自殺をとげた、その亡霊が二階六疊の間に出るとか現れて來る。鼠色に棒縞のネルをきて、紫繻子の晝夜帯をだらしなくしめ、眠つてゐる者の胸の邊へズッシリとすわり込む、小山内氏も、妹さんも、これには悩したが、その後小山内氏の身邊には必ずしも轉宅したが、どう離れない。電車の中で初めて出した亡霊は、そのネルをきた女であつた。——京都の知恩院門で高島屋一行の大ベーゼントがあつた時那智氏が小山内氏にあふと、小山内氏は、木陰へ那智氏を引つ張つて行つて

「オイ、彼の女は此處にしぶとい奴だぜ、京都へ來ても、大阪へ行つてもつきまとふ……」

と蒼い顔をして眉をしかめた、この女に出喰はすときつと、何か不祥事が持ち上る……。

その晩、吉原帰りの電車から降りた三人は、酒の酔もすつかりさめてしまつて月影をふんで宛然亡者のやうに夜明けまで市中をさまよひあるいた。

年増の冷笑

四條通り町上る山出淵古窯の主人が富山、礪波郡の伯父さんの宅で出喰した幽霊——時は少し古いが、まだ田舎に電燈のつかない時分だつたので行燈に灯を入れて就寝すると、その灯影の怪しくゆらぐ襖が音もなく開いて、蚊帳越しに中年増の顔が二ツ……と冷笑してゐるのが見れた、注意をして見ると、今度一ツ、重なり合つてニタ〳〵。何か因縁話がある筈ネ」私達は独につまゝれた心持だつたが更に驚いたものは主だつた。

「何故」が馬鹿な——死人の代筆などするものぢやないヨ」

「だつて御覧なさいナおとゝひ三條へ主人をして電車で帰らうとすると途中日本橋の裏手へ行くのだとおつしやつてそこでお買ひ求めになつたのがこの状袋と巻紙ぢやありませんか……」

「はつきり覚えはないよ……」

「宅へ帰つて、しきりと何か手紙をお書き遊ばして私に投函させなすつた、差出人の名前が彼の方だつたのが私不思議だつたのですけれど……御覧なさい消印だつて、芝西久保のぢやありませんか」

細君の説明で大體の様子がわかつたが明瞭君が怪異を感じ出したこれが原因である（写真は那智氏）

たか、舊家のことで事情がわからな
いとのこと、瀕した幽靈がその家へ
は度々出たとのことであつた。

闇に老人の聲 幽靈だつた

一目逢ひたい一念

山科の鐘紡社宅で怪談をやる約束
になつてゐたので、綾部の公民大
學の講演をすますと、午後二時の
列車で綾部を出發した。大正十三
年十一月二十四日のことである。
二條驛の乘かへでは、時雨れる冬
の街はもう灯ともし頃で微に陰鬱
だつた、山科に下車するとすつか
り夜になつてゐた。古びた下駄を
引ずりながら、驛から西へ二町、
安祥寺川の橋を渡つて社宅へ急ぐ
道は、その頃すつかり藪だつたの
で、鼻を摘まゝれるやうな闇！藤
井といふ醫者の處へ出るまでは灯
を見ることが出來ない物騷さであ
る、處がこの夜道でひよつこり老
人に出會した、話し合つて見ると
この老人は私が尋ねて行く鈴木工
場長の親戚に當るとかで矢張りこ
れから社宅へ行くのだとのこと、
私はいゝ道づれをえたと四方の山
話をしながら歩を運んだ。すると
老人が小用がしたいといふ、何し
ろ夜道ではあるし、眞の闇。二人
は爪先きを揃へてチヤ\/やつて
ゐると、突然闇の中から別な老人
の聲が直ぐ私の後で聞こえた
「ヤア……中村君ぢやないか……
？」
私の連れ立つ老人が直ぐ應じた
「佐上さんかい……？」
「御身は……」と闇の中で佐上とい
ふ老人がイキをついで
「私は今日午後二時に至急に逢ひ
度いことがあつてなア……種々探
したが逢へんぞ、京都の方へ廻つ
たのよ、そこにもお前がゐんから
のウ鈴木さん宅へ今又たずねて來
たのだよ」恰度用便をすませて私
はそろ\/歩み出した。東本願寺
の山科別院の方から自動車のヘッ
ドライトが眞一文字に闇を透して
轟然と驀進して來たので、こちら
に氣をとられた私は路傍の礫砂利
の上へ飛び上つて漸く車をさけ、
やがて鈴木工場長の社宅へ着いた
處が妙な事に佐上といふ人の姿が
見えない、中村さんはこれを非常
に氣にしてゐる樣子だつた。する
と玄關に出迎へた鈴木工場長は中
村氏の顔を見るなり「お宅の女中
さんが晝前に手紙を持つて來て、
若しも君が立ち寄つたら渡して呉
れいとのことだつた」と一通の手
紙を中村さんに渡した。
中村さんは――この手紙を見ると

寫眞説明
清玄（豐國筆）
累の亡靈（同）

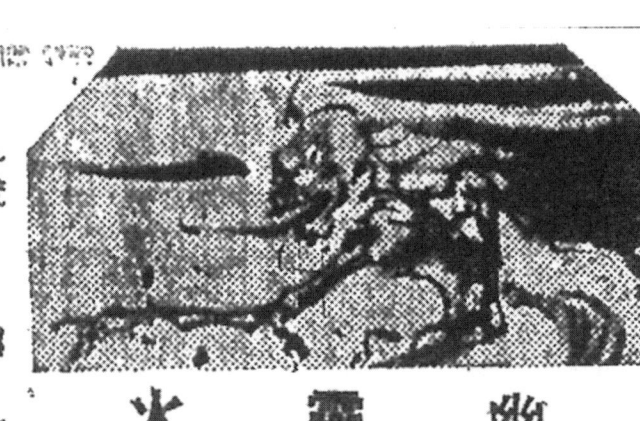

飛びあがるやうな聲で叫び出した
「わしは今そこ迄、佐上と一緒だ
つたのに、もう死んでゐる、手紙
は午後二時の告別式の知らせだ…
…」
闇の中で午後二時に至急に用事が
あつてなア……、と佐上さんがい
つた言葉が私の耳の中で、氷のや
うにいてついた戰慄を全身へブル
ブルッと傳へた（那賀俊宣氏談）

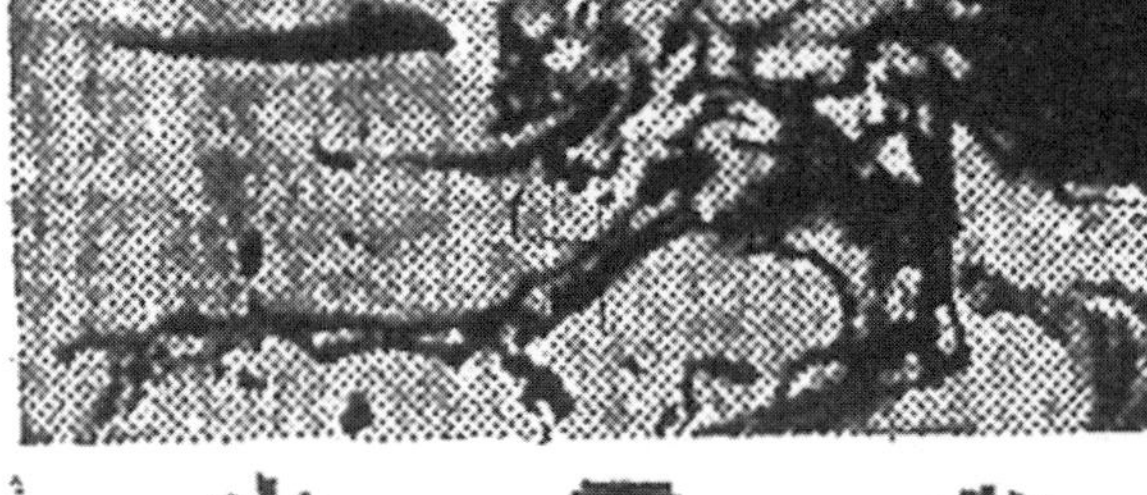

幽靈火

百物語や試膽會などの催しが從來
行はれた。時間も隨分こつたもの
で、座敷の眞ん中に棺桶をおいて、
幽明の許で一席辯じる。化物唐傘
をならべ木魚をポク\/たゝくな
んざア、ちつと念が入つてゐる方
中にはコンニヤクを踏ませ、ギア
ーッと襖を鳴すに至つては清、丹
の準備が必要だ

◇

何時だつたか、去る男の怪談を聽

いてゐると……この男は頭を剃り頭だからべろ／＼の浴衣をつけ、強盗團か何かで、大體の感じが化物めいてゐる男だが……此奴が終に鋏子やぐと前へおざり出し、目をむいたり、舌を出したりして化物百態を目演した。終まで一種の陰性を帯び趣味がある。元來その男と化物の區別が、私の頭でハッキリつかなくなつて、途中でこの男に遊ふとヒヤリとする。

若い者にはいふべき事で、良縁はまとまり難し迄

◇

例の二年前の浅井柳塘事件――蕭家柳塘が九州へ旅に出た留守中、細君に懸想した書生が、容れられぬ憎の猜忌から、柱に細君を縛りつけ、火をかけて逃走した。大膽な奴があつたもので高飛の腹癖へに東山通松原上る一筋目を西へ……ソコのうどん屋で狐うどんを注文すると、三つこさへて出す、「俺は一つしか注文しないよ」とキメつけると「アーレ、お連れさまは別のお誂へでございますか……?」

慾化けて出たなア！と怖氣がついて表へ差して逃げ出す途端御用だツ！はちと芝居かゝつて來るが市内寺町三條邊で、その柳塘君の、遺子が菓子屋をやつてゐる、嘘でない本當の話

加賀太夫の直話
亡靈に乳を貰ふ

新内かたり加賀太夫の直話――。横濱で曙更をやつてゐた頃、とある路次に住ひをやつてゐた、株屋のお店者や大工の棟梁が住んでゐたといふから九尺二間の長屋ではない暮しむき、處が例のやかましいトンロロ事件で隣の若夫婦が嬰兒を残して死んでしまつた長屋の父番でコノ嬰兒を育てゝ見たが棟梁の家に子供がなかつたので自然棟梁の方で引受け勝ちになつてしまつた。

ある、夏の夜、棟梁の細君が何時もの通りミルクを拵へに起きると寝かせた筈の嬰兒が見えない、蒲團はもぬけの殻になつてゐる。さても怪しいことがあるものと内儀を探すと、オヤツ！……亡くなつたお神さんが嬰兒を抱いて乳をふくませてゐる。二三日こんな事がつゞくので棟梁に事情を打ちあけると頭梁が立腹して、その晩、亡靈を怒なりつけた「俺等が介抱してゐるのが不足なら、さつさと連れて歸つてくれ、それとも乳の出ない嬶が氣に入らぬなら手前の力で乳を出せ」亡靈は幾度か頭をさげて消ねてしまつた。何といふ不思議さだらう、三日目からかつて子供を産んだ事のない細君の乳からボタ／＼乳が出る「この乳をのんで大きくなつた娘が私の家へ今に遊びに遣つて來ますよ」とは太夫のはなしである

涼み台夜話（一） 杉の木の怪異　お寺の裏にうごく鬼火

怪 ●福島民報　昭和五年七月二十三日（二十二日夕）　5-153

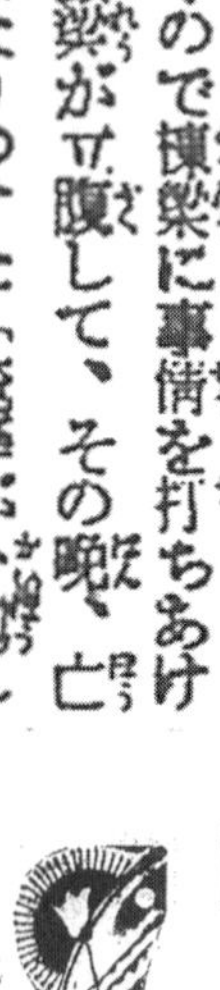

杉の木の怪異
お寺の裏にうごく鬼火
（一）實は坊さんのとんだカラクリ
考へたりな‥『珍野菜盗難除』

涼み臺夜話

今から五、六年前若松のあるお寺にあつた實話――ちようど夏のころで散策の人のおほい時だつた。そのお寺の裏の大杉に夜な／＼奇怪な火が燃え上るといふ噂が、初めお寺の近所からパッと立つたところが噂は噂を生むのがつねで、とてもえらい騒ぎとなつた。そして實際、怪火はお寺の古杉のてつぺんの方につくのである。それを見たの

は決して物ずきな一人や二人ではない。

◇

怪火の燃える時刻は、むろんキチンときまつてはゐないが大低は夜の十一時ころから約三十分ほどであつた。鬼舌のやゝ大きいほどの、血のやうに眞ツ赤な火がついたかと思ふと、しばらくするとそれが、風もないのにゆら／＼と揺れ出すのだ。その氣味の惡いこと！それを最初發見した人が腰をぬかして、いざつて逃げたと、今でも茶話の笑ひ草になつてゐるのも嘘ではあるまい。一人見つけ、二人見つけ、それからそれへと噂はひろまつて、市内の評判となつたからなると奇を好むのは人情で『××寺の裏の杉に鬼火が燃える、見物に行かう』といふ人達が多數を恃みに毎晩わい／＼とお寺ちかくに集まつての大騒ぎだ。おしまひにはそのお祭さわぎの澤山な人出をねらつて、氷水屋の小屋がけまで出來てこれはまたとつてもない繁昌振りを見たとは嘘のやうなホントの話しである。

◇

こんなふうに、市中がお寺の怪火で持ち切りになり、何となく人の心もつかれたやうになると、見て許りゐられないのは警察だ。『杉の木の化け物』だけで、あれは人手ぢやどうにもならぬなどゝすましてはゐられない。もとより血の氣の多い町の青年たちなぞも『俺が正體を見破つてやる』と許り三人、五人が組になつて調べたけれどもトント容子が分らない。何しろ四五丈もある杉の木のてつぺんの事なのでどうにも正體を突き止めることが困難だつた。ところが、若松署の某刑事は、毎晩の

やうにその怪火について研究してゐたが、ある日、何かそれについて有力な材料をにぎつたものゝやうに、明かるい顔つきで同僚に話しかけたものだ。『あんなものは、ごく簡單なからくりさ、何も騒ぐこたあないよ、僕はちやんとにぎつてゐるんだ、そこでああやうに火について僕が考へてみるやうにトリックだとするとかういふ理くつで押して行くことが出來ると思ふ、つまり、僕の集めた材料によつて考へれば……あの怪火つてのは、何でもない、只、提灯さ、それも子供だましの豆提灯、お祭がくるんで方々の店て賣つてゐる、アレだよ、はゝゝ見てゐたまへ明日はきつとあばいて見せるから』

◇

さう云つた某刑事の言葉は果して的中した。翌日その寺の坊さんが警察へ呼び出された。不思議やその晩から怪火は燃えなくなつた。こゝまで書けばもう讀者はもうすつかり感づいてしまふであらうが。まだ讀むことを止めないで下さい。坊さんは實に奇妙なあやつりをやつてゐたのだつた。お寺の本堂わきには幾坪かの畑があつた。坊さんは讀經の合間に野菜をつくつては何よりのたのしみにしてゐたが、精を出した甲斐あつた、野菜はとてもよく出來た。ところが、世の中には不埒な奴があるもので、折角坊さんの丹精こめて作つた畑のものを、夜こつそり來ては失敬して行く。坊さんがカンカンになつて怒つたのも無理はない、『いくら何でもお寺のものを盗まなくつたて他に盗む物は、いくらもあるだらう』そして盗難豫防に一策を案じ出したのが『杉の木の怪火』だつたのである。坊さんはある夜提灯をもつて杉の大幹へ抱きついた。それから杉の木に登つてそれをてつぺんへ結びつけて長い麻繩を自分の居間まで引いて來た。勿論夜目になどそれと分る筈がない坊さんはひとり合點して、毎晩のやうに提灯に火をともしては繩を引つぱつた。すると提灯はまるで生きもののやうにゆらゆらゆれる――さういふ仕かけだつた。

◇

刑事はおしまひにつけ加へた
『僕はね、どうも雨の晩に限つて火が見えないのがおかしいと思つたよ。どん／＼と出るお化けなら大抵雨の晩と相場はきまつてゐやうぢやないか。其奴がまるで反對だつたんだからね！』

涼み台夜話（三）　阿武隈の深淵から夫婦亀がお城がよい

獣　●福島民報　昭和五年七月二十五日（二十四日夕）　5-154

涼み臺夜話

阿武隈の深淵から 夫婦龜がお城がよひ

しかし今では見た人はない
大佛城に傳はる奇しき傳説

（3）■□□□■

福島城。大佛城下今の福島縣廳から紅葉山公園の邊りはそのお屋敷だつた。公園下を流れる阿武隈川には深淵があつていまでも、どんより不氣味の物凄く心中者などが、沈んだら最後再び浮びあがらぬ、もつけの死場所としてよく選ぶ所だ、その昔そのな深淵に雌雄二頭の大龜が棲んでゐた。

◇

福島城主の交替毎にこの龜は老夫婦に姿を變へて城中に現はれては城主殿の前に伺候して祝意を述べて引下つた。

それが若し城中に凶變事でもあれば龜は愁然たる姿で現はれてこれを報ひ、祝賀の際には大喜び欣然として喜びを言上しただからお城でも常に酒や赤飯などを河畔に祭して代々の城主はお城を守る靈龜として大切祭敬してゐた、明治も二年の話だ、城主板倉公は封を三州重原に移されたので一族が出發の準備をしてゐる前夜、二頭の龜は老夫婦に化けて城主の前に出て心行くまで泣いて別れを惜んだと傳へられる。

◇

その龜は深淵にいつまでもゐるかどうかは、誰も知つてる人はない、その昔は、折々水面にのそ／＼と姿を現したそうだが板倉家がこの地を去つた後は一度も姿を見せぬそうだ。

◇

今から四十五年も前ぢや。二十代の頃。わしもこれで水泳の達人だやつた劍をとつては腕に覺とがあるので或る日。此深淵に潜入して中をさぐつて見たが淵のやうな奥にだん／＼廣々としてゐるやうに見えただけで龜の姿もなかつた。――と福島市舟場町渡邊久太郎さんの話である。

涼み台夜話（五）　生ける踏台、黒猫の怪

獣　●福島民報　昭和五年七月二十七日（二十六日夕）　5-155

涼み臺夜話

生ける踏臺、黒猫の怪 露いた男に出叉の復讐

旅宿の一夜・呪はれの男
心氣一轉・出世した話

（5）■□□□■

【長澤仙臺翁の話】その一

人間何が仕合になり何が不運となるかは全くわからないものだ。この話などは、怪猫の祟りが幸運を招いで家運を盛り返したといふ實話なのだから面白いではないか。

◇

今からザット五十年前、市内の料亭群僊閣の今の主人細野良平さんの親御さん、名前はたしか虎さんといつた、當時北町の青樓宮澤家の廻番さんで鳴らした腕だつたが、放蕩してたんぢやあ何時までもウダツが上らない、故郷へ歸つて何とか方向轉換をやらかさうと、主人に暇乞ひして生國の越後へ歸るべく旅に出たのが丁度五月雨時だつた途中、何の障りもなく津川の宿に着く。生憎連日の雨、急ぐ旅でもないと二三日ゆつくり旅の疲れを休めてゐたが、ある夜の事、不浄場へ行つて來やうと二階の部屋を出て、トン／＼と階子段を下りながら、何氣なく階下を見下すと、思はずゾッとして息をのんだ。といふのは、階下の廊下の片隅に、ともし火臺に置いてあつた小な踏み臺が、クラ／＼と獨りでに動いたかと思ふと、スッスッと生けるが如く歩き出したからだ。

◇

虎さん、魂消たの何の、全身の血潮が逆流する程だつたが根が豪膽な人だつたから、妖怪御参んなれ一つ正體を見屆けてやらうと、足音を忍ばせ、ソッと後を跟いて行つた、すると、その踏臺、廊下をグルッと廻つて臺所へズン／＼入つて行く、そして戸棚の前迄行くとピタリと止まつた同時にヒョイと中から飛び出したのが一匹の黒猫、四邊に人がゐない見すますや、その踏み臺へ上つて前足で戸を開き、中にあつた煮魚をくわえ出すとムシャ／＼喰つて、ニャンとも云はず姿を消してしまつたものだ。

◇

虎さん、すつかり感心した。馬鹿にしてやがる、踏み臺が動くのも當り前だ、あんな猫がおぶつてるんだからなあ。幽靈の正體見たり黒い猫。飛んだ冷アセの掻き損だつた。それにしてもイヤに氣の利いた猫もゐるもんだと、怖さ半分、馬鹿々々しさ半分、兎に角用を足して、その夜はそのまゝ寢に就いたが、サテ事件はその翌日の事だ。

◇

虎さん、眼が醒めて階下へ行くと、宿のお女将が血相かへて『何うしたんです』と口を入れると『何うしたつてお客さん、この娘位圖太い奴はありません、毎晩々々、人が寢靜まると勝手へ忍び込んでは、翌朝のお菜を皆んな盗み喰ひしてしまふんです、昨夜も三人前の煮魚をペロリと平げていけシャア／＼濟ましてゐやがる。あまり人を馬鹿にしてるから、けふこそは何うしても白狀させやうと折檻してる所です』と如何にも口惜しさう。虎さん、突嗟に昨夜の事を思ひ出した。『そりやお女将さん違つてる。昨夜の悪戯は斯ういふ譯だ』と例の黒猫の一件をすつかり話してきかした。

◇

きいて吃驚、女将さん『まあそれではあの黒の畜生が……』と二の句がつげない。虎さんはそのまゝ二階へあがつた。間もなく、甲高い女将の聲とギャーッ／＼と斷續的な猫の悲鳴がきこえて來た。

『ははあ、奴さん折檻されてゐる』

と虎さん、耳を濟ましてゐる所へ、ダダダダッと階段に音、一散に部屋に飛び込んだのは昨夜の猫だ。細野さんの顔をチイッと睨んで暫くゐたかと思ふとズイと次の部屋へ這ひ込んだ。

『氣味の惡い畜生だ』

から思ひ乍ら、その日も續く雨にいま一日の滯在、所在なさにその夜は早く床に入つた。

◇

何となく寢苦しい。仕方なしに旅日記の整理などをした揚げ句うと／＼と苦つぽい旅愁の夢を結び初めたのはもはや深更に近かつた。

と――ヒューといふ、矢音のやうなり聲と共にグシャリと物の突ッ刺さる音を、すぐ耳の傍にきいて、細野さんはハッと眼を覺ました。見ると、何時のまにか、上半身が疊の上へせり出してゐて、何氣なく横をむいた頬にヒヤリと冷たい黒いものを感じた。手をやつた一瞬虎さんは危なく『アッ』と大聲を立てる所だつた。冷たい黒い物は、それは研すました出刃庖丁であつたのだ。刄先を下に、美ん事古盤に垂直に突ッさゝつてゐる、明かにそれは天井から虎さんの咽喉笛めがけて投げつけたものに違ひないのだ。

『人殺しだアッ……』

虎さん、夢中になつて怒鳴らうとしたが不思議に聲が出ない滅茶苦茶に身體をもがき、か細いランプの光で暗がりの天井にキッと眼を据えた瞬間、又もや全身が凍るやうな恐怖にとらはれ、ガクンとその場へ金縛りになつて了つた。暗がりの天井板の破れ目には銀杏大の丸い二つの燐光が爛々と輝いて、ギロリギロリと虎さんを睨め下してゐるのだ。そして燐光は明かに、前夜の、そして今朝の疑問の黒猫の眼であつたのだ。

『惡かつた許して呉れ〳〵』

失神した樣になつて虎さんは、その夜一夜は、譯もなくかう繰かへして明かした。云ふ迄もなくこれは、昨夜の黒猫が、虎さんの告げ口から折檻されたのを遺恨に思ひ、臺所から出刄庖丁をくわえ出して虎さんを殺さうとしたものであつた。

◇

翌朝、虎さんの氣持はすつかり一變してゐた、女中をよんでそゝくさと勘定を濟まし、その宿を出ると越後には行かず、スタ〳〵ともと來た道を福島へ逆戻りして行くのであつた、歩き乍ら虎さんは堅く心に誓つた。

『折角の越後行きは黒猫奴にすつかりケチをつけられちやつた、無理に行つたつてロクな事もあるまい。それよりか黒猫に殺されて死んだ氣で、福島で一旗あげやう』

◇

間もなく、福島へ歸つた虎さんは新馬場小路に、小さな家を構え『牛虎』といふ看板で福島最初の牛肉屋を開き本當に死んだ氣で働いた。それがうまく當つてトン〳〵拍子の出世、忽ち福島中の人氣を集め、遂に群樂亭といふ一流の料亭の基礎を作り今日に到つたのである。若しあの黒猫事件がなくて虎さんがそのまゝ越後へ行つて了つたら、或はその出世も出來なかつたか知れない。だから人間の運不運は何處にあるか判らないといふのだよ。北歐では黒猫は幸福の使ひといふが此の黒猫になんかたしかにハッピーキャットの一種だ尤もハッピーキャットにしては少々凄すぎる幸福だつたがね。

（此項終り）

涼み台夜話（七）

霊魂不滅の一挿話

●福島民報　昭和五年七月三十日（二十九日夕）　5-156

涼み臺夜話（7）

靈魂不滅の一挿話

峠で行き逢つた血みどろの戀人

僕が獨身でゐる譯＝Ｙの話

靈魂の存在を否定する者であつたＹが、熱心な肯定者となつた裏面にこんな挿話がある。

◇

以下彼の話である

◇

『僕はその晩も、ソッと家を拔け出して露にシットリとしめつた小路をＲ峠の方に辿つて行つた。

あんな淋しい人ッ子一人も通らない峠路を、そんな夜更けにと云ふかも知れないが、實際、僕は一生懸命だつた。峠を下りた、麓のはづれの村の森に今夜も待つてゐて呉れる彼女を想ふと不思議に勇氣の湧き起るのを覺える僕だつた。

小川の流れの音に、時々背後を振返りながら一歩々々登つて行つた。

情熱が僕の足を次第に速くしてゐた、不圖、突然僕は登り乍ら、ある變な事に氣づいた。

それは周圍が餘りにシーンと靜まりかへつてゐると云ふ事だつた。

夜中だから靜かなは當然ぢやないかつて云ふかも知れないが君、試みに夜中の山路を一人で歩いて見給へ。

◇

風で木立のざわつく音とか、草の葉づれのサラ〳〵といふ音とか、地の底から湧いて來る樣な蟲の音とか、山鳥が驚いて飛び起つ音とか、梟に腹を割かれる小鳥の悲鳴とか、町の方の幽かな悲しげな犬の遠吠とか自動車の警笛とかゞきつと聞えて来るものなんだ。

◇

それが、あの晩に限つて妙にシーンとして終つて、變な形容だが燒けつく様な夏の日に白茶けた。田舎道を何時までも何時までも見て居ると耳がジーンと鳴つて来て暑さも何も感じない、何だか、から、空虚といふものが呼吸を止めて終つた様な

淋しさ丁度あんな氣持になつたんだ。

さう氣がついてみると僕自身が、よくある怪談の主人公になつた様な氣がして、いきなり、後をも見ず跳上めがけて、駆け上つたものだ。自分でも、どの位、走つたか分らない。もう疲れ切つて足が一歩く[illegible]つた。

◇

――と向ふから見覺えのある提灯がフラリくくと近寄つてくる。

あ、彼女だ！僕が餘り遅いので、迎ひに來たのだと思ふと、矢も楯も堪まらなくなつて駆け出すや彼女の手をシッカリ握りしめたときは、感謝と緊張した氣持か、ガッタリ弛んだのとで恥しい話だが、泣き出して終つた。

處がね、君。彼女はウンともスンとも言はないんだ。しかもネ。手が、彼女の手が氷の様に冷たいんだ。骨の髄まで滲透る様な不氣味な冷たさなんだ。

不思、ギョッとして手を引込めざま、顔をこらすと顔は土色で、咽喉首がいくらかれベッタリと血が、はだけられた胸の邊りまで汚してゐる。頬にかゝつた後毛を噛みしめた口の邊りが無念さうにピクくく顫へてゐる。

餘りの物凄さに目の前が真暗になつたと思ふとそれつきり、次の日家の寝床の中に自分を見出すまでは、何もかも分らなくなつて終つた。而し、この晩の彼女の浴衣の桔梗模様と、倒れる瞬間に見た空の星の光が、冬のそれを想はせる様に、冷たく輝いてゐた事とを今でもはつきり、鮮か過ぎる程はつきり覺えてゐる。

そしてネ君。彼女が村の森で痴漢のために惨殺された記事が新聞の三面を賑はしたのはその翌日――だつた。犯人は前々から彼女を狙つてゐた村の若者だつたさうな。しかし間接の下手人はこの僕なのだ。

◇

これで僕がこの年になるまで獨身でゐる理由も分つて貰へるだらうし靈魂の存在も肯定して呉れるだらうね。つまらない長話をして酔がさめつちまつた。マア、一杯やり給へ』

（會津若松市中六日町後藤[illegible]氏投）

涼み台夜話（十）　●福島民報　昭和五年八月三日（二日夕）

沼底から響いて来る物哀しい機織る音　5-157

沼底から響いて来る物哀しい機織る音

赤牛に見込まれた武士の娘　伊達―半田沼の怪異

涼み臺夜話（10）□□□□

文治年間の譚――。伊達郡森江野村に塚野目殿といふ武士が住んでゐた、その武士には名を早百合と云つて歳は十八。世にも美しい一人娘があつた或時のこと娘は不圖した病から床に就いたが囈言のやうに

『半田沼の水が飲みたい、半田沼の水が飲みたい』と言ひ出した。

半田沼とは遂先達て迄銀山として有名な半田山の山腹に物凄く紺碧の水を湛えてゐる古沼でその昔は晝尚暗い森林に取囲まれ里人の語り草に沼の中には主が住んでゐるといはれた魔所だ乳母や侍女達がいろくくと娘を諫めたけれど、沼の水さへ飲めばワラワの病はすぐ治るのだと言ひ張

るので乳母は刀を抜いて主人夫婦にこのことを告げた。

◇

武士気質の主人は『そんな馬鹿げたことが——』と一笑に附したが女親はそれほど娘がのぞむのならと人を遣はして魔の沼から水を汲ませて呑ませた。母親の心盡し、願ひの水を一杯甘さうに飲み干すと不思議にも病は忘れたやうに癒つた。その後も病に罹れば牛田沼の水を飲んで必ず治つてゐた。だが或夜のこと娘の姿は寝床から消え失せてゐた。翌朝これを発見して家内の者は驚いて八方に遣はして探させたが一向に解らなかつた。その中に心利いた一人が牛田沼の畔に行つて見ると娘の着物が岸の松の枝に懸つてゐたそして根元には草履が脱き捨てられてあつた。『あゝ娘は沼の主に魅せられたのか——』。主人の武士は長嘆息したが母親は説もなく泣き崩れた。程経て主人は水もぐり（潜水者）を頼んで沼の底を探させた、やがて水もぐりの帰つて来て奇々、怪々次のやうな話をした。

◇

沼底には機織る音が聞いた、それをしるべに尋ねて行くと立派な屋敷があり機織る音はその中から響いて来る。案内を乞ふても誰も答へもなく出てもこない。それで音を便りに奥の間に踏み込むと、早百合が一人で機を織つてゐた娘は涙を浮べ乍ら

『わたしは帰れませぬ、沼の主に見込まれて妻になりました。私の夫は座敷で昼寝してゐるから一寸覗いて御覧なさい、目を覚したらあなたの命はありません』と言つて襖を細目にあけて次の間を覗かせたこれは驚くべし。そこには赤牛が八畳間一杯になつて寝てゐるのであつた水もぐりは仰天して娘から父母に渡してくれと着物の片袖を貰つて帰つて来た

魔沼の主、赤牛の身の上はこうである。牛田山は昔、奥州の要路で文治の頃、源義経が、金売吉次を従へ平泉に秀衡を頼もうと、此の山を越えた時と金銀を背負つた一頭の牛が、何に驚いたか俄に狂ひ出して沼の中に落ち込んだ。それが牛田沼の赤牛とて沼の主になつた次第である。後年旱魃が続くと近村の農民は打ち連れて、沼の畔に行つて雨乞をした。『雨乞の沼』とて農民は有難がつてゐる。今でも塚ノ目の農民達が行つて水底から『早百合どの——』と水底に呼びかけると必ずく雨が降る。塚ノ目の屋敷跡は桑畑になつてゐるが周囲に堀と土手の跡が残つてゐる、土手に残る一本の桜に不思議に蕾は持つがなぜかそのまゝ咲かずに散つてしまう恐らくありし日の娘が眺めた一本であらう（近藤吉一さんの話）

怪 涼み台夜話（十四） 毛の伸びる人形「うろこ」の…

●福島民報　昭和五年八月八日（七日夕）

5-158

涼み台夜話 (14)

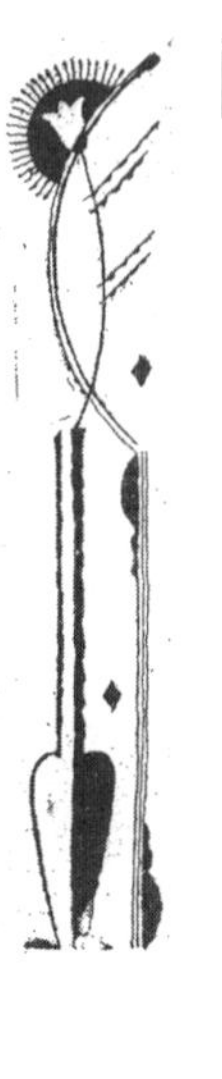

毛の伸びる人形

「うろこ」のある少女…？

名主三郎兵衛が夢みた話

昔話の主人公は、今から凡そ百年ばかり前の人で名主

三郎兵衛と云ふ人
信夫のある村の農家の先祖である。いまもその某家の寶になつてあるが。――口こそきかないが生きたもの丶如く、いまもつてミイラのやうになつた堅い頭に生えてゐる白髪が年々延びてゆくと云ふ世にも不思議な人形なのである、――を古い自分の家の庫から不思議にも發見したと云ふ嘘のやうな話。

×

ある夜のことでありました。名主三郎兵衛は隣村から、とぼとぼと家路を急ぎました。村にさしかゝるころはもう、とつぷりと暮れてしまひました。丁度村境の××森へきたころ琴を流したやうな宵の空から冷たい雨がぽつりぽつり降つて來ました。と、その時左の袂でしつかりと抱へて來た提灯の火が、どこから雨が漏れ入つたのか、忽ち、ちよちよと異様な悲鳴をあげると青い炎がゆら／＼と立ち上つて、ほそ／＼と消へてしまひました。

頼りにして來た提灯に消えられた三郎兵衛は狐につまゝれたやうに、一人眞暗な森の中にポツネンと佇んでをりました。寂寞を破つて拔間からは絶へず冷たい雫がぽたつぽたつ、落ちて來て、頭といはず、背といはず氣味惡く襲つてくる、また遠くの谷間からは、静かに寂しく、さら／＼／＼と流れる水音が森とした四邊に小さく谺してくる

その時、うしろの方から、ぴしやつ、ぴしやつ、とまた異様なもの音が迫つて來ました。おどろ／＼しながら三郎兵衛は振りかへつて見ますと、はるか向ふから、怪しい火が一つ、ぶらりぶらりと進んでくるのでした。三郎兵衛のうしろ近く來たときその異様な得體の知れない音もぴつたりと止まりました。

×

その音は綺麗な十二三ぐらいの女の兒の運んで來る足音なのでした。またあやしい火と思つた火はうすぼけた提灯なのでした。

それで驚きながらも少しづゝ安堵してくる三郎兵衛は、その兒の跡をつく／＼親へながら

『お前この夜路を一人ぽつちでどこへゆくんだ』

とこう訊ねたのであります。するとかの兒はさほど驚くやうな樣子もなく。

『はい、たゞいまうちへ歸るところでございます。』

と答ひました。

『……お前のうちはどこだい』

『あのう、××村でございます』

『うゝ、俺もその村なのだが、いまごろどこへいつて來んだい？』

『はい、あのう、母が……』

と言つてだまつてしたうつむいてしまいました。

『母が、どうしたんだい、病氣でも……』

『はい、………』

『ぢや、醫者のところへ行つて來たのか……感心な兒だなあ』

×

その後二人は無言で路を急ぎました。雨はまだやむともなく細く降つてゐる。陰慘な鐘が遠くで鳴りだしました。

いつか××森もすぎて、徑が左右に切れてゐるところへ來たとき、女の子は些よつと立ちどまつて、しきりに何か考へてゐる樣子でありましたが、やがてふと左手の小徑の方へ足を運んでゆきました。そしてしばらく行くと、小な神庫がありました（今では畑になつて居りますが）すぐ背後には亭々と聳える杉の老木が一本巍然と立つてをります。そこへ來ると件の兒は、直ちに神前に額づいて、かすかに何言か祈願してゐる樣子でありましたが、しばらくして、つか／＼とその神庫の中へ入つていつたのであります。

ところが、中はいやに森と沈まりかへつてゐて、いま先は入つて來た兒の樣子などは、これまた微塵もない靜寂さなのです

さつきの兒はどこへいつたのだらう、こう思つて三郎兵衞はあちこちと見廻しました。すると

『おや？……今のは？』

變な音がきこへて來ました、颯と一陣なま溫い風が顏のあたりをかすめていつた、と、そのあとから、またしく、すゝり泣く音のやうな、――わびしく、忍びやかに、薄くらがりから洩れてきました。

『はて？』

と瞠つた眼と足と、靜かに動いた。と同時にその音がぴつたりと止まつてしまつたのであります。

そこには神燈の絶へずゆれうすらいて、今にも消えかゝりそうな光りが、あるひは大きく或ひは小く、低い天井に影を映して居たのでした。

×

それからしばらくして、隅つこの何者か、か、がたくと大きな音がしたと思ふと、こんどは忽ち『げらげら』と笑ふ聲がきこえて來ました。びつくりして振りかへつてみるとほの暗いながらに、ありありと見える、――さつきの兒が箱の中からひよつこりと顏をだしました。そしてだんくと箱からはい出して來ました。ところが、顏はさつきの兒に相違はありませんが胸から下にゆくにしたがつて、鱗が？鱗が？――

×

はつとしてわれにかへつた時はいつかほのくと明けて居りました。人形はまた、にこくと笑つて居るのです。その氣味惡さに三郎兵衞はその神庫から出やうと思つて扉に手をかけると、おや？こゝはどこだらう？いままで神庫の中とばかり思つて居たところは自分のうちの倉の中なのでした。（終り）

（野山八木生）

獣

涼み台夜話（十九）科学も解き得ぬ謎　生れた児は…

●福島民報　昭和五年八月十五日（十四日夕）　5-159

涼み臺夜話

科學も解き得ぬ謎

生れた兒は全身に猫毛

妻が愛撫の小猫を殺した夫

その兒は今九歳若松市の綺譚

（19）

私はこの物語りを書いて宜いのか惡いのかに迷ひました、それは宜い加減な出鱈目や、年代も判らないやうな昔話でなく、話中の人が九歳にもなつてピンくしてゐるからなのです。

◇

結局、この話中の子供に死んだ猫のために皆樣が可哀相だと一言仰有つて下すつたら、少しくは慰められるだらうと思ひまして、書かして戴くことに致しました。

◇

一体、死んだものが人に祟るなんてことがあるだらうか？、そんな理屈は止しにして、現世には科學の力で解決出來ない靈妙なる理外と理といふもの、潜んでゐることを豫め御承知の上お讀み願ひたいのです。

物語りは歩兵二十九聯隊と鶴ケ城との間にある廣場を東南に五町程距てたところに、東山溫泉場を貫流する湯川の清流に架けられた小橋附近に起つた泪ぐましい出來事です。

N氏夫妻には永年の間子供がありませんでした。所が妻君は始めて姙娠されて男の子を生みましたが、三ケ月ほどで死んでしまつたのです、悲嘆の涙に暮た末妻君は近所から白と黒の可愛い斑猫を貰つて來て、子供のやうに可愛がり、あり餘る母乳で育てながら、愛兒を失つた悲しみを癒すよすがともされて居つたのです、布團にくるまつて母乳を戴く子猫は丸々と太り毛並は一層艶々しく、可愛らしくなつて參りました言葉以上に愛に微妙な働きをします。

要君に慣れ親しんだ猫は、外出にも必ずお供をせねば承知しませんでした、若し置き去りにしたら、後を慕つて哀な聲で鳴き叫び留守の人たちも手に餘し

たさうです。その中妻君は是非實家へ二晩泊で行かねばならぬ用事が出來ました、いくら可愛相でも猫を伴れて行くわけにも行かず、止むなく置き去りにして家を出ました。

◇

その晩釣から歸つたN氏は釣れたボヤを串に刺してブリ〳〵燒き始めますと、其處は猫です、から堪まりません、奥の間から飛び出して來て爐中の魚を盗み取らうと掛りました。

今までニヤア〳〵鳴き叫ぶのに氣を腐らして居たN氏は嚇となつて、猫の首筋をつかんで裏に投げ出しました、扨てN氏が夕食も終つて寢ようとしても、餘りに猫が鳴き騒ぐので寢付か

れぬところから、思切つて叺に入れて繩で結はいて置きました却て苦しくなつた猫は一層激しく鳴き叫ぶので、始末に困つた揚げ句、裏の湯川の淵に投げ込んでしまひました。

◇

その翌朝妻君は猫のことが心配で歸つて來たさうです。さあ大切な猫が居ません、夫に尋ねても唯昨夜から居なくなつたと云ふだけで、何も話して呉れません。その中戻つて來るだらうと大した氣にも止めず、湯川の淵に洗濯に行つた妻君は偶然にも叺の中から、可愛猫の死體を發見しました、さあその悲しみはどんなであつたらう。夫を責めても夫は何も話しては呉れませんでした。

◇

その翌月妻君は姙娠しましたそんなことで猫のことは次第に忘れられて行きました。

月滿ちて生れた子供は女でした、驚くではありませんか、その全身斑に猫同然な毛がモジャ〳〵生えてゐるのです。

而も子供はもう大きくなりました、天鵞絨の様な毛はいつかな脱けません、ます〳〵艶々しくなつて行くばかりです、N氏はどれ程か自責の念に堪へなかつたでせう。

◇

酷暑の候になりました、水晶の様な湯川の流れに嬉々と戯れる子供達の中に一際目立つこの子供を眺めた、實彈射撃演習歸りの兵士たちが、その川邊に洗濯をしてゐた女を、母親と知らず『こんな子を持つ親は因果だね』と話して居たのを聞いた母親は、洗い半に家へ歸つてしまつたとの事です。

◇

これは山歸りのお婆あさんが「内密話だから誰にも云つてはいけねえよ」と、念を押して話して呉れた事なのです。（會津 小沼德雄氏投）

ラ　きょうのラジオ　納涼夜話　怪談真実　喜多村緑郎

●山形新聞　昭和五年七月二十三日　5-160

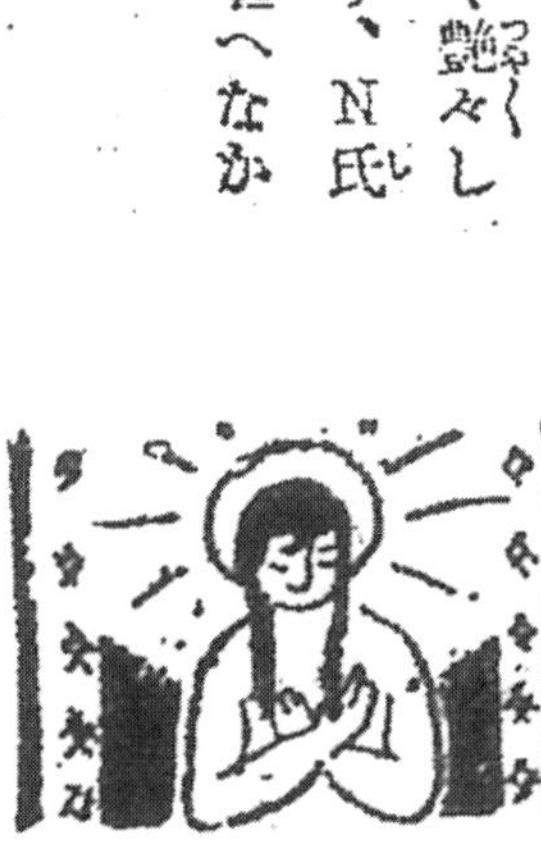

ラヂオのけふ

仙臺　JOHK

◇同七時廿五分〳▲納涼夜話(A)

四、怪談眞實　喜多村綠郎

ラ　怪談の真実　喜多村緑郎

●山形新聞　昭和五年七月二十三日　5-161

怪談の眞實

喜多村綠郎

涼しい怪談の中に怪談をといふことになりました。怪談は大抵夏に多い現象ですから、結局、夏芝居、夏の寄席などでやられます。——で、人の怨念とか、精神力だとか、靈ばいだとかいふ科學的のお説はいろ〳〵あると思ひますが私は、自分があつた話、私のうち

の怪談をしようと思ひます。

私が大阪に住居をもつてゐた頃の話で、私のうちの中の座敷の一つに怪しいものが現れるといふのです。一度ならいゝのですが、二度三度とつゞくとうちの者も私もだん／＼無氣味になつて、犬と一緒にその座敷に寢てみたこともありました。その話をきいた時は、イタチだとか、ムヂナとかいつて——結局は話の落がある位まとまつてゐる稍可笑味のあるお話——これは一例ですが、その他私の經驗した怪談といふのも異なものですが、大體さういつたお話をし、もし時間があれば私の舞臺でした芝居『新四谷怪談』などのお話をするつもりです。

狐の飯茶椀に連綿高窓を閉す家
●北國新聞　昭和五年七月二十三日　5-162

獣　縣下ナンバーワン（七）

狐の飯茶椀に連綿高窓を閉す家

飯盞を奪はれて失つた神通力
兄弟の博士を生んだ金石鏑木家

都や鄙をおしなべて所謂住宅改善から通風採光の八釜しい折柄、これはまたどうしたことか——世の中がいくらテンポで進んでも絶体採光の天窓を取りつけることの出來ぬといふ妙な家がある……石川郡金石町の

海水 浴場に近い鎭火社秋葉神社と向ひ合つて建つ延壽寺鏑木麻佐岐氏の家がそれで、この話の裏に怪奇をきわめた物語りが潜んでゐる。今から約四百年前……といへば慶長八年の秋の頃、能登の國石動山に住む大蔵坊といふものの、ここに移り住んで堂宇を築き金毘羅大明神を祀つて寶光院と稱した、これが今の延壽寺の前身であるといふ。元和二年二代目の秀船坊は諸國修行を思ひ立ち笠一蓋に一つ齒の下駄、墨染の衣に身をつゝんで山法師となり修行の途に上つた、月日を重ねて九州路に入つたのが怪談にお誂へ向きの雨のシト／＼降る淋しい夜であつた、山路へかゝると

突然 一匹の白狐が飛出したので秀船坊は持つてゐた傘をグル／＼風車のやうに廻して追ッ拂はうとすると白狐が口を利いた「私のこの飯盞は實に不思議な力を持つてゐる、命より大事なものですが貴僧のそれ（傘）と取換へて欲しい」と頼み込んだ、白狐の願ひを聞き屆けて秀船坊先生、狐の飯茶椀と傘とを取替つこして金石に持ち歸つて大切に保存した、／するとそれから間もなくのことである、飯盞を手放して神通力を失つた白狐はそれ以來化け込みが出來なくなつたと見えて毎夜のやうに鏑木家の天窓から忍び込んで秀船坊の

枕頭 に立ち飯盞を取戻さうとするので秀船坊君大いに憤つて狐の好物を屋上に並べて、さて天窓を固く閉め切つてしまつたそれ以來白狐は入口を閉ざされたのでプッツリ來なくなつた、ところが三代目の續造坊の時ウッカリ天窓を開くと拔け目のない白狐が前よりも一層執拗に飯盞を取戻さうとしたので忽ち天窓は再び釘打にされてしまつた、同時に祟りを恐れて椀は床下深く埋められた、その後家屋は幾度か改築されたが祖先以來のいひ傳へによつて家は闇でも暑くとも白狐の襲來に備へて絶對に高窓を開かぬこと連綿幾代かにおよび十代目麻佐岐さんの今の代に至るまで天窓がない

「飯盞は小さな鉛色をした石のやうな硬いもので、私は幼い折に一度見たことがある、よく繪に狐が椀のやうなものを口にくわえてゐるのを見ますが飯盞といふのはあれだらうです」と麻佐岐氏が話してくれた、神通力の

飯盞 を奪はれた白狐はそれ以來訪ねて來ない、肝腎の飯盞は地下深く埋められて今は見る由もない、この暗い天窓のない鏑木家から林學博士と理學博士の兄弟が生れてゐる、白狐とは何の關係もあるまい（寫眞は天窓のない鏑木家の屋根）長島隆昇記

怪　怪異な伝説に絡む今に雨晒しの大石
●北國新聞　昭和五年七月二十八日　5-163

県下ナンバーワン（12）

怪異な傳說に絡む

今に雨晒しの大石

俄かに肥つて堂宇に入らぬ　河北郡白尾に祠る諏訪大神

わかり易く言へば七尾線宇ノ氣驛の附近、地籍から言へば石川縣河北郡七塚である――汽車をすてゝ北へ約廿町、明け暮れ海鳴りを聞く白尾といふ戸數四十餘りの平和な漁村がある、この鎭守社、住吉神社の境內には

靈驗　あらたかな石ぢや」「神様ぢや」と順朴な村人から崇敬されてゐる珍らしい傳說の石がある

ちやうど今から約八十年程前といへば文化年間である、この村に長木長兵衛といふ漁師が居た空の晴れたある秋の朝のこと、長兵衛さんはいつものやうに、小高い砂山に立つて漁師たちが網を流して追ひつめてゐる小鰯の群をジーッと見つめてゐた、すると突然沖合遙かにピカ／＼目を射る異様な光りがある、不思議に思つてよく／＼見ると海底深く沈んでゐる銀の大きな塊りがお天とう様の光りに照り映えてゐるらしい、そこで早速漁師たちとエッサ／＼と懸命に網で引き上げた、ところが何のこつた！銀とは似ても似つかぬドス黒い色の大きな石の塊りであつた、草臥れた骨折損の腹の虫は件の石を海の中に投げ込んでどうやら納まつたが翌日になつて何氣なく網を曳くと又きのふの石が引つかゝつて來た「厄介な石ぢや」――と蹴るやら唾を吐きかけるやら――そして再び石は海の底深くへ蹴り落されて仕舞つた

其夜　長兵衛さんの枕頭へ丈なす白髯をしごいた怪異の一老翁が現はれて口に何やら唱へてゐる様子、それが間もなく朦朧と消えて姿がない、長兵衛さん、夢にうなされてさめてからツク／＼考へた、これは適切り二度まで網にかかつた石の化身に相違ない、これは疎かには出來ぬと早速夜の明くるを待つて濱に出てみると、投げ込んだ筈の石はいつのまにか陸へあがつてゐた、そこで夢枕に立つた以上叮重に扱はねばならぬと三拝九拝して大切に保存した、不思議はそれからつゞいた、石に亂暴を働いた人達は名もつかぬ病氣に罹されて、中には命を喪つたものさへあつた、遲かつたが石の祟りと氣付いて今まで石を疎かにしたのを心から詫びて病立ちどころに癒つたと傳說は今に殘る、村に變事のある際は必ず神托があり、

貞腥い闇の夜など絹を裂く女の歎ひ聲が聞えてくる、或時は石の前を不浄な女が通ると島田に結つた水も滴るばかりの

美人　が現れて行く手を遮つて通さなかつたといふ、傳說はいつの時代でも怪奇の色で事件を塗る

それから幾年かを經たある夜、再び白髯の老人が長兵衛さんの枕頭に立つて「わしはこの村の濱の石ぢやが、どうかして伽羅を建ててわしを祀つて呉れるやう――」と告げてお誂へ通り[illegible]とえた、長兵衛さん早速村の人人と謀つて石の大きさを尺で測つて立派な堂宇を建て、さて建物に納めようとしたが石の寸法は俄かに伸びて堂宇に納まらない、更に石の大きさを測つて堂宇を改築したが、さて入る段になると又も石が大きくなるといふ始末――これには長兵衛さんどうすることも出來ず困じ果てゝ石はそのまま今に境內に置き放しである

それから幾久しき星霜を夢と積んだ、その間今にいたるまで幾たび堂宇に祀らうとしたか知れぬが、相變らず堂宇にはち切れて入らない、仕方がないので堂の後に頑丈な木柵で圍んで安置してあるが、村人は諏訪大神と稱して崇敬の限りを盡し

傳說　を固く信じて誰一人一指だに觸れぬといふ――石の大きさは竪二間横一間ぐらゐ――目方は約二百貫はあらう、色はドス黑く汚いが、心を籠めて眺めてゐると、何だか神々しい光りを放つてゐるやうである――とまれ縣下に因縁のからむ石は多いが、この石ほど怪奇な傳說に包まれた石は稀であらう（寫眞は怪異の傳說にからむ石）長島隆昇記

怪　女学生に踏まれ怨霊が憤慨

●山形新聞　昭和五年七月二十四日（二十三日夕）　5-164

女學生に踏まれ怨靈が憤慨

白骨となつて現はれ　イヤハヤ飛んだ騒ぎ

涼味ドッサリ……どんな蒸し暑い日でも冷汗が流れる怪談めいた實際の話……

▽

と云ふのは例の酒田町の水道敷設工事で人夫さん方が二十一日午前七時半頃汗みどろになつてエッサ〳〵と酒田今町海禪寺前道路を掘鑿してゐると北原職業紹介所主任の自宅から數間北方の處の二尺下からカン〳〵となつた白骨が現はれたものである

▽

イヤ懸くまい事か工夫連も吃驚して敬遠したが同所は維新前は龜ケ崎藩の死刑場であつた處で之までも幽靈が出るの火の玉が飛ぶのと色々流説の持ちあがつてゐる處であるがそれにしても處は酒田高等女學校附近でスマートな高女生諸嬢が通學の度に靴の音も高らかにこの白骨を踏みつけてゐたかと思ふと流説も滿更嘘でも無し白骨の怨靈が飛び出して人々を脅かしてゐたのかも知れない

▽

さればイヤハヤ口善悪ない連中は白骨出現に幽靈話しと死刑場とをくつつけて專らの評判――どうです、諸君まだ涼しくはなりませんか

浦勝藏方雇人太田廣吉(二七)は去る十一日同家雇人部屋にかけてあつた藤島傳吉の十七型婦人用金時計鎖メタル付時價百十圓を窃取したこと發覺二十二日檢擧された

怪　怪異万華鏡（一）

●国民新聞　昭和五年七月二十四日　5-165

怪異萬華鏡　（一）

池田孝次郎

大阪在城番を何年かつとめたといふ老人の話がある。

ある夜、自分の小屋に寢てゐると、別に風も吹いた樣子もないのに、ふつと灯が消えた。起き出してつけるのも面倒と考へたので、そのまゝ闇の中に眠つてしまふと又何だか顏にさはるものがあるので眼を覺まされた。驚いて手でさぐつてみると、自分の身體が、蒲團ぐるみ高く引上げられて、ぴつたりと天井にくつゝいてゐる。よくさぐつてみると、額に觸つたのは天井の板らしい。

ぞつと恐ろしくなつて、手を夜具の中にひつ込めたが、聲を立てることも出來ない。しかしどこやら可笑しい心持ちさへもして來た。

そこで枕紙を裂いて、それにつばをつけて天井に貼つてみた。さうして又眼をつぶつて眠らうとした。それに成功した。

夜が明けて氣がついてみると、自分の身體は、もとのやうに疊の上に下りてゐるが、おぼえに貼つて置いた白い紙は依然として天井に、一點白くついてゐる。

蒲團ぐるみ引上げられたといふことが、夢ではなく、現實であつたのかと思ふと、老人は急に恐ろしさが身に沁みた。それを人に話す勇氣もなく、そのまゝにして一つの不思議として胸の中へ秘めて置いたといふ。

吾々にはよくある。朝、眼をさまして夢だつたか。現實だつたかと疑ふやうなことが。甚だしきに至つては、寢に起きてゐた間の出來事まで、何だか夢と紛らはしい感じのすることさへある。

「妖宗傳」によると、明乃年間に、宮中のある美人が、夜夢中に人に迎へられて、酒を飲んで歡を盡して歸つた。歸ると總身汗びつしよりになつて、なんとなく四肢が倦怠い。

そこで、この事件を帝に奏したところ、それはある道士の仕業に違ひない。もし今後さういふことがあつたら、何でもいゝからその場所にしるしを殘して來い。といふ仰せである。

その夕方のことである。熟睡中忽然としていづくともなく連れて行かれた美人もいさゝか、氣を張つてゐた。酔に陶然としたところ、自分の前を見ると、硯が置いてある。ひそかに硯中の墨を手につけて側

の屏風にその跡を印しておいた。
寤ざめてから、事の次第を帝に奏したので、帝は侍者に命じてあまねく宮中を物色させた。すると東明殿にその屏風があつて、手の跡があり〳〵[illegible]風に印してあつた。
併し道士はすでに逃れてその姿は見えなかつた。これなどは今の犯罪者か指紋を残すまいとするとは反対に、手文を残すことによつて夢中の夢跡をたしかめたものである。

5-166

怪異万華鏡（二）

●国民新聞　昭和五年七月二十五日

怪異萬華鏡

池田孝次郎

（二）

前編の大阪御城番の老人の話の天井に貼つた枕紙と共通性がある「伽婢子」に「妻の夢を夫面に見る」といふ物語がある。

周防山口の城主大内義隆の家人濱田與兵衛が妻はもと室の遊女であつたが、思ひ思はれて本妻となつた。と、主君義隆は京都将軍の召に依つて上洛し、濱田與兵衛もめしつれられて京都にあつたが、主の留守に與兵衛の妻は夫戀しさにねられぬ枕に夜をあかしかねてゐた。

其日のことである。義隆は國に戻つて、與兵衛も夜更くるまで城中にあつたが、久方ぶりの對面に胸をときめかせて家路をさして急いだ。

空には雲があつて、月の影も暗かつた。行くほどに道の傍ら半町ばかりの草むらに、幕打まはして燈火をあかく／＼と照し、男女十人ばかり、この月にあこがれて酒宴をしてゐる様子である。

與兵衛は怪しんで、立寄つてみると、與兵衛が妻もその座にあつて、何か云ひながら笑つてゐる。與兵衛は自分の留守に、ひそかにこの歡樂をつくしてゐるとを憎し氣に思つて猶その有様をつく〴〵と見てゐた。すると、妻は強ひられるまゝに今様一ふしをうたつた。

さびしき閨の獨りねは、風ぞ身にしむ秋はらや、そよぐにつけて音づれの絶えても君に恨はなしに、戀しき空にとぶ雁に、せめて便りをつけてやらまし。

その座にゐ合はした男はそれを聞くと涙ぐんで、すべて人の世は皆夢なるをと濱田の妻も涙を流した。すると、座上の人は大に怒つてこの樂しき席に涙は不興ぢや。さう云つて濱田の妻に盃を投げた、その盃は物の美事に額にあたつた。妻は怒りを面に顯はすと、側にあつた石を投げ返した。それが座上の人に當ると鮮血はパッと迸つて、座中は騒ぎ、立ち騒ぐ。かと見ればともしびも消えて、四邊に人もなく、唯草むらには蟲の聲のみ繁かつた。

與兵衛は自分の留守の中に妻が死んで、さうしてその亡靈の顯れたものと考へ、急いで家に歸つて見ると、妻は打臥してゐた。さうしてその間に見た夢を語つた。草むらに於ける酒宴のことを云つて石を取つて打返すと、座中の者が立ち騒いで、そのまゝ夢は覺めた。

物語はこれで終つてゐる、與兵衛の見た現實は實に妻の夢であつたのである。この物語の原作は支那である。それを潤色して一つの物語としたものである。あまりに潤色のあとがいちゞるしいが、これを巧に日本に移したのは「伽婢子」の作者も凡作家でない。

5-167

怪異万華鏡（三）

●国民新聞　昭和五年七月二十七日

怪異萬華鏡

池田孝次郎

（三）

私はこゝで江戸小咄の中で怪談が如何に取扱はれてゐるかを二三紹介してみる。幽靈といふ小咄がある。

ばくちに負け、丸裸になつて歸る。女房は袷一つ着て居しが、引きはどき、裏を夫、表をわが着ながら、

「もうばくちをやめて下され、此寒いのに單物一つでどう命がつゞきませう。もし凍えて死ぬとわしが幽靈になつて出ます」

「たゞに、著るものもなくて」

「はてこの引きときを着て」

「いや貧乏な幽靈、そして何といふ」

「アラ寒はしやナア」

人魂

馬鹿息子がぶら／＼病ふを、継母つらく当つて、いぢり殺したれば、あくる晩から人魂がごろつき廻り、近所の人が皆病ふゆゑ、名僧に占つてもらひければ「ア、これはあの馬鹿殿の一念でござる」と云ふを近所の人「そんならば其家一軒ばかりでありさうなもの」といへば、「ハテ、そこが馬鹿さ」

狐についた和尚

田舎寺の和尚が行ひすましてゐるものを徒らな狐が美しい若衆に化けて行きたれば、和尚之にうつゝをぬかし、色々馳走して泊めたがるを、あすの夜は必ずと約束して帰りしが、待てど暮せど再び来ず、和尚は唯うつら／＼と床の中、其思ひが忽ち狐に取りつき、さま／＼と口ばしれば親狐大におどろき、和尚へさま／＼託言いへば、さては狐であつたかと、おそまきな眉毛をぬらしぬ、さて和尚様の怨霊がのいたお礼、おや子づれで庵室へ見舞うたれば「おゝ奇特な事ぢや」と、有合せのかんざらし、団子にして出されたれば、子狐が、「トッサン、是は馬の糞ではあるまいか。」

これは小咄であるが、狐狸の人を騙す話は沢山あるやうだ。

それも化け了せたものよりも、化け損つたものに興味のあるものが多い。尤も本当に化け了せてしまへば人間にはわからぬわけだから、世に伝はる狐狸談は多く化け損ひのものになるのであらう。

文化の頃の九州の話で或士が山へ行つて狐を一疋打つて帰つた。

それから四五日経つた或日のこと、大目付がやつて来て、此間其方の打つた狐は御上に於て御秘蔵のものである。右の咎によつて、切腹を仰せつけられる。と申渡した。

士は畏つて、それでは家族の者に暇乞ひをして、切腹を致しますに此儀お聞き届け願ひたいと、返事をした。が、勝手へ来て母親に仔細を告げた。すると流石は年寄のことゝて、落つついたもので、話の様子を聞くと、

「狐一疋ぐらゐで切腹を仰せつけられるといふのは如何にも無慈悲な仰せである。合点がゆかないから一応実否をたゞしてみよう」といふ事になつて、母親が障子の隙間からのぞいて見ると、大目付の何の某は右の眼が潰れてゐる人なのに、これは左の目が無い。のみならず左に差すべき大小を右に差してゐる。どうもをかしい。もう少し落着いて考へて御覧」といはれて、自分ものぞいてみると、正に母親のいふ通りである。これは狐の仕業にきまつた。己れといつて刀を抜きながら飛び込んだ●と、忽ち狐の正体を現はして、縁を飛び越えて逃げてしまつた。刀は触れたけれども、仕止めることはできなかつた。

怪　怪異万華鏡（四）　●国民新聞　昭和五年七月二十八日　5-168

怪異萬華鏡（四）

池田孝次郎

狐があとで何かに化けて来る話も、かなり古いものではあるが、これはそつくりそれを左り前にしたのが面白いのである。昔のことであるから、大目付の寫眞を見て化けたわけでもあるまい。勘違ひをしたところに愛嬌がある。これは狐の話として特異のものであるが、狐の話は「水鏡」の中にも落し咄のやうなのがある。ある士がみめよき女房を娶らんとしてある時野中を歩いてゆくと、そこに美しい女が立つてゐる。頗る安直に話がまとまつて、家へ帰り女房にした。男の子を生んだ。その家に、犬がゐて、それも子を生んだ。その狗子が長ずるに及んで、女房を見る度に吠え立てた。そこでその犬を打ち殺してくれと頼んだがきかれない。ある時ひどく吠えつかれたので野干となつてまがきの上にのぼつた。…をとこ是を見てあさましとおもひながらいはく、なんぢとわれとが中に子すでにいできにたり、われなんぢをわするべからず、つねにきてねよと云ひしかば、そののちきてね侍りき。

……そこできつねと云ひ始めたとある。これは極く古い洒落のやうである。狐狸の話は実に沢山ある。これぱかり集めても一巻とならう。

天保頃の話であらうか、箱根宮の下の奈良屋といふ宿に泊つた人が、或晩温泉に入つた帰りに雪隠へ行つて、戸をあけようとすると中で咳払が聞える。塞つてゐるなと思つて、隣の戸をあけようとし

たが、こゝにも人がゐるらしい。その次の戸も同様である。しばらくそこに待つてゐると、連の友達も來れば他の湯治客も來る。皆塞つてゐるといふと、變な顔をして待つてゐたが、いつまでたつても誰も出る樣子がない。氣の短い一人が思切つてあけて見ると、中はからつぽである。それではといふので次々とあけてみたが、どれにも人の影すら見えない。前に湯揃を聞いたのは耳のせゐではない。

それに何も見當らないので少々不氣味になつた。側に人のゐるのを幸ひ、そこ／＼に用を足して座敷へ歸つたが、翌日宿の主人にこの話をしたところ、「何分山中のことですから、その位のことは時々ございます」といふ返事であつた。

怪異といふほどのことはないが今日でも深い山の温泉などに行つて、暫らく滯在してゐる間にこんな不思議には出會さうである。殊に山奥の住み古した家や旅館などにはいろ／＼な怪異が横行するやうにも思はれる。山に海に避暑の季節になつた。こんな話を新聞雑誌で蒐集してみることは昔からある。（完）

獣　犬が猫を産む

●豊橋新報　昭和五年七月二十七日　5-169

犬が猫を産む
ニャンとお可笑しな話

造物主のいたづらか、偶然の變異かともかくも動物分類學上の鐵則を乗越えて犬が猫を産んだそのやうな事實――横濱市鶴見區潮田町二〇七八料理店「にはの家」の愛犬丹羽・名チビ公といふチンとテリヤの掛合の犬が數日前月滿ちて二日間の陣痛の惱みの後ニャーンと産み落したのが赤白の女猫、續いて産まれたのも赤白黒の三毛猫だ、女將を初め介添への女中も目をうたがつて見張つたが正しく猫だ、可愛い二匹の女猫を産んだ犬の母親は驚き騒ぐ周圍の人を尻目に掛けてやさしくいたわりながらお乳を含ませて育てあげてゐるのである、この犬はチン／＼、ゴロリン、入らつしやい外十指にあまる座敷藝を覺え變つてゐる事は[illegible]の御飯に鳥肉か大好きでまるで猫る習性で今までに押入の中で鼠も捕へたこともあるそして押入れや人氣の少い二階の靜かな室が大好きだそうな

目と自供、保護を加へて親元へ照會することゝなつた

怪　法曹界の人々が体験した猟怪物語（四）

●京都日出新聞　昭和五年七月二十八日（二十七日夕）　5-170

猟怪物語（四）　法曹界の人々が體験した

亡き師匠の姿が
影のやうにカメラに

實際その寫眞を見せられた

辯護士　野間泰治氏のはなし

それはそよとの風もない蒸暑しい、氣味の悪い晩であつた。祇園のさるお茶屋の屋上の火の見で、Tといふ藝妓から聞いた話である――祇園町に遊藝のお師匠さんがあつた、相當にお弟子もあつたがかりそめの病から床についた。何分身寄りのない女であつたので、お弟子達が入り代り立ち代り、親身も及ばぬ手厚い看病をしたが、その甲斐もなく

秋風の立ち初める

頃、遂にあの世へ旅立つてしまつた。師匠を慕ふてゐたお弟子達は泣きの涙で懇ろにお通夜をして、その名を辱しめぬ立派なお葬式もすませた。逮夜毎にお弟子達が一堂に集まつて、佛の供養をして香華の花が絶れたことはなかつた。かうした師弟の情誼は、人情の紙よりも薄い今の世に、まことに涙ぐましいほど美しい、やさしい事であつた。師匠もさぞや、草葉の蔭からお弟子達の誠心に泣かされた事であらう。まして身寄りのない師匠には眞實わが子にもましたお弟子達の心根が感通したに違ひない。月日は流れるやうに夢と過ぎ幾月かして、お弟子達の心づくしで建られた墓石にもいつしか淡い苔が生れるやうになつた。しかしお弟子達は一週忌三周忌と亡き

師匠の冥福を祈る

ために追善供養をして、菩提を弔

ふことを怠らなかつた。それは丁度七回忌を滯りなくすませた時の事であつた。この次は、十三回忌の法要を營む順序になるのだが、お弟子達もいろ／＼一身上の都合で、京都にばかり住んでをられない、今日は東、明日は西にと、ちり／＼離れ／＼に別れなければならぬとも限らない、さうすればこの次の十三回忌の法要を營む頃には、今日のやうに誰一人缺けることなくみんな打揃ふて、師匠のお墓詣りが出來るかどうかも解らない。今日は何んといつても絶好の

語る人――野間泰治氏

機會であるから師匠のお位牌の前で、打ち揃ふて記念の撮影をしようといふ事に話が纏まつた。その時座にゐたお弟子の人數はみんなで十三人であつた

十三人のお弟子は

寫眞師のいはれるがまゝにカメラの前に列んでレンズに入つたのである。寫眞は程なくして出來上つて來た。それを見ると、十三人の人數であつた筈だのに、十四人寫つてゐるのである。我が身ながら自分の視覺を疑つたのであるが、左から又右から幾度數へて見ても一人だけ頭數が多いことが解つたしかもお弟子十三人はみんな一樣にハッキリ寫つてゐるのに、何故か殘る一人だけがまるで霞でもかかつてゐるかのやうにボンヤリしてゐる。一體この寫眞の主は誰であらう。とよく／＼目を据へて見ると、それはまさしく亡き師匠の肖像が背景として寫眞面に現れ出てゐるのであつた。撮影する時誰も氣付かなかつたが、師匠の

亡靈がカメラの前

にフラ／＼と迷ひ出て來たものに違ひないと――かうした話を聞いた時、私はたゞ馬鹿な、そんなことがあるものか、と嘲つてゐたが實際その寫眞を見せられて「成程」と肯かずにはゐられなかつた。この獵奇味滿點の寫眞は、今なほお弟子達の手に保存されてゐる。折から火の見に吊つてある岐阜提灯の青い灯は、あるか無きかの風に人魂のやうに搖れてゐる、そして更け行く夜氣に汗ばんだ肌もいつしか冷たく、九月の月は東山から靜かに昇つて來た。

法曹界の人々が体験した猟怪物語（五）　5-171

●京都日出新聞　昭和五年七月二十九日（二十八日夕）

獵怪物語（五）

法曹界の人々が體驗した

夫の亡靈を告訴

毎夜驚かされる妻が

たゞし之は書籍の上の體驗―

辯護士　野田龍之助氏のはなし

元來私は幽靈とか怨靈には縁遠い方で、所謂魂火も見たことがないしかし何時だつたかある本で讀んだと思ふ話を――

その書籍の上での經驗をいつでも靜かに回想する時、自分ながらその記憶の新たなことに驚くのである。場所は北歐の一孤島である。時代は上古のある時期のことである。孤島には、寄しまきに打ち振ふ漁師の小屋があつた、荒削りの木材で組合せた頑丈な小屋で、居間と食堂と炊事場と下僕の室とを合せて四間である。この家の主人といふのは數日前部下の者を引き具して、漁に出たまゝ歸らない。

海は猶ほ時化續き

の有樣、ところが今の今、波打ち際に一行が乘つてゐた漁船だけが木葉微塵となつて打ち上げられたといふ知せ、一行の運命は明かになつた。あきらめられぬ妻と子は　明けても暮れてもたゞ祈りつゞけて、夫安かれ、父安かれとの願も、はや無駄となつたので、せめても亡き夫は煉獄に墮ちることなく　大海原の女神の住む龍宮殿に奉仕する身になつてゐることを、燈の影ゆらぐ室内で祈りつゞけてゐた。この島の習慣で、遺族はお通夜に酒宴を張り亡靈を招いて饗應することになつてゐる、そして亡靈がその宴に列することがあれば、それは必ず死者が煉獄に墮ちずに　大海原の女神の膝元に往生してゐる證左である、と信じて喜ぶのである　この例に漏れず、母子の者は宴を張つて燈火を増し、暖爐の火を強め

今か今かと亡靈を

待つた甲斐あつて、夜更に夫と一行の亡霊が来り現れて、如何

語る人――野田龍之助

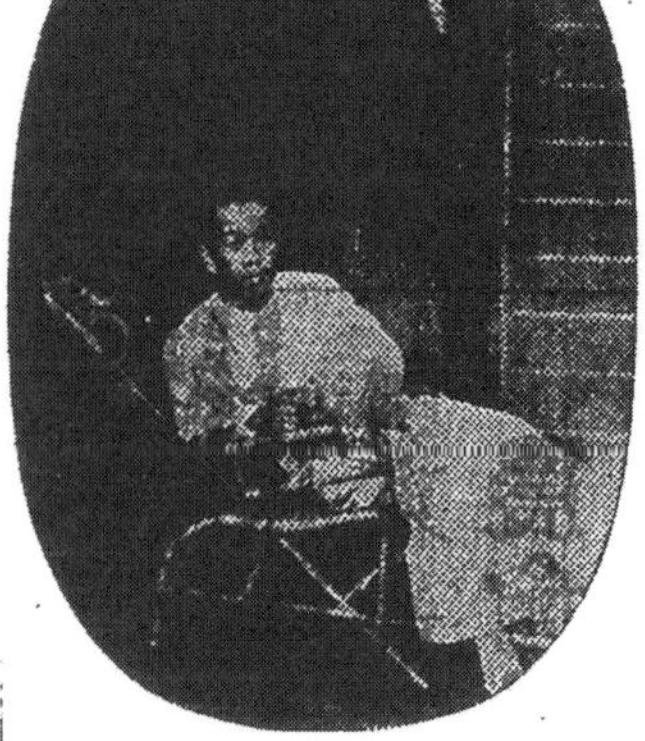

たも招宴を喜んでゐるやうな素振りを繰返して、夜の引き明けに又海へ消ゑて終つたので、母子は夫の死後の境遇が解つたので、いたくそれを喜ぶのであつた。ところが何うして？不思議なことには、次の夜もその次の夜も亡霊は、母子の家を訪ね、居間の暖爐を囲んで黎明になると音もなく消ゑてしまふ、かやうにして夜毎の亡霊の訪れは、非常に一家の者の神経を悩まし始め、これがために先づ下僕が病みつき、続いで母子の者も病の床につくといふ騒ぎで、下僕はとう／＼死んでしまつた、その次ぎは子供の番だ、たまりかねた母は、亡霊の夫への愛はさめて却つて恐ろしさの餘りとう／＼これを島の裁判官に訴へ出た、裁判官も相手は亡霊だから牧師かそれとも行者へ訴へ出よとは言はずに、その訴へを受理してその時代の方法に從ひ、野外裁判を開くことにした、何んと珍らしい法律ではあるまいか

そこで母と子とは共同原告、亡霊共は共同被告といふ譯である

先づ母子の者は、亡霊がお通夜の宴會から毎夜のやうに引續き用事があるではなく來現して、而かもあつかましくも何の斷りなく暖爐を使ふので、終に下僕を恐怖病に罹らせ、家内一同の生命も解らぬ重態になつてゐる、そのやうな譯ですから第一にこの亡霊の家宅侵入の罪と、下僕に對する致死の罪及び母子に對する致病の罪とをお裁き下されたいと涙をのんで訴へた。

やがて口頭辯論の開廷となつて被告の呼出と共に靜ち亡霊は出廷した　それが人間の出廷よりも爽やかに、又

人間の出廷よりも

確實であつた――この珍訴を審理する裁判官は、茲に被告たる各亡霊について、いち／＼審かな訊問を遂げた結果、被告共は何れも斷絶するところなくすべての罪状を認めてしまつた、人間よりもいさぎよく僅かに默つて、頭をペコ／＼下げただけである――そこで裁判官は聲を高めて「被告等は今夜かぎり一切此世の漁師小屋に侵入してはならぬ、すぐ様この海岸を退去せよ」と判決を言渡した。亡霊はこの判決を聞くや否やどうすることも出來ず默禮して、あれ出て行くよと見る裡に　千尋の底ともわからぬ海底に消ゑ沈んで二度と母子をおびやかすことはなかつたといふ話である。

亡霊に姿をかへた

夫に對する愛戀の情は　からなつて見ると、妻がこの世の夫にはいつしか恐怖心となり、遂にその最後の解決を法律の力にたよらねばならなくなつたとは、たとへそれが架空的のものであるにしても如何にも傳説の國の國民性をよく現してゐるではないか「漁神の燈火暗き千鳥かな」

怪　法曹界の人々が体験した猟怪物語（六）

●京都日出新聞　昭和五年七月三十日（二十九日夕）　5-172

猟怪物語（六）

法曹界の人々が體驗した

火の玉二つと豹

生きた心もなかつた

その夜から放さぬ私のマッチ

辯護士　山内暉雄氏のはなし

十數年、酒も煙草もやるが、私のポケットには今もなほマッチ箱を離したことがない、何のためのマッチ？ボーあたりが描き出しさうな獵奇的風景である。――今からもう十二三年も前のことだ、神戸の動物園から豹が飛び出し近隣がれてゐた頃、丹波園部附近のある山奥に、老婆の變死があつた

探偵趣味を持つた

私は、早速駐在所の川田巡査に伴はれて現場に急行した。自殺か他殺か、疑問の死については京都から醫者が來る、判検事の一行が見ゑる、そして漸く検視が濟んだのは夜も更けた十二時過ぎであつた。空は一面黒雲に蔽はれて、星影一つ見ゑない、今にも雨が降り出しさうなむし暑い夜であつた。

私と川田巡査とはこの疑問の死を語り合ひながら山路傳ひに、人里離れた「一本杉」とて、昔から古狸がゐるとか白骨が、現はれたとか噂の止まぬ淋しいところまで來た

語る人……山内確三郎辯護士

時であつた。程遠からぬ共同墓地の彼方から、私達の行手――高山峠の方へフワリ／＼と地上二十尺位のところを行く二つの火の玉がある

火の玉は爭ふ如く

かみ合ふ如くもつれ合つて長い尾を引いてなまぬくい風にゆられて行くのであつた「アッ火の玉が」私は思はず立ち止まつて叫んだ、首すじから全身へゾッと寒氣を催した。川田巡査は「燐光ですよ」と平氣だ。私にはこい前途に大きな災難が待ち受けてゐるやうで。不吉の前兆とも思はれ、胸の動悸が止まなかつた「もう引返さう、そしてどこかで泊めてもらはう」私は我慢が出來なくなつていつた。「馬鹿なッ」川田巡査は聞き入れなかつた、それから二十分もたつてから、高山峠の頂上も近く、學校の小使が身投げした池の畔の淋しい處を通つてゐる時、十間と離れぬ森影からガサ／＼と

物凄い音を立てゝ

近寄つて來るものがある「何か來た」思ふ間もなく私の全身の毛は一時にゾッと逆つて、冷汗がとめどなく浸み出る。その怪物が近寄るにつれて、鬼氣に襲はれたとでもいふのか、背筋がこはゞつて身動きも出來ず、逃げる事さへ出來ない。姿こそ見えないが、眼の前に星のやうに輝いた二つの眼が今にも飛びかゝらうとしてゐる様があり／＼窺はれ、私はもう氣絶しさうである。大蛇か、狼か、そもその怪物は何者？川田巡査も身の危險を知つたのであらう、佩剣を引き抜いて、無我無中に振り廻してゐるではないか、護身の何物をも持たぬ私は、たゞ夢中で懐中を探してゐると、ふと一個のマッチが手に觸れた。私は突嗟にそのマッチをつかんで火を點じた。その瞬間、足もとから犬のやうな

猫のやうな怪獸が

飛び立つて、峠のかなたに、疾風の如く逃げ去つた。私達もその反對へ一目散に逃げた。その翌日山續きの隣村では豹を捕へた、といつてその寫眞が新聞に出たが、それは昨日峠で見た怪獸と寸分違はなかつた――一本のマッチで二人の生命が助かつた譯である。

怪

法曹界の人々が体験した猟怪物語（七）

●京都日出新聞　昭和五年七月三十一日（三十日夕）　5-173

獵怪物語（七）

法曹界の人々が體驗した

深夜に鳴つた鐘

知合の娘の死を告ぐ

鐵橋の支柱にうつる人の姿

辯護士　大森正一氏のはなし

實際この世の中に幽靈といふものがあるのか、自分ははつきり言ひ兼ねるが、かくの如く僕までこの心靈上の研究が盛んになりつゝある所を見ると、如何に重大視されてゐるかゞ察せられる、一昨年の十月上旬のある夜のことであつた、あまり蒸し暑くて寝もやらず

二階の椽先に出で

團扇を使つてゐると、たどん大のまん圓いものが目にとまつた、それが筋向ひの家の一本松あたりから現れて、ふわ／＼と何處へともなく消えて終つたが、ルリ色をして何んとなく薄氣味悪い光を放つてゐた。勿論尾を引いてゐたが、その尖きになるにつれ夢遊病者のやうにうすれてゐた。それから幾日かして思ひがけない婦人が訪ねて來た。私にとつて昔の戀人とはいふ譯でもないが、十幾年か前の親友の妻君であつたのだ。しかしその婦人は見た儘文字通り顔色憔悴して、うち悄れてゐるので、一時私は用向きを訊ねる氣にもなれずにゐると、その婦人の言ふには、夫が急病のため臺灣で死んだとの電報を手にしたので相談に來たといひ言葉も終らぬ中にさめ／＼と泣き崩れるのである。妻子をつれて臺灣製糖會社に勤めてゐた頃は

をしてゐたが、大正十年頃の財界不況で退職を餘儀なくされて一先づ妻子を内地に送りかへし、單身再び渡臺して就職口を求めてゐたが適當な口もないので、致方なくある行商をしてからくも口に糊してゐた。吾が運命の悪戯か、同地にありがちのマラリヤ熱におかされ、病むこと數日異郷の露と散つたのであつた。そこで何心なく電報の發信日付を見た私の二つの眼は、異様に輝いて、胸にある想出を喚び起した――たどん大の光りを見た夜が親友の死んだ日にあたつてゐたとである。何んと不思議なことがあればあるものだ――ところが東京芝增上寺の道興大僧正が、東北のある鐵橋のコンクリートの支柱に、二人の勞働者風の男の姿と一臺のトロッコが

微かに映つてゐる

といふことを人から聞いて、わざ／＼撮影に出かけその寫眞を見ると果して現れてゐるので今にその實相を訴つてゐるといふことは全く靈魂の不滅を如實に語つてゐるとしか思はれぬ、又足利市における知恩院系の一僧侶は、親族の法律相談で私の事務所を訪れたことがあるが、同師は新進の宗教家で而も哲學に造詣が深いので、私は草葉人間界に亡靈とか幽靈の有無を訊ねた。同師の答へによるとそれは實在すると斷言して、自坊附近に住むお千代といふ娘は、寺娘と至つて仲好しで毎日のやうに遊びに來てゐた、ところがその後床にあるといふに拘らずどうしたことかある日の午前二時――草木

語る人…大森正一辯護士

石段をカラコロと

も眠るさびしいその頃上つて來る下駄の音がする、そのあるき具合が如何にもお千にさんそつくりなので、私は今頃に何用あつて來たのか、まア家へお這はいりと呼びながら、戸障子を新ッと開けた見たが、それらしい姿は見えぬ。はておかしいぞ！とちつと佇んでゐると、突然本堂の鐘が闇をついてゴーンと一聲高く聞こえた、その時驚くまいことか全身はゾッとして宛るで冷水を浴びせられた思ひがした、けれど探し出さうとしてゐるお千代さんの姿どころか、何の姿も影もなかつたのである、そしてその夜はいと不安にくれたが翌朝、お千代さんの家の者が慌たゞしくやつて來て、實は昨夜お千代が死んだので、今日葬式をして貰ひたいがとの頼みであつた。私はこうした經驗もあり又宗教的に見て靈魂は滅ぶものでないと語つてその存在を裏書した

資　本社主催納涼博から　化物屋敷の珍案
●京都日日新聞　昭和五年七月二十九日（二十八日夕）　5-174

浴衣がけで會場　ひとめぐり〔十七〕

本社主催　納涼博から

化物屋敷の珍案

三人以上入れぬ凄い奥の院

堂々たる　京都商人の出品陣

國産館はさきに京都市内の出品を除く他の全部を書きましたから殘つてゐる京都市内の商店の出品を觀ませう

燦然たる佛具

第一に目につくのは佛壇佛具商工組合の佛壇佛具です、何しろ一佛壇の出品にも相當の場席を必要とするところに、いづれも金色燦然たる光りを放つてゐるその出品陣は實に堂々たるもので二千圓位から三十圓位までのものが揃つてゐます

次ぎは竹製品組合の出品です、床几、つい立、テーブルのやうなものから簾簀、飾物、庭の道具まで見るからに涼しさうにその清楚な姿を見せてゐます

つゞいて七條大橋西入るワタナペ商店の各種トタン板や針金

それから金工會、漆器組合、洋家具組合、材木組合、錺金會、小間物化粧品卸商組合、五二會履物組合、室内裝飾組合、木工會、唐木組合、靴商組合、洋服組合、紙水引組合 茶業組合、扇子組合、染物同業組合、西陣織物同業組合、丹後縮緬などが、何れもその製品を誇つて館内狹しとばかり整然と出品の陣

を布いてゐます、甚だ大觀に失しますが以上で國産館を終ることに致します

人氣集る化寺

殘るは本博中切つての呼びものである化物屋敷です、これはこゝに詳しくかゝない方が興味があつて面白いと思ひますが、廿九日から新たに開設する怪奇殿堂奥の院は二人以上は一緒に入つて頂かない事になつてゐます、人氣の焦點となつた化物屋敷は餘り人が多いので化物も出場を失ふ觀がありますので一番物凄いこの奥の院でキャーツといつて貰はうといふ寸法から左様きめたのです、まアどんな化物が出現するやらぜひ探檢して貰ひませう、とたゞこれだけ紹介して置きませう……これで大體第一會場の『ひとめぐり』もどうやら終りましたから、こんどは叡峰比叡山の第二會場へ移りませう＝

寫眞は出品物の一部竹細工品

ラ　ラジオ　琵琶（新曲）「茨木」谷暉水

●国民新聞　昭和五年七月二十九日　5-175

ラヂオ

番組（廿九日）　長波

◇後八・〇〇　琵琶(新曲)「茨木」　谷暉水

ラ　琵琶　新曲　茨木　谷暉水

●国民新聞　昭和五年七月二十九日　5-176

新曲　茨木　琵琶　【午後八・〇〇】　谷暉水

都大路の夜はふけて、あたり靜けき北端の、鐘の音さへ凄々と、陰にこもり一響きあり、去る程に渡邊の綱は、都東寺の羅生門に、鬼神の腕を切り取つて、武名を天下に擧げけるが、かかる

惡鬼 は七日のうちに、必ず仇をなすなりと、阿部の晴明が勘文により、仁王經を讀誦なし、門戸を閉ぢてぞゐたりける、既に今宵は七日目の、忌明けの夜となりぬれば、物にこらへぬ剛勇の、綱はいさゝか倦み心地、所在なげにぞ見えにける、一村雨の降りすぎて、ひそけさまさる巷路に、往來の人も影絶えて川瀬の小音物凄く、月はおぼろに白絹の打掛着たる一人の老婆、館の前に現れて門ホトホトと打ち叩く、聞くより綱はいぶかしみ、かゝる夜更けに我門を訪づれ給ふは何人ぞ、これは津の國渡邊の里より、はるばる訪ね來りたる和殿が伯母に候よ此門開き給へやと、言はれて綱は聲高く、仔細あつて物忌なれば、門の内へはかなはず候、なに門の内へはかなはずとか、是非に及ばず候、あら曲もなや故郷遠く老の身の杖を力にたどりつゝ、やうやくこゝにつき弓の

一重 にたはむ姿をも、うしと思はで來りしを、情なく去れと申すかや、そもや和殿が幼き頃、伯母みづからが抱きやり、惡さ怒さを凌がせつ育て上げたる大恩を、忘れ果てしか情けなや、邪慳の者よと、口說きつゝ、聲をあげてぞ泣きにける伯母の嘆きにほだされて是非なく門を押開き奥の一間に請じけり、絶えて久しき御對顔と厚くもてなすそのうちに、伯母は形を改めついやとよ綱この程和殿が羅生門にて鬼神の腕を切り取りし

武勇 は天下に隠れなししてその腕はいづ

れにありや、一日なりとも見せ給へと乞はれて綱は幾度も固く斷り申せしが、たつての望みに辭み兼ね、即ちこれに候と唐櫃のふた押ひらき伯母の前にぞ直しける、その時伯母はかの腕をためつすがめつしげ／＼と眺め／＼てゐたりしが、怪しやな次第々々に面色變り、つゝと腕を取るよと見えしが、忽ち鬼神の姿となり、風を起し飛上り愚や綱我こそ茨木童子なり、我腕を取り返さんためこれ迄來ると知らざるがあら笑止やと笑ふ聲、綱は怒つて足ずりなし、計られつるか無念やと太刀拔き放ち追ひすがり斬らんとすれど時既に鬼神は早も虚空にあり、あたりは黒雲捲き起り姿は遂に消え失せけり

◇琵琶…谷　輝水氏

怪　幽霊の出る蚊帳　峡東差出の恋物語り

●山梨時事新報　昭和五年七月二十九日　5-177

涼み臺

幽靈の出る蚊帳

市内を轉々として騒がせた

峡東差出の戀物語り

「わしとお前は差出の茶屋で泣いて語つたこともある」

「といふ俗謡を良く耳にしたことがありますが、これには何か傳説でもあるんですか」

「ありますとも、現今でいふ峡東若[illegible]とでもいふのでしせう」

「それは又面白さうな事件ですナ、是非聞きたいものです」

「お話しませう、[illegible]峡東差出の盛んでいました水[illegible]、其の水[illegible]に[illegible]二十[illegible]おきよといふ、素晴らしい美人の女中が居りましたんです」

「なる程、それではさぞ繁昌したことでしよナ」

「繁昌したさうです。それで來る客が皆此のおきよをものにしようとして、あらゆる犠牲を拂つたり、[illegible]立てしたりしたが誰れ一人手に落れたものがなかつたのですから面白いではありませんか」

「それは又どういふ譯なんですか」

「それがです、おきよは[illegible]であつたのです、父も母も[illegible]れて全身が崩れてしまつたので[illegible]す」

「成る程、それから男に肌をゆるさなかつたんですナ」

「それが絶對であつたなら[illegible]も起らなかつたでしよが、[illegible]若旦那の熱心に[illegible]れて、とう／＼肌を許したのです」

「それから、どうなりましたか」

「成る迄ではありません、僅か半年も過ぎぬうちに、おきよの肉が腐つて來たのです、驚いたのは若旦那、それ切り、水屋へは足踏みしなかつたのです、一方おきよの身になると、初めて若旦那に肌を許すとき、たとへ醜い女に變つても、二世も三世も見捨てるやうなことはないといふ契約があつたけに、男の薄情をどんなに恨んだかしれなかつたのです」

「すると若旦那がダマしたんですナ」

「まあそう云ふことになります、それから女は日一日と身體が崩れて來たので水屋の離れの一間に押し込められて泣き明かしてゐたのです」

「[illegible]の[illegible]いことですナ」

「それが恰度夏の好い月夜の晩です、互に泣いて身の上を語つた仲であるのに、餘りと云へば薄情だと、怨みを云ひながら短刀で自害して果てたのです」

「可哀想にネ」

「で、水屋でも野邊の送りをすませて、血に染まつた蚊帳は洗濯してクヅ屋に拂下げてしまつたのです、處が此の蚊帳が何時とは無しに、甲府の或古着屋の店へ賣りに出たのです」

「そんな蚊帳を買つた人でもあるんですか」

「買手もなく、問題はそれからです

ナ、此の古着屋の前を通り掛つこの魚町の豊屋さんてす、小僧や職人を驚かすこれ綺麗あつちへ向きだよ！値段も安いので惚れて買つて行き、其の晩から用つたのですナ」
「患ひ出しましたか」
「出ました、眞夜中におきよが血に染まつて、わしとお前はと恨めしそうに繰返したのです小僧や職人は蒼くなつて驚いたのです、それで翌日蚊帳を元の古着屋へ賣り拂つたが、それから蚊帳の行く先、行く先で、おきよの血染姿が現はれたので、それが忽ち評判となつたので、時のお役人や町年寄が協議の上で、其の蚊帳をたしか余手の教安寺だと思ひますが、多勢の僧侶によつて念入に供養され焼いてしまつたのですナ」
「相手の若旦那はどうなりましたか」
「やはり其の時の苦を病んで狂ひ、とうく狂ひ死にしたそうです、其の頃の蚊帳出の水屋は有名だそうです」
「なるほど、一寸因縁らしいものはありませんナ」

怪　不思議　大くなる二個の石　夢枕に立って…
●東海朝日新聞　昭和五年七月三十日（二十九日夕）　5-178

不思議　大くなる二個の石
夢枕に立って祭れ！と云ふ

沼津市上香貫二ッ谷、形三吉（七〇）が二十年前の狩野川より變形の石を拾ひ歸宅した處同夜妻女の「夢枕」に立つた毘沙門天に祭つてくれとの事に翌日社を造つて祀り毎年一月八日を祭日として居つた處其後十年を過ぐると石が大きくなり今迄の社とは納まらぬので新社を造つて奉納したが最近又々其の石が一層大きくなつて到底納まり切らぬので同家では二十五日二度目の新社を建てて奉納式を行つたとの事だが、此の石は俗に「一生石」と云つて、同沼津市外清水村徳倉普光寺境内にもあつて現に壹六疊敷の大きさで天神社に祀つてあるが之も益々大きくなるので目下新社新築の準備中である

資　幽霊の失業　彼女にはイットがない
●山陽新報　昭和五年八月二日　5-179

私の達夏

幽靈の失業
彼女にはイツトがない

東北帝大　豊寢生

夏と怪談は、二階と階段くらゐ密接な關係を持つて居る。何がさうさせたか？僕が熟考の末、次の結論に達した。即ち氷水を飲んで身體を物理的に冷却すると同様、怪談で精神的に冷味を取らうと云ふのである。然し、これから論ずる幽靈は、暑さこそ増せ、冷却作用は少しも持たぬからアイスクリームでも飲み過ぎて、是から體を溫めようと思ふ人は讀んでいたゞきたい。

× ×

一體幽靈なる物は、昔からなかく凄みがある様だが、大抵女である。そして

出勤 時間が夜半であるところを見ても、さてこそ女の職業であると思はれる。女は此世で失業すれば幽靈になるから永久に就職難はない。もつとも此世でもイツトの存在するかぎり彼女達は失業の恐れはないだらうが、筆者はまだ幽靈と交際したことがないから、詳しい事は知らぬが、大抵髪ふり亂し

白衣 をつけて手を前に垂れ腰から下がなくて、云ふ文句は「うらめしやあ」の一點張りである白い着物を着て出るところは、なかく感心である。第一夜はよく目立つて、墓場から衣がへせずに出て來られるから、只イツトなきを殘念に思ふのみ。ことに合理的なのは、幽靈が黒髪を振り亂して居ることである。そもく

黒髪 なるものは成佛に障りがあり、成佛出來ないのが幽靈になるのだから、長髪をもつて居るのは眞に至當である。振り亂して居るのは凄みを出さんが爲だらうが、彼女達が不精で手入れを怠つ

て居るのかもわからない。幽靈に就し最も不可解に思ふのは、足がないことてある。足がなくて空中に止つて居る爲には、天井から吊されて居るが、幽靈の身體が

煙状 か氣體でなければならぬ。佛壇の中から出られるところを見ると、役者の方が本當らしい。而も夜半人に認められるところを見ると、自ら光を放つて居ると考へられよう。さあ、かうなつて來ると幽靈物理學は、學界に一大センセイションを捲きおこし、幽靈を一見すれば直ちに

博士 論文が書ける。もつとも見なくても書ける譯だが、日本に毎日一人づゝ博士が生れてもその論文に幽靈の構造を論じたのが一つもない。

× ×

第一幽靈の手つきはどう考へて見ても、毎日食物にありついて居さうにない。それに比べると西洋の幽靈は愉快である。音樂を奏しながら品物を運んだりする今に我國でも濱口内閣が不景氣追放の爲に努力し出すと、幽靈も力を得て

鳴物 入りで復活するだらう。エロとナンセンスの一九三〇年には、ジャズの音に伴れて、ノースト・ノーズロの幽靈がレビューを開業するだらう。

怪　事実物語　藤の怪談（上）
●函館新聞　昭和五年八月三日附録　5-180

事實物語

藤の怪談（上）

[illegible]雨生

或物識りは『藤の花を忌む』譯をかう教へて呉れました。

▲藤の花は眞に段々下つて咲きます。下る事は眞によくない。

▲藤の木を植えますと其の家はたち行く事が出來ないで潰れます

▲藤の木を植えると病人が絶えません。

何んと無氣味な木であり花でありませんか……と。だが不思議ですね、藤の木を植えて商賣にしてゐる植木屋さんは皆此の

憂き目 にあつたとも聞きませんし、栽培者のうちには之で金儲けをした人すらあるのですから……。

◇

だのに人は何故忌むのでせう。藤は眞に發育のいゝ木で檐先きに陽除け代りの藤棚は暑い夏にあつて欲しいものゝ一ッです。だが日増し延びて行く若枝を眺めてゐる間に、眼で見透せない地の中を這ふ根は八方に延びて行く、家の床下の地にも思ひ切り延びて行く、元來藤は非常に濕氣を要求する、延びて行く根は好むまゝに濕氣をよぶ、其濕氣は不衛生な結果に導いて

病人は 出る、家屋の土台は濕氣の爲めに早く腐さる、それが其物識りの話にあてはまつて來る事になる。前者は舊幕時代の人の噂、後者の觀察は現代の科學が與へた結論です。

◇

住宅 だがさう考へると面白味も何にもない……理屈は抜きにして函館に實際にあつた『藤の怪』の話を一つこゝに書いてみませう。と云ふのは或日の眞夜中に意外な事件が起つたのです。最も此事は其家の五男坊の龍吉だけが知つてゐて其他の家人は誰も今尚知つたものはありません。

◇

宵のうちから小雨が降つて何となく寢苦しい晩でした。病に疲れた父は靜かに眼をつぶつて居ました

龍坊は パッチ遊びに疲れてその夜も寢たが、然し決してこの話が嘘でないことは、筆者が本文に出て來るその五男坊なのです……。

◇

辨天町五十番地、二十七年程前の藏屋の裏手の奥まつた家でした。庭はさまで廣くはないが物置きの傍に素晴らしい藤の木があつて、年々美事な花を見せたものです。花見頃の事でしたから月日は忘れたが六月の初め頃だつたと思ひます。

◇

夜中ガサッと云ふ音に龍吉は眼を覺ました。フト物音がした邊りを見た眼に、鼠らしい姿が認められた。其頃戰爭ゴッコの流行した時代

寢ても 起きても戰爭ゴ

ツコを忘れない龍吉は、よき敵ござんなれと、日頃の勇猛心を揮ひ起し夜具をまろめて砲台となし、枕を据えて大砲になぞらへ、口鉄砲を砲撃として攻撃を開始した。鼠公流石に驚いたか姿を見せない。此威力を見よと肩怒らした小将軍はやをら蒲団を元通りに敷いて寝やうと掛蒲団に手を掛けた刹那……

◇

足元に当る椽側に添ふた障子に又も突進して来た鼠らしい姿。アッ……と驚く小将軍、眼にも止まらぬ早さで打ちかゝつて行つた瞬間……突！……突！……。

障子の一枚がスーッと音もなく半ば開いて鼠らしいのはその隙からこれ又音もなく椽側へ消えうせる……（つゞく）

怪 事実物語　藤の怪談（下）
●函館新聞　昭和五年八月十日附録　5-181

事實物語 藤の怪談（下）

緑雨生

×　×

龍吉は無意識に引き摺られるやうに首をのばして、曲つた障子の隙間をのぞくと何たる奇怪！椽側の硝子戸を透して美しく咲き乱れる藤の花が、然も花全体からコバルト色の光りが放たれ、闇にも浮き立つて風になびく花の姿か鮮かに見えて……アッと驚くその時に音もなく障子は元の通りに……。

×　×

冷水を浴びた感じ、言ひ知れぬ恐怖に慄へた龍吉。続いて来る淋しさと恐ろしさに掛蒲団を引つ張つたが是れ又どうした事か蒲団は動かない。余りの恐ろしさに蒼くなつた龍吉は必死となつて引っ張るドシンと引繰返つた身体に頭のまゝでフワリと被さつた蒲団。息をころして怯へてゐる龍吉は更にまた異様な感じがあつた。

×　×

今度は掛蒲団を通して踏みつけられるやうな様子に声を出さうとしても声も出ない。漸く身体に温まりをおぼえて恐る〳〵顔を出した時何処からともなく力ない三四人の人の笑声がきこえた。ブル〳〵ッとふるへた龍吉はすぐ傍にねてゐる母をも起し得ないで、早く夜の明けるのを念ずるばかり。

×　×

夜は明けた。心落付いた龍吉は母を起して斯くと告げたが母は小供の戯言として取り合はない。其日であつたか蛎天の先代の菊地病院長が父を見舞ふて座敷でお茶を召し上がる時、フト此藤の花を見て眉をひそめられて母に何事かを話つた。

×　×

其話、何時の頃から植えたものか知らないが、此藤はとても人に好かれるが好かれて此家に移つて来た人々は必ず其家の主人が死ぬ。可笑しい話だが真実だから他に家を変へては……と云ふのであつたが父はどうしても移るとは云はない。この木があつてこそ選んだ家だからとてきかない。

×　×

此家を離れて湯の川に保養してゐた父は大変良くなつて来たが、あの藤の木に思ひが起つて帰つて来ると又々盛り返し、病院こ、その年の夏に死んだ。其時菊地先生は之で三人目と語られた。其後へ移つて来た家の主人も死んだ。

×　×

別説にこの藤は福山城にあつたもので、腰元の麗姿が何かの罪でこの木に縛られて斬り殺されたとか云ふてゐたが、それは真実か偽りか、其夜の恐ろしさばかりが今尚この龍吉には忘れられないのです　（終り）

資 足のある幽霊　夏宵絵ばなし（一）
●新愛知　昭和五年八月三日　5-182

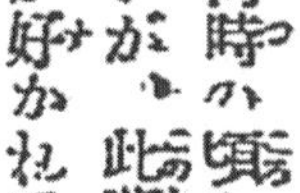

足のある幽霊

夏宵畫ばなし（一）

筑紫春三郎

[illegible]標題をつけたら、私の常に敬服する史家尾池義雄さんから「何だ、馬鹿なことを書く奴だ」とお叱りを受けるか知れん。その時、私は「何が馬鹿です、足のある幽霊は居ます」と、ヤリ返すつもりです。

◇

あたりは薄ぐらい。其處には行燈はあるが燈芯に燈が點ぜられて居るといふは過ぬ。其薄ぐらい所から灰色の裾を長く曳いた幽靈が出て來るところに、幽靈としての凄味があり、如何にも幽靈らしい光景である。

もし、足のある幽靈が、雜鬧する銀座の夜舗道を堂々散歩（?）したら、夫れこそ大變だ。

しかし、私の語らうとするのは夫れほど落語的なものではない。たゞ足のある幽靈もあるといふことを認めてもらはうといふのだ。

◇

繪で見る幽靈と言へば、先づ北齋を思ひ出さずには居れぬ。北齋の畫には相當幽靈を題材として、物凄く見られるものがある。

暁齋の畫にも幽靈がある。さうして北齋も暁齋も、其描いた幽靈は、芝居其の儘の幽靈である。背景も裝置も、歌舞伎芝居で見る約束通りの妖怪趣味である。世間的に言ふ所謂お化である。ところが應擧の幽靈にはたしかに足がある。足のある幽靈である。幽靈に足のある所が、應擧の畫の特長である。其處に應擧の夏宵ナンセンスらしいところがある。

◇

しごきを前にした白衣姿、勿論其しごきは前にだらりと下がつて居る。立つて居る女の顔は青白くて痩せて居る。房々とした黒髪は亂れて後に長く垂れて居る。腰から下は薄墨で消込まれて居る。

一寸眼見て、これは疑ひもない幽靈の圖である。

而もよく見ると薄いながらも、其の幽靈には足が描かれて居るではないか。足は描かれて居ても無限の迫力があり、悚々として襲はれる物凄さの中に、何だか涙ぐましいやうな淋しさが潜んで居る。

これが即ち應擧の足のある幽靈の圖であり、應擧としては珍らしい逸品である。

彼れはどうして此の圖を描いたか。

◇

應擧が江州三井寺の圓滿院の制作中、彼れは土地の豪家に中年期の人間として、斷ち難い惱みを蔵して居た。四十を越えた男ざかりの應擧であつたからである。

應擧は其の中に一人の愛する女を得た。夫れは藝妓であつたのである。應擧はこの女を限りなく愛したが、藝妓は長く思つた後にとうとう死んだ。應擧は愛妓の死を悼み、彼れの固く唇を結んだ屍體を抱き、青白い顔をいつまでも眺めて居た。

◇

彼れの愛した藝妓の名は考證的に明らかでない。しかし、此の足のある幽靈は、應擧が幽靈を畫いたのでなく、愛妓に對する愛情を忘れ難く、彼れは繪姿としたものであると思ふ。

圓滿院には應擧の大作がある。此の幽靈の繪以外にも、以前は所藏者が少くはなかつた。

ことに、應擧は愛妓のために、進んで彼れに描いて與へた柳に鯉の圖も、最近まで應擧の遊んだ家に傳へられて居た。

今は誰れの所藏に歸して居るかは知らないが、「足のある幽靈」の正體を斷片的ながら書いておく。

何かの機會に史實的に明らかになれば甚だ結構であると思ふ。

怪奇伝説　人妻を弄ぶ山いたち

●九州日報　昭和五年八月三日　5-183

怪奇傳說

人妻を弄ぶ山いたち

―筑前宗像郡本木村で―

福岡の東北七里、福間の東二里、筑前宗像郡本木村の百姓權兵衞は律義者で其女房は評判の美人——さ先づ問題の起る定型から出立するのであるが、其の女房が毎晩夜も更けて例の草木も眠る丑滿の頃になるさフッさ消ゐてなくなる。そして暫くするさ又いつの間にか元の所にグッタリさ寢て居る。それが一週間も十日も續いたので流石律義者の權兵衞さんも我慢がし切れずにとつちめにかゝる。するさ涙滴々さして暫くは言葉もない——までは先づ型通りさして女房の告白が奇怪千萬である。

×

眞夜中にふさ氣がついたのは何所の男とも知れぬ男がのしかゝつて來る。驚いて渾身の勇を奮つて抵抗しようとするが怪しくも身動きが出來ずやがて下半身がしびれるよさ思ぶさあとは覺へがなくなつて終ふ。そして次に氣のついた時はもう元通り夫の傍に寢て居るが全身の疲勞は口もきけぬような情ない仕譯。然し人に語もならぬ事とて獨りで心に泣きながら次の日は暮れて又其の眞夜中になると、前夜の事で非常に興奮して居たにも拘らずついうと／＼さしてハッと氣がつくともう又床の下で怪しげな男がのしかゝつて來る。其の翌日も口惜しさに眠るまいと精一杯心をしめてかゝつても時刻が來るとついうと／＼さして又してやられてしまう。せめて男を見屆けるだけなりと思つて努めても及ばぬのはなんぼう口惜しい事か——と涙語り。

×

然しそれだけではどうも腑に落ちかねるのは尤もの話で其の翌晩は權兵衛が心構へして待つて居たが其の時刻が來るとついうと／＼さしてハッとして氣がついた時はもう女房の姿は見えぬ。念の爲めと思つてあわてゝ床下にもぐり込んで見ると是はしたり女房は仰向けに前をはだけてあられもない姿のまゝ氣を失つたように泥のように睡つて居るから流石に胸の中をひつかき廻さるような口惜しさ。

×

其處で權兵衛は萬策つきて先づ名主に相談する。名主はそれは恐らく悪獸の仕業であらうが代官所に訴へるべき筋合でもなからうと密かに狩人をかり集め獵犬や鐵砲を支度して附近の山々を盛んに山狩りし夜になると權兵衛の家に一同が詰めかけて女房を守ることゝした。處が此の一隊も其の時刻になると不思議に揃つてうと／＼として睡氣がさしハッと氣がつくともう女房の姿は見えぬ。それッとばかりに手分して家のまわりを狩りたてる一方床下をしらべるとやつぱり前夜と同じように女房はあられもない姿で前後不覺のありさま。一方女房は日一日と精も根もつきて終うような工合なので名主も慌てゝ代官に訴へる。代官所でも捨てゝをき難しとあつて直ちに全管内に觸れを出して狩人と獵犬を集め且つ狐つりのわなを仕掛けなどして代官自ら指揮して權兵衛宅に乘り込んで警戒する事になつた。が其結果はやはり同樣に過ぎなかつた。唯此の頃から權兵衛の實母で當年六十幾つかの老婆だけが漸々險しい顔付になつて來るのであつた。

×

其處で代官も困じはてゝ急を福岡城内に訴へる。其の結果福岡城では早速大評定が開かれ其の結果三百五十人の鐵砲組、二百五十人の弓組から人物を撰んで鐵砲の隨一の名手志賀茂平、城部市郎助、一寸二分を引くと言ふ安川右衛門、狐つりの名人折竹與右衛門それに國主秘藏南蠻渡來の唐犬『山嵐』をつけ多數の配下と共に急行せしめられたのだから騒ぎは大きい。そして協議工夫の上志賀茂平は土藏の壁に直徑四五寸の穴をあけていざと言へば鐵砲を打込む仕掛し、折竹與右衛門は怪獸の足音を聞くべく附近一帶に籾殼を敷つめて用意萬端怠りなく其の土藏の中に女房を入れて密閉し怪獸が唯一つの通路である其の穴にさしかゝつた瞬間に鐵砲で仕止めると言ふ計畫である。且つ一方日沒までの間全員を擧げて又近郷の獵師をかり集めて大々的に山狩りをしたが穴あれば松葉を燻べて終には飼猫に至るまで一匹も殘さず殺してしまつたのであつた。

×

そうして唐犬『山嵐』を放つ支度／＼をして待つ間程なく子の刻になると例に依つて一同ねむ氣がさして來る。筒持の城野市郎助はこゝぞとばかり睡さを我慢しながら樣子を窺つてゐると果して怪しい氣配を感じ其の穴に向けて四匁五分の筒を二發プッ放すとギャッと言ふ聲！

×

それッと一同調べてみると穴の外に胴體の長さ二尺八寸ばかり足短く額は猫よりも長い古猫のような怪獸が朱けに染まつて斃れ此の晩初めて女房は無事であつた。

そこで翌晩は平生の如く母屋に夫と共に床につかせ今度も無事であれば一同引上げる豫定をして其の晩の樣子をうかがうと子の刻になつて又しても一同ねむ氣をさすし折竹與右衛門は是ではならぬと猛犬山嵐を放すと山嵐は一散に床下に驅け込むよと見る間にキャッと言ふ女の悲鳴！一同も驚いて續いてもぐり込んで見ると夫の側に寢た筈の女房が例の前をはだけたまゝの姿で絶命して居り山嵐の姿は見えぬ

×

早速女房の手當をしたが既に及ばず不審な事にはそれと同時に夫權兵衛の實母の姿が見えないので又大騒ぎとなり三日に亘つて山となく谷となく老婆と山嵐の詮策をしたが終に發見する事を得ずして一同は引上げたのであつた。そして此の事件は一段落告げたのであつた。

×

怪奇伝説　人妻を弄ぶ山いたち

●馬関毎日新聞　昭和五年八月三日　5-184

怪奇傳説

人妻を弄ぶ山いたち

筑前宗像郡本木村で

福岡の東北七里、筑前宗像郡本木村の百姓權兵衞は律義者で其女房は評判の美人——と先づ問題の起る定型から出立するのであるが、其の女房が毎晩夜も更けて例の草木も眠る丑滿の頃になるとプッと消えてなくなる。そして暫くすると又いつの間にか元の所にグッタリと寢て居る。それが一週間も十日も續いたので流石律義者の權兵衞どんも我慢し切れずにとつちめにかゝる。すると涙濟々として暫くは言葉もない——までは先づ型通りとして女房の告白が奇怪千萬である。

×

眞夜中にふと氣がついたのは所もあらうに床の下で何とも知れぬ男がのしかゝつて來る。驚いて渾身の勇を奮つて抵抗しようとするが怪しくも身動きが出來ずやがて下半身がしびれるよと思ふとあとは覺ねがなくなつて終ふ。そして次に氣のついた時はもう元通り夫の傍に寢て居るが全身の疲勞は口もきけぬような情ない仕證。然し人に話もならぬ事とて獨りで心に泣きながら次の日は暮れて又其の眞夜中になると、前夜の事で非常に興奮して居たにも拘らずついうと〳〵としてハッと氣がつくともう又床の下で怪しげな男がのしかゝつて來る。其の翌日も口惜しさに眠るまいと精一杯心をしめてかゝつても時刻が來るとついうと〳〵として又してやられてしまう。せめて男を見屆けるたけなりと思つて努めても及はぬのはなんぼう口惜しい事か——と涙語り。

×

然しそれだけではどうも腑に落ちかねるのは尤もの話で其の翌晩は權兵衞が心構へして待つて居たが其の時刻が來るとついうと〳〵としてハッとして氣がついた時はもう女房の姿は見れぬ。念の爲めと思つてあわてゝ床下にもぐり込んで見ると是はしたり女房は仰向けに前をはたけてあられもない姿のまゝ氣を失つたように泥のように眠つて居るから流石に胸の中をひつかき廻さるような口惜しさ。

×

其處で權兵衞は萬策つきて先づ名主に相談する。名主はそれは恐らく惡獸の仕業であらうが代官所に訴へるべき筋合でもなからうと密かに狩人をかり集め獵犬や鐵砲を支度して附近の山々を盛んに山狩りし夜になると權兵衞の家に一同が詰めかけて女房を守ることゝした。處が此の一隊も其の時刻になると不思議に皆揃つてうと〳〵として睡氣がさしハッと氣がつくともう女房の姿は見れぬ。それッとばかりに手分して家のまわりを狩りたす一方床下をしらべるとやっぱり前夜と同じように女房はあられもない姿で前後不覺のありさま。一方女房は日一日と精根もつきて終うような工合なので名主も僕て、代官に訴へる。代官所でも捨てをき難しとあつて直ちに全管内に觸れを出して狩人と獵犬を集め且つは狐つりのわなを仕掛けなどして代官自ら指揮して權兵衞宅に乘り込んで警戒する事になつた。が其結果はやはり同樣に過ぎなかつた唯此の頃から權兵衞の實母で當年六十幾つかの老婆だけが漸々險しい顏付になつて來るのであつた。

×

其處で代官も困じはてゝ急を福岡城内に訴へる。其の結果福岡城では早速大評定が開かれ其の結果三百五十人の鐵砲組、二百五十人の弓組から人物を撰んで鐵砲の隨一の名手志賀落平、城部市郎助、一寸二分を射ぐと言

所が其の二年の後城部志賀の雨人が其の地方に狩りをした際大きな狐穴を見つけ怪しんで中を檢分した所が意外にも胴體三尺あまりの四足短く牙鋭く犬とも猫ともつかぬ怪獸の喉笛に山嵐が咬ついたまゝ死んで居り其の側には權兵衞の實母の老婆の死體もあつた。兩人は慄然として流石にふるへ上つたが早速村人を呼んでそれ〳〵に始末をし怪獸を村の八十餘歳の長老に見せると老爺は豫て聞いた事のある『山いたち』の古化であらうと言ふやうな事で是で漸く完全に解決したのであつた。それは正德二年——今から二百二十年ばかり前のことで、其の本木村は今は上西郷村の内になつて居る。

ふ安川右衛門、狐つりの名人折竹與右衛門それに國末秘藏南蠻渡來の唐犬『山嵐』をつけ多數の配下と共に急行せしめられたのだから騒ぎは大きい。そして協議工夫の上志賀茂平は土藏の壁に直徑四五寸の穴をあけていざと言へば鐵砲を打込む仕掛し、折竹與右衛門は怪獸の足音を聞くべく附近一帶に籾殻を敷つめて用意萬端怠りなく其の土藏の中に女房を入れて密閉し怪獸が唯一つの通路である其の穴にさしかゝつた瞬間に鐵砲で仕止めると言ふ計畫である。且つ一方日沒までの間余黨を狩けて又近郷の獵師をかり集めて大々的に山狩りをし穴あれば松葉を燻べて終には倒猫に至るまで一匹も殘さず殺してしまつたのであつた。

×

そうして唐犬『山嵐』を放つ支度をなして待つ間程なく子の刻になると例に依つて一同ねむ氣がさして來る。御持の城野市郎助はこゝぞとばかり睡さを我慢しながら様子を窺つてゐると果して怪しい氣配を感じ其の穴に向けて四匁五分の筒を二發ブツ放すとギヤツと言ふ聲！

×

それツと一同調べてみると穴の外に胴體の長さ二尺八寸ばかり足短く顔は猫よりも長い古猫のような怪獸が赤げに染まつて斃れ此の晩初めて女房は無事であつた。

そこで翌晩は平生の如く母屋に夫と共に床につかせ今晩も無事であれば一同引上げる豫定をして其の晩の樣子をうかがうと子の刻になつて又しても一同ねむ氣をさす。し折竹與右衛門は是ではならぬと猛犬山嵐を放すと山嵐は一散に床下に驅け込むよと見る間にキヤツと言ふ女の悲鳴！一同も驚いて續いてもぐり込んで見ると夫の側に殿た筈の女房が例の前をはだけたまゝの姿で絶命して居り山嵐の姿は見ゑぬ

×

早速女房の手當をしたが既に及ばず不幸な事にはそれと同時に夫權兵衛の實母の姿が見えないので又大騒ぎとなり三日に亘つて山となく谷となく老婆と山嵐の捜策をしたが終に發見する事を得ずして一同は引上げたのであつた。そして此の事件は一段落告げたのであつた。

×

所が其の二年の後城部志賀の兩人が其の地方に狩りをした際大きな狐穴を見つけ怪しんで中を檢分した所が意外にも胴體三尺あまりの四足短く牙鋭く犬とも猫ともつかぬ怪獸の喉笛に山嵐が咬ついたまゝ死んで居り其の側には權兵衛の實母の老婆の死體もあつた。兩人は慄然として流石にふるへ上つたが早速村人を呼んでそれ〳〵に始末をし怪獸を村の八十餘歳の長老に見せると老爺は嘗て聞いた事のある『山いたち』の古化であらうと言ふやうな事で是で漸く完全に解決したのであつた。それは正徳二年——今から二百二十年ばかり前のこと、其の本木村は今は上西郷村の内になつて居る。

郷土の怪異（一）　腐爛した片足が巡査の眼前へ　5-185

●上毛新聞　昭和五年八月五日

腐爛した片足が巡査の眼前へ

劍で斬ると出た出た灰色の狐

粕川村龍源寺狐の怪

◇

勢多郡粕川村の龍源寺に古狐が棲んでゐて、通りがゝりの村人に思ひもよらぬ惡戯をするといふ噂話で持ち切つてゐた頃の出來ごとであるから、これも狐のまやかし事であらうと、今で謎のまゝ封ぜられてゐる怪異な物語りがある　明治二十年頃、村民から慈父のやうに尊敬されてゐた玉川巡査は新里村大字山上の粕川村境界に建てられた駐在所に執務し風雨寒暑の別なく精勵し、昔から難村呼ばはりされてゐる兩村に斷然王座の地位を占めてゐた、雨あがりの朝のことである——

「玉川さん起きてくらつせ〳〵」慌しく玻璃戸を揺するものがあるのでガバと跳ね起きた温順な玉川巡査は

「何事だね……」と眞相變へて村人を卓子のそばへ誘なつた。

◇

「實は他でもがんしねえが、赤城の炭燒き窯の中で寅さんがおつ死んでゐるだ……」さう聞いてゐながらも、職責意識の強い玉川巡査

は佩劍を脇腹に吊るして
「では一緒に行つてくれ給へ……」と語を强めて案内を迫つた。赤坂は山上から元町へ出る舊大間々街道の切り通し坂で、そこに築かれてゐる炭焼竈は村民共有のものであつたが、狹つ苦しい竈の中で悲業の死を遂げてゐる寅さんは、幾日かを眞夏の陽に照りつけられて腐爛し、物に動ぜぬ玉川巡査も鼻孔を手拭で掩つて一先づ檢視を濟ませ、村外れの非人に一兩の取片付けを命じた。

◇

白米二升詰めの小袋を枕に遊び人風の身なりで死んでゐた寅さんは日頃から兄弟仲が芳しくないから弟に殺されて、自殺體に見せかけられたのではないかと村民間にあらぬ取沙汰も交されたが、慧眼をもつて鳴る玉川巡査は飽くまでも自殺であることを主張し、事件は風のやうに消えて冷たい秋風のなぶる季節の訪れとなつた。

◇

狩股、新里兩村の平和――そういつた願ひより念頭にない玉川巡査は氣立てが柔順だけに、龍源寺裏の草深い墓地を横ぎつて家路へ急ぐ時、いつも憂鬱な氣持ちにとらはれ勝ちであり、とりわけ寅さん事件以來、寅さんのはいてゐた紺股引の間から薄氣味惡くやうにこぼれた灰色の蛆、蛆の亂舞の凄慘さをおもふと慄然としてそこに立ちふさがるのが常であつた。

◇

手にとるやうな山々が陰雲に閉ざされて、ポツリ〳〵雨を呼ぶ底氣味惡い或る日の夕暮、龍源寺山から赤坂を一目さんに下らうとすると、叢の中からニヨキンと躍り出したのが寅さんの片足――腐爛した片足はやがて玉川巡査の顏へあざけるやうにグロースアップされたので、佩劍をひき抜き樣、顏前へ擴たはる片足をズタ斬りに斬り飛ばした瞬間、切り口から灰色の蛆はほとばしるやうにあたりへ散る騷ぎ――

◇

そんなことが數日續いたので玉川巡査も恐怖のドン底に導かれ全く意氣沮喪してゐることを知つた龍源寺の住職は、懇に「寅さん供養」を行ひ妖怪退散を祈つたところ、再びさうした出來事は繰返されなくなり今では玉川巡査をしのぶ思出草とされてゐる。

怪

郷土の怪異（二）
薄気味の悪い深夜に怪物の誘惑

●上毛新聞　昭和五年八月六日　5-186

薄氣味の惡い深夜に怪物の誘惑

世良田村に今も傳へられる六左衞門黒猫の怪

この話も明治初年のことだと傳へられてゐる――新田郡世良田村の百姓喜太郎の家へ肋ッ骨の透いて見える眞ッ黒な痩せ猫が迷ひ込んで來たので、捨てもならず家人が不精々々に飼ひ慣らして行くうちに人情がうつゝて孫子のやうに可愛くなり、十年餘りは夢のやうに過ぎた頃はひであつた。誰れいふとなく「喜太郎の家の黒猫が妖けて出る……」といふ噂が文字通り[illegible]のやうに[illegible]の話題となつた。

◇

しかし、家人は[illegible]、[illegible]といふことに耳を貸さず「なんの[illegible]もあるさうもないことをいふにも[illegible]……」といきり立つてこれを肯じなかつた。

◇

東毛地方の農家のならはしとして舊十二月八日の夜の輕い儀式となつてゐる「お事始め」の祝ひは一家揃つて明るい團欒さを描く吉例の行事とされ、その日は小豆粥を啜つて一年中實務上に障りのないことを祈るものであるが、夕餐に一家のものが小豆粥を鱈腹食べて寢についた眞夜中のこと――丑滿お過ぎたホンの瞬時に、
「六左衞門々々々起きてくれ起きてくれ」と澄みきつた聲で一緒に[illegible]をこづくものがあるので喜太郎夫婦が[illegible]首をもたげて[illegible]と、
「[illegible]、[illegible]」といふ聲は

伽藍のやうな勝手元からの響きだ夫婦のものは恐ろしさに脇の下に冷汗をぐつしよりかいて、障子の隙から勝手元を覗くと奇怪千萬にも、爐の中の温もりに尻をあぶつてゐる黒猫が銀色の毛を逆立てゝさういつてゐるのだ。

◇

「六左衛門〳〵、俺たち仲間はいつもの宗任寺に集まつて又お相談をやつてゐるのだ」

「うんさうか……」

「それから晩、お経さに[illegible]をやらうてんさ、みんなお寺へ行つて[illegible]笛を吹いさ[illegible]来てね……」と猫[illegible]

◇

喜太郎夫婦は度膽を拔かれながらも何パーセントかの興味にも曳かれて身じろぎもせず浮眠でゐると黒猫は

「今夜、お前〳〵と騒ぎ度いのはやま〳〵なんだが、今日はお前も知つての通り「お正月始め」と來なすつた、そこで止せばよかつたのに煮へくり返る小豆粥を我慢しいしいしたま喰ふたもんだから、口ん中さ火傷して笛を吹くどころかこうやつて返事するのさへ惱ましいんだ、歸つたらみんなにさう傳へてくれ……」と六左衛門猫は眞しやかに述べて、再び脊を丸めてしまつた。

◇

喜太郎夫婦は恐懼のあまり寢たやうな風もなく未明に床から飼ひ出ると、境の町から鰹節を贈富に買ひ込みこれを餞別に一分〔？〕什の譯を述べて怪猫六左衛門を追放して事なきを願つたといふ世良田村の怪異はこれが幕切れ——

郷土の怪異（三）

茶目気分の若衆が幽霊に似せた
●上毛新聞　昭和五年八月七日
5-187

茶目氣分の若衆が幽靈に似せた

敷島座の大火異聞

熊野神社の暗闇に白衣の姿

寄席藝人の千代鶴が立川町辨天通りで小さな寄席を主として經營に當ることゝなつたが何うせ旅烏のことだ、永くは續くまいとタカを括つて見てゐると蛇の道は蛇で天賦の才を揮ひ、紺屋町の鶴持ち小泉氏なんて當時のお歴々が單なる寄席藝人として[illegible]捨てにしておくのも惜しいと、[illegible]に備へてゐた[illegible]を[illegible]に[illegible]して[illegible]きまをやらせた。

◇

[illegible]家といふものは[illegible]なものです千代鶴親子は宇都宮で羽振りの利く、田舎名題の人川八藏一座などゝ提携して時折華々しく開場することもあるので、芝居を見るなら敷島座に如くものはないと他の劇場は斷然顔色なきを免れなかつた、しかし好事魔多しといふ諺に洩れず、明治三十[illegible]八日の[illegible]時頃と[illegible]えて[illegible]いてもらひたい。

◇

[illegible]なく[illegible]をされなかつた[illegible]「天狗の舞」一お[illegible]して[illegible]お[illegible]狂狸に舞臺へ呑まれてゐると突如として

「火事だツ……」といふ叫聲——火の手は右花道の突端に[illegible]を下すお[illegible]からパツと燃え擴がり、瞬く間に[illegible]は火の海と化した、然て原因を調べるのも一寸[illegible]に隙を生ずる[illegible]ひおあるかも知れないが、日[illegible]當時の[illegible]として[illegible]の芝[illegible]お一[illegible]から[illegible]合された[illegible]の[illegible]お「天狗の舞」と來たのさ、[illegible]の[illegible]を[illegible]めた[illegible]お[illegible]の一[illegible]に[illegible]み[illegible]ねら

れてゐた。

◇

観衆を鬩・境に引つ張つて行く役割りを持つ、お囃しの婆あさんが一寸足の形をくづしたはづみに、頭上に吊るしてあつた空氣ランプに觸れやうともなく蹴[illegible]れたから堪まらない、硝子箱へ火は移つて一大音響と共に天馬空の勢ひで天井へ燃え擴がつたから観衆は我れ先にと木戸口へ殺到して、

一本柱を[illegible]」と[illegible]しかし[illegible]つてないのを[illegible]

「大丈夫ですから、御安心下さい」と落ちつき拂つてゐた。

◇

屈強な男たちは怒號しつゝ木戸口の大格子を破つた、観衆は雪崩を打つて吐かれる、その凄惨さは言語に絶した、やがて火の手は鎮まつたが納まりのつかない群があつた。

「妻を返せ……」と悲痛に號泣する男の姿があり

「かけがへのない母を返せ…」と叫ぶものがあつた、[illegible]

観衆は

「千代[illegible]子を打ち殺せ……」と[illegible]つてゐる、しかし千代[illegible]夫婦も女中と共に大[illegible]

て生不動となり加藤なにがしと呼ぶ女形の役者など水々しい髪をかぶつたまゝ二階からすべり落ちてか、梯子の下にうづくまつて斃れてゐた。

◇

一夜の淡い歓楽を求めて夏の虫のやうな悲業の最後を遂げた生霊の數は折重なつて二十九――こんな惨状が街の隅々にまで響いたから、誰れ云ふとなく狐火が飛ぶ、幽霊が出る――淋しい因果話に市民は慄然とされてしまひ、お茶ッ氣の多い若い衆は熊野神社の暗闇に屯ろして朝の大提灯に蠟燭を燈め、これを樹間に吊るして狐火と見せ、白衣を纏ふて幽霊とみせかけて[illegible]な性[illegible]に[illegible]せよ人魂お化が飛び出すまでになつたのだから[illegible]しかつた[illegible]時が想起される。[illegible]

怪　郷土の怪異（四）　執念の蛇に狙われたお染さん

●上毛新聞　昭和五年八月八日　5-188

執念の蛇に

狙はれたお染さん

日除けにかぶつてゐた菅笠で生命拾ひをした話

◇

[illegible]柏川村のお染おばさんといへば氣性の勝つた女性としてより、よく働く女性として若い村娘たちの鑑とされてゐた。亭主の働くのをはた目に見ながら寝てかすといつたやうな量見は微塵もなく、又雨上りの土塊より黒い顔を誇りとするくらゐだから身なりや粉飾に浮身をやつすやうなことはなかつた。

◇

[illegible]

◇

言葉を投げるものがあつても、いつも風に柳と聞き流して、軽く笑つてそれにいらふのみであつた。

◇

[illegible]りのいゝバリカンで調髪されるやうに、背丈けもあらう程の雑草は刈り込まれて行き、お染おばさんは一寸の休みにも次から刈る部分を出來る丈け敏速にやつてのけやうとする小さな計畫を[illegible]のお常であつた、或る日のこと小山を見上げながらでは何うも[illegible]が鈍いやうな氣がするので、[illegible]に刈り込んだ[illegible]下げて行つた。

◇

[illegible]踊つてゐた矢先、お染おばさんが愕然として色を失つた珍事件が持

ち上つた——大たぶさに引つゝかだ草へ力任せた鎌を振つた瞬間、五尺もあらう青大將の鎌首をものの美事に切り飛ばし、力があまつて胴體共に姿は見失はれてしまつた。

「済まんことをした／＼」さう念じながらあたりを血眼になつて捜したが、こけら一枚眼に止まらずにしまつた。

◇

半殺しのまゝ捨てゝおいた蛇ですら復讐的觀念があるもの——きう驚かされてゐたお染おばさんは氣が落ちてならなかつた、ひそかに災害を恐るゝお染おばさんだつた、しかしお染おばさんには以前のやうな元氣は殺がれ、漸次「うち氣のおばさん」に轉機し「祟りにさはることでもあるのか……」家人もそれとなくお染おばさんを慰めてゐた。

◇

一年は夢の間に過ぎて三年目の夏の日にお大盡の山の雜草を再び刈り込んでゐた。蛇の怨念、蛇の怪——さまざまな構想を描いて行くと、自分の漆黑の髮の毛の中に小蛇がうづくやうな氣持ちがしたり冷たい鎌の刃先をねめつけてゐる蛇の姿が周圍を取まいて、身動きを封ぜられるやうな息苦しさを感じた。

◇

お染おばさんは勇氣を揮つて草を刈つた、しかし鎌は宙に浮いて、ザクリといふ刈り込む快味はそ[illegible]て冷い空氣を掴むばかりであつた、その時、俄かに空はかき曇[illegible]しく、[illegible]るしい[illegible]りがした、氣丈なお染おばさんは兩眼を掩つて身體を石のやうに硬直させた。

「助けてくれ……」悲鳴をあげて救ひを求めたが、あたりには人影すらない。

◇

空をかすめた唸りが消えると、音響は輪をかけて大きくなり、立ちつくしてゐるお染おばさんの菅笠をねらつて下降し、大石で打ちつけられたやうな氣持ちがして、一歩先に「もう駄目だッ」といふ觀念が走つた、しかし冷靜に返ると身體には何等異常はなかつた、頭上の菅笠をそつと見ると、齒を喰ひしばつた青大將の鎌首が身もとはれとばかりに噛ぢりついてゐた。

「わしもあの時、菅笠がなかつたら蛇の執念深い牙を[illegible]つて若死をしたことであつたらう」と今は故人となつたお染おばさんが村人によく傳へてゐたと聞く。（[illegible]）

郷土の怪異（五）風の如く消えた雨宿りの美女　5-189

●上毛新聞　昭和五年八月九日

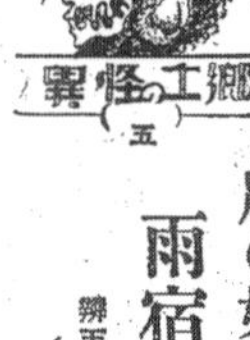

風の如く消えた 雨宿りの美女

辨天樣の化身だと尊崇する 蛇に救はれた火災

山田郡毛里田村市場の島田久一郎さんが祖母の生前中によく聞かされてゐた傳說「家の主蛇」のお話をかいつまんで行く——

◇

桃源の地、毛里田村の村人は夏の夕べ、日光連峯から流れて來る入道雲の動きにいつも注意するのだつた。その日も險惡な雲が襲ひ、ゴロ／＼ッと激しく雷が鳴り始めた。雷雲は北方からやつて來る。雷は必ず落ちるものと傳へられてゐたので[illegible]蚊帳に[illegible]した。

◇

[illegible]誰れが稱へ始めたでもないお大盡と呼ばれてゐた久左衛門の裏手の杉の木は時ならぬ雷雨に魔物のやうに天空にあれ狂ひ、藏の葉はスッと樹筋を切られるやうな風さへ交へてゐる。眼にしみ入る稲妻の閃き、雨はやがて車軸を流すやうな勢ひと化した。

「それ落ちたぞッ……」大聲から地藏へ飛び入る雷光の響きに久左衛門は大きく[illegible]なつた。

◇

久左衛門一家のものは蚊帳の中へ、へいつくばつて耳を掩ふてゐたが、やがて驚いたやうにあたりへ氣を配ると閉め切つた雨戸を[illegible]

叩かれてゐる。

「雨はなか〳〵やまん喃……」久左衛門が一寸語尾を低めた時

「開けて下さい〳〵」とつめたく澄んだ聲、荒々しく雨戸を叩き起さうとする聲だ。

◇

みんな縁へあがつて起きやうとしないので、久左衛門が門田に力を籠めて

「どなた様でございませう」と閂を外して戸を一枚そつと繰つた。そこには[illegible]たる娘が[illegible]のやうに濡れた儘立つてゐた

「あまり[illegible]しい[illegible]に[illegible]かき[illegible]れて[illegible]び込みましたがお許し下さいませ[illegible]」[illegible]するやうにいつた。

◇

馬の背を分けるやうな雷雨もやがて遠退いた。家のものたちは怪訝さうに娘の顔を眺めてゐたが足をひどく傷ついてゐることを感付くと久左衛門の妻は娘を親切にいたはつてやつた。

「旦那様、雷は落ちたよ…」下婢の慌しい知らせに指さす裏手へ出て見ると、老杉は眞ツ二つになつて倒れてゐた、家人は物凄い情景に驚きの眼をみはりやがて元の座敷へとつて返すと、そこにゐる筈の娘の姿は風のやうに消えてゐた。

「さうだ、今のは辨天様に逢ひねえ、辨天様は儂共の身變りに

お怪我遊ばしたのぢや」みんなそんなことをさゝやき交したが久左衛門は、

「みんな默つてゐろ……」と、この事件の口外を固く禁じた。

◇

或る日のこと——久左衛門は大机にもたれて書見に熱中してゐると、机のへりをツヽと尾を曳いて走つた蛇があつた。驚いて立ちすくんだ瞬間、蛇の消えて行く先の障子がパッと不氣味な赤さに映えた。物置が紅蓮の炎に舐つくされやうとしてゐるので、思はずも

「火事だッ……」と連呼した。

◇

火は未然に消し止められた。久左衛門は無二の恩人をあの蛇だとして家人に傳へ、そして蛇を[illegible]せしめた。それにしても雷の夜の娘が蛇に化身して有難いお告げを[illegible]したものか何うか、それは永遠の謎として解けきらずにゐる。

郷土の怪異（六）返してやった河童の片腕　5-190

●上毛新聞　昭和五年八月十日

怪

郷土の怪異（六）

返してやつた

河童の片腕

お禮に持參した靈藥の秘傳
貴重な家傳藥の由來

「旦那様ア、お願ひでござんす この間、あなたが夕闇の小川邊で、ものをも言はずブツヽリ斬捨てた右の片腕——あれは二つとかけ替へのない私の腕でござんす、斬られた罪はあたしの惡戯が過ぎての揚句と知り重々お詫ひいたしますから、是非一つお戻しの程願はしう存じます、それに頂きつぱなしにはゐたしません、私どもには先祖から代々いろんな靈藥の練り方、つまりその秘法つてやつですよ、それをあなたに御傳授[illegible]けて[illegible]い[illegible]ひとして一つ[illegible]御許容あれば幸ひでござんす」

◇

河童十[illegible]は[illegible]な[illegible]お[illegible]者の[illegible]お[illegible]に[illegible]れると[illegible]の[illegible]うになつて一[illegible]を[illegible]してゐた

◇

話の節はこうなんです——吾妻郡六合村の高臺に何代目かを繼ぐお醫者の家があるが初代はとりわけ名醫として近郷近在に令名を轟かし、毎日馬に乗つての患家往診も甘ま苦しいくらゐの繁昌であつた。

◇

その日はさん〳〵と小糠雨が降つてゐた——[illegible]がお[illegible]成[illegible]ひにお醫者は[illegible]以上に大儀なので、[illegible]をせきながらも[illegible]くなつてしまひ、[illegible]の[illegible]も[illegible]の中もとま[illegible]うつと[illegible]うしく又淋しかつた淺黒く路へる山を一山めぐると又一山——

郷土の怪異（七）　楽屋裏の怪

●上毛新聞　昭和五年八月十二日　5-191

郷土の怪異（七）

樂屋裏の怪

お定まりの丑滿頃
田舎廻りの壮士芝居で
揚屋鍋藏クン實見の怪談一席

「もう二十四五年前に遡らうかしら、私が田舎廻りの壮士芝居の一座で柄にもない女形をふりあてられてゐた頃の思ひ出噺なんですがネ……」前橋の名物男、揚屋鍋藏クンが多野郡の町のA座で眼のあたりにしたといふ身の毛のよだつやうな怪談一席――

◇

[illegible]

「A座の觀客用便所三つのうち中央のやつは氣をつけろョ、草木も眠る丑滿頃ともなるとヒユードロ〳〵と幽靈が出るんだ」といふものがあつた。

「なんの〳〵文明開化の明治の [illegible]

馬を早めて歸りを急ぐうちに雨の降る日は暮るゝのも早く、とある橋の袂へ差蒐つた頃にはもう黄昏の色が迫めてゐた、たわゝに揺れるその山橋にかゝつた時のこと、今までトツトと走るやうに家路をさして急いでゐた馬が、ピタリと脚を止めて動かなくなつてしまつた。[illegible]

[illegible]頭の愛馬心もうせて、大聲あげて焦つたが馬は何うにも動かない。

◇

馬は青嵐のサツと吹く度に後退[illegible]

の片方を奪はれさうな様子を繰返すので、彼は一寸考へて見た

「これは尋常のことではない、此の邊には昔から橋に棲む[illegible]に河童小僧が浮かれ出して悪ふざけをすると聞いてゐるが[illegible]

今[illegible]もそれに違ひない……」と[illegible]

[illegible]

すると馬は平常と變ることとなくいなゝき主人の乘るのを待つやうな素振を示してゐる。

◇

彼れはあまりの不思議に堪へかね、闇を透かしてあたりを眺め地上を手さぐりをすると、意外にも手に觸れたのは生血のしたゝる河童小僧の片腕であつた、剛膽な彼れは河童の手を拾ひあげると、ポンと馬に跨がり、闇の夜道を一散走りに吾が家へ歸つた。[illegible]

河童ははしたない悪戯が祟つて片腕を切り落とされたことを悔ひながら、

「よもや、持つて歸るやうなこともあるまい……」と獨りごちながら、馬の足音の遠のくのを待つてあたりを探つたがとうとうそれらしいものは影もない。

「扨は持つて歸つたな……」と河童小僧は地團駄踏んで口惜しがつたが何うにもならぬことに諦め、詫證文を一札さし入れても貰ひ戻さねばと、馬の蹄の跡を辿りながら[illegible]の家を訪ねて、[illegible]の疲れで曲祿にもたれてうたゝ寢をしてゐる彼れに泣かんばかりに一分四什を[illegible]て哀訴した、彼れは[illegible]

[illegible]

の政治的にお化なんて聞いたや
うなことをいつて脅かすない」
といつて逃れる奴と怯けて眞面
目に聞きとるものはなかつた。

◇

さて、一行は町中の人氣を[illegible]
させながら[illegible]
も、「[illegible]」
がレベルの低い好劇家に迎合さ
れて連日大入滿員の盛況が繰返
されたが、富岡町を大興行とし
てそこを引揚げて行かうとする
前夜のこと、
「お化が飄然と飛び出るなんて
楽屋を出る時いはれて來たが、
こうやつてゐるうち誰れ一人見
屆けたつて奴はないだらう」
「だが、觀客お謹聽してゐるう
ちは[illegible]かさに紛らはされてゐ
化も引つ込み思案をしてゐて、
[illegible]

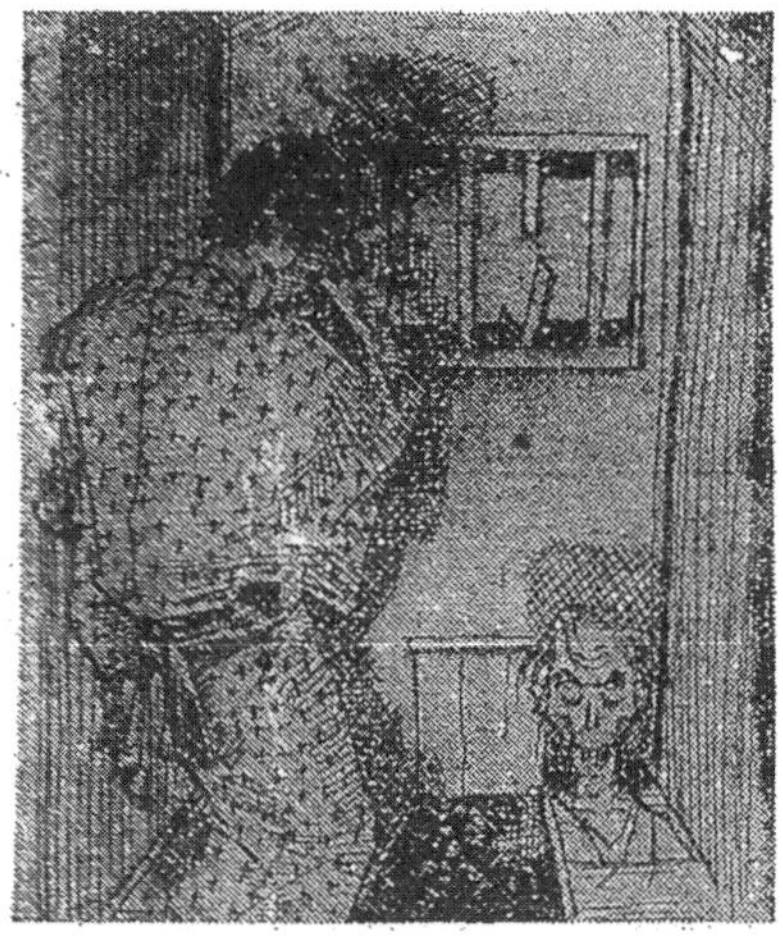

ど」
「さうなつたら、一番妖怪を見
屆ければ一座の寵だ」といふ話
定お澤村い舞台裏で始められた

◇

「ようし、[illegible]お屆けてやらう
……」と[illegible]
[illegible]
「馬鹿々々しい、今の世にお化
なんか出るものか、若しも出
るとしても俺の楽屋さに恐れを
なして[illegible]に退散と來るわナ……
……」
「さうともく、その[illegible]は[illegible]
い、さすがは[illegible]ちやんだ」なん
て[illegible]

險分け他愛もなくそこに繰り展
げられることゝなつた。

◇

北向きに出來上つてる舞臺のを
背面が楽屋になつてゐて、中庭
おいて右の方に臨の手に觀客用
便所が三つ並んでゐる、一座の
首領株は町の宿屋へ宿泊するが
いはゆる大部屋連中なるものは
惨めなもんで芝居がはねると楽
屋はどんてん返しにお泊り宿と
早變り――そこへ蚊帳を吊るし
て眞正面の便所に多くの連中お
注視してゐると、睡魔に襲はれ
る間際の刹那になるや、果せる
かな、
「ウ、ヽン……」と[illegible]者の万
公が、打ちつけた額を[illegible]いて入
り込んだ元氣も失せて、淋い[illegible]
[illegible]の中でふんぞり返つてしまつ
た。

◇

「[illegible]」
怖いもの見たさに大部屋連中が
ソロ〳〵覗き込みに行くと、意
外にも万公は口元から泡をふき
出し、不氣味な色に褪せて其處
へぶつ倒れて見る影もない、さ
ア連中は上へ下への大騒動、氣
付けにハッカをかませるやら、
水を含ませるやらして漸く命は
呼び戻したが万公は、大興行の
富岡町へ腕車で運ばれる始末。

◇

其の後万公の話を綜合すると、
はめ板と金かくしの間の狹い場
所へ、七十歳位の老婆がお這り込
んで、人なづかしさうにゲタ〳〵
と笑つてゐたといつた。緒口を
きぐると人座を死に物と定めて
まめ〳〵しく[illegible]いてゐた身振の
ない[illegible]
[illegible]

郷土の怪異（八）

●上毛新聞　昭和五年八月十二日

景時の幽霊を正文禪師の教化　5-192

此世を諦らめかれた 景時の幽靈を 正文禪師の教化

石井の尼僧庵に傳はる怪異

源の頼朝公から、この上もない寵愛を蒙り、一時は飛ぶ鳥も落とす勢威を見せた梶原景時父子も、戦ひに敗北の悲運を負ふて建久十年十月二十四日、遂に鎌倉の地を追はるゝの身を目た遂ふた、當時上野の國は梶原の本領の地であつて、屯舎や茅舎もあつたことゝて、頑是ない子供たちを引きつれて此の地におちつき、きのふの榮華をつめたい涙に見つゝ、あるかなきかの佗しい餘生を送迎してゐた。

◇

そんな關係から今で勢多郡富士見村大字石井の梶原景時の妻子に「梶原景時の墓」と稱されてゐる[illegible]があるが、この事にからんで「景時の幽靈」といふ怪異な物語りも殘されてゐる――まだ石井の村に「石井の尼僧庵」と稱して、多くの尼が住持してゐた頃のことであるが、上野、信濃、越後、佐渡の四ケ國の曹洞派を相率ひてゐた名刹の大寺であつたから、石井の雙林寺の開山である正文禪師が此尼僧庵で座禪三昧に日を過ごしてゐたことがあつた。

◇

俗世界を超越した尼僧庵の尼たちは、みな正文禪師を導き師と仰いで教へを乞ふてゐたのであつたが、或る日のこと、不思議にも禪師は、物凄い氣配をそなへた一人の尼に[illegible]

「そちは何處からこの尼寺へやつて来たか、お見受けするところ故ある御仁のやうであるが……」と禪師にたづねられた、尼は意外なことをたづねられたので、禪師に針を刺される程恐怖の面持ちで鎌倉を追はれて上野の國へ落ち延び、[illegible]生の日を待つてゐたが、もう世に出る機もなく、この邦里の念佛堂に子孫が相續し来つた爲め、この尼僧庵の[illegible]には景時の[illegible]もあるから御[illegible]により[illegible]あつて[illegible]はしいと涙ぐんできう述べた。

◇

禪師は[illegible]に從つて、[illegible]やかな[illegible]も景時の一[illegible]をさまよへる[illegible]にしてある[illegible]

らぬ盲人が忽然と現れ、「この世に思ひ殘す無念のかずかずは今に晴れもやらず、時にはかうして此世に立ち歸り、迷ひに迷つてゐるのであるが、今日は禪師の御教訓を賜はりたいと陳べながら進み出た大將でございます」と立膝を組み直して禪師の話を聴いた。

◇

この不思議な盲人に尼の人々はみ互に[illegible]きの[illegible]を[illegible]らしたが、禪師は一ときも、あゝうく／＼……」といふ[illegible]お經をきゝつき、[illegible]にくつつて一頭を聞いてゐたが、やがて盲人を慰めいたはり、色即是空の理をふくめて熱心に尊い教訓を授けたので、さすがの景時もいまゝでの迷ひは一朝にして夢と消へ、有難き[illegible]との[illegible]をつたふ孝士小[illegible]もくさびも今は[illegible]に「おさらば」を告げたので禪師と[illegible]の[illegible]を[illegible]さんで[illegible]は[illegible]にうなづいて景時の[illegible]を[illegible]つたといふお[illegible]にさも[illegible]である。

郷土の怪異（九）

●上毛新聞　昭和五年八月十四日

勇者を救つた七本の卒塔婆　5-193

勇者を救つた 七本の卒塔婆

七人の僧侶の奇蹟

碓氷合戰にからむ怪異

永禄四年二月、武田信玄は一万五千餘の大軍を率ゐて、信州佐久郡から上州甘楽郡熊倉村へ通ずる嶮岨な地帯の途を夜中ひそかに越えて南牧に入り、

郷土の怪異（十）　仏果を得て年古る貉の歓喜　5-194

●上毛新聞　昭和五年八月十五日

怪

郷土の怪異（十）

佛果を得て

年古る貉の歡喜

覺阿上人十夜念佛の敎化
善導寺に傳はる貉書の名號

「貉が字を書くなんてそんな馬鹿々々しいことがあるものか……」一概に、懷疑的に育つた男だからさう來るとは知つてゐたが、邑樂郡館林町の善導寺に貉書きの六字の名號が保存されてゐるとい

軍議を凝らした後、これを幾隊にか分ち、隣花の勢ひを驅つて[illegible]、安中を手始めに[illegible]氏[illegible]の[illegible]を[illegible]した

◇

[illegible]、安中城の三[illegible]を[illegible]て[illegible]に[illegible]つてゐた内匠は[illegible]の[illegible]の[illegible]、[illegible][illegible]の[illegible]せずに[illegible]つて、[illegible]前後不覺に陥つてゐた。

「城中きつての豪の者、内匠殿も此一戰で果敢なく散らうとは思はなんだ……」他の者はてつきり戰死したものと思ひ、ひそかに冥福を念じ、合掌して其處を立ち去るいだつた。

◇

[illegible]をそのまゝ[illegible]て[illegible]に歸つた[illegible]のものたちは[illegible]合戰の[illegible]しかつたことを[illegible]、内匠の[illegible]やかな[illegible]を述べて[illegible]を[illegible]

てゐた一周忌の日のことだつた

◇

何處からともなく、みすぼらしい一人の若い僧が玄關先へやつて來て、

「不躾ながら、内匠といふ武士は山中の木の洞へ引き籠もつてゐることをお傳へに參りました一刻も早うお迎への駕を願はしう[illegible]ます」と[illegible]くより[illegible]人は[illegible]の[illegible]に[illegible]を[illegible]き、

「それは[illegible]でございませう」と[illegible]

「[illegible]、[illegible]して[illegible]

[illegible]、これ[illegible]

[illegible]でございます」と

言ひ終るや飄然と立ち去つてしまつた。

◇

内匠の息子はあまりの不思議にその僧が一層[illegible]入つた事情を尋ねて見やうと、素足のまゝ走り出して後を追つたが、何處へ行つたものか影も形も見失はれてゐた。そこで[illegible]の胸をおさへて僧の言葉に從ひ山の中へ行き此處かし處と捜し廻るう

ち、圖らずも父の内匠は不具の身を洞に支へながら生きてゐた

◇

息子は意外の喜ばしさに山籠りの生活を仔細に尋ねたが、肌をつんざくやうな寒い時節とて體は棒のやうにこゞえて本性を失つてゐるので、火を焚いて溫めてやると父の内匠も漸く本性にかへり、

「よく、迎へに來てくれた、が誰れか傳へをしたものでもあつたか喃……」

「みすぼらしい僧が傳へてくれました」

「なに、僧とな……」内匠は思ひ入れあつて後、

「さういへば、自分が今までかうして生き長らへてゐたのも實は見も知らぬ坊主が七人で替は

るゝ食物や湯水を運んでくれてゐたおらだ、そのうちの一人は身が缺けてゐるので貧乏に[illegible]つてゐる……」といつた。

◇

親子お相[illegible]して[illegible]の[illegible]を見ると、[illegible]にも七本の卒塔婆の中に一本は缺け目のものがあつたので、さては七人の坊主とは[illegible]の卒[illegible]に[illegible]ないと[illegible]の[illegible]

ふ。一寸變つた傳説の話をして行くうちに、

「或る晩なア……」と膝を叩いて話出した。

◇

夫は正親町帝の御宇で天正十四年の秋のこと、淨蓮寺第一世として名だゝる覺阿上人が十夜[illegible]にはげんでゐる[illegible]樣た扮たちをした一人の禪僧が毎日毎夜少しの時間も違へずにやつて來ては法場に詣で、本尊に向つて合掌三昧、果てはおろ〳〵涙を流して懺悔し、出離解脱を一筋に願つてゐた。

◇

覺阿上人はこの禪僧が毎日毎夜の苦行を見て不思議に思ひ、或る日、法場を去らうとする機會を狙つて、

「あなたの懇むさには[illegible]して居ります、してかくも毎日[illegible]さず詣でもれるには[illegible]もあらうこと[illegible]」へ[illegible]た。禪僧は上人の膝下へ額づき

言葉靜かに、

「お尋ね下さる御慈悲の程、ほんとうに嬉しう存じます、私は茂林寺の會下で守鶴と申すものでございますお當寺の本尊は定朝の彫刻で殊に靈驗あらたかであると聞きまして、乾度御利益のあらうものと思ひ、かうして詣じゝは禮拜して居ります」と答へたが、途中で折れることもなく十日十夜十五日[illegible]の時間まで一日も缺かさず一夜の[illegible]もなく參詣した[illegible]

◇

その後、久しく寺へ姿を見せなかつたので覺阿上人も不思議に

思つてゐたところ、あくる年の二月二十八日の夜のこと――〳〵上人のお枕頭に現はれた[illegible]の[illegible]があつた。[illegible]を[illegible]せたくだんの[illegible]に[illegible]してから、[illegible]の[illegible]、[illegible]染めの袖をしぼつてから徐に上人に向ひ、

「お恥しい次第ながら、私は實は古狸の化身でございます、けれども三國には深き因縁があるのでせうか、天竺では[illegible]の[illegible]を[illegible]中に[illegible]は、[illegible]に[illegible]つて五百年、日[illegible]に[illegible]つて八百年、その[illegible]もあり知識も多かつたのですが何うしたものか惑障盡きず、業障も重うございまして、出離解脱が容易でなかつたのです。

◇

ところが佛祖の妙感とでも申しませうか、昨年の冬、十夜念佛の法場に詣でゝ上人様の致誠を蒙つてからといふもの、深く本願の深意を味はひ、諸天、人民動物の類皆慈恩を蒙り、惡苦を

解脱することが出來るといふ如來の教へを仰ぎ、念佛を怠りなうやつて居りますと、昨夕、有難や佛勅を得たのでございますその時、當寺の本尊が枕下に現はれ微妙和雅の御聲で、他生の結縁[illegible]位稱名の功もあるによつて、解脱を得させやう、夜が明けたらば直ぐに義お前へ來て六字の名號を書けとのこと、それで今その名號を書かうと思つてやつて參りました」と詳さに述べて[illegible]を[illegible]つたのお今日[illegible]する一[illegible]六字の[illegible]であるとされてゐる

郷土の怪異（十一）
雨の夜、闇の宵 燃ゆる鬼火
淫奔故に斬られた女
残る恨みを傳へたおそよ橋

雨の夜、闇の宵　燃ゆる鬼火　5-195
●上毛新聞　昭和五年八月十六日

――世は寛政の頃であつたが邑樂郡館林町から埼玉縣羽生へ通ずる梅島村大字中谷に嘉右衛門と呼ぶ地主が住んでゐた、しかし嘉右衛門は持つて生れた山師根性から百姓に不似合な投機的

な仕事に手を出して先祖傳來の田畑は勿論のこと、家藏の悉くを投盡したばかりか其の身は思ひもよらぬ賭博の罪ひに、代官所から御所拂ひを申付けられ、隣の尾切つたお上からも追放されるといふ悲運に逢着した。

◇

彌右衛門の死は一家の甘苦をなす夫の不始末を更に痛々しいことに心を悩め、気をつかつてゐたが、[illegible]のおそよが成人してゐるのでせめてもの慰めとしてゐた。女手一つで生計を立つた[illegible]

噂に花の咲くのを恨れて、やがておそよに聟として迎へたのは隣村羽付の縁戚先になる彌右衛門といふ者で、これに村内へ分家を出させて一家の所與を托した譯である。

◇

彼の性来はなまなか目も美ましい程夫婦仲もよく、共に世の生活にはげんでゐたがおそよは性來自墮落な女で、誘ふ水あらば――といつた態度が強かつたために

二三の男の慰み者にされた揚句無頼漢の與吉とも浮名を立てるやうになつた。おそよの亂行を見て見ぬ振りしてゐた彌右衛門もに投げられる言葉は、いつも[illegible]ることなく「町内に……」を[illegible][illegible]るのだつたが、「[illegible]するだらう……」と聟といふ呼び名の手前荒立つたこともさし控へて忍從の底を歩んでゐた。

◇

しかし、男の怒りを表現する日は迫つてゐた、氣のいゝ彌右衛門は自墮落な女をいつまでも生きながらへさせておくことは、家のためにならぬばかりか一つにはおそよの身のためにならぬと決心し、

「さうだ俺の本位ぢやないが殺してしまふことがおそよの手向けだ……」と心を鬼にして母親と共に涙を呑んで相談を纏めた。

◇

文政六年二月二十九日の夕暮、[illegible]は與吉との[illegible]しみに[illegible]をはづませてゐるおそ[illegible]、

「今日、梅原の親類から是非お客に來てくれとの呼び狀だから今夜行くといつておいだ程に、お前も母と一緒に行つたがよい……」と鬱陶の思ひでさういつた。その夜は激しく雷が鳴り電が走り、雨もポツ／＼やつてゐたので、

「折角ですが妾この次きに…」と言葉を避けていら／＼してゐたが母親はたつて約束をしたことだとせき立て、母子相擁して家を出て行つた。

◇

彌右衛門は母親と諜し合せてあつた芝居の筋とて、一足先に中谷村夏谷の堀端三角谷といふ倚淋しい土橋の側に身を忍ばせて二人の足音を待ちあぐんでゐた。さうしたこととの巧まれてゐ

ることとを神ならぬ身のおそよは知る由もなかつたので、母と語らひながら土橋の袂へ差し蒐つた刹那――猛り狂つて躍り出た彌右衛門は物をもいはず一刀を浴びせた。血はサツと雨の中へ迸つた、おそよは悲鳴を揚げて救ひを求め、母に抱すがつたが、

「おのれのやうなものは死んだがいゝ……」と心にもない捨て白辞と同時にそつけなくも突き離したから、瞬時もおかずに打ち下した彌右衛門の二の太刀に「覺えてゐろッ……」と怨みの一言を殘して、惨たらしい屍を雨の中へ晒した。

◇

おそよの魂は永遠に浮かぶことが出来なかつた、おそよの執念は青火となつて燃え、鬼火となつて飛び、とりわけ雨の降る夕べ、鵺鳥の啼き騒ぐ夜など、ズウと尾を引く鬼火に土地の[illegible]を驚つたことなど[illegible]となりいふとなく「おそよ[illegible]」と呼ぶやうになり、[illegible]の[illegible]となつてゐる。

郷土の怪異（十二）　岩神の岩からさつと迸しる鮮血
●上毛新聞　昭和五年八月十七日　5-196

怪　郷土の怪異　二十

岩神の岩から
さつと迸しる鮮血
忽ちにして血河をなす凄惨
穴守稲荷縁起ばなし

おなじ境内に穴守稲荷を祀つてあるので、少しく變態的崇拜者で知られてゐる、前橋市岩神町廣瀬河畔に大岩石がころがつてゐる。

「その大石が刻まれる刹那にサッと血を吹いた……」などゝ、科學文明の進歩した今日では一寸受取れなかろう傳説がある。

あの巨岩は古い昔のこと、淺間山が大爆破をした時何處からか飛んで來たといふので一名「岩神の飛石」とも稱されてゐる。

◇

――沼田から江戸への唯一の街道跡を止めてゐた松並木の松がだん／＼老ひ朽ちて、その俤を絶つて行くのに、飛石ばかりは龍蛇の風容ある赤松や雑木を負ひ、蔦などをからめて綠を見せてゐるので、岩神町、紺屋町邊へ住んでゐると又一段となつかしい飛石ではある――餘談は措いて、勢多郡南橘村出口の利根川淵に片石山といふ山が鬼の齒のやうにそゝり立つてゐる。

「片石」と呼ばれるやうになつたのは、往昔、利根川に大洪水があつた時、半分はさつと割れて激流に呑まれてその半分だけが殘つてしまつた。

◇

そんな因縁から「片石山」と呼ばれてゐるのだと傳へてゐるが、かけ殘りの斷崖は橘山の脚下に聳え、山の上にも斷崖の上にも年經た松が枝をのばして行人を招ぐにも似た風情は一幅の名畫だ、春は霞のたなびく上に、秋は狭霧の立ち罩むる上に絶景される奇岩と松樹とは神々しくも浮き立ち、形容しつくせぬ絶景である。

◇

――片石山には天狗が棲んでゐたといふので頂上に「天狗の相撲場」と稱せられる場所がある天狗の相撲は常に清淨さを尊び塵一本もとゞめない冬になると松の落葉などの散り敷くことがあるが、それは立所に一方へ吹き寄せられてしまふくらゐ清淨な山であるから、血服のものは決して登らぬことになつてゐる若しもこの無言の禁制を犯して上らうものなら、直ぐに千双もあらう崖下の利根川へ投げ込まれるといつてゐる。

◇

一方、利根の流れに浸された片石山の半分は水の流れに轉ばされ弄ばされながら前橋市の北端の地へ漂着した「岩神の岩」であるとされてゐる。岩神の岩は硬堅無比の岩で切石にすれば建築上の用途の廣いことは判りきつてゐた又これを刻めば庭石などには誂へ向きのものであつた。そこで或るときのこと、近在の石屋連が聯合し、石を切り出して一儲けしやうと合理化運動に着手した。

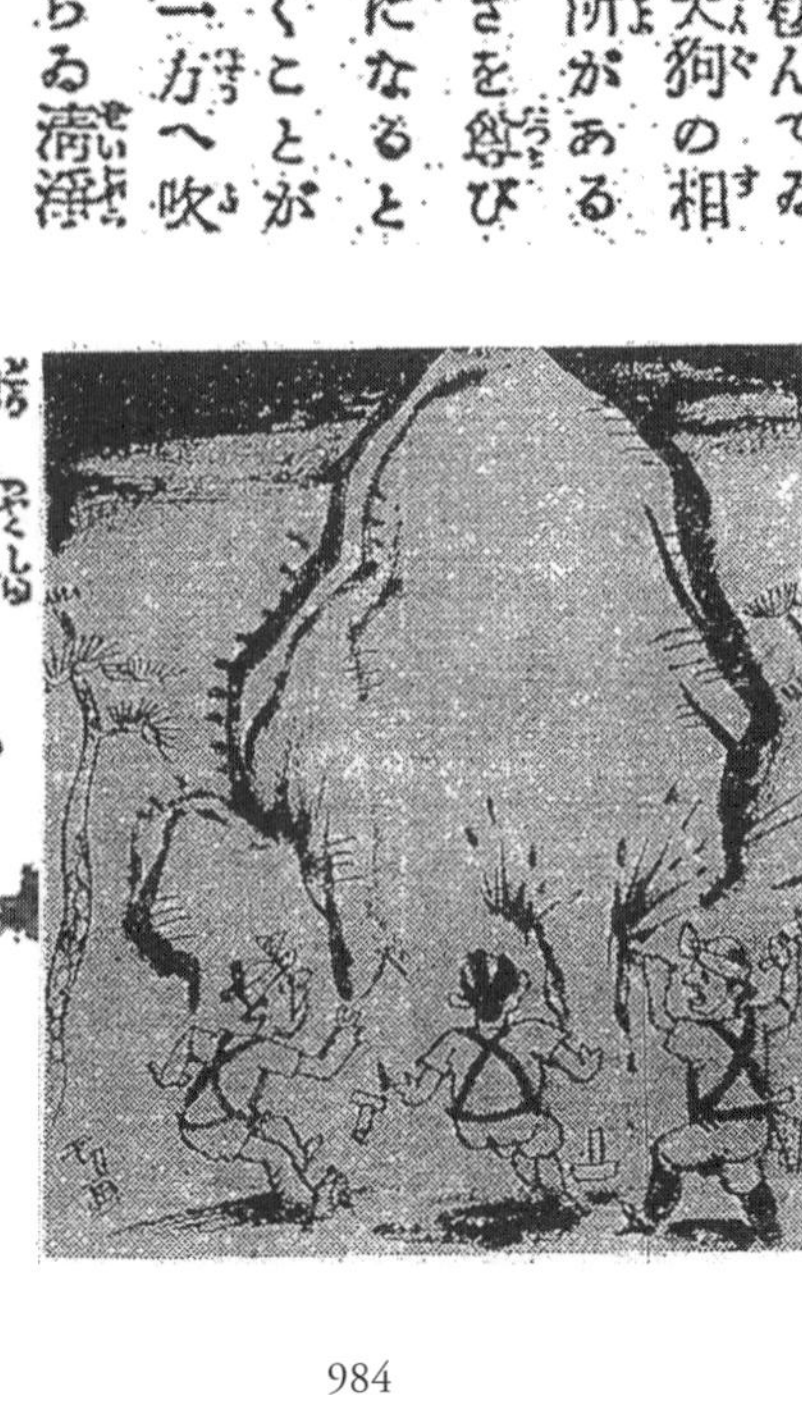

◇

儲けを見込んで、濡れ手で粟を夢想する連中が、石を切り出さんものと勢ひ込んで岩脚に鑿をあてた、すると石はキ、、ツと凄じい音を發してあたりの静寂を蹴散らした。石工たちは顔色を土色にかへて身を震はし、氣弱なものは聲を呑んで身を退いた、とあたりを見るや、鋒先の喰ひ入つた岩角から鮮血が迸つて血河を築かん程の凄惨さだ。

◇

石工連中は極度に怖れをなし、石を切り出すどころか命からがら其處から家へ逃げ歸つた。それからといふもの、この岩を切り出して一儲けなんて企らむものは夢にだになくなり、それのみか岩を恐れて神として一つの祠を建立しこれに「岩神」を祀り、後に建てられた社が前に記した岩神の穴守稲荷であり、町の名の岩神もこの縁起から來たものではないかと傳へられる。

郷土の怪異（十三）　父親の貪欲から蛇体に化して

●上毛新聞　昭和五年八月十八日

5-197

父親の貪慾から蛇体に化して

狂死した庄屋の愛娘、池田村白蛇塚にまつはる怪異

利根郡池田村大字奈良百塚といふところに白蛇塚といふのがあつて、その周圍には百餘の小さな塚が、十町ぐらひの畑の中へ碁石を散らしたやうにポツヘリ／＼殘されてゐる、又その中に一際目立つて映える「百塚大明神」と記された石碑があるがこれはいつの時代にか庄屋が愛娘の死を供養した石碑だとして怪異な話を傳へてゐる。

◇

庄屋の久兵衛は喰ふに不足のない身分とて、骨董品の蒐集癖に富んだ、物持階級特有の薄ッぺらな行き方をしてゐたが、或る日のこと小作男の万作が、

「庄屋様、あの塚を掘つたら乾度アッと驚くやうな珍器珍什がザク／＼つと出ませうぜ……」

と勧めたから堪らない、俺の手一つで村のことは何うにでもなるといふ風にでもなるといふ威を見せながら

「ようし、そりや面白からうぜ手都合がよくば早速やつて見てくれんか喃……」と久兵衛は双の眼を奇異に輝かせながらさういつた。

◇

塚は村の南方にあたる畑の境界の眞ん中へペラ／＼に點在してゐるので、久兵衛はその翌日から多くの人夫を勵まして片つ端から崩し始めた。既に麦時も濟んで多忙期に入らうとしてゐる頃だから人夫の數も多く、力任せに振り上げられる鋤鍬は立ち所に一番大きい塚を目蒐けて掘下げられて行つた。と久兵衛の貪慾を充分滿足させやうところの刀劍が幾ふりか現れたと見るや、次々に鏡も出れば、矢の根石など派手ですくひ上げる程飛出すのだつた。万作は自分の見込みの違はぬのを誇りがに、

「庄屋様、何うです、だからいはんくつちやないでせう……」

と鼻を高くした。

◇

「さすがは万作だ、偉いつ……」と、久兵衛は万作の肩を叩いて喜んだ。その夜、止せばよいのに久兵衛は塚から發見した幾多の珍品を床の間へ並べ立てゝ賑やかな宴を催し、飲めや唄への亂痴気騒ぎを演じてゐる眞最中に、一人娘のお京は。

「お父さん蛇が……恐いッ……」と、猛り狂つた。そして猿のやうな素早さで大黒柱へ飼ひ上つたから、久兵衛を始め餘の人々もアッと驚いて之を擁つた。

◇

それ以來といふものお京は

――蛇が怖ろしい

――蛇が恐い

と熱病患者のやうにうわ言を口走つては泣きわめくのだ。庄屋は薄氣味惡さに抗し切れなくなつて、旅稼ぎの賤卜者にそれとなく伺を立てた。すると、

「――荒乾神にあたる塚を掘つた祟りであるぞ」と所田に力を入れて御託宣に預かつたから庄屋の驚きは勿論万作を始め塚掘人足となつた小作人たちは浮いた空がなかつた。

――塚の祟りだ

――塚の主の蛇のたゝりだ。

村から村へさういふ噂が波及して行く時、お京の姿がパッタリと家人の眼界から去つたので、庄屋は血眼になつて多くのもの

と共にお京の身を捜し案じた。
◇
しかし吉報は齎されなかつた。

「大變だ、お京さんは塚の前で冷たくなつてゐるだ……」と傳へるものがあつた、取るものも取敢ず一同がそこへ押寄せて見ると、上半身は生きてゐるやうに妖姚艶麗な姿を止めてゐるが下半身は蛇體に化身してゐるので、慄然として聲を發するものもなかつた——塚を掘つた時の蛇の祟りだ——庄屋は一族を懺悔して供養の碑まで建立したがその時から家は左前となり、今では僅に村人の夏の話題を提供するに止められてゐる。

郷土の怪異（十四）
赤城の沼に沈みゆく船と人
●上毛新聞　昭和五年八月十九日　5-198

赤城の沼に
沈みゆく船と人
傳へられる御神木の祟り
千九百三十年の怪異

暴風雨の氣を孕んで山は暗く湖面に影を落してゐた。結構のものたちは何事か不慮の禍ひが襲ひかゝつて來さうな豫感に震へてゐた。

「さア、用意が整つたら雨とならんうちに薪を伐り取つてやらうぜ……」

「さうとも、しかし万一雨がやつて來ても大丈夫だと確信のもてる[illegible]おいよぜ」
◇
[illegible]
桑原安喜丸、齋藤清作の四君は去月二十七日の午後零時半頃、黒檜山麓の雜木林へ繰込むべく小型和船で漕ぎたひに小鳥ケ島の[illegible]から[illegible]へ[illegible]上つた。
◇
[illegible]自慢の村人の常として貧下げられてゐる雜木林の下枝や朽ちた古木は瞬く間に二百餘貫伐採された、そこで[illegible]
か、
「みし〜〜怪しい音がするぜ……」と誰かいぶかり半分の言葉を投げた。しかし、
「なに、案じやねえ」と取合ふものはなかつた。
◇
やがて船は[illegible]な響きに[illegible]つたので、みんな默つてはゐるもののだん〜〜不安に驅られて來た[illegible]

ねえか」

「大丈夫……」まださういふ强がりもゐた。

「危ないぞ……」

「危ないッ……」斷末魔の叫びが、單的な標語のやうにつまるとは知らなかつた。
◇
小島ケ島の東へ面してゐるスッポン島を距る約十五間の箇所でさすがの重量に堪へかねて船は[illegible]し、四名とも十五尺もあらう水底へ飲みこまれ水に[illegible]の[illegible]い山男とて[illegible]、[illegible]澤、桑原の三君は水沫の中から[illegible]ない哀しさに二十五才[illegible]を一期に大沼の藻屑と消へてしまつた。[illegible]君は[illegible]
[illegible]

「夫れお還ってやつたことにもせよ、赤城山傳來の御神木に斧を入れた報ひだ……」
「さうかも知れんぞ、御神木を伐り倒すと神の怒りに觸れるは

郷土の怪異（十五）

城主の娘の寝所を襲う妖魔　5-199

●上毛新聞　昭和五年八月二十日

郷土の怪異（十五）

城主の娘の寝所を襲ふ妖魔

名香の薫り、なぞめく男女の私語

沼田城に傳はる怪異

沼田の城主、眞田氏の姫君雪江は美人の聞へが高くどんな女御更衣にも供へらるべき艶やかさの持主として城中に鳴つてゐた、お家臣の吉田は大それた若者で秋草茂る庭の隅から垣間見たのお因果で煩悩の犬は追へども去らずといふ寸法——夢幻にも忍の姿お忘られず憧れの氣持ちは日毎に强く深くなつて行つた

◇

一瞬時、[illegible]の[illegible]中を[illegible]し下され……」[illegible]へ[illegible]を[illegible]かけた吉田は興奮氣味にさういつた、果ては戀に上下の隔てはないと都合のいゝ紋切型を並べて姫の袖に縋つた。吉田から思ひもよらぬ心を打明けられ、苦しい胸への救ひを求められた姫は聲こそ立てぬが、さうした不遜の態度に[illegible]し静かな心をみだされた。

◇

しかし、吉田はつれない返事に生きる[illegible]を[illegible]つて其の[illegible]を[illegible]ざ[illegible]、[illegible]の侍女たちの間に取沙汰されたのおやがて表沙汰にまで進んで、下々上の甚だしいものゝ當然の[illegible]として、戀の闇の儘つ只中を盲目に足掻き廻りながら吉田は遂に利根河畔、月夜野の[illegible]へ[illegible]出されて斬首の[illegible]に處せられた。

◇

一瞬[illegible]さらば……」死への[illegible]の一[illegible]はおまりにつめたく[illegible]しいものがあつた、そして[illegible]の[illegible]は[illegible]が[illegible]んだ[illegible]では[illegible]まるで[illegible]

一匹の白鼠と化して館の奥殿にチョロ〳〵と身を忍ばせるのだつた。

「あれ、白鼠が〳〵」と櫻桃桃李の侍女たちが金切聲を立てながら床を追へば梁へ飛び上り、戸を閉ぢれば障子から飛び込み男禁制の奥の間は上へ下への大騒ぎが繰返されて行くのだつた

◇

或る日のこと——多くの連中が白鼠を追ひ廻してゐるうちに鼠は遂に姫の寝所へ風のやうに走り込んだ。姫は失神してガバと飛び起る瞬間、綾羅の裳から芳醇玄妙な内薫るへヒラリと[illegible]り込んでしまたので姫はその儘そこに打伏してしまつた。

◇

城中の騒ぎは[illegible]に輪をかけられ、[illegible]は[illegible]してゐる玉の[illegible]の[illegible]を[illegible]くのに[illegible]し、[illegible]て[illegible]へつて、[illegible]

眼を[illegible]つたお鼠は[illegible]をすら見せなかつた。夫れからといふもの姫は夜な〳〵妖魔に魅せられてゐたが、侍女たちが夫れとなく[illegible]の[illegible]子を[illegible]ふと[illegible]に[illegible]しくなるばかりであつた。

◇

近親のものですら遠ざけるくらゐであつたから何人も姫のそばへよつてつかぬのに[illegible]の奥をへだてた一[illegible]で[illegible]れやらともなく

秘冠、山鉄砲に[illegible]の[illegible]よことも言から[illegible]ごとちや」と[illegible]に[illegible]にペツと[illegible]い[illegible]。そして[illegible]にも[illegible]に[illegible][illegible]の[illegible]の[illegible]から[illegible]とする[illegible]

やうな不氣味な黒雲が現はれ、雲の間からは雨もザツ〳〵撒かれたお日暮から大雷雨と化し龍巻への下山道に面した白川が氾濫して、更を我おもの顔のキヤンバー遊中を死のどん底へつき落すやうな[illegible]に[illegible]せしめたなど、[illegible]つてか[illegible]てか、[illegible]れにせよ[illegible]は[illegible]を[illegible]きいなんだ[illegible]として[illegible]にまきつけてある。

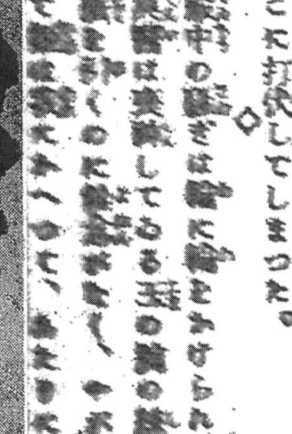

樂しい調べの聲音や[illegible]れて來るのだつた、夫れと[illegible]に[illegible]所にたきこめた名香の香りが花の洞を思はせるやうな美しい閨にしどけなき姿を投げかけた姫が陶然と夢幻の境を彷徨するにも似て何者かの影を追ひ、とろけるやうな微笑みさへ浮かべてゐる。

◇

奥殿に曲者ありと睨んだ侍女たちは血相かへて、あたりをさがしたが今聞こえた聲音は姫が軟かい夢の中にむづかられた外他に一人の影もないことがわかつたが姫はさうした不思議にさいなまれて[illegible]られるやうに痩せるばかりであつた、しかし谷川の靈泉で再び嬋娟たる美女にかへつたお身の[illegible]を[illegible]と[illegible]いふ名で[illegible]に[illegible]した[illegible]で[illegible]したといふ[illegible]の[illegible]とされてゐる。（[illegible]）

郷土の怪異（十六）　仏徳を物語る鰻橋と弘法の井戸

●上毛新聞　昭和五年八月二十一日　5-200

佛徳を物語る
鰻橋と弘法の井戸
碓氷郡東横野に残る
増水が生んだ傳説

◇

越後の遍土を打刧つた弘法大師はみすゞかる信濃の國を風つぶしに遍歴しつゝ功德を施し嶮難な碓氷峠を越えて上野の國へ第一歩を印した。山を越え、野を越え、川を越へてある村この里へと錫杖を曳き、さうして至るところで苦しめるものゝ爲めには德業を施し、心に悩みつくせぬ悩みのあるものには佛の道を説いて聞かせ、佛法の功德を[illegible]幾多の奇蹟をして佛教布教の基礎をしてきた。

◇

[illegible]た時のことである、うんざりする程降りつゞいた長雨のした後に、雨氣を含んだ黒雲が吹き込んで、この地方は古老も語る術を知らないといふ大雨が襲つたのでどの山も、どの川も岩をも呑み干さんずの勢ひで増水し、村人はん木をば叩いて警戒に當へ、盆地の農家は逃げ仕度に必死となつた。

◇

橋といふ橋はどれもみんな流れるか墜ちるか、さもなくば水をかぶつて渡れさうにもないので[illegible]れ道で黒岩村へ通じてゐる道があつて道には一寸した石橋があるがこれが村人の俗にいふ「鰻橋」といふ橋である。

◇

弘法大師はこの橋のところへ差蒐つたが川は荒れ狂ふ猛獸のやうに増水してゐて、濁流は橋の上を突破して滔々と流れる始末に、ほと〳〵困じ果て川の岸へぢつと立ちつくして不安を感じてゐた。其時のことである――幾百年ともいふ齢を重ねたものさへもとところの耳の生へた大[illegible]

◇

弘法大師は御佛の慈悲を信じて更に耳を澄ますと、

「この増水では如何にしてもお渡りすることはかなりますまい――あまりにみすぼらしい姿ではございますが、私が橋の代りになりませう程に、何うぞ捉てお渡り下さいませ……」と語尾を切つたかと見るや件の鰻は濁流のこつちの岸から、向ふ岸の大岩へグングン横たはつた、弘法大師は感謝の心に滿ちながら、やす〳〵とこの川を渡ることの出來たことに歡喜した。

◇

川を渡り終つた弘法大師は携へてゐた錫杖をその地へ突きさしておいてから、徐に、

「鰻よ、お前は永く此の地に住えてゐるがよい今日の心からの義勇に報謝の意味でこれから後、未來永劫どんな出水でも水に

[illegible]をやらなことはさせまい」と[illegible]

〳〵と清水が湧いて一つの井戸が形造られるに至つた。

◇

かうした縁起からその橋は鰻橋といはれ又由緒ある井戸は「弘法の井戸」といふ名で呼び交されてゐる、今でも鰻橋の下を覗くと深さ二三尺ぐらゐ、春夏秋冬あまり増減のない綺麗な水溜があるが、「それが弘法の井戸だ」と村人は傳へて居る。（挿繪成田一方氏筆）

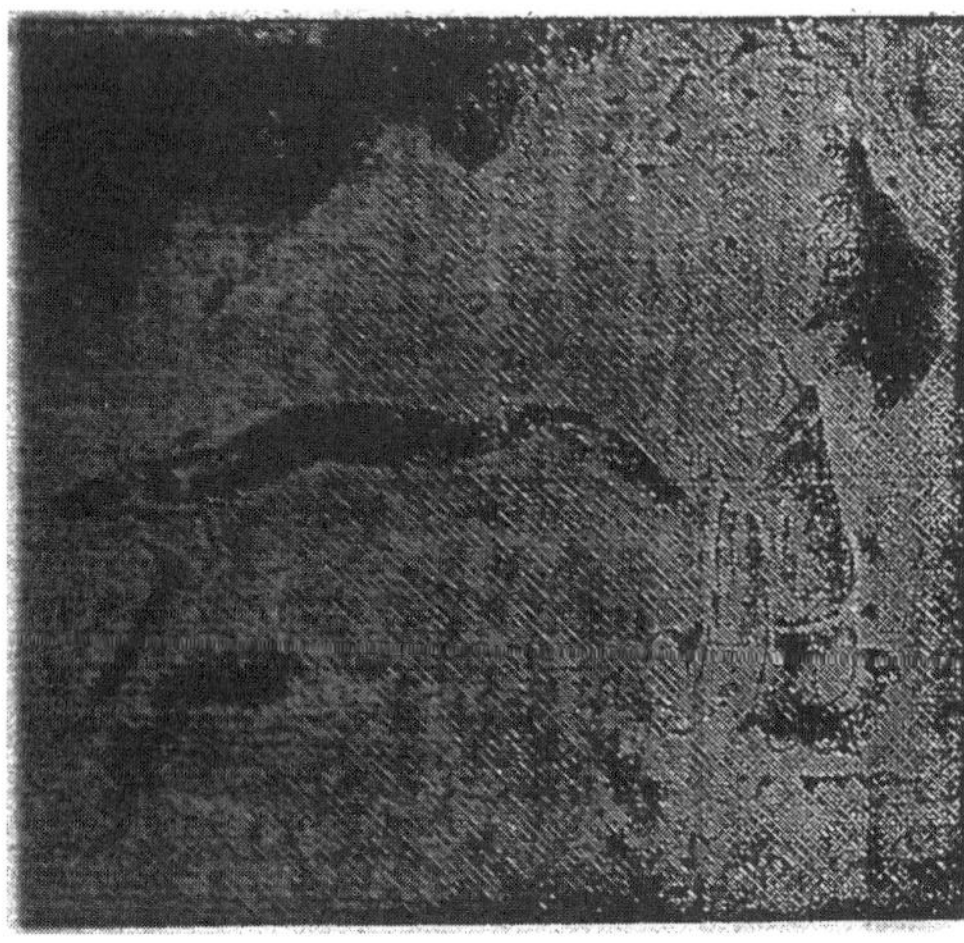

郷土の怪異（十七）

怪

●上毛新聞　昭和五年八月二十二日

武州で捨られた夜泣地蔵の首

5-201

武州で捨られた
夜泣地蔵の首

茶釜石の妙音忘れ難く

五料戀しと音に出して泣く

蜀山人の旅日記の片々に「五料ではちんまり高い茶釜石ねうちを聞いて通る旅人」といふ狂歌が載つてゐるが、この茶釜石こそ碓氷郡臼井町大字五料字丸山坂の南側、中仙道の通りばたに轉がつてゐる珍石とある。形は方形で重さは二百貫位の石であるが、これを叩くと不思議なことに恰度金んぼの茶釜をコーンと叩くやうな妙音がするといふのであつた。

◇

だから馬車に苦しむ上り下りの旅人などはよく足を止めてはこの茶釜石を叩き、その妙音に耳を傾けたものであつたといふが、[illegible]て見てもそんな音もしなくなつたと傳へられる、然しこの茶釜石の直ぐ側に首の飛んでゐる石の地蔵尊がぼんやりと立ち塞がつてゐる、この石像こそ「夜泣き地蔵」の別名で一寸怪異な材料の供給者ではある。

◇

昔、然る角度にかしがつた荷をつけた馬が馬方からひどく叱られ追はれするので仕様ことなしにパカ〳〵歩を運んでゐたが、此の地蔵尊の前まで来ると、とうとう[illegible]動けなくなつてか馬、首をうなだれて立ち止まつてしまつた。さア馬方の怒りは手に[illegible]れてゐる石地蔵に[illegible]殺された。[illegible]

た、その時、背中の荷はなほ一方に傾いたから、馬方は、「こん畜生……」と何遍かくり返しながら荷なりを直すのであつたが初めから荷のつけやうが芳しくなかつたものか、どうしても片荷になつてしまふので、フと傍を眺めると、地蔵尊の首がはなれて胴の上に右を向いて乗つてゐるので、馬方は大喜び、「こりや、うまいものがあつたぞ、よし〳〵これを借りて片つ方へつけてやれいッ……」と無茶千万にも地蔵の首を軽い石へつけた。

◇

そして、[illegible]

そこで用なしに歸したので弊履のやうに捨てられてしまつたさアさうなると地蔵の首は自分を常に慰めてゐてくれた茶釜石の美妙な音を耳にすることが出来なくなつてしまつた、夫れが寂しかつたか、物足らなかつたか、或は茶釜石の餘韻あるその音を經文とでも思つて聞き慣れてゐたのに障壁を築かれてしまつたのが悲しくてか但しは胴と離れ〳〵でゐることが切なくなつてか夜な夜な聲高らかに

——五料戀し

——五料なつかし

と哀切極まりなく泣くのであつ

た。

◇

深谷の里の人々はさうした夜泣きの聲を聞いて不思議がつてゐたが身つ柱の强い若い衆によつて地藏の首が泣くのであることをつき止め、

「まア、氣の毒に！……」と通りすがりのものも合掌して其處を過ぎるやうになつたが、かうした不思議を尋ねるもののうちに奇篤な老人が一人ゐて、或る日のこと、この地藏の首を拠へて、わざ〳〵五料までやつて來て、もとのやうに胴の上へ乘せて懇に供養までした。

◇

しかし、それからといふもの、

西は追分
東は關所……

と我が者顏にその街道筋をのさばり返る馬子の鼻唄さへ、現れば誰れ彼れの別なくおろ〳〵泣くやうになつたといふので「夜泣き地藏」と呼ばれ、夜泣きする子供のまじない神として鄕土人に親しまれるやうになつた（[illegible]）

怪　郷土の怪異（十八）　仏化を求めた双林寺の猫

●上毛新聞　昭和五年八月二十三日　5-202

鄕土の怪異（十八）

佛化を求めた 雙林寺の猫

涅槃像を描く繪師に許されて嬉しげに尾を振る

お寺さんが人寄せの時などに揭げる涅槃像の大軸にはあらゆる獸や鳥が描かれてゐるがその中に猫の描かれてゐるものは遂ぞ見かけた驗しがないであらうところが群馬郡白井の雙林寺に所藏されてゐる涅槃像には他の鳥獸と緒に竝んだ猫が仲間入りをしてゐるから珍妙である。

◇

雙林寺は來獄和尚と呼ぶ英雄和尚が住持してゐる頃が一番盛んな時代であつたが同寺は元來伽藍の朱印三十石で寺格は一万石の大名並みに取扱はれてゐたのだから素晴らしいものだ、さうした格式に相應しく、だから其老、獸師、寺者といつた三大役者がゐてそれ[illegible]ゐた、その時代には雙林寺は上野、信濃、越後、佐渡四ケ國の禪僧推擧状を渡す觸れ所であつたから時には僧侶の訴訟をも裁いたので牢獄もあれば郷宿もあり寺侍もゐたとまで傳へられる。

◇

寺内には前に記したやうに知客寮といふ建物があつて、そこでは雲水行脚の禪僧を歡迎するのに遑がなく、いつも〳〵百人以上の雲水が參禪修學をしてゐた話は來獄和尚の時のこと——知つて貰きたい——來獄和尚の[illegible]

[illegible]眼を射るばかりであつた、そこで大般若經が寄進され、それを收める大般若經藏が建てられたり、涅槃經も寄進されたから、それに格好の涅槃像のないのが玉にきずの嫌となあつた。

◇

或る日のこと——知客寮の雲水行脚の徒にまじつてゐた名だゝる繪師常南がゐたので、常南は大いに氣の毒がり、「和尚さん、私が日本一の涅槃像を書いて進ぜませう」と自ら名乘つて出たので、來獄和尚も大いに喜んで、直に揮毫を依頼し、[illegible]仕入れて常南に提供した。さア雙林寺で日本一の涅槃像[illegible]といふ[illegible]人氣を沸騰させた。

◇

常南には梅隣といふ秘藏弟子がゐたが梅隣は仙臺の豪家の倅でしかも後繼者の立場にありながら好きな彩管にのみ親しんで家のことなどは顧みなかつたので

親類間で協議の後、常南に願つて俗世から縁を斷つやうにし、放浪生活を彼の行く手に與へた。椿岳は其の後家を出て永いこと常南にめぐり逢ふべく捜し求めてゐた折柄、里人の噂話を漁むと雙林寺で苦行中であることを知り早速同寺へ驅け付けたので常南は意外の訪問者に打喜び、そこで師弟二人は一枚の涅槃像に對して共に天與の才を揮ふことになつた。

◇

雙林寺では大客殿の廣間を畫室として二人の外には何人をも出入を避けさせ、最も靜かにし出來るだけの敬意を表してその完成を祈つた、ところが或る日のこと一匹の猫が畫室に紛れて、じつと涅槃像を眺め、しかも二[illegible]てはゐるもの〻別に二人の仕事を邪魔立てをせぬので追はふともしなかつたが、そんなことが三日四日續いたので、或る時、常南が戯れ半分に、

「何うだ、お前も涅槃の結緣を求めたいのか……」と云つた、猫は嬉しさうに尾を振つて一段とおもねる風をしたので、その時常南は、

「さうか……」とうなづき猫一氣に破戒呼ばはりをされてゐる猫の姿を繪筆に運んでしまひ、これを同寺永遠の寶物として世に傳へるに至つた。

挿繪若林侍郎氏筆

郷土の怪異（十九）　斬られた首が空を飛んで

●上毛新聞　昭和五年八月二十四日　5-203

斬られた首が
空を飛んで
向ふ河岸の杉の木に噛み付
吾妻太郎最後の怪異

武人でありながら一面築城家として鳴らした吾妻太郎の構へた岩櫃城であるから堅固なものには違ひなかつたが眞田の軍勢に十重、二十重に取り圍まれては堪り樣もなかつた。しかし豪膽な太郎は、

「見よ、城には山と積んだ米もあれば又鹽もあるのだ、夫れに敵が困らせやう〳〵と計つてゐる水もなんのことはない秘密の水口を切れば滔々と流れ出るやうになつてゐるのだ。

◇

不便不自由とは敵の當推量だ、そんなことで太郎なんぞ屁古垂れんやだ、一月でもよし半年でもよし、まつた一年でも二年でも根のつゞく限り取圍んでゐるがいゝ、この城は俺の兩眼の黑いうちは落城はしないぞ、そのうちにはこちらから討つて出るから覺悟しろ、その時になつて蟻子の散るやうに蠅が手ばたき一つで立つやうに逃げ退けすると容赦はないぞッ……」と、さすがは城主らしい貫祿を示して頑張つてゐた。

◇

弱い心を見せまいとしてさういひながら籠城の辛さ、苦しさを重ねて來ながらも家臣にはひるむやうな樣子を露程も見せなかつた。しかし、强がつてゐる反面には城の横手で秘密な樋があつて、水口さへ切ればいくらでも水が自由に得られるといふこと〻、どんなに敵が騒いだからといつて決してその水口は發見されぬといふ心の安んじ、心の誇りがあつたからのことであつた。

◇

しかし、さうした心だのみはあまりに心細い仇だのみであつた秘密の水口は善導寺の門前に住むお定婆アの口からすべつて遂に敵の伏兵に發見されてしまつ

から一塊りもなく命の綱の水口は斷たれてしまつた。吾妻太郎は地團駄ふんで口惜しがつたが何うしやう術はなく拳を固めて空をなぐつたところで何うしやうもなかつた。

「かうなつたからは根のつゞく限り、命のあらんかぎり、敵と戰ひ、武士の本分をつくして城を枕に討死するばかりだ、さア來いッ……」と悲壯な氣持を秘めて惡戰苦鬪を續けた。

◇

けれど、戰ひには完全に敗れた――さうして彼は不覺をとつて敵の軍勢に取かこまれ慘めにも捕はれの身となり、城外の刑場で首を刎ねられ、英雄の末路を告げることゝなつた。刑場に引き出された吾妻太郎の面相は到底二タ目とは見られぬ怖ろしさが漂つてゐた。首斬り役人は幾度も月のやうに冴えた拔き身の

一刀を振り上げたが、サツと風を切つた閃きを見るまでには息を呑んで躊躇した。

◇

吾妻太郎の首は斬り落とされた。しかし胴から斬り落とされた首は地には落ちなかつた。首はウいツとうなりを發しながら虚空に飛んで散り、驚いたことには吾妻川の向ふ側の川戸まで飛んで、しかもそこの杉の木に無念の齒を喰ひしばりながら、しがみついた。さうして首は地に埋められたが里人はからした怖ろしさを見て膽を冷し、後の祟りを恐れてか、そこに一つの祠を建て「首の宮」と呼んで祟めたが、お定婆アに對する執念は收まらずお定婆アに祠の前で悲業の死を遂げさせた。

◇

殘つた胴體は太田村岩井の長福寺の住職が引きとつて懇に供養をし、それが今日長福寺に現存してゐる納骨塔であるとされてゐるが勇者の最後を物語る一片の哀史として傳へたい。

郷土の怪異（二十）天狗の棲む九十九谷の霊境

●上毛新聞　昭和五年八月二十五日　5-204

天狗の棲む
九十九谷の靈境

稚兒を弄ぶ和尙の亂行が
天狗に祟られた柳澤寺の怪火

◇

弄ばれた稚兒さんの恨みを九十九谷に棲む天狗がかぎつけて柳澤寺の和尙にあられもない祟りを及ぼしたといふ怪異な傳説がある――群馬郡明治村に「船尾の瀧」と稱して高さ二十丈もある大瀑が碧潭に落ちてゐる。この瀧のあたりは山が重なり合ひ、幾筋となく谷が走つてゐる峰にはよい松が稠るく生え、谷には松の木立が鬱蒼と茂り、[illegible]は起伏も[illegible]やかに山から山を[illegible]ひ、[illegible]に[illegible]かれる[illegible]は千古を[illegible]、[illegible]

[illegible]

谷」はいよ〳〵靈地仙境の名を擅にするのだつた。

◇

或る時、この靈地は千谷あるといふことで御佛の成就を祈る大寺が建てられることになつたが念を入れて數へて見ると九十九谷きりないことが知れたためである、この九十九谷には天狗が棲んでゐて、天狗は自分の住家の谷々へ人間臭い寺がお建立されてはならないと[illegible]て、[illegible]てから[illegible]を[illegible]つて一谷隱してしまつた。それで九百九十九谷しかないのだと傳へられてゐる。[illegible]つてずつと[illegible]

[illegible]

地は御佛を祀る場所に選ばれて七堂伽藍を備へた立派な寺が建てられた。

◇

それより以前に寺を建立しやうとした時に千谷なければ建てないと云ふのだから一谷隱して建

てさせなかつたが、今度は谷の数などお構ひなしに自分の棲み家のまん中へ臺も高らかに大寺が建てられてしまつた。さア天狗は不機嫌でならない、隙があらば寺をふみつぶしてくれん、あらん限りの[illegible]してくれんと[illegible]してゐた。

◇

[illegible]に坊の數も多く僧も又多かつたから勢ひ稚兒の數も多かつた。その稚兒の中に一際眉目形の美しい稚兒が一人ゐて和尚の寵をかき集めてゐた。稚兒は珠玉にも等しく可愛がられた、そして月日がたつにつれて綺羅びやかなふん囲氣に浸されてゐたが、或る日のこと、新しい一人の稚兒が寺に見へるやうになつてからといふもの、華やかだつた生活は蹂みにじられて日陰者の身となつた。

◇

稚兒は口惜しまぎれに歯を噛みしめて和尚を憎むと同時に新參者の稚兒を憎み、二人は龍虎のやうに睨み合つて日を送つた。そして心の底に根を持つ古參の稚兒は事毎に目に角立て、新參の稚兒にあたり散らし果は掴み合ひ殴り合ひの爭ひを展開する

までになつたので寺へも居られなくなり泣く／＼里へ歸されてしまつた。親許へ歸された稚兒は寺での一分四什を告げたのでこれを聞いた父親は烈火の如くに怒つた。

◇

「和尚ともいはれる身で聞き捨てられぬ亂行、しかも身の依怙贔屓をするとは以ての外の沙汰だ……」と髪の毛まで逆立てゝさういつてゐたが、その夜柳澤寺は屈強な野武士の群に十重二十重に包囲された上に火を放たれたから微塵もなく焼き拂はれてしまつた。和尚が稚兒一人から外の一人へ心を移したばかりにこんな大事を惹き起したのも實は天狗の祟りであると里人は[illegible]

郷土の怪異（二十一）　悪夢に襲はれ奥女中を斬る城主

5-205

●上毛新聞　昭和五年八月二十六日

怪

悪夢に襲はれ奥女中を斬る城主

餓死した名主八名の恨みか
小幡城に傳はる怪異

碓氷郡西横野村大字八代に吉祥寺といふ寺があるが、その寺の境内に俗に八塔石の石地藏と呼ぶ八體の地藏尊が祀られてゐる この地藏尊こそ百姓一揆を未然に防いだ尊い犠牲者を祀るものとして郷土人にこんな話を投げてゐる。

◇

頃は元祿十二年秋も半のことであつた、甘楽の郡小幡の城主織田越前守お領分上一万石十四箇村にわたる名主八人のものは陣馬郡奉行へのことについて、しば／＼城主へ願ひをあげたけれど一寸にはそれがお取上げにもならさうもなかつた、しかし其のまゝ打ち過ごして行かうものなら[illegible]にも一揆を起すまじき見幕を示す百姓の難儀を救へぬのみか、遂には自分たちの立つ瀬がないやうにもなると首を鳩めて議を凝らした揚句——

◇

「自分等の身はたとへ八裂きにされ、膾にされて食はれやうとも、領内百姓一統の爲めには江戸表の奉行所へ訴願に及び、どうあつても陣馬の郡奉行へをして貰はねばならない……」と名主達は膝を固めて結論へ急がうとした。やがて領内百姓一統の總代として八人の名主の名を書きつらねた[illegible]立てゝ見た結果、名主達の申し

條に無理のないことが知れ、浮かぶ瀬のない百姓達に同情の度が強く、別に面倒なこともなく又日も永びかずに直ぐ[illegible]の[illegible]替へが行はれた。

◇

村のものたちは有頂天になつて歓喜した、そうして八人の名主に合掌して拝まんばかりに有難がつた、それと同時に彼等の心の奥に一つの暗い悩みが萌さずにゐなかつた。それは其の訴願の[illegible]が聞き届けられると同時に八人の名主は直に城主[illegible]田家に呼付けられ、これから先どんな[illegible]に處せられるかわからない[illegible]を[illegible]して[illegible]のために[illegible]してくれる恩人の身の上を誰れ一人として頭痛に病まぬものとてなかつた。それから間もない或る日のこと、八人の名主は城主から村立退きの厳命を浴びせられた。

◇

さうしたことはもとより覚悟の身の名主達であつたが、さて其の日が来て見れば、住めば都の生れ故郷の地を去つて、知らぬ他國のものとなるつらさが犇々と胸に迫るのだつた、村人も自分等一統のもの丶為めに名主[illegible]が今見る身の不幸、憂き辛さを氣の毒に思ひ、身をもがゝんばかりに嘆き悲しんだが城主からの厳命である以上何うにもならず、八人の者は袖に涙をしぼつて、別れを惜しみつゝ懐しかるべき故郷をあとに悄然と何れにか生きる途を辿つた。

◇

その後、名主達の行方は沓としてわからなかつた、しかし城主がひどく悪夢に襲はれつゞけた揚句幻影に一刀振かざせば、奥女中がそこに悶絶してゐたなど城中の幽霊沙汰が屡々と傳へられる様になつたが事實誰れが何處で行倒れになり、餓死して果たか誰れ一人として知るものはなかつた。月日に関守はなく二十五年と過ぎ三年とたつた元禄十五年のこと——八城村の藤右衛門といふ好々爺がいたく八名の名主のことを悼みかつその徳を敬慕のあまり、十四箇村総代の者と議り、生き長らへてゐるものは兎も角、死に去つたものもあらう、そして地上に迷ひを残すものもあらうと其の追福の[illegible]めに八[illegible]の[illegible]を建立して八[illegible]を[illegible]し、[illegible]に[illegible]を[illegible]んだと傳へられる。

郷土の怪異（二十三）　恋を知らぬ長者の娘の最期
●上毛新聞　昭和五年八月二十八日　5-206

郷土の怪異（三十）
戀を知らぬ
長者の娘の最期
消えた姿のあとに残つたは千手千眼の観音尊体

冬の氣の見舞ふに早い信州伊那郡に伊藤の長者と呼ぶ物持ちが住んでゐた、長者にはたつた一人の愛くるしい娘があつた、土地のものから俗に伊藤小町といはれる程の美女であつたから、若いもの丶間には、小野小町か衣通姫かそれとも常盤御前か照手姫の再来かと持て囃されてゐた、肩あげをおろしたとは云ひ條、まだほんの小娘でありながら深く佛門に歸依し、朝な夕な[illegible]の御名を誦しては[illegible]に佛につかへてゐた。

◇

[illegible]たちは娘をこの上もなく可愛がつてゐたが、やがて草の芽の[illegible]たので、よき婿もなと永いこと心に掛けてさがし求めた揚句、『さう、これならば……』と膝を叩くほど似合ひの婿を見出したので、或る夜母は娘の部屋をおとづれ、婉曲に一應の話を進めて行つたが娘は冴え／＼せぬ顔を一寸振り向けたきりあとは知らぬ顔の半兵衛を氣取り、お経の文句を静かに唱へてゐるのみであつた。

◇

翌の夜も父母はことを分けて娘に結婚の話を納得させやうとし

たお天皇様のお經の文句を唱へるのに熱誠してゐて娘を顧ふともしない、

「まて、不思議な、觀音の[illegible]は[illegible]に行き[illegible]たといつて[illegible]を出たのに、それとこれは氷に炭……」といらぬ愚痴をこぼしながら娘の氣持ちを知らうと焦つたが、娘は、

「お母様には御不孝かも存じませんが、妾には一人で一生を送らせて下さいませ、そして佛に仕へて一生を終りたいのが妾の望みなのです」といふだけであつた。その後も母親は膝を折つて頼まんばかりに口說いて見たが、娘の決心はいつも／＼談判不調の烙印を押したやうであつた。

◇

「妾がおちつきあらうして家にゐたのでは、いつかは婿をとらねばならない仕儀に逢ふといふもの。きうだいつそのこと家出をして一[illegible]の[illegible]を立てませう」[illegible]仰に燃ゆるもの〻常として娘は或る夜、家人の寢靜ましてゐる折を覗ひ、裏口から姿を晦まし東へ／＼と歩を運び、其の又次の日も東へ東へと進路をとつて遂に多野郡吉井町長根の名刹常行院の大悲閣の下へ辿りついた。

◇

親たちを始め、親族縁者のものたちは四方八方に手を分けて娘の行衛を探し求めたが何うにも見つからなかつた。

「左程、遠くへは走るまい……」といふ意見が多かつたので、さして遠方に眼を配らなかつたが五里十里の近郷近在にゐないことが知れ、夫れに幾日か經つとなると、一つのゐるつぼ●●●にのみ止まつてゐる譯にも行かぬので、方面を分つて探索に出て、圖らずも上野の國へさがしに來た一隊が遂に長根の大悲閣の下で憔悴しきつてゐる娘の姿を見出した。

◇

追つ手のものに見つけられた娘は、捕へられては一大時と必死になつて逃れたが、女の纖弱さについと片ツ方の袂を捕へられた、娘は力の及ぶ限りとこれを拂ひ除けやうとし、ふりもぎらうとすれば、一方は放たじとして遂に片方の袂は裂けて追つ手がもの〻手に殘つた、そして袂を捨て〻更に娘の後を追はんとしたが、娘の姿は掻き消えてそこには慈光あまねき千手千眼の尊體がさん然と現れた。

◇

「さて、不思議なこともあるものだ……」と一同が頻りとあたりを見廻してゐると、地へ落ちてゐた片方の袂は微風だにないのにフワ／＼つと冲空へ舞ひ上つて御堂の窓から中へ蛇のやうに這入つてしまつた。追つ手のものは氣を失ふ程驚きの眼を瞠つた、娘は觀音の化身ででもあつたらうといふ因縁から此の觀音を「袂觀音」と呼び純血を捧ぐ娘たちの爲めに常行院の一隅へ安置し、秋の祭を若い人々に待たせるやうになつた。

郷土の怪異（二十四）

人語を発して敵討の手引を…

怪

●上毛新聞　昭和五年八月二十九日　5-207

人語を發して 敵討の手引をした

吾妻郡伊參村の囀り石

里人も誇る吾妻七つ石の一つ

巨石が鮮血を迸ばらせた岩神の飛石と好一對の珍石、俗に「囀り石」といふ二間に三間ぐらゐで、しかも三角の形をした一つの大石が吾妻郡伊參村大字大道新田の西南にあたる畑の中へ轉がつてゐる、土地の者はこれを不思議を傳へる吾妻七ツ石の一つで有名なものだと誇つてゐる。

◇

昔、中國筋のもので、恨み重なる親の仇敵を討たんが爲め、[illegible]な艱苦を嘗めながら、未だその

聞きさ[illegible]にかけて仇人のあまか[illegible]を[illegible]ね[illegible]、一人の武家があつた[illegible]彼れは[illegible]から[illegible]の[illegible]へ[illegible]を[illegible]れ、[illegible]のことを[illegible]へ[illegible]たのは[illegible]ことを[illegible]

た薄が冷たく頬を撫でるのだつた、足にまかせて峠へ登り登つて行つたもの〻、いつか陽は傾きつくしてあたりには闇のとばりがおろされた、夜に入つては詮術もなく、

「ま〻よ野に伏して寝ねるとしやう、雨にも露にもうたれ慣てゐるこの身、恰好なところがあれば一夜を明すといたさう……」と月の明りにあたりを眺めた。

◇

その時、夜目を透いて彼れの眼に[illegible]たのは[illegible]石であつた、これは[illegible]なものとばかりに[illegible]の[illegible]、[illegible]を[illegible]いて[illegible]、[illegible]に[illegible]

やがて疲れが出てか白河夜船と寝入つてしまつたしかし彼れは和やかな夢を俄に破られた。それはあたりに騒々しい人聲がしたからであつた。それを聞いた彼れは驚いて跳ね起きた、さうして鵜の目鷹の目であたりを眺めた。

◇

ぢつと双眼を澄ましてあたりを眺め返したが人ッ子一人なく、月は皓々と照りわたり、不気味な本[illegible]が[illegible]に[illegible]く[illegible]を[illegible]いて[illegible]な[illegible]が[illegible]けてゐて、[illegible]の[illegible]く[illegible]が[illegible]く[illegible]に[illegible]を[illegible]られるやうに[illegible]えて来るのだつた。[illegible]の[illegible]もなければ[illegible]もないのだ一さて[illegible]なこともあるものかな、だが[illegible]の[illegible]なれば[illegible]、そのま〻には[illegible]

やきながらも尚ほも耳を澄まし眼を見開いてあたりに心を配つてゐると今度は石の中から人聲が洩れて来る——

◇

彼れは一層聞き耳を立てた。すると、それは自分が年月心にかけ、神や佛に願かけて尋ね廻つてゐる仇人のことを語つてゐるのだつた。

「さても不思議——この石は中が虚空で人でも住んでゐるのかそれにしても自分が仇人とねらつてゐるもの〻名やありかなどこの遺に知つてゐやうものはない筈、不思議といへば不思議の極み……」と彼れは殆ど氣を失ひ、暫らくして自分にかへり、

「これといふのも乾度神佛が自分の志しを憐れんで教へてくれたのに相違ない、有難や辱なや……」と手を合せて有難がり、まだ夜は明けなかつたが、直ぐのことと教へられたところへ向けて発足し、そうして不倶戴天の[illegible]の仇人を[illegible]つて[illegible]を[illegible]した。

◇

それからといふもの、この石は[illegible]、それで

[illegible]り石と名づけられて[illegible]され[illegible]に[illegible]はその不思議に[illegible]れをなしてか石の上に小さな[illegible]を[illegible]して「[illegible]り石の[illegible]」といつて[illegible]つた。ところがその[illegible]、[illegible]る[illegible]の[illegible]、このところを[illegible]り[illegible]かつた[illegible]れ[illegible]が[illegible]に[illegible]つてか〻つたので石の[illegible]はもの〻美事に[illegible]り[illegible]された。さうしたことがあつてからもう二度と[illegible]り石は[illegible]る[illegible]力がなくなつてしまひ、[illegible]り石の[illegible]は今[illegible]の[illegible]に[illegible]さ[illegible]

郷土の怪異（二十五）　桔梗の花咲かぬ城峰の怪異　5-208

●上毛新聞　昭和五年八月三十日

郷土の怪異（五廿）

桔梗の花咲かぬ 城峯の怪異

俵藤太に亡された将門の恨み 髪流れの名に負ふ神流川

多野郡神流川の上流、美原村柏木が舞のあたりの河床には色の青い石に白い斑点のまじつたそれは綺麗な石が数知れずある。

あの邊は往昔三波川郷と稱されたので石は何れも三波石といはれてゐる、とりわけ多くの石の中でも「日暮石」とか「鷹島太郎の釣石」とか「達摩石」とか「五色雲石」とかお伽話風の名のつけられた石が四十八あるといふので、これは有名な三波石十八石と呼ばれてゐる。

◇

他に類のないいろ〳〵の形をした石の間を縫つて神流川の清い流れは眞直ぐに流れ、曲つて流れ、急に流れ、ゆるく流れる、そして時には石に砕け、岸を囓いて奔騰すると見れば石を繞り石の上から瀧となつて落ちる場合もある、秋の訪れともなれば水は稍涸れて石の姿はいよ〳〵面白い風趣を添へ、岸にかけられる紅葉の錦を映じて美観の限りがつくされる。

◇

[illegible]

「髪流れ」と呼ばれてゐたおこの呼び名を探ねると平親王将門の幽霊物語りが里人の間に傳へられてゐる――将門は検非違使にならうと思つてゐたがそれは無駄な願ひであつた、或る日彼れは東山へのぼつて京都の街を俯瞰してゐると不圖途方もない考へがおれの胸に浮かび彼れを叛逆にしやうとした。

◇

やがて關東へ歸つた將門は[illegible]

の津を京の大津に擬らへて都を型どり、下總の國猿島に猿越千葉にも御所に似通ふた立派な館を營んで左右の大臣を始め納言参議、六辨六史等まで定め又國々へは守とか介とかいふものまでも置き、威勢を四方に振つて外都鬼王と恐れられたが一寸した油断から城下に詰てゐた兵を諸國へ歸してしまつた。

◇

その隙をねらひ「よき時御參……」と攻め寄せたのが平貞盛と俵藤太秀郷であつた、将門はもの〻美事に打ち破られ、命から〴〵辛くも逃れて身を隠したのは城峰であつた。浮世をしのぶ将門は神流川の清冽な流れを何よりも好んだ時には一日遊び暮すこともあつた、一方俵藤太秀郷は将門が[illegible]

彼れを亡きものにしなければ、世に出で、再擧を計ることもあらうと手を分け、草を分けて将門の行衞を探したが杳として知ることを得なかつた。

◇

城峰に隠れた将門は當分天下の大勢を見て再び旗擧げをしやうものと心を勵ましてゐるものゝ今は人目を避ける身だから、ふとすれば夕暮初めし川峡のこ〻かしこの叢蔭に追つ手のものが迫つてはゐないかと氣づかふやうなこともあつた。或る日のこと――神流川の下流へ一丈もあらうと思はれる程立派な髪の毛が一筋、川木にからまつて流れついた、その當時そんな立派な髪の毛の持主は将門以外にはなからうといふ推定が噂に上つた

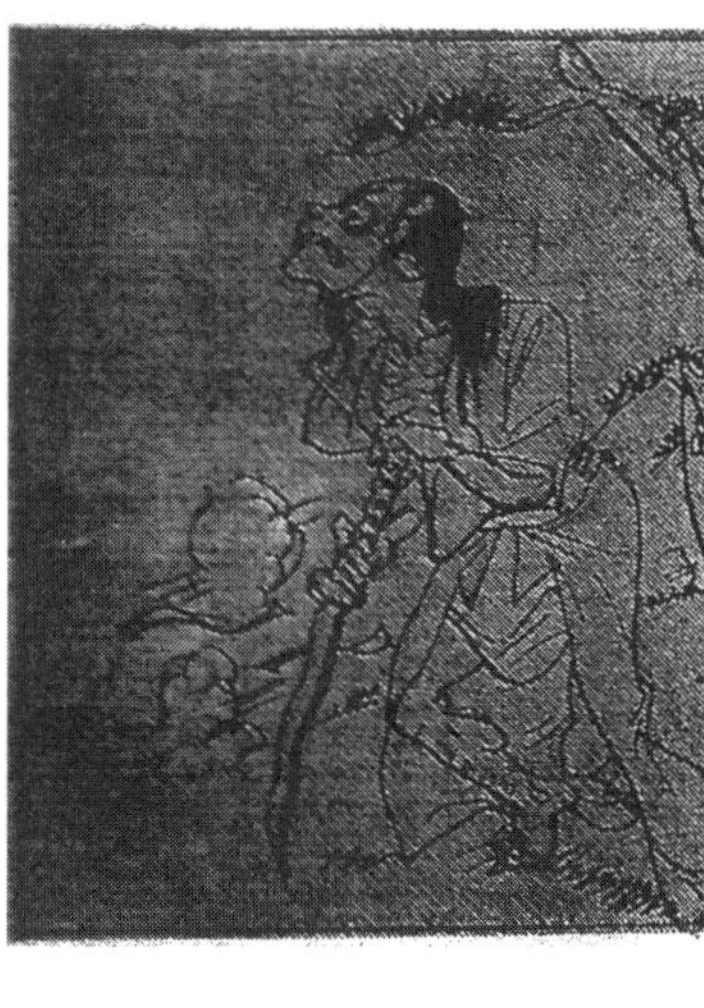

◇

この話を傳へ聞いた秀郷は「この上川に吃度将門が隠れ居るに違いない」と多くの軍勢を指揮して川を遡り、遂に城峰に迫つて、無念のあがきに苦しむ将門を攻め滅ぼしてしまつたそれから後、将門の幽霊は城峰に止まつて俵藤太を怨んでゐる

と冷たい話題を投じ「だから鐵藤太の故跡である捨塚は此に一本も生へてゐない」などと言はれ又此へ登るものは「鐵藤太」とか「捨塚」とか口にすると祟があるとさへ言はれてゐる二つの話題は一貫して語り傳へられてゐる。

郷土の怪異（二十六）　大蛇、美女と化して城主と通ず　5-209
●上毛新聞　昭和五年八月三十一日

怪

郷土怪異（六廿）

大蛇、美女と化して城主と通ず

出來た子供に鱗のあと
乗り棄てた輿は石と化す

沼田城主、沼田氏の遠祖は武尊明神と祀られてゐる日本武尊の後裔だと傳へられてゐる、日本武尊は東夷征伐の砌、山川澄む沼田の里に半年許り御滞在になり、御誅王の娘を妃となされ鐵君をお擧げになられた、いはゆる鐵鐵明神は鐵鐵君を又上野明神は御の妃を祀つたものだと言はれてゐる。◇

戦國時から何十代目かの城主の時のことであつた──或る夜、館に催された宴のうちにつやぞ見慣ぬ美女が立交つてゐた。群鶏中の一鶴といふ言葉があるが、正にその美女こそ群鶏中の一鶴であつた。その美しさは光り輝くばかりで、その美女を一目見ては他の館の侍女は見られぬくらゐであつたから城主の心を惹きつけずにはゐなかつた。

やがて、「楊貴妃や衣通姫もこれには遠ぎまいと思ふ程のそちの美しさ、ホホ愛い奴ぢや喃……」城主は後宮三千人、こんな甘い言葉を投げかけてゐるうちに美女の言葉を虜にせずにはおかなかつた。◇

城主の甘美な水心は美女の魚心を誘はずにはゐなかつた。流水は落花を浮べて流れ、落花は流水に浮かんで流れた。かうして雨の夜にも、月の出潮に薄暗い燈火の影で楽しい睦言が交されてゐた、しかし不思議なことにただ一瞬であつては影すら感じないさ、いつも〳〵黄昏時の薄暗に紛れては何處からともなく忍んで來ては消えるのだつた。◇

夜は夜とて、城主の眼には美女の姿は見えても、はたのものゝ眼には手筋一本見えないといふ不思議を傳へられたので、城主も怪奇な情事に戰慄的な氣持ちを持つやうになつた。

「お殿樣にはいつも御機嫌で何よりでございます」きしやな小指を華の手の伸びた線先について美女は敎訓を列べ立てた。◇

その日も宵闇だつたので、「いつもながら愛い奴ちや喃、だがしかし明日はそちの生の顏やかさを知りたいものぢや…」と口を切り、生の生活をそれとなく尋ねた。美女はおまねる風を見せながら、「お言葉ではございますがわらはは出田の里のものでございますそれと實は婦うにも自由のきかぬ身なのです、それが辛ましいつも〳〵泣いてをります一層の御寵愛にはこの身をお引取り下されなば晝もお側に仕へることが出來これに越した喜びはございません。◇

お仰せではございますが只今のところでは人目を忍ばなければならず又兩親の目をも偸まねばならぬため闇にまぎれて來るより外途がないので……」と一頭を述べた。そこで城主も寵愛の限りをつくしてゐる美女のことゝて一も二もなくかうした願ひを

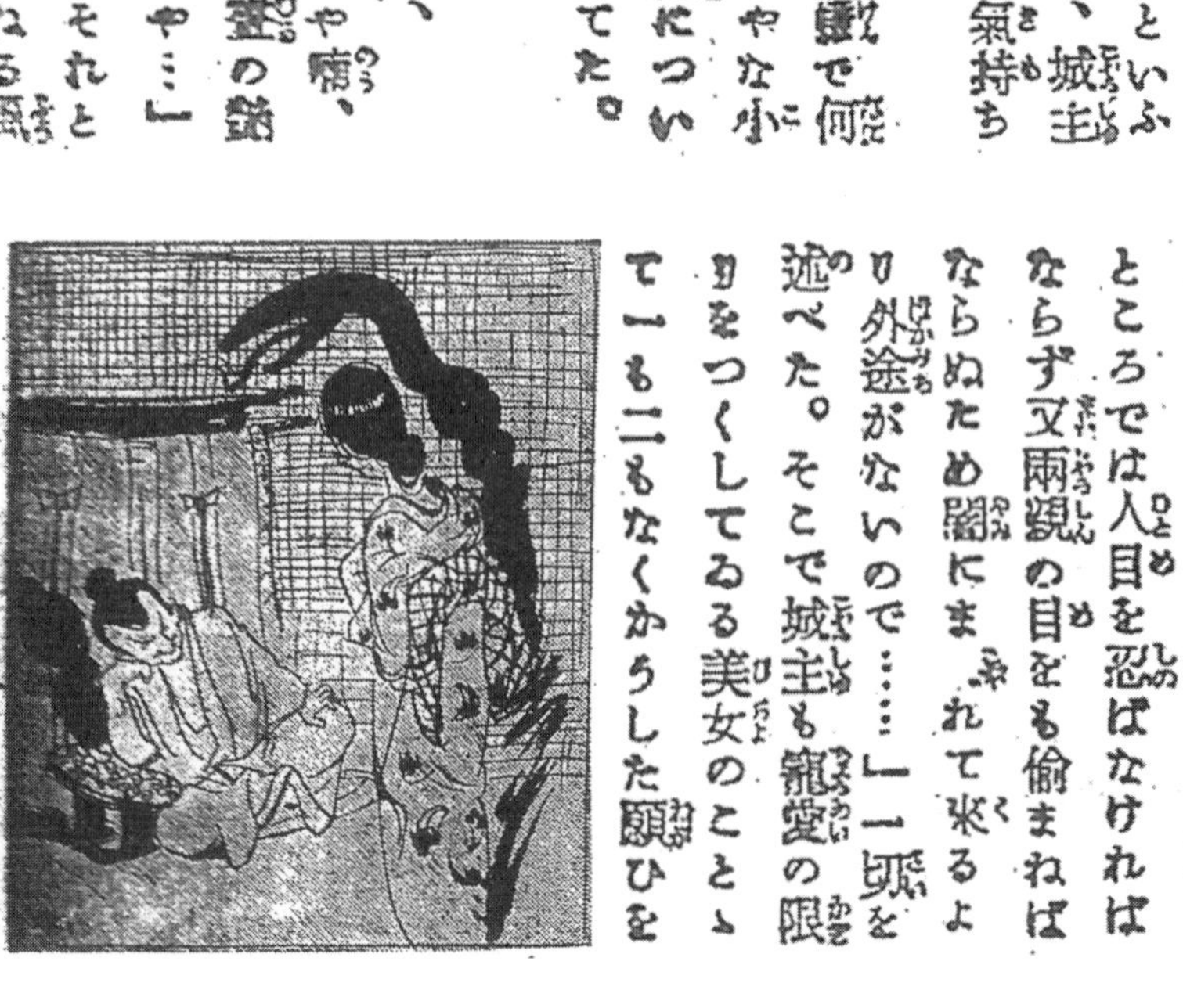

聽き容れ、やがて吉日を選んで美女を館へ引き取つたのであつた。◇

夫婦愛の樂しい日は永いことと續いて行つた、さうして二人の

間には玉のやうに可愛い一人の男の兒が生れたが子供の顔は稍面長で脇の下に蛇の鱗のあとがはっきりとしるされてゐた又生育つにつれて武勇もすぐれ智謀にも富んでゐたと傳へられる、里人の補足がましい話を綴ると城主に愛されて引き取られた美女は沼田在庄田の沼に住んでゐた大蛇の化身で、美女が輿いれの時乗捨てた輿は後に石と化し、今以て「牛石」と呼ばれる石がそれだと語られてゐる。

（永いこと御愛讀願つた當地の怪談もこれで一先づ不文を擱することゝします、材料を提供下さいました皆さんに深甚なる謝意を捧げます——（一記者）——

船のローマンス　老マドロスの怪奇談

怪　●大阪時事新報　昭和五年八月七日　5-210

船のローマンス

襟元がゾツとして 陰火はすぐ判るよ

セントエレモの火は神秘だ

老マドロスの怪奇談

怪火!!それは海でもあるよ、陸で見るやうな火の玉や、ポカポカと燃え上つては消え、消えては燃え上がる燐火や、狐火とは少し赴きが違ふ、陸のそれに増して幽氣を伴ふものだ。出るのは矢張り夏が多い、水天彷彿のはるか彼方にポカリと一つ青白い燈火が現はれたかと思ふと瞬く間に海一面に擴がる、海の中に一つの大市街が建設されイルミネーションでも點したやうだ。その壯觀といつたら迚も他の何物にも比べることは出來ない。然し魔火だけあつて火そのものに勢ひがねえ、青いボカリとした燈火だ。丁度螢の火の大きいのを見るやうだ。

× ×

ナニ不知火だつて、……九州の有明灣のあれか、ありや珍らしくもねえ、俺等度々見たことがあらア、あれは漁火だよ、でなければ菌の作用で波が光るといふことだねね、あれとも違ふ、あんなに火に力がねえ、ありや俺等は漁火だと思ふ。所がおいらがいふのはそいちやねえ、空のドンよりした晩だ暴風雨がありさうな前とかでなければあとだ。鬱陶しい雨雲が所々に垂れかゝつて居る時に限るよ。唇氣樓!!そりや一體何んだやい、俺等そんな六ヶ敷い名前は知らねねが……「富山の海岸に現はれるハハア、あれか、ありやお前龍宮さんだ。乙姫様が御退屈になるとき此世へチョッコラ遊びに來る、のだよ。違ふ〳〵あれなんざア鬼氣は少しも迫らねえ。陰火は判るよ、ヂッと視つめて居ると何んだか襟元がゾク〳〵して來てな心臓が急にドキ〳〵して來るよ。

× ×

そこは人間だ。感通力があるよ眞夜中道を歩いて居ると突然ゾッとすることがあるね。あれだあの調子だ。おいらがいふ海の怪火もねえ…。所がその怪火がさ、澤山イルミネーションのやうに見える場合はよいが薄闇い海上にポカリと一つ見える時ほど氣味の惡いものはないよ。身體が立ちすくんでしまふ。又同じ怪火でも船の檣とか舳、甚だしいのになると船夫の頭にボカリと燐光燭の火が點もるとがある。數分間もつゞくとがあるがね。あれも餘り氣味の良いものではないが然しあの火は莊嚴だ一種の宗教味を帶んで居るねえ。

× ×

「セントエレモの火といふんだよ。」ハハア……セントエレモか何か知らねえが中々立派なものだ。帆柱の上や帆綱に點々とともるのだ。丁度闇夜に蠟燭でも點けたやうだよ。陸にもあんな光景はあるものかなア。

「あるよ先年富士山の絶頂に此セントエレモの火が點つたとがある登山者は何れも神秘に打たれたといふからなア……」「俺等も一度九州の端で逢つたとがある。全く神秘的だねえ。あれを見ると俺等のやうな無宗教ものでも神とか佛とかの觀念が自然に湧いてくるね。

× ×

所がだ。俺等の船乗仲間ぢやこれについて又縁喜があるんだよ。あの火――それがさ澤山點いたら非常に幸先がよいが、若しそれが一つだつたらその船には乾度不幸が見舞つてね。さうだ嘘か本當か知らねが、日露戰争の時露艦にやつ付けられた何んとか云ふな、ア、ソウ常陸丸――。あれもその前の航海の時ボカリと玄海附近で所謂セント何やらの火が點いたといふぢやないか、然もタッタ一つ一抱へもある見事なものだつたとよ。それが次の航海で露助の奴に一發ズドンとやられ「哀れ彼なき常陸丸、進退茲に谷つて……」と琵琶の文句にある通り近衛後備聯隊を載せたまゝ玄海の藻屑になつたぢやねか。こんな實例があると唯さへかつぎ屋の船乘仲間ぢや迷信ぢやど云つたとて承知しないよ。

× ×

然し世間では迷信とか何んとかケナすが俺等仲間の傳説とか迷信とかは乾度當るが妙だよ、所謂多年の經驗から割出して言ひ傳へだからね。厳然たる事實の前には、何者の容喙も許さないよ。俺等仲間では事實を根基とした經驗、それ以外には何もないよ。六ケ敷くいへば經驗から割出した眞理だ。科學とか理論とかは要するに經驗に理窟をつけその理窟が先走つたものだよ、だから當ることもあるが先づ當らぬことが多いといふわけさ。

怪　グロ譚　墓の中から産れた赤ん坊　●九州日報　昭和五年八月八日　5-211

怪談と墓場とは切つても切れぬ間柄にあるが土葬された棺の中で甦つて、そのまゝ生埋さなつて終つた――其の實例さして東京郊外の或る所で墓地整理の爲めに發掘した甕の中に甕を持上げる姿勢のまゝミイラになつて居るのがあつた――など言ふのは聞くだけでも身の毛がよだつ。然し佐賀縣杵島郡藤津郡の一部に今でも土葬する時甕の中には腐らぬ食物を少しばかり入れ且つ蓋の中央に穴をあけ節を抜いた竹筒を地上まで出るように通しておく風習の所がある。是なぞは果して何を物語るのであらうか。

又臨月の女が死んで胎兒さ共に葬られたと言ふ事は古來決して少くはなかつたらうが其の胎兒が母體と共に完全に絶命して居れば致し方ないとして萬一生命のあつた場合、或は假死の状態から蘇生して、そして母體から飛出して完全に生を得た場合其の子供の運命は何と悲慘なものであらうか。そんな事があり得るとか得ないとか言ふ事は專門家でも意見が兩樣にあるので先づあり得るとして、その場面を想像してみると誰でも肌に粟の生ずるを禁じ得まい。更にそんな場合墓中にある生みの母親の怨みと愛着は何となる――その實例がこゝに、此の博多と福岡に併も餘り年代を經ずして奇怪な傳説が二つあり然もそれぐ\に記錄があるから冗談事でない。

安國寺のうぶめの墓の事

その寛文年間から十年ばかり後の延寶七年、福岡材木町安國寺にも同じような事が起つた。安國寺は今もそのまゝにあつて近來は諸集會の會場に利用せられる事が多く澤山の人達が出入するのであるが其の門前を東へ突當つた所、鍛治町に飴屋があつた。或る晩夜更けてから若い女が三文がたの飴を買ひに來た。所があさでみると錢筒の中に木の葉が三枚入つて居て錢の三文がどうも足りないらしい不思議に思つて居ると其の翌晩も同じ時刻になると又その女が飴を買ひに來る、而もやはり三文である。これが朝になつてみると又木の葉三枚が入つて居て錢三文が足りない——とそれが三日も四日も續くので、愈不思議た怪しいと言ふ事になり或る晩飴屋さんが其の女の跡をつけて行つてみると程近い安國寺の中に入り本堂を廻つて裏側——つまり北側の海岸に近い所に二本の古松が今もあるが——その邊の恐ろしく淋しい所へ行つてパッと消ゑて了つた。飴屋の吃驚した事も想像されるがそんな事から翌日は大騒ぎとなり其のあたりへ行つてみると一つの新墓の前に飴を包んだ竹の皮が散らばつて居り耳をすまして聞くと地の底から赤ん坊の泣き聲がする。

◇

そこで騒ぎは一段と大きくなつて墓を掘返してみると意外にも埋葬された臨月の母體から女の兒が産れて育つて居たので一同の驚きは更なり附近の騒ぎは又大變な事になつた。そして其の子供は家族が引取つて育てたが間もなく死んで其の墓の側に葬つた——これがその傳説であるが其の後此の墓は『うぶめの墓』と呼ばれ安産の祈願や乳貰ひの願かけなどでお參りするものが出來墓も改造せられたらしい。今は安國寺の門を入つて左側の老松の根元に丈餘の石碑が立つて居り世間からは忘れられ勝となつて居るが其の石も不思議な形をし殊に人體にしてみれば下腹に當る部分に白の脈が取り卷いて腹帶のような風になつて居て奇怪な感じを與へ又碑面には君松院殿と記されて居る。

◇

是に就いては安國寺に記録があり戒名は『君松院殿嚴譽妙悦大姉』『延寶七年七月十九日死亡吉田又三郎母』とあり母碑の傍らに『夢窓童女』と刻してあるのが墓の中で産れた女の子の墓じるしである。今では安國寺で安産の御符や腹帶を授けることになつて居るから如才がない。

尚此の傳説には母親が持つて行つた錢が六文と言ふ説、木の葉になつたと言ふのを除いた説、今一つは錢ではなくて振袖を持つて行つたが翌日近所の者が見て是は吉田さんの嫁さんが葬られる時に入れてやつた着物だと言ふのでそれから騒ぎになつたと言ふ説と少しはかり異つたものが傳へられて居る。

（寫眞は安國寺門内西側に在る『うぶ女』の墓）

怪

グロ譚（其三）　逢う魔が時

●九州日報　昭和五年八月十五日　5-212

逢ふ魔が時

久保よりえ

一夏、鏡花先生のお宅に御厄介になつたことがある。服部勇治さん（歌の先生）が訪ねてそのことを話すと『そりやいゝがおばけは出ませんかね』と冗談らしくもなくいつた。それほど鏡花先生の小説にはおばけが多い。

その澤山のおばけが描き出されたのは二階の書齋である。もう大分ふるいことで記憶もぼかされてゐるが何でも淸方さんだか蕉園さんだかの美女の幽靈のたんざくが柱にかゝつてゐたやうだ。

×……×

數あるおばけの中で、今でも一番恐ろしいと思つてゐるのは『註文帳』の花魁、一番美しいのは『神屏風』のなかの姉妹の通り魔——これは先生もよつぽどお氣に入りと見えて『歌ふる』にも二階から手招いて下りて來る。

そのおばけの小説の一つに『星女郎』といふのがある。お綾といふ世にも麗しい娘が妙な動機から夢のなかで大勢の人を斬る。劍劇[illegible]のすばらしい勢ひでさんざん殺してしまふ。夢が醒めてからも人を斬つた快よさが忘られず、瞬がムヅ〳〵する。せめての思ひやりに記憶をたどつてその一つ一つを絵に描き彩色までする。描かれた男は必ず死ぬる。それが昂じておしまひにはこの娘に一眼見られても命が亡くなるか、輕くても怪我をする。困つたことにはその働きがすきな人にも嫌ひな人にも共通である。自分の怪しい力を恥ぢ怖れて人里離れた脊道の峠の一つ家に閉ぢ籠り、例の恐ろしい絵三昧に日を送るのであるが、夜になるとその描きためた絵の入れてある本箱のあたりから、斬られ突かれて呻き苦しむ断末魔の聲が洩れて来る。殺されたまゝのなま〳〵しい無数の姿が月夜の縁にずらりと居並ぶ。この光景は娘ばかりでなく外の人にも見えるので、井戸端では音なし男が手拭で脊中をこすりながら『くびは無いが文殊ふけに』となつたといふ。

×……×

この筆法でゆくと、書齋の次の間の、草双紙やら先生の著書やら特に珍らしいのは處女作以來の校正返りの先生直筆の原稿が、皆ちやんとかりとぢにして堆く〳〵しまつてある押入の前あたりに髣髴やうなものなら、一晩本のなかでおなじみのおはけが出て来るわけだが、[illegible]があるにはあつた。といつてもまるで捉へどころのない夢のやうな話だから、怪談のお仲間入りなど出来る筈がないが、まあ私として一世一代の経験はなしである。

×……×

時間は通り魔におあつらへむきのたそがれ。先生は散歩、奥様は女中をつれてお買物。殊勝にも私ひとりでお留守居役を承はつてゐたのである。元来人一倍臆病に生れついてゐる私、ひとりで留守居なぞした事はないのだが、普通の格子作りの四角な家で、両通しはきく〳〵し表通りは近し、何心なくひきうけたのだつた。豚の蚊いぶしかなんかを焚いて、ぼんやりしてゐると、ふともののけはひがしてふり返るとお佛壇の横手の梯子段の上り口にチラリと白いもののかげ。『オヤ先生いつお歸りになりましたの』と何心なく聲をかけた時にはもう何にも見えなくて、いやにしんとして町家といふ氣がしなかつた。と急にあたまに來たのは服部さんの『おはけは出ませんかね』といふ言葉。ゾッとしていきなり門口へ飛び出した。

怪　箱崎の怪異　●九州日報　昭和五年八月八日　5-213

箱崎の怪異

H・C・老

筥崎八幡宮の前のあたりのことだけ申上げてなくことにしませう。

或るお寺——それは筥崎宮の坊の一つでしたが——は明治初年の廃仏棄釈の頃に滅びて其の藁葺きの本堂はA家の所有になつて了ひました。そして其坊の代々の坊さんの回向はついぞ誰にも顧みられぬことになつて了つたのでした。

所が明治四十年頃から不思議な事——A家の人達が達者で居る間は何ともないのですが誰でも一寸でも病氣をすると不思議に發熱する、そして眞夜中になるとうなされるのです。そうすると看護して居る者が慌てゝ起してやるのですがそんな時には乾度その人には夢うつゝの間に澤山ないろ〳〵な坊さんが次々に枕元に出て来て怨めしそうな顔をするのだと言ふのです。而も其のとゞの詰りは家運は急に傾き今六十幾つになる當主の母親は氣狂になつて終ひそう〳〵大正四五年頃には居たゝまらなくなつて家を明けて表通りに出て其家には他人に代つて入つて貰ふ事にしたのです。所が其後は他人が來て入つてゐる分には少しもそんな氣配がなくてA家の家族が寝泊りするとすぐ魘はれるのです。氣の毒な事にはA家は其後も餘り振はず今でも他人の者がその家に住んでゐるのです。

×　×

筥崎宮では不思議に『彦』の字が祟るのです。往昔彦山神社から散々酷い目に會はされた關係からかも知れませんが非常に『彦』の字を嫌ひ氏子も同様嫌ひます。所がうつかりして名前に彥の字でも使つてあると何かしらいやな事が起るのが不思議で近頃でも此様な實例があります。

× ×

馬出の×××××から本街道を宮崎宮寄りに××軒目の×側にI家と言ふのがありました。宮崎宮の氏子ですが其家に彥一と言ふ子供があつたが引續いて失敗する上に其の子供が得體の知れない病氣になり轉々として家を移つた揚句水茶屋に住つた後此の頃其の子供も六つで亡くなりました。世間では『彥』の祟りだつたらうと今でも私語いて居るのです。

× ×

藥院の赤阪門から南へ入つて×丁程行つて×側の××の角から×軒目位の所に住む××彥七と言ふ廿歳の青年があります。元來菓子職人で箱崎の本街道の某菓子店に弟子になつて働いて居る中に手足が變に動かなくなり歸つて來てから養生して居るのですが中氣だと言ふのです。来た廿歳の青年が中氣に罹るのも珍らしいが其の血統にも何にも中氣になるような魁にが更にないと言ふので是も『彥』の祟りだらうと噂して居るのです。

× ×

此の外にもこんな例は幾らもありますが是は少々古い天保頃の話——今櫛田神社の横手の派出所と火の見櫓のある所には『×長』と言つて××甚次郎と言ふ藩家がありました。所が此の家に或時一人の下女が來て働くようになると變なことが續いて起るのです。竈の火を落して立派に火の始末をしてあつたのに不意にボツと火が燃れ上る——一寸をいてあつた鍋がいつの間にか他處に行つて居たり、うつむけてをいたのに仰むけになつて居たり——

夜中に裏戸を叩く人があるので開けてみると人影がなくて閉めると人影が現はれてパツと消ゆる——自在に吊つた藥罐がひとりでに動いたり——そこで噂がやかましくなり詮索してみると其の下女が其の前に箱崎の或る菓子屋に奉公してゐる時にも同じやうな事が再々あつたと言ふ事が判り追出されて終ひました。が是は多分箱崎の狸か狐がたつたらうと騒いたものでした。

×——×

然し箱崎の怪異ももう新しいのは出來ません。吉塚道の電車停留所の前の今は材木置場になつて居る所にお綱池と言ふのがあり此附近が有名な黒田三事件の一つお綱騒動のお綱屋敷のあつた所で此の池が長らく其の目標となつて居たのでした。こゝでもお綱の幽靈が出るとは久しく傳へられたものですが池が埋られ電車が通ふようになつては幽靈も堪まりません、箱崎の怪異も此の頃では極めて影がうすくなりました。惜いことです

怪　写真説明　蛇身美人、化狸ほか

●九州日報　昭和五年八月八日　5-214

寫眞説明

蛇身美人（カット）　大和の國三笠山にて杣人六七人是を見る、杣人五人は恐死す、一人はしり下り知人にこれを語るに三日を經て病を得て死す、長さ十丈許りと見ゆる面の美しき事限りなし。

化狸（右上）　筑前の國那珂郡の百姓山路ありて村より村へ夜道を行くに聞ゆる魔所あり、その所にて人影の如き見越入道後より呪ひかゝる此男気性あるものにて後さまに激しを足に切込み引組て難なく仕留たり能く見れば年古る狸也

鬼婆（右下）　肥後の國くましたと言ふ所に彌作と言ふ者の婆、百歳を經て猛者人に勝れたり、或時ふと思ひ付いて孫の三歳に成るを引裂き喰ける、宗内驚きあはてける内に駆出し近所の子供、二三人掴みながら山内にいたり隠る。其後七年過ぎて薪取に出かける農人の見たる形かくの如し。

太郎火（左上）　筑前の那珂郡より出る火始めはほそく後にはすさまじく燃え上り所々に飛びまはり火の中に山伏の顔あざやかに見ゆる此は成さずふたつになる事も有り。

〔追記〕＝往昔山伏の山入りは極めて厳重な修業で若し途中倒れる者があれば息のある中に石龍責めと稱して一同が石を積んで生きながら葬つたものであつた。今筑紫郡三宅村の久留米行急行電車の大橋停留所の近くに潮煮塚と言ふのがあり些かな祠堂が設らへてあるが昔此の所で太郎と言ふ若い男振りの良い山伏が其の石龍責めになつたもので其の後火玉が飛び太郎火と呼ばれて居る。昔は『太郎火ヨーイ』と呼ぶと出て來ると言ひなれて今博多紡績工場のあたりが妙圓寺土手と言つて竈戦であつた頃には子供達が土手の上からこわごわ『太郎火ヨーイ』とよく呼んだものであつた。

宗像御前怨靈（左下）　筑前宗像の郡、中昔の比宗像御前の怨靈人に仇をなせるとして飛行し給ひし其の姿なりすさまじく恐ろしきこと詞にかへがたし見る人多し＝妖怪講集（福岡市中の島古賀得三郎氏所藏）＝

幽顕問答鈔（一）

●九州日報　昭和五年八月八日　5-215

幽顯問答鈔（一）

百パーセントの納涼味を持つた怪談的文獻

三松莊一

○

死後の世界はあるだらうか。

幽魂は實在するであらうか。

幽明交通は可能であらうか。

超自然現象は認められるであらうか。

此等の質疑に對して、科學者唯物論者からは斷然荒誕無稽のこととして否定するであらう。心靈論者は興味を以て熱心に研究してゐる。一般の人士は懷疑の裡にあつて恐る〳〵信じてゆく。

×……×

玄妙の靈界、一朝一夕に其の眞義秘密が闡明せられる筈がない、びせながらも熱心に科學的に、組織的に研究せんと努力してゐるのた。サー・オリバー・ロッヂ氏、サーアンサー。コナン・ドイル氏、ベルンハイム氏、ロンブロゾー氏フランマリオン氏等の世界有數の諸教授もの研究に自己の全能力を捧げてゐる。

此の世界は淋しき世界である、生別死別の別離の涙に濡れない人はないであらう。たが假にここに幽明交通ありとせば實にこよなき現世の慰めではないか。

×……×

いことであらう、亡くなつた愛兒の聲の庭に聞ねはしまいかと耳を傾ける、さては愛せし女の姿、あゝ盆祭も近づいてゐる。

ここにラフカヂヲ・ハーンの喜びそうな怪異的文獻がある。しかし個人の手になつた創作的な文藝作品ではない。百パーセント以上に怪異と興味とを包みながらも的確に事實を敍述した文獻だ、そこには少しの誇張も虚僞もない信用すべきものだ。心靈現象は奇術現象であると考へる人に對して純粹現象として存在するといふことを如實に證明する貴重なる資料的文獻である。

これが宮崎大門の記した幽顯問答鈔三卷である。

×……×

糸島郡小富士村大字久家の生松神社（祭神菅原道眞、紅梅大神、生松天神）の現神職宮崎元英氏の尊父は有名な元祖であつて國學の幽顯問答鈔を著した大門である彼は青年時代遠く本居宣長の門を叩き、次で深く平田篤胤に師事し國學を攻究し、國體の神髓を會得し、氣慨ありて排佛論者として各地に雄辯を奮つた、その著書としては筑紫小戸考、蚊田考、美奈木神社考があり、元亨二年の筑前國氏部省圖帳の考證もある。當代九州に於ける有數の神職として令名高かつた。

×……×

この名神職宮崎大門が直接に實見した事實を記述したのが幽顯問答である。大門の人物に信用が置ける人はこの書も信用してよいのだし、當時この事件に立會ひし人々は四十餘名の多きに達し知識階級の人も多かつた。當時の村人には異情な衝動を與へたもので、現存の老爺老媼もこの事件のことに及べは慄然とする程であるから、この書に信用を置いても敢て過誤

村大字岐志浦に起つた。

岐志浦の庄屋にして酒造家であつた岡崎傳四郎方から宮崎大門は夏の夕べ舟で以て迎へられた。それは傳四郎の嫡子市次郎なる者が今年天保十年七月十日から不意に痃疾（猩紅熱か）に罹り既に八月廿三日に至つて醫家の治療神職佐家の修法も効なく危險情態に陥つたので最後に當時の名神職宮崎大門の修法を願ひに來たのであつた。

大門が傳四郎の家に着くと、憂愁に包まれた親族一同を初め、醫家には吉富養貞、美和氏、三木氏、前原の前田氏、姪ノ濱の笠氏山崎氏等が居り、佛家には南林寺（曹洞宗岐志山崎にあり）西林寺（

浄土宗御床にあり）修驗者には當地の山伏等に集まつてゐた。この列座の前で大門と幽魂との問答が行はれた點で充分本書に信用が受ける譯だ。

×……×

ふには『自分は狐の憑いたものと思つて病人の體中を撫でたが何の塊物もない、女の生靈の憑いたものであらう』

醫師の三木氏は『野狐ならんと思つて云々の藥を呑ませ、大豆を云々して呑ませて見たが皆呑んでしまつたから怪しんでゐる』と話して聞かす。

そこで大門は官服を着し、白羽の矢を二筋携へ長劍を病人の弟信次郎に持たしめて病人に近付き御祓を唱へ修法を初めた。すると動くことも出來なかつた大病人が次第に頭を擡げ兩手を膝の上に正して來た、大門はてつきり怪物の所爲であらうと信じ猶も十種の神寶の古語を誦し、肉身を彼の白羽の矢にて刺すべき所々を刺し試み、最後に胸先に八握劍を唱へて刺し試みた時には病人は一時仰向に倒れんとしたが又々乾座正座して威嚇病人の眞向に切付けんとした。

[illegible]へた。

ところが驚くべし、病人は衣服の裾をしやんとつまみあげ端座し、側に有合ふ煙管と鐵の火入とを左右の手に取り、宮本武藏の二刀流よろしく大門の振りかざした長劍の切先に青眼に構へ明星の如き眼を瞋らして睨んだのには流石の大門も身の毛がよだつたらしく、傍に居たものは慄然として顏色蒼白となり總身を震はして逃げんとした。

『倩長劍を左に振れは左に見遣り睨み、右に引けは右に眼を當てて少しも切先を離るゝ事なし。一騎當千の丈夫百萬の剛敵をも挫く軍師大將の器もかくやはあるまじく思はれ得る。此狀を見は鬼をもひしぐ勇士も如何が感動せざらむ、僕の劍若し神明の加護なかりせは忽ち打落されけむことは知られ得る』と大門も告白してゐる。

然し大門も名士だ、これらのことに屈しない、更に長劍を高く振りかざして音吐朗々と次の呪文を

繼津主命武甕槌神に葦原の中へ國の荒振神等を思隨へ切鎭め平向け誅めよと授け給ひし天尾張の御劍經津の御劍即ち經津の御形の御劍ゝれは大神等の御靈もうべない寄り來ませは天下の靑人草を惱ます種々の禍物及の鉾をはづるゝもの、エイヤーオート』

こゝに右の幽魂はこの神文を聞き分けたものか構持つた火入も煙管も傍に置いて二尺許り飛びひざつて平伏した。悄衰した顏上に四十日も櫛けづらざりし亂髮の覆ひかぶさつて實に凄愴であつた。

×……×

大門は長劍を再び信太郎に持たせ奧の一間に退いて休息して動靜を窺つてゐた。すると暫くして病人は靜かに頭を擧げ、長劍に吃きと眼をつけ鍔元から切先まで熟覽して信太郎に何か指圖する樣子であつたので信太郎は怖ろしくちゞみあがつて脇へ立往かんとしたので父信四郎は彼を叱りつけた。そし[illegible]

（鳴絃の法とは弓絃を引き鳴らして物怪を攘ふのであつて古來から朝廷の儀式などにも用ゐられてゐる。蟇目の法とは蟇目の約であつて、鏑矢の鏃に似て木製五孔或は方孔あつて空氣が孔に觸れて高く響けば能く妖魔を伏すと云はれてゐる。）

そこで大門は吉富氏を以て憑依靈を引出さうとして、次のやうに病に向つて話しをした。

怪物如何にも市次郎の身體から退散せんとならば、此所に用意した鳴絃又は蟇目の尊き法にて射殺し打碎かん。此の神法は天照大神の授け給ひし御故實にして八幡太郎守護の弓道なれば顯明より行ひて幽冥に通じ、應自在邪氣も必ず人體を離れざればかなはぬ神法である。怪物は雲霧の如く消散して千里の外に去り、人を惱まし望を遂げんとするも皆無効に終るであらう、我敢て生を慢りに殺すを好むものでないが萬物の長なる人民を惱ましむに於ては又射殺すも止むを得ない。汝は例令一命は終りても此家の一子を殺さんとするの意か又は望事を果さん爲か。是非に體を離れずとあれば直樣神法にて汝を射殺さん後悔する[illegible]

怪　幽顯問答鈔（二）

●九州日報　昭和五年八月十日　5-216

幽顯問答鈔（二）

百パーセントの納涼味を持った怪談的文献

三松荘一

玄妙を心靈現象に接すると私共は限りなく幽冥の世界に引づられてゆき、やゝもすれば昏迷して心

の明智を失ひがちだ、そこで心靈現象が齎した悲劇は西洋にも日本にも例が多い。

それかといつて心靈現象に當面してあながちに懷疑的でなくともよい、虚心坦懷、心の訓練と用意とを持てばよい。心の訓練なき時は惑亂されて了うからだ。

この點宮崎大門は適當の人物であつた。彼の人格と用意とは市次郎に憑いてゐた憑依靈を抽出さしめた、そして充分に憑依靈の正體を研辨せんとするのである。

前回憑依靈が活動して來たことを述べたが、憑依靈と云つても正邪混淆種々あつて酒好きの靈とか、馬の怨靈とかゞ憑くものもあるのだが、この市次郎の靈は何であつたであらうか。

×……×

吉富氏の言葉に對して熱病人は打掛けてゐた衣服を除け兩手を膝の上に置きて席を正し一禮して言を改めて曰く、（問答の記事は成可く幽顯問答鈔そのまゝの筆致に依ることゝする）

●●●幽魂曰く『斯様に懇に正しく理を責めて申さるゝ上は何をか包み申さん、御心中御疑惑は御尤の事なりと云へども余は野狐怪物の類にあらず。某は元來加賀國武士にも父と共に此地に落來り無念の事ありて腹搔切りし亡靈なり。當家に是迄祟りしが時を得ざりしなり。一つ願望あり此所迄は父の跡を追慕ひ來れり父は肥前國唐津に此地の船を借りて我に一ど事の遺言あり是非に本國に達せよ、一ど是も跡に從ふ事叶はずと言放つ。此事には深き旨ありて今あからさまに世に顯し難し、偕て強て乘船を乞へども更に聽し給はず歸國せずは子に非ずと、其辭し言の甚だ嚴なれ子たる身の其の旨を承る事とはなれり。されど國許には深き旨ありて歸り難し、父は直に船に乘りて肥前の方へ漕ぎ渡れり、跡に獨り想ひ回らすに父が重命は故郷には達し難し又父は言別に隨へず、義に詰り理に迫りて切腹せり、以來數百年の年の間只々無念の月日を送りたり。我が死骸は人知れず其まゝに埋められたり』と暗然として涙を浮かべさめ〴〵と語つた

憑依靈は武士の幽魂であつて自殺せし士であつたのだ。しかし安心は出來ない、やゝともすると浮浪靈などの惡戯が多い、そこで大門は細心の用意を以て調査する即ち幽魂と顯界の人との問答即ち幽顯問答が初まる。

●●●大門曰く『其方何故に家のみに限りて如此長く祟を爲すか』

●●●幽魂曰く『他家にも祟りしことあれどたゞ病氣のみにて止めたり當家にてかばかりの行事に據り幸思ふまゝに言を發する事の出來たり當家に是迄並ならぬ事のありしは皆我が靈氣の埋まりし地より來通つてなせしなり、此市次郎も去る七月四日に發病せしも我骨の上を踏みしさきに祟となりて憑きしなり』（註曰、祖父の傳四郎も七月四日に其地を踏て中風發ッて其翌日死せり又此家は七月四日死せし人數あり。と云ふ）。又卅三日の早朝に我が靈氣の鎭る所を知らずして河を掘り濟に捨たる無法を働けり

●●●大門曰く『何爲に左様の無法をなして多くの人々を惱ましむるか』

●●●幽魂曰く『一の願望あり其事果さん爲なり』

●●●大門曰く『その願望とは何事なるか又死たる年は何歳なりしか又姓名は何んと云ひしぞ』

●●●幽魂曰く『其願望は別儀にあらず石碑を一基建てゝ貰ひ度き一事なり其事だに遂に御受合あらば今夕にでも早速に此家を退きて其建立し貰ひし石碑の下に鎭るべし。偕又拙者が事其年は廿二歳なりし即ち七月四日に死せしなり、我の御伺の姓名の一儀に至ては何分にも今更世にあからさまに明しがたし』

と飾立て言葉も上方風の言語にて答へた

●●●大門曰く『姓名を明に名乘らずには右の願の一儀は手安に受合難し姓名も無き者に敢て其事を爲す道なし』

●●●幽魂曰く『夫れ武士たる身は竊に故ありて國を退きては實の姓名は深く包むが法なり、乍然名乘らずしては其一義も受合難しとの御意一應は尤なり、御受合なくば是迄人を惱し又問には殺しもせし事も皆以て其甲斐なし推察を乖れ石塔一基だに御受合下さらば卽刻に立退き申すなり、退散だにせば此者も平癒に及び且向後人を惱まさず當家の祟も止むるなり、何ぞ其祟る事だに相止み當人さへ平癒せば吾が世に明し難き姓名を明さでも宜敷には非ずや、申してよき事ならば何ぞ如此迄も懇に申さるゝ上は包むものか、武士道に恥づればなり』

實に理路整然として武士的氣概を含んだ言葉ではないか。

●●●大門曰く『其段の申事は一應尤なり、乍去武士道に恥づると言はゞ我又姓名無き者に石塔の一

義を受合ひ造立する事是又神道に恥づるなり、我道に恥づるを厭はずして何ぞ去る姓名無き者に平安く事を受合けむ』

幽魂曰く『然らば是非に我が姓名お明さざれば御受合成難しとの御事か、今は如何にせむ偽りて假名を作りて申すは尤も安けれども夫又不實ならず、今更君は仕へし姓名を私願の爲めに明さではならざる身となりしは拙も我身ながらも口惜き次第なり』

側に居た吉富氏は幽魂に向つて姓名を名乗るべきことを勸める、ところが幽魂は今度は吉富氏に向つて『あれなる人の御劍加持に今一應預かりたし御許御苦勞乍ら頼み與れよ』と加賀言葉で頼む。

大門曰く『此方の劍道の神文に今一應預り度さし新日又石塔造立して七月四日の忌日を祭り呉れよと事も其方の姓名を明さに名乗無くしては輕々に受合難し包なく明し有る可し』

幽魂曰く『前段言葉を盡せし如く故有て其國を退きし士は其國内の事を深く隱し包むが法なりと云へるは御承知あるべし、猶實の姓名家名を明すも是又同事なり。さてかく迄當家に崇をなせしは數百年切腹せしまゝに砂を掴ひぶせられしまゝに打つては無念なるまゝに其事を悟らすためなり、今君が姓名を明さずしては其事叶はず然ては又人を惱ましむる事なる可し人として人を惱ましむるは惜々拙き身なり』と幽魂は涙を浮べて暫くうつむきたりしがややあつて紙と硯とを貸すべしと借り受け靜かに墨を磨り筆勢見事に『與熊太郎』と記し、この塔は高さ一尺二寸にして正面には七月四日と記したる迄にて宜し此姓名は必ず世に殘し與れまじと頼んだ。

幽顯問答鈔（三）

●九州日報　昭和五年八月十三日　5-217

怪

幽顯問答鈔（三）

百パーセントの納涼味を持った怪談的文献

三松荘一

次に大門はこの幽魂に對して國主の名及年號國内の事などを質疑して尚も本體を明かにせんと試みたすると幽魂は眼光恐ろしく氣色打替り席を正し音聲高く

幽魂曰く『左様に道理を述ぶる不隠分なく我が義や失ひ道を無にする事を書けよと申さるゝ上は如何にせむ、武士たる身の書くまじきを書きて聊の私願を遂せむよりは義を全うして其の隱し包むべき事を隱して右の弓矢の御法を行ひ給ふべし』

と斷然と言ひ放つた。

私はこの『武士たる者の大義を失ひて私願を遂げむよりは義を全くして弓矢の神法に掛らむ』との言葉に感動する。武士道の精神が死後の幽魂にまで存在することは一の驚異であると共に日本武士の誇りである。

私は人格の像は起伏浮沈するも超自然界にあつても猶正義の永遠性道德律の不滅があることをこの武士の言葉から充分看取することを得て有難く思ふのである。私が此幽顯問答鈔を諸賢に紹介したのも此點に重心を置いたからである。

宮崎大門もこの忠言義心の言葉に感心して初めて武士の幽魂なりと認めたのである。次で大門は幽冥の不可思議を尋ねるのである。

美に對する不美に美以上の美を認め合理に對する不合理に合理以上の合理を認めんとすることが近代の一つの傾向であるが、自然現象に對する超自然現象に自然現象以上の統一と組織とを求めんとすることも近代人の熱心に要求するところである。

然し乍らそれは空しき努力と思はれてゐる。或は奇術なりとし（昭和五年四月號心靈現象の奇術性參照）或は一の偶然性なりと思惟せられて現代人の多數は超自然現象に多大の興味と關心とを有しながらも猶多大の疑惑を持ちこれを否定せんとする傾向が強いので、心靈現象を闡明せんとする者には多くの妄評を受くることを甘受せなければならない。

宮崎大門の子元胤が幽顯問答鈔を清書せし緣山のうちに『此の幽冥問答はしも天保の十年に吾父の命の如何なる因緣にや有けん、彼の幽靈と直に幽冥の事を問ひ給へるなるが、心有る人は能く見て能く其の深き旨を速かに信じ且つ珍で給ふを、世には腹狹き學者なむ多に有りて斯る事を聞きては己が腹の狹きを得知らで只に其眞僞をも分ちも得ざるはいとも側痛き事になむ』と記してゐるのも尤もである。

怪

幽顕問答鈔（四）

●九州日報　昭和五年八月十五日　5-218

幽顕問答鈔（四）

百パーセントの納涼　味を持つた怪談的文献

三松荘一

さて大門と幽魂との問答これから『死後の生活』に關して話されるのであつてかゝる事を研究してゐる人にとつては甚も興味あり心霊上の對話であるがゝ紙數の關係上多分を割愛して二三の問答だけを連絡なく抄録するに止めて置かう

大門曰く『九州にも幽魂の集るところありや、其許の行たりし地は何所ぞや』

幽魂曰く『豊前國なる彦山と云ふべき地なり』

大門曰く『極楽と云ふ處は有りとする門流あるは如何に』

幽魂曰く『極楽は実を含み顕を避けて久しくむるの法なり、世に如何に思ひ設け置きても死するときは抜群の違ひあり、死ぬる先の事は先にて知りて可なり六世の掟を守り居て死後の事を世話やき置くに及はぬ事なり。

大門曰く『然れど極楽は無と云ふ意か、然るに廿二日に九死一生の時に三部経を上げ呉れよとは何故に云ひしぞや、故に御床村の西林寺に頼みて讀みたり、其経中に極楽あり、大地を離れて無しと云ひつゝ大地を離れて在さする極楽を説たりし三部経を何故に望みにしや此不審は如何に』

幽魂曰く『御問は尤の事なり、其経は我が父の為に頼みて上させしなり、云々、我には構はず未来の為に其経を読ませは自らに通ずる理あり。其の人の為と石を集め火を焼きても其の魂の其の氣を受けて悦ぶなり、其経は子たる身の父の為にする迄の事にて其経説の上に書きたる事に預らず只に何の品にても父の為とする一義に寄る事なり、又経説なとは空を説て霧にも薬にも成ざる物なれは只其経に誦せしむるまでに子たる者の力を盡すなり其盡すに依る事なり

幽魂の此等の言葉は大門その人の思想を宛然語つてゐるやうに感じられるではないか。

三十にも幽冥問答がある中からかゝる二三日の問答を以てしては讀者は定めし不満足に思はるゝに違ひないが筆を進める都合上已むを得ない。

×　×

大門は今は武士の幽魂なりと定めた。そこで彼は幽魂の為めに一つの詞を與へ今之を與め進ぜんとすることとなりとぶつたので大門はこの幽魂に高峰神と諡名した。

そして石塔の正面は大門が高峰大神と書し裏面には七月四日に幽魂が書くことにし、高峰大神は神容を正しくして白紙にこの四字を書いた、この七月四日の四字の寫しが問答鈔の末尾に附してある、筆勢強く仲々の名筆である。

さて碑を何處に建てるかに就て當村の花橋神社の神官山本参河を招いて相談することになつた。

神官山本は來て見てこの不思議な事件に茫然とした、そこで大門は委細を語り『吾が胸中に今は疑ひなし貴殿もし疑念あらは得心のゆく迄試問あるべし、又一家中にて不審のある人は何んなりとお問ひある可し』と云つた。すると前に野狐の悪霊と思ひ込んでゐた角力取某が飛び出して來て、……さる可し、惣體は狐が嫌ひものなり』

等の悪聞を發して幽魂から懇々と諭へ叱りつけられて甚だしは平伏して過り證文を書くなどの滑稽の一場面がある。

次で幽魂の懇望せし御剣行事を大門が行ふと、幽魂は暫時御免と因つて燭臺の火を持つて太刀の切先より鍔元迄を熱覧し終つて一拜し、いざ出立せん門迄は各送り呉れよと云つた。

×　×

この時には既に曙と成つて朝日が晃々と照り渡つてゐた、高峰神と崇められた幽魂は『先刻約せし通り七月四日を祭りくれなば如何で吾恩を報ひん市次郎も今日より平家の運を開き七年の内には此の家に甚は吉事と慶さる事あらん其を吾幽界より悦び居る印文字と成り行く印と知れ』と云ひ置いて平伏したると高峰神門前に立て昔此體を離るれは市次郎は轉倒する故に助けよとあれは大門と参河とは神送りの秘文を唱へて居ると市次郎は左に轉んだので皆助けかゝへて床に臥せしめると再ぶびやすやと能く寝入つた。かくて市次

郎の病氣は快方に向つたのである。
大門は唐泊浦の大漁祭結願になつたので廿九日に市次郎を見舞に行き七月四日より此方の事變へあるかと訊くと、市次郎は『七月四日に祖父の墓に參りしに曾祖父の墓より少し東により三四尺も離れし地に立たりしに惣身凄くなり大に頭痛を發して惡寒く一身粟だち苦しかりしが其後の事は一向に覺えたる事無し、只夢に大なる構家の誠に綺麗なる庭園に公事と覺しきが進ち並ち行き來しけるを見たり、其は幽冥の境なり、その夢一つ

5-219

怪

幽顕問答鈔（五）

●九州日報　昭和五年八月十七日

幽顕問答鈔 （五）

『百パーセントの納涼味を持つた怪談的文献』

三　松　荘　一

×　×

幽魂の出現はこの一回のみに止まらなかつた。九月一日岡崎傳四郎方にては酒造の大竈を新に築き古酒に火を入れんとしたところ竈の火に引火して、俄に大火となつたが不思議やこの大火は忽に納まつた。

此の大火中役宅に居た市次郎の氣色は打變り神棚の下に座して兩手を膝の上に置き大火を睨み齒を喰ひしばつてゐたとのことであるがこの時又幽魂が憑いたのである。そこで又前述の神職醫者等が呼び迎へられた。

●●●

山本參河曰く『何爲に立歸られしぞ武士に二言なしと承る、宮崎迄の先月の一通に再び人を惱ましめまじき由書かざるか』。

●●●

幽魂曰く『當家火難の運に臨みし故に是を見るに忍びず依て家の東西を徘徊して其兆を現せども却て其の事を悟り得る者只に一人も有是なし、獨り之を憐むの餘り、惡氣の寄る所なきまゝに再び市次郎の病後の體を止む事を得ずして借たり、然して火難を守護して辛じて鎭めたり。更に市次郎の體を惱ましむるが爲めに有らず』

×　×

これから又種々と大門との問答がある。その中の二三を抄錄しておく。

●●●

幽魂曰く『余十七歳の時に當りて國内に騒動起れり、其頃父は無實に沈み遂に上樣の御咎に依て國を退去しめられたり、父出國の砌母に委しく申置きたるはたゞ一男あれば泉の家を再興し又上樣の賜物の中此刀は大切に家に傳へよと具に申し殘して出たる由、某も父の跡を追て御供せんと度々母に願へども母云ふ樣父君の遺言には跡より出る時は汝も子も勘當たり一人の親を思ひて代々親の家が滅すは我が心に背く、我を思ふこと厚ければ國に在り家を興せよ假令跡より來るも音信をかけじとの事なり必ず出國無用なりと度々母は諫めたり。然るに母の止むるを聞ず竊に國を出て諸國を廻り六年振に豐州又バタと云ふ所にて父に逢ひたり、父大に怒り母の命に背くは壽命に背きしなり、汝は一人の男子なれば跡に家を嗣ぐ者無し故に早く歸りて母と共に家を立てよ、我け罪の明になるまでは死しても國に歸り難き身なれば能く聞分よ、父として其子を思はぬ者何人か有らん、跡を慕ふは孝心に似て實の孝心に非ずと正しく道理を述べて跡に從へざりし』と哀にうつむきて涙を流した。『其夜に父け遁りの船を借りて遂に行方知れずとなれり、聞合すれば九州小倉にゆく船に便船致されしとの事なれば又其所より船に乘りて小倉に着せり、又國へども父は一言辭をも掛け給はず程なく肥前の唐津に急がるゝに依りて跡より追ひ慕ひしなり』

●●●

大門曰く『小倉より是迄は何と云ふ所所を通行の有りしにや』

●●●

幽魂曰く『小倉より是迄は數ケ所通行致せども心に覺ゆれども思けざれは其時に心を止めたる而己を覺ゆ、其はコヤと云ふ川邊を通行す其より田圃には五軒三軒と所々に有り只且止りし博多津なり、博多津を出て度々川を渡り來る姪濱より此所に來る船あり姪濱は卅軒も有んと見へたり鹽を燒き業とする淋しき里なり、其所の渡より來り又渡船あり

5-220

怪

幽顕問答鈔（五）

●九州日報　昭和五年八月二十四日

幽顕問答鈔 （五）

『百パーセントの納涼味を持つた怪談的文献』

三　松　荘　一

尚種々と幽魂は引津までの道程を語つてゐるが煩はしければ除く。

幽魂は又『世に幽冥の事はあからさまに明さゞるなり先月も申せし通り聞いて益なし申しても耳に入るものならず、耳に屆かぬ事は聞いて却々幽冥を疑ふ心起りて害となるなり』と曰つてゐる、そして

此時も大門の願にまかせ『業』の一字を立派に書いてゐる。（此文字も回答紗の卷末に寫しがつけられてゐる）

× ×

最初に市次郎に憑いてゐた幽魂既に神靈になつてゐる高峯大明の靈を御符に遷し奉つて鎭の修法を行へば病人は左に轉び御幣は去つて行つた。ところが幽魂は廿歳位の武士の態にて三度現はれまたすつかり全快せない市次郎の身體を撫でてくれ汝を悩まして許過てりと云ひて終に煙の如く消え失せたこゝで市次郎の身體は發病以前の健康體となつた。幽魂の望みし石塔は天保十一年六月に建立せられた。幽顯問答紗三卷は此に終つてゐる。

×

私はこの八月一日に友人笠氏と共に久家の宮崎元英氏の宅を訪問し、門外不出の『幽顯問答錄』と大門の神法加持した御劍及び幽魂武士の佩刀を拜見することが出來た大門先生の人の爲めに就ても種々と話を承はつて歡待を受けたついで元英氏の案内で引津浦の夕日を賞しながら岐志に向つた。花掛神社の西裏の人家につゞく小高いところに神祠があつた。覆扉を開けると中に高峯大神と刻した一尺二寸の石塔が建つてゐた、裏面には神靈の氣鎭七月四日の文字がある。今は出魂も幽冥に心安く鎭まり給ふてゐるであらう。岡崎氏の遠緣にあたる小崎氏も共に來つて拜禮した。毎の七月四日には毎年この祠前で岡崎家一統のお祭があることである。

岡崎家の舊宅も現存してゐる、小崎氏が『事件の起つたところはこの座敷ではないか』などゝ薄暗くなつた部屋を指して話す夕闇に白く人の姿が浮く。

翌日私は家に歸つて見ると林大壽氏所藏の幽顯問答紗を大塚氏が借用して持つて來てくれてあつた。私にとつて何といふ因緣の深いことかそこで私はすつかり讀むことが出來た譯た。元亂がこの書を寫書せし理由のうちにも、父はこの書を人に見することを許し給はなかつたのを同學兄の鳥飼の里なる原田種彦翁に初めて見せ、徹夜して讀みふけつたゞある。私の宅も鳥飼の里にある。死期もはかられない病弱の身にはあやしい迄に心惹かれて此の書を讀んだのである。私はこの事件の純眞性を認める學術上から云へば一つの憑依現象である。しかし讀者諸君の中には多くの疑念を抱かれる方もあるであらう。それは超自然現象が未だ的確されてゐない以上やむを得ない。そこで大門のやうに本書を他見せしめなかつた奧床しい態度が必要だしかし緣あつて私は此書を廣く世間に紹介する非禮を敢てした、宮崎家及び岡崎家に迷惑がかゝらなかつたなら幸である、凡ては諒恕を乞ひ度い。（終り）

怪　グロ譚　墓の中から産れた赤ん坊

●馬関毎日新聞　昭和五年八月八日　5-221

墓の中から産れた赤ん坊

怪談と墓場では切つても切れぬ間柄にあるが土葬された棺の中で甦つて、そのまゝ生埋となつて終つた――其の實例として東京郊外の或る所で墓地整理の爲めに發掘した墓の中に遺骸を持上げる姿勢のまゝミイラになつて居るのがあつた――など言ふのは聞くだけでも身の毛がよだつ。然し佐賀縣杵島郡藤津郡の一部に今でも土葬する墓の中には腐らぬ食物を少しばかり入れ且つ墓の中央に穴をあけ節を拔いた竹筒を地上まで出るように通じておく風習の所がある。是なぞは果して何を物語るのであらうか。

又臨月の女が死んで胎兒と共に葬られたと言ふ事は古來決して少くはなかつたらうが其の胎兒が母體と共に完全に絶命して居れば致し方ないとして萬一生命のあつた場合、或は假死の狀態から蘇生して、そして母體から飛出して完全に生を得た場合其の子供の運命は何と悲慘なものであらうか。そ

怪　グロ譚(其三)　逢う魔が時

●馬関毎日新聞　昭和五年八月十五日　5-222

逢ふ魔が時

久保よりえ

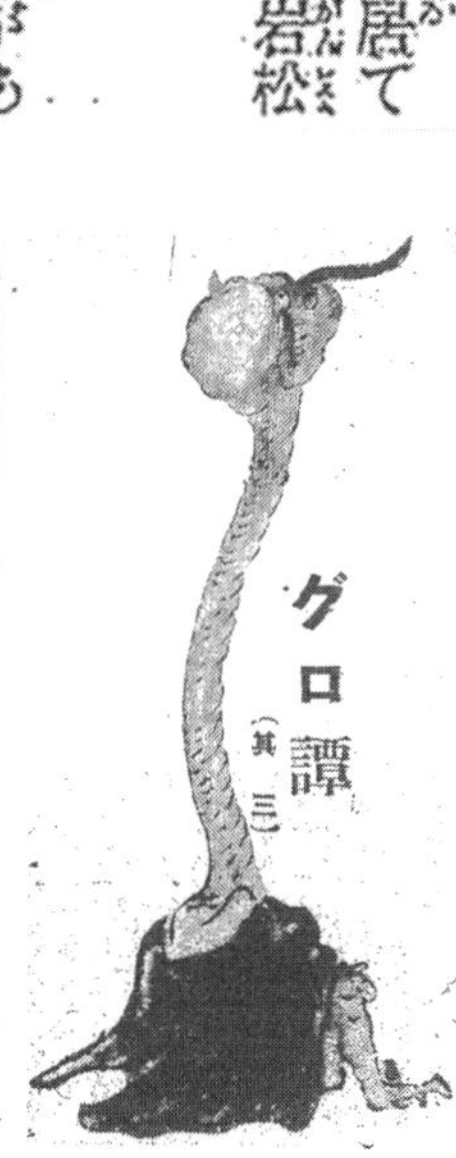

んな事があり得るとか得ないとか言ふ事は専門家でも意見が兩樣にあるので先づあり得るとして、その場面を想像してみると誰でも肌に粟の生ずるを禁じ得まい。更にそんな場合墓中にある生みの母親の怨みと愛着は何となる——その實例がこゝに、此の博多と福岡に併も餘り年代を經ずして奇怪な傳說が二つあり然もそれ〴〵に記錄があるから冗談事でない。

安國寺のうぶめの墓の事

その寛文年間から十年ばかり後の延寶七年、福岡材木町安國寺にも同じような事が起つた。安國寺は今もそのまゝにあつて近來は諸集會の會場に利用せられる事が多く澤山の人達が出入するのであるが其の門前を東へ突當つた所、鍛治町に飴屋があつた。或る晩夜更けてから若い女が三文がたの飴を買ひに來た。所があとでみると錢箇の中に木の葉が三枚入つて居て錢の三文がどうも足りないらしい

不思議に思つて居ると其の翌晩も同じ時刻になると又その女が飴を買ひに來る、而もやはり三文である。これが朝になつてみると又木の葉三枚が入つて居て錢三文が足りない——とそれが三日も四日も續くので愈不思議だ怪しいと言ふ事になり或る晩飴屋さんが其の女の跡をつけて行つてみると程近い安國寺の中に入り本堂を廻つて裏側——つまり北側の海岸に近い所に二本の古松が今もあるが——その邊の恐ろしく淋しい所へ行つてパッと消えて了つた。飴屋の吃驚した事も想像されるがそんな事から翌日は大騒ぎとなり其のあたりへ行つてみると一つの新墓の前に飴を包んだ竹の皮が散らばつて居り耳をすまして聞くと地の底から赤ん坊の泣き聲がする。

◇

そこで騒ぎは一段と大きくなつて墓を掘返してみると意外にも埋葬された臨月の母體から女の兒が產れて育つて居たので一同の驚きは更なり附近の騒ぎは又大變な事になつた。そして其の子供は家族が引取つて育てたが間もなく死んで其の墓の一側に葬つた——これがその傳說であるが其の後此の墓は『うぶめの墓』と呼ばれ安產の祈願や乳貰ひの願かけなどでお參りするものが出來墓も改造せられたらしい。今は安國寺の門を入つて左側の老松の根元に丈餘の石碑が立つて居り世間からは忘れられ勝となつて居るが其の石も不思議な形をし殊に人體にしてみれば下腹に當る部分に白の脈が取り卷いて腹帶のような風になつて居て奇怪な感じを與へ又碑面には岩松院殿と記されて居る。

◇

是に就いては安國寺に記錄があり戒名は『岩松院殿禪宗妙悅大姉』『延寶七年七月十九日死亡吉田又三郎母』とあり母碑の傍らに『夢幻童女』と刻してあるのが墓の中で產れた女の子の墓じるしである。今では安國寺で安產の御符や腹帶を授けることになつて居るから如才がない。

尙此の傳說には母親が持つて行つた錢が六文と言ふ說、木の葉になつたと言ふのを除いた說、今一つは錢ではなくて振袖を持つて行つたが翌日近所の者が見て是は吉田さんの嫁さんが葬られる時に入れてやつた着物だと言ふのでそれから騒ぎになつたと言ふ說と少しばかり異つたものが傳へられて居る。(寫眞は安國寺門内西側に在る『うぶ女』の墓)

一夏、鏡花先生のお宅に御厄介になつたことがある。服部紘治さん(歌の先生)を訪ねてそのことを話すと『そりやいゝがおばけは出ませんかね』と冗談らしくもなくいつた。それほど鏡花先生の小説にはおばけが多い。

その澤山のおばけが描き出されたのは二階の書齋である。もう大分ふるいことで記憶もぼかされてゐるが何でも清方さんだか蕉園さんだかの美女の幽靈のたんざくが柱にかゝつてゐたやうだ。

×……×

數あるおばけの中で、今でも一番恐ろしいと思つてゐるのは『註文帳』の花魁、一番美しいのは『袖屏風』のなかの姉妹の通り魔――これは先生もよつぽどお氣に入りと見えて『霰ふる』にも二階から手をひいて下りて來る。

そのおばけの小説の一つに『星女郎』といふのがある。お綾といふ世にも麗しい娘が妙な動機から夢のなかで大勢の人を斬る。劍劇以上のすばらしい勢ひでどん／＼殺してしまふ。夢が醒めてからも人を斬つた快よさが忘られず、腕がムヅ／＼する。せめての思ひやりに記憶をたどつてその一つ一つを繪に描き彩色までする。描かれた男は必ず死ぬる。それが嵩じておしまひにはこの娘に一眼見られても命が亡くなるか、輕くても怪我をする。困つたことにはその働きがすきな人にも嫌ひな人にも共通である。自分の怪しい力を恥怖れて人里離れた舊道の峠の一つ家に閉ぢ籠り、例の恐ろしい繪三昧に日を送るのであるが、夜になるとその書きためた繪の入れてある本箱のあたりから、斬られ突かれて呻苦しむ斷末魔の聲が洩れて來る。殺されたまゝのなまなましい無數の姿が月夜の緣にずらりと居並ぶ。この光景は娘ばかりでなく外の人にも見えるので、井戸端では首なし男が手拭で背中をこすりながら『くびは無いが交際ふけた』となつたといふ。

×……×

この筆法でゆくと、書齋の次の間の、草双紙やら先生の著書やら特に珍らしいのは處女作以來の校正返りの先生直筆の原稿が、皆ちやんとかりとぢにして堆く〱しまつてある押入の前あたりに寢やうものなら、一晩本のなかでおなじみのおばけが出て來るわけだが、實際はさう輕々しく出ないものと見える。しかし唯一度ふしぎな事があるにはあつた。といつてもまるで捉へどころのない夢のやうな話だから、怪談のお仲間入りなど出來る筈がないが、まあ私としては一世一代の經驗ばなしである。

×……×

時間は通り魔におあつらへむきのたそがれ。先生は散歩、奥様は女中をつれてお買物。殊勝にも私ひとりでお留守居役を承はつてゐたのである。元來人一倍臆病に生れついてゐる私、ひとりで留守居などした事はないのだが、番町の格子作りの四角な家で、店通しはきく〱表通りは近し、何心なくひきうけたのだつた。豚の蚊いぶしかなんかを焚いて、ぼんやりしてゐると、ふとものゝけはひがした。ふり返るとお佛壇の横手の梯子段の上り口にチラリと白いもののかげ。『オヤ先生いつお歸りになりましたの』と何心なく聲をかけた時にはもう何にも見えなくて、いやにしんとして町家といふ氣がしなかつた。と急にあたまに來たのは服部さんの『おばけは出ませんかネ』といふ言葉。ゾッとしていきなり門口へ飛び出した。

5-223

怪　箱崎の怪異

●馬関毎日新聞　昭和五年八月八日

箱崎の怪異

H・C・老

筥崎八幡宮の前のあたりのことゝだけ申上げておくことにしませう。

或るお寺――それは筥崎宮の坊の一つでしたが――は明治初年の廢佛棄釋の頃に滅びて其の藁葺きの本堂はA家の所有になつて了ひました。そして其坊の代々の坊さんの回向はついぞ誰にも顧みられぬことになつて了つたのでした。

所が明治四十年頃から不思議な事

——A家の人達が達者で居る間は何ともないのですが、誰でも一寸でも病氣をすると不思議に發熱する、そして眞夜中になるとうなされるのです。そうすると看護して居る者が慌てゝ起してやるのですが、そんな時には屹度その人には夢うつゝの間に澤山ないろ／＼な坊さんが次々に枕元に出て來て怨めしそうな顔をするのだと言ふのです。而も其のざゝの詰りは家運は急に傾き今六十幾つになる當主の母親は氣狂になつて終ひさう／＼大正四五年頃には居たゝまらなくなつて家を明けて表通りに出て其家には他人に代つて入つて貰ふ事にしたのです。所が其後は他人が來て入つてゐる分には少しもそんな氣配がなくてA家の家族が寝泊りするとすぐ襲はれるのです。氣の毒な事にはA家は其後も餘り振はず今でも他人の者がその家に住んでゐるのです。

× ×

筥崎宮では不思議に『彦』の字が祟るのです。往昔彦山神社から散散酷い目に會はされた關係からも知れませんが非常に『彦』の字を嫌ひ氏子も同樣嫌ひます。所がうつかりして名前に彦の字でも使つてあると何かしらいやな事が起るのが不思議で近頃でも此樣な實例があります。

× ×

馬出の××××から本街道を筥崎宮寄りに××軒目の×側にI家と言ふのがありました。筥崎宮の氏子ですが其家に彦一と言ふ子供があつたが引續いて失敗する上に其の子供が得體の知れない病氣になり轉々として家を移つた揚句水茶屋に住つた後此の頃其の子供も六つで亡くなりました。世間では『彦』の祟りだつたらうと今でも私語いて居るのです。

× ×

藥院の赤阪門から南へ入つて×丁程行つて×側の××の角から××軒目位の所に住む××彦七と言ふ廿歳の青年があります。元菓子職人で箱崎の本街道の某菓子店に弟子になつて働いて居る中に手足が變に動かなくなり歸つて來てから發生して居るのですが中氣だと言ふのです。未だ廿歳の青年が中氣に罹るのも珍らしいが其の血統にも何にも中氣になるような覺えが更にないと言ふので是も『彦』の祟りだらうと噂して居るのです。

× ×

此の外にもこんな例は幾らもありますが是は少々古い天保頃の話——今櫛田神社の搦手の派出所と火の見櫓のある所には『×長』と言つて××長次郎と言ふ舊家がありました。所が此の家に或時一人の下女が來て働くようになると變なことが續いて起るのです。竈の火を落して立派に火の始末をしてあつたのに不意にポッと火が燃え上る——一寸おいてあつた鍋がいつの間にか他處に行つて居たり、うつむけておいたのに仰むけになつて居たり——

夜中に表戸を叩く人があるので開けてみると人影がなくて閉めると人影が現はれてパッと消ゐる——自在に吊つた藥罐がひとりでに動いたり——そこで噂がやかましくなり詮索してみると其の下女が其の前に箱崎の或る菓子屋に奉公してゐる時にも同じやうな事が再々あつたと言ふ事が判り追出されて終ひました。が是は多分箱崎の狸か狐かだつたらうと騒いだものでした。

× ×

然し箱崎の怪異ももう新しいのは出來ません。吉塚道の電車停留所の前の今は材木置場になつて居る所にお綱池と言ふのがあり此附近が有名な黑田三事件の一つお綱騒動のお綱屋敷のあつた所で此の池が長らく其の目標となつて居たのでした。こゝでもお綱の幽靈が出るとは久しく傳へられたものですが池が埋られ電車が通ふようになつては幽靈も堪まりません、箱崎の怪異も此の頃では極めて影がうすくなりました。惜いことです

5-224

写真説明　蛇身美人、化狸ほか

●馬関毎日新聞　昭和五年八月八日

怪

寫眞說明

蛇身美人（カット）　大和の國に三笠山にて杣人六七人是を見る、杣人五人は恐死す、一人はしり下り頻人にこれを語るに三日を經て病を得て死す、長さ十丈許りと見ゆる面の美しき事限りなし。

化狸（仝上）　筑前の國那珂郡の百姓用事ありて村より村へ夜道を行くに聞ゆる處所あり、その所にて斯の如き見越入道後より呪ひかゝる

此男性あるものにて後さまに蹴鞠を足に切込み引抓て難なく仕留たり能く見れば年古る狸也

鬼婆（右下）　肥後の國くまじたと言ふ所に彌作と言ふ者の婆、百歳を經て達者人に勝れたが、或時ふと思ひ付いて孫の三歳に成るを引裂き喰ける、家内驚きあはてける内に駆出し近所の子供、二三人摑みながら山内にいたり隠る。其後七年過ぎて薪取に出かける農人の見たる形かくの如し。

太郎火（左上）　筑前の潮煮塚より出る火始めはほそく後にはすさまじく燃え上り所々に飛びまはり火の中に山伏の顔あざやかに見ゆる仇は成さずふたつになる事も有り。

〔追記〕＝往昔山伏の山入りは極めて厳重な修業で若し途中倒れる者があれば息のある中に石籠責めと稱して一同が石を積んで生きながら葬つたものであつた。今筑紫郡三宅村の久留米行急行電車の大橋停留所の近くに潮煮塚と言ふのがあり些かな觀音堂が設らへてあるが昔此の所で太郎と言ふ若い男振りの良い山伏が其の石籠責めになつたもので其の後火玉が飛び太郎火と呼ばれて居る。昔は『太郎火ヨーイ』と呼ぶと出て來ると言ひなれて今博多鐘紡工場のあたりが妙顯寺土手と言つて笹藪であつた頃には子供達が土手の上からこわごわ『太郎火ヨーイ』とよく呼んだものであつた。

宗像御前怨霊（左下）　筑前宗像の郡、中昔の比宗像御前の怨霊人に仇をなせるとして飛行し給ひし其の姿なりすさまじく恐ろしきこと詞にかへがたし見る人多し＝妖怪畫集（福岡市中の島古賀得三郎氏所藏）＝

幽顕問答鈔（一）　怪

●馬関毎日新聞　昭和五年八月八日　5-225

幽顕問答鈔（一）

『百パーセントの納涼味を持つた怪談的文献』

三松荘一

○

死後の世界はあるだらうか。

幽魂は實在するであらうか。

幽明交通は可能であらうか。

超自然現象は認められるであらうか。

此等の質疑に對して、科學者唯物論者からは斷然荒誕無稽のこととして否定するであらう。心靈論者は興味を以て熱心に研究してゐる。一般の人士は懐疑の裡にあつて恐るく信じてゆく。

×……×

玄妙の靈界、一朝一夕に其の眞義秘密が闡明せられる筈がない。一四八七年米國に起つたフオツクス家の怪異『敲音現象』以來世界の心靈現象の學徒は多くの嘲笑をあびせながらも熱心に科學的に、組織的に研究せんと努力してゐるのだ。サー・オリバー・ロツヂ氏、サーアンサー。ユナン・ドイル氏、ペルンハイム氏、ロンブロゾー氏フランマリオン氏等の世界有數の諸教授もの研究に自己の全能力を捧げてゐる。

此の世界は淋しき世界である、生別死別の別離の涙に濡れない人はないであらう。たが假にこゝに幽明交通ありとせば實にこよなき現世の慰めではないか。

×……×

私としてもスピリチユアリズムを信じたい。靈界からの亡くなつた慈母の姿や聲はどんなにか嬉しいことであらう、亡くなつた愛兒の聲の庭に聞ゐはしまいかと耳を傾ける、さては愛せし女の姿、あゝ盆祭も近づいてゐる。

こゝにラフカヂヲ・ハーンの喜びそうな怪異的文獻がある。しかし個人の手になつた創作的な文獻作品ではない。百パーセント以上に怪異と興味とを包みながらも的確に事實を敍述した文獻だ、そこには少しの誇張も嫌偽もない信用すべきものだ。心靈現象は奇術現象であると考へる人に對して純粹現象として存在すると云ふことを如實に證明する貴重なる資料的文獻である。

これが宮崎大門の記した幽顕問答鈔三卷である。

×……×

糸島郡小富士村大字久家の生松神社（祭神菅原道眞、紅梅大神、生松天神）の現神職宮崎元英氏の曾父は有名な元胤であつて國學の造詣く易學に精通し、人格高潔村氏から活神として敬慕せられたほどの名神職であつた、その父がこの幽顕問答鈔を著した大門である彼は青年時代遠く本居宣長の門を叩き、次で深く平田篤胤に師事し國學を攻究し、國體の神髄を尊崇し、氣慨ありて排佛論者として各地に雄辯を奮つた。その著書としては筑紫小戸考、蚊田考、美奈木神社考があり、元亨二年の筑前國民部省關帳の考證もある。當代九州に於ける有數の神職として令名高かつた。

×……×

この名神職宮崎大門が直接に實見した事實を記述したのが幻顯問答である。大門の人物に信用を置ける人はこの書も信用してよいのだし、當時この事件に立會ひし人々は四十餘名の多きに達し知識階級の人も多かつた。當時の村人には異情な衝動を與へたもので、現存の老翁老媼もこの事件のことに及べは慄然とする程であるから、この書に信用を置いても敢て過誤に陥ることはあるまい。

×……×

事件は天保十年の夏糸島郡芥屋村大字岐志浦に起つた。

岐志浦の庄屋にして酒造家であつた岡崎傳四郎方から宮崎大門は夏の夕べ舟で以て迎へられた。それは傳四郎の嫡子市次郎なる者が今年天保十年七月四日から不意に癔疾（猩紅熱か）に罹り既に八月廿三日に至つて醫家の治療神職低家の修法も効なく危険情態に陥つたので最後に當時の名神職宮崎大門の修法を願ひに來たのであつた。

大門が傳四郎の家に着くと、憂愁に包まれた親族一同を初め、醫家には吉富養貞、美和氏、三木氏、前原の前田氏、姪ノ濱の笠氏山崎氏等が居り、佛家には南林寺（曹洞宗岐志山崎にあり）西林寺（浄土宗御床にあり）修験者には當地の山伏等に集まつてゐた。この列座の前で大門と幽魂との問答が行はれた點で充分本書に信用が受ける譯だ。

×……×

相力取の長吉（この長吉後に幽魂に獄待を弄し幽魂から誅文を書かされる滑稽がある）が大いに云ふには『自分は狐の憑いたものと思つて病人の體中を撫でたが何の塊物もない、女の生靈の憑いたものであらう』

醫師の三木氏は『野狐ならんと思つて云々の薬を呑ませ、大豆を云々して呑ませて見たが皆呑んでしまつたから怪しんでゐる』と話して聞かす

そこで大門は官服を着し、白羽の矢を三筋携へ長劍を病人の弟信次郎に持たしめて病人に近付き御祓を唱へ修法を初めた。すると動くことも出來なかつた大病人が次第に頭を擡げ兩手を膝の上に正して來た。大門はてつきり怪物の所爲であらうと信じ猶も十種の神寳の古語を誦し、肉身を彼の白羽の矢にて刺すべき所々を刺し試み、最後に劍先に八握劍を唱へて刺し試みた時には病人は一時仰向に倒れんとしたが又々乾度正座して威儀を整へた。

×……×

「そこで今度は大門は信太郎に持たしてゐた長劍を抜放してこの靈媒病人の眞向に切付けんとした。ところが驚くべし、病人は衣服の据をしやんとつまみあげ端座し、側に有合ふ煙管と鐵の火入とを左右の手に取り、宮本武藏の二刀流よろし〱大門の振りかざした長劍の切先に青眼に構へ明星の如き眼を瞋らして睨んだのには流石の大門も身の毛がよだつたらしく、然に居たものは慄然として顔色蒼白となり總身を震はして逃げんとした。

『偖長劍を左に振れば左に見遣り睨み、右に引けば右に眼を當てて少しも切先を離るゝ事なし。一騎當千の丈夫百萬の剛敵をも挫く軍師大將の器ちかくやはあるまじく思はれ得る。

此狀を見ば鬼をもひしぐ男士も如何が感動せざらむ、僕の劍若し神明の加護なかりせば忽ち押落されけむことは知られ得る』

と大門も告白してゐる。

然し大門も名士だ。これらのことに屈しない、更に長劍を高く振りかざして音吐朗々と次の咒文を唱へた。

『今我が如此く振りかざしたる大御劍は掛卷も畏き天照大神の經津主命武甕槌神に葦原の中ッ國の荒振神等を思隨へ切鎭め事向け誅めよと授け給ひし天尾張の御劍即ち經津の御劍經津の御形の御劍なれは大神等の御靈もうべない寄り來ませは天下の青人草を惱ます種々の禍物及の鉾をはづるゝもの、エイヤーオート』

こゝに右の幽魂はこの神文を聞き分けたものか構持つた火入も煙管も傍に置いて二尺許り飛びひざつて平伏した。悄氣した顔上に四十日も櫛けづらざりし亂髪の覆ひ

かぶさつて實に悽愴であつた。

×……×

大門は長劍を再び信太郎に持たせ奥の一間に退いて休息して動靜を窺つてゐた。すると暫くして病人は靜かに頭を擧げ、長劍に眼をつけ鍔元から切先まで熟覧して信太郎に何か指圖する樣子であつたので信太郎は怖ろしくちゞみあがつて隣へ立行かんとしたので父傳四郎は彼を叱りつけた、そして更に大門に向つて鳴絃の法と蟇目の法を以て怪物を打放ち射除け下されと願つた。

（鳴絃の法とは弓絃を引き鳴らして物怪を攘ふのであつて古來から朝廷の儀式などにも用ゐられてゐる。蟇目の法とは響目の約であつて、鏑矢の鏃に似て木製五孔或は方孔あつて空氣が孔に觸れて高く響けば能く妖魔を伏すと云はれてゐる。）

そこで大門は吉富氏を以て憑依靈を引出さうとして、次のやうに病に向つて話しをした。

怪物如何にも市次郎の身體から退散せんとならば、此所に用意した鳴絃又は蟇目の重き法にて射殺し打碎かん。此の神法は天照大神の授け給ひし御故實にして八幡太郎守護の弓道なれば顯明より行ひて幽冥に通じ、應自在邪氣も必ず人體を離れざればかなはぬ神法である。怪物は雲霧の如く消散して千里の外に去り、人を惱まし害を避けんとするも皆無効に終るであらう、我敢て生を惜み殺すを好むものでないが萬物の長たる人間を惱ましむにおいては又射殺すも止むを得ない。汝は例令一命は終りても此家の一子を殺さんとする意か又は寃を果さん爲か。是非に靈を離れずとあれば直樣神法にて汝を射殺さん後悔するな。と

すると不思議やこゝに市次郎に憑いてゐた憑依靈が發動して來た

怪　幽顯問答鈔（二）
●馬關毎日新聞　昭和五年八月十日　5-226

幽顯問答鈔 (二)

『百パーセントの納涼味を持つた怪談的文獻』

三松莊一

玄妙を心靈現象に接すると私共は限りなく魅惑の世界に引づられてゆき、やゝもすれば昏迷して心の明智を失ひがちだ、そこで心靈現象が齎した悲劇は西洋にも日本にも例が多い。

それかと云つて心靈現象に當面してあながちに懐疑的でなくともよい、虛心坦懐、心の訓練と固意とを持てばよい。心の訓練なき時は惑亂されて了うからだ。

この點宮崎大門は適當の人物であつた。彼の人格と用意とは市次郎に憑いてゐた憑依靈を抽出さしめた。そして充分に憑依靈の正體を判辨せんとするのである。

前回憑依靈が發動して來たことを述べたが、憑依靈と云つても正邪混淆種々あつて酒好きの靈とか馬の怨靈とか憑くものもあるのだが、この市次郎の靈は何であつたであらうか。

×……×

吉富氏の言葉に對して熱病人は打掛けてゐた衣服を除け兩手を膝の上に置きて襟を正し一禮して言を改めて曰く、（問答の記事は成可く幽顯問答鈔そのまゝの筆致に依ることゝする）

●…●

幽魂曰く『箇樣に懇に正しく理を責めて申さるゝ上は何をか包み申さん、御心中御疑惑け御尤の事なりと云へども余は野狐怪物の類にあらず。某は元來加賀國武士にて父と共に此地に落來り無念の事ありて腹掻切りし亡靈なり。當家に是迄祟りしが時を得ざりしなり、一つ願望ありて此所迄は父の跡を追慕ひ來れり父は肥前國唐津に此地の船を借りて我に一と事の遺言あり是非に本國に達せよ、一と足も跡に從ふ事叶はずと言放つ。此事には深き旨ありて今あからさまに世に顯し難し、偖て強て乘船を乞へども更に聽し給はず歸國せずは子に非ずと、其詞し言の甚だ嚴なれ子たる身の其の旨を承る事とはなれり。されど國許には深き旨ありて歸り難し、父は直に船に乘りて肥前の方へ漕ぎ渡れり、跡に獨り想ひ回らすに父の嚴命は故郷には遂し難し又父は言別て猶へず、義に詰り理に迫りて切腹せり、以來數百年の年の間只々無念の月日を送りたり。我が死骸は人知れず其まゝに埋められたり』

と暗然として涙を浮かべさめぐくと語つた

憑依靈は武士の幽魂であつて自殺せし士であつたのだ。しかし安心は出來ない、やゝともすると浮浪靈などの惡戯が多い、そこで大門は細心の用意を以て調査する即ち幽魂と顯界の人との問答即ち幽顯問答が初まる。

●…●

大門曰く『其方何故當家のみに限りて如此長く祟を爲すか』

幽•魂•曰•く『他家にも祟りしことあれどたゞ病氣のみにて止めた當家にてかはかりの行事に鎌り幸思ふまゝに言を發する事の出來たり當家に是迄並ならぬ事のありしは皆吾が靈氣の埋まりし地より來通つてなせしなり、此市次郎も去る七月四日に發病せしも我骨の上を踏みしときに崇となりて憑きしなり、(註曰、祖父の傳四郎も七月四日に其地を踏て中風發りて其翌日死せり又此家は七月四日死せし人數あり〻云ふ)又卅三日の早朝に我が靈氣の鎭る所を知らずして河を掘り濱に捨たる無法を働けり

大•門•曰•く『何爲に左樣の無法をなして多くの人々を惱ましむるか』

幽•魂•曰•く『一の願望あり其事果さん爲なり』

大•門•曰•く『その願望とは何事なるか又死たる年は何歳なりしか又姓名は何んと云ひしぞ』

幽•魂•曰•く『其願望は別儀にあらず石碑を一基建てゝ貰ひ度き一事なり其事たに慥に御受合あらは今夕にでも早速に此家を退きて其建立し貰ひし石碑の下に鎭るべし。偖又拙者が事其年は廿二歳なりし卽ち七月四日に死せしなり、次の御伺の姓名の一儀に至ては何分にも今更世にあからさまに明しがたし』

只筋立て言葉も上方風の言語にて答へた

大•門•曰•く『姓名を明に名乘らずには右の願の一義は手安に受合難し姓名も無き者に敢て其事を爲す道なし』

幽•魂•曰•く『夫れ武士たる身は親に故ありて國を退きては實の姓名は深く包むが法なり、乍然名乘らずしては其一義も受合難しとの御意一應は尤なり、御受合なくは是迄人を惱し又悶には殺しもせし事も皆以て其甲斐なし推察を垂れ石塔一基たに御受合下さらは卽刻に立退き申すなり、退散たにせは此者も平癒に及び且向後人を惱ませず當家の祟も止むるなり、何ぞ其祟る事たに相止み當人さへ平癒せは吾が世に明し難き姓名を明さでも宜敷に非ずや、申してよき事ならは何ぞ如此迄も懇に申さるゝ上は包むものか、武士道に恥づれはなり

實に理路整然として武士的氣慨を含んだ言葉ではないか。

大•門•曰•く『其段の申事は一應尤なり、乍去武士道に恥づると言けゞ我又姓名無き者に石塔の一義を受合ひ造立する事是又神道に恥づるなり、我道に恥づるを厭はずして何ぞ去る姓名無き者に手安く事を受合けむ』

幽•魂•曰•く『然らは是非に我が姓名を明さざれは御受合成難しとの御事か、今は如何にせむ僞つて他名を作りて申すけ尤も安けれども夫又本意ならず、今更君に仕へし姓名を私願の爲めに明さではならざる身となりしけ扨も我身ながらも口惜き次第なり』

側に居た吉富氏は幽魂に向つて姓名を名乘るべきことを勸める、ところが幽魂は今度は吉富氏に向つて『あれなる人の御劍加持に今一應預かりたし御許御苦勞乍ら頼み與れよ』と加賀言葉で頼む。

大•門•曰•く『此方の劍道の神文に今一應預り度との事且又石塔造立して七月四日の忌日を祭り與れよとの事も其方の姓名を明に名乘無くしては輕々に受合難し包なく明し有る可し』

幽•魂•曰•く『前段言葉を盡せし如く故有て其國を退ぎし士は其國内の事を深く隱し包むが法なりと云へるは御承知あるべし、猶僞の姓名家名を明すも是又同事なり。さてかく迄當家に崇をなせしは數百年切腹せしまゝに砂を掘かぶせられしまゝに有つては無念なるまゝに其事を悟らすためなり、今吾が姓名を明さずしては其事叶はず然ては又人を惱ましむる事なる可し人として人を惱ましむるは惜々拙き身なり』

と幽魂は涙を浮べて暫くうつむきたりしがややあつて紙と硯とを貸すべしと借り受け潔かに墨を磨り筆勢見事に『熊太郎』と記し、この塔は高さ一尺二寸にして正面には七月四日と記したる迄にて宜し此姓名は必ず世に殘し與れまじと頼んだ。

幽顯問答鈔（三）

怪　●馬関毎日新聞　昭和五年八月十三日　5-227

幽顯問答鈔（三）

『百パーセントの納涼味を持った怪談的文獻』

三松莊一

次に大門はこの幽魂に對して、國主の名及年號國内の事などを質疑して尚も本體を明かにせんと試みたするど幽魂は眼光恐ろしく氣色打替り席を正し音聲高く

幽•魂•曰•く『左樣に道理を述ぶるなら聽分なく我が義を失ひ道を無にする事を書けよと申さるゝ上は如何にせむ、武士たる身の書くまじきを書きて聊の私願を遂せむよりは義を全うして其の隱し包むべき事を隱して右の弓矢の御法を行ひ給ふべし』

と斷然と言ひ放つた。

私はこの『武士たる者の大義を失ひて私願を遂げむよりは義を全

怪　幽顕問答鈔（四）
●馬関毎日新聞　昭和五年八月十五日　5-228

幽顯問答鈔（四）

百パーセントの納涼味を持つた怪談的文獻

三松莊一

さて大門と幽魂との問答これから『死後の生活』に關して話されるのであつてかゝる事を研究してゐる人にとつては尤も興味ある心靈學的對話であるがゝ紙數の關係上多分を割愛して二三の問答だけを連絡なく抄錄するに止めて置かう

大門曰く『九州にも幽魂の集るところありや、其許の行たりし地は何所ぞや』

幽魂曰く『豐前國なる彥山と云ふべき地なり』

大門曰く『極樂と云ふ國は有りとする門流あるは如何に』

幽魂は笑を含み頭を振りて久しくして曰く

夫等は人の耳に入れて其心を治むるの法なり、世に如何に思ひ設け置きても死するときは拔群の違ひあり、死ぬる先の事は先にて知りて可なり太儀の掟を守り居て死後の事を世話やき置くに及ばぬ事なり。

大門曰く『然れど極樂は無と云ふ意か、然るに廿二日に九死一生の時に云ひしぞや、故に御床村の西林寺に頼みて讀みたり、其經中に極樂あり、大地を離れて無しと云ひつゝ大地を離れて在ざする極樂を說たりし三部經を何故に望みにしや此不審は如何に』

幽魂曰く『御問は尤の事なり、其經は我が父の爲に頼みて上させしなり、或は、我が斗の父への追善なり、何ぞ[illegible]にあらず、其の父のすめさかゝ盡せば自らに通ずる理あり。其の人の爲と石を集め火を燒きても其の魂の其の氣を受けて悅ぶなり、其經は子たる身の父の爲にする迄の事にて其經說の上に書きたる事に預らず只に何の品にても父の爲とずる一義に寄る事なり、又經說などは空を說て藥にも藥にも成ざる物なれば只其經に誦せしむるまでに子たる者の力を盡すなり其盡すに依る事なり

幽魂の此等の言葉は大門その人の思想を宛然語つてゐるやうに感じられるではないか。

三十にも幽冥問答がある中からかゝる二三日の問答を以てしては讀者は定めし不滿足に思はるゝに違ひないが紙を進める都合上已むを得ない。

『或は一の偶然性なりと思惟せられてゐて現代人の多數は超自然現象に多大の興味と關心とを有しながらも猶多大の疑惑を持ちこれを否定せんとする傾向が強いので、心靈現象を闡明せんとする者には多くの妄評を受くることを甘受せなければならない。

宮崎大門の子元胤が幽顯問答鈔を淸書せし緣由のうちに『此の幽冥問答はしも天保の十年に吾父の命の如何なる因緣にや有けん、彼の幽靈と直に幽冥の事を問ひ給へるなるが、心有る人は能く見て能く其の深き旨を速かに信じ且つ愼で給ふを、世には腹狹き[illegible]なむ多に有りて斯る事を聞きては已が腹の狹きを得知らで只に其眞僞をも分ちも得ざるはいとも側痛き事になむ』と記してゐるのも尤もである。

くして弓矢の神法に掛らむ』との言葉に感動する。武士道の精神が死後の幽魂にまで存在することは一の驚異であると共に日本武士の誇りである。

私は人格の像は起伏浮沈するも超自然界にあつても猶正義の永遠性道德律の不滅があることをこの武士の言葉から充分看取することを得て有難く思ふのである。私が此幽顯問答鈔を諸賢に紹介したのも此點に重心を置いたからである

宮崎大門もこの忠言義心の言葉に感心して初めて武士の幽魂なりと認めたのである。次で大門は幽冥の不可思議を尋ねるのである。

美に對する不美に美以上の美を認め合理に對する不合理に合理以上の合理を認めんとすることが近代の一つの傾向であるが、自然現象に對する超自然現象に自然現象以上の統一と組織とを求めんとすることも近代人の熱心に要求するところである。

然し乍らそれは空しき努力と思はれてゐる。或は奇術なりとし（敢造四月號心靈現象の奇術性參照）

怪　●馬関毎日新聞　昭和五年八月十七日　5-229

幽顕問答鈔（五）

百パーセントの納涼味を持った怪談的文献

三松荘一

幽魂の出現はこの一回のみに止まらなかつた。九月一日岡崎傳四數方にては酒造の大甕を新に築き古酒に火を入れんとしたところ甕の火に引火して、俄に大火となつたが不思議やこの大火は急に納まつた。

×　×

此の大火中役宅に居た市次郎の氣色は狩變り神棚の下に座して兩手を膝の上に置き大火を睨み齒を喰ひしばつてゐたとのことであるがこの時又幽魂が憑いたのであるそこで又前述の神職醫者等が呼び迎へられた。

山本●●●曰く『何爲に立歸られしぞ武士に二言なしと承る、宮崎迄の先月の一通に再び人を惱ましめまじき由書かざるか』

幽●●●曰く『當家火難の運に臨みし故に是を見るに忍びず依て家の東西を徘徊して其兆を現せども

×　×

大門は今は武士の幽魂なりと定めた。そこで彼は幽魂の爲めに一つの證を與へ小神と鎭め進ぜんとした。幽魂は拙者が存命の時面白く静に思ひしは高山大嶽を遠望することなりと云つたので大門はこの幽魂に高峰神と諡名した。

そして石塔の正面は大門が高峰大神と書し裏面には七月四日に幽魂が書くことにし、高峰大神は神容を正しくして白紙にこの四字を書いた。この七月四日の四字の寫しが問答鈔の末尾に附してある、筆勢強く仲々の名筆である。

さて碑を何處に建てるかに就て當村の花陣神社の神官山本參河を招いて相談することになつた。

神官山本は來て見てこの不思議な事件に茫然とした。そこで大門は委細を語り『吾が胸中に今は疑ひなし貴殿もし疑念あらば得心のゆく迄試問あるべし、又一家中にて不審のある人は何んなりとお問ひある可し』と云つた。すると前に野狐の憑依と思ひ込んでゐた角力長吉が飛び出して來て、

『御侍の身とありながら山寺はなぜに御食宿ありしか』『■のつけぬ■■の事御聞かせ下さる可し、惣兵衛は狐が嫌ひものなり』

等の愚問を發して幽魂から懇々と諭へ叱りつけられて長吉は平伏して過り證文を書くなどの滑稽の一場面がある。

次で幽魂の懇望せし御祭行事を大門が行ふと、幽魂は暫時御免と曰つて燭臺の火を持つて太刀の切先より鍔元迄を熟覽し終つて一拜し、いざ出立せん門迄は各送り呉れよと云つた。

×　×

この時には既に曙と成つて朝日が晃々と照り渡つてゐた、高峰神と崇められた幽魂は『先刻約せし通り七月四日を祭りくれなば如何で吾惡く報ひん市次郎も今日より平癒の運を開き七年の内には此の家に是は吉事と覺ゆる事あらん其を吾幽界より悦び居る印と知れ』と云ひ置いて成り行く印と知れ』と云ひ置いて血氣盛なる若侍の如く堂々と歩んでゆくので皆の者は門口迄送つて平伏したすると高峰神門前に立て

吾此處を離るれば市次郎は轉倒する故に助けよとあれば市次郎は大門と參河さは神送りの秘文を唱へて居ると市次郎は左に轉んだので皆助けかゝへて床に臥せしめると再ふびやすやと能く寢入つた。かくて市次郎の病氣は快方に向つたのである

大門は唐泊浦の大激祭結願になつたので廿九日に市次郎を見舞に行き七月四日より此方の事變へおるかと訊くと、市次郎は『七月四日に祖父の墓に參りしに曾祖父の墓より少し東により三四尺も離れし地に立たりしに惣身寒くなり大に頭痛を發して胸惡く一身甚だ苦しかりしが其後の事は一向に覺えたる事無し、只夢に大なる猿猴の誠に綺麗なる■■に公■と見しきが速ち近ちと行き遊びけるを見たり、是は誠の夢なり、その夢一つ覺へしのみにて外に覺へし事なし』と曰つた。

却て其の事を悟り得る者只に一人も有是なし、獨り之を憐むの餘り、惡氣の寄る所なきまゝに再び市次郎の病後の體を止む事を得ずして借たり、然して火難を守護して辛じて鎭めたり。更に市次郎の體を惱ましむるが爲めに有らず』

× ×

これから又種々と大門との問答がある。その中の二三を抄錄しておく。

幽魂曰く『余十七歲の時に當りて國内に騷動起れり、其頃父は無實に沈み遂に上樣の御咎に依て國を退去しめられたり、父出國の砌母に委しく申置きたるはたゞ一男あれは泉の家を再興し又上樣の賜物の中此刀は大切に家に傳へよと具に申し殘して出たる由、某も父の跡を追て御供せんと度々母に願へども母云ふ樣父君の遺言には跡より出る時は汝も子も勘當たり一人の親を思ひて代々親の家を滅すは我が心に背く、我を思ふこと厚ければ國に在り家を興せよ假令跡より來るも言葉をかけじとの事なり必ず出國無用なりと度々母は諫めたり。然るに母の止むるを聞ず竊に國を出て諸國を回り六年振に藝州ヌバタと云ふ所にて父に逢ひたり、父大に怒り母の命に背くは吾命に背きしなり、汝は一人の男子なれは跡に家を嗣ぐ者無し故に早く歸りて母と共に家を立てよ、我は罪の明になるまでは死しても國に歸り難き身なれは能く聞分よと、父として其子を思はぬ者何人か有らん、跡を慕ふは孝心に似て眞の孝心に非ずと正しく道理を述べて跡に從へざりし』と哀にうつむきて涙を流した。『其夜に父は逸りの船を借りて遂に行方知れずとなれり、聞合すれは九州小倉にゆく船に便船致されしとの事なれは又其所より船に乘りて小倉に着せり、又願へども父は一言辭をも掛け給はず程なく肥前の唐津に急がるゝに依りて跡より追ひ慕ひしなり』

大門曰く『小倉より是迄は何と云ふ所所を通行の有りしにや』

幽魂曰く『小倉より是迄は數ケ所通行致せども心に覺ねんども思はざれは其時に心を止めたる而已を覺ゆ、其はコヤと云ふ川邊を通行す其より冊嗣には五軒三軒と所々に有り只冊止りしは博多津なり、博多津を出で度々川を渡り來る姪濱より此所に來る船あり姪濱は卅軒も有んと見へたり鹽を燒き業とする淋しき男なり、其所の渡より來り又渡船あり

幽顕問答鈔（五）

怪

●馬関毎日新聞　昭和五年八月二十四日

5-230

幽顯問答鈔（五）

百パーセントの納涼味を持つた怪談的文獻

三　松　莊　一

猶種々と幽魂は引津までの道程を語つてゐるが煩はしければ除く。

幽魂は又『世に幽冥の事はあからさまに明さゞるなり先月も申せし通り聞いて益なし申しても耳に入るものならず、耳に屆かぬ事は聞いて却々幽冥を疑ふ心起りて害となるなり』と曰つてゐる。そして此時も大門の願にまかせ『槃』の一字を立派に書いてゐる。（此文字も回答鈔の卷末に寫しがつけられてゐる）

× ×

最後に市次郎に憑いてゐた幽魂既に神靈になつてゐる高峯大明の靈を御箱に遷し奉つて鎭の修法を行へは病人は左に轉び御靈は去つて行つた。ところが幽魂は廿歲位の武士の態にて三度現はれまたすつかり全快せない市次郎の身體を撫てくれ汝を惱まして君過てりと云ひて終に煙の如く消え失せたことで市次郎の身體は發病以前の健康體となつた。幽魂の望みし石塔は天保十一年六月に建立せられた。幽顯問答鈔三卷は此に終つてゐる。

× ×

私はこの八月一日に友人笠氏と共に久家の宮崎元英氏の宅を訪問し、門外不出の『幽顯問答錄』と大門の神法加持した御劍及び幽魂武士の佩刀を拜見することが出來た大門先生の人の爲めに就ても種々と話を承はつて歡待を受けた

ついで元英氏の案内で引津浦の夕日を賞しながら岐志に向つた。ごく高いところに神祠があつた。覆扉を開けると中に高峯大神と刻した一尺二寸の石塔が建つてゐた、裏面には神藥の眞筆七月四日の文字がある。今は此魂も幽冥に心安く鎭まり給ふてゐるであらう。岡崎氏の遠緣にあたる小崎氏も共に來つて拜禮した。舊の七月四日には毎年この祠前で岡崎家一統のお祭があるとのことである。

岡崎家の邸宅も現存してゐる、小崎氏が『事件の起つたところはこの座敷ではないか』などゝ薄暗くなつた部屋を指して話す夕闇に白く人の姿が浮く。

翌日私は家に歸つて見ると林大壽氏所藏の幽靈問答抄を大塚氏が借用して持つて來てくれてあつた。私にとつて何といふ因縁の深いことかそこで私はすつかり讀むことが出來た譯だ。元祿にも、父はこの書を人に見することを許し給はなかつたのを同學兄の鳥飼の里なる原田禰彦翁に初めて見せ、徹夜して讀みふけつたのである。私の宅も鳥飼の里にある。死期もはかられない病弱の身にはあやしい迄に心惹かれて此の書を讀んだのである。

私はこの事件の純眞性を認める學術上から云へば一つの憑依現象である。しかし讀者諸君の中には多くの疑念を抱かれる方もあるであらう。それは超自然現象が未だ的確されてゐない以上やむを得ない。そこで大門のやうに本書を他見せしめなかつた奥床しい態度が必要だしかし緣あつて私は此書を廣く世間に紹介する非禮を敢てした、宮崎家及び岡崎家に迷惑がかゝらなかつたなら幸である、凡ては諒恕を乞ひ度い。（終り）

5-231

夜な夜な現れる半身血だらけの女

★聖州新報　昭和五年八月八日

杉並怪談

夜な／＼現れる

半身血だらけの女

東京市外杉並町田端五一の炭屋吉野粂次郎と隣の吉田建具店の二階へ毎夜丑滿つころになると半身血だらけの女が、ざんばら髪で煙のやうに現れるといふ怪談――十五日ばかり前のころ、吉野の娘とし（二〇）がひよつてりそれに出逢つて二階からころがり落ち手足などへすりむきが出來繃帶で卷いてゐる

◇

二つになる子供か、その幽靈の出る時刻にはきつと二階を見上げて白い目を出してにらみつけとう／＼二三日して死んだといふ、建具屋の方では寢てゐる妻君の顔へその幽靈の髪がさらさら觸つてとても氣味わるくて寢てゐられないといふ話

◇

さア大評判、錢湯、緣日行きずりの人の噂、とう／＼二軒目ざして毎夜百人からの人だかり、物好はその二階へ泊り込むといふ騒ぎだ、がどうしたものか、かういふ元氣な人達には影も見せない、いよ／＼怪しんで警察が調べ出した

◇

さて、その怪談の正體ですな、吉野の娘がねぼけて自分の長じゆばんを血だらけの幽靈と見たこの話を聞いた同町馬橋二二八の日蓮宗の祈禱師島田つる（五〇）が同じ行者の同町一六四鈴木新吉（二八）とぐるになつて手先を使ひ怪物話をでつち上げ、うまくいつたら近所の人にお社でも建てさせて祈禱料をせしめる魂膽と判明

◇

九日杉並署で島田と鈴木は拘留廿日、片棒かついだ炭屋の吉野は大目玉で漸くゆるされた。

◇　◇　◇　◇

5-232

山の奇譚（上）

●函館新聞　昭和五年八月十日附録

夏の夜話

山の奇譚（上）

……手津男

凡そ山ほど神秘なものは無く又怪奇な感を抱かせるものも無いでせう？山に親む人が一つや二つ必ずグロテスクなエピソードを持つてゐる隙以下の話も私自身の經驗と友達から聞いた彼自身の實驗談です。

×　　×

これは學校時代山岳部にゐたKの話です……。

石狩の大雪山に登つた時のことです。八月も半過ぎてゐたので

黑岳の石室

へとぢ籠つた時は山はもうそろ／＼秋の氣が漂つてゐました。

一行六人夕食を濟まして身に浸み込む冷氣を赤毛布にくるまつて防ぎながら暫くは雜談に花を咲かせてゐましたが、夜も更けて話の種も盡きると一人寢二人寢して殘つたのは私一人でした。どうしたものか變に目が冴えて横になつても寢むられぬのでじかたなしに毛布にくるまつたまゝ起き上がつて獨りぼつねんとしてゐました。

吊ランプの薄暗い焔かじわく／＼とゆらいで影坊子を一層

グロテスク

に描き出します何にしろ海拔三千尺餘の高山の眞夜中です、しーんと靜まり返つて針一本落ちた音でも身を突く

やうに木霊する程の靜寂が闇をを包んでゐるのですから、じつとランプの焔を見つめてゐるとしらずぐに身體がわくと戰いて來ますこの恐怖(?)から、脫れやうとして眠らうとしますがどうしても目が冴え心が張つて眠られません。

沈默と靜寂の幾時かを過ごした時です突然室の外の遠くから

山の峯々を

傳はつて氣魂げるやうな聲で『オーイ』と長く低く闇の靜寂に反響して判然と人の聲が聞こえるのです。

この石室以外に山には泊るやうな所ないし私達六人以外にこの眞夜中の深山に人が居るなぞとは思ひもよらなかつたので、この聲を聞いた瞬間なぜかザーッと背に冷水を浴びせられたやうに身體も顏も恐怖のためにキュッと引吊つてしまひました。

そして今まで寢てゐたと思つた他の五人がはじかれたやうに

一齊に起き

上がつて何れも血の氣を失つた顏を硬直させて六人が六人共身震ひする身體を無理に床に押付けながらしばしば顏を見合せたまゝ耳を澄しました。

（つゞく）

怪　山の奇譚（下）
●函館新聞　昭和五年八月十七日附録　5-233

夏の夜話
山の奇譚（下）
……手津男

『オーイ』ともう一度前よりは幾分低く細く本當に魂も地の底に滅入るやうな聲がします夫でなくともこの世とは思はれぬ高山の深夜に、その凄い程の靜寂の中に判然と自分達以外の

人間の聲を

二度まで聞いたのですからもう六人は六人とも何んとも云へぬ恐ろしさに眞着になつてしまひました。

長いく沈默の後に室番人の爺さんが滅入つた聲で云ひました。

『多分案內人をつれねで登つた人が道に迷つたんだべいこの室より外に泊る所がねーからな、もしかしたら熊にでもやられつでねーかと？……』

『うう……』私始め他の四人もこの言葉を聞いて又々

新しい恐怖

に襲はれたやうなつたばかりで一そう身體が硬直するのを覺えました。やがて爺さんは無言の儘立上つて室の一隅より大きな角笛を出して室の外に出ゞ冴え渡つた眞夜空に向つて力一杯ビューと吹き鳴らしました。靜かな夜なら四里四方に響き渡るどいふ笛です峰から峰、谷から谷と木魂し物凄く闇の內をかけめぐつて響き渡ります、六人ぢつと耳を澄ましてゐましたが笛の音以外に先刻の叫び聲も聞こえず後は唯靜かな闇があるばかりです。そしてその目の前の闇の中に熊に追はれて

死の呼び聲

を上げてゐる人の有樣が浮かんでゐるやうに思はれてもう夢中で吹き鳴らして見ましたがやつぱりなんの音もないので早々室へ入つてしまひました。

翌日昨夜の聲の主をとあたりの峰から谷からさがし廻つて見ましたが人の影もまた熊に喰はれた跡も、人の入り込んだ樣子も見受けられませんでした。

××

或人は熊の遠吠は折々人間の叫び聲のやうに聞こえると云ひますがあの夜の六人が六人どもはつきりと人の聲と感じたのと事實熊におそはれた人の

又山奥深く

踏迷つて死の間際にあつたの人の救ひを求める聲であつて不幸にして翌日私達が搜査した時にその人を發見出來なかつたのであつたとしたら……と思ふと今でも背に寒氣を覺えるやうです。

（終）

ラ　ラジオ　講演（科学上から見た霊怪現象）「心霊物理現象と詐欺」
●国民新聞　昭和五年八月十日　5-234

ラヂオ

番組（十日）

長波　▽東京三四五▽大阪四〇〇▽仙臺三九〇▽札幌三六一▽名古屋三七〇▽金澤四一二

◇前一一・〇〇　講演（科學上から見た靈怪現象）其三「心靈物理現象と詐欺」小熊虎之助

ラ　心霊物理現象と詐欺　小熊虎之助
●国民新聞　昭和五年八月十日　5-235

心霊現象と詐欺

【前二・〇〇】……小熊虎之助

心霊物理現象といふのは、心霊の力によつて起つてきたやうに考へられる奇怪な種々の物理現象をさすもので、たとへば、霊媒の乾板に向つて何かを思念すると、それがその乾板に寫つてくる念寫であるとか、或は

幽霊の　姿がやはり現れてくる幽霊寫眞であるとか、或は特別の能力者の周圍の卓子とか椅子などの色々の品物が、その能力者が手足を觸れないのに獨りでに動いてくる隔動現象などがこれである。これは實驗的な物理現象で、これに對して自然に起つてゐる心霊物理現象があつて、これは昔から外國でも我國でも評判されてゐるもので、即ち妖怪の姿は見えずにたゞ奇怪な物理現象の起ることである。たとへば、昨年本郷の森川町に起つた、どこからともなく石が降つてくるとか、或は入口の戸が自然と開かるゝとか、寢てゐるうちに

蒲團の　位置が變つてゐるなどの色々の怪異現象である。又大正十五年一月駿河臺の主婦之友社のビルディングの屋上で、或る御嶽行者が、越後の國の金剛山の頂上に埋めてある寶劍を手許へ引きよせる實驗をやつたこともある。この物理現象は、心霊現象のうちで最も詐欺の多いものであるが、果して詐欺だけであるか、どうかの話をする。

怪　夏日怪談
★満州日報　昭和五年八月十一日（十日夕）　5-236

夏日怪談

静田晴雄

夏の日盛り、ヒョイと曲つた黒板塀の角で……

「お久しゆ……」

と聲かけた繪日傘。どこかで見た事のある娘だが？、默つてゐるわけにもいかない

「やあ、御無沙汰……」

思ひ出せない、どこの娘だつたかしら？……

二三間離れてから……

ヘッとした。眞夜中よりも靜かな夏の日盛りの町を、無我夢中で二三町走つた。

何故ッて……今會つた娘、挨拶した娘、繪日傘の蔭でにつと微笑んだ娘は……去年の今頃、胸の病で死んだと聞いた、國の村長の三番娘だつたから……

怪談の季節は何と云つても夏、其の内で聞いては大した事もないが、本當の凄味のあるのは晝間の出來事である。

夢だつたのか、現實だつたのか後で考へて見て疑ひを抱くと云ふやうな出來事を吾々もよく經驗するが、話は晝間の出來事の方がよく考へると凄味が深い。

夕涼みしながらの怪談、煽ぐ團扇に凉味が増す。夏の姿の一つである。

妖　河童雑記（上）　天草島民俗資料
●九州新聞　昭和五年八月十一日　5-237

河童雑記（上）

天草島　民俗資料

濱田隆一

天草では一般に河童のことを『ガワンタ』といふ。左に『ガワンタ』話を記しつけて見よう。

△本渡町

冬は山に、夏は海邊に居て子供の守をする。

×

昔、本渡山口の橋懸庵では河童が人畜を荒すので、川の魚を漁ることを禁じ、一方では寺の坊主を頼んで河の底にお經を埋めてもらつた。それから後は魚は盛に繁殖し、網などで一度に何百尾でもすくひとる程になつた。そしてそのお經さんの力で河童が尻をとらぬところが十年の西郷戰爭のとき賊軍が天草に逃げて來てこゝの魚を

とり盡したことがあつた。（八十七才になる婆さんの話）

△本村下河内

下河内の佐藤といふ庄屋が非常に漁好きで夏季は毎日網を擔いで廣瀬川に鮎とりに行つた。或日、七澤淵といふ深淵で網を引き上げると何か重いものが入つて來た。見ると人間の三四才位の子供の様で頭が皿の様に凹んでゐる。それを縛つてかへり、馬小屋の前に繩で縛りつけて置いた。やがて下男が馬に食物をやりに行くと歯をむき出してゲゲをする。下男は怒つて頭から水を浴びせかけたら急に元氣づいて繩をきつて逃げてしまつた。河童だつたのだ。

相撲とることが好きで、冬は山にのぼつて黒木の根方に居るといふ。相撲とるとき先づ頭を下げて挨拶するのは、河童と昔相撲をとつたときの故智を學んだのだといふ。

近い頃の話で、夏の夜ある海岸の漁師の畑の茄子は總て歯の食ひかたがつけてあつた。そしてその牛臭いことに道にまで殘つてゐた。これは河童の体臭である。

△牛深町

或漁師が魚を釣つてゐると河童がかゝつて來た、一生懸命に綸を引つ張つて居ると河童の二本の手丈けが引き拔けて來た。それをもつて歸つて戸棚の中に藏つておくと毎晩ひとりの女が河童の腕を所望に來る。一週間目に遂々それを與れてやつた。するとその女は非常に喜んで二册の本をくれた。一册は河童角力の秘傳、一册は魚釣の秘法、その漁師はその後大力士となつて大分限者となつた。女といふのは手をとられた河童の妻であつた。

×

牛深と瀬口との間の海岸に大きな石が轉がつてゐる。この石は昔河童が山から下つて海に行くところをある百姓に見つけられて、虐められてゐるところを庄屋が通りかゝつて許してやつた。河童はそのお禮に大石を沖から運び上げて來た、これがその石である。この石に小石を投げあげてうまく載ると足を歩くときの躓かない。今でも河童石と云つて誰でも小石を投げかける

盆の日に泳ぐと、河童の盆ざかなにとられる。

△檻宇土村

或る子供がトドロ淵といふので泳いで溺れた。その死体が浮き上つたとき、身體には爪で引つ掻いた跡や歯のあとのやうなものが見えてゐた。醫者は水底で苦しさのあまり自分で引つかいたのだといひ、易者は河童の所業といふ。結局村人は河童の所爲として僧侶や[illegible]にたのみ祈禱をしてもらつてこの後決して姿をこの淵に見せぬやうにさせた。それ以後河童のたゝりはないと言つてゐる。

△御領村

河童が尻をとつた時は舌がなくなる

お佛飯をいたゞいてをると尻をとられぬ。

鐵に觸るれば河童の身體は消えてしまふ。

×

何某といふ相撲とりが、御領の溜池で河童と相撲をとつた。河童の身體は非常に冷たい、夜どほしとつて遂に自分の身體が冷えてしまつてやがて倒れてしまひさうになつたとき幸にも夜が明けた。

×

御領にジイド岩といつて大小並んだのがある。これは昔爺さんと河童と相撲をとつてそのまゝ岩に化じたのだといふ。大きいのが爺さん小さなのが河童。

△本戸村

夏、田の水が少くなつて、水車で水を田の中に踏み入れるときは必ず鎌を持つて行く。これは河童よけの爲である。

×

牛の首の谷川の話。本戸の婆あさんが隣の本村に用事があつて、その歸途に橋の上を通りかゝると十月の寒いのに子供が下で泳いでゐる。で心配して『風邪を引くから早く上がれ』と注意すると、却て婆あさんに水を浴びせて逃げてしまつた、うちへかへると婆さんは何ともわからない病氣になつて一ヶ月ばかり苦しんだ。或日便所に行つて手水鉢に手を入れると、そのまゝどうしても水から手が拔けない、その時ある人が豆腐を入れて河童に謝れと言ふのでその通りやつたら果して拔けた。

△楠浦村

河童は陸では馬や牛の足跡に何千と數知れず入つてゐる。

妖　河童雑記（二）　天草島民俗資料
●九州新聞　昭和五年八月十二日　5-238

河童雑記（二）

天草島民俗資料

濱田隆一

△赤柿村

冬の間は山の中にかくれてゐて、春の終りから、夏の初めに山から下つて水邊に行く。その時は、大將の河童が駕籠にのり、家來はそれをかついで、家と家のかげの薄暗い濕つたところを『ほい〳〵、〳〵〳〵』と掛聲をしながら通つて行くのである。その通路は毎年きまつてゐるといふ。若しその行列に知らずして行きあたつたものはすぐその場で死んでしまふ。それから一夏すんで又秋の末になると同じ道を山の中へと歸つて行く。河童は大きなのは三尺位、手の指は三本、頭上に皿がある。相撲好き。河童の尤も多く居るところは下浦と志柿の境のところ、其處で昔殺された士が河童になつたのだといふ。

△二丁田村

佛飯をいたゞいてから泳ぐと河童に尻をとられぬ。そのいはれは、昔左甚五郎がある寺を建立するときあまり怠けてゐて、期日が段々迫つて來た。どうしようと思つて或朝起きて見ると立派な寺が建つてゐる。それは何時か彼が作つておいた人形が動き出して主人の知らぬ間に造つたのであつた。後その人形を川に捨てるとき、お前は人間の尻をとれと言つた。そこで佛樣の御飯をいただいてゐる人間の尻だけはとれぬ。

×

顔は虎の如く體には鱗があり、三四才位の小兒のやうであり、非常に相撲が好き。

△手野村

下河内の佐藤庄屋の話と同型の長島庄屋の家の下男が川に馬を洗ひに行つて居ると、河童が惡戯ばかりするのでそれを捕へて來て、臺所の前に縛つておいた。すると下女が知らずにその前をとほると、歯をむき出してゲ、をするので提げてゐた手桶の水を頭からかけると元氣づいて川へ逃げて行つたといふのである。

×

左甚五郎がさる大名の命を受けてその邸宅をつくるとき期日は容赦なく迫るのに、竣工は覺束ない。そこで多くの藁人形を作つてそれを生かし、加勢をさせて忽ち竣工した。それからその藁人形共を川に捨てるとき、人形共が、私等はこれから何を食つていつたらよからうと問ふたので、甚五郎は人間の尻をくらへと言つた。河童が人間の尻をとるのはそれだからである。

△鬼池村

姿はペンタ人形に似てゐる。鳴聲は綿くり機械の鳴るやうにキー〳〵〳〵といふ。

近來でも池の傍の茄子やカボチヤ等に爪のかたをつけたりなどして惡戯をする。

五十年程前に、あまり農作物の害をするので人々が罠をかけておいたらひつかゝつた。人が調べに行つたが姿は見えぬ、かゝつて居ないと思つてゐると、連れてゐた子供が傍の深い穴の中に落ちこんでしまつた。これは大方河童の所業といふので、村の者が大勢集つて穴の中に石を投げつけると、中から『澤山茄子を持つて來れば子供を返してやる』といふ。そこで茄子を持つて來たら子供を返した。鬼池牛田の池の傍に高さ三尺位の石があつてそれに何か字が彫つてある。この字が消えるまで人間の尻をとつてはならぬといふ約束がしてあるさうで、河童は早くそれを消さうと毎晩草履でこすつてゐるさうである。

×

これと全く同型の話が手野村にもあつた。又今思ひ出せないが、何村かの日露戰役の記念碑か何か、字の彫つてある方が石の面が凹んでゐるのに、これは毎晩河童が早く字を消さうと思つて削づるからだといふのも聞いたことがある。

△宮野河内村

河童が山へのぼる時は、男、女、男、女と順々に數万疋行列をなして行く。男がギイと鳴けばそれにつゞけて女がトンといふ。其の時は非常に腥い臭ひがするといふ。人間がもしその腕をとられた時はその晩すぐ魚をさげてもらひかへしに來る。河童の腕は一晩經ては

妖　河童雑記（三）　天草島民俗資料
●九州新聞　昭和五年八月十三日　5-239

河童雜記 (三)

濱田隆一

天草島
民俗資料

△新合村

お宮の横を河童が澤山川へ下りて行く。何時か婆さんが洗濯中に河童にとられた。そこの大きな岩の下に刀を埋めてから出なくなつた。

△城河原村

内野川の上流字田代といふ部落に川に沿ふた道路がある。そこを三人の男が通りかゝつたら、川の中に茄子を澤山つけてあるのを河童共がしきりに食べてゐた。そしてその三人の中に、その茄子の所有者も混つてゐたがその男には見えず他の二人にばかり見えた。三人とも今現に生きてゐる人である。

△宮田村

字大宮田、數十年昔『みやなぎ』といふ相撲とりが、隣村に行くとき海岸を通つてゐると、河童が相撲をとらうと言つた。用事があるから、歸途に相手にならうと言つて、歸るとき佛飯をいたゞいて來た。果して復た河童が來たので『さあ相撲をとらう』と言ふと、『あなたは眼が光つて恐ろしい』と言つてかゝつて來ない。そこで先刻の約束を守らぬのでは不都合だと責め立て結局、以後は宮田の人の尻は決してとらぬ約束をさせた。年に一度づゝ河童祭りがある。

△佐伊津村

佐伊津の堀内で、五十年程前村の或男が夜おそく用件で通つてゐると、そこの沼池の附近の茄子畑で二尺位の大きさの子供のやうなものがガヤガヤ數多騒いでゐた。驚きと怖れを抱きながらも怖いもの見たさに近づいて行くと遂々その姿が何時の間にか消え失せてしまつた。

×

或日『ガクリヨウ川』に或女が洗濯に行くと、水の底に小さな子供のやうなのが目を丸くして仰向にねてゐるので驚いて飛んでかへり、人々を呼んで再び行つて見たがもうその時は居なかつた。

△久玉村

久玉と深海の境の『おなぶつ』といふ淵の附近を自動車が通るとき四五年前までは毎晩河童が邪魔して困つたといふ。

×

或時一人の美女が川のほとりを通つてゐると、又一人の美女が現れて來てその女は重箱をさげてゐる。そして重箱の中から金を摑んでは川の中に投げ込む、そこで他の女はそれがほしくなつて拾はうと思つて川の中に入つたら河童にとられてしまつた。そこを『女淵川』といふ。

△坂瀬川

今から百五十年ばかり前の話、庄屋の某（これは庄屋といはずたゞの百姓にしてゐる話もある）が夫婦で、田の草をとつてゐると河童が出て來て『爺、一緒に泳がうではないか』と誘つた。爺さんは『ん、遊ぐから草をとつて加勢をせろ』と言ふと河童は加勢をしてすぐに草をとつてしまつた。いよいよ遊ぐとき、爺さんは自分の尻のところに餡を塗るものだからもうつぐことが出來ぬからである

△龜場村

水に泳ぐときは釜の尻のへぐろを額に塗つておくと尻をとられぬ。

△小宮地村

馬場上小平に『渡合川の上流に『わたぜ』といふ所がある。或時猿廻しがそこであまり暑いので猿は木につないで游いでゐたら、河童にとられてしまつた。猿は河童を狙つて飛びこまうとしても自由がきかないので一生懸命にもがいてゐる。そこで通りかゝつた男が繩を切つてやると、猿は川の中に入つて河童を捕へてあがつて來た。

×

同字津鶴にお宮の前を小川が流れてゐる。その川に大きな石があつて、その石に文字が彫つてある。夏の頃子供がこの川に泳ぐときは必ず泳ぐ前にこの石に水をかけるこの石の字が消えると河童が來て尻をとるといはれてゐる石である

ろに鍬をくゝりつけて一緒に游いだ。河童はその鍬を捨てろといふ。爺さんが『おれの尻をとりたくてそんなことを言ふのか』と河童の腕をとつて引つ張り廻したからたまらず降參した。それから二人は河縁の石に腰を下して休んでゐると『どうぞ一度で好いから尻をとらせてくれ』といふ。『よしそれではこの川の水を逆さに流して見せろそしたら許してとらしてやる』と言つた。河童は心の中で何か祈願すると、川の水が逆さに流れ初めた。（坂瀬川の滿潮時の逆流）爺さんはあはてゝ『待てく\、鐵のかたまりが腐れる時はとらしてやる』と言つて、鐵の塊を小山の上に置いた。それから河童は日に數回小便をかけて、ひたすらそれが早く腐れるのを待つた。數年の後に果して腐れたそこで河童が尻をとることを請求すると、今度は又約束を任直した。小山の上に大きな男石をおいて、これが土になつたら約に隨はうと言つた。けれども石は中々土にならぬ、彼はその上に糞を垂れたりして早く土になるやう苦心したが駄目であつた今でもこの石はあつて、その上が少し凹んでゐるのは、その糞をたれたあとだといふことである。かうして河童は永遠に尻をとる機會を失つてしまつた。爺さんは死後神に祀られて『別當さま』と呼ばれ、その祠が今も太師山の下に在る。游ぐとき『別當様の子孫でござる』といへば河童に尻をとられぬ。

これに附隨して、坂瀬川は逆瀬川で、河童が逆さに流したから起つたのだと言ひ、坂瀬川の川底が所々深く凹んでゐるのは、逆さに流さうと思つて河童が掘つたのだといつてゐる。

△餘言

天草では、まだ中學生に至るまで河童の實在を信じてゐる。古老は、河童が陸上に上つたことはその何ともいへぬ生臭ひにほひでわかるといふ。河に尻をとられたのと、たゞ溺死したのとは全然違ふ。溺れたのは身體が冷たく硬くなるが河童にやられたのは、身體がいつまでもくた\/\と柔かく尻のけつがぽんと拔けてゐると言つて聞かせた。

現に二三年前、御所浦島の小學校の生徒を渡す渡船が（御所浦島に小學校があつて、附近の小島の生徒は毎日船で往復するのである）岸に着くときどうしたのか不意に顚覆してしまつた。水の中にあぷ\/\してゐる生徒達を附近の村人達がかけつけて、みな救ひ上げたしばらくしてからもう一人足らぬことが判つた。大騒ぎをして探したがどうしても見つからぬ。その時或者がひよつと思ひついて先刻顚覆したまゝになつてゐる船をとにかへして見ると、その中から現はれて來た。勿論死んでゐた。それからこれを河童がとつたのだといふ評判が高くなつて、しばらくはそこを渡るものがなかつたといふ話である。

怪　涼み台の話（一）

恋人の姿を絶望の病床で眺る女

●東海朝日新聞　昭和五年八月十二日（十一日夕）　5-240

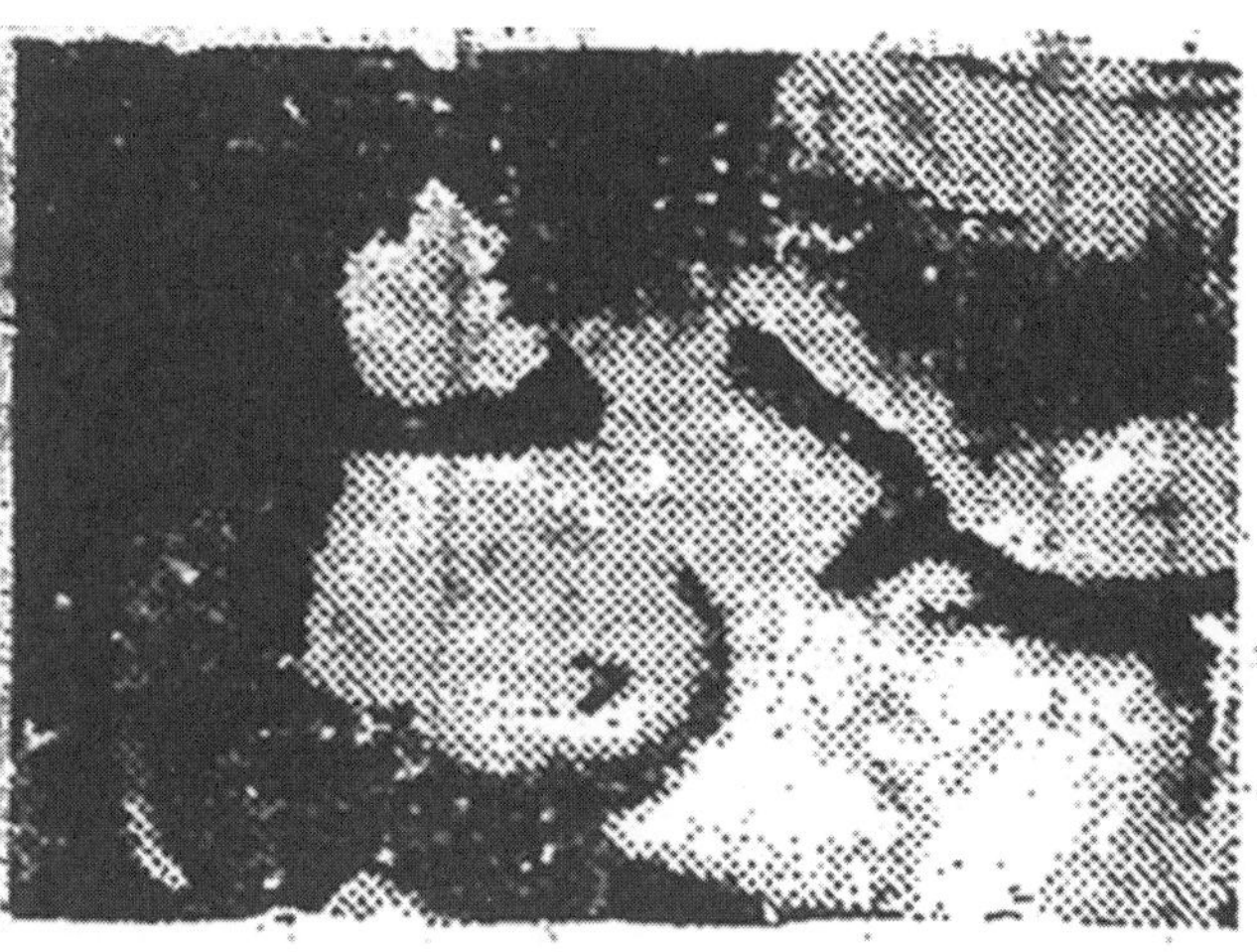

運命、神秘、靈魂等々の言葉は現代人の頭から抹殺されてゐる。だが、人生にはサイエンスのみでは片付けてしまへない色々の出來事がある。今から語る僕の物語もその一つである。第三者は或は簡單に「偶然」の一語で解決するかも知れない。だが直接の体驗者には、其處にたゞそれだけでは濟まされない或る感情がある。

△△△

涼み臺の話 ⊖

戀人の姿を

絶望の病床で眺る女
或る時計の怪

何時の間にか豐川の水が澄んで、流れに泳ぐ魚の横腹の閃光が、堰の上からでも眺められ、石巻山の山肌がハッキリと際立ち初めた。

行きずりにフト目が交す女の瞳の色にも ゆくりなく秋のすがたが映る頃……

△△△

その頃・僕の彼女は、絶望の病床にあつた。

彼女——仮は十七、名は三保子 家風的に僕の家と彼女の家とは親しい行き來をして居り 兄・呼ばれ、妹といつくしみ合つて居た二人の間には、その言葉以上の深い感激と希望とが生れてゐた。

双方の親も、それを肯定してゐたのである。

△△△

その彼女が、あの執拗なコンサンプションに侵され、一家を挙げての專心的療養の甲斐もなく、終ひに主治醫から絶望をもらしたのだつた。

何事に對しても特に鋭敏な處女の感受性によつて、彼女自身も、已の命の終りを覺悟した。

今後もう一ケ月保つか、或ひは半月か……

何物にもかへて愛する者の命が、刻々に病魔に滅ぼされて行くのを、むざむざ見守つて居らねばならない者の悲哀……僕は彼女の肉體の衰へを、自分の体が蝕まれでもするかの如き苦痛に泣いた。

△△△

彼女の最後の慰安は、その枕頭に僕を眺める事だつた。

僕は會社のかへりに、必ず病院の彼女を見舞ふのが、その頃の日課であつた。

彼女は花を好んだ。それで僕は毎日彼女の枕頭に變つた花を飾つた。

「今日はカンナね……」

頬の肉が落ちた爲めに、一層大きくなつたその瞳を見開いて、静かにさう云ふ彼女だつた。

△△△

病室の窓の外には櫻の老樹が枝をはり、その幹で蟬が鳴き續けた。

「兄さん、三保子とあの蟬と何方が先に死ぬのだらふか……」

覺悟してはゐるものゝ、そんな言葉を聞かされる時、僕の瞳は遣る瀬ない哀愁の涙でぬれるのだつた。

僕は、別人の様に痩せ小さくなつた彼女の拳を、軽く兩手で握つてゐる。彼女はその拳を僕にゆだねて 僕は彼女の拳を握つて……そして二人は沈默勝ちの幾時間かを過すのである。

△△△

百年はおろか、千年でも萬年でも、共に生きたい僕と彼女は、與へられた絶對の道をハッキリと自覺して最後の一瞬への悲しい時間を消すのである。

泣いても、泣いても、泣き泣き切れぬ毎日だつた。(金坊)

怪 ●東海朝日新聞　昭和五年八月十三日（十二日夕）
涼み台の話（二）　永久の別離
5-241

涼み臺の話 ㊀

永久の別離

彼女は微笑で云つた「左樣なら」

を晩――

僕は、歸宅の時間が迫れば、明日をたのみに、僕の手からその掌を離さんと常とする彼女が、珍らしく離れやうとしないのである。

「もう三十分――ね。もう三十分居てね――」

彼女はまくら元に置いてある、小型の腕卷時計を眺めながら哀願的に言ふのだつた

△△△

彼女はマタタキ、せずに――ヂッと僕の顔ばかりをながめて居る――

三十分は過ぎた。

「もう時間ね――」

もう消え入る樣な聲で云つた後、彼女は靜かに瞳をとぢた。

「兄さん、三保子は兄さんに形見に上げたいの――」

△△△

一彼女はまくら元の時計をさぐるやうにして取つた。

「此の時計ね。三保子には一番大事なものよ。今日まで三保子は兄さんの見れる時間を一分一分とこの時計をながめては樂み待つたの――たがもういらない――兄さん大事に持つてゝね――」

すべてを直感した僕は其處に悲痛な現實を見た。

「そんな、氣の弱い――みいちやんは最後まで強氣を僕にちかつたぢやないか。また大丈夫！醫者もさう云つてゐた――」

僕は一生懸命で云つた。

△△△

彼女は無言で僕をながめてゐた。そして、靜かに――微笑みさへも浮べた。

「これ、兄さんの手にはめてよ――」

左には僕自身の時計があつた。それで僕はその時計を右の手首にはめた。彼女は僕の手にはまつた時計を、むさぼるやうに見詰めてゐた。

△△△

「兩方の時計を一所に、三保子の耳んところへ寄せて頂戴……」

彼女は瞳を閉ぢて、二つの時計のセコンドを刻む音を聞いてゐた。

「よく合つてる――一つの時計のやう……」

彼女はツブやくやうに云つた。

△△△

「兄さん、もう歸つてもいいの――」

僕は何時ものやうに、彼女の頬に輕く觸れて、

「元氣で居るんだよ」

と愛撫のタッチを繰り返して後、椅子を離れた。

「えゝ、左樣なら」

彼女は、常にも増してハッキリと、この左樣ならを云つた。微笑を浮べて……

△△△

僕は、今も何故か思ひ出して、斷腸の思ひがするのだ。三保子は翌朝の黎明に息が絶れたから この「左樣なら」が最後の、永遠に最後の左樣ならだつたのである。三保子はその事を豫期してゐた。その爲めに、尚更に元氣なこえを出して微笑までも浮べて……僕に最後の印象を殘さうと努力したのである。

△△△

たがその晩は、僕は彼女にそんな變化が來やうとは思はず、彼女のあの元氣な樣子に幾分安堵すらを感じて家へ歸つて來た。

涼み台の話（三）　乙女の死を的確に暗示した時計

怪　●東海朝日新聞　昭和五年八月十四日（十三日夕）　5-242

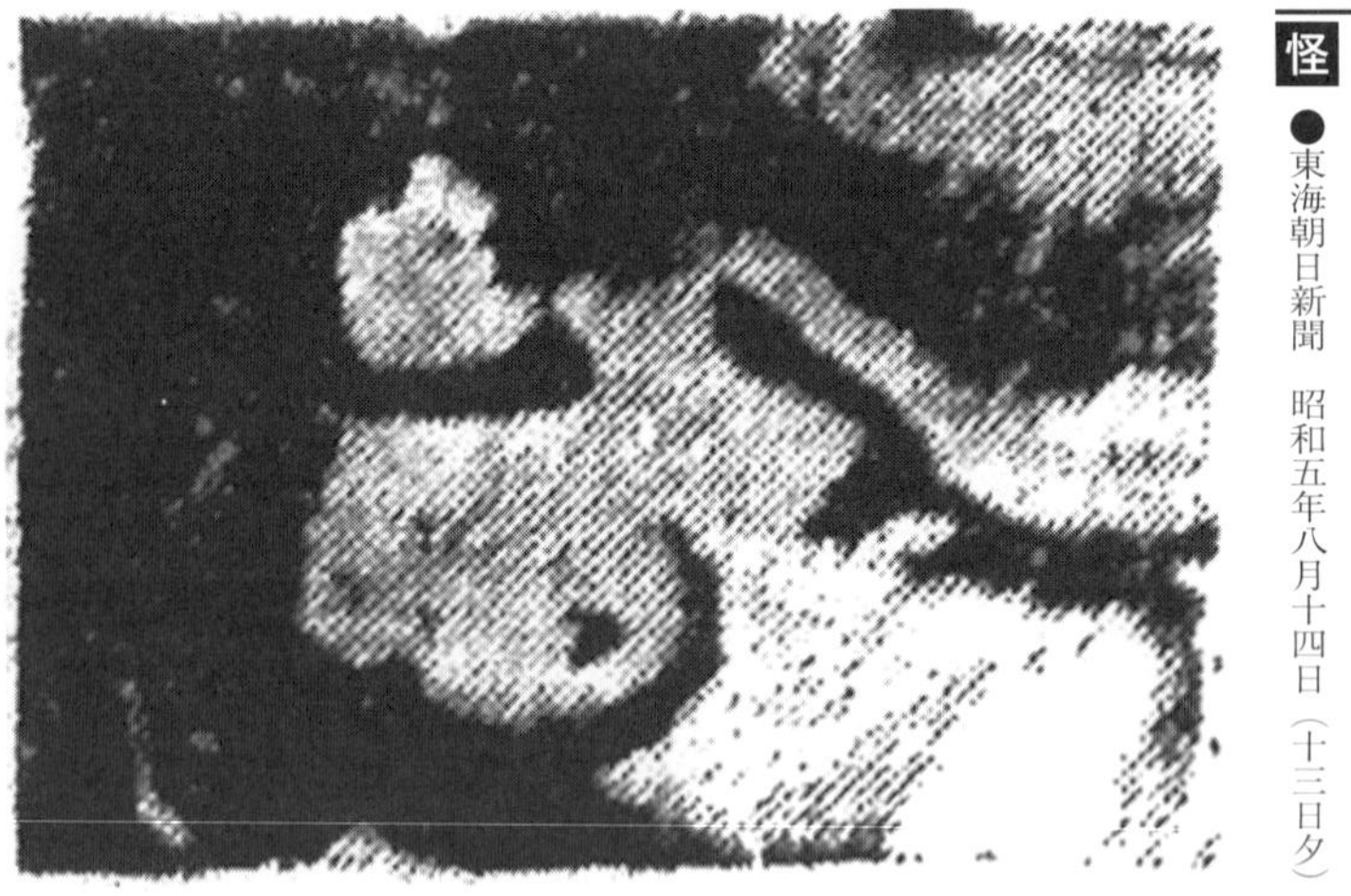

乙女の死を
的確に暗示した時計
遇然？霊為？
涼み臺の話（三）

死、死、死――死の豫感と云ふものは果して正確なものだらうか？

僕は午後九時の雑踏の街路を、その事に頭を占領されながら歩いて行つた。

△△△

日中の暑気とは別の世界のやうに、秋風の立ち初めた朝[illegible]は涼しい。

澄徹した空気で――僕の眼は身も共に益々冴え返るのだつた。

彼女の言葉が、彼女の微笑が――悽惨な死顔の怪異な姿が――幻想　幻影　幻覚。

僕はヂツと胸に両手をおいて心気の安静を求めた。

△△△

いとしさに、僕は腕にはめたまゝの、あの時計。

夜の静寂にハツキリと、セコンドを刻む音が聞える。

セコンドの音　彼女の顔　消え入るやうな声　あの痛々しい微笑――實在の音と幻想の姿とが、混乱し調和して僕の頭に溢れる……。

僕は狂ほしい寂寥が　底知れぬ恐怖が……僕は時計を抱いて遣る瀬無く泣いた。

△△△

何時の間にか眠つた。

ああ、三保子が懸崖に墜ちる！――その夢中の絶叫に夢から覚めた僕は、狂はしく高鳴る動悸を感じながら、咄嗟に腕の時計を耳に運んだ。

おお！

僕の神経は　時に冷い戦慄を感じ　今迄遊鳴してゐた心臓は重苦しく結滞する。

止つてゐる！

時計が止つた！

△△△

閃光的に脳裏を走る不吉な豫感、僕はハネ返された様に飛び起きて、電燈のスヰッチをひねつた。

午前三時二十分っ

止つた時計は其處を指してゐる。机の上の置時計は三時二十五分。

僕はそのまゝ家を飛び出した。勿論病院へ！

午前三時半の街路は、只電光ばかりが裏淋しく輝いて、人影とては一つも無い。

奔走し去るトラック。

僕は機械的に走つた。何物かに狩り立てられるか如き気持で――

△△△

三保子は死んで居た。

――みいちゃん　みいちゃん――僕の悲痛な呼び声は、何の反響もなく黎明の空気に呑まれて消えるばかり。

暫らくしてから僕は初めて我に帰り、彼女の姿をツクヅク眺めた。苦悶の跡は微塵にも無く、眠つてゐる如き安らかさ……

△△△

突然駆け附けた僕の狂気じみた様子に、聊し不思議の面持をみた看護婦は云つた。

「ほんの只今でございました。三時二十分の御臨終でございます」

三時二十分！

僕は再び腕の時計を見た。

三時二十分！

僕は、彼女の死顔と、動かぬ時計とを等分に見くらべながら、物を言ふ事も出來ずに立ちつくした。

△　△　△

僕は此の一致に就て、偶然以上の或る神秘を感ずるのである。

怪　涼み台の話（四）　地上の楽園
●東海朝日新聞　昭和五年八月十五日（十四日夕）　5-243

涼み臺の話 ㈣
地上の樂園
アトリヱの青春の花
彼が語る怪話

午後十一時近くの僕の家の附近は全く物音すらが絶える。星空に月も無く、遠い山裾がカスカニそれと感じられる一線を畫く。縁の籐椅子で團扇をもてあそびながら、僕の以上の物語を聞き終つた友は、蒐怪探奇に深い趣味を持つてゐた。そして今度は彼が次の樣な話をした。

△　△　△

彼時川の家庭は、年老いた父と、彼と彼の從妹に當る孤兒の芳江と、家政婦の婆やの四人、金持の一人息子としての彼の我儘は察するに余りがある程になつた。

彼は私立大學を中途で止めて、自分の好きな洋畫をやつてゐた。立派なアトリヱを造つて、其處で贅澤な毎日を過してゐた。

△　△　△

芳江——彼女は彼より五つ年下、桃割髪に振り袖姿が非常に良く似合ふ、美しい容貌と純良な心の持主であつた。彼は彼女をモデルによく繪を畫いた。

彼と彼女が……結ばれて行つたのは或ひは極めて自然な順路であつた。

人生の春。

△　△　△

その文學通の生活が、青春の血のたぎる彼と彼女、續く……アトリヱこそは地上の樂園であつた。

彼女の性情は、くめども盡きぬ泉の如く、彼の感情に歡喜を與へた。

彼等は結婚した。そして、アトリヱの幸福が、全社會へ擴大された。

△　△　△

翌年、父、死んだ。

人の子として父の死は悲しい事だ。だが自由の子となる時、それは寧ろ喜びである。事業に不自由を感じない充分の物質を抱いて、そして美しい新妻にかしづかれて——彼時川の人生は正に爛熟の木の實だつた。

△　△　△

底無しの放縱な新生活のために、生來が蒲柳性である芳江の肉體は、何時か衰弱の徴が現れた。

病魔は其處を待つて居る。好事魔多しとか、幸福の絶頂で「神樣、私こんなに仕合はせでよいのでせうか——」と心ひそかに思ふ時、人生の軌道は大きなカーブをする。妊娠が、不幸へのスピードを速めた。

怪　涼み台の話（五）　夫の無情に病勢を募らせる新妻

●東海朝日新聞　昭和五年八月十六日（十五日夕）　5-244

夫の無情に

涼み臺の話 ㊄

病勢を募らせる新妻

彼女は見た！

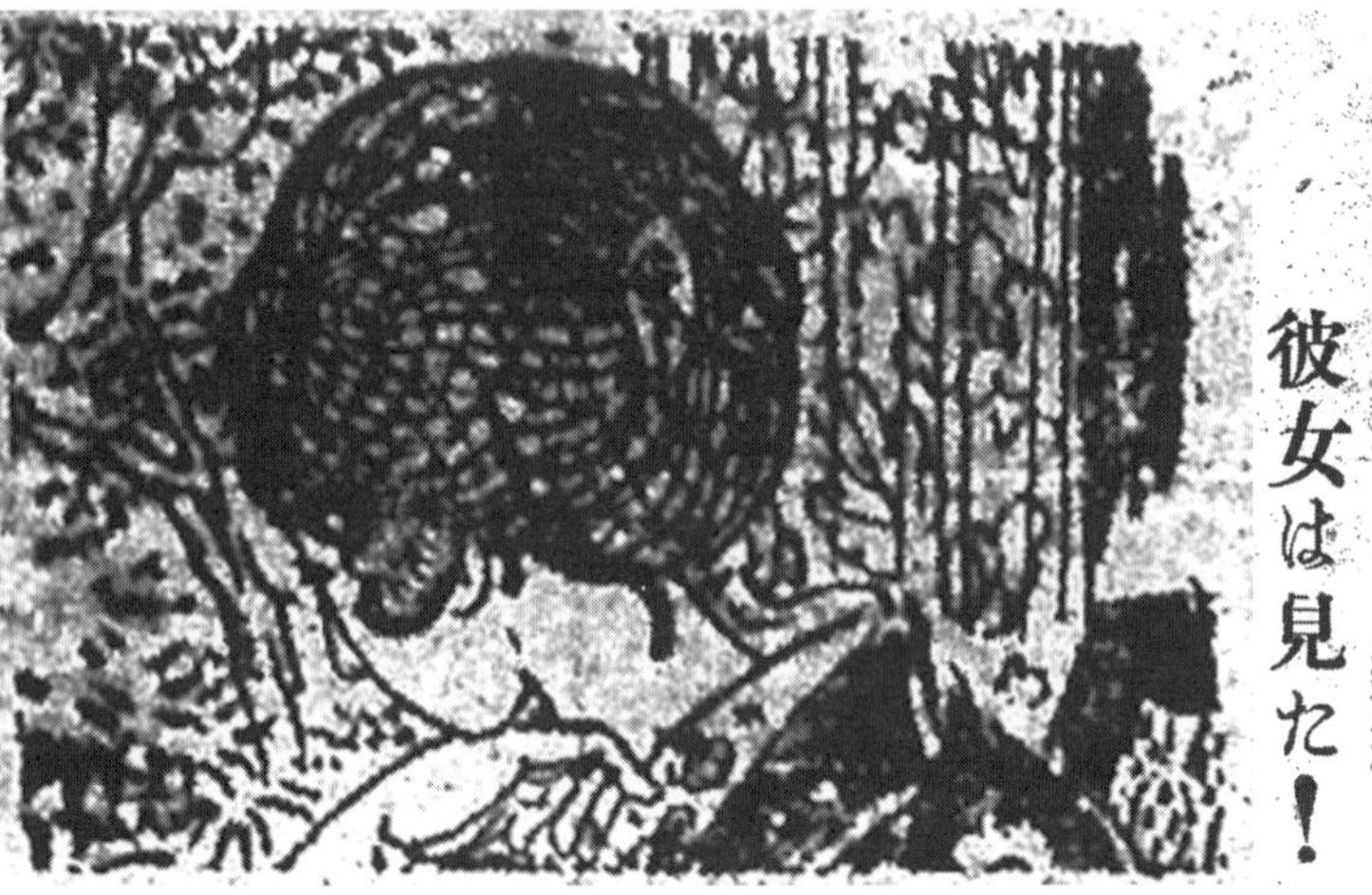

△△△

醫師の言に從つて、人工流産をしたが然し芳江はそのまゝ床を離れられない體になつてしまつた。

感傷は結核病勢に油を注ぐもの。芳江は余りにも悲しい現實の涙に、未來の望までをも消えらせてしまふ。

病院生活は底知れぬ哀寂である。

△△△

時川は妻の何處を愛してゐたのか？　肉慾に依つてのみ結ばれた關係なら、肉體の破壊が連鎖を斷つ斧である。彼の情念は新しい相手を求めて波立つた。

彼は再びアトリエの埃をはらつた。入り變り立ち變り、彼の目前に立つモデル女……彼の視線は其處に物色の赤光を放つ。

△△△

其處へ彼の獸慾を捕へるべく最も尖端型の一女性が出現した。

激浪なるモダニズムの洗禮を、十二分に浴て來てゐるモデル女の技巧的なイツトの蠱惑に、彼は嘗て忘れて激浪の渦に沈む。

妻の芳江が鐵のアラヒのやうな清楚味なら、モデル女の味は正しく情熱の激流であらう。彼は燃つた情熱を心行くまで滿喫した。

△△△

その結果——

彼が病院の病妻を見舞ふ日は一週間目が十日目となり、一ケ月目と伸びて、モデル女との關係が密接の度を增すにつれて妻への關心は失はれて行つた。

△△△

過去の記憶が惱しければ惱しい程、現在の悲しみが悲しまれる。

芳江は、忘れかねる幸福の追慕に現實の悲哀を一人泣いた。その上に、已から離れ去らんとする夫の氣配を感ずるに及んで、彼女の懊惱は病苦以上である。

天眞無垢の彼女。文字通り杖とも柱とも、己が命にもかへて力と手頼る夫の、刻々と冷たく變り行く態度に、彼女が何うして苦惱無くて濟まされやう。

△△△

針の尖のやうに、鋭敏になつてゐる彼女の神經、まして人妻としての瑞々しい年余の時の經驗を持つ彼女の感情は、夫に對する疑念を刻々とたくましくさせる。

最う夫は彼女を三月も見舞はない……あれを思ひ、これを考へ、芳江はヂツとして居られない焦燥に、痩衰へた體をのたうつた。

△△△

妻の一念……

終ひに芳江は我慢の緒を切つた。看護婦に俥用を命じて病院を拔け出した後、彼女は疑惑の一念によろめく足を踏みしめて立つた。

涼み台の話（六）　温泉場の怪　5-245

●東海朝日新聞　昭和五年八月十七日（十六日夕）

怪

涼み臺の話 ㈥
温泉場の怪
横ばる男女の惨死体
遇然？怨恨？

何事も一切が夢中の内に、彼女を乗せた車は自宅へ着いたのである。

△△△

おお、懐かしの我が家……

半年振りで見る愛の巣！

然し其処には何となく恐ろしい戦慄が漂つてゐる、寂とした家内……勝手知つた我が家のことゝ、彼女は苦しい胸を抱きながら、離れのアトリエへの廊下を進んだ。

人の気配――

△△△

アトリエの扉を静かに開けた彼女の目に――

おお、その時の光景は！

ハツと胸を突かれて己が目を疑つたは瞬間、それは夢でもない幻でもない。

[illegible]さして絶對に見てはならない夫の姿だ！

余りに激しい感情の衝撃に彼女の意識は朦朧とした。と、その時突如として迫る胸部の眩惑。

血た、血た、血た……

彼女は吐き続ける鮮血の中に昏倒して苦悶した。

△△△

彼女は意識を恢復した時、再び病室のベッドに横はつてゐた。朦朧たる視覚に、注射器を持つて緊張した院長の顔が映つた。

再び蘇つた意識は、彼女にアノ呪はしい光景を思ひ出させる……

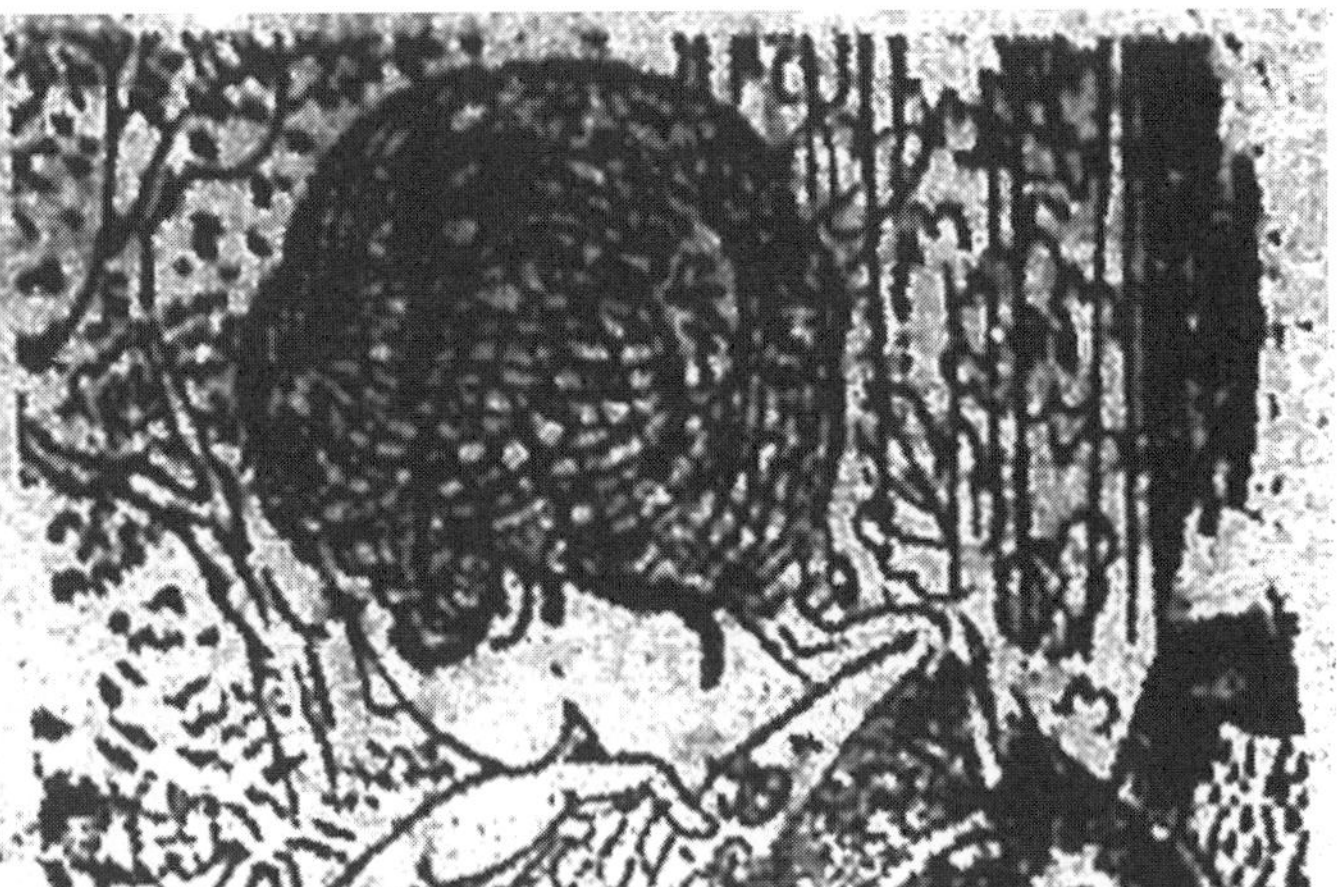

実相を見るのでは、それでもまだ、一抹の望みを持つてゐた。その最後の一縷が無惨にも断ち切られて、今はただ絶望のみ……

自から諦めなければならない残酷な病床にあつて苦しい思ひを続けて来たのもたつた一つ夫への愛の故ではなかつたか。

それが、それが――

△△△

泣いても喚いても、怨んでも呪つても、偽られた身の徒らな焦躁である。

体中の毛穴の一つ一つから血を絞るやうな苦悶だつた。

事ここに至つた芳江に一時間生きる事が一生の苦悩にも増すのである。

△△△

一方時川――

享楽の園アトリエを、芳江の鮮血によつて呪はれた彼等は、その翌日相たづさへて温泉地へ旅たつて行つた。

芳江の運命と反比例して、彼とモデル女との不倫な享楽は激しく進展して行く。

温泉場に於ける彼等の毎日は、薔薇色の情炎だつた。

△△△

こうして、[illegible]しい者が[illegible]しむ人が遠く離れて幾日――

芳江の病勢は悪化した。最う夫にも絶望してゐる彼女は誰の姿をも求めず、絶対の孤独と病苦のうちに最後の日を待つた。

死を予示する發作が來た。看護婦は用意して在つたリンゲル液の注射針を、細つた彼女の胸に刺した。

『――あなた……』かすかな一言　これが彼女の最後の言葉だつた。

△　△　△

温泉場の空氣に爽かだ。

予等の彼等は、午後の散歩に高臺の樹林を彷徨ひ歩いてゐた。

老樹の根方に凭つた二人はそこで思ふままに感情を[illegible]させた。

その頃……

山の彼方に浮動してゐた入道雲は、遠雷を乗せてまつしぐらに擴がりつつあつた。

山峽特有の天候の變化。

△　△　△

黒雲怪々、閃又一閃、雷鳴と共に瀑水の豪雨が、視野を奪つた瞬間である。

落雷！

そして山峽は、再び以前の明朗にかへつた。木々の葉末の露が、五色の麗彩に美くしく輝やいてゐる。

△　△　△

程過ぎて、此の高臺の樹林を通り合はせた避暑客の二人が、作裂した老樹の蔭に、黒こげになつて横はつてゐる男女の惨死体を發見した。それは時川とモデル女との變つた姿である。

退屈にきつてゐる温泉場の空氣は、この突然の出來事に色めき立つた。

△　△　△

此の時川等の惨死した時間が、病院で芳江が息を引き取つた時間と完全に一致してゐるのである。

△　△　△

さて皆さん、この一致である。先の話の時計の停止も、この話の落雷も、偶然と云つてしまへばそれだけだ。だが其處に何物かの力を感ずるとして、それは愚かな感情であらうか？

あなた方の人生を、今一度よくふり返つて見て下さいとお願ひする。（金坊）

怪　幽霊と好んで結婚する女

★台湾日日新報　昭和五年八月十二日　5-246

處女を守るため　幽霊と好んで結婚する女……

人間同志の結婚なら兎も角死んでは生きてゐる人間の女が態々陰府にある未だ見ず知らずの男と結婚する物好きなのがイクラも居るから

不思議…な事である

一體此等の女は何故此の世に居らない幽霊と結婚するかと云ふと（1）未來の夫として樂しんで居た許婚が離失者となるか又は死亡した時（2）渾身忠義を貫徹するため（3）俗に云ふ生れつきの『戸立』で人の妻となり得ない具者等の場合に大抵は幽霊と結婚するのである、この種の女を『守長清女』即ち永久に

處女など…通す女と云ふので

中途で他の男と結婚する事は軽蔑され居り又不思議にも女の方も初志を翻へすものが少ないのである、猶一方どう云ふ家庭が此の種の嫁を迎へるかと云ふと成年に至らず早死した男の子を持つた母親がツマラヌ男を養子に貰ふよりも氣のやさしい女を嫁女として貰ひうけ自分は姑になつたつもりで迎へ入れ終世の話相手にしやうとするやうな連中である、此の種の女を迎へ入れる

儀式は…地方により異なるが

比較的簡單である、事前に大體話をつけてから女が嫁入先きの家に行くと姑は入口の戸を堅く閉し家に入れる事を拒絶する様な真似をして次の會話が行

はれる
姑『お前は何にしに來たのか
女『妾は永久に從家で通す爲に
來ました
姑『お前は甘い物を食べ美しい
著物は慾しくないか
女『ソンナものは少しも慾しく
ありません
此會話…が終へると女は戸を推し開き姑にも挨拶せず一目散の家に入[illegible]これから改めて姑や親戚等に挨拶しその家に祭つてある神佛や祖先の位牌を禮拜して式を終るのである、斯くして嫁入した女は死ぬまで其家で處女として飼殺される事になる

怪　西方丸と海の怪
●九州日報　昭和五年八月十三日
5-247

グロ譚［其二］

西方丸と海の怪

引きずり込まれた三人の若者

お盆にちなんだグロ譚二つ

お盆の十四日の晩！此の年になつても其の晩の事を思ふと四十何年も經つた今日でも頭の底の方からズーンと來て首筋から背中へゾツとするのですが――その晩も每年のように精靈流しとあつて不良共三人がしたゝかに燒酎をあほつてから大濱二丁目の濱へ出かけました。當時私が二十三で立さんが二十二、甚さんが確二十一、泳ぎにかけてはそろつて居たのでした

×……×

濱へ來てみますと――當時は濱に晴心館の相當立派な建物があつて其の濱でもう大勢集まつて精靈船を流す支度〳〵で賑やつて居り私共の家族も交つて居ました。早速素ツ裸になつて精靈船を受け取ると三人そろつて水に入つて行きました。當時は御存じのやうに今のやうな築港もなく傳馬で[illegible]るなど言ふ事もなくて沖沖まで泳いで行つたもので私共不良は競つて沖へ遠く泳いで行きます。何分遠淺で最初は腰までそれから胸までやがて首までつかると泳ぎ出して三人そろつてやかましく喋りながら沖へ沖へと出るのでした。鵜來島見合のあたりまでは外にも大勢泳いで居ますがさすがにあれから沖になると誰も來ず三人切りであちらこちらに精靈船の火がチラチラと流れてゐる間を行くと少々氣味が惡くなります――と言ふのは斯うして泳いで出て佛樣に迎へられたり河童に引ずり込まれたりする者が每年のやうにあつたのですから。で、誰言ふとなくバラ〳〵に離れて居た三人が足がさはりそうになる程近くに集まつて何時の間にか饒舌も止んで默り込んで水を搔く音と波の音ばかりになります。と、言ひ合はしたように
『もう此の邊でよからう』

×……×

と一齊に船を放してすぐ引返しました。泳ぎながらふりかへつてみると三人の持つて來た船三つだけが一番沖に蠟燭の火がチラ〳〵として居ました。と、其の時です誰かゞ片足をグンと引つ張るのです。ヅッとして思はず
『誰ぢやい』
とふりかへると二間ばかり後れて居た甚さんが
『アッ』
と一聲ズブリと沈んですぐ又頭を出しましたが斜つかいになつて
『ワッワッワッ』と氣が違つたように水を搔くのです。
『やられた』と頭に閃く瞬間に手と足だけがバシヤ〳〵と水面に現はれましたが――實はお恥かしい次第ですがそれから先の事は何をどうしたか覺えて居ません。兎に角夢中で逃げて、泳ぎ方も糞も無茶苦茶に水を搔き廻してやつと濱にかけ上るとバッタリ倒れて『ウウウ……』とはかり何がどうしたのか兎に角恐ろしかつたのです。

×……×

所が甚さんと立さんが上つて來

ないのです。『それッ河童にやられた』と大騒ぎとなり傳馬をかり集めるやらいろいろして捜しにかゝると幸ひ甚さんの方は沈んでゐたのが淺い所だつたので偶然見つかつて蘇生しましたが云さんの方は永久に發見されず家族や親類の人達がそれから長い間伊崎浦や箱崎和白あたりの海岸を見張つてゐるのを見ると穴にでも入りたい程つらいでしたが結局駄目でした。

◇……◇

それはそう甚さんの方です三日四日うは言はかり言つてゐたのがやつと正氣づいて聞いてみますと兩の足がピリッとするとズボリと沈んだが其の瞬間に私が『誰ぢやい』と怒鳴つたのを聞いたそうですがそれからは誰かゞ兩足を摑まへて居てどうしても泳げない。もう誰の事を考へる所ではなくて夢中で水を搔いて居たが精も根もつきた頃には何かしら安らかな氣持であの繪に描いたやうな後光のさした佛樣が先の方を行く――それに引かれるやうに歩いてゐるのかそうでないのかスーッとついて行くのだつた。が、急に胸が苦しくなつて佛樣の姿がパッと消ゑるとそれからは恐ろしい胸苦しさが續いてやがて頭に靄がかゝつたようなのが少し薄らぐと氣がついたのだと言ふことでした。

×……×

それから後誰かが三人並んで泳いたらいけないと言ふのを耳にしてハッと胸を打たれましたが、あの云さんは三人の中でも年が眞ん中でいつも泳ぐ時には不思議に云さんを中にして泳いで居たのでしたつけ。（博多緒町NO老人談）

怪　お供物食った下男の哀な狂態　●九州日報　昭和五年八月十三日　5-248

お供物食つた下男の哀な狂態

博多中魚町の桶屋町の角に金貸と質屋をしてゐた〇〇〇屋×島といふ家があり其家の男仕に元さんといふ十八九の男がありました。處が或る年のお盆の精靈流しの翌日から顏付が變にこわばつて誰でも人を見るとベソをかいては

『おぢさんなお菓子さんなつた』

といふのです。又手を突出しては

『お菓子やんない』

といふのです。それから是が大變な噂になりましたがその可愛想な狀態を二年ばかり博多の街のあちこちに曝していつの間にか消へて終ひましたが年寄は言ふのでした

『元さんな御主人の息子の初盆の精靈流しにお供物はとつて喰つたけんあげんなこつなつたはい。』

噂に依れば息子さんは可愛らしい子だつたそうで當時はお供物等を今のように廢棄てたりせずみんな精靈船にのせて送つたもので其の×島さんのお供物は目を見張る程立派なものだつたとか。それは明治廿五六年頃でしたかしら。（博多松井老人談）

怪　博多柳町の怪談　●九州日報　昭和五年八月十三日　5-249

博多柳町の怪談

星野胤弘

博多柳町にや柳はないが
女郎の姿が柳腰

と歌はれた博多小女郎で名高い柳町が、未だ今の新柳町に移轉しない前の話である。其の頃の柳町は九州大學設置問題で、在りし日の夢も消ゑあはれ舊柳町として福岡市の一隅に殘骸を晒してゐる。歌舞と三絃と紅酒の巷だつた丈けにその衰微さは餘りに淋しすぎるが、その傾城華やかなりし頃、時は物情騷然たる徳川末期か、明治初期か、何れかは定かではないが情緒豐に並ぶ紅燈のかげに××樓と云ふ或る遊女屋があつた。

その樓の抱女郎に入菊（假名）と云ふ遊女があつた。彼女こそ此の傳說のヒイロンで、美醜の程は如何か讀者の判斷に任せるが、彼女ははしためのなす業までも日々手傳はされてゐたのである。

×

菊はふとしたことから些かの病の床に就く身となつた。そうした世の常として人情に薄く、彼女の部屋には見舞ふ人一人なく、食事運ぶ者すらなく、日頃手傳つたはしためさへ訪れなかつたのである。かくて彼女の病勢は日毎に募り、最早臨終に近かつた彼女は重い病床に呻吟しながら、世と人の無情を恨み呪ひ怒つて止まなかつた。そして死期の迫つた或る夜一掬ひの水を求める爲に、まゝならぬ身を動かして井戸端に這ふやうにして出かけた、かくて辛くも己が死水を取つたのである。そして又這ふやうにし、柱にもたれ、壁にすがつて漸くの思ひで己が病床に辿りついたときは既にこときれてしまつてゐた。翌日彼の女の死體は無雜作に取片付けられて、他の遊女が變りにその部屋をあてがはれたのである。

×

此處は夜の世界である。紅燈の灯影も衰へ、さしもの××樓の夜も更け渡つたころ、誰もゐない筈の井戸端に當つて皿を洗ふ音がした。その無氣味な音は毎夜續いた。それはかりではなく、彼女の病んでゐた部屋の壁には女の大きな手の型がありありと浮かび上るやうに着いてゐたのである。その手の型はいくらふいても、如何に塗り換へても取消すことが出來なかつた。それからその部屋は恐ろしい『あけずの部屋』として閉されてしまつたのである。

×

そうしたことが結果してか女郎の待遇が改善されはしための輩は勿論、發病の際には直に醫者を迎へるやうになつたといふ事である。

×

知る人ぞ知る、博多柳町怪談の主人公の怨靈は、遊女待遇の上にい、犧牲となつたわけである。

怪　博多怪談夜話　●九州日報　昭和五年八月十三日　5-250

博多怪談夜話

古老二人の語る

博多呉服町の交叉點から博多驛の方の街並を見ると是が三四十年前まではおばけの本場だつたとは何としても考へられない位ですが今博多驛の所には矢倉門があり百姓家さへもチラホラと少し西へ寄ると今の祇園町のあたりには一てふ軒と云ふ虛無僧寺があつて其の中には貧弱な借家が少しはかりあつたといふありさま。そして是が博多の町外れである事から自然妖怪變化の出沒も多かつたと言ふもの。さて——

◇……◇

小山町の素麺屋の親爺は酒呑みで臆病な男でした。或る時宰府参[illegible]ると聖福寺の前から東長寺のあたりは太い樹が茂つて家はなく道もふみわけかねる眞暗闇でした。所が東長寺の門近く來た道べたで大きな——身の丈一丈もあらうかと思はれる程の色の透き通るほど白い女がうつ向いてせつせと髪を梳いてゐるのです

『お前さんは今頃こげんな所でなじよ……』

と話しかけると、其の女はよく女のするやうに二三遍顔を振つてはふりかゝる髪を拂つてさてぢつと据ゑた顔は——素的滅法がいもない凄い美しい顔！而も圖う體の大きいのに似もつかぬ小さな顔！[illegible]先は夢中で、小山町の自分の家の表戸を破れるほど叩いて蒲團をひつかついで寢込んでしまつた事すら覺えないといふわけで三四日は熱病のやうにうなされたものでした。（承天寺日 老談）

◇……◇

今、一つ上祇園町と下祇園町の四つ角は虛無僧寺の中の借家のあつた所で化物の中心地でした。あれから二三軒北の今××屋の所には繼子の娘がありました。何でも何處かゞ片輪か何かで敷居切り外へは出さずに虐待してゐる中にたうとう怨み死にゝ死んで終ひました。するとその娘さんの幽靈が出

るのです。髪をふり亂した足のない幽靈が——然しこゝのは敷居切り一足も外へ出ないおとなしい幽靈で『敷居切り幽靈』と言つてゐました。

××屋の所には今、下祇園町の中の子人形店へ通つてゐた幸藏といふ男が住んでゐました。此家には『白髮婆あ』が出るのでした。どうかすると椽の下から青白い骨と皮ばかりの手が出て握手を求める樣子がとても物凄いのです。

それでも剛氣な幸藏さんは平氣で居ますと或年箱崎の放生會に行つて歸つて來ると當時まだ三つ位たつた子供が床の下でギヤーギヤー泣いて居るのです。吃驚して床板をはがして引出したのでしたが考へてみると子供獨りでそんな所に入る筈がないのでいろ／＼と尋ねてみるとどうも『白髮婆あ』が引ずり込んだらしいのです。之には流石の幸藏さんもぞうつとしたと話して居りました。

◇……◇

それから少し南へ來ると十歳の片方から見れば至極美しいのに片面がほやけして紅のやうに眞赤な可愛想な娘がありました。此の娘さんはそれが爲に時々裏の芋畑へ出て散歩する位の事で味氣なく日を送る中に病氣して可愛想に此世に未練をたつぷり殘して——或は心に思ふ人でもあつて憾みを殘して死んだのでせうか。雨のそぼふる晩など其の芋畑を通るとスー——ッと幽靈になつて出て來るのです。そしてチ——ッと人の顏を見ては片面の赤い方を見せられるとどんなに膽の据つた者でもキヤツと……

『べんか幽靈』と言つて居ましたが此の頃のやうに空地もないやうに家が建て込んでは幽靈の方でも一層味氣ない事でせう、

◇……◇

[illegible]

た銀杏の古木があります。未だ更けたと言ふ程でもない宵の口に或人が其の下を通りかゝると枝の茂みから變な長いものがブラ下つて居ます。何だらうと近づいてみると、それが一本の馬の後脚でボンと蹴るのです。キヤツと言つてへたばつたまゝ氣絶して終つた——其の後には再々出たのを見た者がありましたつけ。

追記—大名町の電車通り中野別邸けその昔飯田角右衞門邸のあつた所で今も大きは銀杏の木がある。是にも同樣の話がありました。（記者）

◇……◇

それから直ぐ西隣が萬行寺ですが此の萬行寺の吊鐘が眞夜中にゴーンと鳴るのです。提灯をつけて行つてみると誰も居ない。歸つて來ると又ゴーンと鳴るのです。[illegible]ツ[illegible]めがツ——爺さん連中は舌[illegible]

怪

西方丸と海の怪

●馬関毎日新聞　昭和五年八月十三日

5-251

西方丸と海の怪

引きずり込まれた三人の若者

お盆にちなんだグロ譚二つ

グロ譚【二】

お盆の十四日の晩！此の年になつても其の晩の事を思ふと四十何年も經つた今日でも頭の底の方からズーンと來て首筋から背中へゾツとするのですが——その晩も例年のように精靈流しとあつて不良共三人がしたゝかに燒酎をあほつてから大濱二丁目の濱へ出かけました。當時私が二十三で玄さんが二十二、甚さんが確二十一、泳ぎにかけてはそろつて居たのでした

×……×

濱へ來てみますと——當時は濱に隣接心館の相當立派な建物があつて其の濱でもう大勢集まつて精靈船を流す支度くで賑やつて居り私共の家族も交つて居ました。早速素ッ裸になつて精靈船を受け取ると三人そろつて水に入つて行きました。當時は御存じのやうに今のやうな築港もなく傳馬で送るなど言ふ事もなくて皆沖まで泳いで行つたもので私共不良は競つて沖へ遠く泳いで行きます。何分遠淺で最初は腰までそれから腕までやがて首までつかると泳ぎ出して三人そろつてやかましく喋りながら沖へ沖へと出るのでした。鵜來島見合のあたりまでは外にも大勢泳いで居ますがさすがにあれから沖になるともう誰も來ず三人切りであちらこちらに精靈船の火がチラチラと流れてゐる間を行くと少々氣

味が悪くなります――と言ふのは斯うして泳いで出て佛様に迎へられたり河童に引ずり込まれたりする者が毎年のやうにあつたのですから。で、誰言ふとなくバラ〳〵に離れて居た三人が足がさはりそうになる程近くに集まつて何時の間にか饒舌も止んで默り込んで水を掻く音と波の音ばかりになります。と、言ひ合はしたように

『もう此の邊でよからう』

×……×

と一齊に船を放してすぐ引返しました。泳ぎながらふりかへつてみると三人の持つて來た船三つだけが一番沖に蠟燭の火がチラ〳〵として居ました。と、其の時です誰かゞ片足をグンと引つ張るのです。ヅツとして思はず

『誰ぢやい』

とふりかへると二間ばかり後れて居た甚さんが

『アッ』

と一聲ズブリと沈んですぐ又頭を出しましたが斜つかいになつて『ワッワッワッ』と氣が違つたように水を掻くのです。

ハッと思つて立さんを見るとそこに居た筈なのに姿が見えず『そらやられた』と頭に閃く瞬間に手と足だけがバシャ〳〵と水面に現はれましたが――實はお耻かしい次第ですがそれから先の事は何をどうしたか覺えて居ません。兎に角夢中で逃げて、泳ぎ方も糞も無茶苦茶に水を掻き廻してやつと濱にかけ上るとバッタリ倒れて『ウウ……』とばかり何がどうしたのか兎に角恐ろしかつたのです。

×……×

所が甚さんと立さんが上つて來ないのです。『それッ河童にやられた』と大騒ぎとなり傳馬をかり集めるやらいろ〳〵して捜しにかゝると幸ひ甚さんの方は沈んでゐたのが淺い所だつたので偶然見つかつて蘇生しましたが立さんの方は永久に發見されず家族や親類の人達がそれから長い間伊崎浦や箱崎和白あたりの海岸を見張つてゐるのを見ると穴にでも入りたい程つらいでしたが結局駄目でした。

◇……◇

それはそうと甚さんの方です三日四日うは言ばかり言つてゐたのがやつと正氣づいて聞いてみますと兩の足がピリッとするとズボリと沈んだが其の瞬間に私が『誰ぢやい』と怒鳴つたのを聞いたそうですがそれからは誰かゞ兩足を摑まへて居てどうしても泳げない。もう誰の事を考へる所ではなくて夢中で水を掻いて居たが精も根もつきた頃には何かしら安らかな氣持であの繪に描いたやうな後光のさした佛様が先の方を行く――それに引かれるやうに歩いてゐるのかそうでないのかスーッとついて行くのだつた。が、急に胸が苦しくなつて佛様の姿がパッと消ゆるとそれからは恐ろしい胸苦しさが續いてやがて頭に霧がかゝつたようなのが少し薄らぐと氣がついたのだと言ふことでした。

×……×

それから後誰かが三人並んで泳いだらいけないと言ふのを耳にしてハッと胸を打たれましたが、あの立さんは三人の中でも年が眞ん中でいつも泳ぐ時には不思議に立さんを中にして泳いで居たのでしたつけ。（博多樹町NO老人談）

怪 お供物食った下男の哀な狂態　5-252

●馬関毎日新聞　昭和五年八月十三日

お供物食つた下男の哀な狂態

博多中魚町の桶屋町の角に金貸と質屋をしてゐた○○○屋×島といふ家があり其家の男仕に元さんといふ十八九の男がありました。所が或る年のお盆の精靈流しの翌日から顔付が變にこはゞつて誰でも人を見るとベソをかいては

『おぢさんなお菓子どんなつた』といふのです。又手を突出しては

『お菓子やんない』

と言ふのです。それから是が大變な噂になりましたがその可愛想な狂態を二年ばかり博多の街のあちこちに曝していつの間にか消へて終ひましたが年寄は言ふのでした

『元さんな御主人の息子の初盆の精靈流しにお供物はとつて喰つたけんあげんなこつなつたばい。』

噂に依れば息子さんは可愛らしい子たつたそうで當時はお供物等を今のように海に棄てたりせずみんな精靈船にのせて送つたもので其の×島さんのお供物は目を見張る程立派なものたつたとか。それは明治廿五六年頃でしたかしら。（博多松井老人談）

怪 博多柳町の怪談　5-253

●馬関毎日新聞　昭和五年八月十三日

博多柳町の怪談

星野嵐弘

博多柳町にや柳はないが
女郎の姿が柳腰

と歌はれた博多小女郎で名高い柳町が、未だ今の新柳町に移轉しない前の話である。其の頃の柳町は九州大學設置問題で、在りし日の夢も消ゆあはれ舊柳町として福岡市の一隅に殘骸を晒してゐる。歌舞と三絃と紅酒の巷だつた丈けにその衰微さは餘りに淋しすぎるが、その頽城華やかなりし頃、時は物情騒然たる徳川末期か、明治初期か、何れかは定かではないが情緒豊に並ぶ紅燈のかげに××樓と云ふ或る遊女屋があつた。

その樓の抱女郎に入菊(假名)と云ふ遊女があつた。彼女こそ此の傳説のヒイロンで、美醜の程は如何か讀者の判斷に任せるが、彼女ははしためのなす業までも日々手傳はされてゐたのである。

×

×菊はふとしたことから些かの病の床に就く身となつた。そうした世の常として人情に薄く、彼女の部屋には見舞ふ人一人なく、食事運ぶ者すらなく、日頃手傳つたはしためさへ訪れなかつたのである。かくて彼女の病勢は日毎に募り、最早臨終に近かつた彼の女は重い病床に呻吟しながら、世と人の無情を恨み呪ひ怒つて止まなかつた。そして死期の迫つた或る夜一掬ひの水を求める爲に、まゝならぬ身を動かして井戸端に這ふやうにして出かけた。かくて辛くも己が死水を取つたのである。そして又這ふやうにし、柱にもたれ、壁にすがつて漸くの思ひで己が病床に辿りついたときは既にことぎれてしまつてゐた。翌日彼の女の死體は無雜作に取片付けられて、他の遊女が代りにその部屋をあてがはれたのである。

×

此處は夜の世界である。紅燈の灯影も衰へ、さしもの××樓の夜も更け渡つたころ、誰もゐない筈の井戸端に當つて皿を洗ふ音がした。その無氣味な音は毎夜續いた。それはかりではなく、彼女の病んでゐた部屋の壁には女の大きな手の型があり〳〵と浮かび上るやうに着いてゐたのである。その手の型はいくらふいても、如何に塗り換へても取消すことが出來なかつた。それからその部屋は恐ろしい『あけずの部屋』として閉されてしまつたのである。

×

そうしたことが結果してか女郎の待遇が改善されはしための者は勿論、發病の際には直に醫者を迎へるやうになつたといふ事である。

×

知る人ぞ知る、博多柳町怪談の主人公の怨靈は、遊女待遇の上にいゝ犠牲となつたわけである。

博多怪談夜話

怪

●馬関毎日新聞　昭和五年八月十三日

5-254

博多怪談夜話

古老二人の語る

一博多呉服町の交叉點から博多驛の方の街並を見ると是が三四十年前まではおはけの本場だつたとは何としても考へられない位ですが今博多驛の所には矢倉門があり百姓家さへもチラホラと少し西へ寄ると今の祇園町のあたりには一てふ軒と云ふ虚無僧寺があつて其の中には貧弱な借家が少しばかりあつたといふありさま。そして是が博多の町外れである事から自然妖怪變化の出沒も多かつたと言ふもの。さて――

◇……◇

小山町の素麺屋の親爺は酒呑みで剛膽な男でした。或る時寄合の歸り途に日が暮れて九時過ぎになつてから辻の堂から入つて來ると聖福寺の前から東長寺のあたりは太い樹が茂つて家はなく道もふみわけかねる眞暗闇でした。所が東長寺の門近く來た道べたで大きな――身の丈一丈もあらうかと思はれる程の色の透き通るほど白い女がうつ向いてせつせと髪を梳いてゐるのです

『お前さんは今頃こげんな所でなじよ……』

と話しかけると、其の女はよく女のするやうに二三遍顔を振つてはふりかゝる髪を拂つてさてぢつと据ゑた顔は――素的滅法かいもない凄い美しい顔！而も圖ぬ體の大きいのに似もつかぬ小さな顔！さすが剛膽な親爺もうわーッとのけぞつてひつくり返るとそれから先は夢中で、小山町の自分の家の表戸を破れるほど叩いて蒲團をひつかついで寢込んでしまつた事すら覺えないといふわけで三四日は熱病のやうにうなされたものでした。（承天寺Ｈ老談）

◇……◇

今、一つ上祇園町と下祇園町の四つ角は虚無僧寺の中の借家のあつた所で化物の中心地でした。あれから二三軒北の今××屋の所には織子の娘がありました。何でも何處かゞ片輪か何かで敷居切り外へは出さずに虐待してゐる中にたうとう怨み死にゝ死んで終ひました。するとその娘さんの幽靈が出るのです。髪をふり亂した足のない幽靈が――然しこゝのは敷居切り一足も外へ出ないおとなしい幽靈で『敷居切り幽靈』と言つてゐました。

◇……◇

又四つ角から南に二三軒目の今××屋の所には今、下祇園町の中の子人形店へ通つてゐた幸藏といふ男が住んでゐました。此家には『白髪婆あ』が出るのでした。どうかすると縁の下から青白い骨と皮ばかりの手が出て握手を求める樣子がとても物凄いのです。

それでも剛氣な幸藏さんは平氣で居ますと或年箱崎の放生會に行つて歸つて來ると當時また三つ位だつた子供が床の下でギャーギャー泣いて居るのです。吃驚して床板をはがして引出したのでしたが考へてみると子供獨りでそんな所に入る筈がないのでいろ〜と尋ねてみるとどうも『白髪婆あ』が引ずり込んだらしいのです。之には流石の幸藏さんもぞうツとしたと話して居りました。

◇……◇

それから少し南へ寄ると士族の屋敷があり其の裏手には芋畑がありました。其の士族屋敷の一軒に片方から見れば至極美しいのに片面がほやけして紅のやうに眞赤な可愛想な娘がありました。此の娘さんはそれが爲に時々裏の芋畑へ出て散歩する位の事で味氣なく日を送る中に病氣して可愛想に此世に未練をたつぷり殘して――或は心に思ふ人でもあつて憾みを殘して死んだのでせうか。雨のそぼふる晩など其の芋畑を通るとスーッと幽靈になつて出て來るのですそしてヂ――ッと人の顔を見ては又スーーッと行つて終ひます。が片面の赤い方を見せられるとどんな膽の据つた者でもキャッと……『べんが幽靈』と言つて居ましたが此の頃のやうに空地もないやうに家が建て込んでは幽靈の方でも一層味氣ない事でせう。

◇……◇

あれから西へ一丁程南側の顯正寺の塀から外に今では枯れかゝつた銀杏の古木があります。未た更

けたと言ふ程でもない宵の口に或人が其の下を通りかゝると枝の茂みから變な長いものがブラ下つて居ます。何だらうと近づいてみると、それが一本の馬の後脚でポンと蹴るのです。キヤツと言つてへたばつたまゝ氣絶して終つた――其の後にも再々出たのを見た者がありましたつけ。

追記＝大名町の電車通り中野別邸はその昔飯田角右衛門邸のあつた所で今も大きな銀杏の木がある。是にも同様の話がありました。（記者）

◇……◇

それから直ぐ西隣が萬行寺ですが此の萬行寺の吊鐘が眞夜中にゴーンと鳴るのです。提灯をつけて行つてみると誰も居ない。歸つて來ると又ゴーンと鳴るのです。喜ツ狐めが――皆さん連中は舌皷を打つたものでした。（祇園町I老人談）

怪　狐狸に欺された淋しい枝川のほとり

●神戸新聞　昭和五年八月十四日（十三日夕）　5-255

スポーツ王國

甲子園を語る會（一）

狐狸に欺された 淋しい枝川のほとり

まづ草分け時代を顧みる

時　十二日午後五時――午後十時迄
場所　甲子園クラブハウス
出席者
小説家　佐藤紅緑氏
鳴尾村長　辰馬半右衛門氏
スポーツマン社主幹　永井南洋氏
古川博子嬢
同　美也子嬢
竹内美知子嬢
阪神電車電氣技師長　丸山[illegible]氏
同グラウンド主任　富樫興一氏
本社側　藤澤、廣瀬、二出川、細見、萬代諸氏、山田漫畫記者

[illegible]　甲子園の賑しい折柄[illegible]り下さいまして有難うございます、甲子園は球場を始めとしてテニスコート、排籠球競技場、陸上競技場、フットボール、水泳プールなどが揃つてゐる、その上海岸は阪神間の第一の海水浴場であつて、特に一つの運動王國を形造つてゐますが、殊に全國中等學校優勝野球大會も開かれ今や全國的注視の的となつてをります、この時に當つてクラブハウスで云はゞ現場座談會を催し、[illegible]とした球界の權威者として地許の村長として凡ゆる觀點から甲子園を縱横に、而かも肩の凝らない調子で論じて戴きたいのであります、先づ順序として甲子園の草分時代の話しを願ひます

[illegible]

辰馬　あれはまだ私の十四五歳の頃です、當時の地勢を申しますと現在の甲子園一帶は枝川といふ川で來の方で武庫川と合流してゐました、武庫川と枝川の分岐點に甲子園ホテルが出來て居る筈です、この枝川は今でこそ道路となつてゐるがよく澄んだ水が流れて居たもので、平常は川幅の三分の一位の廣さであるが、暴風雨があつた後は川全體に滔々と濁流が流れてゐました此枝川が境界線となつて東は鳴尾西が今津です、枝川から申川（天保時代申の年に切れたのでこの名が出來ました）支流が分岐するその角に球場が出來ました、併しこれは後のことで、まだ球場が出來ない頃は一面の森で枝川と申川の分れるあたりは流れが清く、松の翠りも美しいので鳴尾や今津の里人に取つては廣田山などと共に春秋の行樂地になつてゐました、だから秋などは若い頃は（枝川堤へ遊びに行かう）と家族連れや友達を誘つて始終遊びに來たものです景色がよかつたが何しろ郊部な所ですから狐狸の巣窟で狐が走るのを見たりするのは格別珍らしい事ではなく日が暮れると全く人通が杜絶へてしまひます、従つて夜分に球場のある辺近を歩るいて居て、だまされた話しはよく聞かされたもので、私の家の者が鳴尾の秋祭りへ出掛けて午後八時頃折詰をさげてその路を通りかかつたとき狐狸にだまされ何時の間にやら海岸に出て來ました、潮風に吹かれてヤツト我に返つた時には折詰がなかつたさうだ、これは逸話です

[illegible]　そんな珍らしいお話を伺ふとまるで隔世の感がありますね定めし色々な傳説にも富んで居るのでせう

お盆の三日間亡き母と遊ぶ子

●九州日報　昭和五年八月十五日　5-256

お盆の三日間 亡き母と遊ぶ子

福岡荒戸町 A古老の話

福岡唐人町の或家――その家は今も未だあるのですが――その家で三つになる女の子を非常に可愛がつてゐた未だ若い廿二三の母親がなくなつての初盆の十三日からのこと、初盆のことゝて座敷には種々の飾りものも美しく來客も多いのに其の娘が不思議と裏庭のみかんの木の下へ行つて獨りでニコニコ樂しさうに遊んでゐるのです最初の中は氣がつかなかつたが二日目には皆が怪しんで且つはいぢらしがつて聽いてみると『お母さん來らつしやるけん、お母さんと遊びよる』――皆はゾッとしましたがそんな事もあらうかと氣味惡がつて離れて見て居るといつまでも樂しさうに退屈もしないで遊んで居るのです所が十六日になると朝はゆつくりと駈込んで別に遊びに行きさうにもないので又きいてみると『お母さん居んなされんもん』――是には近所の者も又慄ッとして顏を見合せたのですがそれからは毎年のお盆になると其の時の事が思ひ出されてウソ寒くなります――それは明治十何年ごろの事でした

『白い姿の女』

●九州日報　昭和五年八月十五日　5-257

『白い姿の女』

福岡上名島町 白水青峰

まつ暗な何となしに陰氣ないやな或る晩に或る人が博多から福岡へ歸る途中でふと白い姿の女の人が道連れになつた何の氣もなく話しながら橋口から名島町を過ぎて或る家の前へ來ると『あのことが私の家でございます、失禮いたします』――とスッと家の中へ入つてしまつたものです。所が其の入口がピッシヤリと閉つたまゝ開いた氣配がさらにないのです。ハテナと考へ直してみてもどうしても其の女は其の戸口へ文字通り消えたとしか思へず、そう考へて來るとどうも變な事に氣がつくのです。歩き方が如何にもスポーッとして居たし、さうた腰から下が浮いたやうで足音もしなかつた――と、頭の後の方からズーンとして思はず足がブルブルして歯の根も合はなかつた――是が實話の一つ

×―×

やはり陰氣ないやな晩或家の小僧が病人の使ひで急いで称吉寺町の邊を走るやうにして侍が二人歩いて居るのを駈けぬけようとすると『小僧一寸待て、あの向ふに行く白い女の足音を聞いて來てくれ』と言ふ變な話なのです。でも剽輕な小僧だつたからでパタパタッと走つて行つたが女に近づくと女は其の側の寺の門へスーッと消えて小僧はバッタリと倒れて氣絶して終つたのです。侍達は直走つて行つて介抱して氣がついてから聞くと、女に近づいてみると變に背が高くて頭は低屋根の上に出て居る位だが足許が定かでない、ハッと思つた其の瞬間に耳がガンと詰まつたかと思ふとそれから先は覺えぬと言ふ話――所が其侍達は福岡の町を通つて居た際或家の戸口から開いた氣配もなく音もなくスーッと白い女が出て來て目の前を歩いて行く、夫がどう見ても唯の女ではなくて小僧の話と同様なので是は怪しいとつけて來たものだつた、而もその女が出たと言ふ家は前の話の白い女が消えた其の家だつたと言ふのです――是は今はもう亡くなりましたが私の近所の老人の實話でした。

鉄相和尚のこと

●九州日報　昭和五年八月十五日　5-258

鐵相和尚のこと

寛文年間と言へば今から二百六

十年はかり前の頃、その頃は今堅粕にある禪宗の名刹明光寺は博多東町にあつたのだが其の門前のあたりに飴屋があつた。或晩夜中に若い女が錢六文持つて飴買に來たがそれが續いて毎晩而も同じ時刻に來るので飴屋が不審がり跡をつけて行くと明光寺の本堂裏に入つて行く。さては明光寺の和尚が怪しいと言ふ事になりそれでも尚疑問を殘して飴屋が和尚に詰問すると和尚の方でもおかしいと言ふような事で今夜は和尚と一緒に本堂裏に來てみると女の新墓の前に飴を包んで渡した竹の皮が落て居る是はおかしいと足を止めると墓の中から赤ン坊の泣き聲がする。愈々怪しいと言ふので墓を掘返してみるとクルくとした男の子が埋葬された臨月の母親の胎内から出て育つて居たので吃驚して抱へ上げて來た。然しこんな事情で生れた者であるからと言ふので寺で育て上げた所が此の子が非常に悧口で大きくなるに從つて賢くなり終に名僧として稱へられた鐵相和尚その人となり十七代の明光寺和尚に納つたのであつた――と言ふのが傳説である。今では此の傳説も忘れられて終つたが其の後例の傑僧仙厓和尚が此の話を書きつづつたものが最近發見され博多西門通り山本辰次郎氏の所有となり

內ニ若キ婦人懷妊臨月ニ至リ病ニ罹リ遂ニ死去ス由テ明光寺境内ノ墓所ニ埋葬ス其時東町ニ飴屋有リ或夜深更ニ至リ飴屋就寢爲サント欲スル時歲若キ婦人來リ錢六文ヲ出シ飴ヲ求ム其夜ハ飴屋モ心ヲ懸ケズ有リシニ毎夜深更時モ變セズ三四夜續キシ故來ラバ跡ヲ送リ見屆ケント思フ處果シテ來リ益怪ミ跡ヲ送リ見ルニ明光寺ノ門内ニ入リ本堂裏ノ墓ニ至リ姿忽チ消エ失セタリ其夜ハ家ニ歸リ就寢シ翌朝早起シ明光寺ニ至リ和尚ニ逢ヒ其由ヲ具サニ語リシニ和尚モ大ニ驚キ僕ヲ呼ビ飴屋ト共ニ發週間前ノ新墓ヲ發掘シ見ルニ男子出產シ飴ヲ包ミタル竹皮散亂シ其子棺中ヨリ抱キ取リ寺ニテ養育セシニ幼年ナガラ學事ニ勉勵シ長ジテ頗ル書道モ亦唐宋ノ法帖ニテ第一の書を得たり右の手は只今より御返し申すと告げたり此御禮として鐵相和尚の御認書の有る處は火除の守護を爲すなりと告げたり後來決して疑慮あるべからず其證據として我が指の瓜を貴僧に捧げ置くなりと云ひ其儘姿消へ失せたり和尚は夢を覺まし不思議な事と思ひ見れば果して床頭に大なる瓜有り其後鐵相禪師の書の有る處は必ず火災を免れたり其瓜は今に至り明光寺の寶物として傳はりたり

文化壬午一月十日記

扶桑最初禪窟　仙厓書

怪　妙な音のする宿屋の一室

●九州日報　昭和五年八月十五日　5-259

妙な音のする宿屋の一室

福岡市　赤松やそ子夫人

身内の或る者が重病で態々見舞にまゐつたのですが岡山市の吉原とか言ふ料理屋兼旅館の家に泊つた時のこと、最初の晩に丁度お客がたて込んで離れのやうな淋しい小さな部屋へ私獨りで寢かされたものでございました。何だか變に淋しいので薄氣味惡く思ひながら眞宗の信者の私のこと故一寸證信偈でも上げて床に就いたのでございましたが――眞夜中の、そうです一時頃かと思ふ頃でしたかボーッと言ふ底氣味の惡い可ない大きな音がして目が覺めました。何かしらと考へて見ました何ともなくて夢だつたのかなと思ひく眠りかゝると又ボーッと音がするのです。それが二三度續いたものですから首筋へみゝずが這ふような寒さがゾーッとして堪まらなくなつてベルを押しました。所が何の手應へもないので少々慌て出しましたが又種々考へて結句あきらめてこわごわお念佛でも唱へながら夜を明して終つたのです。そして其の朝、女中に今夜は是非部屋を代へて呉れるやうにと申しますと一も二もなく畏まつて下る樣子がどうもおかしいのです。それで其の晩女中を捕まへてよく聞き質してみますと――

實はあのお部屋は前から何も御存知なくてお泊りになるお客樣に何かしらおかしい事があるのでふたんは使はないことにして居るのですが昨夜のやうにたて込んだ時には已むを得ず且つは此方ではおうるさからうと存じて實は心配しながら御案内いたしましたやうなことで私共でも九時過ぎるともう御用があつてもよう參りませんのです、何でもあの所は昔お屋敷の

あつた處で何かあるのかも知れません――と言ふやうな事なのですまあお前さん達は隨分酷いわね。そんな所へ獨りで寢さしたりして――と申しますと『何とも申譯ありません。でも奥さんはよくお休みになりましたこと』なんて言ですの。今更のようにゾッとしましたがその時を思ひ出すと今でもまた寒氣がするようなのですが、で

午前二時（六）　暗夜の南郷往還（上）

●九州新聞　昭和五年八月十五日（十四日夕）

5-260

奇談怪談が轉がる　暗夜の南郷往還（上）

赤樫の大刀を小脇に搔い込み　母のたましひ赤襷を衣嚢に

丑滿時の探險第六夜――之が最後の探險であるだけに、且又龍田山麓國神社附近、本妙寺裏の國有林、金峰山頂上……等、何處に於いても殆んど期待を裏切られてすつかり氣を腐らしても居る事なので、今度白羽の矢を立てた所は破滲味百パーセントの『南郷往還』。茲に註を加えなければならないが所謂『南郷往還』は飽託郡廣畑村保田窪邊りに生れ、託麻平野を大蛇のやうにうねうねと這つて同村長嶺南區を隔たる南方五六町位の所を通り、同郡小山戸島村戸島に沿ひ、上益城郡白水村神明を拔け……それから先は餘り精しくは知らないが、兎に角最後は

『南郷谷』の大きなロの中に呑み込

まれてしまうのだ。黑煙勇ましく疾驅する汽車が猜獣の影を阿蘇の片田舍へ追ひ込んでから、此の『南郷往還』も瞬く間に廢れてしまひ、今では肥田子馬車が軋る位のもので、所々には殆ど沒するやうた叢が徒らに蛇やとかげの住家を作つて居る程であるが、昔はどうして熊本と南郷の文化を結ぶ唯一の交通道路だつたそうな。

◇

藩政時代からずつと此の方此の南郷往還に最も近い廣畑村長嶺に住んで居る私は、往還に絡るさまざまな奇談、怪談を小兒の時分から澤山聞いて居る。寒い冬の夜など圍爐裡の端で、隣家の話し上手な和太爺さんはよく往還に

化けて出る狐の話などを聞かせ

て呉れた――狐が頭に木の葉をのせて化ける最中を見たとか、綺麗な花嫁御領に化けたとか、また所謂『日の照り雨』の日には餘計尚狐の行列が通るとか……云ふ事は、和太爺さんの話に依るまでもなく、私の村の中、畠近くの農家の雞が度々やられる事に依つて充分に證明されよう。何でも彼等は附近の雜木山に根城を構えて居て、時々こつそり農家近く忍んで來ては得意な奧の手を出すらしい。面白いのは盗つた雞の處分だ――流石は彼等も一度に一羽平げる事は出來ないので、食ひ餘しは貯えて置かう……と言ふ人間並な考えを持つて居るのだ……が、面白いのはそれだ――彼等は畠の眞ん中に出て大空を仰ぐ、そして目標にいゝ雲を物色し、其の雲の眞下に例の食ひ餘しを置くのだ……あちこち跳び廻つて相當腹が空き、食ひ餘しを取りに來た時は已に

目標の雲は悠々として流れ去り

置いた場所がさつぱり判らず、血眼になつて探す時には早やお百姓のすきやき鍋の中で、甘さうにぐちぐち煮えて居る頃だ……

◇

大空の雲を目標にしたところなど麻生甕のノンキナトウサン見たようでなかなか面白い。斯んな剽輕た連中だから其の化るのも茶目つ氣たつぷりなナンセンス式のが一番多い。和太爺さんの話を借りる迄もなく、まだ生々しい最近の挿話を一つ紹介しよう。私の家の近所にKさんといふ三十前後の若い衆が居る。彼は彼の嫁さんの實家――同村小嶺（小嶺練兵場附近）から、嫁さんと共に歸宅の途中だつた。Kさんは

嫁さんの家で何かの祝酒にすつ

かりいゝ氣持になつて居た。彼は自轉車に御馳走の這入つた重箱をぶら下げて居た。鼻唄交りに丁度此の往還近くにさし掛つた時、後の方でチンチンチンチンチン……自轉車のベルの音。それに交つてスーッスーッと自轉車の轉ぶ音、だがKさんは格別氣にも掛けずに居ると急にスーッと疾くKさんをかすめて前の方へ走つた灯。……自轉車の轉ぶ音だ……が、不思議や自轉車も人も見えない、唯灯だけだ。Kさんはハッと思つた、併し何しろKさんも私同様ドン・キホ

ーテの血を受けて居る上に、神酒の威勢が手傳つて、皆さんが震えて止めるのも耳に入れず矢庭に自轉車で件の灯を追ひかけた。ヘビ！ヘビ！ヘビ！、逃げる灯、追ふKさん、茲。

南郷往還は時ならぬ活劇舞臺に

鎧つた。すんでの事にKさんが灯に追ひつかうとした時、灯は『おい待つて呉れ、待つて呉れ……』と悲鳴を擧げたかと思ふとパツと消えてしまつた……と言ふ事だ。

◇

そんな色々な奇談、怪談を知つて居るだけに、南郷往還から感受する凄惨味も亦一入だ。またそれこそ私の期待だつたので、嚴重(?)に身仕度を調へると、赤樫の大太刀を握りしめて家を出た。忘れてはならない――家を出る時私は赤たすきを一本ポケツトに捻じ込んだ。喧嘩安の中山安兵衛は高田の馬場で堀部彌兵衛の愛娘から赤い帶じめを借つてたすきにしめたと云ふが私は母のデリケートな心遣りからたすきを持つて居る事にしたのだ。たすきは今夜濠りひよつとしたら赤樫の大太刀以上の護身用になるかも知れない。それ

は何故……（此の項續く）

午前二時（八）　深夜の高森往還（中）

怪

●九州新聞　昭和五年八月十六日（十五日夕）　5-261

奇談怪談が轉がる 深夜の高森往還（中）

託麻ヶ原の野火除けの赤だすき 朧な月影を踏んで一里の夜道

喧嘩の安さんは高田の馬場で、堀部彌兵衛の愛娘から贈られた紅い帶じめをきりつとたすきにしめ上げて十八番斬りをしたが、結んだたすきが蝶結びとなつたと言ふから、此の血なまぐさい大仇討を色氣たつぷりなローマンスにデツチ上げて居るが、私の場合は同じ紅だすきでも敵を避ける爲の物ではなく敵から逃れる爲……而かも

たすき一本が命の瀬戸際とあつ

て見れば色氣も艶つぽさもあつたものではなく、却つて凄惨な鬼氣がむら／＼と湧くではないか。蓋し託麻平野は斯うだ――南郷往還附近の託麻平野には昔から一つの不思議な話がある……それは『野火』だ。村の老人連中は『のびのひ』と稱して居るが、それは察するに『富士山の山』の身内だらう。扨此の野火

は全く物凄い怪物(?)で、人間を見つけたら半里ばかりも先からまつしぐらに追ひ掛け、追ひついたが最後骸が炭になるまで燒き焦すとか……まさに炭になつた者は居ないやうだが火に追はれた者は、現に若い衆の中でも十指には止まらない。炎々として

燃え熾る一團の妖火が疾風の如

深夜の託麻平野を横ぎる凄惨さは全く表現の限りではないと言ふ。或る者は腰のしりがはれ上るまで持ち叩きつゝ逃げたと言ふし、或る者は傍の溝に飛び込んで命拾ひをしたと言ふ。ところで、どうでも逃げきれない者は最後の一策としてたすきをしめた官さんに早變りして難を餘る眞似をすれば、不思議に災を逃れる事が出來るさうな。こゝまで言えば紅たすきの正體も解つたらう、また野火が如何に凄い妖火であるかも解つただらう――だから『此のドン・キホーテ奴案外臆病玉が小さいぞ』なんて嗤ふまいぞ。

◇

村を出外れて畠路に踏み込んだ時には、若い娘達を訪れて廻る罪の無い『夜の巡禮者』達の歌ふ俗謡歌ならぬ追分節も聞こえず、

唯星のささやきと秋蟲の鳴く音

とが、寂寞たる託麻平野を一層寂しい色で包んで居た。時ならぬ靴音に秋蟲を驚かせつゝ五六町歩けば、此處はそのかみの南郷往還の馬立場『出小屋』の跡。

◇

『出小屋』はそのかみ南郷往還が華やかな生命を持つて居た頃、い分繁榮した馬立場であつて此處に五六軒の茶小屋があつた。『南郷往還の出小屋』と云えば、『渡鹿』、『南屋小屋』と共に二出小屋として恰かも肥後の國(?)に於ける『東海道五十三次』を分離したやうなものであつた。此の馬立場には南郷往き還りの草鞋をはいた牛や馬が何時も十四五頭は並び、どぶろくは絶えず沸かされ、繩のれんの中からは『どうたいな、寄つて行くがえゝ……』と、無愛嬌乍ら人なつこい聲で前を通る人に向つて投げられた所だ。其の後星移り物變り、今は早や寂として跡なく、唯數株の

老杉は暗澹る陰影を地上へ投

げ、老杉の下の石地藏は默々として語らないが、老杉の梢に吹く風は、そのかみ此の出小屋に

午前二時（九）　深夜の高森往還（下）

怪　●九州新聞　昭和五年八月十七日（十六日夕）　5-262

奇談怪談が轉がる

深夜の高森往還（下）

鬼氣犇々と迫る夜の野路で パンを惠んで老乞食と問答

××姐さんと言ふ綺麗でいなせなお前が話した事を私に語つて呉れた。

◇

突然朧な月明りの彼方にウォー、ツ……ウー……ウオーツ……と言ふグロテスクな唸り聲。私は大太刀のつかをひしと握りしめぢつと聴き耳を立てた……唸り聲は西の方から……遥かな西の方から……それは水前寺動物園の猛獣の唸り聲だつた。水前寺と此所『出小屋』とは一里以上の距離があるのだ——深夜の詫摩平野が如何に寂莫たるかを察する事が出來よう。

◇

朧な月光に時計は十二時少し前だ、丑滿時まで一つ所にぢつとしやがんで居るのも餘り興が無いので脚にまかせて上益城郡白水村道明まで

南へ往還を上らうと考へた

のが私。此處から道明まで二里だ一時間に夜路は一里——すりや道明に着いた時が正に丑滿時だから……とそののんきなドン・キホーテ戯郎から飛出して忽ち我が腦に決して了つた。

朧の夜露にびつしよりぬれ、幾度かウシツクドを踏みころがし其の度毎に背に冷汗を感じ乍ら、やつとの事で戸島村近くまで來た時、背後にオーイ……オーイと呼ぶ凄慘な聲……今にも息が絶えそうな聲だ。私は先年私の近所の女が死にかゝつた時、其の

家の者が靈を呼び返すと言

つて井戸の中に向つてオーイ、オーイと呼び續けたあの凄慘な聲をいまだに忘れる事が出來ない。今背後に聞く聲がそれと少しも變らない凄慘な哀調だ。時は早や一時に近い託麻平野の眞中だ、私は思はず三十六計逃ぐるに如かずの兵法を活用した。鬼氣を孕めた哀調は尚二聲三聲私を追ふた。

◇

狸や狐が今でも澤山居ると云ふ森のやうに細長く、むつちり盛り上つた道明の山近くへ來た我は正に丑滿時だつた。生ひ茂る杉木立の木の下闇を足探りで進つて居ると突如足もとでヒヽヒヽヽヽヽヽヽと言ふ笑ひ聲——其の時の

ドン・キホーテの吃驚した

樣子は……幸ひ月光も漏らぬ杉木立であつたのでお月さんにも見られなかつたからいゝものゝ、若し誰かゞ見て居ようものなら、ドン・キホーテの鍍金が一時に剝げてしまつたらう。それは扨、その不氣味な笑ひ聲は……？私は三四歩後ずさりして大太刀を構え乍らも脚は三十六計……の用意をしてぢつと闇に眼を馳らせばこは如何に……六十に近い爺が路の

眞ん中に寝て居るのだ、而もふんどしもせず全裸体の儘で……相手が何の兇器も持たず、而かも弱さうに見受けられたので、私は何處かへ面を突き込んでしまつた勇氣に油をさしかえて、『誰だツ！』と大喝一聲！

『へつへつへつへゝゝゝわしぢやがな、へつへつへゝゝゝ』さても此の老ひぼれ乞食（？）の笑ひ聲の不氣味さ……

『何してみんだい？ 今時分こんな所で……』

『あゝた何しとると？』

『……』成かしや私は一ト參つてしまつた。それから色々訊ねて見れば何とも

奴に乞食て 二三日も飯に

ありつけずやつと此處まで來て寢て居ると云ふ。着物は？と尋ねると浴衣の方を指して、暑いから脱いで居ると云ふ。私は彼にパンを半分分けてやり、乞はるゝ儘に煙草も與へたが、のんきな彼は禮の一言も言はず、唯うまい〳〵の連發だ。のんきな乞食は私に歳を尋ねた。

『あんたは幾つたいな？』私は茶目つ氣を出して

『僕ら……五十だよ、丁度……』

『ハアーン、そんたらわしよりや八つ下ぢやがな』本氣に取つた所が振つて居る、而かも

やつと少年の域を脱した私

を摑まへて――私は思はずハツハツハ、、、、と笑ひ出した。乞食も思はずつり込まれたのかヒツヒツヒ、、、、と笑ひ出した。二人共笑ひ止んだ時、四圍の靜寂さが鬼氣を集めてひし〳〵と身に迫る。（終）

怪　5-263

幽霊に意見した中尉の話（一）

●香川新報　昭和五年八月十五日

事實物語

幽靈に意見した中尉の話（1）

高松　朝雨樓生

◇時――昭和五年八月八日秋立つといふ日の夜
◇場所――市内の一料理店の奥座敷
◇語る人――長年外國で暮らした老紳士陸軍中尉山名氏
◇聽く人――客二名と外に藝者、仲居數名

廣い夏の夜の奥座敷には扇風機を前に主客三人一風呂流した揃の浴衣で打寛いで頻にビールの盃をあげてゐる。晝をも欺かす日中の苦熱も打水に濡れた前栽の燈籠に灯が入つて、ホンノリ植込の闇を照し初めると流石に秋近しの心地がする。盃は廻る〳〵。宴は今や酣は主客陶然として顏は櫻色に輝く何處も同じ一わたりの猥談が終ると山名氏はヤヲラ酌んだビールをグツトのみほした

「オイ君香（藝者）今度は俺が一つ面白い話をしてやらう。話は少々長くなるが眞實に幽靈の出た話サ。これは俺の今迄經驗して來た中でも最も面白い出來事の一つだがネ」

「幽靈の話、聞かして頂戴よ」

「ちや噺さう、これは眞實にあつた事なんだがネ……」

以下老紳士元陸軍中尉山名氏の話。事實談だから出て來る人物の中差支ある分は凡て假名を用ふることにした

「俺はこう見えても元は軍人サ、時は明治三十九年といへばコーツと今から二十五年前のことにもなるかネ日露戰爭の前後俺は特別の任務を帶びて旅順に居た。ナニ仕事は樂なものサ命ぜられた丈のことをして居れば夜は毎晩の樣に料理屋で遊んだ――

其の頃俺と兄弟以上親密にしてゐた戰友に伊藤といふ中尉が居た この伊藤は今日では少將に迄榮進し某師團の重要地位を占めて居るが當時は俺より一つ年下の爲め何時も俺を兄貴、兄貴と呼んでゐた この伊藤とよく飲みに行つたのが旅順でも名の知れた巴城館といふ料理屋だ。その巴城館に居た藝者の中に力彌といふのが居つた年は其の時十九、丁度（藝者の一人を指して）お前位の年輩であつた。きりやうはよし藝はよし一流の流行妓として鳴らしてゐたその頃軍人といつたら花柳界ではとても持てたもので殊に二十四五の獨身士官は隨分羽振を利かしたものサ、力彌のやつ何時の間にか惚れやがつたのサ、違ふ〳〵俺に惚れたのぢやない伊藤に惚れたのサ、とても猛烈に惚れた

間もなく急に俺と伊藤が國へ歸ることになり旅順の停車場を離れる時なんぞは力彌のやつ伊藤の居る汽車の窓口で大聲で泣き出すものだから見てゐる俺も閉口した

伊藤の下宿は旅順の市街を離れた郊外にあつた。俺もよく遊びに行つた或る夜伊藤の室で十二時近く迄話をしてゐると裏口から靜かに入つて來た者がある――力彌サ。しかも緋縮緬の長襦袢一枚着てゐるだけだ。旅順の巴城館から伊藤の處へ來るには上り下り十八丁の、あの白玉山をこえて來なければならない。緋襦袢の裾は露と泥でベツトリよごれてゐる。伊藤は默つた儘振向きもしない。力彌は顏も上げないで部屋の隅に座つてゐる、旅順の十月の夜は寒い。俺は見るに見兼て押入れから伊藤の着物を出して寒さに震へてゐる力彌に着せかけてやつた

戀をする女は相手の男に對しては何處までも弱いものだ。しかしその男以外の世間といふものに對しては極めて大膽な行動をとる。惚れてかよへば千里が一里、朋輩の眼を恐れて力彌は疑惑の僞裝出して人一人通らぬ山道を戰死者や馬の骨につまづきながらも一散に伊藤の家を指して來たのだ力彌の戀は眞劍であつた――

老婆の話は次第に熱を帶びて來る――話は吃るに從ひ話は吃るかその吃るに加へて小氣味よくきかれる一種の事件も多し、力彌の戀にも破綻が來た、其年十二月俺と伊藤は旅團の用務をおへたので急に內地へ歸ることになり姫路聯隊付の將校となつた

旅團解散別れの愁歎場は前にも話した通りで殘された力彌がかあいさうであつた。が、しかし去る者日々に疎しいくら首つ丈惚たとて男が內地へ歸つてしまへばそれつきりだ、それに根が藝者の事だから間もなく虫も納まるであらう位に思つてゐた

所が姫路へ歸つて五十日もたゝぬある日俺の下宿へポッカリと力彌が現れた（兄さんしばらく……姿も歸つて來ましたヨ）伊藤が俺にいつも兄貴と呼んでゐたから力彌も俺のことを兄さん〳〵と呼んでゐた。力彌の不意の入來には流石に俺も面喰らつた。

怪

幽霊に意見した中尉の話（二）

●香川新報　昭和五年八月十六日　5-264

事實物語

幽霊に意見した中尉の話（2）

高松　朝雨樓生

自分でいふのもおかしなものだが、男といふものは妙なものさ、力彌のやつ伊藤を追ふて來たのは知れた事だが、もしかすると俺にといふ自惚から出た一種の望みも手傳だつていろ〳〵もてなしながら事情を聞いた、その話……

力彌が伊藤と別れに浪子以上の悲劇を演じたことは前にも話した通りだが戀しいといつても淋い旅團で、しかも名士たち多數見送りのまつ唯中で汽車の窓に獅嚙み付き號泣したのだから堪まらない、前々からチラホラ立つてゐた噂が一時にひろがつた。その位のことならまだよいが隊の連中の口から出たのであらう（力彌は伊藤に證文を貰つて力彌には伊藤の胤が宿つてゐる……）こんな噂が立つたこれは力彌の身にとつては致命傷であつた、一時の人氣は何處へやら花は賣れなくなつた身から出た錆だから線香の賣れない位は辛抱も出來るが世間の人々が辛くあたるにつけ男を慕ふ心が一層募つて來た。

荒涼たる滿洲の原野には毎日の樣に雪が降り身を切る樣な冷たい風が吹き荒んだ（今頃伊藤さんは……）三勝半七のお園もどきに力彌は身をもだえた髮を結はず白粉をつけぬ日が幾日も幾日もつゞいた。もし力彌が醜い女であつたらイヤ世間並の女であつたら……」

一座は一寸白けた、藝者も仲居も客も皆默り込んでゐる老中尉山名氏は更に語をついだ

「戀は死よりも強し」、力彌はさすがにえらい女であつた、彼女は死線を突破してでも旅團を脫出しやうと試みた

サアこれから活劇が始まるのだ……其の頃傍大で活躍してゐた馬賊の頭目に濱田源一といふ男があつた、この男は京都祇園で有名なあるお茶屋の一人息子だから驚くじやないか、この男と俺とはある關係から親しくしてゐた、いはば俺が常に目をかけてやつてゐたのさ

力彌はまづこの濱田源一に目をつけた、彼女は事のよしをこまごまと手紙にしたゝめて濱田に密送つた濱田は「山名さんの爲めなら」と二つ返事で飛出して來た

將校の內から濱田は巴城館のお客に化けて力彌を相手に一杯傾けてゐた時は刻々に移つて時計は今十二時を報じた大地は全く靜寂に歸し時折木枯の音と犬の遠吠より外に耳に入るものはない

門の窓には利鎌の樣な弦月が鋭々かり銀砂を撒いた樣な星影は爛々として天も地も凍てついた樣だ、この時何處からともなく一台の幌馬車が現れ轍の音も忍びやかに巴城館の裏座敷の塀の外にピッタリと横付けになつた、時刻はよしと力彌は濱田に助けられ高塀を乘こえて幌馬車の中に身を隱す二人を乘せると幌馬車は無言のまゝ動き出して走るは走るはいてついた大

地のこほりを踏み碎きつゝ夜の明けぬ間に旅館と大連の中間の驛に辿り着き、力彌は其の晩に無事に大連埠頭迄落延びることが出來た―彼女はそれからどうなつたか、渡る世間に鬼はない大連でもまた大變有力な力彌の味方が現れた。その頃大連と内地との間に石炭を運送する貨物船、中に天海丸といふのがあつた天海丸は一萬噸もある大汽船で日露戰爭當時には御用船として國家のため働いた船である。この天海丸の船長がとても面白い性格の持主であつた。船は時々旅順にも碇泊する船長は巴城館でよく飲んだ、いつもきまつて聘するのがあの力彌さ、船長は力彌を眼に入れても痛くない程寵愛してゐた。力彌と伊藤中尉との關係は船長もよく知つてゐる。しかし船長は力彌の戀を妨害して自分一人のものにしやうなどといふ野暮な男ではなかつた。俺の來てゐる間だけ面白く遊ばせて呉れゝばそれでいゝ、いつも船長はこういつて自分の持つてゐるものは何でも惜し氣なく力彌に與へた與へられた物は後から右こ伊藤に與へられることは百も承知してゐながら……俺はいつか伊藤の宅でとても不似合な家具や立派な緋の緞子の座布團を見かけたことがあるよ悧巧な力彌はこの船長とチヤンと打合せが出來てゐた

5-265 幽霊に意見した中尉の話（三）

●香川新報　昭和五年八月十七日

怪

事實物語

幽靈に意見した中尉の話（3）

高松　朝雨樓生

夜の明け方埠頭で待ち受けてゐた船長は力彌を大きなトランクに入れ轆々と自分の船室へ持運んだ。間髪一髪、巴城館の主人を先頭に警官を加へたおつ手の一隊が現れた何から考へても力彌はこの船へ逃げ込んだに違ひないといふ。船長は勿論船員も―これは實際知らないのだから―そんな者の姿は更に見受けないといふ押問答してゐると警官は然らば職權によつて一應船内を點檢しやうといふ。船は一萬噸もある大船、積荷は石炭ばかり追つ手は一生懸命に船内殘り隈なく探したが見當る筈がない。捜しあぐんで後振返り〳〵引上げて行つた。いくら警察官でも船長室へ足を入れる事の出來ないのが一つの掟になつてゐる。その船長室の片隅のトランクの中に拗ねる女が這入つてゐやうとは誰が知らう捜索隊が引上げるや否や船長は全船員に即時出帆の命令を發した、甲板を駈ける者、汽罐に廻る者などの目の廻る働きによつて船は間もなく汽笛一聲黒煙を吐きつゝ大連埠頭を離れ内地に向つた。かくして力彌は虎口を脱することが出來た

トランクの蓋をとつて船長は何といつて力彌をいたはつたか恐らく鬼をも挫く船長の目にも愛憐の涙の露は光つたであらう

下關で上陸すれば人目、力彌は必ず捕はるであらう―船長はさう考へて態々船を對馬の嚴原港に着け、そこへ力彌を逃がした力彌は船長に教へられた通り嚴原から便船に乗つて博多へ渡り博多から汽車で漸く姫路迄來たといふ

船長は力彌を逃がすとき旅費にとて五十圓の金を與へた。その當の五十圓は今日の二三百圓に相當する大金である（兄さん船長さんのお云ひ付けで博多で買ふて來たお人形ですよ）力彌は俺の前に綺麗な二つの博多人形をならべた、一つは俺に、一つは伊藤に俺は四五年前迄その人形を大切にしてゐたが旅行中ツイこはしてしまつたのは惜しかつた

（船の中ではさぞ船長に可愛がられたことだらう）俺がついこうした冗談をいふと（にいさんそれだけは勘忍して頂戴）彼女は泣きぬれた顔を袖で隱してしまつた。しかし船長はいゝ人間である。もしその船長が惡い人物であつたなら……ナニ京子に買ひがかゝつた？遠慮なく行くがよい、ナンダまだ話が聞きたいといふのかそれなら勝手にするがよい、話はこれから佳境に入るのだ」老中尉山名氏の話は綿々として續く

「といふ樣な譯で、力彌の姫路へ來た譯も分つたが同時に俺の胸に黒い影がかゝつて來た。俺や伊藤が姫路に居ることは勿論旅館で知れてゐる。もし巴城館から追つ手が來たらどうなるか俺は力彌が不憫で堪まらなくなつたこれ程伊藤を

匿ふて來たものをどうして、ムザ〳〵追手に渡されやう。よし俺も男だ一肌脱いでやらうと決心した俺の從兄に同姓で勇三郎といふ男があつた、奈良でお茶屋をやつて居り義俠心の强い男であつたからこの男にあてゝ俺は早速（アリカネミナセッテスグコイ）こんな電報を打つた勇三郎は一體何事が出來たのかと宙をとんで來た、そこで俺は用むきは何でもない金はいくらもつて來たかと尋ねると六百圓だといふよしそれじや六百圓置いてゆけといふ、どうも仕方がないといつて全部置いて歸つてしまつたよ、所が案の定それから中一日置いて巴城館の主人が旅館からやつて來た下宿で俺と顔を合すなり力彌は何處に居ますか、一目逢はせて下さいといふは何に俺も知らぬが一體力彌がどうしたのだとぼけると、實はかく〳〵しかし力彌は伊藤さんの處へはとてもよう行くまい、あなたの處に居るに相違ないといふ、流石女人街だけあつてよく圖星をさしてゐるけれども俺は弱身を見せてはなっんとそんなことがあるものか內地へ逃げたのなら國許へ歸つてゐるのではないかと頑強に應戰した。

怪

幽霊に意見した中尉の話（四）

●香川新報　昭和五年八月十八日

5-266

事實物語

幽靈に意見した中尉の話（4）

高松　朝雨樓生

やがてその主人どう考へたのかそれじや一應國許を調べてみませう、しかし若し國許に居なかつたら……と味噌に骨があるものの云ひ方をして出て行つた

力彌は大阪の近郊池田町の散髪屋の娘であつた、後で聞くと巴城館の主人はそこへ尋ねて行つた、ところが年とつた母親一人居つて一向要領を得ない、お前の娘は旅館を逃げ出してかく〳〵だと聞かしてやると全く驚いて、娘が出奔しましたか、それはとんだことが出來た、滿洲の馬賊にでも攫はれたのではないか、今頃は生きてゐるやら死んだやら、今度は婆さんメソ〳〵泣き出したので巴城館の亭主もトント閉口してしまひ始めの勢ひは何處へやら少々の小遣ひ錢を與へてその家を飛出したといふ始末、そして又俺の處へやつて來た（山名さん、今迄はあなたをお坊つちやんとばかり思つてゐましたが今度といふ今度こそは一本やられやした、あなたは隨分凄い腕を持つてゐられますね、兎に角私は勝負にまけたのです、お望みならあの妓を上げませう、その代りいくらにでもよろしいからこの證文を買取つて下さい）と折れて出て來た、證文を見ると身の代金は一千五百圓で衣裳は親方持ちだが髪の道具から履物に至るまでの物や髪ゆい賃などを合すと今迄に三千圓程の借になつてゐる、俺は常に素寒貧だが今日はふところに勇三郎から借た六百圓の現金があるから氣が强い、一割三百圓にまけろと切詰めるとそれはあまり酷だと始めは應じなかつたが苦勞人だけあつてとうとう手打ちとなつた

俺のふところにはまだ三百圓の金が殘つてゐる、その晩井上といふ姬路一流の料理屋で俺と伊藤と力彌と巴城館の主人の四人で底拔け騷ぎをやつた、それでも物の安い時代だから僅に五十圓しかいらなかつた

俺は巴城館の亭主が幾分氣の毒になつたので殘りの中から百圓呉れてやつたがその時はとても喜んだよ、これで力彌と巴城館との關係は落着した、しかし解決せぬのは對伊藤の問題でこれがなか〳〵難問題であつた、俺は伊藤の宿へ乘込んで彼女を貰はすべく直接談判した、伊藤は始終默つてきいてゐたが最後に一言いつた（兄貴の好意は萬々感謝するが俺には力彌を連れることが出來ない事情がある、兄貴これを見て呉れ）伊藤は一葉の寫眞を出して俺に見せた、トテモ素晴らしい令孃の寫眞サ、力彌は十人並勝れた美人だがその娘は又何といはうか沈魚落雁羞月閉花、實に絕世の美人サ、この娘は市の有力なる新聞社長の令孃で伊藤との間には既に婚約が成立して近く式を擧げる手筈になつてゐるといふのだ、俺はガッカリした

しかし所詮仕方のないことだ、力彌には何といつて因果を含めたものだらうか、俺も一思案したよ、

仕方なく又電報で奈良の勇三郎を呼び出して女の方はうまく取りつくろひ當分勇三郎の家へ預けることにした

死線を突破してまで恭ひよる男にはつれなく振すてられさぞ口惜しかつたであらうが俺に難を立てて怨みごと一つ云はず悄然と勇三郎について出てゆく力彌の後姿を見たとき俺は心から泣いたよ……伊藤に惚れずに何ぜ始めから俺に惚れなかつたのだ、ハハハハハハ（山名氏は大きく笑つた）奈良へ行つた力彌は間もなく世話する人があつて紀州の新宮で再び左褄をとる身となつた、その後も俺には時々便りをよこした

幽霊に意見した中尉の話（五）
●香川新報　昭和五年八月十九日　5-267

怪

事實物語

幽霊に意見した中尉の話（5）

高松　朝雨樓生

梅が散り柳の芽がのび櫻の花が咲く頃となつた。伊藤は芽出度く婚約の合歡と華燭の典を擧げた俺これからいよく本題の怪談になるのだ……

或日俺は伊藤と一杯飲んでゐた何故だか伊藤は浮ぬ顔をしてゐるそして實は急に家をかはりたいと云つた。なぜだ、今の家へ引つ越してまだ間がないじやないか、いくら新婚でも家をかはる必要はないではないかといふと伊藤はいかにも憂はしげにまた語りにくげに轉宅をする理由として次の様なことを物語つた

鴛鴦の仲睦まじく伊藤と新婦は毎夜燃ゆる紅の夜具につつまれて眠つた。或る夜夜中にフト伊藤が目をさますとどうしたことか細君が傍に座つてシクく泣いてゐる吃驚してその譯を尋ねると唯何でもありませんと又そのまま寝付いた。翌晩も又その翌晩も三晩續いて花嫁が夜中に泣いてゐる。そこで伊藤も氣色ばんできめつけた（毎晩の様に夜中に泣くことは一體何事だ、何が不足で泣くかその譯をいへ、俺も軍人だ譯によつては考へがある）すると細君はしばらく泣いて顔を上げなんだがやがて氣を取直し語る樣毎夜夜中になると足許の襖がひとりでにあきますすると綺麗な女が一人音もなくスーッと這入つて來て妾の顔を睨みながらヘラく笑ひます。次に足許に近寄り座つたかと思ふと布團の裾をまくり貴君の足を掴んで力一杯引くのです貴郎はビックリしてとびおきさま今度はその幽霊と組んづほぐれつの組打ちになりますその物凄さ怖ろしさはアッと氣を失ふとそれは南柯の一夢でありました目がさめてからはもう怖ろしくて寝付くことは出來ず貴郎のお叱りを受けた樣な譯で御座います。夜があけると離れ座敷で寝てゐた伊藤の母親が次の樣なことを伊藤に告げた――妾はもうあの部屋で寝るのはゆるして下さい、毎夜く夜が更ると部屋の四隅から氷の樣に冷たい風がスーッと吹込んで來ます。とても氣味が惡くて呼吸がとまる樣です女中は女中でふるへながら答へた――妾なんだか氣味が惡くて仕方が御座いません、毎夜蒲團を着て寝ますのに朝目が覺るといつもからだの上には襖が一枚載つてゐるだけなのです

伊藤は直感的に何事か胸に思ひ當ることがあつた。彼には妻に明かされぬ秘密を持つてゐた、何そんな馬鹿なことがあるものかと强く打消したがその夜は寝ずの番をした伊藤が頑張つてゐると家の内には何の異變も起らないけれども油斷をした晩はきまつて家族の者は皆異變になやまされた戰場では敵兵を大根かなんぞの樣にバサリくと斬り倒した剛勇無雙の伊藤でも、この毎夜續く異變には身體が續かない軍人として申譯もない次第だが此上は早く轉居するより他に方法がないといふことだつた伊藤の奇怪極まるこの打ち明け話を聞くと俺も血が一時に逆流する樣な感がしたピンと頭に浮んだのは力彌の一件だ、コリヤ大變だこのまゝ捨て置くと重大事である俺は早速力彌に長いく手紙を書いてやさしくなだめたりすかしたりまた事理を説き其の非を鳴らして强く責めた。果して日を經て力彌から悲痛な懺悔狀が屆いた。その終りには不心得なことをして兄さんに御迷惑をかける樣なことはこの後決してくく致しませんと結んでゐた力彌は新宮へ行つて迄も伊藤を忘れなかつた伊藤に對する

情熱は直に新妻に對する嫉妬、怨恨、呪詛の焔となり何物をも焼盡すべく燃上つた

怪

幽霊に意見した中尉の話（六）

●香川新報　昭和五年八月二十日　5-268

事實物語

幽靈に意見した中尉の話（6）

高松　朝雨樓生

座敷をしまふと毎夜毎夜丑の刻にはその土地の熊野權現にはだしまゐりをして戀敵である新妻の命を縮めることを祈願してゐたのだといふ。今日の世の中に芝居でみる樣な足のない髪を振亂して兩手を前にぶら下げた幽靈などといふものはあり得べからざることだが怨靈がたたる、生靈が憑くといふやうなことはその結果に於て必ずしも否定出來ないことが世間にままある樣である、まことに非科學的な解釋だが、伊藤一家は靈驗あらたかな熊野權現を通じて力彌の怨靈にたたられたのである。

力彌は俺のこわ意見でいさぎよく伊藤に對するすべてを許した、戀も恪氣も執着も未練もすべてを過去の夢とあきらめてしまつた、いや過去のすべてをわすれることにつとめた。

伊藤の家にはもう何の異變も起らなかつた。伊藤は段々榮進して今では前にもいつた樣に陸軍少將の榮職に居られ、家庭は至極圓滿であつたが、惜しいことに奥樣は數年前四五人の子女を殘して死なれてしまつた。

人間は何が縁になるか判つたものでない、俺の今の二十三貫の家内は俺が二十六の時伊藤の奥樣の御世話で貰つたのサ。サー話しはこれで一段落を告げた、ナニその後の力彌の樣子が聞きたいといふのか、ヨシそれではついでにはなすとしよう。

それから二三年後俺はまたある任務をおびて北京へ行つた。或る日天津の有力者達が俺の爲めに一夕の歡迎宴をひらいて呉れたことがあつた。話しがすんでイザ配膳となつた時綺麗な藝者が黒塗の膳部を目八分に捧げまづ正席の俺の前に据えて一禮した、顏を見ると意外も意外それが力彌であつた。力彌の愕きは又格別、サット顏色が變つた。女もさる者その場は無言で引退つたが盃が廻りかけると「オ、懐しい兄さん」力彌は俺の側へやつて來た「何からお話してよいやら……」力彌の語るところによると今は時めく伊集院公使―數年前死なれた―に寵愛せられて何不自由なく暮してゐるといふ、衣裳も他の藝者より一段光つてゐた。何時から此の土地へと尋ねると一年程前この天津のある料理屋の主人が藝者を仕込みに滿洲と聞いて力彌は伊藤の思ひ出もあり飛立つ思ひで草深い新宮からはるばるやつて來たのだといふ「山名さんは力彌を前から御存じださうな」一座はいよいよ賑やかになつた樣な譯サ。俺も其後二三度力彌と逢つていろいろつもる話もした事だ。

それから又五六年の月日がたつて大正四年俺は自分の用で青島へ行つた。その時にはもはや軍人ではなかつた、ある日又土地の有力者に連れられ相當立派な料理屋へ案内せられた。すると酒宴の最中その家の女中が俺の前へ來て「山名さんと仰しやるのは若しや元軍人の樣で旅順に居られたお方では御座いませんか」と問ふ「いかにも俺はその山名だ、何か用か」と尋ねると言葉を濁して立つてしまつた入違ひに女將がニコニコ顏で現れた……「マア兄さんお久し振りで……」女將は數奇なる運命の持主力彌であつた。そのときが二十七八女盛りの色盛りであつた。ここのある事業家に落籍され今では此の店まで出して貰つてゐるのだといつた。それから半年程の間始終力彌の處へ飲に行つたが、何度行つても「兄樣からお金は戴きません」といつて一錢も取らない隨分俺も面白く遊ばして貰つたものサ。それから間もなく俺は南米へ行つたので、その後力彌にあはぬが考へてみると力彌も幸福者よ一度は幽靈の新妻の生靈にまでなつたが、根がしつかり者だから何時も運を拾ふて浮ぶのさ。悲戀失戀などと自殺するやつなどは實に愚の骨頂だ。七轉び八起き兎角人間は命あつての物種だからネ……」

山名氏の物語はこれで終つた。本篇は同席した筆者が當夜の記憶を辿つてその儘叙述したものである。波瀾重疊事實は小説よりも奇だが物語中に出てくる人物が皆純

な性格の持主で珍らしく唯一人の悪人も加はつてゐないのは愉快である。初秋の夜話としてふさはしいものにも思はれたからこゝにこれを發表することにした（五、八一三記）

怪　お盆の三日間亡き母と遊ぶ子　●馬関毎日新聞　昭和五年八月十五日　5-269

お盆の三日間 亡き母と遊ぶ子

福岡荒戸町　A古老の話

今も未だあるのですが福岡唐人町の或家――その家はで三つになる女の子を非常に可愛がつてゐた未だ若い廿二三の母親がなくなつての初盆の十三日からのこと、初盆のことゝて座敷には種々の飾りものも美しく來客も多いのに其の娘が不思議と裏庭のみかんの木の下へ行つて獨りでニコニコ樂しさうに遊んでゐるのです最初の中は氣がつかなかつたが二日目には皆が怪しんで且つはいぢらしがつて聽いてみると『お母さん來らつしやるけん、お母さんと遊びよる』皆はゾツとしましたがそんな氣もあらうかと氣味惡がつて離れて見て居るといつまでも樂しさうに退屈もしないで遊んで居るのです所が十六日になると朝はゆつくりと寢込んで別に遊びに行きさうにもないので又きいてみると『お母さん居んなされんもん』是には近所の者も又慄ッとして顔を見合せたのですがそれからは毎年のお盆になると其の時の事が思ひ出されてゾツと寒くなります――それは明治十何年ごろの事でした

怪　『白い姿の女』　●馬関毎日新聞　昭和五年八月十五日　5-270

『白い姿の女』

福岡上名島町　白水青峰

まつ暗な何となしに陰氣ないやな或る晩に或る人が博多から福岡へ歸る途中でふと白い姿の女の人が道連れになつた何の氣もなく話しながら櫛口から名島町を過ぎて或る家の前へ來ると『あのこゝが私の家でございますの、失禮いたします』とスッと家の中へ入つてしまつたものです。所が其の入口がピッシャリと閉つたまゝ開いた氣配がさらにないのです。ハテナと考へ直してみてもどうしても其の女は其の戸口へ文字通り消えたとしか思へず、そう考へて來るとどうも變な事に氣がつくのです。歩き方が如何にもスポーッとして居たし、さうだ腰から下が浮いたやうで足音もしなかつた――と、頭の後の方からズーンとして思はず足がブルブルして歯の根も合はなかつた――是が實話の一つ

×――×

やはり陰氣ないやな晩或家の小僧が病人の使ひで急いで春吉寺町の邊を走るやうにして侍が二人歩いて居るのを駈けぬけようとすると『小僧一寸待て、あの向ふに行く白い女の足音を聞いて來てくれ』と言ふ樣な話なのです。でも瓢輕な小僧だつたからでバタバタッと走つて行つたが女に近づくと女は其の側の寺の門へスーッと消えて小僧はバッタリと倒れて氣絶して終つたのです。侍達は直走つて行つて介抱して氣がついてから聞くと、女に近づいてみると變に背が高くて頭は低屋根の上に出て居る位だが足許が定かでない、ハッと思つた其の瞬間に耳がガンと詰まつたかと思ふとそれから先は覺えぬと言ふ話――所が其侍達は福岡の町を通つて居た際或家の戸口から開いた氣配もなく音もなくスーッと白い女が出て來て目の前を歩いて行く、夫がどう見ても唯の女ではなくて小僧の話と同樣なので是は怪しいとつけて來たものだつた、而もその女が出たと言ふ家は前の話の白い女が消えた其の家だつたと言ふのです――是は今はもう亡くなりましたが私の近所の老人の實話でした。

怪　鉄相和尚のこと
●馬関毎日新聞　昭和五年八月十五日　5-271

鐵相和尚のこと

寛文年間で言へば今から二百六十年ばかり前の頃、その頃は今堅粕にある禪宗の名刹明光寺は博多東町にあつたのだが其の門前のあたりに飴屋があつた。或晩夜中に若い女が錢六文持つて飴買に來たがそれが續いて毎晩同じ時刻に來るので飴屋が不審がり跡をつけて行くと明光寺の本堂裏に入つて行く。さては明光寺の和尚が怪しいと言ふ事になりそれでも尚疑問を殘して飴屋が和尚に詰問すると和尚の方でもおかしいと言ふような事で今度は和尚と一緒に本堂裏に來てみると女の新墓の前に飴を包んで渡した竹の皮が落て居る是はおかしいと足を止めると墓の中から赤ン坊の泣き聲がする。愈々怪しいと言ふので早速墓を掘返してみるとクル〳〵とした男の子が埋葬された臨月の母親の胎内から出て育つて居たので吃驚して抱へ上げて來た。然しこんな事情で生れた者であるからと言ふので寺で育て上げた所が此の子が非常に悧口で大きくなるに從つて豪くなり終に名僧として稱へられた鐵相和尚その人となり十七代の明光寺和尚に納つたのであつた――と言ふのが傳説である。今では此の傳説も忘れられて終つたが其の後例の傑僧仙厓和尚が此の話を書きつゞつたものが最近發見され博多西門通り山本彦次郎氏の所有となり和尚と縁の深い幻住庵に藏され口碑とは幾らか相違はあるがその文面は次の如くである。

博多東町禪宗明光寺鐵相禪師之小傳有怪事聞略記其事矣

明光寺ニテ寛文年間其寺ノ檀家内ニ若キ婦人懐妊臨月ニ至リ病ニ罹リ遂ニ死去ス由テ明光寺境内ノ墓所ニ埋葬ス其時東町ニ飴屋有リ或夜深更ニ至リ飴屋就寝爲サント欲スル時歳若キ婦人來リ錢六文ヲ出シ飴ヲ求ム其夜ハ飴屋モ心ヲ懸ケズ有リシニ毎夜深更時モ違セズ三四夜續キシ故來ラバ跡ヲ送リ見屆ケント思フ處果シテ來リ益怪ミ跡ヲ送リ見ルニ明光寺ノ門内ニ入リ本堂裏ノ墓所ニ至リ姿忽チ消エ失セタリ其夜ハ家ニ歸リ就寝シ翌朝早起シ明光寺ニ至リ和尚ニ逢セ其由ヲ具サニ語リシニ和尚モ大ニ驚キ僕ヲ呼ビ飴屋ト共ニ壹週間前ノ新墓ヲ掘返シ見ルニ男子出産シ飴ヲ包ミタル竹皮散亂シ其子棺中ヨリ抱キ取リ寺ニテ養育セシニ幼年ナガラ學問ニ勉勵シ長ジテ博識者道モ亦唐宋ノ法格ヲ學ビ名僧トナレリ第十七世明光寺ノ傳燈ナリ

天文三年丁巳十月十日遷化

火除記

鐵相禪師或夜の夢に我は龍門山の天狗なり明日我等仲間會合して書を書き善惡の競書を爲すなり諸人を集ひしに貴僧に勝る者無し明日の午時まで貴僧の手を拜借し度と懇願爲すに由て夢中承諾せり翌朝早起し樣子を見るに右の手叶はず案ずるに昨夜の夢本日の午の時迄の約定故と思ひ給ふ處睡眠を催せり夢の如く幻の如く又天狗顯れ貴僧の御手にて第一の書を得たり右の手は只今より御返し申すと告げたり此御禮として鐵相和尚の御護符の有る處は火除の守護を爲すなりと告げたり後來決して疑慮あるべからず其證據として我が指の爪を貴僧に捧げ置くなりと云ひ其儘姿消へ失せたり和尚は夢を覺まし不思議な事と思ひ見れば果して床頭に大なる爪有り其後鐵相禪師の書の有る處は必ず火災を免れたり其爪は今に至り明光寺の寶物として傳はりたり

文化壬午一月十日記
扶桑最初禪窟　仙厓書

怪　妙な音のする宿屋の一室
●馬関毎日新聞　昭和五年八月十五日　5-272

妙な音のする宿屋の一室

福岡市　赤松やそ子夫人

身内の或る者が重病で態々見舞にまゐつたのですが中山市の吉原とか言ふ料理屋兼旅館の家に泊つた時のこと、最初の晩に丁度お客がたて込んで離れのやうな淋しい小さな部屋へ私獨りで寢かされたものでございました。何だか變に淋しいので薄氣味惡く思ひながら眞宗の信者の私のこと故一寸證信偈でも上げて床に就いたのでございましたが――眞夜中の、そうです一時頃かと思ふ頃でしたかボーッと言ふ底氣味の惡い可ない大きな音がして目が覺めました。何かしらと考へて見ました何ともなくて夢だつたのかなと思ひ〳〵眠りかゝると又ボーッと音がするのです。それが二三度續いたものですから首筋へみゝずが這ふような寒さがゾーッとして堪まらなくなつてベルを押しました。所が何の手聽へもないので少々慌て出しましたが又種々考へて結句あきらめてこわごわお念佛でも唱へながら夜を明して終つたのです。そして其の翌朝、女中に今夜は是非部屋を代へて呉れるやうにと申しますと一も二もなく畏まつて下さる樣子がどうもおかしいのです。それで其の晩女中を捕まへてよく聞き質してみますと——

實はあのお部屋は前から何も御存知なくてお泊りになるお客樣に何かしらおかしい事があるのでふだんは使はないことにして居るのですが昨夜のやうにたて込んだ時には已むを得ず且つは此方ではおうるさからうと存じて實は心配しながら御案内いたしましたやうなことで私共でも九時過ぎるともう御用があつてもよう參りませんのです。何でもあの所は昔お屋敷のあつた處で何かあるのかも知れません——と言ふやうな事なのですまあお前さん達は隨分酷いわね。そんな所へ獨りで寢さしたりして——と申しますと『何とも申譯ありません。でも奧さんはよくお休みになりましたこと』なんて謝すの。今更のやうにゾッとしましたがその時を思ひ出すと今でもまた寒氣がするやうなのですが、でもそれがたつた一遍切り——それはもう七年程前の事でした。

怪　古里噺松前神楽由来（一）奥方の悶死

●小樽新聞　昭和五年八月十六日（十五日夕）　5-273

古里噺松前神樂由來

奥方の悶死

（1）美しき娘松江の姿
疳癖のつよい松前矩廣侯

北海道の盂蘭盆は新暦の八月中旬、この頃といへば野にはもう薄の穂が靡き、遠稻妻は日の落ちた西の夕空に幽鬼の瞬く如く薄明の光を散し、時折り不吉の豫感を尾に曳いて、青白き流星は昏冥闇黒の奈落に消え、夏晩くいつしか秋のさびれが胸に冷い夕、水色の岐阜提灯に濡れた線香の青烟がさらり／＼と風に鳴り、蚊遣りの烟のゆら／＼ゆらぐ朧ろの末に有りとも見えぬ幻が浮び、寒氣だつた背筋の强ばりに、おびえの眼戰かせ、思はず膝にぢつて、寄りすがるほど身近く寄り添ひながら、恐は／＼うつゝとも知らぬ耳に聞いた夜話。——語り手は堯尙橋本老人。

若き藩主矩廣侯 奥方は怪き悶死

今から二百五十年ほど昔、松前福山におこつた出來事です。福山は松前藩の御城下、出船入り船の賑ひは、これが蝦夷地とは思へぬ繁昌。——今の福山にはその面影さへもありませぬ。轉變の世とはいへ、あまりにさびれた姿です。當時の藩主は第十代の松前矩廣侯、まだ十九才のお年若、血氣の故もあらうが、生來疳癖の强いお方だつた。奧方は京都のお公卿唐橋侍從の姫君でしたが、故あつて悶死文書にもなければ、聞き傳へた人もゐないので、何故の悶死かその理由は、これからお話する出來事によつて矩廣侯の人となりに合せ勝手に御推量して下さい。

新參の御殿女中 美しき少女松江

或日のこと、矩廣は二三の近侍を相手に、岩燭の燃え立つ庭先きで、鷹の調練に無聊を慰めてゐた——ふと、柴折戸の向ふを通る高島田の影。横ながらも、面差し美しい年若の娘。矩廣は傍の者に目で指ざしながら尋ねた。

「誰ぢや。」

「新參のお女中松江と申しまする丸山久治郎兵衛が妹にて、御城内に噂もつぱらの美人。——殿、お眼識に……」

細貝といふ近侍が、探る目つきにおもねりの笑ひを薄く浮べて答へた。矩廣の目は柴折戸のかなたを追ふたまゝ

「鷹はもうやめぢや。——下つてをれ。」

いひすてゝ、つかれた者のやうにすた／＼と柴垣の戸口へ寄つて行きます。（寫眞は福山城趾）

怪　古里噺松前神楽由来（二）殿の横恋慕

●小樽新聞　昭和五年八月十九日（十八日夕）　5-274

古里噺松前神樂由來

殿の横戀慕

（2）意に從はぬ松江に一太刀
血に狂ふ矩廣侯

柴折戸の傍まで寄つていつた矩廣はぢつと松江のうしろ姿を見送つてゐたが、ふと何事かを思ひついて聲をかけた。

「あゝ、こりや女子。——松江とやら。」

呼びとめられた松江は、美しい顔にはにかみの色を浮べて小腰をかゞめた。

「あのう、お殿樣、何か御用でも—

―」

「さうぢや、そこなつゝぢの枝がほしいのぢや」

×　×

松江はいひつけのまゝに、一枝を袂に載せて持つて來た。矩廣はその差延べた手をかたく握つてその美しい顔をまぢ／＼と見つめた。

「松江、そちは幾つぢや。美しいのう。」

雪のやうに白い松江の面には、袂の上のつゝじよりも色こい紅がちつた。

×　×

松江はことし十七、藩中並なき武藝の達人丸山久治郎兵衛守高の妹で、福山小町の噂も高い美女――そして彼女には秘かにいひ交した近侍の織部銀之丞といふ愛人があつた。御殿に召されたのはほんの近頃、一と目殿の眼にとまつた彼女の美貌は、早くも矩廣の胸に愛慾の炎をかきたてゝゐた。

×　×

――そして暫らく過ぎた或日の黄昏、白神の岬に朧な月影が浮んで、福山城殿中の長廊下に雪洞の光りが夢のやうに灯つた頃、大奥の矩廣の居間に、松江は涙にぬれて、悄れ伏してゐた。

「松江、どうあつてもか！」

矩廣はほてつた息に聲も荒々しく喘ぎながら詰寄つた。

「はい、そればつかりは、お殿様――」

涙にうるんだ聲ではあつたが、松江の答へはきつぱりとしてゐた。

×　×

「ええッ、我まゝな奴、矩廣大人しうばかりはしてをらぬぞ！」

強い男の手があはや松江のか細い肩を抱きすくめやうとした時、かの女は脱兎のやうにすり拔けてバタ／＼と部屋の外へ――

「お、おゆるし下さりませッ、お殿様ッ！」

「ええいッ！憎い奴、こうしてくれるわッ！」

駈け出す松江の背後から、小さ刀が颯とばかりに鞘走つた。

「あッ！あれーいッ！」

×　×

魂きる女の悲鳴に飛出した一人の近侍、朱にそまつて長廊下のかなたへ轉ぶやうにして走つて行く女の姿に思はず彼は叫んだ。

「あゝッ、松江殿ッ！」

その時、血糊のしたゝる刀を提げて、すつくと前に立ちはだかつたのは、戀に破れ血に狂つた若き領主矩廣侯。

「うゝむ、銀之丞かッ、おのれ不義者ッ！」

業物の一刀はたゞ一と突、グザりと若者の胸をえぐつた。

×　×

「まッゝ松江殿――ッ」

矩廣の足下にうつぶして倒れた銀之丞は、斷末魔のうめきの中に、たゞ一と言戀しい女の名前を呼んで息絶えた。

古里噺松前神楽由来（三）　愛欲の狂刃　5-275

怪　●小樽新聞　昭和五年八月二十日（十九日夕）

古里噺松前神楽由来

愛慾の狂刃

(3)

松江にめぐりあった矩廣公
哀れな美女の最後

常時蝦夷地第一の善知識とあがめられた松前家の菩提寺法幢寺の住持柏巌は、折から夕べの勤行にたゞ一人、燈明ほの赤く揺らぐ大本堂の伽藍に看經してゐた。――すると、はた／＼と燈芯が炎を縮めた時、階段のあたりに怪しい女の呻き。――老僧は更に聲を張つて經を誦した。再び女の聲がした。それはまぎれもなく老僧を呼んでゐる。――

「お、和尚さま、お願ひで御座ります――。もうし、和尚さま。」

聲は哀れにも、絶え／＼な息の下からかすれた。柏巌は靜かにたつて本堂を出ると、手燭の明りに闇をすかして聲のした階段のあたりに眼をやつた。

「何者ぢや――。」

「――お、和尚さまッ、松江でござります――」

「な、なにッー丸山殿の妹御か！」

柏巌はいそいで階段をおりた。――手燭に照らされた石疊の上には、腰元の松江が朱に染んで倒れてゐた。

×　×

かうして松江が柏巌和尚の法衣の下にかくまはれた事を知つた矩廣は、戀に破れた胸に、いや更生來のかん癖をつのらせて、烈火の如くいきどほり、松江を奪つて斬罪に處せと厳命した。しかし柏巌からの切なる命乞ひを重臣達はむげにしりぞけるわけにはいかなかつた。彼は名高い菩提寺の住持、まして凡愚の歸依信仰厚き名僧である藩主矩廣と柏巖の間に板挾みとなつた重臣等は、額をあつめて相談の結果、松江を矩廣の母堂の住む西の丸御隱居所に住み替へさせる事とした。

× ×

しかし、事落着と見えたのも束の間、遂に松江が最後の悲運の日が來た。——延寶八年十月二日の午さがり、松江が西の御隱居所から本丸へ、ふとした用事で使ひに出た時、書院を過ぐる廻廊の端で、かの女はばつたり矩廣に出會つてしまつた。矩廣には、怒りにもまして愛しさのために忘れかねてゐた女であつた。全身に燃え立つ愛慾の炎に。彼は再び松江に挑んだが叶はなかつた。憎悪は愛の拍車にかられて狂つた。遂に再び矩廣の狂刄は彼女を切つた。——かくて愛人銀之丞と同じ運命にたほれた松江は、或ひは却つて幸福であつたのかもしれない。——なぜならこの出來事は更に大きな波紋をひろげていつた。

怪　古里噺松前神楽由来（四）　熊石流し　5-276
●小樽新聞　昭和五年八月二十二日（二十一日夕）

古里噺松前神樂由來

熊石流し

死一等を減じられた柏巖和尚

【4】　いぶせき門昌庵

松江をきつたあとの矩廣は、はさながら狂人の態であつた。思ふこと何一つとしてかなはぬ事のない大藩松前の領主、加へて性格的には人一倍わがまゝでかん癖の強い彼が、死をもつてしてまで松江に戀をこばまれた事は、顔につばを吐きかけられた事以上にも堪へられない侮りとはじかしめであつた。——彼の咲き誇つた自尊心の花は花べんの一片をも留めず無殘の姿を泥中にちらした。——そして彼の憤怒を極度に煽り立てたものは、胸に受けた戀の痛手ではなくて、むしろこの打碎かれた誇りの無念さであつた。

× ×

矩廣の爆發したいきどほりは、遂に罪のあらうどころか、尊い法門の主柏巖和尚に降りかゝつた。

「立ちどころにきつてすてよ。」——理非の見さかひもない矩廣の厳命。松江の場合以上に重臣は困惑し狼狽した。藩廟菩提寺の住持に、主命とはいへ、どうしてこの理不盡が押し通せやう？しかし、重臣達の中には敢て矩廣に苦諫する底の人物は一人もゐなかつた。彼等は戸まどふ蟻の如く、夜陰ひそかに互の門を叩いて不足の智恵を寄せ集めた。この評議に與かつたものは、寺社奉行下國季平、家老蠣崎蕃廣、家老氏家直重、家老新井田清兵衛の四人。その結果は柏巖死一等を減じ熊石村に流配の事と決した。

× ×

十月の末、蝦夷地の多くはすでに野山をからしてたゞ茫莫と、雪は[illegible]の山根に白く、[illegible]の川は[illegible]々として寒かつた。極星が頂上に輝いて霜厚い朝あけ、柏巖を熊石へ押送する日が遂に來た。城下の人は男女を問はず老も若きも、柏巖の徳を慕ふあまり、みな涙をたれて、福山の町のはづれへ見送つて悲しい離別に泣いた。押送警衛の役人は、奉行下國季春をはじめ小林長詮、古田信伊、酒井好種、原谷重好等總勢二十四人。福山から江差まで十八里、江差から三谷敦柱を經て熊石へ九里——二十七里の路を越えて柏巖は熊石へ着いた。彼のすまひは一草庵、彼は柏巖の稱を捨て門昌といひ、庵もまたその名のまゝに門昌庵とよんだ。——かくして所謂門昌庵事件が惹起した。

怪　古里噺松前神楽由来（五）　矩広の怒り　5-277
●小樽新聞　昭和五年八月二十三日（二十二日夕）

古里噺松前神樂由來

矩廣の怒り

熱病をたきつける奸臣ばら

(5)　門昌討伐に向ふ

配所の冬、熊石の草庵は、いぶせくもまたわびしい限りであつた。しかし、からした冤の罪を負はされた柏巖の門昌に對して、郷人の尊敬思慕はいやさらに深まり、雪にうもれた庵に詣でる者は一日として絶えなかつた。

× ×

やがて、延寶八年も暮やうとする師走の月、暴君矩廣は俄に江戸藩邸において重い熱病におかされた名醫の診療、神佛の祈禱も効験なく、病はつのるがまゝに、日に夜に殿の呻吟が續いた。この時、殿の側近に添ふ細介多佐士、古田小源治、明石尚政、酒井好範、杉村勝之助の近臣等は、あらう事か、配所熊石に悪僧門昌が殿を呪ふて魔に祈ると讒した。これ等のねい臣は、ひとへに矩廣の寵を得んとして、さきに松江事件の時にも盛んに逆宣傳を飛ばして矩廣の悍馬の如き感情に鞭うちあふつた小人ばら。この松前騒動には常に間接的に悪因の種を播いてゐた。

× ×

矩廣がこのざん言を直に信じた事はいふまでもない。もと〳〵憎しみのある門昌、まして今は主命を狙ふとき、形貌を變へて憤激した。再び「門昌を討てッ！」とばかり、早馬は遠い陸奥路の空を驅けて福山の城へ飛んだ。さきに助命の評議をした重臣も今は全く手の下しやうがなかつた。忽ち門昌討伐の一隊は編まれた。松村昌次・細介貞利、谷梯貞重等を組頭とした十二人の手勢、直に福山城を發するや、途中江差の番所に立寄り奉行梁瀬以下五人を加へて十七人とし、一路、日に夜をついで熊石村の門昌庵へ。

古里噺松前神楽由来（六）　●小樽新聞　昭和五年八月二十六日（二十五日夕）　死出の仕度　5-278

死出の仕度

(6)

組子等に取りかこまれて　門昌が晴の法衣

門昌討取の一隊十七人が熊石の里へ入つたのは二十一日の明け方。夜來の風はます〳〵吹きつのつて雪さへもまじへた大暴風雪。この嵐をついて門昌庵に踏込んでみれば、意外！庵は空虚。風を喰つて逃うせたか！慌てた一隊は八方にちつて捜索した。

× ×

しかし、彼等の狼狽は無駄だつた。討伐隊が襲つたとは露知らぬ門昌折から悠々隣家の貰ひ風呂にあたゝまつてゐた。

「人騒がせな糞坊主ッ！」案内役江差奉行の梁瀬は、苦りきつて舌うちした。やがて門昌は引つたてられて庵へ歸る。

「門昌！殿の御諚によつて討取りに參つた。手向ひは無用、神妙に致せッ！」

威丈高な組頭松村昌次の一言。同中村藤三右衛門、その組子の者に兩手をとつて引据ゑられた門昌は、靜かに頭をあげた。

「意外な御諚！愚僧熊石配流の事さへ身に覺えなき冤、お怒りも解けなばと、ひたすらの謹愼に、今また首を召さるゝとはあまりの御無態。——御使者！いはれもあらば？」

「えゝいッ、吐くな坊主！いはれがないとはいはさぬ。配流を怨んで殿のお命を呪ふ不逞。殿江戸の御邸に病臥らせらるゝは、貴様が呪咀の仕業とわかつたわッ！」

「こ、これはまた？」

「さゝ、覺えはあらうがな！」

「——露さらに。殿御病の事も今がはじめて——」

「いふな〳〵。辯解無用ぢや、神妙に覺悟いたせ！」

門昌は目を閉じて凝つとさしうつむいた。しばらくして低い聲ながらはつきりと答へた。

「——御ぜう、しかと承つた。御手向ひは申さぬ。ただ、衣など着がへる間、しばらく御猶豫を」

× ×

門昌は組子等に取りかこまれたまゝ、死出の仕度に晴の法衣を身につけた。それは燃え立つばかりに赤い緋の衣。——やがて、珠數つまぐつて討手の前へ端然と座した。

古里噺松前神楽由来（七）　●小樽新聞　昭和五年八月二十七日（二十六日夕）　門昌の最期　5-279

門昌の最期

(7)

鮮血に燃えたつ晴の法衣　不思議や川の逆流

「御使者！」

門昌は緋の衣の袖をかき合せるとおごそかに呼かけた。

「門昌、たゞ今死出の旅路にのぞみ、一と言、殿矩廣侯にお傳へ下されたき儀がござる。——たとへ一介の虫魚といへども、生は佛の大慈悲、まして靈を人間界にうけ菩提の正覺にいそしみ、前生因果輪廻の功德さへある僧門の門昌に、いま、いはれなき刎首の仕置、如來の慈悲をわきまへざる殿は、また佛罰をも知らいでか！靈に七生の顯現あり、佛の科は門昌の靈を藉りて七生の限り殿にたゝるべし門昌ひとりの煩惱か怨恨にあらずよく〳〵佛罰のてき面を覺え知られよ！――なほ、御使者、首をはねなば福山城に至るまで、途中の憩ひは必ず無用、いさゝかもたがふ事あらば異變ありと知るべし。――いふべきはこれ限り、さゝ、寸刻もはやく首うたれい！南無阿彌陀佛、南無阿彌陀佛！」

× ×

「えゝいッ！いまはの際に怨み崇りは片腹痛い世迷ひ言。けふは此方が引導渡すと、いゝッとと成佛致せ！それッ、細介氏ッ！」松村の一言に、すらりと大刀引拔いた細介貞利は、門昌のうしろへいゝッツッと廻つた。

「門昌！覺悟ッ！」

エエイッ！といふ矢聲の下に、あはれや門昌の首はただ一刀に打落とされた。飛び散る鮮血に、晴の法衣の緋の衣は、いや更に燃え立つばかり。

× ×

切り落とした首を小脇に抱へるや否や、松村昌次はすぐさま庵の裏の小さな流れに走つて首を洗はふ

としたその刹那―ほと〳〵したゝり落ちる赤い血潮が流れの水を染めたとき、怪しむべし―水面にササアッと波が沸くと見る間に、下へ流れてゐた小川は俄に上へ〳〵と逆流した。色を失つたのは討伐の一隊―あはてゝ首を用意の桶に封じこみ、なほ更にあれ狂ふ大暴風雪をおかして、亂れ立つばかりに歸路を延けた。（寫眞は現今の法幢寺山門）

怪　古里噺松前神楽由来（八）　首桶の怪　5-280

●小樽新聞　昭和五年八月二十八日（二十七日夕）

古里噺松前神楽由来

首桶の怪

口中から飛び出す火の玉
嵐に順正寺は炎上
(8)

かうして門昌は暴虐な藩主矩廣のために寃の罪から遂にあえない最期を遂げたのであつた。時に四十九歳の厄年。記録によれば彼は、北越出雲崎の出身、寛永十年に生れ俗名を土谷治助と稱し法幢寺の住持になつたのは六代目であつた。門昌最期の時不思議な逆流をした事から、庵の裏の小さな流れは、いまだに里人から逆さ川とよばれていまだに里人から畏れられてゐる。

× ×

討伐隊の一行は門昌の首をまもつて一路福山へ急いだが、江差を過ぎて二里、天の川に差かゝつたころ嵐のために渡れない。恐ろしい門昌の遺言もあるので出來るなら途中休まずに福山へ歸りたかつたがやむを得なかつた。一行は引返して江差に入つたが、どこの民家も堅く斷つて泊めやうとしない。そこで江差の寺々を集めて宿所の抽籤を行つた。當つたのは順正寺（江差誌は延通寺となす現在は東本願寺の別院となつてゐる）―縁起が惡いのだから仕方がない、順正寺も不承ぶせう一行を泊める事となつた。

× ×

一行は廣い本堂の眞中に門昌の首桶を置き、それを取り卷いてくつろいだ。ところが、恐いもの見たさは人情の常、谷梯賀重がいひ出して桶の中の首を檢めてみる事となつた。瀨座の凝視の中に、谷梯は首桶の蓋をとつた。人々が一齊にそれを覗きこんだ瞬間、不思議や、門昌の食ひしばつた口が、かいあつとあくと見る間に、口中から飛出した一塊の火の玉、ぼぼつとばかり大本堂の天井へ燃えついた人々がただ恐怖にふるへてなすべき術も知らぬ間に、忽ち火の手は廻つて、嵐の中に順正寺は炎上。早馬は急を告げて福山へ飛んだ。

怪　古里噺松前神楽由来（九）　殿中の怪異　5-281

●小樽新聞　昭和五年八月二十九日（二十八日夕）

古里噺松前神楽由来

殿中の怪異

苦しさにもがく矩廣侯
(9)　枕べに門昌の姿

門昌の首を泊たばかりに炎上した江差の順正寺は、これが末の世ま

古里噺松前神楽由来（十）　亡霊に悩む
怪 ●小樽新聞　昭和五年八月三十一日（三十日夕）　5-282

古里噺松前神樂由來

亡靈に悩む

⑽ 夜な〱矩廣侯の枕邊に現はる　また一つの變事

かくして暴君矩廣は門昌の亡靈に悩まされること連夜。そこへ福山からの急使が門昌討取り後の異變を告げて來た。さすが强情我慢の矩廣も門昌の幽靈にだけは参つたと見え、すぐさま下知を傳へて門昌の靈をねんごろに弔ふ事とした。しかしかうした松前藩の騷ぎが柳營の耳にはいらぬ譯にはいかなかつた。異變相ついで藩政紊るときいた幕府の老中は翌る天和元年に至つて遂に松前藩へ戒告を下した――やがてはお家改易の前觸れみたいなもの。矩廣も大いに恐縮して謹愼の意を表したが相も變らず門昌の亡靈は緋の衣を身につけて毎夜〱矩廣の枕許に立つた。

× ×

さらでだに騷がしい中に、またも一つの變事が起こつた。世にいふところの闇の夜の井の事件。

――それは天和二年七月二十一日の事。その日松前藩連枝の一人松前知矩は近習八人を供に連れて海邊の散策に城を出た。その近侍の中に加はつてゐたのが矩廣の邪戀の犧牲となつて憤死した腰元松江の兄の丸山久治郎兵衛守高。知矩の一行はやがて夕方近く城内に歸つた時、城の庭先きではばつたりと藩主矩廣に出會つた。丁度その折、矩廣がさしかゝつたのは一つの古井戸の傍。何を思つたのか矩廣はふと立ちとまつて井戸をのぞいた。そして右手を懐中に當てたとき、どこからかぽろりと落ちたのは三德紙入れ。――紙入ればばら〱と井戸の底深く落ちた。

× ×

「こりや〱、誰かある參れ」矩廣は通りすがりの近侍達に聲をかけた。

「紙入が井戸へ落ちたのぢや。そち達の一人、誰か參つて拾ひ上げよ。」

「殿、それがしが――。」

かういつて駈つけたのは丸山守高

「殿、御免！」

でものたゝりとなつてその後も燒失する事しば〱。安政三年松浦武四郎が蝦夷地巡視の際江差に留まつた時、折から順正寺はその後三度目の火事に新築中であつたと彼の西エゾ日誌に記錄してゐる

× ×

順正寺炎上の凶報は江差から福山へ、福山から江戸へと飛んだ。――丁度その頃のある夜。病みやつれた體をいとねに横たへてうと〱としてゐた暴君矩廣は、枕許の聞きなれぬ聲に呼びおこされた。

「殿、――もうし殿〱」

矩廣は夢うつゝの中で答へた。

「――誰ぢや？」

枕許の聲は更に呼かけた。

「殿、もし、殿。――お目ざめ下さりませ。」

「えゝツ、誰ぢや、うるさいわッ」

矩廣は腹立たしくしかつたが、また昏々と深いねむりに落て行つた

× ×

「――との、御用にござります。」

枕許の聲は三度呼びかけて、夜具の上から矩廣の肩をおさへた。

「う、うむツー〱、苦しいわッーた、誰ぢやツ〱ー離せツ〱、苦しいツー」

矩廣はさながら盤石の下に敷かれたやうに感じた。苦しさのあまりにもがきに、もがいて、かつばとはね起きた。

「たツ、誰ぢやツー無禮者ツ！」

怒りを爆發させて矩廣は聲のした枕許を睨んだ。

× ×

――そこには、燃え立つばかりに眞赤な緋の衣をまとつた一人の圓頂

「そこな者ツ！た、たれぢや！」

矩廣は再び叫んだ。

「殿、お久しうござりまする。」

緋の衣の僧は靜かに顔をあげた。見ると、喰ひしばつた唇の片端からタラ〱と赤い血潮が一筋、糸のやうに流れてゐる。矩廣はハツとしてその顔を見直した。

「殿ッ、門昌めにござります。」

僧侶は低い聲でさういふと、ヂツと矩廣の顔を見つめた。

彼はするくくと井戸へおりて行つた。それを見た矩廣の眼は、あとに殘つた七人の近侍達を振返つてニタリとした。――そして、それが丁度合圖かのやうに、七人の侍はバラくと守高のはいつた井戸を取かこんだ。

古里噺松前神楽由来（十一）暗の夜の井
●小樽新聞　昭和五年九月二日（一日夕）　怪　5-283

古里噺松前神樂由來

暗の夜の井 (11)

投げ込む石ともろともに　守高を井戸に生埋

何をたくらんでか、たつた今丸山守高がはいつていつた庭先の古井戸をバラリと取りかこんだ七人の近侍

「それッ！各々方ッ！」

誰やら一人が叫ぶと見る間に、七人は手にくく敷きつめた庭の玉石をひろふや、井戸の底目がけてあられの如く投げ込んだ。ひろつては投げくく、井戸を埋盡くすばかりの勢ひ。落下する石の響は井戸の周壁に反響の嵐の捲きおこしてその物すごさいはんばかりもない。哀はや、守高の生命は？

×　×

七人の侍も今はいさゝか投げ倦んで手をやすめた時、するくくと井戸の中から井桁の縁へ伸び出た人の両手、皮は裂け爪は剥がれて滴る血潮はまたゝく間に井桁の木理に浸みて行く。

「あゝッ！」

と一同は思はず驚愕の叫びを發した。――手は更にのびて、二の腕がしつかり井桁をからんだ時、ついと現はれ出た顔は丸山守高！髪とよりはぶつつり切れて髪はところと亂れちり、月代は肉まで裂けて、滲み出る鮮血は顔一面を眞赤に染め、更に腹にしみ入つて兩眼は物すごく血走り、破れ裂けた唇をガツキと嚙むしばつてその口に銜へたのは矩廣が井戸に落とした紙入れ。――守高はひよろくと井戸から這ひ上つて地に下りた。

×　×

「殿、お主君の紙入れ、守高が拾ふて參りました。血潮に汚し申して申譯もありませぬ。御あらためを――。」

守高はこれだけをいふのもやうくに、血にそまつた紙入れを矩廣に差出した。矩廣は紙のやうに色を失つた面をそらして無言のまゝ受取つた。一同は怖さと怖れにたゞ茫然として啞の如く突つ立つてゐる。

「殿ならびに各々方、――さらば御免。」

よろめいて立ち上つた守高は、ふらくくと井戸の縁へ取つて返すと、再び彼の姿は井中に消えた。

×　×

暫らくはただ死の如き沈默と靜寂それは氷のやうな冷さで重苦しく一同を壓した。化石しさうな恐怖の豫感。――やがて耐へ切れなくなつて、眞先に殿の矩廣が地團太踏んで怒號を發した。

「む、守高め、守高めッ！そゝッ憎ッくき奴。面當がましき仕業によくもはづかしめをつたわッ！者共、石ぢやくく！石を投こんで井戸諸共守高めを埋めろッ」

暴君矩廣の我儘な激怒が再び爆發した。石は又たもや霰の如く井中に飛んだ。――かくて藩元松江の兄丸山久治郎兵衛守高の非業な最後。原因は何にか？彼の逆者な武術を妬む同輩の仕業とのみは考へられない。――松前騒動に更に謎を色濃くした暗の夜の井の噺。

古里噺松前神楽由来（十二）祈願の神楽
●小樽新聞　昭和五年九月三日（二日夕）　怪　5-284

古里噺松前神樂由來

祈願の神樂 (12)

福山城中檜の間の舞ひ事　奇怪な命日の暗合

暗の夜の井はその後城郭の縮小により今では福山城の大手門前になつてしまつた。永い間朽ち果てゝ埋れてゐたが、後に藤山要三氏が改修して現今の姿を留めてゐる。

×　×

かくして異變は暇もない程頻發し門昌の靈は相も變らず夜なくく矩廣の寢所に現はれて惱ましつづけるので、さすがの矩廣も遂に我を折つて亡靈退散の祈願を試みる事となつた共。家納に福島村大神宮の禰宜常盤井氏を招いて舞はしめた神樂が今全道に流布するいはゆる松前神樂のそもくくの起

こりである。常盤井氏は京都の人浅井長政の没落に際して側妾にしたがつて蝦夷に渡つたのが天正年間、今クヅラモリの名に名高い福島村字館の澤に天正三年五月十三日壮烈な戰闘の結果アイヌの酋長クツラ[illegible]の叛亂を平定した常盤井治部大輔藤原武衡がその人である。その後えいは累代福島大神宮の禰宜をつとめて京都の神祭りの振を傳へたのされば、松前神樂も畢竟は京都の流れを汲むもの。

◇　◇

この亡靈退散の神樂が行はれたのは暗の夜の非の事件があつた後いくばくもないその年天和二年の秋のこと。舞臺は福山城中檜の間に設らはれ矩廣はじめ家老諸大夫家臣の面々綺羅星の如く居並んでたうとき晴れの神樂を拜觀した。とうとうたらりとうたらりと鳴く太鼓にもろもろの樂の音も一入とおごそかに鳴りわたり、常盤井の禰宜は家重代の秘樂を振りも鮮やかに舞納めた。この松前神樂は普通行はれる神樂と異なりその仕題は三番叟、翁、庭撒米、千歳、獅子舞の五つに分れてゐるが、今それ等を詳にする資料をもたない。

×　×

かうして怨靈の神樂までが納められたにも拘らず、門昌のたゝりは少しもその勢ひを減じなかつた。この後幾多數知れず惹起した異變を語る前に先づあまりの不思議として告げねばならない事は矩廣の死の日である。生き永らへて數多くのたゝりを思ひ知れといふ門昌の亡靈の考へからか矩廣は案外の長命をして六十二年の齢を保つたが、その卒した日は享保五年十二月廿一日。卒これをその門昌が熊石の庵に斬首されてから恰度四十一年目のその月その日である。因縁の糸は不思議なつながりを持つてゐる。

怪　古里噺松前神楽由来（完）　崇りは連綿

●小樽新聞　昭和五年九月四日（三日夕）　5-285

古里噺松前神樂由來

崇りは連綿

門昌の怨に歴代藩主が悶死（完）　打續く家中の異變

矩廣には嗣子がなかつたので第四の弟邦廣が後をついで松前家第十一代の藩主となつたが、この後代々の藩主はいづれも門昌の靈に惱まされて悶死する者が相續いた。代々の藩主ばかりでなくてき面に崇りをかうむつたのは矩廣の子等であつた。幾人かの妾腹に生れた子は一人として成育する者がなく續々として夭折していつた

▲矩廣長女佐智子（四才）元禄十一年三月廿一日▲二子力廣同十六年十一月十五日▲長子竹三郎周廣寶永元年八月七日▲女伊良子寶永五年十一月十八日▲女幾子同六年一月十五日▲女各子（五才）正徳二年十二月廿四日▲第二子橘太郎富房（二十二才）同六年一月十三日——いづれも卒す

×　×

なほ藩主の異變は枚擧にいとまなく、一つ一つ列擧するの煩に耐へないからそのうちの二三をあげてもつて門昌のたゝりの奈邊をうかゞふ事とする。

天和元年八月九日蠣崎小左衛門[illegible]明江戸藩邸に變死し、寶永六年八月七日には家老蠣崎藏人が同じく變死し享保元年七月八日には蠣崎主殿廣武が原因不明の變死を遂げ、寛文七年一月には町奉行佐藤本左衛門が矩廣を自宅に招いで饗應中火を失して本左衛門は引責自殺を遂げ、元禄元年十一月には龜田奉行代太總右衛門の子左内が江戸藩邸に放火し留守役下國清左衛門を傷けて出奔し、元禄七年四月には新御召抱北條流の軍學者柴田角兵衛の子角之衛が藩士明石梅之助を城中に殺した。以上はこれ等變事の一例にすぎない。

×　×

また門昌の二百[illegible]には、法源寺二十三代の住持秀明がまゐつたが、秀明はその時藩主に向つて門昌の遺靈を慰いたところがたゝりはてき面、その歸途落馬して即死を遂げた。

×　×

そしてまたこのたゝりに附會して語るならば明治元年榎本武揚等と共に官軍に叛して戰ひに敗れ弘前に遁れて自殺した十八代徳廣の死も數へ得られる一つであり、また十九代修廣が明治三十八年二月十二日青森鍵屋旅館における客死も變死の一つであり、修廣の夫人本多氏の世に隠れなき醜聞も異變怪事の一つであるだらう（寫眞は松前家の墓所）（終）

資　河合の新四谷怪談

●新愛知　昭和五年八月十六日　5-286

河合の新四谷怪談（新守座讀者優待）
△新守座の河合武雄一派の昨初日は果然人氣を呼び大盛況を呈した△中でも河合の「新四谷怪談」は大好評であつた△本紙讀者は各等大割引

怪　事実怪談　老婆の一念（上）

●函館新聞　昭和五年八月十七日附録　5-287

實事怪談

老婆の一念

（上）　緑雨生

それは眞夏の夜の事でした、表の格子も、窓も、椽側も悉皆りあけ放しても尚暑い、沈んだ陽のほとぼりは大地からも、壁からも熱蒸れたつて苦しかつた。この夜、藤の怪に第一の怪奇を體験した私は更に第二回目の怪奇に襲はれたのです。

×　×

父亡き後三年目、明治三十九年の

初夏 私共の一家は兄の勤めてゐる帝都に引越した、佐渡丸に母と妹と私の三人は身を託し思ひ出多い此地を、赤い土の下に眠る亡父にも別れて去つたのです華やかな都の土を踏んでからは十一歳の自分には何もかも忘れさせて呉れる程幸福な境遇によみがへつた、落付いた家は麻布区永坂町で、後手は高木男爵の邸宅で隣は佛英和女学校附属の幼稚園でした。

×　×

函館の大火……早々と起きて讀賣新聞を見た時に見付けたこの記事に親類の多い私共一家は非常に

驚き その安否を氣付かつたがその時は滅苦茶な

老婆 の姿が嫌で早く行つてくれるといゝと思つて返事もせずに奥へ走つたが、婆さんのカラく笑ふ聲が走りながら私の耳に残された。

×　×

其年も越えて庭の銀杏の樹齢にヒグラシが鳴く頃、婆さんが突然訪ねて來ました、身體工合が悪くて寝てゐたが昨日から大變いゝから龍さんの顔がみたくて來たとて二日程泊り洗濯物などを全部片付けて歸つた。間置いて二日目

夕方 婆さんが急に容體が悪つたとの知らせに折悪兄は社用で箱根へ行つて居た。

怪　事実怪談　老婆の一念（中）

●函館新聞　昭和五年八月二十四日附録　5-288

實事怪談

老婆の一念

（中）　緑雨生

留守でもあり、母は急いで出かける仕度をしながら『龍吉、お前も行かないか、婆さんの顔見でもあり一目逢つておやり』。……とんでもないこと、婆さんは可愛がつても僕は嫌だと應じなかつたので母だけが車でヨネさんの家へ行つた。

×　×

陽も沈み、妹は床に就いて私独り、昆虫標本製作法と云ふ本を、洋燈台の前で

讀み ながら、母の歸りを待つてゐた。中々歸つて來ない、時計は九時を報じた、軒の風鈴は微に鳴る……パリッヾヽヽ、鼠が板を嚙じるやうな物音が台所の梁からして來た。『何んだッ鼠が』と思つてみたが、音は益々激しく、終ひには屋根板を剥ぐやうな音に變つて來た。『非道い奴だな』と独り言を言ひながら竿をとりに外へ出た。

×　×

物干し竿を手にして入つて來た私は、音する邊りをたゝいて見たが一向に止まないので

更ら に外へ出て、たゝいてもみたが、瓦の上からで反響もなく、音は依然と續く……『エッ面倒臭い』と竿を投げ出して家へ入つてから稍暫く、音をたてゝゐたが何時となしに止んだ。

×　×

台所から來る人の氣配『オヤッ』と台所をのぞいたが、眞暗で何も居さうもない。障子を〆切つて茶の間に歸つた私は、眼の前の洋燈台の光が心持ち薄くなつて來た。

油は 充分にある。可笑しな夜だなと思つた時風鈴も動かないに冷ッとした風が頬を撫でた。

×　×

突然、全くの突然、私の腰は恐ろしく重くなり、ハッと思つて顔を上げるや身体の上半身は完全に仰

向けに倒されてゐました。足は危ふく台洋燈を蹴る處でした。此瞬間微光のやうに私の頭を走つたのは、婆さんの言葉です。アッ逢ひに來たッと思ふと恐ろしくなり逃げやうとしたが

何時 の間にか微な息の下に抱きすくめられてゐました。

× ×

もがいた私の口は、蓋をしたやうに言葉を出させない。足ずりして身を引いた。私はドンと玄關の式台から土間に落ちた。時に不思議や身体が自由になつた。急いで其所にある下駄を鷲づかみにして飛び出した。妹の事など考へる暇も隙もない、『オヤッどうしたのッ』と今度は温かい手に抱かれてウットリした。お隣のオバさんが時ならぬ

物音 で馳せ付け、私の飛び出すのに逢つて抱き押へて呉れたのです。

× ×

しばらくは物も言へない。漸く私から恐ろしい話をきいたオバさんは、妹の身を氣遣つて一緒に家へ入つたが、妹は奥でスヤ〳〵寝てゐるので安心した。私の心落付く迄側から離れないで十番街の夜店の話や、香具師の可笑しい身振りの話などして呉れたので心落ちついた。（つゞく）

事実怪談　老婆の一念（下）　5-289

●函館新聞　昭和五年八月三十一日附録

事實怪談

老婆の一念（下）

緣雨生

オバさんに歸つていたゞいた後で又本を讀みだしたが、二三行も讀んだころ何となし左腕にひやッと感じた、次第に背に右に前に左にと何者か自分の廻りを巡ぐる氣配、未だゐたッと思ふと私は觀念して

燈火 に面をあげて顔を見せた、だが眼はとぢてあけ得ない

× ×

重いダガ引ずるやうな足音が後に聞へた、私の尻の邊にものが當つた思つた瞬間私に可なりの重さのものが覆ひ被さつた、急激な衝動と共にドサッところんだものがある、私の全身はふるひ、氣も轉倒して暫くは半氣を失つた……幾分かを過ぎた

× ×

温い血が足のツマ先から段々に昇り

全身 は急に暑くなつた、急に明るい氣持にかへつた私の眼の前に妹がスヤ〳〵と眠つてゐるではないか、私の血はたぎり腹の底から湧き上つた憤怒さ無意識に私の手を躍らして私を動天させな妹の背を思ひ切りドヤシつけた。

× ×

眼をさました妹は不思議に堪へぬ面持で私に殴ぐられたあたりを無言でなでた、夢遊だ、こう思つた時妹が何となく可哀想で奥へ連れて寝かした

× ×

いやな夜だなア……時は十時はとうに既に十一時を廻つた

お母 さん早く歸つて來て貰ひたいと心に念ずる時、門口に車の鈴がなつた、あわたゞしい門の戸をあける音、走り來る足音、私が玄關に立つてる姿を見て、龍吉ッ變つたことがあつたらう……と待ちこがれた母はいそいで家へ入ると私の肩へ手をかけて顔を見た、……もう恐ろーくないヨ、母さんはお前の傍をはなれないよ、とこの時母の眼にも私の眼にも涙があつた

× ×

母の話、婆さんは全く死んだ、十時頃臨狀態にあつた婆さんは……アーアこわい（疲れた意）なア

下駄 をぬいでくれよや……

こんなことになれた母は、足元の蒲團をめくつて、兩足を手でさつてやつた、そうして母は――婆さん何處へいつて來たの――永阪町の家へ――母はハッとした、婆さんは間をおいて――茶の間に婆さんが一人ゐた、私がいつても本ばかり讀んで知らんふりしてゐたが――と言葉を切り、しばらくたつてから――氣がつかないから休まずにすぐ歸つて來たアーアとはい――この話を聞いた母はおそろしいよりも私の身を安じた、間もなく急變して息を引取つた婆さんの

死骸 に拜禮し、大急ぎに車をいそがせて歸つたのであつた

× ×

婆さんの來た時刻、それは一分も違はない、今も思ふ執こい女の一念を……台所のパリ〳〵、それは婆さんの訪れた合圖であつたのだ（をはり）

怪　関の丑満時に幽霊を乗せた運転手
●馬関毎日新聞　昭和五年八月十八日　5-290

闇の丑滿時に 幽靈を乘せた運轉手

指定の家に着いたときには その姿すでに無し

何處からともなくムク〳〵と現れて掴み樣もない入道雲と怪談は夏夜になくてはならぬ景物である

◇

時日もさだかではないが一週間ぐらい前の夜の二時過ぎのことか。下關市觀音崎町D自動車會社の或るタクシー「三」一臺が一日の勤めを終へて格納庫に納められ樣とした時

『モシ〳〵』

と女の聲がした、呼びかけられた運轉手は譯なしに後から水を浴びせられた樣にゾウッとして振返つて見ると打ちしほれた若い女が幼い兒を抱いてしよんぼり立ち乍ら

『遲くなつてすみませんが田中町の新榮舘横のKと云ふ家までやつて下さい』

と哀願する。運轉手は譯もなく無氣味な感がつのつたが商賣なら是非もなく頼まれるまゝに丑滿時の闇の街を東に東にと疾走した。人通りはなく月の光のみ仄かな街は海の底を走る樣であつたらう、ストップ。扉を開けた。アッ！確に乘せた筈の女客の影がない。又ひとしほ背筋に冷水を注がれた思ひがしたが漸く氣を落ちつけて考へれば、最初の女がモシ〳〵と呼びかけた時車體を隔てゝゐるのに高くもないその聲が餘りにもはつきり聞へた。その顏も電燈の淡い光にしてははつきりとし過ぎてゐたし更に疑へば決してその女は運轉手には近寄らなかつた、車の内に納まるまで車體を隔て、又乘ることの何と敏速であつたことよ――更に〳〵考へれば、顏の色、聲のふるへ、足音の聞きとれなかつた等等不可解なことばかりである……が今更、このまゝ引返すのも氣味惡いので試みにこの女が云ふたKの戸を叩くと内から返事があつて現はれたのが老婆である。そして不思議にも老婆が抱く幼兒の顏は勿論着物の柄まで正に乘せた筈の女の抱く幼兒とそつくりである。咽喉のこはばつた運轉手はそれでも渾身の勇を揮つて一切の始終を訴へると老婆は

『この子の母親は一ケ月前に病死してゐます』

とのこと、

『幽靈ダ！〳〵』

と運轉手は思はず連呼した。老婆は『一寸待つて下さい』と一旦内に引返して又現はれ運轉手の手に五圓札を一枚握らせた。口どめに、その夜から運轉手は熱にうかされて床についたまゝとか。

◇

幽靈の出現を信じる者は――死んだ母があとに殘した我子の愛にひかされて浮び得ず、いとし〳〵の一念からこの世に姿を現はして我子を誘ひ出したもの――と解して子を思ふ親の一念の如何に強きかに感激し且つは恐れてゐる――幽靈の存在を否認する者は、第一風に乘つて自在に出沒する幽靈樣が一里足らずの道を自動車に乘らんでもよからう。それから老婆にしても夜更けに起されてワザ〳〵寢てゐる孫を抱いて外に出るのは不自然である、運轉手臺に鏡があれば倘更のこと、何れにしても永年の經驗で客室に人の居ると否とが運轉の鹽梅で判らぬ筈はない……等等を指摘して一笑に附してゐる。

◇

事の眞疑はグロ譚ファンの御探偵に一任する。

資　夏と怪談はどう結び付いたのか　馬場孤蝶氏の…
●松陽新報　昭和五年八月二十日（十九日夕）　5-291

夏と怪談は どう結び付いたのか

もの凄いのは支那がほん場 馬場孤蝶氏のはなし

◇…夏と怪談、何時の頃から、さういふ結びつきが出來たか分らない。四谷怪談なども、今は夏興行によく上場されるやうだが、以前は必ずしも夏とは限られてゐなかつた。何故に夏、怪談が歡迎されるかと理由を考へると種々あるだらう。先づ夏は暑さのために意識がもうろうとして怪談的事件を夢に見たり、幻が現れたりするためでもあらう。また、神經が弛緩してゐるから、刺戟を欲したり、

凄味から俗にいふゾッとした涼味を受けるためでもあらう。しかし、夏は何といつても、死者の靈が還るといふ盂蘭盆を持つてゐるこの非現實な信仰を中心として怪談が發展したと考へるのが一番有力であらう。

◇……伊右衛門が蚊帳まで質に入れようとする、これだけはとお岩がこはむ、ヒッタくる、生爪がゴクリとはげて行く、これも夏。お露の亡靈がうらめしやと出て來る牡丹燈籠もお盆の精靈迎ひにかけられた牡丹燈籠からである。そして夏の夜の涼み臺でつれ／＼なるまゝに語られるのである。私達が若い時によく百物語をやつたものです。怪談を一つ／＼みんなが語つて行く。一つの怪談が濟む毎に燈心を一つづゝ拔き去る。次第に暗くなる。怪談は益々物すごくなる。クライマックスに達するといふ段取りになるのです。その揚句膽だめしなどをやることもありました。

◇……も一つ面白いのは、德利にすご味を持たせて死人の顔を書きそれをさびしい離れ室に布團をかぶせて、死人が横たはつてゐる氣分を濃厚に出し、枕もとに行燈をおいて、燈心を一人づゝ拔き取りに行くのです。燈明は次第に暗くなる。怪味はます／＼加はつて來るので、最後に近づけば近づくほど恐ろしさが增して來るといふものです。

◇……怪談は四谷怪談にしろ、牡丹燈籠にしろ、眞景累ケ淵にしろ一番すごいところはみんな支那からの飜譯ものです。日本古有のすごい怪談はないやうです。外國の怪談を來るとお化けが非常にユーモアに富んでゐて、躍り出したりしてすご味よりも滑稽味がたつぷりです。

資　夏と怪談　●豊州新報　昭和五年八月二十日夕　5-292

夏と怪談……

四谷怪談牡丹燈籠等　凄いのは支那が本場

◇夏と怪談、何時の頃から、さういふ結びつきが出來たか分らない。四谷怪談なども、今は夏興行によく上場されるやうだが、以前は必ずしも夏とは限られてゐなかつた。何故に夏、怪談か歡迎されるかと理由を考へると色々あるだらう。先づ夏は暑さのために意識がもうろうとして怪談的事件を夢に見たり、幻に現はれたりするためでもあらう。また、神經が弛緩してゐるから、刺戟を欲したり、凄味から俗にいふゾッとした涼味を受けるためでもあらう。しかし夏は何といつても、死者の靈が還るといふ盂蘭盆を持つてゐる。この非現實な信仰を中心として怪談が發展したと考へるのが一番有力であらう。

◇伊右衛門が蚊帳まで質に入れようとする、これだけはとお岩がこはむ、ヒッタくる、生爪がゴクリとはげて行く、これも夏。お露の亡靈がうらめしやと出て來く牡丹燈籠がお盆の精靈迎ひにかけられた牡丹燈籠からである。そして夏の夜の涼み臺でつれ／＼なるまゝに語られるのである。私達が若い時によく百物語りをやつたものです。怪談を一つ／＼皆んなが語おいて、燈心を一人づゝ拔き取りに行くのです。燈明は次第に暗くなる。怪味はます／＼加はつて來るので、最後に近づけば近づくほど恐ろしさが增て來るといふものです。

◇怪談は四谷怪談にしろ、牡丹燈籠にしろ、眞景累ケ淵にしろ、一番すごいところはみんな支那からの飜譯ものです。日本古有のすごい怪談はないやうです。外國の怪談と來るとお化けが非常にユーモアに富んでゐて、踊り出したりしてすごみよりも滑稽味がたつぷりです。（馬場孤蝶氏談）

怪　幽霊と話す若者　怪奇はおどる（四）　●北國新聞　昭和五年八月二十二日（二十一日夕）　5-293

＝怪奇はおどる（四）＝

幽靈と話す若者

宇宙の精を悉く眼に見る　不思議な神秘を繪にする男

をどる靈怪……獵奇癖が人間の頭腦の一端に不可思議な力で働きかける時、それは誰でもがあくまで探究して止まないものであらう、人間性の不思議は

神秘 にも頭腦深く秘めら

れてゐる、こうした獵奇癖が素晴らしく働きかけた時、それはまたあまりにも奇怪な想像の世界にまで運ばせ遂には苦惱となり何物かに取り憑かれた如く焦燥の極點にまで置かれることは珍らしくない、しかし想像の世界は自由である、何物にも誰にも拘泥する必要は毫もない、これは普通の人間の場合であるが昂じ果てた場合には[illegible]ては極端な妄想狂にしてしまふであらう

□　□　□

「おゝ……幽靈だ」

それは奇怪な魔の手が伸びてゐるのではあるまいか、驚いてはいけない、夏の夜など怪談は一抹涼味をさへ與へてくれる、幽靈話は決して珍らしい話頭ではない、そして幽靈なんてものは存在するものでないと強く否定されるであらう、が――事實幽靈を明かに見た人がある、しかも

幽靈と親しく、いや嚴く恐怖心を持ちながら何時間かを話た人がゐる「おゝ幽靈が話かける、ああ幽靈……」

こう叫んで若者の眼は異樣に輝き何時間かの異樣の沈默と異樣な凝視が續く、いま若者は奇怪な足のない幽靈を長く引いた幽靈と對座し微妙な頭腦の働きは奇しき會話を交してゐる時間なのである、若者は幽靈を見、そして幽靈と話すばかりではない、更に不可思議な天の精や山の精、地の精或は樹木の精などをハッキリと知つてゐるから驚かざるを得ない

□　□　□

山をじつと見つめ風に搖れる樹木を凝視してゐる時、山あひから雷を消す所謂山の精が何年かを默念としてゐた山の由來を話して聞かせる、樹木とても同じである、さやく〳〵と

葉擦れの音は奇怪な樹の歴史や傳説を若者に教へて呉れる、天の一角にも風靈に乘つて天の精が怒りごとや喜びごとを話し、やがて雷鳴の起ることもなごやかな空となることも若者には明瞭な暗示を與へてくれる

そして若者は言ふ

「靜かに天地のすべてを見つめてゐる時は各々その精が現はれる、谷間の水溜などには澤山の魔鬼が居り草原には數多の草の精である女神が踊つてゐる」

と、しかしそれは單なる想像の世界ではない、若者にとつては現實であり明かにそれを見てゐる、之らの偉大な宇宙間の眞理をハッキリと畫に描いて見せてくれる、そして若者は一般の人々に宇宙の眞理を知り得ない愚者共といつた口吻で

「これが見えるか」

と傲然といひ放つのである、何たる

奇怪な頭腦の持主の存在である、奇怪な人物といへよう

□　□　□

この若者こそかつて金澤醫科大學精神科に宇宙を知り天地の怪奇を感受しながら恬淡たる病院生活を送つた廿六歳の青年であつた、畫筆を取つて描き出すところのものは奇々怪々……樹々の枝は何時の間にか猛然たる人の體となつてゐる、山角にも眼鼻を持ち空行く雲にも人面獸身の怪物が乘せられてゐる、人面山身、人面獸身……そうしたものゝ存在をこの若者だけは別に不可思議なものとせなかつたといふ、この青年はやがて快癒して既に宇宙の精をふらりと忘れた如く退院してしまつたといふただそれだけであるが見るもの總てに人間の體があり話しかけられることはあまりにも超人間的な病體ではなからうか妄想狂患者の描く畫にはあまりに怪奇は躍り過ぎてゐる（寫眞はその若者の描いた繪）

獣　トリック裏おもて（八）　大珍獣牛の内臓

●九州新聞　昭和五年八月二十一日（二十一日夕）

5-294

トリック裏おもて（八）
大珍獣牛の内臓

祭禮時期には神社の境内、さもない時にはいたるところのお縁日をアセチリン瓦斯のむせ返る往来を處せまきまでに埋めつくしたもろもろの露店は、誰しも思ひ出の少年時代に必ず母親をせびらずにゐられなかつた魅力だ、母の袂をつかみながら押されへ拜殿の方へすゝんで行くと、賑やかに我鳴り立てる露店は、まづ『どれでも買ひな』の十銭均一から、針金細工、智慧の輪・軍艦飴からしん粉細工、飴細工、腰のかゞんだやうな老婆が羅紗のサンプルで作つたツギハギの手提げを賣つてゐるかと思ふと、こつちはまた威勢の好い四十男が向ふ鉢巻で『エエ次に入れます物産は――』帝國の味とはどうぢやイな』だ、その中にきちつて露店の裏のさゝやかな空地、金蒔繪の毒々しい看板で、娘子と武男の『不如帰』をカタカタンで操るからくりや、ズルズル延びる八重垣姫の『ろくろ首』などいはゆるタカマチとかタカモノとかいふ見世物類を見てゆくと、そこに一トきわ薄暗くいとも見すぼらしき小屋掛けがある

表てには古びた極彩色の繪看板が一枚、これがまた大變なシロ物で、まづ弓を片手に鎧を背負つた俵藤太秀郷が、ヤッと大向ふを見込んでゐると、怖ろしく大きな百足が山を二重三重に捲いて、それがらんらんたる眼を輝かせながら秀郷を睨んでゐるといふ大時代な圖柄に――が、その下にもう一つ看板がある、何の新聞か分らないが、ボール紙に新聞の切抜きを貼つたやつがぶら下つて

稀代の大百足來る！

長サ三間に餘る稀世の寶物

などゝ書いてある、たしかに長サが三間あれば稀代の珍物だ、そこで誰しも金十銭かとに發發したくなる人情だ、刷り込みののぼりを洗つて、これを裏返しにはつた竹柱の小舎がけにはいると、がらンとした中に白布をかけた怪しげな箱があつてそこに長々と百足らしい動物様のものが、死んだものゝやうにぢつと寝そべつてゐる、確かに百足の恰好だ、胴まはり七八寸二寸位の無數の足には毛がぼうぼうと生えて、氣の弱い娘ッ子でなくとも一人でこれに打つかつたら誰でも氣絶することを請合ひといふ面魂だ、――しかしこれが諸君、越前蟹の甲羅と足をつなぎ合せた拵へものだと知れたらどうだ、誰がこの世の中に大枚十銭を捨てる人があるものか

もう一つ近在に行くとよく出ッ會した動物の見世物これはぶるぶる動くのでだれでも見たものは引つかゝつた、例の通り奇怪な小舎がけで表てにはこの珍動物の寫眞四ッ切りの寫眞の額が一枚掲げられ、その下で色黒き中年增（多くの場合彼女は此小舎主のバシタ（女房）だ）が金歯を光らせながら嗄枯れ聲を絞つてゐる『さア御覧よ御覧よ、手もない足もない、眼も口もない珍らしい動物だよ、口上に嘘があつたら木戸銭はお返しだ、さアこさないうちにゆつくり御覧よ』そこで、そんなベラボーなと大の男まで釣りこまれて中にはいると、そこには大盥が一ケおいてあつて、その水中に全く得体の知れぬ珍物が、毛をうようよなびかせてゐる、手も足も頭も胴も、何から何まで何にもない、ただ毛の生えたノッペラボーの動物なのだ、これにはだれしも奇異な感に打たれて『あれ動くだよ、どこで物サ食ふだべ』とびつくりしてゐるんだが、これがまた曲物などとは眞赤な偽り、タネを割つてみると何處にもある牛の内臓だ、牛の内臓に手足があつたらそれこそ化物だがさてこれに類するところのイカモノは實に千差万別、足のある大蛇があつたり、頭が二つある蛇が出たり、凡そタカマチのイカモノは文化とゝもにふえるばかりだ

資　おばけの森　グロとナンセンスの催物

●読売新聞　昭和五年八月二十三日

5-295

グロとナンセンスの催物

おばけの森　二十五日より　四階

ばけもの、正體見たり枯尾花、凄いといへば凄く、可笑しいといへば可笑しく、奇想天外の珍趣向、中味は御覧になるまでのお樂しみとして『おばけの森』に何が出ませうか？

資　幽霊も失業　夏の漫談
●関門日日新聞　昭和五年八月二十四日　5-296

夏の漫談

幽靈も失業

忘れられゆく夏の怪談芝居
…でもまだ餘命あり

夏……怪談芝居……幽霊……なんかもう古くさい話題だが、然も年々歳々また新しい處があるのだから面白い。そのザンシンな方面だけを一くさり。

……◇……

さても芝居に怪談ものがかゝり幽霊が出るといふのは隨分古くからで、例の『四谷怪談』が文政八年七月に書きをろされてからだつて相當の日はたつてをる。これは近世。もつと／＼古い處があるのだが、昭和も五年といふ頃になつては、まづ殆ど上演されなくなりまさしくこの處幽霊の失業時代になつてをるのも、エロとグロとジヤズと小唄のバダカ踊りのレヴユウ時代とあつて見れば、是非なき次第でもあらう。

何しろ照明がすつかり變つてしまつた、明るい照明の迎へられきた時代に、薄暗い幽霊の出る舞臺も忘れられんとするに至つた。たとひ薄暗くして、幽霊を出した處で、客の方ではビクともしない。一寸と目先きが變つたと思ふか思はぬかそれも判らぬ。平氣で見てゐるといふ時代なのだ。

何しろ、幽霊は失業處か、餓死笑殺される時代ともなりつゝある

……◇……

幽霊も全盛時代があつた。文化文政には作者に四代目南北、役者では松緑や菊五郎これらが頭をひねり共同して種々工夫をこらしたらしい

社會でもかういふことに好奇をもつてをつた。それがどういふ社會心理にあたるのか共は別として兎に角幽霊がよろこばれたのだ

一体幽霊とは何ぞや、どんなものだといふことは、やつばり分つてゐなかつたらう。たゞうす暗い舞臺、すごい幽霊、さういふものが面白かつたのだらう。女子供なんかも恐いもの見たさで出かけたらうし、猛々しい人間は變つた芝居位で酒の一升もよけいに飲んだらう

◇

ただ、舞臺裏で幽霊を出すにどんなに苦心したか、それは實に大變だつた。たゞ／＼感心するの外はないものだつた。照明の進歩した今日、なか／＼これだけの苦心が絶一ないだらう

でも、ほんとに一年に一度や二度は一流どころが怪談をかける一昨年は猿助が本郷座で「牡丹燈籠」をやつたし、去年は明治座で喜多村と友右衛門が『小平草紙』をやつた。瀬戸英一氏のものだが大きく肥つた喜多村の幽霊が、ほんとに心から右衛門を恐がらせたんだから中々味なところもある

大体からいふと、役者の方では怪談ものに多分の興味をもつてゐるらしい。恐かつたとか、おそろしかつたとか。不思議なことがあつたとか本氣になつてゐるてをるだからまだ／＼怪談がすつかり滅亡する迄には一寸時間もあるだらう

獣　『カッパ』の正体は大きなスッポン
●福島民友新聞　昭和五年八月二十四日夕　5-297

「カッパ」の正体は 大きなスッポン

今時そんな化物はゐません

よく川には「カッパ」がゐるとかなんとか、みなさんも聞いてゐるでせう。それで今日は「カッパ」の正体に就てお話いたします。

× ×

河童といふ動物は川や沼などに住んでゐて、ウッカリひとりで泳いでゐると、尻の玉を抜かれると昔からいひ傳へられてコワがられてゐたものです。しかし近ごろは、あまり河童の話は出て來なくなりました。では河童の正體は一體何でせうか。これは今でもいろ／＼と議論がありますが、學問上からいふと大きなスッポンであつたといつてよいのです。繪にかゝれた河童を見ると甲羅を持つてゐて、足が短く、首が長い。そして人間と同じ體をもつた變チクリンな恰好をしてゐますが、あんな化物は昔の人々がいろ／＼と想像を加へて描いたものです。

× ×

よく河童の甲羅だといつて家の宝として、何年何月何日誰のなにがしが斬殺したものだといつて秘蔵つてゐる人がありますが、さういふ甲羅を調べて見ると間ちがひないスッポンの甲羅だから全く馬鹿々々しくなります。これから考へても河童がスッポンであることは最早疑ひないことで、昔河童の話がいろ／＼あつて今日あまり聞かなくなつたのは、つまり昔スッポンの大きなのがあつたのに今日では皆取尽くされて殆どゐないといふことになるのです。沼などに泳ぎをしてゐた子供が沼の中に足がはまり込んで泳ぐことが出来なくなり死んだが、それは河童にさらはれたのだ。その證拠に尻の玉が抜かれてゐると申しますが、そんな訳ではないのです。人間が溺れ死んで時間が経てば誰でも肛門がゆるんでしまりがなくなるものです。

×　×

今時河童などはどこにも居ませんが、泳ぎなどする場合人の余り泳がぬ沼で泳いだりすると、沼の中の草などに足を捲かれたり、水の渦巻につり込まれたりして溺れるやうな事がありますから、そうしたところでは成るべく泳がぬがよいと思ひます。河童などゐないとすれば、なぜあんな化物の想像が出来たかといふ事になります。これは人が大きなスッポンを見て驚いた為めにスッポンとはちがつたものゝやうに誤解して想像したといふのが正しいのです。例へば夕方の淋しい時刻に沼の中からスッポンが水草のかたまりをかむつて現れたとします。この時よく見れば何でもないのですが、恐ろしさの余りよく見ないと異様に見えるのです。

×　×

スッポンは今でもない訳ではありませんが、日本のスッポンより支那のスッポンが安いといふので、どん／＼支那から輸入したことがありました。ところがそのスッポンにはおたふく病といつて咽喉がはれる病気があつてドシ／＼死んだのです。それが日本のスッポンにも伝染して大騒ぎをしたことがあります。（博物博士寺尾新氏談）

怪談田端の深夜

資 ●中央新聞　昭和五年八月二十七日（二十六日夕）　5-298

怪談田端の深夜

◆例の伊藤晴雨さんの肝煎で主催は落語指南会の同人幹事は小山三と蝠丸で粋士蝶、米蔵氏の田端の寮で二十三日夜十時から怪談会が催された、田端駅を降りて渡辺町の方へとの道には道しるべ掛行燈がある ふら／＼と行くと会場だ 軒に発光提灯がつるされ入口には喜中と記した笹、受附の人は亡者の白衣土足で会場へ入ると先第一に目についたのは怪談先生は喜多村緑郎の浴衣姿続いて富士見町の松月老、縁側の所に英太郎、それから大勢の会員諸氏が薄ぼんやりした中にボーッとしてゐる

◆喜多村は例の牛の首の大パイプのみを吸ふ、そのパイプ丑の時詣りの洒落かも知れない

◆床の間の所には白張の提灯に南無阿弥陀仏と書いたのがつるされ其右に小さな高座が出来てゐる

◆やがて小山三と蝠丸がうすぼんやり現はれ挨拶を述べ晴雨氏が開会の辞を、それが済むと高座へしう雀が上つた私はとんと寄席へ接近しなかつたが、久し振でしう雀を見て大分の老人になつた

◆しう雀老は牡丹燈籠の伴蔵の家を演じた、東叡山の鐘の音が川水に響くと、カランコロンと述べたあたりは流石に物凄かつた、昔のしう雀は斯うした話しをツオぞやつた事が無かつたと思つた

◆更に小勝が現はれた例の愉快な辯口で反魂香を述べ仲太夫が法界坊の隅田川、それから伯龍が聴衆が長崎に遊歴した時の紫といふ花魁の末期を物凄く演じた、そしてこれから愈々怪談めぐりといふことになるのだ

◆元来左様いふものを見るのは嫌ひな私は切に晴雨氏に辞退して帰宅したが怪談会はこれからが面白さうだ晴雨氏の談に依ると大分茶番の趣向があるさうだ、三途の川や地獄門や皮剥ぎなどもあるらしいといふこと、萬一腰をぬかして折角会場へ連れられる醜態を見せては一生の名折れと思ひ、ウヤムヤを言つて帰宅した（西男）

怪　海の怪談　移動座談会（三）
●都新聞　昭和五年八月二十七日　5-299

海の怪談
移動座談會＝三

平山　八百蔵君に大島の怪談を聞いた事がある
結城　今の八百蔵かい
平山　左様、その當時、都新聞で聞いたが、八百蔵君の學生時代の話だ、何かで非常に悲觀をして自殺の決心をして大島へ渡つたさうですね
市村　さう／＼、そんな事があつたさうです
平山　その時の事です、大島の三原山へ上つて噴火口へ飛び込まうと思ふと、あれが複輪火山で、噴火口まで一寸よりつけない、その爲め決心が鈍るともなしに鈍つて、宿へ戻つて來ると、同宿の婦人が身投げをしたんださうです、つまり死神が肩をかへたんだ
松崎　さうだ、それは讀んだ覺えがある、それからどうだつけな
平山　その死體の着物を脱がして物干竿にかけて、夜干にして置いたら、袖口から青い手がだらりと下つて、襟先にも髮の毛が房々と垂れてゐたといふのを見たといふ話さ
土師　正に日本人の幽靈だ、足は出なかつたんだな
長谷川　西洋の幽靈には足がある
平山　日本の幽靈で足音をさせるのがある、牡丹燈籠、尤もあれは支那小說の飜案だが
菊池支配人　船玉樣といふのは何です
平山　船玉樣は怪談ぢやありません、船玉樣現象でせう、船幽靈なら實話を一つ持つてます、僕の義弟が軍艦淺間に乘つてる時の實見談です、乘組水兵の中で時計が紛失した、その嫌疑をかけられた男が、口惜しがつた揚句、航海中に身投げをしたんですね、その後の話です、身投げの場所へ軍艦が差かゝると、必ず水兵の姿が波間に漂つて船脚を止めたといひますね、義弟も甲板で歩哨に立つてて明らかにそれを見た事があるさうです、たしか紀州灘あだりの出來事だつたとおぼえてゐます

怪　地方裏話　大超寺奥水車の怪（一）
●南予時事新聞　昭和五年八月二十七日　5-300

地方哀話

うら若い娘の亡靈
戀知りそめた彼女が夜な／＼堰頭に立つた
大超寺奥水車の怪（一）

山家の水車に起つた悲しい物語りである。隨分ふるい出來事ではあるが、土地の老人達の記憶には今だに殘つてゐる事と思ふ。
時も時、舊月の舊月七しかも盂蘭盆の十三日の夜から始まる怪奇的な物語りを、老人から聞かされたので綴つたのが、この一片である。

宇和島市の城東に綬蛇と綠の姿を思ふまゝに擴げた豫南アルプス連峰・大杉山の亭々たる樹立から滾々と湧き出づる泉は、大超寺奥から神田川を流れて宇和海の一角に注がれてゆく。

こゝ大超寺奥には井水さへもなく、すべての人がこの清溪を唯一つの飲料とし、流れを利用して水車を營み、田に水を送り耕作する純農の部落であることだけは、昔も今も更に變りはない。

純朴そのものゝ農民間にに平和な日が、流れにめぐる小車につれて豊かにすく／＼と伸びて行つた。

つひ此の間まで、嵐吹く風に木枯しの叫びつづけた日も、いまはなごやかに春の陽を浴び、婆は青々とのび溪川邊の椿も眞ッ赤な花を見せて、小鳥の囀づる春が訪れた。

お君は、けさも忙しさうに襷かけに、何所かでもらつたらしい印入りの手拭ひを、姉さん冠りにした元氣さうな姿を水車小屋の中に見せてゐた。

春とはいへまだ淺春だと云ふに額に汗してせつせと臼の中をまぜたり、搗けた精米は俵の中に空いた臼には玄米を次から次ぎと粉にまみれながら懸命である。

堰には気持よく朝の光りが流れて鶏はコヽ〳〵と鳴きながら、こぼれた米をあさつてゐた。

『お君ちやん、よく精が出るのオ……一生懸命やんさいよ、えゝお婿さんの出来るよに、なんならわしの嫁さんに来て呉れるとえゝが……』

『わし知りません』赤くなつて俯向くやうな小心な彼女だつた。

『えらいぎすいあいさつぢやたいか、これでも若い時分には持てたものだぜ、しかし君ちやんは急に綺麗になつたのオ……これでは部落の若い衆がだまつてはおくまいぜ、マア出来るだけ用心しさいよ、アッヽヽヽ』

木樵に山へ登る老人までが急に大人びて美しくなつたお君をからかつて登つて行つた。

お君はほんとにこの一年程の間に見違へるやうに美しくなつた。眼の涼しい顔の線の整つた顔のふつくりした丸顔の、誰にでも好かれる性の女であつた。紺に絣の着物に姉さんかぶりがよくうつッた。

短かい陽脚はいつの間にか九島山の端に落ちて、大杉山の裾からは夜の幕がおろされて行つた。

お君は夕暗迫る背戸の小川に降り立ちて姉さんかぶりの手拭ひで臑打ち払つた。

夕風の出た渓川の水はまだつめたかつた。

お君は身震ひしながらも粉にまみれた顔や手を洗つた。頭から櫛を抜き取つて後れ毛を撫であげた。

と、誰やら岸辺に立つて見すかすやう人目をはゞかるやうに低い聲ではあるが彼女の名を呼んだ若者があつた。

お君はハッとして胸をとゞろかせた。聲の主を知つたからである。

聲の主は石垣を降り立ちてお君のゐる大きな石の方へ歩み寄つた。

『アッ来ちやいけない、おかみさんに……早よ、早よ、あつちへ……』

『……でも用事が……』

『いけない〳〵……あとから』

お君の優しい顔には、いつになく當惑の色が現はれてゐた。

『お君、お君！』

『アッ、おかみさんが呼んでゐる。はよあつちへ……』お君は手を拭きながら家の中に吸ひ込まれた。

取り残された聲の主はしばし石垣のかげに身をかくしたが誰も来る気配がないので安心して石垣をあがり、お君の宅を覗がつたが姿は見えなかつた。

『しまつたお君さんを怒らせたやうだ。しかしお君さんだつて少しは俺の身にもなつて呉れるとえゝ、何時までもじらさず嬢なら嬢とあつさり言つて呉れゝばえゝものを——と云つても實際そうなつたら、その時は——いや〳〵そんな事は思ふまい、お君さんはきつと聞いて呉れるにきまつてゐる』いろんな事を思ひ悩んでゐたが気を取りなほしたかもう一度覗き込んで暗の中に消えて行つた。

山はまた何時ものやうにうなつてゐた。

水車は谷渡る風と共に陰気な淋しい音を立てゝ夜は更けて行つた。

地方裏話　大超寺奥水車の怪（二）

●南予時事新聞　昭和五年八月二十八日　5-301

地方哀話

うら若い娘の亡靈
戀知りそめた彼女が夜な〳〵巖頭に立つた
大超寺奥水車の怪(二)

聲の主と云ふのは、その日から無理に彼女を恋ひ慕ふてゐた多吉と呼ぶ里の青年だつた。

小春日和の暖かな、ある日の午後だつた。彼女は只一人青々と伸びた麦畑の手入れに余念がなかつた。

その時、偶然にも隣り畑に来合せたのが多吉だつた。

男女は通り一遍の挨拶だけで一しきり働いてゐたが、疲れた彼女は鍬を捨て畑の畔に憩ひを求めた。

多吉もそこへやつて来て転がつてゐる石に腰を下し、ゆがんだニッケルの煙管を取出して吸ひ始めたので、彼女はなんだか恐ろしい様な、悪い事でもしてゐる様な気持になつたが、逃る譯にもゆかぬので話しかける多吉の相手になつてゐた。多吉は日頃の思ふだけを世間話の末にやつと打ちあけて、お君の顔を覗つた。まだ戀知らぬ彼女は氣が遠くなる程驚いたが、其時下道から多吉の父がやつて來たのでやつと救はれた。

こんな事があつて以來、多吉は折にふれて彼女に接近して來た。

それからの彼女は妙に彼にひきつけられて行つた。そこへ先刻も多吉が訪れたのだつた。

その夜も彼女は獨り背戸に流れる淀川の水音を聞きながら糸を繰つた。

何時もだつたら、はやり唄の一つもうたひながらコトくと糸くる彼女だが、今夜に限つて沈み勝な、そして妙な寥しい氣に包まれて、時々太息さへもらしてゐた。

くる糸も今夜に限つて切れてちつとも捗らないので、氣分が惡いと云つて涮閣の中へもぐり込んだ。

×

お君の一家と云ふのは、何所か在所の方から宇和島のお城下に流れこんだのであつたか、何處の者か誰も知らなかつた。お城下へ流れこんだ彼等親子三人は丸穂邊りのさる裏長屋に落ち着たのだつた。しかし落へとてもなく其日くく裸一貫で出て來た一家は其日くくに追はれるので、隣近所の人々に親んで日雇に出るやうになつたその頃、お君はまだ母の膝が戀しい年だつた。

父親は、酒が飯より好物で、稼いた大部分の金は飲んでしまふので、暮しには矢張り差し支へた。

これでは——と母親は戀しがるお君を捨て、働きに出ねばならなかつた。時には爺さんの相手に家やまた普請の土台の工事などに出た。

『君ちやん、お母は何所行た』

『よいとまけ……』

『そんで一人遊んどんさるのか君ちやんはえらいなア。おとなしく遊んどんさいよ、これをあげるけん』近所の女房達は幼い彼女に同情の涙を寄せて、時々駄菓子だの、水菓子だのありあはせのものをやつて慰めた。

そのうちにも惱まれぬ日は二年、三年とすぎて行つた。

母親は心勞と風邪がもとで床に就いたが、醫者にも見せず世を去つた。

それから、しばらくしての父は、ますくく深酒にしたるやうになつて、お君なぞはてんで顧みなかつた。

『お君、これがお前のお母だぜ』ある夜さう云つてえたいの知れぬ女を引ッ張り込んで來た。お君は餘りに突然な出來事に、お君は默つて、つッ立つてゐた。

『オイ、何にしてけつかるんだ鯱が豆鐵砲くつたやうにきよとんとしやがつて、早よ來てお母とでも言ひねえ。氣の利かねえ野郎だナ、酒でも買うて來やがれ……』

泥醉の父親は熟柿のやうた息をつくくつ、まだ飲むつもりである。

お君は夜が更けてゐるのもかまはず拔きつかはれて、蓮葉なタイプの女と飲みあかした。

最初の十日ばかりは優しかつたが、日が經つにつれて世の繼母と變らなかつた。

『お母さへ生きてゐてくれたら……』泣く日が幾夜も幾夜も續いた。

お君は堪へられなくなつてある夜ひそかに家を拔けだして、あてもなく暗い街を漂泊つた。

夜の更けた宇和津彦神社の石垣にもたれて泣き暮れてゐた所へ、優しい今の家茶のおかみさん夫婦が通りかゝつて救けられたのだつた。

水車屋の夫婦は大の子煩惱で自分の子供と變りなく親身も及ばぬ程、優しい世話を惜しまなかつた。

お君は、子供の世話をしたり、水車の手傳ひをしたりして一生懸命陰日陽なく働いた。

それからずつと惠まれた日が續いた。

怪　●南予時事新聞　昭和五年八月二十九日　5-302

地方哀話

うら若い娘の亡靈

戀知りそめた彼女が夜なく〳〵噺頭に泣つた

大超寺奥水車の怪（三）

そのうちに子供達への手は拔けたが山櫻さいて春は深み蠶飼の時期が來た。

水車屋でも本業の傍ら蠶飼もやれば耕作もするので忙しい日が隨分長く續いた。

けれども彼女は少しの不平も云はず朝は早く、夜は遅くまで我家の様に働き通した。

七月(旧)に入つて初盆の家では燈籠に灯をうつした。

小笹に色紙を結んで七夕祭りが訪れた。

その朝、おかみさんから、一日の暇とお盆の晴衣を買ふお銭とを貰いた彼女は、身の廻はりの洗濯やら、久し振で髪を洗つたりして日暮れ近いそ／＼と家を出た。

河風なく深川べりで、多吉にばつたり出逢つた。

『君さん、どこへ行きさる』

『一寸買物に……』

『そんなら一緒に行かう』

『でも……』

近頃彼に彼女にひきつけられてゐるお君ではあつたが、さて……となると恐い事でもしたかのやうに心がとがめた。

それでも二人は並んで歩いた
『ウエー多アやんと君さんが新婚旅行……』

暮れてゆく小川の縁りに一団となつて流れに花を投げてゐた悪戯子供達が一斉にはやし立てた。

『馬鹿云ふな』

多吉はねめつけて通つたが、お君はおすかに知りそめた〇女である、頬を真つ赤にして俯向いて通つた
子供達のさげた紅提灯の灯は流れに揺けてゆら／＼と消えて行つた。

二人は追手から袋町あたりの小やかな巷路をあさり歩いた。

其頃の追手通りや袋町はお話にならぬ程淋しい街だつた初蕾な店もなく、淡いランプ燈がそこ、こゝの暗端に明滅して、闇の中には鼠が走つてゐた。袋町にしても魚市場ばかりで古く朽されたやうな生臭い淋しい街だつた。

夜も大分更けて帰つて来た彼は別れ際になつて彼女の手を堅く握つたが振りほどこうともしなかつた。

その夜空にはくつきりと天の川が浮び出て、牽牛と織女姫とは一年一度の逢瀬を、彼等にまけず、おとらぬ甘い恋に陶酔した事だつたらう。

薄つ暗た部屋には、小さな二分しんのランプが、ヂヂ／＼と音を立てゝ燃えた。

彼女の拡げた風呂敷包の中には、銘仙とゆかたと燃えるやうな友仙の襦袢の袖とがあつた。

その頃銘仙なぞ云へば、彼女達には思ひもつかぬ一張羅だつたが、それは水車夫婦の彼女への心つくしだつた。

今一反のゆかたは、運よく大売出しだつた籤にあたつたのだが、それに、いらないといふにも拘らず多吉が襦袢の袖を買つて与へたので、彼女の喜びはたとへ様のないものだつた。

それ等を変る／＼肩にかけたり、袖にあてたりして眺めてゐたが寝る時にも枕元を離さなかつた。

×

もう後一週間たてばお盆である。此地でも、他の農村と同じ様に年に唯一の娯楽日であり、祖先の慰安日なのであつて老も若きも一様に踊つたり語つたりしたものだつた。

買物への往き帰りには、其話に花をさかせて一緒に踊る事に極めてゐたので、其翌日の夜から稽古に取りかゝつた。

多吉の志賀團七、お君は鎖鎌の妹娘しのぶに扮し、近所の娘に薙刀使ひの姉宮城野に扮してもらつた。

斯うした男女合併の踊りは珍らしくないので誰も怪しむものはなかつた。水車の夫婦だけはそれとなく察してゐたが、見て見ぬ振をしてゐた。

二人に取つては、夜毎の稽古が唯一つの口實であり、また出雲の神でもあつた。

何所か遠くの方からは、盆踊りの悠長な太鼓の音が流れて、不吉なことが生れやうとは、神ならぬ身の知る由もなく、彼女達は只心を躍らせた。

地方裏話 水車に絡む怪奇的恋譚（四）

怪

●南予時事新聞　昭和五年八月三十日　5-303

地方哀話

排水口に横はる 血みどろの彼女の姿

盆踊り装束の白衣をつけたまゝ……

水車に絡む怪奇的戀譚(四)

いよ／＼明日がお盆だと云ふ十二日は、めい／＼の家では佛壇を飾つたり、臼をひいたり、山へ餅しげを採りに行

つたり、買物に出たりして忙しかつた。

こゝ数十日来、雨らしい雨もなく、連日灼けつくやうな旱天つゞきで雨乞ひも何の効なく、只天を仰いで嘆息するのみだつたが、その日は朝から照つたり曇つたりして蒸暑かつた。

薄明になつて沛然たる驟雨が襲来し、蘇生の思ひをしたのはほんの束の間で、それに加へて猛烈な颶風が襲来し、夜に入つては大暴風雷雨と化し、山はうなりを生じ屋根瓦は飛んで散乱し、板戸は吹き飛ばされ、闇にひらめく雷電はべり／＼と物凄く、今にも頭上に落ちて来さうな物凄さは戸障子をゆすぶつて、雨脚は一瞬の繁く阿鼻叫喚の巷と化して行つた。

彼女は恐ろしさに、歯の根も合はず、暑さも忘れて、頭から蒲団を冠つてふるえあがつた。

渓川の水は闇にも見ゆる白馬の躍る様な勢ひでとう／＼と流れ、岸辺の草も木も根こそぎひつさらへて行つた。

さすがの大暴風雷雨も夜明け前になつて、漸く静まつたが、颶風だけは尚吹きつのつてゐた。

里の青年達は一睡もせず警戒の任に当つたが、大した損害もなくすんだ。

其中には無論多吉も交つてゐた。

夜が明けて、雨もすつかり歇み陽の光さへ見せたので人々はホッとした。

お婦達は、しば餅をつくつたり、仏前へのお供へものなどをつくつたりして忙がしかつたにも拘らずお君はおかみさんから暇をもらつたが邪けんな親達の元へは帰る気もないので、そのまゝ勝手元を手伝つたり、多吉から贈られた燃え立つやうな友禅の袖をつけかへたりして日を暮らした。

夕方頃には颶風も影をひそめもとの静寂な村に返つてゐた。

めい／＼の家では、精霊を迎へるために門辺で麻幹のお迎へ火を焚いた。遠く近くの台所の燈籠には灯が入れられて美しく輝いた。

さすがは盆である、さしもの大暴風雷雨の直後にも拘らず、早くも悠長な踊り太鼓の音がそこ、こゝから流れてゐた。

彼女は多吉らとの約束もあるので、白粉をつけ刷毛をつくり、金銀の紙で細工した白木綿の装束に多吉より贈られた燃えたつ様な緋の友禅を重ね其れを右肩だけぬかして緋の袖を現し、緋の裾を後に長く垂れ、白鉢巻も麗々しく彼の拵へてくれたこれも金銀の紙で細工した鎖鎌を持ち、白足袋に草鞋がけと云ふ扮装でいそ／＼と立ち出でた。

×

水車屋のおかみさんは、長い事、近所の人達と話し込んでゐたが、戸締して寝についた。

轟々たる渓川の濁流の逆巻く水音のみが四辺の静寂をやぶつてゐた。

爺さんは、酒の加減か心地よげに高鼾をかいてゐた。

おかみさんは、寝苦しさに悩まされて、うつら／＼してゐた時だつた。

突然、それはほんとに突然、水車場の方に当つてけたゝましい悲鳴が二度、三度揚つた。

そして今まで樋口に泡沫する水の勢ひのため音をたてゝゐた水車はぴたりと止まつた。

おかみさんは吃驚して爺いさんを叩き起した。

爺いさんは履物をはくひまもなく裸足のまゝ飛び出して行つた。

おかみさんは提灯に灯を入れて、これも水車場の方へ飛んで行つた。

水車小屋には何事もなかつたが、何うめく声が洩れて来るので、水車の排水口の方に廻はつて見ると、そこにはあはれ、踊り装束のまゝのお君が、見るも無残な血みどろの姿で虫の息だつた

水車屋の夫婦は腰を抜かさんばかりに驚いたが、土色になつたおかみさんは狂気したやうに隣り近所を叩き起して、やつと引きあげた。

十三夜の淡い月光は、死線をたどる彼女の上に、さん／＼と降りそゝいだ。

怪　地方裏話　水車に絡む怪奇的恋譚（五）

●南予時事新聞　昭和五年八月三十一日　5-304

地方哀話

濡れた白衣に血みどろの亡靈

丑満時の水車に忽然と現はれた……
水車に絡む怪奇的戀譚（五）

この悲報が飛んで、さしもに静もり返つた平和な部落も急にごつた返すやうな騒ぎに變つて行つた。

お君は水車屋夫婦や醫者の手當も何の効なく冷たい骸となつて行つた。

萩森夫婦は我子の如く可愛がつて居ただけに冷たい彼女の手をとつて涙のある限り泣いた。

殊におかみさんは、はたの見る眼も痛ましい程に眼を泣きはらしてゐた。

彼女の父親も悲報に接して馳けつけたが、その時には早や冷たくなつてゐた。さすが呑み助の、子の愛も彼の後添の女の爲に奪はれた彼も涙を流して悲しんだ

やがての事に彼女の枕邊には線香が手向けられたが、香煙は心あるかなしか馳けつけてゐた多吉のゐる方向にのみ流れて行つた。

彼は今の今まで縺れ合ふてゐただけに、無殘にも變り果てた彼の女の姿を見るに忍びず、其の場に居たゝまらなくなつて戸外へ飛び出して襦り袖をぬらした

彼の心中を知つてゐるものは只水車屋の夫婦だけだつた

×

彼女は纏りつかれて夜もうんと更けて多吉に送られて歸つて來たのだつたが、その時、水車場の方にあたつて猫のけたゝましい悲鳴を溜々たる水音の中に聞きだしたのであつた。

お君は水車の方に廻はつて見るとそこには、十三夜の月に照されて夜眼にも見ゆる日頃可愛がつてやつた三毛猫が息もたへだへになつて、水車と、石垣の間に挾まれて、頭から水をざぶざぶかぶつてゐた。

その時、運悪くもお君は襷をはずしてゐたゝめに、袖は長く垂れてゐたのだが、何の氣もなしに水車と石垣の間に手を入れた瞬間、アッと云ふ間に袖を捲かれて行つた。

彼女が石垣を引きづられて排水口に辷り落ちた時、同時に崩れ落ちた石と今まで廻はつてゐた水車に挾まれてピタリと止まつたのであつた。

その時、彼女は全身數ケ所に深傷を負ひながら救ひを求めたのだつた。

×

彼女の死によつて飄然と眼のさめた父親はせめて遺骸だけでも親の手で納めてやりたいからと、水車の好意を退けて引きとつて行つた。

悲しみのうちに明けた十四日は悲しみのうちに暮れて、淋しさのました萩森家では盆踊りさへも見に行かず早くから寢に就いた。

彼之れ、眞夜中頃と覺しき頃、鼠の悪戯でもあらうか、臺所から何か落ちて大きな音がしたのに眼をさました夫婦はやがて眠りに落ちんとする頃、水車場の方にあたつて昨夜と同じやうな悲鳴が聞へて水車はピタリと止つた

ギヨツとした彼等はカンテラの灯で顔を見合せたが、おかみさんは昨夜のお君の無惨な姿がありありと浮んで瞼へあがつた。

それでも爺さんは飛出して行つた。米搗場の方では何事もなかつたので、排水口に廻つた爺さんは何心なく上の方を見るとゝ

『アッ』と云つたまゝそこにへたばつてしまつた。

そこには見るも恐ろしい濡れた白衣を着て髪を振り乱した血みどろになつた昨夜のまゝのお君が忽然とつッ立つてゐたのだつた。

爺さんは全身の毛がぶるぶると一本一本逆立ち、頭には輪がかゝり釘づけにされたやうに思へて身動きさへも出來ぬ程に驚いたがしばしの後今まで止つてゐた水車は又もとの如く廻り出してお君の姿は消え失せた。

ホッとした爺さんは怖くなつて逃ふやうにして蚊帳の中にもぐり込んだ。

おかみさんには何事もなかつた様に裝つてはゐたが、その聲はまたふるへてゐた。

爺さんは頭から蒲團を引被つたが矢張りあの恐ろしかつた有様が眼にうつゝて眠られなかつた。

地方裏話　水車に絡む怪奇的恋譚（六）
●南予時事新聞　昭和五年九月一日　5-305

怪

地方哀話

丑満時の巌頭に 亡霊と戀する男

彼女は夜な〳〵米を搗いた……
水車に絡む怪奇的戀譚（六）

十五月ほ、お盆も最後の日だといふので何時もなら淋しい墓場も盆燈籠に灯が入つて一きは参詣者で賑つた。

さしもに賑かに謳ひ、踊りに踊りぬいたお盆も、水車屋にとつては彼女の死によつて淋しいものだつた。

おかみさんは、日の暮れぬうちに墓参りを済ませて、訪れた近所の人々と話し込んでゐたがそれでも、いつもより早く戸を閉して休んだ。

爺さんは、氣分が悪いと云つてとう〳〵朝から起きて來なかつた。

一時は氷で冷やすやうな熱が出たが、何も知らぬおかみさんは、風邪とでも思つてゐるらしかつた。

秋の虫は一しきり鳴いて、淋しく夜は深んで行つた。

おかみさんは、子供の小用を達して、時計を見た時には、かれこれ一時になつてゐた。

それからうとり〳〵してゐたが、その時今まで音もなかつた水車場から、コトリ〳〵と臼つく音が聞えたのだつた。昨夜の出来事と云ひ、今夜の不思議な出來事と云ひ、どうしても只事ではないと思つて床へあがつた。

それでも、爺さんは熟睡てゐるので、こわ〳〵ながら、勇氣を出して、提灯に灯をうつし水車小屋に入つて行つた。

『アツ――』

びつくりしたおかみさんは、中心を失つて、そこに打倒れて提灯の火は消えた。

そこには、空の筈の臼の中には、米が一杯入つて居り、邊りはただらけになつて水でも撒いたやうに濡れてゐたのだつた。

それのみか、傍の影には、ずぶ濡れになつたお君が、髪を振乱し、踊り装束の白衣のまゝ朱に染まつて立つてゐたのだつた。

その次の夜も眞夜中頃と覺しき頃、臼つく音が聞へて來たが夫婦共小さくなつて頭から蒲團を冠つて夜を明かした。

夜があけて、水車場に入つて見るとそこら邊りは糠だらけになつて、搗いた米が、きちんと俵の中につめ込まれてあつた。

そんな事が倚つゞいた。

彼の夜の悲惨事があつてから彼の多吉は氣分がすぐれぬと云つて、食事も採らず起きて來なかつた。

彼の父親はいつか二人が麥畑の畦に睦まじく並んでゐたのを目撃してから、稼さがしてゐる時ではあつたし、彼女なら渡りに舟と、この暮までには縁談をすゝめんとしてゐた矢先だつたので太く失望して伜の行末を氣遣つた。

彼が床に就いて、三日目の眞夜中ごろの事だつた。近所の人が、宇和島の街で用事を済ませて、水車の前に通りかゝつた。何氣なく川の面を見ると同時に『キヤツ――』と云つて、そこに顛倒してしまつた。

淡い流れの中につき出た大きな巌の上に、白衣に血みどろの彼女と青白い死人のやうな多吉の姿を、十六夜の月光に見たのであつた。

それから、暇は噂を生んで女子供はふるへ上つて、常でも淋しい淡川邊は、夜の暮と共に一人も通らなくなつた。

死んでまでも、水車に働く、哀れな彼女の靈を慰むべく、心ある人々の發起で、水車屋の廣場で大盆踊りが催され、夜の明けるまで踊りぬいた。

その後は、ぱつたり彼女の亡靈は出なくなつたが、其の夜、氣抜けした多吉は飄然と家を出て行衛が知れなくなつた。

それから數十年を經た水車は今も尽きぬ流れに尚休まずに音を立てゝ廻つてゐる。

――（をはり）――

怪　寺町に幽霊　見た者は一人もない

●長崎日日新聞　昭和五年八月二十九日（二十八日夕）　5-306

幽霊の出ると云ふところ

寺町に幽霊
見た者は一人もない
附近では大いに迷惑する
毎夜押寄せる

幽霊出現の噂は町内ばかりでない、毎夜十二時頃から三時頃にかけては数百人の見物人が正體を確めて呉れやうと出かける夏の夜の清涼劑百パーセント

幽霊の出ると云ふ處は長崎市寺町赤寺前の善繚寺（今では安勝寺出張所）と云ふ小つぽけな寺の裏手、二十七日夜の十二時一寸過ぎた頃、寺近くの居酒屋に三人のお客、幽霊の話で賑つてゐる記者をとらへて「貴方も見物ですか」と聞く「さうだ」と答へると「本當に出るんですよ、燐寸をすると黄いろい煙が出るでせうが、幽霊が出るときには必ずこの黄いろい煙が濛々と立ち上り、その後で音もなくすーと浮き上つて來ます

格好ですか、こゝの幽霊は右手に提灯を持ち、左手を

胸に　たらりと下げて、頭は奇麗に剝げ上つてゐますよ」と燒酎をあふつた勢でまくしたてる

◇―◇

やがて一時を過ぎたので、寺の附近に行つてみると、見物人が四、五十人一かたまりになつて門の前に黒山をつくつてゐる、若い女もまじつてゐる。巡査と夜警團員が怒鳴るとパッと蜘蛛の子を散らすやうに逃げて了舞ふが、またすぐ集まつて來る。赤寺の前にも見物人が二、三十人、石段に腰かけて今か今かと待ち構へてゐるが

一向　幽霊は出さうにもない、退屈し切つた見物人はコソ〳〵話を初めた「本當に出るのかな、一體との邊だらう」「一昨日は裏の方に出たつて話だが」「昨夜は出なかつたさうだ」「すると今日は威勢がいゝかも知れぬよ」に一同ドット大笑ひ赤寺の高塀にずらつと黒い頭が並んでゐる、それは高見から見物と洒落込んでゐるのだ

やがて二時になり三時になつたが見物人は減るところか却で……

増へ　るばかり、あちこちに二、三十人位宛四、五百名の見物人だ、この連中は幽霊通らしい話が話を生んで、こゝに安勝寺の「五つの不思議」を生み出した郎ち

一、二十餘年前寺が火災に遭ひ隣家に住んでゐた某小學校長家族三名が燒死した

二、寺の傍にある井戸に鑑子をいぢめて上から吊した儘殺した

三、寺の土地の持主楠木某をだまして約束を果さず、小屋に押しこめて餓死させた

四、前住職が吝嗇家で養子及び養子の子をいぢめ殺した

五、二、三十年前隣家の左官の女房と住職が懇ろになり二人が共謀して住職の女房を惨殺して井戸に投げ込んだ

の五つで、この虐げられた人々の靈がこり固まつて幽霊が出ると噂してゐるが、この幽霊の

出る　と云ふ話は約三週間位前から起つたもので、事實見たと云ふものは一人もゐないらしい

◇―◇

附近ではこの見物人のために三時迄も四時迄も寝られず困り切つて居り、とんだ幽霊騒ぎではある

怪　真夜中に井戸水を汲み洗濯をする凄い話

●馬関毎日新聞　昭和五年八月三十一日　5-307

眞夜中に井戸水を汲み
洗濯をする凄い話

藤蔭博電車が××町に差しかゝる所でカーヴに橋があつて、その橋から×川に沿ふて×丁ばかり下つたとある所に小ぢんまりした家がありますが水道がない代りに内井戸があつて住心地もよささうなのでした。家を探して居た私は早速家主にきいてみると家賃も案外安いので是はよかつたと早速移つたのですが――二三日目でしたかしら夜も更けた頃内井戸の井戸端でザーッと水を流す音がしてチャツポヤッツと何かを洗つて居る氣

配がするのです。その時にはねむいさ中で私は家内がやつて居ることゝ思ひ家内は私がやつて居る事と想像してねむいまゝに確める氣持にもならず過ごしたのですが、そんな事が二三度も續くとオヤツと言ふ事になりました。

○

そこで氣をつけて居ると果して怪しいのです。兎に角誰も居ない筈の臺所井戸端で――それが眞夜中なのですが――ザーッ、チヤッチヤッチヤッです。然しどうも其時に限つて滅茶苦茶にねむいのですが――又それなるが故にこそへ數日でも辛抱が出來たわけなのですが――一晩其の音を聞くとズーンとして眼も冴えてしまつたので勇を皷して明りをつけて見た所が何の變りも水を流した形跡すらないのです。然しあの音がしたことは事實で現に家内も聽いてブルふるへながら私にかぢりついて居た位なのです。

○

こうなつてみるとどうも餘計氣になる、又その頃になると家内も隣近所とも親しみが出來てちよいちよいと話し合ふようになつて居ましたが近所の話を聞くと此の家は何遍人が入つても一月とは續かないで移つて行くと言ふのです。愈々問題です。

○

その晩も又水の音を聞いて――それが遠い所の音なら未だしもそんなに大きくもない家の中で臺所でするのですからもう枕元でしてゐるようなものなのでとても堪つたものではありません。身ぶるひが止まらず其のまゝ夜を明してしまつたのでした。

するとその翌日ふとした事から愈々其の問題を聞き込んだのですがその要點は斯うです。

○

もう餘程前のこと此の家には夫婦に子供があつて樂な生活でしたが或晩夫婦が『ふぐ』を料理して食ふと不幸にして中毒を起して可愛い子供を殘したまゝ死んで終つたのでした。其の後の始末をしたのはそこから遠くもない×橋の近くの××屋さんでしたが何かの都合でその家も賣つて終つたのです。すると亡者になつた親達は子供が殘つて居るのに家までも賣つて終つてと此の世への未練と怨みとから、斯の樣に出る事になつたのだと言ふのです。

○

此の話を聞くとやつと腑に落ちました。がそれと同時に一日も居たゝまらなくなつて慌てゝ家移りをしたのでした。其後も氣をつけて居ると一寸氣の利いた家ですから人は入りますが直ぐ出て行くのです。やつぱりザーッ、チヤッチヤッとふくを洗ふ音がして居るのでせう。

資 ●二六新報　昭和五年九月一日（三十一日夕）

幽霊の足　牡丹灯籠由来物語

5-308

幽靈の足

＝牡丹燈籠由來物語＝

今度東京劇場で圓朝の牡丹燈籠を出すが幽靈は足がないものに極つてゐる如くになつてゐるのにお露の幽靈は足があつて駒下駄の音がカランコロンとする所に變つた趣向がある

▽

牡丹燈籠が芝居に上演されたのが明治二十四年頃本郷の春木座で芝翫後の傳九郎や駒之助が演じたがこの時は感心されなかつたが明治二十五年七月歌舞伎座で三代目河竹新七が脚色して怪異談牡丹燈籠を書いて五代目菊五郎が孝助と伴藏と女中のお米の三役を演じて評判だつた殊に伴藏の評判は素晴しいものだつたお露は今の梅幸が榮三郎時代であつたが病氣揚句であつたので新三郎に焦れ死んだといふ趣きが非常によく出てゐた

▽

そして六代目菊五郎がこれを演じてから此狂言を出すと病氣するものや死去するものが多いので上演を見合はせる傾きになつてゐるのを菊五郎は今度迷信打破の意でこれを上演することになつた

△

ウイリアム・ヘインズが妙齡の美人と海邊でたはむれてゐるのを見付けたのが人もあらうにエディ・ヌゼント『年が年中其少女と海に入つてゐるなんて何事だい』にヘインズ面食つて『水泳を教へてゐるんだ』云ふないふな、去年も数へてゐたぞ』之にはヘインズも参つたらしかつたが『勿論さ』と頽勢を挽回して『今年はその復讐だよ』

▽

ラヂオ映画の『ラウフル・ラアセニー』の最初の場面が、ビーブ・ダニエルの良人を他の女が盗む件りに、主演中のビーブから抗議が出た『之は間違ひでせう』脚本に本当に此の通り書いてあるんですか』『何故です？』と監督のローエル・シャーマンがいぶかしがると『だつて普通なら、かうした場面は四巻目あたりに出て来るんでせう？』……ビーブ見かけよりは馬鹿でない。

▽

松竹キネ映画『最後の女性』のロケーション帰り男装の不良になつた香椎園子が拐帯を閃タク飛してやつてきたがトタンに光つたお巡りさんの眼、直ちにストップを命ぜられて『お前は女だらう』と怒鳴りつけられた『女優なら女優らしい風をして歩け』に香椎『女優だから扮装してゐるのよ』は當意即妙

資　怪異談牡丹灯籠（上）

●中央新聞　昭和五年九月二日（一日夕）　5-309

牡丹燈籠—菊五郎の伴蔵（九月の東京劇場）

怪異談牡丹燈籠

＝上＝

九月東京劇場で怪異談牡丹燈籠が上演される。昔から新狂言や人情話で、芝居になつたものは沢山あるが、一人の演者の読物が最も数多く脚色されたとなると、三遊亭圓朝の作に及ぶものはない。昔の乾坤坊良斎の講釈なぞは、随分黙阿弥あたりに脚色されてはゐるが、兎から云つたら圓朝の足許へも寄りつけない何しろ圓朝自作の読物の

大部分 は舞台に上つてゐるのだ。

「牡丹燈籠」「塩原多助」を初めとして「安中草三」「文七元結」「累ヶ淵」「札所の霊験」「栗田口」「業平文治」「美人の生埋」「またかのお閑」「荻江の一節」「八景隅田川」「錦の舞衣」「黄薔薇」「乳房榎」「蝦夷錦」「名人長二」「英国孝子伝」「安中草三」「鏡ヶ池」何れも脚光を浴びてゐるが、中でも「牡丹燈籠」「塩原多助」が大関株である事は云ふまでもない。圓朝が創作の年代から云ふと、「牡丹燈籠」の方がズツと古いので、なんでも文久か元治頃に作られたのだと云ふ。筋は孝助と伴蔵の二道に分れてゐるが、孝助の方は事実を元にしたので、飯島某といふ旗本と若党の某が敵同士であつたといふ種を、麹子坂の田中といふ旗本の隠居から聞かされたので、これを主題として、「お伽婢子」の荻原新之丞の一件を取入れて創作したので、元々高座の

怪談話 の材料にしたのであるから、幽霊が盛んに出るやうになつてゐるのである。「お伽婢子」の牡丹燈籠の一件は、無論誰も知つてゐる「剪燈新話」の牡丹燈記を翻案したものであるが、享保頃の大坂の芝居で「けいせい御伽婢子」と題して、荻原新之丞の牡丹燈籠を、チヤンと脚色してあるから面白い。また大南北の「御国御前化粧鏡」といふ狂言にも、牡丹燈籠の趣向だけは取入れてあるのだが、これらはすべて忘れられてしまつて、牡丹燈籠といへば圓朝の作と思はれるやうになつたから、えらいものだ。中でも

矢張り お露とお米の亡霊の出るあたりが高座としては最も呼び物で、例の下駄のカランコロンといふ音の形容が、大抵の者がやつたら滑稽になつてしまふ所を、圓朝が話すのを聞いてゐると水を浴びせられるやうにゾツとしたといふのだから、圓朝の名人さが想像される話だ。幽霊は足のないものときまつてゐるのに下駄を穿かせた趣向からして奇抜で、當時圓朝と覇を争つた伯圓すら「圓朝は贅沢だ、幽霊に下駄を穿かせるんだから」と云つて感嘆したといふ事である。この牡丹燈籠

速記本 が明治十七八年刊行された。講談落語が活字になつたのは、これが最初なのであるが、この後に「牡丹燈籠」の評価が一度に高く上り、寄席でも盛んに出すやうになつたのである。

資　怪異談牡丹灯籠（中）
●中央新聞　昭和五年九月三日（二日夕）　5-310

怪異談牡丹燈籠

＝中＝

その頃、今の本郷座は春木座と云つて、初めて故團九郎や駒之助の一座、後には芝翫や家橘、今の歌右衛門まで出勤して、民衆的な興行を續けてゐたが、この芝居ではよく黙阿弥の作を脚色上演した。「安中草三」「塩原多助」「荻江の一節」「栗田口」みんな爰で初めて脚光を浴びたものだ。牡丹燈籠もこの座が

最初 の上演で、明治二十四年に「精進祀牡丹燈籠」と題して通し狂言に仕組み、團九郎が孝助、駒之助が伴藏を勤めた。ひどく惡い脚色で、脚本としては一向感心じないものだつたが、兎に角これが牡丹燈籠の芝居の最初なのである。今度東京劇場の二番目に出る脚本は、無論これではない。明治二十五年の歌舞伎座に、三代目河竹新七が脚色し

櫻痴 居士が多少添削した「怪異談牡丹燈籠」の方でこの方が無論よく出來てゐるから、春木座の脚本は一度で廢れてしまつた。六幕續きの通し狂言で、飯島の屋敷から、碓氷峠の仇討迄、中に孝助が實母と邂逅する件だけは、脚本は出來ても初演に討つたので、遂に今日まで出ずしまひになつたが外は大抵いつも通しで出る。併し何と云つても

伴藏 の件が最も興味があるので、今度の東劇ではこの筋を中心に五幕にカツトして演じるのである。初演は五代目菊五郎が中心で、孝助に伴藏、それにお米の亡靈と、三役を勤めて評判だつたが、伴藏は殊に大當り、萩原の內と孫店の細かい仕草や、佐川屋でお峰に嫉妬ざれて困る幕が、油の流れるやうな出來であつた。

資　怪異談牡丹灯籠（下）
●中央新聞　昭和五年九月四日（三日夕）　5-311

怪異談牡丹燈籠

＝（下）＝

この相手を勤めるお峰は坂東秀調で、佐川屋は素晴らしい巧さ、二役お國も嵌まり役で、三木竹二氏なども激賞してゐたものである。飯島平左衛門と山本志丈は故松助で、平左衛門の方は多少貫祿が足りなかつたが、志丈は勿論切つて嵌めた適任、伴藏と二人の

舞臺 になると丸で芝居とは思へない程の巧さだつたさうだ。お露は今の梅幸が榮三郎時代で、この時丁度病氣上がりで、ろくに食事もしないで父に叱られ叱られ舞臺へ出てゐたので、如何にも焦れ死に死にさうな娘に見えてこれも大層よかつたさうだ。新三郎は菊之助、これも嵌まり役の上に、この時分から腕が上り出して來たので、頗る好評であつた。この

初演 の時の持役を、今度の東劇でも演じる人が一人ゐる。即ち中車の宮邊源次郎である、當時はまだ八百藏の若い時代で、如何にも部屋住の旗本らしくつてこれも評判がよかつたが、四十年前の持役を、今日そのまゝ演つて見せるといふのだから、不思議な因緣である。何しろ原作と脚色と俳優と三拍子揃つて、初演は大した當り方、隨つてその後も斷定の出來ないほど上演されてゐるが、何と云つても五代目の

衣鉢 を繼いでその面白さを傳へるのは羽左衛門と菊五郎だ菊五郎も明治四十五年に新富座で初役で見せて以來今度が第四度目だ、久しぶりで純世話狂言、腕の透く演技が見られる譯である

資　新涼夜話　智能犯ナンセンス（第一話）
●新愛知　昭和五年九月三日　5-312

新涼夜話——智能犯ナンセンス＝第一話＝

白狐に化けた男

落語を地で行つてうまく
お賽錢をものする

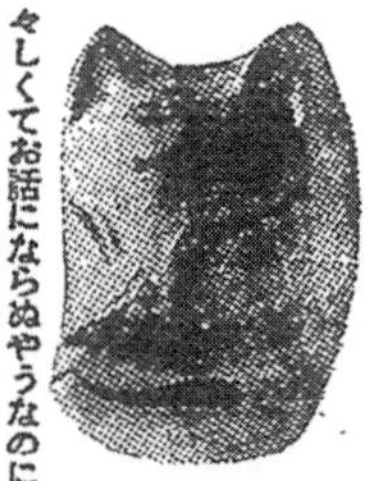

春から夏へかけての空巣ねらひやエロな犯罪、殺傷事件、秋から冬へかけての智能的な犯罪、年の暮の放火や強盗などは季節的犯罪として色づけられてゐる、世の中が不景気になればなるほど犯罪も増加する事はモチ、智能犯なども時代と共に進化するやうに見えながらも冷静な第三者から見れば馬鹿々々しくてお話にならぬやうなのにひつかゝるものが絶えない中そこに智能犯のナンセンスがあるフフンと冷笑すればそれ迄心すれば後車の戒めともなるであらう

▼▽――△▲

○…「智能犯には人を喰つた事件が能くあるものだがこれなどはユーモラスに富み、山村の純朴な気風を濃厚にあらはし落語のネタのやうなものだが全くの事實物語りだから面白い尤もこれは僕が直接取扱った事件ではないことを豫め　お断りして置く」と名古屋在住の辯護士小幡良平さん（元檢事）は「狐の詐欺」とでも題しさうな飄逸味たつぷりな事件を語り出す。

▼▽――△▲

○…飛騨路の冬は雪に暮て、山村の人々は爐邊に床をのべ、これから疑物語りでもはじめやうとする頃である。この淋しい山村の某家を土地では見馴れぬ一人の若者が訪れて「道を踏迷ひまことに困りました、何處でもよろしいが一夜の宿を願めませんか」と如何にも困つた顔付であり、この男が今來たといふ方面の部落へも一、二里あれば、峠一ツ越えて前方へ進むにも二里の里程は充分で、雪の夜道のしかも馴れぬ土地を歩くことは可なりの骨折であるので家の人々もむから氣の毒に思ひ、男を泊めることゝなつたが、豐かでもない家で布團の餘分もない處から炉燵に一枚の布團をかけてやつて寢ませた。

▼▽――△▲

○…深更、不圖家人の一人が目を覺すと、外は雨を歇んだか、それらしい氣配もなく、梢を鳴らす寒風が淋しく耳に入るばかりである、晩に泊めてやつた男はよく寢んで居るかと、ひよいと見ると頭は布團をすつぼりと被つて居るが裾からは深々とした動物の尾がだらりとはみ出て居る。アツと氣絶せんばかりに驚いて家人に告げたので大騒ぎとなつたが、物音に目を覺した男は素早く狐の面をつけて立上り

▼▽――△▲

○…「静かになされ……別に驚くことはない、先刻ワシが旅の者だといふのたのはあれは全くの嘘で、實は村内の稲荷社祠に棲む白狐だが、近頃世の中の不景氣のためか、揚げやおこわの供物も賽銭もトンとない、こんなことではワシは永くこの土地に居りたくとも勢ひ他へ出向かなければならぬが、その時にはこんな不信仰な村民には相當のお禮をしてやらなければならぬそれも豫告もせずと不意にやつては却つて氣の毒だと思ひ、今夜假りに旅人に姿を變へて布令に來た譯ぢや」といひ捨てゝ來た時は確かに人の姿をしてゐたのが、出て行く時は例の毛の深々と生えたしつぽを振り振り、狐の面を被つた儘、横向きにひよんひよん飛んで出ていつた。

▼▽――△▲

○…長い冬の夜の長さを殊に待ちあぐみやつと東が白々と明けるが早いか一家の者は村人に斯くと告げたので、人々は今更にこの怪奇な話に恐怖を覺え、それから村人が色のつやつやした揚げを上げたり、賽銭を投げたりかぜつせと稲荷社祠へ通ふて拍手を打つて居るのを見受けるやうになつた、が、此處に不思議なことにはお供へする際には別に變化もないが、翌日になると必ず揚げは勿論のこと、賽銭までも影一ツ見せず消えて無くなつて居ることであつた、村人はこれで一層信仰心を煽られた。

▼▽――△▲

○…斯うして二ヶ月は過ぎた、それからは揚げもなくならねば賽銭も増えるばかりで、どう考えても稲荷サマは居らなくなつたやうである、村民がこれに氣づいた頃である

▼▽――△▲

○…岡崎市内で無料飲食で警察署へ引致され係官の取調べに對して「自分はこの頃まで飛騨の或る村で狐となり詐欺を働き賽銭で小金をためたので其處を飛出したがその金も直き費ひ果したので一文もありませんでしたが空腹に耐へかねあの家で酒と飯にありつきましたと奇怪な自白をした一若者があつた

▼▽――△▲

○…「いふまでもなくこの若者がさきの白狐さ、今どき斯んな單純なことで詐欺被害を受けるやうなことはないと思ふだらう

かされたことは今でも絶無とはいへまい……」

資　新涼夜話　智能犯ナンセンス（第五話）　5-313
●新愛知　昭和五年九月七日

新涼夜話　智能犯ナンセンス　第五話

古榎の主白龍様

迷信利用の詐欺遊廓で足を出す

御神體は土の白蛇

▲△―▽▼

○…ある眞夜中に彼はむつくりと起き上るといきなり日本刀を振りまはして暴れ出した、困つたのは女房で近所の人手を藉りてやつと取押へたが鎮まつた時には彼は白龍さまになつてゐた（俺はあの古榎の主白龍だ、粗末にすると禍を降らすぞ）とかねての噂も手傳つて怖れをなした近隣の者は集會を開いてご祈禱を上げると古榎の根もとにさゝやかな祠を安置した。

▲△―▽▼

○…彼は極く自然にその行者として納つた…が…さて次は何た（穴の明いてる鐵壺をして湯をたぎらすとブーッと音がする）どう工夫したかこれは又その音が半丁も先まで聞えた（白龍さまがおいでになる）、何も知らぬ人々は面白半分に音を聞きにくる、中には「さくら」も混つて賽銭も上がる。

▲△―▽▼

○…處かさ遠近からぬ參りに金

持の郡會議員か二、三年越しの腎臓病で背中みたいになつてゐた。その胃ぶくれ、彼の祈禱で全快したといふことになつたからたまらない、迷信に弱い田舎者は一も二もなく迷つてしまつた、全快氏からは金や金時計が寄附されるし、祠は繁昌する。

▲△―▽▼

○…ある日、白龍さまは、行をしてくるとて蓬老爾の彼方の山奥さして飄然と出て行かれた。話の發端からこゝまでが時間にして二ケ月。あいつ變なことしやがる、行先を洗へといふので津島署が手をつけた。調べると龍の方面へ行つた形跡なし。いよいよ怪しい…で各地へ手配するとやがて大阪から例の全快氏宅へ電報が届いた。（ハクリユウカネオクレ、一〇〇）待つてましたとばかり御用になつたが白龍松島遊廓でしけ込んで足を出しての無心と判つた。

▲△―▽▼

○…古榎祠を引くりかへすと出たのが土偶の白蛇のご神體。間もなく彼は迷信利用詐欺として名古屋刑務所で一年の刑に處せられた。それから大分月日がたつ、彼氏今何處に在るや（成瀬鋼屋署長の談）

怪　幽霊挿話　摑み所の無い怪異　5-314
●函館新聞　昭和五年九月七日附録

幽霊挿話

摑み所の無い怪異

◆……綠雨生

×　×

幽霊の實在論者としては、忘れられないのは井上圓了博士であらう。僕も怪奇にはよく當たるのではあるが然し一つもその姿を見たことがない。

惡寒を感じたり、何かしらつかみ處のない重みを感じたりする。それも根みがましい靈の場合だけで、敵意をもたずに親身の前に奇蹟をみせる時は怯えながらに底に温かい感じがする。

×　×

或年の事、場所は老婆の一念に襲はれた、東京市麻布區永阪町の家、芽出たく明けた新春も今日は三日と云ふその日の夜中でした。奥の六疊の間に寝てゐた僕はフト眼を醒ましました。

異様な物音、唐紙を誰かしら引つかく音、だが音が大きい割合に何となく力がない。枕元の机上には洋燈が薄い光を投げて芯の焼けるジリ〳〵といふ音がその異様な物音に交つて聞こえる。

× ×

ハテ何んだらう……静かに床の中で考へた折りスーッと何者かが入つて來た様子、それは全く様子とより言ひやうがない。四邊りを見廻した私の**眼に**は何も見えない……何となくさびしい……ハテ誰か死んだのかしら、こう直感した私は母が唱へるお題目を眞似て口すさんだ。

× ×

全身に溫まりを感じて間もなくよみがへつたやうな氣持になつた翌朝母に……『誰か死んだらしい夜中に來ました……』と告げると『又かい』と笑つてゐる際『電報ッ』と驚がした。

玄關から引返して來た母の顔は蒼めてゐた。文面には僕のお祖母さんの死が報ぜられてあつた。

× ×

その日午後、日暮里にゐる母の弟が來て『お祖母さんが來たヨ蒲團の上から押さへられるやうな重みを感じ、うなされたのを妻に起されて眼を醒ましたがその時何もさはつたわけでもないのに枕元の二枚屛風が倒れて誰かしら眼に見いないものが外の方へ行く感じがした』と話して居られた

× ×

母はその時『私のお祖母さんが亡くなる頃にも不思議な事があつた』と話し出し、『長い**患ひ**に今は命旦夕に迫り時刻を待つとまでの重態の時、終夜病人も落付いて眠つた様子でもあり此間に久し振りで静かな星夜の清氣でも吸ふと門口に出て數分家へ入らうと振向いたその時、家のなかから何かしら飛びだしサーッと自分の頬を掠めて夜の空に飛んだ、その姿それこそまさしく白鳥であつた。

× ×

その時のさびしさ私は急いで母祖さんの室へ來て見たが病人の顔は**死相**といふが佛様のやうな安りな、顔は相變らず眠つてゐた。數十分の後羽ばたきの音がしたと思ふと祖母は眼をさました……『お濟（母の名）お前表戸をしめて來ておくれ』……『ハイ』と立つて表戸を閉めた時ハッと思つた。それもその筈自分がたしかに閉めた戸が開いてゐたのと、奧に病み疲れて眠る祖母に戸がどうなつてるかゞ判りやう筈なく、さき程の白鳥が誰かを訪れ…姿であつたのかと思ふと總身冷水を浴びた感じがした』と

× ×

この外に人魂は見た人が多いやうだ。私も今月までに二回見てゐて第一は丸五印**成田**呉服店の通りへ出る辨天町の電車通りの空を北へ走るのを時刻は夜の十一時半頃第二回は湯の川龍吟寺の邊りからやはり北へ走るのを此方の時刻は僧侶も忌んで墓場に足を入れぬといふ陽も落ちて薄暗みとなつた頃でした

（をけり）

ラ　長唄　土蜘　切かむろ

●山形新聞　昭和五年九月八日　5-315

長唄（午後八時）土蜘〔切かむろ〕

唄　杵屋勘次
唄　杵屋福太
三味線　今藤綾子
三味線　今藤長壽

次第〽浮たつ雲の行衛をや〳〵風の心に任すらむ　本調子〽愛に消しかくしこに結ぶ水の泡の　合〽浮世に。めぐる身にこそありけれ　合〽實にや人しれぬ心は重き小夜衣の恨ん方もなき袖を　合〽片しきわぶる御夜詰は君を守護なす兩騎士眞にたゞならぬ多田の御所〽武將源の頼光公御心地例ならず醫藥百計たゆみなく取どり様ざまと慰勞盡しで夜ひるの堺もしらぬ粧の心盡しに身をせめて鬼をあざむく武夫の思ひに沈む斗りなり　合〽小夜嵐身にしむほどに物すごく宿直の武者も拔こそと眠けざましに取る煙管火皿の煙立昇る折しも孔雀蝶しん〳〵と更け渡る夜の烏羽玉い二

上り〽明ケ禿〽都育ちか京人形 合〽ち
よこ〳〵歩むうしろ姿お茶の道の
にこにこ〳〵と 合〽がつてん〳〵
しほのゑかぶり〳〵降らぬ間
に摘て籠けとは 合〽樺の尾山の春
の若草茶の木のことよう 合〽ちや
〳〵に浮してやつこのこの〳〵此
茶まゐろとさし出だす
（本調子武）さてもやさしき童と
顔しげ〳〵と打ながめそは誰人
の子なるぞや（禿）月の澄む軒端
にかゝる笹蟹の有やなしやの身
を如何（武）其月の数おぼへてか
（禿）さればいふ（武）お月さまい
くつ（禿）十三なゝつ（武）霧かゝ
れば
禿〽風を以て吹拂ふ 武〽大千世界
はさていかに 禿〽ヲ、夫こそは凧
の根り〽流くすめるおだまくれて
伸ばせばのぼる糸筋のたなびき昇
つて天となり 武〽切れて落れば
（禿）地となりぬ（武）又遊れんぼ
の始りは（禿）逃つ神代のその昔
（合）天の岩戸にかくれんぼ（合）
いまに傳へて神國の（合）子供遊
びとなりにけり（武）雛の祭りは
（禿）嫁入りの手習ひ（武）織兜や
菖蒲打しやうぶがたなは如何に
〳〵（禿）夫は武藝の始めなり駒
の手綱をこれ〳〵から取つて、
（合）赤貝馬のしやん〳〵〳〵し
やんと乘ては手綱かひくり〳〵
轡の音せりりん〳〵〳〵（禿）天晴
御馬の

武〽上手々々 禿〽上手が 武〽來つ
たか 禿〽來つたぞ 武〽しと〳〵しと
禿〽それ〳〵と〽化生は忽ち頼
光の寝所を目がけ入らんとす 武〽
ロハ心得ずと公時貞光さゝへ止む
る袖狭かへくぐり〳〵 合〽爰に現
はれ彼所に失せ 合〽樂遥自在のふ
るまひ 武〽ヤアこしやくなと無二
無三に一度に刀抜き連れて拂へば
禿〽後に〽有明の突き止めんにも
居もためずねらひもためず切髪の
姿は消ねて失せにけり〳〵。

資 思想伝達　霊狐使用口伝

●岩手日報　昭和五年九月九日　5-316

◆心王教主監故西村大圓先生著

思想傳達 霊狐使用口傳

◆夜間一週間の練習を要す

◆昔は市子口寄せ等を信じてゐたが今で心霊科學の發達で實に不思議な現象を實行されてゐる例へば他人の心を知り我が心を先方に傳へ遠方の有様を知り又未然の事を豫知感得する等常識で判斷のつかぬ應用が實現される昔の飯綱使ひなどは甚だ幼稚なものであつた事が判る◆本書を一讀し此至高なる術力を修得せば時には奇利を博し思ひ設けぬ成功を収め得る此の先生の思ひ切つた大膽な口傳書◆四六判かな付洋装二百餘頁此際五百名限り破格割引金壹圓五拾錢送料六錢で配本す◆ハガキで申込ば代金引換で急送する

東京市本郷區弓町（振替口座東京四六八四〇番）心友社

ラ ラジオ　人情噺　牡丹灯籠

●函館新聞　昭和五年九月十日　5-317

東京

▲七時廿五分

人情噺牡丹燈籠橋の圖

幽 当選実話（十六）　タコと亡霊（上）監督休憩室

●小樽新聞　昭和五年九月十日　5-318

當選實話（16）

タコと亡靈

（上）監督休憩室

多勢太三

「今になつても、あの時の事が不思議でならないのですよ」友人のMがそういひながら話し出した。

私が去年上川附近の發電所現場事務所に勤めてゐた頃實際この目で見たことなんです。

當時私の仕事といふのは十九號から十四號までの倉庫を順繰に開けてセメンを受負人に渡してやるのでした。

この發電所の水路は二里あまりのトンネルからなつて盛んに掘鑿の最中でした。そして七、八町置きに横坑があつて、それからほり出した碎岩や土砂を運び出し、鐵筋やコンクリートをトロで運び入れたりするのです。私がその日受持の最後の十四號倉庫に着いたのは朝の六時頃でした。例の通り、セメンを受取にタコを連れて來た幹部にセメン粉にまみれながら何本か渡して横坑の傍にある監督小屋に傳票をとりに入りました。

この小屋は組んで建たもので所謂タコの逃亡をこゝで見張りする見張小屋兼會社の監督休憩室になつてゐました。

トンネルで作業中のタコがとぶとすれば、嫌が應でもこの横坑の傍にある見張所の前を通らなければならないのです。不生産的な幹部が二人位、いつでもこゝでごろ〳〵してゐました。私はそこで幹部を相手に、ダベッたりお茶を飲んだりして監督のくるのをまつてゐました。

小屋の傍の送風器は、ブン〳〵音をたてゝ小屋にまで震動を與へ、その横の鍛冶場ではタコ鍛冶が小屋の幹部の視線を背に感じながらタガネの燒入れしに一生懸命です。それから少し離れて一寸した屋根をかけたコンクリーの練り場があり、横に大きな水タンクがありました。すべて、これらの物が横坑の入口から出てくる變なしめつた香のあるガスで包まれ、から一した所獨特の淡い哀調といつた、ふんいきの中に包まれ、そのなかに時々トンネルの中で爆發するダイナマイトの音が響いてきました。

小屋の中でしばらく無駄話をしてゐた私は、ふと横坑から水をピシヤ／＼いはせながら人が出て來る氣配を感じたので窓からその方を

見るとタコが一人ヨロ／＼しながら出て來ました。飛ぶにしては力が拔けて注意が足りないと思つて見てゐると彼は小屋の方に近づいて來ます。その時直感的に脚氣だなと氣づきました。

嫌でも十二時間も濕つた空氣や水の中で作業を强られると、見てゐるうちにブク／＼と化物みたいに腫れ上る脚氣にならずにはゐないのです。

部屋ではそうしたタコも決して休ませず、死ぬ事が確まるまで現場で働かせ、いよ／＼死ぬ眞際になつて初めて部屋に歸し布團の上で死なせました。こんな手心が請願巡査への申譯な報告になつてゐるのです。彼はおぢ／＼と小屋の戸を開くと

「外で働かして貰ひたいんで。」

無理に笑つてたのみ込ました。

「駄目だッ！」

口の中でもぐ／＼わけのわからぬ事をいつてゐるタコを、いきなり幹部の一人が突飛ばしました。

当選実話（十七）

タコと亡霊

（中）責め道具

多勢太三

●小樽新聞　昭和五年九月十一日
タコと亡霊（中）責め道具　5-319

同時に小屋の者は皆外へ飛び出してゐました。

「生意氣な野郎だ！」

いひ了らないうちに彼の兩頬にビンタがピシヤ／＼と水を打つやうな音をたてゝ飛んでゐました。五、六度の往復ビンタを二人の幹部の間をヨロ／＼ヨロケて行つたり來たりしてゐるタコにお見舞すると今度はあの水タンクの中に勢ひよくずぼんと、ほうり込み頭を出すと、コツンと待かまへてゐた幹部に叩かれてブク／＼と沈んで行くのでした。これが電光石火の早業です。

あまりのことに私は

「いゝ加減にして止めろ！死んぢまふぞ！」

と浮上るのを待ち構へてゐる幹部にどなつたのです。

幹部はちらッと私を見て、余けいなお世話だといはんばかりの態度をします。

カッとなつて、こういふ事を職業にしてゐる、頑丈な幹部の手を拂つて水タンクから死んだやうなタコを引つぱり上げ小屋に入つてぬれた彼のシヤツと腰卷をほしてやつたのです。

そのうちに二人の幹部はニヤ／＼しながら入つて來ました。

こいつらは暇にまかせて色々な責め道具を考へてゐるんです。

やッと意識づいたタコにシヤツを着せて幹部が連れて行くといふのを無理に私が連れて山を降りました。

僅一尺足らずの笹

を切り開いた小徑にさしかゝると彼は何度もこのまゝ逃がして呉とたのむのです。今夜部屋でひどい機が入るといつてゐました。

然しこゝで逃がすとあとでどんな事をいはれたり、しでかされるのか分つたもんでないので私は何にもならない慰めをいひながら、兎に角部屋に渡して來ました

事務所に歸つて、その話をしましたが誰も氣にもとめないのです。でも、事務所の窓からは少くて日に一度、多い時には十度位も馬の上に白布でまいた何の飾もない棺桶が通るのが見えるのです。ひどいのになると部屋の大半が脚氣で死んだところもあつたのですこんな事は、ほんのちひさな事でした。しかし私が、この事をまざ〳〵と思ひ出すのは以下の事がその日の夜起こつたからです。

九時頃再び雨が降つて來ました。職業意識とでもいふのか、うと〳〵と眠りかけてゐた私は雨の音で目をさまし、同時に夕方水槽の現場にセメン樽が六本露天にころがしてあつたことを思ひ出して氣になつて仕方がないのです。雨にあたれば硬化して使へなくなるのです、組の者がシートを被せて來たらうと思ひましたが、確かめなくては心配で眠れません。思ひ切つてカッパを着ると懐中電燈を持つて外に出ました。水槽は八町程先の山の中腹にあつて直徑七〇尺高さ八〇尺の巨大なものでした。

私は懐中電燈をたよりに鐵管路の處まで來ました。そこからはダンダラ坂に掘返して積み上げた土砂の上を籠まで行くのです。

当選実話（十八）　タコと亡霊（下）　橋下の溺死体　5-320

●小樽新聞　昭和五年九月十二日

幽

(18) 當選實話

タコと亡靈

(下) 橋下の溺死体

多勢太三

籠のウヰンチの處に百燭光の電燈がついてゐる外光らしいものは一つもなく人の子一匹ゐないのです。晝がにぎやかなだけ夜はひどく淋しくボロ切などにつまづくとタコの死體といふやうにとつてひどく驚くのです。緊張のあとの馬鹿々々しさから靴先で蹴つたりして勇氣をつけました。籠までくると急に雁に當る雨の音が繁くなつて、鬼氣がせまるやうな身ぶるひを感ずるのです。

私はわき見もせず懐中電燈の光りをたよりにぐん〳〵上りました。案の定セメン樽には灰色のシートが被せてありました。わざ〳〵こゝまで足を運んだのが馬鹿々々しくさくなつて、いま〳〵しさから靴先に力を入れて、くるッと廻るとたんット、シートが確かに動きました思はずギヨットして立止まつたきり歩からにも歩かれません。しばらくぢッと息を殺してから、シートの中央にたまつた雨水の重量の關係で動いたと感づきました。するとどうしても、雨水を投捨てて自分の考へをハッキリさせなければ氣が濟まなくなりました。私はいきなり片手でシートを持上ました、すると、どうでしやう中に人間がゐるではありませんか。ドキッとして心臟が休止したやうに呼吸もできないのです。そうして二分もゐたでしやうか。

「誰だッ！」

飛んだタコが再びこゝに隱れたのであらうかと思つて、幾分か氣を鎮めながら尋ねました。ところが返事をしません。樽の間から私を見てゐるのです。十秒、二十秒睨めつこを續けました。

ドス蒼《あを》い顔色《かほいろ》破《やぶ》れた縞《しま》のシャツで見覺《みおぼ》えあるはずですけさのタコで

はありませんか。

樽《たる》の上《うへ》を照《てら》してゐた懐中電燈《くわいちうでんとう》を、そいつの顔《かほ》にあてましたあわてた彼《かれ》は兩手《りやうて》を合《あは》せて何《なに》かいはうとするのです。

私《わたし》は張切《はりき》つた勇氣《ゆうき》もなくなつて、でも危害《きがい》を加《くは》へられる事《こと》を慮つて背後《はいご》に注意《ちうい》を集中《しふちう》しながら、わざとゆつたり山《やま》を降《お》りました。

別段《べつだん》追《お》つてくる様子《やうす》もなく雨《あめ》の音《おと》だけが歩《ある》く背後《はいご》から追《お》つて來《き》ます然《しか》し麓《ふもと》に着《つ》くと我慢《がまん》出來《でき》なくなつて走《はし》り出《だ》しました。

すると雨《あめ》の音《おと》と異つた音《おと》がします走《はし》りながら私《わたし》はうしろをふり返《かへ》りました。すると確《たし》かにシートの下《した》にゐたタコがウヰンチの傍《そば》にある電燈《でんとう》の光《ひかり》をあびて私《わたし》を追《お》つて來《き》ます。

頭《あたま》から顔中《かほぢう》眞赤《まつか》になつたと見《み》えます。

夢中《むちう》で懐中電燈《くわいちうでんとう》を投捨《なげす》て蹶《ころ》に蹶《ころ》て合宿《がつしゆく》へやつと轉《ころ》がり込《こ》みました。一晩眠《ひとばんねむ》る事《こと》もできず翌朝早《よくあさはや》く水槽《すゐさう》へ行《い》つてみましたがセメント樽《たる》は使《つか》つてありませんでした。

それから十四號《がう》の倉庫《さうこ》へ行つて、それとなく幹部《かんぶ》に聞《き》いてみますと、矢張《やは》り、飛《と》んだそうで探しに出《で》た幹部《かんぶ》に午前三時頃《ごぜんさんじごろ》、ルベシベ川《がは》の橋《はし》の下《した》で溺死《できし》してゐるのを見《み》つかつたそうです。

私《わたし》は今《いま》でも、私《わたし》の見《み》たのが亡靈《ばうれい》なのか眞實《しんじつ》の彼《かれ》であつたのか分《わか》りません。然《しか》し眞實《しんじつ》の人間《にんげん》であつたら水《みづ》槽からウインチのあるところまで私《わたし》より先《さき》におりてくる事《こと》は不可《ふか》能《のう》なことです。をまけに彼《かれ》は大分《だいぶ》重《おも》い脚氣《かつけ》にやられてゐたのですから。

今《いま》でもその事《こと》を思《おも》ひ出《だ》すと身《み》ぶるひを感《かん》じます（了）

当選実話（十九）

●小樽新聞　昭和五年九月十三日

仁作の妻（上）流感猖獗

5-321

（19）當選實話

仁作の妻

（上）流感猖獗

H M 生

前《まへ》には秀麗《しうれい》蝦夷富士《ふじ》を眺《なが》め後にはニセコの連峰《れんぽう》を背負《せお》ひ激流岩《げきりうがん》を嚙む尻別川《しりべつがは》の右岸《うがん》、蝦夷富士登山《とざん》の驛《えき》として知《し》られた比羅夫驛《ひらふえき》より程遠《ほどとほ》からぬ樺山《かばやま》といふ村落《そんらく》にあつた話《はなし》である、時《とき》は大正《たいしやう》九年《くねん》この靜寂《せいじやく》なる山村《さんそん》は白銀《はくぎん》の衣《ころも》におほはれて靜《しづ》かに永《なが》い眠《ねむ》りに入《い》つてゐた突如《とつじよ》！この平和《へいわ》なる村落《そんらく》の人《ひと》々の心臓《しんざう》を寒《さむ》からしめたのは燎原《れうげん》の火《ひ》の如《ごと》く襲《おそ》ひ來《き》たつた流行性感冒《りうかうせいかんばう》だつた。

初《はじ》めは新聞紙《しんぶんし》に報《はう》ぜられる函館《はこだて》の小樽《をたる》の札幌《さつぽろ》の、病魔《びやうま》に襲《おそ》はれ行《ゆ》く人《ひと》の數《すう》のあまりにも多《おほ》くその悲《ひ》慘《さん》な物語《ものがたり》が數々《かずかず》傳《つた》へられてゐたのだつたが、猶《なほ》それは村人《むらびと》にとつて遠《とほ》い處《ところ》の悲《かな》しくも哀《あは》れな物語《ものがたり》としてのみ讀《よ》まれてゐるに過《す》ぎなかつた、

されど村人《むらびと》は現實《げんじつ》に流感襲來《りうかんしふらい》の渦中《くわちう》に投《たう》ぜられてあまりにも悲慘《ひさん》な流感《りうかん》の猛襲《まうしふ》に、身《み》の戰《をのゝ》くのを禁《きん》じ得《え》なかつたのである。

どの家《いへ》もどの家《いへ》も病《やまひ》に臥《ふ》さざる家《いへ》はなく、家人《かじん》の幾人《いくにん》かはきまつたやうに高熱《かうねつ》にうなされてゐた

そうして家人《かじん》全部《ぜんぶ》の罹病《りびやう》、といふ家《いへ》さへも少《すく》なくはなく來る日《ひ》も來る日《ひ》も身《み》を切《き》るやうなニセコ嵐《あらし》吹く村《むら》はづれの墓地《はかち》へは悲《かな》しい葬列《さうれつ》が絶《た》えなかつた。

いつくしみ深《ふか》き親《おや》を失《うしな》つた子《こ》可愛《かあい》い子《こ》を失《うしな》つた親《おや》、たよりの夫《をつと》を失《うしな》つた妻《つま》最愛《さいあい》の妻《つま》を失《うしな》つた夫《をつと》、涙《なみだ》にしめる物語《ものがたり》は冷たくも多《おほ》くの家《いへ》々に持たれてゐたのだつた。

仁作《にさく》は母《はゝ》と二人《ふたり》の親子水入《おやこみづい》らずの家庭《かてい》だつたが年頃《としごろ》だつたので世話《せわ》する人《ひと》があつてその前《まへ》の年《とし》の暮《くれ》も押《おし》迫《せま》つた十二月《げつ》の末、三線川《さんせんかは》といふ小川《をがは》一つ隔《へだ》てた程遠《ほどとほ》からぬ同《おな》じ農家《のうか》で見知《みし》りのイネと

婚したのだつたが、かねて顔見知りと相思の仲だつたので人もうらやむ濃厚な新婚の桃色の夢まどらかなる日は打ちつゞいた、凛烈たる北風山林に荒るゝ日も、大粒の牡丹雪音もなく降り積る夜も甘い新婚の夢は長く續いてゐた。

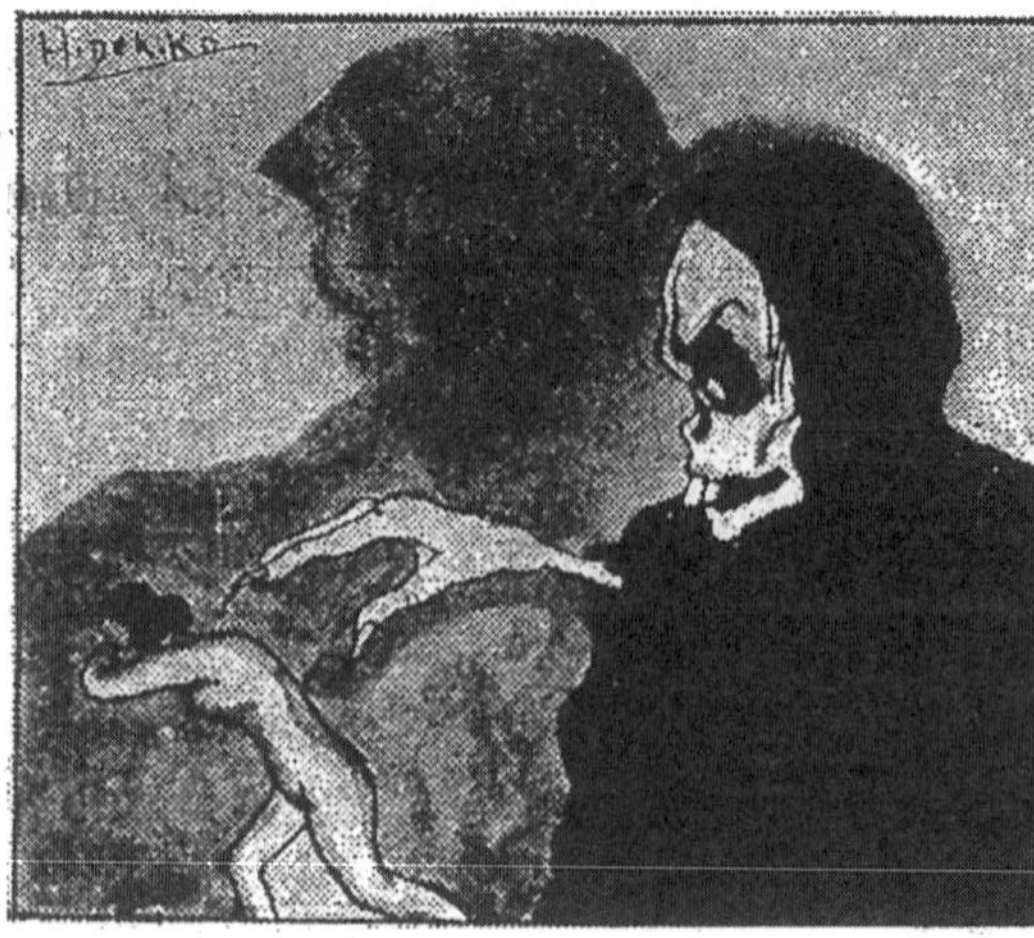

でもこの村落に流感襲來して村人に悲惨な數々の悲じみを抱かせつゝあるのを見た二人の胸には若二人の間にそんな運命が襲ひかゝつては來はしまいかとあらゆる豫防の道を講じた、ウガイをするマスクをあてる、ニンニクを懐に入れる。

日は流れて二月の半となつた、酷烈な寒氣はいよ〳〵はげしく、流感の猛威は逞しさを加へて來た。

遂にイネの實家では母と妹の二人が倒れてしまつた、知らせによつてイネは取るものも取りあへず實家へ走つて行き、高熱に惱まされてゐる、母と妹の看護に努めた、がその夜半イネも發熱して倒れてしまつた。

仁作は朝早くイネの實家を見舞つたが、そこに倒れて苦しんでゐる思はざる最愛の妻イネの姿を見て、いひ知れぬ悪感に身體をふるはせた。

当選実話（二十）　仁作の妻（中）　イネの葬い　5-322
●小樽新聞　昭和五年九月十四日

幽

當選實話(20)

仁作の妻

(中) イネの葬ひ

ＨＭ生

イネの容態は刻々に悪化してゆくのが仁作にはよく判つた、醫者の往診も何等の効を見せないばかりか急激なる悪化は最早絶望を強く仁作の胸に感ぜしめずにはおかなかつた。

仁作はあまりの事に氣も狂はんばかりになつた、如何に介抱すればとてイネの目は見開かないその夜もふけゆく頃苦しい息の中に彼女は目を見開いて仁作にかすかにいつた

「許してねえ……私、もう駄目よ」

仁作は恰も斷崖の絶端から突き落とされたやうに感じ、鈍重な鐵槌で後頭部を毆打されたやうに感ずると危く轉倒する處であつたが氣を取り直してイネの耳元に口をあてゝ

「氣をたしかに持て……」

と幾度となく叫んだがそれきり目は再び開かず呼吸は次第にかすかとなり、脈はくは消えて仁作に抱かれながら歸らざる黄泉の客となつてしまつた。

仁作はとめどもなく流れ出づる涙をどうすることも出來なかつたでもいつまでもさうしてゐるべき場合でもなく彼は、イネの死體を實家より自分の家へ移さねばならぬのでその準備のためわが家へ歸ることゝなつた。

折柄夜半の村落は音もなく降りくる牡丹雪に眞の闇に包まれて何物も見ることが出來なかつた、仁作は提灯もつけず涙にしめる眼を押しぬぐつて半埋もれた雪道をともすれば横へ踏み込まんとする足を踏みしめながら三線川の坂本橋まで來た、そして見るとはなしに前の方を見ると何の事か死んだイネがすた〳〵とあるいて行くではないか

彼は幾度となく眼をこすつて見たでもそれはイネにちがひない死んだはずのイネが……と思ふと仁作は全身に冷水をあびせらるゝ思ひがして髪の毛が一本一本バラ〳〵になつて針のやうにつゝ立つたのを覺えた

仁作は背中ににじむ冷汗を感じつゝ息せき切つて我家へたどりついた。そして玄關の戸をあけやうとすると、死んだイネがうす暗い

当選実話（二十一）　仁作の妻（下）イネの亡霊

●小樽新聞　昭和五年九月十六日　5-323

(21) 話實選當

仁作の妻

（下）イネの亡靈

Ｈ　Ｍ　生

玄關の中に佇んでゐる妻が見えるではないか

彼はいくら愛する妻への執着あればとて、かうしてその姿を見る度に、死じたる事を強く意識すると共にあまりにも不思議なるに人知れず身をおのゝかせたのであつた

イネの葬式は情厚い村人達によつて何くれとなく世話せられて取運ばれたが、イネの納棺に當つてその姑はこの可愛若き嫁の頭髪をそり落すに忍びずとて髪を結ひ化粧を施しそうして晴着を着せて納棺したのだつた

悲しい葬列は身を切るやうなニセコおろし吹く村はづれの墓地へついた

仁作の家の佛壇には木の香新しい位牌が出來燈明の光がゆらぎ香たく煙がゆるく立ちのぼつてゐる

そうして葬式の取込もすんで親戚や村人の誰彼もみんなが歸つてしまつたあとには仁作親子の淋しい涙にしめる日が續いた、仁作は逝いた愛妻イネを思ひうかべては涙新たなるものがあつた

丁度葬式がすんで三日目の夜であつた、仁作は眠られないのでうつら／＼としてゐた。

枕邊につるされてある薄暗いランプからジイ／＼と石油を吸上げる音がかすかに聞こえてくる、折しも隣室の古びた柱時計は十二時を報じた

でも仁作は眠れない、なほうつらうつらとしてゐた、そのうちいつとはなしに眠つたのであらうか

彼れは再び目をあけて見た

ランプの光がいやに暗くて物の見分けもつかないやうになつてゐる、彼れはふと目を足もとの方へ注ぐと、イネが立つてゐるのではないか、うす化粧のイネが、晴着のイネが……

彼はドキンとしたそうして心臓の鼓動が頓に高まつてゆくのがはつきり判る．仁作はその姿を凝視してゐる、イネは次第に布團の上にのぼつてくるではないか

その重さのはつきりとわかる事仁作はあまりの恐ろしさに布團をかぶつてしまつた、イネは動かない、どつしりとした重みが感じる

仁作は息づまるやうな苦しさと恐ろしさにおそはれ身動きすらも出來ない、彼はめい目してしまつた、そうして心の中でお念佛を申すのであつた、しばしして目を少しあけると、ランプが元の通りの光を放つてもうイネの姿は見えなかつた

夜あけを待つて仁作は夜中の怪事やイネの死んだ夜の怪事などを母に話をした、母は話を聞いてそれはお前の神經のせいだらうからしつかりと氣を持つてゐるやうにといつていた、そうして佛事供養を怠らなかつた

でもその次ぎの夜も次ぎの夜も十二時を打つてしばらくすると、きまつたやうに仁作はイネの亡靈におそはれて、顔色蒼白となり目は洞んでしまつた

近所隣の者は、お嫁さんが死んであまり心配しすぎて仁作さんはあんなにやつれてしまつたと噂をする位目に見えてやつれて行つた

でも仁作も、その母もイネの亡靈が毎夜出るとは話さなかつた

でも毎夜の如くイネの亡靈に惱まされる仁作は、それがいくら愛す

する妻であつても、もうこらえ切れなくなつた、そうして母と相談をし實家へも知らして、イネの魂魄の迷はないやうに供養の法會を營むことゝなつた

供養の法會は菩提寺たる程遠からぬK町○○寺の老住職を招き親戚村人等参列しいとも鄭重に執り行はれるのであつた

法會の終えたとき老住職は番茶をすゝりながらおもむろに

御當家の御子息さんと亡くなられた嫁御さんとはあまり仲がむつまじかつたので御子息さんを慕ふて迷つてをられたのでございませう

でも本日の御供養で立派に御成佛なされてこれからは迷ふことはありますまいと語られました。

この供養があつたその夜からイネの亡靈は出なくなつたのであります

――この話しは私が當時近所に住んでゐたので直接仁作(假名)から聞いた實談であることを附記して置きます

(作者H M君へ現住所至急御一報を乞ふ)

資　幽霊と喧嘩する　喜多村と大道具とが舞台の上下で汗みどろ
●中央新聞　昭和五年九月十八日（十七日夕）　5-324

幽靈と喧嘩する

喜多村と大道具とが

舞臺の上下で汗みどろ

新歌舞伎座新四谷怪談で喜多村のお岩の亡靈が、車抜け、床抜け、襖抜け、柱抜けと様々な不思議な早替りを演じて、大道具を惱ましてゐる。その中で一番ヘコまされるのが柱抜け、これは舞臺正面の壁に有る柱からお化けがスートト出て來る仕かけ、大道具は舞臺下で柱を下げる、その

途端 上部から凄いお化の上半身が出て次第に柱が下へ下るに從つて、お化の全身を舞臺へ姿を現す、同時にお化のうしろになる柱は上つてもとの様になる――これが何しろお化が抜けて柱が元通りにキチンと納まらないと、そこから舞臺裏がのぞかれたりして、大穴となる、そこにキツかけのやかましい六かしさがあるのだが、大道具連馴れない中はどうしてもうまく行かずよう〳〵よからうと柱を押し上げて見ると、まだ〳〵抜けないお化の喜多村が、腹を立てゝ柱をグンと下すなど、フイを喰つた舞臺下の大道具もろに頭を打たれびつくり

口惜 しまぎれに今度はいまく〳〵しいからと力いつぱい押し上げて、上半身丈前へ出た喜多村のお化の大事な急所へ當てる、今度はお化の方がフイを喰つてウーム、と倒れ、それが如何にも眞劍だとは如何にも滑稽なお化けだが初日があいて、このキツかけが馴れるまでは喜多村と大道具、舞臺の上と下で怪談ならぬ珍けんくわが毎日行はれてゐた

――（…）

資　幽霊命がけ　喜多村危く気絶騒ぎ
●二六新報　昭和五年九月十八日（十七日夕）　5-325

幽靈命がけ

―喜多村危く氣絶騒ぎ―

新歌舞伎座の新四谷怪談で喜多村のお岩の幽靈が、車抜け、床抜け、襖抜け、柱抜け等を演じてゐるが抜ける喜多村よりも大道具の方が毎日混亂をしてゐて梅島の仙十郎よりズツト惱まされてゐる、そこで一番惱まされるのは柱抜けで、お化が柱からスーツと出る仕掛けだ、大道具は舞臺の下で柱を下げると其途端にお化けの半身が出る此キツカケがうまくピタと合はないので喜多村は毎日怒つてばかりゐる、時々大穴があくので幽靈がカン〳〵で大道具を部屋へ呼んで怒り散らす、先達ては仙十郎のしく蒲團が違つてゐたので係の者が呼びつけられるといふ有様

▽

あの幕になると裏方の關係者がヘラ〳〵してゐるがうまく行くと至

つて御機嫌がよい先達ては喜多村の翠丸へ杜を打つかけたりして鋤霊がもう少しで氣絶をする所であつたさうだ

△

どこでどう聞きまちがへたか、近頃横田檸の所へ盛んに結婚祝の手紙がくる、横田ビックリしながら

乃公と一しよになる女があると思つてるのかしら

だが内心、まんざらこんならはさは、うれしくない事はないと見えて此の頃毎日鏡を見てニヤリニヤリは氣味の悪い話し。

▽

大阪辨天座開館興行に『血煙り赤城嵐』を實演する明石緑郎、この劇場は明石が舞臺にゐたころ登龍門となつたなつかしい小屋で今帝キネの大幹部として同じ舞臺に立つので感慨無量『あのころの仲間はいま頃どうしてゐるかなア』いよウッ國定忠治ッ!

▽

右太プロの三枚目として知られてゐる澤村錦八、何しろグロテスクな容貌なので女緣には遠い男と思ひの外、十幾年ぶりで女形に扮し『座昔十兩』の取的荒熊の女房お六の扮装のまゝ『ア、ーこの事を富士見町と鳥森の彼奴に知らせてエ』

▽

帝キネ映畫『神戸行進曲』の神戸ロケから歸つた瀬良章太郎、頭がばん創膏だらけ、しかしきまつて酔つ拂つたのじやなく海岸道のアスファルトの上でラグビーもどきの大格鬪をやらされたお蔭だと辯明してゐる、そばから口の悪い福田蘭洲が『それで、（神戸）行進曲といふんだな』

資　幌を取ると消える亡霊　「新四谷怪談」に出る仕掛の…　●読売新聞　昭和五年九月二十三日　5-326

演藝

幌を取ると消える亡靈

『新四谷怪談』に出る仕掛の色々話（一）

演藝往來

『新』の字が冠せられた新歌舞伎座に出てゐる大當りの『新四谷怪談』喜多村緑郎一座の出し物で、お岩様の祟りがあつてはと、喜多村の

部屋には田宮神社の祭壇を設け、お梅になる喜多村、仙十郎役の梅島は勿論のこと、出演俳優は怪我のないやうお詣りをし、舞臺には浪の花を撒いて清める物々しさ、その亡靈のからくりを客席からのぞいて正體を見ると面白い喜多村のお梅の亡靈を乘せた二人引きの人力車が幌を掛けたままの車が格子先に止り、車夫の一人が案内を乞ひ、さて幌を脱すとお梅の姿が消えてゐる、この「車抜け」の仕掛は車が格子先に止つた時、その車の背は土藏の窓際にピタリと付けられる。と、この車の背後の寄りかゝり板は内部から外へ開く仕掛になつてゐる。幕番を車内で喜多村が脱すと

同時に、窓際の隱し穴から道具裏へ身體が抜けるので幌を脱ると「おやゐないぞ」となると直ぐ舞臺の二重家臺の切穴からお梅の吹き替へ川島柳峰が「蓮臺」に乘つて押出されるが、これがまた這入ると同時に、車から引出される時は既に喜多村の身體は元の

如く車内に入つてゐるが見物には少しも解らぬ、で『實は隱し出して花道で「車やさん幌を脱して下さいな……」で車夫ピク〳〵者で幌を取ると乘つてゐるといふ譯、そのお梅の脱ぎ捨てた下駄が急に消えてなくなるのは見物が梅島の仙十郎と奕のお八重の仕科に氣をとられてゐる間に、二重の鉄の下から道具方が黒手袋をはめて素早く

下駄を引くので、仙十郎が亡霊に悩まされる件に「柱抜け」「宙抜け」のからくりがある　これが昔々の大仕掛である【写真は化けて出る喜多村のお家】

怪　床の間から躍り出る亡霊

★ユタ日報　昭和五年九月二十四日夕　5-327

床の間から
躍り出る亡霊
神田　大野村の怪談

夏の夜の怪談話――神田区元佐久間町一二八百屋大友用吉は先月廿七日[illegible]下谷区[illegible]町から越してきたのだが最近になつて家内のものがたれも何となく気持が悪くなつたといふのがどうも暑さのためばかりでもなさそうなので十七日引つ越すことになり妻君のしま(二八)さんが午後一時頃六畳の床の間を片付けて居ると突然[illegible]が躍り出したので目を廻して大騒ぎ主人の用吉さん青くなつて研究[illegible]の途中[illegible]を求め[illegible]くは浮かばれぬ[illegible]のため[illegible]法養事経をやり[illegible]すと又しても妖怪らしきものがあんどは二つも三つも見えたといふので騒ぎはいよ〳〵怪談めき、おれも[illegible]へきいた附近人々が同家の前を見物まはらなら[illegible]位黒山のやうに集たので[illegible]警察署から警官出動[illegible]交番[illegible]整理にあたるといふ大騒ぎ同家ではこれがため引越しも一時延期で夏の夜を大家さん[illegible]両[illegible]さん共いつまでも全[illegible]三まいに明かしてゐると

怪　パッとひろがる幽れい!の噂　廃船エトロフ…

●新愛知　昭和五年九月二十七日　5-328

パッとひろがる
幽れい!の噂
惨虐に死んだ男の妄執
(B)
魔船エトロフ丸訪問記

汚穢と臭気で豚小屋にも劣る漁役夫、漁夫の雑居部屋で鮮血したゝる血腥ぐさい惨虐、リンチなどを見せ付けられ、日を追ふて各室から病死が続出するに至り板子一枚下の地獄の境に惑殺さする漁夫等も余く総ギモを取られ乍ら悲惨な運命の下に息を引取りゆく悲惨な有様をみて夜もオチ〳〵眠れぬ有様であつた

死水さへも
与られない

◇……現在惨虐の鞭を全身に受けて出血と生傷のため熱に浮されながら、雑居部屋をノタウチ廻つて朽木船長、宇野漁撈頭、林工場主任を呪ひながら「オイ同じ釜の飯を喰つた俺を殺す気か、餓死む、助けて呉れ、死んでも死に切れぬ、恨みの妄執は晴らさいでおくべきか」と苦しまぎれに

◇……同僚の袖にすがつて哀訴嘆願する者等もあつたが執業時間が遅れては必ずなされるリンチを怖れて心の中では泣きながら一滴の死水も与へず見殺しにする等の惨酷なる惨虐と呪ひの声が船内に充ち無気味な空気が漲ると共に、誰云ふとなく清水茂松始め十二名の幽霊が船内に現はれるとの噂が高まり夜間は誰れしも

◇……幽霊を怖れて部室を出ず用便は船窓からなしてゐたもので、伏木へ入港しても相変らず不安と恐怖に戦きながら船窓から用便をなしてゐた

梅干一粒が
一週間の糧

◇……天秤棒て 殴られ、蹴られ、鉄拳で両眼をつぶされ、それが原因となつて心臓病を併発し、遂に無念の惨死をとげた富山県上新川郡上庄村字金山清水茂松(二七)の親友であつた同船乗組雑役夫同郡同村森本茂次郎君は語る

◇……ストライキの主謀者との理由で陰惨なリンチを受けたのは六月五日のことで、清水君のみが叩かれたものでなく一度に十五六人も引き出されて叩かれ或は蹴られたもので清水君はそれ以来身体の具合が悪いと云つてゐましたが十分な治療もできず

死體を海の中へ捨てる

◇……食料は残飯のカユに塩の味噌汁や一週間に一粒の梅干を与へ働きに来て病気になるとは何事だと虐遇したので遂に八月二日午後狂ひ死を致しました。實に気の毒で今でも死体が目についてゐます。私は友達の關係からせめて遺物でもと思つて頭髪と爪を取つて置きました。尤も死体は葬もせずすぐ

◇……海の中に 捨てました。當時の有様は随分ひどかつたもので日に二三人も死んで行くので、私も今後どうなるかと心配してゐましたが、その内に誰云ふとなく幽霊が出るとか色々な噂が出るし、その都度清水君のことが思ひ出されてなりませんでした」

息子の遺物に物云ふ母

◇……二十四日 午前八時初めて乗船を許可された惨死者茂松の實母清水はる子(四九)は伏木港埠頭に立つてエトロフ丸を

寫眞説明 (上)カツトは監禁者のゐた問題の蟹漁船(下)日本海員組合富山支部長伏木支部長等は乗組員下級船員に對し事件眞相調査と共に「未帰丸」一金に對し質問を尋ねてゐる所

みるや既に悲嘆の涙に暮てランチに便乗し、エトロフ丸に乗込むや無事で帰つた息子の友達森本君を顧みてワット泣き出し「息子はどうなりました」と泣き叫ぶ哀れな有様をみて居合せた人々は

◇……同情の涙 に暮た。更に森本君から遺物の頭毛と爪を受取り生ける人に物云ふが如く「茂松やこんな哀れな姿にどうしてなつた。母は毎日陰膳をするゐて神頼みをしてゐました。無念であつたらう、苦しかつたらう」と遺物をひしと抱いて嘆き悲しむ様は實に此の世に斯かる惨虐が行はれたかと疑はれたやがて氣を取り直してはる子が語るには

父の代りに行て殺れた

◇……「思つても 思つても可愛想なことをしました。私の一人息子です。叩かれたのが因で病んでゐるとは聞いてゐましたが迎へにもゆけず、家内一同が毎日心配してゐる裡に、死んだと聞き悲歎の涙に暮れて叩いた人を恨んで居りました。初め夫が行く筈でしたが、茂松がどうしても行かねばならぬと云つたため、殺されにやつた様なものです」

海員審判は函館で濟む

名古屋遞信局海事部伏木出張所では同船入港と同時に海員審判所に關する事項調査方打合せを本局に打電したが該船の審判に

聯絡する調査は函館入港の際函館出張所において終了してゐるからその必要を認めぬと廿五日返事があつた（青山支局一記者）

怪 お化け　そんなものがほんとうにいるか
★満州日報　昭和五年九月二十八日　5-329

お化け　そんなものがほんとうにゐるか

紀美ちゃんと母さんの問答

美樹夫

「お母さん、お化けつてほんたうに居るの？」

さつきから電燈の下でお化けのお話のかいてある雑誌を讀んで居た紀美ちゃんは傍に針仕事をしてゐるお母さんに訊きました。

「お化けなんて居るものですか、それはみんな氣の迷ひなのです」

お母さんはさう言つて事もなげに笑ひました。

「だつてお母さん、この本にはほんたうにお化けの出たことが書いてあるのよ」

「それは、お話だからです、お化けはお話の世界にだけしか居ないのです」

お母さんにさう言はれても紀美ちゃんにはどうしてもお化が居ないものとは思へませんでした。

紀美ちゃんは大へん臆病な子でした、夜になるともう一人でははかりに行かれないのです、はゞかりのある暗い廊下の奥の方に何か恐い目がそつとこちらをのぞいてゐるやうに思へてならないのです、お窓のところから瘦た青い手がヒヨロ／＼と伸びて來て自分の襟首をキユッと摑まへられるやうに思へてならないのです。

「お母さん、はばかりの電氣をつけて頂戴」

紀美ちゃんはお母さんに電氣をつけて貰ふまではゞかりに行けないのです。

「この子はほんとに困つた子だれえ、尋常三年にもなつて、なんて臆病な子でせう」

を指さしながら

「さうごらん、こんな三つも目玉のある人間がどこにあるものですか、若しもこんなものが居たらそれこそ見世物になりますよ」

「だつてお母さん、お化けは暗い時にだけしか出ないのです」

紀美ちゃんは少し不平でした、

「さうです、お化けは暗い時にだけしか出ないことになつてゐるのです、それは何故かといふと暗いところではいろ／＼のものがハッキリ見えないから秘密の頭の中でた。

怪 怪談　廃寺の怪（一）鰯の行商
●徳島日日新報　昭和五年十月二日（三十日夕）　5-330

怪談　廢寺の怪　（一）

鰯の行商

乗そ助

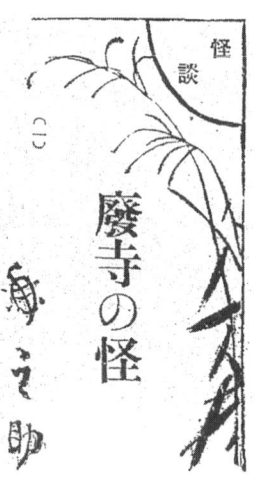

明治十六年頃阿波一帯の沿岸に鰯の大漁のあつた年があつた。恰度その時の事である。

津田村で魚屋をして居た新田の寅吉は、此の鰯で一儲けしてみやうと目論で居た。

それには是非共魚の少ない山村を山越しに賣り歩かねばならないと思つたが、天性小膽な彼は知らぬ山の中へ一人で出掛るのが何だか不安であつた。

寅吉は隣家の熊吉が此の頃仕事が無ふて、毎日食ふや食はずで遊んで居る事を知つて

『あれにドッサリ魚を荷なはして道伴れに伴れて行つたら、淋しくなくて宜い……』

斯う思つたので早速寅吉は熊吉の家を訪問してみた。

『熊吉、居るんか、此の頃一寸も姿を見せんが、どうで……』

熊吉はその時晩飯を食つて居たが、餘程貧乏をして居ると見え、米よりも芋や菜ツ葉の切れ端の多い雑炊を造つて、それを美味さうに啜つて居た。

『寅か……まあ這入らんでかへ、今晩飯を食ひよるんや』

『えらい遅いぢやないか。處で一つ儲け仕事があるんやが、やつてみんかな……』

儲け仕事と聞いて、熊吉は箸を投げて飛び出て來た。

『何で……寅に嬉しいが、此の頃三度／＼滿足に飯を食ふた事がない……何でもするがな、それ何で……』

『外の事でもないが、今度俺は安い鰯を買込んで津の峰から奥の山里へ賣りに出掛けてみやうと思ふが、一つザルを荷擔ふて、お前も俺と一緒に行つてくれんでか…儲け高の三ツ一はお前にやるがな』

『何卒伴れて行てくれよ……斯うして居たら、飢死ぬる……』

話しは一も二もなく纏まつた。二人共未だ三十前後の獨身者であつたので、誰に氣兼ねする事もなくその翌日は、ドッサリ甘鹽の鰯を仕込んで、朝の中から家を出た
その時は最う秋も暮れ近くなつて、四方の山々は紅葉の色が益々深く、黄金色に輝いてゐた。

二人共鰯の充滿したザルを擔いで津の峰から奥の山里をそれからそれへと賣り歩いたが、面白い程賣れるので、二人は陽の晩じて來る事さへ忘れてゐた。

『斯う賣れると面白いなあ……どうせ今晩は泊らねやいかんで、あの山を一ッ越してみたらどうで……』

と熊吉は寅吉の方を返り見た
『陽のある中に越せると宜いが……もし山の中で陽を暮したらそれこそ大變だでな……』

熊吉は寅吉の名にも似合はず臆病な事を知つてゐるので、笑ひながら、

『陽が暮れたら、野宿をすれば宜いがな、あの山のあつちには、きつと大きい村があるに相違ない、そこへ行つてザルを空にして、亦仕込んで出直して來たら如何で……』

斯う言はれると寅吉も自ら尻込をして居る事が出來なくなつた。

『どうせ陽を暮した處で二人伴れだ、恐れる事はない』

斯う勇氣を付けて、山越しをする事にした。

最う半分以上も賣り盡して輕くなつたザルを荷擔つて、二人は山路へ掛つた。

その時は最う陽は西へ傾いて餘す處僅かに三竿ばかりしかなかつた。

怪談　廃寺の怪（二）　奇怪な坊主
●徳島日日新報　昭和五年十月三日（二日夕）
5-331

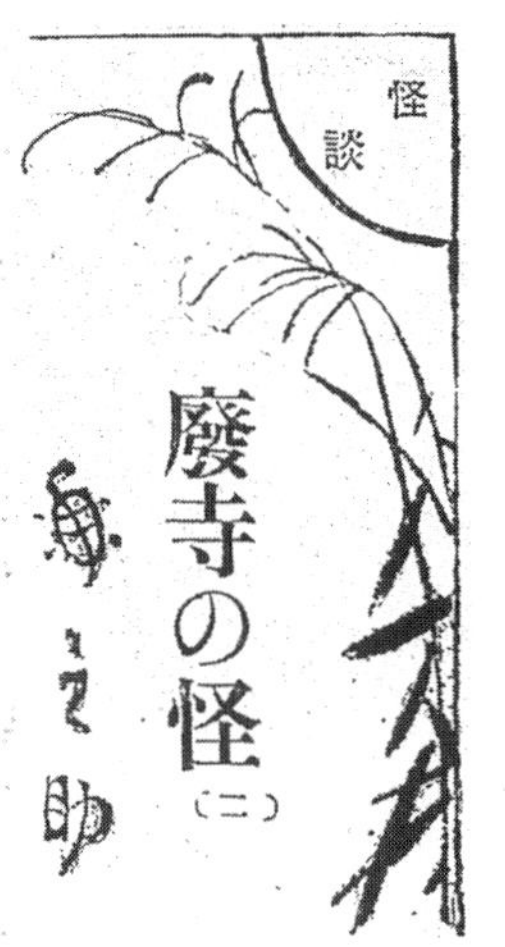

奇怪な坊主

寅吉は早く大儲けをして、金を溜めて、お梅を女房にせねばならぬ……とこんな事を考へながら歩いた。

熊吉は亦是で當分、寺の粥をすゝらないでも、白い飯が食へると思つて、非常に元氣付いて居た。

陽は段々と暮れ掛つた。

山の中の林を潜つて、峠を一つ越した時には、陽は何時の間にか暮れてしまつて、四邊は薄暗くなつて居た。

『それ見な、山を越しても家はないじやないか。斯んな處で斯んなに陽を暮してしまつて、お前ほんとに如何するつもりで……』

常から小膽で臆病な寅吉は眞蒼くなつて居た。

『あの峰を越せば確に家がある心配する事はない』

熊吉は元氣宜く斯う言つたが、併し胸の中は何の確信もない不安の念にビク〳〵して居た。

行つても〳〵人家はなかつた。

四邊は最う眞暗くなつてしまつて踏み分けて行く道さへ判らなかつた。

木の根へ足を取られて、熊吉はザルを前へ投げ出して、その場へどつと打ち倒れた。

『アッ痛い……しまつた、ザルを引ツクリ返して鰯をこぼしてしまつた……あいたゝゝ……俺は足へ大怪我をしたがな』

寅吉は胸の中が煮えくり返るやうな氣がした。折角仕入れて來た商品を途中で目茶々々にしてしまつたかと思ふと、日頃から我慢強い熊吉が憎くてならなかつた。

『それだから最初言つたぢやないか。俺が止めるのも聞かずに山越しをするんで斯んなになつたんぢや賣る品を無くして、幾等人里へ出たつて、仕樣が無いがな……ほんとに困つた奴だ』

熊吉のザルの[illegible]へ賣れ殘りの鰯の大部分が這入つて居たかと思ふと、餘計になさけなくなつて來た

『そんなに言ふたて、仕様がないぢやないか。俺は故意と倒れたもんじやない。ア痛！斯んなに足を痛めて、俺は……あいたゝゝゝ……』

その時後の方から、ぽつと明りが射して來たので、二人は驚いて振り返つてみると、一人の坊主が提灯を点けて、のこ〳〵とやつて來た。

寅吉は蘇つたやうな氣でその坊主を迎へた。

『何卒一寸灯をおみせなして下さい。山越しをして居て日を暮して困つてゐます』

『それはさぞ〳〵御難儀であらうさあ此の提灯を借してあげやう……』

斯う言つて坊主は提灯を差し出した。が、年頃は七十前後の色の青い腰のまがつた老僧であつた。

寅吉は提灯を受け取つて向く熊吉の怪我よりも、投げ出したザルを照してみたが、幸ひにも鰯はそのまゝで、少しもこぼれて居なかつた。

『熊よ……鰯が目茶々々になつたと思ふて心配したが、一寸もこぼれておらん……お前は何處へ怪我をしたんか、どれ見せな』

明りを差し附けてみたが、向ふ脛が一寸すりむけて居るだけで、大した事はなかつた。

『是れ位の事で……仰山な奴だよ……アハヽヽヽ……』

『それでも向ふずねを打つたんでとても痛かつたがな』

『まあ、坊さんに逢ふたんで斯んなしあはせな事はない……一緒に行つて貰はう何卒私等を人家のある處迄お伴れなして下さい』

斯う言つて、不圖見ると最う坊主の姿はその邊りには見えなかつた。

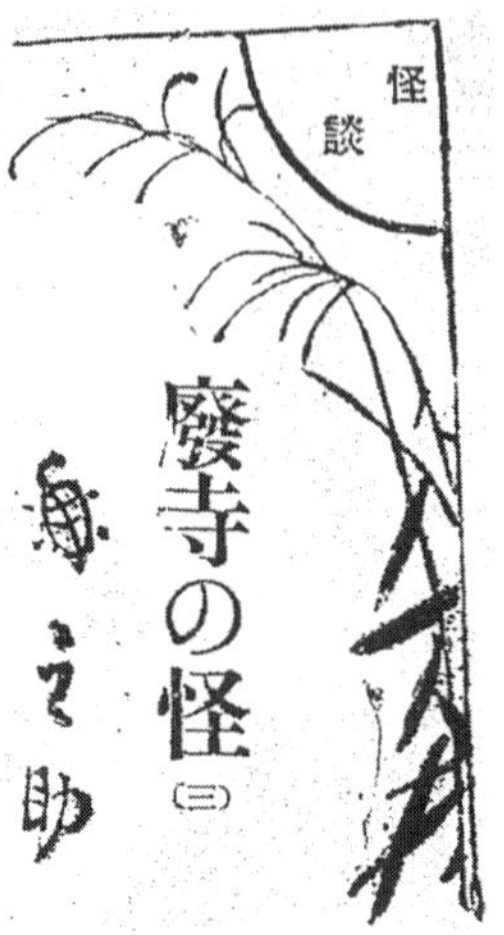

古寺の一夜

怪談　廃寺の怪（三）　古寺の一夜　5-332

●徳島日日新報　昭和五年十月四日（三日夕）

『和尚さん……もし和尚さん〳〵……』

寅吉は驚いて呼んでみたが、何の返辞もなかつた。

『不思議じや……何處へ行つたんだろ……今迄此處に居たのに』

熊吉も立ち上つて、その邊を見廻したが、老僧の影は遂に見る事が出來なかつた。

二人の胸中には、言ひ合はしたやうに恐怖の念が燃え出した。殊に寅吉は木の葉をゆする風の音にさへピク〳〵して、心臓が躍いで居た。

『ヤア大變だ。雨になつた……今俺の顔へ當つたのは確に雨だ……姿を見な、眞ッ暗じやないか…』

熊吉は叫んだ。

『だから山越しをして日が暮れたら大變だつて、止めたじやないか……どうする、斯んな處で雨に逢ふて……』

寅吉の聲は泣き出しさうだつた。

その時キラリと、稲妻が射して四隣が急に明るくなつたが、その瞬間二人の立つて居る直ぐ前方に大きい建築物のあるのが眼に入つた。

『オイ……あそこに家がある……お寺ぢや……確にお寺のやうじや……』熊吉は大聲で叫んだ。

その時再び烈しい稲光りがして二人の眼前へ大きい古寺を判然と描き出した。

二人は夢中になつて、その寺の中へ駈け込んだが、それと同時に地軸も砕くるばかりの雷鳴が轟き渡つて、ザワ〳〵と烈しい大雨が襲ふて來た。

二人は、魂も身に添はず、ガツ〳〵と慄えながら、先刻老僧から受け取つた提灯の光りで四隣を見廻したが、奥の方には大きい佛壇があつて、堅く戸が閉つて居る外には、何の装飾もない全くの廢寺で、人の住んで居る氣配はなかつた。

此處に寺のある以上最前の坊主は此の寺へ這入つたに相違ない……とは此の寺を見附ると同時に、二人の頭の中に浮んだ處だが、併し中へ這入つてみると、何處にも人の住んで居るやうな様子はなく、あの坊主が提灯を殘したまゝ、何處へ消えたのか姿の見えなくなつたのが、二人には不思議でならなかつた。

雷鳴は益々烈しくなり、大雨は篠を亂したやうに降りしきつて、その物凄い光景に二人は全く生きた心地はしなかつた。

『大變な事になつたもんぢや、是れやたゞ事じやない……』

『第一斯んな山の中に、斯んな寺のあるのが不思議じや……そしてあの坊主は何處へ行つたんだらう……』

『オイ……最う何も言ふな……默つて今夜は此處で泊る事にせう』

二人はザルの上に掛けて居たゴザを取り出して、床の上へ敷き寢床を造つた。

そして二人組合つたまゝその上へ横たはつてみたが、轟々と瀧き渡る雷鳴と共に、烈しい家鳴りがして、ちよいと寢附かれさうでもなかつた。

その中雨は小降りになつて、雷鳴も止んだが、一方の壁へ釣るした提灯の光りが朦々とした室内を淡く照して、氣味惡い光りを投げて居るが、それが寅吉の眼には、その丸い提灯の形が、人魂のやうに見えて、氣味が惡くて仕方がなかつた。

見まいと思つて眼を閉ぢてみても、その形だけは眼の中へ殘つてどうしても離れなかつた。

熊吉は何時の間にか眠つてしまつて鼾の聲が聞え出した。

夜は段々と更けて行つた。

怪談　廢寺の怪（四）　妖女の出現

●徳島日日新報　昭和五年十月五日（四日夕）　5-333

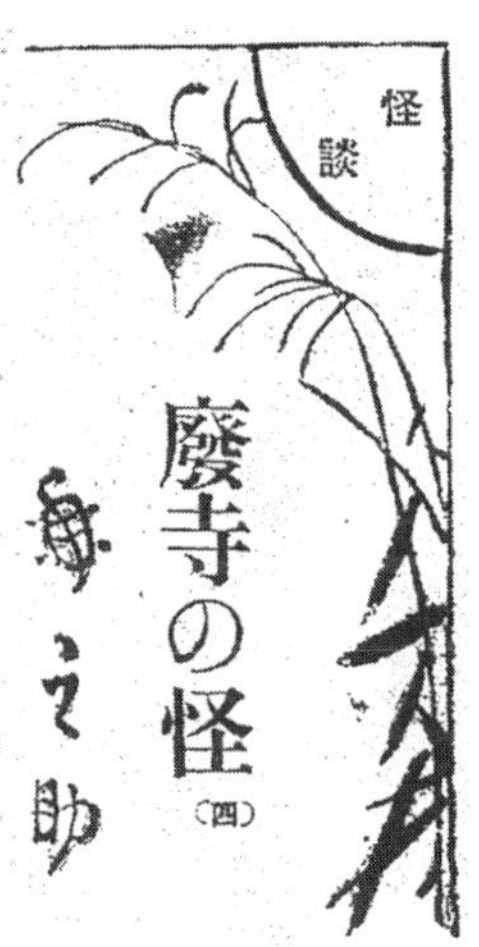

妖女の出現

雷雨の後の靜けさは又格別で、宛然で死の國へでも這入つて居るやうな感じを寅吉に與へた。

そしてその寂寞を破つて、時折何處からともなく聞ゆるフクロの鳴き聲が、一聲……一聲……腸へ泌み入るやうに物凄く響いて來る……。

寅吉はガツ〜と胴慄ひがして如何しても眠る事が出來なかつた

壁につるした提灯は眞赤に……そして無味さへ帶びて、風も無いのにゆら〜と搖れて居るのが、縱令眼を閉ぢても、眼瞼を透して判然と見透されて、寅吉の萎縮した魂を、いやが上にも脅かした。

『オイ熊よ、熊よ……一寸眼を覺してくれ……オイ熊吉よ』

寅吉が幾等手を掛けて搖り動かしても、熊吉は宛然で死人のやうになつて、眼を覺す樣子がなかつた。

『是れ……斯んなにしてるにお前未だ眼を覺さないんか、これや熊熊、熊……』

遂に身を起して、熊吉の身體へ兩手を掛けて無理無態にゆすつてみたが、それでも熊吉は全く死骸のやうになつて、何の反應もなかつた。

寅吉は心臟が破れさうに騷ぎ出した。何だか熊吉の身體が冷たくなつたやうな氣がしてならなかつた。

彼は恐わ〜熊吉の胸の中へ手を入れてみたが慄然と身の毛がよ立つて總身がすくんでしまつた。

熊吉の身體は何時の間にか氷のやうに冷たくなつて、既にもう此の世の者ではなかつた。

寅吉は聲を出す事も出來ねば身動きをする事も出來なかつた。只彼は烈しい恐怖を通り越して、氣拔けでもしたやうに、ポカンとして居た。

その時佛壇の方で、カチンと烈しい音がした。

寅吉が凝つと眼を据えて視ると佛壇の戸は左右に開いて、ボーと紫色の光線が射して居た。

寅吉は度胸が据わつたのか、魂が拔けたのか、凝つとその場へ突き立つたまゝ、その奇怪な光景を眺めて居た。

やがて佛壇の内には人影が射して身の丈六尺にも近い大女が、活動寫眞のフイルムのやうに此方へ浮き出て來た。

身には五色でいろどつた衣を纒ひ、針のやうに黑髮を、左右に振り亂して、耳元迄裂け通つた口を大きく開き、オハグロを含んだ黑い齒をむき出して、ニタ〜と笑ひながら、皿のやうな兩眼を爛々と輝かした、その物凄い形相を眼前にハツキリと認めたが、それでも寅吉は身動きもしなかつた。女は殴々と寅吉の方へ進んで來た。

寅吉は最う此處を逃れるだけの氣力は抜けてしまつて、總身の血管がだん／＼と冷えて行くのを感じながらも、女の兩眼から視線を脱する事さへ出來ず、只その場へ竪くなつて、射竦められて居た。

妖女は直ぐ寅吉の前迄來ると、大きい身體を前へ曲めて、熊吉の死骸を抱き上げた。

そして寅吉の顔を尻目で睨みながら、熊吉の咽喉笛へガツシリと歯を當てた。

妖女の大きく開いた口元からは赤黒い血がダラ／＼と流れた。寅吉はその物凄い光景を氣絶もせずに、只夢心地で眺めてゐた。

怪談　廃寺の怪（五）　愛人の姿
●徳島日日新報　昭和五年十月六日　5-334

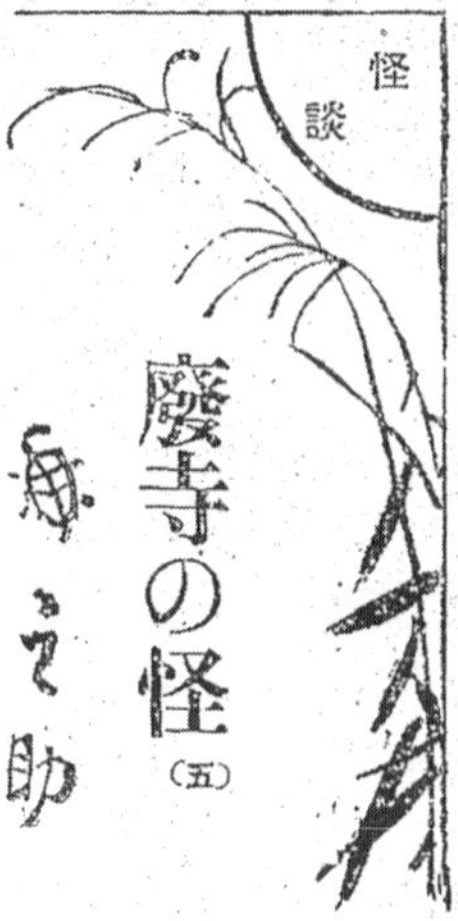

愛人の姿

妖女は熊吉の咽喉笛を食ひ破り口元から頸へ掛けて、ドス黒い血汐をダラ／＼と流しながらも恐ろしい眼をして、寅吉を睨み付け、物凄い聲を擧げた。

『お前の一命も取るつもりだつたが、そうしておとなしくして居るから今度だけは許してやる……そのかはり、此の事を他人に告げたが最後……その時は立ち處に貴様の一命も取るからさう思へ……必ず／＼どんな事があつても、此の事を人に言つてはならないぞよ……そして夜の明けぬ間に此の死骸を谷底へ投げ込み、直ぐ此處を立てッ……』

斯う命令するやうに言つて女はグルリつと向きをかへ、佛殿の方へ進んで行つたが、その時凄しい家鳴りがして、稲妻のやうに青白い光りが輝くと共に妖女の姿は消えてしまつて、四邊は一面に朦朧とした薄闇に包まれて居た。

寅吉は夢から覺めたやうに總身が慄え出した。

そして今現在目撃した奇怪な光景か、夢でなく確に現實である事を意識すると共に、絶へ難い恐怖の念に襲はれて最うその場にじつとして居る事が出來なかつた。

寅吉は寺の外へ走り出て何處との當もなく、山の中を駈廻つた。

そして灌木の中を潜りながら降り坂をドン／＼と駈下りて居る内何時の間にか夜は明け放れて、東天に旭の影が射した。

寅吉は手や足を血塗れにして、山の麓迄駈下りたが、其處に新築して間もない一軒の茶店のあるのを認めて、その内へ走り込んだ。

『いらつしやい……』といふなまめかしい聲がして、店口へ出て來た女の姿を一眼見た彼は吃驚して眼を見張つた。それは寅吉が、常に忘れた事もない愛人で、既に夫婦約束迄してゐるお梅といふ美しい娘であつた。

『まあ寅さん……』

と言つて、お梅は寅吉の様子をいぶかしげに打ち守つた。

寅吉はお梅が斯んな處に居る筈はないと思つたが、併し如何見てもお梅に相違ないので、今迄の恐ろしかつた事も打ち忘れて、お梅の傍へ詰め寄つた。

『お前はお梅じやないか……どうして斯んな處へ……何時の間に』

『それよりも、お前さんは亦どうして此處へ來たのです。まあそんな風體をして……』

『それよりも、どうしてお前は斯んな處へ來てゐるんか、俺に默つて斯んな處へ何故來たんか、さあ譯を言へ……』

怪談　廃寺の怪（六）　古寺の噂
●徳島日日新報　昭和五年十月七日（六日夕）　5-335

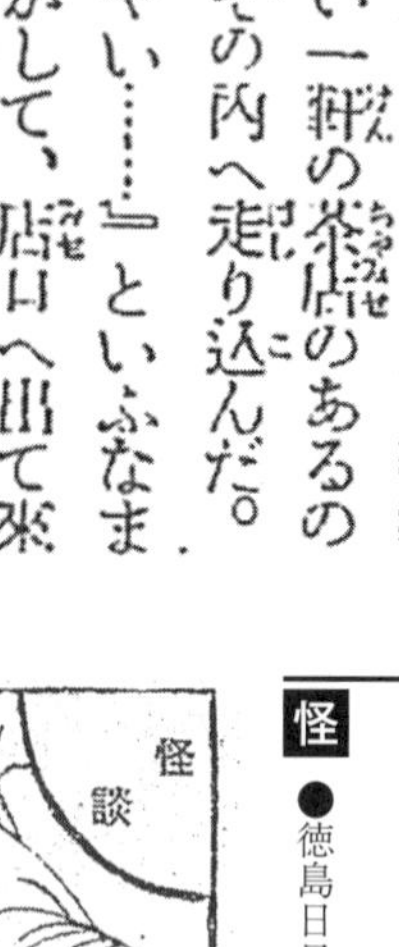

古寺の噂

『默つて來たのは宜くないけど私もお前さんと一緒になるに就ては種々とお金も入ると思ふんでな、それで此處へ奉公に來ました。それよりもまあ、お前さん如何して斯んな處へ參りました』

お梅は可愛い眼をして寅吉の面を打ち守つた。

此の時寅吉が心を落着けて宜く考へてみたならば、第一人通りもない斯んな山の中に、一軒ポッ、

怪談　廃寺の怪（七）　妖女の顔

●徳島日日新報　昭和五年十月八日（七日夕）

5-336

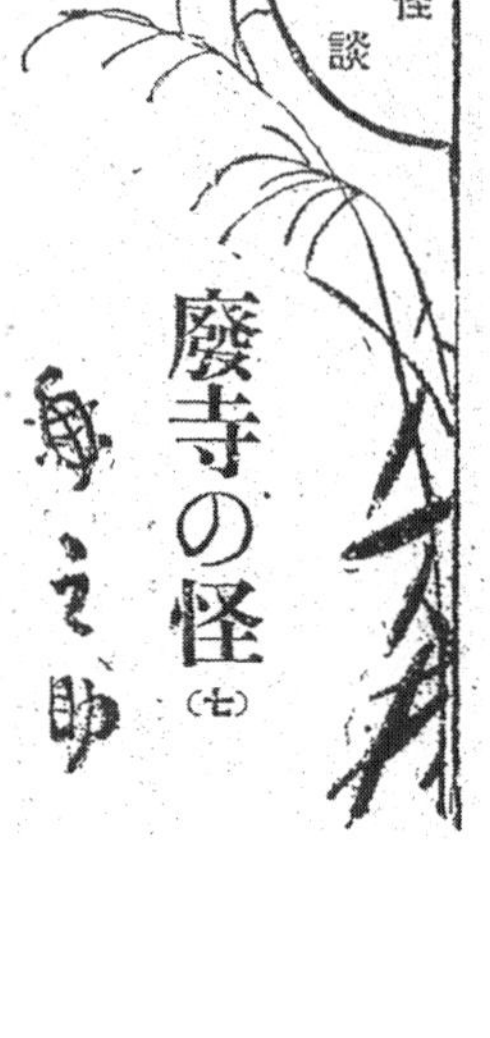

お梅は寅吉の顔を凝つと見据えて、

『私もあの寺で、不思議な目に逢ふたんで、それでお前さんに聞いてみるが……お前さんもあの寺へ泊つて不思議な物に會ふたろがなさあ、聞かしてはいりよ』

『お梅もあの寺へ泊つて、不思議なものを見たといふから、それではお前だけに話してやるが、私はあの寺へ泊つた爲めに……それそ……』

と此處迄言ひ掛けて、寅吉は急に口を閉ぢて、眞蒼くなつた。

りと新しい茶店のあるのを不思議に思はねばならぬ筈だが、寅吉にはそんな餘裕がなかつた。

彼は只お梅が自分に何の相談もなく、默つて斯んな客商賣をする茶店などへ、奉公に來たといふのが、氣になつてならなかつた。

『もしお梅は自分と結婚するのが厭になつて、心變りをしたのではなからうか』

斯う思ふと彼は立つても居ても居られないやうに胸の中が騷き亂れて、最う最前の妖怪の事などは忘れてしまつて居た。寅吉はお梅を睨みつけて

『今になつて、もし俺を見棄てるやうな事でもすると、それこそ俺やへんぞ……俺はお前の爲めには命迄投出してゐるぞ……』

お梅は莞爾と笑つて、

『まあ寅さん、お前さんは相變らず疑ひ深いな、私が此處へ來たんも、お前さんと早う一緒になりたいからじやないで……詳しい事は手紙へ書いて、昨日出したんで最うお前さんの宅へ着いてる筈ぢやや……お前さんに一目でも會ふと辛いと思ふたよつて、それで默つて來たんだがな。人の氣も知らないで惱らしい……』

お梅は日頃の素直な質にも似ず寅吉の膝をチヨイと捻つて、可愛い眼で睨みながら媚婦のやうにすねてみせた。

寅吉の魂は一も二もなく蕩けてしまつた。彼は只お梅が無性に可愛くなり、突と手を取つて引き寄せやうとするのを、お梅は輕く拂ひ除けて、

『寅さん……それ處じやないよ。お前さんに内密で聞いてみたい事がある。昨夜お前さんは、此の山を越えて來はしなかつたかな……』

寅吉の脳裡には、夢のやうに山頂の古寺が浮んで來た。

『越えて來たんぢやらうがな。何も私に隱す事はないぢやないで……聞かしてつかはれ……』

寅吉の顏色は段々と青くなつて來た。そして身體がワナ〳〵と慄え出した。

『實は私も、此處へ來る時此の山を越えて來たんで、それで聞いてみるんぢやが、此の山に古い寺があつたらう』

『お前もその寺を見たのか』寅吉は唸るやうな聲を出して、お梅の顏を打ち守つた。

『さうじや、それで聞いてみるがお前さんその寺で泊れやしない……泊つたろがな……寅さん私に眞實の事を言ひなはれ……』

寅吉は最う呼吸をするさへ苦しい迄に胸の中が騷いで居た。

彼の頭には急に冷たくなつて、死骸となつた熊吉の怨めしげに睨む顏が映つて居た。

『實は寅さん。私もあの寺で日が暮れて泊つたもんぢやで、それで聞いて見るがな、隱さずに聞かしてつかはれ、お前さん泊つたぢやろが』

『お前もあの寺で泊つたんか……』

寅吉はその時ギーンと佛壇の戸の開く音を聞いたやうな氣がした

『妾も泊つて恐ろしい目に逢つたんで、それで聞くが、お前さんもあの寺へ泊つて、何も不思議なものに出會はしはしなかつたか。何卒私に聞かしてつかはれ』

『お前もそれでは不思議な目に逢ふたのか……あの寺で……あのお前も……』

寅吉は佛壇の中から浮き出して來た妖女が、熊吉の咽喉笛を食ひ破つて、だら〳〵と血を流した物凄い光景を、目前に見るやうな氣がして、慄然と總身がすくむやうに感じた。

それは寅吉の混亂した頭の中にも、彼の妖女の言つた物凄い言葉を思ひ出したからである。

『もし此の事を人に告げたが最後立ち處にお前の命を取るぞ……』

その際は今に寅吉の耳の底へ恐ろしくこびりついて殘つてゐる。

『あゝ……戀しいお梅に逢ふたが爲に、ツイウカ〱と大變な事を言ひ出した』

斯う思ふと、寅吉は今にも彼の妖女が、眼前へ浮き出て來て、熊吉の咽喉笛を食ひ破つたやうに、自分もあの恐ろしい黒い齒を咽喉へ掛けられたやうな氣がして、總身の慄えが止まらなかつた。

『お前さん言ひ掛けて、何故止めるので……さあ後を聞かしてつかはれ』

寅吉は堅く口を閉ぢて、兩眼を閉ぢた。

『寅さん……お前さんはあの寺で恐ろしい化物に逢ふたろがな、そしてその化物から口止めをされて居らうがな……人に話したら、立ち處に命を取る……とえゝ寅さんさうぢやないで……』

寅吉は最うそれに返辭をする丈の勇氣がなかつた。何處か頭の上へでもその化物が現れて眼を光らして居るやうな氣がして、ガッガッ〱と只慄えて居た。

とその時彼の首筋へナマぬるい物が巻き附いて、耳元へ湯氣のやうなものが掛つたので、寅吉は辣として眼を開けてみると、首筋へ巻きついたものはお梅の腕で、湯氣のやうに感じたのは、耳元へ口を寄せて居るお梅の吐息であつた
『寅さん……お前さんは何時も妾を可愛がつてくれて、私の言ふ事は何一つ叶へてくれぬ事はなかつたのに何故今日は又私の言ふ事を聞いてくれんの私は今の今迄、お前さん丈は私の爲めに命も惜まず盡してくれる人だと思つて居たのに、化物に怖ぢ恐れて、私の言ふ事を聞いてくれんとは……あゝ頼個に頼りない……私はそれが怨めしい……』

寅吉の身體は左右にゆれ出したその都度締めつけられるやうな重みと、烈しい熱氣を感じた彼の身體は、骨も肉もとろけさうになつて、氣がボーと遠くなつて來た。

『斯んなに〱……私はお前さんを可愛がつてゐるのに。……お前さんは何故も隱して……』

寅吉は最う我慢が出來なくなつて來た。遂に彼は慄え聲で、お梅の柔かい胸に顏を伏せながら、古寺の怪寺を殘らず物語つた。

するとお梅は異樣な聲を出して、

『寅さん……宜く話してくれました。そしてその女の顏は……化物の顏は……ちよいと寅さん顏をお上げなして……斯んな顏でなかつたかな……』

その聲に惹き着けられたやうにひよいと顏を上げて、お梅の顏を一眼見た寅吉は
『呀ッ……』

と叫んで、その場へ氣絶してしまつた。

寅吉の眼に映つた顏……それは昨夜山頂の古寺で、熊吉の咽喉笛を食ひ破つて口元へダラ〱と血を流した、彼の妖女の物凄い顏であつた。（完）

●九州新聞　昭和五年十月三日

怪

不思議な『蛇石』と『尻無し川』の怪

□□永久に解けぬ謎の存在

阿蘇永水の三不思議〔上〕

前人未踏の熔岩洞窟を有する阿蘇郡永水村には古來三つの不可思議が今猶現存してゐる。その一つが『大落しの穴』で、これは十年前まで底無しとまで村人を恐怖せしめてゐたもの、次は『蛇石』と稱して杵島岳の裾野にあるやはり熔岩だが恰も蛇入永眠のやうに岩の中から二匹の蛇が生きの身の姿を現はしてゐるもの、三つ目が『尻無し川原』の怪である。

熔岩窟を記者が案内人流儀に解釋するところでは、そのかみ杵島岳又は米塚が噴火した當時、噴出流下した熔岩が裾野一帶を這ふうち砂灰の小丘に流れかゝり、そのま

ゝ冷固したものが永年の間に下部の土砂だけが水気のために流れ去つて、遂に斯くの如き洞窟を形成したものではあるまいか。村人の採るがまゝに委せて置いたので今は昔日の形を失つた同村内の『熔岩』と称するものは流出した熔岩が冷固する推移の状態を明確に刻んでゐたといふ。兎もあれ以上は記者が現場で推察したことであるが専門的な推定は孰れ県衛局や鎮西中学教諭其他五高の地質学者等に依つて明かにされるであらうが地形から見ゝ同村内の杵島岳及び米塚の附近にはまだ[illegible]箇所の類似熔岩窟が誰にも発見されないまゝに存在してゐるのではあるまいかと思はれる。一見起伏して漸次高くなつてゆく草裾野であるから、今日迄恐らく誰も猟奇心を起こさなかつたものらしい。事実此の一行の様子を見て野に出てゐる村民は何れも異様な面持をして、何事か起つたのかと問返して居た程である。

◇

記者は夫より寺西村長の案道で裾野を下つたが古来数百年間『牧の内』と言はれて春秋の牧場とされてゐた処を見せて貰ふ。西に外輪山の屏風を前に杵島の尾根を長々と曳き、北に遥かな祖母山を望む周囲一里の牧場は堤防に囲繞されて東西に七百五十間、南北に百五十間といふ広さ、中に小高い小丘の起伏が幾つとなくあり、丸山と称する高見の台もあつて牧場を一望の下に見下ろせる。而も赤水駅から七合、所謂御後往還から東へ二丁と這入らないところに杉の林に抱かれる様にして清澄な湧泉をさへ添えてゐる。

◇

過ぐる日よりゴルフ熱が盛んとなり、何処ぞ好適なゴルフ場が無いかと鵜の眼鷹の眼で候補地を探し廻つてゐた県社会課に、ここ永水の寺西村長から具申した報告に依つて実地討検に及んでみたところ『これは見事な』といふ譯で後藤主事も大いに讃辞を呈し何れ専門家に鑑定を乞ふと云ふ段取りにまで運んでゐる。然し村人の大多数はまだゴルフの如何なるものであるかを知らないので、あんた草の伸びぬ牧場か？と不審がつてゐるので、来春は寺西村長が先導になつて村の有志一統を島原、別府のゴルフ場の見学に伴れ出して大いに一九三〇年型の見解を注入しやうとしてゐる。春夏に草花の咲き溢つる此の牧場は冬にも積雪数尺、スケートの練習場としても好適といふ譯で地元の永水村では目下出願中の定期自動車の許可次第登山道路と共に急速の三〇年型のスピード施設をして隔離そのものの山村に都の風を引き入れやうと計画を進めてゐる。

阿蘇永水の三不思議（下）
●九州新聞　昭和五年十月四日
触れば腹痛を…
5-338

怪

触れば腹痛を『蛇石』の祟り

◇◇永久に解けぬ謎の存在

阿蘇永水の三不思議［下］

『大落し』より稍東方に下つた地点に平常は干川となつてゐる川原がある、が一度び沛然たる雨が大阿蘇の山々を総るが否や、杵島岳の根方に集まる山の雨水は忽ち此の川原に集まつて大河を為すのであるが、不思議なことには其の川一つの濁水がたつた一つの穴の中に、大渦を巻き轟々たる渦音を立て乍ら何も吸込まれるやうに奈落の底へ落ちてゆく。而も其の水の行方が一切不明で何処へ何う抜けて何処へ出るものやら、未だ曾て何人も解き明かした者がないのである。

◇

若しこの穴が熔岩洞窟であつたとしたらそれこそ実に素晴らしい大トンネルでなければならぬ。身の丈よりも高い茅山の、杵島の岳には大蛇が棲むと今でも云ふ、その山の神秘は除々に科学の力で正体を表はしてゆくが、此の世に不思議と云ふ言葉がある以上、この尻無し川原や蛇石など、やはり不思議の圏内に入るべきことは至当であらう。

◇

永水村には先年田村博士が激賞した市の口の池と称する堤があり深さ六尺のところまでは見たことがあるがその六尺から下の深いところは誰もまだ極めて居らぬといふ。見るからに蒼々として淀み、今月の中旬からは鴨の集散地として知られてゐるが、この池も明治三十年の洪水で氾濫し堤防が切れた際に池中七分の水を切つた丈であるといふ。

◇

その池を左手に見て赤水驛前に到り湯の谷溫泉へ昇る間道を添ふて約十町餘も行くと千古の不思議とされてゐる『蛇石』がある。高さ六尺位周十二尺位の溶岩の中程の處に長さ二尺五寸、幅七分位の亀裂があつて、雪の日も花の日も夫婦蛇が悠乎と腹背を見せてゐるいつの頃からさうしてゐるのか、村人の言ふ處に依れば三代も四代も前から腹痛の神様と言傳へられ、いつもいつもゐるさうで、此頭は地藏尊みたいな石頭骨まで供へられてゐる。蛇はたしかに二尾で、南面の日南に裂けた岩目に薄茶紫の肌に網刺し模様のやうな菊花形の黒色斑紋がある。

◇

此の蛇を突ついたりすると忽ち腹痛を起すと言はれ昔から誰も觸るゝ者が無かつたといふのに、赤水の或る腕白な若い者が何をと許りその蛇を引き出したといふ。逼ひ込んだ蛇は自分の鱗が千切れぬ限り尻の方から引出されるものではないが、兎も角その後で若い者は矢張り腹痛が起こつたさうである。——近代人の特長は神秘を神秘とせず不思議を不思議がらうとせぬ科學的考察の力をもつことに在るが、何はさて少し妙な實況なのに記者は少からず心を動かされたので、笹の葉を一尺程に折つて「花石じたかの様に見える」一尾の蛇を突つき始めた。腹痛は胃腸の障害故障から生ずるもの神よ腹痛を起さしめ給ふな。

◇

蛇は生きてゐる。何者ぞ惡戲するかとじりじり身を縮めてゐる樣子は平つたい穴にどくろを縮めてゐるのである。尚も二尾の中間を突ついてゐるうち、左方の一尾はひよろりと頭部を現はしたかと見るとぞろりと身体を八分迄垂らした、長さ一尺五寸はどあつて頭は有毒蛇の類である。蛇はやつぱり生きてゐた。蛇の齢ははよく決つて居るので何百年と同一の蛇が此の岩目に棲息する譯はなく多分蛇の棲むに好適の條件がその岩目にあつて累代同種族が棲んでゐて南面の陽光に程よく暖まつた岩の温度が蛇にうれしいのではあるまいか。これも専門家の鑑定に俟たねばならぬが、それから二十四時間の唯今此の稿を綴らうとしてゐる記者は健全でドラ焼きな頑張り作らペンを走らしてゐる。或は湯の口の新溫泉が蛇の祟りを驅逐したのか記者の腸が異常に強健であるかであらう。（狂）

怪　秩父奇聞　狐の仇討　読切講談　5-339

●関門日日新聞　昭和五年十月五日

讀切講談

秩父奇聞……狐の仇討

實際あつた犯罪哀話

埼玉縣秩父の大宮から上州邊へかけ殆ど毎夜の如く兇悪な強盗が出沒した、賊の手口は皆同一で所謂現金専門の土師で神出鬼沒であつた其當時秩父警察署内で年は若いが敏腕の名高かつた岡田刑事は

應援の三刑事と

共に寢食を忘れ捕縛に苦心してゐたその内二度賊に出會つて大格闘を演じたのであつたが賊は頗る柔道熟練で二度共縄を作ら取逃したのであつたすると又その厳重な警戒を突破して影森の山徳といふ質屋へ押入つて現金で二百圓を強奪したさては賊は武甲山へでも山籠りしてゐると睨んだ岡田刑事は單身食糧を用意して武甲山へ分け登つたのであつた丁度三日目

名代の書坂峠へ

掛つて來てとある岩角へ腰を落して休み作ら思はず見上る雲取山、白岩山、妙法ヶ岳の三峰、イザナキ、イザナミの兩神を祀る縣社三峰神社は指呼の間に見える見なれた目にもその絶景に見入つてゐた、ふと前方約十七八間前に杉の大木の根方がくちて大きな空洞になつてゐる、そしてその空洞の中に一人の男が寢入つてゐるのを發見した飛び掛つて大格闘の末漸く捕縛して山腹をおり約一里程來た時その男が一寸待つて貰ひたい、こゝが自分の

實父が殺された

場所故暫く暇乞ひをして行きたい」といつた、岡田刑事がその譯を尋ねると自分の父親は此影森で高利貸をしてゐたが誰か好

きで暇さへあれば下男の五助をつれて獵に出たある日相變らず獵に出ると眼前に見える小さな祠、その前で白狐が子狐に乳を與へてゐる絶好の獲物！と狙ひを定めてドンと一發、子狐は逃げたが親狐を打留めた、その歸途五助はわらじの紐がきれたので鐵砲を

立木の根方へ立

てかけて草鞋を直し父は打留めた白狐を擔ぎ一足先へ出掛て茲まで來た、五助は草鞋を直して鐵砲をと見ると今立掛た筈の鐵砲がない。不思議に思ひながら立上る途端一發の砲聲――驅つけて見ると父はこゝに胸部を打抜かれて倒れてゐた。其時五助はそこへ投げ出されてあつた鐵砲を取上げて調べて見ると豪尻から引金へ狐の腹毛が一杯附着してゐた。山間の田舍者の事とて扨ては子狐が母狐の仇を討つたものと思つて恐れながら

此の事實を警察

へ訴つた。文化の今日狐が鐵砲で人間を打殺す筈と警察では勿論信じない。五助が怪しまれて嚴しく取調べられたが申し開きが立つて釋放された。村の者は高利貸の父を憎んで悉く狐に同情して白狐大明神と祀つたのがあの小祠。その後自分は影森を去つて東京へ出て失敗の結果影森へ戻つて古證文で債務者に返金を迫つたが何れも一文の支拂もしない。その無情を憤つて遂に貸付先へ强盜に押入つて今日の始末だと

涙と共に懺悔談

聞いた岡田刑事は忽ち賊の繩を解いて實は君の父親の桐原彦兵衛は僕の父の岡田民之助が鐵砲で打殺したのが事實だ。僕の父親が君の父から三千圓借用したが期限が來ても返濟が出來ない君の父が立腹して忽ち强制執行をしたそれを苦に病んで僕の祖母が首をつツて死んだ、僕の父が非常にくやしがつてその仇だと君の父が獵に出た時先廻りをして立木の根方から鐵砲を狙つて近道傳ひに對坂峠へ出て

狙ひ定めて一發

の下に打殺しその犯跡をくらます爲に白狐の腹毛をとつて鐵砲の豪尻やら引金に附着させて置いたのだ、その芝居がうまく當つて狐が母の仇を討つたといふことになつたのだ所がやつぱり惡いことは出來ないもので僕の父もその翌年の秋の末、山キノコの中毒で死んだ、その時親父が一切罪の懺悔をしたのでその事實が初めて分つたのだ君は彦兵衛の伜の彦市君と分つた上は此のまゝ警察へは引立てられない之から山道傳ひに

甲州路へ逃げて

くれ然し僕も今日限り刑事の職を投出して新生涯へ入るから君も今日限り斷然惡事を思ひ止まり改心して眞人間に戻つてくれ――捕繩を懐中に悄然として山を下つて行く岡田刑事、その後姿を兩手を合せて伏拜んだ桐原彦市はこゝにおいて無明の夢のさめたる心地悉く前非を悔い、改心して生れ變つた誠の人に立戻つたのであつた

怪　秋の夜ながにすごい怪談　三人心中の恨み思い…

●山形新聞　昭和五年十月九日（八日夕）　5-340

秋の夜ながにすごい怪談

『三人心中の恨み思ひ知れ村人と』

去る八月二十一日夜最上郡大藏村字豐牧に起つた惨劇・去られた聟中島政吉（三三）が元養父長南初藏（六〇）及び元妻タキ（二三）の二人を斬殺し自分は鎌で腹を突ち更に短刀で咽喉を掻き切り自殺したのであつた

◇

これは、政吉は斷ちきれぬ妻子への愛と虐待の限りをうけた初藏に對する憎惡の念が動機をなしたもので殘された老母と二兒は兎も角相當の資産もあり安らかな生活を營みつゝあるが最近政吉の靈魂によつて流された三名の血が滲んでゐる同家のほとりは何となく鬼氣の迫るを感ずるものあり村人もおつかなびつくり

◇

時雨るゝ眞夜中に妻タキが刺さ

れた同家一町余花の杉林辺りから提灯大の人魂が飛び一方政吉の自殺したあたりからも人魂が飛び出し屋根から二間ばかりの上空でもつれ合つてパツと消れたのを見た村の人が随分居ると云ふので村中は今その怪談で持ち切り。寝覚悪さに夜の外出は殆どなくなつた状態であると

怪

一服盛られた恨み　聖林に女の幽霊が

★日米　昭和五年十月十七日　5-341

中秋之話

一服盛られた恨み 聖林に女の幽霊が

怨霊のタヽリ怖ろしや　男ーブラ〜病ひになる

師走男の気忙しくビルトモアホテルの前を通つた、セントル、パークの芝生に栗鼠が遊んでゐる。それを目白押しにロハ椅子に並んだ失業諸君がしみ〜と眺める、歩道の通行者も一寸立留つては微笑むのである。

年老つて仕事口もない先生が落花生をや　光景は、不景気のドン底に嬉しい人間味だと思つた

▲

鈴懸やユーカリプタスの枯葉が散つて南加にも秋らしい気が漂よふ。各地国勢調査の結果、五十才以上の老人が案外に多い。そして伸びゆく第二世の数が第一世を超してゐる

この次の国勢調査には第一世がぐつと少なくなるであらう

▲

出産率が少くなつて、死亡が多くなる。廿年後を考へる時唯、第一世の點した墓を供養してくれるか？疑はしい、羅府にはエバグリーン墓地があるが。これは白人墓地である。郊外の景勝地を選んで日本人共同墓地を今の中に作り

▲

寄るべのない者や、供養してくれる者のない人々の遺骨を合葬する先亡者招魂碑を中心に同胞だけの墓地が並び、日本の松や、日本の柳を植わこら、草葉の蔭に第一世の魂魄はゆつくり休めるわけである

▲

何国の誰の骨か分らない白人や、黒ン坊と一緒に、地方の町はづれの墓地にでも葬られたら、それこそ未来永劫に浮かばれまい。

▲

浮かばれぬと言へば聖林の某所に夜な夜な幽霊が出る相だ幽的例によつて女性、何でも夜半の丑三つ頃になると何処からともなく苦しい呻き声が陰に籠く聞わる——消ゑ入るやうな声で

「永年つれ添ふた夫に暗から暗に一服盛られやうとは、あゝ恨めしや……」

そして最後には極り文句の「恨み晴らさでおくべきか

▲

生霊死霊の祟りがあるものかないものか　その夫なる者の健康思はしからず、夫の相談相手になつた男もブラ〜病——これからきう場面が展開するか、身の毛のよ立つ怖ろしい話

▲

カルバー株と作間熊雄君の関係も近頃不思議なこと。佐野君は一株も買らず、勧めもしなかつたが、松田君と一緒にカルバー君から「日本株主の病気その他止むを得ない場合は極力便宜を計る」との口約をとつた由

▲

所がカルバー君の代表者イーストハム君は佐野松田両君等と共に来社し「株発行の性上常識で考へしもそんな約束をする筈がない」と双方大激論、何のために揃つて来社したのか？まさか記者に争論を聞かせる積りじやなかつたらう

▲

さてそのイーストハム君、余ア程「口約云々」に面喰つた

と見ね別項廣告を持つて來て原文は「ゼー、ケー、サノ」と呼び捨にしてある。おかたいので「カルバー君に現在ロ約一件を何と云ふ?」と尋ねたら彼曰く「冗談ぢやありませんよ、ござい、そんな話しがあるものかないものか、常識でわかるでせう」

「妖怪」と仏教（一）
●東京朝日新聞　昭和五年十月二十二日　5-342

「妖怪」と佛教…[一]…

前田利鎌

「えう怪がヨーロッパに出沒してゐる」といふのは既に前世紀の昔話である。ヨーロッパではこのえう怪はもうその正體を白日の下にさらけだして何の神祕性もなくわつ歩してゐる。しかしそれが現代の日本に訪れてくると、何となく怖ろしい形相をして、いまだに我々の心を惱ましてゐるらしい。あるものはその生臭い風をかいただけで、既に逃げ腰になり、あるものは怖いもの見たさの好奇心から、おづ／＼と垣間見ようとはしてゐるが、やつぱり浮腰たるを免れない。又あるものはその掌中に籠絡されて、ことぐ＼くその使に甘んじてゐる。しかしほとんど冷靜な態度でこの物の怪の正體を見きはめようとするものは居ない。

特に「宗教はアヘンなり」といふ一ぱ一からげのスローガンを投げつけられて、いはゆる法城を護る人々の陣營は、さらでだに浮腰であつたものが、今や見渡す限り動搖めき渡つてゐるらしい。そして一人の新人すら持ち合せてゐない佛教界の人々は、いはゆる「思想善導」の光榮を双肩に背負はされながら、笑止にも、古臭い御談義を繰り返すに非ずんば、ばう然自失の體たらくである。

古人は「怪を見て怪とせずんば、その怪自然に滅す」と喝破した。われ／＼も故人の言葉にならつていま少し冷靜にこのえう怪の正體に認識しようではないか。回りくどい比ゆを捨てゝ端的にいへばマルクシズムが鬼に角、現代思潮の最大問題たる以上、少くともそれぞれの立場から、ある程度まで明確な方向決定をして置くことは現代人の義務であるかも知れない。

一般に佛教家と左翼との宗教論爭を見渡したところでは、いづれも汗漫な抽象論をあげつらつてゐて、少しも問題の核心に觸れてゐない。左翼の方では單純な宗教論で押して行くかと思へば、佛教の方では自分達の立場さへハッキリ認識してゐないらしい。自他ともに互に自己の立場と相手のそれとを規定し、具體的に見極めて行かないために、多くは宗教一般論といふやうなばく然たるものに終始して了ふ。自分はこの危險を避けるために、佛教のうちでも聖道門、特にその根底になつてゐる禪門の立場から、問題を吟味してみたいと思ふ。問題といふのは、マルクシズムの立場――即ち唯物史觀と聖道門の立場とは如何なる關係に立つてゐるか、といふ點にある。

この問題を中途半端な水かけ論に終らして了ふ第一の禍根は、双方の陣營にしばしば見受られる兩者共通の偏見である。それは他でもない、――いはゆる史的唯物論の唯物といふ概念を單純な機械的唯物論のそれと混同すること、それと同時に佛教一般の立場を觀念論と獨斷することである。かういふ無反省な偏見に兩者が支配せられてゐる以上、その論爭の歸結がどんなものになるかは、既に自明のことでなければならない。恐らく現代の常識であるべきはずのことをこゝにしやべるのは甚だ恐縮の至りであるけれども、史的唯物論とは決して單純な機械的唯物論でもなければ、佛教がまた單なる觀念論でもない。

史的唯物論の公式は、簡單に要約すれば、政治形態の變革を、經濟關係の變革から、經濟關係の變革を、生産手段の變革から、更にこれを絶えず増大し行く人間の物質的財に對する欲望增加から還元的に解釋して行かうとするもので、それは一種の歷史科學に他ならない。更にそれと並行して、社會人の意識形態をその時々の經濟様式に還元して發生的に理解しようとするのである。從つてかゝる唯物論なるものは、あらゆる觀念的な恣意の混入を斥けて、歴史の發展を忠實に、いはゆる客觀的に見極めようとする、一種のリアリズムに他ならない。この場合われわれに取つて、かういふ一連の歴史科學が、認識論上から如何なる基礎づけを得るか、といふやうなことは問題外である。

資 「妖怪」と仏教（二）

●東京朝日新聞　昭和五年十月二十三日　5-343

「妖怪」と佛教…二…

前田利鎌

　われ／＼に必要なことは、かゝる史的唯物論なるものは、一切の自然現象を物質の微粒子相互間の力學的關係から理解しようとする、いはゆる機械的唯物論とは、何の交渉もないといふ事實である。このことはエンゲルス自身が明かに指摘してゐることで、彼のいふところによれば、——質的異別の事物界から抽象された、同質的な物質自體といふやうなものは「純粹な觀念的產物であり抽象である。」「それは櫻ん坊や、梨や、りんごのかはりに果物自體を見ようと欲するに等しい。」

　こゝにおいてわれ／＼は歴史科學としての唯物論とは一種の客觀主義すなはち一般にリアリズムと呼ばるべきものに他ならないことを明かにした。しかし假りに一歩を進めて、唯物史觀が機械的唯物論に立脚してゐるとしても、佛教が單純な觀念論でない限り、それは唯物論によつてことごとく服さるべきものではない。果して佛教は觀念論、すなはち唯心論に立脚するものであらうか。便宜上、結論を豫め暗示すれば、純粹な現實さながらに立脚する佛教の現實觀は——「不是心——不是物」といふ端的な言葉に語られてゐるやうに、直觀的な世界は物——心の對立以前に流れてゐる、と主張するのである。そして佛教の本質はこの純粹な現實界の全體的經驗以外の何物でもない。

　既にゼエームズが——そのプラグマチズムに對するタールハイマアの總括的排撃にも拘らず——「徹底的經驗論」において明示してゐるやうに、純粹な現實ないし事物は、「單純なそれ」であつて、いまだ何物とも規定しがたい物である。いま眼前にあるものが梨であるか、りんごであるかは、反省によつて始めて定まるものである。況んや更に進んで、單純なそれが心理現象としての觀念であるか、あるひは物質現象としての物であるか、においてをや。ゼエームズは空間上の一點において相交はる多數の線を引き得るやうに、單純なそれを如何樣にでも解釋できるといつてゐる。いま眼前のりんごを美味さうだと思つて求めてゐる欲望や、感情や、價値基準に即して解釋すれば、そのつぶらな形も、赤い色も、又は味も心理的な觀念である。しかしそれとは逆に、このりんごを、それを賣つてゐる果物店、それを生らしたりんごの樹、その花、その養分、等々——前とは反對の方向から解釋すれば、この同じりんごが物質にまで還元されてしまふ。つまり、單純なそれをどの關係に結びつけるかによつて、それが唯心か唯物かに分れるのである。從つて解釋以前の純粹な現實は主觀でも客觀でもない。意識の内でもない、外でもない。意識などといふものが一體、無用の長物である。この純粹な現實が單純なそれであつて、このある物をゼエームズは純粹經驗と名づけた。そして純粹經驗のこと〴〵くが主客のない絶對であり、從つて單純なそれの直接としての現實界は、混とんたる絶對である。

　自分の見るところにして誤りが無ければ、單純なそれとしての現實全體をさながらに體驗ないし直觀しやうといふのが、佛教の本質である。佛教の本質は何だ、と問はれて、趙州といふ坊主は、「庭前ノ栢樹子」と答へた。此文句には動詞が無い。たゞ體言だけでいひ切つてゐる。從つてそれは判斷ではない。たゞこれ「庭前ノ栢樹子」である。恐らく、單純なそれとして栢樹子を經驗してゐた趙州は相手の問ひに合つて、あうむ返しに、「庭前ノ栢樹子」と切り返したのだ。この端的はそのまゝ絶對でなければならぬ。若し從來の科學が、一つの本質を他の本質に置き換へることをその本領にしてゐるとすれば——例へば色彩をエーテルの波動に置き換へるやうに、——禪門の本領は色彩を色彩として直觀するところにある。

5-344

資　「妖怪」と仏教（二）

●東京朝日新聞　昭和五年十月二十四日

「妖怪」と佛教…二…

前田利鎌

臨濟はこれらの消息を有名な四料揀によつて、壯大に說いてゐる。四料揀といふのは四つの立場であつて、彼は——ある時は「奪人不奪境」、ある時は「奪境不奪人」、ある時は「人境俱奪」、ある時は「人境俱不奪」といつてゐる。人とは主觀の意味であり、境とは客觀の意味である。すなはち彼は一切實界は、ことごとく客觀界であつて、主觀などの介在する余地が無いとも、一切は主觀界だとも絕對界は主觀客觀のせん議も許さぬ渾一体とも、さては自他並び立つ對立界——といふ風に、定立から反定立へ飛躍して行く。しかしこの正反的飛躍も、一點に交錯する無數の直線のやうに、一現實界の弁證的融通性の然らしめるところに他ならぬ。さきに提出した不是心——不是物といふ句もまた然りである。さうしてはじめに論じた唯物史觀といふのは、かの奪人不奪境の立場を理論的に開展したものに他ならぬ。

この四料揀に關して同一言したいことは、第四の「人境俱不奪」の立場である。臨濟は四つの立場にそれぞれ一時的な言葉で說明してゐるが、最後の立場については「王登寶殿、野老謳歌」といつてゐる。これはさきの絕對に對する差別の世界であつて、花は紅、柳は綠ともいひ得よう。しかしこの個性對立の世界でも、王と野老と對立させてゐるからには、單純な對立だけの意味ではない。この句は個性の問題と同時に、全體と個別の問題をも含んでゐるのである。大乘佛教では、全體のうちに個別者を見、個別者のうちに全體を見るのである。個々は全體を己のうちに含み、全體は又、個々を己のうちに含む。この弁證法的むじゆんを具體的に揚棄せしめる觀點においては、それぞれの個物が全體の圓心となつて他の一切に君臨する。一切は花によつて統率されるともいへるし、また柳によつて統率されるともいへる。「王登寶殿、野老謳歌」といふのは この消息であつて、一切の個別者はそれぞれの個性を實現しながら、そのまゝ同時に他の一切に對する君主である。

固ろうな佛教者は、生產手段と生產品の社會化といふ主張に恐れをなして、判で押したやうな陳腐な佛教用語を持ちだしてくる。といふのは、平等即差別、差別即平等といふ言葉である。生產手段とその生產品の社會化といふ事は、平等の一面を見て差別を見落した惡平等の說だ、といふのである。これが即ち今の現實問題として、いはゆる社會化の妥當、不妥當を論議するものであれば兎も角だが、論理としてこの場合、平等即差別などといふ紋切型を持ちだすのは笑止の至りである。差別といふ事は個性の問題であつて、現實に根ざした個性といふものは、單なる生產手段の社會化といふやうなことで拂しよくされてしまふには、余りにも根深いものである。

5-345

資　「妖怪」と仏教（三）

●東京朝日新聞　昭和五年十月二十五日

「妖怪」と佛教…三…

前田利鎌

人間には所有本能と同時に創造本能がある。そしてある點までは兩者は逆比例して行く。ところで社會文化の豐さは、所有の差別によつて保證されるのでなくて、多樣な創造の寄與によつて擴張される。ジンメルは曾てその「カント」の中で「カントは人間を自然から解放したが、個人を解放しなかつた。個人及び個性の問題は二十世紀の課題である」といふ意味を述べてゐる。しかし、ある者は所有の上にも所有を積み重ねんがために狂奔し、他の者は單純に無意味な生を維持せんがために憂うつな日を積み重ねて行く現代では、個人性といふことは一般には及びもつかない閑問題になつて行く。一般大衆が一樣に機械化された數量的單位に變化させられて行く現代にあつては、個人性などといふ問題はむしろ明日の課題であつて、今日の課題はその準備過程としての、生活解放でなければならない。ところで佛者は、この個人性の問題をして、可能なる課題たらしめることを恐れるのであらうか。

以上によつて、佛教の立場と輪廓をほゞ明かになし得たと思ふ。その主張は決して單なる思想や觀念ではない。佛門の目指すところは、あくまでも現實直觀であつて、觀念にとらはれた戯論をあくまでも排斥する。この態度が佛教のアルファであり、オメガである。臨濟の言葉に――一句語須具三玄門、一玄門須具三要」といふ恐ろしく哲學的なものがあるが、彼は何も大して六ケ敷い事をいつてゐるのではなく、禪者はこれを簡單に見て了ふ。例へば、ステツキを時に應じて用心棒にも使はうし、杖にもしようし、しんばりにも應用しようといふ類である。すべて物を單純なそれとして認識し、單純なそれとして實用して行くのである。かういふ偏見や、慣習にとらはれない自由な境地を解脱といふのであつて、臨濟は「隨處に主となれば、立てるところ皆眞なり」と道破した。

かういふ自由な境地から見ると、大抵の所有といふとは被所有といふ事になる。じつさいラスキンが、自分の持つてゐた黄金の重みで海中に溺死した男を笑つて、この男は金を持つてゐたのか、持たれてゐたのか、と疑問を發したやうに、所有といふ概念ほどあいまいなものはない。觀念にせよ、慣習にせよ、大抵の人は自身の所有物に、却て引きずり回されてゐるのである。南泉は自分の會下の大衆が、東西に分れて野良猫の爭奪をやつてゐたので、ムヅと猫をヒツつかんで、出刄ぼう丁を擬しながら、

「氣の利いた返事によつては、猫を助けてやらう」といつた。しかし群僧どもは、可憐、南泉に殺生戒を犯させてしまつた。

われ〳〵は、この群僧のやうに有害無益な偏見に支配せられて、どれほど貴重なもの、生命を殺してゐるか分らない。ところでかういふ偏見と、一切の被所有から脱却した自由人の境地を大衆遊戯の生活といふのである。そして遊戯に至つて佛門の究きやう地は開展するのである。

獣 古猿のような顔の人魚が現われた

5-346　★新世界　昭和五年十月二十二日

古猿のやうな顔の人魚が現はれた
船から四呎位のところへ
ブツケツト・サウンド沖へ

（沙港廿日發電）本日ハリバツト・ボートの船長ヂヤンゴードは一つの珍談を携へて歸つて來た。それはブツケツト・サウンドの沖合に於て長さ約二十呎位の人魚が現れたといふことである。丁度恰も該船がワシントン州の沖合デストラクシヨン島附近を通過中ホー河の河口にてこの人魚が現れ船を見つめてそのまゝ河中に逃込んだのである。人魚は古猿のやう、額くしや年寄りだつたが、その現れたの船から約四呎位の個所だつた色は黄褐色で猿のやうな顔をしてをり、眉も何もないものだつた由である

怪 不思議なる幽霊話 事実見たばかりでない

5-347　★ユタ日報　昭和五年十月二十二日夕

事實見たばかりでない
不思議なる幽靈話
十餘哩も一所に連立つて來た

僕、昨[illegible]ナに見[illegible]かたがつて行つたんですそして[illegible]つたんですが其の[illegible]に不[illegible]な事件があつたんです」もいふのを切つかけに現に今でも日分が不思議な事件の中に入つてゐるかの様な態度で語り出した。其れは某といふ日本人で可なりながい間當市で白人家庭にあちらこちらと働いてゐた人下あつた、記者は何うえらい事なんだらうと思つたが不思議といふ話事と其の物ものしてをる様な態度につひ引きつけられて自分の好奇心をも忘れて

「一たい不思議つてどんな事なんです、物でも取られたんですか」と尋ねると

「オイヤ、そんな事件じやないんです、[illegible]が出てたんです、其れもわ[illegible]しがそれと知らずに[illegible]

[illegible]も一[illegible]に来なんです、[illegible]った所あなたには私の[illegible]をうかしてゐるとより外に思は、ないでせう。[illegible]おこしつかへなくば新聞に申上げませう、いゝえ新聞に出していたゞかなくても差支へはありません、そんなつもりで参つたのではありません、[illegible]んまり不思議なんで私独りでは何とも解釈が出来ないもんですから、実はどんな事かで、ハイ、まアあなたのお力を貸していたゞくといふつもりなんです」

豆腐屋の二蔵さんがつい一週間ばかり前に同氏の裏手の納屋内で首つてゐる本人の姿を、それも自分が其の隣の婦人より前に見つた者までつけたのをありありと見たといふ話を当人の口から聞かされてゐる矢先の事とて、一寸幽霊がおれしてゐたものか知り[illegible]話しく[illegible]い、其れは人の様な[illegible]であつた（つゞく）

不思議なる幽霊話　事実見たばかりでない

★ユタ日報　昭和五年十月二十三日夕　5-348

怪

事實見たばかりでない　不思議なる幽靈話

十餘哩も一所に連立つて來たこと

「私は一寸した私[illegible]が出来ましたので其の日、そうですね十時か、一午後何です午後の十時頃そうしつかり分りませんが、自分の[illegible]に[illegible]かれました。[illegible]クナに着いて用をすませ、尤も玉場に入つて、そ[illegible]お来知でせうあのゲーヤの何とか云ひましたね、そう〳〵あれですそこで一二時間遊んで帰途についたのです

私は時計を見たんですが何でも十二時卅分位廻つてまして、これは少し遊び過ぎたと思つたがどうもしやうがない、とふと何年か前に通つた事のある何も婦人[illegible]かに通づる近道のあるのを思ひ出したんです、何で十分でも十五分でも早く行かねばと思つた矢先なもんですから其の[illegible]の[illegible]や、今どんなになつてるかなどは[illegible]へずに[illegible]校とサーヒニスターションのある角を北に取つて[illegible]カッパーの[illegible]イ[illegible]の[illegible]から右に曲つて[illegible]はじて来たんです

月夜だつたかどうかつてそんな事は私、いや自動車に乗つて居るとそんな事はだれだつて気のつく事はめつたにありませんよ、だから私にも判然と分りません、[illegible]の古いフォードなんですからへフィライト[illegible]いもんで其れにバタリー[illegible]にうすぐらかつたんです、それであの凸凹の道をドライブして来ると突然[illegible]手に[illegible]のある所に、いや元から其の[illegible]に[illegible]のあつた事はうろ覚え[illegible]おぼえて[illegible]ましたから少しはかり手前でスピードをゆるめて来たんですが[illegible]だけならよかつたんですがあがりにたまり水を[illegible]すつもりでもあつたのか道を[illegible]一文字に小溝を掘つてあつたのです[illegible]はすガチリと乗り上げたんです

イイエスタックはしませんでした何大した巾の[illegible]いデッチでもなかつたんですから、ですけれど急にブレーキをしめかけたもんですからうしろのシートが反動でカタリ音がしました、勿論右[illegible]フードだからシートが[illegible]りにひつくり返らうが差つかへないんですが何とはなしにブレーキをゆるめ作らうしろを見ました

私は実際ギョッとしました、うしろのシートの向つて左の隅の方にレザー白人の其れが私の一[illegible]ばかり[illegible]いて居た所が[illegible]いや[illegible]でも[illegible]な[illegible]なんですから[illegible]夫人とだけで想像して下さい、其の夫人[illegible]ーッと[illegible]て居られるおやありませんか、

私は[illegible]に[illegible]部につく電火のスイッチをひねりました然し其れは永い間つかつた事もなしスしらべて見た事もなかつた丈けに遂に火がつきませんでした

（つゞく）

怪　不思議なる幽霊話　事実見たばかりでない

★ユタ日報　昭和五年十月二十四日夕　5-349

事実見たばかりでない
不思議なる幽霊話
十余哩も一所に連立つて来たさ

「イヤ、其の時は幽霊だなんて思ひやしません、だつて丁度一時ばかり前にメーン・ストリートで会つて若し仕事でもなかつたら当の中来て居つてはどうか小遣位はやるからと親切に言つてくれたのでした、又死んでしまつて居たとなどはちつとも知らなかつたんですからね、[illegible]分の知らぬ間に自分のカーに乗つて居られたので車内が暗いので[illegible]ちよつとしか[illegible]なんです、で すぐに私はすぐにどうして、いつどこに[illegible]になりましたか、とつづけさまに問ひを連発したんです、そうするとエム夫人は「一寸用事があつて来たんだが帰りにカーが破損したからお前のカーのあつたのを幸に乗つたのだよ、どうぞ[illegible]さして[illegible]なんだが宅にほら、[illegible]が待つて居るだらう、わかつたかい」

と言はれたで[illegible]う、私はなかの[illegible]たかいと言は[illegible]の[illegible]になりません[illegible]の[illegible]る[illegible]なんです、[illegible]の[illegible]する[illegible]を[illegible]つけ[illegible]ですから[illegible]だつて[illegible]やしません[illegible]れに[illegible]つた[illegible]ですから[illegible]してはんな[illegible]られたんだらう[illegible]れて[illegible]つてもよい[illegible]なんですが[illegible]れを[illegible]が[illegible]かつたんですそして第三アベニユーの[illegible]へ[illegible]りしたんです、そうですな一[illegible]少し前だつたと[illegible]ます」

「つゞく」

怪　不思議なる幽霊話　事実見たばかりでない

★ユタ日報　昭和五年十月二十五日夕　5-350

事実見たばかりでない
不思議なる幽霊話
十余哩も一所に連立つて来たさ

「エム夫人の下車して歩くうしろ姿ですつす、其[illegible]やいつもと違つて[illegible]が[illegible]位は[illegible]ましたよ、ですけれど夜の一時すぎでせう其んな事は[illegible]を引起す事にはなりません、其れに其の当時、いやみ[illegible]フラビー[illegible]を目るまで夫人のなくなられたなんて事は全く[illegible]に[illegible]て居なかつたんですからね

夫人が死なれたのは其れから[illegible]ちやないかつて、あなたは[illegible]らつしやらないんですか、[illegible]だ私の[illegible]を真面目に聞いて[illegible]そんな[illegible]がるんなら私だつて[illegible]にあやしげな云ひ事をつけて人[illegible]がせなんかしませんよ

其れが斯ふなんです、今朝の[illegible]で見ますと「ニユ夫人は[illegible]に[illegible]イウニーで自[illegible]が[illegible]して[illegible]に[illegible]を負つて病院に、[illegible]病院だと思ひます、運ばれる途中に[illegible]したでせうかそれであるんですよ、[illegible]して其[illegible]……私は其れを見て[illegible]りしました、一時は[illegible]らやないか[illegible]つて自分で自分の[illegible]をつまんで見ました、[illegible]の[illegible]は少し[illegible]で云ふんでせう私の[illegible]を[illegible]る二三十分[illegible]ぢやないですか

「まぼろし」ぢやないかと云ふ人もありますが私はさう思ひません、あんなに可愛いかつて[illegible]た[illegible]をのこして突然なくなられたんだから、其の[illegible]な事はあつても不思議ぢやないと思ふんです、其れに再婚したので夫は真実の[illegible]ではないんですからね

あなたも自分[illegible]で見た「まぼろし」だらうとおつしやられ[illegible]か[illegible]もしますが、私の[illegible]の[illegible]夫人の[illegible]られた[illegible]その[illegible]にこれが落ちて居たんです」

と彼れは小手先に少しのフルを見せて[illegible]つゝみから少さい女持ちのハンカチーフを出して見せた、記者は半好奇心で手に取つて見た、其の一隅にはニユレーと云ふモノグラムが[illegible]つけられて居た

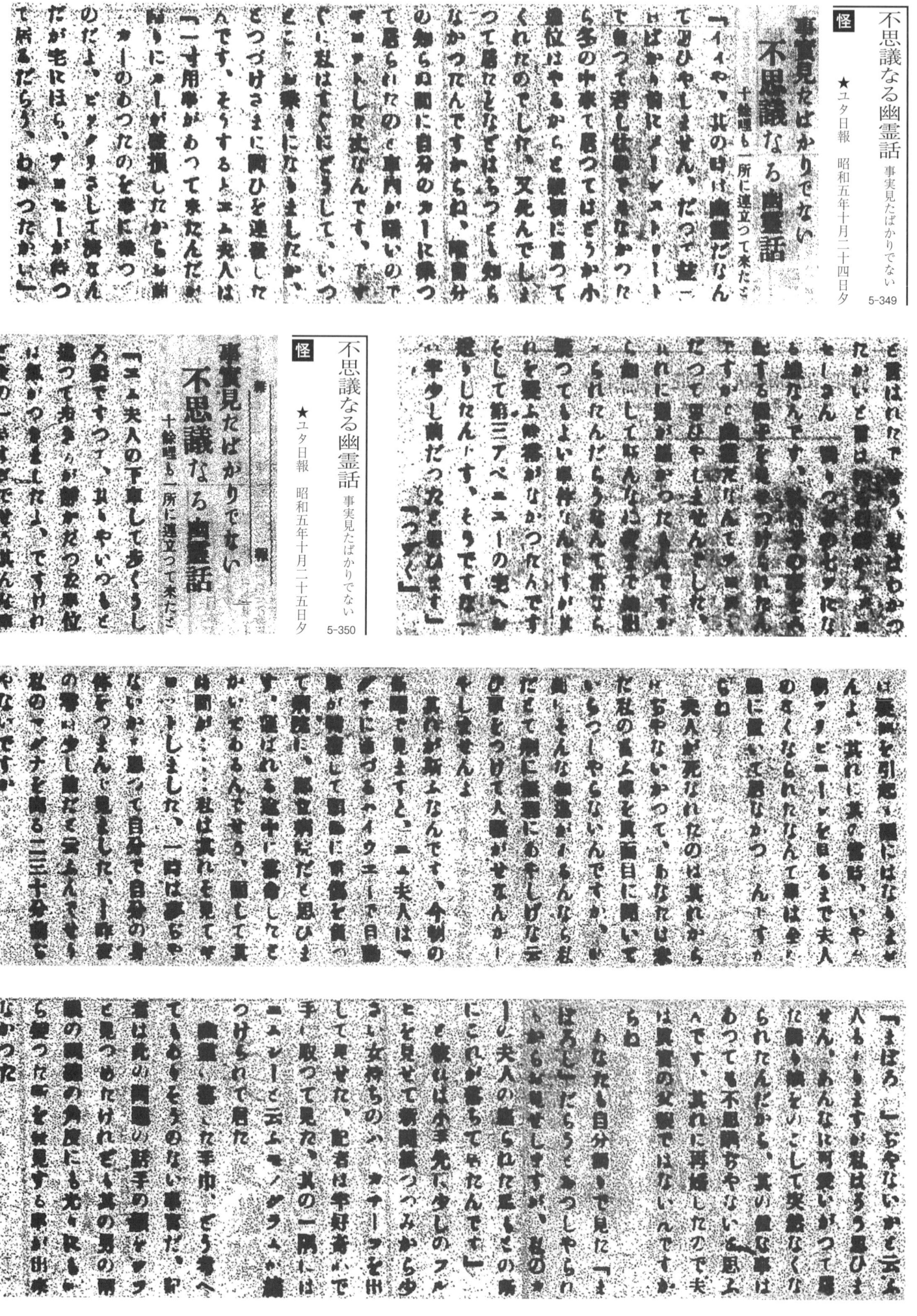

幽霊に[illegible]された手巾、どう考へてもそうの[illegible]ない事実だ、記者は此の[illegible]の話手の顔をヂツと見つめたけれども其の男の両眼の[illegible]の角度にも[illegible]も[illegible]ら疑つた[illegible]を発見する事が出来なかつた

怪談　姉妹の霊（一）　病床の妹

●徳島日日新報　昭和五年十月二十三日（二十二日夕）

5-351

病床の妹

一

市内佐古町某裏の丁に住まつてゐる陸軍歩兵大尉某未亡人の家庭……時は昭和四年晩秋の出來事……聞くも實に涙ぐましい、世にも不思議な事實怪談である事を、先づ冒頭に一言して置く……。

◇　◇

姉は七歳で妹は四歳だつた。二人共非常に仲が宜かつた。

妹の光子が流行感冒で床に就いた時、姉の喜美子は、その枕元から離れなかつた。

母親の時子はそれが氣に懸つてならなかつた。といふのは掛りの醫者から『もし傳染するやうな事があつては不可ないから、成るべく小供を病人の傍へ近付けないやうに……』と言はれてゐるからであつた。

『喜美ちやん。光ちやんの看護は阿母さんがするんだから、お前は幾等光ちやんが呼んでも傍へ寄つては不可ませんよ。お醫者さんからも止められてるんだからね』

『でも……それでは光ちやんが可哀想だわ。私が枕元に付いて居てあげないと、光ちやんは淋しがつてあんなに泣くんじやありませんか』

『でもお前にもしうつりでもしたら大變じやないの。最う學校へも行けなくなりますよ』

『構はないわ。私病氣になつて寢ても、光ちやんと一緒だつたら宜いのよ。死んだつて構はないわ』

『それでは阿母さんが困るじやないか。眞個に聞き分けの無い子だね』

常には從順な少女だつたが、此の事ばかりには、強く反抗して、母親の言葉を如何しても用ひなかつた。學校から歸ると直ぐ妹の枕元へ附き添ふて氷袋を取り替へたり、種々の話しをして聞かせてやつたり、便器の世話迄し看護して居るその動作は、今年七歳の少女の出來る事ではなく、餘りにもいぢらしくて、涙なしでは見ていられなかつた。

妹の光子も亦た姉の喜美子を枕元から離さなかつた。一寸喜美子の姿が見えなくなると

『姉ちやんわ……姉ちやん居ないよ……オツカちやん……姉ちやん居ない……姉ちやん呼んでよ……姉ちやん……姉ちやん……』

と廻らぬ口で姉を呼びながら、泣きわめくのであつた。

斯う言ふ始末なので、母親に喜美子を病兒の傍から遠ざける事も出來ず、只此の上は神を念ずる外に仕様がなかつた。

『何卒光子の病氣が一日も早く全快しますやうに……そして喜美子の身體に異状のありませぬやう』

斯うした母親の念願と、妹に對する姉の純情が、神に通じてか、光子の病氣は一日〳〵快方に向つて、醫者から最う大丈夫だといふ安心な言葉を掛けられるやうになつて來た。

『まあ宜かつたね。ほんとに如何なる事かと心配したが光ちやんの病氣は快くなるし、喜美ちやんの身體にも異状はなし、是れで阿母さんも眞個に安心したよ。光ちやんが全快したら、三人で何處かへ行つて、面白く遊びませうね。光ちやんの病氣の快くなつたのは喜美ちやん……眞個にお前のお蔭だよ。もしお前に病氣がうつては大變だと思つて、阿母さんは如何なに心配したか判らないよ。それでも何事もなくつて、ほんとに宜かつたね。ほんとに嬉しい事だわ。光ちやん、お前姉ちやんを大切にくせねば不可ませんよ。姉ちやんは眞個にお前を命懸けで看護したんだからね……』母親は實際に喜んで、光子と喜美子の頭を撫で擦つたが、併しそれはほんの束の間の喜びに過ぎなかつた。

光子が全快して床拂ひをした頃喜美子は急に發熱して、重い病の床に就いた。

怪談　姉妹の霊（二）　妹の病床

●徳島日日新報　昭和五年十月二十四日（二十三日夕）

5-352

二　妹の病床

ある日喜美子は憂鬱な顔をして学校から帰つて来たが苦しくて仕方がないと言つて床に就いた。

余りに顔色が悪いので母親が驚いて医者を迎へた時は既に喜美子の顔は火のやうに赤くなつて、四十一度といふ発熱だつた。

『妹さんの病気が感染したやうですね。未だ宜く判りませんが、今度は妹さんのよりは悪性のやうだから、余程気を附けねば不可ません斯う熱が高くては……』

医者は看護に就いて種々の注意をして置いて帰つて行つた。

母親の時子は泣くにも涙がなかつた。斯う言ふ事になつては大変だと思へばこそ、最初から、医者の注意通り光子の枕元へは近附けまいとしたが、余りにも純真な姉妹の愛情に、ツイ引かされて、そのまゝに打ち棄てゝ来たのが、今更のやうに後悔された。

『斯んな事になる位だつたら、幾等可哀さうでも、叱り飛ばして、寄せつけるのではなかつたのに……』

と幾等思つてみても最う後の祭りであつた。時子は自責の念に心を痛めながら、喜美子の枕元に就き切つて、看護を尽した

医者に注意をされた通り時子は病人の心臓と頭へ氷袋を載せて、冷す事を怠らなかつたが、氷は直ぐ溶けてしまつて幾度となく取り替へねばならなかつた。

喜美子は苦しげに顔をしかめながらも、時々眼をパチ／＼と見開いたが、その白眼は充血して真赤であつた。

『喜美ちゃん……心配しなくつても大丈夫だよ。直ぐ快くなるつてお医者さんがおつしやるんだからね。少し苦しくつても我慢していらつしやいよ』

時子は優しく斯う言つて、喜美子の顔色を窺ふたが、何の返事もせず、時々眼を見開いたり顔をしかめるのみであつた。

夜に入つても熱は依然として下らなかつた。刻、一刻と不安な夜は更けて、午前の一時頃であつた

それ迄何も言はず、只時々ウン／＼と苦しげな唸き声を洩らして居た。喜美子が突然

『光ちゃん……』

と幽かな声を立てた。時子は驚いて、病人の顔色を窺ひながら、

『光ちゃんは寝て居ますよ。お前の傍には阿母さんが斯うして附いて居るんだからね。何も心配する事はありませんよ』

『おかアちゃん……』

『アイよ……阿母ちゃんは此処に居ますよ……何か食べ度いものはないの……』

『あのね、あそこに綺麗な／＼お花が沢山咲いてゐますの……あの花の中に、おばアさんが立てるわ……あれ招いてるのよ。光ちゃんと一緒におばアさんの処へ遊びに行つてはいけない……』

時子は慄然とした。喜美子の言ふおばアさんといふのは、昨年末迄喜美子と光子を眼に入れても痛くない程可愛いがつて居た彼の女等の為には祖母である。併しその祖母は既に昨年末、脳充血で頓死して、最う此の世の人ではなかつた。

『いけません／＼決しておばアさんの元へ行つては不可ないよ。喜美ちゃん……しつかりしておくれ……これ喜美ちゃん……』

時子はぶる／＼慄えながら、我を忘れて叫んだ。

怪　怪談　姉妹の霊（三）　亡霊の招き
●徳島日日新報　昭和五年十月二十五日（二十四日夕）　5-353

三　亡霊の招き

喜美子は昏睡状態に陥つて居ると見え、幾等母親が声を掛けてもそれをはつきり意識する事が出来ないやうだつた。

時子は耐へ難い不安に、胸が怪しく騒いで、身の慄えが止らなかつた。

『喜美子の愛に惑溺して居た祖母の亡霊が、喜美子に取りついて、あの世へ誘ひ出さうとして居るのではなからうか……』

そんな事はあられぬ筈だが……併し時子はその場合ひ、斯うした恐ろしい考へが頭の中に渦を巻いて、それを迷信として如何しても

怪談　姉妹の霊（四）　姉の臨終

●徳島日日新報　昭和五年十月二十六日（二十五日夕）　5-354

姉の臨終

四

その翌日も喜美子の熱は少しも下らず、やはり四十一度を示して居た。醫者は日に二回づゝ診察に來たが、肺炎になる恐れがあるから除程氣を付けねばならぬと言つた。

喜美子は常に昏睡状態に陷つて只昏々と眠つて居たが、時々彼女の口から洩るゝ囈言は何時も妹の事ばかりだつた。

『光ちゃん……何時も姉ちゃんの傍を離れては不可ないよ。何處へ行つても……何處で遊んでも姉さんと一緒でなければね』

喜美子が如何に光子を愛して居たか……と言ふ事は高熱の爲めに發する斯うした囈言に迄現れて、互に慕ひ合ふ姉妹の純眞な愛情には、母親は何時も泣かされた。

そして喜美子が如何に昏睡状態に陷つてる時でも、光子が枕邊に居て話しかけると、それが不思議にも喜美子に通じて、その受答えを言葉や色に現した。

當年僅かに四歳の幼女でありながら、姉の病氣を治さねばならぬといふ一念はあると見えて、母の言ひ附けを堅く守り、見て居ても痛々しい程おとなしくて、姉の枕元に凝つと蹲へて居る光子の憂鬱た顏を見ると、時子はいぢらしさに胸が掻き亂れて、泣くまいとし拂ひ除ける事が出來なかつた。

暫らくすると亦喜美子の口から恐ろしいうは言が洩れ出した。

『光ちゃん……光ちゃんよ、あれごらん。何て美しい花でせう……色々の花が一つぱい咲いてるわ。おばアちゃんが花を……美しい花束を、ちやーんと持つて、お出で〳〵をしてるわ。行きませうねあの花園へ……』

其處へ行く時が、呼吸を引取る時だ……といふ感じが時子の腦裡に閃いた、彼女は氣も狂はしく慄ふ手先で、喜美子の頭を撫でながら、涙聲で再び叫んだ。

『喜美ちゃん……いけない〳〵其處へ行つては不可ませんよ。お前其處へ行つたら死ぬるんだよ。今から死んでどうするの……喜美ちやん氣をしつかり持つておくれよ阿母ちゃんが斯んなに呼んで居るのが判らないか……阿母ちゃんも光ちゃんも此處に居るんだよ。何處へも行つては行けませんよ』

時子は氣を取り亂してしまつて次の室に寢て居る光子を抱きあげて來た。そして光子が驚いて泣き出すのを叱るやうに

『お前、泣いてる處ではないよ。今姉ちゃんがお前や私を遺てゝ恐ろしい處へ行かうとしてるんだよ姉ちゃんを何處へもやつてはいけませんよ。さあ、姉ちゃんの手々をしつかり掴まへて……姉ちゃんどこへも行つては不可ないつて……大きな聲で言ふんですよ……ね光ちゃん……さあ大きな聲で』

光子は最う泣く事さへ忘れたやうに、呆氣に取られてしまつて、母親に言はれるまゝ、姉の片手を取つて、兩手でしつかと握り締めた。そして實際に誰よりも好きな姉が、居なくなつては大變だといふ意識か彼女の幼い頭にも浮んで一生懸命甲高い聲を擧げた。

『姉ちゃん……姉ちゃん。厭よ……厭よ……何處へも行かないでよ行つては厭よ……』

此の妹の一聲は不思議にも、姉の魂に通じたと見えて、喜美子はパッチリと兩眼を見開いた。

『姉ちゃん……』光子はなつかしげに姉の顏を差し覗いて、

『姉ちゃん……餘外へ行つては厭よ……お宅に居てよ……』

『えゝ……光ちゃんと一緒でなくては何處へも行かない事よ。……阿母ちゃん……あれ……』

『オ、……今あげますよ。それでも氣が付いて宜かつたね。喜美ちやんの傍には斯うして、光ちゃんも付いてゐるんだから、どんな綺麗な花があつても、亦どんな人が呼んでも行つては不可ませんよ喜美ちゃんの眼に見えるものは病氣のセイで皆惡い夢なんだからね』

やつと氣を落ち着けて、時子が差出した水藥を口に當てて、キウーと一口すゝつた喜美子は只僅にうなづいただけで兩眼を閉ぢ、亦昏々と眠り出した。

ても泣かずには居られなかつた。

『世界中是れ程迄に愛し合つた仲の宜い姉妹が又とあらうか。二人の魂は全く一つである。眞に一心同體とは二人のやうな仲であらう。一方の生命が滅んだ時は、一方の生命も滅ぶに相違ない』

斯んな恐ろしい感じがして、時子は烈しい不安に戦いた。

どうでもして喜美子の病氣を救はねばならないと彼女は病人の枕元に就き切つて寝食も忘れ出來る丈の手を盡したが、少しもその甲斐がなかつた。

喜美子が病みついてから六日目愈肺炎になつたので、最う萬一の用心をせねばならぬと醫者から宣言された時は、時子自身も看護に疲れ果てゝ、宛然で病人のやうになつて居た。

その夜……最う午後の十一時頃でもあつたらう。それ迄、只正體もなく昏々と眠り續けてゐた喜美子が不圖眼を見開いた。

『おかアちゃん……光ちゃんわ……光ちゃん居ない』

『光ちゃんは此處に居ますよ……それ光ちゃん、姉ちゃんが呼んでる、御返辭をしなさい……』

母に抱かれて、ウト／＼と眠つて居た光子は、此の時揺り起されて眼を覺ましたが、泣きもせずにおとなしく

『姉ちゃんよ……』

と言つて、小さい首を差しのべて、姉の顔を覗き込んだ。

『光ちゃん……あの姉ちゃんはね……光ちゃんやおかアちゃんと何時迄も／＼一緒に居たいけれど……最ういけないの……お別れするのよ……さようなら』

喜美子の此の一言は母親の頭上へサッと血を迸つて、全身を緊張させた。

『喜美ちゃん……光ちゃんや、お母さんを棄てて何處へ行くんだよ……喜美ちゃん是れ……しつかりしておくれ……』

時子は泣き聲を立てゝ呼んだ。

『姉ちゃん／＼……』と言つて光子も泣き出した。

『光ちゃん……大きい聲で姉ちゃんを呼ぶんだよ。喜美ちゃん……是れ喜美子……ッ』

時子が狂氣のやうになつて、喜美子を抱き上げた時は喜美子は既に息を引き取つて居た。

怪　怪談　姉妹の霊（五）　姉の姿
●徳島日日新報　昭和五年十月二十七日（二十六日夕）　5-355

五　姉の姿

時子は喜美子の死骸を抱きしめたまゝ何時迄も泣いて居た。光子も冷たくなつた姉の手を堅く握りしめて、火のつくやうに泣いた。

その翌日、親族の人々や、隣家の人達の世話で喜美子の葬式を濟ましたが、時子の泣き腫らした顔と、光子の『姉ちゃん／＼……』と絶へず姉を慕ふて泣き叫ぶその痛々しい聲には周圍の人々の涙を誘ふて、それは餘りにも悲惨な、眞に涙の葬式だつた。

時子はその後二三日といふもの全く魂の抜けたやうにがつかりしてしまつて、何事も手に就かなかつた。光子は亦非常に淋しがつて、片時も母の傍を離れず、時々思ひ出したやうに『姉ちゃん／＼……』と亡き姉を慕ふて、泣き聲を立てたが、それが時子には亦腸を斷たるるよりも苦しかつた。

『光ちゃん……眞個にお前いゝ子だから、最う姉ちゃんの事を言つてはいけません。姉ちゃんは遠い處へ行つて、最う二度と歸つて來ないんだからね……姉ちゃんの事は忘れるんですよ』

『姉ちゃんは何處へ行つたの……私姉ちゃんの處へ行き度いのよ……おつかちゃん。姉ちゃんの處へ伴れて行つてよ……』

『姉ちゃんの處へ行かれる位ならおつかちゃんも斯んな苦しい思ひはしないのよ。光ちゃん何卒最うおつかちゃんを泣かさずに置いておくれ……』

斯うして時子は日に何度となく光子の爲めに泣かされた。

喜美子が死去してから恰ど五日目のある夕方の事であつた。時子が臺所で夕食の仕度をして居る

と、裏庭で遊んで居た光子が其処へ駆込んで来た。

『おかアちゃん……姉ちゃんが帰つたのよ……姉ちゃんが……』

時子は全身から冷水を浴びたやうに竦とした。

『お前まあ、何を言ふんだよ……光ちゃんお前夢でも見てるじやないの……』

『でも、真個に姉ちゃんが、裏へ帰つてるのよ。綺麗な〱花を持つて……私呼んで来るわ……』

光子は嬉しげに莞爾々々しながら裏口へ駆出して行つた。

『光ちゃん……行つては不可ない光ちゃん……』

時子は気狂くなつて後を追ふた
『姉ちゃん……姉ちゃん此処に居たのに……最う居ないわ。姉ちゃん〱……』

光子は裏門のザクロの木影をウロ〱しながら、泣き声となつて亡き姉を呼んでゐた。

時子は飛鳥の如く光子に飛び掛つて、抱き上げた。そして座敷へ駆もどつて来て、犇と光子を抱き締めながら涙声で
『光ちゃん、お前が餘り姉ちゃんに逢ひ度い〱と思つてるんでそれで姉ちゃんの姿が見えたんだよ。姉ちゃんはね、最う死んで此の世には居ないんだから、二度と帰つて来はしないわ。姉ちゃんの事は最う思つてはいけないつて、あんなに言つてあるのに……お前ほんとに聞き分けが無いのね』

時子の両眼からは涙が流れ出した。

『でも……居たのよ……あそこに居たわ姉ちゃんが〱……』

光子は身を悶えて泣いた。

怪談　姉妹の霊（六）　火の玉

怪 ●徳島日日新報　昭和五年十月二十九日（二十八日夕）

5-356

六　火の玉

その夜光子は『姉ちゃん〱……』と泣き叫んで、如何しても寝就かないので、時子は仕方なく光子を背負ふて、喜美子の霊を祭つた仏壇の前へ坐つて何時迄も〱焼香して居た。

香の煙に満された室内は寂然として、電燈の光りもほの暗く四辺は憂鬱な気分に閉されて居たが、裏庭の垣根から聞ゆる蟲の音がいやに淋しく耳に就いて、時子は腸を断たれるやうな哀愁の感に打たれて居た。

光子は母の背に負はれると同時に泣き寝入つたと見え身動きもしなかつたが、時子はそれをおろさうともせず、何時迄も仏壇の前へ坐つて亡き喜美子の俤を脳裡に描きながら一心に念仏して居た。

夜は次第々々に更け渡つて、最う十二時近い刻限であつた。時子は自然と背中に寒気を感じ出したので、何気なく光子を降してみると、彼女の小さい首はグンナリと垂て、顔色は土色になつて居た。

『オヤ……』

と時子が吃驚して手足へ触つてみると、光子は全身が冷へ凍つて血の通つて居る毛脈がなかつた。

『光ちゃん〱……如何したのよ光ちゃん』

時子は狂乱して、物凄い叫び声を挙げたが光子は返事がなかつた
時子は突つと立ち上つて、外へ飛び出た。そして裸足のまゝ隣家の門口を潜らうとした時、その門の柱へしがみついて居る女の影を認めて立ち止つた。

『小母さん……お隣の小母さんじやありませんか……小母さん、一寸来て下さい。光子が、光子が大変です光子が……』

門柱へしがみ付いて居るのは隣家の老母であつた。彼女は何事か言ふとして口も利けぬ如く、只ウン〱と唸めいて居た
『小母さん。光子が死にました来て下さい……』時子は訴へるやうに叫んで老母の袂を押へた。

『一寸待つて下さい……奥さん私は腰が立ちません。腰が抜けてるんです……一寸待つて下さい……』

老母はやつと斯う言つたがなほガツ〱と慄えながら
『奥さん……まあ聞いて下さい。光子さんの死んだのも無理はありません。よく落ち着いて聞いて下さい。私は今夜活動写真へ行つて今此処迄帰つた処ですが、すると奥さん。お家の軒口に一尺廻り位の青い火の玉がふら〱と動いてるんじやありませんか……』

『えゝ……あの火の玉が……』

『まあ私の話しを聞いて下さい……

…その火の玉が、お宅のあの窓口から家の中へ這入つて行つたのです……すると〳〵暫らくしてその火の玉がまたあの窓口から出て來たのですが、すると〳〵奥さん。續いてまた一つ少し小さい火の玉が出て來て、その二つの火の玉がもつれ合ひながら、お宅の喜美子さんを葬つたお寺の方へ飛んで行つたのですよ奥さん……』

『えゝ……それでは〳〵喜美子が光子を迎へに來たのです。……小母さんどうしませう……光子は死にました。姉があの世へ伴れて行きました』時子はワッとその場へ泣き崩れてしまつた。

『餘りお二人が仲が宜かつたもんですからそれで〳〵死んでも離れては居られなかつたんでせう御氣の毒ですまんとにお氣の毒です』

老母は尙ほ門口にしがみついたまゝ、ワナ〳〵と慄えて居た【完】

5-357

怪　霊界のドイル　●河北新報　昭和五年十月三十日

霊界のドイル

此は探偵小説で世界に知られてゐるコナンドイル氏の心靈寫眞である。生前ドイルは心靈學の研究でも權威であつたが最近ドイル未亡人が亡夫の靈界にさまよつてゐる姿をウイリアム・ホープといふこれも有名な心理者の暗示によつて見たといはれてゐる。右上はドイルが死ぬ僅か前に撮したもので下と比較すると面白い。

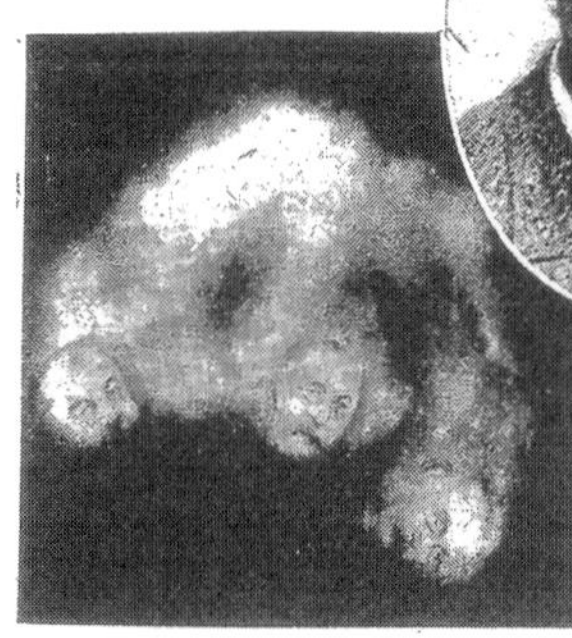

5-358

怪　死霊の告げ　●国民新聞　昭和五年十一月二日（二日夕）

日曜静観

死靈の告げ

五來素川

最近世界大戦の主張者で又豫言者であつた、獨逸のベルンハルディ將軍が、其の死ぬる前に、「第二の世界大戦、其の序幕としての日米戦争」と題する一文を、米國に寄せて、大にアメリカの人心を騒がした。元來先年の世界大戦が、日露戦争を序幕として始まつた事は歴史家の一致に認むる所であるが、來るべき世界大戦が又日本人の戦争に依つて始まると云はれる事は、不可思議なる因縁と云はねばならぬ。

日露戦争が世界大戦の原因となるだらうと云ふ事に就ては、既に滿洲の野に於て戦つて居た時から歐洲人の間に、一種の豫感があつた。之れに就て面白い話がある。

○

私が初めてフランスへ着いた時は、明治三十七年、日露戦争の眞最中であつた。或日パリのラテン街を歩いて居ると、後から肩を叩くものがある。振り返つて見ると丈の高い見も知らぬ老人である。彼は私に、日本人かと尋ねた。私が左様だと云ふと、是非一緒に來て日本の話をして呉れないか、と云ふ。

連れて行かれたのは、つい近所のジャコップ街の三階で、彼は退職陸軍少佐であつた。彼は隠居の閑つぶしに、スピリチズム（譯せば通靈術）と云ふものに凝り、毎日大學の講義を聞きに行つて居た。通靈術とは現實界と幽冥界との交通を信ずる一派であつて、大體に於て此の人の様な好人物の趣味である。或る時其の人に勸められて通靈術の會合に出て見た。

○

それは男女十四五人の集合で、其のうちに一人のメヂアム即ち靈媒者がある。それは廿歳前後の蝋で色のぬける程白い、神經質な、然し何處かに氣品を備へた、神々しい妙齢の處女であつた。其の傍に母と呼ばれた六十歳前後の婦人が居た。

愈々通靈術の實驗が始まると云ふので、私は心をときめかして、好奇の眼を見張つた。會衆が圓卓を圍んで座に著いた。燈火は消された。愈々始まるなと思つて心臓は益々高鳴りした。會衆は巫子の命令に從つて、皆卓上に兩手を置き、其の小指と小指を觸れ合した。やがて其の圓卓がゆら〳〵と動き出した。すはこそと思ふ間もなく、それがくる〳〵と廻り始めた。

其の圓卓の運轉に依て、靈魂の秘密な言葉が、靈媒者の耳に囁かれた。會衆は如何なる言葉を彼女が云ひ出すかを片唾を呑んで待つて居た

「來ました」

「誰が來ましたか」

「滿洲で戦死した露西亞の兵隊

が来ました」

「何と云つて居ますか」

「私は旅順口の砲台で戦死した哀れな兵隊であります」

「此の戦争は如何なりますか」

「此の戦争は世界の大乱になります。私は之れで御免を蒙ります」

燈火はついた。集会はこれで終つた。

○

此の兵隊の予言に就て会衆の間に種々の批評が交換された。私は心の中で笑つた「何だ、日本の狐狗狸さんぢやないか。東洋の一部で戦はれる此の戦争が、世界の大乱になる等とは、もつての外の妄言だ」と、私は其の人々の迷信を笑つて頭からけなしてしまつた。

殊に其の集会後に其の巫子が、神霊の感応に依つて不可思議な文字を書くと云ふ事を聞いて、日本の文字を書いてくれないかと頼んだ。すると彼女は臆面もなく鉛筆を取つて、西洋罫紙の上に、横にずく〳〵の文字を書いた。成る程其の中に所々に西洋文字の形が現れて居るが、日本字らしい所は一字もない。殊に横がきは全く日本字の観念のない事を証明して居る。従つて私は之れを出鱈目で飯を食つてゐる女と判断して会場を出た

然し事実は却てこの死霊の告げの真であつたことを証明して居る

日露戦争でロシアがまけた、従つて露帝国の威信が減じた。ドイツは此の機逸すべからずと云ふので、頻りに軍備を修めた。十年を出でずして露の軍備がまだ完備しないのに乗じ、サラエボに於ける墺太利の皇嗣の遭難を口実としてドイツは遂に剣をぬいた。これが世界大戦である。

死霊の告げと云へば告げだが、日露戦争中、鋭敏なる欧洲人の頭脳には早くも世界大戦が予想された事が証明される。然しベルンハルデイの今度の戦言が適中するとは考へられない。彼は軍閥の巨頭であつて、戦争病の大患者であるからである。

怪　一町一話（三十一）　エロ街に妙な狸の石臼　●京都日日新聞　昭和五年十一月三日　5-359

一町一話 [31]

エロ街に妙な狸の石臼

先斗町の臼大明神さま 触ると祟る震ひ

湯帰りの芸者や芳者へでもゆくのであらう茶屋のおちよぼ、さては近所のご亭主、おかみさん、舞妓なんかゞガヤ〳〵と、しかし低声で喋つてゐる、『ゆうべ、あてが此処を通つたとき官員さんみたいな人が、あのお臼さんに足をかけて靴の紐を結んでゐやはつたワ、あの女はんがその髭のあつた官員さんみたいな人の奥様やて……あれ息子はんやろか、ねゝ男はんやナム――』藤末から神酒の初穂ごろからした騒ぎが材木町（先斗町遊廓地域内）の十四番路次でくりかへされた、そこには直径二フイートほどの可目もすでに

磨滅して

をる石臼が一つチヨコナンと転がつてゐる、いつ何歳からそんな物がころがりこんだか誰れも知るものがない、ところがその石臼に触れると忽ち震ひが出て激しいものになると病名不詳で一命を渋してしまふ、誰がいひだしたのかその石臼を「お臼さん」と敬称して廓の者は滅多に触れない、その話を知らぬ通行人が、うつかり触れたり足台にしたりすると震ひつく、いまのこの騒ぎもソレだ、ゆうべ解けた靴の紐をむすぶためその臼を台にした男が家へ帰つて間なしにガタ〳〵とやりだした、医者に診せても何だか判らない

有難屋の

妻君がお代さん（神道の修験者）に伺ひを立てゝもらふと何かの祟りだといふ、そこでヒヨッとしたらと先斗町へ来て聞いて見ると果してそれだ、驚いた妻女と息子は早速と附近で赤飯を求めて上るやら清めの塩だなんかと喬くなつたそれをペチヤ〳〵と喋りながら往

き來の扉の者が見てるのだつた—
—材木町のK老女將は語る

路次の隅に放つといて人樣に迷惑をかけてはいかぬと大正十五年の夏、いまの祠を建てゝ路次のまん中へお祀りしたのどす。あの大きな下臼らしい石臼が、どうして此處にあるのかハツキリ知つてる者はあらしまへん、なんでも江州の紺屋ヶ關に棲んでゐた八九郎といふお狸さんがこの路次へ移らはつてからアノ石臼が何處からか湧いて來たといふのどす、よつぽど陽氣なお狸さんと見ねますが觸るゝ祟るといふのが殺牛どすナ」

と、永久に解けない謎の傳說だ、エロ市街に眩しい臼の存在は妙？ではある＝＝寫眞は臼ろうじの「一臼大明神」の小祠

怪　一町一話（五十三）　騷動の前兆に鐘が鳴る　●京都日日新聞　昭和五年十二月三日　5-360

【53】

騷動の前兆に鐘が鳴る

奇蹟と傳說に富む彰榮館

同志社の時計臺

大工場のピストンが動き出す時刻、講義場でいきづまるやうなストツプウオツチの刻み、戀人同士が待ち合す樂しい時間

一つの生命を 絞首臺に登らせる裁判の時刻等凡る人間生活を規律して行く時計の一つについて聞いて見ても隨分多くの悲喜劇やナンセンスを物語つてくれるであらう、日本最古を誇る同志社彰榮館の時計臺を繞る奇蹟と傳說について暫らく閑耳を與へて見よう、この時計臺は明治二十年ごろデビス敎授がアメリカのトーマス時計から取寄せてこれを四條小橋の村田時計店に組立てさせたものである、當時デビス敎授が英文のストラクチユアーを

讀んで見たが この大敎授にも餅屋のことは一向にご存じなく本館の時計屋にはなほさら横文字が判らず文殊の智慧に一つを缺いて困り拔いた揚句日本人特有の猾智慧を加へてやつと造り上げたといはれてゐる、この時計臺を護る彰榮館も明治十六年の建造で日本におけるゴート式を基調としたアメリカ建築の代表的なものとして有終館と共に遠からず特別保護建造物に指定されるさうだ、これ等は校祖新島襄先生の魂が打ち込まれてゐるだけに幾多の奇蹟と傳說が傳へられてゐるのかも知れない、建設以來一日も休みなく時を報じて來たこの時計が同志社に何か騷動が起らんとする時には必ず何百となく鳴り續いて止まないさうである、既に原田總長時代にも海老名總長の時代にも騷動の前兆として同じ凶報が傳へられた、そしてこれを聞いた者は一種云ひ難い畏敬と恐怖の戰慄を覺え同志社メンに取つては原始人が彗星を見た時の樣な凶事を豫感させられる、この

時計臺の下に 深く鎖された地下室の中には惜しい黃金の米貨が同志社の危急存亡の秋に備へるため埋られてあると傳へられてゐる、佛敎の某大本山の藏を蹟んでも困るといふ譯でもなからうが未だに掘りださないところを見ると眞僞の程は覺束ない加藤延年老先生ですら一寸は聞いてゐますが恐らく何等かの訛傳でせう」といつてゐる、とに角この秘密の藏を知りたい人はこの時計臺に聞いて見るより仕方はあるまい、時計臺は好奇家のために次の如く答へるだらう「叩けよ、然らば開かれん」と【寫眞は彰榮館の時計臺】

怪談　娘の正体（一）　鯰の生血

●徳島日日新報　昭和五年十一月十九日（十八日夕）　5-361

怪談　娘の正体　魚之助

（一）鯰の生血

新婚して間もない愛妻の清子が、えたいの知れぬ熱病に罹つて、既に三日にもなる……鶴吉はそれが心配でならなかつた。

醫者は風邪が悪化したもので、熱は三十八九度を上下して居るが、別に内臓に異状がないので、大丈夫だとは言つて居るものゝ、實際に全快して起きあがつてくれる迄は、鶴吉は少しも安心することが出來なかつた。

彼はこの三日間會社を休んで、ぴつたりと妻の枕邊に就き切つて居た。

『ほんとに私の病氣はお醫者さんの言ふ通り大丈夫ですから會社へ行つて下さいね。餘り長く休むと悪いんでせう』

『病人を一人置いて行かれるかい……そんな事は心配しないでも宜いから、早く養生して治つておくれ』

清子は良人の眞心が今更のやうに身に泌みて嬉しかつた。結婚して未だ僅かに半年の月日しか立つて居ないが、併し始めて逢つたその當夜から、深く愛情の根をおろして、赤心から靈と肉とを捧げて來た、彼女の爲めには眞に初戀の……戀しい懐かしい異性である。

その戀しい良人の眞心から迸り出る愛の看護に接して、それを充分に味はひ得た清子は、病氣になつた自分を幸福だとさへ思つて、嬉し涙にむせぶのであつた。

『清ちやん……宜い事を聞いて來たよ。肺炎に鯉の生血が利くといふ事は聞いて居たが、えたいの知れぬ熱病は白鯰の生血を呑むと立ち處に治るさうだ。それで公設市場の魚屋へ注文したが、白鯰は一寸手に入らぬかも知れぬといふから、僕今夜釣に行つて來るよ新田の堀川には澤山居るさうだから……』

買物に出掛けて居た鶴吉は斯う言ひながら、いそ／＼と歸つて來て釣道具を調べ出した。

『そんなにしなくつとも私の病氣は最う大丈夫ですのに……』

『いや／＼用心に用心をして、早く治さないと、萬一の事があつたら大變だ。淋しくつても少しの間待つてお出でよ。直ぐ歸つて來るんだからね』

『白鯰つてどんな魚ですの……』

『普通の鯰の青みがゝつた黒い斑點のあるやつさ……白鯰と言つても白くはないよ。青鯰といふのがほんとうだらうが釣師仲間では白鯰で通つてるよ』

鶴吉は日頃釣りが好きであつたので、釣り道具は一通り揃ふて居た。彼は夕食を早や目に濟まして出掛ける仕度をして居ると、

『貴方、夜分は一人で淋しいんですから、早く歸つて下さいよ。實際一時間行つては不可ないの……』

と清子は實際に淋しさを感じて打ち沈んだ聲で言つた。

『鯰や鰻は夜分に限る……直ぐ歸つて來るんだから我慢して待つてお出で……新田だから直ぐそこだよ。あそこの堀川には大きい奴が居るさうだから二三匹釣つて來て生血を取つた後は煮て食べるんだよ。鯰の味噌汁と來ては、迚もこたへられない程美味いからね……淋しくとも暫らく待つてお出でよ。一時間もすれば歸つて來るんだからね』

鶴吉は優しく斯う言ひ置いて出掛けて行つた。

『私のために夜分釣りに迄出てまあ何といふ優しい方であらう……』

清子は嬉しい涙が兩眼から湧き出て來て、サラ／＼と頰に傳はり枕紙を濡らした。

怪談　娘の正体（二）　女の影

●徳島日日新報　昭和五年十一月二十一日（二十日夕）　5-362

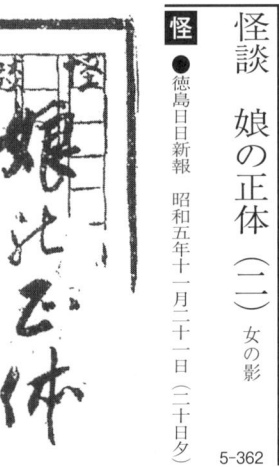

怪談　娘の正体　魚之助

（二）女の影

鶴吉が末廣新田の堀川へ出て丸池になつて居る畑の中へ釣りを垂れた時に既に陽は暮れてしまつて晩秋十三夜の月が高く東天に輝いて

怪談　娘の正体（三）　イット

●徳島日日新報　昭和五年十一月二十二日（二十一日夕）　5-363

娘の正体

魚之助

（三）

イット

『今夜は亦何て美しい月でせう。あの沖ノ洲川の土手の上を二人で少し散歩せうではありませんか……さあいらつしやい』

女は歩き出した。鶴吉は眼に見えぬ何物かの強い力に、後から押し立てられるやうな不思議な心持で、ふら〳〵と女の後に續いた。

月下にゆれ行く……水々しい肉體の、背筋から下へヤンワリとふくらみを帶びた曲線……纏ふた衣は煙のやうに薄れて、鮮かに描かれた肉線の、あり〳〵と目透されるやうな、如何にもグロテスクな氣分にひたりながら、鶴吉は全く夢心地で娘の後に續いたが、水門のユルの上へ出ると女は鶴吉の方へ振り返つて、莞爾と笑顔を見せ居た。

彼は一匹でも構はないどうでも娘の病氣を治さねばならぬといふ一念から、釣り竿を輕く握りしめて、手の觸感に注意して居たが、グイと強く[illegible]たへがあつたので引き上げてみると、それは大きい鰻であつた。

『此の向きなれば鯰も確に食ふに相違ない』

と鶴吉はそれに元氣を得て再び糸を垂れてみたが、五分十分と徒らに時間が經過するのみで、今度は何の手答へもなかつた。

『鰻一匹では仕方が無いが……』鶴吉は清子が獨りで病床で淋しがつて居る事を思ふと氣が氣でなかつた。

折角[illegible]たのだから、どうかして白鯰の一匹だけは釣つて行き度いものだと神を念じて竿を持つ手に全靈を集注して居たが、何時迄經つても何の觸感もなかつた。

『最う駄目だ……二時間以上は確に經つた、清子がどんなにか待ち兼ねて居る事だらう……』

斯う思ふと彼は最う、的もなく釣りをしては居られなかつた。鶴吉は急いで竿をしまつて、歸り仕度をして居ると

『もしく……其處にいらつしやるは三好さんではありませんか……』

土手の方から、なまめかしい女の聲がした。鶴吉は吃驚した。三好とは鶴吉の姓である。彼は驚いてその聲のした方を月影にすかしてみると、土手の[illegible]には未だ年若い一人の女が立つて居た。

『三好さん……貴方ほんとに三好さんだわ……まあ此處へいらつしやい』

『貴方はどなたです』鶴吉は惹きつけられたやうにその女の傍へ進み寄つた。

『三好さん私よ……最うお忘れになつて……』

鶴吉は女の顏を貪るやうに眺めた。

年頃は二十二三、中肉中背の水々しい濃艶な姿をして居るが、拔けるやうに色の白いふくよかな顏へ、美しう刻み込まれた眼鼻立の……殊にパッチリとした明眸は何者をもチャームせずには置かぬ妖艶な輝きを見せて、鶴吉の胸の中へ燒け附いて來るのであつた。

『確に何處かで見たやうには思ふんだが……』と幾等考へてみてもその女が誰であるか、如何しても思ひ出す事が出來なかつた。

『ほんとに貴女は誰方ですか……確に見たやうには思ひますが……』

『えゝ、是れ迄度々お眼に掛つた事がありますのよ』

女は莞爾と笑顏を見せて、一歩鶴吉の傍へ進み寄つた。

ぷんと鼻をかすめたえなれぬ香り……鶴吉は美酒にでも醉はされたやうに、頭がふら〳〵するのを感じた。

『一度逢へば決して忘れられる顏ではないが、何度も逢つたとは……まてな』

鶴吉は如何かして思ひ出さうともてあせつたが、駄目であつた。どこかで只見た事があると、思ふだけで、如何考へても記憶を呼び起す事も出來なかつた。

『夏の頃時々此の川筋で貴方にお目に懸りましたのよ。貴方最うお忘れなさつて……』

女はぴつたりと鶴吉の傍へ寄り添ふた。暖かき肌の觸感……ふんぷんと鼻先をかすめる心快いえならぬ匂ひ……鶴吉は最う宅で病床に伏せつて居る愛妻清子の事など忘れてしまつて、唯だ女の肉體から、絶へず放散する奇しき薫りに意識がぼんやりする迄に陶醉して居た。

『何をそんなに考へてらつしやるの……貴方は此の夏此の川筋へ時々釣りにいらしつたんでせう。その時私に始終貴方にお目に懸つてますのよ。そして貴方の釣つたお魚を頂戴した事もありますのよ、ホヽヽ……』

女は斯んな事を言つて笑ひ出した。成程鶴吉は此のほとりへ夜釣りに來た事は度々あつたが、未だ一度も女の子一人にさへ出逢つた事もなかつた。まして斯うした、絶へずイツトを發散する特長のある美人に逢つた覺えなどは……そして魚をやつた覺えなどは一度もなかつた。

『貴方は御存じなくとも、私は貴方を宜くお見掛け申して、默つてお魚を頂戴した事もありますのよ。そんな事は如何でも宜いわ。今夜は私と一緒にあの川の中へ這入つて遊ひませうね。斯んな美しい月の夜に二人もつれ合つて水を浴びるのも亦一興ではありませんか』

女は斯んな奇怪な事を言ひ出したが、併し鶴吉は既にその時は物を判斷する意識などは抜けてしまつて、女の言ふ事をそんなに不思議とも思はなかつた。

やがて、鏡のやうに光る水面にクツキリと曲線を描いた赤裸々な女の玉のやうな肌が眞白く浮き出て、莞爾と鶴吉を手招いた。

鶴吉は女のその不思議な媚態に耐へ難い誘惑を感じて、ふら〳〵と殆然で夢中になつて衣類も脱がずそのまゝ水中へ這入つて行つた

『もつと、此方へいらつしやい……ちよいと此處迄……』

鶴吉は言はるゝまゝ段々と前へ進んだがハツと心づいた時は既に腰部の浸る程な深みへ立つてゐた

『もつと此方よ……三好さん此處迄いらつしやいよ』

女は腹部から上の半身を水面に現して、躍るやうな手付をして鶴吉を差招いた。

鶴吉は女の傍へそろ〳〵と寄つて行つた。

『さあ此の邊で二人で一緒に遊びませうね。何て心持が宜いんでせう。まるで温泉へでも入つてるやうだわ』

女は突と男の元へ寄り添ふたがその時女の眞白い腕は、蛇のやうにうねつて、男の後頸に卷きついた。

怪談　娘の正体（四）　奇怪な姿　5-364

●徳島日日新報　昭和五年十一月二十三日（二十二日夕）

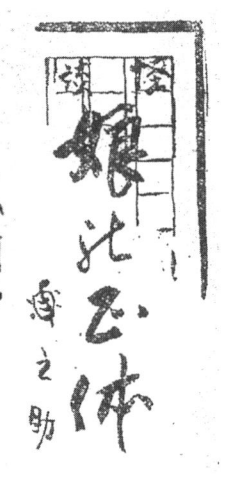

娘の正体（四）

奇怪な姿

卓之助

清子は鶴吉が釣りに出掛けた後一寢入りして眼を覺してみると枕元の置時計は既に午後の十一時を過ぎて居た。

『最うかへつて居ねばならぬ筈だが……』

清子は半身を起して座敷中を見廻してみたが、何處にも人らしい影は見えなかつた。

『目的の魚が釣れないものだから斯んなに夜のふける迄、あんな淋しい處で、じつと辛抱して居られることであらう』

清子は何時ぞや良人と二人で、末廣新田の堀川附近を散歩した時のことを思ひ出すと、人家もないそう淋しい蘆の沼の側で、ションボリと釣を垂れて居る男の姿が、あり〳〵と眼前に浮き出て來て、感激の涙にむせばずには居られなかつた。

『私は眞個に幸福だわ。あんな親切な方を良人に持つて……私の爲めだつたら、何事を置いても眞心から盡してくれるんだもの……それにしても最う歸つて來て下されば宜いのに——』

清子は良人に對する愛情に胸は高鳴つて、その歸りを今か〳〵と耳を聳立て、待つて居たが、既に時計の針は十二時を過ぎたけれど良人は歸つて來なかつた。

『何うしたんだらう……何か何んでも今迄歸つて來ないつて筈はないが……もし良人の身の上に變つた事でも起つたのではあるまい

か』

斯う思ふと彼の女は急に胸が騒ぎ出した。最う凝つとそのまゝ臥ては居られなくなつて、清子は病氣も忘れて起き上つた。

そして寝巻のまゝ門口へ出て、一眼に展望の利く末廣新田の方を見渡したが月は冴へて居たけれど點々と散在する松並木が巨人のやうに眼に映るだけで、勿論人影など見得らるべき筈がなかつた。

清子は頭のフラ／＼するのを感じながら、尚は二三歩前へ進み出た時、門側の生籬の影から、ヒョクリと姿を現はしたものがあつた。

清子は吃驚して、その物影に眼を据えると同時に

『オヤ……まあ……』

と一聲叫んでその場へ立ち竦んでしまつた。

清子の眼に映じたのは良人の鶴吉であつた。併しその鶴吉は色が眞蒼くなつて、全身が濡鼠となつて、土色になつた唇のほとりを月影に透して見ても、如何しても生きた人間とは思はれなかつた。

『貴方もし……如何したつての……川へでもはまつたんですか……ねエ貴方』

清子は泣き聲となつて、鶴吉の手を取つた。その手は死人のやうに冷たかつた。

『さあ……宅へ這入りませう。早く着替へをして下さい。病氣にでもなると大變じやありませんか。貴方色が眞蒼よ……』

清子は鶴吉を家の内へ引き入れて、着替へをさした。その間鶴吉は一言も發せず只妻の言ひなり次第となつて、ガツ／＼と慄えて居た。

清子は鶴吉の樣子を見て尋常事ではないと思つた。彼女は自分の病氣などは既に最う忘れてしまつて、自分の寝床の中へ鶴吉を寝かして、ひつたりと枕元へ寄り添ふた。

『貴方……川へ落ちて、何處か怪我でもしてるんじやなくつて……何とか一言おつしやつて下さい……ねエ貴方……』

清子が幾等尋ねても鶴吉は一言も口を開かなかつた。只彼の兩眼からは泉のやうに涙があふれ出て居た。

怪 怪談　娘の正体（五）　女の黒髪
●徳島日日新報　昭和五年十一月二十六日（二十五日夕）
5-365

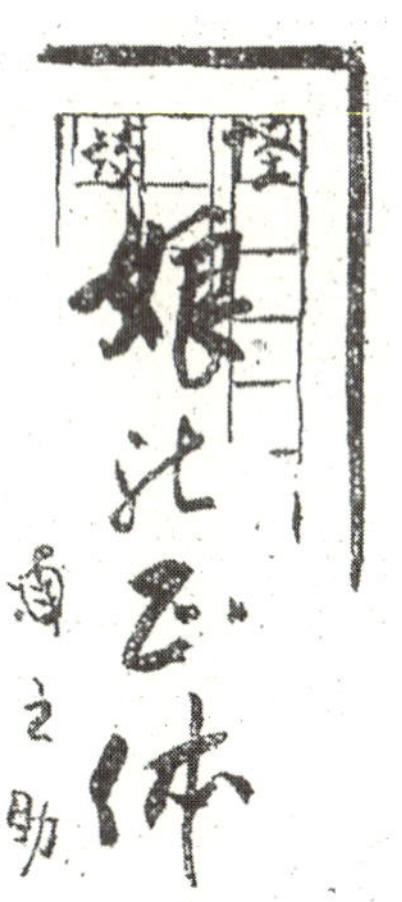

女の黒髪（五）

常とは全く異つた良人の樣子に清子は非常な不安を感じたが、鶴吉は堅く口を閉ぢて、何事も語らぬので、如何する事も出來なかつた。

清子は不思議にもその夜は熱も引いて、病氣は既に全快でもして居るやうに精神が緊張して、氣分も平常と少しも變らなかつたので何時迄も良人の枕邊に坐つてその樣子を見守つて居た。

鶴吉は堅く眼を閉ぢて、安らかな夢路にでも入つて居るやうに靜かに寝息を立てゝ居るが、その實眠つては居なかつた。

彼の腦裡には今自分が遭遇して來た奇怪な……夢のやうな光景が描き出されて、精神が朦朧となつて居た。

水中で女に抱きすくめられたその瞬間、冷たかるべき筈の水が、湯のやうに暖かく肉身に傳はつて恰も温泉にでも浸つて居るやうな心快い氣分に陶酔して行く迄は確に現實の意識はあつたが、それからは全く夢のやうで、何時の間か總裸體となつて居る自分の身體へ、女の黒髪がギウ／＼と締めつけられ、息の根も止りさうな不思議な……併し何ともたとへやうもない心快い壓迫を感じて、身體がとろけさうになつた迄は尚ほ朧げながらも知つてゐるが、それから先きは全く意識を缺いでしまつて、何處をどう歸つたのか、さつぱりと判らなかつた……が門口で妻の清子に聲を懸けられ始めて意識を回復したやうな譯であつた。

だから鶴吉は妻の清子から幾等尋ねられても答へやうがなかつた事實を言ふには餘りにも恥かしい自分の行爲である。現在妻のある身が、素性も判らぬ怪しい女に誘はれて、川の中へ這入つて……あんな浅ましい事を……そんな事が新婚の妻の前で、如何して叫ら樣

怪談　娘の正体（六）　誘魔の影

●徳島日日新報　昭和五年十一月二十七日（二十六日夕）　5-366

誘魔の影（六）

その翌日清子は床拂ひをして起き上つたが、發熱もせず食慾も出て身體の調子が最う平常と少しも變らなかつた。

『私最うすつかり全快つてしまつたわ。貴方の一念が通つたつてもんでせうね。ほんとに不思議だわ……昨夜貴方が、あんな風をしてお歸りになつたんで、吃驚して病氣なんか逃げてしまつたのよ。着物も何も濡れてしまつて、まるで死人のやうな眞蒼い顏をして歸つてらしつたんですもの。眞個にどうして川へはまつたんか、[illegible]聞かして頂戴な……。』

鶴吉は清子から斯う聞かれるのが一番辛かつた。可愛い妻に對して明らさまに打ち明けられない秘密を藏したかと思ふと淺ましい自分の行爲が、今更のやうに後悔され、良心の苛責にさいなまれた。

『一寸足を辷べらして、川へ落ちたゞけの事だよ。最うそんなにしつこく聞かなくつても宜いんだらう……』

『それならさうとおつしやつて下されば宜いものを……默つてらしやるんだから、餘計に心配するのよ。昨夜の貴方の樣子つたら、ほんとに變でしたわ』

清子は鶴吉が昨夜來の樣子から察しても、唯川の中へ過まつて落ち込んだ……とだけでは腑におちなかつたが、而しそれ以上深くは聞かなかつた。

その夕方二人は久しぶりで差し向ひとなり樂しい夕食を濟まして暫らくの間は罪の無い世間話しに耽つて居たが、午後の九時過ぎると二人は姉妹のやうに仲宜く、一ツ床に枕を列べて寢に就いた。

十時……十一時……最う十二時が過ぎた頃であつた。

『三好さん……三好さん……。』

門口で女の聲がした。鶴吉は不圖眼を覺して、耳を立てゝ居ると

『三好さん……三好さん。』

それは確かに昨夜の女の聲である。鶴吉は窃つと半身を起して、清子の顏へ眼をやつたが、清子は微かな寢息を立てゝ安らかに、スヤ〳〵と眠つて居た。

『三好さん……三好さん……』

三度目の聲がした時鶴吉は既に起き上つて門口の雨戸に手を掛けて居た處だつた。

音のせぬやう、そつと門の戸を開けて、外へ出てみると、門前から四五間も離れた前方の小川の元に昨夜の女が立つて居た。

『三好さん此處よ……。』

に離されやう……それにしても自分は全體如何してあんな氣分になつたんだらう。現在新婚して間もない、可愛い美しい妻がありながら、その妻の病氣を治さうとして白鯰を釣りに出掛けて居りながら……他の女の色香に溺れて、あんな恥かしい……淺ましい……あゝ自分は……。

鶴吉は良心の苛責に耐へ兼ねて思はずウーンと唸き聲を立てた。

良人の身上を氣使ふて、自分の病苦も忘れ、枕元に悄然と坐つたまゝ、種々の思ひに耽つて居た清子は、その時驚いて良人に取りすがつた。

『貴方……如何したのよ。夢でも見ましたの……もし貴方……』

『おゝ……夢を見た、いやな夢を見て居た……許しておくれ清ちやん……』

鶴吉は斯う言つて、清子の方へちよいと視線を向けたが、その兩眼には一杯涙があふれて居た。

清子は吃驚した。愈只事ではないと思ふて、彼女は良人の身が氣使はれ〳〵、胸を刃物でえぐられたやうに感じた。

『ほんとに貴方はどうかしてるのよ……私心配でく――』

清子の兩眼にも涙があふれて來た。

『イヤ、如何もしない。私の事は決して心配する事はない……それよりもお前病氣の身體で、起きて居ては不可ないじやないか……早くお休み……たとへもうどんな事であつても夜分は決してお前のそばから離れないから、安心して早く寢ておくれ……』

それから暫らくして清子も床に就いたが、種々と良人の身上が氣に懸つて、夜明け迄少しも眠る事が出來なかつた。

怪談　娘の正体（七）妖婆

怪 ●徳島日日新報　昭和五年十一月二十九日（二十八日夕）　5-367

怪談 娘の正体（七）

南之助

妖婆

女は全身へ月光を浴びながら覩る人が悩殺するやうな、妖艶な姿態を見せ、鶴吉を手招いた。

鶴吉は電氣にでも掛つたやうに女のそばへ引き寄せられた。

『三好さん……さあ參りませう今夜はまた御別れが宜いのよ……昨夜のやうにあの川の中で、二人樂しく遊びませうね、さあ三好さん』

女は鶴吉の手を取つて堅く握りしめた。眞紅に燃へた女の唇が鶴吉の耳元へ熱く湯氣を立てゝ

『さあ參りませう……私と一緒にね……又昨夜のやうに二人で……ね。』

女は歩き出した。勿論男もその後に續いて……末[illegible]新田を沖ノ洲の[illegible]方へ——。

不圖清子が眼を覺してみると、鶴吉の姿が見えなかつた。彼女は昨夜の事を思ひ出してぞつとした

『貴方もし……。』

それでも大聲で呼んでみたが返辭がなかつた。

清子は起き上つて、座敷中へ眼を配つたが、何處とも鶴吉の姿はなかつた。

入口の戸は開け放したまゝで良人の外出した事を證明して居る。

清子は外へ出たが、その夜も月が明るく、遠く迄見渡す事が出來たけれど、何處にも人らしい影はなかつた。

『全體何處へ行つて、何をして居るんだらう。昨夜あんなに言つて自分に誓つて置きながら……』

清子は氣がイラ／＼して少しも落着いては居られなかつた。何だか良人に醜い女でもあつて、それと密會して居るやうな氣がしてならなかつた。

『自分をあんなに愛してくれて、常に大切にして下さつてるんだもの……他に女があるなど……そんな事は夢にも思つてはならない……』

斯うは思つてみても、どうしてかその時は、種々と厭な幻影が脳裡へ描き出されて、戀を囁く男女の甘い言葉を聞くやうな氣がして清子の胸の中は徒らに掻き亂れるのみであつた。

『それにしても、如何でもして良人の姿を見付け出し、その眞相を確めぬ中は、此の胸がおさまらぬ』

彼女は生れて始めて經驗した嬉しい嫉妬に、眼がくらみさうになつたが、併し何處をどう尋ねて宜いのか少しも見當が附かなかつた

清子は徒らに胸を痛めながら、門前に突立つて、尚ほ良人の事を思ひ續けて居ると、前方の小川の方に、チラリと白いものが見えて物の動く氣配がした。

清子はじつとそれに眼を着けた月影にすかして宜く見ると、それは確に人間のやうである。徐に……それでも段々とその物影は此方へ近附いて來たが、その姿が判然と清子の眼に映ると同時に、彼女は全身が竦むやうに感じて、心臓が跳り出した。

それは確に人間には相違ないが併しその服裝が餘りに異樣な上に物凄い形相をして居るので清子は如何してもそれを普通の人間として見る事が出來なかつた。

そのものは最う七十にも近い老婆であつた。額に深く數々刻み込んだ半白の鬚の毛が逆立つて、深く落ち込んだ眼玉がキヨト／＼と光る氣味の惡い顔立であるが、それが純白の衣へアサの上下を着けて、ヒヨロリ／＼と歩いてくるのである。

清子は絶へ難い恐怖を感じて、ぶる／＼と慄えて居ると、その老婆は清子の前へ來て、齒の無い口を大きく開けてニタ／＼と笑ひながら

『お前の御亭主は今此の向ひの沖の洲川の中で、美しい女と一緒に纏れ合ふて御座る、早やう行つて伴れてもどらつしやれ……』

此の聲が耳へ入ると、清子は赫つと逆上した。最うその妖婆が何者であるか、またその惡相に對する恐怖の觀念も何もかも忘れてしまつて、川原の方へ向つて走り出した。

すると後から、大聲で笑ふ聲が人を嘲弄するやうに聞えて來たの

で、ちよいと振り返つてみると、その妖婆は何時の間にか、開け放した入口へ半分身體を入れて、此方へ顔を捻向けながら、物凄く相格を崩して居た。

怪談　娘の正体（八）　水中の怪

●徳島日日新報　昭和五年十一月三十日（二十九日夕）　5-368

娘の正体

（八）水中の怪

清子は自分の家へ今現在裾を踏けた怪しい老婆が這入り掛けて居るのを目撃しながら足を止めやうともしなかつた。

彼女の脳裡は只良人に對する嫉妬の念に燃え狂ふて、他の事を顧慮する意識など抜けて居た。

清子は只ヒタ走りに宙を飛ぶやうに河原の方へ駈つけて行つた。

清子は良人を愛してゐるだけにその嫉妬も大きかつた。彼女は前田の堀川に添ふて、沖の洲川の岸迄出て川の方を窺ふてみると、彼の怪しい老婆の言つた如く、水中にもつれ合ふて、水を浴びて居る男女の影が、暫間のやうに輝いた月光に照らし出されて、ハッキリと眼に映つた。

清子は卒倒しさうになつて來た彼女は飛出て行き度い衝動を凝つと耐へて、尚ほその奇怪な光景に眼を注けて居ると身に一糸も纏はず裸體となつた男女の影は、互に腕を組み合して水中に躍りながら種々の狂態を示して戯れ遊つてゐた。

清子の居る處から、そこまでは二十間餘りの距離があるが、月が冴へてゐるので、直く眼前に見るやうにその浅ましい光景が鮮かに眼に映つた。

水中に半身を現した裸體の男女……それがその一人が現在の自分の良人である事を見極めた清子は最う一刻も我慢してゐる事が出來なかつた。彼女は夢中になつて駈出した。

清子が堤防を下へ駈下りて水際へ出で、二人を屹と睨んだ時、女は清子の姿を一眼見ると同時に鶴吉を突き放して、パッと水中へ潜り込んだ。

鶴吉は呆氣に取られたやうにその場へ突立つて、女の水面へ顔を出すのを待つて居たが――一分二分……三分と時刻は移つたが女は遂に何處へも姿を見せなかつた。

鶴吉は不圖水際に立つて居る清子を見注いだ。併しそれを自分の妻の清子とは思はず、女が何時の間にか水から上つて衣服を着けたものと思つて居た。

『お前まあ何時の間に上つたのじや……まるでお化のやうじやないか。』

鶴吉はにこにこしながら、清子の傍へ寄つて來た。

『貴方……全體是れはまあ如何したといふんです。あの女は如何なりました』

清子は良人に對する嫉妬の念も失せてしまつて、只此の不思議な光景に眼を見張るのみであつた。

『お前は〱清ちやんじやない……何時の間に……。』

鶴吉はそれが自分の姿であると意識すると同時に始めて呪ひの解けたやうに慄然として生氣付いた。

『貴方しつかりして下さいよ。あの女は水を潜つたまゝ出て來ないが如何したんです。あの女は何うなりました。あれは全體何物です……』

『あれは化物だ。俺はあれを人間でないと、知りつゝも亦あの妖魔の爲に化されてしまつて、此處迄やつて來たのだ。清ちやん宥してくれ』

『えッ……何個に貴方……そんな事が、そんな事があるもんでせうか……』

『あれが化物であると知つたのは今の先きだ。あの女には影がない……二人列んで此處迄來る中私の影は長く地に映つたがあの女には何の影もなかつたのだ……その時確に人間でない事は知つたけれど私は身體の自由が利かず如何する事も出來なかつたんだ。只夢のやうな氣であの女のする通りになつて居たのだ。清ちやん許してくれ……私は正體の知れぬ恐ろしいものに呪はれて氣を失つて居たのだ』

鶴吉は苦しげに斯う言ひながらきまり悪げに其處へ脱ぎ棄てゝあつた[illegible]を急いで身に着けた。

怪　怪談　娘の正体（八）化物屋敷

●徳島日日新報　昭和五年十二月一日　5-369

娘の正体

化物屋敷（八）

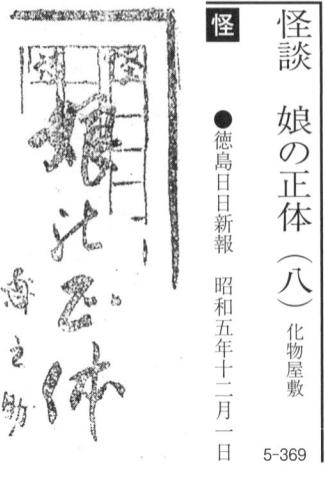

『ねェ貴方……影の無い人間だつてそんなものがあつて宜いものでせうか。實際に化物つて世の中にあるもんでせうか』

『私も世の中には不思議な事はないと思つて居たが、昨夜の女の行動といひ、今夜の此の有様と言ひ最う疑ふ餘地がない。清ちやん、實はお前に默つて居たが、あの家は化物屋敷の噂のある家なんだ。それで永らく空家になつて居たが……世の中に化物などのあらう筈はないと確信して居たものだから私はその噂を聞きながら家賃の安いのと、景色の好いのが氣に入つて、今度轉宅して來たやうな譯なんだ。お前に言ふと氣を悪くすると思つたので默つて居たが、宅の裏手の廣川へは是れ迄にも身を投げて死んだ人が二人もあると言ふ事だ。そんな噂を聞いて居りながら、生憎にも轉宅して來たのが私の過失だつたよ。世の中には未だ〳〵現代の科學では説明の出來ない不思議な奇怪な事のあるのを始めて知つたのぢや。今考へて見るとお前が、えたいの知れぬ[illegible]たのも、あの家のセイかも知れないよ……』

『貴方……大變です。宅が……宅が……貴方にさう言はれて始めて心づきましたが、宅へ大變なものが這入りましたのよ。恐しい〳〵婆アさんが……』

清子は、身體へ白衣を纏ふたアサの上下を着けた、物凄い老婆の事を思ひ出して顫へ出した。

怪しい老婆、家の内へ這入つたと聞いた鶴吉は今更のやうに驚いた。

惡い所[illegible]ては大變なあ。

今夜を語つて姿を消した女にしろ、[illegible]老婆にしても最早やそれが普通の人間でない事だけは判明して居た。

それにしても娘の[illegible]化身に[illegible]て[illegible]人に[illegible]なると何といふ[illegible]であらう。

鶴吉は何と[illegible]その[illegible]いな[illegible]一[illegible]にいへ、魂を蠱惑されたのが悔しかつた。

そしてそれを……今思つてもひやりツとするやうな……丸裸體になつて女と縺れ合ふて居たその醜態を、新婚して間もない現在の女房に見られて居たかと思ふと、彼は何へ[illegible]い羞恥を感じて、穴でもあれば這入りたいやうな氣がした。

可愛い新妻の手前に對しても、此のまゝに打ち棄てゝ置く事は出來ぬと思つた。

鶴吉はその女が何物の化身であるか……その物を退治して、正體を極めねば、妻の手前申し譯の無いやうな氣がして、非常な決心が胸の中に込み上げて來た。

『清ちやん。わしは心配する事はないよ。お前への申し譯にきつとその化物を退治してみせる。お前も私の斯うした處を見ては頼りない男だと思ふだらうが、今度の事だけは眼をつむつて許しておくれツ』

『何卒、そんな心配はなさらないで下さい。私何とも思つて居やしないわ。只恐ろしいのよ。それが普通の女ならそれは私だつて、宜い心持はしないけれど、相手は化物ではありませんか。幾ら何んな男でも化物にかゝつては』

鶴吉は清子に斯う言はれてさ、幾分か胸が輕かつた。その女の柔かい腕に頸へ掛つた時、その女が決して化物とは思はなかつた。そしてその女の實にも醜る怪しい魅惑が二人の身體をグル〳〵と二重にも三重にも絡いて結び着けたその瞬間……世の中の何事も忘れてしまつて、只灰の虫のやう、眼から溢れ出る若者に陶醉して魂をとろかした自分ではないか――それが一夜ならず二夜も續いて、何の面目があつて此のまゝに、貞節な妻に平氣で顔が合されう……

鶴吉は日頃から女に淡白で、品行が正しかつただけ、それだけ身に恥たのである

怪談　娘の正体（九）　夢心地
●徳島日日新報　昭和五年十二月二日　5-370

娘の正体

（九）夢心地

清子はまた良人と纏れ合ふて居た女が、普通の女ではなく何物かの化身であるといふ事が知れて、恐怖の觀念にをのゝきながらも、ある不安さを感ぜずには居られなかつた

もしその女が怪物の化身でなく實際に美しい普通の女だつたならば、自分の胸の中は目茶々々に砕けてしまつて、とても生きては居られなかつたであらう……斯う思ふと清子は、その女が怪物の化身であつた事を幸福にさへ思つて、彼女のかよはい全身にも非常なる勇氣が湧き出て來た。

『私家が氣に懸つてなりませんわ。歸りませう。上下を着けた婆あさんが、家の内へ這入つたんですもの』

『宜しい、どんなものが現れても最う平氣だ。一撃の元に退治してみせる』

鶴吉は满心が緊張して、實際に何物にも恐れぬ強い力が總身にあふれて居た。

二人は家の方へ歸つて來たが、門前近くまで來て不圖我が家へ眼を注けてみると、緊く締めてあつた筈の堀川へ面した東の窓の雨戸が一杯に開放たれて、皎々と電光のやうに輝いた室内に水色の地へ白く浪と千鳥を染抜いた、華美な浴衣を着けた島田髷の娘が、美しい半面を見せて坐つて居た。

その女は今現在沖ノ洲川で水中へもぐり込み姿を消した彼の女に相違なかつた。

何時の間に髪を結ふたのか……着物を着替へたのか……考へてみれば不思議な事ばかりである。

鶴吉は最う一刻も躊躇する必要はないと思つた。正しく妖怪と知れた以上、一撃の下に打ち殺して、その正體を現はしてやらうと、彼が剣道で鍛へた腕の腕はグイ〳〵と鳴り出した。

『お前は此の縁で見て居ておくれ今お前の眼の前で、あの女の正體を現はしてみせるから』

清子は非常な恐怖に打たれて、蒼くなつて慄へて居たが、彼もかの女が、實際の人間で無い事だけは承知して居たので制めなかつた。

鶴吉は我家の門口迄來て窃つと内の様子を窺ふたが、室内は眼に泌むやうな強い光線に輝いて、女は依然として座つて居た。

門口は開け放したまゝになつて居たので、彼はそうと忍び入つたが、用心の爲めに庭の角へ置いてあつた三尺棒を手に持つた。

清子は遠くの方から、恐怖に慄えながら、女の様子に眼を注けて居た。女は始めと同じやうに、美しい半面を見せたまゝ、人形のやうに動かなかつた。

鶴吉は足音を忍ばしながら式臺へ上つて、室の入り口へ首を出して覗いてみると、女は恰ど此方へ正面を向けて居たが、その顔は天女のやうに美しかつた。

滴るやうな黒髪から、クッキリと鮮かに、眞白く描き出された輪廓へ、可愛く刻み込まれた眼鼻立は、何とも形容の出來ぬやうな、何者の魂をもチャームしてとろかさずに置かぬ美しさであつた。

そしてそれは鶴吉が二夜の間伴れ出された女に相違なかつたが電光を受けてはつきりと見た顔は亦格別であつた。

鶴吉は餘りの美しさに魅了されてしまつて、精神が恍惚となつて意識がぼんやりと薄れて行くのを感じた。

鶴吉はそも〳〵此處へ何しに來たのであらう……彼はそれすら忘れてしまつて、入り口へ首を出したまゝ、暫らくの間は只夢心地で女の顔に見惚れて居た。

怪談　娘の正体（十）　女の死骸
●徳島日日新報　昭和五年十二月三日（二日夕）　5-371

娘の正体

（十）女の死骸

『貴方、そこで何してらつしやるの……私先きへ廻つて、貴方のお歸りを待つてましたのよ。さあお

這入りなさい』

鶴吉は最う何をする力も抜けてしまつて居た。女に言はれるまゝに彼は室内へ這入つたが、女はこぼるゝやうな愛嬌をにつこりと兩の頬に見せて、

『まあそんな棒切れなどを持つてどうするおつもりなの？――そんなものは外へお棄てなさい』

斯う言はれて鶴吉は、その鐵の三尺棒を窓から外へ投げ棄てやうとして、不圖眼をやつた時、堀端にたゝずんで此方を眺めて居る清子の姿が眼に入つた。

すると彼は惡夢から覺めたやうに意識がはつきりして、恐ろしい力が總身に漲つた。

『已れッ怪物……』

斯う叫ぶと共に、鶴吉の提げて居た鐵の棒は、うなりを立てゝ女の頭上へ落ちて來た。

『キアッ……』

と物凄い悲鳴が起ると同時に、女はその場へ打ち倒れた。

それを……その光景を堀端から眺めて居た清子は慌しく此方へ駈け出して來た。

鶴吉は尚ほ鐵棒を振り上げたまゝ、女の正體を現すのを待つて居た。

狐か狸か、死に切れたなれば化の皮がむけるであらうと、彼は一種の興味さへ感じて、じつと女に眼をつけて居たが、その姿に變りはなかつた。

打ち倒れたまゝ、ピク〳〵と慄えて居たその慄えが止つて、全く呼吸が絶へた後迄も、女の姿に變りがなかつた。

鶴吉はある不安を感じて、烈しく胸騷ぎがしだした。

彼は死骸へ手を掛けて、さはつてみたが、袖口から現れた白い腕も、着物も帶も全く人間のもので化物の化身とは如何しても思へなかつた。

『そんな事はない筈だが……』

如何に斯う思つてみても、つぶれた島田髷の中から迸つて疊を染めた血汐からして、ちよいと兩の眉根を蹙めて、苦痛の色を見せただけで、尚ほ描いたやうに美しいその顏も、人間の顏であつた。

『もし此の女が化物でなく、實際の人間だつたら……』斯う思ふた丈でも鶴吉はぞつとした。

沖の洲川で水中へ潜り込んで出て來なかつた女が、十分もたゝぬ中に、髮を結つて着替して、自分等より先へ來て、座敷へ上つて居る――そんな事が如何してあられやう……。

『是れは確に實際の人間ではないのだ。併し是れが人間ではなく化物であるとして、斯うして死んだ後迄正體も現さず、何時迄も人間の姿でゐたなれば何うなるだらう

そし[illegible]物になつて此の事が人に知れて、警官が來た時……是れは化物です……と言つた處で、それが果して通るであらうか……人殺し……人殺しの罪で……』

鶴吉は大變な事をしたと思つて眞蒼くなつた。

彼は狂氣のやうになつて、死骸を摑み、胸を開いたり裾をまくつたりして、ゆすつてみたが、未だ暖かみの殘つた身體はどう觸つてみても人間の死骸に相違なかつた。

鶴吉は泣き度くなつて來た。

『人殺しの大罪……』

彼は思ふさへ恐ろしかつた。その時清子はオッ〳〵しながら座敷へ上つて來た。

『如何しましたどうたりました』

『清ちやん。大變な事になつた、美事殺したが正體を現してくれぬのだ。私は人殺しの罪に落ちねばならぬ』『えッ……』

清子は思はず叫び聲を立てた。

怪談　娘の正体（十一）正体は何
5-372
●徳島日日新報　昭和五年十二月四日（三日夕）

娘の正体

（十一）

正體は何

彼女は恐わく女の顏を覗きながら

『でも此の女は水の中へ這入つて出て來なかつた女ではありませんか。それが斯んな着物を着て、髮を結つて、此處へ來て居るなんて……人間で如何してそんな事が出來ませう。化物よ、化物に相違ないわ』

『縱令化物でも、此のまゝ姿を消してくれねば人殺しの罪はまぬかれぬ……私は嘲になつたら自首して出るのじや。さうすると最うお

前にも逢ふ事は出來ぬ』

『如何しませう……如何したら宜いのでせう』

清子はシクシクと泣き出した。

『私が惡い。生意氣に化物屋敷の噂を聞いて居りながらお前に隱して移つて來たのが惡かつた。何卒許しておくれ。化物と思つて女を殺したと言つた處で、そんな事を裁判所で信じてくれる道理はない、どうせ死刑になるか、減刑された處で一生刑務所から歸れる見込みはないんだから、ない縁と諦めてお前は實家へ歸り再縁しておくれ……』斯う言つて居る中にも鶴吉は悲しくなつて來て、兩眼から涙が流れ出した。

清子は身も世もあられぬ思ひで泣きじやくりながら

『そ、そんな水臭い事を……そんな事を言はないで、何とか罪に落ちぬ方法を考へて下さい。貴方が刑務所へ捕はれるやうな事があつたら、私生きて居ないわ。私一日だつて貴方と別れてる事なんか厭だわ……厭だわ』

『私だつて、お前と別れる事は、それは思つてさへも辛い事だけれど、此の女が正體を現してくれぬ以上どうにも仕樣がないじやないか。どう考へてみた處で、警察へ自首して出るから外に道はない』

『ねエ貴方、岡林さんに相談してみたらどうでせう。岡林辯護士に……あの人に事情を話つて相談したなれば、きつと私達の言葉を信用して、力になつてくれるに相違ないわ』

『幾等岡林君だつて、此の女の死體をみては……是れを化物だと言つた處でどうして信用してくれるものか、殺人鬼か狂人かと疑はれた上に絶交される迄の事だ』

『何卒そんな事を言はないで自首する前にあの人に相談してみて下さい。お願ひです私の一生のお願ひですから、さうした上で、愈駄目と極まつたら二人で一緒に死にませう。その時は何卒私と一緒に死んで下さい……』

『お前がそんなに迄言ふのなら、明朝岡林君に來て貰つてみやう。兎に角此の死體へは人に見られないやうな布團をかぶせて置くとせう』

『何卒さうして下さい。現在此の女が人間でない事は私が見て證人ですもの、岡林さんだつて貴方が人殺をするやうな人間でないといふ事は知つてるんですもの、キツト信用して相談に應じてくれるわ』

二人は斯う相談を極めて、女の死體へ布團を着せて夜明けを待つた。

朝陽が窓から射し込んだ時鶴吉は念の爲めに、そつと布團をまくつて、その中を覗くと同時に

『ヤア……是れは……』

と頓狂な聲で叫んで布團を刎ねのけた。

『まあ……』

清子も一眼見て吃驚つた聲を立てた。

布團の中へ包んだ筈の女の死體は何時の間にか小狗に似た怪獸の死體と變つて居た。

二人は狂喜して確と抱き合つたそしてダンスでもするやうに踊つて、廣座敷中を躍り狂ふた。（完）

獣 四百年間眠ったヒキガエル

●山陽新報　昭和五年十一月二十一日（二十日夕）　5-373

四百年間眠った ヒキガヘル

三百年乃至四百年前に土中に埋められたヒキガヘルが掘り起されたオクラホマの西北地方ゲートから二哩を隔てた乾湖の底で三尺乃至四尺の深さからヒヨツクリ掘り出されたもの・長い間蟄伏状態にあつたので、眼も唇も固く閉し、堅固い土の中に静止してゐたが、空氣と日光の中に放して置いたところ次第に眼を開きノソノソ動き出した學者間の研究材料として珍重されてゐる（オクラホマ發）

資 心霊現象の精神分析学上よりの説明

●関門日日新聞　昭和五年十一月二十六日　5-374

心靈現象の

精神分析學上よりの説明

國際精神分析學會日本支部長　矢部八重吉

神佛の信念の基礎といふものは古來から誰しも信教心は持つといはれてゐるが若し神佛が存在するものとすれば是は外界の存在ではな

く内界即ち精神作用のうちに認められるものである此信念に相當するものを精神分析學では無意識界に宿つてゐる嬰兒時代の兩親の面影であらう。

生れ落ちた嬰兒は恐く釋迦が降誕に際した如く天上天下唯我獨尊といふ氣分を持つてゐるものであるこれを稱して全能念慮といふ。子供はやがて發育するに從つて現實の悲慘と苦痛とに遭ひ遂に自己全能念慮を放棄すべく止むを得なくされる

然しこの放棄は全然頭腦から除去されたのではなく無意識界に抑壓せられたものである無意識界に抑壓された心はこれを外界に投出し他人に塗りつけを受る者は子供が最も親しみ接近してゐる處の兩親又は保姆である即ち兩親は全能念慮の所有者となる凡ての嬰兒のために兩親は全智全能なる人物であつた然るに子供が四五歳に達すると兩親は左程にえらくないことが判つて來るそして第二の抑壓作用は現れ兩親の全能念慮は他の人に塗りつけられてその人を全智全能化するのである之れ英雄崇拜の基である

更に成熟するに從つてわれ〱は英雄崇拜の念も抑壓せられ今度は塗りつける對象を人間界に見出されなくなる。斯くして人間以外の或る者と全智全能念慮を塗りこけることになる之が神佛の存在の信念である投出作用即ち他人に塗りつけることは精神作用で言ひ換れば一つの空想に外ならないので現實に於ても根據のないものであるかくて神佛の念は精神分析上よりいへば一種の錯覺に過ぎない錯覺は妄想症患者の顯著なる症狀の一つであるそれに神佛を信ずるもの即ち信教者の精神分析者の眼から觀ると妄想患者である

心靈に關する信念も、これと同樣なものだ。故に精神分析者は心靈術者を精神變態者として取扱ふのである。而し何と雖も人類は兩親若しくは保姆の手で育てられないものはないから信教心は誰しも無意識に宿してゐるものである。併し無意識の働きは一朝・無意識面の働き（主に理性、悟性）がにぶる時には、この信教心が、その抑壓を破つて意識面に現れるのである。信教心を意識面に引出すには催眠、暗示又は精神分析の施法により人爲的にこれをなすとが出來る。要するに心靈術なるものは各人の宿してゐる無意識の信教心を意識面に引出し、認識に變態症狀を發作せしめるにあるのであるかやうな狀態が起ると、大概の人が一つの錯覺を起して精神界、即ち空想に於てのみ起る現象が實際の外界に投出し、これを現實と見違へることがある。所謂、心靈術なるものは何時にても精神分析に於て容易に證明することが出來る、（談）

怪　東京駅頭　モダン・怪談

僧形卅名供養の珍景

●山陽新報　昭和五年十一月二十六日　5-375

東京驛頭

モダン・怪談

三年前掘出した墓石の祟

僧形卅名供養の珍景

二十五日午前九時半頃東京驛第三ホーム神田寄り末端に三十名ばかりの僧侶の一群が供養してゐる物珍らしい有樣に昇降客の好奇心をそゝつたがこれにはつぎのやうな謂がある

◇

今から三年前同驛第二ホームと第三ホームの間、神田寄り末端の新橋保線事務所の工事中砂利に混つて一個の墓石が掘り出されたことがある、それ以來東京驛では脫線二回、轢死二回の椿事を惹起し宿直室の間には夜な〱亡靈に惱まされるといふ噂に馬鹿〱しいモダン、怪談が傳へられるに至つた

◇

そこで當局はこの墓石を三四間程前芝浦の東鐵グランドの一端に移したところ又復連日の秋晴れる前グランドで野球をしてゐた鐵道從業員一名が辷り込んで足を折つたといふ事件も出て鐵道從業員中には多少これを氣にしてゐるものがある折柄この朝芝增上寺で加行してゐた京都の淨土宗本山黑谷金戒光明寺大僧正郁芳瑞圓氏らが加行を終つて京都に歸來のため東京驛に出て來て聞いたのがこの噂であるさすが僧侶の身の一行はわざ〱一列車遲らせて無緣佛の供養を申し出てたので驛當局は大喜び吉田驛長、板橋助役とも〱に第三ホーム末端で冥福を祈つて供養をうけたものであつたと（東京電話）

怪 グロ百％　八幡籔知らず

★伯剌西爾時報　昭和五年十一月二十七日　5-376

◇グロ百％
八幡籔知らず

神戸市菅原通二ノ一四淺草鍛二（四五）は千葉縣八幡町の水戸黄門記で有名な「八幡の籔」を光國公以來何人もきはめないのは面白くないと冒險心を起して武者修業もどきで手斧を携へて張りめぐらした主連繩を切り竹林に侵入して數十本の竹を伐採したところ程なくまつしぐらに飛び出してきて突然附近の人家へ驅け込み「誰に斷つてやぶの中へ入つた」と妙なことを口ばしり暴れ出した近所では「黄門樣と問答した狐の崇で氣が狂つた」と騷ぎ出し後難を恐れて悔々としてゐる

怪 夜な夜な帝大病院に幽霊が出るという話

●山陽新報　昭和五年十二月四日　5-377

獵奇時代？

夜な夜な帝大病院に
幽靈が出るといふ話
濱口首相を警衛する豪傑たちが
惱まされる薄氣味わるい寢台

警察官のなかでも柔道何段、劍道何段といふ豪傑がところもあらう帝大病院―しかも濱口首相を警衛の宿直室で夜な〳〵化け物に惱まされるといふ昭和聖代に薄氣味の惡い妖怪奇談……

◇

その室は島薗内科の六號室で、警官連が三名ぐらゐづゝ泊り込んでゐるのであるが、先月廿六日、棟木も三寸下がつて草木も眠る丑滿つ時―などゝいふと、それこそほんたうの怪談もどきだがやはり時刻はお定まりの眞夜中二時ごろ横山柔道三段がいかにも物の化につかれたやうな苦しい聲を出して呻りはじめたので、同僚が眠りをさまして揺り起すと、横山氏はグツショリ冷汗をかいて「おゝ恐ろしかつた―」といふ、譯をたづねると「……いや何んでもないが、胸元を壓へつけられるやうに苦しかつた」とのこと、一同もそれなりに、その夜は別に問題にもしなかつた

◇

ところが翌日の同時刻になると、宅間劍道初段が、同じやうに呻されるそのまた翌晩には、神戸柔道三段、更に次ぎの晩は高島柔道三段、それから三十日の夜は宮崎高等主任といふやうに、毎晩、いづれも三十分間ぐらゐ呻されたのであつた、これにはさすがの豪傑連も少々恐れをなし、茲に怪談をやつて化け物の正體を突き留めやうといふと、いひ合したやうに、三台ある寢臺の右の端のに寢たものに限つて、夜中の二時から三時までの間に、廊下をバタ〳〵とけしかも力なく歩くスリツパの音がきこえ、それと同時に胸元を壓へつけられるやうな苦しみを感じるのだといふ

◇

そこで豪傑連、このまゝ引込んでは我れ〳〵の名折れ何んでも化け物の正體を見屆けなければならぬとあつて、一同額を集めて、一日の夜は本富士署に化け物退治の許定を行つた――でも快しやな？化け物の正體は何？

怪 不可思議な殺人霧

●山陽新報　昭和五年十二月八日　5-378

ミューズ河流域を脅かす
不可思議な殺人霧
歐洲大戰の古戰場リエージュには
數百頭の家畜算をみだして斃る

【聯合ブラツセル六日發】ミューズ河流域地方において昨今不可思議の

殺人霧

のため、すでに死者六十六名を出し、その他百餘名は目下重態で附近村民はヨーロツパ大戰當時と同樣の恐怖に襲はれ戸いづれもほとんど外から入らぬほどに密閉して殺人霧の侵入を防いでゐる、こ[illegible]されたものは僅かに[illegible]するのである、その原因は未だに判明しないため、一般の恐怖は増すばかりであるが目下いろんな說が行はれてゐる、たとへば化學的に爆彈が空中で水分と合し

或種の

有毒性氣體を發生する結果だといふのがその一つである、とにかく醫師の意見は中毒者の症狀から推してさうした[illegible]の唯一の原因であるといふに一致し人、工的毒ガスの如きものとは何ら關係なしと信ぜられてゐる

る、なほ本日はこの恐るべき殺人鬼が次第に消散しつゝあるので、その邊一帯を調べてみると、リエージエの平野には数百頭の家畜類が算をみだして斃れてゐた因に人畜死亡の

原因は

右殺人鬼のため心臓および肺部を冒されたものである

資　現われ出でた大入道二つ　●佐賀新聞　昭和五年十二月十八日　5-379

現はれ出でた大入道二つ

昭和怪談の御本尊は狐狩りの二青年

今度の縣會でども一寸そんな話が出たが佐賀郡川上村かり鍋島邊りでは封建時代から狐狸の類ひが跳梁し村人達を惑はしてゐたゝ十六日の深夜から十七日の未明にかけて縣刑事課では横尾課長始め総動員にて佐賀市佐賀一帯の夜警立番をやつた。立番の一隊が午前二時ごろ川上村平田橋附近に差蒐つた際折からの暗の中から大入道体二個が忽然として現はれた。此奴テッキリ狐狸の類ひの悪戯かと注意深く仔細に見定めると最初狐狸と映じたのは心の誤まり正眞正銘の人間と判明、段々調べて見ると佐賀市神野町東神野浦田八郎（二三）同三溝木塚孝一（二〇）の兩名で狐の虎挟十五個を所持せる狐捕りと自白したが兩名は懐ろに蜜柑多數を窃取してゐたので取り敢へず虎挟と窃取物の蜜柑を證據物件として押收、無免許の狩獵違反、窃盗罪として處分されるらしいがそれこそ取らぬ狐の皮算用の類ひか

怪　星も凍る寒夜の怪　下飯田町狸の正体？　●名古屋新聞　昭和五年十二月十九日　5-380

星も凍る寒夜の怪

墓場でニッこ美人が笑ふ

下飯田町狸の正体？

歳末 ●●● センナスン (十) ●●●

師走の寒さを洗ひ流す名古屋城東、下飯田町の草津温泉の浴客である——。『山田町三丁目の味噌屋が土藏のツクロヒを始めたゝめ數十年來その床下にすんでゐた古狸が巣を荒されたのを悲しんでモガにばけてそこの土藏から南隣常光院の墓場へシボ〳〵と行くゲナが知ッとるか』『お前も聞いたか、俺も聞いたゾ、何でも力自慢の若い衆がその正体を見届けに行くと、その夜は下町娘にばけて大風呂敷をかゝへニッとしたのでゾッとして逃げ歸つたゲナ』と、そんな噂話が湯につかつてゐる大小のユデダコ連頭をダアとさせたそこで、餘りにも眞剣な話につりこまれた記者は断然狸退治の悲壮な門出に上つたのだ。

◇

それは星も凍る夜の九時頃だつた、オーバーのポケットに忍ばせた庖丁と握り太のステッキを斜に構へて、浮世離れのした墓場に身をひそめること約一時間半、突如寺の門前からトウ〳〵〳〵と異様な呻き聲——さてはいよ〳〵御出でたなと、大上段中正眼、正眼と無暗矢鱈にステツキを構へ邊りに氣を配つたものだ、だがその呻き聲の怪物は仲々に姿を見せない

◇

薄氣味の悪い二時間ばかりを墓石の間に身をひそめた記者はコレハてつきり怪物奴、わが武勇に恐れをなして出てこないな、とやなくも門前へ歩を移すと『花嫁さんだ〳〵』と女房連のワイ〳〵聲、さては狸のヤツ、今夜も花嫁に化けをつたかと近づくと、自動車がブー〳〵ヘヽヽア、さきほどの呻き聲の主はこやつだつたか、なア

てんだ」いさゝか悪趣味の中を

のぞきこむと「高砂や……」の眞最中だ

◇

花嫁の麗人ぶりに感心してゐる場合でもないとゐ合はせた六十ガラミの女史に狸話を伺へば「ベツピンに化けて通りかゝりの若い男の肩をたゝくといふので城東一帯はその噂で持ちきりだヨ、詳しいことはこの寺の和尚さんに聞かつせい」とそこで常光院の門をたゝく狸の話ですか飛んだ噂で閉口しました、聞くところによると、そのお化けは毛布を持つた妙齢の生きた美人で飯田さんの土藏からでるのではなく大曾根の古巣を追はれた尾のない古狐、イヤサ大曾根狸がこゝの墓場北の路地へ出張つたさうですが、錦居署の歳末夜警と共に姿を消してしまひましてネ」と和尚さん、卵のやうな頭をツルリとなでたが「佛罰を恐れず、墓場近くで闇の女が開業するとは世も末ぢやぞのう」と珠數をつまぐりはしなかつた（寫眞は常光院の墓場と飯田味噌店の土藏で還りに氣を配るは自稱豪傑）

大鷲と格闘

獣　●関門日日新聞　昭和五年十二月二十三日（二十二日夕）　5-381

大鷲とゝ格闘

滋賀縣犬上郡福滿村の中村養魚場では最近何者かゞ鯉をさらふので警戒中此日朝大鷲が降りてきたのを附近で狩獵中の男が發見背後から一發見舞つた處頭部に命中したが痛手に屈せず鷲は猛然狩人目がけ鋭き爪を伸ばして襲ひ來り猛り狂ふのは銃床で打据へ叩きつけ遂に仕止めたが重量三貫餘兩翼の長さ一間半蒙地方に棲むこんどるに似た物凄い大鷲であつたと

怪火と奇声の主は意外！猫青年

資　★布哇報知　昭和五年十二月二十六日　5-382

昭和怪談

意外！猫青年

怪火と奇聲の主は　刑事隊度膽をぬかる

東京市外中野三七六〇所在にごつしりした門構への部屋數二十もある空家がある、この所有主は北海道小樽市長木田川奎彦で五、六年前この家を新築したが市長就任と同時に貸、さして残してゐたが家が餘りに大きいので借手がつかず昨今では草ぼう／＼と生え見る影もなくあれ果ててしまつてゐた、所で最近午前一時から三時の眞夜中になると奥

座敷の眞ん中から異様なうなり聲が聞こえ青白い怪火が邸内を飛ぶのを付近の者が發見うはさはさを生んで御殿空屋の怪談ば大きくなつて行つた

中野署では打棄てて置けず去る十一日午前一時三十分刑事數名が物物しき身ごしらへでこの怪御殿下の眞ン中へ大きな野良猫が一匹背中をまるめてうなり立てそれを取りかこんで十數匹の怪猫が今にも一合戰始めようと大騒ぎの眞最中に打突かつた

素破こそ怪物の正體發見と刑事の一隊苦笑しながら更に奥座敷に踏み込むとこれは意外この不

氣味な怪音を外に青ざめた一青年かくもの巣だらけになつて端座してゐるのを發見、探検隊もさすがに度膽を抜かれたが中野署へ同行取調べるとこの怪青年は市外中野町中野三七六八土木請負業加田新三實弟源二（二〇）といひ先月十六日漂然家出したまゝ行方不明になつて居り家人も捜査中のもと判明したが、源二は家出後約一ヶ月半の間この御殿を無断借用し付

近から食糧品等をかつ拂つて來てはいういう十數匹の怪猫ご同居してゐたもので怪火ごはうはさされた青白い火は源二が眞夜中の奥座敷を歩く時懐中電燈を使つてゐたものであるごわかつた中野署では引續きこの怪猫殿の青年を取調中である

魔呵怪經に現れたる
怪物と在伯邦人

小我無山人

魔呵怪經はもと印度ヴエダの神話にはじまり後唐に傳つた古代東洋に於ける怪物思想であるが　現代の人々にも本經にあらはれたるものに酷似してゐる人が少くない　筆者本經の　哲學的考察を致したること久し　今　平日のうんちくを發表することゝする

▼臍下目人

本經に其人と爲り臍下に目ありとあつて　普通の人間とは大分目の着け處を異にし　着くべき場所に着かざるがためあたり前に先が見えない怪物である　これに屬するものがブラジルには割合に多いやうだブラ拓の水島　海興の明穂元領事の多羅間と云つた連中がそれだ

▼眼頭三腕

其人と爲り兩眼は頭蓋の頂上にありて三腕を具ふ　註に眼井中の蛙の如く常に空を仰いで　天候の變を覗ふが如しと出て居るが恰も黒石清作のやうな怪物だ　その頭蓋のテンペンに眼睛を具有したるは天氣空模樣　雲行きを觀測するに適する故この種のものは本來天文學者たるに適する　而して三本の腕と手を有する所いよ〳〵以て奇態で即ち右の手にはソロバンを持ち左に小刀を持つことを忘れず　然も眞ん中の一本は筆を持つに好適で右左と自由に働き得るテモ重寶にできて居る怪物ではある

▼岐舌國人

又の名を支舌國人と云ふ　その舌が二枚になつて居る本經には其人となり　舌皆岐る或は支舌ともいふとある「成らうことなら通辯になつて舌が二枚に使ひたい」といふ都々逸があるが　實際舌が二枚にも三枚にも使へたらそれ程結構なことはない　この類の人種はサンパウロとバウルーの領事館に多い　前の赤松もそうであつたが今度の中島　濱口の兩人も左樣だ　三七五低資問題では何れも二三枚の舌の使ひ分けをやつた怪物だ　普通の人間は舌が一つしかない　然しながら誠意が舌の神經末端に宿つてゐないと　その舌が岐れて二つにも三つにもなる

▼鑿齒國人

其人となり齒は鑿の如く身の長け五尺因て以て名くと　なんでもその齒が大きな鑿のやうになつてゐるバケ物で　手あたり次第かぢりつくといふから斯の如きものに　かぢりつかれたら最後たゞぢや鑷りつこは無い　三浦鑿がこれに相當する　尤もその名前からして鑿とあるから先祖からの鑿齒國人であるらしい

▼無首面腹

次は無首面復といふ奇拔な奴だ　本經に曰く乳を以て目と爲し臍を以て口と爲し手に管をあやつる　管は筆のことつまり首無く肚に顏面があり筆をあやつるバケモノだ　第一首が無いといふのは理想と主義無きを示し顏が肚についてゐるは自惚れとコケ威しを表はす　これは無思想無主義たゞ自惚れとコケ威しで筆を以て暴れて居る　香山六郎が是に適合する

▼胸頭交脛

其人となり胸量頭端にして脛を交ゆとある　交脛とは足が兩方交錯してゐる即ち居常さく〳〵まん〳〵として足を動かして歩いて居るが何處を的にして歩くといふことが出來ないからフラ〳〵だ　そして胸が頭についてゐるから人を容るゝ度量がなく何事も頭で心臓の波を打たせてゐるブラジルでは牧義朝や斯く申す筆者がこのカテゴリヤだ

▼長臂國人

手が口腔から出て而もその手垂れて地に着くとある所を見ると餘程奇態なバケモノだがこれがいつも兩手に魚を捕つて居るから妙だ　手が口から

伸びてゐるから総て口先きばかりで仕事をする　魚を捕へてゐるのは漁利獲財といつて魚は財利の象徴で　一面において貪慾のシンボル　これは今アマゾン河邊で大きな魚をとらうとしてゐる粟津金六に似てゐる怪物だ——

幽霊物語　だしぬけに女の黒髪バサリ　●岩手日報　昭和六年一月三日　6-2

幽　霊　物　語

だしぬけに女の黒髪バサリ

盛岡市外三ツ家でいなせな魚屋渡世をしてゐる大木松太郎さんは語る

×

私には一人の妹がありました。妹は私が適齢の年日詰町の油屋に嫁いで行きました。そのあくる年日露の國交が斷絶したので私は補充兵として召集され、弘前で一寸教育を受けた後滿洲へ出征しましたそこで私は幾度か生死の境を突破しました。そして年を二つおくり不思議と助かつた自分を喜びながら出征の際二度もどれまいと思つた家へ歸つて來ました。兩親も妹もきつと喜んで迎へてくれるだらう。私は歸還の船の中で列車の中で夢にみ幻に描きました二年の間だもの妹には子供も出きたらう。男の子かしら女の子かしら?、出征してから一度も妹から手紙を貰はなかつた私は父からの手紙でも妹のことを知る事が出來なかつた。今度會つたら怨み言の一つでも云はなくちや——と思つて歸つて來た、その私に何が待ちもうけてゐたでせう。

×

兩親は釜石鑛山に出掛けてゐて留守、妹は私の出征中に亡き人の數にはいつてゐたのです。私は順序として妹の事から申上ねばなりません。

油屋へ嫁いだ妹は至極幸福でした夫は商賣によくせいを出して働く從つて収入も相當ある何一つ不足がなく二年目(私の出征中)の夏には二人の仲へ男の子さへ儲けて家庭は洋々たるものでした。ところが好事魔多しのたとへの通り妹は子を産んだ年の秋赤痢に冒されてしまつたのです、赤痢は當時赤腹と云つてひどく人々が忌み嫌つたものです。

舅も姑もない夫婦二人つきりの家庭で一人がそんな病氣にかゝると商賣はあがつたりになります。やむを得ず夫婦合議の上妹は嫁入り先から實家へ戻つて療養することゝなりました。醫術の進歩した今日でさへたま／＼赤痢で命をとられるものがある位ですから二十五年もさきの頃ではこの病氣に對する醫術は頗る怪しげなものでした。それに妹は早く癒らなければとひどく氣を揉んだものだからたまりません。

折角快方に向つてゐたのを一寸した不攝生から病勢をぶり返して罹病後一ヶ月目にとう／＼他界してしまつたのです。うは言に夫の名をよびつゞけ、子どもの名をよびつゞけ、私の名をよびつゞけながら僅か二十のうら若い身で——だが兩親は戰地にある私が意氣沮喪することを恐れて、このことを最後まで秘めてゐました。そして妹がみまかつた後釜石鑛山へ出稼ぎに出かけたのです。

家庭にどんなことのあらうとは神ならぬ身の知る由もありません、意氣揚々と凱旋した私は忽ち家の門口でぺちやんこになつてしまいました。

×

それでも親せきや友人の招待で四五日は悲しい思ひ出から遠ざかることが出來ました。歸郷後六ヶ日目の晩、私はやつと我が家に落着いて妹の冥福を祈る事となりました。秋も末でした。外には氷雨がしと／＼降つてゐました。ゾク／＼と寒氣が身にしむので炬燵をしかけてあたつてゐました。炬燵の上につり下げたランプはボーッとその邊を淡く照らし出しがらんどうな家はいやに物靜かにおさまりかへつてゐました。吸ふともなく煙草を吸つてゐると妹の事どもが無性に憶ひ出されて來ます。三分ランプの燈心がヂ、ーッと音をたてゝ薄暗くなつてくると思ひました炊火に黒々と煤けた向ふの柱の蔭當りからでも妹が出て來るやうに思はれるのです。

かうして何時間か過ぎました。うと／＼と睡けが去して炬燵に頭を埋めたと思つた瞬間鬼氣身に迫るのを感じてギクリとしました。とたん、ランプの上にあたつてドサリと何かが落下する音がしましたハツト見上げると――ランプの傘の上からザラリと黒髪が垂れ下がり續いて血の氣失せ青白く痩せた女の顔がニユツトあらはれ、ギロリと物凄くこつちを睨みつけてゐるではありませんか。ウーンとうめきをあげた私はそれつきり息をひきとられて化石のやうに硬くなつた。と思つた時には手は無意識のうちにパツと布團をぬくつて頭からすつぽりと被ぶせてゐた。

×

それから後は炬燵の柱にしがみついてゐた事だけより記憶に殘つてゐません。

鶏の聲が、そちこちで喧しくなり雨戸をくる音と人の聲が聞えて來た時やつと我にかへりました。ソロリと布團をまくり上げてみたら夜は白々と明けそめてゐました炬燵の火はきれいになくなつてゐましたが私の全身はびつしよりと汗にぬれてゐました。

資　身長八呎余もある巨人の骸骨を発掘　★布哇報知　昭和六年一月十一日　6-3

身長八呎餘もある 巨人の骸骨を發掘

探檢隊墨國土人に襲はれ 獲物もそこ〳〵に逃げ出す

墨國ワノラ地方には巨人族が棲息してゐた形跡があり、米國探檢隊の一行はその遺蹟を尋ねて蠻地へ向ひ

捜索を續けてゐたが突然命からぐ〳〵ほうぐ〳〵の體で逃げ歸つた、同探檢隊は非常な苦心をして、三ツの太人の骸骨（身長八呎以上のもの）及び五ツの小供の骸骨（身長六呎以上）を發掘したのであるが

同方面の土人ヤキ、インデアン共は迷信深く骸骨をほり出すこと神の怒りに觸れること反對し遂に武裝した土人の一隊二十餘名は一行を慘殺しかねまじき氣配を見せたので探檢隊は何もかもほり出して命からぐ〳〵逃げ出したのである、一行と共にソノラ政府から

派遣されたドミンゴ教授は種々土人共を納得させんと奔走したが、無駄に終つたのである

幽　蹴殺した母の亡霊　下郡春二郎の犯罪史　★満州日報　昭和六年一月十二日　6-4

悔悟の光明へ導いた 蹴殺した母の亡靈

奇しき運命にもてあそばれた 下郡春二郎の犯罪史

果して彼が眞犯人か？十五日の公判に多大の興味を繋いでゐる丁助教授小河内夫人殺し下郡春二郎（三二）の一生こそ小說よりも奇しき運命の飜弄兒だ、二十歳の時實母を蹴り殺して以來、十五年間父と子より知らぬこの重大な秘密を脊負つて世の暗黑面のみを辿つて來た彼の半生こそ逆流から逆流へ……自ら世を呪ひ、運命に逆らつて極惡の限りを盡して來た、その彼が朝鮮平壤警察署に留置中殺した實母の命日に渾然と悔悟の目を見開き「旦那、（警官）わつちは大罪を犯してゐるんです」と前世の一句を示して丁助教授の夫人殺しをスラ〳〵と自白するまでには探偵小說を地でゆく犯罪史に綴られてゐる

◇◇

運命兒、春二郎は朝鮮釜山で二十萬圓からの財產をもち大きい旅館を營んでゐた富裕の家に生れ、何の苦勞も知らず郷里の中學校から早大に入つたが、放縱に育てられて來た彼の身に都の風が沁み込んで一時に放蕩の惡魔に遊蕩の血潮が波打つて來た、早大に在學すること僅か五ケ月で釜山に歸り金持のお坊ちやん然たる遊蕩三昧にふけつてゐた、これを苦にした實母―當時姙娠中―が強意見したのを逆恨みして足蹴にしたのが當りどころが惡く母はその場に絕命した、

◇◇

春二郎の父は家の名譽と我子可愛さに悪事の一切を秘した爲め春二郎は「親殺し」の罪目の恥を免れ實家をとび出した

その時春二郎は二十歲、惡事の第一歩を踏み入れたのだ、それから

の彼は各地を轉々窃盗、强盗の罪を重ねて前科四犯の兇狀持ちとなり、すつかり惡黨に成り終はせて昭和二年八月來連、世話する人があつて大連市西通西村蒲鉾店の店員に住み込んだ、當座は質直に勤いて店主の信用を得、同年十月ごろ信濃町市場西村販賣部の會計を任された、この時から彼の内身に秘められた惡事の血潮が波打ち出したのは……賣上金を横領したり主名を騙つて詐欺を働いて遊興に消費してゐた、そのころ春二郎の勤めてゐる店へ度々蒲鉾を買ひに來る若き美人の人妻があつた、女の味を飽くほど噛みしめて來た彼に取つて肉感的な人妻の水々しさに心を奪はれたのは云ふまでもない、或日彼はその若い奥さんを尾行して住家を突き止めた、彼に睨まれた奥さんこそ市内初音町工業助教授小河内美男氏の夫人ハマ(二〇)さんである

◇　◇

春二郎は同年十月廿八日午前十一時頃平和臺柴田方に蒲鉾の配達を終つての歸途小河内氏裏口を覗ふと家人の姿が見えぬを幸ひ家内に侵入、應接室で赤銅側時計と銀側ストップウオッチ一個、それに現金四十餘圓を奪つて廊下に出たところ、豫て懸想してゐるハマ子夫人が便所から出て來たのを見て急に劣情を起して細紐で頸部を絞めて暴行を加へ何食はぬ顔で歸宅、世間の騒ぎをよそに眞面目に働いて其筋の目を晦ませ、三年二月ごろ騒ぎもどうやら靜まつたのを潮時に店の金を掴んで平壤に高飛びしたのであつた

◇　◇

平壤で浮浪中所持金を使ひ果し食ふに困つて昭和四年五月ごろ郵便局歸りの奥様を襲ふて金を奪つたうへ暴行を加へたが、巧に警察の目を誤魔化しその後も窃盗、詐欺の惡事を重ねてゐるうち平壤府町遊廓文明樓に登樓し無錢遊興で警察に突き出され留置場に入れられた、丁度その日が七月六日で靜かに彼の頭に蘇へつて來たのは十五年前殺した實母の恨めしさうな亡骸であつた「お母さん許して下さい」と叫んだ瞬間目が醒めた、その時彼は全身にビッショリ寢汗をかいてゐた、過去に犯した數々の罪が恐ろしく輝煌した彼の良心にもかすかに悔悟の光明が差して來た――總てを自白して心の重荷を卸さう――固く心中に誓つてすらくと自白したのが以下綴つた罪の數々である、だが肝心の夫人殺しの物的證據ストップウオッチは發見されない、彼が徒歩で逃べたところによると西村商店の支那人店員「かぼちや」に持たせて二十五圓で賣つたといふが「かぼちや」はそんな使ひはせぬといつてゐる

ラ　ラジオ　本日の番組

●山陽新報　昭和六年一月十五日　6-5

ラヂオ

本日の番組（十五日）　JOKK 波長 四二八

△落語『七度狐』桂小南

ラ　落語『七度狐』桂小南

●山陽新報　昭和六年一月十五日　6-6

落語『七度狐』

桂　小　南

兄弟同樣の友人清八と、喜六の二人が、伊勢へ行くの道すがら、或茶店に寄り、竹の子と烏賊の木の芽合を擂鉢ぐるみせしめこんで途中で食つた後

擂鉢を

田圃の中へ投げすて、其處へ立小便をして立去つた。丁度其處には一疋の狐がねてゐた。それに當つたので、狐はひどく怒つたが――之は七度狐と云つて、一度魅したら七度化かすと云ふ極く質の惡い狐だつたから、たまらない、二人の男はさんぐ化されて、えらい目にあつてゐるのを、三人の百姓が見て、氣の毒に思ひ、正氣づけてやらうとする。三疋の狐は遂に正體を現し、藪の中へ逃げ込まうとするを、三人の百姓は、各自にその

尻尾を

掴まへて引戻さうとする、狐は逃げ樣とする、双方の力で尻尾は拔けたが氣がついてみると、百姓は畑の大根を拔い

てみた。

獣　黒犬の呪い　本当にあった話

●山陽新報　昭和六年一月十六日　6-7

本當にあつた話
黒犬の呪ひ
―自殺した青年の錯覺―

【佳作】　寺岡正夫

五年程前の話兒島郡小串村に起つた事で、三年程前伯母に聴いた物語である。

×　×

其の頃、小串村に一匹の大きな黒犬が現れた。鷄を取つて食つた猫を咬み殺した、この黒犬が現れて以來、村にかうした事件が毎日のやうに起つた。或家には鷄を十四匹も一晩で食はれて了つた。だが誰も、黒犬を殺して了はうとする者がなかつた。それは、「黒犬は荒神樣の化身だ、殺すと恐ろしいたたりがある。」と、云ふ言葉か誰から云ふ共なく言ひ觸らされたからである。毎日、々々、村人達は黒犬の爲に泣かねばならなかつた。

雄吉（假名）は、二十三の青年だつた。彼は迷信の言葉を排撃して、村人達を救ふ爲めに黒犬を殺すべく、唯一人心に固く決心した。

彼は自分の貯金を出して蒸汽船で九蟠へ渡り、西大寺町へ行つたが買ふべきピストルは賣つて居なかつた。彼は汽車で岡山へ行き、そして、六連發のピストルを手に入れた。歸りも矢張り、西大寺へ廻つた。此の時、僕の伯母の家へ寄つて、これで、黒犬を打ち殺すんだと云つて、話をして行つたさうである。彼の父母は、伯母の遠縁に當る知人であつた。彼は小串に歸つて、ピストルの練習を初めた勿論、唯一人で山の中に這入つてやつた。終に巧くなつた。

もう大丈夫だ。彼は心に誓つて黒犬を打つべきチャンスを待つた。黒犬は白晝は山に籠つて、暗くならぬと出て來なかつた。

或日の事、お寺の鐘が夕闇に消えて行く頃、付けねらつて居た黒犬が、山根（假名）の隱居さんの家の鷄舍に鷄を食ひにもぐり込まうとして居るのを、薄闇の中に發見した。薄暗い中をすかして、ねらひを定めてドーンと打つた。

×　×

音は辺りの沈默を破つた。黒陰は地に倒れて、もがき苦しんだ。

彼がそののた打ち廻る姿を眺めた時吃驚した。それは、山根おばあさんだつた、隱居さんだつた。「あゝ山根のおばあさんが卵を取りに這入つて居たんだな。」彼は直ぐ感じた。心は苦惱にかき亂された。

彼は我家へ一散に馳け歸つて泣きながら、兩親に告げた。直ぐに親族會議は開かれた。雄吉は心を突き上げる樣な烈しい後悔と責任を感じた。彼はピストルを額に當てた。眼をつむつて引金を引いた。煙の晴れた時は雄吉はもう、息絶えて居た。

次の部室で親族會議が開かれて居たのだが、ピストルの音に忽ち大騒ぎだ、雄吉の自殺で打ち切りとなつた。

×　×

皆の内二三人は山の登り口にある山根の隱居さんの家へ、おばさんの死體を見に行つた。

二三人の人が提灯を持つて隱居家の鷄舍へ近づいた時、死んだ筈の山根のおばあさんが提灯をかざして鷄舍の入口に横たわつた。鷄を血だらけにした黒犬の死骸を恐ろしさうに眺めて居た。

「黒犬を殺したたたりだ」人々は口々に呟いた。

×　×

艶の好い黒犬の毛並は、提灯の光に微かに光つて居た。

作者住所＝上道郡西大寺町元町

怪　偕楽園女怪の正体（一）　探検慄えて出発

●山形新聞　昭和六年一月十七日（十六日夕）　6-8

偕樂園女怪の正体
（一）探檢慄へて出發
大本教信者の言葉に幽靈を戀して

「幽靈が出る」どうもこの一九

三一年時にはピンと来ない。借金にうなされてウワ言を云つたとか、惚れた女に振られた夢に憤慨して飛び起きたなんかと云ふんなら、合点も参るが、四人が揃ひも揃つて三晩つゞけて妙齢の美人の幽霊を見たなんかはまことに以て愉快な話し、この正体つきとめも雪の夜長のナンセンスには持つて来いだ――と云ふわけで昨夜(十五日)衆議一決、探検隊が組織された。――社会部A、B、C写真部D、E遊軍Fの六名何れも幽霊と握手したいと云ふ若手の面々。

◇

そも／＼この幽霊の出現すると云ふのは、山形市内目抜の盛り場、活動街と花柳街とに間近い三島通り郵便局向ひの元偕楽園の空家である。今の持主は殿治町の石原米郎氏、その以前の持主は弁護士丸山督先生であつたが、丸山氏は、首を縊つて結果てたと噂された人である。石原氏の所有物になつてから、料亭偕楽園が開かれ、今平歳公園亀松閣の女将お定さんが采配を振つて居た。このお定さんの云ふところに依ると『お客さんには済まないから我慢して居ましたが、実は妾も時々あの邸に居る時はうなされました』とあり幽的とは流石に会見しなかつたやうだが、このうなされたと云ふのも事に依ると偕楽園経営難からかさむ借金にうなされたんだろと云はれて居た。又一女中がある夜、何心なく一座敷をのぞくと、そこに死んだ筈の丸山先生がキチンと端座してエヘンと咳ばらひしてゐたのを発見、キヤアとばかり逃げ出したと云ふ噂もあつたが、これ亦女の厄物月経時だつたので精神錯乱から幻影を見たのだらうと一笑に附されて居た。

◇

ところが、今度と云ふ今度、大本教出口王仁三郎『閣下』の作品展覧会(去る九日から十一日まで)が開かれ、信者の小姓町村田武男、七日町佐藤久之助、柳町後藤賢次、山高生文科一年鈴木進雄の諸君が、留守の寝泊りをしたが、鈴木君は幽的に首を絞められ、佐藤君は幽的に馬乗りされて短刀で脅かされ、その他の面々も亦廿四五歳の男女一対と十七八歳の美人の幽霊を見たと主張して譲らない。嘘だと思ふならその諸君に聞いて見ればいゝ。全く以て真に迫る手つき口つきをして話すであらうから……

◇

『こうなると捨てゝは置けぬ』と云ふのが我探検隊の意気込である。廿四五歳の男女一対とは甚だ怪しからぬが、モ一人の十七八歳の独身美人?には是非御交誼を願はねばならぬと云ふのが、期せずして一致する面々の希望である――そこでいよ／＼探検隊乗込となる。

◇

早速石原家に交渉する『ザッツオーケー万事承知』との挨拶だのみならず立会人を出さうとの事――立会人と云ふのは屈強な若者二名である。昭和六年一月十五日午後八時三十分、偕楽園開かずの扉は開かれた(つゞく)

(写真は偕楽園表門)

偕楽園女怪の正体（二）　幽霊取扱い注意

怪　●山形新聞　昭和六年一月十八日（十七日夕）　6-9

偕楽園女怪の正体（二）

幽霊取扱ひ注意

襖倒れてまづ腰を抜かす
「例の部屋」を本陣に策戦

カラカラカラカラ……偕楽園表門くゞり戸が開かれる。石原家立会の若者二名を先頭に、幽霊探しの一隊が、このくゞり戸から吸ひ込まれた。見ると園内は四尺の積雪だ。人が歩いた跡と云ふのは、くゞり戸から勝手入口まで、あとはすべて雪。表門から真つ正面玄関の屋根、母屋等々一尺の雪をかぶつて、しやれた庭、植込み等々すべて雪に埋められてある。

◇

六疊の勝手には十六燭の電燈一つ淡暗く陰氣にともつてる。ぞろ／＼と乾魚の糞のやうにつながり込んで疊の上に這ひ上つた四尺煖が一つ切つてある。押入れがある。何等の裝飾物もない障子を隔てゝ廊下、廊下の向ふが客座敷の連續――電燈の点いてるのは勝手のみで、その他は全く墨汁を流した闇である。――八人、爐を囲んで座り込んだ。

◇

『どうも困つたこつてす』漸くおきだ炭火を見つめながら陰氣にあぐらを掻いて默り込む事五分間、立會の若者が口を切り出した。一同頭を上げてその男の顔を見つめる。

◇

『幽靈が出ると噂を立てられちや、折角のこの家も寄り人がつきません。ワシ等は毎晩留守番にやつて來るんですが、まだその幽靈を見ませんで。ナゼ他人にばかり出て來てワシ等には出て來ないんでせう。ワシ等はまだ獨身です。妙齢の美人なら、何も女房持ちの男に出て來るよりもワシ等のやうな獨身者に出て呉れるのが人情ちうもんでせうにネ』全くだ。だが誰も笑ふ奴がゐない――ト突然バタリッと異樣な音、と同時に、『ウワーッ』奇聲が突發した。一同顔色蒼然、毛穴を逆立てゝ飛び上る悲鳴の發聲者を見る。見ると、遊軍Fの頭上へ押入の襖がおつかぶさつて、Fは襖の下に仰向けになつてもがいてゐる。

◇

『馬鹿ッ』社會部のAが怒鳴る『ナンちうざまだ』びつくりさせられたのが腹立つたわけ……古い建物なので建付けのよくない押入の襖にもたれて居たFがヒヨイと體を前へ動かしたひようしに、ゆるんだ襖が、バタリとその頭へ倒れて來たものと判明――モ一度『ナンちうざまだ』

◇

『斯う云ふ噂の出ますのも、實は、斯うだと思ふんです。初市（十日）の日でした。川口何んとかと云ふ人と佐藤久之助（幽靈に短刀で脅かされたと云ふ男）と云ふ人達が私の家へ訪ねて來まして主人（末包氏）の病氣をご祈禱するとか、大本教の有り難いワケを説いて居ましたが忙しかつたのでロクな返事もしませんでした。後になつて聞いて見ると主人を大本教の信者にしてこの家を大本教の支部とかに提供させたかつたとの話しでした處が話しがまづくなつたんで、幽靈が出るとかなんとか云ひふらしたんぢやないかとおもひます』立會の石原家の若者がつけ足す。

◇

何はともあれ、そんな事は人間同志の駈引ごと、こつちはその幽靈が見度いのだ。而うして、こつちは幽靈と人間との駈引である。先づ幽靈の出たと云ふ部屋へ入つて策戰を練らうぢやないか。

『それがいい／＼』と云ふことになつて六人は腰をうかす。

◇

廊下は眞つ暗である。ロウソクの灯を先に立てゝ狹い三尺廊下を手探りで進む。どことなく淡寒い風が吹く冬だもの。これ本當然な話しだが、光の通らぬ六人一列最後の社會部のBは、『チエッ、ナ生ぐさい風が、イイヤに吹きあがるぞ』

◇

まがりくねつた廊下だ。『陰氣だネ』『當り前さ人つ子一人住んでゐないんだ』とにも角にも十疊二間ブチ拔きの『幽靈の來る部屋』に着いた。そこで策戰評定となる。裸蠟燭を、持ち込んだ火鉢の邊りにつゝ立てゝ『何が故に幽靈が出るか』『その理由が諒解したら出た場合如何なる處置に出るか』を第一議題として次に『幽靈は鄭重に取扱ひ殴るべからず』『幽靈には近よるべからず少くも三尺の間隔を置くべし』との禁止事項申合せをやる（寫眞は幽靈の出たと云ふ部屋石原家の若者も加はつて）

偕楽園女怪の正体（三）
怪 ●山形新聞　昭和六年一月十九日（十八日夕）　幽霊縁起物語り　6-10

偕楽園女怪の正体

（三）

幽霊縁起物語り
秋雨の夜に飛び出す人魂
どれも見たことのない話

石原家立會の若者の云ふ所に依ると、幽霊の『本もの』の出現が甚だあいまいになる。だが、大體この偕楽園の敷地は明治以前『万日河原』と云はれこの邊一帯が大龍寺、大寶寺、光明寺の燒場であつた。圖中の偕楽園を斜に横切る點線二條はこの時分の畬道で、黒い奴は、今ある道路だ魚屋さん十五夜の裏手に在る石碑はその時分の供養塔である。

◇

古老の言ひ傳へに依ると半燒け残つた屍體が、この邊に散らばつて、秋雨しと〳〵と降りこめる暗夜なぞは、雨にぬれてほの白い燃ね残りの棺桶の邊りからデロ〳〵と人魂が飛出した――と云ふ話し――話しだから見たものはない。

◇

明治八年、あの亂暴者の三島通庸と云ふ男が、縣令として着任して、十年万日河原を埋立て現在の三島通りが作られた。それから滋賀縣からやつて來た書記官横川源蔵と云ふ男が、この偕楽園のところに家を建てゝ住まつたのが初まりだが、源蔵君果して幽的を見たりや否や？今は彼氏源蔵も冥途に住所を移して了つたので尋ねて行くわけには參らぬ。

◇

然るに、これも古老の言ひ傳へるところに依ると、明治初年、香具師が好いた女の引つぱり合ひから喧嘩を始めて、日本刀を振り廻した奴が相手の首をチョンと斬り落して了つた――と云ふのが現在の玄關前だつたと云ふ話し。これも話しだから保證の限りではないが、降つて大正十四年、辯護士丸山督氏が相場に手を出して金につまり、或金貸から高利を借りて、返濟に窮した末、ブラリとこの邸で首を縊つて了つた。

◇

こんな順序を經た末、現在の持主石原末郎氏の手に落ちて今の亀松閣女將お定さんが料亭偕楽園をやり出したのであつた。

◇

これで一先づ偕楽園縁起物語り一席が終つた。次いで來るものは、これが爲めに果して『幽霊』が出なければならないかどうかの問題である。

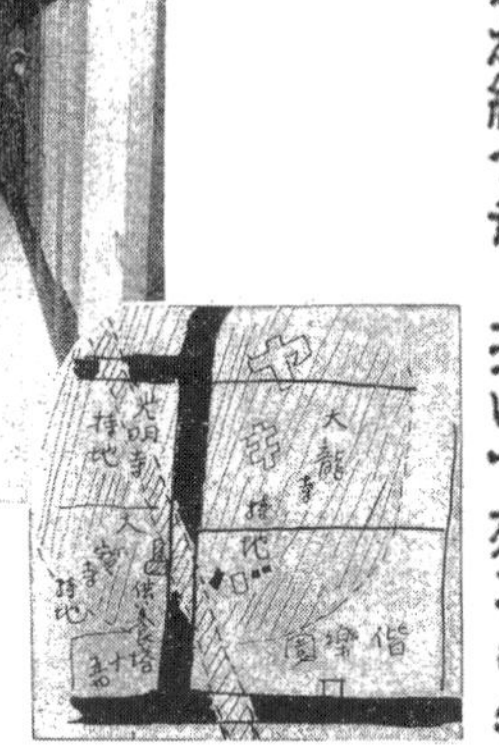

◇

現在の持主、石原末郎氏は、有名な金貸である。兎角の噂やら問題やらを持ち上げて、裁判通ひに忙しかつた人であるが、金貸が『事業』とあればこれも致し方はあるまい。だがこの『事業』のため犠牲になつたものは相當の數に上つた。噂される所に依れば、丸山辯護士の怪死事件もこの犠牲の一つであると云はれる『金』故に恨を吞んで死ぬ時には丸山先生も『金に恨みがあるものかないものか』デン〳〵と幽霊になつて出てやらうと考へて居たかも知れない。當時の物判りのいゝ連中は『確にありや幽霊になんべ』と噂し合つてゐた。――さてこそ事情を知つて居たお定さんの『うなされ』にもなり、女中君の『丸山先生亡靈出現』にもなつたと云ふわけだつたらう。

◇

之で『幽靈は多分出るだらう』ときめる。然らばどこから出るか。蠟燭片手に手分けして間取の檢査にとりかゝる。（寫眞は各部屋ごとの幽靈捜索）

偕楽園女怪の正体（四）　不気味な三畳

●山形新聞　昭和六年一月二十日（十九日夕）　6-11

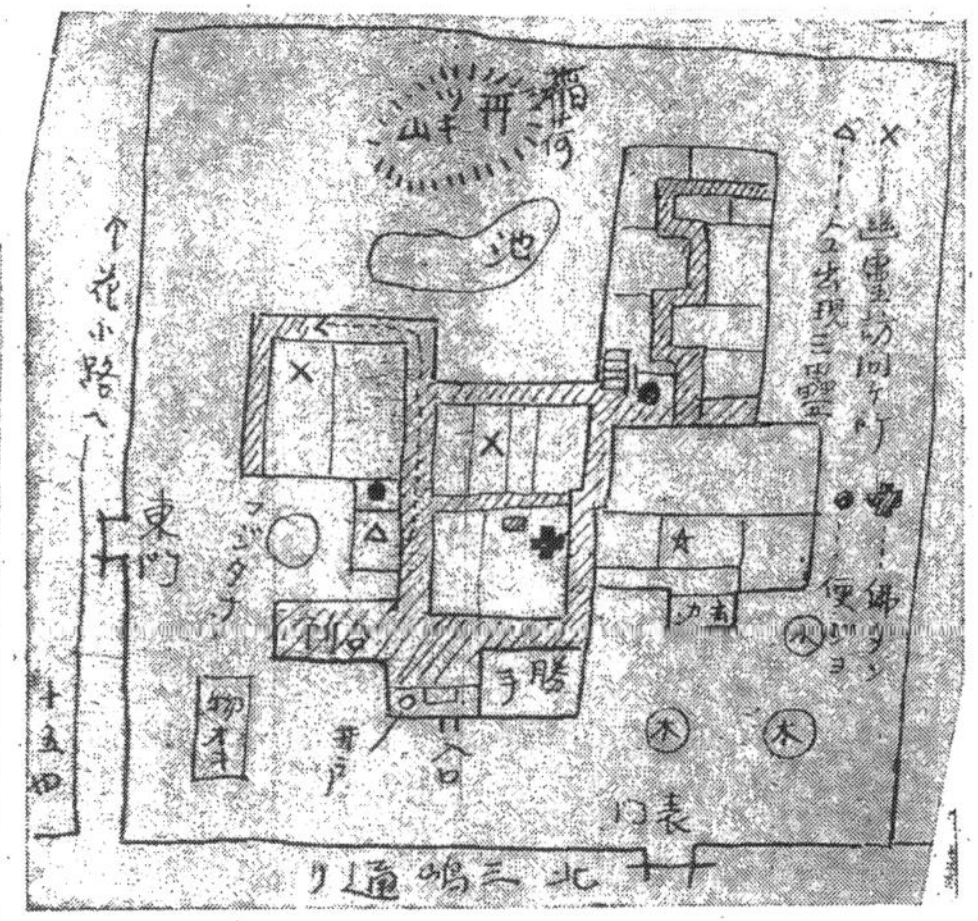

怪

偕樂園女怪の正体（四）

不氣味な三疊

迷宮のやうな部屋の間取
新座敷から闇中人の呼び聲

なんと廊下の多いことよ、それからなんと部屋數の多いことよ二階建ての新座敷と、以前からの建物の部屋數を數へたら三十前後もあらうと思はれる。この部屋々々を連絡するんだから廊下の多いのも無理もあるまい。上の圖は偕樂園見取り略圖だが鼻に嚙みつかれても判るまいと思はれる程の暗い闇の中だ。全く部屋數をかぞへるのも樂な仕事ではない。曲りくねつた狹い三尺廊下を、細い蠟燭火やら懐中電燈を突き出して心細げに歩くのだから、同じ部屋を二度も三度も數へる始末。

◇

大本敎信者の村田その他三君の云ふ『幽靈の出る部屋』は東南の客座敷（現在探險隊の捜索本部）と東北の臺所との、コの字形になつた中間、藤棚を東にして南に便所を控へた三疊の部屋である。おぼつかない蠟燭の灯で見れば、なるほど、屋根裏が頭につかへる陰氣な一室だ。『サア誰か入つたり／＼』誰も入り込む者がゐない『遠慮は入らぬ君まア入つて見給へ』『誰が遠慮をするものか。』C記者が一足踏み込んで『ギアア』とでんぐり返つて了つた。『ソラッ出たア』一同だぢ／＼となる。

◇

『何をしてる？　何を……』豫備陸軍歩兵少尉のAが、叱りつける。だが、その聲は慄へてゐる。『足もとに氣をつけろ』見れば、ナナなある樑、この三疊間は廊下より一段低くなつてる。足を廊下と同じ高さのつもりで、バタリと前につんのめつた次第。『君等は物理學に暗いので話にならん。そも／＼重心と云ふものは……』一足先に逃げ出した理學者のB記者が、しやあ／＼として切り出した。『ナ何を申す、臆病者、お前が一番先に逃げ出したんぢやないか』起き上つて胴震ひの止まぬ被害者Cが憤然として逆襲した。B理學先生これにはダアと參る。

◇

この三疊間は、疊が廊下よりも低く、屋根裏が頭に迫つて空氣の流通がよくない。偕樂園の女將だつたお定さんが、この部屋をウス氣味の惡い部屋だと云つてるは合點が行く。偕樂園閉鎖後、株屋の三幸倶樂部と云ふのが立て籠つたが、此部屋に寢起した女中の一人が、時々氣分を惡くしたと云ふのも合點が行く『大體こんな不衛生的な部屋を作つた奴が惡いだ。誰だ？　こんな部屋を改造もせず、幽靈が出るの出ないのと騒いで、我々にまでおせつかいをさせる奴は出て來い』太見榮を切つたのが、A歩兵少尉どの。

◇

だが大本敎信者四君の實話に依れば、この部屋から出た幽靈が廊下傳ひに東南の客室を訪問し障子にはめたガラス越しに部屋の中を覗つてニタリ／＼と笑ひそろり／＼と侵入して來たと云ふのである。その外に出たと云ふのが、圖中の×印の所だ。（略圖をかゝげた序でに特に斷つて置くのは圖中星印の箇所である。これを特に御記憶願ひたい。此星印の箇所こそ翌十六日未明一騒ぎ持ち上つた箇所である）

◇

新座敷・二階の階段を上つて右手の押入れに、麥ワラ一文字の夏帽子四ツが、ぐる／＼とウスベリ三枚の中にまるめ込まれてあつた。何もないところから、そんなものがヒョイと出て見ると嫌な氣持である。新座敷は一渡り檢索が終つて、廊下を手探

偕楽園女怪の正体（五）　出たりな仏壇

●山形新聞　昭和六年一月二十一日（二十日夕）

6-12

偕楽園女怪の正体（五）

出たりな佛壇

扉を開く勇士はないか　スワご參なれ！呻き聲

南に突き出た新座敷からの『オーイ〳〵』の呼び聲は正しく男の聲だ。『オイ歩兵少尉お前行つて見ろよ』寫眞部のDがAを押してやる。『イヤ俺は少尉じやない。一年志願兵の疾病除隊だ』Aは動かうともしない。『チエッ意氣地のない奴だ』と舌打ちして、さつき三疊でデングリ返つたGが『誰だッ』と大聲で怒鳴つた。だし抜けなんで一同この大聲にビックリ、頭をガタ〳〵とふるはす。

◇

『俺だア』新座敷からの返答だ。『俺じやワカらん官等姓名を名乘れ』疾病除隊兵のAがやり返す。新座敷からの返答には『俺か？　俺は陸軍輜重輸卒の幽靈だア……』

◇

『馬鹿にしてやがる行つて見ろ〳〵』漸く正氣に返つた一同新座敷へ引き返した。すると、階段近くの便所の前の暗の中に、寫眞部のB先生がキョトンとして突つ立つて居た。『何をしてる？』『何をしてるんじやない。お前等がこゝの二階に上つた時俺が便所に入つて用を達して居たんだ。そいつを置去りにして行つて了うたアあんまり薄情じやないか。用を達して出て見れや誰も居ない。燈がなくつちや歩けやしないぞ』『全くだ〳〵』一同感心したのが相棒のDだ。『君も君じやないか、同じ寫眞部で居て相棒紛失を氣づかんちうのは重大問題だぞ』びつくりさせられたので讀者、幽靈搜索が忽ち仲間喧嘩となつてしまつた。

◇

『これで六名揃つたな。そろそろ出かけんべ』新座敷を引き揚げて、廊下を曲つて、部屋毎に見廻る。……ト先頭に立つてゐたBが一室の障子を開いて『アッ』と悲鳴を擧げて尻ごみした『なんだなんだ』後からBの肩ごしに首を突出したCが、これ亦『オウ』と奇聲を發した。見ろ！闇の中に浮き出した佛壇。扉を半開きにして厄介ものゝやうに部屋の一隅に放り出してある。一同たまらず逃げ出す。『オイ、お立會の若衆さん、コ、コ、これは何だア？』

◇

勝手に控へてゐた若衆が『何ですか〳〵』とやつて來た。『ヘイこの佛壇ですか、これは、アノ三幸倶樂部の人が子供を亡くしたんで貸して呉れと云ふんで、貸してやつたんです。それがそのまゝになつてるんで……』『ナ、ナ、中味があるのか？』『中味はありません。開いてご覽なさつてもよろしい』『誰か佛壇を開い

りに引き揚げた。すると、どうだ？　その新座敷の方から『オーイ〳〵』と呼び聲がする。ハッとした一同、石地藏のやうに硬くなつて動けなくなつてしまつた。お互顏を見合せる。ゆら〳〵ゆらぐ蠟燭の灯に、蒼白になつた一同の顏が、明くなつたり暗くなつたり……。

◇

『オーイ』また、呼ぶ聲がする一番年少の遊軍Fはぺしやんと尻もちをついて了つた。

怪
偕楽園女怪の正体（六）　玄関障子の怪
●山形新聞　昭和六年一月二十二日（二十一日夕）　6-13

偕楽園女怪の正体（六）
玄關障子の怪
はたして誰の仕業ぞ？ 幽靈はゴム靴を履いてゐた

Dの呻り聲に一同スワと飛び起きた。一同にゆり起されてDば目を開いたが、『何だ？何だ？』の問ひに語り出す所に依るとこうだ。

◇

素竹滅法もない妙齢のピッピンが、赤い蹴出しをちらつかせてDの首に馬乗りになつた。そしてぽたり／＼とよだれをDの顔に垂らしたと云ふのである。

◇

『ソリャ本當かへ？』Eが躍起になる。するとDニヤリ／＼として『羨やめ／＼ウハッハッハッ』まんまと一本擔がせたわけ『畜生ッこの野郎に猿ぐつわでもはましてやれ。くそいまい／＼しいサアサ寢直せ／＼』

◇

午前六時十分、Bが最初に目をさました。部屋の中には、ほの／＼と明けそめる朝の光が、うつすらとさし込んで居る。『何時まで寢てるんだ皆起きろ／＼』五人その聲にもくり／＼と起き上る。『幽靈を見た奴は手を上げろ』誰もゐない。『そんなら邸中を検分しろ』『オーライよし來た』元氣を取り返した一同バラ／＼と飛び出した。

◇

『オーイ大變だぞ』玄關にあたつて聲あり。『何事ならん』と緊張して一同玄關へ馳け集まる。『これを見ろ』なる聲、これは奇ッ怪千萬、昨夜はこんなものがなかつた筈——廊下に面した障子二枚が取りはづされて、それが山型に組まれてある。『誰かこれに覺えがあるか』誰に覺えがあるものか。

◇

立會の若者二名もこの障子には覺えなしと云ふ。サテ誰だ？玄關の扉をガラリと開く。『アリャリャリャ』Eが頓狂な聲を出て見ろ』『ソウ云ふ君が開けたらどうだ』とう／＼これには誰も手をかけず、こわ／＼遠くから覗くだけにして引き揚げた。

◇

捜索本部に引揚げて偵察經過の報告を取纏める。『これで何等異狀なし……さて、あの藤棚の三疊から出た幽的が、そこの廊下を傳はつて、この部屋にやつて來るんだ。一つどんな工合だか實驗して見やう。誰か幽靈になるものがゐないか』なる者がゐたらどうするんだ？』『あの三疊から廊下をみしり／＼とやつて來て、その障子にはめたガラス越しに、こつちを覗いてニタ／＼と笑ふんだ』この重要提案は希望者が居ないので、ペシャンコとなる。

◇

然らば幽靈出現の場合、これを如何にして撮影するか？寫眞部のD、Eの間にはフラッシュをやるべきや否やが問題となつた。しかし闇の中では撮影が出來ない。だからあのマグネシウムを爆發させ、先づその音響に依つて驚駭を與へ、あの閃光に依つて幻惑を與へるがよろしい。さうしたら、如何に幽靈なりとも目まひがしてブッたほれるであらう。そこをすかさず捕縛するのが上分別——さうじゃ／＼と云ふことに議が纏まる。

◇

午前一時を過ぎた。大本教信者に云はせると、午前二時から幽靈が出る事になつてゐる。而も最初眠つて居なければ見ることが出來ない。さあ寢やう／＼と一同、外套をかぶつて、座敷中にごろ／＼と轉がつた。小一時間も經たと思ふ頃、障子際に轉がつてゐたDが『ウーン／＼』と呻り出した。スワご參なれ——一同がパッと跳起きる。時計を見ると午前二時半。

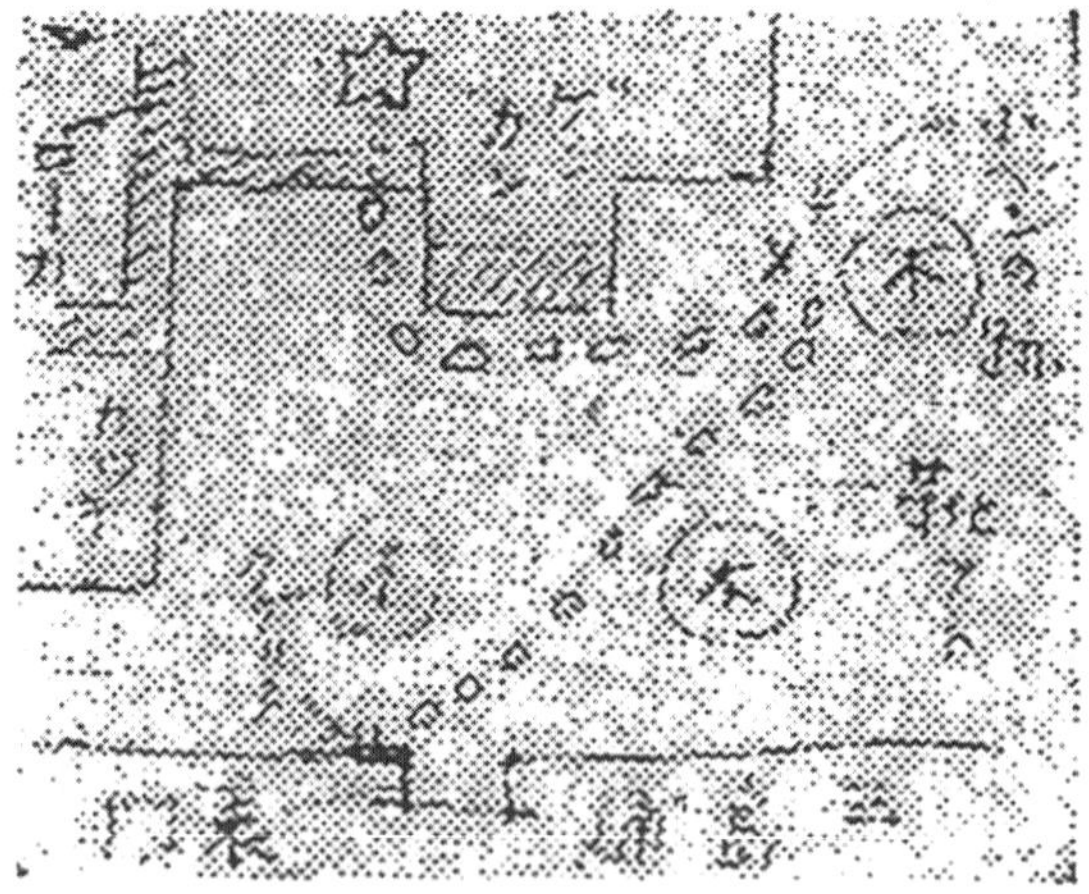

した。『見ろ〳〵』見ればしつとり積つた雪の上にマザ〳〵と印された靴の跡がある。靴の跡は長ゴム靴の跡と見れる。底の彫刻が明かに雪の中に喰ひ込んでゐる。『オイ者共靴の検査だ』

◇

一同の靴には、これに符合するもの更になし『表門の錠は外してあつた筈だが、異状はないか』

『ハイはづしたまんまでありまず』輜重輸卒の答辯だ。これでは外から忍び込む事は自由自在だ。靴の跡は玄関の前を往復して、左手の植込み近くの雪の上に黄色い小便のあとがある。『ヤヤ幽霊奴小便をしてらア』

◇

つら〳〵考へるに、この幽霊はこゝへ忍び込んで小便をしながら屋敷内の様子を覗つてたんだ小便が終へて度胸が据はつた處で玄関傍の雨戸をくつて、座敷内に侵入したものと見れた。

◇

然らば何が故に忍び込んだか？

一、幽霊を確に見たと断言するもの及びそれに関係ある者がかくの通り怪事件が起きるぞと云ふ反間苦肉の策…

一、その裏を掻いて、右の如き者共が、右の目的を以て右の如き策に出たのだと思ひ込ませんために石原家と関係ある者の策

一、我々のゐる事を知つての悪ふざけ

以上三つの中、何れかに相違ない。

◇

フト見ると玄関先のたゝきの上へもみくちやにした紙片が落ちてある。便箋を引きちぎつたものだ。しはをのばして見ると、拙い文字で次の如く書いてある

鼻の先ひくい程よしかはずかな

あつた〳〵尻に糞がついてあつた

詰んで垣根飛こす神の道

モ一つまるめられたものは状袋である。これには宛名がある。

山形市十日町聯隊區司令官
近藤清殿
山形市女子師範學校長
林鐵次郎殿

裏には『人類愛善會總裁出口王仁三郎師作品展覧會主催者昭和六年一月日』と印刷してあつた

幽霊事件とこの『かはずかな』前に状袋とは、果して如何なる因縁を持つものか？　持つとは云へぬ。

◇

午前七時、まだ、街ではねむつてるらしい。人通りのない雪道を外套に首をすつこめて六人はすご〳〵と偕楽園を出た。『あゝ幽霊よ幽霊よ、汝はゴム靴を履いて小便をするのか』と六人の歎聲に六人顔を見合せて苦笑した。（をはり）

【写真は玄関座敷の奇怪な障子とゴム靴跡見取り圖】

6-14

狐にたたらる話

●会津日報　昭和六年一月十七日夕

獣

狐にたゝらる話

北會津郡一箕村大字瀧澤若松機庫勤務齋藤慶三郎(三九)は去月同村長原地内の山林で三十年を經た雄の老狐を射殺しその際雌狐を取り逃がしたが、最近毎晩のやうに件の雌狐が慶三郎宅に化けて出て子供の泣き聲を立てたり軒下で『今晩は』と聲を掛けたりするので同部落の青年が雌狐を射殺すべく數回山狩を行つたがなか〳〵發見出來ず大騒ぎをしてゐる

6-15

グロ・ナンセンス　怪猫物語　足へ巻きつく…

●小樽新聞　昭和六年一月二十三日（二十二日夕）

獣

スンセンナ・ログ（グロ・ナンセンス）

怪｜猫｜物｜語

足へ巻きつく 黒猫の呪ひ

人肉と偽つた罪な八百屋

釧路茂尻矢奇聞

昭和の時代には一寸眉つばものである怪談……釧路市茂尻矢十三番地行商人鑑平鹿藏(五〇)は昨年十二月永年連れ添ふた妻に三人の子をおいて逃げられた、日頃から豐かでない生活へ妻に

逃げられ

た鹿藏はせめて飼猫の口でもへらしたなら幾らか生活の足しになるであらうと今から七年程前にひろつて育てた黒猫「クロ」を附近の八百屋某に譲つた、ところがこの八百屋さん食ふのにことかき貰つたばかりの「クロ」を肉鍋にして食つてしまつた、然もよせばよいのに氣の小さい鹿藏さんにこの肉を馬肉と僞つて裾分けした、それがらまもなくクロの肉と聞いた鹿藏さん——ある夜晝の疲れで

グッスリ

寢こんだ布團の上に血まみれになつて呻つてゐるクロの姿を見た、サアーそれからといふものは隣家のちんを見てもクロに見える始末、殊にジット爐端にあたゝまつてゐるかたわらへニヤオー！クロの聲である、「畜生く」鹿藏は殆ど寢てゐる時でもたつてゐる時でもクロの怨靈に惱まされ他人に見えないのに「足へ卷つく肩へ飛ついた」と狂氣の樣になつて追つ拂つてゐる、この有樣に附近の人達が同情し

近くクロ

の怨靈をまつつてやる事になつたがさてく恐ろしい猫の怨靈と附近の大評判

資　土と水で生る男　●関門日日新聞　昭和六年一月二十四日（二十三日夕）　6-16

土と水で生る男

これはまた土と水さへあれば喰ふにことかゝぬといふ不景氣の折柄三一年型とでもいふのかとても頑强な男がゐます……大邱府内達城公園の西麓に住んでゐる尹春得(二三)といふ男、朝から晩まで兩手から一塊の土を離したことなく、子供がお菓子でも食べるやうにいつもヱシヤヱシヤやつてゐます。食べて仕舞へば大邱神社の手洗水に口をつけて鵜のやうにチビリく腹一杯になるまで飲んでは遊んでゐるといふとても奇妙な男であります。同人は十九歳の時山に柴刈に行つて咽喉がかはいたので或る古いくお池の水を飲んだのがもとでそれ以來この奇妙キテレツな病氣にとりつかれたもので大邱では「土喰男」で大評判です。

怪　炉辺物語　怪異新味（一）　●東京朝日新聞　昭和六年一月二十六日　6-17

爐邊物語　怪異新味【1】

田中早苗

白晝にビルデイング街を歩いてゐるとき、その硝子にうつる微かな明暗の交錯にも、ふとあるえう氣を感じることがある。

必ずしも暗とは限らず、怪しい月光の夜とも限らず、いつ、どこにあつても、我々は常に何かしら恐れてゐる。そしてまた何かしら恐ろしいものを追求めて居るやうな氣がする。

古風な怪談も決して捨難いが、アプ・ツウ・デートな怪談——そんなことがいへるなら——になると、そこには我々にぴつたりした現代的な恐怖が盛られてゐて、更に新しい興味が伴ふのである。

新しい怪談といへば、こんな話がある。それは大戰當時ドイツのツエッペリンが盛んにロンドンを脅かしてゐた時分のことだが、もと俳優だつたレイモンド・ホルトといふ男は、航空隊に志願して、飛行中尉にまで昇進し、空中防備の任務についてゐた。

彼は航空戰隊から飛行機隊の方へ轉じたのだが、その轉任する前に、彼は隊長のバランチーンとこんな約束を取り交はした。

「隊長殿、僕がツエップを一隻墜落したら、どうしますか？」

「駄目だよ。君にそんなことが出來るかい。」

「ちや賭けませう。僕が失敗に終つたら、僕のモーターサイクルを呈げます。その代り成功したら、貴方の萬年筆を僕にください。」

「さうさね、君のモーターサイクルは安物でつまらないが、まア我慢しておかう。」

それから間もないある晩、丁度眞夜中ごろ突如「ツエッペリン襲來！」の警報が傳はつた。と、ロンドン郊外に配置されたあらゆるサーチライトは一せいに、その一

萬燭光の十字放射を天空に浴せかけ、射擊砲はごう然と火ぶたをきつた。けれど、それは單に下から威かくするだけのものに過ぎなかつた。

　ところが、ごく小さな圓形の玩具のやうに見えてゐた敵船は、ます〳〵高度をあげて、へう〳〵と空をかすめ、まさに放射線外に逃し去らうとしたせつな、忽ち一團の火焔となつて墜落をはじめた。地上ではどつとばかりに歡呼の聲をあげた。しかしそれと同時に味方の飛行隊に事故のあつたことは、多くの人が知らずにゐた。

　と、間もなく、航空配隊の衛門を「巡回」と名乘つて通過した一個の人影があつた。それが隊長の前に立ちどまると、

「おゝ、ホルトぢやないか。」バランチーンはびつくりして迎へた。「君は忙しいだらうに、どうしてこんな時刻にやつて來たんだい。」

「隊長殿、お約束の萬年筆を頂戴します。」

「さては、今のツエツプは君がやつつけたんだな。お手柄々々、さア握手だ——」

ホルトの手は、氷のやうに冷たかつた。

　翌朝になつて、隊長は昨夜ホルト機が墜落したといふ報告をうけ取つて、ぞつとしたが、その遺骸を運んだ自動車隊の將校に聞くと、同機はギヤソリンタンクから發火したために、地上へつく前にホルトの身體は無殘にも黒こげになつて、衣嚢の中のカギ束までも溶けてゐた。

が、不思議なことに、一本の萬年筆だけは少しも損はずに殘つてゐたのであつた。

炉辺物語　怪異新味（二）　6-18

●東京朝日新聞　昭和六年一月二十七日

怪

燈邊物語

怪異新味【2】

田中早苗

　ロンドン郊外の「マッシンガム住宅」と呼ばれてゐるビルデングの中のある住居室は、長い間貸家になつてゐるけれど、借手がない。

といふのは、曾てこゝに夫婦と若い女中だけの一家が住つてゐたが、ある朝その女中が、自分の部屋でガスのために窒息して死んでゐるのが發見された。

檢視の結果、自殺と認定されたが彼女はその前夜まで何事もなかつたし、かけ布團の上に讀みさしの小說が載つてゐた點から見ても、どうも本人は自殺をする意思はなかつたらしい。それればかりでなく、前夜夜中に、その女中部屋と隣り合つた主人夫婦の寢間のガラス窓をそうつと開け放す音を聞いたといふ者もあつた。そんなことから、この自殺はなぞの死として怪しまれ、しきりに怪談めいたうはさが傳へられた。

　その後この一家は他へ引つ越して以來、このフラットは空家になつて、ガスも水道も止めてあるのに、眞夜中頃になると、その女中部屋からほのかに燈りが射して、浴室には水がこん〳〵と溢れる音がする。夜番の男が不思議に思つて行つて見ると、ふつと燈りが消えて、暗の中には人のゐる氣配もなく、水音が微かに聞えるばかりだ。そして階下へ降りて來た時分に、また燈りがぼうと點く。そんなわけで、化物屋敷といふ評判がます〳〵高くなつた。

ビルデングの支配人は當惑して、カーライルといふ私立探偵にこれが探査を依頼した。しかしカーライルはこのフラットを殘るくまなく檢べたけれど、別段怪しい者も潛んでゐない。ガスは階下のメートルのところで完全にしや斷され、水道は水さうからの管を全く止めてゐる。にも拘らず、眞夜中になると相變らず燈りがついて、浴さうから水音が聞えるのだ。

　カーライルもほとんど持てあました揚句、自分の顧問格であるマツクス・カラドスといふ盲目だが、すこぶるかんのいゝ名探偵を現場へ同道して、調べてもらふことにした。するとカラドスは、一通り説明を聞いて、もう大體の見當がついたらしく、まづ壁裏に錯そうしてゐるガス管や水道管を探つて、ひそかに接續された仕かけをのみ込むと同時に、ガスの火口に、一寸見たゞけでは分らない、ごく小さな自動點火装置が取つけてあるのを發見した。

　それから水道管を切斷して水を垂れ流すと、下のフラットの主人がづぶぬれになつて、カン〳〵に

憤つて、化物屋敷の隣のフラットのペルチングといふ男の許へ怒鳴りこんで來た。と、ペルチングが少しらうばいした様子を見て、カラドスが直に詰問すると、彼はつひに白状した。

ペルチングが何故こんなことをやつたかといふと、流しの腐つたのをしみつたれな支配人が何時までも修繕してくれない腹いせと、もう一つ、細君から隣の空家が不氣味だから引越さうとたびたく強請まれるのは煩さいので幽靈なんか怖いものでないといふ證據を彼女に見せるために、元來頭のいい彼が自分で幽靈をこしらへて反對に人を怖がらせて、いゝ氣持になつてゐたのであつた。

炉辺物語　怪異新味（三）

●東京朝日新聞　昭和六年一月二十八日　6-19

爐邊物語

怪異新味【3】

田中早苗

Aといふ銀行家が、ある朝、ロンドンのピカデリーの自分の部屋の窓から賑やかな街を眺めてゐると、向ふ側のほ道を、二人の男が約三十歩の間隔をおいて、ほとんど膝足のやうに歩いてゐるのが眼に止つた。

先に立つた男は、既に[illegible]けれたやうに怖々して、時々振りかへつては、後からくる男の様子に氣を配つてゐる。後の男はたゞならぬ氣色で手を擧げて、前方を睨視しながら、歩いてゐる。どうも後の男が前の男を追跡してゐるらしかつた。

二人ともAの窓の前までくるとひさみをこらしてじつとAの方を見上げて行つたが、Aは其時この不思議な二人――殊に後の男はまるでらふ人形のやうに眞青な顔をしてゐた――の人相をはつきりと記憶に燒きつけたのである。

ところがある晩、Aは自分の寢室で、眠る前に執事に何か用を命じてゐると、後のドアが音もなく開いて、一人の男が顔をだして默つてお辭儀をした。と思ふと、見えなくなつた。それは確に、街でもう一人の男を追つかけてゐたあの青白い顔に相違なかつた。

Aはぎよつとして、燈をもつて、隣の化粧室へ行つて見たが、もうだれもゐない。Aは妙な氣持になつた。

このとがあつてから間もなく、Aはある難かしい殺人事件の陪審に指名された。そして公判廷の陪審員席についた。裁判官も着席し、やがて法廷へ引出された被告の顔を見ると、それは意外にも、先日街で追つかけられて逃げ回つてゐた男に相違ないのだ。Aははつと思つた。被告もAの顔を一目見ると、非常に當惑した風であつた。

なほ妙なことに、Aは選擧の結果首席陪審員に擧げられたが、ふと同僚の人數を數へてみると、十二人であるべきはずのが、どう數へても一人だけ多い。隣席の同僚にそつとそのことをさゝやくと、同僚も慌てゝ數へだしたが、「成るほど十三人だ、いや、やつぱり十二人ですよ。」

二人とも錯覺に囚はれたやうでもあつた。

その時分の公判は可なり長くかかつたものだが、その間、例のらふ人形のやうな眞青な顔をした男が、影のやうにふらふらと法廷を歩いてゐた。そして證人がことさら被告に有利な供述をやりかけると、その影がすうつとその傍へ寄つてゆく。と、證人は額から冷汗を垂らして、忽ち口がどもつた。Aの眼には、はつきりとその影が見えるのであつた。

この殺人事件の審理も漸く終結して、被告はつひに死刑を宣告されたが、そのとき被告は裁判長に向つて、こんなことをいつた。「私は首席陪審員殿の顔を見た瞬間から、覺悟をきめてゐました。この人はどうしたつて私を逃しつこはありません。私が捕縛される前に、夜私の寢床へ忍んで來て、私の首にナハを卷きつけたのは、この人でございました。」

この被告の眼には、Aの顔が初めから被害者の顔に見えてゐたのであらう。これはヂッケンズとチャールズ・カリンズとの合作に成る「殺人事件の裁判」といふ怪談。

炉辺物語　怪異新味（四）
●東京朝日新聞　昭和六年一月二十九日　6-20

怪異新味【4】

田中早苗

一人の旅人が、ある夏の午後、英國南部の海岸を旅してゐると、一天急にかき曇り、やがてすさまじい雷雨がやつて來た。あいにくその邊には人家も見えないので、彼はぬれ鼠のやうになつて途方にくれてゐるところへ、中年の、眼付にすご味のある、たくましい體格をした男が通りかゝつて、

「お氣の毒ですね。とにかく私の家へお出でなさい。」

親切にいつてくれるので、旅人は天の救けとばかり喜んで、彼の後について行つた。

やがてをかを降りて、とあるだだつ廣い孤屋へ導かれたが、それは可なり荒れ古びた家で、天井にはクモの巣がかゝり、床の上にはほこりが一杯にたまつてゐるといふ有樣だ。しかも暴雨の日とて、家の中は眞つ暗だ。

「女房が石油を買ふことを忘れたので、ランプがつけられない。暗くてもらふそくの燈で我慢をして下さい。」

と男がいつた。

女房？　この家に女がゐるだらうか。ゐるとしても、家中をクモの巣やほこりだらけにしておく女房は、一體どんな女だらう。そんなことを考へながら、旅人はポケツトから防水マッチを取だして、自分で暖爐だなの上にあつた二本のらふそくに火を點けた。

間もなく、細君が二階から降りて來た。が、彼女は旅人の想像したのとまるつきり反對に、生なほど若々しく、くつきりと色白で、田舍には珍しく器量のいゝ女だつた。良人に比べてゞよほど年齢がちがつてゐるらしかつた。

「もうお歸りなの？　早かつたのねえ。」

彼女は良人の姿を見ると、びつくりした風で訊いた。

「空模樣が怪しいと見て、泊らずに歸つて來たのさ。こんな暴雨に、お前一人留守居をさせちや可哀さうだからな。おい、早くキスをさせてくれないか。おれはまる一日お前の顏に御無沙汰したんだ。」

と、嫌がる細君を抱きよせて、やたらにキスを浴せた。

「ランプを點けないと、暗いぢやありませんか。あたし石油を買ひに行つてくるわ。」

「そんな事はどうでもいゝからこゝにぢつとしてゐろ。」

彼女は何とかして良人の手から抜けださうともがくけれど、男はどうしても離さうとしないで、無理に彼女を長いすに坐らせて、ひそひそと何か話しかけてゐた。

と、暫くして、「可愛いメリーや、どこへ行つたんだい。」と快活な聲で女を呼びながら、二階から降りて來たのは、背のすらりとした、眉目秀麗の青年だつた。

「お前の可愛いメリーはこゝにゐるぜ、ジョン・トリロオニイ！」

と男が荒々しく聲をかけた。

「えつ、お前は己をワナにかけたな、カーリンガム！　明日でなければ歸らないなんて、ウソを吐きあがつて。」青年は立ちすくんだまゝ男をにらみつけた。「畜生、お前はトリックで己の戀女のこのメリーを奪ひとつた上に今また……」「何を吐かす！　大方こんなことだらうと思つて歸つて來たんだ。」

炉辺物語　怪異新味（五）
●東京朝日新聞　昭和六年一月三十日　6-21

怪異新味【5】

田中早苗

二人の間に猛烈な格鬪がはじまつた。男は青年の咽喉首をつかんで、ぐいぐい押しつけた。青年は夢中になつて、兩手でやたらに男の顏を掻いてゐたが、次第に力が抜けて行くやうであつた。

女は青年に加勢して、良人の腳へ武者ぶりついた。けれど、男の力で赤子のやうに左右に振ぶられた。

かうして三人が一團りになつて暫しが間必死にもみ合つてゐたがやがてピカリと刃物が光つた。と同時にアッといふ叫び！

男は起ちあがつた。

青年は胸にナイフを突き立てられたまゝ、もう動かなかつた。

男はそれには目もくれず、ぼう然と立ちすくんでゐる女を肩に引掴ぐが早いか、矢庭に窓から飛びだした。

旅人は驚いてその後を追かけてゆくと、男はぐんぐんをかを登り

切つて、海岸の断がいの上に一瞬間たゝずむと見る間に、女をひしと抱きしめたまゝ、眞逆様に海の方へ飛びこんだ。

旅人が呼吸せき切つて断がいに驅けつけたときは、二人の姿はすでに無い。遥三百尺の下に、大西洋の波浪が岩をかんでゐるばかり。

暴雨は漸くはれて、夕焼け雲が鮮血の色に燃えてゐた。丁度そこへ一台の自動車が通りかゝつて、乗つてゐた紳士が、

「旅のお人、大層ぬれましたな。私はこの邊の醫者ぢやが、まアこの車にお乗りなさい。」

と勸めてくれた。

「いや、それどころぢやありません。たつた今この近所に人殺しがありました。トリロオニイといふ青年が殺されてゐます。貴方がドクトルなら丁度いゝ幸ひです。早く行つて診てやつて下さい。」

彼はドクトルを案内して、大急ぎで丘を降りて、前の孤屋へ行つて見ると、燈蠟のあつた部屋には暖爐棚の上に、先刻旅人が點した二本のらふそくは消えずにあつたし、家具などの様子も前のまゝあつたが、青年の死體は完全に消えてしまつて、そこにそんな死體があつたらしい痕跡も見えなかつた。

旅人はあつけにとられて、床を見つめた。が、そこにはほこりの上に先刻暖爐棚まで往復した彼自身の足跡が殘つてゐるばかりであつた。

「今から五年前の、丁度こんな暴雨の日に、カーリンガムといふ男が、この家で若いトリロオニイを殺して、自分は女と共に海へ飛びこんだ事件があつたが、成るほど、そんな風だつたかなア、女を引摺いで……」

とドクトルはしきりに獨りで肯づいた。旅人は、この廢屋で五年前にあつた燈蠟を、そのまゝ幻しに見せられたのであつた。（終）

南座　愈々本日限り

資 ●鹿児島毎夕新聞　昭和六年二月五日（六日夕）　6-22

◇南座◇

愈々本日限り

南座の松旭齋天勝　近年に稀なる大入りつゞき員の滿員、新演藝差替つて安い入場料にて開演本日を以てお名殘り、初日より六日目まで大入したが今日は猶ほ藝を全部演出正五時の開場

歌舞技轉回劇
あすが初日

歌舞伎轉廻劇として銘打つて各地にて定評つきの花形揃ひの坂東巳之助に關東小鳥の一座へ更に新加入の特別出演に依る活氣ある大立ち廻りを應用して連續劇を主演に一幕間なしの奮演芝居、例の安い觀劇料にて大衆的の興行にて毎夜正五時の開幕

明日の狂言

一番目俠骨劇　関東俠客傳　九場

二番目連續劇　津田越前守　丸三場

寫眞は南座出演の坂東巳之助（小平次）と板東友吉（おさら婆）

お化け展　森屋百貨店で珍らしい催し

資 ●函館新聞　昭和六年二月十五日（十四日夕）　6-23

お化け展
森屋百貨店で珍らしい催し

▼一寸類例のない奇抜な催しを森屋がやる。明十五日から二十四日までの十日間、同店五階催し物場で『世界各國傳説展覧會』と云ふのを開くのだが、名は傳説に借りてゐるが内容は世界各國の妖怪變化に關する種々な繪畫、文獻を蒐集したもので、のそグロテスクな展覧物の魅力は一般の好奇心を惹くに足るものである。

▼材料を蒐めるのには、内務省の復興史編纂官藤澤衛彦氏や、其他東京の好事家の珍藏品を網羅して、錦繪が三百五十餘點、繪巻物、古書、或は外國のお化の寫眞等が二百餘點に上つて居り、陳列の様式はパノラマ風の場面を四五ケ所作つて物凄さを

増さうと云ふ。

◇――◇――◇

錦繪中には芳員筆の「白猿退治」や、國周筆の「妖術の鼠」や豊国筆の「佐倉宗吾の亡靈」に「累」など國芳筆の「お菊の亡靈」に「累」など鬼氣迫る肉筆の傑作があり、また繪卷物には竹宇迦入筆の「安珍清姫縁起」約五十尺の長尺物など素晴らしく獵奇心をそゝる。

◇――◇――◇

▼外國物ではギリシヤ、ドイツ、アメリカ、フランス各國のおつかない繪畫、筆者はデグアナ、フオード、ヘンドリツヒ、ドーレなどの一流どころのもので、和洋の幽靈の對照をするのもおもしろい。その上毛唐さんのお化の木彫りや、日本の般若の面などが大きな眼を剝いて見る者を脅かす。

◇――◇――◇

十三日夜の下見でこれだけの凄味を覺えたのであるから、これが會場に展げられ彩光を巧みに配したら、正に完全な「お化け展覽會」となららう。尚これの開催を機として、東京より前記の藤澤衛彦氏が來函、十八日夜市民館に於て「妖怪傳説の種々相」と題する講演を行ふことになつてゐる。

資　世界中のお化け　森屋の世界伝説展
●函館毎日新聞　昭和六年二月十五日（十四日夕）　6-24

世界中のお化け
森屋の世界傳説展
グロとナンセンスの珍品

森屋百貨店では十五日より十日間お化の催し場で「世界各國傳說展覽會」といふ珍らしい催しをすることになつたそれに先立ち新聞記者に昨夜下見さした

◇

出品資料は內務省復興史編纂官藤澤衛彦氏が世界各國に亘つて蒐めた貴重なコレクション――錦繪、寫眞、繪卷物、額など總數五百數十點

◇

「どうです大したもんでせう」と主任の田中さん、汗ダクで食堂に假陳列を終つて、汗を拭ひながら「內田侵をいふ、若北人の吉次郎さんや岩清水、花水さん等の案內で一通りに及ぶと、成る程ゴ自慢通りの珍品揃ひ、差詰め岡田圖書館長あたりへ見せたら、垂涎三千丈に價するものだらう

◇

ネタを割ると此傳說展の大部分は世界各國のお化に關する繪畫や寫眞、文獻等をあつめたもので、いはゞお化の研究とでもいつた方が當つてゐる『イヤ全く、實はお化け展覽會として皆さんをアッといはせやうと思ひましたが、親父に叱られましてね……』と吉次郎さん頤を撫でながら本音を吐く

◇

世界中で、日本のお化が一番凄いと、井上博士がいつた通り、日本のお化は凄い、西洋のお化は凄いのお化にも一脈のナンセンス味が含まれてゐる、藤澤氏のコレクションの中に、それがはつきりと表れてゐる、イギリス、伊太利、フランス、ギリシヤなどのお化の寫眞の中に、凄い處かブッと吹き出したくなるのがあるから面白い

◇

錦繪や繪卷の肉筆もの、彫刻もの寫眞など何れも、グロテスクな珍らしいものばかりだが、就中幽靈のカリカチュアや動物を取扱つた戯畫にはアッといはされるものがある

◇

古書にも隨分珍らしいものが澤山あり、一册二百圓といふ珍品もある、若古趣味の人に取つて見逃すことの出來ない興味ある文獻である、今度の展覽會を代表するすごいものに、大きな般若の面がある今にも飛びついて喰ひつきさうな物凄い形相をしてゐる、しかし之を見てキャッと驚くやうな女性は一九三一年にはあるまいから御安心なもの

◇

パノラマ式の畫面を四五ヶ所に作つて、展覽會を一層興味あるものにしてご覽に入れやうと係員一同陳列に苦心してゐる

怪　毎晩夜泣きした『お経石』の因縁話
●函館新聞　昭和六年二月十五日　6-25

毎晩夜泣きした
「お經石」の因縁話
船見町に移す前後の
奇談を語る坊さん

◆…ゆかは生

『上町の或るお寺さんの話さ』

『ソウオ……どんな話』

『又聞きだけれど、こんな話ョ』

――◇――

これからそのお寺さんの話ですよ……。

――◇――

今でこそ谷地頭も賑やかな町に

なつてるが昔は淋しい野に圍まれ、夜には人獨り通る處ではなかつた。今の運動場の近所……と云つても場所を云ふと神經をやむ人もあらうから云はないが、騒擾の尉官級の人が情婦を殺し、死體を樽詰めにして投げたなど、血生臭い事柄も加へて魔の住む處のやうに思はれた。

◇

何時もとは云はれない、と頻り潮鳴りが高まり、空は星のまばたきもない暗夜にヤマセが吹き初じめると、立待岬の山腹にポッカリ灯がとぼります。風に送られて泣くやうな淋しい音が時を隔つて來ますと麓の濱邊の漁師達の家々では誰も彼も耳をたてゝ、

『オウッ…又…… 夜泣き石が泣くッ』

風は夜をこめて吹きます。何時の間にか軒打ち音は風に吹き當る雨と知つて『アア雨が降つて來た……』。潮の高鳴りは幾ら馴れた漁師達の耳にもザワついて時折り眠りを妨げられる其時――其時、細い音が誰戀しともなく泣くやうに戸の隙き間もる風と共に聞こえるのです。

……夜泣石が泣いてるナア……

◇

私のお父さんは石屋でした……

或夜こんな夢を見ました。

◇

足元の崖下にはキラ／＼陽に映いて浪が見えます。自分は何時の間にか夜泣石の處に立つて居ました。何んのために此處に來たのか自分は何にをするに來たのかは夢の事ですからわかりません。只何かしら運命づけられて來たのには相違ないのださうです。

◇

自分のたくましい兩腕は何時の間にか夜泣き石の碑を輕々と持ち上げて傍へ置いてゐました。台石の中に擢り鉢が伏せてありました擢り鉢の下の瓶には何かしらコトコトと音がしてゐたさうです。

『ハテ……何んだらう』

鉢に手をかけて持ち上げた拍子に

『アッ大變ッ……』

鉢を捨てゝ追ひかけました……

何んでせう……實は鉢を上げるとイキナリ赤い衣を着た小坊主が四ッ飛び出したんですと。ピョン／＼身輕に走り廻る小坊主達を押えるまでには容易なことではありません。息は切れ、全身汗でビショ濡れになつたさうです……。

◇

『おとさん／＼ッ……』

と、呼び醒まされて眼をあけたお父さんは

『アーーッ』

と大きく一と欠伸びをしてから

『アハッハハ……』

と笑つて起こした母に今の夢物語りを話しました。其頃母は姙娠してゐました。

＝

『そんなわけだら今度の子供はお寺へ上げなければなるまい』

とほがらかに又笑つた。お母さんはこの話とお寺へ上げる話には心よく同意して――お寺へ上げやう、さうすれば旗本で鐵いた自分等の家系に祀つてる先祖達が刀の亡執から離れ又これから六親九族が救はれる――と思つた。日頃から法華信者の二人に考へられる最後の落ちとしては當りまいのことなんだ。

◇

其頃その佛心の母のお腹にゐた子……それはこの儂チ……ヤと賑やかに笑つた。話はこれだけではない次が其後の事を筆者が代つて話しませう。

◇

お寺さんが四ッの時不圖した病で死んだのです。其母は幼くして逝つた子の死顔に愛しい涙は思ひ切りそゝいた。今日は通夜、近所の人々、知人は集まつて涙の法要が營まれた。坊さんの經文を讀む際に人々は口々に題目やら稱名が唱へられた……丁度其時でした異樣な響きが棺の中でしたのです人々の顔色はサッと變り中には早くも後ざりして逃げた人もある……次いでの怪異……イヤ奇蹟と謂ひませうか棺の中から

――南無妙法蓮華經／＼

▼話題の「お　經　石」▲今は船見町實行寺境内にある

の題目が聲高らかに唱へられたのです。人々の驚くのも無理がありません。幼兒は蘇へつたのです。

蘇つた幼兒は二度と題目は唱へませんでした。此奇蹟に母は一層信仰を堅めて其子をお寺へ上げて坊さんにしました……。

―◇―

お寺へ上つた其子は長い間修行を積みました、夜泣石は相變らず泣きつゞけてゐました。臥牛山に砲臺が設置されるに就て此山は要塞地帶として山登りは許されなくなりました。夜泣石に人が近づかれなくなりました其時、因縁の子である其お寺さんが請ふて其夜泣石を船見町の山に移しました。夜泣石はそれから全く泣きません。夜泣石の表には南無妙法蓮華經と記されてゐます。日持上人渡道の際に刻りつけた題目石、お經石、鷄冠石などと謂はれる彼の山夜泣石にこんな因縁話があるのです…

『マアザットこんな話です』

―（終り）―

妖　妖怪変化の話（一）　藤澤衛彦氏講演

●函館新聞　昭和六年二月二十日（十九日夕）　6-26

妖怪變化の話 (1)

藤澤衛彦氏講演

森屋百貨店が目下開催してゐる「世界風俗展覧會」に各國の妖怪變化に関する數百種の繪畫・文獻を出品してゐる斯界の泰斗藤澤衛彦氏が、その機會に同店から招かれ、十八日夜市民館にて「妖怪傳説の種々相」の題下に講演をした。聽衆はすし詰めの盛況で、語るところの怪異、解説の世間離れしたおもしろさ、茲に二三回そのグロの風味を披露します。（S）

▽…**私達の** 祖先が、時代的に造りあげて來た妖怪と云ふものを、近頃の科學の進歩が抹殺して來てゐるのですが、これの傳説は心理學的に取り扱はれるべきものではなく、民族學的に研究してこそ面白いのだと思ひます。假りに心理學では、狸や狐は人間を誑かすものではないと、一口に片づけてゐますが、私はさうしたことの有無よりも、誑かされると信じてゐるいろ／＼な説話に、興味を持つてゐるものなんです。

▽▼▽

▽…**原始時** 代の人々は、森の中にも神秘を見た。氣が立つと蛇が煙を吐いてゐると云ひ音がすると山姫が鳴らしたのだと想ふ。狐や狸が人間を化かすにも形式がありましてね、狐は必ず女に化けて男をたぶらかす、また狸は必ず男に化けて女を襲ふのです。そしてこの形式の逆をいつたと云ふ話は、古來からいづれも二三しか記錄がありません。

▽▼△

▽…**うらみ** 葛の葉の信田狐も女、氏郷の母の蒲生狐も女、これらは巧妙に化けて人間と契り子供を生んでゐます。支那の狐は尻尾で火を燃やして髑髏を頭に乘せて人間に化けてくると云ひ、有名な玉藻の前の狐は頭に藻をかついで化けたのでその名があるのですが。狐が藻をかつぐと云ふ話は澤山ありますが、なかにこんな凄いのがあるのですよ。

▽▼▽

▽…**昔、下總** の國野貝金山の奥の沼で、白狐が頻に藻を頭にかついでゐるのを見つけた若者があつたのです。息を殺して眺めてゐると、忽ち妙齢の美女となつて麓の平潟村へ下りてゆくではありませんか！。若者は、よし、この狐奴の化けた所を見届けたと、夜闇を縫つてあとをつけたのです。と、村に入つて、ある農家の戸をほと／＼と叩くのですね。

▽▼▽

▽…**内から** 戸が開いて、その家の老婆が『おお、お小夜かい』と云つて中へ入れる。化け女の背には赤ん坊がおぶさつてゐる。

おや……と思つて眼をこすつた若者は、さつき女が途中でわらぢを拾つて背負つたのを思ひ出しました。ははあわらぢが赤ん坊に……と感心してゐると、老婆がそのわらぢを抱いてあやしてゐるぢやありませんか。

▽▼▽

▽…**堪りかね** た若者が、飛び込んで女と子供の正體をいつたが、婆さんは聞きません。では見てゐろと出刄庖丁を取出して、子供を突き刺したのです。すると、赤い血が出て、悲鳴をあげて子供は死にました。やはり本當の子供だつたのですね。さあ大變、若者が蒼くなつてゐると、表の方へ經文を唱へながら坊さんが立ち止りました。

▽▼▽

▽…**坊さん** を呼び込んで相談すると、罪亡ぼしに佛門に入れといふ。仕方がないから、その場でその坊さんに剃髪して貰つたのですがね、くり／＼坊主にされたころ、夜が白んで來ました。と、誰かゞ『それゐた、あそこに獅音兵衛がゐた！』と叫んだ。自分の名を呼ばれたので、若者が氣がついた時には、野貝金山のてぺんに坐つて、禿坊主になつてゐたのだ

さうです……。(つゞく)

妖怪変化の話（二）　藤澤衛彦氏講演

妖 ●函館新聞　昭和六年二月二十一日（二十日夕）　6-27

妖怪變化の話(2)
藤澤衛彦氏講演

◇……この彌 吾兵衛は、初め、沼で白狐をみつけた時から、既に化かされてゐたのですね。この話のやうに、狐が人間の頭髪を剃つたといふ記録は、關西、四國方面に隨分多く傳へられてゐる。狐は、かうして變化振りが悧巧で人間と一緒にゐても容易に尻尾を出さないが、狸は馬鹿〳〵しい化け方をするんですな。つまりユーモアな表現をするんですな。大入道や、石燈籠に口をつけたお化けなどと。

◇……ある學 者の家で武士の集まりがあつた。夜が更けてくると、庭でごろ〳〵異樣な音がする。障子を開けてみると、かぼちやが轉がり廻つてゐるのです。てつきり狸の仕業に違ひないと、一人の武士が矢を射た。ギヤツと變な聲をあげたが、かぼちやは矢を頭にさして相變らずごろ〳〵。おのれと又一人が射た。これもあたつたけれど、一際叫んだだけでまだごろ〳〵。するとその家の主人が『狸がかぼちやを轉かしてくるのだから、その後を射ろ』といひました。

◇……言葉通 りに矢を放つと、物凄い悲鳴が起つて、大きな古狸が死んでゐたといふ話です。殺されるまでごろ〳〵やつてゐるなどは、狸の間拔けさを物語つてゐますね。今一つ、狸の阿呆を話しませう。三河の國でのことですが、ある森のかげで若い男女が心中をしやうと約束してゐるのを、一匹の狸が聞いてゐました。その翌夜、二人が死なうといふ時間に狸は男に化けて、ほく〳〵しながら女を誘ひ出しにゆきました。

◇……森の中 の大きな松の木の下、そこで、振り仰いだ枝に紐をかけて狸と女は同時に首を吊つたのです。ところが、女は落つこちて、氣絶してしまつたのですよ。本物の男は女を呼び出しにゆくと、出たあとだつたので狂人のやうになつて探し廻つた。翌朝、やつと松の根元で氣を失つてゐる女をみつけて、息を吹きかへらせましたが、ひよいと上をみると、小牛程もある狸公が縊れてぶらドつてゐるではありませんか!。

◇……見事に 狸は死んで、女は助かつた。よく考へてみると首を紐にかけるとき、狸は人間に結ばれたのでしつかりコマ結びにされて解けなかつた。一方女は狸に結ばれたので、結び方が完全ならず、つるりと拔け落ちて眼を廻してゐたのだと、云ふことに問題は決着がついたのであります。しかし狸のうちにも、巧智に丈けたものも可成りゐたやうに傳へられてはゐます。

◇……四國の 八百八狸、佐渡に祀られて大明神となつてゐる團三郎狸、この團三郎は馬琴の隨筆にもおもしろく描かれてゐる。團さんは坊さんに化けて、佐渡から京都まで行脚し、また立派にふるさとへ戻つて來ました。その節途、越後の狐と爭つて、狐を欺き、大名の行列に化けてみせると狐を本物の行列にぶつつからせ、供侍に狐を斬らせたと云ふ逸話?、もあります。

◇……また團 三郎は、越後狐が佐渡へ渡りたがるので、狐を雪駄に化けさせ、自分は僧になつてそれを履いて船に乗つた。そして船べりに雪駄の足をかけて小便をし、化けてゐる狐に海を覗かせて膽をつぶさせた揚句のはてに、沖へ出てから兩足のその雪駄を海の中へ蹴込んでしまつたのです。無論狐は溺れたのでせう。それ以來、越後狐は恐れをなして、海の彼方の佐渡ケ島を羨望することを思ひあきらめたと云ひますがね……。(つゞく)

妖怪変化の話（三）　藤澤衛彦氏講演

妖 ●函館新聞　昭和六年二月二十二日（二十一日夕）　6-28

妖怪變化の話(3)
藤澤衛彦氏講演

◇…**狐と狸** のお話はこれ位にしておいて、さて御當地の雪に因んで雪女のことを、少々申上げませう。北陸方面のこれの傳說は非常にポピュラアでして、一人の獵師が雪の深い日に、川が渡れぬので船小屋で呻吟してゐるところを、雪女に助けられ、同棲するやうになつたが、云はない約束の女房の本性をつい口から亡らして、彼女が消えてしまつたと云ふやうな話題は、ざらにあります。

▽▼▽

◇…**この種** の前書きは、外國の、人魚と人間との戀物語によく似通つてゐるやうだが、興味はどうしても日本が勝ちますね。雪の降る夜、淋びしい路で、子供を抱いた女に出會つた。女が、しばらくこの子をおんぶしてくれと頼む。頼まれた人間が赤ん坊を背にしてゐるとだん／＼重くなつて來て、動きが取れなくなり、たうとうそのまゝ雪に埋れて死んでしまつた。朝、凍死者を發見した村の人は、それ雪女が出たと怯え戰いて、さうした想像を描き合ふと云ふ、雪國に有り勝ちな怪談でせう。

▽▼▽

◇…**大體雪** 女は昔から一本足とされてゐる。古くは謡曲に創作された雪女、之が本源となつて郷土傳說に轉化して來たらしい。怪談の彼女の多くは藪の中から出て來ます。竹に雪が積つて、うなだれてゐるところは、往々人間の形に見えて人を恐がらす。その錯覺を昔の人はお化けに想像して、雪女を創造しました。だから彼女は、雪を被つた竹だから一本足、どろ／＼と藪を掻き分けておどろにせり上る。

▽▼▽

◇…**繪に現** はされた雪女も、大ていこのポーズをとつてゐますが、その他松にしろ柳にしろ、兎に角彼女は雪中の樹木の化けたもので、自然的のお化けと申されます。現に飛彈の國では、雪の中にぼつん、ぼつんと穴があいてゐると、雪女の一本足が歩いたあとだと恐れられてゐますが、雪のお化けとしてはこの他に雪女郎、雪入道、お白粉婆、さては「こんにやく物語」中のうぶめなどもその一種と見られます。

▽▼▽

◇…**佛教の** 傳來した時代には、わが國にも妖怪と云へば鬼のみであつた。江戸時代となつてべらぼうに怪物が作り出され、器物に眼鼻をつけたやうなお化けまでがしまひには出來上つたのです。鬼と云ふやつは、元來世界の妖怪の主體をなすもので、ロシヤなどでは俗に聞えるやまびこも、河にゐる日本での所謂河童の類も、山に巣喰ふ山男も、すべてものの怪は、たゞ一種の鬼でのみ表現されてゐるのです。

▽▼▽

◇…**それで** ロシヤ人の早大講師アレキサンダー・ワルフスキー氏などは、日本の妖怪を研究して、なぜかう種類が多いのだらうと吃驚してゐましたつけね。有名なあの「百物語」などと來ては、全然系統をかへたもろ／＼のお化けが百種揃へられてゐるのですが、濡れ女や、手洗ひの鬼、天ヶ舐めや笑ひ女、油ヶ僧やむさゝびの怪など、突飛な構想のものがうんとあります。

▽▼▽

◇…**なかに** も天井舐めの長さは、單なる塵拂ひを妖怪化したものだが、一目肌に粟を生じますよ。また日和坊と云ふ常陸の國の怪物は、いまの照る／＼坊主の前身であり、今日子供らに親しまれてゐますが、小豆洗ひと云ふおつかないのは、夕ぐれ河のほとりでシヤキ／＼と小豆を洗ふやうな音を立てゝ、未だに子供たちを脅やかしてゐるさうです。

▽▼▽

◇…**德川時** の中期に全盛だつたこれらの存在も、明治に入つて解剖され、だん／＼影が淋くなつて來ましたけれど、これらの跡を辿ることはいつの世までも、かく興味を失ふものではないことを證明して、ではこれで終ります。（終）

妖 お化けのお話（上） 藤澤氏の講談会

●函館毎日新聞 昭和六年二月二十日（十九日夕） 6-29

お化けのお話（上）

藤澤氏の講談會

藤澤衛彦氏の「妖怪傳說の種々相」講演會は昨夜六時半から森屋百貨店主催で市民館三階にて開催されたが珍らしい怪談といふのが人氣を呼び聽衆約七百餘に達した定刻淺邊市藏氏の挨拶あり拍手に迎へられて藤澤氏登壇し先づお化けといふ者は…ご聽衆をゾツとさせ

◇

講演は各國の妖怪傳說を骨抜きであつさり片づけて日本の傳說に移つたがドロンドロンといふ音と共に現れるさいふ話はしない元始時代の人々は森の中の神秘を妖怪として傳へ明治の初年頃からそれを色々に表現しいかにも妖怪のやうに傳へてゐたさいつて狐と狸の話に入る狐は人をはかす狸も人をは

かすその傳話が各地にあるがその傳説には時代の思想があり心理學研究の上から却々興味深いものである、狐は女に化けて男をはかすが狸は反對に男になつて女をはかす殊にあの有名な吉田の狐は百歳になると尻尾で火をもやすと述べ狐が人をはかした話に入る

◇

千葉縣ののけ山に白狐がゐるこれは皮をつかつて色々な女に化ける或る日その村の若者が沼邊で皮をつかつて女にはけてゐる狐を見付た若者は跡をつけると平澤村の小夜子といふ娘で家の婆あさんがよく來たと女を迎へた若者は戸をあけて中へ躍り込み婆あさんはかされるなその女は狐だといひ作らふと見ると途中で拾つて背中につけた草鞋か赤ん坊にはけてゐるのでその赤ん坊は草鞋だ畜生俺がはけの皮をはいでやるからといひながら婆あさんの止めるのも利かず臺所から出刃庖丁を取出して來て赤坊ゆ胸倉へブッヰ突き刺した赤坊はたまらないオギヤアと一聲そのまゝ死んで了つた

◇

サア大變小夜子が入殺しと泣き叫ぶ附近から人々が駆けつけて若者を殺人罪として庄屋へ突き出さうとしてゐる處へその村の坊さんが現れて俺の弟子にしてくれ出家をすると總ての罪がのがれると説くので小夜子も承知して若者はその坊さんの弟子になり與山の寺にともなはれてそこで髪を切られる若者は房々した髪を丸坊主にされてヘツと氣がつくとお寺とはかり思つてゐたそこは野原であつた頭へ手をやるとすつかり髪が切られてゐるやうやく我に返つて家へ歸つたといふのである、皆さんお退屈さま、

◇

これは初めから狐にばかされてゐたのである狐といふ奴は人間と一緒にゐても決して尻尾を出さぬ狐が人間と夫婦になつて懐妊したといふ實例もあるサテ今度は狸のお話しに移るが狸は狐よりユーモアで非常に滑稽味がある大入道になつて人をおどかすこの狸に似た妖怪は各國に色々あるが日本の傳説には面白味が多いある軍學の先生が夏の夕方大勢の門弟に軍學の教授をしてゐたするど縁側から數間先の畑の西瓜がゴロ〳〵轉がつて來る先生はあれは狸の惡戯だといふと門弟の一人が射殺してやると弓を放ちた之はキアッといふ聲と共に見ン事西瓜に命中したが相變らずゴロ〳〵轉がつて來るもう一人の門弟が俺こそ射殺して見せると弓を放つどこれも美事に當つた

◇

しかし西瓜は二本の弓を頂いたまゝ依然としてゴロ〳〵轉がつて來る先生はニコ〳〵笑つて云つたいくら射つても狸には當らない、それは狸へ射たないからだ狸は西瓜の後にゐるのだ、そう云つて先生は西瓜の後を目がけて弓を放つと今度は前より大きな聲でギアッと吾がした翌朝門弟が行つて見ると小牛程の狸が先生の弓に貫されて西瓜の蔭に横たはつてゐたといふ狸はかやうに滑稽味をもつてゐる次ぎに狸と狐のはかし合をお話しする（つゞく）

妖　お化けのお話（中）　藤澤氏の講談会

●函館毎日新聞　昭和六年二月二十一日（二十日夕）　6-30

お化けのお話（中）

藤澤氏の講談會

狐は非常に悧巧な獣である徳川時代三河の或る所で大久保彦左衛門が澤山の武士と奪ひ狐といふ狐を試した、奪ひ狐は物を巧に奪ふ狐で士達は片手に餌片手に刀を握つて狐を斬殺さうとしたが、その士も見ン事に餌を奪はれて了つた、處が彦左衛門一人が奪はれなかつた、そこで狐に訊ねると他の人は俺の尻尾を斬らうとするが彦左は手を斬らうとするだから危ふくて彦左の餌はどうしても奪はれない〳〵と述べた……といふがこんな馬鹿々々しい話しがある程狐は悧巧な動物である

◇

狸はそれと反對だ矢ツ張り三河の狸でこんな傳説がある或る村でそれは黄昏頃の事、物思ひに打沈みながらゆく若い男と女があつたそれを見た狸は跡をつけた二人は村端づれの二本松の處で立止まつた狸はぢつと二人の傍らへ寄つて様子を窺つてゐると二人の若い人間が情死を相談した、それは事情があつて此世では添はれない二人た、明晩こゝで首を縊つて死ぬのだ「お前も承知しておくれ」と男が云ふと女はうなづいた、狸はそ

れを聞いて「こいつあ面白い一ツ俺が相手の男にばけてあの美しい女と情死の眞似をして見やう」とほゝ笑んでその變姿を消した……愈々翌晩になつた

◇

狸は早速男にばけて女を誘つて松の下へ來た、女は狸とは夢とへ思はない二人はそこでとう〳〵ブランコをやつたのである。處が一方本物の男はしめし合せてゐた場所でいくら待つても女は姿を見せない其うちに夜も白々と明け放れたサア大變男は恥も外聞も云つてられない村の衆へ頼んで女の捜索を開始すると二本松の下で女は氣絶してゐるのを發見した、ふと傍を見ると小犬位の狸が首を縊つて死んでゐた狸が死んで女が何故死ななかつたかそれは狸が女の首を女は狸の首を互に細紐で結んだが狸は畜生の哀しさに紐の結ぶことを知らなかつた人間の結んだ紐は完全に狸の首を絡狸の結んだ女の紐は途中でとけたのである、狸は斯やうに狐よりぬけてゐる

◇

然し乍ら島の娘は狐より悧巧な話をもつてゐる四國の松山の狸や佐渡の團三郎といふ狸は狐より非常に悧巧である人をばかした話が色々あるが殊に團三郎の話しで有名なのがあることの狸は江戸時代坊さんに化るのが一番得意である有名な文福茶釜も江戸時代の變形に過ぎぬが京都でこの團三郎が澤山の友人を持つた團三郎は京都から佐渡へ歸つた時京都の人が態々佐渡へ來て相川の團三郎といふ人が居ませんかと云つて佐渡の人に大笑されたといふ話があるだから島へ狐が渡らなかつたといふ、サテ狸と狐のばかし合をお話しするが狐は越後でも一といつて二と劣らない奴であつた

◇

狸はこの團三郎で或時島へ越後の狐が團三郎を訪ねて「オイ團ちやん一つ智惠くらべをやらうぢやないか」と云つた狸は「よし來たでは俺は今大名の行列をつくつて見せるよく見てゐろ」と云つて姿を消した狐は「馬鹿野郎いくら團三郎が偉くても一人で大名の行列が出來るものか」とつぶやきながらふと見ると目の先を何百本といふ槍の行列が通る「ヘテナ野郎あれは薄だ俺を枯すゝきでばかすなんて太い野郎だ畜生ッ」と自分が畜生であることを忘れて叫びながらぢつと見てゐると……（つゞく）

妖　お化けのお話（下）　藤澤氏の講談会

●函館毎日新聞　昭和六年二月二十二日（二十一日夕）　6-31

お化けのお話（下）
藤澤氏の講談會

その槍の數が段々殖ゑて來た、と遠くの方から「下に……下に」といふ聲が聞ゑて來た越後の狐はそれでも負けぬ氣で「野郎人間の聲色なんか使つて」と云ひ乍らぢつと薄の原に腹這ひし薄の槍を見てゐると行列は立派な武士となつて目の先を通るではないか。狐はすつかり感心して『ヤア團ちやんウマイ〳〵』と叫びながら夢中になつて大名の行列の中へ躍り込んだ驚いたのはお供の侍「無禮千万こん畜生」と一刀兩斷に狐は斬り捨てられた。狐はその時「こん畜生」と團三郎に恨を言はうとしたが「こん」とだけより言へなかつた。だからそれ以來狐をこんと呼ぶやうになつたかどうか、それは解らないが、兎に角この團三郎狸には先見の明がある、即ち大名の行列がこの薄の原を五分間位で御通りになることを推知してゐたのであつた

◇

これを聞いた越後第一の狐が友人の仇うちに佐渡へ渡らうとした團三郎がそれを知つて狐を雪駄に化けさして自分は僧侶になりその雪駄をはいて船に乗つた。岸をはなれると狸は雪駄の足を船べりにかけて小便をして狐の睾ッ玉を冷した、雪駄に化てゐる狐はハラ〳〵してゐると荒海へ差かゝつた時狸は兩足にはいてゐた雪駄をいきなり海に蹴り込んでしまつた狐はとう〳〵溺れ死にしたのである、越後の狐はそれ以來團三郎を恐れて佐渡の島へゆくことを諦めて了つたといふ。四國の八百八狸や佐渡に祀られて大明神となつてゐるこの團三郎狸などは可成り利巧な獸で團三郎は馬琴の讀本にも描かれてゐるやうに有名な狸である

◇

サテお化の權威藤澤氏は狐と狸

成さん、八幡さんと鳩の紀念話しから雪の妖怪談に入る、雪の妖怪には種々傳説があるが越後あたりには雪入道、白粉婆、雪女といふのがある、雪入道は一ッの山の妖怪であるが白粉婆や雪女はゾッとする話を持つてゐる、雪女の話で或る海岸の漁師が舟小屋で雪女に助けられ一緒に生活した、しかし漁師はその女と昔の話しをしない堅い約束をしたに拘らずそれを破つたため雪女は消えてしまつたといふこの妖怪は郷土の傳説でなく色々あるが雪女は足が一本、お白粉婆は二本の足で歩くなどと傳へられてゐる、姿は木に雪が降り積もつて色々な妖怪に見えるのである

◇

其他海に川に種々な妖怪がある江戸時代の妖怪は總て鬼で百鬼中の鬼は主体をロシヤの鬼に表現されてゐる、日本には高砂のすゝ婆川ではカッパや獺の類が妖怪の一ッと傳へた、ロシヤでは川でも海でも山でもあらゆる處に出る妖怪は鬼である、或る露人は鬼の事について研究してゐる、日本の小豆洗やテル〳〵坊主、ぬれ女、笑ひ女、空家のすみこれらは總て鬼に表現されてゐるが、野口雨情が子供の時何より恐ろしかつたのは小豆洗ひだと語つてゐる、小川のほとりを通るとサラ〳〵と小豆を洗ふ音がする小供達はソラ小豆洗ひが來たと逃げ出したものだ、然し何れも研究するに足らぬ、妖怪の種々相はその時代の思想と地方により色々に表現されてゐる。（終り）

怪　不思議を通り起す　怪談・奇談・伝説等
●山陰新聞　昭和六年二月二十二日附録　6-32

不思議を通り起す
怪談・奇談・傳説等
語り傳へられた數々
松江を中心に何と夥しいこと

遊女松風の怪

今より約百五十年以前松江市和多見町に松風と云ふ遊女がゐた當時の若い武士某が其美貌に迷ひ盛んに通つたが松風は何故かその武士を袖にしてなびかなかつたある時松風が旦那寺の清光院へ參詣する途中、運惡くも件の武士に出あつた武士はうむを云はさず近所の自宅へつれ戻り頻と、自分の妻になれと強要したが遂にきゝ入れないので武士は憎さ百倍して一刀のもとに切り捨てた、丁度その夜彼の女の亡靈が清光院方丈の枕邊にあらはれ事の次第を語り一遍の回向を請ふたので方丈は驚いて居ると果たして和多見から松風の行衛不明が届け出られたので方丈はいと懇ろに讀經してやつた處が不思議な事にはこの事あつて以來同寺位牌堂の階段に女の足跡が見らはれその後いくら削つても拭つても遂に消えなかつた（二十年前に改築今は見へず）松風の墓は現在同寺山上に二箇あるが何れか本物かわからない昔若い武士が此の墓の近くで松風の謡曲を謡つた所忽ち塚の中から白衣をきた血みどろな女が黒髪をふり亂して轉げ出たといはれそれ以來松風謡をうたうと亡靈が出ると傳へられて居る

（寫眞は清光院の松風の墓）

このしろ櫓

松江城築城に當り夜ふけ迄踊つてゐた若い女が犧牲の人柱となつたと傳へられお城近くで盆踊りをやると城が動くとさへ云はれてゐるが寛文十六年直政公が初めて入國し本丸を初見分して天狗の間に至ると一人の美しい女が現はれ公に向つて『此の城は妾が城なり』と言つた英邁さつそうたる若大將はいかにこのしろが欲しくば瀬戸に申付け海より取つてやると一喝きめつけたので怪しい女の姿は煙の如く消れ失せた爾來松江城では鰶を毎年本丸荒櫓へそなへる事が例となり此の櫓をこのしろ櫓とよんだ

乙部邸の復讐

讃岐丸亀の藩中に生駒將監と云ふ者があつて良好な人物で而家中殿尾彦之丞と云ふ醜な男が讒言し彦之丞は主君から遂に切腹を命ぜられ家は斷絶して失つた彦之丞の子は養父の無念を察し將監の首を取り將監は危險を感じ讃州を立退き公へ依頼がありその爲め松江城へ屋敷を賜り客分の待遇を受け名

が帯刀と改めてゐた一万石飯尾彦之丞は江戸から更に雲州に下り遠山市郎左衛門と僞名し寺町誓願寺の所化となり敵の所在を伺つたが何しろ敵は城内住居とて機會を得られず遂に駄目であつた時に家老乙部九郎兵衛が鷹狩を好み鷹匠を物色中だつたので遠山は誓願寺の

老僧

にすがり寺の口添で同じく家老職の三谷權太夫に口入れを乞ひ乙部邸へ鷹匠として住込んだ、それから乙部の供をして時々太守の鷹狩へも出る様になりまめ／＼しく奉公して忿し打つべき機會がないので或る風雨の激しき夜乙部の屋敷へ放火したが帯刀は三の丸へ退いた爲め本望を遂げる事が出來なかつたその後乙部邸で茶會が催され帯刀も招待されたので遠山は本懐遂ぐるはこの時と玄關の受附役を乞ひ許しを得た當日帯刀は同僚の家老どもに前後を守護されて表玄關より使者の間に進んだ此の時遠山は後ろに隱し置いた大刀を抜きはらひ帯刀の後より親の仇思ひ知れと肩先深く切りこんだ帯刀も心得たりと刀に手をかけたが老人の事殊に遠山の名代の早業に背中にドツトうち倒れたのを直ちに乗りかゝつてとどめを刺し[illegible]て認めて置いた一札を懷中より取り出し從容として處決を乞ふ、乙部九郎兵衛は大切な預り人を吾邸内で討たしめた事とて直ちに登城太守に奏上し自分の指揮を乞ふたが直政公は敵討らした

男は

汝が先日召抱へた片目の鷹匠であらうとのお尋ねなので乙部は仰せの通りといふと先づ彼の様子を見ると尋常の者でないと見抜いた片目には何か入れて居るだらうとの事に乙部は帰宅後遠山を見るとはたして左の目には鉛の鱗を入れて居た後遠山は本來なれば親孝道の仇討ちであるから賞揚すべきであつたが水戸家との關係上乙部下屋敷で切腹を仰せつけられた

大蛇の祟り

水谷源右衛門と云ふ武士は父が備前松山より來り直政公に仕へたが死没したので源右衛門は四歳の時から十七歳迄直政公の奥方付にて成長した二代目綱近公時代には御太守の籠搜りを仰せ付けられて居たが、ある時城内巡視して後三の丸の水汲み女を一呑にせんとする處なので源右衛門は女の水撒ひ棒をとりあげ大蛇を打殺してしまつた、よく見ると長さ三間にあまる大蛇であつた、源右衛門には二人の娘があつた、間もなく疱瘡に罹り

醫藥

も効無く悲たんに沈んで居ると、突然ひと抱へもあらう石が障子を貫き二人の娘の上へ落ち二人共即死した、その後同家中の信太吉兵衛邸の石垣石が一つ抜け出してゐる事がわかり試みにその石を穴に入れるとうまく填つた、その後も奇異な事が時々あつたので太守も驚かれ出雲大社へ祈願して守り札を源右衛門に與へられた爲め其後異變はなくなつた

蠻勇三壯士

藩中松江藩に高尾勝太、太田善之丞、土岐圓太夫と云ふ三人の壯士があつた、得意とする處は勝太は柔道、善之丞は柔術、圓太夫は剣法で、この三人はいつも同行したが、或る時城裡の新橋々上から朝日山を望み見、こゝから見れば朝日山はもうすぐだなんと一直線にいつて見ようではないかと相談がきまり直ちに着物を脱いで佩刀と共に頭上にのせ新橋川から四十間堀へ飛びこみ小兵の勝太が溺れんとするのを二人して助けあひつゝ遂に泳ぎ渡りそれからは丘陵と云はず田畑と云はず人家等をも避けないで眞に一直線に朝日山に登つた、之を今日に至るも語りぐさとなへて居る、又勝太は立久恵に至り屏風岩で逆立を試んだ

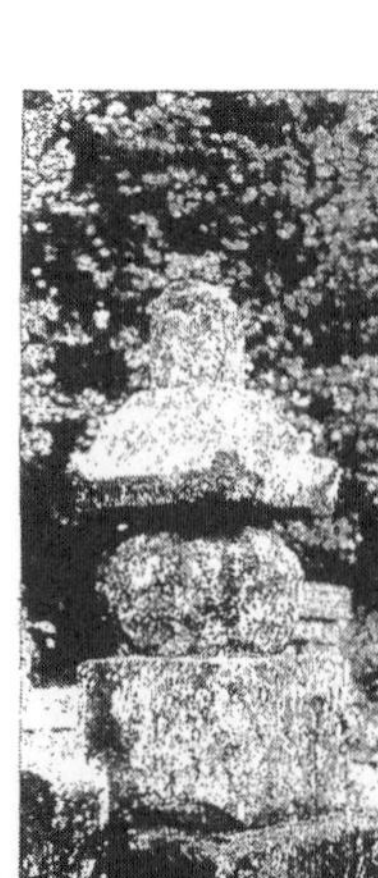

柔道

の妙をほこつた又或る時は三人組が市外法吉村の白山へ夜狩りを試みたが老翁犬を愛ひいばら道を喜ぎ祭も古城址とてわしながら進んだが勝太は古井戸に陥り助けをよんだので二人は驚き[illegible]きあげた、また或時土岐と高尾とが松江を夜立して大社に日歸りし往復二十里の道程には疲勞の極足が棒のようになつたがそれでも剛情者ぞろひとて大社はあまりに近いわが健脚を試みるにはもの足らぬなんと今夕更に石橋の赤崎磯

首の祭だから歸らうと約し一反家に歸り疲れ切つた土岐が匍匐して高尾の門に入ると強がりの高尾も匍匐しながら玄關に出て來り、そ知らぬ顔で土岐疲れたかと云ふやイヤ些とも疲れぬとガンバリさらば赤崎へ歸らうと二人はたすけあひつゝヨロ〳〵と觀音參りして歸つた、これは家中の笑ひ話として今に殘つて居る

花魁…高尾

吉原で何代目の高尾であるかわからぬが、本名がお芳で仁多郡三成村生れの高尾と云ふ花魁が居た、幼時父を失ひ母を助ける爲め松江の家中へ奉公にあがつたが主人が江戸詰めとなつた爲め水戸へ行き數年後主人は仔細のかどで永のお暇となり浪人したのでお芳は厚恩を受けた主人の急を救ふ爲め吉原の女郎屋三浦屋に身を沈めたが才智ある上に美人であつたから忽ち高尾の名をつぎ全盛の花魁となつた丁度其時仁多郡大谷村に順市と云ふ石工の若物が居た小者になつて江戸に出て評判の高尾が同郡出身である事を知り一度なりとも逢うて見度いと衣食の費を數年儉約して一夜高尾に逢ひ事情を話つた、すると

高尾は故郷の人と聞いてなつかしがり且つ順市の純情に動かされていやしい勤めする身が厭ひなくば年のあけた際お身の女房にして下さいと遂に堅く契つた其の後順市は江戸の役務を終へ歸郷して石工渡世を營んで居る或る日順市の不在中老母一人針仕事して居ると破れ衣に乞食たらけの一人の女が來た、私は三浦屋の高尾と言ふ者順市サンと夫婦約束して居たので年あけて參りましたといふ、老母は驚き[illegible]のした女は駄目であると思ひ順市は三月前に死にましたこと云ふと高尾は失望してその家に立寄りたが衣服をきかへてせめてはお墓へなりと云ふので實徳寺の主人の墓へ案内して禮拜せしめた、高尾は[illegible]

親順市が歸り事の次第を聞き村中手別して尋ねたが遂に行方が知れないので念の爲め墓所へ行き見ると高尾は立派に咽喉を突いて自害して居た死体を檢すると一通の遺書と小判が二百兩あり、五十兩は母親へ、五十兩は生みの母親の菩提に、殘る

百兩は慶祥寺に納めて夫婦の冥福を修してくれよと記るされてあつた順市は泣く〳〵遺書の通りに取扱ひ自分は墓前で腹切つて死んだ因つて二人の死骸を合葬してやつた後この事が藩廳へ知れ老母は無情の者として重い刑を受けたが高尾の墓は今に四時香華が絶へない

大江の美人

八束郡意東村字下意東意東川の東方田圃中舊國道側の檜の老樹の下にこけ蒸した一つの石塔がある土俗美人塚とも五輪塚ともよんで居る塚の主大江の美人は同村字大江に生れたが天成の麗質を朝夕庭前の稚子が池で沐浴し一層の美をました、妙齢に至り上意東字古畑から婿を取り琴瑟相和しその濃かな仲合は人々を惱殺せしめた婿は何時も妻を離れる事が出來ず姿を絵にして竹頭に挾み野良仕事するのが常であつた。或時例の如く野に出てゐると大旋風が起つて愛妻の絵姿はヒラリ〳〵と空高く舞上り風のまに〳〵都の空迄飛び行き九重深き内裏に落ちた美人多い内裏でもこんな美人はないと云ふので遂に内裏に召し上げられた。後に殘つた夫は戀々の情にたへず端午の節句に限り菖蒲賣りが

禁庭に出入許可されるのを聞き知り大江の菖蒲を刈集め遙々と京へ上つた、然し遠路の事とて翌六日やつと京に着いたがせめてもの心やりに失望落膽した聲もあはれに内裏の周圍を菖蒲〳〵と呼ばめぐつた大江の美人は六日の菖蒲うりとは珍らしいと障子細目に開けて見ると日頃戀しい夫であつたので諜しあはせてその夜闇にまぎれて二人手に手をとつて國へ歸りを急いだ追つ手を恐れながら山阪の難所を突破して漸く美人塚の處迄辿りついた時夫か故郷の大江か見へると告げるや美人は既に張りつめた氣がゆるんで其まゝ死んでしまつた、夫は泣く〳〵こゝに埋葬したが今でも夫の在所では五月六日菖蒲を飾る又大江には美人屋敷跡があり稚子が池も殘つて居る

月支國王の

襲來孝靈天皇の六十一年十一月十五日日御碕岬上に月支國の軍艦數十隻襲ひ來つた。これは八束水臣

津命が拷衾新羅国より国引して等しくつて日御碕を侵すべく嘉波瓊士が大軍をひきつれ攻め来つたもので兵船を揃て連繋し鎧を鋸島につないだ、こちらは天葺根命十一世の孫明明遠祖命が必死に攻戦努めたが一夜天より大風起り月文国の船は一人残らず海の藻屑と消ね失せた之は専ら神風であつたと言はれて居る

手ぼう正宗

邑智郡阿須那村元大字宇都井居龍山八幡宮の西麓に居龍山鍛冶屋と云ふものがあり昔五郎正宗が諸国行脚して此の地に来り滞在して数人の弟子に鍛法を教へて居たその高弟某は頗る斯道に精進し技倆も殆ど師を凌ぐに至つた。然し肝腎な湯加減は幾度懇願すれ共未だ教へなかつた或る時正宗が刀を鍛へ仕上げせんとして居る際、突如湯の中へ手をつき入れた師匠正宗は清浄なる湯をけがしたと云ふので、赤くやけた火箸で其の手を挟んだので手は遂に焼け落ちたが然し彼れは湯加減を覚へたのでそれで有名な刀鍛冶となり手ぼう正宗と仇せらるゝに至つた

鬼氣は身に迫る
うら若い女にからむ
怨靈のたゝりはおそろしい縣下に散在する傳説怪談

お鶴が森

那賀郡波佐村敬川本郷の田の中におつるが森と呼ぶ處がある、昔宇佐川村にお鶴といふ娘があつた隣村有福村中西某方へ下女奉公にあがつてゐたが正徳三年大旱魃があり上流の有福村では川一杯堰止めて一滴の水も宇佐川へ與へないので遂に飲料水迄缺乏し人畜の生命も旦夕にせまる危急の場合となつた、お鶴は自分の郷里の惨状を座視するに忍びず一夜堰を破つて下流へ水を落とした有福村では直ちに修繕して一層警戒を嚴にしたのでお鶴の二度目の冒險は遂に番人に發見され宇佐川村へ逃走するのを追ひかけ捕へて殺害し其の首を持ち歸らんとした、かくと知つた宇佐川村民は只管追跡して妙見山下で其の首を奪還し、懇ろに死體を埋葬して盛んな法會を営み亡靈を黒不動として祭つた今にお鶴が殺された跡をお鶴が森とよんでゐる

邯鄲夢の枕

城は非常に邪智にたけ慾深く後妻の生家の三星城を陥いれんとするが其都度失敗に終つた、或る時妻が云ふには三星城には邯鄲夢の枕といふものがある、此の枕で寝る時は三日先きの事が全部知れる。よつていかなる奇術を廻らしても此の枕がある以上勝利は出來ないよつて妻が父を欺いて枕を盗み取りませうと入れ智恵したが。それから間もなく妻は三星の實家へ里歸りした、折柄三星城では土用中で寶の虫ぼし中だつたので豫て手管の如く夫には竹の笠を被り裏山よりしのばしめ眞砂をまきつゝ恰も夕立が既に來た様にふりまはせ

妻は「夕立が來たから父上早く寶物をおしまひなされ」とさけんだ城主はかゝる惡計あるとは知らず一時も手ばなさぬ枕をもとに置いたまゝ室間から飛んで出た妻は此の隙に枕を盗み夫に渡し夫は城へ歸つた後遂に計略で三星城を陥入れてしまつた實の娘が父を殺す様な謀計をなしたと云ふので今に三星生れの女は該地方で排斥されてゐる、此の枕は南天の木で造られ長さ一尺・幅六寸真を彫刻してあると傳へられてゐるが現在同郡三谷村長江寺に保存されてゐる

蕎麥御年頭

邑智郡都賀村に豊田平内といふ百二十石取りの武士があつた、或る年の夏部下一人を従へて都賀野村外野坂峠にさしかゝつた。ふと見ると清水の樹下に大蛇が横たはつてゐる、恰も鼠を呑んだ様に腹をふくらしやゝ苦しげに見へたが、蛇はそのまゝ谷底へくだり、苔清水近くに茂つて居る青草を喰つたすると不思議にも腹部が既に小さくなり蛇はそのまゝ山深く這ひ去つた平内は此様を眺め大蛇の食べた青草は刀傷を即治する神薬であらうと其の谷へ下りその青草を摘み印籠に納め用心を果して歸つた然るに其年の大晦日、平内は大坪さの…越え

蕎麥をタラフク詰めこみ殆んど歩行も出來ない有様であつ

た、あくれば元旦である、麻上下を着して正月のお禮に登城するとまだだれも外には居ない、しばらく控へて居たが前夜のそばでおなかが非常に苦るしい、フト坂牌の草の葉を思ひ出し印籠から取り出して一口嚙つた、暫らくして二番目の登城者原五郎左衛門が來た、座敷へ通ると一人先着者があるので挨拶する一向返答がない、よく見るとこれはしたり九枚笹の定紋のついた麻上下を着用し大小を手挾み儼然と坐してゐるのは人間ではなくて蕎麥のかたまりであつた。大騒動となり、醫者寄つて調べて見ると前記の藥の効驗で人體が溶解し肉は一片も留めず、ただ蕎麥だけ殘つた事がわかつた

大蟹の怪

隠岐國周吉郡中村大字元屋に安長川と云ふ小流れがある、川口から遡る事四、五丁で高さ二、三丈の瀑布があつてその下が淵になつてゐるこの淵の周圍は老杉大樹を繁し年中日光の透らぬものすごい處 [illegible] 斧を取落した。スルと既に淵は波立ち騒ぎ水煙のぼり大變な騒ぎとなつた、樵夫は恐れおのゝいて跡をも見ず逃げ出すと後ろからやさしい女の聲で『爺や〱』と呼ぶものがある、怖いもの見たさに振りかへると繪に見る様な十二一重の美しい

神女

が瀧の上に現はれてゐる。すると女は妾は安長姫と云ふもので年久しく此の淵に住んで居るが何時の頃からか甲の周り一丈あまる爪の長さ三尺の大蟹が此の淵に住こみ妾は日夜苦しめられて居る。然るに今日そなたが誤つて取り落とした斧で魔蟹の片腕を切り落とした、然しまだもう片腕が殘つてゐるが丁度その痛さにたへず瀑の下の横穴に這ひあがり片腕を外に出してくるしんでゐるから今一度この斧を瀑の上から落として片腕を斬落とし妾の苦惱を除いてくれよと斧を渡して消へ失せた。よつて樵夫は瀑の上に攀登り再び斧を落とすと淵の水はわき立ちかへり大きな蟹の爪が浮きあがつた。再び前の神女があらはれ斧を返し此のお禮に長命富貴望むまゝに授けんと云つて見へずなつた。四、五日すると恐ろしく大きな蟹の

死體

が川口に流れ出たが、樵夫はそれ以來家富み榮へ富貴な身となつた又安長川はドンナ旱魃でもかつて水がかれた事がな、殊に此の瀑へ雨乞ひすれば必ず驗があると云はれて居る

名馬池月

邑智郡阿須那の牛馬市は治承年間頃から開かれ西日本有數の盛んなものであつた。諸國の馬喰が入込んで見世物興行など盛んに行はれたが當時邑智郡松笠村の龍頭が瀧附近に名馬池月は生れた幼駒の時に母馬を失ひ池月は母戀しさに此瀧壺に自分の姿が映るのを見て母と思ひこみ毎夜瀧壺に飛入り母馬を尋ねた、かくする内遂に水泳の技に長ずる樣になつた治承三年牛馬商にひかれて頓原村を過ぎ都賀本郷迄來たが江川は雪消の水が増して渡る事が

出來

ない然るに對岸には市へ行く馬匹が列をなして居るのでこれを見た池月は激浪逆巻く江川へ飛び入り眞一文字に打ち渡りひと聲高く嘶いて都賀西より宇都井に出て遂に阿須那市場へ飛んで來た恐れおのゝく人々の内漸く一人の心利いた者がゐてやツと柏の木に繋ぎとめた、ほど經て持主がやつて來て、この馬を賣らうとするけれ共買手がない、よんどころなく馬を曳いて口羽村字長田迄來ると漸く買手があらはれた、その博勞は自分の手の指を六本出して『これで買度い』と云ふ持主は六百文と思ひこみ手を打つて承諾した。スルと買手は六百兩の大金を渡すので持主はあきれて其の故を問ふと『此の馬は名馬の相がある六百兩でもまだ安い』と云つた、はたして博勞の鑑定通り鎌倉に曳き出して將軍頼朝に買ひ上げられ宇治川先陣のほまれを殘した、馬をつないだ柏の木は現在枯れはてて木皮剝落し骨幹のみ白くなつて殘つてゐる

ゑんこう祭り

邑智郡出羽村では毎年五月五日の節句にゑんこう祭と云ふものを行ふ先づみ輿を船にのせ神職が樂を奏し村民大勢船にのつて江川を上り村界の岩の下でお祭する事になつてゐる昔此地の城主が馬洗ひに江川畔に出た、其時ゑんこうが馬を捕らうと馬の綱を己の身に卷きつけた馬が驚いて城内に逃げ返つたのでゑんこうも引かれて城内へ連れこまれ殺されるばかりになつ

た、其の夜城主の枕頭にえんこうがあらはれ『将来この河の人々に害をしませんからどうか助けて下さい』と云ふそこで城主は助けてやつた上に毎年お祭りをしてやる事にしたので、えんこうは害を與へない證據にと江川の岸壁にわびり文字を刻んで行きたが字体が現在不明瞭で読めない

隠岐の鰯大明神

昔須勢理姫命が平倫にのつて隠岐へ渡航された際御手を洗はれて、時柔魚が手にふれ一命は非常に怒つて柔魚を引寄せられたので此の因縁により毎年十月から十二月晦日迄由良浦には柔魚の大群が寄つて來る殊に十月二十九日神様りとなへ須勢理姫を祭る由良神社では御座入りの神事を執行するが此の夜どんな大荒れでも多少柔魚が寄つて來る今でも村民は此夜を始めとして此浦に來り柔魚の捕ひ獲をやり俗に之を鰯明神と稱へてゐるのは面白い

怪 神戸新風景 東部篇（一） 自殺の新名所！

●神戸又新日報 昭和六年二月二十四日（二十三日夕） 6-33

神戸新風景 東部篇…(1)

自殺の新名所！

石屋川陸橋のふもと

不思議なレールの魅力

「いま一度思ひ直して方面委員へ！」―神戸市西郷町石屋川の陸橋のふもとにこの程會合方面委員の、手によつて立てられた自殺防止の標柱です、自殺防止の標柱といへば皆さん御存じの例の須磨海岸に立つてゐる神戸婦人同情會の「一寸待て」の標柱がすぐに頭にうかびます、「一寸待て」の標柱が初めて天下の名勝として謳はれる

須磨の浦に

立てられた當時はトテツもない珍風景として世人の注目をあつめ、また一方には賛否の兩論が囂々として沸きかへり、なかには天下に景勝を誇るわれ等が理想的遊覧境の自然的風致を無残にも破壊するものであるとて極度に憤慨するものあり、婦人同情會宛にさかんに脅迫状が舞ひ込み女傑として知られるさすがの會長城のぶ子をいくどか縮みあがらしたときく、だがいまではもう全日本的に立派に老舗を賣つた「一寸待て」のナン風景ではある。

× ×

話はもどつて、この石屋川省線軌道の新自殺防止柱であるが、これは断じて方面委員の氣紛れな酔狂から生れたものではない、こんど標柱が立てられた附近一帯は須磨のやうにパッと派手に世人に知られてこそゐないが、須磨に劣らぬ

自殺の名所で

僅々この一、二年のあひだにさへ十二、三人の飛び込み自殺者を出した無氣味な軌道なのである、そして自殺者のおほくは偶然こゝを通りかゝるとフッと不思議なレールの魅惑にひきずられて知らず知らず身の危険をも忘れて夢遊病者の如く軌道をさまよひ哀れ車輪の犠牲となるらしいといふのであるかず知れぬ詩人を死の淵へ誘ひこんだあのローレライの唄のやうに何か神秘的なリズムがそのレールの青光りの底にひそめられてゐるのではないか、さうも噂されてゐるこんなことがあつた、ある年のくれ、近所の魚屋さんが陸橋の上から軌道めがけてポンポンと盤台の生魚を放つてゐた、そして「もうヤケや、どないとなれ、どれでもこれでも今日はタダや！そうれ賣つた、そうれ賣つた」と狂氣のやうにワメき立てながらその眼はランランと輝いてゐる、友だちがおどろいてワケを訊すと「あれ見い、陸橋の下から

美人が手招き

しとるやないか」といつて附近の者をゾッと身慄ひさせたといふことだ、かうした怪談めいた噂まで絡んでこの魔の軌道が近年ますます問題になつて來たので葺合署詰の小西教誨員が昨年秋方面委員らとともに現場を視察したところ、なる程死神の魅入りさうな氣味わるい場所なのでここに初めて標柱設置の計畫が持ち上がつたもの、ただし「沿線の風景を害する」との鐵道省の横槍で計畫は一時頓挫したが、さる二十日から「一寸待て」の向ふを張るモダン珍風景が前記の場所に描き出されたのである、標柱には五十燭の電燈が二個取りつけられ、これまでうす暗くて淋しかつた現場は徹宵皎々と明るく照し出され今はもう怪談めいた陰慘な空氣は全く一掃されてしまつた―寫眞は問題の現場と自殺防止柱―

怪　神戸新風景　東部篇（二）　ベビー・ゴルフと…

●神戸又新日報　昭和六年二月二十五日（二十四日夕）　6-34

神戸新風景　東部篇…(2)

ベビー・ゴルフと ばけ物屋敷の怪奇

印度人邸の悲戀物語り

怪談めいたグロ風景を御紹介したついでにいまひとつこゝに三一年型グロ物語をひとくさり、話題は「ベビー・ゴルフと怪談」―なんと奇抜な對照ではないか、だが筆者は斷じて無理に奇をテラはうとするのではない、どうかしばらく御清聽を―それは有名な印度人貿易商の宏壯な邸宅であつた、いまから四、五年も前のこと、朝六時―といつても眞冬の事でまだ外はほの暗かつた、早くから一人起き出てしきりにパン・ケーキを燒いてゐた腰のまがつたコックの婆さんはなぜか急に

變な胸さわぎ

なおぼえた、そして何かしら氣味惡い音律が鈍く鼓膜をなでたやうである、婆さんはギヨッと瞳孔をひろげてきき耳を立てた、それはどうやら死の斷末魔に人間の咽喉元から絞り出されるあの悲痛な苦悶の呻きに似てゐる、それにヒー●ヒーといふ女の小さな悲鳴らしい聲が絡つてきこえて來るではないか、瞬間!ある不吉な想像がハッキリと婆さんの頭に映つた、われを忘れて聲の洩れて來る別棟の雇人部屋へアタフタとかけこんだ婆さんはふたゝびギヨッ!としてそこに立ちすくんでしまつた咽喉がカラカラにひあがつて聲も出なかつた、頭がクラクラして地球が急回轉を始めたやうにおもはれたすぐ目の先の階段を傳つて生々しい人間の

血潮がポタリ

ポタリと滴りおちて來てベットリと婆さんの額にながれたのであるあたりはもとより文字通り血の海だつた婆さんにはじめてすべてが明瞭に直覺された、その前夜、そこの二階に世帶をかまへてゐる自分の娘がその夫の自動車運轉手と夜遅く痴話喧嘩をつゞけてゐたのがすでに連想されたのだ。

「甲斐性なしが、とつと出てうせやがれ、女たらしが――」

「手前こそ勝手にしろ、今夜といふ今夜はほんまに愛想が盡き果てた、氣狂ひ女メ!」

その激しいいひ爭ひの言葉がいまアリアリと婆さんの記憶に蘇つて來た、婆さんの直覺は正しかつた當時世間の耳目を惹いた外人アマと自動車運轉手の無理心中がそれである、事件發生の當時筆者は現場にかけつけその慘めな情景を親しく目擊したが、實に悽慘をきはめいまなほ當時の記憶をたぐるとゾッと寒氣を覺ゆるくらゐである心中物語がイヤにながくなつたが心中物語など實はどうでもいゝので、おもしろいのはこのウス氣味わるい物語をもつこの邸内に尖端的な31年型スポーツのベビーゴルフ場KBクラブがこゝに出現したことである、心中事件があつて以來永い間全然借手がつかず近隣では幽靈邸と噂する者さへあつたが、その後突然例のダンス・ホール・キャピトールがこゝに出現し陰慘の氣こむる幽靈邸は一轉して華かな歡樂境と化し、そのキャピトールの移轉後いまのベビー・ゴルフ場が出來たのだが、朗かな

尖端的遊戯場

が時もあらうにこの哀戀物語をひめた因縁づきの邸内に出現したことは、なぜとなく奇異な感じがするではないかところが昨今神戸附近所に相ついで產聲を擧げ婦女子向きの手輕な遊戯として滿都の人氣をあつめてゐるベビー・ゴルフ場が揃ひも揃つてなぜか怪談と因縁の深いのは不思議である、もつともエロ・グロ時代とさへいはれる位だから尖端的遊戯にしろいくぶんかグロ味を必要とするのかもしれぬ、ベビー・ゴルフのトップを切つたK・O・Kクラブは御存じの方も少くないだらう、ふるくから化物屋敷と呼ばれて人々の好奇をあつめてゐた、その邸園といひ、その建物といひ實に堂々と立派なものであるが、この十數年來誰一人棲む人もなくただ風雨にさらされてゐた、昨年くれ突如こゝにベビー・ゴルフ場が生れ出た時化物屋敷の傳說を信じこんでゐた人たちはギョッとおどろきの眼を瞠つたものである、もつとも元の建物は少し前に取り拂つてしまつたやうである、東へ飛んで

日本一と銘打

つて上筒井林間ベビーゴルフ場――は別に化物屋敷といふ譯ではないがこゝも隨分古くから大邸宅で家賃がベラ棒に高い割に不便が多いので大分永い間ガランとした空家のまゝ放置されてゐたのでひところ近所ではいろんなグロめいた獵奇的話題の對象にされたことがある、だが、明るく朗かなる1年よ健康なスポーツ的意欲をもつてこれらの迷妄的傳說を蹴とばせ！

（寫眞はKOKゴルフ場と化した中山手の化物屋敷）

資　「昭和の大化物屋敷」 伝説の妖怪を総動員
●読売新聞　昭和六年三月一日　6-35

傳說の妖怪を總動員。。

『昭和の大化物屋敷』

日本傳說協會主催・來る十日から

本社後援・國技館に

グロの殿堂

お化大會

グロの31年に、求めくてゐる時代人のスゲエ刺戟を十分に滿喫する『獵奇の世界』が春三月から斷然東都の人氣を集めて江東國技館に開かれることになつた、本社後援の下に、日本傳說協會が主催となつて、所謂最も

凄味の

ある日本傳說に登場するお化けの總動員を行ひ、超グロな『お化大會』を櫻花の咲き出ようと云ふ三月十日から四月末日まで五十日間、朝九時から夜九時まで開くのである、早くも人氣は大變なもので、協會では目下晝夜兼行で工事を急いでゐるが凄味を表徵するだけに、兩國橋から先づ六角燈籠を配し、アーチの鬼の門を潜つて薄氣味惡い關門を入ると九尾の狐が待つてゐる、それから大變な化物通りを通つて、佐倉宗吾の怪異の場面と櫻花爛漫に春らしい明るい通路から醜聲の扉の墨染櫻、番町皿屋敷、平淸盛六波羅の怪、佐賀の夜櫻等々等何れも入場者を驚かす

怪變化

でアッと云はす四谷怪談、相馬の古御所、無坊主法界坊等の物凄さから、珍談、怪談、心中、鈴ケ森の仕置場、珍說狐の嫁入り、古寺の妖怪、本所七

不思議がずらりと並んで、正に文字通り百鬼夜行、凡ゆる妖怪が光線や音響の變化等で入場者の膽ッ魂を奪ひ去つて、サテやつと出口に出てホッと思ふとこれがまた有名な夕闇の『八幡の藪知らず』で藪や竹藪を分け入ると累々とならんだ墓場に出る、また引返すと骸骨に躓づいて悲鳴を揚げ、迷ひ迷ふてやつと出口に辿りついてヤレ〳〵と安心すると云ふ仕掛で、その他に怪談に縁のある古今の繪畫演劇などの參考書を陳列しグロ研究に資する筈で餘興には雪月花段返し、曲藝レヴユー等のエロ味をもチョッピリ加味することになつたが實にグロ時代の尖端にふさはしいお化け大會で三千坪もあらうと云ふ國技館は『昭和の大化物屋敷』となつてグロ黨連に待たれてゐる【寫眞は怪猫變化の場面】

資　モダーン怪談　ゆう霊探検　明暗近代色

●東京朝日新聞　昭和六年三月三日　6-36

モダーン怪談 いう靈探檢

ジャズで浮れ出し

机もボールも宙に舞ふ

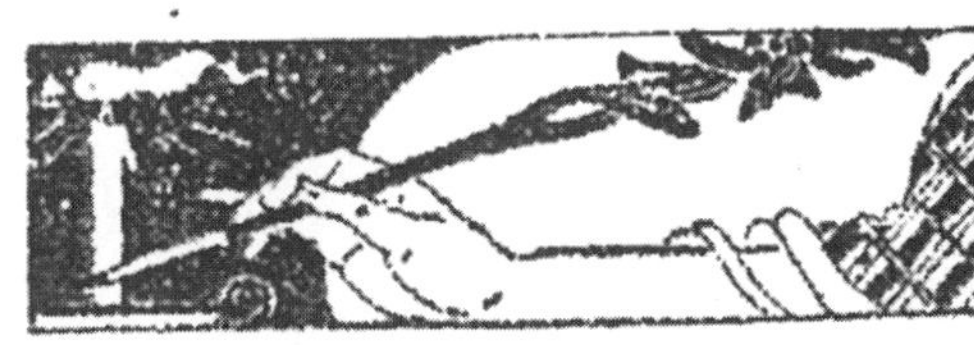

明暗近代色

ペンとカメラの無軌道描寫

【十六】

昔のいう靈はヒユー、ドロ〳〵の鳴り物で現れたが、現代のいう靈はジャズに連れて浮かれだす、いう靈もまた世と共に推し移る君子だ――なまぬるい夕方、ペンのジプシーは心靈現象實驗會の正體見屆に出かける、京橋梅田ビルの一室、薄暗い電燈が點つてゐる、入つた時は既に十五六名の人々が集まつてゐた、うちには二圓五十錢の會費を拂つて、わざ〳〵やつてきた物好きな大學教授や大學生らしいのもゐる、夜のビルヂングはシンとして物音一つしない、定刻が過ぎてしばらく司會者の小田文學士が立上つて説明する

「これから心靈現象か物理的に現はれる實驗を致します、心靈の活動は寫眞の干板に例へられる性質がありますから暗くしなくてはなりません、それから蓄音機をかけて空氣を動かせ心靈の活動を容易ならしめます、實驗中は部屋を密閉して一切たれも出入りしない事に致します」

×　×　×

司會者側が入口のドアにかぎをおろす

「こゝに龜井靈媒を御紹介致しますが、この人が暗の中で手を下すのではない證據に固くイスに縛つて頂きます、さあどなたでもお縛り下さい」

といふから、いはゆる『サクラ』が出ないうちジプシーが飛びだして靈媒になる若い男の兩手を後に回して麻なはでイスに縛りつけてちやうを下ろし、そのかぎは預かつた、實驗に使はれる品物は皆發光液が塗られてゐる――準備が出來ると燈が消えて、部屋は眞暗だ、靈媒のゐる邊にはテーブルが青白く光つてゐる……と、片隅の蓄音機から『リオ・リタ』が鳴り始めた、固づを飲んで待つてゐると「コト」といふ指で板を打つやうな音がする、二三分經つてまた「コト、コト」更に二三分して「コト、コト、コト」と音がハツキリしてくる「何を、トリツクにだまされるものか」とこつちは體驗こそ持たないが鐵の下の男之助のやうに、暗の中に見得を切つて頑張る

×　×　×

音がやむと、テーブルの上にあつた鈴がリンとなる、おやと思ひながら五六分待つと、鈴はリン〳〵鳴る、ゴムのラツパがブー〳〵鳴る――司會者

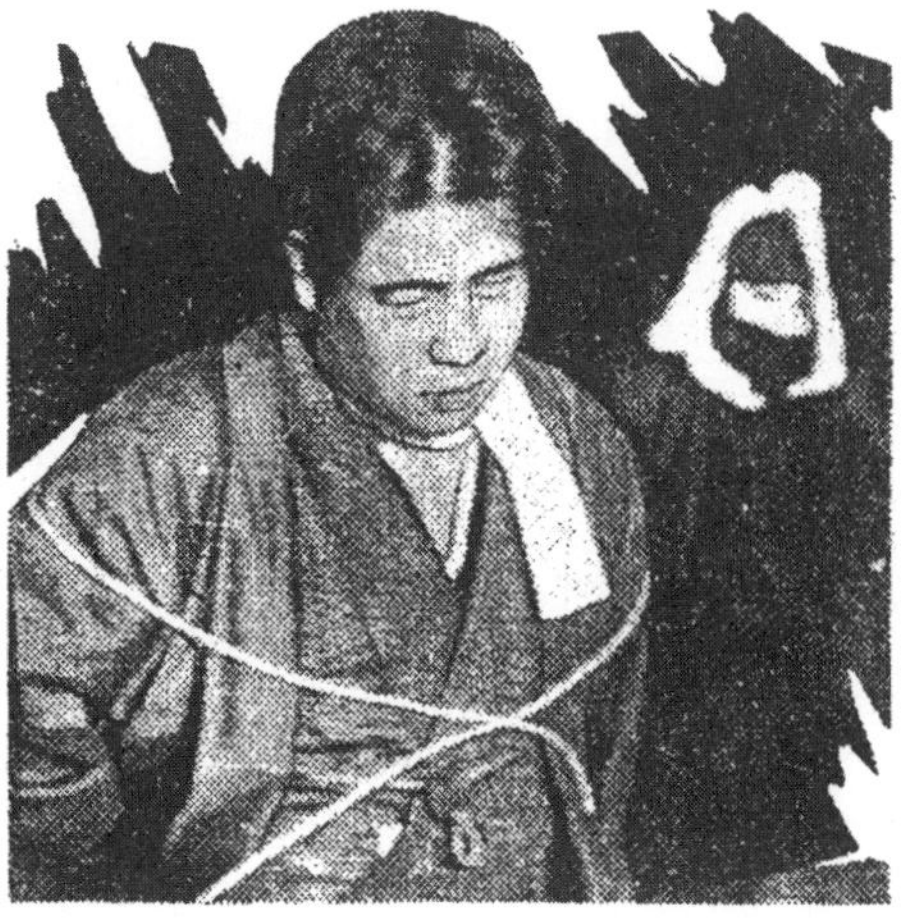

が纖にことわつて赤色懐中電燈で照して見ても靈媒はちつと縛られたまゝ眼をつむつてゐる

赤色電燈が消されて再び實驗は始まる

『リオ・リタ』のジヤズ樂に伴れて夜光液で輝いた手まりやラツパがほたるのやうに縱横無盡に飛び回る、天井に昇つたかと思ふと、すつと下りて來てひよいとテーブルの上へ戻ると……アーラ不思議やテーブルはガタガタガタと音を立てながら五寸、――一尺――二尺とせり上り、そしてドカンと床の上に落る

また手まりが狂つたほたるのやうに飛び回る、こいつ仕掛をあばいてやれと、手まりを手に取ると、何の仕掛もない、これは不思議と首をひねつてゐると、かなり強い力でグイと引つたくられるやうな感じがして、手まりは記者の手から逃げてテーブルへ戻つてしまつた

× × ×

この時司會者はいふ「今度は、いよいよ心靈モゴール樣が姿を現はします」

グルグルと蓄音機のハンドルを回し、勢よくジヤズを鳴らしても今度は難しい實驗と見えて容易に姿を現さない、何十分か經つた頃……どこからともなくうめき聲がする、カメラのルンペンは『モゴール御座んなれ』と自慢のカール・ツアイス二・五を向け息を凝らして待つてゐると、テーブルの上と思しき邊にボーツと白いもの『これぞモゴール』と、――フラツシユで撮つたのがこゝにかゝげた寫眞だ

× × ×

どう考へてもしやくだ、トリツクの尻尾をとらへる積りで來たが、すつかり幻惑されて了つた、仁木彈正の術にかかつて『取り逃がしたるか殘念なり……』といふところでいまいましくて仕方がない、『何れトリツクでせうが、うまくかかりましたよ』といふと、司會者は嚴かな聲で答へる『トリツクではありません、心靈の働きです』――『人間といふものは貧弱な經驗から得た理論を正しいとして、それ以外のとは不合理と片付る癖があります、電氣もラヂオも昔の人に不合理不可解なものだつたでせう……』

流石、負けず嫌ひなジプシーもギヤフン、きつねにつままれたやうな氣持で外へ出ると、何時の間にやら人通りは絶えて、時計を見るともう眞夜中過ぎ【寫眞は靈媒者とモゴール樣】

資 グロテスク 女性見世物風景（一）　6-37

★大連新聞　昭和六年三月三日

グロテスク女性見世物風景（一）

乾 研二

くも娘（一）

『さあいらつしやい、いらつしやい、現今科學の不思議、妖怪の變化、當世七不思議の一つたる蜘蛛娘の正體、首から上は正眞正銘の人間で水も滴る十八の娘だが可哀想にも首から下は、見るさへ怖い大土蜘蛛、あゝら不思議やその口からは御好み通りの歌も出る――ヤ、エ、チ、ヤーンお好みぢや。お好みぢやひとつ聞かせてあげなさい――さあはいつたりはつたり唄を歌ふ蜘蛛娘、番茶も出花の十八娘、お代は見てのお歸り、大人が十錢子供が五錢、さあはいつたりはいつたり』

口上男の身振り手振り面白い口上に釣られてか、それとも時々引上げる幕の合間に覗き見た美しい女の顔に引付けられてか、雪崩れる樣に入り込んで來た群衆。小屋を開けてからものゝ半時間もたゝない内に二十坪許りの小屋の中はもう一杯になつてしまつた、正面の餘分に仕切られた二坪餘りの空

蜘蛛のお八重は坐つてゐた

坐つて――と云ふよりつり上げられてゐると云つた方が適當だつた

立て膝をしてそれを固く腕に縛り胴一面を防水布に包んで兩手をその上に括り付けてゐた、首から下をすつぼりと皮の袋に包まれて巧に引張つた八本の紐にその身體を二坪餘りの空地の中央に浮かせてゐた、首にはめられた鐵の枷は横を向くは勿論をうつ向かせる事さへ許さなかつた、百ワツトの電球に照らされた顔を絶えず觀客に向つて微笑みかけてゐなければならないのだつた

客寄せの爲めに時々上げられる幕の蔭が上つた時

『ヤ、エ、チ、ヤーン、お好みぢ

や、お好みちやゝ、ひとつ聞かせてあげなさい』

と口上男からの註文がある度に彼女は唄はなければならなかつた　性來聲でもない聲音を引絞つて歌ふ苦しさつたらなかつた

こゝは串本向ひは大島、中を取り持つ巡航せーえん。あらよをいしよ、よいしよよいしよ、よをいしよ

そう歌ふのだが巡航せえーん迄から聲がかすれて途切れ途切れだつた

彼女の斜め側に一寸法師のケンちやんが坐つてゐた、一寸法師と言つても三尺二寸の身長で年齢は三十八だつた、食慾と××とは人一倍旺盛でそれが彼の生活の總てだつた、その代りに彼は多藝だつた、獨樂廻し、皿廻し、手先の奇術ある色、それ等特に器用だつた。彼は此の見世物の親方格だつた、だから蜘蛛娘のお八重が唄を失敗ると容赦なく怒鳴り付けた、それでも失敗ると鞭を振つてその腕を叩き付けた彼女は歯を食ひしばつた、叩かれた腕がひく／＼と動いた、前の方に居る觀客にはそれがよく見えた、一つの魅力だつた、その顔だけは電光にさらされて丸ぽちやの美しいそれもおかつぱにした頭に緑のリボンを留いて、たまらなく可愛いゝのだが、首から下の肉體を何處に求め様にも觀客には想像が付かなかつた、蜘蛛の胴體となつてゐる所にそれを求めるには顔と同じ位の袋の中に首から下の肉體が納め切れる筈も無いことに氣付くのだつた事實は頭の上ばかり煌々と照らしてその光線を利用した他愛もないトリックなのだが無智な觀客にそれが判らう筈もなかつた（つゞく）

資　グロテスク　女性見世物風景（二）　★大連新聞　昭和六年三月五日　6-38

グロテスク 女性見世物風景

くも娘（二）

乾　研二

八方に延ばされた八本の紐が蜘蛛の足となつてゐるのだがそれは針金に布を巻いて彩色したものであ誰の目にもそれと判つた。だが蠅が飛ぶとその腕中がぴく／＼と動く、灰かではあるが近くの觀客にはそれが判るのだ。

身體の全部が隱されてゐるやうなとは思ひもよらぬことだが、何處かの部分が包まれてあることだけは判るのだつた。ひく／＼動くからには…と人々は考へるのだ。そこに魅力が生じて來るのだつた。一寸法師のケンちやんはそれをよく知つて居た。だから觀衆の中に正服の警官や私服の其れらしい姿さへ見えなかつたら彼は幾度も鞭を見舞つた。收入の殆んどが彼の懐中を肥やすのだから、彼は少しでも興行價値を高め客を引きつけねばならなかつた。そんな身體のくせに人一倍以上に旺盛な××は二人の妾を從つてゐるからだつた。

現在は全く癈つたが、あの支那婦人纏足を思ひ出して貰へばよい、蜘蛛娘のお八重がその理窟だつた身體に手足を縛り付けて皮の袋に包まれて蜘蛛の怪物となつたのが彼女の十二の時。それから十八の今日まで、足掛け六年の長い年月をそればかり繰返して來たのだ。身體の外部的な發達は阻止されてしまつたが、不思議に首から上だけは身體内部の諸器官と共に通常と異る所なく發育して來た。おかつぱにした艶のいゝ髪は匂ひを持ち、うるみ勝な瞳は理智深く輝いてゐた。蒼ざめてはゐるが頬の肉がたるんで『目』と愛嬌のこぼれる美しさになつた。首から下の外廓は袋に入つた其の當時のまゝの狀態だつたが、十六の時には女としての月々の來潮も見、どうやら讀める假名の拾ひ讀みに『戀』といふ言葉の意味も判つて來た。十歳にもならない子供の頃から一寸法師のケンちやんや、口上讀みの三公や道具方の傳助、勘定方の男やチラシ配り、そうした一座の男たちから弄れ通して來た彼女ではあつたが、それでも十八の女としてたとへ半不具者的な肉體であるにしても、内に熱する惱みがあつた（つゞく）

資　グロテスク　女性見世物風景（三）

★大連新聞　昭和六年三月六日　6-39

グロテスク 女性見世物風景（三）

乾　研二

くも娘（三）

『何が不足でメソメソと泣いてばかり居やがるんだ。あんまりな眞似をしやがると叩き出すぞ。てめえの様な顔ばかりが大きくなりやがつて片輪者を養つてくれる様な世間があると思ふなら、さあ、文句は云はねえ、とつと出て失せろ――』

自分自らが人並[?]でない親方格の一寸法師が、小屋がハネて後から出され縄を解かれた裸體の彼女をさう云つて散々に打擲した跡、此の頃の彼女は急に涙つぽい女になつてしまつた。皮の袋に包まれて蜘蛛娘として吊り上げられた當初、見物が少いと云つては叩かれ、唄が出來ないと云つては叩かれた、その頃の皮の袋も透し、腰に當いた防水布、不潔な話だが、彼女は吊り上げられて身動きもならないのだから、その儘排泄するのだ、を徹して鞭の唸りが身を切られる程痛かつた。しかし足掛け七年の修練は、それを少しも感じさせなくなつては來たが、最初の苦痛の先入觀が鞭の唸りを聞くと同時にひとりでに歯を食ひしばらせ、腹部をひく〳〵と動かすのだつたが裸體の肌の鞭打[?]は堪えられない苦痛の極みだつた。一寸法師の親方格が云ふ通り、此處を出てさて如何することも出來ない彼女であることを、自身よく辨へてゐた。それで結局は泣いて謝まつて水で洗つた身體を一座の誰れかに弄ばさすのだつた。一寸法師はその男の給料から一定の金額を控除してゐるからだつた。――

何故か此の頃の彼女はよく泣いた小屋が開けられて、觀客が塲を埋めても、彼女は以前の様にこぼれる様な微笑を湛えなかつた。百ワットの電燈の下で、幾百幾十の視線を一箇所に集めたその顔を鐵枠に咽喉を締付けられ乍らも無理にうつ向けて、固く瞼を閉ぢてゐた『ヤ、エ、チ、カァン、お好みぢや、お好みぢや、ひとつ聞かせて上げなさい』（つゞく）

資　グロテスク　女性見世物風景（四）

★大連新聞　昭和六年三月七日　6-40

グロテスク 女性見世物風景（四）

乾　研二

くも娘（四）

口上方が入口で叫んで、表の幕が一寸の間開けられた時でも、彼女は唄はぬ事が多かつた。氣付いて一寸法師が急き立て乍ら鞭を振ると漸くかすれた様な聲をふり絞るのだつた

こゝは串本、向ひは大島、中を取り持つ……

後は涙聲になつて、唄にはならなかつた。歌もそれ以外に口に出なかつた。忘れたものではなかつたが、一番歌ひ易い節だつたせいもあらう。だから益々一寸法師をおこらせて了つた。鞭が唸つて蜘蛛の胴體になつてゐる所の、彼女の首から下の肉體を包み縛した袋を打つた。ひく〳〵とかすかではあつたが腹部が動いた。鞭が顫へるのではないが、習慣になつてゐるのだからだつた。觀客はどよめいて實體を觀賞した。わざ〳〵しやがんで下から覗いて見ようとする者さへ居た。それが悲しいわけでもなかつたが、彼女は泣けて泣けてならなかつた。涙が、厚化粧した顔を汚して唇に流れた。それを味識し乍ら『此處は串本』と何時も同じ歌を唄ひ出すのだつた。

蜘蛛娘のお八重が泣き娘になつたのには次の様な事情があつた

『戀と云ふものは斯うしたことを云ふのだらう』とお八重は思つた胸がときめいて、十八の女の内燃する青春を感じるからだつた。それは嬉しい、悩ましい、恥かしい氣持ちだつた。朝の十時から夜の十一時過ぎ迄入れ替り立ち替りする多勢の觀衆の中に只一人お八重の對照があつた。昨日もおとゝひもその前も極つた時間に彼女の前にたゝずんで燃える様な瞳を投げかけて歸る一人の男がそれだつた男は何時も鞄を抱いてゐた。鞄の口からは二三册の本らしいものが食み出さうになつてゐた。黒い靴

をはいて霜降りの服を着てひさしの長い帽子をかぶつてゐた。彼は中學生だつた。少年のセンチメンタルが此の異形の女にローマンテイツクな何ものかを感じさせた。學校の歸りにこつそりこの見世物小屋の木戸を潜つて首から下の身體を見せぬくも娘の前に立つてその顔をぢつと凝視して歸ればそれでいゝのだつた。それから後には少年の甘い、なやましいそうして果かない夢が有つた。だから彼は毎日の様に女の前に立つた（續）

資　グロテスク　女性見世物風景（五）

★大連新聞　昭和六年三月十日　6-41

グロテスク
女性見世物風景
（五）　乾　研二

くも娘（五）

お八重にはそれはたまらなく嬉しい事だつた。野卑な男達のみに弄つてさんざんにその肉體を傷めつけられて來た彼女に初めて血の沸き立つ様な情熱が激しい力で燃えて來た。ぢつと瞳を見返してニツコリ笑みかけると、パツと顔を赤らめてもぢ〳〵するその小供らしさが好きだつた、さかしげなその二つの瞳が好きだつた、鼻が、唇が、頬つぺたが、耳が、首筋が、すらりとした總體の感じが、何から何まで皆好きだつた――だから彼女は絶えず微笑んでゐた、そうすると少年も微笑んだ、白い歯をのぞかせてニツコリと可愛かつた、片つ方の頬にえくぼが浮んだ

彼女は幸福だつた、少年も幸福そうだつた、言葉一つ交すことは出來なくても默つて笑つて瞳を見交し合つてゐさへすれば、その時こそお互がお互の心を捕え合つた瞬間だつた、よろこびに慄えて『生きてゐる』といふ氣持がたまらなくうれしく、果はわく〳〵と心の奥迄浮き立つたのだつた

それにしても世にも不思議な餘りにもグロテスクな戀の法悦よ、然しそれも長くは續かなかつた

男は土地の中學生であつても、女は籠詰にされて各地を漂泊ふ見世物だつたからだ

◇　◇

お八重の胸はひし〳〵と掻きむしられる痛みだつた。何處の土地とも、何んな性質の男であるとも勿論名前も年齢も知らう筈もないあの片えくぼの可愛いゝ少年の幻影が胸に深く刻み込まれてしまつたからだ、世間に對して全く盲目な彼女に取つてその兩性の識別こそ出來ても、その他のことは全く辿り得よう筈はなかつた

小屋をたゝんで汽車に乘つた、それであつけなく消えてゆかねばならぬ戀の法悦だつた（續く）

資　グロテスク　女性見世物風景（六）

★大連新聞　昭和六年三月十二日　6-42

グロテスク
女性見世物風景
（六）　乾　研二

くも娘

次ぎの町で小屋を張つた、そこもたゝんで又次ぎの町へ、其頃から彼女の胸に『悲哀』が巣喰つたそれは十八の年までかつて經驗したことのない哀しさだつた。彼女はよく泣き出した、それも小屋が開けられて幾百幾千の觀衆の視野に自分の顔が的にされてゐることに氣付いた時知らず知らずにまぶたがぼつとかすんで來てとめどなく涙が溢れ出すのだつた、表で口上男がオドかた聲で彼女に歌を要求しても彼女は唄へなかつた、二度三度一寸法師の鞭が唸らねば聲が出なかつた、聲が出ても『こゝはくしもとう――』とたゞそれだけでかすれてしまつた、涙が鼻から咽喉で口へ流れ込むからだつた、幾百幾千の奇異にみはられた瞳の何處かに、あの何處かの町で瞳を交し合つた無言の戀を語つた燃える様な輝きを持つ二つの眼が欲しかつた、あの眼さへ見付けたらこんなにまで心を痛めずにも濟むだらうにと思ふのだつた

『その泣きつ面が氣に食はねえ、不服があるなら手數を掛けずにとつとゝ出て失せろ』

一寸法師の折檻は夜毎に續いた然し彼女の涙は止まらなかつた、群衆に曝されるとどうしても泣かずには居られなかつた、歌も唄へなかつた、勿論ニツコリと觀衆へ

微笑みかける術も忘れ切つてしまつた、そうして時折泣き濡れた瞳をまたゝかせてぢつと觀衆の瞳の一つ〳〵を探すのだつた

——あの何處かにお互に求め合つた燃ゆるまなざしが隠されては居ないだろうか——と

◇　◇

『歌を歌ふ蜘蛛娘』と節面白く客を呼ぶ口上方の文句が變つて來た『親の因果を怨んでか、片輪の我身を嘆いてか、明けてもホロリ、暮れてもホロリ、ホロリ〳〵と泣き明かす世にも哀れな蜘蛛娘』

二三年前、此の蜘蛛娘の一團は當地常盤臺下空地に於て興業したといふ、而し私の述べた蜘蛛娘のお八重が果してその見世物の一座であつたか如何かは遺憾乍ら筆者の未知のものである（つゞく）

資　グロテスク　女性見世物風景（七）　★大連新聞　昭和六年三月十二日　6-43

グロテスク 女性見世物風景（七）
ろくろ首（一）

乾　研二

今では殆んどその影も絶えて、時折り田舎の秋祭りなどにしか見受けることの出來なくなつた『ろくろ首』の見世物はそのインチキさに於て斯うした見世物中の最たるものであつたが、そのグロテスクな事又他に類を見ない。『古今妖怪考』と題せる木版刷りの古書に

兩國にろくろ首と稱する見世物有り。木戸二十文、中銭十文を取りて殷盛を極む（中略）葉之丞と云へる女太夫あり、舞臺上座にて三味を彈き義太を語りつゝ徐々に其の首を拔けば、首はうねりつゝ果ては天井に屆きエヘラ、エヘラと笑ふ。その妖絶さ又言はん方なし云々

と記載されてゐるのを見れば、此の見世物は相當古い歴史を持つてゐる。惜い事に年代の記入が落ちてゐるのでその起原年代の討究を許さないが、同じく、『東西見世物考』と題せる古書に。

（前略）元祿初年水道町に平賀なにがしと呼ぶ武士あり、平賀源内のことを好み手づから不可思議なる傀儡の類を創りて世人を驚嘆させたり（中略）妖怪變化の中「ろくろ首」と稱せるもの最も喝采を受く云々

とあるが、何分古書であるから紙摺れ甚だしくこれだけを讀むにも相當苦心した程で到底詳細の餘地が無く、從つて元祿年間、江戸の士平賀なにがしの創作した『ろくろ首』が、前述『古今妖怪考』の『兩國にろくろ首と稱する見世物有り』に該當し、又數年前迄グロ味豊な存在として旺盛を極めた見世物界の一奇物（事實は此れ程人を食つたイカサマものは又と無いのだが）であつた興行ものであるか如何かは更に判らない。然しかうした古文書を參考にすれば此の『ろくろ首』の起原を相當古い時代に遡らせることが出來る——固苦るしく餘談に走つたが、私は次に此の『ろくろ首』の見世物を背景として起つた笑へぬナンセンスの一挿話を物語らう。（つゞく）

資　グロテスク　女性見世物風景（八）　★大連新聞　昭和六年三月十四日　6-44

グロテスク 女性見世物風景（八）
ろくろ首（二）

乾　研二

姉を相江、妹をお君と云つた瓜ざね顔の小柄なたちでさして美しいと云ふ容貌ではなかつたが踏めない値でもなかつた、十九と十七で二つ違ひだつたが見掛けは妹の方が姉らしく見えた、似たり寄つたりの性質で斯うした社會の女性としては全く珍しい程しとやかだつた、尤も親方が大難物固い理解ある男だつた點もある

姉が舞臺に坐ると、妹が直後に控えた（尤も姿は見せない）觀衆に愛嬌をばら撒き乍ら三味を取つて得意の美聲を上げるのである、すると舞臺の横でボーンと長い鐘が鳴る、[illegible]力を持つてゐる、すると舞[illegible]照らした灯りが殆んど消されて僅かに三味を持つた相江の姿だけがボンヤリ浮び出た樣に觀客に見えるのだするとその顔が次第に凄い形相に變つて徐々に伸びて行くのだ、何の不自然もない樣に、ずる〳〵と拔けて肉色の細い圓味を持つた首が氣味惡く迫る、三尺も延びてぴたりと停止すると今迄の姿

い形相をかへて始めてニタリと笑ひを洩すのだ、そうして其處で一しきり美聲を張り上げるのだが、血相をかへた觀客はもうそれで結構だつた、あちらでも此ちらでもゴクリと咽喉を鳴らし、唾を呑み込むのだ――

昔の人間には『古今妙怪寄』に迄記載して置く程怪奇な存在であつたかも知れないが現代人には小供にだつて此の幼稚なカラクリは觀破されるだらう、つまり二人の女が居るのだ、一人は舞臺に姿をさらして一人はその背後に隱れてゐる、ボーンと鐘が鳴つて灯が消えると舞臺の女の顔は巧に背後の女の顔と入れ替るのだ、背後の女は踏み臺を少し宛登つて行く、をとがひにゴムの管をぶら下げてそれが顔だけをのぞかせた黑幕の切れ目を巧く繼つてくれる、舞臺の女は灯が暗くなつた瞬間その顔を黑布で隱してしまふのだ、それで完全なろくろ首が出來上るのだから他愛もない見世物だ――

地方巡業で相當な成績を上げた綱江等の一座は今では世にも笑止なそれこそ老人だましな存在として振り返つて見る人も無い醜シケ續きの旅を續けて來た

『解散するより途は無いのぢやがそれではお前達姉妹が可哀相だ、男達は無一文でも歩けるが女の身ではさうはいかぬ、どうしてもお前達を親御さんの所迄送り屆けて上げねばならないのだが……』と此の優しい親方を持つてゐる姉妹はそんな悲慘な食ふや食はずの流轉を續けてゐても幸福であらねばならなかつた――

そうして此の善良な親方は時代錯誤のイカサマ見世物を提げて綱江お君の姉妹をその親許へ歸す爲の最後の小屋を張つた、所は山間の一村落で鎭守祭の人出を當てにした一か八かの勝負だつた（續く）

資　グロテスク　女性見世物風景（九）

★大連新聞　昭和六年三月十七日　6-45

グロテスク

女性見世物風景（九）

乾　研　二

ろくろ首（三）

『うらを馬鹿だ、馬鹿だと云ふけえど、それぢやおめえは何だい、首がずる／＼拔けるバケモノぢやあないか。うらは馬鹿でも人間だぞ、お前は女でもバケモノだ。バケモノが人間の云ふことをきいて何處が惡いんかい』

綱江はうるさくてたまらなかつた可哀想だと思ふけれど、近頃益々執拗く露骨になつて來た三公の態度に半ば恐怖を覺えた。痴呆症の男で座の口上方だつた。口上を覺えさすのに親方は到々根氣負けがした位、それでもどうやら覺え込むことは覺え込んだがさてやらせて見るとそれはもうお話しにならない失敗續きだつた。前の口上方が、揚がり高をかつさらつて逃げてから人が足りない儘に今では專任の口上男になつた――と云つても綱江姉妹を入れて親方共七人の一座だが――白痴にも青春があつた、その對照が綱江だつた白痴であるだけに特に眞劍な態度が熾烈だつたと云ひたい。馬鹿と呼ばれてゐる三公ではあつたが、然し彼は何年も此の一座の飯を食ひ乍ら此の見世物の一枚看板である『ろくろ首』の正體を知らなかつた。尤も親方が萬一の氣安さから外部の者に此のカラクリを喋られてはと憂ひた結果、彼を絶對に舞臺裏に入れなかつたことにも依る。

『お綱ちやん』

と他の者と同じ樣に綱江を呼ぶ三公の言葉が近頃ひどく底力を持ち始めた。彼女が用をたして立つ上るとその前に三公がたゝずんで無氣味な表情を投げ付けてゐることさえあつた。

『馬鹿、三公の馬鹿』

不意に襲ひかゝらうとするので驚いた彼女は振拂つて逃げると、別に追ふこともなくず後姿を見送つた三公の『馬鹿、三公の馬鹿』と彼女の浴びせた罵言を繰り直し乍らその言葉をなつかしんでゐる樣だつた。

『三公は姉さんに氣があるのよ、今日もね、舞臺の片附けを手傳つて部屋に歸ると三公が姉さんの着物を頭からかぶつてぢつとしてるぢやないの、わたしを見てびつくりして飛び出したけどほんとに嫌になつちやふわ」
お君がさう云ふ程の事實もあつた
「でもかわいそうだわね」
と娘らしい同情から附け足すと、絹江も涙ぐんで、
「ほんとうに、ね」
としんみりするのだつた（續く）

資　グロテスク　女性見世物風景（十）
★大連新聞　昭和六年三月十九日　6-46

グロテスク 女性見世物風景（十）
乾 研二

ろくろ首（四）

「何あに、お前がしつかりしてさえ居れば大丈夫だ。それにもう此の二三日の興行でみんなが別れ別れにならなきやあならんのだから人殺でないあいつが可哀想でならぬ、わしはそれでガミ／＼云ふのを差し控へるがお前もまあその積りで、せめて形だけなりとも優しくしてやつて呉れ……」

親方もそう言つたが、併し彼女は氣味惡かつた、それには露骨な求愛の動作に反感が起るからでもあつた

「何て嫌ぢや、嫌でも離さぬ、離さぬと云ふたら死んでも離さぬ」
その夜彼女は不圖した油斷で三公に襲はれた、三公は必死だつた
彼女は聲を上げ樣としたが三公の手が口を押へてそれさへ出來なかつた、彼女はそれで引しばつた口をゆるめて三公の指をすべり込ませ精一杯の力で噛み付いた、そうしてやつと危險を免れ得た
一座解散の最後の日の興行は珍しく大入りだつた、天氣の好かつたことゝ近郷からの人出が多かつたことゝ、木戸錢をうんと安くしたことゝ他に此の村祭りをあて込んで興行物の入つて來なかつたことゝが原因してゐた。決して村人に此のイカサマ極まる見世物が受けたのではなかつた、その前夜そんなことがあつたので口上方の三公は全くシクて朝から動かなかつた、彼は自分の燃える樣な求愛と手ひどく退けられた事に對して絹江を恨んでゐた、それはやがて白痴らしい復讐を考へさせるに至つた、彼には戀の認識は有つたがそれ以外の理性は働かなかつた、勿論その日限りで此の一座が解散してしまふ事になつてゐるなど說明されても判らぬ事だつた
舞臺ではしきりに喝采が起つてゐた、チントンシヤンと三味線が聞えて來た、その後から「梅にも春の」と今では憎い絹江の美しい聲だつた、三公はそれを聞き乍らむつくりと起き上ると炊事用の菜切庖丁を逆手に握つて舞臺に忍んだ、ポーンと餘韻を曳いて鐘がなり終ると灯りが次々に吹消された同時に絹江の首が胴から拔けて徐々に延びて行くのだ、延び切つてギロリと眼を光らして、さてえへら／＼と笑ひ出した流石に素人衆も固唾を呑んだ、その時三公は素早く舞臺に躍り出して逆手に握つた菜切庖丁を力まかせにそのするすると延びた首の中途目がけて切りつけた、相憎一念の怖ろしい白痴の復讐だつた
それは確に白痴の復讐だつた、切られた首は下の部分はだらりと下つたが奇怪な事に頭が落つこちないのだ、觀衆の眼をみはつてぢつと三公の動作を見つめてゐるではないか――
然し乍ら笑へぬナンセンス一席を名殘りに此一座は解散したが、さて絹江姉妹は、三公は善良な親方は、其後如何してゐる事か知ら（續く）

資　グロテスク　女性見世物風景（十一）
★大連新聞　昭和六年三月二十日　6-47

グロテスク 女性見世物風景（十一）
乾 研二

人魚（一）

そつと裏戸を押すと幸ひなことに音も無く開いた、文子はホッと安堵して星の無い眞暗な夜道を當も無く驅け出した、夜氣がひどく立ち罩めてゐて冷徹した大氣が興奮に上氣した頰を刺す樣に撫でた歩行に慣れぬ身體だつたのでものゝ五分も經たない中にへた／＼と崩折れそうにのめるのだつた、然し彼女はひたすらに走つた。

追つ手を怖れて走り續けるのだつた。

何處迄續くともないひと筋の長い路だつた、狹い白い平坦な直線

だつた、兩側は眞暗で路以外に光を持つものとて無かつた。

心臟が割れる樣な動悸だ、足が硬直した息が切れそうだつた。

路の前方にどす黑い河が横たはつてゐた、水が漲り切つて轟々とすさまじい響きを立てゝ流れてゐた、眼を閉ぢてたゞひたすらに走り續けてゐる彼女にはそれを氣付かなかつた。つまづいてよろ／＼とした時ドブンと高い水音を上げて深淵に落ち込んでしまつた、水勢は彼女の身體を容易に押流した

走り續けた疲勞と、不意の轉落とは彼女は溺れそうだつた、口から鼻から容赦もなく水が這入つた、窒息しそうだつた、その彼女の眼に美しい對岸の景色が映つた、夢に映つに求めあぐんでゐたなつかしい兩親が岸邊に手を伸べて彼女をだき寄せ樣としてゐるのだ、彼女は勇氣を振つて流れを泳いだ、すると何時の間にか兩足がしつぽはなつた、腰にひれが生えた、足先に尾が着いた、自由にたやすく流れが横切れた、彼女は魚になつたのだ。

其處で夢が醒めた、ハツと我に返ると、冷めた濁たんぼの水が夜具一杯に流れて其の中に身體を浸らせてゐる自分に氣付いた、彼女はシク／＼泣き出した。

何とは無しにけだるかつた、どう制し樣もなくけだるくて、けだるくてたまらなつた、五體の筋肉が弛緩して骨が拔かれた樣な感觸であつた、それで一日中寢てゐたよく眠れるのだが夢許り見た――

或る豫感がゾツと襟元を寒くした、此の頃の文子だつた。

看板の文子に寢つかれて親方は慌てゝ代りを探して來たが矢張りうまく行かなかつた、上半身を露出して下半身を鱗のあざやかに描かれた魚に模したゴム袋に包んで硝子の箱の中に寢そべつてゐればいゝのだが、それは慣れない者には出來ない仕事だつた半日以上も硝子張りの箱の中に這入つてゐなければならない仕事だつたからだ

此の見世物は『教育參考資料實物の人魚』と銘打つて地方を巡業するイカサマ物の一團だつた、人魚の他に實物の山椒魚が二尾、毛並に白ペンキを塗り立てた白狐・同じく白蛇、ほんもの丶死にかけた錦蛇の大きい奴が一匹、山あらしが一匹、南洋種の尾長猿が數匹と、犬とかげの剝製、鰐、カンガール、駝鳥、ラツコ、オツトセイ鯨の頭、象、駱駝、河馬等の角や牙を生かした頭の剝製、その他にイカガワしいミイラが二體有つた何と云ふことはない博物標本の陳列だつたが、山椒魚その他の生物が數種居たのと人間大の人魚が居ることゝで田舍廻りの興行に相當な人氣を集めてゐた（續く）

資　グロテスク 女性見世物風景（十二）　6-48

★大連新聞　昭和六年三月二十一日

グロテスク 女性見世物風景（十二）

乾研二

人魚（二）

觀客は學校生徒が多かつた。それも、尤も頑な教師に引率された小學生だつた。彼等はがや／＼とわめき作ら人魚の前に立つと、急にをとなしくなつて、啞然として此の裸形の怪物に目を見張つた。胸も露はに腑の邊り迄は完全な人間なのだが、さて奇怪なことに腰から下は鱗の生えた魚ではないか。他のものは、有りふれた見世物の陳い平凡なものばかりで些の興味も牽かないが、この人魚だけは思はず足を釘付けされる程の奇怪な魅力を持つてゐるのだつた。賢しい子供は頭の先から尾の先迄、子供らしい銳敏な洞察を始めるのだが巧に作られた腰から下のイカサマを見破ることが出來なかつた。

『先生、ほんとうの人間にどうして足が無いんでせうか。どうして魚のしつぽなんかくつ丶いたのでせう？』

それが女の教師だと顏をしかめて怒りをしそうにしてゐる生徒達を促して此の硝子箱の前を離れるのだが、男の教師は

『人魚と云つてね、昔此んな魚が澤山居たんだよ、歸つてから讀み方の時間にそのお話を聞かして上げるから今よく見ておきなさい』

と、したり顏で愛嬌のこぼれてゐる口許から、乳から、腹部の膨らみから、鱗の下に隱された腿の圓味などを仔細に觀察するのだつた

グロテスク 女性見世物風景（十三）　★大連新聞　昭和六年三月二十四日　6-49　資

グロテスク 女性見世物風景（十三）

乾　研二

人魚（三）

人魚の前に立つてゐる二人の男女の會話が、場内を見廻つてゐた親方の耳に這入つた

『あの女は姙娠してるわね』

『ホウ、どうして判る？』

『お乳をごらんなさいな、先のとこが黒くなつてるでせよ』

『黒くなつてる？』『えゝ、姙娠してる證據よ』

そうして此の男女は何かクツクツ笑ひ乍ら出て行つたが、それを聞いた親方は赫と余り身を慄はす憤りに燃えた

中大事な看板だ、變な眞似をしたら承知しないぞ』

と常日頃から嚴命してゐたのに遂にそれが裏切られた憤りだつた

そして亦、親方は先見の明を持つてゐた、それは何時迄も此のイカサマ物で食つて行く事の出來なくなることを知つてゐたのだつた、

斯うした見世物稼業の沒落を知悉してゐたから彼は今の間に儲けるだけ儲けてそれで商賣替をする考へだつた、後半年か一年、それ以上はもう受け入れられそうもない、此の『教育參考資料實物の人魚』と銘打つたイカサマ見世物なのだ、その表看板の人魚の御本尊が姙娠してゐると云ふことは今一步沒落の時期を早めた現實だつた、警察に知れたら、一たまりもなく人魚の公開禁止を食ふに決つてゐた、人魚を奪はれたらそれこそ惨めな拔殼にも等しいものになつてしまふ此の見世物の一座だつた

そう思ふと親方の心は暗かつた觀客の囁きに初めて知つた事實が氣付いてみればいろ〳〵と近頃の文子の動作にそれらしい所を見出せるのだつた

『一體どうしてそんな身體になつたんだい？　誰とそんなことをしたんだ、ね、怒りはしないから言つてごらん』

ハネてから親方は優しく文子に訊ねたが、たゞ泣く許りで彼女は答へなかつた、いろ〳〵となだめすかして訊ねかけたが彼女はどうしても答へなかつた、彼女は姙娠の事實を知らないのだ、自分自身がそれに氣付かないのだつた、たまり兼て親方は彼女の頰を毆り付けたが、不圖冷靜に返ると彼女が啞しであることに今更の樣に氣付くのだつた、それで今度は手眞似身眞似で彼女に姙娠の事實を敎へて相手を知らうとしたが矢張り無駄だつた、果ては一座の男達を一人々々彼女の前に立たせて首實驗させたが彼女は誰にも首を振る許りで要領を得なかつた

◇　◇

地方の新聞の片隅に小さい一段

。親方にせがまれるまゝに、彼女は仕方なく人魚となつて硝子箱の中に身を横たへた。長い間のしきたりで慣れ切つてゐる筈なのに、鱗の袋を締た腰の邊りが引絞られる樣に痛かつた。それにけだるさが手傳つて云ひ樣もない苦しさだつた。彼女は始めて身體の變調に氣付いた。

眠さが襲ふのだが、腹部の邊りの痛みで眠れなかつた。硝子を通した視野に、立ちふさがつてワイワイ言つてゐるらしい大勢の觀衆がボンヤリと網膜に映るのだつた

彼女は死にたかつた。死んだら、なつかしい兩親の許へ行けるだらうと思つた。何年か前の父親の臨終の光景がまざ〳〵と印象に新らしいのだつた。その翌日は自ら縊つて死んだ母親だつた。便所の梁にぶらりと下がつた氣味惡い母親の死に樣は思ひ出すさへ彼女の身體をぶるつと硬ばらせるのではあるか……』

『こんなに身體がだるいんだものそれにしばらく奮けなかつたからと云つてもどうして今日は鱗の結び目かお腹に食ひ込むのだらう。あたしもお父さんの樣に、お藥も飮めないで死ぬのかも判らない』

文子はそう思つた。悲しくなつてホロ〳〵と涙が出るのだつた。

（續く）

見出しの記事で、人魚の文子が堕胎したことゝ、堕胎させたのは親方であるから多分彼の子供であらうと云ふことゝが報ぜられた。そして又別の欄に三段抜きでデカデカしい記事で土地の有力者が鯨、象、駱駝、河馬等の頭、蜥蜴、鰐、カンガール、蛇鳥、ラッコ、オットセイ等の剥製を地方の各小學校に博物標本として寄附し、町の博物館に猿、山あらし、山椒魚、狐等を寄附して小動物園を作つたと報ぜられてゐた（完）

ラ　きょうのラジオ　札幌／音楽噺　植木怪談
●小樽新聞　昭和六年三月八日　6-50

札幌

▲一時四十分音樂噺（東京　植木怪談（三遊亭万橋）

ラ　ラジオ　本日の番組　音曲噺「植木の怪談」三遊亭万橋
●国民新聞　昭和六年三月八日　6-51

ラヂオ RADIO

本日の番組（八日）　JOAK　波長三四五

◇後一・四〇　音曲噺「植木の怪談」三遊亭萬橋

ラ　音曲噺　植木の怪談　三遊亭万橋
●国民新聞　昭和六年三月八日　6-52

□□□ 音曲噺 □□□

植木の怪談【午後一・四〇】　三遊亭萬橋

植木好きの隱居の庭の木が權助の無精からすつかり枯れてしまひ、植木の精が祟つて化けて出ると云ふうはさを聞いた八さんが植木のお化を見物にやつて來た、すると宜しい刻限になると賑やかな相方の鳴り物で醉漢が飛び出して都々逸を唄つてくだをまく、隱居はあれは榊の精がばけたのだと云ふ、續いて稚兒と道心が出て高野山の一場がある、それは刈萱と稚兒櫻のばけたのだと説明する、感心してゐると次は勧進帳で辨慶草の精が出てトドお明烏で繻の下の精等が出て坊主多勢の男女が萬壽目の相方で扇太鼓を叩いて出る、すると八さんは「あれは南無妙ほうれん草のお化けでせう」と云ふと隱居は「いゝや井筒と橘の化けたのだ」

へ夜櫻や浮かれ鳥のまひ／＼に花の小蔭に誰やらが居るわいなとぼけしやんすな芽吹柳が風に吹かれてふわりふわり

へもとより勧進帳のあればこそ笈のうちより往來の巻物一巻取り出し勧進帳と名付けつゝ高らかにこそ讀みあげけり

へ昨日の花は今日の夢、今は我が身につまされて義理と云ふ字は是非もなや

へこの酒を止めちやいやだよ醉はしてお呉れ、しらふで云へないことがある

ラ　ラジオ　本日のプログラム　音曲噺「植木の…
●都新聞　昭和六年三月八日　6-53

ラヂオ

本日のプログラム【波長三四五】

◇後一、四〇　音曲噺「植木の怪談」三遊亭萬橋

ラ　音曲噺　植木の怪談　三遊亭万橋
●都新聞　昭和六年三月八日　6-54

音曲噺　植木の怪談【後一時四十分】三遊亭萬橋

この植木怪談といふ音曲噺は先の圓遊の得意物だつた、今日では枝太郎がよくやります、ラヂオでも二囘ばかりやつた萬橋も高座ではやるが、ラヂオでは始めてやるものです

八「今晩は」隱居「ヨウ八さんか」

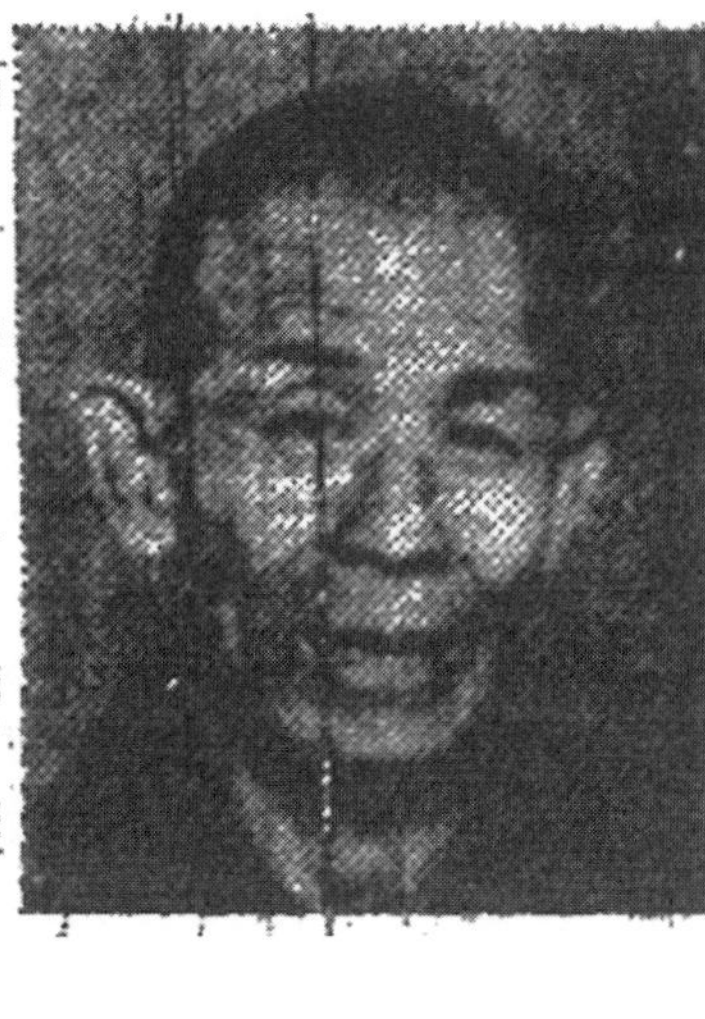

八「ネエ御隱居さん、お宅の庭へ植木の化物が出るさうですね」隱「ウム、此間權助へ湯治に行つた〝留守〟に、留守居の權助が沸湯をかけて植木を枯らしてしまつたんだ」八「へエ、あんなに大事にしてゐらつしやつたのを」隱「さうだ、植木にも性が

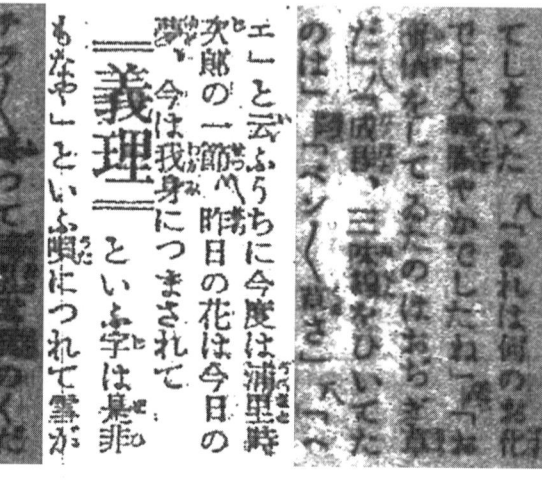

ある、それで夜な夜な化て出るんだ」八「ハヽア、[illegible]されて口惜しいからですね、で、お化の出る時[illegible]は？」[illegible]「ウム、もうそろ／＼[illegible]に行かうぢやないか」八「[illegible]です」[illegible]ね出るのはどの[illegible]です」[illegible]すこに古井戸があつて[illegible]がうわつてゐるだらう」八「ヘエ」[illegible]あの[illegible]が中心[illegible]だね」八「すると古井戸が

『樂屋』　なんですね」[illegible]

〔さア静かにしなされ〕八「アッ竹[illegible]が明くなりましたよ」といふうちに[illegible]な[illegible]は吹いたか……の合方でドロ／＼と生静ひお化が出て來た、[illegible]と啖呵を切つてゐたがスッと消えてしまつた、これは[illegible]と[illegible]のお化、次ぎに出たのはかるかやと稚兒櫻のお化で、高野山の一場をやつて引込んだ、どうもどれもこれも[illegible]の好きなお化ばかりで……お次はと思ふ間もなく、陽[illegible]

[illegible]三下り[illegible]夜[illegible]や、[illegible]かれ[illegible]のまひ／＼に、花の木かげに

『誰や』　らがゐるわいな

とぼけしやんすな[illegible]が、[illegible]に吹かれてふわり／＼」と三味

線をひき乍ら唄つてる男がある、するとそこへ[illegible]が一人「ヘエ今晩は、毎度お引立になりまして……」といふとお祝儀を貰つてビヨコ／＼お辭儀をして消えてしまつた八「あれは何のお化です」[illegible]「[illegible]やかでしたね」[illegible]「お[illegible]をしてゐるのはおち[illegible]だ」八「成[illegible]、三味線をひいてたのは」[illegible]「ペン／＼[illegible]さ」八「ヘエ」と云ふうちに今度は浦里時次郎の一節[illegible]、昨日の花は今日の夢[illegible]、今は我身につまされて

『義理』　といふ字は是非もなや」といふ唄につれて雪が

[illegible]テン／＼[illegible]つて[illegible]のくだりです八「あのお化は[illegible]

下に[illegible]、それからかむろ[illegible]だ」とたんに又陽氣な三味線[illegible]テン／＼テン／＼トテツテン、エッサッサ／＼」といふと一人の男が千兩箱を十[illegible]に[illegible]み上げるとパッと消えた八「あれは[illegible]萬[illegible]の化物だ」八「成[illegible]千兩箱を十[illegible]ねて万[illegible]ちやんと[illegible]に合つてますね」[illegible]いてせきせうと[illegible]の[illegible]が[illegible]の[illegible]をやつて引ッ込むと、[illegible]の古

『井戸』　がまた明くなつて、[illegible]の衣をきた坊主が現れたが、其後から老若男女が、[illegible]太鼓を叩きながら「南無妙法蓮華經ドンドコドードン／＼」と列を作つて現れた、八「ヤア大變な化物だ、どうです、[illegible]太鼓に[illegible]ひの着物、大した騒ぎですが、御[illegible]居さん、此化物は私にも判りますよ」[illegible]「ぢや何の化物だね」八「南無妙ホウレン草でせう」[illegible]「ナーニ、ありや井筒と[illegible]の化たのさ」

墓地に幽霊が出たと押しかける見物人

★布哇報知　昭和六年三月八日　6-55

怪

墓地に幽靈が出たと 押しかける見物人

墓石の蔭に骸骨が踊ると 怖いもの見たさの大群集

警官が袋を冠せたが 未だ踊るのが見へる

オハヨー州クリーヴランド市のグランドナウ墓地に毎夜化物が出ると聞き傳へ物見高い人々は爭つて幽靈見物に出掛た、最初は僅に少數の南部の區域の人だけであつたが數百に增加し幽靈が歩くといふ場所に近い二百ヤードかなたの小さな谷を越えて押すな／＼の仲衆は怖いもの見たさに夜を更かしてゐる、化物は小さな狹い墓石の蔭に骸骨が現れることで或る一定の角度から見るとよく見へる、見物人ども說明によると化物はその手を後にやつて普通に步いたり體を曲げたり振向いたりすると終夜墓地に押しかけて來る人數はドン〳〵増加して來るので警察では調査を始め墓石にサックをかぶせて居るがそれにも拘はらず骸骨は以前と同じく見へる、愈不思議がりその噂がクリーヴランド市に傳はると更に大勢押かけて來るので警察も終夜の取締りにホト〳〵困りぬいてゐる

資 溢れる凄い妖怪味　きょうから開場　昭和の大化物屋敷
●読売新聞　昭和六年三月十日　6-56

和やかな春氣分の中に
溢れる凄い妖怪味
傳說的にも科學的にも興百パーセント
本社後援で國技館に

けふから開場
昭和の大化物屋敷

赤鬼、青鬼、白鬼が、いづれも物凄い兩眼をくわッ！と見ひらいて入場者を睨み下ろしてゐる門――、先づ、ブルブルッ！と戰慄を感じながら恐る〳〵この奇怪な門をくゞつて中へ入ると、今度はまた丹塗の壯麗な樓門が聳え立つ、これは、今十日から開場する兩國の國技館

日本傳說

協會主催、本社後援の『日本傳說お化大會』の入口だ、正面は美しい舞臺に躍る妖しい九尾の狐、玉藻の前の人形が美しい中にも凄味を漂はせ、それより、櫻花爛開の通路をゆくと『大明神』の提灯の前ふに、長刀を振りかざして幽靈に立向ふ『佐倉宗吾の怪異』背景に光線が入つて、墺の影に童子が現はれるといふ仕組、何處からとなく聞えて來るピイ……ヒユウ……キッキイ……といふ奇怪な音に脅やかされながら、通路へ出ると、こゝは櫻花爛開などやかな春氣分の中にも妖艶討かしき『積る戀雪の關の扉』と凄味百パーセントの『番町皿屋敷』をみて階段を上ると蒼い御殿

襖の彼方

に蒼い光りが閃いて、急にガタガタと踊り出した骸骨男十人、黒い壁を背景にしたこの奇怪なダンスに『あッ！』と思つてよくみれば右手の方に薙刀を構へて、この妖怪を睨む大入道――これは『平清盛六波羅の怪』の舞臺面

それより『佐賀の夜櫻』鍋島の猫が行燈の油をペロペロとなめて、續いて怪談『累物語』凄い場面に小川の流れが光る本格的な背景、累ケ淵から湧き上がる凄味は滿點『牡丹燈籠』『葛の葉の子別れ』『四谷怪談』『相馬の古御所』『海坊主』と場面の進むにつれて照明應用の青白い

光線が、ぢつとみてゐる人に、限りない妖氣と凄さを誘ひかける『隅田川法界坊の亡靈』から『怪談小幡小平次』まで、人の背丈をかくすばかりひしげつた枯葭の間に、何かピカリと光るもの

一面に生

小石にけつまづいてもされかうべではないかと蹴つ玉はピクリとちゞみあがる無氣味な通路をどこまでもゆくと、破れ障子のあばら家一軒。障子の破れ目から覗くと、男と女が縺れ合つてちらりと覗く緋縮緬、青味を帶びた女の脛はエロ味たつぷりだがこれはなんと、女の兩腕がぷつゝりと斬らされて……滴る血……「お夜傳兵衛、心中の場」で

背景陰慘……鈴ヶ森の大仕[illegible]

こゝは目[illegible]

と、日向雨、コンコン狐の嫁入りで、ポカンと行列を見入つてる間にいつのまにか迷ひ込んだ『八幡の藪知らず』……行けども行けども藪の生ひしげる小路はつきず、袂にふれて笹がガサ〳〵と氣味惡くゆれて、パッ！と照らされた青い光りに右手をみれば一ッ目小僧が目玉をギョロリ

一目散に

飛けぬけようとしても、出口は皆目わからず、『ぬつぺらぼう』におどかされ、『柳の精』に頬を撫でられ、『笑ひ女』に『雨降小僧』『手の目』『野寺坊』『濡れ女』と、すつかりおどかされ通しで『助けてくれエ』と叫ばうとしたら、いつのまにか櫻花爛漫の通路が目の前に開け、遠く、テテツン、ツン、はヤレヤレ……と餘興場から賑やかな餘興『雪月花段返し』の囃しが聞えて來て、やつと方角が判つた

▽▽▽

以上、國技館の「お化大會」十日の開場に先立つて、場内一巡記、おどかされの記であるが

古來の妖[illegible]

した『お化大會』『八幡の藪知らず』の中の『怪物』を一々突き止めて判を押して來た人には景品呈上。傳說協會が數年に亘る蒐集をこゝにブチまけて、因縁因果の恐ろしいもの、奇々怪々不可思議なものを陳列してある、勸善懲惡の道義的方面から見ても、科學的立場からみても、この『お化大會』はたしかに趣味深く、31年的なグロ黨も滿足する獵奇味が一杯である

▼會期三月十日から四月十日まで▼入場料大人四十錢小人二十錢▼毎日午前九時から午後九時まで晝夜開會である

寫眞は國技館お化大會の界【右上】と小幡小平次【左下】の物凄い二場面

資　東五番の人魂　捕えて見ればナーンダ
★馬哇新聞　昭和六年三月十八日　6-57

夜な〳〵人を騷がせた

東五番の人魂

捕へて見ればナーンダ

約一週間前からブウネネは東五番からウイリアム館府に通ずる鉄路に沿ふた並木の邊から人魂が出るとの噂が立つた

早い時は七八時頃から遲くても十時過ぎまでには出る

アノ邊は以前も首くゝりがあつた程で夜分など滅多に人通りがない場所だけに噂は高くなり人々は極度の恐怖におぢけ夜分は便所にさへ出ないといふ位であつた

而かもその怪火（人魂）たるや初めは赤く地上から湧き出で段々波形をなして梢の方に行つたかと見るとパツと消へる消へたかと思ふと今度は青い火となつて梢から梢に渡るといふ有樣で毎晩遠近からの見物自動車は幾十臺となく集まるプランテーションは附近にキビ火事でも起してはならずと番人を附けるといふ騷ぎとなつた

岩見重太郎出現

余り騷ぎが大きくなつたので吾こそ此のオバケを生捕りにして萬民を不安恐怖から救はんとする勇士が現はれるに至

一軒家の怪異（一）

●参陽新報　昭和六年三月二十一日　妖霊か怪猫か　6-58

一軒家の怪異
妖靈か怪猫か
ゾッとする物語（一）

Y　H　生

額田郡下山村布川の農家より川上に約二十町街道筋ではあるが老杉鬱蒼として晝も尚ほ暗き矢作上流の河畔に建られた小さき家にて此の屋の持ち主は額田丈作（？）と云ひ業は山仕事の勞ら杣人や筏乘の宿をし又通行の人にせんべいなどの駄菓子に少量の酒肴などの所謂つかみ商ひをして居た家族は二十五六の娘とその子の三つ許りの孫と親子三人水入らずで睦まじい家庭だつた、けれども儘ならない運命は遂に恐ろしい惡魔となつて此の屋に訪れた

それは昭和四年も暮んとする十二月五日の事であつた、平常の如く丈作爺は山へ薪切りに行き汗とあぶらにまみれ疲勞した足を引ずり乍ら我家に歸つた、すると何の事か、我娘は血潮にそまつて打倒れそはに當年三歳の孫がすがりつき火のつく樣に泣き叫んで居る、丈作爺は一時茫然としたが氣を取直し愛し娘を抱き起して見ると顏面蒼白最早事切れて如何とす術もなかつた。

此事實は當時新聞の社會欄に他殺？自殺？山の中の一軒屋に[illegible]なる若き女の怪死體……なさと報はしたけれども死体は解剖の結果、多量に殺鼠劑を嚥下して居たので自殺と決定したが遺書なき爲めにその死因た永久に不可解な謎とされてしまつたのである。

その後不幸な丈作爺は一人の孫と淋しくその屋に暮して居たがその孫も遂に孫にも先立たれ廣い世界に只一人となつて後はとかく家にも不在勝昨今は岡崎方面へ行つて居る方が多いとの事である

話は轉じて先月十二日の夕方にすゝむ！この一軒屋の街道を疲れた足つきでトボリ〳〵と川上へ上つて來る一人の土工風の男があつた金葉元（三〇）と云う朝鮮人で岡崎で土工をして居たがその工事完成と共に失業し、せめて野良仕事なりと尋ね〳〵てこゝまで來たのだ、[illegible]ての[illegible]れた

春とは言へまだ淺い二月は日の暮れも早く、お晝を食してから何も歩まないのに黄昏となり木立の中には薄暗くぞちらても山また山、川はサラ〳〵と流れて餘り氣味のよい所でない[illegible]は大變と歩調を伸ばしかゝつた[illegible]であつた

燒けた障子にお酒さかなとしるした小さな一軒の家があつた、之が丈作爺の家だ、おまけに入り口の戸は五寸位あけてある……これは大きに助かつた、せめて今夜は宿の無心と聲をかけた、けれども何の答へもない、二度三度呼んだが矢張り默目、不在だ……失望したけれども二三日歩き續けた彼は此の夕方、しかももう此上目的もなく歩行も出來ない。とにかく休ませてもらおうと中へ入つた

正面四疊じき位の間に閻魔帳が[illegible]あり靴も半把位あつた、間しきりの建具は無かつたが、八疊位の間

つたが中にも同耕地で有名な偉丈夫「美髯ジョー君」が岩見重太郎となつて一夜夕刻から怪火の出る木蔭に身をひそめ小刀ピストル捕繩などを用意してオバケや來れと息を殺して待つて居た

とは知らずして何處からともなく人魂ならぬ立派に兩脚のある三名の人間が近づきヒソ〳〵何事かを語りつゝ順次樹に攀のぼるので

ハーテ不思議や

なーと見てゐると懷中電燈を出す針金を出す木から木へ渡るバタ〳〵羽音がする能々見れば寢鳩捕りである事がわかつたので大聲一番

これだぞ

コラッ下りぬか下りぬと叱り乍らパーンとピストル一發には人魂ならぬ比島人三人があたふたと降りて來たのでキリ〳〵歩めッ人魂のカラボートシ行きとは案外あつけない怪談であり武勇傳であつたとなん

が二間と六疊位のが一つありその間に此方を向いて佛壇のすゝけたのがあり、すみに三枚計りの蒲團が無雑作につんである、敷物は中古のゴザが敷いてある。

見た所全然人氣の無い風でない主人は山へでも居つたものか、その内には歸らうに譯を話して泊めてもらはうとすい殘りのバッドをふかし彼是三十分も過ぎたが誰も人の氣配がない、只聞こへるものの川の音のみ、あたりはシーンとしてゆく。

火の氣のないので淋しく又薄氣味も悪い、彼は火を焚いた見ると爐の上にランプがあり四分目位石油もある、彼は最早自己の家の樣にランプを燈し焚き火のきはに足を伸ばした。

怪　一軒家の怪異（二）　妖霊か怪猫か
●参陽新報　昭和六年三月二十四日　6-59

一軒家の怪異
妖靈か怪猫か
ヅッとする物語
（二）――Ｙ　Ｈ　生

時は進んで午後八時頃となつたまた誰も歸らない、前日よりの疲れで遂に眠氣を催したので向ふの間にある布團を伸べて寢込むと共に前後不覺深い眠りに入つた。
午前一時頃だろう彼はコトンといふ物音にフト頭をもたげるともう焚火はつきランプの石油も濟んであたりは眞の闇となつてゐたが横に薄明りがさすので振返るとアラ不思議佛壇にはチヤンと燈火がともり誰やらその前に額づいてゐる姿。
さては主人が歸宅したのか不在中に侵入した不都合を詫やうと跳ね起る瞬間彼の血潮は一時に逆流した見ると己れの布團の上のほの明るい光りの中で一頭の巨猫が鏡のやうな兩眼を光らしてゐる「己れ糞ツ！」彼は握つた拳で猫を毆りつけやうとした、けれども不思議なるかな、手足の自由は聊かもきかず、しばし彼は悶へ苦しんでゐたが何時にか、猫も去りあたりは眞の闇となりたゞ夜風のみサー〳〵と梢をならしてゐる、事實だ！今のは夢ではない、たしかにこの横の佛壇に燈明が上げてあつたその下には誰か額づいていたけれども今は何ものもゐない燈火もない、
土工生活に馴れ氣の荒んでゐる彼も氣味悪さを感じ出したその時表口の戸がガラ〳〵とあいた、見ると一人の娘であつた、（後で氣のついての話しに眞の闇の中でも火をもたぬ彼の女がはつきりわかつてゐた）
彼が半身起きた時、娘の姿はパツと猫に變つて彼に飛びかゝるヲーと凄く彼の布團を件の大猫がくわへて引いてゐる、あまりのことに氣心したやうな彼はどうしたか己でもわからない間にガラ〳〵といふ音を聞いた同時にあたりは元の闇となつてしまつた、
幾分氣のしづまつた後で彼はマツチをすり火を焚いた見ると己の右手は無惨に血塗れとなり土間には彼が毆つたろうこわれたランプが四散してゐる六疊の間の佛壇は相變らず無氣味に此方を睨めてゐる、
彼の頭の中で今までのことが走馬燈のやうに廻轉した、事實だ！誰がなんといつても事實だ彼はかく叫んだそして一刻もゐたまらず地下タビはく間もあらばこそ戸外へ飛び出した。
舊二十五日の缺けた凄慘な下弦の月は老杉の中へまばらにさしている、彼は今一度振かへつて奇怪な此の一軒屋を見た、悪魔の家は不氣味に微笑んでゐるかの樣な氣がした、彼はもう後をも見ず走るが如く元來た道へひきかへした。
二十分にして農家に辿りついたがまだ胸の戰慄が止まなかつた、夜の明けるのには間があるらしいたまらなく成つた彼は遂に此農家をおこして内へ入れてもらつた、そしてアクセントの妙な彼は身振も奇怪に先程のありしまゝを話し凄く家人から又一昨年の因縁を聞かされてちゞみ上つてしまつた。
以上彼金染元の遭遇した事件は事實らしい此評判は高くなりその後某夜その附近を通行した二三の者が不在中の此家で人聲がしたとか、燈火がついて居たとか、不思議な呻りを聞いたとか、大きな怪猫を見たとか、さなきだに不氣味な彼の附近、昨今では大の男も夜道を通るものはなく偶々あれは噂をしらぬものかやむない者が二人組で通る位なもので今や此一帶は
…の一帶はこの話しでもちきりで

人心は恟々としてゐる。
記者はこの話から所用旁々彼の地に行き知人にきくと之を否定するものは全然なく皆肯定して居る中には一昨年謎の死を遂げた彼の女の靈が彷徨して居るではないかと云はれ、或は彼の附近の山に年久しく山猫が棲息しているのを認めた者が多々あり二十八年位とか二十年位とか一致はせぬが何でも二十年以上も積みわぶる山猫の仕業だらうと言はれ今下では羽布村でも夜道は餘りあるかないその事である（なはり）

郷土怪談集（一）　鬼人形の怪（上）

怪　●函館新聞　昭和六年三月二十五日（二十四日夕）　6-60

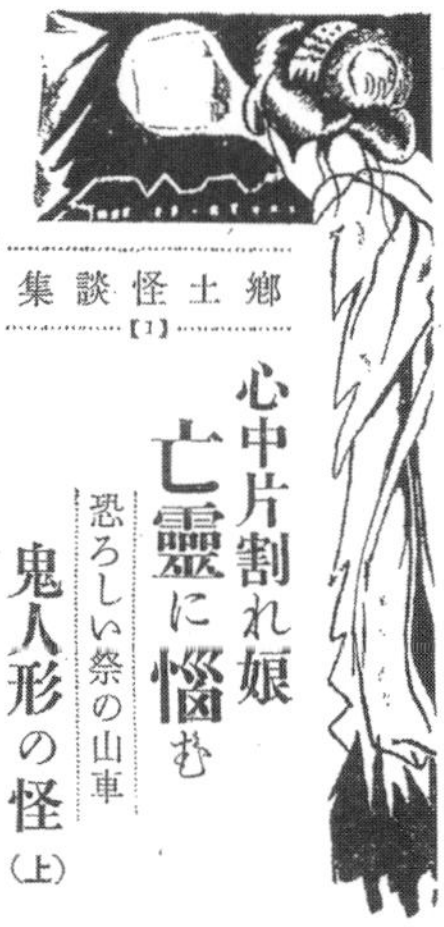

郷土怪談集【1】

心中片割れ娘　亡靈に惱む

恐ろしい祭の山車

鬼人形の怪（上）

少しおつかない話をして皆さんのつれぐに供しませう。函館を中心に、蝦夷は松前地方から遠くまでを跨にかけ、妖怪變化から「うらめしや」の幽靈など、本道生ヽ抜きの怪談傳說十種あまり、どろどろとあとからあとほど凄味を加へ、鳴り物も手傳つて罷り出でます。この稿を書くに當り圖書館長岡田健藏氏の御厚意と、更らに同館深緒泰一氏の御指示に感謝しておきます。（S）

▽▼▽

昔……と云つても、幕末のころです。山之上町（今の船見町界隈）で、心中をした美しい男女がありました。

男は、その日暮らしのボテ振りの魚屋だが、女は、ある大きな質屋のお孃さん、しかもうぶな一人娘だと云ふだけで、心中の原因がほゞようなづけます。

▽▼▽

ところが、男のみが死んで女は幸か不幸か、やつとこさで助かつた。情死が、本當である場合には、助かつた方が困ります。娘のお秋さんは、泣きの涙で、毎日毎夜、死んだ戀ひとの多助の名ばかり呼んで、苦しみました。

▽▼▽

多助の亡靈は、片時も娘の枕邊を離れなかつた。心中を圖つた時の娘の胸の傷痕を、多助の血だらけの手が、さらに飛り廻はすのです。夜半、魘されて狂ひ廻つて熱に乾いた咽喉をうるほさうと、起き上つて水差しから茶碗へ注いだ水が、眞赤な血になつてゐたと云ひます。

▽▼▽

あまりお秋が痛ましい苦しみ方をするので、命を拾つて喜んだ兩親や縁者の人々が、彼女が死んぢまつた場合よりも却て蒼くなつて、おののきました。

『こんな風ぢや、お秋さんは見殺しにした方が、ましだつたかもしれないな』

『全くだ、きつと死んだ男の妄念に取つかれてゐるんだぜ』

『恐ろしいことだ、なんとかしなくちや、今度は狂ひ死にするかもしれない』

▽▼▽

人々は驚きおそれて、早速怨敵退散の加持祈禱や、禁厭を行つてみましたが、少しもその甲斐が見えません。ところが、ある人が、ポンと膝を打つて、「さうだ、いゝ方法があるぞ。少し金がかゝるがやつてみてけ」と、毎日の相談に疲れた一座の人々の中で勇み立ちました。

▽▼▽

と云ふのは、民間に行はれてゐた『ヤマヒノカミヲクリ』と呼ぶ風習から思ひついたことなのでした。『オマヒノカミヲクリ』とは家に病人のあつた時に、藁人形や鬼の人形を作つて、あちこちの村落の境に立てたり、または草叢の中へ捨てて置くと、怨ち病氣が癒ると云ふ、一種の禁厭の手段を指した言葉なのです。恰も當時、これをお秋のために行ふに、非常に誂へ向きな、惡魔拂ひになりさうな物凄いお化人形があつたのに、氣づいたのでした。

▽▼▽

そこで、そのお化け人形なるものの由緒を、先づここに申し上げねばなりません。話は、函館八幡宮に絡んで參りますが、現在谷地頭に鎭座まします八幡宮は、明治十三年までは今の八幡坂の上にありました。だからこの怪談の當時にも、その坂の上にあり、この宮は始め文安年間に河野政季が宇須岸の館を竣成するや、弓矢守護のため館の龜田八幡宮を分靈したものだと申します。

▽▼▽

そして安永九年八月十三日始めて御輿の市中渡御の式が行はれまして、その後八月十五日を祭日と定め、凶歳の他は隔年に祭典をあげることゝとなつた。昔の祭例は今よりも餘程盛大で、神輿渡御の前日、即ち八月十四日は各町から山車（昔はドド山と云つた）が境内にかざり立てられ、維新以前は各町が趣向に競爭して互に負けず劣らず、これの製作に沒頭したものださうです。

▽▼▽

お秋の心中した前年、この山車の中に見るも恐ろしい、お化け人形が作り出され・人々は

身を傾けせて驚いた。これが、つまり表題の「鬼の人形」、お秋との因緣の奇怪味はお次ぎに……。（この稿つゞく）

郷土怪談集（二一）　鬼人形の怪（下）

●函館新聞　昭和六年三月二十六日（二十五日夕）

6-61

郷土怪談集【2】

臥床の妖氣

生れた鬼子

恐ろしい祭の山車

鬼人形の怪（下）

さて、心中者の片割れ、多助の亡魂に惱まされるお秋を、幸福にするのか不幸にするのか、身の毛もよだつ鬼の人形、それはどうして作り出されたものか？……その頃、この函館に、大黒屋某といふ男がゐました。彼は性頗る多藝多能で、特に繪畫や彫刻に非凡な腕前を持つてゐたのです。

▽▼▽

それで町の人々は、事毎に色々な製作を頼み込んだもので、彼も好きな道ですから、人々に求められるまゝにのみや槌、或ひは繪筆に親しむのを楽しみにしてゐたさうです。さうしてお秋の死におくれた前年の夏、八幡宮の祭禮に押し出す山車の人形を、ある町から大黒屋は頼まれたのでした。

▽▼▽

いよ〳〵祭りの日、各町が思ひ思ひに造り上げた色々な山車のうちで、大黒屋の精根を打ち込んだ製作は四邊を拂つて物凄く、人々は餘りの出來榮えに聲をのんで眼を蔽ひました。その趣向は、大江山の酒顛童子が、岩窟の洞門に赤鬼青鬼を從へて、はつたと四方を睥睨してゐる樣を現したもの、見る人々はただぞつとして立ち竦み、正視するに忍びぬ程の怪奇な作品でした。

▽▼▽

見物人は、これには魂がはいつてゐると畏怖し、子供が泣き出す騒ぎだつたが、心ある人々は祭例が濟んでからでも、これを取り毀すのを惜しんで、また手をつけることを恐れた位でした。と、幸ひにもある物好きな人があつて、多額の金を出して買ひ取つたまではよかつたのだが、その人が今度は晦日の拂ひに詰り、是非なく掛取りに來た人に、

「この鬼人形を抵當として取つて貰ひたい」

と談じ込んだものだ

▽▼▽

こゝで、話は前に戻ります。お秋の懊惱に、日夜頭を疲らせた縁者の一人が、前に述べた『ヤマヒノカミヲクリ』なる禁厭から思ひついて、彼女の怨敵退散を念ずる方法にと、問題の鬼人形を引つ張り出してかういひました。

『あの鬼なら、執念深い多助の亡靈も恐れて寄りつけまい。どうだらう貰ひ取つては……？』

▽▼▽

滿場一致、債鬼の手に渡らうとした人形が、急に買ひ手がついたわけで、金持ちのお秋の家が金にあかして手に入れ、これを家の表に立てて、さあ娘に仇なす幽的よ來れ！と備へをたてたのです。

▽▼▽

お秋は、次第に瘦せ衰へて來てゐました。夜中、押入れをあけても、血に濡れた多助か、蒲團の上にしよんぼり坐つてゐるのださうです。その幽靈を抱き入れて、お秋は臥床の中で、寢もの語りを始めるのださうです。……ところがだ。鬼の人形が彼女の門前に仁王立ちになつてからは、あら不思議、毎夜家のもの耳に通つて來たお秋と幽靈とのさゝやき交す聲が、ぱつたり止まつただではありませんか。

▽▼▽

亡靈が來なくなつた！。家の者は雀躍して喜びました。事實執拗だつた多助の靈も、鬼の人形の威嚴に打たれたものか、それ以來お秋の寢所に近けず、お秋の寢息も穩かとなり、彼女の胸の傷も、そして惱亂の衰弱も日増しに癒えて來たのです。

▽▼▽

が困つたことには、お秋はからだのよくなる程に、寂しい娘となつてゆきました。身の救はれる喜びは、喜びではなくつて、却て戀しい男との、夢うつゝの中の逢瀬を阻むことになりました。正氣になるにつれ、今度は眞面目に、死んだ男のあとを追ふことにのみ思案が走るのでした。

▽▼▽

さりながら、因果は、彼女をそんな焦燥ぐらゐで見逃さなかつたから恐ろしい。多助が枕元に現はれなくなつて以來、一方に何かしら不可思議な鬼氣を感じ初めて、夜な夜な新らしい壓迫が彼女の臥床の上に加はつてゐました。あの、鬼の精なのか？、それは拂ひのけやうとしても、魅入られたかのやうに彼女の意志や自由を奪ふ力を持つて

ゐて、悶えたり、恥かしい夢を見たりしました。

▽▼▽

やがて、日の經つにつれ、お秋は自分の身の異狀に氣がついたのです。親たちもそれと知つて腰を拔かさんばかりに魂消ました。苦悶のうちに腹がふくれ、月滿ちて産み落した兒は、額に鬼の角が生えてゐたといひます。

▽▼▽

……これは、澁田利右衛門翁の雜記から拔いた話を、骨子とした因緣話であります。（この稿終り）

郷土怪談集（三）　化け大章魚（上）

6-62

獣　●函館新聞　昭和六年三月二十七日（二十六日夕）

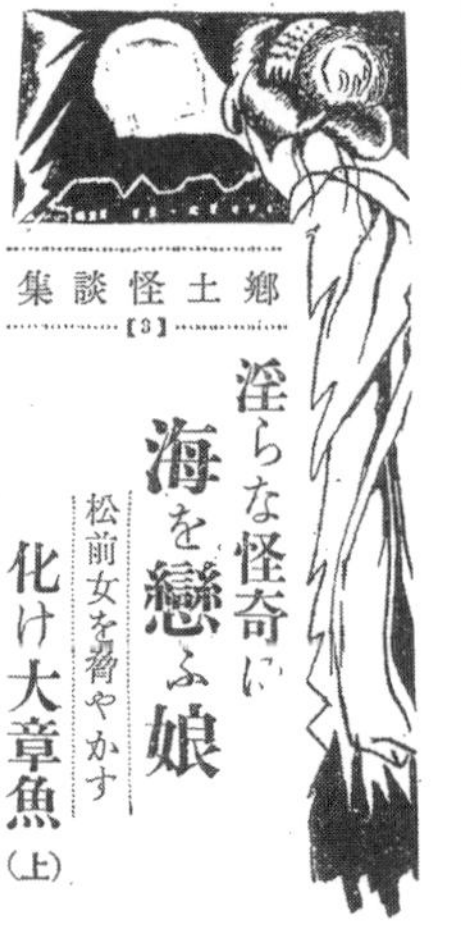

淫らな怪奇に
海を戀ふ娘
松前女を脅やかす
化け大章魚（上）

章魚つてやつは、兎に角、あまりいゝ氣持ちのするものではありません。見るからにグロテスクで、見やうによつては無作法なエロテイックともとれるし、いかにも一癖ありげな噴飯的面だましゐと云ふところ。それも、本道産の大きなやつで、足の長さが六七尺などと聞いては、凄さも凄し、うんざりしてしまひます。

▽▼▽

その大入道が、災ひしたり化けたりするとは、昔の人の云ひさうな怪談ですが、先づエロとグロとを兼備した話から取りかゝりませう。

抑々、章魚は、松前地方では古くから鮑の大敵と見なされてゐるさうで、それかあらぬか御婦人がたが海に入る時には、特に注意を要すると傳へられた妙な迷信があります。

▽▼▽

何故かと云ふと、つまりその海中で女が章魚の足に接觸した場合、その程度は知らず、忽ち自然と感じて姙娠すると信じられてゐたのです。で、松前の方言では、章魚のやうな異體なものを『カッパ』と呼び、さうしたものの海中にあるを『ヤドリ』と稱してゐたのでした。これに聯つて、次のやうな異様な昔話に移ります。

▽▼▽

松前に、村岡雄戴といふ醫者が居りました。ある漁師の娘が身に覺えがないのに、孕んだと泣いて來たので、診察したのですが、腹には異狀がない。いよ〳〵分娩となると、これがまたとても難産、三日三晩娘は呻きつゞけたが子が出ない。止むなく荒療治と云ふことになつて、昔のメスを逆手に外科手術をやつたのです。

▽▼▽

すると、どうでせう、腹の中から章魚の足が二本、にゆーつとうねつて現れた。雄戴先生蒼くなつてのけ反つたが、どうとも手のつけやうがない。まゝよと思ひ切つてメスを取り直し、突き出て動いてゐるその足を一本一本切つて落とした。然るにです、殘つてゐる部分が少しも出て來ず、切り出しやうもない。

▽▼▽

終に産婦は、哀れや狂ひ死に死んでしまつたのでしたが、後で雄戴の説明したところによると、これは章魚が腹の中に絡まつて、吸盤が一面に吸ひついてゐてどうしても離れなかつたのが、その原因だつたと云ふことです。……章魚が彼女を殺した噂は、土地にぱつとひろがりました。

▽▼▽

娘は、人の話では、日が暮れるといそ〳〵と海にはいりにゆくので、村人に恐れられてゐたと云ひます。ある男が怪しんで、ある夜あとをつけてゆくと、暗い潮騒の中で、娘はひとり何か掻き口說きながら波に揉まれてゐたので、てつきり章魚にたゝられてゐるんだと顫へあがつて、逃げて戻つたとのことです。

▽▼▽

そして元を洗へば、ある日娘が鮑取りに出かけて、海の中の

岩間で尿をしてゐたところを、下にゐた大章魚に見られたのだと、まことしやかに云ひふらす人が出て來て、村の女たちを戒告し、この穿つた想像で原因が解決されたのでした。それ以來女たちは海に入る時、章魚の執念をどれだけ怖れた事でせう。

……章魚入道にありさうな、淫らな怪奇談ではありませんか。

▽▼▽

右の娘のことが書き傳へてゐる『蝦夷廣覧』の著者も、文化六年函館に近い『トウベツ』で、人間が章魚を生んだといふ話を聞いたことがあると筆を添へてゐますが、元來この海の怪物は、その主産地である後志、渡島、膽振、日高、北見方面の人々には色々な凄い話題を提供してゐるやうです。

▽▼▽

さうして、その代表的な怪談と見るべきものを、更らにここに御紹介することとしませう。これは、章魚の名産地の一、江差にあつた傳説で、今年七十五になつた、江差に住んでゐる、ある老婆の物語つたものなのです。では、皆さん、始めますよ……。（この稿つゞく）

——寫眞は傳說の江差——

郷土怪談集（四）化け大章魚（下）

獸 ●函館新聞　昭和六年三月二十八日（二十七日夕）　6-63

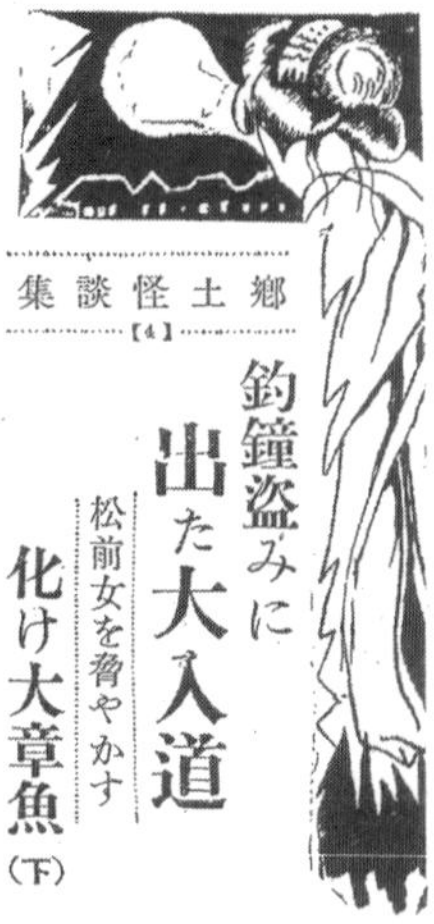

釣鐘盗みに出た大入道　松前女を脅やかす　化け大章魚（下）

郷土怪談集〔4〕

それは、まだ、この物語りを数へた舊の字の祝ひに近い婆さんも、生れてなかつた頃の話です。

▽▼▽

江差の島には、主が棲んでゐるとのことでした。誰一人として見た者はなかつたのですが、海のあやかしと云へば先づ章魚に指を折る程の土地ではあり、その主はべらぼうに大きな章魚だと云ひ傳へられてゐました。

▽▼▽

しかも、三つ屋の方から江差の海へ嫁入りして來た女章魚だなどとも、迂散なロマンスがくつついて、章魚らしくもない、女だなんて人を喰つた傳說が加味されてゐたのでしたが……。

ある年、この漁村にひどい不漁がつゞいた。春さきだと云ふのに猛烈な時化が相次いで、海は鳴り火箭のやうな雨が、風に吹きつけられる有様で……。

▽▼▽

嵐の一夜。村の束ねをしてゐる作兵衛と云ふ人の夢枕に、部屋一ぱいにひろがつたやうな大入道が、立ちはだかりました。悲鳴をあげて眼をこすつた作兵衛の視覺に、あな恐ろしや台湾坊主の禿げ頭を百倍したやうな頭に、黒い鬘樣のものを被つて、八本の足から燐光を放つてゐる、餘りにも大きな章魚がはつきり映つたのです。

▽▼▽

蒲團にもぐつてひれ伏した作兵衛の顫へてゐる上から、章魚は嚴かにかう云ひました。

「俺はこの島の主ぢや。貴様らは俺らの眷族を、これまでどれだけ獲つて殺したと思ふ。それに供養の一つもしないではないか。だから我慢の緒を切つて、此頃は俺があばれてゐるのだ。死んだ眷族を弔へば、この大時化は立ちどころにとめてやる」

▽▼▽

翌朝、作兵衛は村人を非常召集して右の報告に息を喘ませましたが、その結果村の寺に釣鐘を寄進して、亡き數にある章魚共に鐘供養をしやうとの議が一決し、すぐさま海の向ふの町の鐘師に依頼して梵鐘の鑄造を急ぎました。やがて、立派に出來上つたので、それを船に積んだ村人たちが勢ひよく江差島に漕ぎ戻つて來ました。

▽▼▽

然し怪異は、又この船を襲つたのです。船が江差の沖まで來た時に、急に海中からごぼ〳〵と云ふ凄まじい音がし、見る見る海水が小山の様に盛り上り船は今にも覆へりさうになつた。そして水面にぽつかり浮び出たのは、作兵衛の話の通りに眞黒な鬘を被つてゐる恐ろしい化け大章魚！。

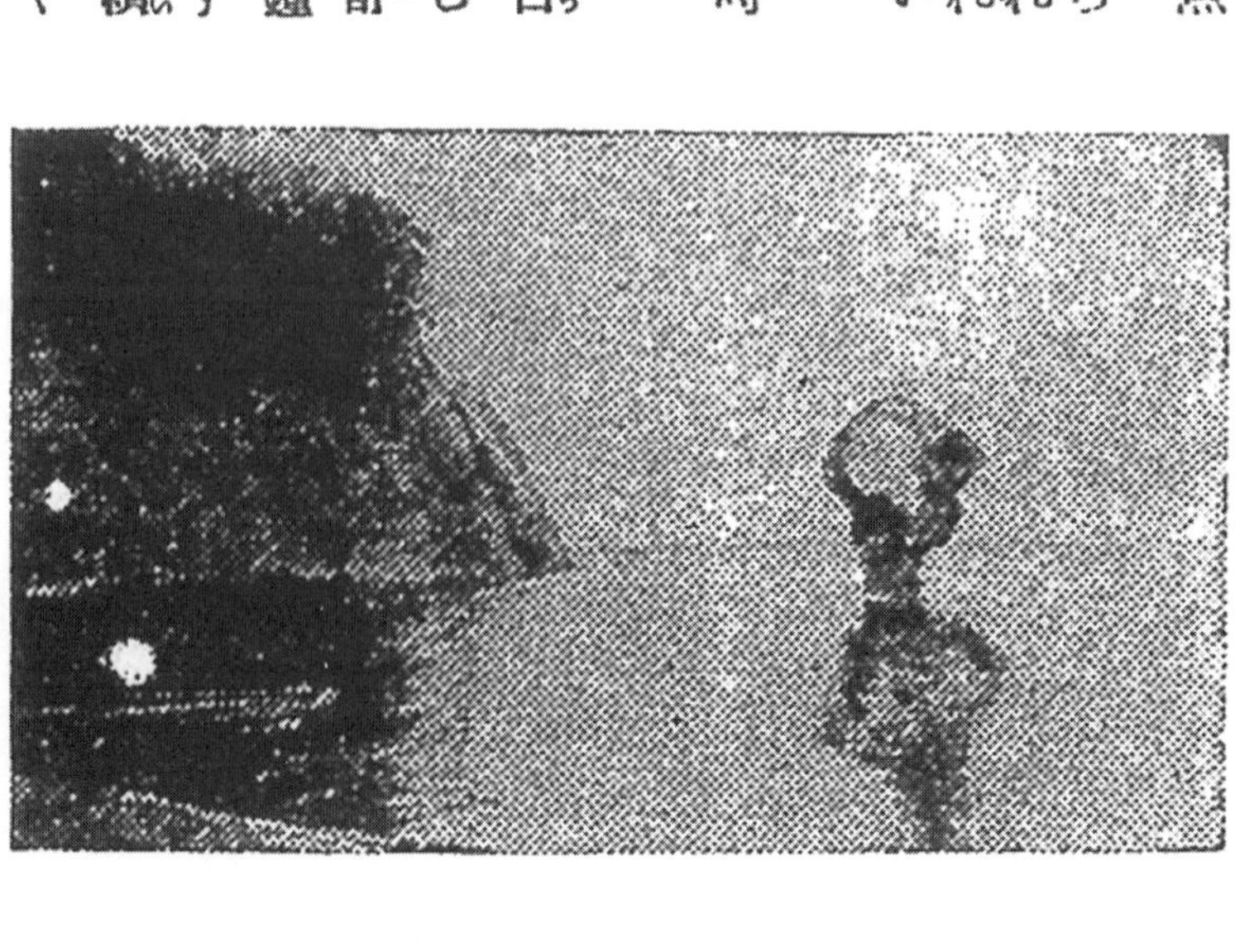

「それ！主さまだ！」と皆が騒いでゐるうちに、章魚は悠々と船に近づき、船べりに足を巻きつけのそり〳〵と船に上つて來るぢやありませんか。

▽▼▽

さうしてどうしたことだ！、章魚は新調の大釣鐘をづる〳〵引つ張り出し、あれよといふ間にいとも軽げに海の中へ引込んでしまつた。鐘は遂に海底深く沈んでしまつたのですが、一方陸では待てど暮らせど船が見えない。

漸く着いた船が、章魚に鐘を奪はれた報告をしたので、寺の和尚はじめ村中がひつくりかへりさうな騒ぎになつた。すると土地で人望のある神官が呼び出されて来て、章魚の行為の矛盾を詮議しやうと云ふ事になり、神官を乗せた船が再びあの海上の魔所へ漕ぎ出されました。神官がしばし祈禱すると、忽ち渦巻く波間に現はれた章魚の主、神官は直ちに問ひましたす。

「これ！、萬物の長たる人間の物をかすめるだに怪しからぬにあの鐘はまたお前の望みによつて同族の供養のため鑄造されたもの、何といたす所存、人を欺きをつたそのわけを聞かう…」

▽　▼　▽

何を！、と云はぬばかりに章魚は口をとがらせて、

『俺がいひつけて造らせた鐘だ、俺の存分にしてい丶筈だらう。實を云ふと、俺の被つてゐるこの蓋は海藻で出来た神通力の帽子なんだが、他の海の魚族がこれを取らうとし丶日頃狙ふので困つてゐる何しろ俺の寶物だからな』

▽　▼　▽

章魚は潮々噴いて語をつぎ、一するに恰度、鐘を積んだ船が通つたので、これ幸ひ、鐘の中へ帽子を入れて伏せておけば、他の魚に盗まれる恐れはないと考へつき、寺へ着くより俺の手許へ頂戴したわけさ……」

神官は、聞いて、話を尤もだと思ひ、あとのたたりが却つて消えやうと、その儘鐘を章魚に呉れてやる事にしたさうです。

▽　▼　▽

すると、翌年からは、江差島附近は非常な章魚の大漁を見るやうになり波穏かに村が栄えたとの話。

（この稿終り）

（眞寫は江差の瓶子岩）

郷土怪談集（五）　岬の夜泣石（上）

6-64

●函館新聞　昭和六年三月二十九日（二十八日夕）

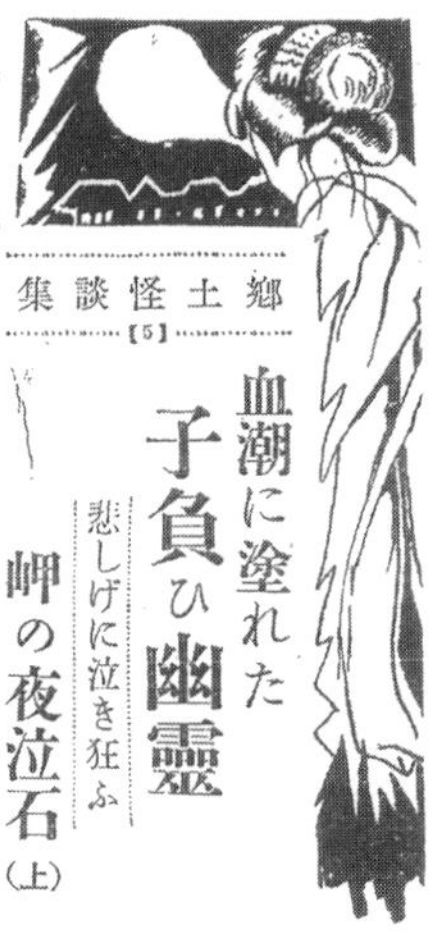

郷土怪談集【5】

血潮に塗れた子負ひ幽霊

悲しげに泣き狂ふ

岬の夜泣石（上）

▽　▼　▽

闇に浮いた提灯が一つ。とぼとぼと力なげに、火の玉のやうに揺れてくる。

今の立待岬、御殿山の麓きに近い、けはしい雑木林の細道。夜目にも黒くそゝり立つ大石の前までくると、さつと吹いて来た風に提灯の火がふつつり消えた。

途端！聲もなく石のかげより手一ぱいに伸びた白刃、紫電を引いてざつくり斬りおろされた。

▽　▼　▽

『きやつ！』

消えた提灯が宙に飛んで、絶切る女の悲鳴。血を噴いてのた打ちながら、

「ひ、人殺しい―つ！」

同時に、背中におぶさつた赤ん坊が、火のついたやうに泣き出した。それへ、更らに、二太刀三太刀、滅多斬りに刃を加へる男、赤ん坊の頭はりつけられて女もろとも、無殘や魂消えてゆく。

斬つた男は蓬髪垢面の武士、殺された母子は若く美しい人妻と、生れたばかりのみどり兒。

▽　▼　▽

刀の血しづくを切つて、武士は女の死にざまを、闇にすかしてあかずに眺め入つた。つと寄ると女のふところへ手を差し入れて、づるづると引き出したのは、探りあてた財布の包み。武士の獨白。

『なあ艶乃、恨むなよ。戀のかなはぬ意趣もある。俺を袖にして他人の子を生んだ女。かく尾羽打ち枯らしたこの身には生けておくのは惱みの種、殺して金をとれば一擧兩得、迷はず成佛しろよ』

亥の刻下り、犬の遠吠え、遠寺の鐘がごおーん……。

▽　▼　▽

大石の前の土を掘つて、武士は二つのなきがらを埋めた。怨霊に追はれるやら、あと振りかへり振りかへり、逃げのびてゆく彼。

……其後、毎夜、亥の刻を過ぎると、嫋々とうらめしげに女の泣き聲、赤ん坊の泣き聲が、松籟の音とまじつて麓の家々に通つてくる。大石の一に惨殺された母子の靈か、その石が泣くのだと里に移つて、その石が泣くのだと里の人々は惨死人を知つてから恐れ始めた。

▽　▼　▽

『と、まあ、かういふわけでございまして、まことに哀れな話でございます。夜ふけて石の前を通つた者は必ず提灯をふき消され、暗がりの中にしよんぼりと、血みどろの母が髪振り亂して赤ん坊を兩の腕にゆさぶりながら泣いてゐる姿を、見かけるのでございますよ。あの石か、魔物なんだと皆が噂して居ります。恐ろしいものですから、誰一人としてお經を上げてやる人もない仕末で、石から幽靈が抜け出してどろどろと現れる

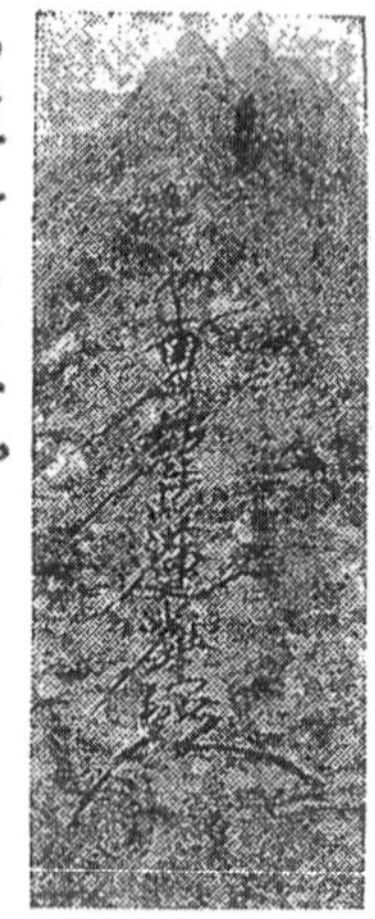

のでございます』
『うーむ』
聞き入つてゐるのは、高德のほまれ高い日持上人。

▽▼▽

慘劇のあつた今から六百年の前、日蓮上人の弟子に六人の傑僧があり、その中の一人日持上人がはる〴〵得道を授けるためにこの函館に渡來して來てゐました。上人は每日町々に佛の道を說いてあるき、ある日函館山をめぐつて巡錫、鷄冠峰の麓のある宿に泊つたのです。

所が、その夜、上人が寢に就いた頃、遠くの方で人の泣く異樣な聲を聞いて起き上つた。それけ如何にも悲しさうで、何かを訴へるかのやうに感じられ、女と赤ん坊の聲が交錯して耳につくやうなのです。

▽▼▽

情け深い上人は、恐らくこれは路に迷ふて難澁するもの〻なげきであらうと、宿の者に提灯の仕度を命じて救ひにゆかうとしたと、皆が顏色をかへて驚くので、その不審をたゞすと、さて、叙上のやうな一篇の慘話、夜泣き石の由來を宿の主人が物語つたといふわけ。

上人は默想の後、やがて、
『よし、それは可哀想なことだ。では夜があけたらわしが大石の所に出かけ、讀經してよくとむらつてやらう』
と引受けました。

▽▼▽

翌朝早く、山に登つた上人は大石の前でひたすらに經をあげ終つてから筆をとつて石のおもてに、

南無妙法蓮華經

とお題目の七字を書いた。上人け、その日に函館を離れて他の土地に赴いたが、暮れ切つた草深い道を亂髮で白刄を振り廻しながら狂つてゆく武士をみかけた。上人の前まで走つてくると、武士けきり〳〵宙に釣り上げられたやうに舞つたかと思ふと、物凄い唸り聲を立てて立ち腹を搔き切つた。

▽▼▽

血潮の中に倒れた武士のうしろに、赤ん坊をおんぶして悄然と影のやうに浮いてゐる若い女。さも嬉しさうに幾度も幾度も上人に向つておじぎをしながら、次の町の灯のみえる所までゆら〳〵お供をしてゆき、上人の合掌するうちに煙のやうに薄らいで消えてなくなつたと云ひます。

▽▼▽

それからけ、夜な夜な里人を脅やかした泣き聲け全く止んだと傳へられてゐますが、さてまたこれとは全然違つた夜泣石の由來もあります。そのもう一つの方をおいて申し上げませう。
（この稿つゞく）

怪 郷土怪談集（六）　岬の夜泣石（下）

●函館新聞　昭和六年三月三十日（二十九日夕）　6-65

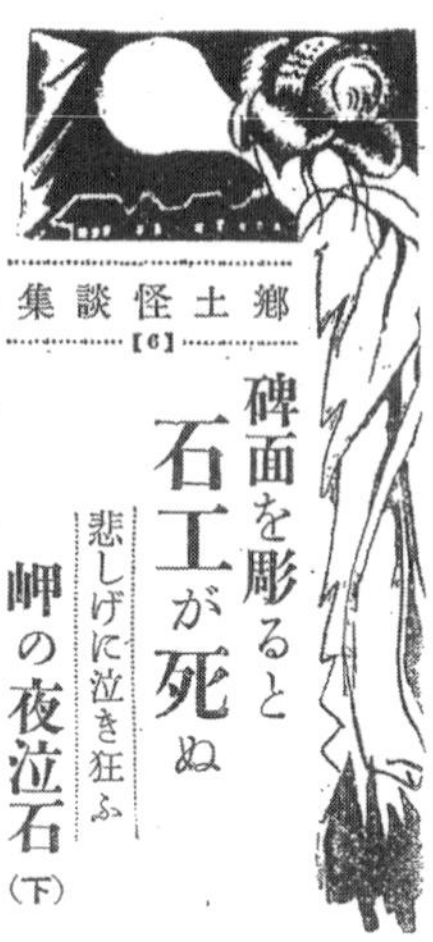

郷土怪談集［6］

碑面を彫ると石工が死ぬ

悲しげに泣き狂ふ

岬の夜泣石（下）

▽▼▽

異說とは、無論前稿の怪談があつて後に作り上げられたものでせうが、これは、かの大石が每夜鷄のなく聲を發したから、夜泣き石と呼ぶのだと云ふのです。

しかもこの怪事は、函館山が凝固して以來、文化年間まで續いたのだが、日持上人は知らなかつたのだなどと、碑面にお題目を書いたことを肯定しながら前述の怪談を否定してゐるやうです。

▽▼▽

即ちその一說。昔この石碑け、每夜怪しげな鷄鳴を發したのですが、文化十三年に、京都の本滿寺の僧日鑑が當地を訪れたとき、審しんで石を調べるべく山に登つた。ところが碑面に、墨跡鮮やかにお題目の七字が書かれてある。

あまり見事な筆蹟であり、風雨のために字の滅するのを惧れた日鑑が、石工に依賴して字のまゝに彫らしめた。だがこれの完成しないうちに、一人の石工が悶死してしまつた。

▽▼▽

日鑑は、更に彫刻の出來上るのを急いだが、續いて又もう一人の石工が狂ひ出して、恐ろしい死にやうをした。

里人は、それみよ、石に觸れるとたたりがあるのだと、かげで不安さうにさゝやき合つたが、漸く三人目の石工で立派に彫刻が成就したさうです。

しかし、その最後の石工も、終つてから間もなく、得體の知れぬ病にかゝつて死んだのだといふ。

▽▼▽

三人の犧牲者を出して、やつと尊いお題目の十字が、明瞭に碑面に刻みつけられたおかげか、それ以來といふものは、不思議にも今まで鷄の斷末魔のやうに淋びしく啼きつゞけてゐた石が、ぴつたりと聲をひそめて、なんの怪異も起らなくなつ

たと云ふ。では何故、それまで石が鶏の啼き聲をたてる奇怪がひそんでゐたのでせうか?。

▽▼▽

函 函館山の奧深く、町に住むことの出來ない惡事を働いた男が逃げ込んで、年經り、山男となつてしまつた。

男はとても兇暴なやつで、常々生きものを殺して食はねば日が送れなかつた。山の中の鳥獸を食ふことに飽いた男は、いつか風のやうに山を下つて里にあらはれ、民家を襲つては鶏をかすめとり、あの大きな石のところまで逃げてくると、石の面てに鶏を叩きつけて殺した。

▽▼▽

殺 した鶏の生血を吸ひ、骨までしやぶつては、また夜に入るを待つて里の鶏小屋を荒し廻けつた。ために大石のおもては夜毎に血ぬられていつて凄慘なさまとなり、遂に一羽一羽の鶏の怨靈が凝つて石にのり移つてしまつた。

……鶏の啼き聲は、かうして重なるうらみつらみを訴へるために、夜に入ると、物悲しげに石から發せられるに至つたのだと云ふ。

▽▼▽

里 人は、だから石が悲鳴をあげ始めると、

『それ!、化け物が鶏を盗みに來る時刻だ、戸をしめろ……』

と騒いで、戰いたさうです。また一方では、この石が鶏冠の形に似てゐるところから、鶏冠石とも呼び、鶏の化身したものだからその聲をたてて啼くのだとも、時代々々によつていろ〳〵に語り傳へられて居ります。

▽▼▽

そ こで、問題の夜泣き石の實質についてですが、元來これは火成岩の一片であります。御殿山の頂き近くにあつたのは明治三十年までで、函館要塞の築成のため移轉を命ぜられ、是非なくその年に現在の船見町實行寺の裏山の松林の中に移されたのでした。

▽▼▽

以 前の場所は立待岬の波濤を望みいかにも怪説にふさはしく四邊を拂つてゐて、しかも石の大きさは今の二倍もあつて、高さ一丈一尺、幅九尺、厚さ八尺に及んだ堂々たるものでしたが、移轉に際して、運搬賃の都合から、石工たちが半分程に切り縮め、今のやうな達磨形にしてしまつたものださうです。

▽▼▽

名 前は、夜泣き石を筆頭に、さきに申した鶏冠石、また題目が書かれてゐるので、題目石ともとなへられてゐます。有名な怪談「小夜の中山夜泣き石」に類したもので、古人はそれにならつてか奇怪な物語りを發展させてゐるのでせう。

▽▼▽

結 局、前述の二つの話が根源となつてゐるやうですが、そのいづれが本來の怪談であるか、判明いたしません。日持上人の話が前說で、日親上人の方がその後說と見ておくのが、順序ではないかと思ひます。（寫眞は現在の實行寺）

（この稿終り）

郷土怪談集（七）陽炎の巨人（上）

怪

●函館新聞　昭和六年四月三日（二日夕）　6-66

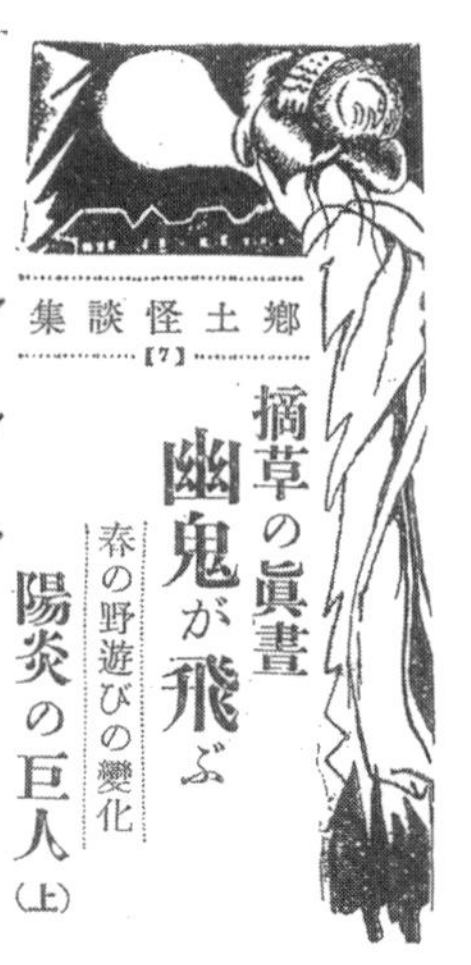

郷土怪談集【7】
摘草の眞晝
幽鬼が飛ぶ
春の野遊びの變化
陽炎の巨人（上）

▽▼▽

雪 が解けて、春めいて來ると、よく野原に怪奇が起ります。長い冬籠りの夢に慣らされた眼に急にと明るくなつた天地を求めて摘草などに出かける若い娘や子供たちが、ともすれば春の『かげらふ』といふやつにその若い眸を驚かされて、色々と怪奇ないたづらを見せられるのです。晝間のかうした怪談は、また一種異様な興味を持つてゐるもので、なんでもないやうでゾッと迫つてきます。

▽▼▽

松 前城下の西、立石野と

云ふところ、其處に起つた一例を次に紹介しませう、これは松前藩の蠣崎廣時なる人が書き残してゐる日記中の、抜萃であります。

頃は安永四年四月の末つ方、彼廣時が十歳の時の事でした。彼、曽父に當る高橋ゝ右衛門の家の下男下女と、別家の松浦兵藏方の下女、外に博知不町の縁者の少女を合せて五六人連れ、立石野の蕨卷石と呼ぶ處野へ賑やかに遊びにゆきました。

▽▼▽

摘つて摘み始めた野菜類、蕗や野芹などをてんでに手一ぱいに抱えて、ほつと輕い疲れを覺えたのが恰度正午過ぎの頃、天氣はよし小鳥は囀るし、空いた腹へ花の褥に寛いで詰め込む辨當の味、……樂しさに酔つた前髪姿の廣時少年が、春の陽射しをあつめた大空を、朗らかに振り仰いだ時、その視線が輪を描いて落ちたところに何を見たか！。少年、聲もたて得ず眼の色變へて立ち竦んだ。

▽▼▽

十間と離れてゐない眼前の大きな捨て石の上、おどろに打ちふるふてゐる幽鬼のやうな奇怪な一人の男の姿が、ゆらゆらと炎のやうに立ちのぼつた。

それが、それがです、見る見るうち、身長けがする〳〵と伸びていつて、人並みの背を越え中天眼がけて一瞬にして二丈餘りの高さとなり、全身白光の妖氣を放つてただよふよと見る間に！。

▽▼▽

くわつ！、と眼鼻口から火を吐いて摘草の一行の上へ、入道雲のやうな頭がおつかぶさつて來た。

逃げるいとまもなく、皆が悲鳴をあげて草の上へ突伏し、頭をかゝえて生きた心地もせぬしばし、廣時少年が恐る恐る上釣らせた眼に、既に妖怪は元通りに石の上へ伸び戻つてはゐましたが、怪異はまだそれだけでは納まりません、幽鬼のやうな人は、一寸たゆたつてゐたが、やがて魂が抜けたやう空へ舞上りました。

▽▼▽

舞ひ上つた影は、人間の形をしたまま山の方へ飛んでゆく。空を泳ぐやうに、また他の山の方へぱつと飛び移り、麓傳ひにずん〳〵飛行してゆくではありませんか。

顔をあげた一同はその人魂の行く先を追ひながら、ただ

「あれよ〳〵」

と口走つて恐怖と啞然とにこんがらがつたが、女子供は氣を取り直すほど身の毛がよだつて來て、摘み取つた野菜も辨當の重箱も打ち捨てたまま、下男の腕に縋つて早々に逃げ歸つた。

▽▼▽

皆がそれ〴〵家に辿りついた時には顔色蒼ざめ、容易に身の顫へが止まらず、妖氣に當られたものか一同頭痛のために打ち臥してしまつた。

これを聞いた廣時少年の祖父なる人が、

『さては陽炎に化られたな』

と云ひ、そして

『山や野に出て、怪物を見、氣分がわるくなつた時には、五月の節句の粽(ちまき)を喰べると即座に癒る』

と敎へました。

▽▼▽

祖父は、さうして、まだ五月の節句には少し早いが、かやうな場合の用意にと貯へてあつたとて、前年の節句の古くなつてゐる笹の葉で卷いたちまきを取り出して來て、それを煎じて人々に汁を飲ませました。

すると忽ち効めがあつて、一同は氣分がすつかり爽快になつたと云ふことであります。

▽▼▽

蠣崎廣時の右の記述は、かげらふ話としては念の入つたもので、子供ごゝろにそれの立ちのぼるのが、怪人に見えたと云ふ物語えする幼い頃の思ひ出話でせうが同種類の話のなかにも、もう少し眞に迫つた、恰も陽炎のそれの如く摑みどころのない怪異と云つたものもあります。

次にはその、少し違つた『陽炎の巨人』を一席伺ひませう。（この稿つゞく）

寫眞は怪談の地の松前城

怪　郷土怪談集（八）　陽炎の巨人（下）

●函館新聞　昭和六年四月五日（四日夕）　6-67

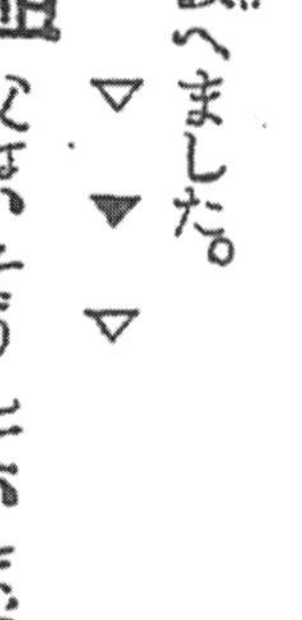

郷土怪談集［8］

奇怪な乞食が身を燒く炎

春の野遊びの變化

陽炎の巨人（下）

▽▼▽

矢張り松前を背景にした物語りですが、明治の以前、今で云ふルン・ペンの一人の若い男か、町へ

流れ込んで來ました。

季候は、恰も野に小草の萌え初める頃で、この放浪者は町を外れたところの大きな野原の隅に、拾つて來た木片れをあつめてささやかな小屋をたて、夜露をしのいでゐました。……汚い、下世の人よ『[illegible]の藤吉』と呼んでゐたさうだ。

▽▼▽

藤 吉は、ぽかぽかと暖かい陽當りのいゝ日には、きまつて小屋の外へ坐つて、口で何か呪文のやうなものを唱へながら、ぢつと草の上に映つてゐる自分の影を凝視めてゐましたが、そして小半時もたつと、その眼を急に空間へ轉じて、

「それ！、燃えるわ、燃えるわ」

と上へ伸びあがつてゆくのでした。少しの間眺を釣りあげてゐてから、また視線を草の上へ落として、ぢつと自分の影を動かずに眺め初めるのです。

▽▼▽

毎 日、天氣がいゝとかうした事を繰かへしてゐるので、野遊びの女や子供が恐れて來ました。

「氣味がわるいね、あの[illegible]のお爺さんは……」

蟠つてゐたり、雨が降る日には藤吉は町へ合力に出かけるのですが、例の無氣味な彼の動作がたたつて、町の人々は恐れて相手にしません。藤吉は、で、だんだん痩せ衰へて來ました。

▽▼▽

皆 が藤吉を見ると、石をぶつけたり、唾を吐きかけたりし始めた中に、たつた一人、八百屋の娘でお幸と云ふ優しいのが藤吉の同情者として現はれました。

お幸は母親がなく父親と二人暮らしなのに、その父親が重病で明日をも知れぬ有樣でした。だから彼女は父に代つて、毎朝在の方へ青物の仕入れに出かけ町へ賣りにゆくのです。

▽▼▽

朝 な朝なの仕入れの途次、お幸は野原を横切つて、必ず藤吉の小屋の前を通るのだが、そのたびに、小屋の中で呻吟してゐる藤吉に、野菜や果實の類を投げ與へてゆきました。父の病氣の功德にもなるし、また一方彼藤吉の人品に犯すことの出來ないある力を感じてゐる彼女なのでした。

ある日の午後、町の人々が樂しい野遊びに打興じてゐる中を、お幸が狂氣のやうに曠野を駈けてゆくのを、藤吉は小屋の前で遠くに認めました。

▽▼▽

途 端、恐るべし、藤吉の凝視してゐた草の上から、ぼうつと一條の火焰が立ちのぼつたのです。續いて彼が眼を轉じたところ、轉するたびに火が燃え上つてゆくのです。さうして藤吉のからだはすつかり火柱の中に押し包まれてしまつて、中心の藤吉が瞬く間に空へ、空へと背が高くなつてゆき、雲を拂ふ巨木が炎上するやうな物凄い有樣となつたかと思ふと、冲天に聲あり、

「俺はかげらふの精となる」

とばかり四邊を震撼させた。

▽▼▽

驚 いたのはいゝ氣になつて遊んでゐたあたりの人々で、阿鼻叫喚とともに揉み合つて逃げ出しましたが、その頭上をかすめた陽炎の隅の一團の火焰は、すうつと一飛びにお幸の家をさして矢のやうに走り、彼女の家の中に飛込んで消えました。

と、摩訶不思議、今まで父の斷末魔に狂氣のやうになつてゐたお幸の眼に、けろりと快癒した父の姿が、にこにこと笑つて坐つてゐるのがうつつたのです。

▽▼▽

以 來、薄情だつた他の町の人々が、曠野に遊び藤吉の小屋の附近にゆくと、草むらから陽炎が燃えはじめ、火となり、袂や裾を燒き焦がすので、誰も恐れ怯えて近寄る者もなく、野遊びの怪を口々に傳へて春の外出の足を禁じ合つたと云ひます。

▽▼▽

後 の人の傳へるのには、彼等

吉は、日毎草の上に坐して、いゝ氣持の日向ぼつこに、眼の前にもえ立つ陽炎を眺め、次第にこれに魅せられていつて、いつか凝り固まつて自らの身を燃やし、自分の同僚者の難を救つたのだと解決を附してゐます。また彼藤吉は、武士の成れの果てで、道學に徹し土地の人心の浮薄をいましめに來て化身したのだとも、云はれてゐます。（此稿終り寫眞は松前の町内）

郷土怪談集（九）　蝦夷の妖狐（上）

獣

●函館新聞　昭和六年四月六日（五日夕）　6-68

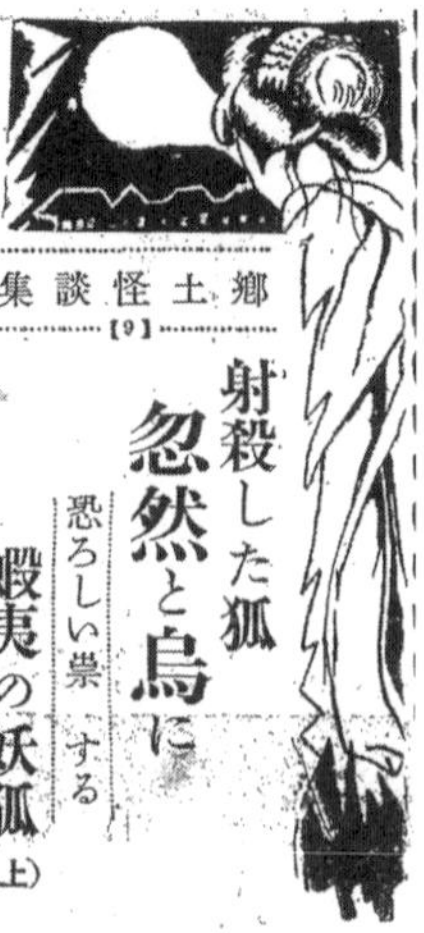

郷土怪談集［9］

射殺した狐 忽然と烏に

恐ろしい祟りする 蝦夷の妖狐（上）

蝦夷の奥地に、斜里と云ふ所があります。昔、そこへ吟味見廻りとして、足輕の木村萬作と云ふ男が派遣されたことがあります。

ある日、彼は運上所の藏の上に一匹の眞黒な老狐が遊びに來てゐて、いゝ氣持ちで寢込んでゐるのを見つけました。萬作は、しめたと喜び、早速家へ一散に走つて歸つて、すぐさま鐵砲を持ち出して來たものでした。

▽▼▽

程よい狙ひ場所を求めて、萬作は膝をつき、鐵砲を構へ、今にも老狐をめがけて、ぶつ放さうとしたのですが、これを見た傍らの夷人達が眼の色を變へ、狼狽して萬作の手に縋りつきました。

「もし、お役人さま、この狐は歳を經たもので、神通力を得てゐると土地で云はれてゐます。どうぞ射つことだけはお許し下さいまし、あとのたたりが恐ろしいですから」

夷人は泣く樣に頼みました。

▽▼▽

然し萬作は、それを一言のもとに斥けて、狙ひを定め直し、火繩に火を點じました。と、たちまちその火がぷつつり消えました。

『くそつ！』

と怒つて、彼はまた火繩に點火したのですが、又もや掻き消すやうに火が消えるのです。今一度と思つたが、夷人たちがそれみよとばかり餘り傍から引きとめるものですから、遂に老狐は眼をさまして一聲高く叫ぶと、逃げ去つてしまつたのです。

▽▼▽

萬作はかん〳〵に憤怒したが止むなく、その日は思ひあきらめ又の日を待つ事にしました。ところがです。前の日のことは忘れたやうに、數日の後の夕、かの黒い老狐が又もや大膽にも例の藏の屋根に來て、相變らず長々と横になつて眠り込んでゐるのを萬作が發見したのです。よし來た、と彼は大いに喜んで鐵砲片手に老狐の眞下に近寄りました。

▽▼▽

自慢の射術なんでせう、しつかと狙ひをつけて、たうとう、ずどん！と發砲しました。と、見事に命中、狐は

『ぎやつ！』

と恐ろしい悲鳴をあげると、くる〳〵と屋上を舞つたかと思ふと屋根から轉び落ちました。が、地に落ちるまでに神通力だと云ふ狐は、一つの奇蹟をあらはしたのでした。

▽▼▽

宙に躍つた刹那、老狐は忽然と一羽の眞黒な鴉に化けてしまひ、遥か空の彼方へ飛び去つてゆくのです。はばたきも異樣に凄まじく夕闇のあたりを轟かせながら。

流石の萬作も、これを見ると急に恐ろしくなり、その夜からは外へも出ずに蒲團を被つて打ちふるへてゐました。が、妖狐の怨靈は、決して彼を滿足な身に置いてはおかなかつたから恐るべし。

▽▼▽

其後と云ふものは、彼萬作に少しもいゝ事が續きません。不幸の連發で、蝦夷奥地に於ける彼の役目からも、一寸した失策で罷免され、ために自暴になつた彼は、かの老狐が射殺した鐵砲で、友人の板垣傳太なる者を些かの爭ひから射つて捕はれたのですが、案外に被害者のたま傷が淺かつたために、既に死罪になるところをやうやく助命されたと云ふことです。

▽▼▽

これは、狐が人に禍ひしたほんの一例ですが、元來狐と云ふやつは古くから蝦夷人に恐れられてゐまして、現在では大沼、千島・樺太等の養狐場に柔順しくおさまつてゐる狐も、往昔は頗る野生のやつが繁殖してゐて冬の日など民家の台所に餌をあさりに來るなど古老の話にも珍らしくありません。

▽▼▽

夷人より以上に、また和人から狐は怪異を示すものと敬遠されてゐるやうで、特に傳説にあるやうな黒狐に至つては、最も恐るべきたたりをなすものとされてゐま

した。その例が松前の專念寺や函館の玄狐稲荷等にもありますが、夜泣き石で有名なあの船見町の實行寺にも狐が災ひしたおつかない話があります。一息ついで次稿にこれを御披露いたします。（この稿つゞく）

郷土怪談集（十）　蝦夷の妖狐（下）

●函館新聞　昭和六年四月七日（六日夕）　6-69

獣

郷土怪談集【10】

悲戀の娘とお化け小僧

恐ろしい祟りする蝦夷の妖狐（下）

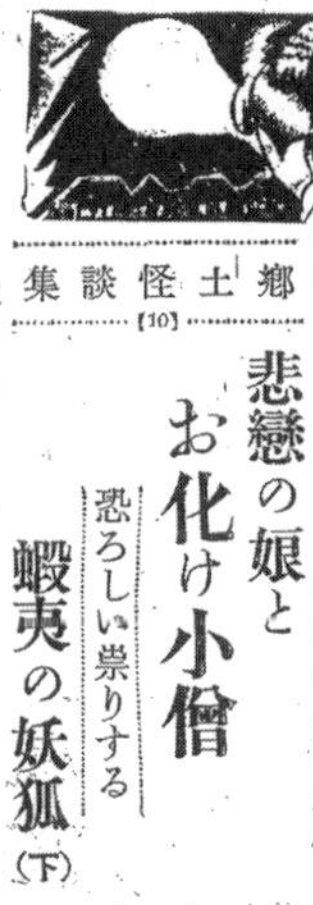

寛政十二年、江差在に法華寺と呼ぶ寺があつた。これに、一人の美しい小僧がゐて、近在の評判となつてゐました。

ある時、土地の富裕な人望家がこの寺で盛大な佛事を營んだことがあつたが、その家の一粒種でお霜と呼ぶ可愛い十七娘が、寺の廊下で、ふとこの小僧を見染めてしまつて、日夜戀慕の情をうつたへることに從りました。

▽▼▽

綺麗な小僧と、振り袖のおぼこ娘との戀のいきさつは、誠に繪のやうに可憐だつた筈なのですが、どうしたわけか小僧の方では、娘を嫌つて、戀文に返事一つも書きません。おまけに、娘が焦れればこがれるほど、小僧はうるさいことに思つて來、遂に法華寺を夜に紛れて抜け出し、函館の實行寺へ逃げのびて來た。小僧にしては、案外堅固な心根ではありましたが……。

▽▼▽

あとに殘されたお霜は、歎き悲しんで、恨みつらみが凝つて、哀れや蕾の花で戀死にしてしまつた。すると、このお霜の怨念が姿を變へたものか、彼女が死んで間もなく、小僧に狐が乘り移つて來て、彼は他愛もないことを口走るやうになり、はては狂ひ始めて美しい顔が死人のやうに形相を變へてしまつたものだ。實行寺の和尚は、樣子を聞き知つてゐるだけに小僧に同情しました。

▽▼▽

和尚は、どうかして彼を救はうと思ひ、加持祈禱を頻りに行つたが、何の効果もない。のみならず小僧の狂態は日に募るばかりで、一日、次の樣なことを喚鳴つて和尚を驚かせました。

『よく聞け、我はこれ江差村法華寺裏に年古く棲む笹山直滿と云ふ狐なり。娘お霜の靈、わが身邊に迷ふて離れぬ故に、けるく＼死靈に乘つて娘を弔ひに來てゐるのだ』

▽▼▽

又ある時には叫ぶらく、

『我、笹山直滿なる狐の大王なるを知れ。しかるに人間共は直滿の字を直躊と書き誤るとは不都合千万！』

更にある時には、少しいふことが違つて來て、

『我はこれ日蓮宗における有名なる僊僧なり、無禮を働かば宗門の咎めあらうぞ！』

で、實行寺の和尚は、穏やかにかう頼んだものです。

▽▼▽

『同宗の僊僧とあらば、然らば何故にこの小僧を惱まされるのか。御覧の如くこの寺は檀家も尠く下男とてもない無人の寺近頃小僧がこの有樣なので本堂佛殿の掃除も心に任せず、佛に對して相濟まぬ次第ぢや、どうか早々小僧の身より立ち去られたい』

懇々と和尚の云ふ言葉を聞いてゐた狐憑きの小僧は、漸く少し眞面目くさつて答へました。

▽▼▽

『さらばいふ。實は我こそは日蓮宗で人に知られた妙善といふものであるが、ふと佛罰に觸したるため、天狐道に墜ちた。それで暫くこの小僧の體を借りて悟道を得んと思ふのである。さりながら和尚の申し條も餘儀ない事故、朝から晝のうちは寺の用事をなし、暮より夜にかけては小僧の暇を見て體を借りやう。尚、われが本體笹山直滿に對しても、これと同樣とすることゝ考へおかれたい』

▽▼▽

妙善は、天狐道に墮ちて直滿狐となつてゐたのでありますが、さてこの約束をした翌日からは陽の光りの射してゐる間は小僧から狐が退いて平常と變らぬ小僧として立ち働き、夕暮時に急ぐ鳥の羽音が屋上に聞こえると同時に妙善が乘り移つて來、經文や僧法の事を話すのですが、その言はなかく＼小僧如きが知つてゐる内容ではなく、堂々たるものであつたと云ひます。

▽▼▽

尚また、本來の體である直滿そのものとなつて小僧に乘り移つて來た時には、惘然として神道のことを口走り、時には娘お霜となつては、幽界にさまよふ彼女の弱々と泣いて掻き口説くあやしさを夜更けて聞かせることもあつたといひ、この美しい小僧は三つの靈魂を使ひわける怪奇さを示しました。

からしたことが、いつか世間に知れ渡つて、遂に公儀役人の耳に入るに及びました。

▽▼▽

役人は不思議に思つて、早速實行寺に赴き、かの小僧にお題目を書かせてみたのですが、妙善と直滿の憑いてゐる時には見事な筆蹟で舌を卷いて感じたさうですが、小僧が正氣に返つてゐる時の字は飛んでもない悪筆であつたとのことであります。

蝦夷地の狐にも、以上のやうな變化談がひそんでゐます。（この稿終り）

郷土怪談集（十一）　高龍寺の狸（上）

●函館新聞　昭和六年四月八日（七日夕）

6-70

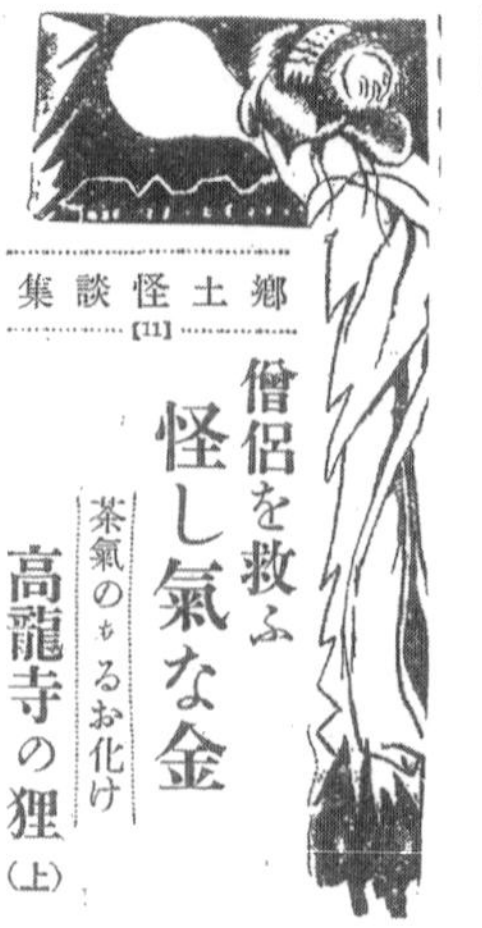

郷土怪談集［11］

僧侶を救ふ 怪し氣な金

茶氣のある化け

高龍寺の狸（上）

前稿の妖狐と並稱されるのは化け狸でありますが、こいつの怪談の本場はやはり内地で、松前地方には比較的に乏しい。しかも函館地方では、狸は人を化かさぬとさへいはれてゐます。けれど、この函館には、狸の化け話が二つほどあります。いづれも少し茶氣のある物語りですが、茲にお聽へ申します。

斷はつておきますが、松前地方ではこの狸のことを『ムヂナ』と呼んで居り、また蝦夷人は『モユク』といつて居ります。

▽▼▽

明治初年の頃、高龍寺はまだ今の辨天通の上、鍛冶町の下、姿見坂と幸町との間にありました。山門は久しく岩船の隣りに巍然とそびえてゐたのですが、この高龍寺の中に一匹の狢、即ち狸が棲んで居りました。その巣は、今の大黒町交番の裏手、もとの幸小學校の筋向ひあたりであつたとの事であります。

▽▼▽

當時高龍寺の方丈は國下海雲師であつて、師は頗る賭博が好きだつたとのこと、遂にはこれが世間の噂にまでのぼつて、僧侶の身でありながらと非難されたとさへいはれて居ります。

この海雲師が、ある日、例の好きな賭博をやつて、運わるく大敗北といふ憂き目にあひ、身上をすつからかんにしたことがありました。師は全くの困却の極、苦しい時の神頼みてな風で、のこのこ狸の巣穴へ出かけました。

▽▼▽

穴の前に立つて、日頃恩惠を與へてゐる狸公に向ひ、から相談を持ちかけたのです。

「これ狸や、神通力のあるお前はわしの現在の有様をよく知つてをらう。わしはこれにこりて今日限りでもうすつかり賭博をやめようと思ふが、ついては今の大負債をなんとかして綺麗に支拂ひたいものだが、どうだらうお前の力で今一度だけ、賭博にうんと勝たして貰へないだらうか」

▽▼▽

虫のいゝ話だが、頼まれた狸も長い間境内の一部を住居に許して貰つてゐる御恩もある。暫く考へた後、『よし心得た、では今一度だけを條件に、必ず勝たしてあげることにしませう。今夜早速出かけて損を取戻していらつしやい』と答へた。海雲師は、手を打つて喜んで、さあ占めたと雀躍しながら庫裡へ舞戻つて來ました。

▽▼▽

夜に入ると、海雲師はかねての賭博場である港の燈明船の、赤船へ乘り込んでゆきました。さて初まつた丁と半の爭ひ、勝負が進むにつれて、狸の庇護する力の恐ろしや、海雲師に勝運がめぐつて赴くところ可ならざるなき有様、べらぼうな大勝利で、懐中に黄金の山を築いてほくほくと温かさうに、師は意氣揚々と寺へ戻つて來ました。

「狸公！、おかげで大した儲けになつたぞ！」

師は先づ穴の前にいつて、大きな聲で報告しました。

▽▼▽

以後は、さすがに坊さんで、狸との約束を守つて、三度の飯よりも好きだつた賭博からぷつつり斷念、海雲師は手を引いて、安樂に餘生を送つたと云ひます。

かくの如く、この狸は、寺の爲には隨分働いたさうで、右の外にも、明治十二年、高龍寺が焼けた時などは、出火と同時に人間に化けて荷物の運び出しを手傳ひ、又佛像や貴重品の守護に當つて大いに働いたさうです。

▽▼▽

所が、反面では例の野性を發揮して、時々寺を拔け出しては大町の女郎屋に登つてふざけたり、あるひは夜鷹蕎麥屋をばかして木の葉の紙幣を拂つたり、色んないたづらをして人を脅かしたと云ふことです。そして、高龍寺が上町の方へ移轉した時にも、この狸は別れを惜しんでついてゆき、結局巣を移したのださうです。

▽▼▽

今では、もうこの狸について何の消息も聞くよしがないところをみると、既に鬼籍に入つたものか、兎に角こいつは淡齋如水の『箱館夜話草』にも載つてゐる所より見ても、頗る有名なものであつたらしい。

さて、今一つの狸公奇話に移りませう。（この稿つゞく）

獣

郷土怪談集（十二）高龍寺の狸（下）

●函館新聞　昭和六年四月九日（八日夕）　6-71

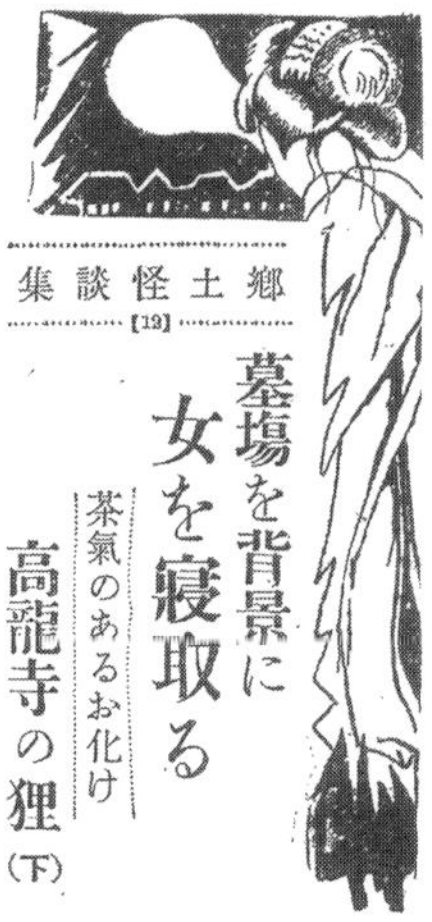

郷土怪談集 [19]
墓場を背景に
女を寝取る
茶氣のあるお化け
高龍寺の狸（下）

▽▼▽

今一つの方の、化け狸は『夷諺俗話』に載つてゐる話です。これも高龍寺の裏あたりに、棲んでゐた狸だと想像されるさうで、高龍寺は狸公の活躍にはいゝ背景だつたやうだ。寛政四年頃のことであります。この函館に『政』と呼ぶ小粋な、よく繁昌した小料理店があつた。庖丁自慢にもあつた反面に、美しい抱えの酌婦が四五人ゐて、中にもお仙といふ女は、繪草紙から抜け出たやうな仇つぽい美人なのでした。

▽▼▽

このお仙の許へ、しばしば通つて來る一人の若い色男、彼け當時土地で名高い金滿家、白鳥新十郎家の番頭で、卯之吉と稱する者でありました。

お仙と卯之吉との仲は、深くなつてゆくばかりで、卯之吉け遂 主家の金にまで手をつけるやうになり、無理な逢瀬を毎夜つづけてゐたものです。それがいつか主人新十郎の感づくところとなつて、卯之吉は進退に窮し、と云つて女に苦境を訴べる勇氣も出ず、小心者なので思案に餘りました。

▽▼▽

舞台は高龍寺裏手の、凄なほ凄然、寂滅境の墓地に移ります。

お仙は、朋輩の二三人連れで、正午さがり、手に供花の手桶をさげて、亡くなつた唄の師匠のまだ新しい墓にお詣りです。

合掌して、やがて終つて女連れが餅をあげると、一齊に『あつ』と叫んで所作をつきました。

その墓のうしろから、毛むくぢやらな異様な顔が覗いて、らんらんたる眼を剝いて、彼女らを窺覗めてゐる怪物があるではありませんか！。

▽▼▽

女たちは、總身に水を浴せられたやう、硬張つた一瞬の後われ勝ちに裾を蹴り亂して逃げ出しました。……女にけ、恐ろしさが先に立ち、何が何んだかわからなかつたのでせうが、これけ正しく、歳經りたる一匹の大狸であつた。

狸は、この時、女連れの中から目立つて美しい一人、即ちお仙の姿をみとめて、太々しくも見染めてしまつたのです。

同じ日の夜、初更もふけて早二更、夢遊病者のやうに、この高龍寺の墓地へ引込まれるやう、迷つて來たのけ卯之吉です。

彼は、戀しい女をも出し拔いてただ一人で、今の苦境からのがれるために、さびしく死にに來たのでした。

卯之吉は、お仙の存在など忘れたやうに、古木に紐をかけて縊死しました。……死の直後、影のやうに現れたは晝間の大狸。ペロリと出した赤い舌。

▽▼▽

忽ち、狸は卯之吉の死骸に乗り移りました。死骸が、むくむくと起き上つて、着物の塵を拂ひ、悠々と取り濟して町の方へ出かけてゆくのです。

やつて來たのけ、お仙のゐる小料理屋の「政」。とんとんと梯子段を上つて、二階の四疊半へいゝ氣で陣取る。取り寄せた酒と肴、化け卯之吉御機嫌斜めならず、

「まあ卯之さん！」

と縋りついたお仙を引きつけ眼尻を下げて、飲みも飲んだり銚子十五六本。

▽▼▽

お仙に促されるまゝに、床をのべて御寝になり、こゝに目出染めたお仙をわがものとした狸公有頂天でなんなんとやつてゐると、これはしたり來たのが遅い、早東がほのかに白みそめてきた。驚いた狸公、陽の目の下では化の皮が忍

ちあらはれる。一寸便所……とあわてふためいて部屋を飛出し、裏口をさぐりあてゝこつそり外へ抜け出たまではよかつたが……。

▽▼▽

外 は既に閃の光りあり、一聲物凄く吠え立てた「政」で飼つてゐる猛犬、疾風のやうに狸に飛びかかるよと見る間に、附近の犬五六匹が一度に集つて來て見る〳〵ずた〳〵に噛み裂き喰ひ千切つて、哀れや狸は、無殘にもこゝに往生してしまひました。

「政」の人々が起きて駈け寄つた時には、血塗れに喰ひ殺されてゐるものは、卯之吉ならぬ大狸、腰を抜かして皆が驚いだ。

▽▼▽

中 でお仙は氣を失ひ、そのまゝ病みついてこれも卯之吉のあとを追つてはかなくなり、この所狸を加へた三人心中といふ、罪な怪談であります。（この稿終り）

寫眞、高龍寺の境内

郷土怪談集（十三）　海魔の祟り（上）

6-72

●函館新聞　昭和六年四月十日（九日夕）

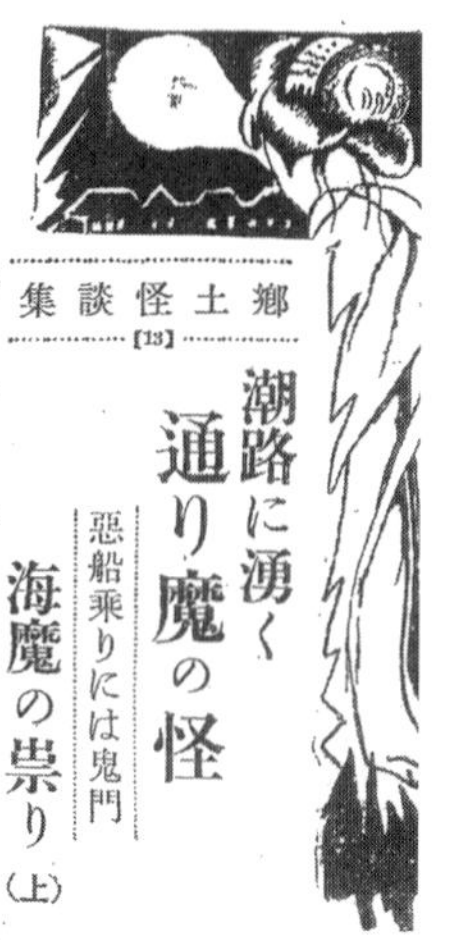

郷土怪談集【13】

潮路に湧く 通り魔の怪

惡船乘りには鬼門

海魔の祟り（上）

松 前の船頭、喜右衞門は、煙管をぽんとはたいて、話しはじめました。

『それは、わしが濱益毛にしばらく逗留してゐる時のことだつたがね。恰度夏の夕暮れで、わしは濱へ出ていゝ氣持ちで凉を取つてゐたんだ。海は遙かな沖まで白い浪も見えず、鏡のやうに凪いでゐたつけね。わしは餘り穏かな景色なので、ぼんやりと立つたまゝ、沖の方の淡い夕燒けを見とれてゐたんだよ……』

▽▼▽

肩 をすぼめるやうにして、一服吸ひつけると、爐邊の顔を見渡して脅やかすやうに一段と聲を大きくし、

「するとね、どうだいみんな！」と喜右衞門、怪談の本筋に入つてゆく。

……この老船頭が恍惚と眺め入つてゐた沖合、遠く七八町のところに、急にさつと、波頭があがつた。おやつ！と瞳を凝らすと、小さな黒いものが、白い飛沫の中から躍りあがつて、くる〳〵とまりのやうに海面をころがつたとみえたが……。

▽▼▽

瞬 時にして、黒點は、風もない海の彼方より、鷲しや箭のやうな速さで陸の方に向つて、一目散に走つてくるではないか！。

潮を分けて路をつくり、彈丸の飛んでくるやうなうなり聲、見る〳〵うちに大きくなつて近づく怪物。膽をつぶした喜右衞門は、咄嗟に身をかはして傍らの船のかげにかくれ、がた〳〵顫へながら眼ばかり出して覗いてゐた。はつと顔を蔽つた時、どん！と汀にぶつかつた黒い一團の正體は？。

▽▼▽

掌 の指の間から、そつと見た喜右衞門、それは黒い妖氣に押し包まれた海の魔物なのか、一種異樣な姿のものであつたが、怪物は指呼する間もあらせぬ勢ひで陸の砂地へ這ひ上ると、また疾風の如き速力となつて、向ふところの砂丘から砂丘を朦々と蹴散らして二分し左右の草木を吹き飛ばして震動させ、たちまちのうちに山の彼方へ影を霞と消え去つてしまつたのです。

▽▼▽

全 くこれは一瞬の間の出來事であつて、喜右衞門が恐怖のなかに不思議に思つたことは、怪物が海の上にあつた時には黒ずんだものに見え、その中心に得體の知れぬ化物の形をしつかり認めたのでしたが、陸に上つてからのそれは一變して颶風のやうなものになり、赴く先の物象の動搖で行方だけははつきりわかつたが、夕闇の中に今一度見極めやうとした視覺には遂に影も形も、再現しなかつた。といふのであります。

▽▼▽

「**だ** からさ、この魔物がさ……」と、喜右衞門は皆の蒼く緊張じた樣子をにたりと笑つて、「一體なんの化けたものかわしには未だにはつきりしないんだが。ただ海の魔と云ふことだけはわかつてゐるがね。魔物の通つたすぐあとで、わしは水を汲みにやつた二人の蝦夷の子供に今怪物に逢はなかつたか、と訊いてみた。すると、二人の間をぱつとお化けが駈け抜けていつたが、二人は吹き飛ばされて轉んだけれど別に怪我はなかつた、と身顫ひして答へたものだつたよ…」

▽▼▽

又 一服吸ひつけて、

『それから、この、通り魔を見たと云ふメノコたちはね、皆が戸口

へ出て鉞を手にして打ち振りながら、怪物の去つた方に向ひ叩き斬る眞似をしてさ、やあ／＼と口々に掛け聲をかけてゐたよ。そして このお化のことを、蝦夷で噂するニシヲカムイとでも云ふのだらうと話してゐたつけね。……鳳をつかむやうな話だが、わしには隨分おつかないことで、殺されるんぢやないかと思つたなあ……』

喜右衛門は、そのあとへ、かうした魔にあつた時、自分に若しやましいことがあつたら、きつとたたりを受けて生命がなかつたかもしれない、と云ひました。或ひは例を引いて、船の中に女をかくして津輕の海を渡つたものが、海神の怒りに觸れて船を沈められた話などを聞かせました。

▽▼▽

ところが、彼の話を聞いてゐた中に、五助と呼ぶ屈強な若者がゐました。

五助は、老船頭の怪談や海のたたりを一笑に附しました。

『馬鹿を云へ、よし俺は海の魔物にさからつてやる』

と豪語して、今にみろとばかり妙な所に片意地を張りました。さあ、どんな結果になりませうか………?。

……德川末期、船乘りの氣の荒い、又反面には、海に關する迷信の多かつた頃のものがたり。（この稿つゞく）

郷土怪談集（十四）　海魔の祟り（下）

●函館新聞　昭和六年四月十一日（十日夕）　6-73

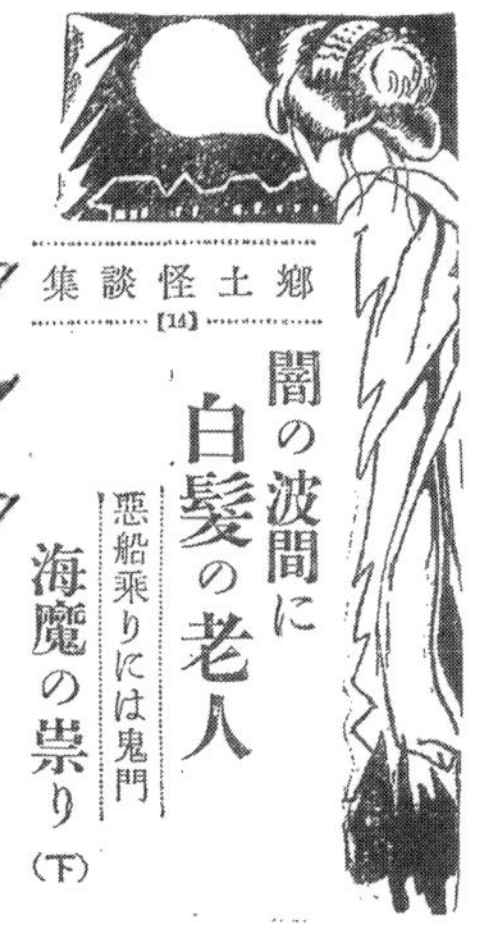

郷土怪談集[14]
闇の波間に
白髪の老人
悪船乗りには鬼門
海魔の祟り（下）

五助は、剛膽な男でしたが、自分の力を人に自慢したがるたちの男で、負け惜しみも強かつた。

喜右衛門から、海の怪奇を聞かされた年の初秋、彼は三十石積の帆船を操つて、箱館の港を出帆しました。先づ福山に寄り、神威岬を廻つて小樽地方へ、遠く船旅をつゞける豫定なのですが、一年中での荒天の時期に入つてゐるので乘組の舟子たちはびく／＼して、船出以來始終空模様を氣にしてゐました。

▽▼▽

『やい／＼、みんな元氣を出せ、五助樣の船にけ恐ろしいものけねえんだ、風の神も海の神もあるものか、福山へ着きや一杯やらうぜ』

と云つた調子で、五助は皆を勵ましては、銅の輪の入つたいかつい脇差を捻くつてゐます。

やがて第一の目的地福山へ錨をおろしたのけ翌日の夕、五助は荷役が濟んでから一同に酒を與へておいて、自分け一人ほく／＼と悦に入りながら上陸しました。この地には、彼の戀ひ女があつたのです。

▽▼▽

女は、源氏名を市松と呼ぶ二枚わらぢの藝妓でした。五助は、ある奥まつた小座敷で、差向ひの女にいひました。

『今度は、一番終りの目的地へ着いたら、そこで冬を越してくるつもりだ。冬に向つちや歸つてこられないからな。もしその地が暮らしいゝやうだつたら、暫く歸つて來ないかもしれない。どうだい、お前も一緒にゆかないかい、土地の變るのも面白いぜ』

▽▼▽

無論女も、彼にしばしでも別れるのけ厭な樣子をしたが。

「だつてお前さん、金で抱へられてゐる身だからねえ、なんとか方法がつかないかしら？」

「いゝやな、足拔きさ、逃げちまやあいゝだらう。追手が來たつて逃げた所け船の上、へへ、海の上ぢやないか」

「さうだね、ただ船と云ふものがあたしには恐いんだけれど」

「大丈夫、五助樣のお船だ」

「ぢや今夜にも？」

「うん、子の刻かつきりに海邊へ出てゐろ。いゝかい」

▽▼▽

夜十二時、波打際に影と影がもつれて、傳馬舟へ忍ぶやうに乘つた男女二人、乘ると忽ち矢のやうに親船へ、五助の手が櫓に力一ぱいかけられて……。

親船には、夕方からの酒でまだ醉ひつぶれてゐる舟子たち。

『やい！起きろ、これからすぐに船出だ』

五助は破れ鐘のやうに喚いた。眠り起された舟子等は、眼の前に女の艶な姿をみてあつと驚く。

▽▼▽

『親方、これから通る神威岬には神さまが住んでゐて、海を女に汚されると怒ると云ふことだ。女をこれに乘せてゆくことだけけお止しなさい、どんな事になるかもしれないから」

と、舟子たちの中から諫める者もあつたが、五助にしてけやつと持ち込んだ大事の玉を手離せるものか。

「喧ましいやい、默つてさつさと帆をあげろ！」

…乘り組みの一同けやむなく

自分の持ち場持ち場について、船は闇の深夜の海をすべり出しました。

▽▼▽

幾日かの後、五助と市松との眼もあてられぬ醜態を乗せた船が神威岬の手前まで來て夜に入りました。と、舟子の一人が頓狂な聲をあげた。

『ど、どうしたことだ、船が進まねえで逆に戻るやうだぜ！』

胴の間にゐた五助が上へ駈け上つた時には、騒ぎは大きくなつてゐて、岬の上の夜空に黒煙のやうな雲が擴がり初めたのを皆があれよ〳〵と指さしてゐました。次いで、船の行く手に盛り上つて來た大きな浪のうねり！。

▽▼▽

黒雲が浪を呼び、浪のうねりが船を進ませないのです。五助はへさきに立つて、置々と渦巻き出した海面を覗いた。とたん眞白な衣服を纏つた、白髪白髯の怪奇な老人が、波間に突つ立つて、へさきに手をかけ、船を押し戻してゐるのを見たではないか。さすがの五助も身を竦めて驚いたが、利かぬ氣の彼は腰の脇差し抜くよと見る間にさつと身を伏せて手を伸ばし、怪老人に切りつけた。

▽▼▽

刹那、老人の白いかげは消えたが、恐ろしい海鳴りが起り黒雲は雨を降らし、海上はかなえのやうに沸き立ちました。さうして、五助の船は大浪に揉まれ、揉まれて木葉微塵に打ち砕かれ、哀れや散り〳〵に沈んでゆきました。

五助は、市松を抱いて板子一枚につかまつてしばらくただようてゐたが、あの神威岬の尖端の岩頭に浪で打ちつけられ無残にもあたら二つの生命はなくなりました。

▽▼▽

後に、この一伍一什を聞き知つた老船頭喜右衛門は

『それみよ、五助もたうとうやられたか、わしの話は正しかろう』と人々を戒めたさうです。

……これは、「渡島筆記」に載つてゐた話であります。

（この稿終り）

郷土怪談集（十五） 憤怒の不動（上）

怪 ●函館新聞　昭和六年四月十二日（十一日夕）　6-74

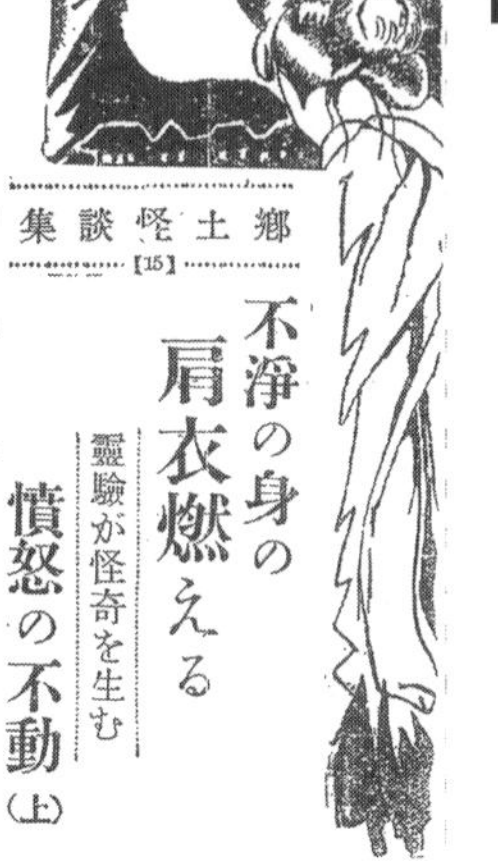

郷土怪談集【15】

不淨の身の 肩衣燃える

靈驗が怪奇を生む

憤怒の不動（上）

▽▼▽

福山の新荒町に、かつて高野山淸淨心院の末寺にあたる、海渡山阿吽寺と云ふのがありました。

この寺は、永正十年の開山で、僧阿闍利宣榮の建立にかゝるものだと稱せられてゐますが、一方『福山舊事記』には開山は永快阿闍利とし、永正十年の大館合戰の時燒失して久しく中絶してゐたものが、大永七年再建され、後代々蠣崎家の祈願所に定められたとあります。

で、兎に角由緒ある古刹であつた事は確だと思はれます。

▽▼▽

然るに、この阿吽寺の奥の院に、大小二體の不動明王の御像が安置されてゐました。いづれも頗る古色蒼然としてゐて、多くの年數を經たものでけないと云はれ、殊に「蝦夷實地檢考録」には大小二つの木像とも弘法大師の作で、越前敦賀から遷し奉つたとか、或ひは秋田から齎らしたとか傳へられると報じてゐます。

▽▼▽

だが、寺の縁起によりますと嘉吉三年に、下國盛季が渡道の際身の守護として持つて來たと述べてゐますが、どれが正説だか判然しないうちにも、弘法大師の作云々だけはどうも眉つばもののやうで信じ兼ねます。

像の威容か、素晴らしかつたために、人々が畏敬して色々な勿體をつけたのかもしれないが、……前説はこれくらゐにしておいて、そろ〳〵本題に入りませう。

即ち、奇妙な怪靈驗記の一節右大小不動尊のうち、小さい方の像について、こんな話が存在して居ります。

小不動明王は、時に靈驗著しいとあつて、近在の人は常日頃尊信してゐました。すると、土地に坪屋源七なる商人があつた。彼はある時、同業の者の家に不幸があつて、葬式に列したのですが、その歸り、まだ身に穢も撤かぬ不淨のまゝで、この不動明王に參詣したものです。

▽▼▽

源七は、木像の前にひざまづいて、合掌し、祈願してゐる數分のうち、いつの間にか身が焦熱地獄にあるやうな感じに、襲はれて來たのです。頭が熱い、背が焼けつくやうだ、五體からだ全體が火の中に置かれてゐるやうに、苦しくなつて來たのです。

祈願に熱中してゐた源七も、あまりひどい火氣を覺えたので、合掌の無我の境から呼びさまされました。彼は、われにもあらず聲を

郷土怪談集（十五）　憤怒の不動（下）

怪　●函館新聞　昭和六年四月十三日（十二日夕）　6-75

日が暮れてから、降り出した雪は、刻々と猛烈な吹雪になつてゆきました。

眞白に埋まつてゐる函山の町、深夜、あの阿吽寺の寒塀の下に、黒い二つの影が、吹雪に揉み砕かれるやうに見え隠れして、怪し氣にうづくまりました。

覆面の中に、光る眼が四つ、死んだやうなあたりを見究めると、さつさと塀を乗り越えて、二つの影は寺の中に消えました。

あとはごーつと風雪のうなり。

▽▼▽

阿吽寺の奥の院の、扉の鉄が破壊されました。二つの覆面は外から吹き込む雪の流れによろめきながら、眞暗な堂の中で、袖に隠して燧石を打ちました。僅かな火花、それの瞬間見たは容貌魁偉、厳然と並んだ大小二體の不動明王。さすがに二人の曲者もはつと平伏して、しばらくは聲も出ないでためらつてゐましたが……。

▽▼▽

思ひ切つたやう、二人のうちの一人が覆面の黒布をとつて、顫ひのおさまらぬ聲音でかう申しました。

『われら、守りの尊像、不動明王に御願ひいたします。われら二人は、はる／＼羽前の國から渡來いたしましたる者、御尊像をお迎へに参りましたのでございます。元來、御尊像のうち、小なる不動明王は、羽前の阿吽寺におはしましたるもの、昔下國氏季がこの地に移し参らせました』

▽▼▽

苦しい咳を一つしたが、

『然るところ、近年來、風のたよりに伺ひますするに、小不動明王には靈驗いやちこにして、この地の人々に多くの惠みを垂れさせ給ふとの由、これを承はつて前阿吽寺の和尚は尊體の遠くに持ち去られ居るを惜しむこと一方ならず、是非に御歸來を願ふてお迎へして來よと、われ

あげて、はてな！、と目前の明王を打仰ぎました。

▽▼▽

時に！、源七、くら／＼つと眼が眩んでしまつて、驚愕の叫びをあげると、それつきりその場に昏倒し氣を失つてしまつたのです。

その筈だ、不動明王の背光からは炎々と火焔が燃え始め燃えさかつて、それが源七の着てゐる肩衣に燃え移つてゐたのでした。傍らに居合はせた人々は聲を呑んで周章狼狽、源七を外へ漸くに擔ぎ出し、背一めんに廻けつてゐた火を消しとめた。

▽▼▽

さうしてからだに水をそゝぎ藥を與へたり種々手當を加へたので、源七はどうやら蘇生することは出來たものの、脊筋から肩へかけて大した火傷を負つたのであります。

明王は、源七が膝下から去るとすぐに、噴いてゐた火をおさめてけろりとしてゐたが、生き不動そのまゝの眼にあつた源七こそ耐りません。彼は痛む火傷の身を轉々させて、怪奇の起つた理由を考へました。

▽▼▽

理由は、無論、葬送にいつて穢れた身を浄めもせず、死者の棺に接した服装の肩衣のまゝ、おまけに死人を弔つて來たばかりの珠數をも手首にかけた儘、不動尊に拜跪したことが、悪かつたのだと、源七は氣がついたのです。

土地の人はこれを傳へ聞いて源七が尊像から憤怒をかひ、罰を崇つたことを信じて、互ひに袖引き合つて怖れたと云ふ。

▽▼▽

小不動の靈異に、いよ／＼恐怖した坪屋源七は、焼け焦げた肩衣を家代々に傳へ、子孫を戒めたさうで、これゆゑに小不動のことを『焼松不動』などと呼ぶやうにさへなりましたが……。

後、又もや、この不動は第二番目の怪奇を生んだのであります。（この稿つゞく）

寫眞、函山の白神燈台

らその命を受け海の彼方より参りまじたるものでございます」

▽▼▽

漸く、そこで頭をあげ、

『私は紅葉の候に当地へ着きましたが、人眼多くお迎への時なく、冬籠もりに入つて町の静まるを一日千秋の思ひにて待つて居りました。さあ、只今すぐ、これより御霊體を還持し、常寺を去りたく心得ます。何とぞ御供御許し相成りたく、叩頭百拝お願申し上げまする……』

態のいゝ泥棒だが、不動さんも古巣からの迎ひとあれば一寸の間位は、多少なつかしく思つたのかもしれない。それで、おとなしく小不動は、男の背に負はれて、寺を抜け出た。

▽▼▽

だが、寺を一歩出たころ、無論一方の方で怪奇を生み出した。

坪屋源七の家では、前稿のあの肩衣、焼かれた源七は既に亡くなり、その伜が跡をついで矢張り源七と名乗つてゐる頃の、これは出来事である。

夜も深々と更けて、もう丑満つどきに近からう。坪屋の裏の土蔵で、ただならぬ音響が起つて、家の人々が飛び起きた。何事！と二代目源七を先頭に、土蔵の手前まで手燭の火をたよりに進んでゆくと、蔵の樋の金網の窓から燦然と光を放つてゐるのです。

▽▼▽

「火事か！」

一同騒いで扉を排して中に入ると、家宝を入れた一つの長持から火焔がふき上つてゐて、炎々とあたりをてらし真昼のやうに明るい。その火の色たるや、異様に物凄いが、焼けてゐるのにしては煙が出てゐない。

あわてゝ長持の蓋をとると、これはどうしたことだ、先代源七が小不動に焼かれた家宝の肩衣が、中で焼けもせずに恐ろしい焔をあげてゐる。

『うーむ、これは、何か不動明王に異事があつたのに違ひない』

▽▼▽

源七は召使ひを督して、早速寺へ走らせ、住職を叩き起こして調べてみると、案の定小不動尊の姿がなくなつてゐた。

さあ、真夜中を、寺の半鐘が乱打されて鳴りひびく。町中の人々が寺に集つて、様子を知るや殺気だつて憎むべき盗賊の大捜査に着手した。

一方、二人の曲者は、まんまと盗み出したもの、この吹雪の夜では舟もなく、舟があつても小さいやつでは冬の暗夜の津軽の海をどうして渡れやう。

▽▼▽

目的は達したが、處置に困りはてゝ、

『ちやあ、この地を立のいて蝦夷の奥地へでもいつて冬を越し、春になればこつそり不動さまを何かにかくして羽前へ運ばう』

といふことになり、海邊でさまよつた揚句引きかへして来た頃には……。

▽▼▽

半鐘が鳴る。人のわめき聲。さては事早や露見か！、ときりきり舞ひしてあてもなく走つてゆくのを、忽ち、坪屋から出した手勢のためにむんづと捕へられてしまつたのです。

二人の曲者は、後に、罰が當つたのか足腰が立たなくなつたさうです。（この稿終り）

郷土怪談集（十七）　空を飛ぶ棺（上）　6-76

怪 ●函館新聞　昭和六年四月十五日（十四日夕）

▽▼▽

勝安房と関係の深かつたといふ當地の澁田利右衛門翁が、そのつれづれの雑記に、自分の家の近所に起つた出来事だと断つて書き残してゐる、これは怪奇談の一篇であります。

昔の人には珍らしい不信心な老婆の話で、當地での怪談としては皆さんに餘り知られてゐない、耳新しく、興味のあるものです。

▽▼▽

今から、約六十五年ほど前の事ですが、函館の辨天町に、附近で評判の有徳な町人がゐました。商賣は、たしか海運業だつたやうに思ひます。

屋號は山形、當主を眞之助と云ひましたが、金はあり、慈善心が強いので貧民たちには神様のやうに敬はれてゐたのです。

だのに、その母親に當るお近と云ふのは邪慳な性質で、眞之助には罰の様な婆さんでした。

▽▼▽

お近は、すでに六十の坂を越えたにも拘らず、他の老人のやうに後世を願ふといふやうなこともなく、ひたすらに慾外の物事にばかりあくせくと骨り合つて、人を口汚く罵つたり、金を借んだりして心せはしく暮らしてゐました。

だから眞之助は、一度貰つた嫁にすぐ死別して後は、母の眼の色を恐れて、もう四十だといふに後妻を娶ることもせず、何事にも抗けず母にのみ仕へ、親戚などからも頗に同情されてゐました。

▽▼▽

「山五さんとこの若奥さんは嫁入つて半年ほどで、痛々しい程痩せ衰へて死んでしまつた。あれはきつと、お近婆あがいびり殺したのに違ひない。嫁に飯を食はすことさへ、あの婆さんは惜しむんだからな。死んだお嫁さんこそ浮ばれまい、可哀想に……」

そんな噂が、誰云ふとなく噂はつて、嫁が死んで十年もたつたその頃まで近隣の人の口の端に上つてゐました。これには、親戚のうちにも否定するものはない。

▽▼▽

従つて、眞之助に同情する人たちも、彼に後添へを世話しやうとするものはありません。またある時には、菩提寺から、墓地の改造で寄進を頼つて来た時、お近は眞之助を突きのけるやうに坊さんの前へしやしやり出て、

『なんて図々しい坊主め、親の夫の、この家の先代の墓にも、また本の墓碑で澤山だといつてほつてあるのに、他人ばかりの墓場に誰が金を出すものか！』

▽▼▽

坊さんは眼を白黒させて飛んで歸りましたが、さすがのお近婆さんも寄る年波で、近頃は昼間は例によつて元気でも、夜寝に就くと夢が穏かならず、いろいろな妄念に脅かされるやうになつて来た。

ある夜のゆめに、お近は、自分の肉親のたつた一人の妹が、蒼い顔をして枕元に立つて、怨めしげな凄い眼で睨んでゐるのを見ました。はつと醒めた時には、全身冷汗びつしより。恐ろしさの余り、

「ああ、妹が死んだのではあるまいか……？」

その妹と云ふのは、お近と引きくらべて、嫁いだ家が貧乏の極、お近の家へ以前はよく金を借りに来た。然し一人つきりの妹にも、ビタ一文も貸せばこそ、いつかも店先から妹を蹴落として以來、腰をしたゝか打つた妹は一度も来なくなつた。たよりに聞けば、その時に起き上ることも出来なかつたほどのあの打撲が原因で、妹はずつと病みついて床に臥せつたきりだとか。

夢の様子では、たうとう妹は死んだのでは……？

お近も矢張り気にかゝつたとみえて、翌朝は、山背泊の佗びしい小路の、軒の傾いたあばら家に、妹の見舞ひに出かけました。

来てみると、案にたがはず、妹は前餅のやうな蒲團の上で、干乾しの鰮のやうに枯れ切つて死んでゐました。

お近より五つも若い妹の死、何かこの悪婆にも、胸を打つものがあつたのだらう。……お近が、死人に近づいて膝をついたとき、死人もまた、怨みが凝つてゐたかむくむくと動いた。

無気味さに、お近が身を引いた時だ、死人は口から、うす赤くにごつた血を、だらだらと吐いたのです。

死人が、何か怨みがあつたり、生前非常に會ひたかつた者などが来た時、よく口から血を出すと云はれてゐます。

お近婆は、それからといふものは、どつと、寝いに床にとりつかれました……。（この稿つゞく）富田、今の辯天

郷土怪談集（十八）　空を飛ぶ棺（下）

怪　●函館新聞　昭和六年四月十六日（十五日夕）　6-77

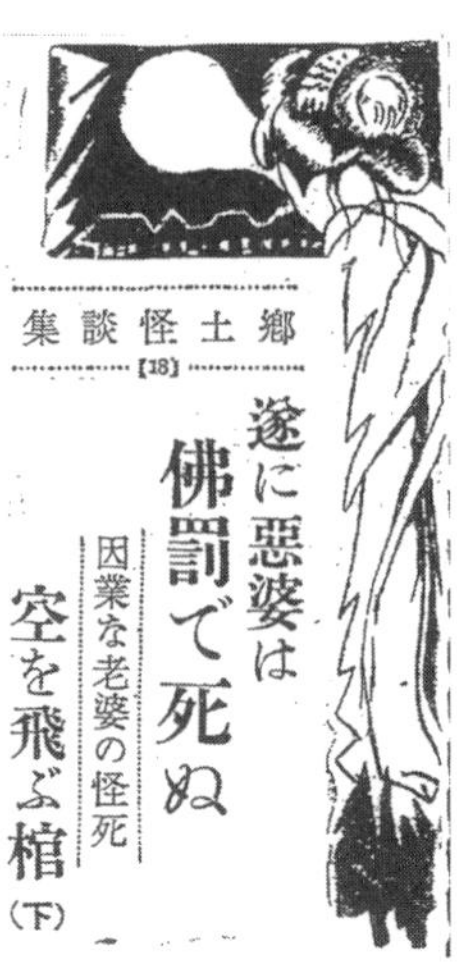

郷土怪談集【18】

遂に悪婆は佛罰で死ぬ

因業な老婆の怪死

空を飛ぶ棺（下）

▽▼▽

妹の、不幸な死に顔を見てからは、老婆お近が、死霊に魅入られたやうに病床についた。

その病状たるや、たゞの惱子ではない。昼はすやすやと眠つてゐるらしいが、障子の外が暮れて、部屋の行燈に火が入るころとなると、あられもないことを口走り、部屋中を狂ひまはる。

死んだ眞之助の嫁のこと、妹のこと、亡夫のこと、過去帳の中の者ばかりの名を呼んで、罵つたりいがみ合つたりしてゐます。

▽▼▽

眞之助は心配しました。手をつくして醫者よ、藥よと看病しますが、どうして癒るどころか日と共に昂進するばかりです。かうなると、いはゆる加持祈禱

にたよらねばならなくなる。

で、菩提寺の和尚を招いて相談したところが、和尚はお近の病状を眺めつくしてから

「ほう、これは佛罰があたつてをるのぢや、なか／＼癒りませんぞ、御老母の心から匿してゆかぬと、病氣は全快がむつかしい」

▽▼▽

和尚か、から祈禱の詣まで授げたのでは、もうこれは止むを得ない。眞之助よ、親戚の者とも合議して、母の命を天に任せるより仕方がないと、涙ながらに諦めたお近は、次第に食事も摂らなくなつて、眼は落ち込み、口は土色に硬張り、顔色は般若のやうに蒼ざめ、この世の人とも思へぬ恐ろしい形相となつてゆきます。うつろな眼ばかりぎろ／＼光らして、咽喉を鳴らし、齒の拔けた口で奇怪なうはごとを云ひつゞけます。

▽▼▽

かうして、三ケ月も經ち、骨と皮のやうになつたお近は、まだ生への執念を絶ち切れないのか、佛になりません。が、ある夜のこと、皆寝静まつた頃に、むつくりとお近は起き上つた。わななく聲で。

「あ！、わたしを迎へに來てくれたのか……」

と呟くと、ふら／＼と、障子をあけて椽側へ、それから雨戸の外へ、庭の飛び石につまづきながら、恰も最後の力を出しつくすやうに歩いてゆきました。

▽▼▽

翌朝、老母の姿が見えない。眞之助は顔色をかへて驚き、八方へ手を分けて探させたところが、家から五六丁離れた菩提寺の、墓地の中で、墓石に足をとられて倒れ額を打ちつけ、眼鼻口から多量に血を出して、二た眼とみられぬ物凄い死に様をしてゐた。早速、死體を家に運んで、家族親戚の者が寄り集まり、坊さんを招いで有難い經を讀んで貰つてから、ねんごろに棺に納めて、一夜を明かした。

▽▼▽

さてあくる日の午後、見事な葬送の行列をつくつて、眞之助の誠心こめた母への最後の心盡し、ゆく道々の人の眼を驚かす立派さ、その長さは家から寺までつゞく程で、堂々とこの惡婆さんも見送られてゆきました。

だがです。その途中の出來事、棺を入れた駕が家を出て、間もなく、今の辨天のお社のあたりまで來た時です！。

▽▼▽

一陣の旋風、ゴーッと過ぎたと見る間に、一天にはかにかき曇つて、おどろに轟き出した雷鳴、いなづまは四方に交叉し、ひろがる中を、忽ち車軸を流すやうな雨が天地を覆へすやうに降り出して來た。

と、忽然、中天に湧いた一塊の黒雲あり、さつと舞ひ下つて來たかと思ふと、くる／＼と棺の上を覆ひ、押し包んでしまつた。

▽▼▽

突然の豪雨に、右往左往してゐた人々は、そして次ぎに恐ろしい現實を見せられた。あつと、叫ぶひまもなかつた。

みよ！、黒雲に蔽はれた棺は瞬く間に宙天に舞ひ上り、ぐん／＼と飛び去つてゆくではないか！。次第に小さく、遥かになつていつて、人々の立ち騒ぐのを尻眼に、遂にいづこともなく持ち去られてしまつたのです。

▽▼▽

餘りのことに、眞之助らは手の施しやうもなく、呆然自失の態であつたが、漸く氣を取り直して棺の飛んでいつた方向へ人を走らせて、あらゆる方法を講じて、その行方を探させたのでしたが、たうとう、永久に老婆お近の骸の入つた棺は、眞之助の許へ戻つて來なかつたと云ひます。

▽▼▽

不信心で因業だつた婆さんはかうして、この世に土となることも、墓標となつて殘ることも許されなかつたのです。

（この稿終り、寫眞怪談の辨天社）

郷土怪談集（十九）稲穂の亡霊（上）

●函館新聞　昭和六年四月十七日（十六日夕）　6-78

郷土怪談集 [19]

板子一枚に死體が三ツ
雪の夜に打ち顫ふ
稻穂の亡靈（上）

▽▼▽

次に掲げるのは、奥尻島茶津村の、船元正男なる人の手記であります、が、昔、奥尻島が開けてゐなかつた頃のこと、稲穂岬で遭難する船は随分多く、あの疾風吹き荒ぶ海の難所で、溺死した人の數は何百人、否何千人に上つたか知れない程ださうであります。

それで、昭和の今日にも、溺死者の亡靈が現れるとの噂まであつて、色々と怪奇な臆説が傳へられてゐます。

▽▼▽

ある老人の話でけ…ある晩…それは小雨の降る、寂びしい秋の一夜であつた。夕方、磯に引き揚げた船に忘れたものがあつて、村の灯のかげも雨に遮つて屆かない海岸へ、濡れながら手探りにやつて來ました。

何となく、なま温かい潮風が幻を逐ふやうに吹きつけて來てわれにもなくぞつとしてイむとその視野を掠めて海のかなたに恐ろしい影が現はれました。この陰雨の暗い、あやめもわからぬ沖に、くつきりと浮き上つたのは一艘の綺麗な船！。

▽▼▽

鮮やかに燈をとぼして、その船は小さな帆をあげ、右往左往して迷つてゐるのです。船の中からは、悲しげな女の泣き聲が聞こえるかと思ふと、また身をさすやうな音樂の音をもただよはせて來ます。

これこそ、噂の幽靈船！と老人はあとをも見ずに逃げ出して來て、家の前から振りかへると、既に怪船の影はなく、海は黒闇々とぬりつぶされてゐた。

またある夜には……。

▽▼▽

船元なる人の祖母の目撃談ださうですが、猛烈な暴風雨の一夜、海、彼方に當つて潮山なす人の叫び交はす聲が聞こえ、それが帆を裂くやうな音鳴にかはつてゆくのをまざまざと風が運んでくるので、海邊へ走り出てみると、怒濤に呑まれんとしてゐる大きな船が、くるくると渦に巻かれ、あなやと見る間に船影が見えなくなつてしまつた。と同時に、暗い潮の波間々々に無數の怪火が浮き出して、青く白く燐光を放ち、散り〳〵に搖曳して消滅したと云ふ。溺れていつた舟人たちの人魂だつたに違ひない。

▽▼▽

翌早朝、前夜の恐怖よりはさめ切らぬが、時化が凪いだので、海暗いうちから隣村へ海苔を採りに祖母は出かけた。そして途中の山の断崖に立つて、見るともなく海を眺めると、また、前夜の船と人とを呑んだ怒濤が怪異となつて躍つてゐたのか、幻のやうに仄かに、夢のやうに佗びしく浮いてゐる一つの小舟。それが吼えるやうな音を立てゝ、あの大船の沈んだと思はれるあたりを中心に矢のやうに走り廻つてゐる。

▽▲▽

見てゐるうちに、忽然と幽靈のやうになくなつたが、祖母は釘づけにされたやう立ち竦んで總身に悪寒が粟立ち、海苔採りをやめて一目散に家へ飛んで歸つたさうです。

更に、次の話は、今なほ生きてゐる漁師で、稲穂岬に住むある三人兄弟から聞かされた、陰惨きはまる實説の一篇。彼等がまだ十五六の時だと云ふから、三人の今の歳から見ると六十年近くも前のことだと思はれます。

▽▼▽

三人の兄弟は、その少年の頃を祖母との四人暮らしで、村里から離れた淋しい海濱の一軒家に住んでゐました。

その年は秋の二百十日前夜から海が荒れ通しで、船と共に命を捨てた者數へ切れぬ有様、日毎夜毎に村の人々は遭難者の話で持ち切つて、念佛の聲ばかりが打ち顫ふて皆の耳を脅かし、憂欝な日がつゞいてゐました。

殊に三人兄弟の一軒家は？。

▽▼▽

潮流の加減なのか、一軒家の前の海邊には、難破船の痛々しい木片が漂着せぬ日とてなく時には凄惨な死にざまをした溺死體までが、よく打ちあげられるのです。

小さい三人兄弟は、これを恐れて眼を蔽ひましたが、彼等の祖母は氣丈者で、かうした事に馴れてゐたので、溺死人が見つかると甲斐々々しく濱に出て「おお、また佛さまがござらつしやつた……」と呟きながら、叮重に處置したものださうです。

▽▼▽

冬に入るまで、かうして祖母の手で厚く葬られた死體は十個を越え、中にも惨めだつたのは一枚の板子に三人が死噛みついたまゝ

息絶えて打ちあげられてゐたものなどで、祖母は、

『これは遠いお客さまだ、内地の船頭衆らしいの、可哀想に遠い所で佛になつては妻子に知らせやうもない……。』

と合掌しつゝ弔つてゐた。

▽▼▽

やがて、冬が來て、それはしんしんと雪の降る夜のこと……。（この稿つゞく）

郷土怪談集（十九）　稲穂の亡霊（下）

6-79
●函館新聞　昭和六年四月十九日（十八日夕）

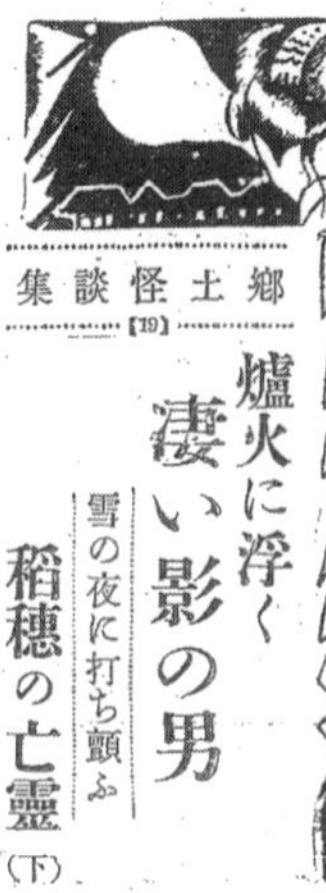

爐火に浮く　凄い影の男
雪の夜に打ち顫ふ　稲穂の亡霊（下）

やがて、その、しんしんと雪の降る夜のこと……。

稲穂岬の一軒家、ふけるとともに風が加はり、岬に打ちつける波浪の音、爐に焚く火もとろとろとうすれて、絶え入りさうにさびしい夜半となつた。

三人の兄弟は、枕を並べて寝についたが、子供ごゝろにもなんとなく悚々と肌寒い一夜、容易に眠につかれさうもありません。

うとうとしたころ、何となくはつとして眼をさますと……。

▽▼▽

ほと、ほと、ほとと家の破れ戸を叩く者がある。まだ爐邊で孫らの股引を繕ふてゐた祖母は
「はて、風だらうか……？」

と眼鏡に手をかけたが、また針の手を動かし出すと、再び力なくほと、ほと、ほとと叩く音。

氣丈な祖母は、立ち上つた。

「はい／＼、どなただね？」

と戸へ手をかけて、がた／＼と引きあけると、怪しや、すうつとはいつて來た六七人の、影のやうにうすれた男の姿！。

▽▼▽

兄弟は、恐ろしさの餘り、互に抱き合つてふるへながら、布團の中からのぞいてゐると、男たちは足音もなくふわりと框を上つてぼんやりと坐つた。祖母は、左り氣ないやうに彼等に話しかけた。

『おやまあ、お揃ひで、今どきになんの用があつてかな？』

すると口々に、男等は數のなくやうにつぶやいた。

『どうぞ、しばらく火にあたらして下さい。雪の下は寒くつて、寒くつて……』

▽▼▽

祖母は、まじ／＼と、一列に並んだ彼等を眺めた。何といふ蒼白い顔、髪をぼうぼうと生やして、中には額や顎から血を流してゐる者もあり、衣服はびしよ濡れで泥まみれ…。

「おゝ、お前さんがたは、いつからの佛様たちだつたね！」

祖母は、さも懐かしさうに云ふのです。皆は、爐の火と一緒に揺れるやうに、手を突きました。

「はい、めい／＼があの日のお禮に、揃つて出て参りました」

それは、祖母が埋葬してやつた溺死人たちでした。

▽▼▽

『では、もう三人は？坂子一枚にくつついてゐた三人の佛様はね？』

祖母は一番痛ましかつたその死體のことを思ひ出した。

『はい、いづれ、すぐあとから來るでせう……』

三人の兄弟は、お祖母さんが、普通の人間とのやうに話してゐるのが恐ろしかつた。云ひ知れぬ氣味がぞく／＼と迫つてくる。

だのに、祖母は立つて、酒の仕度まで始めるのです。

▽▼▽

『さあ、寒いと云ふのなら、一杯飲んでゆくがいゝ』

男達は、骨と皮のやうな手をさしのべて、猪口を取り、本當に飲むのださうです。が、あとはすべて無言、頭を下げ、頭をドげして感謝するやうな様子をつゞけ、そしていつの間にか、氣もつかぬ間に一人消え、二人消え三人消えして、祖母が酒徳利を手にしたまゝ居眠りを初めた瞬間のうちに、皆の姿はなくなつてゐました。

あとには、薄べりの上にびつしより濡れたあと……。

▽▼▽

疲れて、漸く床についた祖母は又もや、その夜のもう明け近く、に。ゆり起こされました。

枕邊には、坂子をしつかと抱いたまゝの、あの三人の姿が、しよんぼり坐つてゐます。そしてそれから頼んだといふ。

『お世話ついでに、春になつて、内地からの船が來ましたならば、四國の多度津にゐる私たちの妻子に、三人が死んだことを傳へてくれるやう、ことづけて下さい』

そして夢のやうにかき消えたあとに、三人の肌着が殘されてゐたさうです。

▽▼▽

朝になつて、三人の兄弟は、祖母に訊きました。

ゆうべの人達はなに?」祖母は笑つて答へた。「あれが亡霊と云ふものだよ、やれ〳〵わしもいゝ功徳をした」

すると村人たちが、どや〳〵と一軒家を訪れて来て、

「おばあさん、ゆうべは何か変つたことはなかつたかい」

と息を喘ませるやうに聞いた。それで、三人の兄弟が交々物凄い経験を物語ると……。

▽▼▽

村人たちは、首を振つて云つた。

『道理でね。あの郷の背の無縁の墓場をさ、自分らがまだ宵の口に通りかゝつたところが、青い火の玉が十ほど雪の中に飛んでゐるではないか。おつ魂消てみてゐるとね、なんだか、寒い、寒いとさびしい聲で話し合つてゐるやうなのが聞こえたのだよ。さうして火の玉と、その聲とが、一軒家のこの家の方へ、ふわりふわりと飛んでいつたものだからね……』

▽▼▽

三人兄弟は、皆今は七十を越えてゐますが、未だにその夜の男達の姿が、眼にあり〳〵と残つてゐると云ふ。（この稿終り）

妖 郷土怪談集（二十一）　深山の怪神（上）

6-80

●函館新聞　昭和六年四月二十日（十九日夕）

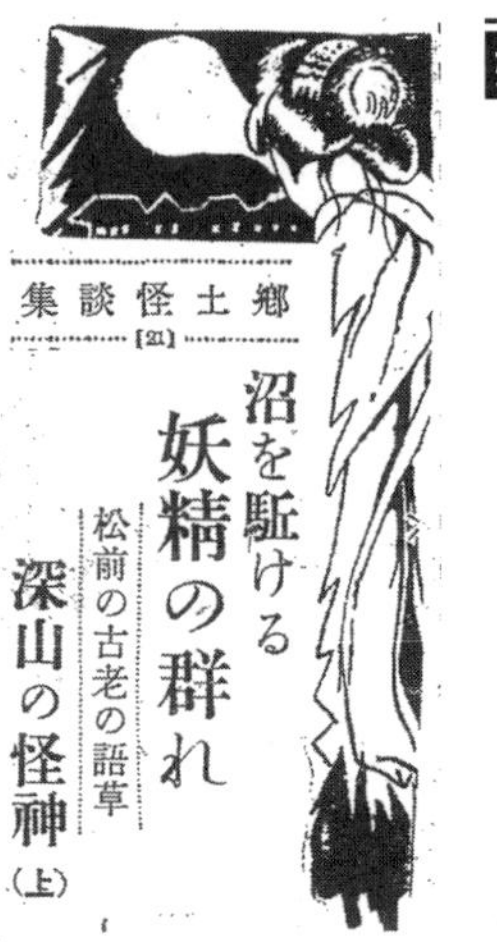

郷土怪談集【21】

沼を駈ける妖精の群れ

松前の古老の語草

深山の怪神（上）

▽▼▽

享和元年の冬から、年を越して翌年の春にかけて、北蝦夷地のシャリには、非常な飢饉がつゞきました。それで蝦夷人たちのなかには、公儀御用地の東蝦夷地のメナシやネモロの方へ、飢えの苦しさから移つてゆく者が夥だしくなつてゆきました。

これを知つた箱館奉行は高橋壮四郎寛光に命じて、北蝦夷地シャリの實狀を調査させました。

▽▼▽

壮四郎寛光は、部下を引き具して、まづ東蝦夷の公儀御用地に移住した土民の様子を調べ上げた上、シャリへ赴いて飢饉の状態をつぶさに踏査し帰途につきましたが、それは頃も夏に近いころ、一行は西蝦夷地のモンベツの手前の濱邊にさしかゝりました。

そこには、長さ数里に及ぶかと思はれる渺々たる沼がありました。彼等がそれを横に眺めて通り過ぎやうとしたとき、急に沼のおもてが波立ち騒ぎ初めました。

▽▼▽

沼の背の山々が、がう〳〵ととどろき、樹々は一齊に折れつくさんとするやうに揺れ、その餘力が沼面を覆つて一種凄愴な有様を現しましたが、これはただの嵐ではなかつたのです。

壮四郎一行、不意を襲はれて笠を飛ばされ、衣装を吹きふくらませられて、きり〳〵とうろたへたが、寛光うんと足を踏ん張つて眦を釣り上げ沼の彼方を睨みつけると……?。

▽▼▽

奇怪や、山のおろしに吹き捲られるやうに、突忽と山から湧いて出た異様な風態の人間が無数、沼の上を乱舞してゐるのです。

恰度、それは絵に見た木の葉天狗のむれ遊ぶやうな様子で、山へさつと駈けのぼつて頂きの邊で踊るかと思ふと、影を引くやうに沼へすべり降りて異體な映像のやうに軽々と狂ひ廻る。

寛光は、あつと聲を吞んで呆然と自失したやう堅くなつた。

▽▼▽

供の人々もそれと気づいて、ただならぬ異変よと、べた〳〵坐り込んで腰を得立てず、嵐に吹き揉まれながら怪異を眼で追つてゐたが、彼等怪人の姿は、見やうによつては蝦夷人のやうな形體と思はれる。

寛光は、かねて、このあたりには蝦夷人も住んでゐないと聞いてゐたので、不審にたへず、眼を据いておののいてゐると、やがて怪人の中に、一きは物凄く巨大な像がそゝり立つて現れた。

▽▼▽

髪振り乱し髯は頰から胸にたれ、顔面黒色、長い杖のやうなものを持つて、巨大なその怪像はげつたと此方を睨んだ。

そして杖を一振りすると、亂舞してゐた怪人たちを一括し、飛ぶやうに水上を走つて、山際の草木の上を駈け、恐ろしい唸りと共に山の彼方はるかに立ち入つてしまつたのです。するとあの奇異な嵐も静まり、沼も油のやうに淀みました。

▽▼▽

遠目でみたので、はつきりとは解らなかつたが、寛光には、怪人は一様に蝦夷人のやうに髪を長くのばし、その衣類は紺色のや

うで、腹鼓が描いてあつたやうであつたと云ふ。

若氣や槍持ち達は、老人から、この邊の山並みには、山神がゐると聞いてゐたため、稽首して謹み今のはたしかにその山神の群れだと、去つて行つた山の方を三拜九拜したが、寛光も思ひ極まつたか腰の刀を引拔いて……。

▽▼▽

道の傍らにあつた大きな流木の腹へ、刀の尖でかう刻みつけた。

「享和二年八月、高橋壯四郎寛光此處を通りしに、山神顯れしを見ぬ。以來此處を通行の者愼んで相通るべし」

その後は、通行人が却つて恐れて、この沼のほとりを避け他の道を通るやうになつたと云ひますが、右の壯四郎寛光なる人は性來僞りなどを云ふ人物でなかつたから、この物語りもあながち虚言ではなからうとの事です。

▽▼▽

以上の話は『松前夷談』に載つてゐるものですが、深山幽谷には怪神が棲むと云ふ考へは、松前の古老は今でも抱いてゐるところでせう。

だから、往昔からこれの傳説は頗る多い。明日は他の山神の怪談を書いてみませう。『古今著聞集』などに記されてゐる話を綜合したものです。（この稿つづく）

妖　郷土怪談集（二十二）（下）　深山の怪神

●函館新聞　昭和六年四月二十一日（二十日夕）　6-81

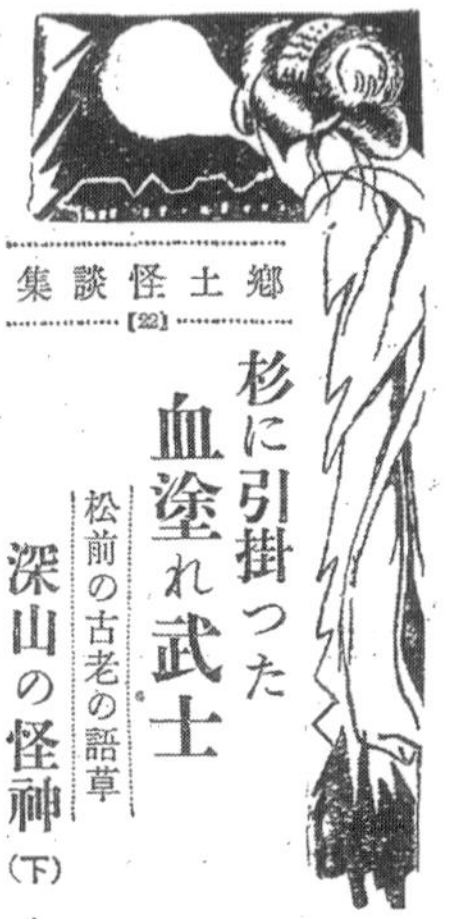

郷土怪談集【22】

杉に引掛つた血塗れ武士

松前の古老の語草

深山の怪神（下）

▽▼▽

旅人は、陸津山脈を、麓に添つて奥の方へ歩いてゐました。柄袋のかゝつた大小の刀を腰に横たへてゐるところをみると、武士に違ひありません。彼はゆく先き先きで、立ち止まつては、矢立へ筆を走らせて、詳細に罫紙に何か書きつけてゐます。……やはり享和の頃、彼は公邊から命ぜられて、各地を經めぐる、その頃の測量に從事してゐる男で、一種の隱密のやうな役目をも持つてゐました。名を、彼は樋口半三郎といひました。

▽▼▽

冒險的な職務ですから、彼は常に危險な地へ踏み込んでゆくのですが、今度の旅はこの邊りの山岳の調査を目的としてゐました。山の外輪を究めあげると次には深く山の奥へ分け入るのですが、さすがに彼も晝間だけ山中を歩きく暮れ近くなれば麓の方へ降りてくるのです。夜となれば、當時の山奥には杣小屋だにあらう筈がありませんので、うかくと身を殺すやうなことになるからでした。

▽▼▽

處が、その一日、どこでどう踏み迷つたのか、頂に登つて來た山から麓へ降りることが出來ません。路もない、幽谷に迷ひ込んでしまつて、夏とは云へ谷底の霧が陽の目もみずに凝り固まつて白く光つてゐる肌寒さ。漸く足場をみつけて岩壁をよぢ、谷からはひ出たかと思ふと、今度は暗い暗い前人未踏の森林です。さまよつて、疲れ切つたころには、夕闇があたりをこめて來ました。

▽▼▽

ままよ！と度胸をきめて、とある岩かげに腰をおろし、徹夜して明日を待たうと決心しました。彼の、最大の危惧は、猛獸だつたのだが、暗黒の夜道をうろついてより深味に入り、谷底に轉落することはもつと恐ろしいことだつた。半三郎は、柄袋をとり、刀を引き寄せて、さて腰の握り飯と、竹筒の水とで夜明かしの腹を拵へました。深沈と更けるにつれて、疲勞から睡魔に襲はれ始めます。いつからとくとまどろんで、冷たい夜風にいうつと撫でられたとき、慄然とするものがあつて眠醒めました。

▽▼▽

不圖みるかなた！樹々の太い幹の間から、かすかに燐光のやうなあかりがゆれてゐる。豪氣な半三郎は、好奇心を捨てられず、よせばよかつたがそのあかりに近づいていつた。

刀の鯉口切つて、大木を楯にそつとのぞいた怪光の現場、半三郎はよろくと倒れんばかりに度膽を拔かれました。……緋青を塗つたやうな顔、手、足、身には獸皮の衣を纏つてうづくまつた一個の怪物！。

▽▼▽

兩手にしつかと、山犬様のけものを摑んで、その胴つ腹に口を當てて、怪物は今や食事中なのでした。歯を光らし貪り食ふたびに、口元から血がしたたります。燐光は、怪物の周圍をめぐつて、ぼんやり明るく發せられてゐるのです。半三郎は、見てゐるうちに、次第に呼吸が切しくなつて來ました。胸苦しく毒氣に當つたやうに眼がくらんで來ました。それを漸く木につかまつて支へてゐたが…。

▽▼▽

怪物は、急に、恐ろしい形相を亂して はつと振り向いた。半三郎の氣配を知つたのでせう。その顔！、鼻高く、眼はらんらんと大きく、口は野獸を食つた血に染まつて耳迄裂けたやう。ばさり、と手にしてゐた餌食を捨てると、ぢりぢりと半三郎の方へ迫つて來る。彼は逃げることすら出來ず、徒らに刀の柄に手をかけたのみにて、怪物を前に竦んだまゝ動けない。

と、怪物は、吠えるやうに、しかし明瞭に云つた。

▽▼▽

『**何**者！人間だな？わしの山を荒しに來たのか、無斷でこの山へ分け入るとは不屆きな！』

むんずと、半三郎は肩を摑まれて、引き出された。刀を拔いたが忽ちぽきりと折られてしまつて、また破れ鐘の聲を聞いた。

「わしはこの山の神ぢや、人間の足にて汚すとは言語同斷、この山に入つた者は必らず片足にせねば下山は出來ぬぞ」

……あとは、半三郎夢心地、死か生か、自覺を失つてゆく。

▽▼▽

夜が明けてから、山の麓の村で騒ぎが始まつた。相當な風態の武士が山際の大きな杉の木の上に、だらりと引つかゝつてゐたからです。やつと村人が武士を助けおろしたが、血だらけで、見るも無殘や、片手と片足が、食ひ千切られたやうに肉を散らしてもぎ取られてゐたのです。

正氣にかへつた半三郎は、氣息奄々として、昨夜のことを思ひ、そして自分の身の痛ましい變化を知りました。彼は、村人に事の始終を話しました。

▽▼▽

山神の怒りに觸れた半三郎、村人の恐怖、それからやがて、出血多量で死んだ半三郎、噂は噂をよんで、隨澤嶽の怪神は語り傳へられてゆきました。（この稿終り）

【附記】大分長くなりましたので、この邊で一先づ完結いたします。（S）

資　奇妙な男の出現

●関門日日新聞　昭和六年三月二十七日（二十六日夕）　6-82

奇妙な男の出現

これは又奇妙きてれつ……一人で男女兩様を備へたとても不思議な人間があつたもの……。徳島縣名東郡加茂村字井新吉（二一假名）はこの程岡山市友澤病院を訪れて診察を求めたが奇妙なことには胸部に長さ一寸五分徑五分位の男子生殖器やうの突起ありその左上部には女子生殖器やうのものありて時には月經様の排出物もあると言ひ乳も普通のもの以外に二個あり食べ物は鼻の孔から入れて口へ出して煙草なんかも鼻から吸ひ込んで口から煙をはいてすまし込んでゐるといふ珍らしい變り種の男……。

資　国技館おばけ大会

●都新聞　昭和六年四月五日　6-83

國技館おばけ大會

四月末日マデ

怪　恐しや女の一念　位牌は動き出し女の姉は気がくるう

●小樽新聞　昭和六年四月六日　6-84

恐しや女の一念　位牌は動き出し　女の姉は氣がくるふ

―江別町の因縁ばなし

江別町十二戸通川瀬留吉（四〇）は江別富士工場木工部につとめ實直に働き相當の金を殘し方々にも小金を貸付てゐたが昨年九月妻女が四人の子供を殘して死んだので本年二月上旬七百圓あまり貸金のある幌向村某の娘みさを（假名）（二〇）を女中代りに雇つたがいつかみさをを可愛い心持ちになり再三いひ寄つたが相手にされず

◇

仕方なくみさをの姉に「貸付金を棒引にした上月々いくらかの仕送りを姉の家へも與へる」といふ話をもち出してうまうまと話を進め、子供等が氣になるので本人が承諾せぬのだらうと留吉は新世帯をもつ前にして家財を取りかたづけてゐたが妻女の位牌に手をつけやうとすると突然位牌が動き出したのでみさをもびつくり仰天そのまゝ逃げて歸つたが、留吉も子供等を實家に預けみさをの宅へあとを追ふて押しかけて行つた

◇

女の家へ行つてみるとこれはしたりみさをの姉は發狂してうなりつゞけてゐる有様。金も恐ろしい女もコワシと目下江別町内で專ら大

評判

6-85

資 国技館おばけ大会

●国民新聞　昭和六年四月十二日（十一日夕）

國技館
おばけ大會
四月マデ末日

6-86

怪 死人と会話した証拠の幽霊写真

●山陽新報　昭和六年四月十二日（十一日夕）

死人と會話した証據の幽靈寫眞

世にも不思議な妖術か

コナン・ドイル夫人ちかく公表

死んでから一年近くもなる故サー・アーサー・コナン・ドイルと會話を交しその證據に顔まで寫した
といふ世にも

不思議

な妖術寫眞がコナン・ドイル夫人により近く公表されんとしてゐる、記者は特別の好意で問題の寫眞を公表前に見た、薄暗い部屋の中でとつてゐるから明瞭なものではないが、死せるスピリチュアリストの（霊界）の大家コナン・ドイルの顔が繪にかゝれた幽靈のやうにありくと現はれてゐる
寫眞は一枚だけではない、息子のアドリアンやデニスが

椅子に

腰かけた後ろから顔を出したのやツィーデール僧正に話しかけてゐるところなど五枚あり、それに死人からの文書も寫眞に撮つてある
「私の親愛なる諸君、私は諸君の幸福ならんことを望みます」私はこのことを傳へんために非常に努力しましたが、諸君と交信することがなかなか困難でした」
署名も生前と少しも變りがない、これに對しコナン・ドイル夫人は今までにも自分は屢々あの世の夫から便りを受けたが

世間で

は私の言葉を信じないものが少くなかつた、こんどといふこんどは、この證據をつきつけるのですが、いはゆる科學者達は何といふでせうか、と意氣軒昂たるものがある
發表の曉には科學万能論を根底からくつがへすかそれとも組合せ寫眞を巧妙に作り世間をまどはす大山師として牢屋にでもぶちこまれるかと

側近の

連中も胸をわくくさせてゐるが、とにかく名ある夫人のことだから寫眞を中心に世界的センセーションを起すことだらう（ロンドン發）

6-87

獣 稀代の怪猫現わる

●函館新聞　昭和六年四月二十二日

稀代の怪猫現はる

珍らしや稀代の怪猫が當地に現はれた、昔より猫は魔物といはれてゐたがこれはまた昭和の御代に恐るべし十數名の人間を殺傷して樺太で退治された大猫、身長六尺體重十一貫六百匁といふ物凄いやつ、札幌帝大犬飼博士の折紙つきで萬歳館通りの翌日の出張實物に公開されてゐる、期間は二十一日より二十五日までの五日間、午前五時から夜九時まで入場料は大人十錢小人五錢、猫の外ギリヤークやオロッコ土人の風俗寫眞も陳列されてゐる

6-88

資 幽霊や憑き物を科学的に見る 中山文化研究所の…

●東京日日新聞　昭和六年四月二十二日

△△△△△△
幽靈や憑き物を…
科學的に見る
中山文化研究所の
◇…通俗科學展覽會

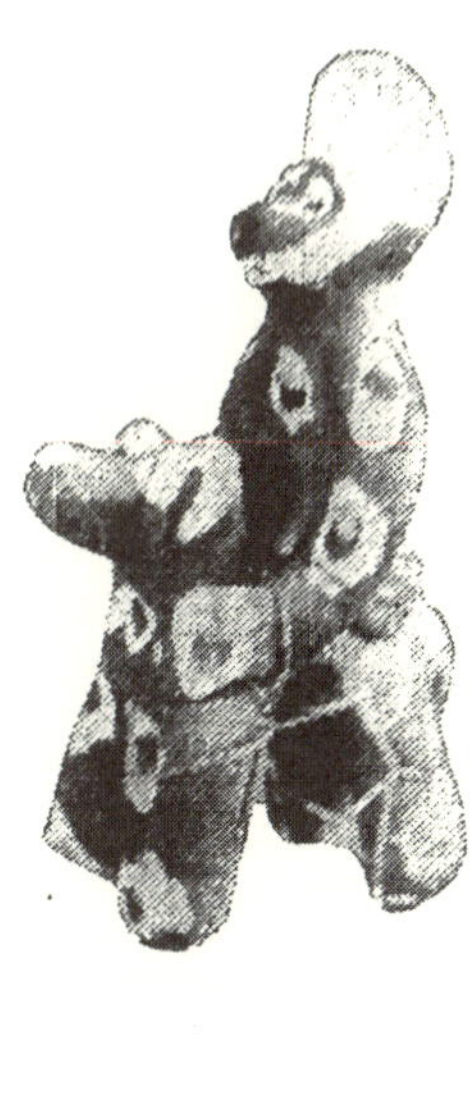

◇…木葉猿 [illegible]

信迷と仰信

廿日から五日間麹町區内山下町一丁目東洋ビルの四階中山文化研究所では同女性文化研究所長文學博士、醫學博士富士川游氏が主となつて「信仰と迷信」に關する

通俗科學展覽會を開催してゐる總體に關するもの、身體、疾病、精、妊娠、姙産等に關する迷信を始めとして育兒、相決、卜占、禁厭等に關するものと十二部に分け、東西古今の文獻實物、品數にして約千四五百點、精神分析、心理學宗學理上の研究圖解に、支那を始め

歐米の

參考書類、グッド・ラック・チェーン・レターから天狗、幽靈咒文の物凄いところまで引ッ張り出され極めて興味深い展覽會だ、たゞ題材が題材だけに一日で解るやうな實物模型繪圖等よりもどうしても細々と説明した文章によらなければならぬところが多いので、さう簡單に一通り目を通すといふやうな見方は出來ない。面白いもの〻一つに丙午女の項があるこの項ではこの迷信の由來を説明

幽靈の繪　英一蝶の門人で明和時代の人、佐野嵩三の作

しこの日に生れた子供はそれが男であれば運勢が悪く女の子であれば夫を食ふと傳へられ、それがため享保十一年と天明六年とにはこんな子供を產むことを怖れ恥ぢて姙婦の自殺者が續出したこと〻説明してその傍らにある男が丙午の女と結婚しながら六十になる今日まで何らの不幸に逢はず二人の

子供と

ともに一家四人が健在でゐるといふ實證が掲げられてゐるそ

魔女を火炙にする圖　十七世紀スイス、ハンガリー等でしきりに行はれた魔術師に對する迷信から焼き殺すところを寫したもの

れから今でもしきりに人々を支配してゐる人相、手相、家相等についても一々これを事實に照したり學理上そのいはれないことを説明してゐる呪禁の項では最も古い呪符

◇…京都深草の俗稱ぬりこべ地藏における繪馬、齒痛の神といふので、こゝの地藏さんには全國から集合で地藏樣として齒痛をお治し下さいと頼んで來る

としてサトール符が掲げられてゐるがこれはSATOR、AREPO、TENET、OPERA、ROTOSの五行を横に並べてあるがこれは縦に讀んでも右の五行がそのまゝ出て來るまた幽靈の説明が出てゐるが今日普通に幽靈といへば死人の魂が出て來るものと誰でも解釋してゐるやうだが、實は精靈の一種で、人が生きてゐてその魂がはなれたものを生靈といひ人が死んでその精靈が姿をあらはさずして活動するものが死靈であつて、その姿を現して活動するのが實は本當の幽靈だといふ解説がつけられてゐる

三世相大雜書

迷信が日本で最も流行したのは德川時代の中葉であつてその頃は『三世相大雜書』なるものがあつて、殆ど戸毎にこれを一部づつそなへつけたものだ、これによつて衣食住を初め一切合財の生活を定めたものだ

迷信打破の第一義は……

氣持を改める事

今度の展覽會について

文學博士 醫學博士　富士川游

どういふ趣意でこの展覽會を開いたか、どういふところに力を注いで材料を集めたかといつたやうな點を、主としてこの展覽會を開

いた富士川游博士に聞いて見た、以下同博士のお話

◇…私の ねらつたところは實は、普通一般にいふ迷信打破ではたい、迷信打破といふのは迷信の對照物を打破するのであるからこれはいくら打破しても次から次に現れて來る何時になつても盡きることはない、これにはどうしても人間の氣持ちをあらためなくてはならぬ、といふのがかねてから私の持論です、從つて今度の展覽會もこの意味でやつてゐます、材料の蒐集、區別、說明全部こゝに中心をおいてなされてゐます、迷信には姙婦はいぬの日に帶をしめるとかいつたやうなたわいもない何ら世人を害することのないやうなものもある、つまりこの日は帶を締めなくてもよい、それは或は本人の氣やすめで、いくらか役に立つことがあるかも知れない、この種の迷信は別に重大視することもあるまい、打破する等の必要も大してないが、迷信中には他人を損ひ、社會を害し、默視することの出來ないやうな迷信が少くない、その尤なるものは丙午の娘、動物憑依等だ、何等いはれなくして、丙午生れの女を苦しめる、また動物憑依にいたつては出雲地方の狐付、四國における犬神付等、正しくこれは社會問題だ、この出雲地方、四國等では愚にもつかぬ——

◇…全く の迷信から、やれあの家は狐付だ、あの家は犬神付だと稱してその一家とは交際もさけるし、緣組等は絕對にしない全然特別扱ひにしてしまつてゐる、これがためその一家の人々はどれ位苦しむか知れない、しかもこれ等の家といふのが出雲、四國地方ではかなり多數ある、これ等は是非打破すべきである、こつけいなのは家相における鬼門や、日における友引だ、兩方ともこれは支那から渡り傳はつて來たものであるが、この鬼門の方は東北にあたり、これをふさぐといふのであるが、支那の家屋と日本のそれとはその構造が全然異つてゐるので日本の家ではふさぐも開くもあつたものでない、友引の方は支那の辭義ではこれは長引くといふ意味であつて、これを日本讀みにするとたま〳〵とも引きと讀むので、友を引つぱつて惡いところへ行く等と解釋してもつたいつけてゐる、實にナンセンスものだ（談）

獣　姿を現わす大蛇
●土陽新聞　昭和六年四月二十三日　6-89

大樽瀧イロリガ淵に
姿を現はす大蛇
淵の傳說が事實になる　實見者が續々出る

高岡郡越知町越知名勝大樽の瀧イロリガ淵に往昔大蛇が棲息し居たるも今を去る事三百余年前高岡郡佐川町川内ヶ谷小守斗郷の鄕士篠原與助が鐵銃にて射殺したとの傳說あることは既報の如くであるが本年に入り高知市稻荷教出張所長の某氏が同瀧へ數回赴き其の中で數名が瀧水にうたれて荒行を行ひ其後越知町民も某氏と共に瀧水に打たれ龍王權現を信仰して居るうち信仰者が皆々某氏の祈りに依り龍王權現の御姿が現れたのを見たと言ひ傳へるに至り聞く者何れも一笑に附し居たるが去る日越知町の元町會議員川村重義氏、同町衛生組合長仲正藏氏、元本縣巡査青木某他十數名が前記稻荷教の某氏と共にイロリが淵へいたり某氏の祈りにより不思議にも淵の中より白蛇現れたるを見一同は龍王の姿なりと言つて驚いたと言ひ其後越知町は元より附近町村や高知方面等より續々參拜者押し掛けにぎはつて居るが、本月十七日の午前中前夜より龍王權現の通夜堂にて通夜せし現越知町青訓教官豫備役陸軍步兵軍曹和下田鎭秀氏、前記川村重義、青木某他十余名が前記稻荷教某氏に伴はれイロリが淵へ赴き某氏が祈を唱へる中胴回り直徑一尺五寸餘、長さ廿五尺位の大蛇が水中へ數分間姿を現したのを一同の者が實見したると言ふ風評が擴がつたので和下田鎭秀氏を訪問ー前記の風評に對する眞疑を尋ねると『本月十七日の午前中大蛇が水中

へ姿を現したは事實で僕も確に實見したが僕は平素迷信を避け一笑に附して居つたが今回は益々不思議でならない全く龍王様の御姿を始めて見る事が出來たのだ隨分大きかつた」と緊張して語つて居た

怪猫物語り一席

●北海タイムス　昭和六年四月二十七日　6-90

怪猫物語り一席

怪猫談、鍋島の猫騒動なればイザ知らず昭和の御代にソンな事があるものぢやないと刎ね付けるだらうが事實は事實で小樽市若松町字津木妙（假名）は長女ミツ（假名）の看護のため某病院で附添つてゐたが常に可愛がつて居た猫の姿が見へないので雇人に尋ねたが二三日見へないといふので肝腎の病人もそつちのけで猫を探したれど皆目わからず夫から精神に異狀を來したがさながら猫同様の仕振りをして食事も揃らず茶碗に口をつけて食ひ洗面も僅に指先に水をつけ目鼻を洗ふのみで家內は心配し神社佛閣に祈願したが可愛がつた猫は妙が留守中雇人等がうるさがり鐵道線路に投込んで殺したので妙に亡魂がとりついたんだといふこと……其後亭主も長女も死亡したので妙は郷里新潟の實家に引取られたと妙の親戚の直話のまゝ

木古内線の夜汽車に老人の幽霊？

●函館新聞　昭和六年五月一日　6-91

木古内線の夜汽車に老人の幽靈？

現はれますとさ

鐵道の新設線には工事や、迷信や、傳說等の關係から兎角奇怪な噂を生むのが例である、それかあらぬか木古內線の列車に最近幽靈が乘るといふ愉快な噂がある、雨の夜や雪の夜に白髮の老人が乘降台に乘り、その姿が車室の扉のガラス窓にありくとうつり、それが何處からか乘り、何處で降りるか不明なので、乘客の誰か發見したものが一人や二人ではないので奇怪な噂、それからそれと傳はつたものである、この奇怪な事實があつたといふのは多く札苅驛附近なので、よく

列車に

調べる と札苅驛前には病院があり墓地が線路近くにあるのでこんな噂が出るらしく、たゞ不思議なのはこの列車に乘る幽靈を發見したのが乘客だけで列車乘務員は一人も發見した事がないといふので益々奇怪事とされて沿線の話しの種となつてゐる

ラジオ　きょうの放送番組　常磐津「大森彦七…」

●東京朝日新聞　昭和六年五月六日　6-92

けふの放送番組　六日 水曜　東京（JOAK）波長三四五米

（朝日講堂より中繼）

▽八時　常磐津「大森彦七」（淨るり）常磐津松尾太夫、常磐津瀬生太夫、常磐津宮尾太夫、（三味線）常磐津文字兵衛、（上調子）常磐津梅治

常磐津　大森彦七　松尾太夫連中

●東京朝日新聞　昭和六年五月六日　6-93

常磐津 大森彦七

後八時より　松尾太夫連中

常磐津「大森彦七」は新歌舞伎十八番として芝居では中幕にたびく出る大物で、豪快なる松尾太夫には打つてつけの語り物である、作者も福地櫻痴居士、明治卅年十月明治座で九代目市川團十郎が女實の千早姫で演じたのが初演

へ頃は北朝建武三年春の暮、ここに伊豫の國の住人大森彥七盛長は、御所の陣に急がんと、まだ夜深きに立出でて 合 へたどる山路に道芝の、さびしさかこつ賤の女を、いたはり連立つ夜の道へ、弱作の末の若葉たち 合 發心へ 合 花の白雪も 合 おぼろに見ゆる小夜中に、雲の脚さへ叢立ち、ここだまに響く水の音へ身も輕々と賤の女が、石を傳うて川中に、立てば危ふきせまくらに、押流されん風情なりへきのふの雨に水增せしか、小川なれ共この水勢、女性の身にて步渡りとは及ばぬ事、某背負うて參らせんへそれでは恐れいりますが、仰せにあまえお背中にへサア遠慮なく、おかかりあれへ乙女を背負ひ大森が、みなぎ

り落つる谷川の、流れを渡る折こそあれへさつと吹き来る夜あらしの松にきらめく北斗の光り、不思議や乙女の相好は、忽ち変る悪鬼の姿、鐵杖ならで氷の刄、盛長目がけ斬りかゝるへ女ながらも希代の早業、かなたへ離れこなたへ飛びかげろふ稲妻蝶千鳥下げんの月影水の面、岩に砕けてちら〳〵へ流石の盛長驚きしが、素より聞こゆる無双の勇士、難なく乙女を取つて押へへ女性の身にて盛長を、欺し討たんとは何者なるぞへ照る月影に顔打ながめへ御身の目元鼻筋まで、正成殿に生き写し、疑ひもない楠家の御息女へいかにも妾は楠河内守が娘の千早、何故あつて湊川の合戦に、父上に詰腹切らせ、菊水の宝剣を奪ひ取つては立ち退きしぞ。その恨みを晴らさんと、待設けたる今よひの出会へ天晴の御心底、さりながら、御身の恨みを解かんため、その日の事のあらましを、盛長語り申すでござらうへそれにてお聞きあれかしと、盛長は座を構へ

へさても建武三年のさつき、正成殿には一族引連れへ旭に輝く菊水の、旗ひるがへし堂堂と、湊川へと打つて出で、海陸二手の足利勢を、引受け引受け攻破りへ風に木の葉を散すが如く、へ敵を悩まし戦ひしが、ひと村ある家に走せ入りて、息を休めて在したりへ某かくと見るよりもへイザ一戦と押寄すれば、御着長を脱がせられ、既に最期の御支度ありしがへ来れや應と立上り、再び物の具召さんず有様へコハもつ體なやと押止め、御最期すゝめ奉ればへ御心静かに称名唱へ、正季殿と刺違へ、御痛はしくも御兄弟、同じ枕に臥し給ふへ父が最期の物語り、聞くに涙も滝津せや、むせぶ小川の水増して、胸も凍ふ切なさに、姫は御聲曇らせてへその御物語りを聞くからは、御身を父の敵なりと恨みしは妾が誤り、又一つには、御身が預かる菊水の宝剣手にいれて、弟正行に得させんと、願ひし事も空頼み

へ故郷へ帰る雁金の、一羽後りて恥しや。身の片よりのをだ環に、繰りてかへらぬ朽糸の、乱れて絶ゆる玉の緒とへ豫て覚悟の上なれば、岩屋の内かふちの底、せめて亡骸隠し置き、恥を包むが身の言譯へ御暇申す大森どのへ心の覚悟死出の旅、力なく〳〵立ち給ふ、御有様の痛はしさへ盛長暫しと押止めへアイヤ待たれよ千早姫。御身の孝心義烈に感じ、菊水の宝剣御譲り申さうへエ、、へ楠家の息女に、この菊水の宝剣を、譲らばこそ悪しからめ、幸ひなるかな鬼女の面、楠判官正成、怨霊現して悪鬼となり、この盛長を悩まして、宝剣奪ひ去りたりと、世間に披露致されよとへ剣を取つて差しだせば

『邦樂の夕』出演の人々

【上、右から】清元栄久太夫、常磐津松尾太夫、松永和楓【下、右から】清元梅吉、常磐津文字兵衛、杵屋五三郎の諸氏

へ姫はうれしさ遣る方なく、落ち散る面再びかけ、宝剣取つてすつくと立ちへなうわれこそは楠判官正成が怨霊なり今ぞ朝敵調伏の剣を、奪ひ立去らんと、はつたとにらみし鬼女の形相、物すごくこそ見えにける

へさてこそ汝は楠の怨霊なりしか。やはか宝剣渡さうやへ何をへまた霧立ちし雨雲に、争ふ姿も月落ちて、曉近き明星の、きらめく光りちら〳〵見えつ、隠れつ悪鬼の姿、見失ひてぞ失せにける。

ラ　ラジオ　きょうの放送番組　謡曲「土蜘」

●東京朝日新聞　昭和六年五月八日　6-94

けふの放送番組
八日金曜日
東京（JOAK）波長三四五米

▽七時五十五分　謡曲「土蜘」（東京水道橋寶生會能樂堂より中繼）（シテ）近藤乾三（頼光）武田喜夫（子方）寶生英雄（トモ）近藤禮（ワキ）瀬尾要（地謡）寶生重英（笛）島田已久馬（小鼓）中野榮三（大鼓）高安鬼三（太鼓）柿本豐次

ラ　謡曲　土蜘　宝生会能楽堂から中継

●東京朝日新聞　昭和六年五月八日　6-95

謠曲　土蜘

――（午後七時五十五分より）――
寶生會能樂堂から中繼

ツレ浮き立つ雲の行方をやく風の心におかすらん。サシへこれは頼光の御所に仕へ申す小蝶と申す女にて候。詞へさても頼光例ならず惱ませ給ふにより。典薬の頭より。御薬を持ち唯今頼光の御所に参り候。如何にたれか御いり候。トモへたれにて渡られ候ぞ。ツレへ典薬の頭より御薬を持ち、小蝶が参りたる由御申し候へ。トモへ心得申し候。御機嫌をもつて申しあげうずるにて候。サシへこゝに消えかしこに結ぶ水のあわの、浮世にめぐる身にこそありけれ。實にや人知れぬ心はおもき小夜衣の。恨み方もなき袖を、かたしきわぶる思ひかな。トモへいかに申あげ候。典薬の頭より御薬を持ち小蝶の参られて候。詞へこなたへ来れと申し候へ。トモへ畏まつて候。此方へ御参り候へ。ツレへ典薬の頭より御薬を持つて参りて候。御心地は何と御入り候ぞ。詞へ昨日より心もよはりゝ身も苦しみて。更に期を待つばかりなり。ツレへいやいやそれは苦しからず候。病ふは苦しきならひながら、療治によつてなほることのためしは多き世の中に、

　詞へ思ひも捨てず様々に、色をつくして夜晝の、〱。境も知らぬよそほひの、時のうつるをも、おぼえぬほどの心かな。げにや心を轉ぜず、そのまゝに思ひ沈む身の胸を苦しむる心となるぞかなしき。

シテへ月清き夜半とも見えず、雲霧の、かゝればくもる心かな。いかに頼光御心地は何と御座候ぞ。詞へ不思議やなたれとも知らぬ僧形の、深更におよんで我をとふ、その名はいかにおぼつかな。シテへ愚の仰せ候や。惱み給ふもわがせこが、くべきよひなり。さゝがにの詞へくものふるまひかねてより知らぬといふになほ近づく、姿はちちうのごとくなるが。シテへかくるや千筋の糸すぢに。詞へ五體をつゞめ

　シテへ身を苦しむる。〱。化生と見るよりも。枕にありし膝丸を拔き開きちやうとくれば。背くる所をつゞけさまに、足もためずなぎふせつゝ得たりやおうとのゝしる聲にかたちは消えてうせにけり。うせにけり。

　ワキへ御聲の高く聞え候程に馳せ参じて候。何と申したる御事にて候ぞ。詞へいしくもはやく来りたり、近うより候へ語つて聞かさう。さても今夜々半ばかりのころかとよ。たれとも知らぬ僧形の来つて我こゝちをとふ。何者なるぞと尋ねしに。我がせこがくべきよひなりさゝがにの、くものふるまひ兼て知るしもといふ古歌をつらね我に千筋の糸を繰りかけしを。まくらにありし膝丸にて斬伏つるが化生のものとてかきけす様に失せぬ。これと申に偏に劍の奇特と思へばけふより膝丸をくも切と名付くべし。なんぼう奇特なることにてはなきか。

ワキへ言語道斷今にはじめぬ君の御威光劍の奇特かた〲目出度御事にて候。まつた御太刀つけの跡を見候へばけしからず血の流れて候。この血をたんだへ化生のものを退治仕らうずるにて候。詞へ實にいしくも申す者かな。さらば急いで退治候へ。ワキへ畏まつて候

ワキへ土も木も我大君の國なればいづくか鬼のやどりなる

ワキへその時獨武者彼塚に向ひ大音あげていふ様。これはおとにも聞きつらん。頼光の御うちにその名を得たる獨武者いかなる天魔鬼神なりとも

命魂を絶たんこの塚を崩せやくづせ人々とよばはりさけぶその聲に力を得たるばかりなり。

下知にしたがふ武士《もののふ》の〳〵塚《つか》をくづし石《いし》をかへせば塚《つか》の内《うち》より火焔《くわえん》を放《はな》ち水を出《いだ》すといへども大勢《たいぜい》崩《くづ》すやふる塚《つか》の怪《あや》しき岩間《いはま》のかげよりも鬼神《きじん》の姿《すがた》は顯《あら》はれたり。

シテへなんぢ知らずや我昔かつらき山に年をふる土ぐもの精魂なり。猶君が代に障をなさんと頼光に近き奉るに却つて命をたたんとや。

ワキへ、その時獨《ひと》りむしや進《すゝ》み出《いで》〳〵てなんじ王地《ち》に住《す》みながら君をなやます其天罰《てんばつ》のつるぎにあたつて惱《なや》むのみかは、めうこんをたゝんと手《て》に手《て》をとり組《く》みかゝりければ、くもの精靈《せいれい》千筋《すぢ》の糸を繰《く》りためて投《な》げかけ〳〵白《しら》糸の手足《てあし》にまとはり五體《ごたい》をつづめて倒《たふ》れ臥《ふ》してぞ見えたりける。ワキへ然《しか》りとはいへども〳〵神國王地《ち》の恩《めぐ》みを頼《たの》み彼《か》の土《つち》ぐもを中《なか》に取こめ大勢《たいぜい》亂《みだ》れかかりければ劍《けん》の光《ひかり》にすこし恐《おそ》るる氣色《けしき》を頼《たよ》りに切伏《きりふ》せ〳〵土《つち》ぐもの首《くび》打ち落《おと》し悦《よろこ》びいさみて都《みやこ》へとてこそ歸《かへ》りけれ。（終り）

◇寫眞の說明◇【上】は謡曲「土蜘」を謡ふ寶生重英氏と能の「土蜘」の舞台面

資　相図で飛出す幽霊　初夏猟奇風景（十四）

●大阪時事新報　昭和六年五月十六日　6-96

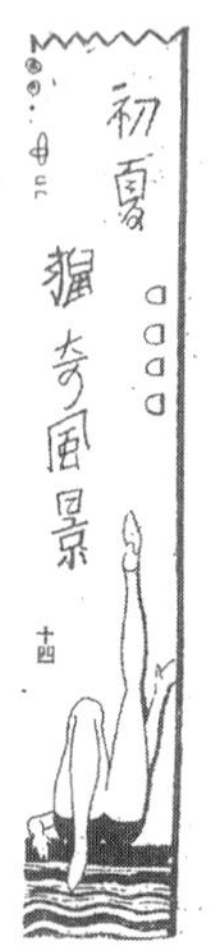

相圖で飛出す幽靈

受信器が惡くて記者には見れずウラメシ記

一九三一年《ねん》は正《まさ》に唯物論《ゆいぶつろん》の萬能《ばんのう》時代《じだい》だ。猫《ねこ》も杓子《しやくし》も、マルキシズムかどうの――實證主義《じつしようしゆぎ》がどうのと云《い》はなければ、一ぱし、幅《はば》がきかぬ世《よ》の中《なか》に、幽靈《ゆうれい》が出《で》るなんかと云《い》つたら馬鹿《ばか》にされるより先《ま》づ怒《おこ》られるだらう「これからの寄席《よせ》や芝居《しばゐ》へ行《ゆ》けば、一匹や二匹は出るだらうよ……」てな工合《ぐあひ》に――。

ところが世《よ》の中《なか》は廣《ひろ》い

幽靈が あるばかりではない、斷然《だんぜん》幽靈《ゆうれい》を出《だ》して見《み》せるそれも芝居《しばゐ》や寄席《よせ》で出《で》るやうなチヤチなインチキ幽靈《ゆうれい》と事《こと》が違《ちが》ふ。而《しか》も出《で》て來《き》たばかりでは能《のう》がないとあつて「アライラツシヤイ」と挨拶《あいさつ》をするばかりか、握手《あくしゆ》もすればキツスもする。時《とき》に依《よ》つたらアラツノ瞬間《しゆんかん》よ、エロダンスの一つもする幽靈《ゆうれい》なんだと云《い》つてそウロウ女給《ぢよきふ》やインチキダンサーの事《こと》を云《い》ふのではない。その幽靈《ゆうれい》を出《だ》さうと云《い》ふ人《ひと》は

御影に に住《す》む今井《いまゐ》梅軒《ばいけん》と云《い》ふレッキとした經歷《けいれき》を持つた人《ひと》だ……と聞《き》いては、獵奇子《れうきし》――斷然《だんぜん》、捨《す》て置《お》く譯《わけ》には行《ゆ》かぬ、早速《さつそく》出かける。先生《せんせい》は年《とし》の頃《ころ》六十四五、鶴のやうに瘦せて、顏《かほ》は板《いた》チヨコの如《ごと》く黒《くろ》く、眼《め》はアメ玉《だま》のやうに光つて居《ゐ》る、誠《まこと》にエキゾチツクな風貌《ふうばう》の持主《もちぬし》。「幽靈《ゆうれい》が見《み》たいと云《い》ふのか――。それは君の心《こゝろ》がけ一つに依《よ》つては、見《み》せられない事《こと》もない。要《よう》するに靈魂《れいこん》は不滅《ふめつ》じやから、その

靈魂が 至誠《しせい》に感應《かんおう》して姿《すがた》を現《あらは》す事《こと》は不思議《ふしぎ》がる方《はう》が不思議《ふしぎ》じやよ。わざ〳〵僕《ぼく》のところへ來《き》なくても、大阪《おほさか》のど眞ン中《なか》に工業大學《こうぎやうだいがく》教授《けうじゆ》だつた、中尾良知《なかをりやうち》君《くん》が居《ゐ》る筈《はず》だ。幽靈《ゆうれい》と云《い》ふのは靈魂《れいこん》の物質化《ぶつしつくわ》されたもの、これをエクトプラズムと云《い》ふ。精神病《せいしんびやう》等《とう》は皆《みな》この幽靈《ゆうれい》のなす業《わざ》じやが、君は今《いま》、ソワ〳〵して居《ゐ》る。これも何《なに》か他《た》の靈魂《れいこん》が乘り移つて居《ゐ》るからだよ「では一つその乘りうつてる靈魂《れいこん》の正體《しやうたい》を見《み》て下《くだ》さいませんか」と望《のぞ》みとあらば見《み》せんでもない」てな事《こと》になつて、たうとう記者《きしや》はその

實驗臺 によせられる事《こと》になつてしまつた。あんまり好い氣持《きもち》ではない。梅軒《ばいけん》先生《せんせい》はと見《み》れば、やをら立上《たちあが》つて、今迄《いまゝで》のドテラ姿《すがた》を改《あらた》めきちんとした身裝《みなり》で出《で》て來られる。それから肅嚴《しゆくげん》のやうな位置に鎮座《ちんざ》し記者《きしや》は瞑目《めいもく》して恰《あたか》も身投でもする時《とき》のやうなスタイルに手を合《あは》せる。とヒユー、ヒユー、ビイー、ビユーと奈落《ならく》の底《そこ》

からでも聞いて來るやうな口調とも何ともつかぬ**異様な**琵琶が鳴り出した後で聞いたが幽境を呼ぶ合圖なん

たさうな。これをしばらくやつて居るうちに少々獄寄子も連日の疲れでウットリとなり出したと、ソノ瞬間に「ウンウン」と例の患者が便所に入つた時のやうな聲を出されたので、たうとう「ブッ」と不謹愼にも僕が吹き出してしまつたので、折角來かけた幽靈がアキレて歸つてしまつた。「君は雜念が交つて居るから、靈魂が感應せん。靈魂はラジオ

電波のやうなものじやその電波を受ける受信器が君と云ふ事になるんだがまだ感應する迄には相當修養が要る」「受信器が安物で雜音が入り過ぎるてなわけですか」「折角だが」と、たうとう折角崇しんで居る幽靈にも逢へず親父が不勉强で僕を安物の受信器に生みつけて呉れた爲めに千載一遇の好機を逸した事をウラメシク思ひながら已むなく引揚げた（寫眞は幽靈見物の記者と今井氏（左））

安積沼怪奇譚　小平次殺し

●福島民報　昭和六年五月二十四日（二十三日夕）

怪

日曜ページ

安積沼怪奇譚〔小平次殺し〕

これは故鈴木泉三郎氏の戯曲「生きてゐる小平次」で有名な小幡小平次死霊物語の實話である。稿本には年代は『何時頃なりしか』とある許りで判然しない

永澤　茂[illegible]

一、山賊と旅役者左九郎

江戸の小戯打ち、安達左九郎は夜に日をついで、奥州笹川の宿に急いでゐた。

白河を越え、小田川についたのはもう日暮れ時。だが左九郎はそこでちよつと一休みしたゞけで重た足を運んだ。

化地藏をすぎて夫婦坂にさしかゝつたときは夜の三更だつた。誰一人往來を通る人もない。

左九郎は、さすがに淋しくなつた。空を仰ぐと、どこかに月があるらしく、雲つてはゐるが明るかつた。

ピタピタピタ、彼の足音が妙に淋しさを襲つて、左九郎は駈け出したいやうな、せかせかした氣持で、なるべくよそ見をしないやうにして、下ばかりみて歩いた。

道の兩側は、茫漠たる原つぱである。

ちようど秋も十月の半ばで、枯尾花の群が、音もなくゆれて、化物のやうに見えた。

カサリ、どこかで、枯葉が鳴つたやうな音がした。彼の眼の前の芒が四五本、大きく揺れた。

左九郎はハッと立停つた。とたん、ぴゆつと風を切つて躍り出した一匹の山犬が、猛然と左九郎めがけて跳びかゝつて來た。

『あツ！こん畜生』

左九郎は悲鳴をあげて逃げ出した。夢中で走つた。

山犬もあとを追つた。

一二余町も逃げのびて、やつと左九郎はうしろを振り返つた犬はいつの間にか追ふのをやめて、引返したらしかつた。

『あゝ脅かされた』

彼は、ハアハア息を切り乍ら、水を求めた。うまい具合にすぐ近くに清水が湧いてゐた。

四つに這入つて、左九郎はごくごくと水をのんだ。そして立ちあがらうとしたとき、ふつと彼は氣がついた。

『しまつた、こいつあいけねえ』

肩の荷物を落して來たのだ。むろん山犬に追つかけられて、あはてゝ逃げ出すとき取り落したのに相違なかつた。

荷物の中には商売の着物一枚と少し許りの路銀が這入つてゐた。

『いまいましい奴だ』

左九郎はすつかりしよげて考へこんだが、再び道を引つ返して荷物を探しに行く勇氣もなかつた。

すこし許りの路銀に命はかへられぬと思つた。こゝまで來りや、もう笹川も遠いことはない筈だ、腰のやつを賣つ拂つて、それを路

銀にすればいゝ。

何よりも、左九郎は、はやく街道へ出たかつた。うつかり山犬の祟りでわき道へそれちまつてとんでもない原つぱへ迷ひこんでしまつてゐた。

『降つて來やがつたナ』

ポツリ〱落ちて來たのを左九郎は笠をとつた額につめたくうけて、空を仰いだ。

その瞬間、彼はまたあたりに何か迫る氣配を感じて、ぎくりと胸をつかれた。

突然、浮腐づきんの、荒くれ男が二三人、彼の前へ立ちはだかつた。一眼で山賊と見てとれた。

左九郎が、躍りあがつて逃げださうとするのを、山賊は有無を言はせなかつた。

『野郎、何處を行きあがる』

えんびがのびて、左九郎はたちまち組みしかれた。裸にむかれて高手小手にくゝられた。左九郎は悲鳴も出せなかつた。

二、左九郎と兄雲平

どこをどう引つ張られて行くのか、左九郎には分らない。

ほとんど一時あまり、茫漠たる野原をすぎて行くと、林の中からぽつと灯が見えて來た。

間もなく、軒のおちたあばら家についた。灯はそこから洩れてくるのであつた。

左九郎は、逆手にねぢあげられて縛られたまゝ、物置きの中へ投りこまれた。もう彼は死を覺悟した。

しばらく時が經つた。物置のそとでごそ〱と人聲がしたので、左九郎はすつかり傑ひ上つてしまつた。いよ〱來たな、と思つた。

松明のちかりが、あかく地を這つて、彼の眼の前へ、三人の男が仁王のやうにつつ立つた。

その中の、頭とおぼしい大男、

吸ひついた小平次の腕〔古書より〕

色は黒く、月代はのびて、ちよと繪に見る張飛のやうな男、この男が乾分のさし出した松明の光に、左九郎の顏をじつと見すえてゐたが、びつくりしたやうに『おゝ』と聲をあげた。

『貴樣は弟右軍太ではないか』

左九郎もびつくりした。

『へえ、右軍太でげす、さういふ貴方樣は』

『おゝ俺か、俺は雲平だよ』

『それでは兄貴か』

『弟か』

不思議な邂逅だつた。

山賊の頭領雲平は、もと武士だつた。房州で安田喜内といふ郷士とその母親をきりすて、大功鉾といふ名刀を奪つてから、生れた土地を出奔して放浪の旅に出た。方々で惡いことばかり働いた、そして奥州まで來て山賊の頭となつた。

左九郎は、雲平の實の弟だつた。變名が安達左九郎といふのだつた。

『危ふなかつたな右軍太、てめえが追つかけられた山犬は、俺の飼犬さ。それから荷物もちやんと來てゐるよ、ハヽヽ』

『散々な眼にあつた』

繩をといて貰ひながら、それでも左九郎は、うれしかつた。

雲平は、左九郎を勞はつて母家へつれて行つた、早速爐をかこんで酒をあたゝめた。

乾分の詰濱の五郎、鯨八、鶏二郎、宇藤二などゝ、兄弟はその夜、夜明けまで一別以來の物語りに時をうつした。

ほんやり、曉があけて來た。

左九郎は思ひ出したやうに立上つて、別れをつげた。

『又來ますぜ』

『うん、用がすんだら歸りによれ』

雲平は一人の小賊をいひつけて

左九郎を街道の出口まで送らせた。

『お蔭さまで』

左九郎は小賊と別れると、せつせと道を急いだ。笹川の宿へついたのはその日の午ちよつとすぎだつた。

三、安積沼小平次殺し

江戸の芝居師、小幡小平次は、笹川の宿で狂言を出してゐた。小平次はおよそ芝居が下手だつたといふ。それなのになぜ彼は芝居師渡世でくらしてゐたか。たつた一つ、小平次の特役があつたさうだ。それは彼が幽靈の役をやることだつた。

芝居は下手だが、幽靈は全く彼のものだつた。彼のやる幽靈は眞に迫つてゐたといはれてゐる。

しかし、彼はともかく田舍芝居では座頭だつた。

笹川ではすつかりしけをくつた毎日〳〵雨天つゞきでさつぱり客足がなく、ふさぎ込んでゐた。

女も酒もあまり好まない小平次は退屈で〳〵仕方がなかつた。

そこへ顔なじみの左九郎がわざ〳〵訪ねて來たので、彼はよろこんで迎えた。

『いゝあんばいだつた、雨さへあがれあ早速幕をあけるんだが、はやし方がちようど不足してたんだお前さんに來てもらひや、願つたりだ』

『そいつあ有難い、あつしも江戸でしけをくつちまつてねえ、奧州くんだりまで、實は座頭をたよつてずらかつたのさ』

『まあ、落ついてなせい』

うまい具合に、左九郎は早速小平次の座つきになつた。

その翌日だつた。雨が小やみになつて、靑い晴れ間が見えた。

『どうですね座頭、釣りに行きませんか』

近くに安積沼といふ大沼があつて、そこはとても鯉があるといふ話だつた。小平次も素より好きな道で、二つ返事だつた。

女形の右近源二、立役の多門庄三、說經かたりの八滿八助それに小平次と左九郎、五人づれで安積沼へ出かけて、船をうかべた。

魚はよくつれた。みんな打ち興じ、我を忘れて釣りに熱中した。

そのうちに、小平次が、

『さあ見てくれ、よおつと』

かけ聲と共に釣りあげたのは見事な鯉だつた。鯉はバタ〳〵船の中で腹を返しておどつた。

『逃すな』

小平次は叫んで鯉を捕へやうとしたが、仲々捕へられなかつた。

そのうちに、どうしたはづみか小平次はひよいと船べりをふみはづした。

『あつ』

と叫びざま、ドンブリ水の中へ落ちこんだ。

『あ、座頭が―』

一同が驚いてさわぎ出した。左九郎は、ぐいと手を伸ばして沈みかけた小平次の帶をつかんで一生懸命でひきあげやうとしたが、どうしたことか、ブッツリ帶がとけて小平次は二三度泡を吹きあげたきり、見えなくなつてしまつた。帶だけが左九郎の手にのこつた。

早速船を岸につけて、近くから泳ぎの達者な若者二三人を賴んで水中を探してみたが、小平次の死體は何處にもみつからなかつた。

左九郎や右近源二は蒼くなつて宿へ歸つて來て、座中にかくと告げた。

『俺が誘つたんだ、申譯がねえ』

左九郎はさういつて男泣きに泣いて、みんなに詫びた。

とにかく、急を江戸にのこしてある小平次の妻、お塚のところへ知らせねばならなかつた。座中の者が額をあつめて飛脚の相談をしてゐるとき、突然左九郎は腰刀をぬいて、自分の腹へつき立てやうとした。

『何をする、な、何を』

驚いて止める皆の手を、左九郎はふり切るやうにして、

『俺の故だ、座頭を殺したのは俺のせいだ』

ともがいた。

『魔がさしたんだ、あすこの沼にやあ主がゐるんだ。』

みんなで左九郎をなぐさめた。

『おや皆さん、何もかも供養だ、あつしが一つ走り、江戸へ飛脚となつて參りやせう』

左九郎は進んで飛脚を申し出た。誰も異存はなかつた。そしてその日の午すぎ旅裝を整へて、左九郎は早速笹川を出立した。

四、生きてゐる小平次

左九郎は、再び、雲平の山さいを訪れた。相變らず、雲平は乾分と酒をのんでゐた。

『どうやらうまく行きやした。これも兄貴のお蔭さ』

『何の、あれしきの事、はゝゝ』

雲平はこともなげに、大聲で笑つてのけた。

『まあ、飲め』

そして、大きな木盃をつき出した。

――左九郎は、小平次の妻お塚と姦通してゐたのだつた。折があつたら殺してしまはうと機をねらつてゐた。江戸で事をやるのは、どうしても始末がわるかつた。それで、左九郎は、小平次が奥州で芝居を打つてゐるのをお塚からきいて、早速出かけて來たのだつた。始め、彼は毒殺と思つたが、兄雲平との不思議な邂逅で雲平から屈強な手段をさづけられた。

雲平の乾分がもと海賊だつたのをいゝ事に、乾分二人を水中にしのばせておいた。そして、機をはかつて左九郎が小平次をつき落としたところをしめ殺し、死體は雲平の山さいへ運んでおいたのだつた。


『おゝ兄貴いゝことがある』

左九郎はふと思ひ出して腰のそばを立つた。

『死體は物置だな』

彼は、小平次がいつでもおくといふ五兩の金を着物にぬいこんでおくといふことをお塚からきいてゐたのだ。

ぬれこもを被つて、小平次の死體は、顔だけつき出して仰向けになつてゐた。

左九郎はさすがに顔をそむけたが悪欲らしく近づいた。

『いゝざまだな小平次、てめえのお塚はおれが頂いとくぜ、それから大枚五兩もよ』

手をのべて、彼は小平次の着物のえりにひよいと手をかけやうとした瞬間、死體がぬく／＼と動いたので、左九郎はほつと思つて手をひつこめた。が、よくみると何でもなかつた。

『畜生、眼のせいだな』

再び手をかけやうとした時、ぐいと小平次の手がのびて、左九郎の左腕をつかんだ、その手が氷のやうにつめたくぞつとこたへ。

『わりあ生きてやがつたのか』

右手で腰の物をぬくなり、さつと拂つた、小平次の手は難なく斬り落されたが、手首だけが、左九郎の腕にのこつた。

それが、凄い有様だつた。

『あつッ！』

悲鳴と共に、左九郎はぶつ倒れた。

『何だッ！』

雲平が乾分と一緒にとんで來た
左九郎は、その時顔を土色にしてのぞけてゐた。

獣

人魚現わる

●豊橋新報　昭和六年五月二十七日　6-98

人か獸かはた又魚か？

人魚現はる

三十一日より松葉プール

傳說の怪、神秘な生物、人の想像の上にのみ生きる假空のものとされてゐた人魚の正體を公開す。

不思議極まる海の人間である所謂人魚は事實確かにこの世にあるものとして人々の前にその實體が公開されるのである。一度は眞人の必ず見るべき珍らしき參考品である。

◇學說
人魚は海の獸類ち鯨に類するものにてマナタス（海牛）類に屬する動物である。而して人魚の事はこれをジユゴンと稱する。

成長せしものは身長七八尺の巨大なる體軀を持ち上半身に多少の毛髪を持ち下半身は鯨又はサメの皮に似た強靭なる肌にて尾は魚類の鰭狀のものに似る。魚類にはないために鱗は全然ない。南洋及び沖繩縣附近の海中に稀に見るいと珍らしき動物にて、草食動物で水底の海草を食して生活する。呼吸器官とその方法は陸上の獸類に全く同じ。哺乳類であるから子を抱いて水面に浮びて乳を與へてゐる姿は人間の動作に甚だよく似て居る。文學的價値は早くから文學の傳說に取り入れられ、甚だ怪奇な又詩的なものとして扱はれて居る
◇記錄
ここに示すものはめづらしき人魚の子供にて愛知縣八名郡牛川村資産家松阪氏の所有に係るもので特に同氏の好意により始めてこれを公開する運びとなつた。同家の記

[illegible]によれば當主より數代前の祖先松阪氏の時これを筑紫の一漁村にて求めしもの松阪氏は常に奇行多く珍奇なるものの蒐集家として近郷に聞えし人にて、屢々遠く旅路に出て、北は奥羽の果て南は筑紫の海にまで國内殆んど足跡を印せざるはなく郷土史及び地理學上の参考品を多く同家に所蔵してゐる。

ラ　ラジオ　きょうの番組　謡曲「通小町」

●東京日日新聞　昭和六年五月二十八日　6-99

ラヂオ

けふの番組　東京JOAK　波長三四五

◆後八・〇〇　謡曲「通小町」（シテ）武田宗治郎（ツレ）清水福太郎（ワキ）清水八郎―中継・全國へ

ラ　亡霊が語る百夜通い　謡曲　通小町

●東京日日新聞　昭和六年五月二十八日　6-100

亡靈が語る百夜通ひ

謡曲　通小町　後午八時

八瀬に住む僧が市原野の小野小町の古塚を弔ふと、小町と深草少將の亡靈が百夜通ひの戀物語を物語るといふ筋、作者は世阿彌

シテ	武田宗治郎
ツレ	清水福太郎
ワキ	清水八郎

（ワキ詞）〽是は八瀬の山里に一夏を送る僧にて候。こゝにいづくとも知らず女性一人・毎日木實薪木を持ちて來り候。今日も來りて候はゞ、如何なるものぞと名を尋ねばやと思ひ候。（ツレ次第）〽拾ふ薪木も焚物の、匂はぬ袖ぞ悲しき（サシ）〽是は市原野のあたりに住む女にて候。（詞）〽さても八瀬の山里に、貴き人の御入り候ふ程に、いつも木の實薪木を持ちて參り候、今日も又參らばやと思ひ候。如何に申し候、又こそ參りて候へ（ワキ詞）〽いつも來たる人か。

今日は木實の數々物語り候へ（ツレ）〽拾ふ木實は數々ぞ（地）〽拾ふ木實は何々ぞ（ツレ）〽古へ見なれし車に似たるは、嵐にもろき落椎（地）〽歌人の家の木實には（ツレ）〽人丸の垣根の柿、山の邊の栢栗（地）〽窓の梅（ツレ）〽園の桃（地）〽花の名にある櫻麻の苧生の浦梨もあり、櫟かしひまてばしひ、大小柑子金柑、あはれ昔の戀しきは、花たちばなの一枝〱。

（ワキ詞）〽木實の數々は承りぬ、さて〱御身は如何なる人ぞ名を御名のり候へ（ツレ）〽恥かしや己が名を（地）〽小野とはいはじ薄生ひたる。市原野邊に住む姥ぞ。跡とひ給へ御僧とて、かき消すやうに失せにけり。失せにけり（ワキ詞）〽かゝる不思議なることこそ候はね、唯今の女性の名をくはしく尋ねて候へば、小野とはいはじ薄生ひたる、市原野に住む姥とてかき消すやうに失せて候。こゝに思ひ合はする事の候。或人市原野を通りしに、薄一村生ひたる陰よりも、秋風の吹くに付けてもあなめあなめ、小野とはいはじ薄生ひけりとあり、是れ小野の小町の歌なり。

謡曲の人々　【上】から清水福太郎、武田宗治郎、清水八郎の諸氏

さては疑ふ所もなく唯今の女性は、小野の小町の幽靈と思ひ候ふ程に、彼市原野に行き、小町の跡を弔はゞやと思ひ候（歌）〽此草庵を立ち出でゝ、立ち出でゝ、猶草深く生しげき、市原野邊に尋ね行き、座具を展べ香を焼き、南無幽靈成等正覺、出離生死頓證菩提（ツレ）〽うれしの御僧の弔ひやな、同じくは戒授け給へ御僧（シテ）〽いや叶ふまじ戒授け給はゞ、恨み申すべし、早歸り給へ御僧（ツレ）〽こは如何にたま〱かゝる法に逢へば、猶その苦患を見せんとや（シテ）〽二人見るだに悲しきに、御身一人佛道ならばわが思ひ、重きが上の小夜衣、重ねて憂きめを三瀬川に、沈みはてなば御僧の、授け給へるかひもあるまじ、早歸り給へや御僧達（地）〽なほもこの身は迷ふとも、〱、戒力に引かれば、などか佛道ならざらん、たゞ共に戒を受け給へ（シテ）〽人の心は白雲の、われは染らじ心の月、出でゝ御僧に弔はれんと、薄おし分け出でければ（シテ）〽包めどわれも穂に出でゝ、〱、尾花招かば留まれかし（ツレ）〽思ひは山のかせきにて、招くと更に留まるまじ（ツレ）〽恐ろしの姿や（シテ）〽煩惱の犬となつて、打たるゝとも離れじ（ツレ）〽恐ろしの姿や（シテ）〽袂を取つ

て引きとむる（ツレ）へ引かるゝ袖も（シテ）へひかふる、わが袂も、共に涙の、露深草の少将（ワキ詞）へさては小野の小町四位の少将にてましますかや、とても の事に車の榻に、百夜通ひし所をまなうで御見せ候へ（ツレ）へもとよりわれは白霞のかゝる迷のありけるとは（シテ詞）へ思ひもよらぬ車の榻に、百夜通へと偽りしを、まことゝ思ひ、曉毎に忍び車のしぢに行けば（ツレ）へ榻の物見もつゝましや、姿をかへよといひしかば（シテ詞）へ乗物車はいふに及ばず（ツレ）へいつか思ひは（地）へ山城の、木幡の里に馬はあれども（シテ）へ君を思へば徒跣足（ツレ）へさてその姿は（シテ）へ笠に蓑（ツレ）へ身の浮世とや竹の杖（シテ）へ月には行くも暗からず（ツレ）へさて雪には（シテ）へ袖を打ち拂ひ・（ツレ）へさて雨の夜は（シテ）へ目に見えぬ鬼一口も恐ろしや（ツレ）へたまゝゝ曇らぬ時だにも（シテ）へ身一人に降る涙の雨か、あら暗の夜や（ツレ）へ夕暮は、一方ならぬ思かな（シテ）へ

夕暮は何と（地）へ一方ならぬ思かな（シテ）へ月は待つらん月をば待つらん我をば待たじ空言や、（地）へ曉は曉は、數々多き思ひかな（シテ）へ我爲めならば（地）へ鳥もよし鳴け鐘も唯鳴れ、夜もあけよ唯、一人寢ならばつらからじ（シテ）へかやうに心を盡し盡して（地）へかやうに心を盡し盡して、榻の數々よみて見たれば、九十九夜なり、今は一夜うれしやとて、待つ日になりぬ急ぎて行かん、姿は如何に（シテ）へ笠も見苦し（地）へ風折烏帽子（シテ）へ蓑をも脱ぎ捨て（地）へ花摺衣の（シテ）へ色襲ね（地）へ裏紫の（シテ）へ藤袴（地）へ待つらん物を（シテ）へあら忙がしやすははや今日も（地）へ紅の狩衣の、衣紋けたかく引きつくろひ、飲酒は如何に、月の盃なりとても、戒めならば保たんと唯一念の悟にて、多くの罪を滅して、小野の小町も少将も、共に佛道成りにけり、〳〵。

松嶺の幽霊　幼児髪ふり乱して

怪　●山形新聞　昭和六年五月三十一日（三十日夕）　6-101

松嶺の幽靈

幼兒髪ふり乱して

初夏怪談

初夏の怪談話――、時折の折柄、こゝにも亦怪奇な幽靈話しが傳へられて人々の口を賑はしてゐる……處は飽海郡松嶺町、名前は假りに佐藤吉藏として置かう。話しは吉藏から數代の先祖の頃同家に後妻として入り込んだ某女は生みの兒可愛さから先妻の子を非常に虐待し附近の人々からは常に指彈されてゐた

◇

或時のこと餘りの繼子虐待を見かねたさる物持ちは、先妻の子を貰ひ受くべく交渉したが繼母として見れば先方の財産を當込んでの彌縫策定から生みの兒を呉れたい心が一杯、一層繼子さへ居なければと恐ろしい心を起し先妻の子を二階に押しあげて頭髪を切りそれ以後は二階の一室に押しこめたきり飯だに與へず干殺しにしてしまつた

◇

それからこの家には頭髪をバラ〳〵にした幼兒が時折現はれ、代は變つて今の吉藏になつても時折思ひ出した樣にこの幼兒が姿を現はして家人を驚かしてゐるとのことである

海賊退治　陰火が飛ぶ　佐世保の今昔（七）

怪　●長崎日日新聞　昭和六年六月三日　6-102

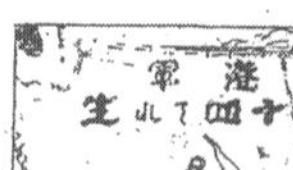

海賊退治　陰火が飛ぶ

艦幽靈や海坊主の怪事

佐世保の今昔（七）

但馬守が相の浦城主親に誘殺されて後、赤崎伊豫守が佐世保城主となつた、伊豫は佐世保浦の郷士で平戸松浦鎭信に認められて拔擢され、臣從の誓ひを立てゝ城主の重任を命ぜられたのである、當時沿岸を荒す海賊は掠奪殺傷の限りをつくして、夜な〳〵海賊の入港が絶えなかつた、ところが伊豫が城主となつて海賊討伐に殊勳を立て伊豫の勇名が忽ち四隣に傳へられ

ると共に海賊共を戰慄せしめ、それ以來といふものは、佐世保浦沿岸に出沒跳梁を極めた海賊船は一つ減り二つ減り次第にその影を潜めるやうになつた

◇

ある日のこと、丁度師走に近い冬の夕映へが五島沖の海に名殘を止める頃合である、闇に乘じて襲ふ海賊に備へるため伊豫が一計をめぐらして浦の入口に無數の大石を沈め、潮の滿つるのを待つて獨り快心の笑みを漏らしてゐた、ところが夜に入つて冬の赤崎颪が一しきり吹いたかと思ふと、折柄の滿潮こそ幸ひと櫓のきしる音と、かけ聲も勇ましく荒波の中を海賊船が乘り込んできた、海賊は伊豫の計略に乘つたとは知らない、干潮時を見計らつて一齊に打寄せた伊豫の手勢に海賊共は小舟で本船まで逃げのびたが、船は傾斜して動かない、遂に海賊の首魁を始め、三十餘名の一味を一人殘らず首を刎ねて仕舞つた、其後伊豫の名聲が益々廣く傳へられた

◇　◇

その事あつて間もなくのことである、佐世保浦の百姓や、漁夫たちの間に奇怪な噂が持ち上つた

赤崎伊豫が海賊を退治した浦の入口にあたり毎夜陰火が出て鮮血を浴びた白衣の男が煙の如く闇の海面に現れて、無氣味な笑ひ聲が聞へる、船幽靈や海坊主と噂は噂を生んで近在の早岐や山を越へて相の浦まで此の怪談が話題となつた

その事が伊豫の耳に這入つた、伊豫は海賊を討つた時、諸國を行脚してゐた旅の山伏を海賊の仲間と早合點して殺した事を思ひ浮べて深い物思ひに沈み、赤崎の屋敷に石の祠を建てゝその靈を慰めた、その後不思議に怪談が後を絶つた

伊豫守は老後相の浦小川内に隱棲し、嫡子藤五郎が信貴と改めてその後を繼いだが、早生して後繼者なく、その所領は平戸瀧川氏に併合された、今八幡町にある西方寺は赤崎伊豫の菩提寺で、文明年間伊豫守の祈願所として再興した古刹である

獣

夏の猟奇（十九）

●京都日日新聞　昭和六年六月十日（九日夕）　白蛇の妖気、狸の祟り　6-103

夏の獵奇【九十】

白蛇の妖氣、狸の祟り

◇…南座と京都座の奈落のぞき

讀者課題

京都座、南座の舞臺裏、地下室を調べて下さい（先著）

京都市西陣寺ノ内通大宮西入　山内謙三郎

四條南座と新京極京都座の地下室、舞臺裏などを調べて下さい、との課題をポケットにM寫眞班員とその助手君の三人が南座の地階事務室から「その筋の命により觀客の… …は御斷りいたします」の貼紙が嚴然と頑張つてゐるドアーを押して細い地下道をくねつて奈落の… …に入つたのが午前一時、左團次一座が目をむいたり泣いて見せたりしてゐる時は場内はとても騷々しいものだがハネてからは

▼▼その裏▲▲　で全く死の國のやうな靜寂さが大建築物の南座一ぱいにひろがつてゐる、電氣部の宿直員K君が「これが… …これが……」と說明してくれるが、そこいらにザラにある… …をでも … …してゐるやうで何の… …もない、… …した讀者にはお氣の毒だが「こんなとこあかん！」と飛出して京都座を東から南西へと廻つた、太いコンクリートの四角な柱がニヨキ／＼と怪物のやうに… …だから… …も薄暗い、… …がぶつ倒れてゐる隅には芒や笹や雜木がゴタ／＼としてゐる、かと思ふと古い小祠や

夏の猟奇（二十）　知恩院の七不思議

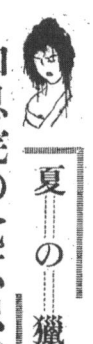

怪　●京都日日新聞　昭和六年六月十二日（十一日夕）

6-104

夏の獵奇【十二】

知恩院の七不思議

◇……「三門の棺桶」と「忘れ傘」の傳說（上）

……讀者課題……

知恩院の「七不思議」を調べて下

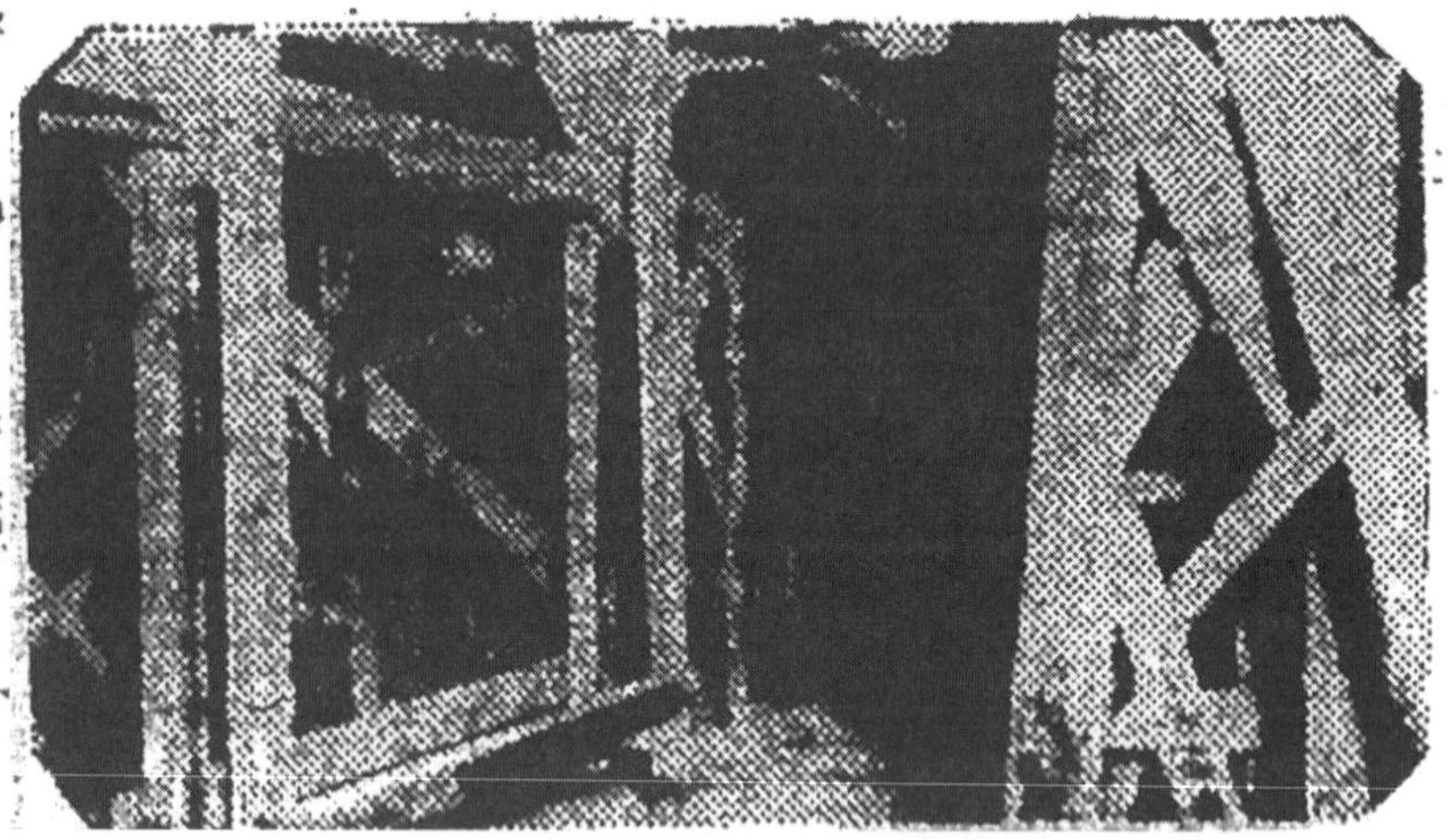

壁石が崩れた石垣の切出しとこをゴツチヤになつてゐる、こんなとこを

▼▼初めて▲▲

見た寫眞助手君は「こりや薄氣味が惡い」と悲鳴をあげた「ちやうど去年のいまごろでしたな、眞の夜中にドォーンと大砲のやうな音響が地ひゞきして私らを驚かせました、それが數日をおいて三回ほど續いたのです、さア蜘虫どもは當座が鐵筋に改築工事中にこの座の主の大蛇が鐵筋にどうかして冒瀆した祟り

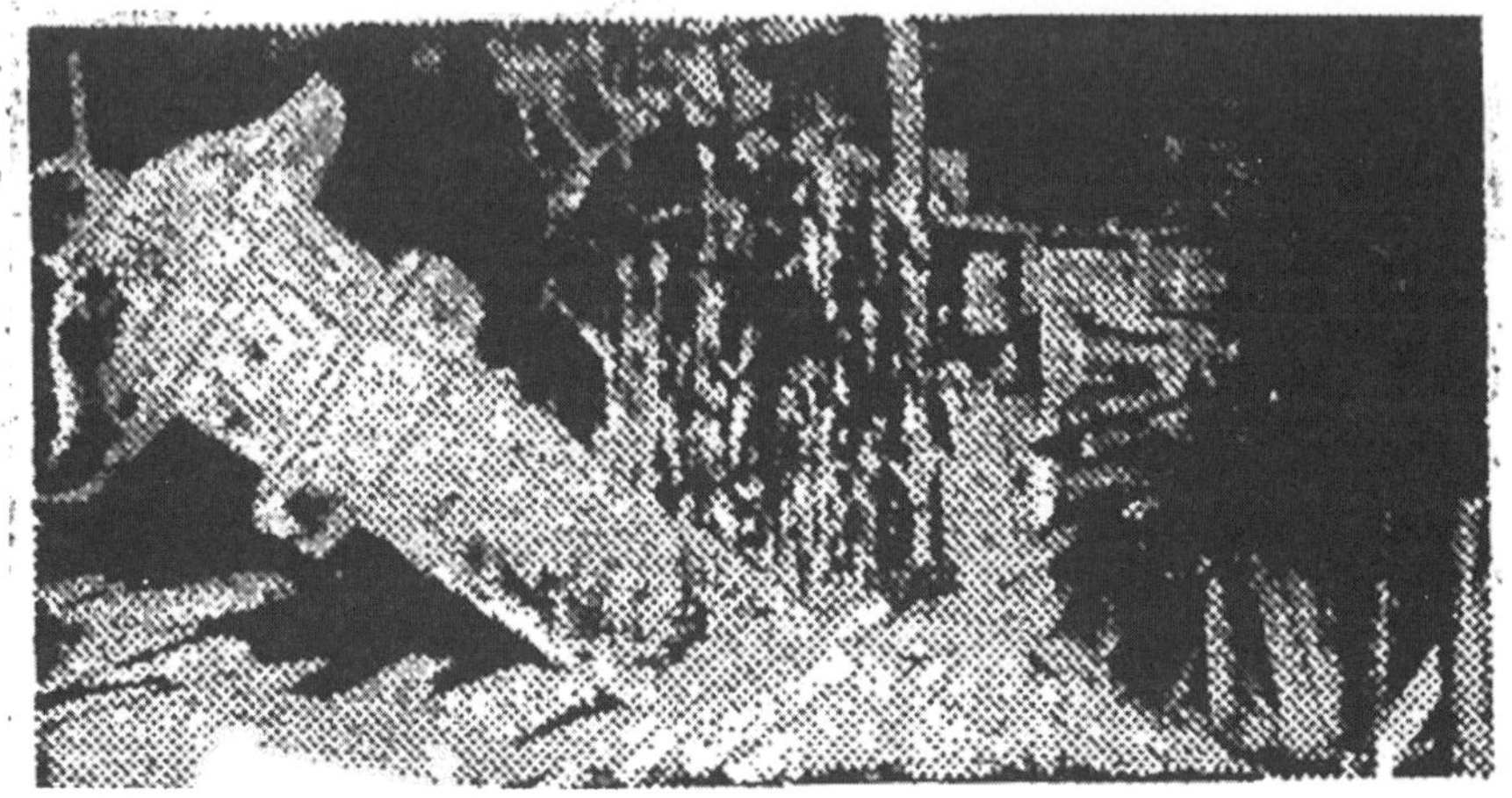

だ、と云ひ出しました、それから祈禱師を呼んで心當りの込み入つた箇所を捜させましたが蛇の正體は發見されず到頭西側の

▼▼露臺に▲▲

お祀りをしたのです、大蛇さんも現金なもンで財來難音響を出さなくなりましたよ」と新裝備のとゝのつた消燈後の奈落でK君の話、われら三人は夢の國かお伽の怪奇にさまよふ心持ちでフラ〳〵と二階へ昇つた「それから大道具部屋にある北向の大日尊や比叡山の岩ヶ淵辨財天と當座の因緣を話しませうか」とK君が親切に云つてくれたのを「イヤまた……」と懷膽ダタのモーションを右手に四條通を西へ新京極を北へお次ぎの錦社文殊所京都座へと入つた、懷中電燈の御厄

介になつて揚幕から花道の下へもぐり込む、本舞臺へかゝる七三のとこでスツポン（せり上りの穴）の裝置を珍らしさうにわれらは眺める

▼▼座附き▲▲

の道具師でものやさしい兒才が奈落下手の隅に祀つてある小祠を指し「これがお狸さんだす、親子お三人さんが祀つております、京都座の守護神でお祭に觸ると何もないとこで投飛ばされまンね、それにこの奈落には大きな白蛇が棲んでゐてだす、それを見て失禮な行動でもすると發熱して二三日はへたります、明治座の大火にも三條の火事にも當座が燒けなんだのはミラクルだンな……」とこゝでも浮世ばなれした御挨拶にわれら一行ぽかーんと笑ひもできぬ表情を讀者以て察すべし＝寫眞上から京都座の奈落、南座の舞臺裏と白蛇の祠

課題募集

△一人葉書に一題△住所氏名明記のこと△宛名は本社編輯局夏の獵奇係△同一課題はゝ着順により採用の分には本社特製銀メダル贈呈

夏の猟奇（二十一） 抜け雀、猫、首塚等々 6-105

怪 ●京都日日新聞 昭和六年六月十三日（十二日夕）

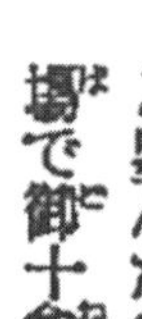

抜け雀、猫、首塚等々

◇…知恩院七不思議の話は多い（下）

夏―の―獵―奇【廿一】

さい 京都市東山區三條白川下堤町 安井 春

知恩院寺務所の玄關に立つた、ジイッと銀縁越しに胡散臭さうに記者の面を眺めてゐた無愛想な受付子「どなたに……」「寺西さんに……」「はあ、寺西さんどすか」とそゝくさと奥の書院へ消えた、やがて通されたのは白晝

▼▼電燈の▲▲

點されてゐるいさゝか陰鬱な部屋だ、正面と左右両側に古机を前へズラリと廿數人の僧侶が西瓜顔を並べてゐるそれらの坊さん達が面々に帳簿つけや算盤をはじいてゐるのは一寸ナンセンスな光景だ、その部屋の正面中央に片手で頬杖をついて右手で扇子をパチ／＼鳴らしてゐるのが寺務主任格の寺西飛水氏「七不思議！知恩院には七不思議が七通りも八通りもおすさかいな、どの方にしまひよ……」昔、新聞記者をしてゐたことがあるといふから

▼▼如才な▲▲

い、で、課題に相應しいやうにグロの方と所望した、「よろしゆおす、では一寸お書き下さい」と指折つて數へながら話してくれたのが左の通り

一、三門の棺桶 徳川二代將軍秀忠の頃、修理奉行の五味金右衛門が知恩院の山門建立を引受けて工事に掛つたが豫算よりも規模を大きくしたゝめ今も昔も變りなく赤字を出しその責を負ふて切腹して果てた、やはり昔の人は堅すぎたとみえる、その死を憐んだ當時の住職が金右衛門夫婦の木像を棺桶に納め山内樓上の十六羅漢の祭壇に祀つてその靈を慰めたといふ

山門の棺桶

二、忘れ傘と 濡髪明神、例の知恩院一枚看板の一つ、左甚五郎の忘れ傘、あれは左甚五郎に結びつけたのは

▼▼俗説で▲▲

本當は知恩院第三十二世雄譽靈巖大僧正が入寺四年のゝち寛永十年の正月九日同院の下部屋からの失火で大殿、大方丈、小方丈、記録所、大小庫裡寺一切を灰燼したので辛苦のゝち莊嚴なる堂宇を再興し、同年十月十五日から翌十一年正月十五日まで毎月諸堂を巡行して鎮火の祈願をこめたその正月六日の霙降る曉、境内輪藏の前に莞爾つた節忽然と現れた白狐の化身濡髪の童子が「多年この山堂を塒に棲つてゐたが最早餘命つきて娑婆との縁もこれ迄となつたから、せめて

▼▼今生の▲▲

名殘りに有難い法門を聽聞したい、その上は眷族一同が代々防火に盡します」と望んだので靈巖僧正は直にその場で御十念佛の上、所持のから傘へスラ／＼と用意の矢立でもつて「光明名號攝化十方」と認めて與へた、その翌朝その傘は何者かの手によつて現在のごとく本堂の庇に載せてあつたといふ……知恩院境内法然上人大廟裏の濡髪明神の由來とあはせた物語を持つ……ぬらさずほさずとなるから傘（未完）＝寫眞は濡髪明神と忘れ傘

課題募集

△一人葉書に一題△住所氏名明記のこと△宛名は本社編輯局夏の獵奇係△同一課題は着順により採用の分には本社特製銀メダル贈呈

読者課題
知恩院の「七不思議」を調べて下さい
京都市東山區三條白川下堤町 安井春

知恩院七不思議の話はつゞく——

三、ぬけ雀 襖繪の名手狩野俞信の筆になつた大方丈菊の間の襖に描かれた梅形内金張りの菊ト雀を配した繪から、雀が抜け飛んで終つた……菊の間のぬけ雀の不思議

四、三方正面の猫 大方丈から小方丈へ渡る歩廊の廂ての杉戸に描かれた三匹の山猫が右、左、正面どちらから眺めても

▼▼眞向に▲▲ みゐる三方正面の眞向の猫の怪

五、光秀の首塚 阿陀彌堂の渡り廊下の北西隅にある明智光秀の首塚と稱される五輪の塔・小栗栖の里で首をはねられた光秀の首がナゼ知恩院境内にしかも無縁墓として葬られたか

六、瓜生石 古門前から黒門へあがる門前に石垣に圍はれた瓜の形をした青磁いろの巨石、その石の下から栗田神社へ抜ける地下道があるとか、天から降つた隕石ともいはれる俗稱瓜生の石の謎——

▼▼とゝこ▲▲ まで數へ立てゝきた寺西さん小首を傾けて

「さあ、七番はどれにするかナ」と思案の態……だ

「雲川さん、どれにしようか？」と隣に坐つてゐたロイド眼鏡の僧に相談をもちかけた

「さうどすな、知恩院七不思議といふとやつぱりアノ鶯張りをいれんなりまへんやろ」

「いや、鶯張りにはグロ味といふものがないぜ」

「そんなら大しやもじはどうどす」

「さいな……あ、あるく山手の横手の古井戸はどうぢや」

「成程、古井戸といふと怪談めいて

▼▼夏向に▲▲ よろしい」と雲川氏相槌を打つ

七、血洗ひ井戸 「さあ、昔きなはれ、その昔三條小鍛冶に三條小鍛冶宗近といふ京都の生んだ刀剣師としては三條派の始祖で有名な人、この人の鍛へた刀は細身で無ぞり、公卿の佩刀に頃合ひのものだつた、その名刀の切れ味を試すため彼處で、さいな……旅の女巡禮でも試斬りにしたとすれば更に面白い、宵闇近く迫る夕暮、笈ずるを背にした女巡禮、白刃光るとみる間に肩から乳へ斬ら袈裟斬り……に、さうして、あの

▼▼井戸は▲▲ その血洗ひ井戸で亡靈が祟ると傳へられる……とはどうです」

「あなたは却々大衆文藝は上手ですな……」とひやかすと「アハハヽヽ、戯談ですが……」まづこの調子——七不思議といふものは斯樣に他愛なく創作されるのである（この項をはり）〃

寫眞は光秀の首塚

夏の猟奇（二十五） 怨靈……人を殺す 6-106

怪 ●京都日日新聞 昭和六年六月十八日（十七日夕）

怨靈……人を殺す

撮影所街に秘められた怪談數々

讀者課題

撮影所における怪談もの撮影や呪ひ怨靈のはなし

京都市朱雀正會町
松本新治方
小野辰雄

日活の撮影所が大將軍から今の太秦に引き移つて間もなくのことだから一昨々年の春だつたらう、阪妻プロがはじめての時代劇「坂本龍馬」を澤田紫兵衛監督で撮影中のことである、その日は夜間撮影があつて濟んだのが十二時すぎ、今でこそ電燈が點いてゐるがその頃は撮影所外へ一歩出ると本當に眞の闇だつた、をりしも歸途についた

怪　夏の猟奇（三十三）　革堂さんの幽霊鏡　6-107
●京都日日新聞　昭和六年六月二十八日（二十七日夕）

夏の獵奇……(卅三)

革堂さんの幽靈鏡

◇…映つた姿から殺人事件が暴露

久米讓と木村光一

郎の二人「どうも狐でも出さうだなア」と語り合ひながら歩いて來ると、木村は突然「おや草履がついてる、明るいなア」などゝいひ出した、が久米は變だぞと思つた、草鞋なんか穿いてゐないからだ、瞬間木村はバラ〳〵と駈け出したと思ふ間に二間も向ふにある泥田の中にガボリとばかり飛び込んだ、久米は吃驚して救ひあげたが、木村は體中泥だらけになつてなほ平氣だつた、つまり狐にばかされたと云ふのだが

市川小文治が友人の宅で飲んで僅か三四町を歸るに十一時頃から夜明けまでかゝつて畑や田圃をかけ廻り、褌一本でヘト〳〵になつて歸つたり、小杉勇が溝に這入つて「いゝ風呂だ」と云つてゐたり種々の狐物語があるがこれ等は生命に別狀がなく愛嬌と云へば愛嬌と云へる

だが、撮影所では

愛嬌では濟まされぬ怨靈の祟りと云はれてゐる事實怪談があり、どうも偶然だとばかりは思はれない、同社のを二ッ三ッ記して見やう——「忠臣藏」と「怪談」ものは何うも呪はれてゐる、そんな譯からではあるまいが今年は撮らないらしいが、「忠臣藏」では淺野内匠頭の役を演るものが不思議に妙な結果になる、尾上松之助が忠臣藏を撮つたころ内匠頭を演つた中村扇太郎が撮影が終ると間もなく死んだり、その後の内匠頭を撮つた嵐桑次郎も撮影があがると間もなく死んだ、内匠頭の無念さが今の世まで怨靈となつて迷つてゐるのだらうと云ふことになつてゐる

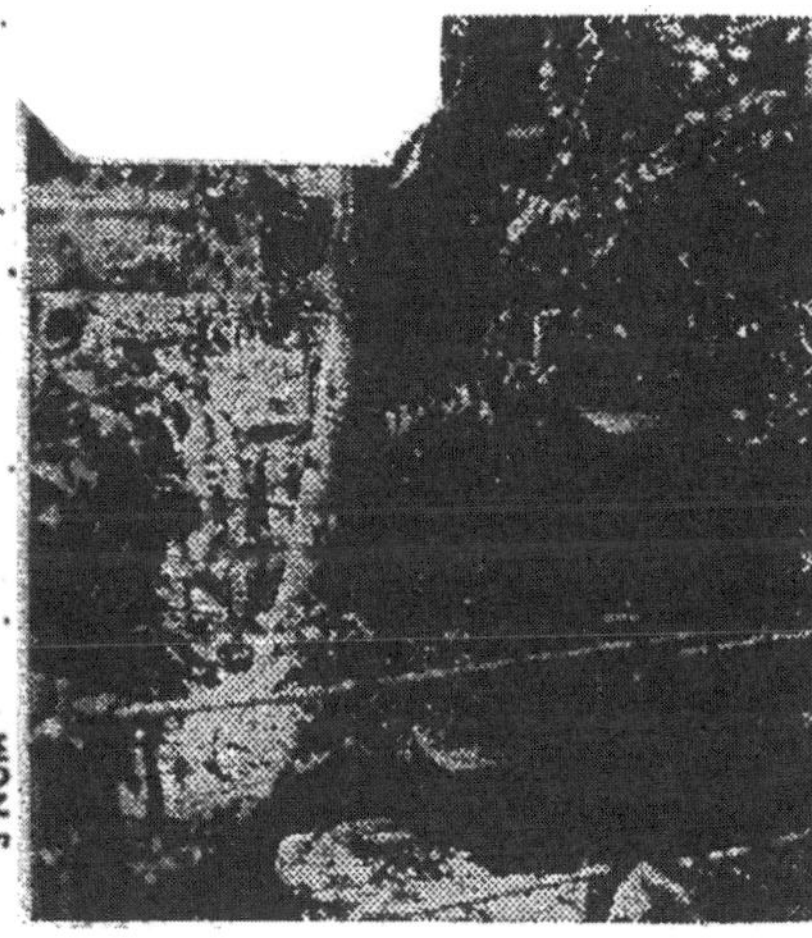

「崇禪寺馬場」を演つた市川姉藏が直ぐ死んだのも不思議だが怪談ものとなると更に怪奇な事實が生れる

大分前のことだが

「お岩」を撮るときのことである、小原監督一行が長岡にロケーションしたことがある、中村梅昇の幽靈が提灯に飛び込む場面で岡本小道具主任が些細なことから大變なケガをした、そしてその場から小原監督が熱が出て程なく絶命した

また昨年高橋壽康監督が「牡丹燈籠」を撮るとき岡元某が熱が出て『お露々々』とうなされて倒れたし新三郎に扮した楠英二郎も長いこと休んだ、お露に扮した櫻井京子は『出演中一切の肉類を斷つて毎日祈願をこめたので無事でした』と意味深長なことをいつてゐた、だから斯うしたものを撮る時は淺野家の墓やお岩稲荷などそれ〳〵參詣することになつてゐるが何うも無事には濟まない

——斯んな實話もある、時代劇セットの横に一本の欅があるが同スタヂオにはその欅の下に大蛇が棲んでゐるといふことが傳へられてゐる、昨年五月のことその欅の傍に一本の木が生れた枝ぶりなど鉢植に持つて來いなので

大道具の小田とい

ふ人が持つて歸らうと鋸はしをグザッと突き立てるとその瞬間體がビリ〳〵となつてそのまゝ家に歸つて寢ついて了つた、そして大きな腫れものが出來て呻吟すること五ケ月やつと全快したが腫ものゝ大きな痕が宛も大蛇型にその人の體に殘つてゐる

以來撮影所ではその欅に七五三繩は張つて祀つてゐる、ナモ、おそろしき執念である＝寫眞は日活の欅大明神とお岩の面＝

読者課題

寺町竹屋町革堂さんの幽霊鏡の縁起を調べて下さい（先着）

京都市新堺町二条下ル　林　與三郎

昭和の御代なら兵詰め糊話の怪死事件などゝいつて大騒ぎを演じたことであらう、といふのが寺町革堂にある幽霊絵の因縁話である、今をさる百余年前のこと、寺町小路二条下る塗のさる古着商に、江州草津在からきてゐたみちゐといふ守女がゐた、子守のことでありお神さんのいひつけで革堂へ「坊ん」を連れて毎日々々遊びに行つてゐた、何といつても

◇……**お堂** は三十三ヶ所十九番の札所であり巡礼が來ては詠歌を唱へ観音經をあげる、坊んはその詠歌の眼むさうなメロデイがいつか好きになつてしまひ、家へ歸つても、フトすれば……はなをみていまはのぞみもかうどうの……と詠歌を唄ふ、それが抑も事件の發端で、といふのはこの古着や夫婦は大の法華ごりで坊やが詠歌などを唄ふたのが肚立たしくてならなかつた、即ちみちゐに今後一切革堂へ行つてはならぬと厳命した、が坊やが今度は承知しなかつた、どうしても革堂へ行かうといふ、みちゐも仕方なく、内密で連れて行つた、結局坊やはまたぞろ観音經の端くれだの詠歌を唱へる、主人夫婦が怒る、そこでみちゐは主人に、観音經の初めに妙法蓮華經とあるぢやないですか、法華宗だといつて、さう毛嫌ひすることもないと

◇……**抗辯** した、カッとなつた主人は「己れ主人を愚弄するかッ」と高手小手に縛りあげ、それは眞冬の夜であつたが、冷水をザアザアと頭から浴せて其まゝ裏納屋へ投げ込んだ、翌朝主人が眼をさましたところ、みちゐの身體は裏納屋で冷たくなつてゐた、主人夫婦は今更ら驚愕したが如何とも仕様がない、納屋の土を掘つて死體を埋め、さて草津へ飛脚を走らせた、いふのに「みちゐも當方へ來たときは十四歳であつたが、もう十五にもなると随分監督はしてゐるが、いゝ男でも出來たのか行方を晦ましたので心當りを探したが皆目わからないから、そちらでも探索して欲しい」この知らせを受けた両親は八方手を盡して捜査したがわからない、仕方がないので西國巡禮に出て、一日十九番革堂に參詣した、「こゝは娘がいつも來てゐたところであり一夜のお籠りをしやう」と両親はお堂にぬかづいてゐた、まあ丑滿の頃であつたらう、常夜燈の明しがスッと暗くなると正面の鏡に、まざまざと愛娘みちゐの姿が現れた、あッ夢かと思つたが、鏡の中のみちゐは「私は不義をしたのでも何でもない、實はかくかくの次第で主人のために殺されて

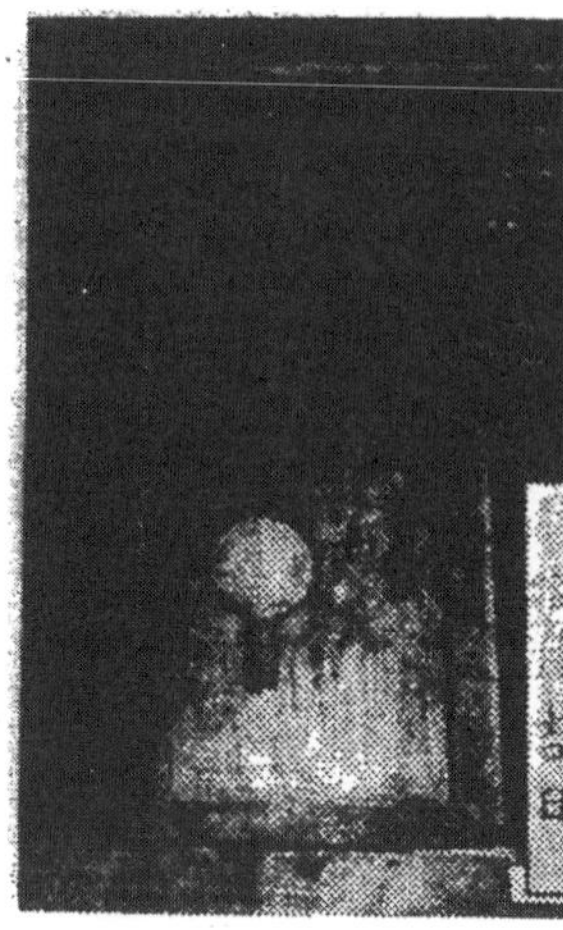

◇……**裏納** 屋に埋められてゐる」といつて姿は消えた、両親はさてはさうであつたかと早速町奉行に訴へ出て、お上の手で納屋が捜索された、みちゐは殺されたまゝ、縛られたまゝの姿で両親の前に出て來た、で早速みちゐの日頃使つてゐた鏡と幽霊姿を繪馬に描き因縁を記して革堂に奉納した、といふのが幽霊鏡の由來だと間之町五條下る白井卯之助さんの話である、尤もこの傳説は二三異説もあるが何分その繪馬の汚れを洗つて文字を讀みたいがお寺で承知しないので……と卯之助さんは殘念がつてゐる【寫眞は革堂にある幽靈鏡】

夏の猟奇（三十四）　死霊、生霊を走らす　6-108

怪　●京都日日新聞　昭和六年六月二十九日（二十八日夕）

夏の猟奇

死靈、生靈を走らす

◇…その頃を語る喜多村緑郎氏（上）

読者課題
南座出演中の喜多村緑郎氏から妖怪談を聞いて下さい
京都市東山[illegible]　坂上多摩子

喜多村緑郎氏の妖怪談を聴くべく南座の楽屋に訪れた、同氏は其の日の「[illegible]」の大詰から済んだばかりで肥大な身體を[illegible]の前に胡座して頭を落してゐた、こんなに太つてゐるのに舞臺でよくアンナ女になれるものだなアと感心もし、早く化ける喜多村氏から妖怪談を聴く座興を思つたりした、くるりとこちらを向いてマドロスに火をつけ、サテ語り出す

……▽△……

[illegible]は[illegible]を作つてゐる、[illegible]は支那の泉鏡花氏、[illegible]の[illegible]氏などその他名の士ばかりで[illegible]として寄りに[illegible]してその怪談を[illegible]し合つてゐる、だから會員は妖怪といふものゝ存在を信じてゐる人ばかりである[illegible]にも[illegible]あつて[illegible]へば[illegible]のもの、足のあるもの、足のないものに大別することが出來る、で第一、妖怪が出たと云ふ話から話さう――

……▽△……

成美團がはじめて生れた頃だから大分前のことだが、[illegible]で[illegible]瑠璃が大變流行つて早世したが當時評判だつた一枚目の岩尾[illegible]三郎と云ふ男など毎日お師匠さんの前に坐つてガナリ立ててたものだつた、俺と小緑はやらなかつたんだが……ところがその岩尾が[illegible]平七を習つてゐたんだが「おみのあだ」と云ふところがトチても調子がはづれて了ふ元來が一體に調子が乗らないのに「おみのあだ」が最後にはづれるので仲間はさんざカラカツて岩尾を「おみのあだ」と呼んだりする位だつた

……▽△……

その頃の芝居は大抵一日初日で二十日までゞ、その時は何の芝居だつたか忘れたがらくの日に岩尾が稽古してゐると「おみのあだ」がうまく出來た、その瞬間お師匠さんのバチが折れた、バチなんてヤツはカケることがあつても折れることなんかありやしない、恰度岩尾が「おみのあだ」をやつてのけたほど不思議なんだ

……▽△……

其翌日、俺は家には默つて友人達と和歌の浦に遊びに行つた、住吉でマゴ〳〵して向ふに着いたのが日暮方、月見堂の中に[illegible]

[illegible]の[illegible]があつて其處に宿つて[illegible]、夏だつた、ゆかたを着て其處の景色を眺めてゐると、向ふに見ゆる紀三井寺、何んだといふこともなしにお詣りがしたくなつた、お詣りをして宿に歸ると、また何んだといふことなしに大阪に歸りたくなつた、で矢も楯も耐らなくなつたので友人達が止めるのもきかず、難波まで歸つて來ると、何も知らしてないのに宅の車夫が迎へに來てゐる、そして「岩尾さんが昨夜亡くなりました」といふのだ

……▽△……

俺はドキリとした、知らしてないのに迎へに來たのは、宅で[illegible]私の行先を調べた結果住吉まで判つて多分和歌の浦だらうと云ふことになつて電報を打つたのと俺が入れ違ひになつたのだつたとが判つたが、寺などは滅多に詣つたことのない俺が紀三井寺に詣りたくなつたのは岩尾の死の[illegible]とでも云ふのか、そして何ものに[illegible]ひられるとも知らず急に大阪に歸りたくなつて歸らしめた力、更に、稽古の一番おしまひにあり得べからざるバチの折れたこと、その時出來た「おみのあだ」お身の仇が出來て死んだ、そこに[illegible]な意味がないだらうか？

資　トリックを使って人造幽霊　霊媒者の正体暴露（上）　6-109

●読売新聞　昭和六年六月十三日

トリックを使つて 人造幽靈（上）
靈媒者の正體暴露

「幽靈見たり枯尾花」といふのはこゝに云々する迄もなく幽靈の存在を否定した言葉だが、怖いもの見たさの人間は一方にはその存在を肯定するやうな怪談や芝居の幽靈に限りない興味を覺える、エロ・グロ・ナンセンスが今日の流行語とすればグロを代表する幽靈は正に時代の寵兒である、こゝに紹介

す。阿部徳蔵氏は奇術研究家として玄人も及ばない經驗を積み一方心靈問題の研究家としても斯界に重きをなしてゐるが幽靈を一種の奇術的トリックと見做す氏の話はそろ〳〵近づく幽靈のシーズン、初夏の宵にふさはしいものだ

昔から幽靈を見たといふ話は澤山あるがその多くは漠然とした話で確乎たる科學的説明をなしたのは一つも存じないやうである、が然し一方肉體を離れた或るものが例へば心靈といふやうなものが

死後なほ存在

するか否かは古來いろ〳〵と論ぜられ甲論乙駁を戰はして來たが今日でも尚その存在を肯定する一國の人々が不斷の研究と實驗を重ねてゐるのである、昨年亡くなつた英國の探偵小説家コナン・ドイルなどもその一人として先頃は又靈媒者を介して未亡人と對談を行つたことは諸氏の未だ記憶に新たなと思ふ、幽靈の存在を肯定する人達の多くは唯直感的に判斷する場合が多い、即ち唯だ幽靈を見たといふだけで直に

幽靈實在論者

になつて了ひ更にその根柢を討究しようとしないのである、が然し十九世紀に入り科學文明が勃興するに及んで幽靈の出現狀況も著しくその趣を異にして來た、漠然とした事では最早一般人は滿足しなくなつて來たのである、明敏な幽靈製造業者は決してこの傾向を見逃しはしなかつたのである、そして凡ゆる

科學の尖端を

取り入れた例へば光學、電氣學等を應用し公衆の面前で公然と幽靈を出現さし科學を誇る現代人をアット云はせたのである、そして現代の幽靈は一部の心靈愛好者のグロ趣味以外は凡て奇術としての幽靈となつて了つたのである、さて奇術師のトリック幽靈の説明に先立つて先づ心靈術の歴史を簡單にお話しよう、心靈現象の起原は一四八七年

米國で大評判

になつたフォックス社の敲音事件に始まるこの事件

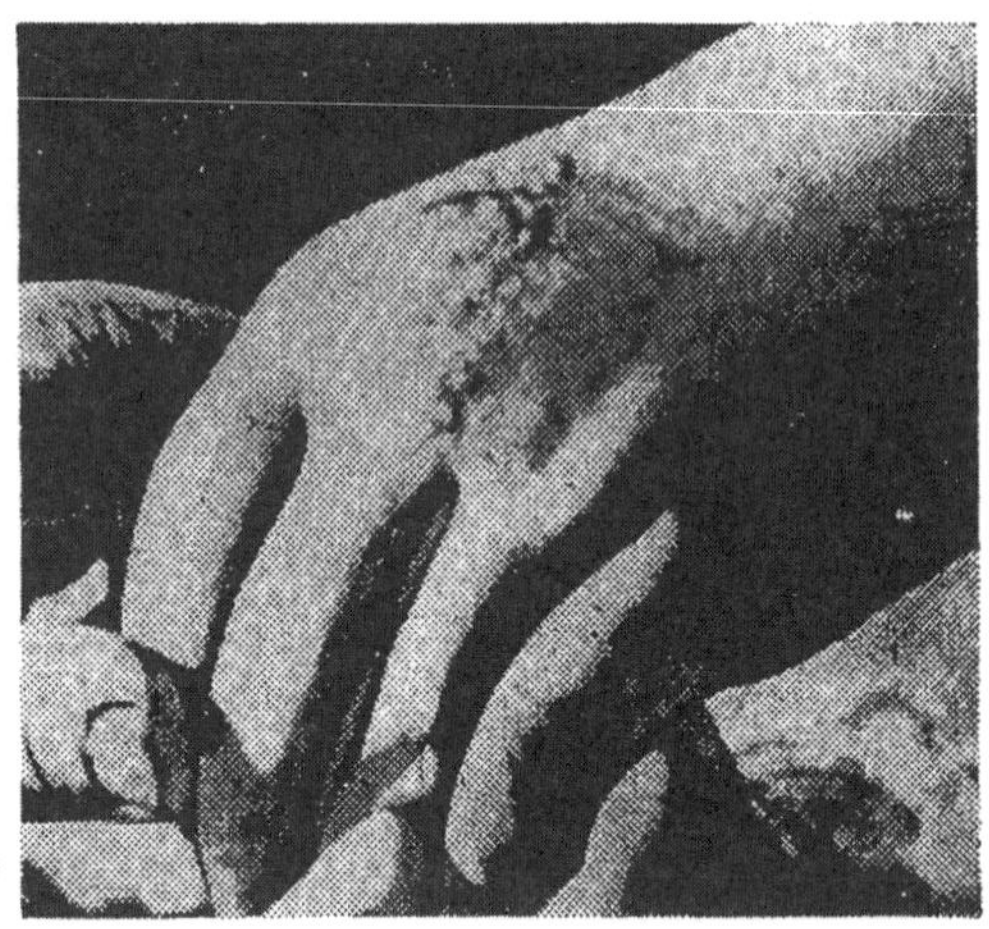

といふのは、當時ニューヨーク州の一寒村に住んでゐたフクックス家の娘で八歳になるマーガレット六歳のケーテーが或る夜寢室の壁をコト〳〵と敲く音に眼を覺ました、不思議に思つてこれを母親に告げた、越えて翌年第三回目の音の事件が起きたとき母親は戯談にその音に向つて今私が手を叩くからその數だけ敲いて見よと云ふと

驚いた事には

正確にその數だけ敲くので今度は子供の年を尋ねると又もその年數だけ敲くので非常に驚く、間もなく敲音事件は全米の評判となり物好き連中は續々と同家につめかける騒ぎになつたのである、一方心靈學者はこれを機として靈魂の不滅を太鼓入りで宣傳したので靈魂の實在を信ずる人が急に殖えるやうになり、又

靈媒者と稱し

て死者の靈魂の媒介業者まで現れるに至り、又各所に心靈會が組織され研究會や實演會まで頻々と催される有樣となつたのである

【寫眞右は幽靈に嚙まれた靈媒者の手甲を示したもので、左圖の顔は伯林の婦人靈媒者エレオノーレン】

夜光藥を塗つて＝

腕だけ〳〵（下）

＝靈媒者の正體暴露＝

亡靈會の會場

は大概方に黑幕を張廻らした四角な小室でその一隅を黑幕を釣して三角の仕切りを作りその中に靈媒者が入るのである見物人は十人か二十人位で黑幕の仕切を前に椅子を並べて坐る立會人は靈媒者の手足を嚴重に椅子にくゝりつけ仕掛けのないことを見物人に見せ、幕の中に入れる。幕のなかにはテーブルを置きその上にメガホーン、ギター、タンバリン、鈴等の樂器をのせてカーテンを下す、これで準備は全く整つたのである。

燈火は徐々に

薄暗くお互の顏さへ見分け兼ねる位にし室内の空氣は鬼氣惻々として人に迫ると云つた雰圍氣にする。やがて幕の內からメガホーンやギターがフラ〳〵と舞出して來て思ひ〳〵の音樂を奏で出す、死者の聲が聽こえて來る「わしは其處に居るB君の父親の亡靈だ、これ〳〵の事をお前の母に傳へてくれ」など云ふ。實驗が終つて室を明るくし立會人は見物人と共に幕の中の靈媒者を檢査する、が繩の結び目や、封印には異狀がない。再び常に戻つて燈火を暗くする。と又亡靈の聲がする樂器が鳴り出す。

亡靈會の光景

は大體こんなものなのである。之が奇術でなくて何であらうか。奇術を使へばこんなことはわけないのである。それは今こゝに學者の說や、奇術師の意見や、幽靈製造業者の告白や又その種明しを記す迄もなく、一種のむしろ簡單な奇術なのであの。奇術はより以上不思議な現象を見物人に見せることが出來るのである。米國の有名な心靈學者H●カーリントンはその著「スピリチュアリズムの具象的現象」の中でこの幽靈製作の詐術に就て「巫術師が繩を拔けて自身幽靈となつて現れる」「巫術者はそのまゝ椅子にくくられ仲間が幽靈に扮裝して現れる」「さくらが見物人中に交つてゐて空中飛躍する」ことなどを述べてゐるが、以上で大體盡きてゐると思ふ。

繩拔の名人は

これ位のことなら平氣でやるし　幽靈の扮裝具にしても仲間がすきを見て手渡しも出來るし黑幕のなかに忍ばせて置くことも出來る。實演の場合はこのいゝさくらが檢査などもこと更にやかましく何やかやと詮議立てしたり幽靈を見てヒドく感激し泣いたりする。幕のなかから光る手の現れたりするのは全部黑裝束の巫術者が腕だけに夜光藥を塗つてヌッと出せば暗中では腕だけフラ〳〵浮出たやうに見えるのである。

幽靈が子供を

連れて出て來るのは、自分の腕と手を黑い布で包み、白い布をブラ下げて現れゝばよい。カーテンが黑いから腕は決して見えはしない、これを見物席から見ると一寸子供を連れて出て來たやうに見える。或る巫術者が「一着の衣服と二三つの鬘と付髭があれば四十人の變つて幽靈に扮裝出來る」と告白してゐるがとにかく室內が暗いのだから幽靈の活躍は定石なのであるこんなわけで亡靈會などはたわいもない子供だましで、玄人が見れば直ぐ曝れて了ふのである

現に或る亡靈會で

奇術師が眞相

を確めようと變裝して入り込んだところが、巫術者は手も足も出なくなりその揚句は「野郎ッ！何しに來たッ！」てなわけで散々袋叩きに遭はされた事がある。亡靈會には大概この位の腕つぷしの強い用心棒が附て會場荒しを防いでゐるのである。亡靈會の話はこれ位にして以下簡單に亡靈會ならぬ奇術師の現代科學を利用したトリックによる幽靈製造の二・三を圖示しよう

◇未來の姿

司會者が見物人の一人を招いて舞臺に上らせます。これはほんたうの見物人でさくらではありません。司會者はお客さんを舞臺の右側の箱に入れます。舞臺からこれはそのまゝ見えます。やがて舞臺が徐々薄暗くなると共に今迄元氣のよかつた箱のなかのお客さんの肉體は徐々にかき消えて骸骨になつて了ひます。見物人はビックリして同伴の奥さんなどは泣き出します。すると又た徐々に明くなり骸骨はも

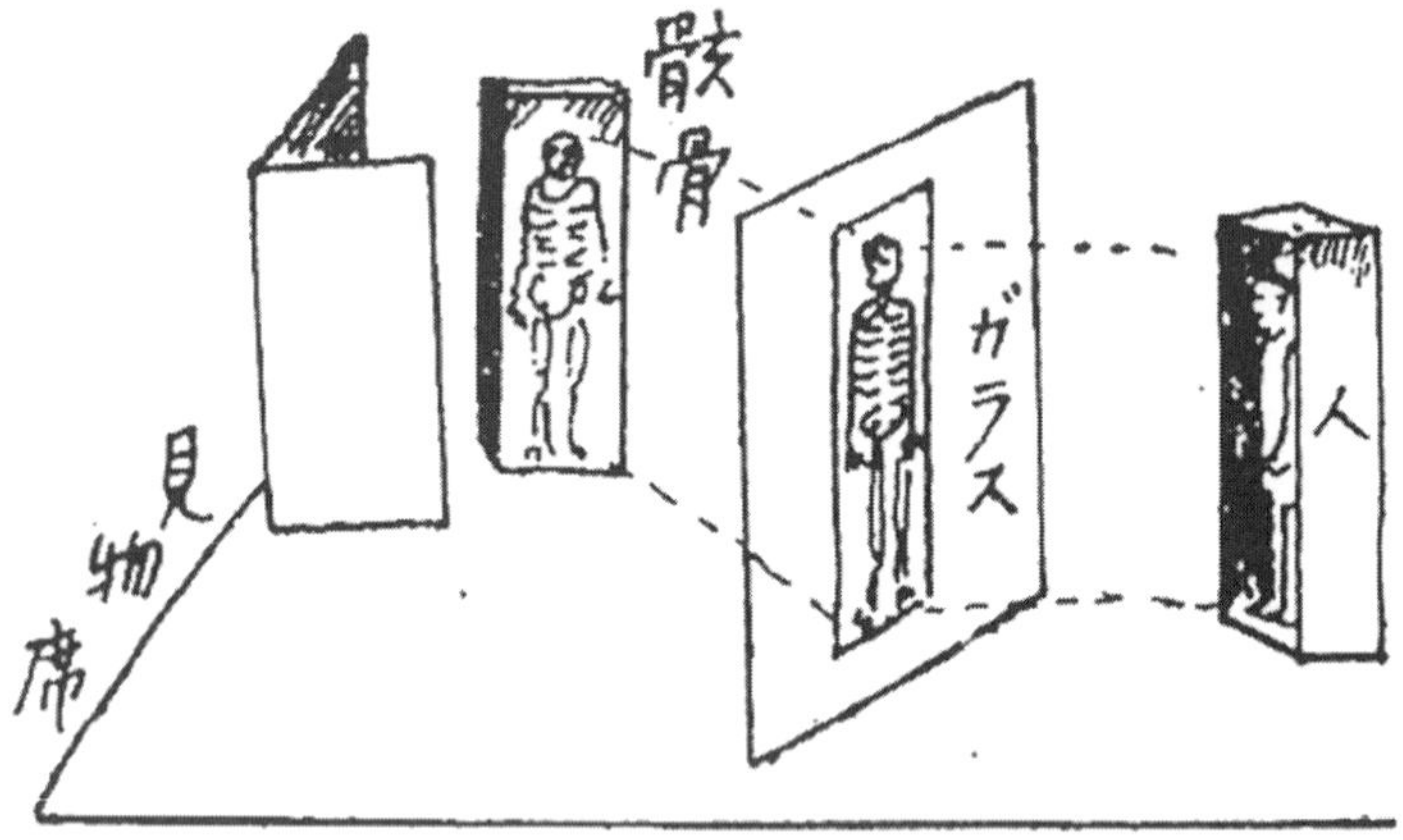

との肉體をもつた元氣のいゝ人間になります。このトリツクは圖でよく分るやうにガラス板を境に舞臺の横に骸骨が箱のなかに入つてゐて、最初この骸骨には光線を當てず眞暗にして箱のなかのお客さんの方ばかり明くして　きます。それから徐々にお客さんの入つてゐる箱の方を暗くし同時に骸骨の方を明くします、舞臺から見ると骸骨の方がクツキリガラス板の上に映じて來るのです、これを逆にすると骸骨は元通りの、間になり元氣よく舞臺に下りるのですが本人はこの變化を少しも知らないのです

◇まぼろし茶屋

見物の一人が招かれて舞臺に上る、テーブルの前の椅子に腰を

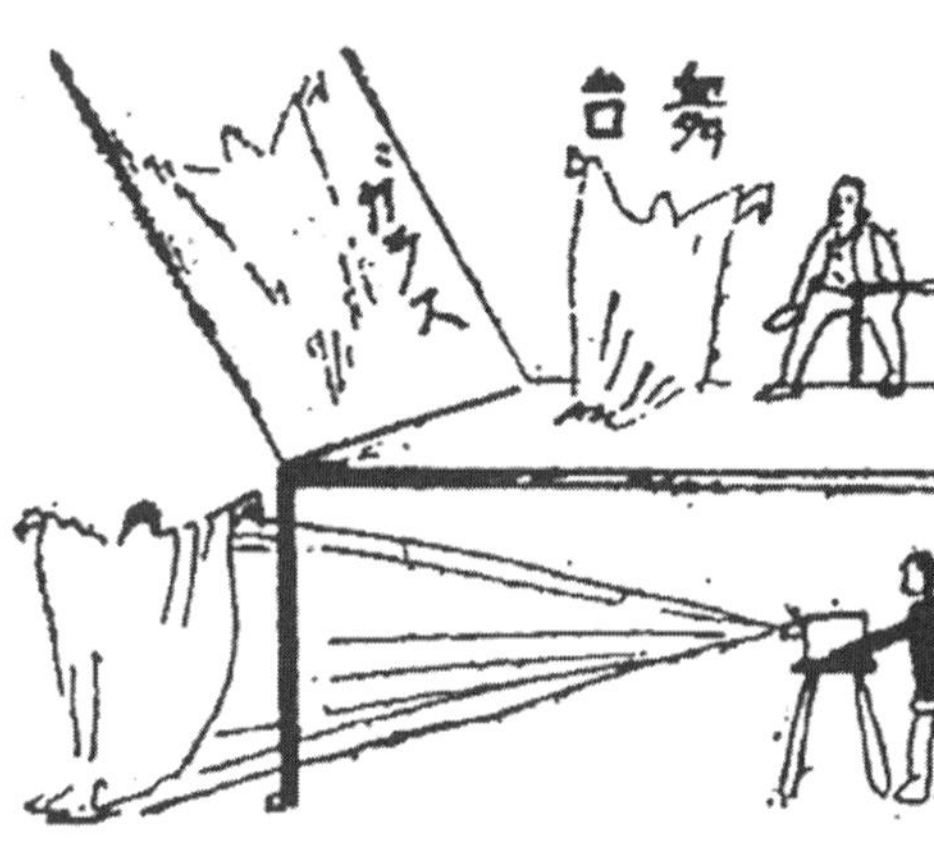

かける、いつまで經つても自分には何も見えないが見物達の顏色で舞臺の上に何か怪異が現はれてゐるとは察せられる、やがて第二の客が自分と入替りに舞臺に上ると、初めて自分のつとめた役割がまざ／＼と判る、何んと恐ろしいことにテーブルの向ふへは白衣の幽靈が、いま登場した冒險家のそばへ「恨めしや……」とやつてゐるではないか

資　人魂はどうして出る　●読売新聞　昭和六年六月十三日　6-111

人魂は
どうして出る

人魂の飛ぶのを見たといふ人は澤山あるが、さて人魂とはなんであるか、どうして出るのか◇人間の體の中には燐がある、それも精神作用の中樞を司る腦の所に燐酸カルシウムの形で含まれてゐるのだ、この事から見ると人が死んで地に葬られた時には、この燐化合物は土壤及び水分によつて分解されて、燐化水素といふガスになる、このガスは攝氏十七度以上の温度では空中に出るとその儘自然發火する性質がある、それで人魂といふのもこの燐化水素ではないかと見られる◇而も盛夏のやうな暑い時に起る事から見ても、人魂は實際にあるやうだ、動物質の腐敗によつても同じ現象が起る

怪　山の神秘山の誘惑（一）　猛雨の中に…　●中央新聞　昭和六年六月十四日（十三日夕）　6-112

山の神秘　山の誘惑（一）
猛雨の中に冴えた　不思議鈴の音
白衣の老人がスウーと消えて　ありがたや祠に薪一束

悠々たる雲間の英姿！　若人の血は燃えて「あゝ山へ！思ふまゝ神秘を探らう、冒險もしやう」と山に向つて何かしら禮拜したくなるきのふけふ、既に山のスケヂユールは出來上つて、リユークサツクやゲートルの手入れも出來、各大學山岳部員やその他の登山家愛山家達は、今年の山の計畫を描いてその日を待つてゐる、氣早の人は富士へアルプスへと既に出發した、信州松本ではアルプスの入口とて登山案内所、登山學校等が出來、東京からもアルプス會、歩行會、旅行會等の面々が次第に各地へ調査に出かけた。折柄梅雨の夏山には雄大な中にも殘んの白雪をブ

エールの如くかぶつて「來いよ友よ、山を語らう」と寳物も神秘もすべてを抱へて誘惑してゐる、若人の天下はこれからである、サテ山に行く人々に今更山の案内でもあるまい、登山準備の物價表でもあるまい、多くの人々の山に起つた出來事の一つ二つを示さう

◇

早稻田の體育主任で熊谷辰治郎先生マツサージと登山體育の高唱者である、多くの學生達から「一錢先生」と言はれる程極く質素な人だ、すべての病氣は體操で内臓をしつかりさせれば治療出來るといふ人である、この風變りの先生が甲武信から甲斐の御嶽へ登つた時だつた、未だ山は肌寒い四月、天下の奇嶽御嶽へ登るべく金櫻神社まで四里和田峠を一里更に荒川の沿岸から昇仙峽へと進み上黑平から御嶽の奥へと入つた時、ある小さな祠のやうな穴があつた

◇

折柄凄じく風雨がはげしくなり出して來た、洋服も濡れしよぼれる、辨當包みはくちやくちやになる、手は凍える樣に痛く冷たい、疲れた身體をせめて雨やどりにとその穴祠の中へ入つた、雷雨は篠つくやうだ、誰一人姿も見ることの出來ぬ御嶽山中「御嶽でこりや參るのか」とハアハアと手に息をふつかけて冷たさをこらへる、ポケツトのマツチは濡れてしまつて、つきさうにもない、薪をさがしても見當らない、餘儀なく「千早ふることもたかまの原なれば」と祈つて默然と猛雨の音を聞いてゐる時、不思議ぞ雷雨の中にチリリンチリリンと鈴の音が聞える、はてこの山中に強力か無謀な登山者があるものよ、せめてもの願にマツチでも借りやうかと鈴の音の近づくのを待つてゐると……

◇

白衣の老人がスーツと身も輕く猛雨の中を過ぎ去つた、ハツと思つて祠を出ると、既にそこには誰もゐなかつた、穴祠へ入らうとした時ガサリと觸いたものがあつたよく見ると、薪の束が置いてある、あゝ嬉しいと直にその薪をほぐして濡れたマツチを擦ると不思議にも火がついて、暖火に手と身體を溫めることが出來た

◇

今考へても探した時になかつた薪、猛雨の中の白衣の鈴の音、不可思議でならない、そして身體があたゝまつた頃雨も霽て山を下つて甲府に出た、山の神秘の一つとして記憶が新しいと熊谷氏は語つてゐる、かうした神秘はつきない

怪

山の神秘山の誘惑（二）　黒雲を呼び起した不思議な…

●中央新聞　昭和六年六月十六日（十五日夕）　6-113

山の神秘

山の誘惑（2）

黒雲を呼び起した不思議な銀の猫

殺した登山者に飽くまでもたゝつて氣味惡い病氣の數々

山の靈感に種々の物語りが多い、丁度アルプスの入口松本から武石峠へ出る道であつた、海拔二千二百尺、東北に犬飼山の松林を見て西に烏羽川の清流のあるところで冷たい風がふき廻つてゐる、早大文學部の吉田、小林兩君が山中先輩と共に峠を進みつゝ、都の西北をうたつてゐた、時刻は午後四時下がりであつた、突如眞ツ暗な黑雲が霧の如く簾の如くさがつて來た

◇

冒險的な三人はそれでも勇敢に唄をうたつてゆくと、一匹の黃色猫のやうな獸が現はれた、「おや變なものだな、殺してしまへ」と止めるもきかずにジヤツクナイフでプツリと獸の腹に叩きつけた、不運な獸は「ギヤア」といふとそのまゝ血を吐いて谷底へころがり落ちた、三人は少し嫌な氣分になつて山の小屋へ急いだ、見渡すアルプス連峰雄大な白雪の山、またも軍歌を唄つて出かけた

◇

小舍から約二丁のところへ來たけれど不思議な事に何うしたものか、猫を殺した小林武君のみは足が痛み出し頭が痛み出して一歩も歩けなくなつてしまつた「君達先に行つてくれ給へ足が痛い」「いま少し我慢しろよすぐ見えるぢやないか」「いや駄目だ」三人は悲痛な面持ちをして立ちすくんだ時、小林君は「あゝ畜生奴、畜生奴」ともがき出した

◇

丁度そこへ山男の喜助君が現はれたので喜助君に頼んで介抱してもらつて小舍へかつぎ込んだ、然し山にゐる間は小林君はまるで氣狂ひのやうに悶へる、詮方なくそ

の夜、夜道を無理に喜助の手で山を下つて、松本の宿へ入つたのは翌日であつた、松本へ入つた小林君はもはやケロリとして忘れたかのやうになつた、その後小林君は口惜しさから同じ峠へかゝると何か身體に故障が起るといふ、三人の愛山家は今も尚その夜を思ひ出しては山の魔の祟りだらうと言つてゐる

山の神秘山の誘惑（三）　天に大入道の怪！……　6-114

怪　●中央新聞　昭和六年六月十七日（十六日夕）

山の神秘　山の誘惑（3）　天に大入道の怪！　地に女の悲鳴

若き山岳家の心膽を寒からしめた深夜山上を襲ふ不氣味

秩父連山の中で名も高い雁坂峠秩父の山奥栃本から約四里四丁峠の頂上から眺める秩父の群山をはじめ甲信武の山々、アルプスの山々が招くが如く語るが如くそびえる六千八百六十六尺の海抜であるが全くの無人の境地だ、雁坂峠から甲州釜川に出で更に甲州の山岳を征服するか、三峰國師嶽を征服するか、これは東京附近の山としで多くの若人に崇拜されてゐる

◇

丁度昨年の夏であつた、七月中旬から八月までゝなくては危險であると土地の案内者からの言葉に一層獵奇山岳探査に興をわかした立大の南、成城の澤本、早大の梶村などの若い山岳家がテント旅行を企てた、スケヂユール、そんなものはいらない、徹底的にのぼれ一週間の豫定で行けるだけやつて見やう山といふ山を征服せよと出かけて行つたのが七月下旬だつた

◇

順路コースをたどつて栃本から進んだ、雁坂峠の頂上から約二里、辰ノ庄といふところで、一行は休んだ

「この邊で天幕をはつて山の大氣を思ふまゝ吸ふ」

と天幕二ツを三角張りにはつた、ねぶの古木から古木へわたして、湯呑所をつくつて學生ごのみのドウミヨージのお粥とパンと牛鑵でその腹をこしらへるとジヤケツ姿でその附近を歩いた、山の夜はつるべおとしに暗くなる、聳える四方の山々の姿も大入道の如く黒く次第にその姿が消えた

◇

よく若人のやる事でかうした獵奇の旅では「どうだい恐ろしい話かなんかないかね」と一人がさけんだ、その時山の彼方で「ヒーツヒーツ」と女の聲がする、不思議だと思ふと「ヒーツヒーツ」といふ悲しげな聲がする、無人の境でのこの聲、如何に獵奇の若人も寒氣がしてくる、湯を呑まうとしても火は消えさうだし水はないし、暫時見ておいた、清水の口へジヤンケンでくみにゆくことに一決して梶村君が出かけた　ステツキに懷中電燈をつけて山を歩き出した、清水の音がチリ〳〵と餘韻をのこしてゐると「ヒーツ」といふ聲だ、ハツと思つて電燈を照らして見ると恐ろしい、女が髮ふり亂して口も大きく「ヒーツ、ヒーツ」とをどつてゐる、梶村君が清水口から一散に走りかへつてこの由を一行につげた

◇

一行五人の面々はソレとばかりに走り出で清水口へ臆後にくるとそこには何もゐない、只老婆が清水をのみながら合掌してゐるぢやないか、山の怪だと見ると近の山の上空に五ツの大きな入道が現はれた、アツと思つて五人は思はず力こぶしを入れると五ツの入道も力こぶしをつくつた、そして夜の山に老婆の讀經の聲が響く、やがての事に東の空から白みかゝつた頃、五人の顏は「あゝよかつた」と安心の色が見えた

◇

いつの間にか怪老婆の姿も消えてしまつた、はんごう飯をくつて山を下らうとした時、麓の土民四五人が裸體姿でセイコウを背負つて來た、一行が昨夜の話をすると笑ひ出して「ハツハツヽヽヽ東京の方かね、娘つ子は色氣狂ひでおふくろが心配して山の神様にお願ひしてゐるのでさア、入道？、アハヽヽお前さん達の姿が空にうつるでがさア」と神秘の山の怪がハツキリと五人にわかつた

怪　山の神秘山の誘惑（四）谷と森の中・山湯に先ず…

●中央新聞　昭和六年六月十八日（十七日夕）　6-115

山の神秘　山の誘惑（4）

谷と森の中・山湯に 先づエロを滿喫

試膽會の夜丸ビルマンを訪れた亡靈、さてその正體は？

清水峠の馬道小道
一歩外せば谷間のさゆり
杉の木立の露をもいとへ
主の言葉が氣にかゝる

◇

「沼田からさア油となア干ものとさア仕入れただアね、湯の客が多いなア」

沼田街道から老神道を避ふ團太郎自動車の運ちやんと沼田歸りの駄馬を曳く三十がらみの女とが語りあつて、やがて淸水峠で唄ひ出した

◇

上越南線の沼田から淸水峠海拔千四百四十八尺約八百九十メートルの高地を跋渉して更に笠ケ嶽の千九百四十五メートルを突破したい、いや利根の水源地を探りたいとある眞夏のことだつた、帝都の丸ビルマン數人と共にのんきな山登りへと出發した、沼田で下車して夜の寺の鐘を聞いて宿に寢る、沼田の上州女の唄を聞いてから翌朝川端溫泉近くまで乘りもの、そこから歩いてホコリ道左右は畑、遥に赤城、榛名をながめつゝ一行は都會流行小唄を叫んで往來の野良男をおどろかした

◇

高平から上り道峠に入つて更に老神へ出た、弘法大師の發見された「脚氣川端にカサ老神」といふあらたかな川邊りの岸石の穴の湯に男女がひたつてゐる、こゝに半日を過ごして帝都に見られぬ興趣エロ百パーセントを心ゆくまで味はつた、一行が名湯を老神のカサ淋病、疾病の男女の野天湯にとゞめて利根の水源を上り寒さにスエーターを着込んで、下ノ木の部落へ入つたのはもう夜ゝ八時頃だつた、この地方を知つてゐる同行の高田君によつて部落の一軒の百姓家に泊つた、大町村月の額が百姓家に掲げてあるので驚いた程だつた

◇

さて夜の上越、山と山につゝまれた村落、このあたりの人々は熊を撃つて熊の胃をつくつたり、猪を打つたりする、「飛行機」は知つてゐるが電車を知らぬ」といふ若者がゐる位だ、「オウ」と叫ぶと「オウ」とあつちでもこつちでも叫ぶ、自分の聲が八ツアタリ山彦となつて答へる、その百姓家の裏手で東京の女がある土工に殺されたと聞くと嫌な思ひがした、若い丸ビルマン忽ち試膽會をやらうと上越の山中、山と山の猪鳴く山奥で試膽會を催し一人づゝその殺された亡靈をさぐりに、岩間におり立つことになつた

◇

熊笹の中「ギューツ、ヒユウ、フウ」と悲しい響がする、一行のもの達一同が亡靈だ、都會人が來たのでなつかしくなつて出たのだといふことに一決した、そして憩ふ觀念はサラになく徹宵して山の大氣を吸ひ、利根のせゝらぎを聞いて夜を明した、曉、その岩石のほとりに出かけて　石を掘りかへす　と石の間から五寸位の大きな蟇がノソリ〳〵と現はれて「ヒユウ、ギューツ」とないてノソリノソリとゆく

◇

あは……山の怪だ、上越の女のなき聲の岩は判明した、山のセキ拂ひも山彦と判明した、すべてはかゝるものであらう

怪　山の神秘山の誘惑（五）山の雨に酔う酒のみ男の…

●中央新聞　昭和六年六月十九日（十八日夕）　6-116

山の神秘　山の誘惑（5）

山の雨に醉ふ 酒のみ男の苦しみ

出羽奧州に聳ゆる月山の山靈　神の如き老婆の怒り

夏の山、冬の山四季を通じて山を崇拜するもの、山を愛するもの達にとつて目標とされるものは富士山、筑波、大山、甲斐御嶽、霧島、高野と數へられる、然も出羽奧州に巍然と聳ゆる三山の征服は恐らく今夏も若人達のスケヂユールに加へられるであらう、三山とは言はずもがな月山、湯殿山、羽黒山、羽前の中央火山海拔一九二四メートル輝石安山岩で名高く、官幣大社月山神社であの圓錐狀の山頂、月讀命のまつられるところ七月初旬から七月十五日山のお祭りには帝都から實に千餘名の人々が赴く

◇

月山は冒險登山といふよりも多く行者達が山の神秘によつて苦行を積み、山神の靈氣に打たれて神秘の世界をつきとめるので名高い然し女人禁制の山々も昭和の今日ではモダンボーイ達が婦人同伴で山を征服し中には月山をはじめ三山に旅して戀の長久を祈るおろかものすらあると言はれる

◇

月山は高松で下車し間沼に到り水澤から寒河に到ればこれぞ寒河口川の深谷に出る、更に志津の宿に一泊し翌朝未明に湯殿山に登れば東に轉じて月山、仰げば吾妻、藏王、船形、鳥海の山々は白雲の中に悠大に聳え、空の色は五色に雲の色は宛かもネオンサインの如くまばゆい、月山から羽黒にゆきそして三山を征服するのである

◇

毎年奥羽地方北陸地方關西地方の人々までが月山のあらたかさにあくがれて登るのである、大阪此花區にソヤサカイといふ東都で言へば淺草の本多月光君の旅行會の様な會、七十になる老婆が富士に登ること九十九回、月山に登ること九十九回といふ記録をもつて精神思想善導の目的でソヤサカへといふ會をつくつて夏季の登山趣味を行つた

◇

昨夏富士山から月山三山征服に出た、一行中に詐欺横領をはじめ心よからぬ人がゐた、常に一行とは反對に酒をのみそして山の頂上で小便したりするのだ、老婆はこの家族を哀れんで何んとか救けてやりたいと月山につれて來た、月山の頂上暁の空に一行二十名と白衣姿の老婆は天に磔くが如く、山神に向つて祈禱をした、酒氣に「ウイー畜生奴、山へ來い山へ來いといふさかい來たが少しも面白くあらへん」と件の男が怒つてゐた「俺なんぞは何んと言つたつて身體が丈夫だ山なんか恐かん」と言つて啖呵を切つた

◇

老婆はたゞ山神に祈禱し一行が山を下つて羽黒道御田ノ原へ向つた時に霰雨がしきりに降り出した不思議や件の男は身體がふるえ出して唇もあはぬが如く悶え出した、山の雨に醉つたのである、老婆は「これは金剛杖で毆つた山神のお怒りである二度と酒をのむな」と神の如く叫んで「サア來たれ、こゝにて休め腹ばえになれ」と御田ノ原の高山植物の花咲くところに腹ばえにさせて休ませ山神に向つて祈禱した

◇

やがて空は美しく晴れ上つた、男は悶えからケロリ直つた、そして植物の花を摘み出した老婆はニコリと笑つてそれでよいとうなづいた、男は「ロツコンシヨウジヨウ」を吟さみ出した時老婆は月山のあらたかなお花、山の神様のお花、みやまうすゆき、草に救けられたのだ、これから心をつゝしみなさいと言つた、以來男はまるで違つた人間になつた、旅行會の話り草である、即ち歐洲アルプスの標式的高山植物みやまうすゆきが月山には不思議に一九二四米邊で咲くといふのだ、この神秘の話も山の美化を語つたものである

山の神秘山の誘惑（六）　アラ、面妖な―秋葉天狗の…　6-117

怪　●中央新聞　昭和六年六月二十日（十九日夕）

山の神秘
山の誘惑（6）

アラ、面妖な―
秋葉天狗の早業

時計を盗んだ新派俳優への戒め
今に傳はる傳説の數々

夏の山として、アルプスや富士と異つた崇拝をされる秋葉山は東海の古刹である、海拔二千八百五十尺であるが秋葉登りから天龍川下り、川舟で天龍の急流を鹿島に出で二俣から濱松へ出る一路は夏の旅として忘れられぬ趣であるが天龍、鹿島の大花火と言へば、あの天龍の河畔に遠州兒が押し寄せて、秋葉山を拝したのち、川舟では太鼓、笛で囃し立て「エーホーアイヨー」と小兒が叫んで村と村との對抗花火、二尺から更に尺五寸といふ大地響の花火である、轟き渡る爆火の音は秋葉山の遙へ渡り、やがて川面に響きかへりあちらでもこちらでも、その音が山にぶつかつては、ドヽーンドヽーンと山彦の餘韻をのこして物凄い、さて秋葉山は二千八百五十尺だが火を掌る鎭火神として崇拝され老杉鬱蒼として幽邃塵外の境である

◇

秋葉の天狗と言つて昔から傳説にのこるが、秋葉山は不思議で本堂で何百人の人が參拝してそれ本殿といふ拶台、子坊主が客に應じ

て現はい何んな器物でも間に合ふ、これは天狗が集めると傳説になつてゐる

◇

天狗の談として面白いとがあるが、近郷近在の人々は秋葉詣では防火鎮火の願ひにゆき又厄おとしのために參拜する、嘗て河合武雄の弟子でふつゝかものがゐた、賭博が好きで怠け者、師匠から盛んに小言を喰つてゐた、師匠の言ふことも聞かずに怠けてゐた、その上金に困つて同僚の時計を奪つて逃げた、三州近在を歩いて秋葉山へ詣でると不思議に足もとへ時計が落ちてゐる、また森の中を歩いてゐると時計がおちてゐる、それを拾つて『今年は時計のあたり年だ』と大喜びでまたも山頂へゆく途中時計がおちてゐた、愈々薄氣味惡くなつて『こいつは先日の惡事がばれた』と山を下つて拾つた時計を出さうとすると一つも時計はなかつた、その上奪つて懷中にしてゐた筈の時計もなかつた、天狗の戒めであらうと驚いた

◇

遂に袋井驛から東京へ歸つて師匠に詫を入れたといふ話だ、東海の秋葉、岡崎鳳來寺と共に有名な山である、これまた山の神秘だ

怪　山の神秘山の誘惑（七）　田毎の月、蛙の声　昔…

●中央新聞　昭和六年六月二十一日（二十日夕）　6-118

山の神秘

山の誘惑（7）

田毎の月、蛙の聲 昔ながらの野趣

武將信玄の夢の跡偲ばれて よきかな武藏野の山々

山を愛するも必ず遠く日本アルプス征服のみが登山ではない。帝都手近の山岳丘陵を廻るもまた一興でありかへつて登山の價値があるものだ、帝都にもつとも近き武州の山陵、奧多摩から秩父更に武藏野の丘には高標こそ低けれ名所舊跡から歴史的由緒と夏の山は風景の親しくも忘れられぬものが多い

◇

立川から青梅線で拜島驛に下車し水清き多摩川の沿岸へ渡り拜島の大日堂から多摩の渡し、武藏野の水田の涼風に送られて夏の晝下り汗ばみつゝ行けば圃道に清水をくむゆかしさ、右折して丘陵斷崖を見る。登れば僅に海拔六百尺位の丘、これぞ戰國時代の北條氏の支城だ、後大石定久の城となり北條氏照に歸し永祿十二年武田氏に亡ぼされた有名な古戰場である、山頂に立ち遙に望む連山は高尾、天目、小太郎、秩父から駒ケ嶽、槍ケ岳、筑波、鹿島は双眸の中に入つて夏の雲は山の帶となり多摩川は清く流れて曰く瀧山である

◇

山麓の大石寺には畏くも大正天皇陛下御幼時の玩具が安置されてある、かうした名所の夜は武藏野の田毎の月である、水田に移る月は十、二十、卅と各水田に移る瀧山の不思議さだ、蛙の聲に送られて多摩の夜はまた奇である

◇

この瀧山から十數丁太郎ケ丘といふのは、太郎といふ親孝行の息子が母を背負つて瀧山に上り『お母アあれが天目山さ、武田がすこで死んだ』と母に敎へると、母は合掌してそのまゝ眠るが如く黄泉の人となつた、武田殘黨の太郎母子由緒の山だ。日蓮上人が甲斐の身延へ上られる時わざ〳〵こゝに寄られて瀧山の南無妙三昧と言はれたところで、それからよく文士や畫家がこゝに杖を曳き武藏野三昧といふ句がある、瀧山のほとり、竹ノ子とセリの名物である、無言三昧と言つてかつて一人の坊主がこの山頂で無言の行を積んだことがある、誰が何をたづねても一言も發しない、瀧山の虫よ、泣くな靜まれと言つて無言の念を入れたといふ逸話があるのだ

◇

帝都の人々、夏の山を愛せば何も遠く日程をつくらずともかゝる幽雅の地もあるではないか

怪　山の神秘山の誘惑（八）　源次郎岳にみる蜃気楼の…

●中央新聞　昭和六年六月二十三日（二十二日夕）　6-119

山の神秘

山の誘惑（8）

源次郎岳にみる 蜃氣樓の驚異

豐富な傳説や奇談をもつて 山岳家の目標となる

東京からもつとも近く日歸りの登山地であつて嶮峻な靈峰として且つあらゆる傳説と奇談に富むものはやはり甲信の山々、秩父の山山であるが、わけて甲州源次郎嶽に登ることは近來の愛山家の目標とされて來た、きのふの日曜日の如き金剛杖とルークサツクを肩にして源次郎嶽行きの人々が新宿驛に群がつてゐた、臨時列車もこれ

らの人々によつて賑つた

◇

甲州勝沼で下車して鬢櫛に出で尾根ナギを目當に歩き、鬢櫛川に沿ふて川を溯り、甲斐白峰の山山を眺めて杣道を歩けば、何とそこには恩若ケ峰と源次郎嶽が聳えてゐる、海拔四千八百七十尺の高峰恩若よりも源次郎が高い、遙に和田峠や陣馬ケ峰まで見渡せる、恩若はイザナギイザナミの尊が發見された山だとも言はれる、この山には傳説として甲斐南都留の山に神樣が下りた、道案内に源次郎といふ男が案内して御休みなさいと自分は源次郎嶽へかへつた、神樣の御覺えよく神につかへてゐる時、南都留の山達は源次郎を亡きものにしやうと謀つた、神樣はお怒りになつて源次郎だけを高くしてやつた、そのためこの附近で四千八百七十尺になつたといふ、源次郎嶽には神の増土といふ塲所ものこつてゐる

◇

恩若ケ峰には若い稚兒が住んでゐたが、麓の少女が此稚兒にあくがれて山へ登つたが逢ふことが出來ず泣いて泣いて泣きあかし、麓の川澤で髪の毛を切り櫛を流して思ひをのせた、このことが稚兒の耳に入り稚兒は『いとしの乙女』と遂に偕となつて山を南都留におちた、南都留には落窪ケ谷といふそこに稚兒の池といふのがある、かうした傳説は山にはつき物である

◇

さて恩若ケ峰から更に和田峠には昔から山賊が住んでゐて小佛峠から天目の裏高崎道への國神あたりにはこの山窩の巣と言はれ曆旅人が惱まれたが今では少くなつてしまつた、有名な説教強盗妻木松吉も和田峠に育つたといふとだ

◇

話はそれたが源次郎嶽には山のシンキローもあつて帝都の人々の怪奇的登山として今年の流行の的となつてゐる

怪

山の神秘　山の誘惑（9）

數十羽の雷鳥？が　もの凄い合戦

神秘に包まれた日本アルプス連山　人氣は依然として第一

●中央新聞　昭和六年六月二十四日（二十三日夕）　山の神秘山の誘惑（九）　数十羽の雷鳥？がもの…　6-120

山の神秘は探ねて探ねつくすことは出來ない、古來の傳説近來の傳説にからみ更にいろ〳〵な傳説と怪奇は次ぎから次ぎへと新しくつくられてゆく、山男の話などはいくらでもある

◇

先づアルプスに夏季の登山計畫をするもの島々から上高地の三湖保科の池の精、上高地の沈[illegible]、赤餓の怪等は既にアルプスを知るもの〻誰でもが知つてゐることであらう、今年は白馬嶽、燕、鎗、常念、穂高等は何んと言つても登山者の人氣を集めるところで昨年の白馬登山者は實に四千二百餘名に達してゐる、信州松本ではアルプス登山案内所、案内者學校までが出來上り來る七月七日には鐵道省觀光局でアルプス案内の講演會を開く豫定になつてゐる

◇

さて信州四屋から白馬に登攀し例のネブカラから大平より沼池平といふところに大森林がある、ここへ中央大學の山崎君が有志と共に出かけた時森林の中で名も知れぬ大鳥かシューツシューツと白い毛をふいてゐる、くちばしから白い毛が飛ぶ、不思議な鳥と思つてみると、森林の叢の中から十數匹の鼠のやうな白い獸が飛び出して木を攀ぢのぼる、鳥と獸の戰ひを見て物凄さを感じた、丁度山男の庄亮に一體あれは何かと聞くと雷鳥の一種でせうと涼しい顔をしてゐたといふ

◇

やがてその鳥は十羽二十羽三十羽無數に森林から向ふの山へパツと飛びあがつた、丁度小さな鳩が空を舞ふやうであつたといふ、かうした森林の彼方からアルプスの連山がパノラマの如く浮き出づる時、キヤムプ生活者として忘れられぬ痛快さがあるといふ

◇

白馬嶽は大町から四谷、白馬嶽杓子嶽、槍ケ嶽、槍温泉、二俣大町行程二日間費用は十一圓位である

怪

山の神秘　山の誘惑（10）

乘鞍の山上で――　珍！野球試合

打つ球は不思議やヒヨロ〳〵　傳説奇談に富む白馬

●中央新聞　昭和六年六月二十五日（二十四日夕）　山の神秘山の誘惑（十）　乗鞍の山上で―珍！野球…　6-121

乗鞍嶽より上高地へ、是は今夏の登山計劃中でのもつとも面白いスケヂユールである、島々－奈川渡－大野川－番所乗鞍嶽といふ方法である、乗鞍は海拔九千九百八十五尺南安曇飛州の吉城大野益田に跨り休火山で群嶽起伏の名地だ乗鞍ケ劍の峰は白骨温泉から湯川に沿ひ熊笹を押しわけて大野川に出で更に雪渓をよぢのぼれば劍ケ峰と烏帽子嶽の間に出る、更に頂上から平湯まで五里を下ると飛驒の高山へ出るのだ

◇

中央大學早大法大慶應等各大學の登山計畫中白眉のものはやはり白馬と乗鞍である、曾て記者は野球界の横井春野氏と共に多くの學生と乗鞍に征服旅行を企てた、山上野球試合を決行したが、打つ球は山上の空氣の加減か、クルリクルリと回轉して遠く飛ばなかつたその夜横井君が大きな狐をみつけ乗鞍の狐として追ひ廻した、また慶應の大瀧君も乗鞍で狐にあつた時々乗鞍で狐にだまされる村人があるといふ、乗鞍の雪渓、汗みどろの身體を雪渓に出で雪を口にふくむ、何んといふ氣持ち良さであらうか

◇

さて乗鞍から飛州に出で高山から日程をつくつて白川の郷を探れば、白川の郷は人も知る共産郷で美人の地である、この郷は村人全部が琵琶をやり例の平家琵琶をならして唄ふ、昔平家の落武者が集まつたといふ、美人の多い土地だが他國の人とは結婚しないと言はれる、山を探り山を眺め幽明の地にはいろ／＼の傳説がある、さて今年愛山家は何處にゆき何を求めるであらうか（をはり）

ラ　ラジオ　十八日番組　義太夫「舞扇翳月影」

●東京日日新聞　昭和六年六月十八日　6-122

ラヂオ

十八日番組　東京 JOAK 波長三四五

◆後九・〇〇　義太夫「舞扇翳月影」（一條戻橋の段）

ラ　渡邊の綱が鬼女退治　九時義太夫掛合の「舞扇翳…

●東京日日新聞　昭和六年六月十八日　6-123

渡邊の綱が「鬼」「女」「退」「治」

九時義太夫掛合の

舞扇翳月影ロ一條戻橋

この「舞扇翳月影」（一條戻橋の段）は例のおなじみの常磐津の「戻橋」を昨年三月、豊竹義太夫が作りかへたもので放送は今回が初めてゞあります

團折若菜 實は愛宕山女鬼｝豊竹義太夫
渡邊源次綱　竹本米太夫
郎黨右源太　竹本米賀太夫
郎黨左源太　豊竹春日太夫
三味線　鶴澤叙左衛門
三味線　鶴澤新造
八雲　鶴澤叙三郎

「それ菅天の下率土の濱」から語り出し、渡邊の綱が頼光の使ひとなつて、維仲の姫のもとへ赴く……

夜更けぬ内と主從が、行かんとなせし折しもあれ、一吹きさつと吹來す、風かあらぬか蜂の梛の靉が、しく、心ならねば振り返り、ヘチ心得ぬ、妖怪出づるとり沙汰に、夜に入つては戸を閉し、男子すら通行せぬに、女子の來たるはいぶかし、如何なる妖魔の術ありとも夫を恐るゝ綱にあらず、イデ妖怪を退治して、君へ土産に參らせんと示し合して主從は木の下蔭へぞ忍び入る、又むら立し雨雲の、影もる月もよすがにて、たどる大路に人影の、火影も見えずわが影を、もしや人かと怨きて、かつぎに身をば忍ぶ摺、けふの細布ならずして、女ごころに胸あはず、思ひたやみて來りける、卯月の空の定めなく、降らぬ内にと思へども、愛は一條戻り橋、見ればゆきかふ人もなし、アヽ便りなやと佇みて、しばし休らひゐたりける

綱は木蔭を立出てア、イヤ女性は何れへ參られるぞ、オヽ是は／＼お武家様わらはは一條の內、宮より五條の邊りへ今宵の內、是非參らねばならぬ者、が女の身でたゞ一人、此ぶつそうな夜の道、こはい／＼と歩む中、今のあなたのお聲にて、ほんに胸り致しました、ホホ、恐いと申すも尤なり、五條の邊りへ參るとあらば、アヽ幸ひのよき道連れ、五條の邊りへ用事もあら

ば、某送つて還はさう、コレハマアお情深きその仰せ、お詞に従ひまずれば、お達なされて下さりませ、イザ参らうど打連れ立つ

折しも空の雲晴れて、月にあり／＼小川の流れ、水に寫りし美麗の姿、綱は目早く、今水中に寫りし影は、エ、イヤ夜更けぬ内に早とく／＼と、西へ廻りし月の輪に、遠く放れて愛宕山、北野は近く滑瀧の、森はこなたと振返り、見上る顔にはら／＼と、木々の雫を雲運ぶ、又も雨かと立休らひ、綱は女をいたはりて

歩行なれぬ夜道に嘸くたびれし事ならん、イエ／＼わらはよりあなたこそ、足弱をおつれなされ、定めしおくたびれでござりませう、何さ／＼最前より見受けし所、ヘテあでやかなおことが姿、連れ立つ道に馴れやすく、今は隔ても中空の、朧も春の名残とや、都人とはいひながら、いともやさしきなり風俗、いな事を尋ねれども、御身が父は何人なるぞ、ヘイお尋ねに預りお答へ申すも面はゆく、父は五條の扇折、常々舞を好みし故、わらはも稚き頃よりして数を受けしが、身の徳にて、この程もある御所へお宮仕へを致しました、ホヽ、さもありなん／＼、恥かしながら某はいまだ舞を見たることとなし、一さし舞を見せられまいか、お送り下さるその御禮にたゞ今御覧に入れませうが、何を申すも途中の事、拙き業とお叱りはたゞ幾重にもと一禮し

女性は扇借受けて會釋をこぼし、進み出で、空も霞みて八重一重、櫻狩する諸人が、むれつゝこゝへ清水や、初瀬の山に雲と見し、花の散り行く嵐山、惜しむ眺れの春過ぎて、夏の初におくれにし、花も若葉に衣がへ、木々の翠の美しく、[illegible]ぞ、かゝる技藝のある者を、妻に持ちなばよき楽しみ、春の夜道に結ぶえにし、舞ふか舞はぬはおことが心たゞ一つ、是さどうか／＼と寄添へば、女はハット袖拂ひ、お情深きお心に、今宵まみえしわらはさへ、えにしを結ぶ緒もがな、思ふ戀路の初螢、云ひ出しかねて胸こがし、若葉の闇に迷ふもの、都女郎は取分て、姿やさしき花あやめ、引きつ引かれつ、澤水に袖も濡れにしことならん、夫れはお身の思ひ過ひ、かゝる名もなき田舎武士、思ひをかける者があらうか、イエ／＼知つてをりまする、立派なお名前、ムヽナニ立派なお名前とは、當時内裏を警衛に、都へ登りし源の頼光朝臣の御内にて、渡邊源次綱殿ゆゑ、ム、いかゞ致してわが名をば、サア戀しいと思ふ殿御ゆゑ、とくより存じてをりまする、戀しく思ふといふは僞り、御身がわが名を存ぜしは、妖魔の術でサ有らうがや、ムヽ、オホヽ……又悔りさうと思ふて、アノマア眞顔でこれ申し、御覧の通りわたしは若菜

エヘしらじらしくもぬかしたりな、汝は心付きたりしか、最前是へ来る道筋、月の光にあり／＼と水に寫りし鬼形の姿、エヽ、ムヽハ……眉よき女に化するとも、その本性は惡鬼ならん、ム、サア斯く見抜きし上からは、その本性を顯はすか、サア

義太夫掛合の面々

（向つて右から）鶴澤紋左衛門、豊竹巌太夫、鶴澤新造、竹本米太夫、竹本米賀太夫、豊竹春日太夫

君より賜はるこの御太刀、髭切丸の利劍の切味、速かに降伏さ さらか、サアサア〳〵〳〵サア〳〵、源の頼光が家臣渡邊源次綱が向ふたり變化の正體顯せよと柄に手をかけ詰かけたりこなたの妖女は忽ちに憤怒の相をあらはして、次第々々に變ずる姿、眼いからし大音聲、われは愛宕の山奥に幾年住みし悪鬼なり、斯く見あらはされし上からは、わが隠れ家へ連れ行きて、汝が五體を引裂きくれん、いふより早く飛びかゝり、綱が襟髪むんずとつかみ、引立て行かんその有さま、ヤア小癪なと振り放すを、又もつかみし妖魔の力、こなたは動かぬ金剛力、引きつ引かるゝ時しもあれ、俄に一天かきくもり、砂石を飛ばす暴風に、連れて虚空へ引上ぐれば、これまでなりと渡邊は、髭切の太刀抜き放し、鬼の腕を切り拂ひ、どうと落ちたる北野の廻廊、又も雲に出づる月、時もあらはに足早や、見えつ隠れつ行く空の、心定かに定めなき虚空遥に失せにけり

資　幽霊は実在する
●南予時事新聞　昭和六年六月二十三日　6-124

幽靈は實在する

◇…文明とはシャンデリヤのやうに明るく輝くものと思へば大間違ひパリのモンマルトルもニューヨークのマンハッタンも一歩地下街に入れば必ずや短刀の横行する暗黒世界を現出してゐる

◇…グロがエロと併稱されて幅を利かせるのも、文明人の神經が異常な刺戟を求めて暗黒世界に呼掛けるからだ、幽靈やお化けが時代と逆行してます〳〵研究されるもその現象の一つであらう

◇…雑誌雄辯七月號の謎の迷宮怪異座談會を讀むとこの感は深く深い幽靈を見たといふ人、狸の馬鹿囃しを聞いたといふ人話は徹底的に怪奇で興味は極度に鋭角的である

◇…布引丸事件兒玉大將變死事件、田中大將急死事件など頗るデリケートな事件の話も出て全く息づまる興味深さ

◇…出席者がみんな其道の研究家であり、信頼の出來る話だけに凄味も怪奇も眞に迫つてゐる

◇…とにかく痛快な、何遍讀んでも飽かない面白い、深刻な讀物である

資　趣味の手芸玩具　蚊帳布のお化け
●東京日日新聞　昭和六年六月二十五日　6-125

とてもグロテスクで而もなか〳〵藝術的な

趣味の手藝玩具
蚊帳布のお化け

【材料】蚊帳布六寸、白の細打紐五寸、赤の太打紐三寸、赤細打紐六寸、カーテン釣の環二個白元結、針金一尺二、三寸、その他小布

【作り方】圖のやうに蚊帳布に、打ち紐や、刺繍糸、金環等を付けて、おどけたお化けの顔を刺繍して置きます、一方お化けの頭の大きさにボール紙を裁ち、綿を良い加減にのせて、その上に刺繍した布を置いて、周圍を裏に折り返して糊付けにします。裏からは圖のやうに裁つた耳を糊付けにしてのぞかせ

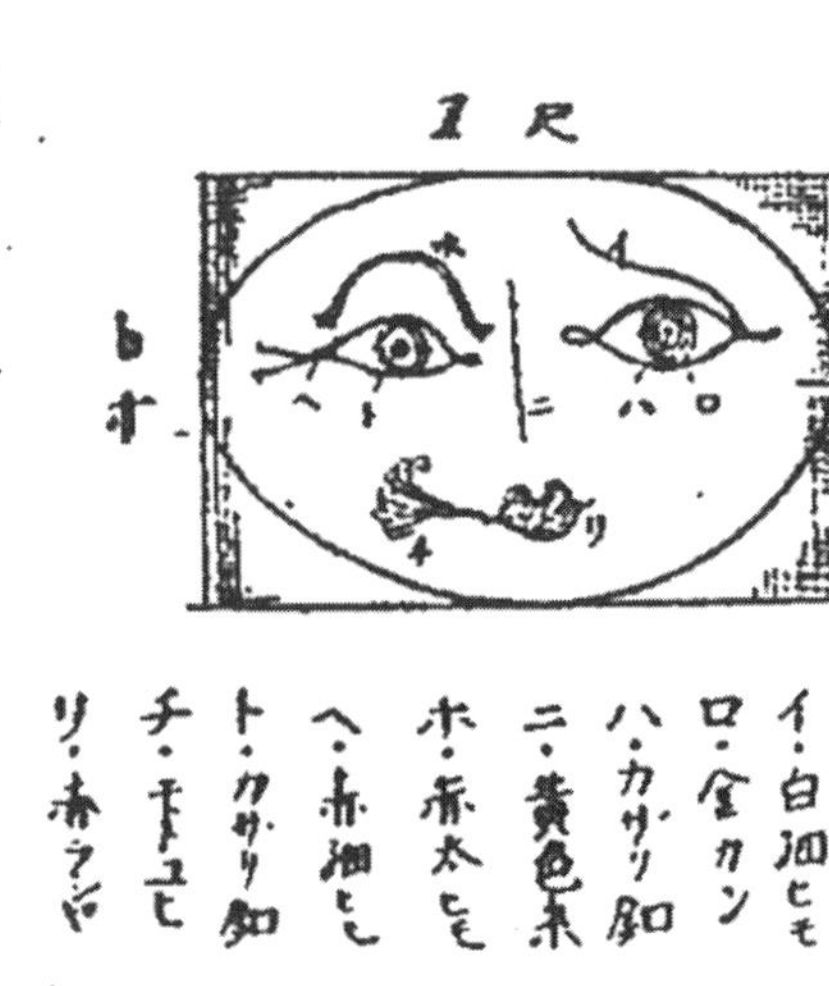

髪の毛を

前に垂らします、次に黒靴下の古いのを細長く縫つて六寸位の長さにして(寫眞參照)の中に一杯綿をつめ、お腹のところに斜に黄色の糸で刺繍を付け、おへそのつもりで飾り釦を少しへこませ氣

味に付けます、それを首の所で一度ぎゆつと結んで、顔へ縫ひ付けます、手と足は針金に緑色の布をぐる／＼と巻き付けて、その先にラシヤとか、フエルトの様な厚い地の布で、手足の型に裁つたものを付けて、色々グロテスクなポーズを取らせます、そこで、最後に

顔の裏面

を一面に千代紙か何かで裏張りをして、頭の處へ掛け手を細いリボンかひもで付けます、こんな玩具はいろ／＼使用する材料の扱ひ方で面白くもをかしくもなつて來るので、日常なんでもなく使つてゐる品物に注意して細かい物の持つてゐるいろ／＼の味を發揮させると、思ひかけない面白味がわいて來ます（富田榮子）

怪 めずらしや幽霊出る

★聖州新報　昭和六年六月二十六日　6-126

めづらしや幽靈出る

夜な／＼現はれて妻の不貞と身の非運をかこつ怪異談

あると云へばあり、なしと云へばないのが幽靈問答……

これは北西線グワキサラ驛カンベストレ植民地附近に於て昨年死亡した沖繩縣人赤嶺某の幽靈が近頃夜な／＼現はれ、或は彼の生前に於ける友人知己關係者の數名に夢を見せるとのことにて同植民地方の人々を大にこはがらせて居るといふ、いともめづらしい怪異物語がある、もと赤嶺某は粒々辛苦して所有し居つた珈琲園が不景氣の折柄經營難のため遂ひ人手に渡さねばならぬ破目となり其后何や彼や引きつゞく不幸に悲境のどん底に陷り居る最中哀れにも病沒し。おまけに其妻女は夫の死後間もなく他家に再縁し今は聖市に居るさうだが、死んだ赤嶺は自己の非運に悲しみ且つは妻の不貞に憤り未だ成佛も得で魂魄まよひ出づるなんとて先頃友人知己の人々打ち連れだちグワキサラ共同墓地の彼の墓所に詣でその靈を慰めたさうだ

ラ ラジオ 今日のプロ　趣味講座『湖の怪異』

●馬関毎日新聞　昭和六年六月二十八日（二十七日夕）　6-127

▲四、〇〇ニユース
▲六、三〇（Ａ）趣味講座『湖の怪異』青木純二

ラ 趣味講座　湖の怪異　青木純二

●馬関毎日新聞　昭和六年六月二十八日（二十七日夕）　6-128

趣味講座―後六・三〇―

湖の怪異

青木純二

青木氏は朝日新聞記者で傳説の研究に趣味を持つて居られます

夏空の彼方―千古の雪を頂かしてそびえ連なる山々、その山々の雪が溶けて注ぎ込む所に山の湖がある、湖こそ山の神秘を包藏する中央アルプスの秀麗なる西駒ケ嶽の山中に神秘な藍色の水をたゝえた底知れぬ池がある、人々は『濃が池』と呼んでゐる、池のほとりには大きな一本の柳がさながら狂女の髮の毛のやうにふるえてゐる

むかし山麓の大原といふところの豪農に美しい娘がゐた。

花恥づかしい年頃が來た、人々の羨望のうちに盛大な婚禮があげられた。所が次ぎの朝婿は眞青になつて逃げ歸つた。次ぎに選ばれた花婿も逃げた。第三の男も逃げた。誰一人として長續きする者がない。恐ろしい女だあんな美しい顏をしてゐるが、夜中になると髮は一本づゝ逆立つて頭には角が生える、鬼だ、鬼娘だ逃げ去つた婿達の口からこんな噂が誤り傳へられた。

◆

月の美しい夜であつた。娘は悲しみのあまりに家を抜け出した。道端の柳を折つて杖にして、山へ山へと分け入つた。駒ケ嶽の山中濃ケ池にたどりついたのは翌晩であつた。やつぱり月は美しくさえてゐた。湖の面は月光を千々に碎いてゐる。娘はそつと水の面に姿をうつした『あつ！』悲鳴をあげて倒れた。悪鬼よりも恐ろしい自分の姿を彼女ははつきりと水鏡で見たのだ、次ぎの瞬間、娘は狂亂のあまり池に身を投げた。この湖には昔から主が住んでゐた。美し

い彼女を戀して人々に嫌はれるやうに仕向けて池の底に呼び寄せたのである。娘が殘した柳の枝は岸に逆さの芽をふき枝をのばした。

◆

北アルプスの立山の山頂近くみくりが池といふ湖がある。地獄谷の噴氣孔に近い紫色の水をたゝへた湖――元和六年四月池のほとりの堂にこもる延命坊といふ修業僧がある日越前の山伏小山坊が山に登つて來たので附近を案内した『この湖の水は夏でも氷の樣に冷い、底も深く、殆んど底知れずです』延命坊が説明すると小山坊が苦笑した『こんな湖がすごくてどうします』負けぬ氣の小山坊は直ぐ裸になつた、そして口に劍をくはへて湖の中に飛び込んだ紫色の湖の面には白波が立つた。小山坊は池の中を泳いだ、一周、二周、三周した。次ぎの瞬間小山坊は劍を預けて池の中に飛び込んで行つた。抜き手を切つて更に三周した時彼の身體は池の中に引ずり込まれるやうに沈んで行つた。『惡い事をした』と延命坊は悔びた、そして小山坊の菩提を弔ふために下山し、深い穴を求めて入り暗い穴の中で三年間鉦をたゝいてやまなかつた。三年後鉦の音はやんだ、延命坊は遂命したのである湖には大蛇が住んで、小山坊を湖を見る度に『この水が海に落としさへすれば湖底は平野となつて民草の耕地として立派なものになるのだが』と考へられた。湖の主である黒龍には美しい娘があつて命との間に子を儲けてゐた。それは白龍太郎とも泉太郎とも呼ばれる。母の黒龍は命の希望を知つてある日子の白龍太郎をのせ、蛇體と化して風を起し雲を呼び山嶺の門を蹴破りつゝ遠く越後の海に出て湖の水を北海に導いた。それがため湖底であつた松本、安曇は平野と化した。

◆

昔琵琶湖に近い大津の町に太吉といふ親孝行の魚屋があつた、母は彼が手をつくす介抱の甲斐もなく病死した。彼は悲しみの餘り氣抜けのやうな日を送つてゐた。ある夜の事――太吉はいつものやうに湖畔に出て母の追憶に耽つてゐた。と後ろでかすかな女の聲がした。女の話しでは京都への一人旅だが道に行きくれて困つてゐるとの事――太吉は同情して家に連れ歸つた。それから長雨が續いて立てず、いつか二人は相許して女の子が生れた。ある時女は蛇體姿を夫に見られたので、愛兒を育てるため二つの玉を殘して去つた

◆

太吉は悲しさに湖畔はかけつけた其の女が現はれて女の殘した玉は其れは眼の玉で子供可愛さに私は盲になり、晝夜の別がわかるやう朝夕鐘をついて下さいといつたこれを聞傳へた土地の人々は蛇神を憐れみ一寺を建て晝夜を知らせるため明け六つ、暮六つの鐘を打つやうになつた。三井寺の鐘の音は今もつきない。其の外水の怪異の幾つかを話しませう。

幽 陸軍墓地附近に幽霊が現れる

●豊橋大衆新聞　昭和六年六月二十八日　6-129

陸軍墓地附近に幽靈が現れる

夏の夜話涼み台の噂とりどり

市内東田町陸軍墓地附近の某製糸へ此頃幽靈が出るといふ噂がパッと擴がり涼み臺の話として興味がられてゐる其風聞といふのは此程某製糸の主婦の寢てゐる所へ若い男の幽靈がニタ〱笑つて顔を撫でたので主婦さんビックリして跳ねおきると影もかたちも無いので不思議がつてゐると其翌晩は同工場の老父の枕に立つた前同樣の幽靈が矢張り顔を撫でてニタリ〱と笑つたが跳ね起きると影もかたちも無かつたといふので評判になつて了つた同工場主は名古屋第一流の名士の甥

で工場を經營して未だ間も少いが果して此幽公の正体は何か狸の仕業か何ものの悪戯か、將報會の怨靈か遠からず正体が判るだらふ

獣　疱瘡患者と狐　筑紫山麓のグロ

●万朝報　昭和六年七月一日　6-130

筑紫山麓のグロ
疱瘡患者と狐
武本龍夫

百姓の×さんは疱瘡をわづらつてゐた。その疱瘡はなか〳〵なほらなかつた。×さんは一人もので その上に貧乏であつたので、一層不自由でもだもだと暮してゐた。親類のものは勿論、近所の人とて寄りついてはくれなかつた。或る夕方、夏の陽が沈んでまだ暑さが空氣にしみこんで殘つてゐる時分に、×さんは見知らない美しい女の訪問を受けた。×さんはかさぶたのもり上つてゐる瞼の間からかすかに目を開いて相手の顔を見た『俺をたづねてくる筈はないのにどうしたのならう』然し女の人は座敷に上つて×さんの枕もとまできた。そして凝として病氣のことをきいたりした。かういふ事が度々とつゞいてゐる中に、×さんは一つの不思議なことが思ひ出された『どこからあの女はくるのだらう。そしてどこへ行くのだらう。俺は、あゝいふ女は見た覺はない』その通り×さんは村の人々の話などを思ひうかべてみたが、それに似通つた女のひとなどは一人もなかつた。隣村の人かしら？そこにも見知りごしの者はなかつたその女は夕方からやつてきて、×さんの眠つてゐる間に歸つて行つた。合點け行かないが、×さんは段々とその女になれて、その女のこない日には妙に淋しかつた。そのこない日には裏山で狐が鳴いた。仔狐が生れたらしく、あちらでもこちらでも入れ亂れてその聲が夜更けまでづゞいた。きまつてその日は朝からしとしとと雨が降つてゐて、夜になると雨の音で×さんは一層ねむれなかつた『狐の奴、又退治しなければならぬ』そう思ひ思ひ、ナゲシにかけてある獵銃を眺めて、まんじりとしなかつた。雨があがると又女はやつてきた『こんどこそ、俺は素性をきいてやらう。來てもらふのはいいが、もし傳染でもしたら大變だ立派な家の人らしいから事をふくめて云つてやらなくては……』そう×さんは決心した。然し女はなか〳〵素性はいはなかつた。女と話してゐると、×さんはいつの間にかウト〳〵とし出した。それは心地よい、睡氣だつた。然しあまり女が眠つてゐる中にかへつて行くので、今夜こそ、見とゞけてやらうと我慢して睡氣と戰つてゐる中に、ふと女の樣子が變つたらしかつた。×さんは瞼をとぢた眼でもぢもぢとし出した女を見た。女は初めは×さんの寢息をうかゞつてゐたが、安心したらしく、手をさしのべて、×さんの疱瘡をむしり初めたのだつた。そして、さもうまさうにムシヤ〳〵と食べた。そのことがあつた翌日の夜、×さんは獵銃を用意してゐた『どうもそうぢやないかとは俺は思つたんだが、だが美しく化けあがつたもんだな……今度きたらこれを、ぶつぱなしてくれら』

獵銃には一發のタマが裝塡されもう一發用意された。×さんの繩張りと陰謀を知らぬ狐は矢張り麗々しく美しい女に化けてやつてきた、そして座敷に狃々しくあがつてこようとする所を、×さんは飛起きて行つてズドンと一發はなつた、狐はもんどり打つて土間にころげ落ちた、その土間に赤い血潮がしみた、確に命中した、第二發を銃にこめてゐる時に、狐は×さんをキッとみつめて床の下にもぐりこんで了つた、その時に、今まで發見されなかつた狐の尾が、女の着物の下からはみ出して居た。『こいつ逃げる氣だな、逃がすものか……畜生。』床の下は一寸先が分らなかつた×さんはこゞんであちらこちらと見廻してゐると右の方にギラ〳〵と光つてゐる二つの眼を見つけたその目はまるで×さんをドン底から呪咀してゐるやうだつた。然し×さんは、無我夢中で、銃の引金をひいた。はげしい銃聲とともにその二つの青い眼の光りは消えて了つた。

×

×さんに云はせればその狐は小猫ほどもある古狐だつたさうだ。何まれ古狐であつたことには違ひない。狐とのローマンスのために×さんは危なくも縮む命を喰ひとめて、今では元氣になつて働いてゐる。それはもう十四五年も前のこの話をきゝ作ら、この×さんの顔に散在してゐる深い疱そうの跡をじつとみつめてゐた。然し×さんにとつて寧ろその狐は恩人ではなかつたゞらうか。

資 大京都記念納涼博（四）　90年型化物屋敷

●京都日日新聞　昭和六年七月五日（四日夕）

6-131

大京都記念納涼博（4）

90年型化物屋敷　怪奇の尖端をゆく

昨年以上の人氣を呼ぶその設備

叫聲、生首に鬼氣迫る

美術館を通り抜けて一旦中庭に出て正面の館へはいると左が本年度の新化物屋敷だ。昨夏の納涼博でも化寺を作つて素晴しい人氣を博したものだが、その時の趣向は日本傳來古風のお化けであつた、今年はスッカリ目先を變へて、五十年も先きの妖怪を想像した所謂千九百九十年型ともいふべき新化物屋敷を作りあげて

× × ×

一體新しい化物といふとどうしても西洋味を帶びてくるもので、そこに考案者の非常な苦心を要した、それは日本のものだとすれば、敷帳一張吊つても立派に妖味を出せるが西洋のものになると馴染が薄いだけに、餘程の工夫を凝らさねと妖味が出て來ない、それだけ今度の化物屋敷は去年のものに比べて大がゝりで而も科學的に應用されるものは悉く用ひることにした

× × ×

先づ塲内に足を入れると薄暗い中に見上げるやうな石門が建つてゐる、この門は世界の怪奇殿として有名な英國のロンドンを模したもので、この門の兩側に加へた彫刻像、人面獸身と裸女の立像、正面に掛けられた骨だらけの生首がとてもグロテスクなもので、而も時々塔の上部の格子戸から怪しい女の顔が入場者を見てニタ／＼と笑はうといふのだから大概な人の肝は先づ入口で奪はれて仕舞ふ

× × ×

怖は〳〵足を門内に進めると次いで建てられてあるのがピユカンプ塲内に今も殘る落書壁で、塔内に幽閉された多くの國事犯人が今はの際に思ひを壁に殘した故事をとつたもの、その一念が篭の如く壁面に走る、呪々血々、ア、苦しい、思ひ切れ、あらゆる呪の言葉が眼る者の魂をいやが上にも脅かしてゆく、暫く足を運ぶと廊下が開く、その右に出來てゐるのが當時の處刑を物語る斷頭臺、殘された大斧のあたりから執念の首がニユー

× × ×

そこを通れるやうに過ぎると八疊敷程の居間、この部屋に一度足を入れると忽ち家鳴り震動して怪しい叫聲、室内の電燈はパッと消えて窓外に映る物凄い顔……次いで解剖室、怪森林、大岩窟と、一歩は一歩進むに連れて怪異は迫る、優鬱、怪奇、幻妙、不思議、あらゆる妖怪は跳躍して、如何な豪傑も顔を反けて中途で逃げ出すだらうと思はれる。出口――その怖ろしいうちにも亦興味盡きざるものがあるから今年のこの新化物屋敷こそ未有曾の大仕掛のものとして去年以上に物凄くも亦恐ろしい人氣を

呼ぶことだらう!!写真は正面入口のロンドン塔内部

資

幽霊の正体はあいびき

●松陽新報　昭和六年七月六日　6-132

安来木戸川端の幽霊の正體はあひびき
涼み台を賑はす妖怪談

凉し深い梅雨の夕―風呂浴びた涼み台のうへさては、海岸の夕の散歩に安来地方では木戸川縁に幽霊が出る、と斯うした夜話でごとも夜霧も鳴つてゐる、つい先日、今の代に幽霊変化の居やう筈がないと、土性骨の強な大岩君（假名）が探検に出かけたが果せるかな木戸川附近で三角形な白い者が行く手に突つ立つてゐるサテへと漸く胸を押し鎮めながらじつと凝視するうち件の三角形な化物はそろ〳〵岡君の方へ向つて近づいて来る、幽霊が移動するの？と驚いた岡君は已れ正體を見届け呉れんと頑張るうち近よつて見ると、三角な白い着は大の男の白ズボンで上にだおトキ色の上衣を着てゐるのであつたナーンだこれが幽霊はさかからず落胆してゐるさまたしてもあとから黒い影がゆら〳〵出たぞ！さ思ふ間もなく怪しい奴――矢つ張り幽霊は近代の今日出ないのが道理だと引き揚げたが新した若い幽霊や中年増の変化の歓迎が木戸川附近から十神道路の一帯に夏の夕闇をついて数なく〳〵出没するので気の弱い通交人は少からず悩まされてゐる所から安来署でもこうした妖怪変化の探検に手を染めることゝなつてゐる

怪

若い女の幽霊や物凄い入道

●山形新聞　昭和六年七月八日　6-133

若い女の幽霊や物凄い入道
大石田町の三峰神社内に夏宵にふさわしい怪談話

世はあげて科學万能といふのにこれは又餘りにも時代にかけ離れた夏の宵にふさはしい怪談話

×

北村山郡の大石田驛から大石田本町通りまでは相當の距離がありそのため急ぎの用ある者等は本道よりずつと近い間道を通つてゐる

×

だが、この間道は四五年前改造したもの丶同村での森林續きといはれてゐる愛宕神社や三峰神社を横に通り抜けなければならず晝なほくらい道には老樹が鬱蒼としてしげり名もない鳥が怪しげな聲で啼くといふ怪談にはあつらへむきの場所で其處を改造してからといふものは三峰神社の前に若い女がシヨンボリ立つてシク〳〵泣いてるとか、見上げるやうな大入道が通行人の前にでゝゲラ〳〵ツと笑つたとか丶噂は噂をよんで人ッ子一人通らない有さま

×

もと〳〵同神社にはむかしから口が耳迄さけた狼が居ると恐れられてたものでそれが去る廿三日の夕方も三峰神社の側面から大石田町で見覺へのある女の幽霊がフワリ〳〵と出て消へ學校歸りの女學生が歸宅の途中幽霊にあひ病氣になり、さらに附近に火柱が立つたとか騒ぎ立てるのでいよ〳〵大石田

派出所でも捨てゝは置けずと本署になつて取調べを開始したが幽靈のでる個所には明治の中頃念佛堂といふさゝやかな御堂があり其處の堂守が附近から托鉢して細いけむりを立てゝゐたが或る日最上川に顚落溺死してしまつた、それを悲しんだ堂守の妻が、その後は杳として行方不明となりそれからは無住の堂となり星移り月變つて、いつの間にか跡形もなくなつてしまつた、幽靈のでる樣になつたのはそれからで堂守夫妻の浮ばれないことがあるからではないかと云はれてゐる（寫眞は幽靈の出ると云ふ三峰神社附近）

怪　ポスト「土蔵嫌いな明神様」

●山形新聞　昭和六年七月八日　6-134

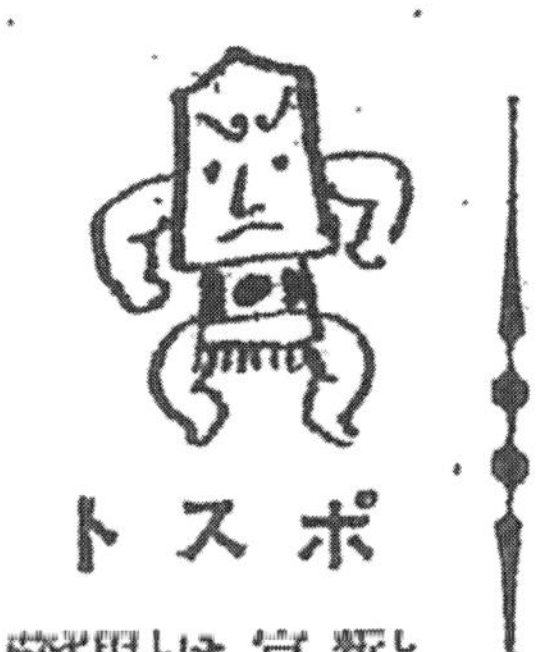

新庄町字宮内地方は古來不思議に土藏を建てられぬことになつて居る、建てると必ず火事が出るか何か凶事がある。

◆

なんでも土地に祭られてある明神樣が土藏を大嫌ひなそうで他から引越して來た人などが「なアにかまふもんか」と建てると不思議に必ず何か變事がある。

◆

それで昔から大切なものを仕舞込んで置くには地下室を作つたり、現在ではトタン張りの物置きを建てるなどして土藏は一切建てない事にしてゐる。

怪　不思議な妖音　米原太鼓

●松陽新報　昭和六年七月八日　6-135

能義郡の
傳說地所どころ

不思議な妖音
米原太鼓
どこから流れるか
能義の夜の空氣を動かして

夏も老けてそろ／＼涼風がソヨギたす盂蘭盆の月土地の若い者や娘達さては年老いたものなど思ひ／＼に扮装して團扇片手に月明の夜――ここの境内彼處の廣場と十數名を一團とした數組が晝間の疲れもどこへか毎夜のごとく踊り明すのが例である

◇

先年その筋から農村の娯樂として盆踊の奬勵があつてから一時すたれかけてゐたのが更に返り咲いて近年荒島村や島田村などを筆頭にどこの村でも賑やかにこの盆踊が行はれてゐる、歌詞と踊り方は各そこころ／＼で幾分かは違つてゐるもその核心に至つては殆ど相通じた至極呑氣であり多分にローカルカラーをとり入れた野趣たつぷりの平和な踊りで文句とその身振り按配には見る人も踊子もともに腹を抱へさせられる囃し方がドンドト。ドン／＼を打ち出す二ッ拍子或は三ッ拍子の太鼓につれて皆が一齊に踊り出す――こうした若い男女の群は面白お可笑しく短い夏の夜を徹し淡い月の下で樂く踊り續けるのである

◇

殊にこの盆踊に就て不思議なのはこの季節になると夜の十時過ぎから殆ど夜明けごろまで何處で叩くのかドンドド。ドン／＼／＼と微に太鼓の響が流れて來る濱邊に立つては錦海の波上とも聞ゆ奥部では廣瀬地方と考へられるなど――

廣瀬ではまた大塚

安田とその聞くところ／＼で太鼓の場所が異つてゐる節も微ではあるがその音は頗る陰慘なもので彼の平和そのもののやうな盆踊の太鼓とは到底比べものにならない妖氣なものである

◇

更け行く夜半にフト眼をさましたときなど夜の靜寂を破つてこの哀れにも物淋しい鼓の音を聞くとき誰もが妙な氣持にとらわれるのであると云ふ

地方ではこの不思議な太鼓をその地名に因んで？米原太鼓と呼んでゐるア――また米原太鼓が鳴り出した氣持の惡いことだと町の人も村の者もこの太鼓の音を聞くと何かしら不吉の兆？のやうに眉をひそめるのである、この不思議な太鼓については次のやうな傳說があり毎年盆ごろとなればこの話に花を咲かせてゐる

◇

今を去る數百年の昔藩主が急死したのでその年のお盆には彼の盆踊を一切禁止する旨のお布令があつ

た、さり分け鐘太鼓など鳴り物は嚴禁され若しこれを犯したものがあれば死罪に處せられることゝなつてゐた土地の若い者達は唯一の娯樂であつたこの盆踊が禁せられたので非常に落膽し一方ならぬ淋しさを感じたがさり分け三度の飯よりもこの

盆踊りに現を拔か

す連中が遂に話合せて密に踊ることゝなつた、初めのうち恐る／＼叩いてゐた太鼓やホンの口の中限りで唄つてゐた唄もいつかは調子が乘つて皆がハッと氣の付いたときは既に賑かな盆踊の一圏となつてゐた――そして彼れ等の周圍には恐ろしい者ほど見たい譬のやうに多數の村人たちが人垣を築いて居た、それから間もなく彼等の一味は堅く禁ぜられてゐたお布令に背いたかごで掟の通り盆の中日に刑場の露と消へたがその後毎年盂蘭盆ごろになれはかれ等の亡靈が生前三度の飯よりも好きだつたさいふ踊の太鼓を叩くのださ傳へられ今尚ドンドド、ドン／＼と不思議な盆太鼓の音がその頃には能義の天地に流れて來る

――◇――

このほか米原太鼓に就ては尼子時代の亡靈だとも云はれ或は盂蘭盆ごろ若い者たちの些細な

口論から遂に慘殺

されたその怨靈だともまた人柱にされた者の恨みである等々さころによりまちまちでこれがほんさうなのかその攪擇に苦しむもれもこの盂蘭盆を中心とした出來ごとで可惜若い人達がその一生を臺なしにしたことからこの傳説がのこされてゐるらしい

ラ

ラジオ　本日のプログラム　漫談「夏の旅」…

●都新聞　昭和六年七月九日　6-136

本日のプログラム［波長三四五米］

◇後〇、〇五　漫談「夏の旅」西村小樂天外

ラ

先ず第一に飛び込んだ銀座の妖怪クラブ

●都新聞　昭和六年七月九日　6-137

漫　旅の夏　談

先づ第一に飛び込んだ銀座の妖怪クラブ

［後零時五分］　出演者　西村小樂天　杉浦市郎

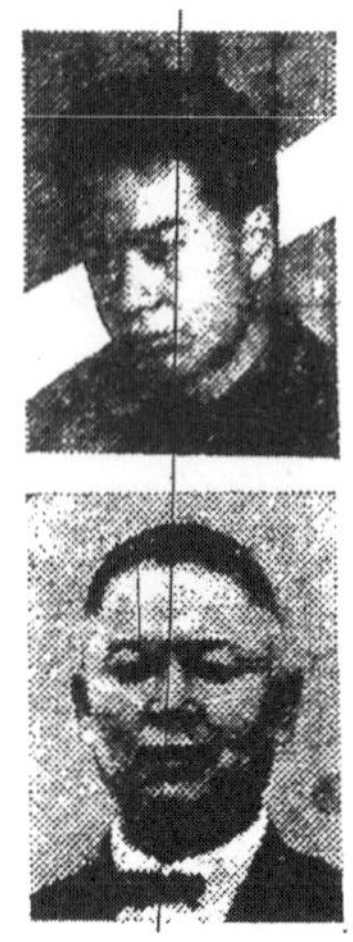

西村小樂天氏(上)は淺草帝國館の說明者、杉浦市郎氏(下)は喜劇の說明者として定評のあつた人

西村小樂天の樂ちやんと杉浦市郎の市ちやんの二人は刺戟を求める爲に銀座の妖怪クラブへ行つた　市「ホラ、樂ちやんこゝだぜ」樂「オヤッ扉が獨りで開いたぜ」市「いやに陰氣だなア、構ふもんか、入らう／＼」樂「オイ市ちやん」市「何だい震へてんのか弱蟲」樂「[illegible]だつて

感動

してゐるじやないか」市「オ、綺麗な子があるよ、度胸を决めて掛けようぢやないか」樂「オーイよいよお出でなすつたな」市「アレ女が二人だぜ、見たことのあるやうな斷髮だな」女「イヒヽヽ」市「ウワ……驚かすない」樂「大丈夫かい、市ちやん」市「平氣／＼」女「このお暑い最中をお厭ひなくようこそお出で下さいました、妖怪はかの三遊亭圓朝師の話頭より始めて

皆様

にお呼びかけ致しました、牡丹燈籠のお米、これなるはお露でございます、古來足のないことをモットーとしてゐる我々幽靈界にありましてカランコロン／＼の足音によつて、斷然ユニークな存在として今日まで幾度か劇に、映畫に上演せられ皆様の御愛顧を頂いて參りましたので、機會がございましたらば親しくファンの皆様に御挨拶を申上げやうと存じてをりましたが、幸ひ本日の御來場を忝ふ致しましたので、茲に有難く

御禮

を申上げます、エヘンさて就きましてはこれなる燈籠でございます、夜道を歩きますには提灯

◇妖怪クラブから南洋まで

の代用となり、喫煙を致します
にはライターの代用ともなり、
又お子供衆のお土産と致しまし
ても實に結構のものと考へます
定價は僅か一錢と二錢の二種でご
ざいますが、何卒お求め下さい
ますやう、御用命はお隣りに女
給まで御申付け下さいませ、で
はこれで奕達は失禮させて頂き
ますイヒヽヽ」樂「市ちやん聞い
たかい」市「嬉しいネ、だが幽靈
界も生活難は

深刻

らしいネ」樂「オ
ヤツ、何んだい
今度は馬鹿に陽氣になりやアが
つたなアあゝ來たぜ〳〵」
市「アレ、ユニフオーム姿勇まし
しくバットをかついで現れたぜ
何んだいありや」樂「ウン素敵だ
アリヤ確にベースボールの選手
だつたんだぜ、凄いなア、全く
氣に入つちやつたなア、スポー
ツお化けだ、オイ〳〵君々」
男「バア、なんですか」樂「君は

野球

の選手だつたん
でせう、それで
死球でも喰つてボールに恨みは
數々ござるつて譯なんでせう」
男「いや違ひます、私はこれで
殺されたんです」樂「ヘエー、貴
方は一體どなたなんです」男「私
はスズペンと云ふもので……」
二人がこんな刺戟を求めてゐる
所へ、今度は法界坊と云ふ僧侶
が現れた、それが消えたと思ふ
と次には海坊主のお化が出て、
かつぽれを踊ると云ふ妖怪クラ
ブの話である

ラ　ラジオ　きょうの放送番組　長うた「犬神」　6-138
●東京朝日新聞　昭和六年七月十日

けふの放送番組　十日（金曜）　東京（JOAK）　波長三四五米
▽九時十分　長うた「犬神」
（うた）杵屋たね、六登女、六三代
（三味線）杵屋六蕾、六篤美、六八

ラ　きつねが周章て落した玉の大騒動　6-139
●東京朝日新聞　昭和六年七月十日

きつねが周章て、落した玉の大騒動
後九時十分　長うた「犬神」の筋

★【上から立うた杵屋たね、立三味線杵屋六蕾】★

「犬神」は本當の名題を「[illegible]掛合」といふ、作詞は二代目櫻田治助作曲は二代目杵屋正治郎と[illegible]太夫とで、文化九年十一月、堺町の守田座に上演された「[illegible]」の大切所作事である、筋は狐の傳說を骨子としたもので、粟生左衞門頼賢といふ殿様が、犬に追はれたきつねを助けてやる、きつねは助けられたうれしまぎれに大切な寶じゆの玉を落してゆくのを頼賢が拾ふ、然るにそのきつねの子ぎつねである[illegible]狐がその名玉を取返すため御殿に入り込んで頼賢の愛妾となる、そこへ上使と偽つて名玉を盗みに來た長崎勘解由左衞門實は犬神の術使ひが、らんじやの香りのため犬の本性を現し、同じく本體を現した子ぎつねと名玉の奪ひ合ひから狂ひになるといふすこぶる込みいつたものだ、おまけにこの「犬神」は詞の文句がなか〳〵六ケ敷いので、けいこする人は悩まされる

本調子へ、えう鶯たる　合　稲荷と韓
非に　合　競せられし　合　眷屬けん
てい自から、この身に受けて淺
ましや　二上りへ　我も北斗を拜し
ては　合　心のまゝに姿をも　合　寫す
や池の水鏡、かづく玉もにくし
げづる　合　その通力も忽ちにへ　臘
じやの香のふくゆくとかほりに
恐れ本性をへ　見るにこはさら恐
ばれず　合　野干の體顯せしへ　はか
なの己が　合　有様や
合へ　野末の草の葉隠れに、合
くずのうらみの　合　恨めしく　合
親の敵をうつゝにも　合　夢にも
忘れやるかたも、泣いて　合、
明かして　合、くよくよと、合、
せかれて燃ゆるきつね火は
合へ　ほむらとなつて去りやらぬ
合へ　煩惱の犬の　合　如何にせん、き
づなにつなぎまとはれて　合三下
りへ　臥して見つ寝て見執着の、な
は去りやらぬ思ひによりへ　我は
化けたとおもかげを、恥ふに余る
口惜しさ、酬はんものと立寄れ
ばへ　毛衣さつと振亂し、眼鋭く
いきまきて、寄らば食はん勢ひ
にへ　ぱつと飛退き振回り、エ、
靈妙らなき涙の雨、はら〳〵は
つと目に添へて、かゝる憂き事
なき身ぞならば、花を飾りて品
繕うてへ　嫁入嫁入と聟の子には
やし立てられしつぼりと　合　露の
かごとを意枕、ひとりむぐらの
床の内
二上りへ　寄るとすれど犬ふん
の　合　ちやつと起き立ち身をふ
る尾花、へ　こちらは尾を巻き
ならび寄る、合　寄せじとたけ
れは　合　飛び退いてしんいの劍
へ　ふん怒の牙へ　研ぎ立て、合
へ　磨き立て、合　いどみ合ふ
へ　親の別れのその場より、所定
めずうろうろと、戀しゆかしは
さながらにへ　人間よりも百倍の
思ひ重なる胸の内、へ　仇も報い
も白眞弓、犬追物や鼠わな、へ
かゝるも知らぬ輪わに引かれ、
へ　引れ〳〵て
合へ　さていへ　親の怨みのしも
とと狒おつとり、打つてかゝ
れど、へ　寄せつけず　合　貞女を

守る張然犬、合楊清季信が犬とても、かくはあらじと耳逆立て、ほゆれば、へ叫んで驅け向ひへ追つ合へ返しつその風情合去のうやれ、我古郷へ
戻ろやれ
合へその名玉をと立ち戀るを、へ千枝きつわか歸りさき　へ姿の花や朝貌やらじと引留むる
六つの花合へ木毎の花の顔見せば合目出たかりける次第なり。

昭和怪談を猟る（一）　お手のものの「探求」遂に…　6-140

●松陽新報　昭和六年七月十一日（十日夕）

昭和怪談を猟る（一）

お手のもの、「探求」遂にお流れ

ナンセンスに終つた松高幽霊事件　最近の古墳發見からあるヒント

凉を迎ふて人の集まるところへ話の種を咲かうと云ふのがこの物語りのつけめ、名づけて昭和怪談―ゾツと身の毛の竦立つやうなのや正体見たり枯尾花式のナンセンス、エロ、グロとこゝにも尋ねられぬ時代相が窺はれやう―ではこれからはじめます

山陰大學をほこる松江高等學校の自習寮にユーレーの出た噺……舞臺はこゝで急角度に旋回して昭和五年の秋十月も切端詰つた頃となります、松江市外川津村、あか土の丘の上に建てられてゐる松高の自習寮、北二號室に居たG君、神妙にその夜は午前一時過ぎまで勉強してゐたと云ひます、講談家が張扇で云ふなら「草木も眠る丑みつの頃」こゝ眞陵の寮舍ではもう大ていが寢ついてしまつて蟲の音があまいノスタルヂヤを誘ふかの樣に時雨てゐました……バッタリその蟲時雨が止んで秋の夜の水の樣な靜けさが鉛のやうに流れ渡りました、ゾッとしたG君が讀さしの頁から眼をはなしてあたりを見上げると電燈がスーッと秋の闇に照明力を吸はれて行く樣に思はれますそれと一緒に眠にあたりの氣配がうす氣味惡くなつてヂッとして居れず隣室へレポをとばして應援を求め若やかな大勢の豪氣でその夜は切りぬけましたが夜があけると一緒にパッとこの評判が學校中に振りまかれてしまひました

――△――

その翌晩もその又翌晩もと豫想を美事に裏切つてうち續く夜更け毎のその物凄さにG君すつかり怯氣をつけて逃出す始末を聞いて「ナーニそんな馬鹿な事が……」と熊襲よろしく、毛だらけの太腕を捲くしあげた劍道×段、柔道×段てな物凄い連中が正體見屆けとあつて岩見重太郎級の英雄主義的昂奮に燃れて行つたがおごろ〳〵しいその前奏曲に度膽をぬかれて肝心な妖怪の姿を見ずに退却するなどナンセンスが續出する許り

――△――

生徒取締のお役目柄、生徒課では事態捨ておかれずとあつてご歷々が調査に向つたが「ほんとうに會つた」と云ふトンデモナイ證人が出て「そも〳〵幽靈とは……」といまは東京音樂學校に轉任した山下教授が滔々述べたてる心理學的解説もこの「實際見た」實驗主義者の克服にはさつぱり効き目がなく山陰では珍しい學者の集まり場所、茶目氣たつぷりの生徒が六百人も居るので松高昭和怪談の宣傳頗る行き屆き肝心の正體探見などそつちのけでワイ〳〵騒ぎの裡にもの〳〵氣の正體は益々エロ、グロ味を脚色され、擴大强化される許りでした

――△――

石器邊りの物知りに聞くところはもと自習寮の建つてゐるところはもと百姓家があつて、そこで李の樹に縊れて死んだお婆さんがあつたそのこと、おほかたこのお婆さんの浮ばれぬ怨靈の仕業だらうと云ふことに結論されましたがこの噂七十五日たゝぬ裡に解消してしまつたところを見るとG君の迷想的主觀が幽靈の神經を持つてゐる人たちに暗示となつたのかも知れず枯尾花式に終つてしまひました

――△――

ところが最近新聞を賑した石橋切通しの古墳發見にしたがつてあそこら一帶が古墳群のあるところでないかとの疑問が俄におこされました、若そうであれば山續き、丘續きの地勢上いまの自習寮にも一千年も前には何があつたのか分つたものでなく或はそれらの祟り？とまた〳〵縁起でもない事と考へてゐる凝性の人もありますがこれも一時、あれも一時でテンポの早いこの

頃の噺ですから六百の松高生諸クン御安心なさい、この噂も貴方がたが海へ行つたり山へ行つたり戀人に逢つたりしてまた顔を合せる夏休みあけまでには多分淸算されてゐることでせうから

6-141　昭和怪談を獵る（二）　心中者の新墓から二つの陰火飛ぶ

●松陽新報　昭和六年七月十二日（十一日夕）

昭和怪談を獵る（二）

心中者の新墓から二つの陰火飛ぶ

—お醫者に絡むエピソード　能義某で本當にあつたこと

盲目的に愛し合つた有婦の夫と人妻が容れられない戀に破れたうへ社會からアレは不義者だ！と罵られて遂に濁つた戀のいけにへとなつた可愛い子供をのこしたまゝ相抱いて死の途を辿り二人の靈が未來まで戀しあつたと云ふ極めて物すごい實話がある

——◇——

安來から程近い某村で茲七八年前のところ鬱陶しい梅雨がまだ晴れやらぬ夏の夕べの出來事でやつと三十に手の屆くか屆かない若い彼れ等はお互に夫があり妻もあり而も家には可愛い子供まである仲にこうした運命の惡戯であつたのか數年前から人目を忍ぶ身となつて二人の盲目的な戀は日一日と濃くなつて行くのみであつたが容れられぬ家庭の事情と世間は徒らに二人を悶えさせるばかりであつた

——◇——

彼れ等が常套手段であつた良心加減な噓僞りも一度や二度は難なく相手の夫や妻を瞞着することに成功したものゝ何時の機みか不義者と知れてから二人の間は自然と親兄弟やさては近所隣までから阻まれてその樂しい逢ふ瀨さへホンの野合的な荒び切つたものだつたので燃えさかる戀の焔はとてもこの一時的間に合せなことでは承知されず果ては人目も義理もあらばこそ遂に妻や夫にまでも憚らぬところから二人の家庭では外聞と本人達の將來を考へた末きつい强意見をしたうへ嚴重な監視をされ行ふ事となつた

——◇——

こうしたことからお互の望みは絕たれトテモ生き永らへて何樂みがあらうぞ、お定まりの心中話が出來上りその頃村では田植盛りの忙しい折から二人は夕闇に紛れて何處かへ姿を消したのであつた

——◇——

程經て代田から家族が疲れた足を我が家へ運んだとき互の家庭では彼れ等が家出したことを知つて此處彼處と隈なく探しもとめてみたがその所在は杳として知れなかつたのであつた、兎角するうち不安な一夜はあけてその翌朝——靈山淸水寺から島田越しの山腹にある堤(溜池)に相抱いた彼れ等二人の屍體が浮んで居るのを發見したのでお互の家庭では假に二つの悲しい葬儀が行はれ野邊の送りもすませたその夜——二人を埋めた新墓からは靑い二つの火の玉が異樣な光りを發し我が家に向けて飛ぶのを近所の人達が發見し村中は一××の新墓から火の玉が出る！一而も毎夜のやうにと、噂は次から次へ流れ果ては誰彼れもみた自分もみたとその恐ろしい火の玉をみてから墓の附近は勿論の夕方からは雨戶をしめて便所にさへ行く者がなかつたといふからその凄慘さ陰慘さは察するに餘りあるものがあつたがこゝに一つのエピソードがある

——◇——

同村に假寓してゐた某老醫師が患家からの歸途此の墓の附近に差しかゝつたとき、夕方から黑ずんだ梅雨の空はポツ〳〵と大粒な雨が降り初めて時々稻光りさへも山の一角にひらめき出したとき——車夫がけたゝましい聲で先生！デッ出ました！火の玉が！と叫んだのに晩のうちでは臨床の疲れで今ウト〳〵と眠つてゐた老醫師がこの頓狂な叫びに眠い眼をコスリながら隙間からフト向ふを覗くとしと〳〵降る霖雨のなかにあたり一面陰慘な氣に充ちた丘に墓揚から異樣な音を立てた二つの眞つ靑い

火の玉が上になり下になりつゝ飛び狂ふのでサテハ噂に聞いた心中者の靈か？と此の氣味悪い有樣に夢中となつて車を急がせたが車輪が動くのみで更にその場から去らないのに不審を抱いた老醫師が幌を上げて見ると車夫はこの物すごい有様を目前に見て殆ど死せるが如くワナ〳〵と戦きながら梶棒を握つたまゝ一生懸命に足踏みをやつていたことが知れたがあとで考へると、車夫は走つてゐた氣持ちで足踏みを行つてゐたのだらうと笑話にされたといふ

◇

斯うしたことから彼等の亡靈が出る――と恐怖は村中にひろがり夕方から殆ど婦人子供など屋内の一人歩きさへ出來ず一家の親爺に至るまで非常に恐れをなしたがこのため彼れ等の家庭でも遂に我を折つて二人を同じ墓に埋葬してやることに話を纏め改めて問ひ弔ひを行つたがそれぎりこの恐ろしい火の玉はあとかたもなく消えてしまつたと云ふ二人の若い男女が容れられぬ戀に破れながらも死してはその靈的な働きから遂に生前の目的を遂したと云ふ二人の墓は今尚ほ此の村の一小丘に淋しく建てられてゐる

昭和怪談を猟る（三）

小隊長の枕もとに自殺兵卒の…　6-142

●松陽新報　昭和六年七月十四日（十三日夕）

昭和怪談を猟る（三）

小隊長の枕もとに 自殺兵卒の亡靈

それが一箇月も續いて現はれた 松江聯隊將校集會所を賑した話

昨年八月のこと、松江歩兵第六十三聯隊では大原郡海潮村出身のK二等卒がある夜、日夕點呼の際にそつと脱け出し山中で猫イラズを飲んで自殺したが、男子として與へられた使命を完ふし得なかつた良心の苛責に耐へず、上官として慕つてゐたM小隊長の枕元に毎夜の如く現はれて救ひを求めたといふ話……

◇

八月の蒸せるやうに暑い夜半秘かに脱走を企てたK二等卒は其後戰友をはじめ憲兵隊、警察署郷里の人々が血眼となつて探し廻つたが一向にその行方さへ知れようとしなかつた、平素氣の弱いK二等卒のこと「自殺したんぢやあるまいか？」その噂も立つた、それにしてもK二等卒は相愛の戀人を郷里に殘してゐる、思ひつめて脱走したのも、かたくなゝ父親が二人の戀を許して一つしよにしてくれないのを悲觀しての結果といはれてゐたゞけ自殺するにしても必ず最愛の戀人に今世のいとまをするため郷里に姿を現すに違ひないとして此の方面は特に嚴重な警戒網が張られたものだつた

◇

ところが結果は豫想を裏切つて愛人との別れもせず脱走後十八日目に屍體となつて發見されたといふ報を聞いた……松江より三里の南方八束郡岩坂村の人里離れた星上山頂近くの谷底に白骨となつてゐたといふ報を……

◇

中隊長に宛た遺書には弱い體をもつて陛下の股肱として働くことが出來ぬので犬死するが許して下さい、天皇陛下萬歳と認めてあつた

人の噂は七十五日も絶たぬ間にその後忘れられたやうにこの兵卒の噂は消えてしまつた。恰度K二等卒が死んでから一月餘りの日が流れた或る夜のことであつた、それはシト〳〵と降る雨で陰慘な生温い風がソッと頬を撫て行く夜であつた、M小隊長は自宅で一人寢てゐた其夜に限つて下女も親許へ歸つた後だつたし妻女も産褥につくべく里歸り中であつたので小隊長以外には誰一人家の中にゐるものはなかつた、かくして水郷松江の夜は墓場のやうに靜かに更けて行つた

◇

一時を過ぎた草木も眠る眞夜中近い頃であつた、M小隊長はフト激しい惡寒に脅かされて身慄ひを全身に感じながら思はずがばとはね起きた……身體中は汗びつしより冷水を浴びせられた

やうな悪寒は背筋のどこかにまた燃つていひやうのない不氣味に襲はれてゐた、何氣なくMは眼を蚊帳の外に逸つた、とそこには曾て崖上山中で毒を仰いで死んだ筈のK二等卒が頭を丸めてきれいな小坊主になりすまし黒い衣を着てポツネンと立つてゐるではないか

おゝ！お前はK！

と呼かけようとして暫らく瞳を凝らすと、怪！Kの身體を透して向ふの障子のさんがはつきりと浮き出して見え、殆どKの存在は視線をさへぎる何物でもなかつた

——◇——

M小隊長はそれから大分經つた或日のこと聯隊の將校集會所で次のやうな話をして並居る將校連を吃驚させた

——Kが毎晩々々眞夜中の一時頃僕のところへ來るやうになつてからもう一月にもなる、何しろ毎晩決まつたやうに一時頃になると音もなくスーツとやつて來るのたねどんなによく睡つてゐる時でも不思議に眼が覺めるんだ、はじめは隨分恐怖も感じ寢床の下には研ぎすました九寸五分を忍ばせて置いたもんだが馴れてからは何ともない、頭を毀してそのKに向つて強く押してやると、また音もなくごつかへ消えてなくなるんだ

——M小隊長はその後轉任した筈、丸坊主のK二等卒の亡靈？いまは何處をさ迷つてゐることやら——

昭和怪談を猟る（四）
捕えようとすれば姿を消す…　6-143

●松陽新報　昭和六年七月十五日（十四日夕）

昭和怪談を獵る（四）

捕へやうとすれば姿を消す白い鶏

ゆふ闇せまる頃親仔三羽が「海潮三人ごろし」の家の前を—

大原郡の横濱村と云はれ平和な夢をむさぼつてゐた海潮村は去る一月廿八日の朝またき殺人鬼京一の慘虐さはまる大鉞からほとばしつた血潮でなまぐしくもそめられた……生れながらの慈け根性から生みの母親、それから、てゝなし子の友治をつれて出戻つて居る少しお人好の姉、美子と毎日口論の絶え間のなかつた海潮村大字小河内の坂根家にこの日おそろしく血なまぐさい爆發があつた、母や姉の手きびしい諫言に肚を据かねた京一はとう／＼大鉞を振りあげて無心に眠る母ののど元に一撃を下し、この氣配に驚いて起き上りさま、止め立てする姉を數多斬り續いて僅二才の幼い甥にまで狂暴な刄を見舞ひ、血に染んだ三人の屍を佛壇下の床下につゝき込んで出奔した、たがこの江戸川亂歩のものにでもありそうなグロ味たつぷりな海潮の三人ごろしにさらに怪異味をたかめる實話が小河内一帶に傳へられてゐる……と云ふのは？……

▼……

いまは主を失つて、陰氣にとざした表戸のうちに兇行の一切を包みこんでゐるやう國道路沿ひの「三人ごろしの家」の前にある日の たそがれ白い鶏が親仔三羽連れ、餌をあさりけなのを通りすがりに見つけた近所の人、坂根でかねて鶏を飼つてゐたのは知つてゐたがそれは隨一番で、あの騒ぎこの方餌をやる人もない儘に裏山邊りへ行つてゐたらしいのに、いま頃また歸ると物好きな、それに雛を連れてゐるとはと不思議に思つたものゝ可哀相なと云ふ心持に引きづられて、「トートトト……」と呼んだものだ、ところがその呼聲とは反對に、家の方へ歩いて行く「はて山ごもりで人の聲に恐れるのか」と思ひ乍らッカ／＼と歩み寄る途端にさつきまでツイ眼の前に仲よく三羽連れ立つてゐた白色レグホンが三羽ともにスーツと姿を消したのたつた、あたりは未た黄昏のうすあかりなのに……「おかしい！」と思つたその刹那背條を氷の棒で撫られた樣な氣がした……と表戸を閉して默つて立つてゐる「死人の家」の裏山が夕風のためかごうかザワ／＼と無氣味に鳴つた……モウ脚がさ

まつてゐなかつた、一町ほども離れてゐる隣家の明るい電燈を見る迄は無我夢中、眼に見えぬ魔に追ひかけられる氣で、妙にクタづく脚を焦慮り〳〵走つたといふ

▼……

薄暮に必ず現れて捕へやうとすればその手からスルリと抜けて消えて行く三羽の白鷄！この不思議はその後いくたりもの村人の眼を見張らせ、考へさせ、そして憑かれるやうな恐ろしさに後をも見ずに走らせた……

この親仔づれの三羽こそ京一の刃にかゝつた母モリ、姉の美子それに美子の子友治——この三人の相寄る魂があはれにも白い鷄に姿を藉りたものだらうとのうわさはいまのところ小河内を中心に海瀬村一帯に對して理性批判を超克したある迫力を持つてゐる

昭和怪談を猟る（五）

懐中の稲荷鮓を狸に攫われた男

●松陽新報　昭和六年七月十六日（十五日夕）　6-144

昭和怪談を獵る（五）
懐中の稲荷鮓を狸に攫はれた男
穴征伐をして祟られた子供
北松江驛附近の妖怪談

お城下氣分のまだ抜け切らない松江の、どこか神秘に包まれてヒヤリとした感じのするあの清光院から愛宕山一帯の山と森を舞臺に、最も新しい奇怪な噺——

「その夜更け、月もおぼろにシンとしづまり返つた街を、妖狐の好物、いなりずしを懐にした四十男の彼は阿羅波比神社近くに差しかゝつてきました、とその時、彼は背筋へ何かしらゾーッと物の怪を感じたのです　それから夢遊病者のやうにフラ〳〵として師範學校の周圍をまんべんなく廻つたらしいが氣がついた時は、打伏せになつた自分が學校の寄宿舍裏で倒れてゐたのです

× × ×

「朝になつてその男は懐中を捨てたことに氣がつき急いで行つて見たら、現場には五圓札を一枚入れた懐中はそのまゝ落ちてゐたがすしは皮包だけがバラつと解けて中のすしはみな失くなつてゐたのでやられたッと許りに一目散に我家に駈け込んだといふのです、そこで僕は嘘か實かその男に會つてきいて見たのです、所がその男は若い店の者であつて自分ではないとてれかくしをいつてゐましたが確にその男がそんなことがあつたらしいのです、大體あの洗合の電車道の切割には數百年來の古狸が棲んでゐますよ、其狸は棕梠箒のやうな赤い毛で、見たものは幾らでもあるといふからその狸のいたづらに相違ありませんよ！」と、怪談なら三日でも話續けるH氏は極度な凹レンズの中から眼玉をむき出してゼスチユーアたつぷりに語り出した。

× × ×

「所がその狸が最近或るいたづら小倅を殺したといふのです」と同氏は又語り出した。それもたしか此春四五月頃のこと、内中原小學校へ通ふ五年生で十二才になるP坊と呼ぶ腕白盛りの子供が四五人の友達を連れてその狸の穴征伐と出かけました。その夜、P坊は突然發熱して、奇怪な譫さへ口にしたのです。これはをかしいとてP坊の母親は早速近くの祈禱師の門を叩きました。所が祈禱師は狸の穴征伐の祟りだからその穴に行つて綺麗に掃除してこいといふのです。行つて見ると果して穴の中にはP坊が藁を積んで火を焚き狸を燻殺しにせんとした形跡が祈禱師の言つた通りになつてゐました、それ許りではなくそれからそのP坊の兄弟や母親が續いて病みついてゐるのです、だが電車もついた此頃どこから出たのか、そのあたりの人々皆信じてゐるのですから馬鹿らしい断じてです」とH氏は洗合の狸物語りを否定して結んだ

× × ×

「それからまだありますよ、これは僕の實驗したことなのだからその積りで聞きなさい」とH氏は愈々得意になつて喋べり續けた。「それは眞暗い秋の涼しい夜でした、友人のTと二人連れで愛宕さんの下から天倫寺湖畔へ散歩に出たものです。所が不意にTが僕の肩に寄り副つて一アッ」と叫んだのです。びつくりしながら向ふを見ますと灯が

見にます。その灯は一つあつたものが二つになり三つになり又失くなつたりするのです。大の男の和Tは「狐の灯に違ひない早く歸らう、寒くなつてきた」とブル〲慄へてゐるのです。然しよく見詰てゐるとどうしても不思議な灯です。「馬鹿なことを云ふない」と僕はいつたものゝ普通の灯でないとすると何だらうか？と例の僕の氣性で見とどけたくなるのです。それにこのまゝ引返すとなると僕が負たやうなことにもなるので「正體は見とどけるから待つてゐろ」と云ひ捨て、ステッキ威勢よく振つて近づいたのです、

× × ×

二十間、十間、八間と近づいた時です。……僕は驚きました。それは數百年も經た……」此時H氏は煙草に火をつけてさも甘そうに一服の煙をプーと吹き出して口を開いた。「いやなんのことです、呆れましたよ、人間の眼は阿呆らしいものですナー晝見れば、あの美しい老木の松並木がありますのを御存じでせう、その向ふ側で誰かゞ宵の頃塵燒をなすべく火をつけておいたのです、それがトロ〲と燃えて風に煽られ松並木に遮られて焔が切れ〴〵に見えたものです。……ハ、ハ、ハ判りましたか……」H氏はすつかり一同を煙に卷いて高らかに笑ひました

怪 ●松陽新報　昭和六年七月十七日（十六日夕）

昭和怪談を猟る（六）　自然に閉じる扉　怪音をあげ…　6-145

昭和怪談を獵る（六）

自然に閉ぢる扉 怪音をあげた倉

晩秋の夜を徹宵騒がした 飯石口部の怪談ナンセンス

押へれば芒離せばきりぎりす

—◇—

昨年の秋も末、落葉がカサ〲とうらさびしいさゝやきをあげる頃、飯石郡口部の或村――山村の豪農に起つた怪談ナンセンス……

—◇—

暮れやすい晩秋の陽がつるべ落しに山の端に落ちて黄々の色が濃く彩つた、落葉を誘る蕭條の風が枯れた芒穂をなびかせ物哀しいばかりに靜かな淋しい宵が訪れて來た時――豪農のうち……擬にAとしておかふ……A家では世を捨た白髮の隱居がふと用事を思ひ出して裏の倉庫に立つた、腰にした鍵で錠ははづされた、カチヤリ……鍵は氣味惡いばかりに冷たい音を立てた。何氣なく扉に手をかけた隱居は思ひ切り力を込めて扉をあけた、一寸！二寸！三寸！平素は輕々と開く倉の扉がその宵に限つて重い、やつと一尺ばかり開けられてホットした時！……

—◇—

不思議？ガラ〲〲扉は逆行進を始めてやがてピシヤリと閉まつた、ワッ……恐ろしい事を知らぬ世捨人にも恐怖と怪奇の冷汗が背筋を傳つた、思はず叫聲をあげて家人を呼ぶ隱居の聲は平和そのものゝ樣に靜寂であつた村に不氣味なこだまをかへした、ドヤ〲とかけつける家人、村人……靜寂から喧騒へ……蒼白な老人の語る不思議の扉？だが村の青年等は一笑に附した、元氣にまかせた村人は扉を引いた、重い！たしかに重い！そしてやつと一尺ばかり開けたと思つた時扉は……生あるものゝ樣に村人の力に逆らつて元通りに閉まつた、宛たかもうちに隱された秘密を守るかの如くに……

—◇—

村人から生色が去つた、誰もの顔が言ひ合した樣に蒼ざめて行く、冷たいものが背筋をすぎて小きざみの慄へが襲つた、扉に恐怖の眼をなげながら何時の間にか戸口をはなれてゐた、ひとりでに閉る扉！駐在所から査公も佩劍をガチヤつかせてかけつけた、何時か夜は訪れてあか〲と、かゞり火は焚かれた、火を圍む村人……扉は依然として謎を秘めたまゝに村人をあざ笑つた

—◇—

沈默と恐怖の靜けさがつゞいて

行く、顔を見合せてゐる村人の心には妖しい想像が通り魔の様に脅かした、泥棒？だが泥棒さしたら何處から入つた？倉は何等の異常もないのだ……さすれは……純眞で迷信の村人は魔！妖！怪！を想像して蒼白の顔に恐怖をたゝへた眼がふるへた……かゞり火の焰はユラ〳〵と搖れ、落葉はあ[illegible]なしかの風に吹かれて惡魔の舞を演じ、茫穏は妖人の掌であつた

——◇——

だが何時までも沈默のまゝ傑へてゐるわけにはゆかない、查公を中心に小田原評定は遂に最後の決死隊組織？に依つて決められた。數名の若者が決死の意氣で扉を開け放ち數十名の村人は棍棒や鍬や鎌で後詰しやうさいふ物々しさだ、そしてその計畫は速かな實行に移つたのである恐る〳〵しのび足して扉に近づく若者の姿……鉢卷きに双肌ぬぎさいふけふ〳〵しいいでたちに棍棒をふりあげ、鍬をかつぎ鎌を閃かしてゐるかさ思へは物干棹をもろに拔いてゐる後詰の村人……而も逃げ腰でおづ〳〵さ進む有様はそれこそ百鬼夜行の圖さいふべきだつたらう、だが登場の村人は眞劍だ、必死の最後手段に移つてゐるのである

——◇——

夜半に近い秋の夜……講談師なら片鎌月が物凄く空にかゝつて……さ鳴物入りの張り扇が踊る處だが……此の自然に閉る扉は決死隊の手に依つて開けられた重い扉は幾度か跳ねかへらんさしたが數名の力はそれを押切つてやがて扉が明け切られたさ思つた時！ドシン……それこそ天地に鳴りはためくはかりの一大音響が起つた、眞に霹靂、迅雷の大音響だ、決死隊の若者も、向ふ鉢卷の村人もキヤッさ悲鳴をあげるさ意氣地もなく、ペタ〳〵さ尻腰を拔かし生きた氣もなく「オタ〳〵〳〵」さ這ひ逃げた、ホット我に歸つた時の彼等の顔付さいつたら……

——◇——

もう恐れて扉に近づくものもなかつた、明け放たれたまゝ魔の棲む倉庫は村人を恐怖の絶頂に押しあげたまゝ夜を徹した……明るい朝が訪れた時村人にも生氣は甦つた、多數の勢ひを以て倉庫のなかゞ調べられた時彼等は何を見たであらう？彼等をあゝまで恐怖に戰かせたのはごんな魔者であつた？

——◇——

扉が自然に閉つたのは中にあつた俵が倒れかゝつてゐた爲めであつた、そして決死隊が扉を開け放つた時物凄い音響をあたへたのは俵が床下に顚落した音であつたのだ、呆然さして苦笑の外なかつた村人の複雜な顏色は讀者の想像に任せよう

——◇——

幽靈の正體見たり枯尾花

昭和怪談を猟る（七）　釣天狗を襲った子供連れの…　6-146

●松陽新報　昭和六年七月十八日（十七日夕）

昭和怪談を獵る（七）

釣天狗を襲つた 子供連れの妖怪

濱田萬年鼻ての出來事

釣をフッツリ止めた動機

鬱陶しい梅雨もごうやら一休みするらしく見受たので、長い間ムズ〳〵する腕を撫、天を怨んでゐた釣天狗の濱田町字原井邊に住む某男の某は勇んで夜釣に出かけた、釣場は例によつて万年ケ鼻の岩角、万年ケ鼻さ云へは嘸々身投げ者があるにつけ行き馴れてゐない者にさつては怖い魔の棲む場所ださ考へ、自殺名所たさも稱へてゐるが、行馴れた太公望連には左程氣味惡い場所さも深く考へず徹夜を通じ絶好の釣場さして澤山な人が押しかける、この晩は梅雨で人足の途切れた關係からか、某男以外にはまた誰も來てゐなかつた、

——◇——

先陣を承はつた心算で岩角に腰を据た某男は悠然さ構へて月

明りの海面に釣糸を投込んだ、と見るや、忽ち大きな年後知らずのトンケイが釣れた、それから後も引つ切なしに夥しい程澤山釣れるにつけて心は早鐘を撞くやうに躍り立ち、いつもの同僚の誰かゞやつてこないものかなア、來たら「俺れの腕前はこんなものだい」と天狗鼻をうごめかして羨ませたり吃驚さしてやりたいものだと、スッカリ夜は更けた事も考へず、釣れるがまゝに糸を垂れ續けて、人の來るのを今かくと待ちあぐんでゐた處へ、嬉しや、人の氣配がする、近づいたのを見ると見知らぬ者ではあつたが幼兒を背負つた老爺で乞食らしくも思へる風態である

◇

何にした處が、俺の魚籠を見たらサット驚きの言葉を發するだらうと、早くも鼻を蠢めかして老爺の口をついて出る言葉を待ち構へて聞耳を立てすましてゐたのであつた、處が背負はれてゐる幼兒が蓉にビーくく（幼い者の呼ぶ魚の事）を連呼《れんこ》して居るではないか、そしたら老爺はツカくと髯男の側にやつて來て「子供がこの通りにせがんでゐるから魚を一尾與へては呉れまいか」と賴む、少々期待の外れた挨拶に髯男としては癪に障つたやうなもの〻、澤山獲つてゐる事なので子供への賴みとあつては拒むのも大人げない話だから、振り向いても見ずに無言の儘魚籠から一尾の魚をとり出して老爺の側へ投げ與へ、猶も老爺の口から漏れる驚きの言葉を期待し乍ら依然として海面を見つめ釣糸を垂れてゐたのであつた、

◇

相變らず互に無言のまゝでゐた處が、又しても幼兒がビーくを言ひ出すと老爺は再び髯男の側に來て魚の分與を申込む髯男に在つては俺れの腕前を驚嘆もせずに重ねくのあつかましい申出でだと、うるさい氣持で舌鼓をし乍ら、ヒヨイト老爺の姿を振返つて眺めた瞬間、これはしたり背中の子供は生魚を噛ぢつたものらしく口の邊り一面に生血を彩つてゐるではないか、ギヨットして俄に薄氣味が惡くなつたので、手早く彼れの言ふが儘に一二尾を投與へるなり髯男は魚籠だけ引つさげて一目散に其場を逃げ出した、暫く走つて振返つて見ると矢張り子供を背負つた儘で老爺は後を追つかけてゐるではないか、然も背負はれてゐる子供の口は耳までさけてゐるのが瞭々と見判けられる

◇

老爺の正體を明かに妖怪と知つて魚籠を投げつけ命からくく川口市場近くまですくみ勝ちの足をひきづるやうに驅け戻つた時、黎明を告げる一番鷄の鳴き聲が耳に這入つたと思つたら、追つかけ續けた老爺の姿は掻き消すやうに失はれて了つた、この話は今から五六年前であつたと云ふがそれ以來髯男はブッつり釣に出浮く事を止めて了つた。

昭和怪談を猟る（八）

●松陽新報　昭和六年七月十九日（十八日夕）　花一輪、散り失せし新墓を…　6-147

昭和怪談を獵る（八）

花一輪、散り失せし 新墓を發く僧形

花壇や講堂にも變怪廻る

今市町狸騒動の一くさり

それは四五年前――昭和の御代になつたはじめつ頃――或る夏の夜の出來事…

× ×

今市町加田町に法華宗、慈眼寺と言ふがある、どの寺にもあるやうにその寺にも餘り廣からねご境内の一隅に檀徒等の墓所がある、そこへ其頃世の春をも待たで可惜《あたら》散り失せた一輪の蕾が新佛となつて埋められた、親族の者か知らぬが夜毎そこへ墓參りして香華を手向くる某があつた、ある夜いつもより少し遲目に墓參りするとその夜はどうしたものか墓地一帯にかけてボーッと陰にボヤけて重苦しい物の怪を感じ冷水を浴びせられたやうに全身ゾッとした、これは不思議と瞳を据て見透すやうに凝

親ずれはこはそも如何に眼光物凄く白衣を纏ふた僧形が今し手に持つた鐵を以て新佛の墓を叢かんさするではないか、しかも打込む一鐵毎に妖魔のやうな青火がサツ〳〵さ散るではないか餘りの事に渠は總身に身慄ひを感じ危く悶絶せんさしたが辛くも氣を取戻して奇聲を發し一目散に駈出して加田町町民に危急を告げ救ひを求めた

× ×

その夜――長い照り續きで人の身も心も萎へ果んばかりであつたが明けても同夜は殊更の暑苦しさであつた、町民達は寢ねがての夜を店先に床几を持出して三々五々近所合壁相寄つて無駄話に耽つた、當節の言葉で言へはエログロナンセンスさ言ふ譯た、夜の更くるまゝ妖怪談も出で、女子供等はゾッさする思ひをなした折も折、程近い慈眼寺境内から洩るゝ奇聲、加田町通りを疾風の如く駈抜けて危急を告げる聲にソーレ見た事かさ大騒動持上つた、加田町附近町民總動員にて思ひ〳〵にステッキ棒切等の獲物をおッ取りざま慈眼寺墓地を目がけて我も我もさ攻寄せた、しかし誰さら以て妖怪退治昭和武勇傳に名を殘すやうな抜けがけの功名を競ふ勇者もなく寄つて集かつてワイ〳〵騒ぐのみであつたが何等妖怪の姿も見えずナーンの事ださ思つた、途端墓場の蔭から一團の黒塊が跳り出てアレヨ〳〵さ言ふ間もあらせず一方の闇に消え失せた。それは正しく妖怪變化だつたさ言ひイヤ狸だつた、その正體を見たさいふ者もあつた、それから噂は噂を生み輪に輪をかけて全町に擴がり夏の夜の涼み臺の話題を賑した

× ×

其翌晩――加田町の隣の八雲町にある八雲教會本院の裏畑に須佐敎長が丹精の草花類の球根がゴッタ返しに荒されて居るのを翌朝發見しこれも狸の仕業ださ睨んでその夜猫落しの罠を數ケ所に仕掛け鐵砲御座んなれさ待構へて居たが一向に引つ掛らなかつた

× ×

その翌晩――猫も睡らず蒸熱の夜は更け町民は眠りに落ちた丑滿時！八雲町井原齒科醫院の臨を警官さ覺しくサーベルの音、ガチャ〳〵鳴らし息セキ切つて通り掛る異様の物音に同院の西村氏はフト眼を醒まし窓押し開けは今迄の騒音ピタリさ止んで路傍の小溝の縁にこれも一團の黒い塊がしがみ付いた儘互に身をみせじさてか約三十分が程もみくらをして居たが西村氏は例の狸奴だな何さか毆るものもがなさ眼をはなした瞬間、件の黒塊は逸早く逃走した

× ×

その翌晩――今度は方向を大轉換して新町の營業學校（今の農商校）に現れた、深夜廊下にあたつてフー〳〵さ息詰まる樣な息を吹きけたたましい音をたてゝ通り抜けんさするものがあつた、此の物音に當直の教員は夢を破られ泥棒が何者かに追詰められたものだらうさ合點し寢卷の儘躍り出し同時に起き出でた小使さ二人であさ追ひかければこれも一つの黒塊であつた、ハゝア例の狸だな今夜是非さも退治て異れやうさ講堂に追込み益々渦りを演ずるこさ幾十回集散離合處々苦々、絶好のチャンスを取逃がすこさ十數回、折柄外の薄明りの差込む小孔に頭を突込んだのでそんな小孔からは迚も逃げられぬ今度こそはさ一撃を加へた――がより早く狸奴スッポリさ抜け出て了つた後だつた

× ×

恁うして眞夏の夜を連續四晩今市町民を騒がせた狸！それッ切沓さして消息を絶つた、それは明顯寺（慈眼寺の東隣）の墓原には昔から老狸が居る〳〵さいひ傳へられた、多分その狸の仕業だらうさ今にまだその謎は解けないまゝに殘されてゐる

× ×

これが昭和怪談今市狸騒動の一くさり……

昭和怪談を猟る（九）　祀られぬ三つの魂　迷い出る…

怪 ●松陽新報　昭和六年七月二十一日（二十日夕）　6-148

昭和怪談を獵る（九）

祀られぬ三つの魂　迷ひ出る女の影

行商人を魔き寄せ追福を賴む　海潮村慘劇の家に絡る物の怪

隣から隣へと日早いうちを拾つて行商をしつゞけた彼は一日の勞働に勞れ切つてゐた、重い足を引きづりながら歸路をたどつたのは櫻も散り失せた若葉の宵——暮るゝに晩い初夏の陽もかくれて彼が歩む山路はもう夜のとばりがおろされ、眞黑く四方を包む山の容が物凄い沈默を守つてニヨキ〳〵と歩む彼を取卷いてゐた、然し平素から歩き馴れた道であるので淋しさは言へ夜さは言へ彼には恐怖もなく戰慄もなく何の感興さへ起らずテク〳〵と機械的に足は一間半の縣道を彼の家に向けて進んだ、人里離れた事も夜を照す燈火のない事も苦にならず却て夜の道が凉しくつていゝ位に彼は考へてゐたのであつた

——◇——

たが歩みつゞけてゐるうちに堪へらない睡氣が彼を襲つた、全くたとへ樣もない程眠くつて歩みながらウト〳〵となり幾度か道を踏はづしそうになつて來る、流石に不思議とは思つたに違ひないが一日の勞苦のあとだけに魔が呼ぶ誘ひと氣がつく筈はなかつた、一歩は一歩と睡氣が增し間もなく彼は一足も進めなくなつた「少し休んで…」と思つた彼は道から一間ばかり高みにある人家に行つてそこの椽側に横になつた、熟睡がすぐ彼を見舞つた、正體もなく寢入る彼れ！

——◇——

熟睡の彼に夢か、現か、怪しい物音が斷續的に聞へたドロ〳〵〳〵……全く無氣味な身のすくむ樣な音は屋內の何處からか響いて來る…やがて彼が寢入つてゐる椽側の障子に寫された怪しいものの姿……それと同時にスーッと頰を撫て來た冷たい風——彼の全身は襲ひ來る寒氣にヒヤリと逆撫された、粟立つ肌に冷たい風はなほもしつこく流れて妖氣が彼を包圍して來る暗い夜の中にぼかされた障子は妖しいものゝ姿を濃くして行く…

——◇——

彼は恐怖と戰慄のひとみを凝らした、障子に寫つた妖しの影は？…五十いくつと見ゐる女が血みどろな姿にしよんぼりと立ちその後にはうなだれた年增の婦人が幼兒を抱いて茫然に堪へぬ如く見すぼらしくぼんやり哀れつぽい姿を寫して居るのだそして障子一面を落花の如く飛んでゐるのは血！血！血！女も幼兒も障子も彼の目にさへはつきりと血しぶきをぼかし、而も妖しの姿をめぐつて光のない青い焰がポツ〳〵と燃えさかる

——◇——

血まみれの女の姿！妖しの鬼火！彼の魂は押潰された、恐怖といふ言葉は彼のその時の心理を表現すべく餘りに弱い、恐怖以上の恐怖！救ひの聲も恐怖の叫びもすべて咽喉の奧で消ゐて言葉をなさず、彼の肉身は鑑石で押へられた如く硬直しきつてゐた、身も心も打ちひしがれた彼はもがくにもがけず唯魂が喘ぎつゞけてゐたのであつた

——◇——

喘ぐ彼の魂はその時地の呻吟の樣な聲を聞いたと思つた……「妾らは殺されて……葬つて異れる人もなく……迷ひつゞけて　苦しみ……救つて……」

妖しの呻きはきれ〳〵につゞいた、それと一しよに妖しい影は動いて彼に哀れみの眼を向け哀願の掌を合せるとそのまゝ薄れ行つて何時か姿は消ゐ失せた、影が消ゐると悪はれてゐた彼の自由は甦つて來た、ハッと我に歸つた彼はキヨロ〳〵とあたりを見まわしたが物の怪に取り憑かれた如くキャッと飛び上つて夢中で闇を走りつゞけた、どうして走つたか、どこをどう歸つたか彼自身記憶に殘つてゐなかつた程魂は消し飛んだまゝだつたのである、何故？……彼が眠つてゐたのは三羽の白い鷄

がさまよふ大原郡海潮村の血の家、坂根京一の今は住む人のない破ら家であつたのである

◇

最後に此の怪に遭つた行商人が今しきりに京一のため惨殺された親子三人の菩提を弔ふべく奔走してゐる事を附記して惨劇の家の生々しい怪談を終る

昭和怪談を猟る（十）

祖先に祟られた恐しい因縁話し

●松陽新報　昭和六年七月二十二日（二十一日夕）　6-149

昭和怪談を獵る（十）

祖先に祟られた恐しい因縁話し

能義郡の平和な里母里村の某家に起つた生々しい事實

出雲國母里は藩政時代松平侯の城下だけに今尚ほ郡内主要町村のうちに數へられ御笠山、青垣山、御國山など伯太の川畔に美しく聳ね、山紫水明な村のこととて彼所には幾多の名所古跡やロマンスなどがのこされてゐる、この平和そのものの様な美しい土地にも聞くだに恐ろしい物語りがある

◇

母里は郡内東奧部での一番繁華な地であり最近非常な賑ひを見せてゐるも四圍の村々が農村であるのと、城下氣分の街だけに夕方から夜にかけては比較的淋しいと云よりも寧ろ靜かな街である物語は此街の中程に淋しくその日を送つてゐた――某一家に起つたまた生々しい怪談で奇しき因縁から僅に一年餘りで祖父母を始め一家七名が相次で黄泉へと旅立ち今は殆ど絶家同様となつて壁は落ち柱は傾き裏庭のあたり一面には草ボウ〳〵と茂つて見るからに荒れ切つた淋しい空家となつてゐる、先年ふとした事から未だ生れて間のない乳吞兒が大火傷を負つて亡くなつたのを切つかけに昨年の春ごろまたしても一才と三才餘りの幼兒が火傷のために死亡したので何時も死因が火傷であることに痛く心經質となつた同家の妻女はこの事があつてから彼處の祈禱此處の神様と災厄を免れるやう一生懸命となつてゐた

――

村人たちの間では某家の家祖が村一番の惡いのだとか、先祖が恐ろしい種をまいたその酬いださうなど取りとめのつかぬ噂さは、一時某家の奇しき因縁話として花を咲かせたがそれから凡そ三四ケ月を過ぎた　その年の秋ごろ嘉太郎の兩親も相ひ次で逝去し累なる不幸に一家は氣を腐らしてゐるとき哀れ運命の神は何處まで彼等一家を呪ふのかその年も暮れて本年の三月ごろ杖柱と頼んでゐた主人嘉太郎は僅かの病いで急死したので妻はひどく悲嘆の涙にくれ殆ど失神せんばかり哀れな一家の慘状に聞ね　野邊の送りも出來ずして遂にその日から重き枕についたが彼の女は病苦のなかからいたいけな二人の幼兒を左右に抱きしめ「お母さんが亡きあとは誰をたよりに生きて行くことか

――それを思へはドウしても死にきれないとサメ〴〵と泣き崩れ枕邊に來る人の誰れ彼れに狂氣の態でこの兒を頼みます、哀れなこの幼兒を！と哀訴嘆願を續けながら遂に二十九を最期として春雨が淋しく降りそゝぐその翌日の夕暮れどき七八才の女兒とまた乳呑兒をのこして哀れにも泡沫のやうに消ね去つて不幸なこの家は彼の女を限りに全滅した

◇

彼の女の近所でもこの悲惨な一家に痛く同情しとりあへず彼の女の靈を懇ろに弔つたうへ二人の幼兒は、一先ず隣家の嘉吉（假名）老人に預けられ程なく姉は同じ村内の親戚に貰はれ乳呑み兒は某市の身寄の者へ里子として引きとられたが斯うしたことがあつてから間もなく「雨のそぼ降る眞夜中ごろ某寺の墓地から恐ろしい火の玉がその家に落ちた」と寄るとさはると噂されて若い娘たちは極度の恐怖にかられたがそれから數日を經た或る夜嘉吉老人が眠れぬまゝに用便に赴かんとする刹那！氷室にでもゐるかのやうな寒い風がスーと吹き來ると同時に白衣をつけた窶れ髪の物凄い彼女がスーと陰氣の如く姿を現し愛し兒の身の上を案じるかのやうな有様にそれと見た嘉吉老人は全身へ冷水でも浴びせられたやうにビツクリしさては彼女の亡靈が子供の愛に引かされてかと二人の子供の成行きを語ると跡形もなく何處かへ消ねてしまつたが、その夜彼の女の親戚にあたる家でもスヤ〳〵と夢路を辿つてゐる愛兒の

枕邊陰惨な物音を立てゝ物凄い彼の女の亡靈が現れ吾子可愛さの餘りに死にきれないと云つた彼女は矢つ張り天界に浮び得ず子供に引かされて此處にその亡靈が夜な〳〵現れるとの噂さは次から次へと傳へられ嘉吉老人は現に亡靈と話をしたと言つてゐたなど噂の裏書まで廣められ「××家には幽靈が出る」さうな雨の夜など

——◇——

仄暗い便所や庭の木立から一と聲云ふとなくこの話に村の婦人達や子供等は、西山に夕陽がかくれるころから外出を見合せると云ふ不安な有樣で怪談は更に怪談を生んで靜かな郷里の街の夜は人通りもないといふ淋しさがあつた

——◇——

主人嘉太郎も幼少の頃大火傷を全身に負つて殆ど死せんばかりの大病ひをしたと云はれその後引續き火傷に三名の子供を失ひ祖父母と主人夫婦の七名が相次いで死亡し殆ど一家全滅の世にも不幸なこの家は、元母里藩での飛ぶ鳥を落すほどな權勢を一身一家にあつめてゐた平井剛本（假名）の末裔でそのころ恐ろしい噂がのこされ祖先がまいたその祟りが子々孫々までも深くつけ廻したものであると言ふ眞乎僞？聞くだに惡寒を催すほどの奇しき因緣話が傳へられてゐる

昭和怪談を猟る（十一）

物凄い夜道で傘を捉えた…

●松陽新報　昭和六年七月二十三日（二十二日夕）

6-150

怪

昭和怪談を猟る（十一）

物凄い夜道で傘を捉へた妖怪

怪火は自轉車のガスランプ
川本の大砲老人の残した逸話

邑智郡川本町某旅館の老主人で今は故人となつたが其の名は何ほ識る川本の大砲老人といつて自他共に之を許し常に大きな話をする愉快な老人であつた、或る時此の老人吾郷村からの歸りの途中早足も疲れトボ〳〵と人里離れた今津川路で後から歸る荷車續きが丁度空車であるために「親方足が痛さうだが車に乘りさい、續いてあげますから」と云ふので得たり賢しと老人、車に乘つて得意な顔で道の四五丁も歸る頃、江川の對岸から二三人の人が大聲で呼びかけるのを聽くと「何處に戰爭が始まつたかい……」之を聽いた荷車續が「如何して？」と反問すると「それは川本の大砲老人ではないかい……」と云ふを聽いた老人「それ筒口を向けろ――」と大聲を擧げ後は互にわい〳〵と笑ひこけたと云ふ、ここ程左樣に有名な此大砲老人、今度は本題の妖怪變化に出會して身を顫はせた實談がある、

×　×　×

老人吾郷村の栗原に親類があつて常に吾郷村には出掛ける事が多い、その吾郷村大字乙原の下に鋼ケ丸鑛山を經て川本町に通ずる縣道に小坂があつて下は江川一方は大きな山、坂の辻には小地藏尊が祀つてあり、晝も薄氣味惡い場所がある、老人一夜栗原からの歸り途、小雨は降つて風も吹く雨傘と提灯で時刻は正に夜の十二時前、その切通に差し蒐るや何となく氣味惡く自分の後を何物かが付て來る樣な足音さへ聞ゆ、後振りかへるも何物も見えず、又進めば後で足音がする、四方は闇、唯提灯の明りを力にそう〳〵後向に進んで地藏尊の前まで來たと思ふ頃、さつと一陣吹き來る風に火は消えた

×　×　×

漸く燐寸を三擦したが生憎燐寸が點かない、これはたまらぬ早く人家のある今津の里までと思つたが灯の明り微に消えたので一層闇路は判りかね雨は風と混り降り頻る、足は進まず氣味惡く心計りが焦り立つ、と、其の瞬間、急に雨を凌ぐ雨傘の顚を何者かがぐう……と摑んで放さない、無理に進めば後に押し返す、扨は！妖怪變化の襲來か？と驚て老人眞言宗の信者なれば眞言祕滅の法は此時と許り、直に經文を繰返し〳〵たがそれでも未だ放さない、扨はしぶとい

妖怪かと今度は大聲張り上げて唱へ出しつゝ進まんとするが尚ほ押し返す、たが老人もこゝに至ると度胸も据はり此上は力限りの格闘より他に採るべき手段はなしと持つた提灯投捨て傘の彈きを押すなり傘を窄めて能く見れば何んのことか、山より延び出た藤蔓が傘の頭に巻き付いて行けば押し返すも道理、と判つてすつかり馬鹿を見た老人だつた

× × ×

それから又安心して歸る道今度は今庄下手の人里離れて時は已に午前一時頃だつた、向ふの方に大きな火の玉が現はれ、それが非常なスピードで近寄つて來る、此の火の玉に出會したが最後命は三つあつてもたまらないと考へた老人は逸早く路傍に避難した、そして次第に近寄る火の玉は速度を早めて接近する、老人は身を顫はして玉の光が誤に入れば或は盲目にもなるかも知れぬと眼をつぶつて手を顔に當て火の玉の通過を待つてゐると「しゆ――」と風を切つて通過した、やれ嬉しやと老人駈なで卸して暫時茫然としたが間もなく氣を取り直して川本町に急ぎ歸り着いたのは夜明け前、翌朝此の事が町内に擴がり實否如何と人々が聽き質して見れば是は全く自轉車のガス燈で近寄る程速く光りも強く、風も切ると判つて流石の大砲老人もグウの音も出ず頭を下げた、斯くて一生一代の傑作ナンセンスをのこした、川本の大砲老人も間もなく死んでもう四年許りになる。

昭和怪談を猟る（十二）檻禁されて死んだ年上の…

●松陽新報　昭和六年七月二十四日（二十三日夕）　6-151

昭和怪談を猟る（十一）

檻禁されて死んだ年上の妻の怨靈

雑賀町に迷ひ出る幽霊屋敷　記者の友人が語る實際の話

この世に幽霊が實在するか、どうか、この問題は子供の時分から夏の涼み臺の話題となつて好奇心を唆つて來た、井上圓了博士や、福來友吉博士などはそれの實在說を固く執つて將にふれ題に臨んで筆に舌にして來たものだ、が悲しいことに私は嘗て幽霊は圓山應擧の名畫か、尾上梅幸の株の幽靈、中村吉右衛門の法界坊の幽靈の外にはこれまで一度も用くわしたことがないものだから如何に井上、福來博士らがエライ人であつても大本教の信者が出口王仁三郎の教義を率直に信仰するように簡く連かに幽霊の實在說に盲從することが出來なかつた私であつた。

× × ×

ところが――聞いて下さい、これまで幽靈の實在說に對して反逆してきた私が今を去る昭和四年の五月以來一變してこの世に幽靈はあるものなりと固く信ずるようになつた不思議な實話を申上げて大方の悪教を乞はふと思ふ、私は松江の或る會社に勤めるサラリーマンである、家族は夫婦に子供一人ぎりであるから住宅の點では全くボヘミアン貸家から貸家に移ることをさほご臆劫と思はぬ、そこで松江に住むやうになつてかれこれ十年になるが家を變へることも今日まで十軒以上、この怪談は昭和四年の春のことである、或る日「雑賀町の某家の離れ家に君の好きさうないゝ家があるがどうかね」と知人の勸めるまゝに移つたのが怪談の家である、その家は表の母屋に或る宗教に凝り固まつた一家が住まつて居つた、私が借り様とする家は六疊に四疊半の二間しかない小さな離れ屋ではあるが家主の先代が金に飽かせ數寄を凝らした家だけあつて若いくせに風流氣を多分に持つ私の趣味性に全く投じ何とも言はれぬ執着を感じたら矢も楯もたまらぬのが私のくせである。殊にその庭園は一木、一石いづれも時代を經て幽邃の趣きをつくつてゐる、それだのに家賃はベラボウに安いと來てゐるのだから何から何まであつらへ向きと來てゐる、只不思議と言へはその家を借りやうと幾分にやつて來た私が座敷に上るや否や何

さも形容のできぬ或無氣味なものを感じたのが今考へてみて怪しいことの最初であつた、併しその時は別にそれを氣にもとめず氣軽に家具をまとめて手早に引越して来たのがその年の四月である。

× × ×

慌ましい晩春も別に變つた事もなく過ぎて新緑の五月を迎へた。忘れもせぬ五月六日の夜友人と碁を囲んでゐるとチンと一時を時計がうつた、碁に夢中だつた二人ともいつとはなく睡魔に襲はれそうになるので早々石を刷して友人を門に送り出したのが一時を半ば廻つて居つた夜更けである、その夜ごとゝ無氣味な氣を拂ひのけようとしてのけきられない空氣にかられつゝ離れ屋に入らんとする刹那である、月もない闇におびへつゝ便所に隣る納屋の前に来ると不思議に綿のやうなものがボーッと眼に映つた　こわごわながら更によく眼を凝らしてみると一人の髪ちぢれた白髪の老婆が悲しそうに首をうな垂れてしよんぼり立つてゐるではないか、私は妻の母屋の老婆でもあらうかと「お婆さん〳〵」と二聲呼んだが答へがない、とザーッと頭から冷水を浴びせられるほど全身にいやな悪寒を覺えたと思つたらどうして家の内に飛び込んだか今考へても自分でよく判らないほど夢中で逃げて来た私であつた、私も男である、この怪をこの夜更けに氣のよわい妻や子供に物語るでもあるまいと自分の胸にのみ秘めて寝についたがさぶべからざる一種の亢奮にかられて初夏の短夜が白ら〳〵と明け離れるまで遂に一睡もし得なかつたのは當然である、翌朝妻がいぶかるのをおして早々手頃の貸屋を探し出しその日一日會社を缺勤した上その怪しい家に移転して十四日目ぶりで更にスピードの移轉をしてしまつた。

× × ×

その家は幽霊屋敷として今でもあの界隈では誰知らぬものもない、後から聞いた話しであるがあの家もとの先代は若い女に眼がくらんで二十も年齢の違ふ金持ちの後家のところに入り婿して来たそうだ、始めはそうでもなかつたが一年二年とたつうちに二十も年上の女房が鼻につく、おきまりの若い女とでき合つたその男は本妻に虐待の限りを加へた揚句ははてはあの納屋にろく〳〵食も與へないで監禁し當分痩せ衰へた老女の呪ひの聲が外まで洩れたと思ふのも束の間、遂に恨みを呑んで死んで去つた老妻の靈魂が今なほ浮ばれないで迷ひ出るといふのがこの怪談の本筋である――この話を聞かして呉れたのは記者の友人であるが、幽霊の實在をこの友人の説と同様信じ得ない記者はそんな馬鹿げたことが……と否定するけれど福来博士の説まで引用してその友人はその事實なることを主張、力説して飽まで譲らない、自分自身の經驗でないから眞偽はこゝに記者自身は保證せぬが信じ合つて居る友人の言なるが故にそんこともあるかなアと靈魂の永遠の神秘さに興趣湧然たるものがある。

昭和怪談を猟る（十三）　千石船に乗った数百の…

怪 ●松陽新報　昭和六年七月二十五日（二十四日夕）　6-152

昭和怪談を獵る（十三）

千石船に乗つた數百の亡靈

盂蘭盆の魂迎への夜の怪異　その夜は出漁せぬ西郷の漁民

隠岐の島前は又隠岐の島後でもある。隠岐は四面環海だ。従つて怪談も海から生れる。島の中心西郷町の漁業者が未だ帆船許りを使用してゐた頃、と云つても數年前の事だ。船の大小に應じて二人乃至七人と乗組んで夕映を浴びながら勇ましく日本海に漕ぎ出したものだ。が然し海上は風の日和りは僅かない。[illegible]の夜を突如襲ふ北風（俗に云ふ潮北）こそは板一枚を頼りにする漁夫達を脅かす最も恐ろしい悪魔だ。所がそんな夜に限つて漁は多い。眼前の欲に囚はれ帰り遅れた船は乾度狂瀾怒濤に呑まれてしまふ、そして町を挙げて混亂の夜は明ける。帰船しない漁夫達の女房、子供達が泣き騒いだ顔で、[illegible]鬼のやうに狂ひ狂ふ[illegible]

めて終日を酒宴につくすのはいぢらしいと云ふも餘りに悲慘な人間の姿だ、二三日の後、一隻に二三十名が乘りこんで死體を探しに出かけるが死體を艪木にしつかり縛りつけた者が二つ三つ發見されるのみで他は殆ど上らぬのが多い、一週間後には家人も諦めをつけて藁人形を柩に納め、野邊の葬ひをする、その時柩の後に泣き崩れてわめく女房こそは、自然の前に隷從する弱い人間の憫れな姿だ。

× × ×

斯ふした海の亡靈は永久に海を離れない、そして舊盆の十三日この夜は總ての佛達が歸る夜た其夜に漁に出れば必ず海の怪異に出會ふ、だから此夜は出漁を愼んで歸つた佛達を弔ふ、颶風落北は八月から十月へかけての最も烏賊の獲れる季節に多い或年此落北に見舞はれて四、五十人許りの遭難者を出した翌年の夏、舊盆十三日の夜のこと、一ケ月許り以前から獲れ始めた烏賊が漸く漁盛りに達し、一日休めは大きな損失を見なければならぬ漁師達は此十三日の夜の出漁如何に迷つた、

「宵の口だけ出ては……」

血氣にはやる若者達は老人達の反對も諾かばこそ、一隻、二隻と出て行く勇敢な他船を見て躊躇してゐた者までも、ゐゝまゝよ、と、その後に續いた、ごんより凪いだ穏かな夕方だつた、漁船の出揃つた後の町は墓參りに急ぐ婦人や子供の白い着物が往來して淋しかつた、漁船のない川岸には歸る佛の目標に「迎へ火」がそこ、ここに焚かれ、老人達はその前に蹲まつて冥目し珠數つまぐつて念佛を唱へた、沖の漁り灯は常に變らず輝いた

× × ×

と、その夜九時頃、盆踊りもまた始められ時刻に慌しく歸つた一隻の漁船は突如奇怪な事實を顫へながらに報じた、

——白衣の亡者が海上に現れる、矢張り十三日は惡かつたが、不思議はその許りでなかつた、その中後から／＼續いて歸る船は異句同音に怪異を訴へた

——千石船のやうな帆船が無風を一杯に卷き上げた帆に孕ませて、白衣の亡者數百人を乘せて出沒する

——船舷から突然大聲で呼ぶので行つて見ると何もゐない恐ろしいことだ

町はさうした噂で持ち切つた、其翌朝一番後から歸つた上八尾の船は若者二人が乘つて居たが船尾のあたりで不意に怒鳴りつけられ恐怖の餘り漁具も投げ捨てゝ潮除けの莚を引冠つた儘一夜を過ごしたといふのであつた……嘘のやうな事實、當時の人々は未だ記憶に新しいその夜を思ひ浮べて盂蘭盆十三日の夜を語り明し、島の漁夫達は今日も猶その夜は出漁禁止を不文律的に嚴守してゐる

獣 昭和怪談を猟る（十四） 寒月の下で砂礫を浴びる…

●松陽新報 昭和六年七月二十六日（二十五日夕） 6-153

昭和怪談を獵る（十四）

寒月の下で砂礫を浴びる古狸の惡戯

怪異の正体はこの愛嬌もの

松平家の新願寺にあつた話

松江の街は冥想的だとラフカデオ・ヘルンはいつた、成る程今日でさへ朝夕のラッシュアワーを除いては人通りも少く車馬の來往も繁くない街の空に天主閣が昔の幻を描き、廢滅の堀川に亡び行く夢の淀むところはお義理にもこれが躍動の大都會であるとはいはれないかもしれない、そこには所謂外國人のサムライの國、三味線の國、サクラ咲く國といつた樣な古い日本の姿を見出して近代科學文明によつて末梢神經をいたく疲勞させてゐる現代人がこの雰圍氣にひたるときは言ひ知れぬ自然の愛撫に恰も母の國に歸つた安らかさを感ずるものでこうした都市を存置して行くことも決して無意義なことでない。

怪

昭和怪談を猟る（十五）

●松陽新報　昭和六年七月二十八日（二十七日夕）

亡霊に追われた廃坑…　6-154

昭和怪談を猟る（十五）

亡霊に追はれた廢坑ナンセンス

さて其正体は薪と背の笠

出雲郷寶満山の出来ごと

七ッ八ッから「カンテラ」さげて坑内稼ぎは親の罰」鼻歌を謳ひながら平氣で地下六百尺の坑内で働く数百の坑夫をようして全盛を極めた八束郡出雲郷村の寶満山が廢坑となつて茲に十年今は昔の面影はすつかりなくなつて只所々に坑道口が無氣味に風雨にさらされてゐる此地で一青年が經驗した事實此土用の上でもヒヤッと寒けを催す樣な話

◆▼

登場人物は鑛山に續いた不動さんで名高い岩坂村のKと云ふ若い衆で時は昨年の春の事である此地を貫く二間巾の縣道は晝間は定期自動車が通ふし相當の通行人もあつてさ程淋しいとも感

×　×　×

この冥想の街に最もふさはしい△△院、それは舊藩主松平公がお家安泰のためあの千鳥城の鬼門にあたり建立した祈願寺である、だから今でこそ廢寺のように荒てゐるが昔の殷盛は今に幾百年を經た老松の濃緑にも偲ばれる、けれどもこの寺は昔、あのほとりで東北の謡曲を朗吟すると怪異があると傳へられたけあつて昭和の文明を謳歌する今日でも寺の境内は妙に陰惨な氣が流れてゐる、時代はなれのした丑の時參りといふような迷信も時折り行はれて寺の境内の荒神樣の神木に不氣味な頭のない五寸釘が人形にうち込んであつたのを發見されたのも最近のことである。

×　×　×

曾て俳諧にあつた記者の友人があの寺に假寓してをつた時のことである、この友人は自分の年齢さへ忘れる程とぼけた男であつたが或る時、こんな話を聞かしてくれた。「化そうな按摩にあへり冬の月」といふ句がある

その夜はマア一寸そんなふうに天地も凍るような冴え々々とした寒月が往還の杜絶へた松江の街を照しこれがこの世であらうかと思はれるほど寂滅とした冬の夜ふけであつた、その坊さんは街に所用をはたして歸院するや間もなく臥床に入つていつかウト／＼として淺い寢むりに落ちろや家鳴り震動と共に寺院裏にあたつてザラ、ザラ、ザラと異様な音がする、いつかやむだらうとその坊さんは首をもたげて氣配をうかゞふにもの〻十分も經たと思つてもやみそうにないトボケた男だけに人一倍糞度胸がある、臺所から炊事場にソッとぬけ出るやいなや有り合はした麺棒をオッ取り坊主頭に鉢卷で庭に飛び出すと家鳴り震動はかりはヒタとやんだがザラ、ザラ、ザラの音のみは依然として連續的に聞ゆるではないか、この坊さんの眼に入つた怪物とは果して？、？、？——寒月の光さに砂や小石をおびてゐる古狸の姿がさへぎるものもなく眼を射ぬいた外何物もない荒廟、而も仰向けに腹を出した狸の姿は恐怖といふよりもむしろ滑稽であつたといふのである、昔から狐や狸や猫は年を經ると化けるといふ、同じ化けても猫や狐は陰性であるが狸はどこか稚氣愛すべきものがあつて陽性である

これは母の懐ろに乳房をさぐる幼年時代から日本人が教へられてきた狸に對する一つの通念である、月の寒い冬の夜ふけの狸の姿も私には恐いといふより却て可愛らしく滑稽にみへたのもこの幼年時代からの通念が潜在してそう感じたものだらうとその友人の坊さんはハタけた胸を撫ながらカラ／＼と笑つて語つて聞かせた。

ぜぬが夜になると人通りもまれに兩側に聳く山、怪しげな口を開いた坑内入口その上五丁はかり人家がないと來てゐる。それに二三年以來誰云ふとなく大きな火の玉が歩くとか、坑内から何か呼ぶとか、穴の奥の方で歌ふ聲がすると云ふ評判が立つた此噂の源は揖屋から奥へ通ふ魚行商人が夜遲く毎晩通るので現に見たとか聞いたとかから始まつた物らしい

—▲▼—

南の風が氣味惡く吹く四月の始めK君は出雲郷村の親戚へ手傳に行つて夜遲く歸途についた空は雨を催して墨よりも黑い何となく戰きを感じながらも昭和の御代に物の怪等の有り得る道理がない御敵御參なれと自ら勇をこして此地にさしかゝつたところが怪しいどうも先程から何かしら後からついて來る氣配、たしかに人の足音幾度も立とまつて闇をすかして大きく目を見張つても何の事もない後を見据ゑる度毎に怪しの足音もピッタリと止まるKは愈々氣味惡くなつた話しに聞いた數知れぬ坑内で慘死した亡靈の仕業?と思ふと襟にヒヤッと冷たい汗が流れるのを覺えた。此折だつい左手の山、距離は十四五間の處からガサッと音がして異樣な怪物が飛出したと見るまにK君目懸けて迅雷の如く山を降りて來た……恐ろしいの何のつて一目散に驅け出した……變怪か亡靈か大きな足音を立てゝ己逃さじと追ひかけて來る……

—▲▼—

夢我夢中で脱兎の如く走り續けたK君は漸く人家のある岩坂の部落迄辿りついて街燈の光りに生氣付いてどうなりこうなり我家には歸つたがさて胸の動悸が納まらぬ遂々其夜はまんぢりともせず翌朝は一里の道も遠しとせず妖怪の出現地まで態々確めに行つた。所が豈計らんや山から飛び降りた怪物の正體は出雲郷村の人が晝間こつたもや（小さい木をくゝつた薪木）の束が風に吹かれて轉がり落ちたのであつた追掛けて來た足音は自分が背に負ふた笠がみゝに當つて鳴る音だつたとは、之は又何のこつたい。

怪 昭和怪談を猟る（十六）　若夫婦の枕許に毎夜老婆の…　6-155
●松陽新報　昭和六年七月二十九日（二十八日夕）

昭和怪談を獵る(十六)

若夫婦の枕許に毎夜老婆の拔け首

弔はれなかつた死靈の呪ひ

縣下H町で本當にあつた話

「これは私の郷里のH町にあつた話で、よくあるやつだが死靈の祟りとでもいふのでせうかね」と現在縣廳につとめてゐるT氏が見たといふ實話である——以下T氏の話

× × ×

話しはT氏が少年時代だといふからちよつと古くはあるがその頃H町の盛り場に獨り者のお婆さんが菓子店を出して渡世してゐたが、ある日のこと朝になつても戶があかぬので近所隣のものが不審がつて戶をあけて見たところが憐れお婆さんはもう冷たくなつてゐたが婆さん身内のものもなく町内の手でお葬ひをすましてからほどなく菓子屋には拔け首が出るそうなといふ評判がパッとたつたけれども事の眞相を確かめるために探險を試みようといふ樣な勇者もなく噂は噂のうちに過ぎたが、其あとを借家して夫婦者が移り住んではやり菓子店を開いたものだが

× × ×

移り住んだ若い夫婦者は初めの程は外見何事もなかつたが其中にだん〳〵顏色の惡くなつてゆくことはその原因が何であるかは判らぬにして、他人の目にも判るやうになつたところ、それに就て心安い人が聽いたところ、毎夜婆さんの拔け首が現れて自分は誰さらお弔ひをしてくれるものがないから浮ばれぬとてこの天界孤獨の老婆の亡靈は自分の家に住居する若者夫婦に憑いていはゆる死場所—死の安住を求めようといふのであつたらうか?

× × ×

こんな噂がたつて實證的な老婆の拔け首 怪談はまた 一しきり町の巷に蘇生つてその家と日に〳〵顔色青ざめてゆく若者夫婦とをめぐつて高まつたとはもちろん探險的な獵奇者もかなり出て來たが、その内に若者は憐れや相ついで死の途に旅立つてしまつた――さあこうなると大變！噂はいよ〳〵大きい嵐となつて全町を風靡するといつた具合に廣がり、町内でも何とかしなければならぬとの議が持ち上つて、結局死靈の意見を聽いて善後策を講ずるといふことになつて「トヂ話」を聽くといふことに衆議一決したのだ

× × ×

「トヂ話」といふのは今でも石見にも出雲にも存在してゐる事實だが、佛の祟りといふ何かある人間の死後に不幸がつゞくとか摩訶不可思議な事象があるかくした時に佛の希望なり不平なりを聽かうといふのでそれは「ノクラ」と稱し靈魂の代身となる一種の職業者を通じ靈魂が乘り移つて死者其物の言葉を表現するといふのであるが――（T氏の話はつゞく）――私は親父について怖は〴〵ながら蹤いて行つたと思ひんさい、と一人の婆さんがちやんと据つて合掌し無念無想の境地を辿ると見ね一方に一人の祈禱師が加持祈禱をするうちにその婆さんは目をカツと開いて異様の光りを放ち全身汗と膏である精神氣魂が全身に躍動し出しはたで見てゐる者に戰慄を覺ゑしめる、と、やがてその發動狀態が一種の鎮魂狀態に立ち入つて靜姿にかへるとそこで問ひを發する『お前は××の婆さんか？』『さうだ、お前はエライ恐しい顔つきたな△△さんだらう』いふことが全く適中してゐる『お前は毎晩拔け首になつて出てあの菓子屋の夫婦者をとり殺したが何の恨みがあつてか？』

『私は何もあの若者に恨みがあるわけではないが、あへない最期を遂げたが、身よりのものもない悲しさに弔つてくれるものがないからあの若夫婦にとりついたのぢや』

とやつぱり噂の通り此佛、お弔ひをする者がなくて浮ばれぬといふのがこの「トヂ話」で證據だてられたわけだ、そこで町内の有志たちは早速お寺で懇な施餓鬼の回向を行つて弔つてやつたものだ、婆さんの家へは若者夫婦が死んでから幽靈屋敷として住み手がなかつたがその後ある一家が引つ越して現在まで引きつゞき住つてゐるが、何も出たこともなくピン〳〵生きてゐるといへば婆さんの亡靈は施餓鬼のお弔ひに滿足して成佛したものと見ねばなるまい

× × ×

科學万能の現代でも精神界にはなほ摩訶不可思議がある生靈死靈、さては獵、犬神等々々――研究物ではある

昭和怪談を猟る（十七）　列車に乗った筈の倅が突然…（二十九日夕）

6-156
怪 ●松陽新報　昭和六年七月三十日

昭和怪談を獵る（十七）

列車に乘つた筈の倅が突然枕許に

「お母さん……會ひたかつた……」

聽て配達された不吉な電報

妙に寢苦しい晩である、雨氣をはらんだ南風が、バサ〳〵と裏の爽竹桃を鳴らして、時々ゴトンと何か物の落ちる音がする、どうしても寢つかれない、布團の上に足をなげ出したり、横になつたりしてみる、やつぱり寢られない、チーン――時計が一時うつた、それから間もなく寢ついたらしい、が、彼は次の瞬間、胸を押へつけられるやうな苦痛を覺えた、一轉二轉、ウーンと兩の手をさしのべて眼を覺した、と、これはどうだ、枕もとに何ものかがつゞくまつてゐるではないか、

× × ×

始めの内は氣がつかなかつたが、ジーツと眼をすゑてみると、驚いた、蒼白な顔に固くむすんだ一文字の唇、しかもこめかみの上には黑ずんだ多量の血痕が附着してゐる、彼は思はず聲を立てた、『アツ……』蒼白な顔はニタリと笑つた、「貴様何ものだッ…」再び叫んだ、それから意識がもうろうとして來た、すると蒼白な顔が、「うらめしい」といつた、このおきまりの文句によつて彼はこれが幽靈であることを始めて知つた、「こん夜はさう〳〵來たゞ、よくもおれを殺したな」、蒼白な顔貌は俄かに險相となつた、幽靈は血だらけの手をさしのべて、何ものかあるもの〻如くこくうを摑もうとする

× × ×

彼は恐ろしいながらも少し落つ

いて來た、が、實は彼はこんな事男を殺した覺えはもうさうないのみか、いまだ人さけんくわしたこささへない彼だつた、で、なるたけ、落ついていつた「俺はお前のやうな男は知らぬ、見たこさは絶對にない、お前は何か感ちがひしてゐるな」元氣を出していつたが、聲はふるへてゐた、「なに俺を知らぬ、間違つたかなあー」さ幽霊の聲、こうなるさ彼も落ついて來る「お前は何を間違へたんだな」「さういへば間違つてるな、實は俺は金を四、五百圓もつてゐたばかりに何ものかに殺されたんだ、いろ〳〵考へてみるけれごも、ごうも殺したやつがわからないで、こうやつて、各地を探してゐるんだが、お前は俺を殺した人間さは違ふんだね」幽霊の顔には失望の色が浮んだ「何いつてるんだい、人を慾かしやがつて、殺した人もわからぬやうな氣の利かぬ幽霊なら晝でも出て來い縁起でもない戸迷ひしたりなんかして」こうなるさ彼は強かつた、すると幽霊の聲あつて「迷つてゐるからこんなところへきたんですよ、ごうもすみませんでした、ではお靜かにお休みなさい」

×　×　×

この怪談は、米子市にあつたことだといふが、あまりに、ナンセンスである、眞僞のほごは無論保證出來ないが、これを語つた男はいまも米子市に居住してゐるといふこと、福來博士のいはゆる空性の實在として、幽霊が單なるつくりごとでないことだけは、はつきり申し上げておいていゝといふのは、同じ米子に次のやうな話があるからである、

×　×　×

米子市博勞町に母親一人、子一人つまり二人で暮してゐる親子があつた、母親は身體も惡く、あまり働くことが出來ない身だつた、

子といつても三十に近い彼（名を勝次といつた）は山陰線を走る列車の機關士となり、毎日列車に乗りこんではあのトンネルの多い鐵路を往復してゐた、一昨々年の五月、かつきり晴れた朝だつたが、勝次は、その日の列車に乗りこむべく、母親にいろ〳〵親切な言葉を殘して出ていつた、夜となつた、母親は、親切にしてくれるわが子がいま頃は但馬あたりを進んでゐることだらう、などと、ひとり寝床の中で考へてゐると突然眼の前に勝次が現れて來た「おやお前は勝次ぢやないか」「ねゝ」「今頃ごうして歸つて來たんだ」母親はいぶかしい眼をみはつて聞いた「僕お母さんに一目會ひたかつたんです、それで歸つて來ました」アッ……母親は色を失つてそこにたほれた、いつのまにか勝次の姿がそのまゝ消えてしまつたからである「ドン〳〵〳〵」雨戸をたゝく音に母親ははじめてわれに返つた「電報です」「電報です」この時母親ははじめて不吉な豫感に襲はれた「カッジシス」豫感は間違つてゐなかつた、再び電報が來た「カッジレッシャノコセウニヨリタダイマシス」二通の電報を手に母親は茫然自失した

×　×　×

この實話はいまでも米子あたりで不思議な話として、誰知らぬものはありません

昭和怪談を猟る（十八）　崖に現われる怪しい人の…

●松陽新報　昭和六年七月三十一日（三十日夕）

6-157

昭和怪談を獵る（十）

崖に現はれる怪しい人の顔

夏宵は獵奇百パーセント　古墳の出た法吉に

八束郡法吉村大字奥谷—美保關街道の北—北共同墓地の東—これだけ書いたなら記憶のいゝ讀者は

「ハゝア……横穴古墳の出た處だな……」

さうなづかれるだらう、そこへ毎夜現れる人の顔……

—◇—

横穴古墳が崖崩れと一しよにポッカリ現れたのは一ト月ばかり前だつた、阿屋式で二基の古墳は…や素焼の土器が出土し一…は獵奇心にかられる見物人を呼んでゐたが一昨夜（二十八日）の夜の事だ、夜半十二時頃川津村の人が淡い月の光りを踏んで

そこの前を通りかゝつた際、何げなく古墳のある崖を見ると思はずアット驚いた、崖一面に現れた人の顔―而も男女三つの睨みつけた物凄い顔が浮いてゐたのだ……

――◇――

二十九日夜は獵奇心にかられる人々で夕方か[illegible]古墳を前にして美保關街道[illegible]が群れた、その中に筆[illegible]てゐた、そして此の二つの眼でハッキリ見た数十名の眼も亦崖一面に現れる不思議な人の顔を見たのである……霖雨があがつたとは言へ雨雲の低く垂れた空からは月の影が時々切れ間に光りを投げてゐた二十九日夜は黄昏初めた頃からもうぼんやりとではある亦人の顔が崖に浮んだ、そして夜が深くなるにつれ、影は徐々明瞭になつて十時頃には鳥眼かめくらでない限り誰の眼にも見ゑるのだ、而も近づけば近づくほどハッキリし崖の下に立てば眼上から不思議な人の顔が睨み下して物凄いばかりである

――◇――

最も明瞭なのは崖の中央にある顔でハッキリ顔の輪廓があり額も眼も鼻も、さては歪めて喰ひしばつた口もとも古代の武人其まゝだ、顔の大きさは縱が三間以上幅二間位素晴らしく明瞭で彫刻家でも眞似の出來ない程だそれに隣つて左側に女人……稍小さくて考へ様によつてはお多福に似て髪を垂らして何となく暗い感じを與へる、その左手が下僕の顔……額が飛び出して眼の落ち込んだ怒の形相を現した凄いもの、然し女人と下郎の顔はそう思つて見なければ見ゑない程度のもので武人の顔の明瞭なのとは比べものにならない

――◇――

夜はこうして人の顔が明瞭に見ゑるのだが晝は如何に搜しても凹凸のある崖だけで顔に似たものさへも見ゑないから不思議だ古墳の靈！一千年の安眠から醒まされた武人の靈でもあるまいが心靈現象の神秘を物語つてゐる様にも思はれる……降りつゞいた霖雨で土が洗ひ流され、凹凸の出來た崖に光線を受け、その反射で人の顔が現れたと解釋に説明は出來るとしても偶然とは言へ古墳のわきに出る武人の顔、而も夜でなければ見ゑない顔、そこにはある神秘さを信じさせるといふものだ

――◇――

高等學校に現れた妖怪？……古墳に見ゑる人の顔……連絡はないかも知れないが後者は現に二晩つづけて明瞭に見ゑてゐるし今後もキット見られるに違ひないから方に獵奇百パーセントと言ふものだ、なほ崖の人の顔から受ける感じがあまり恐怖を伴はない事も三十一年式で、兎に角うそと思つたら涼みがてらに行つて見る事、市營バスの花橋終點車庫の所だから……最後に古墳から出土した人骨は全部一つの壺に收めて法要が營まれた事を附記[illegible]かう

昭和怪談を猟る（十九）
怪 ●松陽新報　昭和六年八月一日（三十一日夕）　足あとを残した恋女の…　6-158

昭和怪談を獵る(十九)

足あとを殘した 戀女の幽靈の話

『俺も一緒に死ぬからな』 といつて生きのこつた男

これは簸川郡の平原部K村で起つた話だそうであります、以下友人Sの口を借りた事に致します

× × ×

男の方はその當時十九で時々突飛な事をいひ出す男ではあつたが惡氣があるぢやなし欠點をいへば頑固な位の事であつたよ、美男子といふ方ぢやなかつたね、しかし彼のおやぢは多少小金も持つてゐるし村會議員とか、收入役だかやつた事があるからね、田舍の事ではあるしH(彼の名)が氣前よく金を費ふもんだから田舍娘の心を惹きつけるに十分だつたんだね、それに惹きつけられて遂に冥途まで行きたのがO子といふ娘で色の白い少し肥つちよの丸顔で可愛らしい子であつたがね、其れが何時の間にかHと出來てしまつたのさ、ところが例のおやぢ何處でもあるやつで酌取なん

か歩く貧乏人の娘なんかを嫁にする事は眞ッ平だといふのでHのため他で嫁さんたんを始めたものだがその頃にはO子のお腹が膨れ氣味となつてゐたもので二人は二進も三進も行かなくなつてお定まりの心中まで話がさん〜進んでしまつたのだ

× × ×

二人はしめし合せて死場所を求める爲家出する事になりました、櫻の花も散りきつて葵の聰が匂ふしめやかな夜でありました、夕餉をしまつたHは一枚の着替を自轉車に積んで附近の桑田の陰でひそかに待合せて二人はまた終列車がある筈の今市驛に向ひました女の足ではあるし夜道の事だし人目を忍ぶ事なので自轉車のナショナルランプも消してゐるのです『薬足につらき石から道……』を「梅忠」の道行を續けたのですが終列車に間にあひそうもないのでHは小柄なO子を自轉車の荷臺に乗せて田甫道を疾走しました

× × ×

列車の終點まで切符を買つて米子驛で下車しました二人は電車があるに委せて皆生溫泉K樓に投宿しました、それからの三日間情死の決行に至るまで二人の生活は皆さんの御想像に委せます、遂に時は來ました持出した金の全部を費ひ果した二人は米子市K館の活動寫眞を最後の歡樂として錦公園の清洞寺の大岩の鼻までやつて來ました、二人の眼前には米子開拓以來何百人かを死の淵へ誘つた深潭が冷やかに眠つてゐるのです、夜は二時頃になりました

彼等は用意してゐた猫イラズを効能書の紙に包んで無茶苦茶呑み込んで最後のキスを交して靜かに死を待つたが何うした事か苦しくなりません、そろ〜夜も明けやうとする頃になりましたので二人は更に第二の自殺方法として鐵道線路を求めて歩き出したがさつぱり地理をしらない彼等は何處を何う步いたものか線路を求め得ずして再び元の錦公園に歸つて來ました、その頃には夜も漸く明るくなつてゐましたが女は漸く苦しみ出したのです、そこで白川の下でのたれ死も出來ませんから附近の宿屋に入りました

× × ×

そうなれば勿論警察では公明に行はれます、國元から二人の親達が來る、巡査も來て半死半生の女と頻に吐瀉してゐる男はH病院に運ばれたのです、二人は勿論別室、然も最も距たつた室が選ばれたのでした、これから不思議が起つたのです

女はそれから殆ど人事不省だつたのですが始終男の名を呼び續けて『ね、私もう死にますよ、一緒ですはね』笑つて死んで行つたのです、ところが何うです、その時別室で寢て居つた男は數日來の吐瀉に疲れきつてすや〜と寢てゐたのですが女が息が切れる瞬間ヒラリと布團の上に起き直つて『O子、O子＝私の手を握つてをれ、一緒だからな』といつて物凄い笑顔をしてゐるのです、看護人が驚いて寢かすと再び寢ましたが頻に頭をあげて女の部屋を窺ふ樣な樣子をするのです

× × ×

女は火葬され、男は健康をとり戻しK村に歸つたのですが男はケロリとして女の事を忘れたもの〻樣でありました、それがです、女の百ケ日も漸く濟んで單衣の襟を掻合せる秋の始め頃から男は毎晩夜半になると床の上に起きあがつて「アッ、あゝわしも行くよ、ア、あッー」と恰も女にこそはりする恰好をするのです、そして不思議な事にはそのことのあつた朝は必ず戸の外に足跡が殘されてゐる のですつまり足のある幽靈ですね、しかもその足跡がO子のまさしくそれです、やがてそれが村中の評判になつた頃男は國と村から姿を消して消息を斷つたのですが朝鮮に渡つて鴨綠江に近い奥地にゐるともいひますし、渡鮮の途中玄海灘で女の後を追ふて海の藻屑となつたともいはれてゐます、再びSさんの言葉に歸つて此話の結末とします

君、僕は全然幽靈なんて頭から否定してゐたがね、米子の病院での話は別として「幽靈の足跡」といふやつは現在僕が見たのだからね他の女の足跡だろうといふかもしれないが、それがさ他の女とすれば何處から來て何處から逃げたといふところがないのだからね、女の奴がそれがなけりやならぬがね、女の奴あ怖しいよHの奴あ今頃何うしてゐるかね、多分O子の側へいつてゐるだろうよ、家出以來幽靈の話もなくなつたからね」

怪　昭和怪談を猟る（二十）　この世の地獄の怪

●松陽新報　昭和六年八月四日（三日夕）　6-159

昭和怪談を獵る(三)

この世の地獄の怪

科學の香ゆたかな……

鑛山に存在する神秘と迷信

一佐渡の金山この世の地獄一と昔から金山――鑛山は地球の內部へ深く掘りもぐつてゆく地獄商賣、浮世をはなれたといふ意味によつて地獄と呼ばれてゐると同時に一寸先は暗の危險をも意味し、神秘と迷信が多分に織り込まれてゐる――山神さまを祀つて安全守護神とするはもとより德川時代から幕府の制令をもつて坑口の鳥居と云ふ當精木に八幡大菩薩を始め八百萬の神さまが一本々々の坑木に祀られてあるほどで坑內は清淨潔白にそて昔は不淨の女は入れぬもの坑夫は切捨御免、坑內に逃げ込めば罪人も許されるといふ、とにかく神秘と神聖な場所とされてゐたものだ、此慣習は二尺三尺のやつと軀をもぐり爆發代りに生木を燻べた昔から、鑿岩空氣でグン〳〵岩を掘りぬく鑿岩機や高壓な電動力で動かす排水機や、捲揚機等科學文明の充滿した今日でも變りはない。百何十尺といふ丸ビルや海上ビルよりももつと高さではない深い何百尺の地の底への昇降にもエレベーターが動き何階何十階の坑道が縱橫に延んで地下鐵を敷き電車が通ひ、ホテルのサロン見たやうなステーションホールには電燈皎々、通信網も自由自在直に地獄の沙汰も金次第、金の出る地獄は科學の粹をあつめ怪奇や不思議があらうはずがないと思はれるけれども金山がこの世の地獄であり、神聖な神秘境とされてゐるこそが今も昔も變りないところに万能の科學にも一點の怪奇が殘されてゐる――前文句が長くなつたが金山の怪奇を書くにはこれだけの概念は絕對に必要だから……

× × ×

鑛山の坑內といへばピンからキりまで怪奇ばかりといつてもいいが、ほんの筆者が見たり聞いたりした事柄丈――昔から坑內には鉓靈と云ふものがゐるといふが坑道の中のある地點、新しく掘進する時だつてどうしても掘進することの出來ない場所があることは坑夫も技術者もよく經驗することで、そんな場合たとへ場所を變へて見てもやはり駄目、そんな時には必ず山神さまに御祈禱せねば成就せぬのが普通である、この現象を鉓靈の仕業だといふ、それからもう立派に坑道が穿けられ一日何十人何百人の坑夫が往復する通洞でもある一點、てうど電擊をうけるやうに不思議な衝動をうける場所がある、これも鉓靈の存在だとされやはり山神さまた、また同じ坑道でも一たん作業を休止してゐる場所――天井からは岸石が魔もの〻大口を開き、足元は奈落の底へまで落込まうかといふ險呑さに天井から周圍の坑木は打ち崩れ幽靈の白衣のやうな黴生菌が垂下がつて、まあ地獄風景とはこんなものかと思はれる物凄さ、こんな場所はそれでなくとも化物の棲家その儘だが、きつとそれは鉓靈の棲家とされ勇敢な坑夫たちをさへ尻ごみさせ、恐怖せしめてゐる、

× × ×

坑內保安には規則づくめで嚴重な取締警戒が行はれてゐるけれどもそれは一寸先は暗の暗、地獄の地獄、大岩磐や土砂がいつでも人の身を呪つて落ちかゝり足下に穴をあけて落ち込むのをまつてゐる、百尺位の竪坑なら僅拇指大の石が頭に當つてもコロりだ、ハイスピードなエレベーターや捲揚機だつてよく人を喰ふ、ガスの爆發、地下水の奔出、大岩磐の崩落等は一度に何百人の人を殺すことは各地によくある實例で、少し大きい坑內といへば人の死んだ場所が隨所にあつてこれには必ず何等かの怪奇がつきまとつてゐるのがすべてだ(この項つゞく)

[illegible]

昭和怪談を猟る（二十二） 彼はなぜ死んだ

怪 ●松陽新報 昭和六年八月五日（四日夕） 6-160

昭和怪談を猟る(廿)

彼はなぜ死んだ ついで長男もまた……

鑛山内の怪「錆靈」のはなし

何十年百練の坑夫でも必ず山の怪奇に戒心する事を忘れないが永く金山稼ぎすると自然に一種の精神的狀態に馴致されてしまふらしい、それは昔は身だけの坑内で五尺の體を團子のやうにして石を掘るその肉體的な故障と石の粉と爆薬の煙を吸收すると云つた具合に非常な身體の酷使に長命はできず幕府時代など十年や五年の生命といはれてゐたもので、制令で切捨御免の一大恩典を與へながら妻帯を禁じてゐたのも必然的若寡婦の運命を防止せんがための策であつたのである、それほど鑛山勞働者は業態それ自身の危険性の上に常住不斷の健康上精神的にも生命縮めの悲惨さがある、たからこそ板子一枚下は地獄の漁師と同じく金山者には宵越しの錢は使はぬといつた贅と捨鉢的な刹那主義的生活があつたものだ――今はそうでもないが……

× × ×

私の知つた一坑夫の死について語らうために以上のタイトルを書いたのだが――假りにその坑夫の名をKと稱ふ――Kはまだ機械作業のない時代からやはり坑夫の親父の後についてお臀にヤマ運びの箱をヒッかけ、螺螄殻に桐油入れて坑内燈にした時代からつひ大正時代の機械時代まで殆んど三十年もの金山稼ぎした老坑夫だつた、生來酒も飲まねば浮いた遊びもしない、時たま持ち前の飄きんさにウイットを飛ばせて人を笑はせる樂天的な愛嬌者とだけ頗る謹直な男で、仲間でも相當顔の賣れた兄貴として立てられた斯界の古つは者だつたが、これがつひに首縊りして自ら死の道を選ばうとは……？

× × ×

坑夫仲の老巧な先輩としてまだ

働き盛りの四十男のKは、その頃にはもう坑内の行き歸りもエレベーターで彼が若い時から一度々々大きい息をついただらうところの身を屈めてゆく必要がなく仕事の持ち場も、鑿と槌をもつて岩を掘るのでなく、一番上級な支柱夫として手傳ひの一人二人は連れて材料を運ばせ自身は鋸とヨキをもつて普請さへすればいゝ身分になつたその頃から、フト出勤するのがだん／＼少くなり時には一月も休みつゞけることがあるやうになつた、家にゐては別に病氣にかゝつたらしくもない、たゞブラ／＼としてゐるだけでその理由は？といへば「坑内行きが恐ろしくなつた」とのみ、彼を知るほどの者は「何、あの何十年稼いだものが」と一笑に附したものだが本人は冗談でない眞劍さだ、誰もが怪しい／＼といひ合ひながらも彼を惜んでもつと樂な持場を與へて出勤を勸めるけれども駄目、

そんなことが一年も續いたらうが、彼はつひに退職してしまつた、それから後の彼は百姓をしたり好きな植木いぢりなどして平靜な狀態に恢復することもあつたがとき／＼氣細いといふやうな一種の精神病者になつてしまつた、時々病氣が發作すると山の中などに逃げ込んで人を騒がせたり首吊りをしかゝつたりして油斷のならない狀態にあつたが、

この二三年前ごう／＼山の中で縊死してしまつた、ついでその長男も精神錯亂に陥り病死し、次男もをかしいさいはれ、何か知ら呪はれた一家の不幸に村人たちに同情されてゐるさいふ事實、

× × ×

永年の金山稼ぎは昔のことはさておいて現代の狀態に見ても、よし直接な障害はなくさもだん／＼衰弱し、それさ同時に精神的にも耗弱になつて來る事實、Kが死に至るまでの過程はこれではなかつたか？私はさう斷定してもいゝ、しかし鑛山のそして坑内の怪奇は現代科學の色さ香、力にもかゝはらずごうしても取り去ることの出來ないものがある、地上の生物としての人間が土鼠のやうに地に潜るところに地中の怪――人を死なせ、その子までも呪ふ鑛靈の存在するゆゑんではなからうか？

（この項終り）

【寫眞 坑内における作業場、鑿岩機と手堀作業の現狀】

昭和怪談を猟る（二十二）何処まで祟る…死刑…

●松陽新報　昭和六年八月六日（五日夕）　6-161

昭和怪談を猟る㉒

何處まで祟る 死刑囚のうらみ

奪つた城廓も今は草つ原に 要害山下に起つた怪異な話

能義郡奥部の素封家Ｉ家は今尚地方屈指の事業家として郡内は勿論島根、鳥取兩縣の××界にはその名を謳はれてゐる

Ｉ家の祖先幸三郎（假名）はその昔××業に手を出したのがもとで僅の間に尠からぬ財寶を作りあげて一躍資産家のお仲間入りをしたものであるさ云ふそも怪異な事件が起つたのはこの時代に同家の土藏を建てた出入の大工が或夜密に忍び込んで――數多の財寶を掠めたことから同家の主人が彼を引捕へてその筋の役人に突き出した、その時件の男はつく／＼犯した罪の恐ろしさにせめてもの罪滅ぼしに己の片眼を潰して佛門に入つたが時既に遅く役人達は彼の男に眼星をつけそれさ氣付かれたさきは一眼を潰し――今は悔悟遷善してまで前非を悔てゐることを述べ只管憐情を請ひ特別な恩典を希つたが無情なＩ家の主人は遂に彼を役人の手へ引き渡して仕舞つたこのため件の大工は其の頃の重罪に問はれ死罪となつて哀れにも河原の露と消ね彼れの首はすぐ獄門に晒されることゝなつたがお死刑になる刹那！この恨みはきつさ晴らして見せる」ごさも怨めしさうに家の方角を睨みつけ最期まで恨みを呑んで逝つたさいふ

▽▽――

こうした事があつてから獄門に晒された彼の首は家の方を怨めし相に睨んでゐるのを役人の手によつて度々眞直になほして行くさ、またしても首の向きが違つてゐる、而も生けるが如く、怒り心頭に發して髪逆立ち兩眼を見開いた血まみれの物凄い晒首は「己れ見て居れ」と云はぬばかりの恐ろしい相好を現し見る人をしてゾツトせしめたさ云ふ

▽▽――

そんなことが四五日も續いたころ――死刑河原から仄の暗い夕闇の中をＩ家の奥庭に向けて恐ろしい光りを放つた怪火が飛んで行く――同家の天井裏では陰慘な物音が聞ね出すなど奇怪なことが起り出したので一家は生きた心地もせず祈禱僧や祈禱師などを呼び入れては色々と惡魔除けの禁厭を行つて見たが物の怪は去らうともせず呪ひはます／＼熾烈になる一方であつた程なく同家の佛間には新しい位牌が立てられ一つの燈明が淋しくゆらめいてゐた

▽▽――

勝手元では主人を始め一家の者が打ち續く怪異の數々に戰慄きながら額をあつめてゐる折柄佛間では人もないのに陰にこもつた鐘の音が流れ誰が叩くのか何となく妖氣を含んで並居る家人達の心膽を寒からしめたが兎角するうち屋内は家鳴り震動して萬雷の一度に落ちたやうな騷ぎに何れも胆を潰して只管彼の男

昭和怪談を猟る（二十三）　狂死した次男の蒼白い…

●松陽新報　昭和六年八月七日（六日夕）

6-162

怪

昭和怪談を猟る（廿三）

狂死した次男の蒼白い嘆きの人魂

薄児の長男と懐中電燈と馴染藝妓と
某拝金宗一家の家庭悲喜劇

この怪談に登場する主人公一家はその町でも相當の資産と地位を有し殊に現存してゐる人々といふより事件がまだ生々しいことでもあるから特に名を秘し、たゞ山陰道の或町の一拝金家として話を進める。

× × ×

一代で巨万の富を蓄積した人に他人からよく言はれたといふ例は昔からマア稀だ、この怪談の家の當主もご多分に洩れず爪に火をともして蓄めただけにその吝嗇拝金宗ぶりは徹底してゐる一例を擧げるとこの拝金家の信心するのは感心だがお燈明をあげてもそれは默禱をさゝげる一秒時間のことで默禱を終つて次々歸途につく時には折角持參したお燈明の蠟燭をフツト吹き消して自分の袂に入れるばかりか他人が神様に捧げた燃殘りの蠟燭まで「これは勿體ない」とも云はないでそのまゝソツと袖にしのばせて持ち歸るのを別に惡いとも思はないばかりか却つて國家の消費經濟の立場からよいことをしたと滿足してござるくらひ、一事が万事この筆法で他人に臨むものだから情容赦があればこそ店子の家賃が二タ月と滯うれば叩き出す位は朝めし前の事である。

× × ×

こんな強慾な拝金家にいゝ日の目はかり廻り合せたらこの世には神も佛もない。下世話に言ふ「親の因果が子にめぐつた」──でも眞逆あるまいがこの拝金家の中學を卒業したばかりの次男君、たいして原因もないのに發狂した。發狂した子供にかける安價な情はこの親父に持合せがない。監禁中に加へた虐待はまんざら隣人の惡口ばかりでもあるまいと噂されて居つた裡にその發狂した次男は可哀そうに見る影もなく痩せ衰れた肉體はかりこの世に殘して魂は遂にあの世に逝つてしまつた、葬儀と云つてもホンの形ばかり四十九日の佛への供養もあつたかなかつたか隣近所の人達さへ知らないまゝに月日は經つた。

× × ×

さ、夏といつても梅雨のあがつたばかりの或る夜ふけのことである、この拝金家の軒下から人魂が出るといふ噂がパッとたつた。町といつても人口二万、三万あるわけでなし噂は人の耳から耳に傳はつて今では町内で誰しらぬものもない。こうなると蒸し暑い夏の夜でも女、子供は宵涼みにさへ怖れをなして人出はパッタリと止まるといふ寂れようッたらなく夏を書き入れの氷屋さんはブッ〳〵小言だ。

× × ×

これではならぬと血氣に逸る町の青年團員ら、内心のオッカナビックリを押し陰し五人、十人と徹夜ご足勞にも警戒をやつたそうだが先頃二三夜もつゞいて迷ひ出たといふ人魂は更に姿をみせぬばかりか何等の怪異もない、多分この人魂騷ぎは特にこの拝金家に恨みをもつ小人の惡宣傳だらうといふことに一決して青年團員が警戒を解くやまた人魂が出たと近隣で騷ぐ、それにその人魂はとても悲しい嘆き

の冥福を祈つたけれど何等の甲斐もなく怪異なことが續くばかりであつたこのため主人一族は住み馴れた家を棄て、他に轉居したが物の怪は依然として同一家をつけ廻し眞夜中ごろともなれば怪しい鐘の音も絶えだえに苦しいウメキ聲が漏れ——襖の隙間からは怨めしさうな彼の男の首が次第〳〵に近づいて來るなど重なる亡靈の祟りに一家は同じ家へ永住することが出來ず常に居を轉じて行かなければならなかつた。一時城廓をなせし同家も今は他人に渡つて野原と化し見る影もない哀れをのこしてゐると村ではこの恐ろしい亡靈に惱まされた一家の噂を傳ひ——その恐ろしさに戰いてゐる

の尾を引いて凄惨さは実に言語に絶し銭湯帰りの角の豆腐屋の主婦さんは腰をぬかしてしまつてけふの日まで足腰さへたゝぬさいふ大袈裟な噂が伝はる。

×　×　×

今でこそ其の町の興業師の下働きに身を落して居るが若い時には度胸さ力が自慢で草相撲の大関まで取つた通称を定さんさいふオツさん「この怪物は俺でなけりや正體を見さゞけられまい」さ、大變な氣の入れやうで毎夜詰めつゞけ今夜で丁度三回目たさいふ月もない夜更け、そのオツさんの耳に入つた怪物こそ？？？元々此拜金家の住宅は昔が一軒生れた藁屋根さ郡先に百年以上も年を經た高野槇の大木があるためか白晝でも妙に陰鬱でさらぬだに化物屋敷然さしてゐるそうであるが其高野槇を怪物がスル／＼さ登つたさ思ふや否やパツさ異様な光が眼を射るこさ一閃、二閃……。じつさ眼を凝らした定オッさん「チエツ"何のこツたい」さ舌うちするさ同時に「ヘツヘツヘヽ」さばかりに笑ひを爆發してしまつた、古木をスル／＼さ器用に登つて行つた怪物は拜金家の長男で曾て東京に遊學し高等専門教育まで修得して歸郷した立派な若紳士、一閃、二閃さ眼を射た怪しい光りは人魂ではなくてその長男君のひねつた懐中電燈、しかも御念のいつたこさにはその古木の下には水もしたゝるやうな若くて美しい藝妓が立つてゐるではないか――。

×　×　×

諺に「親苦労、子楽者、孫はいた」を云ふ、親が折角苦しい思ひをして蓄財しても子の代になるさ親讓りの財産には自分自身の血がにじんでゐないだけお金の價値を知らない息子が十中の八九まではある、だからこうした息子に放蕩者の出來るのは敢てこの拜金家の場合のみでない、この長男君の遊蕩生活はその町の花柳界で誰知らぬものもない親の逆を行つた徹底ぶり。

毎夜遊び呆けて二時、三時に歸宅するこさも一度や二度なら父君い婆君も虫を押へて迎へもせうが雪下りの雨のように三日にあげずダラ／＼遊びさくれば何んが何んでもニヨッキリ二本の角も生らやうさ云ふものだ、夜がふけて締出しを食つた長男君窮餘の策さして軒下の高野槇をよじ登つて二階に飛び込む刹那闇夜で勝手がわからないさ近所おかまいなく懐中電燈をひねるこの怪しい光りを拜金家の家庭の暗い裏面さ結びつけた隣人の瞥見者が人魂ださ騒ぐのも無理もない夏の夜話であるが、その高野槇の根元にはまた暗ひ夜道も苦にもせで遥々その長男君を見送つて來た可愛い馴染藝妓のお景物があるなんざア怪談ナンセンスさして秀逸の方だらう。

怪　昭和怪談を猟る（二十四）　罪はおそろし

●松陽新報　昭和六年八月八日（七日夕）　6-163

昭和怪談を猟る㉔

罪はおそろし

どう／＼狂ひ死んだ……

米屋にからまる怪奇な話

清水寺さ雲樹寺で名高い能義郡宇賀荘村の地主岩田義一（假名）は、西伯郡××村の米穀商、木村榮次郎に玄米二百俵を代金千二百圓也で賣却した、昨年春のことである、そころが、榮次郎は、二三日したらもつて來るさいつた代金をいくらまつてももつて來ない、で、待ち切れなくなつた義一はある日、榮次郎の宅を訪ねた、折度彼は家にゐた義一の顔をみるなり、榮次郎はいつた、

「けふお前さんの所へ伜に金をもたせてやつた、ごこかで行き違ひになつたゞらうぞい」

「そげならこゝまで來いでもよかつた、伜さんはいつ頃出たかな」

「さあ――いまごろお前さんの家

へいつちよるたらうな」
「そげたつたか」
その中榮次郎は判取帳を持出し
「金はたしかにけふ屆けたから
これに受取りを書いて印を捺し
て貰ひたい」
と領收捺印を求めた、義一は、
恰度印鑑をもつてゐたので、乞
はるゝがまゝに領收證を書き姓
名の下には捺印して急いで二里
半の道を宇賀莊村に歸つた、と
ころがごうだ、けふもつて來て
くれた筈の一千二百圓といふ代
金は、家に屆けられてはゐない
そんな人間が晝から來もせない
その家内の言葉である、義一は
魂消いた、何しろ榮次郎の判取帳
には立派に一千二百圓領收仕
り候と書いて歸つて居る、そ
こで、母里まで無我無中で飛び
そこから伯陽電鐵に飛び乘つて
再び、榮次郎を訪ねた、幸ひ榮
次郎はまた家にゐた、
「おら、お前さんのいふことを
信じて受取まで書いて歸つたが
金は家に屆けてない、何か間違
ひでなかつたか、伜さんは歸つ
たか、歸つて居なかつたら、こ
ゝで待つが、歸つてゐたら早速
金を出して貰はう」
義一は血の氣を失つた顏をピク
〳〵ふるはせながら請求に及ん
だ、
「お前さんなにいつちよる」
と突然劍もほろゝの榮次郎の聲
「千二百圓はたしかお前さんに
渡した、その證據にはこれこの
判取帳にお前さんの名が書いて
印まで捺してあるぢやないか」
「なに――金を渡した、何時渡
した、お前人をだますな」
「なんだと人をたますと、この
通り立派に印まで捺しておいて
お前こそ二重ごりをやるぢやな
いか」
それから白つぱらの罵り合ひを
つゞけて義一は隣村の駐在巡査
の立會ひを求め、榮次郎にかけ
合つたが、領收證を楯に反つて
逆襲して來る、勿論巡査がこの
場合ごうすることも出來ない、
義一は涙をのんでその日の暮方
家へ歸つた、

× × ×

それから數日の後、榮次郎は不
思議な病氣にとりつかれた、深
夜ガバと跳ね起き、異樣な聲を
發して家の中をはしり廻る、二
日三日と經つうちに榮次郎はつ
ひに全く狂つてしまつた、位牌
を投る食器を割る、布團を蹴散
らす、物凄い形相をして、わけ
のわからぬ事を始終口走り、「
やあ來た〳〵、もうかなわん、
もうかなわんごッ――」と天を
にらんで、恐ろしい叫びを發す
る、一週間經つた、十日經つた
彼はもう不眠と絶食とで、げつ
そりやせ衰へた、が、狂つた動
作はやまず、ます〳〵あやしな
振舞におよび「また來た〳〵」
をしきりに口走り夜に日をつい
で狂ひに狂ふ、二週間あまりの
後、榮次郎はとう〳〵狂ひ死ん
だ、小雨が、しと〳〵降る晩だ
つた、「惡いことは出來んもん
だぜ」「おそろしいもんだな」
葬儀に列した村人は、榮次郎の
死に對して異口同音にさゝやき
めぐる因果の恐ろしさに身ぶる
ひしたのだつた

昭和怪談を猟る（終） 古新聞紙の怪異

6-164
●松陽新報　昭和六年八月九日（八日夕）

昭和怪談を猟る（終）

古新聞紙の怪異

いく夜も續く惡夢

寝室の床下に血腥い記事！

星影一つだに認めることが出來
ず墨を流した如くに一天暗黑に
覆はれ何事か不吉の前兆其もの
である樣な憂感に打たれる八月
に入つたばかりの其夜籐椅子二
脚を露臺に持出して益田校N君
と筆者が對談中にバラ〳〵ッと
小豆粒程の思ひ出し雨が頭に落
ちた瞬間今夜はごうも嫌な晩だ
ねと眞面目に語り出した以下は
昭和怪談事實物語りの一くさり
です

× ×

私の義兄が隣郡T町の某官衙に
奉職中昨秋のことです、生來義
兄は非常に怪談が好きでよく怪
談本等を耽讀してゐたもので
したが昨秋十月の下旬友人から
すゝめられるまゝに下宿屋を代
へてとある靜閑な家の二階で起

臥することになつたものです、所が最初の夜晝の疲れに何事も忘れて熟睡に陷つてゐた草木も眠る丑滿の頃です、深い／＼眠りに入てゐた、義兄の胸を何物とも判然せない重い／＼ものがジイリジイリ押へつけて來て呼吸は段々苦しくなり助けを求めんとして聲を發しようとすればする程いよ／＼胸が苦しくなつて來たものですから必死となつて助けを求めたと思つた瞬間フト目が醒めた時は全身冷汗でビツショリたつたと言ひます。

× ×

惡夢から覺めた義兄は不安のまゝに再び熟睡に入り翌朝は少し朝寢して太陽は赫々と四方に照りつけてゐる八時過ぎに深い眠りから覺め殆ど夜中のことは忘れた感じで洗面し食事を濟まし出勤したものです、丁度其の日は役所も多忙だつたので夕方五時頃退廳して下宿に歸り一風呂浴びて夕食を了へ役所から持ち歸つた書類の整理をして十一時頃に寢に入つたものです、所が不思議です、又其の夜も丑滿頃になると前夜の通り胸を重い――ものが押へつけて苦悶の末目が覺めて見れば何事もないのですから流石の義兄も當惑したものですが或は五臟の疲れからではないかと心にもあまりとめずゐたものでしたが其次の夜も又其次の夜も毎夜毎に同一時刻になれば同じことを繰返してゐたものです

× ×

斯くして十日も毎夜の如く繰返されてゐた或日の事フト或新聞紙に意外々々實に面白い記事が載つてゐたのです、その面白い記事といふのは慘殺された記事や船舶が沈沒して幾多の尊い生命を水屑と消えせしめた記事其他悲慘を極めて死に至つた記事のある新聞紙が寢床の眞下に當る疊と座板との間に敷いてあるところへ寢れば必ずおそはれるものであるとの記事を見た義兄は飛び立つばかりに嬉しく思ひ退廳時刻遲しと下宿屋にかけ戻り靴を穿いたまゝ二階に無我無中で飛上つたものですから下宿屋の女將も吃驚して二階に驅け來たものです

× ×

靴のまゝ二階に駈上つた義兄は女將が呆氣にとられてゐるのもかまはず自分が何時も寢る眞下の疊を引き起して見れば新聞紙が蚤の豫防に一面數枚宛重ねて並べられてゐたものですから取る手遲しと見出を一覽すればこれ又意外!!新聞記事通りに東京郊外で電車の轢殺事件、美保關沖合における聯合演習の軍艦衝突遭難事件、滿洲における馬賊の慘殺事件の記事があつたものです

× ×

こうしたことでしよう其夜からは何事も起らない樣になりまるで氣抜けがした樣になつたので始めて同僚にも以上の事實を物語つたものですが何れもナカ／＼本氣で聞いて吳れなんだと言つてゐましたが之は全くの實話決して冗談事ではありませんこれだけはで是非實驗して欲しいものです

と語つて結んだN君の顏は蒼白になつてゐましてホツト吐息を洩らしました。（終り）

獣　化物寺の貂群

●名古屋新聞　昭和六年七月十二日　6-165

化物寺の貂群

長島丁應

越後に有名な化物寺がある。所は中蒲原郡早通村円通寺といふ數百年前建築された古い本堂の裏天井に、古來無數の貂が棲んで、寺の爲には守護神ともいふべく、よく寺族の心を知つて寺や家族をまもるが、寺族の氣に入らぬなどには種々奇怪な行動を以て苦しめるといふ話である。

岩見重太郎の傳記にも貂の怪物を退治した物語りがあるが、事實劫を經た怪物には人智の及ばぬ奇怪な行動をなすものと見える。

同寺の貂について古來珍談が澤山あるが、一二をあげると數十年前隣火で正に本堂に飛火するばかりであつたが、住職が狂氣の如く天井の貂に向つて火難を救

へとしきりに叫んだ。すると一同が俄に騒ぎ出したと思ふと風むきが變つて火難を免れた。

或る時、家族が味噌玉が少したらぬがと話し合ふて居ると、翌朝どこからどうして持つて來たか本堂に澤山の味噌玉がならんで居た。

或る時旅の巡禮が寺中をぐる／＼とまわつて居る、家族がたづねると

『わらぢが片方破れた所、門内に幸ひ古わらぢがあつたから無斷にはいたら自然にこんなところへ來てしまつて本道へ出られなくなつた、それで苦しんで居る』といふ。そこで寺族に助けられて歸つていつた。この寺からはわら一すぢと雖も無斷で持ち去るを許さぬ完全な盗難よけである。

又時々客僧を招待して布教も開くが、今度の布教者は下手で參詣もすくないと寺族が感じる時、必ず苦しめて客僧を追ひ出して仕舞ふ。不正な行動は絶對に許さぬ。珍說奇說まことに多い寺である。

二

今から約二十年前、私が本山使僧として、法首の消息を供奉してこの寺に初めて派遣せられた時の事である。

左樣な話は何にも知らずに寺で午後の說教をすまし晩には檀徒の伊藤龍吉氏の招待で初夜の說教に行つた、そのとき伊藤氏から初めて聞かされたのが化物の怪奇談である。

『貴僧方は別に恐い事もすまいけれど檀家が寺で泊るを御厭ひになりますから今晩はどうぞ私の宅で泊つて下さい』と親切にいつてくれた。學生あがりで使僧としての新米であり、法首の消息を供奉してゐる身の責任感から、內心不安にも感じたけれど、說教をすますなり折角の厚意を辭して寺に歸り、本堂脇の座敷に寢る事になつた。

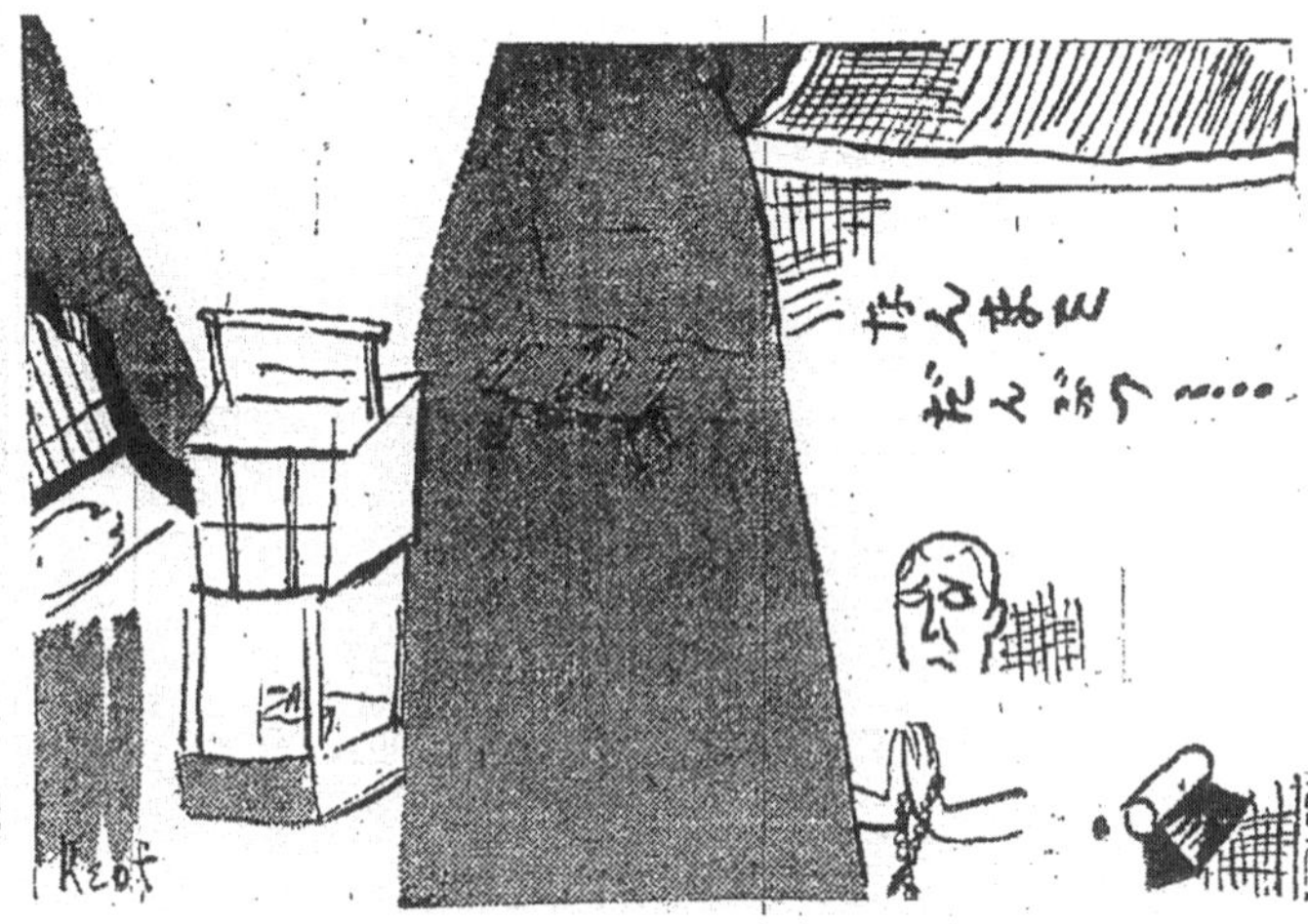

用心棒の棲んでゐるためか墨いからとて戸締りは更にしてない、部屋の隅には古い行燈が一層心細い（數年後には電氣を取付けたがその時はまだ取付けてなかつた）住職が。

『決して御心配はありませんから安氣にお寢み下さい』と挨拶をしてゆかれたが、かやの中に入つてもなか／＼安氣に寢つかれない。

夜も段々ふけて來ると鼠がわ／＼、キキヽ、と叫んでガタ／＼バタ／＼走りまはる、その內に何かいたづらをしにくるかと案じつゝ、戰々兢々、念佛をとなへてかやの周圍を見廻したり、目をつむつて寢入らうとつとめるが、眠るどころか耳も目も益々さえて來る。

暫らくすると灯火がジイ／＼とうなるでないか、何事かとよく／＼見れば種油がきれて今や消えんとするのである、そこにはマッチもローソクもなく、御堂裏にはローソクもあるはずだが取りに行く勇氣もない、

灯火は忽ち消えて眞の闇、心細く思つても仕方がない、こんな位なら伊藤家の厄介になつて來ればよかつたと悔んでも後の祭、出るなら出よと捨て身になつた。

短い夏の夜も可なりの長さに感じたが殿の御意を損なふやうな理由もなかつたものか、何事もなく幸ひ夜が明けてくれた時の嬉しさ……。

三

その後澤山の人からすさまじい物語りや苦しめられた實驗を物語られても、正義に對しては決して惡戯をしないと知つた私は、その後態度がこの寺に泊つたがモウ恐ろしいとは思はなかつた。殊に數年の後には電燈もついたが今でも小心な人は恐れて泊らない人が多い。何事もなかつたはあとからの考へだがその時ばかりは私に取りて忘れ得ぬ思ひ出である。

江州の長濱別院にもお花さんと呼ぶ古狐の怪談があるが、斯樣に劫を經た獸物の前には萬物の靈長も全く威光がない。

さしゑ　高森　獵夫

ラジオ　きょうの放送番組　映画物語「牡丹灯籠…

●東京朝日新聞　昭和六年七月十三日　6-166

けふの放送番組　十三日（月曜）　東京（JOAK）波長三四五米

▽九時　映畫物語「牡丹燈籠」國井紫香（伴奏指揮）若松巌

映画物語　お盆に因む牡丹灯籠　国井紫香

●東京朝日新聞　昭和六年七月十三日　6-167

映畫物語

お盆に因む
牡丹燈籠
後九時　國井紫香

牛込に住居する旗本飯島平左衛門は、娘お露と後妻お國との仲が面白からぬため、娘の病氣を幸ひに女中お米をつけて柳島の別荘へ養生にやつたところがお國は不義を働き下僕と共に平左衛門を殺害する。父の横死から病が一層重くなつたお露は未來の夫と思ふ新三郎の事を思ひつゞけて死んだ、しかも新三郎に魂ひかれて夜なく新三郎の宅へぼたん燈籠を提げて現れるのを近所の者が見て驚き新三郎の身を思ひ新幡随院の住職に頼んで、寺寶の海音如來の御像を新三郎宅へうつして亡靈をさけさせようとしたが、伴藏が御像を盗み去つたゝめ遂に新三郎は死んで行く、その後伴藏は心を改めて新幡随院を訪れ、住職と共に二人の靈を弔ふといふ牡丹燈籠の物語

ラジオ　十三日番組　映画物語「牡丹灯籠」国井紫香

●東京日日新聞　昭和六年七月十三日　6-168

十三日番組　東京 JOAK　波長三四五

◆後九・〇〇　映畫物語「牡丹燈籠」國井紫香（伴奏指揮）若松巌＝中継・仙

亡霊の恋を描く　牡丹灯籠　死してなお残る執着

●東京日日新聞　昭和六年七月十三日　6-169

亡靈の戀を描く
牡丹燈籠
死してなほ殘る執着
夜九時から　國井紫香

上野は丁度お花見時、けふは湯島天神のお祭りといふ日の事であつた、黒川孝藏といふ酒癖の悪い浪人者『こりや一杯飲み代が出來るわい』と、湯島天神へやつて來て、故意に旗本飯島平左衛門と衝突をして殺されてしまふ、が、その断末魔に流石一人息子孝助（十一、二歳）を忘れかね、その子の養育を頼んで目をつむる、平左衛門も、妻を早く失ひ、愛娘お露を己が手一つで育てゝ來たので同情し、孝藏の子孝助をわが家へ引取つて育てゝやる、月日は流るゝ水の如く、十年程は、何の變りもなく過ぎ去つた

國井紫香君

× ×

お露が丁度十七の春、誠に美しい娘になつたが、不圖勞咳—今でいふ肺病に罹り、その上妾お國と仲の悪いのを幸に、本所横川町の別荘に、女中お米をつけて出養生にやつた、そこで、かねて知り合ひの漢法醫山本志丈のとりもちで下谷谷中の御家人萩原新三郎といふ美しい若者と馴れ染めたが『會ひたい〳〵』とうわごとに到頭この世を去る、と間もなくお米も、この世を去つて行つた

× ×

これが弱り目にたゝり目といふものか、飯島の隣家に宮野邊源次郎といふ旗本があつた、源次郎平素から、平左衛門を『をぢさま〳〵』と慕つて遊びに來てゐたがそのうちにいつしか妾お國と不義を働く間となり、當時仲間をしてゐた孝助は、この兩人の間を主人に言はずに成敗してくれんと、主人の大身の槍を持出して逢曳二人に近づいた時ヒョイと草叢から手が延びて、我れと我が腹に槍の穂先を突たて『うつ！』とうめいた者があつた、それは主人飯島平左衛門であつた、『何故に!?』こゝで平左衛門、嘗て湯島天神で孝藏を討取つた事情を詳しく打開けさせて不義者成敗に躍り込み、果して一刀のもとに殺られて終ふ、宮野邊源次郎とお國は逐電する、孝助は彼等の行方を訪ね〳〵て見事主人の怨みを晴らした

× ×

さて、話はもとへ戻る——御家人新三郎に對しては、お露とお米の戀の靈魂が現世に殘つた、お露お米が死んだその夜から、谷中清水谷の新三郎の住居には、毎晩の

ラジオ版　きょうの番組　映画物語「牡丹灯籠」
●読売新聞　昭和六年七月十三日　6-170

‖けふの番組‖　ＪＯＡＫ　東京波長三四五

◇九、〇〇　映畫物語「牡丹燈籠」　國井紫香、伴奏指揮若松麗

映画物語　牡丹灯籠　迎え火代りの怪談
●読売新聞　昭和六年七月十三日　6-171

午後九時

迎へ火代りの怪談

映畫物語　牡丹燈籠　（説明）國井紫香　（伴奏指揮）若松麗

牛込に飯島平左衛門と云ふ旗本があつた。妻は早く世を去り、一人娘のお露を掌中の玉と愛してゐたが彼女は世にも稀な美しい淑やかな娘であつた。併し後妻のお國は絶えず邪慳に當り散らすのであつた

父の平左衛門は

お國の態度に心を痛めてゐた。[illegible]て繼母との不和に小さき乙女心を痛めたお露は病む身となつた。平左衛門は娘可愛さに女中お米をつけて柳島の別莊へ養生にやつた。お露の不在中妖婦の地金を現した[illegible]宮野邊源次郎と通じて不義の快樂にふけつてゐた。ある夜遲く戻つた平左衛門は端しなくも惡酒に醉ふてゐるあさましき彼等の姿を見た。彼は激怒した。その折下郎の孝助は逸早くからお國、源次郎の不義を知つてゐた。

お主の爲不義の

制裁を加へんと大身の槍を手にして『姦夫姦婦覺悟』と此のみだらな座敷へ躍り込んだ。意外の闖入者にかれ等はバラ〳〵と逃げ出した。逃がしはせすと、[illegible]お國の姦夫が

の槍にかゝつたのは姦婦にあらず主人の平左衛門ではないか？「オオ、御主人樣。申し譯ござりませぬ」『孝助か、よくぞ突いた。出かした』苦痛を耐へる平左衛門。驚く孝助を制して『コレ孝助、今から廿年前湯島の祭禮でこの平左衛門のために無禮討にされた

黒川孝藏の遺兒

はそちと知つてこの仕儀、早く此の首を打て……』孝助は永い間恩義を受けた此の主人が父の敵であつたかと初めて知つた。平左衛門は源次郎お國への復讐を頼んで敢なくなつた。

◇

柳島の別莊で父の死を知つたお露は、うつ〳〵と暮す中、[illegible]

彼女は新三郎に深き戀慕を抱き作ら十七歳の春を散る櫻と共に逝つたのである。續いて女中のお米も彼女の後を追うて彼の世へ……。

◇

茲は下谷根岸清水谷の新三郎の宅

やうに女の對話が近所まで薄氣味悪くもれて來た。隣家に住む伴藏といふ男、どうも毎晩變なので夜ふけてぬすみ見してゐると、女の幽靈が二ツ、新三郎方の裏手へ忍び寄つて、頻に哀れな戀物語をしてゐる

×　×

びつくりした伴藏、早速新三郎の人相見白翁堂に話し、谷中清水谷の新幡隨院の住職良石とも相談して、亡靈退治に、同寺の寶物黄金造り「海音如來」の尊像を佛壇へ安置し、雨寶陀羅尼の護符を表と裏の入口へ貼つて、亡靈を追拂ふことにする、するとその夜は幽靈、門口でまご〳〵して、新三郎の家の中へ入れない、そこで隣家の伴藏に『是非「海音如來」を盗み出し護符をはがしてくれ』と頼む、金の「海音如來」に目の眩んだ伴藏ソッと像を盗んで逐電する、その翌晩には、亡靈、苦もなく家内へ入つて來る、さん〳〵幽靈から嫌味をいはれる、「それ程まで」に戀してくれた女の心根を思ふと、新三郎も余り無情だつた自分の仕打ちを怨み、そこでかれは色々わびをいふが、どうしてもゆるしてくれず、新三郎は狂ひに狂つた揚句が、遂に亡靈に取つかれ、フラ〳〵ッと、飯島の菩提寺新幡隨院の墓場へ行つて狂ひ死をする

を草木も眠る丑満時に訪れたのはお露とお米である。お米は

牡丹燈籠を手に

してゐた。恋しあつてゐる彼と彼女、夏の短い夜を語つて白む暁を恨んでは惜しき別れを告げるのである。それから毎夜の如く新三郎の一室には二人が訪れてゐた。隣家に住んでゐる伴蔵夫婦は毎夜の如く新三郎の家から洩れる睦言を聞いて相手の女は誰れだらうと云ふ好奇心から雨戸の隙間から盗み見をしたが、伴蔵は腰を抜かして驚いた。それ[illegible]ゐたのだつた。明くる朝伴蔵は易ト者白翁堂勇斎に昨夜の一件を打ち明けると勇斎は新三郎の身を案じて懇意な

幡随院の住職に

頼み、寺宝の海音如来の尊像を新三郎に貸与へたのである、彼はお露を亡霊であるとは信じられなかつたし又信じたくもなかつた。併し人のすゝめに尊像を我が家に安置した。その夜亡霊は訪ねて来たが尊像の功徳に近寄り難く名残り惜しげに去つた。だが恋火の執念は金にくらむ伴蔵を唆かし尊像を盗ませた。遂に新三郎は悶死したのである。それから幾日か経つたある日、幡随院の彼等のお墓の前に立つてゐる若者があつた。それはお露等を討ち取つた孝助であつた。彼は薄命な佳人の為に静かに

怪　銷夏漫談（其の一）　霊魂をもつ人形　6-172

●鹿児島新聞　昭和六年七月十三日

銷夏漫談　其の一

霊魂をもつ人形

柳原燁子

私の生家の柳原に二つの古い人形があります、その一つの名をみざり丸と呼びます。もう一つの方は日吉と云つて、これはみざり丸の家来だといふことになつてゐます、この人形が昔からの伝説によると、霊魂をもつて生きてゐるといふのです。で、日頃から『生ける が如くに』といふわけで、毎日人間と同じ御飯を上げ、夏冬の着物に時候をはづした事はなく、正月七日までは紋付といつた風に、昔から衣裳も相当持つてますので夏のかたびらすきやまで、人間並に扱つた事は少しもありません。

◎

或夏のことでした。皆が信州に避暑に行きましたその晩のこと、今夜からは家の方無人だから、お留守居の者は皆してあちらこちらに散らばらになつてやすむといふではないかといふ事となり、女中連も用心の為めに、方々の座敷に皆がが一人づつ散り〴〵になつて座をさつたのです。その時たしか、ためさかといふ名の女中でしたが、まだ来て一ケ月程にしかならぬ女でしたが、それが今のみざり丸と日吉の床の間に坐つてゐる部屋へ寝ることになり蒲団を敷いて、いざ寝やうと、燈火を消したんです。

◎

と、そのとたん、くら暗の中に大きな火の玉のやうなものがころがつてゐたので、びつくり仰天して、蚊帳の中にもぐり込んでしまひました。声を立てやうにも、出て行かうにも、咽喉がつまり足がすくんでしまつて、只がたくふるへてゐたといふのです。

やがて、その火の玉が座敷中をぐる〳〵廻つて最後に床の間のみざり丸の側にくるとはつと消えたといふのです『その火の玉がみざりさんの側に行つた時、あのお人形のお顔がぼうとあかるく見えました』といつて、ためは人に話すに、声をふるはせて云ひました。

◎

そのみざり丸が又どうしたものか、この私が好きだといふのです。それで私が幾度お嫁に行つても出戻つてくるのだと云ふことを誰か云ひ出した者もあつて、私はすつかりしよげてしまひ、何とかしてあのみざり丸の霊が、私の側にじつと居てくれるわけにはゆかぬものかと思ひました

◎

すると不思議なわけから、今私の手許に元禄時代の人形が一つあります。それにみざり丸の霊を移

したことにして、今ではそんな神經を起すことも全く去りました。そんな氣持ちもあつた私は、戸籍はさにかくなるだけ桝原の姓を名乗るやうにしてゐるのです。

怪　夏のグロテスク実話　松沢温泉の怪（一）　6-173
●会津新聞　昭和六年七月十四日

夏のグロテスク實話

松澤温泉の怪

鐙　鈍　言

（一）

「これは畏友長谷川義雄氏から聞き傳えた實話です。山村を歩くある洋傘直しの商人が實際遭遇した夏の怪談に相應しい物語りです、場所は大沼郡松澤村から約一里半隔つた山に包まれた一軒小さな古ぼけた湯の宿です」

鉛色の空が低くたれて濕つぽい空氣が妙に疲勞を覺えさせました。

村の取立を濟せたのが丁度八時、夏の日さは云ひ、トップリさ闇に包まれ、露ばんだ檜林の葉先が頬をかすめて嫩に氣分をくすぐりました。

松澤の湯、山又山の中の温泉なんです、客種はそうですれ、若い人達の言葉で言ひますさあの世期末的な享樂から流れる癈頽的エロテシズム、近代味を織り交ぜたグロテスクな感じ、そう云つた温泉情緒とは縁遠い山の湯、近在のお百姓さんが、この客種の全部なのです。胃腸病さ婦人病によいさかのせいでせう、どの顔にも生氣のない人達が多いのです。

二三年足を向けなかつた事でもあり、これから高田町に出るのも大變なので山一つ越してこの松澤の湯に泊るさ決め、出かけました。途中からポツリ〳〵とやつて來た雨のなまぬるい感觸に足を急がせました、峠を越すさ四方山に圍まれた擂鉢の底にその湯宿が見えるのです、客がないさ見ゐて、ランプの灯もホンの一つ二つしか見えませんでした。

帳場の灯が物憂げに鈍い光を投げて、湯の宿は眠つてゐる樣な靜けさです。

途中から本降りにあてられてビシヨ濡れになつた私は垢臭い、ドテラに着換えて帳簿の整理に取りかゝつたのですさて、どの位經つたか、大分夜も更けたらしいのです。生欠呻を嚙み殺し乍ら湯にひたらうさ思つてゆ壺に出かけました。階段を二つ降りて三つ目の階段が湯壺へ出る階段なのです、夜更け、客の居ない湯の宿位ゐ陰氣な凄い感じのする處はありません、かてゝ加えて雨がシト〳〵と降つてゐるのです、

階段を糺む自分の足音にもイラ〳〵した氣分にかられ勝ちなものです、三段目の階段にかゝつた時です、第一段の石のヒヤリさした感じが私の滅入つた氣持をどうにもならない位ひの薄氣味惡さへさあほりました、ゆ壺一面にのすり打つてゐるゆ氣に交つてドアーから流れる灯影が階段側の石壁に陰鬱な交さくを映し出してゐました。

多分に文學的な妖怪時に末梢神經がピリ〳〵ふるいて居りました瞬間です、私は想像する事の出來得ない物を現實に見たのです。

惡寒と逆流する血に私は私自身どうにもならない程硬直して仕舞ひました。

もう一歩も出ないのです、戻れないのです。

足、足、足、

ドアーを斜に投げ出された樣にある足です。

さても冷たい石蠟の樣な感じのする女の足ですよ。

怪　夏のグロテスク実話　松沢温泉の怪（二）　6-174
●会津新聞　昭和六年七月二十二日（二十一日夕）

松澤温泉の怪

…（夏のグロテスク實話）……

鐙　鈍　言

（二）

私は自分が此處で消ゐて了ひたい氣持で一パイでした。私は反面にそれを突き留めたいさいつた獵奇的な氣持もありましたが然し、そんな氣持が恐怖を抑ゐつける程の強さではありませんでした。もう聽覺も視覺も働かないのです、ゾク〳〵さした氣分を除いた外は無我無中なんです。

ガチヤン!!

夏のグロテスク実話　松沢温泉の怪（四）

●会津新聞　昭和六年八月五日（四日夕）
6-175

怪

夏のグロテスク實話

松澤溫泉の怪（四）

蠍銃書

十時一になると私は横になつて了ひました。ダラリとして微動だにしない蚊帳に遮へぎられたランプの明暗が床の間の掛物を彼女に思はせて、油の將に盡き樣として漸く命脈を保つてゐる樣な心細さが全心をひしいでゐました。

ガタン……湯桶の音が響きました。番頭が入つてゐるな、あゝいゝ機會だ……と思つて一風呂浴びる事にして湯槽の扉をあけました。

密閉された浴室は湯氣が充滿してゐました右の棚に見えた紅色の女物！私は着物をかなぐり捨て湯槽を持つと同時に右隅にうごめく人を見きわめ樣と努めました。寫眞のべりツト然として見え出して來た髮と肩越しに湯の中に流れてゐる二本の足が女中と思ひ込ん

ハツトしました。矢ツ張り意識はあつたらしいのです、手から辷り墜ちた石鹸箱の音にもう行く所まで行つて了つたといふ考が頭一パイに響いて來ました、殆んど凡ては一分と經たない裡の出來事なんです。

湯壷のドアーから女の着物らしいものが、中間に素早い圓を描くと女の足は見えませんでした。

間もなく眼に喰ひ入る樣に見えたのは、瓦斯燈のあなたから浮き出した、石像の樣な顏！

或はくどい説明かも知れませんが、烏瓜の中をゑぐつて灯を點じた、あの光り、あの色、あの感じのする顏です。それが湯氣の中に鈍光を落してゐるランプを背景にしてスツーと、「顏」が出て來たのです。

私は今まであんな凄い顏は見ませんでした、それが初めてなんです、とその女は慌だしく階段を上つて行つて了ひました、すれ〲に殘した顏の印象、私に恨みを言ふ顏なんです、たしかにそうです。

私の意識を呼び戻して呉れたのは、冷たい石の段に素足のネバ強い音でした、私は一段だけ足を上へ戻してゐたのです。

勿論私は湯にも入らずそゝくさと部屋に飛び込みました

ピシヤリと障子を閉め切つて蒲團の上に坐りました。

私の全神經は愈々苛立つて來ました、煤けたガラス窓の前一面にのしかゝる樣な杉森が、グツショリ雨に包まれてゐるのです。雨がものを言つてゐる樣なんです、そしてその蔭には先刻の女の顏が見ゆる樣な氣がするんです、いや見ゆるのです。

パタ〱、パタ!!、パタ……、私は廊下に聽覺を集中しました。……足音です、それが廊下　高くなり低くなつて耳へ入るんです、破れるにまかせた障子の穴から、廊下にさし挾んだランプのない空室に凄慘な氣分が滿ちてゐる氣配が感ぜられるのです。

あの足音がたしかにこの障子の破れ目に止つて、のぞくに違ひないのです。

蒲團をスツポリとかぶつたり坐つたり繰返しておりました。

結局坐るより外はないんです。

ジメ〱した疊を這つてゐる、むかでを見つめながら、階下の男衆部屋へ行く事に決めました、然し足がろう下に出ませんでした。

ガラス戸にあたるけん滴が私をおびやかしました、私の心は鍋の樣にひしがれて了つたんです。重苦しい雨をきゝ乍ら。

頭を抱いたと同時に、異つた音がしました。絶望的な餘韻を含んだ、かすかなひゞきです、胸をおしつける樣な音なんです。

（つゞく）

だのです。

私は年中こうして國を越え、山を越え、町から村へと縫つて歩く旅商人、自然とコスポリタンになり、多分にボヘミアテックな刹那主義的な男になり切つてゐたんです。

山の湯の宿の湯壺に限られた部屋に赤裸々な自分の姿を曝け出してゐる二人、あなた達にはそこから香り高い詩的な境地を把み出した、情緒よろしくのビジョンを描きなさるかも知れません。私には今のはやり言葉で言ふとそれはヂアリストの脈膊に……たうつ情熱の奔騰……ハハ、……まあ妙に機縁めいた獵奇的な私の好奇心をそゝり煽つたんです。

私が湯に來たのに氣付かない事が三乘的に私の心を煽つたんですなア。私はいとも朗らかな言葉を浴せかけたんです。

その瞬間でした。

私はゾーッとしました。

彼女です。あの眞青な顔をした女です。

私の顔を睨むと同時に飛び上りました。私は彼女のわなゝゝ慄へる唇がはつきり心に釘づけされました。

彼の女が二足ばかり遠のいたと思ふと同時にバッタリ其處にたほれて了つたんです。

生きた人間ではなかつたのだと思ひつゝ私はそこに俯伏せにたほれた女を茫然として見つめてゐたんです。

所が意外にもたほれた女の尻から右腿へ二廻り卷きついたドス赤い腹の蛇がのたうつてゐたのです。（了）

（附記）蛇は湯に入ると出るものだと云はれてゐるそうである。この松澤の温泉は改築され立派な温泉宿となつてしまつた事を斷つて擱筆する。

ラ　ラジオ版　きょうの番組　趣味講座「怪異談の…

●読売新聞　昭和六年七月十五日　6-176

けふの番組

JOAK 東京放送 三四五

◇七、三〇　趣味講座「怪異談の素材」　平山蘆江

ラ　大衆文芸的に語る怪異談の素材　平山蘆江氏の…

●読売新聞　昭和六年七月十五日　6-177

後七・三〇

大衆文藝的に語る
怪異談の素材
平山蘆江氏の趣味講座

一、四谷怪談

お岩の實説が、市ヶ谷に謡り殘されてゐる。田宮の家は二十兩二人扶持で暮しが立たなかつた。仕方なしに、お岩は番町の美濃部家へ御奉公に上つて、給金を貢いだ

ある日四谷市ヶ谷を流してあるく屑屋が、番町方面へ行つてお岩にあつた。お岩は良人の近況を聞くと、近所のお花といふ娘が朝夕の世話をやいてゐますので何の不自由もないと安心させるために話した。お岩はそれを思ひひがめて嫉心はげしく、其夜のうちにひまをもらつて四谷へ歸りかけたが、餘りに逆上したゝめに中途で行方不明になつた。その後田宮家に不祥事が屢々起つたのと、お岩に似た狂女が四谷付近に出沒するのとで、いつからとなくお岩が幽靈になつたといふ噂が立ちはじめた。

二、牡丹燈籠

原作は支那小說である。死んだ

女が姿をあらはして思ふ男の許に通ひつめるために男は度々精根が盡きて死人に導かれて幽靈堂へ入るといふ筋になつてゐる。幽靈堂といふのは長崎にもある。長崎には三百年來支那人が多勢住んでゐたので、支那の寺もあれば、幽靈堂もある。日清戰爭の時に宣戰布告の前夜、この幽靈堂に置いてある死骸が一齊にうめいたといふ、これは清國敗戰の前兆だと盛んに噂したが、實はその夜支那人街に火事があつて豚が二三匹燒け死んだのだ。幽靈のなき聲は即ち豚の聲であつた。

三、天狗の話

北九州のある溫泉場に天狗が現はれると噂が立つた。夕方山の麓に現はれて何か踊りををどるといふので、毎日大した人出だ。お蔭でその溫泉場はすばらしい繁昌をしたが、勇敢な村の青年が天狗を生捕つた。實は天狗でも何でもなくこの二軒ある溫泉宿の一軒の方の主人が天狗の眞似をして客を集めたので、更に調べて見るとつかまへに行つた青年達はもう一軒の主人に頼まれたのであつた。

四、靈の幽靈

嫁入先がきまつて結納も済んであしたは輿入れといふ日に花嫁が病死した。母一人娘一人の一家だつたので、母は絶え入るばかりに泣いた。その家へ毎晩娘の幽靈が出る。坊さんを呼んで讀經をしても一向に幽靈沙汰は止まない、到頭母親が自身幽靈を待受けてどうぞ浮んでくれといつたら、幽靈がものをいつた、嫁入の衣裳に思ひが殘つてゐるといふのだ、そのくらゐの事ならばと、衣裳を幽靈に渡すと幽靈はこれで浮べますといつて、ふわりふわりと暗の中に去つた。町の青年がそれを見届けると實は幽靈に假裝したならず者の女房が衣裳を欺し取らうとしての企みであつた。其他鬼面の怪、轆轤首と狐、黒猫の眼、人魂奇聞、上野の死美人、鯨道の怪、子供の幽靈、火葬場の怪、芝居の怪談、芝居の雷獸、首なし地藏、縛られた石佛等々を時間の許す限り物語つて見たい。

怪　水の伝説（一）　二人の兄弟が争う一つの密柑　6-178

●長崎日日新聞　昭和六年七月十五日

說傳の水（一）

二人の兄弟が爭ふ一つの密柑

今に殘る密柑の木

二本ケ瀬に變つたその魂

瀬戸の白濱に立つて長い松の袢半島と、福島の間に青く廣がつてゐる、瀬戸の海を見渡すと、海の彼方、水と空とが融け合ふ邊に、二つの大きな瀬が横たはつてゐる、これが二本ケ瀬である一つの方には大きな穴が在つて滿潮の時には、かなりの和船も通りぬけるが、不思議にもこの瀬に一本の蜜柑の木がずく／＼と伸んでゐるこんな瀬に、蜜柑の木が在ると云ふと不思議だがこれにはその謎をとく一つの傳說が殘つてゐる

話は昔に遡る、まだ二本ケ瀬がなかつた頃瀬戸の白濱へ、一人の漁夫が住んでゐた、早く妻を亡ひ未だ幼い、二人の子供の成長を樂しみに、淋しい生活を續けてゐる哀れな漁夫である、母の無い子は惠まれぬ日を迎へる事が多かつた、父が釣りに出た後は、幼い子供二人淋しく家を守らねばならなかつた、慈母なき家、二人の子供は、純な童心を失ひかけた、幼い二人の心は次第に荒み、いつしか兄弟の爭ひ叫ぶ聲を聞く日が多くなつた漁夫は親としてそれが悲しかつた、然し其の日暮しの彼は一日も釣りを休む事が出來なかつたのである、子供に心を殘しつゝ舟を出さねばならなかつた

或る日の事である、漁夫は何氣なく一つの蜜柑を二人に投げてやつた、蜜柑――二人は飛びついて一つの蜜柑を、懸命に爭つた、漁夫も、はつと自分の不注意から二人に一つの蜜柑を投げ與えたことに氣付いた、然しもう二人は、泣き聲を立てゝ爭つてゐた、漁夫は聲をあげて叱つて見たが、二人はいよ／＼激し

く手ふばかりである、漁夫は斯うした子供の醜い心を見るにつけても悲しくなつてきた、終りに子供の泣き罵る聲が腹立たしくなつた、不意に立上ると漁夫は、いきなり二人を抱いて濱に走つた

夕闇は全く磯を包んでゐた、懲らしめと思つたのか、漁夫は岸に繋いでゐた小舟に二人を乗せ纜を長くして海へ押し出した。そうして綱の端を岸の石に倦つけた、子供の泣き聲は靜かな暗い海に反響して、夕闇の中に高く響いた

だが家に歸つた彼の耳に子供等の泣き聲が次第に幽かになつて聞えて來る、遠く／＼消へて行く様に思はれた、フト氣掛りになり出した漁夫は、立上ると急いで濱に出た

その途端彼はハツト胸をつかれた、小供等の乗つてゐた舟の影が見えない、泣き聲が遙か沖の方から流れて來る、漁夫は氣も轉倒せん計りに驚いた

その夜、他の舟に乗つて泣き聲を便りに子供等の舟を探し求めてゐた漁夫は、夜の明方漸くその舟の影を認める事が出來た、だがその船には子供の姿がなかつた

それから漁夫は明くる日も明くる日も子供等の姿を求めて、力なく櫓を漕いでは海を彷徨つた

それから間も無く、子供等の乗つてゐた舟の姿の見えなくなり海上に二つの瀨が現れた、ところが不思議な事に、一つの瀨には一本の蜜柑の木が枝をはり、赤い實が青い海の水に其の影を映す様になつた

二つの瀨は何にも語らない、然し青い海を赤く染めて眞紅の太陽が靜かに雨の海に沈んで行く時、此の悲しい物語りを思ひ出させる様に、一本の蜜柑の木は今もなほ美しく夕日に映えてゐる

（添加）二本ヶ瀨は縣下西彼杵郡瀨戸町白濱の遙か彼方の海に突き立つてゐる二つの瀨である
（長崎市平戸小屋町 八川久保忠雄）

水の伝説（二）　暗い闇に浮ぶ　米をとぐ女の姿　6-179
怪　●長崎日日新聞　昭和六年七月十六日

水の傳説（二）

暗い闇に浮ぶ 米をとぐ女の姿

嵐の過ぎた幾夜かの後 蒼白な若者の顔

松島は、長崎の港から、汽船に乗ると、三時間餘で行かれる可成大きい島だ、此の島の、西側の沖、そこが八重ヶ浦だ。

松島は、其の東面から眺めると、實に、美しい島で、駱駝岩、念佛岩等、珍しい岩等も在り、温かい春の日に、海上、舟を浮べようものなら、桃花に飾られた島は、眞實に、桃源、夢の島だ、此の松島の一角に立つて、遠く、八重ヶ浦を眺めつゝ、物凄い傳説を思ひ浮べる。

いつの頃か知らない。

夕日が、長く横に引かれた、水平線に近づいて、廣い八重ヶ浦が赤く焼け、青い海が大きな緋毛氈の様に輝く時、小さい黒胡蝶の様に海の緋毛氈を渡つてゐる一艘の帆船が在つた。

舵のきしりの下から聲がした

『女房！夕燒を見ろい、今日は非常に燒けたぞ、ほんにな……もう米とごかの』

『ウン』

紅に燒けた海に、サクサク／＼と、米を洗ふ音が、靜かに流れていつた。

眞紅の太陽が海の彼方へ沈んで、海の面が夕映へに淡く輝いてゐる、ピスーと云ふ高い風音が耳をかすつていつた。

『風の出たばのまい』

さう云つた船頭の女房は、米をとぐ手を止めて心配そうに、夕燒けの西の空を眺めた、靜かであつた海に、浪のうねりが見

え出した、恐ろしい風の叫びが斷續して過ぎた。

海に黒い夕闇が襲ふて、船の姿を全く包んでしまつた時、風の音はもう、物凄いまでに高鳴つてゐた、黒い闇の中には浪のしぶきが、淡白く飛び散つてゐる
バタ〳〵と云ふ高い響が聞える、船の帆綱が切れたらしい、ゴーッ、恐ろしい風の唸りが聞えた。

人の叫ぶ様な聲が、高い風音の中に消えて、眞黒い海の水が大きく泡立つた。

もう、あのバタ〳〵と云ふ帆の音も、物に怖えた様な人の聲も聞えない風音に消されたのか？

此の風の夜から、この灘に幾度、夜が訪れたか知らない。

或る夜、元氣な若者の乗込んだ一艘の網舟が、この浦へさしかゝつた。

薄暗い大空を墨でもすり流した様な、眞黒い雲が覆ふてゆく
海上も亦、眞黒な闇である。

突然、眞黒な闇の中に、シュツ〳〵と、帆船の水を分けて走る音が聞えてきた、若者等がオヤ！と思ふ間も無く、一艘の帆船が、何處からともなく海上に現れた、不思議に斯うした闇の中に船體がはつきり解る。

サッ〳〵サッ〳〵
米をとぐ音がする。

若者等が、不思議な寒む氣を覺えながら、船の上を見ると、一人の女がセッセと米をといでゐる、暗い闇の中に、それがはつきり解るのだ。

若者等は、口もきかなかつた、櫓を漕ぐ事も忘れて了つた。

フト米を洗つてゐた女が頭を上げた、それをみた若者等は、ゾッとして傑ひあがつた、さうして、夢中に櫓を動かした。

舟が瀬戸の港に入つた時、若者等は、櫓から手を離すと、グツタリ舟の中に坐り込んで、今更の様に、眞青な顔を闇の中に見合せた。（長崎市平戸小屋町八〇川久保忠雄）

怪　水の伝説（三）　木枯の夜の女　獄屋に来た大亀
●長崎日日新聞　昭和六年七月十八日　6-180

水の傳說（三）

木枯の夜の女
獄屋に來た大龜
諫早公園の龜夫婦さん　恩人を救ひ出す

今から三百餘年前、北高來郡諫早町の西北端榮田と云ふ部落に貧しくはあるが、當時有名な仁平と云ふ刀鍛冶があつた
ある寒い冬の晩のこと、多良岳颪の北風が吹いて恐ろしい木枯だつた
獨身の仁平が夜業を終つて寢床に這入らうとしてゐる時
「御免下さい、御免下さい」
木枯の音にかき消されさうなか細い聲が彼の耳に聞えてきた、この寒い冬の夜の訪問客に不審を拖いた彼が、恐る〳〵雨戸をあけてみると、そこにはうら若い女がたゞ一人枯木のやうに立つてゐるではないか、そして仁平の姿をみると兩手に顔を埋めながら泣きだしたのである
「貴女は何處のお方です、して この夜更けに何の御用向があつて？」
氣味の悪くなつた仁平は突然に泣きだした女をいたはるやうに尋ねてみた、その仁平の言葉に涙に濡れた眸をあげながら女は
「妾はこの城下に住む者でありますが、今惡い者に命をとられさうになつてゐます、どうぞ〳〵妾共親娘を助けると思つて惡者を退治する錏を三日のうちに作つて下さいませ、妾の一生のお願ひです」
と哀願するのであつた、これを聞いて仁平が哀れに思ひ、三日の後に作つてやる事を固く約束すると、その女は安心したものか、闇の中にすーッと消えていつた

三日後、仁平が丹誠をこめた鳥の舌のやうな鋭利な銛を作りあげて待つてゐると、案にたがはず例の女は同じ時刻に彼を尋ねてきた、そして銛を受取ると厚く禮を述べながら、いそ〳〵と歸つていつた

かうした事があつて數日たつたある日、不氣味にくろずんだ山下淵の深潭は眞赤な血汐に彩られ、二間にも餘る大鯰が白い大腹をみせながら死んでゐた、ところが不思議にも腹に數箇所の突疵があつて銛が咽喉に突つ立つてゐるのである

早速この事が城内に知れ、大騷ぎとなつて喉頭につきさしてあつた銛の穿鑿が嚴重に始められた、その結果仁平の作である事が判り、彼は殺生をした不届者としてその辯明もきかれず重罪に處せられ牢獄の人となつたのである

が、彼が寃罪を受けて獄屋に入れられた晩の事であつた、突然獄屋の床下を破つて一匹の大龜が彼の方に氣味惡く這ひよつて來た、その瞬間、彼は驚きの餘り打倒れたまゝその場に氣絶してしまつた

何時間たつたか、ふと彼はこそばゆく鼻先をなで起す媚めかしい匂ひに目覺めた、そして耳許に甘い女の聲を聞いた

『妾は銛を作つて頂いた女です今御恩返しに參りました、これを持つてさあ早く此處から逃げて下さい』

彼は木枯の夜の怪異の女に助けられたのである

夢のやうな氣持で彼女が差し出した黄金の鑿を握ると彼は牢を破つて逃げたが、淵の傍まで逃げて來た、時運惡くも彼は見廻りの役人に發見せられたのである、『しまつた!!』と思つた途端、女の與へた黄金の鑿がすごい音響と共に白煙を吐き、その中から大龜が現れたかと思ふと忽ちその役人を喰ひ殺して仕舞つたのである

かうして仁平は危いところを龜に救けられ、その後城主の許しも出て餘生を幸福に暮す事が出來たが、後はその淵の邊に龜塚をたてゝ懇ろに龜の靈を慰めてやつた

諫早公園の頂上龜夫婦さんと云つて二匹の龜が祭られてあるのもかうした傳説からきてゐるのであらう（諫早町與の馬場二松院光）

（附記）山下淵の傳説について外に中本明、小田竹葉氏の投稿があつたが、興味の點から二松院光氏の方を採つた、惡しからず（選者）

水の伝説（四）　大楠の根本を七廻して唄七つ　6-181
●長崎日日新聞　昭和六年七月十九日

怪

水の傳說（四）

大楠の根本を七廻して唄七つ

姫が天國に登る時に使ふ

不知火物語り

有明の海千々石灘に足を浸した吾々の鄕土、島原半島が持つ古い時代からの傳說「不知火物語り」はまだ〳〵吾々の鄕土の誇りと謎です。

人皇六十一代朱雀天皇の御代であつた、中央では藤原忠平諡して貞信公朝臣が萬機を攝政し、華やかなりし平安城文化も愈々末期に入らうとしてゐる頃、天慶年中、京師では「元年四月地大いに震ふ内膳司頽る、六月又大震あり鴨川溢れ民舍多く壞る」「盜賊横行す」と書にあるが如く、平將門、伊豫掾純友の亂が起り、世を擧げて物騷な時世であつた、だがこの傳說は、筑紫の大宰府よりもズート隔れた西國も遠い〳〵果ての〳〵火の國に起つた事である。

肥前の國高木郡政唐比（北高來郡森山村唐比）の領主に渡部某と云ふ武士があつた。

枝を張つた大楠の見える白い館を中心として、堀、堀から大池、周圍を圍らした愛津原、それに續いて廣い伊佐早平原、空は澄んでゐる、愛津原が有海の

海と千々石灘を横に帶して區切つて島原半島が南へ伸びるだけ伸び、遙か雲仙岳はまだ／＼大古の夢、それ程平和な唐比の里であつた。

渡部領主には生後幾程もたゝない可愛い一粒種の虎御前と稱ふ姫君があつた。

その美しさは觸れるとニッコリ櫻貝のやうなやさしさで、兩親方の慈しみもさこそながら、『ヤレ姫へ、ソレ姫が』と、姫は機織が上手だ、糸引がうまいのと、小さい姫君を成人の姫君に育て上げた嬉びに、白い館は毎日、白い朝を朗かにしてゐた、唐比の里は鷄の聲さえも長閑で平和だつた。

世の中の幸福と云ふ幸福はそつくり一人で抱きしめて產まれたやうに里人が思つてゐたのにあれ程、姫よ姫よと慈しんでゐた兩親はフトした病から相前後してこの世を去つて了舞つた、慈愛深い兩親に去られた姫は、その後氣立のやさしい乳母の手一つを頼りに、淋しい靜かな月日を送つてゐた、乳母は姫の笑顔を一つ／＼數へる時、佗しそうな貰い面持に、憬ひつきたい愛着を覺えて行つた。

ある日、乳母は今迄にない姫の不機嫌をなだめてゐたが、どうしても姫の機嫌が直らないので、途方に暮れ白い館の壁に夕闇が押寄せる頃、姫を抱いて館を彷徨ひ出た、そして一本の枝廣がつた大楠の根元にきたが、まだ姫の不機嫌は直らない、しかたなく乳母は楠の根元をクル／＼廻りながら節面白く身振り付きで、この楠の大木こそは『姫が天國に昇る時、使はれるものであるよ』と七回廻りながら七回唄ひ終ると、あれ程むつがつてゐた姫君はパッと、一夜に花が咲いたやうに、いつもの貰い微笑みで乳母を眺めるのであつた。

その後もむつがる度毎に、その大木の下に、姫を連れると不思議にやさしい麗しい、いつもの御機嫌にかへるのである、傳へ聞く里人達も不思議な事だと話合つてゐた（續く）…草野一男

怪

水の伝説（五）姫の墓所から出る大きな火玉

●長崎日日新聞　昭和六年七月二十一日　6-182

水の傳說（五）

姫の墓所から出る大きな火玉（上）

二つに裂けて飛散り

有明と千々石灘

天暦十年村上天皇の御代——姫君も美しい年頃の娘となつた。

白百合のやうな氣高い姿で、ピーン／＼と機織る梭を響かしてゐる美しさは、高木郡ははるか彼杵郡、遠くは松浦郡までも城持の若殿原の明星として輝き渡つてゐた、さうした事から館の重役の間にはいゝ婿を探して唐比を繼がせやうとの相談が内々起つてゐた、唐比の里は遂く姫に吩傳された。

が、然し姫君は成人してからも、あの大楠の根で、生ける人にやさしく話しかけるやうな姿で、人目を憚つてゐた、この姿を里人のうちにそれとなくみた者があつた。

ある日、姫は乳母に向つて『あの大楠で船を造つてよ』と愛くるしい眸を輝かしながら哀願するやうな口調で命じた、姫領主の命である、忽ち大勢してヤンヤ／＼と楠の大木は伐倒され、船大工の切込み唄も勇ましく夜を日について新らしい香り高い船は出來上つていつた大池の水は青く深く、今日ぞ晴の船下しの日、晴れの若者達が、ヤーレ、エンヤと頰赤く波打たしてゐる、新造船は姫、乳母、一門の人々が乘り込んだ、船は水へ水へと下されて行く、と、どうしたのか、波がチロ、と轉がつてゐる水際まで船が進んだ時、船は大磐石に根が生えたやうピタリ止まつたのである、これに驚いて一門の者々が船を下りると後に姫と乳母を乘せた船はス、スーと獨りでに波を辷つて水に躍り込んでいつた、池

は眞蒼だ、風一つさへない高い空に懸つた雲が、紫色に池のに浮び、人々は何とも云へない高貴な紫の香りで夢のやうな氣持――。

姫と乳母は、樂しい今日の船遊びに打興じてゐる、これをみて一門の方々、若者衆も籠手をかざしながら、ヤンヤ〱と打ち嬉び、どよめいてた。

その中、船は進んで池の中央と思ふ間もなく、俄然アッと云ふ間もなく、船は轉覆したのである、波も立たないのに……どうしたと云ふのか、姫と乳母の姿が水の中に吸ひ込まれてゆく人々は、ソレと云ふ間もなく救助船を出し、我を忘れて救助につとめたが、どうした事か乳母丈は救はれたが、姫君は遂に亡骸さえも見出す事が出來なかつた、一門の人々及び若者衆も今は詮方なく一同悲歎にくれ、悲しい淋しい氣持で叮重な墓石を築き、高僧を招じ、ありし日の姫の慈悲を忍び、七々日が間その靈を手厚く供養したのであつた。

あの平和郷も今は鳥さえ歎きに囀らぬ程であつた。

それからと云ふもの、里人が歎かはしい想ひをこめて、月の背い水に澄んだ夜、ジート大池の邊に至り大地に耳をつけるとビーン〱、姫の機織る音が、淋しく里人の耳を傑はせてゐる

その年も愈々押詰つて大晦日の夜、今まで何がの蠱惑に魘はれてゐた里人達の眼に突如奇異な現象が現れて來た。

姫の靈を祭つた墓所から、大きな火玉がフーワリ浮いてムク〱と動き初めた。その火の玉は二つに裂けて、激しく兩方に飛び散り、一つは有明の海に、一つは千々石灘へ……その火の玉が二つの海で再び千々に碎け闇の黒潮の水平線に今もズラリと並び夜明け近くなると、奇怪な光團は虎姫御前の墓石へ戻つてゆくのであつた。

この傳說こそは、美しかつた虎姫御前のやさしい御靈であらう。（終）

怪　水の伝説（六）　村一番の娘を大蛇の犠牲にす　●長崎日日新聞　昭和六年七月二十二日　6-183

水の傳說（六）

村一番の娘を大蛇の犧牲にす

それで漸く時化は靜まる

浮んだ美男の屍

長崎の港を後にし發動船に搖られること一時間餘にして鯨が灘の白砂が目に映ずる

西彼杵郡爲石村爲石池にまつはる傳說――

いつの頃か？

春の宵に誘はれて、池の側の松林を樂しそうに、そゞろあるく若き二人の男女があつた、月影朧にかすんで池の藻が人戀しさうに搖れてゐる

二人の年若き男女は池の岸邊の石に腰をかけ時の過ぐるも知らず甘い言葉をさゝやき合つてゐた

花たけなはの春も逝き、海風松林に鳴る夏も過ぎて萩の下葉の色づく秋ともなり、戀に惱む二人の心に曙光がいさり火の如くまたゝき初めた頃だつた

二百十日も事なくすんだ豐作に村人が酒汲みかはしてゐる頃遽に吹き起つた風が今まで靜かにねむつてゐた池の面に波浪を呼んで、村人一年の辛苦の黃金の田は、一夜のうちに水田に化してしまつてゐた

明日も風、明後日も雨と一月二月と打續く暴風雨に村人達は生きた心もなかつた、たま〱飢渇に苦しみ、朝明りに、海に出て糧を得やうとすれば遽に海風が起り數人の漁夫は見る間に激浪にのまれてゆく、重なり續く此の不詳事に、村人達は山に登りまた川邊に座つては天地の神に祈るばかりであつた

誰云ふともなく傳はり擴がりゆくは、あの池に棲む大蛇の祟りだつた、村人を飢渇から救ふ

道は只あの池の主に村一番のみめ美はしき乙女を犠牲として捧げる事だつた

その犠牲に選ばれたのは、あの若き日の歓びに胸おどらせてゐた娘であつた、何んと云ふ運命の皮肉か、甘い戀の夢が破られてゆく

村人達は、若者に必死となつて助けを求めるあのみめ美はしき豪家の一人娘を、白木の新らしき船に乘せて暴れ狂ふ池の面に浮かべた

小さい船は激浪に木の葉の如くもまれゆく、村人は風の荒すさぶ中に、むせびなく娘の聲をかなしい氣持で聞いてゐた、その時には目を破るばかりの雷光が暴風雨のなかを惡魔のやうに走つた

恐怖に充ちた一夜があけると池の面は靜かにないで、朝の太陽が輝いてゐた、漣が岸邊に寄せて水藻は靜かに人戀ひしく搖れてゐる

驅けつけた大勢の村人は池の面を見つめた、其處には白木の船もなく、娘の姿も見えない、あの若き美少年の姿が娘の靈を慰むるやうに水底の藻に無殘な屍體となつてからんでゐるばかりであつた、その日から海は荒れても池は荒れなくなつたと語り傳へられてゐる（長崎市井樋之口町三丁目濱口三郎）

（附記）原稿は必ず二十字詰二十行原稿用紙を用ひられたし（係り）

怪　水の伝説（七）　呼び止める声　二発目の弾込め　6-184

●長崎日日新聞　昭和六年七月二十三日

水の傳說（七）

呼び止める聲　二發目の彈込め

小牛程の獺が死んでゐた

針尾島の魔の池

今から三百餘年前、戰ひに敗れた東彼杵郡針尾島の北端に住付いた一族があつたが、そのなかに小二郎と呼ぶ身丈拔群、大膽不敵の若者があつた、郷民のおびえ恐れるのを一笑に附して夕闇を飾るべく其の池に夜鴨を覘つたのであつた。

折からの寒雲はグン／＼と擴がり、異樣な風音が斷續して響き丈なす雜草は一面に生茂り、幾丈とも知れぬ水の面は何百年もの神秘を包んでゐるやうに不氣味で實に物凄い情景であつた。

『大分茂つてゐるな』

空を仰いでつぶやきながら、彼は獲物のくるのを待ち疲れてゐた。

ゴーゴー物凄い風鳴りが去つて元の靜けさに返つた時ズドンと一發の銃聲、小二郎が發つたのであつた、その途端、悲鳴と共に鴨は池の中に落ちた。

『うまいぞ』

彼がかう呟きながら池の中の獲物をひろひあげて、撃ち下した嬉びをおしかくすやうに第二彈をこめやうとした時だつた、小二郎よ――小二郎よ――風音にからんで、何處からとも無く聞えて來る聲、背筋をなでられたやうにズーンとした彼が耳を身體のやうにして確めやうとした時には、もう風音に紛れて聞えなくなつてしまつた、確に清左の聲のやうだつたが。

殆度、清左の母は身重で、今日明日中かには生れさうだつた然し今夜中は大丈夫だらうと思つた小二郎は夜鴨打ちにきたのだつた。

また、一時も經たぬのに――と不審に思ひながら彼がまた彈込をしやうとするとまた／＼小二郎よ――小二郎よ――と夢のやうに幽かな聲が聞えてくる。

折から風は益々强まり、池の水は荒れ狂ひ、不吉なある豫感がサツと小二郎の背筋を流れた。

清左だ！、確に清左だ！。

吃驚した彼が土手に這ひ上り

『オーイ！今來るぞ』

と、銃と鴨とをとらうとした瞬間、

怪　水の伝説（八）　水船の中に女　哀れっぽい声音

●長崎日日新聞　昭和六年七月二十四日　6-185

水の傳説（八）

水船の中に女
哀れつぽい聲音

『ひしやく』を借して呉れ
冷たい體が浮ぶ

「さあ、もうそろ〳〵出かけるかな」

「今夜はべたなぎだから、釣れさうだよ」

ひる寢のうまひから覺めた寂しい漁夫等が夜釣に出かける支度をはじめてゐた、空には消え殘つた蠟雲か、五島灘に沈みかけた眞紅の太陽の光をうけて五色にかがやき。海面に錦の模様をおりなしてゐる

「今夜は雲行がいゝぞ」

自信あり、氣に空を見上げた一人は、赤銅色にかがやく顔にかすかな微笑を見せた――

釣れる釣れる！

近頃、その夜は近來にない大漁だつた、漁夫等は思ひがけぬその日の大漁に、明日の喜びを胸に描きながら、それでも釣りには夢中だつた

と！今迄あれほど、晴いたやうに晴れてゐた空に、不氣味な黒雲が低くたれ下り、汗つぽい陰鬱な風が思ひ出したやうに吹きつけてくる、寶石を散りばめたやうに華麗な星座が、眞黒い幕に閉されてしまつた

「ズズズ――」

また、一しきり風が起つた、と思ふと唯一のたのみとする集魚燈か「ばつ」と消えたその瞬間汽船の波をきるやうな薄氣味惡い音が、遠い沖の方からひゞいてくる

！

くつついてゐた三艘の小舟は十四五米づつもはなれてしまつた、音はだん〳〵近づいてくる物事になれきつた彼等にも何だか不吉な豫感が襲つてきた

怪しくなつた雲行は急に大粒の雨をザーッと降らし文字通り車軸を洗ふ土砂降りとなつた

その時、何處から現れたのか全く突然の出來事である、一艘の小さな傳馬船、しかも水船となつて沈みかけた船が、一人の漁師の乘つた舟の横に現れた、そして、水船からは銀鈴のやうな女の聲が、哀しげに響いてくる

「お願ひです、ひしやくを借して下さい、水をくみ出すのですどうぞ！ひしやくを！」

女だ――女だ――漆黒の黒髪水にぬれた眞白の肌、それが夜目にもくつきりと浮いて見えるのだ、繪にみる海の人魚のやうな女の姿である

漁師が恐る〳〵、ひしやくを差しだすと、それを受とつた女は嬉しさうににつこりと頬笑んだその顔！その顔！漁夫ははつたり舟の胴の間にうちたふれた

「命あつてのものだね」

と、我にかへつた彼等は陸上さして逃げるやうに漕いだ

「アッ！」

小二郎は眞青になりぶる〳〵つと身振いした。鴨が無いのだたつた、今まであつたあの鴨がないのだ、途端ボツリと一粒の雨！シユウ――青い火玉が小二郎の眼を掠め去つた。

と同時に、池の水が夜目にも美しく沸き上るのだつた、ふるえながら見詰めて居た小二郎は、やがて失心した様にバッタリ其處に斃れた儘昏々と深ひ眠りに落ちていつた。

その後、郷民の一人がこの附近で小牛程の鴨を見たが、みた者はその夜の内に變死してしまつた、此の事があつて以來、此の池を魔の池と呼び忌嫌れて居るが、今だに鴨の怪は謎としてとけない。

（東彼杵郡宮村南風崎局内鳥島　野口牧平）

その翌日、村では青年團總出で海上捜査が行はれたが、然しやうやくさがし出した時には、漁師の船は水船となり、その中にひしやくをしつかり握りしめた冷たいむくろが浮んでゐるばかりだつた

それから海上でひしやくを借せといふものがあつたら底をはづして貸すものだと云ひ傳へられてゐる

（西彼杵郡亀岳村川（谷常雄）

（お願ひ）傳説の池、川、淵、海等の寫眞お持合はせの方は原稿と一緒に御送り下さい（係り）

水の伝説（九）　祝の浦の巖窟　潜む邪宗門の男　6-186

怪　●長崎日日新聞　昭和六年七月二十五日

水の傳説（九）
祝の浦の巖窟・潜む邪宗門の男
お役人の目を晦まして　金鍔次兵衛の祈り

マドロスにお馴染の多い戸町遊廓を通り抜けて、深堀へ通ずる縣道へ歩を入れると、田上そつくりの切通しがある、その切通しを出ると前面に漫々たる碧の海と共にグロテスクな巨岩のいくつも聳へてゐるのが目に入る しかして誰も往昔この邊は斷崖絶壁の荒磯であつたことを想像するのは間違いのないことであらう、宜べなるかな、往昔此の地は祝の浦と呼ばるゝ寒村であつた、かつ斷崖絶壁の箇所を巖屋崎と名づけてゐた、巨岩怪石は層をなし所々には底知れぬ洞窟が穿たれ、自から峡谷をつくつてゐる

寛永十年の頃であつた、長崎の古川町に次兵衛と呼ふ美目秀麗な青年がゐた、彼は切支丹で熱心に傳道に志してゐるのであつた、いつも金鍔の刀を帯びてゐたので人々は彼のことを金鍔次兵衛といつてゐた、その頃すでに徳川幕府の切支丹に對する禁遏は苛酷峻烈をきわめてゐた有名な二十六聖人殉敎哀話を初め様々の切支丹殉難者の物語りを繙したものもその頃から餘りかけはなれては居なかつた、が彼は少しもおびえなかつた、斃れゆく同志を見れば見る程主への信念はますます强固になつてゆくのであつた、しかしてより多く主のみ敎へを人々に弘めむと嚴しい詮議の中を巧みに動いて傳道にいそしんでゐた、けれど、つひに彼の邪宗門弘布も時の長崎奉行に知れてしまつた、奉行所では直ちに市内から他領への出口には關所を設けると共に大村、島原等の近接した藩主へも關所をかまへさせて嚴重に彼の處在を探索したが、其後彼の行衛は杳として知れなかつた

彼は巖屋崎の奥まつたある洞窟の中に身をひそめてゐたのだつた、寛永も十四年となつて居た彼は宏大なる主のお恵みによつて安住の地を得た喜びに晝は洞窟内にあつてイエスキリストの像に祈禱をさゝげ、夜に入ると洞窟を出て荒磯づたいに、或ひは小舟に掉して、ひそかに市中へ行き、やはりたゆまず主の聖德を人々に傳へてゐた、結局、金鍔次兵衛も哀れな殉難の子であつた、その年の六月十五日片淵村の助右衛門といふ男に訴人され、つひにとらへられて立山の刑場ではかなく露と消えてしまつた、それから間もなく彼がかくれて居た巖屋崎の洞窟は金鍔谷と呼ばれ、いつともなくその附近の村も金鍔といふやうになつたと傳へられてゐる、時は移り、明治に入り金鍔の斷崖絶壁の荒磯も切斷されて縣道が通り、今は海と崖とが左右と別々になつてはゐるものゝ、私はいつも金鍔通りの漫々たる碧の海水と巨岩を見ると金鍔次兵衛の悲しくも崇高なりし生涯の傳説を思ひ出すのである、尚次兵衛がかくれてゐたと傳へらるゝ金鍔谷には現今眞言宗派に屬するお堂が建立されて戸町方面の名

所の一つとなつて居る（長崎市國分町塚原鎚二）

怪

水の伝説（十）　法師さまと泉　金剛杖を立てた　6-187

●長崎日日新聞　昭和六年七月二十六日

水の傳說（十）

法師さまと泉 金剛杖を立てた

そこからこん／＼と湧く

親切なお神さん

今から千百五十年ばかりも前――稚の木峠を、こち／＼下つて行くお坊さまがありました。粗末なお法衣、日に焼けたお顔――

きよろ／＼何か探していらつしやるやうです、ひよつこり見上げてゐるのは、二人の子供です

『のどがかはいてじやうがないが、清水はないかな』

『こつちの村にはありませんよ向ふの谷まで行かねば――』と子供はその谷の方を指さす。

『茨があつたり、岩があつたりして、お坊さまはとても行けません』

『では、皆、そんな所まで水汲みに行くのだね』

『え丶、外にないんですから』

『さうか』

お坊樣の目が、何かにうなづきました。

『よし／＼、わしが出してやるぞ』

『何を？お坊樣』

『清水を――』

『ほう、清水を――お坊樣は、魔法使ひ？』

『いや／＼、決してそんなものぢやないよ』

『どうして出すの？』

『御佛樣のお力で――』

村に着いたお坊樣は、まづ水だ――と思つて、一軒の家にお立寄りになりました。

『御免下さい、恐れ入りますが水を一ぱいお惠み下さいませんでせうか』

『水を一杯、何だ／＼この忙しいのに一昨日來い』

男の聲です、坊さんは大きな椿の木の茂つてゐる畑の通りを曲つて隣の家に出ました。

『ごめん下さい、水を一杯下さい――』

『水を呉れ、お前達にやる水はない』

お坊さまは、そこ／＼に出ておいでになります。

近所で機織るおさの音がしてゐます。その家へ

『ごめん下さい』

庭の椿の下で、若いおかみさんが、一生懸命機を織つてゐます

『水を一杯お惠み下さらんか』

『あ丶、水ですか、お易いことでございます。お坊樣一寸お待ち下さい。今朝汲んだ水は、なまぬるくなつてゐますから、今冷たいのを――』

『いや／＼、それで結構――』

『あの、すぐですから――』

若いおかみさんは、大きな水桶を提げて出て行きます。

お坊さんは、にこ／＼しながら出て行くおかみさんの後姿を見送つてゐます。

『おう、この布の中にも幸福を織り込んでやらう』

お手が、靜かに梭に觸れました葉蔭を漏れる七色の光が、ゆら／＼ゆら／＼搖れてゐます。

『お待たせ致しました、あさどうぞ――』

おかみさんは水を持つて來た、坊さんは息もつかないで、飲みます。

『ここらあたりは、水にお困りのやうぢやな』

『はい』

『おかみさん私が一つ水の出る所を教へてあげませうかな』

『お坊樣、お願ひ申上げます』

『よし／＼、それ、その萱の根本だ、どれ、この金剛杖を立てまするぞ、ここが清水の出る所……では、左樣ならしますよ』

お坊樣はしづ／＼と海邊の方へ歩いていらつしやいます、おかみさんは、急いで鍬を取出して

來て、ざくり——一鍬打込みました、濕つてゐます、二鍬三鍬おや!!水が水が——何處を掘つても出なかつた水がこん〳〵とほとばしり出ました、みてゐる中に泉が出來ました、それは人皇第五十二代嵯峨天皇の御代に生佛樣と仰がれた空海上人でございます。

今でもこの泉を「弘法さんの水」と申します。

（北高來郡諫早町西川武治）

水の伝説（十一）　五島沖の孤島　一夜の中に陷沒

●長崎日日新聞　昭和六年七月二十七日　6-188

怪　水の傳說（十一）

五島沖の孤島 一夜の中に陷沒

一部落蕨の浦に引移る　觀音樣のお告げ

長崎の港から九州汽船に搖られ五十五海里を乘切つて福江に寄港し、更に田ノ浦瀨戸を橫切ると久賀島に着く、其の凹字形の島の東北端に蕨と云ふ小浦があつて數十戸の一漁部落を成して居るが、此の部落の後方の小高い丘上に小やかな堂が有つて堂内には朝鮮式の古めかしい觀世音菩薩の石像が安置されて、此處の部落の人達の朝な夕なの信仰の的となつてゐるが、其の由緒を聞くと斯うである……

× ×

何時の頃にか、今の五島列島中の祝言島の西方海上に一小孤島があつたが、その島に祀られてゐた觀世音菩薩が或る夜この島の島長の枕邊に現れ給ひておつ告げになるやう……汝等が住める此の島は天災地變のために遠からず海中に陷沒して、海の藻屑と成り果つべければ、一刻も早く我が尊體を守護して人々殘らず此の島を退去して何れへなりとも引き移るべしユメ〳〵疑ふこと勿れ……と嚴かにお告げ下された

島長は奇異の思ひをなしつゝ何は思案に餘りて一人胸を痛めてゐたが、三夜も續ひて有難き夢のお告げがあつたから、今は疑ふべきに非ずと決心して、さて島の人々を殘らず集めて、觀音樣のお告げ斯く〳〵と納得させ皆々家財道具を取纏め、大船の中央には彼の觀音樣を奉戴して祖先幾代住み馴れた懷かしの島を後にして、今の久賀島なる蕨の浦へと移り越した

× ×

斯くて波靜かなる蕨の浦の住まひに落付いて幾日か過ごした或朝、浦の後方の丘上に居た島長が、見るともなしに雲煙縹渺たる祝言島の彼方の洋上を眺めると、昨日まで其の海上に墨繪の如く浮んでゐた我が孤島は、掻き消えてしまつてゐて海波の外にには何物も見えない、我が眼を疑ふやうに更に凝視すれども、眼に映ずるものは海波ばかりであつた

仰天した島長は急ぎ驅け下りて島の人々に知らせた、老若男女は丘上に集まつて凝視を續けたが一向に見えなかつた

島々の人々は、更に奇異の思ひをなすと共に、且は觀世音の御慈悲の有難さに、今更に隨喜渇仰の涙を流した

斯くて幾千年を過ぎ幾十代を經たであらう、彼の觀音堂には今も香華が絶えない

彼の陷沒したと云ふ島の在つた邊と覺しき海中からは、現に魚引網に、當時の遺物と思はれる金物類などが引き掛つて上がつて來ることがあると云ふ（北高來郡本野村彥城小田竹葉）

水の伝説（十二）　若き娘の魂を秘めた田原ヶ池

●長崎日日新聞　昭和六年七月二十八日　6-189

怪　水の傳說（十二）

若き娘の魂を 秘めた田原ヶ池

失戀に惱んで行方を晦ます　大蛇が棲むとの噂

長崎郊外の翠緑の園藝塲古賀村の東端田原ヶ池にまつはる傳說……。

いつの頃か、話は數百年の昔にさかのぼる、それは或夏のことだつた、夕陽を浴みつゝけはして

い山坂をあへぎ〳〵上り來るうら若き青年があつた、彼は數年前家出し、いまは長崎に商賣をもつ兄を訪ふべく數十里の道を佐賀より單身尋ね求めて來たのだつた。

程なくして彼の姿は或宏壯な邸宅の門前に現れた、辛うじて人家に辿りついた彼は、一時の安堵と疲勞衰弱のために其儘バツタリ倒れてしまつた、青年は直ちに妻女の手に援けられ、やがて軟かいベットの人となつた。

この家の主人こそ當時村民から平左如來と尊崇された村一番の富豪家であり、大慈善家である餅田平左衛門だ、そしてこの人には可愛い一人の娘があつた、

青年はやさしい富豪の家に在つて手厚い看護を受け日々健康を快復し旬日を經づして感謝とともに長崎に去つた、それから一年を經た或日、一人の青年がその家を訪れた、この邸宅を一町程隔てた西南に紺碧の水をたゝへた沼があつた、田原ヶ池と呼んでゐた、この平和な湖上に丸木舟を浮べて甘きさゝやきを交す若き男女の姿が見られる樣になつた、無名の青年と富豪の娘との仲にかくして時ならぬ眞紅の花が燦爛と咲き誇つた青年は笛が好きだつた秋が來た、林に點綴する楓が紅葉する頃、彼の青年の姿は突如消へ失せた、彼女は失望と悲歎と憤怒に燃えて青年の跡を追つた、しかしそれは無駄であつた。

それより田原ヶ池の湖畔に失神した富豪の娘の哀れな姿を眺める日が多くなつた恐怖に閉ぢられた嵐の一夜が來た、そして麗かな秋の陽ざしが村々の軒を照らすとき、昨日まで穰々と稔つて黄金の疊をしきつめた稻は嵐のために莖を折られ穗は散らされ、水に流されてゐるも無殘な光景を呈してゐた、しかしそれよりも何哀れなことは富豪の娘の失綜事件だつた、その後誰云ふとなく田原ヶ池には大蛇が住むと噂せられるに至つた、またその湖面に浮ぶ丸木舟に乘つて笛吹く青年の膝にスヽリ泣く娘のいじらしい姿をみたと云ふものもあつた、富豪の父は愛娘の靈を慰むべく湖畔にさゝやかな祠をたてゝその靈を弔つたと云ふ今にそれが殘つてゐる、田原ヶ池も今は廣濶な水田となり、その名もゆかしく池田原と呼ばれてゐる(北高來郡古賀村蘇水生)

水の伝説（十三）　川原池の大蛇が「清姫」の舞台に

●長崎日日新聞　昭和六年七月二十九日　6-190

怪　水の傳説(十三)

川原池の大蛇が「清姫」の舞臺に

歸りには大嵐が襲ふた

茂木玉臺寺の住職

「和尚さんよ、これから俺らが語る話はかなり古い昔の物語りだよ、どれ位、昔の事かつて?さうだなあ、今から百十四、五年の昔にもならうか……」

と、回顧的にぼつり〳〵と語り出したのは頑丈さうだが、少くとも人生の一世紀以上を生きてきた幸福さうな翁、そしてこの翁の物語りに耳を傾けてゐるのは、これも八十路を夙くに越したらしい一人の翁である。

或星の美しい晩だつた。

「じーつと、から考へて見ると何んだか霞をすかして遠い島でも見る樣な氣がする、俺らが十一か二と云ふ幼い頃だつたよ、家が貧しうて俺らは其頃玉臺寺(西彼杵郡茂木町の淨土宗寺)の味噌擂小僧にやられてゐた。

當時の住職は今の住職の四代ばかり前で、白圓と云ふ偉い人だつた、或る年の春——九州下りをした歌舞伎の千兩役者が川原(西彼杵郡川原村)に乘込んで來たのだ、そして三日間の觸れ出しで興行をはじめたが、こんな偉い千兩役者は二度と田舍にや來るまいと云ふので、蓋開け前から、それは〳〵素晴らしい評判だつた、玉臺寺の住職も

此の評判を聞いて初日を見に行かうと仰言つた、住職のお伴はこの俺らが仰せつかつたのだよその朝、茂木からは二艘の觀劇船が仕立てられた、柔かな春潮をすべるやうに二艘の觀劇船が川原に着いたのは、今の時で云ふなら十時半頃だつた、芝居の假小屋は大蛇で有名なあの川原の池畔に設けられてあつたが、海岸から小屋までの間に幾十百となく、のぼりの旗が立てられてあつた、美しいのぼり旗のはためきは今も尚ほ俺らの目に殘つてゐるからなあ。

生れてはじめて芝居と云ふものを見るので、俺らは嬉しかつた、場内は全く足の踏み場もないと云ふ大入り滿員だつた、觀客の中に一際目立つてゐたのは飯香の浦（茂木町の一部落）の五左衛門さんだつた、この人は飯香の浦の郷士で、えらい分限者、本妻と美しい妾を左右に、一盃汲みながら舞臺に見入つてゐた、それから幾幕か過ぎて中狂言に入つたが、狂言は愈々呼びもの丶『安珍淸姬』だ、舞臺で、安珍を慕ふ淸姬が蛇になつて『この川渡らう』とやる時だつた、俺らの側にゐた住職が突然立ち上つて『茂木方面から來て居られる方々は芝居の終らぬ中、一刻も早くお歸りなさい』と聲高に叫んだのだ、何んで歸れと云ふのか判らぬが、住職の面には、ただならぬ色が漲つてゐた、皆んな不審だつたが、豫ねて智者と云はれる白圓さんの事だ、何にか理由があるだらうと、茂木から來た人達は殘らず場外に出た、そして二艘の船で茂木へ歸つて行つた、あとに殘つたのは住職と俺らと二人ぎりだ、それから住職は海路來た人々に早く歸る樣す丶められたが誰一人歸らうとする者はなかつた、飯香の浦の五右衛門さんも住職の言を耳に入れやうとはしなかつた、住職と俺らとが外に出たのはそれから小半時も經つてからだつた、仕立船は二艘とも歸つてるので、俺らは川原で一艘仕立て丶歸路についたのである。

船中で長い間瞑目してゐた住職が、やつと目を開いたかと思つたら俺らに向つて

『觀劇央ばにして折角愉快中の人達に突然歸れと云つたのは何故だかお前は知つて居るか、恐らく知るまい、理由はかうだ、安珍淸姬の狂言の幕が開いてから間もなくだつた、愚僧がひよいと上を仰いだ時だ、あの松の木に胴の圍り五尺もあらうかと思はれる大蛇が上つて、じつと蛇身の淸姬に見入つてゐるのを發見したのだ、口はゞたい事を云ふ樣だが、大蛇の姿は恐らく愚僧以外誰れの目にも見えなかつたであらう、彼の大蛇は、必ず川原の池の主に相違ない、その大蛇が池に歸る刹那、天地にはかに晦瞑となり、海は荒れ雷鳴轟き、風雨吹き荒ぶのは必定だ、それ故この難を免れんためであつた』

と云ひ、住職は再び瞑目した其時 俺らは 住職 の威厳に打たれた、けれども漕ぎゆく船路は油を流した樣に靜かで、嵐などは微塵も豫想されなかつた。

軈て俺らの船が潮見崎（茂木町の觀月で有名なところ）の鼻を廻つて間もなくであつた、突如天の一角に現れた黑雲は風を呼び、今まで靜かだつた海上はにはかに暴れ、天地晦瞑となつて、雨は車軸を流す樣に降り出した、危いところで俺らの船は岸邊についた、其翌日となり、芝居歸りの途中、この難に遭つて溺死した人々の屍體が谷地で幾十となく發見されたが、その中に飯香の浦五右衛門さん達三人の屍體も千々（茂木町の一部落）で發見された。

五右衛門さん等の遭難地點は

大崎（茂木町の一部落）と千々との中間、瀬じやと云ふところで、五右衛門さんは本妻と妾とに、五右衛門どの〳〵と縋られて死んだと云ふ事だ。

其後茂木の漁夫がこの瀬じやでよく遭難するが、其處を通る時『五右衛門どの、五右衛門どのはござらぬか』と二言三言呼びかくれば、どんな凪の日でもにわかに海が荒れると言ふ。

『五右衛門さんもあたら一命を失つたものだ』

翁は此處まで語つた後

『古い昔の事だから多少は間違つてゐるかも知れぬ』

と、附言して物語りを終つた。

（長崎市船大工町三一石尾安利）

獣　水の伝説（十三）　亡父の法名を大亀の背に彫る　6-191

●長崎日日新聞　昭和六年七月三十日

水の傳說（十三）

亡父の法名を大龜の脊に彫る

お家を護る半造江の主　再び池中に放つ

天下は麻のやうに亂れて、今日も明日もと、戰爭に日を送つてゐる頃のこと、此處西國の果西郷石見守の城下には、珍しい芽出度い事が起りました。

『大龜がとれた!!お池で——』

若者がぴう〳〵庄屋の家へ走ります。

『大龜か?——そりや本當か』

『本當だ、行つて見ろ、二匹だ二匹だ』

『どんな龜だい』

『首が馬の首ほどある龜だい』

『へえつ!馬の首ほどある?、ちえつ!だますな』

『だますもんか、行つて見ろ、びつくりするぞ』

お百姓達は、鋤鍬おいて田圃から走り上つて、美しいなたね畑の中をあとから〳〵走つて行きます。

『首が馬の首ほどもあるつて本當かな』

『まさか……はなしや半分だ』

『いや、半分にしてもたいしたもんだ』

『池の中からとれるつて不思議だな』

皆わい〳〵言ひながら池につきました、もう一ぱいの黒山です。

長さ三尺餘の大龜は、大人しさうな眼つきをして人々を見上げてゐます。

『あら!綠のこけが生えてゐる』

『もう大分年をとつたのだらう』

『浦島太郎を龍宮につれてつた龜かも知れないぞ』

『なるほどな』

『とにかくこんな芽出度いことはない、ことしや豊年萬作だ』

皆喜びながら、わい〳〵騷いでゐます、飛んで來たお庄屋さんも、びつくりしました。

『村の衆、なんて有難いことでせう、これは只の龜ぢやありませんぞ、神様のお使だ、このまゝおいては勿體ない、御城主様に献上してはいかがです』

早速奉ることに致しました、おみきを上げて、別れのおさかもりを致します。

大龜は、その日の中にご殿につきました、澤山の見物人で怪我した人もあつたと申します。殿様は非常にお喜びになりました。

『これ大龜、余は西郷石見守尚善だ、よくまあ我領内に現れてくれたな、芽出度い、芽出度いとお百姓や町の人々が喜んでゐるあの聲が聞えるか、それ、まだ門前で騷いでゐるぞ、聞えるか、うん、聞えると見える、はあつはゝゝゝ——可愛い目だ』

澤山の武士は、お殿のお言葉に參ります。

「うん、芽出度いのう、お家萬歳のしるしぢや、おう、今日は父上御命日の日柄だ、誰かあるのみを持て――」

「はあつ――」

石見守は金の柄ののみをお取上げになります。

「我が君いかゞ遊ばします」

「おう、今日思ひ出したることがある」

お側の人々は心配さうに見てゐます、夕陽がきらりとのみの刃先きに光ります、花の香を包んだ夕の風がそよ〳〵と吹いて参ります。

石見守は、金ののみを取り上げて、夕陽に向ひながら、一生懸命に父君の法名を龜の甲にお彫りつけになります。

「我が君、何を遊ばします」

「おう、外記か、龜は一萬年の齢を保つと申すのう」

「はい、左様にございます」

「龜よ、お前は半造江の主となつて、當家を千年も萬年も守つてくれ」

石見守は、二匹の龜に合掌して、靜かに申されます。

なみ居る澤山の家來たちも、じつと頭をさげてゐます。

法名を彫付けられた二匹の大龜は、お言ひつけ通り、翌朝半造江に放たれました。

放たれた二匹の龜は後見送り〳〵水の中に入つて行きました
長い歳月が過ぎて、純堯の孫時代となりました。

純堯は豊臣秀吉が薩摩の國を征伐する時に
「猿面冠者の言ひつけを聞く必要ない」

きつぱりはねつけた氣の荒い殿様です（つゞく）

（北高來郡諫早町西川武治）

水の傳説（十四）

獣

水の伝説（十四）　大亀のたたりで果してお家滅亡
●長崎日日新聞　昭和六年七月三十一日　6-192

大龜のたゝりで 果してお家滅亡

龍造寺に討たれた西郷 半造江に深い穴

或年の秋、荒殿様は有明海に鵙うちにお出でになりました、どうしたのか、一羽の鵙も飛んで参りません。

うすら寒い夕風が月を撫でゝゐます。

とう〳〵一晩中何にもとれませんでした。

「歸る〳〵、余は殘念ぢや」

ぷん〳〵怒つて船を歸させられます、夜がほの〴〵とあけて、参ります。

半造江近くになりました。

「ものどもあれは何ぢや」

怒つていらつしやる殿様が口をお開きになりました。

見れば大きな龜が二匹、土手際に甲羅を干してゐます。

「あつ!!龜でございます」

「龜？」

「はい」

「よしつ!!あんな大龜を生かしておいては後々の爲にならぬ、余が一擊に致すぞ」

「お待ち下さい、何故でございます」

「大龜は人を捕つて食ふといふぞ、今のうちに余が――」

「我が君、あの龜は御祖父君石見守様が此の江の主となつて御家萬歳を保つやうにとお放ちされた由緒ある龜でございます」

「だまれ！余に向つて何を申すか」

「でも御祖父君石見守様が……」

「いふな〳〵、お前等に何がわかる、無禮者！そこ離せ!!」

ずどうん――と一發、煙が二匹の龜を包みます。

「あつ!!」

家來たちは兩手で目を蔽ひました、可愛さうに彈があたつたのでせう、一匹は首を波間に出して、きり〳〵きりと三度舞ふたかと思ふと、ぶつかり浮び上つて動かなくなりました、一匹は涙を流して立去らうとも致しません。

「よし、今一匹――」

狙ひがきまりません。

手が、がた〳〵慄へてきて、ぐわたり、鐵砲を落してしまひました。

『ちえつ!!殘念だ、生捕つて參れ』

『——』

『何をぐづ〳〵致すか、主命に叛く不忠者!!』

叱られて仕方なく四、五人がどぶん〳〵と池の中に飛び込みます、だが彈を逃れた一匹の龜は水底深くかくれてしまひました。

曳いてきた龜を御覽になると甲羅には祖父様のお名前が記してあります。

『あつ!!お祖父上様は、龜になられたか、これはしまつた』

家來たちは、頭を垂れて身動きもしません、土手の薄の穗がかすかに揺動してゐるばかりです。

青空を、白い雲が流れていきます。

『あぐるな、放せ、海に放せ』

殿様は氣狂のやうに叫んで、船に、ぼつたりうつ伏してしまはれました。

射殺してから放して何にならう、強い武士も涙を流してゐます。

其の後一匹の龜は、半造江に深い穴を掘つて、外には滅多に出ませんでした。

時折、見た人は

『本當に、馬の首やうだ、てんまなどは一蹴りで打沈めるだらう』

と申してゐました。

『無茶なことをされたものだ、きつとこれはお家が滅亡するしるしだ』

と、うわさされました。

果して、天正十五年夏七月、西郷純堯はとう〳〵龍造寺家晴公のために打亡されてしまひました（完）

（註）

半造江＝北高來郡諫早町と小野村の境界をなす川、半造川の海に注ぐ邊

西郷石見守尚善＝諫早高城の城主

龍造寺家晴＝諫早之祖

（北高來郡諫早町西川武治）

妖

水の伝説（二十五）　氏神の境内の葉笹が枯れる迄　6-193

●長崎日日新聞　昭和六年八月十日

水の傳說（25）

氏神の境内の葉笹が枯れる迄

悪い事はせぬと誓ふ

生捕られた河童

西彼杵郡時津村海岸通りにまつはる傳說、それは今から凡そ百四五十年ばかり前、蒸し暑い夏の或る夕方の事でした、此の村で若人の胸を湧かしてゐる糸路と云ふ一人の若い娘が海邊の砂をサク〳〵と踏んで歩いてゐました、ふと娘は立止りました、其處には美しい碧が淺い小石の間に漂つてゐました、好奇心と淡い不安とで眺めてゐた糸路は物につかれたかの如く、つか〳〵と汀に歩み寄り、ツと手を差し伸ばしました……と不思議にも、すうと二三尺沖の方に辷り出しました、糸路はフラ〳〵と海の中に入り込みました着物の海水に浸るのも知らずに……

◎

其の翌朝です……

『オーイ糸路さんが死んで居るぞ』

靜寂な朝の空氣を破つて響き渡ります。

『これは河童の奴にやられたのだぞ』一人の老人が叫びました

◎

こうした事件が起つてから十日ばかりの後……友達四五人と共に海に遊び戯れてゐた十二三の子供が突如行方不明になつてしまひました、相變らず河童の仕業との事でした。

斯くして幾多の尊い生命は次から次へと惡魔の手に葬られて

行くのでした。

村内の人々は恐怖と不安とに戦いて苦しい幾日かを送りました、村内では庄屋の屋敷に寄合ひました、その席で一人が進み出ました、糸路の父です。

「わしはどんな事があつても娘の仇を取つてやる」

「それは、あの大岩の洞穴の中にゐるに違ひない」

期せずして皆の意見は満場一致で犠牲者の霊を慰める事に決定しました、其の方法は結局、大岩の周圍を綱で三重にも四重にも取巻き、洞穴の中をホコ、モリ等で縦横に突き、飛出す所を生捕ると云ふ事になりました。

◎

用意は總て整ひモリ、ホコ等は雨の如く洞内に注がれました突然ブク／＼と泡が立つたかと思ふと小兒程の赤黒いものが飛出して來ました「其れツ」必死となり暴れ狂ふ河童を漸く生捕る事が出來たのです。

◎

さて生捕り歸つたものゝ、どう處分すればいゝか皆頭をひねつて居ました、丁度其處に徳望の高い村の和尚が通り蒐り、一部始終を聞いて居た和尚は、うなづきながら河童に向ひ其の非をさとして

「もう是より決して悪い事をしなければ赦してやろう、其の恩報じに時々大漁を得る様に……其れがせめてのお前の罪滅ぼしだ」

と云はれると河童は

「あの氏神様(鹿島神社)の境内の楽竹の枯れる迄は決して悪い事はしません、又時々は大漁を得らるゝ様にします」

と答へたさうです、優しい和尚様の計らひで河童は再び海の中に放されました、村人達は幾分不平でもあつたが、和尚様のなさる事だからと反對の聲一つ出ませんでした、村人達は早速二三本しかない境内の楽竹の周圍を縄張りをして大切に育てました。

竹は次第に繁り河童も來れよりは決して悪い事はしなかつたと云ふ、又其の後驚くべき程の大漁が時々あつたと云ふ事です今も老人達の話により昔を偲び境内の竹は大切にしてゐます

（北高來郡 諫早町 宇戸 鹿島屋前田辰夫）

6-194

水の伝説（二十六）　眞菰の茎を喰えた冷たい屍

●長崎日日新聞　昭和六年八月十三日

怪　水の傳説（26）

眞菰の莖を喰へた冷たい屍

射られた鴛鴦の恨み　枕邊に立つて泣く

眞赤な太陽が、沼の面を鮮かに染めて、よろめくやうに安蘇の山の彼方に沈まうとしてゐる

獲物に出てゐた太田次郎左衛門式宣は何時もになく獲物の多かつたのに、獨り微笑みながら歸途につき、眞菰の生ひ繁る安蘇沼の畔にさしかゝつた

天と地とが黄昏のなかに溶け込まうとする最後のひと時……野も山も沼も眞赤に彩られて、總てが美しく平和であつた

式宣は餘りにも美しい夕景色にわれを忘れて暫し、うつとりと見入つてゐた、然し、かすかな水音をたてゝ、美しい鴛鴦が眞菰がくれに泳いでゆくのが、彼の眼に映つた時、彼はハツとわれに歸つて、弓には矢をつがへてゐた滿月のやうに引きしぼられた弦は放たれた、ピユーツ――矢は過たず鴛の小さい身體を射ぬいてしまつた

獲物は餌袋に入れられた

神秘そのもののやうな沼の平和を破つて彼は無慈悲にもつがひ離れず相睦み合ふ鴛鴦の一つを殺めてまつた、然しながら彼は最後の獲物を加へ得た喜びで一杯だつた

×　×　×

安蘇の夜は更けた、總てのものは靜かな眠りに落ちていつた

狩の疲れと獲物のあつた滿足とで、式宣の夢はまどらかであつたが、それもほんの暫しの間彼がふと氣づいた時、彼は枕邊に立つてさめ〴〵と泣いてゐる美しい女の姿をみた、見なれぬ女の姿に式宣は、不審の眼を見張りながら床の上に起き直つて事情を尋ねてみた

女は式宣が自分の愛する夫を殺めた無慈悲を恨んで

日暮るればさそひしものを安蘇沼の眞菰がくれのひとり寢ぞ憂き

と詠んで恨めしさうに彼の顔を打ち眺めてゐた、驚いて彼が更めて女の姿を見守ると、それは鴛鴦であつた、彼の夢は破られた。

翌朝東雲の瞬く頃、前日鴛鴦を射た安蘇沼の畔を訪れた彼はそこの眞菰の莖をくはへて死んでゐる一羽の鴛鴦を發見した。

× × ×

後悔した式宣は佛門に入つた鴛鴦は沼の畔に埋められ、さゝやかな塚が築かれた。

嘉禄の昔より花咲き花移り、數百年がたつた、世は變り、人は去り、沼はせばめられた、たゞ殘るものは村人によつて傳へられた此の悲しい物語りと、風雨に荒れ果てた鴛鴦の塚ばかりである（長崎市御船藏町一七太田方太田正則）

水の伝説（三十）　蛇身となった一人娘のお八重　6-195

●長崎日日新聞　昭和六年八月十七日

獣

水の傳說（三）

蛇身となつた一人娘のお八重

大蛇に魅せられた悲戀の末

村人の恐るゝ寢不知ヶ淵

親一人子一人の淋しい生活をしてゐる百姓の仁作と娘お八重でした、お八重は小町と呼ばれる程の美人でしたが、降るやうな縁談を斷つて父につかへる孝行娘でした、そして神信心があつく、天滿宮にお詣りする事を日課のやうにしてゐたのです。

或る雨のしよぼ降る日でしたお八重はいつものやうにお詣りを濟まして道を急いでゐましたが途中で日はとつぷり暮れてしまひました、途中には恐ろしいねらじヶ淵があります、恰度この淵に差し蒐つた時です、お八重は梅の木の蔭に動いてゐる人の姿をおぼろに見ましたが、別段氣にもとめず通り過ぎやうとすると

「お孃さん」

と美しい若い男の聲がしました、彼女は驚いてふり返つてみると、夜目にもはつきりした二十二、三のりゝしい若侍がにこ〳〵笑つて立つてゐました。

たつた一目です、だが彼女は何故か此の若侍に惹かれて了いました。

「はい」

若い異性から夜更けに聲をかけられて耳朶に紅葉を散らしながらも、かすかに答へると。

「私は江戸の者ですが、ゆきくれて困つてゐます、そなたの所に宿めては下さるまいか？」

若侍はお八重の傍に近寄りながらから申します、お八重は無意識のうちに

「えゝどうぞ」

と答へました、より添ひながら眞暗がりの中を兩人は家路に向ひました。

それから若侍は百姓仁作の家に食客となりましたが、不思議なことにこの若侍は毎夜々々何處かへ出かけてゆきます、初めは何んとも思つてゐませんでしたが、毎夜のことなので不思議でならなかつた、お八重は戀する者の常として若侍にかるい嫉妬を覺えました。

若しやと、思つた彼女は或る夜若侍のあとをつけて行きました。

この寢不知ヶ淵までできた若侍はあたりを見廻しながら身振いをしますと、おゝ何と云ふ恐ろ

しいことか、あの美しい若侍は忽ち一尾の大蛇となつて二三回池の邊をのた打つたかと思ふと寢不知ヶ淵へ飛込み、身體をうねらせながら泳いで行きます、やがて中程まで來ると水中へ姿を消してしまひました。

夢心地で此の出來事を見てゐたお八重はあまりのことに、たゞ悲しくなつて泣けて參りました、愛しい人は……そして彼女は既に一人の子の親となる運命を荷擔はせられてゐたのです、それは餘りにも悲しい現實でした。

それつきり若侍はかへつて來ません、彼女の悲しみは愈々深くなりました。

やがて彼女は子供を生み落しましたが、どうしたことか生れたのは全身うろこだらけの男の子でした、彼女は豫期してゐたのか別に悲しみもしませんでしたが、村人達の評判は大したもの

『蛇子だ』

「あのうろこを見たか？」

彼女はかうしたことを耳にするにつけ、つく／＼人生が嫌になつてきました、たとへ蛇でも操を許した男が彼女には戀しく思はれてなりませんでした、心をきめた彼女は、子供を抱いたまゝ寢不知ヶ淵へどんぶと身を躍らしました。

× × ×

それからこの寢不知ヶ淵には二尾の大蛇が出て村人を一人づゝ淵の中に呼び込む樣になりました、今では滅多に人の通らないので草や川竹が一杯にしげつてゐます。

（附記） 北高本野村を流れてゐる川をずーッとさかのぼること三里、そこに不氣味な深い淵がある、それが寢不知ヶ淵である。

（諫早町清泉里水源池事務所柏木暮石）

青年漁師と闘ふ大たこ

佐世保港口の傳説

いつの代かわからない。

軍港佐世保の喉頸に當る神後崎の持つ傳説の一つである。

照りつけてゐた夏の陽もはや水平線の彼方に傾いて、一面が眞紅に色どられた頃、何處かに漁に行つてゐたのだらう、三艘の船が櫓の音も勇ましく、港口目指して進んで來た、と、今迄何事もなかつた海上が、何にか物の化にでも憑かれたやうに急にざわめき立つた、小波が次第に大きな波浪と變つて行く。

二艘の船が神後崎附近にきた時は、日はとつぷりと暮れて、空の一角には薄氣味惡い雲さへ垂れてゐた。

海は次第に荒れ狂ひ、山のやうな激浪が嚙み合つてきた、大粒の雨は暗闇のなかに物凄く降り頻けてゐる、二艘の船は仕方なく附近に錨を下す事となつた船には四、五十位の老練な漁師が四、五名づつ乘込んでゐた。

其中にたつた一人筋骨の逞しい白面の青年漁師が混つてゐた二艘並んで錨を入れた船は波浪のために、ともすれば衝突しさうだつた。

大粒の雨は益々激しくなつてくる、恐ろしくなつた漁師達は室を密閉して床に入つたが、船は大きく動搖し續けてゐる、ふと青年漁師の耳には異樣な物音が聞えてきた。

『船の上らしい』

ミシリミシリと板でもふみ付ける樣な不氣味な音だ。

跳起きた青年漁師は斧を持つて船上へかけあがつてみた。

大雨はまだやんでゐない闇の中を透かしてみた瞬間、彼はハッとした、どす黑い怪物が……しかも二匹、彼の體は釘づけになつたやうに動かなかつた、船が傾きかけてくる、が次の瞬間無意識のうちに彼は斧をふるつて怪物に斬りつけた、途端その怪物は音もなく闇夜の海中へ姿

を殺してしまつた。

嵐の夜が明けた海上は昨夜の嵐のあともなく穏かだつた、漁師達が目醒めた時には、どうしたものか青年漁師の乗つた船の姿は何處にも見當らなかつた、船員達が手分けして搜しても屍體はおろか船のかけら一つすら浮いてゐなかつた、ただどす黒くなつた周り一尺もあらうかと思はれる蛸の足がポツカリ浮いてゐるばかりであつた。

× × ×

それから何年經つたか未だにこの謎は解けないのである、或は大蛸と共に永久に海底深く姿を消したのかもしれない。
（佐世保市日宇福石免一三三二一　市瀬惠次郎）

怪　水の伝説（三十一）　水の上を転ぶ火の玉の正体？　6-196

●長崎日日新聞　昭和六年八月十八日

水の傳説（三）

水の上を轉ぶ火の玉の正體？

怪しい旅の僧が乗込む

熱病に罹るもの

今から四十年前、彦山の東北から茂木の海へ流れる可なり大きな川があつた、夜になると眞紅の火の玉が、この川の中流へぽつかり浮いて來るかと思ふと非常な速度で彦山の背へ消えてゆくと云ふ評判が、パツと廣まつて來た。

村の強•が•り•やの連中は、夜になると見物に行くと大言を吐いて出掛けるが、間もなく眞青な顔をして逃げ歸り、その後ではきつと熱病にかゝると云ふ始末で、終には誰一人として見に行く者がなかつた。

或日のごと、此の村へ一人のみすぼらしい旅の僧が、何處からとなく現れ、百姓甚兵衛の家に一夜の宿を借りたが、ふと若者等の話に。

『アー若衆エ、其の話は眞實かな』

『冗談ぢやねーよ嘘と思つたら行つて見るがいゝや』

若者達は勢ひこんで答へた。

旅の僧はニコ〜笑つてゐたが、やがて立ち上り表へ出て行つた、皆のものはその大膽さに薄氣味の悪い旅の僧の後を見送るのだつた。

噂は噂を生んでいつた、その時、三次と云ふ若者は皆んなを代表して言つた

『オーイ！お前達は、あの旅の坊主を何んと見た』

それまで默つて居た薄鈍の常が

『ウンあれか、おれは人間と見た』

『だからお前はお目出度いのだ』

と、ひよつこり旅の僧の座つて居た座蒲團の上へ腰を下ろした、と、突然三次の顔がみる〜内に蒼白に變つてきた。

『大變だ今の坊主は魔性だぞ、これを見ろ！座蒲團がぬれてゐる、早く戸を締めろイ、今に歸つて來るぞ』

と皆んな大騒ぎをやつて居る

その中で薄鈍の常が一人さつきからニタ〜笑つて居たが

『オイ〜何かそんなに恐ろしいんだよ、座蒲團のぬれてるのはおいらがお茶をこぼしたんだよ、へへへ………』

氣味の悪い常の笑ひ聲が終らぬ内に、表の戸を叩く者があつた。

『其れ坊主が來た』

と、一同の者ガタガタふるへて居ると、常がのた〜と下りて行つて戸を開けた、すると最前の坊主がひよつこりはいつて來るではないか、そし靜かにもとの座蒲團の上に座つてニコ〜笑ひながら

皆の衆や！明日から火の玉は出ませぬよ、安心さつしやい

云はれて、ほつと人間らしくなつた三次が

『坊さん、一體正體は何んで御座いますか』

『へへ……明日になつたら分かりますよ』と云つて寝込んでしまつた

其の翌日、旅の僧は早くより起出て何處へか立ち去つてしまつた

薄鈍の常は朝早くから川の畔へ來て何か一生懸命にさがして居たが、やがて小笹の影に犬程の川獺の屍を見付け、それを引下げたまゝ急いで歸つて行つた

若者等は不可解な旅の僧の言葉に不思議がつて川をしらべて見やうと恰度甚兵衛の內を繰出さうとしてゐた、そこへ薄鈍の常が薄氣味の悪い笑をふくみながら、やつて來た

これをみた三次が、頓狂な聲を張りあげた

『オヤ〳〵みんな見ろイ、薄鈍の常が何かつれて來たぜ、オヤ〳〵今日は何んだか馬鹿に威張つていやがるぞ……オイ常公、それや一體なんだい』

『へへ……之れかい、川獺だぜ！そうら見ろ』

と常がぽんと放り投げたのでみんなびつくりしてしまつた

なる程、よく見れば、年をとつた川獺に違ひない、今更ながら旅の僧の大膽さと、その德の深いのに驚いてしまつた、薄鈍の常は相變らずニタ〳〵笑つてゐる

今でも石塚が昔話の種をのこして川邊に立てゝゐるさうだ（市內上小島町三〇五中島紅一朗）

水の伝説（三十三）　予言者の老婆鰊の神様となる　6-197

●長崎日日新聞　昭和六年八月二十日

怪　水の傳説（卅三）

豫言者の老婆　鰊の神様となる

白髪の老人から白色の水　姥神大神宮の由緒

江差後、それは

あれ〳〵鴎が見てるぢやないか

泣くなまた來る船ぢやもの

で知られてゐる江差追分の發生地である。

その江差の濱に、昔おりえ婆さんと呼ばれた不思議な姥が住んでゐた、天を仰いでは風を知り、雲をみては雨を知り、天地のこと、四季のもの、一としておりえ婆さんの豫言がはづれた事がないので、豫言者として村の人々の信頼も厚かつた。

春淺いある年の初めであつた夜は丑滿の頃である、あたりには人聲さへ無く、折々小屋の戸をゆする風の音が聞ゆるのみであつた。

おりえ婆さんがうと〳〵としてゐる時、無氣味な生ぬるひ空氣と共に、一條の光が鴎島からおりえ婆さんの小屋に流れこんで來た、おりえ婆さんは夢の世界より醒めたやうに、慌たゞしく濱邊に行き櫓を操つて鴎島へ漕いでいつた。

婆さんは島へよじのぼり氣のぬけた人間のやうに島をめぐつた、が、そこには誰一人として居よう筈がない、時々島に打寄せる波の音のみが夜の沈默を破つて聞えてくるばかりである、婆さんは落膽した、そうして今きた方へ歸らうとした時だつた魔か不思議か、今まで誰もゐなかつた筈の巖上に、端座したまゝ柴を焚いてゐる白髪の老人があるではないか。

婆さんは、この不思議に驚きのあまり聲をたてやうとすると老人は靜かに手をあげて婆アさんをまねき、だまつておのゝく手に小さな瓶を握らせた、婆アさんがそれをみると瓶の中には白い水が盛られてある。

老人は靜かに口を開いて云つた。

『うち續く不漁のため、その日の生活に苦しむ部落の人達の難儀を見兼ねた、この瓶の水を海にまくと海水はたちまち白色と變り、鰊といふ小さな魚の群が濱邊に襲來するのだ、濱の人達は毎春これを獲つて生活の糧にせよ』

と云ひ終ると、老人の影は何處かにボーと消えていつた、婆さんは夢現のうちに與へられた瓶を大切に抱へ我家に歸つた。

翌日は空はよく晴れてゐた、手を洗ひ、口を清めた婆さんは不思議な老人から敎へられた通りに、瓶の白水を海上に振り撒いた不思議や！海水はみる／＼銀白色に變り、あれよ／＼と驚きの聲の中に、忽ち幾萬とも知れぬ魚の大群が、濱邊目ざして來るではないか、この有樣を見た村の人々は只呆然としてしまつた。

「鰊が群來ぞ、それ網を入れよ」

婆さんは――村人を促したので漁師達は始めて我れにかへり狼狽して網をかけた、江差の濱にはまたゝく間に鰊の山が築かれた。

これをみた婆さんは、いかにも安堵したやうに微笑んだ。

× × ×

ある年……おりえ婆さんは「來る春毎に網をおろし末々までも生活の糧とせよ」

濱の人々に、かう告げたまゝ姿を隠してしまつた、人々は手分けして婆さんの行方を探したが、遂に行方は判らなかつた。

婆さんの住家には一つの神像が殘されてるばかりで勿論空つぽであつた、その神像が何人の神像であつたか、判らなかつたが、それから江差の人々は、これを姥が神と名づけて祠を營み鰊の神として尊敬する事となつた。

今、江差にある姥神大神宮にはこんな由來が殘つてゐる、また中歌町の濱に手洗石といふのがある、これは婆さんが瓶の水を撒く時に手を清めたところであると傳えられてゐる、又おりえ婆さんが海に投げた小さな瓶は石に化したさうだが、今でも淺花の濱にある瓶子岩はそれであると傳えられ、そして、江差の濱に鰊が來る時は、瓶子岩よ手洗岩の附近から獲れるのも不思議な一つとされてゐる。

（長崎鹿川留一）

（附記）今まで掲載したなかに剽窃があつた、氏名はこゝにあげないが猛省を促す（係り）

怪　水の伝説（三十四）　死んだ親方が凄い声で呼ぶ

●長崎日日新聞　昭和六年八月二十一日　6-198

水の傳說（壹）

死んだ親方が凄い聲で呼ぶ

一刻も早く浦を出よといふ

黑崎浦の奇怪な傳說

ギイッ、メリメリメリーッ――大浪と强風に、今にも押つぶされるかと思はるゝ無氣味な船のきしみに、もうこれ以上船を進める事は出來ない、ついこの先の黑崎岬一ッ廻れば妻子の待ち焦がれてゐる故郷の岐宿港だがと思ひつゝも、今は是非なく岬の手前、黑崎浦に船を入れ、漸く錨をしつかと下して夜明を待つことにし、船番一人交替で眠りにつくことになつた三十を二ッ三ッ越したかと思はる船頭が、自ら一番に不寢の番を引受けた、そのうち直ぐ夜が明けるだらうと皆を寢せて、若い者の吉を從網みにやり、先づ安心と腰を下した時だつた、吉が蒼くなつて胴の間にかけ込んできた、そして何にも言はず船首の方を指すのであつた、恐ろしさを知らぬ若い船頭が外に出て見ると、黑い人影が暗闇の中にもはつきりと見えてくる、帆柱の下、船首、船尾と四ッ五ッ居るらしい

默つて胴の間に這入つた船頭は、米二升程持つて再び船上に出た

「折角御出で下さつたが、生憎下り船で何にも有りませんからこれで許して下さい」

懸命に心落ちつけてバラバラッと、四方に米を撒いて胴の間に這入つた

間も無く、黑い影は見えなくなつた、先づ安心と飲み殘りの

酒を徳利から口うつしに飲むで氣を落付ける間もなく
『オイ松野、松野』
なんとも云へぬ凄い聲かたしかに船首の方から聞えてくる
『變な晩だ』
と獨言しながら彼がソッと見ると同郷の先輩で、同じ船乘生活中この近所で死んだと噂されてゐるKだ、流石の船頭もゾッとした……『何しに來た』……
『一刻も早くこの浦から船を出せ、ここで夜を明してはいけない、大急ぎで碇をあげろ』
『大きに』
さう禮を云ひながら大急ぎで船子をたたき起して碇をあげさせ、帆を一ぱいに張らせた
『こんな時化の晩に氣が狂つたんぢやないか』…『死に神に出る樣なものだ』
彼の不意にさうした態度にあちこちから不平が起つたが、彼は平氣だつた
かくして漸く一ッ向ふの浦に船を入れることができた、東が白んでくる

× × ×

先程からの事を尋ねる若い者に、船頭はぽつりぽつりと話し出してゐる
俺は初航海で上方に行く時、初めて船頭として船を廻す俺に前のこの船の親方が言つたもんだ、初航海でも、俺あちつとも心配することはない、ただそれ一ッは忘れるな、それはどんなあ事が有つても、大時化の夜、黑崎浦に船を泊めてはいけない若し泊つても知らせが有つたら是が非でも船を出せ、これは俺だけが知つてゐる事だ、くれ〴〵も忘れるな……さう親方が言つた意味が今夜初めてわかつた、お前達もやがて船を廻すだらうが、決して忘れるな、俺を呼んだのは前の親方の友達だつたんだが名前を言ふわけにはいかぬ、それから帆船乘りの船頭として二十五年大過なく暮し足を洗ふた、其の間にも多くの船がその浦で難船し乘子は皆死骸さへあがらない
之からの時世に帆船も少くなるし、過ちはあるまいが、俺が若しあの時、船を出さなかつたら今かうして居れなかつただらう
さう言つて冷たくなつた茶をを取りあげた老人は、昔の事碗思ひひだしたらしく、ぢつと首をたれた
この話は四十年の長い帆船乘から足を洗ひ、七十四歳の今なほ達者な義祖父が話してくれた船幽靈の事實談である（黑崎岬は南松浦郡福江港から岐宿村へ行く時の最後の岬で岐宿村に屬する）（長崎市水之浦町百十四　梶谷輝夫）

水の伝説（三十五）　菊池武国の臨終の淵に怪奇
●長崎日日新聞　昭和六年八月二十二日　6-199

怪

水の傳説（三五）

菊池武國の臨終の淵に怪奇

陰暦八月十六日の未明　蹄と鎧の音

鬼將軍加藤清正公の菩提所、本妙寺を東北に去る僅かに四、五丁、九州線上熊本驛を西北へ隔つること僅に二、三丁の處に井芹川の深譚『鎧が淵』がある時代を知らぬ老杉の森と、竹林がおいかぶさつて、底さへ知れぬ、靑み切つた水が淀み、其上に浮草が靜かに動いて、薄氣味の惡い水の色である。

×

佐々成政が肥後四十九萬石の城主として封ぜられたのは、天正十五年六月の頃であつた、其の當時の肥後は幾十人と云ふ豪族が、國の各地を領有して、互に鎬を削り、矢叫びの聲が絕ゆる暇とてはなかつた、成政は各地の檢地を行ない、公平なる領地を制定せんとしたが、山鹿の豪族隈部親永及び其子同苗親安の兩人は成政に反し、各地の豪族に檄を飛ばして不平を鳴らし廣く輿論を喚起し、益々其力を得、八月十二日には、御船の城主甲斐の親秀、飽田の豪族菊池武國との聯合軍を組織し、無慮三萬五千と云ふ大兵を以て、隈

本城を圍んだ（當時は熊本を隈本と呼んでゐた）急報は隈本を北に距る七里の隈府に飛んだ、翌十三日成政は其の臣佐々宗能を將として隈本城に援兵を送つたが、其途中の植木附近にかて反軍の驍將古閑鎭房のために散々に打ち破られ、宗能も遂に此地に戰死を遂げた。

×

成政の怒髪は冠を突いた、斷然決意して翌十四日の夜、手兵を率ゐて隈府を出發、翌曉隈本に着いた、そして甲斐、菊池等の聯合軍との大激戰が展開された、成政はひねもす戰つて、辛うじて城に入ることができたが隈本城の運命は實に風前の燈とも見られてゐた、其の當時隈本城には、阿蘇大宮司の二男惟光三男惟善の兩人が預けられてゐた關係上、是非共之れを救ひ出さねばならず、其の家臣早川秀家、猿渡秀貞の兩人に命じ、武國の居城を衝いた。

×

時に武國は茶臼山の北方を迂回して、隈本城に迫らんとしてゐたが、我が居城に方りて、頻りに陣鼓の響。劍戟の音、矢叫びの聲が聞ゆるので、唯事ならじと井芹川の流れに沿ふて、單騎我が居城目指して疾走する菊池武國 其の日のいで立ちは、紺絲などしの大鎧、鹿の角の前立打ちたる兜をいたゞき、五尺に餘る大野太刀を横たへ「雷鳴」と名の付いた名馬に打ち乘り、鞍上人なく、鞍下馬なく、今や居城も近しと思ふ一刹那、道の小曲りのカーブを切り損じた武國は、人馬諸共ザンブとばかり深淵に躍り込んだ、川の兩岸はそゝり立つ絶壁、青み切つた水が渦を卷いて流れてゐる。

×

什損じたりと、無念の思ひにもがけども、まつはり付く藻草と、鎧の重みとのために肥後國内に其の名とゞろかしたる驍將も、遂に此の淵に身を沈めて、敢なき最後を遂げてしまつた。

×

陰暦八月十六日の朝まだき、鎧が淵の岸に置く白露を踏んで此處に立てば、武國の悲鳴、蹄の響、鎧の音を聽くことができると言ひ傳へられてゐる、此の傳説を含んだ深淵には、今もなほ水泳を試み、釣を垂れ、網を入る者とては一人もない。（於本社編輯室澄人生）

此稿は傳説と云ふよりも、寧ろ史實であるが、鎧の音を聽いたと云ふ人はないやうである

水の伝説（三十六）　禁断の木の実　魔法使いの若者

●長崎日日新聞　昭和六年八月二十三日　6-200

怪

水の傳説（36）

禁斷の木の實
魔法使ひの若者
池に骸を浮べて止む嵐
村は再び平和

北高來郡本野村井ヶ池にのこされた傳説です

何時の代から誰が傳へたものか判りませんが、村の年寄から聞かされた傳説です、これと云ふ何ものも殘されてはありません、只人知れずの井型の池が何ものかを物語つてゐます

× × ×

ごごーつとそれは恐ろしい暴風雨の夜でした恐しい暴風雨の中に、ずぶぬれになつた若い男が、平氣で聞に急がうともしません躊躇もするを臆れさうな顏をやつと、さゝへながら、この夜更けの暴風雨の中を一たい何處にゆくのでせう

× × ×

何處の生れのものか？それさへ判らない、でも剽悍な村人達は、それはたしか可怪がつて、この村に置いてゐました

放浪者！異教徒！

村人達も若い彼の[illegible]

びについ恐ろしい信者になつてしまひました、それもそのはずお百姓達が日照りで困つてゐる時、不思議な祈りで雨を降らせひどい暴風雨を鎭めて呉れるのです、隨つてこの若者に對する

村人達の信仰は大したものでした

恋をするに恵まれた夏、若人達の胸がもの悩ましくどきめく頃一日の仕事をすました若い人達、さつぱりと一風呂あびて、井ヶ池の畔に集まり物語りに夜の更けるのも忘れて了ふのでした

二人連れの男女が甘い恋物語りを交してゐるのでした

それは月の美しい夜でした、金波銀波に砕けるさまは、憧がれを知る頃の若人に、どんなに懐かしく、どんなに胸を高鳴らしたことか

池の声に夕風がそよ／＼と吹いてゐます

誰もしらない、只此の池のみがさうした幾組かの総てを知つてゐる様にさゞ波をゆらしてゐるのでした

が、この放浪の若者だけは一人ぽつねんと池の影を見やつて吐き出す様に「つまらないなあ」

と呟くのでした、神の教へを説くものゝ悲しさ、恋することを許されぬものゝ淋しさ、彼れはその悲しみをしみ／＼と感じました

庄屋の娘お香代は、神の様なこの若者に好意をもつてゐました、そして何時とはなしに若い二人の恋は結ばれてゆきました

若者は夕の祈りを忘れ、お香代は、たつた一人の父を忘れ、たゞ恋の甘い炎を燃やすだけでした

「神よ！遂に誓ひを破つて罪に落ちてゆきます」

それが神のみ教へに背いた彼にとつてせめてもの祈りでした

そして罪を重ね罰を忘れ、お香代を狂想した者の様に恋する若者の彼でした

夏の夜がまたもの悩ましく訪れて来りました、涼しい風がそよ／＼と森の彼方から、あしをゆるがして池を渡ります

その頃燃ゆる情熱をジーつとおさへて物語る彼と彼女

「ねーきつと何時までも／＼忘れちやいやよーほらあの森の檜かれる迄」

幾百年たつたかしれない元気な大きな檜を彼女は指さして感傷的に云ひました

「何うして何うして忘れていゝものか、神罰を知りながら、でもう、とうとう、あなたに支配される男になつて了ひました」

キラ／＼光る星を仰いで男の熱ぽい瞳です、また小風が音をざはざはして吹いて参りました

×　×　×

それから永い永い日照りが幾日も続いて、草木は元気なく、黄色になりました、若者が必死の祈りも何の役にもたちません雨は降りさうにもありません

井ヶ池の樋は昨日一の樋を抜いた、今日は三の樋と……そして流石底知れずの池も泥たけになつて了ひました、もうあと十日もふらねば生物のみんなが死んでしまふかも知れない、村人達がせつかくの辛苦の稲も、もう大方は枯れました

みんなの顔には悲痛な色がただよふてゐます

憤りが烈しい方に吹き出す様に若者の罪悪を知つてゐる村人はこれをみんな若者のせいにしてしまいました

×　×　×

お香代はとう／＼村人の手から殺人の手に渡されてしまひました、漸く逃れた若者が畦道を急ぐ頃、日暮から降りかけた雨が夜に入ると激しい暴風雨に変つて、鳴る、降る、吹く、この世の終りかと思はれるそのなかを……恵まれなかつた異教徒の若者が、何処にか死場所を求めてさまよつてゐます

×　×　×

暴風雨が止んで、昨夜のことは忘れたかのやうに、静かに平和な陽が上る頃、満たされた井ヶ池の中に死んだ若者の姿を村

人は見出しました
それから、此の村はまへよりもつと／＼平和になりました、池の水は青々と村人達に幸福を恵んで呉れました（北高來郡諫早町稲木暮村）

水の伝説（三十七） 孕んだ水死女 産んだ子にお乳 6-201
怪
●長崎日日新聞 昭和六年八月二十四日

水の傳說（巻）

孕んだ水死女 産んだ子にお乳

毎夜現はれる幽靈の頼み 遂に我子を引取る

西彼杵郡崎戸の蠣浦に、箕平と云ふ老漁夫が住んでゐた、いつものやうに漁の戻りで、大立島まで來た頃は、陽も西の方に沈みかけてゐた

彼は近頃漸く慣りかけた島目で海面をみつめながら、元氣よく櫓をうごかしてゐると、突然船に何にかつき當つたやうな衝動を感じて、はずみを喰らつてよろめいた

「何んだ」

水面に浮ぶのをたぐり寄せてみた瞬間、

「アッ」

女の水死人だ

一度は手を離したが、度々こんなことに出會つてゐる彼は「南まんだ、なまんだ」と馴れた手付きで船へひきあげ、胸に手をやつてみた、少し温かみがある、然し水を飲んでゐるのか腹がふくらんでゐる、こんなにふくらんでゐては十中八九までは助かるまいと思ひながらも、漸く水を吐かせたが、腹のふくらみはへらなかつた

「オヤ孕み女だ」

彼はギヨツトしながらも手當を加へた

女はぐつたりとなつたまゝに船の板間に打伏してゐる、彼は一生懸命に櫓を漕いだ

そして浦へ着くや、女を脊負つて吾家へ走つた、老人だが足は達者だつた、家にはよぼよぼの婆が待つてゐた

「身投げ女だ」

ランプの下でみた女は若いが美しかつた、女は生氣づくと急に顔をしかめ出した、爺と婆が狼狽してゐる中に女は産氣づいて苦しみながらも子を生んで死んでしまつた

一度蘇生した女は子を生んでから哀れにも死んでいつた、不思議にも子は産聲をあげてゐる

二人がさうした驚きのなかにみた子は目鼻の美しい死んだ女によく似てゐる子であつた

女の死體は丘の墓地に埋められ、さうして子供は老夫婦の手に育てられる事になつた、粥の薄いのを飲ませたり、近所の女房達からもらひ乳して本當の孫のやうに育てた

然し子は營養不良でやせ細つてゆく、そして火のつくやうに泣く子には、つい彼も腹立しくなつて叱りながら

「いつそ捨つべーか」

と愚痴をこぼす時があつた

「どこかにやるがよかべい」

「そうしような」

婆さんは家を出た

「孫七とこがえゝやろ」

星のない道だつた、後からパタパタと誰か歩いてくるらしい

「オヤ」

振返つてみたが誰もみえない

「氣のせいだべ」

と思つて歩き出すと、またパタパタついて來る

「誰だッ」

と、どなつてみたが、返事もない、少し氣味惡くなつて歩く後からまた

「待つて下さい」

と女の聲がした、婆は水をあびせられたやうにギヨツとした目の前に女が立つてゐる、それが夜目にもハッキリみえるのだ

「アッ」

自分が抱いてゐる子を生んだあの死んだ女だ、腰がくだけてへたばつてしまつた、その瞬間彼女は

「あの、その子を抱かせて下さ

いませんか」
細い細い聲だ、婆は口をもぐもぐさせながら、子供をふるへる手でさし出した、女はその子を抱くと胸をはだけて乳をふくませた、婆さんは歯をガチ／＼させながら、恐ろしい氣持でみてゐた、暫らくすると
『この子だけは育てゝ下さい、お禮は致しますから、實は毎晩門口までは來てゐましたが、あなた方を驚かすまいと、あの子の泣聲を聞きながら歸つてゐたのです』
と細い聲で云つて、子供の顔をしげ／＼みつめてゐたが、子を婆さんの手に渡すと何處となく消えていつた
婆さんはころがるやうにして家へ歸つた
×　×　×
次の夜から毎晩のやうに子に乳をのませに女はあらはれた、婆さんも老漁夫も子の處置と、その女の亡靈にはホト／＼困つてしまつた、或晩來た女に
『毎晩そんなに出られては私たちは困る、この子は立派に育てるから出ないやうにしてくれ』
と云ふと、女は怨めしそうに
『その子がゐると、どうしても私には出てこなければなりません、ほんとうに恩人のあなた様に御迷惑かけてすみません、では二三日の中にこの子を迎へに參りますから』
漁夫夫婦は不安の一夜を明かした、それから二三日した朝、子は冷たくなつてゐた『迎へに參りますから』と云つた女の言葉に二人は全く戰のいてしまつたのである、そして二人はわざ／＼瀬戸から僧をよんで女と子のために供養をした
その晩、子を抱いた女が夫婦の枕べに立つて
『有難う御座いました、おかげで成佛が出來ました』
と云つて消えてしまつた、それからは女は姿をあらはさなかつたが、唯一度御恩返しだと云つて漁獵のある二三日前に出ておしへたと云ふ。（長崎市上筑後町　三四貞包競次郎）

怪　水の伝説（三十八）　數鹿留が瀧の河童釣りの怪勇　6-202
●長崎日日新聞　昭和六年八月二十六日

水の傳説（六）

數鹿留が瀧の河童釣りの怪勇

餌付くここは餌付くか　仲々釣れない

天下の名峰、大阿蘇の麓に、宮地谷と南郷谷とがある、宮地谷はそゝり立つ阿蘇外輪山に圍まれた世界第一の火口であるが、其の火口にはいまし宮地町を中心として數ケ町村の自治團があり、寄田散在として秋風にそよぐ田舎乙女の甘き戀が限りなく語られてゐると云ふ平和振りであるが、大阿蘇の噴火せるの太古に比すれば近き過去、有史以來からすると遠き昔には此火口一面は周囲三十有幾里と云ふ渺茫たる大湖水であつた、國常立之命は立野狭の地峡を開つて落し、大湖の水を白川に流落せしめられたのが、云はゞ宮地新地とも稱すべき耕地と人類集團のそもそもの始まりである
×　×
其の昔、南郷谷の古老が
○老いの身の腰を立野にやすらひて杖にすがるの瀧を見るかな
と功妙なる引つかけ言葉で歌つたのも有名である、老松古杉鬱蒼として茂れる斷崖を、殷々と轟き落つる數鹿留の大瀑布の瀧壺の渦巻の中には、古來大河童が澤山住んでゐて、此の深潭に游泳を試みたる者は未だ一人も生きて上つて來たものはないと云はれてゐたが、今は立野水電の用水を數鹿留の上から導いたので、昔の壯嚴なる瀧の面影を見ることはできない
×　×
今から百二三十年前に肥後の熊本に二人の若侍の家老等があつた、其の一人は柔劍術の指南番山中彌源太と云ひ、他の一人は

游泳術の指南番、加久衛門七であつた、共に親友の因縁であつた。

『おい山東、敷鹿留が瀧には大河童をるちうぢやにあか、いつちやら貴公と二人で釣上げて目に物見せてやらろうぢやにやあか』

とても豪傑揃ひ、話は直にまとまつた

『えつぢや山東……おらあ一寸途寄せにあならんけん、ご無礼ばつてん、一足先きい行つとるけん、貴公は後から直ぐ來らし』

衛門七は空色紋付の帷子におつり刀で下駄履きのまゝ、加藤清正公の手植の老杉の並木路の八里と云ふを立野に急いだ。そして身の毛もよだつ凄さを湛へた瀧壺を對岸に泳ぎ渡り、徐ろに彌源太の來るのを待つてる。

× ×

彌源太は後ればせながら瀧壺に馳せ付けて……オーイ山東……山彦返しは來るが返事とてはない……加久は確に河童にやられた、おのれにつくき友の仇敵生捕ずにおくべきぞ、と獨語しつゝ彌源太は襌を脱ずして振り褌となり、瀧壺の岩角から、肛の穴を水にさらして、今やおそしと河童の來襲を待受ける。

衛門七は、一時間も先きに着いて、底さへ知れぬ深淵を縱横無盡に潜り歩きつ河童をさがしたが、何の手應へもないから、山東を一つおどかしてやらうと一按を講じて、靜かに深く潜んで來ては、山東の肛の穴を其の都度ちよいと撫でゝは去り、撫でては去りした。

× ×

山東は、加久が肛の穴を撫でる毎にゝ來たく、あいた又た逃がした、と獨りで殘念がるので對岸の森陰から……山東……釣るゝかあい……と呼んだ。

『時々餌付くこつあ餌づくばつてん、仲々こすうして釣れんばい』

さしもの大河童も、此の二人の偉力におそれたものか、其後敷鹿留が瀧には河童がゐなくなつて、村の若者共も段々と游泳を試みるやうになつたが、河童に捕れたと云ふ話はとんと聞かなくなつたと傳へられてゐる

（於本社編輯室竹翠山人稿）

ラ　ラジオ版　趣味講座「怪異談の素材」

●上毛新聞　昭和六年七月十五日　6-203

ラヂオ版

◇同七時卅分　趣味講座「怪異談の素材」平山蘆江

ラ　夏の夜をお化けの話　趣味講座に怪異談の素材

●上毛新聞　昭和六年七月十五日　6-204

夏の夜をお化けの話

趣味講座に怪異談の素材

夜七時三十分　平山蘆江

平山蘆江氏は大衆作家として知られ、また劇作に音曲にも精し

…大衆文藝的に、怪異談の素材を語る。

◆◆四谷怪談　のお岩の傳説が市ケ谷に語り殘されてゐる。田宮の家は二十俵二人扶持で暮しが立たなかつた。仕方なしにお岩は番町の三濃部家へ御奉公に上つて、給金をみついだ、ある日四谷市ケ谷を流してあるく易者が番町方面へ行つてお岩にあつた。お岩は良人の近状を聞くと、近所のお花といふ娘が朝夕の世話をやいてゐますので何の不自由もないと安心させるために話した。お岩はそれを思ひひがめて、妬心はげしく、其夜のうちにひまをもらつて四谷へ歸りかけたが、餘りに逆上したゝめに中途で行方不明になつた。その後四谷家に不祥事が、屢起つたのと、お岩に似た狂女が四谷附近に出没するのとで、い…

つからとなくお岩さんが幽霊になつたといふ噂が立ちはじめた。

◆◆牡丹燈籠 の原作は支那小説である。死んだ女が姿をあらはして思ふ男の許に通ひつめるために、男は段々精根が盡きて死人に導かれて幽霊堂へ入るといふ筋になつてゐる。幽霊堂といふのは長崎にもある。長崎には二百年来も支那人が多勢住んでゐたので支那の寺もあれば、幽霊堂もある日清戦争の時に宣戦布告の前夜、この幽霊堂に置いてある死骸が一斉にうめいたといふ。これは清國敗戦の前兆だと盛んに噂したが、實はその夜支那人街に火事があつて豚が二三匹焼け死んだのだ、幽霊のなき聲は即ち豚の聲であつた

◆◆北九州の ある温泉場に天狗が現はれると噂が立つた。夕 山の陰に現はれて飾も踊りををどるといふので、毎日大した人出だ。お陰でその温泉はすばらしい繁昌をしたが、勇敢な村の青年が天狗を生捕つた。實は天狗でも何でもなく、この二軒ある温泉宿の一軒の方の主人が天狗の真似をして客を集めたので、更に調べてみるとつかまへに行つた青年達はもう一軒の主人に頼まれたのであつた。

◆◆嫁入先が きまつて結納も済んで、あしたは輿入れといふ日に花嫁が病死した。母一人娘一人の一家だつたので、母は絶え入るばかりに泣いた。その家へ毎晩娘の幽霊が出る。坊さんを呼んで読経をしても一向に幽霊沙汰は止まない、到頭母親が自身幽霊を待受けてどうぞ浮んでくれといつたら、幽霊がものをいつた嫁入の衣裳に思ひが残つてゐるといふのだ、そのくらゐの事ならばと、衣裳を幽霊に渡すと幽霊はこれで浮べますといつてふわり〳〵と闇の中に去つた。町の青年がそれを見届けると實は幽霊に假装したならず者の女房が衣裳を奪ひ取らうとしての巧であつた。以上のやうな怪異にあらざる怪談と實際怪異に出あつた人の體験談の類例を紙面の許す限り興味中心に物語る。

左にその題名を列記す。

鬼面の怪、蝙蝠拳と狐、黒猫の眼、人魂提灯、上野の死神、鐵道の怪、子煩悩の幽霊、火葬場の怪、芝居の湯殿、怪談會の怪芝居の幽霊、首なし地蔵、縛られた石碑等々

獣

二千字コント　狐二題

●大阪毎日新聞　昭和六年七月十七日　6-205

二千字コント
狐二題
（農民組合の幽霊が出てきた話）
岩藤雪夫

1　天地か暗黒となつた話

この村の城山にお玉狐とよばれてゐる性悪な牝狐がずつと以前から住んでゐました。

いくら小作爭議が片づいてもこのお玉狐のイタヅラだけは三年この方、百姓衆の頭痛の種でした。お玉狐が荒らすのは、彼女が雌であるためかいつも芋畠ばかりです。芋だつて百姓衆にとつては大切な食料品です。

そこで、六月も末の或るむし暑い晩に農民組合の事務所前で涼んでゐた青年たちが相談しました。

「お玉狐さ生捕つて狐汁すべか……」

「それあよかべ、食ふにいいに……」

と衆議は一決しましたが、さて人選に入りますと誰も我こそはといふ青年はゐません。それもそのはずです、迷信と名づけられてゐる奴は日本ですら二千年の歴史的層をなして人間の脳味噌の中に沁みこんでゐるんです。

すると省三さんといふ青年が叫びました。

「よし、おらが行くべ……」

得てしてこんな場合に第一線を切る者には大河を乗り渡らうとする支那の虎みたいに多血質な人が多いものです。

「よし、省三さん、[illegible]で持参すべし……」

と青年たちは魅かされない用心のために月の光除けの傘を持たせてやりました。

省三さんは肩で風を切つて城山を登りはじめました。彼の頭の中では出發の時、村の出口まで見送つてくれた娘たちの白い顔がちらちらしてゐました。

城山の路は鯨の背びれみたいにうねうねとして鬱蒼と茂つた木立からは雨のやうに雫が落ちてゐま

した。月はガーゼに似た雲の中を泳いでゐました。

省三さんは傘を半開きに爪先上りに歩いてゐました。

と、突然です。まつたく突然です。目が見えなくなりました。よく目を開いて見ると彼は四邊が暗闇になつてゐるのを發見したのです。

恐怖が身體中の表面に粟粒の形となつて膨れました。喉がふさがりさうでした。

「ああ、お玉狐さまア、かんべんしてくれよ、かんべんしてくれよ……」

と彼は暗闇に合掌して叫びだしました。

二時間ほどたつて、城山の峠を半町も登らない灌木並木の所で彼の氣絶した姿が青年たちによつて見出されました。

唐傘は地上五尺ぐらゐの所に半開のままでぶら下つてゐました。勿論、傘の頭が木の枝に引つかかつてゐたのは間違ひのない事實でした。

2　四時間●かかつた小便

次の晩は老人も加はり、西南戰爭に出征して人間の肉を食つたといふ七十八になる永太郎爺さんが選ばれました。爺さんは夜の十一時ごろ城山を登りました。城跡のある峠に來たのは十二時ごろでした。爺さんは貧乏徳利の口から地酒をラッパ飲みにしいしい時刻を待つてゐました。

岩藤雪夫氏

やがて峠の向う側からかすかな衣摺れが聞えたと思ふと夜目にも美しい娘が現れました。爺さんは踵ほどに厚い掌にツバを吹いて立ち上りました。

「これこれ娘、この夜中にどこさ行く、まあちッとべ待つたがよかべ……」

隧道院長兵衛ならぬ爺さんは提灯の代りに徳利を突出して叫びました。

「はいさ、實家のおかあが急病さわづらうてな……」と娘は笑ひかけました。「ほんれまあ、めんこらしい永太郎爺さまかなア……」

「何をこくぞこのお玉狐め！　うんまくばけくさりあがつた……したがこの永太郎は十七歳の時、そもそも西南の役の……」

と爺さんは娘のしなやかな細い腕を握りしめてうなりだしました。

「どうだ、お玉狐め！　白狀さらせ、この永太郎と省三とはちイとべ種がちがふぞな……」

娘は摑まれた腕を痛さうにしてゐましたが「ホホ」と甲高く嗤つてから答へました。

「はいさ、どうせ夜道の一人歩きぢや、儂もお玉狐の身代りになるで爺さまよ、村の入口さまで送つてくれたがよかべ……」

「この古狐奴！　人間より上手に喋りくさる……よし歩け……」

永太郎爺さんと美しい娘は鯨の百ぴろみたいな路を降りはじめました。

娘は「痛い、いたい……」と摑まれた腕をふるはせました。爺さんは「こいつ、こいつ」と益ます堅く握りしめて歩きました。

暫く行くと娘が小便をしたいとせがみました。

「何をこくこの四ッ足奴！　片足あげてしくされ……」

と爺さんは呶鳴りました。が女姿ですから仕方がありません。空いた片手で襟を強く握りしめてから娘の腕を放してやりました。さすがは田舍娘です。遠慮もなく眞白いお尻をまくつて向うむきに用をたしはじめました。

爺さんは「まだか、まだか……」と叫びながら摑んだ襟をゆすぶりました。娘は返事もなくチョロチョロと用をたし續けました。爺さんはこんな長い小用を知りませんでした。

そのうちに東が白みかけました。そして爺さんは、自分の右腕が松の木の根を摑んでゐるのにびつくりしました。木の根の下には細い清水が金屬的な音を立てて走つてゐました。

怪

二千字コント　箱根の怪談

●大阪毎日新聞　昭和六年八月十四日　6-206

二千字コント

箱根の怪談

岡本綺堂

安政三年の初夏である。

江戸番町の御厩谷に屋敷を持つてゐる二百石の旗本根津民次郎は箱根へ湯治に行つた。根津はその前年十月二日の夜、本所の知人の屋敷を訪問してゐる際に、彼のおそろしい大地震に出逢つて、幸ひに一命に別條はなかつたが、左の背から右の腕へかけて打撲傷を負つた。

その當時は差したることでも無いやうに思つてゐたが、翌年の春になつても痛みが本當に去らない。それが打身のやうになつて、暑さ寒さに祟られては困るといふので、支配頭の許可を得て、箱根の温泉で一ヶ月ばかり療養することになつたのである。旗本といつても小身であるから、伊助といふ中間ひとりを連れて出た。

道中は別に變つたこともなく、根津の主從は箱根の湯本、塔の澤を通り過ぎて、山の中のある温泉宿に草鞋をぬいだ。その宿の名はわかつてゐるが、今も引きつゞいて立派に營業を繼續してゐるから、こゝには祕して置く。

宿は大きい家で、ほかにも五六組の逗留客があつた。根津は身體に痛み所があるので下座敷の一間を借りてゐた。着いてから四日目の晩である。入梅に近いこのごろの空は曇り勝で、けふも宵から小雨が降つてゐた。夜も四つ（午後十時）に近くなつて、根津もそろ〳〵寢床に這入らうかと思つてゐると、なにか奥の方がさわがしいので、伊助に様子を見せに遣ると、やがて彼は歸つて來て、こんなことを報告した。

「便所に化物が出たさうです。」

「化物が出た……。」と、根津は笑つた。「どんな物が出た。」

「その姿は見えないのですが……。」

そのころの宿屋には二階の便所はないので、逗留客はみな下の奥の便所へ行くことになつてゐる。

岡本綺堂氏

今夜も二階の女の客がその便所へ通つて、そとから第一の便所の戸を明けようとしたが明かない。さらに第二の便所の戸を明けようとしたが、これも明かない。そればかりでなく、うちからは戸をこつこつと輕く叩いて、うちには人がゐると知らせるのである。そこで、しばらく待つてゐるうちに、他の客も二三人來あはせた。いつまで待つても出て來ないので、その一人が待ちかねて戸を明けようとすると、やはり明かない。前とおなじやうに、うちからは戸を輕く叩くのである。しかも二つの便所とも同樣であるので、人々もすこしく不思議を感じて來た。

かまはないから明けてみろといふので、男二三人が協力して無理に第一の戸をこじ明けると、内には誰もゐなかつた。第二の戸をあけた結果も同樣であつた。その騷ぎを聞きつけて、他の客もあつまつて來た。宿のものも出て來た。

「なにぶん山の中でございますから、折々にこんなことがございます。」

宿の者はかういつただけで、その以上の説明を加へなかつた。伊助の報告もそれで終つた。

その以來、逗留客は奥の客便所へゆくことを嫌つて、宿の者の便所へ通ふことにしたが、根津は血氣盛りといひ、かつは武士といふ身分の手前、自分だけは相變らず奥の便所へ通つてゐると、それから二日目の晩にまたもやその戸が明かなくなつた。

「畜生、おぼえてゐろ。」

根津は自分の座敷から脇差を持ち出して再び便所へ行つた。戸の板越しに突き透してやらうと思つたのである。彼は片手に脇差をぬき持つて、片手で戸を引きあけると、第一の戸も第二の戸も仔細無しにするりと明いた。

「畜生、弱い奴だ。」と、根津は笑つた。

根津が箱根における化物話はそ

れからそれへと傳はつた。本人も自慢らしく吹聽してゐたので、その友達はみなその話を知つてゐた。

それから十二年の後である。明治元年の七月、越後の長岡城が西軍のために攻め落された時、根津も江戸を脱走して城方に加はつてゐた。落城の前日、彼は一緒に脱走して來た江戸の友達に語つた。

「ゆうべは不思議な夢をみたよ。君たちも知つてゐる通り、大地震の翌年に僕は箱根へ湯治に行つて宿屋で怪しいことに出逢つたが、ゆうべはそれと同じ夢をみた。場所も同じく、宿屋もおなじく、すべてがその通りであつたが、たゞ違つてゐるのは――僕が思ひ切つてその便所の戸をあけると、中には人間の首が轉がつてゐた。首は一つで、男の首であつた。」

「その首はどんな顏をしてゐた。」と、友達のひとりが訊いた。

根津はだまつて答へなかつた。

その翌日、彼は城外で戰死した。

独特の怪談 牡丹灯籠

資　●函館新聞　昭和六年七月二十一日（二十日夕）　6-207

映畫欄

獨得の怪談 牡丹燈籠

廿三日から毎日晝夜

寶來館

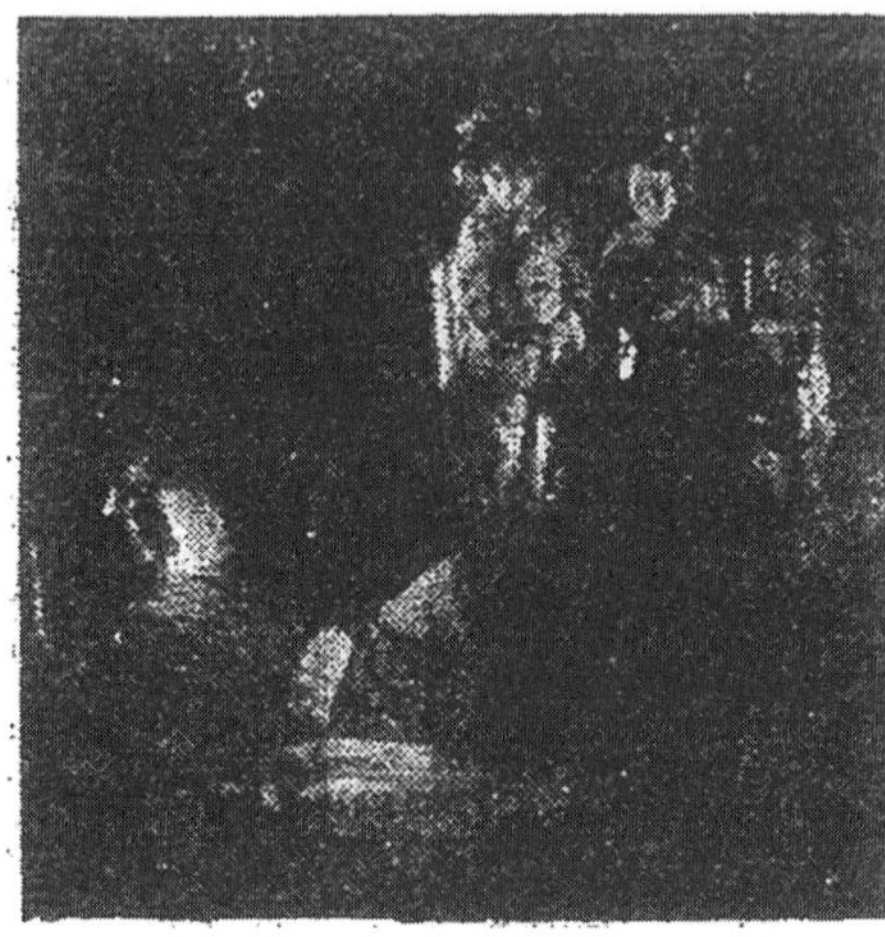

參りました、寶來館獨得の、怪談映畫、四谷怪談、因果草紙、累ケ淵、宇都の谷峠文彌殺し、なぞで獨自の舞台裝置に、『寶來館では怪談物ときたらいつも驚かされるか又他に見られぬ面白さがある』と若い方々が仰言つて毎度此種映畫には好評を得てゐる、今回の牡丹燈籠は、支那の傳說を初代三遊亭圓朝が作り替へて十八番讀物とされ三七二十一日に亙る長講物、圓朝がこれを舞台にかけますと、此二十一日間は全く文字通りの滿員を續けたものださうでございます。從來の怪談と云へば怨！呪！復讐！などの恐ろしい執念から出た筋合のものでしたが、御存じの通り、これは怪奇とは云へ相思相愛の二人が此世で一緒になれず女は死し情炎燃ゆる戀心の一念から夜な〳〵戀しい男の許へ通ひ續けて敢ない逢瀨を樂しんでゆくと云ふ皆樣御存じの名狂言中元のお休みにはふさはしく、今流行の多角戀愛境に陶醉する若人には一服の淸涼劑でございます、松本田三郎が片岡童十郎、一人二役松枝鶴子、三笠加須江、結城重三郎、實川延笑等が出演した十三卷の大作、尙今迄の怪談には『御婦人方御遠慮下さい』の表看板なのですが、牡丹燈籠だけは『是非女の方に見て頂きたい』と云つてゐる、ほんとうにお互がお露と新三郎位の心持まで漕ぎつけて行かねば眞の戀愛を語るとは云われまい、ともあれ寶來館では二十二日から毎日晝夜公開です若い方は悲戀のお露に同情の淚をそゝぎ眞の戀愛を觀察し御老人の方は此不思議な因緣話に夢の短夜を語り草として是非一度は御覽下さいませと云つてゐる尙此外添物として青柳信太郎主演戰法奇兵隊、時代劇『太洋』に東亞河合の粒撰々揃へてゐる。（寫眞はぼたん燈籠）

夏のエロ夏のグロ（九）　地獄つづきの隅田の川底

怪　●中央新聞　昭和六年七月二十二日（二十一日夕）　6-208

地獄つゞきの 隅田の川底

死神に招かれて

―呑まれた乘合船

やい〳〵―來せろ〳〵、駄目つて

事があるかい、手前ばかり乗りやアい丶氣になりやがつて」

「さうだ太え奴、そん畜生ぶん毆れ」

「殺しちまへ、手前なんか殺したつて大閻魔樣ア罪にやしねえ」

わい〱醉ツ拂ひが騒いで一旦桟を突張つた乗合船を止めて乗り込んだ五人連れ

「あゝいゝ氣持ちだ、江戸ツ子が一旦乗ると云つたら乾度乗つてみせらア、唐變木め」

◇

夜明を切つて乗り込んだはいゝが餘り乗せ過ぎて竹屋の渡しを出て數間離れると「危ぶねえ〱」水を被るぞ」の間もなく沈んだ、享保年間の死人が四十二人

◇

其慘劇の話が子に孫に傳はつて隅田の渡しはたとへ乗せれば乗れる隙間があつても一杯積まないことにしてあつたが、死に神が今日は三途の川のお祭でチンドン屋まで婆婆から連れて來て地獄の一丁目の福引大賣出し、買手の亡者が澤山ないと景氣がつかない、是非手分をして大勢殺して呉れと頼まれてみれば使ふ閻魔に手下の死に神サボつて首になるよりはと貧乏團扇を高く揚げて「來たれや來たれ、倶に奈落へ連れ行かん」

◇

招く姿が美人に見えた薄命者「オーい素的な島田が乗つてるぜ乗れ〱、乗せなきや番小屋を川に投げ込め」

酒の勢ひで花見の連中無理に乗れない所へ乗り込んで明治二十年の花見時分、川のまん中で船がぐるぐるひとつ所を廻り始めて夫れなり顚覆、死者二人

◇

其幽靈が四百人呉れとか五百人呉れとか仕舞船に凄い血だらけの顔でコーツ船べりに摑まるとて一時渡しといふ渡しの客の減つた隅田川今でも曳船が來ると獨りを喰はぬやうに時間構はずのろ〱漕ぎ出す！

資　お盆に出るお化映画
●関門日日新聞　昭和六年七月二十二日　6-209

お盆に出る
お化映畫

相手の人の表情

恐ろしさを更に煽る
◇…幽靈を映畫の上へ現はす
先づこんな仕掛て

佐藤義勝

幽靈の出るとされてゐる時期を厳密に調べたら、春夏秋冬を通じ一年中出たらめに出てゐる、併しそのうちでも比較的に多いのは夏から秋で、殊にお盆と妖怪とは、切つても切れぬ因果關係にある、その譯でもあるまいがお盆となると映畫界は妖怪物全盛である。

◇

まづ映畫に於て幽靈を出さうとするにはその撮影法として、幽靈の出る場所をフイルムのうちで仕切りをして置き、そこを光線に暴露しないで、他の部分だけを寫し後に更にその光線を當てずに置いた部分へ幽靈を寫せば、手際よく而も簡單にお化け映畫を作る事が出來る。

◇

また別に、一度寫したフイルムの上に幽靈の姿を二重燒きにする事も出來る、共にこれは勢少なく効多く出來る幽靈の撮影法である所がこれを演劇の方面で見ると、仲々からは行かない、電氣を暗くして置いて、幽靈を出し、顔なり手なりの所だけを照すと言ふやうな方法を用ひるが、幽靈ばかりでなく他のあらゆる超人間的な物、怪異な物をよりそれらしく現はすには映畫の方が樂である、殊に二重燒きにした場合には、物の上に怪異な物の姿が、すき透つて面白く出來る。

◇

處でこれは、單なる撮影技巧上の問題である。妖怪その物を物理的の形態に示して映畫なり演劇なりに現はす事の可否、方法手段は作品の内面的要求に從ふもので、これが濫用は却つて作品その物を打壊すとは勿論であるとりわけ妖怪に接してゐる人物が妖怪に接してゐるやうな氣持になり態度なりを功に表現しないとそこにおかしな物が出來上る。

◇

元來人はアブノーマルな人間若しくは物体に接した場合には、滑稽を感ずるものであるそこで平素眞面目な生活に行詰まりを感じてゐる者は時々さうした滑稽に接して息抜きを味はうと思つてゐるものだから妖怪變化を單獨にその物

だけを切離して見た場合にだけ離しも失笑するのが普通であるそれを恐ろしいと見、物凄いと感ずるのは、幽靈なり妖怪なりがその物凄さ恐ろしさをその形の上に示すからでもあるがそれを見た人物の恐怖驚愕の表情が觀客の恐怖心を誘致するのであるつまり主人公の畏怖驚愕の情がその儘觀客の心に植付けられることである。

◇

素より俳優が驚いたり恐れたりする感情を出演俳に味はつたらたまらないがそこが自己欺瞞の感情で一時だけ催眠術にかゝつたやうな恐怖觀念を體驗しそして夫を表現するとによつて觀客を夫に引入れてやはり同樣の欺瞞の感情をそこに釀し出させるのである然るに俳優の自己欺瞞の感情が十分に湧いて出ず普通の感情で單に恐怖の形のみを示した場合、觀客には恐怖心が植付けられぬからそこに滑稽の感情だけが湧いてくる

◇

つまり觀客に恐怖驚愕の感情を現はさせるとを目的とした仕草が却つて滑稽感をもつて大きい矛盾が生じ、その劇を見事に失敗せしめるのである、恐怖と滑稽とは相反する感情だが、俳優が妖怪映畫にかて一度失敗するやこの反對の效果を招くと恐ろしい位である、吾等は餘りにも屢々妖怪映畫を見せられてゐる、つまり製作者の感情が觀客にまで直に響いて來ない映畫である

◇

これ等こそ滑稽の極みである。かうした化物にもなり切れぬ化物的映畫こそ手のつけられぬものといつていゝ。盆興行を前に早くも各社では吉例の妖怪映畫製作が目ろまれてゐる。これを機として各社共平素の妖怪的存在たる愚劣な映畫に三省して戴きたいのである

6-210

ラ　ラジオ　きょうの放送番組（子供の時間）…

●東京朝日新聞　昭和六年七月二十四日

けふの放送番組　日曜金　二十四日　東京（JOAK）波長三四五米

▽六時（子供の時間）お話「海の不思議」（テキスト八ページ）海軍少佐　福永恭助

6-211

ラ　子供の時間　お話「海の不思議」

●東京朝日新聞　昭和六年七月二十四日

子供の時間
—午後六時—

お話『海の不思議』
さて何が起るか？　福永恭助

危ない仕事に從ふたれもがさうであるやうに、だから船乗りには御幣擔ぎが多いので十三日とか金曜日とかいふ忌日に船出をすると海難に逢ふなどゝいふのがそれです、また海難の多い海を「魔の海」と呼んで、何か自分達の運命が不思議な力によつていつも左右されてゐるやうに思つて居る人もあるのです、ビスケー灣で氣象の關係では今まで見えてゐた帆前船が**急に姿を消**すことがあるのですが、さうした現象を見た船乗りには何かしら大きな災難が振りかゝるといふいひ傳へさへあるのです、私は嘗てオーストラリヤの南海岸を航海中、夜中の當直に立つて居た時に、右手の海の彼方に火の柱の立ち昇るのを見たことがあるのです、そしてその夜に起つたある怪事件を今だに忘れることが出來ないのです、そんな事は總て人の氣の迷ひだとしても、然しこんなに行けども行けども**海また海が**地球の上にたゝへてゐるといふことだけでも不思議なことではないでせうか？そしてその海の底には又、名も知れぬ怪しの魚が住んで居るのです、……と私は「海の不思議」とい

ふ風で何か冷ツ—とするやうな話をして、この七月の蒸し暑い一晩が涼しく過ごせるやうにと心がけて居るのですが、さて何の話をしたものだらうかな？私の悪い癖で放送の日になつて見なければ海のものとも山のものともわからないのです

山中の怪座敷（二）

●下野新聞　昭和六年七月二十五日　6-212

丑満時唸される
山中の怪座敷
(二)　稲荷の町笠間視察記

夫れより観世音の境内より畑の小道を抜けて笠間陶器研究所を見学

市毛助役の説明による笠間陶器の沿革とは

笠間焼たる鉢カメ其他の陶器は安永年中箱田の人久野半右衛門と云ふ人が農業の傍ら工業に志し土地相応の物産をと腐心中恰も近江國信楽の陶器職工長右衛門といふ者が漫遊し来こ[り]土質を検め茲に製造に従事したのが始まりで其の後藩主牧野貞喜が楽焼を試み陶業保護奨励に努め藩内六ケ所に仕法窯を設け斯業の改良発達を計り漸次発達して明治四十年四月重要物産同業組合法に依り組合を組織無秩序の原料と燃料に益々販路は拡張され昭和元年の統計に依ると一府十県に十三万俵廿六万圓を移出したが其の後時代の変遷と財界不況の打撃を受けて最近では益予機と共に甚しく沈衰してゐるので目下県の肝りで斯業の打開策に腐心してゐる

陶器製造を知らぬ一行は指先で巧妙にまたゝく間に作られる徳利や茶器小其他に見取り、記念の寄せ書をして出発、夫れより明治卅三年近衛師団機動演習の際畏くも御駐驆遊ばされた明治大帝が『小なる東山』との御賞讃を賜はりたる舊笠間城址、城山に登山。

◇

風なく蒸される様な暑さにシヤツ一枚の一行、何れもお汗だくで老杉

生茂る山道を登る。途中大黒石や舊佐白観世音跡を見て、大鳥居を抜け崩れかゝつた石段を漸く城山公園に至り氷の接待で元気恢復した。

茲は中腹で往時は二の丸の地で餘り廣くは無いが平坦だ、明治三年舊藩主牧野貞寧子が政府に奏請して城廓及び前面の一段高台にあつた櫓を毀して其材を以て佐志能神社を頂上の舊本丸跡に創建して公園としたもので今は往時をしのぶものは僅に宏壮な城廓を誇る石垣が其所此所にあるに過ぎない、本丸と二の丸の間谷間に當時唯一の城中飲料水とされゐた玉滴の井戸がある、此の井戸は宇都宮時朝が創城當時掘らされたもので今尚老樹鬱蒼たる中に氷の如き清水を満々とたゝえ居り登山者の渇をうるほしてゐる

◇

園内には梅、さくら躑躅等があり、唯一軒の茶店佳城亭の床の間の前に寝た者は必ず丑満頃怪しくウナサレルさうだ、傳説に依ると『時朝に攻め滅ぼされた佐白五百坊の荒僧達が浮かばれずにゐる怨みのウナサレだ』と云ふ、この時案内の塙氏が例の考古趣味から『床の間の眞下邊に軍用金でも埋蔵されてゐるのだないかナ』とひと掘りして見たいやうな口ぶりをもらす兎も角全然未知の者でも其の所に眠ると眞夜中には必ずウナサれるさうで、今では誰も其處には泊めぬ事になつてゐるといふ（写真は城山公園内佳城亭）

怪　海の神秘五題（その一）　燃ゆる火の海　6-213

●神戸新聞　昭和六年七月二十五日

海の神秘

五題【その一】

燃ゆる火の海

マラッカ海峡の怪

郵船津山丸　船長の話

昔々龍宮城の乙姫さまと浦島太郎のロマンスは、今日では三歳の兒童も本氣になつて聞いては呉れない。

一九三一年の海邊には麗しき人魚の群がその肢體から惜氣もなくイットを發散して浦島ならぬ若人達をいとも悩ましくさせてゐる。

だが海！海！あの果てしもなく擴がつてる紺碧の大海原にはどの樣な不可思議なナゾの數々が秘められてゐることか！そこには近代科學の力を以てしても、今尚究める事の出來ない幾多の怪奇極まる現象が存してゐる。してみれば或は龍宮城が實在したり、行方不明の濱の漁士が千年の後に浦島となつて歸つて來るといふ樣な事があり得ないと誰が斷言出來よう。

空の勇者、ポスト、ゲッテイ兩君は僅々八日餘りで地球を一周し我々に棲む浮世のせまさをしみじみと感じさせたが、海の神秘は中中に深く、そして廣く、世界海洋學界の二大權威といはれる獨國トリエスト氣象臺長マナエッレ博士と、我が中央氣象臺長兼海洋氣象臺長岡田博士の多年の研究も、西田博士にいはせれば「僅かに海水の一滴に過ぎない」とのことである。

山の頂きを極めることが出來ても海の底を探り得ることの不可能事はまだ當分の眞理として存續されるかも知れない。彼の歐洲戰爭で驅逐艦に追ひかけられた英獨の潜水艦が八日と十時間を海底で暮したといはれてゐるが、龍宮城までは發見出來なかつたものゝやうである。

全體海の深さはどの位あるのか明治七年にアメリカの探險船ツスカロラ號が日本東部にある日本海溝で八千五百十三米の深淵を發見したのが抑も當時の世界一であつたが、其の後英國の海洋調査船ペングイン號がニユージーランドの北ケマルデツク諸島中に九千六百三十六米の場所を發見した。之れが今日世界一の深淵となつて居る。

此の深淵を背景とした海洋の面に幾多の怪奇が現れることに不思議はない。

寫眞＝神戸海洋氣象臺

數年前のことである、神戸の海洋氣象臺に岡田博士を訪ねた一船長があつた。そして世界の學者が未だ曾て經驗した事のない不思議な事實を齎した。船長といふのは當時日本郵船會社が横濱とドイツのハンブルグ間に就航させた最新式の大型貨物汽船津山丸の川島芳之助氏で、その語る所によると、

「前航海の出來事であるが、或る夜中に自分が船長室で熟睡中悩ましくドアをノックする者があるので取敢ず起きてドアを開くと、其處に水夫長が顏色蒼白となつて立つて居た。『何事が起つたか』と尋ねると『船長ッ、大變です。船が猛火に包まれて仕舞ひました』と云ふ、見ればなる程周圍が非常に明るい。急いで甲板にかけ上つて見ると全く驚いた、といふよりも一層の恐怖と驚異を感じて仕舞つた

自分は今迄長い海上生活をしてゐる間に、夜光虫や魚類の放射する光線の作用で海面に奇觀を呈した位の事は屢々目撃したが、それとこれとは全然別で、餘りの物凄さに一時は茫然として言葉を發する

ことが出来なかった、時は真夏月明の夜で船はマラッカ海峡を将に通過せんとする時であったが、見渡す海上前も後も右も左も全く真紅の火焔に包まれ、其の火焔は海面から二三尺離れた空間から燃え上って数丈の高さに及び、凄惨と云はうか怪奇と云はうか形容の辞がない現象の中を船は約十哩の速度で一時間余り猛火に包囲された儘進みやがて海峡から離れようとする頃次第に火焔の影もうすくなり眼界を離れたが、其の儘消えたか或は他に移動したのか判然せず其の原因に至っては尚更不明である」と報告した此珍らしい実見談について岡田博士は

こんな不思議な話は今日まで史上にも残って居ないが、實験した者の言葉は事實上権威のあるものですから是非研究して見たい。

と語ってゐる。（写真は[illegible]海洋気象台）

海の神秘五題（その二）　潮流の悪戯　6-214

●神戸新聞　昭和六年七月二十六日

海の神秘 五題【その二】

潮流の悪戯

溺死した水夫が沖合から手を挙げて招く

[illegible]山丸の[illegible]した海上の火[illegible]の[illegible]に[illegible]したこと[illegible]して[illegible]るようである。[illegible]の[illegible][illegible]丸がカムチャツカ方面の北太平洋上で「[illegible]本船の[illegible]ストに[illegible]の長さの[illegible]い[illegible]が引懸って中々とれなかった」との[illegible]を寄せたが、之れは海上に[illegible]した[illegible]の作用であって、[illegible]海上[illegible]してゐる[illegible]以上の[illegible]の[illegible]であるが、今度は白日の下に[illegible]

新日本の[illegible]を高く掲げた南洋はヤルート島の[illegible]は「パスコントロール」の目的で、[illegible]に立つ其の[illegible]な[illegible]を一日三度は必ず[illegible]の[illegible]に[illegible]たず[illegible]がある。其の[illegible]である[illegible]子は長さ三間に[illegible]る[illegible]定らぬ[illegible]木[illegible]を[illegible]って[illegible]の[illegible]で[illegible]「[illegible]洋の[illegible]人」との[illegible]にロマンスの花を咲かせて居るが[illegible]は[illegible]木船によって[illegible]でも[illegible]してゐる。[illegible]の[illegible]木船には木で[illegible]て不[illegible]な[illegible]と[illegible]が[illegible]へ[illegible]けてあるが、[illegible]は[illegible]して[illegible]は[illegible]ったことがないと威張ってゐる。唯彼等が最も恐れるのは「海神の悪戯」だといってゐる。之れに遭ふと如何に漕いでも船が逆行したり弾力を用ひずに船が十数哩の速さで運ばれたりすると云ふので、流石の南洋健児も之れだけには降参してゐるが、之れについて同様の経験をなした某船長の實話がある。某氏が水産講習所を出て遠洋漁業船に乗って始めての航海の際、幾日かの航海を続けた或日、フト甲板に立って居ると焼けつきさうな炎天の光をうけた海面に突如数十丈の高さの真白な怪物が現れたと見る間に、船は[illegible]な[illegible]度で走り出した。そして怪物は相変らず船の後方数十間の距離をしきりに追ってゐる。やがて三時間位にしてその怪物の姿は消えたが、航路は相変らず不気味な色で、波を立て[illegible]たが、其の[illegible]は全く

現象の對象に迫るを覚ねじめたと云ふ。それも種明かしをすれば雄大なる海洋の神秘中に起つた小さな現象の一つに過ぎない。最初に見た白い怪物は潮流を挟んだ波浪の姿であつて船は黒潮に乘つて走つたのである。潮流は海のいたづら者として常に科學者を惱ましてゐるが、コロンブスは潮流のお蔭でアメリカ發見をした。誠に潮流こそはコロンブスにとつては惠みの神であつたのだ。

從來日本でも、土佐の沿岸から紀州方面へかけては南洋の植物乃至器物が屢々漂着してゐるが、日本海方面で難破した船の器物類がハワイ附近まで漂つて行つた例もある。コロンブスは、アゾールス島に漂着した見慣れぬ人種の死體から渡航を思ひ立つたと傳へられてゐる。これ等は何れも潮流の惡戯に因るもので、明治四十五年の五月十日前後に、太平洋沿岸が未曾有の大荒れを見た際當時銚子附近で遭難した一外國船の水夫に布哇生れの廿三歳の男があつた。彼が逆巻く怒濤の中に其姿を呑まれてから約二週間の後同船は幸ひにして修理をして航海を續け、布哇近海を過ぎて南に進んで行つた。すると夕陽輝く右手の方にあたつて沖合から手をあげて招く人影がハツキリ見れてしかも助けを呼ぶ聲までが聞れて來た。之れを認めた同船では直に停船すると共に三人の水夫がボートを卸して聲のする方へ漕ぎつけて見ると思はず三人共「オヤツ」と言つた儘暫らく茫然としてしまつた。それがまぎれもない銚子沖で波に浚はれた同僚のハワイ人であつたからである。勿論死んでから十數日も經たのであらうが、魚の餌食にもならず此の附近まで流れて來た不思議さに船員達は吃驚して仕舞つたのだ。此の事は其の後米國の新聞に掲載されてあつた（寫眞は嚢 丸）

怪

海の神秘五題（その三）　不知火の謎　6-215

●神戸新聞　昭和六年七月二十七日

海の神秘

五題【その三】

不知火の謎

英船長が出會つた幽靈船の話

實在の奇蹟として八代有明海上に毎年現れる怪火「不知火」は科學者にとつては今尚一つの謎とでも言ふべき海洋上のいたづらであらう。不知火は毎年七月十五日と大晦日とに出現するといはれて居るが、熊本縣八代郡八代海沿岸から最もよく眺めることが出來る。

[illegible]の「不知火」に[illegible]

[illegible]

してその火左右に別れて三つになるやうに見えしが、それより追々に出づるほどに海上わたり四五里ばかりが間に百千の數を知らず、[illegible]かなるあり、燃ゆるあり、消ゆるあり、高きあり、低きあり、そのさま誠に見事にして目を驚かせり。

とある。原因については今尚ほ其の定說といふものなく、昔一人の漁夫が[illegible]を發見して小舟を漕ぎつけたが、遂に再び歸つて來なかつたといふ傳說があり、古老は海の龍神が燈明を點すのだと云ひ、一部

6-216　海の神秘五題（その四）　海女の悲劇

●神戸新聞　昭和六年七月二十八日

怪

海の神秘　五題……【その四】

海女の悲劇

戀をすると殺して了ふ　嫉妬深い海の神様

英船長の見た船幽靈が果して靈的作用があつたかどうかは知らないが[?]は夜光虫の光か又は月光と波浪の[?]ではないかとも言つて居る。鈴木の水産試験所でも研究だけに度々探検したが、遂に未だ之れを究めることが出來ないらしい。

◇

不知火の怪火とは別であるが、先年ジヤーナル・オブ・コンマース紙上に實話奇談として掲載された面白い幽靈船の話がある。昔實の海に沈んだ知己の幽靈が屢々船長を脅ましたために船長が法力を以て之を退治した所謂幽靈曲の『舟幽靈』の話題から今も尚ほ日本の汽船は航海中に舟幽靈の話は絶對に不吉として居る。此話は夫れに似通た話が非常に多く唯西洋丈けにキリストの呪文で幽靈が消えたといふのが一寸變つてゐる。一英國汽船の船長が印度洋で遭遇した實話といふのは斯うだ。

◇

寢苦しい一夜が明けた。自分が朝の食卓へ行かうと仕度をしてゐる處へ一等運轉士が入つて來て『船長は昨夜ウオツチの夜の當番の時間に恐ろしい幽靈がリツギン（索具）から降りて來るのに遭ひました。青い光を放つた半人半獸の何とも形容の出來ない物凄い怪物でした』といふので自分は馬鹿々々しい話だと一笑に附し乍ら『おいジヤクソン貴樣は昨夜少し飲み過ぎたな』と云つた處、本人はいや自分一人ではない澤山の夜番が皆見ましたと云つて歸つて行つた其の晩のことである。夜も一時を過ぎた深更にけたゝましい足音が各所から響いて來るのに目を覺まして自分も昨夜の話を思ひ出し乍ら直ぐに甲板へ飛出して見ると一等運轉士の物語りを否定することの出來ない事實が眼の前に認めねばならなかつた自分の前に青い燐火で包まれた六、七尺の怪物が甲板の中央部にボツカリと明るく突つ立つて居るではないか。いや全く驚いて暫らくは口もきけずに立ちすくんで仕舞つた。幽靈玉のやうな怪火の中に何處やら人間の形をしたものが見えるので勇を鼓つて其の正體を見屆けようと進んで行つて其の傍に近づいたと思ふと全身一時にサツと冷水を浴びせられたやうな氣がして其の儘氣が遠くなつて仕舞つたが、夫れと同時に怪物の姿も消えたらしい。翌朝一等運轉士を始め船員達は自分の處へ押かけて斯靈船に居て何時生命をとられるか知れないからボートに食糧を積んで逃げ出したいと懇願に申込んで來たので、自分は今夜一夜だけ待つて呉れと頼んで其の夜を迎へた。處がまた同じ怪物が現れたので自分は天を仰いで十字架を叢きつゝ『聖書』の御名により『再び我等を悩ます勿れ』と繰返し繰返し祈禱したところ怪物の姿はかき消す如く去つて再び出現しなかつた。

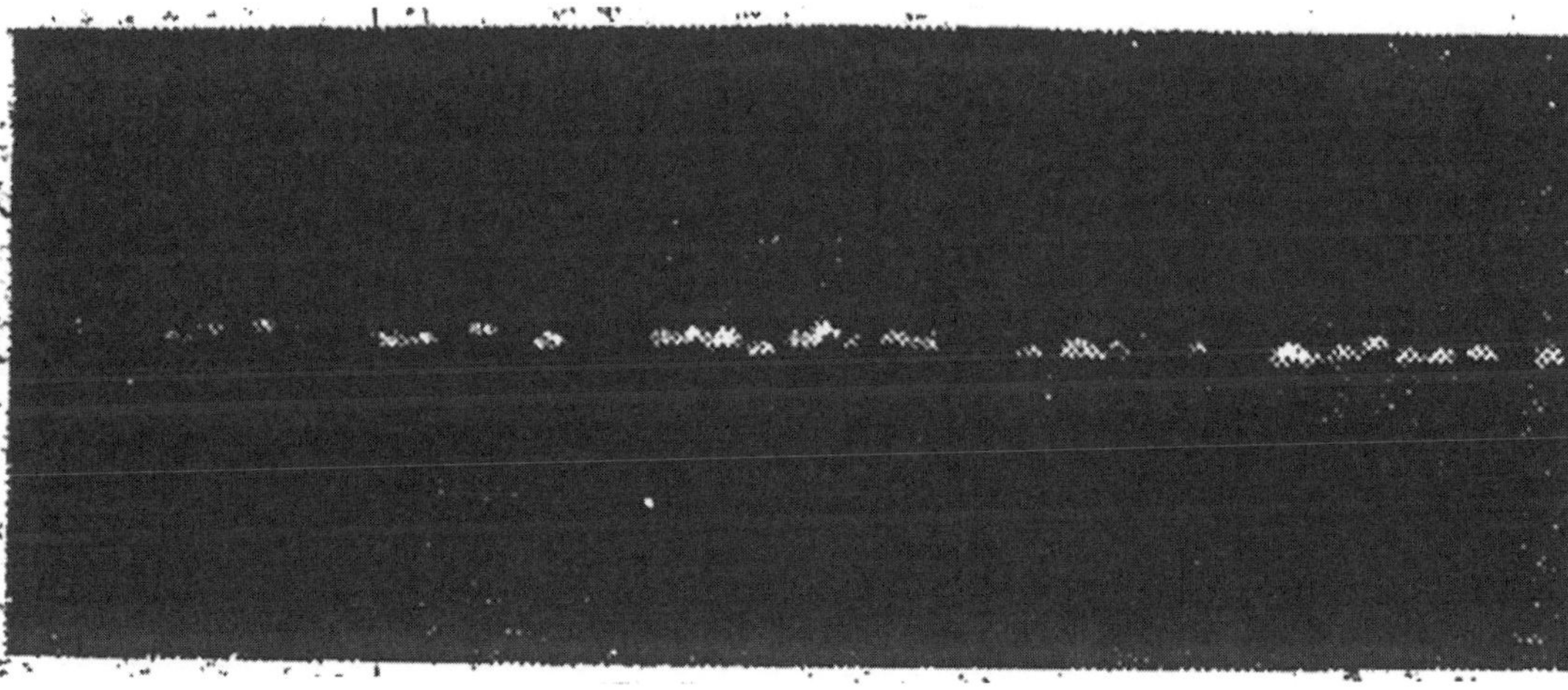

（寫眞は有明海の不知火）

い。海坊主を祈つて其の祟りをうけた伝説は我國でも姐妃のお百其他の諸説となつて残つてゐる。以上海洋の表面に起つた出来事が説いたが、次ぎは海底の秘密に移ることにしよう。

一度溺れたが最後、決して助からないのみならず、沈んだ死體を再び発見することが出来ないと云ふのが日光中禅寺湖の怪だ。或る異變に外國の一士官が溺れた後ち捜索が見ることが出来なかつたことは、中禅寺湖を語るまだ新しいエピソードの一つである。『湖水の底には大きな杉の幹が縦横に倒れて居て其の枝が蛇龍の目のやうに相交錯してゐる』とは其の外國士官の死體を探し求め成功しなかつた潜水夫の報告であつた。海洋のそれは全然反對で沈んだ死體は必ず一度は浮んで来る。そして陸を離れた大海の底はとても綺麗に整頓してゐることも我等の想像以上である。一體海水は淡水に比べて多くの鹽分を含んで居るだけに、淡水よりも重いことは今更言ふを俟たないが、平均一リットルの重さは一・〇二八瓦と一・〇二四瓦の間で其の差は温度の高低と鹽分の多少に依つて起つて来る。この鹽分は元から海中にあつたものか或は河水が陸地の鑛物類を溶解して海に流れ、長い年月の間に鹹水に變じたものか種々の學説があるが、大部分は海洋成立の當初から含まれて居たものとされてゐる。海水を肉眼で見るとき藍色は二十六米七まで透視が出来るが、稍藍色は二十三米二、緑藍色は十六米十、緑色は十五米五までしか透視が利かぬと云ふ實験が發表されてゐる。然しフイリツピンのミンドロ島附近で英人ホースボロ氏は四十五米の底に棲息する珊瑚虫を透視して之を撮たさうであるから、海水透視についての學説も餘り當てにはならない。三百米以下の深海

島の海女生活はそれが一年中の仕事だけに涼味以上にわたるが、海底のこと〻云へば流石海洋學者の横山又次郎博士でも海女には及ばない。

原始的な彼女等が曲藝をするオツトセイにも似て縦横に沈んだり浮んだりして海底作業に從事する様はエロテイツクな感じを離れて寧ろ天眞爛漫の姿だ。が、彼女等にも性の惱みは多分にある、海女だからとて海の底で戀の囁やきをする譯ではないが、然し男の出来た當分は海に入ることをなるべく遠慮するのでさては戀人を見付けたなどと朋輩の海女からからかはれる。

身に汚れあるときは『かんさん』に留められる。それが海女にとつて一番恐ろしいことだ。『かんさん』それは海の神様だと言つて居るが、その『かんさん』に逢つて一度は息絶れた一人の海女が浮びあがつたのを幸ひに助けられたときの話によると、何となしに寶物があるやうな氣がして何時もより長い間潜つて大きな岩の間に入つて行つた處が、眼の前に蛇の目傘をさした白衣の神様が現れて頻に手招きしてゐた。そのうち氣を失つて仕舞つたといふのであるが、從來溺れかけた人達が何れも此の蛇の目傘の目撃談をしてゐるのも不思議である。そして此の厄に遭ふ海女の誰もが新しい戀を得て間もない時にやられて居るといふから海の神様も大分嫉妬深い神様らしい。昨年中鳥羽では五人の處女が犠牲になつてゐるさうである。此の春一人の青年は其の『かんさん』に取られた海女の一人を慕うて海溝に飛込んで行つたが、彼女の死體も青年の姿も遂に再び浮んで來なかつたといふ。斯うした悲しい物語は幾つとなくあるとのこと、

人魚の際も所詮は非科學的現實の悲哀を暴露してゐるのだ。（寫眞はモメン姿の海女）

怪

海の怪異（上）

●秋田魁新報　昭和六年七月二十六日　6-217

海の怪異（上）

東京高等商船教授　須川邦彦

廣々とした海を眼の前に見た時、その果しもない海そのものが非常に神秘的な氣持を人々に抱かせる。しかもその海の上に起る山なす大波、暴風雨、龍卷、蜃氣樓といつたやうな自然現象が一層海といふものを神秘的なものに作りあげて、昔から人々に海を不思議な、如何にも恐ろしいところのやうに思はせてきたのは無理もない。今日のやうに航海術や氣象學の發達した時代から考へると、まるでウソのやうな海の恐怖に對する數々の迷信が行はれてゐたことは、世界到るところにその例を見るのである。

遠い昔、ギリシャの學者アナカーシスは海を行く者は四吋下が地獄であるといつた。四吋とは船の厚味で、あの世とこの世の境を意味しこの四吋下は地獄であるといふのである。日本でも「板子一枚下は地獄」といふ諺があるが、同じ意味を持つてゐるだけ面白いと思ふ。

このやうに海を恐がつた結果、海上生活者の間には海に對する熱烈なる信仰や迷信が起つた。ヨーロッパには、神信心をしないものは海へ出してやれといふ諺がある。海に出してやればどんな亂暴者も所謂苦しい時の神頼みで神佛にすがるやうになる。信仰心が芽生に出ずにはゐない。また日本でも今から四百年前に大内氏が制定した貿易條例の中には、特に支那へ行く船の守るべき規則が作られ、その第一條には航海中は熱心に航海安全を神佛に祈れといふ意味が記されてある。

かうした海への恐怖からいろいろな迷信が日本にも支那にも西洋にも昔から隨分多く行はれてゐる。

先づ海の神様は汚れ物が大嫌ひだから、汚れ物を船へ積むときつと大時化に遭ふと日本では信ぜられてゐた。特に駿河灣には綺麗好きの神様があるから、こゝを通る船は四足獸の類やその他の汚れ物を積んではならぬと固く戒められてゐた。また時化に遭つて船が危くなつた時は、どんな長い航海でも風や波が全く平穩になるまで不淨の物を決して海へなど流さなかつた。もし不淨のものを流せば海の神様が怒ると信じてゐたからだ。中には穩かな航海中でも船の中の汚れ物は海には捨てずに集めておき、港へ着いてから陸へ捨てるといふのもある。

また俗に、一人女に一人坊主といつて、或船の中に女が一人、或は坊さんが一人乗つてゐるときつと時化られるといふのでこれを非常に嫌つた。西洋でも昔は女を海へつれて行くと惡いことがあると信ぜられてゐた。

アメリカやヨーロッパの海員の間には、よく手首に花や果物、十字架などの入墨をしてゐるのを見受ける。これは海の惡魔を追ひ拂ふおまじないになると信ぜられてゐるからで、歐洲大戰中ドイツの潜航艇が暴れ廻つた時分には、この海難除けの入墨が一時非常に流行した。その中でも豚の入墨をしておけば溺れて死ぬことはないといふので豚の入墨が大歡迎であつた。日本の大和船時代には船の中で蛇の話をすることを避けた。それは海の神様や船靈様は蛇が嫌ひだといふので、今でも地方の漁船はこれを固く守つてゐる。また昔日本へ通つた支那の貿易船は、百足の旗といつて百足の形をした長さ三丈二尺五寸幅二尺四寸といふ大きな旗をマストに掲げて航海をした。これは百足は蛇よりも強いから大百足の旗を掲げておけば大蛇や龍など船を襲ふことはないといふ迷信からである。

ヨーロッパの海員の中にも金銀財寶を持つて地中海を航海すると大蛇におそはれるといふいひ傳へがあつた。かと思ふと朝鮮にはこれとは反對に、水中に住む鬼は金銀が嫌ひだから海や河を渡るとき金銀を身につけてゆけば水難はないといはれてゐた。「土佐日記」の中には美しい着物を着て船に乗ると海の神さまの怒りに觸れて大時化に遭ふといふことが記されてある。

龍卷も天候の關係で昔から海に多く起つてゐる現象である。日本でも支那でも龍卷は龍が天に上るから起るものと一般に信ぜられてゐた。小な帆前船が海上でこの龍卷に遭へばもう生命がないものと覺悟しなければならぬ。そこで龍卷に對する大きな恐怖が別に海上生活者の神經を捉へる。大和船時代の日本では、龍卷が船の近くに來たら蓙、莚、苫のやうなものを海に投げ込むと龍はそれを卷きあげて船をまかないといはれてゐた。

海の怪異（下）

東京高等商船 教授 須川邦彦

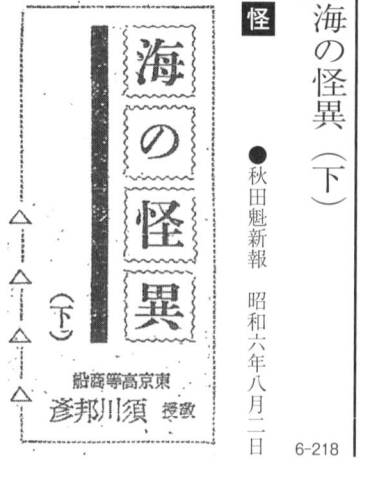

怪　海の怪異（下）
●秋田魁新報　昭和六年八月二日
6-218

コロンブスがアメリカ大陸發見のため太西洋を西へ西へと航海中にも大きな龍卷に遭つて水夫達は狂人のやうになつてさわぎたてた。そして度々龍卷に出遭ふ内にコロンブスは大陸發見の前にとう〳〵一つの龍卷よけのおまじないを考へ出した。それは先づ黒い柄のついた大型のナイフを振りかざしてマストの側に跪き、バイブルのヨハネ傳を大聲で讀みあげる。そして第一章第十四章の「言葉肉体となりて我等の内に宿れり」といふ文句のところにくると、龍卷のまいてゐる方向とは反對の方向に手にしたナイフを振りあげて風を切る。すると龍卷は忽ち切れて靜まると言はれてゐる

此のおまじないは確に利き目があると言はれて、今も地中海の小アジア海岸の人達の間につたへられてゐる。日本にも昔の船員は大時化にあふと風切鎌といつて竹竿の先に草を刈る鎌を縛りつけこれを船のトモにたてるものであつた。さうすれば風が切れて風が靜まると信ぜられてゐた。

しかしこれと反對に風が海の上から綺麗に消えてなくなることがある。動力によつて動く船は風が吹かなくともこまりはしないが、帆前船になるとさうはいかぬ。風が止んで

海の面が鏡のやうになれば風を唯一のたのみとしてゐる帆前船は動かなくなつてしまふ。そこでヨーロッパの船員は風を呼ぶまじないをもつてゐる。それはマストの後方に引つ張つてある綱をツメでガリ〳〵引つ掻きながら「キヤツポーこい、キヤツポーこい」と言つて口笛をふくのである。すると今まで鏡のやうに靜かだつた海面の一部に、さゞなみが立ちはじめてくる。このさゞなみの部分をキヤツポー（猫の足）といふのであつて、それが現れるとやがて追手の風がふいてくるといふのである。日本にも口笛をふいて風を呼ぶまじないがある。

また海上でよく濃霧に包まれて船が方向を見失つた時、日本の船員間には生のまゝ豆を噛み碎くとか、或は擂鉢で擂つたものを口にふくんで船の周圍に吹き散らすと、やがて霧がはれて四方が見へてくるといはれてゐた。それからこれは日露戰爭中のおもしろい挿話として傳へられてゐるが、かつて霧に苦しめられた上村艦隊に成田の新勝寺といふお寺から霧除豆の寄贈があつた。そして豆は各艦に分配されたのであつた或日一隻の軍艦が霧になやまされて苦しんだ時、その艦の士官がふと豆のことを思ひ出して、冗談半分に霧に向つてまいたところ忽ちの内に晴れた。その後も霧に包まれた時、それ豆だと言つてまいたらまた晴れたと傳へられてゐる

日本では船員が昔から鱶を恐れてゐることは非常なもので、カマドの灰などは絕對に海に捨てゝはいけないと戒めてゐた。それは鱶は眼が小い上に近眼でその上非常に執念深い。そこで海へ捨てた灰がもし鱶の眼の中にでも入らうものなら忽ちその怒りに觸れ大荒れがくると傳へられてゐる。船酔ひに對するまじないも澤山ある。すべて航海する人にとつて船酔ひほど苦痛なものはない。そこでいろ〳〵な方法が考へだされたのだ

らう。

こんな話がある。臺灣のキールンを出帆して日本内地へ向つた日本の汽船が途中時化にあつて三等室の船客の全部が殆んど醉つてしまつたといふのである。そしてそのうちの一人の婦人の如きは特別にひどく醉つて死ぬやうな苦しみをつゞけてゐた

見

るに見かねて一人のボーイが何くれとなくこの婦人を介抱してやつてゐたのが突然その婦人の懷の中から血に染まつた親指大の丸肉かたまりが飛び出して一層ウン／＼唸り出した、そこでボーイは青くなつて船醫室に飛びこみ「先生大變です、三等船客の一人がよつて苦しまぎれにへそが飛びだしました」

とかう訴へた。そこで船中は大さわぎとなり醫者が駈けつけて診察すると梅干しが懷のなかでつぶれてゐたのだとわかつて大笑ひをしたといふ、まるで一口噺のやうな話があるが、この婦人は梅干しをじかにへそにあてがつておくと船によはぬといふまじなひをしてゐたのである、この外よはないまじなひとしては柿の糖の黒燒を水でのんだらなほるといはれ、

硫

黄のにほひをかいでもよいといはれてゐる。また船に乘る前に足の裏に泥を塗つておくとよいともいはれ、港近くの河の水を一口飲むのもよいなど〻傳へられてゐる。

今日では東京驛がすつぽり中へ這入つてしまふやうな大汽船が海にうかび、海上の旅行は最も安全で贅澤なものとなりつ〻ある。やがて人間の智慧は海をも征服してしまふであらうし、今日ではかうした數々の海に對する驚異や迷信といふものが科學的に解譯されてゐる。しかし昔から言ひ傳へを思ひうかべながら港から港へと航海するマドロスには懷しいロマンスである。

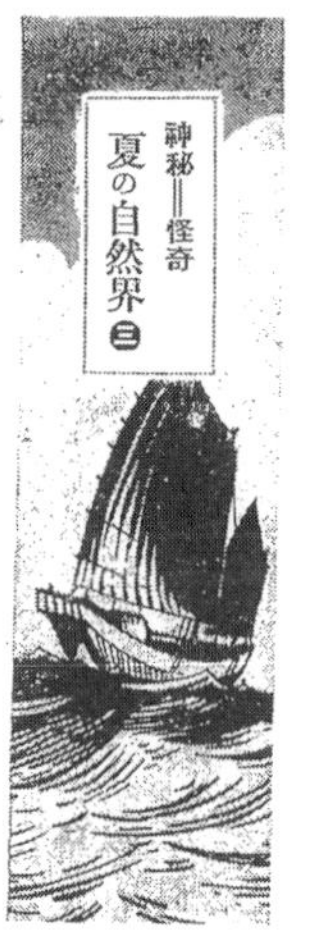

怪　神秘＝怪奇　夏の自然界（三）

●大分新聞　昭和六年七月二十六日（二十五日夕）

6-219

時化を呼ぶ？ 一人女に一人坊主

海の怪異（上）　東京高等商船學校教授　須川邦彦

ひろ／＼とした海を眼の前に見た時、そのはてしない海そのものが非常に神祕的な氣持を人々に抱かせる。しかもその海の上に起る山なす大波、暴風雨、龍卷、蜃氣樓といつたやうな自然現象が一層海といふものを神祕的なものに作りあげて、昔から人々に海を

不思議な　如何にも恐ろしいところのやうに思はせてきたのは無理もない。今日のやうに航海術や氣象學の發達した時代から考へると、まるでウソのやうな海の恐怖に對する數々の迷信が行はれてゐたことは、世界到るところにその例を見るのである。

遠い昔、ギリシヤの學者アナカーシスは海を行く者は四インチ下が死の國であると言つた。四インチとは船の底板の厚味で、あの世とこの世を境を意味し、この四インチ下は地獄であるといふのである。

日本でも　「板子一枚下は地獄」といふ諺があるが、同じ意味を持つてゐるだけに面白いと思ふ。

このやうに海を恐がつた結果、海上生活者の間には海に對する熱烈なる信仰や迷信が起つた。ヨーロッパには、神信心をしないものは海へ出してやれといふ諺がある。海に出してやればどんな亂暴者も所謂苦しい時の神賴みで神佛にすがるやうになる。信仰心が芽生え出ずにはゐない。また日本でも今から四百年前天文十八年に大内氏が制定した

貿易條例　の中には、特に支那へ行く船の守るべき規則が作られ、その第一條には航海中は熱心に航海安全を神佛に祈れといふ意味が記されてある。

かうした海への恐怖からいろ／＼な迷信が日本にも支那にも西洋にも昔から隨分多く行はれてゐる。先づ海の神樣は汚れ物が大嫌ひだから、汚れ物を船へ積むときつと大時化に遭ふと日本では信ぜられてゐた。特に駿河灣には綺麗好きの神樣があるから、こゝを通

神秘＝怪奇　夏の自然界（四）

怪

●大分新聞　昭和六年七月二十八日（二十七日夕）

6-220

鱶の執念―梅干の怪
マドロスのお呪禁

海の怪異［下］　東京高等商船學校敎授　須川邦彦

コロンブスがアメリカ大陸發見のため大西洋を西へ西へと航海中にも大きな龍卷に遭つて水夫達は狂人のやうになつて騷ぎ立てた。そして度々龍卷に出遭ふ内コロンブスは大陸發見の前にとう／＼一つの龍卷除けのお呪禁を考へ出した。それは先づ黑い柄のついた大きなナイフを振りかざしてマストの側に跪き、バイブルのヨハネ傳を大聲で讀み上げる。そして第一章第十四章の「言葉肉體となりて我等の内に宿れり」といふ文句のところに來ると、龍卷のまいてゐる方向とは反對の方向に手にしたナイフを振り上げて風を切る。すると龍卷は忽ち切れて靜まると言はれてゐる。このお呪禁は確かに利き目があると言はれ、今も向地中海の小アジア海岸の人達の間へ傳へられてゐる。日本にも昔の船員は大時化に遭ふと風切鎌と言つて、竹竿の先に草を刈る鎌を縛りつけ、これを船のトモに立てたものであつた。さうすれば風が切れて風が靜まると信ぜられてゐた。しかしこれと反對に風が海の上から綺麗に消えてなくなることが

る船は四足獸の類やその他の汚れ物を積んではならぬと固く戒められてゐた。また時化に遭つて船が危くなつた時は、どんな長い航海でも

風や波が全く平穩になるまで不淨の物を決して海へ流さなかつた。もし不淨のものを流せば海の神樣が怒ると信じてゐたからだ。中には穩かな航海中でも船の中の汚れ物は海には捨てずに集めておき、港へ着いてから陸へ捨てるといふのもある。

また俗に、一人女に一人坊主といつて、船の中に女が一人、或ひは坊さんが一人乘つてゐるときつと時化られるといふのでこれを非常に嫌つた。西洋でも昔は女を海へつれて行くと惡いことがあると信ぜられてゐた。

アメリカやヨーロッパの海員の間には、よく手首に花や果物、十字架などの入墨をしてゐるのを見受ける。これは海の惡魔を追ひ拂ふお禁厭になると信ぜられてゐるからで、歐洲大戰中ドイツの潜航艇が暴れ廻つた時分には、この海難除けの入墨が一時非常に流行した。その中でも豚の入墨をしておけば溺れて死ぬことはないといふので豚の入墨が大歡迎であつた。

日本の大和船時代には船の中で蛇の話をすることを避けた。それは海の神樣や船靈樣は蛇が嫌ひだといふので、今でも地方の漁船はこれを

固く守つてゐる。

また昔日本へ通つた支那の貿易船は、百足の旗といつて百足の形をした長さ三丈二尺五寸、幅二尺四寸といふ大きな旗をマストに掲げて航海をした。これは百足は蛇よりも強いから大百足の旗を掲げて置けば、大蛇や龍など船を襲ふとはないといふ迷信からである。

ヨーロッパの海員の中にも金銀財寶を持つて地中海を航海すると大蛇に襲はれるといふ言ひ傳へがあつた。かと思ふと朝鮮にはこれとは反對に、水中に住む鬼は金銀が嫌ひだから海や河を渡る時金銀を身につけて行けば水難はないといはれてゐた。

土佐日記の中には美しい着物を着て船に乘ると海の神樣の怒りに觸れて大時化に遭ふといふことが記されてある。

龍卷も天候の關係で昔から海に多く起つてゐる現象である。日本でも支那でも龍卷は龍が天に上るから起るものと一般に信ぜられてゐた。小さな帆前船が海上でこの龍卷に遭へばもう生命がないものと覺悟しなければならぬ。そこで龍卷に對する大きな恐怖が別に海上生活者の神經を捉へる。大和船時代の日本では、龍卷が

船の近くに來たら壓延、苫のやうなものを海に投げ込むと龍はそれを卷き上げて船を卷かないと言はれてゐた。（つゞく）

ある。動力によつて動く船は風が吹かなくとも困りはしないが、帆前船になるとさうはいかぬ。風がやんで、海の面が鏡のやうになれば風を唯一の頼みとしてゐる帆前船は動かなくなつてしまふ。そこでヨーロッパの船員は風を呼ぶ呪禁を持つてゐる。それはマストの後方に引張つてある綱をツメでがり／＼引掻きながら『キャッポー来い、キャッポー来い』と言つて口笛を吹くのである。すると今まで鏡のやうに靜かだつた海面の一部に、小波が立ち始めてくる。この小波の部分をキャッポー（猫の足）といふのであつて、それが現れるとやがて追手の風が吹いてくるといふのである。日本にも口笛を吹いて風を呼ぶ呪禁がある。

また海上でよく濃霧に包まれて船が方向を見失つた時、日本の船員間には生のまゝ豆を噛碎くとか或ひは擂鉢で擂つたものを口にふくんで船の周圍に吹きちらすと、やがて霧が晴れて四方が見ゑてくると言はれてゐた。それからこれは日露戰爭の面白い挿話として傳へられて居るが、かつて霧に苦しめられた上村艦隊に成田の新勝寺といふお寺から霧除豆の寄贈があつた。そして豆は各艦に分配されたのであつた。ある日一隻の軍艦が霧に悩まされて苦しんだ時、その艦の士官が不圖豆のことを思ひ出して、冗談半分に霧に向つてまいたところ忽ちの内に霧に晴れた。その後も霧に包まれた時、それ豆だといつて撒いたらまた晴れたと傳へられてゐる。

日本では船員が昔から鱶を恐れてゐることは非常なもので、カマドの灰などは絶對に海に捨てゝはいけないと戒めてゐた。それは鱶は眼が小さい上に近眼でその上非常に執念深い。そこで海へ捨てた灰がもし鱶の眼の中にでも這入らうものなら、鱶は怒つて捨てたものを怨み、時化で難航した時とか不用意に泳ぐ時など隙を見てその人に噛みつき、必ず怨みを晴らすと信ぜられてゐた。また西洋型の帆前船の先の方には、よく斜めに突き出した檣があつて、その先に鱶の尻尾をぶら下げてゐることがある。これはどういふ意味かといふと、西洋では昔から鱶の尻尾は幸福の徴しであつてこの尻尾が船についてゐる間は穏かな航海を續けることが出來るといふのである。どうかするとマストのてつぺんに鱶の尻尾が打ちつけられてゐることがある。

船酔ひに對する呪禁も澤山ある。凡そ航海する人によつて船酔ひ程苦痛なものはない。そこで種々な方法が考へ出されたのだらう。

こんな話がある。

臺灣の基隆を出帆して日本内地へ向つた日本の汽船が、途中時化に遭つて三等室の船客のほとんど全部が酔つてしまつたといふのである。そしてその中の一人の婦人の如きは、特別にひどく酔つて死ぬやうな苦しみを續けてゐた。見るに見かねて一人のボーイが何くれとなくこの婦人を介抱してやつてゐたのだが、突然その婦人の懐ろから皿に染つた親指大の丸い肉の固りが飛び出して一層ウン／＼うめき出した。

そこでボーイは青くなつて船醫室に飛び込み

『先生大變です。三等船客の一人が酔つて苦しまぎれに腸が飛び出しました』

とから訴へた。そこで船中は大騒ぎとなり、醫者が駈つけて診察すると、梅干が懐ろの中で潰れてゐたのだと分つて大笑ひをしたといふまるで一口噺のやうな話があるが、この婦人は、梅干をじかに臍にあてがつておくと船に酔はぬといふ呪禁をしてゐたのである。

この外、酔はない呪禁としては柿のへたの黒焼を水で飲んだら癒ると言はれ、硫黄の臭ひを嗅いでもよいと言はれてゐる。また船に乗る前に足の裏に泥を塗つておくとよいとも言はれ、港近く河の水を一口飲むのもよいなど傳へられてゐる。

今日では東京驛がすつぽり中へ這入つてしまふやうな大汽船が海に浮び、海上の旅行は最も安全で贅澤なものとなりつゝある。やがて人間の智恵は海をも征服してしまふであらうし、今日ではかうした數々の海に對する驚異や迷信といふものが科學的に解釋されてきてゐる。しかし昔からの言ひ傳へを思ひ浮べながら港から港へと航海するマドロスには懐しいロマンスである。

怪談
怪 ●国民新聞　昭和六年七月二十七日（二十六日夕）　6-221

怪談

佐々木金之助
牛島一水 書

「脚部の切斷手術をする時、助手の頭は、よく、その足を持たされたものですよ。そいつが、切りはなされると一緒に、づしんと重さが來るのです。人間の足をさげてゐる！と思ふせゐか、肩が抜けるほど重いのです。

それから、麻酔がとれて、患者が正氣づいて來ると「痛いよ。痛いよ」つて、呻き出すのです。どこが痛いかつて聞くと「足の先が痛い！オーン、足の先が千切れるほど痛いよオ！」つて泣くのです。もう、とつくに切斷されてしまつてゐる足先がね。

慣れて來ると、こつちは、噴き出したくなるけれど、看護に來てゐる身内の人は、まあ、たいてい脳貧血ものですね。

えツ？こんな話はつまらないですつて？え、怪談をですつて？ハ、、、、、、どうも困りましたね。病人や死人を扱ふのだから、一つや二つはありさうなんだが、醫者つて奴、案外ガッチリしてゐましてね」

K醫學士は、グッとお茶を飲みほして、ふとつた身體を窮屈さうに、あぐらにした。が、しばらくして、

『僕の職業とは關係ない話なのですが、それでは、一つ昔話でもしませうか』と、にやにやしながら語り出した。

×　×　×　×

『もう十年も、いやもつと昔になりませうか。僕もやつと學校を出て、病院に通ひながら、フロイドの精神分析なんかに熱くなつてゐた時分のことですからね。

その頃、郷里で小學教員をしてゐる青年がひよつこり出て來て、とんでもない刀を買ひ込んで困つてゐる話をしたのです。その刀つてのが、由緒のあるものらしいのですね。二十圓で買つたのが、鑑定させてみると、鑑定人の云ふには、百圓は下らないだらう、と云ふのです。奴さん、掘り出しものをしたとばかり、これ見よがしに床に飾つて置いたのが、そもそもこの話の起りなのです。

すると、ある夜のこと、襖がすうつと開いた氣配がするから眼を開けると、白い物を著た若い娘が立つてゐる。するすると入つて來て、彼の枕元にピタリとすわつてしまつたのださうです。はてなと思ふ間もなく、ふとんの上が急に重くなつて來て、息が出來なくなつて來る。もがかうにも、うめかうにも指一本動かすことが出來ない。呼ばうにも勿論聲などは出ない。うんうん苦しんでゐると柱時計が三ツ鳴つて、ふつと眼がさめる。なあんだ、夢だつたのか。でその夜はそのまゝ、ふとんをかむつて寝たのですが、するとまた次の日の夜、同じ氣配に眼を開くとあの娘が、白い著物に肩から血が……あッ！と叫ばうとすると、またすわつた氣配と共に聲が出ない。二時間ばかりもがいて、やつと解放されて見ると汗ぐつしよりになつてゐる。

こんな事が五六日もつゞいたので、奴さん、どうしても夢とばかし思はれなくなつたのですね。しかし、まだ、自慢の刀のことには氣がつかない。いくら甚い神經衰弱にかゝつたとしても、こんなに同じうなされ方をする筈はないし、よし、誰か友達を連れて來て、泊つて貰つてみよう、と、思ひついたのださうです。で、次の日、學校から、友達の教員を誘つて來て、ビールを抜きながら話し込んで夜にしてしまつたのださうです。今夜は泊まらしてやらうといふ腹だから、歸る歸るといふのを、まだ早いまだ早い、で飲みつゞけさして、とうとう泊まるところまで漕ぎつけたのです。そして、友達には何食はぬ顔で、二人枕を並べて寝たのです。しかし、よほど醉つてゐたせゐか彼はすぐ眠つてしまつて、不思議にもあの若い娘のお

化けにも見舞はれないで朝まで眠りつゞけてしまつた。と、枕元で
「君、君、君」

と、搖り起す聲がする。ふと眼がさめると、ゆうべの友達が、もうすつかり洋服に着替へて、坐つてゐる。

「オイ、こんなに早く何處へ行くのだ」

「歸るのだよ」

さう云ふ友達の顔はまつ蒼で、慄へてゐる。

「や！　君も見たのか？」

思はず叫んでとび起きると、

「うむ」

と氣味惡さうにあたりを見廻す
「實は……」と、そこで彼が一切合財をぶちまけて話すと、ひどい奴だ！と、プリ〳〵怒つて、友達は歸つてしまつたさうですが、彼は自分が病氣でないことが判つて、氣が輕くなると共に、ふつと、刀のことに氣がついたのださうです。早速刀を押入れに納ひ込んでしまつた。ところが、それ以來もう娘のお化は出て來ない。まあ、芝居でよく演る「刀の祟り」だつたことが判つた譯ですね。


しかし、そんな不氣味な刀を持つてゐても仕方がない。百圓が八十圓でもいゝ、元金の二十圓を差引いた殘りはあなたに寄付するから一つ東京で賣つて與れないか、といふ話で此僕が聞いたのです。これからが僕の怪談になるのですがね」

と、K醫學士は話を切つて、冷いお茶をすゝる……。

『フロイドなんかに熱心だつたせゐばかりではない。その頃の僕は暮し向きもずつとみじめだつたし子供が二人もあつて、漸く生活費がかさばりかゝつてゐた頃だつたから、六十圓たゞで儲かる事なら、といふ腹も手傳つて、まあとにかく、送つてみたらどうだ。では、歸つたら送りませう。で話をきめて置いたのです。

すると、半年も經つて、もうとつちで忘れかけてゐる頃になつてその刀を小包にして、僕の家に送りつけて來たのです。折惡しくその日は病院に何かあつて、僕が歸つたのは、もう十一時を廻つた頃でした。ところが、二人の子供もま[illegible]起きてゐる。そして、家の中が[illegible]に陰氣なのです。

「どうしたのだ」

と聞くと、

「どうしたもあるものですか」

と家内はツンツンしてゐる。そして、刀の小包が屆いたこと。例のお化けの話を子供達も聞いて知つてゐるから、怖がつて、どうしても寢ないこと、を云つて、

「あの人もあの人ですが、あなたが、あんまり物好きだからですよ」

と、ヒステリカルに突つかゝつて來る。

「なに!!」

思はずカッとなつた僕は、矢庭に、傍にあつた小包をさつと引き寄せたのです。

「斬つちまうぞ！」

思はず口先きまで出た言葉を、僕は、ハッと氣がつきました。（これはいけない。この刀は、早く送り返してしまはなければ）

そして、僕は
「今の世の中に幽靈話か。ワハ、ゝ、ゝ」

と、わざと大きな聲で笑ひにまぎらしてしまつたのですが、背筋からは冷い汗がツル〳〵流れて、内心身ぶるひしてゐたのでした。

僕の癇癪には、あとで自分ながら慄へ上るんですからね。あの時のことを思ひ出すと、今でも、ゾッとしますよ。小包を解いてゐたら恐らく、今こんな呑氣な話が出來なかつたらうと思ひますね。

『え？お化けですか。えゝ、見ましたとも。僕も。但し僕がその晩見たのは、現代式の、束髮の、可愛い奴でしたがね。はゝゝ。えゝ、えゝ、勿論、刀は、その翌日送り返しそしてしまひましたさ』

ラジオ　二十七日番組　綱館（唄）松永和風ほか
●東京日日新聞　昭和六年七月二十七日
6-222

廿七日番組　東京 JOAK　波長三四五
◆後八・四五　(三)綱館（唄）松永和風、松永和幸、松永和五郎(三味線)杵屋勝太郎、杵屋勝吉治、杵屋勝東治

「綱館」羅生門の鬼　（唄）松永和風 外　6-223

●東京日日新聞　昭和六年七月二十七日

綱館　後八・四五

羅生門の鬼

（唄）松永和風 外
（三味線）杵屋勝太郎 外

（本調子）〽去る程に（合）渡邊の源次綱は、九條羅生門にて、鬼神の腕を切取りつゝ、武勇を天下に輝かせり、〽さりながら、かゝる惡鬼は七日の内に、必ず仇をなすなりと、陰陽の博士、晴明が勘文にまかせつゝ（合）〽綱は七日の物忌みして、仁王經を讀誦なし、門戸を閉ぢてぞゐたりける（ワキ）〽すでに東寺羅生門の、鬼神の腕を切取りしこと、これ偏に、君の御威徳ならずや、然るに晴明が勘文に從ひ、あら氣づまりの物忌やな（シテ）〽かゝる所へ津の國の、渡邊の里よりも、尋ねて伯母のきた時雨（合）紅葉のかさも名にめでゝ（合）錦をかざす故郷の（合）老の力や杖つきの、乃字の姿をも、（合）うしとはいはでひかれつる、綱が館に着きにけり（ワキ）門の外面にたゝづみて（シテ）〽いかに綱、津の國の伯母がはるばる參りたり、此門開き候へ、とく明けめされ（ワキ）〽内には綱の聲高く、はるばるとの御出でなれど、仔細有つて物忌みなれば、門の内へはかなはず候（シテ）〽何門の内へ叶はぬとな（ワキ）〽ぜひに及ばず候（シテ）〽あら曲もなき御事やな、（合）和殿が幼き其時は（合）自らいだき育てつゝ（合）九夏三伏の暑き日は、扇の風にて褥がせつ、玄冬素雪の寒き夜は、（合）衾を重ね暖めて、和殿を綱といはせし事、あア皆自らが恩ならずや恩を知らぬは人ならず、エヽ汝は邪けん者哉と、聲を上げてぞ泣き給ふ（ワキ）〽さしもに猛き渡邊も、あくまで伯母にくどかれて、ぜひなく門を押開き、奧の一ト間に（三重）請じける（シテ）〽いやとよ綱、鬼神の腕を切取れし武勇の程、凡そ天下に隱れなし、してその腕は何れに有りや（ワキ）〽即ちこれと唐櫃のふた、打ち明けて、伯母の前にぞ直しける（シテ）〽その時伯母はかの腕を、ためつすがめつしげしげと、眺めめて（ママ）〽面色變りゐたりしが、次第次第に面色變り（合）彼の腕を取るよと見えしが忽ちに、鬼神と成つて飛び上り（合）破風を蹴破り現れ出で、あたりをにらみし有樣は、身の毛もよだつ（合）ばかりなり（合）〽いかに綱、我こそは茨木童子なり、わが腕を取返さんそのために、これまで來たると知らざるや（合）〽綱は怒りて左足をふみ（合）斬らんとすれども、こくうにあり（合）いかゞなして討ち取るべしと（合）思へど次第に黒雲おほひ、鬼神が姿は消失せければ、彼の晴明が勘文に、背きし事の口惜しさよ、なほ時を得て討ち取るべしと、勇み立つたる武勇の程（合）かんぜぬ者こそなかりけれ。

ラジオ版　きょうの番組「綱館」　松永和風　6-224

●読売新聞　昭和六年七月二十七日

〃けふの番組〃　JOAK 東京波長三四五

◇八、四五　綱館　松永和風▲三味線杵屋勝太郎

伯母の姿に化け腕を奪いに来た茨木童子　6-225

●読売新聞　昭和六年七月二十七日

伯母の姿に化け

腕を奪ひに來た茨木童子

長唄の夕の三
＝後八時四十五分＝

綱館

唄	松永　和風
同	同　和幸
同	同　和五郎
三味線	杵屋勝太郎
同	同　勝吉治
同	同　勝東治

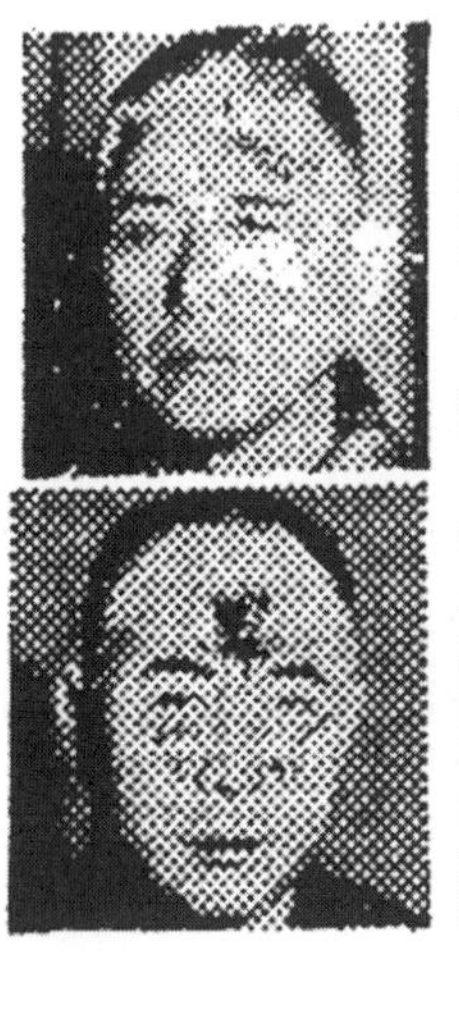

（上）松永和風（下）杵屋勝太郎

本謡子へ去る程に渡邊の源次綱は九條羅生門にて、鬼神の腕を切取りつゝ武勇を天下に輝かせりへさりながら、かゝる悪鬼は七日のうちに、必ず仇をなすなりと、陰陽の博士晴明か、勘文にまかせつゝへ綱は七日の物忌して仁王經を讀誦なし、門戸を閉ぢてぞゐたりけるワキへすでに東寺羅生門の鬼神の腕を切取りしこと、是偏に君の御威徳ならずや、然るに晴明が勘文に從ひあら氣づまりの物忌やなシテへかゝる所へ津の國の渡邊の里より、尋ねてをばのきた時、雨合 紅葉のかさも名にめでゝ合錦をかざす故郷の、合老のちからや杖つきの、の字の姿をも 合うしとはいはで曳れつる、綱が館に着きにけりワキへ 門の外面にたゝずみてシテへいかに綱津の國の伯母が、はるばる參りたり、此門開き候へ、とく明けめされワキへ内には綱の聲高く、はるばるとの御出なれど、仔細有つて物忌なれば門の内へはかなはず候シテへ何門の内へは叶はぬとなワキへぜひに及ばず候

シテへあら曲もなき御事やな、合和殿が幼き其時は、合自らいだき育てつゝ、合九夏三伏の暑き日は、扇の風にて凌がせつ、玄冬素雪の寒き夜は、合衾を重ね暖めて、和殿を綱と云はせし事、皆自らが恩ならずや、恩を知らぬは人ならず、エヽ汝は邪けん者哉と、聲を上げてぞ泣給ふワキへさしもに猛き渡邊も、あく迄伯母にくどかれて、ぜひなく門を押開き奥の一ト間に請じける、シテへいやとよ綱、鬼神の腕を切取られし武勇の程、凡天下に隱れなし、して其腕は何れに有りや、ワキへ即ち是れと唐櫃の、ふた打明けて、伯母の前にぞ直しける、シテへ其時伯母はかの腕を、ためつすがめつしげ〳〵と、眺め〳〵て居たりしが、次第〳〵に面色變り合彼の腕を取る上と見えしが忽ちに、鬼神と成つて飛上り合破風を蹴破り現れ出であたりをにらみし有様は、身の毛もよだつばかりなり、合へいかに綱我こそは茨木童子なり、我腕を取返さん其爲に、是迄來たると知らざるやへ綱は怒りて早足をふみ合切らんとすれどもこくうにあり合いかにかなして討取るべしと、合思へど次第に黑雲おほひ、鬼神の姿は消え失せければ、彼の晴明が勘文に、背きし事の口惜しさよ、猶時を得て討取るべしと、勇み立つたる武勇の程合かんぜぬ者こそなかりけれ。

怪 霊魂を持つ人形　銷夏漫談（A）
●山陽新報　昭和六年七月二十七日　6-226

銷夏漫談（A）

霊魂を持つ人形

柳原燁子

私の出家の柳原に二つの古い人形があります。その一つの名をみどり丸と呼びますもう一つの方は日吉と云つて。これはみどり丸の家來だといふことになつてゐますこの人形が昔からの傳説によると靈魂をもつて生きてゐるといふのです。で、日頃から「生けるが如くに」といふわけで、毎日人間と同じ御飯を上げ、夏冬の着物に時候をはづした事はなく、正月七日までは紋付と云つた風に、昔からの衣裳も相當持つてますので夏のかたびらすきやまで、人間並に揃つた事は少しもありません。

× ×

或夏のことでした、皆が信州に避暑に行きましたその晩のこと今夜からは家の方無人だから、お留守居の者は皆してあらこちらに散らばらになつてやすまふではないかといふ事になり、女中達も用心の爲めに、方々の座敷に皆が、一人づつ散り〳〵になつて座をとつたのです。その時、たしか、ためとかいふ名の女中でしたが、まだ來て一ケ月程にしかならぬ女でしたが、それが今のみどり丸と日吉の床の間に座つてゐる部屋へ寢ることになり蒲團を敷いて、いざ、寢やうと、燈火を消したんですと、そのとたん、くら闇の中に大きな火の玉のやうなものがころがつてゐたので、びつくり仰天して寢床の中にもぐり込んでしまひました。聲を立てやうにも、足て行かうにも、咽喉がつまり足がすくんでしまつて、只がた〳〵ふるへてゐたといふのです。

× ×

やがて、その火の玉が座敷中をぐる〳〵廻つて最後に床の間のみどり丸の側にくるとぱつと消えたといのです「その火の玉がみどりさんの側に行つた時、あのお人形のお顔がぼうとあかるく見えまし

たーといつて、ためは人に話すに瞼をふるはせて云ひました。

×　×

そのみどり丸がどうしたものかこの私が好きだといふです。それで私が幾度お嫁に行つても出戻つてくるのだと云ふことを誰か云ひ出した者もあつて、私はすつかりしよげてしまひ、何とかしてあのみどり丸の霊が、私の側にじやう居てくれるわけにはゆかぬものかと思ひます。

牡丹灯籠

資　●函館新聞　昭和六年七月二十八日（二十七日夕）　6-227

牡丹燈籠

三十日より　演藝座

紅蝙蝠、夜ひらく等

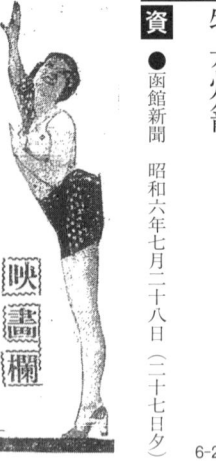

興味本位の大衆的名番組と函館最低の料金とを以て東部映畫館唯一の大衆娯楽郷として人氣を博しつゝある出町興行部の演藝座は、來週三十日より納涼絶好の怪談映畫『牡丹燈籠』を呼物として上映する これは帝キネ松本田三郎の一人二役主演で松枝鶴子、三桝加寿江等共演怪談と云へば牡丹燈籠と先づ人々の指を屈するやうな有名なもので戀に狂つて自ら死を求めて此世を捨てたお露が亡霊となつて戀慕する男の許を訪れるために想ひ想はれた萩原新三郎はお露の亡霊に魂を奪はれて哀れ又黄泉の旅を辿ると云ふ哀しき情艶な然も甚だ凄壮と怪奇と陰謀とを綴る興味満點の名作品次に松竹現代劇柳さく子山内光主演の『夜ひらく』あり名匠五所平之助の監督作品で『絹代物語』の特異の境地ある花柳ものを世に送つて問題を作つたが今又この『夜ひらく』で新しい世界を見せてくれた型を脱した花柳映畫である、シークボーイで大學出の若旦那を中心に昔の面影を追ふ純情の藝妓と洋装の超モダンな藝妓が愛慾の葛藤とエロと猟奇と人情美を描く紅燈の灯影からのぞいた現代世相の暴露映畫その次には松竹時代劇月形龍之助主演の『紅蝙蝠』あり東京朝日新聞に連載されて大好評を博せし名作家長谷川伸氏の原作で千早晶子と元マキノにあつた唯一のエロ女優大林梅子が松竹入社第一回出演作品面白さと主人公戸並長八郎の性格に異色ある所に多数天下のファンを唸らした名作は原作打つて付けの月形の名技を得て最大の映畫的効果を齎つてゐる月形のため作られた戸並長八郎と云つても過言でない當り役で研究演技は觀者を魅惑するであらう、尚この他松竹蒲田獨自のナンセンス喜劇『夫よなぜ泣くか』と題する齋藤達雄主演の逸品とが揃つてゐる

海の怪異（一）

怪　●福島民友新聞　昭和六年七月二十九日　6-228

〔1〕

ひろびろとした、海を眼の前に見た時、その果しもない海そのものが非常に、神秘的な氣持を人々に抱かせる。

しかも、その海の上に起る山なす大濤、暴風雨、龍巻、數多の怪物といつたやうな自然現象が、一層海といふものを、神秘的なものに作りあげて、昔から人々に海を不思議な、如何にも、恐ろしいところのやうに思はせてきたのは無理もない。

今日のやうに航海術や、氣象學の發達した時代から考へると、まるでウソのやうな海の恐怖に對する數々の迷信が行はれてゐたことは、世界到るところにその例を見るのである。

遠い昔、ギリシヤの學者アナカーシスは海を行く者は、四時下が死の國であると言つた。四時とは船の底板の厚味で、あの世とこの世の境を意味し、この四時下は地獄であるといふのである。

〔2〕

日本でも（板子一枚下は地獄）といふ諺があるが、同じ意味を持つてゐるだけに、おもしろいと思ふ。

このやうに海を恐がつた結果、海上生活者の間には海に對する熱烈なる信仰や迷信が起つた。欧羅巴には、神信心をしないものは海へ出してやれといふ諺がある。海に出してやればどんな乱暴者も所謂苦しい時の神頼みで、敬虔な信るやうになる。信仰心が芽生え出ずにはゐない。

また日本でも今から四百年前、天文十六年に大内氏が制定した貿易船隊の中には、特に支那へ行く船の守るべき規則が作られ、その第一條には航海中は熱心に航海安全を神佛に祈れといふ意味が記されてある。

かうした海への恐怖から、いろいろな迷信が日本にも支那にも西洋にも、昔から随分多く行はれてゐる。

〔3〕

先づ、海の神様は汚れ物が大嫌ひだから、汚れ物を船へ積むときつと大時化に遭ふと日本では信ぜられてゐた。

特に瀬戸内海には綺麗好きの神様があるから、ここを通る船は、四足獣の肉やその他の汚れ物を積んではならぬと、固く戒められてゐた。

また時化に遭つて船が危ふくなつた時は、どんな長い航海でも食や薪が全く不足になるまで、不浄のものを流せば海の神様が怒ると信じてゐたからだ。中には遥かな航海中でも、船の中の汚れ物は海には捨てずに集めておき、港へ着いてから、陸へ捨てるといふのもある。

また俗に、一人女に一人坊主といつて、船の中に女が一人、或は坊さんが一人乗つてゐるときつと時化られるといふのでこれを非常に嫌つた。

西洋でも昔は女を船へつれて行くと、悪いことがあると信ぜられてゐた。

怪

海の怪異（二）

●福島民友新聞　昭和六年七月三十日　6-229

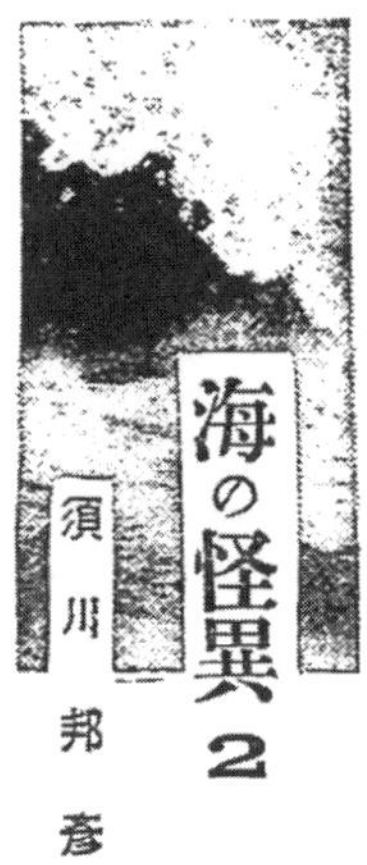

〔4〕

アメリカやヨーロッパの海員の間には、よく手首に花や果物、十字架などの入墨をしてゐるのを見受ける。

これは海の悪魔を追ひ払ふ、おまじなひになると信ぜられてゐるからで、欧洲大戦中ドイツの潜航艇が暴ばれ廻つた時分には、この海難よけの入墨が一時非常に流行した。

その中でも、豚の入墨をしておけば、溺れて死ぬことはないといふので、豚の入墨が大流行であつた。

日本の大和船時代には船の中で蛇の話をすることを避けた。それは海の神様や、神様は蛇が嫌ひだといふので、今でも地方の漁船はこれを固く守つてゐる。また昔日本へ通つた支那の貿易船は、百足の旗と言つて百足の形をした長さ三丈二尺五寸、幅二尺四寸といふ大きな旗をマストに揚げて航海をした。

これは百足は蛇よりも強いから大百足の旗を揚げておけば、大蛇や龍など船を襲ふことはないといふ迷信からである。

〔5〕

欧羅巴の海員の中にも金銀財宝を持つて地中海を航海すると、大蛇に襲はれるといふ言ひ傳へがあつた。

かと思ふと、朝鮮にはこれとは反對に、水中に住む鬼は金銀が嫌ひだから海や河を渡る時、金銀を身につけて行けば大難はないと言はれて。

「土佐日記」の中には、美しい着物を着て船に乗ると船の神様の怒りに触れて大時化に遭ふといふことが記されてある。

龍巻も天候の関係で、昔から海に多く起つてゐる現象である。日本でも支那でも龍巻は龍が天に上るから起るものと、一般に信ぜられてゐた。小さな帆前船が海上でこの龍巻に遭へば、もう生命がないものと覚悟しなければならぬ。

そこで龍巻に對する大きな恐怖が船に、海上生活者の神経をとらへる。

大和船時代の日本では、龍巻が船の近くに来たら蓑、笠、苫のやうなものを海に投げ込むと、龍はそれを巻き上げて船を巻かないと言はれてゐた。

〔6〕

コロンブスがアメリカ大陸発見のため、大西洋を西へ西へと航海中にも大きな龍巻に遭つて、水夫達は狂人のやうになつて騒ぎ立てた。そして度々龍巻に出遭ふ内コロンブスは大陸発見の前に、とうとう一つの魔除けのおまじないを考へ出した。

それは、先づ黒い柄のついた大型のナイフを振りかざしてマストの傍に跪き、バイブルのヨハネ傳を大聲で讀み上げる。そして第一章第十四節の
（言葉肉体となりて我等に宿れり）

といふ文句のところに來ると、魔除のまいてゐる方向とは反對の方向に、手にしたナイフを振り上げて風を切る。

すると、魔除は忽ち切れて静まると言はれてゐる。このおまじないは魔に利き目があると言はれて今でも尚ほ、地中海の小アジア沿岸の人達の間へ傳へられてゐる。

〔７〕

日本にも、昔の船員は大時化に遭ふと風切鎌と言つて、竹竿の先に草をかる鎌を縛りつけ、これを船のトモに立てたものであつた。さうすれば風が切れて風が静まると信ぜられてゐた。

しかし、これと反對に風が海の上から消えてなくなることがある。動力によつて動く船は風が吹かなくとも困りはしないが、帆前船になるとさうはいかぬ。風が止んで、海の面が鏡のやうになれば、風を唯一の頼みとしてゐる帆前船は動かなくなつてしまふ。そこで船員達は風を呼ぶまじないを行つてゐる。

それはマストの後方に取り憑つてゐる鯨を、フメでがりがりと引つ掻きながら（キャフキー来い、キャフキー来い）と言つて口笛を吹くのである。

すると今まで鏡のやうに静かだつた海面の一部に、小波が立ち始めてくる。この小波の部分をキャフキー（猫の足）といふのであつて、それが現れると、やがて船首の方から風が吹いてくるといふのである。日本にも口笛を吹いて風を呼ぶまじないがある。」

怪　海の怪異（三）

●福島民友新聞　昭和六年七月三十一日　6-230

本社特輯５　夏の讀物

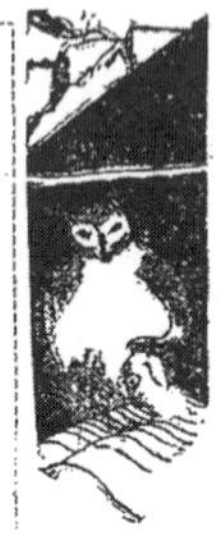

龍田丸の怪異　上

「これは昭和五年の出來事だ、春——サンフランシスコの在留邦人たちが金門公園（ゴールデンゲイトパーク）に日本趣味を添へるため、鍛の塔の置物を飾りたいと計畫した。それを丁度入港中の郵船天洋丸の司厨長松下能之助氏に買入れ方を依頼した。

松下氏は承諾して、さつそく帰朝で神戸の元町の骨董商伊藤恵治氏に買入れ方を頼んだ。さて天洋丸が神戸に入港した日、不思議にも伊藤氏は稀な狭心症の病氣で突然死んでしまつた。

松下氏は仕方がないので、古物商から買取つたのが實盛をかぶり、眼から怪光を放ち、手に鐵棍を持つた塔の立像であつた。

不思議なことに、塔を持つて米國に行く筈であつた天洋丸は海運界不況のため繋船してしまつた。で、松下氏は間もなく龍田丸の司厨長に替つて神戸に入港した龍田丸の北村司厨長氏に米國まで持つて行つて貰ふことにした。鍵附の立像は司厨長室の一隅に飾られ、六月二十五日夜、神戸を出帆し、太平洋の荒波を蹴つて横濱へ向つた。

船は二十六日午前三時、伊豆の神子元島沖合を航行した。暗の海の彼方へ、燈台の光が船の航行を見守るやうに絶えず明滅してゐた。空には美しく星が瞬いてゐる。

「火事だ！」

突然、深夜の靜寂を破つて龍田丸の甲板上に叫聲が起こつた。丁度客室の三百七十六號室から火は發したのだ。

幸ひ船員等の必死の活動で、紅蓮の焔はたちまち消しとめ大した事にはならなかつた。船員達がほつとして氣がつくと、かかる場合いつも眞つ先に駆けつける高級船員の北村司厨長の姿が見えぬ。

「この騒ぎを知らぬ筈がない」

「変だね」

話してゐる時、司厨長付の給仕の松本藤雄君があわてゝ北村氏の室に駈けつけた。

常態は何の物音もしない。思ひ切つてドアを開けた。腥い風が室内に流れてゐる。北村氏のベッドを見た瞬間、松本君は

「アッー」

と思はず悲鳴をあげて立ちすくんでしまつた。

血だ！白いベッドは一面の血だ。手、足、顔から真赤な血が流れて床にしたゝつてゐる。

そしてベッドの横に突つ立つてゐる狸の像は気味悪く光つて血の惨死体を見つめてゐる。その瞬間ニタリと笑つた様だ。

「人殺しだー」

◆

恐怖と驚愕に松本君は悲鳴をあげて逃出して、船員達に知らせた。色を失つて船長達が凄惨な室に駈けつけた。

何者かゞ短刀のやうな兇器で胸部、頭部を突き刺したのだ。犯人は船内に居る。船長は直に犯人の捜査を開始した。

怪

薬師山の麓から夜な夜な発する霊光

●函館新聞　昭和六年八月二日（一日夕）　6-231

薬師山の麓から
夜な〱發する靈光
兵隊さんが祭つた觀音様の因縁話
◇……天祐寺に安置

津軽要塞の函館山から観音像一躰を霊夢によつて發見し信者の手によつて下山せしめ称日町天祐寺に安置するといふので三十一日午後天祐寺に山口住職を訪へば過日増田さんといふ兵隊さんが司令部に出入のお方から話がありくはしいことはその本人が青森へ旅行中で判りませんが昨夜もその代人が来て軍の入口まで要塞の方の手で運搬し信者のところまで下げて置きたいといふ希望で

佛體は　未だ拝しないので判明しないが話の様子では観音像らしい、それについて湯の川の三十三観音をめぐつて来ましたが昔お山にあつた中の一躰かどうかその点はしかと判明しません兎に角有志の人々や信者の人々の手で当寺へ奉安せうといふことになつては居ります、台座にする石材も相當よいものを物色して居ります何れ決定次第何分の後援をお願ひ申します云々右について一方

要塞の　方に聞けば最近發見されたものではない薬師山の麓、壕にあつたものを三、四年前に司令部員が發見したものでそれを台石に安置して巡視の途中や登山の際には香華を供へて来たものであるが一部の人は早くから之を相當な所へ奉安したいと希望でした、發見した當時は何んでも日露戰爭當初から薬師山の麓の草間から怪しい霊光を發すると當時の監視兵がいつてゐたさうです、何んであるか

不思議　にしてゐたのを部員が警邏中遂に佛像が横たはつてゐるのを發見し爾来お祭りして来たのですが、何んでも山の守護だといつて老兵達が崇敬してゐたさうです、山上に置くよりも寺内に祭ることになれば結構なとです云々

獣

伝説　狐の管灯

●伊勢新聞　昭和六年八月二日　6-232

傳説　狐の管灯

山田○生

今から百五十年前の話……天明二年の夏の或る日の事である雨が降らないので、道路は乾き切つて、白い塵埃さへ濛々として焼けつく中を、人々は喘ぎ〱、野良さして仕事に出掛けて行つた。其夜は昼の餘波を受けて、蒸す様な暑さであつたので、街の人々は表へ縁臺など出して、浮世話に暑氣をまぎらして居つた。當時山田[illegible]町に松右衛門とて、山田三方役所の使走りをして、其の日の生活をしてをつたが、矢張り涼み仲間に混つて、團子片手に銀河流れてをる夜空を眺めて居つた時に、至急三方役所からの呼出しで、小林奉行所の山田肥後守利壽役宅迄、状箱持つて汗を拭き〱出掛て、用をば無事に濟ましての帰り途、檜木尻邊に来た時に、先づ一服と並木の松の根方に、腰を下し煙草をプカ

〜吹かして居つたが、ウヒ晝間の疲れが出て、ウト〜と眠りに陥つて了つた。夏の夜は未だ宵ながら明けぬるをと歌にある樣に、夜の短い時分であつたのでフト眼を醒ました時は鶏鳴曉を告げて雀の聲も騒がしい、吃驚して四邊を見廻はし、考へて見ると昨夜腰打ち掛て居つた松の根方に寝て了つた事だけは朧げながら思ひ出された。

コリャ大變と鋸打ち拂ふて、立ち去らうとしたら、自分の臥して居つた處に、一本の管の樣な二寸許りの固い物が落ちて居るのを見付けて、ハテ何だらうと手に取つて、ヒネクリ廻して見たが、大した物でもなれそうなので、マア提物の根付でもしたら面白いだらうと獨り言云ふて、急いで自分の家へ歸つた。さて其夜更てから「松右衛門殿」と表戸をホトホト叩いて訪れる者があつた。かすかではあるが靜寂な夜の扉を破つて聞えて來た、

松「何誰方ー」と尋ねると

「私は御木原邊に住んでをる狐ですが、今朝程御方の拾はれた管は私共の命よりも大切な寶ですからどうぞ返して下さい。夜中をも顧みず御邪魔致しました」と云ふので、ヨク〜見ると化も化たり、したゝる樣な若衆姿が夜見にクッキリと浮んだ

松「そんな大切なものならば返しても上げるが、一体それは何にするのです」と不審がる

狐「夫は夜中に火を燈す大切な道具なのです」

松「ではどうして火を燈すのです」

狐「その管を口に含んでフート吹けばすぐ火が出ます」ハッキリ聲は聞えて來ます。松右衛門も最初は半信半疑であつたが、狐に見えぬ樣に、コッソリやつて見ると、成程わけなさそうに火が燃え出したので、急に慾が出て返してやるのが惜くなつて

松「此の管は私が拾ふたのだから返す事は出來ない」

狐「そうでもありませうが、何とか代りに進上しますから是非共返して下さい御頼みします」と泣き聲になつて嘆願したが、松右衛門はスゲなく

松「どうしても返す事は出來ん早く歸つてしまへ」と言ひ却て表戸をピシャンと締めて寢てしまつた。

これから毎夜雨が降らうが、風が吹かうが缺かさず、深草の少將ではないが、百夜以上もホト〜と戸を叩いたが、松右衛門の返事は何時も同じ言を繰返して居つたこうして炎威金を溶かすてう夏の暑さも過ぎて、佐保姫の織なす野山になり、やがては菊に置く霜さへ痛々しい冬になつた頃、三方役所の用向を帯むで松右衛門は、京へ上り途中近江の石部と云ふ處で、トップリ日が暮たので或る旅人宿に泊つた。

折から大雨が沛然として車軸を流す樣に降つて來る、おまけに風さへ伴ふて、時々戸へピュー〜と凄じそうにぶつつかる折ふし便意を催したので、それも夜半の事便所へ行かうとしたが、生憎燈が消えて一寸先は眞の暗なので、弱つて居たがフト思ひ付いて、懷中して居つた狐の管を、口に含めてフート吹いて見たら、四邊は忽ち明るうなつて漸く用便を濟ます間、管を窓の敷居の上に置いて居つた處が、急に暗に聲が聞えて

狐「松右衛門殿今こそ持つて行きます」とあつたが、今迄燈の樣に明るかつた處が、再び文目も分らない闇になつて、今迄よりも一層烈しい西風が窓の外に音して居るのであつた。（をはり）

ラジオ　きょうの放送番組　芝居噺子「東海道…

●大阪時事新報　昭和六年八月三日　6-233

けふの放送番組

大阪　BK（波長四〇〇米）

◇後八・三〇　芝居噺子「東海道四谷怪談」お囃子歌舞伎會

ラ 夏向きの芝居囃子　四谷怪談

●大阪時事新報　昭和六年八月三日　6-234

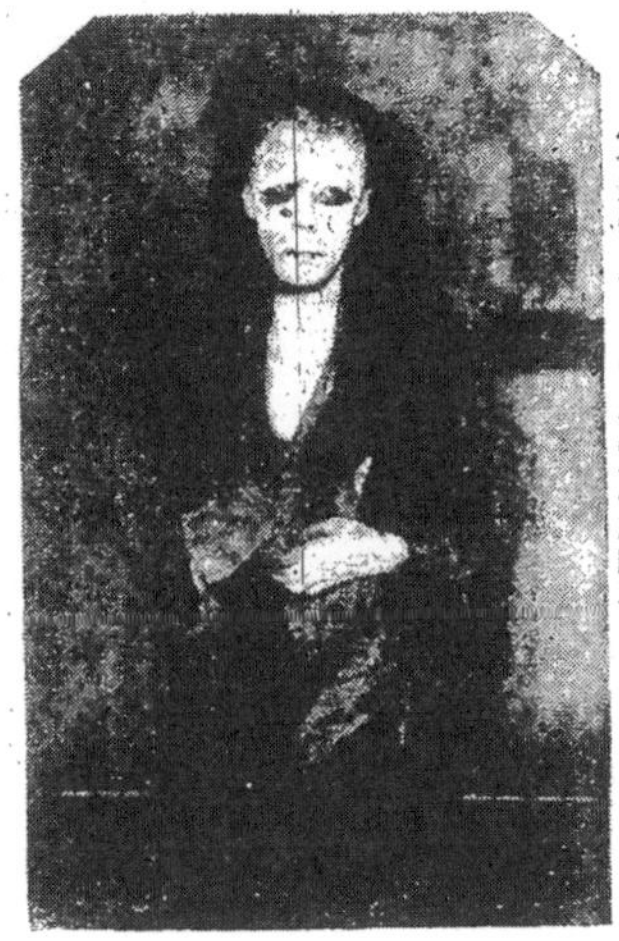

寫眞に見る、けふの芝居囃子（右團治丈のお岩の亡靈）

夏向きの芝居囃子

四谷怪談（よつやくわいだん）

午後八時半　お囃子歌舞伎會

第一・伊右衛門浪宅の場　――角平四ツ竹入り相方にて幕明く、伊右衛門入り相方にて種々出入りあり、赤子泣く、その後で按摩宅悦出入り相方も違る、怪く陰氣な相方になる。按摩宅悦から顔の變りしを聞き鏡を見る、江戸相方になる、恐すきの獨吟「寢入れぬ寢覚れ髪の浮き身をば誰がとき上げて夕月の、向ふ鏡はくもらねど曇す顔さへむねのやみ涙の雨に水櫛やすけど心のもつれ髪つれなき人のかず／＼を泣いて行くらん時鳥、冥途の鳥と聞くかいはともにかこたん夜もすがら」獨吟の中弟子の迄來、鼠の音種々あつてお岩の髪抜け見返す事の出來ぬ面色となり狂ひ狂つて死す相方「鼠の音」にて幕。

第二・砂村隠亡堀の場　――相方水の音にて幕明く、木魚入り相方にて伊右衛門出で來り、魚釣を勤める。一ツ鐘入り相方の水の音にてお岩の死骸流れ來た伊右衛門見て恐入れ折柄小佛小平出て、唄入りの世話鼓弓になる。唄「恐ふその夜になあさへた月こそ濡らやしんきやむなや闇になアつま戸をよおく／＼と明けの別れはなほつらや／＼」に木の頭にて幕、鋼鑼送り相方にて幕。

第三・蛇山庵室の場　――相方にて幕明く、暮の時鐘流し念佛の鐘する。人々伊右衛門のために百萬遍を送る、念佛の聲、鉦の音、其の内腰とり入り相方ドロ／＼にてお岩の亡靈現はれ伊右衛門をなやます事種々あつて遂にお岩のために伊右衛門殺さる。木の頭相方ドロ／＼にて幕。

ラ きょうのラジオ　芝居囃子「四谷怪談」お囃子歌舞伎会

●神戸新聞　昭和六年八月三日　6-235

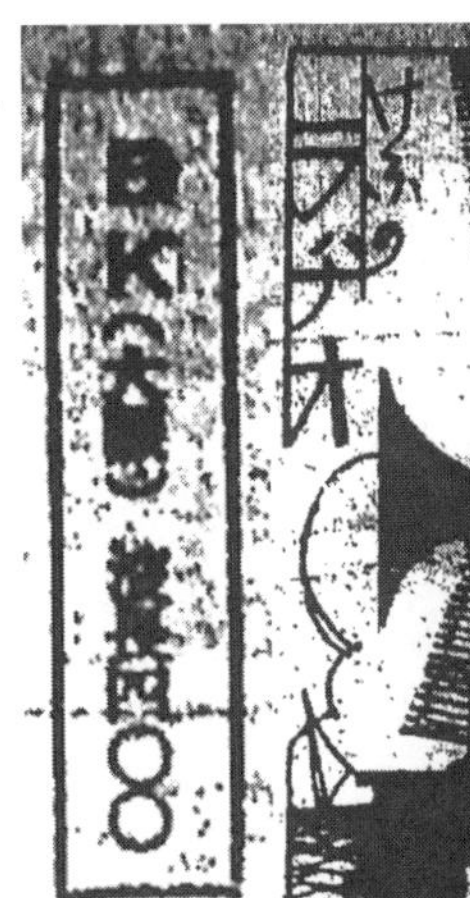

【八時三十分】芝居囃子「四谷怪談」お囃子歌舞伎會

ラ 東海道四谷怪談　芝居囃子　お囃子歌舞伎会

●神戸新聞　昭和六年八月三日　6-236

東海道四谷怪談

【芝居囃子】お囃子歌舞伎會【夜八時三十分】

第一伊右衛門浪宅の場　四ツ竹入り相方にて幕明く、角平出入りあり、伊右衛門入り相方にて種々出入あり、其後で赤子泣く、怪く陰氣な相方になる、按摩宅悦から顔の變りしを聞き鏡を見る、江戸相方になる、恐すきの獨吟「寢入れぬ寢覚れ髪の浮き身をば誰がとき上げて夕月の、向ふ鏡はくもらねど曇す顔さへむねのやみ涙の雨に水櫛やすけど心のもつれ髪つれなき人のかず／＼を泣いて行くらん時鳥、冥途の鳥と聞くか、[illegible]にかこたん夜もすがら」[illegible]の出來ぬ面色となり狂ひ狂つて死す、相方「鼠の音」にて幕

第二砂村隠亡堀の場　相方水の音にて幕明く、木魚入り相方にて伊右衛門出で來り魚釣を勤める、一つ鐘入り相方の水の音にてお岩の死骸流れ來り伊右衛門見て恐入れ折柄、小佛小平出て唄入りの世話鼓弓になる　唄「恐ふその夜になアさへた月こそ濡らやしんきやむなや闇になアつま戸をよおく／＼と明けの別れはなほつらや／＼」木の頭にて幕、鋼鑼送り相方にて

第三蛇山庵室の場　相方にて幕

山村豊子さん

開く、暮の時鐘に和し念佛の聲する人々伊右衛門の爲に百萬遍を送る念佛の聲、鉦の音、其の内寢とり入り相方ドロ〳〵にてお岩の亡靈現れ伊右衛門をなやます事種々あつて遂にお岩のために伊右衛門殺さる、木の頭相方ドロ〳〵にて幕

怪　グロテスクな神　長壁明神物語（一）　6-237
●神戸新聞　昭和六年八月四日

グロテスクな神
長壁明神物語
○○○【一】○○○

夜番の足輕が髷を切られる
天正時代から始まった
氣味悪いお天守の怪

神か、妖か、古來幾たびとなく不思議な奇蹟奇驗を現して、神秘を否定するもの、神威を冒瀆するものに、怖ろ恐ろしい祟りをなし、ミステリーとグロテスクに包まれた神に、全國に名高い姫路長壁大明神がある。古來『お城の主』として、六百年の歴史を誇る姫路城に鎭座し、歴代城主を始め、萬民から深く恐れ崇められた。寛延二年姫路十五萬石に封ぜられ、上野前橋城から移った酒井雅樂頭忠恭は、入部するとその足で衣冠束帶に身をたゞし、城内に祀られてゐた此の長壁大明神に詣でて、神前に額づき『それがし、このたび御意にまかせ當城へ罷り越し候間、暫く御預け下さるべし』といつて再拝したとか、信ずべき古記録に残つてゐる

これはひとり此の酒井家のみでなく、此の城に封ぜられた城主のいづれもが、かうして此の神に挨拶するのであつた。それのみでない、毎年正月元日には城主は未明に起き、手水うがひに身を潔め、例の衣冠束帶で、此の神に參拜した。お供の衆も狩衣烏帽子で從うた。それから城主は衣裳を改めて御本城に出で、家臣の拜賀を受けた、近く明治維新前までも此の風は存した。何といふ權威であらう、全國城もち大名多しと雖も、凡そ斯くの如く城主から尊崇された神が又とあるであらうか。或は天守閣の妖怪退治として實録講談などに讀まれ、その名は古來國内に喧傳してゐる

明治維新後今の總社に移され、其の末社として祀られてゐるが、かほどいやちこにして名ある神を末社として置くは恐れがあるといふので、最近一部有志の間に獨立奉祀の議が起りつゝあつて、或は近く具體化するかも知れない。さてそれほどに名高い此の長壁大明神とは抑も如何なる神か?。それを說く前に、先づ此の神を繞るグロテスクな傳說から少し書いて見よう

昔 姫路城主木下左近衛少將勝俊の時であつた——と實録はいふ。此の勝俊は豐太閤北政所高臺院の兄木下肥後守家定の長男で若狹國小濱城主であつたが關ヶ原の役に兩端を持して封を除かれた有名な歌人長嘯子のことで、姫路城主となつたことはない、姫路城主には家定がなつて、勝俊の弟右衛門大夫延俊が父に代つて守つたのである。こんな出鱈目を知りながら書くのを甚だ恐れ入るが、そこが所謂實録物だからお斷りして置いて、さて此の勝俊の時、お天守にさま〳〵の怪異が打續いた。甚しきは別に鎚つたことはないが、夜になると恐ろしい家鳴り震動がする。知らぬ間に夜番の足輕どもの髷がチョン切られてゐる。その氣味悪さッたらない。誰いふとなく『長壁大明神の祟りだ』といつて、家中は此の怪異の噂で、人々は恐れをのゝいた。時に實父吉岡無二齋の仇佐々木久三郎岸柳を探して、怪異の城下姫路に來たのが、神明二刀流の開祖宮本武藏正名であつた。（つゞく）（寫眞は怪異の噂いた夜の天守閣）

怪

グロテスクな神　長壁明神物語（二）

●神戸新聞　昭和六年八月五日　6-238

グロテスクな神　長壁明神物語　〇〇〇【二】〇〇〇

嵐の夜の天守に　五ッ衣の姫君

一刀流の稽古に來る美少年　宮本武蔵の妖怪退治

父の仇を尋ねて姫路城下に來た宮本武蔵は、城下の旅籠屋但馬屋治郎兵衛方に泊つた。此の但馬屋は曾て武蔵の叔父吉岡無二斎が泊つた旅籠屋であつた。無二斎は有馬温泉からの歸り、播州名所見物のため此の但馬屋に滞在したが、直ぐその噂がその頃木下家の師範役をした佐々木[illegible]の耳に[illegible]で、無二斎は[illegible]から[illegible]試合を望まれ、やむなく姫路附近の飾磨で試合をした——飾磨だナンテこれも好い加減な出鱈目だが實錄にはさういつてゐる。その結果岸柳が見苦しい負けをして、飾磨城下の宿村となつた。但馬屋の亭主治郎兵衛から、當時の話を聞いた武蔵は、いづれ岸柳が再び姫路へ立寄つて來るものと考へ、治郎兵衛の世話で、[illegible]七之助と名[illegible]木下家へ足輕奉公に住み込んだ

そして武蔵の七之助は、此のお天守の怪異を聞くと、人の厭がる夜番を自ら望んだ。暮六ツの鐘が鳴ると、魔の天守の番所へ詰めに行く老松の間に呼ぶ氣味惡い怪鳥の聲、淋しいお天守の夜は更けて行く。明け六ツの鐘に漸く甦つた思ひの相番の足輕等が、顔見合せて互に歎き出した。一人もツル／＼坊主一人は顔中[illegible]だらけ、一人は下級の鼠のやうに總身泥塗れ、いつの間にか父やられてゐたのだ。唯七之介だけが變りがない。怪異の沙汰とともに、此の不思議な足輕七之介の噂が家中に傳はつた。勝俊はそれが有名な宮本武蔵だと知ると、即時二千石で召抱へようとしたが武蔵が辭退したのでそのまゝに置き、合力米二百俵宛行ふ、すると

或る嵐の夜、勝俊は急に与[illegible]かある、天守の怪異を見屆けて來るものはないか』といひ出した。サア困つた近侍の面々、誰あつてこれに答へるものがない。そこで家老雨森[illegible]助の計らひで、武蔵に見屆けさせることになつた。夜中俄に召出された武蔵は、勇んで天守に登つて行く。雨は益々强く風は愈よ烈しく、電の光、雷の響き、物凄さツたらない。ト不意に二重目から磐石でも落すやうな凄じい音響、雷燈で振照して見ると何の異變もない。三重目に登ると急に白畫を欺く明るさ、そこには幾多の官女達が草紙を披いたり、歌を詠んだりしてゐたが、忽ち掻き消えてあとは烏羽玉の闇

五重に登ると、正面に長壁大明神が祀られてゐるが、久しく參拜するものがないまゝ扉御は破れ、あたり塵埃が堆く積もつてゐる。武蔵は恭しく拜禮して、神前の瓶子一ッ懐中に入れやがて天守閣を下りようとすると『待て武蔵』と呼び止められた振返ると柳の五ッ衣に緋の袴檜扇を手にした氣高い姫君だ。武蔵が刀の柄を握ると、姫君はにこやかに打笑ませ給ひ必ず過まつこと勿れ、我こそ長壁明神なるぞ、人々我をさかる恐れ遠きが故に、惡その隙に乘じて諸人を悩ますぞや、我を尊みなば、惡狐は自然退散せん、汝此の儀を天守に告げよ、これを汝の指料に遣はすべしとて一振の刀を授け給ひ、そのまゝ御姿は掻き消すやうに失せた

武藏は訝しみながらその刀を見ると稀代の銘刀郷義弘だ。これぞ勝俊が秀吉から賜うた木下家の重寶であつたので、武蔵はこれが爲め端なくも無實の罪に陥り、危く斬罪にならうとしたのを縫殿助に助けられ、その邸へ預けられた。するとそれから間もなく武蔵の許へ訪ねて來た一人の美少年があつた。城下吉祥寺の小姓中山金吾といひ、武蔵はこれに二刀流を授けたが、その太刀筋奇怪にして僅か五六日の間に流石の武蔵も手に餘るやうになつた。そこへ來た武蔵の叔父舍勝寺が『その方の面にも妖氣が見ゆる、その少年こそ必ず惡狐であらう』といつて、三生蔵根の桑の古木で作つたといふ如意を與へて立去つた。武蔵は此の如意を削り

翌日彼の少年が稽古に來る

を待つて火に投ずると、竹刀を取つた美少年の姿は忽ち變じて黄黒白斑の老狐の正體を現したので、遂にこれを退治し、武藏の勇名は益々高くなつた。さうしてゐる處へ佐々木岸柳も歸參し、武藏はこれと試合したが、却つて岸柳の奸計に陷り、危難に陷つたので一旦姫路城下を逃れ、のち豐前小倉の舟島に於て試合をなし、首尾よく父の仇を討つたとある、素より實錄本のことだから戮穿の限りでないが武藏は元和年間姫路城主本多美濃守忠政時代、姫路に來てその嫡子中務大輔忠刻に二刀流の指南をしたことがあつて、時代は違ふが、姫路に來てゐたのは事實だ。此の時奉納した自筆の角力の繪馬が、今に惣社に傳へられてゐる。此の宮本武藏の妖怪退治と同工異曲の傳說に荒木又右衛門の武勇談がある（つゞく）

長壁明神物語

グロテスクな神

〇〇〇【三】〇〇〇

證據の御櫛が忽ち鎧の袖に

荒木又右衛門名代に參向　本多家時代の怪異

怪　グロテスクな神　長壁明神物語（三）

●神戸新聞　昭和六年八月六日

6-239

元和三年伊勢桑名城から姫路城に轉封された本多美濃守忠政は姫路に入部すると先例に任せ此の長壁大明神に參拜して加護を祈つた。それから三日目のこと、お天守の五重目と覺しい邊から

◇…妙なる琴の

音が微かに流れる。忠政は暫らく耳を澄まして聞いてゐたが「アヽ不思議や、天守の上に琴を彈じ給ふは申し傳ふる御守の姫神であらう、事である、天守に登つて見屆けて參れ」といつた。近侍の人々互に顔を見合せてゐると、折柄お側近く侍つた小姓の荒木又右衛門國貞は「畏まりました、つきましては恐れながら聊かお願ひがございます」とて、平侍の身でお天守へ登ることを憚り、假官と殿の御裝束の拜借を請うた。そして齋戒沐浴し、殿から拜借の立葵御紋付の大紋に長袴を着用し、風折烏帽子を頂き、天守に登つた、妙なる琴の音は、人氣なき大天守内に響いて、何となく物淒いやうだ

◇…四重目まで

來ると、得ならぬ薫香四方に薫じたので又右衛門思はず神威に打たれ、靜かに五重目の障子を開けた、そこには錦綾の幾を敷き、正面の御簾を卷き上げ、十二單に緋の袴を召し、玉の簪を挿し給うたやんごとなき姫君が在して琴を前に「美濃守の使なるや」と問はれた。又右衛門手を仕へ『本多美濃守忠政が名代荒木又右衛門國貞にございます、美濃守不肖ながら此度御當城を預り候所、今日偶々御琴の音を拜聽し、若しや何か神勅あるやらんも知れずとて、その命により御神前の恐れをも顧みず、參上仕りましたと申上げると『忠政禮儀を重んじ名代を差越され喜ばしく思ふぞ、當城主は古例により代々鎧一領づゝ我に獻じて慰む、然るに美濃守未だこれなし此儀歸つて傳へよ』と宣うた。又右衛門は『神勅の趣

◇…申し聞かせ

るでございませう、しかしながらそれ

がし拜し奉りし御印を何か賜らば夫を證據に仕りたく存じまする』といつた。姫君には打うなづかせ給ひ『其方は稀代の侍ぢや、これをしるしにせよ』とて御髮から御美櫛を拔いて投げ出された。又右衛門押戴き、御暇を告げて立歸りて斯くと披露した。忠政は感に堪へず、御櫛を手に取ると、こは如何に、今までの御櫛は忽ち立葵の紋を鏤めた緋縅の鎧の袖と變つたこれこそ忠政が三年前新たに作らせたまゝまだ一度も着用せぬ鎧の袖なので、奇異に思ひ、直に鎧櫃を改めると、堅く鎖したまゝ片袖が無くなつてゐたので、愈よ不思議に思ひ、又右衛門をしてこれを奉納させた、又右衛門が再び天守に登ると、既に御簾は垂れて神の御姿は拜されなかつたが

◇…左右には小

寺美濃守職隆奉納の藤巴紋黒糸縅の鎧、豐太閤奉納桐の紋紫縅の鎧、木下肥後守家定奉納緋縅の内三ッ巴紋小櫻縅の鎧、池田三左衛門輝政奉納揚羽蝶の紋紫裾子の

怪

グロテスクな神　長壁明神物語（四）

●神戸新聞　昭和六年八月七日　6-240

長壁明神物語
グロテスクな神
◇◇◇【四】◇◇◇

刀懸の脇指の鎧が消えた！
深夜の城下に干棄を置歩く
松平家時代の怪異

お多福に次いで姫路城を領した松平下野守忠明が逝くと、出羽山形城主松平大和守直基が姫路城に移された、此の直基は大御所家康の孫で、非常に霊感があつた。姫路城へは先づ家臣[illegible]八郎をさせ、自らは江戸に[illegible]てゐたが、此の城の天守に[illegible]が住んでゐて、領主もこ[illegible]

たので、直基は訝しみながら『先規より犯さぬ例ならば、我亦先規に違うてはならぬ、その主たるものも亦、領主へ対して仇むあらう故はない。鬼神に横道なしと云へば、此方より礼を以てする時は必ずすべて領護の便りにならう』といつて近臣早川某を召し寄せ『その方使者として姫路に参れ、そして[illegible]天守の下に[illegible]りぬ、然るに神代より此の天守に住み給ふと聞く、別けて粗略の心なし、神も亦宜しく上下を守り給ふべし、然らば礼以て破ふべし、此殿申上ぐべき為め使者を遣はし候と申述べよ』と命じた

◇……早川は畏まつて齋戒沐浴、衣服を改めて姫路に赴いたぞして夜の子の刻に天守の下に至り、口上を述べると、不思議や忽ち四方鳴り渡り、天守の上に声あつて『可憐の使者汝はしく思ふぞ、先づ以て此度當城を賜る由珍重なり、領主たるに於て我聊かおろそかの思ひなし、宜しく守護なすべし、此の由帰りて申すべし』とあつた。此の時早川は神は人の近づくとかなはねば信疑起り候、神勅を賜り告ぐる時、大和守若し疑を起さば何と答へて宜しきか、願はくば証拠を賜へ』といふと『尤もなり、然らばそれにて暫らく待つべし』といふ御声の下から空を掻き鳴り、暗中に『只今ぞや』と聞こえた

鎧が順々に列んでゐるので、又右衛門は神勅の趣美濃守に申し聞かせ『延引ながら此の鎧奉納仕りまする』とその儘に奉納し天守を下りた。又右衛門時に二十二歳、二百石食んだがこれが為め天晴器量の侍とて、御褒美として百石加増せられ合せて三百石、これより武蔵の勇名は漸く世上に喧傳せられ、備前岡山藩士渡邊八郎兵衛の懇望によりその娘を妻とした。この縁により、八郎兵衛の三男源太夫が河合又五郎に殺されると、源太夫の兄数馬に助太刀し

◇……世に名高い　伊賀越の仇討をすることゝなつたのだ然るに又右衛門の朋友高柄新五左衛門、山本園四郎の両人がその後お天守の下を通りながら『先達て殿に神慮の告があつて、荒木を以て御鎧を奉納ありしこと、近頃以て合點の参らぬことぢや、正法に奇特なし、大方狐狸の類のなす業か、さもなくば鼻高の笑ふ所為であらう』と散々に悪口を吐いて、フトお天守を見上げるとコハ如何に白髪の長さ一丈にも余り、両眼鏡の如く口は耳までゝ裂けた恐ろしい物の化がハタと睨んだので、両人その場に仰向けに反り返りそのまゝ息絶えた。此のこと世に隠れなく、姫路の城には奇特があると喧傳したといふことだ。宮本武蔵の老狐退治が若しも事實で、お天守の怪異が老狐の仕業であつたとしたら

◇……怪異の種は　既に語きてしまつてゐるわけだがかうした傳説がいくらもあるのだから御愛嬌である。但し此の荒木又衛門が姫路に居つたことも事實だ。そこで宮本武蔵といひ荒木又右衛門といひ、いづれ劣らぬ剣豪だけ、此の二つの傳説は最も人口に膾炙してゐる。さてフキルムは轉換して次のタイトル――『松平大和守直基時代の怪異』に移る。（つゞく）

（写真は城内の長壁明神社祉）

怪 グロテスクな神 長壁明神物語（五）

●神戸新聞 昭和六年八月八日 6-241

グロテスクな神
長壁明神物語（五）

天狗の書いた
藤蔓綴ちの手紙
築城からさまざまの怪異に
悩まされた池田輝政

関ヶ原の一戦に天下は愈よ徳川氏に歸し、秀吉の北政所の兄である姫路城主木下家定は備中足守に移され、家康の女婿池田三左衛門尉輝政が播磨五十二萬石に封ぜられ

三河吉田城 から姫路城に移つた。[illegible] その姫路 [illegible]

合せて八十九萬八千石、不足は播磨一國に藏入れをして打出し、世に姫路百萬石といはれ、その威勢は並ぶものがなかつた。豐公時代の建物をそのまゝ置くは、攝政にかゝはるといふわけで、輝政はやがて秀吉の建てた三重の天守閣を取り潰し、新たに[illegible]間に移れる五[illegible]層の大天守を築き上げた。すると

[illegible]

夜更けになると城下に例の干菓を賣り歩く聲が聞こゆる。子の刻頃に出歩くと、妙にそのまゝ路傍に打倒れて死んでしまふ。これは一丈餘りの物の化が現れて、それに取殺されるのだといふ怪しい噂が高まつた

輝政は家臣

の中でも腕の立つ高松[illegible]でこれを見届けさせた。徳之丞が見届けの爲め城下を廻つてゐると、果して例の物の化が現れたので、徳之丞は矢庭に拔打ちにその腕を斬つた。するとその後怪異は益々甚だしく、風もないのに姫山の松の木が一時に十本ばかりも倒れる、白鷺お城の臺所の釜の上に毛むくじやらな腕がニユツと現れる。さうかと思ふと長壁御神の前で、年若い女が塗り笠を被つて踊つたりする、家臣の小川忠太といふものが雨天に傘をさして城下を通つてゐると、忽ち塵と風が吹いて宙宇に捲き上げられた

程なく雲晴

れて再び天守の上から「これを持歸りて大和守に見せよ、必ず覺ねあらん」と何やら投げ落された。見るとそれは藤蔓の柄の朱塗りにして、銀を張つた鉞を三寸ばかり切り落したものであつた。早川は奇異に思ひながら江戸に歸つたが、それより驚いたのは直基であつた。遂く隔つた江戸に於て、然も我が枕元の脇指が、刀懸に懸けたまゝ、いつの間にか尻三寸程切り落されて切先が出てゐた。早川はこれによつてその勇才を賞せられ、加祿を賜うたといふことだ。此の松平直基の傳説は他の書物にあつて、荒唐無稽な實錄講談などゝは多少その撰を異にする。或は宮本武藏や荒木又右衛門の傳説は、此の直基の傳説から生れたものでないかとも考へられる。此の直基は

その後程な

く病んで、入部に至らずして江戸に歿し、直基の子直矩は當時少幼であつたので一旦越後村上城に移されたが、成人ののち、寛文七年再び姫路城に封ぜられた。然るに直矩入部後天守に登ると、二八ばかりの姫君が現れ『そなたには此所へ主となつて參られしや又は城預りとして參られしや』と問はれた。直矩は『我等此の城拜領せし上は主にて候』といふと、彼の姫君は忽ち悪鬼の形となつて、直矩をグッと睨みつけ、姿は消え失せた。その日のこと、風もなき社守の松の木が根元より折れ、直矩の寵臣の前を塞いだ。又それより毎夜夜更けになると、姫路の城下を何者とも知れず『干菓いらぬかく』と呼び歩いたといふことだ。その後直矩は宗家越後高田城主松平越後守光長のお家騒動に坐して罪を蒙り

所領十五萬

石のうち八萬石削られ、僅かに七萬石となつて豐後日田へ移された。これ皆此の神の祟りだと言ひ傳へた。更に最も事實に近い傳説は、慶長年間今の五層の天守閣を築いた爲めに側らずも此の神の恐ろしい祟りに逢ひ、種々の怪異に惱まされ抜いた池田輝政時代の傳説だ（つゞく）

怪

グロテスクな神　長壁明神物語（六）

●神戸新聞　昭和六年八月九日

6-242

グロテスクな神
長壁明神物語
◇◇◇【六】◇◇◇

殿の初夢に立つた神の姿

奇驗に逢うた御門番留守居役

「榊原と酒井」

幕府の大政に參與し、一世の名君として知られた榊原式部大輔忠次から四代目式部大輔政邦の時であつた。此の政邦は實は忠次の一族榊原伊織勝直の子で幼名虎之助といつたが、忠次の孫政倫が越後村上で死んで子がなかつたので

その養子と

なり、宗家を繼いで、姫路城主本多中務大輔政武が死ぬと、再び祖先の舊領地である姫路城へ移されて來たのであつた。深く此の長壁大明神を崇敬し、二十三年の長きに亘つて居城したが、享保十一年正月の初夢に、圖らずも此の長壁大明神の御姿を拜した。政邦は不思議に思ひながら、深く感激して『仰なを神の御姿見し夢にむかふ春日の影もくもらじ』と一首の和歌を詠んで其の社に奉納した。其の年の十一月十四日政邦は五十二歳で逝去したのであつた。次にこれはズッと

近代の酒井

家時代のことだが、御城御門番人留守居組の石坂十兵衛といふもの、或る時相番の某とゝもに城内の長壁大明神の社へ行つた。折ふし高い所から生れた老松に絡んでゐる藤か、今

姓は忘れた

が、大猷の家來熊太夫は、不意に一丈餘の毛だらけの手に攫はれ、姫山の松の枝に投げつけられて息絶えた。御殿女中のこんといふものも攫はれて行方知れずになつた。山本某の家では一丈餘りの大坊主が女中の枕上に現れて球數を擦つたので、若侍が拔刀で拂ふとそのまゝ消え失せた——こんな奇怪な噂が頻々と傳はつて家中は勿論、城下の人々は恐れおのゝいた。輝政の枕元には身の丈八尺ばかりの怪しげな山伏が現れた。その後小督といふ上臈の枕元に一人の女が來て『近日三左衛門殿は御病氣を遊ばす』と奇怪な豫言をした

流石の輝政

もかうした怪異に惱まされ遂に病の床に就いた。大御所及び將軍家からは特使を以て輝政の病状を問はれる、藥を賜はる。家人は勿論あらゆる名醫名藥に手を盡して介抱したが、少しのきゝめもない。そこで長壁神社の別當般若院を始めとして、奇驗ある名僧修驗者を招いて祈禱させた。ところが或る日飾磨郡七種山作門寺で、小半紙五十枚ばかりを藤の蔓で綴ぢ、しどけない文字で五字十字づゝ散らし書きにした奇怪な文書を發見し、池田家に奉つた。それは世にいふ天狗の手紙で、遠江國の天狗一りん坊が輝政にとりつき、官を上つてよりん坊となり、更に遠江國の天狗九りん坊にすゝめ、輝政を調伏させ

よりん坊は

、輝政夫人督姫にとりつき、調伏せうとしてゐるから、これを免れんには唐天竺から我が國へ傳はり、六百年間中絶してゐる八天堂を建て秘法を修すべしといふことを敎へたもので、『はりまあるしの大天神とろせん坊、みやこ二上(二條)せんまつ』と書いて書判を据ゑ『いけた三左衛門殿、同五せん(御前)さま兩三人まゐる』と宛名がしてあつた。大天神は大天狗の謂である。天狗の手紙!、天狗の手紙!何といふグロだ。城内では大評定が開かれた。そして手紙に示された、唐天竺傳來の我が國にひとつしかない八天堂の卷物を傳へる檜原大工を探し出し、城内に八天堂を建て、秘法を修し

これより先

秀吉が築城の時姫山にあつた長壁大明神を總社に移したのでその祟りだと云ふ噂も專ら傳へられたので、同時に城内に移し、その前に八天堂を建てた。すると不思議にも、さしも重體に陷つた輝政の病氣は、それから間もなく全快した。池田家は勿論、家中の崇敬はいよいよ深くなつた。長壁神社を一に八天堂といふのは、これから起つたものだ。貞享四年本多政武から獻納した石燈籠に『總城鎭院、八天道場、止敵止敵、陸天昌武』と刻まれたのが今に遺つてゐる。グロの神長壁明神物語は斯くて愈よ怪奇を極めてゆくさて次のタイトルは?(つゞく)

を懸りと咲き亂れてゐた。相番の男はこれを見て『一枝手折らう』といつたので、十兵衛は『此所は皆神垣ぢや、神の祟りがあつてはならぬから止めるがよい』と頻に制したが、聞き入れずして、遂に傍の竹を切つて鎌とし、高い所へ攀ぢ登り

藤の枝を引き出さうとした。すると神罰覿面、その男は忽ち片足だけ松に殘つて、その身

は藤の蔓とともにズル／＼と向ふへ取られた。下を見ると遥か眼下に堀を見下し、幾尺とも知れぬ斷崖絶壁だ。流石大膽の男も膽を冷し、『助けて呉れ』と泣聲で叫んだ十兵衛も驚いて『松の足を放すな』と下から聲を掛けたが、この時既に遲く、相番の男は松を踏まへた足を放すと、ねぢれた藤が戻つてくる／＼と宙を舞ひ遥かな宙宇にブラリ下つた藤の蔓は纔かに摑まへてゐるが最早や生きた心地でない。十兵衛もどうしてよいやら、ウロウロするばかり。兩人の口からは期せずして『南無長壁大明神一命を助け給へ』と

信仰と懺悔の聲が洩れた。そして十兵衛が『オイ手を放すな』と勵ましたが此の時又相番の男は夢のやうに手放したので、急轉直下、忽ちどうと奈落へ落ちた。所がその身は木ッ葉微塵と思はれたが何といふ奇蹟だ、彼はその落ちる瞬間に無意識に竹の末を握つたのであつた。そしてちやうど刎ね釣瓶のやうに竹がしだれて緩やかに地上へ足が着き、一命を助かつた。彼も、十兵衛も、それから無二の長壁信者となつたことはいふまでもない。古來上下のものが極度に此の神を畏れ崇めたのも理りありといふべきであらう。かうした奇驗を一々記せば殆ど際限がないが、先づこれ位に止めて置くとして、此の神は秀吉が築城の時總社へ移し、輝政の時城内に遷座し、松平下總守忠國の時

再び總社に移し、榊原忠次の時から城内と總社の二社となつた。松平大和守直矩の時官位を奏請し正一位に叙せられ、それまでは『刑部大神』と書いたのを、此の時から『長壁大明神』と文字を改めた。城内の社も近く明治維新後まで存したが、明治十二年元鹽町へ移し總社の社と合祀し、昭和二年現在の場所に移したのである
さて斯かる奇驗ある長壁大明神とは果して如何なる神か。これが亦正しい由緒が傳はってゐないとゝもに、猥奇的な傳説で、異説紛々たるありさまだ。（つゞく）

怪　グロテスクな神　長壁明神物語（七）

●神戸新聞　昭和六年八月十日　6-243

グロテスクな神
長壁明神物語
◇◇◇【七】◇◇◇

親王姫君から長者の娘など
エロ・グロ取り交ぜて
十餘の祭神説

今長壁大明神の祭神に關する異説一覧表を御覧に入れると

1、親王又は王女説
イ、他戸親王説△ロ、三品太政官尹刑部親王説△ハ、刑部親王御女小刑部姫説
2、侍女説
イ、伏見院侍女小刑部局説
3、長者屋敷の女説
4、大將大名の女説
イ、平政經の女説△ロ、高師直の女説△ハ、赤松則祐の女説△ニ、播磨屋形の女説△ホ、小寺政隆の女説
5、社人説
イ、廣峰山地主社々人小林刑部説
6、尊女神説
7、國津神説
イ、大己貴命説△ロ、木花咲耶姫説

ザッと擧げてもこれだけある。如何に正しい由緒が傳はらぬからと

怪　グロテスクな神　長壁明神物語（八）

●神戸新聞　昭和六年八月十一日　6-244

グロテスクな神
長壁明神物語
◇◇◇【八】◇◇◇

戰亂のためや戀に死んだ姫
昔姫山にあつたといふ姫が祟
「女神」の傳說

第四の大將大名の女說は類似點が多いので、概目上一緒にした、先づ(イ)の平經盛の女說は、元曆の昔、源平の戰ひに、さしも榮華を極めた平家の一族も武運拙く西海の藻屑と消え去り、時にかよわい女の身で、唯一人播磨路へ忍び落ちて來たのが能登守教經の娘である。その頃此の邊には野伏山賊どもが横行し、若くて美しい一人旅の乗物が、どうして彼等の目から逃れ得られる筈はなかつた忽ち荒くれ男の手にかゝつて衣裳を剝ぎ取られ、あまつさへ江口神崎の遊女に賣られようとしたので姫は嘆きの餘り一歩も足が出なかつた。山伏どもは腹立ちてさんざんに打擲し、遂にこれを殺してしまつて、これでは神もたまつたものでない。ところで是等

祭神の由來

がどんな風に傳へられてゐるかといふと、最も古くから傳へられてゐるのが第一(イ)の他戸親王說で、人皇四十九代光仁天皇の皇后井上内親王にはその自らの御腹に生ませられた皇太子他戸親王を早く御位に卽かしめ給はんが爲め、畏れ多くも天皇を失ひ奉らんとして巫蠱を行はせ給うたことが露顯し、皇后皇太子ともにその御位を廢せられ、大和國宇智郡の沒官の宅に幽せさせられた此の他戸親王の御女宮姫、一名茲尾姫とも申し、飾磨郡大須角野明神に

御預けの身

となり、播磨に下り、姫山に御住居あらせられ、のち明國の室となられた。此の宮姫が薨ぜられてのち、宮姫明神と崇め、御父君と申すので、他戸親王を刑部大明神と崇めたといふのだ。宮姫の宮はこれも姫山にあつたが、長壁大明神とともに總社に移し、今、長壁神社の直ぐ西に祀つてある。姫路記といふ古書に他戸親王を三品太政官事刑部親王に作り、御母后井上内親王と御亂倫のことがおはして此の宮姫を生み給うたやうに記し播磨鑑を始め多くの書は皆これに倣うてゐるが、これは甚だしい誤りで、三品太政官事刑部親王は人皇四十代天武天皇の皇子で、此の傳說は緣もゆかりもあらせられぬ方である。又井上内親王の

御噂の相手

と申すは他戸親王ではなく、他戸親王のお後追ひの御兄君に當らせられる山部親王で、のちに御卽位あらせられた桓武天皇の御事であるのだ。そこで此の祭神が果して此の他戸親王かどうかは(ロ)三品太政官事刑部親王說、(ハ)刑部親王御女小刑部姫說など共に異說の考證で覆ぐとして、第二の侍女說だが、正慶の頃人皇九十二代伏見院御寵愛の小刑部局は何故か逆鱗を蒙り、播磨へ流され、志深の某所へ預けられた。『幾春にあふの原神の前』これは伏見院が姫路の總社へ御輿入遊ばされた時の御吟とも申し又此の小刑部局の吟さんだものだともいはれる。刑部大明神は此の局を祭つたものだといふのだ。さてその次の第三の長者屋敷の女說だ古へ

廣峰山の麓

で、或人を泊めて石の枕をさせ、上からおもりの石を落し、血を取つて布を染めたからん染といつたといふお關染の長者屋敷——そこの娘が若い或人を助け出し、追手に追はれて男は男山へ、女は姫山へ逃げ登つたが、たうとう二人とも殺されて、それから男山姫山といふ名が起つたといふローマンスも御存じであらう。ところで池田輝政が時の姫山に五層の天守を建てると、例の怪異が打續いたので、揖保郡林田八幡宮の神主右京といふものに祈禱させると、此の

長者の娘の

靈が狐となつて祟りをなすと申したので、卽ちこれを祀り、刑部大明神と崇めたといふのだ。（つゞく）

まつたので此の邊の人々憐れに思ひ遺骸を埋めて祠を建て姫が塚といつた。後ち

彼の山伏

等六人連れで、此の姫が塚の前を通らうとすると忽ち立すくんで動けなくなり、互に頭と頭を打ち合せて死んでしまつた。此の山伏どもの塚もその傍にあつた。年を經て永祿二年、黒田美濃守職隆が、此邊に城を建てる爲め此の姫が塚を取崩さうとすると、その夜の夢に十二單の姫君現れ「自らは那伏の爲めに殺され三百七十年來此處に在る姫が塚の主能登守教經が娘なり、我が住居を妨げ給はゞ我また御身に仇せん我を崇むるにおては永く弓矢の守りとなるべし、必ず疑ふこと勿れ」と告げた。職隆は

不思議に

思ひ姫が塚を取殘して城を築き、城の鎮守に祀ひ姫路の城と稱したといふことだ。

（ロ）の高師直説は天正八年、秀吉黒田官兵衛孝高に命じて姫路城を築かうとすると、丘上に一つの古塚があつた。孝高は人夫に命じて取崩さうとすると、忽ち一天掻き曇り、物凄い暴風大雨となつたので工事を止めた。その夜孝高の枕元に柳の五ツ衣を襲ねた姫君現れ「うつゝなら跡のしるしを誰にかは問はれしものありてしもがな」と清少納言の歌を口ずさむかと思ふと夢はさめた。翌朝孝高から秀吉に斯くと言上すると秀吉も亦同じ夢を見たといつてこれを奇とし古老を招いて取糺すと、此の古塚は、足利尊氏の執事高武藏守師直の娘小刑部姫とて禁裡に宮仕へしたが伏見中將の息山田羽介諸道と

戀仲とな

り諸道は此の地に流され、小刑部姫はその跡を慕うて來たが、諸道は間もなく死し小刑部姫も悲歎の餘り空しくなつた。そこで里人が此の墓を建て、姫が塚といふこととなり秀吉は此の古塚をながく保存し、天守を築いてその守護神と崇めたといふことだ（ハ）の赤松満祐の女説は、坪保郡室津に左京大夫満祐の寵愛した妾の腹に生れた小刑部姫といふ子が住んでゐた。嘉吉元年、満祐は將軍足利義教を殺し、播磨に走つて木の山に據り追討軍の大將山名持豐と戰うて亡んだ。持豐は此の功により播磨をその所領に加へ、姫路城に入つたこの時持豐の家士此の小刑部姫を探し出して殺すとそれからさす〳〵の恐ろしい

祟りが起

つたので大に恐れ、小刑部姫を城内に祟めたとふのだ（ニ）の祭神説は播磨屋形といふから之も赤松時代のことであらう。その頃戰亂の爲め屋形の姫君にあへない最期を遂げられた。時にその首は遙か虚空に舞上つて行方知れずなつたが、其日から疫病が流行し、死するもの數限りなかつた。これは姫の祟りであらうといふので、小刑部明神と祟めて廣峰神社の末社としたが、何ほも疫病止まぬので、禁裡へ奏聞し、姫山に祀り、そして此の地の守護人國府家の一族を用家させて社僧とし、姫路山稱名寺の勅號を賜ひ、國府の家を國府寺と稱したと傳へてゐる。（ホ）の小寺政經の女説もほゞ是等の諸説と似寄つた話で御着城主小寺加賀守政經の女小刑部姫の靈を祟めたといふことになつてゐる。ところで是等は皆姫君といふことになつてゐるが、是等の説と

多少變つ

てゐるのが第五の社人説だ。天文の頃廣峰山地委社の社人に北條氏綱の末葉小林小刑部職右といふものがあつた、地委社修復のため國内を勧進するうち、姫路城主黒田美濃守義隆の家士安藤十太夫といふものと双六から喧嘩を始め、十太夫の爲抜打ちに斬り付けられた。小刑部も朱鞘の太刀を拔き合せたが及ばず深手のためにそのまゝに息絶えた。それから此の小刑部の靈魂白狐として久しく人を惱ましたが池田輝政これを祟め祀つたので、祟りは止んだ此由緒により、地委社をも輝政

から修覆せられ、今にその時の棟札があるといふ。或はこれは黒田家時代ではなく、輝政築城後のことで

奉行小役　左大夫といふものと、廣峰の社家小刑部と碁を打ち、その爭ひから殺されたのだともいふことだ

怪　グロテスクな神　長壁明神物語（九）　●神戸新聞　昭和六年八月十二日　6-245

グロテスクな神
長壁明神物語
◇◇◇【九】◇◇◇

城主の奏請で
正一位に勅封
古くから坊間に信ぜられた稲荷説
不思議な神憑り

[illegible]穴の稲荷（或は専女神）説だ[illegible]志には此の長壁明神を記し[illegible]ならず、社家傳説に専[illegible]と云[illegible]稲荷神にして稲荷大明[illegible]云[illegible]にも祭神専女[illegible]とも云」と書いてゐる[illegible]いたづめ　などといつて[illegible]の古語　である。小[illegible]「[illegible]山のきつねを小刑部とまつる」と見ゆる。長者屋敷の娘の傳説や、廣峰の社人小刑部の傳説にも狐になつて祟りをなしたといつてゐる。此の稲荷説は俗間には大に信ぜられ、書寫坂村の傳説などにも長壁狐が村井玄甫のために

足を斬られ　それから跛となつたといつてゐる。[illegible]元年姫路城主松平大和守義知が官位を奏請して、正一位に封じたのも、つまり此の稲荷説を信じたものだらう。その頃惣社の祠官阿閉阿波守秀以が社家一人を從へて上洛し勅封を拜受して歸つたといふ社だ此の社に參拜された諸君はよく御存じだらうが、社殿も鳥居も朱塗り作りである。それから神前には

狛犬の代り　に石で刻んだ一對の狐像が置かれてゐる。これ等はすべて本社を稲荷扱ひにしたものだ。最後に第七の國神説だが、（イ）の大巳貴命説は、長年間池田輝政か、三河（或は遠江ともいふ）の小刑部村から勸請したもので、祭神は大巳貴命、今に吉田に御留守の社があるといふことだ。（ロ）の木花咲耶姫説は比較的近代に唱へられ出した說で、姫路から上野前橋に移つた松平直八郎朝矩は崇敬の餘り、此の長壁大明神の分靈を前橋に勸請した。今も前橋に社がある。ところで明治維新前のこと、前橋藩の繪師狩野富田政清といふものゝ娘で、その頃十三歳になる少女が

母の安産を　祈るために此の前橋の長壁明神に詣でた。するとその夜の夢に牛のやうな獸が現れて「兩親によく仕へよ、さればよく守るべし、御社に來らんには錢とらすべし」と神託を傳へた翌朝神託のまゝ參詣すると、鳥居に紙包みを結びつけて柑の葉が添へてあるので、これを押戴き、急いで家に歸つて開いて見ると、前橋藩の錢札二貫文あつた。その翌日は一匹の大蛇が庭に現れ、御守札を口から出した。又その翌日は白兎が走つて來て「長壁様御目見あらん、島田髷に結び參るべし」と神託を傳へた、母親は所くと聞いて半信半疑で、兎も角も娘の

髪を島田に　結ひ、打連れて參拜すると、神前の注連がひらひら動いて、少女が首をかしげるのが目に留まつたばかりであるが此の時御扉八文字に開き中から十二單衣を召した姫神が現れ給ひ「これを取らせん、此後も度々參るべし」とて、玻璃製の簪を御手づから挿して給うたといふことで不思議や彼の娘の髪に玻璃製の簪が挿されてゐた。かうした奇蹟はその後も度々現れた。姫路は本社だといふので或る時政清が此の娘を伴ひ來り、惣社の同宮へ參詣すると「今日態々來れるも、何も遣はすべきものなければこれを遣はすべし」とて錢の入つた箱を一つ授けられた、此の時も政清には御姿は拜されなかつたが、娘の手の上に箱が乘るのは明かに見れた、

怪 グロテスクな神 長壁明神物語（十）

●神戸新聞 昭和六年八月十三日 6-246

グロテスクな神
長壁明神物語
◇◇◇【十】◇◇◇

眞の祭神は 刑部族の祖か

すべての傳説は無稽の妄説
「神名帳」の大神

どこまでグロな神だ。諸君は筆者の言葉が決して誇張でも何でもないことをうなづかれたとであらう。それなら是學の異説のうち、果してどそか眞の祭神か。今これを考へるに當つて注意すべきは、二三の説を除いては殆ど

全部が女神 であることだ。そして申合せたやうに柳の五ツ衣とか十二單を召した美しい姫君が夢うつゝに現れたといふことだ。これは本社の祭神が、古來高貴の姫君だと言ひ傳へたことを暗示するものではあるまいか。そこで本社はいつごろから祭祀されたか？、これは、是學の數多い異説を判斷する上に於て最も重大な關係がある。今、文獻にその徴證を求めると、本社は延喜式には入つてゐないが、播磨國内神名帳大神の部に『總社刑部大神』としてチヤンと載つてゐる。此の播磨國内神名帳は學者間でも珍重される

非常に古い 撰で、延喜式播磨の神名は、此の神名帳から選んだものだといはれてゐる。これから見ると既に一千年前からの以前に、此の社が儼存してゐたことは明かだ。國衙巡行考證、播磨事始神名歷考、播磨鑑などには一千百餘年前の延暦年間に祭祀したものだといつてゐるが、或はさうかも知れない。それと同時にそれから後の時代の人物や、祭祀説はいろいろ荒誕無稽の妄説となつて、根底から引ッくり返されてしまふわけだ。第一の親王王女説と第六の稻荷或は專女神説と、第七の國神説を除いてはお氣の毒ながらすべてがそれだ。第二の伏見院女官小刑部局説にしても

延暦からは 、五百年から後のことだ。局が播磨に流されたのが、富姫の傳説とよく似てゐるので、混同してしまつたものであらう。第四の教經の女説や師直の女説は比較的古い時代の方だが、まだまだ四百年から距離がある。これは祭神が姫君だといふのと、姫路城の關係を結びつけて、好い加減な出鱈目を放送したものであらう。

赤松满祐の娘は、室津にゐたのを山名の士に探し出され、但馬に連れ行かれようとしたのを、赤松の殘黨が

奪ひ返した ことが播戰日記その他の古記に見ゐるからこれを附會したものだらう。又播磨屋形の姫君説は、此の满祐の女説が轉訛したものでもあらう。國府寺家と此の神との關係は後に説くが、その關係は满祐時のこと、稱名寺の開基も满祐時代よりはズッと古い應安二年のことだから、その妄説たることはいふまでもない。更に小寺政隆の娘だとか、第五の濃姫社人小刑部だとかいふに至つては、

今から僅か に四百年前にも足らぬ時代のとだから、問題にも何にもなつたものでない。これが爲め當時

非常な評判 で、心盤學者や、破神家などが、江戸其他から續々前橋へ押掛けた、京都の國學者矢野玄道翁などもその門人を遣はして古典に見ぬ神代のことなどを問はせた、その時彼の少女に神懸りがあつて、『我は木花咲耶姫なり』と言はせた。素より少女は斯かる名などを知るべき筈はない。それに十二單衣の姫君の御姿といひ古くから傳へられる傳説ともよく符合するので、それから此の神は木花咲耶姫だといふ説が

俄かに高く なり、矢野玄道翁の門人であつた姫路の國學者故碇山武正翁なども生前此の木花咲耶姫説を説かれたものだ

（つゞく）

又第三の長者屋敷の娘説にした蔵か、此の長者の始祖が平家時代の人だといふから、年代は推して知られる。これも姫山男山の傳説に附會したものに過ぎない

さて残るのは第一、第六、第七の三説だが、第一の親王女説の内(イ)の他戸親王説は、富姫の御父君といふので、多くの異説中でも古來最も信ぜられたやうな。だが神名帳には明らかに「姫路刑部大神」と記され、「オサベ」と「オサカベ」とは全然音が異るから

俄かに断定　することは出來ない。(ロ)の三品太政官事刑部親王説は、御名は神名と一致するが、これは前にも記した如く、富姫の御父ではなく、天武天皇の皇子で全然關係がないから、此の刑部親王でないことは明らかだ他戸親王と、神名の刑部大神と混同してこんな神話を生じたものであらう。(ハ)の刑部親王御女小刑部姫説は此の刑部親王説が更に轉訛したものであらう。次に第六の稲荷或は尊女神説も、坊間では最も信ぜられてゐるが、何等根據のない説だ。姫山麓の椰寺には、むかし

老狐が棲ん　で人を誑かしたこと諸書に見ゐるから、これと混同したものであらう、最後に第七の國神説だが、これも(イ)の大臼貴命説は池田輝政の動諾といへば年代に於て問題にならぬ。(ロ)の木花咲耶姫説も神姫りでは、甚だ恐れ多いが餘り信ずることとが出來ない

斯く考へて來ると今まで傳へられてゐる十餘説もの祭神説が悉く信ぜられないことになるわけで、それならこれ以外に祭神があるかといふ問題になるが、神名帳播磨國總名神百七十四社中大神二十四社の中に擧げてゐるのだから餘程重き神にましますはいふまでもない。元來本社はその神名を刑部大神と申す處から考へると、刑部族がその祖先を祭つたものでない歟。――と筆者は考へるのだ

昔は氏族の　祖先を祭つたもので、今氏神といふのはその資稱だ。寛弘七年九月書寫山第一世長吏延昭の撰んだ延昭記奥書に『御行事傳燈大法師延照樸越小掾刑部、大掾播磨宿禰』とある。刑部氏が播磨國司として、此地に居つた明らかな證據だ。姫路第一の舊家國府寺家は國府政所、或は志深政所といはれ、もと播磨國司であつた家筋で恐らく本姓刑部氏でないかと考へられる。同家の略譜に槇尾姫を鼻祖とし、その子某、角野氏を稱し、國務を行ふたことを記してゐる。槇尾姫は即ち

富姫のこと　で姫路記に飾磨郡大領角野明國の室となつたといふのと照應符合する。又同略譜には『小刑部大明神者槇尾姫之伯父神也』と見ゐる。これ家傳を記したもので、オヂガミ(伯父神)は蓋しウヂガミ(氏神)の訛であらう

つまりこれは富姫の氏神ではなく刑部族の角野氏の氏神を傳へたものであらう。而してその祭神は未だこれを審かにすることは出來ぬが、兎も角刑部氏の祖先を祭るといふことだけはいへよう。姓氏錄云『刑部首、火明命十七世孫屋主宿禰之後也云々』舊事本紀云「物部石持連公、刑部連等祖云云』火明命の御出は木花咲耶姫だ

即ち刑部氏　の祖先が木花咲耶姫から出てゐるのは實に偶然だ。しかし筆者は、必ずしも此の祭神が木花咲耶姫であらうといふものではない。今の處まだ學術的にそれを立證するだけの資料がない。たゞ此の神が、富貴の姫君と言ひ傳へた暗示のあると刑部族の氏神であらうといふだけを申上げて置いて、本稿のペンを擱くこととする。(完)

終りに本稿はなるべくジャーナリズムに取扱つたので、考證の點を完全に備へておらぬが、これによつて筆者の研究の一端は發表し得たわけである。先輩諸氏の御高教を得れば幸いである。(尘桐山人)

妖　水の猟奇（二）　河童が片手を斬落された話

●九州新聞　昭和六年八月五日（四日夕）　6-247

奇猟の水［2］

河童が片手を斬落された話

約束を反古にした罪　野尻川稜淵の怪談

阿蘇郡黒川　村上隆三

河童……河太郎……おそらく人間の宗教的な空想から作られたものであらうところのこのグロ・エンドナン・な獣に絡る傳説を文献を漁ることに僕は大きなインテレストをもつ、大和本草、本朝食鑑、泥底叢書、等に依ると僕は荒唐無稽な物と知り乍ら尚實在説を抱くのだ、僕は河童を好む、彼に友情を感じる、だがそんなことはどうでもいい愛する彼に絡る、と同時淵に關する傳説を記さねばならない。

それは阿蘇、野尻、川上神社の神官、安藤氏の家に保存されてゐる（こわたに包んだ桐の二重箱）寫眞する彼の手に絡む物語りなのだ。僕はこの手の實在に就て自信をもつ、殘念乍ら、餘りに締切日が迫つてゐるのでその寫眞を添へることが出來ない、併しこの話は長く同村内の小學校長を務められた、朗谷氏に依つたのであるから間違ないであらう。

九州アルプスの高峰、M・T、祖母の山麓、野尻郷を流れる野尻川（五個瀬川の上流）に鼓淵と言ふ淵がある。その淵と餘り遠からぬ所にかの川上神社はある。物語の起りは現代よりさかのぼること三代目、O氏の時であるから、多分百年程前であらう。物語りを戦慄にする爲、僕は目撃者にならう。

◇

丁度今年の様に雨が降り續いた。水量ました野尻川は奔流の音を轟かしてゐた。時たま、奔流は更に狂亂して岸を洗ひ田を畑を洗つて、枯れた大木の幹をその他の雑物を流して來た、雨が止めば森涼な山峡だつた。遠近の稲田の蛙！カナカナの聲！銀盤を敲く様な河鹿の聲！。そうしたいみじき山の音樂も消えはてた静寂、神秘を過ごした異様な物淒さのする儘夜中の事だつた。川上神社の社務所の戸を叩く小さい異影があつた『コトン、コトン』しばらく答へするものがないと『ガタン、ガタン』に變つてゐた。やがて目を覺したのがO氏、不審げに起きて戸を開けるとつと異影は近寄つた、默つてゐる、併し人にしては餘りに小さい、O氏は心をこらして凝視した、やがて頭部がうごめいて言葉が洩れた。

『あの私は此下の鼓淵に棲む河太郎でございます』河童だ！　O氏は恐怖に近い驚愕の爲に瞬時身をすくらした。やがて落つくと敬虔な神官だつた、河童の語りを聴いた、

『鼓淵の底にある彼の棲家の入口に八つ目のあるものがゐてどうしても退かず、恐ろしくてたまらないのでO氏に取り除けてもらひたい』……

こうした願ひだつた。

一時叱る様に拒んだが強ひての彼の歎願にほだされて

『今後は斷然鼓淵で人の臓腑を引かぬ』

ときつい誓約をさしてきき入れた

◇

約束のその翌夜、闇の中を身支度調へた彼は燈火をかざして淵に下りた。『ひよつひよつ』合圖の聲を目當に歩んだ。河童の後から穴つ目のゐると言ふ入口に行つた、河童が怖れるそれは何だつたか？　それは、八つの尖棒のある肉塊だつた。彼は默つてそれを除いてひよこひよこ頭を下げて禮を言ふ河童を後に家へ歸つた。翌朝河淵の泌みこんだO氏の臺所の大笊の上には二三匹の大きな魚がのつかつてゐた。

何故？　ただO氏ひとりは笑つてゐた。

翌朝も……その翌朝も……ずつとそれは續いた。

◇

暫くしての或朝オカマサンには魚がなかつた。ただ前夜O氏の奥サンが置き忘れたのであらう鋭い庖丁がのつてゐた。

翌朝も……その翌朝も魚は無かつた。

初夏から盛夏へ……

その頃川は梅雨時の泥水からすみ切つてゐた。水泳ぎ……何處でも淵りあらう筈がない。

人の童の河童遊は毎日河へ通つた。

◇

或日鼓淵で一人の童が死んだ、太鼓の様に腹のふくれた屍を前に人々の口は一様に河童の仕業を囁

しつた。
その日の深夜河童は又O氏の家を訪れた。いやよびつけられたのだ。今こそは彼は體間のちごひきと人間様とのきつい約束を破つたちごひきの釋明をしなければならないのだ。こわごわ途切れ〳〵の聲明はこうだつた
『河童の儀式として、どうしても珍客のあつた時は人間のちご（はらわた）を御馳走しなければならないので今日悪いと知り乍らひいた』と彼の最後の言葉
『そう言ふ譯ですから何卒耐へて下さい』
が終る終らない時、默りこくつて聴いてゐたO氏の手は動いた拔いだのだ。刀を
一閃！　河童の手は土間の上に落ちた。片手切られた河童はどうして逃げたか？

×　×

銀座をうつすてれびぢよんの話しと餘に縁のある物語ではあるが……今野尻郷の人の誰知らぬ物とてない程こと程左様にひろく傳つて膾炙されてゐる。

水の猟奇（三）　伝説の球磨川　雌滝雄滝物語

●九州新聞　昭和六年八月六日（五日夕）　6-248

奇獵の水［3］

傳説の球磨川
雌瀧雄瀧物語
大蛇と契つた若侍の話
西瀬村『鹿目瀧のとゞろ』

球磨郡人吉町　松見靜馬

それは六百年、七百年、或はもつと遠い昔……矢瀬走馬新が球磨の領主として權勢を振つてゐた以前の時代だつかも知れない兎に角時代は此の物語りにとつてさした重要な關係はないし亦傳説に正確な記錄はあり得ないから……。幾百年の永い自然の歴史に於て幾千遍か繰返された汎濫と洪水のため、今は廿余間に狹められてた底知れぬ青い水のみが僅に名残りをとどめてゐる球磨郡西瀬村『鹿目瀧のとどろ』も昔は數十町の淵をなし鬱々蒼々とした老樹が覆ひ、繁茂した枝の間から底知れぬ魔の淵がのぞかれて瀧は幽幽にこだまして物凄い唸き聲をあげると云ふ凄惨な恐怖の沼であつたと傳へられる。其の深淵に纏つたと云ふグロテスクな物語りが今尚人々の口から耳に語り傳へられるのは如何にも相應しい氣がする

×　×

瀧から可成り離れた二本松（現在ある）の根に腰を下ろした二人の男女、女は長い眞黒な髪を後に下げた美しいやうな美人で男は廿一二の綺麗な若侍だつた。彼等は毎夜此處で忍び會ふ約束になつてゐた。

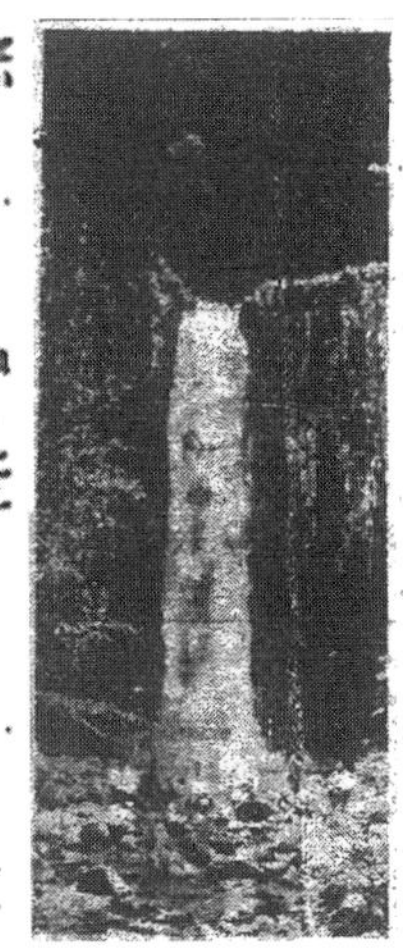

『どうしても今夜限りあなたとお別れしなければならないのです　それは死ぬ程つらい事ですけれど仕方がありません、どうぞ諦めて下さいませ。』

女は美しい面に無限の哀愁をこめて云つた。永い話の續きらしい
『別れねばならぬ理由も云はぬそなたは、他によい男でも出來、拙者に愛想が盡きたのだらうか。』

男はけわしく眉を寄せて女を詰問した。然し女は激しく泣じやくるだけで少しも辯解しなかつた。

女と分れ家に歸つて床に這入つた若侍は激しい昂奮のため眠れなかつた。魂に食ひ入つた美女への執着は炎のやうな憎悪に變り感情を経巡し去つた者への復讐に燃へた。然し女の居所を知らない侍はどうしやうもなかつた。

×　×

それからの若侍は、魂の拔けた機械だつた。女と會つてゐた時刻には必ず二本松に出かけた。女に對する憎しみより愛が勝つてゐたからだつた。然し其の都度男は幻滅を感じ、焦慮し、此無に近づいて行つた。或夜異常な決心をした。つまり超人間な生活に入らうとしたのだ。月は冴へてゐた。男は谷を渡り、崖を攀り深山に向つて前進した。突然男は、足下に物凄い瀧の唸りをきいた。數千丈の断崖から水は飛沫を飛ばして餘暗い、まるで魔のやうな淵の中に落下する。男は全身に戰慄を覺へ乍ら月光にすかして見つめてゐると不思議！、瀧の轟音に混つて女のすゝり泣く聲が微に聞へるではないか、男はまるで引きつけられるやうに聲の方に近づいて行つた。

意外！　岩頭に泣き伏してゐる女が、精魂を吸ひとつて忽然と姿を消した女である事を發見した若

水の猟奇（四）　伝説の球磨川　雌滝雄滝物語（下）　6-249

●九州新聞　昭和六年八月七日（六日夕）

怪

奇獵の水［4］

傳說の球磨川 雌瀧雄瀧物語（下）

大蛇と契つた若侍の話
西瀬村『鹿目瀧』のところ

球磨郡人吉町　松見靜馬

侍は、愉悦と喜悦と奇妙に交錯した云ひ知れぬ感情に駆り立てられひツしと女を抱き占めた。女は切なさうに身悶へし乍ら

『あなたが諦めやうとしても、諦め切れませんわ。』

そう云つて、泣き沈んだ。

『拙者だつてそうだ。』男は唸くやうに云つた。最早男の意無は盲目になつたのだ。女は急に緊張した顔で云つた。

『私はどんな素性の女だつても決して見捨てませんわね。』

『勿論だ！』男は極惰の知れぬ幸福感に酔ひ乍らきつぱり云つた。

『今のお言葉、間違ひないでせうね。』女は強く駄目を押した。

（寫眞は雌瀧の景）

女に、男を愛してゐると云ふ證據を見せ、男は其の愛が絶對に僞はりのないものである事を充分に認め、二人は夢のやうな抱擁を續けた。幾時間かの後女は強い決心の色を浮かべて云つた。

『私は、明日の晩ある嫌な、ほんとうに嫌な男と、夫婦の祝儀を擧げねばなりません。今迄隠してゐたのは悪い事ですけれど、ほんとうに私を愛して下さるならあの憎らしい男を殺して下さいませ。急所は唯一ヶ所喉笛の黒い痣です。そこを刀で突いて下さい。』

男は、女の要求を拒絶する程簡單な溺れ方ではなかつた。斯く熱愛してゐる女と、夫婦の祝儀を擧げると云ふ男を想像して見ると、相手に對する憎悪を感じない譯にはいかなかつた。若し相手を仆さねば當然女は奪はれて了ふのだ。

『宜しい！』若侍が女の要求を敢然と引受けたのは無理もない。

×　　×

其の夜二人は分れて男は家に歸つた。明晩は憎むべき戀仇を一刀の下に仆すかと思ふと、異常な昂奮のため一晩中眠れなかつた。腕に自信のある若侍は決して敗をとらうとは思はなかつた。昨日まで蒼白く疲れ切つた顔は新氣に満ちた若者の血色が漲つてゐた。

翌朝男は土蔵から刀を取り出した、それは傳來の名刀で『大蛇丸』と云ふ先祖が大蛇を斬つたといふ輝かしい歴歴を持つてゐた。

やがて夜が來た、女との約束を守つて男は丑三つ時をはかつて昨夜の場所に急いだ。

×　　×

瀧の上には、意外にも一軒の家があつて灯が耿耿と光つてゐた。昨夜そんな家があつたかどうかは記憶になかつたが、更に角灯を

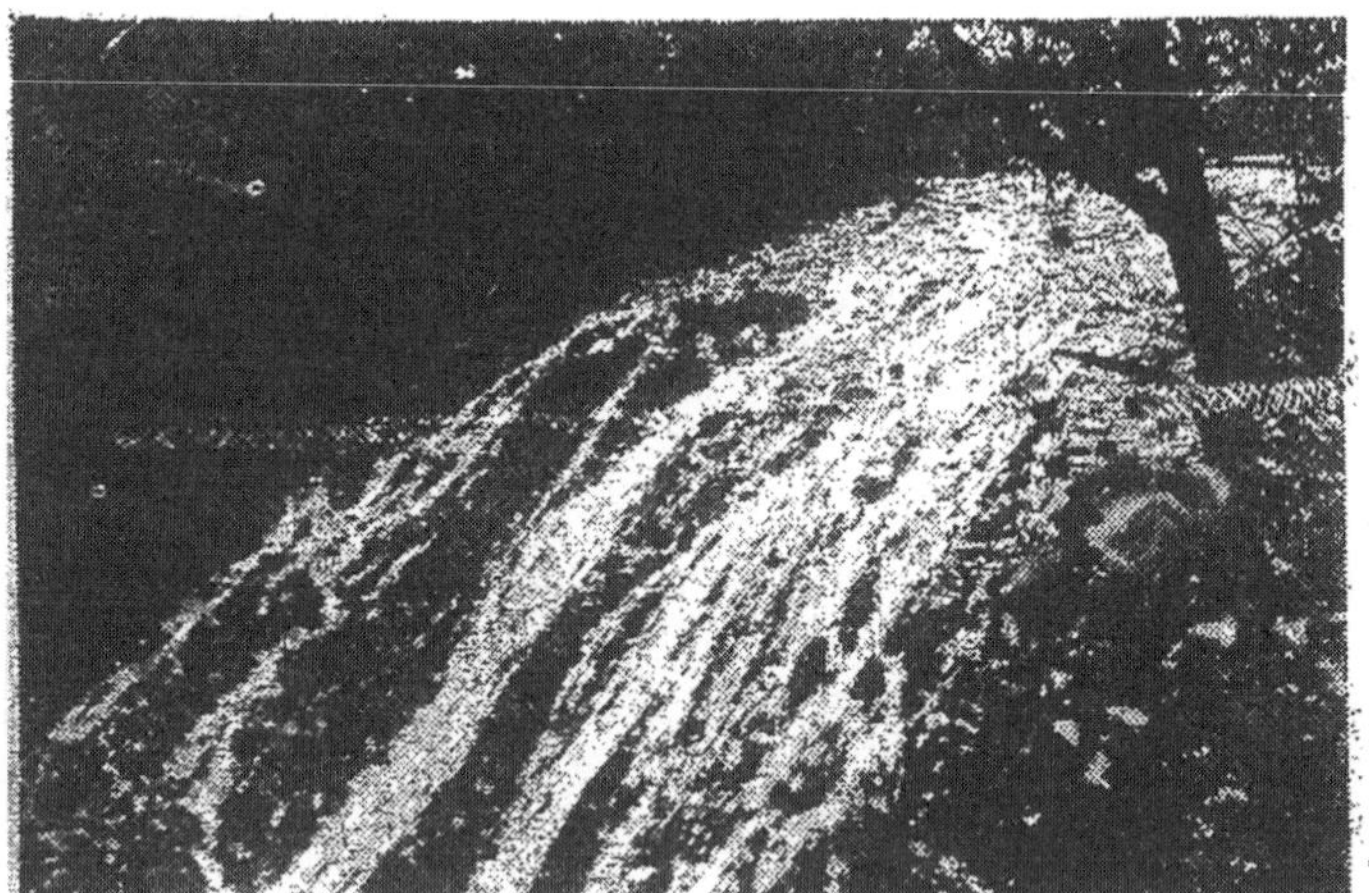

たよりに近よつた。と突然女が扉に立つて何か云はふとする男を制し乍ら無言の儘家の中に導いた。そして女の指差す奥の間を見ると確こ一人の男が酔ひ倒れてゐる、若侍は太刀を抜いた。女は咽笛の痣を示した。

若侍は渾身の勇を奮つてブスリと急所と云はれる箇所に突き刺した。途端刺された男は猛然と立ち上つた。若侍は突き刺した刀を引き抜いて斬りつけたとボヤッと異様な音を立てた儘其の姿はメツと闇のやうに消へた、次の瞬間天地も崩るゝやうな物凄い震動、それに加へて恐ろしい暴風雨だ。闇だ此の物凄い天地の激變に若侍は一時呆然となつた。其の刹那何物とも知れぬ怪物が襲ひかゝつた。若侍はヂツと飛びのいて大蛇丸を構へ闇をすかして見るとどうだらう！まるで一箇の鏡を並べたやうに爛々と光る眼、四斗樽のやうな胴体をした大蛇が苦しげに青い息を吐いてゐるではないか！流石もぞの邊に家はなくもう一つ違つたら瀧の下だ若侍は愕然としてよろめいた。最早再び斬りかゝる勇氣はなかつた。然し急所をやられた大蛇は二三度ノタ打ち乍ら異様な叫びを上げるや其の儘跡かたもなくなつた。

×　×

大蛇と夫婦にならうとした女、其の女の素性は何か？　男の疑問は當然こゝに達した。そして明らかにそれを悟つた時恐怖と戦慄が一時に襲つた。よろめく足を踏みしめ逃れやうと焦つた、其時龍巻の如く渦巻が起つた、其の渦巻の中に閃めく二つの鏡、それが次第に男に迫つた、男は釘づけになつたやうに動けなかつた。

次の瞬間、二つの鏡と共に男の姿は渦巻の中に消えた。永遠に消えたのである。

×　×

殺された大蛇は雌龍の主で、女に化けたのは雌龍の主であつたと傳へられる。

怪　水の猟奇（六）　川堤に現われた蛇ノ目傘の女　6-250

●九州新聞　昭和六年八月九日（八日夕）

奇獵の水〔6〕

川堤に現はれた蛇ノ目傘の女

化されたKさんの話

阿蘇内牧花原川の怪

熊本市新屋敷町　柏原兼次

未だ最近のお話と云つても一と昔前の大正九年の五月雨頃の話です。阿蘇郡内牧から約半里程はなれてゐる『花原川』の流れは、その名花原川に似ず昔から傳説の多い怖しい淵が澤山ありまして、中でも犀淵、がめ（龜）淵、梅の木淵等々が人々から恐れられてゐます。この話も之等の附近の出來事の一つです。

その日は朝から五月雨雲の低く垂れ下がつて、今にも降りそうな空模様でした。川漁ではその道の達人あるKさんは午後二時頃から網を片手に魚取りに『花原川』に出かけたのです。その前にこの淵にいゝ傳へられた昔の傳説を一つ紹介致しませう。

◇

黒くよどんで、その深さも知り得ないその頃の梅ノ木淵を一人の老人が未だ日暮れて間もない薄暗い細道を通つてゐますと、突然水の中へ大きな音をたてゝ全身斑點のある白い細長い怪物が飛び込んだのです。ビックリした老人は氣味惡くなつたので小走りに走つて行く内どかんと何物かに突當つて、そのまゝ地べたにつき倒つてしまひました老人が氣をつけて見るとそれはとても可愛い十二三の女の子でした。娘はさもさも親切に老人をいたはつて吳れるので老人も安心して禮を云ひながら、ふと氣が付いた様に娘の觸れる手が氷の様に冷たく、よくよく見ると娘の手、足、顔がさつき見え怪物の様に斑點だらけなのです。老人はそのまゝ氣が遠くなつて翌朝村人から助けられる迄、氣を失つてゐました。

×　×

こんな傳説等のある『花原川』に魚取りに來たKさんはその夜遅くなつても歸つて來ません。九時十時、十一時と過ぎて近所の人等迄が騒ぎ出して、村の青年五六名が探しに出かけたのです。花原川に添ふて細長い一本道を、青年等はKさんの名を呼び乍ら丁度『がめ淵』附近に來た頃、今迄皆んなが通つて來た後の方にただならぬ物音がしたので、皆んなが驚いて振返つて見ると、不思議にもKさん

が、ギヨロッとした眼で青年等を見つめて居ました。聲をかける間もなく、ニヤニヤと笑つたかと思ふと、一目散に内牧方面へ走つて行つたのです。その後を青年等は追つて行つたのですがとうとう見失つて、その夜はKさんの姿は何處にも見受ける事が出來ず、その翌朝これ又意外にもKさんは自分の家の横にある荷馬車の上に寝て居たのです。

こん事があつてからKさんは狂人の様に三日三晩荷馬車の上に寝てとうしても家の中に入いらなかつたのです。四日目やつと正氣に返つたKさんの話は實に悚然たるお話でした。以下Kさんの話し

×　×

その日Kさんは、どうしたものか魚が少しも取れずイライラしてゐる内に薄暗くなつたので、もう歸らうと思いながらヒヨツと後を見るとゾツトする様な色つぽい女が蛇ノ目傘をさしてニヤツと笑つたそうです。ビツクリしたKさんはそのまゝ一散に犀淵附近迄走つて行つた時、それ迄後から追つて居た女が突然大きな音をたてゝ淵の中へ傘をさしたまゝ沈んでしまつたのです。Kさんはあまりの恐わさに何もかもかなぐり捨てゝ

『小里ノ湯』に走り込みました。（この小里の湯はその頃は番人も誰も居ない田の中の浴場でした。）急に體が冷めるので、湯に入いりたくなつてKさんは、着物をぬいで湯に入らんとする刹那Kさんの眼に再び窓の外に蛇の目傘の女の不氣味な笑顔を見たのです。Kさんはその後の事は何一つ記憶してゐなかつたそうです。（Kさんは現在存命中）

水の猟奇（十）　人身御供の老人　珠数で大蛇退治

6-251

獣　●九州新聞　昭和六年八月十四日（十三日夕）

人身御供の孝人
珠數で大蛇退治
母娘共に村の恩人

叢の中の地藏菩薩

下益城郡豊福村　豊田有三

『ごおーん』

長安寺から打出される鐘の餘韻が靜かな池の面に吸込まれて、和やかな夕闇が訪れる。この池――無心に湛んでゐるこの池の水に、聞くも淚ぐましい孝女の物語が潜んでゐる。

時は判然しないが、何でも封建時代の初頭だつたらしい。毎年々々この池の水が氾濫して、折角植付けた稻も悉く水のため押流されて、里民の苦しみと云つたら大したものだつた、すると誰云ふとはなしに、

『池に大蛇が居るのだ。』

『大蛇の精にたゝられるのだ。』

と云ふ風聞が立ち、人々の心は落ち着く暇もなかつた。ところが或易者の話では、この災難を逃れるには、人身御供を年々一人宛この池に供へればよいと云ふのである。それに人身御供は可愛らしい娘でなければならないと云ふのであつた。

併しそれも、里一帶の土地の爲めで仕方がないと云ふので、人身御供を供へることになつた。

◇

するとこゝに難かしい問題が必然起つてくる。誰も自分の娘は可愛い。誰も生命は惜しい。が結局この里の神官が蟇目鳴弦と云ふ弓術を行つてその矢が射立つてゐる家の娘が御供となることに決まつた。

さて、その矢の射立つた家は？村で一番金滿家だつた。其處の一粒種子の娘が人身御供に決まつて兩親のなげきは云ふに及ばず、親類縁者皆打ち寄つて淚に暮れてゐた。丁度其所に『御免下さい。』と入つて來たみすぼらしい身扮の娘があつた。さてこの娘はこの家の主人に向つて、

『私の家は極々貧乏でお母さんの御難儀を見ては常に淚がこぼれます。このお母さんさへ樂にさせる事が出來ますれば假令身は八ツ裂きにされても差支ありません。それで御家からアのお母さんを引取つて下さつたらお孃さんの身代りになりませう。』

と眞情から語つた。

◇

そこでこの娘が母の難儀を救ふため生命を捨てゝ人身御供の名代になる事になつた。

彼の女は愈々白衣を着け棺の中に入り池の堤に運ばれた。總て一天暗黒と化し、池の波は湧き立ち返り一陣の腥い風が颯と地上を吹くや否や千丈の波は中天に狂ひ其の勢ひで棺の蓋をポンと打ち開けた。

棺の中の娘は珠數を片手に靜かに立上つた。大蛇は七頭の角を振り上げて、恐ろしい勢ひで娘に迫つて來た。彼の女の生命は實に風前の燈火である。併し娘は少しも恐ろし氣を見せず靜かに口を開いた。

『私はお前の餌となるが、後に殘つた母には決して害はしてくれるな。』

と云つて持つた珠數で大蛇の頭を打つと、何たる奇蹟だらう。さしもの大蛇も、ウオーと一聲を名殘りに身動きも得ず死んでしまつた。

◇

大蛇は、もろくも死んでしまつたので娘は無論助かつた。これは孝行の珠數に打たれ、如何なる大蛇も敵はず遂に死んでしまつたのである。

それからは、里一帶の田にも何へ障りなく年々歲々立派に稔るので土地の人々は大喜び、その娘を神佛の樣に崇め、勿論母娘共村の恩人として丁寧な待遇を受けた

今池の西側の深く茂つた叢の中

に小さな地蔵菩薩がある。それは後世、その娘の徳を記念すべく建てられたものである。

獣　水の猟奇（十一）　お輿入れの途中　きよや姫の投身　6-252
●九州新聞　昭和六年八月十八日（十七日夕）

お輿入れの途中 きよや姫の投身

六人の侍女も亦蛇体 小池の七池の傳說

阿蘇郡山田村　竹崎柴泉

阿蘇外山の一峰大観峰の裾に人家二十に足らざる小池と言ふ一部落があります其部落に現在小池無田と呼んでゐる一万三千坪程の草の生えた沼があります、今より四百年前のことです、その草の沼に八十坪ばかりの雄池と六十坪ばかりの雌池があり二つの池とも美い清水が湧いて、多くの鯉や鮒が棲んでゐました。

◇

丁度其頃阿蘇氏（今の阿蘇家の先祖）の媒介で肥後竹田の殿姫娘が肥後菊池家へ嫁ぐやうになり、初秋の候阿蘇谷は稲の花の盛にいよ／＼婚約の日取は成り、双方小さくても城主のことなので、とても盛大な事と地方の人々は其日の来るのを楽みに待つてゐたのです婚約の日が来ると菊池家からは五十八頭の鹿毛の牡馬を揃へて竹田へ迎へに行き、竹出家の方にも祝の盛装整へられ、多くの重臣と其の姫娘には六人の侍女がお伴をして菊池へ向け一行は出立致しました、其の姫娘はとても美人で名はきよや姫と言つて、今に竹田美人として名高い美女の元祖でありました、きよや姫の一行は波野の原を通つて、やつと阿蘇路へ入り、大観峰の麓の小池の雌雄池のはたを通行されてゐると、その池の面が美しく澄んで鯉や鮒の泳いでゐるのが見へるので、一行は少時此の邊で憩ふことになり、きよや姫も籠から下りて池の面に見入られて居ました。こちら菊池家には今か今かと迎の使が、尾ケ石村の車返しといふ所まで来て待つてゐました、姫一行は少時休んで出立しやうとすると、きよや姫は奨める侍女の言葉にも耳をかさず池の面をみつめて居られたが、たちまち姫は狂人の様になつて雄池の中へとび入り、池の水は俄に黒くなつて一同が騒ぐまもなく、恐ろしい蛇體となつて池の面に現れたのです一同の騒ぎは一方ならず侍女六人は姫の後を慕ふて池にとび込んでしまひ、たちまち六つの蛇體と變つてしまつたのです。車返しに待つてゐる菊池氏には使が走り、それと知つて仰天せんばかり、寂しく車を引き返したのです。今に車返ると言ふは其當時の事が殘つて居るそうです。

◇

小池には其の雌雄池の他に五つの小池があつて、各々清水が湧きて水源としてゐました、程たゝずして六つの蛇はきよや姫蛇の言ひつけによつて雌池と外の五池に別れて棲む様になりました、もともと其の侍女達の名を寄姫、國姫、紅姫、青姫、阿波姫、津保姫と呼んで六人共きよや姫の友達の様にして名も姫とあたへられてゐたのです、其の内でも寄姫が一番氣入であつた意味で、寄姫が雌池に分れ他の姫も五つの池にそれ／＼分れて棲む事になり、現在も其の姫の名が池の名となつて殘つて居るのです、しかるに雌池のきよや姫池には、其處から二里餘り西方に下野池と言ふのが今の赤水村にありて、其池には夫婦の蛇が棲んで居て、折々遊びに來て居りましたすると後に妻蛇は死んで夫蛇はきよや蛇と相仲になり夫婦となつたのです。そうしてやがて五つの蛇は他蛇の目をさけて其處から五里ばかり東の方に波野の小池野池といふ池があり、それに隠棲してしまひました。現在も波野村に小池の池といふのがあるがそれも其時の小池の蛇の名の殘りださうです。

◇

きよや蛇を失つて六つの蛇は非常に寂しみ悲しみて泣いたのです其の涙が不思議にも蛇の名をかたどりて、寄姫池は湧き流れてゐた水が淵となりて淀み、國姫池は鏡の如く美しくなり紅姫池は赤水が湧き、青姫池からは青水が湧き出で、阿波池は粟粒の様に水が小さくなりて出づる様になり、津保姫池は庭のやうに平たく變形して來たそうです。で今も尚其の時の姫の名が池の名となつて呼ばれて、きよや姫の雄池を主体として、池に飛込んだ日から六人の侍女の年齢を合せて九十を数へ、九十日目が舊暦の十一月十八日となつたので、其の日を七つの池の祭日と決めて、村の人は之を雄池祭と言ひ蛇は良く酒を好んで居たので甘酒を造つて雄池の廻りに七つ上げて拜み、一名小池の甘酒祭と呼ばれ今日も舊暦十一月十八日に例年の通り、小さいお祭りがされて居ます。しかしもう草沼はほとんど田圃に開かれ一部分に留まり、雄池は田主の庭池に造られ池の中心に池の神と言ひて七姫の跡が殘されてゐて、他の六つの池も水は絶へず湧いて水源となつてゐますが、形のみになつて居り、其の七池の傳説は村で有名に次々に傳へられてゐます。

水の猟奇（十五）　河太郎と大猿が魔女の奪い合い　6-253

獣　●九州新聞　昭和六年八月二十三日（二十二日夕）

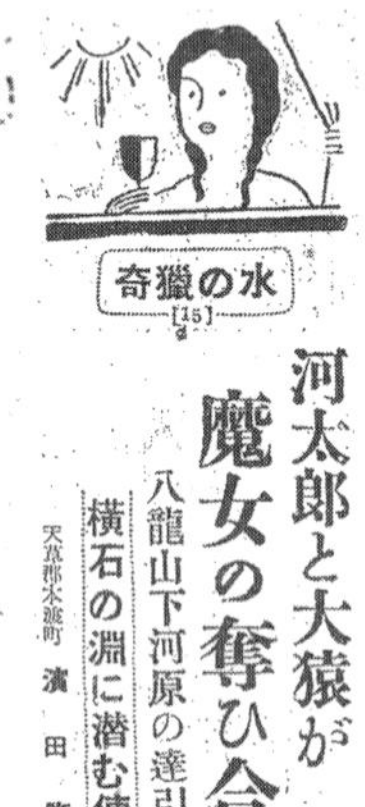

河太郎と大猿が魔女の奪ひ合ひ

八龍山下河原の逢引
横石の淵に潜む傳説

八代郡宮地村　濱田隆一

この世をまだ神々のしろしめされし遠い〳〵昔の事とおぼせ。

その頃は球磨川の岸も一面鬱蒼とした大森林であつた。水際から蓊々と杉や檜の大木が山の上まで黒々と生ひ茂つてゐたのだから、その間を縫つて流れる川も、深く紺碧の色を湛へて、山と山とに劃られた帶の様な空の照りくもりを映しとつてゐた。神秘はまだ〳〵いくらでも自由自在に住み得る時代であつたとおぼせ。

しかし、極めて稀ではあるが、その森の間や河岸に人の家はあつた。川傍をたどり、森の間を縫つて絲の様な道があつた。肥の國の山奥市房山の密林から滴り落ちた水滴は、あちらの岩間こちらの樹蔭から申し合せて走り出す。そして漸々と勢ひを增し、山の間を縫うて八代の不知火海に近く二里程になつて、急に東に折れ又西に曲つて八龍山下を大きな淵となつて蟠へてゐる。底ひもわかぬこの淵から見上げれば、天を支えてゐる八龍山は、重い〳〵沈默の偉力をもつて人の胸に迫る。その脚を洗ふ淵は宇宙の宵と名のつく物を一切合切溶かし盡してたゝへた程の深碧である。向ふ岸けやゝ開けて森の間にはチラリホラリと人家が見えた。人々はこの土地を自ら横石村と呼んでゐた。話はこの村の人々から傳へられたものとおぼせ。

◇

この底ひも知れぬ淵に、何時の頃からか一人の魔女がすんでゐた。永遠に二八の處女であるその顔は譬へば三月の花の様に笑みこぼれ、その伸びやかな肢體の肌は、指を切る程清冽なこの淵水から生れた故か、はた日毎夜毎にこの水もて身を灌ぐ爲か、硝子の如く艶々しく氷の様に冷く見えた。房々とした黒髪は、丸い肩にたゆたひ背中をすぎて、水底の玉藻のやうに妖やかにゆらめいた。

太古とて、日脚の速さに變りはないが、鬱蒼たる深山の森の間の深淵は、日がまだ暮き終らない中から早や深夜の如くに物靜かである。チラリとほのかな夕暮雲を水面にうつし取つたと思ふと、やがて日は暮れて夜は漆の様に眞黒く塗りつぶされる。

とその時である。淵の一部がほのかに明るくなり始める。たとへば螢かな〳〵燐光の如くに。――魔女が現れるのだ――魔女は譬へば天上の樂の如く淸く美しく妙なる聲で歌ひつ舞ひつ、水の面をゆらり〳〵と魚の如く自在に、その美しい肢体をくねらせながら游ぎ廻る。けれども人間の聲ならねばその言の葉の意は知る由もないが、たゞかぼそくやさしく、慈しみをこめた旋律は、聞く人の心を蕩かし骨の髓に泌み徹らせる。又月の三ヶ一は、高い帶の如き空から、この深淵を月影が照らす。すると魔女は水面に亂立する危巖怪岩に上つて月下の蝶の如く彷徨ふ。身に一絲もまとはぬ肢体の、誰に示すともなきその嬌態を、ふと一目見た者は忽ち心奪はれて石となる。そこで岸の人々は月の夜が來れば早や宵から戸を閉ぢて、杉戸の節穴洩る月影にさへ怖えおののく。かくて魔女のみはひとり夜もすがら

裸形の踊りをつくして舞ひくるふ。

◇

さても同じ淵に住む美男の河太郎は、何時の頃よりかこの美女を垣間見て、心の中穏かならず離れ初めてゐた。如何にして言ひ寄るものかと轉々をくだいた。同じ河太郎仲間でこそ美男であるが、頭この平い皿・尖り口、毛むくぢの身體は到底美女の相手ではなかつた、けれども戀慕の情は絶ち難く遂に或日、勇氣をつける爲に皿には充分の水を入れ、尖り口に注意をし毛並を揃へて、美女の棲處を訪れた。その熱意にほだされてか、同じ淵に棲む誼みの故か、美女は河太郎の氣に觸らぬ樣に、つかず離れぬ樣な返事を與へた。女の言葉を都合よき方にばかり解釋したがるのは人間も河太郎も同じことで河太郎はうれしさに氣もそゞろ我が住處へと歸つた。

◇

同じ頃、八龍山に住む猿八があつた。すべての動物中一番智者の猿八が、この美女を見のがす筈はなかつた。猿八は例の手練をもつて、言葉巧に美女の許に言ひ寄つた。けれども流石の猿八もあまりの美女に心臆してか、恐い顔を更に赤くしていさゝか言葉ともつて言ひよどんだ。美女はかこれもゆかり深きこの山の男なればとて程よくあしらひつゝ歸した。

四五日經て、河太郎は押へきれぬ喜悦を強いて胸に押しかくしつつ勇みに勇んで美女の許を訪れたけれど猿八は、それよりも前に訪れて、二人は今や喃々の戀に夢中の態である。河太郎は忽ち嫉妬に逆上してこゝに戀の修羅場が演出された。けれども結局は美女の申出によつて、二人の中何れか強い方に嫁かうと言ふので、それでは二人は決闘して勝敗を爭ふことゝなつた。

場所は向ふ岸の横石の河原。

翌日村人が何氣なく河原を見ると何やらしきりに水際で爭つてゐる。かけつけて見れば、河太郎と猿八の大喧嘩である。河太郎は猿八を水中に引き込まうとし、猿八は河太郎を水の外に引き出さうとしてゐる。喧嘩のいよ／＼酣にならうとする時、村人は何を思つたか、一抱ち大きな石をもつて、猿八の背中をいやと言ふ程打ちのめした。猿八は不意の闖入者に、敵はじとばかり山の中へ逃げ込んだ。そして憤怒の形相凄じく『横石や目たゞれ柴木やちんば』と捨台詞を言ひ殘した。

◇

それから幾千万歳を經て今日に至つたか知らぬ。幸にして横石の人の援けによつて美女を手に入れた河太郎は、人の尻を取るのが職業なるにも拘らず、その恩義に報いる爲に、横石の人の尻のみは決して取らぬことに決めた。その代りに、猿の祟りは恐ろしく横石には目たゞれの子供が多く生れる樣になつた。

神々が高い天上や、淋しい山奥に隠れてしまはれて、この世を我物顔に濶歩する樣になつた賢しい人間は、たとひ横石のものでなくとも『俺は横石の者だぞ』とあざむいて河太郎に尻をとられることを免かれてゐる。見る人を石に化した魔の美女も、人間の力に恐れて何時の間にか姿を見せずなつた。星は移り物は替つて、その淵も今はたゞ名のみとなり、八龍山も蛇子として栄えてはゐるが、往古の物凄さはなく、今では時鳥が日毎夜毎にあはれを添へてゐる。

附記――この淵は、今度新設された八代驛と坂本驛の中間の段驛から五六町の川上であり、春は河鹿、夏は螢、更に氣をつける人には晝も夜も杜鵑の聲が聞かれる。更に又新鮮な鮎に舌鼓うちつゝ、八代まで汽車の便があり絶好の避暑地である。

水の猟奇（二十一）

近年まで姿を見せた大滝の濡れ女　6-254

●九州新聞　昭和六年九月二日（一日夕）

怪

近年まで姿を見せた
大瀧の濡れ女
夜なく／＼村人を悩した
瀧壺に住む大蛇の化身

八代郡宮原町　氷川龍太郎

宮原町を氷川に沿うて上へ一里位行つた處、立神村と種山村の村境に一つの大瀧がある、大瀧と言つても、今は水一滴落ちないから瀧跡である、高さは六十米幅が百間位で太古こう／＼と落水してゐた其の昔の壮觀がしのばれる。

其の謎の右側下に一つの社がある相等大きい村社であるが氷川を越えた宮原から河又飾磯方面に通ずる街道から見る時餘り大きい森の蔭にあるから何だか小さな祠の樣にしか見えない。

其の宮にある神杉の大きさも其の神社に行つて見て始めて驚く程で、大人の十人もでやつと抱き廻せる程の大きさであるが、何時かの雷に焼けたと見えて根から胴まで幹を貫いた一條の洞が出來てゐる、其の老杉の洞に毎夜〳〵怪異な出來事が起ると云ふ噂がぱつと擴がつたは大の正八年頃未だ自分が尋常一年位の時と思つてゐる。

◇

それは何でも夜になつて村人が一日の勞苦を一風呂あびて樂しい夕餉の膳に就かうとする頃、社の方から何とも言ひ知れぬ悲しい何かこう村人に哀訴する樣な聞いてゐて身内が冷たくなつて行く樣な淋しい歌聲が聞えると云ふ事であつた。

何でも、其の歌の主は、白衣を着た色の白い恐ろしい程に美しい女と云ふ事で身體が水にびつしよりぬれてゐる、ぬれ女との事であつた。

一目それを見た者はえたいの知れぬ恐ろしさに病氣を起した者もあつたと云ふ事である。

或る時は又野良の仕事におそくなつた村人の一人が暮れてまもなく未だ歌聲が聞えないから安心と早足に社の前を通り過ごさんとしたところ、淡い夕闇の彼方に白い物がぼーと立つてゐる。

ヘテさてはと思つたが、歌が聞えないからまさか、ぬれ女ではあるまいと思つて近寄つて見ると、其の白い者もだん〳〵こちらに近よつてくる樣子、うす氣味悪くなつて逃げ樣としたが、もう其の時はおそく彼の後に迫つてきた、仕方なく恐る〳〵そーつと後を On いて見てびつくり、總身びつしよりと水にぬれた美しい白衣の女が、に

つこり笑つて立つてゐるではないか。

逃げるにも腰が抜けて、わつと言つて坐つた儘目ばかりぱちぱち〳〵やつてゐると、其の女は左手に持つてる丸鏡をぬーつと突出してきてひいと笑つたそうである餘りの恐ろしさに氣が遠くなり其のまゝ氣絶してしまつた。あくる朝捜して探しにきた村人によつて、ようやく連れ歸られたとの事である。

◇

何でもそのぬれ女は社近に住む大蛇の化身とかで水に入ると女の姿はたちまち消えて胴廻り四斗樽の如うな大蛇となつて大うづを起して深淵に沈んで行くそうであるで村人は全く恐れをなして晝でも其處を通る時は走つて通つたと云ふ事である、そうこうする内今度は其のぬれ女が瀧河ふの街道に出る樣になつて夜更けて買物歸りの人々を大分なやましたそうである何でも某村の醫師某は其のぬれ女から胸元をこぎられあやふく瀧壺に引込まれ樣としたそうである、近頃電氣會社の若者が、ぬれ女の正體を見に行つて、眞青になつて、立神の茶店迄逃げて來たのも其の時の事である。けれどそれも今は夢と過ぎ、六月一日の時放の夜からは滿り火の光にぬれ女の姿も消え、總ての謎を包んで立神の大瀧は其の偉大なる姿を太空にそびえかしてゐる。

妖　水の猟奇（二十二）　怪傑山東弥源太　滝壺の河童釣り　6-255
●九州新聞　昭和六年九月三日（二日夕）

快傑山東彌源太 瀧壺の河童釣り

加來右衞門七の悪戯 數鹿流ケ瀧に殘る笑話

阿蘇郡長陽村　むらかみ生

豐肥線立野驛から程遠からぬ數鹿流ケ瀧、今は發電化の犠牲となつて往時の盛觀をみる影もないが、尚碧紫青等によつて近在近郷に喧傳せられたところの過去の彼の雄姿を偲ぶ事が出來る、往昔阿蘇大明神が滿々の湖水を沓で蹴破られて水を除去し給ふた雄大壯擧な傳說は朱鑑山口白陽氏に讓つて今茲に語らんとするものは後に餘る余りにも有名なるそして多くの讀者は御承知であらうところの一つの事實である。

熊本藩にその人ありと知られた山本勘源太、劍を取つては家中無双と自他共に許す程の達人であつたが、幸か不幸か、太平の世が長く続いてその武勇を實地に試す機會がなかつた。

それで……怪物退治—それは彼の道楽だつたが一度だつて怪物と出逢つた事がなかつた。

『俺におそれて一向に怪物は出ないのだ』…彼はよくこんな事を云つた。處が彼は或日怪談の噂を聴いた。

『何つ河童だ。何處にゐるのだ』

『あ、數鹿流ケ瀧にゐると言ふのか、してその瀧は何處にあるのぢや』

『何つ阿蘇、あそうかアハヽヽ、餘程に遠い處にあるのだ宥、だが俺は行く、拙者は行てぞ、河童を生捕にしてくるぞ』

その翌朝未明に勘源太は出發した

◇

數鹿流ケ瀧まで道程九里、盛夏の烈熱のもとに羽織の裾を絡手の様な手で拂ひ乍ら大津街道を急いだ。

『あな面白いぞ、河童の奴、畜生の分際で人に刃向するなんて不屆至極な奴ぢや、ひどい目に逢はせるぞ』

こうした獨語を幾度繰返したことだらう、遂に水沫雨の如く降る。そして飛瀑のとどろきに驚愕する數鹿流の絶頂に立つことができた

『名を負ふ瀧に違い瀧ぢや宥』[illegible]

『よう河童奴行くぞ』と用意してきた魚の腸をひげもぢの尻の貫りに結びつけ單一つに短刀をさして遂まく瀧壺に飛びこんだ、トタンに上る飛沫……

ところが、彼の友人に加來右衛門七と言ふ水泳の達人がゐた、彼は勘源太が河童退治に出かけたと聽いて、彼の後を追つて數鹿流まで來た、見ると奔流の中を勘源太は泳いでゐる、彼は手はやく裸になり飛びこんだ。近寄つて勘源太の尻の魚をひつぱつた、

『おお河童か、來るぞ』

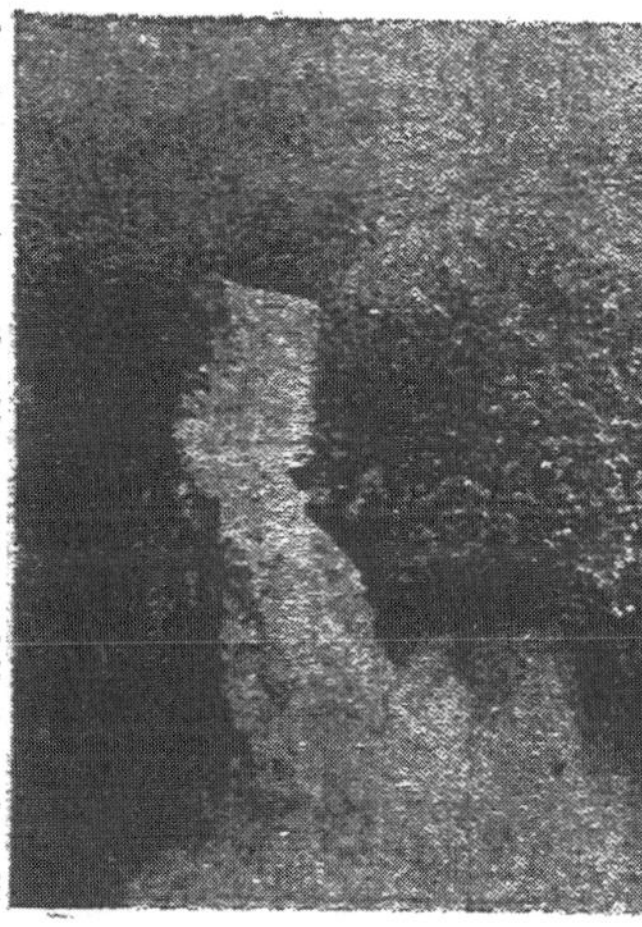

由來は刀を拔いた

『うぬ逃さぬぞ』ドブ[illegible]などと聽こえる、だがそれは近いのだ

『斬られちや大變だ』加來は逃げた、必死に逃げた。追つた、逃げた、追ひつ追はれて、叫びつつ、けれども加來にとつては命がけだ。窮余の策、潜つた、深みへ……

やがて彼は崖に上つてゐた、そして急いで着物をきて何知らぬ顔[illegible]してゐた。

◇

暫くして、勘源太は浮かんだ、短刀をくわえて[illegible]形相の凄さ、しかし加來の姿が目につくと、

『ヤヤ右衛門七ぢやないか、どうしてここに來てゐるのだ』

『あは俺か俺は喃、貴様の河童退治を見物にやつてきたのだ、もしても貴様にもしもの事でもあつたら友のよしみとして……』

『馬鹿な事を言ふな俺は豪傑だぞ』

勘源太は上つて來た、

『どうだ河童はゐるか』

『ゐる、確にゐるのだ、しかし逃げた』

今までにや〳〵笑つてゐた加來はぶつと吹き出してしまつた

『どうした何が可笑しいのだ』

『可笑しいから笑ふ』

『何だつて可笑しいのだ』

『勘源太貴様貴様の尻の魚の腸を引つぱつたナア僕だぞ』

『何貴様つ、ばあか、今少しで斬られる筈だつたぞ』

『だから潜つて逃げた』

『アハヽ、貴様は命知らずだ喃』

『アハハハハ』

『アハハハハ』

二人は笑つたそして、暫く數鹿流を後に……熊本へ歸つた。[illegible]

水の猟奇（二十三）　数百年来伝わる河童の片手　6-256

●九州新聞　昭和六年九月五日（四日夕）

妖

數百年來傳はる 河童の片手

宇土の士堀田三藏 厠の中で捥ぎ取る

熊本市米屋町 エイチ、アイ生

熊本市内は呉服町一丁目、米川商店のウインドに『河童の手』と云ふのが、白木の箱に納め詰めその中に入れて陳列してある『何だらう』『いや河童の手だらうか』『いや河

童と云ふ者が果して存在するものだらうか』など通りかゝりの人がよく足を留めていろんな囁きを交して行く、だが主人は『證據』とも『寶物』とも何とも云はず依然醫業をつゞけて居る所を見るとそれは寶物であると信じて居るからであらう
この物語はその『河童の手』の由來である

加藤清正と肥後を折半して、宇土に居城を築いた小西攝津守行長が、まだ肥後入國の前に今の宇土町の西方 段の浦に宇土城があつた。

城主村上攝後の築く所で、村上はこの城に籠居して威を四隣に振つて居た。

行長入國後この城を攻略し、城の周圍に水溜を廻らした、町外打越村の南方に打越の堤（堤は能ら溜池）と云ふのが近年まで殘つて居たのはその溜の遺跡であつた。

今はそれさへも水田となり、我家れだ纔々たゞ稲田と化して居る。

當時はその打越の堤がまだ滿々たる水を湛へて居た頃の事。

◇

この堤を築造して居た濱田三藏は、よく農民の爲めを圖つて、常に水利の便を與へた『三藏堤』の名が今に殘つて居るのに見ても篤志家であつたことがわかる。

或る年、六月の始めから降り出した雨は、來る日も來る日も豪雨に降り續いて、七月になつても降り止まなかつた。田も畑も川も見渡す限り滿々たる濁水の海をなし、人家の軒も臺所も、水、水、水に浸つて、これこそ文字通りに米麥も菜も一緒になつた。

その時である、或る夕方三藏は廁に入つた、尻の下まで水がお[illegible]便通をする適當の場所もないので[illegible]廁に行くより外はなかつた。

廁に入ると頻に眠氣を催して來る、倦るいやうな、苦しいやうな厭やな眠さだ。

これは唯事でない——氣丈の三藏は早くも感づいたが、聲を立てやうとしても聲が出ない、立ち上らうとしても足が動かぬ、どうしやうかと焦つて居ると、果然、尻の邊へ『ヒヤリ』とした異樣の感觸！

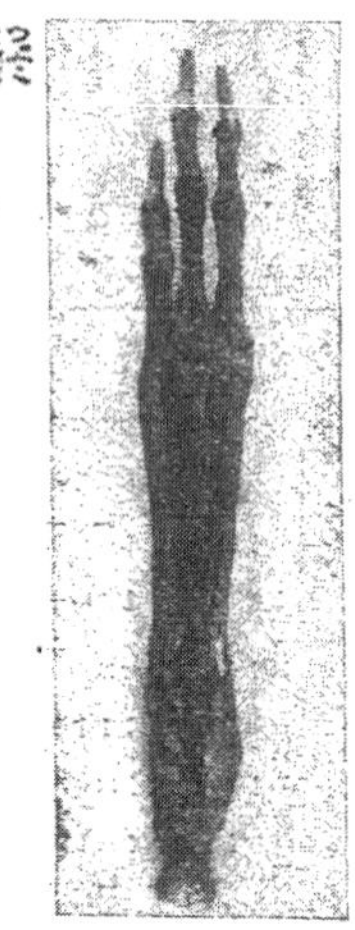

『何奴だッ』と三藏は氣を勵まし夢中で尻に觸つた異樣のものをムヅと掴んだ。
と、と、と、何と驚いた事か、その異樣の物はヌラ〳〵とした冷たい少さい小兒の腕よりもまだ小さい正しく動物の腕！
だが怪物は何の反抗もせず、するりと廁の下を潛つて、滿々たる水に姿を隠してしまつた、小さな片手は三藏に捥ぎ取られたまゝ。

◇

怪物退散と共に眠氣も倦さも去つて三藏は正氣に復した。

正氣になつてよく見ると、何とまたこの腕の物凄い事よ。指は三本、中央のが一番長く、關節のが稍々短い、指先の爪の鋭さ、身の毛も棘立つばかり、河童だ、河童だ、豪氣な三藏は己れを襲つた河童の手を引つこ抜いたのだ。一家一同は更なり、村内の人々はこの三藏の勇敢さを賞賛し、その無事を祝つた。

そして、その夜——

◇

うと〳〵眠つて居る三藏の枕元に異樣の怪物が現はれた。

『私は今日貴方に片手を取られた河童です、我々の慣習として一度は人間の血を取らねば河童として冠する事が出來ません、今日は我々に取つてとても吉日だつたのでその日を選んで貴方の血を貰ひに罷り出た所です、右手は貴方に取られましたが、その時左の手で少量ながら貴方のお尻の血を頂戴致しました、これから片手の不具者とはなりますが、おかげで冠する事が出來ましてこんな嬉しい事はありません、[illegible]の爲めに非常[illegible]へますお我々は[illegible]人樣の尻を取るのではないのです、川には恐ろしい河童が住んで居ると思つて御用心さへなされば、河童の害は除き得るものです。』

三藏がハツと思つて目を開けるともう河童の姿は見えなかつた。

【寫眞は現存する河童の手】

怪　海…海を語る（十一）沖から泣声

●函館毎日新聞　昭和六年八月七日　6-257

海……海を語る（十）

沖から泣聲

變事ある朝は必ず聞く

老漁師・源兵衛さんの話

河童が躍る夏の海――大森濱の波を掻きまぜて泳ぎ廻る子供等の姿を眺めながら老漁師源兵衛（假名）さんが語るのである。

△

「一昨日も子供が溺れたがネ氣をつけなくてはいけないよ――そして『あやまち』のある日は俺にはチヤンと解るんだ」

記者「爲なきですか」

「いや、俺は今年六十二だが朝起きだけは他人に負けないたちだヨ。毎朝夜の白々あけにはこの濱を一廻りするんだがね、その時にだヨ、まだ誰だつて皆起きてしまはない中にだ。俺にはチヤンとそれが解るんだ」

△

「それはな沖の方で『泣き聲』が微に聽こえるんだ。今時分、泳いでる者もなく――と思つて初めの中は『耳なり』だらうとばかり思つてたがネ、この聲を聽く日に限つて『あやまち』があるんだ」

記者「誰の耳にでも。それは聽こえるでせうね」

「ところが、さうでねえ此間隣りの老爺と一緒に濱歩をいたが隣りの老爺は『チットモ聽こえない』といつたからな」

△

この不思議なインスピレーションをもつ老翁は十何年か前に、片腕と頼んだ伜の重吉（假名）がイカつけに沖へ出たが翌日は物凄い大荒れ！息子はトテモ助かるまい――と思へば居ても立つても居られない懊惱の老翁は狂氣の如く毎日濱邊に立つて沖を睨んでゐた。

二日三日――日毎は不安を募らに焦燥して、彼の腦裡は激しい「あきらめ」の氣持で落ちつきかけてゐたある朝――、もう沖を睨む氣力も盡きた老翁がフラフラ濱邊をさまよつてる時だつた。

「アーアー」泣き聲とも、叫び聲とも、つかぬ妙な聲が沖から浪にのつてきた。フット頭をあげた彼は何時の間にか波打ぎわも通り越し一尺ぐらいもすねに海水がつかつてゐるのに氣がついた。

次の瞬間、もう叫び聲？はきこえなかつた。唯、足の廻りに櫓の折れたのが流れてゐた。

何氣なく拾つてみると自分の家の印の燒印がある――紛れもなく遭難した伜の船のものだつた。

其後――伜の屍はとうとう揚がらなかつたが、せめてその聲――例の妙な泣き聲、なりともと、海邊へ時々出てみたが二度とはきこえなかつたといふ。

ところが、其後「海の變事」のある日の朝に限つて彼の耳に伜の聲と覺しき幻聽？がよみがへるらしい。

怪　海…海を語る（二十二）ドアを叩く骸骨

●函館毎日新聞　昭和六年八月十九日　6-258

海……海を語る（廿二）

ドアを叩く骸骨

冷い海底でゾツトした思出

ある潜水夫の話し

怪　海…海を語る（二十四）船長の生霊

●函館毎日新聞　昭和六年八月二十一日

6-259

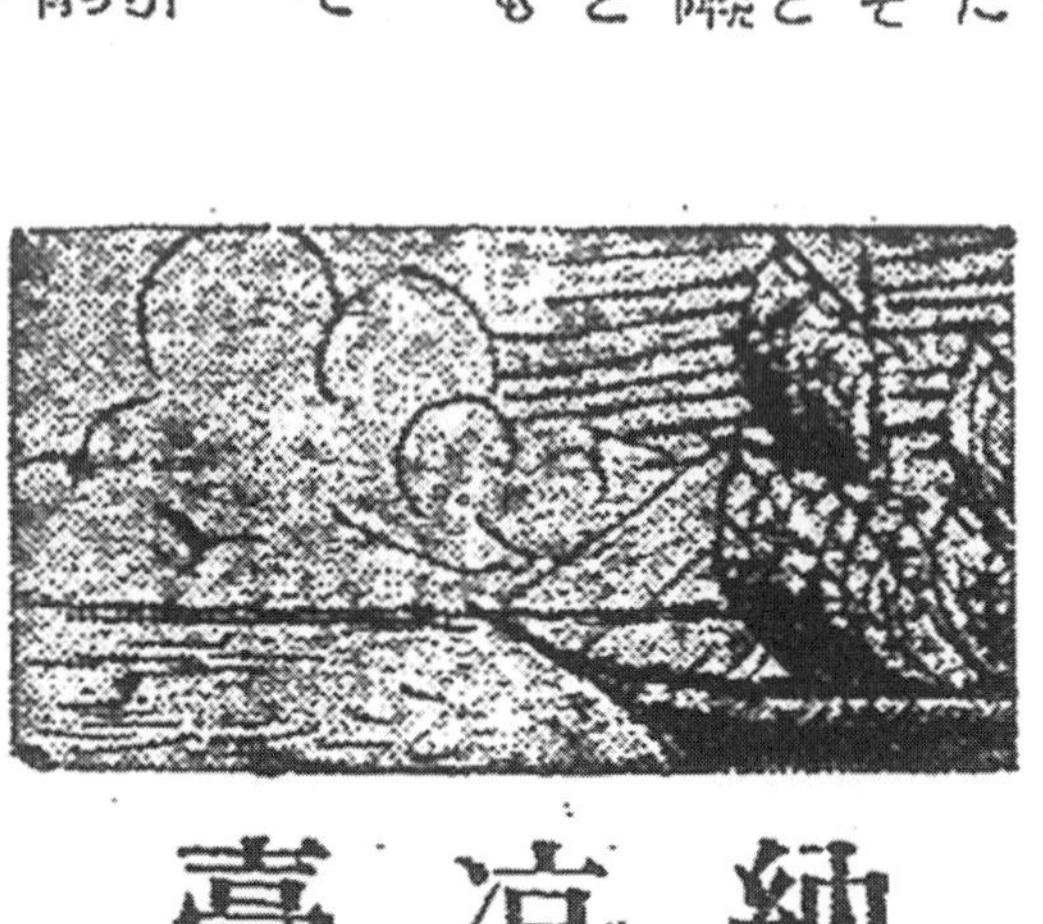

納涼臺

海…海を語る（盐）

船長の生靈

船倉で首を吊つてゐた　後を引く死場所

『それが何だよ。俺が千島航路のちつぽけな船にのつてた頃の事だが……』と、著のホツク外すと今飲んだビールを背汁にしたかと思はれる程、赤銅色の胸をダラ〳〵にした彼は此處——銀座街に最近出來た或カフエーの申し分ない構の女給のサービスにも飽きたか、マドロス特有の氣安さで話しかけたものである。

『、喰ひ人種のお面』なんて俤へるまでもないグロテスクな潜水服をぬいだモグリ君は語る

『此處「函館港」は割合に北東が來た波が少い處だからな。海の底か、そりや陸と違つて涼しいサ

なに？今迄に面白いこと？そんな事はなかつたが驚いた事はあるゾツとどころか、それでなくともつめたい海の底だ——泡ふいたなあ（彼氏は海中動物の一種だから魚のように泡をふくらしい）

△▲△

記者『命の綱のゴムホースでも切れかゝつたのかネ』

『イヤ〳〵そんなこつてねえが』と彼が語る話しはこうだ。

釧路港——釧路の盛んな此處では發動機のトロール船が沢山あるが、幣舞川から押出される水と沖からくる潮との合流個所であるトンケシ寄りの港内は一番水勢のはやいところで、かぢが利かないから船乗は氣をつけてゐた。

ところが、此處へ來たての機船士を乗せた發動機がかぢを取損つて横手の——これも發動機へ衝突してしまつた。ぶつゝけた方は船首を少しいためただけで濟んだが相手の船は船腹をやられて見てる間に沈没してしまつた。この時デツキに居た雑夫二名は岸へ泳ぎついたが機關士はとう〳〵行衛不明で屍體も上らなかつた（後の出來事だつたから）

△▲△

『この船の引揚げ作業を頼まれた中の俺は一人なんだが……この作業は何時ものように捗どらない。もう少しといふ處でロツプが切れたり。潜水夫（俺ぢやないが）が怪我したりしてなところが作業にかゝつて七日目の日だ。

例によつて給空器からおろされて沈んだ發動機の横つ手へ行くと急に周りが暗くなつてヘタ〳〵と意氣地なく座つてしまつたもんだ。

でヒヨツト向ふを見ると機關室のドアがゴト〳〵と音してるんだ。『オヤ妙だな』と思つてると今度は爪でドアを引つ掻くようなキー〳〵といふ音と一緒に『ウーム』とうなり聲『オヤ人間だな』と俺が思つた時、身體が輕くなつて直ぐ船（給空船）へあがつたよ。で、この事を皆に話すと『そりやその機關室が怪しいぞ』と云ふんで翌日は三人で海底へ降り、此處のドアをコヂあけるとドアの處にはドサツと倒れたものがある。

よく見るとドアに腐ちりついてたらしい骸骨だつた。

これを引揚げると何なく船も引あげる事が出來たといふ。骸骨は行衛不明の機關士らしいといふ話し。

◇……◇

『幌筵（千島）から昆布を滿載して函館へ來る途中、落石燈臺の灯がやつと見えそうになつた時の事だがネ――云ひ忘れたが（俺は其船のエンヂニア（機關士）だつたんだ。

その時、デッキに出てゐた船長の『ライト（點火）』の命令でデッキ係の水夫が下へ（船底）おりて行つたんだ。ところが何時まで經つても出て來ない。性急な船長で『どうしたんだ？早くしろ』とどなつてるが何の音沙汰もなしよ。で、俺が上ゲがないからおりて行くと右舷の船倉の前で、奴ぶつ倒れてゐるのサ。なあに、死んだんぢやねえ氣絶してたのよ。

それから水ぶつかけて正氣ふき返すと奴、ブル／＼ふるへ出しやがつて『大變だあ』とわめきながら『三番の船倉で船長が首くゝつてブラ下つてる』といふのよ。

『馬鹿野郎！』

とどなりつけて『お前にライトを云ひつけたのは船長ぢやねえか』その船長が船倉へ行く際はねえブランコしたなんて、この野郎、線香でもねへぬかしやがる――まだ、夢みるには早いや、日が暮れかゝつたばかりぢやねえか』俺は忌ま／＼しかつたんで、野郎の背筋を三ツ四ツ『グワン』と喰はしてから、論より證據とその第三船倉へ實地檢證に行つてみたんだ。

◇……◇

『船長さんぢやなかつたの？』

傍らでこの話しを熱心に聽いてゐた丸顔の女給が口を入れると

『船長どころか、誰も居ねえや』と彼の答へだ。

記者『何だ、水夫のさく覺か、つまんねえ』

女給『ほんとに夢みてたのネそその水夫さんは』

『ところが、そうぢやなかつたんだ』と彼――エンヂニア（機關士）は大きく眼を見ひらいて……

『それから三日目の、やはり火ともし頃、この船倉で船長が三日前に水夫が見たのと同じ格好でくびれてゐたんで、大騒ぎしたよ。死んだ譯？つて、それがこうなんだ。船主から大分借金が出來たのやかゝあの身持――マドロスのかゝあは兎角そんなものだがね、それを苦にしたらしいんだ。』

女給『死ぬなら死ぬで――海へ飛びこんだ方が男らしいぢやないの』

『ところがだ。この第三船倉が問題なんだよ。この事件の三年ばかり前に機夫がこゝでやつた（首くゝり）んだな。彼をひくもんだヨ死に場所は。

だから通船船なんかでも身投する場所は決まつてるから不思議なもんだ。一間と離れない處で皆飛び込むぞ。

だが俺が不思議に思ふのは、現にピン／＼してた船長の、その死體を――勿論幻だがネ、そいつを水夫がみたといふのが解らないんだ。』

記者『結論、船長は自殺の場所と方法を考へついた時、水夫がその場所へ行つた――つまり船長の生靈が一足先に其處へ行つてたのぢやないかなあ……？

彼『船の名？勘辨して呉れ……さし障りがあるからな……七八年前の事だつた』

資　納涼博掉尾の異彩　新化もの屋敷

●京都日日新聞　昭和六年八月八日（七日夕）　6-260

納涼博掉尾の異彩
新化もの屋敷
怪奇殿をしのぐグロ百の凄惨さ
明日から愈よ公開

大京都記念納涼博覽會の大呼物怪奇殿は八月を迎へ暑さきびしくなるとゝもに來會者により一層の興味を提供すべく日一日と改造を行つてゐるが、明八日から更に新化物屋敷を新設し人々の膽を冷やすことゝなつた、怪奇殿のバタ臭味豐かなるに對して

新化物　屋敷は純然たる

日本の化物で一見東西妖怪變化の對立となつたかたちである、卽ち新化物屋敷の入口は壞れた冠木門

で一歩足を入れると辻堂があり、その前を通ると遥かなる闇黒の中にポッツリと薄明りが見ゐる、近寄つて見るとそれは破れ提灯の燈で提灯には『おんぼ堀』と書いてある、この邊から陰慘の氣側々と身に迫る『おんぼ堀』にかけられた

土橋の

上に立つて何氣なく水面を見ると闇の中に土左衞門が浮いてゐる、夜鴉の啼く聲、風の無いのに芦の葉の動き、肌がゾクゾクとして來てとても居堪らない、橋を渡るとあばら家がある戸口の古井戸からは誰の執念なのか、怨めしさうに蒼白い火が一つ燃ゐてゐる、家の中の佛間には一人の僧が

讀經し

てゐる、僧が叩く木魚の音の何んと氣味の惡いこと、フト見ると屋根裏から一疋の蛇、もう氣が氣ではない、その上離れ座敷の怪異、怨靈の呪ひ、四ツ谷怪談その他の怪奇を集め、一切のスリルの世界である、會期あと十一日を除し、こゝは一段の呼物となるだらう

この怪奇を見よ【納涼博の新化物屋敷】

怪　海の怪異

●神戸又新日報　昭和六年八月九日　6-261

海の怪異

東京高等商船學校教授　須川邦彦

ひろびろとした海を眼の前に見た時その果しもない海そのものが非常に神秘的な氣持を人々に抱かせる、しかもその海の上に起る山なす大波、暴風雨、龍卷、蜃氣樓といつたやうな自然現象が一層海といふものを神秘的なものに作りあげて、昔から人々に海を不思議な如何にも恐ろしいところのやうに思はせてきたのは無理もない、今日のやうに航海術や氣象學の發達した時代から考へると、まるでウソのやうな海の恐怖に對する數數の迷信が行はれてゐたことは、世界いたるところにその例を見るのである。

□

遠い昔、ギリシャの學者アナカーシスは海を行く者は四インチ下が死の國であるといつた、四インチとは船の底板の厚味で、あの世とこの世の境を意味し四インチ下は地獄であるといふのである、日本でも「板子一枚下は地獄」といふ諺があるが、同じ意味を持つてゐるだけに面白いとおもふ。

□

このやうに海をこはがつた結果海上生活者の間には海に對する熱烈なる信仰や迷信が起つた、ヨーロッパには神信心をしない者は海へ出してやれといふ諺がある、海に出してやればどんな無宗教者もいはゆる苦しい時の神頼みで神佛にすがるやうになる、信仰心が芽ばゐ出ずにはゐない、また日本でも今から四百年前天文十六年に大内氏が制定した貿易條令の中には、特に支那へ行く船の守るべき規則が作られ、その第一條には航海中は熱心に航海安全を神佛に祈れといふ意味が記されてある。

□

かうした海への恐怖からいろいろな迷信が日本にも支那にも西洋にも昔から隨分多く行はれてゐる、先づ海の神樣は汚れ物が大嫌ひだから、汚れ物を船へ積むときつと大シケに遭ふと日本では信ぜられてゐた、特に駿河灘にはきれい好きの神樣があるから、ここを通る船は四足獸の類やその他の汚れ物を積んではならぬと固く戒められてゐた、またシケに遭つて船が危くなつた時は、どんな長い航海でも風や波が全く平穩になるまで不淨の物を決して海へなど流さなかつた、もし不淨の物を流せば海の神樣が怒ると信じてゐたからだ中には穩かな航海中でも船の中の汚れ物は海には捨てずに集めておき、港へ着いてから陸へ捨てるといふのもある。

□

また俗に、一人女に一人坊主といつて、船の中に女が一人、或ひは坊さんが一人乘つてゐるときつと

時化られるといふのでこれを非常に嫌つた、西洋でも昔は女を海へつれて行くと惡いことがあると信ぜられてゐた。

□

アメリカやヨーロッパの海員の間にはよく手首に花や果物、十字架などの入墨をしてゐるのを見受ける。これは海の惡魔を追ひ拂ふお呪禁になると信ぜられてゐるからで、歐洲大戰中ドイツの潛航艇が暴れ廻つた時分には、この海難除けの入墨が一時非常に流行した、その中でも豚の入墨をしておけば溺れて死ぬことはないといふので豚の入墨が大歡迎であつた。

□

日本の大和船時代には船の中で蛇の話をすることを避けた、それは海の神樣や船靈樣は蛇が嫌ひだといふので、今でも地方の漁船はこれを固く守つてゐる、又昔日本へ通つた支那の貿易船は、百足の旗と言つて百足の形をした長さ三丈二尺五寸、幅一尺四寸といふ大きな旗をマストに掲げて航海をした、これは百足は蛇よりも強いから大百足の旗を掲げておけば、大蛇や龍などが船を襲ふことはないといふ迷信からである、ヨーロッパの海員の中にも金銀財寶を持つて地中海を航海すると大蛇に襲はれるといふ言ひ傳へがあつた、かと思ふと朝鮮にはこれとは反對に、水中に住む鬼は金銀が嫌ひだから海や河を渡る時金銀を身につけて行けば水難はないと言はれてゐた、「土佐日記」の中には美しい着物を着て船に乘ると海の神樣の怒りに觸れて大時化に遭ふといふことが記されてある。

□

龍卷も天候の關係で昔から海に多く起つてゐる現象である、日本でも支那でも龍卷は龍が天に上るから起るものと一般に信ぜられてゐた、小さな帆前船が海上でこの龍卷に遭へばもう生命がないものと覺悟しなければならぬ、そこで龍卷に對する大きな恐怖が別に海上生活者の神經を捉へる、大和船時代の日本では、龍卷が船の近くに來たら蓙、筵、苫のやうなものを海に投げ込むと龍はそれを卷き上げて船を卷かないと言はれてゐた

□

コロンブスがアメリカ大陸發見のため大西洋を西へ西へと航海中にも大きな龍卷に遭つて水夫達は狂人のやうになつて騷ぎ立てた、そして度々龍卷に出遭ふ内コロンブスは大陸發見の前にとうとう一つの龍卷除けのお呪禁を考へ出したそれはまづ黑い柄のついた大型のナイフを振りかざしてマストの側に跪き、バイブルのヨハネ傳を大聲で讀み上げる、そして第一章第十四章の「言葉肉體となりて我等の内に宿れり」といふ、句のところに來ると、龍卷のまいてゐる方向とは反對の方向に手にしたナイフを振り上げて風を切る、すると龍卷は忽ち切れて靜まると言はれてゐる、このお呪禁は確に利き目があると言はれて、今もなほ地中海の小アジア海岸の人達の間に傳へられてゐる、日本にも昔の船員は大時化に遭ふと風切鎌と言つて竹竿の先に草を刈る鎌を縛りつけこれを船のトモに立てたものであつた、さうすれば風が切れて風が靜まると信ぜられてゐた、しかしこれと反對に風が海の上から綺麗に消えてなくなることがある、動力によつて動く船は風が吹かなくとも困りはしないが、帆前船になるとさうはいかぬ、風が止んで、海の面が鏡のやうになれば風を唯一の頼みとしてゐる帆前船は動かなくなつてしまふ、そこでヨーロッパの船員は風を呼ぶ呪禁を持つてゐる、それはマストの後方に引張つてある綱をツメでガリガリ引掻きながら「キャッポー來い、キャッポー來い」といつて口笛を吹くのである、すると今まで鏡のやうに靜かだつた海面の一部に、小波が立ち始めてくる、この小波の部分をキャッポー（猫の足）とい

ふのであつて、それが現れるとやがて退手の風が吹いてくるといふのである。日本にも口笛を吹いて風を呼ぶ呪禁がある。

□

また海上でよく濃霧に包まれて船が方向を見失つた時、日本の船員間には生のまゝ豆を噛み砕くとか或ひは、擂鉢で擂つたものを口にふくんで船の周圍に吹きちらすとやがて、霧が晴れて四方が見えてくると言はれてゐた、それからこれは日露戦爭中の面白い插話として傳へられてゐるが、かつて霧に苦しめられた上村艦隊に、成田の新勝寺といふお寺から霧除豆の寄贈があつた、そして豆は各艦に分配されたのであつた、ある日一隻の軍艦が霧に惱まされて苦しんだ時、その艦の士官がふと豆のことを思ひ出して、冗談半分に霧に向つて撒いたところ、忽ちのうちに晴れた、その後も霧に包まれた時それ豆だといつて撒いたらまた晴れたと傳へられてゐる。

□

日本では船員が昔から鱶を恐れてゐることは非常なもので、カマドの灰などは絶對に海に捨ててはいけないと戒めてゐた、それは鱶は眼が小さい上に近眼で、そのうへ非常に執念深い、そこで海へすてた灰がもし鱶の眼の中にでも這入らうものなら、鱶は怒つてすてたものを恨み、時化で難航した時とか不用意に泳ぐ時など隙を見てその人に噛みつき、必ず恨みを晴すと信ぜられてゐた、また西洋型の帆前船の先の方には、よく斜めに突き出した棒があつて、その先に鱶の尻尾をぶら下げてゐることがある、これはどういふ意味かといふと、西洋では昔から鱶の尻尾は幸福の　しであつて、この尻尾が船についてゐる間は穏かな航海をつゞけることが出來るといふのである、どうかするとマストのてつぺんに鱶の尻尾が打ちつけられてゐることがある。

□

船酔ひに對する呪禁も澤山ある、凡そ航海する人にとつて船酔ひ程苦痛なものはない、そこでいろいろな方法が考へ出されたのだらう

□

こんな話がある――台灣の基隆を出帆して日本内地へ向つた日本の汽船が、途中時化に遭つて三等室の船客の殆ど全部が酔つてしまつたといふのである、そしてその中の一人の婦人の如きは、特別にひどく酔つて死ぬやうな苦しみをつゞけてゐた、見るに見かねて一人のボーイが何くれとなくこの婦人を介抱してやつてゐたのだが、突然その婦人の懐ろの中から血に染つた拇指大の丸い肉の固まりが飛び出して一層ウンウン呻き出したそこでボーイは青くなつて、船醫室に飛び込み「先生大變です、三等船客の一人が酔つて苦しまぎれに臍が飛び出しました」と、かう訴へた、そこで船中は大騒ぎとなり、醫者がかけつけて診察すると梅干が懐ろの中で潰れてゐたのだと判つて大笑ひをしたといふ、まるで一口噺のやうな話があるが、この婦人は、梅干をじかに臍にあてがつておくと船に酔はぬといふ呪禁をしてゐたのである、この外酔はない呪禁としては、柿の種の黒焼きを水で飲んだら癒ると言はれ、硫黄の臭ひを嗅いでもよいと言はれてゐる、また船に乗る前に足の裏に泥を塗つておくとよいとも言はれ、港近くの河の水を一口飲むのもよいなど傳へられてゐる

□

今日では東京灣がすつぽり中へ這入つてしまふやうな大汽船が海に浮び、海上の旅行は最も安全で贅澤なものとなりつつある、やがて人間の智慧は海をも征服してしまふであらうし、今日ではかうした數々の海に對する靈異や迷信といふものが科學的に解釋されてきてゐる、しかし昔からの言ひ傳へを思ひ浮べながら港から港へと航海するマドロスには懐しいロマンスである――寫眞はヨット走る大洋上

夏宵怪談実話　蚊帳が物を言う

●会津新聞　昭和六年八月十二日（十一日夕）

6-262

夏宵怪談實話

蚊帳が物を言ふ

鑾鈍言

今以て私にはどうにもわからない事なんです、科學の現代に……となんか一蹴し去れない恐ろしい体験なんですからね、或は恐怖に全神経が集中して一つの忘想を描き自己催眠術にひつかゝつてゐたんじやないか

夏宵怪談実話　蚊帳が物を言う（二）

●会津新聞　昭和六年八月十九日（十八日夕）　6-263

怪

夏宵怪談實話

蚊帳が物を言ふ

鐙　鈍　言

と仰しやるかも知れませんがそれは御尤もな考ひですね、ところがそんな忘想を描く何物もないんですよ、これが私の科學を否定したんですね、特に私は唯物論者で心臓のポンプが止つたら一つの物体で肉体に隨性的現象があつても精神なんか殘るもんじやアないと固く信じてゐた男なんですから……では話をしませう。信洲の磯部温泉ですつかり疲勞もとれたので上佐久に廻りました、兹で私は上田の商人から蚊帳を見せられたんです、初めは買ふ氣持がなかつたのですが、見ると驚きました。白麻の細よりで十二疊づり据から水色ぼかしで一尺三四寸タップリあると思はれる同じ色の錦紗のヘリ取りで、しかもその吊紐の先の環（クワン）は純銀のドッシリ重味のあるものなんです、恐らくは高位顯官の人か百萬長者の持物だつたらうと思はれました私達のところの十圓や十五圓の品物とは桁はづれの品物なんです、ところが賣主は旅費の一端にするんで是非金が欲しいから買つて呉れ、値段は四圓で結構と來たんです、私の食指の動いたのも無理はありませんやホク〳〵でそれを持ち歸つたんです

（二）

私の四十代は未だ磐越西線なんか敷かれない頃でした、鹽原から一寸左に入つた墟の湯に妹が居るので其處で二三日厄介になりました、勿論例の蚊帳を見せびらかした事は言ふ迄もありません、翌朝尾頭峠を越え日光街道の上三寄まで出ましたまた日足もあるので横川迄もう一息元氣を出して歩き續け二日目の晩田島の町に着いたんです、もう兹まで來れば丹藤村は目と鼻との處、家に着いたも同然です、翌朝旅の疲れも忘れて久し振りで離れを明け放し作男や婢達と交つて庭の手入れをやりました、しばらく見ない内に竹林も随分伸びて軒に迫つてゐる那須澤山も見えない位ひでした。

檜澤川の底から響い來る河鹿の雌を呼ぶ聲が日中を切りさく音位で、こうして落付いて見るとどうして信洲の湯田中なんかに劣らない靜けさです、夕食後干してある例の蚊帳を取り込みに來た作男が仰山な恰好で手に銀環の重味を計つてゐるのが私の心を一層滿足にして呉れやした

私は蚊帳季になると吊ランプを止して昔の行燈に入れる樣にしてゐたんです、私は、早く蚊帳を吊つて樂しみ乍らやすみ度いと思つたので婢に吊らせたの

です

夏宵怪談実話　蚊帳が物を言う（三）

●会津新聞　昭和六年八月二十三日（二十二日夕）　6-264

夏宵怪談實話
蚊帳が物を言ふ
蟄鈍　言
（三）

所々にキラついてゐる銀の環を見廻しながら枕元に本を引きよせました。私は敷かれた蒲團の四方が廣々としてゐる蚊帳の大きさにスッカリ満足でした。

御承知の通り田島邊は山奥。それだけ蒸し暑い夜氣なんて事は稀ですが、風一つないシーンとした晩だつたので雨戸をしめ切る氣にもなれず一枚だけ明けつぱなしにして置きました。

夕方までカラリと晴れてゐた空も、山の端が闇に溶け込んで了つた頃は、押しかぶさる様な鉛色の雲がスッカリ低くたれ込めてゐた様でした。

ボーッとした行燈の光をうけた竹林が微動だにもしません、それが打水にぬれて椽先にのしかゝる様だらりとたれてゐました。靜もり返つた四邊に心も落着いて扉繪から丹念に味はひつゝ本を讀む事が出來ました。どの位時間か經つたか、兎に角本の中に吸ひ込まれてゐたのですが大分更けた事だけはわかりました。その内ポッリ、ポト、ポッリと竹の葉の音を耳にしながら、いつの間にか本を胸に擴げたまゝ眠つて了つたんです。

眠つてからそんなに時間は經たなかつたらしいのです、こう妙に胸を押しつけられる様な苦しさを感じたんですそれが、どうにもならないほど強くなつて息がとまり相になると、又はじめからやつぱり押しつけられ、例の如く窒息して了ひ相に……これが涯しないと思はれる程繰返されました。

私は両手でギッシリ蒲團の端をつかんだまゝ目を醒したのです。身体は冷たい汗でグッショリぬれてゐました

夏宵怪談実話　蚊帳が物を言う（四）

●会津新聞　昭和六年八月二十七日（二十六日夕）　6-265

夏宵怪談實話
蚊帳が物を言ふ
蟄鈍　言
（四）

氷室に閉ぢ込められた様に、全身がゾクゾクと寒さに襲はれた私は、部屋中を見廻しながら起き上りました。パサリ、と疊の上に墜ちた本が胸の上から落ちたものだとの氣易さを感ずる迄は、單純な本ではなく、私を惑亂から恐怖のどん底にすべり込ませた「音」でもありましたし「形」でもあつたのです

部屋の中は針一つおちても耳にピンと來そうな氣味惡い靜もり、蚊帳の縫目が行燈の灯に映されて、椽の雨戸や、床の間に、ボーッと陰影を作つて同じ處にかすかに動いてゐるのです、そしてその行燈の物憂げなまたゝきを細めて行くに從つて

夏宵怪談実話　蚊帳が物を言う（五）
●会津新聞　昭和六年八月二十九日（二十八日夕）
6-266

夏宵怪談實話

蚊帳が物を言ふ

鈍言

（五）

影が四邊と見界ひがなくなり、一緒に身も心もほそる様な心細さでした。

私は想像で、よく縛し上げられて脇の下をくすぐり續けられるたまらなさ、せつなさにでつくわしたら……と考へてゾーッとしますが、自分はまのあたりそれにジリ〱と苛まれてゐたのです、一本一本毛立つ、惡感、無氣味さに迫られながらどうにもならないのです。いくらどうしても呼び醒す事の出來相もない深い眠りに沈んでゐると思はれるあたりの事なんです。そうですね二時一寸前位ひでしたろうか。私は再び蒲團をひつかぶつて寢るより外に途がなかつたんですなその内風が出て來たなアと思つてゐると蚊帳の裾がサラ〱としづかなきぬずれの音をさせました

折から　バラ〱〱〱バラと椽に入り込むらしい雨音が聞え出たと思つてゐるうち、又他の恐ろしい豫感に惱まされ初めたのです…たしかに竹林の前をゆきゝする足音がきこえる……と、初めは竹のザワメキ丈けだつたのですが。その內スタスタスタスタ……といそがし氣な足音がきこゐるのです。

足音がたしかに聞へるのです。

時々竹のザワメキが心をえぐる様におびやかしました　とその足音はパタリと竭んだと思つてゐるうち半分程袋戸の中に入つてゐる左の雨戸のあたりで丁度ぬれ手拭ではたきしめた様な無氣味な音がしたのです。

私はもう蒲團の中に堪え切れない程の恐怖で一パイになつて了つたんです。

明らかに人の氣配ですもうどうにもならなくなつて了つたんで恐る恐る雨戸の方へ目をやりましたよ。

しかし格別の事もないのです。

するとしばらく經つて行燈の火のあたつてゐる蚊帳の裾から一寸上の處あたりが風の動きとは違つて大きなうねりを十分位の間で繰返すのです。

床の間の暗い影になんだか人らしいものが私は見たんじあないんですがそう感ぜられました。

雨だれもハタリと竭んで竹のざわめきも眠りまつたく無風地帶。オヤ生ぬるい風が吹くなと思つてる內行燈の火がポトリ〱と細つてまゐりました。

風がないのに依然として蚊帳の其部分は時々動くんです。

その內ゾーッと惡感がしたと思つた瞬間！

蚊帳の上には尺四方位生々しい血がベットリと附いてゐるのです。

夏宵怪談実話　蚊帳が物を言う（六）

●会津新聞　昭和六年九月二日（一日夕）　6-267

怪

夏宵怪談實話

蚊帳が物を言ふ

螢　鈍　言

（六）

「妾とお前は、磯部の……茶……屋……でイ」再び繰返したかと思ふと例の蚊帳の部分の血糊が黒闇の中にクッキリと出るんです。そして「お前とわたしは…………」が裏板のあたりから聴えたかと思ふと蚊帳の裾のあたりでも聴え、そうかと思ふと雨戸の前を唄ひ廻るのです。氣が遠くなつてゐた私にわかる筈がないだろうと仰言るのは御尤もの事なんですけれど、それが判然とわかつたのです。

音一つだにしない夜更け、何を恨み誰に物言つてゐるのか？あまりに物凄い、胸苦しい唄でした。

翌朝氣付いた私は、行燈の火が細々ながらも灯されてゐた事と、ベットリした血痕が蚊帳に喰付いてゐないのに驚ろいて仕舞ひました生々しい今にもボトリとおちそうだつたあの血塊がその痕跡すらも止めてゐないといふんですからビックリするのも當然ですよ。

あまりの偶然な恐ろしい出來事に、流石の私も之を獨りするの勇氣がスッカリけし飛んぢやいました取る物も取り敢えず作男を警察に飛ばして、巡査の臨檢を頼んだのです……といふのは警察の巡査で浦上といふ私とは別懇の男が居つたので先づこれに一部始終を話さざるべけんや…テナ氣持でしたのです。

私と同じ様な心の持主だつた浦上部長昨晩の狀況よろしく話すとガッチリした體軀をゆすぶり乍ら、馬鹿な事と一笑に附して仕舞つたのです。それでも繰返し繰返し、ムキになつて言った私の言葉飽く迄否定する氣持も薄らいだと見えて、それでは一緒に泊つて見樣といふ事になつたのです私は右の方に浦上は左の血の出る蚊帳の傍にそしてその血が今にもしたゝり相なんです。

私は煙草盆を足にはいたのも氣付かず反對の方に飛び出さうと——さんに蚊帳から出ましたが生憎反對の方は容易に戸が明かないのですそのまゝ私はそこにへタばつて了つたらしいのです。

その時？……

行燈の火が消えた樣ですが闇の中で女の凄い唄を夢現に聴いたのです。

『妾とお前は磯部の茶屋で……』とはつきり私の心に燒きついた樣に殘つてるのです。

それがもう何とも言ひない恐ろしさでした。のどをしめつけける樣な唄です胸をおしつぶす様な唄です。

私はそれに苦しめられ乍らどうする事も出來なかつたのです。

床をとりました

6-268

夏宵怪談実話　蚊帳が物を言う（七）

●会津新聞　昭和六年九月四日（三日夕）

夏宵怪談實話

蚊帳が物を言ふ

巒　鈍　言

（七）

その晩は浦上部長が傍らに寝てゐるといふ強味で、幾分心も安らぎグッスリと眠る事が出來ましたのですが、突然私の足をつゝくのでホット眼を醒すと、部長は　床の間の方を指さして合圖をするのです、その顔には血の氣が少しもありませんでした。

肩にピッタリと寄り添へ喰つゝいてゐた私は床の間をすかして見ましたが、別段何にもそれらしいものが見えないのです。唯晏波の書いた大幅ものが蚊帳の影でボンヤリ白く見ゐる丈けなのです。

私は部長の顔をのぞき見ますと、半ば頭をかしげて耳をそばたてゝゐるのです。……するとかこう、低く薄氣味惡い音がするのです丁度季節外れの生き殘つた蚊が喘ぐそれに似てゐるのです。

それが何を言つてゐるのか聽きとり難い位ひ低いのですが、私はその音がきゝとれると同時にハットしました。例の『お前と……』らしいなと直感したのですそのうち秋雨にも似たむせびなく聲が段々ハッキリと聽えて來るのです。浦上さんも首をしめつけらるゝ様な苦しさに遭つてゐる様でした。確かに女の泣聲である事をハッキリ知つた部長の顔は一段と靑ざめて行きました。

私は慄える手を努めて強く握り占め乍ら我慢を出來る丈けいたしておりました。

それから息詰まる様な沈默が續いたと思ふと半分むせび泣き乍ら…『磯部の茶屋…で……』なのです…そして蚊帳の同一ケ所に、したゝり相な血痕がアリ〳〵と浮き出して來たのです。此の時です恐ろしいのを通り越してボーッとした私達の前に、右手の吊紐がプッツリ、と切れて眼の前にその血痕の箇所が、ブラ下つたんです。無意識に立上つた二人の耳には竹林の中から「磯部…の…茶屋…で……」

をしてそのまゝゐたゝまらず外へ飛び出しました。

6-269

夏宵怪談実話　蚊帳が物を言う（八）

●会津新聞　昭和六年九月六日（五日夕）

夏宵怪談實話

蚊帳が物を言ふ

巒　鈍　言

（八）

「蚊帳が物を言ふ」かう言へばあなたには御不審いや何を馬鹿なと仰しやり度かつたのでせうが、私達の体験がかうした事實に直面したのが何よりも雄辯にものがたつておるのです存在づけておるのです

翌る日早速私は浦上部長と兩人で蚊帳を引つ張り出したんです。あの位ひ私の心をよろこばせた、ドッシリした銀の環も、錦紗の裾廻しも、憂鬱なたねになつたのです。

陽の眞向に照る竹林の前で蚊帳を干して例の血塊の出る場所を克明に檢査いたしましたよく見ると約七八寸四方幾分色が褪せてゐるのです。それです、それが物を言ふのです、そして揚句にはあのべットリとした今にもしたゝり相な血塊が出るのです、始末に困つた揚句私はその蚊帳を三十間許り離れたもみ藏の中にほをり込んで置いたのです……

話はこれだけですがこの蚊帳に就て一つの面白い話を聽いたのです……といふのはその翌る年信洲の磯部から來た繭の仲買商からですが、カヤの始末に持てあましてゐた際でもあるのでその話をするとその商人は目を丸くして、ハアあなたの處へ來てゐたんですか實はあのカヤにはこの樣な事實が秘められてあるのです……と云つて今から百二三十年前文化文政時代江戸華かな頃に溯つてポツリ／＼話し出したのです。

×

「鐘一つ賣れぬ日はなし江戸の春」元祿からの江戸の華やかさもあの文化文政で一段落を告げる頃なのです火の當に消え樣とするとき一しきり燃えあがるあの華かさの時代、この豪勢な江戸に詰めてゐた田舍侍の心にもそうしたお江戸の風潮が滲んでゐた事はうなづける事なのです、信洲のさる小大名も又お江戸の絢爛さに眩はされた一人でした、凡ての不始末は「よきに計らへ」で解決されると云つた所謂殿樣であつたらしいのです、磯部溫泉の奥に破風造りのさゝやかな家が出來たのでした。此處の人達は時々洩れて來る爪彈きの音やその調度品や　そしてその服裝からして尠くも大名のお園ひものではないか等と噂をし合つてゐたのです。

夏宵怪談実話　蚊帳が物を言う（九）
●会津新聞　昭和六年九月八日（七日夕）　6-270

夏宵怪談實話
蚊帳が物を言ふ
鐙　鈍　言

お園ひの女お牧と聞えてゐましたがそれがその御大名の妾だつたのです。「よきに計らへ」きつう執心」の好典型この殿樣に所望されたのが例のお牧さんなのです。お江戸のさる豪家のお娘さん、未だうら若い年を處もあらうに信州の磯部に封じ込められ、青春も希望も一切合切おさらばをしたわびしい生活、それだけでなくその娘さんには二世を交した許聟が居つたのです。凡てを踏み躙られメチャクチャにされた娘は凡てをあきらめてあの磯部に月を送り日を迎へてゐた譯ですよ。若い娘さんにはあまりにさびし過ぎる生活を二、三年過してゐるうつれ／＼のまゝに三味で例の磯部の唄をかきならしてゐたのです……そう／＼言ふのを忘れてゐましたが、お牧は夢にその許聟と磯部の茶屋で邂つたのだそうで、せめてもの偲ぶよすがにてすさぶ唄となつて毎日繰返されたのだそうです。
ある蒸し暑い夏の夜例の如く蚊帳の前に細々しく立つ蚊やりを眺め乍ら自分の身にひきくらべたりしては考へこんでゐたらしいのですが、その内自然と口から唄が出たのです。折悪しく殿様はおしのびで軒に立つてゐたのだそうですがこれを聞くといきなり部屋に飛込むや、バッサリと殺つたのです。お牧の心境は實に氣の毒なものだつたんでせう徹底的にふみにじられた揚句獨りで信州の露と消えて行つたのですからそうした怨靈となつたのでしょう勿論その殿樣も狂ひ死にしたそうです。　終り

貞節な若妻から生れた右の手　手ノ子の伝説

●山形新聞　昭和六年八月十二日　6-271

怪

手ノ子の傳説

貞節な若妻から生れた右の手

—鄕土色たっぷりなローマンス—

西置賜郡民の待ちこがれてた米坂線の第二次一部開通け去る十日豐川村手の子迄行はれたが外單の宿く度毎に『てのこ〳〵ッ』と呼ぶ驛手の聲には旅に疲れた人々は何かしら傳説めいた冥想を起させる

×

頃は何時の時代か誰れも知らぬ昔その頃の手の子は淋しい山間村にすぎなかつたこの寂しい生活をしてゐる部落に親も兄妹もなく細々と暮らしてゐた一組の若夫婦があつた、ある年の夏夫は妻や自分等に幸あれかしと伊勢の神宮に詣でるべく水盃をして唯一人旅立つていつた

×

やがて秋が來て木の葉がチラ〳〵と散る頃にもなり飯豐嵐の風に銀色の雪片がチラ〳〵と舞ふ冬となつた、妻は貞節を守るべく毎夜大事なところに手をあてゝ寝てゐたその内に妻は月のものを見なくなつた、而し何等やましい點のない彼女は格別氣にも止めてゐなかつたが腹は段々と大きくなつた、そして木の芽がフックラと含らむ頃夫は伊勢路から元氣で歸つて來た喜び合つたのも束の間夫は妻の變つた姿を見、留守中の不始末をせめた後妻の辯解も聞かず追ひ出してしまつた、妻は泣く〳〵いつかは疑ひの晴れる事を祈りながら別居した、そして月滿ちて産れたのが玉の様な男の子と思ひの外それは大きな右の手首であつた

×

一切は解決したこの日妻懸しさに訪れた夫はこれを見て始めて己れの非をさとり其の後は仲睦じく暮らしたさうである『手の子』と云ふ名もこの噂が擴まり誰云ふとなくその部落を『手の子』と呼ぶ樣になつたものである

雨の夜…戸外に女の泣く声！　清涼剤を求め…

●函館新聞　昭和六年八月十四日（十三日夕）　6-272

幽

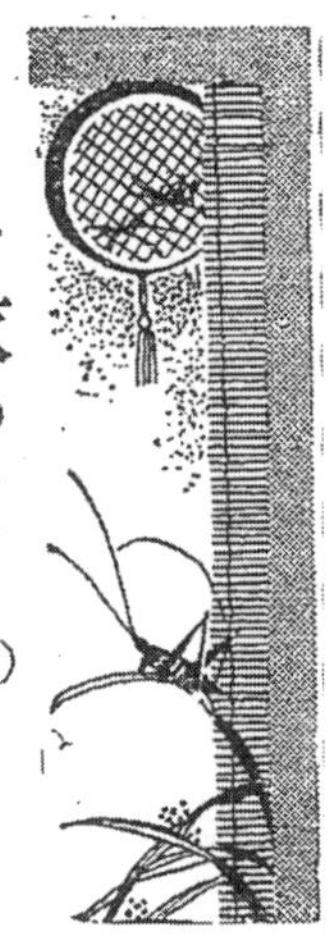

清涼劑 —を求めて—（4）

雨の夜……戸外に 女の泣く聲！

辨天船入澗の怪談

—D記者—

怪談を一服の清涼劑として提供し樣といふのであるこれならわざ〳〵炎天下をテクつて、カラをよごさなくとも宜いし、滋賊で出來上る。勿論涼味は滿點である。私の死んだ婆さんから聞いた古い話で、何んでも今もまだ殘つてゐる辨天の七廊山に夜泣石の由來だそうだ。

×××

箱館時代——あの辨天の船入澗から上に少し昇つた山の手に若い内地人の夫婦が住んでゐた。男は漁師で毎日〳〵當時よく群來して來た鰊の網打ちに船を出してゐた。或る年の春、鰊も漸く消えてそろ〳〵鰊漁にも漁どる舟がふえ

る時、その夫は初漁を目當に海に舟を出した。

いつも荒い北の海も、さすが春だどんよりとよどんで磯船、千石船の艪音がゆるやかに聞こえてゐた若い妻は平常もの様に濱邊まで夫を送つて行つた。夫は元氣でさし子一枚を身にまとひながら船出した。忍路高島及びもないがと、夫の聲もまじつて松前追分が水の面を傳つて來た。だが、妻にはどうしても〳〵聞きなれた船歌だつたがその日の歌が一日中耳の底から取れなかつた。

——◇——

その夜になつて、今までぼんやりしてゐた海が急に荒れだしたした山背風が吹き出したのだ。春には殊に強い稚館の山背風（東風）が夜の更けるに從つて益々強くなつてゐた。夕刻には他の舟が歸つたのに夫の舟だけはどうしたものか姿が見えなかつた。妻は幾度びか濱邊に出で、海を見すかし空を仰いだが、荒れ狂つてゐる濤、雲足の早い空以外には何物も目に入らなかつた。妻の不安は刻々とつのつて行つた。もう狂はんばかりの様になつてゐた漁民たちも濱邊にかゞり火を焚いて目標とし、聲を揃へて海に夫の名を吐鳴つて見たが、それも唯荒れ狂ふ浪と風に消されるばかりだつた。

その夜妻は荒れ狂ふ濱邊に立つて一夜まんぢりともせずに過ごしたしかし遂に夫の舟は戻らなかつた

——◇——

いとしい夫の姿を失つた妻はその後毎日〳〵濱邊に、或は山端に立つて沖の海ばかりを眺めて泣いてゐた。それが二月の間も續いた後夏に入つてふいに姿が見えなくなつた。潮の香のむせぶやうな夜ふけになると不思議な事が起り出した。軒も三寸下にさがるといふ丑滿時、漁師屋の表戸の方に當つてシク〳〵とすゝり上げる女の聲がする不思議に思つて戸を開いて見ると何もゐない、又戸をしめるとさびしい〳〵消え入るやうな女のすゝり泣きが聞こえて來るといふ風に、毎夜〳〵その濱の漁師達は一軒毎におひやかされた。殊に雨のふつた晩なぞは戸口の方でシク〳〵泣く聲を聞いたらソラ來たとばかりザーアッと冷水をあびせられたやうな寒さをおぼえた、濱人たちは皆夫を失つた妻の想ひがさうするのだらうと噂しあつたそして極端におびえ立つた人々はお寺の和尚さんに依頼して當時の場所にその若い妻の想ひを供養したが、それでもこんどは時々夜ふけにその供養石が泣くのを聞いたさうである。

——◇——

これが婆さんの話した夜泣石の由來で、小夜の中山、夜泣石の由來にくらべてちと無理があり、或は婆さんの創作かもしれないが雨の降つた眞夜中に戸口の外でシク〳〵すゝりあげる姿の見えぬ女の聲を聞いたら、たしかに一きくの寒さをおぼえるだらう？これが私の求める一服の清凉劑だ。

怪

呪いの板人形　稚内深夜の怪

●北海タイムス　昭和六年八月十四日　6-273

呪ひの板人形

稚内深夜の怪

十一日午前零時過ぎ所謂家の棟も三寸さがるといふ丑滿時、稚内町北濱通り一丁目加藤代次郎方裏屋敷にひそかに現れた一名の怪漢があつた、加藤方では何者かが土を掘り返してゐる物音に耳をたて便所の窓からコッソリ様子を窺つてゐると何やら土中に埋めて立去つた模様

▽▽

夜のあけるを待つて件の個所を掘返して見ると現れ出でたのは高さ三寸に七寸四方位、墨黑々と人の形を書きその要所々々に呪文を認め、急所二十五ケ所を一寸五分の釘で打ちつめた頗るグロ的な一片の板物

▽▽

一見妖婦の[illegible]か恨みの女か離縁の

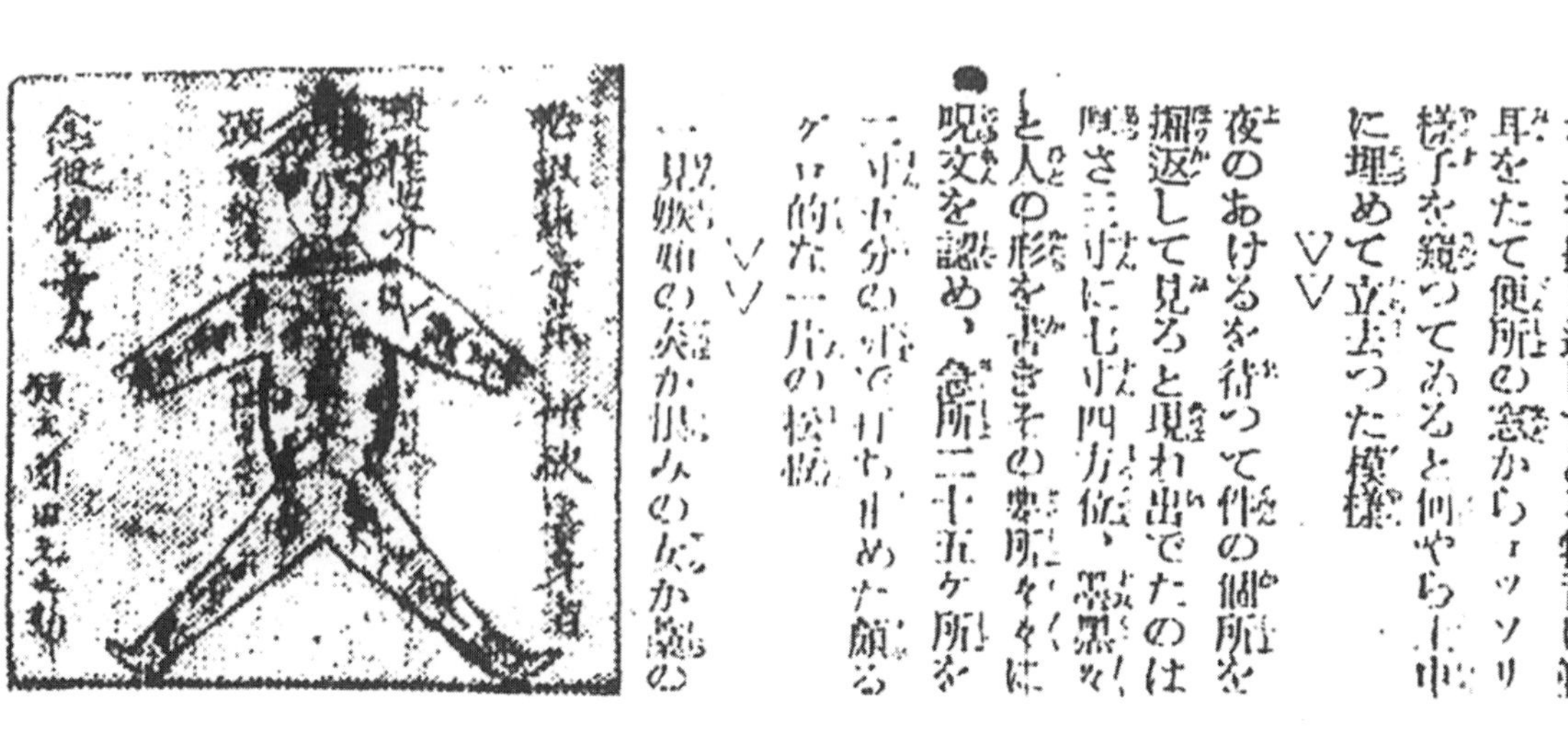

人形に五寸位な釘を[illegible]させる呪ひの禁厭と首肯かれるがこれはまた願主關田元之助、披詛關田源

ぶとあり正しく男の隣人に紛れもなくますますグロテスクな噂は噂を生んでゐる

＞＜

此奇怪な板片は稲　署へ届出たので目下當該者の調査中であつたが擱いた人體中には呪咀諸魔藥一「人非人」等と認めてあるので裏面には相當複雑な事情が潜んでゐるものと想像されてる

＞＜

加藤方では語る――

初めは仙釣りがミミヅでも掘つてゐるのだらう位に考へてゐましたが何やら埋めて行つたので不思議に思ひました、顔はよく判らなかつたが丈の高い男でこんなことがあると思へば後をつけるのしたが殘念でした――云々

怪　ドイルを誑した霊魔達の告白

●大阪時事新報　昭和六年八月十六日　6-274

ドイルを誑した 霊魔達の告白

太陽の光の下の心霊術の正體

靈魂といふものが、果してあるものか、どうか。これは、たしかに問題であらう。誰も觸れたものはない。だが、靈魂を見たといふもの、靈魂と語つたといふものはあつた。しかし、果して、彼等は、ほんたうに靈魂を見、靈魂と語つたのであらうか――今は死んだ英國文豪、探偵小説「シャーロック・ホームズ」の作者として聞えた。サア・アアサア・コオナン・ドイルが、一時靈魂實在を説いて心靈術の素晴らしき證明をいつて、世界の人々の目をみはらせ、耳をそばだたせたことがあつた。けれども、それは、實に、一代の詐術名人、マニングスの巧妙なる術中に陥つたものだつたのである。詐術！或ひはそれは詐術以上だつたといつていゝ。ドイルは、從つてその他の人々は勿論のこと、それを以て眞實となし、毫も疑ふところはなかつたのである。まして、詐術だなどゝは、どうして思ひ及ばう筈はなかつた。あの名探偵創造の緻密なる頭腦の持主コオナン・ドイルが疑はなかつたのではないか、こゝに彼マニングスの心靈術の暴露、告白を讀者諸氏へお傳へしようとするのも、涼味をはらむ奇談として、盛夏八月の話題に好個の一篇と信ずるからに外ならない。一讀を賜へば幸ひである。

死に臨んでは眞實だつた

霊魔にも良心はあつた

心靈界の支配者を以て任じた男、フレデリック・T・マニングス！彼は心靈を創造し、心靈界からの通信を受取り、超自然の神祕のことを敢てしたのであつた。敢てした！如何にして彼は、敢てし得たか！しかも、彼は生れてこのかた幽靈なんか見たこともないといふのである。それであるのに――、彼は靈からでも、その「心靈通信」を受取り、幽靈の寫眞を寫し出し、死んだ犬をさへ復活させたのであつた。しかし、この稀代の靈體も、病氣には克てなかつた。死の宣告の中に彼の良心は目ざめ、彼をして遂に、その詐術の一生を告白させたのである。しかも、この告白をきいたコオナン・ドイルは、少しも心を動かされはしなかつたのであつた。

ロンドン市に詐術珍具を陳列して公開

ロンドンにある英國心理學研究所長ハアリー・プライス氏は、かうした詐術の要具を陳列公開して[illegible]と稱するものゝ正體をあばき心靈術者やその信仰者たちへ警告を與へてゐるのであるが、彼等はいそれを如何に使用してゐるか知らうともせず心靈術を信じこんでゐるのは思へば妙なことである

例へば、その靈魂を呼ぶといふ靈媒者は、はじめ外科手術用の繃で椅子に手足をくゝりつけられるのであるが、それでゐて、ベルをならし、樂器を奏したり、空中に、ものを飛翔させたり、暗黒の中に幽靈を現はしたり、靈界から人を呼びこんだりするのである。電氣が消された眞の闇カーテンが張りまはされた中にきつてもきれぬ強い繃で手足も動かず、きつちりとくゝりつけられたひとりぼつちでなほ、さうしたことが出來るといふのが、降靈の證明だといふので

流石のプライス所長も、この詐術には參つたが、遂に仕掛の椅子を發見して、すつかり化けの皮をはがしたのである

「靈魂の光り」の始り

發光時計からの思ひつき
人々は自分勝手に幽靈を製造する

靈光を發するリボン……英京ロンドンのローランドガーデンにある國立心靈學研究所に於て陳列されてゐる手品の種であるが、發光を發するリボンは窓に掛を使られて微風に搖れるカーテンに取つけられてゐる

椅子の、手が堅く縛りつけられてゐる所は、隱された小さいバネを押せば次第にゆるくなり、全く自由になるためには、靈媒が總がかりで足の環を縛りつけてある所のネヂを外づさねばならない。そこで少し位の無理はあるが彼は見事にその綱からずり抜けて部屋の中から外へフラ／＼と出歩き巧妙な詐術を誇らしげに示した擧句、再びその部屋へ戻つて前と同樣に椅子に縛りつけられ、逃げるに道のない囚人に歸るのである。一つの靈媒は部屋中をパッと青白く照らす電光の樣なものを作り、見物人はその光線が恰も心靈學的の精魂の樣に見えて、説明し難い印象を受けるのである。然し乍ら種をあばけば他愛も無いものでこの種として一番大切なものは部屋にぶら下げられたヒラ／＼と動けば青白い發光を發する樣に仕掛けられた細長いリボンである。このリボンは部屋が明るいうちは只のリボンであるが周圍が次第に暗くなるに從つて、其リボンは氣味惡く光り出すのである。やがて男か女かの靈媒になつた者が手足の自由を得て心靈の感應を初め樣とする時彼は近くのカーテンをハタ／＼と搖り動かして鬼氣を含む思はす手を堅く握らせる樣な微風を部屋中に起せば、青白く光るリボンはさながら靈魂の鬼火の樣に輝いて見にるのである何時でも靈媒が自白すれば彼は常に、その降靈術實驗會に出席してゐる人々の馬鹿さ加減や靈媒のインチキに對する彼等の馬鹿正直な認識振りを記述してゐた。マンニングスは所謂「靈魂の光」なるものを自分で作つた事は無かつたが、或る偶然の出來事で「靈魂の光」なるものが出來上つた。それは外でもない、降靈會實驗の途中、マンニングスが、もつと出席者に、色々のインチキを見せなければならぬかと、ポケットから普通の發光時計を出して、時間を見、時計を掌中に隱す事を忘れてゐるとそれを發見した二三の出席者が「靈魂の光」を見たと叫び出したのである。マンニングスは仕方が無いので窮餘に實驗進行掛のその時計を皆に見せてやつたニイノ・ペロラーロはイタリアのナポリ市に生れ、十一年間アメリカでコオナン・ドイルをして、世界一の心靈術者であると言はしめた程の人氣者であつたが、最後に彼は「人を欺く事にもう飽きた」と懺悔した。マンニングスも良心の苛責に堪へ切れず、ニイノ同樣、その道から足を洗つたが、彼の手品の種。實驗會の模樣や、彼の用意した手品等を説明告白したが心靈實驗會に出席したものが見たと言ふ幽靈を説明して呉れと望まれた時、彼は「靈なんか作つたことも無いし、見たこともないそれは勝手に出席した連中がでつち上げて、勝手に喋り合つた許りだ、俺は幽靈を見ることは大好きだが、まだ一度も見た事がない」と言つた相だがその話はマンニングスのインチキに良い加減馬鹿にされてゐた出席者の或る一人の話したものである

電燈が消される瞬間！ 靈媒の前には、消燈されるや否やすぐに奏でられる樂器がならんでゐるのである。——しかも、再び點燈された時、靈媒は、かうして、じつとしてゐるのである

死んだ我子と握手したドイル

ドイルにも赤マンニングスとニイノの座席の所に冷たい精靈の風のサツト吹いて來たのを感じた一人であつた。彼はぞつと身の毛がよだち冷たいものがサツト背筋を走るのを覺えた。此の降靈術の會でドイルと他の二人は重い厚ぼつたいソフアに腰をおろして居た。そして一人が心靈の力で椅子が空中に飛揚するのだと云つた時、他の者もさう感じると言ふのであつたニイノはやせた細つそりとした男で、ゴム毬の骨の樣な可愛い手首を持つて居たので中で樂からヂリヂリと動き出すには極めて便利だつた彼の力たるや甚だ弱かつたからどうして椅子まで飛揚させられるのかと尋ねられた時、ニイノは笑つて、若し誰も其處に坐つて居なかつたら、天を飛揚さす事は出來なかつたらうといつた。

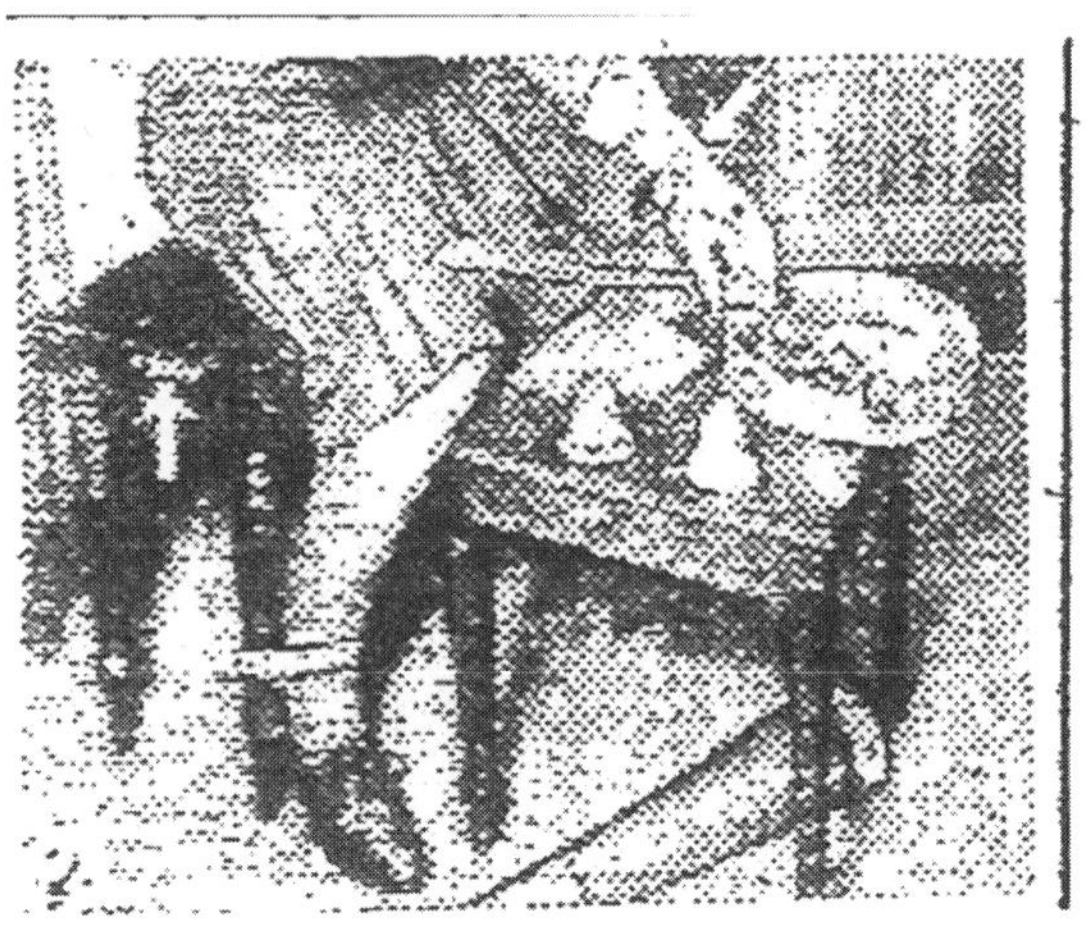

ニイノの降靈術中大戰で戰死したドイルの子供の靈がやつて來てその父と握手した。この偉大なる小說家は少しも疑ふ事なく靈魂の彼方から此の世の者となつて現れた彼に握手をしたのは、正しく彼の最愛の息子であつたと信じた。彼は、この會はふと思へば再び會ふ事の出來るこの樣な「奇蹟」に滿足したのであつた。ドイルはニイノの手が手袋の中に閉ぢられ、その手首は確つかりとロープで括られて居るのを確に見た。若し今は亡き有名な小說家彼が、握手した

紐をとかずにとく法

いかに靈媒者の手足が堅く縛られてゐるか、平氣に忿し驚ろくべき術策をもつて、その紐から拔ける事が出來るのは、何んでもない、彼女の右手の指頭が堅く、隱されてあるバネに觸るれば矢印のある滑車が紐をゆるめて呉れる

の仕業は正眞正銘生きた人間の手だつたと云ふニイノの自白を聞いたとしても彼はその信仰を變へさなかつたであらう。

靈界の通信も 口中のチヨーク

魔の箱のからくり

彼等の自白に依れば、靈媒達に彼自ら其の詐術を努力で會得したらしい然し彼は簡單な古いトリツクの一つも學んではゐなかつた。彼は坐つて居る人が彼の手を握つて居る間、暗闇の中で「靈」の解答を書いて居た。これは口に齒の間にチヨークを啣へて居たのだつた。これには少しばかりの練習を要する何人もかの秘密のバネで開くトリツクの盤を彼に賣らなかつたし、また、靈魂の肖像を描きその長い通信を書く時間を靈媒に與へなかつた。今一つの出席者を感心させた道具は嚴重に鍵をかけられ、且つ封鎖せられてある箱だつた。紙にかゝれた質問はその中に入れて內側から鍵をかけるか、細長い窪を通して投げこまれるかするのである。靈媒は恍惚の昏睡に入つて行き、やがてお終つた時、箱の鍵がはづされ取りのぞかれ、その封はると、これはどうだ質問の傍に答が書かれてあつたではないか。それがどうして書かれたか？その箱は秘密のバネを持つて居た。そのバネで靈媒は箱を開き蠟燭のかすかな光でそれを讀みその答へを書いたのであつた。そしてその場合

話かがその光の動きでも見たとすればそれは正しく燈の光となるのである。今一つの魔法の函には電氣のベルが付いて居て、ボタンを内部の方に押すと電線の指だけが中の方に入る様になつて居るのであつた

ラ　きょうのラジオ　お話「河童」

●神戸又新日報　昭和六年八月十七日　6-275

けふのラジオ
大阪
【六・〇〇】（子供の時間）お話「河童」（熊本より）

ラ　一番強い力士でもかなわぬ河童

●神戸又新日報　昭和六年八月十七日　6-276

一番強い力士でも
かなはぬ河童
こどものじかんのお話

熊本縣天草中學教諭　濱田隆一

毎日々々暑いですね、けれどお母さんにだまつて川にいつてはいけません、うらの川の柳の下には河童がゐるといふのですから、河童はこわいな！色は眞黒、目玉はキヨロキヨロ光つてお腹はまるで太鼓のやうで、頭は大きなおさらをもつてゐますよ、そして、正ちやん、花ちやんが泳いでゐると、すうつとお尻をとりにくるのです、たいへんたいへん、一體この河童にはお父さんやお母さんがあるのでせうか、それから不思議なことには世の中で一番強い力士さんでも、河童にはとても勝てないのです、水の中にばかりゐる河童がどうして、そんな強い力をもつてゐるのでせうか。

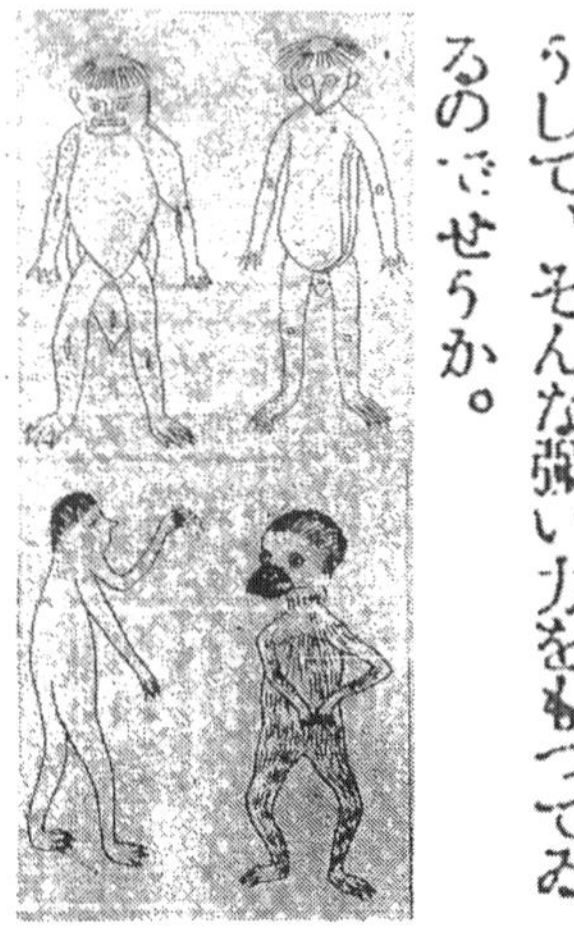
—むかしの人が描いた河童のいろいろ—

怪　所沢の七不思議　夏の航空ナンセンス（一）

●徳島毎日新聞　昭和六年八月十八日　6-277

夏の航空ナンセンス(1)
所澤の七不思議
親子丼に親子の天罰

濱松飛行第七聯隊　土橋　榮

夏の夜長のつれづれに蚊にさゝれつゝ怪談もよし『へボ將棋王より飛車を可愛がり』なんてところも衛吏ではありませんがテンボの早い今日何事によらずスピード萬能で航空ナンセンスつてところは如何でせう、當地では飛行機が飛びますと蠶繭が出來ぬとか、子供の虫が強くなつたの、豚がやせたの鷄が卵を産まなくなつたのと小言をきかされますが、徳島ではそうでもありませんでせうから少しばかりお話をいたしませう

◇　◇

所澤といふところ

陸軍の飛行家が一度は潜らねばならぬのは所澤です、こゝは吾人の登龍門です、幾百の若人の中から幾十人かゞ選ばれて基本操縦の教育がはじめられます一ヶ月後にはこの幾十人かゞ十幾人かに減ぜられはじめて單獨にてハンドルを持つ事を許されるのです、吾人にして一度こゝにて失敗すれば永久に陸軍の操縦者たる總ての資格を失ふのです、それが爲め不合格者として發表されし者は人間世界から見離された様に呆然として涙の中に立去つて行きます、某少尉のピストル自殺、某軍曹の毒藥自殺といふ様な事件が毎年繰返されてゐます、ことに明治末期よりこの方所澤にてあたら若人の生命を空の生贄としてゐる數は枚擧に暇がない、こうした環境にゐる人間はことそれ程すべてに眞劍になつてゐます、所謂生命を的にやつてゐるのでちよいちよい魂に狂ひが來て所謂

所澤ナンセンス

が生れるのです、所澤の七不思議と申しまして怪談めいたものを御紹介いたしませう

◇　◇

所澤では明治の末期から今日迄に随分の犠牲者を出してゐますのでそれを記念して集合所に犠牲者の額が掲げてあります、ところが夏の夜の怪談にふさわしい頃この寫眞が皆飛行場の方に傾くのです、私もこゝで四ケ年程ゐましたがそれを實際に見ました、幾ら正しく直しておいても夜半になると再び傾斜してゐます

◇　◇

若人の靈魂にひかれてか

雄途空しく武藏野の露と消へし所澤の飛行場近くに火葬場があります、その間近に墓場があり少し離れて我が國最初の犠牲者木村、徳田兩中尉の記念碑が立つてゐます(今は驛前に移轉)この地區が學生の鬼門なんです、火葬場…墓場全く好都合で

落ちても世話が

かゝりません、かつぐのも無理がない、又不思議にこゝへよく落ちるのです、さあ私の知つてゐる範圍でも七八名はありませう。こうした理由で誰も氣味惡くてこの地區へ行きません、その時學生だつた私はその上で宙返りを數回やつて來ました、降りてくると、皆が待つてゐたとばかり、どうだ、どんな感じがしたかと聞きますので『なあにわけないさ』といつたのです、ところが『落て死ねばね』と誰かゞ附けたものです

爾來この地を樂園

といふ卽ち落て死ねば葬儀が樂だといふ意味なんです

◇　◇

我々學生が集會所で食事をとる事を餌を喰ふといふ、吾人今尚雛鳥の域を脱しないからです、小使、給仕までがそういふてゐる吾人の餌の中で一番嫌はれてゐるものに鳥肉がある、これを食ふと事故を引起すといふのです。某學生(これは私ではありません)そんな事は迷信なりと外出して親子丼を二杯も喰つてかへつて來た、翌日練習中はるばる父親が面會に來てゐたので一番見事な飛行振を見せて着陸まではよかつたが、くるりと轉倒して重傷これを見た親父さん迄腰を拔かしての大騷ぎこれを親子丼の失敗とは少し念が入り過ぎてゐます、いや

鳥の共喰ひ天罰

に何の不思議があらん

◇　◇

學生の便所に『不開の戸』といふ便所がある某學生不合格を悲觀して首を吊つたともいひ、毒藥自殺をした場所ともいふ、誰も寄付かないから實に清潔である、私も餘り氣持がよくないのでこゝにて用を足した事はない、偶々横紙破りの某學生、こゝにて思ふ存分用を達した、翌日錐揉飛行を實施した處舵快復せず、そのまゝ見事地面に叩き附けられた、辛くも命拾ひはしたが落ちたところが黄金壺と來てゐるので驚いた、爾後この便所は依然として不開の戸と人これをよんでゐる

◇　◇

所澤で犠牲者があると醫務室に收容する、ところが夜半キット火の玉が落ちた地點に向つて飛ぶと言傳へられてゐる、古い小使など幾度か見たといふが私は不幸にしてそれは見た事がない

◇　◇

所澤の校舎を掃除するとき蜘蛛の巣をとればきつと誰かが落るといふのです、某ズボラ學生掃除を嫌つていひ出した事か、それとも、いゝ

空者を叩き落す

との意ならんか、蓋し所澤の大掃除あるときは不思議に犠牲者を出すのです

◇　◇

所澤飛行場は町はずれの斜丘になつてゐて青草が繁り月見草など咲いて夏の夜若き男女のあまきさゝやきには絶好の地です、某學生某女とこゝにて戀をさゝやいた、不幸某學生戀ならずして樂園に死す、某女又發狂して毎夜この丘に來たりて悲戀の唄をうたふのです、こうした夜キット學生は、うなされ

ます、私も幾度か經驗しました、翌朝になつて前夜の疲れが出てか練習中に富士山の底が見へる程飛行機をジャンプさせて教官より大言、小言、學生これをよんで、悲慘富士見の唄といふ…つゞく…

ラジオ　趣味講座『彦山の伝説をたずねて』

●馬関毎日新聞　昭和六年八月二十日（十九日夕）　6-278

ラヂオ　八月二十日

▲七、三〇（L）　趣味講座（我が郷土の傳説）北九州の巻『彦山の傳説をたづねて』佐々木滋寛

天狗や鬼の出る彦山の伝説色々

●馬関毎日新聞　昭和六年八月二十日（十九日夕）　6-279

天狗や鬼の出る彦山の傳説色々

我が郷土の傳説「北九州の巻」
後七時半［LKより］佐々木滋寛

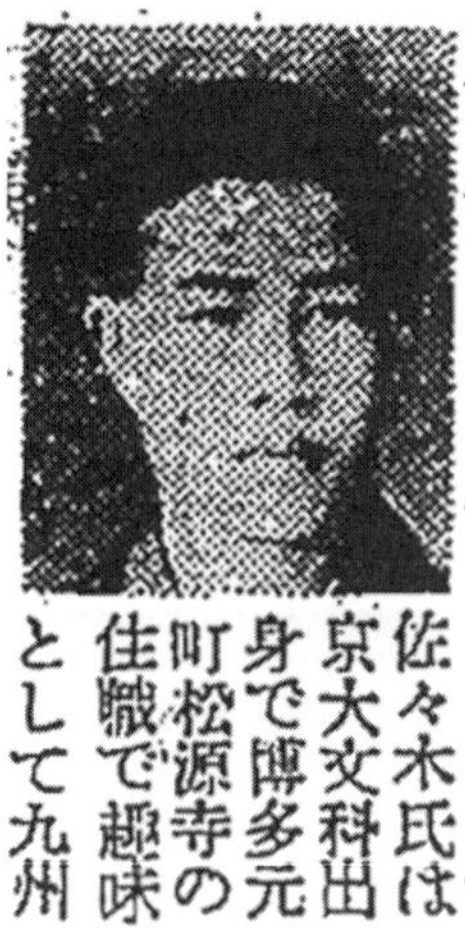

佐々木氏は京大文科出身で博多元町松源寺の住職で趣味として九州土俗、傳説、民謡等の研究深し。

官幣中社英彦山神社は太古ここに降臨された天照大神の御子天忍穂耳命をまつり、はじめは日子山即ち『日の御子の山』と稱してゐたが後には彦山又は英彦山とも稱するやうになつた。善正上人の開基以後、奈良朝時代から修驗者の道場として三千八百坊の盛大を誇り、四境七里、食邑十三萬石の勢力を擁して戰國時代は一方に雄視してゐたが大友氏の破却以來衰運に趨いた。この久しい間の神秘な傳説は數多い

自然に關する傳説

この山を繞ふ奇蹟と老樹とは人々の驚きと崇拜との對象であつた先づ材木石といふ玄武岩がある。昔此の山に住んでゐた鬼に對し彦山權現は夜明迄に家を作つたら永住を許すといふ約束をしたが、家が完成しさうになつた。神は竹皮笠で鷄の羽叩を眞似たので鬼は退散しその時の材木が即ちこれであるといふ。尚ほ役の行者が流水を封じ込めたといふ龍水の岩窟や、西海に亡びた平家の人々の物語りを秘めた鬼ヶ窟、罪のある者は通れないといふ針の耳などがある。又一千二百年の樹齢を重ねた鬼杉があつて、これは前の材木石の出來た時に鬼が杉を逆に地に挿したものと云はれてゐる。又鍋島侯が上官再建の時、櫻の老樹をみだりに伐つたら杣はその下敷になつて即死し、この大木は一夜のうちに焼失し、しかも火氣は後に何も殘つてゐなかつた事が『彿古雜抄』に見える。等々

△―彦山の材木石と鬼杉―△

人に關する傳説

山伏の生活は粗野と勇猛とに満ちたもので、春夏秋の峯入りの行事には嚴格な不文律があつた。木綿坊が峯行一千日の後生木を擲ぢ合せたといふのはユーモアな話しで、これは修行の一つの型になつてゐる。又昔佛石坊の先達は峯入の時同行の勝鬼坊が病死したのを不都合だといふのでそのまゝ石を積んで包んでゐた。駆けつけて來た母は我子は生きながら石で積み殺されたものと合點して立腹の餘り猟で猫を括つて護摩の火の中に入れたらその母は狂氣し、色々のたゝりをしたといはれ、その坊の跡には猫銀杏といふのがある。毛谷村六助は彦山權現から強い力を授かり、吉岡一味齋の仇を討つてお園と結婚し、遂に加藤清正の臣貴田孫兵衛となつて朝鮮征伐に出かけるといふので天明六年に浄瑠璃に脚色されたのが『彦山權現誓助劔』である。又享和三年には『繪本彦山權現靈驗記』が出版された然しこれらの話しの筋は小倉の小笠原氏に奮てゐた宮本武藏の傳説に似た點が多く、つまり豊前の國

に於ける彦山権現と毛谷村の六助と小倉の宮本武蔵との三つを結びつけた一種の英雄傳説であらう。

怪異に關する傳説

先づ天狗がある。日本八天狗の一として豊前坊の名はあまりに有名である。今でも豊前窟のほとりでは不思議な暴風『天狗倒し』が発するといふ、又天狗にさらはれた花月童子が京都清水で父に再會した事は謡曲「花月」の物語りである。彦山のふもとには『こんざ蟲』といつて金の札るやうな響を出して鳴く蟲があるさうで、これは貧しくて孝行な兄妹を虐待した無慈悲で金持の伯父権三が神罰によつて體が小さくなつてこの蟲になつたといふ事である。

寫眞は　彦山踊

桃山時代から踊つた彦山踊

福岡縣田川郡彦山村有志
（解説）高千穂宣麿

この彦山踊は桃山時代から傳はつたものと考へられます。それはその頃飛騨の高山に吉相踊といふのがあるその歌の言葉に『しんとろとろと眠る目のいとしさとりをけ芋柄『又今宵も鹿の子明日の夜も鹿の子召しかへてござれ』といふのが豊州史に載つて居りますが、彦山の歌にも同じものが現在まで歌はれて居ります。昔の服装は各自假装したもの丶様ですが現在は元禄時代の姿を假装し、編笠に顔をかくして踊ります優雅なものであります。

妹山背山中を流るゝ吉野川鵜飼鳥懲しく鬼界島にいとし俊寛只獨り泣くや懲し、志賀唐崎は思ひかけない夜の雨、粟津に踊る、一つや二つ三つや四つなる幼兒が父母懲しきようから芋柄壇からカケゴうまづにたもれ、あみ笠さんは少しお顔が見たやさかなはぬ浮世、こいこい小上臈ござれ髪を結ふてとらしようよ蟬丸ワゲに、身は奥竹の一夜伏見のかり枕假寝の床よ、石童丸は父を尋ねて高野山あはずに踊る

カン音頭――ヘ瀬多の橋詰えやがて大津や三井寺の矢走に踊るヘお若衆さんの手拭はいかなる紺屋が染めたやら、はしばしはヘにでヘ見ても見ても見あかぬはヘ今宵の踊りと小田の藤高尾の紅葉ヘ井筒井筒つゝ井筒井戸のつるべの綱切れてくみ出る時にヘ東山に咲く花は桔梗かるかや女郎花朝顔に出るすゝき

獣　海女王国志摩（五）
●大阪時事新報　昭和六年八月二十日
突如現われた人魚に浦々の人心怯ゆ
6-280

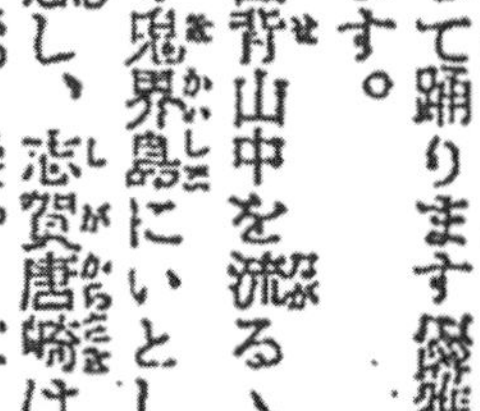

海女王國志摩 ⑤
突如現はれた人魚に 浦々の人心怯ゆ
海女は何れも作業を中止
悪魚退散を鎮守に祈願
濱島で人魚退治

海女の作業は多く内[illegible]。それも漁夫が[illegible]日を選むのが通常で、殊に太平洋に面した所でも、波などが高る[illegible]かゝ、波静かといふこと[illegible]その七、所によつては、三日目毎に[illegible]さすとか、いふ風に漁業保護のため[illegible]の漁業組合の制限があつて、毎日作業するとか出来ず。その故に、いかない〻海女でも、一箇月せいぜい百日ぐらゐの稼人にとゞまるこの外に更に作業を制限するものがある。それは、海女を脅かすいろんな悪魚毒魚だ。

[illegible]の姿[illegible]。洋畫家が一時ワンザと押かけたゞけに、[illegible]の群が多分に吹きこんだ所であるが、その[illegible]で、昨年七月二日朝

一たん潜水した海女が、一気に海から上つて、ぞろ／＼とつながりながら、鎮守の宮へ参拝した。折柄行賞はした田中技手が聞いて見ると、いづれも真青になつて口をつぐむ。だんだん問ひたゞして見ると、人魚が住んでゐたといふのだ。

▼……▲

人魚？。「そんなものが今時分こんなところにゐる筈がない。人魚は動物学上支那海の一部にゐるといはれてゐるが」といふので懇々と田中技手が反駁説明したが肯かない。「それでも、絵に描いた人魚其儘の形をしてゐた。この間和具で子供が得たいの知れないものに尻をひつかゝれた。お医者に見せると、鱶に魚か何かの生物にやられたもので、断じて岩などで

怪我をしたものでないといふ。きつと、この児は人魚の御機嫌を損じて、引つかゝれたものに違ひない。それで鎮守さまにお願ひして此悪魚退散を祈るのだ」といふ。

▼……▲

田中技手も、むしろ、その素朴さに微笑すら催して引揚げたが、この噂は次第に弘まつて、贄島半島の外海から、御座の内海一帯にまで拡がり、どこにも現れた、かしこにも現れたといふ騒ぎ。志摩の海女王國は、時ならぬ戦々兢々たる状態に陥り、遂に海女作業を妨げると夥しいものがある。

▼……▲

いく日か経つてその悪魚——人魚？が、濱島近くにまで侵入して来たといふ事が判つた。さあそこだ。勢ひ立つた漁師が、こゝに悪魚退治の幕を開いたのである……。

海女王国志摩（完）

浜島で捕えた人魚　正体は「あしか」

●大阪時事新報　昭和六年八月二十一日　6-281

濱島で捕へた人魚

正體は「あしか」

「七代祟る」と放つ

海を脅かす奇體なざんじよ

海女王國志摩（完）

贄島宇島一帯の海女を脅かした人魚は、宇島の岬をめぐつて、贄崎附近から、濱島の浦へコースをとつたものらしく、[illegible]網に引つかゝつた。[illegible]網でしばつて[illegible]ないので[illegible]ある。人魚が網でつなげるかい——

——といふ意味は難しい。漁師の生捕によつて、田中技手が駈けつけて見ると、なんのことだい。それはあしかであつた。[illegible]群の数頭にのつて游泳してゐた[illegible]、いつしか一人ぼつちになつて、たうとう[illegible]に迷ひ込んで[illegible]らしい。で人魚の正体はナンセンスで終りを告げたが、あしかはあの海でも珍しいと見えて見物人は引きも切らず、大賑ひであつたが、あしか繋げば七代祟る。——どういふわけか知らないが、さういふ者があつて捕へた漁師達は慌て上つて二日目、網の人家を引きたて[illegible]であしかは[illegible]へ放たれた。

▼……▲

あしかは珍しい[illegible]であるが、その[illegible]に[illegible]海女たちにとつて[illegible]の悪い奴だ。記者の出かけた日も、ちやうど鮫が濱島附近に現れたといふので、作業は中止されてゐた。

▼……▲

もう一つ、陸上の猫に驚に戦々海女を脅すものがある。名をさ

んしよといふのだが、これが海草かなんかの中にゐて、あわびかめつかつた、やれうれしやと、手をさしのべると、こいつが刺す。見る見るうちに、手がゆく腫れ上つて、とても作業どころの騒ぎではない。そこでお醫者に駈けつけると、強心劑を與へたり、注射をしたりする。これは知覺神經を害し心臓をわるくする爲めだが、その正體がさつぱり判らない。海女達はさんしよとのみいつてゐるだけで、濱島の試驗場でも、また醫師もそれを見たことがない。症状のひどいのになると、治つてからも一週間以内に水に浸ると、また元のやうに腫れあがるといふから奇體。こんな風に、いろいろの害があつて、海女稼業もなかなかに辛いことが多い。

▼……▲

だがこんな挿話や、舊聞に生きる女稼業の世界も、やがて科學のメスで解剖され、超ハイカラ海女などが現れて、古い面白い覺書やら影も、次第に消されてゆくのではなからうか。現に、大原の野村研究所の舞鶴博士は、久しく長い間研究をつゞけて、近くこれを學界に發表して、そこに何らかの新しい改善を發見しやうとしてゐるし潜水眼鏡の如きにさへ、改良に改良され、鼻まで覆ふ眼鏡が二種類パテントを得て盛に使用されてゐるのから見てもこの事はうなづける事實であり、「さん候此うらのかづきの海女にて候」かづきあげし此浦のあまみつ月もみちの鹽のみるめをいざや苅らうよ」と謡る謡曲「海士」の昔がくらゐが、昔なつかしく偲ばれる時が來はしまいか。

6-282

ラジオ　きょうの放送番組　謡曲「松虫」

●東京朝日新聞　昭和六年八月二十四日

けふの放送番組　廿四日（月曜日）　東京（JOAK）波長三四五米

▽八時　謡曲「松虫」梅若龜之、梅若貞之（笛）杉山立枝（小鼓）大倉宣利（大鼓）佐伯眞

6-283

鳴く虫の音を慕う阿部野の原の亡霊

●東京朝日新聞　昭和六年八月二十四日

鳴く虫の音を慕ふ　阿部野の原の亡靈

後八時　謡曲「松虫」

攝津國阿部野の原で、毎日酒を賣る酒店商人の許へ、松虫の聲音を愛して頓死した男の亡靈が友達と共に来て酒を飲む、商人はその客があまりに松虫を愛執するところから姓名を尋ねると、忽ちその本性を現して消え失せるといふ曲で、阿部野の原に松虫塚といふ古ふんがあるといふ傳説を取つて作られたもの、作曲者は結崎世阿彌元清（観阿彌清次の子）で足利時代の人、今日行はれる謡曲はこの父子によつて完成されたのである

梅若龜之・貞之　（はやし連中）

へ松風寒きこの原の、松風寒きこの原の、草の假枕のとことはに、御法をなして夜もすがら、彼の跡とふぞありがたき、彼の跡とふぞありがたき

へあらありがたの御弔ひやな、秋霜にかるゝ虫の音聞けば、閻浮の秋に歸る心、猪郊原に朽ち殘るはく露これまで來りたり、うれしく弔ひ給ふものかな

へはや夕陰も深林、草の花色露深き、其方を見れば人影の、かすかに見ゆるはありつる人か

へなかなかなれやもとよりの、昔の友をなほしのぶ、虫の音ともに顯れて手向を受くる草衣の

へ浦は難波の里も近さへ阿倍の市人なれなれてへとむらふ人も

へ訪はるゝわれもへいにしへ今こそへ變れども

へ古里に、住みしは同じ難波人、住みしは同じ難波人、あし火たく屋も市屋形も、變らぬ契を、しのぶぐさの忘れえぬ友ぞかし、あらなつかしの心や、忘れて年を經しものをまた古へに歸るなみの、難波のことのよしあしもげに隔なき友とかや

へあしたに落花をふんで相伴つ

て出づへ夕べには飛鳥に流つて
一時に踊るへ然れば花鳥遊樂の
けいえんへ風月の友に誘はれて
春の山へや秋の野の、草葉にす
だく虫までも、開けば心の友な
らずや、一樹のかげの宿りも他
生の縁と聞くものを、一河の流
れくみて知る、その心浅からめ
や、奥山の、深谷の下の菊の
水、くめどもくめどもよも盡き
じ、流水の杯は手まづささへぎ
れる心なり、されば嵐山の古へ
虎けいを去らぬ、室の戸の、そ
の戒めを破りしも、志を浅から
ぬ、黒ひの露の赤水の、けいせ
きをいでし道とかや
へそれは賢き古へのへ世もた
け心さえて、道ある友人のか
ずかず、稍舞の余慶家々に、普
く廣き道とかや、今は濁世の
人間ことに拙きわれらにて、
心もうつろふや菊をたゝへ竹
葉の、世は皆醉へり、さらば
われひとりさめもせで、萬木
みな紅葉せり、唯松虫の獨音
に、友を待ち詠をなして、舞
ひかなで遊ばん
へ杯の、雪を回らす花のそ
で、おもしろや千草にすだく虫
の音の機織るおとのへきりはた
りちようへきりはたりちよう、
つゞり刺せてふきりぎりす、ひ
ぐらし、いろいろの色音のなか
に、わきて我がしのぶ、松虫の
聲、りんりんりんりんとして、
夜の聲、めいめいたりへすはや
難波の鐘も明け方の、あさまに、
もなりぬべし、さらばよ友人な
ごりの袖を、招く尾花のほのか
に見えし跡絶えて、草ばうばう
たるあしたの原に、虫の音ばか
りや殘るらん、虫の音ばかりや
殘るらん

怪談「蛇責め」　新秋万華鏡（三）

獣　●上毛新聞　昭和六年八月二十六日（二十五日夕）　6-284

怪談「蛇責め」

振乱した黒髪を口にくわえて

三田村鳶魚

新秋万華鏡 3

昔から諸大名の屋敷には怪談が多い。殆どどこの國の名ある屋敷にも妖怪變化の話しがある中に、鳥取の池田家の怪談、蛇責めほど殘酷を極めた仕置はあるまい。それは池田家の播磨御前が、腰元奥女中を蛇責めにして殺したといふ傳説だ

◇　◇

播磨御前といふのは家康の二女督姫のことだ。この督姫は前に小田原の北條氏へ嫁いだが故あつて里へ歸り、その後豊臣秀吉の仲人で池田三左衞門輝政へ再縁した。輝政も再婚で先妻との間に[illegible]武蔵守利隆といふのがある。督姫にも[illegible]以下四人の子が生れた。輝政は大家に出世して播州姫路城主五十二万石の大大名となり、督姫は[illegible]だといふので大威張りだが、しかし後妻の悲しさには、先妻が生んだ利隆が當然總領として頑張つてゐる

この五十二万石を自分の生んだ子に繼がせることの出來ないのが殘念でたまらぬ。

そこでよくやる手だが、女の淺慮から利隆を殺して自分の子に池田家を乘つ取らせやうとの魂膽から、ある日御馳走をしやうと言つて利隆を自分の部屋に案内し、利隆にそなへた膳へ毒を盛つたのである。これをそれとなく母親の恐ろしい陰謀を感じた二男の忠継は、母親の非を責めその恥ずべき[illegible]を戒めるために、自分からその毒を仰いで兄に代つてこの世を去つた。

◇　◇

こんな女であつたので、家中に於ける我儘は大變に嵩じて、それが年を老るにつれて一層ひどくなつてきた。[illegible]も大名の常に奥女中に手を出して幾人もの異腹の子女を産ませる。だが、これを默つて督姫が見てゐる譯がない。そして奥女中に對する監視はきびしくなつて、目立つて綺麗に見へる女中へ鋭い眼が光るやうになつてきた。

この妖が深い播磨御前に一形怪しいと疑はれたらたまらない。別に證據がなくとも、疑はれた奥女中は丸裸にされて、蛇を澤山入れた大きな樽の中へ投げ込まれて上から蓋をされる。さうした殘虐な蛇責めに逢つて殺された女が何人あるか數が分からぬといふ。恐ろしい仕置きを加へてゐた。

◇　◇

後にこの池田家は先腹と後腹との二派に分れて督姫の産んだ忠雄の家筋は因州鳥取の池田家となつたが、それについて様々奇怪な怪異を見るやうになつたといふのは寛永末、忠雄の嫡子たる相模守光仲といふ幼君の家にあたる國家老が、紀伊大納言頼宣の娘を妻に迎へたが、それまで[illegible]江戸の屋敷へも出るやうになつた。それも晝夜の別なく出るといふので、坊さんや神官に頼んで祈禱をして貰ふのだが、どうしても横死した奥女中の怨靈は鎮まらぬ。

そこで新夫人の里方からの提議によつて、池上本門寺に蛇責怨靈調伏の加持をしてはといふことになり、その大法事が行はれた。何分執念深い怨靈を鎮めるための池田家の法事だ。その日は一山總動員で、大勢の坊さん達が本堂へづらりと並んで厳粛に讀經を始めた。

◇　◇

するとまだ讀經の終らない内、坊さんや池田家の人々が座つてゐる前にどこから來たのか忽然と一人の女が現れた。風もないのに一座の人々はゾツと寒氣がして、坊さんのあげるお經の聲が次第に震へを帯びてくる。見ればその女は丸裸で全身血に塗れ、手も足も胸も、どこと[illegible]見へない[illegible]、すき間もなく[illegible]あいてゐる。一座の人々はこの

二た目と見られぬ女の姿を見て言葉もなくどよめいた。するとこの怨靈は、振り亂した黒髪の端を口にくわえ、やせた青白い顔をあげて、苦しい息づかいの下から

「どなたも私の姿を[illegible]下さい。これほどの[illegible]な[illegible]どうして居れることが出來ませう」

と怨みをのべて消へ去つた。

さアこのことがぱつとひろがつて大變な評判となつた。屋敷内だけに見た怨靈が、本門寺に出たといふので[illegible]池田家の[illegible]とし

てこの時から言ひふらされるやうになつた[illegible]

ラジオ　趣味講座「映画で取扱った妖怪」大島十九郎

●新愛知　昭和六年八月二十六日　6-285

ラジオ　名古屋【JOCK】

【七時三十分】趣味講座「映畫で取扱つた妖怪」大島十九郎

映画で扱ったおばけの話

●新愛知　昭和六年八月二十六日　6-286

今晩七時半の趣味講座は
映畫で扱つたおばけの話
大島十九郎

妖怪といふものにも時代的な進化過程があつて、古典的な妖怪と、現代的な妖怪では大分種類が違つてゐます。

平安朝

時代に活躍したのが鬼で、これが徳川時代になると額に三角の布をつけた梛を背景にして出て來るお化けといふ通俗化した妖怪に

變つてゐる。

科學の

發達した今日でも尚妖怪性をひいきにしてゐる人々が却々に多い。かの探偵家コナン・ドイル等が晩年は大いにこれを支持して、心靈現象の實驗等に夢中になつてゐた隙でした。

映畫は

ラヂオと共に近代文化の粋で、この映畫の製作法が妖怪を取扱ふのに誠にもつて來いに出來てゐる。古典の好きな、そして妙に神秘めかしい事を大事にする歐洲の作品には却々妖怪映畫が多い。これから映畫の略筋と取扱ひ方についてお話しゝませう。

ラ ラジオ　二十八日の放送番組　琵琶「安達ヶ原…

●北海タイムス　昭和六年八月二十八日　6-287

廿八日の放送番組

【後零時五分】琵琶「安達ヶ原」

佐藤錦報

ラ 琵琶　安達ヶ原　（新曲）佐藤錦報

●北海タイムス　昭和六年八月二十八日　6-288

琵琶　安達ヶ原（新曲）

【後零時五分】　佐藤錦報

思ひ立ちぬる旅衣、風にまかする浮雲の、行方定めぬ旅の身は法の力ぞ頼みなる、これは紀の國東光坊阿闍梨祐慶と申す者、心に立つる願ありて、同行の山伏二人を具し、廻國行脚に出で立ちぬ、日も重なれば程もなく、名のみに聞きし陸奥の、安達ヶ原につきにけり、あら笑止や日のくれて候、人里遠き原中の、向ふに燈火の影見ゆれば、立寄りて宿をからばやと存じ候、風肌寒き荒野原、おどろが中を踏み分て、たどり來りし草の庵、軒も傾く住居には、頽木の燃たく火影のいぶせげに、老木の櫻か淡白なる、髪も亂れし一人の老姆、糸より車廻しつゝ、糸を紡ぎてゐたりけり、いかに主にもの申さん、我等初めて陸奥の、安達ヶ原に行きくれて、困じ果たる旅の僧、希はくばあはれみて、一夜の宿を貸給へ、かゝる荒野の一つ家に、風吹き荒れて月影も、屋根より漏るゝ閨の内、[illegible]を、[illegible]しき、さらば留まり候へと、樞を開き案内する、いつしか更てたき火さへ、衰へ行けばしみじみと、身にしみ渡る夜嵐の、音物すごく聞ゆなり、いかに客僧達に申し候、あまり夜寒に候程に、裏の山にて木を拾ひ、火をつぎ參らせんと存じ候、それにつけて大事の事こそ候へ、妾が歸るそれまでは、次なる部屋を開くること、固く御無用にて候ぞ、かまへて御覽じ候なと、念を押してぞ出でにける、あとに三人は所在なく、待ち設けてぞありける（下略）

ラ ラジオ　講談『塚原卜伝の猫退治』

●馬関毎日新聞　昭和六年八月二十九日（二十八日夕）　6-289

▲後〇、〇五（A）　講談『塚原卜傳の猫退治』伊藤陵潮

ラ 鏡に映る顔は猫　『塚原卜伝円塚山の怪猫退治』

●馬関毎日新聞　昭和六年八月二十九日（二十八日夕）　6-290

鏡に寫る顔は猫

『塚原卜傳圓塚山の怪猫退治』

後零時五分講談伊東陵潮

◇……弘治二年の正月塚原小太郎が久々で姻戚江戸小石川村の郷士島村小太夫方を訪れると、妻松江の話に主人小太夫は圓塚山にすむ怪猫が人畜に害を及ぼすに付これを退治すべく圓塚山へ赴いた處却て怪猫のために重傷を負ふて此の世を去り、弟小才治は兄の仇を報じ且つは人助けのためと日々圓塚山に出張してゐるが未だ退治する事が出來ぬとの事

◇……委細を聞いて塚原は小太夫の老母に面會、悔みを述べる際老母の擧動に不審を抱きその夜小才治と共に淺草觀音に參籠して夢知らせに老母の正體を見現はすため澁谷の長國寺に赴く事となり

◇……そこに老母は怪猫の化身なることを確めて塚原は手裏劍を打つて確に手應へはあつたが老母の姿は消えてなくなつた。夜明けて

塚原は小才治と共に帰宅すると老母は一間で周囲の傷の手當をしてゐたが鏡に寫る顔は猫であつたので、二人で斬りつけ老母が屋根へ飛び上るのを塚原が天狗昇飛切の術で追すがり遂に仕止めて首尾よく退治した。

怪魚の出現

獣　●豊橋日日新聞　昭和六年八月二十九日　6-291

怪魚の出現

耐へ切れぬ暑さの昨今児童唯一の楽園マツパプールへ突如怪物が現はれた今月九日東京時事新報で報導せられし濱松市外馬込川で捕獲され同市早馬町大石幸蔵、島部由太郎、大高清次郎氏の寄贈で身長三尺山椒魚に似たグロテスクな魚で赤ん坊の腕位の四ツ足があり前足が指四本後足は指五本魚と獣の間を行つた珍奇な動物で蛙等の生餌を食して居る尚大鼠の餌を食するのも珍しく無論観覧料金は入園者には無料の由

幽霊やお化けを現わす方法　理科の遊び

資　●国民新聞　昭和六年八月三十日　6-292

理科の遊び　「幽霊やお化けを現はす方法」

塩水抵抗器の實驗

幽霊やお化けの出る芝居で怪物の姿が暗やみからボーッと現れまただん／＼と薄らいで消えてゆくのを御覧になるでせう、あれは塩水抵抗器と云ふものを使つて行ふのですが、次に述べるのは皆さんにでも出來る簡単な塩水抵抗器です

……◇……

先づ不用になつた電球のガラスの球を打ち落して上の端子のついたプラグ（箝め金）を用ひるのです、このプラグには内部に「エボナイト」がついて居りますから穴に長い釘を打ち込んで針金の通る位な小孔を明けます、そしてこのプラグの下からこれに箝まる位なゴルク栓をぐつと箝めつけコルクには眞中に錐孔を通して置きます

……◇……

次に四十四番の絹巻銅線を一メートルばかり取つて一方の端をコルク栓の下から上に突き通してプラグの上の方に突き出して置きますが此銅線の先端は裸にして置かねばなりません又別に二十四番の綿巻銅線半メートルばかりをとつて一方の端は裸にしてプラグの下の周りに堅く巻つけます、かう云ふやうに拵へたものを電燈の電球をとり外したソケツトに嵌め込むと先の二本の銅線のうちの一本には電燈の電流が流れ他の一本には電氣が通る線となるのです、この二本を假に甲線と乙線と名づけます、次に成るべく大きい瀬戸引金盥を用意しますこの金盥は少しでも瀬戸が剥れてゐては不可ないから破損しない完全なものを用ひます

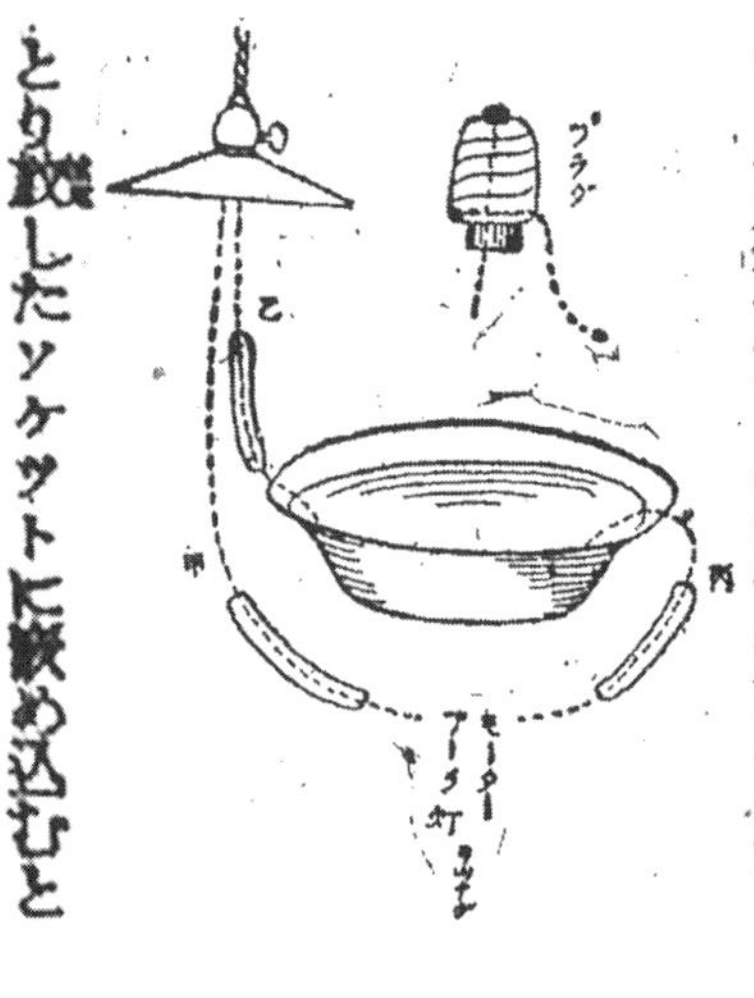

……◇……

さてこの金だらひを電燈の下に据ゑ中に清水二升ばかりを入れ、更に食塩を軽く一握りばかり投してよくかきまぜ淡からい塩水をつくります、そこで先につくつた半メートルの方の銅線の下の端を三センチばかり裸にして金だらひの左、側から塩水の中に浸して置きます又一メートルの線は下端をそのまゝ外に出して置きます、それから更に二十四番の綿巻銅線を半メートルばかりとつて両端を裸にして一つの端は金盥の右の側から塩水の中に差込み、他の端は外に出して置きこの線を丙と名づけます

……◇……

このやうにして取りつけました三本の銅線の眞中の手に触れる處だけは細いゴム管に通して置くと電氣が少しも身體に感ずることはありません、なほ塩水の中に入れてある二本の銅線の先端即ち乙と丙との間は二十センチ位離して置くことを忘れてはなりません、かく裝置した後に電燈のスイッチをかければ甲線と丙線との間に低い電力が起るのであります

……◇……

今甲線と丙線との先端に電鈴などをつければ鳴り出します若し電力が弱いならば塩水中の乙線と丙線を近づければ電流は強くなり之と

反對に距離を遠ざくれば電流は弱くなります、だから電燈の出るときなどはこの瀬戸引金だらひの中に鹽水をたくはへ甲と丙との先端に電球をとりつけその中で電線を近づけたりして電火を明滅させるのであります（二）

6-293

怪談蛇責め　血に塗れた怨霊

★上海日日新聞　昭和六年八月三十日

漫談漫語

怪談蛇責め

血に塗れた怨霊

三田村鳶魚

昔から諸大名の屋敷には怪談が多い、殆んどどの位の大名屋敷にも妖怪變化の話がある中にも鳥取の池田家の怪談、蛇責め程殘酷を極めた仕置きはあるまい。それは池田家の播磨御前が度々奥女中を蛇責めにして殺したといふ實説だ、

播磨御前といふのは家康の二女督姫のことだ、この督姫は前に小田原の北條氏へ嫁いだが故あつて里へ歸り、その後豐臣秀吉の仲人で池田三左衛門輝政へ再縁した、輝政も再婚で先妻との間に嫡男武藏守利隆といふのがある、督姫にも左衛門督忠継以下四人の子が生れた、

輝政は次第に出世して姫路城主五十二万石の大城主となり、督姫は征夷大將軍の娘だといふので大威張りだが、しかし後妻の悲しさには、先妻が生んだ利隆が當然總領として頑張つてゐる、この五十二万石を自分の生んだ子に繼がせることの出來ないのが殘念でたまらぬ。

そこでよくやる手だが、女の淺墓から利隆を殺して自分の子に池田家を乘つ取らせやうとの魂膽から、ある日御馳走をしやうと言つて利隆を自分の部屋へ案内し、利隆にそなへた膳へ毒を盛つたのである、これをそれとなく母親の恐ろしい陰謀を感じた二男の忠継は、母親の非を責め、その恥ずべき繼母根性を戒めるために、自分からその毒を仰いで兄に代つてこの世を去つた。

こんな女であつたので、家中に於ける我儘は次第に昂じて、それが年を經るにつれて一層ひどくなつてきた、輝政は奥女中に手を出して幾人もの異腹の子女を產ませる、だが、これを默つて督姫が見てゐる譯がない、そして奥女中に對する監視はきびしくなつて、目立つて容色に見へる女中へ疑ひ眼が光るやうになつてきた、

この嫉み深い播磨御前に一度怪しいと疑はれたらたまらない、別に證據がなくとも、疑はれた奥女中は丸裸にされて、蛇を澤山入れた大きな桶の中へ投げ込まれて上から蓋をされる、さうした殘虐な蛇責めに逢つて殺された女が何人あるか數が分らぬといふ、恐ろしい仕置きを加へてゐた、

後にこの池田家は先腹と後腹との二軒に分れて督姫の產んだ忠雄の家筋は因州鳥羽の池田家となつたが、それについて時々奥御殿に怪異を見るやうになつた、といふのは寛永末、忠雄の嫡子たる相模守光仲といふ督姫の孫にあたる殿樣が、紀伊大納言賴宣の娘を妻に迎へたが、それまでは國の屋敷にだけ出た怨靈が、江戸の屋敷へも出るやうになつた、それも昼夜の別なく出るといふので、坊さんや神官に賴んで祈禱をして貰ふのだがどうしても横死した奥女中の怨靈は鎮まらぬ、

そこで新夫人の里方からの提議によつて、池上本門寺に蛇責怨靈調伏の加持をしてはといふことになり、その大法要が行はれた、何分執念深い怨靈を鎮めるための池田家の法事だ、その日は一山總動員で、大勢の坊さん達が本堂へづらりと列んで讀經に讀經を始めた、

讀經の終らない内、坊さんや池田家の人々が座つてゐる前にどこから來たのか忽然と一人の女が現はれた、風もないのに一座の人々はゾッと寒氣がして、

坊さんのあげるお經の聲が次第に衰へを帶びてくる、

見ればその女は丸裸で全身血に塗れ、手も足も胸も背も、どこことて肉の色が見へない位、すき間もなく蛇に噛まれた跡で穴があいてゐる、一座の人々はこの二た目と見られぬ女の姿を見て言葉もなくどよめいた、するとこの怨靈は、振り亂した黑髮の端を口にくわへ、やせた青白い顔をあげて、苦しい息づかいの下から

「どなたも私の姿を御覽ぜ下され、これほどの罪なき苦しさを、如何ほど調伏追善なさろとも、どうして忘れることが出來ませう」

と怨みをのべて消へ去つた、

さてこのことがぱつとひろがつて大變な評判となつた、屋敷内だけに見た怨靈が、本門寺に出たといふので池田家の怪談としてこの時から言ひふらされるやうになつた　（終り）

6-294

帝都の怪奇（一）　安兵衞のなき魂

●中央新聞　昭和六年九月一日（三十一日夕）

帝都の怪奇

安兵衞のなき魂

高田馬場に碑の出來上るまで

（一）

市外高田の馬場から早大學園に至る街道、その昔茶屋町と言つた小路に、忠臣藏の堀部安兵衞の碑が立つてゐる、高田の馬場の仇打ちの碑であるが、これが建立については町の人々が盡力したが、それ以前明治から大正二年ごろまでこの碑のない時であつた、戸塚小學校の校庭と役場の裏手とが馬場の跡であつたが、學兒が遊んでゐて校庭で轉び足の生爪を剝して重傷を負つたものは一人でも生命が助からなかつた、五、六人の兒童が同じやうな負傷から破傷氣であたら生命を失つた、

◇

丁度附近に石屋の千といふ老爺が住んでゐたが或る夜夢を見ると子供が負傷して生爪をはがし血だらけになり、その子を抱いた坊主のやうな男が現はれ、槍を持つて走つてゆく、この夢を見ておどろいた石千は「これは何かの因縁だらう」と町の有力者に物語つて供養をして、安兵衞の碑を建てるやうになつた、その後兒童の生爪事件は消えたやうになくなつた

◇

因縁か惡業か昭和聖代の今日でもよくかゝる怪奇談が帝都の街々に起る、幽靈物語の正體暴露行脚に本社記者は出發した

6-295

帝都の怪奇（二）　無緣佛の石碑

●中央新聞　昭和六年九月二日（一日夕）

帝都の怪奇

無緣佛の石碑

轢死者の多い箇所で發見

（二）

◇

奇怪な出來事、これ獵奇の帝都にはよく交通事故などが一度起つた場所では屢大きな交通事故が惹起する、萬山ケ原の街道踏切では飛込み自殺が同じ場所で起る、武藏野鐵道の踏切では同じ場所で自殺者があり、近く市電軌道の大曲り、飯田橋間の川岸では圓タク自動車が旺に墜落するが、これが申合せたやうに同じ場所で起る

◇

東京驛構内で屢負傷者や轢死者が同じ場所で起る、これは何れも何かの因縁で死靈がさ迷つてゐると噂された、昭和五年八月末ボンド工事の工夫がはからずも同作業中軌道の傍に石碑を發見した、調べると無緣佛の石碑であつた、成る程この佛がさ迷つてゐるので同じ場所で交通事故が頻發するのだと、當時の吉田驛長、板橋助役などが大森現業事業監督と共に懇切に無緣佛の靈を弔つて以來その場所では自殺者も無くなつてしまつた

◇

當時は中央ステーション（東京驛）建築中工夫が十數名死んだのを葬めたからとか、いろ〳〵の風說が傳へられたものであるが、はじめて理由が發見されたのである

◇

丸ビルを中心として帝都の中央にはかうした怪奇談が噂から噂

となつて流布されてゐる

怪　帝都の怪奇（三）　虎の子の金五両
●中央新聞　昭和六年九月二日（二日夕）　6-296

奇怪の都帝
虎の子の金五兩
母子の横死にからむうらみ（三）

◇

御幣かつぎは笑はれる、御幣をかつぐのは愚だけれど、かつがされるやうな事がたとへ偶然にでも度重なつたら相當愼重に構へて常識家を以て任じてゐる人でも御幣にちよつと手を附けてみる氣になるだらう、まして迷信深い昔の人であつたら出來事に昂奮して他人のかつぐ分まで御幣をかつぐのは世間に決して無いことではない

◇

現在青山電話局の在る場所は昔の青源寺といふ寺の跡であつてずつと古い青源寺の事は抜いても住職が居なくなつて賭博場になつた荒れ寺時代のことにしてもお話しがある、賭博をして金のある時は折助も大名氣分になりばつばと金を撒くのを見て茶菓子を賣つてゐた婆あさんが大丈夫返すよ倍の利息をつけて返すよと折助にだまされて虎の子のやうにしてゐた五兩をちよろりと借られたが最後返す所かお婆さんの顏を見ても平氣でゐるのが小面憎いとて催促したら俺を此の惡黨めと突飛ばされ打ちどころが惡くあつと云ふ間もなく冥土の客、夫りやあんまりひどいと武者振りついた娘も一と突き

◇

はかない母子の死んだ荒れ寺のあとは原となり明治になつて酒店と住宅と入りまじりに出來て暫らくは何もなかつたが、大正になると東京市で下水を掘つてゐる中に白骨が出たと新聞に出たことがあり、間もなく大正十二年になると其原の土地一體を買つて建築した青山電話局青山料金課の防火設備に屋上へ拵へて置いた二坪四方位のコンクリート造りのタンクが水滿々と盛つたまゝ九月一日の大地震に其下にある八百屋粂三郎の家根に落ちて家屋まる潰れ八百粂さんは押潰されて不慮の横死をした、遺族が辯護士を頼み遞信省を相手取つて損害賠償の訴訟をした

◇

夫れから又間もなく其原の内に當る電話局から火事が出た、其の後亦電話局の直ぐ隣の活動フイルム屋から火事が出て三四戸燒け其時驚きながらも多勢で避難させた家の老人は驚きの餘り頓死した、などどうも此寺の跡に餘りよいことがなかつた

◇

御幣かつぎぢやないんですがとお年寄は團扇を忘れさうな初秋の納涼臺で身震ひしてゐた

怪　帝都の怪奇（四）　自動車にのこる令嬢と運転手のうらみ
●中央新聞　昭和六年九月四日（三日夕）　6-297

奇怪の都帝
自動車にのこる
令嬢と運轉手のうらみ（四）

◇

セダン三〇年型フエイアツト二九年型、自動車屋仲間の言葉ではない、運轉手からお客への言葉である、昔村正といふ刀が因果にも廻りめぐつて籠釣瓶の銘迺の下に吉原の百人斬となつたり、一度殺害した刀が昔強盜の手に入りバツタ〳〵と強盜殺人氣分が出たといふ因果物語が傳へられる

◇

セダン三〇年型とは麹町飯田橋の或ガレーヂにあつた車のことで、これを運轉してゐた親孝行の運轉手が一寸した失敗から主人に馘首されルンペンとなり中央線で自殺をしてしまつた、それ以來その主人の家が經營困難となり、遂にそのセダンを賣拂つた、九段下の或る運轉手がこれを買ひ求めて營業してゐると夜更けになると身體に異常を來してハンドルが重くなる、そして飯田町三丁目で大きな事故を起して交通事故、過失致死にと

はれてしまつた、いま〳〵しいとその車を賣拂つてしまつた

◇

ある澁谷の藝妓屋の主人の乘用として目黒の競馬場へ出かけたシコタマ馬券で儲けてさて御歸宅となると魚籃坂で子供を轢いてしまつて馬券で儲けた金は見舞金やその他でスツカリ飛んでしまつた「どうもこの車は旦那鬼門です、ハンドル持つと私は苦しくなります」と運轉手が述懷した、その後廻り廻つて洲崎のカレーデで朦朧車となつたが事故ばかり起してゐる、船頭が舟の汚れを嫌ふ以上に運轉手は箱の汚れを嫌ふのも無理ない

◇

フエイアツト三〇年型九馬力といふ車が中古だが僅三百圓で買へる何と安いといふ運轉手仲間の語草、然し調査するとこの車はある屋敷で乘用してゐたがその車の中でお孃さんが氣狂ひになり藥自殺をした、その靈が殘つてゐるのか如何に修繕しても塗替へても血痕があつて運轉するとキーツキーツと悲しい音を立て事故を頻發する、今も尙この二臺は誰一人として運轉するものがない、澁谷の車庫に轉がつてゐる、スピード時代の怪奇である

怪　帝都の怪奇（五）　石仏でも御立腹
●中央新聞　昭和六年九月五日（四日夕）　6-298

奇怪の帝都

石佛でも御立腹

本郷千駄木の原の石地藏〔五〕

◇

石佛でも頭部を毆れば御立腹になるとは昭和の今日始めて伺つたグロでござる本郷區千駄木町と林町の地境になる俗に千駄木の原は二百坪未滿で、電車通り道灌山坂下演藝場の筋向ひの裏に當り伊東三郎丸邸越後の大金持市原邸通りへ行くにはどうでも此の原の前の坂を上り下りしなければならぬ

◇

勾配の急な夜は實際まつ暗で近眼の勘平がゐたら通行のサラリーマンの妻君なんか定九郎の代りにズドンと喰つても判らない程實證に緣が薄い、坂の外れに石の二人地藏が建つてゐる、謂はれを聞くと古い〳〵德川八代將軍の末つ方享保十五年此處にゐた根本の奧さんが我が目を忍んで良人が手をつけた十八の婢が其胤を宿して夫婦子のない所へ男の子を產んだから納まらない

◇

萬一其以後夫婦の仲に子が出來なかつたなら婢の子が相續人になつて自分は捨られるだらうと嫉妬して其婢を逐ひ出したが尙又其嫉妬は絕えずに行はれて二男が生れた、本妻の恨み骨髓に徹し二人の子を斬り殺し自分も咽喉を突いて死んだ、婢が本妻に直つたあとで兄弟地藏を建つたのが今原の外れにある石の地藏でなか〳〵筋の道中が長い

◇

所で石地藏の祠の板家根を缺いて夫れで齒を撫でるとどんな轉がつて泣くやうな齒の痛みも癒るとかで矢鱈に板家根をブチこわすのを石地藏が立腹し人が夜路を通ると觸らないでもカーンと石地藏から音がすると、御苦勞にも夜になると其音を聞きに行くのがあるとやら、成程夜すると隨分ひどく板家根が破つてある

怪　帝都の怪奇（六）　古井戸のたたり
●中央新聞　昭和六年九月八日（七日夕）　6-299

奇怪の帝都

古井戸のたゝり

一家三人が間もなく死亡〔六〕

◇

芝區白金三光町に區內の人でなくとも知つてゐる雷神山の下で同區三光町の住宅地に古井戸がある、此處が空地になる前に取拂つた家屋に附屬してゐた井戸を埋ずにあつたもので近所の親達は蜘取りとんぼ取りの子に井戸があるから氣をつけなさいと注意してゐた、夫れでも時々子供が落ち掛ける

ことがあるので古井戸の前にゐた保險屋の木原某が埋て仕舞はうと近所の者に話し夫れがさつぱりして跡腐れがなからうで皆皆大賛成、古木古瓦古疊迄くからゴミまで運んで來た時に木原の細君がお產をして出來た汚物を丁度いゝ捨て場だと拋り込みどうやら斯うやら埋て仕舞ひ是れでお互に子供まで災難を免れたと喜んでゐた、すると木原の細君は產後の肥立ちが惡くて井戸を埋た七日目に死んだ

◇

さうなると至つて口が達者で物事のまづくなつた時に限つて雄辯なおセッカイな細君連が一齊に蜂起した、あの古井戸を埋た時外のゴミはよかつたがお產の汚れ物を拋り込むのは井戸神樣を穢すから私やア勿體ないと思つた、胞衣は胞衣屋にやればいいのに夫れまで井戸へ投込むのは惡かつた、あんまり井戸神樣を穢し過ぎたから何にか祟りがなけりやいゝと心配してゐたんだが到頭お祟りで木原さんの奧さんは亡くなつた恐ろしいもんですね、井戸神樣のお祟りは、と云つてゐると產婦に死なれた木原さんが會社を休んで貰ひ乳をしてゐた赤兒が榮養不良で又死んだ

◇

時こそ來れりと又々お長屋連が蜂の巣を叩きこわしたやうに騷ぎ出し、どうでせう恐ろしくなつてもう宅ぢや引つ越さうと云つてゐますよ、あの井戸のことで木原さんちアお母さんも死に生れたばかりの赤ちやんも死にましたよ、二度ある事は三度あると云ふぢやないの、今度は私達の番だといけないから御祈禱を願はうと思ふのよ、と云つたあと三日おいて木原さんが會社の歸りに急に胸が惡くなつたと云つて電車を降りて家のしきゐを跨ぐと同時に腦貧血で卒倒し十一日目に死亡した、どうも口がきけなくなつたと近所も驚異の目を見張つたゞけでさすが口から先へ生れた細君連も啞のやうに沈默して仕舞つた

怪 帝都の怪奇（七）　おばけ石の由来

●中央新聞　昭和六年九月九日（八日夕）　6-300

帝都の怪奇

おばけ石の由來

妾に虐げられた本妻の怨み（七）

空家が長い間あいてると忽ちお化屋敷と言はれて噂は噂に傳へられる、本妻と妾とが殺し合つたとか、本妻が苦悶死をしたとかいふ物凄い物語が生む大米龍雲に慘殺された戸塚原諏訪の尼寺には今も夜更けて老尼がお寺の周圍をうらめしさうに廻つて歩く、そして池の中に姿をかくすといふ噂が高まり遂に寺内の池を埋てしまつた爾來尼僧の姿は出なくなつてしまつた

◇

雜司ケ谷の鬼子母神裏共同墓地にお化石といふのがあつた、白い大理石ヶ原で某農學士某といふ金貸の女房が地下にまつられてある、雨露のためかその大理石が次第にくづれて宛かも人の髑髏のやうな格恰になつた

◇

去年の夏の夜雜司ケ谷水久保から植木屋の女房が念佛講の歸途こゝを通るとお化石の附近で、髮ふり亂した女がうらめしさうに「口惜しい」と叫んでフーッと現はれた、「キャッ」といふと植木屋の女房は卒倒してしまつた墓守の男が發見して醫者よ藥よと手當をした、その後も男女數名がこの碑の前で同樣の恐ろしいお化に出逢つた、遂々僧侶達が寄合つて平田といふ老爺と協議の上碑を取りはづし墓地は移してしまつた

◇

平田といふ高利貸が本妻の病氣中に池袋邊の小料理屋の女中を妾にして妾に苦しめられて悶死した本妻のうかばれぬためだと言ふ

◇

——墓守りの掃除男もこの話を聞くとゾツとしたやうに

「今時には珍しいことですがね、實際のことでした、あの當時私達も通行しませんでしよ」

今は其大理石が何處へ行つたのか

6-301

帝都の怪奇（八）　見事に適中した武田耕雲斎、夢のお告げ

●中央新聞　昭和六年九月十日（九日夕）

怪

奇怪の都帝

見事に適中した

武田耕雲齋、夢のお告げ

千住の回向院は勤王志士等の無縁佛を祀つてあるが名義のよい割合に夫れを保存する費用といふものが一錢もない住職の水野了石氏は如何にもして維持金を捻出したいと考へて晝夜數年此のことのみに心膽を砕いてゐると……

◇

先月十日の夜水戸烈士の武田耕雲齋が夢枕に立ち、和尚の心配は有難いが維持金について妄りに他人の相談に乗らぬがよいと云つた、ハツとして覺めると夫れが最良の忠告だと思はれたが……

◇

併し維持金を出さうとする位の人に悪い者はない、他人の相談にもよりけりだとお茶を竣つてゐる所へ神戸税關長、神戸商工會議所書記長から豫て御相談した維持金が出來るから直ぐ來て呉れとの手紙が來た

◇

從僧二人をつれて神戸へ出向き旅館に落ついて先方の返事を待つてゐると、約二千圓ばかり各方面の有志から此の通り寄附金があると承諾済みの帳簿を見せられ、夢なんテものは當にならぬとホク／＼喜んでゐると……

◇

數日後に其の二千圓を集めた者が夜逃げをしたと書記長から知らされて、ウームと云つたまゝ卒倒せんばかりに水野和尚は蒼くなつた

◇

旅館への三人分の支拂ひで東京から持つて行つた百圓餘の旅費では不足になり、書記長から廿圓恵まれたので夫れを旅費に歸京しやうとする間に又々旅館の費用が殖えて動かれなくなつた所、書記長も氣の毒だとて千八百圓の手形を呉れたが夫れは返して百八十圓だけ更に集まつた維持金を渡され旅館の拂ひも早早に八月末に歸京し今更あの夢は正夢だつた夢でも馬鹿にならぬと和尚さん大層後悔してゐる

6-302

帝都の怪奇（九）　昭和狐の嫁入り

●中央新聞　昭和六年九月十二日（十一日夕）

怪

奇怪の都帝

昭和狐の嫁入り

釣狂の男が見たといふ

麻布森元町の會社員大非實さんは夜釣が好きで何處へでも出掛ける、江戸川の芦の中に十月の末に一夜を明かしたの、印旛沼へ夜の十一時に汽車で下りたの話をすれば夜釣のこと以外に口を開いたことがなく、夜釣のニツクネームを頂いてゐるだけに技術は相當仲間でも認める域に達してゐる

◇

最近は下り鮎を釣るとて毎夕竿をかついで出掛る中に、去三日の夜の十時頃調子が悪くて少しも掛からないので勝氣がさし河岸を換へやうとして二子多摩川の砧水道の脇を行くと、遙の森の――其時は野毛の田氏邸方面と思つた――にちら／＼提灯が木の間に見えつ隱れつしてゐる

◇

何んだらう今頃數個の提灯が野毛の山路を歩くとは變だと考へて見るともなしに前進すると、提灯は數が段々殖えて四五十になり其先をヒラリ／＼と下から上へ火の玉が飛んでゐる

◇

はゝあ是れが昔から云ふ狐の嫁入りなんだな獲物はなくつても面白いものを見た、こんな不思議なものは見たいと願つても見られるものぢやない、頗る感心してゐると提灯はパツタリ消え只火の玉だけが上になり下にな

つて飛んでゐる、さては是れが狐火だらう、何にしても面白いものだと歩いてゐる間に狐火も消えて元の闇になつた

◇

其の晩は夫れで歸宅して此のグロテスクを他人に話したが誰も眞實に受取らないのが口惜しいので翌晩又出掛けたが矢張り夜釣の方は獲物がなかつた、今夜も獲物の代りに狐火を見やうと一と休み河原に休んでゐると今度は瀧の口の方面へ狐火がフワフワ現はれたのを確に見たとて勇んで歸宅し近々數名の嘲弄した友人を引連れて狐火實驗會をすると頑張つてゐる

怪　帝都の怪奇（十）病室に残る怨み
●中央新聞　昭和六年九月十三日（十二日夕）　6-303

帝都の怪奇

病室に残る怨み

妾にいぢめられた本妻の死

（一）

小石川の目白臺大きな病院の北側の一室、婦人病で半年あまりも病床に呻吟してゐた四十からみの細君、毎夜「口惜しい、口惜しい」と泣いて歯を喰ひしばり恐ろしい面貌して看護婦にまで喰つてかゝる半狂亂、かうした日が數日つゞいた深更遂に興奮して病態もわるくなつて絶命してしまつた

◇

神田の某材木店の女房で、亭主が道樂なので悪性病毒をうつされてから亭主の道樂は一層つのり、妾ぐるひ、それから場末の藝妓をつれ込み本妻を病院に追ひやつてから一度も見舞ひにも來ず滿足に仕送りもせず、何回手紙を出しても「くたばり損ひ奴、早く死にやがれ」と亭主は妾に甘くなつてゐるから手紙に見向きもしない、妾は「お前さん、妾は全く嫌だよ、あんな病人がゐちや氣がふさいでね、その癖内密で金をもつてゆくのだらう」と不滿タラ／＼、亭主は「馬鹿、そんなとがあるものかよ、お前一人が可愛いのさ」とうつゝをぬかして病院へよりつきもせぬ、口惜しさから虐らしくも病人は死んでしまつた

◇

事件はこれだけだが、その後この材木屋は遂に妾ぐるひから家財も全く左前となつてしまつた上妾は盲目となり今では乞食流し屋となつてしまつた、病院はどの病室の看護婦も深更になつてから病人の氷袋をとりかへてくるが、この北側の病室の前を通るのが恐ろしい寒毛が催して髪の毛をひつぱられる様な氣がする、それも四五名で揃つてゐる時は少しも起らないがたゞ一人で氷袋をいぢつてゐる時には乾度そんな風な氣分にうたれる

◇

それも恐ろしい病死の人のとを知らない看護婦までが髪の毛をひかれる恐ろしい事件にぶつかるといふ、そして北側の病室に入る病人は乾度更けてからうなされるといふのだ、この噂が傳へられてから病院では看護婦達を召集し、將來かゝることを流布してはならぬと申し渡したが二名の古參看護婦は斷然辭職してしまつた、つまり北側の病室には病人を收容せぬこと、病室は物置にすることを懇請したが入れられず、そのため辭職したが、不思議に今日でも怪奇な物語が傳へられてゐる

怪　帝都の怪奇（十一）市長室の不思議
●中央新聞　昭和六年九月十七日（十六日夕）　6-304

帝都の怪奇

市長室の不思議

參事會堂に残る星亭の怨み

（一）

東京市役所怪談の二集

ー其の一ー

市長室に市役所建物の出來にあつて十三代續いて代々の市長が又其出來に机を据ゑ事務を見てゐることとコンクリートで固めたやう、誰一人として變へたものがなかつた

◇

西久保弘道氏の如きは擇りに擇

つて丑寅の机の隅の、丑寅へ安樂椅子を据ゑて時々寢てゐる中到頭あの世へ安樂に寢るやうになつた、其跡へ市長になつた市來乙彦氏は市長になるまでは壯健であつたが、市長になつて丑寅の事務机に向ふやうになつてから次第に神經衰弱になり到底市長の劇職に居られぬとて辭職し、他の會社事業に手を出すやうになつたら元の如く壯健になつた

◇

恰も市長室にゐると睡魔の襲ふ如く病魔が風の如くに這ひ寄るのではないかと恐れられてゐると、市來市長辭職後市長となつた堀切善次郎氏は就任早々中學生の二男に死なれ、其身は財政難と切り抜け兼ねて辭職したし、其跡の市長代理船田中氏は郷里から代議士立候補を申込まれ市長代理を罷めて逐鹿戰に立つて當選すると選擧違反で宇都宮の監獄へぶち込まれて一年半刑事被告人となり六年に漸く無罪となつたが其爲め氏は病氣となり市立大塚病院に入院した

◇

其跡が今の永田市長で就任後間もなく胃腸病を患ひどうも丑寅の室は惡いと御幣をかついで南寄りへ移轉したら病氣が癒つた

其の二

新市長室の南の隅に在る市參事會室は星亨が伊庭想太郎に暗殺されて以來、使庭が侵入して來た室を空にして成るたけ人間が通らずにゐた所を先頃財務局長室に改造して以來第一回の市參事會を開いた所市民會の橋本信次郎氏が市の經理課長土生氏を殴つたとて問題が起つたが、夫れでも土生課長は命拾ひをしたと云はれ兎角暗殺室なんてものは村正のやうに殺氣を含むものだと恐ろしがられてゐる

帝都の怪奇（十二）　原宿事件の幽霊　6-305

怪　●中央新聞　昭和六年九月二十二日（二十一日夕）

奇怪の都帝

原宿事件の幽靈

出たといふ出ぬといふ噂

（十二）

府下千駄ケ谷原宿の細君に殺されたとか云はれる後藤忠弘の家に幽靈が出る噂は殺されて二三日經たぬ間にチヨイチヨイあつて今では千駄ケ谷以外にまでお化けが出るなどゝの噂が擴がつてゐる、幽靈だの人魂だのは見た人があるとなると其の噂は益尾に尾がついて擴がるものである、幽靈が出ないでも人の死んだ家から人魂の出るといふことは日本に昔から澤山例のあることで話にもあれば書にも描いてある

◇

井上圓了といふ故人になつた坊さんの學者がお化の研究をして總て世の中にお化だの幽靈だの人魂なんといふものはない、ありや皆怖い〱と思ふから神經が作用して夜中に便所の前で見た幽靈は翌朝よく見たらお隣の泣蟲子供のおしめが干たのであつたことがある勝手口で確に幽靈を見た夜中に見た通りの姿であれ〱あのやうにまだ立てゐるといふから近寄つて見たら竹竿の先に雜巾を冠せて誰かゞ水を切るために干てあつたものだと判つたことがある

◇

決して幽靈や人魂が出るとはない迷信といふものであると書籍にも書きお説教もして廻つたすると甲州の猿橋といふ所で先生さう神經だ迷信だとあつさり片づけなさるが木内きのといふお婆さんが嫁をいびり出した所其晩木内の入口の榎で首を縊つて死にました、お婆さんは家の中にゐて見なかつたが私達は人魂が木内の家の軒下から飛ぶのを現に見てゐるんだから井上先生のやうに決して無いとは云はれないと負けてゐなかつた、ホヽウさうまで云ふなら一つ人魂の飛ぶのを見せてくれ、エヽ見て下さいと木内の家の近くへ圓了を連れて行き夜九時近くになると入口の垣からフワリ〱飛び出したのを夫れ先生夫れが人魂

ですどうだねとやられて流石迷信一點張りの圓了博士も兜をぬいで成程人魂を始めて見たと云つた

◇

原宿の後藤の家では幽靈が出るといふのは他人ばかりでなく家族の者も云ふらしく殺されてから後毎晩々々若い男が七人も八人も泊り込んで家の者を安心させて睡らせてゐるさうださうして幽靈が出るといふのは誰が云ひ出したのか知れないが殺された跡で毎晩夜は夜中に朝は暗くて人の顔の見えない頃に家の外を人間らしい姿がスーツと出てはスーツと消える、殺された亭主が犯人を捉まへて呉とお化になつて出るのだといふが井上博士を氣取る者等はありや幽靈ぢやない證據になるやうな事を捜しに刑事が夜中でも張番に廻つて來て忍び〳〵に歩くのを幽靈だと感違ひしてゐるんだらうとか云つてゐる、どつちがほんとか判らない

帝都の怪奇（十三）　空室に動く人影　市ケ谷刑務所内の…
●中央新聞　昭和六年九月二十三日（二十二日夕）　6-306

奇怪の都帝

空室に動く人影

市ケ谷刑務所内の怪談（上）【十三】

梅原北明氏が公開の席で布施辰治辯護士等に話した市ケ谷刑務所の怪談といふのを人傳てに聞いたA話である

◇

北原氏が出版法違反で昨年市ケ谷刑務所に暮してゐた時に看守から聞いた實話だといふのは、最初此の刑務所に來て入れられるのは七舍といふ建物ださうです、其の七舍の筋向ひに誰も入れられてない空室がある、空室の前に夜中に看守が立つてゐるとどうもゾク〳〵水を掛られたやうに寒けがして怖くなる、なんでも空室の中に人がゐて何か看守に云はうとしてゐるんではないかと思はれる程寒けがするさうで、看守も段々恐ろしくなるから誰もゐない筈だが夫れとも何か入つてゐるのかと疑ひ半分觀察窓といふ小さい窓をあけて中をのぞくと、スーツと寒けが前よりひどく感じてハツとして口の中が乾いて仕舞ひ身内はガタ〳〵震へ出したのは居る筈の空室の中に誰だか人間が静かに坐つて默つて天井を見つめてゐたからである

◇

是れが只の出來てゐない奴だつたらキヤアとかグウとか泣き聲を出すんだが、其處は獄道も柔道もやる看守が幽靈を見たからつてだしぬけに大きな聲も職務の手前出せない、是りやア不思議なことがあるものだ、世の中に幽靈なんてものがありやう譯がないから人間ぢやないとして何だらう、狐か狸が人間の形をして天井を睨んでゐるのは確だよし夫れなら一つ見てやらう、市ケ谷の看守が幽靈に後を見せたなんと云はれては恥だと勇氣を鼓して其實ガタ〳〵歯の根を鳴らしてゐたかも知れないが一何しろ岩見重太郎、宮本無三四にも驚かない看守のことだから中をあけて入つて見ると誰もゐない

◇

人間が室にゐれば入口に其者の番號が貼つてある譯だが夫れがないから人間のゐないのは判つたがと云つて外へ出て中を見ると正に誰かゞゐるのだからどうも變でならない、其の看守もすつかり蒼くなつて俺一人ぢや駄目だとなつて同僚の看守を呼んで來た、するとどうだらう、ゐない筈の空室の中の人間がそろそろ歩き出したんだから怪談ぢやありませんか

帝都の怪奇（十四）　女・うらみの血痕　市ケ谷刑務所…
●中央新聞　昭和六年九月二十四日（二十三日夕）　6-307

奇怪の都帝

女・うらみの血痕

市ケ谷刑務所内の怪談（中）【十四】

市ケ谷刑務所の病人の看守が囚から聞いた

怪 帝都の怪奇（十五）　夜中にうなり声　市ケ谷刑務所…

●中央新聞　昭和六年九月二十五日（二十四日夕）　6-308

帝都の怪奇（十五）

夜中にうなり聲

市ケ谷刑務所内の怪談（下）

市ケ谷刑務所に三舎の二十〇號といふ監房があつて此處には放火犯が入れられることになつてゐる、某といふ放火容疑者が入れられたが、彼は自分は其の犯人でないと云つてゐても第一審の東京地方裁判所で有罪の宣告を下されてすつかり悲觀したが、控訴を申立てたので今度は監房が變つて控訴房といふのに移されることになつた、其の前夜どう考へたものか二十〇號房で首を縊つて自殺した

◇

よく刑務所で自殺するといふことを聞くがあれ程見廻りの嚴重な所で自殺が出來るものかと疑はれるが、併し聞いて見れば出來ないことはないやうで果ば妙な工風をして自殺したのだ、二十〇號の監房の羽目板にある節穴へ箸を突き込み夫れへ自分の帯を懸け或る物を踏み臺代りにして目的を遂げた

◇

夫れから後になつて其處にゐると何處かの工場で鳴らすのかも知れないが寝てゐると「うー」と唸るやうな音がするといふ話しになつて其處へ入れられるのを嫌つて他の房へ入りたいと云ひ出すやうになつた

◇

そんなことがありやう筈はないが其處へ入れなければならぬ程に房が不足してゐるのでもない時があつて暫らく空房になつてゐたが、其の中に選擧違反で大香中へ入れられるものが出來て段々に房を空けて置けなくなつたとて其の房も放火犯でない外の容疑者を入れることになつたところが其處へ入れると例の通り「うー」と工場の笛でもあるやうな物凄いが細くて長い唸るらしい話

◇

以前姦通罪で入つた女があつただが其の女は實際は姦通してゐなかつたらしいのだつたといふが兎に角姦通罪といふことで入れられてゐる内に、私は姦通した覺えはないのにこんな所へ入れられて口惜しい〳〵と泣いてゐたさうで、到頭口惜しさのあまり未決監で舌を噛んで自殺して仕舞つた

◇

其の斷末魔の苦しみの最中に看守が其の前を通つてみると、うん〳〵唸つて迚も聞いてゐられないやうな苦しげな聲を出してゐたがみる〳〵悶絶して仕舞つたので直ぐ看守長に知らせると看護員も飛んで來て病監の方へ移らせた、手當をしたがもう追つつかず死んで仕舞つたが、其の時嵌められてゐた手錠が血だらけになつてゐて獨房の壁にも手錠のはまつた手で苦しみ悶いて摑んだ跡が血だらけになつて紅葉のやうにベツトリ血の判でおしたやうについてゐたので大工を呼んで來て夫れを削り取らせることにしたら宜しからうといふことになつた

◇

大工を呼びにやつたが其の間も薄氣味惡い赤い血が壁にぴかぴか光つてゐた、好い按排に大工が來て其處の血のついてゐる壁を削り取つて仕舞つたから是れなら誰があとへ入つても好からうと云つて大工は歸つて仕舞ひ、跡を改めた者も血のあとが何處にあつたか分らないやうにそつくり洗つたやうに無くなつて仕舞つたのを見て、其處へ又女の囚人を入れると壁に紅葉のやうな血がついてゐて恐ろしくつてゐられないと云ふ

◇

そんなことがあるものか、大工が殘らず削つて仕舞つたのに血の跡がある筈がないと云つて能く見たら成る程紅葉のやうに血が光つてゐるので又大工に削らせたが、削つてもまだはつきりと血の跡がついてゐた

い音が耳について堪られないと云ふ者が出來た

◇

そんな馬鹿なことがと強がつて實驗に入れて貰つた者があつても矢張り「らー」といふ薄氣味の悪い音がすることは變りがないと云ふことになり、又々容房にならうとしたが都合上空けておかれないので考へた末に其の節穴があるのが話の種になつてよくないのだ、取つてしまつたら神經も鎭まるだらうと大工が來て其の穴のある板の或部分を切り取つて新しい板と張り替た

◇

先づ是れで詰らぬことを云ふ者もなからうと云つたが古い羽目板と新しく張り替た羽目板とは色が變つてゐるだけに尚更ら目について相變らず夜になると「らー」といふ音がするさうで、何處かの工場の音であらうがあの中にゐると妙な氣持ちになつて來るものだと梅原氏は云つたさうだ

帝都の怪奇（十六）　五右衛門の大釜　市ヶ谷刑務所…

6-309

●中央新聞　昭和六年九月二十六日（二十五日夕）

帝都の怪奇

五右衛門の大釜

市ヶ谷刑務所内の怪談（十六）

市ヶ谷刑務所の炊事場の前に石川五右衛門の釜ゝでになつた時使つたやうな大きい、夫れはとても大きい釜があつて雨だれを受るものになつてゐる雨が降ると釜の中に水が一杯になつて外へこぼれてお天氣になると水蒸汽が蒸發するか幾らか減る譯だがどの位減つたか一一調べてゐる人もないけれど年中釜には一杯の雨水が溜つてどんなに日照りが續いても釜の中の水が釜の縁から下へひどく減つたのを見たことがない

◇

夫れでさへ不思議な釜なのだが雨だれが落ちてポタン〳〵と音のするのは當り前で不思議ではないにしても雨の降らない日に釜の中へ何處から水が落るのかポタン〳〵と音がするのを不思議でないとは云へない、日がカン〳〵照りつけて好いお天氣だのに釜の中へポタン〳〵と水の落ちる音が絶えずしてゐる、原因が何處にあるんだか何しろ不思議なことで或人は石川五右衛門の最期の怨念が祟つて雨が降らないでも刑務所の釜に水が落ちるのだなんて云ふと隨分ヨタだが併しお天氣の日に釜の中へポタン〳〵と水が落ちて來る音の原因は今だに判らない

◇

其の次は死刑になるもの〻絞首臺の下の不思議である、絞首臺の下は段々深くなつてゐて一丈位の穴があいてゐて其處へ年中水が溜まるのだが幾ら汲んでも汲んでも水が溜まる、水を汲み出したあとへ直ぐ溜まる、此の原因も變だといふだけで未だ解決をつける人もない

◇

さて刑務所の不思議は色々あつたが最後に云つた看守の話向ひの容房についての結末をつけるが其の獄監に入ると夜ガタガタ、ガタ〳〵と音がある、何の音か判らぬが兎に角ガタ〳〵音がする、なんだと聞いたら倉平儀平が涙を呑んで自殺した怨念が殘つてゐるのだとの話である、そんな變な病監から最初に話した通り中に居ない筈の人間が出て歩き出したのだから最前から見てゐた看守も呆れて、應援に呼ばれて來た看守も呆れて、不思議だ〳〵と云ひながらついて行くと廊下を歩いて教會堂へ行くとスーツと姿が消えて仕舞つた、是は古い看守の實見談であるさうだ（完）

ラジオ　今日の番組　常磐津『忍夜孝曲者』

6-310

●馬関毎日新聞　昭和六年九月四日（三日夕）

▲九、〇〇（Ａ）　常磐津『忍夜孝曲者』（將門）（淨瑠璃）常磐津松尾太夫（淨瑠璃）常磐津三登勢太夫（淨瑠璃）常磐津高尾太夫

常磐津『忍夜孝事寄』あやし恐ろし　6-311

ラ　●馬関毎日新聞　昭和六年九月四日（三日夕）

（三味線）常磐津文字太夫（上調子）常磐津栴太夫

常磐津

『忍夜孝事寄』（将門）あやし恐ろし

将門が娘瀧夜叉の蝦蟇の妖術

後九時

松尾太夫文字太夫社中

〽夫れ五行子にありといふ彼の紹興の十四年、樂平縣なる陽泉の村書を茲に湖水の、水氣壮んに浩々と、澄めるは昇る大空、瀬も瀬りと古御所に、解語の花の立姿

（三下り）〽戀は曲者世の人の、迷ひの淵瀬きのどくの。山より落つる流れの身、うき音の琴のそれならで、〽妻呼び交す雁の其玉章をかくばかり、色に手だれの傾城も、係る人に逢ひ見ての、後の思ひにくらぶ山、忍ぶ涙の春雨を、袖に凌いで來りける。〽大宅の太郎は目を覺まし、将門山の古御所に、妖怪變化住所を求め、人倫を悩ます由賴豈公の仰せをうけし光國が、暫しまどろむ其うちに見馴れぬ座敷の此體は正しく變化の所爲なるか、〽申し光國様〽扨こそ變化御參なれ、イデ正體をと立ち寄る光國、女は慌て押止め、〽ア、申し、様子云はねば御前の疑念、私や都の島原で、如月といふ傾城で御座んすわいなア、〽ヤヤ心得難き其一言、波濤を隔てし此國へ

傾城遊女の身を

以て、來り住むべき謂はれなし、よし、よし又都の遊女にせよ、つひに見もせぬ其の方が、何故我をど不審の言葉〽サア御尋ねなくとも御前の噂、晴らすは過ぎし春の頃、〽何と、〽申し、〽嵯峨や御室の花盛り、浮氣な蝶も色かせぐ廓の者に連れられて、外珍らしき嵐山、〽ソレ離えてか君様の、裕も春の薄染、騷氣ならぬ殿振を、〽見染てそめて恥づかしの、森の下露思ひは胸に〽光國様といふ事は、其折知つて明暮れに、女子の念が今日の今、届いて嬉しい此の逢ふ瀬、疑念晴らして下さんせ、やいのやいのと取すがり、恐らむ顔の稚氣風光國態と打解けて、〽いかさま切なるおことが心底、去程に戀ふ愛情を、捨つるは却つて本意ならず疑念はさつぱり晴れたれども、武邊修業の我身の上、望みを果さば兎も角も夫れに付けても往古の東内裏の作戦を、思ひ出だせばオ、夫よ〽さても相馬の将門は〽威勢の餘り謀叛と共に企て並べし大内裏、諸将の振舞都に聞こえ、朝敵射手の三大将頭は二月の百千鳥賀先かけて押寄する。

數度の軍も辛島

に、集まり勢の悲しさは、風に鏃んの霹崩れ、むらむらぱつと吹き散りたり、平親王が最後の一戰、見よや見よやと夕月の鷹毛なる駒に打乘つて、向ふ者をば拂み打、立割、ほろ付、車斬り、かくと見るより上平太が放つ矢先に将門はこめかみのぶかに射通され、馬よりどうと敵なき落命、寄手は勇む勝鬨と、今見る如く物語る、〽思へ無念と如月が、歯を喰ひしばる忍び泣き、さこそと光國詰め寄つて〽合點の行かぬ女が振る舞、今合戰の様子を聞き、頻りに催す落涙は、と見咎められてそらさぬ顔、〽ホ、、何の私が泣くもので、泣いたと言ふは、オ、それそれ可愛い

男に別れの鷄鐘

後朝告ぐる鷄の聲、鷄が鳴いたといふこといなア〽ほのぼのと夜さへづる奥座敷、燈火しめす男ども〽屏風一重のそなたには、まだ臨書の閨ゆれど〽我は見足らぬ夢を

裂き早後朝と引締る〽帯隠ざるゝ乱れも〽恰らはあらぬ移り香に、又孫盃の数ぷれて、三の切れたる三味線も、ひかるゝほどは引いて見ん、仇し心の仇枕〽交さぬ先もあるものを、去なば去なんせよしや、只、独り浮身を数へ唄、廓の手管に紛らかす、はずみに落とせし錦の御旗〽コリヤ是慥かに〽イヤ夫れは、〽夫れとは〽夫れ、〽爾人〽それ〳〵そつこでせい

一つ一夜の契り

さへ、二つ枕の許しなき、三つ三重四重まはり氣は、いつまで解かぬ常陸帯、六つ酷いと思ひはせいで、七つの錦の恨めしや〽焦めかし、〽さてこそ〳〵相馬錦の此の旗を、所持なすからは聞ふに及ばず、将門が忘れ形見瀧夜叉姫であらうが、〽イヽヤ知らぬ覚えはないぞ、〽ヤア覚えないとは卑怯の一言、肉芝仙より傳はりし、蝦蟇の妖術習ひ覚えゝ此の古御所に隠れ棲むこと、疾く聞に達せし上は最早免れぬおことが身の上、本名名乗つて降参なせ〽チエヱ残念や口惜や、かくなる上は何をか包まん眞我こそ

将門が娘

瀧夜叉なるわ〽扨こそナ〽一器量ある汝ゆえ、命を助け味方にと、思ふ心が仇となり、見現はされし上からは、習ひ覚えし妖術にて、光國そちが命を絶つ、覚悟なせ、〽何を小癪な〽怒れる面色忽ちに、柳眉を逆立ち吐く息は、炎となつて燃々たる妖術鬼術の秘術通にさすがの勇者もたぢ〳〵〳〵、朽木の葉のさらさら〳〵、突風と共に光國が襟髪つかんで宙字の争ひ、怪し恐ろし世にうたふ、時を綸本の忠義傳、歌舞伎に残す物語り、描き絵に書き綴む。

ラ　ラジオ　今日の番組　常磐津『忍夜孝曲者』
●九州日報　昭和六年九月四日　6-312

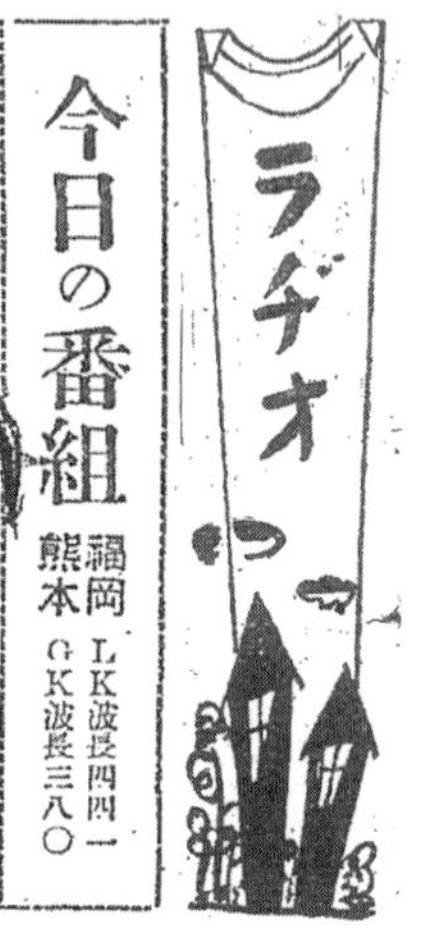

ラヂオ
今日の番組
福岡 LK波長四四一
熊本 GK波長三八〇

▲九、〇〇（A）常磐津『忍夜恋曲者』（将門）（浄瑠璃）常磐津三登勢太夫（浄瑠璃）常磐津高尾太夫（三味線）常磐津文字太夫（上調子）常磐津松次

ラ　常磐津『忍夜孝事寄』（将門）あやし恐ろし
●九州日報　昭和六年九月四日　6-313

常磐津

『忍夜孝事寄』（将門）あやし恐ろし

将門が娘瀧夜叉の蝦蟇の妖術

松尾太夫文字太夫社中

——後九時——

〽夫れ五行子にありといふ彼の紹興の千四年、楽平縣なる陽泉の往昔を茲に湖水の、水氣旺んに滔々と、溜める氣は昇る天津空、雨も頻りと古御所に、解語の花の立姿

（三下り）〽戀は曲物世の人の、迷ひの淵瀬きのどくの。山より落つる流れの身、うき音の琴のそれならで、〽要呼び交す雁の共白髪をかくばかり、色に手だれの傾城も、焦るゝ人に逢い見ての、後の思ひにくらぶ山、忍ぶ涙の春雨を、傘に凌いで来りける。〽大宅の太郎は目を覚まし、将門山の古御所に、妖怪變化棲所を求め、人倫を悩ます由頼宣公の仰せをうけし光國が誰しまどろむ其うちに見馴れぬ座敷の此體は正しく變化の所為なるか、〽申し光國様〽扨こそ變化御参なれ、イデ正體をと立ち寄る光國、女は慌て押止め、〽ア、申し、様子云はねば御前の疑念、私や都の島原で、如月といふ傾城で御座んすわいなア、〽ヤア心得難き其一言、波濤を隔てし此國へ

傾城遊女の身を

以て、来り住むべき謂はれなし、よし、よし又都の遊女にせよ、つひに見もせぬ其の方が、何故我をと不審の言葉〽サア御尋ねなくとも御前の胸、晴らすは過ぎし春の頃、〽何と、〽申し、〽嵯峨や御室の花盛り、浮氣な蝶も色かせぐ廓の者に連れられて、外珍らしき嵐山、〽ソレ置えてか君様の、私も春の振染、嵐氣ならぬ殿振を、〽見染てそめて恥づかしの、森の下露思ひ

は胸に〜光國様といふ事は、其折知つて明されに、女子の念が今月の今、届いて嬉しい此の逢ふ瀬い疑念晴らして下さんせ、やいのやいのど取すがり、恨らむ顔の袖褄風光國卿と打解けて、〜いかさま切なるおことが心底左ほどに思ふ眞情を、捨つるは知つて本意ならず疑念はさつぱり晴れたれども、武邊修業の我身の上、望みを果さば兎も角も、夫れに付けても往古の東内裏の御殿を、思ひ出だせば〜、夫よ〜さても相馬の將門は〜威勢の餘り謀叛と共に企て逝べし大内裏、叡聞の振舞都に聞こえ、朝敵討手の三大將軍は二月の百千鳥眞先かけて押寄する。

數度の軍も辛島

に、咲まり散の悲しさは、風に残んの雪崩れ、むらむらばつと吹き散りたり、平親王が最後の一戰、見よや見よやと夕月の駒毛なる駒に打乗つて、向ふ者をば揉み打、立割、ほろ付、車斬り、かくと見るより上平太が放つ矢先に將門はこめかみのぶかに射通され、馬よりどうと敵なき落命、寄手は勇む勝鬨と、今見る如く物語る、〜思へば無念と如月が、歯を喰ひしばる忍び泣き、さこそと光國詰め寄つて〜合戰の行かぬ女が振る舞、今合戰の様子を聞き、頻りに催す落涙は、と見咎められてそらさぬ顔、〜ホヽ、何の私が泣くもので、泣いたと言ふは、オヽそれそれ可愛い

男に別れの鶏鐘

後朝告ぐる朝鳥、雀が鳴いたといふことといなア〜ほのほのと雀さへづる奥座敷、燈火しめず男ども〜颶風一重のそなたには、まだ臨書の聞ゆれど〜我は見足らぬ夢を裂き早後朝と引締る〜帯締さるゝ戯れも〜憎らはあらぬ移り香に、又悉語の数ふれて、三の切れたる三味線も、ひかるゝほどは引いて見ん、仇し心の仇枕〜交さぬ先もあるものを、去なば去なんせよしや只、獨り浮身を數へ唄、廓の手管に紛らかす、はずみに落とせし錦の御旗〜コリヤ是憶かに〜イヤ夫れは、〜夫れとは〜夫れ、〜御旗人〜それ〜そつこでせい

一つ一夜の契り

さへ、二つ枕の許しなき、三つ三重四重まはり氣は、いつまで解かぬ常陸帯、六つ酷いと思ひはせいで、七つの錦の恨めしや艶めかし、〜さてこそ〜相馬錦の此の御旗を、所持なすからは聞ふに及ばず、將門が忘れ形見瀧夜叉姫であらうが、〜イヽヤ知らぬ覺えはないぞ、〜ヤア覺えないとは卑怯の一言、肉芝仙より傳はりし、蝦蟇の妖術習ひ覺え、此の古御所に隠れ棲むこと、叡聞に達せし上は最早逃れぬおことが身の上、本名名乗つて降参なせ〜チエヽ残念や口惜や、かくなる上は何をか包まん眞我こそ

將門が娘

瀧夜叉なるわ〜扨こそナ〜一念ある汝ゆえ、命を助け味方にと、思ふ心が仇となり、見現はされし上からは、習ひ覺えし妖術にて、光國そちが命を絶つ、〜覺悟なせ、〜何を小癪な〜怒れる面色忽ちに、柳眉を逆立ち吐く息は、炎となつて爛々たる妖術魔術の業通にさすがの勇者もたじたじ〜樹木の霧のさらさら〜、魔風と共に光國が擬勢つかん化生の身の佇ひ、怪しき恐ろしき世にうたふ、時を綿木の忠義の、歌舞伎に残す物語り、描き錦に繪き納む。

怪奇実話　K爺の話（一）

●会津新聞　昭和六年九月九日（八日夕）　6-314

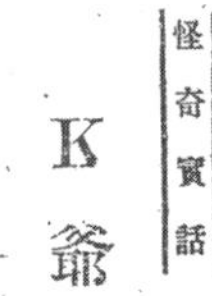

怪奇實話

K爺の話

一筆庵奇愚血

（一）

吾が會津の地は何方を向いても山嶽に圍繞せられて居る土地柄だけに古來山に因んだ口碑傳説の類が随分多く語り傳へられて居る。又此等山嶽の山峽に住む樵夫獵師達に依つてもたらされた怪奇的な

奇談もなか〳〵尠くない。其等の物語りの内には一寸近代人の常識では信ぜられない様な山の神秘とでも言ふべき物語りもあつてなか〳〵興味深いものである。これから私が語り出そうとするのは山の神秘と言つた様な種類のものではないが、今から約十年以前其の事件に直面したK爺と呼ぶ七十歳になん〳〵とした一獵師からきいたなんとも形容し難い凄慘な怪奇極まる事實談なのである。

○

五十年近くの永い獵人生活には熊と一騎打をした事が十指に餘る程の山度胸のあるK爺が今だにそれを思ひ出すと冷水を浴びた様になるのだと云ふ、然もそれは氷雪に閉され獵師以外には人跡全く絶えた險難なる御神樂嶽山中眞夜中に起つたのである。

先づ筆者は話の順序として其の日のK爺達の熊狩の様子から述べねばならない。

會津と越後の國境に跨り笠倉山樋戸の諸山を一瞥して聳え立つた御神樂嶽の早春であつた御神樂を中にして其北側の越後領室谷村でも又其南麓にある會津領の本名村でも獵師達は熊、猿等の山狩に熱中してゐた。御神樂颪の吹き降す此等山峡の村々では冬の來るのが早く春の訪れは至つて遲く、農業の如きは會津平の諸村に比すれば十日以上二十日許りも差があるのである。一年の三分の一は完全に冬籠りの狀態なのである。故に山峡に住む部落民はこの休業同様の期間を彼處の尾嶺、此方の峰と嶮難を跋渉して、山脈に活躍するのである。

怪奇実話　K爺の話（二）

●会津新聞　昭和六年九月十一日（十日夕）　6-315

怪奇實話

K爺の話（二）

一筆庵奇異血

一体熊は秋冬眠の前後となれば造物主は彼等に獰猛な食慾とこれに打つてつけの旺盛な消化器の活動を與へるらしい。そこへもつて來て會津連山の秋は栗、山葡萄かや栃の實の類を彼等の胃腑に送つて、厚い二寸もあらうかと思はれる脂肪を供給しビヤ樽の様な不様な格構に迄彼等を太らせるのである。

この冬眠の用意が出來ると、彼等は秋の彼岸過ぎからそろ〳〵穴籠りの準備をやり出すのである。

先づ彼等は深山幽谷の断崖他の鳥獣の通はぬ様な處を盛に捜し廻りやがて北風の雪崩の憂のない塲所を選定するのである。

彼等は本能的に經驗深い登山家の及ばない様な感覺を以て決して塲所の選定に失敗しない彼は先づ撰定した穴の附近の樹木の枝を折りまげて神輿を据へて三日四日と周圍の物音に警戒し且つ断崖上から四方を見定めて、いよ

〳〵安全と見極めた處でドリャ一寢となるのである。

獵師達はこの樹木の熊の爲にかみ取られた處を熊のアテと云ひその木の枝を折敷いた熊公の御座所跡を捜し廻るのである。

其の年は彼等熊公共の準備もまだ出來まいと思はれる程に早くも天は雪の猛威を旺しうしたのであつた。

熊狩では老將軍とも言ふ可きK爺も其手の配下七人を卒へて本據本名村から御神樂嶽の南尾嶺傳に熊の當を目當に熊穴を捜しに出掛けたのである。

上表面は堅い氷で蔽はれ乍ら下層は極めて柔い雪質の危險な斜面を上下したり指頭狀の氷柱に包まれた澤前の尾嶺のへりを辿り等しての命を削る樣な危險を冐して搜査は續けられた。

やがて彼等の努力は報えられて三日目の晝少し下りに或る尾嶺の南斜面の斷崖に添ふた中腹に、敵手の隱家を發見した。

怪奇実話　K爺の話（三）

●会津新聞　昭和六年九月十二日（十一日夕）　6-316

怪奇實話　K爺の話(三)　一筆庵奇異血

K爺の樣に永年の山獵になれた經驗者は熊が穴籠りのために噛み荒した樹木のアテで驚く程適確にその獲物の所在を感知するのだ。

穴は大犬がやつと入れると思はれる程しかない岩穴なのである。

今も彼等は眼前に立つて居るのだ。この熊の隱れ家の發見は今迄の命をけずる樣な危險な雪山ぞの苦鬪を忽ち忘れさせた。彼等は思はずお互に顏を見合せた。

奇妙に緊張した瞬間の一瞥……

穴に居る熊はK爺やとその一黨の前には最早や、膽何程、皮何程の胸算用の代物にしか過ぎぬのだ。

いよ〳〵これから凄まじい闘爭が開始せられるのである。

皆は小憩の後、そろ〳〵穴詰めの準備にかゝつた。穴詰めの材木はその斜面から二三十間下手の澤前から運ばれた。かゝる冬の高山の中腹は、から身で登攀するさえ命懸けである。一歩踏み誤つたら脚下に口をあけて居る目くるめく許りの深い斷崖の澤とその身を呑まれてしまはねばならないのだ。まして大きな木林をはこぶのは山なれた彼等にとつてすら容易な業ではない。

一寸した不注意から早蕨の萠え出る頃でなければその死屍すら見出せないと云ふ谷間の雪に埋もれてしまつた雪山登高者のかゝる哀話を讀者は知つて居る筈である。

怪奇実話　K爺の話（四）

●会津新聞　昭和六年九月十三日（十二日夕）　6-317

怪奇實話　K爺の話(四)　一筆庵奇異血

多くの危險と闘つて『マセ』は三時間許りの

後に完全に作り上げられ穴詰めの作業は終つた。愈々桿で探り出すのである。さぐり役はかなりの老練者であり豪膽者でなくては駄目である。

大将格のK爺が此の役を買つて出た。そして彼は立役の銃手を若手のMに譲つた。Mは年こそ未だ、三十そこ〳〵に過ぎないが膽の据わつた仲々の手練者なのだ。愛嬌者でいつもおどけた身振りで狩の失敗談をして皆を笑はせる大男のYは銃を捨てゝ腰刀で作つた即製の鎗を持つて「俺はこれで野郎の月の輪をこうやつと突くだぞ」と妙な格恰に身構へした。

「熊公今宵の鎗は血に餓えて居るぞ―」一同はY爺さんのチャンバラもどきの真似事に思はずプッと吹き出して仕舞つた。幾分の後に起るであらう所の壮快な活劇を胸にゑがいて一種異様な緊張にこは張つた皆の顔面筋肉がゆるんだ。と同時に一同には何となしに落着いた平静な氣持が蘇つて來た。

「また始めたナ正さね[illegible]かよ、野郎今に熊が出てから逃げるな」とK爺はツンと雪の上に手はなをかんで微笑を含んだ顔をY親父のおどけ面に向けた。

「皆よく持場へつけ[illegible]ら良いか、[illegible]り出ぞ」K爺はヤセの前に蹲んで、ぶなの木（ヘラシ）を削つた桿で穴の中を突き始めた。

一突？・？……？一突？……？桿が届かないんだらうか？熊は居ないんだ。

怪奇実話　K爺の話（五）

●会津新聞　昭和六年九月十五日（十四日夕）　6-318

怪奇実話　K爺の話（五）　一筆庵　奇異血

熊がゐないんだらうか……、熊が居ないなんて事が有り得ない筈だ。が突いても突いても一向手應へがない。或は穴が中で横へ曲つて居るのかも知れない彼は少し腹立しげに、穴詰の木材の間から肩の邊りまで手をさし込んで棹の先で穴の中を掻き廻した。

なんと言ふ亂暴？豪膽さ！

「ちよッ……申し聞えませぬ安珍様……」K爺が清姫もどきで日高川の一條を行ると殆んど同時であつた。怒りに恐つた熊の怒號と共に何とした事であらうメリ〳〵ッと激しい音を立てゝ穴詰のませは破れた。

おゝませが破れたのだッ！

總ての出來事は殆んど一瞬の出來事であり同時であつた。

あなやと言ふ間も無かつた。怒れる熊は倒れた穴詰の木材と一緒に仰向様に顛倒したK爺の胸の上をジタ〳〵に踏み渡つてY親父へと立向つた。突差にYは日頃の熊突の要領も有らばこそひたすら槍をさし延べて突かふとのみ焦つたわけの解らぬ焦燥が一同を襲つた屁ピリ腰のY親父の

怪奇実話　K爺の話（六）

●会津新聞　昭和六年九月十六日（十五日夕）　6-319

怪奇實話

K爺の話（六）

一筆庵奇異血

鼻を衝く激しい火薬の臭の中に狂暴な山のおやぢは恰も物を擲投げた樣に眞白い雪上へと倒れた。そして最早や二度と地上へは立上らなかつた。

一彈は左耳上から前額部へ打拔け一彈は下顎骨を縫つて口中に止り共に致命傷を與へたのである。

眞紅の血潮は忽ち純白の氷雪を彩つて行くほつと深い吐息を吐いた一同は只顔と顔、目と目とを見合す許りである。

數刻に渉るかゝる動物相剋の浅ましい闘争も知らぬ氣に大自然は悠々と今や其安息の夜に入らんとして居た。

此樣な季節に於ける高山の日暮は釣瓶落しである。この闘の場所の足中から急角度を以て直下遙かに落込んで行く谿谷の止りには打續く白銀の斜面の一郭を切り取つて黒々とどの群落が沈默して居る。

父の意識を攫つた。

嗚呼万事休？

其時であつた。凍てついた山缶谿谷を震はして轟然たる銃聲が一同の耳朶をうつて轟いた。

此急迫した光景に漸く我を取り戻したMが今し狂猛なる獲物に向つて其の第一彈を送つたのである。天祐とは此時の如きを指して云ふのであるまいか？倒れたYに躍り懸らんとして居た熊は急に物の怪に就かれた樣に其の攻擊を中止して自分の左太股にかみ付いて居るではないか。彈が命中つたのだ。流石はK爺が選んだ丈けあつて万一の場合を思つてMはかゝる急迫した狀況に直面して猶ほ且つ自分の立場を忘れなかつたのである。

不幸にして第一彈は急所をはづれて熊の左太股の付根を手非道く打拔いたに過ぎなかつたが最早や結果は明かである。

熊は急に攻擊を中止して方向を轉換するや右手の射手の間を拔けて盗走を企てたのである續いて第二第三の銃聲が起つた。

突出す槍先には力が無かつた。焦つて三度目に突出した彼の槍は咆哮して立上つた熊の側腹を僅に傷けたのみで一層熊を怒らせるにしか役立たせなかつた。

他の連中は豫斯せぬ事變に啞然として熊とYとを凝視する許りである。自我を亡失した一同の眼は夢中で突出したY親父の槍首に熊の頑丈な分厚い掌が懸つたのを見た。瞬間！六尺豊かの大男Y親父は槍を持つた儘くるりと大きく宙に圓を描いたと思ふとドッと許り雪の上に投げ飛ばされた。

怪奇実話　K爺の話（六）

●会津新聞　昭和六年九月十六日（十六日夕）　6-320

怪奇實話

K爺の話(六)

一筆庵奇異血

附記　前號讀ものが少しのけたり位置か違つてゐますので書き加へ改めて(六)さいたします

ウヮツさ言ふ叫びが誰れかの口を衝いて出た。

恐怖さ焦燥さ混亂との嵐が電撃の如く一同の能髄を衝走つた

ワッ、ウワッ、、

黒さ白さの急激な回轉！それが急速なテンポを以て近々さ鼻先に敵被さつて來るかさ思ふさパツト後退してやがて得体の知れぬ混迷がY親父の意識を攫つた

嗚呼万事休？？

其時であつた　凍つていた山岳谿谷を震はして轟然たる銃聲が一同の耳朶をうつて轟いた

此急迫した光景に漸く我を取り戻したMが　今し狂猛なる獲物に向つて其の第一彈を送つたのである　天祐さは此時の如きを示して云ふのではあるまいか！

倒れたYに躍りかゝらんさして居た熊は急に物の怪に就かれた樣に其攻撃を中止して自分の左太股にかみ付いてゐるのではないか　彈が命中したのだ

流石は　万一の場合を慮つてK爺が選んだ丈けあつて　Mはかゝる急迫した狀況に直面して猶は且つ自分の立場を忘れなかつたのである

不幸にして第一彈は急所をはづれて熊の太股の付根を手非道く打拔いたに過ぎなかつたが最早結果は明かである

熊は急に攻撃を中止して方向を轉換するさ右手の射手の間を拔けて逃走を企てたのである

續いて第二第三の銃聲が起つた

MとBさが火蓋を切つたのだ鼻を衝く激しい火藥の臭の中に狂暴な山のおやぢは恰も物を擲投げた樣に眞白い雪上へさ倒れた　そして最早や二度さ地上へは立上らなかつた

一彈は左耳上から前額部へ打拔け一彈は骨を縫つて口中に止り共に致命傷を與へたのである

眞紅の血潮は忽ち純白の氷雪を彩つて行く

ほつさ深い吐息をば吐いた一同は只顔さ顔目さ目とを見合す許りである數刻に渡るかゝる動物相こくの浅ましい闘争も知らぬ氣に大自然は悠々と今や其の安息の夜に入らんさして居た

怪奇実話　K爺の話（七）

●会津新聞　昭和六年九月十八日（十七日夕）　6-321

怪奇實話

K爺の話(七)

一筆庵奇異血

此の様な季節に於ける高山の日暮は釣瓶落しである　この戰の場所の足下から急角度を以て直下遙かに沈んで行く谿谷の止りには打續く白銀の斜面の一部を切取つて黑々とトドの群落が沈默してゐる

それに混つて点在するぶなの粗林から薄白い靄の集團が立ち朧つて暗紫色の深い谿谷から山裾を蔽ふ樣に低迷して居た。

頭部には赤々と斜陽の殘映を受け乍ら脚部は早や影の中にあつたませと共倒れしたK爺も熊にはね飛されたY親父も大した怪我は無かつた。皆に正氣付けられて苦笑し乍ら起上つたY親父は僅に右掌の背に裂傷を蒙つた

怪奇実話　K爺の話（八）
●会津新聞　昭和六年九月十九日（十八日夕）
6-322

怪奇實話

K爺の話（八）

一筆庵奇異血

背の立つて居る此の御神樂嶽と相對して最後の殘映に彩られた姿を今の先まで雲海の中に見せて居た鍋倉山一体は一抹の暗雲に包まれてその山容もそれと判別する事が出來ないではないか。

襲來だ！　吹雪の襲來だ!!

あの獰猛な熊よりも更に恐るべき吹雪の襲來なのだ。

一同の顔上には一抹の不安が漂つた。

「ほうー、一荒れ來るらしいぞ、皆岩窟へ寄れようー」と叫んだK爺の呼聲は中は宙に打消されて早くも襲い來つた強風に彼等は先程迄熊の住家であつた岩穴の前にひしと身を寄せねばならなかつた。

恐しい強風だ。

一陣！　又一陣、先程まで直ぐ目の下に見てゐたとゞの一群は早や影も形ちも見えぬ。一面の粉雪が谿から尻嶺へと研ぎすました雪の斜面を吹き、狂ひ、躍つて登つて來るのだ直ぐ五六間先の岩の突角に立つた一佐木の大木も濛々たる吹雪と嵐の中に早や、其の姿を消して了つた。

嵐は刻々に吹き捲るかに見えた。雪は吹降る計りで無く山肌からも吹き立てる。一緒に踞んで居る仲間の顔すら判然と見る事が出來

に過ぎなかつた。

一同は改めて彼等の獲物を見直した。熊は穴の大きさから想像したより遙かに大きかつた。それは五十貫先もあらうか漆黒に光る美しい毛並を見せて眞白な雪上に静かに横たはつて居る一語も發する者もない。獲物を前にした一同には先程の生命を脅かす危險に直面した事も一つの遠い惡夢の様にしか考へられなかつた。

K爺は熊が完全に死んだのを見極めると一握りの雪を攫んで熊の方へと近づいて行つた彼は傷口から吹き出してゐる血潮の汚れを丁寧に拭き取つた。そして堅い永雪から僅かに露はれてゐる石楠の小枝を折取つて彼等の獲物の前に供へた。

大きな獲物に滿足氣に微笑んだ七人の顔は次の瞬間敬虔な表情に變つた。

おゝこの人跡絶えた雪山を跋渉し何者をも恐れないかに見える彼等山男達には又實に優しいこの心やりがあるのだ。

今し最後の殘映は静かに／＼この山中の劇的光景を照し出してゐる、

「おやッ！　危ねいぞッ」

突然静寂を破つて默々たる一同の鼓膜を打つY親父の叫び!!

一同はギヨッとして等しくY親父の指差す東の方へと眼を放つた

ない眼が開けないのである。

ざわり〳〵ッと凄じい音が間近でしたと思ふと踞つてゐる一同の頭上をかすめてか　黒い影が　怪鳥の様に唸り飛んで四五間先の堅い氷雪の中へ突きさゝつた
見よ！　大きな立枯れのとゞの枝では無いか。

猛獣の攻撃からは身を守る事は可能であるが然し大自然の脅威には不可抗の力がある。一同は只管風雪の速かに収まらん事を祈る許りであつた。

荒れ狂ふ風雪の様子にぢつと注意を拂つて居たK爺が「なに大した事はねいぞ」と云ふのが不安の念にかられてゐる一同の耳へ嵐の中を通して微かに聞きなされた。

全く山全躰が咆吼して居ると言つた方が百の形容より適切だらう

怪奇実話　K爺の話（九）

●会津新聞　昭和六年九月二十日（十九日夕）　6-323

怪奇實話　K爺の話（九）　一筆庵　奇異血

ゴゴー　ゴーッと谷から嶺へと縦横に荒れ狂ふ吹雪の様を眼前にしてはとてもこの嵐が薙ぐ止むとは考へられなかつた。

然し山慣れたK爺の観測は過たなかつた。さしも狂暴を極めた風雪も二十分許りの後にはすつかり晴れて山は再び元の厳粛な静寂に還つた。

嵐の割に雪はさして多く降らなかつた。尾嶺や傾斜面には殆んど溜つて居ない。

思はぬ穴詰の失敗や突風に、豫定より遥かに多くの時を費して了つた●一同が獲物を處理して安全な中曾根まで引上げた時には早や利鎌の様な月影が上曾根の中空に凍り付いて居た。

温度はぐん〳〵低下して呼吸をする度に鼻毛が凍り付いて小鼻の粘膜が粘つた。キュッキュッとしまつた擦音を立てゝかんぢきの下の雪はともするとかんぢきの爪を滑らして足を奪ふのであつた。

「どりや一休みやちかそうか」と云ふMの言葉に一同は俄に疲勞と空腹を感じた。やがて風の當らない一寸した台地に各々圓座を作つて腰を下した。後は只屋根傳へに家路へと向ふ許りなのだ。

彼等は煖を取り懸つた。仲間の一人がかんぢきの音を冴えた夜空に響かせ乍ら群から離れて行つた。

一度でも冬の高山登攀をした事のある諸君はよく知つて居られるだらう。冬の山では吹き荒ぶ雪が地表を蔽ふて幹と云はず枝と云はず一面に美しい氷華を咲かせて丁度水晶細工の様になつてゐる。それで何一つ燃料とす可きものすらないのである。眞實に燃料になる物はないのか？　行を改めるし勿論峡深く住む彼等はアルピニストが使用する様な炊事用のアルコール燃料や又はライター等は持合せて居ない。
かゝる氷雪に蔽はれた高山で彼等は何を燃料とするのだらうか？

怪奇実話　K爺の話（十一）

6-324
●会津新聞　昭和六年九月二十二日（二十二日夕）

怪奇實話
K爺の話(十)
一筆庵奇異血

（十一）

清冽な深い水底を通して來る樣な淡い潤んだ月明りにほの白く地を這つて居た烟はフーッ／＼と火を焚付けるMの息吹と共にやがてパッと明るい焰と化して焚火を取巻いた一同の姿を雪の上へと描き出した

火の色は陽氣である焚火は疲勞と空腹とに兎もすると默言り勝ちはなる一同を元氣付けた。

『皆飯を喰つて腹拵えしたがいゝだ』と言ふY爺の言葉に各自は思ひ出した樣に今迄で肌に確かりと付けて居たお握りを取り出して塩鮭をほだ火で焙り乍ら喰ひ初めた

何時の間にか月は其姿を隠して漆黑の闇は僅かに彼等の焚火を埋め殘し萬象を深々とその帳りの中に包んで了つて居た

綿入れの胴服の上に犬の毛皮を深々と着込んだ一同の巨大な影ぼうしが明滅する焚火の焰に映し出されて恰かも傴僂の巨人の樣な醜い容ちで雪の上に搖れ蠢いてゐた

茫々と延びた無精髭の中から覗いてゐるひよろ長いBの顔や頰一つぱいに物を頰張つたMの顔が不可思議な陰影を帶びて闇の中にゆらめいた。赤く青く瞬時に變轉する焰の色に照し出される一同の顔はどれもこれもグロテスク其ものである。取り分けてK爺の顔は凄かつた。若い頃熊の爲に引掻かれたと言ふ目の下から頰へかけての大きな傷あとは脚光の樣に下から射し込む焚火の光りで變に歪んだ陰影を描き出して居るではないか

若し偶然に此の塲に通り合せる人があつたならいかな強膽者でも余りに奇怪な光景を見て底知れぬ恐怖の顫慄に魘はれるであらう

然し圓座を作つた焚火を圍んでゐる彼等は至極泰平なものである

怪奇実話　K爺の話（十二）

6-325
●会津新聞　昭和六年九月二十六日（二十五日夕）

怪奇實話
K爺の話
一筆庵奇異血

（十二）

腹拵えも出來て元氣を取返した一同の話しは自然と今日の熊狩の方へと向いて行つた。

圓座の中の年若な一人が一同の顔を見廻し乍ら、

『俺アほんに先刻は生きた空ア無かつたよ　鐵砲持つて居乍ら　どうしたらいゝか　解んなかつたんだ。／引金引くのを　忘れて了つてさ』と言へば　其の向ひに足座をかいて脛に着けたはゞきの毛を

怪奇実話　K爺の話（十三）

●会津新聞　昭和六年九月二十七日（二十六日夕）　6-326

怪奇實話

K爺の話

一筆庵奇異血

（十三）

「さアそろ〳〵引上げとするかゑ。この大かい獲物に魂消る村の衆の面ァ早く拜ん申していよ。ヘッヘ、、、、』と無精に得意になつて嬉し聲を跳反ませたY親父の鼻先へ巨彈を放つたK爺。

「ウッフ、、、、おいY親父ョ、お前が先刻熊に槍首を拂はれて顚倒した態ァ無かつたぞその細長い錐見たいな圖體でキリ〳〵舞ひしてさ、ダァーとひつくり返つた御手際なんざアとても田舍廻りの大根役者にや眞似の出來ねい見事なもんさ。ワッハ、、、、一つ此度鎭守様の御祭りのお芝居に實演したらどうだなも。受ける事ァ確かだな。俺ァ保證するよワッハッハ、、、、」とやゆすると一寸グンナリしたY親父。然し仲々負けて居ない。『ほう―。なァんだ、俺ァお前こそ齢老つたはらつてゐた一人が『そうだて、まさか彼のませが破けて熊の野郎が 出て來るとは思ひも付かなかつたもな。K爺サがませの下になつて、おまけにY親父サは熊の野郎にぶつ飛ばされるしサ、お前が鐵砲放さなかつたら今頃はどうなつてゐたか知れねエよ。それを思ふとぞうつとして今でも斯う毛穴が一つ一つ粟立つ様な氣がするだ」

とMとBとの顔を交互に眺め乍ら相槌を打つた。

煙草をさも旨味そうにスパ〳〵と吸つては鼻や口から濛々と煙りを吐き出してゐたY親父は煙管を口から離して其雁首をポンと鐵砲の台尻に輕く叩き付け乍ら有り合せの木綿の小布で縛つた彼れの左手首をぢつと見つめたそして、

『ほんとになァ―。』MさとBさは 俺らとK爺さの生命の親さ俺ァ恥しい話しだが彼の時許りは日頃自慢の熊突きの呼吸も何も忘れて夢中で突く氣にばかりなつて 焦つただよ。なんであんなに焦つたゞか 自分にも解んねエ 俺ァ熊が飛出しておつ轉がつたK爺サの上を渡つて來た時ア 眞實く何がなんだか わからなくなつただ」と日頃の瓢輕な彼れにも似ずしんみりとした口調でこう言つたK爺は默つて點頭いた。

「あの初めの彈が當るなんて眞實く 俺ァ運が良かつたとしか思はれねいもな」とMが言へばB「ほんとになア」と然かも焚火の焔にあか〳〵と照し出された一同の顔は自分達が確かに獲物を征服したのだと言ふ滿足感と誇りとで輝いて居た。

六月二十日の本文中 末尾より十行目に行を改めるさあるは誤りにつき訂正

でも村のお虎婆にさい相手にされないとは氣の毒だと思つて居たに、今日は今日で熊にまで嫌はれたでねエかョ、齢は老りたくないものだて、爺サもハア丸太と同じに見られて熊に渡られただからな、エッヘッッ……、お前のあの時の面ァこんなだつたぞ』と又例の癖の瓢輕な表情をして見せたもんである。

『イョウ曾我廼家ァ』

『そうさな一層K爺サとY親父サ二人でお芝居に出たら良いでねいか。村中の婆様達がこれY爺父サこれK爺サと騒ぎ立てゝ仕樣があんめいなも、フ、、』とMとBがからかつた。

ワイ親父とK爺は互ひに顔を見合せ乍ら、『ほいこれァ若い者にやかなわねいわい、参つた〳〵』と頭を抱いて哄笑した。

焚火を圍んだ怪物共も皆無邪氣にワッハッハッウッフ、、と一度に哄笑を爆發させて了つたのである。彼等の氣持ちは朗らかであつた。

夜の雪山中に起つた笑よ！

萬衆悉く死の靜寂に眠つてゐる　夜の山上は遠くの『ぶな』の枝走りをするむさゝびの有るか無きかの足搔きの音すら氣味の無い程はつきりと鼓膜に感ずるのだ皆の哄笑のすぐあとを追つて眞暗な闇の遠方近方から魔物の嘲笑の樣に穴洞な反響が無氣味に返つて來た。

怪奇実話　K爺の話（十三）

●会津新聞　昭和六年九月二十九日（二十八日夕）　6-327

怪奇實話 ——K爺の話　一筆庵奇異血

（十三）

それは妙に山頂の夜陰に籠つて死者の柩を送る梵鐘の餘韻の樣に斷續的な顫律をなして一同の心耳をうつた。

木靈は一同の朗かな氣持ちを打ち壞した。

「木靈つて何んだか餘り氣味のいゝもんでねい」とY親父は何かを振り落す樣に強く二三度彼れの頭を振り乍ら呟いた。

彼れの低く太い唸る樣な皺枯れた喉聲を聞くと今迄での賑かな話しが急に途絶えて重苦しい沈默が一同を支配した。

此瞬間一同の腦裡にチラと鋭く浮び去つたのは三年前の丁度今頃野猿狩りの爲め此御神樂嶽に並び立つて居る鍋倉山頂での野宿に、彼等が出合つた『天狗の樹覆し』の彼の物凄い想ひ出であつたのだ

シーン、と靜まり返つた夜の靜寂を打破つて突如として山谷に木靈する異樣な物音！

タッタッ、タッタ、、タッ。

と何者の仕業ぞ、暗夜の山中に樹を戈る大鋸の音。その音は段々に速度を增して行く。

次の瞬間怪しい物音に驚かされて呆れ眼覺めた一同の鼓膜も破れよと轟く大音響。

ワリワリ〳〵ッ！

グワラ〳〵〳〵！

幾百万の雷が一度に鳴りはためいて谿を震

怪奇実話　K爺の話（十四）　6-328

●会津新聞　昭和六年九月三十日（二十九日夕）

怪奇實話

K爺の話

一筆庵奇異血

（十四）

一同は又暫く雑談に時を過したが餘り遅くなつて怪俄でもあつてはと言ふ懸念からそろ〳〵引上げる事にしたすると『どうだな、歸り途々皆で手柄話しや化物語りでもやり乍ら行く事にするかな』とK爺が微笑み乍ら言つたものである。

化……物……。

この遇然にも發せられた言葉が現實に彼等を襲ふとは誰れが豫知する事が出來やうぞ！發言者のK爺すら神ならぬ身の知るよしも無かつたのである。

不幸にも彼等はそれから數分とも經たぬ内に心臓を凍らせる様な怪異に出會せたのだ。人跡絶えた雪山の夜に現はれた怪異！

怪異——彼等が出會せた怪異とはそも何であつたか？

消えんとしては又燃え盛る焚火の焔とそれを取り圍んだ數人の獵人達の外には眼覺めて居るものは何に一つない御神樂岳の夜は、依然として墓穴の様な静寂さである。ヂッとして默言つて居るとお互の心臓の鼓動すらはつきりと聞える心地がした。

K爺は最後の煙草の火を付ける爲に、前屈みに成つて焚火のほだを煙管の雁首で掻き寄せ乍ら火勢の衰へた焚火に顔差し寄せてブーッ〳〵と吹き立てた。

濛々と立つ灰煙りの間に赤い焔を勢よく上げて、焚火は再び夜空に映いた。そして一同の姿をクッキリと闇の中に大寫しの様に浮び上らせたのである。大きな奇怪な影坊子を雪上にゆらめかせ乍ら煙管に火を吸付けて何氣なくふとYの方を見たK爺の眼に怪しくも映し出された物の姿……そも何者であらうか

し空に轟き全山が地軸から崩れ壊れる様な物凄い音響が木靈に木靈して一同を恐怖のどん底に衝き落し數分にしてピタリと元の如き静寂に返つた不思議さ！皆は鼻をツマまれても解らぬ様な闇の中に互の武器をしつかと握り締め乍ら一睡もせず刻の經つ問をもどかしい想ひをして黎明を待つたのである。餘りの奇怪さに翌朝彼等は手分けして全山を調べて見たが何處にも樹を切つた痕跡を認めなかつた。し人の入つた跡も發見する事が出來なかつたのである。

『おい臆病な事云ひつこなしさ。ハッハ、、』とこの奇怪な幻想を打ち拂ふかの様にBが笑つた。

その笑ひは闇夜の空に消えて遠くの闇の中から一同を笑ひ返した

怪奇実話　K爺の話（十四）

●会津新聞　昭和六年十月一日（三十日夕）　6-329

怪奇實話
K爺の話
一筆庵奇異血

（十四）

K爺は最初自分の錯覺ではないかと疑つた否むしろ自分の視力を疑りたかつた。それで煙りに霞んだ眼を強く手の甲で擦り乍ら彼は確かと見極め樣とする如くY親父とBとの間に蹲つてゐるものゝ姿を凝視した。

否凝視し樣として凝視したのでは無くして何物とも知れぬ強い力が彼れをして凝視せしめたと言つた方が適切かも知れない。

K爺は其れが何であるかを知ると愕然として危く呼聲を擧げる處であつた。

彼は凍結し去らうとする自已の意力を辛うじて取戻すと共にY初め他の連中が此怪異の出現を知つて居るかどうかを眼で捜つた。處が焚火を圍んでゐる他の連中は未だ少しもそれに氣付かぬらしいではないか。然も怪異のすぐ側に居るYとBとすらが。

彼は何うしてそれを一同に知らせたらよいか解らなかつた。

Kが見た怪異とはそも何であらうか？猛獸か。妖怪か？山靈の類か？

熊や野猿の類でそれがあるならば、喜ぶとも決して怖れる彼ではないのに、剛膽なK爺をして斯く迄で恐れしめたものはそも何物であらうか。怪[illegible]くもK爺の網膜に寫し出された映像は……

女……女……女！

怪奇実話　K爺の話（十六）

●会津新聞　昭和六年十月二日（一日夕）　6-330

怪奇實話
K爺の話
一筆庵奇異血

（十六）

無氣味に縺れた蛇の樣に黑毛をおどろに振り亂した女なんだ。

こんな夜中、然も熊等の猛獸が徘徊する雪の御神樂嶽山中に、女性が眞實に出現したのだと言つたら諸君はそんな非現實的な事が有るものかと言つて頭から打消して了ふだらう

K爺も最初はそれが自已の馬鹿々々しい幻影であらうと思つた。否むしろさうである事を希つた。おゝ然し折から颯つと吹いて來た一陣の風は、衰へ勝ちの焚火を煽つてこの怪異の姿をいやが上にもまざ〳〵とK爺の網膜に燒き付けて了つた。

黑々と光る髮の毛の迂曲、少し俯き加減の肩から腰への線の動きどうしても女らしいんだ。然かも年若い女のそれなのだ。

一種の形容し難い壓迫感に大きく見開かれたK爺の瞳の前で突然女は顔を上げてニタリと聲無き笑ひを送つたではないか。

聲無き笑ひ！

輪廓を半ば闇の中に印して焚火の微明りを受けた白蠟の樣に蒼白

な彼女の顔。爛々と輝く小さな瞳を持つた歪んだ笑ひよ！

彼K爺はその怪異な女性の凝視から瞳をそらさうと焦つたが反つて彼の眼は彼の意志に反して彼女の蒼白な面上に釘付けにされて了つた。

何故此の女が斯う迄で怖しいのか彼には其の理由が解らない、只無性に恐しいのだ。

恐怖は腹から胸へ、胸から咽喉へと押し上つて來て全身を走る惡寒と共に殆んど息が止つたかと思つた。

Y親父とBとがこの異變を認めたのは殆んど同時であつた。

怪奇実話　K爺の話（十七）

●会津新聞　昭和六年十月三日（二日夕）　6-331

怪奇實話

K爺の話

一筆庵奇異血

（十七）

二人は偶然にも互に話し懸け様として顔を振り向けた自分達のすぐ鼻先に、豫期したお互の横顔と似ても似付かぬ蒼白な女の首があるのに喫驚した。

驚愕は忽ち激しい恐怖に變つた。

見ろ女の着物を！

何が其處にあつただらうか？

彼等は薄鼠色の無慘にも引裂れた片袖の無い着物が靜かに息づいてゐるのを見た。大小無數の夥しい赤黒い滲みがその處々を模樣の樣に彩つてゐるのを見た。

（更に驚いた事には夜目にも蒼白く闇に浮いて居る女の頸筋にはどうやら人間の大きな掌の跡らしいものが……赤黒いあざの樣な跡が瞭々と付いて居るのを知つたのだ。

と恐怖に痲痺した彼等の後頭を判別意識のメスがズウンと鋭く切り裂いた。

アッ！

血……血……

血だッ。

その白い首筋に付いて居る掌の跡も模樣と思つた着物の滲みも皆ベットリと付いた生々しい血潮なんだ。

怪奇実話　K爺の話（十八）

●会津新聞　昭和六年十月四日（三日夕）　6-332

怪奇實話

K爺の話

一筆庵奇異血

（十八）

不意の電擊に遭つた臆病な獸の瞳の樣にハッと脅えた二人の眼は焚火を越して向ひのK爺の方へと据つたきりである。

二人は化石した如く微動だもしない。

余りの異變に出會した二人の四肢が冷い氷の樣に硬直して了つたのだ。

その癖無闇に頤がガタ付いた。

怪奇実話　K爺の話（十九）

●会津新聞　昭和六年十月六日（五日夕）　6-333

怪奇實話

K爺の話

一筆庵　奇異血

（十九）

その薄ぼんやりした姿がフワリと大きく一搖れしたかと思ふと、すうつと音も無く漆黒の闇の中へと沈む樣に消え込んで了つた。

興奮と緊張との數分が過ぎた。

『あれァなんだ…』と押しひしがれた聲でBが途切れ／＼に言つた。しつかりと鐵砲を握つた彼の顔には全く血の氣が無くなつてゐるのが夜目にもそれとうなづかれる。

その裂帛の叫び聲はシーンと何時までも耳の中で鳴つて居るのだ

一同はギヨロ／＼と瞳を輝し乍ら改めて周圍の闇を睨め廻した。そして言ひ合した樣にすぐの先刻まで女の居た場所を見直した。

「おや……」

其處には血の樣に赤い餘燼の反映を受けて何か得体の知れぬものが轉つてゐるのだ。

暫くぢつと其れを凝視めて居たMが突然立ち上つてつか／＼とその西瓜程もあらうと思はれる變な塊りの傍へと歩み寄つた。

『何んだ、それァ』

異口同音に言ひ乍ら一同の瞳はMの前に轉つてゐる物体へと注がれた。

心臓は恰も耳の中に移動して來た樣に鼓膜も切れよと許りに激しく衝き上げる。

この怪異の出現はやがて完全に此熊狩の荒武者共を底知れぬ沈默と恐怖との虜にして了つた。

一秒…二秒…三秒…此間いくら時間が經過したか解らない。彼等には此の窒息しさうな沈默の時間が非常に永いものゝやうに思はれた。讀者諸君よ、諸君は斯うした異常な事件に出會せた折の吾々人間の五管器がどんなに鋭敏な感受性を持つかを知つて居られるだらう。

一同の鋭く尖つた過敏な感覺は空氣を傳つて來る微かな動搖をすら逃さなかつた。彼等は直接その怪異を視る事なしに其處に一つの變化の起りつゝあるのをはつきりと感知する事が出來た。

サヤ／＼と衣摺れの音が聞えたかと思ふと何物かドサリと鈍い音を立てゝ雪の上に落ちた樣子だ。

ハッとして上げたK爺の瞳は其處に兩手をダラリと下げて立つて居る女の姿を認めた。

誰れ一人として燃し手が無かつた焚火は、殆んど消入る許りになつて時々忘れた樣にチヨロ／＼と赤や青の焔を揚げて陰慘な闇を甞めて居る。

恰も墓穴から立登る幽鬼の陰火の樣な焔の上に、うすぼんやりと闇夜の宙にゆらめいて居る女…… 女の姿！

怪奇実話　K爺の話（二十）

●会津新聞　昭和六年十月七日（六日夕）　6-334

怪奇實話
K爺の話
一筆庵奇異血

（二十）

『これァ馬鹿に重いぞ』

Mは斯う言ひ乍ら其の品を焚火の側へと持ち出した。皆はまだ去りやらぬ恐怖と多分の怪訝と好奇との複雑な感情に煽られた。

「おや、女の着物の片袖でねエか」

とYが言つた。K爺は成程女物の片袖だ。その布包みを一見して先刻突然に出現し又忽然として一同の膽を冷し様に闇中に消え去つたあの現とも幻ともつかぬ女の片袖に違ひ無い事を知つた。彼れは漠とした不吉な豫感に打れてその包を開かない様にとMに手振りで示したがMには手振りの意味が通じなかつた。

何か西瓜見たいなものが緊かりと包んであるのだがさてそれを解かうとしたが、仲々結び目がしつかりとしまつて居て一寸とは解けない。

Mは力を指先に集めて包を解にかゝつた。結ばれた布の両端に力を入れて強く引いた途端、包はバラリと解けて其の煽りを喰つた中味はゴロ／＼と轉げて焚火の殘燼の中へと飛込んだ。

周章たMが急いでそれを火の中から掻き出したが、少し焼けたらしくツンと鼻を衝く惡臭がパッと四邊に擴がつた。膠の燃える様な胸惡い惡臭だ。

一同はその惡臭に鼻を撮み乍ら今掻き出された代物が何であるかを見やうとした。

と近々と首差し寄せた一同の顔を怨めしくも睨んでゐる目…目…目。

大きくむき出されて飛び出しさうに見開かれた眼玉だ！

鼻筋から上顎にかけての顔面は無殘にもグチャ／＼に打ち砕かれて居り、半ばち切れた唇の下からは血に染んだ前歯が覗いてゐるんだ。余程の鈍器で無理に切り離されたらしい頸筋の切口は熟れたザクロの様にグニャ／＼に肉がち切れて、青黄色い上皮か逆にムクレ上つて居るではないか
おゝ無殘にも惨殺せられた男の首なんだよ
逃げた。逃げた。走る滑る轉ぶ衝き當る。

いくら走つても走つても、パタ／＼と直ぐ背後から片袖のもぎれた血だらけの着物を後に靡びかせ乍ら青白い女が追ひ迫つて來る様に思へてならない。今にもグニャ／＼に打砕かれた血染めの男の首が不意にガブリと襟頸に喰ひ付いて來さうな氣がした。

晝間でさへ危險の伴ふ嶮岨な山中を闇夜無鐵砲に走ると言ふ事が何んな結果を持ち來らすかなんて、てんで考へる餘裕があらばこそ

只一刻も早く此の怪奇な出來事のある鴇所から少しでも遠く離れたいと言ふ慾望許りである。

走つた走つた。其處には云ひ知れぬ追迫感念とそれから逃れ樣とする焦燥と疾走があるのだ。

6-335
怪奇実話　K爺の話（二十一）
●会津新聞　昭和六年十月八日（七日夕）

怪奇實話
K爺の話
一筆庵奇異血

（廿一）

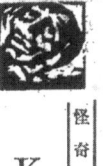

どれ位ひの時間を彼等は走つたらうか。

突然彼等の此の狂暴に近い疾走はゼンマイの切れた時計のやうにハタと止つて了つた。一体何が起つたと言ふのだ？

余りの心的激動や肉体的過勞が彼等をして最早や一歩も出し得ぬ迄彼等を困憊せしめた爲めだらうか？　それとも……少くも山野を家とする獵師の自尊心がこの恐怖から冷静へと彼等を呼び戻したとでも云ふのか？

否…否…否！

然らば何が彼等の足を止めさせたゞらうか火の玉が現はれたのだ。

息切つて疾走して居る彼等の行手に當つてポッカリと赤い火玉が闇中に浮び出したんだ
恰もそれは修羅の惡執を殘して死んだ人の火魂のやう。明又滅。滅又明。地に觸れんとして離れ、離れんとして揚らず、現世への愛着の姿を其の儘フワリ〳〵と闇夜の尾嶺傳へに彷徨つて來るのだ。

おや!!

氣のせい許りでは無い。

その不氣味な火玉は今し彼等の走り下らうとして居る尾嶺を此方へとやつて來るではないか。

漸やつと今女性と生首の恐怖から逃れて來た許りなのに又もやこの氣味惡い火魂だ。『お恥しい話だがその時ばかりは流石の皆も眞實く閉口垂れやしただ』と、負け嫌ひなK爺が言つたも無理はない
重ね〳〵の怪異に膽を消した一同は呆然として爲す術も知らず氣に、暫し雪中に立ちつくしたのである。

やがてこの火魂を眺めて居た一同は是等の怪異を昔し噺しによくある狐狸の仕業だと考へずには居られなかつた。

これは今迄でに自分達に獲られた狐狸の仲間が朋輩の仇打ちに自分達を誑らかすのだと思つたのである。

今迄で狐狸が人を誑らかす等と言ふ村人の茶呑み話し等、他愛のない迷ひだと笑つて居た。

6-336
怪奇実話　K爺の話（二十二）
●会津新聞　昭和六年十月九日（八日夕）

怪奇實話
K爺の話
一筆庵奇異血

（廿二）

彼等丈けに誑かされて居るのかと考へると癪に障つてならなくな

つた。

ようしそんなら何も魂消るに及ばねえ。皆鐵砲を持つて居るのが幸ひ畜生を一撃ちにして歸りがけの駄賃にする迄でだと各々彈込めして火魂の矢頭に近づくのを待つたのである

それは果して狐狸の仕業であつたらうか？

此樣な危險が待ち構へて居るのも知らぬげに目指す火魂は相變らず此方へと近づいて來る。

ブラリ／＼と彷徨ふ樣に闇夜の尾嶺を登つて來るのだ。

待つて居る時間は永いものだがこんな時は一層その永さが感じられてならない。しかし漸く火魂が矢頭近くなつたのでBはもう我慢がし切れなく成つた。「おら撃つぞ」と言つてあはや火蓋を切らんとした「待て」皺枯れ聲が押し止めた。

「若し間違ひでもあると末代の名折だ。本名村の彼等周章てゝ入撃つただなんて言はれちやあ詰らない。もつと近くなつて正体を見届けてからにしても遲くはねえだ。まあ待てよ」

あゝもしK爺が一同を押へる丈けの冷靜さを取り戻して居なかつたら其處に恐るべき慘劇が起る處だつたらう

恐ろしい狙撃者が闇の中に待ち構へて居たのには一向頓着無く火魂は段々と彼等の方へと近づいて來て其の距離ははや四十間許りにつまつた。

と、掻き消す樣に火魂は姿を消して山は又眞暗なやみに返つた。

ギヨツとした一同は目を見張つて火魂の消えた闇の邊りを見詰めた

一分……二分……三分だが火魂は依然と姿を現はさない

感付いて逃げたかといさゝか調子拔けの一同の瞳口を射て再び火魂は姿を現はした

今度はもう三十間と距離があるまい　いよ／＼怪物は好射距離にある

怪奇実話　K爺の話（二十三）
●会津新聞　昭和六年十月十日（九日夕）
6-337

怪奇實話

K爺の話

一筆庵奇譚

(廿三)

「先づ俺れが撃つだ」

とやつと聞き取れる程の聲で皆に言ひ乍らK爺は手馴れた銃を取り上げて肩へ付けた。

K爺の狙ひは確實である。其砲先に立つたものこそ不運だ。

ぢつと全身の意力を照門と獲物に注いで居るK爺の眼前を、火魂は相變らずの調子でブラリ／＼とやつて來るのだ。

發射は今かと待ち構へた一同の耳に、轟然たる銃聲は聞え無いで「おかしいぞ」と言ふK爺の力の籠つた低い聲が聞えた。怪しみ乍らぢつと耳を澄した一同の皷膜に、はつきりと聞れる規則正しい物音。

ザック／＼と規則正しい間隔を置いて物音

は段々と彼等に近付いて來る。
　どうも山を登つて來る足音の樣に思へてならない。
　然し火魂は足があつた話しは未だ聞いた例しがない。
　そうして見ると矢張り人間なんだらうか？けれ共こんな夜中然も人跡絶えた御神樂獄山頂へ人が登つて來るなんて變である。
　一同は尚もよく正体を見極める爲に　息を殺して火魂と物音の近付いて來るのを待つた
　兩者間の距離は刻一刻に縮められて行く
　三十間は二十五間に二十五間は二十間に幾す處はほんの一走りの十七八間にまでつまつた
　瞭然と彼等の前に現はれた怪異の正体はそも何物？
　それは紛れもない數人の人間だ
　彼等はまた此方に氣付かぬらしく一歩々々と近付いて來る

怪奇実話　K爺の話（二十四）

●会津新聞　昭和六年十月十一日（十日夕）　6-338

怪奇實話

K爺の話

一筆庵奇異血

（廿四）


　K爺等が先に火魂と見たのは先頭に立つた男の下げた提灯である
　然しまだ油斷は禁物である。

　一歩…二歩…三歩。

　山仕度をした五人の人影が十間許り前まで來た時に
「誰れだッ」と鋭い詰問の大音聲がK爺の口からつゝ走つた。

　提灯を先にして登つて來た怪しい一行は、このだしぬけの大聲にさも喫驚したらしくヒタと其の場に立ち止つた。

　そして顔を集めてガヤ／＼と何か話し合つたかと思ふと、鐵砲の樣な物を肩から小脇に抱へ込んでキッと此方の闇を睨み乍ら
「そう云ふ手前こそ何者だッ!!」と鋭く反問した。

　反問すると等しく一番先登に立つて居た男が提灯を他の者に渡すと鐵砲を小脇に構へ込んですん／＼と前進して來た。

　K爺はと見ると是も全じく身構へ乍ら獲物を狙ふ豹の樣に前かがりに少し踞むで進んで行く。

　三間…二間…と一歩毎に兩者の隔りが少くなつて一間許りになつたかと思はれた時ぴたりと双方共立ち止つた
　風か？…雨か？…。

　暫らく氣味惡い沈默が續いた。

　結果如何にと息を詰めた一同は二人の姿から眼を離さない。

　と『ワッハヽヽ』と言ふ笑ひ聲が二人の口から出たかと思ふと如何にも笑しさにたえぬと言ふ樣な身振りで身体を左右に動かして居るではないか。

怪奇実話　K爺の話（二十五）
●会津新聞　昭和六年十月十三日（十二日夕）
6-339

怪奇實話

K爺の話

一筆庵奇異血

（廿五）

後に殘つて居る一同には何が何んだかさつぱり其意味が解らない　すると今度は『それは大變だ』『何んだつて』『一面の血…』「首」等と言ふ語が途切れ〱に聞えて來た。

K爺は皆の方を向くと手を擧げて一同を招いだ。

「おうーい。安心しろよ。室谷のH達だ」と呼んでゐるのだ。

漸く安堵の胸を撫で下した連中が室谷の衆と一諸になつて元の焚火の跡へと戻つたのはそれから間も無い後であつた。

Hと言ふのは本名村に於けるK爺の如く山獵をする程の者で誰れ知らない者のない位ひ有名な室谷村の獵師なのだ。

K爺達が此の日出會した怪異の謎は此のIIの話に依つて總て明白となつたのである

獵師Hに依つてK爺達に語られたのは雪深い北國の山村に醸された淺間しい人間情痴の地獄繪卷であつた

Hの居村室谷村にEと呼ぶ一人の年若い大工が居た

彼れの母親は彼女との夫との七年もの永い結婚生活にどうしたものか少しも兒運が惠れなかつた　それ故七年目の春身体の異狀を認めて心配の余り醫師の診察を受けた結果姙娠である事を知つた彼女と夫の喜びは非常なものであつた

然し彼女は年老つてからの初産の爲非常な難産に苦るしんだ揚句Eを産み落すと間もなくその愛くるしい嬰兒をよく抱きもせずして敢果なくも此の世を去つて了つたのであつた

彼女の夫は宿年の願ひの叶つた喜びを感ずると同時に又最愛の妻を失つた悲しみの淵に浸らねばならなかつた

怪奇実話　K爺の話（二十六）
●会津新聞　昭和六年十月十四日（十三日夕）
6-340

怪奇實話

K爺の話

一筆庵奇異血

（廿六）

父親は亡き愛妻に對する愛の立證とこの愛兒への父性愛から何程勸める人があつても決して後妻をめとる事を敢てしなかつた。

そして愛妻の片身を抱いた彼は男世帶の不自由さを忍んで男手一つで彼を育て上げたのであつた。

幸ひと子供は虫氣一つ付くでなしにすくすくと順調に成長して立派な少年となつた。

小學校を了るのを待つて彼は津川在の一棟梁の許へと弟子にやちれた。自分の職が大工である彼の父は息子にもその職を繼がせる心算であつたのだ。

非常に利發者の彼れは目から鼻へ抜ける樣によく氣が利いた。それに器用な性質で何をさせても上手で仕事の上達も早かつた。

或る日彼が仕事場で跡片付けをして居る處へ一通の電報が來た。

彼は虫が知らせるといふのか胸騒ぎするのを押へ乍らその封を切つて見て驚いた。

それは父親の危篤を知らせる電文ではないか。

非常に驚いた彼は直ちに師匠の許を得て我家へと歸つた。然しこの可哀相な親子の上に天は余りにも無情であつた。彼が急いで家の敷居を跨いだ時には父親は彼の息子が歸つて見せるであらう元氣な顔を見る事なしに息子の名を呼び乍ら遂に永遠の眠りに陥つて居たのである。

彼はその翌年年期が明けて生れた村へ歸つて來た。彼れは只一人であつた。

然し、只一人浮世の荒浪に殘されたとは言ひ彼にはもう立派に一人前の大工として立つに充分の腕があつた。

彼れは父親を失つた人生の大なる悲しみの只中から明日への希望を以て雄々しくも立ち上つたのである。

彼れの父親の實直さを愛して居た村人は又氣立ての優しい利發なこの不幸な若者に同情を寄せて少しの仕事でも有れば彼れを頼んで引立てゝ呉れた。

怪奇実話　K爺の話（二十七）
●会津新聞　昭和六年十月十五日（十四日夕）
6-341

怪奇實話

K爺の話

一筆庵奇異血

（廿七）

渡る世間に鬼は無いと言ふが實に美しいのは人情の華である。

彼れは其の村人達の好意を感謝すると一方その厚情と期待とに報ゆる可く一心に仕事に精を出して働いた。

彼の陰日向の無い勤勉振りと田舎職人には珍らしい腕前とは村の衆や旦那場の氣に入つた。

彼れの信用と評判とはむしろ彼れの父親のそれの遠く及ばないものであつた。それに彼れは氣立てが優しくて誰れ彼れの別無く親切であつたので口喧しい村の女房衆や惡戯な子供達にすら氣受けが良かつた。

『Eは年は若いが良く働くし腕がよくそれかと言つて鼻にも懸けず氣立てが優しい。女狂ひ一つするでは無し職人には今時珍らしい者だ』と商賣敵の大工仲間さへ賞める程であつた。

かくして希望に燃えた歳月は過ぎて彼れが二十三歳の秋であつた母親の麗質を享けて生れた美貌の彼れを慕ひ寄る數多の誘惑の手にも乘らなかつた志操堅固な彼れではあつたが彼れとて青春に燃ゆる若人である。其年の秋の村祭りは奇しくも村評判の愛くるしい乙女と彼れの戀を媒ちしたのである。彼等両人の間には型の如く末繾らじと堅い約束が取り交されたのは言ふまでもあるまい。

野良帰りの村人達は山の端に登つた月光に照され乍ら村端れの岡の方から楽し気に連れ立つて来る二人を見掛ける事も屡々であつたが彼等は此の似合ひの二人の仲を祝福の眼で見送りこそすれ邪魔等入れる者は一人もなかつた。

腕は良し旦那場の受けも好し村一番の麗人を戀人に持つた彼れには世の中の幸福が一時に舞ひ込んだ様で何方を向いても朗らかに明るく微笑しい希望の人生が輝いて居た。

そして此の祝福せられた二人は或る粋な旦那場の主人の仲人に依つて目出度く一つ屋根下に妻と呼び夫と呼ぶ睦じい生活を送る幸福な人達と成つたのである。

怪奇実話　K爺の話（二十八）　6-342
●会津新聞　昭和六年十月十六日（十五日夕）

怪奇實話

K爺の話

一筆庵奇異血

（廿八）

永い間の想ひが叶つた新世帯。彼等恵まれた若人の上には夢のやうな嬉しい月日が流れて行つた。

好事魔多しとはいみじくも言つたものである。斯くまで想ひ想はれた睦じい二人の仲も遂に嫉魔の為めに悲劇の幕が下されたのである。

丁度此の頃この山峡の寒村の茶屋に一人の女が流れて来た。

その前身が相當町でも名を賣つたそれ者であつたと言ふだけに何處となく垢抜けのした仇姿は世間知らずの山峡の若人達を引き付けずには置かなかつた。彼女は直ちに此等若人達の興味の中心となつて色々の話題を提供すると共に平和な村人の中に様々の波瀾を巻き起して行つた。心ある村の古老達はこの女一人の為に村の若者達の生活が日増しに荒んで行くのを悲しんだ。

日頃眞面目なHも此の話しを苦々しい事だと眉根に皺を寄せて居たのであつた。

然るに運命の悪戯は何と言ふ皮肉な事であらうか。この愛すべきHをばこの妖魔の犠牲に供して了つたのである。

或日彼れは彼れの親友が此の茶屋の女の魅惑し惑溺して亂酔して居る事を知つてその混濁しかけた良心を呼び戻さうと迎ひに行つたのであつた。

「そんな方は御いでになりませんよ。何かの間違ひぢやありませんか」と彼れを追ひ帰さうとする茶屋の者の言葉の下から彼れを呼ぶ乱酔した友の聲がした彼れは舌打ちする茶屋の者にかまはず聲のした二階へ上つて行つて驚いた。杯盤狼藉と取り乱された座敷には捜しに行つた友人のみでなく村でも特に眞面目でもつた誰れ彼れの顔が二三人ならず六人までも並んで居たではないか。

怪奇実話　K爺の話（二十九）　6-343

●会津新聞　昭和六年十月十七日（十六日夕）

怪奇實話

K爺の話

一筆庵奇巽血

（廿九）

彼れの眼は嫌やでも友人の側に崩れる様に座つて居る一人の美しい女性を認めない譯には行かなかつた。

彼女は彼れの方にその美しい顔を向けると魅惑的な黒い瞳をヂッと彼れの瞳に注ぎ乍らニッコリと笑つて會釋した。

何んと美しい女だらうと彼れも驚いた。そして若い衆が騒ぎ立てるのも無理は無いと思はずに居られなかつたのである。

彼れは彼れを酔ひ潰す事に依つて自分達の醜体を照れ隠さうとする連中の杯攻めに遭はねばならなかつた。

彼れは酒好きの父親の子である丈けに行ける口であつたので彼を酔ひ潰さうとする一同の計畫は反つて酔ひ潰す逆結果になつて了つた。

彼れは良い加減に一同を接遇らつて正体の無い友人を連れて歸つたのであつた。

彼の美しい女は素知らぬ顔をして彼れの顔をチラ〲と覗き見て居たが誰れ一人知る者は無かつた。

客の引けた座敷に燈の入つたのも知らぬ氣にヂッと一人物想ひに耽つて居た彼女はやがて深い溜息を一つ吐いた。がやがて何かを振り落すやうに頭を輕く振ると『おや私しどうかしてゐるわ』と呟やいた。

或る日誰れからとも知れず切々の情を訴へた女手の手紙がＨ宛に來た然し彼は眉に皺を寄せると封も切らず汚ないものでも捨てる樣に塵箱へ投げ捨てゝ了つた。初めは若衆の誰れかがこんな惡戯をするのだとしか思はなかつたが仕事場からの歸りに彼れにからかつた村の若い衆の言葉の端からそれが彼れの餘り快く思つて居ないあの茶屋の女から來たのだと言ふ事を知つた。

彼女は彼を一目惚れして了つたのだ。

怪奇実話　K爺の話（三十）　6-344

●会津新聞　昭和六年十月二十日（十九日夕）

怪奇實話

K爺の話

一筆庵奇巽血

（三十）

其の後も手を換へ品を換へして誘惑の手は延されたけれども志操堅固な彼れは決して自分を過つやうな事は無かつた。

處が村の道普請落成の慰勞會が外ならぬ此の女の居る茶屋を會場として催されたので彼れも又氣が進まず乍らも出席しなければならなかつたのである。

危險は豫期しない所にあるものである。

彼は青年達の先頭に立つて特に骨を折つたと言ふので一同からさされる盃の數も多かつた。それに村の若い衆達は無暗と彼れに酒を進めた。彼れは要愼をし乍らも遂々飮み過して村人が皆な歸つたのも少しも知らなかつた。

喉が乾いてフト眼覺めた彼れは自分が茶屋の座敷に寢かされて居るのを知つて吃驚したが彼れが起きた氣配にスル〳〵と隔の襖が開いて一人の女が水を持つて入つて來た。

『よく御寢みで御座いましたことホヽヽ』

と艶然と笑つた女。

彼はハッとして自分の瞳を彼女から外らしたそれは彼れに想ひを寄せて居ると云ふ當の女であつた。

何うしても歸ると言ふ彼れの袖を女は緊かりと押へて離さなかつた。

彼れの一番恐れて居た言葉が何物をも燒き盡さでは置かない激しい情熱を持つて彼女の口から彼れの鼓膜へと粘り付いた。

女も戀故に强かつた男の心を充分に知り盡して居るこの戀なれば女はあらゆる手練を盡して彼れを情熱の淵へと引きずり込まねば止まない。

彼れは迷惑的な瞳を彼の眸に添へながら快樂に淘醉するやうに息をはづませ乍ら眞白い肌を見せ付けて迫つて來る女の情熱よりも反つてその誘惑に打ち負けさうになる自分の意志に逆らう肉体を恐れた。

怪奇実話　K爺の話（三十一）
●会津新聞　昭和六年十月二十一日（二十日夕）
6-345

怪奇實話

K爺の話

一筆庵奇異血

（三十一）

するど肉體の蠱惑的な感觸に混迷しかける意識の底から彼は良心の最後の忠告を聞いたやうな氣がした。

そうだ俺には最愛の愛人が家に待つて居るではないか。斯うした誘惑に打敗けてなるものかと思つた。

彼は決然とした氣持ちでまだ醉の醒めぬ足元を踏みしめ乍ら取縋る女の手を拂ひ退けて椽側へ出る障子を引開けた。

と颯つと庭木を動かして吹き入る嵐は部屋の燈火を奪ひ取つた。

光明から暗黑へ！

肉体の慾求は彼れの意力を打負して遂に光明を奪ふ春の一夜の嵐に彼れは狂はせられて了つたのである。

彼れは一代の失策に泣いた。そして自分の意志に反逆したいまはしい自分の肉体を呪つた。深々と首を垂れて家路へとかゝる彼れは二度とかゝる汚濁に染むまいと深く〳〵心に誓つたのであつた。

然し乍ら一度片足を底無しの泥沼に突き入れた者は二度と天日を仰ぐことが出來ないと同じくかくも蠱惑的な妖魔の魅惑に打敗けた彼れはその身を亡ぼさねば止まぬ恐ろしい愉

樂の泥沼から足を拔くことは出來なかつたのである。

幾度もの反省や自責も何の力にもならず一度口付けた旨酒はズルズルと彼れを引きずつて肉慾の惑溺の淵へと沈めずに置かなかつた

彼れは愛妻に對して濟まぬと思ひ乍らも不可思議な妖魔の魅力に引かれて足繁くその茶屋を訪れる人となつて了つた。

然しかゝる女の例に洩れず最初は自分から熱して行つた彼女ではあつたが充分に男の心を摑んだと知ると同時にもう其心は他の男へと花を尋ねる蝶の樣に移つてゐた。

正誤訂正

「彼れは迷惑的な瞳を彼の眸に添へながら」とあるは「彼女は口惑的な眸差を彼れの瞳に注ぎ……」に訂正

怪奇実話　K爺の話（三十二）

●会津新聞　昭和六年十月二十二日（二十一日夕）　6-346

怪奇實話　K爺の話　一筆庵奇異血

（三十二）

Eは以前の彼れと全く性情を一變して自惰落者となつて了つた。隨つて段々と村人や旦那衆の信用も薄らいで行つた。

「なァにEは今まで猫被つて居ただァ。見ろあの樣は」

「あんな堅人のEが今日の樣ァ全く氣狂ひ沙汰だ〝眞實に惡魔が魅入づたとでも言ふのか氣の毒なことだ」と譏謗と憐憫との言葉が彼れの周圍に起つた。或る友は泣いて彼れを諫めたが然し心から惑溺の淵に沈んだ彼れはたゞ淋しく微笑み返すのみであつた。

一方彼れを信じ切つて居た貞淑な妻は夫の性格の激變の影に此の女のある事を知つて悲しんだ。

然しかゝる折の嫉妬が反つて男の心を荒ませる丈けなのを知つてゐる彼女はよい折を見て忠告をする事に覺悟して夫の正心に立歸る日の一日も早からん事を祈りながら靜かに其の機會を待つてゐた。

そんな深い考へが妻にあるとは知らぬ彼れは一言の苦言も言はず靜觀して居るのをよい事にして益々自儘に振舞つた。此の樣を見ては優しい妻も遂には面を犯して彼れに忠告しない譯には行かない。

然しこの切實な心情を吐露した妻の哀訴も忠言も妖魔の魅惑に盲目となつた彼れEには少しの効目もなく反對にEの心を一層憎むべき女の方へと追ひやるに過ぎなかつた。

脛に疵持つ男にはこの貞淑な妻の親身な忠言も茶屋女と自分の仲を嫉妬しての嫌味としか受け取れなかつた。

そして其の結果彼れは泣いて諫める妻に口汚く怒罵を浴びせ器物を擲つ暴虐行爲をさへ敢てした。

今まで村一番の睦じ

い夫婦仲よと響めもし羨みもした近所の人々はEの家庭から聞えて來るこの物音に驚かされる事が珍らしくなくなつた。

この狀態は日ましに募る一方であつた。

怪奇実話　K爺の話（三十二）

6-347
●会津新聞　昭和六年十月二十三日（二十二日夕）

怪奇實話

K爺の話

一筆庵奇異血

（三十二）

遂に思案に余つたEの妻は悲しい屈辱を忍んで女同志の理解と道義心に訴へて彼女の夫を返して呉れるやうにと相手の女に憐憫と同情を哀願した。

斯うした屈辱的な最後の手段も男から男へと永年の汚濁な生治を經て來たその女には少しの効果もなかつた。それは相手によりけりであつて　道義心を失ひ盡して居るその女は此糸のやうな淸らかな尊敬す可き女同志の思ひやりの心等は微塵も持合せてゐない全くの肉の妖魔であつた。

哀れなEの妻は勝ち誇つた權高な妖魔の嘲笑をと惡罵を浴び乍ら鉛色の冬空のやうに暗く重たい心を抱いて破壞し盡された愛の廢墟である吾が家へと歸らねばならなかつた。

然しかくEの妻に向つて戀の勝利を誇つた女の心は既でに其對象であるEから遠ざかつて居たのだつた。

自分から破壞した家庭への不當な不滿から彼れEは只管妖魔の魅惑へと傾倒して行つた然もEが熱して行けば熱して行く程冷淡になつて行く妖魔であるEはその女の余所／＼しい待遇も結局哀れな妻のせいにして事毎に其の不平を妻に向つて爆發させた。

屈辱的な哀願も更に効無く反つて面罵さへ受けて絶望の淵へと突き落された妻が心重く吾家へと歸つて見れば其所には女の許でだらし無く乱醉して來た夫の怒罵と暴虐とが待つて居たのである。

聽て罵り疲れたEは大の字成りに正体もなく座敷の眞中に寢倒れて了つた。

暴虐な夫の爲すが儘に任せて居た彼女は目の前にある正体無き夫の寢顏をぢつと見詰め乍ら深い思ひに耽つて居た。

怪奇実話　K爺の話（三十三）

6-348
●会津新聞　昭和六年十月二十四日（二十三日夕）

怪奇實話

K爺の話

一筆庵奇異血

（三十三）

あの祭りの夜の最初の語らひや月光流れる村端れの丘を二人嬉しく手を執り合つて下つて來る過ぎし姿がシルエットの樣に彼女の腦裏を掠め去つた。

おゝその樂しい想出とは何と又余りにも違ふ現實の姿であらうか越しち行末を思ふ彼女の頰には茫ダとして涙が流れて行つた。

うす暗い部屋の一隅には主人公から忘れられた樣に投げ出された道具箱が在つた。ぢつ

怪奇実話　K爺の話（三十五）　6-349

●会津新聞　昭和六年十月二十五日（二十四日夕）

怪奇實話

K爺の話

一筆庵奇異血

（三十五）

村創つて以來嘗つてない惨劇に驚かされた人々は凍て付いた夜空の下を罵り、喚き、叫び走つた。

此の村人達の騒ぎを後に悲しくも狂氣した彼女のか黒い姿は通り魔のやうな速さで山路の方へと月の隠れた折柄の闇夜に掻き消す如く呑まれて了つた。

人跡全く絶えた永雪の御神樂ヶ嶽山頂の夜陰、怪しくも姿を現はしてK爺達を戰慄させた女怪こそ人間情痴の淺間しい怨執に狂つた彼女の悲しく現つなき化身だつたのである。

跡を追つて捜しに來たH初め室谷村の人々やK爺達の數日に亘る努力にも拘はらず彼女の姿は遂ひに發見されなかつた。

或は熊に喰はれたゞらうと言ひ谷底の雪に埋れたゞらうとも噂されたが春になつて雪が消えて早蕨が優しいこぶしで山腹を打つやうになつても更にその骨さへ發見されなかつた。

こんな人生悲劇があつたにかゝわりなく御神樂ヶ嶽の峻険な姿は依然として室谷村と本名村の境に悠然と大自然の威容を示してゐるに變りない。

☆　☆　☆

『俺ア隨分と變な物は見やしたがあんな恐ろしい怖い目に遭つたのは生れてこの方御座いやせんだ。何しろ大の男でさへ容易に登れねえ雪の御神樂ヶ嶽山頂に、生首を持つた血みどろの女がひよつこり現はれるなんて今でもあの時のことを想ひ出すとあの時の姿がありありと眼先にちらついてなんねえ。』

と其の箱を見詰めてゐた彼女は聽て何者かに憑れた人の如くその箱の方へと靜かににぢり寄つて行つた。そして生があるかに見える無氣味な光りを刃先から放つてゐる鋭利な鉞へと手を差し延べたのである。

と、鉞の刃色と夫の寝顔とを默つて見較べてゐた彼女の口から突然ヒステリックな笑聲が衝走つた。

余りにも激しい精神的打撃は遂にか弱い女性をば發狂に迄で驅立てゝ了つたのである。

彼女が飄然と立ち去つた跡には首の無いIの亡骸が赤黒い血の海の中に冷く横つてゐた陰々たる夜空にちらと彪を見せた無氣味な二十月がこの惨劇の跡を障子の破れから覗いて居たのであつた。

純朴な村の若人達を肉慾の愉樂の淵へと誘つて墮落せしめんとした妖魔の脳天に狂女の打振ふ怨執の鉞が天意の裁きの如く加へられたのは其れから間もない事であつた。

突然村の平和を乱してけたゝましく夜空に響く警鐘の亂打！

然しHの話を聞いてはつくゞと人間がいやになつて淺間しい地獄の姿にぞうつとしました。
斯ふ言つてK爺は強く頭を振つたのであつた。（了り）

怪　箱根の怪談　★大陸日報　昭和六年九月十日　6-350

箱根の怪談

岡本綺堂

安政三年の初夏である。江戸番町の御厩谷に屋敷を持つてゐる二百石の旗本根津民次郎は箱根へ湯治に行つた。根津はその前年十月二日の夜、本所の知人の屋敷を訪問してゐる際に、彼のおそろしい大地震に出逢つて、幸ひに一命に別條はなかつたが、左の背から右の腰へかけて打撲傷を負つた。

その當時は差したることでも無いやうに思つてゐたが、翌年の春になつても痛みが本當に去らないそれが打身のやうになつて、暑さ寒さに祟られては困るといふので支配頭の許可を得て、箱根の温泉で一月ばかり療養することになつたのである。旗本といつても小身であるから、伊助といふ中間ひとりを連れて出た。

道中は別に變つたこともなく、根津の主從は箱根の湯本、塔の澤を通り過ぎて、山の中のある温泉宿に草鞋をぬいだ。その宿の名はわかつてゐるが、今も引きつゞいて立派に營業を繼續してゐるからこゝには秘して置く。

宿は大きい家で、ほかにも五六組の逗留客があつた。根津は體に痛み所があるので、下座敷の一間を借りてゐた。着いてから四日目の晩である。入梅に近いこのごろの空は曇り勝で、けふも宵から小雨が降つてゐた。夜も四つ（午後十時）に近くなつて、根津もそろ／＼寢床に這入らうかと思つてゐると、なにか奥の方がさわがしいので伊助に様子を見せに遣ると、やがて彼は歸つて來て、こんなことを報告した。

『便所に化物が出たさうです。』

『化物が出た……。』と、根津は笑つた。『どんな物が出た。』

『その姿は見えないのですが……。』

そのころの宿屋には二階の便所はないので、逗留客はみな下の奥の便所へ行くことになつてゐる。今夜も二階の女の客がその便所へ通つて、そとから第一の便所の戸を明けようとしたが明かない。さらに第二の便所の戸を明けようとしたが、これも明かない。そればかりでなく、うちからは戸をこつこつと輕く叩いて、うちには人がゐると知らせるのである。そこでしばらく待つてゐるうちに他の客も二三人來あはせた。いつまで待つても出て來ないので、その一人が待ちかねて戸を明けようとすると、やはり明かない。前とおなじやうに、うちからは戸を輕く叩く。しかも二つの便所とも同様であるので、人々もすこしく不思議を感じて來た。

かまはないから明けてみろといふので、男二三人が協力して無理に第一の戸をこじ明けると、内には誰もゐなかつた。第二の戸をあけた結果も同様であつた。その騷ぎを聞きつけて、他の客もあつまつて来た。宿のものも出て來た。

『なにぶん山の中でござりますから、折々にこんなことがござります。』

宿の者はかういつただけで、その以上の説明を加へなかつた。伊助の報告もそれで終つた。

◇

その以來、逗留客は奥の客便所へゆくことを嫌つて、宿の者の便所へ通ふことにしたが、根津は血氣盛りといひ、かつは武士といふ身分の手前、自分だけは相變らず奥の便所へ通つてゐると、それから二日目の晩にまたもやその戸が明かなくなつた。

『畜生、おぼえてゐろ。』

根津は自分の座敷から脇差を持ち出して再び便所へ行つた。戸の板越しに突き透してやらうと思つたのである。彼は片手に脇差をぬき持つて、片手で戸を引きあけると、第一の戸も第二の戸も仔細無しにするりと明いた。

『畜生、弱い奴だ。』と、根津は笑つた。

根津が箱根における化物話はそれからそれへと傳はつた。本人も

自慢らしく吹聴してゐたので、その友達はみなその話を知つてゐる

◇

それから十二年の後である。明治元年の七月、越後の長岡城が西軍のために攻め落された時、根津も江戸を脱走して城方に加はつてゐた。落城の前日、彼は一緒に脱走して來た江戸の友達に語つた。

『ゆうべは不思議な夢をみたよ。君たちも知つてゐる通り、大地震の翌年に僕は箱根へ湯治に行つて宿屋で怪しいことに出逢つたが、ゆうべはそれと同じ夢をみた。場所も同じく、宿屋もおなじく、すべてがその通りであつたが、たゞ變つてゐるのは――僕が思ひ切つてその便所の戸をあけると、中には人間の首が轉がつてゐた。首は一つで、男の首であつた。』

『その首はどんな顔をしてゐた。』と、友達のひとりが聞いた。

根津はだまつて答へなかつた。

その翌日、彼は城外で戦死した。

ラジオ　今日の番組　●河北新報　昭和六年九月十五日
琵琶「安達ヶ原」佐藤錦報　6-351

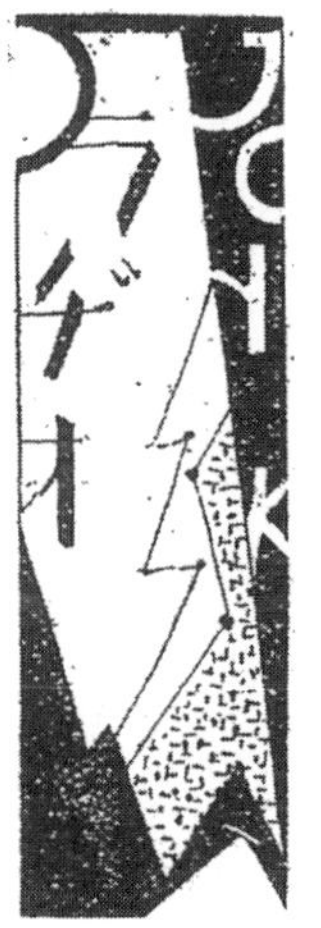

今日の番組
九月十五日（火曜日）
◇同八時H　琵琶「安達ヶ原」佐藤錦報

琵琶　荒野の一つ家　安達ヶ原の怪　●河北新報　昭和六年九月十五日　6-352

琵琶　荒野の一つ家
安達ヶ原の怪
【後八時】HK　佐藤錦報

思ひ立ちぬる旅衣　風にまかする浮雲の　行方定めぬ露の身は　法の力ぞ頼みなる

これは紀の國東光坊阿闍梨祐慶と申す者心に立つる願ひありて同行山伏一人を具し廻國行脚に出で立ちぬ那智の御寺を後にして分け行く末は紀の路潟鹽崎の浦打ち過ぎて飛沫にぬるゝ篠懸の露けき袖やしほるらん錦の濱の濱木綿の日も重なれば程もなく名のみに聞きし陸奥の安達が原に着きにけりあら笑止や日の暮れてゆく人里遠き原中の向ふに燈火の影見ゆれば立寄りて宿をからばやと存じゆく

風肌寒き荒野原おどろが中を踏み分けて辿り來りし草の庵、軒も傾く住居には、眞木焚く火影いぶせげに老木の雪が眞白なる、髪も亂れし一人の老母糸さし車廻しつゝ糸を紡ぎてゐたりけりいかに主にもの申さん、吾等初めて陸奥の安達が原に行き暮れて困じ果てたる旅の僧希はくば憐れみて、一夜の宿を貸し給へ、かゝる荒野の一つ家に風吹き荒れて月影も屋根より洩るゝ闇の内吾さへに憂きの庵を賴り給ふぞ痛はしきさらば留まりゆへと拒を開き案内する

（寫眞は錦報氏）

マイクに立つ人々

◇磯部辰雄氏◇名和昆蟲研究所卒業、現在陸軍被服廠附陸軍技手◇高見順治氏◇東京高等學校教授で大正十四年東京帝大英文科を卒業せられた新進の英文學者です。

ラジオ　今日の番組　●河北新報　昭和六年九月十六日
講談「累解説」猫遊軒伯知　6-353

今日の番組
九月十六日（水曜日）
◇午後零時五分A　講談「累解説」猫遊軒伯知

講談　お累の怨霊に狂う、二人の娘　●河北新報　昭和六年九月十六日　6-354

講談　お累の怨靈に
狂ふ、二人の娘
【後〇、〇五】　猫遊軒伯知

下總國羽生村の百姓與右衛門夫婦は一人娘のお累を殘して世を去つたので庄屋の正右衛門は島原浪人で當時村の地藏堂の堂守をしな

から、手習ひの師匠をしてゐた高師清左衛門を養子に世話をし、お累とめあわせ與右衛門の名跡をつがせた。ある夏の日、お累が蛇を踏みつけ足を噛まれたのがもとで跛足になり、その上毒がまわつて顔の半面が腐り生れもつかぬ醜い姿となつた。それより清左衛門の與右衛門はお累にすげなくなり、同村の太郎右衛門の後家お若といふ達磨茶屋の仲居上りの女と懇ろになり、ある日お若、與右衛門の二人はお累を豆刈りに絹川べりへつれ出し殺害し世間へはお累は行衛知れずになつたと吹聴し何喰はぬ顔でゐた。そのうち正右衛門にすゝめられるを幸ひ、お若と夫婦になり、お菊、お助の二人の女児をもうけ月日は流れて十七年たちお累の十七回忌の法事の日にお累の怨靈が二人の娘に乗りうつり、絹川べりで與右衛門のために殺害されたと口走り、狂ひまわるのでその頃高徳の噂の高い飯沼の法藏寺の祐天上人に願ひ祈禱をしてもらつたので、累の怨靈も佛果を得て得脫し與右衛門は改悔して佛門に歸依し累の菩提を弔つた。

～～（後六時）～～

（寫眞は伯知さん）

資　簇出する心霊研究会
●読売新聞　昭和六年九月十九日　6-355

簇出する心靈研究會

活靈會

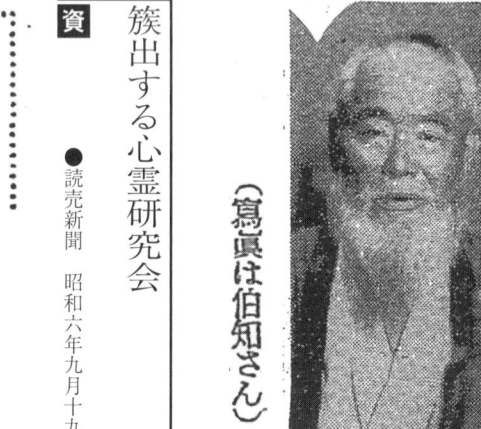

〇……芝公園を薩摩原の方へ越えて芝園橋を渡り電車通りを右手に折れて赤羽橋の方にゆくと左手に「活靈會」といふ大きな看板を上げてゐる家がある。記者は案内を乞ふと六十三四歳の老道が出て來た。名は永井靈淨といふて權大教正といふエラさうな肩書をつけてゐる。

記者「こゝではどんな病氣でも治りますか」

永井「なんでも治ります」

記者「では精神治療ですか」

永井「つまり今まであらゆる療法をうけたが効目がないといふやうな病氣か不具になつて苦しい想ひをしてゐる者とか、さういふ人は此療法で治る、不具でも療法を重ねてゆけば治る」

案の定その名は活靈會だが商賣の會だナと感づく。

〇……だが永井さんはなか〱眞面目だ。

記者「お話を伺ふのも結構ですが今日は急ぎますからその靈術を一つ施して貰へませんか」

永井「重い病とか遠方の方とかは寫眞か手の型があれば（男は左、女は右と言ひ足す）隔療法と云つて活靈の傳達、靈感の移導によつて治療して上げます」

網を張つてなか〱逃がすまいとする。そこで八疊の日本間の眞ん中に小さい敷布團を敷いてその上に横臥させ、毛布をすつぽりと肩から着せた。それから袴を一寸自分の前にくつゝけて眞面目な顔をして端然と坐り、四十分ほど頭から腹のあたりを兩方の指の頭で撫で廻しながら、それでよいと云ふた。

永井「今日はこれくらゐにしておくが、少しはいゝですかナ」

記者「さあ、いゝとも惡いとも感じません」

永井「あなたのは非常に慢性で一回ぐらゐでは治らんから、暫らく續けて來さつしやい、その中段々効目が現はれてくる」

記者は一圓の診察料を拂つて外に出た

【寫眞は芝園橋の活靈會】

資　簇出する心霊研究会　立会人の批判（二）
●読売新聞　昭和六年九月二十二日　6-356

簇出する心靈研究會

立會人の批判（二）　中村古峽氏

○…私は「菊花會」其他本欄で指定された研究所に立會をしたのではないが曾て某雜誌社での實驗に立會つて其トリツクを暴露したことがある。其當時は靈媒が佛像を現はすといふので十回も實驗を重ねたがその最後に袴の中に佛像を隱してゐたのを發見したといふやうな馬鹿々々しいことがあつた。

○…靈媒による心靈現象の中には自然現象中に起るものと同じ係證を幾らも擧げられる。又透視とか千里眼とかいふやうなものでも精神感應の一變形として肯定せられるものもある。しかし今日の淺野、福來といふやうな人々の心靈學派が云ふやうな死後の靈が宇宙間に存在するとかその死靈と生存してゐる人間が交通し合ふとかいふやうなことは斷じて科學的に肯定出來るものではない。

○…この人々が云ふやうな死後に靈魂が存在するかどうかといふことも確定した事實ではないのである。それを實在するときめ込んで云ふことが早計であるのだ。だからこの死者の靈といふものは人格變異から現れて來るもので、果して死者の靈が靈媒に交通し合ふか否かといふことを第一吟味せねば分らぬことである。（つゞく）

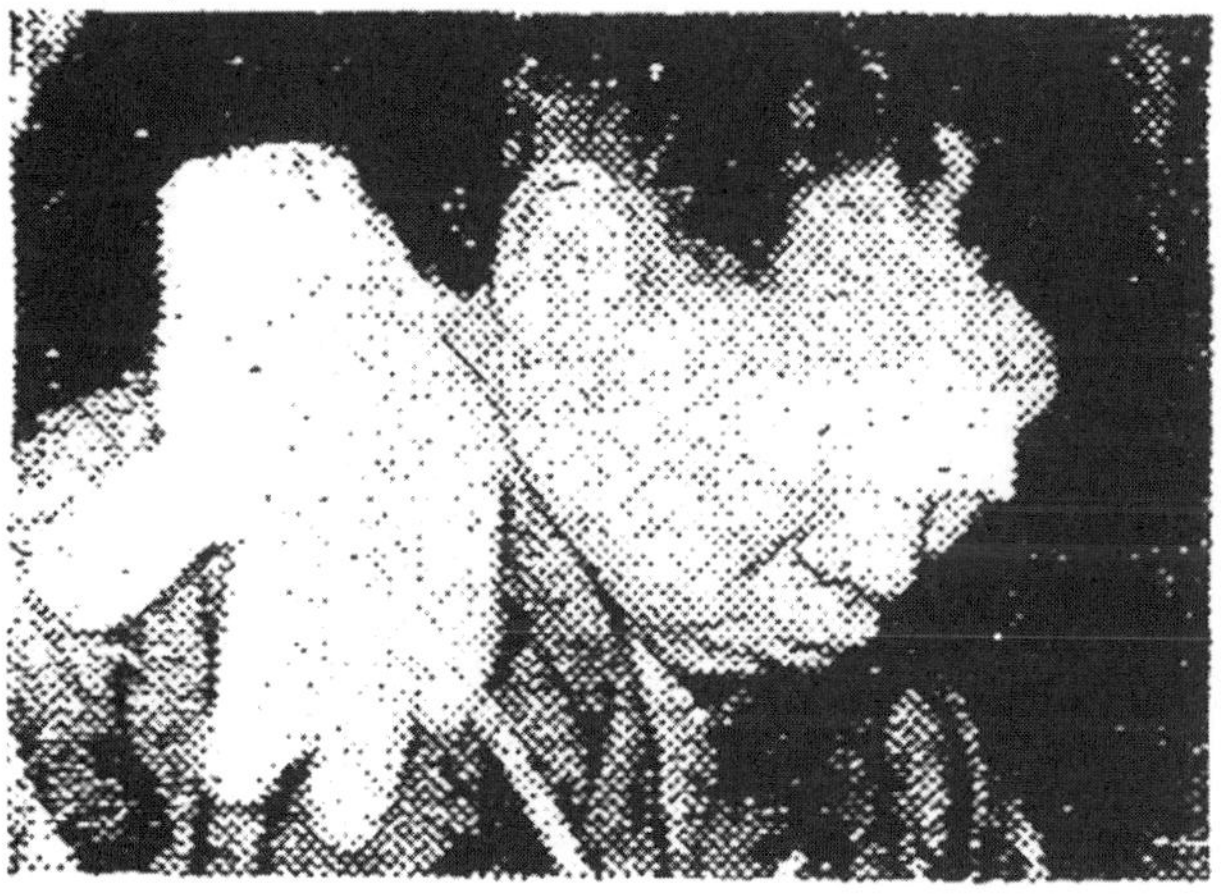

菊花會　秋山命澄氏

○……「簇出する心靈研究會」の菊花會の記事に就てその靈媒

心媒龜井氏に就て小生の實驗するところによれば立派な手品であつて心靈現象とはその假面であります。近來の日本の心靈研究熱は淺野氏によつて龜井氏が實驗せる現象を宣傳したことが大いに力あるものと思はれます然し小生が直接龜井氏の實驗に立合つた時の經驗によりますと明かに手品に過ぎません。龜井氏の實驗がどんなにその現象として立派でも歸するところは手品であれば心靈物理現象などいふものが頗る眉唾物であります

○……立會人に理博や法博や工博が居られたからとて彼等に手品の種子が見破れるものとは限りません。小生は心靈現象を否定する者ではないが目下騷ぎ立てゝ居る龜井氏の實驗の如きはトリツクであることを確信します。その方法に就ても明かに說明し得るのが多くあります。曾て小生が立會つた時には彼は失敗して降參したことがありますそれが何よりのよい證據である先年大毎で龜井氏を紹介したこともありますが、これが眞實であれば思想の惡化した世にこれほど力強いものはないのです。しかしトリツクであれば反て世道人心に惡影響を與へます。故にかゝる實驗で研究會が潰れるならば潰して仕舞ひたいものです。心靈研究はもつとより高い所に理想を以て進むべきで、實驗が大切だからとてトリツクで大騷ぎするやうでは前途が思ひやられます。（投）

【寫眞は龜井靈媒の最後の實驗前に手の現はれたもの】

資　簇出する心霊研究会　立会人の批判（三）
●読売新聞　昭和六年九月二十三日　6-357

簇出する心靈研究會

立會人の批判（三）【續】　中村古峽氏

○…私達の立場では人間に第三者の死靈がのり移ると云ふ如きことは斷じて云へない。それは靈媒自身の精神異狀の現象で極めて原始的なまやかし以外の何物でもないと考へる。

○……個人的に云へば淺野氏の如きは十年以前迄は大本教に居てあれだけ出口王仁三郎をほめ（世界唯一者の大偉人と云つてゐた）世人を惑はしてゐたものが、一度不敬事件を起して刑に問はれたから

とて出口と喧嘩別れをして出口を大山師と云つて罵倒してゐるのでは始まらぬではないか。この筆をかへすやうな態度が普通人間の精神狀態ではない證據である。

○……淺野氏はその機關誌の「心靈と人生」の第一號に——自分は大本教に入つたのは信仰からではなくあそこには心靈現象を研究するのに格好の人が多く出入するからその研究材料を得るために行つたといふやうな鐵面皮なことを云つた。これでは愈よ普通の心理狀態ではない。

○……靈媒の實驗の時は必ず暗い室でやる。何故もつと正々堂々と光明の場所で實驗をやらないか。英國の心靈學界で幽靈を靈媒によつて出させる實驗の折に暗い室で四五人の人達を入れて靈媒を縛つてやつたところ、何んだかフハリとしたものが頭を撫でるからいよいよ幽靈が出たと思つた人もゐたが、そのするまゝに委せておいて中に一人の破棄者が手を出してはいけないとせられてゐたのに兩手を廻してそれに抱きついた。それから直ぐ電燈をつけたところがそれは靈媒がぬけ出してゐたのだと云ふことが分つたといふ事件があつた。

○……要するに今の心靈學研究者と自稱する連中は淺野氏に限らず其大抵は精神病者でこの連中を隔離するか監禁するかしない限りはいつ迄も同じことをするといふ迄である。

資　簇出する心霊研究会　立会人の批判（四）

●読売新聞　昭和六年九月二十四日　6-358

簇出する心靈研究會

立會人の批判（四）

明治大學教授　小熊虎之助氏

○……私は先日來熊谷氏の「天照會」に行つてその實驗を見せてもらつてゐるのは事實だが、或人々の云ふやうな私があの研究會で大に心を動かされてゐるとか降參してゐるとかいふやうなことは決してない。たゞ「天照會」での研究は他の靈媒のやうな現象とは一寸事實がちがつてゐるので、研究の價値があると思ひながらその實驗を見せて貰つてゐるのである。

○……淺野和三郎氏等のいふやうな死後の靈との交通が詐術でないとするならば、我々とても兎や角いふことはないのであるが、從來外國でも日本でも眞實だ〳〵と吹聽してゐるものゝ中にそれが皆トリックでないものはないといふ有樣では信ぜられぬといふ迄である。淺野氏が何時でも實驗の立會を望むといふならそれは此方から望むところで、たゞ先年の某雜誌社の實驗のやうに靈媒が馬脚を出すといふのであつたら止した方がよい（某雜誌社での實驗でトリックを發いたものは小熊氏であつた）

○……私は靈媒についてはその主觀的作用を無視することは出來ないもので、私自身にも未だ色々な疑問をもつてゐる一人である。

怪　小怪談三、四

●新潟新聞　昭和六年九月二十六日（二十五日夕）　6-359

小怪談三、四

中村星湖

自分が釣りをするやうになつてから、まだ一度も怪談らしい事件にも人魚にも出喰はしたことはない話であげると、潟田の防波堤に海が大荒れにあれた晩など、よく大きな龜が出たといふ話。私と佐藤惣之助君とが一としきり生姿の東立地でカイツ釣りをやつた頃、悠然とやつて來て、私たちの釣つた魚をのぞき込んだりして、やがてどこかへ行つてしまつた奴の事をくらゐである。いや、思ひ出せばその外にも何かあることはある、それらを手あたり次第に書いてみやう。

一、大きな龜

潟田の防波堤に出る大龜といふのには、私は一度もお目にかゝらなかつたが、出會つた人の話しによると、あの邊でこな形をした大龜の[illegible]を防波堤の岩にかけて、夜ごとの暗闇のなかでうはばみの首のやうな頭をうごかし、目をピカ〳〵

光らせるといふのだから、その場に居合せたら恐ろしいかも知れぬ「あゝこはかつた、……今夜はあの大亀が出たから釣はダメだぞ」

そんな事を船頭たちはたまにいつた。その亀が出るのは大抵、大荒れにあれる晩だから、それで魚が釣れないのか、近所にゐる魚をその亀が追ひちらすから、それで釣れないのかそのいづれかはわからなかつたが、防波堤でカイツの夜釣りをする者は、その亀の出現を非常に忌まはしいものに考へてゐたのは事實だ。

二、魚籃を覗く女

それから、われ〳〵が生麥の埋立地で釣りをしてゐた時分（それも夜釣りだが）、よくびくを覗きに來た女は、夜目ではつきりとはわからなかつたが可なり華麗な年増だつた。あの邊に藝妓などのゐる筈はなかつたが、そんな風の伊達なみなりをしてゐた。とにかく普通の家のおかみさんとは見えなかつた。

「今、物凄い美人が來て……」と私が佐藤君に話すと、同君例の氣象で「よし僕が正體を見屆けてやる」といつてあとを追ひかけたが追ひ着くことが出來なかつたやうでもあるし、何等かの報告があつたやうでもある。そこらは、ぼんやりとしてゐる。もう十年も昔の話だから、今ころ生麥の埋立地の夜を物色したつて、それとおなじ女のゐない事はたしかだ。安心してしかるべし。

三、青山の大將

ついでに、おなじころに澤山出の防波堤に出没した有名な「青山の大將」といふ釣り師のことをいつて置かう。どんなにシケの晩でも黒鯛の四五歳二三枚、二歳や三歳を十枚かそこら持つて歸らぬことはないといふ名人だつた。黒鯛ばかりでなく、鱸でもアイナメでも釣らうとする魚は必ず釣れたといふ名人だつた。これなんかも一種の怪談的人物であつた、その「青山の大將」と私は一度おなじ船に乘り合せてかれの氣象釣り以外の大變な氣焔を聞かされて、えらい人間もあつたものだと驚いた。だがそれは釣りの名人であることを誇りたさに、うちの沖縄から色々な種類の魚を釣り場まで持つてくるのだといふ噂が立つた、そんな噂が立つて正體がペレてから大將はづかしくなつて、防波堤へこなくなつたといふ事だつたが「法螺は幾分吹いたのでせうが、釣りは上手なことは上手でした。私は一緒によく釣つて知つてゐますが」と感服した人もあつた。とにかくたゞの釣師、たゞの人間ではなかつた。一種の怪物だつた。だからこれも怪談の中へ入れておくのである。

四、鵜飼ひ伴作

最後に、釣りではない、鵜飼の怪談（これこそ字義通りの怪談）を紹介する。甲州石和に鵜飼ひの伴作といふ男が昔あつた。（多分謡曲のなかにもうたはれてゐるだらう）鎌倉時代の事である。その男が石和のわきを流れる笛吹川の（だらうと思ふ）殺生禁斷の場所へ鵜を入れて魚を取つた。それが露見して捕へられ、牢死したか打ち首になつたかした。もと〳〵悪意あつて犯した罪ではなく貧故に禁破りをしたのを無慈悲な代官が容捨もなくかれを制裁したので、その怨靈が夜な〳〵代官屋敷へ現はれて、代官とその家族とを苦しめた。この話を聞いて當時身延山にゐた日蓮上人がそこへ來て法力をもつて伴作の怨靈をしづめた。傳へ聞いた話だから、話はいくらか違つてゐるのかも知れぬが、何でもそんな事である。その時、日蓮上人は南無妙法蓮華經の七字を一つの石に一字づゝ書いて（そして彫らせたのだらう）河中へ投じた。その石が今でも河川工事の時などに出てくることがあるといふ。

およそ怪談なんてものは、筋だけでは大抵つまらない。場所と時と話し手の巧さいかんとで、ぞつと身の毛のよだつやうにもなるし、それとは反對なものにもなる。私の話しは殆後者に屬する。

妖 河童の話（一）

●九州日日新聞 昭和六年十月五日 6-360

河童の話（一）

濱田隆一

八月十七日子供の爲め「河童の話」を全國中繼でGKから放送して見ました。甚だ不成績であつたことは申すまでもありません。しかも、子供相手といふのと、時間が僅か三十分といふ制約の爲に充分說き盡せなかつた

妖　河童の話（二）
●九州日日新聞　昭和六年十月六日　6-361

河童の話（二）

濱田隆一

それから河童の手は左へでも右へでも自由自在に長く伸びると言はれて居ます。その筈です、藁人●●

のは殘念であります。しかし、「河童何物なりや」といふことについては、こゝに述べた通りが私の考へですが、これ丈では解說がまだ不充分ですから追々と說明の足らなかつたところ、河童に關係してゐる事項等發表して皆樣の御示敎御批評をお願ひしたいと考へてゐます。

皆さんがよく知つてゐられる。奈良朝の頃に出來た古事記といふ日本でもつとも古い書物の中に「山田の曾富騰」と言つて、足は步けないが、世の中の事は何でも知つてござるといふ神樣がありますこの神樣は、實は皆さんがよくうたはれる「山田の中の一本足の案山子」のあのカカシであります。一寸不思議に思ふ人があるかも知れませんが、ずつと〳〵遠い昔には、カカシは山の神樣、田の神樣水の神樣でした。ところがその神樣が後では山の中では、山姥とか山わろとか言ふ恐ろしい物になり水の中では河童といふ魔物におちぶれました。だから河童は、海や川や沼や池等に遊ぐ子供のお臍をぬいて惡戲をする反面には、世にも得がたい仲介の作り方を敎へたり、深山の鑛物をくれてお金持にしてくれたり、又皆さんがよく知つてゐられる樣に「大力」を持つてゐました。こんな事は神樣であればこそ出來るのです。そしてその大力は、河童の頭の上のおサラの中に入つてゐると言ひます。河童は人間の赤ん坊程の大きさしかないと言ひますのに、河童より大きい皆さん位の少年でも、それから大人でも、殊に人間の中で一番力の強い相撲取などでも、河童といきなり相撲をとつたら勝てませんしかし人間は、河童の頭の上のおサラに入つてゐる水を振りすてさせると、すつかり力がなくなつて子供でも易々と勝てることを知りました。それでは何故そのおサラの中にそれ程の力が入つてゐるのでせう。

大力や寶をもらつたお話は外にもあります。夜中に道を步いてゐると、橋の傍で産女といふ恐ろしい女が出て來て、この赤ん坊を抱いてゐてくれと賴むので、抱いてゐると、それが急に重くなつたのでよく見ると、お地藏で、やがて女が歸つて來て無事に渡すと、お禮に大力をくれたといふ樣な話があります。强い力と關係のあるお話が、河童の方も産女の方も兩方とも赤坊ほどの小さなものである事も不思議ですね。それからその赤坊があまり重いので、不思議になつてよく見ると黄金の塊で大變なお金持になつたとも云はれて居ます。タカラとチカラ、この二つの言葉も何か深い關係がありさうです。

それから、みなさんのお馴染の俵藤太が龍宮から戴いてかへられたといふ米俵、或ひは正直なお爺さんが水神樣から戴いた打出の小槌、かういふタハラやコヅチもやはり容易に誰の手にでも入らないタカラでした。非常に勇氣のある人か非常に正直な人ばかりが授かる福運でした。河童のサラとてもさうです。そこでそんなお話をもつと詳しく調べて行くと、おのづと河童の正體やおサラの正體が判つて來ます。

河童の起りについてはこんなお話が傳へられてゐます。皆さんあの有名な、日光東照宮の眠り猫を彫つた左甚五郎といふ偉い大工が、或時、或る大名から、大きな家を、たつた一日で建てる樣に言ひつけられて困りましたが、さすがは甚五郎で、深山の藁人形を作り、神主をたのんでお祈禱をして魂を入れてもらふと、忽ち人間と同じ樣に動き出しました。その藁人形に仕事の手傳ひをさせたので忽ちの間に大きな家が出來上りました。ところが家が出來上れば藁人形の用はありませんので、甚五郎はこれをみんな海の中に流してしまひました。その時藁人形共が「私達はこの後は何を食つて生きてゐたらよいでせうか」と言ひましたら「人間のお臍でも取つて食べろ」と言つたので、それが河童となり、人間のお臍を取る樣になつたのだと言ひます。

形の手は一本の竹ですから、左へ引けば右の手が無くなり、右へ引けば左の手が無くなるわけでせう。又或る處ではこんな言ひ傳へになつて居ます、やはり同じ甚五郎かと思ひますが、大工の甚五郎の弟子に大變な怠け者がありまして、或る時主人の甚五郎は、腹を立てゝ「お前の様な怠け者は海に行つて人間の臀でも取つて食へ」と叱りとばし、手に持つた金槌でボカーンと頭の頂邊をたゝきつけて、海の中へ投りこんでしまひました。だから頭がお皿の様にボクりと凹んで、それが河童になつたと言ふのです。ところがこのお話では、まだ河童のおサラは大切なものではありません。昔、土佐國は吾川郡御畳瀬村といふところに千屋惣之進といふ人があつたさうです。この人のお父さんが或る時河童の命を助けてやつたらそのお禮におサラをくれたさうです。大切な命を助けたお禮に、おサラ位をと思ふ人があるかも知れませんが、どうして／＼これは游ぐ時に水に溺れないまじなひ、それから痘瘡のまじなひになるのださうですから、つまり大變なタカラです

すると河童のおサラは普通私共が考へてゐる様に、頭の上にくつゝいてゐるものとばかりは言へないのです。壹岐島の殿川屋敷といふのは、河童の爲に大變なお金持になつた人の跡ださうですが、その妻が河童だつたさうで、或時井戸の中に飛びこんで海の中へ逃げてしまつたさうです。その時持つてゐたお椀が今でも井戸の底をのぞくと見えるさうです。河童とおワンといふのは元はやはりおサラではなかつたかと思ひます。それから多くの村々に椀貸塚といふのがあります。大方みなさんの町の附近や村々にも氣のついてゐる人があると思ひます。それは塚の穴のところに「明日お客がありますから、何人前お椀を貸して下さい」と書いた紙を貼つておくと、翌日はちやんとそれだけのお椀を揃へて、塚の口に置いてあるさうですこのおワンといふのも私はやはりもとはおサラではなかつたかと思ひます。何故かと言へば、お椀の出ると言ふのは塚ばかりでなく、河童の好んで棲む川の深い淵や、池沼などにも澤山の話があり、そしてむしろこの方が本の言ひ傳への様であります。例へば美濃國に龍宮淵といふ深い淵があつて、その底は龍宮へ行けるといつてゐますその淵の側に龍王神社といふ祠があつて、そこに「膳椀何人前入用ですからお貸し下さい」と頼んでおいて翌日行つて見るとちやんと水の上に浮いてゐたさうです。そこで村の人達は大變仕合せでしたが、或る時心のよくない者があつて借りたお椀の一つを壊したのをおわびもせずに返しておいたところ、それから何と頼んでも貸してくれなくなつたさうです。このおワンを貸してくれる龍王様といふのは水の神様です。しかもそれは印度や支那の外國から來られた神様ですから、最初は河童即ち日本の水の神様の話ではなかつたかと思はれます。すると河童とおワン即ち河童とおサラの關係がよく判るでせう。これで河童のおサラは何も頭の上にばかりくつゝいてゐるものではない事はお判りになつたでせう。

妖　河童の話（三）　●九州日日新聞　昭和六年十月七日　6-362

河童の話（三）

濱田隆一

それから、河童をあのお臀の游いお猿さんではないかと思づてゐる地方も多い様です。淵や沼や池等に川猿とか淵猿とか言ふおばけがゐると言つて居ります。それが河童のお話と實によく似てゐます年代は天文三年八月ださうですが今の廣島縣の吉田川の釜淵といふ淵で毛利侯の家來の荒源三郎といふ勇士がその恐ろしい淵に入つて人間や馬などを害する淵猿といふ怪物を退治て、武勇を天下に轟かしたさうです。この源三郎といふ士は七十人力、淵猿は百人力あつたさうですが、淵猿の強いのは頭の上のお皿に水がある爲である事を知つてゐましたので、すぐにその首をとらへて左右に振り廻して水をこばしてやりましたら、なん

なく勝つ事が出來ました。それにしてもお猿さんが深い淵の底にゐるといふ事も、お猿さんの頭の上にお皿があるといふのもおかしい話ですね。河童の話と同ではありませんか。けれどもよく氣をつけて見るとサルとサラ、大變言葉が似てゐるのではありませんか。その筈です、もと〳〵河童の頭のおサラの話が段々と大昔の意味が分らなくなつてサラといふ言葉とサルといふ言葉が似てゐるところから、後にはお猿さんの話に變つてしまつたのです。猿の事を六ケしい言葉で猿猴といひますので、今でも四國、中國地方では河童の事をエンコと言つてゐます。そして猿と河童とが似てゐる點はまだ〳〵あります。猿からもらつたお金は使つても〳〵減らず、殖えるばかりで大變なお金持になつたといふ話がよく殘つて居ます。またある武士は猿の命を助けてやつたのでお禮に正宗といふ名刀をもらひ、それは今でも何處かに猿正宗といふタカラになつて殘つてゐる筈です。こんな種々なタカラをくれたといふ話が河童と第一に似てゐます。このタカラをくれるサルもやはり今の動物園などにゐるお猿さんではなくて、もとは河童と同じ神樣であつたのが、後の人はサルといふ言葉からお臀の赤いお猿さんかと考へる樣になつてしまつたのです。

河童のくれたタカラにも面白いのがあります。中には河童を助けてお禮に徳利をもらつたといふ人もあります。サラとトクリも全然縁のないものではない樣ですね。そしてこの徳利も不思議な事に飲んでも〳〵何時も一ぱいお酒の入つてゐるタカラトクリでした。それから肥後國天草郡ではこんな話もあります。或時一人の子供が、海岸で馬を遊ばせてゐますと河童が出て來て、馬の手綱を牽いて馬をドン〳〵海の中に引き込みます。子供は驚いてお父さんを呼んで來ますと、やがてその河童がまたその馬を牽いて陸に上つて來て、かう言つたさうです、「君は毎日〳〵感心によく馬と一緒に働くので今日からこの馬に五匹前の力を附けてやつた。」すると果して翌日から今までの五倍働き、隨つて非常な分限者になつたさうです。同じ天草に又こんな話もあります一人の子供が夕方濱邊を歩いてゐると、河童が出て來て「オイ相撲をとらないか」と言ひます。すると子供はかねてお母さんから、河童は御佛飯をいたゞいてゐると人間には敵はぬといふ事を聞いてゐましたので「一寸待つてくれ、家にかへつて用意をしてくるから」と言つて御佛飯をいたゞいて出掛けました。すると河童は、ちやんと待つてゐます。さあとらうと言ひましたら、河童が「もう止めよう。お前の目玉はとても光つて恐ろしい。私が負けた。その代りとの袋をやらう」と言ひますのでそれを受取つて家にかへつて開いて見るとお金でした。それからこの家も大變榮えたと言ひます。

みなさんは正直なお爺さんが、水神樣から貰いて來た大判小判の糞をたれる猫のお話を知つてゐるでせう。これはお爺さんが橋の上から龍宮樣即ち水神樣に正月の門松をあげたお禮でしたねこのお話も猫ではなくて打出の小槌をもらつて歸り、それでもつて米の倉や金の倉を建て大福長者になつた樣にも話されてゐます。一寸法師などは鬼が忘れた打出の小槌で身體を打つてもらふと忽ち立派な大男になりました。かういふものも世の中のタカラに違ひありませんが、ずつと大昔は力の強いことも亦大變な寳でした。朝廷でも相撲の節會と言つて、毎年七月には宮中に日本中から強い相撲取をお召集になつて御覽になりましたそしてその強いチカラは全く神樣から授かるもの、いや一歩進んで神樣と同じになるのだと信じてゐました。

6-363

河童の話（四）

●九州日日新聞　昭和六年十月八日

妖

河童の話（　）

濱田隆一

昔、羽後國の横手といふところに妹尾五郎兵衛といふ人がありました。或時夜明前、蛇の崎の橋を通りかゝると橋の袂に若い女が立つてゐてこの赤坊を一寸抱いてゐてドさいと頼んだまゝ何處へか行つてしまひました。しばらくするとその赤坊が段々重くなりはては背伸びをしたり恐い目をしたりしてみせました。普通の人ならびつくりするのに五郎兵衛は大層勇士であつたので我慢してゐました。その中に女が歸つて來て、お禮にお金の入つた財布をくれようとしましたが、そんなものは欲しくないと言ひましたら、それならチカラをあげませうと言つて手拭を一筋くれたそうです五郎兵衛は翌朝起きて、その手拭で顏を洗はうと思つて手拭をしぼるとブッリと二つに切れ、又しぼつたら四つに切れたので初めて昨夜の女から力を授かつたことを知つたといふ話この女はウブメとかウグメとか言つて、大變恐ろしいおばけの様に考へてゐますが、これも實は河童と同じく最初は神様だつたのですところがウブメの話では力をくれた話が多いのに、河童の方は悪い人間からいぢめられる話ばかりが多く殘りました。どちらも神様であつたのが後におばけと考へる様になつてからの話で、本々神様であつた時代には、前に大草のお話を申しました様に、人間からいぢめられてくれるのでなく、河童自身即ち神様自身から進んで、馬にでも人間にでも、或はチカラを與へ、或はタカラを與へたりしたものだらうと思はれます。勇氣のある人や正直な人はそれを享けることが出來ました。

時間がありませんので、ゆつくり説明してゐる暇がありませんから、いよ〳〵河童の正體を簡單に考へて見ませう。最初に話しました様に、河童が藁人形だといふ考へは全く消えてしまはずにその痕跡は殘つてゐます。もと〳〵遠い私達日本人の先祖は、神様といふものは藁人形だと考へてゐた様です。その人形は大抵海岸とか池とか沼とか淵のほとりによく生える蒲や菱、或は蘆や葦、みそそば、蓼等言ふ草を刈つて作つた草人形です。即ち私共が普通に言ふカカシです。或はクグッとも言ひました。それからソホドとも言つたことは最初に言ひました。今でもさうした草人形を家の戸口などにつけて、病氣や惡魔の入らないまじなひにしてゐるところがあります昔はその草を刈るのにも村中のものが守らねばならぬ厳重な規則がありました。

かうした嚴粛な氣持で拵えた草人形いや神様に對して昔の人達はどういふ事をしたかと言ひますと人間の力では判斷しかねる様な大問題、或は病氣の祈願等をしたのです。その仕方は、このカカシ即ち神様を祀り巫女とか小さな子供が神樂を奏して、神様の御告げ即ち託宣を受けるのです。そしてその祭が一村のものであると、大抵海濱か或は淵のほとり沼のほとり或は橋の袂等といふ水の際で行つたのです。かういふ場所は昔は天然の村と村との境でした。そこで今日のお話をよく考へてごらんなさい、みんな話の場所が海、川、淵沼、橋の袂等になつてゐるでせうそしてお祭の後ではそのカカシは水の中に流してやつたのです。即ち河童がそれであります。又水が自然の村境になつてゐない地續きの處では村と村との境に塚を築いてそこで祭をしました。だから塚にも同じ似たいろ〳〵の話が傳はつたのも無理はありません。此の場合には人形は流す代りに燒いた様です。正月に行ふ左義長とか道祖神様とかドンドといふ様なのは私はその名殘りかと考へてゐます

詳しい説明をしなければなりませんので今みなさんには大ざつぱな結論だけ言ひますと、カッパと言ふ言葉も、タカラ、チカラ、フクロ、ウブメなど言ふ言葉はもと〳〵カカシとかクグッとかソホドとか言ふ言葉から追々と變化したのらしいのであります。そしてサラと言ふ言葉も同様です。そこでみなさんがお稽古をしてゐます算術の式で言ひますと

カカシ＝＝カッパ＝＝サラ

になります。そしてもと〳〵カカシは神様ですから、カッパもサラも本は神様自身のことであります だから別にカッパがお皿を持つてゐるわけではないのであります。

それを後々の人はサラと言へば木や焼物のお皿の事を考へて、河童からお皿をもらつたり、或は頭の上がお皿になつてゐたりそしてその中にタカラやチカラを入れてゐる様に想像して、變なおばけを考へ出したのであります。

資　豆狸の正体は？

●紀伊新報　昭和六年十月八日　6-364

ナンセンス讀物

豆狸の正体は？

——久木氏失敗談——

蘭燈笛之介

幽靈みたか枯尾花つて言葉があるが、まつたくそうした錯覺現象は科學の最高峰を誇る卅一年度にさえ到るところに横行してゐる、第一にエログロなんてえ化物からしてそうだよ、政治、宗教、道徳の中にさえも白日百鬼が堂々と跳躍してゐるのだからたまらない。

それに比べれば狸や狐が人をたぶらかす話は罪がなくて可愛らしいといふと、馬鹿野郎狸や狐が人を瞞すなんて事があるか、トンキめ——と怒鳴られるか知らんが、まあ待ち給え。

實に愉快な話なんだ、時は明治の初年頃と思ひ給え、わが田邊町のまん中に於てこんな朗かにしていいとナンセンスな事件が起つのだ、ひとつ肩の凝らないところで初めようか。

▲

冬木氏はその日知人の宅で思はず時を過ごし家路についた頃はすでに子の刻もすぎてゐた。夏に間もない頃で今であつたなら團扇片手にそゞろ歩をする人影がちらちらするのであらうが、その頃はわが田邊町もいと寂しい城下町だつた。

人影の死んだお濠端（今の小學校横手）には淀んだ水面に白い蓮の花が夜風に揺れ動いてまことに狸や狐の屈強な本場らしい風情をもつてゐた

しかし元來冬木氏は豪膽な上腕にも多少の自信もあつたことゝて、かえつて何事か起つてくれることを待ち望むといつた氣持であつた。

月もない空にはしん〳〵として星屑がちらばり、晝間でさえ人通の絶えてない武家屋敷跡近くに來た時だつた、ふと自分の後からかすかに聞こえてくる一つの草履の足音に氣付いたのである。

『さては——』と丹田に力をこめて、何喰はぬ顔でそつと後を振かえつてみたが、まばらな家影と蜜柑畑の以外には何も見當らない。で、再び歩き出すと以前の足音が同じく聞こえてくる、振りかへつてすかして見るとばつたり止んでしまふ、そして怪物らしい影が見當らない。流石の冬木氏も焦立つてきた、人を馬鹿にしてやがる、からかふのもいゝ加減にしないとこひどい目にあはしてくれるぞと自問自答し乍ら道々その方法を頭の中で考へながら歩き出した

『そうだ。生捕つてやらう』

恰度、横手に折れ曲つた道角に來たとき早くも冬木氏は身を秘そめた。そして息をこらして凝つと怪物の正体の近寄るのを待つたのである、

來た、來た、人の話でよくきゝはしたが今目前に見るのは初めてゞある、三尺たらずのオカッパになつた豆狸が大きな德利を、ぶらさげてよち〳〵と近づいてくるのである。

息をはかつて冬木氏はパッと飛出すが早いか力をこめた右足は發止とばかりに蹴り上げた、

『わあつ——』とあがる悲鳴と共に手にした德利を投出した豆狸はその場へあつさりとぶつ倒れてしまつたのである

資　●紀伊新報　昭和六年十月九日　6-365

ナンセンス讀物

豆狸の正体は？

——久木氏失敗談——

蘭燈笛之介

それから少刻の後である。今の酒造會社である榮町の堅和（その當時も酒屋を營んでゐた）の内では小僧、番頭等が數枚の金子を前にして鳩首してゐた。その時である。表戸を叩く音が起つた。それにはつ――とした一同はお互の顔を見合でおしだまつた。

『來ましたぜ番頭さん。今度は大分大きいようですぜ』

『うん、親狸を連れてきたらしい』

しかし表戸を叩く音は次第と激しくなつて、その間にはつきりとした人の聲が聞こえてくる

『おい〳〵、ちよつと開けてくれ。おい、誰かゐないかい』

『誰だ』

『わしだ。冬木だ、ちよつと開けてくれ』

確に冬木氏の聲に相違ない小僧は恐る〳〵表戸を開くと、今の先酒を買いにきた奇怪の小さい女の子を連れた冬木がにゆうッと這入つてきた。皆は一樣に緊張した。すると冬木氏はちよつとてれ臭そうに頭を掻きながら

『おそおそ濟まなんだ。實はその――』と冒頭して語り出したのは先刻の一件だつた。たしかに豆狸だと思つたので最初一撃に完全に蹴たほしてよく見ると逃げ出しそうな氣配もなく、たゞわん〳〵と大聲で泣き出すので是は怪しいと思つてよく調べてみるとまつたくの眞正な人間でそれも某俠客のまだ七八つになつたばかしの女の子供であることが解つた。父親が寢酒にとこの夜更買いに出されたもので子供ながらに大きな徳利をさげて漸く酒をつめてもらつたもの、扨そのかへり道子供心にもの淋しさの餘りとほ〳〵と歩いている前方、冬木氏の姿を見つけたのでこれ幸いとその後から尾行していたものであつた

『それで番頭さん、濟まないが一つ新しい徳利にうんといゝ酒をつめてくれないかい。この儘にしてをくことも出來ないから親御さんに事情を話して、詫に出ようと思ふから――』

といふ冬木氏の言葉を受けて番頭は

『そうですかい、いや承知しました。それにしても飛んだことでしたなあ――ところで内でも先刻表戸をおろしたところへこの子供さんが默つてあの格子口から金と徳利を差出したのでこりやどうも只物ではないぞ、てつきり豆狸の野郎だろうと思つたが金を持つて來てゐるのでとも角も賣つてやりましたが、その金が今に木の葉に變るかも知れんと思つてみんなこうして覗いていたのでしたよ』

翌朝、冬木氏は改めて某俠客（？）の宅へ詫かた〳〵出懸けたが相手は中々に手強く首を出けておさまらないのに、さすがの冬木氏も困つたらしい。

――と、いふことは蛇足ながら附け加えてをく。それから此の話は冬木氏事秋本氏の子息である義夫氏から筆者は親しく聞かして貰つたのであるが狸と狐の話のうちでも最秀れた逸話だとボクとても感心したのである。讀者諸賢氏の中に何だつまらないと思はれる方があればそれは筆者の鈍筆のためであつて、決して此の素材のつまらなさでないことを辯明しておく

―六、一〇、四―

怪　「北の院の怪」名所の数々　函館の各県人会…
●函館毎日新聞　昭和六年十月十九日（十八日夕）　6-366

「北の院の怪」名所の數々

函館の各縣人會（27）

埼玉縣の巻

お國よいとこ

一天俄にかき曇り物凄き雷鳴と共に、數間の龍が北の院埼玉縣北入間郡の澤へ麻禪師開祖の寺の池から、立樹を倒し稻穗を飛ばして――實に市・二間餘の道を見る間に造つて利根川へ這入つた。時は明治元年――辰年の秋である。

▲支那人創造の架空的動物「龍」が日本内地にゐるといふのは、一寸可怪な話しだが、これは當時世上に喧傳された事實でこの原因？はこうだ。この「北の院」の開祖、彼の有名な澤庵禪師が、寺の池にすみ古した一匹の蛇を可愛がつて殘飯などを與へてゐる中、時には人間の姿になつて大智識――禪師の説法を聽いてる事もあり、虫類ながら天晴れの大僧正？となつたと同時に、このインテリ蛇の身體も實に氣味惡い程――[illegible]に太くなり物凄き大蛇となつたので、禪師に「もうその醜き姿を現はすな！リンを鳴らした時だけは出てこい」と云はれ、其後禪師臨終の遺言にも「寺内にてリンを鳴らすな」とあつて爾來二百年の間リンの音を懐しい禪師の姿を想ひながら待ち焦てゐた大蛇である。

▲ところが、此のいはれを知らぬ旅、巡禮が「禁斷のリン」を鳴らしてしまつたものだ。さては池中から舞ひ上つた大蛇は龍と化して利根の大河にフルスピードで低空飛行に成功した譯だ。

▲この外、埼玉縣には櫻で有名な熊谷町がある。此處は熊谷直實――人情武者として誰知らぬ者もない、花も實もあるこの人の墓があるのが熊谷寺、例の「日の丸の扇」は寶物として今に殘つてゐるといふ。

比企郡の有名な「百穴」や秩父長瀞の清流、足袋で名高い行田の町――等々名所古跡の多い土地である。名産では秩父銘仙、川越芋、狹山の鮎等が全國的に有名だ。

▲この縣出身の大人物では澁澤榮一翁を始め、鼻が空を向いてゐるがお年に似ぬ美人の奥さんを持つてゐる民政黨の長老ウラ天こと貴族院の加藤政之助老、函館では元商工會議所會頭の齋藤又右衛門さん、元二十銀行頭取の内野さん、元市會議員の藤村篤治さんや、風呂の櫻庭作治さん、附屬高小の柴崎先生、水上署の矢崎刑事部長――その外にも同縣人の成功者が澤山居ます」と語つたは埼玉縣人會幹事――寶町・村田與太郎さんである。（カットは長　明神下の深潭）

獣　人呑大蛇（上）
●山陽新報　昭和六年十一月四日　6-367

人呑大蛇（上）

岡枝鳥文

現代の我國の動物學者は、日本には、人を呑むやうな巨大な蛇は居ない。日本産の大蛇と雖も、身長はせい／＼九尺か一丈しか無い

我國で大蛇が人を呑んだといふ昔話は、深山あるけれどもみな虚傳妄誕である云々と説く。學者の無知識は、要するに、その學問と眼界とが狹いからのことである。

彼等は何ことも現代を以て標準とするから、知識が偏狹となつたのだ。我國は明治初年、まだ山澤原野が今日の如く開かれぬころは、各地の山地は、到る所に野生の獸類や人を呑む大蛇が夥しくあつたものだ。そして、それらに關する實話も隨つて多くあつて、今人の想像外の事が各所に現出し、それが所謂今人の信ぜざる迷信的虚妄の巷談と化して、古人は徒に愚昧の名を浴せられることになり全く以て割が惡い。今、明治初年に於ての實話たることを確言することの出來る人呑大蛇の實話を記述しよう。×

會津若松市原町に、吉原なる荷造業の漆屋に二人の息子があつて、兄息子清次十九歳弟息子清吉十六歳、この同胞が仲春の或る日共々に山へ筍掘りに行つた。

場所は、郊外東山温泉から、約一里ばかりも奧の戸澤といふ所であつた。同胞は少時左右に別れて銘々で筍を探がして居たが、兄息子はフト弟の姿を見失つたので呼立てたれど返事もないから、案じて行方を搜がし乍ら一の谷迄へ行くと一匹の大蛇が蟠つて居たその口から二本の人間の脚が出て居り、ピン／＼と動いて居るのを見た。

兄息子は飛上つて驚いたが、呑まれて居る人間は弟であると知るや否や、恐さを忘れて猛然突進し持つてゐた鎌の刃尖を大蛇の口の横から挿込み、腕に力をこめて、體を後歩みに二三歩引下りさまにエーッの掛聲もろとも、バリ／＼ッと大蛇の口を、その細頸にかけて截り裂いた。大蛇は、この凄裂に驚いて半ば呑んでゐた清吉の軀を吐き出して逃げ出さうとする態を現はしたから、清次は得たりとばかり更に勇を鼓して一二歩體を前めさま弟の兩足を引抱へて、大蛇の口外に軀を拔取ると大蛇は血を流し乍ら山深く遁去つた。

大蛇の口から引拔かれた清吉は人事不省であつたが、清次は之を背負つて人里まで運出し、村人と共に應急手當を施して、正氣に回らせ、夫から東山温泉に入れて蛇毒の治療をさせ、日を經て健康に回らすことが出來たけれど清吉は、全身の毛髮類が生涯絶えて了ひ、また右の一耳は腐つて落ちて一見癩病人のやうな觀を持し乍ら、大正の末年まで無事に活命して七十一歳で天壽を終つた。

この人間の實話に自分は呑まれたときには、熱湯の中に浸つたやうに感じたが、忽ち正氣を喪づて知覺が無くなり、兄にどうして救けれたのか、一切知らなかつたと云ふ。

清吉を呑んだ大蛇は、その長さは不詳であるが、胴は二升樽大のものであつたと傳へられてゐる。（古來、大蛇に呑まれて救けれた人の言ふところは、蛇腹に入ると熱湯に浸つた感じがあるといふこと悉く一致する）

獣

人呑大蛇（下）

●山陽新報　昭和六年十一月五日　6-368

人呑大蛇（下）

岡枝鳥　文

三重縣紀伊國、赤羽村での事實である。

夏の或る日、村内の某農家の女房が、家から程近き所にある溜池へ洗濯ものに行つた。

洗濯中に、彼女は岸邊から飛び寄つた大蛇に一ッの足を咬へられて、水中へ引込まれかけたらしい。彼女は大聲に叫んで救助を乞うた。女の悲鳴を聞いた一人の農夫が直ちに附近の山から下りて溜池の端へ來て見た。この農夫は、山で木を伐つて居たので、斧を手にし乍ら駈付けたのであつたが、來て

見て狼狽した。女は兩手で水際の杭に抱きつき、滿面に朱を濺いで懸命にしがみ附いて居り、大蛇は女の片足を固く咬へて己が體を水面に浮かせ、女房を水中に引込まうとして、その長大な尾を激しく左右に振つて後退しようと努力するために、池には時ならぬ波が立騒ぐ最中であつた。救ひに來た彼の農夫は、この恐ろしき状態を見るや、氣も心も萎え痺れ、眼ばかり働くのみでその場に立往生をした。

彼女は之を見て、『この意氣地無しめ』と切齒して怒罵を浴せ、次いで『その斧を呉れ／＼投げて／＼』と連呼した。農夫は僅かに勵まされて、手にしてゐた斧を女の身邊見がけて投げ遣つた。

斧は彼女の抱きついてゐる杭から二尺ばかりの所へ、飛んで來た。彼女はそれを拾取るべく、片手を杭から離して、斧の方へ差伸ばすときに、大蛇の力が引勝ち、女の體はズル／＼と池の中へ沈み込んだまゝ再び見られなかつた。

柔術と劍術とで、隱れたる無雙の名人として知られた會津生れの老武人の武田惣角氏は、目下北海道北見國の遠輕村で靜かに閑雅生活を送つて居るが、その青年時代に福島縣を經て新潟へ武者修行に往く途中、國境の山中で、大蛇に呑まれかけ、これと鬪つた祕話がある。氏は越後へ志す途中で下痢を煩つたので下痢の藥として服用せむが爲め、山中に山百合を尋ね、その根塊を掘り探て喫べたが居眠りを催したので、大樹の根元に寄りかかつて暫時眠つたが、何故か五體が窮屈になつたやうに感じて目を覺まして見ると、二尺廻りの黒色を帶びた大蛇に捲締められて居ることを知つた。柔術には日本無雙の腕前を有つた氏も、この意想外の珍大敵には柔術で應ずる當面の手段は無い。仍て腰間から離さなかつた短刀を拔き放ち、自由の叶ふ右手で以て、胸を捲いて居る大蛇の胴中を見かけて突き刺さうとしたが、鱗が厚くて刃尖も立たぬ。これではならぬと氣を勵まし、肩口から摑みつけられて居た左手を辛うじて拔き取り右手にて短刀の柄を握り、左手にて刃の腹を握り、兩手の力でまたも大蛇の胴を刺したところ、こんどはグサリと刺せたので、勢ひづいて更に三ヶ所を突刺すと、大蛇は痛手に堪へかね、血を流し乍ら、捲ほぐして逃出した。己れ憎い奴、逃すものかと武田氏は、血に染つた短刀を振りかざして追つかけさまに、三四刀斬りつけたが、短刀のこととて力が入りかねる。思ふさまに斬つけることが出來ない。そのうち、大蛇は熊笹の薮に入つて逃げ走るので、逃び行く氏は竹の切株に妨げられて歩みも意の如くならず、遂に逸したと云ふ。氏は最初谷間へ下りて山百合を掘るときに、携帶の太刀は路ばたに殘して置き、短刀ばかりを携へて居たので大蛇を斬殺し得なかつたことをヒドク殘念に思つたと云ふ。

また氏が、大樹に背をもたせて居眠りをしたのは、大蛇のために眠らされたのであらうか、武術者が動物に眠せらるゝなどと云つては聞えが惡いけれど、下痢のために體も精神も多少だるみを生じて居るから、大蛇の催眠術にもかゝつたのであらうと信じられる。

竜蛇さんの出現

獣

●松陽新報　昭和六年十一月七日（六日夕）

6-369

佐太お忌に先ち

龍蛇さんの出現

一昨夜御津浦へ

八束郡佐太村佐太神社恒例のお忌祭も最早二週間後に迫つたが龍蛇神も今年は去る四日午後八束郡御津浦に出顯し小篠由太郎外二名によつて直に同社に奉納する所あつた、なほ同社では廿日夜神迎神事、廿五日夜神送神事を執行する筈で既に名物小屋掛露店も準備中であるが又祭禮中廿二、三兩日は偶日曜祭日が續くので參拜客殺到して賑ふことであらう

実話　人呑大蛇

獣

★台湾日日新報　昭和六年十一月七日

6-370

實話

人呑大蛇

岡枝鳥文

現代の我國の動物學者は、日本には、人を呑むやうな巨大な蛇は居ない、日本產の大蛇と雖も、身長はせいぜい九尺か一丈しか無い我國で大蛇か

人を呑

んだといふ昔話は、澤山あるけれどもみた虚傳妄説である云云と説く、學者の無知識は要するにその學問と眼境とが狹いからのことである、彼等は何ごとも現代を以つて標準とするから知識が偏狹となつたのだ、我國は明治初年まだ山澤原野が今日の如く開かれぬころは、各地の山地は到る處に野生の獸類や人を呑む大蛇が夥しくあつたものだ。そして、それらに關する實話も、隨つて多くあつて、今人の想像外の事が各所に現出し、それが所謂今人の信ぜざる迷信的虚妄の巷談と化して、古人は徒らに愚昧の名を浴びせられることになり、全く以て割が悪るい、今、明治初年にかての實話たることを確言することの出來る人呑み大蛇の

實話を

記述しやう會津若松市松原町に、吉原なる醬家の隠居に二人の息子があつて兄息子清次十九歳、弟息子清吉十六歳、この同胞が仲春の或る日共々に山へ筍掘に行つた、場所は、郊外東山溫泉から約一里ばかりも奥の戸澤といふ所であつた、同胞は少時左右に別れて銘々で筍を探がして居たが、兄息子はフト弟の姿を見失つたので、呼立てたれど返事もないから、案じて行方を搜しながら一の谷蔭へ行くと一頭の

大蛇が

蟠つて居てその口から二本の人間の脚が出て居り、ピンピンと動いて居るのを見た、兄息子は飛上つて驚いたが、呑まれて居る人間は弟であると知るや否や、恐ろしさを忘れて猛然突進し、持つてゐた鎌の刃尖を大蛇の口の横から挿込み、腕に力をこめて、體を後歩みに二三歩引下りさまに、エイツの掛聲もろとも、バリ〳〵ッと大蛇の口を、その耳頸にかけて截り裂いた、大蛇はこの強襲に驚いて、半ば呑んでゐた清吉の體を吐き出して逃げ出さうとする態を現はしたから、清次は得たりとばかり更に勇を鼓して一二歩體を踏めさま弟の兩足を引掴へて大蛇の口外に體を拔き取ると大蛇は

血を流

し乍ら山深く逃去つた、大蛇の口から引拔かれた清吉は、人事不省であつたが、清次は之を背負つて人里まで進出し、村人と共に應急手當を施して正氣に回らせ夫から東山溫泉に入れて蛇毒の治療をさせ、日を經て健康に回らすことが出來たけれど清吉は全身の毛髮頭が生涯絶えて了ひまた右の一耳は腐つて落ちて一見癩病人のやうな醜貌を持ち乍ら、大正の末年まで無事に活命して七十二歳で天壽を終つたこの人の實話に『自分は呑まれたときには熱湯の中に浸つたやうに感じたが、忽ち正氣を奪つて知覺が無くなり、兄にどうして救はれたのか一切知らなかつた』と云ふ、清吉を呑んだ大蛇はその長さは不詳であるが、胴は

二升樽

大のものであつたと傳へられてゐる（古來、大蛇に呑まれて救はれた人の言ふところは、蛇腹に入るとき熱湯に浸つた感じがあるといふこと悉く一致する）

◇　◇

三重縣紀伊國赤羽村での事實である、夏の或る日、村内の某農家の女房が、家から程近き所にある溜池へ洗濯ものに行つた、洗濯中に彼女は岸邊から襲寄つた大蛇に一ツの足を咬へられて引込まれかけたらしい、彼

水中へ

女は大聲に叫んで救助を乞ふた女の悲鳴を聞いた一人の農夫が、直ちに附近の山から下りて溜池の端へ來て見た、この農夫は、山で木を伐つて居たので斧を手にし乍ら驅け付けたのであつたが、來て見て驚愕した、女は兩手で水際の杭に抱きつき、滿面に朱を灑いで懸命にしがみ付いて居り、大蛇は女の片足を固く咬へて己が身體を水面に浮かせ、女房を水中に引込まうとしてその長大な尾を激しく左右に振つて後退しやうと努力するために池には時ならぬ波が立騒ぐ最中であつた、救ひに來た彼の農夫は、この恐ろしき状態を見るや氣おくれに襲へ痺れ、眼ばかり働

くのみでその場に

立往生

をした、彼女は之を見て「この意氣地無しめ」と切齒して怒罵を浴びせ、次いで「その斧をくれ〜〜投げて〜〜」と連呼した、農夫は僅かに勵まされて、手にしてゐた斧を女の身邊見かけて投げ遣つた、斧は彼女の抱きついてゐる杭から二尺ばかりの所へ飛んで來た、彼女はそれを拾取るべく、片手を杭から離して、斧の方へ差伸ばすときに、大蛇の力が引勝ち女の體はスル〜〜と池の中へ沈み込んだまま再び見られなかつた

◇　◇

老武人

柔術と劍術とで、隱れたる無雙の名人として知られた會津生れの武田惣角氏は目下北海道北見國の遠輕村で靜かに田園生活を送つて居るが、その靑年時代に福島縣を經て新潟縣へ武者修行に往く途中、國境の山中で大蛇に呑まれかけ、これと鬪つた實話がある、氏は越後へ志す途中で下痢を煩つたので下痢の藥として服用せんが爲め、山中に山百合を尋ね、その根塊を掘り採つて喫べたが居睡りを催したので、大樹の根元に寄りかかつて暫時睡つたが、何故か五體が窮屈になつたやうに感じて目を覺まして見ると二尺廻りの黑色を帶びた大蛇に捲き締られて居ることを知つた、柔術には日本無雙の腕前を有つた氏も、この意想外の

珍大敵

には柔術で應ずる當面の手段は無い、仍て腰間から離さなかつた短刀を拔き放ち、自由の叶ふ右手で以て、胸を捲いて居る大蛇の胴中を見かけて突き刺さうとしたが、鱗が厚くて刄尖も立たぬ、これではならぬと氣を勵まし、肩口から摑みつけられて居た左手を辛うじて拔き取り右手にて短刀の柄を握り、左手にて刄の腹を握り兩手の力でまたも大蛇の胴を刺したところ、こんどはグサリと刺せたので勢ひづいて更に三ケ所を突刺すと、大蛇は痛手に堪へかね血を流し乍ら、捲ほぐして逃げ出した己れ憎い奴、逃がすものかと武田氏は

血に染

つた短刀を振りかざして追つかけさまに三四刀斬りつけたが短刀のこととて力が入りかね思ふさまに傷つけることが出來ない、その上、大蛇は、熊笹の刈跡に入つて逃げ走るので、追ひ行く氏は竹の切株に妨げられて歩みも意の如くならず、遂に逸したと云ふ、氏は最初谷間へ下りて山百合を掘るときに携帶の太刀は路ばたに殘して置き短刀ばかりを携へて居たので大蛇を斬殺し得なかつたことをヒドク殘念に思つたと云ふ、また氏が大樹に背をもたせて

居睡り

をしたのは大蛇のために睡らされたのであらうが武術者が動物に眠せられるなどと云つては聞えが惡いけれど、下痢のために體も精神も多少だるみを生じて居るから、大蛇の催眠術にもかかつたのであらうと信じられる

怪　秋の夜話（一）

●函館新聞　昭和六年十一月八日

6-371　ふんわりと闇に浮く人魂

秋の夜話（一）

ふんわりと 闇に浮く人魂

『俺れは思はず硬直したよ』

T先生の思ひ出

『うん大分、古い話になるんだがね、兎もかく科學の力で未だ解き得ない、この妖魔なる奴を俺しは確實に見付けたんだよ、目で耳で確に聞いたんだよ、だから『化物なんて』と一笑に附されぬものがまだ〜〜この宇宙に存在してゐるのぢやないかと私は今もまだ考へてゐるのさ』と

前書き

を置いてT先生その髯むじやな面をなでました。T先生――豪快だユーモラスな法曹人で三度の飯より刀劍が好きだといふと、あゝあの人か?とすぐうなづかれるそのT先生が十八番の名刀に絡つた怪奇物語りで、だがこれは眞面目なところT先生の恐ろしい體驗による秋の夜譚の一つです。

『さあ、ざあつと二十五六年前、明治三十八年の肅殺い秋だつたよ、

秋の夜話（二）　化物の正体見たり枯尾花　6-372

●函館新聞　昭和六年十一月十五日

怪

秋の夜話（二）

化物の正體「見たり枯尾花」

「これは座談、さてその次が」

T先生の思ひ出

廿數年前の話…公園通り今の共同便所附近を夜更けに歸つて來たT先生の前に突然フラ〳〵動く青白い人魂さすがのT先生も全身硬直したが、まゝよとばかりステッキをかざして怪物に近いた(前號)

その時私はまだ二十と一才の多情多感な青年だつたがね、今の谷地頭町もまだ〳〵うすらさびしかつた時で、公園の

裏出口

の附近にK家といふ家があつたんだ。この家は中老夫妻か二人とその弟さんの三人住居で家も立派だし、屋敷も廣いしどこといつて悪いところがないんだがね、幽霊が出るといふいやな噂があつたのさ、ぞれで腕は鳴る血は躍るといふ若い私に一緒に寝泊りしてくれと話があつた、當時私は貧乏書生だつたし、ちようど或試驗の準備中だつたのでその閑靜な家に寝泊りする事には勿論、双手をあげて應諾したよ、さて、いよ〳〵乘込みとなつて私の持物はといふと風呂敷に包んだ

書籍と

万年夜具それに加へて銘は無銘だが一見充分相州物とうなづかれる皓々たる大身の拵物がある、これは郷里の親父がくれてよこしたもので、松前藩士の工藤九郎左衛門筋長なるものが藩命によつて、その昔福山城下に於て藩主の舍弟で、腕利きと覺えた武田何某外一名をばつさり袈裟掛けに切つて落したといふ曰く物で親父に貰つたその時から私は肌身離さず魔よけ、虫よけ、女よけ、と守刀にしてゐた奴さ、この三つを引さげて私は秋晴れの一日いよ〳〵その幽霊屋敷へ乘込んで行つたものだ、私は若かつたし

科學の

力を信じてゐたから、化物なぞが出る譯は絶對ないと確信して、その家の人々の妄想をこの日本刀で打拂つてやらうと意氣揚々たるものだつたのさ、さて四、五日は事なく過ぎた私の居室に充てがはれた部屋は八疊の洋間で廣々としてゐるし窓げは靜かだし勉強はぐん〳〵はかどつて、幽霊なぞの事は私は勿論、私の一人斬しく加はつた事でその家の人々も忘れかけてゐたのさ、ところが秋も半過ぎたある夜だ、私はすこし夜遅くなつてから家に戻つて來た、荒絣のつゝぽう袖に短い

劔道袴

を付けて太いステッキを片手に詩吟かなんかうなりながら家の近く即ち公園裏口の共同便所、これは今でも同じ場所だがねこの二三間手前に來かゝつた時、私は思はず身體を硬直さして棒立ちになつてしまつた、そして目をむいて暗闇を見つめた、驚いたの、驚かないのつて…漆のやうなくら闇の宙にでつかい人魂がふんわり〳〵浮いてゐるぢやないか?そしてそれがK家の塀あたりを俳徊つてゐるんだ『さては妖怪ござんなれ』とステッキがくぢける程握つて見たが恐ろしくつて足が急に前に出ない、それでも思ひ切つてステッキを大上段に振りかむり『ヤアー』とばかり決死の覺悟でその人玉めがけて躍りかゝつた(續)

決死の覺悟で頭上にステッキを振冠り『ヤアー』とばかりに躍り掛つた迄は良かつたが、この所と思ふ二三歩前で『えい』とばかり空間にステッキを打ち下ろすと……(勿論杖は風を切つたばかりで手應へはなかつた)『ひやつー』といふ人間の聲がした。そして、ビシヤッと言ふ水のはねる音、續いて『だだッ、誰だ！』と慌てた聲と共に一間程前からパーッとガンドウで照らされた。

—◇—

「な、なんで亂暴をするんだ。いきなり杖を振つたりして、君は書生ぢやないか?」と云ふのは巡回のお巡りさんだ。いや俺ははかへつて慌てたんだ、俺れの人魂と見たのはそのお巡りさんが持つてゐたガンドウの光りなんだ。もつと詳はしく言ふとそのお巡りさんは立小便してゐたんだ。それで邪魔になるそのガンドウを腰に引掛けてゐたのさ、それが外套に蔽けれてぼんやりした光りになり、小便してゐるんだから腰をふる毎に光りが動いた譯さ、これを俺れはふんわり〳〵飛んでゐる人魂と見たもんなんだ。

—◇—

いや早や『化物の正體見たり枯尾花』で、後の體裁の悪い事〳〵、お巡

りさんは苦い顔して俺に言つたよ。『少し勇氣が足らん、臍を据へて見れば人魂かガンドウの光りか解らん筈がない。君が不意に後から棒を振つたんで吾輩はとつさの場合危ふく身を避けたが、小便溜へ足をふんごんだ。「疑心暗鬼を生ず」だ。氣を付け給へ』成程そのお巡りさんは右足をどつぷり濡らして、しきりに足踏みしてゐるんだ。俺は氣の毒やら恥かしいやらで、こそ／＼と退散したよ。まあこれは座興として、これからが本筋の話になるが、兎もかくこのナンセンスがあつてから、いよ／＼幽靈を信じなくなつたとは事實だ。ところが、これから十日も經つた秋も殆ど今日二日三日を最後とする様な冬の近い夜だつた。俺は幽靈はともかくその刀だけはいつでも眠る時枕元に置いて心を安めてゐたのだ。その夜、十二時を過ぎた頃だらうか？ひよいと俺は夜中に目を醒まして冬近い秋の夜更けの肌寒に思はず身震ひしながら目の冴える儘に書物を取出して讀出した。その時俺の部屋にはまだ電燈がなくて、ランプを一ケ與へられてゐたのだ。

—◇—

四五分も讀み出した頃、ふつと私は戸外に人の足音を聞いたんだ。靜かな夜更けにバタ／＼と土を踏む雪駄の音だ。だんだん玄關の方へ近付いて來る。俺れはハツとして何にかしら身體の小慄ひするのを覺えたバタ／＼と云ふその雪駄の音はやがて玄關の前でピタリと止んだ。そしてカラ／＼と戸の開く音が冴えた俺れの耳にはつきりと聞えたんだ。確かに體内の血が凝結したと思はれた、なぜと云つてその玄關の戸は宵に俺れがしつかり心張りをかつて置いたんだからね、それが何んの障りもなしに外から易々と開けられると云ふのは何が故か？……

—◇—

戸が開いた音と共に足音は玄關に入つて來た、やがて廊下の板を踏んでヒタ／＼と俺の部屋の方に歩んで來るのだ。俺はもう何んともかんとも云はれぬ恐ろしさに、枕許の刀をしつかりつかんで片脇に引寄せた、ヒタ／＼と足音がいよ／＼近付いて來ると、今迄明るく灯つてゐたランプの光りまでが、フーツと薄暗くなつたぢやないか、俺はいよ／＼妖怪の出現と、もう恐ろしさのために神經を最大にたかぶらせて、しつかりにぎつたその刀の鯉口を思はずプッツリと切つたもんだ、と、廊下の足音はピタリと止んだ、ちようど俺の部屋の入口の二三尺前のところだ。

—◇—

それつきり足音がない。だが、そこには何にかしら立止まつてゐる様な氣配がするのだ。俺は鯉口を切つて二三寸冷い刃を覗かせた刀を持つたまゝジリ／＼と膝をすゝて入口の戸障子のところに近付いて行つたんだ。ところが廊下の足音の主はスースーとかすかに足をすつて後退りする、二三度この重苦しい動作を續けた後、俺は思ひ切つて戸障子を明けて廊下を覗いて見たその間一髪の時、パッと黒いマントの様な物が廊下につゝたつてゐたつい立にかぶさつたと思つたら、今迄何にかしらそこに立つてゐたと思つた影がフッと消えてしまつた、俺はもう恐ろしさも忘れて、唯々不可思議な思ひで念のために玄關の戸締りを見ると、やつぱり心張りが固くしてある。

—◇—

マントをかけたと見えた衝立には何の變化もない。兎かく不思議な話なんだ。で、俺は自分自身はつきりしてゐるつもりで恐怖のための錯覺ではないかと、再三再四考へて見た。だが、あれ程はつきり聞いた足音だし、叉戸を開ける音まで聞いたんだから何んと云つても不可思議な思ひは去らないのだ俺は衛もランプを持つて來て、玄關から廊下の隅々まで隈なく照らしてさがして見た、ところが、ふいと玄關の敷石の上にそれまでは氣が付かなかつたんだが水に濡れた草履の形が殘つてゐる。家では誰も草履をはくものがない……

—◇—

俺は考へて念のために戸を明けて夜更けの外を覗いて見た、地面には霜が一ぱい降りてゐる…「幽靈が草履をはいて、霜を踏んでやつて來てその水跡が敷石の上に殘つた」他の人には考へられぬ事だが、實際に出會した俺にはそう考へるより外がなかつたんだよ。そして再びゾッと身内中に寒けをおぼえた。これは後からになつて知つたんだがこの足音が噂された幽靈なんだそうで、何時でも俺の寢てられた部屋に入つてくるんだそうだ。

—◇—

だからK家でも俺が同居するまではこの部屋を恐ろしがつて使用しなかつたそうで、その夜俺の部屋に入つて來れなかつたのは何んといつても刀があつたからだと思ふ假ひ正宗の名刀でなくても刀それ自身のもつ一つの威力にかの妖怪も近付け得なかつたのだと今でも思つてゐるんだよ。

平山芦江氏原作 四谷怪談お岩長屋

●函館新聞　昭和六年十一月十日　6-373

四谷怪談 お岩長屋（封切十五巻）
平山芦江氏原作
八日より毎日晝夜　寶來館

八日より上映せる「新釈四谷怪談お岩長屋」全十五巻を夕刊大阪に長期連載され新作怪談中の王座といはれ新民怪談の家元喜多村が苦心の演出をなして俄然世評を高めたるもので大阪角座、東京明治座で今夏狂言として絶大の人氣を博したるもの、この怪談は即ち死靈でなく生きてゐるお岩を描いた生き靈ともいつた様な物凄さが終始一貫した狂言で、幽靈でないだけ凄惨なグロ味が伴つてくるのである鈴木澄子のお岩とお染の二役河津清三郎の伊右衛門で新しく演出してゐるが女として貞節の限りを盡しても尚怪魔に苦しみ抜いた哀しき女お岩に同情の餘り女性フアンがワンサ押かけ素晴しい人氣である、同時上映のものに婦女界所載ヘルマンズーデルマンの原作を民門敏雄が脚色したる「心の奥」の大作がある、我々の心の生活の法律である道徳が巨然たる近代資本主義の轍の前に如何にもろくも崩壊しなければならぬか、而してその後へそびえ立つ鐵の如く強堅な新道徳とはどんなものであるかを描いたもので若きフアンに騒かれてゐる

當十五日日曜日より超特別大興行として本年度晩秋を飾るものに「彌次喜多道中東海道篇」全二十卷がある、帝キネ新選オールスターキャストにて杉狂兒、小宮一晃、森静子、國城大輔、松本泰輔、嵐璃徳、市川玉太郎、河津清三郎、鈴木すみ子、明月禮子が大顔合で今夏盆興行として東京淺草常盤座、京都馬谷座、大阪辨天座、神戸相生座、名古屋港座の五大都市帝キネチエーンで同時封切を行ひ絶大な人氣で收入興行界に断然第一位の王座を示して堂々二週續映に入つたもの痛快極まりない諷刺とユーモア、エロありグロありナンセンスの織成、驚奇と近代生活に疲れた人々の絶對見逃せぬ映畫として十五日公開には断然人氣の焦点であらう

薪炭商さんの正体見たり古狐

●小樽新聞　昭和六年十一月十四日　6-374

獣

奥名寄奇聞

薪炭商さんの正体見たり古狐

組打ちに絞殺した炭焼き
皮の儲けが五十圓

所は名寄線一ノ橋の山奥　奥名寄の出來事、奥名寄に炭焼きを業とする丸山といふ男、自分の焼いた炭を上興部薪炭商某に賣込む契約をなし山奥の炭は二里以上ある不便な山奥より北見街道迄で出なければ賣渡し出來ず馬で出すにも人で出すにも不便な所から

折からの闇夜を奥名寄森林鐵道を利用しトロにのりて北見街道に難なく出したがその時手傳つてもらつた人に一パイ振舞はんと去る八日夕方一ノ橋市街に出て來り焼酎と牛肉の罐詰二三ケとを買込んで夜道を線路づたひに歸途につき約一里半も山奥に入つた頃森林鐵道線路上より賣契約をなしたる薪炭商の某にぱつたり出合つたこれはよいところだ今日の手傳の禮と一パイと焼酎を勧めたが先方はともあれ一パイ鐵道線路の上にて差つ差されつ、横臥になつた頃手頃の石にて罐詰をたゝきこはして酒の肴とした所

丸山某は手につまみて食ふのにかゝはらず件の薪炭屋は口をそのまゝつけて食ふので丸山は「いかに酔つたとはいへども人が手でつまんでくふのに貴様は口をつけてくふとは不屈きな奴だ」との論の末とう〳〵組打ちの大喧嘩となつた最後に丸山は件の薪炭商をおさへつけ焼酎と罐詰を包んで來た風呂敷で首をしめた所「ギヤー」と一聲はそのまゝ絶えた正氣に歸つた丸山は「狐何に酒の上の事とはいへ人を一人殺したとあつては俺も生きてゐる事が出來ないこのまゝ汽車に轢かれてもかまはぬがせめて妻子にただ一目あひ詳しい話をしたその上で

自殺なり自首なりして出ると件の死體を背負つて家路に差かゝつた、そしてふと見れば人の絞殺死體と思ひの外年老いたる身長五尺もある古狐であつた丸山をだましして持つたる牛肉の罐詰をうばはんとした所

燒酎を 呑まされて絞殺されたのである丸山は人殺しをして自首か自殺と思ひの外古狐でこの不景氣の折から一枚の皮が五十圓余りに賣れるといふので大喜びである、[illegible]の様な妖怪の話。

薄気味悪い深夜の音

怪　★大陸日報　昭和六年十一月二十五日附録　6-375

薄氣味悪い深夜の音

悄然と立つ青年の姿

皇港　木　公　生

第二十世紀の科學萬能の現代に次の様な話しをするのは少し時代錯誤かも知れませんが、私達の世界には何かしらん不思議な事實が澤山ある様に思はれます。昔から幽靈の話しはよく聞かされて居りますが、科學的に教育された私達の頭には『そんな事は信ぜられない』とも思ひます。が、一面に、やはり人間の現在の知識では了解の出來ない事實もあるかも知れないと云ふ様な氣もします。これから、します話しは、きつと皆様も耳にしたことがあると思ひます。が、不思議にも幽靈の話しを聞く時には、ゾッとする様な、襟首に冷水をかけられる様な氣がするものです。人間の頭の中では、幽靈などはあるものかと否定して居りながら、心の中では『事によつたらあるかも知れないぞ』と云ふ様な氣があるのではないでせうか。

大正四年五月七日の早暁の事でありました。女子大學英文科の二年生スミ子と云ふ娘が妹のヒロ子と隣合つた室に、境の襖を半分開け放して寝て居りました。ヒロ子がフト夜中に目を覺まして又ウト〳〵として居ると、姉の寝室から縁側へ出る障子の邊に不意にカタカタする音が聞えて來ました。どうも無理に障子をコヂ開け様として居る様な様子です。ヒロ子は多分姉さんが便所へでも行つたのかも知れないと思つて姉の室をのぞいて見ると、静かに横はつて居て何の變化もありません。ヒロ子は何か急にゾッとして、思はず姉を呼び覺まして、不思議な音の事を話しました。

姉は姉で夢の中に黒い學生服を着て片手に帽子を持ち片手に手袋を提げて悄然として立つて居る若い見覺へのある青年が入つて來るのを見たのです。そしてその青年が自分の床の上に乗つた様な氣配がして夜具の袖が重くなり、押へ附けられる様な重苦しく感ぜられたと話しました。勿論二人は何か氣味が悪くてそれからは朝まで一睡も出來ませんでした。

この怪しい事件の後家人一同がいろ〳〵取沙汰して居ると、スミ子は『どうもワイさんの様な氣がする』と云ひ出しました。それで調べて見るとワイ工學士は大學に居た頃、スミ子を戀し、スミ子の母もワイが大變氣に入つて居たので行末を許して居りましたが、カンジンのスミ子は餘り氣が進まぬので北越方面に行つて失戀に泣いて居た青年である事が判明しました。しばらくして、その五月の七日でそれは不思議な姿の現れた日と同じ朝――彼は自殺して果てたといふ便りがあつたのです。失戀と失意の中に彼の萬斛の怨涙が凝つて生靈となり、スミ子の枕頭に現れたのだと、一同この青年に同情を禁ずる事が出來ませんでした

大泉塚の怪　私の村の伝説（十八）

怪　●上毛新聞　昭和六年十一月二十八日（二十七日夕）　6-376

私の村の傳説　【八十】

大泉塚の怪

持主は次々に發狂

◇……時は明治も終りに近い四十何年かの或るうすら悪い秋中ばの夜でした、今の富岡町舊七日市藩を北へ板鼻の町へ通ずる街道を起きつ、ころびつ北へ走らんとする一人の町人風の男が有りました、月のさえた夜のことゝてはつきりとすかされた、二三間行つてはよろ〳〵、又二三間行つてはたほれかゝる彼の姿は人一人通らぬ街道にあやしくもおそろしく何か事件のあつた事をはつきりと思はせるのでした。今少し手前、街道の西にある細い田中の道からころがる

…に飛び出た町人にちがひありません、彼は右腕に冴ゆる刀の…なるものをしつかりとかゝへてゐました

……◇やがて不思議な夜は明けて翌七日市ケ谷今富岡の町は深いねむりからさめて町家では戸をガラ〳〵と開けてゐる、其の頃早くも不思議なうはさはパツト人の口から口へとひろまつて行つた「何んでも昨夜あの質のうまつてゐた大泉家を出の間店じまひをした呉服屋の太吉さんが夜中に掘つて中にあつた何んでもすばらしい良い刀をぬすみ出して見るとすぐに氣でも狂つたのか腕を切つたり足を切つたりしてころがり〳〵坂阜の近くまで行つて今死にさうで親類の者がたつた今飛んで行つたのだつてよ」口の早い町の人々はそれからそれへと傳へました

◇……オヽ不思議な事も本當であつた大泉家のある町の持主（大泉家）は[illegible]のすみにあつた[illegible]家では[illegible]されて[illegible]ゐる大泉家を程無く見て皆アツト驚くのでした。血は飛び氣持惡い桑の木には人のにぎつた手の型がはつきりと見られるのです、それを知らせられた稲澤家の主人は早速來て見てゐたがその時「ウーーー」と云つてたほれかゝつた、氣の小さい主人が貧血を起したのだらうか。いや決して普通の貧血では無かつた。氣のついた時には非常にひどい狂人と變つてゐたのです。

◇……「うむ貫ーが何んだ、うーー大……大……」と叫んでは目[illegible]一と所に集めては天を向くおそろし 顔、「稲澤家の人々はその度び毎に泣きくずれてゐた。やがて大泉家のたゝりであらうと稲澤家では親家へその刀を貢つた。貢つた家では先頃兵隊に行つて來たばかりの人で「家のたゝりなぞが…」と強く信ずる立派な体格の持主でした、然し不思議な事には又それはおそろしい事件のあつた二三年過ぎた秋の半ばの頃で[illegible]

しをしてゐた、その時一寸のまちがひで足を切つた血が流れた何この位と思つてゐたが中々とまらない、いたさがはげしくなつて來た

◇……さしも強い彼もいたさにたへかねて家へ歸つた、然し血は止まつてもいたみは却々ない二三日仕事を休んだけれどいたみは増すばかりでした、きずから黴菌が入つたのでした、四五日過ぎた頃この主人も又狂しき言葉を[illegible]ふやうになつた。「うーー大[illegible]」と、妻はおどろいた、熱心に看護したがそのかひなくつひに十日も病まずに此の世を去つた。妻は氣にやんで又床についてしまつた「さうだあれは大泉家と云ふ家のたゝりか」と叫びつゝ又程無く夫の後を追つた。刀は誰も貰ふ者がない。そのまゝになつて草はぼう〳〵と繁つて荒果つた大泉家[illegible]として三軒の不思議な[illegible]は[illegible]の今日まで[illegible]おそろしい[illegible]されてゐる。

ラ

ラジオ　二十九日・東京の番組

●東京日日新聞　昭和六年十一月二十九日　6-377

ラヂオ

廿九日・東京（JOAK）の番組　波長三四五

◆二・五五　常磐津「大森彦七」常磐津八重等

ラ

常磐津　大森彦七と鬼女

●東京日日新聞　昭和六年十一月二十九日　6-378

常磐津

大森彦七と鬼女

後二時五十分

（浄瑠璃）常磐津八重（三味線）常磐津ふじ（上調子）常磐津甲子

扇舍清談（二）　幽霊と化物　仕組れた数々　6-379

資 ●読売新聞　昭和六年十一月三十日（二十九日夕）

幽霊と化物
仕組れた数々

二　尾上梅幸【談】

(謡かゝり)〽頃は北朝建武三年春の暮、爰に伊豫の國の住人大森彦七盛長は、御堂の庭に急がんと、まだ夜深きに立出て(合)したどる山路に道芝の、淋しさかこつ賤の女を、いたはり連立つ夜の道(二上り)〽彌生の末の若葉たち(合)殘んの(合)花の白雪も(合)朧ろに見ゆる小夜中に、雲の脚さへ叢立てこだまに響く水の音(本調子)〽身も輕る〳〵と賤の女が、石を傳ふて川中に、立てば危ふき瀬まくらに、押流されん風情なり

(盛長)〽きのふの雨に水增せしか、小川なれ共この水勢、女性の身にて步渡りとは及ばぬ事、某せおふて參らせん(姫)〽夫では恐れ入ますが仰せにあまへてお背中に(盛)サア遠慮なくお掛りあれ

〽乙女を背負ひ大森が、漲り落つる谷川の、流れを渡る折こそあれ〽さつと吹き來る夜嵐の、空にきらめく北斗の光り、不思議や乙女の相好は、忽ち變る惡鬼の姿、鐵杖ならで氷の刄、盛長目がけ切掛る(合)〽女ながらも稀代の早業、かなたへはなれ(合)こなたへ飛び(合)かげらふ稻妻、蝶千鳥(合)下波の月影水の面、岩に碎けてちら〳〵〳〵〽流石の盛長驚きしが、素より聞ゆる無双の勇士、難なく乙女を取て押へ

(盛)〽女性の身にて盛長を、欺し討たんとは何者なるぞ(淨)〽照る月影に顏打詠め(盛)〽御身の目元鼻筋迄、正成殿に生き寫し疑ひもない楠家の御息女(姫)〽いかにも妾は楠河内守が娘千早、何故あつて湊川の合戰に、父上に詰腹切らせ、菊水の寶劍を奪ひ取つては立退きしぞ、その恨を晴さんと、待まうけたる今宵の出會(盛)〽天晴の御心底、さりながら、御身の恨解をかんため、その日の軍のあらましを、盛長語り申すでござらう

(淨)夫にてお聞きあれかしと、盛長は座をかへ(盛)〽扨も建武三年の皐月、正成殿には一族引連れ、(淨)〽旭に輝く菊水の、旗ひるがし堂々と、湊川へと打つて出で、海陸二手の足利勢を、引受け引受け征破り(合)〽風に木の葉を散すが如く(合)〽敵を惱まし戰ひしが、一ト村ある家に走せ入りて、息を休めて在したり(盛)〽某斯くと見るよりも〽イザ一戰と押寄れば、御著長を脱せられ、既に最後の御支度ありしが〽來れや應と立上り再び物の具召んず有さま〽コハ勿體なやと押止め、御最期進め奉れば〽御心靜かに正念唱へ、正季殿と差違ひ、御痛はしくも御兄弟、同じ枕に臥し給ふ〽父が最期の物語り、聞くに涙も瀧津瀬や、むせぶ小川の水增して、胸もたゞよふせつなさに、姫は御聲震らせて

(姫)〽その御物語りを聞くからは、御身を父の敵なりと恨みしは妾が誤り、また二つには、御身が預る菊水の、寶劍手に入れて、弟正行に、得させんと願ひし事も空頼み

(クドキ)〽古郷へ歸る雁金の、一羽殘りて恥かしや、身の片よりの苧環に、繰てかへらぬ朽糸の、亂れてたゆる玉の緖と(合)〽兼て覺期の上なれば、岩屋の内か淵の底、せめて死骸隱し置き、恥を包むが身の言譯(姫)〽御暇申す大森どの〽心の覺期死出の旅、力なく〳〵立上ふ、御有さまの痛はしさ

〽盛長暫しと押止め

(盛)〽アイヤ待たれよ千早姫、御身の孝心義烈に感じ、菊水の寶劍、御讓り申さう(姫)〽エヽエ(盛)〽楠家の息女千早姫に、この菊水の寶劍を讓らばこそあしからめ、幸ひ成るかな鬼女の面、楠判官正成殿、怨靈現じて惡鬼となり、この盛長を惱まして、寶劍奪ひ去りたりと、世間に披露致されよと

(淨)〽劍を取つて差出せば姫はうれしさやる方なく、落ち散る面再び掛け、寶劍取てすつくと立ち、(鼓うた合)〽喃われこそは楠判官正成が怨靈なり、今ぞ朝敵調伏の劍を奪ひ立去らんと、はつたと睨みし鬼女の形相、物凄くこそ見えにける(盛)〽さてこそ汝は楠の怨靈成りしか、やはか寶劍渡さうや(姫)〽何を〽叢立ちし雨雲に、あらそふ姿も月落ちて、曉近き明星の、きらめく光り(合)ちら〳〵〳〵、見えつ、隱れつ惡鬼の姿、見失ひてぞ失せにける

資 扇舎清談（七）　壁に吸われて消える幽霊

●読売新聞　昭和六年十二月九日（八日夕）　6-380

扇舎清談

壁に吸はれて消える幽霊

―七―　尾上梅幸【談】

じやらごは無論單衣仕立で、前にも申す通り裾が袋になつて居りますから、長袴の場合と同樣、揚幕内又は道具裏で着ますが、それも

□先づ足の方から履き、それから袖を通し襟を合せ、帯をしめるといふ順になつて居ります、さて、複雜の方を述べますと、これは又至つて大がゝりですが、その代りに消え失せる時間も早く、

幽靈に出て男へ怨みを述べようと標緻の悪い女が閻魔樣へ幽靈の鑑札を貰ひに出た、大王が其婦人の顔をつくづく見て、幽靈に出る事罷り成らぬとお許しが無かつた

□女 は失望して悄然返つてゐますと鬼共が、ごゑ引き、化物と願つて見なと、小聲で敎へたといふ話がありますが、幽靈の方は人の恨みの執念が凝つて姿を現すもの、妖怪變化の方は又趣が異りまして、グロですか、あの方になるので御座います、一寸數へまして も、お岩樣、かさね、敷島、時鳥高尾、笠森のおきつ、牡丹燈籠のお露お米、皿屋敷のお菊、男の方では淸玄、宗玄、法界坊、小幡小平次、古市の淸兵衛、宇都宮の文彌、宇和島、乳房榎などスッカリ調べたら大變な數でせうがこれ等は申すまでもなく幽靈の方で

□茨 木ですとか戻橋、瀧夜叉、岡崎や鍋島、有馬の猫、さては例の闇梅百物語に出て來る小坂部姫だの河童だの狐の讓貢、傘の一本足なんてえのは勿論變化物の方で、これも夥しい事と思ひます。近頃は餘り出ませんが、明治十三年といへばまだ賊風變りなのは、木間星箱根鹿笛の化になつたばかりの當時ゆゑ、この散切物が評判になつた事は想像も出來ますことで、士族の岩淵九郎兵衛が時勢の移り變りで零落し女房お小夜を小田原へ遊女に賣り自分は山猫おきつといふ毒婦と通じて悪い事を致しますそして到頭

□箱 根の山中でお小夜を慘殺いたしますのですが、明治時代の物ですから幽靈を出す事は不自然だといふので、九郎兵衛が自分で良心の呵責から、お小夜の幻想に散々悩まされた揚句、遂に精神が亂れて村正の刀を振廻し、おきつを手にかけ自分も我身を斬つて果てるといふ筋になつて居ります。書下しには父がおさよ、先代高島屋が九郎兵衛を勤めましたが當時神經病の二番目と云はれて呼物になりました【扇舎淸談の「扇舎」は梅幸氏の俳號です】

梅長は粹な味を十分に出し秀也と揃つて、おはん、小今の「お夏」と共に上出來、舞踊「女太夫」は三太郎がいゝ型を見せたが三味線の拘へ方に無理があり、まさ榮、ふじ葉の地はよし「鞍馬」は一太郎の牛若の君、薙刀の使ひかたが却々にうまく、鈴代の喜三太は堅實で、ともに綺麗にこなしたが、舞臺が狹いので可哀さうだつた（築江）

扇舎清談（八）　提灯抜けに三代目の工夫

資 ●読売新聞　昭和六年十二月十一日（十日夕）　6-381

提灯抜けに三代目の工夫

―八―　尾上梅幸【談】

扇舎清談

さて提灯ぬけで御座いますが、蛇山庵室の提灯に就きましては、三代目梅幸菊五郎が此狂言を書おろしの當時、作者大南北の

□思 ひつきで「三界万靈」と書いた白張の提灯を、わざ／＼今戸の長谷川から葺屋町の芝居へ、小僧に持たせて運ばせ、道往く人に提灯ぬけの宣傳をしました、これが一そう評判が立つて古今未曾有の當りを取つたといふこと、果してその提灯を舞臺に用ひたかどうか判りませんが、兎に角、左ほど大きくもない白張提灯の横腹から、抜け出すといふ工風につきましては、餘程三代目も頭腦を絞めたものと思はれます、然し説明を致せば割に簡單なもので、先づ提灯の表面がめら／＼

□燃 えまして、丁度俳優の身體の出るだけ穴があきます、勿論燃えるのは此部分だけで、外へは火の移らないやうになつて居りますが、此時、亡靈に扮した俳優ははし箱と稱へます道具の上へ、腹這ひになつて乘つて居りまして これを道具裏から前方へ突出すので御座います そこで亡靈は、提灯の横腹をぬけて前へ半身を差出しますと、同時に、奈落から、撞木形をした鐵の棒がせり上つて來ますから、兩手で確かりと此棒の把手へつか

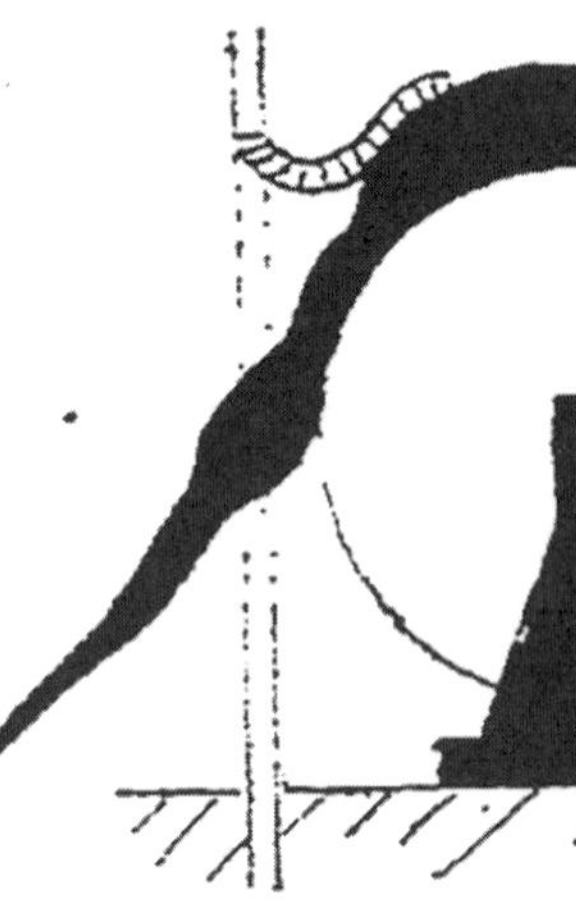

と申せば、例の三角屋敷の場には庭前に置いた盥の中から

□細 い女の手が出るところがあります、これは臺帳にも、細いやらしき手と書いてありまして、これは以前は小道具でしたが震災前に、市村座でやりました時、直助權兵衛を勤めました六代目の意見で、本物の手を出す事にしました、尚この場には、盥の中から鼠が櫛を咥へて正面の佛壇へ入る仕掛と、下手格子戸の外で、干物の衣類に蛇の這ひ上る仕掛もありますが、これは何れもジャリ糸で扱ひます【西阪は車に吸ひ込まれてゐる幽靈】

手際もいゝので御座います、これは鐵が眞ん中から上下三段に分れて居りまして、下の方の鐵は、前にお話しました先の場合と同樣、奈落へ引下げるやうに出來て居り上の方は三尺程か、蛇腹になつて居ります、そして、此鐵の内部には、幅一尺二寸、直徑六尺位木製の車が据ゑてあります、無論、車の脇には多勢付添つて待つて居り

□幽 靈は蛇腹を押上げて頭を差入れると同時に、車の横木へ確かとつかまります、此ときに鐵の下の方を奈落へ引下げ、後見は車を勢ひよく廻しますから、幽靈の身體は迅速に、鐵の中へ吸ひ込まれて了ふので御座います『四谷怪談』の大詰、蛇山庵室などに此仕掛を用ひますが、この庵室の場には佛壇から姿を現した亡靈が、敵役の一人秋山長兵衛の襟髪をつかんで、佛壇の中へ引摺り込む裝置とそれから例の提灯ぬけの仕掛と以上三つの大きな仕掛があり、これを追々申し上げますが、四谷

まつて居りますと、自然に俳優の身體は上方へ押上げられ提灯をぬ

け出して

□宙　に浮いた形になります前申し上げたじようごで、裾を引いてゐる事は申す迄もありませんかくてその裾が、提灯をぬけ切つたところで、撞木形は静かに又奈落へ引下げられますから、亡靈はヤンワリと舞臺へ下り立ち、次の仕草に移るので御座いますが、一トロに申せば何でもないやうなものの、餘程注意してやりませんと危險な仕事で、殊に兎に角燃えかかつた提灯をぬけるのですから、餘りいゝ心持はいたしません【寫眞は提灯抜けの仕掛】

資 扇舎清談（九）　複雑な仕掛　亡霊の引寄せ
●読売新聞　昭和六年十二月十二日（十一日夕）　6-382

複雑な仕掛
亡靈の引寄せ

九　尾上梅幸【談】

扇舎清談

次に、佛壇の中から現はした亡靈が秋山長兵衛を引寄せて消える、これも前に申したやうな、車の仕掛でありますが、前のとは一層複雑になつて居ります、この佛壇は

□正　面が幅一尺二寸、高さ四尺八寸の切穴になつて居りまして此切穴を上から下つた蛇腹と車の直角に切り欠いた一部とでふさいであり、此處に南無阿彌陀佛と書いたかけ物が描いてありますが最初正面から見た處では普通の道具立と同様で何の變りもないやうに見えます、長兵衛が落ぶれて伊右衛門を頼つて此蛇山の庵室へ訪ねて來る、いろ〳〵怪異がありまして、トド、亡靈が佛壇から半身を現し、長兵衛を連理引きに致します、この時、亡靈になつた俳優は、車の中の切込みに下半身をスッポリはめて居りまして

□壁　の蛇腹を上げて上半身を佛壇の中へ差出し、長兵衛を引よせる仕草長兵衛になつた俳優は見えぬ力に引寄せられた心で苦しみ悶えながら佛壇へ近づき、車の切り込みへ腰をかけます、亡靈がその襟髪へ手をかけるのが合圖で、道具裏では、車の把手へ手をかけ多勢で後ろへ廻轉させますから亡靈も長兵衛も、ク

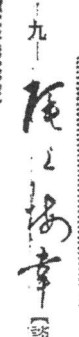

ルリと仰向けに引つくり返つて姿は容易に見えなくなり、車の切込みの下方にも、南無阿彌陀佛のかけ物が描いてありますから、道具は忽ち、以前の通りの佛壇に變るのです、元來此狂言は、幕毎に仕掛や

□早　變りなどであり餘程氣をつけないと仕損じがあります、そこでそれ、祟りだの何のと、昇ぐやうにもなるので御座いますが理窟から申しても勧善懲惡のお芝居で、お岩樣を苦しめた悪人が皆な、天罰で最後をとげる譯までやるのですから、祟られる害もないのですが、然し、慣例ですから私なども、此狂言中は必ず代参を日参させます、然し一度、實に不思議なことがありました。【凸版は亡靈引寄せの仕掛】

扇舎清談（十）　二度消えた電灯の怪

資 ●読売新聞　昭和六年十二月十三日（十二日夕）　6-383

二度消えた 實說・電燈の怪

―十―　尾上梅幸【談】

扇舎清談

丁度震災後の歌舞伎座で、この狂言を出した時、宅で夜分書抜きの讀み合はせをしてゐました、家内が氣をもみまして外の狂言と違つて、四谷怪談は氣味がわるいから

□夜　分はおよしなさいよと云ひましたが、私は止めずに續けてゐたんです、すると、何うです突然に頭の上の電氣が、パッと消えたぢやア有りませんか、オヤ、停電かなと見廻すと、何、外の座敷のはチャンとついてゐるのです私のゐました部屋の電燈だけが消えたんですから、それでは、内部の線が切れたんだらうと、調べて見ますと、切れてもゐないでは、はめた處が緩んだのだらうといぢつてゐる中に又つきましたから何の事だ、脅かしちやアいけないなど〻苦笑ひして又讀みかけると

□間　もなくパッと暗くなつた、此時には流石に私もアッと驚を出しましてね、サア皆な青くなつて了ひ、家内なんぞは隣へ出しましてね、モウ〳〵後生だから止めて下さいよと、到頭本の讀合せをやめた事がありましたが、何しろ外の座敷には何ともなくて、その部屋だけが、故障もないのに二度も消えたのですから、それでは誰だつて神經を病めますよ、こんな事が度々あると、理外の理といふとも有るのかなと、迷信もするやうになるわけで、前にも申したやうに仕掛の多いこと、用の多いこと、それに例の隱亡堀などは

□舞　臺に切穴が幾つも幾つもあいて居ります、先づお槇の落ち込む穴、お弓も此穴から飛込まれますが、それから戸板を出し入れする穴、直助權兵衛の鰻を掻く穴といふ工合に、三ケ所も四ケ所もありまして、而もその上を浪布で隠してありますから、一寸見當が違ふと怪我の基です、切穴と申せば例の髮すきの場には、別に仕掛とては有りませんが、それでも切穴を一つ設けます、これは髮すきの仕草にかゝります時に、後見が此切穴から手を出しまして、後ろから抜け毛の始末をいたします爲めの用意で、あのぬけ毛の塊は

□鬘　師も苦心の要ります特別のもので僞、前にいひ落しましたが、庵室の場の石地藏にも、巧妙な仕掛があります

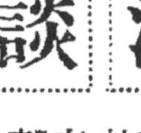

扇舎清談（十一）　石の地藏が赤子に化ける

資 ●読売新聞　昭和六年十二月十五日（十四日夕）　6-384

石の地藏が赤子に化ける

―十一―　尾上梅幸【談】

扇舎清談

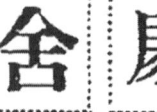

蛇山の庵室で、伊右衛門が亡靈から赤子を受取り、我手に抱くと忽ちこれが石の地藏に變りますこの仕掛には皆樣一寸お驚きになりますが

□此　の仕掛はすゐめと申しまして、お地藏樣の腹の中に、ゼンマイが仕掛けてあるので御座います、申す迄もなく、地藏樣は張物で、腹の中はガラン洞になつて居りますが、背中には幅三寸、長さ五寸位の、長方形の穴があいて居りまして、腹の中には坊主と稱へる桐の棒がタテに入つて居ります、地藏樣の足の裏に、この桐の棒を留釘で留めてありまして、此留釘さへ抜けばグルッと廻るやうにゼンマイが仕掛けてあります、そして繪の具で赤ん坊の頭や顔を

描いた薄い絹地と、それにつながつた赤子の着物や帯か、此丸い

□棒 に巻きついて居りまして、それを前申した背中の四方形な穴から引つ張り出し、地蔵様の上へスポリと着せまして顔や着物をうしろで縫ひ合はせると赤ん坊の形になります、伊右衛門役者がこの赤ん坊を亡霊から受取り「こりやこれ水子と思ひしに」とセリフを云ひながら、縫ひ合せの糸と足の裏の留釘とを、同時に手早く引きぬきますと、ゼンマイの力で丸い桐の棒がグルリと廻り、赤ん坊の顔も着物も、非常な早さで背中の穴から吸込まれ、棒へ巻きついて了ひますから、今迄の赤子も

□忽 ち石の地蔵に變つてしまふので、これは三代目藤浪與兵衛の工風であります、尚ほ前に申しました長兵衛引戻しの裾車は、亡霊の腰から下をはめる裾の底に丈夫な鼻緒を少しゆる目につけた草履が、固く打ちつけてありまして、亡霊に扮した俳優は、例のじやうごをぬいで、足の出る着付に着かへ、この裾へ足を入れて草履をはくのですが、膝節で裾の縁を押して身體を支へるのですからなかなか苦しいものです

扇舎清談（十四）　病床の裾に怪しい老婆の姿　6-385
資 ●読売新聞　昭和六年十二月十九日（十八日夕）

病床の裾に怪しい老婆の姿

扇舎清談

―十四―　尾上梅幸【談】

怪しい老婆は遊女屋の暖簾を潜つたかと思ふと、その姿が見えなくなりましたが、あとからついて行つた其人も續いて登樓しました處六段目の二人侍ぢやア有りませんが

□何 うやら内所に取り込みのある様子、合方の妓に聞くと、主人が先日から風邪で熱も高く、苦しんでゐるといふ話、それに夜になると一層苦しみが烈しいと聞きまして、ハテナと思ひ當つたその人が、厠へ立つた序でにそつと内所を覗いて見ますと、主人の寝て居ります病床に、多勢心配さうな表情で看病して居るその中で、只一人離れて病人の足下の方に、ションボリ坐つて凄い眼をギロつかせて居りますのが、最前から自分が同行して來た例の怪しい老婆でありましたから、扨はとズツと入りまして、「もし、貴君方に一寸伺ひますが

□皆 さんはそこにゐるお婆さんを御存じなのですか」と尋ねましたから、一同は突然の事に驚きましたが「何を仰しやいます、そんなお婆アさんなんぞはゐませんよ、全體あなたは誰殿です」と不審な顔「イヤ私は今晩遊びに來た客ですが、御主人の病氣を癒して上げ度いと思つて入つて來たんです、然し其お婆アさんは本當に知りませんか「知らないにも知つてるにもそんなお婆さんはゐませんてえ事さ「ゐないといふのは貴君方に見えないのでせう、マアいゝから私に任せてお置きなさい」と云ひながら

□婆 アさんの傍へ近づいて「オイいゝ加減にしなよ、此處はお前のやうな風の神の來る所ぢやアないんだ、さつさと出て行け、早く歸りなさいッ」と叱りつけるとかの老婆が、チツと男の顔を見てゐたが「折角これ迄取りついてゐた病人で、今更見はなすのは惜しいけれども、お前さんには大好物の蕎麦を御馳走になつた義理があるから仕方がない、歸りますよと」スゴ／＼と出て行つた、すると不思議ではありませんか、見る／＼中に病人の熱がさめ、程なく全快したと申します

扇舎清談（十五）　提灯抜けに二通りの仕方　6-386

資 ●読売新聞　昭和六年十二月二十日（十九日夕）

提灯抜けに二通りの仕方

―十五―　尾上梅幸【談】

扇舎清談

つまり、とりついてゐた風の神が退散したので此処の主人も病気が癒つた譯でせうが、何うして其老婆が風の神である事を看破つたかと申しますと

□老　人のくせに五杯も六杯も蕎麦を食べた、その様子が只事でなく、然て風の神は蕎麦好きだといふことを聞いてゐたので、若しやと思ひついたのだと申しますが、然し、他の人達には見えなかつた老婆の姿が、其男だけには見えたといふのが不思議、何うやら矛盾したお話ですが、そこらが怪談かも知れません、尤も風の神が蕎麦好きだといふことは言傳へられて居りますが、其代り薬味の葱、あの匂ひは大嫌ひださうで、それ故薬味が必ず添へてあるのだと申しますね、さうかと

□思　ふと、蕎麦といふ病、これの虫が又蕎麦を好くといひます、そして禁物は唐辛子の粉としてある、これも薬味になつてゐますが、アテになりますものやら何うやら、斯ういふ伝説には、一々何か理由があるやうに存じます、話が前後しますが前に申し上げた提灯ぬけ、これも はしなかつた事もあり二通りの別なやり方もあつたさうです、それは、黒衣を着たツケ打ちが、舞台の下手にしやがんで居りまして、伊右衛門が門口で迎へ火をたきます時に、そろそろ近づいてスックと傍へ立ちますそして伊右衛門が

□驚　くのをキッカケに、黒衣を引ぬくとこれが亡霊の姿になり、赤ン坊の様があつて佛壇へ消えるといふ方法、もう一つのは、佛壇の前に犬の寝ぐるみが寝てゐまして、これが引ぬいて亡霊になる仕方、隠亡堀の戸板返しも、今日の方法は、父が大道具の長谷川勘兵衛老人（先年物故した先々代）と相談して工夫したもので、以前は小平になる俳優が戸板を背負つて出たものだといひますが、左様な工合に、初演からは色々と考案も変へられ重ねられて参つたもので御座います、初演は前にも

□申　した三代目菊五郎で、この人がある時田舎へ巡業に出ました折、夜道に迷つて泊らうにも宿はなく、困りぬいてゐますとお定まりで、遙か向ふに一軒の茅ら屋、漸く此処へ辿りついて一夜の宿を頼みますと、眼の怖い人相の悪い男が出て来ました

扇舎清談（十七）　幽霊を演ずる秘訣の数々　6-387

資 ●読売新聞　昭和六年十二月二十四日（二十三日夕）

幽霊を演ずる秘訣の数々

―十七―　尾上梅幸【談】

扇舎清談

即ち偶然道に迷つての一夜の宿で思ひがけなくモデルを見つけた譯ですが、一つの演出を工風いたします迄には

□古　名優たちも絶えず人知れぬ苦心を繰返してゐたに違ひありません、それが型となつて致へられゝば、成る程と思ひますが其型を編み出す迄の苦労が貫いところでありませう、幽霊は両手を下げて居りますが、同じことでもあ

の手を帯から上へあげると幽霊になりません、狸などのお化けになつちまひます、お化けヱ、などと人を脅して巫山戯ますが、あの手つきになりますから凄くはない譯で、幽霊の方は兩手を、それも如何にも力なく、ダラリと垂れてゐるので凄味が出ます、尚

□手 よりも肝要なのは眼の使ひ方で、よく、幽霊は、睡い顔をしろと申しますが、これも目の使ひ方を申したものなのであります、パッチリとあけて居りますとこれは幽霊の眼ではなく、活きた人の眼になります、活きた幽霊なんてえものはありません、講釋や文章に書いてこそ、怨みの兩眼をカッと開き、ハッタと睨めつけ、などと書きもし、話もしますが、それは話なり文なりの勢ひを強める爲めの形容でありませう、舞臺で演じますにはねむい顔が秘訣としてあります、そして口を結んではいけません

□結 んでると矢張り顔が活きます、ダラシなく開けてもいけませんが、縦に伸ばす心持で口を開ける、すると不思議な凄味が出ます上に、何うしても兩頬がこけますから、一擧兩得の効果があります、眼をパッチリあけてはいけないと同時に、うるんだやうな眼にしまして、たとへばそこに亡霊の怨んでゐる相手方がゐたとしましても、決してその方を見てはいけないのです、何處を見つめるともなく、ボンヤリあらぬ方へ目を向けてゐます、これも口傳で、一定の場所をハッキリ見てゐますと矢張り眼が活きてしまひます、何事にも

□眼 の使ひ方が大切ですが亡霊に扮る時は眼を使はないのが工風であります、さればこそ一ト口にねむい顔をしろと申しますので、口をあけて頬がこけ、眼が半眼にドンヨリしてゐますと物凄い亡霊が出來上ると、斯ういふ次第です【終り】

おっかない狐火の正体は何でしょう？

資 ●国民新聞　昭和六年十一月三十日夜間版　6-388

おつかない狐火の正體は何でせう…？

燐が燃えるのだ……といふ説もあるが
大抵は取るに足らぬ原因から

戸の外には冷たい雨が降つてゐる、僕等は火のパチパチ燃えてゐる圍爐裡のまはりへかたまつてゐる、かう云ふ晩です、村外れの方でコン、コーン、狐の鳴き聲が聞えるのは……戸をあけると一本榎（僕等はその田圃の中に一本きり立つてる大榎をさう呼んでゐた）の下の邊にはチヨロ、チヨロ、チヨロ、チヨロと無數の火がかけまはつてゐた「アレ、アレまた狐火が出てゐるよ」といふ人達の袖の下から僕はそつと、こはいもの見たさにのぞくのだつた。お祖母さんの話によると狐は年をとると尾をうつては火を出すことが出來るさうだ

繪草紙 の「東京名所盡し」を見たら王子稲荷の装束畠へ毎年十二月の大晦日の晩に集まつて來る澤山の狐の繪が描いてあつたが、これはみな口先で火が燃えて居つた、また或人は「狐が火を出すなどとそんな馬鹿げたことがあるものか……それは狐が野晒しになつて居る馬や犬の骨をくはへて歩くからだ、その骨には燐がついて居て、それが光るからだ」と云つた。しかし燐が

燃えて 光るとしても一間か二間のところなら兎に角一町も二町も先方の火が松明ほどの明るさに見えるのは不思議ではないか？ と思ふ。この疑問について學校の先生はこんな風に説明して下さつた「成程多くの人は野にさらされて居る動物の骨にくつついて居る燐が燃えるのだらうと思つて居ますが、然し光るものは燐ばかりではありません、楠、櫟、椿、欅、栗等の木は朽ちると或種のきのこが生えこれが光ることもあります、また海岸などには

夜光蟲 が居るからこの蟲がついたものは何でも光ります

しかしこれらの鮮やかのこなどは二町も三町も先方にあるときは決して人の眼につく程光るものではありません、しかし古沼や落葉の積んで腐つた濕地から出るメタンと云ふガスは火がつくと燃えることがあります、そして人が火をつけなくても木賊の莖と莖とがすれ合つて熱のために火を出して自然にガスが燃え出したと云ふやうな例もありますから、一概に無いことだとは云つて終はれません、しかし勿論こんなことは本當にまれなことです、ところで狐火ですが勿論

狐が火をつくるなど、馬鹿げたことはありません、しかし昔から狐火々々と騒ぐのです、私はある年富士山の麓の河口村できいた狐火の話をして皆さんの參考に致しませう、この河口村から十町許り離れた山の中に寂瀬と云ふ八戸ばかりの部落がありましたそこの一人のおばあさんが四月頃でした、或晩外へ出て見ると河口村の田圃の方で二十許りの火が盛んについたり、消えたりして居るのです……それは丁度おばあさんが子供の時から聞いて居る狐火そつくりだつたのです、そこでこれは大變だと近所へふれまはつて人々を呼び出して見物したのですが何でも二時間位のあひだチヨロチヨロとついたり消えたりして居たさうです、部落の人達はうはさにきく狐火とはこんなものかと

感心してその夜は明けました、ところで河口村では一人の青年がそこの田圃の蛙をとるとお醫者さんの實驗のためにいくらかで買れると云ふことを聞き込んで來て、それならばと云ふので青年達が手に手に提灯や松明を持つて田圃へ出かけて蛙捕りをしたのです。灯がついたり消えたりするのは山の方から見ると人の影になつたり、出たりしたからでした。寂瀬の人々はもしこの話をきかなかつたら何時までも狐火とばかり思ひ込んで居たことでせう。それで王子稻荷の狐火にしても大晦日に出たと云ふところからその晩盛んに飛び廻るかけとりの提灯の明りか何かではなかつたかと思ひます、如何です、皆さん、およそ狐火とはどんなものか想像がついたことでせう。何ごとも本當のことをさぐつて見れば案外たわいもないものでせう」

資　神憑の話（上）

★大連新聞　昭和六年十二月四日　6-389

神憑の話（上）

森田正馬

神憑といふ現象はその最も定型的なものは、或る人がある機會に突然自我意識を失ひ、神としての言語動作をなし、數分乃至數時間の後、再び我に歸るといふ發作的に起るものに名づけたものである、然しながら單に神なるものが人に感通するといふ思想については種種の状態のものがある。夢もその一つである其他或る精靈若しくは他のもの、精神が、人に感應するといふ思想も全く之と同一で即ち世に生靈

死靈といふものがあつて例へば生きたる若しくは死したる人の怨恨や羨望や愛慕やが人に乘り移り又狐、犬神、蛇、其他草木金石、物氣等ありとあらゆるものが人に憑依するものと考へるは、太古蒙昧時代、萬物皆心ありとの思想の遺物であつて今の世に猶これがあるのは我等文明が進んでも白痴低能といふものが世に絶えないのと同じ事である、又生存競爭が益々激しくなるに從ひ、遺傳の累をなす事情が多くなり却て白痴の類が多くなると同樣に是等の迷信も多くなるかも知れない、此の神憑現象は

太古以來何れの時代、何れの國にもあつた事で、我國は、天の磐戸の昔から神憑りと言ふものがあり、バイブルの中にも鬼憑と云ふことは多く見るところであり。さて此の憑依現象は、其憑物

が神であり、猿猴であり、さては土に埋もれた剣であつても只単に其の対象が異る丈けで其内容たる心理現象は全く同一である、又此の現象は地方により、西洋には獅子憑、狼憑があり島根縣には『クダ狐』

土佐 には『犬神』といふやうに、其の対象は異るけれども其の起る憑依現象の状態は同一である、而して此の現象に於て、其の憑依病者の言行を唯一の証拠として外界に霊物があつて、人に憑くと断定するならば、禽獣も木石も皆霊がある、といふ太古蒙昧を繰返して肯定せねばならぬのである、然れども此の霊といふ言葉を神道の萬有神論や仏教の『草木国土悉皆仏性』と云ふ哲学と取ちがへてはならない。さてかく

神憑 といふものがあるとすれば従つて人は神に請ひを求めて、其神通力、豫言を受けたいと希望するのは当然の事で、即ち茲に降神術といふものが起るのである。降神術には、行者自身に降神するのと所謂加持台、寄せ台、憑女、又西洋では『メヂウム』即ち霊媒など〻称するものを置いて、之に降神せしむるものとがある、其の方法は昔から楽器を用ふるとか、香を用ひるとか、種々の

方法 が行はれてゐるが、今日最も多く行はる〻ものは加持祈祷の類で之は各宗教に依り、祭祀修法は異るけれども、内容は同一である。最も盛んに行はる〻ものは真言宗両部神道の山伏、法華宗等で、近来は大本教とかいふものがこれを盛んにやつてゐる。其他多くの邪教に依つて之れが行はる〻のである、其の方法はまづ降神せしめんとするもの〻雑念を払ひ精神を統一せしめる手段をとり例へば三壇五壇の祭壇を飾り護摩を焚くとか

薄暗 き室に神鏡を立て神燈を照らすとか兎も角尊厳の有様を示し、おのづから敬虔の念を起させるやうにして然る後、例へば両部神道では金剛合掌、無所不至の印契を結び、掃地真言、除垢軍荼利真言等を唱へ次に招請の辞を述べた後一心に黙念し、或は真言陀羅尼を一生懸命声の限りに唱へるとかするのであるが、随分手数のかゝる方法で之を今日の催眠術でやれば極めて簡単なものである。

資　神憑の話（下）
★大連新聞　昭和六年十二月五日
6-390

神憑の話（下）
森田正馬

降神せしめんとするものが、或は合掌の手を震動させるとか、或は手に持てる御幣が次第に下の方へ下るとか（之は神様が降れば御幣が次第に重くなる、といふ暗示を与へて置くのである）といふ時を見計らひ、修験者は之に対し『貴女様は何方様でゐられますか』といふ風に暗示的の問を発する。又之が病人で何か

憑物 ならんとの迷信から此法を行ふ場合には『生霊か死霊か』『うかべく』とか『何の恨みで来たか』とか問ふのである。さうすると例へば病人に対して神告を得んとする時ならば、巫女は『我は稲荷大明神である』など〻答へ、更に『此の病人は何処から来てどうすれば治るでせう』と問へば『此者は胸から腹へ、かけて悪い、西岸へでも行つて甘いものを食へばよい』など〻答へるのである。又これが憑物である時は『おれは河太郎といふ猿猴である。此者（病気に代る自身を指して）が甘いものを

食ふ のが羨ましくて来た胸も痛めてやつた』とかいふ。此の時余が暗示的に『腰も痛めたゞらう』と問へば巫女は『腰も痛めてやつた』と返事をしたことがあつた。此の如きは、かの天理教祖に対し修験者が『何方様ですか』と問ふた時教祖は『我は天の将軍

である」と答へ、又大本教で病人に對し『汝は何者ぞ』と問はれて其病人が『狐である』などと答へると全く同一のものである。又巫女は依頼者の望みのまゝに死人を

自分に乘り移らせて物語りをする事が出來るのであるが、或女の亡母が現れて物語るのに『自分は彼の世で、何も障りはないが只お前達が絶えず悲しみ嘆く故にそれが障りとなつて成佛する事が出來ぬ』といはれて、其女は氣を取り直したといふ事がある。又其時、亡母に『妹にやりたいものが倉の中に置いてある』といはれ歸つて倉の中を捜した處が、簞笥の中に古錢を入れた財布があつたとの事である、此の言葉も亡母が其物を

明かに指示せずして、故さらに不可解に言ふのは、巫女が必ず適中すべき抽象的の言を故意にするのであつて、迷信者が之を適切に言はれるよりも却て有難く思ふのは、益々其の迷信たる所以である。又迷信者が巫女のいふ處の靜かなきこえない樣な幽かな假聲を、實際の亡母の聲音ときくのは全く暗示によるのである。此の修法中に、例へば御幣が倒れるとか、御神燈が消えるとか、合掌の手が震へるとか

修法中に尻を搔くとか、又幾ら問ふても返事をせぬとか言ふものは修法が行はれぬとか、憑依が浮ばぬとか鑑別をつけるのである。修法者の言ふところに依れば、疑ひ深き人、我見があつて信仰なきもの狡猾の人等は降神若しくは憑物を浮ばせる事が出來ぬさうである勿論然るべきである、蓋し暗示に依るもので神其のもの、絶對能力でないからである、神憑といふものは、單に

憑依の對象が神佛であるといふに止まるものであるから、先づ一般の憑依に就いて説明すればよいのである。一般の人の憑依と見做すもの、種類を列擧して見ると左の如くである

諸種の疾病卽ち子宮病でも心臟病でも或は、腦病の如き精神病でも或はヒステリー、神經質等の症狀で、或は所々の筋がつれるとか發作性に譫妄状態を起すとかいふもので、結局は何でも構はぬ

總て精神、身體の異常といふ異常を何々の憑依若しくは障りであるとして取扱ふもので、之は行者が其師匠からの傳授に從ひ或る特徴を見て妄信的に定めるものである、是等も皆往古からの『病は罪障とす、惡魔、物の氣の災から起る』といふ迷信を其儘に應用しての事である。之は又行者若しくは加持壽の降神術により、人格變換を起して、口走るところのものを以て定めるものもある、然し是等は固より

通俗の迷信で殊更にこれで説明を要する程のものではない

憑依妄想は純粹の精神病者である。この中にも（一）單に自分の腹中に狐が居るとか、自分は神である、迦葉菩薩であるとか、全く無稽荒唐の論理のないものもあれば（二）幻覺によるものあり。（三）ふと自分の腦に浮び出た考へ若しくは不隨意に獨語するもの、或は偶然の出來事を以て神告又は豫兆と妄想的解釋をなすもの等があつて或は

自分の身體は神の御社であるとか、或は自分には月が憑いて居て、色々の惡口をいふとかいつて、之と對話し若しくは爭論し月と自分との人格が、同時若しくは交代に現れる等の事もある

狐火の正体は何？

資 ●関門日日新聞　昭和六年十二月七日（六日夕）

チョロ〳〵かけ廻る

狐火の正体は何？

燐が燃えるといふ説もあるが

大抵はつまらぬ原因

戸の外にはつめたい雨が降つてゐる家族等は火のパチ〳〵燃えてゐる圍爐裡のまわりへかたまつてゐるかういふ晩です、村外れの方でコン、コーン狐の鳴き聲が聞えるの

6-391

で……戸をあけると一本榎木（僕等はその田圃の中に一本きり立つてる大榎木をさう呼んでゐた）の下の辺はチヨロ、チヨロ、チヨロチヨロと無数の火がかけまはつてゐた「アレ、アレまた狐火が出てゐるよ」といふ人達の袖の下から僕はそつと、こはいもの見たさにのぞくのだつた、お祖母さんの話によると狐は年をとると尾からつては火を出すことが出来るさうだ

◇……**絵草紙** の「東京名所尽くし」を見たら王子稲荷の装束畠へ毎年十二月の大晦日の晩に集まつて来る諸山の狐の群が描いてあつたがそれは皆口先で火が燃えて描つた、またある人は「狐が火を出すなどゝそんな馬鹿げた事があるものか……それは狐が野晒しになつてゐる馬や犬の骨をくはへて歩くからだ、その骨には燐がついてゐて、それが光るからだ」といつた、しかし燐が

◇……**燃えて** 光るとしても一間か二間の所なら兎に角一町も二町も先方の火が如何ほどの明るさに見えるのは不思議ではないか、と思ふ、この疑問について粟飯の先生はこんな風に説明して下さつた

「戦国多くの人は野にさらされてゐる動物の骨にくいついてゐる燐が燃えるのだらうと思つてゐますが燃し光るのは燐ばかりではありません柳、楪、檜、椶桐等の木はくちると、ある種のきのこが生えこれが光ることもあります又湯沸などには

◇……**夜光虫** がゐるからこの虫がついたの林何でも光ります、しかしこれらの輝やきのこんな所に二町も三町も先方にある時は決して人の目につく程光るものではありません、しかし古沼や落葉の積んで腐つた濕地から出るメタンといふガスは火がつくと燃えることがあります、そして人が火をつけなくても木賊の茎と茎とがすれあつて熱のために火を出して自然にガスが燃え出したといふやうな例もありますから、一概に無いとだといつてはしまはれません、しかし勿論こんなことは本当にまれなことです處で狐火ですが勿論

◇……**狐が火** をつくるなどと馬鹿げたことはありません、しかし昔から狐火々々と騒ぐのです、私はある年富士山の麓の河口村できいた狐火の話をして皆さんの参考にいたしませう、この河口村から十丁ばかり離れた山の中に廣瀬といふ八戸ばかりの部落がありましたそこの一人のおばあさんが、四月頃でした、ある晩外へ出て見ると河口村の田圃の方で廿許りの火が盛んについたり消えたりしてゐるのですそれは丁度おばあさんが子供の時から聞いてゐる狐火そつくりだつたのですそこでこれは大変だと近所へふれ廻つて人々を呼び出して見物したのですが何でも二時間位の間チヨロチヨロとついたり消えたりしてゐたさうです部落の人達は嘸にきく狐火とはこんなものかと感心してその夜は明けました處で河口村では一人の青年がそこの田圃の蛙をとるとお醫者さんの實驗の爲に幾らかで賣れるといふことを聞込んで来てそれならばといふので青年達が手に／＼提灯や松明を持つて田圃へ出掛て蛙取をしたのです灯がついたり消えたりするのは山の方から見ると人の蔭になつたり出たりしたからでした、廣瀬の人々はもしこの話をきかなかつたらいつ迄も狐火とばかり思ひ込んでゐたことでせうそれで王子稲荷の

◇……**狐にし** ても大晦日に出たといふ處からその晩盛んに飛び廻るかけとりの提灯の明りか何かではなかつたかと思ひます如何です凡そ狐火とはどんなものか想像がついたことでせう何事も本當のことを探つて見れば案外たわいもないものでせう」

ラ　ラジオ　七日・東京の番組　謡曲「黒塚」

●東京日日新聞　昭和六年十二月七日　6-392

ラヂオ

七日　東京（AK）の番組　波長三四五

◇八・〇〇　謡曲「黒塚」櫻間金太郎ほか

ラ　謡曲　奥州安達ヶ原の黒塚に住む鬼女

●東京日日新聞　昭和六年十二月七日　6-393

謡曲

夜八時

奥州安達ヶ原の黒塚に住む鬼女

宿りを求めた旅僧の驚き

展開される物凄さ

紀伊ノ國那智の東光坊の祐慶、廻國の途中、奥州安達ヶ原に來て日が暮れ、となる草庵に宿を借りた、夜更けとなつて主の女、余りに夜寒となつた故、上の山に登り木をとつて來てお焚き申しませう、妾が歸つて來るまでは、この閨の内をば決して御覧遊ばしませぬやうと、祐慶と同行の男に堅く戒めて出て行つた、僧は不審に思ひ、密かに内部を窺ひ見たところ死屍山の如く膿血解け合ひ、膚膩燗壊、さては噂に聞く安達ヶ原の黒塚に住めるといふ鬼の棲家かと驚き、足に任せて逃げ出した、やがてかの女歸り來て正體を見露はされたのを怒り、鬼女の本性を現して後を追つて來たが、僧に祈り弱られて遂に消え失せたといふ筋

シテ　櫻間金太郎　地　髙橋洪之輔
ワキ　本田秀男　同・櫻間道雄
ツレ　野村保　同・梅村平史助

（ワキ）旅の衣は篠懸の〳〵、露けき袖やしぼるらん、これは那智の東光坊の阿闍梨、祐慶と申す者なり、それ沙門抖擻の行体は、山伏修行の便なり、（ワキ）熊野の巡禮廻國は、皆沙門の習ひなり、然るに祐慶此間、心にたつる願あつて、廻國行脚に赴かんと、わが本山を立出で〳〵、分行末は紀の路がた、塩崎のうらをさし過ぎて、にしきのはまのをり〳〵は、猶しをり行く旅衣、日も重なれば程もなく、名にのみ聞きしみちのくの、安達が原に着にけり〳〵（ワキ）急ぎ候程に陸奥の安達が原に着きて候、はや日の暮れて候程に、なの灯の見え候をしるべに尋ねゆき、宿をからばやと思ひ候（シテ）実に侘人の習ひほど悲しきものはよもあらじ、かゝる浮世に秋の來て、朝けの風は身にしめども、胸を休むる事もなく、きのふも空しく暮ぬれば、まどろむ夜半ぞ寝覚なる、あら定めなの身の上やな（ワキ）いかに此内へ案内申候（シテ）誰にて渡り候ぞ（ワキ）行き暮れたる修行者にて候、一夜の宿を御かし候へ（シテ）余りに見苦しき柴の庵にて候程に、お宿は叶ひ候まじ（ワキツレ二人）いかにや主きゝ給へ、われ等初めて陸奥の、安達が原に行暮れて、宿をかるべき便りなし、願はくば我等を憐みて、一夜の宿を貸し給へ（シテ）人里遠きこの野辺の、松風寒き柴の庵に、いかでお宿を参らすべき、よしや旅ねの草枕、こよひばかりの假寝せん、たゞ〳〵宿をかし給へ（シテ）佗划るゝわれだにもうきこの庵に（ワキツレ二人）唯とまらんと、柴の戸を（シテ）さすがおもへばいたはしさに、さらばとゞまり給へ、とて扉を披き立出る

（小謡）こと草も言じる筵〳〵、うたてやこよひしきなまし、しひても宿を假枕、片敷く袖の露深き、草の庵のせはしなき、旅寝の床ぞ物憂き〳〵（ワキ）いかに主に申すべき事の候、これなる物は何と申す物にて候ぞ（シテ）あれこそわれら如きの賤女の営む、わくかせ輪と申すものにて候（ワキ）さらばこれをいとなうで御ン見せ候へ（シテ）安きこと、いとなうで御目に懸け候べし、恥かしや旅人の、見るめも恥ずいつとなき、賤が業こそ物憂けれ（ワキ）今宵とゞまるこの宿の、主の情ふかきよの（シテ）月もさしいる閨のうちに、昆盧の糸をくりかへし、〳〵、むかしを今になさばや、賤がうみそのよるまでも、世渡る業こそ悩けれ（シテ）浅ましや人界に生をうけながら、かゝる憂き世に生れ、身を苦しむるかなしさよ（ワキ）はかなの人のことの葉や、先づ生身を扶けてこそ、佛身をねがふ便りもあれ、かゝる浮世にながらへて、明け暮ひまなき身なれども、心だに誠のみちにかなひなば、祈らずとてもつひになど、佛果のえんとならざらん（獨吟）たゞこれ地水火風の、かりに暫くも纏はれて、生死に輪廻し五道六道にめぐること、たゞ一心のまよひなり、およそ人間の化なることを案ずるに、人更に若き事なし、終には老となるも

謡曲『黒塚』舞台面　糸を操る鬼女【櫻間金太郎氏】

のを、かほどはかなき露の世を、などや厭はざるわれながら、あだなる心こそ、うらみても甲斐なかりけれ、扨ても五條わたりにて夕がほの、宿をたづねしは（シテ）日かげの糸のかむり著し、それは名高き人やらん、かもの御生前に飾りしは、糸毛の車とこそ聞け、糸櫻色もさかりに咲く比は、來る人多き花のくれ、穂に出る秋の糸薄（シテ）月によるをやまちぬらん、今はた賤がくる糸の（シテ）ながき命のつれなさを、長き衣のつれなさを、思ひあかしの浦ちどり、音をのみひとり啼き明す〳〵、あまりに夜寒に候ほどに、うへの山へあがり薪をとり、たいてあて參らせ候はん

（ワキ）夜陰と申し、しかも女性の御身として、かたぐ〳〵思ひもよらぬことにて候、（シテ）いやいつも通ひ馴れたる道なれば、くるしからず候、頓て參らうずるにて候（ワキ）さらば頓て御歸り候へ（シテ）のう〳〵わらはが閨のうちばし御覽候な（ワキ）詩語道斷、左樣に人のねやなどを見る事にてはなく候（シテ）頓て參らうずるにて候

（ワキ）ふしぎやあるじのねやのうちを、物のひまよく見れば、人の死骸は數知らず、軒とひとしく積み置きたり、膿血忽ち融滌し、臭穢はみちて膨脹し、膚膩悉く爛壊せり、いかさまこれはみちのくの、安達か原の黒塚に、こもれる鬼の棲家なり（ツレ）恐ろしやかゝる憂目をみちのくの、安達か原の黒塚に、鬼こもれりと詠じけん、うたの心もかくやらんと（囃子）心も恐ひ肝をけし〳〵、行くべき方は知らねども、足にまかせて逃げて行く〳〵（シテ）いかに旅人止まれとこそ、さるにても、かくし置たるねやのうちを、あさまになされ申しつる、恨みのために來りたり、瞋恚をこがすほのほは、咸陽宮のけぶりふんぷんたり、野風山風吹落ちて、鳴る神、稲妻天地にみち、空かきくもる雨の夜に、鬼一口にくはんとて、あゆみよるあしおと、ふりあぐる鐵杖のいきほひ、あたりをはらつて恐ろしや（ワキ）東方に降三世明王（ツレ）南方に軍荼利夜叉明王（ワキ）西方に大威徳明王（ツレ）北方に金剛夜叉明王（ワキ）

中央に大日大聖不動明王（ワキ、ツレ二人）唵呼嚕呼嚕、旃陀利摩登枳娑婆訶、唵阿毘羅吽欠娑婆訶、吽多羅吒干漫、見我身者発菩提心、見我身者発菩提心、聞我名者断悪修善、聴我説者得大智慧、知我身者即身成仏、即身成仏と明王の、繋縛にかけて責めかけ〳〵、いのりふせにけり、さて懲りよ（仕舞、シテ）今迄はさしも實に〳〵、いかりをなしつる鬼女なるが、忽ちに弱りはてゝ、天地に身をつゞめ、まなこくらみて、足もとはよろ〳〵と、漂ひめぐる安達が原の、黒塚にかくれ住しも、あさまになりぬる、淺ましや、恥かしのわが姿やと、いふこゑはなほものすさまじく、いふ聲はなほすさまじき夜あらしの、音に立まぎれうせにけり、おとに立まぎれうせにけり（囃子、仕舞）

絶壁の空をゆく火の玉は琉球の『いにん火』

●読売新聞　昭和六年十二月八日　6-394

怪

女をめぐる迷信グロテスク（8）

絶壁の空をゆく火の玉は琉球の『いにん火』

さては死後も男を迷はす娼妓神！

おどろにふり亂した黒髪、月賦の裂けた幽眼、土色の唇に啣へた二筋三筋の黒髪を傳ふて血はタラタラと滴る、糸のやうに痩せた兩手を力なく重ねて「恨めしや……」と現れる姿、いづれは浮世繪師の造り上げた假りの姿とは云へ、フト夜半などに想ひ浮べては大の男でも餘り宜い氣持はせぬものである。幽靈の存在の有無は斯道の研究家に任せておくとして、此處には唯諸國に傳はる幽靈の中、その幾つかを拾ひ上げて御紹介しよう

琉球の島尻郡、眞和志間切識名村に今でも傳はるいにん火には世にも哀れなローマンスが傳へられてゐる。いにん火の名を淒迎火（トチンケヤービ）と云はれる。夜更けて此の邊りを通る人の

眼にフワ〳〵と宙を浮いて

自殺へ誘う宇宙の神秘　戸を叩く深夜の幽霊　6-395

★大陸日報　昭和六年十二月十日附録

怪

自殺へ誘ふ宇宙の神秘

戸を叩く深夜の幽靈

木　公　生

行く人魂が見え、雨夜には殊に激しい、そしてその火の出現と共に寒風身に沁み、悽愴の氣漲るといふのである。此の火の由來を尋ねると、その昔、豐見城間切ミサシツプ村に住む夫婦者があつた、妻は毎日夕方から首里へ反物を賣りに出掛け、夜更けてから松明を點して歸るのが例であつた。所が或る時、人が夫に「貴方の內儀さんは首里に情夫があつて毎夕逢ひに行くのだ」と中傷した、眞に受けた亭主は姿を變へ此の識名村の絕

壁の小徑で待ち伏せいそ〳〵と歸つて來る女房をやにはに捉へようとしたのであるがそれが現在の夫とは露知らぬ女は激しく爭つてつひに男を

絕壁から突き落して家へ逃

げ戻つた、間もなくそれが夫であつたことを知つて自分も亦舌嚙み切つて後を追つて了つた。それ以來この邊りにいにん火が夜なく〳〵現はれるやうになつた、そして村人は、非業に死んだ夫婦の魂が、生前のやうに互に往復し合つてゐるのだと信じるやうになつた、そして今でもこのいにん火を見る人人は今は亡き夫婦の冥福を祈るのが慣ひとなつてゐる。これなどは哀れな物語りとして受取れるが、同じく琉球の尾我地島に傳はる尾類神（娼妓神）の方は質が悪い。これは通行人があると

一天俄かに搔き曇り方角

が分らなくなる、思ふ方角と思つて步いて行くと、何時か遠い波打ち際迄來てゐる、止むなく地面へ坐り込んで夜明け迄待たねばならぬ、つまり尾類神が通行人を惑はすのだと信じられてゐる、尾類神とは昔、生計に追はれて凍死した娼妓の靈なのである、つまり生きてゐる間男を惑はすのでは物足らず、死んで迄人を惑はさうといふのだから、かうなると女の一念も恐ろしい、然しかうした目に遭つた時、思ひ切つて放屁すると尾類神は忽ち離れるといふのだから話はナンセンスである、以上は珍新しい琉球の幽靈話であるが、この世に殘した

乳呑兒に乳を含ませに現れ

る母性愛の幽靈、他の女と添つた男を惱め苦しめに出る嫉妬の幽靈等々全國的に傳はる幽靈話は無數にある。虫の知らせ、つまり親近者の死ぬ前には戸が自然に開いたとか、戸を叩く音がするので開けて見たが誰もゐなかつたなどといふ話は今でも隨分聞く。當然死ぬ運命にある病人の魂は、その死ぬ二三日前に既に墓場へ行くといふ迷信もある。又或る女が病氣に罹つて命が旦夕に迫つた刹那、幼ない娘が突然大聲をあげて泣き出した、家人が吃驚して聞くと「母様が今襖間から表の方へ出て行きました」と云ふ、一同が驚いて病間へ行つて見ると、病人は何の變りもなく伏してゐたが、それから一週間ばかり經つて息を引き取つた「魂はもうあの時體を離れて了つたのだつた」と皆が思つたのは勿論である

人が死ぬと三七、廿一日の

間は魂は屋の棟に停るといふ迷信は、前の話の逆を云つたものである。盆の迎へ火、送り火も亡き人がその火を目當に戻つて來ると思ふ迷信ではあるが、亡き人戀しいと思つて之を行ふ家族の心事を思へば迷信だと一概にけなして了ふわけには行かぬ、然し送り火を焚いた殘りの火で、供物の小茄子を燃やしその上をまたげば下の病を患はぬと云ふので、女だてらあられもない姿で裾かゝげて火の上を越すに至つては聊かグロテスク過ぎるといふものであらう

人生は五十年、永遠から永遠にまで續く宇宙の生命を想ふと、人生は隨分短いものです。自分達が生れた時の事を考へて見ても、お母さんのお腹からオギアと生れた時の事を知つて居るものは一人もない。『あなたが子供の頃は隨分ヤンチャでしたが、もうこんなに大きくなりましたかね』と言はれる頃までは、殆んど夢中で過ごして居る。夜にお寢小をした時の事やヨチ〳〵這つて歩いて、椽側から落つこちた頃の事は、幻の樣に記憶に殘つて居るのみで、そんな昔の事を引合に出されても、御本人は他人の事位にしか感じません。やうやく人生と云ふ事に氣が付いて來るのは二十代になつてから。山へ行つたり海へ行つたり、ベース・ボールに夢中になつて居るのが少々氣になつて自分の將來の事を考へ出す樣になるのは二十代です。

◇

此く考へると人生二十になる迄は、何も考へずに、夢中で過ごしたと云ふ事になる。五十年の人生の中、二十年を夢中に過ごしてから、あわてゝ將來の仕事の準備に取かゝつても、基礎が出來るまでには十五年や二十年はかゝる。さすれば結局人生に於て働く時期は十年か十五年。まあ何と云ふ短いものでせう。

◇

凡ての人間が、此の短い十年か十五年の間にその人の眞價を産み出して行くのだと思へば、この期間も隨分貴いもの〻樣にも思ふけれども、何萬年前から存在してゐて、又何萬年續いて行くかは計り知れない宇宙の歴史の過去と現在と未來のお話を聞かされると、人生のエッセンスとしての十年か、十五年は餘りに小さな氣がして馬鹿らしくなつて來る。こんな氣持ちの時にウッカリ華嚴の瀧を見物に行くと、何千年もの昔から流れつゞけて居る瀧の勢の神祕な誘惑にフラ〳〵と引づられて、永遠の神祕の夢の中に飛び込んでしまふ。

◇

戀人に先立たれて人生に生甲斐を見失へた青年が、あてもなくフラ〳〵と郊外の方へ歩いて行く。頭の中は何も考へて居るのでもないが、何かを考へて居る。生きて居るのか死んで居るのかも夢中で歩いて居ると、道側にある松の枝が一本ニュッと丁度頭の上にかぶさつて居る。而かも人通りのない薄暗い田舍道、雜草と灌木の茂つた淋しい道、行手には一面に薄闇が立ち罩めて、無限の彼方まで續いて居る樣な氣がする。そんな時にはどんな人でも自然の神祕を考へさせられ、何か此の松の枝に無氣味な感を持たせられるものである。そして自分の戀人が目に見えない、手にも觸れ得ない世界に消えてしまつた時には、此の松の枝は不可解な永遠の世界と、現實の世界のつなぎめになつて居る樣な氣がして、暗がりにニョッキリ突き出した枝の上から戀人が自分を呼んで居ると思ふかも知れない。

◇

又不思議にもよく人が首をくゝる松や、海に飛び込む場所、或は魔の踏切と云ひ大ていは一定して居るものである。之は其の場所が丁度そんな風は思はれる樣な背景になつて居るのでもあらうが、或は又、人間の魔の何物かゞ、それを一層神秘なものにするのかも知れない。

支那の昔の詩人も、古戰場を弔つてはそこに滿ちて居る一種の物すごい氣持ちを感じて戰場の露と消えた武士の魂魄が漂つて居るのを歌つて居る。

死者と生者との交通と云ふ事は常識的には考へられない事でありながら、其樣な話しが多く傳へて居るのはどうしたものだらうか。

◇

エー氏は某大學の學生であつたが、或る晩の事夜中にフト目が覺めてみたら、入口の戸が開いて居る。確に自分は寢る前に閉めておいたはづだがと思つて閉めに行きそのまゝ又ウト〳〵して居たら、急にガサ〳〵と云ふ音が戸口の處に聞える。丁度ホーキで戸の外からハラつて居る樣な音だつたと云ひます。ビックリして目を覺ましたが、その音はまだ耳に殘つて居る。どうも變だと思つて居たら、次の日に伯父さんが死んだと云ふ電報が屆いた。

ビー氏は愛妻を失つて、その怨みを訴へながらこんな話を記者にした。これもグチと言はれ、氣の迷ひと云はれて人が聞いたら笑ふでせう。が妻が病院に行く時には氣の弱い事を言つてなかなか行きたがらなかつたのです。私もいつも妻の事が氣にはなつて居りましたが、その夜（妻のなくなつた）は特に氣になつて眠られないのです。家に一人居るのが餘り淋しいので知人の處へ行つておそくまで話して居り、もう夜半になつたから泊つて行つたらよいと言はれてそのまゝ泊る事にした。コートだけを脱いでベッドに入つたら間もなくであつたが、妻が戸口の處に立つて『アナタ、アナタ』と二聲呼ばれて、ビックリして『ドーシタ』と言つてベッドから思はず飛び降りると殆んど同時に、ヂーンと電話が鳴つたのです。『サテハ』と思ふと果して自分に大至急病院へと云ふ電話でした。彼は言ふ。自分は別に宗教とか、靈魂とかの問題については深く研究して來たわけではないが、自分の妻の死を考へると、來世がないとは考へたくない。どうも自分の氣の迷ひとも思ふが、妻が死ぬ前に自分の處へ來て呼んだ事が何か氣になつて忘れられない。

こんな現象はよく耳にする事であるが、若しこれが本當にある事であるならば、こんな現象も一つの材料として科學的な研究がなされても差支がないのではなからうか。

資　明道会事件を鑑定して（上）『霊の声』の正体　6-396
●東京朝日新聞　昭和六年十二月十四日

明道會事件を鑑定して【上】

『靈の聲』の正體

愚にもつかぬたわけ事

理學博士　小幡重一

第二の大本教事件として世の非常な注目を引いた醫學博士岸一太氏及び朝鮮人みこ高大業の明道會詐欺事件は東京帝大醫學部教授三宅鑛一博士の鑑定によつて岸博士は誇大もう想性精神異狀者、高大業は鬱うつ性精神病者として遂に免訴となつた事は本紙十二月十日朝刊に報ぜられた所であるが、筆者はこの事件に關し東京地方裁判所から高大業の『靈の聲』の鑑定を命ぜられ、高大業について、色々な實驗を行ひ、又岸博士が高大業を通じて靈界における平田篤胤と談話を交換し古事記の研究を行ふ實驗には三宅博士と共に立會つたりした關係上、ここに『靈の聲』の正體を暴露して迷信打破の一助としたいと思ふ。

……○……

手つとり早く結論からいへば『靈の聲』等といふものは實に愚にもつかないたわけた事であつて、少しく常識ある者ならば一笑に付せらるべき代物であるが、迷ひ易きは世の習ひ、大本教の王仁三郎等とは違ひ博士の學位を有する偉い學者のいふ事ではあるし殊に岸氏の堂々たる風ぼうと、その如何にも科學的根據のありさうな巧妙な説明のもとに、明道さん（靈）の力によつて單に遠隔の地の家族や友人が今何をして居るかを知る事が出來るばかりでなく、數百年前に死んだ人達の靈魂と談話を交換する事が出來るといふのであるからして、無線電話で太平洋を隔てゝアメリカと話をし又はテレビジョンで居ながらにして早慶野球戰を觀ようとするまでに進歩した今日の科學の力をも遙に超越した實に希代の魔術として世の善男善女の隨喜の涙を流さしめ、全國にわたつて實に三千余名の信徒を獲得するに至り遂に六萬余圓の詐欺を働いたものとして起訴されるに至つたものである。

……○……

以來滿一ヶ年東京地方裁判所柴田豫審判事の係として審理され、筆者も又鑑定人として『靈の聲』が荒唐無けいなものである事を證據立てるために汗水たらした者であるが、今更それが氣違ひの所業と決定されてみれば、三千の信徒又はこの鑑定の結果に異議を申し立てようとした檢事團と共にいさゝか拍子ぬけのした形である。

……○……

資　明道会事件を鑑定して（中）　口笛の一種!!　6-397
●東京朝日新聞　昭和六年十二月十五日

明道會事件を鑑定して【中】

口笛の一種!!

暴かれた靈の聲の正體

理學博士　小幡重一

筆者も實は判事から以上の樣な説明を聽き實物を見る前にはこれはひよつとしたら余程珍しい音の種類であるかも知れないとひそかに考へたものである、元來我々が音のくる方向を判定する能力には隨分錯覺があるもので、例へば室の一方の側に提琴を置いて他の側からかすかに音をだすとあたかもその樂器が鳴つて居る樣な誤つた感じを生ずるといふ樣な例もあるから、高大業が何等かの方法である特別な方向に向けて音をだすといふ樣な事が出來れば、その巧妙な身振り等によつて信者をして空間の勝手な所から音がくる樣に誤認させる事もあながち不可能ともいへまい。

……○……

學者の馬鹿正直は通り相場であるが筆者もまた學者のはしくれとしてこの「靈の聲」の問題も宣誓書に書いた通り相當眞面目に考へてみた、前に述べた樣に音源が方向性を持つて居る場合にはそれを簡單に調べるにはどうしたら良いだらうか等といふ樣な事に關しても相當頭を惱ました次第である。

然しながら越えて數日再び裁判所に呼びだされて實際に高大業の發音する模樣を見學に及んで、それが豫想した樣な六ヶ敷いものではなく、全く素人だましの簡單なものである事を知つて實は少からず興味を失つた次第である。

……○……

鑑定事項第一、第二は多くの試驗をなす事なく高大業の發音狀態

昭和六年一月某日東京地方裁判所からの呼びだしによつて筆者は恐る〳〵豫審廷に出頭した柴田判事から型の如く、住所、年齡及び被告岸一太と親戚關係の有無等を問ひ質された上左の事項について鑑定を命ぜられた

詐欺被告人　高　大　業
同　　　　　岸　　一太

鑑定事項

一、高大業ニ憑依セル靈(明道)ノ聲ト稱スル音ハ何ノ音ニテ何處ヨリ發スルモノナリヤ、其音ノ性質、特徴

二、高大業ノ位置ヲ變更セズシテ其音ノ源ノ位置ヲ變更シ得ルカ

三、其音ヲ以テ五十音ヲ發シ得ルカ、並ニ語句ヲ形成シ得ルカ

（以上）

よつて宣誓書に「良心に從ひ誠實に鑑定をなすこと誓ふ」旨を記載し拇印を押させられる。

……○……

高大業の發する聲の音の種類を檢分する前に柴田判事からまづその性質の一通りを聞かされた、そのもつとも不思議な性質の一つは音の源を空間のどこへでも隨意の場所に持つて行く事が出來るといふ事で鑑定事項の第二に掲げられたものがこれである。岸博士の説明によれば「靈の聲」は空間にびまんするエーテルの振動が空氣に傳はるのであるが、音の源を高大業の身體から段々遠くに持つて行くに從つて音のエネルギーは距離の自乘に逆比例して減るから音は非常に弱く聽きとれにくくなる、かやうな事は高等數學を知つてをれば直に諒解出來る事ださうである

……○……

然し空間のどんな所からでも勝手に音がだせる筈といふそんな馬鹿げた事の出來るはずはなからうとはどんな素人でも直に考へるところであるが、高等數學の知識だとか距離の自乘に逆比例するなどと六ヶ敷い事をいはれてみると、そこはあひにく左樣な知識の持ち合せのない素人も悲しさ、すぐにギヤフンと一本まいらされてしまふのである、かやうな如何にも高遠な學術的根據のありさうな説明をする所が愚民を迷はす岸博士の手であつて、「靈の聲」についてもまた一見素人を承服させるに十分な實に巧妙な説明がなされるのである

明道会事件を鑑定して（下） 無残な御託宣 6-398

資 ●東京朝日新聞 昭和六年十二月十六日

明道會事件を鑑定して【下】

無殘な御託宣

寫眞でばれた靈の聲の正體

理學博士 小幡重一

二月某日柴田判事、長谷川檢事を始め警視廳刑事等十數名に守られてみこ高大業が筆者の實驗室に連れて來られた。この室は音響に關する精密な實驗や測定を行ふ室であるから、丁度放送局のスタデイオの樣に音の反射を防ぐため、天井、壁床等は總て厚い吸音材料を以ておほはれ、室内で一寸會話をしても反響がまるでないのですこぶる異樣に感ぜられる室である。室内にはたゞ中央にマイクロフオンがすゑられてあるばかりで高大業かこを精細に觀察し、かつ二三實驗を試しただけで直に判明した、筆者はこゝに早速「靈の聲」の種明しをする譯である。一口にいへば「靈の聲」と稱するものは矢張り一種の口笛であつて、上下兩唇の間のあきを丸くしてだす普通の口笛とは少しく違ふものであるが、唇を僅に開き、上下の齒は輕くかみ合せ舌は下あごの上に靜止させて輕く息を吹きだしあるひは吸ひ込む時に出る音である、かういふと如何にも六ケ敷く聞こえるがか樣な口笛を吹く人はしばしば見受ける所で、現に警視廳高等課の某氏の如きも巧みに「靈の聲」の眞似をされた。か樣なかすかな口笛でヒユウ〱〱ヒユウ〱〱と色々に調子を變へて、ある意味を現さうとするものである。

……○……

然しから簡單に片づけてしまふと何んだ馬鹿々々しいそんなものにだまされる奴は余つぽど間抜けた奴だと思はれるであらうが明道會の堂々たる建物の中で「八意思兼大神」を祭つた嚴めしい祭壇の前で、岸博士のおごそかな說教に伴つて室の一隅からヒユウ〱〱とかすかな聲が聞えてくれば、迷ひに惱む善男善女に靈界の聲として受取らせるにはけだし一〇〇パーセントの要素を備へて居るといふ事が出來よう。

……○……

「靈の聲」の源が高大業の口の中に固定して居つて別に特殊のものでないと知れれば、鑑定事項第二高大業の位置を變へずに音源を變更する事が出來ない事は明かで又空間の勝手な所から音をだす等といふ馬鹿げた事の不可能である事に讀者も疑ひを抱かれないであらう。

……○……

次には鑑定事項第三でか樣な「靈の聲」で五十音がだせるか、語句を形成し得るか、即ち意味のわかる言葉とする事が出來るかといふ事であるが、この問題に解答を與へるためには實は五十音とはどういふ性質のものであるかを詳しく說明するの要があるのであるが、それは余りに專門的になるからこゝには略するが、五十音の基調となる「アイウエオ」の五つの母音の區別はどうして出來るかといふに一口にいへば音の波の形がそれ〲〲違ふのである、よつて「靈の聲」もしその音の波の形を知る事が出來れば、五十音との區別を明かに示し、同時に調子の變化等も詳しく調べる事が出來るわけである。

……○……

幸ひに筆者の手許（東京帝國大學航空研究所物理部）には音響の性質を調べる色々な設備はあるし殊に音の波の形を寫眞に撮る完全な裝置もある事であるから、高大業を筆者の實驗室に連れて來て、靈界よりくる音の寫眞をとつて調べて見ようといふ事になつた。新聞の社會記事流に書けば最新科學の照魔鏡を以て靈界の聲の正體をあばいてくれようといふ次第であつて、正にグロ一〇〇パーセントの樣に聞えるが、正直に筆者の意途をいへば、かくして「靈の聲」なるものは簡單なる笛的の音であることを目に見える樣にする事が出來るし又か樣な方法で「靈の聲」の調子の上り下りが詳しく調べられるから、以つてどの程度まで意味を表し得るかを知らうとしたに過ぎない。

れと相對して座らせられて居る、音の寫眞裝置等は總て隣室に備へられ電線によつて室内のマイクロフオンと結ばれて居る。室内で神様の發音如何にとかたづをのんで監視して居るは判事以下一二の人人で他の多くの隨行者は總て隣室に控へて居る。全く實驗室ではめつたに見られない物々しい光景であつた。然しいざ實驗となつて、神様が中々思ふ様に發音しないので大に判事を手こずらせたのであつたが、なだめたり、叱つたり、さては好物の煙草を與へて御機嫌をとつたりして、漸く幾つかの御託宣（多くは朝鮮語）を得、その波形寫眞がとれた次第である。

……○……

こゝで「靈の聲」の音の波形の寫眞を掲げる事は大に讀者の興味を増すものであるとは思ふが、新聞紙の鮮明でない寫眞では、却て貴重な紙面を浪費する結果となる恐れがあるから遺憾ながら結果の要點だけを述べるに止めて置く。「靈の聲」は一種の笛の音であるからその波形もまた大抵豫想出來る通り極めて簡單なものであり、母音の波形とは比較にならぬものである。寫眞を精細に研究した結果によれば、その高さ即ち振動數は毎秒二〇〇〇付近（ピアノの中央のCから三オクテーブ上の付近）である。しかしてこの音の高さ、強さ及び繼續時間を巧に變化して通常の言葉における「アクセント」あるひは言葉の調子を眞似るもので、かやうにして「カツソー」（朝鮮語行つたの意）、「ワツソー」（朝鮮語來たの意）平田先生、白髭神社等の簡單な言葉の調子をだすものである。從つてこれを聞く者が平常聞き慣れて居る語句であるならば、音の調子の上り下りだけからしてその意味を推察する事が出來るので、かくて信者は經驗あらたかな明道さんの御託宣として隨喜の涙を流す次第である。

……○……

以上の説明で世を騷がした明道會の「靈の聲」なるものもその正體を暴露してみれば、實に枯れ尾花以上に馬鹿げた取るに足らないものである事が諒解された事であらう。

……○……

「靈の聲」の話はこれだけであるが、終りに臨んで是非一言して置きたい事は世間の人々は今少しく科學的常識を養つて科學の力に信頼して頂きたいといふ事である。

一體科學者がかやうな心靈現象を今時そんな馬鹿な事があるかと一笑に付さうとするに對して、世の中はさう一から十まで總て科學の力で解釋出來るものではないと思つて居られる人が隨分澤山ある。

これは誠に誤解も甚だしいもので科學者といへども、決して科學萬能と考へて居る次第ではなく、科學の力で説明出來ない現象が澤山ある事は良く承知して居るのである。否寧ろ科學の本領はさういふ限られた領域のみを論ずるものであつて、決して心靈現象等に觸れるべきものではない。然しながら事の起りは心靈現象にあるにしても、これが寫眞乾板上に像を現したり、空氣を振動させて音を發するに至らば、最早純然たる科學的現象であり、自然法則の支配を科學の嚴正なる批評の下に置かるべきものである。從つて靈の聲だとか靈の寫眞乃至は千里眼などといふものはあり得べからざるものである。

どうか讀者諸君におかれても向一層科學の力を自覺されかやうな荒唐無けいの魔術に迷はされるやうな事のないやうに、切に希望してこの稿を終る事にする（完）

編者紹介

湯本豪一（ゆもと・こういち）
怪異・妖怪資料研究家。
『明治期怪異妖怪記事資料集成』（国書刊行会、二〇〇九年）『大正期怪異妖怪記事資料集成（上）（下）』（国書刊行会、二〇一四年）など。

昭和戦前期怪異妖怪記事資料集成（上）
二〇一六年七月二〇日初版第一刷発行
二〇二三年二月一五日初版第二刷発行

編者　湯本豪一
発行者　佐藤今朝夫
発行所　株式会社国書刊行会
東京都板橋区志村一-一三-一五　〒一七四-〇〇五六
電話〇三-五九七〇-七四二一
ファクシミリ〇三-五九七〇-七四二七
印刷所　三松堂株式会社
製本所　株式会社ブックアート

ISBN978-4-336-06004-4 C0039